Im Reich des Eros, Bd. I

Im Reich des Eros

Sämtliche Liebes- und
Abenteuerromane der Antike

Band I

Albatros

Band I. Mit einer Einleitung und Anmerkungen
herausgegeben von Bernhard Kytzler. In den Übertragungen
von Friedrich Jacobs, Bernhard Kytzler, Rudolf Reymer
und Heinz Martin Werhahn. Mit 15 Illustrationen von Charles Ricketts
und Charles Hazelwood Shannon zu »Daphnis und Chloë«,
London 1893

Titel der Originalausgabe:
Im Reiche des Eros, Bd. I

Artemis & Winkler Verlag, Düsseldorf und Zürich

Die Deutsche Bibliothek – CIP-Einheitsaufnahme
Ein Titeldatensatz für diese Publikation ist bei
Der Deutschen Bibliothek erhältlich.

Albatros Verlag, Düsseldorf

ISBN 3-491-96018-5

Der antike Roman

Einleitung von Bernhard Kytzler

I

Romanice – »auf romanische Art, in romanischer Sprache geschrieben«: So bezeichnete man im Altfranzösischen die – im Gegensatz zum gelehrten Latein – in der Volkssprache abgefaßten Prosaerzählungen. Erst während des Dreißigjährigen Krieges fand der Ausdruck ‚Roman' seinen Weg auch in die deutsche Sprache. Ist es demnach ohne Berechtigung, wenn man vom ‚Roman' der Klassischen Antike spricht?

In der Tat ist es eigentlich angebracht, distanzierende Anführungsstriche zu setzen. Zweifellos liegt ein Anachronismus vor, wenn man den geläufigen modernen Ausdruck unreflektiert für eine Reihe antiker Literaturwerke verwendet. Freilich wird man dazu durch ein im Grunde recht erstaunliches Phänomen geradezu gedrängt. Während nämlich unsere literarische Terminologie nahezu vollständig aus der Klassischen Antike stammt, während wir mit (meist griechischen) Wörtern des Altertums die literarischen Gattungen, wie etwa Epik, Epigramm, Epistel, aber auch einzelne Elemente, wie etwa Episode und Epilog, desgleichen stilistische Mittel, wie Metapher und Metonymie, antikisierend benennen und so Theorie und Terminologie jener Frühzeit weiterführen, hat die Antike selbst den Gattungsbegriff ‚Roman' weder geformt noch benannt. Die Römer sprechen gelegentlich von *fabula* oder *mimus*, die Griechen von *Mythos* oder *Drama*; sie benutzen somit Wörter, die einen viel weiteren Begriffskreis umfassen. Bezeichnender noch: Nicht nur kein Name, auch keine Theorie dieser Gattung ist gebildet worden. Nur in zufälligen Formulierungen, im Rahmen von Texten mit durchaus anderen Bezügen, ist gelegentlich vom ‚Roman' die Rede. In den bekannten grundlegenden Werken der Poetik aber, bei Aristoteles und Horaz, sucht man Stellungnahme zum Roman ebenso vergeblich wie bei Quintilian und den Rhetoren. Am ergiebigsten unter den wenigen vorliegenden Äußerungen ist eine Stelle im Kommentar (1,2,8) zu Ciceros *Somnium Scipionis* von Macrobius (um 400 n. Chr.):

»Die Fabeln, deren Name schon auf den Vortrag fiktiver Vorgänge verweist, wurden entweder allein zum Vergnügen der Hörer oder auch zum Zwecke nützlicher Ermahnung aufgebracht. Sie schmeicheln dem Gehör wie die Komödien, die Menander und seine Nachahmer zur Aufführung gebracht haben, sie sind voll von fiktiven Abenteuern Verliebter – eine Thematik, in der sich Petron vielfältig versucht hat, in der wir auch Apuleius gelegentlich bewundernd sein Spiel treiben sehen. Diese ganze Gattung der Fabeln richtet sich allein auf das Vergnügen der Hörer; der philosophische Traktat verweist sie darum fort aus seinem Heiligtum, hinweg zu den Wiegen der Ammen.«

Der kurze Text ist in mehrfacher Hinsicht von Interesse: Er benutzt zweimal, am Anfang und am Ende, für den ‚Roman' die Bezeichnung *fabulae*; er betont zweimal, daß es sich um erfundene Geschichten, um fiktive Vorgänge und Abenteuer handle: Die moderne Unterscheidung in *fiction* und *non-fiction* bereitet sich vor. Er nennt ferner namentlich die zwei großen lateinischen Roman-Autoren, Petron und Apuleius. Daneben betont er auch die Verwandtschaft des Romans mit den – ebenfalls *fabulae* genannten – Komödien. Am wichtigsten aber sind zwei weitere Aussagen: einmal der Hinweis auf die zentrale Stellung der erotischen Komponente, der wir in der Tat im antiken Roman ständig begegnen, sei es als Hohes Lied auf den Eros, auf Gattenliebe und eheliche Treue, sei es als sinnlich sattes Aussingen der sexuellen Genüsse in ihren mannigfachen Spielarten. Zum anderen aber steht daneben die moralisch begründete Abweisung der ganzen Gattung: Der Roman wird als Unterhaltungsliteratur geringen Gewichts eingestuft, er dient, so heißt es, allein dem Vergnügen, nicht dem Nutzen, der Erziehung und Vervollkommnung seiner Leser. Damit ist der Stab über ihn gebrochen, er wird aus dem Kreis der theoretisch zu behandelnden Gegenstände ausgeschlossen, wird als niedere Gebrauchsliteratur, als profane Prosa keiner Analyse, keiner Kategorisierung gewürdigt. Es bleibt nur seine kategorische Ablehnung zu konstatieren.

Damit aber beginnt bereits die Problematik des modernen Betrachters. Es steht kein authentisches antikes Kriterium zur Verfügung, das ihm erlaubt, die zahlreichen Prosatexte aus dem Altertum derart zu sortieren, daß eine Gattung von Romanen klar ausgesondert wird. Vielmehr bieten sich seinem Blick nicht wenige Erzählungen teils verwandten, teils unterschiedlichen Charakters, die alle in der einen oder anderen Weise als Romane angesehen und eingeordnet wurden. Hier gilt es, genau zu unterscheiden. Hilfe dabei gewährt das aus Macrobs Kurzdefinition zu gewinnende Kriterium, das Fiktivität von Faktizität scheidet.

Faktisches nämlich liegt so manchem antiken Text zugrunde, der gern als ‚Roman' bezeichnet wird; denken wir an Alexander den Großen. Neben den historischen Berichten über sein Leben steht eine legendarische Tradition, die dem makedonischen Monarchen über seine militärischen Meisterleistungen hinaus auch manches andere andichtet, eine Himmelsfahrt etwa in einem von Greifen getragenen Gefährt oder den Abstieg in die Meerestiefe in einer Kristallkugel. Deutlich zeichnet sich hier die schwärmerische Ausgestaltung eines bedeutenden Lebensschicksals ins Mirakulöse ab; so ist es gewiß nicht ganz ohne Berechtigung, wenn man vom Alexander-‚Roman' redet. Dasselbe gilt auch von anderen Erscheinungen außerordentlichen Rangs, von Pythagoras etwa, von Aesop und von Apollonios von Tyana. Ähnlich steht es mit der Kyrupädie des Xenophon von Athen, in der man – nicht ohne Berechtigung – den ersten europäischen Bildungs-‚Roman' sieht, obschon doch hier Jugend und Ausbildung einer historischen Person – freilich mit zahlreichen idealisierenden Zügen – dargestellt wird. In allen diesen Fällen hat sich ein Rankenwerk phantastischer Ausschmückung um den Stamm eines außergewöhnlichen Lebens gebildet; legendarische, romanhafte Züge geben dem Bild Farbe und Flair, Faktisches und Fiktives verbinden sich in verwirrender Vielfalt.

Vom Biographischen zum Hagiographischen ist nur ein

Schritt. In der Tat finden sich romanhafte Elemente auch in so manchen frühchristlichen Heiligenlegenden, in verschiedenen apokryphen Apostelakten, Passionen und Erbauungsbüchern. Wir nennen nur als besonders beachtenswertes Beispiel die sogenannten Pseudo-Clementinen: auch hier mag oft ein realer Kern Gelegenheit zu pietätvoller Porträtierung gegeben haben; Faktisches und Phantastisches vermählen sich. Wollte man aber den modernen Terminus ‚Roman' im Sinne der *fabulae* Macrobs einführen, so ginge man hier fehl: Die antike Definition bezieht sich auf fiktive Erzählungen, die ihre Wurzel nicht in der Wirklichkeit, sondern allein in der Vorstellungskraft des Autors haben. Ihr, der einzigen authentischen Definition aus der Antike, folgt die vorliegende Sammlung.

Sie umfaßt die uns erhaltenen griechischen und lateinischen Romane samt den wichtigsten Fragmenten und Auszügen. ‚Roman' ist hier verstanden als jene Art fiktiver Prosaerzählung, wie sie auch der spätantike Kommentator beschrieben hat: Erzählung von den Schicksalen Liebender. Zwei Bereiche zeichnen sich ab. Der eigentliche Liebesroman wird ergänzt durch den Schelmenroman, wie Petron und Apuleius ihn uns darbieten: übermütiges Stromern durch die Höhen und Tiefen der Alten Welt, freibeuterische Pfade durch die feinen und die weniger feinen Kreise der Gesellschaft. Doch wäre es ein Irrtum, in dieser Sphäre ein gänzlich gegensätzliches Modell des Typus Roman zu sehen. Was beide Bereiche verbindet, ist die Bezugnahme auf die Urmacht Eros: idealistisch gesteigert in den erotischen griechischen Romanen, parodistisch umspielt in den lateinischen Schelmenromanen. Sprechen wir darum zuvörderst vom Eros in der antiken Welt, bevor wir uns der Erzähltechnik, dem Motivreservoir und der Zielsetzung des Romans zuwenden.

II

Sappho hat den Eros ein »süß-bitteres Untier« genannt. Die Griechen haben unter seinem Namen zuerst eine kosmische Urmacht gesehen, eine Kraft, die im Allanfang – und dann für alle Zeit – Leben erweckt. Erst Jahrhunderte später entwickelte sich auch das uns geläufigere Bild des niedlichen geflügelten Götterknaben mit Pfeil und Bogen. Aber selbst ihm haftete noch etwas von der Unerbittlichkeit der Urmacht an. Wer dem Eros verfiel, war ohne Gegenwehr. Er mochte reich sein, mächtig, stark und schön, klug und beliebt – was immer den Menschen sonst auszeichnete, nichts half ihm: Er blieb dem Eros untertan. Ob Knabe oder Mädchen, ob hoch oder niedrig, jung oder alt – mit elementarer Kraft griff der Gott nach seinem Opfer, trieb es den Weg der Sehnsucht, des Begehrens, der Liebe. Verweigerte das Schicksal die Erfüllung, dann siechten die Liebenden dahin, verfielen unbekannter unheilbarer Krankheit, schienen dem Tode nah.

Solch hochpathetische Momente setzt der antike Roman gern in Szene. Nahezu alle Liebesbegegnungen geschehen plötzlich, in einem Augenblick, und mit unvorhersehbarer, unwiderstehlicher Gewalt. Der einzelne Mensch scheint einer übermenschlichen Macht ausgeliefert. Sie verleiht aber auch übermenschliche Kräfte. Die Liebespaare dieser alten Erzählungen haben mit Naturgewalten zu kämpfen, Prüfungen auszuhalten, Leiden zu überstehen, die über das normale Maß weit hinausgehen. Sie haben auch mit jeder Art menschlicher Nachstellung zu ringen, müssen sich selbst vor Mordanschlägen und Vergewaltigungsversuchen schützen. Vor allem müssen sie Trennung tragen und Treue bewahren, sogar wenn es das Leben kosten sollte. Doch die Unbedingtheit des Unterworfenseins unter die Macht des Eros gibt ihnen auch die Unbedingtheit, mit der sie für ihre Liebe einstehen und alles andere hintansetzen.

Die antiken Romanautoren sind in der Ausmalung solcher Bewährungsproben alles andere als zurückhaltend. Sie bieten Feuer- und Wasserproben auf, bringen ihre Heldinnen in die Botmäßigkeit beutegieriger Bordellbesitzer, führen ihre Protagonisten in Sklaverei und Knechtsdienst, ja in Lebensgefahr, lassen sie in Scheintod versinken ... Man sieht, alle Register werden gezogen, um die Schwere der Bedrohung zu demonstrieren. Um so größer dann die Tugend der Geprüften, die für ihre Liebe alles zu ertragen bereit sind, denen endlich ein günstiges Geschick oder eine gütige Gottheit gnädig Errettung gewähren. Liebe wird hier gefeiert als das große Erleben, das dem Dasein seinen tiefsten Sinn gibt; dem Eros wird gehuldigt als der gewaltigen Gottheit, die den Einzelnen aus seiner Begrenzung, den Menschen aus seiner Beschränkung heraushebt, »Sterbliche den Göttern gleich« macht.

An die entgegengesetzte Grenze der *conditio humana* führt der Schelmenroman. Er betont neben dem Pikanten das Pikareske: Petrons Enkolp ist nicht nur ein Freibeuter der Liebe, sondern eignet sich auch sonst gern an, was ihm gerade an Köstlichem oder Kostbarem ins Auge fällt. Aber dieser stromernde Antiheld ist schon durch seinen redenden Namen (»Der am Busen ruht«) vorab als Diener des Eros gekennzeichnet – vielleicht besser: als Diener des Priap. Er selbst und seine zweifelhaften Gefährten erleben so mancherlei Abenteuer und Romanzen, aber nie geht es ihnen im Grunde um menschliche Bindung und gegenseitige Beglückung – und um Treue schon gar nicht. Was sie suchen, ist das reizvolle Abenteuer, der erregende Genuß. Ist das schnelle Glück vorüber, führt der Weg weiter, fort zu neuen Erlebnissen. Ebenso auch die Einlagen im Roman des Apuleius, die Ehebruchsgeschichten und anderen Erotika; hier wird die eheliche Gemeinschaft nicht gefeiert, sondern lächerlich gemacht, das Glück nicht in ihr, sondern gerade außerhalb ihrer gesucht.

Im weiten Panorama des antiken Romans werden so die beiden entgegengesetzten Eckwerte erotischer Erfahrung ausgelotet. Das freudig-festliche Erleben, der zuversichtliche Glauben wird ebenso gefeiert, wie auf der anderen Seite das freizügig Spielerische der Sexualität in satten Strichen gemalt wird. Sinnlicher Genuß und andererseits seelische Erfüllung prägen diese literarische Provinz. Man wird gut daran tun, sich vor Augen zu halten, daß das jeweils andere mit hineingedacht werden muß in die hier und da vielleicht einseitig wirkende Darstellung. Das mitunter allzu Realistische und das gelegentlich allzu wenig real Wirkende durchkreuzen einander. Der antike Roman bestätigt in seiner Gesamtheit das Wort der Sappho, von dem wir ausgingen, er bekräftigt die Ambivalenz im Erleben des Phänomens Eros: ‚Süß' wirkt er und ‚bitter', ein Untier, das den Menschen jagt und umtreibt, wie er auch eine göttliche Gewalt ist, die ihre Opfer wohl peinigt, sie aber auch erhebt und beglückt.

Ordnung und Unordnung sind so gleichermaßen im antiken Liebesroman thematisiert: die ungeregelte Frivolität phallischer Freuden wie andererseits der geordnete Genuß gegenseitigen Glücks ergänzen einander. Derart ist ein doppeltes Spannungsfeld aufgebaut: einmal die Antithese zwischen Schmerz und Freude, wie sie sich in Trennung und Wiederfinden, in Leid und Freude manifestiert. Und zum anderen die Antinomie zwischen Eros und Sexus, zwischen liebend erfüllter Ehegemeinschaft und vagabundierender Sexualität. Deutlich ist darin der antike Liebesroman der antiken Liebeselegie überlegen: Nicht nur, daß er das erotische Element dramatischer auszugestalten vermag, er umfaßt es auch in einer breiteren Auffächerung seiner kontrastierenden Aspekte. Doch wie tief und weit er auch diesen Bereich auszuschöpfen vermag, sein Motivreservoir ist noch wesentlich breiter gestreut.

III

Nach der Erotik muß an erster Stelle der Exotik gedacht werden. Sieht man vom Pastoralidyll des Longos ab, so sind die antiken Romane zuvörderst *Reiseschilderungen*. Die Figuren vollführen ihre Fahrten vielfach unfreiwillig; freiwillig vor allem dann, wenn sie den Freund, die verlorene Freundin zu finden versuchen. So ist für Ortswechsel genug, oft mehr als genug gesorgt; häufig wird die ganze Weite der Oikumene durchmessen. Dieser Wirbel der Schauplätze hat ein fernes Vorbild, dem er folgt: die fabulösen Fahrten des Odysseus, von ihm selbst dem freundlichen Phäakenkönig beim Fest in nächtlicher Runde vorgetragen, von Homers Odyssee mit phantastischen Farben vor Augen geführt. Reiseberichte hat es dann immer wieder gegeben, die mündlichen, uns verlorenen, und die dokumentarischen, respektive literarischen, die uns teilweise erhalten sind. Dichtung und Wahrheit haben sich nicht selten vermengt. Aber der Reiz ferner Zonen, unbekannter Völker, fremder Pflanzen und absonderlicher Tiere übte hier wie da seine Wirkung. Schauplätze wie Ägypten und Äthiopien, wie der Orient insgesamt oder der nebulöse Norden blieben von Homer und Herodot bis zu den spätantiken

Romanen faszinierend. Nicht umsonst tragen einige von diesen Namen wie *Aithiopika* und *Babylonika* oder *Die Wunder jenseits von Thule,* nicht umsonst schildert Achilleus Tatios (s. Bd. II, S. 174) mit vollem rhetorischen Aufputz ein sonderbares Wesen – das Krokodil!

Der Name Homer ist bereits gefallen. Er steht für eine ganze Gattung, die, imitiert oder parodiert, eine Art Einzugsgebiet für mannigfache Elemente im antiken Roman darstellt: das *Epos.* Nicht ohne Grund hat sich in der modernen literarwissenschaftlichen Terminologie der Ausdruck ‚episch' eingebürgert als Gattungsbezeichnung für die Erzählweise des Romans. Gewiß hat man in der Antike das ‚hohe' Epos vom weniger hohen Roman deutlich geschieden; dennoch ist ihre Verwandtschaft im Hinblick auf den weitausgreifenden Duktus der Darstellung nicht zu leugnen, und die Texte selbst verweisen deutlich genug auf diese Beziehung: durch Einflechtung von Homer- und Vergilzitaten ebenso wie durch direkte Nennung des karikierten Vorbilds am Anfang der *Wahren Geschichte* Lukians (s. Bd. II, S. 622). So ist der antike Roman ein illegitimer Halbbruder des großen Epos, dessen Kulissen und Konventionen er kunstvoll kombiniert.

Neben dem weiträumig erzählenden Epos ist auch die breit berichtende *Geschichtsschreibung* eine Gattung, die bereits zu hoher Kunst entwickelt war, als sich in späteren Jahrhunderten der Roman herausbildete. Und gerade die hellenistische Historiographie – die uns freilich nur trümmerhaft vorliegt – strebte nicht strenge, unanfechtbare Genauigkeit an, sondern eher emotionale Wirkung auf den Leser. Sie bediente sich der Reizmittel der Rhetorik, verwendete poetisches Kolorit, scheute nicht vor melodramatischen Wirkungen zurück. Es liegt auf der Hand, wie sich hier romanhafte Elemente und narrative Techniken vorbereiteten. So ist es auch nicht von ungefähr, daß so mancher antike Roman-Autor Erzählformen und sogar wörtliche Wendungen benutzt, die aus der Historiographie geläufig sind; und es ist ebenso nicht von ungefähr, daß Chariton für seine Erzählung eine Kulisse aus der großen Zeit der griechischen Geschichtsschreibung nachdrücklich einführt.

Auch die *Komödie* hat für das Motivreservoir der Romane

nicht unbeträchtlich beizutragen gehabt. Das vor allem deswegen, weil in der Komödie, insbesondere der sogenannten Neuen Komödie, im allgemeinen die Liebesintrige im Mittelpunkt steht. Hier sind jene Szenen dichterisch dramatisch vorgeformt, die hernach in der Prosaerzählung begegnen: die Trennungen Liebender, die Täuschungen, Verwechslungen, Verkleidungen, die Momente des Wiedererkennens und des Wiederfindens. So sagt es ja auch Macrob. Daß sich dieselben Elemente teilweise auch in der Tragödie finden, ist, parallel zum Epos, als ferner Hintergrund zu verstehen, der mehr indirekt auf die Romanliteratur einwirkt.

Neben der Komödie steht der *Mimus*. Man sieht in ihm eine Kleinform, die vom frühen Griechenland bis in die späte Kaiserzeit Roms lebendig geblieben ist. Der Mimus gehört zur Volksbelustigung, zum Jahrmarkt. Er läßt – mitunter aus dem Stegreif – charakteristische Typen mit ihren Schwächen und Skurrilitäten erscheinen, führt prägnante Kurzszenen mit Ridikülitäten und Clownerien vor Augen. Was er an literarischer Vervollkommnung vermissen ließ, das ersetzte er durch pralle Vitalität. Der Mimus war Unterhaltungsliteratur par excellence – und der Roman ließ sich solch wirkungsvolle Versatzstükke natürlich nicht entgehen. Hier ist insbesondere der Schelmenroman angesprochen. Die Spottlust des südlichen Menschen, die italische Neigung zu beißendem Hohn auf alles, was lächerlich wirken mochte, konnte sich in dieser Form ungezügelt ausleben. Hinzu trat die scharfe realistische Beobachtung der Schwächen und Verkehrtheiten des Menschen; hinzu gehört auch eine derbe Erotik, die im Mimus immer wieder durchbricht. Am Fest der Floralien erschienen die *mimae* zur Belustigung des Publikums vollständig nackt, zum ständigen Repertoire gehörten amouröse Szenen und Ehebrüche, welch letztere Kaiser Heliogabal realistisch aus- und vorzuführen gebot. Literarisch ist uns aus diesem Bereich wenig erhalten, das wenige ist auch kaum bekannt. Die Stücke aus Theokrit, die Mimjamben des Herondas werden nicht vielen geläufig sein. Aber wie viele der Liebesabenteuer und Prügeleien im Werke des Petron muten wie solch eine Stegreifszene an! Spricht er doch selbst mehrfach von *mimicus risus* und *mimica mors*. Die Prellung der Erbschleicher in Kroton nennt der

Autor sogar selbst einen *mimus*. Und die Einlagen bei Apuleius, so manche auch bei Chariton, Achilleus Tatios und in den Nebenhandlungen des Heliodor, tragen einschlägige Züge.

Mit der Nennung der Einlagen ist ein letzter Bereich angesprochen. Immer wieder finden sich *novellen*artige Gebilde mit eigener abgeschlossener Handlung in den Fluß der Erzählung eingefügt. Am bekanntesten ist wohl aus Petrons Werk die *Witwe von Ephesus* geworden, aus dem Roman des Apuleius die Erzählung von *Amor und Psyche*. Grade die erstgenannte weist in die hier angesprochene Richtung. Kürzere Erzählungen novellistischen Charakters finden sich schon in den Historien Herodots. Ihre nachhaltigste Ausprägung scheinen sie in den – uns verlorenen – *Milesischen Geschichten* des Aristeides aus Milet, der um 100 v. Chr. lebte, gefunden zu haben. Sie wurden bald von Sisenna ins Lateinische übersetzt und fanden sich in dieser Form im Gepäck römischer Offiziere, die bei Karrhae fielen, wie Plutarch uns berichtet (Crassus XXII 3 [564]). Hier ist ein Typus ausgeformt worden, der uns aus *Decamerone* und *Heptameron* geläufig ist: die kurze, mitunter maliziöse, meist pikante, gelegentlich gepfefferte schwankartige Erzählung, dem Mimus inhaltlich verwandt, von ihm mehr formal als motivisch unterschieden. Dieses Modell lebt von der griffigen, prägnant präsentierten Pointe, von Typenkomik und satirischem Salz. Zahlreiche Beispiele dieser Art beleben insbesondere den Roman des Apuleius; sie finden sich aber auch im Beiwerk, in den Nebenhandlungen und Einlagen, bei Petron und bei mehreren griechischen Autoren. Ein technischer Trugschluß in ihrer Anwendung scheint dem Achilleus Tatios unterlaufen zu sein: er hat ein solches Motiv, die einmalige Untreue, gedeckt durch eine Ausrede, die die reine, aber nicht die volle Wahrheit sagt, seinem Hauptkelden angedichtet und so einen Bruch in der Charakterisierung des Protagonisten zustande kommen lassen, für den das Grundschema griechischer Romane ja die unanfechtbare Treue vorsieht, die der Autor seinem Helden auch im übrigen Verlauf zuschreibt. Daß bei der Gattungsmischung, die den antiken Roman kennzeichnet, gelegentlich auch ein Mißgriff vorkommt, muß nicht wunder nehmen.

Der Blick auf die Novellentradition hat, wie man sieht, nicht nur einen inhaltlichen, sondern auch einen formalen Aspekt. Das Novellengut hat seine Motive mehr dem realistischen Schelmenroman als dem idealistischen Liebesroman zugeführt. Es hat in beiden Bereichen Integration in die Haupthandlung ebenso erfahren wie Einfügung in der Form von selbständigen Einlagen. Das aber führt auf die Frage der Erzähltechnik der antiken Romane insgesamt.

IV

Wenn wir uns der Frage der *Erzähltechnik* im antiken Roman zuwenden, so wäre es fast an der Zeit, das Wort ‚Roman' erneut in distanzierende Anführungszeichen zu setzen. Denn hier insbesondere ist der Roman der Neuzeit in seiner Entwicklung eigene Wege gegangen; ein Vergleich zwischen damals und heute führt meist nicht zu tieferer Einsicht in das antike Phänomen. Sprechen wir also von der fiktiven Prosaerzählung der Klassischen Antike und ihrem Erzählstil, so bleibt das im vorangegangenen Abschnitt gekennzeichnete literarische Einzugsgebiet zu beachten, aus dem viel in den Roman eingeflossen ist. Er verdankt dem Epos die großräumige Gliederung, der Komödie die abgerundete Ausgestaltung so mancher Einzelszene, dem Mimus den scharf zupackenden Griff in der Zeichnung von Typen und Situationen, der Novelle die flüssige Darstellung kurzer, in sich geschlossener Abläufe.

Darüber hinaus ist aus der rhetorischen Schulung jener Zeit viel Einzelgut in der Romanerzählung manifest. Da sind die Bildbeschreibungen, nach dem Muster der sogenannten *ekphrasis* gestaltet, da sind die Gebete mit den Elementen aus dem Hymnenstil, ferner die dem *Agon*, dem Wettstreit der Gedanken und Formulierungen, verpflichteten Auseinandersetzungen über philosophische, juristische und erotische Probleme, dann die Briefe und Reden, die den Regeln der Rhetoren folgen: alles Bausteine, die zu gestalten und zu verwenden die Schule lehrte – und die Romanautoren waren aufmerksame Schüler.

In der Komposition der Geschehnisse zeichnet sich der

antike Roman durch eine höchst kunstvolle, komplexe Konstruktion aus. Die Haupthandlung und die ihr beigeordneten Nebenhandlungen sind auf komplizierte Art ineinander verschlungen. Es wird nicht einplanig und gradlinig heruntererzählt, sondern eine Textur von Teilen geschaffen, die sich nach und nach zum vollen Bilde zusammenschließen. So wird die durch die Trennung der beiden Liebenden herbeigeführte Verteilung auf unterschiedliche Schauplätze für eine gegenspielige Struktur eingesetzt. Diese wiederum wird des weiteren entfaltet durch Einführung der Schicksale von Nebenfiguren, Dienern etwa oder Verwandten, die den größeren Rahmen füllen. Am höchsten steht hier Heliodor, der – nach dem Muster der Odyssee – seine Erzählung nicht nur räumlich, sondern vor allem zeitlich zu staffeln gewußt hat und aus der Tiefe der Vorgeschichte im Voranschreiten der Erzählung Stein für Stein ans Licht holt, bis endlich die grundlegenden Zusammenhänge des großen Gebäudes der ganzen Geschichte sich dem Leser genau enthüllen. So wird neben der gespannten Erwartung auf den Ausgang der Geschehnisse im Leser auch ein wachsendes Interesse für die Voraussetzungen der Vorkommnisse geweckt – und befriedigt.

Man darf allerdings nicht diese voranschreitende Erschließung der Geschichte mit der Form etwa eines Bildungsromans, mit dem Ablauf einer Entwicklungsschilderung verwechseln. Dieser Art Perspektive bedient sich der antike Roman nicht; er spricht vom Standpunkt des voll informierten Erzählers aus, nicht von dem sich irrenden und erst allmählich wissender werdenden Subjekt. Selbst da, wo eine Ich-Form die Erzählung strukturiert, redet dieses Ich aus der Sicht nachträglicher Erfahrung, aus der Einsicht des Autors und nicht der des Protagonisten, inmitten seiner Schicksale, auf dem Weg seiner Leiden und Abenteuer.

Bereicherung erfährt der Bericht durch die bereits genannten Einlagen: teils sind es Erzählungen, in denen neu hinzutretende Personen ihr bisheriges Schicksal darstellen oder bereits bekannte Figuren bislang verborgene Einzelheiten aus ihrer Vergangenheit preisgeben; teils sind es kürzere oder längere Erzählungen, die, losgelöst von der zentralen Handlung, eine eigene Geschichte gestalten. Diese Einschübe sind freilich nicht willkürlich angeheftete putzende Zierate; sie stehen vielmehr, wenn nicht thematisch, so doch in der Tendenz dem Zentralgeschehen nahe, verstärken seine Atmosphäre und unterstreichen seine Gefühlssphäre.

Sind diese Einlagen durch ihren Inhalt Einsprengsel im Fluß der Gesamterzählung, so gibt es daneben auch noch einen Sonderfall, wo nicht inhaltliche, sondern formale Ausweitung auffällt. Gemeint ist die bei Petron zu konstatierende Form des sogenannten Prosimetrums, einer Verbindung von erzählender Prosa mit metrisch gestalteten, poetischen Einfügungen. Diese führen jedoch nicht aus der Handlung heraus, sondern erhöhen sie vielmehr in sprachlich aufwendigerer, gedanklich geschmückterer Form. Sie setzen Akzente und geben Farbe, lockern den Ablauf auf und verleihen ihm eine spielerische, reizvolle Note.

Ähnlich wie bei Petron sind auch in der *Geschichte von Apollonius, dem König von Tyrus,* Verseinlagen zu finden, wenngleich in weniger eindringlicher Gestaltung. Das Prosimetrum, von Petrons Zeitgenossen Seneca in der satirischen *Apokolokynthosis*, der ‚Verkürbissung' des Kaisers Claudius, wirkungsvoll eingesetzt, war schon von Varro, dem Zeitgenossen Ciceros und Caesars, in seinen Satiren verwendet worden. Er hatte damit die sogenannte menippeische Satire in Rom eingebürgert, eine Gattung, benannt nach Menippos von Gadara aus dem 3. Jh. v. Chr., dessen Werk uns verloren ist, der jedoch inhaltlich Lukian sehr stark beeinflußt hat und formal sich sogar in der *Consolatio Philosophiae* des Boethius fortgesetzt findet.

Neben den hier aufgeführten Gemeinsamkeiten wird der Leser antiker Romane aber nicht minder stark ihre jeweilige Individualität bemerken: das parodistische Parlando Petrons kontrastiert mit der rhetorischen Reife des Achilleus Tatios; der pastoralen Poesie des Longos steht die dramatische Dichte Heliodors gegenüber, den verbalen Reiz der Rede kostet Apuleius bis zum Grunde aus und unterscheidet sich so von der einfach schlichten Diktion des Xenophon und dem Legendenton der Geschichte des Königs Apollonius. So viele Köpfe, so viele Stile – in der Welt des antiken Romans herrscht eine lebendige, scharf profilierte Vielfalt, die dem genießenden Leser gewiß nicht entgehen wird.

V

Wissenschaftliche Streitfragen aufzurollen ist hier nicht der Ort. Dennoch kann nicht verschwiegen werden, daß die moderne Forschung bei zwei wichtigen Problemen im Zusammenhang mit der antiken Romanliteratur bislang noch keine klare, allgemein geteilte Stellung hat beziehen können. Das eine von diesen ist die *Chronologie* der Einzelerzählungen in ihrem relativen Verhältnis zueinander wie auch absolut gesehen. Hierüber wird in den Kurzeinführungen zu den Werken jeweils knapp referiert; ein Gesamtbild, das Entstehung und Entwicklung dieser Literaturgattung darstellt, liegt bislang nicht vor; es zu entwerfen, soll auch hier nicht versucht werden.

Das andere Problem zielt auf die *religionswissenschaftliche Deutung* der Erzähltexte aus der Antike. Man hat, teilweise mit bestechenden Argumenten, in den meisten der uns vorliegenden Romane jener Epoche eine hinter der vordergründigen Handlung liegende symbolische Bedeutung vermutet, hat in ihnen verborgene Mysterienerzählungen, verschleierte Kultlegenden gesehen. In der Tat ist es nicht schwer, den Weg der Liebenden, die durch Mühsal und Bewährung zum göttlich gewährten Glück finden, als Bild vom Lebensweg des Menschen zu verstehen, der durch Anfechtungen und Leiden hindurch zum verheißenen Ziel der Freude unterwegs ist. Tatsächlich stammen die Romane, wie immer sie genauer zu datieren sein mögen, in jedem Fall aus den späteren Jahrhunderten der Alten Welt; sie atmen den Geist jener Zeiten, in denen – in einem sehr ‚modernen' Sinne – der Einzelne aus der engen Bindung einer geschlossenen Stadtgesellschaft herausgelangt und sich selbst als Individuum den Sinnfragen der Existenz gegenübergestellt fand. Da boten sich philosophische Systeme ebenso wie religiöse Lehren in großer Zahl als Orientierungshilfe an. Kyniker predigten im weiten Römerreich nicht weniger als Mithraspriester und Isisapostel. Mysterienkulte gewannen Jünger in allen geographischen Bereichen und gesellschaftlichen Schichten. Von den skurrilen Kybelepriestern ist bei Apuleius deutlich und drastisch genug die Rede – ebenso aber auch, im letzten Buch, von der Beglückung durch die Gnade der großen Göttin Isis. Diese ist auch in Xenophons Roman die große Helferin, während in anderen Texten oft *Tyche/Fortuna* die Rolle der Gutes oder Böses bewirkenden übermenschlichen Macht spielt.

Wie weit man in der Gleichsetzung von Romanelementen mit Kultelementen gehen darf, ist schwer zu bestimmen. Sind uns doch auch die Kulte selbst, deren geheimes Spiegelbild hier vorliegen mag, nicht deutlich genug bekannt. Der häufiger begegnende Scheintod etwa mag dem einen als vordergründiges Romanmotiv zur Spannungssteigerung erscheinen, dem anderen als hintergründige Integration der Mysterienmotive des kultischen Todes und der Auferstehung. Auch hier, ebenso wie in der Datierungsfrage, sind weitere, nicht geringe Forschungsarbeiten vonnöten, um klarere und sichere Aussagen zu ermöglichen.

Nicht anders steht es mit der Frage nach der *Leserschaft,* für die diese Texte geschaffen wurden. So wenig bereits befriedigende Untersuchungen hierzu vorliegen, so deutlich ist es doch, daß durchaus unterschiedliche Kreise angesprochen, unterschiedliche Bedürfnisse befriedigt werden sollten. Der subtile Spott des Petron wandte sich ohne Zweifel an andere Gemüter als die erbaulichen Erzählungen eines Xenophon oder Chariton. Die gepfefferten Erotika der Schelmenromane zielen auf andere Zuhörer als die Hymnen auf die Gattentreue, wie die Liebesromane sie anstimmen. Auch ist die rhetorische Rede reduziert etwa bei Longos und Xenophon, potenziert dagegen bei Achilleus Tatios und Apuleius.

Damit berühren wir die schwierigsten Fragen zum Komplex der antiken Romanliteratur. Sind diese Erzählungen Trivialliteratur, hemmungslos in der Wahl ihrer Mittel? Sind es nur ihre Hörer betörende Unterhaltungstexte ohne größere Ambitionen? Oder sind sie, auch wenn antike und moderne Theorie ihnen die höheren Weihen verweigerte, doch selbst geheimnisvolle Schätze voll tieferer Bedeutung?

Für den Leser von heute sind sie vor allem genußreiche

Lektüre. Zweifellos wird man sich dem Zauber der idyllischen Hirtensphäre im Longosroman mit der in ihr erwachsenden ersten Liebe nicht entziehen können; gewiß wird man sich von der großen Erzählkunst Heliodors gern gefangennehmen lassen. Und auch für die Parodien Petrons, die Sarkasmen Lukians erwacht leicht Interesse, wie andererseits Anteilnahme schnell erwächst für die Schicksale der so vielen Prüfungen ausgesetzten Liebes- und Freundespaare. Ein weites Feld also, das die antike Romanliteratur eröffnet, Genüsse bietend von vielfältiger, gelegentlich gar gegensätzlicher Art. Über allem aber steht der goldene Satz des Apuleius, mit dem er seine Erzählung anhebt: »*Intende, lector: laetabere* – Merk auf, Leser! Du wirst dich amüsieren!«

Longos

Das Leben des Longos ist uns durch äußere Nachrichten nicht bekannt; die inneren Indizien, die die Forschung bisweilen an Einzelheiten seiner Erzählung meinte ablesen zu können, sind umstritten und nicht eigentlich stichhaltig. Möglicherweise hat er in der Tat Lesbos gekannt oder gar dort gelebt, vielleicht auch wirklich durch ein Werk der bildenden Kunst die Anregung zu seinem Hirtenidyll bekommen – obschon Ähnliches öfter als Einleitungsmotiv Verwendung findet, vgl. zum Beispiel Achilleus Tatios (s. Bd. II, S. 174). Immerhin kann man die Zeit der Abfassung approximativ ablesen; nachdem die Ansätze zuvor vom 2. bis zum 5. Jahrhundert geschwankt hatten, sieht man jetzt die Datierung auf ca. 200 n. Chr. allgemein für gerechtfertigt an.

Der Roman von Daphnis und Chloë *ist der einzige uns aus der Antike vorliegende, der sich in die bukolische Welt einfügt; im Grunde ist gerade diese Verbindung der romanhaften Erzählung von den zwei jungen Liebesleuten und ihrem beschwerlichen Weg zueinander mit dem pastoralen Rahmen sein besonderes Kennzeichen. Dabei ist die Hirtenwelt, in der die beiden Protagonisten aufwachsen, mehr als nur ein bunt gefälliger Hintergrund: Sie steht vielmehr für die Sphäre des einfachen, natürlichen Lebens, in der die Liebe sich rein entfaltet, während die Welt der Stadt, der Zivilisation nur Umwege und Abwege mit sich bringt. Symbolisch trägt der alte Hirte, der zu Beginn des zweiten Buches die beiden jungen Menschen über Wesen und Wirken des Gottes Eros belehrt, den Namen Philetas: Der Autor weist so hin auf Philetas von Kos (um 300 v. Chr.), den Begründer der bukolischen Dichtung in der Antike. Und umgekehrt leiten sich die Bedrohungen des keimenden Glücks von Daphnis und Chloë regelmäßig aus jener Gegenwelt her: Räuberische Soldaten und störende Stutzer stammen aus der Stadt, mächtige Grundbesitzer und pervertierte Parasiten. Auf dem Lande hingegen bleibt das friedliche Leben in seiner Bahn, bewahrend und erhaltend.*

Entsprechend den Jahreszeiten, die das ländliche Leben regeln, gliedert sich auch die Handlung: Der Verlauf der Erzählung führt vom anfänglichen Frühling bis zum freudevollen Erntefest im folgenden Jahr. Die Buchschlüsse setzen im jahreszeitlichen Rahmen entscheidende Entwicklungsstadien der Zuneigung der beiden Liebenden fest.

Stilistisch kontrastieren einfache Erzählpartien, die – gewissermaßen rezitativisch – die Handlung voranführen, mit Beschreibungen, die – gewissermaßen arienhaft – Gefühlszustände, Reden, Kurzerzählungen mit Modellcharakter in größerer Aufwendigkeit ausmalen.

Die beiden Hirtenkinder Daphnis und Chloë erscheinen in schier endloser Folge auf Bildteppichen und Porzellanmalereien, auf Kupferstichen und Holzschnitten, als Skulpturen; sie erscheinen auch auf der Bühne, stehen im Mittelpunkt von Opern, Operetten und Balletten, haben Künstler wie Händel und Gluck, Jean-Jacques Rousseau und Jacques Offenbach, Tschaikowsky und Ravel inspiriert. Natürlich sind ihre Figuren auch in den Werken der Weltliteratur präsent, bei Lope de Vega (»Arcadia«*, 1598) und Shakespeare (*»Wintermärchen«*) bis hin zu den* »Chansons de Bilitis« *des Pierre Louys vom Ende des vorigen Jahrhunderts.*

In Deutschland sind es nicht wenige wichtige Autoren, die Longos gelobt bzw. nachgeahmt haben, Geister wie Gottsched und Geßner, Goethe und W. Raabe (»Hastenbeck«*, 1899). Goethes Werk mag mancherlei Spuren des Longos aufweisen; am bedeutendsten bleibt die Charakterisierung des Werkes durch den über achtzigjährigen Dichter (zu Eckermann; 9., 18., 20. 3. 1831): »Es ist darin der helleste Tag ... Und keine Spur von trüben Tagen, von Nebel, Wolken und Feuchtigkeit, sondern immer der blaueste, reinste Himmel, die anmutigste Luft und ein beständig trockener Boden, so daß man sich überall nackend hinlegen möchte.«*

Daphnis und Chloë

Vorrede

Zu Lesbos auf der Jagd, in einem Hain der Nymphen, sah ich den schönsten Gegenstand, den ich je gesehen, ein Werk der Malerei, eine Geschichte der Liebe. Schön war auch der Hain, baumreich, blumengeschmückt und wohlbewässert: Eine Quelle nährte alles, die Blumen wie die Bäume. Ergötzlicher aber war das Gemälde, das überschwengliche Kunst zeigte und ein Abenteuer der Liebe; weshalb denn auch viele Fremde dahin kamen auf des Bildes Ruf, Verehrer der Nymphen und Bewunderer des Kunstwerks. Gebärende Weiber sah man darauf; andere, die Säuglinge in Windeln legten; ausgesetzte Kinder; Tiere, die sie nährten; Hirten, die sie forttrugen; Liebesschwüre der Jugend; einen Streifzug von Räubern, einen feindlichen Einfall.

Als ich nun vieles andere noch und alles voll von Liebe sah und bewunderte, ergriff mich ein Verlangen, es mit dieser Schilderung um die Wette darzustellen. Nachdem ich mir also einen Erklärer des Bildes gesucht hatte, arbeitete ich vier Bücher aus, ein Weihgeschenk dem Eros, den Nymphen und dem Pan; allen Menschen aber ein erfreuliches Besitztum, das dem Kranken zur Heilung, dem Trauernden zum Trost, dem Liebeskundigen zur Erinnerung, dem Unkundigen als lehrende Vorbereitung dienen wird. Denn keiner ist je dem Eros entflohen oder wird ihm entfliehen, so lang es Schönheit gibt und Augen sehen. Uns aber verleihe der Gott, die Geschichte der andern mit klarem Sinn zu schreiben!

Erstes Buch

Auf Lesbos liegt eine Stadt, Mytilene, so groß wie schön; denn sie ist von Kanälen durchschnitten, in die das Meer einströmt, und geschmückt durch Brücken von behauenem und weißem Gestein. Du wirst glauben, nicht eine Stadt, sondern ein Eiland zu sehen. Von dieser Stadt Mytilene also, etwa zweihundert Stadien entfernt, liegt das Gut eines reichen Mannes, ein herrlicher Besitz; wildnährende Berge, fruchttragende Ebenen, Hügel mit Reben, Weiden mit Herden bedeckt, und die Meerflut spült an den weichen Sand der langgestreckten Küsten an.

Auf dieser Flur weidend fand ein Ziegenhirt, Lamon genannt, ein Knäblein, von einer Ziege genährt. Ein Wald war hier und ein Dickicht von Dorngebüsch und schweifender Efeu und weiches Gras, auf dem das Knäblein lag. Hierher lief die Ziege unaufhörlich und wurde oft unsichtbar und weilte, ihres Zickleins vergessend, bei dem Kind. Da belauerte Lamon, den das vernachlässigte Böckchen jammerte, ihre Gänge, und als die Sonne im Mittag stand, verfolgte er die Spur der Ziege und sah sie mit vorsichtig gespreizten Beinen über dem Kinde stehen, um ihm mit den Klauen keinen Schaden zu tun; das Kind aber trank wie aus mütterlicher Brust die zuströmende Milch. Verwundert, wie man glauben kann, trat er näher und fand ein Knäblein, so groß wie schön, mit Beigaben, die auf etwas Besseres als auf das Los der Aussetzung deuteten. Denn eine purpurne Chlamys war hier und eine goldene Spange und ein kleines Schwert mit einem Elfenbeingriff.

Zuerst nun gedachte der Hirt, die Erkennungszeichen allein wegzutragen, ohne sich um das Kind zu kümmern; dann aber, sich schämend, daß er nicht einmal so viel Menschlichkeit zeigte wie eine Ziege, erwartete er die Nacht und trug alles zu seinem Weib Myrtale, die Erkennungszeichen, das Knäblein und die Ziege selbst. Als diese nun staunte, daß Ziegen auch Kinder zur Welt brächten, erzählte er ihr alles, wie er es ausgesetzt gefunden, wie er es genährt gesehen, wie er sich geschämt habe, es dem Tod zur Beute zu lassen. Da gab sie nun auch ihre Zustimmung; sie verbargen, was mit ausgesetzt war,

In diesem Fund glaubte der Hirt etwas Göttliches zu erkennen . . . nahm das Mägdlein auf den Arm, verwahrte die Erkennungszeichen in der Hirtentasche und betete zu den Nymphen um Segen für die Erziehung ihres Schützlings. SEITE 27

nannten das Kind das ihrige und überließen der Ziege seine Ernährung. Damit aber auch der Name des Knäbchens hirtenmäßig schiene, beschlossen sie, es Daphnis zu nennen.

Schon waren zwei Jahre verflossen, als ein auf der angrenzenden Flur weidender Schäfer, Dryas genannt, ebenfalls zu einem gleichen Fund und Anblick kam. Eine Grotte der Nymphen war hier, ein großer Fels, inwendig hohl, von außen gerundet. Die Bilder der Nymphen selbst waren von Stein gefertigt, die Füße unbeschuht, die Arme bis zu den Schultern nackt, das Haar bis zum Nacken aufgelöst, ein gürtender Bund um die Hüfte, Lächeln um die Augenbrauen; die ganze Stellung ein Ringeltanz. Innerhalb der Grotte, in des großen Felsens Mitte, war eine Quelle. Aus dieser Quelle sprudelte Wasser auf, das sich zu einem Bach ergoß, so daß sich auch eine höchst anmutige Wiese vor der Grotte hinzog, indem vieles und weiches Gras von dem Nasse genährt wurde. Auch waren hier Milchgefäße und Querpfeifen und Panflöten und Rohre aufgestellt, Weihgeschenke der bejahrten Hirten.

Zu diesem Heiligtum begab sich häufig ein Schaf, das kürzlich geworfen hatte, und oft meinte man, daß es verloren sei. Um es zu züchtigen und zur früheren Ordnung zurückzubringen, bog Dryas eine grüne Weide wie eine Schlinge und begab sich zu dem Felsen hin, wo er es zu fangen meinte; als er aber hinzutrat, sah er nicht, was er zu sehen gehofft hatte, sondern das Schaf, das recht nach menschlicher Weise seine Euter darbot zum reichlichen Genuß der Milch, und das Kind, das lautlos und gierig beide Euter abwechselnd mit dem reinen hellen Mund faßte; denn das Schaf leckte mit der Zunge des Kindes Angesicht, wenn es der Nahrung genug hatte. Das Kind war weiblichen Geschlechts, und auch ihm waren Erkennungszeichen beigegeben, eine golddurchwirkte Mitra, übergoldete Schuhe und goldene Beinspangen.

In diesem Fund glaubte der Hirt etwas Göttliches zu erkennen, und von dem Schaf gelehrt, Mitleiden gegen das Kind und Liebe zu fühlen, nahm er das Mägdlein auf den Arm, verwahrte die Erkennungszeichen in der Hirtentasche und betete zu den Nymphen um Segen für die Erziehung ihres Schützlings. Und als es Zeit war, die Herde wegzutreiben, ging er in seine Hütte, erzählte seinem Weib, was er gesehen, zeigte ihr, was er gefunden, ermahnte sie, das Kind für ihr Töchterchen zu halten und es im stillen als ihr eigenes aufzuziehen. Sogleich wurde Nape – denn dies war ihr Name – Mutter des Kindes und liebte es nicht anders, als ob sie fürchtete, von dem Schaf übertroffen zu werden, und gibt ihm ebenfalls zur Bestätigung der Sache den Hirtennamen Chloë.

Diese Kinder wuchsen nun schnell heran, und es gab sich eine Schönheit an ihnen kund, die ihren Stand weit übertraf. Schon hatte der Knabe fünfzehn Jahre, das Mägdlein zwei weniger, als Dryas und Lamon in einer Nacht folgenden Traum sahen. Sie meinten, jene Nymphen der Grotte, wo die Quelle war und Dryas das Mädchen gefunden hatte, übergäben den Daphnis und Chloë einem raschen und schönen Knaben, welcher Flügel an den Schultern hatte und kleine Pfeile und einen kleinen Bogen führte; dieser Knabe berührte beide mit einem Pfeil und geböte ihnen, von nun an auf die Weide zu treiben, Daphnis die Ziegen, Chloë die Schafe.

Diesen Traum sahen die Hirten, und es betrübte sie, daß auch diese Kinder Schäfer und Hirten werden sollten, denen die mitgegebenen Erkennungszeichen ein besseres Los verhießen, weshalb sie auch mit zarterer Kost genährt und im Lesen unterwiesen worden und was sonst auf dem Lande schön ist. Doch meinten sie, an Schützlingen der Götter das Gebot der Götter vollziehen zu müssen. Und nachdem sie einander ihren Traum mitgeteilt und dem geflügelten Knaben bei den Nymphen – denn seinen Namen wußten sie nicht zu nennen – geopfert hatten, schickten sie die Kinder als Hirten mit den Herden hinaus, über alles sie belehrend, wie man weiden müsse vor der Mittagszeit und wie beim Nachlassen der Tageshitze; wann die Zeit der Tränke und wann die Zeit der Ruhe sei; wo sie den Hirtenstab anzuwenden hätten und wo die Stimme allein. Sie aber übernahmen die Herden wie eine große Herrschaft und liebten die Ziegen und die Schafe mehr, als der Hirten Brauch ist; sie, weil sie den Schafen ihre Erhaltung verdankte, er, weil er nicht vergaß, daß ihn als Kind eine Ziege genährt hatte.

Der Lenz begann, und alle Blumen entfalteten sich in den Wäldern und auf den Wiesen, und die das Gebirg erzeugt. Da tönte das Summen der Bienen und die Stimme gesangreicher

Vögel, und die neugeborenen Lämmer sprangen. Die Lämmer hüpften auf den Bergen, auf den Wiesen summten die Bienen, die Vögel erfüllten das Gebüsch mit Gesang. Und während solche Frühlingslust überall herrschte, ahmte das junge und zarte Paar, was sie hörten und sahen, nach. Wenn sie die Vögel singen hörten, sangen sie; wenn sie die Lämmer springen sahen, sprangen sie leichten Fußes; auch die Bienen ahmten sie nach und sammelten Blumen, und einige steckten sie an die Brust, andere flochten sie zu Kränzen und brachten sie den Nymphen dar.

Sie taten aber alles gemeinschaftlich, denn sie hüteten nah beieinander. Oft trieb Daphnis die verirrten Schafe zusammen; oft auch jagte Chloë die dreisteren Ziegen von den Klippen herab. Auch wachte manchmal eines über beide Herden, während das andere emsig bei seinem Spielwerk war. Ihre Spielwerke aber waren hirtlich und kindlich. Sie sammelte Halme und flocht ein Grillenhäuschen, und bei solcher Beschäftigung vergaß sie die Herde; er aber schnitt zartes Rohr, und nachdem er es zwischen den Knoten durchbohrt und die Rohre mit weichem Wachs zusammengefügt hatte, übte er sich im Flöten bis in die Nacht. Oft auch genossen sie Milch und Wein gemeinschaftlich und trugen die Speisen zusammen, die sie von Hause mitgebracht hatten; und eher hätte man die Schafe und Ziegen voneinander getrennt gesehen als Chloë und Daphnis.

Indem sie auf solche Weise spielten, ersann Eros ernste Sorgen. Eine Wölfin, welche Junge hatte, raubte auf den benachbarten Fluren oft von andern Herden; denn sie bedurfte viel Futter zur Nahrung ihrer Brut. Die Landleute kamen also bei Nacht zusammen und machten Gruben, ein Klafter in der Breite und vier in der Tiefe. Den Schutt trugen sie weit weg und verstreuten ihn größtenteils, legten dann lange trockene Hölzer über die Öffnung und streuten den übrigen Schutt darauf, so daß es dem vorigen Boden glich; wenn aber nur ein Hase darüber lief, brachen die Hölzer, die schwächer als Strohhalme waren, und dann ward man inne, daß es nicht Erde war, sondern ein Schein von Erde. Solcher Gruben machten sie viele, teils auf den Bergen, teils in der Ebene; doch glückte es ihnen nicht, die Wölfin zu fangen – denn sie merkte die

List –, aber viele Ziegen und Schafe verunglückten und auch Daphnis fast auf folgende Weise:

Zwei hitzige Böcke waren in Kampf geraten. Bei einem gewaltsamen Stoß ward dem einen das eine Horn verletzt, und blökend ergriff er in seinem Schmerz die Flucht. Der Sieger aber folgte ihm auf dem Fuße nach und läßt ihm keine Ruhe. Ärgerlich über das Horn und über die Keckheit des Siegers ergriff Daphnis einen Stock und den Hirtenstab und verfolgte den Verfolgenden. Während nun dieser floh, jener ihn zornig verfolgte, achtete keiner genau auf das, was vor den Füßen war, sondern beide stürzten in eine der Gruben, der Bock voraus und Daphnis ihm nach. Dies rettete den Knaben, daß ihm der Bock beim Sturz als Träger diente. Hier harrte er nun weinend, daß jemand käme und ihn herauszöge; Chloë aber, die den Vorgang gesehen hatte, kam zu der Grube, und da sie inne ward, daß er lebte, rief sie einen Rinderhirten der nächsten Flur zur Hilfe herbei. Dieser kam und suchte nach einem langen Seil, um ihn daran herauszuziehen. Ein Seil war nun nicht da. Chloë aber löste die Kopfbinde ab und gab sie dem Hirten, um sie hinabzulassen. Und so standen diese am Rand und zogen, und Daphnis kam herauf, indem er dem Zuge der Binde mit den Händen folgte. Dann zogen sie auch den unglücklichen Bock herauf, dem beide Hörner zerschellt waren, denn eine solche Rache des besiegten Bockes hatte ihn getroffen! Ihn schenkten sie dem Hirten zum Lohn, um ihn zu opfern, und wenn er zu Hause vermißt würde, wollten sie einen Überfall der Wölfe vorgeben. Dann kehrten sie selbst zurück, um nach ihren Schafen und Ziegen zu schauen, und da sie alle in guter Ordnung weideten, so die Ziegen wie die Schafe, setzten sie sich an einem Eichenstamm nieder und sahen zu, ob nicht Daphnis im Fall irgendeinen Teil seines Leibes blutig verletzt hätte. Verletzt aber war nichts, auch nichts blutig; aber mit Schmutz und Erde war sein Haar bedeckt und der übrige Leib. Daher beschloß er sich zu baden, ehe Lamon und Myrtale des Vorfalls inne würden.

Wie er nun mit Chloë zu dem Heiligtum der Nymphen kam, gab er ihr sein Gewand und die Hirtentasche aufzuheben; er selbst aber trat zur Quelle und wusch sich das Haar und den ganzen Körper ab. Das Haar war schwarz und stark, der Leib aber von der Sonne gedunkelt. Man hätte mutmaßen können, er sei von dem Schatten des Haares gefärbt; Chloës Augen aber schien Daphnis schön, und da er ihr vordem nicht schön geschienen hatte, hielt sie das Bad für die Ursache der Schönheit. Und als sie den Rücken ihm abwusch, bemerkte sie das weiche Fleisch, so daß sie sich selbst unvermerkt öfterer berührte, um zu versuchen, ob es wohl zarter sei. Und für jetzt trieben sie die Herden nach Hause, denn die Sonne neigte sich zum Untergang; und Chloë fühlte nichts Ungewöhnliches, außer daß sie wünschte, den Daphnis wiederum baden zu sehen. Am folgenden Tag aber, da sie auf die Weide gekommen waren, setzte sich Daphnis unter die gewohnte Eiche und flötete und sah zugleich auf die Ziegen hin, die gelagert waren und seinen Tönen zu horchen schienen; Chloë aber saß in seiner Nähe und sah zwar auch auf die Herde der Schafe, mehr aber noch auf Daphnis hin, und wiederum schien er ihr flötend schön, und wiederum hielt sie die Musik für die Ursache der Schönheit, daher sie nach ihm auch selbst die Syrinx nahm, ob sie wohl ebenfalls schön würde. Sie beredete ihn aber auch wiederum zu baden und sah ihn beim Baden an und berührte ihn, indem sie ihn ansah, und ging wieder lobend hinweg, und das Lob war der Liebe Anfang. Was ihr aber widerfuhr, wußte sie nicht, denn sie war jung und in ländlicher Unwissenheit erwachsen, und nicht einmal von andern hatte sie den Namen der Liebe gehört. Mißmut beherrschte ihre Seele; der Augen war sie nicht Herr, und oft sprach sie von Daphnis. Nahrung verabsäumte sie, bei Nacht wachte sie, die Herde verachtete sie, bald lachte, bald weinte sie, bald sprang sie auf, ihr Angesicht ward blaß und wiederum von Erröten glühend. Kein Rind von der Bremse gestochen hat solche Not. Einstmals kamen ihr auch solche Reden in den Sinn, als sie allein war:

»Ich bin jetzt krank; was aber meine Krankheit ist, weiß ich nicht. Ich fühle Schmerzen und habe doch keine Wunde; ich bin traurig, und doch ist mir keines meiner Schafe verlorengegangen. Ich glühe und sitze doch in so dichtem Schatten. Wie viele Dornen haben mich oft verwundet, und ich habe nicht geweint; wie viele Bienen haben mich ihren Stachel fühlen lassen, und doch hab' ich Nahrung genossen! Das also, was mir das Herz sticht, ist bitterer als alles das. Daphnis ist schön, auch die Blumen sind es; schön tönt seine Syrinx; aber auch die Nachtigallen: dennoch frag' ich nach jenen nichts. Möchte ich doch seine Syrinx sein, damit ich seinen Hauch aufnähme! Möchte ich eine Ziege sein, um von ihm geweidet zu werden! O schlimmes Wasser! Nur ihn hast du schön gemacht; ich aber habe mich umsonst gebadet. Ich sterbe, geliebte Nymphen, und auch ihr rettet das Mädchen nicht, das bei euch genährt worden ist. Wer wird euch kränzen, wenn ich nicht mehr bin? Wer wird die unglücklichen Lämmer füttern? Wer wird die plaudernde Grille pflegen, die ich mit so vieler Mühe gefangen habe, um mich zirpend an meinem Bett einzusingen? Jetzt aber flieht mich der Schlaf um Daphnis' willen, und sie plaudert umsonst.«

Solcher Art war ihr Zustand, solcher Art ihre Reden, indem sie den Namen der Liebe suchte. Dorkon aber, der Rinderhirt, der den Daphnis und den Bock aus der Grube gezogen hatte, ein Jüngling mit Flaum um das Kinn, der die Werke der Liebe und auch ihren Namen kannte, hatte sogleich von jenem Tag an Liebe für Chloë gefühlt; nach mehreren Tagen aber entbrannte er noch mehr, und da er den Daphnis als einen Knaben geringschätzte, beschloß er, zum Zweck zu gelangen durch Gaben oder durch Gewalt. Da bracht' er ihnen denn zuerst Geschenke, ihm eine Syrinx von neuen Röhren, mit Erz verbunden statt des Wachses; ihr aber ein bacchisches Rehfell, das wie mit Flecken gemalt war. Wie er nun von dieser Zeit an für einen Freund galt, vernachlässigte er allmählich den Daphnis; Chloë aber brachte er Tag für Tag bald zarten Käse, bald einen blumenreichen Kranz, bald einen schönen Apfel; einstmals brachte er ihr auch ein Wildkalb, auf dem Gebirge geboren, und einen übergoldeten Becher und Nestlinge der Vögel des Waldes. Sie aber, unkundig der Kunst des Liebenden, freute sich des Empfangs der Gaben; mehr aber noch freute sie sich, daß sie nun selbst etwas dem Daphnis zu schenken hatte. Jetzt sollte nun auch Daphnis die Werke der Liebe kennenlernen, und es entstand einst dem Dorkon mit ihm ein Wettstreit über die Schönheit, und Chloë richtete, und der Preis des Siegers war Chloës Kuß. Dorkon sprach zuerst also:

»Ich, Mädchen, bin größer als Daphnis; er ein Ziegenhirt, ich ein Rinderhirt, und so weit Rinder die Ziegen, so weit übertreff' ich ihn. Ich bin weiß wie Milch und goldgelb wie Ähren zur Erntezeit. Eine Mutter hat mich genährt, nicht ein Tier. Er aber ist klein und glattkinnig wie ein Weib und schwarz wie ein Wolf. Er weidet Böcke und riecht furchtbar. Auch arm ist er, so daß er nicht einmal einen Hund ernähren kann. Wenn ihn aber, wie man sagt, eine Ziege gesäugt hat, so ist er in keinem Stück von einem Böckchen verschieden.«

Dies und ähnliches sagte Dorkon, und nachher Daphnis:

»Eine Ziege hat mich ernährt wie den Zeus. Ich weide Böcke wie Branchos, und ich will sie größer machen, als Rinder sind, keineswegs aber rieche ich danach, so wenig als Pan, ob der gleich zum größeren Teil ein Bock ist. Mir genügt der Käse und Obelusbrot und weißer Wein, was die Kost wohlhabender Landleute ist. Ich bin glatt um das Kinn; Dionysos auch; schwarz; die Hyazinthe auch; besser aber ist Dionysos als die Satyrn und die Hyazinthe als Lilien. Er aber ist gelb wie der Fuchs, bärtig wie ein Bock und weiß wie ein Weib aus der Stadt. Und wenn du küssen sollst, so wirst du bei mir den Mund küssen, bei ihm die Haare an dem Kinn. Gedenke aber, Mädchen, daß dich ein Schaf gesäugt hat, und dennoch bist du schön.«

Jetzt zögerte Chloë nicht mehr, sondern erfreut durch das Lob und schon längst voll Verlangen, den Daphnis zu küssen, sprang sie auf und gab ihm einen Kuß, ungelehrt zwar und kunstlos, aber die Seele zu entflammen ganz geeignet. Dorkon aber eilte betrübt von dannen und suchte einen anderen Weg der Liebe, und Daphnis, als ob er nicht geküßt, sondern von einer Natter gestochen worden, ward auf der Stelle ganz finster; er schauerte oft zusammen; das Herz klopfte ihm ungestüm, er wünschte, Chloë zu sehen; und wenn er sie sah, bedeckte Röte sein Angesicht. Damals erst bewunderte er ihr Haar, daß es blond war, ihre Augen, daß sie groß waren, und ihr Angesicht, daß es in Wahrheit weißer war als die Milch der Ziegen, nicht anders, als hab' er damals erst Augen bekommen und sei die Zeit vorher ihrer beraubt gewesen. Jetzt nahm er keine Nahrung mehr zu sich, sondern kostete nur davon; auch keinen Trank; und wenn er gezwungen wurde, netzte er nur den Mund damit. Vormals geschwätziger als die Grillen, wurde er schweigsam; sonst beweglicher als die Ziegen, ward er träge. Auch die Herde wurde verabsäumt; die Syrinx lag ungebraucht; blasser war sein Angesicht als Gras im Sommer. Gegen Chloë allein war er gesprächig, und wenn er manchmal allein und getrennt von ihr war, sprach er ungefähr so zu sich selbst:

»Was tut mir nur Chloës Kuß? Ihre Lippen sind zarter als Rosen, ihr Mund süßer als Honigscheiben, ihr Kuß aber herber als der Stachel der Biene. Oftmals hab' ich Böckchen geküßt, oft auch küßt' ich junge Hunde und das Wildkalb, Dorkons Geschenk; aber dieser Kuß ist von neuer Art. Hastig drängt sich der Atem heraus, das Herz schlägt gewaltsam, meine Seele zerrinnt, und doch will ich wiederum küssen. O feindlicher Sieg! O neue Krankheit, von der ich nicht einmal den Namen weiß. Hatte Chloë etwa Gift gekostet, ehe sie mich küßte? Warum starb sie denn also nicht? – Wie singen die Nachtigallen! Aber meine Syrinx schweigt. Wie springen die Böckchen! Und ich sitze müßig. Wie blühen die Blumen! Und ich flechte keine Kränze. Das Veilchen und die Hyazinthe blüht. Daphnis aber welkt dahin. Soll denn auch Dorkon wohlgestalter sein als ich?«

Auf solche Weise fühlte und sprach der gute Daphnis; denn zum erstenmal kostete er die Werke und Worte der Liebe. Dorkon aber, der Rinderhirt, der Liebhaber Chloës, benutzte die Zeit, als Dryas in der Nähe Weinreben setzte, und trat zu ihm hin mit einigen ansehnlichen Käsen. Diese gab er ihm zum Geschenk als Freund aus alter Zeit, wo Dryas noch selbst hütete, und nach diesem Eingang tat er Chloës Heirat Erwähnung und versprach, wenn er sie zum Weib bekäme, viele und große Geschenke als ein Rinderhirt: ein Joch Pflugstiere, vier Bienenstöcke, fünfzig junge Apfelstämme, eine Rindshaut, Schuhe daraus zu schneiden, und jährlich ein der Milch entwöhntes Kalb, so daß wenig fehlte, Dryas hätte ihm, durch die Geschenke bestochen, Chloës Ehe zugesagt. Er bedachte aber, daß das Mädchen einen besseren Gatten verdiene; und da er, wenn einst die Sache an den Tag käme, schlimme Folgen für sich fürchtete, versagte er ihm ihre Ehe, bat um Verzeihung und verbat sich die verheißenen Gaben.

Als sich nun Dorkon in seiner zweiten Hoffnung getäuscht sah und umsonst seine guten Käse aufgeopfert hatte, beschloß er, Hand an Chloë zu legen, wenn sie allein wäre. Und da er beobachtet hatte, daß sie einen Tag um den andern die Herden zur Tränke führten, einmal Daphnis und einmal das Mädchen, veranstaltete er eine List, die einem Hirten ziemte. Er nahm die Haut eines großen Wolfes, den einst ein Stier im Kampf für seine Kühe mit den Hörnern getötet hatte, und zog sie sich über den Leib, so daß sie den Rücken bis zu den Füßen bedeckte. Die Vorderfüße breitete er über die Hände, die hinteren über seine Schenkel bis zu den Fersen, und der Rachen des Tieres bedeckte sein Haupt wie der Helm eines Mannes in voller Rüstung; und nachdem er sich solchergestalt, so gut es möglich war, zum reißenden Tier gemacht hatte, begab er sich an die Quelle, aus welcher die Ziegen und Schafe nach der Weide getränkt wurden. In einer tiefen Senkung der Erde war die Quelle, und um sie her war der ganze Platz mit Dornen und Busch und niedrigen Wacholdersträuchern und Disteln umwildert; leicht hätte sich dort auch ein wahrer Wolf im Hinterhalt versteckt. Hier verborgen erwartete Dorkon die Zeit der Tränke und hegte große Hoffnung, Chloë durch die Gestalt zu schrecken und dann mit seinen Händen zu greifen.

Wenige Zeit verging, und Chloë trieb die Herden zu der Quelle, während Daphnis zurückblieb, grünes Laubwerk abzuhauen, als Futter den Böckchen nach der Weide. Die Hunde, der Schafe und Ziegen Wächter, folgten, und nach der geschäftigen Weise der Hunde umherspürend, gewahrten sie den Dorkon, als er sich zum Angriff des Mädchens regte, und mit furchtbarem Bellen stürzten sie auf ihn zu, wie auf einen Wolf, umringten ihn und fielen, ehe ihm die Bestürzung ganz aufzustehen erlaubte, mit ihren Zähnen in das Fell. Ein Weilchen nun und solange ihm das umhüllende Fell Schutz gewährte, blieb er, der Entdeckung sich schämend, still in dem Dickicht liegen; als aber Chloë im Schrecken des ersten Anblicks den Daphnis zum Beistand rief und die Hunde das Fell abrissen und ihm selbst auf den Leib kamen, fing er laut an zu jammern und beschwor das Mädchen und den Daphnis, der auch schon da war, ihm beizustehen. Die Hunde hatten sie schnell durch gewohnten Zuruf besänftigt, den Dorkon aber, der in Lenden und Schultern gebissen war, führten sie zur Quelle, wuschen ihm die Wunden aus, wo die Zähne gefaßt hatten, und breiteten grünen weichgekauten Splint von Ulmen darauf. Unerfahren in Wagnissen der Liebenden, hielten sie die Umhüllung der Wolfshaut für einen Hirtenscherz, und ohne Zorn, ja mit tröstenden Worten, führten sie ihn eine Strecke Wegs und entließen ihn.

Nachdem er also mit genauer Not der Gefahr entgangen und, wie das Sprichwort sagt, aus dem Rachen, nicht des Wolfes, sondern des Hundes gerettet war, pflegte Dorkon seine Wunden; Daphnis und Chloë aber hatten viele Mühe bis in die Nacht, die Ziegen und Schafe zu sammeln. Denn durch die Wolfshaut geschreckt und durch das Bellen der Hunde verschüchtert, waren die einen die Felsen hinauf, die andern bis an das Meer hinabgelaufen. Zwar waren sie gewöhnt, der Stimme zu folgen und sich durch die Syrinx beruhigen zu lassen und auf das Klatschen der Hände zu sammeln; damals aber hatte sie die Furcht alles vergessen lassen. Mit genauer Not also fanden sie sie, wie Hasen nach der Fährte, auf und führten sie nach den Ställen. Nur in dieser einen Nacht genossen sie tiefen Schlaf, und die Ermüdung der Arbeit linderte ihren verliebten Gram. Als aber der Tag wieder anbrach, kehrte der vorige Zustand zurück. Sie freuten sich des Wiedersehens, trauerten bei der Trennung, litten Schmerzen, wünschten etwas und wußten nicht, was sie wünschten. Nur das wußten sie, daß ihn der Kuß, sie das Bad um die Ruhe gebracht hatte.

Aber auch die Jahreszeit entflammte sie. Schon war das Ende des Frühlings da und der Anfang des Sommers, und alles stand im Flor; die Bäume mit Früchten, die Flur mit Saaten geschmückt. Süß war der Zikaden Gezirp, lieblich der Duft des Obstes, ergötzlich der Herden Geblök. Man hätte gemeint, daß auch die Flüsse sängen, wenn sie leise dahinglitten, und daß die Winde flöteten, wenn sie in die Pinien hauchten, und daß die Äpfel in Liebeslust zur Erde fielen und die Sonne, der Schönheit Freundin, alles entkleide. Da stieg nun Daphnis, von alldem durchglüht, in die Flüsse; und bald wusch er sich ab; bald jagte er den darin wirbelnden Fischen nach; oftmals trank er auch, den inneren Brand zu löschen. Chloë aber, wenn sie die Schafe und viele von den Ziegen gemolken hatte, hatte bei dem Gerinnen der Milch viele Not; denn die Fliegen waren arg, sie zu beunruhigen und zu stechen, wenn sie gescheucht wurden; wenn sie aber hierauf das Gesicht gewaschen hatte, bekränzte sie sich mit Zweigen der Pinie, gürtete ihr Rehfell um, füllte die Schale mit Wein und Milch und hielt mit Daphnis ein gemeinsames Mahl.

Wenn nun aber der Mittag kam, da drohte ihren Augen neue Gefahr. Denn wenn sie den Daphnis entkleidet sah, da fielen ihre Blicke auf seine blühende Schönheit, und sie härmte sich, daß sie keinen Teil an ihm zu tadeln fand; er aber wähnte, wenn er sie im Rehfell und mit dem Kranz sah, wie sie ihm die Schale bot, eine der Nymphen aus der Grotte zu sehen. Dann riß er ihr den Pinienkranz vom Haupt und kränzte sich selbst damit, nachdem er vorher den Kranz geküßt hatte; sie aber zog, wenn er sich entblößt hatte und badete, sein Kleid an, nachdem sie es auch vorher geküßt hatte. Bisweilen bewarfen sie sich auch mit Äpfeln und schmückten einer des andern Haupt, indem sie sich die Haare scheitelten. Und sie verglich sein Haar, weil es schwarz war, den Myrten, und er ihr Angesicht mit einem Apfel, weil es weiß und rötlich war. Auch unterwies er sie im Flöten, und wenn sie anfing, in das Rohr zu hauchen, riß er ihr die Syrinx weg und durchlief selbst mit den Lippen das Geröhr, und während es schien, daß er die Irrende belehrte, gab er ihr recht schicklich Küsse durch der Syrinx Hilfe.

Einstmals, als er um die Mittagszeit flötete und die Herde im Schatten lag, war Chloë unvermerkt eingenickt. Wie dies Daphnis bemerkte, legte er die Syrinx weg und beschaute mit unersättlichen Blicken sie über und über, weil er nichts zu scheuen hatte, und sprach zugleich mit leiser Stimme zu sich selbst:

»Wie schlummern die Augen! Wie atmet der Mund! So duften nicht die Äpfel, nicht der Blütenbusch. Aber ihn zu küssen scheu' ich mich; der Kuß verwundet das Herz und macht wie frischer Honig rasend; auch fürcht' ich, sie küssend im Schlaf zu stören. O über die schwatzhaften Grillen! Sie werden sie nicht schlafen lassen mit ihrem lauten Geschrei. Aber auch die Böcke klappern kämpfend mit den Hörnern.

O über die Wölfe! Sind sie nicht feiger als die Füchse, daß sie diese Böcke nicht rauben!«

Indem er auf diese Weise sprach, fiel eine Zikade auf der Flucht vor einer Schwalbe, die sie fangen wollte, in Chloës Busen, und die ihr folgende Schwalbe konnte jene zwar nicht fangen, strich aber, beim Verfolgen sich nahend, mit ihren Schwingen an des Mädchens Wangen hin. Sie, die nicht wußte, was vorgegangen war, fuhr mit lautem Ruf aus dem Schlaf empor. Als sie aber die Schwalbe sah, die noch in der Nähe schwebte, und den Daphnis, der über ihr Erschrecken lachte, verlor sie ihre Furcht und rieb sich die Augen, die noch nicht ausgeschlafen hatten. Da schrillte die Zikade aus dem Busen herauf, einem Flehenden ähnlich, der für die Rettung seinen Dank bekennt. Von neuem schrie nun Chloë laut auf und Daphnis lachte, und den Vorwand nutzend, schob er seine Hand in den Busen des Mädchens und zog die Zikade heraus, die auch in seiner Rechten nicht schwieg. Sie aber freute sich des Anblicks und nahm und küßte sie und warf die Plaudernde wieder in den Busen hinab.

Einst ergötzte sie auch die Holztaube mit ihrer ländlichen Stimme aus dem Walde her, und da Chloë zu wissen begehrte, was sie sagte, belehrte sie Daphnis durch die Erzählung der bekannten Geschichte:

»Es war einst ein Mädchen wie du, Mädchen, ebenfalls schön, und hütete viele Rinder in gleichem Alter wie du. Es war aber auch reich an Liedern, und die Rinder erfreuten sich seiner Musik, und es lenkte sie nicht mit Schlägen des Hirtenstocks oder des Stachels; sondern unter der Pinie sitzend und in einem Pinienkranz besang es den Pan und die Pitys. Und die Rinder weilten bei seinem Gesang. Nicht weit davon hütete ein Knabe Rinder, auch schön und gesangreich, und wetteiferte mit den Melodien des Mädchens, und seine Stimme, als eine männliche, tönte stärker und doch süß, weil er ein Knabe war. Und so lockte er acht der besten Kühe zu seiner eigenen Herde herüber. Betrübt über die Verminderung der Herde und den Sieg des Gegners, flehte das Mädchen zu den Göttern, daß es ein Vogel würde, ehe es nach Hause käme. Die Götter erhörten es und machten es zu diesem Vogel hier, der wie das Mädchen auf den Bergen wohnt und reich an Gesang ist wie es. Und noch jetzt verkündet seine Stimme das erfahrene Mißgeschick, indem es die verirrten Rinder sucht.«

Solche Freuden bot ihnen der Sommer dar. Als aber die Herbstzeit kam und die Traube reifte, landeten tyrische Räuber auf einer karischen Barke, um nicht als Barbaren zu erscheinen, an jenen Fluren, stiegen mit Schwertern gerüstet und in Halbpanzern aus, rafften alles zusammen, was ihnen unter die Hände kam, würzigen Wein, eine Fülle von Weizen, Honig in Scheiben; auch einige Rinder von Dorkons Herde trieben sie weg. Sie ergriffen auch den Daphnis, der am Meer wandelte. Denn als Mädchen trieb Chloë des Dryas Schafe später auf die Weide, aus Furcht vor den rohen Hirten. Wie aber die Räuber den großen und schönen Knaben sahen, der mehr wert war als der Raub von den Äckern, kümmerten sie sich weiter um nichts, weder um die Ziegen noch um die Fluren, sondern schleppten ihn hinab auf das Schiff, der weinend und ratlos laut nach Chloë rief. Und schon hatten sie das Tau losgebunden und die Ruder zur Hand genommen und stachen in die See; Chloë aber trieb jetzt ihre Herde herbei, mit einer neuen Syrinx in der Hand, die sie dem Daphnis zum Geschenk brachte. Wie sie aber die Ziegen verschüchtert sah und Daphnis Stimme hörte, der sie immer lauter und lauter rief, da kümmerte sie sich nicht weiter um die Schafe und warf die Syrinx hin und lief zu Dorkon, ihn um Beistand anzuflehen.

Dieser aber war von den Räubern hart geschlagen und lag da mit wenigem Atem, und vieles Blut strömte aus seinen Wunden. Als er aber Chloë sah, regte sich ein schwacher Funke der alten Liebe in ihm, und er sagte:

»Ich, o Chloë, werde in kurzem tot sein; denn als ich für meine Rinder kämpfte, haben mich die ruchlosen Räuber erschlagen wie einen Stier. Du aber rette dir den Daphnis, und mir schaffe Rache und jenen den Untergang. Ich habe die Rinder gelehrt, dem Ton der Syrinx zu folgen und ihren Melodien nachzugehen, wenn sie auch in weiter Ferne weiden. Geh also und nimm diese Syrinx und stimme das Lied darauf an, das ich einst den Daphnis gelehrt habe und Daphnis dich; für das übrige wird die Syrinx sorgen und die Rinder dort. Ich schenke dir auch die Syrinx selbst, mit der ich viele Hirten von

Rindern und Ziegen im Wettstreit besiegt habe. Dafür aber küsse mich, da ich noch lebe, und wenn ich tot bin, beweine mich, und wenn du einen andern diese Rinder weiden siehst, so denke an mich.«

Nachdem Dorkon diese Worte gesprochen und den letzten Kuß geküßt hatte, entwich ihm zugleich mit dem Kuß und der Stimme der Geist. Chloë aber nahm die Syrinx, setzte sie an die Lippen und blies darauf, so stark sie vermochte; und die Rinder hören es und erkennen die Weise und stürzen sich in einem Anlauf brüllend in das Meer. Indem sich nun die Gewalt des Sprunges auf die eine Seite des Schiffes warf und bei dem Sturz der Rinder das Meer sich in die Tiefe öffnete, schlägt das Fahrzeug um und sinkt in den zusammenschlagenden Wellen unter. Die Mannschaft stürzt heraus mit ungleicher Hoffnung der Rettung. Die Räuber trugen Schwerter im Gurt und waren mit schuppigen Halbpanzern angetan und mit Stiefeln an den Füßen, welche die Hälfte des Beines bedeckten; Daphnis aber war unbeschuht, weil er auf der Ebene hütete, und halb entkleidet, weil die Jahreszeit noch brennend heiß war. Jene hatten nun nicht lange geschwommen, als die Waffen sie in die Tiefe zogen; Daphnis aber hatte die Kleidung leicht ausgezogen; doch machte ihm das Schwimmen Mühe, weil er vorher nur in Flüssen geschwommen hatte. Bald aber, durch die Not belehrt, was er zu tun habe, warf er sich mitten unter die Rinder, faßte ihrer zwei an den Hörnern mit beiden Händen und wurde so in ihrer Mitte ohne Arbeit und Mühe getragen, als ob er einen Wagen lenkte. Der Stier schwimmt aber wie kein Mensch es kann; nur den Wasservögeln steht er nach und den Fischen. Auch würde kein Rind beim Schwimmen umkommen, wenn ihm nicht das Horn an den Klauen, wenn es durchgeweicht ist, abfiele. Dies bezeugen bis auf den heutigen Tag viele Plätze des Meeres, welche die Rinderfurt heißen.

Auf diese Art also wird Daphnis gerettet, indem er gegen alles Erwarten der zweifachen Gefahr, des Raubes und des Schiffbruchs, entkam. Als er nun ans Land gestiegen war und Chloë am Ufer lachend zugleich und weinend fand, warf er sich an ihre Brust und fragte sie, weshalb sie auf der Syrinx geblasen hätte. Da erzählte sie ihm alles: den Lauf zu Dorkon; der Rinder Unterweisung; wie er ihr zu flöten befohlen habe und daß Dorkon gestorben sei; nur den Kuß verschwieg sie aus Scheu. Sie beschlossen also, ihren Wohltäter zu ehren und begruben den armen Dorkon gemeinschaftlich mit seinen Verwandten. Dann häuften sie vieles Erdreich auf, pflanzten viele fruchttragende Bäume und hingen ihm die Erstlinge ihrer Arbeiten auf; aber auch Milch spendeten sie und drückten Trauben aus und zerbrachen viele Syringen. Auch klägliches Brüllen der Rinder wurde vernommen, und bei dem Brüllen sah man sie unruhig hin und her rennen; und dies war, wie unter den Schäfern und Ziegenhirten vermutet wurde, die Totenklage der Rinder um den verstorbenen Hirten.

Nach Dorkons Beerdigung führte Chloë den Daphnis zu den Nymphen in die Felsengrotte und wusch ihn ab. Und auch sie selbst badete damals zum ersten Male in Daphnis' Gegenwart ihren Leib, der, weiß und rein von Schönheit, keines Bades zur Schönheit bedurfte; dann sammelten sie Blumen, so viele deren diese Jahreszeit bot, und schmückten die Bilder damit und hingen Dorkons Syrinx an der Felsenwand zum Weihgeschenk auf. Hierauf gingen sie zu dem Weideplatz und sahen nach den Ziegen und den Schafen. Diese aber waren alle gelagert und weideten nicht und blökten nicht, sondern sehnten sich, wie ich glaube, nach Daphnis und Chloë, die ihnen entschwunden waren. Denn als sie sich zeigten und ihnen nach gewohnter Weise zuriefen und flöteten, da standen die Schafe auf und weideten; die Ziegen aber sprangen voll von reger Lust, als freuten sie sich der Rettung des gewohnten Hirten. In Daphnis' Seele aber sprach die Freude nicht an; denn seitdem er Chloë entkleidet und die zuvor verhüllte Schönheit entschleiert gesehen hatte, da krankte sein Herz wie von Gift verzehrt. Der Atem selbst ging bisweilen so ungestüm, als ob ihn jemand verfolgte; dann blieb er aus, als ob er erschöpft sei durch den vorigen Anlauf. Das Bad kam ihm furchtbarer vor als das Meer, und es war ihm, als wäre seine Seele noch bei den Räubern geblieben; denn jung, wie er war, und unwissend, war ihm des Eros Räuberart fremd.

Zweites Buch

Schon war der Herbst in voller Kraft, und die Weinlese nahte mit starken Schritten, und alles war auf den Feldern in Arbeit. Der eine richtete die Keltern zu; der andere reinigte Fässer; ein dritter flocht Körbe. Einer sorgte für eine kleine Hippe zum Schneiden der Trauben; ein anderer für einen Stein, die saftreichen Trauben zu pressen; noch einer für trockene mürbegeklopfte Weidenschosse, um bei Licht zur Nachtzeit den Most zu tragen. Auch Daphnis und Chloë, unbekümmert um die Schafe und Ziegen, boten sich gegenseitig hilfreich die Hände. Er trug in Körben die Trauben zu, zertrat sie in den Kufen und schaffte den Wein in die Fässer; sie aber bereitete den Winzern die Kost und schenkte ihnen älteren Wein zum Trank aus und las die Trauben von den niedrigeren Stöcken ab. Denn aller Wein auf Lesbos wächst niedrig, nicht hoch hinauf noch an Bäumen gezogen; sondern die Reben in der Tiefe ausbreitend; auch ein Kind könnte die Traube erreichen, wenn ihm eben die Hände aus den Windeln gelöst sind.

Wie es nun bei dem Fest des Dionysos und des Weines Erzeugung natürlich ist: Die von der benachbarten Flur zum Beistand geladenen Weiber warfen die Augen auf den Daphnis und lobten ihn und sagten, daß er an Schönheit dem Bacchus gleiche. Eine der Dreisteren küßte ihn auch wohl und reizte den Daphnis und kränkte Chloë. Die Männer in den Keltern aber neckten Chloë mit mancherlei Reden, und wie nach den Mänaden die Satyrn, so taten sie wahnsinnige Sprünge und wünschten Schafe zu werden, um von ihr geweidet zu sein; so daß sie sich nun freute und Daphnis gekränkt war. Beide wünschten also, daß die Weinlese schnell sich ende und sie wieder die gewohnten Plätze bezögen und statt des unharmonischen Geschreis die Syrinx hörten oder die blökenden Herden. Als nach Verlauf weniger Tage die Reben abgelesen und der Most in den Fässern gefaßt war und es nicht mehr so vieler Hände bedurfte, da trieben sie die Herden auf die Flur und verehrten freudigen Sinnes die Nymphen, indem sie ihnen als Erstlinge der Weinlese Trauben an den Reben brachten. Aber auch vorher waren sie nicht achtlos bei ihnen vorübergegangen, sondern immer beteten sie zu ihnen beim Anfang der Weide, und bei der Rückkehr von der Weide knieten sie vor ihnen, und jederzeit brachten sie etwas dar, entweder eine Blume oder eine Frucht oder einen grünen Zweig oder eine Spende von Milch. Und dafür ward ihnen späterhin Vergeltung von den Göttern zuteil. Damals aber, wie das Sprichwort sagt, war der Hund von der Kette, und sie hüpften, flöteten und sangen, und balgten sich mit den Böcken und den Schafen.

Bei solcher Kurzweil tritt ein Greis zu ihnen, mit einem Ziegenfell bekleidet, Sohlen von rohem Leder an den Füßen und einen Ranzen übergehängt, einen alten Ranzen. Dieser setzte sich nah zu ihnen und sprach also:

»Ich bin der alte Philetas, ihr Kinder. Viel hab' ich zu diesen Nymphen gesungen; viel auch jenem Pan geflötet und große Herden von Rindern nur durch Musik geführt. Jetzt bin ich zu euch gekommen, euch zu sagen, was ich gesehen, und zu melden, was ich gehört habe. Ich besitze einen Garten, meiner Hände Werk; denn seitdem ich des Alters wegen aufgehört habe zu weiden, bearbeit' ich mir ihn, und was die Jahreszeiten bringen, hab' ich alles in ihm zu jeder Zeit: im Frühling Rosen und Lilien, Hyazinthen und Veilchen beiderlei Art; im Sommer Mohn und Birnen, auch alle Gattungen Äpfel; jetzt Trauben und Feigen, Granatäpfel und grüne Myrten. Zu diesem Garten kommen Scharen von Vögeln zur Morgenzeit; einige der Nahrung wegen, andere um zu singen; denn er ist von Bäumen überwölbt und schattenreich und von drei Quellen bewässert. Wenn man die Mauer hinwegnähme, würde man glauben, einen Hain zu sehn.

Als ich nun heute um die Mittagszeit hineintrat, ward ich unter den Granat- und Myrtenbüschen ein Kind gewahr, mit Myrten und Granatäpfeln, weiß wie Milch, das Haar rot wie Feuer, strahlend wie eben aus dem Bad kommend. Es war nackt; es war allein; es spielte, als ob es in seinem eigenen Garten Früchte sammle. Ich lief also hinzu, den Knaben zu fangen; denn mir war bang, daß er in seinem Mutwillen die Myrten und Granatbüsche knickte; er aber entschlüpfte mir gar behend und leicht, bald unter die Rosenhecken, bald unter die Mohnstauden, wie ein junges Rebhuhn. Oftmals haben mir wohl säugende Böckchen, wenn ich sie verfolgte, zu schaffen gemacht; oftmals haben mich auch die kleinen Kälber, wenn ich ihnen nachlief, ermüdet; aber das war ein ganz listiges Wesen, das sich durchaus nicht fangen ließ. Wie ich nun ermattet war, ich alter Mann, und, auf meinen Stab gestützt, Achtung zugleich gab, daß er nicht entliefe, fragte ich ihn, wem in der Nachbarschaft er angehöre und mit welchem Recht er einen fremden Garten plündere. Er aber gab keine Antwort, sondern ganz nah bei mir lachte er recht zart und warf mit Myrten nach mir und schmeichelte mir, ich weiß nicht wie, den Zorn weg. Da bat ich ihn, in meine Arme zu kommen, ohne weitere Furcht, und schwur bei den Myrten, ihn frei zu lassen und ihm noch Äpfel und Granaten dazu zu geben und gern zu gestatten, daß er zu jeder Zeit Früchte von den Bäumen nehme und Blumen pflücke, wenn ich nur einen einzigen Kuß von ihm erhielte.

Da lachte er nun mit gar hellem Ton und ließ mich eine Stimme hören, wie weder die Schwalbe hat noch die Nachtigall noch der Schwan, wenn er alt worden ist wie ich. ›Mir‹, sagte er, ›Philetas, wär' es leicht, dich zu küssen; denn ich wünsche mehr, geküßt zu werden, als du, dich zu verjüngen. Sieh aber zu, ob diese Gabe deinem Alter gemäß ist. Denn nach dem einen Kuß wird dich das Alter nicht abhalten, mich noch mehr zu verfolgen. Aber es ist schwer, mich zu fangen, selbst für Falken und Adler, oder wenn es noch schnellere Vögel gibt. Ich bin kein Kind, obschon ich ein Kind scheine, sondern älter als Chronos, ja als die ganze Zeit. Wohl weiß ich, wie du in deiner ersten Jugend in jener Niederung die große Rinderherde weidetest, und ich saß neben dir, wenn du bei jenen Buchen flötetest, als du die Amaryllis liebtest; aber du sahst mich nicht, so nah ich auch dem Mädchen stand. Ich gab sie dir, und schon hast du Söhne, wackere Hirten und Landleute. Jetzt aber hüte ich Daphnis und Chloë, und wenn ich sie am Morgen zusammengeführt habe, begeb' ich mich in deinen Garten und ergötze mich an den Blumen und Pflanzen und bade mich in diesen Quellen; und darum sind die Blumen und Pflanzen so schön, weil sie von meinem Bad getränkt werden. Sieh zu, ob dir eine der Pflanzen geknickt, ob eine Frucht dir geraubt, ob die Wurzel einer Blume zertreten, ob eine Quelle getrübt ist; und freue dich, daß du allein von den Menschen im Alter dies Knäblein gesehen hast.‹

Nach diesen Worten erhob er sich wie das Junge der Nachtigall auf die Myrtensträucher, und von Zweig zu Zweig schlüpft' er durch das Laub bis zum Wipfel empor. Da sah ich auch Flügel auf seinen Schultern und einen Bogen zwischen den Flügeln und den Schultern; bald aber sah ich weder dies noch ihn selbst. Wenn ich aber nicht umsonst diese grauen Haare trage noch vor Alter kindisch geworden bin, so seid ihr Kinder dem Eros geweiht, und Eros trägt für euch Sorge.«

Mit großem Ergötzen hörten sie zu, als ob sie ein Märchen, nicht eine Geschichte hörten, und fragten, was denn nur der Eros sei, ob ein Knabe oder ein Vogel, und was er vermöge? Da erwiderte Philetas: »Ein Gott, ihr Kinder, ist Eros, jung und schön und beschwingt. Deshalb freut er sich auch der Jugend und jagt der Schönheit nach und beflügelt die Seelen. Er vermag aber mehr als Zeus selbst. Er herrscht über die Elemente; er herrscht über die Gestirne; er herrscht über die ihm ähnlichen Götter, mächtiger als ihr über die Ziegen und Schafe. Die Blumen alle sind Eros' Werk; diese Pflanzen hier sind seine Gebilde. Durch ihn ergießen sich die Flüsse, und die Winde wehen durch ihn. Ich sah den Stier, wenn er liebte; und wie von der Bremse gestochen, brüllte er; auch den Bock, der die Ziege liebte: und er folgte ihr überall. Ich selbst war jung und liebte die Amaryllis; da gedacht' ich der Nahrung nicht und nahm keinen Trank zu mir und genoß keinen Schlaf. Meine Seele krankte, mein Herz klopfte, mein Leib schauerte. Ich schrie, als ob ich geschlagen würde, ich war stumm, als ob ich gestorben wäre; ich warf mich in die Flüsse, als ob ich brennte. Ich rief den Pan um Beistand an, weil auch er die Pitys geliebt habe: ich pries die Echo, die mit mir der Amaryllis Namen rief; ich zerbrach meine Flöten, weil sie wohl meine Rinder beruhigten, die Geliebte aber nicht zu mir führten. Denn gegen den Eros hilft kein Mittel, nicht was getrunken, nicht was eingenommen, nicht was in Zauberliedern ausgesprochen wird; keines als Kuß und Umarmung und Zusammenliegen mit nackten Leibern.«

Als Philetas sie soweit unterwiesen hatte, begab er sich weg, nachdem er einige Käse von ihnen und ein schön gehörntes

Böckchen empfangen hatte; sie aber, die jetzt zum erstenmal des Eros Namen gehört hatten, versanken, als sie allein gelassen waren, in tiefe Traurigkeit, und in der Nacht, nach der Rückkehr in die Ställe, hielten sie das, was sie vernommen, mit dem zusammen, was sie selbst erfahren hatten: »Die Liebenden härmen sich: auch wir härmen uns; sie achten der Nahrung nicht: auf gleiche Weise achteten auch wir ihrer nicht; sie können nicht schlafen: das widerfährt jetzt auch uns; sie glauben zu brennen: auch in uns ist die Glut; sie wünschen einander zu sehen: darum bricht auch uns der Tag immer später an, als wir wünschen. Wohl mag das Liebe sein, und wir lieben einander, ohne es zu wissen. Wenn es aber nicht Liebe ist und ich nicht der Liebende bin, warum grämen wir uns denn? Warum suchen wir einander? Philetas hat in allem wahr gesprochen. Das Knäblein aus dem Garten erschien ja auch unsern Vätern in jenem Traum und hat uns die Herden zu weiden befohlen. Wie möchte man es doch fangen? Es ist klein und wird fliehen. Und wie möchte einer ihm selbst entfliehen? Es hat Flügel und wird ihn einholen. Wir müssen uns an die hilfreichen Nymphen wenden. Aber auch dem Philetas half Pan nicht, als er die Amaryllis liebte. So müssen wir also die Mittel suchen, die er nannte, den Kuß, die Umarmung und unbekleidet zusammenliegen. Zwar wird es schon kalt; aber wir werden das so gut wie Philetas aushalten.«

Dies war nun ihre nächtliche Erkenntnis. Und als sie am folgenden Morgen mit den Herden auf den Weideplatz kamen und sich ansichtig wurden, küßten sie einander, was sie nie vorher getan hatten, und umfaßten sich mit verschlungenen Armen; das dritte Mittel aber, das Auskleiden und Niederlegen, zögerte noch; denn es war zu dreist, nicht bloß für Mädchen, sondern auch für junge Ziegenhirten. Und die Nacht kam wieder und Schlaflosigkeit mit ihr und Sinnen über das Geschehene und Unmut über das Unterlassene: »Wir haben geküßt: und es hat nichts geholfen; wir haben umarmt; und auch ohne Nutzen. Zusammenzuliegen ist also das einzige Mittel der Liebe; auch dieses muß versucht werden. Sicher ist in ihm eine größere Kraft als in dem Kuß.«

Bei solchen Gedanken erblickten sie denn auch, wie zu erwarten, Träume der Liebe, Küsse und Umarmungen; und was sie am Tage nicht getan haben, das vollbrachten sie im Traum und lagen entkleidet zusammen. Begeisterter also standen sie am folgenden Morgen auf und trieben die Herden rasch hinab, denn sie eilten den Küssen zu: und als sie einander erblickten, liefen sie lächelnd den Weg hinab. Die Küsse erfolgten; das Umfangen mit den Händen kam nachher, das dritte Mittel aber zögerte. Denn weder Daphnis wagte es zu nennen, noch wollte Chloë den Anfang machen, bis sie durch Zufall auch dieses taten.

Sie saßen unter dem Stamm einer Eiche nah zusammen, und da sie einmal die Wonne der Küsse gekostet hatten, schwelgten sie unersättlich in Lust. Auch der Hände Umschlingung übten sie, wodurch Mund an Mund festgedrückt wurde. Als nun bei diesem Umfangen Daphnis sie gewaltsamer an sich zog, so sank Chloë auf die Seite hin, und er, dem Kusse folgend, sank ihr nach. Da erkannten sie das Abbild ihrer Träume und lagen lange Zeit wie zusammengebunden. Da sie aber von dem weiteren nichts wußten und dies für das Ziel des Genusses hielten, verschwendeten sie den größten Teil des Tages umsonst und trennten sich dann und trieben die Herden hinweg, der Nacht grollend. Vielleicht aber hätten sie doch das Wirkliche vollbracht, wenn nicht ein Vorfall die ganze Nachbarschaft mit Schrecken erfüllt hätte.

Reiche Jünglinge aus Methymna, welche die Zeit der Weinlese in ungewohntem Genuß feiern wollten, zogen eine kleine Barke in die See, setzten ihre Diener an das Ruder und besuchten alle Fluren der Mytilenäer, die dem Meer nah liegen. Denn die Seeküste ist an schönen Häfen reich und mit Gebäuden herrlich geschmückt. Auch zahlreiche Bäder, Lustgärten und Haine liegen dort, zum Teil Werke der Natur, zum Teil der Menschen Kunst, alle zu frohem Genuß geeignet. Sie schifften also längs dem Ufer hin, legten hier und da an, taten niemandem Böses, sondern ergötzten sich auf mannigfaltige Art. Bald fingen sie mit Angeln, die durch zarte Fäden an Rohrstäben befestigt waren, von überhängenden Klippen herab, die zwischen den Felsen hausenden Fische; bald erbeuteten sie mit Hunden und Netzen die durch die Unruhe in den Weinbergen verschüchterten Hasen. Jetzt gingen sie auch wohl dem Vogelfang nach und fingen wilde Gänse, Enten und Trappen in

Schlingen, so daß sie von der Ergötzung auch Nutzen für den Tisch hatten. Wenn sie aber etwas bedurften, so nahmen sie es von den Landbewohnern, denen sie mehr dafür zahlten, als der Wert betrug. Sie bedurften aber nur Brot und Wein und Obdach; denn in der Herbstzeit auf dem Meer zu weilen, schien nicht ohne Gefahr; daher sie auch aus Furcht vor stürmischen Nächten die Barke an das Ufer zogen.

Da geschah es nun, daß einer der Landleute, der zum Aufziehen des Steines, womit die getretenen Trauben gepreßt werden, eines Strickes bedurfte, da der vorige zerrissen war, heimlich an das Meer und zu dem unbewachten Schiff ging, das Tau losband und es zu Haus zu seinem Zweck benutzte. Am Morgen stellten die methymnäischen Jünglinge Nachforschungen nach dem Tau an, und da niemand den Diebstahl eingestand, schalten sie die Wirte ein wenig und fuhren weiter; und nach einer Fahrt von dreißig Stadien legten sie an den Fluren an, wo Daphnis und Chloë wohnten: denn das Gefild schien ihnen wohlgeeignet zur Jagd der Hasen. Nun hatten sie keinen Strick zur Befestigung; daher drehten sie einen langen grünen Weidenschoß zu einem Tau zusammen und banden damit das Schiff an seinem Hinterteil am Ufer fest. Hierauf ließen sie die Hunde los, Wild aufzustöbern, und stellten Netze in den Gängen auf, wo es ihnen am geeignetsten schien. Bellend liefen nun die Hunde umher und scheuchten die Ziegen, und diese verließen die Anhöhen und eilten mehr nach dem Ufer hin. Da sie aber auf dem Sand keine Nahrung fanden, wagten sich die Dreisteren zu dem Schiff und nagten die grünen Weiden, womit das Schiff befestigt war, ab.

Nun hatte sich von den Bergen der Wind erhoben, und das Meer warf kleine Wellen. Schnell entführte daher der Rückschlag der Wellen das losgebundene Schiff und riß es auf die hohe See hinaus. Als dies die Methymnäer bemerkten, liefen die einen zum Meer hin, die andern riefen die Hunde zusammen; alle aber schrien laut, so daß alles von den nahen Fluren zusammenkam. Aber umsonst. Der Wind war frisch, und mit unaufhaltsamer Eile flog das Schiff mit der Flut dahin. Nun suchten also die Methymnäer, die nicht wenig dabei verloren, den Ziegenhirten auf, und als sie den Daphnis gefunden hatten, schlugen sie ihn und zogen ihn aus. Ja einer nahm das Leitseil eines Hundes und zog ihm die Hände auf den Rücken, um ihn zu binden. Er aber schrie bei den Schlägen und beschwor die Landleute und rief vor allen den Lamon und Dryas zu Hilfe. Diese, bejahrte, aber rüstige Männer, mit Händen, die durch die Landarbeit gestärkt waren, taten Widerstand und verlangten rechtliche Untersuchung über den Vorfall.

Da nun dies auch die andern verlangten, setzten sie den Rinderhirten Philetas zum Richter; denn er war unter den Anwesenden der älteste und hatte unter den Landleuten den Ruf vorzüglicher Gerechtigkeit. Zuerst brachten die Methymnäer ihre Klage an, deutlich und kurz, da sie einen Hirten zum Richter hatten: »Wir kamen auf diese Flur in der Absicht zu jagen. Nun hatten wir unser Schiff mit einem grünen Weidenschoß festgebunden und am Ufer zurückgelassen; wir selbst aber suchten mit den Hunden nach Wild. In dieser Zeit kommen die Ziegen dieses Knaben zum Meer hinab, fressen den Weidenschoß ab und machen das Schiff los. Du hast es auf dem Meer treiben sehen; aber wie viele Güter, meinst du, daß es in sich hält? Welche Kleider sind da verloren! Wieviel Schmuck der Hunde! Wieviel Geld! Alle diese Äcker könnte einer damit kaufen. Dafür wollen wir nun diesen hier mit uns nehmen, da er ein schlechter Hirt ist und die Ziegen am Meer weidet wie ein Schiffer.«

So lautete die Klage der Methymnäer. Daphnis aber, so arg er auch von den Schlägen mißhandelt war, achtete doch alles gering, da er Chloë gegenwärtig sah, und sprach also: »Ich weide die Ziegen, wie es sich gebührt. Nie hat mich ein Nachbar beschuldigt, auch nicht einer, daß eine meiner Ziegen ihm den Garten beschädigt oder eine junge Rebe zertreten hätte; aber diese Männer sind schlechte Jäger und haben übel abgerichtete Hunde, die durch ihr vieles Umherlaufen und ihr rauhes Gebell die Ziegen von den Bergen und den Ebenen nach dem Meer gejagt haben wie Wölfe. Aber sie haben das grüne Seil abgefressen. Allerdings, weil sie auf dem Sand kein Gras, keinen Klee oder Thymian fanden. Aber das Schiff ist von Wind und Wellen verlorengegangen. Das ist des Sturmes, nicht der Ziegen Schuld. Aber es lagen Kleider darin und Geld. Welcher Mensch von gesundem Verstand wird glauben, daß ein so reich beladenes Schiff zum Tau einen Weidenschoß hat?«

Bei diesen Worten weinte Daphnis und erregte großes Mitleiden bei den Landleuten; so daß Philetas, der Richter, beim Pan und den Nymphen schwur, Daphnis habe keine Schuld, so wie auch die Ziegen nicht, sondern Meer und Wind, worüber andere zu richten hätten. Hierdurch überzeugte Philetas die Methymnäer nicht; sondern sie ergriffen in ihrem Zorn den Daphnis von neuem und wollten ihn binden. Da gerieten aber die Landleute in Aufruhr und drangen auf sie ein wie Stare oder Dohlen; und schnell entrissen sie ihnen den Daphnis, der auch selbst mit kämpfte, schlugen mit Stöcken drein und jagten sie in die Flucht, ließen auch nicht eher ab, bis sie über die Grenzen hinaus in eine andere Flur getrieben waren.

Während nun jene die Methymnäer verfolgten, führte Chloë in aller Stille den Daphnis zu den Nymphen und wusch ihm das blutige Gesicht ab – denn er hatte einen Schlag auf die Nase bekommen –, nahm aus der Hirtentasche ein Stück gesäuertes Brot und einen Schnitt Käse und gab es ihm zu essen, und was ihn am meisten erquickte, sie drückte ihm einen honigsüßen Kuß mit ihren zarten Lippen auf.

So entrann also damals Daphnis einer großen Gefahr: Die Sache aber war damit nicht geendigt. Denn kaum waren die Methymnäer in ihrer Heimat angekommen, Fußgänger statt Schiffer, und statt üppigen Schmuckes mit Wunden bedeckt, als sie eine Versammlung ihrer Mitbürger beriefen, als Flehende auftraten und um Rache baten. Von dem wahren Verlauf der Sache aber sagten sie kein Wort, um nicht noch obendrein verlacht zu werden, wenn man erführe, daß sie so große Schmach von Hirten erduldet hätten; sondern beschuldigten die Mytilenäer, ihnen ihr Schiff genommen und ihre Güter geraubt zu haben nach der Weise des Krieges. Jene glaubten ihnen wegen der Wunden, und da sie es für billig hielten, Jünglingen aus ihren ersten Häusern Genugtuung zu verschaffen, beschlossen sie gegen die Mytilenäer einen Krieg ohne Kriegserklärung und befahlen dem Feldherrn, mit zehn Schiffen in See zu gehen und die Seeküsten zu verheeren; denn da der Winter so nah war, schien es nicht sicher, dem Meer eine größere Flotte anzuvertrauen.

Dieser brach sogleich mit seinen Kriegern, die auch Ruderer

waren, auf und überfiel die am Meer gelegenen Fluren der Mytilenäer. Hier raubte er viele Herden, auch viel Getreide und Wein, da die Weinlese eben zu Ende war, und nicht wenige Menschen, die dort auf dem Land arbeiteten. Auch Chloës und Daphnis' Flur überfiel er, unternahm eine schnelle Landung und trieb, was ihm in die Hände kam, als Beute weg. Daphnis war nicht bei den Ziegen, sondern hieb oben im Wald grünes Laub ab, um im Winter Futter für die jungen Ziegen zu haben; und da er von der Höhe herab den feindlichen Überfall sah, verbarg er sich in dem hohlen Stamm einer abgestorbenen Buche. Chloë aber war bei den Herden, und da sie verfolgt wurde, floh sie zu den Nymphen und bat die Verfolgenden, ihre Herde zu schonen und sie selbst, um der Göttinnen willen. Umsonst. Die Methymnäer verhöhnten die Bilder mit vielem Spott und trieben die Herden weg und zogen auch Chloë fort, wie eine Ziege oder ein Schaf, und schlugen mit Reisern auf sie.

Als sie nun die Schiffe mit mannigfaltigem Raub angefüllt hatten, beschlossen sie, nicht weiter zu segeln, sondern nahmen den Weg nach Hause, da sie Winterstürme und Feinde fürchteten. Sie fuhren also mit mühsamer Ruderarbeit fort, denn es regte sich kein Wind; Daphnis aber kehrte, als es ruhig geworden, auf die Ebene nach dem Weideplatz zurück; und da er hier weder die Ziegen sah noch die Schafe antraf noch Chloë fand, sondern überall die tiefste Einsamkeit und auch die Syrinx, Chloës gewohnte Freude, auf die Erde geworfen, lief er mit lautem Geschrei und kläglichem Jammer bald zu der Eiche, wo sie zu sitzen pflegten, bald zu dem Meer, in der Hoffnung, sie hier zu sehen; bald zu den Nymphen, zu denen sie geflohen war. Hier warf er sich zur Erde und klagte die Nymphen des Verrates an:

»Von euch wurde Chloë weggerissen; und ihr habt dies mit anzusehen vermocht? Sie, die euch Kränze flocht; die euch die erste Milch spendete; deren Gabe diese Syrinx ist! Keine Ziege hat mir der Wolf geraubt, und nun rauben Feinde die Herde und die Gefährtin! Ach! Sie erwürgen die Ziegen und schlachten die Schafe; und Chloë wird künftig in der Stadt wohnen. Wie soll ich nun zum Vater und zur Mutter gehen, ohne die Ziegen, ohne Chloë, künftig ein elender Mietling? Denn ich habe nichts mehr zu hüten. Hier will ich liegen bleiben und den Tod erwarten, oder einen zweiten Krieg. Fühlst du, Chloë, Gleiches mit mir? Denkst du an diese Gefilde, an diese Nymphen und an mich? Oder geben dir die Schafe und Ziegen, deine Mitgefangenen, Trost?«

Indem er so sprach, überfiel ihn unter Tränen und Schmerz ein tiefer Schlaf, und die drei Nymphen traten zu ihm hin, als große und schöne Weiber, halb entblößt und unbeschuht, die Haare aufgelöst und ihren Bildern gleich. Zuerst, wie es ihm vorkam, bezeigten sie sich mitleidig gegen ihn; dann nahm die älteste das Wort und sprach ihm Mut zu: »Schilt uns nicht, Daphnis! Mehr noch als dir liegt uns Chloë am Herzen. Wir erbarmten uns ihrer, da sie ein Kind war; und als sie in dieser Grotte lag, verliehen wir ihr Nahrung. Sie hat nichts mit diesen Fluren, nichts mit Lamons Schafen gemein. Und auch jetzt ist von uns für sie gesorgt, daß sie nicht nach Methymna entführt, Sklavendienste tun noch ein Teil der Kriegsbeute werde. Auch den Pan dort, der unter der Pinie steht, und den ihr nie, nicht einmal mit Blumen geehrt habt, den haben wir gebeten, Chloës Retter zu werden. Er ist des Krieges mehr gewohnt als wir und hat schon oft die Flur verlassen, um im Kriege mitzukämpfen. So wird er auch jetzt weggehen, den Methymnäern kein erfreulicher Gegner. Überlaß dich also nicht der Traurigkeit, sondern stehe auf und zeige dich dem Lamon und der Myrtale, die ebenfalls auf der Erde liegen, weil sie glauben, auch du seist ein Teil des Raubes geworden. Am morgigen Tag wird Chloë zu dir zurückkehren mit den Ziegen und mit den Schafen, und ihr werdet zusammen weiden und zusammen flöten; für das übrige wird Eros bei euch sorgen.«

Als nun Daphnis solches gesehen und vernommen hatte, sprang er auf aus dem Schlaf, und weinend vor Lust und Kummer kniete er vor den Bildern der Nymphen nieder und gelobte, wenn Chloë gerettet wäre, die beste seiner Ziegen zu opfern. Dann lief er auch zu der Pinie hin, wo das Bildnis des Pan aufgestellt war, bockfüßig und gehörnt, in der einen Hand die Syrinx, in der andern einen springenden Bock; und kniete auch vor diesem nieder und betete für Chloë und gelobte ihm, einen Bock zu opfern. Und schon neigte sich die Sonne zum Untergang, als er endlich von Beten und Weinen rastete. Da nahm er das Laub, das er gehauen hatte, zusammen und kehrte zu den Ställen zurück und wandelte Lamons und seines Weibes Trauer in Freudigkeit um; dann genoß er einige Nahrung und überließ sich dem Schlaf, der aber auch nicht ohne Tränen war. Denn er wünschte die Nymphen wiederum im Traum zu sehen; auch daß schnell der Tag kommen möchte, wünschte er, wo sie ihm Chloë verheißen hatten. Während dieser Nacht aber trug sich folgendes zu:

Die Flotte der Methymnäer hatte sich etwa zehn Stadien weit entfernt, als der Führer beschloß, den von ihrem Feldzug ermüdeten Kriegern eine Erholung zu gönnen. Daher ließ er bei einem Vorgebirge, das sich mondförmig in das Meer erstreckte und eine Bucht bildete, in welcher das Meer ruhiger als in einem Hafen lag, die Schiffe auf hoher See Anker werfen, so daß die Landleute keines vom Ufer aus beschädigen konnten, und gestattete seinen Methymnäern den Genuß einer friedlichen Ergötzlichkeit. Da sie nun durch den Raub Überfluß an allem hatten, begingen sie trinkend und scherzend eine Art von Siegesfest. Als aber der Tag zu Ende ging und die Lust in anbrechender Nacht erlosch, da schien plötzlich das ganze Land in Feuer zu stehen, und ein Geräusch wurde vernommen wie vom Schlagen der Ruder, als ob ein großes Geschwader nahte. Da schrie einer dem Feldherrn zu, die Waffen zu ergreifen; einer rief den andern; einer glaubte auch verwundet zu sein, und einer lag wie tot auf der Erde. Man hätte meinen sollen, es werde eine nächtliche Schlacht geliefert, ohne daß doch Feinde zugegen waren.

Auf eine solche Nacht folgte ihnen ein Tag, der noch furchtbarer war als die Nacht. Die Böcke von der Herde des Daphnis und die Ziegen hatten traubigen Efeu um die Hörner; Chloës' Widder und Schafe aber heulten den Wölfen gleich. Sie selbst erschien mit einem Fichtenzweig bekränzt. Auch auf dem Meer begaben sich seltsame Zeichen. Die Anker blieben in der Tiefe, wenn man sie aufzuwinden versuchte; die Ruder zerbrachen, wenn man sie in das Wasser senkte; und Delphine sprangen auf aus dem Meer, schlugen mit den Schwänzen gegen das Schiff und lösten seine Fugen auf. Auch wurde von dem schroffen Felsen herüber, der über dem Vorgebirge lag, der Ton der Syrinx vernommen; aber nicht erfreulich klang er wie die Syrinx, sondern schreckte die Hörenden wie die Trompete. Bestürzung ergriff sie, und sie liefen nach den Waffen und riefen die Feinde an, die nicht sichtbar waren, so daß sie die Nacht zurückwünschten, von der sie Frieden erwarteten. So viel erkannten nun bei diesen Vorfällen alle, die gesunden Sinnes waren, daß diese Trugbilder und Stimmen ein Werk des Pan wären, der den Schiffern zürne. Die Ursache aber konnten sie nicht erraten; denn kein Heiligtum des Pan war beraubt worden; bis um die Mittagszeit nicht ohne göttliche Schickung der Feldherr in Schlaf fiel, den Pan erblickte und Folgendes von ihm vernahm:

»Oh, ihr aller Menschen ruchloseste und gottvergessenste, wie habt ihr rasenden Sinnes solchen Frevel begangen? Ihr habt über Fluren, die ich liebe, den Krieg verbreitet; ihr habt Herden von Rindern und Ziegen und Schafen, die unter meiner Obhut stehen, hinweggetrieben, ihr habt von den Altären ein Mädchen weggerissen, aus welchem Eros eine Geschichte der Liebe machen will; und weder die Blicke der Nymphen habt ihr gescheut, noch mich, den Pan. Ihr werdet Methymna nicht wiedersehen, wenn ihr mit solcher Beute schifft, noch werdet ihr dieser Syrinx entrinnen, die euch mit Schrecken erfüllt hat; sondern ich werde euch in die Fluten versenken und den Fischen zum Futter geben, wenn du nicht auf das schleunigste Chloë den Nymphen zurückgibst und Chloës' Herden, die Ziegen wie die Schafe. Auf denn, und schiffe das Mädchen aus mit dem, was ich gesagt habe. Dann werd' ich dich geleiten auf deiner Fahrt, und jene auf ihrem Wege.«

In großer Bestürzung sprang Bryaxis – dies war des Feldherrn Name – auf, rief die Befehlshaber der Schiffe zusammen und befahl ihnen, auf das schleunigste unter den Gefangenen Chloë aufzusuchen. Sie fanden sie schnell und führten sie zu ihm; denn sie saß mit dem Fichtenzweige bekränzt; und da er auch hierin eine Bestätigung seines Traumgesichtes sah, brachte er sie auf seinem eigenen Schiffe an das Land. Und kaum war sie ausgestiegen, als wiederum der Ton der Syrinx von dem Felsen her vernommen wurde, aber nicht mehr kriegerisch und furchtbar, sondern hirtlich wie der Ton, der die Herden zur Weide führt. Auch eilten die Schafe auf den

Stiegen hinab, ohne auf dem Horn ihrer Klauen auszugleiten, und noch weit kecker die Ziegen, weil sie auf Felsen zu klettern gewohnt sind.

Diese umringten nun Chloë wie ein Chor, hüpfend und blökend, wie von Freude belebt; die Ziegen der andern Hirten aber und die Schafe und die Rinderherden blieben an ihrer Stelle im Schiffsraum, als ob die Gesangsweise sie nichts anginge. Indem nun alle voll Staunens waren und den Pan mit lauter Stimme priesen, zeigte sich auf beiden Elementen noch Wunderbareres. Die Schiffe der Methymnäer begannen ihren Lauf, ehe die Anker aufgewunden waren, und ein Delphin tauchte aus dem Wasser auf und zog vor dem Schiff des Feldherrn her; die Ziegen und Schafe aber führte der süßeste Flötenton, den Flötenden aber sah niemand, und die Schafe und Ziegen gingen fort und weideten zugleich, durch die Töne erfreut.

Es war etwa die Zeit der zweiten Weide, als Daphnis von einer hohen Warte herab die Herden und Chloë erblickte und mit dem Rufe: »O Nymphen und Pan!« auf die Ebene hinablief und Chloë umarmend leblos niedersank. Langsam kehrte er durch Chloës' Küsse und Umarmungen in das Leben zurück und begab sich zu der gewohnten Buche, und unter dem Stamm sitzend, fragte er sie, wie sie so vielen Feinden entronnen sei? Sie aber erzählte ihm alles, den Efeu der Ziegen, das Heulen der Schafe, den Fichtenkranz, der ihrem Haupt entblüht war, das Feuer auf dem Land, das Getöse auf dem Meer, die zwiefache Weise der Flöte, die kriegerische wie die friedliche, die furchtbare Nacht, und wie ihr auf unbekanntem Weg die Musik zur Führerin gedient habe. Daphnis erkannte die Träume der Nymphen und die Werke Pans und erzählte auch seinerseits, was er gesehen, was er gehört hatte und wie die Nymphen ihn, als er habe sterben wollen, in das Leben zurückgerufen. Dann schickte er sie ab, um den Dryas und Lamon, und was zum Opfer nötig war, zu holen; er selbst aber ergriff während dieser Zeit die schönste der Ziegen, kränzte sie mit Efeu, so wie sie sich den Feinden gezeigt hatten, goß Milch auf ihre Hörner und opferte sie den Nymphen; dann hing er sie auf, häutete sie und weihte die Haut.

Als sich jetzt Chloë mit ihren Begleitern eingefunden, zündete er Feuer an und kochte einiges von dem Fleisch, anderes röstete er, weihte dann den Nymphen die ersten Stücke und einen Mischkrug voll Most; häufte Laub zum Lager auf und freute sich beim Mahl, beim Trank und frohem Scherz; zugleich aber sah er nach den Herden, damit nicht der Wolf sie überfiele und Taten der Feinde verübte. Auch sangen sie Lieder auf die Nymphen, Werke alter Hirten. Als die Nacht kam, legten sie sich dort auf dem Feld nieder, und am folgenden Tage gedachten sie des Pan. Sie bekränzten einen der Böcke, den Führer der Herde, mit Fichtenlaub und führten ihn zu der Pinie; dann nach gespendetem Wein und Anrufung des Gottes opferten sie den Bock, hingen ihn auf und häuteten ihn; und nachdem sie das Fleisch geröstet und gesotten hatten, legten sie es zunächst auf die Wiese, auf Blätter; die Haut aber mit den Hörnern hefteten sie an die Pinie neben dem Bild, ein ländliches Weihgeschenk dem ländlichen Gott. Auch schnitten sie ihm von dem Fleisch ab und spendeten aus einem größeren Mischkrug. Chloë sang, Daphnis flötete.

Nach vollbrachtem Opfer legten sie sich nieder und aßen; da trat zufällig der Rinderhirt Philetas zu ihnen, der dem Pan einige Kränze brachte und Trauben, noch an den Blättern und an den Reben fest. Ihm folgte der jüngste seiner Söhne, Tityrus, ein blondes Knäblein mit blauen Augen und weißer Haut und keck; leicht einherspringend, wie ein Böckchen hüpft. Sie sprangen also vom Lager auf, halfen den Pan bekränzen und hingen die Reben an den Zweigen der Pinie auf; dann luden sie ihn an ihre Seite ein und machten ihn zum Genossen des Mahls. Und nun, nach zechender Greise Art, sprachen sie viel miteinander; wie sie in ihrer Jugend geweidet und vielen Überfällen der Räuber entronnen waren. Der eine rühmte sich, daß er einen Wolf getötet; der andere, daß er nur dem Pan im Flötenspiel nachstehe; und diesen Ruhm eignete Philetas sich zu.

Da boten nun Daphnis und Chloë alles auf, ihn zu bitten, daß er auch ihnen etwas von seiner Kunst gönne und die Syrinx tönen lasse bei dem Fest des Gottes, der sich der Syrinx freut. Philetas sagte es zu, ob er gleich das atemlose Alter schalt, und nahm die Syrinx des Daphnis in die Hand. Diese aber war für so große Kunst zu klein; denn nur für eines Knaben Mund war

Diese Kinder wuchsen nun schnell heran, und es gab sich eine Schönheit an ihnen kund, die ihren Stand weit übertraf. Schon hatte der Knabe fünfzehn Jahre, das Mägdlein zwei weniger, als Dryas und Lamon in einer Nacht folgenden Traum sahen ...

SEITE 28

sie gemacht. Er schickte also den Tityrus nach seiner eigenen Syrinx zu dem Haus, das zehn Stadien entlegen war. Jener warf seinen Schurz ab und lief nackt dahin wie ein Reh; Lamon aber erbot sich, ihnen das Märchen von der Syrinx zu erzählen, das ihm einst ein sizilischer Ziegenhirt für einen Bock und eine Syrinx gesungen hatte:

»Diese Syrinx, das Werkzeug hier, war kein Werkzeug, sondern ein schönes, lieblich singendes Mädchen. Es weidete Ziegen, scherzte mit den Nymphen und sang wie jetzt. Als es nun weidete, scherzte, sang, trat Pan zu ihm hin und wollte es bereden zu dem, was er wünschte, und verhieß ihm, allen seinen Ziegen zwiefache Junge zu verleihen. Sie spottete aber seiner Liebe und sagte, sie begehre einen Liebhaber nicht, der weder ein Bock noch ein ganzer Mensch sei. Da schickte er sich an zur Gewalt; und die Syrinx floh den Pan und seine Gewalt; fliehend, ermüdet, verbirgt sie sich in dem Geröhr und verschwindet in einem Sumpf. Zornig schneidet Pan das Rohr, und da er das Mädchen nicht findet und dessen Schicksal gewahrt, ersinnt er das Werkzeug und verbindet ungleiche Rohre mit Wachs, so wie auch ihre Liebe ungleich gewesen war; und sie, vordem ein schönes Mädchen, ist jetzt eine tönende Syrinx.«

Eben hatte Lamon die Erzählung geendigt, und Philetas lobte ihn, daß seine Geschichten süßer tönten als Gesang, da trat Tityrus zu ihnen mit der Syrinx seines Vaters, einem großen Werkzeug aus großen Pfeifen; wo sie mit Wachs verbunden war, war sie mit Erz geschmückt. Man hätte mutmaßen können, es sei dieselbe, welche Pan zuerst gefügt hatte. Da erhob sich Philetas und setzte sich aufrecht auf seinem Sitz und prüfte zuerst die Rohre, ob sie leicht ansprächen: dann, als er sah, daß der Hauch sie ungehindert durchlief, blies er stark und kräftig hinein. Man hätte glauben sollen, ein Konzert mehrerer Flöten zu hören; so laut war sein Spiel. Allmählich aber milderte er die Kraft des Tones und gab ihm größere Lieblichkeit; und indem er jegliche Kunst musikalischer Hirtenart zeigte, flötete er, wie es sich für Rinderherden paßt, wie es Ziegen angemessen ist, wie es die Schafe lieben. Lieblich war der Ton für die Schafe; stark für die Rinder; durchdringend für die Ziegen: kurz, alle Syringen ahmte die eine Syrinx nach.

Die andern saßen nun in schweigendem Ergötzen; Dryas aber

stand auf und verlangte eine bacchische Weise und tanzte ihnen einen Winzertanz. Bald glich er einem, der Trauben abliest; bald einem, der Körbe trägt; dann dem, der Trauben tritt; dann dem, der die Fässer füllt; dann dem, der von dem Most trinkt. Dies alles tanzte Dryas mit solcher Geschicklichkeit, daß man die Weinstöcke sah, und die Kelter, und die Fässer, und Dryas in Wahrheit zu trinken schien.

So zeigte sich auch der dritte Greis gar löblich im Tanz und küßte Chloë und Daphnis; und diese erhoben sich sogleich und tanzten Lamons Geschichte nach. Daphnis stellte den Pan, Chloë die Syrinx dar. Er flehte um Erhörung; sie aber lächelte achtlos. Er verfolgte sie und lief auf den Fußzehen, die Bocksklauen nachahmend; sie aber stellte sich ermüdet von der Flucht. Dann verbarg sich Chloë im Gebüsch, wie in dem Sumpf; Daphnis aber nahm des Philetas Syrinx, die große, und stimmte klagende Töne an, als sprãch' er von Liebe; zärtliche, als wollt' er sie bereden; zurückrufende, als suche er sie; so daß Philetas voll Bewunderung aufsprang und ihn küßte und nach dem Kuß ihm die Syrinx schenkte, mit dem Wunsch, daß auch Daphnis sie einem ähnlichen Erben hinterlassen möchte. Dieser aber weihte die eigene Syrinx, die kleine, dem Pan, küßte Chloë, als sei sie von ihm nach einer wirklichen Flucht gefunden, und trieb die Herde flötend weg. Da es schon Nacht geworden war, rief auch Chloë die Herde mit der Syrinx zusammen und trieb sie weg; und die Ziegen gingen neben den Schafen her, und Daphnis an Chloës Seite. So genossen sie einander bis in die Nacht und kamen überein, am nächsten Morgen die Herden früher auszutreiben; und so taten sie auch. Denn kaum war der Tag angebrochen, so kamen sie auf die Weide. Hier beteten sie erst zu den Nymphen; dann zum Pan, setzten sich dann unter die Eiche und flöteten; dann küßten sie sich, umarmten sich, legten sich nieder; und ohne etwas weiter getan zu haben, standen sie auf. Auch trugen sie Sorge für Speise und tranken Wein, den sie mit Milch gemischt hatten.

Durch dieses alles wärmer und dreister geworden, gerieten sie zusammen in einen Liebesstreit, und allmählich kam es zu Schwüren der Treue. Daphne trat zu der Pinie hin und schwur beim Pan, nie allein ohne Chloë zu leben, auch nicht einen Tag; Chloë aber begab sich in die Grotte und schwur bei den

Nymphen, Leben und Tod mit Daphnis zu teilen. So groß aber war Chloës Mädchenhaftigkeit, daß, als sie aus der Grotte trat, sie einen zweiten Schwur von ihm verlangte. »Oh, Daphnis«, sagte sie, »Pan ist ein verliebter und ungetreuer Gott; er hat die Pitys geliebt, er hat die Syrinx geliebt; nie hört er auf, die Dryaden zu plagen und den epimelischen Nymphen Händel zu machen. Kümmerst du dich also nicht um deinen Schwur, so wird er sich auch nicht kümmern, dich zu strafen, wenn du dich auch zu mehr Weibern hieltest, als die Syrinx Rohre hat. Schwöre du mir bei dieser Herde und bei jener Ziege, die dich genährt hat, Chloë nicht zu verlassen, solange sie dir die Treue bewahrt; wenn sie aber gegen dich und die Nymphen sündigt, dann fliehe, hasse, töte sie, wie einen Wolf.«

Daphnis freute sich ihres Mißtrauens; stellte sich dann mitten in die Herde, faßte mit der einen Hand eine Ziege, mit der andern einen Bock und schwur, Chloë zu lieben, so lange sie liebte, und wenn sie dem Daphnis einen andern vorzöge, statt ihrer sich selbst zu töten. Da freute sie sich und traute ihm als ein Mädchen und eine Hirtin, weil sie Ziegen und Schafe für der Schäfer und Ziegenhirten eigentliche Götter hielt.

Drittes Buch

Als die Mytilenäer die Landung der zehn Schiffe erfuhren und einige Leute, die von dem Land kamen, ihnen die Plünderung anzeigten, meinten sie, solches Unrecht auf keine Weise von den Methymnäern dulden zu dürfen, sondern beschlossen, ebenfalls die Waffen gegen sie auf das schleunigste zu ergreifen. Sie rüsteten also dreitausend Schildträger und fünfhundert Pferde aus und schickten den Feldherrn Hippasus zu Land ab, da sie das Meer zur Zeit des Winters bedenklich fanden.

Hippasus zog also aus, verheerte aber die Fluren der Methymnäer nicht und raubte auch keine Herden noch andere Güter der Landbewohner, was ihm mehr Taten eines Räubers als eines Feldherrn schienen; sondern eilte nach der Stadt selbst, um durch die unbewachten Tore einzudringen. Als er aber etwa noch hundert Stadien entfernt war, kam ihm ein Herold mit dem Anerbieten eines Vergleiches entgegen. Denn da die Methymnäer von den Gefangenen erfahren hatten, daß die Mytilenäer gar nicht um die früheren Vorgänge wußten, sondern daß Landleute und Hirten dies gegen frevelnde Jünglinge getan hatten, gereute es sie, sich gegen eine Nachbarstadt mehr rasch als klug gewagt zu haben, und sie beeiferten sich jetzt, durch Erstattung des ganzen Raubes den friedlichen Verkehr zu Wasser und zu Lande wiederherzustellen. Den Herold verwies nun Hippasus, obgleich mit unumschränkter Vollmacht zum Feldherrn ernannt, an die Mytilenäer; und nachdem er in einer Entfernung von etwa zehn Stadien von Methymna ein Lager aufgeschlagen hatte, erwartete er hier die Befehle der Stadt; und nach Verlauf von zwei Tagen kam der Bote mit dem Befehl, sich den Raub ausliefern zu lassen und ohne weitere Feindseligkeiten nach Hause zurückzukehren. Denn da sie die Wahl zwischen Krieg und Frieden hatten, fanden sie den Frieden vorteilhafter.

So wurde der Krieg der Methymnäer und Mytilenäer, ebenso unerwartet in seinem Anfang als in seinem Ende, beigelegt. Jetzt begann aber der Winter, der für Daphnis und Chloë herber war als der Krieg; denn ein starker Schnee, der plötzlich gefallen war, sperrte alle Wege ab und alle Landbewohner ein. Ungestüm ergossen sich die Bäche hernieder; es fror Eis, und die Bäume sahen wie abgestorben aus. Das ganze Erdreich war bedeckt, außer etwa um die Quellen und Flüsse her. Niemand trieb also die Herden auf die Weide; niemand ging selbst vor die Tür hinaus; sondern, nachdem sie beim Hahnenruf ein großes Feuer angezündet hatten, spannen einige Flachs, andere flochten Ziegenhaare, noch andere verfertigten mit Kunst Fallen für Vögel. Die Rinder wurden an den Krippen mit Kleie versorgt; Schafe und Ziegen in den Ställen mit Laub; die Schweine in den Kofen mit Eicheln und Bucheckern.

Bei dieser erzwungenen Häuslichkeit freuten sich die anderen Landleute und Hirten, auf einige Zeit der Arbeit enthoben zu sein, das Morgenbrot in Ruhe zu verzehren und langen Schlaf zu genießen, so daß ihnen der Winter süßer dünkte als Sommer und Herbst, ja als der Frühling selbst; Chloë aber und Daphnis, die nur die zurückgelassenen Freuden im Sinn hatten, wie sie geküßt, wie sie sich umarmt, wie sie zusammen ihr Mahl eingenommen hatten, brachten die Nächte schlaflos und traurig hin und erwarteten die Frühlingszeit, als die Wiedergeburt vom Tode. Alles betrübte sie: wenn ihnen eine Hirtentasche in die Hände fiel, aus der sie aßen; oder ein Becher, aus dem sie zusammen tranken; oder die Syrinx, die jetzt vernachlässigt dalag, sie, die eine Gabe der Liebe gewesen war. Da beteten sie zu den Nymphen und zum Pan, sie auch aus diesen Übeln zu erlösen und ihnen und den Herden doch einmal die Sonne zu zeigen; und bei dem Gebet sannen sie auf Mittel, einander zu sehen. Chloë zwar sah nirgends Rat und Hilfe; denn immer war ihr die vermeintliche Mutter zur Seite und lehrte sie Wolle krempeln und die Spindel drehen und sprach vom Heiraten; Daphnis aber, welcher Muße hatte und erfindsamer als ein Mädchen war, erfand folgende List, um Chloë zu sehen:

Vor des Dryas Hofraum, unmittelbar an dem Hof, standen zwei starke Myrten und Efeu. Die Myrten waren nah beisammen, und der Efeu zwischen beiden, so daß er seine Ranken zwischen beiden verteilte und durch die verschlungenen Blätter eine Art von Grotte bildete, und viele und große Dolden hingen wie Trauben von den Reben herab. Um ihn her war eine große Menge von Wintervögeln versammelt, aus Mangel an Nahrung im Feld; viele Amseln, viele Drosseln, Waldtauben und Stare und andere Vögel, die den Efeu lieben. Sie zu fangen machte sich Daphnis auf den Weg, nachdem er die Hirtentasche mit Honigbrot gefüllt hatte, und um sein Vorgehen zu beglaubigen, nahm er auch Vogelleim und Schlingen mit. Der Weg war nicht weiter als zehn Stadien; aber der Schnee, der noch nicht geschmolzen war, machte ihm viel Mühe; die Liebe aber findet durch alles einen Weg, durch Feuer, durch Wasser und durch skythischen Schnee.

Daphnis eilte also schnell dem Hof zu, und nachdem er den Schnee von den Füßen abgeschüttelt hatte, stellte er die Dohnen auf und strich den Vogelleim auf lange Stäbe; setzte sich dann nieder und sann zugleich auf die Vögel und auf Chloë. Vögel kamen nun wohl in Menge und wurden reichlich gefangen, so daß er tausend Mühe hatte, sie zu sammeln, zu töten und zu rupfen; aus dem Hof aber kam niemand, kein Mann, kein Weib, kein Haushuhn, sondern alles weilte drin beim Feuer eingesperrt; so daß ihm bange war, er möchte mit

»ungünstigen Vögeln« gekommen sein, und schon wagen wollte, unter irgendeinem Vorwand einzudringen, und bei sich sann, was er wohl am wahrscheinlichsten vorbringen könnte. »Ich wollte hier Feuer holen. – Gab es denn keine näheren Nachbarn? – Ich wollte mir Brot hier ausbitten. – Aber du hast ja die Tasche voll Lebensmittel. – Ich brauche Wein. – Ihr habt ja kaum gestern oder vorgestern selbst gekeltert. – Ein Wolf verfolgte mich. – Und wo sind die Spuren des Wolfs? – Ich wollte hier Vögel fangen. – Nun, warum gehst du nicht fort, wenn du welche gefangen hast? – Ich will Chloë sehn. – Wer gesteht dies den Eltern eines Mädchens? – Soll ich niesen? Es ist überall so still. – Aber nichts von dem allem ist unverdächtig. – Besser also ist's, mich still zu verhalten. Chloë werde ich im Frühling sehen, da es mir, wie es scheint, nicht beschieden ist, sie im Winter zu sehen.« Nachdem er so bei sich hin und her gedacht hatte, nahm er seine Beute zusammen und war im Begriff zu gehen. Da geschah, als ob Eros Mitleiden mit ihm gehabt hätte, folgendes.

Dryas war mit den Seinigen beim Essen. Das Fleisch war ausgeteilt, die Brote aufgesetzt, der Mischkrug gefüllt. Da ersah einer der Schafhunde die Zeit, wo niemand Achtung gab, raubte ein Stück Fleisch und entfloh durch die Tür. Ärgerlich darüber ergriff Dryas – denn es war sein Anteil – einen Stock und verfolgte ihn auf dem Fuß, wie ein zweiter Hund; und als er dabei zu dem Efeu kam, erblickte er den Daphnis, der seinen Fang eben aufgeladen hatte und fortgehen wollte. Sogleich hatte er Fleisch und Hund vergessen und rief mit lauter Stimme: »Sei gegrüßt, mein Sohn!« umarmte und küßte ihn, und führte ihn an der Hand hinein. Fast wären die Liebenden jetzt, als sie einander sahen, zur Erde gesunken; sie umarmten sich aber und hielten sich aufrecht, und grüßten und küßten sich; und das war ihnen wie eine Stütze, daß sie nicht niederfielen.

So war Daphnis unverhofft zu einem Kuß und zu Chloë gelangt und setzte sich nun an das Feuer und lud von seinen Schultern die Waldtauben und die Amseln ab auf den Tisch und erzählte, wie er verdrießlich über das Daheimsitzen sich aufgemacht zur Jagd, und wie er einige mit Schlingen, andere mit Leimruten fange, wenn sie Myrten und Efeu naschten. Sie lobten nun seine Tätigkeit und luden ihn ein zu essen, was der Hund übriggelassen habe; Chloë aber befahlen sie einzuschenken. Vergnügt hierüber, reichte sie den andern und dem Daphnis nach den andern; denn sie stellte sich ungehalten, weil er habe weggehen wollen, ohne sie zu sehen. Doch nippte sie erst, ehe sie ihm den Becher reichte; dann gab sie ihn so hin. Er aber trank, so durstig er auch war, doch langsam, und verschaffte sich durch das Zögern einen längeren Genuß.

Schnell war der Tisch von Brot und Fleisch geleert; doch blieben sie sitzen und fragten nach Lamon und Myrtale und priesen ihr Glück, eine solche Stütze ihres Alters zu haben. Und Daphnis freute sich des Lobes, weil Chloë es hörte; als sie ihn aber gar bei sich zurückhielten, weil sie am folgenden Tage dem Dionysos opfern wollten, so fehlte nicht viel, daß er nicht sie statt des Dionysos angebetet hätte. Sogleich zog er aus seiner Hirtentasche viel Honigkuchen und die gefangenen Vögel; und diese bereiteten sie zum Nachtessen zu. Ein zweiter Mischkrug wurde nun aufgestellt und zum zweitenmal Feuer angezündet; und da die Nacht früh einfiel, genossen sie ein zweites Mahl, und nachdem sie hierauf bald Geschichten erzählt, bald gesungen hatten, legten sie sich zu schlafen nieder, Chloë mit ihrer Mutter. Dryas mit dem Daphnis. Chloë hatte davon keinen Gewinn, außer der Hoffnung, am folgenden Morgen den Daphnis zu sehen. Daphnis aber erfreute sich mit einem Wahne der Lust; denn es schien ihm ergötzlich, wenigstens mit Chloës Vater zusammenzuschlafen; daher er diesen umarmte und oftmals küßte, nicht anders wähnend, als daß er dieses alles Chloë täte.

Als es nun Tag wurde, war die Kälte außerordentlich, und alles erstarrte bei der Nordluft. Sie aber standen auf und opferten dem Dionysos einen jährigen Widder, zündeten dann ein großes Feuer an und bereiteten das Mahl. Während nun Nape Brot buk und Dryas das Fleisch kochte, nutzten Daphnis und Chloë die Zeit und gingen vor den Hof, wo der Efeu stand; hier stellten sie wieder Schlingen auf und bestrichen Ruten mit Vogelleim und fingen keine kleine Menge Vögel; und dabei hatten sie den ungestörten Genuß der Küsse und der Worte erfreulichen Austausch.

»Um deinetwillen bin ich gekommen, Chloë. – »Ich weiß es, Daphnis.« – »Um deinetwillen mord' ich die armen Vögel. Wie steh' ich nun bei dir? Warst du auch meiner eingedenk?« – »Ich bin deiner eingedenk, bei den Nymphen, zu denen ich einst in jener Grotte geschworen habe, in die wir sogleich zurückkehren wollen, wenn der Schnee geschmolzen ist.« – »Ach, des Schnees ist viel, Chloë, und ich fürchte, daß ich früher schmelze als er.« – »Fasse Mut, Daphnis; die Sonne scheint warm.« – »Wäre sie doch so warm wie das Feuer, das mein Herz durchglüht!« – »Du scherzest und täuschest mich.« – »Nein, bei den Ziegen, bei denen du mir befohlen hast, zu schwören!«

Indem Chloë auf diese Weise dem Daphnis wie ein Echo entgegnete, rief Nape sie herein, und sie brachten eine noch weit reichlichere Beute als die gestrige mit. Dann spendeten sie dem Dionysos aus dem Mischkrug und aßen, mit Efeukränzen um das Haupt. Und als es Zeit war und nachdem sie mit Jubelruf den Jacchos gefeiert hatten, entließen sie den Daphnis, dem sie die Hirtentasche mit Fleisch und Brot reichlich gefüllt hatten. Auch gaben sie ihm die Waldtauben und die Drosseln, um sie dem Lamon und der Myrtale mitzubringen, weil sie andere zu fangen hofften, so lange der Winter dauerte und es nicht an Efeu fehlte. Er nahm nun Abschied und küßte sie, die Alten aber früher als Chloë, um ihren Kuß unvermischt zu bewahren. Und nun kam er noch vielmal unter andern Vorwänden, so daß auch der Winter ihnen nicht ganz ohne Liebeslust schnell verging.

Als nun aber der Lenz begann und der Schnee zerfloß und die Erde ihre Hülle abwarf und das Gras sproß, da führten die andern Hirten die Herden auf die Weide, und vor den andern Chloë und Daphnis, als Sklaven eines mächtigen Hirten. Sogleich ging jetzt ihr Lauf zu den Nymphen und in die Grotte; von da zum Pan und zu der Pinie; dann zu der Eiche, unter die sie sich setzten und die Herden weideten und sich küßten. Auch Blumen suchten sie, um die Götter zu kränzen; und eben erst lockte diese der nährende Zephyr und die wärmende Sonne hervor; doch fanden sie Veilchen und Narzissen und Anagallis und andere Erstlinge der Frühlingszeit. Auch hatten sie schon von einigen Schafen und von den Ziegen frische

Milch, und von dieser gossen sie Trankopfer aus, indem sie die Bilder kränzten. Auch weihten sie die Syrinx wieder ein, gleichsam um die Nachtigallen zum Gesang zu reizen; und diese antworteten aus den Sträuchern und übten allmählich ihre Klage um Itys ein, als erinnerten sie sich des Gesangs nach langem Schweigen wieder.

Es blökte jetzt die Herde; es hüpften jetzt die Lämmer, und unter die Mutter sich beugend sogen sie an ihren Eutern; die Widder aber verfolgten die, so noch nicht geworfen hatten, stellten sie unter sich und besprangen sie, einer diese, ein anderer jene. So trieben es auch die Böcke und verfolgten die Ziegen mit brünstigen Sprüngen und kämpften um sie untereinander, und jeder hatte die seinigen und hütete sie, damit kein anderer mit ihnen heimlich buhle. Auch Greise hätte wohl ein Anblick solcher Art zur Liebeslust gereizt. Sie aber, jung und in lebendiger Fülle und schon seit langer Zeit die Liebe suchend, erglühten bei dem, was sie hörten, und schmolzen dahin bei dem, was sie sahen, und strebten ebenfalls nach etwas mehr als nach Umarmung und Kuß; am meisten Daphnis. Denn als ob er während des Winters durch die Einsamkeit und Muße gereift wäre, strebte er jetzt heftiger nach dem Küssen und schmachtete nach den Umarmungen und war zu jedem Werk unternehmender und kühner.

Jetzt bat er Chloë, ihm alles zu gewähren, was er wünsche, und entkleidet sich zu ihm zu legen und auf längere Zeit, als sie vorher getan – denn nur dieses eine noch fehle an Philetas Unterricht – als das einzige Mittel, die Liebe zu stillen: und als sie fragte, was es denn weiter gebe als Kuß und Umarmung und das Liegen selbst, und was er zu tun gedenke, wenn er entkleidet bei ihr liege?, antwortete er: »Das, was die Widder den Schafen tun und die Böcke den Ziegen! Siehst du nicht, wie nach jenem Werke die einen nicht mehr fliehen, die andern sich nicht mehr im Verfolgen abmühn, sondern wie im Genuß gemeinsamer Lust von nun an nebeneinander weiden? Süß ist also, wie es scheint, jenes Werk und siegt über das Bittre der Liebe ob.«

»Siehst du aber nicht, Daphnis, daß die Ziegen und die Böcke, die Schafe und die Widder aufrecht dabei stehen; die einen aufspringen, die andern den Rücken bieten? Und du verlangst, daß ich neben dir liegen soll, und zwar entkleidet! Wieviel umhüllter sind jene doch als ich in der Kleidung!«

Daphnis gab ihr nach und legte sich zu ihr nieder und lag so lange Zeit, und da er das, wonach er trachtete, nicht zu vollbringen wußte, richtete er sie auf und schmiegte sich an ihren Rücken, nach der Weise der Böcke. Endlich, da er so noch weit weniger Befriedigung fand, setzte er sich nieder und weinte, daß er unwissender sei als die Widder in den Werken der Liebe.

Nun lebte dort ein Nachbar, ein Landmann, auf einem eignen Grundstück, Chromis mit Namen, der über die Jahre der Jugend hinaus war. Mit diesem lebte ein Weib, das er aus der Stadt zu sich genommen hatte, jung und blühend und zu zart für das Land. Sie hieß Lycänion. Da nun diese Lycänion den Daphnis Tag für Tag die Ziegen vorbeitreiben sah, früh nach der Weide hin, abends von der Weide weg, bekam sie Lust, ihn durch Geschenke an sich zu locken und zu ihrem Liebhaber zu machen. Sie lauerte ihm also einstmals auf, da er allein war, und gab ihm eine Syrinx zum Geschenk und Honig in Scheiben und eine Tasche von Hirschfell; zu sprechen aber scheute sie sich, weil sie Chloës Liebe ahnte; denn sie sah, daß er sehr mit dem Mädchen beschäftigt war. Dies mutmaßte sie zuerst aus Winken und ihrem Lachen; dann aber schlich sie einstmals, unter dem Vorwand, zu einer kreißenden Nachbarin zu gehen, früh am Morgen ihnen nach, und in einem Gebüsch versteckt, um nicht gesehen zu werden, hörte sie alles, was sie sprachen, und sah alles, was sie taten; und auch daß Daphnis weinte, blieb ihr nicht unbemerkt. Da sie nun Mitleid mit dem Armen hatte und sich hier die Gelegenheit darbot, jenem zu helfen und ihr eigenes Verlangen zu befriedigen, ersann sie folgende List.

Am folgenden Tage, als sie unter dem Vorwand, jene Wöchnerin zu besuchen, von Hause weggegangen war, begab sie sich unverhohlen nach der Eiche, wo Daphnis mit Chloë saß, und indem sie recht täuschend die Bestürzte spielte, sagte sie:

»Hilf mir, Daphnis, hilf mir Unglücklichen. Soeben hat mir von meinen zwanzig Gänsen ein Adler die schönste geraubt; doch hat er sich mit der großen Last nicht zu dem hohen Felsen seiner Wohnung erheben können, sondern ist mit ihr dort in das niedrige Gesträuch herabgefallen. Komm also, um der Nymphen und um des Pans dort willen, mit mir in das Gehölz – denn allein fürchte ich mich – und rette mir die Gans und laß mir die Zahl nicht unvollständig werden. Vielleicht wirst du auch den Adler selbst erlegen, und er wird euch dann nicht mehr die vielen Lämmer und Böckchen rauben. Die Herde wird unterdessen Chloë hüten. Sie ist ja den Ziegen bekannt genug, da sie immer an deiner Seite hütet.«

Ohne Ahnung dessen, was ihn erwartete, stand Daphnis unverzüglich auf, nahm den Hirtenstab und folgte der Lycänion nach. Diese führte ihn weit von Chloë weg, und nachdem sie in das dichteste Gebüsch gekommen waren, ließ sie ihn an einer Quelle niedersitzen und sagte:

»Du liebst Chloë, Daphnis; dies hab' ich nachts von den Nymphen erfahren. Im Traum haben sie mir deine gestrigen Tränen erzählt und mir geboten, dir beizustehen und dich die Werke der Liebe zu lehren. Das sind nicht Küsse und Umarmungen und was Widder und Böcke tun; andere Freuden sind es, süßer als jene; denn sie gewähren einen längeren Genuß. Wünschest du also deiner Not los zu sein und die gesuchten Freuden zu erproben, so komm und ergib dich mir als einen ergötzlichen Schüler. Ich aber will dich unterweisen, um den Nymphen gefällig zu sein.«

Daphnis wußte sich jetzt vor Freude nicht zu lassen, sondern unwissend und ein Ziegenhirt, verliebt und jung, fiel er ihr zu Füßen und beschwor sie, ihn auf das schleunigste die Kunst zu lehren, durch die er bei Chloë zu seinen Wünschen gelangen könnte; und nicht anders, als ob er etwas gar Großes und recht eigentlich Gottgesandtes lernen sollte, versprach er ihr ein säugendes Böckchen zu geben und zarten Käse von der fettesten Milch und die Ziege selbst. Da nun Lycänion hier eine so hirtliche Bereitwilligkeit fand, als sie nicht erwartet hatte, fing sie ihren Unterricht auf folgende Weise an. Sie hieß ihn sich sogleich nah zu ihr zu setzen und ihr Küsse zu geben, wie er zu tun pflege und so viele er wolle und sie beim Küssen zu umarmen und sich auf die Erde zu legen. Als er sich nun gesetzt und geküßt und sich niedergelegt hatte und sie wahrnahm, daß er zur Tat gerüstet war, richtete sie ihn von seiner Lage auf der

Seite auf, schob sich ihm selbst mit Geschick unter und brachte ihn auf den bisher gesuchten Pfad; weiter aber hatte sie nicht nötig, etwas Besonderes zu tun; denn die Natur selbst übernahm den übrigen Unterricht.

Nach Vollendung dieser erotischen Schule wollte Daphnis, noch immer in seinem kindischen Sinn, sogleich zu Chloë laufen, um, was er gelernt hatte, auf der Stelle zu tun, als wär' ihm bange, es zu vergessen, wenn er zögerte; Lycänion aber hielt ihn zurück und sagte:

»Auch das mußt du lernen, Daphnis. Ich habe jetzt keinen Schmerz gehabt, weil ich Frau bin; denn längst hat mir ein anderer Mann diesen Unterricht gegeben und die Jungfrauschaft zum Lohne erhalten. Wenn aber Chloë diesen Kampf mit dir kämpft, wird sie jammern und weinen und wie ermordet im Blut schwimmen. Scheue du indes das Blut nicht; sondern wenn du sie beredet hast, dir zu willfahren, so führe sie an diesen Platz; damit, wenn sie schreit, niemand es höre; und wenn sie weint, niemand es sehe; und wenn sie blutet, sie in der Quelle sich bade. Vergiß endlich auch nicht, daß ich dich vor Chloë zum Mann gemacht habe.«

Nach diesem Rat ging Lycänion nach einer anderen Seite des Waldes ab, als suche sie noch die Gans; Daphnis aber überdachte noch einmal, was sie gesagt hatte, und da schwand sein früheres Ungestüm, und er trug Bedenken, mehr als Küsse und Umarmung von Chloë zu fordern; denn sie sollte seinetwegen weder schreien, wie über einen Feind, noch weinen vor Schmerz, noch wie verwundet bluten; denn als ein Neuling fürchtete er das Blut, weil er meinte, daß Blut nur aus Wunden käme. Entschlossen also, sich mit ihr nach gewohnter Weise zu freuen, verließ er den Wald und kehrte dahin zurück, wo sie saß und einen Kranz von Veilchen flocht. Hier gab er vor, die Gans den Klauen des Adlers entrissen zu haben, umarmte sie dann und küßte sie, wie er mit Lycänion im Genusse getan hatte; denn das gestattete er sich als gefahrlos. Sie aber schlang den Kranz um sein Haupt und küßte seine Locken, die ihr schöner dünkten als die Veilchen. Dann zog sie aus ihrer Hirtentasche ein Stück von einem Feigenkuchen und einige Brote und gab sie ihm zu essen, und indem er aß, nahm sie ihm die Bissen vom Mund weg und aß auf diese Weise wie der Nestling eines Vogels.

Während sie nun so aßen und mehr noch küßten als aßen, zeigte sich ihren Blicken eine vorüberfahrende Barke von Fischern. Kein Wind wehte; das Meer lag ruhig; sie mußten rudern. Und kräftig ruderten sie; denn sie eilten, neugefangene Fische wohlbehalten einem der Reichen in der Stadt zu bringen. Wie nun Schiffer zu tun pflegen, um die Mühe der Arbeit zu vergessen, das taten diese auch beim Rudern; denn einer von ihnen stimmte als Vorsänger Schifferlieder an, und die übrigen fielen wie ein Chor von Zeit zu Zeit mit ihren Stimmen ein. So lange sie dies nun auf offenem Meere taten, verloren sich die Töne, weil die Stimme in der weitenLuft zerfloß; wenn sie aber an ein Vorgebirge kamen und in eine hohle, mondförmige Bucht fuhren, da schallte die Stimme lauter, und die ermunternden Gesänge tönten vernehmlich in das Land hinein. Denn ein hohler Talgrund, der an die Ebene stieß und wie eine Flöte den Schall in sich aufnahm, gab jeden Laut mit nachahmendem Ton zurück, ebenso das Rauschen der Ruder, wie die Stimme der Schiffer. Es war ergötzlich zu hören. Denn wie die Stimme vom Meere her voraneilte, so endete die Stimme vom Land in demselben Verhältnis, in welchem jene begonnen hatte.

Daphnis, welcher diese Erscheinung kannte, achtete nur auf das Meer und erfreute sich an dem Schiff, das längs der Ebene hin schneller als ein Vogel vorüberschwebte, und suchte sich etwas von den Weisen der Lieder zu merken, um es auf der Syrinx nachzuahmen. Chloë aber, die damals zuerst das sogenannte Echo hörte, schaute bald nach dem Meer und den taktschlagenden Schiffern hin; bald kehrte sie sich nach dem Wald und suchte die Antwortenden. Und als jene vorüber waren und es auch in dem Talgrund still war, fragte sie den Daphnis, ob denn auch hinter dem Vorgebirge ein Meer läge, und ein anderes Schiff vorüberführe und andere Schiffer dasselbe sängen und alle zugleich verstummten. Da lächelte Daphnis gar anmutig und gab ihr einen noch anmutigeren Kuß, und nachdem er ihr den Veilchenkranz aufgesetzt hatte, begann er das Märchen von der Echo zu erzählen, indem er sich dafür zehn andre Küsse zur Belohnung bedang:

»Das Geschlecht der Nymphen, o Mädchen, ist groß: da sind Melische, Dryaden und Heleïsche, alle schön, alle voll Liebe zur Musik. Tochter einer dieser Nymphen war Echo; sterblich zwar, denn ihr Vater war sterblich; aber schön, so wie ihre Mutter schön war. Sie ward erzogen von den Nymphen, von den Musen unterwiesen im Flötenspiel und auf der Syrinx, auch zur Leier zu singen und zur Zither, jede Art des Gesangs; so daß sie auch in der Blüte jungfräulichen Alters mit den Nymphen tanzte und mit den Musen sang; die Männer aber floh sie insgesamt, so Götter als Menschen, ihren Stand als Jungfrau liebend. Pan aber zürnte dem Mädchen, weil er ihr den Gesang neidete und nicht zum Genuß ihrer Reize gelangt war, und erfüllte die Schäfer und Ziegenhirten mit Wahnsinn. Diese zerrissen sie, wie Hunde oder Wölfe, und zerstreuten die noch singenden Glieder über die ganze Erde. Und die Erde bedeckte den Nymphen zuliebe sämtliche Glieder; und sie bewahrt die Tonkunst und sendet, nach dem Willen der Musen, Stimmen aus und ahmt alles nach, wie vormals die Jungfrau: Götter, Menschen, Toninstrumente und Tiere; auch selbst den flötenden Pan ahmt sie nach. Und er, wenn er die Stimme vernimmt, springt auf und jagt ihr auf den Bergen nach, nicht um sie zu fangen, sondern um zu erfahren, wer der verborgene Lehrling sei.«

Nachdem Daphnis dieses erzählt hatte, gab ihm Chloë nicht bloß zehn, sondern unzählige Küsse; denn fast dasselbe sagte auch Echo, nicht anders, als ob sie bezeugen wollte, daß er nicht unwahr rede.

Da nun die Sonne mit jedem Tag wärmer schien (denn der Frühling ging zu Ende und der Sommer begann), da kamen auch wieder für sie neue und sommerliche Freuden. Er schwamm in den Flüssen; sie badete in den Quellen; er flötete wetteifernd mit Pinien; sie aber sang um die Wette mit den Nachtigallen. Sie jagten auch geschwätzigen Grillen nach und fingen schwirrende Zikaden, sammelten Blumen, schüttelten Bäume, aßen die Früchte. Auch legten sie sich wohl entkleidet zusammen nieder und zogen ein Ziegenfell zur Decke über sich. Und leicht wäre jetzt Chloë zur Frau geworden, hätte nicht das Blut den Daphnis geschreckt; ja, aus Besorgnis, sein Vorsatz möchte unterliegen, hinderte er Chloë häufig, sich zu entblößen; so daß sich Chloë wunderte, nach der Ursache aber aus Scheu nicht fragen wollte.

In diesem Sommer warb auch eine Schar von Freiern um Chloë, und viele von vielen Seiten her kamen zum Dryas und verlangten sie zur Ehe. Einige brachten ein Geschenk, andere machten große Versprechungen. Nape nun, von Hoffnungen gereizt, riet sehr dazu, Chloë wegzugeben und ein so großes Mädchen nicht länger im Hause zu behalten, das vielleicht nach kurzer Frist auf der Weide um ihre Keuschheit käme und einen der Hirten für Äpfel und Rosen zum Manne machte; sondern sie zur gebietenden Hausfrau zu machen, selbst aber die gebotenen Geschenke zu nehmen und sie für ihren eigenen echten Sohn, den sie vor nicht langer Zeit bekommen hatte, aufzuheben. Bisweilen machten nun wohl diese Reden Eindruck; denn jeder Freier bot größere Gaben, als für ein Hirtenmädchen zu erwarten war: zu andern Zeiten aber, wenn er bedachte, daß das Mädchen für einen Bauern zu gut sei, und daß, wenn sie einst ihre wirklichen Eltern fände, sie ihn reich und glücklich machen würde, schob er die Entscheidung auf und setzte eine Frist nach der andern und gewann in der Zwischenzeit nicht wenige Geschenke. Als Chloë dies erfuhr, war sie sehr betrübt, ließ aber den Daphnis lange Zeit nichts davon merken, weil sie ihn nicht auch betrüben wollte; da er sie aber inständig bat und mit Fragen in sie drang und sich noch mehr, weil er es nicht erfuhr, betrübte als sonst, erzählte sie ihm alles – die Freier, wieviel ihrer und wie reich sie wären; was Nape gesagt habe, um die Heirat zu betreiben; und wie Dryas es nicht gerade abgesagt, aber die Entscheidung auf die Weinlese ausgesetzt habe.

Hierüber kam Daphnis fast von Sinnen, setzte sich nieder und weinte und sagte, er werde sterben, wenn Chloë nicht mehr auf die Weide käme; und nicht er allein, sondern auch die Schafe, wenn sie einen andern Hirten bekämen. Dann ermannte er sich wieder und schöpfte Mut und gedachte den Vater für sich zu gewinnen und sich auch unter die Freier zu stellen, und hoffte dann über die andern obzusiegen. Nur eines beunruhigte ihn: Lamon war nicht reich; dies allein schwächte seine Hoffnung. Dennoch beschloß er zu werben, und auch Chloë fand dies gut. Mit Lamon nun wagte er zwar nicht zu sprechen;

der Myrtale aber entdeckte er seine Liebe ohne Furcht und sprach vom Heiraten mit ihr; sie aber teilte es dem Lamon mit. Dieser nahm jedoch den Antrag mit großem Unwillen auf und schalt seine Frau, daß sie den Knaben an ein Hirtenmädchen verkupple, dem ja den Erkennungszeichen nach ein großes Los beschieden sei, so daß er sie, wenn er die Seinigen fände, wohl frei und sie zu Herren größerer Güter machen würde; daher denn Myrtale, um dem Daphnis nicht alle Hoffnung zu rauben, da sie fürchtete, daß er bei seiner Liebe einen verzweifelten Entschluß fassen möchte, ihm andere Gründe von Lamons Weigerung angab:

»Wir sind arm, mein Sohn, und brauchen eine Schwiegertochter, die etwas mehr mitbringt; jene Leute sind reich und wollen reiche Freier. Geh also und suche Chloë zu bewegen, daß sie ihrem Vater zurede, keine große Forderung zu machen und euch zu verheiraten. Denn sie liebt dich ganz gewiß und will lieber bei einem schönen armen Manne als bei einem reichen Affen schlafen.«

Myrtale, die durchaus nicht glaubte, daß Dryas bei der Wahl, die er unter reichen Freiern hatte, seine Einwilligung geben würde, hoffte auf diese Weise der Sache schicklich abgeholfen zu haben. Daphnis konnte auch, was sie sagte, nicht tadeln; da er sich aber so weit von seinem Ziel entfernt sah, tat er, was arme Liebhaber gewöhnlich tun: er weinte und rief von neuem den Beistand der Nymphen an. Diese traten in der Nacht, als er schlief, zu ihm in derselben Gestalt, wie auch das vorige Mal. Und wiederum sprach die älteste:

»Für Chloës Ehe sorgt ein anderer Gott; wir aber wollen dir Geschenke geben, die den Dryas erweichen können. Das Schiff der methymnäischen Jünglinge, an dem deine Ziegen einst den Weidenschoß abgenagt haben, wurde zwar an jenem Tag weit vom Land entfernt; in der Nacht aber, wo das Meer von einem starken Wind beunruhigt wurde, ist es an die Klippen des Vorgebirges geworfen worden. Das Schiff selbst und vieles, was darin war, ist zugrunde gegangen; aber einen Beutel mit dreitausend Drachmen haben die Wellen ausgespien, und dieser liegt, von Meertang bedeckt, nah bei einem toten Delphin, weshalb ihm auch bisher kein Wanderer genaht hat, da jedermann dem schlimmen Geruch der Fäulnis ausweicht. Du aber tritt hinzu, und bist du hinzugetreten, so lieb auf, was du findest, und gib, was du aufgenommen hast. Dies ist genug, um jetzt nicht für arm zu gelten; mit der Zeit wirst du auch reich sein.«

So sprachen die Nymphen und entschwanden mit der Nacht. Als aber der Tag angebrochen war, sprang Daphnis freudig auf und trieb mit großer Hast die Ziegen auf die Weide, und nachdem er Chloë geküßt und zu den Nymphen gebetet hatte, ging er zum Meer hinab, als ob er sich abspülen wollte, und hier wanderte er in der Nähe der Brandung auf dem Sand fort und suchte das Geld. Dazu aber bedurfte es nicht vieler Mühe; denn der schlimme Geruch des Delphins, der hier am Ufer lag und faulte, wehte ihn an; und hierdurch geleitet ging er gerade darauf los, entfernte das Meergras und fand den Beutel voll Geld. Diesen hob er auf und schob ihn in seine Hirtentasche; ging aber nicht eher von dannen, bis er die Nymphen und selbst das Meer mit lauter Stimme gepriesen hatte. Denn obgleich ein Ziegenhirt, war ihm doch jetzt das Meer lieber als das Land, weil es ihm zu der Ehe mit Chloë Hilfe bot.

So wie er nun die dreitausend Drachmen hatte, zauderte er nicht, sondern als der reichste nicht bloß von den dortigen Landleuten, sondern von allen Menschen (wie er meinte), eilt er zu Chloë hin, erzählt ihr seinen Traum, zeigt ihr den Beutel, empfiehlt ihr die Obhut der Herde bis zu seiner Rückkehr und begibt sich stracks zum Dryas, und da er diesen mit Nape auf der Tenne Früchte dreschend fand, trug er ihm ganz dreist sein Verlangen vor.

»Mir gib Chloë zum Weibe. Ich weiß gut auf der Syrinx zu spielen und die Reben zu schneiden und Bäume zu setzen. Auch pflügen kann ich und weiß gegen den Wind zu worfeln. Wie ich die Herde weide, bezeugt mir Chloë. Fünfzig Ziegen hab' ich übernommen, und jetzt sind ihrer doppelt so viel. Auch große und schöne Böcke hab' ich gezogen; und vormals legten wir fremden Böcken die Ziegen unter. Überdies bin ich jung und ein tadelloser Nachbar für euch, und eine Ziege hat mich genährt, wie Chloë ein Schaf. Wie ich nun schon so den Vorzug vor andern habe, so werd' ich an Gaben nicht nachstehen. Die andern wollen dir Ziegen und Schafe geben und ein

Joch räudiger Ochsen und Korn, womit man nicht einmal die Hühner füttern kann; von mir aber erhältst du hier dreitausend Silberstücke. Nur laß es niemanden wissen, auch meinen Vater Lamon nicht.« Und zugleich gab er ihm den Beutel und umarmte und küßte ihn.

Wie sie nun gegen Erwarten so vieles Geld erblickten, sagten sie ihm Chloë auf der Stelle zu und versprachen auch den Lamon zu bereden. Nape blieb also mit Daphnis dort zurück und trieb die Ochsen um die Tenne und drückte mit dem Dreschbrett die Ähren aus; Dryas aber verwahrte den Beutel, wo die Erkennungszeichen lagen, und begab sich sofort zum Lamon und der Myrtale, um bei ihnen – eine ganz neue Sache! – um den Bräutigam zu freien. Da er sie nun beschäftigt fand, Gerste zu messen, die sie vor kurzem geworfelt hatten, aber mißmutig, weil es fast weniger war als die Aussaat, tröstete er sie damit, daß dieses überall die gemeine Klage sei, und hielt dann für Chloë um den Daphnis an, indem er hinzusetzte: ob ihm gleich andere viele Geschenke gäben, werde er doch von ihnen nichts nehmen, sondern ihnen vielmehr von seinem eigenen noch hinzugeben; denn beide wären ja miteinander auferzogen und durch das gemeinsame Geschäft zu einer Freundschaft verbunden, die sich nicht leicht würde trennen lassen, auch wären sie jetzt alt genug, um zusammen zu schlafen.

Dies sagte er und noch manches andere; denn die dreitausend Drachmen waren der Preis seiner Beredsamkeit. Lamon aber, der die Armut nicht mehr vorschützen konnte – denn jene verachteten sie ja nicht – und auch Daphnis' Jugend nicht, denn er war zum Jüngling gereift –, sprach doch seine wahre Gesinnung nicht aus, daß für eine solche Ehe Daphnis zu gut wäre; und nach kurzem Schweigen antwortete er folgendermaßen:

»Ihr tut schon recht, daß ihr die Nachbarn fremden Leuten vorzieht und den Reichtum nicht höher schätzt als eine rechtschaffene Armut. Dafür mögen euch Pan und die Nymphen Liebe beweisen! Auch ich selbst wünsche diese Ehe. Denn ich müßte nicht klug sein, wenn ich in meinen Jahren und da ich mehrere Hände zur Arbeit brauche, nicht die Freundschaft eures Hauses als ein großes Gut annehmen sollte. Auch ist

Chloë recht der Mühe wert – ein schönes angenehmes Mädchen, und tüchtig zu allem! Aber ich bin ein Knecht, und keiner Sache Herr; daher ich es meinem Herrn zu wissen tun muß, ob er es zugibt. Wohlan denn! Laß uns die Hochzeit bis zum Herbst verschieben. Denn dann soll er, wie die Leute von dorther sagen, zu uns aus der Stadt kommen. Dann können sie Mann und Frau werden; jetzt aber mögen sie sich noch als Geschwister lieben. Nur wisse, Dryas, noch so viel: du wirbst um einen Jüngling, der mehr ist als wir.«

Nach diesen Worten küßte er ihn und reichte ihm zu trinken – denn schon stand die Sonne im Mittag – und gab ihm endlich mit vieler Freundlichkeit eine Strecke Wegs das Geleit.

Dryas hatte Lamons letzte Worte nicht überhört und sann im Gehen bei sich nach, wer Daphnis sei.

»Er wurde von einer Ziege gesäugt wie ein Schützling der Götter: Er ist schön und gleicht im geringsten nicht dem plattnasigen Alten und seinem kahlköpfigen Weib. Er hatte auch dreitausend Silberstücke, mehr als ein Ziegenhirt Birnen hat. Hat ihn vielleicht auch jemand ausgesetzt, wie Chloë? Hat auch ihn vielleicht Lamon gefunden, wie ich sie? Haben vielleicht auch Erkennungszeichen bei ihm gelegen, wie die, welche ich gefunden habe? Möchte doch das sein, o Herrscher Pan, und ihr, geliebte Nymphen! Vielleicht wird er, wenn er die Seinigen aufgefunden hat, etwas von Chloës Geheimnissen auffinden.«

So dachte er bei sich und träumte bis zu der Tenne hin. Hier fand er den Daphnis in großer Erwartung dessen, was er hören würde, und belebte seinen Mut, indem er ihn als Eidam begrüßte und im Herbst die Hochzeit auszurichten versprach; auch gab er ihm die Hand darauf, daß Chloë keinem andern als dem Daphnis angehören solle.

Schneller nun als ein Gedanke und ohne getrunken, ohne gegessen zu haben, lief er zu Chloë; und wie er sie beim Melken und Käsemachen fand, rief er ihr die frohe Botschaft von der Hochzeit zu und küßte sie von nun an unverhohlen und nahm an ihrer Arbeit teil. Er molk die Milch in die Eimer, formte die Käse auf der Darre, legte Lämmer und Zicklein an die Mütter; und da dies in Ordnung war, wuschen sie sich ab, aßen, tranken und gingen herum, reifes Obst zu suchen. Von diesem war auch großer Überfluß bei der Fruchtbarkeit der Jahreszeit; viele wilde, viele Gartenbirnen, viele Äpfel; einige schon zur Erde gefallen, andere noch an den Bäumen. Die auf der Erde dufteten besser; die an den Zweigen strahlten blühender; die einen rochen wie Wein, die andern leuchteten wie Gold. Ein Apfelbaum war abgelesen und hatte weder Frucht noch Blatt; alle Zweige waren kahl. Nur ein Apfel, der höchste von allen, hing in dem hohen Wipfel, groß und schön, und übertraf allein die Menge der andern an Wohlgeruch. Der Gärtner hatte beim Ablesen nicht gewagt hinaufzusteigen und verabsäumt ihn abzunehmen; vielleicht auch bewahrte er die schöne Frucht für einen liebenden Hirten auf.

Als Daphnis diesen Apfel erblickte, machte er Anstalt hinaufzusteigen und ihn zu brechen und achtete Chloës Abwehren nicht. Sie ging eilfertig zu der Herde; Daphnis aber stieg behende hinauf, brach glücklich die Frucht, brachte sie der schmollenden Chloë zum Geschenk und begleitete es mit diesen Worten:

»Diesen Apfel, Mädchen, haben die schönen Horen erzeugt, ein schöner Baum hat ihn ernährt, die Sonne hat ihn gereift und das Glück ihn aufbewahrt. Ich konnte ihn nicht dort lassen, da ich Augen hatte. Er wäre zur Erde gefallen, und ein Schaf hätte ihn beim Weiden zertreten oder ein kriechender Wurm ihn vergiftet oder die Zeit ihn verzehrt, den daliegenden, den beschauten, den gepriesenen! Einen Apfel empfing Aphrodite als Preis der Schönheit; einen Apfel geb' ich dir als Siegeslohn. Auch wir, der Schönheit Zeugen, stehen einander gleich; jener hütete Schafe, die Ziegen ich.«

Mit diesen Worten legte er ihr den Apfel in den Busen, und als er ihr nahte, küßte sie ihn. Darum reute ihn auch die Kühnheit nicht, in den hohen Wipfel gestiegen zu sein; denn er empfing, was besser war, als selbst ein goldener Apfel, einen Kuß.

Viertes Buch

Ein Mitsklave Lamons war jetzt aus Mytilene gekommen und brachte die Nachricht, der Herr werde kurz vor der Weinlese eintreffen, um sich selbst zu unterrichten, ob seine Besitzungen durch den Überfall der Methymnäer gelitten hätten. Da nun der Sommer Abschied nahm und der Herbst nahte, bereitete ihm Lamon einen Aufenthalt voll jeder Augenlust. Er reinigte die Bäche, damit das Wasser darin recht hell wäre, und führte den Dünger vom Hof weg, damit sein Geruch niemand belästige, und pflegte den Lustgarten, damit er schön in die Augen fiele.

Dieser Lustgarten war eine gar schöne, den königlichen Gärten ähnliche Anlage. Er dehnte sich in der Länge bis zu einem Stadium aus, lag in einer hohen Gegend und hielt in der Breite vier Plethren. Man hätte ihn für eine weite Aue halten können. Alle Arten von Bäumen wuchsen darin, Äpfel-, Myrten-, Birnen-, auch Granaten- und Feigen- und Olivenbäume; auf der andern Seite hohe Weinstöcke, die sich mit reifenden Trauben an die Äpfel- und Birnbäume anschmiegten, gleich als wollten sie in der Frucht mit ihnen wetteifern. Dies waren die kultivierten Bäume. Aber auch Zypressen waren da und Lorbeeren und Platanen und Pinien. Um diese alle schlang sich statt des Weines Efeu, und die Dolden von diesen, die groß und schwarz waren, ahmten die Trauben nach. Im inneren Bezirk standen die fruchttragenden Bäume, gleichsam umschirmt: Von außen standen die unfruchtbaren, wie eine Befriedung von Menschenhand; und um dieses lief wieder die Umgebung eines schmalen Mauerwerks. Alles war durchschnitten und gesondert, und ein Stamm stand von dem andern gehörig ab. In der Höhe aber stießen die Zweige zusammen und tauschten gegenseitig ihr Haar; aber auch ihre Natur schien Kunst. Es waren auch Beete von Blumen da, deren einige die Erde erzeugte, andere die Kunst bildete; Rosenhecken und Hyazinthen und Lilien waren durch Kunst gezogen; Veilchen, Narzissen und Anagallis trug die Erde. Schatten war hier im Sommer, Blumen im Frühling, Früchte im Herbst, und in jeder Jahreszeit üppige Fülle.

Von hier hatte man die freie Aussicht auf die Ebene, und man konnte die Weidenden sehen; man hatte die Aussicht auf das Meer und sah die Vorbeisegelnden; so daß auch dies ein Teil der Üppigkeit dieses Paradieses war. Da, wo nach Länge und Breite seine Mitte war, stand ein Tempel und Altar des Dionysos; den Altar umschlang Efeu, den Tempel Reben. Es enthielt aber auch das Innere des Tempels bacchische Gemälde; die gebärende Semele, die schlummernde Ariadne, den gebundenen Lykurgos, den zerrissenen Pentheus. Auch die besiegten Inder waren hier und die verwandelten Tyrrhener; überall kelternde Satyrn, überall tanzende Bacchantinnen. Auch Pan war nicht vergessen. Auf der Syrinx spielend saß dieser auf einem Felsen, gleich als stimmte er ein gemeinsames Lied den Kelternden und den Tanzenden an.

Diesen schönen Lustgarten pflegte Lamon, indem er die dürren Äste ausschnitt und die Reben aufband. Den Dionysos kränzte er; den Blumen führte er Wasser zu. Denn eine Quelle war hier, die Daphnis für die Blumen aufgefunden hatte. Nur für die Blumen floß die Quelle; doch wurde sie Quelle des Daphnis genannt. Aber auch den Daphnis ermahnte Lamon, die Ziegen so gut als möglich zu ernähren; denn auch diese würde der Herr in Augenschein nehmen, wenn er nach so langer Zeit hierherkäme. Daphnis war dabei ganz getrost und erwartete Lob dafür; denn seitdem er sie unter Aufsicht hatte, hatte er ihre Zahl verdoppelt, und der Wolf hatte auch nicht eine geraubt, und sie waren fetter als die Schafe; um den Herrn aber seiner Heirat recht geneigt zu machen, widmete er ihnen alle Sorgfalt mit großem Eifer, indem er sie sehr früh austrieb und spät am Abend nach Hause führte. Zweimal führte er sie zur Tränke und suchte die ergiebigsten Weideplätze auf. Er sorgte für neue Krippen und viele Eimer und größere Darren. Ja, so weit ging seine Sorgfalt, daß er ihnen die Hörner salbte und die Haare kämmte. Man hätte gemeint, eine heilige Herde des Pan zu sehen. An allen diesen Bemühungen nahm auch Chloë teil; ja, sie vernachlässigte fast ihre eigene Herde und machte sich mehr mit den Ziegen zu tun; daher denn Daphnis meinte, sie zeigten sich durch sie so schön.

Während dieser Beschäftigung kam ein zweiter Bote aus der Stadt und brachte den Befehl, die Weinlese auf das schleunigste zu halten; er selbst wolle bleiben, sagte er, bis sie den Most aus den Trauben gekeltert hätten, und dann nach der Stadt zurückkehren, um seinen Herrn abzuholen, wenn die Lese vollendet sei. Diesen Boten nun, den Eudromos – denn so hieß er, weil sein Geschäft im Laufen bestand –, nahmen sie mit größter Freundlichkeit auf und leerten die Weinstöcke ab, trugen die Trauben in die Kelter und den Most in die Fässer; die vollsten Trauben aber nahmen sie samt den Reben ab, damit auch die Städter bei ihrer Ankunft ein Bild der Weinlese und Freude davon hätten.

Als nun Eudromos schon im Begriff war, nach der Stadt zurückzukehren, gab ihm Daphnis, außer andern nicht wenigen Gaben, alles, was nur ein Ziegenhirt schenken kann, gut gepreßte Käse, ein spätgeworfenes Zicklein und ein weißes zottiges Ziegenfell, um es im Winter beim Laufen umzunehmen. Jener freute sich und küßte den Daphnis und versprach ihm, seinem Herrn viel Gutes von ihm zu sagen, und trennte sich so von ihnen mit freundlicher Gesinnung. Daphnis aber hütete mit Chloë voll Bangigkeit. Auch sie war voll Bangigkeit. Denn er, ein Knabe, bisher nur gewohnt, Ziegen zu sehen und Schafe und Landleute und Chloë, sollte jetzt zum erstenmal einem Herrn unter die Augen treten, den er bisher nur hatte nennen hören. Sie war also seinetwegen voll Sorgen, wie er sich gegen den Herrn benehmen würde; auch ihrer Heirat wegen war sie voll von Unruhe, sie möchte vielleicht nur ein eitler Traum gewesen sein. Ununterbrochen waren daher ihre Küsse und ihre Umarmungen, als ob sie miteinander verwachsen wären; aber mit ihren Küssen war Furcht gemischt, und trübe waren ihre Umarmungen, als ob sie schon das Auge des Herrn fürchteten oder sich verbergen müßten. Nun kam aber auch noch folgender Schrecken hinzu.

Es wohnte dort ein gewisser Lampis, ein frecher Rinderhirt. Dieser hatte auch beim Dryas um Chloë gefreit und hatte ihm viele Geschenke gegeben, um ihn für seinen Wunsch zu gewinnen. Da er nun merkte, daß, wenn der Herr einwilligte, Daphnis sie heimführen würde, sann er auf eine List, den Herrn gegen sie aufzubringen; und weil er wußte, wieviel Freude er an dem Lustgarten hatte, beschloß er, diesen, so weit er könnte, zu verheeren und zu verunstalten. Wenn er nun die

Bäume niederhieb, so war er in Gefahr, bei dem Geräusch darüber ertappt zu werden; er hielt sich also an die Blumen, die er leicht verwüsten konnte; erwartete die Nacht, und nachdem er über die Mauer gestiegen war, riß er einige aus, brach andere ab, noch andere zertrat er, wie ein Schwein getan hätte. Dann entfernte er sich unbemerkt; Lamon aber kam am folgenden Morgen in den Garten und wollte die Blumen aus der Quelle wässern. Wie er nun den ganzen Platz verheert und eine Verwüstung sah, wie kaum ein Räuber mit den feindseligsten Gesinnungen angerichtet hätte, zerriß er augenblicklich seinen Rock und rief mit lauter Stimme die Götter an; so daß Myrtale, was sie unter den Händen hatte, stehen ließ und hinauslief, und Daphnis, der eben die Ziegen ausgetrieben hatte, zurückkehrte. Auch diese erhoben bei dem Anblick ein Geschrei und vergossen beim Schreien Tränen.

Die Trauer über die Blumen war zwar eitel; aber sie weinten aus Furcht vor dem Herrn; es hätte aber auch wohl ein Fremder geweint, wär' er dazu gekommen. Der Platz war verunstaltet. Der ganze Erdboden war jetzt nichts als Unrat; und was etwa dem Frevel entgangen war, blühte und strahlte und war auch liegend noch schön. Auch setzten sich die Bienen noch unablässig darauf und summten unaufhörlich, eben als ob sie wehklagten.

Lamon rief jetzt in seinem Schrecken: »Weh, weh über die Rosenhecken, wie sind sie gebrochen! Weh über das Veilchenbeet, wie ist es niedergetreten! Weh über die Hyazinthen und Narzissen, die ein böser Mensch ausgerissen hat! Der Frühling wird kommen; sie aber werden nicht sprießen: es wird Sommer werden; aber sie werden nicht blühen: der Herbst; aber sie werden niemanden kränzen. Hast denn auch du dich, o Dionysos, dieser armen Blumen nicht erbarmt, bei denen du wohntest, die du unter den Augen hattest, mit denen ich dich öfters bekränzt habe? Wie, wie soll ich nun den Garten dem Herrn zeigen? Was wird er bei diesem Anblick tun? Er wird mich alten Mann an eine Fichte hängen, wie den Marsyas; vielleicht auch den Daphnis, als ob es die Ziegen getan hätten.«

Heißer strömten bei diesen Worten die Tränen, und sie beweinten jetzt nicht mehr die Blumen, sondern ihren eigenen Leib. Auch Chloë beweinte den Daphnis, daß er gehenkt werden sollte, und wünschte, daß ihr Herr nun nicht kommen möchte, und brachte den Tag traurig hin, als ob sie den Daphnis schon gegeißelt sehe. Beim Anbruch der Nacht meldete ihnen Eudromos, der ältere Herr würde in drei Tagen kommen; sein Sohn aber früher, am nächsten Tag. Nun wurde über den Vorfall Rat gepflogen, und auch dem Eudromos teilten sie ihre Gedanken mit, und dieser, der dem Daphnis wohlwollte, riet ihnen, den ganzen Verlauf dem jüngeren Herrn zu bekennen, und versprach, sie selbst zu unterstützen, da er als sein Milchbruder etwas gelte; und da es Tag wurde, taten sie also.

Astylos kam jetzt zu Pferde an und sein Parasit mit ihm, auch zu Pferde; jenem keimte der erste Flaum um das Kinn; der andere, Gnathon, denn dies war sein Name, hatte schon längst den Bart geschoren. Als er nun ankam, warf sich ihm Lamon und mit ihm Myrtale und Daphnis zu Füßen und beschworen ihn, Mitleid zu haben mit einem unglücklichen Greis und einen unschuldigen Mann dem Zorn seines Vaters zu entreißen; und zugleich erzählte er alles. Astylos hatte Mitleid mit ihm und begab sich selbst in den Garten, und da er die Verheerung unter den Blumen sah, versprach er, selbst bei seinem Vater vorzubitten und die Schuld den Pferden zu geben, als ob sie dort angebunden gewesen und scheu geworden wären; worauf sie sich losgemacht und einiges zerbrochen, anderes niedergetreten und ausgewühlt hätten. Für diese Zusage wünschten ihm Lamon und Myrtale Glück und Segen; Daphnis aber brachte Geschenke herbei, Zicklein, Käse, Hühner und auch Kuchen, Trauben an den Reben und Äpfel an den Zweigen. Unter den Geschenken war auch lesbischer Wein, ein ganz köstlicher Wein zum Trunk.

Astylos lobte dieses und begab sich auf die Hasenjagd; denn als ein reicher Jüngling, der gewohnt war, in Weichlichkeit zu schwelgen, war er auf das Land gekommen, um den Genuß eines seltenen Vergnügens zu haben. Gnathon aber, ein Mensch, der gelernt hatte, zu essen und bis zum Rausch zu trinken und nach dem Rausch sich wohl sein zu lassen und überhaupt nichts war als Gaumen, Bauch und was noch niedriger ist als dieser, hatte den Daphnis nicht unbeachtet gelassen, als er die Geschenke brachte; und da er von Haus aus ein

Liebhaber schöner Knaben war und hier eine Schönheit fand wie noch nie in der Stadt, nahm er sich vor, dem Daphnis nachzustellen, und hoffte, ihn als einen Ziegenhirten leicht zu bereden. Voll dieses Gedankens nahm er an Astylos' Jagd keinen Teil, sondern begab sich hinab, wo Daphnis weidete, um, wie er vorgab, die Ziegen, in Wahrheit aber, um den Hirten zu sehen. Um ihn sich gefällig zu machen, lobte er die Ziegen und bat ihn um eine Hirtenmelodie auf der Syrinx und sagte, er wolle ihm gar bald die Freiheit verschaffen, denn er vermöchte alles.

Als er ihn nun ganz zahm sah, lauerte er ihm auf, wie er in der Nacht die Ziegen von der Weide trieb, lief auf ihn zu, küßte ihn und bat ihn um die Gunst, welche die Ziegen den Böcken gewähren. Da ihn nun Daphnis endlich verstand und sagte, daß Böcke die Ziegen besprängen, zieme sich wohl; nie aber habe man einen Bock gesehen, der einen Bock, oder einen Widder, der statt der Schafe einen andern Widder, oder Hähne, die statt der Hennen andere Hähne bestiegen, war Gnathon im Begriff, Gewalt zu gebrauchen und legte Hand an ihn. Er aber stieß den berauschten Menschen, der sich kaum auf den Füßen hielt, von sich und warf ihn zur Erde; dann lief er wie ein Reh davon und ließ jenen liegen, der nun einen Mann, nicht einen Knaben zum Führer brauchte. Seitdem ließ er ihn sich nicht mehr nah kommen, sondern weidete die Ziegen bald hier, bald dort, um jenem zu entgehen und Chloë zu bewachen. Auch machte Gnathon keinen Versuch weiter, da er erfahren hatte, daß Daphnis nicht bloß schön, sondern auch stark war, suchte aber einen günstigen Augenblick, um mit Astylos von ihm zu sprechen und hoffte, ihn von dem reichen und freigebigen Jüngling als Geschenk zu erhalten.

Damals war das nun nicht ausführbar; denn Dionysophanes und Klearista waren angekommen, und es war ein großes Drängen von Zugvieh und Dienern, Männern und Weibern; in der Zwischenzeit aber faßte er eine lange erotische Rede ab. Dionysophanes nun aber war zwar schon halb grau, aber ein großer und schöner Mann, der es im Kampf auch wohl mit Jünglingen aufgenommen hätte; auch war er reich wie wenige und rechtlich wie kein anderer. Am ersten Tage nach seiner Ankunft opferte er den Göttern des Feldbaues, der Demeter und dem Dionysos, dem Pan und den Nymphen, und stellte für alle Anwesenden einen gemeinsamen Mischkrug auf; an den folgenden Tagen aber nahm er Lamons Wirtschaft in Augenschein; und da er das Feld gut gepflügt, die Weingärten reichlich bepflanzt, den Lustgarten schön gehalten sah – denn wegen der Blumen hatte Astylos die Schuld auf sich genommen –, freute er sich außerordentlich und lobte den Lamon und versprach, ihm die Freiheit zu schenken. Dann begab er sich auch mit ihm auf die Weide hinab, um auch die Ziegen in Augenschein zu nehmen und ihren Hüter.

Chloë hatte sich aus Furcht und Scheu vor dem Gewühl in den Wald geflüchtet; Daphnis aber stand da, mit einem zottigen Ziegenfell angetan und einer neugenähten Hirtentasche über den Schultern und hielt in der einen Hand frische Käse, in der andern säugende Zicklein. Wenn jemals Apollo im Dienst Laomedons die Rinderherden weidete, so war er so gestaltet, wie damals Daphnis erschien. Er selbst sagte nichts, sondern, sein Gesicht mit Röte bedeckt, sah er zur Erde und reichte die Geschenke hin. Lamon aber sagte:

»Das, Herr, ist der Hirt der Ziegen. Du hast mir fünfzig zu weiden gegeben und zwei Böcke; er hat ihre Zahl auf hundert gebracht und zehn Böcke. Du siehst, wie wohlgenährt sie glänzen, wie lang und zottig ihre Haare, wie unverletzt ihre Hörner sind. Auch musikalisch hat er sie gemacht, denn sie tun alles nach dem Ton der Syrinx.«

Klearista, die hierbei zugegen war, wünschte eine Probe davon zu sehen und befahl dem Daphnis, den Ziegen, wie er gewohnt sei, zu flöten, und versprach, ihm dafür einen Leibrock und Schuhe zu schenken. Er ließ sie also niedersitzen, wie Zuschauer auf dem Schauplatz, stellte sich dann selbst unter die Buche und nahm die Syrinx aus der Hirtentasche. Anfänglich blies er nur schwach, und die Ziegen standen mit aufgeregten Köpfen; dann stimmte er den Weidegesang an, und die Ziegen senkten die Köpfe zur Erde und weideten; wiederum gab er helle Töne an, und sie legten sich sämtlich nieder. Auch in scharfem Ton blies er, und sie flohen nach dem Walde, als ob der Wolf sich näherte; kurz darauf blies er zum Rückzug, und sie traten aus dem Wald hervor und versammelten sich zu seinen Füßen. Keine Diener konnte man dem Befehl ihres

Herrn gehorsamer sehen. Alle die andern bewunderten das, vor allem aber Klearista, die dem schönen, kunstreichen Hirten noch einmal Gaben zu reichen gelobte; und nachdem sie in ihre Wohnung zurückgekommen waren, setzten sie sich zum Frühstück und schickten dem Daphnis von dem, was sie genossen.

Er aß mit Chloë und freute sich, städtische Küche zu kosten, und war voll guter Hoffnung, die Einwilligung der Herrschaft zu der Heirat zu erhalten. Gnathon aber, der durch das, was sich bei der Herde begeben hatte, noch mehr entflammt worden war, meinte nicht leben zu können, wenn ihm Daphnis nicht zuteil würde; und nachdem er dem Astylos beim Spaziergang in dem Lustgarten aufgepaßt hatte, führte er ihn in den Tempel des Dionysos und küßte ihm Hände und Füße. Als ihn dieser nun fragte, warum er das täte, und ihm zu reden befahl und seinen Wünschen gefällig zu sein schwur, sagte er:

»Es ist aus mit deinem Gnathon, Herr. Er, der bis jetzt nur deine Tafel liebte; er, der vormals schwur, nichts Schöneres zu kennen als alten Wein; der deine Mundköche der ganzen Jugend von Mytilene vorzog – ich finde jetzt nichts schön als den Daphnis. Die köstlichsten Gerichte berühre ich nicht, so viel man auch Tag für Tag aufträgt, Fleisch, Fische, Kuchenwerk. Gern würde ich zur Ziege werden und Gras und Laub fressen, wenn ich nur Daphnis' Syrinx hörte und von ihm geweidet würde. Rette deinen Gnathon und besiege die überschwengliche Liebe; wo nicht, so schwöre ich bei dir, meinem Abgott, daß ich ein Messer nehme, mich mit Speisen vollstopfe, und dann vor Daphnis' Tür mich ums Leben bringe. Dann wirst du dein kleines Gnathonchen nicht mehr rufen, wie du immer im Scherz gewohnt warst.«

Wie er nun so jammerte und wiederum Astylos' Füße küßte, widerstand ihm der großmütige, mit den Schmerzen der Liebe nicht unbekannte Jüngling nicht, sondern versprach ihm, sich den Knaben von seinem Vater auszubitten und ihn in die Stadt zu nehmen, für sich zum Sklaven, für Gnathon als Geliebten. Um ihn aber zu erheitern, fragte er ihn lächelnd, ob er sich nicht schäme, Lamons Sohn zu küssen und gar bei einem Knaben schlafen wolle, der Ziegen weide? Und zugleich stellte er sich, als ob ihm vor dem Bockgeruch ekle. Gnathon aber,

Sie sammelte Halme und flocht ein Grillenhäuschen, er aber schnitt zartes Rohr, und nachdem er es zwischen den Knoten durchbohrt, übte er sich im Flöten bis in die Nacht. SEITE 29

der bei den Mahlen der Schlemmer die ganze erotische Mythologie gelernt hatte, verteidigte nicht unpassend sowohl sich als den Daphnis:

»Kein Liebender«, sagte er, »nimmt Anstoß an solchen Dingen; er gibt sich der Schönheit gefangen, an welchem Leibe er sie auch finden mag. Darum hat mancher einen Baum geliebt und einen Fluß und ein Tier. Und wer sollte nicht einen Verliebten bemitleiden, der sich vor dem Geliebten fürchten muß? Ich aber liebe eine freie Schönheit, wenn schon in einem unfreien Leibe. Siehst du nicht, wie sein Haar den Hyazinthen gleich, wie unter seinen Brauen die Augen leuchten wie in goldener Fassung ein Edelstein? Sein Gesicht ist mit Röte bedeckt; sein Mund aber voll von Zähnen, so weiß wie Elfenbein. Wer möchte nicht wünschen, von diesen Lippen süße Küsse zu nehmen? Wenn ich aber einen Hirten liebe, ahm' ich Götter nach. Anchises weidete Rinder, und ihn liebte Aphrodite; Branchos weidete Ziegen, und Apollo küßte ihn; Ganymedes hütete die Schafe, und Zeus raubte ihn. Laß uns also einen Knaben nicht gering achten, dem, wie wir sahen, auch die Ziegen gehorchen, als liebten sie ihn; sondern vielmehr den Adlern des Zeus danken, daß sie eine solche Schönheit auf Erden weilen lassen.«

Anmutig lächelnd vorzüglich über diesen Teil der Rede, bemerkte Astylos, daß Eros aus den Menschen große Sophisten mache, und erwartete nun den Augenblick, wo er mit seinem Vater über den Knaben sprechen könnte. Eudromos aber hatte alles im verborgenen gehört, und weil er den Daphnis als einen wackeren Knaben liebte, teils auch, weil es ihn verdroß, daß eine solche Schönheit in Gnathons unreine Hände fallen sollte, erzählte er sogleich die ganze Sache ihm und dem Lamon. Voll Bestürzung beschloß Daphnis, lieber mit Chloë zu entfliehen oder zu sterben, ebenfalls mit ihr. Lamon aber rief die Myrtale heraus und sagte:

»Wir sind verloren! Die Zeit ist da, wo wir das Geheimnis entdecken müssen. Unsere Ziegen zwar werden verlassen sein, und alles übrige; aber beim Pan und den Nymphen, sollt' ich auch, wie es heißt, als Stier im Stall zurückbleiben, ich kann Daphnis Geschick nicht verschweigen, sondern will sagen, wo ich ihn ausgesetzt gefunden; ich will anzeigen, wie er genährt worden, und, was ich bei ihm gefunden habe, vorzeigen. Dieser schändliche Gnathon soll erfahren, wer er ist und wen er sich untersteht zu lieben. Halte mir nur die Erkennungszeichen bereit!«

Nach dieser Verabredung gingen sie wieder hinein; Astylos aber trat zu seinem Vater, als er ihn ohne Geschäfte sah, und bat ihn, den Daphnis in die Stadt zu nehmen, weil er schön und für das Land zu gut sei und von Gnathon gar schnell die städtische Weise lernen könne. Mit Freude gewährte ihm der Vater seine Bitte, und nachdem er den Lamon und die Myrtale hatte kommen lassen, verkündete er ihnen, daß Daphnis künftig statt den Ziegen und den Böcken dem Astylos dienen würde, und versprach, ihnen an seiner Statt zwei andere Hirten zu geben. Und schon liefen alle zusammen und freuten sich, einen so schönen Mitsklaven zu bekommen, als Lamon um die Erlaubnis bat zu sprechen und also begann:

»Vernimm, o Herr, von einem bejahrten Mann ein wahrhaftes Wort; ich schwöre beim Pan und bei den Nymphen, daß ich nichts Falsches sagen werde. Ich bin nicht Daphnis' Vater, und Myrtale hat nicht das Glück gehabt, Mutter zu werden. Andre Eltern haben ihn als Kind ausgesetzt, vielleicht weil sie schon genug andere Kinder hatten; ich aber habe ihn ausgesetzt und von meiner Ziege genährt gefunden, die ich denn auch nach ihrem Tode in der Umgebung des Gartens begraben habe, aus Liebe, weil sie wie eine Mutter getan hat. Ich habe auch Erkennungszeichen mit ihm niedergelegt gefunden; ich bekenne dies, Herr, und bewahrte sie auf; sie verraten einen besseren Stand, als der unsrige ist. Daß er nun Astylos' Diener sei, der schöne Diener eines schönen und edeln Herrn, weise ich nicht zurück; das aber kann ich nicht zugeben, daß er den Lüsten eines Gnathon diene, der ihn nach Mytilene führen und zum Weibe machen will.«

Nach diesen Worten schwieg Lamon und vergoß viele Tränen. Da aber Gnathon keck genug war, mit Schlägen zu drohen, zeigte Dionysophanes großes Erstaunen und gebot dem Gnathon mit drohender Miene, zu schweigen; den Lamon aber befragte er von neuem und befahl ihm, die Wahrheit zu sagen und nicht etwas zu erdichten, das wie ein Märchen aussehe, um nur den Sohn bei sich zu behalten. Da dieser aber fest blieb und bei allen Göttern schwur und sich zur Folter erbot, wenn er löge, erwog Dionysophanes in Klearistes Gegenwart alles, was er gesagt hatte.

»Warum sollte Lamon lügen, wenn er zwei Hirten für einen bekommen kann? Wie könnte auch ein Bauer das ersinnen? War es denn nicht gleich unglaublich, daß ein solcher alter Mann und ein ganz alltägliches Weib einen so schönen Sohn haben sollten?«

Statt indes weiter den Mutmaßungen nachzuhängen, verlangte er die Erkennungszeichen zu sehen, ob sie wirklich ein glänzendes und ausgezeichneteres Los verrieten, und Myrtale entfernte sich, um alles zu holen, wie sie es in einer alten Hirtentasche aufbewahrte. Als es gebracht worden, betrachtete es Dionysophanes zuerst, und als er eine purpurne Chlamys sah, eine goldene Schnalle und ein kleines Schwert mit elfenbeinernem Griff, schrie er laut auf: »O Zeus! O Gott!« und rief seine Gemahlin, um es zu betrachten. Auch diese rief ebenfalls beim ersten Blick aus:

»O ihr heiligen Parzen! Haben wir das nicht unserem eigenen Sohn mitgegeben? Haben wir nicht Sophrosyne damit hier auf das Land geschickt? Nichts anderes war es, sondern eben dasselbe, lieber Mann. Es ist unser Kind; Daphnis ist dein Sohn; er weidete seines Vaters Ziegen.«

Während sie noch sprach und Dionysophanes die Sachen küßte und vor großer Freude weinte, warf Astylos, als er hörte, daß Daphnis sein Bruder sei, seinen Mantel von sich und lief nach dem Garten, um ihn zuerst zu küssen. Als ihn Daphnis aber nebst vielen andern herzulaufen sah, und ihn »Daphnis! Daphnis!« rufen hörte und nicht anders meinte, als er wolle ihn gefangennehmen, warf er Hirtentasche und Syrinx von sich und eilte dem Meer zu, um sich von dem hohen Felsen herabzustürzen. Und so wäre Daphnis vielleicht sonderbarerweise eben, da er gefunden war, verloren worden, hätte nicht Astylos von neuem gerufen:

»Steh still, Daphnis, fürchte nichts; ich bin dein Bruder, und deine bisherigen Herren sind deine Eltern. Eben hat uns Lamon von der Ziege erzählt und die Merkzeichen vorgewiesen.

Sieh dich nur um, wie heiter und lachend sie dort kommen. Mich aber küsse zuerst! Ich schwöre dir bei den Nymphen, daß ich nicht lüge.«

Erst nach diesem Schwur blieb er stehen und erwartete den Astylos, und als er herbeikam, küßte er ihn. In der Zeit, wo er diesen küßte, strömte auch die übrige Schar der Diener und Dienerinnen herbei und der Vater selbst und die Mutter mit ihm. Diese alle umarmten und küßten ihn freudig und weinend. Er aber begrüßte vor den andern Vater und Mutter, und als ob er es längst schon gewußt hätte, drückte er sie an seine Brust und wollte sich nicht aus ihren Armen losmachen: so schnellen Glauben bewirkt die Natur! Fast hätt' er auch Chloë vergessen. Nachdem er nun in das Haus zurückgekehrt war, legte er ein kostbares Kleid an, und, neben seinem Vater sitzend, vernahm er aus seinem Mund folgendes:

»Ich habe sehr jung geheiratet, meine Kinder, und nach kurzer Zeit war ich ein glücklicher Vater, wie ich glaubte; denn zuerst wurde mir ein Sohn geboren, dann eine Tochter, und nach dieser Astylos. Ich glaubte hinlänglich mit Kindern versorgt zu sein, und als mir nach allen dieser Sohn geboren wurde, setzte ich ihn aus und gab ihm diese Sachen mit, nicht als Erkennungszeichen, sondern als Totenschmuck. Das Schicksal hatte es anders beschlossen. Mein ältester Sohn und meine älteste Tochter starben an einer ähnlichen Krankheit an einem Tage; du aber wurdest mir durch die Vorsehung der Götter erhalten, damit ich mehrere Stützen hätte. Hege also keinen Groll wegen deiner Aussetzung gegen mich, denn es war kein freiwilliger Entschluß; und auch du, Astylos, laß es dich nicht verdrießen, daß du statt meiner ganzen Habe nur einen Teil bekommen sollst; denn für wohlgesinnte Menschen gibt es kein schöneres Gut als einen Bruder; sondern liebt euch gegenseitig; dann könnt ihr Reichtums wegen mit Königen wetteifern. Ich werde euch vieles Land hinterlassen und viele brauchbare Sklaven, auch Gold und Silber und viele andere Habe reicher Leute. Dem Daphnis geb' ich nur diese Flur im voraus, und den Lamon und die Myrtale und die Ziegen, die er selbst geweidet hat.«

Während er noch sprach, sprang Daphnis auf mit den Worten: »Da hast du mich zur rechten Zeit an etwas erinnert. Ich muß die Ziegen zur Tränke führen, die gewiß schon recht durstig auf meine Syrinx warten, während ich hier sitze.«

Alle lachten, daß er, der ein Herr geworden war, noch immer ein Ziegenhirt sein wollte; und ein anderer wurde abgeschickt, für die Ziegen zu sorgen; sie aber opferten dem rettenden Zeus und hielten ein Mahl. Bei diesem Mahl erschien bloß Gnathon nicht, sondern blieb aus Furcht den ganzen Tag und die ganze Nacht wie ein Schutzsuchender in des Dionysos Tempel. Als sich nun schnell unter allen die Nachricht verbreitete, daß Dionysophanes einen Sohn gefunden und daß sich Daphnis, der Ziegenhirt, als Herr der Flur ausgewiesen habe, strömten die Leute von allen Seiten herzu und freuten sich mit dem Knaben und brachten seinem Vater Geschenke. Unter ihnen war Dryas der erste, Chloës Pflegevater.

Dionysophanes behielt alle bei sich, um als Teilnehmer der Freude auch an dem Fest teilzunehmen. Viel Wein wurde herbeigeschafft und viel Mehl, auch Wasservögel, Spanferkel und mancherlei Backwerk; und viele Opfer wurden den heimischen Göttern dargebracht. Jetzt nahm Daphnis all sein Hirtengerät zusammen und verteilte es unter die Götter als Weihgeschenke. Dem Dionysos weihte er die Hirtentasche und das Fell; dem Pan die Syrinx und die Querpfeife; den Hirtenstab den Nymphen und die Milchgefäße, die er selbst verfertigt hatte. Wie aber immer das Gewohnte einem erfreulicher ist als ein fremdes und ungewohntes Glück, so weinte er bei jedem Stück, von dem er sich trennte; und hing die Milchgefäße nicht eher auf, bis er gemolken, das Fell nicht eher, als bis er es umgehängt; die Syrinx, bis er darauf geflötet hatte; ja er küßte das alles und redete die Ziegen an und rief die Böcke mit Namen. Aus der Quelle trank er auch, weil er oft mit Chloë daraus getrunken hatte. Noch aber bekannte er seine Liebe nicht, sondern erwartete die gelegene Zeit.

Während der Zeit, wo Daphnis bei den Opfern war, trug sich mit Chloë folgendes zu: Sie saß bei ihrer Herde und weinte und sagte, wie natürlich war:

»Daphnis hat mich vergessen. Er träumt von einer reichen Heirat. Warum ließ ich ihn auch statt bei den Nymphen bei den Ziegen schwören? Er hat sie verlassen, wie Chloë. Nicht einmal jetzt, wo er dem Pan und den Nymphen opfert, hat er

Chloë zu sehen gewünscht. Er hat vielleicht bei seiner Mutter Mägde gefunden, die besser sind als ich. Nun, wohl ihm! Ich aber will nicht länger leben.«

Indem sie so bei sich sprach und so bei sich dachte, überfiel sie Lampis, der Rinderhirt, mit einer Begleitung von Landleuten und raubte sie weg, weil Daphnis sie nun doch nicht heiraten und Dryas jetzt nur allzu gut mit ihm zufrieden sein würde. Sie wurde also unter kläglichem Geschrei fortgerissen; aber einer, der es gesehen hatte, zeigte es der Nape an, Nape dem Dryas, Dryas dem Daphnis. Dieser geriet darüber fast von Sinnen; da er aber nicht wagte, mit seinem Vater zu sprechen, und sich doch nicht fassen konnte, ging er in den Garten und jammerte:

»Oh, welch unseliges Finden!« sagte er. »Wieviel besser wär' es für mich, die Herde zu weiden! Wieviel glücklicher war ich, als ich ein Knecht war! Da sah ich doch Chloë! Da küßt' ich sie. Nun hat Lampis sie geraubt, und wenn die Nacht kommt, wird er bei ihr liegen. Ich aber trinke und schwelge und habe umsonst beim Pan und den Ziegen und den Nymphen geschworen.«

Diese Worte des Daphnis vernahm Gnathon, der in dem Garten versteckt war, und da er jetzt den günstigen Zeitpunkt zur Aussöhnung gefunden zu haben glaubte, nahm er einige von Astylos' jungen Leuten zu sich und eilte dem Dryas nach. Nachdem er sich von diesen die Wohnung des Lampis hatte zeigen lassen, beschleunigte er seine Schritte und traf ihn, als er eben Chloë in sein Haus führte, nahm sie ihm ab und züchtigte die Bauern, die ihm geholfen hatten, mit Faustschlägen. Auch wollte er den Lampis binden und wie einen Kriegsgefangenen fortführen, dieser aber war vorher davongelaufen. Nach so rühmlicher Tat kehrte er bei Anbruch der Nacht zurück. Den Dionysophanes fand er schlafend; Daphnis aber wachte noch und weinte im Garten. Er führte also Chloë zu ihm, und nachdem er sie ihm übergeben hatte, erzählte er ihm den ganzen Verlauf; bat ihn hierauf, das Geschehene zu vergessen, ihn als einen treuen Diener zu behalten und nicht von seinem Tisch zu verstoßen, ohne den er verhungern würde. Als aber Daphnis Chloë wiedersah und sie in seinen Armen hatte, verzieh er ihm als seinem Wohltäter und rechtfertigte sich bei ihr über seine Vernachlässigung.

Jetzt gingen sie miteinander zu Rate und beschlossen, ihren

Bund geheim zu halten; Daphnis aber wollte Chloë im Verborgenen behalten und nur seiner Mutter diese Liebe bekennen. Dryas aber gestattete das nicht, sondern verlangte mit dem Vater zu sprechen und versprach ihn zu bereden. Am folgenden Morgen begab er sich mit den Erkennungszeichen in der Hirtentasche zu Dionysophanes und der Klearista, die in dem Lustgarten saßen; auch Astylos war zugegen und Daphnis; und da alle schwiegen, hob er also an:

»Eine gleiche Notwendigkeit wie dem Lamon gebietet auch mir, das bisher bewahrte Geheimnis kundzutun. Diese Chloë hier hab' ich nicht gezeugt, auch nicht ernährt; andere haben sie erzeugt, und als sie in der Grotte der Nymphen lag, hat ein Schaf sie ernährt. Dies sah ich mit meinen eigenen Augen und staunte, als ich es sah; dann zog ich sie auf. Mir zeugt ihre Schönheit; denn uns gleicht sie nicht; es zeugen auch die mit ihr gefundenen Merkmale, die zu kostbar für Hirten sind. Seht sie hier und sucht die Angehörigen des Mädchens auf, ob sie sich vielleicht des Daphnis würdig zeigt.«

Diese Worte warf Dryas nicht ohne Bedacht hin, und auch Dionysophanes hörte sie nicht achtlos an; sondern mit einem Blick auf Daphnis, den er erblassen und heimlich weinen sah, erkannte er sogleich seine Liebe; und mehr aus Sorge für seinen eigenen Sohn als für ein fremdes Mädchen prüfte er die Erzählung des Dryas mit größter Genauigkeit. Als ihm aber auch die Erkennungszeichen vor Augen gelegt wurden, die übergoldeten Schuhe, die Spangen, die Mitra, rief er Chloë zu sich und sprach ihr Mut ein; sie habe schon den Mann, bald würde sie auch Vater und Mutter finden. Jetzt nahm sich Klearista ihrer an und schmückte sie als die Gattin ihres Sohnes; den Daphnis aber nahm Dionysophanes allein und fragte ihn, ob sie noch Jungfrau sei; und da er mit einem Eid beteuerte, daß nichts weiter als Küssen und Schwüre unter ihnen vorgefallen, freute er sich und ließ sie zusammensitzen.

Jetzt konnte man sehen, was die Schönheit ist, wenn sie im Schmuck erscheint! Denn jetzt, da Chloë angekleidet war, ihr Haar aufgeflochten und ihr Angesicht gewaschen hatte, fanden alle ihre Schönheit um so viel erhöht, daß selbst Daphnis sie kaum wiedererkannte; und auch ohne die Erkennungszeichen hätte man geschworen, daß Dryas nicht der Vater eines solchen Mädchens sei. Dennoch war er auch gegenwärtig und schmauste mit und Nape ebenfalls, und auf einem besonderen Lager hatten sie den Lamon und die Myrtale zur Gesellschaft. Nun wurden wiederum an den folgenden Tagen Opfertiere geschlachtet und Mischkrüge aufgestellt; und auch Chloë weihte jetzt, was sie besaß, die Syrinx, die Hirtentasche, das Fell, die Milchgefäße. Auch mischte sie die Quelle in der Nymphengrotte mit Wein, weil sie bei ihr gesäugt worden war und sich oft darin gebadet hatte. Sie bekränzte auch den Grabhügel des Schafes, den Dryas ihr zeigte. Auch flötete sie noch selbst der Herde etwas vor, und nach dem Flöten betete sie zu den Göttinnen und flehte zu ihnen, daß sie Eltern finden möchte, die sie der Ehe ihres Daphnis würdig machten.

Als aber nun auf dem Lande der Feste genug gefeiert waren, beschloß man, sich nach der Stadt zu begeben und nach Chloës Eltern zu forschen und die Hochzeit nicht länger aufzuschieben. Sie schickten sich also mit Tagesanbruch zur Reise an, schenkten dem Dryas noch weitere dreitausend Drachmen, dem Lamon aber die Hälfte des Ertrages von dem Grundstück an Früchten und Wein, drei Ziegen samt den Hirten, vier Joche Stiere und Winterkleider; auch seinem Weib wurde die Freiheit geschenkt. Hierauf reisten sie nach Mytilene ab mit Pferden und Wagen und großer Pracht. Damals bemerkten die Bürger sie nicht, da sie in der Nacht ankamen; am folgenden Morgen aber sammelte sich die Menge um ihre Tür, Männer und Weiber. Jene freuten sich mit Dionysophanes, daß er einen Sohn gefunden, und mehr noch, als sie die Schönheit des Daphnis sahen; die Weiber aber wünschten Kleariste Glück, daß sie zugleich einen Sohn und seine Braut in das Haus gebracht habe. Auch diese setzte Chloë durch ihre Schönheit, die durch nichts verdunkelt werden konnte, in Erstaunen. Die ganze Stadt geriet in Bewegung über den Jüngling und das Mädchen; sie priesen schon das Glück dieser Ehe und wünschten, daß die Abkunft des Mädchens ihrer Schönheit angemessen möchte gefunden werden. Ja viele der reichsten Frauen baten die Götter, sie für die Mutter einer so schönen Tochter gelten zu lassen.

Nun hatte Dionysophanes einst, als er nach vielem Sinnen in einen tiefen Schlaf gesunken war, folgenden Traum. Es kam ihm vor, als bäten die Nymphen den Eros, endlich doch den Liebenden die Ehe zuzugestehen; und als ob dieser den Bogen abspanne und zu dem Köcher von sich lege und dem Dionysophanes befehle, die Edelsten der Mytilenäer zu einem Mahl einzuladen und, wenn er den letzten Mischkrug gefüllt habe, die Erkennungszeichen jedem vorzuweisen und hierauf den Hochzeitsgesang anzustimmen. Wie er nun dies gesehen und gehört hatte, stand er mit Tagesanbruch auf und befahl, ein glänzendes Mahl zu bereiten von den Gaben des Landes und des Meeres und was Seen und Flüsse böten, und lud hierauf alle die Vornehmsten der Mytilenäer zu Gästen ein. Als es nun schon Nacht geworden und der Mischkrug gefüllt war, aus dem sie dem Hermes spenden, brachte ein Diener auf einem silbernen Bekken die Erkennungszeichen herein, trug sie rechts herum und zeigte sie allen vor.

Von den andern erkannte sie keiner; ein gewisser Megakles aber, der um seines Alters willen den obersten Platz hatte, sah sie nicht sobald, als er sie erkannte und mit lauter Stimme ausrief:

»Was seh' ich hier? Was ist aus dir geworden, mein Töchterchen? Lebst du wohl auch noch? Oder hat ein Hirt nur dies gefunden und aufgehoben? Ich bitte dich, Dionysophanes, sage mir, woher du die Erkennungszeichen meines Kindes hast. Gönne nach deines Daphnis' Entdeckung auch mir etwas zu finden!«

Da nun Dionysophanes von ihm verlangte, zuerst die Geschichte der Aussetzung zu erzählen, sagte Megakles, ohne den Ton der Stimme zu senken:

»Meine Habe war in früherer Zeit gering; denn was ich hatte, war für Choregien und Trierarchien draufgegangen. In diesen Umständen wurde mir meine Tochter geboren. Weil ich sie nun nicht in Dürftigkeit erziehen wollte, setzte ich sie geschmückt mit diesen Merkzeichen aus, weil ich wußte, daß viele auch so Väter zu werden wünschen. Sie war nun also in einer Grotte der Nymphen ausgesetzt und den Göttinnen anvertraut; mir aber strömte täglich Reichtum zu und ich hatte keinen Erben; denn nicht einmal eine Tochter gönnte mir das Glück; sondern als ob die Götter meiner spotteten, sandten sie mir Träume bei Nacht, daß ich durch ein Schaf Vater werden würde.«

Jetzt stieß Dionysophanes noch lautere Ausrufungen aus als Megakles vorher, sprang von seinem Platz auf und führte Chloë, köstlich geschmückt, mit diesen Worten herein:

»Dieses Kind hast du ausgesetzt: dieses Mädchen hat dir ein Schaf durch der Götter Vorsehung ernährt; wie mir eine Ziege den Daphnis. Nimm diese Merkzeichen und die Tochter, nimm sie und gib sie dem Daphnis als Braut zurück. Wir haben beide ausgesetzt und beide wiedergefunden; für beide hat Pan, haben die Nymphen und Eros gesorgt.«

Megakles stimmte in diese Rede ein, schickte nach seiner Gemahlin Rhode und hielt Chloë an seiner Brust. Auch blieben sie zum Schlafen dort; denn Daphnis schwur, er werde Chloë niemandem überlassen, selbst ihrem Vater nicht.

Als es Tag geworden, kamen sie überein, wieder auf das Land zu gehn; denn Daphnis und Chloë hatten sich dieses erbeten, weil ihnen das Weilen in der Stadt unerträglich war. Auch jene wünschten, eine ländliche Hochzeit für sie zu veranstalten. Sie begaben sich also zu Lamon, führten den Dryas zu Megakles, stellten Nape der Rhode vor und machten Anstalten zu einem glänzenden Fest. Nun empfing Daphnis Chloë in Gegenwart der Nymphen, und nebst vielen andern Dingen weihten sie auch die Erkennungszeichen und vermehrten den Reichtum des Dryas bis zu zehntausend Drachmen.

Da der Himmel günstig und heiter war, ließ Dionysophanes dort vor der Grotte Lager aus grünem Laubwerk ausbreiten und bewirtete hier die ganze Nachbarschaft auf das reichlichste. Da war Lamon und Myrtale, Dryas und Nape zugegen; auch Dorkons Angehörige, Philetas, des Philetas Söhne, Chromis und Lycänion; auch Lampis hatte Verzeihung erhalten und fehlte nicht. Hier war nun alles, wie natürlich in solcher Gesellschaft, dörflich und landgemäß: einer sang, wie die Schnitter singen; ein anderer ahmte die spottende Kurzweil der Kelternden nach; Philetas spielte die Syrinx; Lampis flötete; Dryas und Lamon tanzten; Chloë und Daphnis küßten sich. Es weideten auch die Ziegen in der Nähe, als ob sie ebenfalls an dem Fest Anteil nähmen. Für die Städter hatte dies keinen großen Reiz; Daphnis aber rief einige mit Namen herbei, gab ihnen grünes Laub, faßte sie bei den Hörnern und küßte sie.

Und nicht bloß damals, sondern so lange sie lebten, führten sie die meiste Zeit ein Hirtenleben, verehrten die Götter, die Nymphen, den Pan, den Eros, schafften große Herden von Schafen und Ziegen an und kannten keine süßere Kost als Obst und Milch. Auch legten sie ein Knäbchen einer Ziege an, und ihr zweites Kind, ein Töchterchen, ließen sie an einem Schaf trinken; und nannten jenes Philopoimen, dieses Agele. So lebten sie auch dort zusammen bis in ihr spätes Alter und schmückten die Grotte und stellten Bilder auf und weihten einen Altar dem hirtlichen Eros; dem Pan aber gaben sie statt der Pinie einen Tempel zum Obdach und nannten ihn Pan den Krieger.

Doch dies taten sie erst in der Folge. Damals aber wurden sie, als es Nacht geworden, von allen in das Brautgemach geleitet, wobei die einen die Syrinx, andere die Flöte bliesen, noch andere große Fackeln trugen. An der Tür sangen sie mit rauher und kreischender Stimme, als ob sie die Erde mit Dreizacken aufrissen, nicht aber ein Brautlied sängen. Daphnis und Chloë aber lagen entkleidet zusammen, umarmten einander und küßten sich und schliefen in dieser Nacht nicht mehr als die Nachteulen tun. Daphnis übte jetzt Lycänions Unterricht aus; und Chloë erfuhr nun zuerst, daß ihre Kurzweil am Wald nur Hirtenspiel gewesen war.

Xenophon von Ephesos

Das Leben des Xenophon von Ephesos ist uns gänzlich unbekannt; seine Lebenszeit ist von der Forschung unterschiedlich angesetzt worden (vom zweiten bis fünften (!) Jahrhundert n. Chr.). Sogar der Beiname »von Ephesos« mag aus dem in Ephesos spielenden Werk herausgesponnen sein. Auf jeden Fall ist das S. 126 erwähnte Amt des Eirenarchen von Kilikien für uns erst seit Trajan (98–117) bezeugt; umgekehrt scheint die Zerstörung des – im Roman beschriebenen – Artemisions im Jahre 263 n. Chr. noch nicht bekannt zu sein. So könnte man diese Daten als Anhaltspunkt betrachten, nach bzw. vor denen die Entstehung anzusetzen wäre. Der Roman selbst liegt uns in einer offenbar gekürzten Fassung von fünf Büchern vor, während eine kurze Notiz der Suda darauf hindeutet, daß er ursprünglich zehn Bücher umfaßte. Auf eine solche Verkürzung deuten auch mitunter abrupte Wendungen der Handlung, gelegentliche Vorausverweisungen (der Traum des Habrokomas von seinem Vater) und Voraussetzungen (die Locke des Hyperanthes im Besitz des Hippothoos), die keine Entsprechungen und Stützen finden.

Die Handlung schildert in der diesen Romanen eigenen Art den Leidensweg und die unverbrüchliche Liebe eines sehr jungen, sehr schönen Paares aus Ephesos: Die beiden lernen sich bei einem religiösen Fest kennen und verlieben sich sogleich; nach der Hochzeit fallen sie auf einer Reise in Räuberhände, werden bald getrennt und müssen sich infolge ihrer außergewöhnlich schönen Erscheinung immer wieder gegen unerwünschtes Liebeswerben wehren. Schiffbruch und Scheintod, Folterung und Fronarbeit vermögen doch ihre voraussetzungslose Bindung an den über alles geliebten Lebenspartner nicht zu brechen. In einem Isis-Tempel finden sie einander endlich wieder. Das in einfacher Sprachform geschilderte Geschehen mag Abbild des gefahrvollen Lebensweges sein, den jeder abzuschreiten hat, es versichert den Leser einer göttlichen Führung und stellt ihm nach der Bewährung die erlösende Rettung vor Augen.

Die Waffen des Eros

Erstes Buch

In Ephesos lebte ein Mann, der zu den angesehensten Familien dort gehörte, mit Namen Lykomedes. Dieser Lykomedes hatte von seiner Gattin Themisto, die auch aus demselben Orte stammte, einen Sohn, Habrokomas; der war so außergewöhnlich wohlgestaltet, daß es weder in Ionien noch sonstwo auf der Welt jemanden gab, der schöner war. Und Habrokomas wurde stets, mit jedem neuen Tage, noch schöner. Zugleich mit den blühenden Reizen seines Körpers nahmen auch die Kräfte seines Geistes zu. Er widmete sich jeder Art von Ausbildung, übte sich in den verschiedenen musischen Künsten. Zitherspiel, Reiten, Waffenkampf waren seine täglichen Übungen. Die Ephesier waren allesamt ganz vernarrt in ihn, und nicht nur sie, sondern auch die anderen Bewohner Kleinasiens. Man setzte die größten Hoffnungen auf ihn, daß er einmal in der Stadt einen bedeutenden Platz einnehmen werde. Sie verehrten den Knaben fast wie einen Gott, ja es gab welche, die, wenn sie ihn nur sahen, sich zu Boden warfen und ihn anbeteten.

Das alles machte den Jüngling außerordentlich eitel auf seine Person, und er begann, mit den Gaben seines Geistes, mehr aber noch mit der Schönheit seines Körpers zu prahlen. Was sonst auch immer als schön galt, alles verachtete er als viel geringer. Nichts erschien ihm mehr der Augen, der Ohren des Habrokomas würdig. Wenn er von einem schönen Knaben hörte oder von einem hübschen Mädchen, dann lachte er die Erzähler aus, weil sie offenbar nicht gemerkt hatten, daß er, er allein wirklich schön war. Eros erkannte er nicht als Gott an, sah auf ihn geringschätzig herab, hielt ihn für ein Nichts. Niemand, so sagte er, würde je der Liebe verfallen und diesem Gotte untertan werden, wenn es ihm nicht selbst recht wäre.

Sah er irgendwo einen Tempel, ein Abbild des Eros, dann lachte er nur und meinte, er selbst überträfe jeden Eros an körperlicher Schönheit wie auch an Macht über die Menschen. Und es war wirklich so: Wenn Habrokomas nur auftauchte, dann schien keine Statue mehr schön, kein Gemälde gab es mehr, das man hätte loben mögen.

Darüber geriet Eros in Zorn, ein stolzer Gott, unerbittlich gegenüber seinen Verächtern. Er sann darauf, wie er gegen den jungen Mann vorgehen sollte; denn selbst dem Gotte schien es schwer, ihn zu besiegen. So legte Eros schwere Waffen an, holte das stärkste Liebesgift hervor und zog in den Kampf gegen Habrokomas.

Nun wurde damals gerade das dort übliche Fest der Artemis gefeiert. Von der Stadt bis zum Heiligtum sind es sieben Stadien. Alle Mädchen des Landes mußten in ihrem besten Schmuck in feierlicher Prozession dort hinziehen und ebenso die Jünglinge, die im selben Alter waren wie Habrokomas. Dieser war etwa sechzehn Jahre alt und trat gerade ins Jünglingsalter. Er führte den Zug an.

Groß war die Menge der Zuschauer, Einheimischer und Fremder, denn es war Sitte, bei diesem Fest für die jungen Mädchen den Bräutigam auszusuchen und für die jungen Männer die Braut. Geordnet zog die Prozession vorüber, an der Spitze die Kultgeräte, Fackeln, Körbe, Räucherwerk; danach Pferde und Hunde und auch Geräte zur Jagd und zum Kriege, das meiste jedoch friedliches Werkzeug. Jedes Mädchen aber war geschmückt wie für ihren Geliebten. Ihren Zug führte Anthia an, die Tochter des Megamedes und der Euhippe aus Ephesos, ein wunderschönes Kind, das die anderen Mädchen bei weitem ausstach. Sie war vierzehn Jahre alt, eine Erscheinung von blühender Schönheit; und die Art, wie sie geschmückt war, machte sie noch reizender. Blondes Haar, teilweise geflochten, das meiste aber offen im Winde wehend, lebhafte Augen, die heiter und mädchenhaft leuchteten, aber auch ihrem Anstand Respekt zu verschaffen wußten; das Gewand ein purpurner Chiton, durch den Gürtel übers Knie geschürzt, über die Arme herabfallend; ein Rehfell hatte sie umgehängt. Über der Schulter hing ein Köcher, sie trug Bogen und Jagdspieße und war von Hunden begleitet.

Oft, wenn die Ephesier sie so im Heiligen Hain sahen, beteten sie sie als Artemis an, und auch jetzt, als sie erschien, erhob die Menge ein Freudengeschrei; man rief ihr Verschiedenes zu, die einen in ihrem Erstaunen, sie sei die Göttin selbst, andere, sie sei eine Nymphe aus ihrem Gefolge. Man betete sie an, warf ihr Kußhände zu, pries ihre Eltern, und bei allen Zuschauern gab es nur ein einziges Wort: »Die schöne Anthia.« Solange die Schar der Mädchen vorüberzog, sagte niemand etwas anderes als »Anthia«.

Dann aber erschien Habrokomas mit den jungen Männern, und wie schön auch der Anblick der Mädchen gewesen war, alle, die Habrokomas sahen, vergaßen sie, wandten ihre Augen allein auf ihn, und, betroffen von dem Anblick, riefen sie: »Der schöne Habrokomas!« »Dem ist keiner gleich!« »Schön ist er wie ein Götterbild!« Und es gab natürlich auch einige, die hinzufügten: »Das wäre eine Hochzeit, Habrokomas und Anthia!« Dies aber waren des Eros erste Machenschaften; rasch hörten sie beide, ein jeder von dem Ruhme des anderen; Anthia begehrte den Habrokomas zu sehen, und Habrokomas, bis dahin frei von solcher Begier, wollte Anthia schauen.

Als nun die Prozession vorüber war, strömte die ganze Menge in den Tempel zum Opfer. Die Ordnung des Zuges löste sich auf. Männer und Frauen, Jünglinge und Mädchen drängten bunt durcheinander hinein. Da erblickten die beiden einander. Anthia war hingerissen von Habrokomas, Habrokomas aber unterlag dem Eros. Er betrachtete unausgesetzt das Mädchen, und als er den Blick abwenden wollte, vermochte er es nicht: Der Gott hatte von ihm Besitz ergriffen und hielt ihn fest. Und auch Anthia erging es schlimm: Mit vollen, weit offenen Augen nahm sie die einströmende Schönheit des Habrokomas in sich auf, und schon kümmerte sie sich nicht mehr darum, was sich für ein junges Mädchen gehört: Sie redete irgend etwas, nur damit Habrokomas es hörte, sie entblößte ihres Körpers Glieder, so weit es gerade geht, nur damit Habrokomas hinsah. Er aber war ganz verloren in den Anblick, schon ganz in der Gewalt des Gottes. Und als das Opfer vorüber war, schieden sie traurig voneinander, klagend über die schnelle Trennung, voll Begier, einander zu sehen. Und sie wandten sich um und blieben stehen und fanden vielfache Vorwände zu zögern.

Als sie aber nach Hause kamen, da erkannten sie erst, in welches Unheil sie geraten waren: Ein jeder trug das Bild des anderen im Sinne, die Leidenschaft loderte hoch auf in ihnen, den Rest des Tages über wuchs nur ihre Begier, so daß sie, als sie schlafen gingen, in schlimmster Qual lagen: Beide konnten die Liebessehnsucht in ihrem Herzen kaum länger ertragen.

Habrokomas raufte sein Haar, zerfetzte seine Kleider, rief: »Weh mir! Was für Qualen! Was muß ich Unseliger leiden! Ich, Habrokomas, standhaft bis heute, voll Verachtung für Eros, voll Hohn für den Gott – ich bin gefangen und besiegt, ich muß der Sklave eines Mädchens sein. Ja, jetzt scheint mir jemand schöner als ich es bin, jetzt nenne ich Eros endlich einen Gott. Ach, bin ich mutlos und schwach! Ist es denn gar nicht möglich, tapfer zu bleiben? Soll ich nicht mehr schöner sein als Eros? Ich muß jetzt diesen Nicht-Gott besiegen! Das Mädchen ist schön! Und was weiter? Für deine Augen, Habrokomas, ist Anthia reizend, aber wenn du nur willst, ist sie es nicht für dich. Es bleibt dabei: Eros soll niemals mein Herr sein!«

So rief er. Der Gott aber setzte ihm noch schlimmer mit Qualen zu und riß ihn hin und her, je mehr er widerstrebte. Endlich konnte er es nicht mehr aushalten. Er warf sich zu Boden und schrie: »Du hast gesiegt, Eros: Ein großes Denkmal deines Sieges über den spröden Habrokomas wird dir errichtet. Hier hast du mich zu deinen Füßen, um Hilfe flehend: Rette mich, zu dir nehme ich meine Zuflucht, Herr über alle! Verwirf mich nicht, räche nicht zu hart meinen Stolz! Ich kannte deine Macht noch nicht, Eros, als ich hochmütig war: Nun aber schenke mir Anthia! Sei nicht nur ein harter Gott gegen den Widerspenstigen, sei auch des Überwundenen Wohltäter!«

So betete er. Eros aber zürnte weiter und sann darauf, den Habrokomas für seinen Hochmut zu strafen.

Auch Anthia ging es übel, auch sie war am Ende ihrer Kräfte. Aber sie bezwang sich, damit ihre Umgebung nichts ahne, und seufzte nur: »Was muß ich erleiden, ich Unglückselige? Als junges Mädchen, viel zu früh für mein Alter, bin ich der Liebe verfallen. Ich leide Schmerzen wie nie zuvor, wie sie ein Mädchen wohl noch gar nicht kennen sollte. Ich bin von Sinnen nach Habrokomas – der ist schön, aber so hochmütig. Was soll nur das Ende dieser Leidenschaft sein? Was wird aus meinen Schmerzen werden? Mein Geliebter ist stolz, und ich bin ein junges Mädchen in strenger Hut – wen soll ich mir zu Hilfe nehmen? Wem kann ich alles anvertrauen? Wo werde ich Habrokomas sehen?«

So klagten sie beide die ganze Nacht, hatten jeder die Gestalt des anderen vor Augen, hatten sein Bild tief in ihre Seele eingedrückt.

Als der Morgen kam, ging Habrokomas wieder zu seinen regelmäßigen Übungen und das Mädchen zum gewohnten Dienst ihrer Göttin. Aber ihr Körper war von der vergangenen Nacht wie zerschlagen, ihre Augen blickten mutlos, sie hatten alle frische Farbe verloren.

So ging es eine ganze Weile, und es gab nichts anderes mehr für sie. Sie brachten zwar ganze Tage in dem Tempel der Göttin zu und sahen einander an, aber offen zueinander zu sprechen verboten ihnen Furcht und Scheu. So seufzte denn Habrokomas und weinte und betete, und das Mädchen hörte voll Mitleid zu. Anthia aber litt dieselben Qualen, ja noch schlimmer: Wenn sie sah, wie die anderen Mädchen und Frauen nach ihm hinschauten (und die Frauen sahen sich allesamt nach Habrokomas um), dann wurde ihre Unruhe offenbar, denn sie fürchtete, sie könnte ihm womöglich weniger gefallen. Beide richteten auf die gleiche Weise Gebete für einander an die Göttin, im geheimen zwar, aber sie fielen doch gleich aus.

Die Zeit verging, der junge Mann verlor all seine Kraft, sein ganzer Körper verfiel, sein Sinn war niedergeschlagen, so daß Lykomedes und Themisto von großer Unruhe erfaßt wurden. Sie wußten ja nicht, was Habrokomas widerfahren war, aber sie waren voll Schrecken über das, was sie sehen mußten. In ähnlicher Angst schwebten auch Megamedes und Euhippe wegen Anthia: Sahen sie doch ihre Schönheit dahinschwinden, konnten aber die Ursache des Unheils nicht finden. Schließlich brachten sie sogar Wahrsager und Zauberpriester ins Haus, damit diese ein Heilmittel gegen das Übel fänden. Die kamen also, schlachteten Opfertiere, brachten mancherlei Trankopfer dar, murmelten dazu unverständliche Sprüche, behaupteten, das besänftige irgendwelche Dämonen, und gaben vor, das Übel rühre von den unterirdischen Göttern her. Auch für Habrokomas opferte und betete man viel im Hause des Lykomedes. Eine Heilung des Übels aber wurde keinem von beiden zuteil, im Gegenteil, das Liebesfeuer loderte nur um so heftiger empor. So lagen sie denn beide krank darnieder, waren in schlimmer Verfassung, ja, man glaubte schließlich, sie würden bald sterben. Dennoch vermochte niemand zu erklären, was ihnen zugestoßen war.

Endlich sandten die Väter der beiden zu Apollon, um das Orakel zu befragen nach der Ursache der Krankheit und nach dem Heilmittel. Nur wenig entfernt von Ephesos steht das Heiligtum des Apollon von Kolophon; die Überfahrt von der Stadt beträgt achtzig Stadien. Hierhin kamen die Boten der beiden Familien und baten den Gott, die Wahrheit zu offenbaren. Beide waren wegen derselben Sache gekommen, und so gab der Gott ihnen dieselben Orakel-Verse zur Antwort. Sie lauteten:

»Wissen wollt ihr das Ende der Krankheit und ihren Anfang?
Beide befiel die nämliche Krankheit, von da kommt auch Heilung.
Schlimme Schmerzen seh' ich für sie und leidvolle Mühen:
Beide fliehen umher auf dem Meer, verfolgt von Piraten,
Fesseln tragen sie auch bei meerdurchschiffenden Männern,
Beiden ist Brautbett ein Grab und das allverzehrende Feuer,
Und an den Fluten des Nilstroms der Göttin, der Heiligen Isis,
Die dich errettet, weihst endlich du viele glänzende Gaben.
Doch einst nach all diesem Leid werden besseres Schicksal sie haben.«

Dieser Orakelspruch wurde nach Ephesos berichtet, und sogleich stürzte er die Väter der beiden in Ratlosigkeit. Was das Übel wäre, war ihnen durchaus unklar, und sie vermochten nicht zu erraten, was die Worte des Gottes bedeuteten: diese Krankheit, und diese Flucht, die Fesseln, das Grab, der Fluß, die göttliche Rettung. Nach langen Überlegungen schien es ihnen am besten, dem Spruch, was er auch besagen wolle, nach Kräften eine freundliche Deutung zu geben und ihre Kinder ehelich zu verbinden, da vielleicht dies der Gott mit seinen Orakelworten gemeint habe. Die Heirat wurde also beschlossen, und sie vereinbarten, die Kinder nach der Hochzeit eine Weile außer Landes auf Reisen zu schicken. Und schon war die Stadt voll von Festgelagen, alles war mit Kränzen geschmückt, die baldige Hochzeit war in aller Munde. Jedermann pries die Brautleute glücklich, ihn, daß er eine solche Frau heimführe, sie, daß sie einem solchen Jüngling vermählt werde.

Als Habrokomas nun von dem Orakel und von der Hochzeit hörte, war er wie von Sinnen vor Freude, daß er Anthia besitzen werde. Die Prophezeiungen aber fürchtete er überhaupt nicht; er dachte, die gegenwärtige Freude wiege alles Schlimme auf. Und auch Anthia freute sich so sehr, daß Habrokomas ihr gehören werde, daß sie sich nicht darum kümmerte, was die Flucht und die Unglücksfälle wohl bedeuten sollten: hatte sie doch für alle zukünftigen Leiden Habrokomas als ihren Trost.

Als nun der Tag der Hochzeit gekommen war, da hielt man Nachtfeiern ab und schlachtete der Göttin viele Opfertiere. Und als das geschehen war und die Nacht einfiel – Habrokomas und Anthia schien jedoch alles sehr langsam zu gehen –, da geleitete man die Braut in das Hochzeitsgemach, mit Fakkeln, das Brautlied singend und Glück wünschend. Und man führte sie hinein und bettete sie auf das Lager.

Das Brautbett aber war beiden so bereitet worden: ein Bett aus Gold, mit Purpurkissen belegt, über dem Bett ein bunter babylonischer Betthimmel. Man sah darauf Eroten, wie sie der Aphrodite aufwarteten, und auch ein Bild der Aphrodite war zu sehen, und man sah andere, wie sie auf Sperlingen herumritten oder Kränze flochten oder Blumen heranbrachten. Das alles war auf der einen Seite des Betthimmels zu sehen, auf der anderen aber Ares, jedoch nicht in Waffen, sondern geschmückt für Aphrodite, seine Geliebte, den Kranz im Haar, einen leichten Mantel über der Schulter. Eros mit brennender Fackel war sein Wegführer. Auf dieses Lager bettete man Anthia, führte sie Habrokomas zu und verschloß die Türen.

Beide waren sie in gleicher Weise so sehr von demselben Gefühl durchdrungen, daß sie weder einander etwas sagen noch sich auch nur ins Auge sehen konnten. Sie lagen da, außer sich vor Wonne und Scham und Erregung, mit keuchendem Atem, voll Seligkeit: Der Leib bebte ihnen, und ihr Sinn verwirrte sich.

Endlich erholte sich Habrokomas und umschlang seine Anthia. Sie aber weinte; aus ihrem Inneren brachen die Tränen hervor als Zeichen ihrer Leidenschaft. Und Habrokomas rief: »O du ersehnteste Nacht! Endlich wirst du mir zuteil, nach so vielen unglücklichen Nächten! O du mein süßes Mädchen, mir lieber als das Licht, glücklicher als alle, von denen man je sprach. Deinen Geliebten hast du nun zum Manne, mit ihm als seine Gattin zu leben und zu sterben wird dir Erfüllung sein!«

So redete er zu ihr und küßte sie und fing ihre Tränen auf, und die Tropfen erschienen ihm süßer als jeder Nektar und kräftiger als jede Arznei gegen seine Krankheit. Sie aber sprach ein Weilchen zu ihm und fragte dann: »Sag mir, Habrokomas, findest du mich wirklich schön? Du bist doch selbst so herrlich – kann ich dir da noch gefallen? O was warst du ängstlich und zaghaft: Wieviel Zeit hast du vergeudet, da wir uns hätten lieben können! Wie lange hast du dich um nichts gekümmert! Doch von meinen eigenen Schmerzen weiß ich, was du gelitten hast. Komm, hier meine Tränen fang auf, dein schönes Haar soll als Liebestrank sie trinken. Wir wollen zusammenwachsen, uns ineinanderflechten, wollen einander die Kränze mit unseren Tränen netzen, damit auch sie mit uns von Liebe durchdrungen werden.«

So sprach sie und bedeckte sein ganzes Gesicht mit Küssen. All sein Haar deckte sie über ihre Augen, nahm die Kränze fort, preßte küssend ihre Lippen auf die seinen. All ihre Gefühle sandten sie einander durch die Lippen aus der Seele des einen in die des anderen im Kuß. Und während sie seine Augen küßte, rief sie: »Wie oft habt ihr mich betrübt! Ihr habt mir zuerst den Stachel in die Seele gesenkt – damals wart ihr stolz, aber nun seid ihr voll Liebe. Doch habt ihr mir auch gut gedient, habt die Liebe zu mir getreulich in die Seele des Habrokomas hineingeführt. Dafür bekommt ihr jetzt all meine Küsse, dafür lasse ich an euch meine Augen rühren, die Diener des Habrokomas. Ihr sollt immer nur dasselbe sehen: Zeigt niemals dem Habrokomas eine andere, die er schöner finden könnte! Und nie soll mir die Gestalt eines anderen

Mannes gefallen! Ihr herrschet über unsere Herzen: Ihr habt sie entzündet, nun bewahret sie!«

So sprach sie, und da umschlangen sie einander und verstummten und genossen zum erstenmal das Glück der Aphrodite. Die ganze Nacht hindurch aber strengten sie sich um die Wette an zu zeigen, wer von ihnen mehr von Liebe erfüllt war.

Erst als es dämmerte und der Tag heraufzog, standen sie auf, fröhlicher und munterer, hatten sie aneinander doch das Glück genossen, nach dem sie sich so lange gesehnt hatten. Ein Fest war ihnen das ganze Leben; alles voll von Feiern, und das Orakel war schon völlig vergessen. Aber das Geschick hatte es nicht vergessen, und auch der Gott gedachte seines Ratschlusses wohl.

Als einige Zeit vergangen war, beschlossen die Väter, sie, wie vorgesehen, aus der Stadt hinaus auf Reisen zu schicken. Sie sollten andere Länder und andere Städte sehen und das Orakel des Gottes nach Kräften abmildern, indem sie einige Zeit von Ephesos entfernt waren.

So wurde alles für die Abreise vorbereitet: ein großes Schiff mit Matrosen, zur Abfahrt bereit; alles Nötige wurde verladen; viele verschiedene Kleidungsstücke, viel Silber und Gold, Nahrungsmittel im Überfluß. Vor der Abfahrt veranstaltete man Opfer für Artemis; das gesamte Volk schickte Gebete zum Himmel, und die Tränen flossen allen, als seien es die Kinder der gesamten Stadt, die da auf See gingen. Das Schiff aber war zur Fahrt nach Ägypten bestimmt.

Als der Tag der Abfahrt kam, begleiteten sie viele Diener und viele Dienerinnen. Das Schiff war im Begriffe auszulaufen, und ganz Ephesos war auf der Straße, ihnen das Geleit zu geben. Viele Frauen kamen sogar mit Fackeln und Opfergerät. Inzwischen gedachten Lykomedes und Themisto all der Dinge auf einmal, des Orakels, ihres Sohnes, der Abreise, und sie warfen sich zu Boden, ganz außer sich; Megamedes und Euhippe litten genauso, doch waren sie zuversichtlicher und gefaßter, da sie an den Ausgang der Prophezeiung dachten.

Jetzt erklangen die Rufe der Matrosen, die Anker wurden gelichtet, der Steuermann nahm seinen Platz ein, das Schiff begann zu gleiten. Da fingen die auf dem Lande zu weinen an, und ihr Schluchzen mischte sich mit dem auf dem Schiff. Die einen riefen: »O, ihr lieben, lieben Kinder! Werden wir, eure Eltern, euch je wiedersehen?« Und die anderen riefen zurück: »O Eltern! Werden wir euch wiederfinden?« Die Tränen flossen, Wehklagen ertönte; wie um einander die Namen recht tief zur Erinnerung einzuprägen, rief ein jeder beim Namen den, der ihm nahestand.

Megamedes nahm eine Schale, brachte das Trankopfer dar und betete laut, so daß die auf dem Schiff es noch hören konnten: »Das Glück sei tausendmal mit euch, Kinder! Mögt ihr den schlimmen Voraussagen entgehen, mögen die Ephesier euch unversehrt wieder empfangen, möget ihr die Heimat, die liebe, wieder erreichen! Wenn es aber anders ausgeht, dann wißt, daß wir dann nicht mehr leben wollen. So senden wir euch denn auf eure vom Unglück bedrohte, aber unausweichliche Fahrt!« Er betete, bis ihn die aufsteigenden Tränen verstummen ließen. Und die Eltern gingen zurück in die Stadt. Das Volk aber rief ihnen zu, guten Mutes zu sein.

Habrokomas und Anthia lagen einander in den Armen und gingen ihren Gedanken nach. Die Erinnerung an ihre Eltern schmerzte sie, Heimweh erfüllte sie, Furcht vor dem Orakel, Mißtrauen vor der Fremde. Aber es tröstete sie über alles hinweg, daß sie diese Fahrt gemeinsam machen konnten.

Sie hatten an diesem Tage günstigen Wind und gelangten nach der Insel Samos, die der Hera heilig ist. Dort brachten sie Opfer dar, nahmen eine Mahlzeit ein und fuhren nach vielen Gebeten bei einbrechender Nacht weiter. Sie hatten wieder glatte Fahrt und führten endlose Gespräche miteinander über das eine Thema: Werden wir auch unser Leben lang immer beieinander bleiben?

In Gedanken über sein Geschick versunken seufzte Habrokomas tief auf und sagte: »Anthia, mehr als mein Leben liebe ich dich. Ich wünsche uns so sehr Glück und daß es uns beiden gemeinsam gut gehe! Wenn es aber so bestimmt ist, daß wir leiden müssen, wenn wir gar voneinander getrennt werden sollten, so wollen wir einander schwören, Liebste: du, daß du mir unbefleckt verbunden bleibst, daß du dich keinem anderen Manne hingeben wirst, und ich, daß ich niemals ein anderes Weib berühren will.«

Als Anthia das hörte, brach sie in Schluchzen aus: »Aber

Habrokomas, auf welche Gedanken kommst du, daß ich, wenn ich von dir getrennt sein sollte, noch nach einem anderen Manne und einer neuen Hochzeit schauen könnte? Ich, die ich nicht einen Augenblick ohne dich leben kann? Aber ich schwöre bei der Göttin unserer Heimat, der großen Artemis der Ephesier, und bei diesem Meer hier, das wir durchfahren, und bei dem Gott, der uns in diesen schönen Wahn füreinander geführt hat: Wenn ich von dir auch nur für eine kurze Weile getrennt werde, will ich keinen Augenblick mehr leben und die Sonne schauen!« So sprach Anthia, und ebenso schwor auch Habrokomas, und die Umstände dieses Augenblicks erhöhten noch die furchtbare Heiligkeit ihrer Eide.

Inzwischen segelte das Schiff an Kos vorbei und an Knidos. Rhodos kam in Sicht, die große schöne Insel. Hier mußten sie vor Anker gehen. Man müsse, erklärte die Mannschaft, Wasser nehmen, und sie selber bedürften der Rast, da nun eine lange Fahrt bevorstünde. Das Schiff lief also Rhodos an. Die Matrosen stiegen aus, und auch Habrokomas ging von Bord, an der Hand seine Anthia.

Da liefen alle Rhodier zusammen, außer sich über die Schönheit der beiden jungen Leute, und es gab niemanden unter den Vorübergehenden, der bei ihrem Anblick stumm geblieben wäre. Einige sagten, Götter seien zu den Menschen gekommen; andere fielen nieder und beteten sie an. Im Handumdrehen machten die Namen Habrokomas und Anthia die Runde durch die ganze Stadt. Man bezeigte ihnen öffentliche Verehrung, brachte ihnen Opfer dar, beging den Tag ihrer Erscheinung als Festtag.

Sie aber schauten sich die ganze Stadt an. Im Tempel der Sonne weihten sie eine goldene Rüstung und setzten zur Erinnerung an die Stifter als Aufschrift darüber:

Fremdlinge haben dir diese goldenen Waffen gestiftet,
Anthia und Habrokomas, des heiligen Ephesos Bürger.

Nach dieser Weihung blieben sie noch einige Tage auf der Insel. Dann drängten die Schiffsleute, man hatte Vorrat aufgenommen und stach in See, und alles Volk von Rhodos gab ihnen das Geleit. Zunächst hatten sie wieder günstigen Wind, die Fahrt verlief angenehm, und an diesem Tage und während der folgenden Nacht durchquerten sie das sogenannte Ägyptische Meer. Am nächsten Tage aber legte sich der Wind, Stille trat ein, das Schiff kam kaum noch vorwärts. Die Matrosen kümmerten sich um nichts mehr, sie tranken und betranken sich – die Prophezeiungen begannen sich zu erfüllen.

Dem Habrokomas erschien im Traum ein Weib, furchtbar anzuschauen, von übermenschlicher Größe, in einem blutroten Gewand; sie trat herzu, setzte das Schiff in Flammen, und alle anderen kamen um, nur er selbst und Anthia retteten sich schwimmend. Entsetzt über die Vision erwartete er nach diesem Traum das Schlimmste. Und das Unheil kam.

Durch einen Zufall hatten in Rhodos Piraten neben ihnen geankert, Phönizier auf einer gewaltigen Triere. Die taten so, als ob sie Waren mit sich führten. Es waren viele kriegerisch aussehende Gestalten. Rasch hatten sie ausfindig gemacht, daß auf dem Nachbarschiff Gold und Silber zu finden waren und Sklaven, alles in großer Menge und von großem Wert. Ihr Entschluß stand schnell fest: das Schiff entern, niederhauen, was sich zu wehren wagte, den Rest aber nach Phönizien bringen und dort mit den Schätzen zusammen verkaufen. Ohnehin verachteten sie die Mannschaft, die es gewiß im Kampf mit ihnen nicht aufnehmen konnte. Der Führer der Piraten hieß Korymbos, ein riesiger Kerl, schrecklich anzusehen mit seinem langen, verworrenen Haar.

Der Plan der Piraten stand fest. Zu Anfang segelten sie unauffällig neben dem Schiff des Habrokomas her. Dann war es Mittag: Die Mannschaft lag an Deck herum, betrunken, achtlos, teils schlafend, teils dösend – plötzlich kreuzte das Schiff des Korymbos mit großer Fahrt, drehte bei, und seine Leute kamen über sie. Als ihre Triere nahe genug war, sprangen sie auf das Schiff, schwer bewaffnet, das nackte Schwert in der Faust. In ihrem Entsetzen sprangen einige ins Meer und ertranken; wer sich zur Wehr setzte, wurde niedergehauen. Habrokomas und Anthia aber liefen zum Piraten Korymbos, umfaßten seine Knie und flehten: »Du bist unser Herr und Gebieter – nimm die Schätze, nimm uns selbst als Knechte, aber schone unser Leben! Töte uns nicht, wir unterwerfen uns dir freiwillig. Bei diesem Meer, bei deiner Rechten: Bringe uns, wohin du willst, verkaufe uns als deine Sklaven, aber gewähre uns diese eine Gnade: Gib uns beide nur an einen einzigen Herrn!«

Korymbos hörte ihr Flehen und befahl sogleich, ihr Leben zu schonen. Er ließ die wertvollere Ladung hinüberschaffen, ebenso Habrokomas und Anthia und einige von den Sklaven. Dann ließ er das Schiff anstecken, und alle anderen verbrannten. Alle konnte er sie nicht mit sich führen, und es schien ihm auch nicht sicher genug. Es war ein mitleiderregendes Schauspiel: die einen, die auf der Triere weggeführt wurden, die anderen, in Flammen auf dem Schiff, die Hände ausstreckend, jammernd. »Liebe Herren«, riefen sie, »wohin werdet ihr nur verschleppt? Welches Land wird euch aufnehmen? In welcher Stadt werdet ihr wohnen?« Und die anderen: »Ach, ihr Glücklichen, ihr dürft schon sterben, ohne Ketten erlitten zu haben, ohne Sklave von Räubern zu sein!« So riefen sie einander noch zu; dann mußten die einen fort, und die anderen kamen in den Flammen um.

Der Erzieher des Habrokomas aber, ein Greis schon, ehrwürdig aussehend, der in seinem hohen Alter selber so bemitleidenswert war, konnte es nicht ertragen, daß sein Habrokomas von ihm fortgerissen wurde; er sprang in die Wogen und versuchte der Triere nachzuschwimmen und schrie dabei: »Mein Kind, wo läßt du mich allein, mich alten Mann, deinen Lehrer? Wohin gehst du, Habrokomas? Töte du selbst mich Unglücklichen und bestatte mich – was soll mir das Leben ohne dich?« So rief er; schließlich gab er die Hoffnung auf, Habrokomas je wiederzusehen, überließ sich den Wellen und versank. Das war für Habrokomas das Schlimmste von allem: Er streckte seine Hände nach dem alten Mann aus, er rief den Seeräubern zu, ihn an Bord zu ziehen. Aber niemand kümmerte sich darum.

In dreitägiger Fahrt ging es nach der phönizischen Stadt Tyros, wo der Schlupfwinkel der Piraten war. Sie brachten ihre Gefangenen aber nicht in die Stadt selbst, sondern auf ein Landgut in der Nähe. Dieses gehörte dem Anführer der Räuberbande, Apsyrtos. Korymbos diente nur als Unterführer für Sold und einen bestimmten Anteil an der Beute. Während der Zeit der Fahrt nun, als er Habrokomas tagtäglich viele Male sah, verliebte sich Korymbos in ihn, und zwar sehr leidenschaftlich, und die dauernde Gegenwart des Jungen entzündete ihn nur um so mehr. Aber es schien ihm unmöglich, ihn noch während der Fahrt zu gewinnen, sah er doch, wie elend und niedergeschlagen er war und wie sehr er Anthia liebte. Gewalt anzuwenden schien ihm auch gefährlich; er fürchtete, jener könnte sonst einen Verzweiflungsschritt tun. Als sie aber nach Tyros kamen, konnte er sich nicht mehr zurückhalten. Zunächst einmal kümmerte er sich ständig um Habrokomas, sprach ihm Mut zu und erwies ihm alle möglichen Aufmerksamkeiten. Habrokomas glaubte, Korymbos sei von Mitleid ergriffen und deshalb so freundlich. Dann vertraute Korymbos seine Leidenschaft einem der anderen Piraten an, Euxeinos mit Namen: Er bat ihn um Hilfe und um Rat, wie er den Jungen gewinnen könne.

Euxeinos hörte sich die Erzählung des Korymbos mit wachsender Freude an. Er seinerseits war nämlich ganz von Sinnen wegen Anthia, zu der er in Leidenschaft entbrannt war. Er erzählte Korymbos davon und redete ihm zu, sich nicht weiter zu quälen, sondern zur Tat zu schreiten. »Es wäre doch eine Schande«, sagte er, »wenn wir in der Gefahr zwar unseren Mann stehen, aber dann nicht in Ruhe genießen, was wir mit so vieler Mühe erobert haben. Wir werden die beiden«, sagte er, »doch beiseite bringen und uns von Apsyrtos als Geschenk zuteilen lassen können.« Er redete diesen Plan dem anderen leicht ein, da der ja auch verliebt war, und sie verabredeten, für einander das Wort zu führen: Dieser wollte Habrokomas bereden, Korymbos aber die Anthia.

Die beiden waren währenddessen vollkommen niedergeschlagen. Sie fürchteten alles Mögliche, unterhielten sich über ihre Ängste und versicherten einander immer wieder, daß sie ihrem Schwur treu bleiben würden. Da kamen Korymbos und Euxeinos zu ihnen und sagten, daß sie unter vier Augen etwas zu besprechen hätten, und führten sie beiseite, der eine die Anthia, der andere Habrokomas. Denen zitterte das Herz. Sie erwarteten nichts Gutes.

Euxeinos also warb bei Habrokomas für Korymbos: »Mein Junge, es ist kein Wunder, daß du so niedergeschlagen bist nach all diesem Unglück: aus einem Freien ein Sklave geworden, aus einem Reichen ein Armer. Aber du mußt dir das

Ganze einmal richtig überlegen: Du mußt eben mit dem Schicksal deinen Frieden schließen und deine jetzigen Herren lieben. Denk doch nur, du kannst Glück und Freiheit wiederhaben, wenn du Korymbos nachgibst. Er ist voller Leidenschaft für dich und will dich sogar zum Herrn machen über alle seine Güter. Dir wird schon kein Unheil geschehen, wenn du dir deinen Herrn für dich geneigt machst. Sieh die Dinge, wie sie sind: niemand, der dir zu Hilfe kommt, ein fremdes Land, als Herren Räuber, und keine Aussicht auf Entkommen vor dem Zorn des Korymbos, falls du ihn zurückweist. Was brauchst du jetzt schon ein Weib und Besitz? Wozu denn eine Freundin? In deinem Alter! Laß von all dem die Finger; sieh immer nur allein auf deinen Herrn, und was er dir befiehlt, das tue!«

Habrokomas hörte diese Rede und war stumm vor Schrekken; er fand keine Antwort. Er fing an zu weinen und zu seufzen und dachte bei sich, wohin es mit ihm gekommen war. Schließlich sagte er zu Euxeinos: »Erlaube mir, o Herr, eine kleine Weile zum Überlegen, und ich will dir dann auf alles, was du gesagt hast, antworten.« Daraufhin ließ ihn Euxeinos allein.

Korymbos aber sprach währenddessen mit Anthia über die Liebe des Euxeinos, über ihre gegenwärtige Zwangslage und daß sie klug tue, ihren Herren in allem gehorsam zu sein. Er versprach ihr viel, Ehe nach dem Gesetz und Schätze, wenn sie nachgäbe, und alles im Überfluß. Sie aber gab ihm die gleiche Antwort wie Habrokomas: Auch sie bat um Bedenkzeit.

So warteten denn Euxeinos und Korymbos miteinander, was die Antwort sein würde. Sie waren voller Hoffnung: Die beiden würden gewiß leicht nachgeben.

Zweites Buch

Habrokomas und Anthia gingen in den Raum, der ihnen zur Unterkunft diente. Sie erzählten einander, was sie gehört hatten. Da warfen sie sich zu Boden, weinten und klagten. »O Vater«, jammerten sie, »o Mutter! Ach, liebe Heimat, ihr Nachbarn und Verwandte!«

Schließlich faßte sich Habrokomas und sagte: »Wirklich, uns verfolgen Dämonen. Was werden wir noch leiden müssen in diesem barbarischen Lande, ausgesetzt dem Mutwillen der Piraten? Jetzt beginnt sich das Orakel zu erfüllen – der Gott fordert von mir seine Strafe für meinen Hochmut. Korymbos begehrt mich, Euxeinos dich. Ach, die Schönheit wird uns beiden zum Verderben. Habe ich mir nur dazu meine Reinheit bis jetzt bewahrt, daß ich sie der verächtlichen Begierde eines ausschweifenden Räubers preisgebe? Was für ein Leben erwartet mich, wenn ich kein Mann mehr bin, sondern eine Hure? Und dazu verliere ich noch meine Anthia! Bei meiner Reinheit, die mir Gefährtin ist von frühester Jugend bis jetzt: Ich denke nicht daran, mich dem Korymbos preiszugeben! Lieber will ich sterben, und noch mein Tod soll meine Reinheit bezeugen!«

So rief er unter Tränen; Anthia aber seufzte: »Ach, wie entsetzlich! Wie schnell müssen wir zu unserem Schwure stehen, wie schnell die Knechtschaft erdulden! Da verliebt sich jemand in mich, hofft mich zu bereden, in mein Bett kommen zu dürfen, das doch dem Habrokomas gehört, mit mir zu schlafen und an mir seine Gier zu befriedigen. Aber ich klammere mich nicht so sehr an das Leben. Ich könnte die Sonne nicht mehr anschauen, wenn man sich an mir verginge! Es gilt: Wir wollen sterben, Habrokomas. Nach dem Tode werden wir einander besitzen, und niemand wird uns mehr stören!«

Sie faßten also diesen Beschluß. Inzwischen aber erfuhr Apsyrtos, der Hauptmann der Räuberbande, daß Korymbos und seine Mannschaft mit viel kostbarer Beute zurückgekommen waren. Er eilte zu dem Landgut, und als er Habrokomas und seine Begleitung sah, war er voll Staunen über soviel Schönheit. Sofort nahm er sie für sich in Beschlag, denn es war ihm klar, daß er ungeheure Summen für sie erhalten könnte. Alles übrige, das Geld und die Sachen und auch die Mädchen, die sie gefangen hatten, verteilte er an die Piraten unter Korymbos.

Euxeinos und Korymbos waren darüber wütend, aber sie konnten nichts ausrichten und mußten Habrokomas und seine Leute Apsyrtos überlassen. Sie machten sich also aus dem Staube. Apsyrtos aber nahm Habrokomas und Anthia und auch ein Dienerpaar, Leukon und Rhode, mit nach Tyros. Ihr Zug fiel auf, alles staunte ihre Schönheit an, und die Barbaren, die noch nie zuvor solch edle Gestalten gesehen hatten, glaubten, sie sähen Götter. Sie priesen also den Apsyrtos glücklich, daß er solche Sklaven besäße. Der führte sie in sein Haus, übergab sie einem treuen Diener und hieß ihn, gut auf sie achtzugeben, erwartete er sich doch einen ungewöhnlichen Gewinn, wenn es ihm gelänge, sie zu einem angemessenen Preis zu verkaufen. So stand es nun um Habrokomas und die Seinen.

Nach wenigen Tagen reiste Apsyrtos anderer Geschäfte wegen nach Syrien, und seine Tochter, Manto mit Namen, verliebte sich in Habrokomas. Sie war recht hübsch und übrigens gerade im rechten Alter für das Brautbett; aber mit der Schönheit der Anthia konnten sich ihre Reize nicht messen. Der tägliche Umgang mit Habrokomas fesselte Manto ganz und gar an ihn; sie konnte sich bald kaum mehr bezähmen und wußte gar nicht, was sie anfangen sollte. Weder wagte sie es, mit Habrokomas zu reden – wußte sie doch, daß er eine Frau besaß und sie keine Hoffnung hatte, ihn zu verführen –, noch sprach sie mit jemandem von ihren eigenen Leuten, da sie ihren Vater fürchtete.

Das alles aber brachte sie nur um so mehr in Glut; sie war in schlimmsten Nöten, und als sie sich gar nicht mehr zurückhalten konnte, beschloß sie, ihre Liebe der Rhode zu bekennen, die mit Anthia zusammen aufgewachsen und gleichaltrig war – und eben ein Mädchen; die jedenfalls, so hoffte sie wenigstens, würde ihr beistehen, wenn es um die Erfüllung ihrer leidenschaftlichen Wünsche ging.

Sie paßte also einen Augenblick ab, als nichts zu tun war, führte das Mädchen dann zum väterlichen Hausaltar, bat sie, nichts zu verraten, ließ sie das beschwören und sprach nun endlich von ihrer Liebe zu Habrokomas, flehte um ihre Hilfe und versprach ihr reichen Lohn für ihre Hilfe.

»Denke daran«, sagte sie schließlich zu ihr, »du bist meine Sklavin! Denke auch daran, was dir geschehen wird, wenn du den Zorn einer Barbarin reizt.« Mit dieser Drohung schickte sie sie fort.

Rhode war jetzt völlig verwirrt und wußte nicht aus noch

ein. Zu Habrokomas mochte sie nicht reden, denn sie liebte Anthia. Andererseits hatte sie schreckliche Angst vor einem Wutanfall der Barbarin. Am besten schien es ihr schließlich, die Eröffnungen der Manto zunächst einmal dem Leukon anzuvertrauen. Rhode und Leukon verband die engste liebevolle Vertrautheit; schon in Ephesos waren sie zusammengewesen. Sie nahm ihn also beiseite und sagte: »Leukon, jetzt sind wir völlig verloren! Unsere Freunde, mit denen wir zusammen aufgewachsen sind, werden wir bald nicht mehr bei uns haben. Die Tochter unseres Herrn Apsyrtos ist nämlich von rasender Liebe zu Habrokomas ergriffen, und sie droht uns das Schlimmste an, wenn sie ihn nicht gewinnt. Sage mir, wie können wir uns retten? Der Barbarin zu widersprechen ist gefährlich – aber Habrokomas von Anthia loszureißen ist unmöglich!«

Als Leukon das hörte, liefen ihm die Tränen über die Wangen; er ahnte größtes Unheil. Aber er faßte sich schließlich und sagte: »Sei still, Rhode, ich werde das schon alles zuguterletzt in Ordnung bringen.«

Mit diesen Worten ging er unverzüglich zu Habrokomas. Der aber hatte nichts als seine Liebe zu Anthia und ihre Gegenliebe im Sinn, und nichts wollte er, als zu ihr reden und ihr zuhören, wenn sie redete. Da kam Leukon zu ihnen und rief: »Was soll aus uns werden, die wir mit euch zusammen aufgewachsen sind? Was sollen wir uns nun noch ausdenken, wir Sklaven? Jemand von unserer Herrschaft hat entdeckt, wie schön du bist, Habrokomas. Die Tochter des Apsyrtos ist völlig krank deinetwegen, und es ist heikel, einer verliebten jungen Barbarin zu widersprechen. Gehe mit dir zu Rate – rette uns alle, lasse nicht zu, daß wir dem Zorn unserer Herren zum Opfer fallen!«

Habrokomas geriet über diese Rede sogleich in Zorn, er schaute Leukon finster ins Gesicht und fuhr ihn an: »Du elender Kerl, du bist noch barbarischer als die Phönizier hier! Du wagst es, vor Habrokomas solche Reden zu führen? Mir im Beisein Anthias ein anderes Mädchen anzutragen? Ich bin zwar Sklave, aber meine Versprechen weiß ich zu halten! Über meinen Körper mögen andere Gewalt besitzen – meiner Seele wahre ich die Freiheit! Sie soll nur drohen, wenn sie will, diese

Manto, mit Schwertern und Stricken und Feuer und allem, was den Leib eines Sklaven quälen kann: Niemals wird man mich dazu bringen einzuwilligen, meiner Anthia ein Unrecht anzutun!«

So sprach er. Anthia aber machte dieses Unheil gänzlich sprachlos. Sie vermochte nicht ein Wort herauszubringen. Endlich raffte sie sich mühsam zusammen und sagte: »Habrokomas, ich kenne nun dein gutes Herz, ich weiß, daß ich von dir über alle Maßen geliebt werde. Aber ich bitte dich, Herr meines Lebens, gib dich nicht selbst preis! Liefere dich nicht der Barbarenwut aus! Gib der Leidenschaft unserer Herrin nach, und ich werde euch nicht im Wege sein: Ich werde mich töten! Nur das eine bitte ich dich: Begrabe du mich selbst, küsse mich noch einmal, wenn ich niedersinke – und vergiß deine Anthia nicht!«

Das alles brachte Habrokomas nur in noch größere Konflikte. Er wußte gar nicht mehr, was aus ihm werden sollte. Während sich aber das alles bei ihnen abspielte, vermochte Manto sich nicht mehr zu beherrschen. Rhode brauchte ihr zu lange Zeit; also schrieb sie selbst einen Brief an Habrokomas. In diesem stand folgendes:

»Schöner Habrokomas, deine Herrin sendet dir ihren Gruß! Manto liebt dich und vermag nicht mehr, ohne dich zu leben. Das gehört sich vielleicht nicht für eine Jungfrau; aber wer liebt, kann nicht anders. Ich flehe dich an, verschmähe mich nicht! Sei nicht stolz, ich will ja dein Bestes. Wenn du zustimmst, werde ich meinen Vater Apsyrtos dazu bringen, mich mit dir zu vermählen, und deine jetzige Frau wollen wir fortschaffen. Du wirst reich und glücklich sein. Wenn du aber Schwierigkeiten machen willst, so bedenke, was für Qualen dich selbst erwarten, dich und auch deine Gefährten, die dir zu solchem Übermut zugeredet haben. Die Verschmähte wird sich bitter rächen!«

Diesen Brief nahm sie, versiegelte ihn und gab ihn einer ihrer einheimischen Dienerinnen mit dem Befehl, ihn dem Habrokomas zu bringen. Der nahm ihn und las, und jedes einzelne Wort darin empörte ihn, am meisten aber schmerzte ihn das, was Anthia betraf. Er behielt also das Brieftäfelchen für sich, beschrieb ein anderes und gab es der Sklavin. Der Text lautete:

»Herrin, was du willst, das tue, und mit meinem Körper

verfahre wie mit dem eines Sklaven. Wenn du mich töten willst, ich bin bereit; wenn du mich foltern willst, foltere, so sehr du magst. In dein Bett aber komme ich nicht; auf einen solchen Befehl darfst du keinen Gehorsam erwarten.«

Als Manto diesen Brief erhielt, erfaßte sie unbezähmbarer Zorn. Neid kochte in ihr und Eifersucht, Ärger und Furcht, alles durcheinander. Sie dachte nur an eines: Rache an dem Hochmütigen!

In der Zwischenzeit kam nun Apsyrtos aus Syrien zurück. Für seine Tochter brachte er von dort einen Bräutigam mit, Moiris mit Namen. Gleich nach seiner Ankunft führte Manto auch schon ihren Anschlag gegen Habrokomas aus: Mit zerwühltem Haar, zerrissenem Kleid, so stürzte sie ihrem Vater entgegen, fiel ihm zu Füßen und schrie: »Erbarmen, Vater! Ein Sklave wollte sich an deiner Tochter vergehen! Der tugendhafte Habrokomas hat versucht, meine Jungfräulichkeit zu schänden. Er hat auch dich beleidigt dadurch, daß er sagt, er begehre mich. Nimm du an ihm die Rache, die solcher Frechheit gebührt! Wenn du aber deine eigene Tochter deinem Sklaven preisgeben willst, dann werde ich dem zuvorkommen und mich umbringen!«

Apsyrtos hörte sich das an und war des Glaubens, sie rede die Wahrheit. Er untersuchte gar nicht erst weiter, was vorgefallen war, sondern ließ Habrokomas holen und schrie ihn an: »Du unverschämter Verbrecher! Du hast gewagt, deine Herrin zu beleidigen? Du wolltest diese Jungfrau schänden, du, ein Sklave? Daran sollst du keine Freude haben! Ich werde dich züchtigen, daß sich die anderen Sklaven an deiner Strafe ein Beispiel nehmen.« Ohne weitere Umstände, ohne noch ein einziges Wort anzuhören, befahl er den Sklaven, ihm die Kleider herunterzureißen, Feuer und Peitschen holen zu lassen und den jungen Mann auszupeitschen.

Das war ein jammervoller Anblick: Die Schläge verunstalteten den ganzen Körper, der keine Sklavenmartern gekannt hatte, das Blut floß überall in Strömen herab, alle Schönheit verging. Mit schrecklichen Fesseln und Feuer ließ er ihn peinigen, alle Folterwerkzeuge aufs Grausamste gegen ihn wüten – der Bräutigam der Tochter sollte sehen, was für eine züchtige Jungfrau er bekäme. Währenddessen warf sich Anthia dem Apsyrtos zu Füßen und flehte für Habrokomas; aber sie bekam zur Antwort: »Um deinetwillen soll er erst recht gefoltert werden! Auch dir hat er Unrecht getan: Dich hat er zur Frau, aber eine andere begehrt er.« Endlich ließ Apsyrtos ihn in Ketten legen und in ein finsteres Verlies werfen.

Da lag er nun in Ketten im Kerker, und finstere Verzweiflung packte ihn, am meisten aber, weil er Anthia nicht sehen konnte. Er suchte vielerlei Wege zum Sterben, aber er fand keinen, da zu viele Wächter in der Nähe waren.

Apsyrtos seinerseits richtete die Hochzeit seiner Tochter aus, und sie feierten viele Tage lang. Für Anthia wiederum gab es nichts als Tränen. Wenn sie die Gefangenenwärter überreden konnte, ging sie heimlich hinein zu Habrokomas und beweinte mit ihm ihr Unglück.

Die Abreise nach Syrien wurde vorbereitet, und Apsyrtos entließ seine Tochter mit vielen Geschenken; er gab ihr babylonische Gewänder und Gold und Silber im Überfluß. Auch machte er seiner Tochter Anthia, Rhode und Leukon zum Geschenk.

Anthia erfuhr, daß sie Manto nach Syrien begleiten mußte, und als sie in den Kerker zu gelangen vermochte, umarmte sie Habrokomas und sagte: »O mein Gebieter, ich werde nach Syrien weggeführt, ich bin der Manto zum Geschenk gemacht und komme in die Hände meiner Nebenbuhlerin. Du bleibst hier im Gefängnis, du wirst elend zugrunde gehen und nicht einmal jemanden haben, deiner Leiche die letzten Dienste zu erweisen. Aber das schwöre ich dir bei unser beider Schutzgeist: Ich bleibe die Deine im Leben, und wenn es sein muß, auch im Tod!«

Mit diesen Worten küßte und umarmte sie ihn, streichelte seine Ketten und sank ihm zu Füßen. Schließlich verließ sie den Kerker; er aber warf sich sogleich zu Boden, stöhnte und weinte und schrie: »Lieber Vater! O Mutter Themisto! Wo ist jetzt das Glück von einst, das Glück von Ephesos? Wo sind sie, die Berühmten und Bewunderten, Habrokomas und Anthia, die Schönen? Als Gefangene muß sie irgendwohin in ferne Länder gehen, und ich verliere meinen einzigen Trost; unglückselig muß ich im Kerker sterben, in Einsamkeit!«

Während er so redete, überkam ihn der Schlummer und ein

Traum erschien ihm. Er meinte, seinen Vater Lykomedes zu sehen, in schwarzem Gewande, wie er durch alle Lande und Meere umherirrte, endlich in den Kerker kam, ihm die Ketten löste und ihn aus der Haft befreite. Danach sah er sich in ein Pferd verwandelt und verfolgte durch viele Länder eine Stute, und schließlich erreichte er sie und wurde wieder Mensch. Das alles erschien ihm vor Augen; er sprang auf, und ein wenig schöpfte er wieder Hoffnung.

Während er nun in seiner Zelle gefangen lag, wurde Anthia nach Syrien gebracht, mit ihr Leukon und Rhode. Manto und ihr Gefolge kamen nach Antiochia, der Heimat des Moiris. Manto war Rhode ebenso feind, wie sie Anthia haßte. Sie ließ darum Rhode und Leukon sogleich auf ein Schiff bringen und in ein fremdes Land weit weg von Syrien verkaufen. Anthia aber wollte sie einem Sklaven zur Frau geben, dem niedrigsten von allen, einem bäurischen Ziegenhirten: Das sollte ihre Rache sein. Sie ließ also den Ziegenhirten kommen – sein Name war Lampon – und übergab ihm Anthia mit dem Geheiß, sie zur Frau zu nehmen; wenn sie sich weigere, solle er ruhig Gewalt anwenden.

Anthia wurde also aufs Land gebracht und sollte mit dem Ziegenhirten zusammenleben. Als sie nun an den Ort kam, wo Lampon die Ziegen hütete, fiel sie ihm zu Füßen und flehte ihn an, sich ihrer zu erbarmen und sie unberührt zu lassen. Sie erzählte ihm, wer sie sei, ihren früheren vornehmen Stand, ihre Ehe, ihre Gefangenschaft. Als Lampon all das hörte, erbarmte er sich des Mädchens und schwor, sie unberührt zu lassen, und hieß sie den Mut nicht verlieren.

Sie blieb also bei dem Ziegenhirten in seiner ländlichen Behausung und weinte allezeit um Habrokomas. Apsyrtos aber durchsuchte währenddessen den Raum, in dem Habrokomas vor seiner Bestrafung gelebt hatte. Dabei fiel ihm Mantos Brief an Habrokomas in die Hände. Er erkannte alsbald die Schriftzeichen und begriff, daß er Habrokomas zu Unrecht bestraft hatte. Er befahl, ihm sofort die Fesseln abzunehmen und ihn vorzuführen. Nach all dem Furchtbaren und Mitleiderregenden, das Habrokomas erlitten hatte, fiel er Apsyrtos zu Füßen. Dieser aber hob ihn auf und sagte: »Sei getrost, Jüngling! Zu Unrecht habe ich dich verurteilt, weil ich den Reden meiner Tochter vertraute. Doch nun will ich dich aus einem Sklaven zu einem freien Manne machen, du sollst meinem Haushalt vorstehen und die Tochter eines unserer Mitbürger zur Frau bekommen. Denke nicht mehr im Bösen an das, was geschehen ist – ich habe dir nicht mit Absicht Unrecht getan.«

So sprach Apsyrtos, und Habrokomas antwortete: »Herr, ich danke dir vielmals, daß du die Wahrheit erkannt hast und meine Unschuld belohnst!«

Im Hause waren alle voll Freude über Habrokomas und um seinetwillen voll Dankbarkeit dem Herrn gegenüber. Er selber aber war sehr unglücklich im Gedanken an Anthia, und oft dachte er bei sich: »Was soll mir die Freiheit? Was nützen mir die Reichtümer und die Aufsicht über die Güter des Apsyrtos? Dafür kann ich nicht leben; sie muß ich finden, lebendig oder tot!«

So stand es also mit ihm. Er verwaltete den Besitz des Apsyrtos, aber er hatte nur einen Gedanken: wann und wo er wohl Anthia finden könne.

Leukon und Rhode wurden indes nach der Stadt Xanthos in Lykien gebracht, die eine gute Strecke vom Meer entfernt liegt, und dort wurden sie an einen alten Mann verkauft. Dieser behielt sie bei sich, ließ ihnen alle Sorge angedeihen und behandelte sie wie seine eigenen Kinder; er selbst war nämlich kinderlos. Sie lebten also in jeder Hinsicht im Überfluß und waren nur traurig darüber, daß sie Anthia und Habrokomas nicht mehr sehen konnten.

Anthia lebte eine Weile bei dem Ziegenhirten. Aber Moiris, der Mann der Manto, kam häufig auf das Landgut und verliebte sich heftig in Anthia. Zuerst versuchte er, es zu verbergen. Schließlich aber bekannte er dem Ziegenhirten seine Liebe und versprach ihm für seine Verschwiegenheit herrliche Belohnungen. Der gelobte dem Moiris zwar alles; weil er sich aber vor Manto fürchtete, ging er zu ihr und erzählte ihr von der Leidenschaft des Moiris. Da geriet Manto in Wut und schrie: »O ich Unglücklichste aller Frauen! Meine Rivalin führe ich selbst mit mir herum. Erst hat sie mich in Phönizien um meinen Geliebten gebracht, nun bin ich hier in Gefahr, meinen Gatten zu verlieren. Aber Anthia soll sich nicht freuen, daß sie jetzt auch Moiris gefällt! Diesmal will ich mich an ihr noch ganz anders rächen als in Tyros!«

Zunächst verhielt sie sich ruhig. Als aber Moiris auf eine Reise gegangen war, ließ sie den Ziegenhirten kommen und befahl ihm, Anthia ins dichteste Waldesdickicht zu führen und umzubringen. Sie würde ihn gut dafür belohnen, versprach sie. Der Hirt war voll Mitleid für das Mädchen, aber auch voll Furcht vor Manto. So ging er zu Anthia und erzählte ihr, was über sie beschlossen war. Sie weinte und wehklagte: »Ach, diese Schönheit! Allüberall wird sie uns beiden zur Gefahr. Wegen seiner unseligen Reize mußte Habrokomas in Tyros sterben, und ich nun hier! Ich bitte dich, Lampon, lieber Hirt, du warst bis jetzt immer so redlich: Wenn du mich töten mußt, so begrabe mich dann hier in der Nähe, schließe meine Augen mit deinen Händen, bestatte mich und rufe immer wieder den Namen Habrokomas. Willkommen wäre mir das Grab zusammen mit Habrokomas!«

So klagte sie; der Hirt aber wurde von Mitleid ergriffen und bedachte, was für eine ruchlose Freveltat er begehen würde, ein unschuldiges Mädchen zu töten, und gar ein so schönes. Er ließ sie nicht los, aber sie zu töten, das vermochte der Hirt nicht mehr. So sprach er zu ihr: »Anthia, du weißt, unsere Herrin Manto hat mir befohlen, dich zu ergreifen und umzubringen. Ich aber fürchte die Götter und habe auch Mitleid mit dir deiner Schönheit wegen. Darum will ich dich lieber verkaufen, weit weg von diesem Lande, denn sonst könnte Manto herausfinden, daß du noch lebst, und dann würde sie mir übel mitspielen!« Da umschlang sie schluchzend seine Füße und rief: »Ihr Götter und du, Artemis meiner Heimat, belohne den Hirten für seine guten Taten!« Und dann bat sie ihn, sie zum Verkauf zu geben.

Der Ziegenhirt führte also Anthia zum Hafen. Dort fand er Händler aus Kilikien. Denen verkaufte er das Mädchen, nahm das Geld in Empfang und kehrte auf seinen Acker zurück. Die Kaufleute aber nahmen Anthia, führten sie auf ihr Schiff, und als die Nacht kam, segelten sie nach Kilikien ab. Doch ein widriger Sturm hielt sie zurück. Das Schiff brach auseinander, und nur mit Mühe konnten sich einige auf Planken an den Strand retten, Anthia mit ihnen. Ein dichter Wald stand an jener Stelle. In ihm irrten sie während der Nacht umher; schließlich wurden sie von der Bande des Räubers Hippothoos aufgegriffen.

Zu dieser Zeit kam aus Syrien ein Sklave mit einem Brief der Manto zu ihrem Vater Apsyrtos. Darin stand: »Du hast mich einem Manne in ein fremdes Land zur Ehe gegeben. Anthia, die du mir mit den anderen Sklaven zum Geschenk gemacht hast, hat viele Schändlichkeiten begangen. Ich habe sie darum auf dem Lande leben lassen. Der schöne Moiris aber hat sie andauernd auf dem Dorf gesehen und sich in sie verliebt. Das habe ich nicht ertragen. Ich habe den Ziegenhirten kommen lassen und ihm befohlen, das Mädchen wieder in irgendeiner Stadt Syriens zu verkaufen.«

Als Habrokomas das erfuhr, konnte er nicht länger in Tyros bleiben. Heimlich, ohne daß Apsyrtos oder irgend jemand anderes im Hause etwas merkte, zog er davon, Anthia zu suchen. Er ging aufs Land, dahin, wo Anthia mit dem Ziegenhirten gelebt hatte, geriet an Lampon, dem Manto Anthia zur Ehe gegeben hatte, führte ihn abseits an den Strand und bat Lampon, ihm zu sagen, ob er etwas über ein Mädchen aus Tyros wisse. Der Ziegenhirt nannte nun ihren Namen, Anthia, und erzählte von ihrer Ehe und seiner frommen Zurückhaltung und von der Verliebtheit des Moiris, von dem Befehl, den er ihretwegen erhalten hatte, und von ihrer Abfahrt nach Kilikien. Er sagte aber auch, wie das Mädchen unausgesetzt von einem gewissen Habrokomas gesprochen hatte. Der gab sich nun nicht zu erkennen, sondern machte sich in aller Morgenfrühe auf den Weg nach Kilikien, in der Hoffnung, Anthia dort zu finden.

Die Räuberbande des Hippothoos feierte die ganze Nacht hindurch. Am nächsten Tag bereiteten sie ein Opferfest vor. Alles war schon vorbreitet: ein Bild des Ares, Holz, Blumen für die Kränze. Nun galt es, nach alter Sitte den Ritus zu vollziehen. Was zum Opfer bestimmt war, sei es Mensch, sei es Tier, das hängten sie an einem Baume auf und schleuderten aus der Ferne ihre Spieße danach. Wer traf, dessen Opfer, so glaubten sie, nahm der Gott wohlgefällig an; wer jedoch das Ziel verfehlte, der mußte durch ein neues Opfer den Gott versöhnen. Als Opfer aber war Anthia ausersehen.

Alles war bereit, man wollte das Mädchen schon aufhängen – da hörte man plötzlich Lärm aus dem Wald und die Stimmen von Menschen. Für den Landfrieden in Kilikien sorgte damals Perilaos, der zu den Vornehmsten des Landes zählte. Dieser Perilaos überraschte jetzt mit einer starken Truppe die Räuber, tötete sie alle mit Ausnahme weniger, die am Leben gelassen und gefangengenommen wurden. Als einziger vermochte Hippothoos mit seinen Waffen zu entkommen. Perilaos nahm auch Anthia gefangen, und als er von dem Schicksal hörte, das ihr vor Augen gestanden hatte, wurde er von Mitleid gerührt. Und gerade dieses Mitleid war der Anfang neuen großen Unheils für Anthia.

Perilaos führte sie wie auch die gefangenen Räuber mit sich nach Tarsos in Kilikien. Aber bei dem täglichen Anblick des Mädchens begann er sehr bald, tiefe Zuneigung zu ihr zu fassen, und in kurzer Zeit war Perilaos von der Liebe zu Anthia ganz gefangengenommen. Als sie nun nach Tarsos kamen, ließ er die Räuber in den Kerker werfen, er selbst aber nahm sich der Anthia an. Perilaos hatte weder Weib noch Kind, dafür aber keine geringen Reichtümer. So sagte er immer wieder zu Anthia, sie solle ihm alles sein: Gattin, Gebieterin, Kind. Sie wehrte ihn zunächst ab; aber sie wußte nicht, was sie machen sollte, als er immer mehr drängte und ihr zusetzte, und weil sie fürchtete, er könnte womöglich härtere Mittel anwenden, versprach sie ihm schließlich die Ehe. Sie bat ihn aber, eine kurze Zeit noch zu warten, nur dreißig Tage, und sie so lange noch unberührt zu lassen. Sie erfand eine Ausrede, und Perilaos vertraute ihr und schwor, sie unberührt zu lassen, bis die bestimmte Frist verstrichen sei.

Anthia lebte also in Tarsos bei Perilaos und wartete auf den Tag der Hochzeit. Habrokomas aber war auf dem Wege nach Kilikien. Nicht weit von der Räuberhöhle – er war selber vom rechten Wege abgekommen – traf er auf den waffenstarrenden Hippothoos. Der sah ihn, lief auf ihn zu, umarmte ihn freundschaftlich und bat ihn, sein Weggenosse zu werden. »Ich sehe schon, mein Junge, wer du auch bist, du schaust gut aus und scheinst mir auch ein tapferer Mann zu sein. Daß du hier herumziehst, dahinter ist doch bestimmt ein Unrecht verborgen, das man dir angetan hat. Also auf, fort aus Kilikien, auf nach Kappadokien und dann nach Pontos; es heißt, es gibt reiche Leute da.«

Habrokomas sprach nicht von seiner Suche nach Anthia. Aber er gab dem Drängen des Hippothoos nach, und sie schworen, einander zu helfen und beizustehen. Habrokomas wiegte sich in der Hoffnung, je weiter er umherzöge, um so eher werde er Anthia finden. Sie kehrten an diesem Tage noch einmal in die Höhle zurück, und mit dem, was übrig geblieben war, stärkten sie sich und auch ihre Pferde. Auch Hippothoos besaß nämlich noch ein Pferd, das im Walde versteckt gewesen war.

Drittes Buch

Am folgenden Tage verließen sie Kilikien und machten sich auf den Weg nach Mazakos, einer großen schönen Stadt in Kappadokien. Hier würde er, dachte Hippothoos, kräftige junge Leute um sich sammeln und aufs neue eine Räuberbande aufstellen können. Sie zogen durch große Ansiedlungen und hatten Überfluß an allem Notwendigen. Hippothoos beherrschte die Sprache der Kappadoker, und man behandelte ihn wie einen Einheimischen. Nach zehntägiger Reise kamen sie nach Mazakos, nahmen nahe bei den Toren Quartier und beschlossen, sich einige Tage von der Anstrengung zu erholen.

Während sie beim Mahle saßen, begann Hippothoos zu klagen und zu weinen. Habrokomas erkundigte sich nach der Ursache dieser Tränen, und jener antwortete: »Lang ist die Geschichte meiner Schicksale und voller Tragik!« Habrokomas bestand darauf, daß er sie erzähle, und versprach, danach auch seine eigene Geschichte vorzutragen. Sein Gegenüber fing also ganz von vorne an – es hatte sich nämlich gerade gefügt, daß sie allein waren – und beichtete seine Lebensgeschichte.

»Ich«, so begann er, »gehöre meiner Abstammung nach zu der nahe bei Thrakien gelegenen Stadt Perinth und stamme von einer ihrer vornehmsten Familien ab. Du hast sicher schon gehört, was für eine berühmte Stadt Perinth ist und wie gut es ihren Einwohnern geht. Als ich noch jung war, verliebte ich mich in einen schönen Knaben. Er stammte auch von dort und hieß Hyperanthes. Die Liebe überkam mich zuerst, als ich ihm im Gymnasion beim Ringen zusah. Bald konnte ich es nicht mehr ertragen. Bei einem unserer heimischen Feste während der Nachtfeier, die sich anschloß, ging ich an Hyperanthes heran und flehte ihn an, sich meiner zu erbarmen. Der Knabe hörte mir zu, hatte Mitleid mit mir und versprach mir alles. So nahm denn unsere Liebe ihren Weg: zuerst Küsse, dann Berührungen und viele Tränen meinerseits. Endlich erreichten wir es auch, bei günstiger Gelegenheit allein miteinander zu bleiben; wir waren beide noch sehr jung – so argwöhnte niemand etwas.

Wir blieben einander lange Zeit verbunden und liebten uns leidenschaftlich, bis irgendein Dämon neidisch auf uns wurde. Von Byzanz – Byzanz liegt nämlich in der Nähe von Perinth – kam ein Mann, ein sehr vornehmer, der auf seinen Reichtum und seinen Besitz sehr eingebildet war. Sein Name war Aristomachos. Er war kaum in Perinth an Land gegangen, da sah er, als ob irgendein feindlicher Gott ihn mir über den Weg geführt hätte, den Hyperanthes in meiner Gesellschaft.

Sofort ist er von dem Knaben gefangengenommen, ist voller Bewunderung für seine Schönheit, die freilich jedermann bezaubern konnte. Jener verliebte sich also, und er war alles andere als zurückhaltend in seiner Liebe. Zuerst versuchte er es mit Botschaften an den Jüngling. Der aber zeigte sich ihm unzugänglich: Aus Liebe zu mir ließ Hyperanthes niemanden an sich heran. Dann aber beredete jener Fremdling den Vater, einen unangenehmen und geldgierigen Kerl. Der übergab ihm denn auch sogleich den Hyperanthes unter dem Vorwand, es sei zum Unterricht! Aristomachos hatte sich nämlich als Lehrer in der Kunst des Redens ausgegeben. Er nahm den Jungen zu sich, hielt ihn zuerst fest hinter Schloß und Riegel und führte ihn dann fort nach Byzanz. Ich selber folgte ihnen; alle meine Güter galten mir nichts mehr. So oft es ging, traf ich den Knaben. Aber das war nur selten möglich. Gelegentlich ein Kuß, ein paar Worte unter vielen Schwierigkeiten – zu viele paßten auf mich auf.

Schließlich hielt ich es nicht mehr aus. Ich raffte mich zur Tat auf, ging zurück nach Perinth, verkaufte meinen ganzen Besitz für bares Geld und zog wieder nach Byzanz. Dann bewaffnete ich mich mit einem Dolch, und im Einverständnis mit Hyperanthes drang ich nachts in das Haus des Aristomachos ein, fand ihn schlafend an der Seite des Knaben, und rasend vor Zorn gab ich ihm den Todesstoß.

Es blieb still, alles schlief. Ich verließ das Haus ungesehen und hatte Hyperanthes bei mir. Die ganze Nacht hindurch wanderten wir nach Perinth. Dort gingen wir sofort an Bord eines Schiffes und segelten, ohne daß irgend jemand etwas erfuhr, nach Kleinasien hinüber. Eine Weile ging die Fahrt gut; schließlich aber gerieten wir auf der Höhe von Lesbos in einen heftigen Sturm, der unser Schiff zum Kentern brachte. Ich kam schwimmend davon, zusammen mit Hyperanthes. Ich nahm ihn auf meinen Rücken, um ihm das Schwimmen zu erleichtern. Als aber die Nacht hereinbrach, brachte ihn das Schwimmen ans Ende seiner Kräfte; er starb. Nur noch den Leichnam konnte ich an die Küste retten und begraben. Unter Tränen und Seufzern nahm ich einige Andenken an mich. Ich fand auch einen geeigneten Stein, stellte ihn als Denkmal auf dem Grab auf und schrieb zum Angedenken an den unglücklichen Knaben eine Inschrift darauf, die ich im Augenblick formte:

Dies ist das Mal, das Hippothoos für Hyperanthes, den Schönen,
Aufgestellt. Würdig ist nicht dieses Grab des herrlichen Jünglings.
Fort von der Erd' in die Tiefe rafft' ihn, die reizende Blüte,
Brausender Sturm auf dem Meer, gesandt von bösen Dämonen.

Ich beschloß, nicht mehr nach Perinth zurückzugehen. So zog ich durch Kleinasien nach Großphrygien und dann nach Pamphylien; hier, in meiner Not und in meiner Verzweiflung über mein Unglück, ergab ich mich dem Raub. Anfangs war ich nur ein Mitglied in der Räuberbande, schließlich aber stellte ich in Kilikien eine eigene Mannschaft auf, die sich weithin einen Namen machte, bis endlich meine Leute gefangengenommen wurden, kurz bevor ich dich traf.

Das also ist es, was mir zugestoßen ist. Nun erzähle mir

auch deine Schicksale, mein Freund. Offenbar ist es eine schlimme Not, die dich so umhertreibt.«

Habrokomas erzählte ihm, daß er aus Ephesos stamme, ein Mädchen geliebt und sie geheiratet habe, berichtete dann von dem Orakelspruch und der Reise, von den Piraten, von Apsyrtos und Manto, von den Fesseln und von seiner Flucht, von dem Ziegenhirten und seiner Reise bis nach Kilikien. Während er redete, begleitete ihn Hippothoos mit Seufzern und Weinen: »O Eltern«, rief er, »o meine Heimat, nie werde ich euch wiedersehen! O Hyperanthes, über alles Geliebter! Du, Habrokomas, du wenigstens wirst deine Geliebte doch irgendwann einmal wiedersehen und besitzen; ich aber kann Hyperanthes nie, niemals wieder erblicken!« Während er so sprach, zeigte er die Locke seines Freundes und seine Tränen tropften auf sie nieder.

Als sie sich beide genugsam ausgeweint hatten, blickte Hippothoos Habrokomas an und sagte: »Ich habe doch etwas ausgelassen; eine Sache habe ich dir nicht erzählt. Kurz bevor meine Räuberbande gefaßt wurde, kam ein schönes Mädchen in unsere Höhle, das sich verirrt hatte. Sie hatte dein Alter und sagte auch, sie käme aus deiner Heimat. Weiter habe ich nichts erfahren. Ja, wir wollten sie dem Ares opfern und hatten schon alles vorbereitet. Da überraschten uns unsere Verfolger. Ich selbst konnte entkommen; was aber aus ihr geworden ist, weiß ich nicht. Sie war jedoch sehr schön, Habrokomas, einfach gekleidet, blondes Haar, strahlende Augen ...«

»Meine Anthia! Du hast meine Anthia gesehen, Hippothoos«, fiel ihm Habrokomas in die Rede. »Wohin nur ist sie geflohen? Welches Land birgt sie jetzt? Auf nach Kilikien, wir wollen sie suchen! Sie kann nicht weit von der Höhle entfernt sein. Bei der Seele deines Hyperanthes, sei nicht grausam zu mir – laß uns zusammen dahin ziehen, wo wir Anthia finden können!«

Hippothoos versprach ihm, alles zu tun, sagte aber, man müsse erst eine Mannschaft anwerben wegen der Unsicherheit des Reiseweges. So stand es also mit den beiden, und sie planten ihre Reise zurück nach Kilikien.

Derweilen waren für Anthia jene dreißig Tage vergangen. Man rüstete die Hochzeit für Perilaos und brachte vom Lande

Bald aber, durch die Not belehrt, was er zu tun habe, warf er sich mitten unter die Rinder, faßte ihrer zwei an den Hörnern mit beiden Händen und wurde so in ihrer Mitte ohne Arbeit und Mühe getragen, als ob er einen Wagen lenkte. SEITE 40

die Opfertiere heran: Alles war in unbegrenztem Überfluß vorhanden. Freunde und Verwandte kamen zusammen; viele Leute aus der Bürgerschaft wollten die Hochzeit der Anthia ebenfalls mitfeiern.

Nun war zu der Zeit, als Anthia den Räubern entrissen wurde, ein alter Mann nach Tarsos gekommen, ein Ephesier, von Beruf ein Arzt, Eudoxos mit Namen. Auf dem Wege nach Ägypten hatte er Schiffbruch erlitten. Dieser Eudoxos machte die Runde bei den vornehmen Häusern in Tarsos, bat hier um Kleider, da um Geld, und er berichtete einem jeden von seinem Unglück. So kam er auch zu Perilaos und erzählte ihm, er stamme aus Ephesos und sei von Beruf Arzt. Der führte ihn alsbald zu Anthia, weil er glaubte, sie würde sich darüber freuen, einen Mann aus Ephesos zu sehen. Sie empfing denn auch den Eudoxos mit der größten Freundlichkeit und erkundigte sich bei ihm, ob er etwas über ihre Familie zu sagen wüßte. Doch antwortete er, daß er nichts wisse, er sei schon zu lange Zeit von Ephesos entfernt. Nichtsdestoweniger freute sich Anthia über ihn, fühlte sie sich doch an ihre Heimat erinnert. So wurde er ein Freund des Hauses des Perilaos. Eudoxos kam bei jeder Gelegenheit zu Anthia, erhielt alles, was er brauchte, bat aber immer wieder, sie möge ihm helfen, nach Ephesos zurückzukehren, er besäße da Weib und Kinder.

Als nun alles für die Hochzeit des Perilaos vorbereitet und der Tag gekommen war, wurde ein prächtiges Festmahl gerichtet, und Anthia wurde mit dem Brautschmuck bekleidet. Sie aber hörte nicht auf, Tag und Nacht zu weinen. Immer hatte sie Habrokomas vor Augen, immer wieder ging ihr alles zugleich durch den Sinn – ihre Liebe, ihr Schwur, die Heimat, die Eltern, ihre Notlage, die Hochzeit. Konnte sie allein sein, so ergriff sie die Gelegenheit, zerwühlte ihr Haar und rief: »Ach, ich schlechtes, treuloses Weib! Wie wenig vergelte ich Habrokomas, was er getan hat! Um mein Gemahl zu bleiben, hat er Fesseln und Foltern ertragen, hat sogar vielleicht das Leben verloren. Ich aber vergesse das alles, ich schließe eine neue Ehe, ich Unselige. Wieder singt man mir das Brautlied, und ich besteige das Lager des Perilaos. Aber nein: Geist des Habrokomas, meines über alles geliebten, sei nicht voller Trauer meinethalben! Nie werde ich einwilligen, dir Unrecht zu tun. Ich komme zu dir, bis zum Tode bleibe ich deine treue Gemahlin!«

So sprach sie, und als Eudoxos, der Arzt aus Ephesos, sie besuchen kam, führte sie ihn beiseite in ein einsames Gemach, fiel ihm zu Füßen und beschwor ihn, niemandem etwas von ihrem Gespräch zu sagen, und ließ ihn einen Eid bei Artemis, der Göttin ihrer Heimat, ablegen, ihr in allem zu helfen, worum sie ihn bitten würde. Dabei weinte sie sehr, und Eudoxos hob sie auf, sprach ihr Mut zu und schwor ihr, alles für sie zu tun.

Da erzählte sie ihm nun von ihrer Liebe zu Habrokomas und von ihrem Eid, der sie an jenen band, und von ihrem Gelöbnis zur Keuschheit. »Wenn es möglich wäre«, sagte sie, »daß ich Habrokomas lebend wiederfände, und wenn ich heimlich entkommen könnte, würde ich mit dir Wege zu finden versuchen. Aber er ist tot. Jede Flucht ist unmöglich, und die Hochzeit, die mir bevorsteht, kann ich nicht auf mich nehmen – ich werde mein Versprechen dem Habrokomas nicht brechen, meinen Eid will ich nicht verletzen. So mußt du mir helfen: Verschaffe mir Gift, das mich Unglückselige von meinen Leiden erlöst. Die Götter, zu denen ich vor meinem Sterben unausgesetzt für dich beten will, werden dich sicher belohnen. Ich selbst aber will dir Geld geben und für deine Heimreise sorgen. Bevor noch irgend jemand etwas erfährt, wirst du auf einem Schiff sein und nach Ephesos segeln. Wenn du dorthin gelangst, so erkundige dich nach meinen Eltern, Megamedes und Euhippe, berichte ihnen von meinem Tode und erzähle ihnen alles von dieser Reise und sage auch, daß Habrokomas umgekommen ist.«

So sprach sie, am Boden zu seinen Füßen flehend, er möge ihr nicht widersprechen und ihr das Gift geben. Sie brachte auch zwanzig Minen Silber und ihren Schmuck – sie hatte von allem Überfluß, da ihr der ganze Besitz des Perilaos zur Verfügung stand – und gab alles dem Eudoxos. Der besann sich lange, aber dann bezwangen ihn das Mitleid mit dem Mädchen, sein Verlangen, nach Ephesos zu gelangen, und auch das Geld und die Geschenke.

Er versprach, das Gift zu besorgen, und ging fort, um es zu beschaffen. Währenddessen weinte sie, bejammerte ihre Jugend, klagte, daß sie vor der Zeit sterben solle. Immer wieder rief sie Habrokomas an, als ob er gegenwärtig wäre. Schon nach kurzer Zeit kam Eudoxos wieder und brachte seinen Trank. Es war aber nichts Tödliches, sondern nur ein Schlaftrunk, so daß dem Mädchen nichts Böses geschehen konnte; er jedoch hatte Zeit, mit dem Geld zu entkommen. Anthia nahm den Trank in Empfang, bedankte sich immer wieder und entließ ihn. Er bestieg sofort ein Schiff, das in See stach. Sie aber suchte nach einer günstigen Gelegenheit, das Gift zu trinken.

Schon war es Nacht, das Brautgemach wurde hergerichtet, und die dafür Ausersehenen kamen, um Anthia hineinzuführen. Ungern und unter Tränen trat sie hinein, das Gift in ihrer Hand verbergend. Während man sich dem Brautgemach näherte, stimmten die Freunde den Hochzeits-Hymnos an; sie aber wehklagte und weinte: »So wurde ich schon einmal dem Bräutigam, meinem geliebten Habrokomas, zugeführt. Die Fackel der Liebe leuchtete uns voran, der Hochzeits-Hymnos erklang zu einer glücklichen Heirat. Jetzt aber: Was wirst du nun machen, Anthia? Wirst du Habrokomas Unrecht tun – deinem Gatten, deinem Geliebten, der um deinetwillen in den Tod gegangen ist? Nein, so feige bin ich nicht, nicht so furchtsam selbst unter solchen Leiden! Es ist beschlossen: Ich trinke das Gift. Habrokomas bleibt mein Gemahl; ihn wähle ich auch noch im Tode.« So sprach sie zu sich, während man sie ins Brautgemach führte.

Anthia blieb jetzt allein, denn Perilaos tafelte noch mit seinen Freunden. Sie gab nun vor, sie habe in ihrer Erregung Durst bekommen, und befahl einem Sklaven, ihr Wasser zum Trinken zu holen. Der brachte ihr einen Becher. Sie nahm ihn. Niemand war zugegen; so schüttete sie das Gift hinein, und aufweinend rief sie: »Geist meines geliebten Habrokomas, sieh, ich halte mein Versprechen. Ich beschreite den Weg, der zu dir führt, den unheilvollen, den unausweichlichen. Nimm mich freundlich auf, laß mich dort mit dir ein glückliches Dasein genießen!« Nach diesen Worten trank sie das Gift, und sogleich überkam sie der Schlaf; sie sank zur Erde, der Trank tat seine Wirkung.

Als Perilaos hereinkam, fiel sein erster Blick auf die Daliegende. Er erschrak, schrie auf, die Sklaven machten gewaltigen Lärm, alles ging in der Aufregung durcheinander: Jammer, Entsetzen, Bestürzung – alle Schreckensgefühle verbanden sich. Die einen beklagten das Mädchen, das sie für tot hielten, die anderen bedauerten den Perilaos, alle bejammerten das Unglück. Perilaos aber zerriß sein Gewand, warf sich auf den Leichnam und rief: »Ach, mein geliebtes Mädchen, noch vor der Hochzeit verläßt du deinen Liebsten. Nur wenige Tage erst bist du die Braut des Perilaos; in was für ein Brautgemach müssen wir dich nun geleiten – in dein Grab! Glücklich war Habrokomas, wer er auch sei. Wahrhaftig selig er, der von seiner Geliebten solche Gaben empfängt.« So klagte er, umfing sie ganz, küßte ihre Hände und Füße und seufzte: »Arme Braut – unglückselige Gemahlin!«

Er ließ sie schmücken, mit reichen Gewändern bekleiden und goldenes Geschmeide ihr anlegen. Dann konnte er den Anblick nicht mehr ertragen, und als es Tag wurde, ließ er Anthia auf eine Bahre legen – sie lag noch immer in tiefer Bewußtlosigkeit – und ließ sie auf ein Gräberfeld nahe bei der Stadt tragen. Dort bestattete er sie in einem Grabmal, schlachtete viele Opfertiere, verbrannte viele Gewänder und kostbaren Schmuck. Als die Bräuche alle erfüllt waren, wurde er von den Seinen wieder in die Stadt geleitet.

Anthia aber blieb im Grabe zurück. Allmählich kam sie wieder zu sich und erkannte, daß das Gift nicht tödlich gewesen war. Da stöhnte und weinte sie und schrie: »O trügerisches Gift, du hast mich davon abgehalten, die glückliche Reise zu meinem Habrokomas anzutreten. So ist denn mir Unglücklicher alles verwehrt, sogar das Verlangen zu sterben. Doch ich kann hier im Grabe bleiben und das Werk des Giftes durch Hunger zu Ende bringen. Niemand soll mich hier herausholen, nicht die Sonne will ich wiedersehen, nie wieder ans Licht hervortreten.« So sprach sie und erwartete beherrscht und tapfer den Tod.

Es wurde Nacht. Diebe hatten gehört, daß ein Mädchen mit großem Aufwand begraben worden sei und daß man ihr viel Schmuck, wie ihn die Frauen tragen, und viel Silber und Gold ins Grab mitgegeben habe. Sie zogen darum zur Gruft, brachen die Türen des Grabmals auf, drangen ein und raubten den

Schmuck. Dabei entdeckten sie, daß Anthia lebendig war. Sie glaubten, sie würde ihnen einen weiteren großen Gewinn einbringen; so ergriffen sie sie und wollten sie fortführen.

Anthia aber warf sich ihnen zu Füßen und flehte sie an: »Ihr Männer, wer ihr auch seid, nehmt all den Schmuck, wie kostbar er auch ist, nehmt alles, was man mir mit ins Grab gelegt hat, aber verschont mich. Zwei Gottheiten bin ich geweiht: dem Gott der Liebe und dem Gott des Todes. Ihnen laßt mich dienen. Bei den Göttern eurer Heimat, zerrt mich nicht ans Tageslicht! Was ich erlitten habe, gehört in Nacht und Schatten.«

So flehte sie, aber sie konnte die Räuber nicht rühren. Sie schleppten sie aus dem Grabmal heraus, brachten sie an die Küste und bestiegen ein Schiff, um sie nach Alexandria zu bringen. Während der Fahrt bemühten sie sich um sie und versuchten ihr Mut einzuflößen. Sie aber bedachte, in welches Unglück sie abermals geraten war, klagte und jammerte und rief: »Schon wieder Räuber und das Meer! Wieder bin ich in Gefangenschaft, aber diesmal noch viel unglücklicher: Ich bin nicht mit Habrokomas zusammen! Welches Land wird mich diesmal aufnehmen? Was für Menschen werde ich treffen? Nur nicht wieder einen Moiris, eine Manto, einen Perilaos – nur nicht wieder Kilikien! Oh, könnte ich doch dahin gelangen, wo ich allein das Grab meines Habrokomas sehe!«

Jedesmal, wenn sie das bedachte, begann sie zu weinen, und sie rührte auch keinen Trank, keine Speise an, bis die Räuber sie dazu zwangen. Die Reise dauerte eine Reihe von Tagen, dann kamen sie in Alexandria an. Dort brachten sie Anthia ans Land und beschlossen, das Mädchen sogleich an Händler zu verkaufen.

Perilaos erfuhr, daß das Grabmal erbrochen und der Leichnam verschwunden war. Das stürzte ihn in tiefen, unerträglichen Schmerz. Habrokomas aber suchte ihre Spuren und forschte unermüdlich nach Nachrichten über ein fremdes Mädchen, das Räuber als Gefangene mit sich geführt hätten. Als er nichts in Erfahrung bringen konnte, kehrte er müde wieder in die Herberge zurück, in der sie abgestiegen waren. Die Leute des Hippothoos hatten inzwischen das Essen bereitet; alle aßen, nur Habrokomas war niedergeschlagen. Er warf sich auf sein Lager und seufzte, lag da und rührte nichts an. Der Gastwirt dieser Herberge setzte sich währenddessen zu den Leuten des Hippothoos, und eine Alte, die auch dabei war, mit Namen Chrysion, fing an, eine Geschichte zu erzählen.

»Hört, ihr Herren Gäste«, sprach sie, »was sich Trauriges vor gar nicht langer Zeit in unserer Stadt zugetragen hat. Ein gewisser Perilaos, der hier zu den vornehmsten Familien gehört, der auch von Amts wegen für Ruhe und Ordnung im Lande sorgt, der also zog neulich aus, Räuber zu jagen. Er brachte auch einige Gefangene heim und mit ihnen ein wunderschönes Mädchen. Er beredete sie, ihn zu heiraten. Und schon war alles für die Hochzeit ausgerichtet; als sie aber ins Brautgemach kam, da trank sie, entweder, weil sie wahnsinnig geworden war oder aber weil sie einen anderen liebte, ein Gift, das sie sich irgendwoher besorgt hatte, und starb daran. So ist es bei ihrem Tode zugegangen, sagt man.«

Als Hippothoos das hörte, rief er: »Das ist doch das Mädchen, das Habrokomas sucht!« Habrokomas seinerseits hatte zwar die Erzählung vernommen, aber niedergeschlagen, wie er war, kümmerte er sich nicht darum. Erst auf den Ruf des Hippothoos hin kam er zu sich.

»Ach, nun ist es gewiß, daß Anthia wirklich tot ist! Sicher ist in der Nähe auch ihr Grab, wo ihre Leiche aufbewahrt ist.« Und er bat Chrysion, die Alte, ihn zum Grab zu führen und ihm die Leiche zu zeigen. Sie aber seufzte und sagte: »Das war ja gerade das Schlimmste für das unglückliche Mädchen. Perilaos hat sie mit großem Aufwand begraben und mit reichem Schmuck. Aber Diebe erfuhren von den Grabbeigaben, brachen das Grab auf, raubten den Schmuck und ließen auch den Leichnam verschwinden. Perilaos stellt schon überall Nachforschungen an.«

Bei diesen Worten zerriß Habrokomas seinen Chiton und klagte, wie Anthia so schön und keusch gestorben und wie sie so unglücklich selbst noch nach ihrem Tode verschleppt worden sei. »Wer ist der Räuber, der so schrecklich in Leidenschaft entbrannt ist, daß er dich selbst noch als Tote begehrt? Daß er sogar noch den Leichnam entführt? Jetzt habe ich Unseliger dich ganz verloren, und mit dir meinen einzigen Trost. Nun heißt es auch für mich zu sterben. Doch zuvor will ich noch ausharren, bis ich deinen Leichnam gefunden habe – ihn will ich umarmen, mit ihm zusammen will ich begraben sein.« So sprach er unter Tränen, die Leute des Hippothoos aber suchten ihn aufzumuntern.

Sie schliefen die Nacht hindurch. Habrokomas aber ging alles immer wieder durch den Sinn – Anthia, ihr Tod, ihr Grab, ihr Verschwinden. Schließlich konnte er sich nicht mehr zurückhalten. Ohne daß es jemand merkte, weil die Leute des Hippothoos alle berauscht in schwerem Schlummer lagen, ging er hinaus, als ob er etwas zu erledigen hätte, ließ alle zurück und lief zum Meer. Hier fand er ein Schiff, das nach Alexandria bestimmt war und, kaum daß er es bestiegen hatte, ablegte. Er hoffte, die Räuber, die das Grab geplündert hatten, in Ägypten zu erreichen. Doch ihn leitete eine trügerische Hoffnung.

Er segelte nun nach Alexandria. Es wurde Tag; Hippothoos und seine Leute empfanden Schmerz über das Verschwinden des Habrokomas. Sie ruhten sich noch einige Tage aus und beschlossen dann, nach Syrien und Phönizien auf Raub auszugehen.

In Alexandria wiederum hatten die Räuber Anthia an Kaufleute verschachert und viel Geld für sie erhalten. Die Händler gaben ihr gut zu essen, sorgten für ihre Gesundheit und ihr Wohlergehen und hielten immer Ausschau nach jemandem, der sie ihnen für einen guten Preis abkaufen würde.

Nun kam damals gerade ein Maharadscha aus Indien nach Alexandria, teils um die Stadt zu sehen, teils um Handel zu treiben. Sein Name war Psammis. Er sah Anthia bei den Kaufleuten, und beim ersten Blick schon war er von ihr gefangengenommen. Er zahlte den Kaufleuten viel Geld und erwarb sie als Sklavin. Kaum hatte der Barbar sie gekauft, versuchte er auch schon, ihr Gewalt anzutun und sie zu seiner Lust zu mißbrauchen. Sie wehrte sich natürlich, wies ihn zuerst mit Worten ab und machte schließlich dem Psammis vor – da solche Barbaren ja von Natur aus abergläubisch sind –, daß ihr Vater sie bei ihrer Geburt der Isis geweiht habe, bis sie zur Hochzeit alt genug sei. Sie sagte, bis zu dieser Zeit sei es noch ein Jahr. »Wenn du«, fügte sie hinzu, »eine, die der Göttin heilig ist, freventlich anrührst, dann wird jene dir zürnen, und ihre Strafe wird schrecklich sein.« Psammis glaubte ihr, betete zu der Göttin und rührte Anthia nicht an. So blieb sie bei Psammis in guter Hut und galt als Geweihte der Isis.

Das Schiff, das Habrokomas trug, verfehlte den Kurs nach Alexandria. Es geriet in die Nilmündungen, in die Gegend, die Paralion heißt, nach der Küste von Phönizien zu gelegen. Kaum waren sie an Land, da fielen Hirten aus der Umgebung über sie her, raubten die Sachen, fesselten die Menschen, führten sie eine weite Strecke durch die Wüste nach der ägyptischen Stadt Pelusion und schlugen sie dort an verschiedene Käufer los. Ein alter ausgedienter Soldat namens Araxos erwarb Habrokomas.

Dieser Araxos hatte eine Frau, widerlich anzusehen, noch schlimmer anzuhören, lasterhaft über alle Maßen. Sie hieß Kyno. Diese Kyno also verliebte sich in Habrokomas, kaum daß er das Haus betrat. Sie kannte keine Zurückhaltung; leidenschaftlich und begehrlich, wie sie war, wollte sie ihr Vergnügen haben. Nun mochte Araxos Habrokomas recht gern und nahm ihn sogar an Kindes statt an. Kyno wiederum machte ihm Anträge, er solle sich mit ihr abgeben. Sie bat ihn, ihr zu Willen zu sein, versprach ihm, ihn zum Manne zu nehmen und Araxos umzubringen. Abscheu erfaßte Habrokomas. Er dachte über vieles nach, über Anthia, die Eide, seine Zurückhaltung, die ihm schon so oft Schaden gebracht hatte. Schließlich, als Kyno immer weiter drängte, zeigte er sich etwas zugänglicher. Als es Nacht wurde, ermordete Kyno, um Habrokomas zu bekommen, ihren Mann Araxos und berichtete ihre Tat sofort dem Habrokomas. Aber diese verbrecherische Zügellosigkeit des Weibes war ihm zuviel, er entfloh und ließ sie in dem Hause allein: mit einer Frau, die sich durch einen Mord befleckt habe, könne er nicht schlafen, erklärte er ihr. Kyno nahm sich zusammen, und als es Tag wurde, begab sie sich unter die Menge der Bürger von Pelusion, beklagte ihren Mann und gab an, der neugekaufte Sklave habe ihn umgebracht. Ihrem fassungslosen Wehklagen glaubte die Menge. Man ergriff Habrokomas sofort und schickte ihn gebunden zum Statthalter von Ägypten. So wurde er zur Bestrafung nach Alexandria abgeführt, weil er, wie man glaubte, seinen Herrn Araxos ermordet habe.

Viertes Buch

Die Schar des Hippothoos zog aus Tarsos ab und marschierte nach Syrien. Alles, was am Wege lag, unterwarfen sie sich, brannten Dörfer nieder und erschlugen viele Menschen. Auf diese Weise ging es voran, bis sie nach Laodikeia in Syrien gelangten. Hier nahmen sie ihren Aufenthalt, nicht wie Räuber, sondern als ob sie nur gekommen wären, sich die Stadt anzusehen.

Hippothoos setzte nun alles daran, Habrokomas ausfindig zu machen. Das gelang aber nicht, und als sich seine Leute erholt hatten, wandten sie sich nach Phönizien und von da nach Ägypten. Sie hatten nämlich beschlossen, einen Streifzug nach Ägypten zu machen. Ein großes Räuberheer kam zusammen, zog nach Pelusion, fuhr dann nilaufwärts nach Hermopolis in Ägypten und Schedia, durchfuhr sodann den von Menelaos gegrabenen Kanal, weiter an Alexandria vorbei, kam nach Memphis, das der Isis heilig ist, und von dort schließlich nach Mende. Hier warben sie unter den Einheimischen neue Leute als Mitglieder und als Wegführer der Bande. An Taua vorbei zogen sie nach Leontopolis und weiter, an einer Reihe weniger bekannter Ansiedlungen vorüber, nach Koptos, nahe der äthiopischen Grenze. Hierhin beschlossen sie den Schauplatz ihrer Räubereien zu verlegen, zogen doch hier viele Handelsleute durch auf ihrem Wege nach Äthiopien oder Indien. Die Bande zählte mittlerweile bereits fünfhundert Mann. Sie besetzten also die Paßhöhen nach Äthiopien, suchten sich dort Schlupfwinkel und machten sich daran, die Vorüberziehenden auszurauben.

Habrokomas kam vor den Statthalter von Ägypten. Die Bürger von Pelusion hatten diesem bereits brieflich die Vorfälle vorgetragen, das heißt den Mord an Araxos und auch, daß es ein Sklave gewesen sei, der diese Untat gewagt hatte. Der Statthalter wußte somit über alles Bescheid, fragte nicht mehr weiter viel nach dem Vorgang, sondern ließ den Habrokomas abführen und befahl, ihn ans Kreuz zu heften. Sein neues Unglück nahm ihm die Sprache. Trost angesichts seines Todes war ihm nur, daß ja auch Anthia, wie er glaubte, schon gestorben war. Die Soldaten, denen seine Exekution befohlen worden war, führten ihn an das Nil-Ufer, da, wo ein steiler Fels hoch über die Strömung des Flusses blickt. Dort richteten sie das Kreuz auf und banden ihn daran fest, wobei sie ihm mit Stricken Hände und Füße festschnürten, denn das ist dort die Art zu kreuzigen. Dann gingen sie fort und ließen ihn allein zurück; dies schien ihnen sicher genug, und sie glaubten, daß er sich vom Kreuz nicht befreien könne.

Habrokomas aber blickte zur Sonne auf und dann nieder auf die Fluten des Nils; er betete: »O du aller Götter Gütigster, der du über Ägypten herrschst, der du Erde und Meer allen Menschen zu sehen vergönnst: Wenn Habrokomas gesündigt hat, so will ich elend zugrunde gehen und noch schlimmere Strafe als diese auf mich nehmen, falls es sie gibt; wenn ich aber von einem verbrecherischen Weibe verleumdet worden bin, dann laß nicht zu, daß die Wellen des Nils vom Leichnam eines zu Unrecht Umgebrachten entweiht werden, noch daß du ein solches Schauspiel erblicken mußt, wie ein Unschuldiger umkommt in deinem Reich!«

So betete er, und der Gott erbarmte sich seiner. Und Windeswehen kam plötzlich auf und stürmte gegen das Kreuz und stürzte es zusammen mit dem Felsen, auf dem es stand, in die Tiefe. Habrokomas fiel in den Strom, wurde dahingetragen, und das Wasser tat ihm keinen Schaden und die Fesseln behinderten ihn nicht, und die wilden Tiere fügten ihm kein Leid zu; die Strömung trug ihn dahin, und er trieb bis dort, wo der Nil in das Meer mündet. Und dort fischten ihn die Wächter heraus und führten ihn wieder vor den Statthalter von Ägypten, so als ob er versucht habe, seiner Bestrafung zu entrinnen. Dieser geriet sogleich in noch größeren Zorn, hielt Habrokomas für einen durch und durch verbrecherischen Frevler und gebot, einen Scheiterhaufen aufzurichten und ihn darauf zu verbrennen. Schon war alles bereit, der Scheiterhaufen aufgerichtet an der Mündung des Nils, Habrokomas auf ihm festgebunden, das Feuer angelegt, gerade wollte die Flamme den Körper ergreifen – da betete er wiederum, so weit er es überhaupt noch vermochte, um Rettung aus der gegenwärtigen Not. Und da erhoben sich die Wellen des Nils, der Strom überflutete den Scheiterhaufen und löschte die Flamme aus. Ein Wunder erschien das allen, die dabeistanden, und sie nahmen Habrokomas und führten ihn zum Statthalter von Ägypten und erzählten das Vorgefallene und berichteten von der rettenden Hilfe des Nils. Als er das Geschehen hörte, verwunderte er sich sehr und befahl, Habrokomas in Gewahrsam zu halten und bestens für ihn zu sorgen, »bis«, fügte er hinzu, »wir erfahren, wer dieser Mensch ist und warum die Götter sich seiner so offenkundig annehmen«.

Habrokomas war im Gefängnis. Psammis aber, der Anthia gekauft hatte, beschloß, nach Hause zurückzukehren. Alles wurde für die Reise vorbereitet. Er mußte aber seinen Weg über Oberägypten nehmen, wo die Räuberbande des Hippothoos lag. Die Karawane war mit allem bestens versehen: viele Kamele, Esel, Pferde, schwer beladen mit Unmengen an Gold, an Silber, an Gewändern.

Auch Anthia wurde mitgeführt. Als sie nun an Alexandria vorbeigezogen war und nach Memphis kam, da betete Anthia vor dem Heiligtum der Isis: »O Größte unter den Göttern! Bis heute bin ich unberührt geblieben, weil ich als dir geweiht gelte: Unverletzt habe ich dem Habrokomas die eheliche Treue gehalten. Jetzt muß ich von hier nach Indien ziehen, weit weg von der Erde von Ephesos, weit weg auch von den Überresten des Habrokomas. Nun rette du mich Unglückselige und gib mich dem Habrokomas wieder, wenn er noch lebt. Wenn aber das Schicksal beschlossen hat, daß wir getrennt voneinander sterben müssen, so gewähre mir, daß ich mich dem Toten noch rein erhalte.« So betete sie; dann zogen sie weiter ihres Weges.

Schon hatten sie Koptos durchzogen und überschritten die äthiopische Grenze, da fiel Hippothoos über sie her, tötete den Psammis und viele mit ihm, erbeutete das Gepäck und nahm auch Anthia erneut gefangen. Die Räuber rafften die Beute zusammen und brachten sie in eine Höhle, die sie zur Aufbewahrung ihrer Schätze bestimmt hatten. Auch Anthia kam dorthin. Sie erkannte aber den Hippothoos nicht, ebensowenig wie er sie. Als man sie fragte, wer sie sei und woher sie stamme, sagte sie nicht die Wahrheit, sondern gab vor, in Ägypten geboren zu sein und Memphitis zu heißen.

Sie blieb also bei Hippothoos in der Räuberhöhle. In der

Zwischenzeit ließ der Statthalter von Ägypten Habrokomas vorführen und befragte ihn über seine Schicksale. Er erfuhr nun die Geschichte und wurde von Mitleid gerührt über all das Unglück. Darum schenkte er ihm Geld und versprach auch, ihn nach Ephesos bringen zu lassen. Habrokomas dankte ihm vielmals für seine Rettung, bat aber auch, daß er ihm lieber erlauben möge, die Suche nach Anthia fortzusetzen. Mit vielen Geschenken bestieg er nun ein Schiff und fuhr nach Italien, um dort zu forschen, ob er etwas über Anthia erfahren könnte.

Der Statthalter von Ägypten aber ließ, da er die Wahrheit über Araxos erfahren hatte, die Kyno holen und kreuzigen.

Während Anthia in der Höhle lag, verliebte sich einer der Wächter in sie. Er hieß Anchialos. Dieser Anchialos gehörte zu denen, die dem Hippothoos in Syrien zugelaufen waren. Er war aus Laodikeia gebürtig, und Hippothoos schätzte ihn, weil er ein tüchtiger Mann war und in der Bande viel galt. Als dieser von der Leidenschaft ergriffen wurde, versuchte er es erst mit Worten, sie zu bereden, und meinte, er werde sie schon mit seinen Reden gewinnen und sie sich dann von Hippothoos als Geschenk erbitten. Aber alles schlug sie ab, und nichts konnte sie beugen, weder die Höhle noch die Fesseln noch die Drohungen des Räubers. Noch immer bewahrte sie sich für Habrokomas, obgleich sie an seinen Tod glaubte. Oft, wenn sie es unbemerkt tun konnte, rief sie aus: »Allein meines Habrokomas Gattin will ich bleiben, selbst wenn ich sterben müßte, selbst wenn ich noch Schlimmeres zu erleiden hätte, als was ich schon erlitten habe!«

Das vergrößerte aber nur die Qualen des Anchialos. Der tägliche Anblick Anthias entflammte seine Liebe mehr und mehr. Schließlich konnte er sich nicht mehr beherrschen und beschloß, Anthia mit Gewalt zu nehmen. Eines Nachts, in Abwesenheit des Hippothoos, der mit den anderen auf Raub aus war, fiel er über Anthia her und versuchte, ihr Gewalt anzutun. In ihrer Not wußte sie sich nicht anders zu helfen, packte sein Schwert, das in der Nähe lag, riß es aus der Scheide und stieß nach Anchialos; und der Stoß war tödlich. Während er sie nämlich umarmen und küssen wollte und sich dann ganz über sie warf, hielt sie ihm das Schwert von unten entgegen und durchbohrte ihm die Brust.

So erlitt Anchialos eine gerechte Strafe für seine unerlaubte Lust. Anthia aber fiel in große Furcht wegen des Geschehenen und erwog vielerlei Möglichkeiten: Ob sie sich selbst töten solle? Aber sie setzte immer noch etwas Hoffnung auf Habrokomas. Ob sie aus der Höhle fliehen solle? Aber das war unmöglich, der Weg war für sie allein nicht gut passierbar, und es fehlte auch jemand, der ihr die Richtung wies. Sie entschied sich also, in der Höhle auszuharren und auszuhalten, was immer die Gottheit beschließen würde. Sie fand keinen Schlaf in jener Nacht, erfüllt von so vielerlei Gedanken.

Bei Tagesanbruch kam Hippothoos mit seinen Leuten zurück. Sie sahen Anchialos tot daliegen und Anthia neben dem Leichnam, vermuteten sogleich, was geschehen war, fragten sie aus und erfuhren alles. Wutentbrannt wollten sie den Tod ihres Kameraden rächen und beratschlagten über verschiedene Martern für Anthia. Der eine meinte, man solle sie töten und mit Anchialos zusammen begraben. Ein anderer, man solle sie kreuzigen. Hippothoos aber, dem der Tod des Anchialos besonders naheging, ersann eine noch schlimmere Strafe für Anthia. Er ließ eine tiefe, breite Grube ausheben, Anthia hineinwerfen und mit ihr zwei Hunde, damit sie so für ihre Verwegenheit eine grausame Bestrafung erleide.

Man führte seine Befehle aus, schleppte Anthia in die Grube und auch die Hunde, riesige ägyptische Tiere, fürchterlich anzusehen. Man warf sie hinein, legte große Balken darüber und schüttete Erde auf die Grube; sie lag nur wenig vom Nil entfernt. Als Wächter bestellte man einen der Räuber, den Amphinomos.

Dieser Amphinomos nun war schon früher von den Reizen der Anthia gefangen worden. Jetzt aber tat sie ihm um so mehr leid, und ihr Schicksal erbarmte ihn. Er sann also darüber nach, wie er ihr wohl das Leben erhalten und sie vor den Hunden schützen könnte. Jeden Tag rückte er darum einige der Bretter, die auf der Grube lagen, beiseite, warf Brot hinab und reichte Wasser hinein und hieß Anthia ihren Mut nicht verlieren. Auch die Hunde taten ihr nichts, da sie gefüttert wurden, vielmehr wurden sie sogar zutraulich und zahm.

Anthia aber schaute auf sich, bedachte ihr Unglück und seufzte: »O, welch Unheil! Was für Martern stehe ich aus! Ein

Grab als Gefängnis, mit mir zusammen eingeschlossen Hunde, milder sogar als die Räuber! Jetzt leide ich dasselbe wie du, Habrokomas! In gleiches Unglück warst du geraten, im Kerker habe ich dich in Tyros verlassen. Wenn du aber noch lebst, dann ist nichts schrecklich, dann werden wir vielleicht sogar einmal wieder einander besitzen. Bist du aber schon tot, dann ist es umsonst, daß ich mein Leben zu fristen suche, daß dieser Wächter, wer er auch sei, sich meiner in meinem Unglück erbarmt.« So sprach sie und klagte ohne Unterlaß. Und sie blieb in der Grube zusammen mit den Hunden. Amphinomos aber tröstete sie Tag für Tag und besänftigte die Hunde, indem er sie fütterte.

Fünftes Buch

Habrokomas gelangte auf seiner Fahrt von Ägypten nicht nach Italien, weil widrige Winde das Schiff zurückwarfen, es vom graden Kurs abbrachten und nach Sizilien trieben. So landete sie in der großen, schönen Stadt Syrakus. Als Habrokomas dort ankam, beschloß er, die Insel zu durchwandern und zu erforschen, ob jemand etwas über Anthia wüßte. Nahe beim Meer nahm er Quartier bei Aigialeus, einem alten Fischer. Dieser Aigialeus war arm und selbst ein Fremdling, der sich mit seinem Gewerbe nur kümmerlich am Leben erhielt. Er nahm jedoch Habrokomas freundlich auf, behandelte ihn wie sein eigenes Kind und liebte ihn sehr.

Im Laufe ihres Beisammenseins erzählte ihm Habrokomas seine Erlebnisse. Er berichtete von Anthia und von ihrer Liebe und von ihren Irrfahrten. Aigialeus begann auch seine eigene Geschichte zu erzählen. »Mein Sohn Habrokomas«, begann er, »ich stamme nicht aus Sizilien und überhaupt nicht von hier, sondern ich bin ein Lakedaimonier aus Sparta. Wir zählten dort zu den mächtigsten und reichsten Familien. Ich war noch recht jung, als ich mich in ein Bürgermädchen verliebte; sie hieß Thelxinoë und sie liebte mich wieder.

Als in der Stadt einmal eine Nachtfeier abgehalten wurde, trafen wir uns – ein Gott geleitete uns zueinander – und wir genossen das, um dessentwillen wir uns gesucht hatten. Eine

Zeitlang trafen wir uns heimlich und oft schworen wir uns, wir wollten einander bis zum Tode angehören. Doch ein Gott neidete uns unser Glück. Während ich noch zu den Epheben zählte, versprachen die Eltern Thelxinoë einem jungen Mann aus unserer Stadt zur Frau; er hieß Androkles. Auch Androkles war schon lange in sie verliebt. Zunächst benutzte das Mädchen viele Vorwände, um die Hochzeit hinauszuschieben. Schließlich aber, als es ihr gelang, sich wieder mit mir zu treffen, entschloß sie sich, zu nächtlicher Stunde mit mir aus Lakedaimonien zu fliehen. Wir kleideten uns beide als junge Männer, ich schnitt Thelxinoë das Haar ab, und in der Hochzeitsnacht flohen wir aus der Stadt nach Argos und Korinth, und von da zu Schiff nach Sizilien. Als die Lakedaimonier unsere Flucht entdeckten, verurteilten sie uns zum Tode.

Hier lebten wir in Armut und es fehlte an allem Lebensnotwendigen. Aber wir waren glücklich und glaubten, alle nur erdenklichen Güter zu genießen, weil wir ja miteinander sein durften. Vor kurzem aber ist Thelxinoë gestorben. Ich habe den Leichnam jedoch nicht bestattet, vielmehr behalte ich ihn bei mir, ich küsse sie immer noch, und so lebe ich weiter mit ihr zusammen!«

Und mit diesen Worten führte er Habrokomas in das Innere der Hütte und zeigte ihm Thelxinoë, die eine recht alte Frau geworden war, für Aigialeus aber immer noch ein schönes junges Mädchen. Ihr Leichnam war nach ägyptischer Art einbalsamiert; der Greis verstand sich auf diese Kunst. »Ach, mein Sohn Habrokomas«, sagte er, »mit ihr führe ich Gespräche wie mit einer Lebendigen, mit ihr schlafe und esse ich. Wenn ich müde vom Fischfang heimkehre, gibt mir ihr Anblick wieder neuen Mut. Für mich sieht sie ja nicht so aus wie für dich, mein Sohn; ich habe sie im Sinne wie sie in Lakedaimonien aussah und auf unserer Flucht – jene Nachtfeier habe ich vor Augen ... und unsere Schwüre ...«

Während Aigialeus noch so redete, seufzte Habrokomas: »Ach, unglückseligstes aller Mädchen, wann werde ich dich oder wenigstens deinen Leichnam finden? Dem Aigialeus ist ein großer Trost in seinem Leben der tote Körper seiner Thelxinoë. Nun weiß ich gewiß, daß wahre Liebe kein Alter kennt. Ich aber irre umher durch alle Länder und Meere und höre nicht einmal etwas von dir. O unheilvolles Orakel! O Apollon, der du uns all das Schreckliche vorhergesagt hast, erbarme dich doch, führe endlich das Ende der Prophezeiungen herbei!« So klagte Habrokomas, und Aigialeus suchte ihn zu trösten. Sie lebten zusammen in Syrakus; der junge Mann half dem Aigialeus bei seiner Arbeit.

Die Mannschaft des Hippothoos war inzwischen ein großes Räuberheer geworden. Sie beschlossen, Äthiopien zu verlassen und sich an größere Unternehmungen zu wagen. Es schien Hippothoos nicht mehr lohnend, einzelne Reisende zu berauben, er wollte jetzt Dörfer und Städte überfallen. Er sammelte also seine Leute, ließ die ganze Beute aufladen, da er zahlreiche Zugtiere und nicht wenige Kamele besaß, verließ Äthiopien und zog nach Ägypten und nach Alexandria und dachte auch wieder an Phönizien und Syrien. Anthia aber hielt er für tot.

Amphinomos wiederum, der sie in ihrer Grube bewachte und voller Liebe zu ihr war, ertrug es nicht, von ihr getrennt zu werden, weil er so voller Leidenschaft für sie war und auch, weil ihr dann das Ende drohte. Er folgte daher dem Hippothoos nicht, was in dem großen Haufen nicht weiter auffiel, und versteckte sich in einer Höhle, wo er einen Vorrat an Nahrungsmitteln gesammelt hatte. Während der Nacht zog die Bande des Hippothoos gegen ein ägyptisches Dorf namens Areia, um es zu plündern.

Jetzt öffnete Amphinomos die Grube, holte Anthia heraus und sprach ihr wieder Mut zu. Aber sie war voller Furcht und Mißtrauen; deshalb schwor er ihr bei der Sonne und den Göttern Ägyptens, sie unberührt zu lassen, bis sie selbst freiwillig in eine Verbindung einwilligen würde. Anthia vertraute den Schwüren des Amphinomos und folgte ihm. Die Hunde aber verließen sie nicht, denn sie waren mit ihr vertraut geworden und liebten sie. So kamen sie nach Koptos und beschlossen, einige Tage zu bleiben, bis die Bande des Hippothoos vorausgezogen sei. Für die Hunde aber besorgten sie genügend Futter.

Die Leute des Hippothoos griffen das Dorf Areia an, töteten viele von den Bewohnern und steckten die Häuser in Brand. Von dort aus zogen sie jedoch nicht auf demselben Wege weiter, sondern sie fuhren auf dem Nil. Sie nahmen sich alle

Boote, die sie in den umliegenden Ortschaften auftreiben konnten, bestiegen sie und fuhren nach Schedia. Dann gingen sie an Land, folgten den Ufern des Nils und durchzogen das übrige Ägypten.

Inzwischen hatte der Statthalter von Ägypten von den Vorfällen in Areia erfahren und von der Räuberbande des Hippothoos, die von Äthiopien her eingefallen war. Er stellte darum eine starke Truppe auf und machte einen seiner Verwandten zu ihrem Anführer, Polyidos, einen gut aussehenden, tapferen jungen Mann; dann schickte er sie gegen die Räuber.

An der Spitze seiner Truppe traf Polyidos bei Pelusion auf Hippothoos und seine Bande. Sogleich gab es am Ufer ein starkes Gefecht mit großen Verlusten auf beiden Seiten. Als die Nacht hereinbrach, wandten sich die Räuber zur Flucht. Aber bis auf wenige wurden sie von den Soldaten alle erschlagen; die übrigen wurden gefangengenommen.

Hippothoos allein warf seine Waffen weg und schlug sich nachts nach Alexandria durch. Hier gelang es ihm, unerkannt ein Schiff zu besteigen, das auszulaufen bereit war, und von dannen zu fahren. Nun stand all sein Sinnen nach Sizilien: Dort, glaubte er, werde es am leichtesten sein, verborgen zu bleiben und sich durchzuschlagen. Er hatte nämlich gehört, die Insel sei groß und reich.

Dem Polyidos war es nicht genug, daß er die Räuber besiegt hatte, die sich ihm gestellt hatten; er war entschlossen, die Jagd fortzusetzen und, wenn möglich, ganz Ägypten zu säubern, um irgendwo auch Hippothoos oder Männer aus seiner Schar zu fassen. Er setzte sich also an die Spitze eines Teils seiner Truppe, führte auch die gefangengenommenen Räuber mit, damit diese ihm meldeten, wenn sich ein Verdächtiger zeigte, und fuhr nilaufwärts, durchsuchte die Städte und beabsichtigte, bis nach Äthiopien zu ziehen.

So kam er auch nach Koptos, wo sich Anthia mit Amphinomos aufhielt. Sie selbst war im Hause verborgen, aber den Amphinomos erkannten die Gefangenen und verrieten ihn dem Polyidos. Amphinomos wurde gefangengenommen und verhört, und so gestand er alles, was Anthia anging. Als Polyidos das hörte, ließ er auch sie herbeischaffen, und als sie kam, fragte er sie, wer sie sei und woher sie stamme. Sie aber sagte nicht die Wahrheit, sondern daß sie eine Ägypterin sei und den Räubern in die Hände gefallen wäre. Polyidos aber wurde auf der Stelle von Leidenschaft zu Anthia ergriffen, obwohl er in Alexandria eine Frau besaß. Von Liebe erfüllt suchte er erst, sie mit Worten für sich zu gewinnen, und machte ihr große Versprechungen; schließlich aber, als sie auf dem Rückwege nach Alexandria in Memphis Halt machten, versuchte Polyidos, Anthia zu vergewaltigen. Es gelang ihr aber zu entfliehen, und sie lief zum Tempel der Isis als Schutzflehende und betete: »O Herrin Ägyptens, die du mir schon so oft geholfen hast, rette du mich abermals! Gib, daß auch Polyidos mich schont, wie ich durch deine Hilfe bisher dem Habrokomas die Treue bewahren konnte.«

Polyidos hatte einerseits Furcht vor der Göttin, zum anderen aber liebte er Anthia wirklich und hatte Mitleid mit ihr wegen ihres Unglücks. Er betrat also allein den Tempel und schwor, daß er Anthia niemals mit Gewalt besitzen oder ihr etwas Frevelhaftes antun wolle, sondern sie unberührt bewahren werde, solange sie selbst darauf bestehe. Er liebe sie, und darum sei es ihm genug, wenn er sie nur sehen und mit ihr sprechen könne. Anthia vertraute seinen Schwüren und verließ das Heiligtum. Da man aber beschloß, sich drei Tage in Memphis zu erholen, besuchte sie auch den Tempel des Apis. Dieser war in Ägypten hochberühmt, und der Gott erteilte jedem, der es wollte, seine Prophezeiungen. Wenn jemand zum Tempel kam und betete und vom Gott ein Orakel erbat, dann trat der Gott Apis selbst hervor, und vor dem Tempel verkünden die Kinder der Ägypter, was in Zukunft geschehen werde, bald in Prosa, bald in Versen.

Auch Anthia trat herzu, fiel dem Gott zu Füßen nieder und betete: »O du Gütigster der Götter, der du mit allen Fremden Mitleid hast, erbarme dich meiner, die ich vom Unglück verfolgt werde! Gib mir eine wahrhafte Weissagung über meinen Habrokomas! Wenn ich ihn noch einmal sehen und als Gatten besitzen soll, dann will ich ausharren und weiter mein Leben ertragen. Wenn er aber tot ist, dann ist es auch für mich gut, von diesem elenden Leben Abschied zu nehmen.« So sprach sie und ging weinend aus dem Tempel.

Da riefen die Kinder, die vor dem Heiligtum spielten, alle auf einmal:

»Bald wird den Gatten Habrokomas Anthia wieder umarmen.«

Der Zuruf flößte ihr Mut ein, sie betete zu den Göttern, und dann zogen sie weiter nach Alexandria.

Die Gattin des Polyidos hatte schon erfahren, daß er eine Geliebte mitbringe, und sie fürchtete, die Fremde könnte sie in der Gunst des Herren verdrängen. Polyidos gegenüber blieb sie schweigsam, in aller Stille aber überlegte sie, wie sie sich an der vermeintlichen Störerin ihrer Ehe rächen konnte.

Polyidos meldete dem Statthalter von Ägypten den Verlauf der Aktion und erledigte auch noch andere Angelegenheiten seines Kommandos im Heereslager. Während seiner Abwesenheit ließ Rhenaia – das war der Name der Frau des Polyidos – Anthia holen, die sich im Hause befand, riß ihr das Kleid herunter, schlug auf sie ein und schrie sie an: »Du Elende! Du Schänderin meiner Ehe! Umsonst hast du dem Polyidos gefallen, deine ganze Schönheit wird dir nichts nützen! Räuber hast du vielleicht verführen können, ich weiß nicht, mit wievielen besoffenen Kerlen du geschlafen hast, aber das Ehelager der Rhenaia befleckt zu haben, darüber wirst du dich nicht lange freuen!«

So keifte sie, schor Anthia das Haar ab, legte ihr Fesseln an und übergab sie einem treuen Sklaven namens Klytos. Der sollte Anthia auf ein Schiff bringen, nach Italien führen und dort an einen Bordellwirt verkaufen. »Da kannst du ja dann all deine Lüste austoben, meine Schöne«, rief sie ihr nach.

Anthia wurde also von Klytos abgeführt und weinte und wehklagte. »O gefährliche Schönheit«, rief sie, »o ihr unglückbringenden Reize! Warum bleibt ihr mir zu meinem Unheil treu! War denn alles noch nicht genug – Grab, Totschlag, Fesseln, Räuber? Soll ich mich nun gar öffentlich feilbieten? Soll mich ein Kuppler zwingen, die Keuschheit, die ich bis jetzt dem Habrokomas unversehrt bewahrt habe, zu verlieren? Aber o Herr«, rief sie und warf sich dem Klytos zu Füßen, »führe mich nicht zu solcher Strafe! Töte mich lieber gleich! Ich kann keinen Kuppler als Herrn ertragen. Glaube mir, nur in Keuschheit weiß ich zu leben!« So flehte sie, und Klytos fühlte Mitleid mit ihr.

Während sie nun auf der Fahrt nach Italien war, kam Polyidos zurück, und Rhenaia erzählte ihm, Anthia sei entlaufen. Nach allem, was vorausgegangen war, ließ er sich leicht überzeugen.

Anthia wurde nach Tarent gebracht, einer Stadt in Italien. Dort verkaufte sie Klytos, aus Furcht vor den Befehlen der Rhenaia, an einen Bordellwirt. Als der eine Schönheit sah, wie er sie noch nie zuvor erblickt hatte, dachte er, das Mädchen werde ihm gewaltige Gewinne einbringen. So gab er ihr erst einmal einige Tage Zeit, sich von den Anstrengungen der Fahrt und den Mißhandlungen der Rhenaia zu erholen. Klytos aber kehrte nach Alexandria zurück und berichtete Rhenaia, was geschehen war.

Hippothoos hatte seine Fahrt zu Ende gebracht und war in Sizilien gelandet, jedoch nicht in Syrakus, sondern in Taormina. Er suchte nun nach einer günstigen Gelegenheit, sich seinen Lebensunterhalt zu verschaffen.

Den Habrokomas aber befiel in Syrakus, je weiter die Zeit fortschritt, große Mutlosigkeit und Verzweiflung, weil er weder Anthia finden noch heil in seine Heimat zurückkehren konnte. Er beschloß darum, aus Sizilien fortzufahren, nach Italien zu gehen und, wenn er wieder nicht fände, was er suchte, seine unglückliche Fahrt von dort nach Ephesos zu lenken. Schon lange waren dort seine Eltern, und alle Ephesier mit ihnen, in größter Sorge, da sie von den Kindern weder einen Boten noch einen Brief bekommen hatten. So schickten sie überallhin Leute auf die Suche. Aus Hoffnungslosigkeit und Altersschwäche waren beider Eltern schließlich am Ende ihrer Kräfte und schieden aus dem Leben.

Habrokomas reiste nach Italien. Leukon und Rhode aber, die Gespielen des Habrokomas und der Anthia, deren Herr zu Xanthos gestorben war und ihnen ein reiches Erbe hinterlassen hatte, beschlossen jetzt, endlich nach Ephesos zurückzukehren. Sie dachten, ihre jungen Herrschaften wären inzwischen heil heimgekehrt und auch sie selbst hätten auf ihrer Reise nun mehr als genug Unheil ausgestanden. So luden sie also ihren ganzen Besitz auf ein Schiff und segelten nach Ephesos. Nach einigen Tagen gelangten sie nach Rhodos. Hier erfuhren sie, daß Habrokomas und Anthia keineswegs heil heimgekehrt seien und daß ihre Eltern gestorben wären. Sie beschlossen darum, nicht nach Ephesos zurückzukehren, sondern einige Zeit dazubleiben, bis sie etwas von ihrer jungen Herrschaft gehört hätten.

Der Bordellwirt, der Anthia gekauft hatte, zwang sie nach einiger Zeit, sich auf der Straße vor dem Hause aufzustellen. Er putzte sie mit prächtigen Gewändern und viel Gold und machte sich daran, sie herauszuführen, damit sie sich draußen anbiete. Anthia aber jammerte laut: »Ach, mein Unglück! Waren das nicht genug Leiden, die Fesseln, die Räuber? Jetzt will man mich noch zwingen, eine Hure zu werden ! O Schönheit, du wirst zu Recht gestraft, was bleibst du zur Unzeit bei mir? Aber was klage ich hier? Warum finde ich nicht einen Ausweg, die Keuschheit zu retten, die ich bis jetzt bewahrt habe?«

Während sie so klagte, wurde sie zum Haus des Kupplers gezerrt, der sie bald mit Tröstungen, bald mit Drohungen traktierte. Wie sie nun herauskam und sich feilhalten mußte, da strömte eine große Menge herbei, die ihre Schönheit bewunderte, und viele waren gern bereit, den geforderten Preis zu zahlen, um ihre Gier zu befriedigen. In ihrer höchsten Not fand sie jedoch einen rettenden Ausweg: Sie warf sich zu Boden, tat, als ob ihr die Glieder nicht mehr gehorchten, und täuschte einen Anfall der Krankheit vor, die man »Die Krankheit von den Göttern« nennt. Die Umstehenden waren zugleich von Mitleid und Schrecken erfüllt, sie vergaßen ihre Begier und bemühten sich um Anthia. Der Bordellwirt sah den Schaden, der ihm geschah, und weil er glaubte, das Mädchen sei wirklich krank, führte er sie wieder in sein Haus, ließ sie sich niederlegen und pflegte sie.

Als sie wieder zu sich zu kommen schien, fragte er sie nach der Ursache der Krankheit. Anthia antwortete: »Herr, ich wollte dir schon früher von meinem Unglück erzählen und dir sagen, was mir zugestoßen ist. Aber weil ich mich schämte, hielt ich alles verborgen. Nun ist es nicht mehr schwer, zu dir zu sprechen, du weißt ja jetzt schon alles über mich.

Als ich noch ein kleines Mädchen war, da wurde ich einmal

bei einer Nachtfeier von den Meinen getrennt. Ich irrte umher und kam zum Grabe eines Mannes, der erst vor kurzem gestorben war. Da erschien mir jemand, sprang aus dem Grabe hervor und suchte mich zu packen. Ich aber wollte wegrennen und schrie. Der Mensch war schrecklich anzusehen und hatte eine noch viel entsetzlichere Stimme. Endlich, als es schon Tag wurde, ließ er mich los, aber er schlug mich auf die Brust und sagte, nun habe er mir die Krankheit angetan. Und da begann es, daß ich zuweilen solche Anfälle wechselnder Art habe. Aber ich bitte dich, Herr, zürne mir nicht, ich bin ja nicht schuld daran. Du kannst mich wieder verkaufen und wirst nichts von dem gezahlten Preis verlieren.« Der Bordellwirt hörte sich das an und wurde sehr betrübt. Dem Mädchen aber trug er nichts nach, weil er ja glaubte, sie müsse diese Krankheit gegen ihren Willen erleiden. Wie eine Kranke wurde sie also von dem Bordellwirt gepflegt.

Habrokomas verließ Sizilien und landete in Nuceria in Italien. Er hatte nichts zum Leben und wußte nicht, was er machen sollte. Aber er wanderte doch erst durch die Straßen und forschte nach Anthia; sie war ja der ganze Inhalt seines Lebens und der Sinn seiner Irrfahrt. Als er aber nichts fand – das Mädchen war ja in Tarent bei dem Bordellwirt –, verdingte er sich bei den Steinmetzen. Die Arbeit wurde ihm sauer: sein Körper war sie nicht gewohnt, und er hatte niemals anstrengende, harte Arbeit ausführen müssen.

So fühlte er sich recht unglücklich, und oft klagte er über sein Geschick: »Sieh Anthia, dein Habrokomas muß diese elende Arbeit tun! Meinen Leib habe ich in die Knechtschaft verkauft. Wenn ich wenigstens noch Hoffnung hätte, dich zu finden und den Rest meiner Tage mit dir zu sein! Das würde mich besser als alles trösten. Doch vielleicht quäle ich Unglücklicher mich hier nutzlos und sinnlos ab, und du bist vor Sehnsucht nach deinem Habrokomas schon gestorben. Denn das glaube ich fest, Geliebte: Auch im Tode hast du mich nicht vergessen!« So klagte er und quälte sich mit seiner harten Arbeit.

Anthia aber erschien ein Traum, während sie in Tarent im Schlummer lag. Es schien ihr, sie sei mit Habrokomas zusammen, beide in ihrer vollen Schönheit, und es sei die erste Zeit ihrer Liebe. Dann erschien eine andere schöne Frau und entriß ihr Habrokomas. Da schrie sie auf und rief ihn mit Namen, und der Traum verschwand und nahm ein Ende.

Als die Erscheinung vorüber war, sprang sie sogleich auf und klagte, und weil sie das Gesicht für wahr hielt, seufzte sie: »O Unglück! Ich ertrage all diese Leiden, ich Unselige nehme so viel verschiedenes Unheil auf mich, erfinde Listen fast über die Kräfte eines Weibes, um Habrokomas meine Keuschheit zu bewahren – dir aber hat wohl schon eine andere gefallen? Denn das ist es doch, was meine Traumgeschichte bedeutet. Wozu soll ich noch länger leben? Warum meinen Kummer ertragen? Besser wäre es zu sterben und aus diesem elenden Leben zu scheiden und zugleich auch aus dieser unwürdigen, gefahrvollen Knechtschaft! Aber selbst wenn Habrokomas unsere Schwüre gebrochen hat, sollen die Götter ihn dafür nicht bestrafen! Vielleicht ist er dem Zwang erlegen? Für mich aber bleibt es das Beste, in Keuschheit zu sterben.« So sprach sie unter vielen Tränen und suchte nach Mitteln, aus dem Leben zu scheiden.

Hippothoos dem Perinthier erging es in Taormina zunächst ziemlich schlecht. Alles Lebensnotwendige fehlte ihm. Nach einer Weile verliebte sich aber eine Alte in ihn, und der Not gehorchend heiratete er sie. Sie lebten kurze Zeit zusammen, dann starb die Alte, und er erbte viel Geld und Gut. Groß war jetzt sein Gefolge von Sklaven, reich der Vorrat an Gewändern, kostbar alle Ausstattung. Da beschloß er, nach Italien hinüberzufahren, schöne junge Sklaven und Dienerinnen zu kaufen und sich mit all dem Luxus zu umgeben, der einem wohlhabenden Manne zukommt. Noch immer dachte er auch an Habrokomas und wünschte sich ein Wiedersehen; gern war er bereit, sein Leben und seine Besitztümer mit ihm zu teilen. Er ging also auf See und setzte nach Italien über. In seiner Begleitung war ein Knabe von guter Familie aus Sizilien, Kleisthenes mit Namen. Es war ein sehr schöner Jüngling, und Hippothoos ließ ihn an all seinem Besitz teilhaben.

Sobald Anthia wieder gesund zu werden schien, begann der Bordellwirt darüber nachzudenken, wie er sie verkaufen könnte. Er führte sie also auf den Markt und zeigte sie den Kauflustigen. Gerade zu der Zeit ging auch Hippothoos in

Tarent umher, um zu sehen, ob er etwas Hübsches zu kaufen fände. Er sah nun Anthia, erkannte sie wieder und war voller Staunen über diese Begegnung. Er überlegte bei sich: »Ist denn das nicht das Mädchen, das ich in Ägypten zur Strafe für den Mord an Anchialos in eine Grube werfen ließ? Habe ich nicht Hunde zusammen mit ihr einschließen lassen? Woher jetzt diese Wendung? Wieso ist sie überhaupt gerettet worden? Wie gelang ihr nur die Flucht aus der Grube? Wie kam so unverhofft ihre Rettung zustande?«

So sprach er bei sich, trat hinzu und tat, als wolle er sie kaufen. Und als er neben ihr stand, fragte er sie: »Sage mir, Mädchen, kennst du nicht Ägypten? Bist du nicht in Ägypten einmal unter die Räuber gefallen? Hast du nicht auch noch mehr Schlimmes in jenem Lande erlitten? Sprich ohne Furcht, ich habe dich nämlich dort gekannt!«

Als Anthia ›Ägypten‹ hörte und sich an Anchialos erinnerte, an die Räuberbande und die Grube, begann sie zu zittern und zu schluchzen. Sie blickte Hippothoos an, erkannte ihn aber nicht und sagte: »Vieles habe ich in Ägypten erlitten, ja, und Schweres, o Fremdling, wer du auch seiest. Auch unter die Räuber bin ich gefallen – aber du, sage mir, wieso kennst du meine Schicksale? Woher kennst du denn mich Unglückliche? Ach, ich habe Dinge erlitten, die wohl schon bekannt und berühmt sind. Aber dich, nein, dich kenne ich wirklich nicht.«

Als Hippothoos das hörte, erkannte er sie aus dem, was sie sagte, noch sicherer wieder, sprach aber nichts weiter, sondern kaufte sie dem Kuppler ab, führte sie zu sich in seine Wohnung und sprach ihr Mut zu. Dann gab er sich zu erkennen, erzählte ihr, was sich in Ägypten zugetragen hatte, und berichtete von seinem jetzigen Reichtum und von seinem Entkommen. Sie bat ihn, er möge ihr verzeihen, und erklärte ihm, wie sie den Anchialos wegen seiner lüsternen Angriffe getötet habe, und dann erzählte sie von der Grube, von Amphinomos, den zahm gewordenen Hunden und ihrer Rettung. Hippothoos hatte Mitleid mit ihr, aber er fragte nicht weiter, wer sie sei.

Beim täglichen Umgang mit dem Mädchen erwachte nun aber auch in Hippothoos die Begier. Er wollte sie besitzen und machte ihr große Versprechungen. Zuerst wehrte sie ihn ab, indem sie sagte, sie sei nicht wert, das Bett ihres Herrn zu teilen. Als aber Hippothoos sie weiter bedrängte, wußte sie schließlich nicht mehr ein noch aus, und endlich hielt sie es für besser, ihm alle ihre Geheimnisse anzuvertrauen als dem Habrokomas die Treue zu brechen. So erzählte sie denn von Habrokomas, von Ephesos, ihrer Liebe, ihren Schwüren, den Unglücksfällen, den Räubern, und klagte immer wieder um Habrokomas. Als nun Hippothoos hörte, daß sie Anthia sei, die Frau seines besten Freundes, umarmte er sie, sprach ihr Mut zu und erzählte ihr von seiner Freundschaft mit Habrokomas. Dann nahm er sie in sein Haus auf und ließ ihr alle Pflege zuteil werden um Habrokomas' willen. Er selbst aber betrieb überall Nachforschungen, ob Habrokomas irgendwo zu finden sei.

Habrokomas verrichtete in Nuceria zunächst weiter seine harte Arbeit. Schließlich aber ertrug er sie nicht mehr, und er beschloß, an Bord eines Schiffes zu gehen und nach Ephesos zurückzufahren.

So ging er nachts hinab ans Meer und fand auch ein Schiff, das gerade bereit war, in See zu stechen. Das bestieg er und fuhr zunächst wieder nach Sizilien zurück, um von dort aus weiter nach Kreta, Zypern und Rhodos zu reisen und schließlich von da nach Ephesos zu gelangen. Auch hoffte er, auf dieser langen Reise etwas von Anthia zu erfahren.

Mit wenig Wegzehrung begann er seine Fahrt. Der erste Abschnitt brachte ihn nach Sizilien. Hier fand er, daß sein ehemaliger Gastfreund Aigialeus gestorben war. Er brachte ihm Totenopfer dar, beweinte ihn sehr und ging wieder auf See, fuhr an Kreta vorüber und kam nach Zypern. Hier blieb er einige Tage und betete zu der Schutzgöttin der Zyprioten. Dann fuhr er weiter und kam nach Rhodos. Nahe beim Hafen nahm er Herberge.

Nun war er schon in der Nähe von Ephesos, und die Erinnerung an all seine furchtbaren Erlebnisse belebte sich. Er dachte an die Heimat, an die Eltern, an Anthia, an die Diener, und seufzend rief er: »O Unglück! Allein komme ich nach Ephesos zurück, ohne Anthia trete ich meinen Eltern wieder unter die Augen. Nutzlos werde ich Unglückseliger meine Fahrt vollenden. Meine Erlebnisse, die vielleicht unglaublich klingen, werde ich vielleicht sogar berichten, ohne Glauben zu finden, habe ich doch niemanden, der sie mit mir geteilt hat. Aber halte aus, Habrokomas! Wenn du nach Ephesos kommst, ertrage das Leben noch so lange, daß du Anthia einen Grabhügel errichten und sie beweinen und ihr das Totenopfer darbringen kannst. Dann lege dich nieder ihr zur Seite.« So sprach er und irrte außer sich durch die Stadt, ohne Kunde von Anthia und ohne Lebensunterhalt.

In der Zwischenzeit hatten Leukon und Rhode, die sich in Rhodos aufhielten, im Tempel des Sonnengottes ein Denkmal errichtet neben der goldenen Rüstung, die einst Anthia und Habrokomas geweiht hatten. Sie stellten eine Säule auf mit einer Inschrift in Goldbuchstaben zu Ehren von Habrokomas und Anthia; auch die Namen der Stifter waren eingegraben:

Leukon und Rhode.

Auf diese Säule stieß nun Habrokomas, der gekommen war, den Gott anzubeten. Er las und erkannte die Stifter und die treue Gesinnung der Diener. Daneben erblickte er nun auch die Rüstung, und laut klagend setzte er sich neben der Säule nieder und rief: »Wie bin ich doch so unglücklich! Hier bin ich an meines Lebens Endziel angekommen, an ein Mahnmal meiner schlimmen Schicksale. Hier diese Rüstung habe ich einst mit Anthia gestiftet, zusammen mit ihr bin ich von Rhodos fortgefahren – nun aber kehre ich zurück und habe sie nicht bei mir. Diese Säule hier ist von unseren Gefährten als Weihgeschenk für unser beider Wohlergehen gestiftet worden – was soll ich nun allein? Wo werde ich sie finden, die mir die Liebsten sind?«

So sprach er unter Tränen. Da traten Leukon und Rhode herzu, um wie so oft zu dem Gotte zu beten. Sie sahen Habrokomas, wie er neben der Säule saß und auf die Rüstung schaute. Noch erkannten sie ihn nicht und wunderten sich, wer da wohl bei fremden Weihgeschenken verweile. Leukon fragte ihn also: »Junger Mann, wozu sitzt du denn neben Weihgeschenken, mit denen du nichts zu tun hast, und weshalb klagst und jammerst du? Was geht dich das hier an? Was hast du mit denen zu schaffen, deren Namen hier eingegraben sind?«

Darauf gab Habrokomas zur Antwort: »Mir doch, mir«, rief er, »mir gelten diese Weihgeschenke des Leukon und der

Rhode! Sie zu sehen und vor allem Anthia, das ist's, worum ich bete, ich, Habrokomas, der Unglückselige!«

Als Leukon und Rhode das vernahmen, waren sie vor Überraschung sprachlos. Bald erholten sie sich, und nun erkannten sie ihn – an der Gestalt, an der Stimme, an dem was er sagte, und daran, daß er Anthia nannte. Sie fielen ihm zu Füßen und berichteten ihre eigenen Schicksale, die Reise von Tyros nach Syrien, den Zorn der Manto, die Schenkung an sie, den Verkauf als Sklaven nach Lykien, den Tod ihres Herrn, ihren Reichtum, die Rückkehr nach Rhodos ...

Und sie nahmen ihn und führten ihn in das Haus, wo sie wohnten, und übergaben ihm ihren Besitz und pflegten ihn und sprachen ihm Mut zu. Ihm aber war nichts wichtiger als Anthia, sie beweinte er bei jeder Gelegenheit. Vorerst aber blieb er in Rhodos bei seinen Gefährten und sann, was er unternehmen solle.

Hippothoos beschloß zu dieser Zeit, Anthia von Italien nach Ephesos zu bringen, um sie zu ihren Eltern zurückzuführen und auch, um dort vielleicht etwas über Habrokomas zu erfahren. Er lud alle seine Güter auf ein großes ephesisches Schiff und reiste zusammen mit Anthia. Nach mehreren Tagen frohgestimmter Fahrt kamen sie nachts in Rhodos an. Hier nahm er nahe beim Meere bei einer Alten namens Althaia Quartier und brachte auch Anthia bei seiner Wirtin unter. Er selbst ruhte während der Nacht; am folgenden Morgen sollte die Fahrt weitergehen. Die Rhodier aber feierten nun gerade ein prächtiges öffentliches Fest, Helios zu Ehren; es gab eine Prozession, Opfer, die Bürger feierten in großer Anzahl mit. Auch Leukon und Rhode waren dabei, nicht so sehr des Festes wegen, als vielmehr um zu forschen, ob sie etwas über Anthia in Erfahrung bringen könnten.

Und nun kam Hippothoos mit Anthia ebenfalls in das Heiligtum. Als sie die Weihgeschenke sah und der vergangenen Zeiten gedachte, betete sie: »O Helios, der du alles Leben der Menschen freundlich anschaust, an mir Unglücklichen allein gehst du achtlos vorüber! Schon früher einmal war ich hier in Rhodos, war glücklich, habe zu dir gebetet und dir Opfer dargebracht zusammen mit Habrokomas, und damals glaubte alle Welt, ich sei ein Kind des Glücks. Jetzt bin ich nicht mehr eine Freie, sondern Sklavin, eine unglückliche Gefangene, ich, die ich vormals so glücklich war. Allein komme ich nun nach Ephesos zurück, ohne Habrokomas trete ich meinen Verwandten vor Augen.«

So sprach sie und vergoß viele Tränen. Dann bat sie den Hippothoos, ihr zu erlauben, sich eine Locke abzuschneiden und sie dem Helios zu weihen und für das Heil des Habrokomas zu beten. Hippothoos gestattete das, und sie schnitt von ihren Haaren ab, soviel sie nur konnte, und in einem geeigneten Augenblick, als alle anderen hinausgegangen waren, hing sie die Weihgabe auf und fügte die Inschrift hinzu:

Für ihren Gatten Habrokomas hat Anthia
Diese Locke dem Gotte geweiht

Danach betete sie und ging mit Hippothoos hinaus. Leukon und Rhode waren währenddessen der Prozession gefolgt. Nun kamen sie in den Tempel, erblickten das Weihgeschenk und erkannten die Namen ihrer Herren. Zuerst küßten sie die Locke und weinten, als sähen sie Anthia selbst. Dann durcheilten sie die ganze Stadt, ob sie sie irgendwo finden konnten, denn der Menge der Rhodier waren die Namen von dem früheren Besuch her bekannt.

An diesem Tage aber fanden sie sie nicht. So kehrten sie um und berichteten dem Habrokomas, was sie im Tempel entdeckt hatten. Habrokomas war von dem Unerwarteten bis in die tiefste Seele hinein erschüttert – lebte doch jetzt in ihm die Hoffnung neu auf, Anthia wiederzufinden.

Am nächsten Tage kam Anthia wieder mit Hippothoos in den Tempel, da ihr Schiff noch nicht auslaufen konnte. Sie kauerte sich neben die Weihgaben nieder und weinte und klagte. Da kamen Leukon und Rhode herein. Habrokomas hatten sie zu Hause gelassen, da er über sein Geschick völlig niedergeschlagen war. Kaum traten sie herein, da erblickten sie Anthia. Obgleich sie sie noch nicht erkannten, deutete alles auf sie hin: ihre Liebe, ihre Tränen, die Weihgaben, die Namen, ihre Gestalt. Allmählich erkannten sie auch ihre Züge wieder, sie stürzten ihr zu Füßen und blieben sprachlos liegen. Anthia wunderte sich, wer sie wohl wären und was sie wollten; daß es Leukon und Rhode sein könnten, hätte sie gar nicht mehr gehofft.

Als die beiden sich wieder gefaßt hatten, riefen sie: »O Herrin Anthia, wir sind doch deine Diener, Leukon und Rhode, deine Gefährten auf der Reise und unter den Räubern. Welches Schicksal führte dich hierher? Sei getrost, Herrin, Habrokomas ist gerettet! Er ist hier und weint ohne Unterlaß um dich.« Anthia war außer sich über diese Nachricht. Nur mit Mühe fand sie sich wieder, und jetzt erkannte sie auch ihre Diener, umarmte und küßte sie und ließ sich von ihnen alles genau über Habrokomas berichten.

Alles Volk von Rhodos strömte zusammen, als sich herumsprach, daß Anthia und Habrokomas sich wiedergefunden hatten. Auch Hippothoos kam herzu. Leukon und Rhode erkannten ihn, und auch er erfuhr, wer sie waren. So hatte sich denn alles für sie zum Guten gefügt, nur eines fehlte noch: Habrokomas wußte noch nichts von der Wendung des Schicksals. Also liefen sie so schnell wie möglich nach Hause.

Inzwischen hatte er von einem Rhodier erfahren, daß Anthia gefunden worden sei; wie ein Wahnsinniger rannte er mitten durch die Stadt und schrie: »Anthia.«

Beim Tempel der Isis traf er auf die Menge um Anthia, der die Rhodier in dichtem Haufen folgten. Als sie einander endlich erblickten, erkannten sie sich sogleich wieder, denn ihre Herzen verlangten danach. Sie umschlangen einander und stürzten nieder. Viele verschiedene Gefühle erfüllten sie zugleich – Freude, Trauer, Schrecken, Erinnerung an das Vergangene, Furcht vor dem Kommenden ...

Derweil erhob das Volk von Rhodos ihretwegen ein gewaltiges Freudengeschrei, pries Isis als die Große Göttin und rief: »Nun sehen wir sie wieder, Habrokomas und Anthia, die Schönen!« Die beiden aber faßten sich, sie erhoben sich, traten in den Tempel der Isis und beteten: »Dir, o größte Göttin, gilt unser Dank für unsere Rettung; durch dich, die du uns die verehrungswürdigste aller Gottheiten bist, besitzen wir einander wieder.« Und sie warfen sich im Heiligtum nieder und beteten auf dem Boden vor dem Altar.

Leukon und Rhode geleiteten sie dann in ihr Haus, und auch Hippothoos ließ seine Sachen zu Leukon bringen. Alle waren bereit zur Heimfahrt nach Ephesos. Als sie an jenem Tage dann geopfert und ihr Mahl eingenommen hatten, gab es von allen Seiten viele Erzählungen, was ein jeder erlitten und was er getan hatte. Das Mahl zog sich lange hin, hatten sie sich doch nach all der Zeit endlich wiedergefunden. Als es dann Nacht wurde, legten sie sich alle zur Ruhe, ein jeder, wie es sich für ihn traf: Leukon mit Rhode, Hippothoos mit dem schönen Knaben Kleisthenes, der ihn aus Sizilien nach Italien begleitet hatte; Anthia aber ruhte bei Habrokomas.

Die anderen waren alle eingeschlafen, tiefe Stille herrschte. Da umfing Anthia den Habrokomas und weinte: »O mein Gatte und Gebieter«, flüsterte sie, »ich habe dich wieder! Durch Land und Meer bin ich weit umhergereist, ich bin den Drohungen der Räuber entflohen, den Nachstellungen der Piraten, dem Übermut der Kuppler, den Fesseln, der Grube, den Brettern, dem Gift und dem Grab. Aber ich komme zu dir zurück, Habrokomas, Herr meiner Seele, so wie ich war, als ich damals von Tyros nach Syrien fortgeschleppt wurde. Niemand hat mich zu einem Fehltritt verleiten können, nicht Moiris in Syrien, nicht Perilaos in Kilikien, in Ägypten nicht Psammis und Polyidos, nicht Anchialos in Äthiopien, nicht der Herr in Tarent. Unberührt bin ich dir treu geblieben, habe alle Künste angewandt, meine Keuschheit zu bewahren. Du aber, Habrokomas, bist du mir treu geblieben? Oder hat dich eine andere Schönheit mehr angezogen als ich? Hat dich niemand gezwungen, mich und die Schwüre zu vergessen?«

So flüsterte sie und küßte ihn ohne Unterlaß. Habrokomas aber antwortete: »Ich schwöre dir, bei diesem langersehnten, nach soviel Leid erst erschienenen Tage: Kein Mädchen erschien mir schön, kein anderes Weib, das ich sah, hat mir gefallen; rein erhältst du deinen Habrokomas zurück, so wie du ihn in Tyros im Gefängnis verlassen hast.« So beteuerten sie sich die ganze Nacht hindurch die einander bewahrte Treue, und sie überzeugten sich gegenseitig mit Leichtigkeit, da sie es ja auch so wünschten.

Als der Tag anbrach, gingen sie aufs Schiff, ließen all ihr Gut aufladen und stachen in See. Ganz Rhodos gab ihnen das Geleit. Hippothoos reiste mit, er hatte seinen ganzen Besitz bei sich und auch seinen Kleisthenes. In wenigen Tagen gelangten sie nach Ephesos. Schon hatte die ganze Stadt von ihrer Rettung erfahren. Sobald sie an Land gestiegen waren, gingen sie, so wie sie waren, unverzüglich in den Tempel der Artemis, verrichteten viele Gebete, opferten, stifteten Weihgaben und ließen der Göttin auch eine Tafel mit einer Inschrift aufstellen, die alles berichtete, was sie getan und erlitten hatten.

Als das besorgt war, zogen sie in die Stadt. Ihren Eltern, die aus Alter und Gram dahingestorben waren, errichteten sie prächtige Grabmäler. Und der Rest ihres Lebens miteinander verging ihnen wie ein Fest. Leukon und Rhode hatten an allem teil, was ihren Gefährten gehörte. Auch Hippothoos beschloß, den Rest seiner Tage in Ephesos zu verbringen. Alsbald ließ er für Hyperanthes auf Lesbos ein prächtiges Grabmal errichten, nahm den Kleisthenes an Kindes Statt an, und so lebte denn auch Hippothoos in Ephesos, zusammen mit Habrokomas und Anthia.

Die Geschichte von Apollonius, dem König von Tyrus

Anders als in vielen anderen antiken Romanen nennt der vielleicht erfolgreichste, sicher volkstümlichste von ihnen uns nicht seinen Autor. Kein Name ist für die allgemein nur unter ihrem Titel zitierte Erzählung überliefert; zudem ist die uns in vielen Manuskripten vorliegende lateinische Fassung der Spätantike offenbar die Wiedergabe einer verlorenen früheren Form in griechischer Sprache (wohl aus dem 3. Jahrhundert n. Chr.). Hinzu kommt, daß das der Heidenwelt entstammende Original christlichen Aufputz angenommen hat und sich so in verwirrender Mischform darbietet. Freilich ist diese Christianisierung oberflächlich genug vorgenommen: Gelegentlich geschieht etwas »nach Gottes Willen«, doch ansonsten sind es die heidnischen Götter, die walten, Neptun und Diana und Fortuna; einmal erscheint im Traum ein Engel – aber ausgerechnet er ist es, der den Auftrag überbringt, rasch zum Tempel der Diana nach Ephesus zu reisen (s. S. 217). Man sieht: Es ist nur ein leichter Firnis des neuen Glaubens über die kräftigen Grundfarben des heidnischen Gemäldes gezogen worden. Überhaupt ist Sorgfalt in Einzelheiten nicht Sache des Erzählers: Ein Bürger von Tyrus, Hellenicus (s. S. 172), tritt plötzlich in Cyrene auf (s. S. 222); dieselbe Grabschrift ist, wird sie ein zweites Mal gelesen, umfangreicher als zuvor (s. S. 199 und S. 205).

Schwieriger als derlei Details, die damals derart nicht zur Debatte standen: Die Fülle der lateinischen Manuskripte gliedert sich in zwei Gruppen, die zwar im wesentlichen alle dieselbe Geschichte erzählen, doch in einer Reihe von Einzelheiten und häufig auch im Wortlaut voneinander abweichen, ohne daß doch die ›authentische‹ von der ›veränderten‹ Fassung mit Sicherheit hätte gesondert werden können. So folgt auch die vorliegende Übertragung nicht rigoristisch einer der beiden Versionen, sondern sucht, undogmatisch und flexibel, das, was sich in beiden Textgestalten an Wichtigem und Schönem darbietet, dem Leser zu vermitteln – so wie der Roman in unterschied-

lich wechselnder Gestalt viele Jahrhunderte hindurch sein Publikum erfreut und unterhalten hat.

Denn neben der verlorenen griechischen und den beiden vorliegenden lateinischen Fassungen stehen noch so manche weitere: Zwei spätere lateinische Versionen sind zu nennen, die Nachgestaltung im Pantheon *des Gottfried von Viterbo und die Formung in den* Gesta Romanorum, *die also um 1186 bzw. im 13./14. Jahrhundert entstanden sind. Neben sie treten aber auch Übertragungen in nicht weniger als zwölf Sprachen, die immer wieder die Erzählung von des tyrischen Königs Schicksalen neuen Lesern nahebrachten. Und vielleicht deutlichster und wichtigster Beleg für die Lebenskraft dieser Fabel: Sie regte immer wieder schöpferische Geister zu neuer Nachgestaltung an. Der als Shakespeares Werk überlieferte* Pericles *steht ebenso unter ihrer Einwirkung wie aus unserer Zeit T. S. Eliots* Marina. *Mancherlei ist es, was ihre Vitalität bewirkt.*

Da ist die handfeste, herzbewegende, Höhen und Tiefen umfassende Handlung von der vom eigenen Vater vergewaltigten Königstochter, ferner von dem Prinzen, der sie nach Art der Turandot durch Rätsel gewinnt und durch die Tücke des Vaters gleich verliert. Es folgen die vielen dramatischen Requisiten, die ein Volksbuch erfordert: Nach Inzest und Vergewaltigung folgen Mord, Scheintod, Sklaverei, Schiffbruch, Zwangsaufenthalt im Bordell, Rätsel unter tödlicher Bedingung. Der Fülle der Handlung steht die Schlichtheit der Sprache entgegen. Die Erzählung ist einfach im Ausdruck, lebendig durch viel Wechselrede, anschaulich im Szenarium. Nur an einigen besonderen Stellen klingt gelegentlich ein höherer Ton auf: Die Beschreibung des Seesturms (s. S. 175), die Meditation der Tharsia vor ihrem unbekannten Vater (s. S. 208) sind in Versen gehalten, tragen den Formen poetischer Anschauungsweise Rechnung. Freilich sind das nur zwei Ausnahmen, zu denen sich noch die zehn jeweils dreizeiligen Rätsel gesellen (s. S. 210ff.). Man könnte daneben einige wenige Beispiele eines höheren Sprechens stellen, wie etwa die Vorwürfe des Apollonius an den Gott Neptun (s. S. 175) oder seine Freudenausbrüche beim Wiederfinden der Tochter (s. S. 214); doch grundsätzlich gibt sich die Sprache dieses Romans anspruchslos einfach. Und die häufige Wiederkehr gewisser formelhafter Wendungen (»wandte sich zu ihm und sagte«), die Wiederholung ständiger Beiwörter (»das verruchte Weib«) unterstreicht das abermals.

Sie steht mit im Dienste der einheitlichen Charakterisierung. Die Hauptakteure streben alle nach einer Tugend, dienen alle einem einzigen Ziel: Sie suchen Weisheit und Kunstfertigkeit, sie wollen die artes liberales *beherrschen und damit das Leben meistern. Am auffälligsten die Titelfigur: Apollonius kommt in die lebensgefährliche Situation vor König Antiochus »im Vertrauen auf seine Kenntnisse« (s. S. 169), mit ihrer Hilfe löst er das Rätsel; mit Hilfe seiner Fähigkeiten im Sport und in der Körperpflege gewinnt er als Schiffbrüchiger die Gunst des Königs Archistrates; mit Hilfe seiner Vortragskunst vermag er den König und vor allem die Königstochter für sich einzunehmen. Sein Königtum beruht auf seiner Weisheit, seinen Kenntnissen und Fähigkeiten. Das wird auch ganz deutlich von seiner Tochter ausgesprochen (s. S. 211). Diese ist ebenfalls Meisterin in denselben Künsten, sie vermag sich gleichfalls mit ihrer Hilfe in der Zeit ihrer tiefsten Erniedrigung, als Sklavin des Bordellwirts, zu behaupten. Ebenso hat auch die Gattin des Apollonius an dieser Sphäre Teil oder auch eine Nebenfigur wie der junge Arzt, der beschrieben wird als »ein Jüngling dem Aussehen nach, dem Verstande nach aber ein Greis« (s. S. 192).*

So ist dieser spätantike Roman ein einheitlicher Preis auf die Weisheit, die der Kundige erwerben und erweitern, üben und ausüben soll, sich selbst und anderen zum Heil. Es geht nicht mehr um heldische Bewährung, um männlich heroische Kraft oder um die Stärke und Tiefe der Leidensfähigkeit, um die Ausdauer im Dulden und Ertragen. Aber auch nicht List und Verschlagenheit werden als erfolgreiche Mittel vorgeführt. Wissen vielmehr, Kenntnisse, geistige und körperliche Gewandtheit vermögen auch in schlimmster Not einen Ausweg zu eröffnen – diese so tröstliche Botschaft war wahrhaftig eine dem anbrechenden Mittelalter gemäße, gern aufgenommene Lehre.

Die Geschichte von Apollonius, dem König von Tyrus

In der Stadt Antiochia lebte einst ein König namens Antiochus. Nach ihm hatte die Stadt selbst ihren Namen Antiochia erhalten. Er besaß von seiner verstorbenen Gattin eine einzige Tochter, eine wunderschöne Jungfrau. Die Natur hatte bei ihr in keiner Hinsicht einen Fehler begangen, außer einem: Sie hatte sie sterblich geschaffen.

Als das Mädchen nun alt genug geworden war, um zu heiraten, und ihre Anmut und Schönheit sogar noch zunahmen, da begehrten sie viele zur Ehe und wetteiferten mit den Versprechungen großer Hochzeitsgaben. Ihr Vater aber überlegte, wem er wohl am besten seine Tochter zur Ehe geben sollte; da überwältigte ihn böse Lust, durch die Flamme der Begier entbrannte er in Liebe zur eigenen Tochter, und er begann, ihr auf ganz andere Weise zugetan zu sein, als es dem Vater zukommt. Er rang mit diesem Wahn, kämpfte mit seiner Leidenschaft, erlag endlich der Liebe. Seine Scheu ist dahin, seine Vaterschaft vergessen: Gatte will er nun sein.

Endlich konnte er die Wunde in seiner Brust nicht länger ertragen: Eines Morgens, schlaflos wie er war, drang er in das Gemach seiner Tochter, hieß die Dienerschaft sich weit entfernen, als ob er mit der Tochter geheime Zwiesprache zu halten hätte, und, angestachelt von seiner rasenden Begier, raubte er seiner eigenen Tochter, trotz ihres langen Widerstandes, die Jungfernschaft.

Als das Verbrechen vollendet war, verließ er das Schlafgemach. Das Mädchen aber stand da, außer Fassung über die Ruchlosigkeit ihres frevelhaften Vaters. Sie suchte das rinnende Blut zu verbergen, aber die Blutstropfen sickerten auf den Boden der Kammer.

Plötzlich kam ihre Amme in das Schlafgemach. Sie sah das verstörte Antlitz des Mädchens, sah den Boden mit Blut benetzt, sah sie übergossen mit Schamröte. Da rief sie: »Was ist? Was bedeutet deine Aufregung?«

Das Mädchen antwortete: »Liebe Amme, eben ist in diesem Gemach der Ruf zweier edler Namen zugrunde gegangen.«

Die Amme verstand nicht und fragte: »Herrin, wieso sagst du das?«

Das Mädchen erwiderte: »Noch vor dem rechtmäßigen Tage meiner Hochzeit siehst du mich hier durch schlimmen Frevel vergewaltigt.«

Als die Amme das sah und hörte, erschrak sie und rief: »Wer konnte nur solch ungeheure Frechheit wagen, das Lager einer Jungfrau aus königlichem Stamm zu entehren?«

»Ruchlosigkeit hat diesen Frevel begangen«, antwortete das Mädchen.

Und die Amme fragte weiter: »Warum zeigst du es nicht dem Vater an?«

»Wo ist denn mein Vater?« rief das Mädchen und fuhr fort: »Liebe Amme, wenn du verstehen kannst, was geschehen ist: Das Wort ›Vater‹ ist für mich für immer dahin! Um diesen Frevel meines Erzeugers nicht offenbar werden zu lassen, soll der Tod meine Rettung sein! Mich schaudert, solche Sünde könnte den Menschen bekannt werden.«

Als die Amme nun merkte, wie das Mädchen in der Tat sein Heil im Tode suchen wollte, da brachte sie es mit vieler Mühe durch freundliche Reden dazu, von dem ungeheuerlichen Plan des Selbstmordes abzulassen; ja sie riet ihm sogar, auch wenn sich sein Inneres dagegen auflehne, dennoch dem Vater zu Willen zu sein.

Während dieser nun sich vor seinen Untertanen heuchlerisch als liebevoller Vater gebärdete, durfte er sich innerhalb seiner heimischen Wände brüsten, der Gatte seiner Tochter zu sein. Und um für immer die frevelhaften Freuden dieses Bettes genießen zu können und andere Freier fernzuhalten, ersann er ein neues Verbrechen. Er stellte ihnen nämlich Rätselfragen und legte fest: »Wer von euch die Lösung der von mir gestellten Frage ausfindig macht, der wird meine Tochter zur Ehe erhalten – wer aber nicht, der verliert seinen Kopf!« Wenn aber wirklich jemand so klug und beschlagen war, daß er des Rätsels Lösung fand, so wurde er doch, gleich als ob er nichts zu sagen gewußt hätte, enthauptet und sein Kopf an der Zinne des Tores aufgesteckt, damit die Ankommenden, dies Bild des Todes vor Augen, in Verwirrung gerieten und sich nicht erst in die gleiche Lage zu bringen gedachten. Und dennoch eilten von überallher viele Könige, von überall die Fürsten des Landes wegen der unglaublichen Schönheit des Mädchens herbei, ohne des Todes zu achten.

Während nun König Antiochus solche Grausamkeiten verübte, da kam ein gar reicher junger Mann mit Namen Apollonius, ein Tyrer von Geburt und der Fürst seiner Stadt, im Vertrauen auf seine Kenntnisse zu Schiff nach Antiochia. Er trat vor den König hin und grüßte ihn: »Sei gegrüßt, erhabener König Antiochus!«

Und er fuhr fort: »Du bist ein so guter Vater – darum eile ich nun herbei, um durch diese Werbung mich mit dir zu verbinden: als Sproß aus königlichem Geschlecht begehre ich deine Tochter zur Ehe.«

Als der König hörte, was er nicht hören mochte, schaute er den jungen Mann mit zornigen Blicken an und fragte ihn: »Du kennst die Bedingung dieser Heirat, junger Mann?«

»Ich kenne sie«, erwiderte jener, »und habe sie auch an des Tores Zinne gesehen.«

»So höre denn die Frage«, sagte der König:

»Im Frevel ergehe ich mich,
Der Mutter Fleisch genieße ich,
Ich suche meinen Bruder,
meiner Mutter Sohn,
meiner Gattin Mann,
Doch ich finde ihn nicht.«

Der junge Mann hörte die Frage, ging ein wenig vom König fort, und als er sie verständig überdachte, da fand er mit Gottes Hilfe des Rätsels Lösung. Er trat wieder vor den König und sprach: »Erhabener König, du hast mir ein Rätsel aufgegeben – vernimm nun die Lösung. Wenn du sagtest: ›Im Frevel ergehe ich mich‹, so hast du nicht gelogen: Sieh nur auf dich selbst! Und wenn du sagtest: ›Der Mutter Fleisch genieße ich‹, so hast du auch darin nicht gelogen: Sieh nur auf deine Tochter!«

Wie der König sah, daß der junge Mann des Rätsels Lösung

gefunden hatte, da fürchtete er, sein Verbrechen könnte offenbar werden. Er schaut ihn zornigen Blickes an und sprach: »Weit gefehlt, junger Mann! Nichts stimmt, was du sagst! Du verdienst es geköpft zu werden! Aber du sollst noch dreißig Tage Aufschub haben. Gehe denn mit dir zu Rate! Und wenn du dann wiederkommst und die Lösung meiner Frage gefunden hast, so sollst du meine Tochter zur Ehe bekommen; sonst – – du kennst die Bedingung!«

Der junge Mann war recht verstört. Er hatte sein Schiff bereitliegen, Verpflegung wurde aufgenommen, er ging an Bord und segelte nach seiner Heimatstadt Tyrus.

Nach der Abreise des jungen Mannes rief König Antiochus seinen getreuen Haushofmeister namens Thaliarchus zu sich und gebot ihm: »Thaliarchus, treuester Verwalter meiner geheimen Geschäfte, wisse: Apollonius aus Tyrus hat die Lösung meines Rätsels gefunden! Besteige darum sofort ein Schiff, verfolge den jungen Mann, und wenn du in seine Heimatstadt Tyrus kommst, so mach einen Feind von ihm ausfindig; der soll ihn mit dem Schwerte oder mit Gift aus dem Wege räumen. Kehrst du dann zurück, so sollst du deine Freiheit haben!«

Thaliarchus nahm den Auftrag entgegen, versah sich mit Geld, besorgte auch zugleich Gift, bestieg ein Schiff und segelte nach der Heimatstadt des Apollonius.

Der unschuldige Apollonius indessen gelangte früher in seine Heimat. Er trat in sein Haus, öffnete seinen Bücherschrein und durchforschte die Rätsel aller Philosophen und auch aller Chaldäer. Und als er nichts anderes fand als das, was er selbst gedacht hatte, da sprach er zu sich: »Was machst du nun, Apollonius? Des Königs Rätsel hast du gelöst, seine Tochter hast du nicht bekommen! Du wirst ja nur hingehalten, um schließlich doch getötet zu werden!« Alsbald ließ er ein Schiff mit Getreide beladen. Apollonius selbst bestieg, begleitet von wenigen getreuen Dienern, heimlich das Schiff; er führte eine große Menge Gold und Silber mit sich und auch kostbare Kleidung. In der dritten, der stillsten Stunde der Nacht, vertraute er sich der hohen See an.

Am anderen Tage wurde er von den Bürgern, die ihn begrüßen wollten, gesucht, aber man fand ihn nicht. Groß war der Schrecken, daß der geliebte Fürst nirgends auftauchte; gewaltiges Klagegeschrei erschallte durch die ganze Stadt. So groß war die Zuneigung seiner Bürger zu ihm, daß für lange Zeit die Haarschneider sich ihrer Kundschaft beraubt sahen, die öffentlichen Veranstaltungen eingestellt waren und die Bäder geschlossen blieben.

Während dies in Tyrus vorging, traf der Haushofmeister Thaliarchus dort ein, der vom König Antiochus ausgesandt worden war, den jungen Mann zu töten. Wie er sah, daß alles geschlossen war, redete er einen Knaben an: »Bei deinem Wohlergehen, sage mir: Was ist der Grund, daß diese Stadt hier in Trauer liegt?«

»Was für ein böser Mensch!« erwiderte der Knabe. »Er weiß Bescheid und fragt doch! Wer wüßte denn nicht, daß diese Stadt in Trauer liegt, weil der Herr dieses Landes, Apollonius geheißen, nach seiner Rückkehr aus Antiochia plötzlich spurlos verschwunden ist.«

Da freute sich Thaliarchus, des Königs Haushofmeister, über diese Nachricht. Er kehrte zu seinem Schiff zurück, erreichte am dritten Tag der Fahrt Antiochia, trat vor den König und sprach: »Mein Herr und König, freue dich und frohlocke: Der junge Apollonius aus Tyrus ist plötzlich spurlos verschwunden – so sehr fürchtet er deine königliche Gewalt!«

Da sprach der König: »Fliehen kann er wohl – entfliehen nie!«

Alsbald ließ er folgenden Erlaß öffentlich bekanntmachen:

Hundert Talente
in Gold
erhält als Belohnung wer den
APOLLONIUS AUS TYRUS
der mein Königtum zu verachten wagt
lebendig einbringt
Zweihundert Talente
wer seinen Kopf bringt

Als dieser Erlaß bekannt wurde, da ließen sich nicht nur seine Feinde, sondern sogar seine Freunde von ihrer Geldgier verführen und eilten auf die Suche nach ihm. Man fahndete nach

Apollonius auf dem Meere, in der Ebene, auf den Bergen, in den Wäldern, in jedem Schlupfwinkel – aber man fand ihn nirgends.

Darauf ließ der König sogar eine Flotte ausrüsten, den jungen Mann zu verfolgen. Aber diejenigen, die die Schiffe instandsetzten, hatten es nicht allzu eilig. Derweil gelangte Apollonius in die Stadt Tharsus. Er ging von Bord, und als er am Strand auf und ab spazierte, erblickte ihn ein gewisser Hellenicus, einer seiner Untertanen, der zur selben Stunde dorthin gelangt war. Hellenicus trat nun an ihn heran und sagte: »Sei gegrüßt, König Apollonius!«

Jener aber verhielt sich auf den Gruß hin so, wie es die Mächtigen gewöhnlich tun: er übersah den einfachen Mann. Das ärgerte den alten Hellenicus:. er grüßte darum abermals und sprach: »Sei gegrüßt, sage ich, Apollonius – erwidere du meinen Gruß und verachte mich nicht; ich bin zwar arm, aber ein ehrlicher Mann. Wenn du übrigens Bescheid weißt, so mußt du dich ja wohl vorsehen – wenn du noch nicht Bescheid weißt, so solltest du dich warnen lassen! Vernimm also, was du vielleicht noch nicht weißt: Es ist ein Preis auf deinen Kopf ausgesetzt!«

Apollonius fragte: »Ich bin der Fürst meines Landes – wer durfte es denn wagen, einen Preis auf meinen Kopf auszusetzen?«

»König Antiochus«, erwiderte Hellenicus.

»Und warum?« forschte Apollonius.

»Weil du«, erklärte Hellenicus, »den Platz einnehmen wolltest, den der Vater selbst bereits innehat!«

Apollonius erkundigte sich weiter: »Wie hoch ist der Preis, der auf mich gesetzt ist?«

»Jeder«, berichtete Hellenicus, »der dich lebendig ausliefert, soll hundert Talente in Gold erhalten, wer dir aber den Kopf abschlägt, zweihundert. Darum rate ich dir: Sorge für Deine Sicherheit und flieh!«

Als Hellenicus so gesprochen hatte, ging er von dannen. Apollonius aber ließ den Alten zu sich zurückrufen und sagte zu ihm: »Du hast ein gutes Werk getan, mir Nachricht zu geben.« Und er ließ ihm zweihundert Talente in Gold geben und sprach: »Nimm hin – du verdienst es! Arm wie du bist, hast du dich als ein leuchtendes Beispiel der Freundschaft gezeigt. Du kannst dir ja vorstellen, du habest mir den Kopf von den Schultern getrennt und dem König die Freudenbotschaft überbracht. Nun hast du hier den Preis, die zweihundert Talente in Gold, und dazu sind deine Hände rein vom Blute eines Unschuldigen.«

»Ferne sei es von mir, Herr«, erwiderte Hellenicus, »daß ich aus diesem Grunde eine Belohnung empfange! Unter guten Menschen wird Freundschaft nicht durch Geld erkauft, sondern durch gute Gesinnung!« Und er verabschiedete sich und ging davon.

Als nun Apollonius danach an derselben Stelle am Strande spazierenging, da begegnete ihm ein anderer Mann, dessen Name Stranguillio war. Sogleich trat er an diesen heran und sagte: »Sei gegrüßt, mein lieber Stranguillio!«

Und jener erwiderte: »Sei gegrüßt, mein Herr Apollonius! Warum weilst du hier an dieser Stätte? Und warum bist du so verstörten Sinnes?«

Apollonius entgegnete: »Du siehst einen Mann vor dir, auf dessen Kopf ein Preis ausgesetzt ist!«

»Und wer hat den Preis ausgesetzt?« forschte Stranguillio.

»König Antiochus«, sagte Apollonius.

»Aus welchem Grunde denn?« wollte Stranguillio wissen.

»Weil ich«, erklärte Apollonius, »seine Tochter – um es zutreffender zu sagen: sein Weib – zur Ehe begehrt habe. Wenn es aber möglich ist, so möchte ich mich darum in eurer Stadt verborgen halten.«

»Mein Herr Apollonius«, sagte da Stranguillio, »unsere Gemeinde ist arm und nicht imstande, einen so hohen Gast wie dich aufzunehmen. Außerdem leiden wir harten Hunger und schlimmen Mangel an Getreide, und unsere Bürger sehen schon keinerlei Hoffnung mehr auf Rettung: Der grausamste Tod steht uns vor Augen.«

Da sprach Apollonius zu Stranguillio: »So danke denn Gott, daß er mich auf meiner Flucht in euer Land geführt hat. Denn ich werde euren Bürgern hunderttausend Scheffel Getreide überlassen, wenn ihr meine Flucht geheimhaltet.«

Als Stranguillio das hörte, da warf er sich Apollonius zu Füßen und rief: »Herr Apollonius, wenn du den Bürgern in dieser Hungersnot hilfst, so werden sie nicht nur deine Flucht geheimhalten, nein, sie werden auch wenn nötig für deine Rettung in den Kampf ziehen!«

Nach diesen Worten gingen sie in die Stadt. Apollonius stieg auf dem Markt auf die Rednertribüne und sprach zu den gesamten Bürgern und den Vorstehern der Stadt: »Bürger von Tharsus! Mangel an Getreide bedrückt und bedrängt euch – ich aber, Apollonius aus Tyrus, werde eure Not lindern. Glaube ich doch gewiß, ihr werdet eingedenk dieser Wohltat meine Flucht geheimhalten. Ihr sollt nämlich wissen, daß ich infolge der Anordnungen des Königs Antiochus als Geächteter auf der Flucht bin. Aber euer Glück hat es bewirkt, daß ich hierher zu euch geraten bin. Ich werde euch also hunderttausend Scheffel Getreide überlassen, und zwar zu demselben Preis, zu dem ich es in meiner Heimatstadt eingekauft habe, das heißt für acht Schillinge den Scheffel.«

Da wurden die Bürger von Tharsus sehr froh, hatten sie doch bisher für einen Scheffel ein Goldstück geben müssen. Sie riefen ihm laut ihren Dank zu und drängte sich, das Getreide in Empfang zu nehmen. Apollonius aber, der sich nicht seiner königlichen Würde begeben mochte und nicht mehr als Kaufmann denn als Wohltäter gelten wollte, stiftete das Geld, das er eingenommen hatte, zum Nutzen der Stadt. Die Bürger, die er so reichlich mit großen Wohltaten bedacht hatte, beschlossen darum, ihm ein Standbild aus Erz zu errichten. Sie stellten es auf dem Markt auf, ein Zweigespann, die rechte Hand hält Fruchthalme, der linke Fuß ist auf einen Scheffel gesetzt, und auf dem Sockel ließen sie die Inschrift anbringen:

Die Stadt Tharsus
dem Apollonius aus Tyrus
zu Ehren
da er ihre Hungersnot
geendet hat

Einige Monate vergingen danach oder auch nur einige Tage. Da brachte ihn der Ratschlag des Stranguillio und seiner Gattin Dionysias und auch sein Schicksal zu dem Entschluß, nach Pentapolis in der Kyrenaika zu segeln, um sich dort verborgen zu halten. So wurde denn Apollonius mit großen Ehren zu seinem Schiff geleitet, er sagte den Leuten Lebewohl und stieg an Bord. Doch schon nach zwei Stunden seiner Fahrt zeigte sich die See tückisch.

Aufruhr tobt auf dem Meer, allüberall wogen die Wasser,
Glühend in rötlichem Schein durchzucken die Blitze den Erdkreis.
Aeolus peitscht die Fluten mit regenbringenden Stürmen
Schwarz und dunkel wie Pech, der Südwind reißt auseinander
Weithin das Meer und schneidet die endlosen Massen der Wasser.
Boreas stürzt sich darein, schon ist das Meer zu geringe:
Sand wühlt Eurus auf von den dunklen Schlünden der Tiefe.
Jegliche Ordnung vergeht im rasenden Aufruhr der Kräfte,
Alles vermischt sich – an Himmel und Sterne schon schlagen die Wasser;
Wütend ballt sich das Wetter – vermischt miteinander nun toben
Wolken, Hagel, Schnee, Winde und Wasser und Regen und Blitze.
Feuer fliegt im Wind, das Meer tost weithin im Aufruhr.
Süd und Nord und Afrika senden schreckliche Stürme.
Selbst mit dem Dreizack wirbelt Neptun den Sand auf vom Grunde,
Triton bläst mit schaurigem Schall das Horn in den Wogen.
Krachend zerbirst der Mast, eine Welle erbeutet die Rahe.

Jeder griff nach einer Planke und suchte sein Ende hinauszuzögern. Aber in der Finsternis dieses Unwetters gingen alle zugrunde. Apollonius allein wurde, von einer einzigen Planke getragen, an das Gestade von Pentapolis gespült. Er stand eine Weile nackt und bloß am Strande, und während er das nun wieder ruhige Meer betrachtete, sprach er: »O Neptun, du Lenker der Wogen, der du unschuldige Menschen täuschst, wofür hast du mich Armen, Elenden aufgespart? Damit der grausame König Antiochus mich um so leichter verfolgen kann? Wohin soll ich mich denn wenden? Welche Gegend aufsuchen? Und wer wird mir, dem Unbekannten, Hilfe gewähren, daß ich am Leben bleibe?«

Während er so vor sich hin murrte, bemerkte er einen

rüstigen alten Mann, wie ein Fischer mit einem schmutzigen Gewande bekleidet. Ihm warf er sich zu Füßen und flehte unter Tränen: »Erbarme dich, wer du auch bist! Hilf einem armen Schiffbrüchigen, der nicht von niedriger Herkunft ist! Damit du es weißt, wessen du dich erbarmen mögest: Ich bin Apollonius aus Tyrus, der Fürst meiner Heimatstadt. Vernimm die Geschichte meiner Leiden – zu deinen Füßen hingestreckt liege ich hier und flehe dich an, du mögest mir mein Leben erhalten!«

Als der Fischer das vornehme Aussehen des jungen Mannes bemerkte, da wurde er von Mitleid ergriffen, richtete ihn auf, nahm ihn bei der Hand, geleitete ihn in die schützenden Wände seines Hauses und setzte ihm die besten Speisen vor, die er ihm bieten konnte. Und um ihm noch mehr Mitleid zu erzeigen, legte er sein Gewand ab, riß es in zwei gleiche Teile, gab einen dem jungen Mann und sprach: »Nimm hin, das ist alles, was ich habe! Gehe nun in die Stadt; vielleicht wirst du dort jemanden finden, der sich deiner erbarmt. Wenn du aber niemanden findest, so kehre hierher zurück; du kannst dann mit mir zusammen arbeiten und auf Fischfang gehen. Das wenige, das ich habe, wird auch für uns beide genug sein. Eines nur bitte ich dich: Solltest du einmal nach dem Willen Gottes deine hohe Stellung wiedererlangen, dann gedenke auch du des Elends meiner Armut.«

Apollonius erwiderte: »Wenn ich deiner vergessen sollte, dann will ich abermals Schiffbruch erleiden und deinesgleichen nicht mehr finden können.«

Mit diesen Worten machte er sich auf den Weg, den der Fischer ihm gewiesen hatte, und ging durch das Tor in die Stadt. Während er noch überlegte, woher er sich Hilfe für seinen Lebensunterhalt erbitten sollte, erblickte er einen Knaben, der durch die Straße lief, mit Öl gesalbt, mit einem Leinentuch bekleidet. Der trug Spielgeräte für die jungen Leute auf den Sportplatz und rief so laut er konnte: »Hört, ihr Bürger, ihr Fremden, ihr Freien und ihr Sklaven: Der Sportplatz ist geöffnet!«

Als Apollonius das vernahm, legte er sein Gewand ab, ging in das Bad; er machte auch Gebrauch von dem Öl, der Gabe der Pallas. Und während er zusah, wie die einzelnen trainierten, suchte er jemanden, der ihm wohl gewachsen sein mochte. Aber er fand keinen.

Da kam plötzlich Archistrates, der König jener Stadt, mit einem großen Gefolge von Dienern auf den Sportplatz. Während dieser nun mit seinen Leuten Ball spielte, näherte sich nach Gottes Willen Apollonius dem König, fing den eben vom König geworfenen Ball auf und warf ihn ihm geschickt und schnell wieder zu, und als ihm der Ball zurückgeworfen wurde, schleuderte er ihn noch rascher wieder zurück und verhinderte, daß er zur Erde niederfiel. Der König bemerkte die Gewandtheit des jungen Mannes, aber er wußte nicht, wer er war. Da ihm nun im Ballspiel sonst niemand gewachsen war, so sprach er zu seinem Gefolge: »Tretet zurück, ihr Diener! Dieser junge Mann scheint es mit mir aufnehmen zu können.«

Als das Gefolge beiseite getreten war, da warf Apollonius mit geübter Hand den Ball, so gewandt und rasch, daß es dem König und allen, selbst den Dienern, die dabeistanden, als ein großes Wunder erschien.

Als aber Apollonius bemerkte, daß er von den Bürgern gelobt wurde, so hielt er sich weiter an des Königs Seite und salbte ihn hernach mit so wohl geübter und so sanfter Hand, daß er geradezu den Greis zum Jüngling machte. Dann bediente er auch noch den König beim Bad in der Wanne aufs angenehmste und bot ihm beim Heraustreten dienstbereit seine Hand. Danach verließ er ihn.

Als der König bemerkte, daß der junge Mann fortgegangen war, da wandte er sich zu seinen Freunden und sprach: »Ich schwöre euch bei unser aller Wohlergehen, ich hatte nie ein angenehmeres Bad als heute, und das dank der Freundlichkeit jenes jungen Mannes, den ich gar nicht einmal kenne.« Und zu einem der Diener gewandt sprach er: »Finde heraus, wer der junge Mann ist, der mir so angenehm behilflich war!«

Der Diener folgte dem jungen Mann, und als er ihn mit einem schmutzigen Mantel bekleidet erblickte, kehrte er zum König zurück und sprach: »Erhabener König, der junge Mann ist ein Schiffbrüchiger.«

»Woher weißt du das?« fragte der König.

»Er selbst schweigt«, erwiderte der Diener, »aber seine Kleidung verrät ihn.«

Da befahl der König: »Rasch, geh und sage ihm: ›Der König bittet dich, zu seinem Mahl zu kommen.‹«

Als Apollonius das vernahm, da war er gern bereit und ließ sich von dem Diener zum König führen. Der Diener trat zuerst vor den König und sagte: »Der Schiffbrüchige ist hier, aber es macht ihn verlegen, in seinem schlechten Gewande einzutreten.«

Sogleich erteilte der König den Befehl, ihm anständige Kleider anzulegen und ihn dann zum Mahle hereinzuführen. Apollonius trat also in den Speisesaal, und der König sprach zu ihm: »Nimm Platz, junger Mann, und iß! Der Herr wird dir alles geben. Vergiß jetzt, was du im Schiffbruch verloren hast.«

Apollonius ließ sich auf dem ihm angewiesenen Platz dem König gegenüber nieder. Die Vorspeise wurde hereingebracht, danach das königliche Mahl. Während aber alle aßen, nahm allein Apollonius nichts zu sich, sondern betrachtete das Gold und das Silber, die Tische und die Dienerschaft, und während er alles betrachtete, traten ihm vor Schmerz die Tränen in die Augen. Ein alter Mann jedoch, dessen Platz neben dem des Königs war, sah mit Unwillen, wie der Jüngling die einzelnen Gegenstände genau musterte, und zum König gewandt sprach er: »Guter König, sieh nur, wie dieser Mensch, dem du die Güte deines Herzens erzeigt hast, dir deine Schätze und Reichtümer neidet!«

Der König aber erwiderte: »Freund, du hast Unrecht mit deinem Verdacht: Der junge Mann dort beneidet mich nicht um meine Schätze und Reichtümer, nein, er läßt vielmehr, glaube ich, erkennen, daß er selbst noch mehr verloren hat.«

Und er schaute mit freundlicher Miene auf Apollonius und sagte zu ihm: »Speise nur mit uns, junger Mann, sei guten Mutes, freue dich und erhoffe dir noch Besseres von Gott!«

Und während er noch dem jungen Mann zuredete, da kam plötzlich des Königs Tochter herein, herrlich anzusehen und gleißend von Golde. Sie war bereits zur Jungfrau herangewachsen. Nun entbot sie zunächst ihrem Vater den Begrüßungskuß und danach allen Freunden, die zu Tische waren. Während sie nun die Gäste einzeln küßte, kam sie auch zu dem Schiffbrüchigen. Da ging sie zu ihrem Vater zurück und fragte ihn: »Guter König und bester Vater, wer ist denn dieser unbekannte junge Mann, der dir gegenüber den Ehrenplatz innehat und aus irgendeinem Grunde so betrübt dreinschaut?«

»Der junge Mann«, erwiderte ihr der König, »ist ein Schiffbrüchiger und hat mir auf dem Sportplatz sehr angenehme Dienste erwiesen. Darum habe ich ihn zum Mahle geladen. Wer er aber ist und woher er stammt, das weiß ich nicht. Wenn du es aber wissen willst, so frage ihn nur selbst; es steht dir ja zu, meine kluge Tochter, alles zu erfahren. Vielleicht, wenn du es erfahren hast, wirst du Mitleid mit ihm empfinden.«

Auf des Vaters Zureden hin befragte das Mädchen den jungen Mann mit der zartesten Zurückhaltung. Sie trat an ihn heran und sagte: »Mag auch dein Schweigen dein großes Leid bezeugen, dein vornehmes Aussehen läßt doch deine edle Herkunft erkennen. Wenn es dir aber nicht lästig ist, so nenne mir deinen Namen und erzähle mir deine Schicksale.«

Apollonius gab zur Antwort: »Wenn du nach meinem Namen fragst: Ich heiße Apollonius. Wenn du nach meinen Schätzen fragst: Ich habe sie auf dem Meere verloren.«

»Erkläre es mir deutlicher, damit ich es verstehen kann«, bat das Mädchen.

Da erzählte ihr Apollonius seine Schicksale, und als er zum Ende seiner Erzählung gekommen war, brach er in Tränen aus. Als aber der König ihn weinen sah, da sprach er zu seiner Tochter: »Liebes Kind, das war nicht recht von dir! Als du den Namen und die Schicksale des jungen Mannes in Erfahrung bringen wolltest, da hast du seine alten Schmerzen wieder aufgeweckt. Darum, meine liebe kluge Tochter, ist es nur recht, daß du dem, der dir die Wahrheit erkennen half, nun deine königliche Großzügigkeit erzeigst.«

Das Mädchen schaute Apollonius an und sprach zu ihm: »Du gehörst nun zu uns, junger Freund – laß ab von deinem Leid! Und da meines Vaters Güte es mir erlaubt, so will ich dich reich machen.«

Apollonius sagte ihr unter Seufzen seinen Dank. Der König aber freute sich über seiner Tochter große Freundlichkeit und sprach: »Liebes Kind, Heil sei dir! Laß dir nun die Lyra bringen, verscheuche dem jungen Manne seine Tränen, erheitere ihn für unser Festmahl!«

Da ließ sich das Mädchen die Lyra bringen, und als man sie ihr gereicht hatte, ließ sie zum süßesten Saitenschall ihre Stimme erklingen, vermählte Weise und Wort. Alle Gäste waren voll Bewunderung und riefen: »Nein, Schöneres gibt es nicht! Nein, Süßeres gibt es nicht!«

Apollonius aber blieb allein stumm unter ihnen. Da sprach der König zu ihm: »Apollonius, das ist schlimm, was du da tust: Alle preisen doch die Musik meiner Tochter – warum tadelst du allein sie, indem du schweigst?«

Apollonius erwiderte: »Großer König, mit deiner Erlaubnis will ich frei sagen, was ich denke: Deine Tochter hat sich wohl der Musik zugewandt – erlernt hat sie sie darum doch nicht! Laß mir die Lyra reichen, und du wirst kennenlernen, was du noch nie gekannt hast.«

»Apollonius«, rief Archistrates, »ich sehe, du bist reich an allen Gaben!«

Und er ließ ihm die Lyra reichen. Apollonius aber ging hinaus, legte ein entsprechendes Gewand an; das Haupt mit dem Kranze geschmückt, die Lyra in der Hand, so trat er wieder in den Speisesaal, daß alle in der Tafelrunde ihn nicht mehr für Apollonius, sondern für Apollon hielten. Und als Stille eingetreten war, ergriff er das Stäbchen und legte in die Kunst seine Seele, und mit den Saiten vermischte sich der Klang seiner Stimme in melodischem Sange. Die Tafelrunde mit dem König an der Spitze erging sich in Lobsprüchen und rief: »Nein, schöner geht es nicht! Nein, süßer geht es nicht!«

Danach legte Apollonius die Lyra nieder und trat nun im Gewande des komischen Schauspielers auf und trug mit erstaunlich ausdrucksvollen Hand- und Körperbewegungen eine Pantomime vor. Danach erschien er als tragischer Schauspieler und gefiel um nichts weniger, so daß die Freunde des Königs allesamt mit Nachdruck erklärten, auch das hätten sie so weder je gesehen noch gehört.

Wie die Königstochter nun sah, daß Apollonius Meister aller Künste und Wissenschaften war, da ward sie von wildem Feuer verzehrt: Sie verliebte sich in ihn. Und als das Festmahl zu Ende ging, sprach sie zu ihrem Vater: »Du hast mir vorhin erlaubt, dem Apollonius von deinen Schätzen zu schenken, was immer ich wolle, bester König und Vater.«

Nach Dorkons Beerdigung führte Chloë den Daphnis zu den Nymphen in die Felsengrotte ... Und auch sie selbst badete zum ersten Male in Daphnis' Gegenwart. SEITE 41

»Jawohl, ich habe es erlaubt«, erwiderte ihr der König, »und ich erlaube und wünsche es auch weiterhin.«

Als nun ihr Vater erlaubte zu tun, was sie selbst so gerne wollte, da blickte sie Apollonius an und sprach: »Meister Apollonius, empfange denn durch die Gnade meines Vaters zweihundert Talente Goldes, vierzig Pfunde Silbers, zwanzig Sklaven und kostbare Kleidung!«

Und zu den Dienern gewandt, die sie ihm eben geschenkt hatte, sprach sie: »Bringt herbei, was ich dem Apollonius zugesprochen habe, und legt es vor aller Augen hier im Speisesaal nieder!«

Da lobten alle die Freigebigkeit des Mädchens. Und als das Festmahl nun zu Ende war, erhoben sich alle, verabschiedeten sich vom König und der Königstochter und gingen davon. Auch Apollonius sprach: »Guter König, der du dich der Elenden erbarmst, und du, Prinzessin, die du die Künste liebst: Lebt wohl!«

Und zu den Dienern gewandt, die ihm das Mädchen geschenkt hatte, befahl er: »Ihr Diener, nehmet jetzt, was die Prinzessin mir geschenkt hat, das Gold, das Silber und die Gewänder, und dann wollen wir gehen und Herberge suchen.«

Das Mädchen aber fürchtete die Qual, den Geliebten nicht mehr zu sehen, und sprach darum zu ihrem Vater gewandt: »Guter König, mein bester Vater! Gefällt es dir, daß Apollonius heute von uns reich beschenkt davongeht und ihm womöglich von bösen Menschen geraubt wird, was du ihm eben gegeben hast?«

»Du hast recht, Herrin!« erwiderte der König. »Laß ihm also ein Gemach anweisen, wo er würdig ruhen kann!«

So hatte Apollonius nun auch Unterkunft gefunden; gastlich aufgenommen ging er zur Ruhe und sagte Gott Dank dafür, daß er ihm nicht verwehrt hatte, einen König als tröstenden Helfer zu finden.

Aber die Prinzessin »ist lang schon wund von liebender Sehnsucht« nach ihrem Apollonius, »tief im Herzen haftet sein Bild ihr und seine Rede«, und wenn sie an seinen Gesang denkt, so »glaubt sie, er sei entsprossen dem Göttergeschlechte«. Keinen Schlaf finden ihre Augen, »die Sehnsucht gönnt keine Ruh ihren Gliedern«.

Sowie das Frühlicht leuchtete, stürmte sie in ihres Vaters Schlafgemach. Wie der König seine Tochter erblickte, fragte er sie: »Was ist denn geschehen, süße Tochter, daß du gegen deine Gewohnheit so früh wach bist?«

Das Mädchen erwiderte: »Der gestrige Kunstgenuß hat mich so gefangengenommen. Ich bitte dich darum, liebster Vater: Vertraue mich unserem Gaste Apollonius an zum Unterricht in den Künsten!«

Voll Freude ließ der König den jungen Mann zu sich rufen und sagte ihm: »Apollonius, meine Tochter wünscht von dir die glückliche Vollkommenheit deiner Künste zu erlernen. Erfüllst du nun den Wunsch meines Kindes, so schwöre ich dir bei meiner königlichen Macht: Alles, was dir das Meer in seinem Zorn geraubt hat, will ich dir auf dem Lande wieder zuteil werden lassen!«

Auf diesen Bescheid hin erteilte Apollonius dem Mädchen Unterricht, ebenso wie er selbst es einst gelernt hatte. Da sie aber nach kurzer Zeit ihren Liebesschmerz auf keinerlei Weise mehr ertragen konnte, da versagten ihr ihre Glieder in größter Schwäche den Dienst, und sie fing an, kraftlos auf ihrem Lager darniederzuliegen. Als der König sah, daß seine Tochter von einem plötzlichen Unwohlsein befallen war, ließ er besorgt die Ärzte rufen. Die aber fühlten wohl den Puls und betasteten die einzelnen Teile ihres Körpers, die Ursache der Krankheit aber fanden sie nicht.

Wenige Tage danach kam der König, Arm in Arm mit Apollonius, auf den Marktplatz der Stadt, und während er dort auf und ab spazierte, da grüßten drei hochedle, hochgelehrte Herren, die schon lange Zeit um die Hand seiner Tochter warben, wie aus einem Munde den König. Als der König sie erblickte, mußte er verstohlen lächeln und fragte sie: »Wie kommt es, daß ihr mich wie aus einem Munde gemeinsam grüßt?«

Einer von ihnen gab zur Antwort: »Wir werben um die Hand deiner Tochter, und wir sind deiner häufigen Hinhaltung nun müde. Darum treten wir heute gemeinsam vor dich hin: Wir sind Bürger deines Landes, reich und von guter Familie. Wähle darum nun von uns dreien den einen, den du zum Schwiegersohn haben willst.«

Der König erwiderte: »Ihr sprecht mich an zu ungelegener Zeit. Meine Tochter widmet sich nämlich der Musik, und infolge ihrer übermäßigen Zuneigung zu den Künsten liegt sie jetzt auf dem Krankenbett. Doch damit es nicht den Anschein habe, ich wollte euch wiederum hinhalten, so schreibe jetzt ein jeder von euch seinen Namen und die Höhe seiner Mitgift auf ein Täfelchen nieder. Diese Täfelchen werde ich meiner Tochter senden, und sie mag dann selbst auswählen, wen sie zum Gatten haben will.«

Die drei schreiben also ihre Namen und die Höhe der jeweiligen Mitgift nieder. Der König nahm die Täfelchen in Empfang, versiegelte sie mit seinem Ring und übergab sie dem Apollonius mit den Worten: »Du bist ja ihr Meister – wenn es dir nicht lästig ist, so nimm doch diese Täfelchen und bringe sie deiner Schülerin; gerade du bist der rechte Mann für diese Aufgabe!«

Apollonius nahm die Täfelchen entgegen, eilte in des Königs Palast, betrat das Schlafgemach und überreichte die Täfelchen. Das Mädchen erkannte seines Vaters Siegel. Sie redete aber ihren Geliebten so an: »Was heißt das, Meister, daß du allein mein Schlafgemach betrittst?«

»Herrin«, erwiderte Apollonius, »du bist noch nicht Frau, und also magst du es nicht übelnehmen. Nimm vielmehr die Täfelchen, die dein Vater dir schickt, und lies die Namen deiner drei Freier!«

Das Mädchen entsiegelte die Täfelchen und las – aber als sie zu Ende gelesen hatte, hatte sie den Namen dessen, den sie selbst wollte und liebte, nicht entdeckt. So sah sie Apollonius an und fragte ihn: »Meister, so tut es dir nicht leid, daß ich heiraten soll?«

»Nein, im Gegenteil«, erwiderte Apollonius, »ich wünsche dir vielmehr Glück, daß du nun, da du dir die Fülle der Kunstfertigkeiten nach dem Willen Gottes unter meiner Leitung angeeignet hast, nach deiner eigenen Wahl heiratest.«

»Liebtest du den Unterricht, Meister, wäre es dir auch leid!« sprach das Mädchen. Und nach diesen Worten schrieb sie, beflügelt von der Kühnheit ihrer Liebe, ihre Antwort nieder, versiegelte die Täfelchen mit ihrem Ring und übergab sie dem jungen Mann. Apollonius trug sie auf den Marktplatz zurück und händigte sie dem König aus. Der König nahm sie, entsiegelte und öffnete sie. Die Prinzessin aber hatte folgendes geschrieben:

»Guter König und bester Vater!
Da die Huld deiner Gnade es mir gestattet auszusprechen, wen ich mir zum Manne wünsche, so erkläre ich, daß ich mir den vom Schiffbruch um sein Erbe Betrogenen wünsche. Wenn du dich aber wundern solltest, Vater, daß ich als züchtige Jungfrau so frei heraus geschrieben habe: Was ich dir infolge meiner Schamhaftigkeit nicht eröffnen konnte, das habe ich dem Wachse anvertraut, das kein Erröten kennt.«

Als der König die Täfelchen gelesen hatte, da wußte er nicht recht, wen sie mit dem ›Schiffbrüchigen‹ eigentlich meinte. Er wandte sich also zu den Männern, die ihre Namen aufgeschrieben und die Höhe der Mitgift auf den Täfelchen angegeben hatten, und fragte sie: »Wer von euch hat einen Schiffbruch erlitten?«

»Ich!« rief einer von ihnen, Ardalion mit Namen.

»Schweig!« fuhr ihn ein anderer an. »Daß dich die Pest hole! Verdammt sollst du sein! Du bist so alt wie ich, mit mir zusammen hast du studiert, aus dem Tor unserer Stadt bist du nicht ein einziges Mal hinausgekommen, das alles weiß ich ganz genau – wo hast du da einen Schiffbruch erlitten?«

Als der König nun nicht herausbringen konnte, wer von ihnen Schiffbruch erlitten hatte, da wandte er sich zu Apollonius und sagte: »Nimm du die Täfelchen, Meister Apollonius, und lies! Du warst es ja, der bei ihr war, und es könnte sein, daß du begreifst, was ich nicht begreife.«

Apollonius nahm die Täfelchen, las sie durch, und als er begriff, daß er es war, dem die Liebe der Prinzessin galt, errötete er. Der König aber nahm Apollonius bei der Hand, führte ihn ein wenig abseits fort von jenen jungen Männern und fragte: »Was ist, Meister Apollonius? Hast du verstanden, wer der Schiffbrüchige ist?«

»Ja, guter König«, erwiderte Apollonius, »mit deiner Erlaubnis: Ich habe es verstanden.«

Und als der König bei diesen Worten sein Gesicht mit Rosenröte übergossen sah, da verstand auch er den Sinn des

Wortes und sprach voller Freude: »So hat meine Tochter begehrt, was auch mein Wunsch und Gebet war. In einer solchen Sache kann ja nichts ohne Gott geschehen.«

Und zu den drei jungen Männern gewandt sprach er: »Ich habe es euch ja gesagt, ihr sprecht mich an zu ungelegener Zeit. Geht jetzt; wenn die rechte Zeit gekommen sein wird, werde ich nach euch senden.«

Und er entließ sie.

Arm in Arm mit ihm, der nun schon sein Schwiegersohn und nicht mehr nur sein Gast war, betrat der König den Palast. Dann aber ließ er Apollonius zurück, ging allein zu seiner Tochter hinein und sprach: »Süßes Kind, wen hast du dir zum Gemahl erwählt?«

Das Mädchen warf sich dem Vater zu Füßen und sprach: »Teuerster Vater, da du das Verlangen deiner Tochter zu vernehmen begehrst: Ihn will ich zum Gemahl, den ich liebe: Den Schiffbrüchigen, den vom Schicksal um sein Erbe Betrogenen – aber ich will deine Güte nicht mit Rätselworten hinhalten: Apollonius aus Tyrus will ich, meinen Lehrmeister. Wenn du ihn mir nicht gibst, so wirst du deine Tochter bald verlieren!« Da der König aber die Tränen seiner Tochter nicht ertragen konnte, richtete er sie auf und sprach zu ihr: »Süße Tochter, mache dir keine Gedanken – du hast ja den begehrt, den auch ich, sobald ich ihn nur sah, dir zum Gemahl zu geben wünschte. Ja, ich stimme dir voll und ganz bei: Auch ich, süße Tochter, bin einst durch Liebe zum Vater geworden.«

Und er ging hinaus, wandte sich an Apollonius und sprach: »Meister Apollonius, ich habe bei meiner Tochter nachgeforscht, was sie sich wegen ihrer Heirat denkt. Sie hat mich unter vielen Tränen beschworen: ›Du hast meinem Meister Apollonius gelobt, wenn er meinen Wünschen nachkomme und mich unterrichte, würdest du ihm wiedergeben, was das Meer in seinem Zorn ihm geraubt hat. Nun, da er deinen Geboten nachgekommen ist, dir selbst seine Dienste geleistet und mir meine Wünsche durch seinen Unterricht erfüllt hat, nun wünscht er sich nicht Gold und Silber, Gewänder und Gefolge und Ländereien, aber er meint, ein Königreich verloren zu haben und auf deinen Schwur hin durch die Verbindung mit mir ein neues zu erlangen.‹ Ich bitte dich also, Meister

Apollonius, der Heirat mit meiner Tochter nicht abgeneigt zu sein!«

Apollonius antwortete: »Was von Gott kommt, soll geschehen, wenn es auch dein Wille ist.«

»So will ich denn den Tag eurer Hochzeit ohne Aufschub festsetzen«, sagte der König.

Am folgenden Tage wurden die Freunde zusammengerufen, die Fürsten der benachbarten Städte wurden eingeladen, die Großen und die Vornehmen. Als sie alle versammelt waren, fragte der König: »Wißt ihr, Freunde, warum ich euch zusammengerufen habe?«

»Nein«, erwiderten sie, »wir wissen es nicht.«

»Dann sollt ihr also wissen«, sagte der König, »daß meine Tochter den Apollonius aus Tyrus zu ehelichen wünscht. Ich hoffe, alle sind froh darüber, daß meine kluge Tochter sich mit einem so verständigen Manne verbindet.«

Und nach diesen Worten verkündete er unverzüglich den Tag der Hochzeit und die Zeit zur festlichen Versammlung. Was soll man viel sagen? Der Hochzeitstag kam heran, rasch fanden sich alle frohen Mutes ein. Der König freute sich mit seiner Tochter, es freute sich auch Apollonius aus Tyrus, der eine Gattin gefunden hatte, wie er sie verdiente. Die Hochzeit wurde mit königlichem Gepränge und in geziemender Würde gefeiert. Die ganze Bevölkerung war voller Freude, die Bürger jubelten, die ausländischen Einwohner und die Gäste. Man beging das große Freudenfest mit Musik, Laute und Lyra spielten auf, Sänger und Chöre ließen sich zum Schalle der Orgeln hören. Und als die Freudenfeier vorüber war, da herrschte unermeßliche Liebe zwischen den Ehegatten, wunderbar groß war ihre Zuneigung, unvergleichlich ihr Gefühl füreinander, unerhört ihre Freude im Bande unvergänglicher Liebe.

Nach einigen Tagen und auch Monaten, als sich die Gestalt der jungen Frau schon im sechsten Monat rundete, da kam ihr Gemahl Apollonius zu ihr. Als sie nun bei einem Spaziergang am Meeresstrand ein auffallend schönes Schiff erblickten und es beide priesen, erkannte Apollonius, daß es aus seiner Heimat kam. Er wandte sich an den Steuermann und fragte ihn: »Bei deinem Heil, sage mir, woher kommst du?«

»Aus Tyrus«, erwiderte der Steuermann.

»Da nennst du meine Heimat bei Namen«, entgegnete ihm Apollonius.

»So stammst du also auch aus Tyrus?« forschte der Steuermann.

»Du sagst es«, erwiderte Apollonius, »da komme ich her.«

»Sei so gut«, fuhr der Steuermann fort, »und gib mir eine aufrichtige Antwort: Kanntest du auch einen Fürsten jenes Landes mit Namen Apollonius?«

»So gut wie mich selbst«, erwiderte Apollonius.

Der Steuermann verstand das nicht und sprach also weiter: »Wenn du ihn siehst, so sage ihm, er möge sich freuen und guter Dinge sein: der grausame König Antiochus ist nämlich, als er seiner Tochter beiwohnte, vom Blitz getroffen worden und zusammen mit ihr verbrannt. Seine Schätze aber und das Königreich von Antiochia werden für den König Apollonius aufbewahrt.«

Als Apollonius das hörte, da wandte er sich voller Freude zu seiner Gemahlin und sprach: »Herrin, du hast mir einst als einem Schiffbrüchigen dein Vertrauen geschenkt – hier hast du nun den Beweis! Jetzt bitte ich dich, teure Gattin, gestatte mir, daß ich fortreise, mein versprochenes Königreich in Empfang zu nehmen.«

Als die junge Frau hörte, daß er fortreisen wollte, brach sie in Tränen aus und rief: »Teurer Gatte, wenn du irgendwo auf einer langen Reise wärest, so müßtest du doch zu meiner Niederkunft herbeieilen – nun aber, da du mir nahe bist, gedenkst du mich zu verlassen? So laß uns denn zusammen reisen! Wo immer du weilst, zu Lande oder auf See – Leben oder Tod soll uns beide vereint finden.«

Und nach diesen Worten ging sie zu ihrem Vater und sprach zu ihm: »Teurer Vater, freue dich und frohlocke: Der grausame König Antiochus ist mitsamt seiner Konkubine, seiner Tochter, von Gott mit einem Blitze getroffen zugrunde gegangen; seine Schätze aber und sein Diadem werden für meinen Gemahl aufbewahrt. Wenn es mir auch recht leid tut, so bitte ich dich doch: Erlaube mir, mit meinem Manne gemeinsam zu reisen. Und damit du mir deine Erlaubnis um so lieber erteilst: Eine ist es, die du jetzt entläßt – zwei aber wirst du wieder in Empfang nehmen!«

Als der König das alles vernahm, da ließ er voller Freude sogleich ein Schiff an den Strand bringen und mit allen Gütern beladen. Wegen der bevorstehenden Geburt sorgte er außerdem dafür, daß ihre Amme Lycoris wie auch eine wohlerfahrene Hebamme mitreisten. Und nachdem er ein Abschiedsmahl gegeben hatte, geleitete er sie ans Gestade, küßte Tochter und Schwiegersohn und wünschte günstigen Wind.

Danach kehrte der König zurück in seinen Palast. Apollonius aber ging an Bord mit viel Gefolge und großem Gepränge und vielem Vorrat und segelte bei kräftigem Winde geraden Kurses von dannen.

Als sie nun aber mehrere Tage und Nächte lang vom Wehen des Südwinds auf dem Meere zurückgehalten wurden, da forderte die Göttin der Geburt, Lucina, im neunten Monat ihr Recht, und die junge Frau gebar eine Tochter. Als die Nachgeburt sich aber nach innen verlor, da erstarrte ihr das Blut, ihr Atem stockte – sie bot das Bild einer Entschlafenen.

Das Gefolge brach bei diesem Anblick in lauten Jammer aus, Apollonius stürzte herbei, sah seine Gemahlin entseelt darniederliegen. Da riß er sich mit seinen Händen die Kleider von der Brust, zerraufte sich den ersten Bart seiner Jugend, warf sich mit bitteren Tränen über den Leichnam und begann zu klagen und zu weinen: »Teure Gemahlin, einziges Kind eines Königs, was ist aus dir geworden? Was werde ich deinem königlichen Vater von dir sagen? Was ihm antworten, der mich als armen Schiffbrüchigen aufgenommen hat?«

Während er dieses und ähnliches unter heftigen Tränen und Klagen hervorstieß, trat der Steuermann zu ihm heran und sagte: »Herr, du handelst gewiß voller Liebe, aber das Schiff duldet keinen Toten. Laß also den Leichnam in die See werfen, so daß wir dem Wogenschwall entrinnen können!«

Da ergrimmte Apollonius über diese Worte und herrschte ihn an: »Was redest du da, du Lump? Meinst du, ich werde den Leib jenes Menschen ins Meer werfen, der mich als armen Schiffbrüchigen aufgenommen hat?«

Unter seinen Sklaven waren einige, die sich aufs Zimmern verstanden; die rief er herbei und ließ sie Bretter sägen und zusammenfügen und alle Löcher und Ritzen mit Pech abdichten und einen geräumigen Sarg zimmern und die Bretter an den Fugen mit Bleiplatten festmachen. Als der Sarg aber fertig war, hieß er ihn königlich schmücken und die junge Frau in den Sarg betten. Er küßte sie unter vielen Tränen, legte zwanzig Sesterzen Goldes zu ihren Häupten nieder und fügte eine Schrift bei. Dann ließ er sie ins Meer senken. Das Kind aber hieß er hegen und sorgsam nähren, damit er selbst in seinem Unglück einen süßen Trost habe und dem König anstelle seiner Tochter wenigstens sein Enkelkind vorweisen könne.

Am dritten Tage warfen die Wogen den Sarg an den Strand von Ephesus, nicht weit vom Landgut eines Arztes namens Chaeremon. Der ging gerade mit seinen Schülern am Gestade spazieren, sah den Sarg in der Brandung und sagte zu seinen Dienern: »Bergt diesen Sarg mit aller Vorsicht und bringt ihn in meine Villa!«

Die Diener taten dies. Darauf öffnete der Arzt behutsam den Sarg, und als er eine junge Frau von auffallender Schönheit darin liegen sah, angetan mit königlichem Schmuck, die augenscheinlich tot war, sprach er: »Wieviel Tränen mag wohl diese Maid ihren Eltern hinterlassen haben!«

Und alsbald entdeckte er das Geld zu ihren Häupten und die beschriebenen Täfelchen und sprach: »Laßt sehen, was der Schmerz uns wohl aufträgt!«

Als er die Täfelchen entsiegelt hatte, fand er folgenden Text vor:

»Wer immer du bist, der du diesen Sarg aufgefunden hast, ich bitte dich, behalte von den beigefügten zwanzig Sesterzen Goldes die eine Hälfte für dich selbst, die andere aber wende für die Bestattung auf. Denn dieser Leichnam hat viele Tränen und bitterstes Weh hinterlassen. Handelst du aber anders, als der Schmerz es erheischt, denn sollst du als letzter der Deinen aus dem Leben scheiden und keinen finden, der deinen Leib zur letzten Ruhe bestattet.«

Als der Arzt die Täfelchen zu Ende gelesen hatte, gebot er seinen Dienern: »Laßt dem Leichnam zuteil werden, was der Schmerz gebietet! Und ich schwöre, so ich zu leben hoffe: Bei dieser Bestattung will ich mehr aufwenden als geboten.«

Und er ließ sogleich einen Scheiterhaufen errichten. Während aber der Scheiterhaufen mit aller Sorgsamkeit zusammengetragen und aufgeschichtet wurde, kam einer der Schüler des Arztes hinzu, dem Aussehen nach ein Jüngling, dem Verstand nach aber ein Greis. Als er den auffallend schönen Leichnam erblickte, der auf dem Scheiterhaufen ruhte, wandte er sich an seinen Lehrer und fragte ihn: »Meister, woher kam dieser unbekannte Leichnam?«

Chaeremon erwiderte: »Du kommst gerade recht – du bist es, den eben diese Stunde erfordert. Nimm ein Fläschchen Salbe und gieße es als letzten Liebesdienst über den Leichnam des Mädchens!«

Der junge Mann trat an den Leichnam der jungen Frau heran, zog das Gewand von ihrer Brust fort und träufelte die Salbe über sie. Mißtrauisch geworden, untersuchte er dann mit seiner Hand alle Teile des Körpers und entdeckte in der Herzgegend ein Nachlassen der Erstarrung. Der junge Mann erstaunte, denn er erkannte, daß das junge Mädchen nur scheintot dalag. Er fühlte ihren Puls, beobachtete, ob ein Luftstrom durch die Nase ging, prüfte ihre Lippen mit seinen eigenen und bemerkte den leichten Hauch des mit dem Tode ringenden Lebens. Da befahl er seinen Dienern: »Haltet brennende Fackeln an den vier Seiten unter!«

Das geschah, die junge Frau wurde von der warmen Luft erreicht, die Salbe wirkte gleichfalls: Das erstarrte Blut begann wieder zu fließen.

Als der junge Mann das bemerkte, lief er zu seinem Meister und sprach: »Meister, du hast dich geirrt! Das Mädchen, das du für tot hieltest, lebt! Und damit du mir um so leichter Glauben schenkst, werde ich ihren stockenden Atem wieder in Gang bringen.«

Mit der Hilfe einiger anderer trug er die junge Frau in sein Gemach und bettete sie auf das Lager. Er öffnete ihr Gewand, machte Öl warm, feuchtete damit etwas Wolle an und breitete sie auf der Brust der jungen Frau aus. Da ward das Blut, das durch die Kälte gänzlich erstarrt war, durch die eindringende Wärme wieder flüssig, und der stockende Atem begann ihr bis ins Innerste zu dringen. Und da die Adern nun auf diese Weise neu eröffnet waren, da schlug sie die Augen auf, schöpfte wieder Atem, der schon ausgeblieben war, und sprach mit leiser stockender Stimme: »Bitte, Arzt, berühre mich nicht anders, als es dir zukommt: Ich bin nämlich die Tochter eines Königs und die Gemahlin eines Königs!«

Als der junge Mann sah, was er mit seiner Kunst bemerkt hatte, während sein Meister sich getäuscht hatte, lief er voll Freude zu diesem hin und rief: »Komm, Meister, laß dir nun deines Jüngers Meisterstück zeigen!«

Der Arzt ging in das Gemach des jungen Mannes und erblickte dieselbe junge Frau lebendig, die er schon für tot gehalten hatte. Da sprach er zu seinem Schüler: »Ich gratuliere zu deiner Kunst! Ich preise dein Wissen! Ich bewundere deine Sorgfalt! So höre denn, mein Jünger: Ich möchte nicht, daß du mit deiner Kunst leer ausgehst. Nimm die Belohnung – die junge Frau hat dies Geld ja selbst mit sich gebracht.«

Und er gab ihm zehn Sesterzen Goldes. Die junge Frau aber ließ er mit zuträglichen Speisen und Stärkungsmitteln kräftigen. Als er nach einigen Tagen von ihrer königlichen Herkunft erfuhr, da beschied er seine Freunde zu sich und nahm sie in ihrer Gegenwart an Tochters Statt an. Da sie ihn nun aber unter Tränen bat zu verhindern, daß irgendein Mann sie berühre, so gab er ihren Wünschen nach und verschaffte ihr im Verborgenen einen Platz unter den priesterlichen Dienerinnen der Diana. Alle Jungfrauen hielten dort ihre Reinheit unverletzlich bewahrt.

Unterdessen segelte Apollonius in größtem Schmerz weiter und gelangte mit Gottes Hilfe nach Tharsus. Hier ging er an Land und eilte zum Hause des Stranguillio und der Dionysias. Nachdem er sie begrüßt hatte, erzählte er ihnen schmerzerfüllt alle seine Schicksale und schloß: »Wie sehr ich über meine verlorene Gemahlin weinen mußte, so sehr soll mir meine gerettete Tochter zum Troste gereichen. Und da ich nun, werte Gastfreunde, nach dem Verlust meiner Gemahlin die Herrschaft über das Königreich, die mir vorbehalten blieb, nicht antreten noch auch zu meinem Schwiegervater, dessen Tochter ich auf dem Meere verloren habe, zurückkehren will, sondern lieber als Kaufmann leben möchte, so vertraue ich euch mein Töchterchen an. Mit eurer eigenen Tochter zusammen soll sie aufgezogen werden, in guter, aufrichtiger Gesinnung mögt ihr euch ihrer annehmen, und nach dem Namen dieser Stadt sollt ihr sie Tharsia nennen. Außerdem befehle ich euch gleichermaßen die Amme meiner Gattin, Lycoris, an; ich wünsche, daß sie meine Tochter nährt und hütet.«

Nach diesen Worten übergab er ihnen das Kind, dazu Gold und Silber und kostbare Gewänder. Und dann schwor er einen feierlichen Eid, sich solange weder Bart noch Haar noch Nagel zu schneiden, bis er seine Tochter verehelicht hätte. Jene, tief beeindruckt von seinem feierlichen Schwur, versprachen hoch und heilig, das Mädchen sorgfältig aufzuziehen. Nachdem Apollonius seine Tochter untergebracht hatte, bestieg er wieder sein Schiff, fuhr hinaus auf die hohe See und gelangte in fremde, ferne Gegenden Ägyptens.

Als das Mädchen Tharsia fünf Jahre alt geworden war, übergaben ihre Pflegeeltern sie dem Unterricht in den üblichen Fächern; die eigene Tochter wurde mit ihr gemeinsam unterrichtet. Sie wurden auch unterwiesen, wie es den Kindern aus gutem Hause zukam, in der Kunst zuzuhören, zu sprechen und sich gut zu benehmen.

Als Tharsia nun vierzehn Jahre alt geworden war, da fand sie einmal, als sie von der Schule heimkehrte, ihre Amme von einer plötzlichen Krankheit befallen. Sie setzte sich neben sie nieder und forschte nach der Ursache ihres Leidens. Die Amme aber richtete sich auf und sprach zu ihr: »Vernimm die letzten Worte einer alten Frau vor ihrem Tode, meine Herrin Tharsia! Höre sie an und bewahre sie in deinem Herzen! Ich frage dich also: Wen hältst du für deinen Vater? Wen für deine Mutter? Welches Land für deine Heimat?«

Das Mädchen antwortete: »Tharsus ist meine Heimat, Stranguillio mein Vater, Dionysias meine Mutter.«

Da seufzte die Amme tief auf und sprach: »So vernimm denn, meine Herrin Tharsia, welches der Stammbaum deiner wahren Herkunft ist, damit du weißt, was du nach meinem Tode zu tun hast. Deine Heimat ist Tyrus, dein Vater trägt den Namen Apollonius, deine Mutter ist die Tochter des Königs Archistrates. Als deine Mutter dich zur Welt brachte, ist sie alsbald aus dem Leben geschieden, weil die Nachgeburt sich nach innen verlor und ihr das Atmen versperrte. Dein Vater ließ einen Sarg herstellen, ihn mit königlichem Schmuck ausstatten und mit zwanzig Sesterzen Goldes ins Meer versenken, damit sie sich, wo immer sie an Land gespült würde, ausweisen könne. Die Schiffe aber gelangten dann im Toben der Winde mit deinem trauernden Vater in diese Stadt, während du in der Wiege lagst. Hier hat er dich seinen Gastfreunden Stranguillio und Dionysias anvertraut mitsamt königlichen Gewändern, und dabei tat er das Gelübde, sich solange weder Haare noch Nägel zu schneiden, bis er dich verheiratet hätte. Sollten nun etwa nach meinem Tode deine Gastgeber, die du Eltern nennst, ein Unrecht an dir verüben, so gehe zum Marktplatz, und du wirst da das Standbild deines Vaters Apollonius finden. Fasse du dann das Standbild an und rufe laut aus: ›Ich bin die Tochter dessen, dem zu Ehren dieses Standbild errichtet ist.‹ Die Bürger werden dir dann, eingedenk der Wohltaten deines Vaters Apollonius, ganz gewiß zu Hilfe kommen.«

Tharsia antwortete ihr: »Liebe Amme, ich schwöre bei Gott, wäre mir wirklich einmal ein Leid zugestoßen, so wäre mir ohne deinen Bericht meine wahre Herkunft unbekannt geblieben!«

Und während sie so miteinander redeten, hauchte die Amme in den Armen ihres Zöglings ihren Geist aus. Das Mädchen aber ließ den Leichnam ihrer Amme bestatten, am Gestade ein Grabmahl für sie errichten, und betrauerte sie ein ganzes Jahr lang. Danach legte sie die Trauer ab und erschien wieder in ihrer früheren vornehmen Kleidung und ging weiter zur Schule. Wenn sie aber von ihren Studien zurückkam, nahm sie nie etwas zu sich, ehe sie nicht das Grabmal besucht und es mit Wein aus einem mitgebrachten Fläschchen und mitgeführten Kränzen geehrt hatte. Und dort rief sie auch die guten Geister ihrer leiblichen Eltern an.

Während dieser Zeit ging einmal an einem Feiertage Dionysias mit ihrer Tochter, die Philomusia hieß, und der jungen Tharsia durch die Straßen. Als aber alle Bürger die Schönheit Tharsias in ihrem Schmuck erblickten, da erschien sie allen, den einfachen Bürgern wie den Hochgestellten, wie ein wahres Wunder, und sie alle sagten immer wieder: »Glücklich der Vater, der Tharsia seine Tochter nennt! Die andere da, die ihr zur Seite geht, die ist häßlich – der reinste Abscheu!«

Als nun Dionysias hörte, wie man Tharsia lobte, ihre eigene Tochter aber tadelte, geriet sie in wilden Zorn. Und als sie allein dasaß, begann sie folgendermaßen zu denken: »Seit ihr Vater Apollonius von hier fortgezogen ist, sind schon vierzehn Jahre vergangen, und er ist noch nicht gekommen, seine Tochter zu sich zu nehmen, ja er hat uns nicht einmal geschrieben; vermutlich ist er tot oder auf der hohen See verschollen. Ihre Amme aber ist tot – so steht mir niemand mehr im Wege! Es geht nicht anders: Mit dem Schwert oder mit Gift will ich sie mir vom Halse schaffen! Und mit ihrem Geschmeide werde ich meine eigene Tochter putzen!«

Während sie sich nun diese Gedanken überlegte, wurde ihr gemeldet, ihr Verwalter Theophilus sei gekommen. Den ließ sie zu sich rufen und sagte: »Wenn du deine Freiheit samt einer schönen Belohnung haben willst, so räume mir Tharsia aus dem Wege!«

»Das unschuldige junge Mädchen – was hat sie denn verbrochen?« fragte der Verwalter.

»Wie, du gehorchst mir nicht?« herrschte das verruchte Weib ihn an. »Tu, was ich dir befehle – oder du sollst den Zorn deines Herrn und deiner Herrin zu spüren bekommen!«

»Und wie sollte das überhaupt vor sich gehen?« fragte der Verwalter.

»Sie hat die Gewohnheit,« erklärte ihm das verruchte Weib, »wenn sie aus der Schule kommt, nicht eher etwas zu sich zu nehmen, ehe sie nicht das Grabmal ihrer Amme aufgesucht hat. Dort mußt du dich mit einem Dolch verstecken, und wenn sie kommt, dann töte sie und wirf ihre Leiche ins Meer. Sobald du kommst und mir die vollzogene Tat meldest, sollst du die Freiheit erhalten und eine schöne Belohnung dazu!«

Der Verwalter nahm also einen Dolch und verbarg ihn an seiner Seite; er blickte zum Himmel auf und seufzte: »O Gott, habe ich es denn nicht verdient, die Freiheit zu erhalten, auch ohne das Blut einer unschuldigen Jungfrau vergießen zu müssen?«

Mit solchen Worten ging er unter Seufzern und Tränen zum Grabmal der Amme von Tharsia und verbarg sich dort.

Das Mädchen aber kam aus der Schule zurück und goß wie üblich Wein aus der Flasche über das Grab, trat in das Monument hinein und schmückte es mit Kränzen. Während sie aber die guten Geister ihrer Eltern anrief, stürzte sich der Verwalter auf sie, packte sie von hinten bei den Haaren und warf sie zu Boden. Als er aber auf sie einstechen wollte, da fragte ihn das Mädchen: »Theophilus, was habe ich denn verbrochen, daß ich als unschuldige Jungfrau von deiner Hand sterben soll?«

»Du hast nichts verbrochen«, antwortete ihr der Verwalter, »aber dein Vater Apollonius um so mehr, daß er dich mit vielen Reichtümern und königlichen Gewändern dem Stranguillio und der Dionysias ausgeliefert hat.«

Als das Mädchen das hörte, flehte es ihn unter Tränen an: »Wenn es keine Hoffnung für mein Leben gibt, so erlaube mir, den Herrn zum Zeugen meines Schicksals anzurufen!«

»Tue das!« antwortete der Verwalter. »Gott selbst weiß, daß ich diese Untat nicht aus eigenem freien Willen vollführe.«

Während das Mädchen nun zum Herrn betete, kamen plötzlich Seeräuber herangefahren, und als sie den Mann sahen, der mit bewaffneter Hand ein Mädchen töten wollte, schrien sie: »Halt ein, du Barbar! Halt ein und töte sie nicht! Sie ist unsere Beute, nicht dein Opfer!«

Wie der Verwalter das Geschrei hörte, ließ er sie los, lief davon und versteckte sich hinter dem Grabmal. Die Seeräuber aber legten an, führten das Mädchen in Fesseln davon und segelten zurück auf die hohe See. Nach einer Weile kam der Verwalter wieder hervor, und als er sah, daß das Mädchen dem Tode entrissen war, da dankte er Gott, daß er die Untat nicht verübt hatte. Und er kehrte zu seiner Herrin zurück und meldete ihr: »Dein Befehl ist ausgeführt – erfülle du nun dein Versprechen!«

Das ruchlose Weib aber antwortete ihm: »Einen Mord hast du begangen, und da willst du noch die Freiheit dafür? Marsch zurück auf den Hof und an deine Arbeit! Sonst sollst du den Zorn deines Herrn und deiner Herrin zu spüren bekommen!« Als der Verwalter das hörte, erhob er seine Augen zum Himmel und sprach: »Du weißt, o Gott, daß ich die Untat nicht begangen habe. Du sollst richten zwischen uns!«

Und er ging zurück auf seinen Hof.

Nun überlegte Dionysias bei sich, wie sie das Verbrechen, das sie ausgeheckt hatte, wohl verborgen halten könnte. Sie ging zu ihrem Gatten Stranguillio und sprach: »Lieber Gemahl, rette dein Weib! Rette meine Tochter! Die Sticheleien gegen sie haben mich rasend gemacht vor wahnsinnigem Zorn, und so habe ich mir auf einmal überlegt: ›Sieh da, es sind schon vierzehn Jahre vergangen, seit ihr Vater uns Tharsia anvertraut hat, und niemals hat er uns einen Brief als Gruß geschickt. Vielleicht ist er aus Gram gestorben, oder aber er ist gewiß in den Wogen und Winden der See verschollen. Ihre Amme aber ist tot – so steht mir niemand mehr im Wege! Ich will Tharsia aus dem Wege räumen und mit ihrem Geschmeide werde ich dann unsere eigene Tochter putzen!‹ Und laß dir sagen, es ist so geschehen! Nun aber, wegen der Neugier der Leute: Lege sogleich Trauerkleider an, wie ich es selbst auch tue, und dann wollen wir so tun, als ob wir weinten, und erklären, sie sei ganz plötzlich an einem Magenleiden gestorben. Hier in der Nähe der Vorstadt wollen wir ein großes Grabmal errichten und erklären, da sei sie beigesetzt.«

Als Stranguillio das hörte, ergriff ihn Furcht und Entsetzen, und er rief: »Ja wahrlich, reiche mir Trauerkleider, damit ich mich selbst betrauern kann, der ich ein so verruchtes Weib gefunden habe! Weh mir! Furchtbar!« seufzte er. »Was soll ich nur tun? Was mit ihrem Vater machen? Als er damals unsere Stadt vor der Gefahr des Hungertodes errettete, da hatte ich ihn zunächst bei mir aufgenommen, dann aber ist er auf mein Anraten hin wieder aus der Stadt fortgezogen. Wegen dieser unserer Stadt hat er Schiffbruch erlitten, hat Todesgrauen geschaut, Hab und Gut verloren, die schlimmste Not erlitten; als Gott ihn wieder bessere Zeiten sehen ließ, hat er als frommer Mann keine bösen, sondern nur gute Gedanken gehegt, hat nicht das Frühere vor Augen gehabt, sondern hat alles vergessen sein lassen, hat immer unserer liebevoll und treu gedacht, hat uns obendrein noch reich beschenkt und, weil er uns für zuverlässig hielt, uns seine Tochter zur Erziehung anvertraut, ja er hat uns solch aufrichtiger Liebe gewürdigt, daß er seine Tochter nach unserer Stadt nannte. Weh mir – so blind war ich! Trauern will ich über die unschuldige Jungfrau und über mich selbst, der ich an diese böse Giftschlange, dieses Schandweib da gebunden bin.«

Und seine Augen zum Himmel erhoben sprach er: »Gott, du

weißt, daß ich rein bin vom Blute der Tharsia! Frage und forsche nach ihr bei Dionysias!«

Und zu seinem Weibe gewandt sprach er: »Du Feindin Gottes, wie wirst du dieses schändliche Verbrechen verbergen können?«

Dionysias aber kleidete sich selbst und auch ihre Tochter in Trauergewänder, vergoß falsche Tränen, versammelte die Mitbürger um sich und erklärte ihnen: »Liebe Mitbürger, wir haben euch hierher beschieden, weil wir die Hoffnung unserer Augen, die Mühe und die Früchte unserer Jahre verloren haben: Tharsia, die ihr ja gut kennt, hat uns Schmerzen und bitterste Tränen hinterlassen. Nun haben wir sie würdig beisetzen lassen.«

Da gingen die Bürger hin, wo Dionysias das Grab hatte errichten lassen, und zum Dank für die Verdienste und Wohltaten des Vaters Apollonius errichteten sie für Tharsia ein großes Ehrenmal aus Erz und setzten darauf die Inschrift:

Die Bürger von Tharsus
Der Jungfrau Tharsia
wegen der Wohltaten ihres Vaters
Apollonius von Tyrus

Derweil kamen die Piraten, die Tharsia geraubt hatten, in die Stadt Mytilene. Das Mädchen wurde unter die übrigen Sklaven gesteckt und auf dem Markte öffentlich zum Kaufe angeboten. Ein Bordellwirt, ein ganz übler Bursche, bemerkte das, und nun wollte er niemanden anderes mehr kaufen, weder Mann noch Weib, sondern allein nur Tharsia, und er begann zu bieten, um sie einzuhandeln. Aber auch der Fürst der Stadt, mit Namen Athenagaros, bemerkte, daß hier eine edle, kluge, bildschöne Jungfrau zum Kauf angeboten wurde, und bot zehn Goldstücke für sie. Der Bordellwirt wollte sogleich zwanzig geben. Athenagoras bot dreißig, der Bordellwirt vierzig. Athenagoras fünfzig, der Bordellwirt sechzig, Athenagoras siebzig, der Bordellwirt achtzig, Athenagoras neunzig – da zahlte der Bordellwirt auf der Stelle hundert Goldstücke und sprach: »Wenn jemand noch mehr bieten sollte – ich werde zehn darüber geben!«

Athenagoras sagte sich: »Wenn ich weiter mit diesem Bordellwirt um die Wette bieten wollte, so müßte ich, um eine einzige einkaufen zu können, viele andere verkaufen. Soll er sie also kaufen – hat er sie dann erst in sein Bordell gebracht, so werde ich als erster zu ihr gehen und ihr für wenig Geld die Jungfräulichkeit nehmen. Das wird geradeso sein, als ob ich sie selbst gekauft hätte!«

Kurz gesagt: Die Jungfrau wurde dem Bordellwirt zugesprochen und von ihm in seinen Empfangsraum geführt, wo er eine goldene Statue des Priap hatte, geschmückt mit Edelsteinen und Gold.

»Bete diese meine mächtige Gottheit an!« gebot ihr der Bordellwirt.

»Bist du denn aus Lampsakus?« fragte das Mädchen.

»Armes Ding«, erwiderte der Bordellwirt, »merkst du denn nicht, daß du in das Haus eines geldsüchtigen Bordellwirtes geraten bist?«

Als das Mädchen das vernahm, erzitterte sie am ganzen Leibe, warf sich ihm zu Füßen und flehte: »Erbarme dich meiner, o Herr! Rette meine Jungfräulichkeit! Ich bitte dich, laß nicht zu, daß ich meinen Leib in einem so schändlichen Hause preisgeben muß!«

»Steh auf, armes Ding!« erwiderte ihr der Bordellwirt. »Du weißt wohl noch nicht: Beim Kuppler wie beim Henker nützen keine Bitten und keine Tränen.«

Und er rief den Aufseher der Mädchen herbei und befahl ihm: »Richte ihren Raum ordentlich her, und hänge ein Schild daran:

›Wer die Jungfrau Tharsia entjungfern will,
der zahlt ein halbes Pfund Goldes,
Danach steht sie jedermann
jeweils für ein Goldstück zur Verfügung‹.

Und der Aufseher tat, was sein Herr, der Bordellwirt, ihm geheißen hatte.

Am dritten Tage wurde sie in das Bordell überführt. Ein ganzer Schwarm Leute mit Musikanten zog ihr vorauf. Athenagoras, der Fürst, aber war schon vorher da und betrat mit verhülltem Haupte das Bordell. Nachdem er in ihren Raum eingetreten war, setzte er sich nieder; Tharsia kam heran, fiel ihm zu Füßen und flehte: »Erbarme dich meiner! Bei deiner Jugend beschwöre ich dich: vergreife dich nicht an mir auf Grund dieses schändlichen Schildes! Zügle deine unzüchtige Begier, vernimm die Wechselfälle meines Unheils, bedenke meine vornehme Herkunft!«

Als sie ihm nun ihre gesamten Schicksale erzählt hatte, da war der Fürst erschüttert, von Mitleid erfüllt und heftig bewegt; er sprach zu ihr: »Erhebe dich! Wir kennen die Wechselfälle des Glücks: Wir sind Menschen. Auch ich habe eine jungfräuliche Tochter, und ich könnte für sie ein ähnliches Schicksal befürchten müssen.«

Mit diesen Worten zog er vierzig Goldstücke hervor, gab sie der Jungfrau in die Hand und sprach: »Herrin Tharsia, hier hast du mehr als den Preis, der für deine Jungfräulichkeit gefordert wird. Wenn nun noch andere kommen, so verhalte dich genau so, bis du frei wirst.«

»Ich danke dir für deine Freundlichkeit von ganzem Herzen«, erwiderte ihm das Mädchen unter strömenden Tränen.

Als er nun hinausging, wartete ein junger Freund draußen und fragte: »Nun, Athenagoras? Wie ging's mit der Novizin?«

»Hätte nicht besser sein können!« erwiderte Athenagoras. »Bis zu Tränen ...«

Nach diesem Wortwechsel ging der zweite den Weg des ersten. Während er aber hineinging, paßte Athenagoras auf, um zu sehen, was sich abspielen würde. Jener ging also in den Raum hinein, Athenagoras wartete draußen vor der Tür.

Das Mädchen schloß wie üblich die Tür. Der junge Mann fragte sie: »Bei deinem Heil, sage mir, wieviel hat dir der junge Mann gegeben, der gerade eben bei dir drinnen war?«

»Vierzig Goldstücke hat er mir gegeben«, erwiderte das Mädchen.

»Unheil über ihn!« rief der junge Mann. »Was wäre das schon Großes für diesen Menschen gewesen, reich wie er ist, wenn er dir ein volles Pfund Goldes gegeben hätte! Damit du aber siehst, daß ich besser bin, so nimm: Hier ist ein volles Pfund Goldes!«

Athenagoras aber, der draußen vor der Tür stand, sprach für sich: »Je mehr du geben willst, um so mehr wirst du weinen!«

Das Mädchen aber warf sich ihm zu Füßen und erzählte ihm

gleichermaßen ihre Schicksale; sie erschütterte ihn und brachte ihn ab von seinem Gelüste. Und der junge Mann sprach zu ihr: »Erhebe dich, Herrin! Auch wir sind Menschen und dem Schicksal unterworfen.«

»Ich danke deiner Freundlichkeit von ganzem Herzen!« sprach das Mädchen.

Als er nun hinausging, fand er Athenagoras, der sich vor Lachen schüttelte, und rief ihm zu: »Ein ganzer Kerl bist du! Du hattest wohl niemanden, dem du deine Tränen weiterreichen konntest!«

Darauf schworen sie sich gegenseitig, niemand anderem etwas zu verraten, und fingen an abzuwarten, was sich bei den anderen ergeben würde. Um es kurz zu sagen: Während sie aus einem Versteck heraus ihre Beobachtungen anstellten, ergab es sich, daß ein jeder, der ein Goldstück bezahlte und danach hineinging, in Tränen wieder von dannen ging. Als das nun vorüber war, übergab das Mädchen dem Bordellwirt unendlich viel Geld und sagte: »Da hast du den Preis für meine Jungfräulichkeit!«

»Es ist wirklich besser«, sagte der Bordellwirt zu ihr, »daß du fröhlich bist und nicht so traurig! Also weiter so! Sieh zu, daß du mir nun Tag für Tag mehr Geld einbringst!«

Am folgenden Tage sprach sie ebenso zu ihm: »Da hast du den Preis für meine Jungfräulichkeit – ich habe ihn in gleicher Weise durch Bitten und Tränen erworben und mir meine Jungfräulichkeit doch bewahrt!«

Als der Bordellwirt das hörte, ergrimmte er darüber, daß sie ihre Jungfräulichkeit bewahrt hatte; er rief den Aufseher der Mädchen zu sich und fuhr ihn an: »Muß ich dich so unaufmerksam finden, daß du nicht einmal merkst, daß unsere Tharsia da immer noch Jungfrau ist? Wenn sie schon so viel Geld zusammenbringt, solange sie noch Jungfrau ist, wieviel dann erst, wenn sie es nicht mehr ist! Hole sie also alsbald zu dir und entjungfere du sie!«

Der Aufseher holte sie sogleich in seine Kammer und fragte sie: »Sag mir die Wahrheit, Tharsia: Bist du immer noch Jungfrau?«

»Ich bin es«, antwortete das Mädchen, »so lange es Gott gefällt!«

»Aber woher hast du denn an diesen beiden Tagen das viele Geld zusammengebracht?« forschte der Aufseher.

»Mit meinen Tränen«, erwiderte das Mädchen. »Ich habe ihnen allen meine sämtlichen Schicksale erzählt, und da empfanden sie Mitleid und erbarmten sich meiner Jungfräulichkeit.«

Und sie warf sich ihm zu Füßen und flehte: »Erbarme auch du dich meiner, o Herr – hilf der Gefangenen, die doch eines Königs Tochter ist!«

Als sie ihm darauf all ihre Schicksale erzählte, da fühlte auch er Mitleid und sagte ihr: »Dieser Bordellwirt ist nichts als Geldgier; ich weiß nicht, ob du es zustandebringen kannst, Jungfrau zu bleiben.«

Das Mädchen aber erwiderte: »Ich kann mir mit meiner guten Erziehung helfen; ich bin vollkommen in der Literatur gebildet und vermag auch die Lyra kunstvoll zum Klingen zu bringen. Laß nur morgen an einem belebten Platz Bänke aufstellen, und ich werde eine Vorführung meiner Rezitationskunst veranstalten. Danach werde ich mit dem Stäbchen auf der Laute spielen und dir mit dieser meiner Kunstfertigkeit jeden Tag mehr Geld einbringen.«

Der Aufseher tat das alles, und sie fand solchen Beifall und solche Liebe bei den Bürgern, daß Männer wie Frauen ihr täglich mehr Geld brachten. Athenagoras aber, der Fürst, nahm Tharsia wegen ihrer wohlbewahrten Keuschheit und ihrer edlen Abkunft in seine Hut geradezu wie seine eigene Tochter; er belohnte darum auch den Aufseher reichlich und befahl ihm, sich um sie zu kümmern.

Während das zu Mytilene vorging, kehrte Apollonius nach vierzehn Jahren nach Tharsus in das Haus des Stranguillio und der Dionysias zurück. Als Stranguillio ihn von weitem sah, lief er so schnell er konnte zu seinem Weibe und sagte ihr: »Du hast mit aller Zuversicht behauptet, Apollonius sei bei einem Schiffbruch umgekommen – und siehe da, hier kommt er, seine Tochter zurückzuholen! Was sollen wir dem Vater über seine Tochter sagen, deren Pflegeeltern wir doch waren?«

Als das verruchte Weib das hörte, zitterte sie am ganzen Leibe und schrie auf: »Erbarmen!« Und sie sprach zu ihrem Mann: »Ich gestehe es dir, mein Gemahl: Weil ich unsere eigene Tochter zu lieb hatte, habe ich die fremde zugrunde gerichtet. Nun aber: Zieh sofort Trauergewänder an, laß uns erheuchelte Tränen vergießen und weiterhin behaupten, sie sei plötzlich an einem Magenleiden gestorben. Wenn er uns in diesem Aufzug sieht, wird er uns Glauben schenken.«

Währenddessen betrat Apollonius das Haus des Stranguillio, strich sich das Haar aus der Stirn und den struppigen Bart vom Munde: Als er sie in Trauergewändern sah, fragte er: »Getreue Gastfreunde, wenn dieser Name euch noch gilt, warum vergießt ihr bei meiner Ankunft Ströme von Tränen? Sind diese Tränen vielleicht gar nicht vergossen um euretwillen, sondern womöglich um meinetwillen?«

Schluchzend antwortete das verruchte Weib: »Oh daß doch ein anderer diese Nachricht dir zu Ohren brächte und nicht ich oder mein Gemahl! Wisse denn: Tharsia, deine Tochter, ist durch ein plötzliches Magenleiden von uns genommen worden.«

Als Apollonius das hörte, zitterte er am ganzen Körper, erbleichte und stand lange in Tränen versunken. Nachdem er sich wieder gesammelt hatte, sprach er zu dem Weibe: »Meine Tochter Tharsia ist also vor wenigen Tagen verschieden – ist wohl auch das Geld dahin? Und das Geschmeide? Und die Kleider?«

Auf diese seine Fragen brachte das verruchte Weib die Dinge, die sie in ihre Obhut genommen hatte, hervor, überreichte sie und sagte: »Glaube uns doch: Wenn das Schicksal es erlaubt hätte, so hätten wir dir deine Tochter ebenso wiedergegeben, wie wir dir hier dies alles zurückgeben. Und damit du siehst, daß wir nicht lügen: Wir haben für das alles das Zeugnis unserer Mitbürger, die eingedenk deiner Wohltaten für deine Tochter ein Denkmal aus geläuterter Bronze errichtet haben, das du in deiner väterlichen Liebe anschauen magst.«

Apollonius war nun überzeugt, daß sie wirklich gestorben war, und sprach zu seinen Dienern: »Nehmt das alles hier und bringt es aufs Schiff! Ich gehe noch zum Grabe meiner Tochter.«

Als er dorthin gekommen war, las er die Inschrift:

– Den Geistern der Toten –
Die Bürger von Tharsus
haben
der Jungfrau Tharsia
Tochter des Königs Apollonius
aus Dankbarkeit
für seine Wohltaten
aus geläutertem Erz dies Denkmal
errichtet

Als er die Inschrift gelesen hatte, stand er wie gebannt da. Als er nun zu seiner Verwunderung gewahr wurde, daß er keine Tränen vergießen konnte, da verfluchte er seine Augen und rief: »O ihr grausamen Augen! Ihr schaut die Grabschrift meiner Tochter und könnt nicht einmal Tränen vergießen! O ich Unglücklicher! Ich glaube gar, meine Tochter ist noch am Leben!«

Und nach diesen Worten ging er zurück zum Schiff und sagte zur Mannschaft: »Werft mich in den untersten Kielraum des Schiffes – in den Wogen will ich meinen Geist aushauchen, der ich auf der Erde nicht mehr das Licht schauen darf!«

So warf er sich in den untersten Kielraum des Schiffes, ließ die Anker lichten und hinaus auf die hohe See segeln, um nach Tyrus zurückzukehren. Während man aber eben noch mit günstigem Wind dahinfuhr, wechselte plötzlich die Laune des Meeres, und sie wurden durch alle Gefährdungen der See hindurchgejagt. Ein jeder betete zu Gott, und so gelangten sie in die Stadt Mytilene. Dort wurde gerade das Fest des Neptun begangen. Als Apollonius dessen gewahr wurde, da seufzte er auf und klagte: »Alle feiern also diesen Festtag – nur ich nicht! Aber bin ich schon in Trauer, so will ich doch wahrlich nicht auch noch geizig erscheinen! Meine Leute sind genug gestraft damit, daß sie einen so unglückseligen Herrn haben wie mich!«

Und er berief seinen Verwalter zu sich und gebot ihm: »Gib den Dienern zehn Goldstücke – sie sollen hingehen und sich kaufen, was sie mögen, und den Festtag feiern! Ich selbst aber wünsche von keinem von euch gestört zu werden; wenn es dennoch einer wagen sollte, dann werde ich ihm die Beine zerbrechen lassen.«

Während nun die Mannschaft des Apollonius ein großartigeres Fest feierte als alle anderen Schiffe dort, begab es sich, daß Athenagoras, der Fürst der Stadt, der die Tochter Tharsia liebte, am Gestade spazierenging und die Menge der Schiffe betrachtete. Als er nun jedes Schiff einzeln musterte, bemerkte er, daß eines sich von den übrigen durch seine Gediegenheit und Pracht abhob. Er trat also näher an das Schiff des Apollonius heran, blieb stehen und begann es zu bewundern. Die Matrosen und Diener des Apollonius aber grüßten ihn und sagten: »Wir laden dich ein, wenn du uns die Ehre zu geben geneigt bist, o erlauchter Fürst!«

Auf diese Einladung hin ging er mit fünf Leuten von seinem Gefolge an Bord des Schiffes. Als er nun sah, wie sie alle gesellig beieinander saßen, da nahm auch er mitten unter den Tafelnden Platz, schenkte ihnen zehn Goldstücke, indem er sie auf den Tisch legte, und sagte: »Hier – damit ihr mich nicht umsonst eingeladen habt!«

»Wir danken dir vielmals für deine edle Großzügigkeit!« erwiderten alle.

Als nun Athenagoras bemerkte, daß alle recht unbekümmert an der Tafel lagen und kein Höhergestellter zugegen war, der über sie gebot, fragte er sie: »Ihr liegt hier alle recht zwanglos an der Tafel – wer ist denn der Herr dieses Schiffes?«

Der Steuermann erwiderte: »Der Herr dieses Schiffes verharrt in Trauer. Er liegt eingeschlossen im Kielraum des Schiffes in der Finsternis; er beweint dort seine Gemahlin und seine Tochter.«

Als Athenagoras das vernahm, empfand er Mitgefühl und sprach zum Steuermann: »Ich werde dir zwei Goldstücke geben: Steige du zu ihm herab und sage ihm: ›Athenagoras, der Fürst dieser Stadt, bittet dich, du mögest zu ihm aus der Finsternis hervortreten und ans Licht kommen‹.«

»Ja, wenn ich für zwei Goldstücke zwei neue Schenkel haben könnte!« erwiderte der Mann. »Kannst du unter uns hier nicht einen besseren Boten für diese Aufgabe finden als gerade mich? Suche dir jemand anders, der sich hinabwagt! Er hat nämlich Befehl gegeben, jedem, der ihn stört, die Beine zu zerschlagen.«

Athenagoras erwiderte: »Diesen Befehl hat er wohl für euch

gegeben, nicht aber für mich, den er ja gar nicht kennt. Also will ich denn selbst hinuntersteigen. Sagt mir nur, wie er heißt.«

Und die Diener antworteten: »Apollonius.«

Als Athenagoras nun diesen Namen hörte, da sprach er bei sich: »Auch Tharsia nannte ihren Vater Apollonius!«

Die Diener wiesen ihm den Weg, und so gelangte er zu ihm. Als er ihn nun da in der Finsternis liegen sah, mit seinem struppigen Bart und dem wirren verschmutzten Haar, grüßte er ihn mit leiser Stimme: »Sei gegrüßt, Apollonius!«

Apollonius aber war der Meinung, jemand von seinen Leuten habe sich über seine Weisung hinweggesetzt, und warf ihm einen heftigen Blick zu. Als er aber einen ihm unbekannten Mann erblickte, offenbar von hohem Rang und gut gekleidet, da dämpfte er seinen Unmut und schwieg. Athenagoras aber, der Fürst der Stadt, sprach zu ihm: »Ich weiß, du wunderst dich, daß ich dich mit deinem Namen gegrüßt habe. Vernimm denn, daß ich der Fürst dieser Stadt bin.«

Und als Athenagoras keinerlei Antwort von ihm zu hören bekam, da fuhr er fort: »Ich ging von der Straße am Strand zu den Schiffen hinab, um sie mir anzuschauen, und unter allen diesen fiel mir dein Schiff auf, mit seinem prächtigen Schmuck reizvoll anzusehen. Während ich so näherkam, wurde ich von deinen Freunden und von deiner Mannschaft eingeladen. Ich stieg also an Bord und machte es mir an der Tafel behaglich. Dann fragte ich nach dem Herrn des Schiffes. Sie erzählten mir, daß du in tiefer Trauer seiest. Das sehe ich nun selbst bestätigt. Doch jetzt willfahre meinem Wunsche, mit dem ich zu dir kam: Komm aus der Finsternis hervor ans Licht und iß ein wenig mit uns! Ich hege die Hoffnung, daß Gott dir nach diesem großen Leid um so größere Freuden schenken wird.«

Apollonius jedoch, erschöpft von seinem Schmerz, erhob sein Haupt und sprach: »Wer du auch bist, Herr, geh von dannen! Lege dich zu Tisch und speise mit meinen Leuten, als wären sie die deinen. Ich aber bin so sehr von meinen Leiden betroffen, daß ich keine Lust habe zu essen – ja nicht einmal mehr zu leben!«

Athenagoras war erschüttert; er ging aus dem Kielraum wieder hinauf aufs Deck, legte sich zur Tafel und sagte: »Ich habe es nicht fertiggebracht, euren Herrn zu überreden, ans Licht zu kommen. Was soll ich denn nur tun, um ihn von seinen Todesgedanken abzubringen? Da kommt mir ein guter Einfall: Lauf, Bursche, zu dem Bordellwirt und bestelle ihm, er solle mir Tharsia senden.«

Als der Junge nun zu dem Bordellwirt gelaufen kam, konnte dieser den Auftrag nicht gut abweisen, und wenn es auch gegen seinen Willen war, so sandte er doch das Mädchen widerstrebend hin. Wie nun Tharsia an Bord kam und Athenagoras erblickte, rief er ihr zu: »Komm hierher zu mir, Herrin Tharsia! Hier bedarf es deiner Kunstfertigkeiten, den Herrn dieses Schiffes und all dieser Leute hier zu trösten. Er sitzt nämlich in der Finsternis; du mußt ihn ermahnen, Trost anzunehmen, und ihn, obgleich er um seine Gemahlin und seine Tochter trauert, bewegen, ans Licht hervorzukommen. Das ist eine Tat der Nächstenliebe, für die Gott den Menschen seine Gnade schenkt. Bitte tritt also an ihn heran und überrede ihn, ans Licht hervorzukommen. Vielleicht ist es Gottes Wille, ihn durch uns am Leben zu erhalten. Wenn du das fertigbringst, so will ich dich für dreißig Tage vom Bordellwirt freikaufen, damit du deine Keuschheit ungefährdet bewahren kannst, wie du gelobt hast; und ich werde dir außerdem noch zehn Sesterzen Goldes schenken.«

Als das Mädchen das vernahm, da stieg sie alsbald hinab in den Kielraum des Schiffes zu Apollonius und grüßte ihn mit leiser Stimme: »Sei gegrüßt, wer du auch bist – Freude sei mit dir! Nicht als Unreine komme ich zu dir, dich zu trösten, sondern als reine Jungfrau, die ich meine Jungfräulichkeit auch inmitten des allgemeinen Schiffbruches der Ehrbarkeit unversehrt zu wahren weiß.«

Und sie begann, ihm mit melodischer Stimme das folgende Lied vorzutragen:

»Schreite ich auch durch Schmutz, so bleibe ich rein doch vom Schmutze,
So wie inmitten der Dornen die Rose bleibt frei von dem Stachel.
Räuber haben mich erst entrissen dem Schwert, das mich angriff;

Bin nun vom Kuppler gekauft – doch nie verletzt' ich die Keuschheit.
Müßt' ich nicht weinen und klagen um meine verlorenen Eltern,
Würd'ger als ich wäre keine – wenn nur mein Vater mich fände!
Königlich ist mein Stamm, ich stamme aus edlem Geschlechte;
Niedrigkeit heißt nun mein Los – und dennoch soll ich nun froh sein.
Du aber ende die Tränen, vergiß die Sorgen und Schmerzen!
Himmelwärts richte die Augen, erheb' dein Gemüt zu den Sternen:
Beistehn wird dir Gott, der Schöpfer und Lenker des Weltalls;
Nicht in vergeblichem Leid läßt ER solche Tränen vergehen.«

Nach diesen Versen erhob Apollonius sein Haupt, schaute das Mädchen an, seufzte tief auf und sprach: »O ich Unglücklicher! Wie lange soll ich noch gegen dies freundliche Gefühl ankämpfen?«

Er richtete sich also auf, setzte sich neben sie und sagte: »Deiner Klugheit wie auch deiner edlen Art sage ich von ganzem Herzen Dank; für deine Tröstung will ich dir meinen Dank abstatten, so wie du ihn verdienst. Sollte mir je wieder Freude beschieden sein, so will ich dich auch mit den Mitteln meiner königlichen Macht belohnen und befreien; und da du sagst, daß du von königlichem Stamm entsprossen bist, so könnte ich dich vielleicht sogar deinen Eltern wieder zuführen. Nun aber nimm hier zweihundert Goldstücke und sei guten Mutes, so als ob du mich wirklich ans Licht emporgeleitet hättest. Geh nun – und laß dich um eines bitten: Suche mir nicht weiter zuzureden! Du hast das Leid in mir nur erneut angefacht.«

Sie nahm also die zweihundert Goldstücke und wollte sich auf den Weg machen. Doch Athenagoras sprach zu ihr: »Wohin gehst du, Tharsia? War deine Mühe ganz umsonst? Konnten wir es wirklich nicht fertigbringen, Barmherzigkeit zu üben und dem Manne beizustehen, der sich mit Todesgedanken trägt?«

Und Tharsia erwiderte ihm: »Alles habe ich getan, was immer ich vermag. Er aber gab mir zweihundert Goldstücke und bat mich dann fortzugehen; er werde, sagte er, nur wieder von neuem schmerzlichem Leid gepeinigt.«

»Ich aber gebe dir auf der Stelle vierhundert Goldstücke!« rief jetzt Athenagoras. »Geh nur wieder zu ihm hinab! Gib ihm die zweihundert, die er dir gegeben hat, zurück, und versuche, ihn dazu zu bewegen, daß er ans Licht hervorkommt, indem du ihm sagst: ›Ich will nicht dein Geld, sondern deine Rettung!‹«

Tharsia stieg also wieder hinab, setzte sich neben Apollonius und sagte zu ihm: »Wenn du nun schon beschlossen hast, ungepflegt in deiner Trauer zu verharren, so erlaube mir wenigstens, für das viele Geld, das du mir zum Geschenk gemacht hast, mit dir hier in dieser Finsternis ein Gespräch zu führen. Wenn du nun die Lösungen meiner Rätselgeschichten zu finden vermagst, so will ich sogleich von dannen gehen; wenn nicht, dann werde ich dir das Geld, das du mir gegeben hast, wieder zurückgeben und dich dann verlassen.«

Apollonius wollte nun nicht, daß es den Anschein habe, er wolle sein Geld zurückerhalten; auch hätte er gern mit dem verständigen Mädchen ein Gespräch geführt. Er sagte darum: »In meinem Leide sollte mir eigentlich nichts angelegen sein als Weinen und Trauern; doch damit ich in Zukunft der Ermahnung zur Freude nicht weiter ausgesetzt bin, so sprich nur aus, was du mich fragen willst, und dann geh! Um eines aber bitte ich dich: Wehre meinen Tränen nicht!«

Und Tharsia sprach also zu ihm:

»Steht auf Erden ein Haus, das hallt wider mit lautem Erklingen.
Laut ertönt das Haus, doch schweigsam bleibt sein Bewohner.
Beide bewegen sich fort, der Gast zugleich mit dem Hause.

Wenn du also, wie du versicherst, König bist in deinem Heimatlande – und ein König sollte ja wohl der Klügste sein von allen – wohlan, so löse mir mein Rätsel!«

Und Apollonius nickte und erwiderte: »Damit du denn siehst, daß ich dich nicht belogen habe: Das Haus, das auf Erden ertönt und klingt, ist die Woge; der schweigsame Gast dieses Hauses aber ist der Fisch, der sich auch zugleich mit seinem Hause fortbewegt.«

Das Mädchen bemerkte an dieser meisterhaften Erklärung mit Staunen, daß er wirklich ein König sei, und sie stellte ihn nun mit noch schwierigeren Problemen auf die Probe und fragte:

»Liebliche Freundin des Ufers und stets benachbart der Tiefe,
Sanften Tons für die Musen; mit schwarzer Farbe bestrichen,
Bin ich Botin des Munds, von den Fingern des Meisters geleitet.«

Und Apollonius antwortete ihr: »Die liebliche Freundin des Ufers, die ihren Gesang gen Himmel sendet, ist das Rohr der Flöte; stets dem Strom benachbart, denn sie hat ihren festen Platz den Wassern zur Seite. Mit schwarzer Farbe bestrichen ist sie Botin des Mundes darum, weil dieser sich mit ihrer Hilfe kundgibt.«

Und das Mädchen fragte ihn wiederum:

»Rasch zieh ich hin, die lange Tochter des herrlichen Waldes,
Zahllos ist die Schar der Genossinnen, die mich begleiten;
Viele Wege durchlauf ich und lasse doch keinerlei Spuren.«

Wiederum nickte Apollonius und sprach zu ihr: »Ach, wäre es mir vergönnt, mein langes Leiden hinter mir zu lassen, so wollte ich dir wohl Aufgaben zeigen, die du nicht kennst. Doch will ich dir auf deine Fragen Antwort geben: Wundere ich mich doch, daß du in so zartem Alter so große Klugheit besitzt. Der lange Baum, der dahinzieht, ist das Schiff, eine Tochter des herrlichen Waldes, rasch einhergetrieben durch des Windes Gewalt, umgeben von vielen Genossinnen; viele Wege durchläuft es und hinterläßt doch keinerlei Spuren.«

Wiederum fragte ihn das Mädchen, angeregt von seiner klugen Lösung ihrer Rätsel:

»Hin durch das ganze Gebäude strömt ohne zu schaden ein Feuer,
Flammend umschließt es mich, dennoch verbrenn ich nicht in seinem Walle;
Nackt ist das Haus, und nackt ist der Gast, der dort einkehrt.«

»Könnte ich nur diese Trauer ablegen«, antwortete ihr Apollonius, »so wollte ich wohl auch selbst durch jenes Feuer wandeln, ohne Schaden zu nehmen! Ich würde nämlich in ein Bad hineingehen, wo sich ringsum die Flammen durch die Röhren ergießen; wo das Haus nackt ist, da es nichts außer den Sitzbänken aufweist; wo auch der Gast nackt ohne Kleider hineintritt.«

Weiter fragte ihn das Mädchen:

»Zwillingsspitze vereint sich in mir in einem einzigen Eisen.
Wider den Wind kämpf ich an, ich ring mit dem Strudel der Tiefe,
Wühle inmitten der Wasser und beiß mich im untersten Land fest.«

Apollonius antwortete ihr: »Was dich festhält, während du hier auf diesem Schiff sitzt, ist der Anker, bei dem sich eine Zwillingsspitze in einem einzigen Eisen verbindet, der wider den Wind ankämpft und mit dem Strudel der Tiefe ringt, der inmitten der Wasser wühlt und sich im untersten Lande festbeißt.«

Und weiter fragte ihn die junge Tharsia:

»Schwer bin ich selbst freilich nicht, doch haftet mir Wassers Gewicht an,
All mein Inneres schwillt, in klaffenden Höhlen sich weitend,
Wasser ruht drinnen verborgen, doch ergießt es sich niemals von selber.«

»Der Schwamm«, gab ihr Apollonius zur Antwort. »Er ist zwar leicht, doch von Wasser beschwert schwillt er an, in klaffenden Höhlen sich weitend, und nie fließt er von selbst aus.«

Wiederum fragte ihn das Mädchen:

»Haarschmuck trage ich nicht und bin doch nicht ohne Haare,
Trage im Innern das Haar, so daß nie jemand es wahrnimmt.
Hände senden mich aus – sie senden zurück durch die Luft mich.«

Apollonius erwiderte: »Diesen hatte ich als Schiffbrüchiger in Pentapolis zum Geleiter, um des Königs Freund zu werden.

Es ist nämlich der Ball, der nicht mit Haaren bedeckt und doch auch nicht ohne Haare ist, da er sie ja im Inneren in Fülle birgt; er ist es, der mit den Händen ausgesandt und mit den Händen wieder zurückgeworfen wird.«

Und abermals fragte ihn das Mädchen:

»Keine Gestalt ist mir ständig zu eigen, doch keine bleibt fremd mir;
Glanz ruht in mir, der leuchtet und strahlt in schimmerndem Lichtschein,
Nichts aber zeigt er je an, das er selbst nicht vorher erblickte.«

»Der Spiegel«, antwortete Apollonius und erklärte: »Er ist es, der keine feste Gestalt besitzt, da er sich mit dem Anschauen wandelt; keine Gestalt aber bleibt ihm fremd, da er ja stets das zeigt, was er zum Gegenüber hat.«

Und wieder fragte ihn das Mädchen:

»Vier gleichartige Schwestern eilen in kunstvollem Laufe,
Wie um die Wette im Streit, doch alle in einer Bemühung.
Sind sie einander auch nah, so können sie doch sich nie treffen.«

Und Apollonius antwortete ihr: »Die vier Schwestern, gleich an Gestalt und Art, sind die Räder, die in kunstvollem Laufe wie um die Wette dahineilen; und obgleich sie einander auch so nah sind, so kann doch niemals eines ein anderes erreichen.«

Und weiter fragte ihn das Mädchen:

»Wir sind's, die himmelwärts steigend in höchste Höhen aufstreben,
Uns verbindet als einendes Band harmonische Ordnung,
Wer auch immer zur Höhe hinstrebt – wir sind's, die ihn leiten.«

Und Apollonius sprach zu ihr: »Ich beschwöre dich bei Gott, suche mich nicht weiter zur Fröhlichkeit zu verleiten, damit ich nicht meiner Toten zu spotten scheine. Nun aber: Es sind die Stufen der Leiter, die zur Höhe hinstreben, die gleichen Abstand haltend sich zu harmonischer Ordnung verbinden;

und wer auch immer zur Höhe hinstrebt, sie sind es, die ihn in die Lüfte emporgeleiten.«

Und er fügte diesen Worten noch hinzu: »Hier hast du noch einmal hundert Goldstücke – nun geh aber und laß mich zufrieden, damit ich das Andenken meiner Toten beweinen kann!«

Das Mädchen aber, in seinem Schmerz darüber, daß ein so verständiger Mann sterben wolle, schüttete die Goldstücke zurück in den Bausch seines Gewandes, ergriff sein Trauerkleid und suchte ihn ans Licht zu ziehen. Er aber wurde zornig und gab ihr einen Fußtritt, daß sie zu Boden taumelte. Infolge des Sturzes begann ihr Blut aus der Nase zu sickern, und sie kauerte sich nieder, fing an zu weinen und in ihrem großen Kummer zu klagen:

»O, ihr hohen Himmelsmächte, die ihr so schlimme Schicksale schon von der Wiege an mich Unschuldige heimsuchen laßt! Kaum war ich auf dem Meere zwischen Wogen und Stürmen zur Welt gekommen, da war meine Mutter nach der Geburt durch die in den Leib zurücktretende Nachgeburt an Blutstockung gestorben, und ein Grab in der Erde blieb ihr versagt. So wurde sie von meinem Vater mit königlichen Gewändern geschmückt, mit zwanzig Sesterzen Goldes in einen Sarg gelegt und dem Reiche Neptuns überantwortet. Ich aber wurde von meinem Vater noch in der Wiege dem ruchlosen Stranguillio und seinem Weibe Dionysias übergeben, zusammen mit meinem Geschmeide und meinen königlichen Gewändern. Das hat mich bei ihrer Treulosigkeit beinahe das Leben gekostet: Theophilus, der ruchlose Sklave, sollte mich umbringen. Als er mich aber niederstechen wollte, da flehte ich ihn an, mir zu gestatten, den Herrn anzurufen. Und als ich noch flehte, da kamen Seeräuber dazwischen, die mich mit Gewalt wegschleppten und in diese Gegend brachten; und nun bin ich an einen schlimmen Bordellwirt verkauft. O Gott, gib mich meinem Vater wieder, dem Apollonius von Tyrus, der mich Stranguillio und Dionysias, den Ruchlosen, in die Hände gegeben hat, um meine Mutter betrauern zu können.«

Als das Mädchen dies und ähnliches weinend hervorstieß, da stürzte Apollonius herzu, schloß sie in seine Arme und begann, selbst vor Freude schluchzend: »Du bist meine Tochter Tharsia! Du bist meine einzige Hoffnung! Du das Licht meiner Augen! Vierzehn Jahre lang habe ich um dich und um deine Mutter geweint und getrauert. Nun kann ich in Freuden sterben: Meine Hoffnung ist auferstanden und mir wiedergeschenkt.«

Nun kam auch Athenagoras hinzu, und als er die beiden einander in den Armen liegen sah, warf er sich dem Apollonius zu Füßen und bat: »Ich beschwöre dich bei dem lebendigen Gott, der dich als Vater wieder der Tochter zurückgegeben hat: Gib Tharsia keinem anderen Manne zur Gemahlin als mir! Ich bin der Fürst dieser Stadt, und mit meiner Hilfe ist sie jungfräulich geblieben.«

»Wie könnte ich deiner so großen Güte und Freundlichkeit entgegenstehen?« erwiderte Apollonius. »Ich wünsche es sogar, denn ich habe ein Gelübde getan, nicht eher meine Trauer abzulegen, als bis ich meine Tochter einem Mann zur Ehe gegeben habe. Eines nur steht noch aus: Daß meine Tochter Genugtuung erhält von dem Bordellwirt, der sich ihr gegenüber so feindselig verhalten hat. Geschieht das nicht, so soll diese Stadt zugrunde gehen!«

Als der Fürst Athenagoras das hörte, da ließ er öffentlich auf dem Marktplatz und im Rathaus ausrufen: »Kommt rasch herbei zur Versammlung, Bürger und Adlige, auf daß unsere Stadt nicht zugrunde gehe!«

Da gab es einen gar gewaltigen Auflauf; ja, so groß war die Aufregung unter dem Volk, daß in der ganzen Stadt nicht einer zu Hause blieb, weder Mann noch Frau. Als nun alle beisammen waren, nahm Athenagoras das Wort: »Ihr Bürger der Stadt Mytilene! Wisset, daß Apollonius aus Tyrus hierhergekommen ist, und sehet! Nun eilen Flotten herbei, angefüllt mit waffenstarrenden Kriegern, die dieses unser Land hier verheeren wollen wegen jenes heillosen Bordellwirtes, der Tharsia, die Tochter jenes Apollonius, gekauft und in seinem Bordell gehalten hat. Auf daß nun diese Stadt gerettet werde, soll hingeschickt und dafür gesorgt werden, daß ihr Genugtuung geschieht von dem einen Bösewicht, damit wir nicht alle zugrunde gehen.«

Als diese Kunde den Leuten zu Ohren kam, nahmen sie ihn fest. Mit auf den Rücken gefesselten Händen wurde der Bordellwirt auf den Marktplatz geschleppt. Eine große Tribüne wurde auf dem Platz errichtet, man bekleidete Apollonius, der nun alle Unreinlichkeit seiner Trauer ablegte und auch sein Haupt scheren ließ, mit königlichen Gewändern, setzte ihm das Diadem auf, und gemeinsam mit seiner Tochter Tharsia bestieg er die Tribühne. Als er sie nun vor allem Volke umarmte, da vermochte er vor Tränen nicht zu sprechen. Athenagoras winkte und brachte mit Mühe das Volk mit dem Winken seiner Hand zur Ruhe, und als endlich Schweigen eingetreten war, sagte er: »Ihr Bürger von Mytilene! Schnell erwachtes Mitgefühl hat euch hier zusammengebracht. Sehet da Tharsia, von ihrem Vater wiedergefunden – die der geldgierige Bordellwirt, um uns ausbeuten zu können, bis zum heutigen Tag in Unterdrückung gehalten hat, die aber durch eure Rücksicht unberührt jungfräulich geblieben ist. Damit sie nun in noch vollerem Maße euch zu eurem Glück ihren Dank erzeige, traget Sorge dafür, daß ihr Genugtuung zuteil wird.«

Da brach die Menge wie aus einem Munde in den Ruf aus: »Verbrennt den Kuppler bei lebendigem Leibe! Gebt all seine Güter dem Mädchen!«

Auf diesen Spruch hin wurde der Bordellwirt dem Feuer überantwortet. Sein Aufseher aber samt allen Mädchen und Schätzen wurde der Jungfrau Tharsia zugesprochen. Zu diesem sagte nun Tharsia: »Ich schenke dir das Leben, denn durch deine Rücksicht konnte ich meine Jungfräulichkeit rein bewahren.«

Sie schenkte ihm zweihundert Talente Goldes und die Freiheit. Dann ließ sie sich alle die Mädchen vorführen und sprach zu ihnen. »Was ihr mit eurem Leibe für jenen heillosen Menschen erworben habt, das schenke ich euch nun als euer eigen Besitztum. Und da ihr mit mir zusammen die Sklaverei ertragen mußtet, so sollt ihr von jetzt ab auch mit mir zusammen frei sein!«

Nun erhob sich auch Apollonius aus Tyrus und redete zum Volk mit folgenden Worten: »Für eure Freundlichkeit erstatte ich euch meinen Dank, ihr ehrenwerten und redlichen Bürger! Eure lang bewahrte Treue hat euer menschliches Anteilnehmen erwiesen, Ruhe gestiftet, Heil gefördert, Ruhm erworben. Euer Verdienst ist es, daß eine Todesnachricht und somit ein Grund zur Trübsal als gefälscht erkannt werden konnte; euer Verdienst ist es, daß reine Jungfräulichkeit ohne gewaltsame Anfechtungen überdauern konnte; euer Verdienst auch, daß die einzige Tochter wieder den Armen ihres Vaters zurückgegeben ist. Für diese so große Gabe stifte ich eurer Stadt zum Wiederaufbau all eurer Mauern einhundert Talente Goldes.«

Und nach diesen Worten ließ er ihnen das Geld auf der Stelle übergeben. Die Bürger aber empfingen das Gold und ließen für ihn ein gewaltiges Denkmal gießen, das ihn auf dem Heck eines Schiffes stehend darstellte, mit dem Fuß auf den Kopf des Kupplers tretend, seine Tochter im rechten Arm haltend. Und sie brachten die Inschrift an:

Dem Apollonius von Tyrus
dem Wiedererbauer unserer Mauern
und der Tharsia
die ihre Sittsamkeit rein erhielt
da sie niedrigstem Lose verfallen
vom gesamten Volke
in größter Liebe
zum ewigen ehrenden Gedächtnis
gestiftet

Darauf stach er wieder in See, zusammen mit allen seinen Leuten, seinem Schwiegersohn und seiner Tochter, in der Absicht, auf dem Wege über Tharsus in seine Heimatstadt zurückzukehren. Da sah er im Traum eine Erscheinung in Engelsgestalt, die sprach zu ihm: »Apollonius, gebiete deinem Steuermann, die Fahrt nach Ephesus zu richten. Bist du dann dort angekommen, so gehe in den Tempel der Diana, zusammen mit deiner Tochter und deinem Schwiegersohn, und trage alle deine Schicksale, die dir von Jugend an widerfahren sind, der Reihe nach vor. Danach begib dich nach Tharsus und nimm Rache für deine unschuldige Tochter!«

Apollonius fuhr aus dem Schlaf empor, weckte Tochter und Schwiegersohn und erzählte ihnen seinen Traum. Die aber rieten ihm: »Tue, Herr, was jener dir geboten hat!«

Daraufhin befahl der dem Steuermann, den Kurs nach Ephesus zu richten. Nach glücklicher Fahrt gelangten sie dort an. Apollonius stieg mit den Seinen an Land und ging zum Tempel der Diana, in dem seine Gemahlin unter den Priesterinnen den ersten Platz innehatte. Sie war nämlich so schön von Angesicht und mit aller Liebe der Sittsamkeit zugetan, daß keine der Diana so wohlgefällig war wie sie.

Als nun Apollonius mit den Seinen zum Tempel der Diana kam, bat er, ihm das Heiligtum zu öffnen, damit er im Angesichte der Diana alle seine Schicksale vortragen könne. Man meldete also der Oberpriesterin, ein unbekannter König sei gekommen, mit seinem Schwiegersohn und seiner Tochter und reichen Gaben, der im Angesichte der Diana bestimmte Dinge vortragen wolle. Da sie nun hörte, ein König sei gekommen, legte sie königlichen Staat an, schmückte ihr Haupt mit Geschmeide und trat hervor, angetan mit einem Purpurgewand, umgeben von ihrem Gefolge. So schritt sie zum Tempel. Als Apollonius sie erblickte, warf er sich mit seiner Tochter und seinem Schwiegersohn ihr zu Füßen. So sehr erstrahlte der Glanz ihrer Schönheit, daß sie in ihr die Göttin Diana selbst zu sehen meinten.

Als aber inzwischen das Heiligtum geöffnet und die Gaben dargebracht worden waren, da begann er, im Angesicht der Diana folgendes vorzutragen und laut weinend zu sagen: »Da ich von meiner Jugend an ein Edelmann und König genannt ward und zu allem Wissen gelangt war, wie es von Edlen und Königen gepflegt wird, so habe ich das Rätsel des bösen Königs Antiochus gelöst, um seine Tochter zur Ehe zu gewinnen. Er aber, in schlimmster Schändlichkeit jener verbunden, zu deren Vater er von der Natur bestimmt war, war in seiner Ruchlosigkeit ihr Gemahl geworden und trachtete darum danach, mich zu töten. Als ich nun vor ihm floh, erlitt ich Schiffbruch und wurde von Archistrates, dem König von Cyrene, so freundlich aufgenommen, daß ich sogar seine Tochter zur Gemahlin gewann. Diese wünschte mit mir gemeinsam zu reisen, um das Königreich in Besitz zu nehmen, und gebar eine kleine Tochter, dies Kind hier, das du, große Diana, durch die Traumbotschaft des Engels dir darzustellen befohlen hast. Nachdem sie sie aber auf dem Schiffe zur Welt gebracht hatte, gab sie ihren Geist auf. Ich ließ sie in ein geziemendes und würdiges königliches Totengewand kleiden, in einen Sarg legen und der See übergeben, zusammen mit zwanzig Goldstücken, damit sie sich selbst ausweisen könne, wenn sie aufgefunden würde, und ihr eine würdige Beisetzung zuteil werde. Diese meine Tochter aber vertraute ich dem Stranguillio und der Dionysias an, den Nichtswürdigen, und betrauerte vierzehn Jahre lang in Ägypten unter bitterem Weinen meine Gemahlin. Danach aber kehrte ich zurück, um meine Tochter wieder zu mir zu nehmen. Sie sagten mir aber, sie sei tot. So versank ich erneut in Trauer; nach dem Tode der Mutter und der Tochter wünschte ich mir mein Ende herbei; du aber hast mir meine Tochter und damit das Leben wiedergeschenkt.«

Als nun Apollonius dieses und ähnliches in seiner Erzählung vortrug, da schrie seine Gattin laut auf und rief: »Ich bin es – deine Gemahlin, des Königs Archistrates Tochter!«

Und sie warf sich ihm in die Arme und begann: »Du bist es, mein Apollonius aus Tyrus, du mein Lehrer, der mich mit kunstreicher Hand unterrichtet hat, du bist es, der mich von meinem Vater Archistrates zur Gemahlin erhielt, du, den ich so sehr geliebt habe, nicht aus sinnlicher Lust, sondern als Vorbild der Weisheit! Doch wo ist meine Tochter?«

Und er wies auf Tharsia und sprach: »Siehe, da ist sie!«

In ganz Ephesus ertönte die Kunde, Apollonius von Tyrus habe seine Gemahlin wiedergefunden, die sie hier als Priesterin bei sich gehabt hatten. Und in der ganzen Stadt entstand die größte Freude, die Straßen wurden mit Girlanden geschmückt, Orgeln aufgestellt, die Leute hielten Festgelage, jedermann freute sich gleichermaßen.

Sie aber setzte selbst an ihrer Stelle die Priesterin ein, die nach ihr im Range kam und ihr lieb war. Und unter den Freudentränen aller Bürger von Ephesus, zugleich auch unter den Bekundungen bittersten Schmerzes darüber, daß sie sie verließ, sagte sie Lebewohl und ging zusammen mit ihrem Gemahl, ihrer Tochter und ihrem Schwiegersohn an Bord.

Apollonius setzte an seiner Statt seinen Schwiegersohn Athenagoras zum König ein, und er fuhr mit ihm, seiner

Tochter, seiner Gemahlin und seinen Leuten zur See und kam in die Stadt Tharsus. Sofort ließ Apollonius Stranguillio und Dionysias festnehmen, setzte sich auf der Tribüne auf dem Marktplatz nieder und gebot, sie ihm vorzuführen. Als sie herangebracht worden waren, sprach Apollonius im Angesicht aller Bürger: »Ihr reichbeglückten Bürger von Tharsus! Hat sich Apollonius von Tyrus gegen irgendeinen von euch in irgendeiner Angelegenheit unfreundlich gezeigt?«

Jene aber riefen wie mit einer Stimme: »Dich haben wir König, dich den Vater des Vaterlandes genannt – und alle Zeit nennen wir dich weiter so! Für dich wünschten und wünschen wir zu sterben; sind wir doch durch deine Hilfe der Gefahr des Hungers, ja des Todes entgangen. Das bezeugt auch dein Standbild, das wir dir errichtet haben und das dich zeigt, wie du auf dem Zweigespann thronst.«

Apollonius erwiderte ihnen: »Ich habe meine Tochter dem Stranguillio und der Dionysias, seinem Weibe, anvertraut; nun weigern sie sich, sie mir wieder herauszugeben.«

»Bei der Milde deiner Macht: Weil sie das Los des Todes erfüllt hat«, beteuerte Stranguillio.

»Seht, ihr Bürger von Tharsus«, rief Apollonius, »es genügt ihnen nicht, in ihrer Böswilligkeit, einen Mord vollbracht zu haben – nein, sie meinen noch dazu bei meiner königlichen Macht einen Meineid schwören zu können! Wohlan – ich will euch alles vor Augen führen! Und mit dem, was ihr selbst sehen werdet, und mit anderen Beweisen werde ich es euch überzeugend dartun.«

»Aber gütiger Herr«, fiel das verbrecherische Weib ein, »du hast doch selbst die Grabschrift gelesen!«

Da rief er aus: »Herrin Tharsia, süßes Kind, wenn du noch etwas von deiner Seele in der Unterwelt bewahrt hast, so verlasse jetzt das Haus des Tartarus und höre auf die Stimme deines Erzeugers!«

Da kam das Mädchen hinter der Tribüne hervor, angetan mit königlichem Gewande, das Haupt verhüllt, entschleierte ihr Antlitz und sprach zu der bösen Frau: »Dionysias, zurückgekehrt aus der Unterwelt grüße ich dich!«

Und Apollonius sagte zu allem Volk: »Sehet, da ist meine Tochter Tharsia!«

Als das ruchlose Weib sie erblickte, da erzitterte sie am ganzen Körper bis ins Mark. Die Bürger staunten. Tharsia ließ den Verwalter Theophilus vor ihr Angesicht holen. Als man ihn herangeführt hatte, fragte ihn Tharsia: »Theophilus, wenn du dich vor der verdienten Folter und der Strafe deines Blutes bewahren und dir bei mir Gnade erwirken willst, so verkünde mit laut vernehmlicher Stimme: Wer hat dich angestiftet, mich zu töten?«

»Meine Herrin Dionysias!« erwiderte Theophilus.

Auf dieses Zeugnis hin bekannte nun Dionysias ihre Schuld, und der wahre Sachverhalt kam an den Tag. Daraufhin waren die Bürger allesamt außer sich: Sie ergriffen Stranguillio und Dionysias, schleiften sie vor die Stadt, steinigten sie dort und warfen sie den Tieren des Feldes und den Vögeln des Himmels auf dem Gefilde hin, so daß sogar ihren Leichen ein Grab in der Erde versagt blieb.

Sie wollten nun auch den Theophilus töten, aber auf Verwendung der Tharsia hin wurde er nicht angerührt. Sie sprach nämlich: »Ihr tugendsamen Bürger, hätte er mir nicht Zeit gegeben, den Herrn anzurufen, so hättet ihr in eurem Glück jetzt nicht für mich eintreten können!«

Darauf schenkte sie sogleich dem Theophilus die Freiheit samt seiner Belohnung und führte dann die Tochter der verruchten Frau mit sich fort.

Aus Anlaß dieser Geschehnisse wollte Apollonius dem Volk außer der Freude auch noch Geschenke zuteil werden lassen und ordnete darum alle möglichen Ausbesserungsarbeiten an. Er ließ die öffentlichen Bäder neu herrichten, ebenso die Mauern und die Mauertürme, und verweilte dort noch fünfzehn Tage mit allen den Seinen. Danach sagte er den Bürgern Lebewohl und segelte nach der kyrenaischen Pentapolis und langte glücklich dort an.

Sogleich ging er zum König Archistrates, seinem Schwiegervater. Und Archistrates sah seine Tochter mit ihrem Gemahl wieder und auch sein Enkelkind Tharsia mit ihrem Gemahl; liebevoll nahm er die Königssöhne auf, empfing Apollonius und seine Tochter mit einem Kuß und lebte noch ein volles Jahr lang in dauernder Freude. Danach ging seine Zeit zu Ende, er verschied in ihren Armen und hinterließ die eine Hälfte seines Reiches dem Apollonius, die andere Hälfte seiner Tochter.

Zu jener Zeit, als sich all dies abgespielt hatte, ging Apollonius einmal am Meere spazieren. Da erblickte er jenen Fischer, der ihn einst als Schiffbrüchigen aufgenommen und ihm die Hälfte seines Mantels gegeben hatte, und er befahl seinen Dienern, ihn aufzugreifen und in seinen Palast zu bringen. Als der Fischer nun gewahr wurde, daß er in den Palast geschleppt wurde, glaubte er, er werde dem Tode überliefert. Wie er aber in den Palast hineinkam, da ließ Apollonius aus Tyrus, der dort neben seiner Gemahlin thronte, ihn zu sich heranführen und sprach zu seiner Gattin: »Königliche Herrin und sittsame Gemahlin, dieser Mann hier ist mein Brautführer, der mir einst Hilfe gewährt und den Weg gewiesen hat, so daß ich zu dir gelangen konnte.«

Und zu ihm gewandt sprach Apollonius: »Du guter alter Mann, ich bin Apollonius aus Tyrus, dem du einst die Hälfte deines Mantels geschenkt hast!«

Und er beschenkte ihn mit zweihundert Sesterzen Goldes, mit Sklaven und Mägden, Gewändern und Silber, soviel sein Herz begehrte, und nahm ihn für den Rest seines Lebens in sein Gefolge auf.

Hellenicus aber, der ihm seinerzeit, als König Antiochus ihn verfolgte, alles mitgeteilt hatte, aber nichts dafür hatte annehmen wollen, folgte ihm nun, und als Apollonius einmal aus seinem Palast heraustrat, warf er sich vor ihm nieder und flehte: »Herr und König, gedenke deines Dieners Hellenicus!«

Jener aber faßte ihn bei der Hand, zog ihn empor und umfing ihn mit einem Kusse; und er nahm ihn ebenfalls in sein Gefolge auf und beschenkte ihn mit großen Reichtümern.

Nach diesen Geschehnissen zeugte er mit seiner Frau einen Sohn, den er anstelle seines Großvaters Archistrates zum König einsetzte. Er selbst aber lebte an der Seite seiner Gemahlin vierundsiebzig Jahre, hatte die Herrschaft inne über Antiochia und Tyrus und Cyrene und führte mit seiner Frau ein ruhiges und beglücktes Leben. Seine eigenen Schicksale und die der Seinen schrieb er selbst nieder und ließ davon zwei Abschriften anfertigen: Eine ließ er im Tempel der Diana zu

Ephesus aufbewahren, die andere in seiner eigenen Bibliothek. Nach Ablauf der Jahre, die wir gerade nannten, sind Apollonius und seine Gattin dann in Frieden und glücklichem Alter dahingegangen.

Hier endet das Buch von Apollonius.

Heliodor

Am Schluß seines Werkes nennt sich Heliodor selbst namentlich als Verfasser, bezeichnet sich als Sohn des Theodosios, aus dem Geschlechte des Helios stammend, gibt schließlich als seine Heimatstadt Emesa in Phönizien an. Weitere Einzelheiten über sein Leben aus anderen Quellen erscheinen höchst zweifelhaft. So soll er, wie Sokrates Scholastikos in seiner Kirchengeschichte in der Mitte des 5. Jahrhunderts berichtet (5,22), nachdem er in der Jugend seinen Roman geschrieben habe, später christlicher Bischof geworden sein und als solcher in Trikka in Thessalien den Zölibat eingeführt haben. Diese Notiz, die verkürzt auch bei Photios (Bibl. cod. 73) rund 400 Jahre später erscheint, taucht pointiert um 1320 in der Kirchengeschichte des Nikephoros Kallistos auf (12,34): Eine Synode habe an des Bischofs Jugendwerk Anstoß genommen und ihn vor die Wahl gestellt, entweder sein Buch zu verbrennen oder sein Bischofsamt niederzulegen; darauf habe sich der Autor für sein Werk entschieden und auf sein geistliches Amt verzichtet. Alle diese Legenden werden nicht weiter ernst genommen; schwieriger ist die Frage nach der Lebenszeit Heliodors.

Da sie mit der allgemeinen Problematik der Datierung der antiken Romane verknüpft ist (s. Einleitung S. 18), ist hier nur kurz festzuhalten, daß aus inhaltlichen wie sprachlichen Gründen als Lebenszeit des Autors und als Abfassungszeit des Werkes die Mitte oder die 2. Hälfte des 3. Jahrhunderts angenommen wird, jedoch auch Verfechter einer späteren Ansetzung, bis hinein ins ausgehende 4. Jahrhundert, aufgetreten sind.

Heliodors Roman ist nicht nur der längste, sondern auch der am kunstvollsten konstruierte der vergleichbaren antiken Werke. Die Handlung führt unmittelbar in medias res, sie setzt spannend zu einem späteren Zeitpunkt im Laufe der Geschehnisse ein und holt in einer Reihe von einander ergänzenden Rückblenden die vorher liegenden Ereignisse nach, so daß man den Anfang der Schicksale der Hauptheldin erst im vierten Buch erfährt. Erst im siebten Buch setzt eine einsträngige kontinuierliche Erzählweise ein, nachdem zuvor mehrere Handlungslinien auf wechselnden Schauplätzen verfolgt worden waren. Die Schulung an der Kompositionskunst der Odyssee ist deutlich.

Am Ende seines Werkes hat der Autor auch die Ziele seiner ›Erzählweise‹ skizziert: »Der Wille der Götter hatte wunderbar den Knoten gelöst, die stärksten Gegensätze miteinander ausgesöhnt, Freude und Leid vereint, Lachen und Weinen vermischt und tiefstes Unglück in ausgelassenen Jubel verwandelt. Man lachte unter Tränen, freute sich unter Bekümmerten, fand, was man nicht gesucht, und verlor, was man gefunden zu haben glaubte. Schließlich verwandelte sich auch das erwartete Blutvergießen in fromme Opferhandlung.« Neben der hier charakterisierten, auf Rührung der Affekte ausgerichteten Zielsetzung der Erzählung bleibt auch die im Schlußsatz angesprochene moralische Tendenz bemerkenswert: Das Ende des Romans stellt die Abschaffung der Menschenopfer bei den Äthiopiern ausdrücklich vor Augen und zielt so auf eine ethische Erhebung und Reinigung der Leserschaft.

Heliodors Werk erfreute sich kontinuierlich einer außerordentlich großen Beliebtheit. Bei den byzantinischen Autoren wurde sein Buch wegen seiner erbaulichen Züge hoch geschätzt und in den Versromanen des Theodoros Prodromos (1. Hälfte des 12. Jahrhunderts) und Niketas Eugenianos (2. Hälfte des 12. Jahrhunderts) nachgeahmt. Auf den Erstdruck 1534 folgte 13 Jahre später Amyots französische Übersetzung, die Liebesromane des 16. und 17. Jahrhunderts orientierten sich an ihm, eine Reihe von bedeutenden Autoren modellierte wichtige Gestalten nach seinem Vorbild, so Tasso die Clorinda im »Befreiten Jerusalem«, *Cervantes gestaltete seinen* »Persiles« *als christianisierten Heliodor, Calderón folgte Heliodors Spuren in* »Los hijos de la Fortuna«, *Einwirkungen finden sich auch in Goethes* »Wahlverwandtschaften« *und Verdis* »Aida«. *Rabelais gibt ihn dem Pantagruel als Reiselektüre mit auf den Weg, der junge Racine lernt ihn auswendig, nachdem man ihm zwei Ausgaben des Heliodor verbrannt hatte. Für alle Epochen gilt, was der Autor selbst so formuliert hat: »Erzählt einer von der Liebe zwischen Theagenes und Chariklea, müßte man schon ein Herz hart wie Diamant oder wie Stahl haben, um nicht entzückt zuzuhören.«*

Die Abenteuer der schönen Chariklea

Erstes Buch

Ein heiterer Tag kam herauf, und die ersten Strahlen der Sonne fielen gerade auf die Berge über der Heraklesmündung des Nils. Da spähten Männer – sie waren wie Räuber bewaffnet – von den Höhen nieder. Eine Weile wanderten ihre Augen über das Meer, das unter ihnen lag, aber umsonst suchten sie auf der weiten Fläche; sie war von keinem Segel belebt, das ihnen Beute versprach. Ihre Blicke senkten sich zu der nahen Küste hinab. Dort bot sich ihnen ein seltsames Schauspiel.

An dem Ufer lag, fest vertäut, ein großer Frachter, völlig menschenleer, aber schwer beladen, wie man auch aus der Ferne vermuten konnte. Das Schiff war bis zur dritten Gürtellinie ins Wasser gedrückt.

Viele Geschlagene bedeckten den Strand, die einen schon tot, andere sterbend. Die noch zuckenden Glieder verrieten, daß der Kampf eben erst zu Ende gegangen war. Ein seltsamer Kampf offenbar, wie man aus den hinterlassenen Spuren schließen konnte. Wirr durcheinander lagen die jammervollen Reste eines unglückseligen Festmahles, das so hatte enden müssen. Einige Tische standen noch voller Speisen, andere waren umgestürzt und noch von den Händen der Kämpfer umklammert, denen sie als Waffe im Kampf gedient hatten. Wieder andere lagen über Erschlagenen, die geglaubt hatten, unter ihnen Schutz zu finden. Trinkgefäße waren umgestülpt, den umklammernden Händen der Trinkenden oder derer entglitten, die aus ihnen Wurfgeschosse gemacht hatten. Denn der plötzliche Überfall hatte sie veranlaßt, den Bechern eine neue Bestimmung zu geben und sie als Waffen zu gebrauchen.

Nun hatte sie alle der Tod ereilt, den durch einen Beilhieb, den durch einen Steinwurf – die Brandung an Ort und Stelle hatte die Steine geliefert –, diesen durch den Schlag einer Keule, jenen durch das Feuer einer Pechfackel, den einen hier, den anderen dort. An den meisten hatten Pfeil und Bogen ihr Werk getan.

Das Bild, das sich den Augen der ägyptischen Räuber bot, umfaßte auf engem Raum ein scheußliches Gemisch aus Wein und Blut, Mahl und Kampf, Trunklust und Mordgier. Ohne die Zusammenhänge zu begreifen, starrten die Männer auf die Szene hin.

Sie hatten die Unterlegenen vor sich, aber kein Sieger ließ sich blicken. Sie sahen einen vollkommenen Sieg, aber die Siegesbeute war unberührt, das Schiff von der Mannschaft verlassen. Ungeplündert, als sei es von vielen bewacht, schaukelte es friedlich an den Ankertauen. Sie wußten nicht, was das alles bedeutete, sie sahen nur die reiche Beute vor Augen, betrachteten sich als die Herren des Schlachtfeldes und gingen ans Werk.

Als sie sich dem Schiff und dem Leichenfeld bis auf kurze Entfernung genähert hatten, bemerkten sie ein noch seltsameres Schauspiel. Auf einem Felsen saß ein junges Mädchen von wunderbarer Schönheit. Man hätte sie für eine Göttin halten können. Ihr Antlitz war voll Trauer. Aber noch immer atmete es Hochsinn und edlen Stolz. Das Haupt war mit Lorbeer geschmückt, an der Schulter trug sie einen Köcher. Den linken Arm stützte sie auf den Bogen. Schlaff hing die Hand herab. Den rechten Ellbogen auf dem Schenkel, ließ sie die Wange in der Hand ruhen. Unbewegten Hauptes hielt sie den gesenkten Blick auf einen jungen Mann geheftet, der auf dem Boden lag. Er war über und über mit Wunden bedeckt, und jetzt eben schien es, als erwache er langsam aus einem todähnlichen Schlaf. Noch immer zeigte sein Gesicht männliche Schönheit, und das über die Wangen herabrinnende Blut ließ die weiße Hautfarbe noch stärker hervortreten. Sein Zustand machte ihm die Lider schwer, aber die Erscheinung des Mädchens zog seine Blicke dennoch mit unwiderstehlicher Gewalt auf sich. Tief holte er Atem. Ein Stöhnen drang aus seiner Brust.

»Liebste«, sagte er mit schwacher Stimme, »lebst du wirklich? Oder bist du selbst ein Opfer dieses Kampfes, kannst dich aber auch nach dem Tod nicht von mir trennen? Und klammert sich noch dein Schattenbild und deine Seele an mein Unglück?«

Sie wies auf das Schwert, das auf ihren Knien lag.

»Leben oder Tod hängt für mich von dir ab. Siehst du diese Waffe? Bis jetzt habe ich nicht danach gegriffen, weil dein Atem noch ging und meine Hand zurückhielt.«

Mit diesen Worten erhob sie sich von dem Felsen.

Die Räuber, erstaunt, von der Erscheinung erschreckt und wie vom Blitz getroffen, versteckten sich da und dort im Gebüsch.

Hochaufgerichtet, erschien ihnen jetzt das junge Mädchen noch größer und göttlicher. Ihre Pfeile klirrten bei der heftigen Bewegung im Köcher, das Brokatgewand glänzte golden in der Sonne. Ihre Haare, unter dem Lorbeerkranze aufgelöst wie die einer Bacchantin, flatterten im Winde und bedeckten fast ihren ganzen Rücken. Mehr noch als das, was sie sahen, schreckte sie das Rätselhafte dieser Vorgänge. Für die einen war sie eine Göttin, Artemis oder die Isis, die Göttin ihres Landes, für die andern eine von einem Gott besessene Priesterin, die das ungeheure Blutbad angerichtet hatte, dessen Augenzeugen sie waren. So dachten sie. Den Sachverhalt kannten sie ja noch nicht.

Plötzlich beugte sich das Mädchen über den jungen Mann, schlang unter Tränen und Küssen die Arme um ihn. Schluchzend wischte sie ihm das Blut ab, sie hatte ihn wieder, aber noch konnte sie es nicht fassen.

Dieser Anblick brachte die Ägypter auf andere Gedanken. »Das kann doch keine Göttin sein«, sagten sie. »Eine Göttin kann doch einen Toten nicht leidenschaftlich küssen!« So machten sie einander Mut, sich zu nähern und nach dem Rechten zu sehen. Entschlossen eilten sie hinunter und fanden das Mädchen noch immer um die Wunden des jungen Mannes bemüht. Sie blieben hinter ihr stehen und wagten nicht, etwas zu sagen oder zu tun. Ein Geräusch und die Schatten der Männer, auf die gleichzeitig ihr Blick fiel, ließen das Mädchen den Kopf heben, aber nur einen Augenblick. Dann beugte sie sich wieder über den Verwundeten. Die wilden schwarzen Gesichter und das Brigantenmäßige in der Erscheinung der bewaffneten Männer hatten sie nicht im geringsten erschreckt.

Sie dachte nur an den, der vor ihr lag, und an seine Pflege. So sehr lassen tiefe Leidenschaft und reine Liebe alles vergessen, was nichts mit ihnen zu tun hat. Schmerz oder Freude haben Augen und Gedanken nur für den Geliebten.

Indes waren alle Räuber heruntergekommen und standen vor ihr, allem Anschein nach zu irgend etwas entschlossen. Da blickte sie von neuem auf und musterte die dunkelhäutigen, abstoßenden Gestalten.

»Seid ihr die Geister der Gefallenen, die hier liegen«, sprach sie, »so laßt uns in Ruhe. Ihr habt euch ja zum größten Teil gegenseitig umgebracht. Soweit ihr von unsren Händen gefallen seid, seid ihr Opfer der Notwehr gegen einen frechen Überfall auf mich geworden. Wenn ihr jedoch Lebende seid, so seid ihr offenbar Räuber und kommt zur rechten Zeit. Tötet uns und macht damit unserem Elend und unsrer Tragödie ein Ende!«

So bat sie verzweifelt, doch konnten die Männer, die der griechischen Sprache nicht mächtig waren, kein Wort verstehen. Sie kümmerten sich denn auch nicht mehr um die beiden. Ihre Schwäche bot ihnen Sicherheit genug. Sie stürzten an Bord des Frachtschiffes, um es auszurauben. Ohne sich mit der übrigen reichen Ladung abzugeben, trugen sie die Gold- und Silbersachen, die Edelsteine und Seidenstoffe an Deck. Jeder nahm davon, was er nur konnte. Als sie genug zu haben glaubten – und sie hatten wirklich überreichlich erbeutet, selbst für Räuberhunger –, brachten sie alles an Land und teilten es ballenweise untereinander, nicht nach dem Wert der einzelnen Dinge, sondern nach deren Gewicht. Was mit dem Mädchen und dem Verwundeten geschehen solle, wollten sie dann erst überlegen. In diesem Augenblick tauchte eine andere Räuberbande auf, zwei Berittene an der Spitze. Da sie selbst nur zehn Mann stark waren und sich dreifacher Übermacht gegenübersahen, ergriffen sie, ohne auch nur den Versuch zu machen, sich zu verteidigen oder einen Teil der Beute mitzunehmen, Hals über Kopf die Flucht, um nicht verfolgt zu werden.

So fielen das Mädchen und ihr Gefährte zum zweiten Male in die Hände von Räubern, ohne richtig gefangen gewesen zu sein. Die Räuber stürzten sich schon auf die Beute. Da standen sie einen Augenblick in fassunglosem Staunen vor dem unbegreiflichen Bild, das sich ihren Augen bot.

Die vielen Erschlagenen schrieben sie ihren geflüchteten Vorgängern zu. Sie sahen das Mädchen in einer fremdartigen, kostbaren Kleidung, der Schrecken um sich her nicht im mindesten achtend, als ob sie nicht da wären. Sie ging in der Pflege des verwundeten jungen Menschen auf, dessen Schmerzen sie wie eigene zu empfinden schien. Sie bewunderten ihre Schönheit und ihren Mut. Auch der junge Verwundete selbst, der wieder das Bewußtsein und den natürlichen Ausdruck seiner Züge erlangt hatte, und seine kraftvolle, schöne männliche Erscheinung erregten ihr höchstes Staunen.

Schließlich ritt der Anführer der Räuber dicht an das Mädchen heran, legte ihr die Hand auf die Schulter und befahl ihr, aufzustehen und ihm zu folgen. Sie verstand zwar seine Sprache nicht, doch begriff sie den Sinn seiner Worte. Sie zog den Jüngling, der auch von ihr nicht lassen wollte, mit sich empor, richtete das Schwert gegen sich und drohte, sich das Leben zu nehmen, wenn der Verwundete von ihr getrennt werde.

Der Anführer verstand ihre Gedanken weniger aus ihren Worten als aus der Sprache ihrer Mienen. Auch hoffte er in dem jungen Mann, wenn er am Leben bleibe, einen Helfer bei großen Aktionen zu finden. So ließ er seinen berittenen Begleiter absitzen und sprang selbst ab. Seinen Leuten befahl er, die Beute zusammenzupacken und zu folgen, ließ die beiden Gefangenen auf die Pferde heben und ging neben ihnen her, um hinzuzuspringen, falls einer im Sattel wanke.

Sein Verhalten war seltsam genug: Es schien, als erniedrige sich der Herr zum Dienen und der Sieger mache sich zum Sklaven der Besiegten. Doch es ist so: Eine vornehme Erscheinung und der Anblick der Schönheit vermögen sogar das Herz eines Räubers zu bezwingen und triumphieren über die rohe Gewalt.

Nachdem sie etwa fünfhundert Schritte der Küste gefolgt waren, ließen sie das Meer rechts liegen und begannen den steilen Berghang emporzuklimmen. Mühsam bezwangen sie den Grat und stiegen dann eilig nach dem See hinab, der sich am Fuß der anderen Seite des Gebirges ausdehnte.

Diese ganze Gegend heißt bei den Ägyptern das Hirtenland.

Es ist eine Senke, die das Überschwemmungswasser des Nils aufnimmt und einen See bildet, dessen Mitte eine außerordentliche Tiefe aufweist, während die Ufer in feuchte Niederungen übergehen. Was die Küstenstreifen für das Meer bedeuten, das sind diese sumpfigen Ufer für die Seen. In diesem Hirtenland lebt alles Raubgesindel Ägyptens. Da hausen sie entweder in kleinen Hütten, wo noch ein Stück Land über das Wasser herausragt, oder im Wasser selbst auf Booten, die für sie also Fahrzeug und Haus zugleich sind. Darin spinnen die Frauen ihre Wolle, darin gebären sie ihre Kinder, die sie erst mit der Muttermilch nähren, später mit Fischen, die sie in der Sonne dörren. Sobald man sieht, daß sich das Kleine auf allen Vieren fortbewegen will, bindet man es mit einem kurzen Lederriemen um die Fußknöchel fest und erlaubt ihm so, bis an den Rand des Hausbootes oder der Hütte zu kriechen. Diese Riemen sind hier die Kindermädchen, wie man sonst die Kleinen an der Hand führt.

Mehr als einer der Hirten ist auf diesem See geboren und aufgewachsen und hat hier die Heimat gefunden, eine richtige Räuberfestung, deren Mauern das Wasser und deren Wälle das Rohrdickicht bilden. Deswegen strömt auch alles hier zusammen, was an einem solchen Leben Gefallen findet. Durch das Schilf haben sie ein ganzes System gewundener Schleichpfade geschlagen, auf denen sie sich genau auskennen, die aber jedem Ortsunkundigen den Zugang unmöglich machen. Damit haben sie eine Festung geschaffen, die keinen Überfall zu fürchten braucht. So steht es um den See und seine Bewohner.

Die Sonne war im Sinken, als der Räuberhauptmann mit seinen Leuten am See anlangte. Man hob die beiden Gefangenen von den Pferden und brachte die Beute in Boote. Inzwischen war das Gros der Bande, das daheimgeblieben war, von allen Seiten aus dem Sumpfgelände aufgetaucht und zusammengelaufen und begrüßte seinen Anführer wie einen König. Als sie die große Beute sahen und dazu das wahrhaft göttlich schöne Mädchen, glaubten sie, ihre Kameraden hätten irgendwo ein Heiligtum oder einen reichen Tempel geplündert und die Priesterin mit entführt oder gar – auch daran dachten sie in ihrer rohen Art – kurzerhand das lebende Kultbild einer Göttin mitgenommen. Sie jubelten ihrem tapferen Anführer zu und geleiteten ihn in seine Wohnung. Sie lag etwas abseits auf einer kleinen Insel im See, die er nur mit seinen engsten Vertrauten bewohnte. Als sie auf ihr gelandet waren, ließ er die meisten seiner Leute heimfahren, indem er sie auf den nächsten Tag zu sich beorderte, und blieb mit einem kleinen Kreis Vertrauter allein. Nachdem er ein kurzes Mahl mit diesen geteilt hatte, übergab er die Gefangenen einem jungen Griechen, der vor kurzem gleichfalls in seine Hände gefallen war und nun als Dometscher dienen sollte. Er wies ihnen eine besondere Unterkunft in der Nähe seiner eigenen Wohnung an und gab Befehl, für den jungen Mann zu sorgen und vor allem das junge Mädchen vor jeder Unbill zu schützen. Dann zog er sich müde und mit seinen Gedanken beschäftigt zurück.

Ringsum auf dem See war es still geworden. Es mußte schon um Mitternacht sein. Daß keine lärmende Menge mehr störte, erleichterte es den Gefangenen, ihr Herz auszuschütten. Wühlt doch die Nacht jedes Leid stärker auf. Denn nur wenn Auge und Ohr nicht abgelenkt werden, ist für den Kummer die rechte Zeit.

Das Mädchen, das, wie man es geheißen, abseits auf einer Art niederen Lagers ruhte, schluchzte laut und brach in einen Strom von Tränen aus.

»Allzu schwer und bitter läßt du uns unsere Schuld büßen, Apoll«, klagte sie, »und immer ist es dir noch nicht genug der Strafen. Erst die Trennung von den Lieben daheim, dann unsere Gefangennahme durch die Seeräuber, die zahllosen Gefahren auf dem Meer und nun erneut in der Gewalt von Räubern! Dabei steht mir das Schlimmste wohl noch bevor. Wie wird das enden? Wenn ich unberührt sterben muß, dann sterbe ich gern. Wenn mir aber einer frevelhaft Gewalt antut – noch hat mich selbst Theagenes nicht berührt –, sterbe ich lieber von eigener Hand. Rein bin ich und bleibe rein bis zum Tod. Meine Unschuld will ich dann wie ein schönes Sterbekleid mitnehmen. Kein Richter wird da unten grausamer sein als du!«

»Still, meine Liebste, mein Leben«, unterbrach sie Theagenes. »Du hast recht mit deinen Klagen, Chariklea. Aber du reizest die Gottheit mehr als du glaubst. Suche sie lieber durch

Bitten zu versöhnen. Mit Gebeten, nicht mit Anklagen, macht man sich die Mächtigen geneigt.«

»Du hast recht«, erwiderte sie. »Doch wie geht es dir?«

»Bedeutend leichter und besser. Seit der junge Mann meine Wunden verbunden hat, hat deren Entzündung nachgelassen.«

»Morgen früh wirst du dich noch bedeutend wohler fühlen«, meldete sich der Gefangenenwärter. »Dann bringe ich dir eine Arzneipflanze, die in drei Tagen deine Wunden heilt. Ich habe sie selbst erprobt. Wenn seit meiner Gefangennahme einer von den Räubern im Kampf verwundet wurde, brauchte er nur einige Tage zur Heilung, wenn er dies Kraut verwendete. Wundert euch nicht, wenn ich an eurem Ergehen Anteil nehme. Seid ihr doch meine Leidensgefährten und, was mein Herz noch mehr rührt, Griechen wie ich selbst.«

Beide stießen gleichzeitig einen Freudenschrei aus.

»Ein Grieche? Götter! Du bist ein Grieche? Natürlich! Er ist Grieche von Geburt und Sprache. Vielleicht hat unsre Not nun ein Ende.«

»Wie heißt du?« fragte Theagenes.

»Knemon.«

»Und woher bist du?«

»Aus Athen.«

»Und wie kommst du hierher?«

»Ach, laß nur. Was willst du dieses alles aufwühlen, wie es in den Tragödien heißt? Es wäre ein unangebrachtes Zwischenspiel. Ihr habt mit eurem eigenen Unglück genug zu tun. Ich darf euch nicht noch mit meinem Mißgeschick belasten. Auch würde, was von der Nacht jetzt übrig ist, nicht ausreichen, wollte ich es erzählen. Ihr habt Schlaf und Erholung nötiger nach all diesen Prüfungen.«

Doch die beiden ließen nicht nach und drangen in ihn, er möge von sich berichten, da sie sich von der Erzählung ähnlichen Schicksals Trost versprachen. Schließlich begann Knemon:

»Mein Vater Aristipp, ein gebürtiger Athener, war Mitglied des Areopag und besaß ein mittleres Vermögen. Als ich meine Mutter verloren hatte, wollte er, um nicht mit mir, seinem einzigen Sohn und seiner ganzen Hoffnung, allein zu bleiben, wieder heiraten. Er nahm also eine zweite Frau, Demänete. Sie war gebildet, aber sehr gefährlich. Kaum war sie ins Haus gekommen, da beherrschte sie meinen Vater völlig und setzte alles durch, was sie wollte. Mit ihrer Jugend fesselte sie den älteren Mann an sich und nahm ihn auf jede Weise für sich ein. Sie verstand sich darauf, wie vielleicht keine zweite, einen Mann toll zu machen und hatte die Kunst zu bestricken zur Vollendung entwickelt. Kam er heim. lief sie ihm entgegen und machte ihm Vorwürfe: Wenn er noch später gekommen wäre, wäre sie vor Sehnsucht gestorben. Bei solchen Worten umarmte sie ihn und küßte ihn unter Tränen. Der Vater war ganz in ihren Netzen, lebte nur für sie und hatte Augen nur für sie.

Mich behandelte sie in der ersten Zeit scheinbar wie ihren eigenen Sohn und nahm auch dadurch meinen Vater für sich ein. Hin und wieder gab sie mir einen Kuß und war immer wieder glücklich, mich zu besitzen. Ich war etwas verwundert über diese mütterliche Zärtlichkeit, ließ sie mir aber nichtsahnend gefallen. Erst als sie deutlicher wurde, ihre Küsse leidenschaftlicher und ihre Blicke schamloser wurden und meinen Argwohn erregten, vermied ich, ihr zu begegnen, und wehrte sie ab, wenn sie zudringlich wurde. Ich will euch nicht mit der Schilderung der Künste und Lockmittel langweilen, die sie aufwandte, der Versprechungen, die sie mir machte. Bald nannte sie mich mein Kind, bald Liebling, dann den jungen Herrn, dann mein Herz: Kurz, sie nannte mich im gleichen Atem mit harmlosen Bezeichnungen oder mit Kosenamen und sah darauf, ob diese oder jene mehr Eindruck auf mich machten. Dementsprechend spielte sie bald die ernsthafte Mutter, bald zeigte sie deutlich die schamlose Verliebte.

Das endete dann so: An einem der großen Panathenäenfeste, an denen die Athener in feierlicher Prozession der Athene das Schiff überbringen, war ich achtzehn Jahre alt. Als ich, wie es Brauch war, mit dem Chor das Lied der Göttin gesungen und den Festzug mitgemacht hatte, ging ich, im Festanzug, wie ich war, mit dem Kranz auf dem Haupt nach Hause. Bei meinem Anblick verlor sie jede Fassung und verbarg ihre Verliebtheit überhaupt nicht mehr. Mit einer schamlosen Leidenschaft warf sie sich an mich, schlang die Arme um mich und rief: ›Mein junger Hippolytos, mein lieber Theseus!‹ Ihr könnt euch meine Lage vorstellen. Noch jetzt werde ich rot, wenn ich davon spreche. Am Abend ging der Vater ins Rathaus zum Festmahl und der üblichen anschließenden Trinkerei und allgemeinen Festlichkeit. Es war zu erwarten, daß er bis zum Morgen fortbleiben werde. Da kam sie nachts in mein Zimmer und versuchte, sich unerlaubte Liebesfreuden zu verschaffen. Da ich auf jede Weise Widerstand leistete und allen Zärtlichkeiten, Versprechungen und Drohungen gegenüber stark blieb, verließ sie mich mit einem schweren, tiefen Seufzer. Das böse Weib ließ aber nur die Nacht verstreichen, um gleich ihre Rache gegen mich ins Werk zu setzen. Sie blieb am Morgen im Bett liegen. Als mein Vater nach Hause kam und sie fragte, was ihr fehle, heuchelte sie Schwäche und gab anfangs keine Antwort. Als er in sie drang und immer wieder fragte, was ihr zugestoßen sei, sagte sie:

›Dieser feine Junge, unser Herr Sohn, den ich – die Götter können es bezeugen – oft lieber gehabt habe als dich, hat an gewissen Anzeichen gemerkt, daß ich gesegneten Leibes bin, was ich dir noch verschwieg, bis ich meiner Sache ganz sicher war. Er wartete nur auf deine Abwesenheit, wenn ich ihn wie schon oft ermahnen würde, er solle ordentlich und anständig werden und sich nicht mit Freudenmädchen und Trinkgelagen abgeben. Ich wußte, wie er sich aufführte, sagte dir aber nichts davon, um nicht in den Verdacht der bösen Stiefmutter zu kommen. Als ich mit ihm unter vier Augen sprach, um ihm das Rotwerden zu ersparen, gebrauchte er gegen dich und mich Schimpfworte, die zu wiederholen ich mich schäme. Und dann trat er mir mit dem Fuß in den Leib. Du siehst, in welchen Zustand er mich gebracht hat.‹

Als mein Vater dies gehört hatte, sprach er kein Wort, stellte keine Frage, gab mir keine Möglichkeit, mich zu verteidigen. Überzeugt, eine Frau, die mir so wohlgesinnt war, könne mich unmöglich verleumden, schlug er auf mich Ahnungslosen, als er mich irgendwo im Hause fand, mit der Faust ein. Er rief Sklaven und ließ mich auspeitschen, ohne daß ich wußte – und das war das Unerhörte dabei –, weshalb man mich schlug. Als er seine Wut an mir ausgelassen hatte, sagte ich:

›Vater, jetzt werde ich wohl wissen dürfen, wofür ich

Schläge bekommen habe, nachdem ich es zuvor nicht erfahren konnte.‹

Dadurch noch mehr aufgebracht, schrie er:

›Der Heuchler! Jetzt will er von mir noch seine eigenen Gemeinheiten hören.‹

Er kehrte mir den Rücken zu und eilte zu seiner Frau. Sie war aber noch nicht zufrieden und stellte mir eine zweite Falle. Sie hatte eine Zofe, Thisbe, ein recht hübsches Mädchen, das gut die Zither spielte und dazu sang. Diese stiftete sie an, mir ihre Liebe vorzutäuschen. Thisbe, welche vordem meine wiederholten Anträge stets abgewiesen hatte, setzte nun alles daran, mir durch Blicke und Gesten und Zeichen ihre Bereitwilligkeit zu verraten. Ich Tor bildete mir ein, ich gefiele ihr auf einmal. Schließlich nahm ich sie nachts, als sie zu mir kam, in mein Zimmer. Sie kam wieder und wieder, und bald wurden die Besuche regelmäßig. Als ich ihr einmal riet, vorsichtig zu sein und ihre Herrin nichts merken zu lassen, meinte sie:

›Du bist wirklich sehr einfältig, Knemon. Was kann mir, einer gewöhnlichen Zofe, einer gekauften Sklavin, wenn ich bei dir ertappt werde, schon geschehen, im Vergleich zu einer vornehmen Dame, einer verheirateten Frau, die für die Übertretung des Gesetzes, für ihren Ehebruch die Todesstrafe zu erwarten hat?‹

›Schweig!‹ sagte ich. ›So etwas glaube ich nicht.‹

›Wenn du willst, kann ich dir den Ehebrecher auf frischer Tat ausliefern.‹

›Wenn du das tätest!‹ entgegnete ich.

›Nur zu gern‹, sagte sie, ›sowohl dir zuliebe, weil sie dir so niederträchtig mitgespielt hat, als meinetwegen, weil sie mich tagtäglich mit ihrer sinnlosen Eifersucht quält. Aber sieh zu, daß du ein Mann bist!‹

Ich versprach es, und sie ging. In der übernächsten Nacht weckte sie mich aus dem Schlaf und sagte mir, daß der Liebhaber bei ihr sei. Vater, sagte sie, sei unerwartet geschäftehalber aufs Land geholt worden, und ihr Liebhaber habe sich eben – wie verabredet – zu ihr geschlichen. Ich solle mich aber auf Widerstand gefaßt machen und eine Waffe mitnehmen, damit der Übeltäter nicht entkomme. Dies tat ich. Mit einem Dolche bewaffnet, folgte ich Thisbe, die mir voranleuchtete, bis ans Schlafzimmer. Auf der Schwelle sehe ich einen Lichtschein aus dem Innern dringen. Wütend erbreche ich die verschlossene Tür und stürze hinein.

›Wo ist der Kerl?‹ schreie ich. ›Wo ist der famose Liebhaber der Tugendheldin?‹

Dabei stürze ich mich auf sie, um beide umzubringen.

Da, ihr Götter, erhebt sich mein eigener Vater vom Lager und wirft sich mir zu Füßen.

›Halt ein, mein Sohn!‹ flehte er. ›Erbarme dich deines Erzeugers! Schone die weißen Haare deines Vaters, der dich aufgezogen hat! Gewiß, ich habe gegen dich gefehlt, aber den Tod verdiene ich nicht. Lasse dich von deinem Zorn nicht hinreißen und beflecke deine Hände nicht mit dem Blute deines Vaters!‹

So und ähnlich bat er flehentlich, während ich sprachlos, wie vom Donner gerührt, dastand. Ich sah mich nach Thisbe um. Sie hatte sich, ich weiß nicht wie, davongemacht. Ich starrte das Zimmer an, das Bett, und vermochte kein Wort herauszubringen oder mich zu rühren. Der Dolch fiel mir aus der Hand. Demänete stürzte darauf zu und hob ihn schnell auf. Als mein Vater sich außer Gefahr sah, packte er mich und ließ mich fesseln, während Demänete ihn aufreizte.

›Hab' ich es dir nicht vorausgesagt‹, schrie sie, ›daß man sich vor dem Burschen in acht nehmen muß, weil er nur auf eine Gelegenheit lauert, uns etwas anzutun? Ich habe ihm seine Absichten an den Augen angesehen!‹

›Allerdings‹, antwortete mein Vater, ›du hast es vorausgesagt. Nur habe ich es nicht glauben wollen.‹

Ich wollte die Sachlage erklären, doch ließ er mich nicht zu Worte kommen und schloß mich ein. Am Morgen brachte er mich, gefesselt wie ich war, vor das Volksgericht. Er hatte sein Haupt mit Asche bestreut und hielt folgende Ansprache:

›Athener‹, sagte er, ›nicht in dieser Erwartung habe ich diesen meinen Sohn erzogen, nein, er sollte mir im Alter eine Stütze sein, das war mein Gedanke, als er mir geboren wurde. Ich gab ihm eine standesgemäße Erziehung, schickte ihn in die Schule, sorgte für seine Eintragung in die Bürgerlisten und in das Stammesregister. Ich ließ ihn unter die Epheben einreihen und, entsprechend den Gesetzen, zu eurem Mitbürger machen. Ich setzte die Hoffnung meines Lebens auf ihn. Dies alles hat er schmählich vergessen. Er hat mir Schande angetan und meine rechtmäßige Frau mißhandelt. Schließlich hat er mich nachts, mit der Waffe in der Hand, überfallen. Daß er nicht zum Vatermörder wurde, verdanke ich nur dem glücklichen Zufall, daß ein plötzlicher Schreck ihm den Dolch aus der Hand gleiten ließ. Ich wende mich an euch um Beistand. Ich erhebe vor euch Klage gegen ihn und überlasse euch die Entscheidung, unter Verzicht auf das mir gesetzlich zustehende Recht, ihn zu töten. Denn ich halte es für besser, das Gesetz über den Sohn richten zu lassen, als das Urteil selbst zu vollziehen.‹

Diese Worte begleitete er mit seinen Tränen. Auch Demänete jammerte, um Schmerz über mich zu heucheln, und nannte mich einen Unglücklichen, der, wenn auch verdientermaßen, nun so früh sterben müsse, der von bösen Geistern auf seine Eltern gehetzt sei. Das alles brachte sie schluchzend vor, nicht so sehr, um zu klagen, als um durch ihr Wehgeschrei und ihr Geheul die Anklage zu bekräftigen.

Als ich gleichfalls um das Wort bat, näherte sich mir der Gerichtsschreiber und stellte mir nur die kurze Frage, ob ich mit der Waffe in der Hand auf meinen Vater losgegangen sei. Ich antwortete: ›Ja, aber hört, unter welchen Umständen.‹ – Sogleich wurde ich niedergeschrien. Man ließ mich nicht zu einer Verteidigung kommen. Die einen beantragten, mich zu steinigen, die anderen, mich vom Henker in den Abgrund werfen zu lassen. Während dieser erregten Auseinandersetzung und während man zur Abstimmung schritt, rief ich unentwegt in den Lärm hinein: ›Oh, diese Stiefmutter! Eine Stiefmutter bringt mich um, ohne daß ich gehört werde!‹ Meine Ausrufe machten viele Leute stutzig und ließen sie die wahren Zusammenhänge ahnen. Aber bei der allgemeinen Unruhe konnte ich mich nicht vernehmlich machen.

Die Abstimmung ergab siebzehnhundert Stimmen für Todesstrafe, von denen ein Teil sich für die Steinigung, der andere für Sturz in den Abgrund aussprach. Die restlichen tausend Stimmberechtigten, die durch meine Bemerkung über die Stiefmutter argwöhnisch geworden waren, stimmten für lebenslängliche Landesverweisung. Dennoch erhielt dieser Antrag Gesetzeskraft. Denn obwohl er weniger Stimmen auf

... nach einer Fahrt von dreißig Stadien legten sie an den Fluren an, wo Daphnis und Chlöe wohnten ... SEITE 48

sich vereinigte, blieben die Stimmen, die auf Tod lauteten, infolge der Verschiedenheit der beantragten Todesart in der Minderzahl.

So mußte ich Vaterhaus und Heimat verlassen. Doch die verruchte Demänete entging ihrer Strafe nicht. Sie hatte den Haß der Götter auf sich gezogen. Wie dies geschah, sollt ihr ein anderes Mal erfahren. Jetzt müssen wir schlafen, es ist schon tief in der Nacht. Und ihr habt Ruhe nötig.«

»Du wirst uns nur quälen«, sagte Theagenes, »wenn du mitten in der Erzählung aufhörst und die niederträchtige Demänete unbestraft läßt.«

»Also gut, wenn ihr wollt«, gab Knemon nach, »so hört weiter zu.«

»Nach meiner Verurteilung ging ich ohne weiteres zum Piräus und an Bord eines Schiffes, das gerade auslief. Ich fuhr nach Aigina, wo Verwandte meiner verstorbenen Mutter lebten. Glücklich angekommen, machte ich sie ausfindig, und die erste Zeit fühlte ich mich ganz wohl. Als ich am zwanzigsten Tage nach meiner Ankunft wie gewöhnlich umherschlenderte und zum Hafen hinunterkam, lief gerade ein großes Segelschiff ein. Ich blieb stehen und erkundigte mich, woher es komme und wer an Bord sei. Der Laufsteg war kaum heruntergelassen, als ein Reisender an Land sprang, auf mich zulief und mich umarmte. Es war Charias, ein Altergenosse von mir.

›Gute Nachricht, lieber Knemon!‹ rief er. ›Deine Todfeindin hat die gerechte Strafe ereilt. Demänete ist tot.‹

›Hab Dank, Charias‹, erwiderte ich, ›doch weshalb hast du es so eilig mit deiner frohen Botschaft, als ob du eine Unglückspost brächtest? Vor allem will ich wissen, auf welche Weise sie starb. Ich fürchte, eines natürlichen Todes und nicht so, wie sie es verdient hätte.‹

›Nie verläßt uns die Gerechtigkeit ganz, wie Hesiod sagt‹, antwortete Charias. ›Sie läßt wohl auch einmal eine Weile auf sich warten und schiebt die Vergeltung auf, aber auf solche Verbrechen richtet sie ein scharfes Auge. So ist ihr auch Demänete nicht entgangen. Mir sind die Einzelheiten genau bekannt. Thisbe – du weißt, wie gut ich mit ihr stehe – hat mir alles erzählt. Nach deiner ungerechten Landesverweisung zog dein armer Vater, den die Reue quälte, sich auf ein einsames

Landgut zurück und verzehrte, wie der Dichter sagt, in Kummer sein Herz. Deine Stiefmutter wurde von den Furien des bösen Gewissens verfolgt. Seit du fort warst, steigerte sich ihre Liebe zu dir bis zum Wahnsinn. Sie jammerte Tag und Nacht, angeblich über dein Los, in Wirklichkeit über ihr eigenes. Tag und Nacht schrie sie ‚Knemon' und nannte dich ihren lieben Jungen, ihr Herz. Ihre Freundinnen, die sie besuchten, wunderten sich zwar und konnten nicht genug bewundernde Worte für die Mutterliebe einer Stiefmutter finden. Sie suchten sie auch zu trösten und ihr Mut zu machen. Sie erklärte aber, ihr Schmerz sei unheilbar, und andere hätten keine Ahnung, was für ein Stachel in ihrem Herzen stecke.

War sie mit Thisbe allein, machte sie ihr Vorwürfe wegen ihrer schlechten Dienste. Zur Erfüllung ihrer Liebe habe sie ihr nicht verholfen, aber als es sich darum handelte, ihr den Geliebten wegzunehmen, sei sie schneller bei der Hand gewesen als das Wort. So habe sie gar keine Zeit gehabt, sich eines anderen zu besinnen. Thisbe mußte sich auf das Schlimmste gefaßt machen. Aber angesichts der Erregung und Verzweiflung ihrer zu allem fähigen Herrin, die in ihrer Liebesraserei kein Maß kannte, entschloß sie sich, ihr zuvorzukommen und sich durch einen heimtückischen Anschlag gegen sie zu retten.

‚Ich verstehe dich gar nicht, meine Herrin', sagte sie. ‚Warum machst du deiner Zofe grundlose Vorwürfe? Ich habe mich immer und nur nach deinen Wünschen gerichtet und tue es auch jetzt. Ist die Sache fehlgeschlagen, so ist das eben ein unglücklicher Zufall. Doch, wenn du es wünschst, will ich dir aus der Not helfen.'

‚Wie willst du mir helfen, wo der, durch den mir geholfen wäre, weit fort ist und das unerwartet milde Gerichtsurteil mich zugrunde gerichtet hat? Hätten sie ihn gesteinigt, wäre er tot, so wäre meine Leidenschaft mit ihm gestorben. Denn die Liebe stirbt mit der Hoffnung, und mit dem Aufhören der Sehnsucht schwindet auch der Schmerz. So aber glaube ich ihn zu sehen, bilde mir ein ihn zu hören, fühle seine Vorwürfe über meine Niedertracht und male mir aus, er sei wieder da und ich besäße ihn oder eilte irgendwohin zu ihm. Dieser Schmerz nagt an mir und macht mich wahnsinnig! Und bei den Göttern, mir geschieht recht. Weshalb versuchte ich nicht, sein

Herz zu gewinnen, statt ihm nachzustellen? Weshalb verlegte ich mich nicht aufs Bitten, statt ihn zu verfolgen? So wies er mich ein erstes Mal ab, natürlich! Ich war ihm fremd, und er wollte nicht die Ehe seines Vaters beschmutzen. Vielleicht hätte ich ihn mit der Zeit für mich gewonnen und eingenommen. Aber ich, die ich mich nicht im entferntesten mit ihm messen kann, benahm mich nicht wie eine Liebende, sondern wie eine Bestie, wie eine Wilde, deren Befehl man nicht nachkommt. Aber du wolltest mir helfen, süße Thisbe?'

‚Herrin', antwortete Thisbe, ‚das ist einfach. Für die Öffentlichkeit hat Knemon, dem Urteil entsprechend, die Stadt und Attika verlassen und ist außer Landes gegangen. Da ich dir aber gern zu Diensten bin, habe ich in Erfahrung gebracht, daß er sich in der Vorstadt versteckt hält. Du hast sicher schon von der Flötenspielerin Arsinoë gehört. Mit ihr hatte er ein Liebesverhältnis. Nach dem Unglück hat das Mädchen ihn bei sich aufgenommen. Sie hat ihm versprochen, mit ihm ins Ausland zu gehen, und hält ihn so lange versteckt, bis sie alles zur Reise fertig hat!'

Demänete seufzte. ‚Die Glückliche! Arsinoë! Erst hatte sie ihn zum Geliebten, und nun wird sie noch mit ihm auf Reisen gehen. Aber was soll das mir nützen?'

‚Sehr viel, Herrin. Ich werde bei Arsinoë, mit der ich von der Musik her schon seit langem befreundet bin, so tun, als sei ich in Knemon verliebt, und sie bitten, mich nachts an ihre Stelle zu lassen. Wenn das gelingt, dann kannst du hingehen und die Arsinoë spielen. Ich will schon dafür sorgen, daß er nicht ganz nüchtern zu Bett geht. Wenn du dann deinen Willen gehabt hast, wird deine Leidenschaft wohl nachlassen. Oft ist dies schon nach dem ersten Male der Fall. Die Begierde hört auf, wenn sie befriedigt ist. Wenn sie dennoch anhält, was ich nicht hoffe, dann muß man eben einen zweiten Weg antreten und ein anderes Mittel versuchen. Im Augenblick wollen wir fürs erste sorgen.'

Demänete erklärte sich einverstanden und drängte, den Vorschlag auszuführen. Thisbe bat sich einen Tag Zeit aus, um die Sache zu ordnen. Sie ging zu Arsinoë und sagte: ‚Du kennst doch den Teledemos?' Als diese bejahte, bat sie: ‚Laß uns beide heute bei dir übernachten! Ich habe ihm eine Nacht versprochen. Er wird früher kommen als ich. Ich kann erst fort, wenn ich meine Herrin zu Bett gebracht habe.'

Dann lief sie zu Aristippos auf das Landgut.

,Ich komme, Herr, mich selbst anzuklagen', sagte sie. ,Mach, was du willst, mit mir. Ich bin, wenn auch wider meinen Willen, mit schuld daran, daß du deinen Sohn verloren hast. Ich hatte gemerkt, daß meine Herrin, deine Gattin, sich wenig musterhaft betrug und dich hinterging. Ich fürchtete, wenn es durch jemand anderen herauskäme, würde es mir selbst schlecht gehen. Auch tat es mir sehr leid, daß deine Liebe und Sorge so übel vergolten wurde. Da ich selbst dir nichts zu sagen wagte, ging ich nachts heimlich zu dem jungen Herrn und erzählte ihm, deine Gattin habe einen Liebhaber. Er verstand – du weißt, er hatte sich schon immer über sie zu beklagen –, dieser sei gerade bei ihr, nahm wütend einen Dolch und rannte – obwohl ich immer wieder versuchte, ihn zurückzuhalten und sagte, jetzt im Augenblick sei alles in Ordnung, hörte er gar nicht auf mich oder rechnete mit einer Sinnestäuschung meinerseits –, rannte also wütend zu dir ins Schlafzimmer. Was weiter geschah, weißt du ja. Wenn du willst, kannst du dich jetzt deinem Sohn gegenüber, wenn er auch des Landes verwiesen ist, rechtfertigen und sie für die Niedertracht, die sie an euch beiden begangen hat, bestrafen. Ich will dir heute nacht deine Frau in einem fremden Hause vor der Stadt in den Armen ihres Liebhabers zeigen.'

,Wenn dir das gelingt', sagte Aristippos, ,lasse ich dich zur Belohnung frei. Ich werde noch einmal neu leben, wenn ich mich an ihr gerächt habe. Ich verzehre mich lange in Sorge. Was du sagst, argwöhnte ich schon längst. Aber mir fehlten die Beweise, darum schwieg ich. Was soll ich nun tun?'

,Komm in den Garten zum Denkmal der Epikureer', erklärte sie. ,Dort erwarte mich gegen Abend.'

Nun lief sie wieder zu Demänete.

,Mach dich schön! In deinem besten Kleid mußt du kommen', sagte sie. ,Alles ist in Ordnung, wie ich dir versprochen habe.'

Die Herrin umarmte sie und tat, wie geheißen. Am Abend holte Thisbe sie ab. Sie ließ sie in der Nähe des Hauses warten, ging zu Arsinoë und bat sie, in ein anderes Zimmer zu gehen und sie mit dem jungen Manne, der noch etwas schüchtern und in Liebesdingen unerfahren sei, allein zu lassen. Arsinoë tat, was sie geheißen war. Dann holte Thisbe Demänete, ließ sie eintreten und sich zu Bett legen, löschte das Licht, angeblich, damit du – der ja in Aigina weilen sollte! – sie nicht erkennen könntest, und schärfte ihr ein, die Liebe schweigend zu genießen. ‚Ich hole ihn jetzt herbei', sagte sie, ‚er sitzt nebenan beim Wein'.

Dann holte sie Aristippos an besagtem Orte ab. Sie drängte ihn, den Liebhaber seiner Frau zu überraschen und festzunehmen. Er betrat das Haus und stürzte ins Zimmer. Bei dem schwachen Mondlicht fand er nur schwer das Bett. ‚Habe ich dich, du gottverhaßtes Weib' schrie er. Als Thisbe das hörte, schlug sie mit aller Gewalt die Haustür zu. ‚Schade', rief sie, ‚der Kerl ist entkommen. Paß auf, Herr, daß sie dir nicht auch entwischt!'

‚Keine Sorge', rief Aristippos. ‚Die Dirne habe ich. Und an ihr liegt mir besonders.'

Er packte sie und schleppte sie zur Stadt.

Jetzt kam Demänete die ganze Verzweiflung ihrer Lage zu Bewußtsein. Um die schönste Hoffnung betrogen, sah sie sich der Schande ausgesetzt und mußte die Strafe des Gesetzes erwarten. Sie schämte sich, ertappt zu sein, und war zugleich wütend, daß man dieses Spiel mit ihr getrieben hatte. Als sie an dem Brunnen bei der Akademie vorüberkamen – du kennst jedenfalls die Stelle, wo die Behörden den Heroen das althergebrachte Opfer darbringen –, riß sie sich plötzlich von der Hand des alten Mannes los und stürzte sich kopfüber in die Tiefe. So fand das böse Weib einen elenden Tod. Aristippos sagte nur: ‚Mir hast du nun die Schuld gebüßt, ohne das Gesetz abzuwarten.' Er gab am anderen Tage vor dem Volksgericht eine genaue Darstellung der Vorgänge. Er kam nicht ganz leicht straffrei davon. Dann bemühte er sich gleich bei Freunden und Bekannten, die Aufhebung deiner Landesverweisung zu erwirken, da er gerade einer der Ratsvorsitzenden war. Wieweit ihm dies gelungen ist, weiß ich nicht. Ich mußte, wie du siehst, in eigenen geschäftlichen Dingen hierher reisen. Du kannst aber damit rechnen, daß das Volksgericht deine Heimkehr erlauben und dich dein Vater selbst nach Hause holen wird. Das hat er versprochen.‹

Das erzählte mir Charias. Es würde zu lange dauern, wollte ich euch meine weiteren Schicksale berichten und erzählen, wie ich hierher kam.«

Knemon vergoß, während er sprach, Tränen. Auch die beiden jungen Leute weinten, wie es schien, seinetwegen. Doch galt ihr Schmerz auch dem eigenen Unglück. Sie hätten noch lange geweint, wenn nicht, nach den wohltuenden Klagen, der Schlaf sie überwältigt und den Tränen ein Ende gemacht hätte.

So schliefen sie. Auch Thyamis – so hieß der Führer der Räuber – ruhte den größten Teil der Nacht, bis er plötzlich von Traumbildern aus dem Schlummer geschreckt wurde und wachend über ihre Bedeutung nachgrübelte.

Um die Stunde, da die Hähne krähen – ob nun, wie man sagt, bei der Rückkehr der Sonne ein Instinkt sie treibt, die Götter zu grüßen, oder ob die Wärme und zugleich das Verlangen, sich zu regen und Futter zu bekommen, sie drängt, mit ihrem Schrei die Hausgenossen zur Arbeit zu wecken –, um diese Stunde hatte er folgenden Traum.

Er sah sich im Isistempel von Memphis, seiner Vaterstadt. Das Heiligtum war von Fackelschein erleuchtet, die Altäre und Opferherde waren vom Blut aller möglichen Tiere überströmt, die Säulenhallen und Gänge erfüllt von einer lärmenden, jubelnden Menge. Er befand sich im Allerheiligsten. Da trat die Göttin selbst auf ihn zu. Sie hielt Chariklea an der Hand und sprach zu ihm:

»Ich führe dir dieses unberührte Mädchen zu, Thyamis. Sie wird dir gehören, doch wirst du sie nicht besitzen. Du wirst der Fremden ein Unrecht tun und sie töten, doch wird sie nicht sterben.«

Er wußte nicht, was er mit dem Traum anfangen sollte. Als er – hin und her überlegend – keinen rechten Sinn fand, deutete er ihn nach seinem Wunsch. Die Worte: ›Sie wird dir gehören, und doch wirst du sie nicht besitzen‹, legte er dahin aus: als Weib und nicht als Jungfrau. ›Du wirst sie töten‹, bezog er auf die Verletzung ihrer Jungfräulichkeit, an der Chariklea nicht sterben werde. So deutete er den Traum, doch war es sein Verlangen, das ihm diese Deutung eingab.

Bei Tagesanbruch befahl er seine Unterführer zu sich und

ließ die Kriegsbeute, wie er den Raub beschönigend nannte, herbeischaffen. Auch Knemon ließ er kommen, mitsamt den von ihm bewachten Gefangenen. Unterwegs jammerten sie: »Was für ein Los wird uns jetzt erwarten?« Und sie baten Knemon, ihnen nach Kräften beizustehen. Er versprach es und hieß sie guten Mutes ein. Der Anführer, betonte er, sei kein wirklicher Barbar. Vielmehr habe er eine gewisse Gesittung, sei aus guter Familie und habe seinen jetzigen Beruf nur aus Not ergriffen.

Als sie ankamen, war die Masse der Räuber schon versammelt. Thyamis übernahm von einem erhöhten Platz aus den Vorsitz des Inselrates. Er wies Knemon an, den Gefangenen seine Worte zu übersetzen, da er die griechische Sprache nur unzulänglich beherrschte und Knemon bereits ziemlich gut ägyptisch verstand.

»Kameraden«, sprach er, »ihr kennt meine Gesinnung gegen euch. Ich habe sie stets bewiesen. Ich bin, wie ihr wißt, als Sohn des Orakelpriesters von Memphis, nachdem mein Vater sich vom Amt zurückgezogen hatte, von meinem jüngeren Bruder widerrechtlich um die Nachfolge gebracht worden. Bei euch habe ich Zuflucht gesucht, um Rache zu nehmen und die mir gebührende Würde später einmal zu erlangen. Ihr habt mich mit der Ernennung zu eurem Anführer ausgezeichnet, und bis auf den heutigen Tag habe ich niemals für mich mehr beansprucht als jeder von euch. Stets habe ich alles gleich um gleich mit euch geteilt, sei es die Beute, sei es den Erlös aus dem Verkauf der Gefangenen. Ich habe immer die Ansicht vertreten, ein wahrer Führer habe den Hauptanteil der Gefahr auf sich zu nehmen, aber nur den gleichen Gewinnanteil zu beanspruchen. Von den Gefangenen habe ich die kräftigen Männer, die uns noch nützlich sein konnten, uns eingegliedert, die schwächlichen verkauft. Gegen Frauen habe ich mich niemals vergangen. Die vornehmen von ihnen ließ ich gegen Lösegeld oder aus Mitleid mit ihrem Unglück frei. Die einfachen, die ja nicht erst unter dem Zwang der Gefangenschaft, sondern von jeher dienen mußten, gab ich euch einzeln zur Bedienung. Heute bitte ich euch inständig um einen bestimmten Teil der Kriegsbeute, um das fremde Mädchen hier. Ich könnte sie mir eigenmächtig zusprechen. Doch ziehe ich es vor, daß sie mir von euch zugesprochen wird. Es wäre eine Dummheit, wollte ich mir die Gefangene selbständig und gegen den Willen meiner Kameraden nehmen. Aber auch so will ich sie nicht umsonst haben. Ich verzichte dafür auf meinen Anteil an der übrigen Beute. Als Angehöriger eines Priestergeschlechts schätze ich nicht, was die vulgäre Aphrodite gewährt, nicht um meine Lust zu befriedigen, sondern zur Weiterführung meines Geschlechtes – ich habe es reichlich überlegt – soll sie mir gehören. Ich will euch auch meine Gründe darlegen. Augenscheinlich stammt auch sie aus einer vornehmen Familie. Darauf deuten der kostbare Schmuck, den wir bei ihr gefunden haben, und die Tatsache, daß das Unglück sie nicht gebrochen hat. Ihre stolze Haltung verrät noch die früheren besseren Tage. Sodann schließe ich auf einen edlen Charakter. An Schönheit übertrifft sie alle Frauen. Durch den Adel ihres Blickes zwingt sie alle, die sie sehen, zur Achtung. Wie sollte man also von ihr nicht den gewinnendsten Eindruck erhalten? Was aber am stärksten auf mich wirkt: sie ist offensichtlich die Priesterin eines Gottes, die es auch in ihrem Unglück für ungeziemend und unerlaubt hält, Gewand und Schmuck ihrer priesterlichen Würde abzulegen. Kann es, Kameraden, für einen Mann aus dem Priesterstand eine schicklichere Verbindung geben als mit einer Priesterin?«

Alle riefen Beifall und wünschten ihm zu dieser Ehe Glück.

»Ich danke euch«, fuhr er fort. »Es kommt nun darauf an zu wissen, wie das Mädchen selbst darüber denkt. Handelte es sich um einen Akt der Gewalt, so würde mein Wille genügen, und jede Frage wäre überflüssig. Für eine Ehe bedarf es dagegen des beiderseitigen Einverständnisses.«

Er wandte sich an Chariklea.

»Wie denkst du über eine eheliche Verbindung mit mir, mein Mädchen?«

Gleichzeitig fragte er sie nach ihrem Namen und ihrer Herkunft.

Lange Zeit stand sie mit gesenktem Blick, als sammelte sie ihre Gedanken und Worte, und schüttelte ein und das andere Mal das Haupt. Als sie dann Thyamis ansah und noch mehr als vorher durch ihre Schönheit bestrickte, waren ihre Wangen durch die Überlegung mehr als sonst gerötet und ihre Augen leuchteten in bezaubernder Lebendigkeit.

Knemon übersetzte ihre Worte.

»Eigentlich sollte ich meinen Bruder Theagenes antworten lassen«, sagte sie. »Frauen schweigen besser und überlassen den Männern das Reden unter Männern. Da ihr mir aber zu sprechen erlaubt und – ein erster Beweis eures Edelmuts – euren Willen durch freundliches Zureden statt mit Gewalt durchzusetzen sucht, da es sich außerdem um mich persönlich handelt, muß ich schon die Zurückhaltung, die mir wie jedem jungen Mädchen die Sitte vor Männern auferlegt, aufgeben und auf die Frage des Siegers, wie ich über die Ehe mit ihm denke, antworten, nun gar vor so vielen Männern. Du willst wissen, wer wir sind? Wir stammen aus Ionien, und zwar aus einer der angesehensten Familien von Ephesos. Wir haben noch unsere beiden Eltern. Da das Herkommen es so verlangt, gaben wir uns in den Dienst der Götter, ich wurde Priesterin der Artemis, mein Bruder Priester des Apoll. Das sind Ämter auf ein Jahr. Nach Ablauf dieser Frist unternahmen wir mit Gefolge eine Festgesandtschaft nach Delos, wo wir musische und sportliche Kampfspiele veranstalteten und anschließend wie üblich den Tempeldienst wieder verlassen wollten. Gold, Silber, Kleidung und alles, was für die Spiele und den öffentlichen Schmaus nötig war, war schon an Bord gebracht, und wie fuhren ab. Während die Eltern und andre ältere Leute aus Scheu vor der Seereise zu Hause blieben, begleiteten uns viele Landsleute auf unserem Schiff oder auf eigenen Fahrzeugen. Wir hatten schon mehr als die halbe Fahrt hinter uns, da wurde mit einem Male das Meer unruhig. Ein starker Seitenwind kam auf, der sich bald zum orkanartigen Gewittersturm steigerte und die Wogen peitschte. Das Schiff verlor seinen Kurs. Der Steuermann kam gegen die Übermacht der Elemente und das Schlingern des Schiffes nicht auf und überließ die Steuerung dem Zufall. Sieben Tage und Nächte trieb uns der Orkan und verschlug uns schließlich an die Küste, an der wir eure Gefangenen wurden. Ihr habt die vielen Leichen gesehen. Als wir unsere Rettung feierten, meuterte die Besatzung und fiel über uns her. Sie hatte sich vorgenommen, uns zu erschlagen und sich unserer reichen Ladung zu bemächtigen. Alle unsere Freunde fanden den Tod, aber auch die Meuterer selbst trafen und wurden getroffen. Wir behielten die Oberhand. Aber nur wir beide – wäre es doch nicht geschehen – blieben als kläglicher Rest am Leben. Das einzige Glück im Unglück, das uns ein Gott bescherte, war, daß wir gerade euch in die Hände fielen. Wir waren schon auf unseren Tod gefaßt. Und nun soll eine Hochzeit daraus werden, die ich keineswegs zurückweisen will. Für ein Mädchen, das sich dem Tempeldienst gewidmet hat, muß es geradezu als göttliche Fügung erscheinen, dem Sohn eines Priesters, der, wenn der Gott will, bald ein solcher werden wird, zu gehören. Ich bitte dich nur um eine Gefälligkeit, Thyamis, gestatte mir, eine Stadt oder einen Ort mit Altar oder Tempel des Apollo aufzusuchen, um dort Amt und Abzeichen der Priesterin abzulegen. Am besten ginge ich mit dir wohl nach Memphis, wenn du deine Stellung als Priester wiedererlangst. Dann würde ein frohes Hochzeitsfest mit der Feier deiner glücklichen Berufung verbunden sein. Ob wir schon vorher heiraten sollen, überlasse ich ganz deiner Entscheidung. Nur laß mich erst der angestammten Sitte genügen. Damit wirst du sicher einverstanden sein, bist du doch von Jugend auf für den Dienst der Götter bestimmt und gewohnt, die heiligen Gebräuche zu achten.«

Tränen erstickten ihre Worte. Alle gaben ihr recht und waren damit einverstanden, hießen sie so handeln und erklärten, ihr behilflich zu sein. Auch Thyamis willigte ein, halb freiwillig, halb gezwungen. Seine Leidenschaft für Chariklea ließ ihm schon diesen Aufschub zur Ewigkeit werden. Aber er war von ihren Worten wie bezaubert, er mußte nachgeben. Auch fiel ihm sein Traum ein, der ihm eine Hochzeit in Memphis zur Gewißheit machte. Er verteilte die Beute – einige der kostbarsten Stücke behielt er mit freiwilliger Zustimmung seiner Leute für sich – und schloß damit die Versammlung.

In zehn Tagen sollten sie sich für den Aufbruch nach Memphis bereithalten. Den beiden Griechen überließ er die bisherige Wohnung gemeinsam mit Knemon, doch war ihnen dieser jetzt nicht mehr als Gefangenenwärter, sondern als Begleiter zugewiesen. Auch ordnete er an, daß sie reichlicher lebten als bisher, und aus Achtung für seine Schwester zog er Theagenes manchmal sogar an den eigenen Tisch. Chariklea selbst nahm er sich vor so wenig wie möglich zu sehen. Er wollte seine Leidenschaft durch ihren Anblick nicht noch anfachen und dadurch seine einmal gefaßten Vorsätze und Versprechungen gefährden. Deshalb versagte sich Thyamis lieber den Anblick der Geliebten. Sie zu sehen und nicht zu besitzen war ihm unmöglich.

Während sich alle nach ihren über der See verstreuten Wohnungen begaben, ging Knemon aus dem Hause, um in einiger Entfernung vom See das versprochene Wunderkraut für Theagenes zu suchen.

Als sie allein waren, brach Theagenes in Tränen und Klagen aus. Zu Chariklea sagte er nichts, aber immer wieder rief er die Götter zu Zeugen an. Da fragte sie ihn, ob es das alte, gemeinsame Unglück sei, über das er klage, oder ob ihm ein neues zugestoßen sei.

»Ein neues?« antwortete er. »Gibt es denn etwas Schlimmeres, als wenn Eide und Versprechen gebrochen werden, als wenn Chariklea mich vergißt und einem anderen die Ehe verspricht?«

»Sei still«, unterbrach ihn die Geliebte. »Deine Worte bedrücken mich schwerer als unser Unglück. Nach so vielen Beweisen meiner Treue in der Vergangenheit dürfen dich einige Worte von mir, die sich aus den Umständen erklären und zu einem bestimmten Zweck gesprochen sind, nicht schon mißtrauisch machen! Sonst muß ich annehmen, daß du dich geändert hast, mehr als du mich je geändert finden wirst. Ja, ich bin unglücklich, ich leugne es nicht; aber keine Gewalt der Erde würde mich dazu bringen, mich zu vergessen. Nur einmal war ich schwach, – ich weiß es – aus Liebe zu dir. Aber auch das blieb in den Grenzen des Erlaubten. Nicht wie einem Liebhaber habe ich dir nachgegeben, sondern von Anfang wie dem künftigen Gatten, dem ich mich versprach. Bis heute bin ich rein geblieben, auch dir gegenüber – wenn ich auch mehr als einmal genötigt war, dein allzu stürmisches Werben zurückzuweisen –, immer nur hatte ich unsre eheliche Verbindung im Auge, wie wir sie uns gelobt und geschworen haben; ich wartete nur auf die Weihe durch das Gesetz. Bist du wirklich so töricht, zu glauben, ich gäbe diesem Ausländer den Vorzug vor dem Griechen, dem Räuber vor dem Geliebten?«

»Was sollten dann aber vorhin deine schönen Worte? Daß du mich als deinen Bruder ausgabst, war ja ein herrlicher Einfall, um Thyamis nicht eifersüchtig zu machen. Auch können wir jetzt ohne Furcht zusammenbleiben. Ebenso verstehe ich die Geschichte mit unserer ionischen Familie und der Reise nach Delos. Du wolltest damit nur die Wahrheit verdecken und die Hörer irreführen. Aber daß du gleich auf den Heiratsantrag eingingst und dich fest gebunden und schon den Zeitpunkt bestimmt hast, konnte und wollte ich nicht begreifen. Lieber läge ich unter der Erde, als daß ich ein solches Ende meiner Leiden und Hoffnungen erlebte.«

Da umarmte Chariklea Theagenes und küßte ihn immer wieder unter heißen Tränen.

»Schön«, rief sie, »wie freue ich mich, daß du um mich bangst. Es zeigt mir, daß deine Liebe unter den vielen Schicksalsschlägen nicht gelitten hat. Aber glaubst du, wir würden jetzt überhaupt miteinander sprechen, hätte ich nicht meine Zusage gegeben? Hartnäckiger Widerstand bestärkt nur die herrische Begehrlichkeit eines Mächtigen, wie du weißt, während ein Wort des Nachgebens und Entgegenkommens den ersten Sturm einer heißen Leidenschaft beschwichtigt und mit freundlichen Hoffnungen die quälende Begierde einschläfert. Liebende, die noch natürlicher denken, sehen schon im Versprechen einen ersten Beweis der Liebe, und da sie glauben, damit schon gewonnen zu haben, werden sie vernünftiger und wiegen sich in Hoffnungen. Deshalb habe ich mit Worten ja gesagt. Im übrigen vertraue ich auf die Götter und das Schicksal, welches von Anfang an über unserer Liebe gewaltet hat. Ein oder zwei Tage haben oft schon Rettung gebracht, und das Glück ist stärker und erfinderischer als alle menschliche Berechnung. So habe ich, was jetzt schon unmittelbar drohte, mit Geschick hinausgeschoben, die sichere Gefahr des Augenblicks mit der Vertröstung auf eine unsichere Zukunft abgebogen. Wir müssen die Komödie nun, Liebster, wie eine Kriegslist weiterspielen und darüber schweigen, selbst gegen Knemon. Er ist zwar freundlich zu uns und ein Grieche, aber schließlich ein Gefangener, der, wenn es darauf ankommt, immer zu seinem Herrn halten wird. Wir sind seiner Treue weder durch die Erfahrung einer langen Freundschaft noch durch Blutsverwandtschaft sicher. Sollte er unser wahres Verhältnis ahnen, müssen wir leugnen, wenigstens vorerst. Bisweilen ist eine Lüge berechtigt, wenn sie dem, der sie ausspricht, nützt, und dem, der sie hört, nicht schadet.«

So suchte Chariklea Theagenes zu beruhigen. Da kam Knemon in höchster Eile angerannt. Schon sein Gesicht verkündete seine Erregung.

»Hier ist das Heilkraut, Theagenes«, rief er, »leg es auf deine Wunden, damit sie sich rasch schließen. Wir müssen uns auf neue Leiden gefaßt machen und auf Mord und Totschlag dazu!«

Theagenes bat ihn, sich deutlicher zu erklären.

»Dazu ist jetzt keine Zeit mehr. Ich fürchte, die Ereignisse sind sonst rascher als das Wort. Komm schleunigst mit mir. Auch Chariklea muß folgen.«

Er nahm sie mit zu Thyamis, der gerade seinen Helm putzte und den Wurfspeer schärfte.

»Da bist du gerade bei der richtigen Arbeit!« rief Knemon. »Leg nur gleich die Waffen an und befiehl deinen Leuten, dasselbe zu tun. Wir sind von einer feindlichen Übermacht eingeschlossen wie noch nie. Sie sind schon ganz nahe, dort kommen sie über die Höhe. Ich bin gelaufen, so sehr ich konnte, um dich vor dem Überfall zu warnen. Unterwegs habe ich den Leuten, die ich traf, zugerufen, sich bereitzumachen.«

Bei dieser Nachricht sprang Thyamis auf. Seine erste Frage galt Chariklea, er fürchtete mehr für sie als für sich. Knemon wies auf die Tür, vor der sie wartete. Thyamis nahm ihn beiseite.

»Führe sie in unsere Schatzhöhle, mein Lieber«, sagte er. »Wenn du sie in Sicherheit gebracht und den Eingang wie gewöhnlich verschlossen hast, komm zurück. Den Kampf laß dann meine Sorge sein.«

Während er seinen Schildträger beauftragte, ein Opfertier zu holen, um vor Kampfbeginn den einheimischen Göttern das Opfer zu bringen, führte Knemon die weinende Chariklea, die sich immer wieder besorgt nach Theagenes umsah, auftragsgemäß in die Höhle. Diese gehörte nicht zu den häufig vorkommenden, von der Natur geschaffenen Gebilden, wie sie sich öfter unterirdisch oder an der Oberfläche öffnen, sondern war künstlich, in Nachahmung der Natur, von den ägyptischen Räubern angelegt, die eigenhändig mit großem Geschick den Hohlraum geschaffen hatten, um darin ihre Beute sicher unterzubringen.

Sie sah etwa so aus: Den Eingang bildete ein enger dunkler Gang, der unter der Tür eines versteckten Raumes lag. Die Schwelle war zugleich eine zweite Tür, die es ermöglichte, nach unten zu gelangen. Sie ließ sich leicht heben und senken. Man kam dann in einen Raum, der in unregelmäßig gewundene Gänge überging. Das waren die Wege ins Höhleninnere, die bald gesondert für sich verliefen, mit beabsichtigtem Umweg, bald ineinander übergingen und sich wie die Wurzeln eines Baumes verwickelten, um schließlich ganz im Grund in eine große Halle einzumünden. Diese wurde von dem Tageslicht, das durch einen schachtartigen Spalt in einer Anhöhe am See einfiel, schwach erleuchtet.

Als Knemon Chariklea hier heruntergebracht und an der Hand bis ans Ende der Höhle geleitet hatte, sprach er ihr Mut zu und versicherte ihr, er werde mit Theagenes gegen Abend zurückkommen. Auf keinen Fall, fügte er hinzu, werde er zulassen, daß er in den Kampf hineingerate, sondern dafür sorgen, daß er ihm ausweichen könne. Dann ließ er sie allein und ging durch die Höhle zurück. Keines Wortes mächtig, wie tödlich getroffen von dem neuen Schicksalsschlag und als ob sie mit Theagenes auch ihr Leben verloren hätte, blieb Chariklea zurück, kaum fähig zu atmen oder ein Wort zu sagen.

Knemon war unglücklich über sich selbst, daß er den harten Befehl hatte ausführen müssen, vor allem aber über das Los des schönen Mädchens, das er sozusagen lebendig begraben hatte – ein in lichter Schönheit strahlendes Wesen wie Chariklea mußte er der Nacht und Finsternis überlassen! Er schloß die Türe hinter sich und lief zu Thyamis. Dieser hatte, brennend vor Kampfeslust wie Theagenes, eben seinen schönsten Waffenschmuck angelegt und feuerte seine versammelten Leute zur Tapferkeit an.

Mitten unter ihnen stehend, sprach er:

»Ich brauche nicht viel Worte zu machen, Kameraden, der Krieg ist euer Leben. Lange Ermutigung habt ihr nicht nötig. Auch keine Ermahnung. Euer Leben ist Kampf. Zudem verbietet der überraschende Überfall des Gegners jedes unnötige Wort. Der Feind ist schon in unserem Haus. Sich nicht ebenso entschlossen, so rasch es geht, zur Abwehr ihm entgegenwerfen hieße unsere Pflicht vergessen. Ihr wißt: Für unsereinen geht es nicht um Frauen und Kinder, was vielen schon allein genügt, um sie zum Kampf zu begeistern. Das und auch der Gewinn, den ein Sieg verspricht, hat für uns wenig Bedeutung. Für uns geht es um das nackte Leben. Beim Kampf zwischen Räubern gibt es weder Verhandlungen noch Frieden, sondern entweder Sieg und Leben oder Niederlage und Tod. Nehmt also alle Kraft und allen Mut zusammen gegen unsere gefährlichsten Feinde!«

Nach diesen Worten sah er sich nach seinem Schildträger um und rief wiederholt seinen Namen ›Thermuthis‹. Als er nicht zu finden war, stieß er wilde Drohungen aus und lief zu seinem Boot.

Der Kampf war bereits in vollem Gange. Schon von weitem sah man, wie die weit draußen an den Zugängen zum See wohnenden Räuber überwältigt waren. Die Angreifer hatten schon die Boote und Hütten der geflüchteten oder gefallenen Bewohner angezündet. Das Feuer war unter dem Wind auf den nahen Sumpf übergesprungen und fraß sich in dem dichten Rohrdickicht weiter. Ein unbeschreibliches Flammenmeer, das mit grellem Schein die Augen blendete und mit seinem Geprassel die Ohren betäubte, wogte heran. Man sah und hörte Kampf in jeder Form.

Die Überfallenen wehrten sich mit großer Tapferkeit und Kraft, aber die zahlenmäßige Überlegenheit und die Plötzlichkeit des Angriffs gaben den Feinden das Übergewicht. Sie machten die einen schon auf dem Festland nieder, die andern warfen sie mit ihren Fahrzeugen und Hütten in den See. Von all dem erhob sich wilder Lärm: von dem sich zu Land wie zu Wasser abspielenden Kampf, von den Treffenden wie von den Getroffenen. Der See färbte sich rot von Blut. Die Kämpfenden waren vom Wasser und Feuer völlig eingeschlossen.

Bei diesem Anblick und Lärmen fiel Thyamis der Traum

ein, in welchem er Isis gesehen hatte und ihren Tempel voller Fackeln und Opfer. In dem, was sich jetzt abspielte, schien ihm dieser Traum, dem er nun die entgegengesetzte Deutung gab, sich zu erfüllen. Er besaß Chariklea und würde sie doch nicht besitzen: Der Kampf hatte sie ihm genommen. Er würde sie töten, ohne zu verwunden: mit dem Schwert, nicht im Liebeskampf. Er verwünschte den Betrug der Göttin. Der Gedanke, Chariklea könne einem anderen in die Hände fallen, war ihm unerträglich. Er befahl seinen Leuten, den Kampf mehr hinhaltend zu führen. Von der Insel aus müßten sie ringsum aus dem Hinterhalt kämpfen und aus dem umliegenden Sumpfland heimliche Vorstöße unternehmen und froh sein, wenn sie sich so der Überzahl der Feinde erwehren könnten.

Dann eilte er, unter dem Vorwande, Thermuthis zu suchen und zu seinen Herdgöttern beten zu wollen, allein wie wahnsinnig nach seiner Wohnung zurück – keiner durfte ihm folgen.

So sind die Barbaren: Was sie sich einmal in den Kopf gesetzt haben, davon lassen sie nicht so leicht wieder ab. Halten sie sich für verloren, so bringen sie vorher alle um, an denen sie hängen, sei es in der Vorstellung, sich mit ihnen nach dem Tode wieder zu vereinigen, sei es in der Absicht, sie nicht der Willkür und dem Übermut ihrer Feinde zu überlassen.

Er vergaß also alle seine Pflichten und daß er im Netz der Gegner eingeschlossen war und stürzte, besessen von Liebe, Eifersucht und Wut, so schnell er konnte, zur Höhle hin und sprang, laute Verwünschungen in ägyptischer Sprache ausstoßend, hinein. Im dunklen Gang traf er auf eine Frau, die Griechisch sprach. Er ging der Stimme nach, bekam die Frau mit der Linken am Kopf zu fassen und bohrte ihr mit der Rechten das Schwert tief in die Brust.

Als die Unglückliche am Boden lag, stieß sie einen letzten, erschütternden Todesschrei aus. Thyamis lief zurück, verschloß die Eingangstür und streute etwas Erde darauf. »Mein Hochzeitsgeschenk für dich«, stöhnte er, während ihm die Tränen ins Auge traten.

Zu den Booten zurückgekehrt, fand er seine Leute – die Angreifer waren schon ganz nahe – mit der Flucht beschäftigt. Auch Thermuthis war mit dem Opfertier zur Stelle. Er schalt ihn aus und bemerkte, er selbst habe bereits das schönste Opfer gebracht. Dann sprang er mit Thermuthis und einem Dritten, der die Ruder führen sollte, ins Boot. Mehr Leute fassen diese Fahrzeuge nicht, die aus einem ziemlich roh ausgehöhlten starken Baumstamm bestehen. Auch Theagenes fuhr in einem zweiten Kahn zusammen mit Knemon los und so nach und nach alle anderen. Als sie sich ein Stück von der Insel entfernt hatten und mehr an ihr entlang als von ihr wegfuhren, zogen sie die Ruder ein und brachten die Boote in Erwartung der Gegner in Kampfordnung. Aber schon daß sie jetzt so nahe am Feind waren und das Klatschen seiner Ruder hörten, nahm ihnen den Mut: Ihn sehen und kehrtmachen war bei allen andern eins. Einige hatten sich schon zur Flucht gewandt, als sie das Kampfgeschrei hörten. Auch Theagenes und Knemon mußten, wenn auch nicht aus Feigheit, sich zurückziehen. Thyamis allein warf sich den Feinden entgegen, wahrscheinlich weil er sich schämte zu fliehen, vielleicht auch, weil er Chariklea nicht überleben wollte.

Schon war es zum Nahkampf gekommen, als einer rief: »Aufgepaßt! Dies ist Thyamis!«

Sie schlossen mit den Fahrzeugen einen Kreis um ihn. Während er sich verteidigte und einige mit dem Speer verwundete, andere tötete, richtete erstaunlicherweise keiner mit Hieb oder Stoß die Waffe gegen ihn. Jeder versuchte vielmehr, ihn lebend gefangenzunehmen. Er setzte sich eine Zeitlang verbissen zur Wehr, bis mehrere Gegner gleichzeitig auf ihn eindrangen und ihm den Speer entrissen. Zugleich verlor er seinen Schildträger, der hervorragend an seiner Seite gekämpft hatte, bis er, wie es schien, schwer verwundet sich ins Wasser stürzte. Angesichts des aussichtslosen Kampfes tauchte er unter. Erst als er sich als guter Schwimmer außer Wurfweite gebracht hatte, tauchte er wieder auf und schwamm mühsam nach dem Ufersumpf, ohne daß jemand sich um seine Verfolgung gekümmert hätte. Denn die Gefangennahme des Thyamis bedeutete ihnen schon den vollen Sieg. Trotz starker Verluste freute es sie mehr, den einen Mann, der so viele ihrer Leute getötet hatte, lebend in ihrer Gewalt zu haben, als sie der Verlust ihrer Kameraden schmerzte. Denn Räuber lieben Geld und Gut mehr als das Leben, und Freundschaft und Verwandtschaft richtet sich bei ihnen nur nach dem Vorteil. Auch diese waren vom gleichen Schlag. Es waren dieselben, die am Tage zuvor an der Heraklesmündung des Nils vor Thyamis und seinen Leuten die Flucht ergriffen hatten. Wütend über den Verlust der Beute, als hätte man ihnen ihr Eigentum fortgenommen, hatten sie ihre zu Hause gebliebenen Kameraden zusammengerufen, und außerdem die umliegenden Dörfer aufgeboten mit der Aussicht auf gleichen Anteil an der zu erwartenden Beute, und an ihrer Spitze den Überfall unternommen.

Sie hatten auch einen besonderen Grund, Thyamis lebend in ihre Gewalt zu bringen. Er hatte einen Bruder in Memphis, Petosiris, der ihn, als der jüngere, widerrechtlich und hinterlistig um das Priesteramt gebracht hatte. Als er erfuhr, daß sein älterer Bruder eine Räuberbande anführe, hatte er Angst, bei der ersten Gelegenheit werde er kommen, um sein Recht zu holen, oder auch, mit der Zeit möchte sein Ränkespiel entdeckt werden. Außerdem war ihm zu Ohren gekommen, die Bevölkerung habe ihn im Verdacht, Thyamis, der nirgends zu sehen war, beseitigt zu haben. Aus allen diesen Gründen versprach er durch Mittelsmänner in den Räuberdörfern denen, die ihm seinen Bruder lebend brächten, viel Geld und Vieh. Mit diesem Versprechen waren die Briganten gewonnen worden, und sie vergaßen die lockende Belohnung auch in der Hitze des Gefechtes nicht. Sie nahmen ihn, sobald ihn einer erkannt hatte, trotz Verlust vieler eigener Leute gefangen. Sie brachten ihn gefesselt an Land und bestimmten die Hälfte ihrer Leute durch das Los zu seiner Bewachung. Er beklagte sich bitter über ihre vermeintliche Milde, da er die Gefangenschaft schwerer zu ertragen fand als den Tod. Die übrigen kehrten nach der Insel zurück, wo sie die gesuchten Werte und Beutegegenstände zu finden hofften.

Obwohl sie die ganze Insel durchstreiften und nichts undurchsucht ließen, fanden sie außer dem Wenigen, was nicht in dem unterirdischen Versteck verborgen war, nichts von den erwarteten Schätzen.

Sie setzten daraufhin die Hütten in Brand und zogen sich zu den Ihrigen zurück, weil die Nacht schon hereinbrach und ein längeres Verweilen auf der Insel gefährlich schien. Mußten sie doch einen Überfall der entkommenen Gegner befürchten.

Zweites Buch

Die Insel war ein einziges Flammenmeer. Theagenes und Knemon merkten nichts von der Katastrophe. Solange die Sonne am Himmel stand, überstrahlte sie den Feuerschein. Erst als sie unterging und die Nacht hereinbrach, loderte das Feuer hell auf und warf weithin sichtbar seinen Schein. Im Vertrauen auf den Schutz der Dunkelheit spähten die beiden aus dem Sumpfröhricht hervor und sahen die Insel taghell beleuchtet.

Theagenes schlug die Hände vor das Gesicht und zerwühlte sein Haar.

»Ich will nicht mehr leben«, schrie er. »Alles ist aus, alles dahin! Furcht und Gefahr, Hoffnung, Sorge und Liebe. Chariklea ist verloren und damit Theagenes. Ich Unglücklicher! Es war auch umsonst, daß ich mich feige und unmännlich versteckte, um mich dir, Liebste, zu erhalten. Ich will nicht mehr leben, wenn du tot bist. Und was das Schwerste ist, nicht eines natürlichen Todes bist du gestorben, nicht in meinen Armen, wie du es wohl gewünscht hättest, sondern in den Flammen umgekommen. Ein Gott hat dir dieses Feuer statt der Hochzeitsfackel angezündet. Deine strahlende Schönheit ist vernichtet, selbst der letzte Reiz des entseelten Körpers. O Grausamkeit, o unsagbarer Neid des Schicksals! Nicht die letzte Umarmung blieb mir, nicht der letzte seelenlose Kuß.«

Bei diesen Worten betrachtete er sein Schwert. Knemon riß es ihm schnell aus der Hand.

»Was soll das, Theagenes«, rief er, »weshalb Tränen um eine Lebende? Habe doch Mut! Chariklea lebt und ist gerettet.«

»Das kannst du Toren und Kindern erzählen, Knemon! Du machst mich erst ganz unglücklich, nimmst du mir die erlösende Wohltat des Todes.«

Da schwur Knemon und erzählte ihm alles: vom Befehl des Thyamis, von der Höhle, wie er Chariklea dahin gebracht habe. Er beschrieb ihre Anlage und zahllosen Windungen, dank denen nicht zu befürchten sei, daß das Feuer bis in die Tiefe hätte dringen können.

Theagenes atmete auf. Er wollte gleich zu der Insel hinüber. Im Geiste sah er schon die Geliebte und machte die Höhle zum Brautgemach. Er ahnte nicht, welch trauriges Erlebnis ihn dort erwartete.

Sie fuhren also schleunigst hinüber. Sie ruderten selbst, da ihr Bootsmann sich gleich beim ersten Kampfgeschrei wie ein Läufer auf das Startzeichen auf und davon gemacht hatte. Sie wichen bald nach der einen, bald nach der anderen Richtung vom graden Kurs ab, weil sie, ungeübt im Rudern, nicht Takt hielten und ihnen überdies der Wind entgegenstand. Doch der gute Wille glich den Mangel an Geschicklichkeit aus. Mit viel Mühe und Schweiß erreichten sie schließlich die Insel und rannten, so schnell sie konnten, zu den Behausungen. Sie fanden sie niedergebrannt und konnten nur noch den Platz, an dem sie gestanden hatten, feststellen. Der steinerne Eingang zur Höhle aber war zu erkennen. Der Wind hatte gerade auf die Hütten zugeweht und die leichten, geflochtenen Rohrwände durch seine Gewalt rasch in Brand gesteckt. Der Platz an ihrer Stelle war schon fast eingeebnet. Als das Feuer bald erloschen und in Asche zusammengesunken war, hatte der gleiche Wind die Glut größtenteils fortgeweht und den Rest so weit abgekühlt, daß man ihn betreten konnte. Sie lasen einige halbverbrannte Fackeln auf und zündeten Schilfreste an. Dann öffneten sie den Eingang zur Höhle und liefen hinunter, voran Knemon. Kaum waren sie ein Stück vorwärtsgekommen, da schrie er plötzlich auf.

»Zeus, was ist das? Alles ist verloren. Chariklea ist ermordet.«

Er ließ die Fackel zu Boden fallen. Sie erlosch. Er schlug die Hände vor das Gesicht, kniete nieder und brach in Tränen aus.

Theagenes fiel über den Leichnam hin, als habe er einen Stoß erhalten, und hielt ihn lange mit seinen Armen eng umschlungen. Knemon, der ihn ganz in Schmerz und Verzweiflung sah, fürchtete, er möchte sich ein Leid antun. Deshalb zog er ihm heimlich das Schwert aus der Scheide, die an seiner Hüfte hing. Dann ließ er ihn allein und lief zurück, um die Fackel wieder anzuzünden.

Indessen überließ sich Theagenes seinem Schmerz in lauten Klagen.

»O unerträgliches Schicksal!« rief er. »Das ist die Hand eines Gottes! Welche unersättliche Erinye berauscht sich an unserem Jammer, trieb uns aus der Heimat, ließ uns die Schrecken des Meeres erleiden, in die Hände der Piraten und abermals in die Gewalt von Räubern fallen und nahm uns Hab und Gut? Bei alledem war nur eines geblieben. Und dies einzige habe ich jetzt auch noch verloren. Chariklea ist tot. Ermordet von Feindeshand, gegen die sie ihre Unschuld verteidigte, um sie mir zu erhalten. Nun liegt sie hier, die Unglückliche! Nichts hat sie von ihrer jungen Schönheit gehabt und nichts mir davon gegeben. Sprich noch einmal mit mir, du Süße, wie so oft! Äußere einen letzten Wunsch, wenn du noch einen Hauch von Leben in dir hast! Wehe, du schweigst. Dein Mund ist verstummt, der einmal begeistert Götterworte kündete, und das Dunkel des Abgrunds hält dich fest, die einstmals dem Tempel Licht gab. Deiner Augen Glanz ist erloschen, ihre Schönheit, die alle bannte, die dein Mörder gewiß nicht sah. Du – wie nenne ich dich – meine Braut – dich, die Unvermählte? Meine Gattin – dich, die Unberührte? Wie soll ich dich nennen? Welchen Namen habe ich noch? Den schönsten: Chariklea! Sei unbesorgt, Chariklea! Dein Geliebter bleibt dir treu. Bald hast du ihn wieder. Ich schenke dir mein Leben, ich opfere dir mein Blut, das dir teuer war. Diese Höhle wird unser beider Grab sein. So werden wir, was uns das Schicksal im Leben versagte, wenigstens im Tode vereint sein.«

Er griff nach dem Schwert. Als er es nicht fand, rief er:

»Du machst mich unglücklich, Knemon, und tust auch Chariklea Leid an, der du ihr jetzt zum zweitenmal die Gemeinschaft mit dem Geliebten genommen hast.«

In diesem Augenblick drang aus der Tiefe der Höhle eine Stimme: »Theagenes! Theagenes!«

Er antwortete, ohne zu erschrecken: »Ich komme, geliebte Seele. Sicher irrst du noch auf Erden umher und willst den schönen Körper, von dem du gewaltsam getrennt wurdest, nicht verlassen. Vielleicht auch wollen dich die Schatten der Unterwelt nicht aufnehmen, weil du nicht bestattet bist.«

Inzwischen war Knemon mit brennenden Fackeln zurückgekehrt.

Wieder ließ sich die gleiche Stimme vernehmen und rief: »Theagenes«.

»Götter!« rief Knemon, »ist das nicht Charikleas Stimme? Ich glaube, sie lebt, Theagenes. Die Stimme kommt hinten aus der Höhle, von dort, wo ich Chariklea verlassen habe.«

»Willst du nicht aufhören, mich immer wieder zu narren?« entgegnete Theagenes.

»Gut«, erwiderte Knemon, »ich narre dich und narre mich selbst, wenn sich herausstellt, daß die Tote hier zu unseren Füßen Chariklea ist.«

Mit diesen Worten drehte er den Leichnam um, das Gesicht zu sehen, und stieß einen Schrei aus.

»Götter, was ist das? Ein Wunder! Dies ist Thisbe!«

Er taumelte zurück. Er zitterte am ganzen Körper und fand keine Worte.

Theagenes hatte sich wieder gefaßt, und neue Hoffnung schöpfend, weckte er Knemon aus seiner Erstarrung und drang in ihn, er möge ihn rasch zu Chariklea führen. Gleich kam auch Knemon wieder zu sich und warf noch einmal einen Blick auf die Tote. Es war tatsächlich Thisbe. Auch erkannte er ein neben ihr liegendes Schwert an dem Knauf als das Eigentum des Thyamis, der es in Hast und Verwirrung bei der Ermordeten zurückgelassen hatte. Weiter nahm er eine Wachstafel, die sich an ihrem Brustausschnitt etwas verschoben hatte, an sich und versuchte die Schrift zu entziffern. Aber Theagenes ließ ihn nicht zum Lesen kommen.

»Erst wollen wir meine Liebste holen«, drängte er, »falls nicht auch jetzt noch ein Dämon uns zum besten hält.«

Knemon gab nach. Sie nahmen das Schriftstück und das Schwert mit und eilten zu Chariklea.

Mit Händen und Füßen tastete sie sich dem Fackelschein entgegen, stürzte auf Theagenes zu und warf sich ihm an die Brust.

»Hab' ich dich, mein Theagenes?« – »Lebst du, Chariklea?« riefen sie immer wieder.

Sie sanken zu Boden und hielten sich schweigend umschlungen wie ein Leib, und wie im Tod vergingen ihnen die Sinne.

So wird ja oft übergroße Freude zum Leid, und ein Glück ohne Maß zieht den Schmerz an. So ging es auch den zwei Liebenden: Die gegen alle Erwartung Geretteten schwebten in Gefahr, bis Knemon eine Art Quelle aufscharrte und das sich gleich sammelnde Wasser mit den hohlen Händen schöpfte, ihnen das Gesicht benetzte, die Nase einrieb und sie damit wieder zu sich brachte.

Als ihnen die Stellung, in der Knemon sie liegen sah, zu Bewußtsein kam – sie war ganz anders als eben noch beim Wiedersehen, – sprangen sie auf. Sie erröteten vor ihm, der Zeuge dieses Bildes gewesen war, namentlich Chariklea, und entschuldigten sich. Knemon lächelte.

»Ihr verdient nur Lob«, scherzte er, um sie in gute Laune zu versetzen. »Und dieser Meinung wird jeder sein, der je im Kampf mit der Liebe so reizend unterlegen ist und dem unentrinnbaren Pfeile erlegen ist, ohne seine Besonnenheit zu verlieren. Dagegen fand ich es nicht richtig, Theagenes, und habe mich geradezu geschämt, als ich sah, wie du das fremde Mädchen, das dich gar nichts anging, in die Arme nahmst und um sie unwürdige Tränen vergossest. Und ich versicherte dir doch, deine Liebste sei heil und am Leben.«

»Hör auf«, rief Theagenes, »mich bei Chariklea anzuschwärzen! Ich weinte doch über der Leiche der andern nur um sie, weil ich sie mit der Toten verwechselte. Aber das alles hat ja nun zu unserem Glück einer der Götter als Irrtum erwiesen. Da mußt du dich schon an deinen Mut erinnern, du tapferer Athener, wie du noch vor mir mein Unglück beweintest und vor der Leiche, vor einer toten Frau, davonliefst, um sie nicht wie eine Göttererscheinung auf der Bühne erkennen zu müssen, du Held, du tapferer attischer Kriegsmann!«

Sie lachten unter Tränen, aber es war ein kurzes, gezwungenes Lachen. Das Weinen war ihnen, angesichts solcher Geschehnisse, näher.

»Die Glückliche«, sagte Chariklea nach einer Weile und rieb sich dabei die Wange unter dem Ohr, »um die Theagenes geweint hat, wie Knemon sagt! Wer sie auch sein mag, wenn ihr mich nicht für eifersüchtig haltet, so möchte ich wissen, wer es war, um die mein Theagenes geweint hat. Und wie kam es, daß du sie mit mir verwechseltest?«

»Du wirst staunen«, antwortete Theagenes. »Knemon behauptet, es sei Thisbe, die athenische Kitharaspielerin, die gegen ihn und Demänete intrigierte.«

Chariklea war in der Tat erstaunt.

»Wie ist es möglich, Knemon, daß sie aus Griechenland hierher nach Ägypten wie durch die Luft geflogen kommt? Und daß wir sie nicht vorher bemerkten, als wir in die Höhle hinunterkamen?«

»Das kann ich auch nicht sagen«, erwiderte Knemon. »Was ich von ihr weiß, ist folgendes:

Als Demänete, nachdem sie in die Falle gegangen war, sich in den Abgrund gestürzt und mein Vater vor der Volksversammlung über den Vorfall berichtet hatte, kam er vorerst straffrei davon. Er bemühte sich dann selbst um die Bewilligung meiner Heimkehr und bereitete seine Abreise vor, um mich heimzuholen. Thisbe machte es sich zunutze, daß er beschäftigt war, und ließ sich ganz ungeniert zu Trinkgelagen engagieren, sich und ihre Kunst. Bei einer solchen Veranstaltung stach sie Arsinoë, die sich beim Flötenspiel keine Mühe gab, durch ihr flottes Spiel und ihren ansprechenden Gesang zur Kithara aus. Sie erregte den Neid und die Eifersucht ihrer Gefährtin um so mehr, als ein schwerreicher Kaufmann aus Naukratis, namens Nausikles, mit ihr schön tat. Er stieß Arsinoë, mit der er sonst verkehrt hatte, von sich, angewidert von ihren durch das angestrengte Blasen aufgeblähten und in unschöner Weise mit der Nase wetteifernden Backen und ihren heißen, hervortretenden Augen. In eifersüchtiger Wut lief sie zu den Angehörigen Demänetes und verklatschte Thisbe wegen der gemeinen Anschläge gegen ihre Herrin, von denen sie sich einen Teil selbst zusammengereimt, den anderen von Thisbe unter dem Siegel der Freundschaft erfahren hatte.

Die Verwandten treten also gegen meinen Vater auf, verpflichten für viel Geld die besten Rhetoren zur Erhebung der Anklage und verbreiten unter viel Geschrei, Demänete sei ohne Verhör und Beweis einfach beseitigt worden. Der angebliche Ehebruch habe nur zur Verdunklung des Mordes gedient. Sie verlangten, daß man ihnen den Ehebrecher tot oder lebendig zeige oder wenigstens seinen Namen nenne. Schließlich forderten sie die Auslieferung Thisbes zwecks peinlichen

Verhörs. Mein Vater sagte dies zu, konnte sie aber nicht ausliefern, weil sie in Voraussicht des Kommenden mit dem Kaufmann geflüchtet war, wie sie es verabredet hatten, als das Verfahren eingeleitet wurde. Das erregte Volk erklärte darauf meinen Vater, der alles wahrheitsgetreu vortrug, zwar nicht zum Mörder, aber doch als mitschuldig an dem Anschlag gegen Demänete und an meiner ungerechten Verbannung. Er wurde aus der Stadt gewiesen und sein Vermögen eingezogen. Das hatte er nun von seiner zweiten Ehe. Die verruchte Thisbe, die jetzt vor meinen Augen ihre Strafe bekommen hat, verließ zu Schiff Athen. Das ist alles, was ich in Erfahrung bringen konnte. Ich hörte es in Aigina von einem gewissen Antikles. Mit ihm fuhr ich hierher nach Ägypten, um Thisbe in Naukratis aufzuspüren, sie nach Athen zurückzubringen, meinen Vater von jedem Verdacht und jeder Anklage zu reinigen und ihre Bestrafung für die gegen uns alle begangenen Niederträchtigkeiten zu erwirken.

Nun teile ich hier euer Schicksal. Wie es dazu kam und was ich in der Zwischenzeit noch erlebte, sollt ihr ein andermal hören. Wie und von wem Thisbe in der Höhle umgebracht wurde, wissen die Götter. Wollen wir einmal das Wachstäfelchen ansehen, das wir in ihrem Brustausschnitt fanden? Vielleicht, daß wir daraus Näheres erfahren.«

Die beiden waren einverstanden. So öffnete er die Schreibtafel und las folgendes:

»An Knemon, ihren Herrn und Gebieter, von seiner Feindin und Rächerin Thisbe.

Zuerst gebe ich Dir gute Nachricht vom Tode Demänetes, den ich deinetwegen veranlaßt habe. Wie ich das machte, werde ich Dir, wenn Du mich aufnimmst, mündlich berichten. Sodann teile ich Dir mit, daß ich mich schon seit zehn Tagen in Gefangenschaft eines der Räuber auf dieser Insel befinde. Er rühmt sich, der Schildträger des Anführers zu sein, hält mich eingesperrt und läßt mich nicht einmal die Nase aus der Tür strecken. Wie er behauptet, aus Liebe, wie ich aber vermute, aus Furcht, ich könne ihm weggenommen werden. Aber dank göttlicher Fügung sah ich Dich, Herr, vorbeigehen, erkannte Dich und schicke Dir diesen Brief heimlich durch eine Alte, die mit mir zusammenwohnt und der ich auftrug, ihn dem schönen Griechen, dem Freunde des Anführers, auszuhändigen. Rette mich aus den Händen der Räuber und nimm mich als Deine Sklavin zu Dir! Und laß mich am Leben, wenn Du willst. Denn Du sollst wissen, alles, was ich Dir scheinbar Böses tat, geschah gezwungen. An Deiner Feindin habe ich Dich dagegen aus freiem Entschluß gerächt. Ist aber Dein Groll unversöhnlich, so laß ihn an mir aus, wie Du willst. Nur möchte ich Dir gehören, auch wenn ich sterben muß. Denn lieber den Tod durch Dich und ein Begräbnis nach griechischer Sitte als ein Leben ärger als der Tod und die Zärtlichkeiten eines Barbaren, die für eine Athenerin unerträglicher sind als sein Haß.«

So erzählte Thisbe in ihrem Brief.

»Gut, daß du tot bist, Thisbe, und uns selbst Nachricht von deinen Erlebnissen gibst«, sagte Knemon. »Dein toter Leib hat sie uns noch mitgeteilt. Die strafende Erinye hat dich durch die ganze Welt gejagt und ihre Geißel nicht eher ruhen lassen, bis sie in Ägypten mir, dem Beleidigten, das Schauspiel der vollzogenen Strafe bieten konnte. Was magst du mit diesem Briefe für neue Intrigen beabsichtigt haben, deren Ausführung die strafende Gerechtigkeit zuvorkam? Obwohl du tot vor mir liegst, traue ich dir nicht und fürchte sehr, der Tod Demänetes ist nur erdichtet, man wollte mich mit der Nachricht nur irreführen, und du bist übers Meer gefahren, um in Ägypten das Theaterstück von Athen weiterzuspielen.«

»Hör endlich auf«, unterbrach ihn Theagenes, »dich vor Geistern und Schatten zu fürchten, du Held! Du wirst nicht behaupten wollen, sie habe auch mich bezaubert, der ich in dem Stück keine Rolle spiele. Sie ist wirklich und wahrhaftig tot. Du kannst also beruhigt sein, Knemon. Wer aber mag dir nun wirklich den Gefallen getan haben, sie umzubringen? Wie und wann kam sie hier herunter, das frage ich mich besorgt.«

»Weiter kann ich es auch nicht erklären«, erwiderte Knemon. »Nur soviel steht fest, daß Thyamis ihr Mörder war. Das Schwert, das wir neben der Toten fanden, beweist es. Ich erkenne es als das seine an dem Griff aus Elfenbein mit dem Adler.«

»Kannst du uns sagen«, fragte Theagenes, »wie und weshalb er den Mord beging?«

Fast wären die Liebenden jetzt, als sie einander sahen, zur Erde gesunken; sie umarmten sich aber . . . und küßten sich; und das war ihnen wie eine Stütze, daß sie nicht niederfielen. SEITE 64

»Wie soll ich das wissen?« sagte Knemon. »Diese Höhle hat mir nicht die Prophetengabe verliehen, wie angeblich der Tempel von Pytho den Besuchern die Gabe der Weissagung verleiht.«

»Ach, Pytho! Ach, Delphi!« riefen Theagenes und Chariklea bekümmert wie aus einem Munde.

Knemon war erstaunt. Er konnte nicht ahnen, was ihnen der Name Pytho bedeutete.

Während sie so miteinander plauderten, hatte inzwischen Thermuthis, der Schildträger des Thyamis, der im Kampf verwundet und an Land geschwommen war, bei Einbruch der Dunkelheit unter den auf dem See umhertreibenden Trümmern ein Fahrzeug gefunden. Er bestieg es und fuhr nach der Insel, um zu Thisbe zu eilen. Sie war einige Tage vorher bei dem Überfall auf den Kaufmann Nausikles, in dessen Begleitung sie war, in einer Gebirgsschlucht in seine Hände gefallen. Als ihn Thyamis während des Tumults bei dem feindlichen Überfall nach dem Opfertier geschickt hatte, brachte er sie, um sie sich zu sichern, aus dem Bereich der Pfeile und Speere heimlich zur Höhle. In der Hast und Verwirrung ließ er sie in der Nähe des Eingangs zurück. Dort war sie aus Angst vor dem Schrecken des Kampfes und in Unkenntnis der Gänge, die ins Innere führten, geblieben, und dort war Thyamis auf sie gestoßen und hatte sie statt Chariklea erstochen.

Thermuthis glaubte sie außer Gefahr und eilte zu ihr. Nach der Landung auf der Insel konnte er kaum schnell genug zu den Hütten gelangen. Sie lagen alle in Asche. Mit Mühe entdeckte er den steinernen Eingang. Er zündete etwas Rohr, das noch schwelte, an, lief, so schnell er konnte, hinunter und rief dabei – so weit reichte sein Griechisch – den Namen Thisbe.

Als er sie tot auf dem Boden liegen sah, stand er eine Zeitlang ratlos da. Nach einer Weile hörte er aus der Tiefe der Höhle das Geräusch von Stimmen – Theagenes und Knemon sprachen noch miteinander – und nahm an, daß es Thisbes Mörder seien. Er wußte nicht, was er tun sollte. Räubersinn und Barbarenwut, gesteigert durch den Verlust der Geliebten, reizten ihn, sich auf die vermeintlichen Täter zu stürzen. Doch er hatte keine Waffen, kein Schwert und mußte sich zurückhalten, so schwer es ihm wurde.

Es schien ihm das beste, nicht gleich als Feind aufzutreten und erst, wenn er sich in den Besitz einer Waffe gesetzt hatte, den Gegner anzugreifen. In dieser Absicht trat er auf Theagenes und seine Begleiter zu. Seine wilden, drohenden Blicke verrieten seine heimlichen Gedanken. Als sie den unbekleideten Mann sahen, der unerwartet vor ihnen auftauchte, voller Wunden, Mordgier im Auge, zog sich Chariklea, ohne Zweifel aus Vorsicht, aber mehr noch aus Scham, um dem unanständigen Anblick eines nackten Mannes auszuweichen, weiter ins Innere der Höhle zurück. Auch Knemon wich rückwärts. Er erkannte Thermuthis, ahnte aber bei seinem unverwarteten Erscheinen nichts Gutes. Nur Theagenes versetzte sein Auftreten weniger in Schrecken als in Zorn. Er zog das Schwert, um bei der ersten verdächtigen Bewegung zuzuschlagen.

»Bleib stehen, du da!«, rief er, »sonst schlag ich zu. Ich hab' es nur nicht getan, weil ich dich zu kennen glaube und noch nicht weiß, was du vorhast.«

Thermuthis fiel auf die Knie und bat um Gnade, wobei die Umstände mehr mitsprachen als seine Gesinnung. Er suchte sogar Knemons Beistand. Er verdiene, versicherte er, daß man ihn leben lasse, habe er ihnen doch nichts Böses getan. Gestern noch sei er ihr Kamerad gewesen und betrachte sie auch jetzt als Freunde.

Knemon ließ sich bewegen. Er hieß ihn, der Theagenes' Knie umschlungen hielt, aufstehen und fragte ihn wiederholt, wo Thyamis sei.

Da berichtete er alles: wie Thyamis mit den Feinden zusammengestoßen war, sich mitten unter sie geworfen und tapfer gekämpft hatte, ohne sie oder sich zu schonen, jeden, der ihm in die Hände kam, getötet hatte und dabei selbst geschützt war durch den Befehl, ihn am Leben zu lassen. Was aus ihm geworden sei, meinte er zum Schluß, könne er nicht sagen. Er selbst sei, um sich zu retten, verwundet an Land geschwommen und nun zur Höhle gekommen, um Thisbe zu suchen.

Sie fragten ihn, was ihn die Gesuchte angehe und wie er zu Thisbe gekommen sei und wieso er sie jetzt suche.

Auch darüber gab Thermuthis Auskunft. Er erzählte, wie er sie Kaufleuten abgenommen habe, daß er sich wahnsinnig in sie verliebt, sie die ganze Zeit heimlich bei sich gehabt und schließlich beim feindlichen Angriff in die Höhle gebracht habe. Nun finde er sie ermordet, er wisse nicht, von wem, möchte es aber wissen und auch das Motiv der Tat kennen.

Um nicht selbst in Verdacht zu kommen, erklärte Knemon lebhaft: »Thyamis ist der Mörder.« Zum Beweis zeigte er das Schwert, das sie neben dem Opfer gefunden hatten.

Als Thermuthis es sah, noch triefend von Blut, warm und gleichsam schaudernd vor dem noch frischen Mord, und es als Thyamis' Eigentum erkannte, stöhnte er aus tiefster Brust. Außerstande, die Tat zu begreifen, stumm und niedergeschlagen, ging er zum Eingang der Höhle zurück. Wieder bei der Leiche angelangt, legte er den Kopf auf die Brust der Toten. »Thisbe«, sagte er immer wieder, sonst nichts, bis das Wort nach und nach verstummte und er in Schlaf sank.

Inzwischen machten sich Theagenes, Chariklea und Knemon Gedanken über ihre Lage. Es schien, als ob sie etwas ins Auge fassen wollten. Aber das Übermaß erlittener Qualen, die Aussichtslosigkeit ihrer unglückseligen Lage und die Ungewißheit der Zukunft machten sie verzagt und ratlos. Lange blickten sie einander an. Jeder erwartete, der andere werde sprechen. Da nichts erfolgte, blickten sie zu Boden, sahen wieder auf und suchten ihr Herz durch Seufzen zu erleichtern. Schließlich ließ sich Knemon auf den Boden fallen, Theagenes kauerte sich an ein Felsstück, und Chariklea sank neben ihm nieder. Lange kämpften sie gegen den Schlaf und sannen auf einen Ausweg aus ihrer Lage. Endlich überwältigte sie die Erschöpfung nach den Strapazen. Wider Willen gaben sie dem Gesetz der Natur nach und sanken vor übergroßem Leid in süßen Schlummer. So mußten die Kräfte des Geistes dem erschöpften Körper nachgeben.

Sie hatten eben erst so viel Schlaf genossen, daß er gerade ihre Augenlider leicht beruhigt hatte, da überkam Chariklea ein Traum. Ein Mann mit wüstem Haar, tückischem Blick und blutigen Händen hob das Schwert gegen sie und schlug ihr das rechte Auge aus. Sie schrie auf, rief Theagenes und sagte, man habe ihr das Auge genommen. Er war sofort bei ihr und empfand ihren Schmerz mit, als hätte er den gleichen Traum gehabt. Sie tastete mit der Hand das Gesicht ab und befühlte vorsichtig das Organ, das sie in der Traumvorstellung verloren hatte.

»Es war nur ein Traum«, erklärte sie, »nur ein Traum, mein Auge ist da. Sei ruhig, Theagenes.«

Theagenes atmete auf. »Welch Glück, daß deine Augen heil sind. Was ist dir geschehen? Worüber bist du so erschrocken?«

»Ein gemeiner, frecher Kerl kam mit dem Schwerte auf mich zu«, sagte sie, »während ich zu deinen Füßen ruhte. Selbst vor dir, dem Starken, hatte er keine Angst. Mir war, als schlüge er mir das rechte Auge aus. Ich wünschte, es wäre so und kein Traum, Theagenes.«

Sie solle sich doch beruhigen, sagte er und fragte, wie sie so etwas wünschen könne.

»Weil ich lieber ein Auge verliere, als mir deinetwegen Sorgen mache. Ich fürchte nämlich, der Traum bezieht sich auf dich, bist du doch mein Augapfel, mein ein und alles.«

Knemon, der gleich beim Aufschrei Charikleas erwacht war, hatte alles mit angehört.

»Mach dir keine Gedanken«, meinte er. »Dein Traum scheint mir etwas ganz anderes zu bedeuten. Sag, leben deine Eltern noch?«

Sie bejahte. »Und wenn sie noch lebten?« meinte sie.

»Dann ist dein Vater gestorben. Ich komme darauf, weil wir den Eltern Leben und Licht verdanken. Träume, die das Augenpaar, das Sinneswerkzeug des Lichtes und Organ des Wahrnehmens betreffen, beziehen sich aller Wahrscheinlichkeit nach auf Vater und Mutter.«

»Auch das wäre bitter genug«, sagte Chariklea, »aber mir ist lieber, es wäre so als anders und du wärest der rechte Orakeldeuter und nicht ich.«

»Es wird schon so sein«, meinte Knemon, »das kannst du mir glauben. Doch wir träumen offenbar wirklich, unterhalten uns über Träume und Hirngespinste und kümmern uns nicht im mindesten um unsere eigene Lage, jetzt wo wir es können und der Ägypter dort« – er meinte Thermuthis – »nicht dabei ist und seine tote Geliebte zurückbeschwört und um sie jammert.«

»Da ein Gott dich mit uns zusammengeführt und zu unserem Schicksalsgenossen gemacht hat,« unterbrach ihn Theagenes, »so mach du zuerst einen Vorschlag. Du kennst das Land hier und die Landessprache. Außerdem hat das Schicksal uns beiden härter mitgespielt und den Blick für das Ratsame mehr getrübt!«

»Wer von uns mehr durchgemacht hat«, erwiderte Knemon nach einer kleinen Pause, »will ich dahingestellt sein lassen, lieber Theagenes. Jedenfalls hat mich das Schicksal auch nicht schlecht bedacht. Wenn ihr aber von mir als dem Älteren meine Ansicht wissen wollt – nun, ihr seht, diese Insel ist ganz verlassen und niemand auf ihr außer uns. So reichlich Gold, Silber und Kleidung, alles das, was Thyamis und seine Leute euch und andern geraubt und in dieser Höhle aufgestapelt haben, vorhanden ist, von Brot und anderen Lebensmitteln ist nichts übriggeblieben. Wir laufen also Gefahr, wenn wir hierbleiben, entweder zu verhungern oder durch einen Überfall umzukommen, sei es durch die zurückkehrenden Feinde oder auch die Leute, die auf unserer Seite standen, sobald sie sich gesammelt haben und, da sie von dem Schatz wissen, seinetwegen wiederkommen. Dann wäre es besser für uns zu sterben, als – wenn sie sich menschlicher zeigen – ihren Mißhandlungen ausgesetzt zu sein. Denn diesem Hirtenvolk ist an sich schon nicht zu trauen, jetzt aber nach dem Verlust ihres Anführers, der sie zu einer gewissen Disziplin zwang, schon gar nicht. Wir müssen deshalb die Insel verlassen, als flüchteten wir aus einer Falle oder einem Kerker. Vorher müssen wir Thermuthis unter dem Vorwand, daß er vielleicht etwas über Thyamis ermitteln könne, wegschicken. Wenn wir unter uns sind, werden wir uns leichter verständigen, was nottut. Überhaupt ist es ratsam, den von Charakter unzuverlässigen und, wie alle Räuber, unverträglichen und verbrecherischen Menschen loszuwerden. Dazu kommt, daß er uns Thisbes wegen in Verdacht hat und schwerlich davon loskommt, wenn er nicht die erste beste Gelegenheit schon wahrnehmen wird, uns einen Streich zu spielen.«

Sie hießen den Vorschlag gut und beschlossen, ihn auszuführen.

Sie kehrten zum Eingang der Höhle zurück, denn schon gewahrten sie das erste Tageslicht, und weckten den fest schlafenden Thermuthis. Sie setzten ihn von ihren Absichten, soweit es ihnen geraten schien, in Kenntnis und überredeten den leicht beeinflußbaren Menschen ohne Mühe. Thisbes Leiche legten sie in ein Grab, streuten statt Erde etwas Asche von den Wohnstätten darüber, verrichteten, so gut es die Umstände erlaubten, die üblichen Zeremonien und opferten statt Totengaben Tränen und Klagen.

Dann schickten sie, wie beschlossen, Thermuthis fort. Als er ein Stück weit gegangen war, kehrte er wieder um und erklärte, er wolle nicht allein gehen und übernehme den gefährlichen Kundschafterdienst nur, wenn Knemon mitkomme. Theagenes sah, wie Knemon bei diesen Worten erblaßte. Beim Übersetzen konnte er seine Angst nicht mehr verbergen. Theagenes redete ihm zu:

»Tapfer bist du nur beim Ratschlagen. Aber es fehlt dir an Mut. Das habe ich schon früher bemerkt und sehe es auch jetzt wieder. Nimm dich doch zusammen und zeige etwas mehr Mut! Es muß schon so gemacht werden, damit er nicht irgendwie mißtrauisch wird und unsere Fluchtpläne wittert. Du mußt ein Stück mit ihm gehen. Was ist dabei schon zu befürchten? Du hast ja ein Schwert und bist schwer gewappnet, er aber ist unbewaffnet. Du machst dich im geeigneten Augenblick heimlich davon und triffst mit uns an einem vereinbarten Platz zusammen. Wenn du in der Nähe ein Dorf weißt, wollen wir uns dorthin verabreden.«

Knemon erklärte sich einverstanden und nannte als Treffpunkt Chemmis, eine wohlhabende, stark bevölkerte Ortschaft, die sich am Nil hinziehe, zum Schutz gegen die Hirtenräuber auf der Höhe angelegt. Wenn sie den See überquert hätten, sei es von dort noch knapp hundert Stadien weit. Sie müßten sich genau südwärts halten.

»Das wird für Chariklea anstrengend werden«, antwortete Theagenes, »da sie nicht gewöhnt ist, weit zu Fuß zu gehen. Aber wir werden schon hinkommen. Wir wollen uns als arme Leute verkleiden, die ihren Unterhalt erbetteln müssen.«

»Ja, bei Zeus«, meinte Knemon, »so seht ihr gerade aus, namentlich Chariklea mit ihrem eben ausgeschlagenen Auge. Ihr macht mir eher den Eindruck von Leuten, die nicht um ein Stück Brot, sondern um Schwerter und Kessel bitten.«

Da glitt ein leichtes, gezwungenes Lächeln über ihre Lippen.

Sie gaben sich feierlich, mit Berufung auf die Götter, ihr Wort, einander nicht mit Willen im Stich zu lassen, und gingen daran, ihr Vorhaben in die Tat umzusetzen.

Bei Sonnenaufgang fuhren Knemon und Thermuthis über den See und nahmen ihren Weg durch einen ausgedehnten, wegen seines Unterholzes schwer zu durchdringenden Wald, Thermuthis ging voran, auf ausdrücklichen Wunsch Knemons, der ihm angeblich wegen seiner besseren Ortskenntnis die Führung überließ. In Wirklichkeit war er mehr auf seine Sicherheit und auf eine Gelegenheit zur Flucht bedacht.

Unterwegs stießen sie auf Herden, deren Hirten flohen und sich im Walddickicht versteckten. Sie schlachteten einen Leithammel und brieten ihn über einem Feuer, das die Hirten angezündet hatten. Vor Hunger schlangen sie das Fleisch hinunter, ohne abzuwarten, bis es hinreichend durchbraten war. Gleich Wölfen oder Hyänen verschlangen sie die vom Tier abgeschnittenen, kaum angebratenen Stücke, wobei ihnen das Blut des halbrohen Fleisches über die Backen lief.

Als sie gesättigt waren und noch Milch getrunken hatten, setzten sie ihren Weg fort. Um die Stunde, zu welcher der Bauer die Stiere aus dem Pflug spannt, erstiegen sie eine Anhöhe, an deren Fuß, wie Thermuthis sagte, das Dorf lag, in dem nach seiner Annahme Thyamis gefangen gehalten wurde oder vielleicht schon hingerichtet worden war. Da klagte Knemon, er habe sich mit dem hastigen Genuß des Fleisches und der Milch den Magen verdorben, und bat Thermuthis, weiterzugehen. Er werde bald nachkommen. Dasselbe machte er ein zweites und drittes Mal und es schien, als sage er die Wahrheit. Dann erklärte er, es falle ihm schwer, ihn einzuholen. Als er den Ägypter daran gewöhnt hatte, blieb er zuletzt ganz zurück und machte sich schließlich, so rasch ihn die Beine trugen, auf und davon. Durch das Dickicht lief er einen Abhang hinab.

Thermuthis hatte inzwischen die Höhe erreicht und ließ sich auf einem Felsen nieder, um die Dunkelheit abzuwarten und nachts im Dorf, wie verabredet, nach Thyamis zu suchen. Nebenher sah er sich nach Knemon um, ob er nachkomme. Er hatte nichts Gutes mit ihm vor. Denn er hatte ihn immer noch im Verdacht, Thisbe ermordet zu haben. So überlegte er, wie er ihn beseitigen könne, um dann seinen Haß an Theagenes auszulassen. Als Knemon nicht erschien und es schon tief in der Nacht war, überwältigte ihn ein bleierner Schlaf. Es war sein letzter. Der Biß einer Giftschlange – vielleicht wollten die Moiren es so – machte seinem Leben ein zu seinem Charakter passendes Ende.

Als Knemon Thermuthis verlassen hatte, gönnte er sich auf der Flucht keine Atempause, bis das Dunkel der Nacht seiner Eile Einhalt gebot. Er versteckte sich an Ort und Stelle unter einem Haufen von welkem Laub. Fast schlaflos brachte er die Nacht darunter zu. Jedes Geräusch, jeden Windstoß, jedes Blätterrascheln hielt er für Thermuthis. Überfiel ihn zeitweilig der Schlaf, so glaubte er sich im Traum auf der Flucht und wandte sich wiederholt nach dem Verfolger um, der gar nicht da war. So sehr er schlafen wollte, verwünschte er das auch, weil die Träume ihm noch schlimmer zusetzten als die Wirklichkeit. Auch verfluchte er die Nacht, die ihm länger vorkam als jede andere. Als zu seiner Freude endlich der Tag anbrach, schnitt er zuerst einmal sein langes Haar ab, auf das er bei den Räuberhirten besonderen Wert gelegt hatte, um räubermäßig auszusehen. Er wollte bei Leuten, die ihm begegneten, nicht etwa Angst oder Verdacht erwecken. Denn die Räuberhirten ziehen sich, um furchtbarer auszusehen, unter anderem das Haar bis auf die Augenbrauen und lassen es auf die Schultern herabhängen. Sie wissen wohl, daß langes Haar einem verliebten Menschen besonders gut steht, während es einen Briganten noch furchtbarer erscheinen läßt.

Als Knemon sein Haar soweit gekürzt hatte, als nötig war, um aus einem Räuber zu einem gutaussehenden Mann zu werden, eilte er nach Chemmis, wohin er mit Theagenes verabredet war. Als er an den Nil kam, wollte er schon nach dem Dorf übersetzen, als er einen alten Mann bemerkte, der stromauf, stromab am Ufer entlang eine Art Dauerlauf machte, als ob er dem Fluß seine Sorgen anvertrauen wolle. Sein Haar war ganz weiß und nach Priestersitte lang gewachsen. Ein würdiger langer Vollbart bedeckte ihm das Kinn. Mantel und übrige Kleidung waren griechisch. Knemon wartete eine Weile. Als der Alte immer wieder an ihm vorbeilief und ihn gar nicht zu bemerken schien, ganz in seine Gedanken versunken und nur seinen Betrachtungen hingegeben, trat er ihm in den Weg, grüßte ihn mit einem: »Sei guter Dinge!«

Das sei ihm unmöglich, entgegnete er, sein Schicksal sei nicht danach angetan.

»Bist du ein Grieche?« fragte Knemon erstaunt.

»Ich bin kein Grieche, sondern ein Ägypter von hier.«

»Wie kommst du dann zu dieser griechischen Kleidung?«

»Diese schöne Tracht hat mir das Unglück angezogen«, erwiderte der Alte.

Knemon zeigte sich erstaunt, daß man sich ausgerechnet im Unglück so schön kleiden könne, und wollte Näheres darüber wissen.

»‚Gleich mit Ilion' beginnst du«, zitierte der Alte, »und bringst einen ganzen Bienenschwarm von Unheil mit wildem Gesumm gegen dich auf. Aber wohin willst du, junger Mann, und woher kommst du? Was tust du als Grieche in Ägypten?«

»Das ist komisch«, sagte Knemon, »du erzählst nichts von dir, obwohl ich dich zuerst gefragt habe, willst aber über mich Bescheid wissen.«

»Also gut«, erwiderte der Alte, »da du wirklich ein Grieche zu sein scheinst, dem das Schicksal ein anderes Aussehen gegeben hat, und da du nun einmal meine Geschichte hören willst – ich bin selbst darauf aus, sie jemand zu erzählen, und hätte sie wie in der Sage dem Schilf hier erzählt, wenn ich dir nicht begegnet wäre –, so wollen wir das Nilufer und den Nil verlassen. In der Mittagshitze ist das kein angenehmer Platz, um lange Geschichten anzuhören. Gehen wir in die Ortschaft drüben auf der anderen Seite, falls du nichts Dringendes vorhast. Ich kann dich nicht bei mir zu Hause aufnehmen, aber im Heim eines ausgezeichneten Mannes, der auch mir schon auf meine Bitte Unterkunft gewährte. Da sollst du, wie du willst, meine Geschichte hören und mir dann die deine erzählen.«

»Gehen wir!« sagte Knemon. »Mein Weg führt sowieso nach dem Dorfe, wo ich mich mit Freunden verabredet habe.«

Am Ufer lagen eine Menge Boote, die Leute für Geld übersetzten. Sie bestiegen eines, fuhren nach dem Dorfe hinüber und begaben sich zu dem Hause, in dem der Alte wohnte.

Der Hausherr war nicht da. Sie wurden aber von seiner

erwachsenen Tochter und allen Dienerinnen im Haus freundlich aufgenommen. Man behandelte den Gast, offenbar auf Anweisung des Hausherrn, wie den eigenen Vater. Eine Dienerin wusch ihm die Füße und reinigte die Unterschenkel vom Straßenstaub, eine andere sorgte für ein bequemes Ruhelager, die dritte holte den Wasserkrug und machte Feuer an, die vierte brachte einen Tisch mit Weißbrot und allem möglichen Obst, wie es die Jahreszeit bot.

»Mir scheint, Väterchen«, meinte der überraschte Knemon, »wir befinden uns im Hause des Zeus, des Schirmherrn der Gastfreundschaft, nach der zuvorkommenden und herzlichen Aufnahme zu urteilen.«

»Nicht im Haus des Zeus«, erwiderte der Alte, »wohl aber im Hause eines Mannes, der es mit Zeus' Geboten der Gastlichkeit und Hilfsbereitschaft sehr genau nimmt. Führt er doch selbst ein Kaufmanns- und Wanderleben und kennt viele Städte und vieler Menschen Sitten und Gesinnung. Deshalb hat er auch mich unter seinem Dach aufgenommen, als ich vor einigen Tagen ohne festes Ziel umherirrte.«

»Und warum bist du umhergeirrt, Väterchen?«

»Räuber haben mir meine Kinder geraubt. Obwohl ich die Schuldigen kenne, kann ich nichts gegen sie unternehmen. Ich streife in der Umgebung umher und klage über mein Unglück, wie ein Vogel, dem eine Schlange das Nest vor den Augen zerstört und die Jungen auffrißt, Angst hat, näherzukommen, aber es auch nicht über sich bringt, wegzufliegen. Sehnsucht und Furcht kämpfen in seiner Brust. Jammernd umflattert und belagert er die Stätte. Umsonst läßt er den Schmerz der Mutterliebe vor Ohren laut werden, die für Mitgefühl taub sind.«

»Willst du mich nicht wissen lassen, wie und wann du so Schweres durchgemacht hast?«

»Später. Jetzt ist es an der Zeit, den Magen zu befriedigen, den Homer wegen seiner Despotie unübertrefflich den Verheerenden nennt. Vorher aber wollen wir nach dem Brauch der ägyptischen Weisen den Göttern eine Spende darbringen. Denn alles Leid darf uns nicht verleiten, die guten Sitten zu verletzen. Möge es nicht so groß werden, daß es uns die Pflichten gegen die Götter vergessen läßt.«

Bei diesen Worten goß er klares Wasser – nur solches trank er – aus der Schale.

»Opfern wir den ägyptischen und den griechischen Göttern«, sprach er, »besonders dem pythischen Apoll, aber auch Theagenes und Chariklea, den Edlen. Denn auch sie beide rechne ich zu den Himmlischen.«

Dabei vergoß er, gleichsam als zweites Opfer, Tränen.

Als er diese zwei Namen hörte, starrte Knemon den Alten groß an und musterte ihn von Kopf bis zu den Füßen.

»Was sagst du da?« rief er. »Theagenes und Chariklea, sind das etwa tatsächlich deine Kinder?«

»Sie sind mir Kinder geworden, ohne daß eine Mutter sie mir schenkte. Eine göttliche Fügung hat sie mir beschert. Sie sind Kinder meines Herzens geworden. Meine Liebe zu ihnen war ganz wie zu leiblichen Kindern. Und aus gleicher Liebe sahen sie in mir ihren Vater und nannten mich Vater. Sag, woher kennst du sie?«

»Ich kenne sie nicht nur«, antwortete Knemon, »ich kann dir auch die freudige Mitteilung machen, daß sie wohlauf sind.«

»Bei Apoll und allen Göttern«, rief der alte Mann, »wo sind sie? Wenn du sie mir wiederbringst, will ich dich meinen Retter nennen und dich wie einen Gott ehren.«

»Und was für eine Belohnung bekomme ich?« fragte Knemon.

»Im Augenblick meine Dankbarkeit, was kluge Leute für eines der schönsten Geschenke ansehen. Ich kenne viele, die solch Geschenk in ihrem Herzen wie einen Schatz hüten. Wenn wir aber in meine Heimat kommen, was nach den Voraussagen der Götter in nicht langer Zeit der Fall sein wird, sollst du so viel Geld haben, wie du willst.«

»Das sind unsichere Versprechungen für die Zukunft«, meinte Knemon, »du kannst mir doch gleich eine Belohnung geben.«

»Verlange, was du siehst. Ich will es dir geben, und wäre es ein Stück meines eigenen Körpers.«

»Zu verstümmeln brauchst du dich meinetwegen nicht. Ich bin vollkommen zufrieden, wenn du mir sagst, woher die beiden stammen, wer ihre Eltern sind, wie sie hierherkamen und was für Schicksale sie hatten.«

»Diese Belohnung, die mehr als alle Schätze der Erde wert ist, sollst du erhalten. Erst aber wollen wir etwas zu uns nehmen. Denn wir werden längere Zeit brauchen, du zum Zuhören, ich zum Erzählen.«

Sie verzehrten Nüsse und Feigen, frische Datteln und andere Früchte, da der Alte niemals ein lebendes Wesen tötete, um davon zu essen. Er trank Wasser dazu, Knemon etwas Wein.

Nach einer kleinen Weile sagte Knemon: »Wie du weißt, Väterchen, hat Dionysos Vergnügen an Geschichten und liebt die Komödien. Er ist jetzt in mich gefahren. Er wünscht die versprochene Belohnung und verlangt danach, deine Geschichte zu hören. Es ist also Zeit, daß du wie auf die Bühne trittst und mit der Vorstellung beginnst.«

»Also gut«, sagte der Alte, »nur schade, daß der gute Nausikles nicht hier ist. So oft hat er mich gedrängt, ihm meine Geschichte anzuvertrauen, und immer habe ich mich unter allerhand Vorwänden geweigert.«

»Wo steckt er denn?« fragte Knemon, als er den Namen Nausikles hörte.

»Er ist auf die Jagd gegangen«, antwortete der Alte.

»Auf was für eine Jagd?« fragte Knemon.

»Auf die Jagd nach den gefährlichen Raubtieren, die sich Menschen oder Hirten nennen, aber das Räuberhandwerk betreiben und nur schwer zu fangen sind, weil ihnen die Sümpfe als Unterschlupf und Höhlen dienen.«

»Und was hat er ihnen vorzuwerfen?«

»Sie haben ihm seine griechische Geliebte graubt. Thisbe nennt er sie.«

»Ihr großen Götter!« rief Knemon, stockte dann aber sofort, als hätte er sich schnell beherrscht.

»Was hast du?« fragte der Alte.

»Ich frage mich nur«, suchte Knemon abzulenken, »wie er diesen Kampf wagen kann und auf wen er sich stützt.«

»Der Statthalter Oroondates regiert im Auftrage des Großkönigs Ägypten. Er hat diesen Bezirk dem Befehl des Mitranes unterstellt. Nausikles hat es sich schweres Geld kosten lassen, ihn zu einer Strafaktion mit einer stärkeren Truppe von Berittenen und Fußvolk zu veranlassen. Der Verlust des griechischen Mädchens erbittert ihn so sehr, nicht allein, weil er sie liebt und sie eine hervorragende Sängerin ist, sondern weil er sie, wie er sagt, dem König von Äthiopien nach griechischer Sitte als Gespielin und Gesellschafterin seiner Gemahlin geben wollte. Weil ihm nun der große Gewinn, den er sich davon versprach, entgangen ist, setzt er alle Hebel in Bewegung. Auch ich habe ihn zu dem Unternehmen ermuntert, weil ich hoffe, dadurch vielleicht meine Kinder wiederzubekommen.«

»Genug von Räubern, Statthaltern und Königen«, unterbrach ihn Knemon. »Mit der Episode, die du einschobst und die doch gar nicht zur eigentlichen Geschichte gehört, hast du mich fast an den Schluß deiner Erzählung gebracht. Komm also, wie versprochen, zur Sache. Du bist ja der reine Proteus von Pharos. Wenn du dich auch nicht selbst in Schemen und Truggestalten verwandelst, so versuchst du doch, mich von der Sache abzulenken.«

»Du sollst alles erfahren«, sagte der Alte. »Zuerst will ich dir kurz mein eigenes Leben erzählen, nicht, wie du meinst, um mich meiner Zusage zu entziehen, sondern um dir alles geordnet und mit Rücksicht auf den Zusammenhang mitzuteilen.

Ich stamme aus Memphis und heiße – wie auch mein Vater hieß – Kalasiris. Ich führe jetzt das Leben eines Landstreichers. Früher war es anders. Da war ich noch Orakelpriester. Nach Landessitte nahm ich eine Gattin, die ich aber nach dem Gesetz der Natur verlor. Nachdem sie in die andere Welt eingegangen war, lebte ich eine Zeitlang ohne neuen Kummer dahin und freute mich der beiden Kinder, die sie mir geschenkt hatte. Wenige Jahre später änderte sich durch die unheilvolle Stellung der Sterne mein Schicksal. Der Aspekt des Kronos fiel auf unser Haus und bewirkte den Wechsel, den ich wissenschaftlich vorausberechnet hatte, aber nicht zu verhindern vermochte. Denn man kann wohl die unabänderlichen Bestimmungen des Schicksals voraussehen, ihnen aber nicht entgehen. Immerhin hat das Vorauswissen in solchen Fällen den Vorteil, daß es den Überschwang des Unglücks mindert. Unvorhergesehenes Unheil ist unerträglich, mein Sohn, vorausgesehenes Leid ist leichter zu fassen. Im ersten Falle nimmt einem das Entsetzen die Vernunft, im andern gewöhnt man sich dran und behält seine Überlegung.

Da geschah mir folgendes. Eine junge Thrakierin – sie hieß

Rhodopis, und nur Chariklea übertraf sie an Schönheit – kam nach Ägypten, wie und woher weiß ich nicht. Allen Männern, die sie kennenlernten, wurde sie zum Verhängnis. Sie kam also nach Ägypten und hielt mit einer großen Dienerschaft und blendendem Aufwand in Memphis ihren Einzug. Alle Mittel der Verführungskunst standen ihr zu Gebote. Dem Zauber ihrer Augen erlag jeder, der ihre Bekanntschaft machte, widerstandslos. Sie besuchte häufig den Isistempel, in dem ich Orakelpriester war, und opferte jedesmal und brachte für die Göttin kostbare Weihgeschenke. Ich schäme mich, es zu sagen, aber ich muß gestehen: Auch mich bezwang sie, als ich sie häufig sah, und mit der Enthaltsamkeit, die ich mein Leben lang geübt hatte, war es vorbei. Lange kämpfte meine Willenskraft gegen die Sinne. Schließlich war ich überwunden und trug eine leidenschaftliche Liebe in mir.

Da ich erkannte, daß dieses Weib den Beginn des kommenden, von den Göttern angekündigten Unheils, die trügerische Gestalt meines Verhängnisses, darstellte, hinter deren Maske sich der drohende Dämon verbarg, beschloß ich, das Priestergewand, in dem ich aufgewachsen war, nicht zu beschmutzen, und wehrte mich dagegen, den heiligen Bezirk des Tempels zu entweihen. Meine Sünde, nicht eine tatsächliche – davor mögen mich die Götter bewahren –, sondern die sündhafte Begierde, forderte angemessene Bestrafung. So machte ich mein Gewissen zum Richter und verurteilte mich als Buße für meine Sinnenlust zur Verbannung. Ich Unglücklicher verließ also die Heimat. Darauf unterwarf ich mich dem Zwang der Moiren, indem ich alles Weitere in ihre Hände legte und mich zugleich der gefährlichen Rhodopis entzog. Denn ich befürchtete, mein Freund, wenn die augenblicklich herrschende Konstellation der Gestirne übermächtig werde, würde ich mich zu schlimmer Tat hinreißen lassen. Der hauptsächliche und besondere Anlaß, der mich forttrieb, waren aber meine Söhne. Wie mir die geheimnisvolle Erkenntnis, die mir bisweilen die Götter verleihen, voraussagte, würden sie mit dem Schwerte aufeinander losgehen. Um mich einem so schauderhaften Anblick zu entziehen, vor dem wohl sogar die Sonne entsetzt ihr Strahlenantlitz hinter Wolken verhüllt, um es dem Vaterauge zu ersparen, zusehen zu müssen, wie die eigenen Söhne sich erschlügen, verbannte ich mich selbst aus Heimat und Vaterhaus. Ohne jemand den wahren Grund zu nennen, gab ich vor, ich reiste nach Großtheben, um meinen ältesten Sohn zu besuchen, der sich damals dort bei seinem Großvater mütterlicherseits aufhielt. Er hieß Thyamis, o Gastfreund.«

Bei dem Namen Thyamis zuckte Knemon wieder zusammen, als hätte man ihn aufs Ohr geschlagen. Er nahm sich aber zusammen und schwieg, um der Erzählung des Alten weiter zuzuhören.

»Ich übergehe meine dazwischenliegenden Abenteuer, junger Freund, weil sie für das, worauf es dir ankommt, ohne Bedeutung sind. Ich hatte von der griechischen Stadt Delphi gehört, die Apollon geweiht ist und wo auch die übrigen Götter verehrt werden und fern vom Getriebe der Menschen weise Männer eine Arbeitsstätte haben. Dorthin reiste ich, weil ein ganz dem Kult und seinen Geheimnissen geweihter Platz mir der passendste Aufenthaltsort für einen Priester schien. Ich landete in Kirrha am Krisäischen Golf und eilte vom Hafen hinauf zur Stadt. Als ich sie betrat, drang etwas wie eine wirkliche Stimme eines Gottes auf mich ein, und auch sonst, vor allem durch ihre eigenartige Lage, schien mir die Stadt ein Aufenthalt höherer Wesen. Wie eine von der Natur gebaute Festung erhebt sich über ihr der Parnaß und hält die Stadt im Schoß seiner sie umfassenden Ausläufer.«

»Das hast du wundervoll gesagt«, rief Knemon, »ganz wie einer, der den Hauch pythischen Geistes verspürt hat. Ungefähr so hat mir auch mein Vater die Lage von Delphi beschrieben, als ihn die Stadt Athen als Gesandten dorthin geschickt hatte.«

»Du bist also ein Athener, mein Sohn?« fragte der Alte.

»Ja.«

»Und wie heißt du?«

»Knemon«, antwortete er, »alles Weitere wirst du später einmal erfahren. Erzähle jetzt nur weiter!«

»Gut«, sagte der Alte und kam wieder auf die Stadt zurück. »Als ich die Sportanlagen, die Plätze und Brunnen bewundert hatte, auch die Kastalische Quelle, mit deren Wasser ich mich besprengte, lief ich zum Tempel, zur Eile getrieben durch verworrenes Getöse vieler Stimmen – es sei gerade die Stunde, sagte man mir, in der die Orakelpriesterin sich rühre.

Ich trat ein, fiel nieder, versenkte mich im Gebet, als die Pythia ihre Stimme hören ließ:

›Fern von den Ufern des Nils, des ährenspendenden Flusses,
Flüchtet dein eilender Fuß vor der Moiren Gespinst.
Sei guten Muts. Ich beschere dir bald des ägyptischen Landes
Schwarze Furchen. Doch jetzt sei mir freundlich gesinnt.‹

Nach dieser Prophezeiung warf ich mich vor dem Altar auf das Antlitz und bat die Gottheit um ihren Beistand in allem. Die Menge um mich her pries laut den Gott, der mir gleich beim Eintritt geweissagt hatte. Sie beglückwünschten mich und zeichneten mich von da an in jeder Weise aus, weil der Gott mich, was bisher nur einem Spartaner namens Lykurgos geschehen sei, als seinen Freund begrüßt habe. Sie entsprachen meiner Bitte, im Tempelbezirk wohnen zu dürfen, und bewilligten mir freien Lebensunterhalt auf Gemeindekosten. Mit einem Wort, es fehlte mir an nichts. Bald wurde ich zu heiligen Handlungen zugezogen oder wohnte Opferzeremonien bei, welche Tag für Tag von Fremden und Einheimischen dem Gott zu Gefallen veranstaltet werden. Oder ich führte Gespräche mit Philosophen. Viele Leute dieses Schlages strömen zum Heiligtum des pythischen Gottes. Die dem Beschützer der Musen geweihte und ergebene Stadt ist ein wahrer Hort von Kunst und Wissenschaft.

In der ersten Zeit befaßten sich unsere Erörterungen mit den verschiedensten Fragen. Da wollte der eine etwas über die Art unseres ägyptischen Gottesdienstes wissen, ein anderer, weshalb wir diese oder jene Tiere als Gottheiten verehren, und sie fragten nach den Legenden über sie. Wieder ein andrer erkundigte sich nach dem Bau der Pyramiden, ein andrer nach der Anlage der unterirdischen Grabkammern. Mit einem Wort: Nichts, was Ägypten aufzuweisen hat, blieb unerörtert. Denn jede Neuigkeit aus Ägypten erregt die Wißbegierde der Griechen aufs höchste.

Schließlich fragte mich einer nach dem Nil, seinen Quellen, seinen Sonderheiten wie den Überschwemmungen zur Sommerzeit, durch die er sich von allen übrigen Flüssen unterscheidet. Ich berichtete, was ich wußte und was in unseren heiligen Schriften steht, die nur wir Priester kennen und lesen dürfen. Ich erzählte, er entspringe in den Gebirgen Äthiopiens an der äußersten Grenze Libyens, dort, wo der Orient aufhört und die südliche Erdhälfte beginnt. Im Sommer schwelle der Fluß an, nicht, wie manche angenommen haben, weil Nordwestwinde sein Wasser zurückstauen, sondern weil gerade diese Winde zur Sommersonnenwende alle Wolken von Norden nach Süden treiben und in der glühenden Zone zusammendrängen. Dort wird ihr Zug durch die außergewöhnliche Hitze dieser Landstriche aufgehalten, aus der allmählich angesammelten und verdichteten Feuchtigkeit wird Regen. Die dadurch bewirkten heftigen Regengüsse lassen den Nil anschwellen, bis er keine Lust mehr hat, ein bloßer Fluß zu sein, und über die Ufer tritt, Ägypten in ein Meer verwandelt und so auf seinem Weg die Felder nährt. Deshalb ist sein Wasser, das aus himmlischen Regengüssen gespeist wird, so süß und fühlt sich so weich an, zwar nicht so warm wie an der Quelle, aber immer noch sehr lau. Aus diesem Grunde atmet er auch keine Kühle aus wie alle anderen Flüsse, was ohne Zweifel der Fall wäre, wenn seine Überschwemmungen, wie einige griechische Gelehrte behaupten sollen, durch Schneeschmelze verursacht würden.

Als ich dies und ähnliches auseinandersetzte, sagte der Priester des Apoll, der sich sehr mit mir befreundet hatte – Charikles hieß er –:

›Ausgezeichnet! Ich schließe mich deiner Meinung an, zumal da ich die gleiche Ansicht von den Priestern in Katadupi gehört habe.‹

›Du warst also auch dort, Charikles?‹ fragte ich.

›Gewiß, Kalasiris‹, antwortete er.

›Und was führte dich dorthin?‹ fragte ich weiter.

›Ein häusliches Mißgeschick‹, erwiderte er, ›das mir zum Segen ausschlug.‹

Als ich mich über diesen Widerspruch wunderte, sagte er: ›Du würdest dich nicht darüber wundern, wenn du die Geschichte wüßtest. Wenn du Lust hast, sollst du sie erfahren.‹

›Dann mußt du jetzt gleich erzählen. Freilich habe ich Lust.‹

›Höre‹, sagte Charikles, als er die anderen aus dem Zimmer hatte gehen lassen. ›Ich hatte schon längst im Sinn, dich mit meinen Erlebnissen vertraut zu machen, weil du mir nützen kannst.

Meine Ehe war lange kinderlos. Erst spät im vorgeschrittenen Alter und nach vielen Gebeten wurde ich Vater einer Tochter, von der mir der Gott voraussagte, sie werde mir kein Glück bringen. Sie kam ins heiratsfähige Alter, und ich gab sie dem Freier, der mir unter vielen der würdigste schien. In der Hochzeitsnacht fand die Arme den Tod. Das Brautgemach wurde durch Blitzschlag oder Brandstiftung ein Opfer der Flammen. An das Hochzeitslied, das noch kaum verklungen war, schloß sich die Totenklage. Aus dem Brautbett wurde sie zu Grabe getragen, und die Fackeln, die bei der Hochzeit geleuchtet hatten, zündeten den Scheiterhaufen an. Die Gottheit machte dieses Trauerspiel noch tragischer durch ein zweites Unheil, sie entriß mir die Mutter meines Kindes. Sie starb vor Gram. So unerträglich das von der Gottheit auferlegte Unglück war, ich nahm mir nicht das Leben. Ich glaubte den Gottesgelehrten, daß das sündhaft sei. Doch floh ich die Heimat und verließ mein verödetes Haus. Denn es trägt viel zum Vergessen eines Unglücks bei, wenn das Auge nicht immer wieder die Erinnerung auffrischt. Nachdem ich weit in der Welt umhergeirrt war, kam ich auch in deine ägyptische Heimat und gerade nach Katadupi, um die Wasserfälle des Nils kennenzulernen.

Dies war also der Grund meiner Reise. Was ich dir noch erzählen möchte, ist eine Episode meiner Geschichte oder, richtiger gesagt, der Hauptteil.

Als ich eines Tages in der Stadt umherschlenderte und die freie Zeit dazu verwandte, einige Dinge zu kaufen, die in Griechenland selten sind – die Zeit hatte meinen Schmerz gelindert, und ich dachte an die Rückkehr in die Heimat –, trat ein würdevoll aussehender Mann an mich heran. Sein Blick verriet Klugheit. Er war über die Jugend hinaus. Seine Hautfarbe war ganz schwarz. Er grüßte mich und sagte in etwas unsicherem Griechisch, er habe mir etwas unter vier Augen mitzuteilen. Ich erklärte mich bereit, und er führte mich in einen nahen Tempel.

,Ich habe gesehen', sagte er, ,wie du Kräuter und Wurzeln aus Indien, Äthiopien und Ägypten einkauftest. Wenn du Derartiges haben und nicht betrogen werden willst, so stehe ich dir gern zu Diensten.'

,Einverstanden', sagte ich, ,zeige mir deine Sachen.'

,Du sollst sie sehen', erwidert er, ,du darfst bei dem Geschäft aber nicht knauserig sein.'

,Und du mußt mir versprechen, daß du nicht zu teuer sein wirst.'

Er zog unter dem Arm ein Säckchen hervor und zeigte mir einen wahren Schatz kostbarster Edelsteine. Da waren Perlen von der Größe einer kleinen Walnuß, von vollendet runder Form und von blendend weißem Glanz, Smaragde und Saphire von dem Grün der jungen Frühlingssaat und von ölig schimmernder Glätte, oder von der Farbe des Meeres, das dicht am Felsufer wogt und den Grund in violetter Färbung erscheinen läßt. Es war ein Durcheinanderspielen und -leuchten aller Farben, das die Augen entzückte.

,Dafür mußt du dir andere Käufer suchen, mein Bester', erklärte ich bei diesem Anblick. ,Ich mit meinem Geld bin kaum in der Lage, auch nur ein Stück davon zu erwerben.'

,Wenn du sie nicht kaufen kannst', sagte er, ,so kannst du sie doch als Geschenk annehmen.'

,Dazu reicht es allerdings bei mir', antwortete ich. ,Nur weiß ich nicht, weshalb du dich über mich lustig machst.'

,Ich mache keinen Scherz', sagte er, ,sondern spreche in vollem Ernst und schwöre bei der Gottheit dieses Tempels, dir dies alles zu schenken, wenn du bereit bist, ein weiteres Geschenk anzunehmen, das noch bedeutend wertvoller ist.'

Da mußte ich lachen. Auf seine Frage, worüber ich lachte, sagte ich: ,Weil ich es zum Lachen finde, daß du mir derartige Geschenke versprichst und als Belohnung ein noch weit kostbareres Geschenk anbietest.'

,Du kannst mir glauben', erwiderte er. ,Nur mußt du mir schwören, von dem Geschenk den besten Gebrauch zu machen und so, wie ich es dir angeben werde.'

Trotz meiner Verwunderung und Ungewißheit schwor ich angesichts der lockenden Aussichten. Als ich den verlangten Eid geleitet hatte, führte er mich in seine Wohnung und zeigte mir ein Mädchen von unbeschreiblicher, ja göttlicher Schönheit, das nach seiner Angabe erst sieben Jahre alt war, mir aber fast erwachsen schien. Ungewöhnliche Schönheit erhöht wohl auch den Eindruck der Reife. Ich stand sprachlos. Sowenig ich mir das alles erklären konnte, sowenig konnte ich mich an ihrem Anblick sattsehen.

‚Das Mädchen, das du hier siehst, Fremdling', erklärte er, ‚ist von seiner Mutter aus einem Grunde, den du noch erfahren sollst, in den Windeln ausgesetzt und einem ungewissen Schicksal überlassen worden. Ich fand es und nahm es auf, weil ich nicht verantworten konnte, mich um eine menschgewordene Seele nicht zu kümmern. Das entspricht auch dem Gebot unserer Weisheitslehrer, die mich kurz vorher der Einführung in ihre Lehren gewürdigt hatten. Außerdem hatte das Kind von Anfang an etwas Hohes und Göttliches im Blick. Stolz und zugleich gewinnend sah es mich an, als ich es betrachtete. Bei ihm lagen die Kette mit den Edelsteinen, die ich dir eben gezeigt habe, und ein seidenes Stirnband, in welches in den landesüblichen Schriftzeichen die Personalien des Kindes eingestickt waren. Wahrscheinlich hatte die Mutter diese Erkennungszeichen dem Kind fürsorglich mitgegeben. Ich las die Schrift und erfuhr Herkunft und Eltern des Mädchens. Ich brachte es auf mein weit von der Stadt entferntes Landgut und übergab es meinen Hirten, um es aufzuziehen, mit der strengen Anweisung, zu niemandem darüber zu sprechen. Die mitgegebenen Gegenstände verwahrte ich, damit sie dem Mädchen nicht gefährlich würden. Anfangs blieb die Geschichte auch geheim. Als das Mädchen aber mit der Zeit heranwuchs und wundervoll erblühte – und da Schönheit, mag man sie auch unter der Erde verstecken, nun einmal nicht verborgen bleibt, sondern meiner Ansicht nach auch von dort hervorstrahlt –, fürchtete ich, die Sache könne herauskommen, dem Mädchen das Leben kosten und mir Ungelegenheiten bereiten. Ich veranlaßte deshalb meine Entsendung als Botschafter zum Statthalter von Ägypten. Hierbei habe ich es mitgenommen, um für seine Unterbringung zu sorgen. Dem Statthalter werde ich bald meinen Auftrag ausrichten. Er versprach, mich heute noch zu empfangen. Dir aber und den Göttern, die alles so gefügt haben, vertraue ich das Mädchen unter folgenden eidlichen Bedingungen an: Du sollst sie als eine Freie erziehen und mit einem freien Manne verheiraten und diesem auch das Seidenband übergeben, das du von mir oder vielmehr von der Mutter, die es mit aussetzte, zu treuen Händen bekommst. Ich bin überzeugt, daß du alle unsere Abmachungen einhalten wirst, indem ich mich auf deinen Eid wie auf deinen Charakter verlasse. Ich habe dich in den vielen Tagen deines Aufenthaltes hier genau beobachtet und als einen wahrhaften Griechen erkannt. Dies alles konnte ich dir jetzt nur mit knappen Worten auseinandersetzen, weil mich meine Pflichten als Gesandter abberufen. Genauer und ausführlicher sollst du in die Geschichte des Mädchens eingeweiht werden, wenn du dich morgen beim Isistempel einfindest.'

Ich nahm also das Mädchen und brachte es verschleiert in mein Haus. Den ganzen Tag kümmerte ich mich angelegentlich um es und dankte den Göttern für das Geschenk. Ich betrachtete es von Anfang an als meine Tochter und nannte es auch so.

Am anderen Tage eilte ich in aller Frühe zum Isistempel, wohin ich mit dem Fremden verabredet war. Als ich dort lange auf und ab gegangen war, ohne daß er sich blicken ließ, ging ich zum Statthalterpalast und erkundigte mich nach dem äthiopischen Gesandten. Ich erfuhr, er sei abgereist oder richtiger, er sei fortgejagt worden. Der Statthalter habe ihm den Tod angedroht, wenn er nicht bis zum Abend über die Grenze wäre. Auf meine Frage gab man mir als Grund an, er habe verlangt, man solle die Hand von den Smaragdminen lassen, da sie zu Äthiopien gehörten.

Ich ging nach Hause, verdrossen, wie einer, der einen schweren Schlag erhalten hat, weil ich nichts Genaueres über das Mädchen, seine Herkunft und Abstammung erfahren konnte.‹«

»Kein Wunder!« meinte Knemon. »Mir ist es ebenso ärgerlich. Aber vielleicht erfahre ich doch noch etwas darüber.«

»Das wirst du«, sagte Kalasiris, »aber erst sollst du hören, was Charikles weiter erzählte.

›Als ich nach Hause kam‹, sagte er, ›kam mir das Mädchen entgegen. Sie sprach zwar nicht, weil sie noch kein Griechisch verstand, grüßte mich aber mit der Hand und versetzte mich schon durch ihren Anblick in frohere Stimmung. Ich war erstaunt, daß sie – so wie ein guter Hund von edler Rasse jeden, den er auch erst kurz kennt und leiden mag, zur Begrüßung umwedelt – meine Sympathie für sie sofort empfunden hatte und mich wie einen Vater umschmeichelte. Ich beschloß, nicht länger in Katadupi zu bleiben, um nicht durch die Ungunst der Götter auch noch die zweite Tochter zu verlieren, und fuhr nilabwärts ans Meer, wo ich ein Schiff fand, das mich in die Heimat brachte.

Und jetzt lebt das Kind noch bei mir. Es ist mein Kind und trägt meinen Namen, ist mein ein und alles. Wie es sonst alle meine Wünsche übertroffen hat, so rasch hat es sich die griechische Sprache angeeignet, so rasch wie ein kräftiges Reis hat es sich zu voller Blüte entwickelt. Jedes Auge – von Griechen wie von Fremden – wendet sich ihm zu, so übertrifft es an Schönheit alle jungen Mädchen. Überall, wo es sich zeigt, im Tempel, im Stadion, auf den Plätzen, zieht es wie ein Meisterwerk der Kunst aller Augen und Gedanken auf sich. Trotzdem macht sie mir großen Kummer. Sie will nichts von der Ehe wissen und besteht darauf, ihr Leben lang Jungfrau zu bleiben. Sie hat sich dem Dienst der Artemis geweiht, widmet sich der Jagd und übt sich im Bogenschießen. Dies macht mir das Leben schwer. Ich hatte gehofft, sie mit meinem Neffen, einem gebildeten, liebenswürdigen jungen Manne von Geist und Charakter, zu verheiraten. Doch jede Bemühung scheiterte an ihrem hartnäckigen Nein. Weder durch Freundlichkeit noch durch Versprechungen oder durch Zureden habe ich etwas erreichen können. Was das Schlimmste ist, sie benutzt, wie man zu sagen pflegt, meine eigenen Waffen gegen mich. Sie läßt die ganze Schlagfertigkeit, die sie meiner Unterweisung verdankt, gegen mich spielen, um zu beweisen, daß sie das beste Leben erwählt hat, preist begeistert die Jungfräulichkeit und erhebt sie, als etwas ‚Reines, Unbeflecktes, Heiliges', beinahe in den Rang des Göttlichen und verachtet Eros und Aphrodite und alles, was zu ehelicher Verbindung gehört. Ich bitte dich um deine Hilfe. Ich habe die Gelegenheit und die Möglichkeit wahrgenommen, die sich gewissermaßen ganz von selbst boten. Ich mußte deswegen weiter ausholen. Tu mir nun den Gefallen, lieber Kalasiris, und wende die Weisheit und die Zaubermittel Ägyptens bei ihr an. Überrede sie durch Wort und Tat, ihre natürliche Bestimmung zu erkennen und sich bewußt zu werden, daß sie eine Frau ist. Dies ist leicht für dich, wenn du nur willst. Sie scheut ja nicht Gespräche mit klugen Männern, ist sie doch im Umgang mit ihnen aufgewachsen. Auch wohnt sie hier mit dir zusammen, ich meine innerhalb des Tempelbezirkes. Verschließe dich nicht meiner Bitte, laß mich nicht kinderlos und ohne Trost und Erben ein schweres Alter erleben. Ich beschwöre dich bei Apoll und bei deinen heimischen Göttern!‹

Diese Worte, Knemon, und vor allem die Tränen, mit denen er die Bitte vorbrachte, rührten mich, und ich versprach ihm zu helfen, wenn ich es könnte.

Während wir die Sache noch besprachen, kam jemand und sagte, der Führer der Festdeputation der Änianer warte schon lange draußen voller Ungeduld und verlange nach dem Priester, um mit der Opferhandlung anzufangen. Ich fragte Charikles, wer die Änianer seien und um was für eine Deputation und Opferzeremonie es sich handle. Er antwortete mir:

›Die Änianer sind ein thessalischer Stamm, und zwar der vornehmste in dem ganzen Landstrich, reine Griechen, die von Hellen, dem Sohn des Deukalion, abstammen. Sie wohnen im allgemeinen an der Küste des Malischen Golfes, aber auf Hypate, ihre Hauptstadt, sind sie besonders stolz. Sie selbst behaupten, sie habe ihren Namen davon, daß sie über die übrigen Städte herrsche, während andere den Namen damit erklären, daß die Stadt am Fuße des Oeta liegt. Was nun das Opfer und die Festgesandtschaft angeht, so finden sie alle vier Jahre statt. Da veranstalten sie immer – wie jetzt – zur Zeit der dir bekannten pythischen Wettkämpfe eine heilige Gesandtschaft für Neoptolemos, den Sohn des Achill. Denn er wurde hier an den Altären des pythischen Gottes von Agamemnons Sohn Orestes heimtückisch ermordet. Die diesjährige Gesandtschaft übertrifft alle früheren, denn ihr Führer rühmt sich der Abstammung von Achill. Ich bin dem jungen Menschen gestern gegegnet, und wirklich schien er mir der Abstammung von Achill Ehre zu machen. So gut sieht er aus und ist so stattlich gewachsen, daß er schon damit seine edle Abkunft beweist.‹

Ich bekundete meine Überraschung darüber, daß sich ein Äniane als Nachkomme Achills ausgibt. Denn der ägyptische Dichter Homer berichtet uns, daß Achill aus Phthia war. ›Dieser junge Mann‹, erklärte mir Charikles, ›erhebt mit dem selben Recht wie alle übrigen Änianer Anspruch auf den Helden. Sie behaupten nämlich, daß Thetis den Golf von Malis verlassen habe, um sich mit Peleus zu vereinigen, daß einst die ganze Küste, die diesen Golf umgibt, Phthia hieß und daß die anderen Stämme, neidisch auf den Ruhm des Achill, ihn fälschlich für sich beanspruchten. Im übrigen nennt sich der Jüngling Aeakides, weil er von Menesthios abstammt, dem Sohn des Spercheios und der Polydora, einer Tochter des Peleus. Menesthios war mit Achill einer der Hauptführer im Zug der Myrmidonen, auf Grund seiner Verwandtschaft mit dem Helden. Er will nicht von Achill lassen. Um jeden Preis will er ihn zum Änianen machen und bezeichnet als Beweis unter anderem dieses Totenopfer zu Ehren des Neoptolemos. Er sagt, alle Thessalier seien sich einig, die Darbringung den Änianern anzuvertrauen, womit sie gleichzeitig zugeben, daß diese die nächsten Nachkommen sind.‹

›Das‹, sagte ich zu Charikles, ›mag man ihnen gern zugestehen, oder sie mögen es sich selbst beweisen. Laß ihn nun hereinrufen, Charikles, ich bin begierig, ihn zu sehen.‹

Charikles nickte. Der junge Mann trat ein. Es ging von ihm wirklich ein achilleischer Hauch aus. Der Blick und die selbstbewußte Haltung erinnerten an Achill. Er trug den Nacken aufrecht. Das Haar war aus der Stirn hochgestrichen. Die Nase, deren Flügel breit die Luft einsogen, verriet Leidenschaft. Das Auge, nicht ganz blau, sondern von schwarz ins Blaue hinüberspielend, blickte feurig und doch nicht unfreundlich, wie das Meer nach dem Sturm, wenn die erregten Wellen sich glätten.

Als die üblichen Begrüßungen ausgetauscht waren, erklärte er, es sei Zeit, Apollon zu opfern, um dann das Sühneopfer für Neoptolemos darzubringen und zu dem darauffolgenden Umzug zurechtzukommen.

›Es ist recht‹, erwiderte Charikles und stand auf, wobei er sich an mich wandte. ›Du wirst heute übrigens Chariklea kennenlernen, falls du sie nicht schon gesehen hast. Es ist alter

Brauch, daß die Priesterin der Artemis bei dem Umzug und dem Totenopfer für Neoptolemos zugegen ist.‹

Ich hatte das Mädchen schon oft gesehen, Knemon, wenn sie an Opfern teilgenommen oder sich dann und wann nach Kultüberlieferungen erkundigt hatte. Aber ich schwieg und wartete ab, was geschehen werde. Wir brachen nach dem Tempel auf, wo von den Thessaliern schon alles für das Opfer vorbereitet war.

Als wir an den Altären standen und der junge Mann die Zeremonie begann, während der Priester betete, ließ sich die Pythia aus dem Tempelinnern vernehmen:

›Achtet auf sie, die erstens die Anmut und dann auch den Ruhm hat,
Delphier, und dann auf ihn, der einer Göttin entstammt.
Meinen Tempel verlassen sie, teilen die Wogen des Meeres,
Erreichen das dunkle Land, das die Sonne durchglüht.
Dort dann finden sie reichlichen Lohn für ihr rechtliches Leben,
Ein weißleuchtendes Band um die schwärzliche Stirn.‹

Der Spruch der Gottheit versetzte die Anwesenden in große Verwirrung, weil sie das Orakel nicht zu deuten wußten. Jeder betrachtete es von einer anderen Seite und erklärte es nach dem, was er selbst wünschte. Die Wahrheit fand keiner. Gewöhnlich werden Träume und Orakel ja erst mit ihrer Erfüllung verständlich.

Auch waren die Delphier mit ihren Gedanken schon ganz bei dem Umzug und seinem Gepränge, daß sie sich über den genauen Sinn des Götterspruches nicht viel den Kopf zerbrachen.

Drittes Buch

»Als der Umzug und die Opferzeremonien beendet waren ...«

»Aber sie sind noch nicht zu Ende, Väterchen«, warf Knemon dazwischen. »Mich hast du durch deine Erzählung noch nichts davon sehen lassen. Während ich ganz hingerissen dir zuhöre und darauf aus bin, das Fest mit eigenen Augen zu erleben, läufst du an mir vorbei wie an einem, der zu spät dazu gekommen ist. Du öffnest den Bühnenvorhang, um ihn im gleichen Augenblick zu schließen.«

»Ich wollte dich mit solchen äußeren Dingen nicht behelligen, Knemon«, erwiderte Kalasiris, »und ging deshalb gleich auf die wesentlichen Punkte der Geschichte los, nämlich auf das, wonach du mich vorhin gefragt hast. Doch da du überall als Zuschauer dabei sein willst, woran man den richtigen Athener erkennt, werde ich dir den Festzug, der wie wenige berühmt geworden ist, an sich wie vor allem wegen seiner Folgen, kurz schildern.

Den Anfang machte eine Hekatombe von Stieren, die von den opfernden Bauern in ihrer Tracht geführt wurden. Jeder von ihnen hatte ein weißes Röckchen an, das der Gürtel bis zur Kniekehle heraufzog, und schwang mit dem rechten Arm, der ebenso wie Schultern und Brust bloß war, ein zweischneidiges Beil. Alle Tiere waren schwarz. Die starken Nacken leicht gebeugt, stolzierten sie einher. Ihre kurzen, graden Hörner liefen spitz zu und waren zum Teil vergoldet, zum Teil mit Blumen bekränzt. Die Vorderbeine waren gekrümmt. Die Kehlsäcke hingen bis auf die Knie herab. Es waren genau hundert, also im wörtlichen Sinne eine Hekatombe. Es folgte eine Menge verschiedener anderer Opfertiere, jede Gattung für sich. In feierlichen Tönen kündeten Flöten und Syringen das Opfer an.

Nach den Herden und Hirten kamen thessalische Mädchen in anmutigen, tiefgegürteten Gewändern mit aufgelöstem Haar. Sie waren in zwei Züge geteilt. Der erste trug Körbe mit Blumen und Früchten, der zweite Körbchen mit Gebäck und weithin duftendem Räucherwerk. Sie gebrauchten dabei nicht die Hände. Die Körbe auf dem Kopf tragend, hielten sie einander angefaßt. So bildeten sie einen langen Zug verschlungener Hände, um zugleich schreiten und tanzen zu können. Den Takt gab der zweite Zug an, der die Festhymne zu singen hatte, ein Loblied auf Thetis und Peleus, auf ihren Sohn und ihren Enkel. Danach, Knemon ...«

»Ach was, Knemon«, unterbrach dieser. »Das Schönste willst du mir schon wieder vorenthalten, Väterchen, wenn du den Wortlaut der Hymne mit Schweigen übergehst, als wäre ich nur Zuschauer, aber nicht Zuhörer des Festzuges.«

»Gut, so höre, wenn es dir Freude macht«, sagte Kalasiris. »Das Lied lautete etwa so:

Die goldlockige Thetis besing ich,
Nereus' unsterbliche Tochter des Meeres,
Die Zeus zur Ehe mit Peleus zwang,
Den Glanz der Salzflut, unsere Liebesgöttin,
Die den speertragenden Gott der Schlachten gebar,
Griechenlands flammenden Blitz, Achill,
Dessen Ruhm zu den Göttern emporsteigt.
Seiner Ehe mit Pyrrha entstammst
Du, sein Ebenbild, Neoptolemos,
Retter Griechenlands, Trojas Vernichter.
Sei uns gnädig, der du ruhst
In der heiligen Erde von Delphi.
Nimm dieses Opfer und halte von unserer Stadt
Schrecken fern und Gefahr.
Preis dir, goldlockige Thetis.

Das etwa, Knemon, war der Wortlaut des Liedes, soweit ich mich erinnere.

Der Gesang der Chöre war von einer Harmonie, der Takt der Schritte von einem Rhythmus, daß das Auge vom Ohr verführt wurde, alles andere zu übersehen, und die Zuschauer, von der Melodie mitgerissen, den vorüberschreitenden Mädchen folgten, bis das strahlende Bild der dahinter auftauchenden berittenen jungen Männer und ihres Anführers bewies, daß ein schöner Anblick jeden Ohrenschmaus übertrifft.

Die Zahl der jungen Männer betrug fünfzig. Sie waren in zwei Züge von je fünfundzwanzig Mann eingeteilt, die in ihrer Mitte den Führer des Festzuges geleiteten.

Ihre Schuhe waren über den Knöcheln mit roten geflochtenen Lederriemen befestigt. Der weiße, dunkelblau gesäumte Mantel wurde über der Brust von einer goldenen Schnalle gehalten. Alle Pferde waren Thessalier. In ihren Augen glänzte die Freiheit der Steppe. Sie wehrten sich gegen den Zwang der Zügel, die sie bissen und häufig mit Schaum bedeckten, doch fügten sie sich ihnen als dem Willen des Reiters, der sie lenkte.

Kopf und Stirn waren mit silbernem und vergoldetem Zaumzeug geschmückt. Man sah, wie die jungen Männer darin miteinander wetteiferten. So schön sie waren, der Blick der Zuschauer glitt an ihnen vorüber und richtete sich auf den Anführer – es war mein Sorgenkind Theagenes –, als blende ein Blitz den Blick für alles andere. Solch einen Glanz strahlte seine Erscheinung aus. Ebenfalls zu Pferde und in voller Rüstung, schwang er die erzbeschlagene Lanze aus Eschenholz. Ohne Helm ritt er barhäuptig einher. Er trug einen purpurfarbenen Mantel, dessen Goldstickerei den Kampf der Lapithen gegen die Kentauren darstellte. Die Mantelschnalle zeigte in einer Bernsteinfassung eine Athene, die auf dem Brustpanzer das Haupt der Gorgo trug. Ein leichter Wind, welcher die Wirkung der Szene noch steigerte, spielte mit dem Haar im Nacken des jungen Menschen, strich ihm die Locken aus der Stirn und wehte den Mantelsaum über Rücken und Weichen des Pferdes. Du hättest glauben können, das Pferd selber spüre die Schönheit seines Herrn und wäre sich der Auszeichnung bewußt, den stattlichsten Reiter zu tragen. Es warf den Hals empor, spitzte die Ohren, senkte stolz die Augenlider, schritt kühn einher, folgte willig dem Zügel und wiegte sich, den Boden fast lautlos mit der Spitze der Hufe berührend, rhythmisch in den Schultern.

Der Anblick erfüllte alle mit Bewunderung. Man sprach einhellig dem jungen Manne den höchsten Preis für seine männliche Schönheit zu. Die Frauen aus dem Volke, die ihre Gefühle nicht verbergen konnten, warfen mit Äpfeln und Blumen nach ihm, in der Hoffnung, ihn für sich einzunehmen. Sie waren sämtlich einer Meinung, nichts auf der Welt übertreffe Theagenes' Schönheit.

Doch als die frühgeborene, rosenfingrige Eos emporstieg, wie Homer sagen würde, als aus dem Tempel der Artemis die schöne und kluge Chariklea aufbrach, wurde uns bewußt, daß auch Theagenes übertroffen werden konnte, wenn auch nur insofern, als die vollkommene weibliche Schönheit anziehender ist als die männliche. Sie saß auf einem Wagen, der von einem Gespann weißer Stiere gezogen wurde. Sie trug ein langes purpurrotes Kleid, das mit Goldfäden durchwirkt war. Die Brust hielt ein Gürtel, dessen Verfertiger seine ganze

Kunst aufgeboten hatte. Niemals zuvor hatte er etwas Derartiges geschaffen, und es war auch kein zweites Mal von ihm zu erwarten. Der Künstler hatte die Schwanzenden zweier Schlangen auf dem Rücken der Trägerin verschlungen, die Hälse wechselseitig unter der Brust zu einer Schleife verbunden, aus der die Köpfe hervorkamen und als Gürtelenden nach beiden Seiten herabhingen. Man hätte meinen können, die Schlangen schienen nicht nur zu kriechen, sondern kröchen wirklich. Dabei hatte ihr Blick nichts Bösartiges oder Schreckliches, sie waren vielmehr wie von weichem Schlummer übergossen, als wären sie an der reizenden Brust des Mädchens eingeschlafen. Das Material, aus dem sie gefertigt waren, war Gold, die Farbe ein dunkles Blau. Sie war kunstvoll auf das Gold aufgetragen, so daß der Kontrast von Goldgelb und Dunkelblau die Rauheiten und wechselnden Farben der Schuppen hervortreten ließ. So war der Gürtel des Mädchens.

Das Haar trug sie weder geflochten noch ganz offen. Das meiste fiel über den Hals und flutete über Schultern und Rücken, um Stirn und Scheitel wurde es, frisch wie Rosen und hell wie Sonnenschein, von einem Kranz zarter Lorbeerzweige gehalten, die verhinderten, daß es unordentlich im Winde wehte.

In der Linken trug sie einen vergoldeten Bogen. Der Köcher hing über der rechten Schulter. In der anderen Hand hielt sie eine brennende Fackel, aber der Glanz ihrer Augen strahlte heller als jeder Fackelschein.«

»Das sind sie, Theagenes und Chariklea!« rief Knemon.

»Wo in aller Welt sind sie? Zeig sie mir! Ich bitte dich bei den Göttern!« bat Kalasiris, in der Annahme, Knemon sehe sie wirklich.

»Väterchen«, entgegnete er, »mir war, als sähe ich sie, obwohl sie nicht da sind. So lebendig, wie ich sie von Angesicht zu Angesicht kenne, hast du sie mir durch deine Schilderung vor Augen geführt.«

»Ich bezweifle, ob du sie so sahst, wie die Sonne Griechenlands sie an jenem Tage erblickte, bewundert, umjubelt, sie aller Männer, er aller Frauen Sehnsucht. Denn eins von beiden zu besitzen, dünkte ihnen der Inbegriff der Seligkeit. Nur, daß die Einheimischen den jungen Mann, die Thessalier das Mädchen mehr bewunderten, beide das, was sie zum ersten Mal sahen. Wirkt doch das Neuartige stärker als das Gewohnte. Doch welch schöner Trug, welch holder Wahn! Wie hast du mich aufgeregt, Knemon, ich glaubte schon, du hättest die geliebten Menschen gesehen und könntest sie mir zeigen! Du hältst mich offensichtlich überhaupt zum Narren. Bei Beginn meiner Erzählung stelltest du mir in Aussicht, sie würden gleich kommen und sich blicken lassen, und verlangtest als Belohnung, ihre Geschichte zu hören. Jetzt ist es schon Abend, die Nacht bricht herein, und noch immer sind sie nicht da.«

»Sei unbesorgt«, sagte Knemon, »mache dir keine Gedanken. Sie kommen bestimmt noch. Vielleicht ist etwas dazwischengekommen und sie treffen ein wenig später ein als verabredet. Im übrigen, auch wenn sie da wären, dürftest du sie nicht sehen, bevor ich meine ganze Belohnung erhalten habe. Willst du sie also bald zu Gesicht bekommen, so erfülle dein Versprechen und erzähle deine Geschichte zu Ende.«

»Nur zögernd wende ich mich einer Begebenheit zu, deren Erinnerung meinen Schmerz aufwühlt«, erwiderte Kalasiris. »Auch fürchtete ich, dir lästig zu fallen mit meiner langen Erzählung, von der du jetzt genug haben mußt. Hörst du aber, wie es scheint, gerne weiter zu und kannst nicht genug bekommen von schönen Geschichten, so will ich dort fortfahren, wo ich aufgehört habe. Vorher wollen wir nur die Lampe anzünden und den Göttern der Nacht den Schlaftrunk darbringen, damit wir nach erfüllter Pflicht unbesorgt die Nacht der Erzählung widmen können.«

Nach diesen Worten ließ er eine Dienerin eine brennende Lampe bringen und vollzog das Trankopfer. Dabei rief er die andern Götter und zuletzt den Hermes an, den er um eine Nacht voll guter Träume bat. Wenigstens im Traume möge er ihn seine lieben Kinder sehen lassen.

Danach fuhr er in seiner Erzählung fort.

»Als der Zug das Grabmal des Neoptolemos dreimal umschritten hatte, Knemon, und die jungen Leute dreimal die Runde gemacht hatten, brachen die Frauen und Männer in laute Rufe aus. Dann wurden, wie auf ein verabredetes Zeichen, die Rinder, Schafe und Ziegen zugleich geschlachtet. Man hätte meinen können, eine einzige Hand hätte sie alle mit dem Schlachtbeil getroffen. Auf einen großen Altar wurde eine Unmenge Holzscheite gehäuft, nach altem Brauch die Gliedmaßen der Opfertiere daraufgelegt und der Priester des Apoll gebeten, mit dem Trankopfer zu beginnen und dann das Altarfeuer anzuzünden.

Charikles erklärte, das Trankopfer darzubringen sei seines Amtes, aber den Altar anzuzünden und sich dazu von der Priesterin die Fackel geben zu lassen, Sache des Führers der Gesandtschaft. So gebiete es der althergebrachte Brauch.

Nach diesen Worten goß er das Trankopfer aus. Theagenes holte das Feuer. Da wurde uns durch den Vorgang, der sich jetzt abspielte, klar, lieber Knemon, daß die Seele etwas Göttliches und von Uranfang Verwandtes ist. Denn in dem Augenblick, in dem die beiden jungen Menschen sich ansahen, liebten sie einander, als ob die Seele bei der ersten Begegnung die verwandte Seele erkannt hätte und auf das zustürzte, was ihr von Rechts wegen gehörte. Zuerst standen sie noch regungslos, wie betäubt. Zögernd reichte sie ihm die Fackel, zögernd nahm er sie. Lange und unverwandt blickten sie sich in die Augen, als ob sie sich schon früher gekannt oder gesehen hätten und es sich nun in das Gedächtnis zurückriefen. Sie lächelten leicht, verstohlen, nur ein Schimmer in den Augen verriet es. Dann erröteten sie, als schämten sie sich des Vorgangs, dann wieder – in der tiefen Erregung des Herzens – wurden sie blaß. Mit einem Wort, ihre Mienen wechselten in der kurzen Zeit fortwährend den Ausdruck. Die Veränderungen in Gesichtsfarbe und Blick verrieten ihre innere Bewegung. Der großen Menge entging naturgemäß dieser Vorgang, da jeder durch andere Dinge und Gedanken beansprucht war. Auch Charikles, der die üblichen Gebete und Anrufungen verrichtete, merkte nichts. Ich allein beobachtete ausschließlich die beiden jungen Leute. Seitdem Theagenes bei dem Tempelopfer den Orakelspruch empfangen hatte, hatten die darin vorkommenden Namen eine Ahnung von den künftigen Ereignissen in mir wachgerufen. Was das Orakel letzten Endes bedeutete, konnte ich allerdings nicht erraten.

Als Theagenes sich endlich geradezu gewaltsam von dem Mädchen losriß, die Fackel an den Holzstoß legte und den Altar in Brand setzte, war der feierliche Umzug zu Ende. Die

Thessalier begaben sich zum Festmahl, die Zuschauer zerstreuten sich und wandten sich nach Hause.

Chariklea legte einen weißen Mantel um und eilte mit einigen Gefährtinnen nach ihrer Wohnung im Tempelbezirk. Sie wohnte nicht mit ihrem vermeintlichen Vater zusammen, sondern lebte mit Rücksicht auf ihr heiliges Amt für sich allein.

Durch das, was ich gesehen und gehört hatte, war ich stark beunruhigt. In dieser Verfassung begegnete ich Charikles, den ich gerade suchte.

›Hast du meinen und Delphis Liebling, Chariklea, gesehen?‹ fragte er mich sofort.

›Das war jetzt nicht das erste Mal‹, gab ich zur Antwort. ›Ich sah sie schon früher wiederholt im Tempel und nicht nur im Vorbeigehen, wie man so sagt. Ich brachte häufig mit ihr zusammen Opfer dar, und sie erbat und hörte in göttlichen und menschlichen Fragen, wenn sie in Verlegenheit war, meine Ansicht.‹

›Und wie fandest du sie jetzt, lieber Freund? Hat sie dem Festzuge Ehre gemacht?‹

›Sei still, Charikles‹, antwortete ich, ›das ist, als fragtest du mich, ob der Mond heller scheint als die anderen Gestirne‹.

›Doch einige waren für den jungen Thessalier eingenommen‹, wandte er ein.

›Ja, ihm gab man den zweiten oder dritten Preis‹, erwiderte ich.‹ Deine Tochter aber war, nach dem allgemeinen Urteil, die Krone und der Mittelpunkt des ganzen Festzuges.‹

Charikles freute sich, und ich hatte wirklich meinen Zweck erreicht. Denn ich wünschte sein volles Vertrauen zu gewinnen.

›Ich gehe jetzt zu ihr‹, sagte er lächelnd. ›Wenn du willst, so komm mit. Wir wollen sehen, ob ihr das Volksgedränge nicht doch lästig geworden ist.‹

Ich sagte freudig zu und gab ihm zu verstehen, daß mir seine Angelegenheit wichtiger sei als jede andere.

Als wir zu ihrer Wohnung kamen und eintraten, fanden wir sie angegriffen auf ihrem Bett liegen. Ihre Augen schimmerten feucht von Tränen der Liebe. Als sie ihren Vater wie gewohnt umarmt hatte, fragte er, was ihr fehle. Sie habe Kopfschmerzen, erklärte sie, und wolle, wenn er erlaube, sich ausruhen.

Besorgt zog sich Charikles mit mir zurück und wies die Dienerinnen an, für ihre Ruhe zu sorgen.

›Was mag das sein, lieber Kalasiris?‹ fragte er mich beim Verlassen des Hauses. ›Was für einen Anfall von Schwäche mag meine Tochter haben?‹

›Es wäre nicht verwunderlich‹, antwortete ich, ›wenn sie einen bösen Blick auf sich gezogen hätte, da sie an so vielen Leuten vorbeigekommen ist.‹

Er lächelte spöttisch. ›Du glaubst also wie die große Masse an den bösen Blick?‹

›Allerdings‹, antwortete ich, ›genau so wie an jede andere Wirklichkeit. Es hat damit folgende Bewandtnis. Die Luft, die uns umgibt, dringt durch Augen, Nase, Atmungs- und andere Wege in unser Inneres. Sie bringt die den Außendingen anhaftenden Eigenschaften mit sich. Wie sie also einströmt, so ist ihre Wirkung auf den Empfänger. Wenn jemand etwas Schönes neidisch ansieht, erfüllt er den Raum um sich her mit bösen Keimen und überträgt seinen Hauch voller Bosheit auf den anderen. Der dringt infolge seiner feinen Beschaffenheit bis ins Mark und in die Knochen. So entsteht bei vielen die Krankheit des Neides, die man mit einem eigenen Namen Behexung nennt. Bedenke auch, Charikles, wie viele sich Augenleiden, wie viele sich epidemische Krankheiten holen, ohne daß sie mit dem Kranken in Berührung gekommen sind oder Bett oder Tisch mit ihm geteilt haben, einzig und allein durch das Einatmen der gleichen Luft. Nichts beweist diese These schlagender als die Entstehung der Liebe. Durch das bloße Ansehen wird sie geweckt, und wie vom Wind getragen dringt die Leidenschaft mittels der Augen ins Herz. Dies ist auch ganz natürlich. Denn als das beweglichste und wärmste Sinnesorgan nimmt das Auge die Ausstrahlungen am leichtesten auf, indem es kraft des ihm innewohnenden heißen Elements die Liebe auf ihrem Weg an sich zieht.

Als Beispiel will ich noch einen Fall aus der Naturgeschichte anführen, der in unseren Tierlegenden erwähnt wird. Der Pirol heilt Gelbsüchtige. Sieht ihn ein Kranker dieser Art, so sucht der Vogel das Weite. Er wendet sich ab und schließt die Augen, nicht weil er, wie manche glauben, dem Kranken nicht helfen will, sondern weil er durch seine Veranlagung die

Krankheit auf sich lenkt, wenn er von den Kranken angesehen wird. Deswegen weicht er ihren Blicken aus, als ob sie ihn verwundeten. Ferner hast du vielleicht schon gehört, daß von den Schlangen der sogenannte Basilisk jedes Wesen, das ihm begegnet, durch seinen bloßen Blick und Atem lähmt und tötet. Wenn also manche Menschen selbst auf die, welche ihnen lieb und sympathisch sind, verderblich wirken, so ist das durchaus nicht erstaunlich. Da sie nämlich von Grund auf böser Natur sind, so üben sie die entsprechende Wirkung aus, auch wenn sie es nicht wollen.‹

›Deine Erklärung des Problems ist ebenso geistvoll wie glaubhaft‹, sagte Charikles nach kurzem Nachdenken. ›Wenn sie doch nur eines Tages Liebessehnsucht empfände! Dann würde ich sie als gesund und nicht als krank ansehen. Wie du weißt, habe ich gerade in dieser Beziehung deinen Beistand erbeten. Leider ist nicht zu befürchten, daß der Feindin von Ehe und Liebe so etwas zustößt. Sie scheint tatsächlich an einer Verhextheit zu leiden. Und zweifellos wirst du als guter Freund und in allem beschlagener Mann auch diese Krankheit zu beheben gewillt sein.‹

Ich versprach zu tun, was in meinen Kräften stehe, wenn ich ihr Leiden erkannt hätte.

Während wir uns noch unterhielten, trat ein Mann lebhaft auf uns zu.

›Liebe Freunde‹, redete er uns an, ›ihr laßt euch Zeit, als wäret ihr zum Krieg und nicht zu dem Festmahl eingeladen, das der treffliche Theagenes zu Ehren des Helden aller Helden, Neoptolemos, gibt. Auf, kommt mit und verzögert die Veranstaltung nicht, bis es Abend wird. Außer euch fehlt niemand mehr.‹

›Der Bursche lädt uns mit dem Stock ein‹, flüsterte Charikles sich zu mir neigend mir ins Ohr, ›ungemütlich wie er ist, obwohl er angeheitert ist ... Laß uns lieber mitgehen, sonst beziehen wir wirklich noch Prügel.‹

›Ach was, Unsinn‹, sagte ich, ›aber gehen wir schon!‹

Als wir hinkamen, ließ Theagenes den Charikles neben sich Platz nehmen und zeichnete ihm zuliebe auch mich aus. Ich will dich nicht mit den Einzelheiten des Festmahles langweilen, den Vorführungen der Tänzerinnen und den Flötenspielerinnen, dem Kriegs- und Waffentanz der jungen Männer und den übrigen Genüssen, die uns Theagenes als Zugaben zu den köstlichen Gerichten bot, um das Festmahl zu würzen und die Trinklust zu steigern. Was du aber wissen mußt und was ich dir auch lieber erzähle, ist folgendes: Theagenes zeigte sich zwar vergnügt und zwang sich zur Freundlichkeit gegen seine Gäste, doch entging mir nicht, daß seine Gedanken anderswo waren. Sein Auge irrte unruhig umher, er seufzte unvermittelt tief auf. Bald saß er niedergeschlagen und in Gedanken versunken da, bald setzte er ein fröhliches Gesicht auf, als komme er zu sich und reiße sich zusammen. So wechselte er von einer Stimmung in die andre. Der Gemütszustand des Verliebten ist ähnlich dem des Betrunkenen, schwankend und ohne festen Halt, die Seele des einen wie des andern treibt in weichen Stimmungen. Deshalb neigt auch der Verliebte zum Trinken und der Betrunkene zur Liebe.

Als er sich schließlich müde und verdrossen zeigte, merkten auch die übrigen Gäste, daß ihm nicht wohl war. Auch Charikles nahm seine veränderte Stimmung wahr und sagte leise zu mir:

›Den hat gleichfalls der böse Blick getroffen. Es scheint ihm genau so zu ergehen wie Chariklea.‹

›Genau so‹, antwortete ich, ›bei Isis! Und das ist ganz in Ordnung und verständlich, hat er sich doch bei dem Festzug nächst ihr am meisten hervorgetan.‹ So sprachen wir zueinander.

Als nun die Becher herumgehen sollten, trank Theagenes, wenn auch mit Überwindung, jedem einzelnen von uns zu. Als die Reihe an mir war, sagte ich: ›Ich erwidere deine freundliche Gesinnung‹, nahm aber den Becher nicht entgegen.

Da maß er mich, weil er sich von mir mißachtet glaubte, mit einem scharfen, durchdringenden Blick. Charikles, der es bemerkte, sagte: ›Er trinkt keinen Wein, wie er auch nichts ißt, was von einem beseelten Wesen stammt.‹

Auf Theagenes' Frage nach dem Grunde erklärte Charikles: ›Er ist aus Memphis, ein Ägypter und Isispriester.‹

Als Theagenes die Worte Ägypter und Priester hörte, war er mit einem Mal hocherfreut, als habe er einen Schatz gefunden.

Er erhob sich, verlangte Wasser, trank einen Schluck und rief: ›Weiser Mann, so nimm wenigstens diesen Zutrunk an, den ich dir mit dem Getränk bringe, das dir als das köstlichste gilt. Dieses Mahl soll unsere Freundschaft besiegeln!‹

›So sei es, schöner Theagenes‹, erwiderte ich. ›Längst schon fühle ich Freundschaft für dich.‹ Ich nahm den Becher und trank ihm zu.

Damit endete das Gelage. Jeder ging in seine Wohnung, nachdem Theagenes mich wiederholt und mit mehr Herzlichkeit, als eine so junge Bekanntschaft erwarten ließ, zum Abschied umarmt hatte.

In meiner Wohnung brachte ich eine Weile schlaflos auf dem Lager zu. Ich machte mir Gedanken um die beiden jungen Leute und sann über die Bedeutung der Schlußworte des Orakels nach.

Es ging auf Mitternacht. Da war mir, als sähe ich – wenn es mir nur so schien und ich sie nicht wirklich sah – Apoll und Artemis. Jener übergab mir Theagenes, diese Chariklea. Sie riefen mich beim Namen und sprachen: ›Die Zeit ist für dich gekommen, in die Heimat zurückzufahren. So ist es der Wille der Schicksalsgöttinnen. Reise also ab und nimm die beiden als Begleiter mit und behandle sie wie deine Kinder! Bringe sie von Ägypten aus wohin und wie die Götter es wünschen!‹

Nach diesen Worten gingen sie. Da zeigte sich, daß es kein Traum, sondern Wirklichkeit war. Alles andere, was ich erlebt hatte, begriff ich, aber zu was für Menschen und in welches Land ich die jungen Leute nach dem Götterwort bringen sollte, darüber blieb ich im unklaren.«

»Später hast du es sicher selbst begriffen und wirst mir noch davon erzählen, Väterchen«, unterbrach ihn Knemon. »Aber wie haben dich die Götter erkennen lassen, daß sie dir, wie du behauptest, nicht im Traum, sondern leibhaftig erschienen sind?«

»Genau so, mein Sohn«, antwortete Kalasiris, »wie der weise Homer es dunkel andeutet. Die meisten übersehen diese Andeutung. ‚Denn von hinten erkannt ich‘, so sagt er irgendwo, ‚die Füße und Waden des Gottes, als er hinweg sich wandte – denn leicht zu erkennen sind Götter‘.«

»Tatsächlich bin ich auch einer von diesen ‚meisten‘«, antwortete Knemon, »und du hast gewiß diese Verse nur angeführt, lieber Kalasiris, um es mir zu beweisen. Ich verstehe, nach dem Wortlaut, wohl den allgemeinen Sinn der Stelle, aber die tiefere religiöse Bedeutung blieb mir verschlossen.«

Eine Weile sann Kalasiris vor sich hin und versenkte seinen Geist in mystische Meditationen.

»Götter und Dämonen, lieber Knemon, pflegen, wenn sie uns erscheinen und wieder gehen, nur selten die Gestalt anderer Wesen, sondern meistens die von Menschen anzunehmen, um uns durch die Ähnlichkeit mit uns ihre Beachtung zu erleichtern. Den Uneingeweihten freilich bleiben sie darum unerkannt. Doch der Wissende läßt sich nicht täuschen. Er erkennt sie schon an ihren Augen, an dem undurchdringlichen Blick und den immer offenen Lidern, mehr aber noch am Gang. Sie setzen die Füße nicht schrittweise, einen nach dem andern vorwärts, sondern in einer mehr durch die Luft schwebenden ungehemmten Bewegung durchschneiden sie mehr den Raum, als daß sie ihn durchschreiten. Aus diesem Grunde geben die Ägypter auch den Götterbildern eng geschlossene Füße, als wäre es nur einer. Das alles wußte Homer als Ägypter und Kenner unsrer heiligen Lehren und hat es für die Verstehenden in seinen Werken symbolisch zum Ausdruck gebracht, wenn er von Athene sagt: ‚Furchtbar strahlten die Augen‘, und von Poseidon: ‚Denn von hinten erkannt' ich die Füße und Waden des Gottes, der so leicht von uns ging‘, das heißt, leicht im Gehen dahinglitt. Denn dies bedeutet der Ausdruck: ‚Leicht ging er von uns‘, und ‚leicht‘ darf nicht, wie einige falsch erklärten, mit ‚erkannt' ich‘ verbunden werden.«

»Darin, göttlicher Mann«, sagte Knemon, »hast du mich nun eingeweiht. Du hast aber wiederholt Homer als Ägypter bezeichnet, wovon bis auf den heutigen Tag wohl noch niemand etwas gehört hat. Ich muß es dir wohl glauben, bin aber doch aufs höchste überrascht und bitte dich, über diesen Punkt nicht hinwegzugehen, sondern ihn mir genau zu erklären.«

»Wenn es auch nicht an der Zeit ist, Knemon«, antwortete Kalasiris, »über diese Dinge zu reden, sollst du doch kurz Bescheid erhalten. Homer, mein Lieber, mag von anderen Leuten anderswohin versetzt werden, und jede Stadt mag sich die Heimat des großen Mannes nennen. In Wahrheit gehört er als Ägypter uns, und seine Vaterstadt ist Theben, das ‚hunderttorige', wie er selbst es nennt. Als seinen Vater sah man einen Priester an, tatsächlich war er der Sohn des Hermes, dessen Priester sein vermeintlicher Vater war. Als dessen Gattin eine landesübliche Kulthandlung vollzog und im Tempel übernachtete, umarmte sie der Gott und wurde der Vater Homers, der von dieser ungleichen Vereinigung ein Mal an sich trug: An dem einen Oberschenkel wuchs ihm nämlich von Geburt an ein Büschel langer Haare. Davon, das heißt von dem griechischen Wort für ‚Schenkel', bekam er auf seinem Wanderleben bei vielen andern Völkern, besonders aber bei den Griechen, bei denen er seine Dichtung vortrug, seinen Namen. Seinen wirklichen gab er nämlich nicht an, ebensowenig wie er seinen Geburtsort und seine Herkunft erwähnte. So wurde von denen, die sein Körpermal kannten, dieses als Name für ihn in Umlauf gebracht.«

»Und aus welchem Grunde, Väterchen, verschwieg er seinen Geburtsort?«

»Entweder aus Scham über seine Landesverweisung – sein Vater hatte ihn nämlich fortgejagt, als er als junger Mann in den Priesterstand aufgenommen werden sollte und das Körpermal seine uneheliche Geburt verriet – oder aus Berechnung. Durch das Verheimlichen seines wahren Vaterlandes suchte er jede Stadt zu seiner Heimat zu machen.«

»Was du sagst, scheint mir in der Tat richtig, wenn ich an das Rätselhafte und gleichzeitig unendlich Reizvolle seiner Dichtung denke, typische ägyptische Eigenschaften, und andererseits an sein überragendes Genie. Es würde sich nicht in dem Maß über alle andern erheben, wäre er nicht göttlicher Abstammung. Doch nun, lieber Kalasiris, nachdem du die Götter in homerischer Auffassung sozusagen auf frischer Tat gefaßt hast, sag mir, was weiter geschah.«

»Es ging so weiter wie vor der Erscheinung, Knemon, mit Schlaflosigkeit, Grübeln, Sorgen, wie sie einem gern in der Nacht kommen. Einerseits war ich glücklich bei dem Gedanken an die unerwartete Fügung und voll Erwartung, in mein Vaterland zurückzukehren. Andererseits bedrückte mich die Aussicht, Charikles die Tochter wegnehmen zu müssen. Ich war ratlos, wie ich die jungen Leute zusammenführen und sie zum Entschluß eines gemeinsamen Aufbruchs bringen sollte. Dann machte ich mir Gedanken darüber, wie ich die Flucht verheimlichen könnte, wohin wir uns wenden, ob wir zu Land oder auf dem Seeweg reisen sollten. Kurz, eine ganze Flut von Sorgen überkam mich, und ich verbrachte den Rest der Nacht qualvoll ohne Schlaf.

Kaum dämmerte der Tag, als an die Mitteltür geklopft wurde. Ich hörte, wie eine Stimme nach meinem Diener rief. Auf dessen Frage, wer klopfe und was los sei, antwortete der Rufer: ›Melde Theagenes aus Thessalien!‹ Ich freute mich, daß mir der junge Mann gemeldet wurde, und ließ ihn hereinrufen. Der Zufall, davon war ich überzeugt, kam meinen Absichten zu Hilfe. Ich sagte mir, weil er bei dem Gelage gehört hatte, ich sei Ägypter und Priester, so komme er, um mich als Liebeshelfer zu gewinnen; er befinde sich in dem gleichen Irrtum wie die meisten, die die ägyptische Weisheitslehre schlecht kennen und annehmen, es gebe nur eine und die gleiche. Es gibt eine, die ist mehr im niedern Volk verbreitet und bewegt sich sozusagen auf der Erde, sie beschäftigt sich mit Gespenstern, gibt sich mit Toten ab, geht in Wunderkräutern auf und hängt an Zauberformeln. Sie führt weder für sich noch für ihre Anhänger zu etwas Gutem und geht meist in die Irre. Wenn sie – selten genug – einmal Glück hat, ist es ein kümmerliches und armselige Ereignis. Sie täuscht Unwirklichkeiten als Wirklichkeiten vor, enttäuscht Erwartungen, verführt zu Verbrechen und dient der Unzucht. Die andere dagegen, mein Sohn, die wahrhafte Weisheit, von der die falsche nur den Namen hat und deren Bastardtochter sie ist, die andere, um die wir Priester und Orakeldeuter uns von Jugend an bemühen, blickt zum Himmel empor. Sie ist die Gefährtin der Götter und hat Anteil an der Natur der höheren Wesen. Sie erforscht die Bewegungen der Himmelskörper und erlangt dadurch Kenntnis kommender Ereignisse. Den irdischen Unzulänglichkeiten entrückt, ist sie ganz auf das Gute und das den Menschen Gedeihliche gerichtet. Sie veranlaßte mich auch, zur gegebenen Zeit mein Vaterland zu verlassen, um vielleicht, wie ich dir schon vorhin erzählt habe, das mir angedrohte Schicksal und die blutige Auseinandersetzung zwischen meinen Söhnen zu bannen. Doch dies sei nun den Moiren und den andern Göttern anheimgestellt, die die Macht haben, es geschehen oder nicht geschehen zu lassen. Sie haben offensichtlich die Flucht aus dem Vaterlande nicht so sehr um dieser Dinge willen über mich verhängt, als um mich Chariklea finden zu lassen.

Als Theagenes eingetreten war und ich seinen Gruß erwidert hatte, ließ ich ihn sich neben mich aufs Bett setzen und fragte ihn: ›Was führt dich so früh zu mir?‹ Er strich sich eine Zeitlang mit der Hand über das Gesicht. ›Ich bin in größter Aufregung‹, sagte er dann, ›ich schäme mich aber, es auszusprechen.‹ Wieder schwieg er. Ich fand es an der Zeit, ihm gegenüber den Hellseher zu spielen und etwas vorauszusagen, was ich bereits wußte. Ich sah ihm freundlich in die Augen und sagte: ›Wenn du auch zögerst, selbst zu sprechen, so ist doch unserer Wissenschaft und den Göttern nichts unbekannt.‹ Ich machte eine kleine Pause, tat, als ob ich etwas, was nicht aufgehen wollte, an meinen Fingern ausrechnete, fuhr mir durch die Haare und rief, wie von göttlichem Geist erfüllt: ›Du liebst, mein Sohn –‹ Bei dieser Weissagung sprang er empor. Als ich aber fortfuhr, › – und zwar Chariklea‹, da war er überzeugt, ich spräche aus göttlicher Eingebung. Es hätte wenig gefehlt, und er wäre vor mir auf die Kniee gesunken. Als ich ihn daran hinderte, umarmte er mich immer wieder und dankte den Göttern, daß sie seine Hoffnungen nicht enttäuscht hätten, und bat mich, ihn zu retten. Sein Leben sei verloren, wenn ihm nicht schnell geholfen werde. So schwer sei das Leiden, das ihn gepackt habe, und so heftig die Glut der Sehnsucht, die ihn verzehre, ihn, der zum erstenmal erfahre, was Liebe sei. Noch nie, beteuerte und beschwor er, noch nie habe er ein Weib besessen. Er habe nie etwas von Frauen wissen wollen und Ehe und Liebe weit von sich gewiesen, wenn er davon hörte, bis ihm durch Charikleas Schönheit klar geworden sei, daß er durchaus nicht von Natur kalt sei, sondern nur bis auf diesen Tag nicht die Frau getroffen habe, die seine Liebe verdiente.

Bei diesen Worten brach er in Tränen aus, als ob er zeigen wollte, daß er gegen seinen Willen dem jungen Mädchen erlegen sei.

Ich suchte ihn wieder aufzurichten.

›Nur Mut!‹ sagte ich, ›nachdem du dich mir einmal anvertraut hast. Chariklea wird schon nicht stärker sein als unsere

Weisheit. Sie ist zwar spröde und wehrt sich gegen die Liebe, und von Aphrodite und Hochzeit will sie nichts wissen, schon das Wort ist ihr verhaßt. Aber deinetwegen will ich alles versuchen. Mit Kunst vermag man auch die Natur zu überwinden. Sei guten Mutes, folge meinen Anweisungen und tue alles, was notwendig ist.‹

Er versprach, sich ganz nach mir zu richten, selbst wenn ich ihm befehlen würde, auf Schwertern zu gehen.

Während er so in mich drang und mir als Belohnung sein ganzes Vermögen versprach, kam jemand und sagte: ›Charikles bittet dich, zu ihm zu kommen. Er ist zum Gottesdienst im Apollotempel, da er durch einen Traum beunruhigt ist.‹ Ich erhob mich sofort, schickte Theagenes fort und begab mich zum Tempel. Ich fand Charikles in einem Sessel sitzen. Er war sehr bedrückt und seufzte unablässig. Ich trat zu ihm und fragte, warum er so nachdenklich und niedergeschlagen sei.

›Wie sollte ich es nicht sein‹, antwortete er, ›wo mich diese Träume quälen und meine Tochter, wie ich höre, sich gar nicht gut befindet und eine schlaflose Nacht hinter sich hat? Ihre Krankheit bedrückt mich an sich schon und jetzt um so mehr, als morgen der Haupttag der Spiele ist, an dem die Priesterin nach altem Brauch die Fackeln der Waffenläufer anzuzünden und die Preise zu verteilen hat. Mit einem von beiden muß ich rechnen: entweder sie bleibt fort und verletzt damit das Herkommen, oder sie zwingt sich zu erscheinen und verschlimmert dadurch ihren Gesundheitszustand. Hilf uns jetzt, wenn du es nicht schon eher getan hast! Beschaffe ein Heilmittel für sie! Dann handelst du als Freund und leistest zugleich den Göttern einen frommen Dienst. Ich weiß, wenn du nur willst, wird es dir nicht schwer fallen, das, was du den bösen Blick nennst, zu heilen. Orakelpriestern ist auch die schwerste Aufgabe nicht unlösbar.‹

Ich spielte auch ihm gegenüber den Wundermann. Ich gab zu, daß ich mich um die Angelegenheit bisher nicht besonders bekümmert hatte, und bat ihn, mir noch diesen Tag zu bewilligen; ich wüßte ein Mittel, das aber noch zusammengesetzt werden müsse, um die Kranke zu heilen.

›Jetzt aber‹, sagte ich, ›laß uns zu dem Mädchen gehen, um sie uns genauer anzusehen und nach Möglichkeit zu trösten.

Zugleich möchte ich dich bitten, Charikles, bei dieser Gelegenheit ein paar Worte über mich einzuflechten und mich durch deine Empfehlung bekannter zu machen. Wenn sie einmal etwas Vertrauen zu mir gewonnen hat, wird sie auch zu meiner ärztlichen Bemühung mehr Zuversicht haben.‹

›Das soll geschehen‹, antwortete er, ›laß uns gleich hingehen!‹

Als wir zu Chariklea kamen – was soll ich dir das alles im einzelnen erzählen? –, war die Ärmste ganz von ihrem Seelenschmerz überwältigt. Das Rot war von ihren Wangen gewichen, das Feuer ihrer Augen unter einer Flut von Tränen wie ausgelöscht. Doch nahm sie sich, als sie uns sah, zusammen und zwang sich in Mienen und Reden zu ihrem gewohnten Ausdruck. Charikles schloß sie in seine Arme und überschüttete sie mit Küssen und Zärtlichkeiten.

›Meine Tochter, liebes Kind, du verbirgst mir, deinem Vater, was dich bekümmert! Du hast den ‚bösen Blick' erfahren und hüllst dich in Schweigen, als hättest du selbst ein Unrecht begangen und nicht durch die bösen Augen, die dich ansahen, erlitten. Aber nur Mut! Ich habe den weisen Kalasiris hier gebeten, dir Heilung zu verschaffen. Er ist ein Mann von außerordentlichen Fähigkeiten, eine Leuchte der göttlichen Wissenschaft wie kein anderer, ein Orakelpriester von Berufung und von Jugend auf mit den heiligen Bräuchen vertraut. Und was von besonderer Wichtigkeit ist, er ist uns freundschaftlich zugetan. Du tust also gut daran, dich ihm unbedenklich anzuvertrauen und ihm Besprechungen und die Anwendung anderer Mittel zu deiner Heilung zu gestatten. Du bist ja auch sonst dem Umgang mit weisen Männern nicht abgeneigt.‹

Chariklea schwieg, gab aber durch zustimmendes Kopfnikken zu verstehen, daß sie meinem Rat gern folgen wolle.

Damit trennten wir uns, nachdem mich Charikles noch einmal an seine frühere Bitte erinnert hatte, mein möglichstes zu tun, um Chariklea Neigung zum männlichen Geschlecht und zur Ehe einzuflößen. Ich versprach ihm, seinen Wunsch bald zu erfüllen. Voller Zuversicht ging er.

Viertes Buch

Am folgenden Tage endeten die pythischen Wettkämpfe. Der Kampf zwischen den beiden jungen Leuten entbrannte aber erst richtig. Dabei spielte Eros die Rolle des Kampf- und Schiedsrichters. Er stellte seine beiden Kämpfer allein gegeneinander auf und war eifersüchtig darauf bedacht, seinen Kampf, den Kampf der Liebenden, zum Hauptereignis zu machen. Das alles spielte sich etwa folgendermaßen ab.

Griechenland stellte die Zuschauer. Die Aufsicht bei den Kämpfern führten Angehörige der Nachbarstaaten. Nachdem die anderen Wettbewerbe, Wettlauf, Ringkampf und der trickreiche Faustkampf, glänzend verlaufen waren, rief schließlich der Herold: ›Die Waffenläufer sollen antreten!‹

In diesem Augenblick zeigte sich am Ende des Stadions die glanzvolle Erscheinung der Priesterin. Chariklea war, wenn auch mit Überwindung, gekommen, um dem Brauch zu genügen, mehr noch, glaube ich, in der Hoffnung, Theagenes zu sehen. In der Linken trug sie die brennende Fackel, in der Rechten den Palmzweig. Bei ihrem Auftreten zog sie die Blicke aller Zuschauer, vor allem aber die des Theagenes, auf sich. Denn der Liebende erspäht schnell den Gegenstand seiner Sehnsucht. Auch war ja seine Erwartung, da er vorauswußte, was sich nun abspielen sollte, ausschließlich auf ihr Erscheinen gerichtet. Er vermochte nicht zu schweigen, sondern flüsterte mir zu – er hatte sich absichtlich neben mich gesetzt –: ›Da ist sie! Da ist Chariklea!‹ Ich mußte ihm sagen, er solle sich ruhig verhalten.

Auf den Ruf des Herolds meldete sich ein Mann in leichter Bewaffnung und von selbstsicherem Auftreten. Ein glänzender Ruf ging ihm, dem Preisträger in vielen früheren Kämpfen, voraus. Anscheinend war er der einzige Bewerber und fand keinen, der sich getraute, es mit ihm aufzunehmen. Das Kampfgericht wollte ihn zurückschicken, da die Vorschriften nicht zuließen, jemandem den Siegeskranz kampflos zuzusprechen. Er bestand aber darauf, daß der Herold jeden, der es wagen wollte, zum Kampfe mit ihm auffordere. Die Schiedsrichter gaben ihre Einwilligung, und der Herold rief, wer sich traue, möge vortreten.

›Das gilt mir!‹ sagte Theagenes zu mir.

›Wie meinst du das?‹ fragte ich.

›Das wirst du gleich sehen, Väterchen‹, erwiderte er. ›Vor meinen Augen und in meinem Beisein soll kein anderer den Siegespreis aus Charikleas Hand erhalten.‹

›Und wenn du verlierst?‹ wandte ich ein. ›An die Schande nachher denkst du nicht?‹

›Wer kann ein so rasendes Verlangen haben‹, rief er, ›Chariklea zu sehen und ihr entgegenzueilen, daß er mich im Lauf zu überholen vermöchte? Wen kann ihr Erscheinen so beflügeln und vorwärtsreißen? Weißt du nicht, daß die Maler dem Liebesgott Flügel geben, um die Schnelligkeit der von ihm Besessenen zu versinnbildlichen? Und wenn ich mich selbst ein wenig rühmen darf, bis auf den heutigen Tag kann keiner behaupten, mich im Wettlauf geschlagen zu haben.‹

Mit diesen Worten sprang er auf, trat vor, gab seinen Namen und seine Heimat an und loste um den Platz auf der Bahn. Nach Anlegung der Waffen stellte er sich an der Startschranke auf. Sein Atem ging heftig, und vor Ungeduld konnte er kaum das Startzeichen der Trompete erwarten. Seine stolze und eindrucksvolle Haltung glich der Achills, wie ihn Homer in der Schlacht am Skamander schildert. Der unerwartete Anblick versetzte alle Griechen in Erregung. Jeder wünschte, als wäre er selbst am Wettkampf beteiligt, dem Theagenes den Sieg. Denn nichts nimmt die Menge mehr ein als der Anblick der Schönheit.

Auch Chariklea war in größter Aufregung. Ich konnte aus der Entfernung das Wechselspiel ihrer Mienen beobachten. Als jetzt der Herold, so daß alle es hören konnten, die Namen der Läufer aufrief: ›Ormenos aus Arkadien und Theagenes aus Thessalien‹, die Startschranke fiel und der Lauf in einer Schnelligkeit begann, daß die Augen kaum zu folgen vermochten, da konnte sich das Mädchen überhaupt nicht mehr halten. Ihre Haltung wurde unruhig, die Füße bewegten sich, als laufe sie im Geiste neben Theagenes her und strebe mit ihm gemeinsam dem Ziele zu.

Auch die Zuschauer sahen in gespannter Erwartung und

Pan aber zürnte dem Mädchen Echo, weil er ihr den Gesang neidete und nicht zum Genuß ihrer Reize gelangt war, und erfüllte die Schäfer und Ziegenhirten mit Wahnsinn. Diese zerrissen sie, wie Hunde oder Wölfe . . . SEITE 72

heller Aufregung dem Ausgang entgegen, niemand aber mehr als ich, der ich mir vorgenommen hatte, mich seiner in Zukunft wie eines Sohnes anzunehmen.«

»Kein Wunder«, warf Knemon dazwischen, »daß die Zuschauer aufgeregt waren, wo ich selbst jetzt um Theagenes bange. Ich bitte dich, sag mir gleich, ob er zum Sieger ausgerufen wurde!«

»Als die halbe Strecke zurückgelegt war, Knemon, wandte er sich etwas um, maß Ormenos mit einem verächtlichen Blick, hob den Schild in die Luft, warf den Kopf in den Nacken und schoß, das Auge auf Chariklea gerichtet, wie ein Pfeil auf das Ziel zu. So gewann er, wie die spätere Messung ergab, mit einem Vorsprung von mehreren Klaftern vor dem Arkadier. Bei Chariklea angelangt, warf er sich, als könne er die Wucht des Laufes nicht hemmen, mit Absicht in ihre Arme. Als er den Palmzweig empfing, bemerkte ich, wie er die Hand des Mädchens küßte.«

»Nun bin ich gerettet!« rief Knemon. »Er hat gesiegt und sie geküßt. Was aber geschah weiter?«

»Du bist nicht nur im Zuhören unermüdlich, Knemon, du bist auch nicht vom Schlaf zu bezwingen. Schon ist die Nacht zum großen Teil vorüber, und du bist immer noch wach und wirst durch die lange Erzählung nicht müde.«

»Ich bin auch mit Homer nicht einverstanden, Väterchen, wenn er behauptet, man werde wie aller anderen Dinge auch der Liebe einmal überdrüssig, einer Sache, von der man meiner Ansicht nach nicht genug bekommen kann, ganz gleich, ob man sie in Wirklichkeit oder nur im Zuhören genießt. Erzählt einer gar von der Liebe zwischen Theagenes und Chariklea, müßte man schon ein Herz hart wie Diamant oder wie Stahl haben, um nicht entzückt zuzuhören, und wäre es ein Jahr lang. Erzähle nur weiter, bitte.«

»Theagenes erhielt also den Kranz, lieber Knemon, und wurde zum Sieger ausgerufen. Unter Glückwünschen von allen Seiten brachte man ihn nach Hause. Chariklea war nun ganz und gar gewonnen und, seitdem sie Theagenes wiedergesehen hatte, noch mehr als zuvor im Banne ihrer Liebe. Denn der Anblick des Geliebten weckt die Leidenschaft aufs neue und entzündet die Gedanken wie Feuer das Holz.

Wieder daheim, verbrachte sie eine Nacht wie die vorangegangenen, womöglich noch qualvoller. Auch ich fand keinen Schlaf und grübelte darüber nach, wohin wir uns wenden und wie wir die Flucht unbemerkt bewerkstelligen könnten und in welches Land die Gottheit die jungen Leute schicken wolle. Daß wir übers Meer fliehen mußten, entnahm ich den Worten des Orakelspruchs, die darauf deuteten: ›Sie würden teilen die Wogen des Meeres und erreichen das Land, welches die Sonne durchglüht‹. Einen Hinweis, wohin ich sie bringen solle, hoffte ich zu erhalten, wenn es mir gelänge, das mit Chariklea ausgesetzte Band zu bekommen, auf dem, wie Charikles gehört haben wollte, nähere Angaben über sie eingestickt waren. Vermutlich ließen sich daraus Heimat und Eltern des Mädchens, über die ich schon gewisse Vermutungen hatte, entnehmen, und vielleicht wollte auch das Schicksal sie dorthin führen.

Frühmorgens suchte ich Chariklea auf und fand ihre Umgebung in Tränen, namentlich Charikles. Ich trat auf ihn zu und fragte nach dem Grund der Aufregung.

›Die Krankheit meiner Tochter hat sich verschlimmert‹, antwortete er. ›Die letzte Nacht war noch schlechter als die vorangegangene.‹

›Steh auf‹, sagte ich, ›und geht alle miteinander hinaus. Einer soll mir einen Dreifuß bringen, Lorbeerzweige, Feuer und Weihrauch. Niemand soll uns stören, bis ich rufe.‹

Charikles gab die nötigen Anweisungen.

Als Ruhe eingetreten war, begann ich mit der Komödie. Ich verbrannte Weihrauch und strich, mit den Lippen etwas wie ein Gebet murmelnd, mit dem Lorbeer über Chariklea vom Kopf bis zu den Füßen immer wieder hin und her. Ich stolzierte herum, sprach wie im Schlaf oder wie ein altes Weib gähnend eine ganze Weile und machte eine Fülle von dummem Zeug mit mir und mit dem Mädchen. Sie schüttelte wiederholt den Kopf und verzog den Mund zu einem spöttischen Lächeln, um mir zu verstehen zu geben, daß ich mich auf einem Irrweg befinde und ihre Krankheit verkenne.

Ich setzte mich an ihre Seite.

›Beruhige dich, meine Tochter‹, sagte ich, ›dein Leiden ist harmlos und leicht zu heilen. Ein böser Blick hat dich getroffen, vielleicht schon bei dem Festzug, vor allem aber, als du den Preis verteiltest. Ich ahne, wer der Schuldige ist. Theagenes, der Sieger im Waffenlauf. Ich sah, wie er dich immer wieder beobachtete und etwas keck ansah.‹

›Ach der‹, sagte sie. ›Mag er mich so angesehen haben oder nicht, er kann mir gewogen bleiben. Wo ist er übrigens her? Aus welchem Hause stammt er? Ich sah viele Leute, die waren ganz verrückt mit ihm.‹

›Daß er aus Thessalien ist‹, erwiderte ich, ›weißt du ja, seitdem der Herold seinen Namen bekanntgab, aber nicht, daß er behauptet, von Achill abzustammen. Was ich übrigens für wahr halte, angesichts der stattlichen Gestalt und edlen Erscheinung des jungen Mannes, Eigenschaften, die achilleischen Adel bezeugen. Nur besitzt er nicht dessen hochfahrende, schroffe Art. Sein Stolz ist durch Liebenswürdigkeit gemildert. Gleichwohl wünsche ich ihm mehr Unannehmlichkeiten, als er selbst dir bereitet hat. Er hat den bösen Blick und hat dich damit bezaubert.‹

›Väterchen‹, antwortete sie, ›schönen Dank für deine Besorgnis um mich! Aber weshalb wünschest du dem, der mir vielleicht nichts angetan hat, Schlechtes? Ich leide gar nicht unter dem bösen Blick, sondern offenbar an einer ganz anderen Krankheit.‹

›Dann verheimlichst du mir deren Natur, mein Kind, anstatt dich mir anzuvertrauen, damit ich dir helfen kann. Bin ich dir nicht wie ein Vater, sowohl dem Alter nach wie noch mehr durch meine wohlwollende Gesinnung dir gegenüber? Bin ich nicht ein Herz und eine Seele mit deinem Vater? Sage mir, was dir fehlt. Du kannst dich auf mich verlassen. Wenn du willst, will ich sogar schwören. Vertraue dich mir an und verschlimmere dein Leiden nicht noch durch Schweigen. Jedem Leiden ist abzuhelfen, wenn es rechtzeitig erkannt wird. Nur wenn man es verschleppt, ist es fast unheilbar. Verschweigen ist ein Nährboden für Krankheiten, Sichaussprechen schafft Linderung.‹

Eine Weile schwieg sie, und nur ihre Augen verrieten das stürmische Hin und Her ihrer Gedanken.

›Laß mir diesen einen Tag‹, meinte sie schließlich. ›Dann sollst du alles erfahren, falls du es nicht schon vorher weißt, da du ja ein Seher sein willst.‹

Ich stand sofort auf und ging hinaus, um dem jungen Mädchen Zeit zu lassen, mit ihrer Befangenheit fertig zu werden.

Charikles kam mir entgegen: ›Nun, was sagst du?‹

›Alles geht gut‹, erwiderte ich. ›Morgen wird sie das Leiden, das sie quält, los sein und dir wieder Freude machen. Nichts steht übrigens im Wege, einen Arzt zuzuziehen.‹

Ich entfernte mich schnell, um weiteren Fragen aus dem Wege zu gehen. Ein paar Schritte vom Hause bemerkte ich Theagenes. Er sprach mit sich selber und hielt sich in der Umgebung des Tempelbezirks auf, als genüge es ihm schon, die Wohnung Charikleas vor Augen zu haben. Ich wich ihm aus und ging vorüber, als hätte ich ihn nicht gesehen.

›Sei gegrüßt, Kalasiris!‹ rief er mir nach. ›Hör! Ich hab auf dich gewartet.‹

Ich wandte mich rasch um. ›Ach, der schöne Theagenes!‹ sagte ich. ›Ich hatte dich gar nicht bemerkt.‹

›Was heißt der Schöne!‹ antwortete er. ›Ich schön, der ich Chariklea nicht gefalle?‹

Ich machte eine gekränkte Miene und sagte: ›Wie lange willst du mich und meine Kunst noch beleidigen? Dank ihr ist sie schon ganz überwunden und gezwungen, dich zu lieben. Sie betet, dich zu sehen, als wärest du ein höheres Wesen!‹

›Was sagst du da, Väterchen!‹ rief er. ›Chariklea liebt mich? Warum bringst du mich nicht gleich zu ihr?‹ Er lief sofort voraus. Ich hielt ihn am Mantel fest.

›Nicht so eilig, mein Lieber‹, rief ich, ›wenn du auch ein Schnelläufer bist. Hier heißt es nicht ‚angepackt, eingepackt‘, das ist nicht so billig wie eine Marktware, die für jeden zu haben ist, der Lust hat. Das ist etwas, was reiflicher Überlegung und Vorbereitung bedarf, um sicher zu gelingen. Weißt du nicht, daß der Vater des Mädchens zu den angesehensten Männern von Delphi gehört? Kennst du nicht die Gesetze, nach denen auf so etwas der Tod steht?‹

›Was liegt mir am Tod‹, entgegnete er, ›wenn ich nur Chariklea bekomme. Doch wenn du es für richtig hältst, wollen wir zu ihrem Vater gehen und um seine Einwilligung bitten. Denn als unwürdig zum Schwiegersohn wird Charikles mich wohl nicht ansehen.‹

›So werden wir nichts erreichen!‹ erwiderte ich. ›Nicht weil etwas an dir auszusetzen wäre, aber Charikles hat das Mädchen schon seit langem dem Sohn seiner Schwester versprochen.‹

›Das soll ihm, ganz gleich wer er sei, schlecht geraten!‹ rief Theagenes. ›Solange ich lebe, wird kein anderer Chariklea bekommen. Dafür bürgt mein Arm und dies Schwert hier!‹

›Beruhige dich‹, sagte ich. ›Soweit braucht es nicht zu kommen. Hör nur auf mich und tu, was ich dir rate. Geh jetzt und laß dich nicht ständig in meiner Nähe blicken. Gib acht, daß du mich allein und ohne Aufsehen triffst.‹

Er ging bedrückt davon.

Am folgenden Tage begegnete mir Charikles. Als er mich sah, kam er auf mich zu gelaufen, umarmte mich und rief immer wieder:

›Das nenne ich Klugheit! Das ist wahre Freundschaft! Der große Wurf ist dir gelungen. Die Unüberwindliche ist überwunden, die Unbesiegbare besiegt. Chariklea liebt!‹

Ich warf mich in die Brust, zog die Augenbrauen hoch und schritt wichtig daher.

›Es lag auf der Hand‹, sagte ich, ›daß sie schon meinem ersten Angriff nicht widerstehen würde, ohne daß ich erst zu stärkeren Mitteln zu greifen brauchte. Doch woran erkanntest du, Charikles, daß sie Liebe fühlt?‹

›Wir haben deinen Rat befolgt. Ich ließ, wie du selbst vorschlugst, die besten Ärzte rufen, um ihr Leiden festzustellen, und versprach ihnen mein ganzes Vermögen, wenn sie ihr helfen könnten. Als sie kamen, fragten sie, was ihr fehle. Sie wandte sich ab, gab keine Antwort und rief unaufhörlich den homerischen Vers:

›Sohn des Peleus, Achill, du tapferster aller Achäer.‹

Der gelehrte Akestinos – du kennst wohl den Mann – faßte trotz ihrem Widerstreben ihre Hand, um an ihrem Pulsschlag, der wohl die Herztätigkeit anzeigt, das Wesen ihrer Krankheit zu erkennen. Nach längerer Beobachtung und gründlicher Untersuchung sagte er: ‚Du hast uns umsonst hergerufen, Charikles. Die ärztliche Wissenschaft kann in diesem Fall nicht helfen.‘

‚Um Himmels willen‘, schrie ich, ‚was willst du damit

sagen? Mein liebes Kind ist also verloren und es besteht keine Hoffnung?'

,Keine Aufregung', erwiderte er, ,hör mich an.' Er nahm mich von dem Mädchen und den anderen etwas abseits und sagte: ,Unsere Kunst hat es mit der Heilung körperlicher Leiden zu tun, mit seelischen grundsätzlich nur dann, wenn die Seele unter der Erkrankung des Leibes mitleidet und seine Heilung gleichzeitig eine Genesung der Seele bedeutet. Das Mädchen ist krank, aber nicht physisch. Sie leidet weder an Überfluß der Säfte noch an Kopfschmerzen noch an hitzigem Fieber. Nichts an ihrem Körper, weder ein einzelnes Organ noch die Gesamtkonstitution ist krank. So verhält es sich, das kannst du mir glauben.'

Als ich noch weiter in ihn drang, mir zu sagen, was er festgestellt habe, antwortete er: ,Kann nicht ein Kind erkennen, daß es sich um ein seelisches Leiden handelt, und zwar um nichts anderes als um ausgesprochene Liebe? Siehst du nicht, wie ihre Augenlider vom Weinen geschwollen sind, wie unstet ihr Blick ist, wie bleich ihre Wangen sind, ohne daß sie über innere Beschwerden zu klagen hat, wie unruhig ihre Gedanken hin und her gehen, wie sie spricht, was ihr gerade in den Sinn kommt, wie sie ohne Anlaß an Schlaflosigkeit leidet und daß sie magerer geworden ist? Du mußt also den suchen, der sie heilen kann, Charikles. Und das dürfte einzig der sein, nach dem sich ihr Herz sehnt.'

Mit diesen Worten ging er fort. Ich aber bin zu dir geeilt, meinem Retter und Gott, dem einzigen, der auch ihr, wie sie selbst glaubt, helfen kann. Als ich flehentlich in sie drang, mir zu sagen, was ihr fehle, antwortete sie nur, sie wisse nicht, was mit ihr sei, aber das wisse sie, Kalasiris allein könne ihr helfen. Sie beschwor mich, dich zu ihr zu rufen. Daraus besonders zog ich den Schluß, daß deine Weisheit sie für dich eingenommen hat.‹

›Du weißt, daß sie liebt‹, sagte ich, ›kannst du mir auch sagen, wen sie liebt?‹

›Nein, bei Apoll‹, entgegnete er, ›wie und woher soll ich es wissen? Es wäre mir allerdings lieber als mein ganzes Vermögen, wenn sie Alkamenes, meiner Schwester Sohn, liebte, dem ich sie längst als Bräutigam zugedacht habe, soweit es nach meinen Wünschen geht.‹

Als ich bemerkte, man könne ja die Probe machen, indem man den jungen Mann zu ihr brächte und vorstellte, erklärte er sich einverstanden und ging.

Um die Marktzeit suchte er mich wieder auf.

›Ich muß dir eine schmerzliche Mitteilung machen‹, sagte er. ›Mein Kind scheint von einem Dämon besessen zu sein: So sonderbar hat sie sich gebärdet. Ich brachte, wie du vorgeschlagen hast, den Alkamenes zu ihr und ließ ihn sich von seiner besten Seite zeigen. Sie aber stieß, als hätte sie den Kopf der Gorgo oder noch Abscheulicheres gesehen, einen gellenden Schrei aus, wandte das Gesicht nach der anderen Seite des Zimmers, umfaßte mit beiden Händen wie mit einer Schlinge ihren Hals und schwor, sich das Leben zu nehmen, wenn wir nicht unverzüglich gingen. Wir verließen sie also schneller, als man es aussprechen kann. Was konnte man angesichts ihres sonderbaren Verhaltens anderes tun? Ich komme zu dir und bitte dich dringend, das Mädchen nicht zugrunde gehen zu lassen und einen Freund nicht preiszugeben, der sich in allen Hoffnungen betrogen sieht.‹

›Charikles‹, entgegnete ich, ›du gehst nicht fehl in der Annahme, das Mädchen sei besessen. Sie ist den überirdischen Kräften, die ich selbst auf sie herabbeschworen habe, verfallen und nicht den schwächsten, sondern solchen, die aller Voraussicht nach ihre Natur und ihren Willen überwinden mußten. Aber offenbar wirkt irgendein feindlicher Gott meinem Willen entgegen und kämpft gegen die mir zu Diensten stehenden Geister an. Du mußt mir deshalb unbedingt die Stirnbinde zeigen, die nach deiner Erzählung mit dem Kinde ausgesetzt wurde und die du mit den anderen Erkennungszeichen bekommen hast. Ich fürchte nämlich, diese Binde enthält irgend einen bestimmten Zauber und ist mit magischen Zeichen beschrieben, die deine Tochter so schroff und unnahbar machen. Vielleicht will irgendeine feindliche Macht ihr von Geburt an nicht wohl, damit ihr Liebesglück und Kinder versagt bleiben.‹

Er gab seine Einwilligung und brachte bald darauf das Stirnband. Ich bat ihn, mir Zeit zu lassen. Auch damit war er einverstanden. Ich begab mich in meine Wohnung und machte mich sofort an die Entzifferung der äthiopischen Schriftzeichen, mit denen das Band bestickt war, nicht mit den profanen, sondern solchen, wie sie die Könige verwenden, ähnlich den heiligen Zeichen der Ägypter. Ich las folgendes:

›Ich Persinna, Königin von Äthiopien, schreibe meiner Tochter, wie sie auch einmal heißen möge und der ich nur Mutter sein durfte, bis ich sie in Schmerzen gebar, als letztes Vermächtnis diesen Brief der Tränen.‹

Ich war starr, als ich auf den Namen der Persinna stieß, Knemon. Gleichwohl las ich weiter:

›Daß ich nicht ein schuldiges Weib war, als ich dich gleich nach der Geburt ausgesetzt und den Augen deines Vaters Hydaspes entzogen habe, dafür rufe ich unsern Stammvater Helios als Zeugen an. Um mich trotzdem vor dir, meiner Tochter, für den Fall, daß du gerettet wirst, vor deinem Retter, falls dir die Gottheit einen solchen schickt, und vor dem ganzen Menschengeschlecht zu rechtfertigen, enthülle ich den Grund, aus dem ich dich aussetzte.

Unser Geschlecht stammt göttlicherseits von den Göttern Helios und Dionysos, von den Heroen Perseus und Andromeda und ferner von Memnon ab. Mit Darstellungen aus ihrem Leben schmückten seinerzeit die Erbauer unseren königlichen Palast. Die Bildnisse und Taten der andern ließen sie in den Männerräumen und offenen Hallen malen; in den Schlafgemächern war die Liebesgeschichte von Perseus und Andromeda dargestellt. Dort nun – zehn Jahre waren es her, daß Hydaspes mich zur Frau gemacht hatte, ohne daß wir Kinder bekommen hatten – geschah es, daß wir in der Mittagsstunde eines Sommertages ruhten. Da umarmte mich dein Vater. Ein Traumbild, wie er versicherte, hatte ihn dazu aufgefordert. Sehr bald merkte ich, daß ich empfangen hatte. Die Zeit bis zu meiner Niederkunft wurde im Lande festlich begangen. Man opferte den Göttern zum Dank dafür, daß der König auf einen Thronerben hoffen durfte. Als ich dich gebar, ein weißes Kind, also von einer Hautfarbe, die den Äthiopiern nicht eigen ist, war mir die Ursache klar: während der Umarmung meines Gatten hatte ich meine Augen auf das Bildnis der nackten Andromeda geheftet, das zeigte, wie Perseus sie vom Felsen herabführt, und durch diesen unseligen Umstand hatte mein Kind die Hautfarbe der Heldin bekommen.

Da faßte ich den Entschluß, mich selbst vor Schmach und Tod zu retten – denn deine Farbe mußte mir die Beschuldigung des Ehebruchs eintragen, und niemand würde meiner Erklärung Glauben schenken – und dich einem ungewissen Schicksal auszuliefern, welches immer noch besser wäre als der sichere Tod und der Schimpf der unehelichen Geburt. Ich redete also meinem Gatten ein, du seiest gleich nach der Geburt gestorben, setzte dich heimlich und ohne davon zu reden aus und gab dir so viele Kostbarkeiten, als ich konnte, zum Lohn für deinen Retter mit. Dabei schmückte ich dich außer mit anderen Gegenständen auch mit dieser Binde und gab sie dir mit. In sie habe ich unglückliche Mutter unter blutigen Tränen über dich, mein erstgeborenes Kind, die traurige Geschichte deines und meines Schicksals gestickt. Du aber, mein süßes Kind, du meine Tochter, wenn auch nur für kurze Zeit, sei, wenn du am Leben bleibst, eingedenk deiner edlen Herkunft, hüte deine Reinheit, die das wahre Zeugnis weiblicher Tugend ist, und zeige die königliche Haltung, die du deinen Eltern verdankst. Unter den Juwelen, die mit dir ausgesetzt wurden – vergiß es ja nicht! –, bewahre vor allem den Ring, den mir dein Vater, als er um mich anhielt, schenkte. Er trägt das königliche Siegel und umfaßt einen Pantarbestein, der den Ring mit geheimnisvoller Kraft heiligt.

Dir das zu sagen, muß ich mich der Schrift bedienen. Denn ein böser Gott hat es mir versagt, lebend, Auge in Auge mit dir zu sprechen. Vielleicht sind meine Worte für dich wertlos und stumm und nützen dir nichts. Denn des Schicksals dunkle Wege bleiben den Menschen verborgen. Wenn du gerettet wirst, mein Kind, dessen Schönheit mir einen falschen Verdacht hätte eintragen können, werden dir diese Zeilen als Erkennungszeichen dienen. Sonst aber – was ich nie erfahren möge! – sollen sie dir eine Grabschrift sein und Tränen der Mutter auf deinem Grab.‹

Als ich dies gelesen hatte, lieber Knemon, erkannte ich voll Staunen die Hand der Götter. Freude und Schmerz erfüllten mich. In seltsamer Ergriffenheit weinte und freute ich mich zugleich. Denn die Entdeckung des Geheimnisses und die Enträtselung der Orakelsprüche stimmten mich froh. Andererseits beunruhigte mich die Sorge um die Zukunft und bedrückten mich die Unsicherheit, Ungewißheit und Wandelbarkeit des menschlichen Loses, die Charikleas Schicksal so deutlich vor Augen führte. Auch bestürmten mich die Gedanken über ihre wahre Herkunft und ihre bisher vermutete Abstammung. Ich bedachte, wie weit sie von ihrer Heimat verschlagen war, daß sie als angenommenes Kind galt und den Adel ihrer Abstammung aus dem äthiopischen Königshause eingebüßt hatte.

Lange stand ich unschlüssig. Kummervoll blickte ich auf die vergangenen Ereignisse zurück und wagte nicht, mich der kommenden zu freuen, bis ich meine Vernunft wieder in die Gewalt bekam und den Entschluß faßte, nicht zu zögern, sondern tatkräftig zu handeln.

Ich ging zu Chariklea und fand sie allein. Die Leidenschaft hatte sie überwältigt. Wohl zwang sie sich mit Aufbietung aller Willenskraft zur Selbstbeherrschung, aber der erschöpfte Körper gab dem Leiden nach und war zu schwach, den heftigen Anfällen Widerstand zu leisten.

Ich entfernte erst die Anwesenden und gab Anweisung, niemand solle uns stören, da ich das Mädchen durch Gebete und Beschwörungen behandeln wolle. Dann sprach ich mit ihr.

›Nun ist es an der Zeit, Chariklea, daß du sagst, woran du leidest, wie du es mir übrigens gestern versprochen hast. Es ist zwecklos, dich länger einem Manne zu verschließen, der dir wohl will und, auch wenn du dich in Schweigen hüllst, alles zu durchschauen vermag.‹

Sie faßte meine Hand und küßte sie unter Tränen.

›Weiser Kalasiris‹, antwortete sie, ›gönne mir doch das eine, laß mich stumm leiden. Da du ja meine Krankheit von selbst zu erkennen vermagst, erspare mir wenigstens die Verlegenheit und laß mich verbergen, was peinlich zu leiden, peinlicher noch auszusprechen ist. So schwer ich an meinem Leiden trage, das jetzt zum vollen Durchbruch gekommen ist, mehr noch schmerzt mich, es nicht von Anfang an unterdrückt, sondern einer Leidenschaft nachgegeben zu haben, die ich bisher stets verabscheute und deren Erwähnung schon das heilige Wort Jungfräulichkeit entweiht.‹

›Meine Tochter‹, sagte ich, um ihr Mut zu machen, ›aus

zwei Gründen tust du recht daran, dein Geheimnis zu wahren. Einmal brauche ich nicht zu erfahren, was ich durch meine Sehergabe längst weiß. Und es ist nur natürlich, daß du dich scheust, das auszusprechen, was einer Frau eher zu verbergen ansteht. Da du aber nun einmal Liebe empfindest und der Anblick des Theagenes dich bezwungen hat – das hat mir die Stimme der Götter offenbart –, so denke daran, du bist nicht die erste und einzige, die von dieser Leidenschaft erfaßt wurde, du teilst dieses Schicksal mit vielen edlen Frauen und vielen sonst vernünftigen jungen Mädchen. Denn Eros ist der mächtigste aller Götter und hat, sagt man, selbst die Götter in seiner Gewalt. Überlege nun, wie du am besten mit deiner Lage fertig wirst. Mag es ein Glück sein, von der Liebe überhaupt verschont zu bleiben, so ist es das Klügste, wenn sie einen ergriffen hat, seine Neigung durch Besonnenheit zu zügeln. Es liegt, wenn du dich mir anvertrauen willst, ganz in deiner Hand, das peinliche Wort Sinnlichkeit zu vermeiden und durch eine gesetzmäßige Verbindung deine Leidenschaft in eine Ehe zu verwandeln.‹

Meine Worte trieben ihr den Schweiß auf die Stirn, Knemon, und erregten in ihr die verschiedensten Empfindungen. Mit der offensichtlichen Freude mischten sich Hoffnung auf Erfüllung ihrer Wünsche und Scham über die gezeigte Schwäche.

Als sie eine Weile geschwiegen hatte, sagte sie:

›Du sprichst von Ehe, Väterchen, und suchst mich dafür zu gewinnen, als stände es fest, daß mein Vater seine Einwilligung gibt und auch mein Feind gleichen Willens ist.‹

›Was den jungen Mann angeht‹, erwiderte ich, ›so bin ich meiner Sache sicher. Er ist vielleicht noch mehr in Liebesbanden als du und von den gleichen Gefühlen bewegt. Wie es scheint, haben sich eure Seelen gleich bei der ersten Begegnung gefunden und sind der gleichen Leidenschaft verfallen. Auch habe ich dir zuliebe mittels meiner Künste seine Liebe noch gesteigert. Dein vermeintlicher Vater hat freilich einen anderen Bräutigam für dich bereit, den Alkamenes, den du ja kennst.‹

›Für Alkamenes mag er lieber mein Grab als meine Hand bestimmen‹, erwidert sie. ›Denn mich wird Theagenes heimführen oder ein schlimmes Schicksal ereilen. Daß Charikles aber nicht mein Vater ist, sondern nur als solcher gilt, woher weißt du das, bitte?‹

›Durch dies hier‹, antwortete ich und zeigte ihr das Stirnband.

›Woher hast du es? Wie bist du dazu gekommen? Seit er mich in Ägypten von dem Manne, der mich aufzog, unter mir unbekannten Umständen bekam und hierherbrachte, hielt er es in einem Kästchen verwahrt, damit es nicht durch die Zeit litte.‹

›Wie ich dazu gekommen bin‹, erwiderte ich, ›sollst du später erfahren. Erst sag mir einmal, weißt du, was darauf geschrieben steht?‹

Sie wisse es nicht, erklärte sie, woher solle sie es wissen?

›Es gibt Aufschluß über deine Herkunft‹, sagte ich, ›dein Vaterland und dein Schicksal.‹

Da sie mich beschwor, ihr zu entdecken, was ich wisse, sagte ich ihr alles, indem ich den Text Wort für Wort mit ihr durchging und getreu übersetzte.

Als sie erfahren hatte, wer sie war, und durch die Kenntnis ihrer Abstammung selbstbewußter in mich drang, was sie tun solle, begann ich meinen Plan deutlicher zu entwickeln und gab ihr ein genaues Bild vom Stand der Dinge.

›Ich kam nach Äthiopien, meine Tochter‹, sagte ich, ›um mich über die Weisheit des Landes zu unterrichten. Dabei lernte ich auch deine Mutter Persinna kennen. Denn der königliche Hof zeigte sich von jeher dem Stande der Gelehrten wohlgesinnt. Überdies genoß ich besonderes Ansehen, weil ich dem Wissen der Ägypter durch die Verbindung mit dem der Äthiopier erst die rechte Weihe gab. Als sie erfuhr, daß ich mich anschickte, heimzureisen, erzählte sie mir deine ganze Geschichte, nachdem sie mich durch einen Eid zu strengstem Stillschweigen verpflichtet hatte. Denn, wie sie mir erklärte, wagte sie sich nicht den Weisen ihres Landes anzuvertrauen. Sie bat mich, die Götter zu befragen, ob du nach deiner Aussetzung gerettet worden seiest, und dann, wo du dich befändest. Trotz allen Bemühungen habe sie in ihrem eigenen Lande nichts über ein Kind mit deinem Schicksal in Erfahrung bringen können. Nachdem ich von den Göttern alles erfahren und ihr mitgeteilt hatte, daß und wo du lebst, beschwor sie mich, dich aufzusuchen und zur Heimkehr in dein Vaterland zu bewegen. Sie sei seit deiner Geburt kinderlos geblieben und entschlossen, wenn du kämest, deinem Vater alles zu sagen. Denn sie wisse, er werde ihr Glauben schenken, da er durch die lange eheliche Gemeinschaft ihrer Treue gewiß geworden sei, und wenn er nun so ganz unverhofft sein Verlangen nach einem Kind erfüllt sehe.

So sprach sie und beschwor mich zu handeln, wobei sie mir mehrfach den Eid auf den Sonnengott abnahm, gegen den kein Weiser verstoßen darf. Ihrer Bitte und meinem Schwur zu genügen, bin ich nun hier, wenn ich auch nicht eigentlich in dieser Absicht hergekommen bin. Doch dank der göttlichen Weisung führte meine Irrfahrt zu diesem schönen Ergebnis. Seit langem schon, weißt du, bin ich in deiner Nähe. Keinen Augenblick habe ich die Sorge um dich, die dir schon längst gebührte, aus den Augen verloren, doch mußte ich schweigen. Ich wartete nur auf die Gelegenheit, das Band als Beweisstück für meine Enthüllungen in die Hände zu bekommen. Wenn du mir folgst und dich zur Flucht mit uns entschließest, bevor du von Charikles, der deine Heirat mit Alkamenes ernsthaft betreibt, wider deinen Willen zu einer unerwünschten Verbindung gezwungen wirst, liegt es in deiner Macht, Adel, Vaterland und Eltern wiederzubekommen, Theagenes, der bereit ist, uns, einerlei wohin, zu folgen, zum Gatten zu haben und das Leben in der Fremde und unter Menschen, die nicht zu dir gehören, mit der ebenbürtigen Stellung an der Seite des geliebten Gatten und Königs zu vertauschen, sofern man den Göttern und der pythischen Weissagung glauben darf.‹

Dabei rief ich ihr den Orakelspruch ins Gedächtnis und erklärte ihr seine Bedeutung. Er war ja Chariklea nicht unbekannt, zumal viele ihn im Mund führten und zu enträtseln bemüht waren.

Sie war starr vor Staunen.

›Wenn dies also der Wille der Götter ist‹, sagte sie dann, ›wie du behauptest und wie ich selbst glaube, was soll ich tun, Väterchen?‹

›Tu so‹, antwortete ich, ›als ob du in die Heirat mit Alkamenes einwilligtest.‹

›Es ist schwer‹, sagte sie, ›und auch unrecht, einem andern, wenn auch nur mit einem bloßen Versprechen, vor Theagenes den Vorzug zu geben. Da ich mich aber nun einmal den Göttern und dir, Väterchen, anvertraut habe, so erkläre mir den Zweck der Komödie und wie sie gespielt werden soll, ohne daß Ernst daraus wird.‹

›Das wird dich die Durchführung lehren‹, erwiderte ich. ›In manchen Lagen zeigen sich die Frauen, wenn man sie ihnen vorher auseinandersetzt, unsicher, während sie sich einer plötzlich an sie herantretenden Aufgabe mit ungewöhnlichem Mut gewachsen erweisen. Folge meinen Anweisungen in allen Punkten, vor allem in der Zustimmung zu Charikles' Wunsch für deine Heirat, zumal er nichts ohne meinen Rat unternehmen wird.‹

Sie versprach es. Ich ließ sie in Tränen zurück. Unmittelbar vor dem Hause bemerkte ich Charikles bekümmert und in tiefer Niedergeschlagenheit.

›Sonderbarer Mann du‹, sprach ich ihn an, ›während du dich bekränzen und froh sein und den Göttern Dankopfer bringen solltest, weil deine Wünsche erfüllt sind und Charikleas Widerstand gegen eine Heirat endlich mit vieler Mühe und dank meinen Künsten überwunden ist, bist du finster und nachdenklich und, ich weiß nicht warum, dem Weinen nahe.‹

›Wie sollte ich nicht‹, antwortete er, ›wo das Liebste, was ich besitze, vielleicht eher aus dem Leben scheiden als zur Hochzeit gehen wird, wie du behauptest, wenn man etwas auf Träume geben darf, wie sie mich schon früher und auch in der letzten Nacht geängstigt haben. Ich sah einen Adler, den Apoll aus der Hand freiließ, jäh herabstoßen, mein liebes Kind mir von der Brust reißen und ans äußerste Ende der Welt in das Reich finsterer Schatten entführen. Schließlich konnte ich nicht mehr erkennen, was aus ihr wurde, da bei der ungeheuren Entfernung mein Auge seinem Flug nicht mehr folgen konnte.‹

Aus seinen Worten erriet ich schon die wahre Bedeutung des Traumes, erwiderte aber, um ihm Mut zu machen und seinen Verdacht im Hinblick auf die zu erwartenden Ereignisse zu zerstreuen: ›Für einen Priester, noch dazu des Gottes, der am klarsten die Zukunft sieht, scheinst du dich auf die Traumdeutung nicht besonders gut zu verstehen. Deine Traumgesichte kündigen die bevorstehende Hochzeit deiner Tochter an, weisen durch den Adler auf den Bräutigam hin, der sie heimführen wird, und künden die freudige Zustimmung Apolls, der ihr den Gatten mit eigener Hand zuführt. Und du bist bei dieser frohen Ankündigung verdrossen und gibst dem Traum eine trübe Deutung! Nein, Charikles, hüten wir uns vor jedem Wort, das Unglück bedeutet, laß uns dem Willen der mächtigen Götter folgen und es uns angelegen sein, das Mädchen noch mehr zu gewinnen.‹

Auf seine Frage, was zu tun sei, um sie noch willfähriger zu machen, antwortete ich:

›Wenn du irgendeine besondere Kostbarkeit hast, ein Kleid aus Goldbrokat oder einen wertvollen Halsschmuck, so bringe es ihr als angebliches Geschenk ihres Bräutigams und beschwichtige damit ihren letzten Widerstand. Auf Frauen üben Gold und Juwelen einen unwiderstehlichen Zauber aus. Auch sollst du die nötigen Vorbereitungen für das Fest treffen. Man muß die Hochzeit beschleunigen, solange die durch meine Kunst erzwungene Geneigtheit des Mädchens anhält.‹

›Verlaß dich darauf‹, rief er, ›daß ich es an nichts fehlen lassen werde!‹ Er eilte freudig beschwingt fort, um seine Worte in die Tat umzusetzen. Wie ich später erfuhr, befolgte er unverzüglich meinen Rat und brachte Chariklea außer kostbaren Kleidern auch die äthiopischen Schmucksachen, welche Persinna als Erkennungszeichen mit ihr ausgesetzt hatte, als angebliche Hochzeitsgeschenke des Alkamenes.

Sobald ich Theagenes traf, fragte ich ihn nach seinen Landsleuten, die mit ihm am Festzug teilgenommen hatten. Die Mädchen, sagte er, seien schon auf dem Heimwege. Man habe sie, weil sie langsamer gingen, vorausgeschickt. Die jungen Männer seien kaum noch zu halten, sie gäben keine Ruhe und verlangten heimzukehren. Auf diese Nachricht gab ich ihm Anweisungen, was er ihnen sagen und was er selber tun solle, ermahnte ihn, auf das Zeichen zu achten, das ich ihm zur Zeit und Stunde geben würde, verließ ihn und eilte nach dem Tempel des pythischen Gottes, um von ihm einen Wink für die gemeinsame Flucht mit den jungen Leuten zu erbitten. Aber der Gott ist noch schneller als jeder Gedanke. Er beschleunigt durch seine Hilfe das, was ihm erwünscht ist, und kommt oft auch ohne Anrufung gnädig der Bitte zuvor. So beantwortete auch in diesem Falle Apoll die noch nicht an ihn gerichtete Frage und zeigte durch die Tat seine lenkende Hand.

Denn als ich im Begriff stand, meine Absichten auszuführen, und auf dem Wege zu der Priesterin war, hielten mich einige Fremde durch den Zuruf auf: ›Komm mit uns opfern, lieber Mann!‹

Sie schickten sich eben unter Flötenspiel zu einem Opfermahl zu Ehren des Herakles an. Auf ihren Anruf blieb ich stehen. Solch einen Wink des Gottes durfte ich nicht übersehen. Als ich Weihrauch verbrannte und reines Wasser spendete, schienen sie verwundert über meine kostbaren Opfergaben. Trotzdem luden sie mich ein, an ihrem Mahl teilzunehmen. Ich nahm an, ließ mich auf dem Lager nieder, das sie für Gäste mit Myrten und Lorbeer überstreut hatten, und verzehrte die gewohnten Speisen.

›Meine Freunde‹, sagte ich dann zu ihnen, ›zu einem erfreulichen Mahl fehlt nichts mehr. Aber noch habe ich nichts über euch gehört. Jetzt müßt ihr mir erzählen, wer und woher ihr seid. Schon bei ungebildeten Leuten ist es, glaube ich, üblich, wenn man gemeinsam den Göttern geopfert und geschmaust hat, nicht auseinanderzugehen, ohne sich gegenseitig näher kennengelernt und bei dem heiligen Salz Freundschaft geschlossen zu haben.‹

Da erzählten sie, sie seien Phönizier aus Tyros, von Beruf Kaufleute, und befänden sich auf der Fahrt nach Karthago in Libyen mit einem großen Frachtschiff und einer Ladung indischer, äthiopischer und phönizischer Waren. Vorher feierten sie dieses Siegesmahl aus Dank für den tyrischen Herakles. Der junge Mann mir gegenüber an der Tafel, auf den sie wiesen, habe nämlich den Preis im Ringkampf gewonnen und Tyros den Sieg über die anderen griechischen Städte verschafft.

›Als wir um Malea gesegelt waren‹, erzählten sie weiter, ›und wegen der ungünstigen Winde in Kephallenia ankern mußten, versicherte er uns, unser Landesgott habe ihm im Traum seinen bevorstehenden Sieg bei den pythischen Spielen angezeigt, und überredete uns dadurch, von dem geplanten Kurs abzuweichen und hier zu landen. Nun haben die Ereignisse die Weissagung bestätigt. Er, der bisher nur Kaufmann war, ist nun der berühmte Sieger in den pythischen Spielen. Jetzt gibt er dem Gott zu Ehren, der ihm den Sieg voraussagte, dieses Mahl, um ihm für den Sieg zu danken und zugleich um glückliche Fahrt zu bitten. Denn morgen früh wollen wir, wenn wir günstigen Wind haben, wieder in See gehen, guter Freund.‹

›Werdet ihr das bestimmt?‹ fragte ich.

›Aber gewiß‹, antworteten sie.

›Dann könnt ihr mich als Fahrgast mitnehmen, wenn es euch recht ist. Ich muß nämlich geschäftlich nach Sizilien reisen, und die Insel liegt ja auf eurem Wege nach Libyen.‹

›Ist dies deine Absicht‹, sagten sie, ›so soll es uns nur recht und ein gutes Omen sein, wenn ein Weiser, ein Grieche und, wie wir wohl richtig vermuten, ein von den Göttern gern gesehener Mann mit uns fährt.‹

›Gern‹, erwiderte ich, ›falls ihr mir einen Tag zur Vorbereitung bewilligt.‹

›Du sollst den morgigen Tag dazu haben‹, entgegneten sie, ›nur mußt du dich gegen Abend am Meer einfinden. Denn die Nächte begünstigen die Fahrt, weil dann die vom Festland wehenden Winde das Schiff bei ruhiger See vorwärtstreiben.‹

So also verabredete ich es mit ihnen und ließ mir noch eidlich zusichern, daß sie nicht früher abfahren würden. Dann überließ ich sie ihrer Musik und ihren Tänzen, die sie unter Flötenbegleitung zum schnellen Takt einer assyrischen Melodie aufführten, indem sie bald in leichten Sprüngen hochschnellten, bald, auf den Boden gekauert, den ganzen Körper wie Besessene herumwirbelten.

Ich begab mich zuerst zu Chariklea, welche die Schmucksachen, die ihr Charikles gegeben, trug und betrachtete, darauf zu Theagenes. Nachdem ich beiden eingeprägt hatte, wie sie sich zu verhalten hätten, eilte ich nach Hause und wartete den Verlauf der Ereignisse ab.

Es geschah dann folgendes. Um Mitternacht, als die Stadt tief im Schlafe lag, umstellte eine Schar von Bewaffneten die Wohnung Charikleas. Der Anführer bei diesem Liebeshandstreich war Theagenes, der die jungen Männer des Festzuges zu einem Trupp vereinigt hatte. Unter plötzlichem, wildem

Geschrei und ohrenbetäubendem Lärm der Schilde drangen sie mit brennenden Fackeln in das Haus ein – mühelos hatten sie die Tür erbrochen, die absichtlich nur schlecht verschlossen war – und entführten Chariklea, die, darauf vorbereitet und im voraus genau unterrichtet, sich willig der Gewalt fügte. Zugleich nahmen sie noch viele Gegenstände mit, wie es ihnen das junge Mädchen angab. Als sie das Haus wieder verlassen hatten, stießen sie Kampfrufe aus und vollführten durch Aneinanderschlagen der Schilde einen wilden Lärm. Dabei zogen sie durch die ganze Stadt. Sie versetzten dadurch die Einwohner in namenlose Angst, um so mehr, als die nächtliche Stunde die Wirkung des Schreckens verstärkte und der Parnaß den Lärm der Stimmen und Waffen durch sein Echo verdoppelte.

So zogen sie durch Delphi, wobei sie abwechselnd und ohne Aufhören Charikleas Namen riefen. Als sie aus der Stadt heraus waren, ritten sie, so schnell sie konnten, in Richtung der lokrischen Berge und des Oeta davon. Wie verabredet, blieben dort Theagenes und Chariklea zurück und flüchteten heimlich zu mir. Sie warfen sich mir zu Füßen, hielten meine Knie umschlungen und riefen immer wieder: ›Hilf uns, lieber Vater!‹

Mehr vermochte Chariklea, den Blick zu Boden gerichtet und verlegen über ihr neuerliches Tun, nicht zu sagen, während Theagenes noch weitere flehentliche Worte fand.

›Rette uns, lieber Kalasiris‹, rief er, ›die fremd und heimatlos bitten, die alles im Stich ließen, um einander zu gewinnen. Rette uns, die wir von jetzt an ein Spielball der Launen des Schicksals sind, uns Gefangene einer reinen Liebe, uns freiwillig, aber schuldlos Verbannte, die wir Zuversicht und Vertrauen in deine Hilfe setzen.‹

Von seinen Worten gerührt, weinte ich. Es waren mehr Tränen des Herzens als der Augen, so daß sie es nicht merkten. Mir aber verschaffte es Erleichterung.

Ich hieß sie aufstehen und sprach ihnen Mut zu. Ich machte ihnen Hoffnung für die Zukunft, da ja der Anfang von dem Gott begünstigt sei.

›Ich gehe jetzt‹, sagte ich, ›um das Nötige zu tun. Wartet hier auf mich und paßt vor allem auf, daß euch niemand sieht!‹

Mit diesen Worten wandte ich mich zum Gehen. Doch Chariklea faßte meinen Mantel und hielt mich fest.

›Lieber Vater‹, sagte sie, ›das wäre der Anfang eines Unrechts oder richtiger eines Verrats, wenn du mich allein läßt und Theagenes auslieferst, ohne zu bedenken, was für ein unzuverlässiger Hüter ein Liebhaber ist, wenn er die Geliebte in seiner Macht hat und obendrein niemand da ist, der ihn zur Zurückhaltung nötigt. Seine Leidenschaft wird sicher noch heftiger aufflammen, wenn die Geliebte ihm schutzlos überlassen ist. Ich lasse dich deshalb nicht eher los, als bis ich für jetzt und noch mehr für die Zukunft durch einen Schwur des Theagenes sicher bin, daß er nichts von mir verlangen wird, bevor ich meine Familie und meine Heimat wiedergefunden habe oder, falls dies die Götter versagen, nur mit meiner ausdrücklichen Einwilligung mich zu seiner Frau macht, sonst aber unter keinen Umständen.‹

Da mir ihre Worte Achtung abnötigten und ich es so ganz richtig fand, zündete ich auf dem Herd als Altar Feuer an und verbrannte Weihrauch. Theagenes schwur, doch beklagte er sich, der ihm auferlegte Eid kränke ihn und stelle die Vertrauenswürdigkeit seines Charakters in Frage. Nun könne er seine aus freiem Entschluß anständige Gesinnung nicht erweisen, da sie nur durch die Furcht vor den Göttern erzwungen scheine. Gleichwohl schwur er beim pythischen Apoll, bei Artemis, Aphrodite und allen Göttern der Liebe, alles getreulich zu tun, was Chariklea wünsche und verlange.

Während sich die beiden unter Anrufung der Götter Gelöbnisse gaben, eilte ich zu Charikles und fand das Haus voll Aufregung und Jammer. Bediente waren gekommen und hatten bereits die Entführung des Mädchens gemeldet. Eine Anzahl Bürger hatte sich eingefunden und umstand ohne Kenntnis der näheren Umstände und vollkommen ratlos, was zu unternehmen sei, den weinenden Charikles.

Ich rief ihnen laut zu: ›Ihr Unseligen, soll man euch für völlige Narren halten, daß ihr stumm und untätig herumsteht, als hättet ihr durch das Unglück den Kopf verloren? Wollt ihr nicht die Waffen nehmen und die Feinde verfolgen? Wollt ihr nicht die Schurken fangen und bestrafen?‹

›Vielleicht ist es zwecklos‹, entgegnete Charikles, ›gegen das Schicksal anzukämpfen. Ich sehe ein, daß der Zorn der Götter mir diese Strafe auferlegt. Der Gott hat sie mir schon verkündet, als ich in später Stunde das Allerheiligste betrat und meine Augen sahen, was sie nicht sehen durften. Dafür muß ich durch den Verlust des Liebsten, was ich habe, büßen. Immerhin hindert nichts, sogar gegen das Schicksal anzukämpfen, wie es heißt, wüßten wir nur, wen wir zu verfolgen haben und wer uns diesen harten Schlag zugefügt hat.‹

›Der Thessalier war es‹, rief ich, ›den du so hochschätztest und mit dem du auch mich bekanntgemacht hast, Theagenes mit seinen Burschen. Von allen, die gestern abend noch hier waren, wirst du jetzt keinen mehr in der Stadt finden. Steh also auf und rufe die Bevölkerung zur Ratsversammlung.‹

So geschah es. Die Bezirksvorsteher ließen durch Trompetensignale die Einwohner zusammenrufen. Sie erschienen sofort und machten das Theater zum Schauplatz einer nächtlichen Beratung.

Als Charikles, schwarz gekleidet, Gesicht und Haupt mit Asche bestreut, vortrat, erregte schon sein Anblick lebhaftes Mitgefühl. Er hielt folgende Ansprache:

›Vielleicht glaubt ihr, Delphier, angesichts der Größe meines Unglücks, ich hätte diese Versammlung einberufen und stünde vor euch, um euch meinen Fall zu berichten. Das ist nicht meine Absicht. Was ich durchmache, ist zwar viel schlimmer als der Tod. Einsam wie ich von jetzt an sein werde und von Gott verlassen, bleibt mir nur mein ödes Haus ohne die mir liebsten Menschen. Dennoch läßt mich der allen Menschen innewohnende Wahn törichter Hoffnung ausharren und lockt mich durch die Aussicht, ich könnte meine Tochter wiederfinden, mehr noch der Gedanke an die Stadt, die ich an ihren Beleidigern gerächt sehen möchte, es sei denn, auch euer stolzer Freiheitssinn und die Empörung um Heimat und heimische Götter wären von den thessalischen Burschen entführt worden. Denn das ist von allem das Empörendste, daß ein paar Tanzburschen, Statisten des Festzuges, die erste Stadt Griechenlands mit Füßen getreten und den Apollontempel seines kostbarsten Schatzes beraubt haben, meiner Chariklea, des Glückes meiner Augen! Wie unerbittlich spielt mir das Schicksal mit! Es löschte, wie ihr wißt, das Leben meiner leiblichen Tochter mit den Hochzeitsfackeln aus, entriß mir im frischen Schmerz darüber auch ihre Mutter und trieb mich aus der

Heimat. Doch all das schien mir erträglich, seitdem ich Chariklea gefunden hatte, Chariklea, die mir Leben, Hoffnung, Kind und Erbin war, Chariklea, meinen einzigen Trost und sozusagen den Anker meines Daseins. Und sie packte der Sturm, der über mich hereinbrach, und riß sie fort, nicht durch irgendeinen Zufall, sondern wie zum Hohn mit grausamer Bosheit beinahe aus dem Hochzeitsbett, da euch allen schon die bevorstehende Vermählung angezeigt war.‹

Er sprach noch und überließ sich ganz seinen Klagen, da unterbrach ihn ziemlich schroff der Stratege Hegesias und nahm selbst das Wort.

›Mitbürger‹, sagte er, ›Charikles steht es frei, jetzt und noch länger seinen Kummer ausströmen zu lassen. Wir aber wollen nicht in seinem Unglück mituntergehen, noch von der Flut seiner Tränen uns fortschwemmen lassen und so die kostbare Zeit versäumen, auf die es überall im Kriege, aber ganz besonders jetzt ankommt. Wenn wir unmittelbar nach der Versammlung hier ausrücken, so können wir hoffen, die Feinde einzuholen, da sie in der Annahme, wir träfen noch Vorbereitungen, ein gemächliches Marschtempo einschlagen dürften. Wenn wir aber hier uns etwas vorjammern oder, besser gesagt, vorheulen wie die Weiber und ihnen durch unser Zögern einen Vorsprung geben, so können wir uns bloß auslachen lassen und dies noch von jungen Burschen. Meiner Meinung nach müssen wir sie so schnell wie möglich zu fassen kriegen und aufhängen und ihre Nachkommen ächten, diese Strafe aber auf den ganzen Stamm ausdehnen. Das wird keine Schwierigkeit machen, wenn wir die Thessalier gegen die Burschen, die uns entkommen sollten, wie gegen ihre Angehörigen aufbringen durch ein Gesetz, das ihnen in Zukunft die Abhaltung des Festzuges und des Totenkults verbietet und deren Veranstaltung auf Kosten unseres Staates bestimmt.‹

Als dieser Antrag beifällig aufgenommen und durch Volksbeschluß zum Gesetz gemacht worden war, rief Hegesias:

›Wenn es euch recht ist, soll gleich noch zum Beschluß erhoben werden, daß in Zukunft die Priesterin sich nie wieder den Teilnehmern des Waffenlaufes zeigen darf. Denn vermutlich gab dieser Umstand den eigentlichen Anstoß zu Theagenes' Schandtat und erweckte vom ersten Augenblick an in ihm den Gedanken an eine Entführung. Es scheint deshalb ratsam, derartigen Vorkommnissen für die Zukunft vorzubeugen.‹

Als auch dies einstimmig durch Handaufheben beschlossen war, gab Hegesias das Zeichen zum Abmarsch. Die Trompete blies Alarm, und die Versammlung löste sich auf, um in den Kampf zu ziehen. Vom Platz aus rückte ein ununterbrochener Zug nicht nur von waffenfähigen, kräftigen jungen Männern, sondern auch von Knaben und Halbwüchsigen, die das fehlende Alter durch Kampflust und Kühnheit auszugleichen suchten, ins Feld.

Selbst viele Frauen, deren Geist männlicher war als ihr Körper, nahmen den ersten besten Gegenstand als Waffe und liefen hinterher, wenn auch zwecklos, da die dem weiblichen Geschlecht eigene Schwäche sie bald die Grenzen ihrer Kraft erkennen ließ. Auch sah man Greise gegen ihr Alter ankämpfen, deren guter Wille einen schwachen Körper gleichsam vorwärtszwang und wegen seiner Schwäche mit Vorwürfen überhäufte.

So sehr litt die ganze Stadt unter dem Schmerz über Charikleas Entführung, und alles machte sich unmittelbar nach dem Alarm, ohne den Tagesanbruch abzuwarten, von dem gleichen Gefühl beseelt, an die gemeinsame Verfolgung.

Fünftes Buch

Ganz Delphi war dabei und tat, was zu tun war. Ich weiß nichts darüber. Mir bot ihre Inanspruchnahme durch die Verfolgung jedenfalls Gelegenheit zur Flucht. Ich nahm die jungen Leute, wie sie waren, noch in der Nacht mit ans Meer und brachte sie zu dem phönizischen Schiff, das schon dabei war, die Ankertaue zu lösen. Da übrigens der Morgen bereits dämmerte, glaubten die Phönizier das mir gegebene Wort nicht zu brechen, weil sie nur versprochen hatten, einen Tag und eine Nacht auf mich zu warten. Sie begrüßten also unsere Ankunft mit großer Freude und nahmen uns auf das Schiff, das sofort abfuhr. Anfangs, bis sie aus dem Hafen heraus waren, mußten sie rudern. Als dann eine schwache

Brise vom Land heraufkam und leichte Wogen hinter dem Schiff herliefen und das Heck gleichsam anlachten, hißten sie die Segel.

Bald zogen die kirrhäischen Buchten, die Ausläufer des Parnaß und die ätolischen und kalydonischen Klippen an dem Boot, das fast zu fliegen schien, vorbei. Als die Sonne sich zum Untergang neigte, tauchten die nach ihrer Gestalt benannten Spitzen Inseln und die Zakynthische See vor uns auf.

Doch weshalb spinne ich meine Erzählung zur ungeeigneten Zeit so weit aus und verliere mich unversehens auf das weite Meer der fernen Ereignisse? Hier wollen wir mit unserer Erzählung innehalten und etwas schlafen. Magst du auch unermüdlich im Zuhören sein und tapfer gegen den Schlaf ankämpfen, Knemon, so dürftest du doch vor Müdigkeit umsinken, wollte ich die Geschichte meiner Abenteuer bis in die tiefe Nacht fortsetzen. Ich selbst übrigens spüre das Alter, mein Sohn. Die Erinnerung an meine Erlebnisse greift mich an und macht mich müde.«

»So mach eine Pause, Väterchen«, sagte Knemon, »nicht weil ich nicht mehr hören möchte – ich glaube, du könntest noch Tage und Nächte weitererzählen, ohne daß es mir zuviel würde, so fesselnd und spannend finde ich die Geschichte – aber ich höre schon seit geraumer Zeit Leute im Hause rumoren und wurde dadurch beunruhigt, doch zwang ich mich zum Schweigen aus Neugier auf den weiteren Verlauf deiner Erlebnisse.«

»Ich habe nichts gehört«, erwiderte Kalasiris. »Vielleicht, weil mich das Alter schon etwas schwerhörig gemacht hat – es schwächt ja auch das Gehör –, vielleicht war ich völlig in meine Erzählung vertieft. Da kommt schon Nausikles, wie es scheint, der Herr des Hauses. Götter, was mag er ausgerichtet haben?«

»Alles, was ich wollte«, rief Nausikles und trat unversehens ein. »Ich habe wohl bemerkt, mein lieber Kalasiris, daß du dich meiner Angelegenheiten angenommen und mich wie ein guter Geist auf meinem Wege begleitet hast. Das habe ich auch jetzt wieder einmal aus deiner Äußerung festgestellt, die ich eben bei meinem Eintritt noch mitgehört habe. Doch wer ist dieser Gast?«

»Ein Grieche«, antwortete Kalasiris, »das Weitere sollst du später erfahren. Berichte erst einmal rasch, was du ausgerichtet hast, damit wir deine Freude teilen können.«

»Auch ihr sollt das im einzelnen morgen zu hören bekommen«, entgegnete Nausikles. »Im Augenblick mag es euch genügen zu erfahren, daß ich eine bessere Thisbe gefunden habe. Erst muß ich mich von den Anstrengungen des Marsches und den übrigen Aufregungen durch etwas Schlaf erholen.«

Er entfernte sich, um sein Vorhaben auszuführen. Knemon war durch die Erwähnung Thisbes wie vor den Kopf geschlagen. Ratlos, was er tun solle, zergrübelte er sein Hirn während des Restes der Nacht und stöhnte dabei ständig so laut, daß schließlich Kalasiris aufmerksam wurde, trotz dem tiefen Schlafe, in den er versunken war. Der alte Mann richtete sich auf, stützte sich auf den Ellenbogen und fragte, was ihm sei und weshalb er sich so seltsam gebärde, daß man meinen könne, er sei irre.

»Muß ich nicht irre werden«, erwiderte Knemon, »wo ich gehört habe, daß Thisbe am Leben ist?«

»Und wer ist diese Thisbe?« fragte Kalasiris. »Woher kennst du sie und was kümmert dich die Nachricht, daß sie lebt?«

»Das sollst du ein anderes Mal erfahren«, erwiderte Knemon, »wenn ich dir meine eigene Geschichte erzähle. Jedenfalls habe ich sie mit meinen Augen ermordet gesehen und mit meinen eigenen Händen bei den Räuberhirten bestattet.«

»Schlaf nur«, meinte Kalasiris. »Was es damit auf sich hat, werden wir bald hören.«

»Ich kann nicht«, entgegnete Knemon. »Bleib du nur ruhig liegen. Ich komme um, wenn ich nicht gleich aufstehe und irgendwie herausbringe, welcher Täuschung Nausikles erlegen ist oder wie es kommt, daß bei den Ägyptern die Toten auferstehen.«

Kalasiris lächelte leicht und schlief wieder ein. Knemon verließ das Zimmer.

Es erging ihm, wie es jedem geht, der nachts im Finstern in einem unbekannten Hause herumirrt. Er nahm alles in Kauf, um so seine Angst und seine Unruhe um Thisbe loszuwerden. Nachdem er lange herumgetappt und mehrfach an dieselbe

Stelle zurückgekehrt war, immer im Glauben, anderswo zu sein, vernahm er die Stimme einer unsichtbaren Frau, die traurig klagte wie eine Nachtigall in der Frühlingsnacht. Er näherte sich dem Raum, zu dem ihn die Töne leiteten, legte das Ohr an die Tür, wo die beiden Flügel zusammenstießen, und lauschte. Da vernahm er folgenden Schmerzensausbruch:

»Ich Unglückliche, ich glaubte den Händen der Räuber und dem sicheren gewaltsamen Tode entronnen zu sein und fortan zwar in der Fremde ein ruheloses, aber doch mit dem geliebten Mann ein glückliches Leben führen zu können. Denn es gibt kein Unglück, das ich zusammen mit ihm nicht ertragen könnte. Aber das Schicksal, dem ich von Geburt an ausgeliefert bin, ist noch immer nicht zufrieden und hat mich nach kurzem Glück erneut betrogen. Ich glaubte der Sklaverei entgangen zu sein und bin nun wieder Sklavin. Ich glaubte der Gefangenschaft entronnen zu sein und bin wieder eine Gefangene. Auf einer Insel wurde ich im Dunkel festgehalten. Jetzt geht es mir wieder so, ja tatsächlich noch schlimmer, da ich von dem Menschen, welcher mein hartes Los mildern will und kann, getrennt bin. Bis gestern war ein Räuberschlupfwinkel mein Aufenthalt, war eine unterirdische Höhle, nicht viel besser als ein Grab, meine Wohnung. Aber die Gegenwart meines Geliebten machte mir auch das erträglich. Dort klagte er um mich, die noch lebte, weinte um mich, wie um eine Tote, und betrauerte mich, die er ermordet glaubte. Nun habe ich auch diesen Trost verloren. Er ist fort, mein Leidensgefährte, der die Last des Unglücks mit mir trug. Allein und verlassen, gefangen und schmerzerfüllt, der Laune eines harten Schicksals ausgeliefert, läßt mich nur die Hoffnung, daß mein Geliebter noch lebt, das Leben ertragen. Wo magst du sein, mein Herz? Was für ein Schicksal hat dich getroffen? Vielleicht bist auch du ein Sklave, du freier und nur der Liebe untertaner Geist! Ach, wenn du nur am Leben bliebest und deine Thisbe wiedersähest! Denn diesen Namen wirst du mir geben müssen, magst du auch nicht wollen.«

Als Knemon dies vernahm, konnte er sich nicht länger halten und hörte erst gar nicht weiter zu. Die ersten Sätze hatten ihn anderes vermuten lassen, aus den Schlußworten aber gewann er die Überzeugung, daß es tatsächlich Thisbe sei. Es fehlte nicht viel, und er wäre vor der Tür niedergestürzt. Doch hielt er sich mühsam aufrecht, aus Angst ertappt zu werden – die Hähne krähten schon das zweite Mal – und wankte davon.

Er stieß mit den Füßen bald hier an, bald rannte er dort mit dem Körper gegen die Wand und prallte mit dem Kopf gegen einen Türbalken oder ein von der Decke hängendes Gerät, bis er nach langem Herumirren in das von ihnen bewohnte Zimmer gelangte. Dort ließ er sich auf sein Bett fallen. Er zitterte am ganzen Körper. Seine Zähne schlugen laut aufeinander. Sein Zustand hätte gefährliche Formen angenommen, hätte Kalasiris nichts bemerkt, ihn nicht in die Arme genommen und ihm gut zugeredet. Nachdem er sich etwas gefaßt hatte, erkundigte sich Kalasiris nach der Ursache.

»Ich bin verloren!« jammerte er. »Die verruchte Thisbe lebt tatsächlich.«

Wieder sank er ohnmächtig zusammen. Kalasiris hatte alle Mühe, ihn zu sich zu bringen.

So narrte ihn ein Dämon, der auch sonst manchmal mit dem Menschen sein Spiel und seinen Spott treibt und ihn auch erfreuliche Dinge nicht ungestört genießen läßt, sondern selbst in die noch kommende Freude schon irgendeinen Schmerz mischt. Mag sein, daß dies so seine Art ist, wie er auch in diesem Falle bewies, oder daß die menschliche Natur keine ungetrübte, reine Freude verträgt.

So floh auch Knemon damals vor dem, was er mehr als alles andre in der Welt herbeisehnte, und erschrak vor dem, was ihm der liebste Anblick gewesen wäre. Die jammernde Frau war gar nicht Thisbe, sondern – Chariklea. Es war ihr so ergangen:

Als Thyamis lebend gefangengenommen und als Gefangener abgeführt, die Insel in Brand gesteckt und von den auf ihr wohnenden Räubern verlassen worden war, fuhren Knemon und Thermuthis, der Schildträger des Thyamis, in der Morgenfrühe über den See, um zu erkunden, was die Feinde mit dem Anführer gemacht hatten. Was sie dabei erlebten, ist schon erzählt worden.

Theagenes und Chariklea, die allein in der Höhle zurückgeblieben waren, sahen sich für die eben erlittenen Schrecken durch höchstes Glück belohnt. Denn zum ersten Male fanden sie sich allein und durch niemandes Anwesenheit gestört. Sie umarmten und küßten sich in rückhaltloser Hingabe. Alles um sich her vergessend, hielten sie sich lange fest umschlungen, als wären sie miteinander verwachsen. In reiner und unschuldiger Liebe mischten sie ihre heißen Tränen und tauschten harmlose Küsse. Wenn Chariklea merkte, daß Theagenes leidenschaftlicher und kühner wurde, wies sie ihn zurück, indem sie ihn an sein gegebenes Wort erinnerte. Er fügte sich, Sklave der Liebe oder Herr über seine Gefühle, ohne weiteres der Vernunft. Endlich fiel ihnen ein, daß sie etwas unternehmen und ihren Zärtlichkeiten ein Ende machen müßten.

»Daß wir beieinanderbleiben, meine Chariklea«, begann Theagenes, »und daß wir behalten, was uns das Liebste auf der Welt ist, um das wir alles ertragen haben, das ist unser einziger Wunsch und das mögen uns die Götter Griechenlands gewähren! Doch ist das Schicksal der Menschen unberechenbar. Es verläuft bald so, bald so. Haben wir doch schon vieles erlitten und müssen noch auf manches gefaßt sein. Jetzt aber heißt es, der Verabredung mit Knemon gemäß nach dem Dorf Chemmis eilen. Da unser weiteres Geschick noch ungewiß ist und uns offenbar noch eine unendlich weite Strecke Weges von dem Lande unserer Sehnsucht trennt, wollen wir bestimmte geheime Erkennungszeichen untereinander ausmachen, durch die wir uns unsere Anwesenheit mitteilen und, wenn wir voneinander getrennt werden sollten, uns wiederfinden können. Denn das ist eine gute Hilfe, wenn man sich verlieren sollte, ein Freundschaftszeichen, auf das man bis zum Wiederfinden achtet.«

Chariklea erklärte sich einverstanden. Sie verabredeten, falls sie auseinanderkommen sollten, so solle Theagenes auf Tempel oder auffällige Götterstandbilder oder auf Hermessäulen oder auf Steine an Kreuzwegen schreiben: »Der Pythier« und Chariklea »Die Pythierin ist nach links oder rechts, nach dieser oder jener Stadt oder Ortschaft oder Gegend gegangen«, unter Angabe von Tag und Stunde. Wenn sie aber an einem Platz zusammenträfen, so genüge für jeden der Anblick des anderen, denn keine Zeit, und sei sie noch so lang, könne das Erkennungszeichen der Liebe in ihrem Herzen auslöschen. Trotzdem zeigte Chariklea ihm noch den mit ihr ausgesetzten väterlichen Ring, Theagenes ihr die Narbe am Knie, die von einem Wildschwein herrührte. Als mündliche Parole wählte sie den Palmzweig, er die Fackel. Dann umarmten sie sich noch einmal unter Tränen – Tränen vertraten bei ihnen die Opferspende, und ihre Küsse galten ihnen als Schwüre – und verließen die Höhle, ohne ein Stück von den in ihr aufgehäuften Schätzen anzurühren. Denn durch Raub erworbener Besitz brachte ihrer Ansicht nach keinen Segen. Sie packten nur das zusammen, was sie selbst aus Delphi mitgebracht und was ihnen die Räuber abgenommen hatten. Chariklea veränderte ihr Äußeres, indem sie Schmuck, Stirnbinde und Kleid der Priesterin in eine Tasche tat, andere harmlose Dinge darüberlegte, um nicht erkannt zu werden, und ihren Bogen und Köcher Theagenes zu tragen gab, für ihn eine liebe Last und die eigenste Waffe des Gottes, dem er diente.

Als sie am Ufer anlangten und gerade ein Boot besteigen wollten, bemerkten sie eine Schar Bewaffneter, die nach der Insel übersetzten. Bei diesem Anblick hatten sie das Gefühl, als wanke der Boden unter den Füßen. Sie standen eine Weile sprachlos und regungslos, als wären sie unempfindlich geworden gegenüber dem Hohn des Schicksals. Endlich, als die sich Nähernden fast schon an Land waren, riet Chariklea, sie sollten fortlaufen und sich in der Höhle verstecken, wo man sie vielleicht nicht finden werde. Sie rannte schon los, als Theagenes sie zurückhielt.

»Wie weit sollen wir vor dem Verhängnis noch fliehen, das uns überallhin verfolgt?« rief er. »Fügen wir uns nur in das Schicksal! Wozu gegen den Strom schwimmen? Dann ersparen wir uns, zweck- und ziellos herumzuirren und uns von dem Schicksal, das uns unablässig heimsucht, verhöhnen zu lassen. Siehst du nicht, wie es der Flucht den Überfall durch die Seeräuber folgen ließ und die Schrecken des Meeres durch die Abenteuer zu Lande noch zu überbieten sucht? Erst Krieg, dann Räuber! Es macht uns zu Gefangenen, gleich darauf zu Verlassenen. Dann eröffnet es uns Aussicht auf Rettung und Flucht in die Freiheit, um uns in die Hände unserer Mörder zu liefern. Es treibt sein grausames Spiel mit unserem Unglück, als führe es ein Theaterstück mit uns auf. Warum kürzen wir die Tragödie nicht ab und geben uns unseren Mördern in die Hände? So kann es das Drama nicht übersteigern und uns zwingen, uns selbst umzubringen.«

Chariklea teilte seine Meinung nicht ganz. Seine Vorwürfe gegen das Schicksal seien berechtigt, sagte sie. Daß sie sich den Feinden freiwillig ausliefern sollten, fand sie dagegen nicht richtig. Es sei ja durchaus nicht sicher, daß sie von ihnen umgebracht werden würden. So gnädig sei der Dämon, mit dem sie zu kämpfen hätten, nicht, daß er ihnen eine schnelle Erlösung von ihrem Unglück gewähre. Man werde sie möglicherweise am Leben lassen, um sie zu Sklaven zu machen. Und sei es nicht bitterer als der Tod, der schmachvollen und berüchtigten Willkür niederträchtiger Barbaren ausgeliefert zu werden? Dem müßten sie auf jeden Fall, wenn irgendwie möglich, zu entgehen suchen und aus den früheren Erlebnissen die Hoffnung auf eine Wendung zum Guten schöpfen, da sie ja schon mehrfach in noch verzweifelteren Lagen gerettet worden seien.

»Tun wir, was du willst«, sagte Theagenes und ging hinter ihr her, als würde er mitgeschleppt.

Es gelang ihnen nicht mehr, die Höhle zu erreichen. Während sie sich nach den Herankommenden umsahen, hatten sie nicht bemerkt, daß eine Abteilung der Feinde auf der anderen Seite der Insel gelandet war und sie von hinten umzingelt hatte.

Bestürzt blieben sie stehen. Chariklea lief auf Theagenes zu, als wolle sie, wenn sie sterben müsse, wenigstens den Tod in seinen Armen finden. Einige der Angreifer hoben die Waffen. Aber unter den Blicken des schönen jungen Paares fehlte ihnen der Mut. Ihre Arme sanken herab. Denn vor der Schönheit scheut auch die Hand des Barbaren zurück, und der Anblick der Liebe besänftigt auch das Auge des Fremden.

Sie nahmen sie also gefangen und brachten sie zu ihrem Anführer. Jeder wollte der erste sein, der ihm die wertvolle Beute brachte. Es sollte auch die einzige bleiben. Denn keiner der anderen fand irgend etwas, obwohl sie die Insel von einem Ende zum anderen durchstreiften und mit Bewaffneten wie mit einem Netz überzogen. Denn die übrigen Teile der Insel waren beim ersten Überfall durch Feuer verwüstet worden, und die Höhle, die allein verschont geblieben war, kannten sie nicht.

So wurden die beiden also zum Anführer gebracht. Es war Mitranes, der Platzkommandant des vom Großkönig ernannten Statthalters von Ägypten Oroondates. Wie schon berichtet, war er von Nausikles durch viel Geld bewogen worden, auf die Insel zu kommen, um sie nach Thisbe abzusuchen.

Als die Gefangenen, die wiederholt die Götter um Rettung anriefen, erschienen, kam Nausikles ein Einfall, der ihn als gerissenen Kaufmann zeigte. Er sprang vor und rief laut: »Da ist Thisbe, die von den niederträchtigen Räuberhirten entführt wurde. Dir, Mitranes, und den Göttern Dank, daß ich sie wiederhabe!«

Er ergriff Charikleas Hand und trug überschwengliche Freude zur Schau. Mit leiser Stimme, damit es die Umstehenden nicht merkten, und auf griechisch ermahnte er sie dabei, wenn sie gerettet werden wolle, sich als Thisbe zu bezeichnen.

Die List gelang. Da Chariklea ihn griechisch sprechen hörte, vermutete sie gleich, daß der Mann ihr helfen wolle, und ging auf seine Absicht ein, indem sie auf die Frage des Mitranes, wie sie heiße, sich als Thisbe bezeichnete.

Nausikles lief auf Mitranes zu und umarmte ihn. Er pries sein Glück, das er wie bei vielen Kriegstaten auch bei der Durchführung des gegenwärtigen Unternehmens bewiesen habe, und schwellte die Eitelkeit des Barbaren. Durch das reichliche Lob geschmeichelt und durch die Nennung des Namens der irrigen Meinung, die Sache stimme, staunte er nur das schöne Mädchen an – denn sie glänzte auch in dem einfachen Kleide wie Mondlicht durch die Wolken –, ließ sich aber in seiner Leichtgläubigkeit durch die schlagfertige List täuschen und fand keine Zeit, sich anders zu besinnen. So sagte er:

»Da sie dir gehört, so nimm sie mit.«

Mit diesen Worten überließ er sie ihm, starrte sie aber unablässig an und gab zu erkennen, daß er nur widerwillig und weil er seine Belohnung schon im voraus bekommen hatte, auf das Mädchen Verzicht leistete.

»Der aber«, sagte er und wies auf Theagenes, »soll unsere Beute sein und unter Bedeckung mitkommen, um nach Babylon geschickt zu werden. Er ist ausgezeichnet geeignet, an der Tafel des Großkönigs aufzuwarten.«

Nach dieser Unterhaltung setzten sie wieder über den See und trennten sich. Nausikles begab sich mit Chariklea nach Chemmis, Mitranes wandte sich nach anderen ihm unterstellten Ortschaften und sandte unverzüglich Theagenes mit einem Brief an Oroondates, der sich in Memphis aufhielt. Das Schreiben lautete:

»An den Statthalter Oroondates von Mitranes, dem Platzkommandanten.

Ich habe einen jungen Griechen zum Gefangenen gemacht, der zu schade für mich und allein würdig ist, dem göttlichen Großkönig vor Augen zu treten und zu dienen. Ich schicke ihn Dir und überlasse Dir das Vergnügen, unserem gemeinsamen Herrn ein so glänzendes Geschenk zuzustellen, wie es der königliche Hof weder bisher gesehen hat noch je zu sehen bekommen wird.«

So hieß es in dem Brief. –

Der Morgen dämmerte kaum, als Kalasiris mit Knemon zu Nausikles ging, um sich über die ihm unbekannten Zusammenhänge unterrichten zu lassen. Auf seine Frage, was er ausgerichtet habe, erzählte jener ihm alles: wie er auf die Insel gekommen, sie verlassen gefunden und erst niemanden getroffen habe. Wie er dann Mitranes hinters Licht geführt und als angebliche Thisbe ein Mädchen bekommen habe, das besser sei als jene. Durch diese Fügung sei er besser dran, als wenn er die wirkliche Thisbe gefunden hätte. Der Unterschied zwischen beiden sei außerordentlich. Wenn man etwa ein göttliches Wesen einem menschlichen gegenüberstelle, so habe es nicht so viel an Schönheit voraus. Er vermöge sie nicht zu beschreiben, was übrigens überflüssig sei, da er sie ja zeigen könne.

Sie ahnten sofort die Wahrheit und baten ihn, das Mädchen sogleich kommen zu lassen. Sie sagten sich, so ungewöhnliche Schönheit könne nur Chariklea haben.

Als man sie hereinführte, hielt sie den Kopf gesenkt, und die Stirn war bis zu den Augenbrauen verhüllt. Nausikles sprach ermutigend auf sie ein, da blickte sie etwas auf: sie sah und sie wurde gesehen – eine unbeschreibliche Überraschung! Sie schrien und schluchzten wie auf ein Zeichen oder wie auf einen gleichen Schrecken gleichzeitig durcheinander. Eine Weile hörte man nur: »Mein alter Vater! Meine liebe Tochter! Also wirklich Chariklea und nicht Thisbe!«

Nur Nausikles war sprachlos. Er starrte auf Kalasiris, der weinend Chariklea im Arm hielt, und fragte sich vergebens, was diese Wiedersehensszene, einer Tragödie würdig, zu bedeuten habe, bis Kalasiris ihn an die Brust zog und umarmte.

»Du herrlicher Mann«, rief er, »dafür sollen dir die Götter alle Wünsche überreichlich erfüllen! Du bist der Retter meiner Tochter geworden, die ich schon verloren gegeben hatte! Du hast meinen Augen den schönsten Anblick verschafft. Doch du, meine Tochter, meine Chariklea, wo ließest du Theagenes?«

Sie brach in Tränen aus und vermochte erst nach einer Weile zu antworten.

»Derselbe Mann, wer er ist, weiß ich nicht, der mich diesem hier übergab, nahm ihn als Gefangenen mit.«

Kalasiris bat Nausikles um Aufklärung, was er von Theagenes wisse, wer ihn jetzt in der Gewalt und wohin man ihn gebracht habe. Nausikles erkannte, daß die beiden jungen Leute dieselben seien, von denen der alte Mann mit ihm so oft gesprochen hatte und deren Auffindung, wie er wußte, seine Klage und Irrfahrt galt. Er gab ihm einen Bericht und fügte hinzu, seine Kenntnis werde ihm nicht viel nützen, da sie arme Leute seien. Er würde sich wundern, wenn Mitranes, selbst gegen viel Geld, den jungen Mann freilasse.

»Wir haben Geld«, sagte Chariklea leise zu Kalasiris. »Biete ihm, soviel du willst. Ich habe den Halsschmuck, den du kennst, in Sicherheit gebracht und trage ihn bei mir.«

Dadurch ermutigt, doch besorgt, Nausikles möchte zu dem Vermögen Charikleas und was sie mitbringe, kein rechtes Vertrauen haben, sagte er:

»Mein guter Nausikles, der Weise hat niemals Mangel. Sein Vermögen liegt in seiner Willenskraft. Er erhält von den Göttern so viel, wie er mit Berechtigung erbittet. Deshalb sage uns nur, wo der Mann sich aufhält, der Theagenes in seiner Gewalt hat. Die Götter werden uns schon nicht im

Stich lassen und uns die nötigen Mittel leihen, um die persische Habsucht zu überwinden.«

Nausikles lächelte darüber und meinte:

»Ich werde nicht eher glauben, daß du durch übernatürliche Mittel plötzlich reich werden kannst, bevor du mir Lösegeld für dieses Mädchen bezahlt hast. Es dürfte dir ja gut bekannt sein, daß der Kaufmann das Geld genau so liebt wie der Perser.«

»Das weiß ich«, erwiderte Kalasiris, »und du wirst es bekommen. Wie sollte es anders sein, wo du uns nirgends dein Wohlwollen versagst, ja unseren Bitten zuvorkommst und von selbst mir die Freilassung meiner Tochter anbietest. Doch vorher muß ich noch ein Gebet verrichten.«

»Dagegen habe ich nichts«, sagte Nausikles, »oder noch besser: da ich selbst den Göttern ein Dankopfer bringen will, wäre es schön, wenn du einverstanden wärest, daß ich daran teilnehme. Bete du zu den Göttern und bitte sie um goldenen Segen für mich; für dich brauchst du ja nur die Hand zu öffnen.«

»Mach dich nicht lustig über mich«, entgegnete Kalasiris, »und sei nicht so ungläubig. Geh nur und bereite das Nötige zum Opfer vor. Wir werden uns, wenn alles fertig ist, einfinden.«

Nach einer Weile kam einer von den Leuten des Nausikles und rief sie zur Opferhandlung. Zuversichtlich machten sie sich auf den Weg – sie hatten ihr Verhalten schon vorher verabredet – und begleiteten Nausikles und die übrigen eingeladenen Gäste. Denn er hatte ein öffentliches Opfer angesetzt. Chariklea ging mit der Tochter des Nausikles und den anderen Frauen, die sie nur durch vieles Zureden und Bitten bewogen hatten, mitzukommen. Sie hätte sich kaum überreden lassen, wenn sie nicht die Gelegenheit der Opferhandlung zu Gebeten für Theagenes wahrzunehmen gedacht hätte.

Als sie zum Tempel des Hermes gekommen waren – diesen Gott als den Beschützer der Geschäfte und der Kaufleute bevorzugte Nausikles vor den übrigen Göttern, wenn er seine religiösen Pflichten erfüllte – und als die Opfertiere geschlachtet waren, unterzog Kalasiris die Eingeweide einer flüchtigen Untersuchung, wobei der wechselnde Ausdruck seiner Mienen verriet, daß die Zukunft vielfältige Ereignisse, erfreuliche wie unerfreuliche, verhieß. Dann hob er die Hände zum Altarfeuer und zog das, was er schon bei sich trug, scheinbar aus den Flammen.

»Dieses Lösegeld für Chariklea, lieber Nausikles«, sprach er dabei, »überreichen dir die Götter durch meine Hand.«

Damit gab er ihm einen der Königsringe, ein besonders kostbares, wundervolles Stück, aus Bernstein, in dessen Fassung ein äthiopischer Amethyst funkelte. Er hatte die Größe eines Mädchenauges und übertraf an Schönheit weit die spanischen und britannischen Steine. Denn diese schimmern in einem fahlen Rot, ähnlich einer Rosenknospe, die eben ihren Kelch öffnet und zum ersten Mal die Blätter im Licht der Sonnenstrahlen entfaltet. Der äthiopische Amethyst dagegen leuchtet aus der Tiefe in frühlingshafter Reinheit. Wenn man ihn in der Hand hin und her dreht, wirft er einen goldenen Strahl, der das Auge nicht grell blendet, sondern durch seinen milden Glanz erfreut. Auch besitzt er die ihm eigentümliche Kraft in höherem Maße als die abendländischen Steine; denn er trägt seinen Namen nicht zu Unrecht, sondern macht seinen Träger tatsächlich trunkfest und erhält ihn bei Gelagen nüchtern.

Das ist die Eigenschaft aller aus Indien und Äthiopien stammenden Amethyste. Der Stein, den Kalasiris dem Nausikles gab, übertraf auch diese noch. Denn in ihn war eine lebenswahre Zeichnung eingeschnitten. Ein Knabe, der von einem niedrigen Felsen Ausschau hielt, hütete Schafe und hielt die weidende Herde durch die Töne seiner Querflöte beisammen. Folgsam schienen sie nach der Melodie der Syrinx zu grasen. Man konnte meinen, sie trügen goldene Felle, eine Wirkung, die nicht künstlich, sondern durch die eigenartige Farbbrechung des Amethyst auf dem Rücken der Tiere hervorgerufen wurde. Auch die lustigen Sprünge der Lämmer waren nachgebildet. Die einen liefen in einer Schar den Felsen hinauf, umsprangen den Hirten in lustigem Reigen und verwandelten die Felsenszenerie in ein Schäferspiel. Andere tummelten sich im Feuer des Amethyst wie im Sonnenschein und streiften im Sprunge mit den Spitzen der Klauen den Fels. Die älteren und mutigeren Tiere schienen sogar den Kreis überspringen zu wollen, woran sie freilich die kunstvolle Fassung hinderte, die sie und den Felsen wie ein goldenes Gatter umschloß. Es war wirklich ein Fels und keine Nachahmung. Denn der Künstler hatte es sich angelegen sein lassen, einen richtigen Steinsplitter anzubringen und so Stein in Stein zu fassen.

Das war der Ring, der Nausikles eine völlig unerwartete Überraschung bereitete und ihn noch mehr durch seine Kostbarkeit entzückte, schätzte er ihn doch ein ganzes Vermögen wert.

»Mein lieber Kalasiris«, rief er, »ich machte nur Spaß, und die Lösegeldforderung war nur so dahingesprochen. Meine wirkliche Absicht war, dir deine Tochter natürlich umsonst freizugeben. Da man aber, wie euer Dichter sagt, der Götter herrliche Gaben nicht verschmähen darf, so nehme ich diesen gottgegebenen Stein an, in der Überzeugung, daß ich wie gewöhnlich auch diesen Glücksgewinn Hermes, dem besten und freigebigsten der Götter, verdanke. Das ist ein Geschenk, das tatsächlich aus dem Feuer stammt. Man kann noch sehen, wie die Flamme darin lodert. Im übrigen halte ich den Gewinn für den schönsten, der dem Spender nicht wehtut und den Empfänger bereichert.« So sprach und handelte er.

Dann lud er Kalasiris und seine Begleiter zum Festessen ein. Die Frauen ließ er abgesondert im Innern des Tempels Platz nehmen, die Männer brachte er im Vorraum unter.

Als sie sich an den Gerichten gütlich getan hatten und die Tafel den Bechern das Feld räumte, stimmten die Männer ein Lied für Dionysos an und brachten ihm ein Trankopfer. Die Frauen tanzten der Demeter einen Dankesreigen. Nur Chariklea hatte sich abgesondert und widmete sich ihrer besonderen Aufgabe: einem Gebet für Rettung und Erhaltung des Theagenes.

Als die Fröhlichkeit des Gelages übersprudelte und jeder sich seinem Vergnügen hingab, reichte Nausikles dem Kalasiris eine Schale voll reinen Wassers.

»Mein lieber Kalasiris«, sprach er dabei, »mit diesem reinen Naß der Nymphen, wie du es liebst, noch unberührt von Dionysos, trinken wir auf dein Wohl. Wenn du uns aber mit der Geschichte, die wir gern hören möchten, Bescheid tätest, würdest du uns mit dem schönsten Zutrunk erfreuen. Du siehst ja, wie die Frauen in das Fest durch einen Tanz Abwechslung bringen. Uns würde die Erzählung deiner Irrfahrten, wenn du Lust hast, das Gelage ganz besonders verschönen und noch größeren Genuß bereiten als Tanz und Flötenspiel. Du weißt, wie oft du es mir versprochen und immer wieder hinausgeschoben hast, weil du noch zu sehr mit deinem Unglück zu tun hattest. Auf eine günstigere Gelegenheit als die gegenwärtige kannst du nicht warten, wo eines deiner Kinder, deine Tochter, schon gerettet und dir wieder vor Augen ist und der Sohn mit der Götter Hilfe auch bald wieder da sein wird. Vor allem aber wirst du mich nicht durch erneutes Aufschieben deiner Erzählung kränken wollen.«

»Alles Gute für dich, Nausikles«, rief Knemon dazwischen, »daß du die ganze Musik, die du für dieses Gelage aufgeboten hast, beiseite schiebst und Anspruchsloseren überläßt, um dafür geheimnisvolle Geschichten zu hören, die einen wirklich göttlichen Genuß verschaffen. Du scheinst mir das richtige Verständnis für göttliche Dinge zu besitzen, weil du Hermes mit Dionysos vereinigst und die Freuden des Weins mit dem Genuß der Unterhaltung würzen willst. So sehr ich schon den Aufwand deines Opferfestes bewundert habe, eine größere Ehre kann man dem Hermes nicht bezeigen, als wenn man das Festmahl mit der ihm ganz besonders eigenen Gabe der Rede auszeichnet.«

Kalasiris willigte ein, teils Knemon zu Gefallen, teils weil er Nausikles, den er später vielleicht noch einmal nötig hatte, freundlich stimmen wollte, und erzählte alles: die ersten Ereignisse und, was Knemon schon wußte, nur kurz und in gedrängter Übersicht, wobei er einiges überging, was seiner Ansicht nach Nausikles besser nicht erfuhr. Das andere, was er noch nicht erzählt hatte und was sich an das bereits Erwähnte anschloß, begann er an dem Punkte, wo sie das phönizische Frachtschiff bestiegen hatten und den Delphiern entkommen waren. Anfangs sei die Fahrt nach Wunsch verlaufen, begünstigt durch einen sanften Rückenwind. In der kalydonischen Meerenge habe die dort gewöhnlich unruhige See ihnen nicht geringe Schwierigkeiten bereitet.

An dieser Stelle bat ihn Knemon, nicht einfach darüber

hinwegzugehen, sondern zu erklären, wenn er es wisse, weshalb die See in dieser Gegend gewöhnlich unruhig sei.

»Das weite Ionische Meer«, erklärte Kalasiris, »verengt sich hier und strömt wie aus einer Mündung in den Krisäischen Golf, wird aber in der Eile, sich mit dem Ägäischen Meer zu vereinigen, durch die Landenge des Peloponnes gehemmt, wie mir dünkt, durch göttliche Vorsehung, um die Überflutung des gegenüberliegenden Landes durch den Damm der Landenge zu verhindern. Infolgedessen fließt das Wasser zurück und staut sich in der Meerenge stärker als im übrigen Golf, weil die anlaufende Flut immer wieder auf den Rückstrom trifft. Dadurch entsteht eine gewaltige Bewegung der aufeinanderprallenden Wassermassen, die sich zu Wellenbergen türmen.«

Diese Erklärung fand die Zustimmung und den Beifall der Anwesenden, die ihre Glaubwürdigkeit bezeugten.

Darauf fuhr Kalasiris in seinem Berichte fort.

»Nachdem wir also die Meerenge passiert und die Spitzen Inseln aus dem Auge verloren hatten, glaubten wir am Horizont das Vorgebirge von Zakynthos zu erblicken, das wie eine dunkle Wolke vor unseren Augen auftauchte. Da befahl der Steuermann, die Segel zu reffen. Auf unsere Frage, weshalb er die Fahrtgeschwindigkeit des vom Winde begünstigten Schiffes herabsetze, gab er zur Antwort: ›Wenn wir den segelschwellenden Wind ausnutzten, würden wir um die erste Nachtwache die Insel erreichen und Gefahr laufen, in der Dunkelheit auf Klippen oder Unterwasserriffe aufzulaufen. Es ist also ratsam, die Nacht auf dem hohen Meere zuzubringen und bei kleinen Segeln gerade so viel Fahrt zu machen, um nach ungefährer Berechnung bei Tagesanbruch in die Nähe der Küste zu kommen.‹

Es kam so, wie der Steuermann sagte, und bei Sonnenaufgang gingen wir vor Anker. Die Inselbewohner, die am Hafen, unweit der Stadt, ansässig waren, liefen zusammen, um das ungewöhnliche Ereignis zu sehen. Sie bewunderten sichtlich die Wendigkeit, die schöne Bauart und Größe des Schiffes, Eigenschaften, an denen sie, wie sie sagten, die phönizische Schiffsbaukunst erkannten. Am meisten staunten sie über das außerordentliche Glück, mit dem wir im Winter nach Untergang der Plejaden unsere Fahrt ruhig und ohne Schaden zurückgelegt hatten.

Noch während das Heck am Ufer vertäut wurde, verließen so gut wie alle das Schiff und stiegen zur Stadt Zakynthos hinauf, um Einkäufe zu machen.

Ich hatte von dem Steuermann erfahren, daß sie auf der Insel überwintern wollten, und ging deshalb an Land, um mich nach einer Wohnung unmittelbar an der Küste umzutun, weil ich das Schiffslogis wegen der unruhigen Seeleute unbequem fand und die Stadt als nicht sicher genug für die jungen Flüchtlinge vermeiden wollte.

Ich war noch nicht weit gegangen, als ich einen alten Fischer vor seiner Tür sitzen sah, der die Maschen eines zerrissenen Netzes ausbesserte. Ich trat an ihn heran.

›Sei gegrüßt!‹ redete ich ihn an. ›Sag, wo kann man hier wohl eine Unterkunft finden?‹

›Dort am Vorgebirge‹, antwortete er, ›ist es gestern an einem Felsen hängengeblieben und zerrissen.‹

›Das wollte ich eigentlich nicht wissen‹, entgegnete ich. ›Aber du würdest mir eine besondere Gefälligkeit erweisen, wolltest du mich bei dir aufnehmen oder mich an einen anderen verweisen.‹

›Ich nicht‹, sagte er. ›Ich bin gar nicht mitgefahren. Solcher Schnitzer wird dem alten Tyrrhenos nicht passieren, und wenn ihn das Alter noch mehr zwicken sollte. Daran sind die jungen Burschen schuld, die mit den Riffen nicht Bescheid wissen und da, wo sie nicht sollten, die Netze auswerfen.‹

Da ich endlich merkte, daß er schwerhörig war, sprach ich lauter.

›Ich erlaube mir, dich zu begrüßen. Wir sind hier fremd, und du sollst uns sagen, wo wir unterkommen können.‹

›Sei gleichfalls gegrüßt!‹ erwiderte er. ›Wenn du willst, kannst du bei uns bleiben, falls du nicht eine große Wohnung mit vielen Möbeln beanspruchst und eine zahlreiche Dienerschaft mitführst.‹

Auf meine Entgegnung, daß ich meine zwei Kinder bei mir habe und ich der dritte von der Gesellschaft sei, rief er:

›Das paßt ganz gut zusammen. Bei uns findet ihr nur einen mehr. Auch ich habe nämlich nur noch zwei Söhne bei mir wohnen – die älteren sind schon verheiratet und führen ihren eigenen Hausstand –, und die vierte Person ist die frühere Amme der Kinder. Die Mutter ist ihnen nämlich vor kurzem gestorben. Mach dir also keine Sorge, lieber Freund, und zweifle nicht daran, daß wir gern einen Mann aufnehmen, dem man auf den ersten Blick die gute Herkunft ansieht.‹

So tat ich und erschien bald darauf mit Theagenes und Chariklea. Tyrrhenos nahm uns freundlich auf und räumte uns den wärmsten Teil seines Hauses ein.

So verbrachten wir den Winter zunächst ganz behaglich. Tagsüber waren wir meistens zusammen und trennten uns nur, um schlafen zu gehen, Chariklea mit der Amme, ich mit Theagenes, Tyrrhenos mit seinen Söhnen in einem anderen Zimmer. Wir aßen zusammen. Für alles übrige kamen wir auf. Nur brachte Tyrrhenos immer reichlich Fisch aus dem Meer mit, um seine jungen Gäste zu versorgen. Manchmal fischte er allein, bisweilen in unserer Gesellschaft, wenn wir uns die Zeit vertreiben wollten und ihn deshalb begleiteten. Sein Gewerbe betrieb er auf die verschiedenste Art, je nach der Tageszeit. Er machte immer einen glücklichen und reichen Fang, so daß die meisten das, was er der Beherrschung seines Handwerks verdankte, seinem Glück zuschrieben.

Aber es war nichts dagegen zu machen, daß, wie man sagt, die Unglücklichen überall Unglück haben. Auch in dieser Abgeschiedenheit blieb die schöne Chariklea nicht unbehelligt. Der Kaufmann aus Tyros, der Sieger in den pythischen Spielen, mit dem wir zusammen gereist waren, suchte mich immer wieder allein auf und setzte mir dann hart zu. Er bestürmte mich mit Bitten und verlangte von mir als dem Vater Chariklea zur Frau. Indem er seine Person herausstrich, betonte er bald seine vornehme Abstammung, bald rechnete er mir sein bares Vermögen vor. Das Frachtschiff sei sein Eigentum, der größte Teil der Ladung, die aus Gold, Edelsteinen und Seidenstoffen bestehe, gehöre ihm. Um sich in besonders gutes Licht zu setzen, führte er auch seinen Sieg in den pythischen Spielen und anderes mehr an.

Als ich meine augenblickliche Armut vorschützte und erklärte, mich nicht entschließen zu können, meine Tochter in ein von Ägypten so fernes Land und Volk zu geben, erwiderte er:

›Hör davon auf, Väterchen. Wenn ich nur das Mädchen bekomme, so gilt mir das mehr als viele Tausende und aller Reichtum. Auch will ich dann mein Volk und Vaterland mit dem euren vertauschen, die Reise nach Karthago aufgeben und mit euch fahren, wohin ihr wollt.‹

Da ich sah, daß der Phönizier keine Ruhe gab, sondern seine Absicht immer leidenschaftlicher verfolgte und keinen Tag vergehen ließ, mir zuzusetzen, beschloß ich, ihn für den Augenblick mit schönen Versprechungen zu vertrösten, damit wir auf der Insel keine Gewalttat erlebten, und sagte ihm alles zu, wenn ich nach Ägypten gekommen wäre.

Kaum hatte ich mich für eine Weile von diesem Manne freigemacht, als das Schicksal, wie man sagt, Woge auf Woge gegen mich schleuderte. Denn wenige Tage später nahm mich Tyrrhenos an einer Einbuchtung des Gestades beiseite:

›Lieber Kalasiris‹, sprach er zu mir, ›bei Poseidon, dem Beherrscher des Meeres, und bei den anderen Meeresgottheiten schwöre ich dir, daß ich dich als meinen eigenen Bruder und deine Kinder als meine eigenen betrachte. Ich komme, dich von einem drohenden Unheil zu unterrichten, das ich dir nicht verschweigen darf, wo ihr so lange meine Hausgenossen seid, und das du auf jeden Fall erfahren mußt. Eine Seeräuberbande lauert in einer Bucht auf der anderen Seite dieses Vorgebirges versteckt auf den phönizischen Frachter. Spähposten, die einander ablösen, passen auf seine Abfahrt auf. Gib also acht und überlege, was du tun willst. Denn deinetwegen, richtiger um deiner Tochter willen, planen sie diesen niederträchtigen, für sie aber ganz gewöhnlichen Streich.‹

›Die Götter mögen dir danken, wie du es verdienst!‹ erwiderte ich. ›Wie hast du von diesem Anschlag Kenntnis bekommen, lieber Tyrrhenos?‹

›Durch mein Gewerbe bin ich mit den Leuten bekannt geworden‹, entgegnete er. ›Sie zahlen mir, wenn ich ihnen Fische liefere, höhere Preise als andere. Als ich gestern an den Klippen die Reusen hob, kam der Piratenführer zu mir heran und erkundigte sich, ob ich wisse, wann die Phönizier abzureisen gedächten. Da ich seine Hintergedanken witterte, erwiderte ich: ‚Genau kann ich es nicht sagen, Trachinos. Ich denke, sie werden gleich mit Frühjahrsbeginn abfahren.' – ‚Wird auch das Mädchen, das bei dir wohnt, mit ihnen fahren?' fragte er. – ‚Das ist noch nicht sicher', antwortete ich. ‚Aber was fragst du so neugierig?' – ‚Weil ich ganz vernarrt in sie bin', antwortete er, ‚obwohl ich sie erst einmal gesehen habe. Ich kann mich nicht entsinnen, je einer solchen Schönheit begegnet zu sein, obwohl ich schon viele und nicht üble Sklavinnen erbeutet habe.' – Ich suchte ihn nun auszuholen, um seine genauern Pläne zu erfahren. ‚Was hast du nötig, dich mit den Phöniziern herumzuschlagen' fragte ich, ‚wo du das Mädchen, bevor sie in See gehen, ohne Blutvergießen haben kannst, wenn du es aus meinem Hause entführst?' – ‚Auch Seeräuber haben eine Art Gewissen und freundschaftliche Gefühle gegenüber denen, die sie kennen. Ich nehme auf dich Rücksicht, damit dir keine Unannehmlichkeiten erwachsen, wenn man die Fremden bei dir suchen würde. Ich will aber mit einem Schlage zwei Treffer machen, die reiche Schiffsladung und den Besitz des Mädchens, wovon ich auf das erste verzichten müßte, wollte ich die Sache an Land unternehmen. Außerdem wäre es nicht ungefährlich, so etwas nahe der Stadt auszuführen. Man käme sofort dahinter und würde uns nachsetzen.' – Ich lobte nachdrücklich seine Klugheit und trennte mich von ihm. Du bist nun von den schurkischen Absichten der Leute unterrichtet. Ich bitte dich dringend, für deine und der Deinen Rettung zu sorgen.‹

Bedrückt durch diese Nachricht kehrte ich zurück und überlegte hin und her, als mir zufällig der Kaufmann begegnete und wieder von dem Thema anfing. Da kam mir ein Einfall. Ich verschwieg ihm die Eröffnungen des Tyrrhenos, was mir zweckmäßig schien, und teilte ihm nur mit, daß ein Eingeborener vorhabe, das Mädchen gewaltsam zu entführen, ein Mann, gegen den er schwer etwas ausrichten könne.

›Auch wäre es mir viel lieber‹, sagte ich, ›sie dir zur Frau zu geben wegen unserer schon längeren Bekanntschaft und auch wegen deiner Vermögensverhältnisse, besonders aber weil du versprochen hast, in unserem Lande zu wohnen, wenn du sie bekommst. Deshalb müssen wir uns, falls dir viel daran liegt, mit der Abfahrt beeilen, bevor wir unerwünschte Überraschungen erleben.‹

Er geriet bei dieser Mitteilung außer sich vor Freude.

›Ausgezeichnet, lieber Vater‹, rief er, umhalste und küßte mich. Dann fragte er, wann ich abzufahren wünschte; denn wenn auch noch nicht die Zeit der Schiffahrt da sei, so könne man doch an einem anderen Platz vor Anker gehen, um dort sicher vor dem befürchteten Überfall den Frühling abzuwarten.

›Nun‹, erwiderte ich, ›soweit es auf mich ankommt, bin ich dafür, in der folgenden Nacht abzusegeln.‹

›So soll es geschehen‹, erklärte er und ging fort. Ich lief nach Hause. Dem Tyrrhenos sagte ich nichts, sondern nur meinen Kindern, wir würden am späten Abend wieder an Bord des Frachters gehen. Als sie sich über die plötzliche Maßnahme wunderten und nach dem Grund fragten, stellte ich ihnen eine spätere Erklärung in Aussicht; im Augenblick müsse gehandelt werden.

Als wir eine Kleinigkeit zu Abend gegessen hatten, legten wir uns schlafen. Im Traum erschien mir ein Greis. Er war nur Haut und Knochen. Als einziger Überrest seiner Jugendkraft waren unter dem aufgeschürzten Rock seine muskulösen Schenkel zu sehen. Auf dem Kopf trug er einen leichten Helm. Sein Blick war scharf und listig zugleich. Das eine Bein zog er etwas nach, als hinke er infolge einer Verletzung. Er trat an mich heran und lächelte spöttisch. ›Merkwürdiger Mann‹, sprach er, ›nur du hast mich keiner Beachtung gewürdigt. Während sonst alle, die an der Insel der Kephallenier vorbeikamen, mein Haus besichtigten und Wert darauf legten, sich ein Bild von meiner Berühmtheit zu machen, hast du es nicht einmal für nötig gefunden, den üblichen Höflichkeitsbesuch zu machen. Dabei warst du mein Nachbar. Du wirst nun bald dafür büßen und die gleichen Leiden wie ich durchmachen müssen. Das heißt, du wirst auf dem Meere und zu Lande auf Feinde treffen. Dem jungen Mädchen, das du bei dir hast, kannst du von meiner Frau Grüße bestellen. Sie läßt ihr sagen, daß sie Freude an ihr hat, weil sie die Keuschheit über alles setzt, und verheißt ihr, daß alles gut ausgehen werde.‹

Zitternd vor Aufregung über das Traumgesicht, wachte ich auf. Theagenes fragte, was mir sei.

›Vielleicht‹, rief ich, ›kommen wir schon zu spät zur Abfahrt. Ich bin bei diesem Gedanken vor Schreck erwacht. Steh auf und packe deine Sachen. Ich will inzwischen Chariklea holen.‹

Kaum hatte ich gerufen, als das Mädchen erschien.

Auch Tyrrhenos hatte etwas gemerkt, erhob sich und erkundigte sich, was los sei.

›Das ist los‹, sagte ich, ›wozu du geraten hast. Wir suchen den Kerlen, die uns auflauern, zu entkommen. Du hast dich als Ehrenmann gegen uns benommen. Das mögen dir die Götter danken. Erweise uns nun noch einen letzten Gefallen. Fahre hinüber nach Ithaka und bring für uns dem Odysseus ein Opfer. Und bitte ihn, den Groll aufzugeben, den er gegen uns hegt, wegen vermeintlicher Nichtachtung, wie er mir bei seinem Erscheinen heute nacht erklärt hat.‹

Er versprach es und begleitete uns zum Schiff, wobei er viele Tränen vergoß und uns ungestörte und glückliche Fahrt wünschte.

Doch wozu euch durch Weitschweifigkeit langweilen? Beim Aufgang des Morgensterns fuhren wir ab. Die Seeleute hatten erst erhebliche Schwierigkeiten gemacht, ließen sich aber schließlich von dem tyrischen Kaufmann durch das Argument bereden, er wolle einem ihm bekanntgewordenen Anschlag von Seeräubern entgehen. Er hatte keine Ahnung, daß sein Vorwand der Wahrheit entsprach.

Wir gerieten in einen furchtbaren Sturm und hatten gegen eine rasende See zu kämpfen, so daß wir dem Untergang nahe waren. Unter Verlust des einen Steuerruders und mit fast völlig havarierter Takelage liefen wir ein Vorgebirge von Kreta an. Wir beschlossen, um das Schiff instandzusetzen und uns selbst zu erholen, einige Tage auf der Insel zu bleiben. Dies geschah. Am ersten Tage nach Neumond wurde der Befehl zur Weiterfahrt gegeben. Die Frühlingswinde wehten bereits, als wir in See gingen. Wir fuhren Tag und Nacht. Der Steuermann nahm geraden Kurs auf die libysche Küste. Bei günstigem Wind, meinte er, könne man direkt und in gerader Fahrt das Meer überqueren. Überdies beeile er sich, das Land und einen Hafen zu erreichen, weil er das kleine Schiff, das sich hinter uns zeige, für einen Piraten ansehe.

›Seit unserer Abfahrt von dem kretischen Vorgebirge ist es hinter uns her und läuft unbeirrt in unserer Kiellinie‹, sagte er, ›als habe es das gleiche Ziel wie wir. Auch habe ich wiederholt beobachtet, daß es, sobald ich absichtlich vom geraden Kurs abbog, gleichfalls die Richtung änderte.‹

Auf diese Erklärung hin waren die einen in heller Aufregung und rieten, sich zur Abwehr bereitzumachen. Die anderen nahmen die Sache leichter und meinten, es sei in der Seefahrt üblich, daß die kleinen Schiffe den großen folgten, weil diese über die bessere seemännische Erfahrung verfügten. Während darüber hin und her debattiert wurde, war die Stunde des Tages gekommen, in der der Bauer den Ochsen aus dem Pflug spannt. Der Wind verlor an Stärke und flaute allmählich so sehr ab, daß er schwach und wirkungslos die Segel mehr bewegte als blähte.

Schließlich legte er sich ganz, als verschwinde er mit der Sonne, oder besser gesagt, als stehe er im Dienste unserer Verfolger. Denn das kleine Schiff blieb, solange wir vor dem Winde liefen, naturgemäß weit hinter dem Frachter zurück, dessen größere Segel mehr Wind aufnahmen. Als aber die Windstille das Meer glättete und man zu den Rudern greifen mußte, waren sie schneller da, als man es aussprechen kann, weil vermutlich die ganze Besatzung an die Ruder ging und sie ein leichteres und zum Rudern geeigneteres Fahrzeug vorwärtszutreiben hatten.

Als sie schon ganz nahe waren, schrie einer von den Zakynthiern, die mitgefahren waren:

›Da haben wir es, Leute! Wir sind verloren. Es sind Piraten. Ich erkenne das Schiff des Trachinos.‹

Diese Aufklärung brachte das ganze Schiff durcheinander und erregte trotz der Windstille geradezu einen Sturm von Lärm, Geschrei und Unruhe. Die einen verkrochen sich in die Winkel des Schiffsraums, die anderen machten sich an Deck Mut zur Gegenwehr, andere wollten in das Beiboot springen und ausreißen, bis die Unentschlossenheit sie wider Willen und überraschend zum Kampf zwang und jedem die erste beste Waffe in die Hand drückte.

Chariklea und ich umklammerten Theagenes, der vor Kampflust glühte, und hielten ihn mühsam zurück, sie, um sich auch im Tode nicht von ihm zu trennen, wie sie erklärte, und von dem gleichen Schwert den tödlichen Streich zu empfangen, ich, weil ich beim Näherkommen Trachinos erkannte und mir daraus für später einen Vorteil versprach.

So kam es dann auch. Als sich die Piraten näherten, fuhren sie seitlich auf uns zu. In der Absicht, das Frachtschiff ohne Blutvergießen zu kapern, schossen sie nicht, sondern umkreisten uns und hinderten uns an der Weiterfahrt. Es sah aus, als wollten sie das Schiff blockieren und regelrecht zur Kapitulation zwingen.

›Ihr Narren‹, riefen sie herüber, ›wollt ihr so wahnsinnig sein und die Hand gegen eine unüberwindliche Übermacht erheben mit der Aussicht auf sichern Untergang? Noch sind wir bereit, euch schonend zu behandeln, und erlauben euch, ins Beiboot zu gehen und euch zu retten, wohin ihr wollt.‹

Dies war ihr Anerbieten. Doch die Besatzung des Frachters war mutig, solange der Kampf noch ungefährlich und unblutig war, und erklärte, sie werde das Schiff nicht räumen.

Als aber einer der Piraten, der besonders verwegen war, auf unser Schiff sprang, mit dem Schwert auf die, welche ihm in den Weg kamen, einhieb und ihnen zeigte, daß ein Kampf durch Mord und Totschlag entschieden wird, als schließlich auch die übrigen nachsprangen, da besannen sich die Phönizier eines anderen. Sie warfen sich zu Boden und baten um Gnade. Sie würden tun, was man von ihnen verlange. Obwohl die Mordlust der Piraten erwacht war – der Anblick von Blut steigert ja den Übermut –, schonten sie auf Befehl des Trachinos wider alles Erwarten die sich ergebende Besatzung. Es war aber ein Waffenstillstand ohne nähere Vereinbarungen, und der Kampf bis aufs Messer wurde durch einen sogenannten Frieden abgewendet, der härter war als die blutigste Auseinandersetzung. Es hieß: Das Schiff darf nur mit einem Kleidungsstück verlassen werden. Wer nicht Folge leistete, wurde mit dem Tode bedroht. Doch das Leben geht dem Menschen offenbar über alles. So drängten sich die Phönizier, die mit dem Schiff auch die Aussicht auf reichen Gewinn verloren sahen, nicht als hätten sie etwas eingebüßt, sondern als winke ein gutes Geschäft, einer vor dem anderen in das Beiboot, wobei jeder sich möglichst rasch in Sicherheit zu bringen suchte.

Als nun auch wir befehlsgemäß vorbeikamen, hielt Trachinos Chariklea fest.

›Dieser Kampf wurde nicht gegen dich, meine Liebe, sondern um dich geführt‹, sagte er. ›Schon die ganze Zeit, seitdem ihr Zakynthos verlassen habt, folge ich dir, und deinetwegen habe ich mich allen Gefahren des Meeres ausgesetzt. Sei also guten Mutes und dir bewußt, daß du mit uns zusammen über das alles hier gebietest.‹

So sprach er. Chariklea aber, die überaus klug sich der jeweiligen Lage anzupassen wußte und sich auch meine Ratschläge zunutze machte, ließ den Ausdruck der Niedergeschlagenheit, den die Umstände bedingten, aus ihrem Gesicht verschwinden und zwang sich zur Freundlichkeit.

›Ich danke den Göttern‹, rief sie, ›daß sie dir diese menschliche Gesinnung gegen uns eingeben. Willst du aber, daß ich wirklich guten Mutes sein und bleiben soll, so gib mir den ersten Beweis deines Wohlwollens. Nimm meinen Bruder hier und meinen Vater unter deinen Schutz und lasse sie nicht von Bord gehen. Denn wenn ich von ihnen getrennt werde, will ich unter keinen Umständen weiterleben.‹

Bei diesen Worten warf sie sich vor ihm nieder und hielt seine Knie lange Zeit umschlungen, weil Trachinos, um diese Berührung auszukosten, absichtlich seine Einwilligung hinauszögerte. Da ihn ihre Tränen rührten und ihre Blicke nachgiebiger machten, zog er das Mädchen empor.

›Den Bruder bewillige ich dir mit Vergnügen‹, sagte er. ›Ich sehe ja, daß der junge Mann Mut hat und sich ausgezeichnet für unseren Beruf eignet. Der Alte ist allerdings eine unnütze Last. Nur dir zuliebe soll er bleiben.‹

Inzwischen war die Sonne ganz untergegangen, und die Dämmerung, das Zwischenstadium zwischen Tag und Nacht, angebrochen. Das Meer wurde plötzlich unruhig, vielleicht infolge des Wechsels der Tageszeit, vielleicht durch eine Laune des Zufalls. Man hörte das Heulen des aufkommenden Windes und gleich darauf brach unvermittelt ein wütender Orkan los, der unter den Piraten Schrecken und Verwirrung hervorrief.

Sie hatten ihren Kutter verlassen und wurden auf dem Frachter beim Plündern der Ladung vom Sturm überrascht und wußten nicht, wie sie mit dem großen Schiff fertigwerden sollten. So wurde jede seemännische Verrichtung, wie es sich gerade ergab, vom ersten besten ausgeführt. Der eine wagte sich ohne jede Sachkenntnis an das, der andere an jenes. Während die einen die Segel beim Reffen in Unordnung brachten, bedienten andere ungeschickt die Takelage. Ein Stümper nahm sich des Schiffsbugs an, ein anderer bemächtigte sich des Hecks und des Steuerruders. Wir gerieten in größte Gefahr, nicht so sehr durch das Ungestüm der Wogen – denn noch war das Meer nicht in voller Empörung –, sondern durch die Unfähigkeit des Steuermannes, der sich noch einigermaßen zurechtfand, solange ein Schimmer von Tageslicht vorhanden war, aber nach Einbruch der Dunkelheit vollkommen versagte. Als wir schon Wasser schluckten und nahe am Absacken waren, machten einige Piraten den Versuch, auf ihr eigenes Fahrzeug überzusteigen. Sie nahmen bald davon Abstand, weil der Seegang sie behinderte und Trachinos ihnen vor Augen hielt, welch eine Menge solcher Boote sie sich anschaffen könnten, wenn sie den großen Frachter und seine reiche Ladung in Sicherheit brächten. Schließlich durchschnitt er das Tau, welches ihr Boot mit dem Frachtschiff verband. Sie schleppten bloß einen zweiten Sturm hinter sich her, erklärte er und machte ihnen klar, diese Maßnahme sei auch für ihre spätere Sicherheit erforderlich. Denn es müsse Verdacht erregen, wenn sie irgendwo mit zwei Schiffen landeten, da man sich dann bestimmt nach der Besatzung des anderen Fahrzeuges erkundigen werde.

Er schien recht zu behalten. Die eine der beiden Voraussagen bestätigte sich augenblicklich. Denn die Lostrennung des Bootes bewirkte eine spürbare Entlastung.

Freilich waren damit noch nicht alle Schrecken überstanden. Von der rasenden See hin und her geworfen, gingen ganze Schiffsteile über Bord. Wir hatten alle Nöte durchzumachen, bis wir nach Ablauf der Nacht und des folgenden Tages gegen Abend an eine Küste nahe der Heraklesmündung des Nils getrieben wurden.

So betraten wir Unglücklichen wider unseren Willen ägyptischen Boden. Während sich die anderen darüber freuten, waren wir niedergeschlagen und machten wegen unserer Rettung dem Meere Vorwürfe, das uns einen anständigen Tod mißgönnt hatte und uns nun angesichts der ruchlosen Absichten der Piraten dem noch schlimmeren Lande und den schrecklichsten Befürchtungen auslieferte.

Die Schurken begannen auch gleich damit, sobald sie festen Boden unter den Füßen hatten. Mit der Begründung, ein Dankopfer für Poseidon zu veranstalten, brachten sie tyrischen Wein und andere Dinge von Bord an Land und schickten Leute in die nächsten Ortschaften, um Vieh zu kaufen. Sie gaben ihnen reichlich Geld mit und hießen sie den ersten besten Preis, den man verlange, zu zahlen. Sie waren bald wieder zurück und trieben eine ganze Herde von Schafen und Schweinen vor sich her. Während die Zurückgebliebenen sie empfingen, Feuer anzündeten, die Tiere abhäuteten und das Opfermahl vorbereiteten, nahm mich Trachinos beiseite, damit ihn die anderen nicht hören konnten.

›Väterchen‹, sprach er zu mir, ›ich habe mir deine Tochter zur Frau bestimmt und will, wie du siehst, heute noch Hochzeit feiern und dieses schönste aller Feste mit dem Opfer für die Götter verbinden. Damit du aber nicht mißmutig bei Tische sitzest, weil du nichts davon weißt, und damit das Mädchen, durch dich unterrichtet, sich auf das, was ihm bevorsteht, freut, hielt ich es für angebracht, dir meine Absicht vorher mitzuteilen, nicht etwa um deine Einwilligung zu erhalten – ich habe ja die Macht, meinen Willen durchzusetzen –, sondern weil ich es richtig finde, das junge Mädchen dadurch williger zu machen, daß es durch seinen Vater von der bevorstehenden Heirat in Kenntnis gesetzt wird.‹

Ich begrüßte seine Eröffnungen und erklärte hocherfreut, wie außerordentlich dankbar ich den Göttern dafür sei, daß sie den Herrn meiner Tochter ihr zum Gatten gäben.

Ich ging ein Stück abseits und machte mir Gedanken, was zu tun sei. Dann kam ich zurück und bat ihn, der Feier einen festlicheren Anstrich zu geben. Er solle dem Mädchen das Schiff als Wohnung überlassen mit dem Befehl, daß niemand es betrete und störe, damit wir für Brautschmuck und die anderen nötigen Vorbereitungen sorgen könnten, soweit die

Zeit es zulasse. Denn es sei ganz ungehörig, wenn ein vornehmes und reiches Mädchen, noch dazu die künftige Gemahlin des Trachinos, sich nicht so schön wie möglich machen solle, wo doch schon Umstände und Ort der Hochzeitsfeier eine Entfaltung größeren Glanzes verböten.

Trachinos strahlte. Vergnügt willigte er ein. Er gab unverzüglich Anweisung, alles, was man brauche, vom Schiff zu holen und sich diesem dann nicht mehr zu nähern. Die Leute führten seine Befehle aus. Sie schleppten Tische, Krüge, handgewirkte sidonische und tyrische Teppiche und Decken und was sonst noch zur Tafelausstattung gehört, wahllos und in wüstem Durcheinander auf den Schultern heran und legten es hin. Kostbarkeiten, die durch viel Fleiß und Sparsamkeit erworben worden waren, ließ das launische Glück zu einem wüsten Gelage mißbrauchen.

Ich nahm Theagenes und ging mit ihm zu Chariklea, die ich in Tränen fand.

›Mein Kind‹, sagte ich, ›das ist bei dir schon Gewohnheit und nichts Besonderes mehr. Hast du noch den alten oder einen neuen Anlaß zum Weinen?‹

›Über alles weine ich‹, antwortete sie, ›besonders über das, was mir bevorsteht, und über die verhaßte Neigung des Trachinos zu mir, die durch die Umstände höchstwahrscheinlich noch zunehmen wird. Unverhofftes Glück reizt zu übermütigem Tun. Doch Trachinos soll mit seiner verhaßten Liebe nur Kummer erleben. Ich werde ihr durch meinen Tod ein Ende machen. Nur der Gedanke an dich und Theagenes, daß ich mich vor meinem Tode von euch trennen muß, macht mich untröstlich.‹

›Du errätst die Lage ganz richtig‹, erwiderte ich. ›Trachinos macht das Opferfest zur Feier seiner Hochzeit mit dir. Er teilte mir als deinem Vater seine Absicht mit. Ich wußte um seine rasende Verliebtheit schon, seitdem Tyrrhenos auf Zakynthos mir davon erzählte. Ich schwieg darüber zu euch. Ihr solltet euch nicht mit kommenden Sorgen abquälen, wo wir möglicherweise den Unannehmlichkeiten noch entgehen konnten. Da aber ein böses Geschick gegen uns ist, liebe Kinder, und wir mitten im Unglück stecken, so wollen wir eine große und kühne Tat wagen und der Gefahr ins Auge sehen. Dann wird es uns entweder gelingen, frei und glücklich zu leben, oder wir werden einen ehrenvollen und tapferen Tod finden.‹

Nachdem sie versprochen hatten, meine Ratschläge zu befolgen, gab ich ihnen die nötigen Anweisungen, überließ sie ihren Vorbereitungen und suchte den Piraten auf, der nach Trachinos den zweiten Rang einnahm. Ich glaube, er hieß Peloros. Ich hätte ihm eine für ihn höchst angenehme Mitteilung zu machen, sagte ich. Er schenkte mir bereitwillig Gehör und führte mich an einen Platz, an dem uns niemand belauschen konnte.

›Mein Sohn‹, sagte ich, ›hör mich kurz an. Die knappe Zeit verbietet mir, viele Worte zu machen. Meine Tochter liebt dich. Kein Wunder übrigens – sie bevorzugt eben den Besseren. Nun vermutet sie, euer Anführer wolle aus dem Festessen eine Hochzeitsfeier machen. Er hat auch etwas derartiges dadurch zum Ausdruck gebracht, daß er von ihr wünschte, sie solle sich besonders festlich kleiden. Sieh zu, wie du dies hintertreiben und das Mädchen lieber dir verschaffen kannst. Sie will lieber sterben, sagt sie, als Trachinos heiraten.‹

›Laß es gut sein‹, erwiderte er, ›ich bin gleichfalls schon lange in das Mädchen verliebt und wartete nur auf die geeignete Gelegenheit. Trachinos wird sie mir also entweder gutwillig überlassen, als Belohnung dafür, daß ich als allererster das Frachtschiff betreten habe, oder das Heiraten wird ihm schlecht bekommen, und diese Hand hier wird ihm geben, was er verdient.‹

Ich entfernte mich schnell, um keinen Verdacht aufkommen zu lassen, kehrte zu meinen Kindern zurück und machte ihnen Mut durch die Mitteilung, die Sache entwickle sich zur Zufriedenheit.

Bald danach nahmen wir unsere Plätze ein. Als ich merkte, daß sie einen Rausch hatten und ausgelassen wurden, flüsterte ich Peloros, in dessen Nähe ich absichtlich meinen Platz gewählt hatte, zu: ›Hast du das Mädchen schon in ihrem Staat gesehen?‹ – ›Nein‹, erwiderte er. – ›Du kannst sie sehen‹, fuhr ich fort, ›wenn du dich unbemerkt an Bord schleichst. Du weißt zwar, auch das hat Trachinos untersagt. Du wirst die Artemis leibhaftig zu sehen glauben. Aber betrachte sie nur, sonst setzest du dein und ihr Leben aufs Spiel.‹

Er stand sogleich auf, als hätte er einen notwendigen Gang zu tun, und eilte unbemerkt an Bord. Als er Chariklea erblickte, auf dem Haupt den Lorbeerkranz und im Glanz des goldgewirkten Kleides – sie hatte ihre delphische Priesterinnentracht angelegt als Siegesgewand oder als Sterbekleid – und um sie herum alles geschmückt und zur Brautnacht hergerichtet, da geriet er, wie nur natürlich, in Feuer und wurde von Begierde und Eifersucht gepackt.

Als er zurückkam, sah man ihm an den Augen an, daß er irgendeine Wahnsinnstat vorhatte. Kaum hatte er Platz genommen, so rief er:

›Warum bekomme ich eigentlich meine Belohnung nicht, die mir zusteht, weil ich das Schiff zuerst betreten habe?‹

›Weil du sie nicht verlangt hast‹, erwiderte Trachinos ›und dann ist ja die Verteilung der Beute überhaupt noch nicht vorgenommen.‹

›Gut, dann verlange ich das gefangene Mädchen!‹

Als Trachinos antwortete: ›Nimm dir, was du willst, sie ausgenommen –‹, unterbrach ihn Peloros: ›Du hebst also das Piratenrecht auf, wonach dem, der zuerst das feindliche Schiff betritt und sich vor den übrigen der Gefahr aussetzt, die freie Beutewahl zusteht?‹

›Ich hebe dieses Recht keineswegs auf, mein Lieber‹, entgegnete Trachinos, ›sondern ich halte mich nur an ein anderes, das dem Untergebenen Gehorsam gegen den Vorgesetzten befiehlt. Ich bin in das Mädchen verliebt, und da ich sie heiraten will, erhebe ich auf dieses Vorrecht Anspruch. Wenn du dich meinem Befehl nicht fügst, wird es dir übel bekommen. Im nächsten Augenblick fliegt dir dieser Krug an den Kopf.‹

Peloros wandte sich an die Tischgesellschaft.

›Da seht ihr‹, schrie er, ›wie Taten belohnt werden! Genauso wird jeder von euch noch einmal um seinen Lohn gebracht werden und mit dieser Tyrannenwillkür Bekanntschaft machen.‹

Nun spielte sich etwas ab, Nausikles! Gerade so wie das Meer in jähem Aufruhr gegen die Klippen brandet, so ließ sie eine sinnlose Erregung wild aufbrausen, zumal da sie voll Wein und Wut waren. Die einen ergriffen für diesen, die anderen für jenen Partei. Diese schrien, man habe dem Anführer zu gehorchen, jene, das Recht dürfe unter keinen Umständen verletzt werden.

Schließlich sprang Trachinos auf, um den Peloros mit dem Mischkrug zu erschlagen. Darauf gefaßt, kam dieser ihm zuvor und stieß ihm den Dolch in die Brust. Trachinos lag tödlich getroffen am Boden. Zwischen den übrigen entspann sich ein Kampf ohne Gnade. Sie schlugen unbarmherzig aufeinander los, die einen, um den Tod des Anführers zu rächen, die anderen, um Peloros und sein Recht zu verteidigen. Schließlich war alles ein einziger Schrei von Männern, die sich mit Knüppeln, Steinen, Fackeln und Tischen treffend oder getroffen bearbeiteten.

Ich für meine Person zog mich soweit wie möglich zurück und suchte mir auf einer Anhöhe einen ungefährlichen Zuschauerplatz.

Theagenes dagegen blieb ebensowenig am Kampfe unbeteiligt wie Chariklea. Verabredungsgemäß kämpfte er anfangs mit dem Schwert in der Hand wie ein Rasender auf der einen Seite mit, während Chariklea, als der Kampf richtig im Gange war, vom Schiff herab mit sicherer Hand Pfeile schoß und nur Theagenes schonte. Dabei schoß sie nicht etwa nur auf die eine Partei, sondern streckte den ersten besten, den sie gerade sah, nieder. Sie selbst blieb unsichtbar, konnte aber die Gegner mühelos im Schein des brennenden Feuers erkennen. Da sie nicht wußten, woher das Unheil kam, glaubten einige, die tödlichen Pfeile rührten von Göttern her.

Schließlich blieb, als die übrigen gefallen waren, Theagenes allein übrig. Er stand im Zweikampf mit Peloros, einem ungewöhnlich starken Mann, der im Mordhandwerk Erfahrung hatte. Auch Chariklea mit ihren Pfeilen konnte nichts machen. So sehr es sie drängte, Theagenes beizustehen, sie fürchtete, den Unrechten zu treffen, da die beiden schon im Nahkampf, Mann gegen Mann, einander zusetzten.

Endlich erlahmte die Widerstandskraft des Peloros. Chariklea, die mit der Tat dem Geliebten nicht helfen konnte, unterstützte ihn durch den Zuruf: ›Halte dich tapfer, Liebster!‹ Da fühlte sich Theagenes sofort dem Peloros überlegen, als habe ihm der Zuruf Kraft und Mut verliehen, erinnerte er ihn doch an den Kampfpreis.

Schon aus vielen Wunden blutend, raffte er sich noch einmal auf, sprang auf Peloros los und holte mit dem Schwert nach dessen Kopf aus. Er fehlte zwar, da der Gegner sich zur Seite beugte, streifte ihn aber an der Schulter und schlug ihm den Arm bis zum Ellenbogen ab. Darauf wandte sich Peloros zur Flucht. Theagenes stürmte ihm nach.

Was sich danach weiter abspielte, vermag ich nicht zu erzählen, außer, daß ich seine Rückkehr nicht wahrnahm, da ich auf der Anhöhe blieb und mich in der Nacht nicht auf den Kampfplatz hinabwagte. Wohl aber tat dies Chariklea. Bei Tagesanbruch sah ich Theagenes wie tot daliegen. Sie saß weinend neben ihm, allen Anzeichen nach entschlossen, sich über ihm das Leben zu nehmen, und nur von der schwachen Hoffnung zurückgehalten, er könne doch noch wieder zu sich kommen. Ich Unglücklicher kam gar nicht dazu, etwas zu sagen und zu erfahren oder ihren Schmerz durch Trost zu mildern und für sie zu tun, was in meinen Kräften stand. Denn schon nahte, nach allem, was wir auf dem Meer durchgemacht hatten, ohne Atempause neues Unheil vom Lande her.

Als ich – es war inzwischen heller Tag geworden – meine Anhöhe verließ, kam von dem Berg, der sich unmittelbar über dem Küstenstreifen erhebt, eine Bande ägyptischer Räuber herunter. Schon hatten sie sich der beiden jungen Leute bemächtigt, führten sie gleich darauf fort und schleppten gleichzeitig mit, was sie von der Schiffsladung tragen konnten.

Ohne eigentlichen Plan folgte ich in großem Abstand. Ich beklagte ihr und mein Geschick, ohne ihnen helfen zu können. Näher zu kommen schien mir nicht geraten, weil ich mich für eine Gelegenheit zu späterer Hilfe bereithalten wollte.

Das Alter erlaubte mir nicht, bei dem steilen Anstieg mit den Ägyptern Schritt zu halten. Wenn ich jetzt meine Tochter wiedergefunden habe, so danke ich das der Gnade der Götter und deiner Güte, Nausikles. Ich selbst vermochte nichts dazu beizutragen. Ich hatte ihr nichts zu bieten außer vielen Tränen und Klagen.«

Er brach in Tränen aus, und die Anwesenden teilten seine Bewegung. So war nun das Mahl in ein Wehklagen umgeschlagen, das aber auch seinen Reiz hat. Begünstigt der Weingenuß doch auch die Tränen.

Schließlich sprach Nausikles dem Kalasiris Mut zu.

»Sieh zuversichtlich in die Zukunft, mein Lieber«, sagte er. »Deine Tochter hast du bereits wieder. Und nur die Nacht hindert dich an einem Wiedersehen mit deinem Sohn. Denn morgen früh werden wir Mitranes aufsuchen und alles tun, um den tapferen Theagenes freizubekommen.«

»Ich wollte, es wäre so«, erwiderte Kalasiris. »Doch jetzt ist es Zeit, die Tafel aufzuheben, und da soll der Gottheit gedacht und die Spende an die befreienden Götter herumgereicht werden.«

Die Trankopfer wurden vollzogen, und das Mahl fand sein Ende.

Kalasiris hielt Ausschau nach Chariklea. Als er sie unter den Vorüberkommenden nicht bemerkte und von einem der Mädchen erfuhr, sie befinde sich im Tempelinneren, ging er hinein und fand sie zusammengekauert zu Füßen der Götterstatue. Über einem langen Gebet und überwältigt von ihrem Schmerz, war sie fest eingeschlummert. Zu Tränen gerührt, bat er den Gott, ihr Schicksal zum Guten zu wenden. Dann weckte er sie sanft und brachte sie heim. Sie schien sich zu schämen, daß sie sich unversehens hatte vom Schlaf bezwingen lassen. Sie begab sich in das Frauengemach und legte sich neben der Tochter des Nausikles nieder. Schlaflos hing sie ihrem Kummer nach.

Sechstes Buch

Kalasiris und Knemon hatten sich in das Männerschlafzimmer zur Ruhe zurückgezogen. Langsamer als sie wünschten, doch schneller als sie dachten, verging ihnen der Rest der Nacht, deren größter Teil bei Tische und während der langen spannenden Erzählung verstrichen war. Ohne das Tageslicht abzuwarten, gingen sie zu Nausikles und baten ihn, ihnen zu sagen, wo seiner Ansicht nach Theagenes sei, und sie so rasch wie möglich dorthin zu bringen. Er entsprach ihrem Wunsche und machte sich mit ihnen auf den Weg. Chariklea hatte sehr gebeten, sie begleiten zu dürfen. Doch mußte sie zurückbleiben. Nausikles versicherte, sie hätten keinen weiten Weg und würden sehr bald mit Theagenes zurück sein. So blieb sie allein mit ihren zwischen Trennungsschmerz und freudiger Erwartung schwankenden Empfindungen.

Sie waren gerade aus der Ortschaft heraus und gingen längs des Nilufers, als sie ein Krokodil bemerkten, das von der rechten Seite auf das gegenüberliegende Ufer schwamm und in der Strömung des Flusses mit heftiger Bewegung untertauchte. Die andern sahen darin ein gewöhnliches und keineswegs beunruhigendes Vorkommnis, nur Kalasiris erklärte, es bedeute ein Hindernis, auf das sie unterwegs stoßen würden. Aber Knemon war ganz entsetzt, obwohl er das Tier nicht einmal deutlich wahrgenommen, sondern nur einen flachen Schatten an sich hatte vorüberhuschen sehen. Es fehlte wenig, und er wäre ausgerissen.

Während Nausikles in lautes Lachen ausbrach, sagte Kalasiris:

»Knemon, ich glaubte, die Angst setze dir nur nachts zu und deine Schreckhaftigkeit zeige sich bloß in der Dunkelheit. Du bist aber offenbar auch bei Tage nicht besonders mutig, und nicht nur Namen, die du hörst, auch der Anblick gewöhnlicher und harmloser Dinge versetzen dich in Aufregung.«

»Was für einen Namen eines Gottes oder eines Dämons vermag unser Held nicht zu hören?« fragte Nausikles.

»Ob es ihm auch bei Göttern und Dämonen so geht«, erwiderte Kalasiris, »kann ich nicht sagen. Aber wenn er den Namen eines Menschen hört, und was besonders erstaunlich ist, nicht einmal den eines Mannes oder eines berühmten Helden, sondern den einer Frau, die noch dazu, wie er sagt, tot ist, packt ihn das Grauen. So hatte er in der Nacht, in der du, lieber Freund, uns Chariklea von den Räuberhirten zurückbrachtest, den bewußten Namen, ich weiß nicht wie und woher, zu hören bekommen. Danach ließ er mich keinen Augenblick mehr schlafen und fiel vor lauter Angst aus einer Ohnmacht in die andre. Ich hatte reichlich zu tun, ihn wieder zu sich zu bringen. Und wenn ich nicht fürchtete, ihn in Kummer und Schrecken zu versetzen, so möchte ich auch jetzt den Namen aussprechen, Nausikles, damit du noch mehr zu lachen hast.« Und dabei nannte er den Namen Thisbe.

Nun lachte Nausikles nicht mehr, sondern stand betroffen

von der Eröffnung lange Zeit nachdenklich und fragte sich, weshalb und in welchem Zusammenhang der Name Thisbes den Knemon so stark beeindruckt habe.

Da brach Knemon in lautes Gelächter aus.

»Siehst du wohl, mein guter Kalasiris«, rief er, »welche Kraft diesem Namen innewohnt, daß er nicht nur für mich, wie du sagst, ein Schreckensgespenst ist, sondern auf Nausikles genauso wirkt. Richtiger noch, unsere Gefühle haben sich völlig geändert. Jetzt lache ich, da ich weiß, daß sie nicht mehr lebt, während unser braver Nausikles, der über andere so gut lachen und sich lustig machen kann, betrübt ist.«

»Hör auf«, unterbrach ihn Nausikles, »und laß es mit der Vergeltung gegen mich genug sein, Knemon. Aber bei den Göttern der Gastlichkeit und Freundschaft, bei dem Salz und dem Tisch, an dem ihr, denke ich, freundlich in meinem Hause bewirtet wurdet, gesteht, woher kennt ihr Thisbes Namen, weshalb habt ihr Angst vor ihm, oder treibt ihr nur Spaß mit mir?«

»Jetzt ist die Reihe an dir, Knemon«, sagte Kalasiris, »deine Geschichte zu erzählen, die du mir schon oft versprochen, aber bisher immer unter allerhand Vorwänden vorenthalten hast. Du wirst gleichzeitig Nausikles einen Gefallen tun und uns die Langeweile des Weges verkürzen, wenn du uns mit deiner Erzählung unterhältst.«

Knemon war einverstanden und gab eine gedrängte Darstellung von all dem, was er früher schon Theagenes und Chariklea erzählt hatte: von seiner Vaterstadt Athen, seinem Vater Aristippos und wie er Demänete zur Stiefmutter bekam. Er erzählte von Demänetes sündhafter Liebe zu ihm, wie sie, als ihre Absichten fehlgeschlagen hatten, ihm ans Leben wollte und sich zu diesem Zweck Thisbes als Helferin bediente. Er beschrieb die dabei angewandten Mittel; wie er durch Volksentscheid des Vatermordes schuldig gesprochen und mit Landesverweisung bestraft wurde; wie er in Aigina von Charias, einem seiner Kameraden, die Tatsache und die Umstände des Todes der Demänete erfahren habe und wie Thisbe auch gegen diese intrigiert hatte. Wie er dann von Antikles gehört habe, daß sein Vater sein Vermögen durch Enteignung verloren habe, da die Verwandten Demänetes gegen ihn konspiriert und ihn beim Volke der Ermordung Demänetes verdächtigt hatten. Wie Thisbe mit ihrem Liebhaber, einem Kaufmann aus Naukratis, aus Athen geflüchtet sei. Schließlich berichtete er, wie er zur Verfolgung Thisbes mit Antikles nach Ägypten gereist sei, um sie, wenn er sie erwische, nach Athen zurückzubringen, durch ihr Geständnis seinen Vater von den gegen ihn erhobenen Anwürfen zu reinigen und sie selber zur Rechenschaft zu ziehen; wie er unterwegs viele Gefahren und allerhand Abenteuer erlebt habe, von Piraten gefangen, ihnen entkommen, in Ägypten gelandet und wieder in die Gewalt von Räuberhirten geraten sei, bei denen ihn der Zufall mit Theagenes und Chariklea zusammengeführt habe. Dann erzählte er das Ende Thisbes und alle weiteren Erlebnisse bis zu dem, was Kalasiris und Nausikles schon wußten.

Nausikles gingen tausend Gedanken durch den Kopf. Er schwankte, ob er seine Beziehungen zu Thisbe geradeheraus gestehen oder diese Enthüllung auf später verschieben solle. Schließlich entschied er sich für das letzte, einmal weil es ihm ratsamer schien, dann weil ein Zwischenfall ihn am Reden hinderte.

Sie hatten etwa sechzig Stadien zurückgelegt und waren schon nahe dem Dorfe, in dem sich Mitranes aufhalten sollte, als sie einen Bekannten des Nausikles trafen. Wie sie ihn fragten, warum er es denn gar so eilig habe, rief er:

»Warum so eilig, Nausikles? Als wüßtest du nicht, daß alles, was ich tue, dem einzigen Zweck gilt, die Ansprüche der Isias aus Chemmis zu erfüllen. Für sie bestelle ich meinen Acker. Für sie schaffe ich alles heran, ihretwegen gönne ich mir Tag und Nacht keine Ruhe, nichts schlage ich ihr ab – ich habe nur Mühe und Last davon! –, ob die Isias mir nun einen großen oder kleinen Auftrag erteilt. Jetzt renne ich zu ihr, um ihr den Vogel, den du hier siehst, zu bringen, einen Nilflamingo – wieder ein Auftrag meiner Süßen.«

»Was hast du für eine verständige Geliebte«, meinte Nausikles, »und wie bescheiden sind ihre Wünsche, daß sie nur einen Flamingo von dir verlangt hat und nicht gleich den Wundervogel Phönix, der aus Äthiopien oder Indien zu uns kommt!«

»Ja, so ist sie«, erwiderte der andere, »gewöhnlich macht

sie sich noch über mich und mein Tun lustig. Aber wohin wollt ihr und was habt ihr vor?«

Auf die Antwort, daß sie unterwegs zu Mitranes seien, sagte er:

»Da habt ihr euch umsonst abgehetzt. Mitranes ist nicht mehr hier, sondern in der vergangenen Nacht gegen die Räuberhirten von Bessa gezogen. Sie haben ihm ja wohl unter der Führung ihres neuen Hauptmanns Thyamis einen jungen griechischen Gefangenen abgejagt, den er nach Memphis zu Oroondates geschickt hatte und der, glaube ich, als Geschenk für den Großkönig bestimmt war.«

Während er noch sprach, lief er schon wieder weiter und rief dabei:

»Ich muß nun rasch zu meiner Isias! Sie guckt sich vielleicht schon alle Augen nach mir aus. Wenn ich zu lange ausbleibe, bekomme ich Unannehmlichkeiten in der Liebe. Sie ist groß darin, auch ohne Grund einen Anlaß zu Vorwurf und Ziererei zu finden ...«

Als sie das hörten, standen sie eine Weile sprachlos. Wie waren sie überrascht und enttäuscht! Schließlich sprach ihnen Nausikles neuen Mut zu. Der vorübergehende, zufällige Fehlschlag brauche sie nicht ganz an ihrem Unternehmen verzweifeln zu lassen. Sie müßten jetzt allerdings nach Chemmis zurückkehren, um weitere Schritte zu überlegen und sich für eine längere Reise zur Auffindung des Theagenes vorzubereiten, ob er nun bei den Räuberhirten oder bei anderen Leuten sei. Sie könnten bestimmt hoffen, ihn wiederzufinden. Denn sicherlich nicht ohne himmlische Fügung hätten sie den Bekannten getroffen, der ihnen Auskunft geben konnte, wo sie Theagenes suchen müßten: Als nächstes Ziel müßten sie das Dorf der Räuberhirten ins Auge fassen.

Es fiel Nausikles nicht schwer, sie zu überzeugen. Auch etwas anderes gab ihnen Hoffnung. Knemon versicherte dem Kalasiris persönlich, er könne voll Zuversicht sein, da Thyamis bestimmt Theagenes in Sicherheit gebracht habe. So beschloß man umzukehren.

Als sie zurückkamen, stand Chariklea in der Tür. Schon von ferne und nach allen Richtungen hatte sie Ausschau nach ihnen gehalten.

Nach Vollendung dieser erotischen Schule wollte Daphnis, noch immer in seinem kindischen Sinn, sogleich zu Chloë laufen ...; Lycänion aber hielt ihn zurück und sagte ... SEITE 70

Als sie sah, daß Theagenes nicht mit ihnen kam, brach sie in laute Klagen aus.

»Ihr kehrt allein zurück«, tief sie, »so wie ihr gegangen seid? Also ist Theagenes tot? Bringt ihr mir eine Schreckensbotschaft, bei den Göttern, nur schnell heraus damit! Verschlimmert meine Qual nicht durch langes Zögern! Es ist menschlicher, Unglück rasch mitzuteilen. Dann fügt man sich leichter in das Schlimmste und verschmerzt alles rascher –«

Knemon unterbrach ihre Klagen.

»Wie schwer machst du dir doch alles, Chariklea, mit deiner unglücklichen Neigung, immer das Schlimmste anzunehmen, was in diesem Fall zum Glück nicht zutrifft. Theagenes ist am Leben und dank der göttlichen Vorsehung wohlauf.«

Dann berichtete er kurz, wie und wo. Darauf sagte Kalasiris:

»Nach deinen Worten zu schließen, guter Knemon, hast du nie geliebt. Sonst wüßtest du, daß Liebende auch in harmlosen Dingen Unheil vermuten und nur dem Glück trauen, wenn sie es mit eigenen Augen sehen. Schon die Abwesenheit des Geliebten genügt, um ihre Seele in Angst und Unruhe zu versetzen. Das liegt daran, daß sie glauben, Liebende müßten stets beisammen sein und nur Mißgeschick dürfe sie trennen. Haben wir also Nachsicht mit Chariklea, mein Lieber, die nun das Schicksal aller Liebenden teilt, und gehen wir ins Haus, um unsere Maßnahmen zu beraten.«

Dabei nahm er Chariklea mit väterlicher Zärtlichkeit bei der Hand und führte sie hinein.

Nausikles ließ, um die Sorgen seiner Gäste zu zerstreuen – er hatte auch noch eine andere Absicht dabei –, ein üppigeres Mahl als sonst anrichten. Außer ihnen selbst nahm nur noch seine Tochter daran teil, die sich auf seinen Wunsch festlicher und kostbarer als gewöhnlich dafür kleiden mußte.

Nachdem sie ihren Appetit hinreichend befriedigt zu haben schienen, hielt er eine Rede.

»Meine lieben Gäste«, begann er, »ich persönlich – die Götter seien Zeugen für das, was ich jetzt sage – würde es am liebsten sehen, daß ihr euer ganzes Leben hier bei mir bliebet und Hab und Gut und alles, was mir teuer ist, mit mir teiltet. Denn ich betrachte euch nicht als Gäste für kurze Zeit, sondern als wahre, liebe Freunde für die Dauer, und alles, was ich für euch tun werde, bedeutet für mich keine Last. Wenn ihr aber eure Angehörigen suchen wollt, so stehe ich euch nach Kräften auch dafür zur Verfügung, solange ich bei euch sein kann. Doch wißt ihr ja selbst, daß mein Beruf der eines Kaufmanns ist und der Handel mein Ackerfeld. Schon längere Zeit wehen frische Westwinde, öffnen der Schiffahrt das Meer und verheißen den Kaufleuten glückliche Fahrt. Mich ruft eine geschäftliche Veranlassung dringend nach Griechenland. Ihr müßtet mich deshalb eure eigenen Pläne wissen lassen, damit ich mich nach euren Absichten richte.«

Nach einer kleinen Pause nahm Kalasiris das Wort.

»Möge deine Reise unter einem glücklichen Stern stehen! Mögen Hermes, der Gewinnbringer, und Poseidon, der Beschützer, dich geleiten und führen! Mögen sie dir die Wogen glätten und günstigen Wind schicken, jeden Hafen öffnen, jede Stadt erschließen und für deine Geschäfte zugänglich machen. Hast du uns während unseres Aufenthaltes bei dir doch so gastlich bewirtet, jetzt bei unserem Abschied so freundlich geleitet und alle Pflichten der Gastfreundschaft so vorbildlich erfüllt. Gewiß wird es uns schwer fallen, uns von dir und deinem Hause zu trennen, in dem wir uns dank deiner Fürsorge wie in unserem eigenen gefühlt haben. Doch zwingt uns die unerbittliche Pflicht, alles zu unternehmen, um unsere Freunde wiederzufinden. Dies gilt für mich und Chariklea. Was Knemon vorhat, ob er weiter mit uns herumziehen und uns diesen Gefallen tun will oder ob er andere Absichten hat, mag er, da er hier ist, selbst sagen.«

Knemon wollte schon antworten und hatte bereits den Mund geöffnet, als ihn die Bewegung übermannte und ihm die aufsteigenden Tränen den Mund verschlossen.

Endlich faßte er sich wieder und sprach mit einem tiefen Seufzer:

»Ach, wie wechselnd und unberechenbar ist das Menschenlos. Welche Flut von Unglück hat es schon über so viele und besonders über mich gebracht! Es hat mich von meiner Familie und aus dem väterlichen Hause gerissen, hat mir die Heimat und die Stadt mit allem, was mir lieb war, genommen und mich – von all dem, was mir in der Zwischenzeit widerfuhr, zu schweigen – nach Ägypten verschlagen und mich diesen Räuberhirten ausgeliefert. Nur einen Hoffnungsschimmer hat es mir gewährt, es ließ mich hier Freunde finden, die, unglücklich wie ich, doch Griechen waren und mit denen ich alles Weitere zu teilen hoffte. Aber auch diesen Trost scheint es mir nun zu nehmen. Wohin soll ich mich wenden? Was kann und soll ich tun? Soll ich Chariklea verlassen, ehe sie ihren Theagenes wiederhat? Das wäre häßlich und unrecht von mir. Soll ich sie begleiten und ihn suchen helfen? Wenn es sicher wäre, daß wir ihn finden, so würde mir die Aussicht auf Erfolg die Mühe leicht machen. Aber die Zukunft ist ungewiß, und die Schwierigkeiten sind allzugroß. Es ist kein Ende der Irrfahrt abzusehen. Darf ich da nicht bei euch und den Göttern der Freundschaft auf euer Verständnis hoffen, wenn ich nunmehr an die Heimkehr in mein Vaterland und zu meinen Angehörigen denke, zumal sich – offenbar dank einer göttlichen Vorsehung – jetzt diese günstige Gelegenheit bietet, daß der gute Nausikles nach Griechenland reisen will? Auch bin ich besorgt, daß unser Hauswesen, wenn in der Zwischenzeit meinem Vater etwas zustößt, ohne Besitzer und Erben bliebe. Verarmte ich dann auch, so wäre es doch schon erfreulich und befriedigend, wenn durch mich unser Geschlecht erhalten bliebe. Doch erst, liebe Chariklea – denn dir gegenüber muß ich mich vor allem rechtfertigen und bitte dich um Verzeihung, die du mir nicht versagen darfst –, will ich dich zu den Räuberhirten begleiten. Mag Nausikles es eilig haben, er wird sich schon bewegen lassen, etwas zu warten. Vielleicht daß ich dich persönlich Theagenes in die Hände geben und ihm zeigen kann, wie treu ich das mir anvertraute Gut behütet habe! Dann würde ich in froher Hoffnung und mit gutem Gewissen von dir Abschied nehmen. Sollten wir aber, was ich nicht hoffe, keinen Erfolg haben, so werde ich auch dann bei dir wohl entschuldigt sein, da ich dich dann nicht allein lasse, sondern deinem treuen Beschützer und Vater, dem guten Kalasiris, anvertraue.«

Chariklea hatte schon längst aus verschiedenen Anzeichen entnommen, daß Knemon sich in die Tochter des Nausikles verliebt hatte. Liebende haben ja ein besonders scharfes Auge für die, welche von gleichen Gefühlen bewegt werden. Auch entnahm sie aus Nausikles' Worten, daß ihm eine verwandtschaftliche Verbindung mit Knemon durchaus willkommen wäre, daß er schon längst darauf hinzielte und ihn auf jede Weise heranzog und für sich zu gewinnen suchte. Außerdem schien es ihr auch nicht schicklich und unverfänglich, Knemon noch länger zum Begleiter zu haben.

»Tu ganz, was dir beliebt«, sprach sie deshalb zu ihm. »Die guten Dienste, die du mir bisher geleistet hast, erkenne ich an und bin dir zum Dank dafür verpflichtet. Es ist aber in Zukunft durchaus nicht mehr nötig, daß du dir meinetwegen Sorgen machst und dich gar mit innerem Widerstreben in fremde Schicksale und Gefahren hineinreißen läßt. Suche nur dein Athen wieder auf, deine Angehörigen und dein väterliches Haus, und laß dir die durch Nausikles gebotene Gelegenheit unter keinen Umständen entgehen. Kalasiris und ich wollen schon gegen alle Widerstände ankämpfen, bis wir das Ziel unserer Irrfahrt erreichen. Und wenn uns kein einziger Mensch beistände, so vertrauen wir zuversichtlich auf die Hilfe der Götter.«

Nausikles fiel ihr ins Wort.

»Möge Chariklea alles nach Wunsch gehen«, sagte er. »Mögen ihr die Götter den erbetenen Beistand leisten und sie ihren Lieben wiedergeben, willensstark und klug wie sie ist. Und du, Knemon, sei nicht ärgerlich, daß du Thisbe nicht nach Athen zurückbringst. Für ihre Entführung und Flucht aus Athen kannst du mich verantwortlich machen. Der Kaufmann aus Naukratis, Thisbes Liebhaber, bin nämlich ich selbst. Auch brauchst du nicht zu befürchten, zu verarmen und betteln gehen zu müssen. Wenn du denkst wie ich, soll es dir nicht an Vermögen fehlen. Ich bringe dich zurück, du sollst Vaterhaus und Heimat wiedersehen. Wenn du dich verheiraten willst, gebe ich dir meine Tochter Nausiklea und eine anständige Mitgift dazu. Geschenke von deiner Seite sehe ich durch die von dir vermittelte Bekanntschaft mit deiner Familie, deinem Haus und Volk als bereits empfangen an.«

Knemon, der seine Wünsche, deren Verwirklichung er kaum zu hoffen gewagt hatte, über alle Erwartung hinaus erfüllt sah, besann sich keinen Augenblick.

»Mit Freuden nehme ich dein Anerbieten an«, rief er.

Dabei streckte er seine Rechte aus, in die Nausikles die Hand seiner Tochter legte, so verlobte er sie ihm. Dann ließ er seine

Hausgenossen das Hochzeitslied anstimmen, eröffnete selbst den festlichen Reigen und machte aus dem Mahl im Handumdrehen eine unvorbereitete Hochzeitsfeier.

Während sich alle dem Tanz widmeten und bei festlichem Fackelschein im Haus aus dem Stegreif die ganze Nacht hindurch Hochzeit feierten, hatte sich Chariklea allein in ihr Zimmer zurückgezogen. Nachdem sie die Tür hinter sich fest verschlossen hatte und sicher war, nicht mehr gestört zu werden, löste sie in einem Anfall bacchischer Raserei wild das Haar und riß sich die Kleider vom Leibe.

»Gut denn«, rief sie, »auch ich will meinem Schicksalsgott einen Tanz nach seinem Geschmack aufführen! Singen wir ihm ein Klagelied und begleiten wir es mit einem Tanz der Tränen! Im Dunkel soll es widerhallen. Diesen Leuchter schleudere ich auf den Boden, damit nächtliche Finsternis mein Tun umgibt. Ist dies das Brautgemach, dies das Hochzeitsbett, das für mich bereitet ist, für die Einsame, Unvermählte, deren Gatte nur dem Namen nach – wie lange noch? – ein Gatte ist. Knemon feiert Hochzeit – und Theagenes irrt umher als Gefangener und vielleicht in Fesseln. Und doch wäre ich glücklich, wenn er wenigstens noch am Leben wäre. Nausiklea, die bisher mit mir zusammenschlief, ist vermählt und von mir getrennt. Chariklea liegt allein und verlassen. Doch der beiden wegen will ich mich nicht beschweren bei euch, Schicksalsgötter – mögen sie ihr Glück genießen –, sondern um unsertwillen, denen ihr nicht die gleiche Gunst gewährt. Ihr zieht das Stück, das ihr mit uns aufführt, so endlos in die Länge, daß es jedes Maß übersteigt. Aber was ergehe ich mich in nutzlosen Klagen? Mag der Götter Wille auch in Zukunft geschehen! Doch bist du tot, mein Theagenes, du mein liebster und einziger Gedanke, und erfahre ich deinen Tod, was nie geschehen möge, dann will ich nicht zögern, mich mit dir zu vereinigen. Vorerst bringe ich dir dieses Opfer« – dabei riß sie sich Haar aus und warf es auf ihr Bett – »und diese Tränen vergieße ich für dich aus den Augen, die du so liebtest«. Ihr Lager wurde feucht von Tränen. »Bist du aber noch – o Glück! – am Leben, so komm und ruhe im Traum bei mir. Doch auch dann, Liebster, laß deine jungfräuliche Braut unberührt für die Ehe. Ja, ich sehe dich! Ich umarme dich, als wärest du bei mir!«

Sie warf sich mit dem Gesicht auf das Bett und umschlang es mit ausgebreiteten Armen. Sie stöhnte und jammerte, bis das Übermaß des Schmerzes ihr die Besinnung raubte und es dunkel wurde vor ihren Augen. Schließlich sank sie in einen Schlaf, der sie bis zum hellen Morgen umfangen hielt.

Kalasiris, der sich wunderte, daß sie gegen ihre Gewohnheit nicht erschien, ging an ihr Schlafzimmer, pochte kräftig gegen die Tür und rief sie wiederholt beim Namen. Sie erwachte. Verwirrt von dem plötzlichen Klopfen, lief sie, wie sie war, zur Tür, schob den Riegel zurück und öffnete dem Alten. Als er sie vor sich sah, mit aufgelöstem Haar, das Kleid über der Brust zerrissen und die Augen noch geschwollen und mit allen Zeichen der Erregung, in der sie eingeschlafen war, erriet er den Grund. Er führte sie wieder zu ihrem Lager, ließ sie niedersitzen und warf ihr einen Mantel über. Dann sorgte er ein wenig für Ordnung.

»Was hast du, Chariklea?« fragte er. »Warum bist du so tief unglücklich? Weshalb diese unvernünftige Verzweiflung? Ich kenne dich gar nicht wieder, die du stets mit so viel Haltung und Selbstbeherrschung dein Schicksal ertragen hast! Willst du nicht wieder zu dir kommen? Denk daran, daß du ein Mensch bist, ein unstetes Wesen, das schroffem Wechsel ausgesetzt ist! Warum willst du dir durch den Tod vielleicht die Aussicht auf bessere Zeiten verscherzen? Nimm auch auf uns Rücksicht, liebes Kind, wenn nicht auf dich selbst, wenigstens auf Theagenes, dem das Leben nur mit dir zusammen lieb ist. Der ganze Wert des Lebens liegt ihm nur darin, daß du ihm erhalten bleibst.«

Chariklea errötete, besonders weil sie sich der Verfassung, in der er sie überrascht hatte, bewußt wurde. Lange schwieg sie. Da aber Kalasiris sie zu einer Äußerung drängte, sagte sie schließlich: »Deine Vorwürfe sind berechtigt, doch bin ich vielleicht zu entschuldigen, lieber Vater. Es ist nicht hemmungslose und niedrige Leidenschaft, die mich Unglückliche zu diesem wilden Gefühlsausbruch hinriß, sondern die reine und keusche Liebe zu dem, der, wenn auch ohne Ehe, mein Gatte ist, zu Theagenes. Mich quält der Schmerz, von ihm getrennt zu sein, mehr noch die Ungewißheit, ob er noch lebt oder nicht.«

»Sei deswegen unbesorgt«, erwiderte Kalasiris. »Er lebt und wird nach dem Willen der Götter bald mit dir vereint sein, sofern man dem euch gegebenen Orakel Glauben schenken kann – und wir dürfen es – und ebenso der gestrigen Nachricht, daß er bei der Überführung nach Memphis in die Hände des Thyamis gefallen ist. Stimmt das, so ist er ganz gewiß in Sicherheit, da ihn mit Thyamis schon von früher her eine gute Bekanntschaft verbindet. Wir dürfen keine Zeit verlieren und müssen so schnell wie möglich die Ortschaft Bessa erreichen, um die Gesuchten aufzuspüren, du deinen Theagenes, ich außerdem noch meinen Sohn. Denn du weißt wohl schon, daß Thyamis mein Sohn ist.«

Chariklea versank in Nachdenken.

»Wenn du einen Sohn namens Thyamis hast«, sagte sie, »und der dein Sohn ist, den ich meine, und nicht etwa ein anderer, dann sehe ich eine furchtbare Gefahr.«

Erstaunt fragte Kalasiris nach dem Grunde.

»Wie du weißt«, erwiderte sie, »war ich als Gefangene bei den Räuberhirten. Dabei hat die unselige Schönheit, die mir zu meinem Verhängnis mitgegeben zu sein scheint, die Leidenschaft des Thyamis erregt. Begegnen wir ihm jetzt auf unsrer Suche, so wird er, fürchte ich, wenn er mich sieht, sich an seine ehemalige Gefangene erinnern und mir die Ehe, die er mir damals antrug und der ich mich doch geschickt entzog, aufzuzwingen suchen.«

»Ich will nicht hoffen«, entgegnete Kalasiris, »daß ihn die Leidenschaft so weit hinreißt, es angesichts seines Vaters an Achtung fehlen zu lassen. Der Anblick des Vaters wird wohl den Sohn beschämen und ihn eine unerlaubte Neigung – wenn er sie noch hegt – niederzwingen lassen. Und dann – was hindert dich, eine neue List auszudenken, um dem befürchteten Antrag zu entgehen? Du scheinst dich ja darauf zu verstehen, solche Bewerber durch Ausflüchte und Vorwände hinzuhalten.«

Diese Worte heiterten Chariklea etwas auf. »Ob du es ernst meinst«, erwiderte sie, »oder nur Scherz mit mir treibst, will ich jetzt offen lassen. Aber ich möchte eine List, die ich früher mit Theagenes vorhatte, aber infolge der eingetretenen Umstände nicht anwenden konnte, unter günstigeren Bedingungen versuchen. Als wir von der Räuberinsel fliehen wollten, hatten wir uns vorgenommen, uns zu verkleiden und im elenden Bettlergewand die Ortschaften und Städte zu betreten. Wenn du einverstanden bist, wollen wir diese Verkleidung vornehmen und als Bettler gehen. Dann werden wir von denen, die uns begegnen, weniger zu befürchten haben. Dürftigkeit gewährt unter solchen Umständen Schutz, und Armut erregt eher Mitleid als Neid. Auch werden wir uns so unseren täglichen Unterhalt leichter verschaffen. Denn in der Fremde, wo man niemand kennt, ist das Käufliche knapp. Als Bettler bekommt man es leicht aus Mildtätigkeit.«

Kalasiris erklärte sich einverstanden und drängte auf eiligen Antritt der Reise. Sie gingen zu Nausikles und Knemon, setzten sie von ihrer Absicht in Kenntnis und brachen am dritten Tage auf, ohne das angebotene Lasttier oder einen Begleiter mitzunehmen. Nausikles, Knemon und die übrigen Hausbewohner begleiteten sie ein Stück Weges. Auch Nausiklea, die ihren Vater inständig um Erlaubnis gebeten hatte, kam mit. Ihre Anhänglichkeit an Chariklea hatte sie die mädchenhafte Zurückhaltung überwinden lassen. Nach einem gemeinsamen Wege von fünf Stadien umarmten sie einander zum letzten Male – Männer und Frauen für sich – und reichten sich die Hände. Es war ein Abschied, reich an Tränen und Wünschen für eine glücklichere Zukunft.

Knemon entschuldigte sich mit seinem jungen Ehestande, daß er sie nicht begleitete, tat sogar, als wolle er bei der ersten Gelegenheit, die sich biete, wieder zu ihnen stoßen. Dann kehrte er mit den anderen nach Chemmis zurück.

Chariklea und Kalasiris – das war ihre erste Sorge – verkleideten sich nun als Bettler. Sie zogen die mitgenommenen kümmerlichen Lumpen an. Chariklea rieb das schöne Gesicht mit Ruß ein und beschmierte es noch mit Lehm, bis es ganz entstellt war. Dann schob sie das Ende eines schmutzigen Kopftuches schräg und unordentlich von der Stirn herunter über das eine Auge. Unter dem Arm hatte sie einen Beutel, der dem Anschein nach Brotrinden und Wegzehrung enthielt, in Wirklichkeit aber nötig war für das Priestergewand aus Delphi und die Stirnbinde sowie den Schmuck und die Erkennungszeichen, die ihre Mutter mit ihr ausgesetzt hatte. Kalasiris steckte Charikleas Köcher in eine abgetragene Lederhülle und ließ sie wie ein weiteres Bündel schräg über die Schulter hängen. Vom Bogen löste er die Sehne, so daß er gerade wurde, und nahm ihn als Stock in die Hand, auf den er sich mit dem ganzen Körpergewicht stützte. Sobald er jemand in einiger Entfernung auftauchen sah, krümmte er den Rücken noch mehr, als sein Alter gebot, zog das eine Bein nach und ließ sich manchmal von Chariklea noch an der Hand führen.

Für die Durchführung ihrer Rollen waren sie so in jeder Hinsicht vorbereitet und neckten sich gegenseitig, indem sich der eine über des anderen Aufzug lustig machte. Nachdem sie noch ihren Schicksalsgott gebeten hatten, ihrer Not bald ein Ende zu machen und es bei den ausgestandenen Leiden bewenden zu lassen, beeilten sie sich, Bessa zu erreichen, wo sie Theagenes und Thyamis anzutreffen hofften. Aber sie erlebten eine Enttäuschung. Als sie kurz vor Sonnenaufgang in die Nähe von Bessa kamen, stießen sie auf eine Menge Gefallener – sie konnten noch nicht lange da liegen –, von denen die Mehrzahl, wie Kleidung und Bewaffnung erkennen ließ, Perser waren, der Rest Einheimische. Offensichtlich hatte ein Gefecht stattgefunden. Nur wußten sie nicht, wer miteinander gekämpft hatte.

Sie traten an die Gefallenen heran, um zu sehen, ob ein ihnen bekanntes Gesicht darunter sei – wir armen Menschen denken ja immer gleich an das Schlimmste, wenn es sich um jemand handelt, der einem lieb ist. Dabei stießen sie auf eine alte Frau, die den Leichnam eines der Einheimischen umschlungen hielt und fassungslos jammerte. In der Absicht, aus der Alten etwas herauszubringen, blieben sie bei ihr stehen und sprachen ihr erst einmal Trost zu, um ihren hemmungslosen Klagen Einhalt zu tun. Als sie das erreicht hatten, fragte Kalasiris die Frau auf ägyptisch, wen sie bejammere und was für ein Kampf hier stattgefunden habe.

Sie gab in kurzen Worten Bescheid: Der Tote, den sie betrauere, sei ihr Sohn, sie sei auf das Leichenfeld gegangen, in der Hoffnung, es möge einer kommen und ihrem Leben ein Ende machen. Inzwischen erweise sie dem Toten, so gut es gehe, mit Tränen und Klagen die letzte Ehre.

»Ein junger Ausländer von auffallender Schönheit und Erscheinung«, so erzählte sie über das Gefecht, »sollte zu Oroondates, dem Statthalter des Großkönigs, nach Memphis gebracht werden. Der Platzkommandant Mitranes hatte ihn, glaube ich, gefangen genommen und, wie es heißt, als ganz besonderes Geschenk abgeschickt. Leute von uns dort drüben« – sie zeigte dabei auf das nächste Dorf – »haben das Geleit überfallen und den jungen Mann mitgenommen. Wie sie sagten, war es ein guter Bekannter von ihnen, mag das nun wahr oder ein Vorwand gewesen sein. Vermutlich wütend über diese Nachricht, ließ Mitranes vor zwei Tagen seine Leute gegen das Dorf ausrücken. Die Dorfbewohner sind nun ein äußerst kriegerischer Menschenschlag, der vom Räuberhandwerk lebt, den Tod verachtet und schon von jeher viele Frauen, wie jetzt auch mich, um Männer und Söhne gebracht hat. Kaum hatten sie von dem geplanten Überfall Wind bekommen, als sie sich in einen Hinterhalt legten, den Gegnern auflauerten und über sie herfielen, wobei sich ein Teil von vorn, der andere überraschend von hinten aus dem Versteck mit Geschrei auf die überraschten Perser stürzte. Mitranes fiel kämpfend in der ersten Reihe. Mit ihm fanden fast alle anderen, umzingelt und ohne Möglichkeit zur Flucht, den Tod. Auch von den unsrigen fielen einige, und zu diesen wenigen gehört nach des Schicksals grausamem Willen auch mein Sohn. Ein Perserpfeil hat ihm, wie ihr seht, die Brust durchbohrt. Um ihn weine ich Unglückliche und vielleicht werde ich bald auch um den mir noch verbliebenen Sohn trauern, der gestern mit den anderen gegen die Stadt Memphis gezogen ist.«

Kalasiris erkundigte sich auch nach dem Anlaß dieses Unternehmens. Die alte Frau erzählte, was sie darüber von ihrem überlebenden Sohn erfahren hatte.

»Da sie Soldaten des Königs und einen Kommandanten getötet hatten, sahen unsere Leute ganz klar, die Sache werde unter diesen schwerwiegenden Umständen nicht so harmlos ablaufen, sondern ihnen die schwersten Gefahren bringen. Oroondates, der als Befehlshaber von Memphis über eine stattliche Truppenmacht verfügt, werde, sobald er Nachricht erhalten habe, unverzüglich aufbrechen, das Dorf umzingeln und durch die Niedermetzelung aller Bewohner Vergeltung üben. Da wagten sie ein gefährliches Spiel um das Ganze. Sie entschlossen sich, die eine kühne Tat durch eine noch verwegenere wettzumachen und durch einen unerwarteten Überfall den Absichten des Oroondates zuvorzukommen. Sie wollten ihn, falls sie ihn in Memphis anträfen, unschädlich machen oder, wenn er abwesend war – wie es hieß, war er zur Zeit durch einen Feldzug gegen Äthiopien beansprucht –, die von Verteidigern entblößte Stadt in ihre Hand zu bekommen suchen. Dadurch hoffen sie der augenblicklichen Gefahr zu entgehen und außerdem ihrem Führer Thyamis wieder zu der Priesterwürde zu verhelfen, die sein jüngerer Bruder widerrechtlich innehat. Mißlingt ihr Unternehmen, so wollen sie lieber im Kampf fallen als sich zwecklos ergeben und der persischen Grausamkeit und Willkür ausliefern. Doch wohin wollt ihr, Fremde?«

»In das Dorf«, erwiderte Kalasiris.

»Es wird nicht ungefährlich sein«, meinte sie, »euch zu so später Stunde und unbekannt wie ihr seid, unter die Zurückgebliebenen zu wagen.«

»Wenn du dich unser annimmst«, erklärte Kalasiris, »haben wir für unsere Sicherheit wohl nichts zu fürchten.«

»Ich habe jetzt keine Zeit«, wandte die Alte ein, »da ich noch nächtliche Totenopfer verrichten muß. Wenn es euch aber recht ist – und ihr werdet euch wohl oder übel damit abfinden müssen –, so geht hier, wo nicht soviel Tote liegen, etwas abseits und wartet, bis die Nacht vorüber ist. Sobald es Tag wird, werde ich mich eurer annehmen und für eure Sicherheit sorgen.«

Kalasiris teilte Chariklea mit, was die Alte gesagt hatte, indem er alles getreulich übersetzte. Sie entfernten sich ein Stück von dem Schlachtfeld und erreichten einen kleinen Hügel. Dort legte sich Kalasiris nieder, den Köcher als Kopfkissen benutzend, während Chariklea sich hinsetzte und den Beutel als Sitz verwandte.

Als der Mond aufging und alles mit seinem hellen Glanz beleuchtete – es war gerade die dritte Nacht nach Vollmond –, schlief Kalasiris schon, durch sein Alter und den Weg ermüdet. Chariklea, von ihren Sorgen wach gehalten, wurde Zeugin eines grausigen, ägyptischen Frauen aber durchaus vertrauten Schauspiels.

Die Alte, die sich ungestört und unbeobachtet glaubte, grub zuerst eine Vertiefung und setzte einen zu beiden Seiten aufgeschichteten Scheiterhaufen in Brand. Nachdem sie den Leichnam ihres Sohnes dazwischen gebettet hatte, nahm sie von einem abseitsstehenden Dreifuß einen Tonkrug mit Honig, einen anderen mit Milch und einen dritten mit Wein und goß eins nach dem anderen in die Erdmulde. Dann warf sie eine aus Teig gebackene Figur eines mit Lorbeer und Fenchel geschmückten Mannes in die Vertiefung. Schließlich ergriff sie ein Schwert, rief, wie vom Wahnsinn geschüttelt, mit wilden und fremdartigen Lauten den Mond an, brachte sich einen Schnitt am Arm bei und spritzte das Blut, das sie mit einem Lorbeerzweig auffing, über den Scheiterhaufen.

Nachdem sie noch eine Reihe anderer Zauberkünste vollführt hatte, beugte sie sich über den Leichnam ihres Sohnes, als flüstere sie ihm etwas ins Ohr, rief ihn wach und zwang ihn durch ihre Beschwörung, sich aufzurichten.

Chariklea, die schon die ersten Verrichtungen angstvoll beobachtet hatte, wurde vom Grauen gepackt. In ihrem Entsetzen über die seltsamen und ihr befremdlichen Vorgänge weckte sie Kalasiris, damit auch er sehe, was da vor sich ging.

So saßen sie beide im Dunkel, ohne gesehen zu werden, vermochten aber leicht zu beobachten, was sich im Scheine des Scheiterhaufens abspielte. Da sie nicht weit entfernt waren, konnten sie auch die Alte sprechen hören, wie sie nun mit lauter Stimme dem Toten Fragen stellte.

Sie wollte wissen, ob sein Bruder, ihr überlebender Sohn, wohlbehalten heimkehren werde.

Der Tote gab keine Antwort, sondern nickte nur, wobei er durch die Kopfbewegung die Alte im Zweifel ließ, ob sie auf Erfüllung ihrer Wünsche rechnen dürfe. Plötzlich brach er zusammen und blieb mit dem Gesicht auf der Erde liegen. Sie wendete den Leichnam wieder um, legte ihn auf den Rücken und ließ mit ihren Fragen nicht nach, sondern flüsterte ihm offenbar noch stärkeren Zwang ins Ohr. Das Schwert in der Hand, sprang sie zwischen Grab und Scheiterhaufen umher und brachte ihn erneut zum Erwachen. Als er sich aufgerichtet hatte, wiederholte sie ihre Fragen und zwang ihn, seine Voraussage nicht nur durch Zeichen, sondern mit klaren Worten kundzutun.

Während die Alte damit beschäftigt war, drang Chariklea in Kalasiris, näher heranzugehen und nach Theagenes zu fragen. Er lehnte es aber ab, mit dem Hinweis, schon der Anblick eines solchen Schauspiels sei Sünde und könne nur durch ihre Zwangslage entschuldigt werden. Es sei Priestern verboten, bei solchen Handlungen mitzuwirken oder auch nur zugegen zu sein. Sie suchten die Zukunft mittels vorschriftsmäßiger Opfer und frommer Gebete zu erfahren, im Gegensatz zu den Uneingeweihten, die sich mit Erde und Leibern von Toten abgäben wie die ägyptische Alte, die sie zufällig beobachten könnten.

Während er noch sprach, begann der Tote, als spräche er aus einem geschlossenen Gewölbe oder einer Felsenhöhle, in wilden, tiefen Tönen zu reden.

»Ich habe dich bisher geschont, meine Mutter«, sagte er, »und habe es ertragen, daß du dich gegen die menschliche Natur versündigst, in die Satzungen der Moiren gewaltsam einbrichst und durch Zauberformeln die Bezirke des Unberührbaren zu betreten wagst. Denn auch unter den Verblichenen wird soweit wie möglich die Ehrfurcht vor den Eltern beobachtet. Da du diese aber mit allen Mitteln untergräbst und zerstörst, da du dein ruchloses Treiben nicht nur begonnen hast, sondern bis zum Äußersten treibst, da du einen Leichnam nicht nur sich aufzurichten und dir zuzunicken, sondern sogar zu sprechen zwingst, da du dich nicht um meine Beerdigung kümmerst und nur darauf bedacht, dich meiner zu bedienen, mich hinderst, mich zu den anderen Seelen zu gesellen, so höre, was ich vorhin aus Schonung gegen dich auszusprechen mich scheute:

Weder wird dein Sohn lebend heimkehren, noch wirst du selbst dem Tode durch das Schwert entgehen. Du wirst vielmehr, nachdem du dich dein Leben lang mit so grauenvollen Dingen abgegeben hast, in allernächster Zukunft das gewaltsame Ende finden, das für deinesgleichen bestimmt ist. Obendrein hast du dich erdreistet, die unaussprechbaren Geheimnisse, die von Schweigen und Finsternis gehütet sind, nicht etwa nur für dich in der Einsamkeit zu entschleiern, du hast die

Schicksale der Toten auch noch vor Zeugen verraten, von denen einer ein Priester ist. Auch das wäre noch nicht das Schlimmste. Denn er ist ein weiser Mann, der diese Dinge unter dem Siegel des Schweigens für sich bewahren wird und überdies in der Gunst der Götter steht. Deshalb wird er auch seine Söhne, die mit dem Schwert in der Hand gegeneinander zum blutigen Zweikampf antreten, durch sein Erscheinen trennen und miteinander aussöhnen, sofern er sich beeilt. Das Schlimmere aber ist, daß sogar ein junges Mädchen alles, was mit mir geschieht, ansieht und anhört, ein armes, von Liebe gequältes Kind, das durch die ganze Welt irrt um des Geliebten willen, mit dem sie sich nach tausend Abenteuern und Gefahren weit an den Grenzen der Erde zu einem herrlichen und königlichen Leben vereinigen wird.«

Nach diesen Worten sank er in sich zusammen.

Die Alte, die durchaus begriffen hatte, daß die beiden Fremden die Zuschauer waren, wandte sich wie wahnsinnig mit dem Schwert in der Hand gegen sie und suchte sie überall um sich herum, weil sie glaubte, sie hätten sich bei den Toten versteckt. Sie war zum Äußersten entschlossen, wenn sie ihr vor die Augen kämen, weil sie heimtückischerweise durch ihr Zusehen den Zauber gestört hätten. Wie sie so in blinder Wut unter den Gefallenen suchte, übersah sie ein aufrechtstehendes Speerende und rannte es sich in den Leib.

So starb sie und erfüllte verdientermaßen und unverzüglich die Prophezeigung ihres Sohnes.

Siebtes Buch

Nachdem Kalasiris und Chariklea in einer so großen Gefahr gewesen waren, setzten sie schleunigst ihren Weg nach Memphis fort, um dem Schauplatz des schrecklichen Geschehens zu entfliehen und der Erfüllung der Prophezeiung entgegenzueilen.

Sie näherten sich der Stadt. Da trafen auch schon die beim Totenopfer gegebenen Voraussagen ein. Sobald Thyamis mit den Räubern von Bessa erschien, sperrten die Einwohner gerade noch die Tore, da ein Soldat des Mitranes, der dem

Blutbad von Bessa entronnen war und den Angriff vorausgesehen hatte, die Leute in der Stadt gewarnt hatte.

Thyamis ließ daraufhin an einem Abschnitt der Mauer seine Truppe die Waffen ablegen, damit sie sich von den Strapazen des Marsches erhole, und befaßte sich selbst mit einem Plan für die Belagerung.

Die Städter hatten anfänglich mit einem starken Angreifer gerechnet und Angst gehabt. Bald aber überzeugten sie sich von den Mauern aus von seiner geringen Stärke und begannen, die wenigen Bogenschützen und Reiter, die zum Schutze der Stadt zurückgeblieben waren, zusammenzuziehen und die übrigen Bürger, so gut es die Umstände erlaubten, zu bewaffnen, um den Feinden ein Gefecht zu liefern.

Da trat ihnen ein älterer, besonders angesehener Bürger entgegen und wies darauf hin, in Abwesenheit des Oroondates, der gegen die Äthiopier ausgerückt war, gehöre es sich, sich erst mit seiner Gattin Arsake ins Einvernehmen zu setzen, zumal da mit ihrer Zustimmung die in der Stadt verbliebenen Truppen sich leichter und bereitwilliger sammeln ließen. Man fand den Rat durchaus angebracht und begab sich schleunigst nach dem Palast, den die Statthalter in Abwesenheit des Großkönigs bewohnen.

Arsake war eine schöne Frau, von hohem Wuchs und lebhaftem Geist, dabei als Schwester des Großkönigs stolz auf ihre vornehme Abstammung. Im übrigen war ihr Lebenswandel nicht einwandfrei, sie schätzte unerlaubte Genüsse und überließ sich hemmungslos ihrer Sinnlichkeit. Auch war sie mitschuldig daran, daß Thyamis seinerzeit aus Memphis geflüchtet war. Denn als Kalasiris wegen der seine Söhne betreffenden göttlichen Prophezeiungen Memphis ganz unbemerkt verlassen hatte und verschollen war – er galt allgemein für tot – und als Thyamis als sein ältester Sohn zum Priester ernannt wurde und das feierliche Opfer seines Amtsantrittes vollzog, sah Arsake beim Betreten des Isistempels den bildschönen jungen Mann im Glanz seiner festlichen Kleidung, verschlang ihn mit begehrlichen Blicken und verriet ihm mit Zeichen ihre sündigen Wünsche. Thyamis, sittenstreng von Natur und durch Erziehung, schenkte ihr nicht die geringste Beachtung. Er war weit davon entfernt, ihr Verhalten richtig zu deuten, oder gab ihm, ganz von der heiligen Handlung in Anspruch genommen, einen harmlosen Sinn. Doch sein Bruder Petosiris, der schon längst eifersüchtig auf die Auszeichnung des Bruders mit dem Priesterrang war, hatte Arsakes Mienenspiel beobachtet und erkannte in ihrem sündigen Versuch eine gute Gelegenheit, seinen Bruder zu verleumden. Er ging heimlich zu Oroondates und entdeckte ihm nicht nur Arsakes Leidenschaft, sondern log noch Thyamis' Einverständnis mit ihr hinzu. Der Statthalter schenkte ihm auf Grund seines gegen Arsake schon bestehenden Verdachtes ohne weiteres Glauben. Doch unternahm er nichts gegen sie, teils weil ihm ein ausreichender Schuldbeweis fehlte, teils aus ängstlicher Rücksicht auf ihre königliche Verwandtschaft. Thyamis dagegen verfolgte er unaufhörlich mit offenen Todesdrohungen, bis er ihn zur Flucht gezwungen hatte, und übertrug Petosiris das Priesteramt.

Das war schon lange her. Jetzt, als die Menge vor ihrem Palast zusammenströmte, das Anrücken der Feinde, von denen sie bereits gehört hatte, meldete und um ihre Zustimmung zu einem gemeinsamen Unternehmen mit der in der Stadt verbliebenen Besatzung ersuchte, erklärte sie, nicht ohne weiteres ihre Einwilligung erteilen zu können, da man noch nicht wisse, wie stark, wer und woher die Gegner seien und was sie zu ihrem Unternehmen veranlasse. Erst müsse man die Mauern besetzen und sich von dort aus zusammen mit den andern ein genaues Bild davon machen, was zu tun möglich und zweckmäßig sei.

Man fand den Vorschlag ausgezeichnet und begab sich unverzüglich auf die Mauern. Arsake ließ droben ein Zelt aus Purpur und Goldbrokat aufstellen. Prachtvoll gekleidet, nahm sie auf einem erhöhten Sitze Platz, umgeben von ihrer in vergoldeten Waffen glänzenden Leibgarde. Sie ließ durch den Heroldstab zeigen, daß sie Friedensverhandlungen wünsche und lud die anerkannten Anführer des Feindes ein, sie möchten nahe an die Mauer herankommen.

Darauf erschienen, auf Wunsch ihrer Leute bewaffnet bis auf den Helm, Thyamis und Theagenes als Beauftragte unter der Mauer. Der Unterführer eröffnete sofort die Verhandlungen:

»Arsake, die Gemahlin des Oroondates, des ersten Statthalters, die Schwester des Großkönigs, laßt euch fragen, was ihr wollt, wer ihr seid und was euch zu diesem dreisten Überfall veranlaßt!«

Sie erwiderten, ihre Leute seien Bewohner von Bessa. Er, Thyamis selber, sei von seinem Bruder Petosiris und von Oroondates widerrechtlich und durch Umtriebe seines Priesteramtes beraubt worden, zu dem ihm die Bessäer jetzt wieder verhelfen wollten. Werde er wieder in seine Würde eingesetzt, so bleibe Frieden und die Bessäer würden, ohne jemand etwas zuleide zu tun, heimkehren. Andernfalls würden die Waffen entscheiden. Wenn sich Arsake bewußt werde, was sie ihrer Ehre schuldig sei, so müsse sie selbst die sich bietende Gelegenheit wahrnehmen und sich für die von Petosiris gegen sie erhobenen ruchlosen Verleumdungen rächen, durch die er sie bei Oroondates in den Verdacht verbrecherischer und schändlicher Leidenschaft gebracht und ihn zur Flucht aus seiner Vaterstadt gezwungen habe.

Die gesamte Bevölkerung von Memphis geriet daraufhin in größte Erregung. Sie hatten Thyamis erkannt. Der eigentliche Grund seiner überraschenden Flucht war ihnen damals unbekannt geblieben. Jetzt ahnten sie nach seinen Worten die wahren Zusammenhänge und glaubten an seine Aufrichtigkeit.

Erregter noch als alle anderen war Arsake. Ein wahrer Sturm von Empfindungen tobte in ihrer Brust. Einmal vergegenwärtigte sie sich in ihrer Wut auf Petosiris alles, was sich seinerzeit abgespielt hatte, und sann auf Rache. Dann geriet sie, bald Thyamis, bald wieder Theagenes anblickend, in einen Zwiespalt der Gefühle und wurde von doppelter Begierde hin und her gerissen, da ihre alte Leidenschaft für den einen von neuem aufflammte und die Liebe zu dem anderen sie noch heftiger ergriff. Ihre Unruhe blieb ihrer Umgebung nicht unbemerkt. Doch faßte sie sich nach einer Weile des Schweigens, wie man sich von einem Anfall erholt.

»Liebe Leute«, sprach sie, »ihr seid von Kampflust geradezu besessen, ihr Bessäer sowohl wie nicht minder ihr beide. Sympathische junge Männer und, wie ich weiß und auch der Augenschein es vermuten läßt, von vornehmer Abstammung, wollt ihr euch geradewegs und noch dazu für eine Räuberbande in offene Gefahr stürzen, ohne jede Aussicht, auch nur dem ersten Angriff standzuhalten, wenn es zum Kampfe käme. Denn trotz der Abwesenheit des Statthalters kann die königliche Macht nicht so schwach sein, um mit Hilfe der restlichen Besatzung euch nicht samt und sonders einzufangen. Doch darf die große Masse meiner Ansicht nach überhaupt nicht unter dieser Angelegenheit leiden. Es ist eine Auseinandersetzung zwischen Privatpersonen, die kein allgemeines öffentliches Interesse beansprucht. So müssen diese, meiner Meinung nach, unter sich die Sache austragen und die Entscheidung einem Gottesurteil überlassen. Es ist deshalb mein Wille und Befehl«, schloß sie, »daß alle übrigen Leute von Memphis und Bessa ruhig bleiben und sich jeder unbegründeten Kampfhandlung enthalten und daß nur die Bewerber um das Priesteramt sich einem Zweikampf unterwerfen. Dem Sieger wird die Priesterwürde als Preis zufallen.«

Alle Stadtbewohner riefen Beifall und gaben damit ihr Einverständnis mit diesem Vorschlag zu erkennen, hatten sie doch Petosiris im Verdacht hinterhältiger Absichten. Dann freute sich auch jeder, das Wagnis einer offenkundigen unmittelbaren Gefahr anderen überlassen zu können. Die Mehrzahl der Bessaleute war dagegen weder erbaut noch geneigt, ihren Führer allein der Gefahr auszusetzen. Thyamis mußte erst ihr Einverständnis gewinnen und ihnen die Unterlegenheit und mangelnde Kampferfahrung des Petosiris klarmachen und wie aussichtsreich der Kampf von vornherein für ihn stand. Dieser Gedanke leitete offenbar auch Arsake bei ihrem Vorschlag eines Zweikampfes. So konnte sie, ohne Verdacht zu erregen, ihre Absicht durchsetzen und sich auf geschickte Weise an Petosiris für die ihr zugefügte Kränkung rächen, indem sie ihm den weit überlegenen Thyamis gegenüberstellte.

Schneller als gesagt, wurde der Vorschlag in die Tat umgesetzt. Voll Eifer beeilte sich Thyamis, seinen Bruder herauszufordern und die noch fehlenden Waffen ordnungsgemäß und freudestrahlend anzulegen. Theagenes trieb ihn dabei an und war ihm behilflich, den goldglänzenden Helm mit dem großen Roßschweif aufzusetzen und die anderen Teile der Rüstung festzubinden. Petosiris mußte man gewaltsam und auf Arsakes ausdrücklichen Befehl unter Bitten und Jammern vor das Tor treiben und ihm trotz seinem Widerstreben die Waffen anlegen.

Als Thyamis ihn sah, wandte er sich an Theagenes.

»Siehst du, mein Freund, wie Petosiris vor Angst schlottert?«

»Ich sehe es«, erwiderte Theagenes. »Doch was hast du mit ihm vor? Schließlich steht dir nicht ein beliebiger Gegner, sondern dein Bruder gegenüber.«

»Du hast ganz recht«, antwortete Thyamis, »und denkst wie ich. Ich habe vor, wenn ein Gott es mir gewährt, ihn zu besiegen, aber nicht zu töten. Die Erbitterung über das, was ich durch ihn erlitten habe, soll mich nicht so weit hinreißen, daß ich mich mit Bruderblut beflecke und mit einem grausigen Mord am eigenen Bruder für die Vergangenheit Rache nehme und für die Zukunft eine angesehene Stellung erhalte.«

»Das sind Worte eines rechten Mannes«, sagte Theagenes, »der die Menschen kennt. Doch hast du mir noch etwas aufzutragen?«

»Der bevorstehende Kampf ist zwar keine große Sache«, erwiderte Thyamis, »aber im Menschenleben geschieht ja oft das Unwahrscheinlichste. Wenn ich also siege, sollst du zu mir in die Stadt kommen und alles mit mir teilen. Nimmt der Kampf einen unerwarteten Ausgang, so sollst du die Führung der Bessäer, die dich schon sehr gern mögen, übernehmen und so lange ein Räuberdasein führen, bis ein Gott deinem Schicksal eine glücklichere Wendung gibt.«

Sie umarmten einander herzlich unter Tränen. Dann setzte sich Theagenes hin, wie er war, um die Entwicklung der Dinge abzuwarten. Dabei gab er unbewußt Arsake Gelegenheit, sich an seinem Anblick zu weiden und ihre Leidenschaft einstweilen mit den Augen zu befriedigen.

Thyamis stürzte sich auf Petosiris. Dieser wartete den Angriff gar nicht erst ab, sondern riß bei der ersten Bewegung des Gegners in Richtung der Tore aus, um in die Stadt zu entkommen. Doch dieser Versuch mißglückte, da die Leute an den Toren ihm den Weg versperrten und das Volk von den Mauern ihnen zurief, ihn nirgends durchzulassen. So rannte er, was er konnte, rings um die Stadt und warf dabei seine Waffen fort. Hinter ihnen her lief Theagenes, aus Teilnahme am Schicksal des Thyamis und um sich nichts von den Ereignissen entgehen zu lassen. Er war unbewaffnet, damit niemand auf den Gedanken komme, er wolle Thyamis beistehen. An der Stelle der Mauer, an der er unter den Augen Arsakes gesessen, hatte er seinen Schild und Speer hingestellt und überließ diese statt seiner ihren Blicken, während er die beiden Läufer begleitete. Petosiris ließ sich nicht einholen, war aber auch nur wenig voraus und stets in Gefahr, von Thyamis eingeholt zu werden. Der Abstand war nur so groß, wie es zu erwarten war, weil Thyamis in voller Rüstung einen Unbewaffneten verfolgte.

So hatten sie einmal und noch ein zweites Mal die Stadtmauer umlaufen. Da nun, als die dritte Runde sich dem Ende näherte, zielte Thyamis mit dem Speer nach dem Rücken des Bruders und drohte, ihn zu töten, wenn er nicht stehen bleibe. In diesem Augenblick – die ganze Stadt verfolgte von den Mauern aus wie im Theater das Schauspiel – führte eine Gottheit oder der Zufall, der über den menschlichen Dingen waltet, eine überraschende Wendung herbei und ließ wie zur Steigerung in dem sich abspielenden Drama ein neues beginnen. Wie ein deus ex machina mußte gerade an diesem Tag und zu dieser Stunde Kalasiris als unglücklicher Zeuge des Kampfes seiner Söhne auf Leben und Tod erscheinen. Nachdem er so viel durchgemacht und alles versucht und freiwillige Verbannung und Irrfahrten im Auslande auf sich genommen hatte, um diesen entsetzlichen Anblick nicht zu erleben, zwang ihn nun doch das Verhängnis hierher, damit er mit eigenen Augen sehe, was ihm die Götter prophezeit hatten. Als er die beiden Gegner schon von weitem bei der Verfolgung sah, sagte ihm gleich das Orakel, das er so oft gehört hatte, dies seien seine Söhne. Um ihrem Zusammenstoß zuvorzukommen, zwang er sich über die Kräfte des Alters hinaus zu einem Gewaltlauf.

Als er sie eingeholt hatte, lief er dicht neben ihnen her und rief dabei immer wieder:

»Thyamis! Petosiris! Was wollt ihr? Was tut ihr, meine Kinder?«

Doch die erkannten ihren Vater nicht, weil er die elende Kleidung eines Bettlers trug und sie außerdem ganz mit ihrem Kampf beschäftigt waren. So liefen sie an ihm vorüber, im Glauben, er sei ein Landstreicher oder ein Irrer. Das Volk auf der Mauer wunderte sich teils über die Achtlosigkeit, mit der er sich zwischen die gezückten Schwerter warf, teils lachte es über sein sinnloses und tolles Verhalten. Wie der alte Mann nun merkte, daß die armselige Verkleidung sein Erkennen verhinderte, entledigte er sich der Lumpen, in die er sich vermummt hatte, löste sein lang herabfallendes Priesterhaar, warf das Bündel von der Schulter und den Stock aus der Hand und stand vor ihnen in seinem ehrwürdigen priesterlichen Ornat. Er sank in die Knie und streckte die Arme aus.

»Liebe Söhne«, rief er mit Tränen in den Augen, »ich bin Kalasiris, euer Vater! Laßt ab voneinander! Zügelt eure unselige Wut aus Achtung vor dem, der euch erzeugt hat und euch jetzt wieder gehört!«

Erschüttert und halb ohnmächtig sanken beide vor ihm nieder und, seine Knie umfassend, starrten sie ihn erst einmal an, um sich zu vergewissern, daß er wirklich ihr Vater sei. Als sie sicher waren, daß er kein Gespenst, sondern es wirklich war, überwältigte sie die Macht widerstreitender Empfindungen. Sie waren voll Freude, ihren Vater unverhofft am Leben zu sehen, sie empfanden Schmerz und Scham darüber, daß sie unter solchen Umständen von ihm überrascht wurden, und die Ungewißheit über die weitere Entwicklung der Dinge versetzte sie in Verwirrung.

Noch standen die Stadtbewohner staunend, unfähig etwas zu sagen oder zu tun, blickten starr wie Statuen auf das rätselhafte Schauspiel, das sie sich nicht erklären konnten, als eine neue Gestalt auf der Bühne erschien – Chariklea. Sie war Kalasiris gefolgt und hatte schon von weitem Theagenes erkannt. Denn das Auge der Liebe blickt scharf und vermag oft schon an einer Bewegung, an der Haltung, selbst aus der Ferne und von hinten die Ähnlichkeit zu erkennen. Von seinem Anblick betroffen, lief sie außer sich auf ihn zu. Sie warf die Arme um seinen Hals und hielt ihn unter Tränen und Schluchzen umschlungen. Er sah natürlich nur die absichtlich durch Schmutz entstellten, unkenntlich gemachten Züge und die alten zerrissenen Kleider und stieß sie von sich, da er sie für eine Bettlerin und richtige Landstreicherin hielt. Schließlich, als die lästige Person nicht von ihm abließ und ihm den Blick auf Kalasiris versperrte, versetzte er ihr sogar einen Schlag.

»Pythier«, flüsterte sie ihm zu, »denkst du nicht mehr an die Fackel?«

Das Wort traf Theagenes wie ein Pfeil und brachte ihm sofort das zwischen ihnen verabredete Stichwort in Erinnerung. Nun faßte er sie genau ins Auge, und ihr Blick leuchtete wie ein Sonnenstrahl, der durch die Wolken bricht. Er umarmte sie und hielt sie fest umschlungen. So spielte sich zuletzt an der Mauer, da, wo Arsake saß – zornig und voller Eifersucht hingen ihre Blicke an Chariklea –, eine wundervolle Szene ab.

Der unselige Bruderzwist fand sein Ende. Der Kampf, in dem man eine blutige Entscheidung erwartet hatte, nahm statt des tragischen einen glücklichen Ausgang. Der Vater, der gesehen hatte, wie seine Söhne im Zweikampf mit gezogenen Schwertern aufeinander losgingen und drauf und dran war, zu sehen, wie diese Söhne sich gegenseitig erschlugen, war der Vermittler ihrer Versöhnung geworden. Vergebens war er geflohen, um den Willen des Schicksals abzuwenden. Nun war er zu seinem Glück doch noch rechtzeitig gekommen, um das Verhängnis aufzuhalten. Die Kinder bekamen ihren Vater nach zehnjähriger Irrfahrt wieder, und wenn er schuld daran gewesen war, daß sie eben noch auf Tod und Leben um die Priesterwürde miteinander gestritten hatten, jetzt bekränzten und schmückten sie ihn mit den Zeichen eben dieses priesterlichen Amtes.

Die anziehendste Gruppe des Schauspiels aber war das Liebespaar, Theagenes und Chariklea, diese beiden jungen Menschen, die, schön und liebenswert, einander unverhofft wiedergefunden hatten und noch mehr als die anderen die Augen der Städter auf sich zogen. Alles strömte aus den Toren, jung und alt erfüllte das nahe Feld. Die jungen Leute, die kaum ins männliche Alter eingetreten waren, eilten zu Theagenes, die erwachsenen Männer in der Blüte der Jahre zu Thyamis, den sie von früher her kannten. Die jungen Mädchen der Stadt, die schon ans Heiraten denken konnten, umgaben Chariklea, die älteren Männer und alle Angehörigen des Priesterstandes umringten Kalasiris. Während sich so ohne Vorbereitung ein feierlicher Zug bildete, nahm Thyamis Abschied von den Bessäern, dankte ihnen für die ihm erwiesene Hilfsbereitschaft und versprach zum nächsten Vollmond jedem von ihnen zehn

Drachmen und hundert Rinder und für alle tausend Schafe. Dann bog er den Nacken unter des Vaters Arm, um dem alten Mann beim Gehen zu helfen und seine Schritte, die von der unerwarteten Freude leicht schwankten, zu stützen. Das gleiche tat Petosiris auf der anderen Seite, und so wurde der Alte beim Fackelschein unter lautem Beifall und Jubel in den Isistempel geleitet, unter den Klängen von Flöten und Pfeifen, die die fröhliche Jugend zum Tanz ermunterten.

Auch Arsake schloß sich von dem Festzug nicht aus. Sie folgte ihm und schritt, von ihrer glänzenden Leibwache umgeben, stolz einher. Mit Edelsteinen und Gold beladen, betrat sie den Isistempel, scheinbar aus dem gleichen Grund wie die übrige Stadt. In Wahrheit hingen ihre Augen nur an Theagenes, dessen Anblick sie mehr als alles andere erfüllte. Allerdings war ihre Freude nicht ungetrübt. Denn als Theagenes Chariklea am Arm führte und das sie umdrängende Volk abwehrte, drang der scharfe Stachel der Eifersucht in ihr Herz.

Kaum hatte Kalasiris den Tempel betreten, da warf er sich vor dem Standbild der Göttin nieder und verharrte ungewöhnlich lange in dieser Stellung. Es schien fast, als sei das Leben aus ihm gewichen. Zuletzt brachten ihn die Umstehenden wieder zu sich. Mühsam aufgerichtet, brachte er der Göttin Opfer und Gebete dar. Dann nahm er den Priesterkranz vom Haupt, setzte ihn Thyamis auf und verkündete dem anwesenden Volke, er sei zu alt und fühle sein nahes Ende. Auch gebühre das Zeichen der Priesterwürde nach dem Gesetz seinem älteren Sohne, dessen Erscheinung und Charakter ihn überdies zur Ausübung dieses hohen Amtes befähigten.

Das Volk gab durch laute Zurufe seinem Beifall Ausdruck. Kalasiris zog sich in den dem Oberpriester vorbehaltenen Tempelbezirk zurück und blieb dort mit seinen Söhnen und in Gesellschaft von Theagenes, während sich die übrigen nach Hause begaben. Mit ihnen entfernte sich, wenn auch nur zögernd, Arsake. Mehrmals machte sie halt, als müsse sie der Göttin nochmals ihre Ehrfurcht bezeigen. Schließlich ging sie, nicht ohne sich so lange wie möglich immer wieder nach Theagenes umzusehen.

In den königlichen Palast zurückgekehrt, begab sich Arsake sogleich in ihr Schlafgemach und warf sich, angekleidet wie sie war, aufs Bett, wo sie stumm liegen blieb. An sich schon zur Wollust geneigt, waren ihre Sinne durch den unwiderstehlichen Anblick des Theagenes, der sie mehr reizte als alles, was sie bisher gesehen hatte, bis zum äußersten aufgeregt. So verbrachte sie die ganze Nacht, warf sich von einer auf die andere Seite, stieß tiefe Seufzer aus, richtete sich auf, ließ sich gleich wieder auf das Lager fallen, riß sich einen Teil der Kleider vom Leibe und warf sich wieder zurück. Dann rief sie eine Zofe, ohne zu wissen wozu, und schickte sie wieder fort, ohne ihr einen Auftrag gegeben zu haben. Kurz – ihre Leidenschaft steigerte sich bis an die Grenzen des Wahnsinns. Endlich näherte sich ihr eine alte Frau, namens Kybele, eine Kammerfrau und vertraute Helferin bei ihren Liebesabenteuern. Ihr war nichts von den Vorgängen in Arsakes Schlafzimmer entgangen, dank dem Schein der Lampe, die gleichsam die Liebesflamme in Arsake mit entzündete.

»Was ist dir, liebe Herrin?« rief sie. »Welche neue Leidenschaft quält dich so? Wer hat durch seinen Anblick meiner Herrin die Ruhe geraubt? Wer ist so stolz und anmaßend, sich deiner Schönheit nicht zu unterwerfen und deine Liebe nicht für Seligkeit zu halten, sondern deinen Wink und Willen zu mißachten? Sprich nur, mein süßes Kind! Niemand besitzt solch ein diamanthartes Herz, daß er nicht meinem Liebeszauber unterläge. Sprich nur, und deine Sehnsucht soll nicht ungestillt bleiben. Du hast es, denk ich, schon oft durch die Tat erprobt.«

So schwatzte sie zu Füßen ihrer Herrin und suchte durch alle möglichen Schmeichelworte Arsake die Ursache ihres Liebesschmerzes zu entlocken.

»Es hat mich gepackt, Mütterchen«, stieß Arsake nach einer Weile hervor, »wie noch nie. So oft und wirksam du mir bei ähnlichem Kummer beigestanden hast, ich weiß nicht, ob du auch diesmal Glück haben wirst. Der Zusammenstoß vor den Mauern, zu dem es heute beinahe gekommen wäre und der so rasch beigelegt wurde, ist für alle unblutig verlaufen und hat mit einem Friedensschluß geendet. Nur für mich bedeutet er den Anfang eines wirklichen Kampfes, wobei ich nicht irgendwo äußerlich, sondern tief im Herzen verwundet wurde, als ich zu meinem Unglück den fremden jungen Mann sah, der beim Zweikampf neben Thyamis herlief. Du weißt schon, wen ich meine, Mütterchen. Seine Schönheit stach ja so sehr von der der anderen ab, daß sie auch einem einfachen Gemüt ohne Schönheitssinn nicht entgehen konnte, geschweige denn einer Kennerin wie dir. Nun weißt du, meine Liebe, welcher Pfeil mich getroffen hat. Es ist an dir, jedes Mittel, jeden Zauber, jede List zu versuchen, wenn dir daran liegt, daß deine Herrin noch am Leben bleibt. Denn ich kann nicht länger leben, wenn ich ihn nicht ganz bekomme.«

»Ich kenne den jungen Mann«, erwiderte die Alte. »Er ist breit an Brust und Schultern, trägt den Nacken aufrecht und frei und überragt alle andern um Haupteslänge. Sein Auge ist voll Feuer, blickt anziehend und trotzig zugleich. Der Lockenkopf jedenfalls, mit dem ersten blonden Flaum auf den Wangen, dem sich das fremde Mädchen, ein nicht unschönes, aber offenbar ziemlich dreistes Geschöpf, so stürmisch an den Hals warf und den sie nicht mehr losließ, den meinst du doch, Herrin?«

»Ja, Mütterchen«, antwortete Arsake. »Gut, daß du mich an die freche Person erinnerst, an dieses Frauenzimmer, das einem üblen Hause entlaufen ist, sich auf ihr bißchen zurechtgemachte Schönheit gewöhnlichster Art wunder was einbildet und doch im Besitz solch eines Geliebten so viel glücklicher ist als ich.«

Bei diesen Worten mußte die Alte doch ein leicht spöttisches Lächeln unterdrücken.

»Sei unbesorgt, Herrin«, sagte sie. »Bis heute mag sie dem jungen Mann schön vorgekommen sein. Wenn ich ihn erst mit dir und deinen Reizen bekanntgemacht habe, wird er Gold gegen Eisen eintauschen, wie man sagt, und seinem Liebchen, dieser Zierpuppe, die sich umsonst aufspielt, bald den Laufpaß geben.«

»Ach, wenn dir das gelänge, meine liebe Kybele, dann würdest du mich gleich von zwei Krankheiten heilen, von der Liebesleidenschaft, indem du sie befriedigst, und von der Eifersucht, von der du mich befreitest.«

»Ich will mein Möglichstes tun«, erwiderte die Alte, »du mußt dich aber zusammenreißen und darfst nicht gleich den Mut verlieren, es wird schon gut gehen!«

Mit diesen Worten nahm sie die Lampe, schloß die Tür des Schlafzimmers und entfernte sich.

Kaum brach der Morgen an, als sie in Begleitung eines königlichen Eunuchen und einer Dienerin, die ihr Opferkuchen und andere Opfergaben nachtrugen, zum Isistempel eilte. Am Eingangstor angekommen, erklärte sie, sie bringe der Göttin ein Opfer im Auftrag ihrer Herrin Arsake, die von Träumen beunruhigt sei und die böse Bedeutung dieser Traumgesichte abwenden wolle. Einer der Tempeldiener wies sie ab und schickte sie mit dem Bemerken fort, im Heiligtum herrsche tiefe Trauer. Kalasiris, der Oberpriester, habe am vergangenen Abend anläßlich seiner Rückkehr in die Heimat nach langer Abwesenheit mit seinen Freunden ein festliches Mahl gehalten und sich ganz heiter und aufgeräumt gezeigt. Nach dem Essen habe er der Göttin ein Opfer gebracht und lange zu ihr gebetet. Dann habe er seinen Söhnen gesagt, sie würden ihren Vater nicht mehr lange sehen, und habe ihnen ans Herz gelegt, für die beiden jungen Griechen, die mit ihm gekommen seien, aufs beste zu sorgen und ihnen bei der Erreichung ihrer Wünsche alle mögliche Hilfe zu leisten. Dann habe er sich zur Ruhe begeben. Sei es nun, daß das Übermaß der Freude die Atmungswege in ungewöhnlichem Maße erweitert und erschlafft und dadurch die Lebenskraft des alten Körpers in kurzer Zeit gebrochen habe, oder, daß die Götter seinem Gebete willfahrt hätten, jedenfalls hätten seine Söhne, die wegen seiner Vorhersage die ganze Nacht bei ihm geblieben waren, zur Stunde des Hahnenschreies seinen Tod festgestellt.

»Und jetzt haben wir herumgeschickt«, fuhr er fort, »um alle Priester und Gottesdiener der Stadt zusammenzuholen, damit sie nach altem, geheiligtem Brauch die Bestattung vollziehen. Ihr müßt euch also entfernen. Denn während der nächsten sieben Tage ist es nur Angehörigen des Priesterstandes erlaubt, Opfer zu bringen oder das Heiligtum auch nur zu betreten.«

»Wo werden die Fremden denn wohnen?« fragte Kybele.

»Thyamis, der neue Oberpriester«, erwiderte er, »hat angeordnet, daß ihnen in der Nähe außerhalb des Tempelbezirks eine Unterkunft beschafft wird. Siehst du, da kommen sie selbst schon, um den Vorschriften zu entsprechen und sich vorerst aus dem Tempel zu entfernen.«

Kybele benutzte den glücklichen Zufall, um sozusagen das Wild zu stellen.

»Würdiger Tempeldiener«, sagte sie, »da bietet sich eine Gelegenheit, den Fremden eine große Gefälligkeit zu erweisen, gleichzeitig aber auch uns und besonders der Schwester des Großkönigs, Arsake. Du weißt ja, wie griechenfreundlich sie ist und wie gastlich sie Ausländer bei sich aufnimmt. Sag ihnen also, daß sie gemäß der Anordnung des Thyamis in unserem Hause Wohnung nehmen können.«

Der Tempeldiener entsprach dem Wunsch, ohne Ahnung von Kybeles Hintergedanken, vielmehr in der Überzeugung, den Fremden einen guten Dienst zu erweisen, wenn er sie im Hause des Statthalters unterbringe, und gleichzeitig den Leuten im Palast einen harmlosen Gefallen zu tun, der niemand schaden konnte.

Als er Theagenes und seine Begleiterin mit Tränen in den Augen und niedergeschlagen herankommen sah, sprach er sie an.

»Das ist aber nicht recht von euch«, sagte er, »und entspricht, wie man euch schon gesagt hat, auch nicht unseren Gepflogenheiten, um einen Oberpriester zu weinen und zu trauern, den wir mit Freuden und Glückwünschen von hinnen schicken. Gibt uns doch das heilige Gotteswort die Gewißheit, daß er in eine bessere Welt eingegangen und unter höhere Wesen aufgenommen ist. Doch mag man euch dies verzeihen, da ihr in ihm, wie ihr sagt, einen Vater, euren Beschützer und die einzige Hoffnung verloren habt. Ihr braucht aber nicht ganz zu verzagen. Thyamis ist offenbar nicht nur im Priesteramt, sondern auch in der Gesinnung euch gegenüber sein Nachfolger geworden. Er hat als erstes Anweisung gegeben, für euch zu sorgen. Schon steht euch eine prächtige Wohnung zur Verfügung, wie sie sich wohlhabende Einheimische kaum zu wünschen wagen, geschweige denn Fremde, die sich überdies in nicht eben besonders günstigen Umständen befinden.«

Er wies auf Kybele. »Folgt dieser guten Alten, die ihr als eure Mutter ansehen könnt, und vertraut euch ihrer Fürsorge an.«

Theagenes und Chariklea gehorchten. Einerseits waren sie durch die vielen unerwarteten Schicksalsschläge abgestumpft, andererseits im Augenblick zufrieden, nur irgendwo Zuflucht und Unterkunft zu finden. Sie würden sich natürlich eines anderen bedacht haben, hätten sie alles Traurige und Schwere, alles Unheil, das sie in ihrer Wohnung erwartete, ahnen können. So aber hatte das Schicksal, das feindlich über ihnen waltete, ihnen nur wenige Stunden der Ruhe und flüchtigen Freude zugedacht. Schon wieder verhängte es neues Leid über sie und führte sie gleichsam als Gefesselte aus eignem Entschluß in die Hände ihrer Feindin und machte die nichtsahnenden und landesunkundigen jungen Leute unter dem Vorwand hochherziger Gastfreundschaft zu Gefangenen. So schlägt die Unkenntnis der Verhältnisse die in die Fremde Verschlagenen wie mit Blindheit.

Als sie den Palast betraten, dessen überladene und jedes Privathaus an Prunk überbietende Vorhöfe erfüllt waren von paradierenden Wachen und glänzender Dienerschaft, waren sie erstaunt und betreten, sich in einer Umgebung zu sehen, die so gar nicht zu ihrer gegenwärtigen Lage paßte. Doch folgten sie Kybele, die ihnen freundlich zusprach und sie ermunterte, sie in einem fort ›Kinderchen‹ und meine ›Lieben‹ nannte und ihnen die herzlichste Aufnahme in Aussicht stellte.

Als die Alte sie schließlich in ihre eigenen Wohnräume geführt hatte, ließ sie alle sich entfernen und nahm allein bei ihnen Platz.

»Liebe Kinder«, sagte sie, »ich weiß, weshalb ihr zur Zeit so niedergeschlagen seid. Der Tod des Oberpriesters Kalasiris, der euch wie ein Vater war, hat euch in tiefe Trauer versetzt. Es wäre nun in der Ordnung, wenn ihr mir sagtet, wer und woher ihr seid. Daß ihr Griechen seid, weiß ich schon, und daß ihr aus gutem Hause stammt, sieht man euch auf den ersten Blick an. Die edlen Züge, die stolze und doch liebenswürdige Haltung verraten eure Herkunft. Doch aus welcher Gegend Griechenlands, aus welcher Stadt ihr stammt, wer ihr seid und durch welche Abenteuer ihr hierher kamt, das möchte ich schon in eurem eigenen Interesse wissen, um meine Herrin Arsake, die Schwester des Großkönigs und Gemahlin des Oberstatthalters Oroondates, eine Freundin der Griechen, die feine Lebensart und Gastlichkeit schätzt, über eure Verhältnisse unterrichten zu können. Sie wird euch dann um so größere Achtung erweisen und gebührend ehren. Ihr sprecht übrigens mit einer Frau, die euch nicht ganz fern steht. Ich bin nämlich selbst griechischer Herkunft, aus der Stadt Lesbos. Als Kriegsgefangene bin ich hierher gekommen. Aber es geht mir hier viel besser als zu Hause. Denn ich bin meiner Gebieterin alles. Sie atmet gleichsam und sieht, sie denkt, hört, erlebt alles durch mich. Ich mache sie mit vortrefflichen Leuten bekannt und bin die Vertraute aller ihrer Herzensgeheimnisse.«

Theagenes brachte die Äußerung Kybeles mit dem gestrigen entsprechenden Verhalten Arsakes gegen ihn in Zusammenhang und dachte an die begehrlichen und vielsagenden Blicke, mit denen sie ihn dreist und unverwandt angestarrt hatte. Von alledem versprach er sich nichts Gutes. Schon war er im Begriff, der Alten zu antworten, als sich Chariklea zu seinem Ohr neigte und ihm zuflüsterte:

»Denk bei dem, was du sagen willst, an deine Schwester!«

Er verstand den Wink und erwiderte:

»Daß wir Griechen sind, Mütterchen, weißt du schon. Als Geschwister, deren Eltern von Räubern entführt waren, machten wir uns auf, sie zu suchen. Wir erlitten aber noch schlimmeres Unglück als sie selbst und fielen noch übleren Räubern in die Hände, verloren alles, was wir hatten – es war nicht wenig –, und kamen gerade noch mit dem Leben davon. Ein glückliches Geschick brachte uns mit dem edlen Kalasiris zusammen. So kamen wir hierher und hofften, unser Leben mit ihm teilen zu dürfen. Nun sind wir, wie du siehst, ganz allein und verlassen, da wir nach allem anderen auch noch den Mann verloren haben, der uns Vater sein sollte und auch war. So ist unsere Lage. Wir sind dir für die freundliche Begrüßung und gastliche Aufnahme herzlich dankbar. Du würdest uns aber noch mehr verpflichten, wolltest du uns allein und abgeschieden wohnen lassen und die in Aussicht gestellte Gunst der Bekanntschaft mit Arsake vorläufig aufschieben, anstatt uns arme, unglückliche Fremdlinge in eine Welt des Glücks und Glanzes einzuführen. Denn Bekanntschaft und Verkehr haben, wie du weißt, nur bei gleichen Voraussetzungen ihren Reiz.«

Bei diesen Worten konnte sich Kybele nicht verstellen, sondern verriet durch ihren heiteren Gesichtsausdruck ihre Freude darüber, daß die beiden Geschwister seien. Dadurch sah sie das Hindernis beseitigt, das in der Person Charikleas den Liebeserwartungen Arsakes im Wege gestanden hatte.

»Schöner junger Mann«, wandte sie sich an Theagenes, »so wirst du nicht über Arsake sprechen, wenn du diese Frau einmal kennenlernst. Sie gibt sich gleichmäßig freundlich, ohne Rücksicht auf die jeweiligen Verhältnisse. Und zu denen, die sich in ungünstigeren Umständen befinden, als sie es verdienen, pflegt sie ganz besonders liebenswürdig zu sein. Obwohl sie persischen Blutes ist, besitzt sie eine ausgesprochen griechische Gesinnung. Alles, was von Griechenland kommt, ist ihr sympathisch, und sie hat für griechisches Wesen und Lebensart eine wahre Leidenschaft. Seid also guten Mutes! Du wirst alles bekommen, was ein Mann an Annehmlichkeiten und Vorteilen verlangen kann. Und deine Schwester wird ihr eine liebe Freundin und Gesellschafterin sein. Doch welche Namen soll ich ihr melden?«

Als sie die Namen Theagenes und Chariklea gehört hatte, sagte sie: »Wartet hier auf mich« und lief zu Arsake, nachdem sie vorher ihrer Türhüterin – sie war gleichfalls eine alte Frau – eingeschärft hatte, wenn jemand komme, ihn unter keinen Umständen eintreten, aber auch die beiden jungen Leute nicht fortgehen zu lassen.

»Auch nicht, wenn dein Sohn Achämenes zurückkommen sollte?« fragte die Frau. »Gleich nachdem du zum Tempel gegangen warst, hat er das Haus verlassen. Er wollte seine Augen behandeln lassen. Du weißt ja, daß sie noch nicht ganz in Ordnung sind.«

»Auch ihn nicht«, erwiderte sie. »Schließ die Tür ab, steck den Schlüssel ein und sage, ich hätte ihn mitgenommen.«

Kaum war Kybele fort, da bot das Alleinsein Theagenes und Chariklea Gelegenheit, sich ihrem Schmerz zu überlassen und an ihre Lage zu denken, wobei sie ihren gleichen Gefühlen mit fast den gleichen Worten Ausdruck verliehen.

»Ach, Chariklea! Oh, mein Theagenes!« seufzten sie immer wieder. »Welches Schicksal hat uns wieder erfaßt?« rief er. »Was erwartet uns jetzt?« sagte sie. Dabei sanken sie sich an die

Brust und küßten sich unter Tränen. Schließlich richteten sie ihre Gedanken wieder auf Kalasiris und weihten ihm ihren Schmerz, namentlich Chariklea, die am längsten seine besondere Liebe und Fürsorge genossen hatte.

»Ach, bester Kalasiris!« schluchzte sie, »denn den teuren Namen Vater kann ich nun nicht mehr aussprechen, da das Schicksal mir offenbar nicht das Glück gönnt, irgendeinen Menschen Vater nennen zu dürfen. Meinen rechten Vater habe ich nie gekannt. Den, der mich aufzog, Charikles, habe ich verraten. Den, der nach ihm Vaterstelle einnahm, mich hegte und pflegte, habe ich jetzt verloren, und wegen seiner Priestereigenschaft darf ich nicht einmal an seiner Leiche schuldige Tränen vergießen. Doch sieh her, mein Beschützer und Retter und – füge ich hinzu – Vater, auch wenn es das Schicksal nicht haben will, ich will dir hier, wo ich es darf und so gut ich es vermag, eine Spende bringen mit meinen Tränen, ein Opfer mit meinen Locken.«

Dabei begann sie, sich Haupthaar auszureißen. Doch Theagenes tat ihr mit Bitten und Gewalt Einhalt.

»Was soll ich noch weiter leben?« fuhr sie fort zu klagen. »Welche Hoffnung bleibt mir noch? Er, der mein Führer in der Fremde war, mein Halt auf der Irrfahrt, der Weggefährte in die Heimat, der mir meine Eltern wiedergab, mein Trost im Unglück, Hilfe und Rettung in der Not, Anker in allen Fährnissen, Kalasiris ist nicht mehr und läßt uns wie ein unglückliches Gespann führerlos und ratlos zurück in dem fremden Land. Jeder Weg, sei es zu Wasser, sei es zu Lande, ist uns nun durch unsere Unkenntnis abgeschnitten. Sein edler und guter Geist, sein kluger, wahrlich vielseitiger Verstand ist uns genommen, den Erfolg seines edlen Wirkens hat er nicht mehr erlebt.«

Während sie so klagte und Theagenes bald in ihren Schmerz einstimmte, bald aus Rücksicht auf sie an sich hielt, kam Achämenes. Da er die Tür verschlossen fand, fragte er die Türhüterin, was das bedeute. Als er erfuhr, seine Mutter habe es getan, trat er neugierig näher heran. Da hörte er Chariklea klagen und sah durch das Schlüsselloch alles, was im Zimmer vorging. Er befragte die Türhüterin weiter, wer die beiden seien. Sie antwortete, sie wisse nur, daß es ein junges Mädchen und ein junger Mann seien, Fremde, wie sie vermute, die vorhin erst von seiner Mutter hergebracht worden seien. Er bückte sich noch einmal, um festzustellen, ob er die beiden erkennen könne. Chariklea war ihm gänzlich unbekannt. Er war hingerissen von ihrer Schönheit und dachte, wie schön sie erst ohne Tränen wirken müsse. So wuchs seine Bewunderung zu leidenschaftlichem Begehren. Theagenes dagegen erweckte in ihm eine dunkle und blasse Erinnerung, daß er ihn kenne.

Während Achämenes seine Beobachtungen anstellte, kam Kybele zurück. Sie hatte Arsake alles von den jungen Leuten erzählt, sie lebhaft zu diesem Zusammentreffen beglückwünscht, das ihr ganz von selbst mehr verschaffe, als sie durch tausend Überlegungen und Listen zu erreichen hätte hoffen dürfen: Sie hatte den Angebeteten bei sich im Hause und konnte ihn in aller Sicherheit sehen und von ihm gesehen werden. So blies sie noch in das Feuer. Nur mit Mühe konnte sie dann Arsake von ihrem Wunsche abbringen, Theagenes gleich jetzt zu sehen. Sie wollte nicht, daß sie sich dem jungen Manne mit blassem Gesicht und den von der schlaflosen Nacht geschwollenen Augen zeige, sondern erst, wenn sie einmal einen Tag geruht und ihre gewöhnliche Schönheit wiedergewonnen habe.

Nachdem sie so Arsake zugeredet und Hoffnung auf die Erfüllung ihrer Wünsche gemacht hatte, gab sie ihr noch gute Ratschläge, was sie am besten tun und wie sie den beiden Fremden begegnen müsse. Zurückgekehrt stieß sie auf ihren Sohn.

»Was hast du hier zu suchen, mein Sohn?« fragte sie.

»Wer sind die Fremden da drin«, erwiderte er, »und woher sind sie?«

»Das geht dich nichts an, mein Kind«, wies ihn Kybele zurecht. »Sei still und behalte, was du gesehen hast, schön für dich. Zu niemand ein Wort davon! Gib dich nicht weiter mit den Fremden ab. Unsere Herrin wünscht es so.«

Er folgte der Aufforderung seiner Mutter und ging. Er vermutete, daß es sich bei Theagenes um eines der üblichen Liebesabenteuer Arsakes handle.

»Ist das nicht der junge Mensch«, sagte er sich im Weggehen, »den mir neulich der Kommandant Mitranes übergab und den ich zu Oroondates bringen sollte, damit er zum Großkönig geschickt werde, den mir dann die Bessäer und Thyamis abnahmen, wobei ich um ein Haar das Leben einbüßte und von den Begleitmannschaften als einziger davonkam? Sollten mich meine Augen so trügen? Aber sie sind doch schon wieder fast heil, und ich sehe beinahe so gut wie vorher. Auch habe ich gehört, daß Thyamis gestern hier war und nach dem Zweikampf mit seinem Bruder das Priesteramt wieder bekommen hat. Also muß er es sein! Aber vorerst will ich nichts davon verlauten lassen, daß ich ihn wiedererkannt habe. Erst heißt es aufpassen, was unsere Gebieterin für Absichten mit den Fremden hat.« So sprach er zu sich.

Als Kybele bei den jungen Leuten eintrat, sah sie, daß sie geweint hatten. Sie nahmen sich zwar zusammen, als sie die Tür gehen hörten, und suchten ihre gewöhnliche Haltung und Miene anzunehmen, doch konnten sie die Tränen, die ihnen noch in den Augen standen, vor der Alten nicht verbergen.

»Liebe Kinder«, rief sie überschwenglich, »weshalb die unangebrachten Tränen, wo ihr allen Anlaß zur Freude habt, wo ihr euch zu eurem großen Glück gratulieren könnt! Bringt doch Arsake euch die herzlichsten Sympathien entgegen, wie ihr sie nur wünschen könnt, geruht euch morgen zu empfangen und hat bestimmt, daß ihr inzwischen aufs beste behandelt und bedient werdet. Laßt also das unnütze und einfach kindische Jammern. Faßt euch und seid vernünftig und fügt euch willig Arsakes Wünschen.«

»Mütterchen«, entgegnete Theagenes, »der Gedanke an Kalasiris' Tod hat uns so traurig gemacht, und der Verlust seines väterlichen Wohlwollens entlockte uns Tränen.«

»Ach, Unsinn«, rief sie. »Euer angeblicher Vater Kalasiris war ein alter Mann und hat dem Gesetz der Natur und Vergänglichkeit seinen Tribut gezahlt. Durch eine einzige Person hast du jetzt alles, Ansehen, Reichtum, Luxus, alles, was man sich in der Jugend wünschen kann, kurz, du kannst Arsake als dein Glück bezeichnen und anbeten. Nur hört auf mich, wie man vor sie hintreten und sie ansehen muß, wenn sie das gestattet, und wie ihr euch verhalten müßt, wenn sie einen Befehl ausspricht. Denn ihr stolzes und königliches Wesen, mußt du wissen, das durch ihre Jugend und Schönheit noch gesteigert ist, könnte es nicht ertragen, daß ihre Befehle nicht beachtet werden.«

Theagenes schwieg zu diesen Worten und dachte, welch unerfreuliche und bedrohliche Aussichten sie eröffneten.

Wenig später erschienen einige Eunuchen und brachten auf vergoldetem Geschirr angebliche Reste, in Wirklichkeit aber ausgesuchte Leckerbissen und Schlemmergerichte von der Statthaltertafel. Sie setzten sie mit den Worten vor: »Unsere Gebieterin erweist ihren Gästen vorerst zum Empfang eine Aufmerksamkeit«, und verschwanden sofort wieder. Von Kybele genötigt und um nicht unhöflich gegen die Gastgeberin zu erscheinen, kosteten sie etwas von den Speisen.

Am nächsten Tag, schon in früher Morgenstunde, erschienen dieselben Eunuchen bei Theagenes.

»Du bist zur Gebieterin gerufen, Glücklicher«, meldeten sie. »Wir haben den Befehl, dich vor ihre Augen zu führen. Komm also und genieße ein Glück, das sie nur wenigen und auch dann nur selten vergönnt.«

Nach kurzem Schweigen erhob er sich, es war aber, als raffe er sich gewaltsam auf.

»Lautet euer Auftrag dahin«, fragte er, »daß ich allein komme, oder soll meine Schwester mitgehen?«

»Du allein«, erwiderten sie. »Deine Begleiterin will Arsake getrennt empfangen, da gerade einige persische Würdenträger bei ihr sind und es überhaupt üblich ist, Männern und Frauen gesondert Audienz zu gewähren.«

Theagenes beugte sich zu Chariklea und flüsterte ihr zu: »Das ist weder schön noch unverdächtig.«

Sie entgegnete, er dürfe sich Arsakes Wünschen nicht widersetzen, sondern solle erst einmal mitgehen und sich bereit zeigen, auf alle ihre Absichten einzugehen.

Daraufhin folgte er seinen Führern. Auf ihre Belehrungen, wie er sich bei dem Empfang zu verhalten habe, wie er sie anreden müsse und daß das Zeremoniell verlange, beim Eintritt sich auf die Erde zu werfen, gab er überhaupt keine Antwort.

Beim Eintreten erblickte er sie auf einem erhöhten Sessel sitzend, in einem purpurnen, goldgestickten Kleide, im Glanze der Schmucksachen, das Hoheitszeichen der Tiara auf dem

Haupt, mit aller Kunst schön zurechtgemacht. Neben ihr stand die Leibwache. Zu beiden Seiten saßen hohe Würdenträger.

Theagenes zeigte keine Befangenheit. Vielmehr schien er die entgegenkommende Haltung, die er nach der Verabredung mit Chariklea hatte spielen wollen, ganz vergessen zu haben und begegnete dem großtuerischen persischen Schaugepränge mit betontem Stolz. Ohne sich zur Erde zu werfen oder auch die Knie zu beugen, sagte er aufrechten Hauptes: »Sei gegrüßt, Herrin aus königlichem Blut, Arsake.«

Ihre Umgebung war empört, daß Theagenes sich vor ihr nicht niedergeworfen hatte, und äußerte ihren Unwillen über den herausfordernden, frechen Menschen. Doch Arsake sprach lächelnd: »Haltet ihm zugute, daß er Ausländer und mit unseren Sitten nicht vertraut ist und als echter Grieche an der Überheblichkeit seines Volkes uns gegenüber leidet.«

Dabei nahm sie trotz dem Widerspruch ihrer Umgebung die Tiara vom Haupte – denn dies bedeutet die Erwiderung des Grußes bei den Persern – und entgegnete durch den Dolmetscher, da sie die griechische Sprache wohl verstand, aber nicht sprach:

»Sei willkommen, Fremdling, und äußere deine Wünsche. Sie sollen nicht unerfüllt bleiben.«

Dann gab sie den Eunuchen einen Wink und entließ Theagenes wieder. Leute der Leibwache begleiteten ihn. Bei dieser Gelegenheit sah Achämenes ihn erneut und erkannte ihn mit noch größerer Bestimmtheit wieder. Er war erstaunt über die außerordentliche Ehrung, die dem jungen Manne erwiesen wurde. Freilich konnte er sich den Grund zusammenreimen. Er schwieg und beschloß zu tun, was er sich vorgenommen hatte.

Arsake lud die persischen Würdenträger zu Tisch, scheinbar um sie wie üblich auszuzeichnen, in Wirklichkeit um den Tag ihrer Bekanntschaft mit Theagenes festlich zu begehen. Sie ließ den Fremden nicht nur wie gewöhnlich Gerichte von ihrer Tafel bringen, sondern auch einige Teppiche und gestickte Kissen, sidonische und lydische Handarbeiten. Ferner schickte sie für Chariklea ein Mädchen, für Theagenes einen jungen Mann zur Bedienung, beide Ionier in noch ganz jugendlichem

Alter. Immer wieder drängte sie Kybele, sich anzustrengen und so schnell wie möglich zum Ziel zu kommen – sie könne ihre Leidenschaft nicht länger zügeln. Dabei war die Alte an sich schon nicht müßig, sondern bearbeitete Theagenes nach allen Regeln der Kunst.

Sie enthüllte ihm die Wünsche Arsakes nicht offen und klar, sondern brachte sie ihm durch Umschreibungen und Andeutungen bei, indem sie das Wohlwollen ihrer Herrin für ihn betonte, ihm ihre Reize, und zwar nicht nur die sichtbaren, sondern bei passender Gelegenheit auch die unter der Hülle verborgenen vor Augen führte. Sie schilderte ihr liebenswürdiges und zugängliches Wesen und ihre Vorliebe für gut aussehende und kräftige junge Männer und beobachtete bei allen diesen Eröffnungen, ob er zur Liebe geneigt sei.

Theagenes zeigte sich über Arsakes Vorliebe für ihn wie über ihre griechenfreundliche Gesinnung gerührt und erkannte das alles dankbar an. Über ihre verführerischen Anträge ging er geflissentlich hinweg, als habe er sie überhaupt nicht verstanden. Die Alte war dem Ersticken nahe. Sie schluchzte, als sei sie ins Herz getroffen.

Dann begriff sie, daß er ihr Werben um ihn wohl verstanden hatte, die Versuchung aber keck zurückwies. Andrerseits konnte sie sich der Zudringlichkeit Arsakes kaum noch erwehren, die erklärte, sie könne es nun nicht mehr ertragen, und von ihr die Einlösung ihrer Versprechen verlangte. Kybele suchte bald mit dem, bald mit jenem Vorwand Zeit zu gewinnen. Das eine Mal sagte sie, der junge Mann habe den besten Willen, es fehle ihm aber an Mut, das andre Mal war eine plötzliche Unpäßlichkeit dazwischen gekommen.

So waren schon fünf oder sechs Tage verstrichen. Arsake hatte Chariklea bereits ein oder zweimal empfangen und Theagenes zuliebe besonders aufmerksam und freundlich behandelt. Da sah sich Kybele genötigt, mit dem jungen Manne deutlicher zu sprechen. Sie entdeckte ihm Arsakes Leidenschaft unverblümt und stellte ihm tausend Freuden in Aussicht, wenn er sich willfährig zeige.

»Was ist das für eine Schüchternheit«, bemerkte sie dabei, »was für eine Kälte! Solch ein hübscher und kräftiger junger Mann weist eine Frau zurück, die ebenso reizvoll wie verliebt in ihn ist, statt das einzigartige Glück anzunehmen. Dabei ist die Sache völlig ungefährlich. Der Gatte ist abwesend, und ich, ihre Amme und die Vertraute ihrer Herzensgeheimnisse, tue alles zu eurer Vereinigung. Nichts steht dir hindernd im Wege, keine Braut, keine Ehefrau, abgesehen davon, daß sich die meisten vernünftigen Männer auch darüber hinwegzusetzen pflegen, weil es ihren Frauen keinen Schaden tut und ihnen selbst Vorteil und Genuß verschafft.«

Zum Schluß flocht sie in ihre Rede noch ein paar Drohungen ein. »Zartfühlende, verliebte Frauen werden grausam und rachsüchtig, wenn sie sich verschmäht sehen, und üben, wie man es nicht anders erwarten kann, Vergeltung an denen, die sie verachten und beleidigen. Und dann denke daran, sie ist eine Perserin, sie ist königlichen Blutes – du selbst hast sie so angeredet –, es steht ganz in ihrem Belieben und in ihrer Macht, den Gefügigen auszuzeichnen, den Widerspenstigen zu züchtigen. Du bist ein Fremder, du stehst allein, und niemand ist da, der für dich eintritt. Nimm also Rücksicht auf dich selbst wie auf sie. Sie verdient es, da sie sich aus Liebe zu dir so vergessen hat. Nimm dich in acht vor dem Zorn verschmähter Liebe, hüte dich! Denn Hochmut kommt vor dem Fall. Ich kenne viele, denen es nachher leid getan hat. In Liebesdingen habe ich mehr Erfahrung als du. Dies graue Haar, das du vor dir siehst, hat schon allerlei auf diesem Gebiete erlebt. Aber einen so hartnäckigen und spröden Menschen habe ich noch nicht kennengelernt.«

Dann wandte sie sich an Chariklea, vor deren Ohren sie aus Not die Stirn hatte, so zu sprechen.

»Rede auch du, meine Tochter«, sagte sie, »deinem – wie bezeichne ich ihn am richtigsten – deinem Bruder vernünftig zu. Auch du wirst davon Vorteil haben. Du wirst nichts an Liebe verlieren, dafür an Wertschätzung gewinnen. Man wird dich mit Geld überschütten und dir zu einer glänzenden Heirat verhelfen. Das sind Dinge, um die sich schon Leute in günstigen Verhältnissen bemühen, geschweige denn Fremde, denen es jetzt an allem fehlt.«

Chariklea entgegnete ihr mit einem heißen Blick voll Bitterkeit und Ironie.

»Es wäre allerdings das Wünschenswerteste und Beste, die

gute Arsake wäre überhaupt nicht in diese Lage gekommen, und wenn es geschah, sie ertrüge ihren Schmerz mit Fassung. Da sie nun aber eine menschliche Schwachheit ankam und überwältigte, wie du sagst, und sie ihrer Leidenschaft nicht Herr wird, so möchte auch ich Theagenes den Rat geben, sie nicht schroff abzuweisen, wenn er selbst nichts zu befürchten hat. Er darf sie ebensowenig wie sich in Gefahr bringen, wenn etwa die Sache herauskommt und der Statthalter auf irgendeine Weise von den unerlaubten Beziehungen erfährt.«

Kybele sprang auf und umarmte und küßte Chariklea immer wieder.

»Wie schön von dir, mein Kind«, rief sie, »daß du Mitgefühl hast mit einer Unglücklichen, die ein Weib ist wie du selbst, und daß du auch um die Sicherheit deines Bruders besorgt bist. Doch seinetwegen brauchst du dir keine Sorgen zu machen. Selbst die Sonne wird, wie man sagt, nichts davon bemerken.«

»Laß es für jetzt gut sein«, unterbrach sie Theagenes, »und gib uns Zeit, mit uns ins reine zu kommen.«

Kybele entfernte sich unverzüglich.

»Ach, Theagenes«, sagte Chariklea, »das ist nun das Glück, das uns vom Schicksal zugedacht ist! Es ist mehr Unheil und Leid als das erhoffte Glück! Doch die Klugheit verlangt, auch Widrigkeiten zum Guten zu wenden, soweit es in unsrer Kraft steht. Hältst du es für richtig, bis zum Äußersten zu gehen, so will ich nichts dagegen sagen und würde, wenn unser Leben einzig und allein davon abhinge, keine Schwierigkeiten machen. Lehnst du aber, wie es richtig ist, ihre ungehörigen Zumutungen ab, so tu jedenfalls, als ob du ihr zu Willen sein wolltest. Gib der Leidenschaft der Barbarin durch Versprechungen Nahrung und halte sie hin. Damit nimmst du ihr die Möglichkeit, rücksichtslos mit uns zu verfahren, wie sie es kann. Vielleicht dämpfest und besänftigst du auch die Glut ihrer Leidenschaft durch Hoffnungen, die du ihr machst, und durch gute Worte. Inzwischen kann die Zeit mit dem Willen der Götter eine Wendung zum Guten herbeiführen, wenn dich, Theagenes, das Spiel mit der Sünde nur nicht verführt, sie wirklich zu begehen!«

Theagenes mußte lächeln.

»Also auch du bist, wenn es drauf ankommt«, erwiderte er,

»nicht gefeit gegen die angeborene Krankheit der Frau, gegen die Eifersucht. Du sollst wissen, daß ich so etwas nicht einmal vortäuschen kann. Es ist gleich schändlich, das Schlechte zu begehen, wie es auszusprechen. Wenn man Arsake glattweg die Hoffnung nimmt, hat das den Vorteil, daß sie uns nicht mehr belästigt. Muß ich aber dafür büßen, so hat mich das Schicksal und die Erfahrung schon genug darauf vorbereitet, was kommt, zu ertragen.«

»Paß auf«, gab Chariklea zur Antwort, »daß du uns nicht in großes Unglück stürzest.«

Dann schwieg sie.

Während beide noch hin und her überlegten, hatte Kybele der Arsake wieder Mut gemacht und ihr gesagt, sie dürfe sich den schönsten Erwartungen hingeben, Theagenes habe sich in diesem Sinne geäußert.

Sie kehrte in ihre Wohnung zurück. Den Abend ließ sie verstreichen, in der Nacht aber beschwor sie Chariklea, die mit ihr vom ersten Tage an das Schlafzimmer teilte, ihr beizustehen. Am anderen Morgen fragte sie Theagenes, wie er sich entschieden habe. Als er schlankweg ablehnte und keinen Schimmer von Hoffnung ließ, lief Kybele besorgt zu Arsake. Als sie ihr die bittere Nachricht brachte, ließ Arsake die Alte gewaltsam entfernen, rannte in ihr Schlafzimmer und warf sich voll Verzweiflung auf ihr Bett.

Als Kybele aus dem Frauengemach stürzte, begegnete ihr Achämenes. Er sah ihren Kummer und ihre Tränen und fragte: »Ist etwas Besonderes, gar ein Unglück geschehen, Mutter? Hat die Herrin eine schlimme Nachricht erhalten? Etwa aus dem Feld? Machen die Äthiopier unserem Statthalter Oroondates im Kriege zu schaffen?«

Er stellte noch eine Menge ähnlicher Fragen.

»Unsinn«, sagte sie und lief an ihm vorbei. Aber er ließ nicht locker, holte sie ein, faßte ihre Hände, küßte sie und bat, ihn als ihren Sohn doch wissen zu lassen, was sie bedrücke.

Sie nahm ihn mit sich und führte ihn an eine abgelegene Stelle des Gartens.

»Keinem anderen würde ich mein und meiner Herrin Leid anvertrauen«, sagte sie. »Da sie aber ganz außer sich ist und es auch für mich auf Leben und Tod geht – denn sie wird bestimmt ihre Wut und Verzweiflung an mir auslassen –, so muß ich reden. Vielleicht daß du für deine Mutter, die dir das Leben gegeben und dich an dieser Brust genährt hat, Hilfe weißt. Die Herrin liebt den jungen Mann, der bei uns wohnt, aber es ist keine erträgliche Liebe gewöhnlicher Art, sondern hemmungslose Leidenschaft. Ich und sie haben bisher gehofft, ihr Befriedigung zu verschaffen. Alles umsonst. Darum die vielen Freundlichkeiten und Gefälligkeiten für die beiden Fremden. Da nun der junge Mensch aus Dummheit, Eigensinn und Hochmut nein sagt, so wird sie es nicht überleben und auch mich umbringen, weil ich sie mit Versprechungen getröstet und betrogen habe. So stehen die Dinge, mein Sohn. Wenn du einen Ausweg weißt, hilf mir. Wenn nicht, so mach dich darauf gefaßt, deine Mutter zu beerdigen.«

»Kann ich auf eine Belohnung rechnen, Mutter?« fragte er. »Dir gegenüber brauche ich keine Umstände zu machen. Wenn ich dir Hilfe verspreche, so sind jetzt, wo ich dich so in Angst und Verzweiflung sehe, keine langen Umschweife mit viel Worten am Platz.«

»Erwarte alles, was du wünschest«, erwiderte Kybele. »Zum ersten Mundschenk hat sie dich mir zuliebe schon gemacht. Wenn du eine noch höhere Auszeichnung verlangst, so brauchst du es nur zu sagen. Das Geld wirst du nicht zählen können, das du bekommst, wenn du die Unglückliche rettest.«

»Längst habe ich dies alles vermutet, Mutter«, entgegnete er, »und nur schweigend abgewartet, worauf es hinauslaufen würde. Aber nicht auf Titel und Geld lege ich Wert, sondern auf das Mädchen, die angebliche Schwester des Theagenes. Wenn ich sie zur Frau bekomme, dann sollen alle Wünsche Arsakes erfüllt werden. Ich liebe das Mädchen rasend, liebe Mutter. Da die Herrin ja aus eigener Erfahrung weiß, was es mit dem Liebesschmerz auf sich hat, so wird sie für einen Leidensgefährten, der ihr überdies Erfolg verheißt, das rechte Verständnis haben.«

»Daran brauchst du nicht zu zweifeln!« erwiderte Kybele. »Die Herrin wird dir als ihrem Helfer und Retter unbedingt den Lohn gewähren. Im übrigen werden wir das Mädchen vielleicht schon unter uns überreden. Aber sag mir nur, wie willst du der Herrin helfen?«

»Nicht eher«, antwortete er, »als bis sie mir ein eidliches Versprechen gegeben hat. Vorerst unternimm nichts bei dem Mädchen. Ich sehe, daß auch sie ihren Stolz hat. Sonst verdirbst du die Sache nur.«

»Es soll alles geschehen«, sagte sie, rannte zu Arsake ins Schlafzimmer und warf sich vor ihr nieder.

»Freue dich nur!« rief sie. »Alles wird gut werden mit der Götter Hilfe. Laß nur meinen Sohn Achämenes eintreten.«

»Er soll kommen«, sagte Arsake, »wenn du mich nicht wieder betrügen willst.«

Achämenes trat ein. Nachdem die Alte alles auseinandergesetzt hatte, versprach ihm Arsake unter Eid, seine Heirat mit der Schwester des Theagenes zustande zu bringen.

»Herrin«, erklärte Achämenes, »da Theagenes dein Sklave ist, soll er nicht weiter seiner eignen Herrin gegenüber den Spröden spielen!«

Auf ihre Frage, wie er das meine, erzählte er alles: wie Theagenes durch Kriegsrecht Gefangener wurde, wie Mitranes ihn an Oroondates zwecks Weiterleitung an den Großkönig geschickt habe, wie er selbst die Überführung übernommen, ihn aber durch einen verwegenen Überfall der Bessäer unter Thyamis verloren habe und sich selbst gerade noch habe retten können. Schließlich wies er Arsake noch das bereitgehaltene Schreiben des Mitranes an Oroondates vor, mit dem Bemerken, wenn es noch weiterer Beweise bedürfe, so habe er auch Thyamis zum Zeugen.

Diese Enthüllungen ließen Arsake aufatmen. Ohne lange zu warten, verließ sie das Schlafzimmer, begab sich in ihren Audienzsaal und ließ Theagenes vorführen. Als er erschien, fragte sie ihn, ob er Achämenes kenne. Dabei zeigte sie auf den neben ihr Stehenden. Als er es bejahte, fragte sie weiter:

»Hat er dich nicht als Kriegsgefangenen übernommen, um dich hierher zu bringen?«

Auch das mußte Theagenes bejahen, worauf sie fortfuhr:

»Dann weißt du also auch, daß du mein Sklave bist. Du hast demnach Sklavendienste zu tun und meinen Befehlen zu gehorchen, auch wenn es dir nicht paßt. Deine Schwester bestimme ich dem Achämenes zur Frau. Er nimmt den ersten Rang an meinem Hof ein, einmal seiner Mutter wegen und dann, weil ich ihn für seine eigene Treue gegen mich belohnen will. Mit der Hochzeit soll man so lange warten, bis ein geeigneter Tag bestimmt und ein glanzvolles Fest vorbereitet ist.«

Diese Erklärung traf Theagenes wie ein Dolchstoß. Doch er hielt es für klug, keinen Widerstand zu leisten, sondern sozusagen dem Angriff der wilden Bestie auszuweichen.

»Herrin«, erwiderte er, »den Göttern sei Dank, daß wir, die wir aus gutem Hause sind, bei all unserem Mißgeschick wenigstens das Glück haben, nicht anderer Leute, sondern deine Sklaven zu sein, die du uns, obwohl wir hier fremd und unbekannt sind, so freundlich und gütig behandelt hast. Was meine Schwester angeht – sie ist übrigens keine Gefangene und kann folglich auch keine Sklavin sein, wird dir aber gerne dienen und die Stellung einnehmen, die du für gut findest –, so überlege und mach mit ihr, was du für richtig hältst.«

»Er soll unter die Tafeldienerschaft eingereiht werden«, bestimmte sie weiter, »und Achämenes soll ihn als Mundschenk unterweisen, damit er sich schon jetzt an den königlichen Dienst gewöhnt.«

Die beiden jungen Männer gingen hinaus. Theagenes, bedrückt und nachdenklich, überlegte, was er tun solle, während Achämenes höhnisch lachte und sich über ihn lustig machte.

»Der eingebildete, hochmütige Jüngling«, sagte er, »der eben noch den Kopf so hoch trug, als wäre nur er ein freier Mann, der es nicht fertig brachte, ihn zur ehrfurchtsvollen Begrüßung zu beugen! Jetzt wirst du dich wohl dazu herablassen, oder willst du dich lieber durch Schläge dazu erziehen lassen, dich krumm zu machen?«

Arsake entließ inzwischen ihre Umgebung und blieb mit Kybele allein.

»Also, beste Kybele«, sagte sie, »jetzt gibt es keine Ausrede mehr! Geh zu dem Starrkopf und sag ihm, wenn er gehorchen und sich meinen Wünschen fügen will, so soll er die Freiheit erhalten und ein herrliches Leben führen. Beharrt er dagegen auf seinem Eigensinn, so soll er eine verschmähte Liebende und eine aufgebrachte Herrin kennenlernen. Dann wird er die härteste und erniedrigendste Sklaverei und jede Art von Strafen zu kosten haben.«

Kybele richtete den Auftrag Arsakes aus, wobei sie von sich aus noch allerhand Zusätze machte, die ihr zweckmäßig schienen, um ihn zu einem Entschluß zu bringen. Theagenes bat sie, noch etwas zu bleiben, und nahm Chariklea beiseite.

»Es ist zu Ende mit uns, Chariklea«, rief er aus. »Alle Stricke sind gerissen, wie man sagt, jeder Hoffnungsanker ist uns zerschlagen. Nicht einmal dem Namen nach ist uns Unglücklichen die Freiheit geblieben. Wir sind wieder Sklaven geworden.« Er erklärte ihr die näheren Umstände. »Wir sind von nun an der Willkür dieser Barbaren ausgeliefert, wir müssen uns ihrem Willen fügen oder wir gehören zu den Verdammten. Das mag noch zu ertragen sein«, fuhr er fort, »das Bitterste aber ist, daß Arsake dich Achämenes, dem Sohne Kybeles, zur Frau versprochen hat. Daß es dazu nicht kommen wird oder daß ich es nicht erleben werde, wenn es geschieht, ist allerdings sicher, solange noch ein Schwert da ist oder eine andere Waffe, um es zu verhindern. Doch was kann man tun oder was für eine List kann man ausfindig machen, um meine Vereinigung mit Arsake und deine schändliche Verkuppelung an Achämenes zu verhindern?«

»Ich weiß nur ein Mittel«, entgegnete ihm Chariklea, »wenn du zu dem ersten deine Einwilligung gibst, so kannst du verhindern, daß der andere Fall, der mich betrifft, eintritt.«

»Kein Wort darüber!« rief er. »Soweit soll die Macht des Dämons, der über uns waltet, nicht reichen, daß ich, der ich Chariklea nicht berührt habe, mich durch sträflichen Umgang mit einer anderen Frau beschmutze. Doch da fällt mir etwas andres ein, was helfen kann. Die Not macht offenbar erfinderisch.«

Er ging wieder zu Kybele. »Teile deiner Herrin mit«, sagte er, »daß ich sie allein und ohne Zeugen sprechen möchte.«

»Jetzt ist es so weit«, dachte die Alte, »jetzt ist er klein geworden.« Sie hinterbrachte es gleich Arsake und erhielt den Auftrag, den jungen Mann nach dem Abendessen zu ihr zu bringen. Das tat sie. Sie befahl der Dienerschaft, die Herrin nicht zu stören und auch in den Nachbarräumen vollkommene Ruhe zu wahren. Dann führte sie Theagenes hin. Alle übrigen

Zimmer lagen im Dunkel – niemand konnte sie sehen –, nur in dem Schlafgemach brannte eine Lampe. Als sie ihn hereingeführt hatte, wollte sie sich zurückziehen, doch Theagenes hielt sie fest.

»Gestatte, Herrin«, bat er, »daß Kybele einen Augenblick dableibt. Ich weiß ja, daß sie eine zuverlässige Hüterin deiner Geheimnisse ist.«

»Meine Gebieterin«, fuhr er fort, »nicht aus Trotz gegen deinen Willen habe ich es bisher hinausgeschoben, deinen Befehl auszuführen, sondern aus Sorge, auch ganz sicher zu gehen. Jetzt, wo mich das Schicksal zum Glück noch zu deinem Sklaven gemacht hat, bin ich mehr als je bereit, mich ganz deinen Wünschen zu fügen. Nur eine einzige Gnade gewähre mir, nachdem du mir so viel Schönes versprochen hast. Mache die Verlobung des Achämenes mit Chariklea rückgängig! Von allem anderen zu schweigen, widerspricht es allen guten Sitten, ein vornehmes junges Mädchen mit einem gewöhnlichen Sklaven zu verheiraten. Andernfalls – das schwöre ich dir beim herrlichsten aller Götter, Helios, und bei den anderen Göttern – werde ich unter keinen Umständen deinen Wünschen willfahren. Und wenn Chariklea irgendwie Gewalt geschieht, wirst du mich von eigener Hand sterben sehen.«

»Sei versichert«, erwiderte Arsake, »daß ich dir jeden Gefallen tun werde, wo ich doch bereit bin, mich dir selbst zu schenken. Doch bin ich jetzt gebunden, ich habe mich durch einen Eid verpflichtet, deine Schwester dem Achämenes zu geben.«

»Gut, meine Herrin«, entgegnete er. »Gib ihm meine Schwester – wenn ich eine habe! Meine Verlobte, meine Braut, ja ich muß sagen meine Gattin – das wirst du nicht wollen. Ganz gewiß nicht, und auch wenn du wolltest, wirst du sie ihm nicht geben!«

»Was willst du damit sagen?« rief sie.

»Die Wahrheit«, antwortete er. »Chariklea ist nicht meine Schwester, sondern meine Braut. Damit bist du deines Eides entbunden. Wenn du noch einen anderen Beweis haben willst, so steht es dir frei, ihre Verheiratung mit mir anzuordnen.«

Arsake nahm die schmerzliche Eröffnung, daß Chariklea

seine Verlobte und nicht seine Schwester sei, nicht ohne leidenschaftliche Eifersucht auf, doch sagte sie nur:

»Also meinetwegen. So wollen wir Achämenes durch eine andere Heirat trösten.«

»Dann bin ich gleichfalls einverstanden«, erwiderte er, »wenn diese Angelegenheit in Ordnung gekommen ist.«

Er trat auf sie zu, um ihre Hände zu küssen. Sie bückte sich, bot ihm statt der Hände die Lippen und küßte ihn auf den Mund.

Theagenes entfernte sich, nachdem er den Kuß empfangen hatte, ohne ihn erwidert zu haben, und erzählte bei der ersten Gelegenheit alles Chariklea. Sie hörte manches nicht ohne Eifersucht. Aber er setzte ihr die Gründe auseinander, aus denen er Arsake seine befremdliche Zusage gemacht habe, und wie auf diese Weise mit einem Schlag allerlei gewonnen sei.

»Achämenes ist ein Strich durch seine Heiratspläne gemacht«, sagte er, »und gegenüber Arsakes Drängen ist fürs erste ein Vorwand gefunden, um sie weiter zu vertrösten. Die Hauptsache ist nach meiner Meinung, daß Achämenes großen Lärm schlagen wird, aus Wut über seine enttäuschten Erwartungen und aus Ärger darüber, daß ich ihn in Arsakes Gunst verdrängt habe. Es wird ihm ja nichts unbekannt bleiben, seine Mutter wird ihm alles erzählen. Auf ihre Anwesenheit bei der Aussprache habe ich absichtlich gedrungen. Denn ich wollte, daß sie ihrem Sohn alles wiedersagt. Auch sollte ein Zeuge dafür vorhanden sein, daß es bei meinem Zusammensein mit Arsake nur bei Worten geblieben ist. Es ist vielleicht schon genug, wenn man sich keiner Schlechtigkeit bewußt ist und auf die Hilfe der höheren Mächte vertraut. Doch ist es ganz gut, wenn man die Menschen, mit denen man zu tun hat, auch davon überzeugt und dieses vergängliche Leben in aller Offenheit lebt.«

»Man kann wohl damit rechnen«, setzte er hinzu, »daß Achämenes der Arsake einen Streich spielen wird. Schon als Sklave von Geburt – Untergeordnete stehen ja gewöhnlich in Opposition gegen ihren Herrn –, dann weil er sich mit dem Eid hintergangen und auf die Seite geschoben fühlt. Ferner ist er verliebt und muß nun hören, daß ihm andere vorgezogen werden. Schließlich weiß er genau um alle ihre Sünden und

Schandtaten. So hat er es nicht erst nötig, wozu sich sonst manche in ihrer Verbitterung hinreißen lassen, üble Nachreden gegen sie zu erfinden, sondern braucht sich zur Befriedigung seiner Rache nur an die Tatsachen zu halten.«

So brachte er vieles vor und versuchte, Chariklea einigermaßen Mut zu machen. Am anderen Tage wurde er von Achämenes abgeholt, um gemäß Arsakes Befehl sie an der Tafel zu bedienen. Sie hatte ihm eine besonders kostbare persische Bekleidung geschickt. Er zog sie an und ließ sich halb gezwungen die goldenen Ketten und den juwelenbesetzten Halsschmuck umlegen.

Als ihm Achämenes eine seiner Pflichten als Mundschenk erklären und zeigen wollte, ging er rasch zu einem der Anrichtetische, auf denen die Trinkgefäße standen, und nahm eine von den kostbaren Schalen.

»Ich brauche keinen Unterricht«, sagte er, »sondern werde die Herrin auf meine Weise bedienen. Von einer so einfachen Sache braucht man nicht viel Aufhebens zu machen. Dich, mein Lieber, zwingt deine Stellung, diese Dinge zu lernen. Mich lehren Takt und Umstände, was ich zu tun habe.«

Damit reichte er, nachdem er den Wein richtig gemischt hatte, Arsake die Schale, die er gewandt auf den Fingerspitzen darbot.

Der Wein berauschte sie noch stärker; während sie ihn schlürfte, starrte sie Theagenes unverwandt an. Sie trank Wein und Liebe. Sie leerte die Schale nicht ganz, sondern ließ mit Bedacht einen kleinen Rest darin, als wollte sie sagen: Das trinke ich dir zu. Dieser Vorgang versetzte Achämenes einen neuen Stich und steigerte seine Wut und Eifersucht. Auch Arsake konnte es nicht entgehen, wie er den Anwesenden hämische Blicke und Bemerkungen zuwarf.

Als die Tafel aufgehoben wurde, wandte sich Theagenes an Arsake.

»Ich bitte dich um eine erste Gefälligkeit, Herrin«, sagte er. »Erlaube, daß ich diese Kleidung nur tragen muß, wenn ich dich bediene.«

Sie nickte zustimmend, und er entfernte sich, um seine gewöhnliche Kleidung anzuziehen.

Achämenes begleitete ihn, wobei er ihm wegen seiner Aufdringlichkeit Vorwürfe machte und ihm vorstellte, wie töricht diese Dreistigkeit sei. Die Herrin habe dies erste Mal mit Rücksicht auf seine Unerfahrenheit als Ausländer noch ein Auge zugedrückt. Wenn er aber diese Nichtachtung auch weiterhin so offen zeige, werde er es bald bereuen. »Ich gebe dir diesen Rat in aller Freundschaft, um so mehr, als ich demnächst verwandtschaftlich mit dir verbunden bin, als dein Schwager, wie die Herrin mir versprochen hat.«

In dieser Weise schwatzte er noch weiter, während Theagenes, ohne hinzuhören, in Gedanken versunken, neben ihm herging, bis sie Kybele begegneten, die auf dem Wege zu ihrer Herrin war, um sie zur Mittagsruhe zu betten.

Als sie die Verstimmung ihres Sohnes bemerkte, wollte sie den Grund wissen.

»Der junge Ausländer gilt mehr als ich«, sagte er. »Gestern erst hat er sich hier eingedrängt, jetzt ist er schon Mundschenk. Ohne sich um mich als Obertafelmeister und Oberweinschenk zu scheren, reicht er die Trinkschale und pflanzt sich neben ihrer Königlichen Hoheit auf, so daß ich meinen Posten nur noch dem Namen nach einnehme. Aber daß er derart und noch auffallender ausgezeichnet und ins allerintimste Vertrauen gezogen wird, nur weil ich törichterweise schweigend mitmache, das ist, so schlimm es ist, noch nicht das Schlimmste. Das könnte sich wenigstens abspielen, ohne daß unsereiner, der bei diesen schönen Dingen mitmacht und mithilft, vor den Kopf gestoßen wird. Doch davon ein andermal. Jetzt, liebe Mutter, brenne ich darauf, meine Braut zu sehen, meine reizende Chariklea. Vielleicht vertreibt mir ihr Anblick die schlechte Laune.«

»Was für eine Braut, mein Sohn?« fragte Kybele. »Offenbar regst du dich über die unwesentlichen Kränkungen auf und hast keine Ahnung von der größten: An Chariklea brauchst du nicht mehr zu denken.«

»Was soll das heißen?« schrie er. »Bin ich etwa nicht gut genug, eine zu heiraten, die auch nur eine Sklavin ist? Weshalb denn, Mutter?«

»Wir sind selber schuld daran«, erwiderte sie, »unsere strafbare Ergebenheit und Treue gegen Arsake. Ihr zuliebe haben wir uns selbst in Gefahr gebracht. Damit sie ihre Lust befriedigen kann, haben wir unser Leben aufs Spiel gesetzt. Bei jedem süßen Wunsch haben wir ihr geholfen. Und da braucht dieser edle Jüngling, dieser famose Galan bloß einmal in ihrem Schlafzimmer zu erscheinen, sie braucht ihn nur ein einziges Mal zu sehen, und schon hat er sie beredet, den dir geleisteten Eid zu brechen und ihm Chariklea zu versprechen, die angeblich nicht seine Schwester, sondern seine Braut ist.«

»Und das hat sie ihm versprochen, Mutter?«

»Das hat sie, mein Sohn«, erwiderte Kybele. »In meiner Gegenwart und vor meinen Ohren. Und sie wird in wenigen Tagen eine glänzende Hochzeit für sie veranstalten. Dir hat sie eine andere Braut zugedacht.«

Achämenes stöhnte tief und ballte die Fäuste.

»Ich werde ihnen die Hochzeit versalzen«, rief er. »Hilf mir nur, daß die Heirat hinausgeschoben wird. Wenn jemand nach mir fragt, so sage, ich hätte auf dem Lande einen Unfall gehabt. Seine Braut nennt der feine Knabe also seine Schwester! Als ob man nicht merkte, daß er dies nur vorgibt, um mich zu verdrängen. Mag er sie umarmen, mag er sie selbst küssen wie eine Braut oder gar bei ihr schlafen, – ein herrlicher Beweis, daß sie nicht seine Schwester, sondern seine Verlobte ist! Doch ich werde es ihm zeigen! Die Götter, die durch den Eidbruch beleidigt sind, werden mir helfen.«

Rasend vor Zorn und Eifersucht, vor Leidenschaft und Enttäuschung, die schon jeden anderen hätten außer sich bringen können, wieviel mehr noch einen Barbaren, überdachte Achämenes gar nicht den Einfall, der ihm plötzlich gekommen war, sondern folgte ganz dem ersten Impuls. Kaum war es Abend, da holte er ein armenisches Pferd heimlich aus dem Stall, eines von denen, die für festliche Aufzüge und Veranstaltungen des Statthalters bereitstanden, und ritt zu Oroondates, der gerade bei Groß-Theben den Feldzug gegen die Äthiopier vorbereitete, Truppen aller Waffengattungen zusammenzog und eben das Heer zum Abmarsch bereit machte.

Achtes Buch

Der König von Äthiopien hatte nämlich Oroondates überlistet und ihn durch die Erreichung eines der Kriegsziele, die überraschende Einnahme der von jeher umkämpften Stadt Philai, in größte Verlegenheit gebracht. Dadurch war der Statthalter genötigt, überstürzt und im großen und ganzen schlecht gerüstet, seine Streitkräfte in Marsch zu setzen.

Die Stadt Philai liegt am Nil, nur ein Stück oberhalb der kleinen Katarakte zwischen Syene und Elephantine, von beiden Orten etwa hundert Stadien entfernt. Ägyptische Flüchtlinge hatten früher einmal von der Stadt Besitz genommen, sich in ihr niedergelassen und sie damit zum Streitobjekt zwischen Äthiopiern und Ägyptern gemacht. Die einen verwiesen auf die Katarakte als die Grenze Äthiopiens, die Ägypter erhoben Anspruch auf Philai, unter Hinweis auf die Besitznahme durch ihre Flüchtlinge. Die Stadt wechselte also beständig ihren Besitzer, je nachdem, wer sie gerade dem anderen weggenommen hatte und behauptete. Damals war sie von ägyptischen und persischen Truppen besetzt. Der König von Äthiopien schickte eine Gesandtschaft an Oroondates und verlangte nicht bloß Philai, sondern auch die Smaragdgruben zurück. Diese Ansprüche hatte er seit langem geltend gemacht, hatte aber ihre Anerkennung nicht durchsetzen können.

Wenige Tage nach der Abreise seiner Gesandtschaft marschierte er selbst los. Er hatte schon lange Zeit vorher mobil gemacht, als beabsichtige er ein anderes militärisches Unternehmen auszuführen, und den wahren Zweck des Feldzuges niemanden wissen lassen. Als er annehmen konnte, die Gesandtschaft habe Philai hinter sich und Einwohner und Besatzung wiegten sich durch die Verbreitung der Nachricht ihrer Friedens- und Freundschaftsmission in Sicherheit, erschien er plötzlich selbst und warf die Besatzung heraus, die nach zwei- bis dreitägigem Widerstand der gegnerischen Überlegenheit an Truppen und Belagerungsmitteln weichen mußte. Er besetzte die Stadt, ohne auch nur einem Bewohner ein Haar zu krümmen.

Infolgedessen traf Achämenes den Oroondates, der dies alles von Flüchtlingen erfahren hatte, in ziemlicher Aufregung an, die durch sein unvorhergesehenes und unerwartetes Auftauchen noch verstärkt wurde. Auf seine Frage, ob Arsake oder sonst jemandem ein Unglück geschehen sei, erwiderte Achämenes, es sei allerdings etwas vorgefallen, er werde es ihm aber nur unter vier Augen mitteilen.

Als sie sich von der Umgebung getrennt hatten, erzählte er alles: wie Theagenes von Mitranes zum Gefangenen gemacht und an Oroondates als Geschenk geschickt worden sei, damit er ihn, wenn er es richtig finde, an den Großkönig weitersende – der junge Mann verdiene nämlich, am königlichen Hofe und der Tafel aufzuwarten –, wie er von den Bessäern, die dabei den Mitranes erschlagen hätten, erbeutet worden und dann nach Memphis gekommen sei. Dabei erwähnte er die Geschichte mit Thyamis und sprach dann von Arsakes Leidenschaft zu Theagenes, seiner Aufnahme im königlichen Palast, von der Aufmerksamkeit, mit der man ihm begegne, und seinem Dienst als Mundschenk. Noch sei vielleicht nichts Ungehöriges vorgefallen, da der junge Mann sich bisher abweisend und widerspenstig gezeigt habe; es bestehe aber die Gefahr, daß er dem Zwang oder irgendwie mit der Zeit nachgebe, wenn man ihn nicht vorsorglich aus Memphis entferne und damit Arsake den Gegenstand ihrer Leidenschaft entziehe. Deshalb habe er sich heimlich aufgemacht und sei als Angeber hergekommen, aus Ergebenheit gegen seinen Herrn, dem er nicht verschweigen könne, was sich da gegen ihn anspinne.

Als er auf diese Weise Oroondates in Wut versetzt hatte – er überließ sich ganz seiner Erregung und seinem Rachedurst –, entflammte er seine Sinne noch durch die Schilderung Charikleas. Er strich sie so heraus, wie sie es ja auch verdiente, und sang ein begeistertes Loblied der unvergleichlichen jugendlichen Schönheit des Mädchens, dergleichen man noch nicht gesehen habe noch sehen werde.

»Du kannst mir glauben«, sagte er, »gegen sie sind alle deine Geliebten so gut wie nichts, nicht nur die, welche du in Memphis gelassen, sondern auch die, welche du mitgenommen hast.«

So und ähnlich sprach Achämenes auf ihn ein, in der Hoffnung, Oroondates werde, selbst wenn er Beziehungen zu Chariklea anknüpfe, sie nach einiger Zeit ihm zur Frau geben, wenn er sie sich als Belohnung für seine Auskünfte erbitte. Schon war der Statthalter vor Erregung Feuer und Flamme. Er kannte sich nicht vor Zorn und Gier. Ohne jeden Aufschub ließ er Bagoas, einen seiner vertrauten Eunuchen, rufen und schickte ihn mit fünfzig Berittenen nach Memphis ab, mit dem Befehl, Theagenes und Chariklea, wo er ihrer habhaft würde, auf schnellstem Wege zu ihm zu bringen. Er gab ihm zwei Schreiben mit. Das an Arsake hatte folgenden Wortlaut:

»Oroondates an Arsake.

Schicke die gefangenen Geschwister Theagenes und Chariklea, die als königliche Sklaven dem König überliefert werden sollen. Schicke sie gutwillig, sonst werden sie gewaltsam fortgebracht, und man wird Achämenes Glauben schenken.«

An den Obereunuchen Euphrates in Memphis schrieb er:

»Für die nachlässige Betreuung meines Hauses wirst du zu büßen haben. Vorerst übergib die gefangenen Griechen Bagoas, der sie mir bringen soll, ganz gleich ob Arsake will oder nicht. Liefere sie unter allen Umständen aus. Sonst wird man dich auf meinen Befehl in Fesseln herbringen und dir bei lebendigem Leib die Haut abziehen.«

Bagoas brach also in Begleitung seiner Leute auf. Die Befehle waren zur Beglaubigung für die Empfänger in Memphis und zur rascheren Auslieferung der jungen Leute mit dem statthalterlichen Siegel versehen. Dann zog Oroondates gegen die Äthiopier zu Felde. Achämenes befahl er, ihm zu folgen, und ließ ihn, in aller Stille und ohne daß er es merkte, überwachen, bis sich seine Angaben bestätigt hätten.

In Memphis hatte sich inzwischen folgendes abgespielt:

Gerade als Achämenes verschwunden war, hatte Thyamis das Oberpriesteramt in aller Form angetreten und verkörperte dadurch die höchste städtische Würde. Sobald er die Beisetzung des Kalasiris beendet und innerhalb der vorgeschriebenen Tage seinem Vater die gebührenden Ehren erwiesen hatte, richtete er seine Gedanken darauf, Theagenes und seine Schwester zu suchen, zumal die religiösen Vorschriften den Außenstehenden den Zutritt zum Tempelbezirk wieder gestatteten. Als er durch mühsame Umfrage in Erfahrung gebracht hatte, daß sie in der Statthalterei wohnten, begab er sich eilig zu Arsake und bat sich die fremden Gäste aus, weil sie ihm in vielen Beziehungen naheständen und besonders deshalb, weil sein Vater Kalasiris ihm vor seinem Ableben ans Herz gelegt hatte, für die Fremden in jeder Weise zu sorgen und sie in seine Obhut zu nehmen. Er verband damit den Ausdruck des Dankes für die Freundlichkeit, mit der sie in der Zwischenzeit, in der Nichtangehörigen der Priesterschaft der Aufenthalt im Tempel untersagt gewesen war, den jungen griechischen Gästen Aufnahme gewährt hatte. Jetzt aber verlange er die ihm Anvertrauten zurück.

»Ich wundere mich über dich«, entgegnete Arsake. »Auf der einen Seite bezeugst du mir meine Güte und Menschenfreundlichkeit. Andererseits unterstellst du mir Mangel an Gastlichkeit, als wäre ich nicht in der Lage oder willens, für die Fremden zu sorgen und ihnen das zu bieten, was sich gehört.«

»Durchaus nicht«, entgegnete Thyamis. »Ich bin mir bewußt, daß sie hier alles reichlicher haben als bei mir, wenn sie überhaupt bleiben wollen. Da sie aber vornehmer Herkunft sind und nur infolge vieler Schicksalsschläge gegenwärtig in der Fremde umherirren, so liegt ihnen viel mehr daran, ihre Angehörigen wiederzuhaben und in ihre Heimat zurückzukehren. Ihnen dabei behilflich zu sein, ist das mir von meinem Vater aufgetragene Vermächtnis, abgesehen von dem Anrecht, das die Freundschaft mir auf die Fremden gibt.«

»Es ist mir sehr lieb«, erwiderte Arsake, »daß du dich nicht aufs Bitten verlegst, sondern einen Rechtsanspruch vorbringst. Denn das Recht ist mehr auf meiner Seite, hat doch der Eigentümer einen begründeteren Rechtsanspruch auf sie als der, welcher nur die Pflicht der Fürsorge hat.«

»Und womit begründest du diesen Eigentumsanspruch auf sie?« fragte Thyamis erstaunt.

»Mit dem Kriegsrecht«, entgegnete sie ihm, »das Gefangene als Sklaven ansieht.«

Als Thyamis begriff, daß sie auf die Angelegenheit mit Mitranes hinauswollte, wandte er ein:

»Aber, Arsake, jetzt ist nicht Krieg, sondern Frieden. Der Krieg bringt Knechtschaft, der Frieden Freiheit. Die erste ist ein Akt der Tyrannei, die andere ein Ausdruck königlicher Gesinnung. Frieden und Krieg werden nicht durch bloße Worte gekennzeichnet, sondern im tieferen Sinne durch die Haltung, die man einnimmt. An Hand dessen wirst du besser und richtiger entscheiden, was recht ist. Was anständig oder vorteilhaft ist, steht überdies außer Frage. Denn was kannst du dir für eine Ehre oder einen Nutzen davon versprechen, wenn du den Anschein erweckst oder sogar zugibst, daß fremde junge Menschen dich so sehr interessieren?«

Nun konnte Arsake nicht länger an sich halten. Es erging ihr, wie Verliebten im allgemeinen. Solange sie ihre Neigungen noch unentdeckt glauben, bewahren sie schamhafte Scheu. Sehen sie sich aber durchschaut, lassen sie alle Zurückhaltung fallen. Liebe, von der niemand weiß, ist ängstlich; einmal aufgedeckt, wird sie kühn. So wurde auch ihr das Gewissen zum Verräter, und in der Annahme, Thyamis habe einen Verdacht auf sie, nahm sie keinerlei Rücksicht auf seine priesterliche Würde und Stellung und ließ alle weibliche Scham beiseite.

»Freut euch nicht zu sehr«, rief sie, »über das, was ihr Mitranes getan habt! Die Stunde wird kommen, da Oroondates seine und seiner Leute Mörder zur Rechenschaft ziehen wird. Die jungen Leute werde ich nicht freigeben. Zur Zeit sind sie meine Sklaven, und bald werden sie, nach persischem Brauch, meinem Bruder, dem Großkönig, zugeführt werden. Halte darüber große Reden und ergehe dich in Auslassungen über die Begriffe Recht, Moral, Zweckmäßigkeit! Es wird dir nichts nützen gegen den, der die Macht hat. Der hat sie nicht nötig, einzig der eigene Wille ist für ihn maßgebend! Mach, daß du schleunigst von meinem Hofe fortkommst, und zwar freiwillig, damit man dich nicht zwangsweise entfernt.«

Thyamis rief die Götter zu Zeugen an und bemerkte nur, daß die Sache nicht gut enden werde. Dann entfernte er sich, entschlossen, den Vorfall in der Stadt bekanntzumachen und dort Unterstützung zu suchen.

»Deine Prophezeiungen«, rief Arsake noch, »sind mir vollkommen gleichgültig. Die Liebe kennt nur eine Zukunft – ihre Erfüllung.«

Sie zog sich in ihr Schlafgemach zurück und ließ Kybele

rufen, um sich mit ihr über die Lage zu beraten. Denn allmählich machte sie das Verschwinden des Achämenes, der nicht mehr wiederkam, mißtrauisch, obwohl Kybele, wenn sie nach ihm fragte, immer wieder einen neuen Grund für seine Abwesenheit erfand und ihr alles Mögliche glaubhaft zu machen suchte, nur nicht, daß er zu Oroondates gegangen sei. Schließlich glaubte ihr Arsake gar nichts mehr. Es dauerte schon lange genug, daß sie ihren Argwohn nicht mehr los wurde.

»Was sollen wir tun, Kybele?« fragte sie. »Welchen Ausweg gibt es für mich aus diesem Zwiespalt? Meine Liebe nimmt nicht ab, ja sie greift um sich wie ein Feuer, das von dem jungen Manne geschürt wird. Dabei bleibt er hart und unzugänglich. Anfangs zeigte er sich noch freundlicher und vertröstete mich mit schönen Versprechungen, während er mir jetzt entschiedene und unumwundene Absagen erteilt. Was mich aber noch stärker beunruhigt, ist der Gedanke, er könne seinerseits etwas über Achämenes erfahren haben und dadurch erst recht kopfscheu geworden sein. Zu all dem macht mir Achämenes Sorge, der vielleicht als Angeber zu Oroondates gegangen ist und möglicherweise Glauben findet. Er hat ja auch nicht ganz Unglaubhaftes zu erzählen. Wenn ich bloß Oroondates sehen könnte! Einer einzigen Zärtlichkeit, einer Träne aus Arsakes Auge würde er nicht widerstehen. Denn der gewohnte Anblick einer Frau wirkt auf Männer überzeugend wie ein starker Liebeszauber. Das Allerschlimmste wäre, wenn Oroondates mich beschuldigte, ohne daß ich bei Theagenes etwas erreicht hätte, oder gar bestrafte, ohne mich gesehen zu haben. Setze deshalb alles in Bewegung, Kybele, versuche jedes Mittel! Meine Lage ist, wie du siehst, verzweifelt und wie auf des Messers Schneide. Denke auch daran, Kybele: Wenn es für mich um alles geht, kann ich auf andere keine Rücksicht nehmen, und du zuerst wirst für die Machenschaften deines Sohnes zu büßen haben, von denen du unbegreiflicherweise keine Ahnung hast.«

»Daß du von meinem Sohn eine falsche Vorstellung hast und meiner Treue gegen dich unrecht tust, meine Gebieterin«, erwiderte Kybele, »sollen die Tatsachen beweisen. Doch wenn du selbst deine Liebesangelegenheiten so lässig betreibst und dich dabei so zaghaft anstellst, dann darfst du nicht anderen, die nichts dafür können, die Schuld zuschieben. Du zeigst dem jungen Manne ja nicht die Herrin, sondern behandelst ihn untertänig wie eine Sklavin. Das war vielleicht anfangs ganz angebracht. Du hattest es scheinbar mit einem zarten, leicht lenksamen Herzen zu tun. Da er sich aber gegen deine Liebe wehrt, muß er die Herrin in dir kennenlernen und durch Peitsche und Folter deinen Wünschen gefügig gemacht werden. Das ist so die Art der jungen Burschen; wenn man freundlich zu ihnen ist, sind sie anmaßend, gebraucht man aber Gewalt, geben sie klein bei. Er ist nicht anders: Wenn er hart angefaßt wird, tut er, was er auf Zärtlichkeiten hin versagte.«

»Du magst recht haben«, erwiderte Arsake, »aber bei den Göttern, wie könnte ich ertragen, mit eigenen Augen seinen Körper geschlagen oder mißhandelt zu sehen?«

»Schon wieder wird dein Herz weich!« rief sie. »Als stünde es nicht in seinem Belieben, sich nach ein paar Schlägen eines besseren zu besinnen, damit du nach einigem Verdruß ans Ziel deiner Wünsche gelangst. Du brauchst ja deinen Augen nicht damit wehe zu tun, sondern kannst ihn dem Euphrates überlassen und ihm sagen, er solle ihn wegen irgendeines Vergehens züchtigen. Dann schmerzt dich das Zusehen nicht. Das Ohr ist schmerzlichen Eindrücken gegenüber weniger empfindlich als das Auge. Sobald man merkt, daß er sich eines anderen besinnt, soll man ihn als genügend zurechtgewiesen wieder loslassen.«

Arsake gab nach. Denn verschmähte Liebe kennt keine Gnade für den Geliebten und wandelt die Enttäuschung in Rachsucht. Sie ließ den Haupteunuchen rufen und gebot ihm, ihren Befehl auszuführen. Euphrates, welcher an sich schon den krankhaften Hang des Eunuchen zur Eifersucht hatte und außerdem auf Grund seiner Beobachtungen und seines Verdachts längst auf Theagenes wütend war, ließ ihn in Eisen legen, quälte ihn mit Nahrungseinschränkung und Mißhandlungen und sperrte ihn in ein dunkles Gelaß. Wenn der Gefangene sich ahnungslos stellte und, obwohl er ihn kannte, nach dem Grund dieser Behandlung fragte, gab er ihm keine Antwort, sondern steigerte noch die Foltern von Tag zu Tag und übte grausamere Vergeltung, als Arsake wollte und befohlen hatte.

Er ließ niemanden außer Kybele – so war es angeordnet – zu ihm. Diese besuchte ihn regelmäßig und brachte ihm zu essen. Sie tat dies angeblich heimlich aus Mitleid und in einer Regung alter Freundschaft, in Wirklichkeit, um festzustellen, wie er unter diesen Umständen denke und ob die Mißhandlungen ihn gefügig und mürbe machten. Er aber bewies jetzt erst recht seine männliche Stärke und setzte allen Lockungen entschiedensten Widerstand entgegen. Wiewohl er körperlich litt, blieb seine Seele standhaft in ihrer edlen Haltung. Ja, er war sogar stolz und dankbar gegen das Schicksal, das zwar sonst so viel Schmerzen für ihn hatte, es aber mit seinem eigenen Selbst so gut meinte. Gab es ihm doch Gelegenheit, seine Liebe und Treue zu Chariklea zu beweisen. Er betrachtete es als größtes Glück, wenn sie davon erführe. Immer wieder rief er ihren Namen und nannte sie sein Leben, sein Licht, seine Seele.

Auch Kybele sah das alles und wußte von Arsakes Wunsch, daß Theagenes nur mit Maß gequält werde – nicht ihn selbst, nur seinen Widerstand wollte sie gebrochen sehen –, trotzdem hatte sie Euphrates befohlen, die Foltern zu steigern. Nun mußte sie sich sagen, daß alles nicht half, sondern daß auch dieser Versuch wider Erwarten fehlgeschlagen war. Sie erkannte, in welch einer gefährlichen Lage sie sich befand. Auf der einen Seite hatte sie von Oroondates, sobald er durch Achämenes ins Bild gesetzt war, jeden Augenblick Strafe zu erwarten. Auf der andern mußte sie befürchten, daß Arsake, mit deren Liebeswünschen sie ihr Spiel getrieben hatte, noch vorher kurzen Prozeß mit ihr machen werde. So entschloß sie sich, sich mit einem Schlage aus der Affäre zu ziehen und durch ein Verbrechen entweder Arsake an das Ziel ihrer Wünsche zu bringen und erst einmal der Gefahr, die ihr von da drohte, zu begegnen oder durch den Tod aller Mitwisser die Schuldbeweise gegen sich zu beseitigen.

Sie begab sich zu Arsake.

»Unsere Anstrengungen sind vergeblich, Herrin«, erklärte sie. »Der Unnachgiebige bleibt verstockt. Er wird sogar nur noch frecher. Er führt einzig Charikleas Namen im Munde und findet darin etwas wie Trost und Beruhigung. Wir wollen deshalb, wenn es dir recht ist, wie man sagt, den letzten Anker auswerfen und Chariklea als eigentliches Hindernis beseitigen.

Erfährt er, daß sie nicht mehr lebt, so wird er sich schon unserem Willen fügen, da er dann seine Liebe zu ihr aufgeben muß.«

Arsake griff den Vorschlag gierig auf. Zu der alten Eifersucht kam noch der Zorn über das, was sie eben vernommen hatte.

»Du hast recht«, sagte sie, »ich werde dafür sorgen, daß die schändliche Person auf mein Geheiß umgebracht wird.«

»Und wer wird deinem Befehl Folge leisten?« fragte Kybele. »Bei allen deinen Machtbefugnissen ist es dir durch die Gesetze verboten, ohne Urteil des höchsten persischen Gerichtshofes eine Todesstrafe vollziehen zu lassen. Was für Schwierigkeiten und Scherereien wird das geben, wenn du gegen das Mädchen Anklagegründe und Beschuldigungen erfinden mußt. Außerdem ist es nicht sicher, ob man uns Glauben schenkt. Doch wenn es dir recht ist – ich bin bereit, für dich alles zu tun und zu tragen –, so will ich mit Hilfe von Gift deine Absichten fördern und durch einen Zaubertrank deine Nebenbuhlerin beseitigen.«

Arsake gab freudig ihre Zustimmung, und Kybele machte sich unverzüglich ans Werk.

Sie fand Chariklea in Kummer und Tränen, ihrem Leid hingegeben, und einzig mit dem Gedanken beschäftigt, wie sie ihrem Leben ein Ende machen könne. Sie ahnte, was mit Theagenes vor sich ging, als Kybele anfangs ihr alles Mögliche vorgelogen und immer neue Gründe erfunden hatte, weshalb er sich nicht blicken ließ und sie nicht wie üblich in ihrem Zimmer besuchte.

»Törichtes Kind«, sagte sie, »willst du dich denn ewig quälen und zwecklos aufreiben? Laß dir sagen, Theagenes ist frei, heute abend wird er zu dir kommen. Die Herrin war auf ihn ärgerlich, weil er im Dienst etwas falsch gemacht hatte, und hatte ihn einsperren lassen. Doch nun hat sie befohlen, ihn wieder freizulassen, anläßlich des althergebrachten Festes, das sie begehen will. Zugleich habe ich mich nachdrücklich für ihn verwandt. Steh also auf und fasse dich etwas! Jetzt wirst du doch mein Mahl mit mir teilen!«

»Wie kann ich dir glauben?« erwiderte Chariklea. »Deine

ständigen Lügen haben mir das Vertrauen in deine Worte genommen.«

»Ich schwöre bei allen Göttern«, sagte Kybele, »heute wirst du frei und aller Sorgen ledig werden. Richte dich nur nicht selber zugrunde! Tagelang hast du nichts gegessen. Sei vernünftig und nimm etwas von den Speisen hier, die gerade zu rechter Zeit kommen.«

Mit Überwindung gab Chariklea nach. Obwohl sie den üblichen Betrug argwöhnte, setzte sie einiges Vertrauen in den Schwur und ließ die schönen Versprechungen gelten. Denn was das Herz wünscht, glaubt es gern.

Sie nahmen also Platz und aßen. Als das Mädchen, das aufwartete, die Becher mit dem gemischten Wein brachte, gab ihr Kybele einen Wink, Chariklea zuerst zu bedienen, nahm dann den anderen Becher und trank.

Kaum hatte die Alte ausgetrunken, als sie zu taumeln begann. Sie goß den kleinen Rest aus, starrte das Mädchen mit einem durchbohrenden Blick an und fiel in heftige Krämpfe und Zuckungen.

Alle Anwesenden waren entsetzt, auch Chariklea, die noch zu helfen suchte. Kein vergiftetes Geschoß hätte so schnell zu wirken vermocht. Stark genug, schon einen jungen, kräftigen Körper zu töten, verbreitete sich das Gift jetzt in einem alten, verbrauchten und welken Leibe und erreichte unglaublich rasch die lebenswichtigen Teile. Die Augen der Alten glühten, ihre Glieder wurden, als die Zuckungen aufhörten, starr und steif, und die Haut nahm eine schwarze Färbung an. Aber noch bösartiger als das Gift, scheint mir, war ihre boshafte Seele. Kybele ließ auch sterbend nicht von ihren Niederträchtigkeiten. Durch Zeichen und abgerissene Worte gab sie zu verstehen, Chariklea habe sie vergiftet. Gleich darauf hauchte sie ihren Geist aus. Chariklea wurde gefesselt und vor Arsake gebracht.

Auf ihre Frage, ob sie selbst den Gifttrank bereitet habe, und auf ihre Drohung mit Marter und Folter, falls sie nicht die Wahrheit bekenne, bereitete Chariklea allen Anwesenden eine lebhafte Überraschung. Ohne ein Zeichen von Niedergeschlagenheit oder Angst behandelte sie die Dinge mit Lächeln und Spott. Einerseits fühlte sie sich mit ihrem guten Gewissen über die Verdächtigung erhaben, andrerseits sah sie, falls Theagenes nicht mehr lebte, dem Tode ruhig ins Auge. Ja, sie fühlte sich glücklich: Wenn andere sie töteten, blieb ihr der letzte Verzweiflungsschritt, zu dem sie entschlossen war, erspart.

»Seltsame Frau«, sagte sie, »lebt Theagenes, so erkläre ich mich für nicht schuldig an diesem Tode. Ist er dagegen ein Opfer deiner bösen Ränke geworden, so kannst du auf meine Folterung verzichten. Dann stehe ich vor dir als die Giftmischerin und Mörderin deiner Vertrauten, die dich mit ihrer Brust genährt und dich zu solchen Verbrechen erzogen hat. Dann laß mich ohne weiteres töten. Denn nichts könnte Theagenes lieber sein, der deine ungehörigen Wünsche mit der verdienten Nichtachtung gestraft hat.«

Arsake geriet durch diese Worte außer sich und befahl, Chariklea zu züchtigen.

»Schafft die Frevlerin weg!« schrie sie. »In Fesseln, wie sie ist! Zeigt ihr den trefflichen Geliebten, der in der gleichen Lage ist, wie er es verdient hat. Fesselt sie zweifach und dreifach und übergebt sie gleichfalls dem Euphrates! Bis morgen soll sie in Gewahrsam bleiben, um dann nach dem Urteil des persischen Gerichtshofes den Tod zu erleiden.«

Während man sie abführte, brach das junge Mädchen, das der Kybele den Wein eingeschenkt hatte, in Tränen aus. Sie war eine von den beiden Ionierinnen, die Arsake zu Anfang den jungen Leuten zur Bedienung gegeben hatte. Ob nun aus Neigung für Chariklea infolge ihrer nahen Bekanntschaft oder durch eine Fügung der Götter, begann sie laut zu jammern und rief:

»Ach, die Unglückliche! Sie ist völlig unschuldig!«

Die Umstehenden wurden stutzig und nötigten sie, ihre Bemerkung zu erklären. Da gestand sie, daß sie der Kybele das Gift gegeben habe. Sie habe es von ihr bekommen, um es Chariklea zu bringen. In ihrer Verwirrung über das furchtbare Verbrechen oder durch Kybele aus der Fassung gebracht, die ihr einen Wink gab, Chariklea zuerst zu bedienen, habe sie die Becher verwechselt und der Alten den gereicht, der das Gift enthielt.

Man brachte sie sofort zu Arsake. Alles freute sich, daß der gegen Chariklea erhobene Verdacht sich als hinfällig erwiesen hatte. Vornehme Gesinnung und gute Haltung machen auch den Barbaren für das Mitleid empfänglich. Doch die Aussage der Dienerin bewirkte nur, daß Arsake erklärte, sie scheine mitschuldig zu sein, sie in Fesseln legen und gefangensetzen ließ. Dann berief sie die Mitglieder des persischen Staatsrates, dem auch die Rechtsprechung und Urteilsfällung oblag, durch Boten für den nächsten Tag zu einer Gerichtssitzung.

Als der persische Staatsrat am anderen Morgen kam und sich versammelt hatte, vertrat Arsake persönlich die Anklage und erhob die Beschuldigung des Giftmordes. Sie gab eine ausführliche Darstellung der Vorgänge, wobei sie immer wieder Tränen über ihre Erzieherin vergoß, in der sie das teuerste und ihr ergebenste Wesen verloren habe. Sie rief die Richter zu Zeugen, daß die Fremde die gewährte Aufnahme und bewiesene Freundlichkeit ihr derart übel vergolten habe. Kurz, sie vertrat die Anklage mit äußerster Schärfe.

Chariklea verteidigte sich in keinem Punkte, sondern gab ohne weiteres das Verbrechen zu, das man ihr vorhielt: Sie habe das Gift gegeben, und – fügte sie noch hinzu – wäre man ihr nicht zuvorgekommen, so hätte sie mit Vergnügen auch Arsake beseitigt. Durch weitere Bemerkungen dieser Art griff sie Arsake rücksichtslos und ohne Umschweife an und forderte die Richter mit allen Mitteln heraus, sie zu verurteilen.

In der vorangegangenen Nacht hatte sie Theagenes in dem Gefängnis, in dem sie zusammen untergebracht waren, ihre Erlebnisse genau geschildert und ihrerseits die seinen erfahren. Daraufhin hatte sie mit ihm verabredet, wenn es sein müsse, wollten sie freiwillig jeden Tod hinnehmen, der an sie herankomme, nur um endlich von diesem verfehlten Leben, von der sinnlosen Irrfahrt und ihrem unversöhnlichen Schicksal erlöst zu werden. Zuletzt umarmte sie ihn – sicher zum letzten Male – und verbarg die mit ihr ausgesetzten Schmuckstücke, die sie immer heimlich bei sich trug, unter dem Kleide, um sie als Totenopfer bei sich zu haben. Da stand sie nun vor den Richtern und bekannte sich jedes ihr vorgehaltenen – oder auch nicht vorgehaltenen – Verbrechens schuldig. Unter diesen Umständen gab es für die Richter keinen Zweifel. Es fehlte wenig und sie hätten ohne Zögern die nach persischem Gesetz grausamste Strafe verhängt, doch erkannten sie wahrschein-

. . . denn der schlimme Geruch des Delphins, der hier am Ufer lag und faulte, wehte Daphnis an; und hierdurch geleitet ging er gerade darauf los, entfernte das Meergras und fand den Beutel voll Geld.

SEITE 75

lich unter dem Eindruck ihrer Jugend und ihrer unwiderstehlichen Schönheit nur auf Feuertod.

Sofort packten sie die Henkersknechte und schleppten sie nicht weit vor die Stadtmauer, wobei der Herold immer wieder verkündete, sie werde wegen Giftmordes zum Scheiterhaufen geführt. Eine große Volksmenge aus der Stadt lief mit. Einige hatten selbst gesehen, daß sie weggebracht wurde, andere waren auf das Gerücht, das sich wie ein Lauffeuer in der Stadt verbreitete, herbeigeeilt. Auch Arsake fand sich als Zuschauerin auf der Mauer ein. Es wäre für sie ein unerträglicher Gedanke gewesen, sich nicht an dem Schauspiel der Hinrichtung Charikleas zu weiden.

Im Augenblick war ein hoher Holzstoß errichtet und in Brand gesetzt. Schon loderten die Flammen empor. Die Henkersknechte ergriffen Chariklea. Da bat sie, ihr eine kleine Frist zu gewähren, unter der Zusicherung, sie werde freiwillig den Scheiterhaufen besteigen. Dann hob sie die Hände zum Himmel empor, nach der leuchtenden Sonne.

»Sonne, Erde und Götter«, rief sie, »die ihr auf Erden und drunten in der Tiefe alles Unrecht seht und rächt, ihr seid Zeugen, daß ich frei bin von der Schuld, die mir vorgeworfen wird, und daß ich unter der Last eines unerträglichen Schicksals freiwillig in den Tod gehe. Nehmt mich gnädig auf! Doch das niederträchtige, schamlose, ehebrecherische Weib, das mir dies antut, um mir meinen Verlobten zu nehmen, Arsake, laßt unverzüglich eure Strafe treffen!«

Ein allgemeines Geschrei erhob sich. Die Forderung nach Strafaufschub bis zu einem neuen gerichtlichen Verfahren wurde laut. Während einige Anstalten trafen, die Hinrichtung zu verhindern, andere schon davonstürmten, kam sie allen zuvor und bestieg den Scheiterhaufen. In seiner Mitte stehend, blieb sie eine Zeitlang unversehrt, da die Flammen sie mehr umzüngelten als berührten und ihr kein Leid taten und immer da, wohin sie sich wandte, zurückwichen. Sie verbreiteten nur einen Glanz um Chariklea, der ihre Schönheit noch heller erstrahlen und wie eine Braut in einem Flammenbett erscheinen ließ. Voll Staunen über das, was ihr widerfuhr, bewegte sie sich von einer Seite des Scheiterhaufens auf die andere, um sich dem Tod in die Arme zu werfen. Umsonst, das Feuer wich immer wieder zurück, als flüchte es vor ihrer Nähe.

Die Henkersknechte gaben nicht nach, sondern vermehrten, von Arsakes drohenden Gesten angespornt, noch ihre Bemühungen. Sie schleppten Holz herbei, stapelten Rohr vom Flußufer auf, um mit allen Mitteln das Feuer anzufachen. Nichts fruchtete. Die Bevölkerung geriet in immer größere Erregung, und in Ahnung göttlichen Beistandes wurden Rufe laut: »Das Mädchen ist rein! Das Mädchen ist schuldlos!«

Sie drängten nach vorn und stießen die Henker vom Scheiterhaufen fort. Dabei übernahm Thyamis die Führung und ermutigte das Volk mitzuhelfen. Er hatte sich, durch den Lärm auf die Vorgänge aufmerksam geworden, gleichfalls eingefunden. Trotz ihrem guten Willen, Chariklea herunterzuholen, getrauten sie sich doch nicht näher heran, riefen aber dem Mädchen zu, vom Scheiterhaufen herunterzuspringen. Da sie in dem Flammenkreise aushielt, meinten sie, sie brauche auch keine Angst zu haben, ihn zu durchbrechen. Als Chariklea das sah und hörte, glaubte sie selbst an eine Hilfe der Götter und wollte sich nicht undankbar gegen die höheren Mächte zeigen und ihre Gnade ausschlagen. Sie sprang von dem Scheiterhaufen herunter. Das Volk brach, freudig erregt, in lauten Jubel und helle Begeisterung aus und pries die Götter.

Da hielt es Arsake nicht länger auf der Mauer. Sie sprang von ihrem Sitz auf, stürzte durch das Tor nach draußen, gefolgt von ihrer Leibgarde und den persischen Würdenträgern, und packte Chariklea mit eigener Hand.

Mit einem herausfordernden Blick auf die Volksmenge schrie sie: »Schämt ihr euch nicht, daß ihr eine gemeine Person, eine Giftmischerin, eine Mörderin, die man auf frischer Tat gefaßt und die selbst ihren Mord eingestanden hat, der Bestrafung entziehen wollt? Schämt ihr euch nicht, einer Verbrecherin zu helfen und damit der persischen Justiz, der Person des Königs, seinen Statthaltern, Würdenträgern und Richtern in den Arm zu fallen, weil euch vielleicht der Umstand, daß sie nicht verbrannt ist, zum Mitleid verführt und ihr euch einbildet, die Götter hätten dabei die Hand im Spiele? Wollt ihr nicht Vernunft annehmen und euch sagen, daß darin ein noch stärkerer Beweis ihrer Zauberkünste liegt, daß sie selbst über die Macht des Feuers triumphiert? Kommt, wenn ihr wollt, zu der öffentlichen Gerichtsverhandlung, die morgen euretwegen stattfinden soll! Da werdet ihr erleben, wie sie ihr Verbrechen selbst zugeben und von ihren Helfershelfern, die ich in Gewahrsam halte, belastet werden wird!«

Sie packte Chariklea im Nacken und nahm sie mit, indes ihre Leibwache die Menge auseinandertrieb. Manche waren empört und geneigt, Widerstand zu leisten. Auf die andern machte der Vorwurf der Zauberei Eindruck, oder die Furcht vor Arsake und ihrer Macht schreckte sie ab. Sie fügten sich.

So wurde Chariklea erneut dem Euphrates übergeben und in Erwartung einer zweiten Gerichtsverhandlung und Exekution diesmal noch schwerer gefesselt.

Der einzige Lichtblick in ihrer Not war, daß sie mit Theagenes zusammensein und ihm ihre Erlebnisse erzählen konnte. Um die beiden jungen Menschen noch mehr zu quälen und wie zum Hohn hatte sich Arsake als besondere Strafe ausgedacht, sie in die gleiche Gefängniszelle zu sperren, damit sie einander in Ketten erblickten und sähen, wie die Strafe an ihnen vollzogen würde. Sie wußte, daß der Liebende unter den Schmerzen des anderen mehr leidet als unter den eigenen. Doch für die beiden war dies eher eine Erleichterung. Sie empfanden es als Vorzug, die gleichen Leiden durchzumachen. Litt der eine von ihnen weniger, so kam er sich durch den anderen übertroffen vor und glaubte ihm an Kraft der Liebe nachzustehen. Dazu kam noch, daß sie beisammen sein und einander Trost und Mut zusprechen konnten, ihr Los mit Haltung und Tapferkeit zu tragen und die Prüfungen ihrer Standhaftigkeit und Treue zu bestehen.

Nachdem sie bis tief in die Nacht miteinander Zwiesprache gepflogen hatten wie zwei Menschen, die nicht hoffen durften, sich nach dieser Nacht je wiederzusehen, und deshalb so viel wie nur möglich noch voneinander haben wollten, beschäftigten sich ihre Gedanken auch mit den wunderbaren Vorgängen auf dem Scheiterhaufen.

Theagenes sah ihren Grund in der Gnade der Götter, die über Arsakes niederträchtige Verleumdung aufgebracht waren und mit der gänzlich Unschuldigen Mitleid fühlten.

Chariklea schien darüber im Zweifel.

»Die ungewöhnlichen Umstände meiner Rettung deuten freilich auf höhere göttliche Einwirkung hin«, meinte sie. »Doch die Überlegung, daß wir immer wieder von solchem Mißgeschick heimgesucht werden und Qualen aller Art und ohne jedes Maß durchmachen müssen, scheint mir eher für den Fluch der Götter und die Feindschaft der höheren Mächte zu sprechen. Man müßte denn das wunderbare Walten der Götter darin erblicken, daß sie uns ins tiefste Elend stürzen, um uns dann in der hoffnungslosesten Lage zu helfen.«

Theagenes unterbrach sie und riet, sich schweigend zu fügen und lieber am frommen Gottvertrauen festzuhalten.

»Ihr gütigen Götter!« rief sie. »Was kommt mir da für ein Traum in den Sinn, wenn es nicht gar Wirklichkeit war, was ich in der vergangenen Nacht sah, inzwischen aber, ich weiß nicht wodurch, aus dem Gedächtnis verlor und was mir eben wieder einfällt! Mir träumte ein Spruch in Versform. Der verewigte Kalasiris war es, der ihn sprach, mag er mir nun im Schlaf erschienen sein oder mag ich ihn wirklich gesehen haben. So lautete, glaube ich, der Spruch:

Trägst du Pantarbe bei dir, nicht fürchte fortan das Feuer.
Denn das Schicksal vollbringt selbst das Unglaubliche leicht.«

Da wurde auch Theagenes wie von einem seherischen Schauder gepackt. Er sprang auf, soweit es die Fesseln erlaubten, und rief:

»Ihr Götter, seid uns gnädig! Auch mich macht die Erinnerung zum Dichter. Der gleiche Prophet, mag er nun Kalasiris oder eine Gottheit in seiner Gestalt gewesen sein, ist mir erschienen. Ich glaube, so lauteten seine Worte:

Äthiopiens Land wirst du mit dem Mädchen erreichen.
Morgen schon wirst du frei Arsakes Fesseln entfliehn.

Ich kann mir schon denken, worauf die Prophezeiung hinauswill. Unter ‚Äthiopiens Land‘ ist offenbar die Unterwelt zu verstehen, ‚mit dem Mädchen‘ heißt, daß ich mit Proserpina zusammen sein werde, und die Befreiung von den Fesseln bedeutet die Loslösung vom irdischen Leib. Was soll aber dein Spruch besagen, der sich aus Widersprüchen zusammensetzt?

Das Wort Pantarbe bedeutet ‚die alles fürchtet', doch erhältst du den Rat, vor dem Scheiterhaufen keine Angst zu haben.«

»Liebster Theagenes«, erwiderte Chariklea, »das Unglück hat es dir zur Gewohnheit werden lassen, alles von der schlimmsten Seite anzusehen und immer gleich das Ärgste anzunehmen, denn der Mensch beurteilt die Dinge nach seiner Lage. Mir scheinen die Prophezeiungen Glücklicheres zu bedeuten, als du annimmst. Das Mädchen könnte vielleicht ich selbst sein, mit der meine äthiopische Heimat zu erreichen dir verheißen wird, nachdem du Arsake und ihren Fesseln entkommen bist. Auf welche Weise, das wissen wir nicht und können es noch nicht glauben. Es liegt aber in der Macht und im Willen der Götter, die uns das Orakel gegeben haben. Soweit die Voraussagen mich betreffen, sind sie, wie du siehst, nach ihrem Willen in Erfüllung gegangen. Noch bin ich am Leben, obwohl ich schon als verloren galt. Das Mittel zur Rettung trug ich bei mir und wußte nichts davon. Jetzt glaube ich es genau zu kennen. Die mit mir ausgesetzten Erkennungszeichen, die ich schon immer vorsorglicherweise bei mir trug, hatte ich mit besonderem Bedacht wohlversteckt um den Körper gebunden, als ich vor Gericht gestellt werden sollte und damit rechnete, daß mein letzter Tag gekommen sei. Blieb ich am Leben, so hatte ich alles, was zum Leben notwendig ist. Mußte ich den Tod leiden, so sollten sie meinen letzten Schmuck und meine Totengabe bilden. Sie bestehen aus kostbaren Schmuckstücken und wertvollen indischen und äthiopischen Edelsteinen, Theagenes. Dazu gehört auch ein Ring, ein Verlobungsgeschenk meiner Mutter von meinem Vater, dessen Fassung einen Stein umschließt, den man Pantarbe nennt und in den heilige Schriftzeichen eingegraben sind. Dadurch besitzt er offenbar eine geheime und göttliche Kraft, denen, die ihn tragen, das Feuer fernzuhalten und sie für die Flammen unangreifbar zu machen. Er hat auch mich mit dem Willen der Götter gerettet. Diese Annahme entspricht auch den wiederholten Erklärungen des vergöttlichten Kalasiris über die Bedeutung der Inschrift auf der gleichfalls mit mir ausgesetzten Stirnbinde, die ich jetzt um die Brust geschlungen trage.«

»Das ist durchaus wahrscheinlich oder vielmehr richtig und entspricht auch den Tatsachen«, erwiderte Theagenes. »Doch welche neue Pantarbe wird uns aus den Gefahren retten, mit denen wir morgen zu rechnen haben? Denn sie verheißt leider nicht Unsterblichkeit, wie sie Schutz vor dem Feuer gewährt. Und wir müssen damit rechnen, daß die rachsüchtige Arsake sich eine neue Art von Strafe für uns ausdenkt. Ich wünschte, sie ließe uns zur gleichen Stunde den gleichen Tod sterben. Ich würde darin weniger den Tod als eine Erlösung von allem Leid sehen.«

»Sei nur zuversichtlich«, ermutigte ihn Chariklea. »In den Prophezeiungen besitzen wir eine neue Pantarbe. Wenn wir den Göttern vertrauen, wird uns die Rettung um so mehr beglücken und, wenn es sein muß, das Leid von der Vorsehung bestimmt erscheinen.«

Mit solchen Überlegungen verbrachten sie die Zeit. Bald versicherten sie einander schmerzerfüllt, daß jeder mehr für den anderen sich quäle und sorge als für sich selbst, bald gaben sie einander letzte Aufträge und gelobten sich bei den Göttern und ihren Schicksalsmächten Liebe und Treue bis in den Tod.

Inzwischen trafen Bagoas und seine fünfzig Reiter tief in der Nacht, während noch alles im Schlaf lag, in Memphis ein. Nachdem sie die Torposten in aller Stille geweckt und sich zu erkennen gegeben und ausgewiesen hatten, gelangten sie schnell und geräuschlos zum Palast des Statthalters. Bagoas hieß seine Leute den Palast umstellen, um im Falle von Widerstand schlagbereit zu sein, und ließ sie dann zurück. Er sprengte das Schloß einer Seitenpforte, die nur wenigen bekannt war, gab sich auch dem Pförtner zu erkennen, gebot ihm Schweigen und eilte dank seiner genauen Ortskenntnis – auch gab der Mond ein schwaches Licht – zu Euphrates. Er traf ihn zu Bett und weckte ihn. Auf den erschrockenen Ruf »Wer da?« beruhigte er ihn mit der Antwort: »Ich bin es, Bagoas«, und verlangte nach Licht. Euphrates befahl einem in der Nähe befindlichen jungen Sklaven, eine Lampe anzuzünden, die anderen aber schlafen zu lassen. Als der Knabe das Licht gebracht, aufgestellt und sich wieder entfernt hatte, fragte er:

»Was bedeutet das? Was ist vorgefallen? Was besagt dein überraschendes und unerwartetes Erscheinen?«

»Es bedarf nicht vieler Worte«, erwiderte Bagoas. »Nimm diesen Brief und lies. Erst sieh dir genau das Siegel an und überzeuge dich, daß die Anordnung von Oroondates stammt. Dann führe im Schutze der Nacht und schleunigst den Befehl aus, damit niemand etwas merkt. Ob es ratsam ist, Arsake das für sie bestimmte Schreiben vorher auszuhändigen, mußt du selbst entscheiden.«

Euphrates nahm die Briefe und überflog sie.

»Für Arsake wird das ein Schlag sein«, meinte er, »dabei geht es ihr so schon jämmerlich genug. Ein schweres Fieber hat sie gestern wie ein Verhängnis befallen. Eine glühende Hitze trat plötzlich auf und hält noch an. Ihr Zustand läßt wenig Hoffnung, daß sie durchkommt. Aber ich würde ihr, selbst wenn sie wohlauf wäre, diesen Brief nicht geben. Sie würde eher sterben und uns mit ins Verderben reißen als die jungen Leute freiwillig herausgeben. Du bist gerade zur rechten Zeit gekommen. Nimm die beiden Fremden und bringe sie weg. Beeile dich, so sehr du kannst, sie zu retten. Hab Mitleid mit ihnen. Sie sind jammervoll dran, todunglücklich, und haben zahllose Mißhandlungen und Qualen erlitten, nicht nach meinem Willen, sondern auf Befehl Arsakes. Übrigens sind sie offenbar vornehmer Herkunft und, wie die Prüfungen und Umstände gezeigt haben, beherrscht und besonnen.«

Nach dieser Erklärung führte er ihn zum Gefängnis. Beim Anblick der jungen Menschen war Bagoas, trotz der Fesseln und der durch die Folterungen erlittenen Mißhandlungen, über diese stattlichen und schönen Erscheinungen überrascht. Theagenes und Chariklea glaubten, ihr Ende sei da und Bagoas sei zu so früher Stunde gekommen, um sie zum letzten Gang zu führen. Einen Augenblick waren sie bestürzt, dann faßten sie sich und gaben durch heitere und offene Mienen zu erkennen, daß sie unbeschwerten, ja frohen Mutes seien.

Als Euphrates herantrat und sich anschickte, sie von den Holzpflöcken, an denen ihre Fesseln angeschlossen waren, loszumachen, rief Theagenes:

»Recht so! Die niederträchtige Arsake glaubt ihre Verbrechen in Nacht und Dunkel verbergen zu können. Doch das Auge der Gerechtigkeit ist scharf und durchdringend und deckt auch die geheimsten Verbrechen auf. Tut nur, wie man euch befohlen hat. Mag man uns Feuer oder Wasser oder das

Schwert zugedacht haben, tut uns den Gefallen und laßt uns beide des gleichen Todes sterben.«

Denselben Wunsch sprach auch Chariklea aus. Den Eunuchen, die sie gefesselt fortführten – sie hatten ihre Worte so ziemlich verstanden –, traten Tränen in die Augen.

Als sie den Statthalterpalast verließen, blieb Euphrates an Ort und Stelle zurück. Bagoas und seine Reiter nahmen den jungen Leuten die Fesseln größtenteils ab und ließen ihnen nur so viel, um ihrer sicher zu sein, ohne ihnen Schmerzen zu bereiten. Sie ließen sie dann aufsitzen, nahmen sie in ihre Mitte und ritten in Richtung Theben eilig davon.

Sie waren den Rest der Nacht und den folgenden Tag bis zur dritten Stunde unterwegs, ohne haltzumachen. Dann erst, als die Strahlen der ägyptischen Sommersonne unbarmherzig niederbrannten, sie den Mangel an Schlaf verspürten und merkten, daß Chariklea von dem ununterbrochenen Ritt erschöpft war, beschlossen sie, irgendwo zu rasten, um sich auszuruhen, die Pferde verschnaufen zu lassen und auch dem jungen Mädchen Erholung zu gönnen.

Es gab da eine Höhe am Nilufer, um die der Fluß, aus seiner geraden Richtung gezwungen, einen halbkreisförmigen Bogen machte, um gegenüber der ersten Krümmung seine ursprüngliche Richtung wieder aufzunehmen. Er umschloß eine Art Halbinsel, die dank der starken Bewässerung reich an Wiesenkräutern war. Gras und Grünfutter boten dem Vieh Weide im Überfluß, die Pfirsich-, Feigen- und anderen Bäume, die gern und häufig am Nil wachsen, Schutz und Schatten. Hier lagerte sich Bagoas mit seinen Leuten unter den Baumkronen. Er hielt eine Mahlzeit und nötigte auch Theagenes und seine Begleiterin, die anfangs ablehnten, etwas zu sich zu nehmen. Auf ihre Äußerung, wer doch bald sterben müsse, brauche nichts mehr zu essen, sprach er ihnen gut zu, versicherte ihnen, davon könne nicht die Rede sein, und teilte ihnen mit, daß er sie nicht zum Tode, sondern zu Oroondates führe.

Schon ließ die größte Mittagshitze nach, die Sonne schoß ihre Strahlen nicht mehr senkrecht, sondern schräg hernieder, und die Truppe des Bagoas machte sich zum Aufbruch fertig, als ein Reiter auftauchte. Er schien von dem scharfen Ritt außer Atem und konnte sein schweißbedecktes Pferd kaum auf den Beinen halten.

Er wechselte mit Bagoas ein paar vertrauliche Worte und ruhte sich dann aus. Eine Weile blickte Bagoas offenbar betroffen und nachdenklich über die ihm gemachte Meldung vor sich hin.

»Ihr Fremdlinge«, sagte er dann, »seid guten Mutes. Eure Feindin hat ihre Schuld gebüßt. Arsake ist tot. Als sie erfuhr, daß wir euch mitgenommen haben, hat sie sich erhängt. Sie ist freiwillig dem gewaltsamen Tod zuvorgekommen. Denn der Bestrafung durch Oroondates und den Großkönig wäre sie nicht entgangen. Entweder wäre sie hingerichtet oder für den Rest ihres Lebens aller Ehren verlustig erklärt worden. Das ist die Nachricht, die mir Euphrates durch den eben eingetroffenen Boten zukommen ließ. Habt also Zuversicht und seid guten Mutes! Ihr selbst habt keine Schuld, das weiß ich genau, und eure Widersacherin ist euch nicht mehr im Wege.«

Um sie für sich einzunehmen, sagte ihnen dies Bagoas in einem gebrochenen, mit vielen falschen Wendungen durchsetzten Griechisch. Gleichzeitig gab er seiner persönlichen Freude Ausdruck, da ihm das lasterhafte und gewalttätige Treiben Arsakes zuwider gewesen war, und suchte den jungen Leuten Mut und Trost zuzusprechen, in der berechtigten Hoffnung, sich bei Oroondates ein besonders großes Verdienst zu erwerben. Rettete er doch einen jungen Mann, der alle übrigen Untergebenen des Statthalters in den Schatten stellte, und ein Mädchen, das mit seinen unwiderstehlichen Reizen nach dem Ableben Arsakes wohl geeignet schien, ihren Platz einzunehmen.

Auch Theagenes und Chariklea freuten sich über die Nachricht und priesen das Walten der mächtigen Götter und ihre Gerechtigkeit. Jetzt, da ihre schlimmste Feindin tot war, glaubten sie nichts mehr befürchten zu müssen, mochte ihnen auch noch so Schweres bevorstehen. So nimmt man eher selbst gern den Tod auf sich, wenn nur auch der Feind mit zugrunde geht.

Als mit dem Einbruch der Dämmerung ein leichter Wind aufkam und man bei der Abkühlung an die Weiterreise denken konnte, brachen sie auf und ritten den Abend und die ganze

Nacht hindurch bis in die Frühe des anderen Tages, um Oroondates möglichst noch in Theben zu erreichen.

Das glückte ihnen freilich nicht. Ein Soldat von der Armee, der ihnen unterwegs begegnete, berichtete ihnen, der Statthalter sei bereits von Theben aufgebrochen; er selbst sei abgeschickt worden, um alle unter Waffen Stehenden, auch wenn sie zur Besatzungstruppe gehörten, schleunigst nach Syene in Marsch zu setzen. Man befinde sich in größter Aufregung und fürchte schon, die Stadt sei eingenommen und der Statthalter komme zu spät. Das äthiopische Heer sei überraschend schnell, bevor man etwas hörte, eingebrochen.

Darauf bog Bagoas von dem Weg nach Theben ab und schlug die Richtung auf Syene ein.

Er war dem Ziel schon nahe, als er auf eine Abteilung Äthiopier stieß, lauter gut bewaffnete junge Soldaten, die als Spähtrupp ausgesandt waren und durch ihre Erkundungen die Marschstraße für die Hauptmacht sichern sollten. Infolge des Einbruchs der Nacht und ihrer Ortsunkenntnis hatten sie sich verirrt und wollten nun nicht noch weiter als ratsam dem Haupttrupp voraussein. Sie hatten sich in einem Gebüsch am Fluß versteckt, wo sie selbst gesichert und geschützt im Hinterhalt lagen und schlaflos Wache hielten.

Als sie in der Morgenfrühe Bagoas mit seiner berittenen Schar vorüberziehen sahen und feststellten, daß es sich nur um einen kleinen Trupp von Leuten handelte, ließen sie ihnen einen kurzen Vorsprung. Sobald sie sich vergewissert hatten, daß ihnen keine weiteren Streitkräfte folgten, brachen sie mit Geschrei aus der Flußniederung hervor und stürzten ihnen nach. Bagoas und seine Reiter wurden durch den unerwarteten Lärm in nicht geringen Schrecken versetzt. Da sie die Angreifer an ihrer Farbe als Äthiopier erkannten und bei dem Stärkeverhältnis ein Kampf aussichtslos war – die Aufklärungsabteilung bestand aus tausend Leichtbewaffneten –, nahmen sie sich gar nicht erst die Zeit, sie genauer anzusehen, sondern wandten sich zur Flucht. Dabei mäßigten sie anfangs mit Absicht das Tempo, um nicht den Eindruck zu erwecken, als rissen sie Hals über Kopf aus.

Die Äthiopier machten sich an ihre Verfolgung und schickten ihnen erst einmal die Troglodyten nach, deren sie zweihundert bei sich hatten. Die Troglodyten sind ein äthiopischer Stamm, Nomaden und Nachbarn der Araber. Sie sind die geborenen Schnelläufer und bilden diese Veranlagung von Jugend an aus. Mit schweren Waffen wissen sie nicht umzugehen, sondern greifen in einer Schlacht nur als leichte Truppe mit der Schleuder an. Entweder erreichen sie dann etwas durch einen überraschenden Angriff, oder sie ziehen sich fluchtartig zurück, wenn sich der Gegner überlegen zeigt. Dieser verzichtet ohne weiteres auf die Verfolgung, weil er ihre Schnelligkeit kennt und weiß, daß sie sich in Höhlen mit schmalen Eingängen und Felsspalten zu verstecken pflegen.

Die Troglodyten holten also zu Fuß die Reiter ein und konnten einigen von ihnen mittels ihrer Schleudern Verwundungen beibringen. Einen Gegenangriff aber warteten sie gar nicht erst ab, sondern rannten schleunigst zu ihren weit zurückgebliebenen Kameraden zurück. Unter diesen Umständen und bei der geringen Stärke der Gegner entschlossen sich die Perser, sie im Gegenstoß noch ein Stück zu verfolgen und von sich abzuschütteln. Dann setzten sie ihre Flucht fort. Diesmal gaben sie den Pferden die Sporen, ließen ihnen die Zügel schießen und sie hergeben, was sie konnten. Sie entkamen alle, verschwanden bei einer Krümmung des Nils hinter einer der Höhen – das Ufer bildet hier eine Art Vorgebirge – und entzogen sich damit den Augen des Feindes.

Nur Bagoas geriet infolge Sturzes mit dem strauchelnden Pferde und durch eine Beinverletzung, die ihn bewegungsunfähig machte, in Gefangenschaft. Mit ihm auch Theagenes und Chariklea. Sie wollten einerseits Bagoas nicht im Stich lassen, der sich so kameradschaftlich gegen sie verhalten hatte und, wie sie hofften, weiterhin zeigen würde; sie waren deshalb abgestiegen und blieben, obwohl sie wahrscheinlich hätten entkommen können, bei ihm. Andrerseits ergaben sie sich auch gern freiwillig in Anbetracht einer Äußerung, die Theagenes zu Chariklea tat. Das sei ganz der Traum, meinte er, das seien die Äthiopier, in deren Land sie nach dem Willen des Schicksals als Gefangene kommen sollten. Es sei also angebracht, sich zu ergeben und sich lieber einer unbekannten Zukunft anzuvertrauen als der sicheren Gefahr, die ihnen von Oroondates drohe.

Chariklea, überzeugt, daß das Schicksal seine Hand im Spiel habe, war so voll Vertrauen, daß sie in den auf sie zukommenden Männern eher Freunde als Feinde sah. Doch verriet sie Theagenes ihre Gedanken nicht und tat, als ob sie nur seinem Rate folge.

Die Äthiopier waren inzwischen herangekommen. Als sie schon am Äußeren erkannten, daß Bagoas ein Eunuch und kein Soldat war, und daneben die jungen Leute sahen, waffenlos und in Fesseln, von auffallender Schönheit und vornehmer Haltung, fragten sie, wer sie seien, indem sie sich eines bei ihnen befindlichen Ägypters, der auch persisch sprach, als Dolmetschers bedienten. Sie nahmen an, daß sie beide Sprachen oder in jedem Fall doch eine von ihnen verständen. Denn Späher und Kundschafter, die sich umhören müssen, was man sagt und vorhat, lernen durch Erfahrung, Leute mitzunehmen, die die Sprache der Landesbewohner und Feinde beherrschen oder verstehen. Theagenes, der infolge seines langen Aufenthaltes in Ägypten und dank der Kürze der Fragen zu antworten vermochte, erklärte, Bagoas sei die rechte Hand des persischen Statthalters, er selbst und Chariklea seien Griechen, die vor einiger Zeit in persische Gefangenschaft und jetzt vielleicht zu ihrem Glück in äthiopische Hände gefallen seien. Da beschloß man, sie zu schonen und als Gefangene mitzunehmen, als erste lohnende Beute für den König: den Bagoas als das bevorzugteste Werkzeug, das der Statthalter besaß – bedient man sich doch an persischen Höfen der Gilde der Eunuchen als ‚Auge und Ohr', denn sie haben keine Kinder und Angehörige, die sie in ihrer Treue und Anhänglichkeit gegenüber dem Herrn beeinträchtigen könnten, sondern hängen nur an ihrem Gebieter, der ihnen Vertrauen schenkt. In den jungen Leuten sahen sie das schönste Geschenk für den Dienst am königlichen Hofe.

Sie setzten sie also auf Pferde, da der eine infolge seiner Verletzung, die anderen beiden wegen ihrer Fesseln beim schnellen Marsch nicht mit ihnen Schritt halten konnten.

Was da vor sich ging, war so etwas wie bei einem Drama der Prolog oder das Vorspiel: Die beiden, die noch kurz zuvor als Fremde und gefesselt den Tod vor Augen gehabt hatten, wurden nun nicht so sehr wie Gefangene weggeschleppt als im feierlichen Zuge dahingeführt und von ihren Wächtern, die bald ihre Untertanen sein sollten, wie von einer Leibwache begleitet. Das war jetzt ihre Lage.

Neuntes Buch

Indessen war Syene bereits von einer mächtigen Belagerungsarmee eingeschlossen und sozusagen in den Netzen der Äthiopier. Als Oroondates erfahren hatte, daß die Äthiopier unter Umgehung der Katarakte schon ganz nahe an Syene waren, hatte er sich tatsächlich beeilt, ihnen zuvorzukommen, und war in die Stadt eingerückt, hatte die Tore schließen, die Mauern mit Bogenschützen, schweren Waffen und Wurfmaschinen besetzen lassen und harrte der Dinge, die da kommen sollten.

Der König der Äthiopier, Hydaspes, der schon längst durch seine Kundschafter festgestellt hatte, daß die Perser auf dem Marsch nach Syene waren, kam trotz allem Drängen, ihnen zuvorzukommen, zu spät. Daraufhin rückte er an die Stadt heran und schloß sie ringsum mit einer Belagerungsarmee ein, die auf den ersten Blick unüberwindlich schien. Viele Tausende füllten die schmale Ebene von Syene: Männer, Waffen, Zugtiere.

Hier stieß auch die Aufklärungsabteilung wieder zum König. Man führte die Gefangenen vor ihn. Schon der Anblick der jungen Leute machte ihm Freude. Von Anfang an fühlte er sich, ohne etwas zu wissen, aus innerer Ahnung zum eigenen Blut hingezogen. Noch mehr erfreute er sich der guten Vorbedeutung, daß man sie in Fesseln vor ihn brachte.

»Großartig«, rief er, »die Götter übergeben uns diese Feinde gleich als erste Beute gefesselt! Deshalb sollen sie als erste Kriegsgefangene auch für die Siegesfeier am Leben bleiben und, wie es der althergebrachte Brauch will, bei den heiligen Opfern unseren Landesgöttern dargebracht werden.«

Nachdem er die Aufklärer mit Geschenken belohnt hatte, schickte er sie und die Gefangenen zum Troß. Er bestimmte genügend Leute, die ihre Sprache verstanden, zur Bewachung und befahl, sie mit äußerster Rücksicht zu behandeln, für ihre reichliche Beköstigung zu sorgen, sie vor allem Unreinen zu bewahren, mit einem Worte, sie ganz wie eine Art Opfertiere zu behandeln und ihnen anstatt der bisherigen Fesseln goldene anzulegen. Denn Gold dient bei den Äthiopiern denselben Zwecken wie anderen Völkern das Eisen.

Die Leute führten diese Befehle aus. Als sie ihnen die bisherigen Fesseln abnahmen und damit in ihnen die Hoffnung auf Freiheit erweckten, um ihnen schließlich doch nur Fesseln von Gold anzulegen, da kam Theagenes das Lachen an.

»Das nenne ich eine glänzende Veränderung!« rief er. »Das Schicksal zeigt sich geradezu verschwenderisch gegen uns. Wir erhalten Gold für Eisen! Und mit den kostbaren Ketten ist unser Wert als Gefangene gestiegen.«

Auch Chariklea lächelte. Sie bemühte sich, Theagenes umzustimmen, indem sie sich an die Prophezeiungen der Götter hielt und ihn mit freundlicheren Aussichten beruhigte.

Hydaspes hatte bei seinem Unternehmen gegen Syene gehofft, die Mauern der Stadt im ersten Ansturm überrennen zu können. Statt dessen wurde er sehr rasch von den Verteidigern zurückgeschlagen, die sich nicht nur erfolgreich zur Wehr setzten, sondern die Feinde durch höhnische Zurufe noch reizten. In seiner Wut, daß sie überhaupt Widerstand wagten und sich nicht ohne weiteres freiwillig ergaben, beschloß er, die Eingeschlossenen nicht mit einer langen Blockade mürbe zu machen und sich auch nicht auf die üblichen Belagerungsmaschinen zu verlassen, die gewiß Verluste unter der Besatzung herbeiführen, während viele andre entkommen würden, sondern durch eine großangelegte und umfassende Belagerungsaktion die Stadt schnell und vollkommen zu vernichten.

Er ging folgendermaßen zu Werke: Er teilte den Kreis der Mauer in Abschnitte ein und wies je zehn Mann zehn Klafter zu, mit der Aufgabe, einen möglichst breiten und tiefen Graben zu ziehen. Die einen hoben die Erde aus, die anderen schafften sie weg, die nächsten errichteten aus ihr einen Damm, den sie der belagerten Stadtmauer entgegenstellten. Dabei wurden sie durch niemand gestört; auch wurde nichts gegen die Schanzanlage unternommen, da man gegen einen so starken Feind keinen Ausfall aus der Stadt zu machen wagte und die Erfolglosigkeit einer Beschießung von den Mauern aus einsah. Denn Hydaspes hatte vorsorglich den Abstand zwischen den beiden Mauern so weit bemessen, daß ein Pfeilschuß die Arbeiter nicht treffen konnte. Als diese Anlage dank der Zusammenarbeit vieler tausend Hände in unwahrscheinlich kurzer Zeit fertiggestellt war, nahm man sofort eine weitere in Angriff. Man ließ einen Abschnitt des Kreises von etwa fünfzig Fuß eben und ohne Wall. Von den beiden Enden dieses Ausschnittes zog man zwei Wälle, die man im Anschluß an den Einschließungsdamm gleichmäßig ansteigen ließ und bis zum Nil verlängerte. Der Bau ähnelte langen Mauern, die gleichmäßig im Abstand von fünfzig Fuß sich vom Nil bis nach Syene hinzogen. Als die Verbindung des Dammes mit den Ufern hergestellt war, verschaffte man durch einen Durchstich dem Strom Zufluß und leitete das Wasser in den von den Dämmen gebildeten Kanal. Beim Einströmen aus dem höherliegenden Flußbett in das tiefere, aus der Strombreite in den engen Kanal, wo es von den aufgeworfenen Dämmen noch zusammengepreßt wurde, bewirkte es wie auf dem Weg durch den Kanal ein gewaltiges Getöse, das bis auf weiteste Entfernungen zu hören war.

Kaum hatten die Bewohner von Syene das mit ihren Ohren und dann mit ihren Augen wahrgenommen, da begriffen sie die ihnen drohende Gefahr und den Zweck der Ummauerung, sie zu überschwemmen. Sie begriffen, daß sie weder aus der Stadt zu entfliehen vermochten, da ihnen die Umfassungsmauer wie die sich bereits nähernden Wassermassen den Weg versperrten, noch ungefährdet bleiben konnten. So unternahmen sie zu ihrer Rettung, was ihnen zu tun übrig blieb. Zuerst verstopften sie die Fugen der Bohlen an den Toren mit Werg und Pech, dann suchten sie die Widerstandskraft der Mauer zu verstärken, wozu der eine Erde, der andere Steine, der nächste Holz und was jedem gerade unter die Hände kam, heranschleppte. Niemand blieb untätig, sondern jeder, ob Frau, ob Kind, ob Greis, legte Hand an. Denn in der höchsten Gefahr hört jede Rücksicht auf Alter und Geschlecht auf. Die kräftigeren Leute und die junge bewaffnete Mannschaft erhielten die Aufgabe, einen engen unterirdischen Gang von der Stadt bis zur Wallanlage der Feinde zu graben.

Das wurde folgendermaßen bewerkstelligt: Sie hoben nahe

der Mauer einen senkrechten Schacht von fünf Klafter Tiefe aus. Von seinem Boden aus gingen sie bei Fackelschein zuerst unter das Fundament der Stadtmauer und gruben dann, zunächst schräg ansteigend, einen unterirdischen Gang geradeaus auf den gegnerischen Wall zu. In langer Reihe übernahmen die Hintermänner von den Vordermännern die Erde, schafften sie nach einem Stadtteil, der zu Gartenanlagen diente, und häuften sie da zu einem Hügel auf. Die Absicht war dabei, den Wassermassen bei ihrem Andrang einen Abfluß durch den unterirdischen Gang zu verschaffen. Doch die Katastrophe kam ihnen zuvor. Der Nil, der durch den großen Kanal bereits eingedrungen war, strömte ringsum in den kreisförmigen Ring und machte aus dem ganzen Raum zwischen den beiden Mauern einen einzigen See. Dadurch wurde Syene plötzlich zu einer Insel. Das eingeschlossene Festland wurde von den Nilwellen umwogt. Anfangs, während des ersten Tages, leistete die Mauer eine Zeitlang Widerstand. Als aber die andrängende Flut höher stieg und durch die Spalten des Bodens, dessen fette, fruchtbare Erde durch die Sonnenhitze rissig war, in die Tiefe drang und das Fundament der Mauer untergrub, da gab der Untergrund dem Druck nach. Die Mauer geriet an den schwachen Stellen ins Wanken und zeigte dadurch die drohende Gefahr an. Die Mauerkronen begannen hin und her zu schaukeln, und die Verteidiger wurden durch die Erschütterung in Schrecken versetzt.

Gegen Abend stürzte auch bereits ein zwischen zwei Türmen gelegener Teil der Mauer ein. Doch war die Einsturzstelle nicht so tief wie die Wasserhöhe, so daß die Flut noch nicht eindringen konnte, sondern überragte sie etwa um fünf Ellen, bedrohte aber doch die Einwohner mit der Gefahr baldiger Überflutung.

Die Leute in der Stadt brachen in Entsetzensschreie aus, die selbst die Feinde hören konnten. Sie hoben die Hände zum Himmel, baten als letzte Hoffnung die Götter um Rettung und bestürmten Oroondates, mit Hydaspes Verhandlungen anzuknüpfen. Er gab nach, da er sich dem Schicksal unterwerfen mußte. Doch sah er, ganz vom Wasser eingeschlossen, keine Möglichkeit, jemand zu den Gegnern abzuschicken, bis ihn die Zwangslage auf einen Ausweg verfallen ließ. Er setzte sein

Angebot schriftlich auf, befestigte den Brief an einen Stein und ließ ihn mittels einer Schleuder zu den Feinden hinüberbefördern.

Aber der Versuch mißglückte, da das Geschoß nicht über die weite Strecke kam und ins Wasser fiel. Darauf versuchte er, ein gleichlautendes Schreiben mit einem Pfeil hinüberschießen zu lassen, hatte aber kein größeres Glück damit. Obwohl sich alle Bogenschützen und Schleuderer die größte Mühe gaben, das Ziel zu erreichen, hing doch das Leben davon ab, das Ergebnis war immer dasselbe.

Schließlich streckten sie die Hände nach den Feinden aus, die auf den Wällen standen und ihrer Not wie einem Schauspiel zusahen, und suchten ihnen so gut wie möglich durch verzweifelte Gebärden den Sinn der Pfeilschüsse verständlich zu machen. Bald erhoben sie die offenen Hände zum Zeichen ihrer Bitte um Gnade, bald legten sie sie auf den Rücken als Ausdruck der Bereitwilligkeit, sich fesseln zu lassen und der Gefangenschaft zu unterwerfen.

Hydaspes erkannte, daß sie um Rettung baten, und war auch geneigt, sie ihnen zu gewähren. Denn in hochherzigen Menschen erweckt die Unterwürfigkeit des Gegners Mitgefühl. Da er aber seine Absicht nicht ohne weiteres verwirklichen konnte, hielt er es für zweckmäßig, den Feind zuerst einmal auf die Probe zu stellen. Er hatte eine Anzahl von Flußbooten bereit, die er vom Nil mit der Strömung in den Kanal fahren ließ. Als sie an den Damm der Umfassungsmauer gelangt waren, ließ er sie halten, wählte zehn von ihnen, ganz neue, aus, bemannte sie mit Bogenschützen und Schwerbewaffneten, gab ihnen Weisung, was sie sagen sollten, und schickte sie gegen die Perser. Gut gesichert, fuhren sie hinüber, abwehrbereit, falls die Besatzung auf der Mauer wider Erwarten etwas gegen sie unternehmen sollte. Es war ein ganz neuartiges Schauspiel: Schiffe, die von einer Mauer zur anderen manövrierten, Seeleute, die über das Festland fuhren, Fährboote, die über Ackerboden glitten. Der Krieg, der immer wieder Neues erfindet, bot auch bei dieser Gelegenheit ganz ungewohnte, erstaunliche Erscheinungen. Er führte Seesoldaten und Festungskrieger gegeneinander und ließ Landtruppen gegen Marineeinheiten vorgehen. Denn als die Stadtbewohner die Boote mit der bewaffneten Besatzung auf die Stelle zuhalten sahen, an der die Mauer eingestürzt war, betrachteten sie in ihrer Bestürzung und Verwirrung über die von allen Seiten drohenden Gefahren die zu ihrer Rettung Ausgesandten als Feinde und beschossen sie von der Mauer herab mit Bogen und Schleudern. In höchster Gefahr erweckt eben alles Mißtrauen und Furcht. Verzweifelte Menschen sehen in jeder Stunde, die ihren Tod hinausschiebt, immer noch einen Gewinn. Sie schossen aber nicht in der Absicht, dem Gegner Verwundungen beizubringen, sondern wollten nur die Landung verhindern.

Die Äthiopier erwiderten die Schüsse und durchbohrten, da sie die Absicht der Perser mißverstanden und genauer zielten, zwei oder drei Gegner. Andere, mehr durch Zufall schwer getroffen, stürzten kopfüber von der Mauer ins Wasser.

Der Kampf hätte noch heftigere Formen angenommen, da zwar die einen immer noch mit Schonung des Gegners nur Abwehr, die anderen aber wütenden Widerstand leisteten, wäre nicht ein angesehener älterer Bewohner von Syene den Leuten auf der Mauer entgegengetreten.

»Ihr Wahnsinnigen«, rief er, »hat euch das Unglück ganz um den Verstand gebracht? Erst rufen wir sie um Hilfe und bitten sie um Gnade, und wenn sie dann unverhofft kommen, suchen wir sie zurückzuschlagen! Wenn sie in freundlicher Absicht kommen und uns Friedensvorschläge bringen, so werden sie unsere Retter sein. Haben sie feindliche Absichten, so können wir sie nach der Landung mühelos unschädlich machen. Was nützt es auch, wenn wir die paar Leute hier umbringen, wo eine solche Gewitterwolke vom Lande und Wasser her sich rings um die Stadt zusammenballt? Lassen wir sie also herankommen und hören wir, was sie wollen.«

Allen schien dieser Vorschlag richtig, auch der Statthalter stimmte zu. Sie traten nach beiden Seiten von der Mauerbresche zurück und verhielten sich friedlich, ohne die Waffen anzurühren.

Als der Platz zwischen den beiden Türmen von der Besatzung geräumt war und die Bevölkerung durch Tücherschwenken wissen ließ, daß sie die Landung gestattete, kamen die Äthiopier nahe heran und hielten von den Booten aus wie von einer Rednertribüne an die Versammlung der Belagerten folgende Ansprache:

»Versammelte Perser und Bewohner von Syene! Hydaspes, der Herrscher über die Äthiopier in Ost und West und jetzt auch über euch, weiß seine Feinde zu vernichten. Er versteht es aber auch, Bitten zu erhören. Denn das eine betrachtet er als Sache der Tapferkeit, das andere als Zeichen der Menschlichkeit. Das eine entspricht der militärischen Notwendigkeit, das andere seiner persönlichen Gesinnung. Obwohl ihr ihm auf Sein und Nichtsein ausgeliefert seid, erlöst er euch angesichts eurer Bitte um Gnade aus der allen offenkundigen und unbestreitbar gefährlichen Lage. Die Bedingungen, unter denen ihr ihren Schrecken mit heiler Haut entgehen werdet, schreibt er euch nicht vor, sondern überläßt ihre Festsetzung eurer Entscheidung. Denn er richtet nicht wie ein Tyrann, der seinen Sieg ausnützt, sondern waltet ohne den Gedanken an Vergeltung über Menschenschicksale.«

Darauf erwiderten die Bewohner von Syene, sie seien bereit, sich mit Frauen und Kindern auf Gnade oder Ungnade Hydaspes zu ergeben und, wenn er ihnen das Leben schenke, auch die Stadt auszuliefern, falls sie erhalten bleibe. Vorläufig sei sie dem sicheren Untergange geweiht, wenn ihr nicht durch die Götter und Hydaspes irgendwie Rettung komme.

Oroondates erklärte: Auf das, was zu diesem Krieg geführt habe und was der Einsatz dabei gewesen sei, die Stadt Philai und die Smaragdminen, wolle er verzichten. Er selbst aber werde sich keinem Zwange unterwerfen und weder sich noch seine Soldaten übergeben. Vielmehr solle Hydaspes, wenn er seine ganze Menschenfreundlichkeit beweisen wolle, ihnen unter der Bedingung, daß sie keinen Schaden anrichten und nicht mehr die Waffen gegen ihn erheben wollten, Abzug nach Elephantine gewähren. Für ihn persönlich sei es gleich, ob er jetzt umkomme oder nach scheinbarer Rettung vom Perserkönig wegen Verrates am Heer verurteilt werde. Letzteres sei sogar noch härter. Hier werde er einfach nach Kriegsbrauch eines gewöhnlichen Todes sterben, dort müsse er die grausamsten und raffiniertesten Folterstrafen über sich ergehen lassen.

Zugleich bat er, daß zwei Perser auf die Boote genommen

würden, mit dem Vorwand, sie müßten nach Elephantine. Falls die dortige Besatzung zur Übergabe bereit sei, so wolle auch er keine Schwierigkeiten machen.

Mit diesen Vorschlägen kehrte die Abordnung, mit den beiden Persern an Bord, zurück und erstattete Hydaspes ausführlich Bericht. Der lachte laut auf und äußerte sich spöttisch über diese Torheit. Wie könne ein Mensch, der auf Gnade oder Ungnade eines andern angewiesen sei, als Gleichberechtigter verhandeln wollen.

»Doch wäre es töricht«, bemerkte er, »die Dummheit eines einzelnen so viele Menschen entgelten zu lassen.«

Er ließ die Boten des Oroondates nach Elephantine gehen, da es ihm gleichgültig war, ob man auch dort vielleicht an Widerstand denke. Einem Teil seiner Leute befahl er, den künstlichen Abfluß des Nils zu verstopfen, die andern sollten einen neuen durch Durchstechen des Dammes schaffen, damit durch die Unterbindung des Zuflusses und durch den Abfluß des angestauten Wassers die Umgebung von Syene möglichst schnell wieder trocken und zu Fuß passierbar würde.

Die dafür bestimmten Leute mußten aber bald die Arbeit einstellen und auf den nächsten Tag verschieben, da sie den Auftrag erst gegen Abend erhalten hatten und die Nacht hereinbrach.

Inzwischen legten die Leute in der Stadt die Hände nicht in den Schoß, da sie an der Möglichkeit einer Rettung, so unwahrscheinlich sie war, nicht zweifelten. Einige gruben den unterirdischen Gang weiter und glaubten schon, dem Gegenwall nahe zu sein, wenn sie den Abstand zwischen Mauer und Wall mit den Augen abschätzten und mit der Länge des Stollens an Hand eines Bandmaßes verglichen. Andere stellten den eingefallenen Teil der Mauer bei Fackelbeleuchtung wieder her. Die Bauarbeit war leicht, da die Steine beim Einsturz nach der Innenseite gerollt waren. Sie glaubten sich schon fürs erste gesichert – wenn sie auch noch nicht ganz beruhigt waren –, als eine neue Katastrophe eintrat und gegen Mitternacht ein Teil des Dammes an der Stelle, an der am Abend die Äthiopier mit dem Durchstich begonnen hatten, unvermutet einstürzte. Vielleicht war an dieser Stelle die aufgehäufte Erde zu locker und nicht genug festgestampft, und der Untergrund gab unter der Wirkung des einströmenden Wassers nach. Vielleicht auch hatte er sich gesenkt, weil durch den Stollenbau ein Hohlraum darunter entstanden war, oder durch die Bresche, die zwar nicht sehr tief war, aber doch unter dem Niveau der Dammanlage lag, war das im Laufe der Nacht angestaute Wasser übergetreten und hatte, nachdem es sich einmal einen Weg gebahnt hatte, den Durchstich erweitert. Man konnte schließlich auch das Ergebnis auf göttliche Einwirkung zurückführen – jedenfalls stürzte der Damm unerwartet ein.

Der Krach und das Getöse, die dabei entstanden, waren derart, daß die Äthiopier und Syener von einem panischen Schrecken erfaßt wurden und, da sie nicht wußten, was wirklich geschehen war, annahmen, der größte Teil der Mauern und der Stadt sei zusammengebrochen. Die ersteren, die sich in Sicherheit befanden, blieben ruhig in ihrem Lager und warteten ab, was sich am Morgen herausstellen würde; die Stadtleute dagegen liefen die ganze Mauer ringsum ab, wobei jeder den Abschnitt, der ihm zunächst war, unbeschädigt fand und vermutete, das Unglück müsse sich irgendwo an einer anderen Stelle ereignet haben, bis der Tagesanbruch das Dunkel über der vermeintlichen Katastrophe lichtete und man den Durchbruch und das Zurückfluten der Wassermassen deutlich sehen konnte.

Die Äthiopier waren auch bald dabei, den Zustrom zu verstopfen, indem sie Schleusen aus zusammengefügten Bohlen niederließen und sie von außen mit Holzbalken abstützten und mittels Erde und Reisig dicht machten. Zu vielen Tausenden brachten sie diese Dinge mit vereinter Kraft heran, teils vom Ufer her, teils mit Hilfe von Fahrzeugen.

So ging das Wasser wieder zurück. Doch konnten die beiden Parteien auch so nicht zueinander gelangen. Denn der Boden war mit einer tiefen Schlammschicht bedeckt, und wo deren Oberfläche trocken schien, lag darunter ein feuchter Morast, bei dessen Betreten Pferd wie Mensch tief einsanken.

Damit brachten sie zwei bis drei Tage zu, in denen die Syener durch das Offenhalten der Tore, die Äthiopier durch das Ablegen der Waffen ihren friedlichen Absichten Ausdruck verliehen. Es war eine Waffenruhe ohne gegenseitige Absprache, doch auch ohne besondere Vorsichtsmaßnahmen beim

Wachdienst. Die Stadtbewohner waren jetzt auch mehr von Festfreuden in Anspruch genommen, denn es war gerade um die Zeit des Nilfestes, der höchsten ägyptischen Feiertage, die um die Sommersonnenwende mit dem Steigen des Nils begangen und aus folgendem Grunde von den Ägyptern über alle anderen Feste gestellt werden:

Die Ägypter machen den Nil zu einer Gottheit und halten ihn für das höchste überirdische Wesen. Sie bezeichnen den Fluß stolz als den Gegenspieler des Himmels, weil er ohne Wolken und Regen ihr Ackerland bewässert und es alljährlich zu bestimmten Zeiten überschwemmt. Das ist allgemeiner Volksglaube. Daß sie ihn aber zum Gott machen, hängt damit zusammen, daß die Entstehung und das Leben der Menschen von der Vereinigung des feuchten mit dem trockenen Element herrühre. Alle übrigen Elemente sind nach ihrer Meinung mit diesen verbunden und entstehen durch sie. Das feuchte Element stelle der Nil, das andere ihr Land dar. Für das Volk genügt diese Erklärung. Für die Eingeweihten aber lehren sie, die Erde sei Isis und der Nil Osiris, und geben damit den realen Dingen Götternamen. Isis sehnt sich nach dem Abwesenden und freut sich über die Vereinigung mit ihm. Sein Verschwinden betrauert sie wieder und haßt den Typhon als seinen Feind. Ägyptische Weise, die in den Wissenschaften von der Natur und von Gott bewandert sind, werden wohl kaum einem die tiefere Bedeutung dieser Dinge enthüllen, sondern nur in Gestalt eines Mythos mitteilen, während sie den in die göttlichen Mysterien Eingeweihten die Geheimnisse im hellen Licht der Wahrheit offenbaren.

Möge das, was darüber gesagt ist, gnädig aufgenommen werden. Die tieferen Geheimnisse hüte man mit ehrfurchtsvollem Schweigen. Setzen wir die Erzählung der Ereignisse von Syene fort.

Als also das Fest des Nils gekommen war, widmete sich die Einwohnerschaft ganz den Opfern und Zeremonien. So sehr sie durch die herrschende Not körperlich mitgenommen war, versäumte sie, soweit es die Umstände erlaubten, doch nicht die Erfüllung der religiösen Pflichten.

Oroondates aber wartete die Mitternacht ab, bis die Syener nach dem Festmahl in tiefem Schlafe lagen, und ließ dann sein

Heer heimlich aufbrechen, nachdem er den Persern zuvor die Zeit und das Tor zum Abrücken bekanntgegeben hatte. Den Unterführern hatte er befohlen, Pferde und Zugtiere an Ort und Stelle zu lassen, teils um Schwierigkeiten zu vermeiden, teils um nicht durch den Lärm aufzufallen. Sie sollten nur die Waffen mit sich führen und jeder ein Brett oder einen Balken mitnehmen.

Als sie sich an dem verabredeten Tor gesammelt hatten, ließ er die von jeder Zehnermannschaft mitgebrachte Holzlast Brett an Brett quer über den Morast legen, so daß die hinten Stehenden sie den Vordermännern reichten, und brachte auf diese Weise seine ganze Streitmacht schnell und sicher wie über eine Brücke. Als er festen Boden unter sich hatte, führte er, von den Äthiopiern, die nichts gewahrt und auch keine Wachen aufgestellt hatten, sondern nichtsahnend schliefen, unbemerkt die gesamte Armee, was Beine und Lungen hergaben, in einem Gewaltmarsch nach Elephantine und rückte ohne Widerstand in die Stadt ein, weil die beiden aus Syene vorausgeschickten Perser, die befehlsgemäß Nacht für Nacht auf seine Ankunft gewartet hatten, auf die verabredete Parole sofort die Tore öffneten.

Erst bei Tagesanbruch bemerkten die Syener ihre Flucht. Zuerst vermißte jeder einzelne die im eigenen Hause einquartierten Perser, dann tauschten sie in Zusammenkünften mit den Nachbarn ihre Feststellungen aus und schließlich entdeckten sie den Knüppeldamm. Das weckte neue Befürchtungen, und sie machten sich auf den Vorwurf eines zweiten Vergehens gefaßt, das schwerer war als das erste, weil sie gegen so viele Freundlichkeit sich undankbar erwiesen und die Flucht der Perser begünstigt hätten. Sie beschlossen daher, in geschlossenem Zuge die Stadt zu verlassen, sich in die Hände der Äthiopier zu geben und ihre Unschuld eidlich zu bekräftigen, um vielleicht ihr Mitleid zu erregen. Sie bildeten einen Zug dem Alter nach, nahmen Zweige als Zeichen der Bitte um Gnade in die Hände, steckten Lichter und Fackeln an und setzten sich unter Führung und Schutz der Priesterschaft und der Götterbilder, die die Priester vor sich hertrugen, über den Knüppeldamm in Richtung auf die Äthiopier in Bewegung. In einiger Entfernung warfen sie sich auf die Knie und ließen als

Ausdruck ihrer Bitte um Gnade auf einen verabredeten Klageruf allgemeines Wehklagen erschallen. Um das Mitgefühl noch zu steigern, setzten sie die kleinen Kinder vor sich auf die Erde und ließen sie sich bewegen, wohin sie wollten, um durch die arglosen und unschuldigen Wesen den Zorn der Äthiopier zu mildern. Das kleine Volk lief aufgeregt und nicht ahnend, was sich abspielte, den Eltern und Wärtern davon, wahrscheinlich auch geängstigt durch das maßlose Geschrei. Ein Teil bewegte sich kriechend auf die Feinde zu, ein anderer legte den Weg stolpernden Fußes unter mitleiderregendem Jammer zurück, als habe das Schicksal sich diese ungewohnte Art zu bitten aus dem Stegreif erdacht.

Bei diesem Anblick glaubte Hydaspes, sie wollten ihre früheren Bitten bekräftigen und ihre völlige Unterwürfigkeit zum Ausdruck bringen. Er schickte zu ihnen und ließ fragen, was sie wünschten und weshalb sie allein und nicht zusammen mit den Persern kämen.

Da gaben sie eine ausführliche Darstellung von der Flucht der Perser, von ihrer Schuldlosigkeit, von dem heimischen Fest und erzählten, sie hätten infolge der Beanspruchung durch die religiöse Feier und wegen ihres Schlafes nach dem Festmahl nichts gemerkt. Aber selbst wenn sie es gesehen hätten, wäre es ihnen als Waffenlosen unmöglich gewesen, sich den Bewaffneten entgegenzustellen.

Bei diesen Nachrichten vermutete Hydaspes, was auch der Fall war, irgendeine Hinterlist oder Falle von seiten des Oroondates. Er ließ die Priester allein zu sich rufen, verneigte sich vor den Götterbildern, die sie, um mehr Eindruck zu machen, mitbrachten, und erkundigte sich, ob sie ihm genaue Auskunft geben könnten, wohin sich die Perser gewandt hätten, auf wen sie zählten oder was sie im Schilde führten.

Die Priester erklärten, sie wüßten nichts Genaues, vermuteten aber, Oroondates sei nach Elephantine marschiert, wo er seine Hauptmacht zusammengezogen habe, und rechne neben den übrigen Truppen besonders mit seinen schweren Reitern. Obwohl sie ihn noch baten, ihre Stadt zu betreten, sie als seine eigene zu betrachten und den Zorn auf sie zu vergessen, hielt es Hydaspes vorläufig nicht für ratsam, sich persönlich in die Stadt zu begeben, sondern schickte nur zwei Abteilungen schwerer Fußtruppen hinein, die das Vorhandensein eines Hinterhaltes auskundschaften und, falls sich nichts derartiges fände, die Stadt besetzen sollten.

Dann entließ er die Syener unter freundlichen Zusicherungen und formierte selbst seine Armee zur Schlacht, um einem Anrücken der Perser zu begegnen oder im Falle ihres Zögerns selbst zum Angriff überzugehen.

Noch war die Aufstellung nicht beendet, als Späher angeritten kamen und meldeten, daß die Perser zur Schlacht geordnet heranrückten.

Oroondates hatte seiner gesamten Streitmacht den Befehl erteilt, sich in Elephantine zusammenzuziehen. Auf die Nachricht von dem unerwarteten Anrücken der Äthiopier war er genötigt gewesen, mit einer schwachen Truppe Syene zu besetzen. Nach der Einschließung durch die Dämme hatte er um Gnade gebeten und von Hydaspes die gewünschte Zusicherung erhalten. Da zeigte er seine ganze Hinterhältigkeit. Er schickte die beiden Perser, die er mit den Äthiopiern hatte übersetzen lassen, angeblich fort, um die Stellungnahme der Elephantiner zu den Friedensbedingungen des Hydaspes zu ermitteln, in Wirklichkeit aber, um ihre Kampfbereitschaft festzustellen, falls es ihm gelänge, zu entkommen.

Diesen hinterhältigen Plan setzte er in die Tat um und marschierte, als er die Truppen angriffsbereit fand, unverzüglich los, um ohne den geringsten Aufschub zum Angriff überzugehen und, wie er hoffte, dem Gegner durch Schnelligkeit die Vorbereitung auf den Kampf unmöglich zu machen.

Schon entfaltete er sein in Schlachtordnung aufgestelltes Heer, dessen echt persischer Prunk die Augen blendete und dessen silberne und vergoldete Waffen über das Schlachtfeld leuchteten. Denn da eben die Sonne aufging und ihre Strahlen die Perser trafen, verbreitete ihr Widerschein auf den Rüstungen einen unbeschreiblichen Glanz.

Auf dem rechten Flügel standen die eigentlichen Perser und Meder, vorn die Schwerbewaffneten, dahinter die Bogenschützen, damit sie, durch die ersten gedeckt, auch ohne schwere Rüstung sicher schießen konnten. Die ägyptische und lydische Mannschaft und alle Söldnertruppen stellte er auf den linken Flügel, verstärkt durch Speerwerfer und Schleuderer, die rasche Vorstöße und Umfassungsangriffe auf den Gegner machen sollten.

Er persönlich nahm, nachdem er einen prachtvollen Sichelwagen bestiegen hatte, seinen Platz in der Mitte ein, zu beiden Seiten von der Schlachtreihe gedeckt, und stellte vor sich seine Panzerreiter auf, auf die er besonders zählte, wenn er die Schlacht wagte. Denn diese Truppe ist von jeher die Elite des Perserheeres und wird deshalb als unerschütterliche Mauer in vorderste Linie gestellt.

Sie besteht aus ausgesuchten Leuten von besonderer Körperkraft und ist folgendermaßen ausgerüstet: Jeder Mann trägt einen aus einem Stück gemachten und eigens für ihn passenden Helm, der seinem Gesicht wie eine Maske genau nachgebildet ist und seinen Kopf vom Scheitel bis zum Nacken vollkommen bedeckt, mit Ausnahme einer Öffnung für die Augen. Seine Rechte hält eine Lanze, die länger ist als der gewöhnliche Speer. Die Linke ist frei für den Zügel. An der Seite hängt das Krummschwert. Nicht nur die Brust, sondern auch alle übrigen Körperteile sind durch den Panzer geschützt. Er besteht aus viereckigen Bronze- und Eisenplättchen von der Größe einer Spanne in jeder Richtung. Diese sind so zusammengefügt, daß eins mit dem Rand über das andere greift, das obere über das untere und ebenso ununterbrochen nach der Seite. Die einzelnen Glieder sind da, wo sie zusammentreffen, unterwärts mit Bändern ineinandergehakt und bilden ein Schuppenkleid, das sich ungezwungen um den Körper legt, jedem Glied anschmiegt und durch Dehnen und Zusammenziehen leicht jeder Bewegung nachgibt. Es ist auch mit Ärmeln versehen, reicht vom Nacken zum Knie und geht nur an den Schenkeln auseinander, um das Besteigen des Pferdes zu gestatten. Dieser Panzer schützt gegen jede Art von Geschossen und macht eine Verwundung unmöglich. Der Beinschutz reicht von der Fußsohle bis zum Knie und schließt sich an das Panzerkleid an. Durch eine ähnliche Rüstung schützt man auch das Pferd. Man bindet ihm Schienen um die Beine, schützt den Kopf durch Stirnplatten und hängt ihm eine vom Rücken bis zum Bauch herabfallende Decke aus Eisengeflecht über, die es schützt und dank ihrer Schmiegsamkeit im Laufe nicht behindert.

So gepanzert und gleichsam eingeschachtelt, besteigt der

Reiter das Pferd. Er springt nicht selbst auf, sondern muß wegen seiner Belastung von anderen hinaufgehoben werden. Kommt es zum Kampfe, läßt er dem Pferde die Zügel frei, gibt ihm die Sporen und braust wie ein Mann aus Eisen oder eine lebende eherne Statue klirrend gegen den Feind.

Die Lanze ragt, waagerecht eingelegt, mit ihrer Spitze weit voraus und wird von einer Schlaufe am Pferdehals gehalten. Das Schaftende hängt in einer Schlinge am Schenkel des Pferdes und gibt dadurch beim Anprall nicht nach, sondern unterstützt die Hand des Reiters, der den Stoß nur zu lenken braucht. Wenn er sich in die Lanze legt und mit der ganzen Wucht seines Ansturms einstemmt, durchbohrt er alles, was ihm in den Weg kommt, und hebt mit einem Stoß bisweilen zwei Leute empor.

Derart war die Reiterei des Statthalters. So hatte er die persische Armee formiert, als er zum Frontalangriff vorging. Dabei behielt er immer den Fluß im Rücken und suchte sich so, weil er den Äthiopiern zahlenmäßig unterlegen war, durch das Wasser gegen eine Umfassung zu sichern.

Auch Hydaspes setzte sich in Bewegung. Den Persern und Medern auf der Rechten stellte er die Leute von Meroë gegenüber, die schwerbewaffnet und im Nahkampf erfahren waren. Den Troglodyten und den Bewohnern des Zimtlandes, leichten Truppen von großer Beweglichkeit und ausgezeichneten Bogenschützen, stellte er die Aufgabe, die Schleuderer und Speerwerfer auf der Linken zu beunruhigen. Dem persischen Zentrum, das auf seine Panzerreiter, wie er wußte, besonders stolz war, trat er mit seinen turmtragenden Elefanten selbst entgegen. Ihnen ließ er die schwerbewaffneten Blemmyer und Serer vorausgehen, denen er besondere Anweisungen für ihr Verhalten im Kampf gegeben hatte.

Als man beiderseits die Standarten aufgesteckt und bei den Persern mit Trompeten, bei den Äthiopiern mit Schlagzeug und Pauken das Angriffssignal gegeben hatte, führte Oroondates seine Schlachtreihen im Laufschritt unter Geschrei heran, während Hydaspes befahl, anfangs langsam in aller Ruhe und Schritt für Schritt vorzurücken, um die Elefanten nicht hinter der ersten Sturmlinie zurückbleiben zu lassen und den Anprall der Reiter durch den größeren Abstand abzuschwächen. Als diese in Schußweite gekommen waren und die Blemmyer merkten, daß die Panzerreiter ihre Pferde zum Angriff anspornten, befolgten sie die ihnen von Hydaspes gegebenen Anweisungen. Sie ließen, zur Deckung und Verteidigung der Elefanten, die Serer zurück, stürmten, so schnell sie konnten, aus der ersten Linie vor und stürzten sich auf die Panzerreiter. Wer sie sah, mußte glauben, sie seien wahnsinnig geworden, weil sie trotz ihrer zahlenmäßigen Schwäche eine solche Übermacht schwerbewaffneter Truppen angriffen. Die Perser trieben daraufhin ihre Pferde noch schärfer an, da sie in dem tollkühnen Verhalten der Gegner eine einzigartige Gelegenheit sahen, sie gleich beim ersten Zusammenstoß mit der Lanze aufzuspießen.

Kaum waren die Blemmyer am Feinde und fast schon in Berührung mit seinen Lanzen, als sie sich auf ein Kommando hin plötzlich duckten und unter die Pferde beugten. Ein Knie auf die Erde gestemmt, achteten sie nur darauf, am Kopf oder Rücken nicht von den Hufen getreten zu werden. Nun taten sie etwas ganz Unerwartetes: sie schlitzten den über sie hinwegsetzenden Pferden mit den Schwertern die Bäuche auf. So kamen viele Berittene zu Fall, weil die Pferde vor Schmerz den Zügeln nicht mehr gehorchten und ihre Reiter abwarfen. Die Blemmyer brachten ihnen, als sie wie gefällte Baumstämme dalagen, Verwundungen an den Schenkeln bei. Denn der persische Panzerreiter ist ohne fremde Hilfe unbeweglich.

Wer mit unverletztem Pferde davongekommen war, sprengte auf die Serer los. Diese zogen sich hinter die Elefanten zurück und benutzten die Tiere wie Hügel oder wie Befestigungen zu ihrer Deckung.

An dieser Stelle fand nun ein furchtbares Blutbad unter den Reitern bis zu ihrer fast völligen Vernichtung statt. Denn der ungewohnte Anblick der Elefanten, die plötzlich auftauchten und durch ihre ungeheure Erscheinung Schrecken verursachten, ließ die Pferde teils kehrtmachen, teils brachte er sie in ein derartiges Durcheinander, daß der Reiterverband sich alsbald auflöste. Die Besatzung der Elefantentürme, die je sechs Mann betrug, von denen je zwei nach drei Seiten herabschossen, während die Rückfront unbesetzt blieb, ließ von ihren Festungstürmen die Pfeile so ununterbrochen und zielsicher

Als Daphnis diesen Apfel erblickte, machte er Anstalt hinaufzusteigen und ihn zu brechen und achtete Chloës Abwehren nicht.

SEITE 78

niedersausen, daß ihre Dichte den Persern wie eine Geschoßwolke vorkam. Die Äthiopier nahmen vornehmlich die Augen der Gegner zum Ziel, als ob es sich nicht um einen Kampf Mann gegen Mann, sondern um ein Wettschießen handle, und trafen so sicher, daß die Getroffenen, die Pfeile in den Augen – es sah aus, als seien es die zwei Röhren einer Doppelflöte –, wirr und verstört durcheinanderrannten. Andere gerieten mit den Pferden, die sich in ihrem rasenden Lauf nicht halten ließen und mit ihnen durchgingen, mitten unter die Elefanten. Dort wurden sie teils von den Tieren zu Boden gerissen und zertrampelt, teils von den Serern und Blemmyern getötet, die aus ihrer Deckung hinter den Elefanten vorsprangen und sie mit wohlgezieltem Stoß oder Hieb verwundeten oder im Nahkampf von ihren Pferden herunterrissen. Auch wer durchkam, konnte gegen die Elefanten nichts ausrichten. Das Tier geht gleichfalls eisengepanzert in die Schlacht und besitzt obendrein eine so harte Lederhaut, daß jede Geschoßspitze wirkungslos daran abprallt.

Als auch die letzten, die noch standgehalten hatten, die Flucht ergriffen, verließ der Statthalter Oroondates seinen Wagen, bestieg eines von den mysäischen Pferden und riß feige aus. Die Ägypter und Libyer auf dem linken Flügel merkten nichts davon, setzten mit großer Erbitterung den Kampf fort und hielten, obwohl sie mehr Verluste hatten als sie dem Feind beibrachten, alle Schrecken mit zäher Tapferkeit aus. Die Männer aus dem Zimtlande, die ihnen gegenüberstanden, setzten ihnen heftig zu und machten ihnen durch ihre Kampfweise schwer zu schaffen. Sie zogen sich vor den gegnerischen Angriffen zurück und schossen dabei aus größeren Abständen, aber noch im Fliehen rückwärtsgewandt, mit ihren Bogen. Sobald die Gegner dann selbst zurückwichen, folgten sie ihnen und beschossen sie von der Seite teils mit Schleudern, teils mit kleinen Pfeilen, die mit einem Schlangengift bestrichen waren, das sofort tödlich wirkte.

Die Zimtlandbewohner handhaben das Pfeilschießen anscheinend mehr spielerisch als im Ernst. Sie tragen um den Kopf einen geflochtenen Gurt, in den sie rings die Pfeile stecken, das gefiederte Ende nach dem Kopf zu, die Spitzen strahlenförmig nach außen gekehrt. Wenn es zum Kampf kommt, zieht jeder daraus wie aus einem Köcher seinen Pfeil. Dann macht er, nackt bis auf den Pfeilkranz um den Kopf, unter grotesken Windungen tanzende Sprünge wie ein Satyr und schießt den Pfeil ab. Eisen für die Spitze haben sie nicht nötig. Sie nehmen den Rückenknochen eines Drachens, biegen ein Stück davon in der Länge eines Pfeilschaftes ganz gerade und spitzen es an einem Ende so scharf wie möglich zu. So haben sie einen Pfeil mit einer natürlichen Spitze. Zweifellos hat der Gebrauch solcher Knochen den Pfeilen im Griechischen den Namen gegeben.

Eine Zeitlang hielten sich die Ägypter in geschlossener Ordnung und setzten den Pfeilschüssen eine Wand von Schilden entgegen. Tapferkeit ist ihnen angeboren, und sie sehen dem Tod weniger um äußerer Vorteile willen als aus Ehrgeiz ins Auge. Vielleicht hält sie auch die Furcht vor der Strafe davon zurück, ihren Posten zu verlassen. Als sie aber erfuhren, daß die Panzerreiter, die für die stärkste Waffe galten und auf die man die größte Hoffnung setzte, vernichtet waren, daß der Statthalter geflohen war und die berühmten medischen und persischen Schwerbewaffneten keine Heldentaten vollbrachten, sondern nach einigen Erfolgen gegen die ihnen gegenüberstehenden Abteilungen von Meroë geschlagen und den übrigen gefolgt waren, gaben sie ebenfalls den Widerstand auf und flohen Hals über Kopf.

Hydaspes, der von seinem Beobachtungsturm aus den glänzenden Sieg miterlebt hatte, schickte Beauftragte an die verfolgenden Truppen, mit dem Befehl, im Morden einzuhalten, aber möglichst viele Gefangene zu machen und abzuführen, in erster Linie den Oroondates.

Das geschah auch. Die Äthiopier verlängerten ihre Front nach links, indem sie die tiefgegliederten Formationen beiderseits in der Länge auseinanderzogen, kreisten durch Einschwenken der Flügel die persische Armee ein und ließen ihr keinen Ausweg, außer in Richtung des Flusses, in den die meisten stürzten, da sie von den Pferden, den Sichelwagen, dem Menschenstrom und dem allgemeinen Durcheinander mitgerissen wurden. Zu spät begriffen sie, daß die vermeintlich überlegene Taktik des Statthalters für sie selbst nachteilig und unüberlegt war. Denn dadurch, daß er von vornherein aus

Besorgnis vor einer Umfassung den Nil als Rückendeckung gewählt hatte, hatte er sich, ohne sich darüber klar zu sein, den Rückzug versperrt.

So geriet er auch selbst in Gefangenschaft. Achämenes, der Sohn Kybeles, hatte alles, was sich in Memphis ereignet hatte, bereits erfahren und daraufhin den Entschluß gefaßt, Oroondates im Fluchtgedränge umzubringen – jetzt, wo der Arsake nichts mehr zu beweisen war, bereute er, gegen sie ausgesagt zu haben –, doch gelang es ihm nicht, Oroondates tödlich zu treffen. Vielmehr erreichte ihn selbst gleich die Strafe durch den tödlichen Pfeilschuß eines Äthiopiers. Dieser hatte den Statthalter erkannt und wollte ihn befehlsgemäß lebend gefangennehmen. Auch war er über den niederträchtigen Mordanschlag empört. Wie war das nur möglich? Auf der Flucht vor dem Feind erhob sich hier eine Hand gegen den eigenen Befehlshaber, offenbar, um unter Ausnützung der Katastrophe ein persönliches Rachebedürfnis zu befriedigen.

Der Mann, der Oroondates gefangengenommen hatte, brachte den mit dem Tode ringenden und aus seinen Wunden blutenden Statthalter vor Hydaspes, der das Blut durch Leute mittels Besprechung stillen ließ. Da er ihn, wenn möglich, am Leben zu erhalten wünschte, sprach er ihm Mut zu.

»Mein Freund«, sagte er, »soweit es auf meinen Willen ankommt, sollst du leben bleiben. Denn man soll seine Feinde, solange sie noch aufrecht stehen, im Kampfe, sobald sie niedergeworfen sind, durch Großmut bezwingen. Aber warum hast du dich eigentlich so treulos benommen?«

»Treulos gegen dich«, erwiderte Oroondates, »aber treu gegen meinen Herrn.«

»Was für eine Strafe würdest du dir als Unterlegener zusprechen?« fragte Hydaspes weiter.

»Genau die«, antwortete der Statthalter, »welche mein königlicher Herr einem deiner Heerführer gegenüber für angemessen halten würde, der sich dir treu erwiesen und den er gefangengenommen hätte.«

»Das soll also heißen«, entgegnete Hydaspes, »er würde ihm seine Anerkennung aussprechen, ihn beschenken und dann freilassen, wenn er ein wahrer König und kein Despot ist und ihm daran liegt, durch Auszeichnung anderer seine eigenen

Leute zu gleich vorbildlichem Verhalten anzuspornen. Also gut, merkwürdiger Mann, du bist deiner Ansicht nach treu. Aber das wirst selbst du nicht bestreiten wollen, daß es unklug von dir war, dich mehr als tollkühn so vielen Zehntausenden entgegenzustellen?«

»Vielleicht war es gar nicht so unklug«, erwiderte Oroondates, »mich nach der Auffassung meines Königs zu richten, derzufolge er die, welche sich im Kriege feige zeigen, höher bestraft, als er die Tapferen auszeichnet. Deshalb entschloß ich mich, der Gefahr ins Auge zu sehen, um entweder einen, wenn auch unerwarteten Sieg zu erringen – Wunder sind im Kriege nicht so selten – oder im gegenteiligen Fall, wenn ich selbst am Leben bliebe, mich damit rechtfertigen zu können, daß ich alles, was in meinen Kräften stand, versucht habe.«

Hydaspes zollte dieser Auffassung seine Anerkennung und ließ ihn nach Syene bringen, mit dem Auftrag, ihm sorgfältige ärztliche Hilfe angedeihen zu lassen.

Dann hielt er selbst mit den Kerntruppen seines Heeres seinen Einzug. Die ganze Stadt, jung und alt, strömte ihm entgegen, überschüttete die Soldaten mit Kränzen und Nilblumen und jubelte dem siegreichen König zu. Sobald er auf einem Elefanten wie auf einem Wagen innerhalb der Mauern angelangt war, widmete er sich gleich den religiösen Zeremonien und bezeigte den höheren Mächten seine Dankbarkeit. Dann erkundigte er sich bei den Priestern nach der Entstehung des Nilfestes und den Wundern und Sehenswürdigkeiten ihrer Stadt. Sie zeigten ihm den als Nilmesser dienenden Brunnen, der dem von Memphis ähnelt. Er ist aus polierten Quadersteinen gebaut und in Abständen von je einer Elle mit Strichen markiert. Das durch den Erdboden sickernde Flußwasser gibt den Einwohnern das Steigen und Fallen des Nils an diesen Linien an, deren bedeckte oder sichtbare Zahl den zu- oder abnehmenden Wasserstand ablesen läßt. Ferner erklärten sie ihm die Sonnenuhren, deren Zeiger am Mittag keinen Schatten werfen, weil die Sonne in der Gegend von Syene zur Sommersonnenwende genau im Scheitelpunkt steht und die Gegenstände von allen Seiten bescheint, so daß sie keinen Schatten werfen können. Aus dem gleichen Grunde wird das Wasser in der Tiefe der Brunnen von den Sonnenstrahlen getroffen.

Diese Dinge machten auf Hydaspes keinen außergewöhnlichen Eindruck, da Meroë in Äthiopien Gleiches aufzuweisen hat.

Dann machten sie viel Aufhebens von dem Fest, hoben den Nil in den Himmel, nannten ihn Horos, den Getreidespender des ganzen Landes, den Retter von Ober- und den Stammvater und Erhalter von Unterägypten. Denn er trage jedes Jahr neuen Schlamm heran und habe daher seinen Namen Neilos (Neuschlamm). Er zeige auch, wie sie behaupteten, die Jahreszeiten an, den Sommer durch sein Anschwellen, den Herbst durch sein Fallen und den Frühling durch die an seinen Ufern wachsenden Blumen und die von den Krokodilen gelegten Eier. Überhaupt versinnbildliche er nichts anderes als das Jahr, was schon aus seiner Benennung hervorgehe, denn wenn man die Buchstaben des Namens Neilos in Zahlen ausdrücke, so ergäben sich zusammen 365 Einheiten, also so viele Tage, als das Jahr hat. Als sie noch die Eigenart der Pflanzen-, Blumen- und Tierwelt und weitere Dinge priesen, sagte Hydaspes:

»Dieses Lob kommt nicht Ägypten, sondern Äthiopien zu. Da Äthiopien diesen Strom – oder Gott, wie ihr zu sagen liebt, – mit all seinen Lebewesen schickt, gebührt ihm gerechterweise eure Verehrung als der Stammutter eurer Götter.«

»Diese Verehrung lassen wir Äthiopien auch zuteil werden«, erklärten die Priester, »außer anderen Gründen schon deshalb, weil es uns dich als rettenden Gott sandte.«

»Schweig still!« entgegnete darauf Hydaspes, »solches Lob will ich nicht hören,« und ging in sein Zelt, um sich für den Rest des Tages auszuruhen. Dann gab er den angesehenen Äthiopiern und den Priestern von Syene ein Gastmahl, und auch alle andern sollten feiern. Zu diesem Zweck lieferte die Bürgerschaft von Syene für die Truppen ganze Rinder- und Schafherden und eine stattliche Zahl Ziegen und Schweine, dazu Wein im Überfluß, teils als Geschenk, teils gegen Bezahlung.

Am anderen Tage nahm Hydaspes auf einem erhöhten Sitze Platz und leitete die Verteilung der Zugtiere und Reitpferde und der übrigen Beute, die in der Stadt wie in der Schlacht gemacht worden war, an seine Krieger, wobei er jeden nach Verdienst und Leistung bedachte.

Als der Mann, der den Oroondates lebend gefangengenommen hatte, vortrat, sagte Hydaspes: »Fordere, was du willst.«

»Ich habe nichts zu fordern, mein König«, erwiderte der Mann. »Doch wenn du mir das zusprichst, was ich Oroondates abgenommen habe, als ich ihn deinem Befehl folgend am Leben ließ, bin ich zufrieden.«

Dabei brachte er die Schwertscheide des Statthalters zum Vorschein, die über und über mit Edelsteinen verziert und ein Vermögen wert war. Darauf äußerten sich viele Anwesende laut dahin, eine solche Kostbarkeit sei zu viel für einen einfachen Soldaten und gebühre zum mindesten einem König.

»Was gebührt einem König wohl mehr«, fragte Hydaspes mit einem Lächeln, »als daß ich mich nicht weniger großmütig zeige als dieser Mann habgierig ist? Auch steht ihm nach dem Kriegsrecht das Eigentum seines Gefangenen als Beute zu. Der Mann mag also gehen und mit meiner Erlaubnis mitnehmen, was er leicht hätte unterschlagen und ohne meine Zustimmung behalten können.«

Dann traten die Leute vor, die Theagenes und Chariklea gefangengenommen hatten.

»Großer König«, sprachen sie, »nicht aus Gold oder Edelsteinen besteht unsere Beute, Dingen also, die in Äthiopien wohlfeil und im königlichen Palast in Masse vorhanden sind. Wir bringen dir ein Mädchen und einen jungen Mann, Geschwister und Griechen, die an Gestalt und Schönheit – abgesehen von dir – nicht ihresgleichen haben. Deshalb hoffen wir auf deine großmütige Gesinnung.«

»Gut, daß ihr mich erinnert«, sagte Hydaspes. »Damals, als sie mir gebracht wurden, habe ich sie bei dem allgemeinen Tumult nur flüchtig gesehen. Man soll sie mit den übrigen Gefangenen hierher bringen.«

Sie wurden sogleich geholt. Ein Bote eilte aus der Stadt zu dem Troß und befahl den Wachen, sie schnellstens zum König zu schaffen. Die Gefangenen erkundigten sich bei einem der Wachmänner, einem Halbgriechen, wohin man sie führe. Als er erwiderte, zu König Hydaspes, der sich die Gefangenen ansehe, riefen die beiden jungen Leute gleichzeitig: »Die Götter helfen!« Sie entsannen sich sofort des Namens Hydaspes. Bisher waren sie im Zweifel gewesen, ob nicht ein anderer jetzt König wäre.

Theagenes sprach leise mit Chariklea.

»Liebste«, sagte er, »du wirst bestimmt dem König unsere Geschichte erzählen. Es ist ja Hydaspes, von dem du häufig zu mir als deinem Vater gesprochen hast.«

»Geliebter«, erwiderte Chariklea, »große Dinge bedürfen großer Vorbereitungen. Wir müssen mit weiteren Rückschlägen rechnen, ehe das, was das Schicksal so verwickelt eingeleitet hat, zu Ende kommt. Außerdem ist es nicht ratsam, Dinge, über die eine lange Zeit vergangen ist, mit einem Male aufzudecken, zumal da die Hauptperson unseres Dramas, in dem wir spielen, von der seine Verwicklung und Aufklärung abhängt, meine Mutter Persinna, nicht da ist. Daß sie dank der göttlichen Vorsehung noch am Leben ist, wissen wir ja bereits.«

»Wenn man uns aber vorher opfert«, wandte Theagenes ein, »oder als Gefangene verschenkt und uns damit jede Aussicht nimmt, nach Äthiopien zu kommen?«

»Im Gegenteil! Das ist am wenigsten zu befürchten«, erwiderte Chariklea. »Du hast oft genug von unseren Wächtern gehört, daß wir als Opfer für die Götter von Meroë ausersehen sind. Da ist keine Gefahr, daß wir verschenkt oder vorher getötet werden. Wir sind den Göttern durch ein feierliches Gelübde zugesagt. Gottesfürchtige Leute pflegen solch einen Eid nicht zu brechen. Ließen wir uns vom Überschwang unserer Freude verleiten und verrieten voreilig unser Geheimnis, bevor noch die Perser da sind, welche die Wahrheit festzustellen und zu bezeugen vermögen, so könnten wir leicht Entrüstung und berechtigten Zorn gegen uns erregen. Man würde es vielleicht als Hohn und Unverfrorenheit ansehen, wenn zur Sklaverei bestimmte Gefangene mittels einer unglaubhaften Erzählung, sozusagen mit einem Theaterstreich, sich als Königskinder aufspielen wollten.«

»Aber die Erkennungszeichen, die du doch aufbewahrt hast und bei dir trägst, wie ich weiß«, wandte Theagenes ein, »werden beweisen, daß es sich um keinen Betrug und keine Erfindung von uns handelt.«

»Die Erkennungszeichen«, erwiderte Chariklea, »sind nur für die von Beweiskraft, die sie kennen und mit ausgesetzt haben. Für die, welche sie nicht kennen oder die Zusammenhänge nicht wissen, stellen sie bloße Wertgegenstände und Schmucksachen dar, die möglicherweise ihren Träger noch in den Verdacht des Diebstahls oder Raubes bringen können.

Selbst wenn Hydaspes davon etwas wiedererkennt, wer kann ihn überzeugen, daß es Persinna war, die es gegeben hat, und daß es seine Tochter ist, die es erhielt? Das untrüglichste Erkennungsmittel, lieber Theagenes, ist das Mutterherz, das auf den ersten Blick eine geheimnisvolle Zuneigung und zärtliche Liebe für ihr Kind fühlt. Wir wollen auf diese Wirkung nicht verzichten, durch welche die Erkennungszeichen erst ihre volle Glaubwürdigkeit erhalten.«

Während dieses Gesprächs hatten sie sich dem König genähert. Mit ihnen brachte man auch Bagoas. Als Hydaspes sie vor sich stehen sah, sprang er für einen Augenblick vom Sitz auf und rief: »Götter, steht mir bei!«

Dann setzte er sich wieder und versank in Nachdenken. Als die ihn umgebenden Würdenträger fragten, was ihm sei, antwortete er:

»Mir hat heute nacht geträumt, daß mir eine Tochter wie diese geboren und zu solcher Schönheit herangereift sei. Der Traum, dem ich keine Beachtung geschenkt hatte, fällt mir jetzt beim Anblick dieses Mädchens infolge ihrer Ähnlichkeit ein.«

Als seine Umgebung äußerte, die menschliche Seele besitze bisweilen die Gabe, sich kommende Ereignisse greifbar vorzustellen, maß er der Sache vorerst keinen Wert bei und fragte die beiden, wer und woher sie seien.

Während Chariklea schwieg, antwortete Theagenes, sie seien Geschwister und Griechen.

»Gesegnetes Griechenland«, rief Hydaspes, »das Menschen von solch vollkommener Schönheit hervorbringt und uns zur Siegesfeier als glückverheißende Opfer schenkt. Doch warum ist mir im Traum nicht auch ein Sohn geboren worden«, wandte er sich lachend an seine Umgebung, »wenn mir nach eurem Glauben dieser junge Mann vorher als Traumvorstellung hätte erscheinen müssen, da ich ihn jetzt als Bruder des Mädchens zu sehen bekomme?«

Er wandte sich an Chariklea und sprach sie griechisch an. Denn die Gelehrten und Fürsten von Äthiopien beherrschen diese Sprache.

»Warum schweigst du, Mädchen, und antwortest nicht auf meine Frage?«

»An den Altären der Götter«, erwiderte Chariklea, »für die wir, wie wir hörten, zum Opfer vorgesehen sind, werdet ihr mich und meine Eltern kennenlernen.«

»Und wo sind sie?« fragte sie Hydaspes.

»Sie leben hierzulande«, gab sie zur Antwort, »und werden auf jeden Fall bei meiner Opferung zugegen sein.«

Hydaspes lächelte wieder.

»Sie träumt tatsächlich, diese meine Traumtochter«, sagte er, »wenn sie sich einbildet, ihre Eltern würden aus Griechenland bis nach Meroë kommen. Bringt sie jetzt fort und laßt ihnen die übliche sorgfältige Behandlung und Pflege angedeihen, damit sie dem Opferfest zur Ehre gereichen. Doch wer ist der daneben, der wie ein Eunuch aussieht?«

»Es ist wirklich ein Eunuch«, sagte einer aus der Umgebung. »Er heißt Bagoas und ist die rechte Hand des Oroondates.«

»Auch er soll mitgehen«, befahl Hydaspes, »nicht als Opfer, sondern als Wächter über das eine der beiden Opfer, über das junge Mädchen, das wegen seiner Reize sorgfältiger Bewachung bedarf, damit es uns bis zur Stunde der Opferung rein bleibt. Eunuchen sind von Natur eifersüchtig. Denn was ihnen selbst versagt ist, suchen sie auch anderen vorzuenthalten.«

Danach musterte er die übrigen Gefangenen, die geordnet an ihm vorbeizogen, und sonderte sie aus. Die das Schicksal von jeher zu Sklaven bestimmt hatte, verschenkte er. Den Gefangenen von vornehmer Abkunft gab er die Freiheit. Zehn junge Männer und eine gleiche Zahl junger Mädchen, die sich durch besondere Schönheit auszeichneten, wählte er aus und ließ sie mit Theagenes und Chariklea mit der gleichen Bestimmung wegbringen. Allen anderen erfüllte er die von ihnen ausgesprochenen Wünsche. Zum Schluß wandte er sich an Oroondates, den er in einer Sänfte hatte herbeitragen lassen.

»Da ich die Kriegsziele erreicht und Philai und die Smaragdminen an mich gebracht habe«, sprach er, »so will ich nicht wie die meisten in den Fehler verfallen, mich vom Glück zur Machtgier verleiten zu lassen und im Gefühl des Sieges meine Macht maßlos zu erweitern. Ich begnüge mich vielmehr mit den ursprünglichen Grenzen, die die Natur durch die Katarakte Ägyptens gezogen hat. Damit halte ich den Besitz, dessentwegen ich den Feldzug unternommen habe, und ziehe mich aus Achtung vor dem Recht wieder zurück. Wenn du mit dem Leben davonkommst, so regiere weiter als Statthalter und überbringe dem Perserkönig folgende Botschaft: Dein königlicher Bruder Hydaspes ist im Feld Sieger geblieben, läßt dir aber in seiner Weisheit deinen ganzen Besitz. Er ist bereit, wenn du willst, mit dir Freundschaft zu halten, die schönste Tugend, die Menschen üben können. Wenn du jedoch wieder anfangen solltest, verweigert er auch nicht den Kampf. Den Syenern erlasse ich für den Zeitraum von zehn Jahren die Leistung ihrer Abgaben und gebiete dir, das gleiche zu tun.«

Diese Erklärung wurde von den anwesenden Städtern und den Soldaten mit Begeisterung und einem weithin hörbaren Jubelruf aufgenommen.

Oroondates streckte die Arme aus, kreuzte die Hände und verneigte sich ehrerbietig, eine Huldigung, die die Perser fremden Fürsten sonst nicht erweisen.

»Anwesende«, rief er, »ich glaube nicht, gegen die Sitten meines Landes zu verstoßen, wenn ich den als König anerkenne, der mir die Statthalterschaft von Ägypten überläßt. Ich glaube nicht, pflichtvergessen zu handeln, wenn ich mich vor dem gerechten Herrscher verneige, der die Macht hat, mich zu töten und mir großmütig das Leben schenkt, der mir als Herr befehlen kann und mich als Statthalter beläßt. Ich gelobe, wenn ich am Leben bleibe, sicheren Frieden und ewige Freundschaft zwischen Äthiopiern und Persern und verpflichte mich zur Einhaltung der den Syenern gegebenen Zusagen. Sollte ich sterben, so mögen die Götter die mir bewiesene Großmut Hydaspes, seinem Hause und seinem Geschlechte vergelten!«

Zehntes Buch

Soviel von den Ereignissen bei Syene, das in größter Gefahr gewesen war und unverhofft durch die Hochherzigkeit und Milde eines einzigen Mannes solches Glück erlebte.

Hydaspes schickte die Hauptmasse seines Heeres voraus und brach dann selbst nach Äthiopien auf, wobei er eine große Strecke Weges von dem Jubel aller Syener und Perser begleitet wurde. Anfangs zog er am Nil entlang und hielt sich immer in der Nähe des Flusses. Als er aber die Katarakte erreicht und dem Nilgott und den Grenzgöttern Opfer gebracht hatte, änderte er die Marschrichtung und nahm seinen Weg durch das Landesinnere.

In Philai angekommen, gönnte er dem Heer zwei Ruhetage. Darauf schickte er die Hauptmasse wieder voraus und gab auch die Gefangenen mit. Er selbst blieb zurück, ließ die Mauern befestigen, legte eine Besatzung in die Stadt und setzte erst dann seinen Weg fort. Zwei Berittene, die unterwegs in Städten und Dörfern die Pferde wechseln mußten, um so rasch wie möglich ihren Auftrag auszuführen, schickte er als Eilboten voraus nach Meroë, die Siegesnachricht zu verkünden.

An die Weisen, die sogenannten Gymnosophisten, Mitglieder des Staatsrates und nächsten Berater des Königs, richtete er folgendes Schreiben:

»An den hochwürdigen Großen Rat des Königs Hydaspes.

Ich melde euch den Sieg über die Perser. Nicht um mich des Erfolges zu rühmen – denn ich will mir das rasch wechselnde Glück geneigt erhalten –, sondern um eurer weisen Voraussicht, die sich wie stets auch diesmal bewährt hat, mit diesem Schreiben schon im voraus meine Achtung zu erweisen. Ich bitte und ersuche euch, an den gewohnten Ort zu kommen, um durch eure Anwesenheit den Dankopfern zur Feier des Sieges in den Augen des Volkes größeren Glanz zu verleihen.«

Seiner Gemahlin Persinna sandte er folgenden Brief:

»Ich lasse Dich wissen, daß wir gesiegt haben und, was Dir noch wichtiger sein wird, daß ich wohlauf bin. Triff also Vorbereitungen für ein glänzendes Dankfest, für die Umzüge und die Opferfeier, richte Einladungen an die Weisen, entsprechend meinem Schreiben an sie, und begib Dich auf die unseren heimischen Göttern, dem Helios, der Selene und dem Dionysos geweihte Ebene vor der Stadt.«

Als Persinna diesen Brief erhielt, sagte sie:

»Dies also bedeutet der Traum, den ich in der letzten Nacht hatte. Ich glaubte schwanger zu sein und unmittelbar darauf niederzukommen. Das Kind war eine bereits ganz erwachsene Tochter. Offenbar hat mir der Traum durch die Wehen die Kriegsaufregungen und durch die Tochter den Sieg angedeutet. Geht nun und erfüllt die Stadt mit der Freudenbotschaft.«

Die Eilboten führten den erhaltenen Auftrag aus. Das Haupt mit Lotosblumen vom Nil bekränzt und Palmzweige in den Händen, ritten sie durch die Hauptstraßen der Stadt und verbreiteten schon durch ihren Aufzug die Siegesnachricht.

Im Augenblick war ganz Meroë im Freudentaumel. Tag und Nacht veranstaltete man in den Familien, in den Stadtvierteln und Brüderschaften Tanz- und Opferfeiern für die Götter und schmückte die Kultstätten. Dabei galt der Jubel nicht so sehr dem errungenen Sieg als der Freude über die glückliche Erhaltung des Hydaspes, der wegen seiner Gerechtigkeit, Güte und Milde gegen seine Untertanen vom Volk wie ein Vater geliebt wurde.

Persinna ließ Herden von Rindern, Pferden und Schafen sowie Gazellen, Greifen und anderen Tieren nach der Kultstätte hinausbringen, damit von jeder Gattung eine Hekatombe teils für die Opferhandlung, teils für die Volksspeisung verwendet werden konnte. Schließlich begab sie sich zu den Gymnosophisten, die im Pantempel ihre Wohnung hatten, und übergab ihnen das Schreiben des Hydaspes, mit der Bitte, dem Wunsch des Königs zu entsprechen und auch ihr zuliebe dem Fest durch ihr Erscheinen Glanz zu verleihen.

Sie baten sie, etwas zu warten, und zogen sich in das Tempelinnere zurück, um gewohnheitsgemäß im Gebet von den Göttern zu erfahren, was sie tun sollten.

Nach einer kleinen Weile kehrten sie zurück. Unter allgemeinem Schweigen ergriff der Oberste des Großen Rates, Sisimithres, das Wort:

»Wir werden kommen, Persinna«, sprach er, »denn die Götter gestatten es. Doch zeigt die Gottheit an, es werde bei der Opferung Aufregung und Unruhe geben. Schließlich werde sich aber alles zum Guten wenden. Es ist, als wäre ein Teil eures Körpers oder ein Stück des Reiches verloren gewesen und das Schicksal bringe es nun wieder.«

»Alles, und wäre es noch so schrecklich«, erwiderte Persinna, »wird sich dank eurer Gegenwart zum Guten werden. Sobald ich das Nahen des Königs erfahre, werde ich euch benachrichtigen.«

»Es bedarf keiner Benachrichtigung«, entgegnete Sisimithres. »Er wird morgen früh eintreffen. Ein Brief wird dich in Kürze davon unterrichten.«

So geschah es tatsächlich. Noch war Persinna auf dem Heimwege und näherte sich dem königlichen Palast, als ein berittener Bote ihr ein Schreiben des Königs überbrachte, das ihr seine Ankunft für den folgenden Tag anzeigte.

Gleich darauf verkündeten Herolde den Inhalt des Briefes mit der Mitteilung, die Teilnahme am Empfang sei nur der männlichen Bevölkerung, nicht der weiblichen, gestattet. Denn da das Opferfest den reinsten und glänzendsten Gottheiten, Helios und Selene, gewidmet sei, so sei eine Beteiligung von Frauen unstatthaft, um eine unbeabsichtigte Befleckung der Opfertiere zu vermeiden.

Nur einer Frau war die Teilnahme erlaubt, der Priesterin der Selene. Das war Persinna, da nach Gesetz und Überlieferung König und Königin im Dienste des Helios und der Selene stehen. Auch Chariklea sollte bei der Veranstaltung zugegen sein, freilich nicht als Zuschauerin, sondern um Selene geopfert zu werden.

Der Stadt bemächtigte sich eine nicht mehr zurückzuhaltende Erregung. Ohne den festgesetzten Tag abzuwarten, setzte man schon von den Abendstunden an über den Fluß Astaborras, zum Teil über die Brücke, andere auf Booten aus Rohr, die in großer Zahl an vielen Stellen des Ufers lagen und den von der Brücke entfernter Wohnenden ein kürzeres und schnelleres Übersetzen ermöglichten. Das geschieht dank der Leichtigkeit des Baumaterials und der geringen Belastung sehr rasch, da die Boote nicht mehr als je zwei bis drei Mann tragen. Man spaltet den Stamm eines Bambusrohres in zwei Hälften, von denen jede ein Fahrzeug bildet.

Meroë, die äthiopische Hauptstadt, liegt auf einem Inseldreieck, das von drei schiffbaren Strömen, dem Nil, dem Astaborras und dem Asasobas, umflossen wird. Der Nil trifft auf die Spitze des Dreiecks und spaltet sich nach beiden Seiten. Die anderen beiden Flüsse fließen an den Längsseiten vorüber, um sich dann im Nil zu vereinigen und ihr Wasser und ihre Namen an ihn abzugeben.

Die Insel ist von außerordentlicher Größe und besitzt Festlandcharakter. Ihre Länge beträgt dreitausend, ihre Breite eintausend Stadien. Große Tiere leben darauf, unter anderem Elefanten, und Bäume gedeihen hier, wie man sie anderwärts nicht kennt. Abgesehen davon, daß die Palmen eine ungewöhnliche Höhe erreichen und sehr große süße Datteln tragen, erreichen Weizen und Gerste eine Höhe, daß ein Mann zu Pferde, stellenweise selbst ein Kamelreiter, sich darin verstekken könnte. Die Ernte ergibt das Dreihundertfache der Aussaat. Von dem Wuchs des Bambusrohrs wurde schon berichtet.

Die ganze Nacht hindurch setzte man also, die einen hier, andere dort, über den Fluß, zog Hydaspes entgegen und begrüßte ihn jubelnd wie einen Gott. Das geschah weit draußen vor der Stadt. Ein Stück vor dem heiligen Feld begrüßten ihn die Weisheitslehrer mit Händeschütteln und Umarmungen, später Persinna in der Vorhalle des Tempels.

Nachdem sie hier niedergefallen waren und den Göttern für Sieg und Rettung im Gebet gedankt hatten, traten sie aus dem Vorraum und begaben sich an die öffentliche Opferhandlung. Sie nahmen in dem Zelte Platz, das auf freiem Felde aufgestellt war. Es war aus frischgeschnittenen Rohrbündeln errichtet, die wie Säulen an den vier Ecken den ganzen Bau trugen und, oben herumgeführt, eines mit dem andern Rundbogen bildeten, auf denen das aus Palmzweigen geflochtene Dach ruhte. In einem anderen Zelt in der Nähe standen auf je einem Sockel die Statuen der heimischen Götter und Heroen, des Memnon, des Perseus und der Andromeda, in welchen die äthiopischen Könige ihre Ahnen sehen. Darunter, gleichsam zu Füßen der Götter, saßen auf einer niedrigeren Balustrade die Gymnosophisten. Vor ihnen bildete eine Abteilung schwerbewaffneter Krieger mit dicht aneinandergereihten, erhobenen Schilden einen Kreis, um das Volk zurückzuhalten und den Raum in der Mitte für die Opfertiere freizumachen.

Nachdem Hydaspes kurz zum Volk gesprochen und ihm den Sieg und die zum allgemeinen Wohl errungenen Erfolge verkündet hatte, befahl er den Priestern, mit dem Opfer zu beginnen.

Es waren im ganzen drei Altäre errichtet, zwei zusammenhängende für Helios und Selene, ein dritter etwas abgesondert für Dionysos. Auf diesem schlachtete man Tiere jeder Gattung, um ihn durch jede Art von Opfer zu versöhnen, vermutlich weil er ein allgemein verehrter Gott ist, der allen wohl will. An den beiden Altären brachte man dem Helios ein Viergespann von weißen Pferden dar, um dem schnellsten der Götter das schnellste Tier zu opfern. Der Selene weihte man zwei Stiere, also der erdnahen Göttin das der Feldbestellung dienende Tier.

Während man damit noch beschäftigt war, erhob sich mit einem Male ein verworrenes, dumpfes Geschrei, wie es eine große Menschenansammlung zu erregen pflegt. Von den Nächststehenden wurde der Ruf laut:

»Der althergebrachte Brauch muß gewahrt werden! Man soll nunmehr dem Volk das vorschriftsmäßige Opfer bieten! Die Erstlinge der Kriegsbeute müssen den Göttern dargebracht werden!«

Hydaspes begriff, daß sie das Menschenopfer forderten, das nur nach Siegen über fremde Völker aus der Reihe der Gefangenen genommen zu werden pflegte. Durch eine Handbewegung beruhigte er das Volk und bedeutete zugleich durch ein Zeichen, daß die Forderung erfüllt werden würde. Dann befahl er, die längst bereitgehaltenen Gefangenen vorzuführen. Man brachte sie ungefesselt und bekränzt, unter ihnen Theagenes und Chariklea. Alle machten natürlich einen niedergeschlagenen Eindruck, am wenigsten noch Theagenes. Nur Chariklea sah mit heiterem Lächeln unverwandt und fest auf Persinna und rührte durch ihren Anblick das Herz der Königin.

»Mein Gatte«, wandte sie sich mit einem tiefen Seufzer an Hydaspes, »was für ein Mädchen hast du da zum Opfer bestimmt! Ich kann mich nicht entsinnen, je so viel Schönheit gesehen zu haben. Wie edel ist ihr Blick! Wie stolz trägt sie ihr Schicksal! Wie bedauernswert ist sie in der Blüte ihrer Jugend! Lebte meine einzige Tochter noch, die wir leider verloren haben, so müßte sie etwa im gleichen Alter sein. Wenn es dir doch möglich wäre, lieber Mann, das junge Mädchen zu retten! Es wäre mir ein großer Trost, solch ein Mädchen zur Dienerin zu haben. Vielleicht ist das arme Geschöpf eine Griechin. Sie sieht jedenfalls nicht wie eine Ägypterin aus.«

»Sie ist auch eine Griechin«, erwiderte Hydaspes, »und wird gleich erzählen, wer ihre Eltern sind. Freilich, sie uns zu zeigen, wird sie nicht in der Lage sein, wie sie in Aussicht gestellt hat. Sie vor der Opferung zu retten, ist ausgeschlossen, so sehr ich es wünschte. Denn ich selbst bin bewegt und, ich weiß nicht warum, empfinde so etwas wie Mitleid für sie. Du weißt ja, das Gesetz schreibt vor, dem Helios ein männliches, der Selene ein weibliches Menschenopfer zu bringen. Weil sie mir als erste Gefangene vorgeführt wurden und daraufhin zum Opfer bestimmt sind, wird das Volk keine Ausnahme dulden. Das einzige, was sie retten könnte, wäre, es stellte sich beim Besteigen des Opferherdes heraus, daß sie keine reine Jungfrau mehr ist. Die Vorschrift verlangt ja, daß das Opfer, das der Göttin gebracht wird, genau so wie das für den Gott bestimmte, rein ist. Bei dem Opfer für Dionysos spielt dies keine Rolle. Sollte andrerseits die Feuerprobe ergeben, daß sie jemals mit einem Mann verkehrt hat, so mußt du bedenken, daß es nicht schicklich wäre, eine solche Person in dein Haus zu nehmen.«

»Ach«, rief Persinna, »möge sie die Probe nicht bestehen und ihr Leben gerettet werden! Gefangenschaft, Krieg und weit von der Heimat verschlagen zu werden – das alles macht einen Fehltritt schon verzeihlich, besonders noch bei diesem Mädchen, dessen Schönheit zu einer Gewalttat, falls ihr etwas Derartiges geschehen sein sollte, geradezu herausfordert.«

Während sie so sprach und Tränen vergoß, die sie der Umgebung zu verbergen suchte, gab Hydaspes den Befehl, den Herd herbeizuschaffen. Die Tempeldiener wählten sofort aus der Menge einige Knaben aus – nur solche dürfen den Herd berühren –, ließen ihn aus dem Tempel mitten auf den freien Platz tragen und forderten die Gefangenen auf, ihn zu besteigen. Da war keiner, der sich beim Darauftreten nicht die

Fußsohlen verbrannt hätte. Einige hielten nicht einmal die erste leichte Berührung aus. Der Herdrost besteht aus goldenen Stäben und hat die Wirkung, jeden Unreinen oder auch Meineidigen zu versengen. Die aber, die frei sind von Schuld, können sich daraufstellen, ohne daß ihnen irgend etwas geschieht.

Sie wurden also dem Dionysos und anderen Göttern zugeteilt, außer zwei oder drei jungen Mädchen, die sich beim Besteigen des Herdes als jungfräulich erwiesen.

Als auch Theagenes unberührt befunden wurde, erregte seine schöne Erscheinung ebenso allgemeine Bewunderung wie die Tatsache, daß ein Mann in der Vollkraft der Jugend sich bisher des Liebesgenusses enthalten hatte.

So wurden die Vorbereitungen getroffen, um ihn dem Helios zu opfern.

»Das ist ja herrlich, wie bei den Äthiopiern die Tugend belohnt wird«, sagte er leise zu Chariklea, »der Opferaltar: das ist hier der Kampfpreis für die Keuschheit. Doch weshalb gibst du dich nicht zu erkennen, Liebste? Wie lange willst du noch warten? Etwa bis dir der Hals abgeschnitten wird? So sprich doch und sage ihnen, wer du bist! Vielleicht wirst du auch mich retten, wenn man weiß, wer du bist, und wenn du für mich bittest. Aber du wenigstens wirst sicher der Todesgefahr entgehen. Wenn ich das erlebe, will ich gerne sterben.«

»Nun ist es so weit«, rief Chariklea. »Unser Schicksal entscheidet sich!«

Ohne die Aufforderung des Opferdieners abzuwarten, nahm sie aus der Tasche, die sie bei sich trug, das delphische Priesterinnengewand, das mit Gold durchwirkt und mit Purpurstreifen besetzt war, und legte es um. Sie löste ihr Haar und, wie von göttlicher Eingebung getrieben, sprang sie auf den Herd und stand eine Weile auf ihm, ohne daß ihr irgend etwas geschah. Ihre Schönheit trat noch blendender in Erscheinung, da sie auf dem erhöhten Platz allen sichtbar war und in ihrem Gewand eher einer Göttin als einer Sterblichen glich.

Das Staunen, das alle ergriff, löste sich schließlich in einem einzigen, undeutlichen und verworrenen Ausruf der Bewunderung, die namentlich dem Umstand galt, daß ein so überirdisch schönes Mädchen, mit allem jugendlichen Liebreiz, seine

Reinheit bewahrt hatte und daß es dieser Reinheit mehr noch als seiner Jugend die Schönheit verdankte.

Vielen tat es leid, daß sie ihre Eignung für das Opfer bewiesen hatte. Trotz ihrer abergläubischen Furcht hätten sie es gern gesehen, wenn sie auf irgendeine Weise gerettet worden wäre. Den größten Schmerz aber empfand Persinna.

»Welch ein Jammer«, rief sie, zu Hydaspes gewandt, »daß das Mädchen zur Unzeit und zu ihrem eigenen Verderben sich der Unschuld rühmen darf und als Lohn den Tod empfängt! Was kann man nur tun, lieber Gatte?«

»Deine Bitten«, erwiderte Hydaspes, »und dein Mitleid sind umsonst. Ich kann nicht helfen. Ja, gerade ihre ungewöhnlichen Vorzüge machen es ersichtlich, daß sie von je den Göttern bestimmt war.«

Er wandte sich an die Gymnosophisten: »Nun, weise Männer«, sagte er, »warum beginnt ihr nicht mit dem Opfer, wo alles bereit ist?«

»Sei still«, erwiderte Sisimithres in griechischer Sprache, damit das Volk seine Worte nicht verstand. »Unsere Augen und Ohren sind bisher schon hinreichend beleidigt worden. Wir werden uns jetzt in den Tempel zurückziehen. Denn dieses frevelhafte Menschenopfer können wir weder selbst gutheißen, noch glauben wir, daß es der Gottheit genehm ist – man sollte die Opferung auch anderer Lebewesen unterbinden. Unserer Meinung nach genügen Gebete und Weihrauchspenden den Göttern vollkommen. Bleib hier – ein König ist bisweilen genötigt, wider seine bessere Einsicht den Wünschen der Masse nachzugeben – und vollziehe diesen keineswegs geheiligten, aber durch alte äthiopische Überlieferung unumgänglichen Opferakt. Du wirst danach eine Entsühnung nötig haben, vielleicht auch nicht. Denn nach meiner Ansicht wird diese Opferhandlung nicht zur Ausführung kommen. Ich schließe dies auch aus anderen Anzeichen, die uns die Gottheit gibt, ganz besonders aber aus dem Licht, das die beiden Fremden umstrahlt und erkennen läßt, daß irgendein höheres Wesen für sie eintritt.«

Er erhob sich mit den übrigen Mitgliedern des Rates und war im Begriff sich zu entfernen, als Chariklea vom Herde herabsprang, auf Sisimithres zustürzte und sich ihm zu Füßen warf.

Die Diener suchten sie zurückzuhalten, in der Annahme, sie wolle um Rettung vor dem Tode bitten.

»Weise Männer«, rief sie, »wartet einen Augenblick! Ich habe mit dem Herrscherpaar einen Rechtsfall zu bereinigen und höre, daß ihr allein diesen entscheiden könnt. Richtet also in einer Sache, bei der es für mich um das Leben geht. Ihr werdet erkennen, daß es weder notwendig noch gerecht ist, mich den Göttern zu opfern.«

Die Weisen hörten sie freundlich an. »König«, sagten sie, »du hast den von der Fremden gestellten Antrag gehört.«

Hydaspes brach in ein Lachen aus. »Was kann es zwischen ihr und mir für einen Rechtshandel geben? Aus welchem Vorwand oder gar aus welchen Rechten soll er sich ergeben?«

»Das werden ihre Ausführungen zeigen«, erwiderte Sisimithres.

»Es wird wohl eher auf eine Majestätsbeleidigung als auf eine Rechtsentscheidung herauskommen«, meinte Hydaspes, »wenn ich als König mich mit einer Gefangenen auseinandersetze.«

»Das Recht kennt keinen Standesunterschied«, entgegnete Sisimithres. »Vor Gericht ist nur der König, der durch die besseren Gründe siegt.«

»Aber nur Einheimischen, nicht Ausländern, sind nach dem Gesetz Rechtshändel mit dem Königshause gestattet.«

»Für rechtlich denkende Menschen gilt in Fragen des Rechtes nicht das Ansehen der Person«, sagte Sisimithres, »sondern die Stärke der Sache.«

»Es ist klar«, meinte der König, »daß sie nichts von Belang vorbringen wird, sondern, wie gewöhnlich Leute in verzweifelter Lage, erfundenes Geschwätz, um Zeit zu gewinnen. Aber da Sisimithres es wünscht, mag sie reden.«

Chariklea war an sich schon zuversichtlich in der Erwartung, daß sich nun ihr Schicksal klären werde. Sie wurde noch froher, als sie den Namen des Sisimithres hörte. Denn er war es gewesen, der sie gleich nach ihrer Aussetzung zu sich genommen und vor zehn Jahren dem Charikles anvertraut hatte, als er als Gesandter in der Angelegenheit der Smaragdminen nach

Katadupi zu Oroondates geschickt worden war. Damals war er noch einer aus der großen Zahl der Gymnosophisten gewesen. Jetzt war er ihr Oberhaupt. An sein Aussehen vermochte sie sich natürlich nicht mehr zu erinnern, da sie als kleines Mädchen von sieben Jahren von ihm weggekommen war, wohl aber erkannte sie ihn am Namen wieder, und ihre Freude war um so größer, da sie zuversichtlich hoffte, er werde sich ihrer annehmen und zu ihrer Erkennung beitragen.

Sie erhob die Hände zum Himmel und rief mit lauter Stimme:

»Helios, du ältester meiner Ahnen, und ihr anderen Götter und Heroen, ihr Stammväter unseres Geschlechts, euch rufe ich zu Zeugen, daß ich keine Unwahrheit sage. Steht mir auch bei in dem Verfahren, das jetzt hier durchgeführt wird! Das Recht ist auf meiner Seite, wie gleich dieser erste Punkt ergeben wird: Befiehlt das Gesetz, o König, Ausländer oder Einheimische zu opfern?«

Als Hydaspes erwiderte: »Ausländer«, sagte sie: »Dann mußt du dir andere für das Opfer aussuchen. Denn du wirst finden, daß ich zu euch gehöre und eine Einheimische bin.«

Hydaspes war erstaunt und erklärte, sie lüge.

»Das, worüber du dich jetzt wunderst, ist noch das wenigste«, fuhr sie fort. »Das Folgende ist bedeutsamer. Ich bin nicht nur eine Einheimische, sondern sogar die nächste Angehörige der königlichen Familie.«

Als Hydaspes auch diese Erklärung als leeres Gerede abtat, sagte sie:

»Wie lange noch, lieber Vater, willst du deine Tochter so behandeln?«

Diese Äußerung nahm der König nicht mit bloßer Verachtung auf. Sie erregte seinen offenen Unwillen, da er sie als frechen Hohn empfand.

»Da seht ihr es, Sisimithres und ihr anderen«, rief er, »wohin die Nachsicht führt! Ist das Mädchen nicht geradezu verrückt, daß sie versucht, durch derartig unverschämte Lügen dem Tod zu entgehen? Da spielt sie sich wie in einer Theaterszene, wo auf der Höhe der Verwicklung die wunderbare Wendung eintritt, als meine Tochter auf! Dabei hatte ich, wie ihr wißt, nie das Glück, Kinder zu haben, außer einem einzigen Mal, wo mir ein Kind geboren und gleich wieder durch den Tod genommen wurde. Führt sie weg! Sie soll die Opferhandlung nicht länger verzögern!«

»Niemand wird mich wegbringen«, rief Chariklea, »bis es die Richter gebieten. Du hast jetzt ein Urteil abzuwarten und nicht zu fällen. Vielleicht erlaubt dir, mein König, das Gesetz, Fremde zu töten. Aber dein Kind zu töten, gestattet dir, mein Vater, weder ein Gesetz noch die Natur. Denn heute noch werden dich die Götter als meinen Vater ausweisen, magst du es auch leugnen. Jedes gerichtliche Verfahren kennt vor allem zwei Arten von Beweisführung: den schriftlichen Beweis und die Zeugenaussage. Beide werde ich dafür beibringen, daß ich deine Tochter bin. Als Zeugen benenne ich nicht irgendeinen Beliebigen, sondern den Richter selbst – und einen stärkeren Beweis für meine Behauptung kann ich wohl kaum erbringen als die Tatsache, daß der Richter mich kennt. Als schriftliches Beweisstück lege ich diese Darlegung meines und eures Schicksals vor.«

Mit diesen Worten brachte sie die mit ihr ausgesetzte Stirnbinde, die sie bei sich trug, zum Vorschein, rollte sie auf und überreichte sie Persinna. Als diese das Tuch sah, war sie wie erstarrt und brachte kein Wort über die Lippen. Lange Zeit blickte sie bald auf die Schriftzeichen, bald auf das Mädchen. Sie begann zu zittern und zu beben. Schweiß brach ihr aus. Freude ergriff sie über das Wiedersehen, jähe Angst vor dem Mißtrauen und Argwohn des Hydaspes, ja vielleicht vor seinem Zorn und seiner Rache.

Hydaspes, der ihre Bestürzung und leidenschaftliche Bewegung bemerkte, fragte:

»Was hast du, liebe Frau? Weshalb regt dich diese Schrift so auf?«

»Mein König«, rief sie, »mein Herr und Gebieter, ich vermag dir nicht zu antworten. Nimm und lies. Dieses Band wird dir alles sagen.«

Damit reichte sie es ihm, stumm und mit niedergeschlagenen Augen.

Hydaspes nahm die Binde und ließ die Gymnosophisten herantreten, damit sie mit ihm zusammen lesen könnten. Dann durchflog er das Schriftstück mit wachsendem Staunen.

Gleichzeitig verriet Sisimithres durch sein Mienenspiel seine Überraschung und den Sturm seiner Gedanken, wobei er unablässig bald das Schriftband, bald Chariklea anstarrte.

Schließlich hatte Hydaspes die Geschichte der Kindesaussetzung und ihren Anlaß begriffen.

»Daß mir einst eine Tochter geboren wurde, wußte ich ja«, sprach er. »Man sagte mir, sie sei gestorben, wie Persinna selbst behauptete. Nun erfahre ich, sie sei ausgesetzt worden. Wer hat sie dann aufgenommen? Wer sie gerettet und erzogen? Wer hat sie nach Ägypten gebracht, wo sie auch gefangengenommen wurde? Was beweist, daß dieses Mädchen hier das gleiche ist, daß das ausgesetzte Kind nicht ums Leben kam, daß nicht irgendwer sich die Erkennungszeichen aneignete und mit dem Fund Mißbrauch treibt, daß uns nicht ein Dämon narrt und in der angenommenen Gestalt dieses Mädchens mit unserer Sehnsucht nach einem Kinde sein Spiel treibt, uns eine untergeschobene Person als Erbin anhängt und uns mit dieser Binde die Wahrheit verhüllt und verdunkelt?«

»Auf die ersten Fragen kann ich Aufklärung geben«, erwiderte Sisimithres. »Denn der, welcher das ausgesetzte Kind an sich genommen, heimlich aufgezogen und nach Ägypten gebracht hat, als du mich als Gesandten dorthin schicktest, bin ich selbst. Daß einem Mann meines Standes verboten ist, die Unwahrheit zu sagen, weißt du. Auch die Stirnbinde erkenne ich wieder. Wie du siehst, ist sie mit königlich-äthiopischen Schriftzeichen bestickt. Das schließt jeden Zweifel aus, sie könne etwa anderswo beschriftet sein. Daß die Schriftzeichen von Persinnas eigener Hand stammen, wirst du selbst am besten erkennen. Man hatte aber noch weitere Erkennungszeichen ausgesetzt. Diese habe ich dem Manne gegeben, der das Kind von mir angenommen hat. Es war ein Grieche, allem Anschein nach ein Mann von tadellosem Charakter.«

»Sie sind gleichfalls gerettet«, rief Chariklea und brachte die Schmuckstücke zum Vorschein. Bei ihrem Anblick konnte sich Persinna vor innerer Bewegung kaum fassen. Als Hydaspes sie fragte, was damit sei und ob sie nähere Aufschlüsse geben könne, antwortete sie nur, sie erkenne die Juwelen, halte es aber für angebracht, sie zu Hause einer genaueren Prüfung zu unterziehen.

Hydaspes kamen offensichtlich erneut Bedenken. Chariklea wandte sich an ihn.

»Diese Erkennungszeichen mögen meiner Mutter gehören«, sagte sie, »doch der Ring hier ist dein Eigentum.«

Damit zeigte sie ihm den Pantarbering. Hydaspes erkannte ihn sofort, hatte er ihn doch Persinna zur Verlobung geschenkt.

»Der gehört mir schon, liebes Kind«, sprach er. »Daß aber du mir gehörst, weil du ihn besitzest, und daß du nicht auf andere Weise zu dem Ring gekommen bist, steht für mich noch keineswegs fest. Von allem anderen abgesehen, ist deine helle Hautfarbe alles andere als äthiopisch.«

»Weißhäutig war auch das Kind«, warf Sisimithres ein, »das ich seinerzeit an mich nahm. Übrigens stimmt auch die Zeit. Das junge Mädchen mag jetzt siebzehn Jahre alt sein, soviel Jahre etwa sind auch seit der Kindesaussetzung vergangen. Auch ist mir der Ausdruck ihrer Augen noch gegenwärtig, ich entsinne mich ihrer Züge und der ungewöhnlichen Schönheit. Die heutige Erscheinung des Mädchens stimmt mit all dem überein.«

»Das ist recht schön, Sisimithres«, entgegnete Hydaspes, »obschon du mehr wie ein Anwalt sprichst denn als Richter. Doch gib acht! Zum Teil hast du jetzt das Dunkel aufgeklärt, damit aber einen anderen furchtbaren Verdacht erregt, den zu zerstreuen meiner Gattin wohl nicht leicht fallen wird. Wir sind beide Äthiopier. Wie ist es denkbar, daß wir entgegen jeder Wahrscheinlichkeit miteinander ein weißes Kind gezeugt haben sollen?«

Sisimithres blickte ihn etwas von der Seite an und sagte mit einem ironischen Lächeln:

»Ich weiß nicht, was dich so aufbringt, daß du mir – ganz gegen deine Art – meine gegenwärtige Anwaltsrolle zum Vorwurf machst, deren ich mich durchaus nicht zu schämen habe. Ich erkenne den echten Richter daran, daß er sich zum Anwalt der Gerechtigkeit macht. Bin ich übrigens nicht mehr dein Anwalt als der des Mädchens? Mit der Hilfe der Götter erbringe ich dir den Beweis, daß du der Vater bist, und deine Tochter, die ich euch schon in den Windeln gerettet habe, überlasse ich jetzt, da sie groß ist, nicht einfach ihrem Schicksal. Doch denke über uns, wie du willst. Wir können darauf keine Rücksicht nehmen. Denn wir führen unser Leben nicht anderen zu Gefallen, unser einziger Ehrgeiz ist das Gute an sich. Uns selbst so weit zu bringen, genügt uns. Deine Zweifel wegen der Hautfarbe finden ihre Erklärung durch die Stirnbinde mit Persinnas Bekenntnis. Während du sie umarmtest, sah sie das Bild der Andromeda. Deren Züge prägten sich ihr ein, und sie übertrug sie auf das Kind, das sie empfangen hatte. Wenn du dich noch weiter überzeugen willst – das Bild ist hier in der Nähe. Sieh dir Andromeda an, du wirst keinen Unterschied zwischen ihr und diesem Mädchen feststellen können.«

Einige Beauftragte gingen und holten das Gemälde herbei. Als sie es neben Chariklea stellten, entstand eine allgemeine Bewegung. Beifall wurde laut, und einer machte den anderen, soweit man die Auseinandersetzungen einigermaßen begriffen hatte, in heller Begeisterung und zugleich Verblüffung auf die vollkommene Ähnlichkeit aufmerksam.

Unter diesen Umständen konnte auch Hydaspes seinen Zweifel nicht mehr aufrecht halten. Lange Zeit stand er in beglücktem Staunen da.

»Eines bleibt nur noch festzustellen«, sagte Sisimithres. »Denn es geht hier um die Königswürde und die Berechtigung des Erbanspruchs und, was noch wesentlicher ist, um die Wahrheit selbst. Entblöße deinen Arm, mein Kind. Er war über dem Ellenbogen mit einem schwarzen Mal gezeichnet. Es ist nichts Unschickliches dabei, wenn du es zum Beweise deiner Abstammung zeigst.«

Chariklea entblößte ohne weiteres den linken Arm und ließ einen schwarzen Fleck sehen, der wie Ebenholz von Elfenbein umgeben war.

Da konnte Persinna nicht mehr an sich halten. Sie sprang auf, lief auf Chariklea zu und schloß sie in ihre Arme. An ihrem Halse hängend, brach sie vor übergroßer Freude in lautes Schluchzen aus, das sich fast wie ein Ausbruch von Schmerz anhörte. Weckt doch ein Übermaß von Glück häufig genug auch Tränen und Klagen.

Der Anblick seiner tiefbewegten Gattin griff Hydaspes ans Herz und stimmte ihn weich. Gebannt starrten seine Augen auf das Schauspiel, doch blieben sie hart wie Horn oder Eisen.

So stand er und kämpfte gegen die aufsteigenden Tränen an. In seiner Brust tobte ein Aufruhr von Empfindungen. Seine Seele war zwischen väterlicher Weichheit und männlicher Beherrschung geteilt und wurde wie von einem Sturm hin und her gerissen. Schließlich siegte die Natur. Nicht nur die Gewißheit, daß er Vater sei, brach in ihm durch, sondern auch das Gefühl väterlicher Liebe. Er zog Persinna, die mit der engumschlungenen Tochter niedergesunken war, zu sich empor, schloß Chariklea in seine Arme und brachte mit einem Strom von Tränen seine Spende als Vater dar.

Doch vergaß er dabei durchaus nicht, was die Umstände erforderten. Eine Zeitlang stand er so. Dann, als er bemerkte, daß das Volk, von gleichen Empfindungen überwältigt, vor Rührung und Freude über dieses Spiel des Schicksals in Tränen ausbrach und, ohne auf die Aufforderung der Herolde zur Ruhe zu hören, ein Geschrei erhob, das bis zum Himmel drang – wobei die Bedeutung des Tumultes nicht ganz klar zu erkennen war –, gebot er mit einer Handbewegung Stillschweigen und brachte die lärmende Menge zum Schweigen.

»Versammelte Äthiopier!« rief er. »Die Götter haben mich, wie ihr seht und hört, wider jedes Erwarten zum Vater werden lassen, und dieses junge Mädchen hier hat sich durch zahlreiche Beweise als meine Tochter erwiesen. Aber meine Liebe zu euch und zu meinem Lande ist so groß, daß ich auf die Erhaltung meines Geschlechts und auf das Glück, Vater genannt zu werden, das mir durch sie geschenkt wird, verzichten will und bereit bin, sie euretwegen den Göttern zu opfern. Ich sehe zwar, daß euch die Tränen kommen und menschliches Mitgefühl euch erfüllt und daß euch das Schicksal des jungen Mädchens ebenso nahe geht wie meine vernichtete Hoffnung auf eine Leibeserbin. Gleichwohl bin ich gezwungen, mag es vielleicht auch gegen euren Willen sein, mich dem Väterbrauch zu fügen und das Wohl der Allgemeinheit über den persönlichen Vorteil zu stellen. Ob es in der Absicht der Götter liegt, zu geben und gleich wieder zu nehmen – wie es ja seinerzeit bei ihrer Geburt geschah und ich es jetzt bei ihrem Wiederfinden erneut erfahre –, will ich nicht behaupten, sondern überlasse es eurem Ermessen. Auch weiß ich nicht, ob die Götter die, welche sie erst aus ihrer Heimat in die weite Welt geführt und dann durch wunderbare Fügung mir als Gefangene in die Hände gegeben haben, nun wieder zum Opfer haben wollen. Wenn ihr verlangt, daß ich sie, nachdem ich sie als Feindin nicht getötet noch als Gefangene mißhandelt habe, jetzt, da ich sie als Tochter erkannt habe, opfern soll, will ich mich dagegen nicht auflehnen. Ich will auch nicht tun, was man jedem anderen Vater im gleichen Falle zubilligte: Ich will mich nicht auf die Knie werfen und bitten, Nachsicht zu üben und euch dies eine Mal nicht an das überlieferte Gesetz zu halten und den natürlichen Empfindungen den Vorrang zu lassen, da man ja den Göttern auf andere Weise Genüge tun könne. Je mehr ihr mir euer Mitgefühl zeigt, je mehr ihr meinen Schmerz sozusagen zu eurem macht, desto mehr muß ich an euch denken und darf weder auf mein Unglück noch auf den Schmerz der unglücklichen Persinna achten, der man ihr einziges Kind schenkt, um es gleich wieder zu nehmen. Spart euch also die Tränen und eine nutzlose Teilnahme! Laßt uns mit dem Opfer beginnen! Doch du, meine Tochter – zum ersten und zum letzten Male nenne ich dich mit diesem teuren Namen –, was nützt dir deine blühende Jugend, was hilft es, daß du deine Eltern gefunden hast, wo die Heimat sich grausamer gegen dich zeigt als die Fremde, die dir das Leben erhielt, während dir das Vaterland den Tod gibt! Bringe mich nicht durch Klagen außer Fassung, sondern zeige jetzt mehr denn zuvor deine tapfere königliche Haltung und folge deinem Vater, der dich nicht zur Hochzeit führen, nicht zum bräutlichen Lager geleiten darf, sondern zum Opfer schmückt, der nicht die Hochzeits-, sondern die Todesfackeln auf dem Altar anzündet, auf dem er deine einzigartige Schönheit opfern muß. Ihr Götter aber vergebt mir, wenn ich, von meinen Schmerzen überwältigt, ruchlose Worte gesprochen habe. Nehmt Rücksicht darauf, daß ich dieses Kind im gleichen Augenblick mein nennen darf und ihm den Tod geben muß!«

Mit diesen Worten nahm er Chariklea bei der Hand, in der offenkundigen Absicht, sie zum Altar zu führen und den Flammen zu übergeben. Ein stärkeres Feuer noch brannte in seinem Herzen, der glühende Wunsch, das Volk werde das arglistige Angebot zurückweisen.

Das äthiopische Volk, erschüttert durch seine Worte, duldete nicht, daß er Chariklea auch nur einen Schritt weit führte. Ein plötzliches lautes Geschrei erhob sich.

»Rette das Mädchen!« schrien sie. »Rette das königliche Blut! Rette die, welche die Götter gerettet haben! Wir haben deine Opferbereitschaft gesehen. Damit ist dem Gesetz Genüge getan. Wir haben deine königliche Gesinnung kennengelernt, zeige dich nun auch als Vater! Die Götter mögen die scheinbare Verletzung des Gesetzes vergeben. Wir würden uns mehr versündigen, wollten wir ihrem Willen entgegenhandeln. Niemand darf sie töten, da ihr die Götter das Leben retteten. Du, Vater deines Volkes, sei auch Vater deines eigenen Hauses!«

So und ähnlicher Art erschollen tausend Rufe aus der Menge. Schließlich machten sie Miene, die Opferhandlung mit Gewalt zu verhindern. Sie nahmen eine entschlossene und widerstandsbereite Haltung ein und verlangten, man solle die Götter durch andere Opfer begütigen.

Mit freudiger Bereitwilligkeit gab sich Hydaspes besiegt. Nur zu gern ließ er sich zu etwas nötigen, was er selbst gewünscht hatte. Da er sah, daß das Volk immer wieder in Zurufe ausbrach und in ausgelassenem Jubel seine Freude äußerte, ließ er es austoben und wartete, bis es von selbst wieder Ruhe gab.

Dann trat er auf Chariklea zu.

»Liebes Kind«, sprach er zu ihr, »daß du meine Tochter bist, haben die Erkennungszeichen bewiesen. Auch der weise Sisimithres hat es bezeugt, und vor allem hat es die Gnade der Götter an den Tag gebracht. Doch wer ist dieser junge Mann, der mit dir zusammen gefangengenommen und für die Götter als Siegesopfer aufgehoben wurde, der, der dort am Altar sitzt und der Opferung harrt? Wie kommst es, daß du ihn als deinen Bruder bezeichnet hast, als ihr bei Syene zum ersten Male vor mich geführt wurdet? Es wird sich ja wohl nicht herausstellen, daß auch er unser Kind ist. Denn Persinna ist nur einmal Mutter geworden, mit dir.«

Chariklea errötete und schlug die Augen nieder.

»Ich habe ihn als meinen Bruder ausgegeben«, erwiderte sie »weil mich die Umstände zu dieser Lüge zwangen. Wer er in Wahrheit ist, wird er am besten selbst sagen. Er ist ja ein Mann und wird sich nicht scheuen, mit mehr Freimut zu sprechen, als ich es als Frau vermag.«

»Verzeih, liebe Tochter«, antwortete Hydaspes, der den tieferen Sinn ihrer Worte nicht begriff, »wenn ich dir durch meine Frage nach dem jungen Mann zu nahe getreten bin und dich erröten gemacht habe. Setz dich ins Zelt zu deiner Mutter und erfreue sie durch deine Gegenwart, die ihr jetzt noch mehr Schmerzen gemacht hat als bei deiner Geburt. Unterhalte sie durch die Erzählung deiner Erlebnisse. Inzwischen will ich für das Opfer sorgen und an deiner Stelle ein anderes Mädchen aussuchen, falls sich ein ebenbürtiges findet, das zusammen mit dem jungen Manne geopfert werden soll.«

Bei dieser grausamen Eröffnung der bevorstehenden Opferung des Theagenes hätte Chariklea beinahe laut aufgeschrien. Sie war kaum imstande, sich zu ruhiger Überlegung zu zwingen und um des Zweckes willen den Ausbruch ihres Schmerzes mit Gewalt zu unterdrücken.

»Mein Gebieter«, entgegnete sie, »vielleicht brauchst du gar kein anderes Mädchen zu suchen, da das Volk durch meine Freigabe auf das Opfer endgültig verzichtet hat. Sollte man aber doch auf der vollständigen, beide Geschlechter umfassenden Opferung bestehen, so mußt du nicht nur ein Mädchen, sondern auch einen anderen jungen Mann suchen oder, wenn du kein anderes Mädchen findest, wieder auf mich als Schlachtopfer zurückgreifen.«

»Schweige!« rief Hydaspes und fragte, wie sie so etwas sagen könne.

»Weil es der Wille der Vorsehung ist«, erwiderte sie, »daß ich am Leben bleibe, wenn er lebt, und mit ihm sterbe, wenn er sterben muß.«

Hydaspes, der den wahren Zweck ihrer Worte noch nicht begriff, gab zur Antwort:

»Dein gutes Herz in Ehren, liebe Tochter, daß du dich eines Ausländers, eines Griechen, deines Jugendfreundes und Mitgefangenen, mit dem dich gemeinsames Schicksal und Kameradschaft verbindet, voll Mitgefühl annimmst und für seine Rettung eintrittst. Doch es ist unmöglich, ihn dem Opfer zu entziehen. Erstens wäre es frevelhaft, sich über den Brauch der Siegesopfer ganz hinwegzusetzen, dann aber würde sich auch das Volk dagegen wehren, das dank der göttlichen Hilfe sich eben erst widerstrebend bereitfand, dir Gnade zu gewähren.«

»Mein König«, erwiderte Chariklea, »denn Vater darf ich dich wohl noch nicht nennen, wenn durch die Gnade der Götter mein Leib gerettet wurde, so müßte dieselbe Gnade doch wohl auch meine Seele retten – ja, meine Seele, die Götter wissen es, die mein Schicksal bestimmen. Sollte es sich aber erweisen, daß dies nicht der Wille des Schicksals ist und daß der Fremde hier unbedingt dem Opfertod geweiht werden muß, so gewähre mir wenigstens die eine Gunst: Laß mich selbst das Opfer vollziehen und mich das Schlachtmesser dann als einen kostbaren Besitz behalten, bewundert von den Äthiopiern wegen meines männlichen Mutes.«

»Ich begreife nicht«, sagte, durch diese Bemerkung stark beunruhigt, Hydaspes, »wie du deine Meinung so rasch ins Gegenteil verkehren kannst. Erst suchst du den Fremden zu schützen, jetzt willst du ihn, als wäre er dein Todfeind, eigenhändig töten, ein Vorhaben, in dem ich, jedenfalls für ein junges Mädchen wie dich, nichts Ehrenvolles oder Rühmliches sehen kann. Es ist aber auch undurchführbar. Denn nach altem Brauch steht der Vollzug dieser Handlung nur den dem Helios und der Selene Geweihten zu, und auch da nicht dem erstbesten, sondern nur einem verheirateten Manne oder Weibe. Deshalb verbietet schon deine Jungfräulichkeit die Erfüllung deines mir an sich schon unverständlichen Wunsches.«

»Darin liegt kein Hindernis, sagte Chariklea leise, indem sie sich zu Persinnas Ohr hinabbeugte. »Ich habe einen, der bereit ist, mich zu einer verheirateten Frau zu machen, wenn ihr einverstanden seid.«

»Wir sind einverstanden«, entgegnete Persinna lächelnd, »und wollen dich sogleich mit der Götter Willen verloben, sobald wir einen Mann gefunden haben, der deiner und unserer würdig ist.«

»Es ist nicht nötig, ihn erst zu suchen«, sprach Chariklea wieder lauter, »da er schon gefunden ist.«

Sie wollte noch deutlicher reden, denn die Zwangslage machte sie kühn, und die ihr vor Augen stehende Gefahr für Theagenes nötigte sie, alle Rücksicht und mädchenhafte Scheu fallen zu lassen.

Da konnte Hydaspes sich nicht länger halten.

»Ihr Götter«, rief er aus, »wie vereinigt ihr doch Böses mit Gutem und zerstört das mir unerwartet geschenkte Glück zum Teil gleich wieder, indem ihr mir unverhofft eine Tochter gebt und sie dann wahnsinnig werden laßt! Denn muß ihr Verstand nicht verwirrt sein, wo sie so sinnlose Reden führt? Sie nennt den Fremden ihren Bruder, dann erklärt sie, er sei es nicht. Auf die Frage, wer er denn sei, behauptet sie, ihn nicht zu kennen. Dann sucht sie, als sei er – der Unbekannte! – ihr Freund, ihm das Leben zu retten. Da sie nun einsieht, daß die Erfüllung dieses Wunsches unmöglich ist, bittet sie, als wäre er ihr Todfeind, ihn eigenhändig umbringen zu dürfen. Man sagt ihr, das sei unstatthaft, da nur eine einzige, und zwar verheiratete Frau diese Opferhandlung vollziehen dürfe. Darauf behauptet sie, einen Gatten zu haben, sagt aber nicht, wer es ist. Wie könnte sie das auch, da die Feuerprobe erwiesen hat, daß sie einen Mann weder hat noch früher gehabt hat. Es müßte gerade diese bei den Äthiopiern nie versagende Unschuldsprobe bei ihr allein versagen, ihr allein müßte der Herd, auf den sie sich gestellt hat, das gestatten, ohne sich zu verbrennen, und sie zu Unrecht als jungfräulich gelten lassen! Ihr allein müßte es vorbehalten sein, dieselben Menschen in einem Atemzug als Freunde und Feinde zu bezeichnen und sich Brüder und Ehemänner anzudichten, die gar nicht vorhanden sind. Geh also mit ihr ins Zelt, liebe Frau, und bringe sie wieder zur Vernunft! Denn entweder ist sie noch von einem Gott, der bei den Opfern zugegen war, besessen, oder die übergroße Freude über das unverhoffte Glück hat ihr den Verstand getrübt. Ich habe schon befohlen, statt ihrer ein anderes Opfer zu ermitteln, das wir den Göttern schuldig sind. Bis dahin will ich die Gesandten empfangen, die von den verschiedenen Völkerschaften gekommen sind, und ihre Geschenke zur Siegesfeier entgegennehmen.«

Mit diesen Worten nahm er auf einem erhöhten Sitz nahe den Zelten Platz und befahl, die Gesandten mit den Geschenken, soweit sie solche mitgebracht hätten, kommen zu lassen. Der einführende Hofbeamte Hermonias fragte, ob er befehle, daß alle zusammen oder in Gruppen nach Ländern und einzeln vorgestellt werden sollten.

Auf den Bescheid, der Reihe nach und einzeln, damit jedem die gebührende Ehre erwiesen werde, entgegnete der Marschall:

»Mein König, dann muß zuerst Meroebos, der Sohn deines Bruders, vorgelassen werden, der vor einer Weile eingetroffen ist und außerhalb der Absperrung darauf wartet, dir gemeldet zu werden.«

»Du Narr«, herrschte ihn Hydaspes an, »warum hast du ihn nicht gleich gemeldet? Du weißt doch, daß er nicht irgendein Gesandter, sondern ein König und außerdem der Sohn meines Bruders ist, den ich nach dessen Tod auf den Thron erhoben und an Sohnes Statt angenommen habe?«

»Ich wußte es, mein Gebieter«, erwiderte Hermonias. »Aber ich hielt es vor allem für angebracht, den geeigneten Zeitpunkt abzuwarten, worauf der Einführende beim Empfangszeremoniell in erster Linie zu achten hat. Vergib also, wenn ich Bedenken trug, dich in der angenehmsten Beschäftigung, das heißt in deiner Unterhaltung mit den königlichen Frauen, zu stören.«

»Gut, dann soll er wenigstens jetzt kommen«, entgegnete der König.

Hermonias entfernte sich eilig und kehrte bald in Begleitung dessen, den er holen sollte, zurück.

Meroebos trat ein, ein junger Mann, der eben – mit seinen siebzehn Jahren – das Knabenalter hinter sich hatte. Er war von stattlicher Gestalt und überragte alle Anwesenden an Körpergröße. Eine glänzende Leibgarde zog vor ihm her. Die äthiopischen Soldaten öffneten bewundernd und respektvoll die Absperrung, um ihn durchzulassen.

Hydaspes blieb nicht sitzen, sondern kam ihm entgegen, schloß ihn in väterlicher Herzlichkeit in die Arme und ließ ihn dann neben sich Platz nehmen.

»Du kommst wie gerufen, mein Sohn«, sagte er und nahm seine Hand, »um mit uns gleichzeitig Sieg und Hochzeit zu feiern. Denn die Götter und Heroen unsrer Väter, unsre Stammesgötter, haben uns eine Tochter und dir, wie mir scheint, eine Braut auserkoren. Doch davon wirst du nachher mehr erfahren. Jetzt laß hören, ob du für deine Untertanen einen besonderen Wunsch hast.«

Als Meroebos das Wort Braut hörte, konnte er seine Freude und Scheu nicht verbergen und errötete unter der dunklen Haut, so daß es aussah, als laufe Feuer über Ruß.

»Die anderen Gesandten, lieber Vater«, sagte er nach einer Weile, »werden dir, jeder mit den ausgesuchtesten Gaben seines Landes, zur Verherrlichung deines Sieges aufwarten. Ich will dir als dem hervorragenden Führer und Kriegshelden ein deiner würdiges und passendes Geschenk machen mit einem Mann, der in Krieg und Schlachten nicht seinesgleichen hat und außerdem im Ring- und Faustkampf im Staub der Arena unüberwindlich ist.«

Damit gab er dem Manne einen Wink, näherzutreten und sich zu zeigen.

Als er vortrat und sich vor Hydaspes niederwarf, erwies er sich als Kerl von so riesenhafter Größe, daß er noch beim Kniefall vor dem König den erhöht Sitzenden fast gleichkam. Ohne erst einen Befehl abzuwarten, zog er seine Kleider aus, stellte sich nackt hin und forderte jeden, der Lust hatte, zum Kampf mit oder ohne Waffen heraus. Da sich niemand meldete, obwohl der König wiederholt durch den Herold dazu aufforderte, sagte Hydaspes:

»Dann sollst du trotzdem von uns einen dir angemessenen Kampfpreis erhalten.«

Er gab Befehl, einen uralten riesigen Elefanten für ihn herzuholen.

Das Tier wurde gebracht und von dem Beschenkten freudig in Empfang genommen. Das Volk aber brach in lautes Gelächter aus, belustigt über den witzigen Einfall des Königs und durch den Spott über das großspurige Auftreten des Mannes, das es als Demütigung empfunden hatte, einigermaßen wieder besänftigt.

Danach erschienen die Gesandten der Serer und brachten zwei Kleider aus spinnwebenfeinem, einheimischem Stoff, ein purpurfarbenes und ein reinweißes. Ihre Geschenke wurden entgegengenommen und ihrer Bitte um Freilassung einiger ihrer vor längerer Zeit zu Gefängnis verurteilten Landsleute vom König entsprochen.

Dann kamen die Gesandten des Glücklichen Arabien mit ihren Gaben: wohlriechendem Blattwerk, Kaneel, Zimt und anderen Gewürzen, an denen Arabiens Erde so reich ist, von jeder Sorte für viele Talente, so daß sie die ganze Umgebung mit ihrem köstlichen Duft erfüllten.

Nach ihnen erschien die Abordnung der Troglodyten und brachte Ameisengold und ein Greifengespann in einem goldenen Geschirr.

Darauf kam die Gesandtschaft der Blemmyer mit einem Kranze, der aus Bogen und Pfeilen von Drachenknochen geflochten war.

»Dies ist unser Geschenk für dich, König«, sagten sie. »An Geldwert steht es hinter den Gaben der anderen zurück, aber gegen die Perser hat es am Flusse vor deinen Augen seinen Wert bewiesen.«

»Es ist mir wertvoller«, erwiderte Hydaspes, »als die kostbareren Geschenke. Denn ihm verdanke ich, daß ich jetzt auch die anderen bekomme.«

Gleichzeitig forderte er sie auf, ihre Wünsche vorzutragen, und da sie daraufhin um Verminderung ihrer Abgaben baten, erließ er sie ihnen auf die Dauer von zehn Jahren ganz.

Als fast alle Gesandtschaften empfangen und vom König mit gleich wertvollen oder meist noch reicheren Geschenken verabschiedet worden waren, erschien als letzte die Abordnung der Auxomiten, die nicht abgabenpflichtig waren, aber in einem Freundschafts- und Bündnisverhältnis zum König standen. Als Ausdruck ihrer Freude über den errungenen Sieg brachten auch sie Geschenke, unter anderem ein Tier von merkwürdigem Aussehen und wunderbarem Wesen. Es hatte etwa die Größe eines Kamels. Sein bunt geflecktes Fell glich in Farbe und Zeichnung dem des Panthers. Der Hinterkörper war von den Weichen an niedrig und hatte den Bau eines Löwen, der Vorderkörper, Schultern, Vorderfüße und Brust hatten eine Größe, die zu den übrigen Gliedmaßen in keinem Verhältnis stand. Der Hals war schlank und erhob sich wie bei einem Schwane hoch über den übrigen Körper. Der Kopf ähnelte der Form nach dem des Kamels und hatte mehr als die doppelte Größe des Kopfes des libyschen Straußes. Die buntgezeichneten Augen blickten wild umher. Auch der Gang war seltsam und ganz verschieden von dem aller Land- und Wassertiere. Es bewegte die Beine nicht wechselweise und eins nach dem anderen vorwärts, sondern trat immer gleichzeitig mit dem rechten und dann mit dem linken Paar auf, so daß sich bei jedem Schritt die eine Seite über die andere erhob. Schleppend in der Bewegung, war es so zahm, daß der Wärter es an einem ganz dünnen Strick, den er ihm um den Kopf geschlungen hatte, nach seinem Willen lenkte. Es ging in der gleichen Folgsamkeit hinter ihm her, wie wenn es von unzerreißbaren Fesseln gehalten wäre. Dieses Tier setzte das ganze Volk in Erstaunen und erhielt nach seinen auffallendsten körperlichen Eigenschaften sofort den Namen Kamelpanther. Unmittelbar darauf rief es große Aufregung hervor. Es geschah folgendes:

Vor dem Altar der Selene standen zwei Stiere, vor dem des Helios ein Gespann von vier Schimmeln, bereit für die Opferung. Der Anblick des seltsamen fremden Tieres, das sie nie zuvor gesehen hatten, erschreckte sie wie eine Gespenstererscheinung. In der Angst zerrissen sie die Stricke, an denen die Wärter sie festhielten. Einer der Stiere – anscheinend hatte er allein das Tier bemerkt – und zwei von den Pferden rasten in unaufhaltsamer Flucht davon. Da sie den bewaffneten Ring, den die Mauer der Soldaten mit Schilden bildete, nicht zu durchbrechen vermochten, rannten sie ziellos und wild mitten auf dem Platze herum und warfen alles, was ihnen in den Weg kam, Gegenstände wie Lebewesen, über den Haufen. Darüber erhob sich ein gewaltiges Geschrei. Die einen schrien vor Angst, wenn die Tiere ihnen nahekamen, die anderen brüllten vor Vergnügen, wenn sie auf jene losrasten und die Leute übereinanderfielen.

Auch Persinna und Chariklea konnten nicht ruhig im Zelte bleiben. Sie schoben den Vorhang etwas zurück, um zu sehen, was vorging.

Da bemerkte Theagenes, daß seine Wächter in der allgemeinen Unruhe sich entfernt hatten, und – mochte ihn nun sein Mut hinreißen oder ein Gott ihn anspornen – er erhob sich von dem Altar, vor dem er in unmittelbarer Erwartung der Opferung gekniet hatte, ergriff ein auf dem Altar liegendes Holzscheit, packte eines der Pferde, das nicht davongelaufen war, sprang auf seinen Rücken, hielt es fest an der Mähne wie an einem Zügel, spornte es mit den Fersen an, schlug es mit dem Holzstück statt der Peitsche und jagte es hinter dem flüchtenden Stier her.

Anfangs glaubten die Leute, Theagenes wolle fliehen, und einer rief dem andern zu, ihn nicht die militärische Absperrung durchbrechen zu lassen. Im weiteren Verlauf sahen sie aber, daß ihre Vermutung falsch war und er weder Fluchtabsichten noch Angst um sein Leben hatte. Denn als er den Stier rasch eingeholt hatte, trieb er ihn eine Weile vor sich her, indem er ihn durch Schläge reizte und zu größerer Schnelligkeit antrieb, jeder seiner Bewegungen folgte und seinen Wendungen und Angriffen geschickt auswich. Als er ihn an seinen Anblick und seine Begleitung gewöhnt hatte, ritt er neben ihm her, Seite an Seite, so daß Schweiß und Atem der Tiere sich mischten.

Er stimmte das Tempo so ab, daß die Köpfe beider Tiere den Zuschauern aus der Ferne wie zusammengewachsen erschienen. Nun war alles voll Begeisterung über die Geschicklichkeit des Theagenes, der mit dieser seltsamen Koppelung von Pferd und Stier fertig wurde.

So hingerissen war die Menge von ihm. Chariklea verfolgte ihn zitternd und bebend mit den Augen. Sie konnte sich nicht erklären, worauf das hinaus wollte, und fürchtete einen Sturz. Es war nicht auszudenken: Ihn verletzt zu sehen, das war ihr, als gehe es um das eigne Leben.

»Was hast du nur, mein Kind?« fragte Persinna, der ihre Angst nicht entging. »Du scheinst an der gefährlichen Lage des Fremden starken Anteil zu nehmen. Auch ich bin besorgt und habe Mitleid mit seiner Jugend. Ich möchte wünschen, daß er der Gefahr entgeht und für das Opfer erhalten bleibt, damit wir unsere Pflicht gegen die Götter nicht ganz vergessen.«

»Wie kannst du nur so etwas wünschen, liebe Mutter«, erwiderte Chariklea, »daß er nicht sterbe, um ihn dann doch sterben zu sehen! Wenn es dir möglich ist, rette den jungen Menschen mir zuliebe!«

»Das ist unmöglich«, antwortete Persinna, die nicht den wahren Grund, sondern eine verliebte Laune ihrer Tochter vermutete. »Was verbindet dich denn mit dem jungen Mann, daß du dich so um ihn sorgst? Vertraue dich nur deiner Mutter an, auch wenn es sich um eine jugendliche Verirrung handelt und um etwas, das sich für ein junges Mädchen eigentlich nicht schickt. Eine Mutter hat Verständnis für so etwas, und eine Frau besitzt Gefühl für weibliche Schwächen.«

Da brach Chariklea in Tränen aus.

»Auch das noch zu allem Unheil«, rief sie, »daß ich selbst von den Verständigen nicht verstanden werde, und wenn ich mein Leid klage, kein Gehör finde! So bin ich gezwungen, ein offenes und unverhülltes Geständnis abzulegen.«

So sprach sie und war entschlossen, die Wahrheit zu sagen, als ein erneutes Geschrei der Menge sie daran hinderte.

Theagenes hatte sein Pferd zu äußerster Schnelligkeit angespornt, so daß es mit der Brust ein Stück vor dem Kopf des Stieres lag. Dann ließ er das Pferd los, schwang sich hinüber und sprang dem Stier in den Nacken. Das Gesicht zwischen die Hörner gelegt, umschlang er den Kopf fest mit den Armen, indem er die Finger über der Stirn zu einem Knoten verschlang. Seinen Körper ließ er an der rechten Seite des Tieres schwebend herabhängen und mitschleppen, wobei er von den Sprüngen eine Zeitlang immer wieder emporgeschwungen wurde. Als er merkte, wie dem Tier unter der Last der Atem ausging und seine Kräfte vor Überanstrengung nachließen, schwang er, als er an der Stelle vorbeikam, an der Hydaspes saß, seine Beine nach vorn vor die Schenkel des Tieres und trat ihm unaufhörlich gegen die Klauen, um es im Lauf zu hemmen. So in der Bewegung behindert und von der Kraft des jungen Mannes niedergezwungen, brach der Stier in die Knie, und, mit dem Kopf heftig auf den Boden aufschlagend, überschlug er sich und lag der Länge nach auf Schultern und Rücken. Dabei bohrten sich seine Hörner in die Erde, daß er wie festgewurzelt den Kopf nicht zu bewegen vermochte und wirkungslos mit den Beinen in die Luft schlug, voll Wut über die Niederlage. Theagenes lag auf ihm und benutzte die linke Hand, um ihn niederzudrücken, während er die Rechte emporhob und lebhaft winkte. Mit frohem Gesicht sah er auf Hydaspes und die Menge, als wolle er sie durch sein Lachen auffordern, sich mit ihm zu freuen, während das Brüllen des Stieres wie eine Trompete seinen Sieg verkündete.

Das Volk antwortete ihm mit einem Geschrei, in dem nicht etwa einzelne verständliche Beifallsrufe zu unterscheiden waren. Es war wie ein einziger Schrei der Tausende, aus einer einzigen Kehle, der lang gehalten zum Himmel emporstieg.

Auf Geheiß des Königs liefen Diener herbei, von denen die einen Theagenes aufrichteten und vor Hydaspes führten, die anderen dem Stier Stricke um die Hörner schlangen, ihn erschöpft und widerstandslos wegschleppten und mit dem gleichfalls eingefangenen Pferd wieder neben dem Altar festmachten.

Hydaspes wollte gerade das Wort an Theagenes richten und sich mit ihm befassen, als das Volk erneut seine Stimme erhob, sowohl aus Begeisterung für den jungen Mann, für den es von Anfang an Sympathie empfunden hatte, wie in Bewunderung seiner Kräfte. Namentlich aber war es gegen den äthiopischen Kraftkerl des Meroebos gereizt.

»Der soll es mit dem Mann des Meroebos aufnehmen!« riefen alle einmütig. »Der den Elefanten bekommen hat, soll mit dem Bezwinger des Stiers kämpfen!«

Sie ließen keine Ruhe, bis Hydaspes seine Einwilligung gab und der Äthiopier in die Mitte des Platzes gebracht wurde. Er blickte anmaßend und überlegen um sich, schritt langsam und gemessen einher und stellte sich breit mit gekreuzten Armen in Positur und blieb bei dem königlichen Zelte stehen. Hydaspes wandte sich an Theagenes und sagte zu ihm in griechischer Sprache:

»Fremder, du mußt mit diesem Manne kämpfen, das Volk verlangt es.«

»Was du willst, soll geschehen«, antwortete Theagenes. »Doch auf welche Art soll der Kampf ausgetragen werden?«

»Durch Ringkampf«, antwortete Hydaspes.

»Warum nicht lieber mit Schwert und in voller Rüstung«, erwiderte er, »um Chariklea, die für mich kein Wort mehr übrig oder mich vielleicht bereits aufgegeben hat, durch meinen Sieg oder meine Niederlage zu rühren?«

»Was hat der Name Chariklea mit der Angelegenheit zu tun?« fragte Hydaspes. »Doch wirst du das selbst wissen. Jedenfalls kommt jetzt nur ein Ringkampf und nicht ein Kampf mit der Waffe in Frage. Denn es geht nicht an, daß vor dem Opfer Blut vergossen wird.«

Theagenes begriff Hydaspes' Befürchtungen, er könne vor der Opferung getötet werden.

»Du tust gut daran«, erwiderte er, »mich den Göttern aufzusparen, die schon für mich sorgen werden.«

Er nahm Staub von der Erde auf, streute ihn über Schultern und Arme, die von dem Stierkampf schweißnaß waren, schüttelte ab, was nicht haften blieb, stemmte mit vorgestreckten Armen die Füße fest auf den Boden und erwartete mit eingebogenen Kniekehlen, gekrümmten Schultern und Rücken, den Kopf etwas zur Seite geneigt, den Leib eingezogen, gespannt den Angriff des Gegners.

Der Äthiopier maß ihn mit ironischem Lächeln und gab durch höhnische Blicke seiner Geringschätzung des Gegners Ausdruck. Plötzlich sprang er auf ihn los und versetzte Theagenes mit dem Arm wie mit einem Hebel einen Schlag in den Nacken, daß es weithin zu hören war. Er war sehr stolz darauf und lachte blöde.

Theagenes, von Jugend auf in der Ringschule trainiert und mit allen Feinheiten der Kunst des Hermes vertraut, nahm sich vor, sich anfangs zurückzuhalten, und – um die Stärke des Gegners auszuprobieren – sich nicht sofort auf einen Kampf mit dem überlegenen tierischen Koloß einzulassen, sondern die plumpe Gewalt durch überlegenes Können zu überlisten. Obwohl ihn der Schlag kaum erschüttert hatte, tat er, als ob die Schmerzen heftiger wären, als er sie tatsächlich verspürte, und gab auch die andere Seite des Nackens frei. Als der Äthiopier sofort erneut zuschlug, sackte er absichtlich zusammen, und es hatte fast den Anschein, als falle er aufs Gesicht. Der Äthiopier hielt ihn für erledigt. Voll Selbstbewußtsein, ohne jede Vorsicht, näherte er sich ihm zum drittenmal und wollte eben mit dem erhobenen Arm zum Schlag ausholen, da bückte sich Theagenes blitzschnell, um dem Hieb auszuweichen, unterlief ihn unerwartet, schlug mit der Rechten die Linke des Gegners zur Seite und riß ihn, da der ins Leere geführte Schlag ihn schwanken machte, zu Boden. Gleichzeitig schlüpfte er unter seiner Achsel hindurch, preßte den Leib gegen seinen Rücken, schlang die Hände fest um seinen dicken Bauch, trat ihm unausgesetzt mit den Fersen gegen die Fußknöchel und zwang ihn mit aller Gewalt auf die Knie. Mit den

Beinen seine Füße festhaltend, preßte er ihm die Schenkel in die Weichen, riß ihm die Hände weg, auf die er seinen Oberkörper stützte, bog sie über die Schultern auf den Rücken und zwang ihn der Länge nach platt auf den Bauch.

Da brüllte ihm das Volk wie aus einem Munde Beifall, tosender noch als vorher. Auch der König konnte sich nicht mehr halten. Er sprang von seinem Thronsessel auf.

»Unseliger Zwang«, rief er, »was ist das für ein Mann, den das Gesetz als Opfer fordert!«

Er rief ihn zu sich heran.

»Junger Mann«, sprach er, »nach dem Brauch steht dir auch für die Opferung ein Kranz zu. Nun sollst du ihn für den glänzenden, wenn auch zwecklos errungenen Sieg erhalten. Da ich dich, so gern ich es möchte, vor dem drohenden Schicksal nicht retten kann, so will ich dir wenigstens das gewähren, was in meiner Macht steht. Wenn es also etwas gibt, womit ich dir einen Gefallen tun kann, solange du noch lebst, so fordere es von mir.«

Damit setzte er Theagenes sein goldenes, edelsteingeschmücktes Diadem auf. Es blieb nicht unbemerkt, daß ihm dabei Tränen in die Augen traten.

»Dann will ich eine Bitte aussprechen«, erwiderte Theagenes, »und hoffe, du wirst dein Versprechen halten. Wenn es gar keine Möglichkeit für mich gibt, der Opferung zu entgehen, so befiehl wenigstens, daß ich durch die Hand deiner wiedergefundenen Tochter geopfert werde.«

Diese Forderung überraschte Hydaspes, der sich an das gleiche Verlangen Charikleas erinnerte. Doch da die Zeit drängte, kam er nicht dazu, weiter darüber nachzudenken.

»Fremder«, erwiderte er, »was in meiner Macht steht, durftest du erbitten, und die Erfüllung dieser Bitte habe ich dir zugesagt. Das Gesetz verlangt aber ausdrücklich, daß eine verheiratete Frau, nicht eine Jungfrau, das Opfer vollzieht.«

»Aber sie hat ja einen Mann!« rief Theagenes.

»Das ist das Gerede eines Geistesgestörten«, sagte Hydaspes, »eines Menschen, der sich dem Tode gegenübersieht. Daß das Mädchen noch nichts von Ehe und einem Manne weiß, hat die Feuerprobe bewiesen. Du müßtest gerade auf Meroebos anspielen, obwohl ich nicht weiß, woher du ihn kennst.

Übrigens ist er noch nicht ihr Mann, ich habe ihn erst zu ihrem Verlobten bestimmt.«

»Und wird auch nicht – kannst du hinzufügen – ihr Mann werden«, erwiderte Theagenes, »soweit ich Charikleas Gefühle kenne und meine Voraussage als die eines weissagenden Opfers Glauben verdient.«

»Aber, mein Lieber«, mischte sich Meroebos ein, »nicht die lebenden, sondern erst die geschlachteten und aufgeschnittenen Opfertiere ermöglichen durch die Eingeweide den Priestern einen Blick in die Zukunft. Du hast ganz recht, lieber Vater, dieser Mann redet angesichts des Todes irre. Man führe ihn also jetzt, wie du befiehlst, zum Altar, und, wenn du alles Notwendige angeordnet hast, lass mit der Opferung anfangen!«

Als Theagenes an den Bestimmungsort gebracht wurde, befiel Chariklea, die bei seinem Siege etwas aufgeatmet und auf eine Wendung zum Guten gehofft hatte, von neuem tiefe Verzweiflung.

Persinna sprach ihr Trost zu.

»Vielleicht kann man dem jungen Manne noch das Leben retten«, sagte sie, »wenn du dich entschließest, mir nur in aller Offenheit alles zu sagen.«

Chariklea sah, daß die Zeit keinen längeren Aufschub gestattete, und war gezwungen, nunmehr auf das zu kommen, was jetzt die Umstände erforderten.

Inzwischen fragte Hydaspes den Zeremonienmeister, ob noch weitere Gesandte zu empfangen wären.

»Nur noch die von Syene, mein König«, meldete Hermonias. »Sie bringen Geschenke und einen Brief des Oroondates und sind eben eingetroffen.«

»Laß sie kommen«, befahl Hydaspes.

Die Gesandten traten vor und überreichten das Schreiben. Der König entrollte es und las.

Es hatte folgenden Wortlaut:

»An Hydaspes, den gütigen und glücklichen König der Äthiopier, Oroondates, Statthalter des Großkönigs.

Da du mich mit den Waffen und noch mehr durch Großmut besiegt und mir die ganze Statthalterschaft aus freien Stücken überlassen hast, würde es mich nicht wundern, wenn du mir noch eine kleine Bitte erfülltest.

Ein junges Mädchen, das von Memphis zu mir geschickt wurde, ist ein Opfer der Kriegsereignisse geworden. Sie ist auf deinen Befehl als Gefangene nach Äthiopien gebracht worden, wie ich von ihren Begleitern erfahren habe, die damals der Gefahr entronnen sind. Ich bitte, sie freizugeben und mir als Geschenk zu überlassen, erstens weil ich ihr selbst wohlwill, noch mehr aber, weil ich sie ihrem Vater zuzuführen wünsche, der auf der Suche nach seiner Tochter durch die ganze Welt geirrt ist und in Elephantine durch die Kriegsereignisse überrascht wurde. Dort fiel er mir auf, als ich mir die Überlebenden ansah und er mich bat, ihn zu dir, dem großmütigen Herrscher, zu schicken. Er befindet sich unter den Mitgliedern der Gesandtschaft und ist ein Mann, der durch seine ganze Art seine vornehme Herkunft beweist und schon durch seine Erscheinung Achtung einflößt.

Schicke, mein König, ihn guter Dinge wieder zurück, da er ihr Vater nicht nur dem Namen nach, sondern auch in Wirklichkeit ist.«

Als Hydaspes das gelesen hatte, fragte er, wer von den Erschienenen der Mann sei, der seine Tochter suche. Als man auf einen Greis wies, redete er ihn an:

»Ich bin bereit, Fremder, jedem Wunsch des Oroondates zu entsprechen. Aber ich ließ nur zehn gefangene Mädchen hierherbringen. Da sich von einer bereits herausgestellt hat, daß sie deine Tochter nicht sein kann, so sieh dir die anderen an und nimm die richtige, wenn du sie findest, mit dir.«

Der alte Mann fiel auf die Knie und küßte die Füße des Königs.

Die Mädchen wurden herbeigebracht. Er sah sie alle an, die Gesuchte war nicht darunter. Tieftraurig sagte er:

»Mein König, es ist keine von ihnen.«

»Meinen guten Willen hast du gesehen«, erwiderte Hydaspes, »du mußt also das Schicksal anklagen, wenn du die nicht finden kannst, die du suchst. Denn daß keine andere außer diesen hergebracht wurde noch sich hier im Lager befindet, davon kannst du dich durch Augenschein überzeugen.«

Der alte Mann schlug die Hände vors Gesicht und brach in Tränen aus.

Als er wieder aufsah und die Menge im Umkreis musterte,

stürzte er plötzlich wie wahnsinnig davon. Bei den Altären angelangt, rollte er den Gurt des abgetragenen Mantels, den er trug, zu einem Strick zusammen, schlang ihn dem Theagenes um den Hals und schleppte ihn mit sich fort.

»Habe ich dich, du Schuft!« schrie er mit lauter Stimme. »Habe ich dich, du Mörder und Verbrecher!«

Obwohl die Wachen ihn aufzuhalten und Theagenes wegzureißen suchten, hielt er ihn fest, als wären sie zusammengewachsen, und schleppte ihn bis vor die Augen des Hydaspes und der Mitglieder seines Rates.

»König«, rief er, »das ist der Schurke, der meine Tochter entführt hat! Der Mensch, der mein Haus kinderlos und einsam gemacht, der mein Ein und Alles mitten aus dem pythischen Heiligtum geraubt hat und jetzt wie ein Unschuldiger an den Altären eurer Götter hockt.«

Der Auftritt erregte ungeheures Aufsehen: Die einen verstanden seine Worte, die anderen konnten sich das alles gar nicht erklären.

Als Hydaspes den Alten aufforderte, deutlicher zu sagen, was er eigentlich wolle, verschwieg er – es war natürlich Charikles – die wahre Herkunft Charikleas, denn er fürchtete, mit ihren richtigen Eltern in Ungelegenheiten zu geraten, falls sie sich auf derFlucht etwas habe zuschulden kommen lassen. Er gab eine kurze Darstellung der Dinge, die ihm nicht zum Nachteil gereichen konnten.

»Ich hatte eine Tochter, mein König«, sagte er, »von einem Charakter, von einer Schönheit – nur wenn ihr sie selbst gesehen hättet, würdet ihr es mir glauben: Kein Wort, das ich darüber sage, ist zuviel. Sie war noch Jungfrau und Priesterin der Artemis von Delphi. Sie hat dieser feine junge Mann, ein Thessalier, der als Führer einer Festgesandtschaft, um einem alten Brauch Genüge zu tun, in meine Vaterstadt Delphi gekommen war, aus dem heiligen Innenbezirk, dem Apollotempel, selbst entführt. Ein Verbrechen, das auch euch trifft. Hat er doch damit euren eigenen Stammesgott Apollo – es ist ja der gleiche Gott wie Helios – und sein Heiligtum entweiht. Als Helfershelfer bei diesem Verbrechen hat ihm ein angeblicher Priester aus Memphis beigestanden. Als ich nach Thessalien kam und von seinen Landsleuten, den Oitäern, seine Auslieferung verlangte, konnte ich ihn nirgends ausfindig machen, obwohl sie mir ihn, wenn ich seiner habhaft würde, als gottlosen Verbrecher zum Vollzug der Todesstrafe freigaben. Ich vermutete also, daß er mit jenem Kalasiris nach Memphis geflüchtet sei. Dort angekommen, fand ich Kalasiris, wie er es verdiente, bereits tot. Von seinem Sohne Thyamis erfuhr ich alle Einzelheiten über das Schicksal meiner Tochter, unter anderem, daß man sie zu Oroondates nach Syene geschickt hatte. In Syene – auch dahin bin ich gekommen – erreichte ich Oroondates nicht, in Elephantine aber wurde ich dann vom Kriege überrascht. Nun bin ich hierhergekommen, als Bittsteller, wie du es in dem Schreiben gelesen hast. Den Entführer hast du in deiner Hand, laß meine Tochter suchen! Du würdest einem Unglücklichen eine Gnade erweisen, und für dich selbst wäre es kein Nachteil, wenn der Statthalter sieht, welche Bedeutung du seiner Fürsprache beilegst.«

Er schwieg. Tränen standen ihm in den Augen.

Hydaspes wandte sich an Theagenes.

»Was hast du darauf zu entgegnen?« fragte er.

»Seine Anklage ist berechtigt«, antwortete dieser. »Ich habe an ihm wie ein Dieb und Räuber, gewalttätig und ungerecht gehandelt, aber euch habe ich nur Gutes getan.«

»Gib also heraus, was dir nicht gehört«, befahl Hydaspes, »und weil du schon den Göttern versprochen bist, wirst du einen ehrenhaften Opfertod und nicht die schmachvolle Todesstrafe eines Verbrechers erleiden.«

»Nicht wer den Raub begangen hat«, erwiderte Theagenes, »sondern wer das geraubte Gut besitzt, ist zur Herausgabe verpflichtet. Der Besitzer bist du. Liefere ihm also, wenn er nicht selbst zugibt, daß sie deine Tochter ist, Chariklea aus!«

Jetzt konnte niemand mehr ruhig bleiben. Ein allgemeiner Tumult brach los.

Da stürzte Sisimithres, der sich bis dahin beherrscht hatte – er hatte längst die Reden und Vorgänge in ihrer Bedeutung begriffen, aber noch gewartet, bis die volle Wahrheit sich siegreich durchsetzte –, auf Charikles zu und schloß ihn in seine Arme.

»Sie ist gerettet, deine vorgebliche, dir damals von mir anvertraute Tochter, jetzt die richtige, wiedergefundene Tochter der dir bekannten Eltern!«

Auch Chariklea stürzte aus dem Zelt, und alle mädchenhafte Scheu vergessend, warf sie sich Charikles leidenschaftlich zu Füßen.

»Väterchen«, rief sie, »du, den ich nicht weniger verehre als meine richtigen Eltern, bestrafe mich, wie du willst, als unfolgsames Kind, das seinen Vater auf dem Gewissen hat! Und wenn einer sagt, daß es Wille und Fügung der Götter gewesen sei, was ich getan habe, so höre nicht darauf!«

Persinna ihrerseits umarmte Hydaspes.

»Glaube mir, mein Gatte«, rief sie, »daß sich alles so verhält! Sei versichert, dieser junge Mann, dieser Grieche, ist wahrhaftig der Verlobte unserer Tochter! Sie hat es mir soeben, wenn auch mit Überwindung, gestanden.«

Das Volk seinerseits sprang jubelnd und vor Freude tanzend umher. Ganz gleich welchen Alters und Standes, alle waren glücklich über die Wendung der Ereignisse. Obwohl sie das meiste von dem, was gesprochen wurde, nicht verstanden hatten, errieten sie die Zusammenhänge aus dem, was ihnen schon von Chariklea bekannt war, oder der Wille der Götter, der so wunderbar den Knoten gelöst, ließ sie die Wahrheit erkennen. Hatte er doch die stärksten Gegensätze miteinander ausgesöhnt, Freude und Leid vereint, Lachen und Weinen vermischt und tiefstes Unglück in ausgelassenen Jubel verwandelt. Man lachte unter Tränen, freute sich unter Bekümmerten, fand, was man nicht gesucht, und verlor, was man gefunden zu haben glaubte. Schließlich verwandelte sich auch das erwartete Blutvergießen in fromme Opferhandlung.

Denn als sich Hydaspes an Sisimithres mit der Frage wandte: »Was sollen wir tun, weiser Mann? Den Göttern das Opfer vorzuenthalten, wäre unfromm. Die zu töten, welche sie uns geschenkt haben, wäre Sünde. Wir müssen nachdenken, was man tun soll«, da erwiderte Sisimithres nicht in griechischer, sondern, damit ihn alle verständen, in äthiopischer Sprache:

»Mein König, übergroße Freude scheint auch den klügsten Menschen die klare Vernunft zu trüben. Sonst hättest du schon längst begreifen müssen, daß den Göttern das angebotene

Schlachtopfer unerwünscht ist. Haben sie dich doch die überglückliche Chariklea unmittelbar vor dem Altar als deine Tochter erkennen lassen, ihren Pflegevater wie durch ein Wunder mitten aus Griechenland hierhergeschickt, ferner Unruhe und Durcheinander unter die Pferde und Stiere vor den Altären gebracht und damit zu verstehen gegeben, daß sie diese für so heilig gehaltenen Opferbräuche ablehnen. Als Krönung des Glücks, sozusagen als Höhepunkt des Schauspiels, lassen sie jetzt in diesem jungen Mann den Verlobten deiner Tochter erkennen. So laß uns das wunderbare Walten der Götter verstehen und das Unsrige zur Erfüllung ihres Willens beitragen! Laßt uns reinere Opfer darbringen und die Menschenopfer für alle Zukunft beseitigen!«

Nachdem Sisimithres mit klarer Stimme und allen vernehmlich gesprochen hatte, faßte Hydaspes Chariklea und Theagenes bei der Hand.

»Anwesende«, sagte er und bediente sich gleichfalls der Landessprache, »da nach dem göttlichen Willen sich alles so vollzogen hat, wäre es ein schweres Unrecht, sich zu widersetzen. So erkläre ich angesichts derer, die dies so gefügt haben, und vor euch, die ihr ihnen zu gehorchen bereit scheint, dieses Paar durch gesetzliche Ehe verbunden und gestatte ihnen, in ehelicher Gemeinschaft zu leben und Kinder zu zeugen. Wenn es euch recht ist, soll ein Opfer den Beschluß bekräftigen. Laßt uns die heilige Handlung beginnen!«

Dieser Erklärung jubelte das Heer zu und klatschte in die Hände, als wäre die Ehe schon vollzogen.

Hydaspes trat vor den Altar und rief zum Beginn der heiligen Handlung:

»Helios und Selene, die ihr über uns herrscht, wenn es euer Wille ist, daß Theagenes und Chariklea einander als Mann und Frau angehören, so ist ihnen auch erlaubt, sich eurem Dienste zu weihen.«

Damit nahm er sich und Persinna die Stirnbinde, das Zeichen priesterlicher Würde, ab und band die seine Theagenes, die Persinnas Chariklea um.

Charikles fiel in diesem Augenblick der delphische Orakelspruch ein, und er erkannte, daß sich durch die Tat verwirklichte, was die Götter lange vorher mit den Worten prophezeit hatten, die jungen Leute würden nach ihrer Flucht aus Delphi einst

»erreichen das dunkle Land, das die Sonne durchglüht.
Dort dann finden sie reichlichen Lohn für ihr rechtliches Leben,
Ein weißleuchtendes Band um die schwärzliche Stirn.«

Als das junge Paar mit den weißen Stirnbinden geschmückt und in das Priesteramt eingesetzt worden war, vollzogen sie selbst das Opfer unter günstigen Vorzeichen.

Dann fuhren sie im Schein der Fackeln, beim Klang der Flöten und Pfeifen nach Meroë, Theagenes und Hydaspes auf einem mit Pferden bespannten Wagen, Sisimithres und Charikles auf einem zweiten gleicher Art, Chariklea und Persinna auf einem mit weißen Rindern bespannten, begleitet von Jubelrufen, Händeklatschen und Tänzen. Die eigentliche Hochzeit sollte mit noch weit größerem Aufwand in der Stadt gefeiert werden.

Damit ist die Geschichte von Theagenes und Chariklea, die ein Mann aus Emesa in Phönizien, aus dem Geschlecht des Helios, der Sohn des Theodosios, Heliodoros, verfaßt hat, zu Ende.

Chariton

Chariton spricht am Anfang seines Romans selbst kurz von seiner Person: Er nennt seinen Namen, gibt als Geburtsort Aphrodisias (Kleinasien) an und bezeichnet sich als Sekretär eines Rechtsanwaltes namens Athenagoras. Mehr wird uns nicht mitgeteilt, und so ist die Wissenschaft auf Indiziensuche und Spurenkombinationen angewiesen, was freilich mitunter zu widersprüchlichen Ergebnissen führt. So setzte man Charitons Werk früher ganz ans Ende der uns bekannten antiken Romane, das heißt, ans Ende des 5. oder den Anfang des 6. Jahrhunderts. Seit 1900 wiesen jedoch neu gefundene Papyrusfragmente des Romans genau in die andere Richtung: Sie sind offenbar um 200 n. Chr. geschrieben, so daß Charitons Erzählung nun nicht mehr am Ende, sondern am Beginn der Romanreihe zu stehen hat. Dabei gingen manche Ansetzungen ins 1. Jahrhundert nach, manche sogar ins 1. Jahrhundert vor Christus zurück. Wie umstritten auch immer die genauere Datierung sein oder gar bleiben mag, die relative Chronologie scheint im allgemeinen als gesichert angesehen zu werden.

Das Werk Charitons zeichnet sich durch Klarheit der Erzählung aus, die nicht nach Art der anderen Unterhaltungsromane durch Überraschungseffekte den Leser zu erregen sucht, sondern in Form einer historischen Darstellung mit dem Anspruch auf Authentizität auftritt. So ist, von einigen Anachronismen geringeren Gewichts abgesehen, die Fiktion gut durchgehalten, die Erzählung spiele zur Zeit des persischen Großkönigs Artaxerxes II., der sein Reich von 404 bis ca. 360 v. Chr. beherrschte. Freilich ist keine Fixierung auf einen genau bestimmten Zeitpunkt angestrebt, vielmehr wird ein Zustand zum Hintergrund der Handlung erhoben, der sich aus manchen Einzelzügen jener Epoche, auch wenn sie nicht gleichzeitig auftraten, zu einem im ganzen gut gelungenen Gesamtbilde zusammengefügt, dessen Widersprüche der Historiker analysieren mag, dessen Lebensnähe der Leser gewiß genießen wird.

Die Handlung freilich folgt dem vertrauten Schema der Romanliteratur jener Zeit: Held und Heldin sind einander in ehelicher Liebe fest verbunden, ein böses Geschick reißt sie auseinander und führt sie durch eine schier endlose Folge von Bedrängnissen. Kallirhoës Schönheit erregt die Besitzgier immer höher gestellter Männer bis hinauf zum Großkönig selber. Abweichend von der Tradition geht sie allerdings – im Glauben, ihr geliebter Gatte sei gestorben – eine neue Ehe ein, zu der sie sich in einem anrührenden Dialog mit dem noch ungeborenen Kind des Chaireas aufgrund ihrer Notlage entschließt. Die üblichen Requisiten werden mit bemerkenswerter Dezenz eingesetzt; Rettungen aus Scheintod, Räuberei, Piraterie, Kreuzigung, Krieg usw. erfolgen im allgemeinen, ohne als kraß blendende Effekte zu wirken. Gleiches gilt auch von den gelegentlich eingelegten Zitaten und Reminiszenzen aus den klassischen Schriftstellern, die der meist einfach gehaltenen Sprachform nach antikem Verständnis zu größerer Höhe und Schönheit verhalfen. Die Rekapitulationen der Geschehnisse zu Anfang des fünften und achten Buches, insbesondere aber die große Zusammenfassung der Gesamthandlung (s. S. 668ff.) unterstreicht nicht ohne Stolz die Einheitlichkeit und Übersichtlichkeit der Erzählung und weist indirekt auf den organischen Aufbau, die geordnete Struktur dieses möglicherweise frühesten, gewiß aber zu den besten gehörenden griechischen Romans hin.

Kallirhoë

Erstes Buch

Ich, Chariton aus Aphrodisias, Sekretär des Rhetors Athenagoras, will hier den Leidensweg einer Liebe darstellen, die in Syrakus begonnen hat.

Hermokrates, der Stratege der Syrakusier – es war der, dem man den Sieg über die Athener verdankte – , hatte eine Tochter mit Namen Kallirhoë, ein wunderbares Mädchen, ein Kleinod ganz Siziliens. Ihre Schönheit war übermenschlich, war göttlich; aber nicht die Schönheit einer Nereïde oder einer Bergnymphe nur, sondern geradezu von der Art der Aphrodite Parthenos selbst. Die Kunde des wunderbaren Anblicks verbreitete sich überallhin, und Freier strömten herbei nach Syrakus, Herren und Herrensöhne, nicht nur aus Sizilien, sondern auch aus Kalabrien und dem italienischen Festland sonst, sogar von nichtgriechischen Völkern dort. Doch Eros plante eine Verbindung besonderer Art.

Da war nämlich ein junger Mann, von edler Gestalt und schöner als alle, so wie Bildhauer und Maler wohl Achill oder Nireus, Hippolytos oder Alkibiades darstellen würden. Es war Chaireas, dessen Vater Ariston nächst Hermokrates die einflußreichste Persönlichkeit in Syrakus war. Zwischen diesen aber bestand eine politische Fehde, so daß sie mit allen anderen eher als miteinander Familienverbindungen hätten haben wollen. Doch streitsüchtig ist Eros und liebt Ereignisse, die niemand erwarten würde. Dazu suchte er sich nun folgende gute Gelegenheit.

Es war an einem öffentlichen Fest der Aphrodite, und fast alle Frauen gingen zum Tempel. Kallirhoë aber, die bis dahin noch nicht in der Öffentlichkeit gewesen war, wurde von ihrer Mutter begleitet. Vorher hatte ihr Vater entschieden, es sei Zeit für sie, der Göttin ihre Verehrung zu bezeigen. Da kam

Chaireas des Weges. Er war auf dem Heimweg vom Gymnasion, strahlend wie ein Meteor; auf dem Glanz seines Gesichts lag die Kampfesröte wie Gold auf Silber. Aus Zufall kreuzten sich nun ihre Wege an einer etwas engen Straßenecke, und sie fielen sich gegenseitig beinahe in die Arme. Denn der Gott war es, der diese Begegnung in die Wege geleitet hatte, damit einer den anderen zu sehen bekomme. Und im gleichen Augenblick erwiderten sie diesen ersten Anblick mit leidenschaftlicher Liebe füreinander: Schönheit und Adel hatten sich gefunden.

Chaireas, die Wunde im Herzen, setzte seinen Heimweg nur zögernd fort. Ihm war zu Mute wie einem tödlich getroffenen Vorkämpfer im Streite, der die Schmach scheut hinzustürzen, ohne sich jedoch weiter halten zu können. Das Mädchen aber warf sich der Aphrodite zu Füßen und sprach unter innigen Küssen: »Du, meine Herrin, diesen da gib mir zum Mann, den du mir soeben gezeigt hast!«

Dann brach die Nacht an: für beide eine schreckliche Nacht! Denn das Feuer war entfacht. Am schlimmsten erging es dem Mädchen, weil es aus Scham schwieg, sich ertappt zu sehen. Chaireas aber, der bald ganz und gar abgehärmt war – obwohl doch ein stattlicher junger Mann mit starkem Herzen – , faßte sich endlich ein Herz und sprach sich vor seinen Eltern aus: Er liebe und werde nicht leben können, wenn er Kallirhoë nicht heiraten dürfte. Als sein Vater das hörte, stellte er bedauernd fest: »Dann bist du für mich schon tot, mein Sohn! Es ist doch klar, daß Hermokrates dir seine Tochter nicht geben wird. Hat er doch Freier genug, die reich sind oder gar Könige! Du darfst also gar nicht erst den Versuch machen, willst du uns nicht öffentlichem Schimpf preisgeben.«

Auch weiterhin versuchte der Vater seinem Sohne gut zuzureden. Doch verschlimmerte sich dessen Zustand so sehr, daß er nicht einmal zu den gewohnten Übungsstunden erschien. Das Gymnasion vermißte ihn so, daß es ohne ihn geradezu leer erschien; denn er war sehr beliebt bei den jungen Leuten. Und diese ließen denn auch keine Ruhe, bis sie den Grund für die Krankheit herausbrachten. Mitleid ergriff alle mit dem schönen jungen Mann, der in Gefahr stand, am Leid seiner edlen Seele zu Grunde zu gehen.

Gerade war es die Zeit der regulären Volksversammlung.

Sowie sich nun das Volk gesetzt hatte, ertönte es gleich zu Anfang wie ein einziger Ruf: »Edel ist Hermokrates, groß ist unser Stratege! Rette du Chaireas! Dies wäre der größte deiner Ruhmestitel! Die Stadt wirbt heute um die Heirat eines Paares, das einander würdig ist!«

Wer könnte wohl jene Volksversammlung recht beschreiben, deren Wortführer Eros war? Hermokrates war seiner Vaterstadt viel zu sehr verbunden, als daß er etwas hätte abschlagen können, um das ihn diese Stadt bat. Er stimmte zu, und das ganze Volk drängte sich aus dem Theater. Die jungen Leute eilten zu Chaireas, der Rat und der Magistrat begleiteten Hermokrates nach Hause. Aber auch die Frauen der Syrakusier zogen mit dorthin, um beim Brautzug mitzuwirken. Das Hochzeitslied ertönte in der ganzen Stadt. Voller Kränze und Fackeln waren die Straßen, und die Türschwellen hatte man mit Wein und Duftölen besprengt. Ganz Syrakus feierte diesen Tag freudiger als den Tag der Siegesfeiern.

Das Mädchen aber, das nichts davon wußte, lag hingestreckt auf dem Bett, verhüllt und voll stummer Klagen. Da trat ihre Amme ans Bett und sprach: »Steh rasch auf! Denn der Tag ist da, den wir alle so heiß ersehnt haben: Die Stadt holt dich zum Brautzug ab.«

Ihr aber brach auf der Stelle das Herz, ihr wankten die Knie. Denn wie sollte sie wissen, wer der Bräutigam war! Es verschlug ihr die Stimme, schwarz wurde es ihr vor den Augen, und sie war dem Tode nahe. Aber die, die es mit ansahen, glaubten, es sei weiter nichts als bräutliche Scham. So legten ihr die Dienerinnen in Eile den Brautschmuck an. Ihre Eltern, denen die Menge vor der Haustüre Platz machte, geleiteten den Bräutigam zur Braut. Chaireas eilte nun auf sie zu und küßte sie.

Als Kallirhoë den Geliebten erkannte, erging es ihr wie dem Licht einer Lampe, die schon am Erlöschen ist und beim Aufgießen von Öl wieder aufleuchtet und größer und stärker wird. Dann traten sie vor die Menge: Staunen ergriff alle, wie wenn Artemis in tiefer Waldeinsamkeit Jägern erscheint. Viele der Anwesenden sanken sogar auf die Knie vor Ehrerbietung. Alle aber bewunderten Kallirhoë und priesen Chaireas glücklich. Es war eine Hochzeit wie die der Thetis auf dem Pelion, von der die Dichter in Hymnen künden. Indessen fand auch hier sich ein neidischer Dämon, wie dort den Berichten nach die Eris.

Die Freier nämlich, denen die Heirat entgangen war, fühlten sich beleidigt; grimmige Wut packte sie. Während sie bis dahin Rivalen waren, fanden sie sich jetzt zusammen; und da sie sich alle darin einig waren, daß man sie ungehörig behandelt habe, trafen sie sich zu gemeinsamer Beratung. Der Neid war es, der sie zum Krieg gegen Chaireas zusammenbrachte.

Zuerst stand ein junger Mann aus Italien auf, der Sohn des Herrschers von Reggio, und legte seine Meinung etwa folgendermaßen dar: »Wenn einer von uns sie geheiratet hätte, wäre ich nicht erzürnt; denn ganz wie im sportlichen Wettkampf ist es nun einmal so, daß nur einer von denen, die sich zum Kampf gestellt haben, Sieger wird. Da aber einer, der nichts für die Hochzeit getan hat, uns den Rang abgelaufen hat, kann ich den Schimpf nicht ertragen. Wir haben sehnsüchtig vor dem Portal Nachtwache gehalten, haben uns bei Ammen und Zofen beliebt gemacht und Geschenke an Hauslehrer gesandt. Wieviel Zeit haben wir doch für Sklavendienste vertan! Und – was am allerschlimmsten ist – wir haben einander als Konkurrenten gehaßt. Dieser Unzüchtige aber, der Betteljunge und Habenichts, gewann, ohne einen Finger zu rühren, den Preis, um den Könige gerungen haben. Doch soll ihm sein Sieg nichts nutzen: Den Hochzeitszug wollen wir dem Bräutigam zum Leichenzug machen!«

Alle spendeten Beifall; nur der Herr von Agrigent widersprach: »Nicht aus Wohlwollen für Chaireas bin ich gegen den Anschlag, sondern weil ich einen gefahrloseren Plan habe. Ihr wißt ja, daß Hermokrates ein nicht gering einzuschätzender Gegner ist, gegen den man in offenem Kampf nichts ausrichten kann, eher mit List. Auch die politische Vormachtstellung in der Heimat hat jeder von uns mehr durch Verschlagenheit errungen als durch offene Gewalt. Wählt mich zum Feldherrn im Krieg gegen Chaireas! Ich verspreche euch, die Ehe aufzulösen. Ich werde gegen sie die Göttin Eifersucht ins Feld führen, die mit Eros im Bunde schlimmes Unheil stiften wird. Zwar hat Kallirhoë ihren festen Standpunkt, und mißtrauischer Argwohn liegt ihr fern; Chaireas aber, der doch im

Gymnasion aufgewachsen ist und die üblichen Jugendsünden nicht gerade nur vom Hörensagen kennt, kann leicht, wenn er erst Verdacht geschöpft hat, in jugendliche Eifersucht verfallen. Auch kann man an ihn leichter herankommen und ihn ins Gespräch ziehen.«

Noch bevor er zu Ende gesprochen hatte, stimmten ihm alle eifrig zu und vertrauten ihm die Durchführung an, da sie ihm zutrauten, alles zuwege zu bringen. Mit folgendem Anschlag begann er nun sein Werk.

Als es Abend wurde, kam jemand mit der Nachricht zu Chaireas, sein Vater Ariston sei auf dem Landgut von einer Leiter gestürzt und habe nur wenig Hoffnung, am Leben zu bleiben. Obwohl Chaireas seinen Vater liebte, quälte ihn doch mehr noch, daß er allein reisen sollte. Denn seine junge Frau jetzt schon mitzunehmen, war ihm noch nicht möglich.

In der folgenden Nacht hätte niemand gewagt, in aller Öffentlichkeit das übliche Zechgelage vor dem Hause des jungen Paares zu veranstalten. Heimlich aber und unbemerkt schlichen sich Leute heran und fingierten Spuren eines solchen Gelages. Sie bekränzten den Vorhof, besprengten ihn mit Salbwein, machten Weinpfützen und warfen halb abgebrannte Fackeln auf den Boden.

Der Tag brach an, und jeder, der vorbeikam, blieb aus Neugier stehen; denn wer leidet schon nicht an dieser allen gemeinsamen Krankheit? Chaireas aber, dessen Vater sich wieder etwas erholt hatte, kehrte eilends zu seiner Frau zurück. Als er den Menschenknäuel vor der Haustür sah, wunderte er sich zuerst. Sobald er aber die Ursache bemerkt hatte, stürmte er außer sich ins Haus.

Das Gemach fand er noch verschlossen, und voll Ungestüm klopfte er an. Als ihm die Zofe geöffnet hatte und er Kallirhoë gegenüberstand, wandte sich sein Zorn in Trauer; wehklagend zerriß er sich sein Gewand. Auf ihre Frage, was geschehen sei, blieb er stumm, da er weder seinen Augen mißtrauen noch glauben konnte, was ihm widerstrebte. Während er so ratlos und bebend dastand, beschwor ihn seine Frau, die nicht ahnte, was vorgefallen war, zu sagen, was ihn so erzürnt habe. Er aber, die Augen blutunterlaufen, stieß mit harter Stimme hervor:

»Oh, das mußte mir zustoßen! So schnell hast du mich vergessen!« Und er verfluchte das Zechgelage. Sie aber, als echte Tochter eines Strategen und voll Selbstbewußtsein, geriet ihrerseits in Zorn wegen der ungerechten Verleumdung und erwiderte: »Niemand hat vor dem Hause meines Vaters gezecht! Vor deinem Hause ist so etwas vielleicht gar nichts Ungewöhnliches gewesen, und deine Liebhaber stört es wohl jetzt, daß du geheiratet hast!« Nach diesen Worten wandte sie sich um, verhüllte sich und ließ ihren Tränen freien Lauf. Doch für Liebende ist Versöhnung leicht, und jede Entschuldigung nehmen sie einander gern ab. Chaireas lenkte also ein und begann zu schmeicheln, und seine Frau nahm seine Reue sogleich dankbar an. Ihre Liebe wurde davon noch inniger, und beider Eltern priesen sich glücklich, da sie die Eintracht ihrer Kinder sahen.

Der Agrigentiner, dem der erste Anschlag damit mißlungen war, griff nun zu einem kräftigeren Mittel und ging folgendermaßen vor: Bei ihm verkehrte als Parasit ein großes Schwatzmaul, ein Mann, der sich aber mit seiner Unterhaltungskunst äußerst angenehm zu geben wußte. Diesen ließ er die Rolle des Liebhabers spielen.

Kallirhoë hatte eine Kammerjungfer, die sie mehr schätzte als alle anderen ihrer Dienerinnen. Mit dieser sollte der Mann anbändeln und den Verliebten spielen. Leicht war es nicht, das Mädchen zu verführen, aber es gelang ihm schließlich doch, durch große Geschenke und durch die Beteuerung, er werde sich das Leben nehmen, wenn sich ihm seine Sehnsucht nicht erfülle. Eine Frau ist ja leicht zu gewinnen, wenn sie sich geliebt glaubt. Als das erreicht war, suchte sich der Akteur des Dramas einen weiteren Schauspieler, diesmal nicht mehr einen charmanten jungen Mann, sondern einen geriebenen Burschen, der aber glaubwürdig zu reden verstand. Diesen instruierte er genau, was er zu tun und zu sagen habe, und ließ ihn sich an Chaireas heranmachen.

Es war in der Nähe des Ringplatzes, und Chaireas kam mit trauriger Miene daher. Da trat der ihm Unbekannte neben ihn und sagte: »Auch ich hatte einen Sohn in deinem Alter, Chaireas, der dich sehr bewunderte und liebte, als er noch lebte. Seit seinem Tode betrachte ich dich als meinen Sohn;

denn dein Wohlergehen bedeutet Segen für ganz Sizilien. Gönne mir nun ein wenig Zeit, und du wirst wichtige und für dein ganzes Leben entscheidende Dinge hören.«

Mit solchen Worten erzeugte der abscheuliche Kerl die nötige Spannung in dem jungen Manne, der auch gleich voll Hoffnung, Furcht und Neugier ihn bat zu beginnen. Doch dieser zögerte und gab vor, es sei jetzt nicht die rechte Zeit dazu. Man müsse die Sache aufschieben und sich auch mehr Zeit dazu nehmen. Da drang Chaireas noch mehr in ihn, da er nun etwas besonders Schwerwiegendes erwartete. So nahm ihn denn der Fremde bei der Hand und führte ihn an einen ruhigen Platz, runzelte die Stirn und sagte mit todtrauriger, wie von Tränen erstickter Stimme: »Nur ungern, mein Chaireas, berichte ich dir von einer traurigen Angelegenheit. Lange schon wollte ich mit dir darüber sprechen, brachte es aber nicht übers Herz. Da nun allmählich offenkundig wird, wie man's mit dir treibt, und allenthalben darüber getuschelt wird, kann ich nicht länger schweigen. Ich bin eben so veranlagt, daß ich Schlechtigkeit nicht ertragen kann, und außerdem bin ich dir von Herzen gewogen. Nun denn, laß dir sagen, daß du von deiner Frau betrogen wirst. Und damit du es glaubst, bin ich bereit, dir die Möglichkeit zu verschaffen, den Ehebrecher auf frischer Tat zu ertappen.«

Sprach's: und jenen umhüllte der Schwermut finstere Wolke.
Siehe, mit beiden Händen des schwärzlichen Staubes ergreifend,
Übersteut' er sein Haupt und entstellte sein liebliches Antlitz.

Chaireas lag eine ganze Zeit lang reglos am Boden, weder eines Blickes noch eines Wortes fähig. Dann brachte er mit matter, fremder Stimme hervor: »Ich bitte dich darum, mit eigenen Augen mein Unheil schauen zu können. Es ist zwar eine unglückselige Gunst, um die ich dich bitte, aber dennoch: führe mich hin, damit ich mit besserem Grund meinem Leben ein Ende machen kann. Kallirhoë werde ich schonen, auch wenn ich sie im Unrecht sehe.« – »Tue so, als ob du aufs Land gingest«, sagte jener, »und nach Einbruch der Dunkelheit laß dein Haus nicht aus dem Auge! Denn dann wirst du den Ehebrecher eintreten sehen.«

So wurde es vereinbart. Chaireas ließ melden – er brachte es nämlich nicht übers Herz, selbst das Haus zu betreten –: »Ich gehe fort aufs Land.« Jener Schurke und Verleumder aber inszenierte sein Spiel. Als es Abend wurde, bezog Chaireas seinen Beobachtungsposten. Sein Gegenspieler aber, der die Kammerjungfer verführt hatte, trat auf die Gasse und tat so, als ob er Heimlichkeiten vorhabe, richtete es aber so ein, daß jeder es sehen mußte. Sein Haar glänzte vor Pomade, und seine Locken verbreiteten eine Wolke von Parfum. Die Augenpartien hatte er sich geschminkt, sein Gewand war weich und sein Schuhwerk zierlich; an seinen Fingern blitzte es von schweren Ringen. Dann blickte er auffällig nach allen Seiten, ging zur Tür und klopfte mit dem gewohnten Erkennungszeichen leicht an. Die Kammerjungfer öffnete ängstlich ganz leise, nahm ihn bei der Hand und holte ihn herein.

Soweit hatte Chaireas alles mit angesehen. Doch da hielt es ihn nicht mehr; er lief hinein, den Buhler auf frischer Tat zu fassen und umzubringen. Nun war dieser jedoch bereits durch die Hoftüre heimlich entwischt.

Kallirhoë aber saß auf ihrem Bett voller Sehnsucht nach Chaireas und hatte vor lauter Trauer nicht einmal Licht gemacht. Als sie nun Schritte hörte, erkannte sie ihren Mann schon an seinen Atemzügen und voll Freude lief sie ihm entgegen. Ihm aber verschlug's die Stimme, so daß er eines beleidigenden Wortes gar nicht erst fähig war. Vom Jähzorn überwältigt, versetzte er ihr einen Fußtritt, sowie er sie vor sich hatte. Damit traf er sie genau am Zwerchfell und nahm ihr den Atem. Sie stürzte zu Boden und die zu Hilfe geeilten Dienerinnen legten sie aufs Bett.

Kallirhoë lag nun da, stumm und reglos: für alle das Bild einer Toten. Und das Gerücht lief mit der Trauerkunde hin und her durch die Stadt, Jammer erweckend von Gasse zu Gasse bis hin zum Meer. Überall ertönte Trauergesang; es hörte sich an, als ob ein Feind die Stadt eingenommen hätte.

Chaireas, der immer noch vor Wut kochte, verriegelte sein Haus und unterzog die Dienerinnen einem peinlichen Verhör, ganz besonders die Kammerjungfer. Als dann auch noch die Folter mit glühenden Eisen angewandt wurde, erfuhr er die ganze Wahrheit. Da überkam ihn Erbarmen mit der Verstor-

Astylos kam jetzt zu Pferde an . . . Lamon und mit ihm Myrtale und Daphnis warfen sich ihm zu Füßen und beschworen ihn, Mitleid zu haben . . . und einen unschuldigen Mann dem Zorn seines Vaters zu entreißen. SEITE 83

benen, und er dachte ernstlich an Selbstmord. Doch Polycharm brachte ihn allmählich davon ab. Dieser war sein engster Freund wie – Homer zufolge – Patroklos der des Achill.

Gleich am anderen Morgen bestellte der Magistrat wegen des Totschlages den Gerichtshof, da er aus Rücksicht auf Hermokrates die Entscheidung beschleunigen wollte. Aber auch das ganze Volk strömte auf dem Markte zusammen, und alles redete durcheinander. Die abgewiesenen Freier versuchten, das Volk in ihrem Sinne zu beeinflussen, an ihrer Spitze der Agrigentiner, der sich besonders hervortat, hatte er doch erreicht, was niemand erwartet hätte.

Und nun geschah etwas Unerhörtes, was vor Gericht noch niemals vorgekommen war. Als nach Beendigung der Anklage dem des Mordes Beschuldigten das Wort erteilt wurde, begann dieser an Stelle einer Selbstverteidigung eine scharfe Selbstanklage und brachte als erster den Verurteilungsantrag ein, ohne etwas von dem zu erwähnen, was sich zur Verteidigung geeignet hätte: die Verleumdung, die Eifersucht, die Unfreiwilligkeit; vielmehr bat er alle: »Laßt mich öffentlich steinigen! Ich habe das Volk seines Ehrenkranzes beraubt. Reine Menschenfreundlichkeit wäre es, wenn ihr mich nur dem Scharfrichter übergäbet. Selbst wenn ich nur eine Magd des Hermokrates getötet hätte: Ich hätte das verdient. Sucht eine besonders schreckliche Art der Bestrafung aus! Ich habe schlimmer gehandelt als Tempelschänder und Vatermörder. Begrabt mich nicht, damit die Erde nicht entweiht wird, sondern versenkt meinen gottlosen Leichnam ins Meer!«

Bei diesen Worten begann ein allgemeines Jammern; die Tote war vergessen, beklagt wurde der Lebende. Hermokrates erhob sich als erster Fürsprecher für Chaireas: »Ich weiß«, begann er, »daß die Tat unfreiwillig geschah. Vor mir sehe ich diejenigen, die dies böse Spiel mit uns treiben. Sie sollen sich nicht über zwei Tote freuen! Und meine Tochter will ich auch nach ihrem Tode nicht betrüben. Ich habe sie oft sagen hören, Chaireas' Leben sei ihr mehr wert als ihr eigenes. Laßt uns also das überflüssige Gerichtsverfahren einstellen und uns dem zuwenden, was notwendig ist: dem Begräbnis! Wir wollen die Tote nicht der Zeit überlassen und nicht durch ein Hinziehen der Verhandlungen ihren Körper hinwelken lassen. Laßt uns Kallirhoë begraben, solange sie noch schön ist!«

Die Richter erkannten nun auf Freispruch; sich selbst aber konnte Chaireas nicht freisprechen, vielmehr begehrte er den Tod und traf alle Anstalten, sich das Leben zu nehmen. Als Polycharm sah, daß er keine andere Möglichkeit mehr hatte, ihn zu retten, sprach er: »Verräter an der Toten, der du bist! Nicht einmal Kallirhoës Begräbnis kannst du abwarten? Fremden Händen vertraust du den Leichnam an? Es ist Zeit, daß du dich um eine prachtvolle Gestaltung der Beisetzung kümmerst und einen Trauerzug vorbereitest, wie er einer Königstochter anstünde!« Diese Argumentation drang bei Chaireas durch, da sie sein Ehrgefühl und sein Pflichtbewußtsein ansprach.

Wer könnte nun jenen Leichenzug gebührend beschreiben? Kallirhoë lag im Brautkleid auf einer Bahre aus getriebenem Gold, hoch und hehr, so daß alle sie mit der schlafenden Ariadne verglichen. Der Bahre voraus ritten die Reiter von Syrakus, sie, wie auch die Pferde, in vollem Ornat. Nach diesen kamen Schwerbewaffnete mit den Siegestrophäen des Hermokrates. Es folgte der Magistrat und in der Mitte des Zuges das Volk, alle als Gefolgsleute des Hermokrates. Auf einer Sänfte ließ sich Ariston tragen, der noch nicht wiederhergestellt war. Kallirhoë nannte er seine Tochter und Herrin. Es schlossen sich die Frauen der Bürger in schwarzen Gewändern an. Dann kamen die Grabbeigaben in königlicher Fülle: zuerst Gold und Silber aus der Mitgift und prachtvolle, reichgeschmückte Gewänder – Hermokrates hatte ihr viel von seiner Kriegsbeute mitgegeben – sowie Hochzeitsgeschenke von Verwandten und Freunden. Den Abschluß bildete das, was Chaireas aufzubieten hatte. Denn es war sein Wunsch, möglichst alles, was er besaß, zu Ehren seiner Frau mit einem Mal in Flammen aufgehen zu lassen. Die Bahre wurde von der Jungmannschaft der Syrakusier getragen. Ihr folgte die Menge des übrigen Volkes. Aus diesem ganzen Trauerzug drang am deutlichsten Chaireas' klagende Stimme hervor.

Hermokrates besaß eine prächtig angelegte Grabstätte in der Nähe des Meeres, die selbst für weit in der Ferne vorbeifahrende Schiffe gut sichtbar war. Diese wurde wie ein Schatzhaus angefüllt mit der kostbaren Pracht der Grabesgaben. Was man aber zur Ehre der Toten getan zu haben glaubte, gab den Anstoß zur Einleitung noch größerer Geschehnisse.

Es gab da nämlich einen Mann namens Theron, der zu allem fähig war und aus recht unedlen Motiven zur See fuhr. Er hatte Piratenmatrosen an der Hand, die in den Häfen herumlungerten. Gerade bereitete er ein als Frachtunternehmen getarntes Piratenstück vor. Da begegnete er dem Leichenzug, und sein Auge fiel auf das Gold, das ihm keine Ruhe ließ und auch in der Nacht, als er schon im Bett lag, seine Gedanken beschäftigte: »Nun denn«, sagte er sich, »soll ich mich magerer Beute wegen Gefahren aussetzen im Kampf mit dem Meer und durch Mord an Lebenden, wo ich doch an einer einzigen Toten reich werden kann? Die Würfel sind gefallen! Ich werde mir meinen Vorteil nicht entgehen lassen. – Wen aber soll ich mir für diese Aktion anheuern? Sieh gut zu, Theron, wer von denen, die du kennst, brauchbar ist! Der Thurier Zenophanes? Gewitzt ist er ja, aber feige. Der Messenier Menon? Ein Draufgänger ja, aber er hält nicht dicht.« So ging er sie in Gedanken einzeln durch wie ein Münzprüfer, und nachdem er viele ausgeschieden hatte, schienen ihm doch noch einige tauglich.

In aller Frühe lief er nun zum Hafen und stöberte sie einzeln auf. Einige fand er in Dirnenhäusern, andere in Nachtlokalen: das passende Heer für solch einen Feldherrn! »Hört, ich habe dringend etwas mit euch zu besprechen«, sagte er ihnen, ging mit ihnen in einen abgelegenen Teil des Hafens und begann folgendermaßen: »Ich habe einen Schatz gefunden und habe euch vor allen anderen als Teilhaber ausgesucht. Denn für einen ist es viel zu viel, was es da gibt. Und doch braucht man sich darum gar nicht viel anzustrengen: Eine einzige Nacht kann uns alle reich machen! Wir wissen ja Bescheid mit solchen Geschäften, die bei den Menschen mit kurzem Verstand schlecht angeschrieben sind, aber den Gescheiten ganz schön helfen.« Sie verstanden gleich, daß er eine Räuberei oder eine Grab- oder Tempelschändung ankündigte, und sagten: »Hör auf, wir glauben dir's ja schon! Zeig nur an, was zu tun ist! Und daß wir ja nicht zu spät kommen!« Theron aber begann umständlich: »Ihr habt das Gold und Silber der Toten gesehen. Uns Lebenden dürfte das wohl besser anstehen! Ich meine also: Wir brechen des Nachts das Grab auf, hernach besteigen wir unseren Schnellsegler, fahren, wohin uns der Wind trägt, die Ladung im Ausland zu verkaufen.« Das gefiel ihnen. »Nun denn«, schloß er, »geht und verbringt den Tag noch wie jeden anderen. Am späten Abend aber kommt jeder hinab zu unserem Schiff, aber nicht ohne Maurerwerkzeug!«

So geschah es denn auch. Mit Kallirhoë aber kam es zum zweiten Mal zu einer Wiederbelebung. Als infolge des Nahrungsmangels der Atem, der ausgesetzt hatte, wiederkehrte, kam sie langsam und ganz allmählich wieder zu sich. Danach begann sie den Körper Glied um Glied zu bewegen, und als sie die Augen aufschlug, hatte sie das Empfinden, sie erwache vom Schlafe, und rief nach Chaireas, wie wenn er neben ihr schliefe. Als aber weder ihr Mann noch die Dienerinnen sie hörten, sondern alles ruhig und dunkel war, da überkam sie Schauder und Entsetzen, da ihr Verstand die Wahrheit nicht begreifen konnte. Kaum aber hatte sie sich aufgerichtet, da faßte sie an Kränze und Binden und brachte Gold und Silber zum Klingen. Sie spürte den vollen Duft aromatischer Kräuter. Jetzt erst erinnerte sie sich an den Fußtritt, durch den sie zusammengebrochen war. Nur mühsam und in angstvoller Beklemmung kam sie schließlich zu der Erkenntnis, begraben zu sein. Da rief sie aus Leibeskräften: »Ich lebe! – Zu Hilfe!« – Wieder und wieder rief sie – es geschah nichts.

Da gab sie die Hoffnung auf, noch Rettung zu finden, legte ihr Haupt auf die Knie und sprach unter Tränen: »Weh' mir, welches Leid! Lebendig bin ich begraben, ohne daß ich mich vergangen hätte. Ich sterbe einen langsamen Tod. Gesund bin ich und werde schon betrauert. Wer kann jetzt wen noch als Boten schicken? Chaireas, du Böser! Nicht daß du mich getötest hast, mache ich dir zum Vorwurf, sondern daß du es so eilig hattest, mich aus dem Hause zu schaffen. Du hättest Kallirhoë nicht so bald begraben dürfen, auch wenn sie wirklich tot gewesen wäre. Aber vielleicht denkst du schon an eine neue Heirat!«

So erging sie sich in mannigfachen Klagen, während Theron, der genau bis Mitternacht gewartet hatte, lautlos auf das Grab zusteuerte. Ganz sanft nur berührten die Ruder das Meer. Als erster stieg er selbst an Land und teilte seine Mannschaft folgendermaßen ein: Vier schickte er als Spähtrupp aus. Wenn jemand sich der Gegend näherte, sollten sie ihn nach Möglichkeit töten. Falls dies unmöglich wäre, sollten sie mit einem verabredeten Zeichen davon Kunde geben. Mit vier anderen wollte er selbst an das Grab herangehen. Die übrigen – es waren nämlich im ganzen sechzehn – ließ er auf dem Schiff bleiben, die Ruder startbereit in der Hand, damit sie bei einem unvorhergesehenen Zwischenfall schnell die an Land Gegangenen aufnehmen und abfahren könnten.

Als nun die Brecheisen ansetzten und die Schläge zur Öffnung des Grabes heftiger wurden, stürmte auf Kallirhoë gleichzeitig Furcht und Freude, Leid und Verwunderung, Hoffnung und Zweifel ein. »Woher der Lärm? Kommt etwa ein Dämon zu mir Unglücklichen, wie es dem gemeinsamen Gesetz der Sterbenden entspricht? Oder ist es nicht Lärm, sondern die Stimme der Unterirdischen, die mich zu sich rufen? Nein, ich glaube, es sind eher Grabschänder. Denn das hat mir zu meinem Unglück noch gefehlt! Was nützt denn auch Reichtum einem Toten?«

Während sie noch so überlegte, steckte einer der Räuber schon seinen Kopf durch einen Spalt und schlüpfte allmählich ganz herein. Kallirhoë fiel vor ihm nieder und wollte ihn anflehen; er aber sprang voll Entsetzen davon. Zitternd rief er seinen Gefährten zu: »Fort von hier! Ein Dämon wacht drinnen und verwehrt uns den Eintritt.« Theron aber lachte ihn aus: »Feigling du! Bist ja selbst noch toter als die Tote!« Dann forderte er einen anderen auf hineinzugehen. Als aber niemand sich entschließen konnte, ging er selbst mit vorgehaltenem Schwert hinein. Beim Anblick der aufblitzenden Waffe stürzte Kallirhoë voller Furcht, getötet zu werden, in einer Ecke zu Boden und flehte von dort aus mit schwacher Stimme um Rettung: »Erbarme dich, wer immer du bist, einer Frau, die bei Gatten und Eltern kein Erbarmen gefunden hat. Töte nicht die, die du gerettet hast!« Theron faßte allmählich Mut. Als heller Kopf, der er war, durchschaute er den wahren Sachverhalt. Nachdenklich blieb er stehen, und im Glauben, die Frau werde dem ganzen Unternehmen hinderlich sein, faßte er zunächst den Entschluß, sie zu töten. Doch schnell änderte er ihn wieder wegen des lockenden Gewinns. So sagte er sich: »Auch sie kann man als einen Teil der Grabgaben ansehen; viel

Silber liegt ja hier und viel Gold. Wertvoller aber als all das ist die Schönheit dieser Frau.« Er nahm sie also bei der Hand und führte sie hinaus. Dann rief er seinen Kumpanen und sprach: »Sieh her, das ist der Dämon, vor dem du Angst hattest! Ein netter Räuber, der sich fürchtet, und dazu auch noch vor einer Frau! Du hältst jetzt bei ihr Wache, denn ich will sie ihren Eltern zurückgeben. Wir anderen aber wollen herausholen, was drinnen liegt, da es nun ja niemand mehr, auch die Tote nicht, festhält.«

Als sie das Schiff mit der Beute beladen hatten, ließ Theron den Wachtposten mit der Frau ein wenig beiseite gehen. Dann stellte er die Entscheidung über sie zur Beratung. Die Meinungen waren geteilt und einander völlig entgegengesetzt.

»Kameraden«, begann einer, »hergekommen sind wir ja zu etwas anderem, aber unser Glück hat es zum Besseren gewandt; nutzen wir es! Denn wir können gefahrlos ein gutes Geschäft machen. Ich schlage also vor, den Grabinhalt an Ort und Stelle zu lassen und Kallirhoë ihrem Mann und ihrem Vater zurückzugeben. Wir sagen vorher, wir hätten an dieser Stelle nach unserer Gewohnheit zum Fischen angelegt; da hätten wir eine Stimme gehört und aus Mitleid das Grab geöffnet, um die darin Eingeschlossene zu retten. Die Frau wollen wir schwören lassen, uns alles zu bezeugen. Sie wird es tun, da sie uns als ihren Wohltätern und Rettern Dank schuldet. Was glaubt ihr, welche Freude wir damit ganz Sizilien machen! Wieviel Geschenke werden wir bekommen! Außerdem handeln wir dann auch noch nach göttlichem und menschlichem Recht zugleich.«

Noch während er redete, fuhr ihm ein anderer dazwischen: »Du dummer Spielverderber! Ausgerechnet jetzt sollen wir es mit der Moral halten? Hat uns etwa die Grabschändung zu Tugendhelden gemacht? Mit der sollen wir Mitleid haben, mit der ihr eigener Mann keines hatte, der sie gar tötete? Sie hat uns nichts zuleide getan, sagst du? Nein, aber sie wird es durchaus noch tun! Denn wenn wir sie ihren Angehörigen zurückgeben, wird man zunächst noch nicht erkennen können, wie sie über das Geschehene denken; und es wäre unvorstellbar, wenn nicht Vermutungen über den wahren Grund aufkämen, weshalb wir zum Grabe gekommen sind. Aber selbst wenn uns auch die Verwandten der Frau die Strafe schenken würden: Der Magistrat und das Volk selbst wird Grabschänder nicht laufen lassen, auch wenn sie ihnen ihre Beute abliefern. – Vielleicht wird einer sagen, es sei zweckmäßiger, die Frau zu verkaufen. Denn sie werde ihrer Schönheit wegen hoch eingeschätzt werden. Doch auch das ist gefährlich. Denn das Gold hat keine Stimme, und auch das Silber sagt nicht, woher wir es genommen haben. Bei all dem ist es möglich, irgendeine Geschichte zu erfinden. Aber eine Fracht, die Augen, Ohren und Mund hat – wer könnte die verbergen? Und dies ist doch auch keine normale Schönheit mehr, bei der wir nicht aufzufallen brauchten! Sollen wir sagen, sie sei eine Sklavin? Wer wird das glauben, wenn er sie sieht? Kurz und gut: Laßt uns sie hier niedermachen und uns nicht den Ankläger ins eigene Nest holen!«

Während viele diesen Worten zustimmten, brachte Theron weder den einen noch den anderen Vorschlag zur Abstimmung. »Denn«, so sagte er zu dem einen, »du bringst uns in Gefahr; und du«, so zum anderen, »du verdirbst uns den Gewinn. Ich aber würde die Frau eher zurückgeben als verlieren. Wenn wir sie verkaufen, wird sie dabei schon aus Furcht schweigen; danach aber, wenn sie einmal verkauft ist, mag sie uns anklagen, während wir längst auf und davon sind! Denn ganz ohne Risiko geht's bei uns nicht. Nun, steigt ein! Laßt uns abfahren! Es wird ja schon bald Tag!«

Als das Schiff auf die offene See kam, hatte es eine herrliche Fahrt. Denn sie hatten keine Schwierigkeiten mit Wellen und Wind, weil sie sich keinen festen Kurs vorgenommen hatten. Vielmehr erschien ihnen jeder Wind günstig und wurde von ihnen als Rückenwind ausgenutzt. Theron redete Kallirhoë gut zu und versuchte, sie mit den verschiedensten Einfällen zu täuschen. Sie aber begriff durchaus, wie es um sie stand und daß man sie nicht ihretwegen gerettet hatte. Doch stellte sie sich so, als ob sie es nicht merkte und alles glaubte, da sie fürchtete, man könne es ihr als Widerspenstigkeit auslegen und ihr das Leben nehmen. So sagte sie nur, sie könne die Seefahrt nicht vertragen, verhüllte sich und weinte sich aus. Dann sagte sie zu sich: »Du, mein Vater, hast auf diesem Meer dreihundert Schiffe der Athener besiegt; deine Tochter aber wurde von einem kleinen Boot geraubt, und du kommst mir nicht zu Hilfe! In fremdes Land werde ich gebracht und muß – obwohl edel geboren – in Knechtschaft leben. Vielleicht wird gar ein Herr aus Athen die Tochter des Hermokrates kaufen! Wieviel besser wäre es doch für mich, im Grabe tot zu liegen! Jedenfalls würde dann Chaireas einmal neben mir begraben. Jetzt aber sind wir für Leben und Tod getrennt worden!«

Während sie sich so ihrem Kummer hingab, fuhren die Seeräuber an kleinen Städten und Inseln vorüber. Denn ihre Fracht war nichts für Arme. Reiche Leute vielmehr waren ihr Ziel. Schließlich gingen sie gegenüber von Attika an einem Küstenvorsprung vor Anker. Hier gab es eine reichlich sprudelnde klare Quelle und eine liebliche Wiese. Sie führten Kallirhoë dahin und ließen sie sich frisch machen und ein wenig von der Seefahrt ausruhen. Denn sie wollten Kallirhoës Schönheit erhalten. Als sie unter sich waren, beratschlagten sie, wohin die Fahrt gehen solle. Einer sagte: »Wir sind in der Nähe von Athen. Das ist eine große und reiche Stadt. Dort werden wir eine Menge Kaufleute finden und eine Menge reicher Leute. Denn wie auf dem Marktplatz die Menschen zusammenströmen, so sieht man in Athen alle Städte der Welt vertreten.« Schon waren alle dafür, nach Athen zu fahren. Theron aber mißfiel an der Stadt ihre übertriebene Geschäftigkeit. »Habt denn nur ihr nicht gehört, wie die Athener sich in alles hineinmischen, was sie nichts angeht? Sie sind ein geschwätziges und prozeßsüchtiges Volk, und im Hafen werden unzählige Denunzianten uns ausfragen, wer wir sind und woher wir unsere Fracht haben. Schlimmen Verdacht werden dann diese bösartigen Leute schöpfen. Der Areopag ist gleich zur Stelle, dazu Behörden, die schlimmer sind als Tyrannen. Wir sollten die Athener mehr fürchten als die Syrakusier. Ein Land, wie wir es brauchen, ist Jonien. Denn dort gibt es Reichtum, der dem Land vom Großkönig her aus dem weiten Asien zuströmt, und Menschen, die sich Luxus und Nichtstun leisten können. Ich denke, wir werden dort sogar einige Bekannte finden.«

So fuhren sie denn geradewegs nach Milet, nachdem sie sich mit Trinkwasser versorgt und von den in der Nachbarschaft ankernden Frachtschiffen Proviant geholt hatten. Am dritten

Tag legten sie achtzig Stadien von der Stadt entfernt in einer Bucht an, die gerade richtig für sie geeignet war.

Dort ließ Theron die Ruder hinaustragen. Für Kallirhoë ließ er eine Bleibe herrichten und alles für ihre Bequemlichkeit tun. Aber nicht aus Menschenfreundlichkeit handelte er so, sondern aus Gewinnsucht, mehr als Händler denn als Seeräuber. Er selbst ging mit zweien seiner Kumpane in die Stadt. Er hatte sich vorgenommen, nicht in aller Öffentlichkeit einen Käufer zu suchen, um die Sache nicht ins Gerede zu bringen, sondern sich heimlich und unter der Hand um den Verkauf zu bemühen.

Aber so leicht was das nicht, wie sich bald zeigte. Es handelte sich ja nicht um eine Ware für viele oder für jemanden, den man zufällig auf der Straße traf, sondern für einen reichen und fürstlichen Herrn. Er scheute sich aber, solche Leute aufzusuchen. Als er nun immer mehr Zeit vertan hatte, wurde ihm die Verzögerung allmählich unerträglich. Und eines Nachts, als er keinen Schlaf finden konnte, sagte er zu sich: »Du bist dumm, Theron! Schon soviel Tage lang hast du Silber und Gold allein gelassen, als wärest du der einzige Seeräuber auf der Welt. Weißt du denn nicht, daß auch andere Piraten die See befahren? Auch bin ich mir unserer Leute nicht sicher, ob sie uns nicht im Stich lassen und abfahren. Denn du hast dir ja nicht gerade die Rechtschaffensten angeheuert, die dir die Treue halten sollten, sondern die schlimmsten Kerle, die du kanntest. Im Augenblick«, so sagte er sich, »bleibt dir nichts anderes übrig als zu schlafen. Bei Tagesanbruch aber lauf gleich hin zum Schiff und wirf es über Bord, das ungelegene und überflüssige Frauenzimmer! Und hol dir nie wieder eine so schwer verkäufliche Fracht!« Als er eingeschlafen war, sah er im Traum die Türen verschlossen. Daher schien es ihm besser, noch diesen einen Tag abzuwarten.

Wie geistesabwesend saß er neben einer Werkstatt, in seinem tiefsten Innern mit sich selbst völlig uneins. Unterdessen lief eine Menge von Menschen vorbei, Freie und Sklaven, in ihrer Mitte ein Mann im besten Alter, schwarz gekleidet und mit traurigem Gesicht. Da stand Theron auf, neugierig, wie jeder Mensch von Natur eben ist, und fragte einen aus dem Gefolge: »Wer ist das?« Dieser antwortete: »Ich glaube, du bist ein Fremder oder kommst von weither, daß du Dionysios nicht kennst. In ganz Jonien gibt es keinen anderen, der so reich, edel und gebildet wäre wie er. Dazu ist er ein Freund des Großkönigs.« »Weshalb trägt er denn Trauer?« »Seine Frau ist ja tot – und er hatte sie so lieb!« Das ließ Theron aufhorchen und das Gespräch fortführen; denn da hatte er ja einen Mann, der reich war und eine Frau zu schätzen wußte. Er ließ also nicht locker und fragte weiter: »Welche Stelle hast du bei ihm?« Jener antwortete: »Ich bin sein Hauptverwalter. Außerdem besorge ich ihm die Pflege seiner Tochter, eines kleinen Kindleins, das allzu früh seine arme Mutter verloren hat.« »Wie heißt du?« »Leonas.« – »Da treffe ich dich ja gerade zur rechten Zeit, mein lieber Leonas. Ich bin ein Kaufmann und komme eben aus Italien. Daher weiß ich in Jonien nicht Bescheid. Eine Dame aus Sybaris aus den besten Kreisen hatte eine überaus hübsche Zofe, die sie aus Eifersucht verkaufte. Ich habe sie ihr abgekauft. Du sollst nun den Vorteil davon haben, gleich ob du sie dir selbst als Erzieherin für das Kind halten willst – genügend gebildet ist sie nämlich – oder ob du es für passend hälst, deinem Herrn einen Gefallen damit zu tun. Für dich wird es jedenfalls besser sein, wenn er sich jemand für Geld kauft, damit er nicht deinem Pflegekind eine Stiefmutter ins Haus holt.« Dies war ganz nach Leonas' Herzen gesprochen, und er antwortete: »Dich schickt mir ein Gott als meinen Wohltäter! Denn wovon ich bisher nur geträumt habe, das zeigst du mir in der Wirklichkeit. – Komm also zu mir nach Hause und sei mir ein willkommener Gast! Die Entscheidung über die Frau werden wir treffen, wenn wir sie erst gesehen haben. Dann wird sich zeigen, ob sie zu einem fürstlichen Herrn paßt oder nur etwas ist für unsereinen.«

Als sie das Anwesen erreicht hatten, staunte Theron, wie groß und prächtig es war – es war nämlich so eingerichtet, daß es dem Perserkönig als Palast dienen konnte – , und Leonas ließ ihn zunächst ein wenig warten, da er noch seinem Herrn zur Verfügung stehen mußte. Dann ging er mit ihm in seine eigene Wohnung, die sehr großzügig eingerichtet war, und bat zu Tisch. Theron, gewandt und fähig, sich jederzeit anzupassen, beteiligte sich kräftig an der Mahlzeit, prostete dem Leonas immer wieder zu und benahm sich ganz wie ein leutseliger Biedermann. Dadurch wollte er seine Redlichkeit betonen und insbesondere das Vertrauen in das gemeinsame Geschäft stärken. Unterdessen war oft genug von der Frau die Rede, und Theron hob mehr noch ihren vorzüglichen Charakter als ihre Schönheit hervor, da er wohl wußte, daß Verborgenes der Fürsprache bedarf, während Sinnfälliges sich selbst empfiehlt.

»Nun, so laßt uns gehen«, sprach Leonas, »und zeig' sie!« – »Nein«, antwortete dieser, »hier ist sie nicht; denn wegen der Zöllner sind wir der Stadt aus dem Wege gegangen. Achtzig Stadien von hier liegt das Schiff vor Anker.« Und er beschrieb ihm die Stelle. »Dann habt ihr ja auf unserem Grund und Boden angelegt!« sagte Leonas. »Und um so besser ist es. So hat eben die Schicksalsgöttin selbst euch zu Dionysios geführt. Nun laßt uns denn zu unserem Landgut gehen, damit ihr euch von der Seefahrt erholen könnt; denn unser Haus dort liegt nicht weit vom Meer und ist mit allem reichlich versehen.« Mehr noch freute sich Theron darüber, daß der Verkauf, wie er glaubte, sich leichter abwickeln werde, wenn man unbeobachtet sei, als auf offenem Markt. »Laßt uns in aller Frühe aufbrechen«, sagte er, »du zu deinem Landhaus und ich zum Schiff. Von dort werde ich die Frau zu dir bringen.« So vereinbarten sie, gaben sich die Hand und trennten sich. Beiden kam diese Nacht besonders lang vor: nicht schnell genug ging's dem einen mit dem Verkaufen, dem anderen mit dem Kaufen.

Am folgenden Tag fuhr Leonas zu Schiff zum Landgut und nahm auch Geld mit, um den Händler von vorneherein festzulegen. Theron aber ging zum Anlegeplatz, wo ihn seine Gefährten schon ungeduldig erwarteten. Er erzählte ihnen von dem Handel und begann dann, Kallirhoë in den liebenswürdigsten Tönen etwas vorzumachen. »Ja, meine Tochter«, sagte er, »eigentlich hätte ich dich gleich zu deinen Angehörigen bringen wollen; aber bei dem ungünstigen Wind hinderte mich das Meer daran. Du weißt, wieviel Sorgfalt ich auf dich verwandt habe. Und was das Wichtigste ist: Ich habe dich rein bewahrt; unversehrt wird dich Chaireas wiederbekommen, ganz so, wie wir dich aus der Grabkammer errettet haben. Wir müssen allerdings jetzt noch bis Lykien fahren; und es ist nicht nötig, daß auch du dich grundlos dieser Mühe unterziehst, wo du schon die Fahrt hierher schlecht vertragen hast. Ich will dich hier bei guten Freunden lassen. Wenn ich zurückkomme, werde ich dich wieder an Bord nehmen und mit aller Sorgfalt nach Syrakus zurückbringen. Nimm dir von deinen Sachen, was du willst; natürlich werden wir den Rest für dich verwahren.«

Kallirhoë mußte darüber trotz ihrer großen Betrübnis innerlich lachen – sie hielt ihn für völlig naiv; denn daß sie bereits Verkaufsobjekt war, wußte sie. Doch da sie von den Räubern loskommen wollte, empfand sie über den Verkauf mehr Glück als über ihr früheres Leben in Freiheit. Und sie erwiderte: »Ich danke dir, Väterchen, für deine Freundlichkeit zu mir. Euch allen«, so fügte sie hinzu, »mögen die Götter nach Gebühr vergelten! Doch Grabgaben zu benutzen, bringt Unheil, meine ich. Bewahrt mir alles gut! Mir genügt ein kleiner Ring, den ich als Tote am Finger hatte.« Dann verschleierte sie ihr Haupt und sprach: »Führe mich, Theron, wohin du nur willst! Denn jeder andere Ort ist besser als Meer und Grab.«

In der Nähe des Landhauses angekommen, kam Theron auf folgenden Einfall. Er ließ Kallirhoë den Schleier abnehmen und ihr Haar lösen. Dann machte er die Tür weit auf und ließ sie als erste eintreten. Den Leonas und alle, die drinnen waren, packte bestürztes Erstaunen, als sie da so plötzlich vor ihnen stand. Einige glaubten sogar, eine Göttin vor Augen zu haben. Denn man erzählte sich, auf dem Lande gebe es Aphrodite-Erscheinungen. Während noch alle erschrocken da standen, kam Theron hinterdrein und ging auf Leonas zu. »Auf!« rief er, »kümmere dich um Unterkunft für die Frau! Es ist nämlich die, die du kaufen willst.« Da freuten und verwunderten sich alle. Sie ließen Kallirhoë im schönsten Zimmer des Hauses sich zur Ruhe legen. Denn nach Leid, Ermüdung und Furcht bedurfte sie ausgiebiger Erholung.

Theron aber gab Leonas die Hand und sprach: »Was mich angeht, ist alles treulich erfüllt. Und du, du magst die Frau nur schon behalten – denn du bist ja schließlich ein guter Freund; und wenn du in die Stadt gehst, läßt du dir die amtlichen Bescheinigungen ausstellen und zahlst mir dann einen Preis nach deinem Vorschlag.« Aber Leonas wollte sich nicht weniger großzügig zeigen und erwiderte: »Nicht doch! Natürlich vertraue ich dir das Geld auch schon vor der amtlichen Eintragung an!« Zugleich wollte er aber auch aus Furcht vor einer möglichen Sinnesänderung schnell zum Abschluß kommen. Denn in der Stadt würde es sicher viele geben, die sich zum Kauf bereit fänden. So holte er nun ein Talent in Silber hervor und nötigte es ihm geradezu auf, während Theron sich zuerst noch zierte, es dann aber annahm. Als aber Leonas ihn zum Essen dahalten wollte – denn es war schon spät geworden –, sagte er: »Ich wollte noch heute abend zur Stadt fahren. Aber morgen wollen wir uns am Hafen treffen.«

Damit trennten sie sich. Theron ging zum Schiff, ließ dort die Anker lichten und so schnell wie möglich abfahren, bevor man sie hätte entlarven können. So fuhren sie auf und davon, wohin nur der Wind sie trieb.

Kallirhoë war jetzt ganz allein. Mit Macht brach nun der ganze Schmerz über ihr einzigartiges Mißgeschick hervor. »Wiederum ist es ein Grab«, sprach sie zu sich selbst, »in das Theron mich eingeschlossen hat! Und noch viel verlassener als jenes! Denn dort hätten mich Vater und Mutter besucht, und Chaireas hätte seine Tränen dort als Trankopfer vergossen; auch im Tode hätte ich es noch gespürt. Wen aber soll ich hier rufen, der mir bekannt wäre? Mißgünstige Schicksalsgöttin! Zu Land und zu Meer war's dir der Leiden noch nicht genug! Zuerst hast du mir den Geliebten zum Mörder gemacht. Chaireas, der niemals auch nur einen Sklaven geschlagen hätte, hat mich, die ihn liebte, zu Tode getreten! Dann gabst du mich in die Hände der Grabfrevler, holtest mich aus dem Grab aufs Meer hinaus und brachtest mich unter Seeräuber, fürchterlicher noch als der Wogen Schwall! Die viel gerühmte Schönheit, die mir geschenkt war, diente zu nichts, als daß der Räuberhauptmann Theron für mich einen hohen Kaufpreis erzielte. In aller Stille ward ich verkauft und dazu nicht einmal in die Stadt gebracht, wie es doch sonst bei Sklavenverkäufen üblich ist. Denn du, Schicksalsgöttin, fürchtetest, es hätte mich einer sehen und meine edle Herkunft vermuten können. Wie ein Stück Ware wurde ich daher abgeliefert an wer weiß wen; sind's nun Griechen, Barbaren oder wiederum Räuber?« Sie schlug sich an die Brust, sah am Fingerring das Bild des

Chaireas und küßte es. »Jetzt bin ich dir wirklich verloren, Chaireas, durch soviel Wasser getrennt! Während du trauernd und voll Reue neben dem leeren Grab sitzest, um mir erst nach meinem Tode deine Einsicht zu bekunden, wurde ich, des Hermokrates Tochter, deine Frau, heute an einen Sklavenhalter verkauft!«

Unter solchen Klagen sank sie allmählich in Schlaf.

Zweites Buch

Leonas indessen machte sich noch in der Nacht auf und reiste nach Milet. Vorher hatte er noch dem Gutsverwalter Phokas eingeschärft, die junge Frau aufs beste zu versorgen. Er beeilte sich nun, seinem Herrn die gute Botschaft von der Sklavin zu überbringen, die er soeben gekauft hatte. Er glaubte fest, ihm damit einen rechten Trost in seinem Leid verschafft zu haben.

Er fand Dionysios noch in seinem Schlafgemach, vor Trauer völlig verstört. Sein Haus hatte er kaum verlassen, obwohl man ihn in der Öffentlichkeit sehr vermißte. Vielmehr blieb er in seinem Gemach, als ob seine Frau noch bei ihm wäre. Als er Leonas erblickte, sprach er zu ihm: »In dieser Nacht habe ich zum ersten Male nach dem Tode meiner unglücklichen Frau gut geschlafen. Denn ich habe sie ganz deutlich gesehen. Sie war größer und edler geworden, und es war, als ob sie leibhaftig bei mir gewesen wäre. Ich glaubte mich zurückversetzt an den ersten Tag meiner Ehe und sah mich sie von meinem Landgut vom Meere aus im Hochzeitszug hierher geleiten, währenddessen du mir das Hochzeitslied sangst.«

Noch bevor er zu Ende gesprochen hatte, fiel ihm Leonas ins Wort: »Vom Glück gesegnet bist du, Herr, in Traum und Wirklichkeit zugleich! Was du vor Augen hattest, davon will ich dir jetzt berichten!« Und diesen Bericht begann er nun folgendermaßen: »Zu mir kam ein Kaufmann und bot mir eine überaus schöne junge Frau zum Kauf an. Wegen der Zöllner hatte er außerhalb der Stadt in der Nähe deines Landgutes angelegt. So verabredete ich mich denn mit ihm und reiste dahin. An Ort und Stelle verhandelten wir miteinander und machten den Kauf praktisch perfekt. Ich habe ihm nämlich ein

Talent bezahlt, und es fehlt nur noch die amtliche Eintragung hier.«

Dionysios hörte nicht ungern von der Schönheit der Frau; war er doch Frauen von ganzem Herzen zugetan. Aber daß es sich um eine Sklavin handelte, war ihm nicht so lieb. Denn als ein Mann von königlichem Charakter, der an Würde und Bildung in ganz Jonien von niemandem übertroffen wurde, verabscheute er intime Beziehungen mit einer Sklavin. »Unmöglich, Leonas«, sprach er, »ist ein Körper schön, der nicht auch in Freiheit geboren ist. Kennst du nicht das Dichterwort ›Götterkinder sind die Schönen‹? – wenigstens also doch wohl Kinder von Freien! Dir gefiel diese Frau in der Landeinsamkeit, wo du sie nur mit Bauersfrauen vergleichen konntest. Aber da du sie nun einmal gekauft hast, gehe ruhig zum Markt. Dort wird Adrastos, der die Vorschriften aufs Beste kennt, die offiziellen Papiere ausstellen.«

Leonas war es nicht unlieb, daß er keinen Glauben fand. Das Unverhoffte sollte seinen Herrn nur erst recht aus der Fassung bringen! Aber soviel er auch an sämtlichen Hafenbecken von Milet entlang ging, alle Banken und Wechselstuben aufsuchte und schließlich durch die ganze Stadt lief – Theron konnte er nirgends finden. Er fragte Kaufleute und Schiffer; aber niemand kannte ihn. Völlig ratlos nahm er schließlich ein Ruderboot, fuhr zum Anlegeplatz an der Küste und ging von dort zum Landgut. Aber wie sollte er einen finden, der längst auf hoher See war?

Bedrückt und reichlich spät kehrte er zu seinem Herrn zurück. Dionysios bemerkte seine finstere Miene und fragte ihn, wie es ihm ergangen sei. Er antwortete: »Mein Herr, ich habe dich um ein Talent gebracht!« – »Dann wird dich dies Mißgeschick für die Zukunft vorsichtiger machen« entgegnete Dionysios. »Was ist dir denn eigentlich zugestoßen? Es ist dir doch nicht etwa die eben Gekaufte weggelaufen?« »Sie nicht«, antwortete Leonas, »aber der Verkäufer!« »Also war er ein Sklavendieb und hat dir aus fremdem Besitz eine Sklavin verkauft! Deswegen so heimlich! Woher, gab er denn an, kam die Frau?« – »Aus Sybaris in Italien, von ihrer Herrin aus Eifersucht verkauft.« – »Frag bei Leuten aus Sybaris nach, wenn hier welche wohnen! In der Zwischenzeit laß die junge Frau nur da!«

Leonas ging also weg. Es tat ihm leid, daß ihm diese Angelegenheit so mißglückt zu sein schien. Er gab aber acht, ob sich nicht eine Gelegenheit fände, seinem Herrn zuzureden, aufs Land zu fahren. Seine letzte Hoffnung knüpfte er nämlich daran, daß dieser dort die junge Frau erst einmal zu Gesicht bekäme.

Bei Kallirhoë fanden sich inzwischen die Frauen ein, die auf dem Landgut beschäftigt waren, und begannen sogleich, ihr wie einer Fürstin den Hof zu machen. Plangon, die Frau des Verwalters, ein recht tatkräftiges Wesen, sprach zu ihr: »Natürlich sehnst du dich von ganzem Herzen nach deinen Angehörigen, mein Kind. Aber rechne ruhig auch alle, die hier sind, zu den Deinen! Denn Dionysios, unser Herr, ist ein edler und humaner Mensch. Glücklicherweise hat dich Gott in ein gutes Haus geführt, so daß du hier ganz wie zu Hause leben kannst. Wasche dir nun den Schmutz von der langen Seereise vom Körper! Bedienung steht zu deiner Verfügung.«

Obwohl Kallirhoë sich zunächst noch sträubte, gelang es allmählich, sie dazu zu bewegen, ins Badezimmer zu gehen. Dort angekommen, salbten sie die Dienerinnen ordentlich und rieben sie sorgfältig ab. Und hatten sie schon vorher, als sie noch bekleidet war, ihr Antlitz wie das einer Göttin bestaunt, so waren sie jetzt noch viel mehr überrascht, als sie so entkleidet dastand: Der Schönheit des Antlitzes entsprach die des ganzen Körpers. Denn die Haut erstrahlte hell und blitzte sogleich auf wie in leicht zitternder Bewegung; das Fleisch war so zart, daß man befürchten mußte, schon ein leichter Fingerdruck könnte sie schwer verletzen. Heimlich sprachen sie zueinander: »Eine hochberühmte Schönheit war schon unsere Herrin; aber gegenüber dieser hier hätte sie nur als deren Dienerin gegolten.« Kallirhoë gefiel dies Lob gar nicht, und sie war nicht ohne Vorahnung dessen, was ihr bevorstand.

Nach dem Bade richteten sie ihr das Haar und brachten ihr frische Kleidung; sie aber sagte, dies zieme sich nicht für eine eben gekaufte Sklavin. »Gebt mir einen Sklavenkittel; denn ihr seid mir doch weit überlegen!« So zog sie sich an, was ihr gerade in die Hand kam; aber auch das stand ihr und schien kostbar zu sein im Glanze ihrer Schönheit.

Nachdem die Frauen ihre Mahlzeit gehalten hatten, sprach Plangon: »Geh zu Aphrodite und bete für dich! Denn unsere Aphrodite ist berühmt, und nicht nur die Nachbarn, sondern auch die Leute aus der Stadt kommen her und opfern ihr. Am meisten aber ist sie dem Dionysios zugetan. Er hat auch noch nie versäumt, ihr seine Aufwartung zu machen.« Dann erzählte sie von den Aphrodite-Erscheinungen, und eine von den Landfrauen sagte: »Wenn du diese Aphrodite siehst, wirst du glauben, ein Abbild von dir selbst zu erblicken.« Bei diesen Worten füllten sich Kallirhoës Augen mit Tränen, und sie sprach zu sich: »Welch ein Unglück! Auch hier ist es die Göttin Aphrodite, die schuld ist an all meinem Unheil. Doch ich will gehen, denn ich will ihr geradeheraus sagen, was ich ihr alles vorzuwerfen habe.«

Das Heiligtum war nahe beim Landhaus, gleich an der Landstraße. Kallirhoë warf sich vor Aphrodite nieder, ergriff ihre Füße und sprach: »Du hast als erste mir den Chaireas gezeigt und hast uns zu einem Paar gemacht, hast aber dieser schönen Verbindung keinen Bestand beschieden. Und doch haben wir dich immer in Ehren gehalten. Nachdem du aber einmal so entschieden hast, bitte ich nur um die eine Gnade, mich nach ihm bei niemandem mehr Gefallen finden zu lassen.« Dies gewährte ihr Aphrodite nicht; denn sie ist des Eros Mutter, und ganz im Gegenteil bereitete sie eine andere Ehe vor, der sie jedoch ebenfalls keinen Bestand gewähren sollte.

So gewann Kallirhoë nach ihrer Rettung vor Seeräubern und Meer die ihr eigene Schönheit wieder; und die Landleute wunderten sich, daß sie ihnen von Tag zu Tag schöner vorkam.

Leonas indessen fand endlich eine günstige Gelegenheit und trug dem Dionysios sein Anliegen folgendermaßen vor: »Auf deinen Ländereien am Meer, mein Herr, bist du schon lange Zeit nicht mehr gewesen. Dabei wäre deine Anwesenheit dort dringend nötig. Du mußt deine Viehherden und deine Pflanzungen in Augenschein nehmen, und die Ernte steht vor der Tür. Auch solltest du den Luxus deines Palastes dort ausnutzen, den wir nach deinen Anordnungen gebaut haben. Dein

Leid wirst du dort leichter ertragen, wenn du dich von den Genüssen und Aufgaben des Landlebens ablenken läßt. Und wenn du jemanden auszeichnen willst, etwa einen Rinderhirten oder einen Schafhirten, kannst du ihm die Neugekaufte zur Frau geben.« Dionysios war damit einverstanden und setzte die Ausfahrt auf einen bestimmten Tag fest.

Der Termin wurde allen bekanntgegeben, und so richteten die Kutscher ihre Wagen, die Pferdeknechte ihre Pferde und die Schiffer ihre Lastkähne her; Freunde wurden eingeladen mitzufahren und eine Menge Freigelassener. Denn Dionysios war ein großzügiger Mann. Als alles gut vorbereitet war, gab er Anordnung, das Gepäck und den Großteil der Beteiligten auf dem Wasserwege reisen zu lassen, während die Wagen ihm später auf dem Landwege folgen sollten; in der Trauerzeit zieme sich ja kein festlicher Aufzug. Beim frühen Morgengrauen nun, noch ehe sein Gefolge es bemerken konnte, bestieg er sein Pferd, von nur vier Getreuen begleitet; einer von ihnen war Leonas.

So ritt also Dionysios auf sein Landgut hinaus. Der Kallirhoë aber war in jener Nacht Aphrodite erschienen, so daß sie sich vornahm, die Göttin erneut anzuflehen. Im Gebet versunken stand sie da, als Dionysios vom Pferd stieg und als erster den Tempel betrat. Kallirhoë hörte die Schritte und wandte sich zu ihm um. Kaum hatte Dionysios sie erblickt, da rief er laut: »Aphrodite, sei mir gnädig! Laß mir deine Erscheinung ein gutes Vorzeichen sein!« Er wäre zu Boden gesunken, wenn ihn nicht Leonas noch aufgefangen hätte, der ihm dann gleich erklärte: »Dies, mein Herr, ist die Neugekaufte. Keine Aufregung also! – Und du, junge Frau, tritt vor deinen Herrn!« Kallirhoë verneigte sich tief bei dem Wort »Herr«, doch traten ihr die Tränen dabei in die Augen, da sie noch nicht lange der Freiheit entwöhnt war. Dionysios aber gab dem Leonas einen Schlag. »Frevler!« rief er, »sprichst du mit den Göttern wie mit Menschen? Du wagst es, diese da für Geld gekauft zu nennen? Kein Wunder, daß du den Verkäufer nicht wiederfandest! Hast du denn nicht gehört, wie Homer uns belehrt:

Auch die Unsterblichen gehn wie fernher kommende Fremde,
Übermut der Menschen zu schaun und rechte Gesinnung?«

An dieser Stelle griff Kallirhoë ein: »Hör auf, mich zum

Hohn Göttin zu nennen, da ich doch nicht einmal ein glücklicher Mensch bin!« Während sie sprach, kam dem Dionysios ihre Stimme wie die einer Göttin vor; denn sie klang wie Musik und gab ein Echo wie eine Kithara. Verunsichert scheute er sich, das Gespräch weiter fortzusetzen, und ging weiter zu seinem Landhaus, bereits hell entbrannt von Liebe.

Nicht viel später kam aus der Stadt der ganze Troß an, und die Kunde von dem Geschehnis verbreitete sich schnell. Alle hatten es nun eilig, die Frau zu sehen, und alle unter dem Vorwand, der Aphrodite ihre Aufwartung zu machen. Kallirhoë aber war ganz verängstigt wegen der Menge der Leute und wußte nicht, was sie tun sollte. Alles war ihr fremd, nicht einmal die vertraute Plangon war zu sehen, da diese mit dem Empfang des hohen Herrn zu tun hatte. Als die Zeit vorrückte und niemand im Landhause ankam, weil alle wie verhext drüben stehen geblieben waren, da begriff Leonas, was geschehen war, ging in den Tempel und führte Kallirhoë heraus. Und da konnte man sehen, daß es die Natur ist, die Menschen zu Königen werden läßt, ähnlich wie es bei der Bienenkönigin im Bienenschwarm der Fall ist. Denn aus eigenem Antrieb folgten alle Kallirhoë auf dem Fuße, gleichsam als hätten sie sie ihrer Schönheit wegen zu ihrer Gebieterin gewählt.

So kehrte sie in ihr gewohntes Gemach zurück. Dionysios freilich war verwundet, versuchte aber als gebildeter Mensch, seine Wunde zu heilen; immerhin war er ein Mann, der außerordentlichen Wert auf eine tadellose Haltung legte. Und weil er weder vor den Dienern verächtlich erscheinen wollte noch vor den Freunden wie ein verliebter Jüngling, ließ er sich den ganzen Abend hindurch nichts anmerken; wenigstens glaubte er, daß man nichts merkte. Jedoch verriet er sich erst recht durch sein Schweigen. Nun suchte er von der Abendtafel eine Portion aus und sagte: »Dies bringe man der Fremden. Man sage aber nicht ›von ihrem Herrn‹, sondern ›von Dionysios‹!«

Das Festgelage dehnte er so lange wie möglich aus; denn er glaubte, er werde doch nicht schlafen können. Lieber wollte er mit seinen Freunden zusammen auf den Schlaf verzichten. Aber als er – erst zu vorgerückter Stunde – die Tafel dann doch aufhob, fand er keinen Schlaf. Mit Leib und Seele war er im

Aphroditetempel und erinnerte sich an alles: an das Antlitz, an das Haar, wie sie sich umwandte, wie sie ihn anblickte, an ihre Stimme, ihre Gestalt, ihre Worte; auch ihre Tränen entflammten sein Herz: Dies war offensichtlich ein Kampf zwischen Vernunft und Leidenschaft. Denn wie sehr ihn auch die Begierde zu überfluten drohte, versuchte er doch als ein Mann von Charakter, sich aufrecht zu halten. Und es war, als ob er aus einer Woge auftauchte, als er zu sich sagte: »Schämst du dich nicht, Dionysios? Deiner Tugend und Ehre wegen bist du der erste Mann in Jonien, den Satrapen, Könige und Städte bewundern, und benimmst dich wie ein kleiner Junge? Liebe auf den ersten Blick? – und dies in der Trauerzeit, ehe noch die Totengeister der Verstorbenen das ihnen Zustehende erhalten haben! Dazu also bist du auf dein Landgut gefahren, daß du – noch in Trauerkleidern – Hochzeit machst, und dazu Hochzeit mit einer Sklavin, vielleicht gar mit einer, die anderen gehört? Du hast ja über sie nicht einmal eine amtliche Kaufurkunde!«

Doch Eros zeigte sich hartnäckig gegenüber solch wohlgemeinten Überlegungen. Für ihn war des Dionysios Selbstbeherrschung Frevel. Daher schürte er seinen Brand im Herzen des liebestrunkenen Tugendhelden nur noch heftiger.

Als Dionysios es schließlich nicht mehr länger ertragen konnte, die Diskussion nur mit sich allein zu führen, ließ er Leonas kommen. Dieser merkte, als er gerufen wurde, gleich weshalb, tat aber so, als wüßte er es nicht, und sagte, als sei er ganz betroffen: »Was hält dich wach, mein Herr? Dich hat doch nicht etwa wieder einmal das Leid um deine verstorbene Frau übermannt?« »Leid um eine Frau schon«, antwortete Dionysios, »aber nicht um meine verstorbene! Vor dir habe ich kein Geheimnis. Du meinst es gut mit mir und bist mir treu. Ich bin am Ende, Leonas! Du bist schuld an meinem Unglück! Du hast Feuer ins Haus getragen, mehr noch – in meine Seele! Keine Ruhe läßt mir auch das Dunkel, das über dieser Frau liegt. Ein Märchen erzählst du mir von einem Mann, der Flügel hat, von dem du nicht weißt, woher er gekommen und wohin er wieder gegangen ist! Wer aber, der solch eine Schönheit zu verkaufen hat, tut dies in aller Stille und auch noch für nur ein Talent und gibt eine Frau her, die alle Schätze eines Königs wert wäre? Welch dämonisches Wesen hat dich getäuscht? Komm endlich zur Vernunft und erinnere dich der Vorgänge! Wen hast du gesehen? Mit wem gesprochen? Sag mir die Wahrheit! Ein Schiff hast du nicht gesehen?« »Nein, Herr, aber davon gehört.«

»Das ist's! Eine Nymphe oder eine Meerjungfrau ist aus dem Meer aufgetaucht! Denn auch göttliche Wesen stehen unter dem Zwang ihrer Schicksalsstunde, die es ihnen gebietet, unter den Menschen zu wandeln. Dies berichten uns Dichter und Schriftsteller.«

Gerne steigerte Dionysios sich in die Verherrlichung der Frau hinein, als gehöre sie eher einer überirdischen Sphäre an als der eines Menschen. Leonas aber war bestrebt, seinem Herrn nach dem Munde zu reden, und sprach: »Wir sollten wegen ihrer Herkunft nicht zu viel Umstände machen, gnädiger Herr. Ich werde sie, wenn du willst, zu dir bringen; und habe keine Sorge, du könntest verfehlen, wonach du begehrst!« – »Ich möchte es aber nicht tun«, sprach Dionysios, »bevor ich nicht weiß, wer die Frau ist und woher sie kommt. Morgen früh also wollen wir von ihr die Wahrheit erfahren. Ich werde sie aber nicht hierher kommen lassen, damit wir auch nur den Verdacht eines gewalttätigen Vorgehens vermeiden. Vielmehr dort, wo ich sie zuerst erblickt habe, im Aphroditetempel, da soll die Unterredung stattfinden.«

Damit war alles klar. Und am folgenden Tage nahm Dionysios seine Freunde, Freigelassenen und die treuesten seiner Diener mit, um auch Zeugen zu haben, und ging in den Tempel. Er hatte sich nicht ohne Sorgfalt gekleidet und ein wenig Schmuck angelegt, als ob er zu einem Rendez-vous ginge. Aber schon von Natur war er schön und groß: eine ganz besonders stattliche Erscheinung.

Leonas ging inzwischen mit Plangon und mit denen von den Mägden, die Kallirhoë schon kennengelernt hatte, zu ihr und sprach:

»Dionysios ist ein sehr gerechter und loyaler Mann. Komme denn nun in den Tempel, junge Frau und sage ihm die Wahrheit, wer du eigentlich bist. Denn es wird dir an keiner Hilfe fehlen, die du von Rechts wegen erwarten kannst. Drücke dich nur ganz einfach aus, wenn du mit ihm sprichst, und verheimliche nichts von der Wahrheit. Dies wird nämlich seine humane Gesinnung dir gegenüber noch steigern.« So ging Kallirhoë nun dorthin, zwar nicht aus eigenem Antrieb, aber doch voll Zuversicht, weil das Gespräch im Tempel stattfinden sollte.

Als sie ankam, fand sie bei allen noch größere Bewunderung als vorher. Dionysios, dem es völlig den Atem verschlagen hatte, stand sprachlos da. Lange Zeit hielt das Schweigen an. Dann erst – und auch nur zaghaft – brachte er hervor: »Alles, was mich betrifft, junge Frau, ist dir bekannt. Ich bin Dionysios, bei den Milesiern der Erste – aber eigentlich auch in ganz Jonien –, allgemein bekannt als religiös gesinnter und human empfindender Mann. Es wäre recht, wenn auch du uns über dich wahrheitsgemäß berichtetest. Die dich zum Verkauf gebracht haben, sagten, du seiest von Sybaris und von dort von deiner Herrin aus Eifersucht verkauft worden.« Kallirhoë errötete, verneigte sich und sagte leise: »Ich bin jetzt zum ersten Mal verkauft worden, und Sybaris habe ich nie gesehen.« »Habe ich's dir nicht gesagt«, bemerkte Dionysios mit einem Blick zu Leonas hinüber, »daß sie keine Sklavin ist? Ich vermute, sie ist sogar von vornehmer Herkunft« – und zu Kallirhoë gewandt: »Sag mir alles, junge Frau und zuerst natürlich, wie du heißt!« – »Kallirhoë«, sagte sie; und auch ihr Name gefiel Dionysios. Im übrigen schwieg sie. Erst auf inständiges Bitten hin fuhr sie fort: »Ich bitte dich, mein Herr, gestatte mir zu verschweigen, was mir widerfahren ist. Was früher war, ist Traum und Märchen, jetzt bin ich, was ich geworden bin: eine Sklavin aus der Fremde.« Bei diesen Worten versuchte sie, sich nichts anmerken zu lassen, doch rannen ihr die Tränen die Wangen herab. Dies rührte aber auch Dionysios zu Tränen und alle, die um ihn standen. Ja, man hätte glauben können, Aphrodite selbst habe trauriger dreingeschaut als vorher.

Dionysios wurde mit seinen Bitten und Nachforschungen allmählich geradezu aufdringlich und sprach: »Ich bitte dich um eine erste Gefälligkeit: Erzähle mir, Kallirhoë, wie es sich mit dir verhält. Du wirst nicht zu einem Fremden sprechen; es gibt doch auch eine Art von Charakterverwandtschaft. Fürchte nichts, auch wenn du etwas Schlimmes getan hast!« Empört über diese Unterstellung antwortete Kallirhoë: »Demütige mich nicht! Ich bin mir keiner schlechten Tat bewußt. Aber da meine Vergangenheit in keinem Verhältnis steht zu meinem jetzigen Los, will ich nicht großsprecherisch erscheinen und nicht Dinge erzählen, die denen unglaubwürdig sind, die sie nicht kennen. Denn meine jetzige Lage straft meine Vergangenheit Lügen.« Dionysios bewunderte den edlen Charakter dieser Frau und sprach: »Ich verstehe dich nun, auch wenn du schweigst. Sprich dich aber dennoch aus! Denn was immer du über dich sagst, nichts kann dem voll entsprechen, was wir hier sehen. Jeder noch so großartige Bericht wäre zu unscheinbar neben dir selbst.«

So begann sie nun, wenn auch nur zögernd, ihr Schicksal darzulegen: »Ich bin eine Tochter des Hermokrates, des Strategen von Syrakus. Eines Tages kam ich so unglücklich zu Fall, daß ich regungslos dalag. Daraufhin veranstalteten mir meine Eltern ein prunkvolles Begräbnis. Grabräuber erbrachen das Grab und fanden mich, während ich gerade wieder zu mir kam. Sie brachten mich hierher, und Theron übergab mich heimlich dem Leonas hier.« Während sie damit alles Sonstige berichtet hatte, schwieg sie über Chaireas. »Nun denn, Dionysios, ich bitte dich – du bist doch ein Grieche, rechnest dich zu den Bürgern einer humanen Stadt und zu den Menschen mit Kultur: Stelle dich nicht auf eine Stufe mit den Grabräubern und beraube mich nicht meiner Heimat und meiner Familie! Für dich als reichen Mann bedeutet ein einziger Sklavenkörper nicht viel, und der Kaufpreis wird dir nicht verlorengehen, wenn du mich meinem Vater zurückgibst. Denn Hermokrates ist nicht undankbar. Den Alkinoos bewundern wir doch und haben ihn alle gern, weil er den schutzflehenden Odysseus in sein Vaterland zurückgeschickt hat. Auch ich stehe vor dir als Schutzflehende. Hilf einer ihrer Eltern beraubten Gefangenen! Wenn ich aber nicht leben kann, wie es meiner Herkunft ziemt, ziehe ich es vor, in Freiheit zu sterben.«

Während dieser Worte sah man Dionysios in Tränen – Kallirhoës wegen, so sollte es aussehen, in Wirklichkeit aber galten die Tränen ihm selber; denn er merkte jetzt, daß er das Ziel seiner Wünsche verfehlt hatte. »Sei getrost«, sagte er, »und guten Mutes! Denn du wirst nicht verfehlen, wonach du begehrst. Zum Zeugen rufe ich hier unsere Aphrodite an.

Inzwischen wirst du bei uns eine herrschaftliche Behandlung erfahren, nicht etwa die einer Unfreien.«

Kallirhoë entfernte sich nun in der festen Überzeugung, ihr könne jetzt nichts mehr gegen ihren Willen geschehen. Dionysios aber kehrte betrübt in die ihm persönlich vorbehaltenen Gemächer zurück. Nur Leonas ließ er zu sich kommen. »Was bin ich doch ein Pechvogel in jeder Beziehung!« sagte er, »– und von Eros gehaßt dazu! Meine Gattin habe ich begraben; von der Neugekauften, von der ich hoffte, Aphrodite habe sie mir zum Geschenk gemacht, werde ich gemieden. Und ich hatte mir ein Leben erträumt, seliger, als es Menelaos mit seiner Frau aus Sparta hatte. Denn nicht einmal Helena – vermute ich – war so wohlgestalt. Hinzu kommt bei ihr noch die Macht ihrer Worte. Mein Leben ist zu Ende! An demselben Tag, an dem Kallirhoë von hier scheidet, scheide ich aus dem Leben.«

Hier wandte Leonas in scharfem Tone ein: »O nein, mein Herr, du darfst dich doch nicht selbst verwünschen! Denn du bist immerhin der Herr und hast Macht über sie, so daß sie – ob freiwillig oder unfreiwillig – tun wird, was dir gutdünkt. Denn ich habe sie für ein Talent gekauft!« »Gekauft hast du, Unseliger, die edel Geborene? Hast du noch nie gehört vom Strategen Hermokrates, hochangesehen in ganz Sizilien, dem selbst der persische Großkönig Anerkennung und Freundschaft erweist? Schickt er ihm doch jährlich Geschenke, weil er die Flotte der Athener, der Feinde der Perser, besiegt hat! Ich soll mich zum Herrn machen über den Körper einer Freien, ich, Dionysios, als klug und besonnen berühmt, ich soll eine Frau gegen ihren Willen vergewaltigen, an der sich nicht einmal der Seeräuber Theron vergangen hat?«

Dies sagte er nur so zu Leonas, während er es in Wirklichkeit noch nicht aufgegeben hatte, sie durch Überredung zu gewinnen; denn die Liebe ist von Natur auf Hoffnung angelegt. Er vertraute darauf, durch eine entsprechende Behandlung doch noch zum Ziel seiner Wünsche zu kommen.

Nun rief er Plangon zu sich und sprach zu ihr: »Du hast mir schon hinreichend Beweise deiner Sorgfalt gegeben. Darum gebe ich in deine Hand nun das größte und kostbarste meiner Besitztümer, die Fremde. Ich will, daß sie an nichts Mangel leidet, sondern im Gegenteil geradezu im Luxus lebt. Lasse sie als deine Herrin gelten, pflege sie, schmücke sie und mache sie uns geneigt. Erwähne mich oft vor ihr lobend und erzähle von mir, wie du mich kennst. Sieh aber zu, daß du mich nicht ihren Herrn nennst.«

Plangon begriff, was ihr da aufgetragen wurde; war sie doch eine aufgeweckte Natur. Dadurch, daß sie sich nicht anmerken ließ, was sie vorhatte, kam sie noch besser zu ihrem Ziel. So ging sie denn zu Kallirhoë, sagte ihr aber nichts davon, daß ihr aufgetragen war, ihr zu Diensten zu sein, zeigte ihr vielmehr ihre persönliche Sympathie, um so höchstmögliche Glaubwürdigkeit als Ratgeberin zu erwerben.

Da geschah Folgendes. Dionysios weilte weiterhin auf seinem Landgut und hatte dafür immer wieder einen anderen Vorwand, in Wirklichkeit aber, weil er sich weder von Kallirhoë trennen konnte noch sie mitnehmen wollte. Denn es stand zu erwarten, daß sie – einmal bekannt – überall das Tagesgespräch sein würde und daß von ihrer Schönheit ganz Jonien sich würde hinreißen lassen, ja, daß die Kunde sogar bis zum Großkönig vordringen würde.

Während dieser Zeit des Zögerns machte er sich daran, sich um alle Kleinigkeiten seines Anwesens aufs genaueste zu kümmern. So kam es, daß er auch einmal irgendwelche Vorwürfe gegen seinen Gutsverwalter Phokas hatte. Über einige tadelnde Worte ging dies aber nicht hinaus. Doch Plangon sah darin eine günstige Gelegenheit. Ganz verängstigt lief sie zu Kallirhoë hinein und raufte sich das Haar; flehentlich umfaßte sie ihre Knie und sprach zu ihr: »Ich bitte dich, Herrin, rette uns! Dionysios ist nämlich gegen meinen Mann aufgebracht. So human er sonst ist, kann er doch auch furchtbar jähzornig sein. Niemand könnte uns retten als nur du. Denn dir wird Dionysios gern einen ersten Gefallen tun, wenn du ihn darum bittest.« Zwar hatte Kallirhoë ihre Bedenken, zu ihm zu gehen, konnte aber den flehentlichen Bitten Plangons nichts entgegenhalten, da sie infolge der vorher erfahrenen Freundlichkeiten ihr im voraus verpflichtet war. Um nicht undankbar zu erscheinen, sagte sie: »Auch ich bin zwar nur eine Sklavin und habe kein

Recht, frei zu reden; wenn du aber annimmst, ich könnte auch etwas ausrichten, bin ich bereit, mich deinen Bitten anzuschließen. Hoffentlich haben wir Glück!«

Als sie ankamen, ließ Plangon dem Herrn durch den Türhüter melden, Kallirhoë sei da. Es traf sich aber, daß Dionysios vor Leid darniederlag und sich auch körperlich nicht wohl fühlte. Als er nun hörte, Kallirhoë sei da, verschlug es ihm die Stimme, und es wurde ihm schwarz vor den Augen vor unverhofftem Glück. Gerade noch konnte er sich beherrschen und sprach: »Laß sie herein!« Kallirhoë trat ein, kam näher und verneigte sich. Zuerst wurde sie ganz rot, begann dann aber doch zaghaft zu sprechen: »Ich bin deiner Plangon hier zu Dank verpflichtet. Denn sie liebt mich wie eine Tochter. Ich bitte dich nun, mein Herr, besänftige deinen Zorn gegen ihren Mann und schenke ihm gnädigst sein Leben!« Sie wollte weiterreden, aber konnte es nicht mehr. Nun verstand Dionysios den listigen Plan Plangons und sprach: »Allerdings bin ich voll Zorn, und niemand in aller Welt hätte Phokas und Plangon, die sich so sehr verfehlt haben, vor dem sicheren Tode retten können. Aber dir zuliebe begnadige ich sie gerne. Und ihr, macht euch klar, daß ihr nur Kallirhoës wegen noch einmal davongekommen seid!« Da fiel ihm Plangon zu Füßen, worauf Dionysios sagte: »Kallirhoë fallt zu Füßen! Denn sie ist es, die euch gerettet hat.«

Als aber Plangon merkte, daß Kallirhoë zufrieden war und sich über diesen Hulderweis sichtlich freute, sagte sie: »Nun ist es an dir, Dionysios in unserem Namen Dank abzustatten!« Gleichzeitig gab sie ihr einen Stoß, und Kallirhoë kam sonderbarerweise gerade so zu Fall, daß sie sich noch eben an der rechten Hand des Dionysios festhalten konnte. Doch dieser tat so, als hielte er es für unhöflich, ihr nur die Hand zu reichen, zog sie daher an sich und küßte sie, ließ sie aber sogleich wieder los, um jeden Verdacht zu vermeiden, das Ganze sei nur gestellt gewesen.

Die Frauen entfernten sich nun; doch es blieb der Kuß, der sich dem Dionysios wie Gift ins Herz senkte. Hören und Sehen verging ihm; von allen Seiten war er rettungslos eingekreist. Nichts konnte er finden, was zur Heilung von seinem Liebesleiden hätte führen können: Weder durch Geschenke war etwas auszurichten – denn er hatte den edlen Stolz der Frau vor Augen – noch durch Drohung oder Gewalt; denn er war überzeugt, daß sie lieber den Tod wählen als Gewalt erdulden würde. Seine einzige Hilfe sah er nun noch in Plangon. Er ließ sie kommen und sprach zu ihr: »Den ersten Teil hast du mit kluger List zuwege gebracht; und für den Kuß bin ich dir dankbar. Doch eben dieser ist entweder meine Rettung oder mein Verderben. Sieh nun zu, wie du von Frau zu Frau mit ihr weiterkommst. Ich bin dabei zu jeder Hilfestellung bereit. Die Freiheit, sollst du wissen, wird dein Lohn sein, und dazu – was dir, wie ich fest annehme, weit wichtiger ist als deine Freiheit – des Dionysios Leben.«

Auftragsgemäß ließ Plangon nun nichts unversucht, jede List war ihr recht; doch Kallirhoë war in jeder Hinsicht unbezwingbar und blieb allein ihrem Chaireas treu. Der Feldherrnkunst der Schicksalsgöttin jedoch war sie nicht gewachsen. Sie ist die einzige, gegen die Menschensinnen machtlos ist; denn sie ist eine streitsüchtige Gottheit, und man muß bei ihr auf alles gefaßt sein. Auch damals also gelang ihr etwas Unglaubliches, ja sogar ganz Unerwartetes; – und auf welche Weise, das lohnt sich wohl anzuhören.

Die Schicksalsgöttin setzte ihren Hebel am Ehrgefühl der jungen Frau an. Chaireas und Kallirhoë, die ihre erste eheliche Begegnung ihrer Liebe entsprechend hatten gestalten wollen, hatten beiderseits Freude am Genuß ihrer Vereinigung gefunden, und ihr gleich starkes Begehren hatte ihr Zusammensein nicht ohne Folgen gelassen. Kurz vor ihrem Unfall hatte Kallirhoë empfangen. Aber über all den Gefahren und all dem Ungemach danach war sie sich ihrer Schwangerschaft so schnell noch nicht bewußt geworden. Als nun der dritte Monat begann, zeichnete sich an ihrer Gestalt schon etwas ab. Im Bad bemerkte dies Plangon, die ja schon genügend frauliche Erfahrung hatte. Zunächst schwieg sie zwar, weil noch zu viel Mägde dabei waren. Als sie aber gegen Abend eine ruhige Stunde fand, setzte sie sich neben sie aufs Bett und sprach: »Hör zu, mein Kind, du bist schwanger!« Kallirhoë schrie auf, zerraufte sich das Haar und rief schluchzend: »Nun auch das noch, Schicksalsgöttin! Zu allem Unglück hast du mir auch noch beschert, daß ich Mutter eines Sklaven werde!« Mit

Schlägen auf ihren Leib fuhr sie fort: »Unglückswesen! Schon vor deiner Geburt hast du im Grabe gelegen und fielst in Räuberhände. In welch ein Leben trittst du ein? Auf welche Hoffnung hin soll ich dich austragen, heimatloses Waisenkind einer Sklavin? Noch vor deiner Geburt sollst du den Tod kosten!« Plangon hielt ihre Hände fest und versprach, am folgenden Tag an ihr eine recht leicht erträgliche Abtreibung vornehmen zu wollen.

Für sich allein aber machte sich jede der beiden Frauen ihre eigenen Gedanken. Plangon sagte zu sich: »Da hat sich eine günstige Gelegenheit ergeben, meinen Herrn zum Ziel seiner Liebessehnsucht zu bringen. Als deinen Helfer hast du das Kind im Mutterleib. Gefunden ist damit die Garantie für das Gelingen deiner Überredungskünste. Die Mutterliebe wird über das Ehrgefühl der Frau siegen.« So bereitete sie sich mit stichhaltigen Argumenten auf ihr weiteres Eingreifen vor.

Kallirhoë aber beabsichtigte, ihr Kind zu töten, und sprach zu sich: »Was? Ich soll einem Sklavenhalter den Enkel des Hermokrates gebären und ein Kind zur Welt bringen, von dem niemand weiß, wer der Vater ist? Vielleicht kommt gar ein Böswilliger und sagt: ›Im Seeräubernest ist Kallirhoë schwanger geworden!‹ Es genügt, daß ich allein im Unglück stecke. Es nützte dir nichts, mein Kindlein, in ein elendes Leben einzutreten – ein Leben, dem du, sobald geboren, schon wieder den Rücken kehren müßtest. Geh weg in Freiheit, von Leid unberührt! Nichts von dem, was man über deine Mutter erzählen wird, soll an dein Ohr dringen!«

Doch sogleich bereute sie wieder ihre Worte, und etwas wie Erbarmen mit ihrer Leibesfrucht stieg in ihr auf. »Du sinnst darauf, dein Kind zu töten? Frevelt hier etwa ein Jason, daß dir die Gedanken einer Medea kommen? Aber dann wirst du noch grausamer erscheinen als sie, die Skythin. Sie hatte ja ihren Mann zum Feind, du aber willst des Chaireas Kind töten und nicht einmal diese Erinnerung an deine viel gerühmte Hochzeit bewahren? Und was dann, wenn es ein Sohn ist? – und wenn er dem Vater ähnlich ist? – und wenn ihm das Glück holder ist als mir? Als Mutter tötest du den aus dem Grabe und vor den Seeräubern Geretteten? Von wieviel Götter- und Königssöhnen hören wir nicht, die, obwohl in Knechtschaft geboren, später die Würde ihrer Väter erlangten: von einem Zethos, einem Amphion, einem Kyros! So wirst auch du, mein Kind, über See fahren und nach Sizilien kommen, wirst Vater und Großvater aufsuchen und ihnen erzählen, wie es deiner Mutter erging. Eine ganze Flotte wird von dort ausfahren, mir Hilfe zu bringen. Du mein Kind wirst deine Eltern einander zurückgeben.«

Darüber sann sie die ganze Nacht hindurch, bis sie für kurze Zeit Schlaf fand. Da stand vor ihr das Bild des Chaireas, in allem ihm ähnlich:

> Ähnlich an Größ' und Gestalt und lieblichem Auge ihm selber,
> Auch an Stimm', und wie jener den Leib mit Gewanden umhüllet.

So stand er da und sprach zu ihr: »Dir, liebe Frau, vertraue ich den Sohn an.« Während er noch weiterreden wollte, sprang Kallirhoë auf, ihn zu umarmen. Sie glaubte nun fest daran, daß ihr Mann sie beraten habe, und beschloß, das Kind zu behalten.

Als am anderen Morgen Plangon zu ihr kam, verkündigte sie ihr ihren Entschluß. Diese aber gab ihr klar zu verstehen, daß ihr Vorhaben den wirklichen Gegebenheiten gar nicht entspreche. »Es ist einfach unmöglich für dich«, sagte sie, »bei uns ein Kind aufzuziehen. Denn unser Herr, der ja in dich verliebt ist, wird dich zwar, weil er dich achtet und ein Mann von Ehre ist, nicht zu etwas zwingen, was du nicht willst. Doch ein Kind aufzuziehen, das würde er einfach aus Eifersucht nicht zulassen. Denn er müßte es als Zumutung empfinden, wenn du mit all deinen Gedanken bei dem bist, der weit weg ist, ihn selber aber, der bei dir ist, unbeachtet läßt. So halte ich es für besser, daß das Kind stirbt, bevor es überhaupt geboren ist, als erst nach der Geburt. Denn du ersparst dir ein vergebliches Wochenbett und unnütze Schwangerschaftszeit. Weil ich dich lieb habe, gebe ich dir keine wirklichkeitsfremden Ratschläge.«

Kallirhoë konnte ihre Worte kaum ertragen. Sie warf sich ihr zu Füßen, umfaßte ihre Knie und flehte sie an, sie möchte doch mit ihr eine List ersinnen, wie sie das Kind behalten und aufziehen könne. Plangon wies dies weit von sich, aber stellte ihr eine Antwort in zwei oder drei Tagen in Aussicht. Nachdem sie sie dann zu immer dringenderen Bitten angefeuert und dabei ihre Glaubwürdigkeit bekräftigt hatte, ließ sie sich schließlich einen Eid von ihr leisten, niemandem etwas von ihrem Vorhaben zu sagen, rieb sich die Hände und sprach mit hochgezogenen Augenbrauen: »Große Dinge, junge Frau, verlangen große Überlegungen. Meine Zuneigung zu dir bringt mich dazu, meinen Herrn zu verraten. Nun sei dir darüber im Klaren, daß nur eins von den beiden geschehen kann: Entweder ist dein Kind völlig verloren oder es wird als das reichste in ganz Jonien geboren, als Erbe des berühmtesten Hauses. Und dich als seine Mutter wird es glücklich machen. Wähle, was von beiden du willst!«

»Wer wäre so unvernünftig«, antwortete Kallirhoë, »Kindermord statt Kinderglück zu wählen? Aber was du da sagst, klingt mir unmöglich und unglaublich. Erkläre es mir also deutlicher!« Darauf fragte Plangon sie: »Wie lange, meinst du, dauert deine Schwangerschaft schon an?« – »Zwei Monate.« – »Also ist die Zeit für uns günstig. Denn so wird man annehmen können, du habest ein Siebenmonatskind von Dionysios zur Welt gebracht.« Doch da schrie Kallirhoë auf: »Lieber soll es tot sein!« Ironisch ging Plangon darauf ein: »Das ist vernünftig, junge Frau, daß du nun doch lieber abtreiben willst. Das wollen wir tun. Denn das ist ungefährlicher als die Herrschaft zu hintergehen. Tilge jeden Rest von Erinnerung an deine edle Herkunft aus! Und auch Hoffnung auf Rückkehr in die Heimat soll es für dich nicht mehr geben! Füge dich in dein Geschick, wie es nun einmal ist, und werde voll und ganz eine Sklavin!«

Kallirhoë hörte diese Ratschläge der Plangon ganz ohne Argwohn an, da sie eine junge Frau von edler Herkunft war und unerfahren im Intrigenspiel der Dienerschaft. Aber je mehr Plangon die Abtreibung empfahl, umso mehr empfand sie Mitleid mit dem Kind in ihrem Schoß. »Gib mir Bedenkzeit«, sprach sie, »denn Größtes steht auf dem Spiel: entweder meine Ehre oder mein Kind.« Wieder stimmte ihr Plangon darin zu, daß man sich für keines von beiden voreilig entscheiden könne. »Für's eine wie für's andere spricht vieles. Auf der einen Seite liegt die Treue der Gattin in der Waagschale, auf der anderen die Mutterliebe. Dennoch ist keine Zeit mehr für langes Aufschieben, sondern morgen muß auf jeden Fall für eines von beiden die Entscheidung getroffen sein, bevor man etwas von deiner Schwangerschaft merkt.« Darauf einigten sie sich und schieden voneinander.

Als Kallirhoë wieder in ihr Zimmer im oberen Stockwerk zurückgekehrt war und die Tür hinter sich geschlossen hatte, hielt sie das Bild des Chaireas an ihren Leib und sprach: »Sieh, wir sind drei geworden: Mann, Frau und Kind! So laßt uns ratschlagen, was für uns alle das beste ist. Als erste sage nun ich meine Meinung: Ich will als Frau des Chaireas sterben und keines anderen. Daß ein anderer Mann mich nicht berührt, das steht mir höher als Eltern, Vaterland und Kind. Du, mein Kind, was wählst du für dich? Durch Gift zu sterben, ehe du das Licht der Sonne erblickt hast, und mit deiner Mutter auf dem Schindanger zu landen, vielleicht ohne überhaupt ein Grab zu erhalten? Oder willst du leben und zwei Väter haben: den mächtigsten Mann von Sizilien und den mächtigsten von Jonien? Wenn du dann erwachsen bist, werden dich deine Verwandten leicht erkennen; denn ich bin sicher, daß ich dich als ein Ebenbild deines Vaters gebären werde. Und dann wirst du im Triumph auf einer milesischen Triëre übers Meer fahren; und mit Freuden wird dich Hermokrates empfangen als seinen Enkel, der bereits in der Lage ist, ein Kommando zu führen. Gegen meine, mein Kind, steht nun deine Stimme: Du verwehrst es uns zu sterben. Fragen wir nun auch deinen Vater! Aber nein, er hat ja schon gesprochen. Denn als er im Traume neben mir stand, sprach er: ›Ich vertraue dir den Sohn an.‹ Du bist mein Zeuge, Chaireas. Du selbst bist mein Brautführer für Dionysios!«

Diesen ganzen Tag lang und die Nacht über hing sie solchen Überlegungen nach, und nicht ihrer selbst wegen, sondern nur wegen des Kindes rang sie sich dazu durch, am Leben zu bleiben.

Am anderen Tag kam Plangon. Sie nahm Platz und zeigte ein trauriges und mitleidiges Gesicht. Beide schwiegen. Erst als längere Zeit verstrichen war, fragte Plangon: »Was hast du beschlossen? Was tun wir? Zum Zaudern haben wir keine Zeit!« Kallirhoë war zunächst einer Antwort nicht fähig, niedergeschlagen und voller Jammer, wie sie war. Zögernd sprach sie dann: »Mein Kind liefert mich gegen meinen Willen aus. Tue du, was frommt! Doch ich fürchte, auch wenn ich die Schande überlebe, wird Dionysios mich meines Unglücks wegen verachten und mich eher als Kebse denn als Ehefrau betrachten. Und das Kind eines anderen wird er nicht annehmen, so daß ich dann meine Ehre vergeblich opfern werde.« Plangon ließ sie nicht zu Ende reden und fiel ihr ins Wort: »Dafür habe ich schon früher als du Vorsorge getroffen; denn ich liebe dich nun schon mehr als meinen Herrn. Zwar vertraue ich auf die Charakterfestigkeit des Dionysios. Denn er ist ein anständiger Mensch. Dennoch will ich ihn schwören lassen, auch wenn er der Herr ist. Jede Gefährdung müssen wir ausschalten. Und du, mein Kind, kannst ihm vertrauen, wenn er geschworen hat. Nun will ich gehen, die Botschaft auszurichten.«

Drittes Buch

Dionysios indessen, der es nicht mehr ertrug zu leben, ohne Kallirhoës Liebe erringen zu können, hatte sich zum Hungertode entschlossen und war dabei, sein Testament zu schreiben. In diesem Schriftstück bestimmte er die Art seines Begräbnisses und bat Kallirhoë, auch wenn er tot sei, ihn zu besuchen. Als Plangon bei ihrem Herrn eintreten wollte, hinderte sie daran der Kammerdiener, dem aufgetragen war, niemanden vorzulassen. Als Dionysios hörte, wie die beiden vor der Türe darüber stritten, fragte er, wer da solchen Lärm mache, und bekam vom Kammerdiener die Antwort, es sei Plangon. Da murrte er: »Ich kann sie jetzt eigentlich gar nicht gebrauchen« – denn alles, was auch nur die Erinnerung an seine Liebe zu wecken fähig war, wollte er nicht mehr sehen – , »aber rufe sie mir dennoch herein!« Kaum hatte diese die Türe geöffnet, rief sie schon: »Was quälst du dich ab, mein Herr, und bist traurig, als ob du kein Glück hättest? Lädt dich doch Kallirhoë zur Hochzeit ein! Kleide dich festlich, richte ein Opfer her und erwarte als Braut, die du liebst!«

Wie ein Keulenschlag traf diese unerwartete Wendung den

Dionysios; es wurde ihm dunkel vor Augen, er fiel in Ohnmacht und sah aus wie tot. Auf Plangons lautes Jammern hin strömte alles zusammen, und im ganzen Hause gab es ein Klagen, als sei der Herr schon gestorben. Auch Kallirhoë vernahm die Nachricht nicht ohne Tränen. So weit war bereits ihre Hochachtung vor Dionysios gestiegen, daß auch sie in die Klage um ihn einstimmte, der doch ihr Mann hätte werden sollen.

Allmählich kam Dionysios wieder zur Besinnung und sprach mit schwacher Stimme: »Wer von den göttlichen Wesen will mich täuschen und von meinem einmal vorgenommenen Weg abbringen? Wache ich oder träume ich? Habe ich recht gehört? Kallirhoë will mich heiraten, die von mir nicht einmal angesehen werden will?« Da trat Plangon zu ihm und sprach: »Hör endlich auf mit deinem zwecklosen Selbstmitleid und mit deinem Mißtrauen gegen dein eigenes Glück! Ich täusche doch nicht meinen eigenen Herrn! Kallirhoë hat mich geschickt, ich solle als ihre Abgesandte über die Heirat verhandeln.« – »Dann walte also deines Amtes«, sagte Dionysios, »und gib genau ihre eigenen Worte wieder! Lasse nichts aus und füge nichts hinzu, sondern halte dich genau an dein Gedächtnis!« – »Ich – so sprach sie – stamme aus dem ersten Hause Siziliens. Ich bin zwar ins Unglück geraten, habe aber immerhin noch meinen Verstand bewahrt. Meiner Heimat und meiner Eltern bin ich beraubt, nur meinen Adel habe ich nicht verloren. Wenn nun Dionysios mich zu seiner Mätresse haben und seiner eigenen Lust frönen will, werde ich mich lieber erhängen, als meinen Leib dirnenhaftem Frevel hinzugeben. Wenn er mich aber zu seiner gesetzlichen Gemahlin nehmen will, bin ich meinerseits willens, Mutter zu werden, damit das Geschlecht des Hermokrates einen Nachfolger hat. Darüber mag Dionysios zu Rate gehen – nicht für sich allein und nicht überstürzt, sondern mit Freunden und Verwandten, damit nicht später einer zu ihm sagt: ›Wirst du dir etwa Kinder von einer gekauften Sklavin aufziehen zur Schande für dein Haus?‹ Wenn er nicht Vater werden will, dann soll er auch nicht mein Gemahl werden.«

Diese Worte ließen Dionysios nur noch mehr in Liebe entbrennen. Er schöpfte ein klein wenig – nichtige – Hoffnung in dem Gedanken, auf Gegenliebe zu stoßen. Zum Himmel hob er seine Hände: »Zeus und Helios, wenn ich ein Kind von Kallirhoë sähe, dann würde ich mich für glücklicher halten als den Großkönig! – Laßt uns zu ihr gehen! Zeig mir den Weg, du mein treues Plangönchen!«

Er stürzte zum Obergeschoß hinauf und hatte zunächst nichts anderes im Sinn, als sich Kallirhoë zu Füßen zu werfen; doch bezwang er sich und nahm mit der nötigen Würde Platz. »Ich bin gekommen, edle Frau«, sprach er, »dir zu danken für meine Errettung. Denn gegen deinen Willen wollte ich dich nicht zu mir zwingen; und als ich dich nicht gewinnen konnte, war ich entschlossen, mir das Leben zu nehmen. Durch dich bin ich nun zum Leben zurückgekehrt. Doch obwohl mein Herz voll ist von freudiger Dankbarkeit für dich, habe ich etwas noch auszusetzen: Du hast es für möglich gehalten, daß ich dich heiraten wollte, ohne die nach griechischem Recht erforderliche Bereitschaft, auch Kinder mit dir zu zeugen. Denn wenn ich dich nicht liebte, hätte ich auch nicht den Wunsch, eine solche Ehe einzugehen. Du aber hast mich anscheinend im Verdacht gehabt, ich sei so töricht, eine Freigeborene für eine Sklavin zu halten und einen Enkel des Hermokrates nicht für würdig, mein Sohn zu heißen. ›Überlege es dir‹, sagst du. Ich habe es mir überlegt. Fürchtest du meine Freunde, die du mir lieber bist als alle Freunde? Wird es denn einer wagen zu sagen, der von mir gezeugte Sohn sei meiner unwürdig, obwohl er einen Großvater hat, der mächtiger ist als sein Vater?« Mit diesen Worten trat er unter Tränen zu ihr. Sie errötete, küßte ihn sanft und sprach: »Zu dir habe ich Vertrauen, Dionysios, aber ich mißtraue meinem Schicksal, denn schon einmal bin ich seinetwegen aus großer Höhe herabgestürzt, so daß ich fürchte, daß es sich noch nicht zum Guten gewandelt hat. Daher nimm du dir – obwohl selbst edel und gerecht genug – die Götter zu Zeugen, nicht deiner selbst wegen, sondern wegen deiner Mitbürger und Verwandten, damit jeder nur möglichen späteren Arglist der Boden entzogen ist, wenn bekannt ist, daß du dich unter Eid festgelegt hast. Zu leicht verfällt doch ein Weib der Verachtung, wenn es allein und in der Fremde lebt.« – »Welche Art bei Göttern geschworener Eide wünschst du denn?« fragte Dionysios. »Denn ich wäre bereit, womöglich gar in den Himmel hinauf zu gehen und mit der Hand auf Zeus selbst den Eid zu leisten.« – »Schwöre mir«, sprach sie, »beim Meer, das mich zu dir gebracht hat, bei Aphrodite, die mich dir gezeigt hat, und bei Eros als dem Brautführer!« Dies fand Zustimmung und unverzüglich geschah es so.

Nun wuchs rasch die Liebesleidenschaft und duldete keinen Aufschub der Hochzeit. Begierden in Schach zu halten, ist ja nicht leicht, wenn die Möglichkeit ihrer Befriedigung gegeben ist. Dionysios aber als gebildeter Mann ließ sich zwar vom Sturm ergreifen und die Seele überfluten, doch zwang er sich gleichsam zum Auftauchen aus den Wogen der Leidenschaft. Und dann beschäftigten ihn folgende Überlegungen: »Soll ich im Verborgenen heiraten, als wäre es eine für Geld gekaufte Frau? Nein, so undankbar bin ich nicht, die Hochzeit mit Kallirhoë nicht öffentlich zu feiern. In diesem Punkt muß ich in erster Linie meine Frau ehren. Und es gibt mir auch Sicherheit für die Zukunft. Denn schneller als alles ist das Gerücht: Unbehinderten Weges eilt es durch die Luft dahin. Seinetwegen kann nichts Unvermutetes verborgen bleiben. Schon läuft's mit der großen Neuigkeit nach Sizilien: ›Kallirhoë lebt! Grabräuber hatten das Grab erbrochen und sie gestohlen; in Milet ist sie verkauft worden.‹ Schon stechen Schiffe von Syrakus aus in See mit Hermokrates an Bord, der seine Tochter zurückfordert. Was soll ich dann sagen? ›Theron hat sie mir verkauft?‹ Aber wo ist Theron? Und wenn sie mir wirklich glauben, soll ich denn die Wahrheit sagen: ›Ich bin ein Hehler von Seeräubergut?‹ Dionysios, dann mache dich auf einen Prozeß gefaßt! Vielleicht wirst du dich dabei am Hofe des Großkönigs verantworten müssen. Nun, dann wird es am besten sein, wenn ich sagen kann: ›Ich hatte durch Zufall erfahren, daß eine frei geborene Frau in unsere Stadt gekommen sei und sich hier aufhalte. Ich erwarb mir ihr Einverständnis und habe sie in der Stadt öffentlich und dem Gesetze entsprechend geheiratet.‹ Auf diese Weise werde ich auch meinen Schwiegervater eher davon überzeugen, daß ich dieser Ehe nicht unwürdig bin. Halte aus, meine Seele, nur eine kurze Frist, um dann für alle fernere Zeit sichere Freude zu genießen! Wenn es zum Prozeß kommt, werde ich mich besser halten können in der Rolle des Ehemannes als in der des Herrn.«

Mit diesem Entschluß rief er nach Leonas. »Geh in die Stadt«, sprach er, »und richte alles für eine Hochzeit in großer Pracht. Ganze Herden Vieh sollen her; Getreide und Wein schaffe zu Wasser und Land herbei! Ich habe mich entschlossen, ein öffentliches Festmahl für die ganze Stadt zu halten.«

Nachdem er alles sorgfältig angeordnet hatte, machte er sich am folgenden Tage selbst zu Wagen auf die Reise. Kallirhoë jedoch, die er der Öffentlichkeit noch nicht zeigen wollte, ließ er gegen Abend auf einem Fährboot bis zu dem Hause bringen, das er unmittelbar am sogenannten Dokimos-Hafen besaß. Er überließ sie dabei Plangons Obhut.

Als nun Kallirhoë sich anschickte, das Landgut zu verlassen, richtete sie zunächst ein Gebet an Aphrodite. Sie betrat den Tempel, ließ alle hinausgehen und sprach zur Göttin: »Herrin Aphrodite, tue ich recht, dir einen Vorwurf zu machen, oder soll ich dir Dank sagen? Du hast mich als Jungfrau mit Chaireas verbunden, und jetzt gibst du mich nach ihm einem anderen zur Frau. Ich hätte mich nicht dazu bereit gefunden, bei dir und deinem Sohne zu schwören, wenn nicht dies kleine Wesen in mir« – sie zeigte auf ihren schwangeren Leib – »mich ausgeliefert hätte. Sorge du dafür, daß niemand diesen Kunstgriff durchschaut! Aber eben für dies Kindlein flehe ich dich an, nicht für mich selbst. Da es den wahren Vater nicht hat, soll man denken, es sei das Kind des Dionysios. Denn wenn es einmal herangewachsen ist, wird es seinen Vater schon finden.«

Als die Schiffsleute sie dann vom Tempel herab zum Meere schreiten sahen, ergriff jeden von ihnen eine scheue Furcht, als ob Aphrodite selbst es sei, die zu ihnen ins Boot stiege; und alle miteinander fingen an, vor ihr niederzufallen. Vor lauter Eifer ruderten sie das Boot in Windeseile zum Hafen.

Am frühen Morgen war dann die ganze Stadt bekränzt. Nicht nur in den Tempeln, auch vor jedem Privathaus wurden Opferfeiern gehalten. Die reinsten Märchen waren im Umlauf über die Frage, wer die Braut sei. Wegen ihrer Schönheit und ihrer unbekannten Herkunft war die im Volk am meisten verbreitete Version, sie sei eine Meerjungfer oder sie sei eine

Als es schon Nacht geworden und der Mischkrug gefüllt war, aus dem sie dem Hermes spenden, brachte ein Diener auf einem silbernen Becken die Erkennungszeichen herein, trug sie rechts herum und zeigte sie allen vor. SEITE 97

Göttin aus dem Gefolge des Dionysos; denn so sagten es die Seeleute. Alle aber hatten nur den einen Wunsch, Kallirhoë zu sehen, und rings um den Tempel der Homonoia, wo nach altem Brauch der Bräutigam seine Braut empfängt, staute sich die Menge.

Kallirhoë hatte sich an diesem Tage zum ersten Male seit ihrem Begräbnis geschmückt. Denn da sie entschlossen gewesen war, nur ein einziges Mal zu heiraten, hatte sie Vaterland und Familie als ihre eigentliche Zierde angesehen. Nachdem sie nun ein echt milesisches Gewand angelegt und den Brautkranz aufgesetzt hatte, schaute sie auf die Menge nieder. Da ertönte es allenthalten: »Aphrodite hält Hochzeit!« Und die Leute breiteten Purpurtücher vor ihr aus, streuten Rosen und Veilchen und zerstäubten Duftwasser vor ihrem Weg. Niemand blieb zu Hause, ob jung oder alt, selbst die Hafenarbeiter zogen mit. Bis auf die Dächer stiegen viele empor, die keinen Platz mehr fanden.

Aber auch an diesem Tage hatte wiederum der bereits erwähnte Mißgunst-Dämon seine neidische Hand im Spiel: wie – das will ich etwas später sagen. Als Nächstes will ich berichten, was sich während der gleichen Zeit in Syrakus zugetragen hatte.

Die Grabräuber hatten das Grab ziemlich achtlos wieder geschlossen, da es Nacht war und sie große Eile hatten fortzukommen. Chaireas indessen hatte die Nacht durchwacht und ging schon am frühesten Morgen zum Grab unter dem Vorwand, Kränze und Trankopfer dorthin zu bringen. Doch in Wirklichkeit trug er sich mit dem Gedanken, sich das Leben zu nehmen. Denn er hielt es nicht aus, von Kallirhoë getrennt zu sein; nur der Tod, so glaubte er, könne sein Leid heilen. So kam er am Grabe an und fand, daß die Steine weggewälzt worden waren und daß dadurch der Eingang offen stand. Bei diesem Anblick erschrak er gewaltig und konnte sich überhaupt nicht erklären, was da wohl geschehen sein mochte.

Auf schnellstem Wege eilte das Gerücht von dieser unerwarteten Neuigkeit durch Syrakus. Von allen Seiten strömten nun die Leute am Grabe zusammen, doch niemand wagte hineinzugehen, bis Hermokrates einen dazu bestimmte und hineinschickte. Dieser berichtete dann alles ganz genau. Unglaublich schien dabei, daß sogar der Leichnam nicht da sein sollte. Doch nun stürzte sich Chaireas selbst hinein, voll Begierde, Kallirhoë wiederzusehen, wenn auch nur tot. Er durchsuchte das ganze Grab, konnte aber nichts finden. Noch viele andere gingen nach ihm hinein, die es nicht glauben wollten. Hilflos standen alle da. Da sagte einer, der noch im Grabe stand: »Die Grabbeigaben sind geraubt! Also waren Grabräuber am Werk. Doch wo ist der Leichnam?« Vielerlei Vermutungen wurden dazu geäußert, und alle standen im Banne dieses Rätsels.

Chaireas indessen blickte zum Himmel hinauf und rief mit erhobenen Händen: »Wer von den Göttern ist zu meinem Nebenbuhler geworden und hat Kallirhoë entführt? Wer ist es, der sie gegen ihren Willen bei sich hält? Ist sie doch von einer Schicksalsmacht bezwungen worden, die stärker war als sie! Deshalb kam ihr Tod auch so plötzlich, damit nicht Krankheit ihr hätte schaden können. So war es, als Dionysos die Ariadne dem Theseus entführte und Zeus die Semele. Ich hätte eben wissen müssen, daß ich eine Göttin zur Frau erhielt, die Menschenmaß weit überstieg. Aber sie hätte doch nicht so schnell und unter solch einem Vorwand uns Menschen zu verlassen brauchen! Thetis war eine Göttin, und doch blieb sie bei Peleus; und er erhielt von ihr einen Sohn. Ich aber wurde mitten im höchsten Liebesglück im Stich gelassen! Was muß ich erleiden! Was soll aus mir Unglücklichem werden? Soll ich mich aufhängen? Aber mit wem teile ich dann mein Grab? Denn bis eben hatte ich bei allem Leid doch noch die Zuversicht, wenn mir schon die Gemeinschaft des Brautgemachs mit Kallirhoë nicht erhalten blieb, wenigstens im Grab Gemeinschaft mit ihr zu finden. Dich, meine Gebieterin, bitte ich um Entschuldigung, daß ich noch lebe. Du selbst zwingst mich weiterzuleben; denn ich werde dich suchen zu Lande und zu Wasser, selbst in der Luft, wenn ich dorthin aufzusteigen vermöchte. Nur um dies eine bitte ich dich, meine Frau, fliehe nicht vor mir!« Klagerufe der Menge begleiteten diese Worte, und alle begannen aufs neue die Totenklage um Kallirhoë, als sei sie eben erst gestorben.

Unverzüglich wurden nun die Trieren aufs Wasser gebracht. Viele waren zur Stelle, die die Suchaktion unter sich aufteilten: Sizilien nahm sich Hermokrates vor, Chaireas Libyen; einige wurden in Richtung Italien geschickt, andere bekamen den Auftrag, das Jonische Meer zu durchqueren.

Die Hilfe, die die Menschen ins Werk setzten, war jedoch völlig unzulänglich; vielmehr brachte die Schicksalsgöttin die Wahrheit ans Licht. Denn ohne ihre Hilfe gelingt kein Unternehmen, was man auch hier wieder bestätigt sah.

Die Grabräuber hatten inzwischen nach dem Verkauf der am schwersten absetzbaren Ware, der Frau, Milet verlassen und hielten Kurs auf Kreta, eine Insel, von der sie hörten, sie sei reich und groß, und auf der sie daher – so hofften sie – ihre Fracht leicht verkaufen könnten. Doch ein heftiger Wind hinderte sie und verschlug sie bis in Jonische Meer, wo sie schließlich auf einsamer See umhertrieben. Blitz und Donner sowie lang anhaltende Finsternis hielten die Frevler gefangen. Dadurch erwies die Vorsehung, daß es damals nur Kallirhoës wegen gute Fahrt gegeben hatte. Immer wieder schwebten sie in Todesgefahr, und Gott tat nichts, um ihre Todesangst zu verkürzen, sondern ließ ihren Schiffbruch sich lange hinziehen. Kein Land war da, die Frevler aufzunehmen. Auf See trieben sie nun lange Zeit hilflos umher, und bald fehlte es ihnen am Notwendigsten, besonders an Trinkwasser. Nichts nutzte ihnen da ihr unrecht Gut, und vor Durst näherten sie sich trotz ihres Goldes dem Tode. Zu spät bereuten sie, was sie gefrevelt hatten; und daß es zu nichts genützt habe, warfen sie sich gegenseitig vor.

So starben Therons Gefährten allmählich vor Durst dahin. Er aber blieb auch in dieser Lage der Schurke, der er war; selbst seine eigenen Kumpane begaunerte er um ihr Trinkwasser und glaubte, damit besonders schlau gehandelt zu haben. Doch was war es anders als das Werk der Vorsehung, die den Kerl für Folter und Galgen aufsparen wollte?

Denn zufällig begegnete die Triëre, auf der Chaireas an Bord war, dem dahertreibenden Boot. Man erkannte es als Piratenschiff und wich ihm aus. Doch bald war zu erkennen, daß es ohne Steuermann ziellos in den Wogen dahertrieb. Da rief einer der Matrosen: »Es hat keine Besatzung! Keine Angst! Wir wollen heranfahren und uns diesen absonderlichen Fall näher ansehen!« Der Steuermann gab sein Einverständnis. Chaireas hatte sich nämlich unter Deck begeben, um sich seinem

Schmerz hinzugeben. Als sie herangekommen waren, riefen sie zuerst nach der Besatzung; und als niemand antwortete, ging einer von der Triëre auf das Boot hinüber, sah aber nichts anderes als Gold und Tote. Über diese Nachricht freuten sich die Matrosen und waren überglücklich, auf See einen Schatz gefunden zu haben.

Der Lärm drang zu Chaireas herein, so daß er nach der Ursache fragte. Als er von der Neuigkeit erfuhr, wollte auch er sich alles ansehen. Da erkannte er die Grabbeigaben. Er zerriß sein Gewand und laut klagend rief er: »Ach, Kallirhoë, das alles gehört ja dir! Das ist der Kranz, den ich dir ums Haupt gewunden habe, dies gab dir dein Vater, das da deine Mutter! Dies ist dein Brautkleid! Das Schiff ist dir zum Grab geworden! Ich sehe alles, was dir gehört – aber du, wo sehe ich dich? All diesen Grabbeigaben fehlt allein die Tote!«

All dies hörte Theron mit an. Schon halb tot nämlich lag er den Toten ähnlich am Boden. Er hatte sich fest vorgenommen, weder einen Laut von sich zu geben noch sich zu rühren. Denn er konnte sich denken, was ihm bevorstand. Aber der Mensch hängt von Natur aus am Leben, und selbst unter den härtesten Schicksalsschlägen gibt er die Hoffnung auf eine Wendung zum Besseren nicht völlig auf. Der Weltenschöpfer hat diesen Trieb allen Menschen ins Herz gesenkt, damit sie einem mühseligen Leben nicht entfliehen. So stieß er von Durst gepeinigt als ersten Laut das Wort »Trinken!« hervor. Man brachte ihm etwas und gewährte ihm jede Hilfe. Dann setzte sich Chaireas neben ihn und fragte: »Wer seid ihr? Und wohin geht eure Fahrt? Woher habt ihr das da? Und was habt ihr der angetan, der es gehört hat?«

Theron, durchtrieben wie er war, besann sich und sagte: »Ich bin ein Kreter und fahre nach Jonien. Ich bin auf der Suche nach meinem Bruder, der dort im Kriegsdienst steht. In Kephallenia wurde ich von der Schiffsbesatzung zurückgelassen, als sie von dort vorzeitig ablegte. Glücklicherweise kam gerade dies Boot hier vorbei, das mich mitnahm. Aber ein ungewöhnlich starker Sturm verschlug uns auf diesen Teil des Meeres. Dann trat eine lange Windstille ein, und alle anderen kamen vor Durst um. Ich allein wurde auf Grund meiner Gottesfurcht gerettet.« Als Chaireas dies gehört hatte, ließ er das Boot ins Schlepptau seiner Triëre nehmen. Und sie erreichten so den Hafen von Syrakus.

Ihnen voraus aber war das Gerücht geeilt, das schon seiner Natur nach schnell ist, diesmal aber noch mehr sich sputete, viele unglaubliche Neuigkeiten zu verkünden. Alles Volk strömte bereits zum Meer. Ein buntes Gewirr von leidenschaftlichen Empfindungen wurde laut: Die einen jammerten, andere zeigten ihre Verwunderung, wieder andere waren voller Fragen oder zeigten sich ungläubig. Denn völlig durcheinandergebracht hatte sie die neue Nachricht. Auch Kallirhoës Mutter war da. Kaum hatte sie die Grabbeigaben ihrer Tochter erblickt, da schluchzte sie laut auf und rief: »Alles erkenne ich; du, Kind, allein fehlst! Oh, welch neue Art von Grabräubern war hier am Werk! Gewand und Gold haben sie mir bewahrt, nur meine Tochter selbst haben sie gestohlen!« Strand und Hafen hallten wider von den Klagerufen der Weiber, und Land und Meer waren voll des Jammers.

Da nahm Hermokrates das Wort – war er doch als Stratege in allen Verfahrensfragen bewandert: »Nicht hier ist der rechte Ort für unsere Nachforschungen, vielmehr wollen wir auf legalerem Wege das Ermittlungsverfahren einleiten. Wir wollen eine Volksversammlung halten. Wer weiß, ob wir nicht noch Richter brauchen!«

Noch war nicht ganz gesprochen das Wort, und schon war das Theater voll von Menschen. An dieser Volksversammlung nahmen auch die Frauen teil. Das Volk saß voller Spannung da, als Chaireas als erster auftrat: schwarz gekleidet, bleich und struppig, genau so, wie er seine Frau zum Begräbnis geleitet hatte. Aufs Rednerpult zu steigen, lehnte er ab, stand vielmehr unten irgendwo und weinte zunächst lange Zeit. Als er dann sprechen wollte, brachte er es nicht über sich. Aus der Menge ermunterete man ihn immer wieder: »Nur Mut! Sprich zu uns!« So blickte er denn auf und begann zögernd: »Es ist jetzt nicht an der Zeit, Reden zu halten, sondern zu trauern. Aber zum Reden sehe ich mich aus demselben Grunde gezwungen wie zum Weiterleben, bis ich die Zusammenhänge der Entführung Kallirhoës aufgeklärt habe. Deshalb bin ich von hier losgefahren, weiß aber nicht, ob ich das Ergebnis dieser Fahrt als gut oder schlecht bezeichnen soll. Wir erblickten nämlich ein Schiff, das bei heiterem Himmel ruhig dahertrieb; es war voller Spuren eines rätselhaften Sturmes und bei der Windstille manövrierunfähig. Voll Verwunderung fuhren wir näher heran. Da kam es mir vor, als hätte ich das Grab meiner unglückseligen Frau vor Augen: Alles war da, was ihr gehörte, nur sie selbst fehlte! An Toten gab es eine ganze Menge, doch alles nur Fremde. Mitten unter ihnen aber fand man ihn da, auch schon halb tot. Mit aller Sorgfalt habe ich mich um seine Genesung bemüht und ihn euch aufbewahrt.«

Inzwischen hatten Ratsdiener den Theron gefesselt ins Theater geführt mit einem Geleit, wie es ihm gebührte. Denn es folgten ihm Rad, Katapult, Feuer und Geißeln. So zahlte ihm die Vorsehung seine Übeltaten heim. Als er dann in der Mitte angekommen war, fragte ihn einer der Archonten: »Wer bist du?« »Demetrios«, antwortete er. »Woher?« – »Aus Kreta.« – »Was weißt du? Sprich!« – »Ich war unterwegs zu meinem Bruder nach Jonien. Da verpaßte ich an einer Anlegestelle mein Schiff und stieg auf einen Schnellsegler um, der gerade vorbeifuhr. Damals glaubte ich, es seien Kaufleute; jetzt aber sehe ich, daß es Grabräuber waren. Lange Zeit trieben wir auf dem Meere dahin, bis der Wasservorrat zu Ende ging und alle anderen verdursteten, während ich selbst nur gerade eben mit dem Leben davonkam, weil ich in meinem Leben nichts Böses getan habe. Nun denn, ihr Syrakusaner, die ihr weltbekannt seid für eure humane Gesinnung, ihr werdet doch nicht etwa noch grausamer zu mir sein als Durst und rauhe See?«

Bei diesen herzerweichenden Worten wurde die Menge von Mitleid gerührt. Und beinahe hätte er sie auch noch dazu gebracht, ihm Mittel für die Heimreise zu bewilligen, wenn er nicht mit seiner rechtsverdreherischen Überredungskunst einen Rachedämon der Kallirhoë aufgeweckt hätte, der dafür sorgte, daß er um so mehr bestraft wurde. Denn allerschlimmstes Unrecht wäre es doch gewesen, wenn die Syrakusaner sich dazu hätten überreden lassen, daß seiner angeblichen Gottesfurcht wegen ausgerechnet derjenige davongekommen wäre, der als einziger seiner Gottlosigkeit wegen sich hatte retten können!

Nun saß da aber in der Menge ein Fischer, der ihn wiedererkannte und heimlich zu seinem Nachbarn sagte: »Den – den habe ich schon früher gesehen, wie er sich im Hafengelände zu schaffen machte.« Im Nu ging diese Bemerkung von Mund zu Mund weiter, bis einer laut rief: »Er lügt!« Alle rundum wandten sich der Stimme zu, und die Archonten ließen den, dessen Aussage den Anstoß gegeben hatte, herabsteigen. So sehr auch Theron zu leugnen versuchte, man glaubte dem Fischer mehr. Sogleich wurden die Folterknechte herbeigerufen, die mit der Geißelung des Übeltäters begannen. Doch dieser blieb trotz Brenneisen und schneidender Geißelhiebe weiterhin bei seinem Leugnen und hätte beinahe die Torturen überstanden. Jedoch groß ist für jeden Menschen das Gewissen, und allgewaltig ist die Wahrheit. Zögernd und ganz allmählich kam endlich Therons Geständnis, und er begann zu erzählen:

»Als ich sah, welche Schätze ins Grab gebracht wurden, warb ich eine Räuberbande an. Wir erbrachen das Grab und fanden die Tote lebend. Wir plünderten alles und brachten es auf unser Boot. Dann fuhren wir nach Milet und verkauften nichts als die Frau. Das Übrige wollten wir nach Kreta schaffen. Doch wurden wir von widrigen Winden ins Jonische Meer verschlagen. Wie es uns dort erging, habt ihr selbst gesehen.« So gab er einen vollständigen Bericht mit einer Ausnahme: den Namen des Käufers erwähnte er nicht.

Nach diesen Worten befiel alle Freude und Trauer: Freude darüber, daß Kallirhoë lebte, Trauer jedoch darüber, daß man sie verkauft hatte. Über Theron wurde das Todesurteil gefällt. Chaireas jedoch bat darum, den Kerl noch nicht sterben zu lassen. »Denn er soll mitkommen und mir diejenigen zeigen, die sie gekauft haben. Überlegt doch nur, in welcher Zwangslage ich bin! Ich muß für den zum Fürsprecher werden, der meine Frau verkauft hat.« Hermokrates aber ließ dies nicht zu und sprach: »Besser die Nachforschungen erschweren als die Gesetze brechen! Ich bitte euch, Männer von Syrakus, vergeßt nicht, welche Siege ich euch als euer Stratege errungen habe, und laßt eure Dankbarkeit dafür meiner Tochter zugute kommen! Schickt ihretwegen eine Gesandtschaft aus! Wir wollen sie als Freie zurückerhalten.«

Noch hatte er nicht zu Ende gesprochen, da rief schon das

Volk: »Alle wollen wir fahren!« Auch aus dem Rat meldeten sich die meisten freiwillig. Doch Hermokrates sprach: »Für diese Ehre bin ich euch allen dankbar. Aber als Gesandte genügen zwei vom Volke und zwei vom Rat. Und als Fünfter soll Chaireas selbst mitfahren.«

Dies fand Beifall und wurde so beschlossen; und damit wurde die Volksversammlung aufgelöst. Theron wurde abgeführt, und ein großer Teil der Menge folgte ihm. Gekreuzigt wurde er vor dem Grabe Kallirhoës, und zwar mit dem Blick auf jenes Meer, auf dem er als Beute verschleppt hatte des Hermokrates Tochter, die selbst die Athener nicht in ihre Gewalt gebracht hatten.

Zwar waren eigentlich alle der Ansicht, man solle die Abfahrtszeit verschieben und erst zu Beginn des Frühlings in See stechen – denn damals stand der Winter noch erst bevor, und man hielt es für völlig unmöglich, jetzt das Jonische Meer zu überqueren –, Chaireas jedoch drängte zur Eile. Aus lauter Liebe war er schon bereit, sich auf einem selbstgezimmerten Floß dem Meer anzuvertrauen und sich vom Winde treiben zu lassen. So sahen sich denn auch die Gesandten dem Chaireas und erst recht dem Hermokrates gegenüber in ihrem Ehrgefühl angesprochen und wollten nicht länger zögern, sondern begannen mit der Zurüstung zur Fahrt. Die Syrakusaner erklärten das Unternehmen zu einer Staatsangelegenheit, um auch dadurch die Bedeutung dieser Gesandtschaftsfahrt hervorzuheben. Dementsprechend holte man das Admiralsschiff vom Dock, das noch die alten Siegestrophäen trug.

Endlich war der festgesetzte Tag der Abfahrt da. Alles strömte zum Hafen, nicht nur die Männer, auch Frauen und Kinder waren dabei. Und alles sah man hier beisammen: Die einen gaben einander gute Wünsche mit, andere weinten und stöhnten unter dem Abschiedsschmerz, wieder andere munterten einander auf; Furcht vermischte sich mit Zuversicht, Verzweiflung mit Hoffnung. Ariston aber, des Chaireas Vater, durch sein hohes Alter und seine Gebrechlichkeit behindert, warf sich an den Hals des Sohnes, und buchstäblich an ihm hängend flehte er: »Mein Sohn, warum läßt du mich hier allein? Als alter Mann bin ich dem Tode nahe. Daß ich dich nicht mehr wiedersehen werde, ist gewiß. So warte denn noch, wenn auch nur wenige Tage, damit ich in deinen Armen sterbe! Dann begrabe mich und geh!« Und seine Mutter legte ihre Hände an seine Knie: »Ich bitte dich, mein Kind, laß mich hier nicht einsam zurück! Nimm mich mit meinem leichten Gewicht mit aufs Schiff! Und wenn ich euch schwer und überflüssig werde, dann werft mich ins Meer, damit du fahren kannst!« Bei diesen Worten riß sie ihr Gewand auf, streckte sich vor und hielt ihm ihre Brüste hin mit den Worten: »Mein Sohn,

... hab Ehrfurcht davor und erbarm dich
Meiner, wenn je ich dir einst die Brust voll Muttermilch reichte!«

Vor diesen flehentlichen Bitten seiner Eltern wurde Chaireas von Jammer erschüttert und warf sich ins Meer, da er den Tod suchte, um sich jeder der beiden Möglichkeiten zu entziehen: entweder die Suche nach Kallirhoë aufzugeben oder seine Eltern zu verletzen. Doch die Matrosen sprangen sogleich nach und brachten ihn mit einiger Mühe wieder an Bord. Nun ließ Hermokrates die Menge auseinandergehen und gab schließlich dem Steuermann den Befehl zum Aufbruch.

Aber noch eine andere nicht unedle Liebestat geschah an diesem Tage. Polycharm, Chaireas' Gefährte, war während dieser Vorgänge wie von der Bildfläche verschwunden. Zu seinen Eltern hatte er gesagt: »Chaireas ist mir lieb und wert, doch braucht das nicht dahin zu führen, daß ich mich mit ihm in Lebensgefahr begebe. Ich halte mich daher während seiner Abfahrt versteckt.« Als aber das Schiff vom Kai losmachte, stand er oben am Heck und verabschiedete sich von dort aus von ihnen, damit sie ihn nicht mehr zurückhalten konnten.

So verließ Chaireas den Hafen, und die hohe See vor Augen sprach er: »Führe mich, Meer, dieselbe Strecke, die du auch Kallirhoë geführt hast! Zu dir flehe ich, Poseidon, laß sie entweder mit uns hierher zurückkehren oder ohne sie auch mich nicht! Denn wenn ich meine Frau nicht zurückgewinnen kann, will ich, wenn es sein muß, mit ihr selbst in Knechtschaft leben.«

Die Triëre bekam nun Fahrtwind und lief sozusagen in Kiellinie mit dem Seeräuberboot. Nach gleichviel Tagereisen kamen sie in Jonien an und gingen an derselben Stelle der Küste vor Anker, nämlich im Gebiet des Dionysios. Während die anderen erschöpft an Land gingen und Zelte aufschlugen, um sich zu erholen, und ein Mahl bereiteten, machte Chaireas mit Polycharm einen Spaziergang. »Nun«, sprach er, »wie können wir Kallirhoë wohl finden? Am meisten befürchte ich, daß Theron uns angelogen hat und die Unglückliche längst tot ist. Wenn sie aber tatsächlich verkauft worden ist, wer weiß dann, wo? Asien ist groß!«

Unterdessen stießen sie bei ihrem Spaziergang auf den Aphroditetempel. So hielten sie es für angebracht, der Göttin ihre Ehrerbietung zu erweisen. Chaireas warf sich zu ihren Knien nieder: »Du, Herrin, warst die Erste, die mir Kallirhoë an deinem Festtage gezeigt hat. So gib auch jetzt sie mir zurück, sie, dich ich dir verdanke!« Während er sich wieder erhob, erblickte er neben der Göttin eine goldene Statue, die Kallirhoë darstellte: eine Weihegabe des Dionysios.

Ihm aber wankten die Knie, das Herz zerschmolz in der Brust ihm.
Dunkel ward's ihm vor den Augen, und er sank zu Boden.

Da sah ihn die Tempeldienerin, holte Wasser herbei und brachte ihn wieder zu sich. Dann sprach sie ihn an: »Sei ruhig, mein Junge! Schon manch anderen hat die Göttin aus der Fassung gebracht. Denn sie ist hier zugegen und zeigt sich selbst in aller Deutlichkeit. Aber das ist ein Zeichen von großem Glück. Siehst du das goldene Standbild? Das war eine Sklavin; Aphrodite aber hat sie zur Herrin von uns allen gemacht.« – »Wer ist sie denn?« fragte Chaireas. »Sie ist die Gebieterin über dieses Anwesen, mein Junge, die Frau des Dionysios, der in Jonien der erste Mann ist.« Polycharm, besonnen wie er war, ließ den Chaireas auf diese Worte gar nicht erst antworten, sondern stützte ihn unter den Armen und führte ihn hinaus, da er nicht wollte, daß man von ihnen erführe, wer sie seien, bevor sie nicht alles genau beraten und miteinander abgesprochen hätten. Chaireas sagte denn auch in Gegenwart der Tempeldienerin nichts, sondern schwieg standhaft, konnte aber nicht verhindern, daß ihm die Tränen kamen. Und als sie weit genug weg waren, warf er sich zu

Boden und rief: »O Meer, du Freund der Menschen! Wozu hast du mich heil hier ankommen lassen? Etwa damit ich nach überstandener Seefahrt sehe, daß Kallirhoë eines anderen Gattin ist? Daß dies überhaupt jemals geschehen könnte, hätte ich nicht erwartet, selbst nicht nach des Chaireas Tod! Was soll ich tun, ich Unglücklicher? Hoffte ich doch, dich von einem Herrn ausgeliefert zu erhalten, und glaubte, durch das Lösegeld den, der dich gekauft hat, dazu zu bringen! Nun aber habe ich dich reich gefunden, ja fast eine Königin! Wieviel glücklicher wäre ich doch, wenn ich dich bettelarm wiedergefunden hätte! Soll ich denn vor Dionysios hintreten und sagen: ›Gib mir meine Frau zurück!‹ Wer kann dies zu einem sagen, der diese Frau gerade geheiratet hat? Aber auch wenn ich dich treffe, kann ich nicht zu dir hintreten, ja dich nicht einmal, wie es jeder tun könnte, wie ein Mitbürger grüßen. Wie leicht doch würde ich Gefahr laufen, als Verführer meiner eigenen Frau den Tod zu finden!« – So jammerte er, und Polycharm versuchte, ihn zu trösten.

Inzwischen hatte Phokas, der Verwalter des Dionysios, die Triëre, ein Kriegsschiff, erblickt und besah sie sich nicht ohne Besorgnis. Er biederte sich mit einem Matrosen an und erfuhr von ihm die Wahrheit, nämlich wer sie waren, woher sie kamen und zu welchem Zweck sie ausgefahren waren. So wurde ihm klar, daß die Triëre großes Unglück für Dionysios brachte und daß dieser nicht würde leben können, wenn ihm Kallirhoë entrissen würde. Seinem Herrn ergeben, wie er war, wollte er dem Unglück zuvorkommen und einen Krieg im Keime ersticken, der zwar nicht groß und nicht allgemein wäre, sondern einzig das Haus des Dionysios bedrohte. Er setzte sich daher aufs Pferd, ritt zur nächsten Militärstation der Perser und meldete dort, eine feindliche Triëre liege heimlich vor Anker, vielleicht als Beobachtungsposten, vielleicht auch, um einen Raubüberfall zu machen. Jedenfalls liege es im Interesse der Politik des Großkönigs, sie unschädlich zu machen, bevor sie Schaden anrichten könne. Er überzeugte die Perser, die sich in geschlossener Kolonne von ihm dorthin führen ließen. Mitten in der Nacht bemächtigten sie sich des Schiffes und schossen es dabei in Brand. Sie ließen die Triëre ausbrennen, nahmen die

Überlebenden der Besatzung gefangen und führten sie in Fesseln auf die Militärstation ab.

Als es an die Aufteilung der Gefangenen ging, baten Chaireas und Polycharm darum, an denselben Herrn verkauft zu werden. Der, dem sie zugeteilt wurden, verkaufte sie daraufhin nach Karien. Dort hatten sie mit schweren Fesseln an den Füßen in den Ländereien eines Mannes namens Mithridates zu arbeiten.

Kallirhoë aber hatte einen Traum. Chaireas erschien ihr in Fesseln. Er wollte auf sie zukommen, konnte es aber nicht. Laut schluchzend jammerte sie im Schlaf auf: »Chaireas, hierher!« Da hörte Dionysios zum ersten Mal den Namen Chaireas und fragte seine völlig verstörte Frau: »Wer ist das, den du da rufst?« Ihre Tränen verrieten sie, und sie konnte ihren Schmerz nicht mehr unterdrücken, sondern ließ ihren Gefühlen freien Lauf. »Ein unglücklicher Mensch«, sprach sie, »mein erster Bräutigam, nicht einmal im Traume ist er glücklich; denn ich sah ihn in Fesseln. Aber du, Unglücklicher« – sie sprach damit wieder zu Chaireas – »bist gestorben auf der Suche nach mir – denn die Fesseln bedeuten deinen Tod; ich aber lebe herrlich und in Freuden und liege auf goldenem Bett mit einem anderen Mann! – Aber nicht für lange! Denn ich werde zu dir kommen. Wenn wir auch im Leben voneinander nichts gehabt haben, nach dem Tode werden wir uns besitzen!«

Als Dionysios diese Worte hörte, gingen seine Gedanken hin und her: Einerseits packte ihn die Eifersucht, weil sie Chaireas – obgleich tot – noch liebte, anderseits ergriff ihn auch Furcht, sie könne Hand an sich legen. Dennoch faßte er Zuversicht, weil seine Frau ihren ersten Mann für tot hielt. Denn, so glaubte Dionysios, sie werde ihn nicht verlassen, wenn Chaireas nicht mehr lebe. Er versuchte also, seine Frau zu trösten, so gut er konnte, und viele Tage lang gab er genau acht, daß sie sich nicht etwa selbst etwas antäte. Doch ihre Trauer wurde zurückgedrängt von einer leichten Hoffnung, vielleicht lebe Chaireas doch noch, und ihr Traum habe sie getäuscht.

Vor allem ließ ihre Schwangerschaft die Trauer zurücktreten. Denn im siebten Monat nach der Hochzeit gebar sie einen Sohn, den man für den des Dionysios hielt, während er in

Wirklichkeit der des Chaireas war. Die Stadt feierte ein großes Fest, und von überallher kamen Gesandtschaften nach Milet als Zeichen der Mitfreude über den Familienzuwachs des Dionysios. Auch dieser selbst war von Freude ergriffen. Er vermachte seiner Frau all sein Hab und Gut und erklärte sie zur Herrin seines Hauses. Die Tempel füllte er mit Weihegeschenken an und veranstaltete für die ganze Stadt feierliche Opferschmäuse.

Kallirhoë aber war in großer Sorge, ihr Geheimnis könnte verraten werden. Sie kam daher auf den Gedanken, der Plangon die Freiheit zu erwirken, da diese als Einzige davon wußte, daß sie in schwangerem Zustand zu Dionysios gekommen war. Ihre Absicht war, Plangon nicht nur auf Grund ihrer Zuneigung, sondern auch durch Verbesserung ihrer Lebensumstände sich treu ergeben zu halten. »Gerne«, sprach Dionysios, »will ich der Plangon ihren Dienst an unserer Liebe belohnen. Nicht recht aber wäre es, wenn wir die Dienerin zwar ehrten, nicht aber den Dank Aphrodite selbst erstatteten, bei der wir uns zuerst gesehen haben.« – »Auch ich möchte dies«, entgegnete Kallirhoë, »und zwar noch mehr als du. Denn ich schulde ihr noch größeren Dank. Noch bin ich Wöchnerin, aber wenn wir nur einige Tage abwarten, können wir ganz ohne Gefahr aufs Land fahren.«

Schnell erholte sie sich vom Wochenbett. Und gegenüber früher hatte sie sogar noch gewonnen: Statt ihrer bisherigen Blüte mädchenhafter Schönheit zeigte sie nun die vollendete Figur einer Frau. Als sie auf dem Landgut ankamen, hatte Phokas umfangreiche Opferfeiern vorbereitet. Denn es war eine große Menge von Leuten da, die ihnen aus der Stadt gefolgt waren.

Als Einleitung des riesigen Opferschmauses sprach Dionysios das Gebet: »Herrscherin Aphrodite, für mich bist du Ursache alles Guten. Von dir habe ich Kallirhoë, von dir den Sohn. Ehemann bin ich durch dich und auch Vater. Schon Kallirhoë hätte mir genügt, die mir lieber wurde als Heimat und Eltern. Nun begrüße ich das Kind, weil es mir seine Mutter unverlierbarer gemacht hat. Ein Unterpfand ihres Wohlwollens habe ich an ihm. Ich flehe dich an, Göttin, bewahre mir Kallirhoë und ihr den Sohn!« Die umstehende

Menge rief Beifall, und die einen streuten den beiden Rosen, die anderen Veilchen, wieder andere Kränze, so daß der ganze Tempelbezirk voll war von Blumen.

Während jedoch Dionysios sein Gebet laut und für alle vernehmlich gesprochen hatte, wollte Kallirhoë allein zu Aphrodite reden. Zunächst nahm sie dazu ihren Sohn in ihre Arme: ein herrlicher Anblick, wie ihn bis zum heutigen Tage kein Maler gemalt, kein Bildhauer gestaltet und kein Dichter beschrieben hat. Denn keiner von ihnen hat Artemis oder Athene dargestellt mit einem Säugling im Arm. Freudentränen traten Dionysios in die Augen bei diesem Anblick, und insgeheim sandte er ein Stoßgebet an die Nemesis.

Kallirhoë aber ließ alle anderen ins Haus vorgehen, nur Plangon bat sie dazubleiben. Und als alle fort waren, trat sie ganz nahe zu Aphrodite heran, hielt auf ihren Armen das Knäblein hoch und sprach: »Für ihn sage ich dir Dank, Herrin, nicht aber für mich. Erst dann hätte ich dir auch meinetwegen Dank entrichtet, wenn du mir Chaireas bewahrt hättest. Ich gebe ja zu: Das Bild des geliebten Mannes hast du mir gegeben und hast mir dadurch meinen Chaireas nicht ganz entrissen. Gib mir wenigstens, daß mein Sohn glücklicher wird als seine Eltern, seinem Großvater ähnlich. Auch er soll einmal zur See fahren auf einem Admiralsschiff. Und wenn er dann eine Seeschlacht leitet, soll man von ihm sagen: ›Tüchtiger noch als Hermokrates ist sein Enkel!‹ Denn dann wird sich auch der Großvater freuen, daß er einen Erben seiner Tapferkeit hat, und es werden sich seine Eltern über ihn freuen, auch wenn sie schon tot sind. – Ich flehe dich an, Herrin, versöhne dich endlich mit mir! Denn reichlich genug bin ich vom Schicksal geschlagen. Tot war ich und bin wieder zum Leben erwacht, von Seeräubern entführt entkam ich doch, verkauft bin ich, Sklavin bin ich, und auch diese zweite Ehe ist für mich noch drückender als das Voraufgegangene. Für all das bitte ich nur um die eine Gnade von dir und durch dich von allen anderen Göttern: Beschütze mein vaterloses Kind!« Tränen erstickten ihre Stimme und hinderten sie, mehr zu sagen.

Nach kurzer Zeit fragte sie nach der Priesterin des Tempels. Es war eine alte Frau, die sogleich kam und sprach: »Warum weinst du, mein Kindchen, wo du es doch so schön hast? Denn dich verehren auch schon die Fremden als Göttin. Neulich kamen zwei schöne Jünglinge hierher, die mit ihrem Schiff kurz angelegt hatten. Der eine von ihnen wäre beim Anblick deines Standbildes fast gestorben. Eine solche göttliche Strahlkraft hat dir Aphrodite verliehen.«

Herzerschütternd war für Kallirhoë diese Nachricht, und zwar so sehr, daß sie – als sei sie von Sinnen geraten – starren Blickes aufschrie: »Wer waren die Fremden? Woher kam ihr Schiff? Was erzählten sie dir?« Da wurde die Alte ängstlich und stand zunächst da, ohne ein Wort zu sagen. Ungern kam sie dann mit der Sprache heraus: »Ich habe sie nur gesehen; gehört habe ich nichts.« – »Was für Leute waren es denn? Erinnerst du dich nicht an bestimmte Eigentümlichkeiten an ihnen?« Die Alte gab zwar nur ungenaue Auskunft, doch genug, um Kallirhoë die Wahrheit ahnen zu lassen. Denn was man will, das glaubt man gern. Und zu Plangon gewandt sprach sie: »Es kann sein, daß der arme Chaireas nach langer Irrfahrt hier angekommen ist. Was ist nur geschehen? Suchen wir ihn? Aber rede mit niemandem darüber!«

Zu Dionysios zurückgekehrt sagte sie nur dies eine, was sie von der Priesterin gehört hatte. Denn sie war davon überzeugt, daß der Gott Eros immer darauf aus ist, sich in alles einzumischen, und daß Dionysios von sich aus den Vorfall aufgreifen und viel Aufhebens von ihm machen werde.

Was denn auch geschah. Kaum hatte Dionysios nämlich davon erfahren, ergriff ihn die Eifersucht. Zwar war er weit davon entfernt, Chaireas hier zu vermuten, doch fürchtete er, hinter der Sache könnten sich unter dem Schutz der ländlichen Verhältnisse ehebrecherische Machenschaften verstecken. Denn die Schönheit seiner Frau verleitete ihn dazu, alles zu vermuten und zu befürchten. Aber nicht nur die Nachstellungen von Menschen fürchtete er, sondern er ging so weit, es für möglich zu halten, sogar ein Gott könne vielleicht als Nebenbuhler vom Himmel herabsteigen. So rief er denn Phokas herbei und fragte ihn aus: »Wer waren die Jünglinge und woher kamen sie? Waren es etwa reiche Leute von schönem Äußeren? Warum knieten sie vor meiner Aphrodite? Wer gab ihnen Auskunft? Wer erlaubte es ihnen?« Phokas aber versuchte, die Wahrheit zu verbergen, nicht aus Furcht vor Dionysios, sondern weil er erkannte, daß Kallirhoë ihn und seine Familie ins Unglück stürzen würde, erführe sie nur erst, was sich zugetragen hatte.

So bestritt er denn, daß Fremde dagewesen seien. Da aber Dionysios den Grund für dieses Ableugnen nicht kannte, schöpfte er den Verdacht, man plane einen sehr ernst zu nehmenden Anschlag gegen ihn selbst. Er geriet darüber in Zorn und forderte schon Geißel und Rad für Phokas. Und nicht nur ihn allein, sondern alle anderen, die auf seinem Landgut wohnten, ließ er zu sich kommen, da er überzeugt war, er sei einem Ehebruch auf der Spur. Als aber Phokas merkte, wie schlimm es mit ihm stand, ob er nun redete oder schwieg, sprach er: »Dir ganz allein, mein Gebieter, werde ich die Wahrheit sagen.« Da schickte Dionysios alle weg und sprach: »Nun sieh, wir sind allein! Höre auf zu lügen! Sprich die Wahrheit, auch wenn sie schlimm ist!« »Schlimm ist hier gar nichts, mein Herr«, antwortete Phokas, »denn ich kann dir von großem Glück berichten. Wenn aber der Anfang ziemlich betrüblich klingt, dann ängstige und betrübe dich deswegen nur nicht, sondern warte ab, bis du alles gehört hast! Denn was du brauchen kannst, kommt am Ende.« Dionysios, gespannt auf die angekündigten Ausführungen, war ganz Ohr. »Nur keine Verzögerung« gebot er, »fange nur gleich an!« Da begann Phokas folgendermaßen:

»Eine Triëre aus Sizilien hatte hier angelegt mit einer Gesandtschaft der Syrakusaner, die Kallirhoë von dir zurückfordern sollte.« Zu Tode erschrak Dionysios, als er dies hörte, und Nacht senkte sich auf seine Augen. Denn eine Vorstellung überkam ihn, als ob Chaireas vor ihm stünde und Kallirhoë ihm entrisse. Da lag er nun ganz wie tot. Phokas aber war in großer Verlegenheit. Herbeirufen wollte er niemanden, um nicht einen Zeugen für sein Geheimnis zu bekommen. Nach kurzer Zeit gelang es ihm gerade noch, seinen Herrn auch allein wieder zu sich zu bringen, indem er sprach: »Nur Mut! Chaireas ist tot. Das Schiff ist vernichtet. Also keine Furcht mehr!« Diese Worte brachten Dionysios zum Leben zurück, und kurze Zeit, nachdem er wieder zu sich gekommen war, erfuhr er alles genau. Phokas erzählte ihm von dem Matrosen, der ihm eröffnet hatte, woher die Triëre gekommen war, zu welchem Zweck die Ankömmlinge ihre Fahrt unternommen hatten und wer sie waren. Er berichtete, wie raffiniert er die Perser überlistet hatte, von den Ereignissen der Nacht, dem Feuer, dem Schiffsuntergang, der Niedermetzelung und der Gefangennahme.

Dionysios war es, als ob eine dunkle Nebelwolke von seiner Seele gewichen sei. Er umarmte Phokas und sprach: »Du bist mein Wohltäter! Du bist mein wirklicher Schutzgeist und der Treueste im Bereich meiner tiefsten Geheimnisse! Durch dich behalte ich Kallirhoë und meinen Sohn. Wiewohl ich dir nicht gerade aufgetragen hätte, Chaireas zu töten, mache ich dir keinen Vorwurf deswegen, nachdem du es einmal getan hast. Denn du hast dieses Unrecht deinem Herrn zuliebe getan. Nur in einem Punkt warst du nicht sorgfältig genug: Bei all deinem Eifer hast du nicht darauf geachtet, ob Chaireas bei den Toten oder bei den Gefangenen war. Du hättest seine Leiche aufspüren sollen! Denn dann hätte man ihn beerdigen können, und meine Zuversicht wäre fester begründet. Der Gefangenen wegen kann ich nun nicht unbesorgt glücklich sein. Denn wir wissen von keinem von ihnen, wohin er verkauft wurde.«

Dem Phokas trug er nun auf, in der Öffentlichkeit ruhig alles zu erzählen, aber doch über zwei Dinge Stillschweigen zu bewahren: erstens über seine eigene Rolle hierbei und zweitens darüber, daß einige von der Triëre noch lebten.

Dann ging er mit trauriger Miene zu Kallirhoë. Er hatte die Leute des Landgutes zusammenrufen lassen, die gehorsam kamen. Kallirhoë sollte das Geschehene von ihnen erfahren, um eine um so sicherere Grundlage dafür zu bekommen, Chaireas aufzugeben. Alle, die kamen, erzählten, was sie wußten: »Irgendwoher sind eines Nachts asiatische Räuber ins Küstengebiet herabgestürmt und setzten eine Triëre in Brand, die dort am Tage vorher vor Anker gegangen war. Nach Tagesanbruch sahen wir blutige Stellen im Wasser und Leichen auf den Wellen treiben.« Als Kallirhoë dies hörte, zerriß sie ihr Gewand, schlug sich auf Augen und Wangen und lief ins Haus hinauf, dorthin, wohin sie beim ersten Eintreffen gegangen war, als man sie verkauft hatte. Dionysios ließ dieser leidenschaftlichen Erregung freien Lauf, da er fürchtete, sie werde seine Gegenwart nicht ertragen, wenn er zur Unzeit eintrete. So ließ er denn alle weggehen. Nur Plangon sollte ständig bei ihr bleiben, damit sie sich nicht etwa ein Leid antue.

Als Kallirhoë so für sich allein war, warf sie sich auf den Boden nieder, bedeckte ihr Haupt mit Staub, raufte sich das Haar und begann mit lauter Stimme zu klagen: »Wie gerne, Chaireas, wäre ich vor dir gestorben oder zusammen mit dir! Auf alle Fälle aber muß ich dir doch wohl in den Tod folgen! Denn welche Hoffnung bleibt mir noch, die mich am Leben halten könnte? Bis jetzt konnte ich mir, wenn ich unglücklich war, vor Augen führen: ›Einst werde ich Chaireas sehen und ihm erzählen, was alles ich seinetwegen erduldet habe. Dies wird mich für ihn noch liebenswerter machen. Welche Freude wird ihn erfüllen, wenn er seinen Sohn sieht!‹ Alles ist nun vergeblich! Selbst das Kind ist überflüssig geworden. Zu all meinem Leid habe ich ein Waisenkind als zusätzliche Belastung. –

Ungerechte Aphrodite! Du allein hast Chaireas gesehen. Mich aber hast du seine Ankunft nicht erleben lassen. Räuberhänden hast du den schönen Körper ausgeliefert! Du hattest kein Mitleid mit ihm, obwohl er deinetwegen übers Meer gefahren ist! Wer würde wohl zu einer solchen Göttin noch beten, die ihren eigenen Schützling getötet hat? Du bist nicht zu Hilfe geeilt, als vor deinen Augen in der furchtbaren Nacht gleich neben dir der schöne und liebevolle junge Mann getötet wurde! Du hast mir den Gefährten, den Mitbürger, den Geliebten, ja den Bräutigam geraubt! Gib ihn mir wieder, wenigstens seinen toten Körper!

Für mich steht fest: Von Geburt an sind wir die unglücklichsten Menschen der Welt. – Und was hat denn die Triëre verbrochen, daß die Barbaren sie in Brand steckten, nachdem nicht einmal die Athener sie bezwungen hatten? Unser beider Eltern sitzen nun am Meer und warten auf unsere Rückkehr. Sehen sie von weitem auch nur irgendein Schiff, dann sagen sie: ›Chaireas kommt mit Kallirhoë!‹ Sie richten das Brautbett und schmücken das Brautgemach für uns, für die es nicht einmal ein eigenes Grab gibt! Schuldbeladenes Meer! Du hast Chaireas nach Milet gebracht, damit er hier von Mörderhand ende, und mich, damit ich in die Sklaverei verkauft werde!«

Viertes Buch

Diese Nacht also verbrachte Kallirhoë mit der Totenklage. Sie trauerte um Chaireas, der in Wirklichkeit noch lebte. Darüber schlief sie ein wenig ein; und im Traum sah sie eine Schar räuberischer Barbaren mit Brandfackeln in den Händen, dann eine in Brand gesteckte Triëre und schließlich sich selbst Chaireas zu Hilfe eilen.

Dionysios seinerseits tat es zwar leid, seine Frau sich quälen zu sehen – konnte sie dabei doch auch an ihrer Schönheit Schaden leiden; aber er rechnete damit, daß es seiner Liebe förderlich sein werde, wenn sie die Hoffnung auf ihren früheren Mann endgültig aufgeben müsse. Um nun seine liebevolle Sorge um sie und seine Großmut zu beweisen, sprach er zu ihr: »Steh auf, meine Frau, und baue dem Unglücklichen ein Grabmal! Was ereiferst du dich des Unmöglichen wegen, versäumst aber das Notwendige? Nimm einmal an, er stünde vor dir und spräche:

›Gib mir ein Grab, daß ich schleunigst die Tore des Hades durchschreite!‹

Denn obgleich der Körper des Unglücklichen nicht aufzufinden war, so ist es doch unter Griechen althergebrachte Sitte, auch für die Vermißten Grabstätten herzurichten.«

Er fand schnell Gehör bei ihr; denn seine Empfehlung ging ganz in die von ihr selbst gewünschte Richtung. Nachdem einmal eine neue Aufgabe gestellt war, ließ die Trauer nach. Kallirhoë verließ ihr Ruhebett und hielt nach einem Platz Ausschau, das Grab anzulegen. Eine Stelle ganz in der Nähe des Aphroditetempels fand ihr Gefallen. Dadurch würden auch die hier Ansässigen immer an ihre Liebe erinnert werden. Dionysios aber gönnte dem Chaireas diese Nachbarschaft nicht und behielt diesen Platz sich selber vor. Da er nun zugleich Interesse daran hatte, die Besorgung dieser Angelegenheit sich länger hinziehen zu lassen, sagte er: »Liebe Frau, wir wollen in die Stadt gehen und dort vor der Stadt ein hohes und weithin sichtbares Grabmal errichten, auf daß es weithin erstrahlend sich zeige des Seemannes Auge.

Milet hat schöne Häfen, die oft auch von Syrakusanern angelaufen werden. Also wird dein Eifer um dies Ehrenmal auch bei deinen Mitbürgern nicht ohne rühmendes Echo bleiben.«

Diese Worte gefielen Kallirhoë, und dementsprechend zügelte sie ihren ersten Eifer. Als sie aber in die Stadt kam, begann sie sogleich, an einer hohen Stelle des Gestades ein Grabmal zu errichten, das genau ihrem eigenen in Syrakus glich: der Form, der Größe und der prunkvollen Ausstattung nach. Und auch dieses Grab war wie jenes für jemanden bestimmt, der noch lebte.

Nachdem sie mit reichlichem Aufwand und mit Hilfe vieler fleißiger Hände das Werk in kurzer Zeit vollendet hatte, begann sie, auch die Bestattung für ihn nachzuvollziehen. Ein bestimmter Termin hierfür wurde allenthalben bekanntgegeben. Als es dann soweit war, hatte sich nicht nur das Volk von Milet zusammengefunden, sondern auch fast ganz Jonien. Auch zwei persische Satrapen waren anwesend, die sich gerade zur rechten Zeit dort aufhielten: Mithridates, der Statthalter von Karien, und Pharnakes, der von Lydien. Sie hatten zum Vorwand genommen, Dionysios zu ehren; in Wirklichkeit aber wollten sie Kallirhoë sehen. Denn diese Frau war schon zu einer Berühmtheit in ganz Asien geworden, und der Name Kallirhoës war bereits bis zum Großkönig hinauf gedrungen, wie nicht einmal der der Ariadne oder der Leda. Zu diesem Zeitpunkt aber übertraf sie noch ihren eigenen Ruhm: Schwarzgekleidet ging sie an der Spitze des Zuges. Ihr Haar war gelöst, und mit hellstrahlendem Antlitz und entblößten Armen übertraf sie noch die Schönheit der Göttinnen, die Homer als ›weißarmig‹ und ›schönfüßig‹ hervorhebt. Da gab es niemanden, der den Strahlenglanz dieser Schönheit ertrug, sondern die einen wandten sich ab, als hätte sie ein Sonnenstrahl ins Auge getroffen, die anderen warfen sich sogar zu Boden. Selbst Kindern erging es ähnlich. Mithridates, der Statthalter von Karien, sank stumm in sich zusammen wie einer, der unversehens von einer Schleuder getroffen wird; kaum konnten ihn seine Diener noch stützen und hochreißen.

Auch ein Bildnis des Chaireas wurde in dem feierlichen Zug mitgeführt. Kallirhoë hatte es nach dem Siegelbild ihres Ringes arbeiten lassen. Obwohl diese Statue wunderschön war, schaute niemand sie an, solange Kallirhoë da war. Sie allein lenkte die Augen aller auf sich.

Wie könnte man wohl den letzten Teil der Feierlichkeiten angemessen darstellen? Der Zug war in der Nähe des Grabmales angekommen. Da setzten die Träger das Totenbett ab, Kallirhoë stieg hinauf, umarmte Chaireas und küßte die Figur. Dabei sprach sie: »Zuerst hast du mich in Syrakus begraben, nun begrabe ich hinwiederum dich in Milet. Ganz unglaublich ist eben unser Unglück, das ohnehin schon gewaltig ist. Gegenseitig haben wir uns begraben! Und doch hat jeder von uns beiden nicht einmal den Leichnam des anderen! Neidvolle Schicksalsgöttin! Selbst im Tode hast du uns mißgönnt, von gemeinsamer Erde bedeckt zu sein, und hast sogar unsere toten Körper zu Heimatlosen gemacht!« Die Menge antwortete mit Klagerufen, und alle waren von Mitleid erfüllt mit Chaireas, nicht seines Todes wegen, sondern weil er von einer solchen Frau getrennt worden war.

Während nun Kallirhoë in Milet Chaireas zu Grabe trug, verrichtete derselbe Chaireas in Karien Zwangsarbeit. Das Graben hatte seine Körperkräfte schnell aufgezehrt. Denn vieles drückte ihn nieder: die Arbeit, die schlechte Versorgung, die Ketten und mehr als dieses sein Liebesleid. Aber wenn er auch schon daran dachte, sich das Leben zu nehmen, so hielt ihn doch noch eine geringe Hoffnung aufrecht, vielleicht Kallirhoë noch einmal zu sehen. Als nun sein mitgefangener Freund Polycharm sah, daß Chaireas seine Arbeit nicht leisten konnte und dafür Hiebe bekam und gemein beschimpft wurde, sprach er zum Aufseher: »Teile uns einen abgesteckten Platz zu, damit du nicht die Trägheit der anderen uns anrechnest. Unser eigenes Tagessoll werden wir dir dann selbst vorweisen.« Dieser ging darauf ein und teilte ihnen ein Stück zu. Polycharm aber, ein von Natur kräftiger junger Mann und nicht dem Eros, diesem schwierigen Tyrann, verpflichtet, schaffte ihre beiden Tagessollanteile fast ganz allein. Gerne übernahm er den größeren Teil der Arbeit, um den Freund zu retten.

In solchem Ungemach also lebten diese beiden, und es dauerte lange, bis sie lernten, die Freiheit zu entbehren. Der Satrap Mithridates aber kehrte nach Karien nicht als derselbe zurück, als der er nach Milet gereist war, vielmehr blaß und schmal, da er eine Wunde in seiner Seele trug, die heiß war und scharf brannte. Dahingeschmolzen von seiner Liebe zu Kallirhoë wäre er wohl vollends gestorben, wenn er nicht einen Trost erlangt hätte, der sich aus dem Folgenden ergab.

Einige von den Arbeitern, die zusammen mit Chaireas aneinandergekettet waren – sechzehn waren es insgesamt, in einer dunklen Hütte zusammengepfercht –, brachen eines Nachts ihre Ketten auf, töteten den Wachhabenden und machten einen Fluchtversuch. Dieser gelang jedoch nicht, da die Hunde anschlugen und sie dadurch verrieten. Sie wurden aufgegriffen und noch in der gleichen Nacht besonders sorgfältig in den Holzblock gespannt. Bei Tagesanbruch meldete der Verwalter den Vorfall seinem Herrn. Dieser sah gar nicht erst hin und hörte auch nicht auf Entschuldigungen, sondern befahl sofort, die sechzehn, die zusammen in der Hütte gewesen waren, ans Kreuz zu schlagen.

Sie wurden nun abgeführt, an Fuß und Hals aneinandergekettet. Jeder von ihnen trug sein Kreuz. Denn über das notwendige Maß der Bestrafung hinaus sorgten die Bestrafenden für ein schauererregendes äußeres Erscheinungsbild als abschreckendes Beispiel für ähnliche Fälle. Stumm schritt Chaireas unter den Abgeführten einher, Polycharm aber rief, das Kreuz auf den Schultern: »Deinetwegen, Kallirhoë, ertragen wir dieses Leid! Du bist die Ursache für all unser Unglück!« Als der Verwalter diese Worte hörte, glaubte er, irgendeine Frau sei Mitwisserin des Fluchtunternehmens. Damit nun auch diese bestraft würde und eine Untersuchung der Verschwörung erfolgen könne, holte er schnell Polycharm aus der langen Kette heraus und brachte ihn zu Mithridates.

Dieser hatte sich in die Einsamkeit einer seiner Parkanlagen zurückgezogen, immer noch wie geistesabwesend. Seine Gedanken weilten bei Kallirhoë, die er sich in der Gestalt ausmalte, wie er sie in ihrer Trauer gesehen hatte. Ganz befangen in dieser Vorstellung sah er auch seinen Diener nur ungern vor sich und sprach zu ihm: »Was belästigst du mich?« Dieser antwortete: »Es läßt sich nicht vermeiden, mein Herr; denn ich habe die Quelle des großen Komplotts aufgedeckt, und dieser verfluchte Mensch hier kennt eine verruchte Frau, die den Mord mitverschuldet hat.« Als Mithridates dies hörte, sprach er mit Stirnrunzeln und finsterem Blick: »Nenne die Mitwisserin und Komplizin an euren Untaten!« Polycharm aber leugnete, sie zu kennen, denn er sei an der Tat überhaupt nicht beteiligt gewesen.

Da rief man nach Geißeln, Feuer wurde herbeigebracht, und man bereitete die Folterwerkzeuge zum Einsatz vor. Schon packte ihn einer und fuhr ihn an: »Sprich! Heraus mit dem Namen der Frau! Du sagtest doch selbst, daß sie die Ursache deines Unglücks ist!« » Kallirhoe«, antwortete Polycharm.

Wie ein Keulenschlag traf dieser Name den Mithridates. Er glaubte aber, es handele sich um eine unglückliche Namensgleichheit der Frauen. Sein Interesse an der Fortsetzung des Verhörs war erlahmt, da er fürchtete, nicht vermeiden zu können, den ihm so süßen Namen dabei zu entehren. Als aber seine Freunde und Diener auf eine genauere Untersuchung drängten, sprach er: »Kallirhoë soll kommen!« Unter Schlägen versuchten sie von Polycharm zu erfahren, wer sie sei und von wo sie sie herholen könnten. Hilflos wie er war, wollte der Arme nicht irgendeine Person erdichten und sagte: »Wozu regt ihr euch vergeblich auf? Ihr sucht nach einer Frau, die gar nicht hier ist! Ich habe Kallirhoë aus Syrakus gemeint, die Tochter des Strategen Hermokrates.«

Als Mithridates dies hörte, wurde er über und über rot, Schweiß überkam ihn und unwillkürlich traten ihm Tränen in die Augen, so daß Polycharm verstummte und alle Anwesenden verlegen dastanden. Allmählich faßte sich Mithridates mühsam und sprach: »Was hast du mit dieser Kallirhoë zu schaffen, und warum kommst du auf ihren Namen im Angesicht des Todes?« Er aber antwortete: »Das ist eine lange Geschichte, mein Herr, und mir zu nichts mehr nütze. Ich will dir nicht lästig werden und zu unrechter Zeit mit Geschwätz kommen. Außerdem fürchte ich, daß mir mein Freund zuvorkommt, wenn ich mich hier aufhalte. Ich will aber mit ihm zusammen sterben.«

Alle, die dies hörten, ließen ab von ihrem Zorn, und ihre

Wut schlug um in Mitleid. Mithridates war mehr als alle anderen erschüttert und sprach: »Fürchte dich nicht! Du wirst mir nicht lästig werden mit deiner Erzählung. Denn ich habe ein menschenfreundliches Herz. Sage mir ruhig alles und lasse nichts aus! Wer bist du, woher kommst du, wie kamst du nach Karien, und weswegen leistest du Frondienste? In erster Linie erzähle mir von Kallirhoë und sage mir, wer dein Freund ist!«

Nun begann Polycharm zu sprechen: »Wir, die zwei Gefangenen, stammen aus Syrakus. Der andere stand früher von allen jungen Männern Siziliens durch Ruhm, Reichtum und Schönheit der Gestalt an erster Stelle, während ich ein ganz einfacher Mensch bin. Ich war sein Mitschüler und bin sein Freund. Wir haben beide unsere Eltern verlassen, um an Bord eines Schiffes von unserer Vaterstadt aus über See zu fahren. Ich tat es seinetwegen, er aber wegen einer Frau mit Namen Kallirhoë, die er vorher, während sie nur scheintot war, mit viel Aufwand begraben hatte. Grabräuber, die sie lebend angetroffen hatten, verkauften sie nach Jonien. Denn dies hat in einem peinlichen Verhör der Seeräuber Theron ausgesagt. Nun schickte die Stadt Syrakus eine Triëre und eine Gesandtschaft, die Frau aufzuspüren. Diese Triëre wurde, während sie vor Anker lag, von fremden Soldaten in Brand gesteckt, die im übrigen die meisten niedermachten, mich aber und meinen Freund gefangennahmen und hierher verkauften. Während wir nun unser Mißgeschick besonnen ertrugen, brachen einige, die mit uns gefangengehalten wurden, die wir aber nicht kennen, ihre Fesseln auf, begingen einen Mord, und auf deinen Befehl hin wurden wir alle auf den Weg zur Kreuzigung geschickt. Mein Freund nun fand selbst im Angesicht des Todes kein Wort der Beschuldigung gegen seine Frau, ich aber ließ mich dazu verleiten, ihren Namen zu nennen und sie, deretwegen wir die Seefahrt unternommen hatten, als Ursache unserer Übel zu bezeichnen.« Noch hatte er nicht geendet, da rief Mithridates aus: »Meinst du Chaireas?« »Ja, meinen Freund«, sprach Polycharm, »aber ich bitte dich, mein Herr, gib dem Henker Anweisung, unsere Kreuze wenigstens nicht getrennt voneinander aufzustellen!«

Tränen und Seufzer waren die Folge dieser Erzählung, und Mithridates schickte alle zu Chaireas, damit er nicht schon vorher zu Tode komme. Sie fanden die anderen schon am Kreuz hängen und ihn gerade dabei, das Kreuz zu besteigen. Schon von weitem riefen sie alle durcheinander etwas hinüber wie: »Schonung!« – »Steig herab!« – »Tu ihm nichts!« – »Laß ab von ihm!« Der Henker brach daraufhin seine Kreuzigungsvorbereitungen ab, und Chaireas stieg verärgert vom Kreuz herab; denn er war froh gewesen, einem elenden Leben und einer glücklosen Liebe entrinnen zu können.

Er wurde zu Mithridates geführt; der aber ging ihm schon entgegen, umarmte ihn und sprach: »Mein Bruder und mein Freund! Standhaft warst du im Schweigen – aber zur unrechten Zeit! Um ein Haar nämlich hättest du mich unversehens dazu gebracht, eine Untat zu begehen!« Sogleich trug er nun den Dienern auf, die beiden zum Bad zu führen, für ihr leibliches Wohl zu sorgen und sie nach dem Bad in feinste griechische Gewänder zu kleiden. Er selbst lud zu einem Festmahl ein, was Rang und Namen hatte, und feierte Chaireas' Rettung. Lange zog sich das Trinkgelage hin; man ließ an Liebenswürdigkeit und Herzlichkeit nichts fehlen. In fortgeschrittener Stimmung nahm dann Mithridates – von Wein und Liebesglut angefeuert – das Wort: »Mein lieber Chaireas, ich bedaure dich gar nicht so sehr wegen deines Mißgeschicks in Gefangenschaft und am Kreuz als vielmehr deswegen, weil man dir dein so edles Weib geraubt hat!«

Zutiefst erschrak da Chaireas und fragte geradeheraus: »Wo hast du meine Kallirhoë gesehen?« – »Nicht mehr deine«, erwiderte Mithridates, »sondern die Frau des Dionysios von Milet, gesetzlich ihm angetraut! Inzwischen haben sie auch schon ein Kind.« Chaireas konnte diese Worte nicht ertragen. Er fiel Mithridates zu Füßen und rief: »Ich flehe dich an, mein Herr, gib mir das Kreuz zurück! Eine schlimmere Folter mutest du mir zu, wenn du mich nach einem solchen Bericht zum Weiterleben zwingst. – Kallirhoë, du Ungetreue! Frevelhafteste von allen Frauen! Ich habe mich deinetwegen verkaufen lassen, habe Fronarbeit geleistet, bin aufs Kreuz gestiegen und war den Händen des Henkers ausgeliefert. Du aber lebtest in Saus und Braus und feiertest Hochzeit, während ich in Ketten lag! Es genügte dir nicht, zu Chaireas' Lebzeiten Frau eines anderen geworden zu sein, sondern bist auch noch Mutter geworden!«

Da fingen alle an, bitterlich zu weinen, und das Festgelage verwandelte sich in eine sehr traurige Angelegenheit.

Der einzige, der sich darüber freute, war Mithridates. Ein Hoffnungsfunke für seine Liebe regte sich in ihm. Denn nun war er in der Lage, sich in Wort und Tat mit Kallirhoë zu beschäftigen, und dies in der Absicht, sich den Anschein zu geben, einem Freunde zu helfen. »Vorerst«, sprach er, »wollen wir nun gehen. Denn es ist Nacht. Morgen früh aber, wenn wir nüchtern sind, wollen wir über den Fall beraten. Für unsere Überlegungen brauchen wir reichlich Zeit.« Mit diesen Worten stand er auf und beendete die Festlichkeit. Er selbst ging in seiner gewohnten Art zur Ruhe, nachdem er den jungen Leuten aus Syrakus bevorzugte Versorgung und Unterkunft hatte anweisen lassen.

Diese Nacht war für alle voller Sorgen. Keiner konnte einschlafen. Chaireas war noch zornerfüllt, während Polycharm ihm gut zuredete. Mithridates aber gab sich der angenehmen Hoffnung hin, er werde wie in Sportwettkämpfen als frischer Gegner in Wartestellung zwischen Chaireas und Dionysios seinerseits mühelos den Kampfpreis Kallirhoë davontragen.

Am folgenden Morgen beriet man, was zu tun sei. Chaireas verlangte danach, sofort nach Milet zu reisen und von Dionysios die Gattin zu fordern. Kallirhoë nämlich werde schwerlich bleiben wollen, wenn sie ihn wiedergesehen habe. Mithridates sagte dazu: »Meinetwegen geh! Denn ich möchte schon, daß du nicht mehr einen einzigen Tag von deiner Frau getrennt bliebest. Hättet ihr doch Sizilien nie verlassen, damit euch beiden euer furchtbares Geschick erspart geblieben wäre! Nachdem aber die überraschungsbegierige Schicksalsgöttin euch einmal solch bittere Rollen in eurem Lebensdrama hat spielen lassen, müssen wir überlegen, was der Reihenfolge nach das jeweils Vernünftigste ist. Denn im Augenblick bist du mehr aus Leidenschaft als auf Grund vernünftiger Überlegung für Eile, obwohl du nichts von dem, was dir zustoßen kann, klar vor Augen hast. Als ausländischer Einzelgänger gehst du von hier fort in diese riesig große Stadt und willst eines reichen Mannes Frau, ja die eines der ersten Männer in ganz Jonien entführen, eine Frau, die diesem in besonderem Maße verbunden ist? Auf welche Kriegsmacht stützt du dich denn? Weit entfernt sind dein Hermokrates und dein Mithridates, deine einzigen Bundesgenossen, die eher um dich trauern als dir helfen können! Ich fürchte auch den unglücklichen Einfluß des Ortes, an dem dir Schlimmes widerfahren ist. Und doch wird dir noch human erscheinen, wie es dir damals erging. Denn damals wurdest du zwar ins Gefängnis geworfen, aber lebtest wenigstens! Du wurdest in die Knechtschaft verkauft, aber doch an mich! Jetzt aber, wenn Dionysios einmal merkt, daß du sein Eheglück gefährdest, wer von den Göttern wird dich dann noch retten können? Denn du wirst einem Nebenbuhler in die Hände fallen, der ein Tyrann ist und dir vielleicht nicht einmal glauben wird, daß du überhaupt Chaireas bist. Und wenn er es doch glaubt, daß du es wirklich bist, dann wird es sogar noch gefährlicher für dich. Bist du denn der einzige in der Welt, der die Eigenart des Gottes Eros nicht kennt? – der nicht weiß, daß er an Täuschungen und Ränkespiel seine Freude hat? Ich meine, du solltest dich zunächst durch einen Brief vergewissern, ob deine Frau noch an dich denkt und ob sie Dionysios verlassen will oder ob sie

> dessen Haus weiter verwalten will, dem sie gerade vermählt ist.

Schreibe ihr einen Brief! In tiefes Leid soll sie geraten, in Freude dann; suchen soll sie dich, um schließlich dich kommen zu lassen! Für die Übersendung des Briefes werde ich sorgen. Geh nun und schreibe!«

Chaireas fügte sich. Aber als er für sich allein war und schreiben wollte, konnte er es nicht. Denn Tränen hinderten ihn, und seine Hand zitterte. Als die Tränen versiegten, mit denen er sein Ungemach bejammert hatte, setzte er zaghaft zu einem Brief an, der so lautete:

»Chaireas an Kallirhoë. Ich lebe, und zwar lebe ich durch Mithridates, der mein Wohltäter ist und – wie ich hoffe – auch der deine. Denn ich wurde von Barbaren nach Karien verkauft, die das schöne Admiralsschiff deines Vaters verbrannt hatten. Mit diesem Schiff hatte nämlich unsere Vaterstadt deinetwegen eine Gesandtschaft abgeordnet. Was aus meinen Mitbürgern geworden ist, die mich begleiteten, weiß ich nicht. Mich jedenfalls und meinen Freund Polycharm rettete fürstliches Erbarmen vor dem sicheren Tod. Aber obwohl Mithridates mir alles Gute hat widerfahren lassen, so hat er mich doch aufs tiefste betrübt durch die Nachricht von deiner Heirat. Mit dem Tode habe ich als Mensch gerechnet. Auf diese deine Heirat hingegen war ich nicht gefaßt. So flehe ich dich nun an: Laß dich umstimmen! Mit meinen Tränen und Küssen benetze ich diesen Brief, um ihn damit dir zu weihen. Ich bin dein Chaireas, der, den du gesehen hast, während du als Jungfrau zum Aphroditetempel schrittest – der, um den du schlaflose Nächte verbrachtest. Denke an das Ehegemach und an die geheimnisumwobene Nacht, in der wir uns zum ersten Mal erkannten – du mich als Mann und ich dich als Frau. Jedoch befiel mich Eifersucht – und das ist kennzeichnend gerade für einen, der liebt! Ich habe gebüßt dafür: Ich wurde in die Sklaverei verkauft und in Ketten gelegt. Trage mir nicht weiterhin nach, daß ich mich zu einem Fußtritt hinreißen ließ! Ich meinerseits hatte schon das Kreuz bestiegen deinetwegen, ohne irgendeinen Vorwurf gegen dich zu hegen. Wenn du nun noch eine Erinnerung an mich hast, dann war es nichts, was ich erlitten habe. Wenn du aber anderen Sinnes bist, dann wird das mein Todesurteil sein!«

Diesen Brief gab Mithridates einem ihm besonders ergebenen Mann, dem Hyginos, den er zum Verwalter seiner gesamten Ländereien in Karien gemacht hatte. Ihn hatte er auch ins Vertrauen gezogen und ihm seine intimen Liebeswünsche offenbart. Aber auch selbst hatte er einen Brief an Kallirhoë geschrieben, in dem er ihr sein Wohlwollen und seine Fürsorge für sie dadurch unter Beweis stellte, daß er ihretwegen Chaireas gerettet habe. Er empfahl ihr, ihrem ersten Gatten nicht die kalte Schulter zu zeigen, und versprach ihr, alles in die Wege zu leiten, sie wieder zusammenzuführen, wenn sie ihm dazu ihre Zustimmung gebe. Er gab dem Hyginos drei Diener mit sowie kostbare Geschenke und sehr viel Geld. Zu seinen anderen Dienern hatte er, um jeden möglichen Verdacht abzulenken, gesagt, er übersende dies alles dem Dionysios. Dem

Hyginos trug er auf, nach seiner Ankunft in Priene die anderen dort zu lassen und allein für sich – da er als Jonier griechisch sprach – nach Milet vorauszugehen, um die Lage auszukundschaften. Erst wenn er festgestellt habe, wie er alles richtig ausrichten könne, solle er die anderen aus Priene nach Milet nachkommen lassen.

Hyginos brach also auf und tat, wie befohlen. Die Schicksalsgöttin aber ließ das Unternehmen zu einem ganz anderen Ende kommen, als vorgesehen; vielmehr machte sie es zum Anfang weit größerer Verwicklungen.

Denn kaum hatte Hyginos sich auf den Weg nach Milet gemacht, begannen die in Priene zurückgelassenen Diener – ihres Aufpassers ledig – über die Stränge zu schlagen, da sie ja Geld im Überfluß hatten. In einer kleinen Stadt voller neugieriger Griechen zieht aber eine üppige Verschwendungssucht von Fremden aller Augen auf sich. Leute nämlich, die niemandem bekannt waren und dabei in Saus und Braus lebten, mußten ihnen wie verkappte Räuber oder allenfalls Ausreißer vorkommen.

So begab sich also der persische Militärgouverneur in das Gasthaus, in dem sie wohnten, und ließ ihre Sachen durchsuchen. Man fand Geld und wertvollen Schmuck. Da der Gouverneur Diebstahl vermutete, verhörte er die Diener und fragte, wer sie seien und woher sie dies hätten. Aus Furcht vor Folter bekannten sie die Wahrheit, nämlich daß Mithridates, der Satrap von Karien, an Dionysios Geschenke gesandt habe. Dabei zeigten sie auch die Briefe vor. Der Gouverneur brach zwar die Briefe nicht auf, da sie außen versiegelt waren, übergab aber alles einigen Polizisten und schickte diese mit den Dienern zu Dionysios in der Annahme, diesen sich damit zu einem Gegendienst zu verpflichten.

Dionysios war gerade dabei, den Honoratioren der Stadt ein Fest zu geben. Es war ein glänzender Abend. Schon ertönte Flötenmusik, und man hörte die Melodie eines Liedes. Währenddessen reichte ihm jemand den Brief des Gouverneurs hinüber:

»Bias, der Stratege von Priene, grüßt Dionysios, seinen Wohltäter. Geschenke und Briefe, die dir von Mithridates, dem Satrapen von Karien, überbracht werden sollten, haben schlechte Diener veruntreut. Diese habe ich festnehmen lassen und schicke sie dir zu.«

Diesen Brief las Dionysios mitten während des Festabends und war schon stolz auf die königlichen Geschenke. Er gab Anweisung, die Siegel zu lösen, und versuchte, das Geschriebene zu lesen. Da erblickte er die Worte: »Chaireas an Kallirhoë. Ich lebe, ...«

Ihm aber wankten die Knie, das Herz gar stockte zu schlagen.

Schwarz wurde ihm vor den Augen. Ohnmächtig sank er zu Boden. Und obwohl er die Besinnung verloren hatte, hielt er dennoch den Brief fest in der Hand aus Furcht, ein anderer könnte ihn lesen. In großer Verwirrung drängte man sich um ihn, so daß er darüber wieder zu sich kam. Und als ihm richtig klar wurde, in welcher Lage er war, ließ er sich von seinen Dienern in ein anderes Gemach führen, offenkundig um dort für sich allein zu bleiben.

Der Festabend wurde nun in gedrückter Stimmung abgebrochen; denn alle hatten den Eindruck, es habe sich um einen Herzanfall gehandelt. Dionysios aber, allein in seinem Zimmer, las den Brief immer wieder von neuem. Die vielfältigsten Gefühle schüttelten ihn: Zorn und Mutlosigkeit, Furcht und Mißtrauen. Zwar glaubte er nicht daran, daß Chaireas noch am Leben sei – denn das wollte er einfach nicht wahrhaben; aber er sah darin einen Vorwand für ehebrecherische Absichten des Mithridates, der Kallirhoë mit der Hoffnung auf Chaireas verführen wolle.

Nach Tagesanbruch ließ er die Bewachung seiner Frau noch verstärken, damit sich niemand ihr nähern und ihr etwas von dem berichten könne, was sich die Leute in Karien erzählten. Und er kam von sich aus auf die Idee, sich auf folgende Weise zu wehren.

Es hielt sich zu dieser Zeit in Milet gerade Pharnakes auf, der Statthalter von Lydien und Jonien, der unter den Repräsentanten des Großkönigs in den Küstenländern allgemein als derjenige galt, der den größten Einfluß hatte. Zu ihm ging Dionysios – er war nämlich mit ihm befreundet – und bat ihn um ein Gespräch unter vier Augen. »Mein Herr«, sprach er, »ich muß dich ganz dringend um Hilfe bitten für mich und damit gleichzeitig auch für dich selbst. Denn Mithridates, dieses Scheusal von einem Menschen, der auch dir nichts gönnt, hat es, seit er kürzlich bei mir zu Gast war, auf meine Frau abgesehen. Er hat an meine Frau ehebrecherische Briefe geschickt und Geld dazu.« Anschließend las er die Briefe vor und erläuterte die raffinierte Methode.

Mit Vergnügen hörte Pharnakes zu, vielleicht allein schon des Mithridates wegen – es hatte zwischen ihnen nämlich nicht selten nachbarliche Reibereien gegeben – , in der Hauptsache aber, weil er verliebt war; denn auch er war für Kallirhoë entflammt. Ihretwegen weilte er häufig in Milet und lud dabei Dionysios mit Gattin zu seinen Festabenden ein. So versprach er ihm denn nun, ihm nach seinen Möglichkeiten zu helfen und schrieb einen als Geheimsache bestimmten Brief:

»Artaxerxes, dem König der Könige, entbietet Pharnakes, der Satrap von Lydien und Jonien, untertänigen Gruß als seinem unmittelbaren Herrn. Dionysios aus Milet ist dein Diener, der schon von seinen Vorfahren her deinem Hause treu ergeben ist. Dieser beschwerte sich bei mir darüber, daß Mithridates, der Satrap von Karien, seine Frau zu verführen suche, nachdem er bei ihm zu Gast gewesen sei. Damit bringt er deine Politik in Mißkredit und gibt darüber hinaus Anlaß zu Unruhen. Wenn schon überhaupt jede Rechtswidrigkeit eines Satrapen tadelnswert ist, so diese besonders. Denn Dionysios ist einer der einflußreichsten Leute in Jonien, und die Schönheit seiner Frau ist weit und breit bekannt, so daß dieser Frevel nicht verborgen bleiben kann.«

Dieser Brief wurde dem Großkönig überbracht, der ihn seinen Freunden vorlas. Danach beriet er mit ihnen, was zu tun sei. Die Meinungen, die geäußert wurden, waren verschieden. Denn die einen, die Mithridates mißgünstig gesonnen waren oder selbst nach seinem Satrapenamt strebten, waren der Ansicht, man dürfe es ihm nicht durchgehen lassen, wenn er die Ehe eines angesehenen Mannes gefährde; denen aber, die alles leichter zu nehmen geneigt waren oder zu den Parteigängern des Mithridates gehörten – deren gab es bei Hofe viele – , gefiel es nicht, einen angesehenen Mann auf eine bloße Beschuldigung hin ins Unglück zu stürzen. Da die Meinungen sich die Waage hielten, entschied der Großkönig an jenem Tage noch nichts, sondern vertagte die Beratung.

Mit dem Anbruch der Nacht aber überkam ihn ein Gefühl von Abscheu vor der Schlechtigkeit der Menschen in seiner Sorge um die Ehre des Perserreiches. Gleichzeitig war er sehr darauf bedacht, Gefahren für die Zukunft zu vermeiden. Denn bei Mithridates schien bereits ein Ansatz von Aufsässigkeit vorzuliegen. So kam ihm der Gedanke, ihn vor Gericht zu ziehen. Eine andere Regung ließ ihn daran denken, auch die berühmt schöne Frau kommen zu lassen. Der Wein nämlich und das Dunkel der Nacht taten das Ihre und weckten im Großkönig die Erinnerung an den entsprechenden Teil des Briefes; und zudem hatte er davon gehört, eine gewisse Kallirhoë sei die Schönste in ganz Jonien. So hatte er an Pharnakes nur das eine auszusetzen, daß er den Namen der Frau nicht angegeben hatte. Obwohl es also ungewiß blieb, ob er nicht eine andere vor sich haben werde – allerdings vielleicht eine noch Schönere als die Vielbesprochene – , beschloß er, auch die Frau kommen zu lassen, und schrieb an Pharnakes: »Lasse Dionysios aus Milet, meinen Knecht, zu mir kommen und seine Frau mit ihm!« und an Mithridates: »Komm her und verteidige dich gegen den Vorwurf, du habest einen Anschlag auf die Ehre des Dionysios verübt!«

Mithridates bekam einen gewaltigen Schrecken und konnte sich nicht erklären, wie es zu dieser Verleumdung gekommen war. Da kehrte Hyginos zurück und berichtete ihm, was sich ereignet hatte im Zusammenhang mit den Dienern. Mithridates, der sich durch seinen Brief kompromittiert sah, erwog nun, aus Angst vor den Verleumdungen und vor dem Zorn des Großkönigs nicht bei Hofe zu erscheinen, sondern Milet einzunehmen und Dionysios als den Schuldigen in seine Gewalt zu bringen, danach Kallirhoë zu entführen und sich vom Großkönig zu lösen. »Denn wozu soll ich mich beeilen«, so sagte er sich, »den Händen eines Despoten meine Freiheit auszuliefern? Vielleicht kannst du dich ganz gut behaupten, wenn du hier bleibst. Der Großkönig ist weit weg und hat keine tüchtigen Generäle. Auch wenn er dich in anderer Weise matt setzen würde, könnte dir nichts Schlimmeres passieren. Aber unter den jetzigen Umständen wirst doch nicht du selbst die beiden schönsten Dinge, die du hast, verschleudern: die Liebe und die Macht! Ein ehrenvolles Totenhemd wäre die souveräne Herrschaft, und zusammen mit Kallirhoë wäre ein Tod süß!«

Während er noch über diesen Plänen brütete und schon alle Vorbereitungen zum Abfall vom Großkönig traf, kam ein Bote mit der Nachricht, Dionysios sei von Milet abgereist und habe Kallirhoë mitgenommen. Diese Nachricht traf Mithridates noch schmerzlicher als der Befehl, der ihn vor den Richterstuhl des Großkönigs gerufen hatte. Und er beklagte sein Mißgeschick. »Auf welche Hoffnung hin soll ich noch hierbleiben?« sprach er zu sich. »Die Schicksalsgöttin verrät mich auf der ganzen Linie. Vielleicht ist der Großkönig gnädig mit mir, da ich kein Unrecht getan habe. Wenn ich aber auch sterben müßte – Kallirhoë werde ich wiedersehen. Und vor Gericht werde ich Chaireas und Polycharm nicht nur als Verteidiger, sondern auch als Zeugen haben.« So brach er denn aus Karien auf und ließ sein ganzes Gefolge mitkommen. Er war guten Mutes; dachte er doch, in keiner Weise im Unrecht zu sein. Daher ging der Aufbruch auch ohne Tränen vonstatten, vielmehr unter Festopfern und mit feierlichem Ehrengeleit.

Dies war also die Karawane, die der Gott Eros von Karien aus in Bewegung setzte. Eine andere, die er von Jonien aus hatte aufbrechen lassen, wurde weit mehr beachtet. Denn bei weitem glanzvoller und königlicher war der Zug der Schönheit. Immer ein Stück schneller nämlich als die Frau selbst war das Gerücht von ihr, das allen Menschen bekanntgab, Kallirhoë werde kommen, deren Namen in aller Munde war, das große Wunder der Natur,

Artemis gleich oder auch der goldenen Aphrodite.

Noch berühmter machte sie, was man sich über den bevorstehenden Prozeß erzählte. Ganze Städte fanden sich ein, und die Menge der zusammenströmenden Schaulustigen verstopfte die Straßen. Alle waren der Meinung, die Frau übertreffe noch das, was man von ihr gehört habe.

Dionysios aber war in trauriger Stimmung, obwohl man ihn glücklich pries; und die Größe des Glücks machte ihn noch zaghafter. Denn als ein Mann von Bildung wußte er sehr wohl, daß der Gott Eros immer auf Neues erpicht ist. Daher haben ihm Dichter und Bildhauer Bogen und Feuerbrand als Attribute gegeben, also Dinge, die besonders leicht sind und nicht stehen bleiben wollen; und er erinnerte sich an alte Erzählungen, wie oft da bei schönen Frauen von Veränderung der Verhältnisse die Rede ist. So fürchtete sich denn Dionysios vor allem und jedem, alle sah er als seine Nebenbuhler an, nicht nur seinen Ankläger, sondern auch den Richter, so daß er es schon bereute, Pharnakes allzu voreilig davon überhaupt Kenntnis gegeben zu haben, statt süß zu schlafen bei der vielgeliebten Frau.

Denn es war nicht dasselbe, in Milet Kallirhoë zu behüten wie in ganz Asien. Dennoch bewahrte er sein Geheimnis bis zum Schluß und teilte die Ursache der Reise seiner Frau nicht mit, sondern schützte vor, der Großkönig lasse ihn zu sich kommen, um mit ihm über die politische Lage in Jonien zu beraten. Kallirhoë aber war betrübt darüber, daß die Reise sie so weit weg vom Jonischen Meer entfernte. Denn solange sie die Häfen von Milet sah, glaubte sie, Syrakus nahe zu sein. Auch war ihr dort das Grab des Chaireas ein großer Trost gewesen.

Fünftes Buch

Wie Kallirhoë mit Chaireas vermählt wurde, die schönste unter den Frauen mit dem schönsten Mann – eine von Aphrodite gestiftete Hochzeit – und wie Chaireas sie in der Eifersucht des Verliebten geschlagen hatte, so daß man glaubte, sie sei tot; wie sie mit großem Aufwand zu Grabe getragen wurde und dann im Grabe wieder zu sich kam und Grabfrevler sie in der Nacht aus Sizilien entführten, nach Jonien fuhren und sie an Dionysios verkauften; dann die Liebe des Dionysios, die Treue Kallirhoës zu Chaireas, der Zwang zur Heirat wegen der Schwangerschaft, das Geständnis Therons, die Seefahrt des Chaireas zur Suche nach seiner Gattin, seine Gefangennahme und Verkauf in die Sklaverei nach Karien zusammen mit seinem Freund Polycharm; ferner wie Mithridates Chaireas entdeckte, als er gerade sterben sollte, und sich bemühte, die Liebenden einander wiederzugeben, wie dies aber Dionysios durch einen Brief entdeckte und den Mithridates bei Pharnakes verleumdete, was dieser an den Großkönig weitergab, während der Großkönig sie beide zur Verantwortung vorlud: – all dies wurde in meinem bisherigen Bericht dargestellt. Nun will ich der Reihe nach weitererzählen.

Kallirhoë ertrug die Reise bis Syrien und Kilikien noch leicht; denn sie hörte Griechisch sprechen und hatte das Meer vor Augen, das nach Syrakus führte. Als sie aber zum Fluß Euphrat kam, hinter dem sich eine große Landmasse erstreckt, die die Überleitung bildet zum Hauptteil des Reiches des Großkönigs, da überkam sie nun doch das Heimweh nach Vaterland und Verwandten, und sie verzweifelte daran, das alte Glück je wiederzuerlangen. Sie trat ans Flußufer, ließ alle weggehen außer Plangon, ihrer einzigen Vertrauten, und faßte ihr Leid in solcherart Worte:

»Mißgünstige Schicksalsgöttin! Mit Eifer betreibst du einen Krieg gegen eine einzelne Frau. Lebendig hast du mich in ein Grab eingeschlossen, hast mich von dort herausgeführt nicht aus Erbarmen, sondern um mich Seeräubern auszuliefern. Das Meer und Theron machten mir die Flucht unmöglich. Ich, die Tochter eines Hermokrates, wurde verkauft und – was mir noch schwerer war als ohne Liebe zu leben – wurde geliebt, um mit einem anderen verheiratet zu werden, obwohl Chaireas noch lebte. Du aber mißgönnst mir nun auch noch dies! Denn nicht mehr nur nach Jonien verbannst du mich. Du hattest mich immerhin in ein griechischsprachiges, wenn auch fremdes Land gegeben, wo ich großen Trost darin fand, mir sagen zu können: Ich lebe am Ufer des Meeres. Jetzt aber reißt du mich heraus aus der mir vertrauten Atmosphäre: Eine ganze Welt trennt mich von meinem Vaterland. Milet nahmst du mir wie vorher Syrakus. Weit über den Euphrat hinaus führst du mich hinweg, verbannst mich in die äußerste Ferne des Barbarenlandes, mich, deren Heimat eine blühende Insel ist, in ein Land, das das Meer nicht kennt. Auf welches Schiff soll ich noch hoffen, das von Sizilien aus hierherkäme? Auch von deinem Grabmal, mein Chaireas, reißt man mich weg. Wer wird dir jetzt Trankspenden darbringen, guter Geist meines

Chaireas? Susa und Baktra werden für den Rest meines Lebens mir Heimat und Grabstätte sein. Dich, Euphrat, ist mir nur einmal zu überschreiten bestimmt! Noch mehr als die Größe der Entfernung von der Heimat bedrückt mich freilich die Vorstellung, auch dort könnte jemand an mir Gefallen finden.«

Bei diesen Worten warf sie sich zur Erde nieder und küßte sie. Dann stieg sie auf das Fährschiff und fuhr hinüber.

Den Reisekomfort hatte Dionysios, der vor seiner Frau hierbei die Fülle seines Reichtums hervorkehren wollte, schon von sich aus aufs prächtigste gestaltet. Zu einer Art Königsfahrt jedoch gestaltete sich die Reise durch die Sympathie, die ihnen von seiten der Bevölkerung überall entgegenschlug. Von Völkerschaft zu Völkerschaft gab man ihnen Geleit, und der jeweilige Satrap reichte sie an seinen Nachbarsatrapen weiter. Alle waren von der Schönheit Kallirhoës hingerissen. Darüber hinaus erhitzten sich die Gemüter dieser Völker des Perserreiches in der Erwartung, diese Frau werde einmal großen Einfluß gewinnen. Deshalb bemühte sich ein jeder, ihr Gastgeschenke zu überreichen oder überhaupt irgendeine Gefälligkeit zu erweisen. So also erging es dieser Reisegruppe.

Unterdessen ging die Reise des Mithridates wesentlich schneller vonstatten. Er hatte den Weg durch Armenien gewählt, in erster Linie weil er fürchtete, es könne ihm erschwerend angelastet werden, wenn er der Frau auf dem Fuße folgte, aber auch weil er sich beeilen wollte, vor ihr anzukommen und sich mit den Umständen des Prozesses vertraut zu machen.

In Babylon angekommen, wo zu dieser Zeit der Großkönig Hof hielt, verbrachte er den ersten Tag in seinen eigenen Gemächern. Denn alle Satrapen haben dort Unterkünfte, die ihnen zugewiesen sind. Anderntags begab er sich in die Vorzimmer des Königspalastes und machte seinen persischen Standesgenossen seine Aufwartung. Dem Eunuchen Artaxates, der als einflußreichste Person bei Hofe die größte Rolle spielte, überreichte er Ehrengaben und bat ihn: »Melde dem Großkönig: Dein Diener Mithridates ist da, um die Verleumdung eines Griechen zu widerlegen und um dir seine Reverenz zu erweisen.« Schon nach kurzer Zeit kam der Eunuch wieder heraus und brachte die Antwort: »Der Großkönig ist fest entschlossen, dafür zu sorgen, daß dem Mithridates kein Unrecht geschieht. Aber er wird seine Entscheidung erst treffen, wenn auch Dionysios da ist.« Mithridates verabschiedete sich daraufhin mit dem üblichen Fußfall und ging nach Hause.

Als er allein war, rief er Chaireas zu sich und sprach zu ihm: »Ich bin in einer recht heiklen Lage. Dafür, daß ich dir Kallirhoë zurückgeben wollte, muß ich mich jetzt vor Gericht verantworten. Denn deinen Brief, den du an deine Frau geschrieben hast, soll – so sagt Dionysios – ich geschrieben haben. Er ist von deinem Tod überzeugt – und er soll auch davon überzeugt bleiben, bis zum Tage des Prozesses, damit du um so überraschender in Erscheinung treten kannst. Nur um *eine* Gegenleistung für meine Großmut bitte ich dich: Halte dich verborgen! Ertrage es standhaft, weder Kallirhoë zu sehen noch etwas über sie in Erfahrung zu bringen!«

Chaireas gefiel dies gar nicht, aber er versuchte, sich zu fügen und seinen Unwillen zu verbergen. Doch die Tränen liefen ihm über die Wangen, als er antwortete: »Ich werde tun, mein Herr, was du anordnest.« Dann ging er zurück in das Gemach, das er zusammen mit seinem Freund Polycharm bewohnte, warf sich auf den Boden, zerriß sein Gewand

> und ergriff mit beiden Händen die rußige Erde,
> streute sie auf sein Haupt und entehrte das liebreiche Antlitz.

Seinen ganzen Jammer faßte er in die Worte: »So nahe sind wir einander, Kallirhoë, und dürfen uns doch nicht sehen. Dich trifft dabei keinerlei Schuld. Du weißt ja nicht, daß Chaireas lebt. Ich aber bin der allerabscheulichste Mensch: Ich lasse mir verbieten, dich zu sehen, und bin so feige und hänge so sehr am Leben, daß ich es ertrage, mich soweit tyrannisieren zu lassen! Wenn dagegen dir jemand ein solches Verbot auferlegt hätte, dann wärest du schon nicht mehr am Leben!« Mit beruhigendem Zuspruch hielt ihn Polycharm für diesmal noch hin.

Allmählich kam auch Dionysios immer näher auf Babylon zu. Die Kunde hiervon war ihm vorausgeeilt und hatte die ganze Stadt in ihren Bann gezogen mit der Meldung, es komme eine Frau in die Stadt von übermenschlicher, ja göttlicher Schönheit, wie auf Erden die Sonne keine andere je gesehen hat. Schon von Natur aus sind diese Leute rein närrisch auf schöne Frauen, so daß jetzt jedes Haus und jede Gasse bald voll waren vom Ruhm dieser Frau. Selbst bis zum Palast des Großkönigs hinauf drang die Kunde, so daß dieser den Eunuchen Artaxates fragte, ob die Milesierin schon da sei.

Dionysios aber hatte sich schon lange Sorge darüber gemacht, daß seine Frau überall ein solches Aufsehen erregte. Denn er wußte nicht, was daraus werden sollte. Als er nun gar so weit war, schon Babylon betreten zu sollen, geriet er erst recht in höchste Aufregung. Mit einem tiefen Seufzer sprach er zu sich: »Dies ist nicht mehr dein Milet, Dionysios. Schon dort hattest du dich vor Leuten hüten müssen, die dir auflauerten. Wie konntest du nur so tollkühn und unvorsichtig sein, Kallirhoë nach Babylon mitzunehmen, wo es von Leuten wie Mithridates nur so wimmelt! Menelaos konnte Helena selbst im sittenstrengen Sparta nicht bewahren; vielmehr brachte ihn, obwohl er der König war, ein Barbarenhirte um seinen guten Ruf. Viele Leute wie diesen Paris gibt es unter den Persern! Siehst du nicht die Gefahren, wie sich überall schon etwas tut? Städte bereiten uns Empfänge, Statthalter stehen uns zu Diensten. Recht eitel gibt sich meine Frau schon jetzt, obwohl der Großkönig sie noch gar nicht vor Augen gehabt hat! Also bleibt mir nur dann eine Hoffnung, wenn ich sie verstecke; ich werde sie nur bewahren können, wenn es mir gelingt, sie verborgen zu halten.«

Nach diesen Überlegungen bestieg er ein Pferd und ließ Kallirhoë im Reisewagen, aber bei geschlossenen Vorhängen. Vielleicht wäre ihm auch gelungen, was er vorhatte, wenn sich nicht ereignet hätte, was ich jetzt erzählen will.

Bei Stateira, der Gemahlin des Großkönigs, hatten sich die Frauen der höchstgestellten Perser eingefunden, und eine von ihnen ergriff das Wort: »Herrin, ein griechisches Weibsbild rückt an wie zu einem Feldzug gegen unsere einheimischen Frauen, die seit eh und je ihrer Schönheit wegen in aller Welt bewundert werden. Vor unseren Augen steht der Ruhm der persischen Frau in Gefahr, besiegt zu werden. Nun denn, laßt uns sehen, wie wir verhindern, uns von der Fremden ausstechen zu lassen!«

Die Königin, die dem Gerücht nicht glauben wollte, lachte nur darüber und sagte dazu: »Aufschneider sind die Griechen und ein Bettelvolk! Schon von Kleinigkeiten lassen sie sich daher gewaltig beeindrucken. So reden sie sich ein, Kallirhoë sei schön, ebenso wie Dionysios reich sein soll. Also braucht nur, wenn sie auftaucht, eine von uns sich neben ihr zu zeigen, um sie, die Bettlerin und Sklavin, völlig in den Schatten zu stellen.«

Da neigten sich alle vor der Königin zu Boden und zeigten höchste Bewunderung für ihre Einsicht. Zunächst riefen sie wie aus einem Munde: »Wäre es doch nur möglich, du selbst könntest dich den Blicken zeigen, hohe Herrin!« Doch dann teilten sich die Meinungen, und die Namen aller allgemein bekannten Spitzenschönheiten kamen zur Sprache. Wie im Theater gab es eine Abstimmung durch Handaufheben, und gewählt wurde Rhodogune, Tochter des Zopyros und Gattin des Megabyzos, eine ganz große und besonders berühmte Schönheit: Was Kallirhoë für Jonien war, das war Rhodogune für Asien. Gleich nahmen die Hofdamen sie sich vor und schmückten sie, wobei jede von ihrem eigenen Schmuck das Ihrige beisteuerte. Die Königin selbst gab ihr Armreife und einen Halsschmuck.

Sobald nun Rhodogune zu ihrem Wettkampf schön herausgeputzt war, trat sie zur Begrüßung Kallirhoës hervor, als ob dies für sie selbstverständlich gewesen wäre. Denn sie hatte auch einen besonderen Vorwand dafür: Sie war die Schwester des Pharnakes, der an den Großkönig zugunsten des Dionysios geschrieben hatte. Schon war ganz Babylon auf den Beinen, das Schauspiel zu genießen; und die Menge staute sich an den Stadttoren. An einer Stelle, an der sie weithin am besten gesehen werden konnte, blieb Rhodogune stehen, von königlichem Gefolge umgeben. Graziös stand sie da in vornehmer Haltung und wie zum Kampf herausfordernd. Alle blickten zu ihr hin, und einer sagte zum anderen: »Wir haben schon gewonnen! Vor unserer Perserin wird die Fremde in den Boden versinken. Soll sie sich doch dem Vergleich stellen, wenn sie kann! Die Griechen müssen eben einsehen, daß sie Aufschneider sind!«

Unterdessen war Dionysios eingetroffen. Kaum hatte man ihm gemeldet, eine Verwandte des Pharnakes sei da, da stieg er schon vom Pferd ab, ging zu ihr und begrüßte sie. Leicht errötend erwiderte diese: »Ich will meine Schwester begrüßen!« und schritt dabei gleichzeitig auf den Wagen zu. So war es für Kallirhoë nicht mehr möglich, verborgen zu bleiben. Widerwillig und sich verlegen räuspernd bat Dionysios sie auszusteigen. Da flogen nur so die Augen aller auf sie zu, aber zugleich auch ihre Herzen; und beinahe wären alle übereinander gestolpert, weil ein jeder eher als der andere etwas sehen und so nahe wie möglich herankommen wollte. Sowie aber das Antlitz Kallirhoës aufblitzte, waren die Augen aller, die es sahen, von einem Strahlen geblendet, wie wenn in tiefer Nacht plötzlich ein helles Licht aufleuchtet. Erschrocken fielen die Perser zu Boden, und keiner nahm mehr Notiz von Rhodogunes Anwesenheit.

Rhodogune selbst sah ihre Niederlage ein; und da sie weder weggehen konnte noch gesehen werden wollte, verschwand sie mit Kallirhoë hinter den Vorhängen des Wagens und schickte sich damit in ihre Lage, die Überlegenheit der Siegerin zu ertragen. Der Wagen setzte sich nun bei geschlossenen Vorhängen in Bewegung, und die Menschen, die Kallirhoë nicht mehr sehen konnten, überschütteten die Wagenkabine mit Küssen.

Als der Großkönig hörte, Dionysios sei angekommen, ließ er ihm durch den Eunuchen Artaxates mitteilen: »Eigentlich hättest du dich mehr beeilen müssen, da du einen Mann anklagst, dem ein hohes Amt anvertraut ist. Ich will dir aber deine Schuld vergeben, weil du in Begleitung einer Frau gereist bist. Ich für meine Person feiere zur Zeit ein Fest und bin mit Opfern beschäftigt. Dreißig Tage später werde ich dir vor Gericht Gehör geben.« Dionysios begnügte sich daraufhin mit einem Fußfall und zog sich zurück.

Von nun an begannen beide Parteien, sich auf den Prozeß vorzubereiten wie auf einen riesigen Feldzug. Ein Keil schob sich dabei durch das ganze Volk der Perser: Alle, die zu den Satrapen gehörten, hielten zu Mithridates. Denn er kam ursprünglich aus Baktrien und war erst später nach Karien versetzt worden. Dionysios aber hatte die Sympathien des breiten Volkes. Es sah nämlich ganz so aus, als ob ihm Unrecht geschähe, da man ihm doch seiner Frau wegen gesetzwidrig nachstellte, und – was noch schwerer wog – wegen einer solchen Frau!

Aber auch in den Frauengemächern der Perser blieb niemand unbeteiligt. Die Sympathien waren hier ebenfalls geteilt. Wer auf die eigene Schönheit stolz war, war neidisch auf Kallirhoë und wünschte ihr ein schimpfliches Ende des Prozesses. Die große Menge der anderen aber sympathisierte schon aus Mißgunst gegen die Konkurrenz im eigenen Lande mit der Fremden und wünschte ihr einen guten Erfolg.

Jeder der beiden Streitenden aber wähnte den Sieg in seinen Händen: Dionysios im Vertrauen auf den Brief, den Mithridates an Kallirhoë unter dem Namen des Chaireas geschrieben hatte – denn nie hätte er damit gerechnet, daß Chaireas noch lebte; Mithridates aber in der Überzeugung, ihm könne nichts nachgewiesen werden, da er Chaireas vorzeigen konnte. Trotzdem gab er sich betont ängstlich und bestellte sich Rechtsanwälte, um seine Verteidigung mit Hilfe des Überraschungsmomentes noch glanzvoller zu machen.

In all den dreißig Tagen gab es für Perser und Perserinnen keinen anderen Gesprächsstoff als diesen Prozeß, so daß – wenn man die Wahrheit sagen soll – ganz Babylon ein einziger Gerichtssaal war. Allen aber kam die Frist zu lang vor, ganz besonders auch dem Großkönig selber. Welche olympischen Spiele oder welche eleusinischen Nächte haben je solch ungeduldig eifrige Erwartung geweckt?

Als endlich der festgesetzte Tag gekommen war, bestieg der Großkönig seinen Thron. Im Königspalast gab es ein eigenes Gebäude, das als Gerichtsstätte bestimmt war, größer und schöner als alle anderen Gebäude des Palastes. Dort stand in der Mitte der Thron für den Großkönig. Zu beiden Seiten war Platz für seine Freunde, die auf Grund ihrer Verdienste und Fähigkeiten im Rang von »Fürsten der Fürsten« standen. Im Kreis um den Thron herum standen Offiziere und Truppenführer und die Angesehensten unter den Freigelassenen des Großkönigs, so daß man von dieser Versammlung treffend hätte sagen können:

> Rings um Zeus nahmen Platz die Götter und hielten Versammlung.

Unter Schweigen und in furchtsamer Erwartung wurden sodann die vor Gericht Gestellten vorgeführt.

Früh am Morgen war es, als Mithridates als erster eintrat, geleitet von Freunden und Verwandten, nicht eine Spur prächtig und heiter aussehend, sondern – wie es sich für einen Angeklagten gehört – recht bemitleidenswert. Es folgte Dionysios. Er trug ein milesisches Gewand nach griechischer Art und hatte seine Briefe in der Hand. Als beide soweit waren, machten sie die Proskynese. Dann ließ der Großkönig durch den Staatsschreiber die Briefe verlesen – den des Pharnakes und den, den er selbst als Antwort geschrieben hatte –, damit das ganze Richterkollegium erführe, wie die Angelegenheit in Gang gekommen war. Als der Brief des Großkönigs vorgelesen worden war, spendeten die Zuhörer reichlich Beifall, um ihre Bewunderung für seine Klugheit und Gerechtigkeit zu zeigen.

Als wieder Ruhe eingetreten war, hätte eigentlich Dionysios als der Kläger mit seiner Rede beginnen müssen, und alle blickten schon zu ihm hinüber. Doch da warf Mithridates ein: »Ich will meine Verteidigung nicht vorwegnehmen; aber ich kenne die Prozeßordnung: Vor den Plädoyers müssen alle zur Stelle sein, die im Verlaufe des Prozesses gebraucht werden. Wo ist also die Frau, über die entschieden werden soll? Durch deinen Brief hast du ihre Anwesenheit für notwendig befunden. Du hast geschrieben, sie solle erscheinen. Und sie ist auch da. Also soll Dionysios nicht die Hauptsache, nämlich die Ursache für die ganze hier zu verhandelnde Angelegenheit, verborgen halten.«

Darauf entgegnete Dionysios: »Ganz das Benehmen eines Ehebrechers auch jetzt: die Frau eines anderen gegen den Willen ihres Mannes vor die Menge zu zerren, ohne daß sie jemandem einen Vorwurf gemacht hätte oder daß ihr ein Vorwurf gemacht worden wäre! Wäre sie etwa verführt worden, dann müßte sie hier sein, um Rechenschaft zu geben. Nun aber bist du es, der ihr nachgestellt hat, ohne daß sie davon wußte. Und ich brauche meine Frau hier nicht, weder als Zeugin noch zur Verteidigung. Wozu sollte sie also hier sein, da sie mit dieser Gerichtsverhandlung doch überhaupt nichts zu tun hat?«

Dies trug Dionysios zwar prozeßgewandt vor, jedoch überzeugte er niemanden. Denn alle wünschten Kallirhoë zu sehen. Und während der Großkönig sich noch scheute, einen Befehl zu geben, nahmen seine Freunde seinen Brief zum Vorwand. Tatsächlich war sie ja wie eine zum Prozeß erforderliche Person vorgeladen worden. »Soll das noch jemand begreifen?« sagte einer. »Aus Jonien kommt sie hierher, soll dann aber – obwohl in Babylon anwesend – beim Prozeß fehlen?« Schließlich wurde entschieden, auch Kallirhoë solle am Prozeß teilnehmen; doch gelang es Dionysios, ihn auf den folgenden Tag zu verschieben. Denn er hatte ihr vorher nichts gesagt, vielmehr bis zur Stunde ihr die eigentliche Ursache der Reise nach Babylon verschwiegen, hatte aber nun Bedenken, sie plötzlich und ohne irgendeine Aufklärung ins Gerichtsgebäude zu führen. Denn selbstverständlich wäre seine Frau ärgerlich gewesen, sich getäuscht zu sehen.

So wurde denn die Sitzung für diesen Tag abgesetzt. Zu Hause angekommen, trug Dionysios als vernünftiger und gebildeter Mann, der er war, seiner Frau alles so glaubwürdig vor, wie es den Umständen nach möglich war, in allen Einzelheiten elegant und gelassen argumentierend. Verständlicherweise hörte Kallirhoë trotzdem nicht ohne Tränen zu; beim Namen Chaireas aber schrie sie laut auf. Und daß ihr nun ein Prozeß bevorstand, fiel ihr besonders schwer auf die Seele.

»Einzig dies«, sagte sie, »hatte mir noch an meinem Mißgeschick gefehlt: vor Gericht zu müssen! Gestorben bin ich und begraben worden, bin von Grabräubern geraubt und verkauft worden und habe als Sklavin leben müssen. Sieh's dir nur an, Schicksalsgöttin; nun komme ich auch noch vor Gericht! Es war dir nicht genug, mich ungerechtfertigt vor Chaireas zu verleumden, nein, du ließest mich auch noch in den Verdacht des Ehebruchs Dionysios gegenüber geraten! Damals geleitete mich deine Verleumdung ins Grab, jetzt vor das Gericht des Großkönigs. In Asien und Europa bin ich ins Gerede gekommen; wie soll ich dem Richter ins Auge sehen können? Welche Reden werde ich anhören müssen? Verhängnisvolle Schönheit! Nur dazu schenkte sie mir die Natur, daß man mich mit Verleumdungen überschüttet! Die Tochter eines Hermokrates wird vor Gericht gestellt, aber als Verteidiger hat sie den Vater nicht! Wenn sonst jemand vor Gericht erscheint, fleht er um

Wohlwollen und Gnade; ich dagegen stehe Ängste aus, ich könnte dem Richter gefallen!«

Unter derartigen Klagereden verbrachte sie den ganzen Tag niedergeschlagen; und noch schlimmer als ihr erging es dem Dionysios.

So wurde es Nacht. Da hatte sie einen Traum. Sie sah sich als Jungfrau in Syrakus den Tempel der Aphrodite betreten und von dort zurückkehren. Sie sah, wie sie Chaireas erblickte und den Tag ihrer Hochzeit feierte. Die ganze Stadt sah sie in Kränzen und sich selbst von Vater und Mutter zum Haus des Bräutigams geleitet. Als sie gerade im Begriff war, Chaireas zu küssen, fuhr sie aus dem Schlaf auf, rief Plangon – denn Dionysios war schon früher aufgestanden, sich um den Prozeß zu kümmern – und erzählte ihr den Traum. Plangon antwortete ihr: »Hab Vertrauen, meine Herrin, und freue dich! Du hattest einen schönen Traum. Von allem Kummer wirst du erlöst werden. Denn wie es dir im Traum vorkam, so wird es auch in Wirklichkeit sein. Geh zum Gerichtshof des Großkönigs wie in ein Heiligtum der Aphrodite! Besinne dich auf dich selbst und lege die Schönheit wieder an, die dich als Braut zierte!« Gleichzeitig mit diesen Worten begann sie schon, Kallirhoë festlich zu kleiden, deren Stimmung sich darüber ganz von selbst aufhellte, als ob sie die Zukunft prophetisch vor Augen gehabt hätte.

Schon von früh an gab es rund um den Königspalast ein großes Gedränge, und bis weit draußen hin waren die Gassen verstopft. Denn alles Volk strömte zusammen. Man tat zwar so, als ob man nur etwas vom Prozeß hören wolle. In Wirklichkeit aber ging es allen darum, Kallirhoë zu sehen. Diese sah heute um soviel mal schöner aus als früher, wie sie vorher schöner erschienen war als alle anderen Frauen. Sie trat nun in das Gerichtsgebäude ein ganz so, wie es der göttliche Dichter von Helena sagt, die hintrat vor die Ältesten um

> Priamos dort, den Phanthoos neben Thymoites.
> Ihr Anblick erregte Staunen und Schweigen:
> Alle wünschten im Stillen, im Bette mit ihr sich zu strecken.

Und wenn Mithridates als erster hätte reden müssen, hätte ihm einfach die Stimme gefehlt. Denn ihm war, als habe ihm Gott

Eros auf seine alte Herzenswunde wiederum einen Schlag versetzt, der noch viel heftiger traf als der erste.

Als erster aber hielt Dionysios folgende Rede: »Dir, Großkönig, danke ich für die Ehre, die du nicht nur mir erwiesen hast, sondern auch der guten Sitte und der Institution Ehe ganz im allgemeinen. Hast du doch nicht unbeachtet gelassen, wie von einem Statthalter gegen einen Privatmann intrigiert wurde, sondern hast eine Vorladung verfügt, um Frechheit und Übermut, wie ich sie erleiden mußte, zu bestrafen und um dadurch andere davor zu bewahren. Besonders hohe Strafe hat diese Missetat aber verdient, wenn man bedenkt, wer sie verübt hat. Denn Mithridates war es, der nicht etwa als Feind kam, sondern als Freund bei mir zu Gast war: Er hatte es auf mich abgesehen! Und zwar nicht auf irgendeines meiner Besitztümer war er aus, sondern auf das, was mir mehr wert ist als Leib und Leben, auf meine Frau! Er, der seinerseits – hätte ein anderer sich gegen uns vergangen – zur Hilfeleistung verpflichtet gewesen wäre, wenn schon nicht als mein Freund, der er war, dann doch aus Rücksicht auf dich, den Großkönig. Du warst es ja, der ihm die höchste Amtsstellung gegeben hat; doch er hat sich ihrer als unwürdig erwiesen und hat ihr Schande gebracht; – mehr noch: er hat den, der ihm das Amt anvertraut hat, verraten. Allerdings weiß ich sehr wohl Bescheid über die Bittgänge des Mithridates, über seine guten Beziehungen hier und über die Vorbereitungen, die er für den Prozeß getroffen hat, und weiß, daß wir dadurch nicht mehr unter den gleichen Voraussetzungen vor dir stehen. Aber ich vertraue auf deine Gerechtigkeit, Großkönig, und auf das Eherecht, das für alle in gleicher Weise unter deinem Schutz steht. Denn wenn du beabsichtigtest, ihn unbestraft zu lassen, hättest du ihn besser gar nicht erst vorgeladen. Bisher leben immerhin alle in der Furcht, Frevel würde bestraft werden, wenn er einmal vor Gericht kommt; in Zukunft aber wirst du Verachtung ernten, wenn jemand, der vor dein Gericht gestellt wird, ohne Strafe davonkommen kann.

Mein Plädoyer ist klar und kurz: Ich bin der Ehemann dieser Kallirhoë hier und bin auch schon Vater durch sie. Geheiratet hatte ich sie nicht als eine Jungfrau, sondern als die Witwe ihres früheren Mannes, der Chaireas hieß, aber längst tot ist. Auch ein Grabmal gibt es für ihn bei uns. Eines Tages nun kam Mithridates zu uns nach Milet und bekam meine Frau zu Gesicht, wie das Gastrecht es erlaubt. Von da an handelte er nicht mehr als Freund oder als vernünftiger und ordentlicher Mensch, wie du es von jemandem erwartest, dem du deine Städte anvertraut hast, sondern erwies sich als hemmungsloser Tyrann. Da er aber Sittsamkeit und Gattenliebe meiner Frau kennengelernt hatte, war es ihm klar, daß es unmöglich war, sie durch Geld oder gute Worte für sich zu gewinnen. So dachte er sich denn zu ihrer Verführung eine Methode aus, die er für unwiderstehlich hielt. Er erweckte nämlich den Anschein, als ob ihr früherer Mann Chaireas noch lebe. Er fingierte Briefe unter seinem Namen und schickte sie Kallirhoë durch Sklaven zu. Aber dein Glücksgenius, mein Großkönig, hat dich zu einem würdigen Richter werden lassen: Die Fürsorge der anderen Götter brachte die Briefe ans Tageslicht. Denn Bias, der Militärbefehlshaber von Priene, leitete die Sklaven mit den Briefen mir zu; und ich deckte alles auf. Sofort machte ich an Pharnakes, den Statthalter von Lydien und Ionien, Meldung und dieser an dich.

Den Sachbericht über den Fall, der dir als Richter hier vorliegt, habe ich damit gegeben. Die Beweise sind unwiderleglich. Danach gibt es nur eines von beiden: Entweder Chaireas lebt, oder Mithridates ist als Ehebrecher überführt. Er kann auch nicht behaupten, er habe nicht gewußt, daß Chaireas tot ist. War er doch selbst in Milet zugegen, als wir sein Grabmal einweihten, und hat mit uns die Totenfeier gehalten. Aber wenn Mithridates Ehebruch treiben will, läßt er die Toten auferstehen! Ich schließe mit der Verlesung des Briefes, den er durch seine eigenen Sklaven aus Karien nach Milet geschickt hat. *(Zum Vorleser gewandt:)* Nimm und lies! ›Ich, Chaireas, lebe ...‹ Dies mag Mithridates wegdiskutieren, – dann soll er freigesprochen werden! Bedenke aber, Großkönig, wie schamlos ein Ehebrecher ist, wenn er sich bei seinen Lügen auch noch eines Toten bedient!«

Mit diesen Worten packte er seine Zuhörer und hatte sie sofort auf seiner Seite. Erregt blickte der Großkönig mit böser und finsterer Miene auf Mithridates hinab. Unerschüttert aber entgegnete dieser:

Nimm die Tochter und gib sie dem Daphnis als Braut zurück. Wir haben beide ausgesetzt und beide wiedergefunden; für beide hat Pan, haben die Nymphen und Eros gesorgt. SEITE 98

»Ich wende mich an dich, Großkönig, mit einer Bitte; denn du bist gerecht und human: Verurteile mich nicht, bevor du nicht beider Parteien Darstellung gehört hast, damit nicht ein Grieche, der mit frechem Munde Lügen und Verleumdungen gegen mich zusammengesucht hat, vor dir mehr Glauben findet als die Wahrheit! Ich gebe zu, daß die Schönheit dieser Frau für Argwöhnische ein Belastungsmoment gegen mich bedeutet. Denn niemandem erscheint es unglaubwürdig, daß jemand eine Frau wie Kallirhoë verführen möchte. Ich aber habe mich auch in meiner gesamten bisherigen Lebensführung als sittsam erwiesen, und dies ist die erste üble Nachrede, die ich erlebe. Aber selbst wenn ich ein ausgekochter Schurke gewesen wäre, so wäre ich doch allein schon dadurch zu einem besseren Menschen geworden, daß mir von dir so viele Städte anvertraut worden sind. Wer wäre wohl so unvernünftig, so große Vergünstigungen nur eines einzigen Vergnügens wegen verlieren zu wollen – und dazu noch eines unehrenhaften? Aber wenn ich mir auch nur irgendeiner Schuld bewußt wäre, dann könnte ich dazu noch den Prozeß als solchen anfechten. Dionysios führt nämlich nicht Klage wegen einer ihm gesetzlich angetrauten Gattin; vielmehr hat er sie gekauft, nachdem sie ihm zum Kauf angeboten worden war. Das Gesetz gegen Ehebruch erstreckt sich aber nicht auf Sklaven. Laß ihn dir doch zuerst die Freilassungsurkunde vorlesen! Danach mag er dann von Ehe sprechen. Du wagst es, Ehefrau die zu nennen, die dir der Seeräuber Theron für ein Talent verkauft hat? Und der hatte sie aus einem Grabe geraubt! ›Aber‹, mag er da sagen, ›ich habe sie als Freie gekauft!‹ – Dann bist du also ein Menschenversklaver und nicht ein Ehemann! Jedoch sei dies dahingestellt; ich werde mich jetzt wie gegen einen Ehemann verteidigen. Nenne also den Kauf Heirat und den Kaufpreis Mitgift! Für heute mag die Syrakusanerin als Milesierin gelten! Ich werde nachweisen, mein Herrscher, daß ich Dionysios weder als ihrem Ehemann noch als ihrem Herren Unrecht getan habe. Zunächst einmal beschuldigt er mich ja nicht eines begangenen, sondern eines erst vorgesehenen Ehebruchs. Und weil er keine begangene Tat vorbringen kann, läßt er ein nichtssagendes Briefchen verlesen. Strafen bestimmen die Gesetze aber nur für Taten! Du legst einen Brief vor. Ich könnte sagen: ›Ich habe ihn nicht geschrieben. Kallirhoë wird darin von Chaireas gesucht. Belange also ihn wegen Ehebruchs!‹ – ›Ja›, wäre seine Antwort, ›aber Chaireas ist tot; und du hast unter dem Namen des Toten meine Frau verführt!‹ – Damit forderst du mich heraus, Dionysios, und diese Herausforderung wird dir nicht gut bekommen! Ich beschwöre dich als dein Freund und Gastfreund, der ich bin: Ziehe die Klage zurück, in deinem eigenen Interesse! Bitte auch den Großkönig, auf den Prozeß zu verzichten! Widerrufe und sprich: ›Mithridates hat kein Unrecht getan; was ich gegen ihn vorgebracht habe, bedeutet nichts!‹ – Solltest du jedoch hartnäckig bleiben, dann wirst du es noch bereuen! Deine Stimmabgabe wird sich dann gegen dich selbst richten. Ich sage dir voraus: Du wirst Kallirhoë verlieren! Nicht mich, sondern dich wird der Großkönig als Ehebrecher befinden.«

So sprach er und verstummte. Alle blickten zu Dionysios hinüber, weil sie wissen wollten, ob er, der nun die Wahl hatte, von der Anklage abließ oder an ihr festhielt. Denn sie wußten nicht, was das war, was Mithridates da angedeutet hatte, nahmen aber an, Dionysios wisse es. Doch dieser wußte es selbst nicht und hätte auch niemals damit gerechnet, daß Chaireas lebte. So sprach er denn: »Sprich doch aus, was du eigentlich willst! Mich jedenfalls wirst du mit Spitzfindigkeiten und unglaubwürdigen Drohungen nicht täuschen, und niemals wird ein Dionysios als verleumderischer Zuträger dastehen!«

Hier fiel ihm Mithridates ins Wort und rief mit erhobener Stimme wie in Ekstase: »Ihr königlichen Gottheiten im Himmel und in der Unterwelt! Helft einem rechtschaffenen Mann, der so oft pflichtgemäß zu euch gebetet und großzügige Opfer dargebracht hat! Nun, wo ich auf Grund einer Verleumdung unter Anklage stehe, lohnt mir meine Frömmigkeit! Gewährt mich, wenn auch nur für die Dauer dieses Prozesses, die Anwesenheit des Chaireas! – Erscheine, guter Geist! Es ruft dich deine Kallirhoë. Mitten zwischen uns beide, Dionysios und mich, stelle dich hin und sage dem Großkönig, wer von uns beiden ein Ehebrecher ist!«

Noch während er sprach – denn so war es abgesprochen –, trat Chaireas selbst hervor. Als Kallirhoë ihn erblickte, schrie sie auf: »Chaireas, du lebst!« Schon sprang sie auf, um auf ihn zuzueilen. Doch Dionysios hielt sie fest, trat zwischen die beiden und ließ nicht zu, daß sie sich umarmten.

Wie es daraufhin im Gerichtssaal zuging – wer könnte das angemessen beschreiben? Welcher Dichter hat jemals eine solch unglaubliche Geschichte so auf die Bühne gebracht? Man hätte glauben können, in einem Theater zu sein, das von Tausenden von Gefühlsausbrüchen überschäumte. Es gab alles gleichzeitig: Tränen, Freude, Entsetzen, Mitleid, Mißtrauen und Glückwünsche. Man beglückwünschte Chaireas, freute sich mit Mithridates, hatte Mitleid mit Dionysios, war ratlos über Kallirhoës Schicksal. Denn am meisten ging der Lärm um sie, die stumm da stand und mit weit geöffneten Augen auf Chaireas blickte. Ich könnte mir denken, daß sogar der Großkönig damals Chaireas hätte sein wollen.

Nun ist es nichts Ungewohntes, daß es unter Rivalen in Liebesaffären recht leicht zu Streit kommt. In diesem Fall wurde die Streitlust noch mehr gefördert durch den Kampfpreis, den beide vor Augen hatten, so daß sie – hätte sie nicht die Scheu vor dem Großkönig zurückgehalten – auch noch handgreiflich geworden wären. So kam es nur zu einem Wortgefecht.

Chaireas fing an: »Ich bin ihr erster Mann!« Dionysios darauf: »Ich aber der zuverlässigere!« – »Habe ich etwa meine Frau entlassen?« – »Sogar begraben hast du sie!« – »Zeig mir doch die Scheidungsurkunde!« – »Das Grab kannst du sehen!« – »Ihr Vater hat sie mir zur Frau gegeben.« – »Mir sie sich selbst!« – »Der Tochter eines Hermokrates bist du nicht wert!« – »Und du noch viel weniger, du Kreatur eines Mithridates!« – »Ich verlange Kallirhoë zurück!« – »Ich behalte sie aber!« – »Du maßt dir Gewalt an über die Frau eines anderen!« – »Du hast deine zu Tode gebracht!« – »Ehebrecher!« – »Mörder!« –

So stritten sie miteinander. Alle anderen hörten nicht ungern zu. Kallirhoë stand mit niedergeschlagenen und tränennassen Augen daneben. Ihren Chaireas liebte sie, aber auch vor Dionysios hatte sie Achtung.

Schließlich ließ der Großkönig den Saal räumen und beriet sich mit seinen Vertrauten, jetzt aber nicht mehr über Mithridates – denn der hatte sich großartig verteidigt – , sondern darüber, ob es nötig sei, über das Schicksal der Frau in aller Öffentlichkeit zu entscheiden. Die einen meinten, eine solche Entscheidung sei nicht Sache des Großkönigs: »Die Anklage gegen Mithridates anzuhören, war richtig; denn es war ein Satrap.« Jetzt aber handele es sich um lauter Privatpersonen. Dagegen vertrat die Mehrheit den gegenteiligen Standpunkt, sowohl wegen des Vaters der Frau, der für das Königshaus von nicht geringem Nutzen gewesen sei, als auch weil diese Entscheidung ihm nicht von außen zugetragen sei, sondern geradezu ein Teil derjenigen, die sein Gericht bereits beschäftige. Allerdings wollten sie den eigentlichen Grund nicht angeben: Wer die Schönheit Kallirhoës einmal vor Augen hatte, wollte sie sich nur ungern wieder nehmen lassen.

Nun ließ der Großkönig wieder alle hereinrufen, die er hinausgeschickt hatte, und sprach: »Mithridates spreche ich frei. Morgen soll er Geschenke von mir bekommen und in seine eigene Satrapie zurückkehren. Chaireas und Dionysios aber sollen beide darlegen, inwieweit jeder von ihnen auf die Frau ein Anrecht hat. Immerhin bin ich zur Sorge um die Tochter des Hermokrates verpflichtet, der die Athener bezwungen hat, die für mich und alle Perser die größten Feinde sind.«

Die Entscheidung war also ausgesprochen. Mithridates machte dem Großkönig seine Reverenz; die anderen aber wußten nicht, was sie tun sollten. Der König sah dies und sprach: »Ich dränge euch nicht, sondern gebe euch Gelegenheit, gut vorbereitet zur Verhandlung zu erscheinen. Fünf Tage gebe ich euch Zeit. Inzwischen wird sich meine Frau Stateira um Kallirhoë kümmern. Es wäre nicht recht, wenn diese, solange die Entscheidung über ihre Ehe noch aussteht, in Begleitung eines Mannes zum Verhandlungstermin erschiene.«

Alle verließen nun das Gerichtsgebäude mit düsterer Miene, mit Ausnahme des Mithridates, der in froher Stimmung war. Er blieb noch eine Nacht und brach am frühen Morgen mit den Geschenken nach Karien auf; und seine Karawane war prächtiger als vorher.

Kallirhoë aber wurde von Eunuchen geleitet und zur Königin geführt, ohne daß diese vorher unterrichtet worden wäre.

Denn wenn der Großkönig jemanden schickt, wird dies nicht gemeldet. So kam der Anblick für Stateira ganz unvermittelt. Im Glauben, Aphrodite stünde vor ihr – denn diese Göttin verehrte sie ganz besonders –, sprang sie von ihrer Liege auf und fiel vor ihr zu Boden. Ihr Eunuch bemerkte ihre Bestürzung und sprach: »Es ist Kallirhoë. Der Großkönig hat sie geschickt, damit sie bei dir bis zum Prozeß in guter Hut sei.« Mit Freude hörte Stateira diese Nachricht. Alle weibliche Rivalität trat für sie nun zurück, und ihr Wohlwollen Kallirhoë gegenüber wuchs in dem Maße, wie sie sich durch sie geehrt sah. Stolz darauf, daß sie ihr anvertraut worden war, nahm sie sie bei der Hand und sprach: »Sei guten Muts, liebe Frau, und höre auf zu weinen! Der Großkönig ist ein gütiger Mann. Zum Ehemann wirst du den bekommen, den du dir wünschst. Nach der Entscheidung wird deine Ehe in um so höherem Ansehen stehen. Geh und ruh dich nun aus! Du bist doch müde, wie ich sehe, und dein Gemüt ist noch verwirrt.« Nur zu gern hörte Kallirhoë diese Worte; denn sie sehnte sich nach Ruhe.

So legte sie sich denn nieder, und entspannte sich eine Zeitlang. Dann griff sie sich an die Augen und sprach zu diesen: »Habt ihr Chaireas wahrhaftig gesehen? War das da wirklich mein Chaireas, oder habe ich mich auch hierin getäuscht? Vielleicht hat Mithridates des Prozesses wegen ein Truggebilde erscheinen lassen. Man sagt ja, unter den Persern gebe es Zauberer. Aber er hat auch gesprochen und hat alles so gesagt, wie nur er es wußte! Wie ertrug er es nur, mir nicht in die Arme zu fallen? Und wie kam es, daß wir getrennt wurden, ohne uns von Herzen geküßt zu haben?«

Während dieser Gedanken hörte sie Geräusche von Schritten und Stimmen von Frauen. Denn alle Welt traf sich bei der Königin im Glauben, hier eine gute Möglichkeit zu finden, Kallirhoë zu sehen. Stateira aber sprach: »Lassen wir sie in Ruhe! Es geht ihr nicht gut. Wir haben doch vier Tage Zeit, sie zu sehen, zu hören und zu sprechen.« Enttäuscht zogen die Besucherinnen ab. Und am nächsten Morgen waren sie schon ganz in der Frühe wieder zur Stelle. Alle Tage war es das gleiche Bild eifriger Betriebsamkeit, so daß man im Königspalast mehr Besucher sah als je zuvor. Auch der Großkönig besuchte die Frauengemächter auffällig häufig, wobei sein

Besuch offiziell Stateira galt. Immer wieder versuchten Leute, Kallirhoë kostbare Geschenke zu schicken. Aber von niemandem nahm sie etwas an. Sie wahrte die Haltung einer Frau im Unglück: In schwarzer Trauerkleidung saß sie da, ungepflegt und schmucklos, erschien aber dadurch noch strahlender als vorher. Als die Königin sie einmal fragte, welchen von beiden Männern sie lieber haben möchte, gab sie überhaupt keine Antwort, sondern weinte nur.

So war also Kallirhoës Lage. Dionysios seinerseits versuchte, das Geschehen mit Würde zu tragen, wie es seiner standhaften Natur und guten Bildung entsprach. Dabei hätte ein solch unerwarteter Schicksalsschlag durchaus gereicht, selbst den Standhaftesten seine Haltung verlieren zu lassen. War doch seine Liebesglut noch stärker geworden als in Milet! Denn als er sich in Kallirhoë verliebt hatte, war es nur ihre Schönheit gewesen, die es ihm angetan hatte; jetzt aber verstärkte eine Menge von Umständen seine Liebe: der eheliche Umgang mit ihr, das Kind, das sie ihm geschenkt hatte, seine derzeitige Gunstentbehrung und Eifersucht – wie überhaupt die unerwartete Änderung der Lage.

In den Feuerqualen dieser Liebe kam es immer wieder zu lauten Selbstgesprächen wie diesem: »Welch ein Protesilaos ist da ins Leben zurückgekehrt gegen mich? Welchen Gott der Unterwelt habe ich beleidigt, daß ich als Rivalen einen Toten vorfinde, dessen Grab bei mir zu Hause ist? Du, Herrscherin Aphrodite, hast mir eine Falle gestellt! Mir, der ich dir in meinen Gütern ein Heiligtum errichtet und oft genug Opfer dargebracht habe! Wozu hast du mir denn Kallirhoë gezeigt, wenn du nicht vorhattest, sie mir zu bewahren? Wozu ließest du mich Vater werden, wenn ich nicht einmal Ehemann sein darf?« Zwischendurch nahm er das Knäblein auf den Arm und sprach in andauernder Klage: »Armes Kind! Früher glaubte ich, deine Geburt sei ein großes Glück gewesen. Jetzt aber sehe ich, daß sie zur Unzeit geschah. Für mich bedeutest du eben nur noch ein Erbe deiner Mutter und ein Andenken an eine unglückliche Liebe. Du bist zwar noch ein kleines Kind, bist aber sicherlich nicht völlig ohne Gefühl für das Mißgeschick, das deinem Vater widerfährt! Wir haben eine schlimme Reise unternommen. Milet hätten wir nicht verlassen sollen! Babylon hat uns ins Verderben gebracht. Den ersten Prozeß habe ich schon verloren, und Mithridates war dabei mein Ankläger! Aber vor dem zweiten Prozeß habe ich noch mehr Angst. Wenn auch die Gefahr nicht größer ist, so macht mich immerhin das Vorspiel des Prozesses mißtrauisch: Ohne Gerichtsurteil hat man mir meine Frau entrissen. Ihretwegen, die mir gehört, trete ich in die Schranken gegen einen anderen und – was noch schlimmer ist als dies – weiß nicht, wen Kallirhoë eigentlich will. Du, liebes Kind, kannst es von ihr, die ja deine Mutter ist, erfahren. So geh nun und leg ein gutes Wort ein für deinen Vater! Gib ihr unter Tränen deine Küsschen und sprich: ›Mutter, mein Vater hat dich lieb!‹ Aber schimpfe nicht mit ihr! – Was sagst du da, Kinderpfleger? Niemand läßt uns in den Königspalast ein? Welch fürchterliche Tyrannei! Da sperren sie einen Sohn aus, der als Abgesandter seines Vaters zur Mutter will!«

Während also Dionysios die Zeit bis zur entscheidenden Verhandlung damit zubrachte, den Zwiestreit zwischen Liebe und Vernunft abzuwägen, war Chaireas, von seinem Leid erdrückt, untröstlich. Er tat so, als sei er krank, und legte Polycharm nahe, sich der Karawane des Mithridates anzuschließen, der doch ihrer beider Wohltäter sei. Als er aber allein war, nahm er einen Strick, und – noch zögernd, Hand an sich zu legen – sagte er sich: »Wieviel glücklicher wäre mir der Tod jetzt, wenn ich das Kreuz bestiege, das mir eine falsche Beschuldigung aufgerichtet hatte, als ich in Karien Ketten trug! Denn damals war ich dabei, aus dem Leben zu scheiden noch in der falschen Vorstellung, von Kallirhoë geliebt zu werden. Jetzt aber habe ich nicht nur das Leben eingebüßt, sondern auch den Trost, der mir das Sterben erleichtert hätte. Kallirhoë erblickte mich und kam nicht zu mir, hat mich nicht geküßt! Obwohl ich dabeistand, nahm sie Rücksicht auf einen anderen! Sie braucht ihr Gesicht nicht zu verlieren: Ich werde ihrer Entscheidung zuvorkommen. Ich warte nicht bis zu einem ruhmlosen Ende. Ich weiß, Dionysios gegenüber bin ich nur ein unbedeutender Gegenspieler, ein fremder armer Mann, der gar nicht mehr in diesen Rahmen paßt. Dir soll es gut gehen, meine liebe Frau – ich nenne dich meine Frau, auch wenn du einen anderen liebst – , ich aber trete ab und will deiner Ehe nicht im Wege stehen. Genieße deinen Reichtum, prasse nur und lebe vom Überfluß Joniens! Habe den zum Mann, den du selbst willst! Und nun – dein Chaireas stirbt jetzt wirklich! – bitte ich dich um einen letzten Gefallen. Wenn ich tot bin, komm her zu mir, wo ich im Grabe liege, und weine, wenn du kannst; denn dies wird mir mehr bedeuten als Unsterblichkeit. Komme dann ganz nahe heran an meinen Grabstein und sprich: ›Ich lese da: ›Ehemann und Sohn‹. Verschwunden bist du, mein Chaireas, tatsächlich! Jetzt bist du tot. Dabei hatte ich vor, beim Großkönig dich auszuwählen!‹ Ich werde es hören, liebe Frau, und werde es vielleicht auch glauben. Bei den Unterirdischen wirst du mir meinen Ruhm vergrößern.

Wenn auch Tote völlig vergessen werden im Hades,
ich werde dennoch auch dort an dich denken, die du
mir lieb bist.«

Unter Klagen dieser Art küßte er den Strick und sprach zu ihm: »Du bist mir Trost und Helfer. Durch dich komme ich zum Sieg. Du hast mich mehr geliebt als Kallirhoë.«

Gerade war er schon dabei aufzustehen und ihn sich um den Hals zu legen, da trat sein Freund Polycharm ein und packte ihn mit festem Griff, obwohl Chaireas sich wie ein Irrsinniger benahm und für Trostworte auch die ganze übrige Zeit hindurch nicht mehr zugänglich war. Aber es war nun auch der Gerichtstermin nicht mehr fern.

Sechstes Buch

Am Tage bevor der Großkönig darüber richten sollte, ob Kallirhoë Ehefrau des Chaireas oder des Dionysios zu sein habe, war ganz Babylon in gespannter Erwartung. Zu Hause und in den engen Gassen der Stadt – wer immer sich traf: Alle sprachen zueinander: »Morgen ist Kallirhoës Hochzeit! Wer von beiden wird wohl der Glückliche sein?«

Die Meinungen in der Stadt waren geteilt. Wer zu Chaireas hielt, sagte: »Er war als erster ihr Mann. Aus Liebe hat er sie geheiratet, und sie hat ihm ihre erste Mädchenliebe geschenkt. Ihr Vater gab sie ihm zur Frau; ihre Vaterstadt trug sie zu

Grabe. Sie hat die Ehe nicht verlassen und ist aus ihr auch nicht entlassen worden. Dionysios hat sie nicht für sich gewinnen können, und es war auch gar keine Ehe, die er schloß! Seeräuber haben sie ihm zum Kauf gegeben, als Freie war sie aber durch Kauf nicht zu erwerben.« Wer sich jedoch für Dionysios einsetzte, hielt dem entgegen: »Er hat sie aus den Klauen der Seeräuber befreit, als ihr der Tod drohte. Ein Talent gab er für ihre Rettung. Erstens hat er sie gerettet und zweitens geheiratet. Chaireas dagegen hat ihr nach seiner Hochzeit den Todesstoß gegeben. An ihre Ehe sollte Kallirhoë denken; und unbestreitbar kommt für einen Sieg des Dionysios noch hinzu, daß sie ein gemeinsames Kind haben.«

So sprachen allerdings die Männer. Die Frauen hingegen hielten nicht nur schöne Reden, sondern gaben auch gute Ratschläge, als ob Kallirhoë bei ihnen wäre: »Halte zu deinem ersten Mann! Wähle ihn, der dich zuerst geküßt hat, deinen Mitbürger, damit du auch deinen Vater wiedersiehst! Sonst wirst du in einem fremden Land wie ein Flüchtling leben.« Und die anderen: »Wähle deinen Wohltäter! Wähle den, der dich gerettet hat, nicht den, der dich getötet hat! Was wird, wenn Chaireas wieder jähzornig wird? Wieder ein Grab? Werde nicht zum Verräter an deinem Sohn! Ehre den Vater deines Kindes!« In dieser Art hörte man sie durcheinanderreden, so daß man hätte sagen können, ganz Babylon sei Gerichtssaal gewesen.

Die letzte Nacht vor dem Prozeß war angebrochen. Der Großkönig und die Königin hatten sich zur Ruhe begeben. Die Gedanken, mit denen sie sich beschäftigten, waren keineswegs die gleichen. Die Königin wünschte sich den Anbruch des Tages schneller herbei, damit sie das ihr anvertraute Gut abgeben konnte, das sie als Last empfand. Denn wie man die Schönheit dieser Frau immer wieder ganz aus der Nähe mit der ihren verglich, war ihr schon zur Plage geworden. Und es war ihr verdächtig vorgekommen, daß der Großkönig so oft Besuch machte und sich gut gelaunt zeigte, auch wenn es gar nicht angebracht war. Denn vorher hatte er den Palast der Damen ziemlich selten besucht; aber seit sie Kallirhoë im Hause hatte, kam er fortwährend. Sie hatte ihn genau beobachtet, wie er bei seinen Besuchen Kallirhoë verstohlen von der

Seite ansah und wie seine Augen wie Diebe sich ihren Anblick verschafften, aber auch ganz von selbst sich auf sie richteten. Stateira glaubte also, einen recht angenehmen Tag vor sich zu haben.

Ganz anders verhielt es sich mit dem Großkönig. Der konnte die ganze Nacht nicht schlafen, lag da, mal auf der einen Seite, mal auf der andern, wiederum rücklings oder auch auf dem Bauche. Viele Gedanken gingen ihm durch den Kopf und er sagte zu sich: »Die Entscheidung ist nun gekommen. Denn ich selbst war so voreilig, eine so kurze Frist zu setzen. Was sollen wir nun morgen früh tun? Kallirhoë wird so oder so abreisen, entweder nach Milet oder nach Syrakus. Ihr, meine unglücklichen Augen! Eine Stunde nur noch bleibt euch übrig, den schönsten Anblick zu genießen, den es gibt. Danach wird mein Sklave glücklicher sein als ich. Sieh zu, was du tun kannst, meine Seele! Komm zu dir selbst! Einen anderen Ratgeber hast du nicht. Eines Liebenden Ratgeber ist Gott Eros selbst. Also gib zunächst dir selbst Rechenschaft. Wer bist du? Liebhaber oder Richter der Kallirhoë? Täusche dich nicht! Du weißt es selbst nicht, aber du liebst. Noch mehr wirst du dich davon überzeugen können, wenn du sie nicht siehst. Wozu also willst du dir selbst Kummer machen? Dein Ahnherr, der Sonnengott Helios, hat dir dieses Lebewesen ausgewählt, das schönste von allen, auf die er herabsieht. Und du? Du willst das Gottesgeschenk fortjagen? Ja, für Chaireas und Dionysios, meine unbedeutenden Sklaven – für die tue ich alles, damit ich ihren Ehestreit schlichten und damit ich, der erhabene Großkönig, die Geschäfte einer alten Kupplerin erledige! Aber ich habe nun einmal voreilig die Entscheidung in die Hand genommen, und alle wissen es. Am meisten muß ich aber auf Stateira Rücksicht nehmen. Vermeide also, deine Liebe allgemein bekannt werden zu lassen, aber ohne dabei den Prozeß schon jetzt voll durchzuführen! Es muß dir genügen, Kallirhoë überhaupt nur zu sehen. Vertage den Prozeß! Das ist etwas, was schon jeder gewöhnliche Richter sich leisten kann.«

Gleich nach Tagesanbruch richteten die Diener das Gerichtsgebäude her, und die Menge strömte dem Königspalast zu. Ganz Babylon war auf den Beinen. Wie man in Olympia die Athleten mit einer ganzen Schar von Begleitern am Stadion ankommen sehen kann, so war es auch hier. Eine Menge angesehenster Perser gab dem Dionysios das Geleit, das Volk jedoch dem Chaireas. Tausendfach hörte man die aufmunternden Worte und Zurufe der Parteigänger eines jeden von beiden, wie sie sie anfeuerten: »Du bist vorne! Du bist Sieger!« Als Kampfpreis ausgesetzt war aber nicht ein Kranz vom Olivenbaum, waren nicht Schafe, nicht ein Pinienkranz, sondern Schönheit ersten Ranges, um die mit Recht Götter sich hätten streiten können.

Der Großkönig aber rief den Eunuchen Artaxates zu sich, der bei ihm den größten Einfluß hatte, und sprach: »Ich habe soeben einen Traum gehabt: Die Königsgötter fordern von mir ihre Opfer; und meine religiösen Pflichten zu erfüllen, steht für mich an erster Stelle. Gib also bekannt, daß ganz Asien dreißig Tage lang einen Heiligen Monat zu feiern hat, während dessen keine Prozesse und Geschäftsverhandlungen geführt werden dürfen!«

Der Eunuch ließ ausrufen, was ihm aufgetragen war; und sogleich war alles voll von Opfernden und Bekränzten. Hier ertönte Flötenklang, dort schrillte die Syrinx, oder man hörte das Lied eines Straßensängers. Die Vorräume der Häuser quollen über von Weihrauchduft, und es gab keine Gasse, wo nicht gefeiert wurde.

Opferduft wand mit dem Rauch sich empor und drang bis
zum Himmel.

Der Großkönig ließ prächtige Opfer an die Altäre bringen. Zum ersten Mal opferte er damals auch dem Gott Eros und flehte inständig Aphrodite an, sie möge bei ihrem Sohn helfend für ihn eintreten.

Während alle anderen sich der Feststimmung hingaben, blieben nur drei davon ausgeschlossen, denen recht traurig zu Mute war: Kallirhoë, Dionysios und – am meisten von ihnen – Chaireas.

Kallirhoë konnte sich in den königlichen Gemächern nicht offen ihrer Trauer überlassen; nur ganz heimlich wagte sie zu seufzen und verwünschte das Fest.

Dionysios machte sich Vorwürfe, weil er Milet verlassen

hatte: »Unseliger! Freiwillig hast du dir dein Schicksal ausgesucht: Nun ertrage, was du selbst verschuldet hast! Du hättest es einrichten können, Kallirhoë zu behalten, auch wenn Chaireas jetzt lebt. Du warst in Milet der Herr, und der Brief ist Kallirhoë damals nicht abgegeben worden, weil du es nicht wolltest! Wer hätte sie gesehen? Wer wäre bis zu ihr vorgedrungen? Aber du hast mit blindem Eifer dich selbst mitten in deine Feinde gestürzt – wenn doch nur dich allein! Nun hast du aber einen Schatz mit hineingezogen, der dir kostbarer ist als dein Leben. Und dies hat dir allenthalben Konflikte eingebracht. Was glaubst du eigentlich, du Tor? Chaireas steht dir im Prozeß gegenüber, und deinen allerhöchsten Herrn hast du dir zum Nebenbuhler gemacht! Jetzt sieht der Großkönig auch noch Traumgestalten; und denselben Göttern, denen er täglich ohnehin opfert, soll er noch Opfer schuldig sein! Was ist das für eine Unverschämtheit! Verschleppt da doch ein gewisser Herr den Prozeß, während er bei sich zu Hause die Frau eines anderen festhält! Ausgerechnet so einer beansprucht, Richter zu sein!«

Solcherlei Klagen beschäftigten den Dionysios. Chaireas aber war soweit, daß er keine Speise anrührte und einfach nicht mehr leben wollte. Zu seinem Freund Polycharm, der ihn davon abbringen wollte, so von Kräften zu kommen, sagte er: »Du, du bist mein schlimmster Widersacher und nur äußerlich mein Freund! Hältst du mich doch fest, wenn ich gefoltert werde, und siehst recht gerne zu, wie man mich züchtigt! Wärest du mein Freund, dann würdest du mir nicht meinen freien Willen mißgönnen – mir, den ein böser Dämon so tyrannisiert! Wieviel gute Gelegenheiten zu meinem Glück hast du mir verdorben! Selig wäre ich, wenn ich in Syrakus mit Kallirhoë begraben worden wäre. Aber schon damals hast du mich, als ich sterben wollte, daran gehindert und mir so diese schöne Weggemeinschaft gestohlen. Sicherlich hätte sie mich als Toten nicht im Stich gelassen und wäre aus dem Grabe gar nicht herausgekommen. Wenn aber doch, dann läge ich jetzt dort und hätte mir alles Spätere erspart: den Verkauf, die Seeräuberbande, die Ketten und – schlimmer noch als der Kreuzesgalgen – den Großkönig. Wie schön wäre der Tod in dem Augenblick gewesen, als ich von der zweiten Heirat

Kallirhoës erfuhr! Welch gute Gelegenheit, Schluß zu machen, hast du mir dann wiederum gleich nach der Gerichtsverhandlung verdorben! Ich hatte Kallirhoë gesehen, war aber nicht zu ihr hingegangen und hatte sie nicht geküßt! – Nun dieser unerhörte und unglaubliche Vorgang: Über Chaireas wird gerichtlich entschieden, ob er Kallirhoës Mann ist! Aber was für ein Prozeß auch immer dies sein könnte: Der Neiddämon sorgt schon dafür, daß er gar nicht voll durchgeführt wird. Ganz gleich, ob ich schlafe oder ob ich wache: Mich hassen die Götter!« Mit diesen Worten stürzte er auf sein Schwert zu, doch hielt Polycharm seine Hand fest. Der ließ ihn danach nicht aus den Augen und behandelte ihn fast wie einen Gefangenen.

Der Großkönig aber ließ den Eunuchen, der ihm am meisten von allen ergeben war, zu sich kommen. Zunächst zögerte er noch, weil er sich vor ihm schämte. Und als Artaxates ihn so sah, wie er voller Erröten kein Wort hervorbrachte, sprach er: »Was hältst du, mein Gebieter, vor deinem Sklaven verborgen, der dir wohlgesonnen ist und schweigen kann? Was ist denn so furchtbar Schlimmes passiert? Wie zittere ich schon! Es ist doch nicht etwa eine Verschwörung ...?« – »Eine ganz schlimme allerdings«, sprach der Großkönig, »aber nicht eine von Menschen, sondern von einem Gott! – Wer Gott Eros ist, habe ich früher aus Mythen und Gedichten gehört, nämlich daß er über alle Götter Gewalt hat, sogar über Zeus selbst. Dennoch hätte ich es aber nicht für möglich gehalten, daß hier bei mir jemand mächtiger würde als ich. Doch nun ist der Gott da! Eingedrungen in meine Seele ist ein vielfältiges und heftiges Verlangen: eben Gott Eros. Schlimm ist es, dies zuzugeben; aber es ist wahr: Er hält mich gefangen!«

Während dieser Worte kamen ihm die Tränen, so daß er nicht weitersprechen konnte. Obwohl es nicht ausgesprochen war, wußte Artaxates sofort, woher die Verletzung kam. Schon vorher hatte er sich nämlich seine Gedanken gemacht und hatte das Auflodern des Feuers bemerkt. Zudem war ihm ganz eindeutig und offenkundig, daß der Großkönig seit Kallirhoës Ankunft kein anderes Liebesbegehren gezeigt hatte. Trotzdem tat er so, als wisse er von nichts, und sprach: »Welche Schönheit könnte noch Macht gewinnen über dich, mein Herr, wo dir doch alles, was schön ist, zu Diensten steht: Gold, Silber, Kleidung, Pferde, Städte und Völker? Unzählige schöne Frauen gehören dazu, darunter besonders Stateira, die Schönste von allen unter der Sonne; und die gehört dir ganz allein! Jedoch läßt Verfügungsgewalt über Liebe eben diese Liebe erkalten – es sei denn, es käme jemand von den Überirdischen vom Himmel herab oder es stiege eine neue Thetis aus dem Meere empor. Ich könnte mir schon vorstellen, daß selbst Himmlische sich wünschten, mit dir zu verkehren.«

Der König antwortete darauf: »Vielleicht ist es wirklich so, wie du sagst, daß diese Frau aus der Reihe der Götter kommt. Ist ja auch ihre Schönheit nicht die von Menschen. Nur gibt sie es nicht zu. Sie gibt vor, eine Griechin aus Syrakus zu sein. Auch dies ist ein Zeichen dafür, daß sie uns täuschen will. Denn dadurch, daß sie eine Stadt nennt, die keine von denen ist, die uns unterstehen, will sie verhindern, daß wir sie überführen; vielmehr verlegt sie das Märchen, das sie von sich erzählt, noch hinter das Jonische Meer, ja jenseits des weiten Meeres überhaupt. Der Prozeß war ihr nur ein Vorwand, zu mir zu kommen, und dies ganze Schauspiel hat nur sie inszeniert. Ich kann dich einfach nicht verstehen, daß du es wagen konntest, Stateira die Schönste von allen zu nennen, obwohl dir Kallirhoë vor Augen steht! Nun – wir wollen überlegen, wie ich aus dieser Qual herauskomme. Forsche nach, wo immer es sei, ob es nicht doch noch möglich ist, ein Heilmittel zu finden!«

»Ein solches Mittel ist schon erfunden, mein König«, erwiderte er, »und zwar wirkt es bei Griechen und bei Nichtgriechen. Es ist genau das, was du suchst. Gegen die Liebe gibt es nämlich kein anderes Heilmittel als das geliebte Wesen selbst. Das ist es ja auch, was der viel zitierte Orakelspruch immer gemeint hat: ›Wer verwundet hat, wird auch heilen‹.«

Über diese Worte wurde der Großkönig rot vor Scham und sprach: »So etwas darfst du auf gar keinen Fall sagen! Ich soll die Frau eines anderen verführen? Die Gesetze, die ich selbst gegeben habe, stehen mir immer vor Augen, und dazu die Gerechtigkeit, mit der ich sie in allem anwende. Unterstelle mir nur nicht irgendeine Zügellosigkeit! Soweit ist es wirklich nicht mit uns gekommen!«

Artaxates erschrak, und in der Sorge, etwas übereilt vorgegangen zu sein, änderte er den Ton seiner Worte in devote Anerkennung: »Edel, mein König, ist deine Gesinnung. Eros gegenüber solltest du nicht eine Therapie anwenden, wie sie bei anderen Menschen üblich ist, sondern eine bessere, eine königliche. Nimm den Kampf mit ihm auf: du gegen ihn! Denn du allein, mein hoher Herr, bist dazu fähig, selbst einen Gott zu bezwingen. Lenke daher deine Seele ab und biete ihr Freuden aller Art! Da steht an erster Stelle die Jagd, an der du ganz besonders Gefallen hast. Weiß ich doch, daß du auf Jagd den ganzen Tag über vor lauter Freude Essen und Trinken vergißt! Auf Jagd zu sein ist aber besser, als im Königspalast zu sitzen und damit in der Nähe der Feuersglut.«

Dies fand Gefallen, und eine prunkvolle Jagd wurde ausgerufen. Ein langer Zug berittener Jäger, aufs beste ausgerüstet, rückte aus: von den Persern nur der Adel und vom übrigen Heer ausgesuchte Vertreter. Alle konnten sich durchaus sehen lassen, aber am prächtigsten war der Großkönig selbst anzusehen. Er ritt einen besonders schönen, hochgewachsenen Hengst nisäischer Zucht, dessen Zügel und Kopfschmuck sowie Panzer an Stirn und Brust ganz aus Gold waren. Er selbst trug ein in tyrischem Purpur gefärbtes babylonisches Gewand und eine hyazinthenfarbene Tiara. Am Gürtel hatte er ein goldenes Kurzschwert. Dazu hatte er zwei Wurfspieße bei sich, und an seiner Seite hingen Bogen und Köcher, eine überaus feine chinesische Arbeit. Ganz selbstgefällig saß er da. Prunksucht entspricht eben so recht der Eigenart des Gottes Eros. Als Mittelpunkt des Zuges wollte der Großkönig von Kallirhoë gesehen werden, und auf dem ganzen Weg durch die Stadt schaute er dauernd um sich, ob nicht auch sie sich den Zug ansehe.

Es dauerte nicht lange, da war das Bergland voll vom Rufen und Hasten der Treiber, von Hundegebell und Pferdegewieher; voll auch des aufgescheuchten Wildes. All dies eifrige Jagdgetümmel hätte sogar den Liebesgott selbst auf andere Gedanken bringen können; war es doch wirklich ein besonderes Vergnügen, diese Mischung aus Angst und Freude, aus Furcht und angenehm spannendem Risiko.

Doch der Großkönig sah kein einziges Pferd, wenn auch

noch so viele Reiter an ihm vorbeiritten, kein Stück Wild, wo doch so viele gejagt wurden; er hörte keinen Hund, obwohl so viele bellten, keinen Menschen, obwohl alle schrien. Einzig Kallirhoë hatte er vor Augen, die nicht da war, nur auf sie war sein Ohr eingestellt, die kein Wort sagte. Eros war ja mit ihm zur Jagd geritten. Und dieser – ein streitbarer Gott, wie man weiß – hatte gesehen, daß der König auf Abwehr eingestellt war und sich gut beraten glaubte. Nun drehte er ihm den Überlistungsversuch ins Gegenteil um und entzündete mit Hilfe des Heilmittels selbst einen Feuerbrand in seiner Seele, in der er mittendrin saß und ihm einflüsterte: »Wie wäre es, Kallirhoë hier zu sehen, in kniefreiem Gewand, die Arme entblößt, das Gesicht gerötet, die Brust voller Bewegung? Wahrlich

> Gleichwie Artemis Pfeile abschießend die Berge durchstreifet
> – mal den Taÿgetos, den weiten, mal Erymanthos – ,
> froh den Eber betrachtend oder die Hirsche, die schnellen!«

Indem der Großkönig sich solche Bilder in seiner Phantasie ausmalte, entbrannte er in heißer Flamme.

... Er sprach sich bei Artaxates aus; doch noch ehe er zu Ende war, fiel ihm dieser ins Wort und sprach: »Du hast vergessen, mein Gebieter, was geschehen ist: Kallirhoë hat ja gar keinen Gatten, und die Entscheidung, mit wem sie vermählt werden soll, steht noch aus! Du mußt denken, daß es eine Witwe ist, die du liebst. Du brauchst also keine Bedenken zu haben, weder der Gesetze wegen – denn diese schützen nur bestehende Ehen – noch eines möglichen Ehebruchs wegen – denn dazu müßte es zunächst einen Ehemann geben, dem Unrecht geschähe; erst dann könnte man von einem Ehebrecher sprechen, der Unrecht täte.«

Diese Rede gefiel dem Großkönig, denn sie entsprach ganz seinen Gelüsten. Er nahm den Eunuchen bei der Hand, zog ihn an sich und gab ihm einen Kuß. »Ganz recht ist es«, sprach er, »daß ich dich allen anderen vorziehe. Denn du bist mir am meisten ergeben; bei dir bin ich in guter Hut. Geh nun und hole Kallirhoë! Aber zweierlei gebe ich dir dabei zu beachten: Bringe sie nicht gegen ihren Willen und mache kein Aufsehen!

Meine Absicht ist klar: Du sollst sie durch Zureden gewinnen und so, daß alles geheim bleibt.«

Sofort wurde nun das Zeichen zum Abbruch der Jagd gegeben, und alle kehrten heim. Der Großkönig ritt voller Hoffnungen in den Palast ein und freute sich, als ob er das schönste Wild erlegt hätte. Auch Artaxates war freudig gestimmt, da er annahm, er könne auf Zusagen rechnen, die dem geleisteten Dienst entsprächen, und er werde in Zukunft die Zügel des ganzen Königspalastes in der Hand haben, da beide ihm zu Dank verpflichtet sein würden, und zwar Kallirhoë am meisten. Glaubte er doch, bei ihr leichtes Spiel zu haben, so wie er es sich eben als Eunuch und orientalischer Sklave vorstellte. Griechisches Ehrgefühl hatte er noch nicht kennengelernt, besonders nicht das der tugendhaften und gattentreuen Kallirhoë.

So wartete er denn einen günstigen Augenblick ab und trat bei ihr ein. Er stellte fest, daß er mit ihr allein war, und sprach: »Hohe Frau, einen ganzen Vorrat an großem Glück habe ich dir mitgebracht. Vergiß dafür du aber nicht, was ich da Gutes an dir getan habe! Ich bin sicher, mich auf deine Dankbarkeit verlassen zu können.«

Diese einleitenden Worten bewirkten, daß ein großes Glücksgefühl Kallirhoë überströmte. Denn von Natur aus glaubt der Mensch das, was er sich wünscht. Bald also werde sie ihrem Chaireas zurückgegeben werden, so glaubte sie und beeilte sich, dies aus dem Munde des Eunuchen zu hören, indem sie versprach, seine gute Botschaft angemessen zu honorieren. Dieser setzte erneut mit einer feierlichen Einleitung an:

»Hohe Frau, die Schönheit einer Göttin ist dir als Gunst des Schicksals zugefallen; aber ein ernst zu nehmendes Ergebnis von wirklicher Bedeutung hat sie dir nicht erbracht. Deinem Namen, der über die ganze Erde hin berühmt ist und den jeder kennt, fehlt es bis heute an einem diesem Ruhm entsprechendem Ehemann oder Liebhaber. Nur zwei Leute gab es da, mit denen er zufällig in Verbindung kam: einen Bettelmann aus irgendeiner Insel und einen anderen, einen der Diener des Großkönigs. Was hast du von denen schon bekommen, was groß oder prächtig wäre? Welches Anwesen gehört dir, das reiche Pacht einbrächte? Welches kostbare Schmuckstück? Wo sind die Städte, über die du gebietest? Wieviel Sklaven drängen sich um dich? Die Frauen in Babylon haben Dienerinnen, die reicher sind als du! Allerdings bist du nicht völlig im Stich gelassen, sondern Götter sind es, die Sorge tragen um dich. Sie haben dich hierhergeführt und den Prozeß als Vorwand erfunden einzig zu dem Zweck, daß dich der Großkönig zu Gesicht bekam. Und dies ist für dich die erste frohe Kunde: Er war darüber erfreut, dich gesehen zu haben. Und ich bin es, der ihn stets daran erinnert und dich vor ihm in gutes Licht stellt.« Dies letzte fügte er hinzu, wie es jeder Diener tut, wenn er mit jemandem über seinen Herrn spricht und dabei gewöhnlich auch sich selbst mit ins Gespräch bringt in dem Gedanken, aus der Unterhaltung für sich Gewinn zu schlagen.

Kallirhoë aber erschrak vor diesen Worten sogleich bis ins Herz hinein, als hätte ein Schwert sie getroffen. Sie tat jedoch so, als habe sie ihn nicht richtig verstanden, und sprach: »Die Götter mögen dem König gnädig bleiben und er dir – dafür daß ihr Mitleid habt mit einer armen Frau. Ich habe die Bitte an ihn, mich schneller von meiner Sorge zu befreien und die Entscheidung unverzüglich herbeizuführen, damit ich auch der Königin nicht mehr länger zur Last falle.«

Der Eunuch glaubte nun, nicht deutlich ausgedrückt zu haben, was er hatte sagen wollen, und Kallirhoë habe ihn nicht begriffen. Darum begann er, deutlicher zu werden: »Das Glück, das dir widerfahren ist, besteht genau darin, daß du nicht mehr Diener und Bettler zu Liebhabern hast, sondern den Großkönig, der in der Lage ist, dir sogar Milet mit ganz Jonien und Sizilien, ja auch noch größere Länder zum Geschenk zu machen. Bringe also den Göttern ein Opfer dar und freue dich deines Glückes! Sieh auch zu, wie du ihm noch mehr gefällst – und vergiß nicht mich, wenn du in deinem Reichtum lebst!«

Kallirhoës erster Gedanke war, ihrem Verführer womöglich gar die Augen auszukratzen. Doch als gebildete und vernünftige Frau machte sie sich schnell klar, wo und wer sie war und wer der war, der mit ihr sprach. Sie unterdrückte also ihren Zorn und begegnete dem Orientalen nunmehr mit feiner Ironie.

»So verblendet möchte ich wahrhaftig nicht sein«, sagte sie, »daß ich mir einreden könnte, des Großkönigs würdig zu sein! Ich stehe auf der gleichen Stufe wie die Dienerinnen der persischen Frauen. Und du – ich flehe dich an – erinnere deinen Herrn nicht noch einmal an mich! Sollte auch gleich danach sein Zorn noch nicht ausbrechen, so würde er es dir später sicherlich sehr übelnehmen, wenn er sich einmal klargemacht hat, daß du den Herrn der ganzen Erde einer Sklavin des Dionysios unterworfen hast. Im übrigen wundere ich mich darüber, wie du – sonst immer so klug – die humane Art des Königs außer acht läßt; denn er zeigt mir unglücklichen Frau nicht seine Liebe, sondern sein Mitleid. – Doch wollen wir nun das Gespräch beenden, damit uns nicht jemand bei der Königin in Mißkredit bringt!« Und schon lief sie davon, während der Eunuch sprachlos dastand. Er, der in einer absoluten Monarchie großgeworden war, war immer der Meinung gewesen, unmöglich sei nichts, nicht nur für den Großkönig, sondern auch für ihn selbst.

Auf diese Weise allein gelassen und nicht einmal einer Antwort gewürdigt, zog er langsam ab, voll der verschiedensten Empfindungen: Kallirhoë zürnte er, über sich selbst ärgerte er sich, und vor dem Großkönig hatte er Angst; denn dieser würde ihm vielleicht nicht einmal glauben, daß er die Unterredung überhaupt geführt hatte, wenn auch ohne Erfolg; vielmehr werde es den Anschein haben, er habe der Königin zu Gefallen seinen Auftrag verraten. Diese wiederum – so fürchtete er – könnte von Kallirhoë über seine Unterredung unterrichtet werden, und Stateira werde ihm diese sehr übelnehmen und sich etwas ganz Schlimmes für ihn ausdenken, da er dieser Liebschaft nicht nur Vorschub geleistet, sondern sie überhaupt erst in die Wege geleitet habe.

Während so der Eunuch sich seine Gedanken machte, wie er dem Großkönig, ohne selbst dabei Gefahr zu laufen, über das Geschehene Bericht erstatten könnte, saß Kallirhoë in ihrem Gemach und sprach zu sich: »Das war es, was ich immer vorausgeahnt hatte! Du, Euphrat, bist mein Zeuge: Ich sagte es voraus, daß ich dich nicht zum zweiten Mal überqueren würde. Leb wohl, Vater, und du, Mutter, und auch du, meine Vaterstadt Syrakus! Niemals werde ich euch wiedersehen.

Jetzt ist Kallirhoë wahrhaftig gestorben. Aus dem Grab konnte ich noch entkommen, aber von hier wird mich künftig nicht einmal der Seeräuber Theron herausholen. O trügerische Schönheit! Du bist an all meinem Unglück schuld! Deinetwegen wurde ich entführt, deinetwegen verkauft, deinetwegen nach meiner Heirat mit Chaireas erneut vermählt, deinetwegen nach Babylon gebracht und deinetwegen vor Gericht gestellt! Wieviel Widrigkeiten hast du mich preisgegeben: Seeräubern, Meer, Grab, Knechtschaft und Gericht! Das Allerärgste aber ist für mich die Liebe des Großkönigs. Seinen eigenen Zorn lasse ich dabei noch ganz außer Betracht; schlimmer noch ist ja, wie ich meine, die Eifersucht der Königin. Schon Chaireas als ein Mann und Grieche wurde mit dieser Leidenschaft nicht fertig. Was wird dann erst eine Frau anrichten, die eine orientalische Despotin ist? Nun denn, Kallirhoë, denke dir etwas Edles aus, eine Tat, die eines Hermokrates würdig ist! Nimm dir das Leben! – doch noch nicht gleich! Bis jetzt gab es ja noch nichts als eine Unterredung über Liebe und dazu mit einem Eunuchen. Falls aber etwas Schlimmeres geschieht, dann ist es für dich an der Zeit, Chaireas Treue zu erweisen, und zwar unter seinen Augen!«

Der Eunuch war inzwischen zurückgekehrt, verheimlichte aber dem Großkönig, was wirklich geschehen war. Er gab vor, die Königin habe ihm keine Ruhe gelassen und ihn genau beobachtet, so daß es ihm unmöglich gewesen sei, bis zu Kallirhoë vorzudringen. »Du aber, mein Gebieter«, so sagte er, »hast mir befohlen, für die Geheimhaltung der Angelegenheit Sorge zu tragen; und daran hast du gut getan. Du hast nun einmal das hochheilige Amt des Richters übernommen und bist auf dein Ansehen bei den Persern bedacht. Deswegen sind alle voll des Lobes über dich. Die Griechen aber sind Kleinigkeitskrämer und Schwätzer. Sie würden von sich aus dafür sorgen, daß die Sache überall ins Gerede kommt: Kallirhoë, weil sie damit prahlen würde, den Großkönig zum Liebhaber zu haben, Dionysios und Chaireas dagegen aus Eifersucht. Auch geht es nicht an, die Königin zu kränken, nachdem der Prozeß bewirkt hat, daß die Schönheit ihrer Gestalt noch mehr zur Geltung gekommen ist als vorher.« Dies war ein vorsichtiger Aufruf zum Rückzug in der Hoffnung, den Großkönig von seinem Liebesbegehren abbringen und gleichzeitig sich selbst eines schwierigen Auftrages entledigen zu können.

Für den Augenblick gelang ihm auch sein Beschwichtigungsversuch. Als aber die Nacht anbrach, flammte das alte Feuer wieder auf. Eros ließ den Großkönig immer wieder daran denken, welch schöne Augen Kallirhoë habe, wie schön ihr Antlitz sei. Er pries bei sich ihre Haare, ihren Gang, ihre Stimme; wie sie aussah, als sie in den Gerichtssaal kam und als sie vortrat; wie sie sprach, wie sie schwieg, wie sie schamhaft errötete, wie sie in Tränen ausbrach! Nachdem er so den größten Teil der Nacht wach gelegen hatte und nur insoweit einschlief, als er auch in seinen Träumen Kallirhoë erblickte, rief er in der Frühe den Eunuchen und sprach: »Geh und gib den ganzen Tag acht! Gewiß wirst du doch noch eine günstige Gelegenheit zu einer heimlichen Unterredung finden, sei sie auch noch so kurz. Wenn ich offen und mit Gewalt das Ziel meines Verlangens erreichen wollte, dann hätte ich dazu meine Leibwächter.«

Der Eunuch machte seine Reverenz und versprach, dafür zu sorgen. Denn niemand darf widersprechen, wenn der Großkönig befiehlt. Aber ihm war klar, daß Kallirhoë ihm die Gelegenheit zu einem Gespräch nicht geben werde, vielmehr sich ihm dadurch entziehen würde, daß sie alles daran setzte, sich in der Nähe der Königin aufzuhalten. Dem wollte er Abhilfe schaffen und lenkte daher die Aufmerksamkeit von der Bewachten zu der Bewacherin mit den Worten: »Wenn es dir gut scheint, mein Gebieter, lasse Stateira zu dir kommen, als wolltest du etwas unter vier Augen mit ihr besprechen. Denn wenn sie weg ist, werde ich für Kallirhoë freie Hand haben.« – »Ja, tue das!« erwiderte der Großkönig.

Artaxates ging also zur Königin, fiel vor ihr nieder und sprach: »Gebieterin, dein Herr Gemahl läßt dich rufen.« Als Stateira dies hörte, machte sie ihre Reverenz und begab sich eiligst zu ihm.

Sobald aber der Eunuch Kallirhoë allein gelassen sah, gab er ihr die Hand, als wäre er durch und durch Philhellene und Philanthrop, und führte sie weit weg von der Schar der Dienerinnen. Sie hingegen – bleich und wortlos – hatte sogleich durchschaut, was gespielt wurde, folgte aber dennoch.

Als sie unter vier Augen waren, sprach er zu ihr: »Du hast gesehen, wie die Königin auf den Namen des Großkönigs hin ihm ihre Reverenz machte und sich eilends auf den Weg begab. Du aber, seine Sklavin, erträgst es nicht, vom Glück begünstigt zu sein, und bist nicht zufrieden damit, daß er dich zu sich einlädt, obwohl er befehlen könnte. Ich dagegen habe aus lauter Hochachtung vor dir deine Tollkühnheit an ihn nicht weitergegeben, sondern habe mich – ganz im Gegenteil – für dich verbürgt. Nun stehen dir zwei Wege offen. Welchen willst du gehen? Ich werde sie dir beide aufzeigen. Wenn du dem König gehorchst, wirst du die schönsten Geschenke erhalten und einen Gatten nach deinem Willen. Sicherlich hat er nicht vor, dich zu heiraten, sondern du wirst ihm nur gelegentlich zu Gefallen sein. Andernfalls aber wird es dir als einer Widerspenstigen so ergehen, wie den Feinden des Großkönigs. Dies sind nämlich die einzigen, die nicht einmal dann sterben dürfen, wenn sie es möchten.«

Kallirhoë lachte laut auf über die Drohung und sprach: »Nicht zum ersten Mal wird es mir jetzt schlimm ergehen. Mit dem Unglücklichsein habe ich meine eigenen Erfahrungen. Was kann mir der Großkönig schon Schlimmeres zufügen als das, was ich bereits erlitten habe? Ich bin lebendig begraben worden; und ein Grab ist enger als jedes Gefängnis! In die Hände von Seeräubern war ich geraten. Zur Stunde erleide ich das Schlimmste von allem: Chaireas ist hier, und ich sehe ihn nicht!«

Diese Worte verrieten sie; und der Eunuch war klug genug zu merken, in welchem Zustand sie sich befand: Sie liebte! »O du allerdümmste unter den Frauen!« sprach er. »Der Sklave des Mithridates ist dir mehr wert als der Großkönig?«

Über diese Beleidigung des Chaireas war Kallirhoë empört und antwortete: »Schweig still, Mann! Chaireas ist von edler Herkunft, aus einer Stadt ersten Ranges, die nicht einmal von den Athenern besiegt worden ist, obwohl diese vorher bei Marathon und Salamis deinen hehren Großkönig bezwungen hatten.« Diese Worte begleitete ein Strom von Tränen.

Der Eunuch aber drang noch weiter in sie und sprach: »Allmählich bist du selbst schuld, daß alles so langsam vorangeht. Wie könnte es dir auf schönere Art gelingen, einen dir wohlgesinnten Richter zu bekommen, der dir den Gatten zurückgeben soll? Vielleicht wird Chaireas gar nicht erfahren, was geschieht. Aber auch wenn er es merkt, wird er nicht auf den eifersüchtig sein, der die größere Macht hat; vielmehr wird er dich, weil der Großkönig an dir Gefallen gefunden hat, für noch ehrenwerter erachten.« Diese Bemerkung fügte er nicht hinzu, um ihr etwas vorzumachen, sondern weil er selbst davon überzeugt war. Alle Orientalen stehen eben unter einem Zauber und halten den König für die Erscheinung eines Gottes. Kallirhoë aber hätte auch eine Vermählung mit Zeus selbst abgelehnt und hätte sogar die Unsterblichkeit geringer eingeschätzt als nur einen einzigen Tag mit Chaireas.

Da also der Eunuch nichts ausrichten konnte, sprach er: »Ich gebe dir noch Bedenkzeit, meine Dame. Aber denke dabei nicht nur an dich selbst, sondern auch an Chaireas, der in Gefahr steht, den jämmerlichsten Tod zu erleiden! Keinesfalls wird es der Großkönig einfach hinnehmen, sich in seiner Liebe schändlich mißachtet zu sehen!«

Ihn war sie damit endlich los; aber der Schluß der Unterredung hatte Kallirhoë zutiefst getroffen.

Allen Überlegungen und jeglicher Liebesbemühung machte alsbald die Schicksalsgöttin ein Ende, die eine Grundlage für ganz neue Ereignisse erfand.

Beim Großkönig trafen nämlich Boten ein mit der Nachricht, Ägypten sei mit einem großen Truppenaufgebot vom Reich abgefallen. Die Ägypter hätten den persischen Satrapen beseitigt und einen Einheimischen zum König gewählt. Dieser sei von Memphis aus aufgebrochen, habe Pelusion passiert und sei dabei, Syrien und Phönikien zu überrennen, so daß die Städte bereits keinen Widerstand mehr leisteten, als ob ein Wildbach oder eine plötzliche Feuersbrunst sich gegen sie herangewälzt habe.

Diese Nachricht erschütterte den Großkönig zutiefst, und alle Perser waren entsetzt. Niedergeschlagenheit breitete sich über ganz Babylon. Gleich waren auch Gerüchtemacher und Wahrsager zur Stelle und verkündeten immer wieder, der Traum des Großkönigs habe Zukunftsbedeutung gehabt: Die Forderung der Götter nach Opfern deute auf eine Gefahr, aber auch auf einen Sieg. Alles, was bei einem unerwarteten Kriegsausbruch zu geschehen pflegt und dazu gehört, geschah auch jetzt und war allgemeines Gesprächsthema. Es war keine Frage: Eine große Unruhe hatte Asien ergriffen.

Der Großkönig rief nun den Hohen Rat der Perser und die in Babylon weilenden Spitzen der Völkerschaften seines Reiches zusammen, mit denen er die wichtigsten politischen Fragen zu besprechen pflegte, und beriet sich mit ihnen über die neuen Ereignisse. Während der eine dies, der andere jenes empfahl, waren sich alle darüber einig, daß man sich beeilen müsse und möglichst auch nicht einen einzigen Tag verlieren dürfe, und zwar aus zwei Gründen: Erstens um die Feinde daran zu hindern, bis zur Überlegenheit ihrer Kräfte weiterzuwachsen, und zweitens um den Freunden dadurch Mut zu machen, daß man ihnen zeige, die Hilfe sei nahe. Wenn sie aber zögerten, werde insgesamt die genau entgegengesetzte Wirkung erzielt: Von den Feinden würden sie als Feiglinge verachtet werden, ihre eigenen Leute aber würden die Waffen strecken, da sie sich im Stich gelassen sähen. Der Großkönig habe aber besonderes Glück gehabt, daß ihn die Ereignisse nicht in Baktrien oder in Ekbatana, sondern in Babylon überrascht hätten, in der Nähe von Syrien. Er brauche nämlich nur den Euphrat zu überschreiten und habe dann die Aufständischen in nächster Nähe vor sich. Man beschloß also, die bereits zur Verfügung stehenden Streitkräfte ausrücken zu lassen und überallhin Boten zu schicken mit dem Befehl, das Heer solle sich am Euphrat sammeln.

Bei den Persern ist die Mobilmachung der Streitkräfte sehr leicht. Es steht nämlich seit der Zeit des Kyros, des ersten Perserkönigs, fest, welche Völker die Reiterei stellen und in welcher zahlenmäßigen Stärke, welche das Fußvolk und in welcher Stärke, wer Bogenschützen stellt und wieviel jeweils an einfachen oder mit Sicheln ausgerüsteten Kampfwagen. Auch ist klar, woher wieviel Elefanten kommen und von wem in welcher Art und in welcher Höhe Hilfsgelder zu entrichten sind. So wird alles von allen in der gleich kurzen Zeit betrieben, wie sie ein einzelner Mann für sich allein nötig hat.

Vier Tage nach Eintreffen der Unglücksbotschaft rückte der Großkönig aus Babylon aus und mit ihm alle, die im wehrfähigen Alter standen und dem allgemeinen Aufgebot entsprechend ihm folgten. Unter ihnen war auch Dionysios. Denn er war Jonier, und niemand, der zu den Untertanen des Reiches gehörte, durfte zurückbleiben. Er hatte seine schönste Rüstung angelegt und aus seinem Gefolge eine nicht zu verachtende Sondertruppe gebildet. In die Reihe der Ersten und Angesehensten hatte er sich eingeordnet, und man sah deutlich, daß von ihm Ruhmestaten zu erwarten waren; war er doch von Grund aus ehrgeizig, so daß er Tapferkeit nicht als zweitrangig ansah, sondern als eines der höchsten Ideale überhaupt. Er hatte damals aber auch eine gewisse Hoffnung, wenn er sich im Kriege als tüchtig erweise, werde er vom Großkönig auch ohne Gerichtsentscheid als Preis für sein Heldentum seine Frau zurückerhalten.

Kallirhoë aber sollte – wenigstens nach dem Willen der Königin – nicht mit ins Feld ziehen. Daher sprach diese mit dem Großkönig gar nicht erst von ihr und fragte auch nicht danach, was er der Fremden wegen etwa anzuordnen habe. Aber auch Artaxates schwieg still, als ob er es nicht wage, ungehörigerweise in der Stunde der Gefahr für seinen Herrn die Rede auf erotische Spielereien zu bringen, in Wirklichkeit aber, weil er froh war, von seiner Aufgabe befreit zu sein wie von einem wilden Tier. Ich glaube fast, er war dem Krieg sogar dankbar, daß er der durch Untätigkeit genährten Begehrlichkeit des Großkönigs den Garaus gemacht hatte.

Tatsächlich jedoch hatte dieser Kallirhoë keineswegs vergessen. Vielmehr überkam ihn inmitten jener unbeschreiblichen Wirren eine besondere Art von Erinnerung an ihre Schönheit. Doch scheute er sich, auf sie zu sprechen zu kommen, um nicht völlig kindisch zu erscheinen, wenn er in einem solchen Krieg seine Gedanken bei einer schönen Frau hätte. Als nun der Aufbruch eine Entscheidung erzwang, sagte er zu Stateira selbst nichts und auch nichts zum Eunuchen, der ja in sein Liebesverlangen eingeweiht war, vielmehr kam ihm da folgende Idee.

Nach altem Brauch nehmen der Großkönig und die hohen Würdenträger der Perser, wenn sie in den Krieg ziehen, auch ihre Frauen und Kinder mit, dazu Gold, Silber, Gewänder, Eunuchen, Nebenfrauen, Hunde, Tische und alles, was sie an Kostbarkeiten und Prunk besitzen. Nun ließ der Großkönig den dafür zuständigen Bediensteten kommen. Zunächst sprach er über vielerlei Sonstiges und ordnete an, wie in den einzelnen Punkten verfahren werden solle. Schließlich erwähnte er mit unverfänglicher Miene Kallirhoë, als ob ihm an ihr gar nichts liege, mit den Worten: »Und dann ist noch dieses ausländische Weibsbild da, deretwegen ich den Prozeß angesetzt hatte; sie soll mit den anderen Frauen das Heer begleiten.«

Auf diese Weise verließ auch Kallirhoë Babylon, und zwar nicht ungern. Sie rechnete damit, daß auch Chaireas ausrücken werde. Ein Krieg enthalte zwar viel Unwägbares, so dachte sie, aber auch Wendungen zum Besseren für die Glücklosen. Und vielleicht werde auch der Prozeß sein Ende finden, wenn es schnell Frieden gebe.

Siebtes Buch

Während alle anderen mit dem Großkönig zum Krieg gegen die Ägypter ausrückten, gab dem Chaireas niemand eine Anweisung. Denn er war kein Untergebener des Großkönigs, sondern zu dieser Zeit als einziger in Babylon ein freier Mann. Freudig gestimmt nahm er an, daß auch Kallirhoë dabliebe. So ging er am folgenden Tage, um seine Frau zu suchen, zum Königspalast hinauf. Doch den fand er verschlossen und vor seinen Toren viele Wachtposten. Nun durchstreifte er die ganze Stadt auf der Suche nach ihr, und wie von Sinnen fragte er seinen Freund Polycharm unablässig: »Kallirhoë, wo ist Kallirhoë? Was ist geschehen? Unmöglich kann doch auch sie in den Krieg gezogen sein!«

Als er Kallirhoë nicht fand, suchte er nach seinem Rivalen Dionysios und kam an dessen Haus. Es kam jemand an die Tür wie von ungefähr und sagte, was man ihn zu sagen hatte auswendig lernen lassen. Dionysios hatte nämlich Chaireas dazu bringen wollen, die Hoffnung auf eine Ehe mit Kallirhoë aufzugeben und nicht mehr länger auf den Richterspruch zu warten. Dazu hatte er sich eine solche List ausgedacht. Er hatte den Mann vor seinem Auszug in den Kampf mit folgender Nachricht an Chaireas zurückgelassen: »Der persische Großkönig, der auf Bundesgenossen angewiesen ist, hat Dionysios

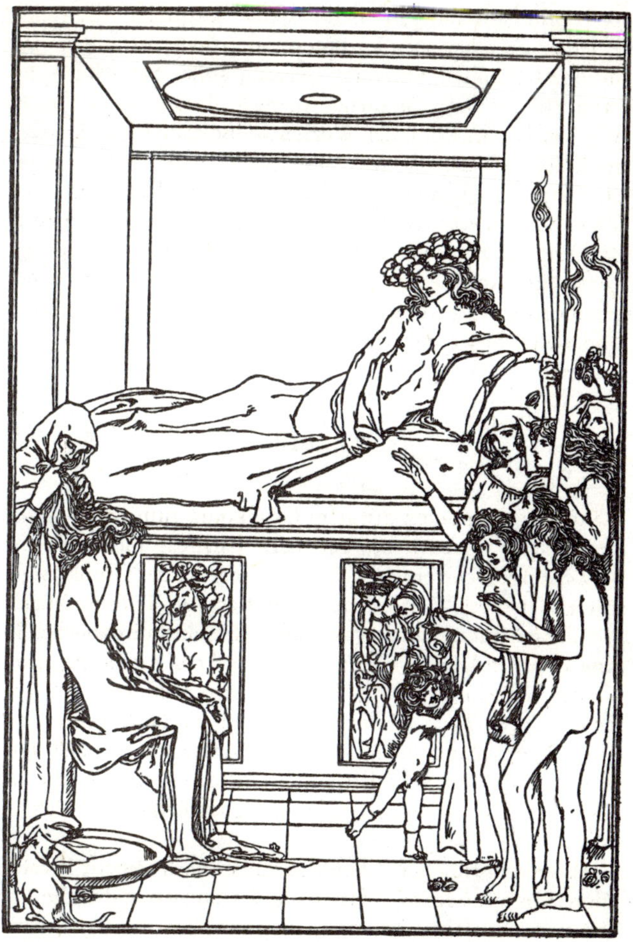

. . . sie wurden, als es Nacht geworden, von allen in das Brautgemach geleitet, wobei die einen die Syrinx andere die Flöte bliesen, noch andere große Fackeln trugen. SEITE 99

ausgesandt, eine Hilfstruppe gegen den Ägypter zusammenzubringen. Und damit ihm dieser Dienst auch treu und bereitwillig geleistet wird, hat er ihm Kallirhoë zurückgegeben.«

Als Chaireas dies hörte, glaubte er es sofort. Ein Mensch, der ganz im Unglück steckt, läßt sich eben leicht täuschen. Er zerriß sein Gewand, raufte sich das Haar und rief, die Brust mit den Fäusten bearbeitend: »Hure Babylon! Schlechte Gastgeberin! Wüst und leer bist du für mich! Schöner Richter das, der mit der Ehefrau eines anderen den Zuhälter spielt! Hochzeit im Krieg! Dabei hatte ich mich ganz auf den Prozeß verlassen, war fest überzeugt, ich würde recht haben: Nun wurde ich in Abwesenheit verurteilt, und gesiegt hat Dionysios durch Schweigen! Aber der Sieg wird ihm nichts nützen; Kallirhoë wird keinesfalls am Leben bleiben wollen, wenn sie getrennt wird von einem Chaireas, der lebt und da ist! Das erste Mal hatte er sie noch dadurch täuschen können, daß es so aussah, als ob ich tot sei. Was zögere ich noch, mir im Angesicht des Königspalastes selbst den Tod zu geben und mein Blut vor die Tore des Richters spritzen zu lassen? Perser und Meder sollen erkennen, wie ihr König hier Gericht gehalten hat!«

Polycharm sah, daß er Chaireas über dieses Unglück nicht hinwegtrösten konnte und daß ihm nicht mehr zu helfen war. Daher sprach er: »Früher habe ich dir immer wieder zugeredet, mein lieber Freund, und habe dich so manches Mal vom Tode abgehalten. Jetzt aber bist du, glaube ich, zu Recht entschlossen; und weit davon entfernt, dich hindern zu wollen, bin ich diesmal selbst bereit, mit dir gemeinsam den Tod zu suchen. So wollen wir denn überlegen, ob es nicht eine bessere Todesart gibt als die, an die du denkst. Denn diese würde dem Großkönig zwar eine gewisse Antipathie und für die Zukunft Unehre einbringen. Damit käme er aber gegenüber dem, was wir erleiden mußten, zu glimpflich davon. Ich meine, wir sollten den einmal von uns beschlossenen Tod zur Vergeltung an dem Tyrannen benutzen. Wahrhaftig, schön wäre es, ihm solche Verluste beizubringen, daß er zu echter Reue gezwungen wäre, so daß wir späteren Generationen eine ruhmvolle Geschichte von zwei Griechen hinterlassen, die wegen erlittener Unbill am Großkönig Rache nahmen und als Männer den Tod fanden.«

»Aber wie«, entgegnete Chaireas, »können wir zwei allein als mittellose Ausländer dem Herrn so vieler großer Völker, der eine Streitmacht hat, wie wir sie gesehen haben, ernsthaft zu schaffen machen? Denn für sich selbst hat er Leibwächter und Vorposten; und ob wir nun einen von seinen Leuten töten oder etwas von seinen Besitztümern anzünden: Er wird den Schaden gar nicht spüren.«

»Da hättest du recht«, erwiderte Polycharm, »wenn nicht Krieg wäre. Nun aber hören wir, daß Ägypten abgefallen ist. Für den Großkönig wird der Krieg beginnen, schon bevor er den Euphrat überschritten hat. Wir zwei sind also nicht allein, sondern haben so viele Bundesgenossen, wie der Ägypter ins Feld führt, ebensoviel auch an Waffen, an Geldmitteln und an Kriegsschiffen. Benutzen wir also eine fremde Streitmacht für unsere eigene Rache!«

Noch nicht ganz war gesprochen das Wort,

als Chaireas schon ausrief: »Eilen wir uns! Fort von hier! Im Krieg werde ich mir von diesem Richter Recht holen!«

Nun brachen sie rasch auf und setzten dem Großkönig nach. Unterwegs gaben sie vor, mit ihm ins Feld ziehen zu wollen. Unter diesem Vorwand hofften sie, den Euphrat gefahrlos überschreiten zu können. Sie stießen auf das Meer in der Nähe des Flusses, mischten sich unter die Nachhut und zogen mit. Als sie in Syrien ankamen, liefen sie zum Ägypter über. Die Posten, die sie aufgriffen, fragten sie aus, wer sie seien; denn da sie nicht wie Parlamentäre aussahen, lag der Verdacht nahe, sie seien Spione. Dadurch wären sie in eine gefährliche Situation geraten, wenn nicht zufällig dort ein Grieche zu finden gewesen wäre, der ihre Sprache verstand. Sie baten darum, zum König geführt zu werden, da sie ihm etwas sehr Nützliches zu überbringen hätten. Dies tat man, und Chaireas sprach:

»Wir sind Griechen aus Syrakus und stammen aus Patrizierfamilien. Dieser da kam bis nach Babylon meinetwegen, da er mein Freund ist, ich meinerseits wegen einer Frau, und zwar der Tochter des Hermokrates. Ich meine den Feldherrn Hermokrates, der die Athener, wie du sicher gehört hast, in einer Seeschlacht besiegt hat.«

Der Ägypter nickte zustimmend; denn keinem Volk war das

Mißgeschick der Athener unbekannt geblieben, das ihnen im sizilischen Krieg zugestoßen war.

»Artaxerxes hat uns mit tyrannischer Willkür behandelt«, so ging es mit dem Bericht weiter, bis sie alles erzählt hatten. »Wir stellen uns dir also zur Verfügung und schenken dir damit zuverlässige Freunde, die die zwei wichtigsten Vorbedingungen für Tapferkeit aufweisen können: Sehnsucht nach dem Tod und nach Rache. Ohnehin wäre ich längst tot, wenn man bedenkt, was mir alles schon zugestoßen ist. Der Rest meines Lebens dient einzig dazu, meinem Feinde Schaden zuzufügen.

Nein, nicht kampflos und ruhmlos möcht' ich mein Leben beschließen,
Vielmehr Großes bewirkend, der Nachwelt ewig vernehmbar!«

Dies hörte der Ägypter gern. Er reichte ihm die Hand und sprach: »Zur rechten Zeit kommst du, junger Mann, für dich und für mich.« Auf der Stelle ließ er ihnen Waffen geben und ein Zelt.

Es dauerte nicht lange, da machte er Chaireas zu seinem Tischgenossen und bald sogar zu seinem Berater. Denn dieser zeigte Klugheit und Mut, darüber hinaus auch Zuverlässigkeit, wie es bei seiner guten Wesensart und seiner sorgfältigen Erziehung zu erwarten war. Einen noch stärkeren Antrieb, der ihn noch mehr hervorragen ließ, gaben ihm seine Kampfeswut gegen den Großkönig und sein Wille, unter Beweis zu stellen, daß er kein verächtlicher Wicht war, sondern ein ehrenwerter Mann. Dementsprechend gelang ihm schon gleich zu Anfang ein Husarenstück.

Dem Ägypter war bisher alles leicht geglückt. Er hatte sich mit einem Handstreich Koilesyriens bemächtigt, und auch Phönikien hatte er in der Hand. Es fehlte nur noch Tyros.

Die Tyrier sind von Natur aus ein sehr kampffreudiges Volk und legen Wert darauf, ihren Ruhm in ihrer Tapferkeit begründet zu sehen, um auch nicht entfernt dem Herakles Schande zu machen, dem Gott, der bei ihnen am meisten verehrt wird und dem fast allein sie ihre Stadt geweiht haben. Sie stützen sich aber auch auf die Stärke ihrer geographischen

Lage. Denn die Stadt liegt ganz im Meer und ist mit dem Festland nur durch einen schmalen Zugang verbunden, der sie daran hindert, eine Insel zu sein. Sie gleicht einem Schiff, das im Hafen festgemacht und den Landungssteg ausgelegt hat. Für sie ist es also leicht, sich in einem Kriege von allen Seiten abzuschließen: Gegen einen Angriff von Fußtruppen vom Meer her genügt ihr ein einziges Tor, und die Einfahrt von Kriegsschiffen verbieten ihre Mauern, da die Stadt starke Festungsanlagen hat und von ihren Häfen umschlossen wird wie ein Haus.

Während nun ringsum schon alles überwältigt war, boten den Ägyptern nur die Tyrier Trotz, die dem Perser Ergebenheit und Treue bewahrten. Dem Ägypter machte dies große Sorgen, und er berief einen Kriegsrat. Bei dieser Gelegenheit zog er zum ersten Mal Chaireas hinzu. Er begann mit folgender Rede:

»Meine Herren Mitkämpfer! – meine Freunde kann ich ja wohl nicht Diener nennen! – Ihr seht, welche Schwierigkeiten wir haben. Wie ein Schiff, das eine weite Strecke lang günstige Fahrt gehabt hat, werden wir jetzt von Gegenwind aufgehalten: Tyros, diese besonders schwierige Stadt, hält unseren Vormarsch auf. Andererseits zieht der Großkönig heran, wie wir erfahren. Was sollen wir tun? Wir können nun einmal Tyros weder einnehmen noch einfach umgehen. Wie eine Mauer liegt es mitten im Weg und schneidet uns ganz Asien ab. Meiner Meinung nach sollten wir so schnell wie möglich von hier wieder abrücken, bevor sich die Streitmacht der Perser mit den Tyrern vereinigt. Für uns ist es gefährlich, in Feindesland angegriffen zu werden. Pelusion ist eine Festung. Dort brauchen wir weder Tyrier noch Meder noch sonstige Angreifer, wer es auch sein mag, zu fürchten. Denn die unüberschreitbare Sandwüste läßt nur einen kleinen Zugang, zur See sind wir überlegen, und der Nil ist ein Freund der Ägypter.«

Während er dies betont vorsichtig vortrug, verbreitete sich allgemein stumme Niedergeschlagenheit. Nur Chaireas wagte, das Wort zu ergreifen:

»Mein König – denn du bist wirklich ein König, im Gegensatz zum Perser, diesem nichtswürdigen Menschen –! Mit Sorge habe ich gehört, daß du mitten in Siegesfeiern an Flucht denkst. Wir sind Sieger, wenn die Götter es wollen, und nicht nur Tyros werden wir einnehmen, sondern auch Babylon. Mancherlei kann im Krieg zum Hindernis werden, vor dem wir dann aber nicht völlig verzagen dürfen; vielmehr müssen wir uns immer die Hoffnung auf gutes Gelingen vor Augen halten und mutig ans Werk gehen. Diese Tyrier da, die uns jetzt verlachen, werde ich dir entwaffnet und in Fesseln vorführen. Wenn du mir das nicht zutraust, dann töte mich als Opfer für die Götter, bevor du dich zurückziehst. Keinesfalls werde ich lebend an einer Flucht teilnehmen. Wenn du es aber durchaus so willst, dann laß mir einige Leute hier, die freiwillig bleiben wollen. Wir, Polycharm und ich, wir werden auch weiterhin kämpfen, denn nur mit Gottes Hilfe sind wir bis hierher gekommen.«

Keiner wagte es, Chaireas' Meinung nicht beizupflichten, und der König staunte über seine Zuversicht. Er gestattete ihm, aus dem Heer sich nach eigenem Belieben eine Elitetruppe zu bilden. Chaireas traf seine Auswahl aber nicht sogleich, sondern mischte sich unter die Soldaten im Lager und ließ Polycharm dasselbe tun.

Zuerst suchte er herauszubekommen, ob Griechen im Lager waren. Es stellte sich heraus, daß es ziemlich viele waren, die hier als Söldner Dienst taten. Aus ihnen suchte er sich Spartaner, Korinther und sonstige aus der Peloponnes stammende Griechen aus. An die zwanzig fand er außerdem aus Sizilien. So bildete er eine Truppe von dreihundert Mann und hielt an sie folgende Ansprache:

»Männer aus Griechenland! Der König hat mir Vollmacht gegeben, aus dem Heer die Tapfersten auszuwählen. Darum habe ich euch ausgesucht. Auch ich bin Grieche und stamme aus Syrakus, bin also von dorischer Herkunft. Wir dürfen uns nicht nur durch unsere edle Abstammung, sondern müssen uns auch durch Tapferkeit von den anderen unterscheiden. Niemand sollte sich nun einschüchtern lassen vor dem Unternehmen, zu dem ich euch hier aufrufe. Denn wir werden finden, daß es durchführbar, ja leicht ist und nur der landläufigen Meinung nach schwierig erscheint, obwohl es noch niemand versucht hat. Ebensoviel Griechen wie wir haben an den Thermopylen dem Xerxes widerstanden. Die Tyrier aber sind nicht fünf Millionen, sondern nur wenige und stützen sich dabei auf prahlerischen Hochmut und nicht auf gut beratene Zuversicht. Nun sollen sie erkennen, welch großer Unterschied besteht zwischen Griechen und Phönikiern. Ich aber bin nicht darauf aus, die Führung zu übernehmen, sondern bin bereit, jedem zu folgen, der an der Spitze stehen will. Mich wird er als Gefolgsmann finden, da ich nicht für mich persönlich, sondern für uns alle gemeinsam Ruhm erstrebe!« Da riefen ihm alle zu: »Du sollst unser Anführer sein!«

»Da es so euer Wille ist«, fuhr er fort, »will ich euer Anführer sein, und ihr seid es, die mir dieses Amt gegeben habt. Daher werde ich versuchen, alles zu tun, daß ihr nicht bereut, mir eure Ergebenheit und eure Zuversicht geschenkt zu haben. Vielmehr werdet ihr mit der Götter Hilfe in der Gegenwart euch Ruhm und Ansehen verschaffen und werdet die Reichsten unter allen Verbündeten sein. Außerdem wird für die Zukunft euer Name ewig ein Begriff sein für Tapferkeit, und alle, die die Schar des Miltiades oder die Dreihundert um Leonidas preisen, werden ebenso auch die Männer um Chaireas hochleben lassen.« Noch während er sprach, riefen alle laut: »Auf, dir nach!«, und alle stürmten zu den Waffen.

Chaireas stattete sie mit den schönsten Rüstungen und Waffen aus und ging mit ihnen zum Königszelt. Der Ägypter war überrascht, als er sie sah, und nahm fest an, es stünden ganz andere Leute vor ihm als die, die er zu sehen gewohnt war. Auf seine Ankündigung reicher Geschenke für sie entgegnete Chaireas: »Darauf wollen wir uns verlassen. Halte du aber, bitte, das übrige Heer unter Waffen und rücke erst dann gegen Tyros vor, wenn wir es überwältigt haben und von den Mauerzinnen aus euch herbeirufen.« – »Mögen die Götter es geben!« fügte der König hinzu.

Nun ließ Chaireas seine Leute in dichter Kolonne auf Tyros zugehen, so daß sie viel weniger zu sein schienen, als sie waren, wirklich so, wie es heißt, daß

> Schild sich stützte auf Schild, Helm auf Helm und ein Mann den andern.

Zunächst wurden sie von den Feinden noch nicht einmal

bemerkt. Aber als sie näher herangekommen waren, sah man sie von den Mauern aus und gab denen in der Stadt Zeichen in der Annahme, es handele sich um alles andere als um Feinde. Denn wer hätte vermuten können, daß ein solch kleines Häuflein gegen diese übermächtige Stadt anrücke, gegen die nicht einmal die gesamte Streitmacht der Ägypter auch nur ein einziges Mal anzutreten gewagt hatte.

Als sie ganz nahe an die Mauern herangekommen waren, fragte man sie, wer sie seien und was sie wollten. Chaireas antwortete: »Wir sind griechische Söldner und haben vom Ägypter unseren Sold nicht erhalten. Wir mußten sogar damit rechnen, heimlich aus dem Wege geräumt zu werden. Daher kommen wir zu euch in der Absicht, uns zusammen mit euch gegen den gemeinsamen Feind zu wehren.« Dies gab man an die in der Stadt weiter. Da ließ der Befehlshaber das Tor öffnen und trat mit einigen Leuten hinaus. Diesen machte Chaireas als ersten nieder und stürzte sich auch auf die anderen,

Stieß dann ringsumher zu; da gab's nur ein klägliches Stöhnen.

Auch seine Begleiter töteten, wo sie hintrafen. Es war, wie wenn Löwen eine unbewachte Rinderherde anfallen. Wehgeschrei und Totenklage befiel die ganze Stadt. Obwohl nur wenige sahen, was wirklich geschah, wurden alle von Entsetzen gepackt. Und eine ungeheure Masse von Leuten schob sich durch das Tor, die sich selbst von der Katastrophe ein Bild machen wollten. Gerade das war es, was die Tyrier am meisten ins Unglück stürzte. Denn die einen drängten von innen mit Gewalt, um nach draußen zu kommen, die anderen, die draußen niedergeschlagen und mit Schwertern und Lanzen verwundet wurden, versuchten, nach drinnen zu entkommen. Auf engstem Raum stießen sie aufeinander und boten damit denen, die sie niedermachten, reichlich Gelegenheit dazu, so daß es nicht einmal möglich war, die Torflügel zu schließen, da sich zwischen ihnen Berge von Toten häuften.

In diesem unbeschreiblichen Trubel blieb einzig Chaireas besonnen. Nachdem er die, die ihm entgegengetreten waren, überwältigt hatte und durch das Tor eingedrungen war, stürmte er mit neun anderen auf die Mauern und gab von oben

Zeichen, um die Ägypter herbeizuholen. Diese waren in Windeseile da, und schon war Tyros eingenommen.

Die Eroberung von Tyros wurde von allen ausgiebig gefeiert. Nur Chaireas beteiligte sich nicht an den Opfern und legte auch keinen Siegerkranz an. »Was helfen mir denn Siegesfeiern«, klagte er, »wenn du, Kallirhoë, sie nicht siehst? Ich werde mich nie mehr bekränzen nach unserer schönen Hochzeitsnacht. Ob du nun tot bist – dann wäre es Frevel – oder noch lebst, wie könnte ich getrennt von dir feiern, auch wenn es einen solch großartigen Anlaß gibt?«

Der Perserkönig aber hatte inzwischen den Euphrat überschritten und beeilte sich, so schnell wie möglich mit seinen Feinden zusammenzutreffen. Denn nachdem er erfahren hatte, daß Tyros eingenommen war, fürchtete er um Sidon und ganz Syrien, da er sah, daß der Feind schon gleich stark war. Daher beschloß er, nicht mehr mit seinem ganzen Gefolge weiterzuziehen, sondern mit leichterem Gepäck, damit nichts seiner Eile hinderlich sei. So nahm er nur den aufs beste ausgesuchten Teil seines Heeres mit und ließ die zum Kampf unbrauchbaren Altersgruppen mit der Königin zurück, dazu auch die Kriegskasse, die Kleiderkammer und den Königsschatz. Und da alles von Lärm und Unruhe erfüllt war und der Krieg die Städte schon bis zum Euphrat hin in Mitleidenschaft gezogen hatte, hielt er es für sicherer, die, die er zurückließ, auf Arados unterzubringen.

Arados ist eine Insel, die vom Festland dreißig Stadien entfernt liegt und auf der es ein altes Aphroditeheiligtum gibt. Die Frauen lebten dort in vollkommener Sicherheit wie zu Hause. Kallirhoë machte sogleich der Aphrodite einen Besuch. Sie trat unmittelbar vor sie hin und weinte still für sich, so daß ihre Tränen für die Göttin ein stummer Vorwurf waren. Kaum hörbar flüsterte sie schließlich: »Sieh an, nun auch noch Arados, diese kleine Insel, statt des großen Sizilien! Und niemand hier, der mir nahe steht! Nun ist es genug, meine Herrin! Bis wohin willst du mich noch verfolgen? Wenn ich dich auch aufs tiefste beleidigt hätte – die Strafe habe ich dir abgebüßt. Wenn auch meine unglückselige Schönheit deinen Unwillen erregt hat – sie ist mir Ursache meines Verderbens geworden. Was allein an meinem Unglück noch gefehlt hatte, das habe ich nun auch noch kennenlernen müssen: den Krieg. Im Vergleich zu meiner gegenwärtigen Lage war selbst Babylon für mich noch milde: Dort war Chaireas in der Nähe. Aber nun ist er sicher schon tot. Wie hätte er es denn überleben können, daß ich fortging? Aber leider habe ich keine Möglichkeit, jemanden zu fragen, was wirklich geschehen ist. Alle sind Fremde, Orientalen, voll Neid und Haß; und noch schlimmer als die, die mich hassen, sind die, die mich lieben. Offenbare mir du, meine Herrin, ob Chaireas noch lebt!«

Mit diesen Worten entfernte sie sich. Dabei begegnete ihr Rhodogune, die Tochter des Zopyros und Gattin des Megabazes, deren Vater und Gatte zu den Vornehmsten der Perser gehörten, und sprach ihr Trost zu. Sie war es auch, die als erste von den Perserinnen mit Kallirhoë zusammengetroffen war, als diese in Babylon ankam.

Als der Ägypter hörte, daß der Großkönig in der Nähe war, und zwar zu Lande und zu Wasser gut gerüstet, rief er Chaireas zu sich und sprach zu ihm: »Ich hatte noch keine Gelegenheit, mich dir für deinen schönen Anfangserfolg erkenntlich zu zeigen. Dir verdanke ich ja Tyros. Was aber die jetzt anstehenden Aufgaben betrifft, bitte ich dich, unsere Erfolge nicht aufs Spiel zu setzen, deren Ergebnisse ich mit dir teilen werde. Mir genügt Ägypten; Syrien sollst du besitzen. Nun denn, wir wollen überlegen, was zu tun ist. Der Krieg steht in beiden Bereichen auf des Messers Schneide. Dir überlasse ich die Wahl, ob du die Fußtruppen befehligen willst oder die Seestreitkräfte. Ich glaube, daß dir die See mehr liegt. Ihr Syrakusaner habt ja sogar die Athener zur See besiegt. Heute aber handelt es sich um die Perser, die von den Athenern besiegt wurden. Du hast ägyptische Triëren zur Verfügung, die größer und zahlreicher sind als die sizilischen. Dein Vorbild auf See soll dein Schwiegervater Hermokrates sein.«

Chaireas antwortete ihm: »Mir ist jede Gefahr lieb. Für dich will ich den Krieg auch direkt gegen meinen größten Feind, den Großkönig, wieder aufnehmen. Aber gib mir mit den Triëren auch meine Dreihundert!«

»Die sollst du haben«, entgegnete er ihm, »und darüber hinaus soviel du willst!«

Und sogleich wurde das Wort zur Tat. Denn es war dringend nötig. Und während der Ägypter mit den Fußtruppen sich dem Feind entgegenstellte, übernahm Chaireas die Flotte.

Die Fußtruppen zeigten sich zunächst arg enttäuscht darüber, daß Chaireas nicht mit ihnen zog, denn er war bei ihnen beliebt, und sie setzten große Hoffnungen in seine strategischen Fähigkeiten. Sie betrachteten ihn wie einen Augapfel, der ihrem großen Körper entrissen war. Die Flotte aber war voller Hoffnung und Zuversicht, weil sie den Tapfersten und Schönsten als Befehlshaber hatten. Keine Aufgabe war ihnen zu geringfügig; alle, ob Kapitän, Steuermann, Matrose oder Seesoldat, bemühten sich in gleicher Weise, der erste zu sein an Dienstbereitschaft gegenüber Chaireas.

An ein und demselben Tage entbrannte der Kampf zu Lande und zur See. Lange Zeit leistete das Heer der Ägypter den Medern und Persern starken Widerstand; schließlich aber gaben sie unter dem Druck der Übermacht auf, und der Großkönig setzte ihnen zu Pferde nach. Der Ägypter war bestrebt, sich nach Pelusion zurückzuziehen, während der Perser sie noch vorher stellen wollte. Vielleicht wäre der Rückzug auch gelungen, wenn nicht Dionysios eine erstaunliche Leistung vollbracht hätte.

Schon im Nahkampf hatte sich dieser hervorragend geschlagen, immer in der Nähe des Großkönigs, der ihn sehen sollte, und als erster hatte er die ihm gegenüberstehenden Gegner in die Flucht geschlagen. Als dann aber die Verfolgung sich in die Länge zog und Tag und Nacht hindurch anhielt, sprach Dionysios zum Großkönig, den er darüber in Sorgen sah: »Sei unbesorgt, mein Gebieter! Ich werde nämlich dem Ägypter den Rückzug abschneiden, wenn du mir eine Schar ausgesuchter Reiter zur Verfügung stellst.« Dem Großkönig war dies sehr recht, und er gab ihm entsprechende Vollmacht.

So stellte denn Dionysios eine Truppe von fünftausend Mann auf und schaffte mit ihnen zwei Tagemärsche in einem Tage. Bei Nacht stürzte er sich auf die nichtsahnenden Ägypter und machte viele Gefangene. Noch mehr von ihnen fanden den Tod. Der ägyptische König stürzte sich in sein eigenes Schwert, als er lebend in die Hände des Feindes fiel, und Dionysios brachte sein Haupt den Großkönig. Dieser sah es sich an und sprach dann: »Ich lasse dich in meinem Palast als

Wohltäter aufzeichnen und gebe dir nun als das schönste Geschenk, das du dir selbst am allermeisten wünschst, Kallirhoë zur Frau. Der Krieg hat in diesem Prozeß entschieden. Du hast damit den schönsten Kampfpreis für deine Tapferkeit.« Dionysios fiel ihm zu Füßen und fühlte sich in den Himmel versetzt. Er war vollkommen davon überzeugt, unanfechtbar Kallirhoës Gatte zu sein.

Während sich dies auf dem Festland zutrug, wurde zur See Chaireas Sieger, wobei sich zeigte, daß die feindliche Flotte nicht annähernd gleichwertig war: Schon dem Aufprall der ägyptischen Triëren hielt sie nicht stand, so daß es gar nicht erst zur Begegnung Bug gegen Bug kam. Vielmehr wurden die einen gleich durch den Rammstoß versenkt und die anderen an Land gedrängt sowie mitsamt der Besatzung aufgebracht. Die See war voll von Wrackteilen medischer Schiffe. Doch weder der Großkönig erhielt Nachricht von dieser Niederlage zur See noch Chaireas von der der Ägypter zu Lande: jeder glaubte, in beiden Bereichen gesiegt zu haben.

Noch am gleichen Tage, an dem Chaireas seinen Seesieg errungen hatte, segelte er mit seiner Flotte nach Arados, ließ die Insel von einigen Schiffen umzingeln und so völlig unter Kontrolle halten. . . . .
[Lücke: noch am gleichen Abend wurde die Insel besetzt; jeder sollte seinem] . . . .
. . . . Herrn selbst Rechenschaft ablegen. Und man ließ die Eunuchen, Dienerinnen und alles wohlfeilere Sklavenvolk auf dem Marktplatz zusammenkommen; denn dort war viel Platz. Aber die Menge war so groß, daß die Leute nicht nur in den Säulenhallen, sondern auch unter freiem Himmel übernachten mußten. Leute von einigem Rang jedoch brachte man in den Amtssaal der Marktverwaltung, in dem sonst die hierfür zuständigen Beamten ihre Amtsgeschäfte versahen. Die Frauen saßen da am Boden rings um die Königin. Sie machten kein Feuer und rührten keine Speise an. Denn sie waren davon überzeugt, der Großkönig sei in Gefangenschaft geraten und die Sache der Perser sei verloren, während der Ägypter auf der ganzen Linie Sieger sei.

Dies wurde für Arados eine zugleich freudenreiche und kummervolle Nacht: auf der einen Seite waren die Ägypter froh, Krieg und Perserknechtschaft los zu sein, auf der anderen Seite hatten die kriegsgefangenen Perser Fesselung, Auspeitschung, Entehrung und Niedermetzelung vor Augen, im günstigsten Fall den Sklavenmarkt.

Stateira hatte ihr Haupt auf Kallirhoës Schoß gelegt und weinte; bei ihr fand die Königin am ehesten Trost: War sie doch eine griechische Frau von Herzensbildung und selbst leidgeprüft.

Da geschah folgendes: Der ägyptische Soldat, dem die Bewachung der in diesem Amtsgebäude Untergebrachten anvertraut war, merkte auf einmal, daß die Königin darin war. Er wagte aber nicht, nahe zu ihr heranzukommen – alle Orientalen haben eben vor dem Königsnamen eine angeborene Scheu –, sondern blieb vor dem versperrten Eingang stehen und rief hinein: »Keine Sorge, Herrscherin! Noch weiß ja der Admiral gar nicht, daß auch du unter den Kriegsgefangenen hier eingeschlossen bist. Wenn er es erst erfahren hat, wird er dich human behandeln; denn er ist nicht nur tapfer, sondern auch ....

[Längere Lücke; vermutlicher Inhalt: Der Soldat, der zunächst ankündigt, die Königin sei für seinen Admiral, nämlich Chaireas, bestimmt, wird durch die jammervolle Reaktion der Frauen dazu bewegt, doch einzutreten und ist vom Bild der schönen Kallirhoë, die als einzige ihre Fassung bewahrt, so überwältigt, daß er dem Chaireas davon berichtet. Am nächsten Morgen wird er beauftragt, statt der Königin Kallirhoë, deren Name noch nicht genannt wird, zu Chaireas zu bringen. Er verspricht ihr:] ....

»............ wird er dich zu seiner Frau machen; denn er ist Frauen gegenüber ritterlich.«

Als Kallirhoë dies hörte, jammerte sie laut auf und raufte sich das Haar mit den Worten: »Jetzt bin ich wirklich eine Kriegsgefangene! Töte mich lieber, als mir diese Botschaft zu bringen! Heiraten, das ertrage ich nicht! Bitte, gib mir den Tod! Man mag mich foltern oder brennen: Von hier gehe ich nicht weg. Dieser Platz ist mein Grab. Wenn der Admiral aber, wie du sagst, ritterlich ist, soll er mir den Gefallen tun und mich hier töten.«

Aufs Neue trug der Mann seine Bitten vor. Sie aber stand nicht auf, sondern hüllte sich nun ganz in ihren Schleier, stürzte zu Boden und blieb da liegen. Für den Ägypter war es nun ein Problem, was er noch tun konnte. Gewalt anzuwenden wagte er natürlich nicht; sie zu überreden vermochte er aber nicht. Deshalb kehrte er zu Chaireas zurück und trat mit verdrießlicher Miene vor ihn hin.

Als der ihn sah, fuhr er ihn gleich an: »Was ist das denn anderes, als wenn man mir die schönsten Stücke der Beute stähle? Sollte das einer wagen, dann wird er nicht lange Freude daran haben!«

Da unterbrach ihn der Ägypter: »Es ist ja gar nichts Schlimmes passiert, Herr! Nur will die Frau, die ich in dem großen Jammer so gefaßt gefunden hatte, nicht mitkommen, sondern hat sich auf den Boden geworfen, verlangt nach dem Schwert und will sterben!«

Chaireas lachte ihn aus und sagte: »O du größter Trottel aller Zeiten! Kennst du denn nicht die Methode, mit der man eine Frau herumkriegt mit einschmeichelnden Worten und Versprechungen, besonders wenn sie sich geliebt glaubt? Du aber hast womöglich Gewalt gebraucht und sie beleidigt!«

»Nein, mein Herr«, entgegnete dieser, »von allem, was du da sagst, habe ich mehr als doppelt so viel getan. Ja, ich habe ihr sogar vorgelogen, du würdest sie zur Frau nehmen. Und das hat sie am allermeisten übelgenommen.«

Darauf Chaireas: »Dann bin ich offensichtlich ein besonders liebreizender Mensch, wenn sie mich, bevor sie mich überhaupt gesehen hat, voll Haß ablehnt! Aber die Haltung dieser Frau scheint wirklich nicht unedel zu sein. Keiner soll ihr mit Gewalt kommen! Laßt sie nur gewähren, wie sie es mag! Immerhin verlangt der Anstand von mir, Sittsamkeit zu achten. Wer weiß, vielleicht ist auch sie in Trauer um ihren Ehegatten?«

Achtes Buch

Im vorigen Buch habe ich dargelegt, wie Chaireas in der Vermutung, Kallirhoë sei dem Dionysios übergeben worden, und in der Absicht, sich am Großkönig zu rächen, sich auf die Seite des Ägypters gestellt und – zum Flottenbefehlshaber gemacht – einen Seesieg errungen hatte, nach diesem Sieg Arados besetzte, wo der Großkönig seine Frau mit ihrem ganzen Hofstaat, Kallirhoë eingeschlossen, untergebracht hatte.

Gerade war die Schicksalsgöttin Tyche schon dabei, etwas ins Werk zu setzen, was nicht nur eine befremdliche, sondern auch eine finstere Tat gewesen wäre: Chaireas sollte Kallirhoë, die er bei sich hatte, nicht erkennen und nur die anderen Frauen auf die Schiffe bringen lassen und abfahren, wobei er seine eigene Frau dort zurückgelassen hätte nicht wie eine schlafende Ariadne für den Gott Dionysos als deren Freier, sondern als Beute für seine eigenen Feinde.

Aber das kam Aphrodite doch etwas arg schlimm vor. Begann sie doch gerade, sich mit Chaireas wieder zu versöhnen, nachdem sie ihm früher grimmig gezürnt hatte wegen seiner unangebrachten Eifersucht und darüber, daß er ihre Gunst mit Füßen getreten hatte, obwohl beschenkt mit einer Gabe, wie sie nicht einmal dem Alexander, der Paris genannt wird, gegönnt war. Inzwischen war Chaireas aber unter unzähligen Leiden von West nach Ost umhergeirrt und hatte sich dabei vor dem Gott Eros recht ordentlich bewährt. Daher hatte Aphrodite Erbarmen mit ihm und wollte das Paar, zu dem sie anfänglich zwei der Allerschönsten zusammengefügt hatte und das sie über Land und Meer hin sich hatte abhetzen lassen, endlich wieder zusammenbringen.

Ich glaube im übrigen, daß dieses letzte Buch meinen Lesern am schönsten vorkommen wird. Gegenüber den betrüblichen Geschehnissen der früheren Bücher soll es versöhnlich wirken. Da gibt es nicht mehr Seeraub, Sklavendienst, Prozeß, Kampf, Entbehrung, Krieg und Gefangenschaft; in diesem Buch gibt es vielmehr echte Liebe und rechtmäßige Ehen. Ich will also erzählen, wie die Göttin das Licht der Wahrheit aufleuchten und die noch in Unkenntnis Gebliebenen sich einander finden ließ.

Es war schon Abend geworden, und viele von den Kriegsgefangenen waren noch übriggeblieben. Da machte sich Chaireas in voller Rüstung auf den Weg, um die für die Abfahrt notwendigen Anordnungen zu treffen. Als er am Marktplatz vorbeikam, meldete sich der Ägypter bei ihm: »Hier ist die

Frau, mein Herr, die lieber sterben will als zu dir kommen. Vielleicht kannst du sie dazu bringen aufzustehen. Wozu solltest du auch das Schönste von der ganzen Kriegsbeute zurücklassen?« In dieselbe Richtung drängte auch Polycharm, der Chaireas, wenn irgend möglich, in eine neue Liebschaft verwickeln wollte, die ihn über Kallirhoë hätte hinwegtrösten können. »Gehen wir doch hinein, Chaireas!« sagte er.

So überschritt er denn die Schwelle und sah eine Frau verschleiert am Boden liegen. Die Art, wie sie atmete, und ihre ganze Gestalt verwirrten sogleich seine Seele, und er geriet in eine Art Hochspannung. Sicherlich hätte er sie auch erkannt, wenn er nicht felsenfest davon überzeugt gewesen wäre, Dionysios habe Kallirhoë zurückerhalten. Sanft trat er an sie heran und sprach: »Sei unbesorgt, Frau, wer immer du auch bist! Wir werden dir ganz sicher nicht Gewalt antun; und zum Mann sollst du den bekommen, den du dir wünschst!«

Noch während er sprach, erkannte sie seine Stimme, nahm den Schleier ab, und – beide riefen sie zugleich aus: »Chaireas!« »Kallirhoë!« – Sie sanken sich in die Arme und glitten ohnmächtig zu Boden.

Sprachlos stand zunächst auch Polycharm vor diesem unerwarteten Ereignis. Als aber die Zeit allmählich fortschritt, sprach er: »Steht auf! Ihr habt euch wieder. Die Götter haben eure gegenseitigen Gebete erhört. Aber denkt daran, daß ihr nicht auf heimischem Boden steht, sondern auf dem eurer Feinde. Und vorher muß noch alles, was jetzt ansteht, gut bewerkstelligt werden, damit dann niemand euch mehr trennen kann.«

Seine Stimme, mit der er ihnen dies zurief, hörten sie wie Menschen, die in einen tiefen Brunnen versenkt sind und nur schwach vernehmen, was man von oben her zu ihnen spricht. Dadurch kamen sie ganz allmählich wieder zu sich, blickten einander an, küßten sich und sanken aufs neue zu Boden. Und noch ein drittes Mal erging es ihnen so. Beide riefen sie wie aus einem Mund: »Ich habe dich wieder, wenn du es wirklich bist, Kallirhoë! – wenn du es wirklich bist, Chaireas!«

Die Kunde davon, daß der Admiral seine Frau wiedergefunden hatte, lief rasch von Mund zu Mund. Kein Soldat blieb in seinem Zelt, kein Matrose auf seinem Schiff, kein Türhüter in seinem Hause. Von überallher liefen sie zusammen und riefen: »Glücklich diese Frau, die den schönsten Mann bekommen hat!« Als aber Kallirhoë erschien, verstummten die Hochrufe auf Chaireas. Alle hatten ihre Augen nur noch bei ihr, als ob sie ganz allein dagewesen wäre. Erhobenen Hauptes schritt sie daher, in der Mitte zwischen Chaireas und Polycharm, die ihr das Geleit gaben. Man warf ihnen Blumen und Kränze zu und goß vor ihren Füßen Wein und Balsam aus. Vereint war heute, was in Krieg und Frieden jeweils das Schönste ist: Siegesfeier und Hochzeit.

Chaireas hatte es an sich so eingerichtet, daß er auf dem Schiff schlief, da er bei Tag und bei Nacht viel zu tun hatte. Jetzt aber überließ er alles Polycharm und wartete auch nicht, bis es Nacht wurde, sondern bezog sogleich das für das Königspaar vorgesehene Schlafgemach. Es ist nämlich in jeder Stadt ein besonderes Haus für den Großkönig bestimmt. Ein goldgetriebenes Bett stand da bereit mit einer Decke aus tyrischem Purpur, die in Babylon gewebt war.

Wer könnte die Nacht, die nun folgte, beschreiben? Wieviel gab es doch in dieser Nacht zu erzählen! Wieviel Tränen und zugleich Küsse gab es!

Als erste begann Kallirhoë zu berichten, wie sie im Grabgewölbe zum Leben zurückkehrte, wie Theron sie herausbrachte, wie sie auf See war und wie es zu ihrem Verkauf kam. Bis dahin hatte Chaireas voll Bedauern zugehört. Als Kallirhoë aber in ihrem Bericht auf Milet zu sprechen kam, verstummte sie voll Scham, und Chaireas überkam ein Anflug seiner alten Eifersucht; jedoch half ihm die Erzählung von seinem Kind darüber hinweg.

Noch bevor er alles gehört hatte, warf er schon ein: »Sag mir, wie bist du nach Arados gekommen? Wo hast du Dionysios verlassen? Und welches Verhältnis hattest du mit dem Großkönig?« Sie aber versicherte ihm sofort beschwörend, Dionysios nach dem Prozeß nicht mehr gesehen zu haben. Und der Großkönig sei zwar in sie verliebt, Vertraulichkeiten habe sie mit ihm aber nicht gehabt, nicht einmal einen Kuß.

»Ungerecht war ich also«, erwiderte Chaireas, »und jähzornig, daß ich derartiges Unglück über den Großkönig gebracht habe, obwohl er dir gar nichts Unrechtes getan hat! Allerdings sah ich mich durch die Trennung von dir vor die Notwendigkeit gestellt, mich seinen Feinden anzuschließen. Aber ich habe dir keine Schande gemacht: Land und See sind voll von meinen Siegestrophäen.« Und er erzählte alles ganz genau, voller Stolz auf seine Erfolge. Als es dann genug war der Tränen und Berichte, umarmten sie einander und

Gern erfüllten sie, was schon seit alters im Ehebett Brauch ist.

Noch in der Nacht legte ein Boot an, dem voller Eile ein Ägypter von einigem Rang entstieg. Er fragte, wo Chaireas sei. Zu Polycharm gebracht, sagte er diesem unwirsch, niemand anderem könne er seinen Geheimauftrag ausrichten. Die Angelegenheit, deretwegen er gekommen sei, sei aber höchst dringlich. Polycharm zögerte es längere Zeit hinaus, ihn zu Chaireas hineinzulassen, da er diesen nicht zur Unzeit belästigt sehen wollte. Als der Mann schließlich immer mehr drängte, öffnete er die Tür zum Schlafgemach ein wenig und machte die Dringlichkeit der Sache deutlich. Als guter Feldherr erwiderte ihm Chaireas: »Ruf ihn herein! Der Krieg duldet keinen Aufschub!« Der Ägypter wurde hineingeführt, trat – noch im Dunkel – neben das Bett und sprach: »Ich tue dir hiermit kund und zu wissen, daß der Perserkönig den Ägypter vernichtet und sein Heer zu einem Teil nach Ägypten geschickt hat, um dort die Ruhe wiederherzustellen; den ganzen übrigen Teil führt er hierher. Es fehlt nicht viel, und er ist schon da! Denn seit er erfahren hat, daß Arados ihm entrissen wurde, grämt er sich über den Verlust seiner ganzen Schätze, die er hier deponiert hatte; am meisten aber quält ihn die Sorge um das Schicksal seiner Frau Stateira.«

Als Chaireas dies hörte, sprang er sofort aus dem Bett. Kallirhoë aber hielt ihn fest und sagte: »Wohin willst du, ehe du überlegt hast, was uns bevorsteht? Wenn du diese Nachricht sich verbreiten läßt, lenkst du den Krieg in vollem Ausmaß gegen dich selbst, wenn nämlich alle Bescheid wissen und für dich nichts mehr übrig haben. Wenn wir aber aufs neue in die Hand des Feindes fallen, wird es uns schlimmer ergehen als vorher.«

Schnell war er vom Rat seiner Frau überzeugt, und als er sein Gemach verließ, hatte er einen geschickten Plan. Er ließ die Menge zusammenrufen, trat Hand in Hand mit dem Ägypter vor sie hin und sprach:

»Männer! Wir sind Sieger auch über das Landheer des Großkönigs. Dieser Mann hier bringt uns erfreulicherweise die guten Nachrichten und einen Brief vom Ägypter. Wir sollen auf dem schnellsten Wege dahin segeln, wohin er uns beordert hat. Bereitet also alles vor und geht an Bord!«

Nach diesen Worten blies der Trompeter das Zeichen zur Rückkehr an Bord. Kriegsbeute und Gefangene waren schon am Vortage verladen worden. Nichts blieb auf der Insel zurück, was nicht zu schwer oder unbrauchbar war. Dann wurden die Haltetaue vom Pier gelöst und die Anker gelichtet. Der Hafen war voll von Geschrei und Durcheinander: Der eine tat dies und der andere das. Chaireas aber ging von einem Schiff zum anderen und gab den Kapitänen den Geheimbefehl, Kurs auf Zypern zu halten, da es nötig sei, diese noch unbesetzte Insel vorsorglich in die Hand zu bekommen.

Mit günstigem Wind landeten sie am folgenden Tag in Paphos, wo es ein Aphroditeheiligtum gibt. Sie warfen Anker, und bevor irgend jemand sonst die Schiffe verließ, schickte Chaireas als erste seine Herolde aus, um den Bewohnern Frieden und Waffenruhe anzukündigen. Diese nahmen das Angebot an, und erst jetzt ließ er die ganze Streitmacht an Land gehen und ehrte Aphrodite mit Weihegeschenken. Zahlreiche Opfertiere wurden zusammengetrieben, und damit ließ er für das ganze Heer ein Speiseopfer ausrichten. Auf seine Frage nach dem Verlauf der nächsten Zukunft verkündeten ihm die Priester – sie sind in einer Person auch Wahrsager –, daß die Opfer günstig ausgefallen seien. Da rief er voll Zuversicht die Kapitäne zusammen, seine dreihundert Griechen und dazu von den Ägyptern diejenigen, die zu ihm zu halten schienen. Vor all diesen hielt er folgende Ansprache:

»Männer, Mitstreiter und Freunde, Teilhaber an großen Erfolgen! Mit euch ist mir Frieden besonders schön und Krieg denkbar gefahrlos. Jedenfalls haben wir die Erfahrung gemacht, daß wir durch Einmütigkeit die Herrschaft zur See erlangen konnten. Der entscheidende Augenblick ist für uns gekommen, den richtigen Entschluß zu fassen für die Zukunft. Denn ihr müßt jetzt zur Kenntnis nehmen, daß der Ägypter im Kampf getötet wurde und daß der Großkönig Herr des gesamten Festlandes ist. Wir aber sind eingeschlossen und mitten in feindlicher Umgebung. Wird uns nun etwa jemand den Rat geben, zum Großkönig überzulaufen und uns eilends selbst in seine Hand zu geben?«

Sofort riefen alle laut: »Alles andere als das!«

»Wohin treten wir denn nun ab? Feindselig steht uns ja alles gegenüber, und selbst dem Meere können wir nicht mehr trauen, seit das Land von den Feinden beherrscht wird. Schließlich können wir doch nicht fliegen!«

Schweigen war das Ergebnis dieser Worte, bis ein Spartaner, ein Verwandter des Brasidas, den ein unseliges Geschick aus Sparta verbannt hatte, als erster den Mut faßte, das Wort zu ergreifen: »Was suchen wir lange herum, wohin wir uns vor dem Großkönig flüchten sollen? Wir haben doch Meer und Schiffe! Beides erlaubt uns den Weg nach Sizilien und Syrakus, wo wir nicht nur die Perser nicht zu fürchten brauchen, sondern auch die Athener nicht.«

Diesem Vorschlag stimmten alle zu. Nur Chaireas tat so, als sei er anderer Ansicht, und nahm dabei die Länge der Fahrt zum Vorwand, während er in Wirklichkeit erproben wollte, ob ihre Meinung auch fest gegründet sei. Doch sie bestanden entschieden darauf und verlangten, sogleich abzufahren. Da lenkte er ein:

»Ihr, meine Griechen, gebt da tatsächlich einen guten Rat, und ich bin euch dankbar für eure Zuneigung und euer Vertrauen. Ich werde dafür sorgen, daß ihr dies nicht zu bereuen braucht, soweit die Götter euch helfen. Aber denkt an die Ägypter! Sie sind zahlreich, und wir dürfen sie nicht gegen ihren Willen zu etwas zwingen. Die meisten haben immerhin Frauen und Kinder, von denen sie sich sicherlich nicht gern trennen möchten. Verteilt euch also eilends unter die Menge und fragte jeden, damit wir nur die Freiwilligen mitnehmen!«

Dies geschah nun so, wie er es angeordnet hatte. Kallirhoë aber nahm Chaireas bei der Hand und führte ihn beiseite zu einem Gespräch unter vier Augen. »Was hast du da vor, Chaireas?« fragte sie. »Bringst du etwa auch Stateira nach

Syrakus und die schöne Rhodogune?« Chaireas wurde rot und sprach: »Nicht meinetwegen nehme ich sie mit, sondern für dich, zu deinen Diensten.« Scharf entgegnete Kallirhoë: »Möchten doch die Götter mich vor einem solchen Wahnsinn bewahren, daß ich die Königin von Asien mir als Sklavin hielte, zumal sie mir Gastfreundin geworden ist. Wenn du mir aber einen Gefallen tun willst, dann schicke sie zum Großkönig. Denn sie hat mich wie die Frau ihres Bruders behandelt, und sie war es, die mich sorgsam für dich behütet hat.«

»Es gibt nichts«, erwiderte Chaireas, »was ich nicht täte, wenn du es willst. Denn du bist Stateiras Herrin sowie die der ganzen Kriegsbeute, vor allem aber die Herrin meiner Seele.« Darüber freute sich Kallirhoë und küßte ihn. Und sogleich gab sie ihrer Begleitung den Auftrag, sie zu Stateira zu bringen.

Diese befand sich zusammen mit den vornehmsten Perserinnen auf einem der Schiffe unter Deck und wußte überhaupt nichts von dem, was sich zugetragen hatte, auch nicht, daß Kallirhoë ihren Chaireas wiederhatte. Denn sie waren stark bewacht, und niemand durfte zu ihnen kommen, sie auch nur sehen oder ihnen etwas mitteilen von dem, was geschah. Als nun Kallirhoë in Begleitung des Kapitäns das Schiff betrat, gab es sofort große Aufregung, und alles lief durcheinander, bis es leise von Mund zu Mund ging: »Die Frau des Admirals kommt!« Stateira seufzte aus tiefstem Herzen und stöhnte: »Soweit hast du es mit mir kommen lassen, Schicksalsgöttin, daß ich, die Königin, meine Herrin erblicken muß! Vermutlich ist sie gekommen, um sich anzusehen, welch eine Sklavin sie da bekommen hat!« Diese Worte lösten einen Chor von Klagerufen aus, und in diesem Augenblick bekam sie zu spüren, was Kriegsgefangenschaft für Menschen edler Herkunft bedeutet.

Aber Gott ließ die Schicksalswende rasch folgen: Kallirhoë trat ein und nahm Stateira in ihre Arme: »Ich begrüße dich, Königin«, sprach sie, »denn Königin bist du und wirst es immer bleiben. Du bist nicht in die Hände von Feinden gefallen, sondern deiner besten Freundin, die dir viel zu verdanken hat. Mein Chaireas ist der Admiral! Zum Admiral der Ägypter hat ihn sein Zorn gegen den Großkönig gemacht, weil dieser so lange hinausschob, mich ihm wiederzugeben. Das ist zu Ende und vergeben, und er ist nicht mehr euer Feind.

Steh nun auf, meine Liebste, und kehre froh nach Hause zurück! Auch du sollst deinen Mann wiederhaben. Denn der Großkönig lebt, und zu ihm schickt dich Chaireas. Steh auch du auf, Rhodogune, meine erste Freundin unter den persischen Frauen, und geh zu deinem Mann, auch ihr anderen alle, wen immer die Königin mitnehmen will, geht und behaltet Kallirhoë in guter Erinnerung!«

Stateira war gerührt, als sie dies hörte. Sie konnte es nicht glauben, und doch konnte sie Kallirhoë nicht mißtrauen. Kallirhoës Charakter war so, daß man bei ihr eine Verstellung angesichts einer solchen Notlage nicht für möglich halten konnte. – Aber die Zeit drängte und verlangte eiliges Handeln.

Da war nun unter den Ägyptern ein Mann namens Demetrios, ein Philosoph, den auch der Großkönig kannte, von vorgerücktem Alter, ein Mann, der gebildeter und tüchtiger war als die anderen Ägypter. Diesen bestellte Chaireas zu sich und sprach zu ihm: »Eigentlich hätte ich dich gerne selbst mitgenommen; aber ich habe hier für dich einen besonders wichtigen Auftrag: Durch dich will ich die Königin dem Großkönig zurückschicken. Dies wird dir bei ihm zu höherem Ansehen verhelfen und den anderen Verzeihung bewirken.«

Nach diesen Worten machte er den Demetrios zum Befehlshaber der zurückfahrenden Flotte. Zwar wollten alle Chaireas folgen, da er ihnen mehr galt als Heimat und Kinder. Er aber suchte sich nur zwanzig Triëren aus, seine besten und größten: Stand ihm doch eine Fahrt bevor, die weit über das Jonische Meer hinausging. In diese Schiffe ließ er alle Griechen einsteigen, die da waren, außerdem von den Ägyptern und Phönikern diejenigen, von denen er wußte, daß sie auf niemanden Rücksicht zu nehmen brauchten. Auch von den Zyprern stiegen viele Freiwillige zu. Alle anderen bestimmte er für die Heimfahrt. Teile der Kriegsbeute hatte er ihnen zugewiesen, damit sie frohen Herzens und in allen Ehren zu den Ihrigen zurückkehren könnten. Chaireas wies niemanden ab, der ihn um etwas bat.

Kallirhoë brachte den gesamten königlichen Schmuck Stateira. Doch diese wollte ihn nicht annehmen. »Schmücke du dich damit!« sprach sie. »Solch edler Gestalt geziemt wahrhaftig ein königlicher Schmuck. Auch brauchst du ihn, damit du deiner Mutter Freude machst und Weihegaben für die Götter deines Landes hast. Ich aber habe mehr als das in Babylon zurückgelassen. Mögen dir die Götter eine gute Fahrt und glückliche Heimkehr geben und dir gewähren, daß du niemals von Chaireas getrennt werdest! Du hast dich mir gegenüber in jeder Beziehung rechtschaffen verhalten. Einen edlen Charakterzug hast du erkennen lassen, wie er deiner Schönheit würdig ist. Ein schönes Kleinod hatte der Großkönig mir in dir anvertraut.«

Wer könnte ausdrücken, wieviel es an diesem Tage alles zu tun gab, wieviel auch voneinander Verschiedenes: Die einen beteten, die anderen ordneten ihr Gepäck; die einen waren voll Freude, die anderen voll Sorge; die einen gaben einander Aufträge mit, die anderen schrieben Briefe nach Hause.

Auch Chaireas schrieb einen Brief, und zwar an den Großkönig, mit folgendem Inhalt: »Während du dauernd gezögert hattest, meinen Prozeß zu entscheiden, habe ich nunmehr vor einem gerechteren Richter den Sieg errungen: Es ist der Krieg, der zwischen dem Besseren und dem Schlechteren am besten zu entscheiden weiß. Er hat mir Kallirhoë zurückgegeben; und nicht nur meine Frau hat er mir gegeben, sondern auch deine. Ich habe mir aber nicht deine Langsamkeit zum Vorbild genommen, sondern gebe dir rasch, ja sogar noch bevor du darum bittest, Stateira zurück, unberührt, auch als Kriegsgefangene immer Königin! Du sollst aber wissen, daß nicht ich, sondern Kallirhoë dir dieses Geschenk schickt. Als Gegengeschenk erbitten wir von dir Verzeihung für die Ägypter. Denn am allermeisten für einen König ziemt es sich, langmütig zu sein. Du wirst an ihnen gute Soldaten haben, die dich als ihren Freund ansehen. Denn sie zogen es vor, bei dir zu bleiben, statt mir als Freunde zu folgen.«

Dies schrieb Chaireas. Aber auch Kallirhoë glaubte, Gerechtigkeit und Dankbarkeit verlangten von ihr, einen Brief zu schreiben, und zwar an Dionysios. Dies war das einzige, was sie ohne Chaireas' Wissen tat. Sie kannte ja seine Veranlagung zur Eifersucht. So gab sie sich Mühe, diesen Brief vor ihm zu verheimlichen. Sie nahm ein Schreibtäfelchen und schrieb mit dem Wachsgriffel folgenden Text:

»Kallirhoë grüßt Dionysios, ihren Wohltäter. Du nämlich

bist es, der mich aus Seeraub und Knechtschaft befreit hat! Rege dich, bitte, nicht auf! Mit meiner Seele bin ich ja bei dir durch unseren gemeinsamen Sohn. Ihn großzuziehen und so auszubilden, wie es unser würdig ist: diese Aufgabe vertraue ich dir an. Aber versuche es bei ihm nicht mit einer Stiefmutter! Du hast nicht nur einen Sohn, sondern auch eine Tochter. Zwei Kinder sollen dir genügen. Mache sie beide zu einem Hochzeitspaar, wenn er ein Mann geworden ist. Dann schicke ihn nach Syrakus, damit er auch den Großvater einmal sieht. Einen Gruß auch für dich, Plangon! Dies habe ich dir mit eigener Hand geschrieben. Leb' wohl, guter Dionysios, und halte in gutem Andenken

deine Kallirhoë.«

Sie versiegelte den Brief und verbarg ihn an ihrem Busen. Als es Zeit war abzulegen und alle Passagiere an Deck kommen mußten, reichte sie Stateira die Hand und gab ihr das Geleit bis aufs Schiff. Dort hatte Demetrios eine königliche Kajüte herrichten lassen, die ganz mit babylonischem, golddurchwirktem Purpurstoff ausgeschlagen war. Kallirhoë war der Königin gegenüber äußerst zuvorkommend und sorgte dafür, daß sie sich zur Ruhe legte. Dann sagte sie: »Leb wohl, Stateira! Denke an mich und schreibe mir oft nach Syrakus! Für den Großkönig ist ja alles leicht zu erreichen. Auch ich werde in Dankbarkeit deiner gedenken, sowohl vor meinen Eltern als auch vor meinen griechischen Göttern. Ich lege dir mein Kind ans Herz, das auch du gerne gesehen hast. In ihm kannst du ein Unterpfand sehen für mich selbst.«

Bei diesen Worten füllten sich ihre Augen mit Tränen, und mit ihrem Weinen steckte sie auch die anderen Frauen an. Während sie schon das Schiff verließ, drängte sie sich unmerklich an Stateira heran und gab ihr errötend den Brief mit den Worten: »Den gib dem armen Dionysios! Ihn empfehle ich dir und dem Großkönig. Tröste ihn! Ich fürchte, wegen der Trennung von mir könnte er sich etwas antun.« Noch immer weiter hätten die Frauen gesprochen und gejammert und einander Abschiedsküsse gegeben, wenn nicht die Steuermänner das Zeichen zum Ablegen gegeben hätten.

Bevor aber Kallirhoë selbst auf Deck ihres Schiffes erschien, warf sie sich noch dem Aphroditestandbild zu Füßen und sprach: »Dank sei dir, Herrin, für das, was ich hier erlebe! Endlich zeigst du dich mit mir versöhnt. Gewähre mir aber auch noch, Syrakus wiederzusehen! Dazwischen liegt ein weites Stück Meer, und furchterregende Fluten erwarten mich, vor denen ich in Angst bin, wenn du nicht mit mir fährst.«

Von den Ägyptern war niemand an Bord gegangen, der sich nicht vorher an Chaireas herangedrängt und ihn an Haupt und Händen geküßt hätte. So fühlten sich alle mit ihm verbunden. Chaireas ließ die ganze Flotte zunächst noch gemeinsamen Kurs nehmen, so daß man bis weit hinaus aufs Meer hören konnte, wie man sich gegenseitig gute Wünsche für die Fahrt zurief.

So waren sie nun auf hoher See. Vom Großkönig aus aber war währenddessen – nach seinem Sieg über seine Feinde – schon ein Abgesandter nach Ägpyten unterwegs, um dort die Lage zu konsolidieren, und er selbst war dabei, sich eilends nach Arados zu seiner Frau zu begeben. Als er gerade in der Gegend von Chios und Tyros war und dem Herakles ein Siegesopfer darbrachte, kam ein Bote mit der Meldung: »Arados ist völlig ausgeplündert und leer. Alles, was dort war, ist an Bord der ägyptischen Schiffe.« Diese Meldung brachte großes Leid für den Großkönig, da sie den Verlust der Königin bedeutete. Und es trauerten die Vornehmsten der Perser

Um Stateira zum Schein, um eigenes Leid jedoch jeder,

der eine um seine Frau, der andere um seine Schwester, wieder einer um eine Tochter, alle um irgendwen, jeder um einen aus seiner Familie. Die Feinde aber waren längst abgesegelt, und es war nicht bekannt, in welche Richtung sie gefahren waren.

Am nächsten Tage jedoch sah man die Schiffe der Ägypter von ferne heransegeln. Was mochte nun dahinterstecken? Es war rätselhaft und höchst verwunderlich für alle, die es sahen. Noch mehr steigerte ihre Ratlosigkeit die am Schiff des Demetrios aufgezogene königliche Flagge, die gewöhnlich nur dann gehißt wird, wenn der Großkönig an Bord ist. Dies erregte Verwirrung, da man glaubte, es mit Feinden zu tun zu haben. Sofort liefen einige zu Artaxerxes und machten ihn darauf aufmerksam: »Nun wird sich gleich herausstellen, daß da jemand als König der Ägypter ankommt!« Der aber sprang von seinem Thron auf, ging eilends zum Meer und gab Signal zur Kampfbereitschaft. Zwar hatte er keine Kriegsschiffe, stellte aber immerhin die Masse seiner Truppe kampfbereit am Hafen auf. Schon sah man den einen oder anderen den Bogen spannen oder zum Speerwurf ausholen. Doch Demetrios, der dies beobachtete, gab der Königin ein Zeichen, und schon trat Stateira aus der Königskajüte hervor, um sich zu erkennen zu geben. Sofort sanken alle diese Bogen- und Speerschützen zu Boden.

Der Großkönig aber konnte es nicht abwarten und sprang, noch bevor das Schiff an der Kaimauer mit Tauen festgemacht war, als erster an Bord, fiel seiner Frau um den Hals und vergoß Freudentränen. Dann sprach er: »Wer von allen Göttern hat dich mir denn nun zurückgegeben, liebste Frau? Beides ist ja kaum zu fassen: eine Königin zu verlieren und die Verlorene wiederzufinden! Wie kommt es nur, daß ich dich übers Meer zurückerhalte, obwohl ich dich an Land zurückließ?«

Stateira erwiderte: »Du hast mich als Geschenk von Kallirhoë!« Als der Großkönig diesen Namen hörte, war es ihm, als ob er in eine alte Wunde einen neuen Stich bekäme. Er blickte zu seinem Eunuchen Artaxates hinüber und sagte: »Begleite mich zu Kallirhoë, ihr meinen Dank abzustatten!« Stateira aber sprach: »Du sollst alles von mir erfahren!«

Mit diesen Worten begaben sie sich vom Hafen aus in die königliche Unterkunft. Dort angekommen, ließ die Königin alle außer dem Eunuchen sich entfernen und erzählte, was sich in Arados und Zypern ereignet hatte. Zum Schluß überreichte sie den Brief des Chaireas. Den König durchströmte während der Lektüre eine Fülle von Empfindungen: Zorn über die Gefangennahme derer, die ihm am liebsten waren, und Reue, Chaireas gezwungen zu haben, zum Feind überzugehen. Zugleich war er ihm wiederum dankbar, *daß er die Königin zurückerhalten hatte, war aber betrübt darüber,* daß er Kallirhoë nicht mehr würde sehen können. Am meisten aber überkam ihn ein Gefühl des Neides, und er sprach: »Glückseliger Chaireas! Er hat mehr Glück als ich!«

Als es dann genug war mit den Erzählungen, sprach Stateira: »Tröste nun den Dionysios, mein König! Und zwar ist es

Kallirhoë, die dich darum bittet.« Da wandte sich Artaxerxes an den Eunuchen und sprach: »Dionysios soll kommen!«

Gleich kam er auch schon, hochgespannt in seinen Erwartungen. Er wußte ja nichts von dem, was sich mit Chaireas begeben hatte. Er glaubte, auch Kallirhoë sei mit den anderen Frauen da und der Großkönig ließe ihn kommen, um sie ihm als Geschenk für seine Tapferkeit zur Frau zu geben. Als er aber eingetreten war, erzählte ihm der Großkönig alles der Reihe nach, wie es sich zugetragen hatte. In diesem Augenblick zeigte Dionysios eine hervorragende Selbstbeherrschung und eine vorzügliche Bildung. Wie wenn jemandem ein Blitz unmittelbar vor den Füßen einschlüge und er sich auch dann noch ungerührt zeigte, so blieb er bei diesen Worten, die ihn schlimmer trafen als ein Blitzschlag – daß nämlich Chaireas Kallirhoë nach Syrakus zurückbringe – dennoch tatsächlich aufrecht stehen, und es schien ihm auch nicht geraten, Traurigkeit zu zeigen, da doch die Königin gerettet war.

Und Artaxerxes sprach: »Wenn ich könnte, hätte ich dir Kallirhoë gegeben, Dionysios, denn du hast mir gegenüber deine volle Hingabe und Treue bewiesen. Da dies aber nicht zu bewerkstelligen ist, gebe ich dir die Herrschaft über ganz Jonien und die Ehre, als ›Erster Wohltäter‹ im Königspalast inschriftlich verewigt zu werden.« Dionysios fiel vor ihm nieder, erklärte ihm seinen Dank und beeilte sich fortzukommen, um sich ausweinen zu können. Während er hinausging, steckte ihm Stateira heimlich den Brief zu.

In seine Unterkunft zurückgekehrt, schloß er sich ein; und als er die Schriftzüge Kallirhoës wiedererkannte, küßte er zuerst den Brief. Dann öffnete er ihn und drückte ihn an die Brust, als ob sie selbst es wäre. Eine ganze Zeitlang hielt er ihn so, da er vor Tränen nicht lesen konnte. Nachdem er sich ausgeweint hatte, begann er stockend zu lesen. Zunächst küßte er den Namen ›Kallirhoë‹. Dann stieß er auf die Worte ›Dionysios, ihren Wohltäter‹ und rief: »Wehe! – sie schreibt nicht mehr ›ihren Gatten‹! Wohltäterin bist tatsächlich du für mich! Was hätte ich denn schon für dich getan, was deiner würdig gewesen wäre?« Er freute sich aber über die in dem Briefe enthaltene Bitte um Entschuldigung, und immer wieder las er diese Worte. Er sah darin nämlich eine Andeutung dafür, daß sie ihn nur ungern verlassen habe. So leichtfüßig ist eben Gott Eros: Er verleitet ohne weiteres zur Annahme, man finde Gegenliebe.

Nun betrachtete er das Kindlein, wiegte es mit seinen Händen und sprach: »Einst wirst auch du mich verlassen, mein Kind, und zu deiner Mutter fahren. Denn sie selbst hat es so gewünscht. Ich aber werde mein Leben einsam verbringen. An allem bin ich selbst schuld. Zu Grunde gerichtet hat mich meine blinde Eifersucht – und du, Babylon!«

Nach diesen Worten traf er die nötigen Vorbereitungen, um auf dem schnellsten Wege nach Jonien abzureisen. Als großen Trost empfand er dabei die bevorstehende lange Reise, die Vorherrschaft über zahlreiche Städte und die Kallirhoë-Statuen, die er in Milet hatte.

Während dieser Vorgänge in Asien brachte Chaireas seine Fahrt nach Sizilien glücklich zum Abschluß. Er hatte dauernd Rückenwind gehabt und mit seinen großen Schiffen die Fahrt über die hohe See gewagt, immer in großer Sorge, es könnte ihn doch noch einmal der Angriff eines bösen Dämons überraschen. Als aber Syrakus in Sicht kam, ließ er die Kapitäne ihre Schiffe schmücken und gab Anweisung, in engem Verbund zu fahren. Es war nämlich ganz ruhige See.

Als sie von der Stadt aus zu sehen waren, sagte jemand dort: »Woher kommen diese Kriegsschiffe? Sie werden doch nicht etwa aus Attika sein? Jedenfalls wollen wir es dem Hermokrates melden!« Und gleich lief er hin und brachte seine Meldung vor: »Stratege, überlege dir, was du tun wirst! Sollen wir die Häfen schließen, oder sollen wir entgegenfahren? Wir wissen allerdings nicht, ob ein größerer Flottenteil nachkommt und die, die wir gesehen haben, nur die Vorhut sind.« Daraufhin ging Hermokrates eilends vom Markt her ans Meer und schickte ihnen ein Ruderboot entgegen. Der mit dem Auftrag Betraute fragte, als er nahe genug herangekommen war, wer sie seien. Chaireas aber ließ einen von den Ägyptern antworten:

»Wir sind Kaufleute aus Ägypten mit Frachtgut, das den Syrakusanern Freude macht.«

»Nun, dann fahrt nicht in geschlossenem Verband in den Hafen«, war die Antwort, »bis wir erkennen können, ob ihr die Wahrheit sagt. Ich sehe nämlich keine Frachtschiffe vor mir, sondern Kriegsschiffe, die aussehen wie Triëren, die aus dem Krieg kommen. Daher soll der Hauptteil von ihnen außerhalb des Hafens auf offener See bleiben, und eines soll einlaufen!«

Nun lief Chaireas' Schiff als erstes ein. Es hatte oben auf Deck ein Zelt, das rundum mit einem Vorhang aus babylonischen Stoffen verhängt war. Während es anlegte, füllte sich der ganze Hafen mit Menschen. Die Menge ist ja von Natur aus ein neugieriges Wesen. Die Leute hatten aber in diesem Fall auch noch einen Grund mehr zu diesem Auflauf. Sie glaubten, sie würden im Inneren des Zeltes, wenn sie hineinschauten, nicht Menschen, sondern kostbare Waren finden. Der eine mutmaßte dies, der andere jenes. Sie vermuteten aber alles andere eher als das, was zutraf. Denn dies wäre in der Tat unglaublich gewesen; war man doch längst davon überzeugt, daß Chaireas tot sei. Und nun hätte er leibhaftig hier einlaufen sollen und dazu in solcher Pracht? Chaireas' Eltern hatten ihr Haus allerdings nicht verlassen. Nur Hermokrates, der – wenn auch in dauernder Trauer – noch im Amt war, stand in diesem Augenblick in der Menge, blieb aber im Hintergrund.

Während nun alle im Ungewissen waren und sich die Augen aus dem Kopf guckten, wurde plötzlich der Vorhang geöffnet. Kallirhoë erblickte man, aufgestützt auf einem goldgetriebenen Ruhepolster und in einem Gewand aus tyrischem Pupur. Chaireas saß neben ihr im Gewande des Admirals.

Nie hat jemals ein Donnerschlag die Ohren so betäubt, nie ein Blitz die Augen so geblendet, niemals hat einer, der einen Goldschatz fand, so sehr vor Freude aufgeschrieen wie damals die Menge, als sich ihr völlig unerwartet ein Anblick bot, der sich jeder Beschreibung entzieht. Hermokrates aber sprang hinauf an Deck und an das Zelt, umarmte seine Tochter und rief: »Du lebst, mein Kind! Oder irre ich mich auch diesmal?« – »Ich lebe, Vater! Und jetzt erst recht, weil ich dich noch am Leben sehe!« – Allen standen die Freudentränen in den Augen.

Inzwischen lief Polycharm mit den anderen Triëren ebenfalls in den Hafen ein. Ihm war nämlich von Zypern an die ganze übrige Flotte unterstellt worden, weil Chaireas sich für nichts anderes Zeit nehmen konnte als nur für Kallirhoë.

Schnell war nun der Hafen voller Schiffe, und es war genau so wie nach der attischen Seeschlacht. Denn auch diese Triëren liefen nach einer Seeschlacht mit Siegerbekränzung in den Hafen ein, ebenfalls unter dem Kommando eines Syrakusaners als Admiral. In einem allgemeinen Stimmengewirr begrüßten und beglückwünschten sich gegenseitig die Schiffsbesatzungen einerseits und die an Land Wartenden anderseits. Immer wieder gingen Hochrufe, Bravorufe, Glückwünsche hin und her.

Unterdessen hatte man auch Chaireas' Vater herbeigebracht. Er war ohnmächtig geworden vor Freude über dies unerwartete Ereignis. Es schoben sich gegeneinander die alten Mitschüler und Kameraden, die Chaireas begrüßen wollten, und die Frauen, die zu Kallirhoë drängten. Auch sie meinten, Kallirhoë sei noch schöner geworden, so daß man wirklich hätte sagen können, man sehe Aphrodite vor sich, wie sie aus dem Meere steigt.

Chaireas trat nun vor, wandte sich an Hermokrates und an seinen Vater und sprach: »Nehmt in Empfang den Schatz des Großkönigs!« Sogleich ließ er unzählige Mengen von Silber und Gold ausladen, sodann Elfenbein, Bernstein und Gewänder: Die ganze Pracht an Material und Kunstfertigkeit zeigte er den Syrakusanern; dazu eine Liege und einen Tisch des Großkönigs. So kam es, daß die ganze Stadt nicht wie früher nach dem Sizilischen Krieg mit Beute aus attischer Dürftigkeit angefüllt wurde, sondern – und das war das Unerhörte daran – mitten im Frieden mit Beute aus Medien.

Die Menge rief nun im Sprechchor: »Wir wollen eine Volksversammlung!« Denn auch sie wünschten alles mitansehen und mitanhören zu können. In Windeseile füllte sich das Theater mit Männern und Frauen. Als aber zuerst nur Chaireas auftrat, riefen alle – Männer und Frauen –: »Rufe Kallirhoë hinzu!« So ließ denn Hermokrates seine Tochter mit auf die Bühne treten und war auch hierin dem Volk zu Gefallen.

Die Volksversammlung begann mit einem Aufblick zum Himmel und einem Lobpreis an die Götter. Man wußte ihnen mehr Dank für diesen Tag als für den der großen Siegesfeier. Hierauf ließen alle in getrenntem Chor Chaireas und Kallirhoë hochleben: mal die Männer den Chaireas und mal die Frauen

Kallirhoë, schließlich alle sie beide gemeinsam. Und so war es ihnen selbst ganz recht.

Kallirhoë, die soeben erst Fahrt und Aufregung hinter sich hatte, führte man sogleich wieder aus dem Theater hinaus, nachdem sie nur einen kurzen Gruß an ihre Heimatstadt vorgetragen hatte. Chaireas aber wurde von der Menge dabehalten, da sie von ihm den gesamten Reisebericht hören wollte. Er fing denn auch damit an, brachte aber die letzten Ereignisse zuerst vor, da er mit dem schlimmen Geschehen der ersten Zeit die allgemeine Stimmung nicht trüben wollte. Die Versammlung aber machte ihm Mut mit dem Ruf: »Bitte von vorne anfangen! Sage uns alles und lasse nichts aus!« Chaireas zögerte, da er sich über so manches von dem, was nicht nach Wunsch verlaufen war, heute schämte.

Hermokrates ging darauf ein: »Mein Sohn, du brauchst dich nicht zu schämen, auch wenn du etwas sagst, was uns recht betrüblich und bitter sein mag. Denn der glanzvolle Schluß, zu dem es gekommen ist, läßt alles Vergangene in den Schatten treten. Wenn du aber etwas nicht aussprichst, führt dies allein dadurch, daß du es verschweigst, zu weit schlimmeren Vermutungen. Du sprichst zu deiner Vaterstadt und zu deinen Eltern, deren zärtliche Liebe euch beiden gegenüber gleich stark ist. Nun kennt ja das Volk bereits den ersten Teil deiner Geschichte. War es doch an der Feier eurer Hochzeit selbst beteiligt. Auch die Anstiftung deiner Nebenbuhler zu falscher Eifersucht, und wie du ganz unangemessen deiner Frau einen Stoß versetzt hast, wissen wir alle, auch daß diese, da wir sie für tot hielten, feierlich beigesetzt wurde, und wie du, wegen Mordes vor Gericht gestellt, dich selbst schuldig sprachst, weil du zusammen mit deiner Frau sterben wolltest. Doch das Volk hat dich freigesprochen, da zu erkennen war, daß es unfreiwillig geschah. Wie es dann eines nach dem anderen weiterging, hatte man uns früher schon berichtet: daß der Grabschänder Theron nachts das Grab aufbrach, Kallirhoë lebend fand und sie mit den Grabbeigaben auf sein Piratenschiff brachte und nach Jonien verkaufte. Währenddessen fuhrst du auf Suche nach deiner Frau aus, fandest sie zwar nicht selbst, aber brachtest auf hoher See das Piratenschiff auf und fandest alle Seeräuber an Durst umgekommen vor, außer Theron, den du lebend vor die Volksversammlung brachtest. Er wurde gefoltert und gekreuzigt. Die Stadt schickte eine Triëre aus mit einer offiziellen Abordnung für Kallirhoë. Aus freien Stücken fuhr auch dein Freund Polycharm mit. Dies alles wissen wir schon. Erzähle nun du uns, was sich nach deiner Abfahrt von hier zugetragen hat.«

Chaireas übernahm an dieser Stelle den Bericht und setzte ihn fort: »Nachdem wir ohne Zwischenfälle das Jonische Meer überquert hatten, gingen wir beim Landgut eines Milesiers namens Dionysios vor Anker, der an Reichtum, Herkunft und Ansehen alle in Jonien übertrifft. Es war der, an den Theron Kallirhoë für ein Talent verkauft hatte. – Erschreckt nicht! Er hatte sie nicht zur Sklavin werden lassen. Vielmehr machte er sie, die er für Geld gekauft hatte, sogleich zu seiner eigenen Herrin. Obwohl er verliebt in sie war, scheute er davor zurück, sich ihr – angesichts ihrer vornehmen Herkunft – mit Gewalt zu nähern. Anderseits konnte er sich nicht überwinden, sie, die er liebte, nach Syrakus zurückzuschicken. Als aber Kallirhoë merkte, daß sie von mir schwanger war, nahm sie in der Absicht, euch den künftigen Mitbürger zu retten, die Notwendigkeit in Kauf, Dionysios zu heiraten. Dabei richtete sie es mit der Vaterschaft für das Kind so ein, daß es als von Dionysios gezeugt angesehen wurde, damit es standesgemäß aufgezogen werden konnte. Tatsächlich wird euch, ihr Herren Syrakusaner, in Milet von einem höchst angesehenen Mann ein wohlhabender Mitbürger großgezogen. Dieser Mann stammt im übrigen aus einer ebenfalls berühmten griechischen Familie. Wir sollten dem Kind seine reiche Erbschaft nicht mißgönnen!

Dies erfuhr ich allerdings erst später. Damals, als ich in dieser Gegend an Land gegangen war, hatte ich nur die Statue Kallirhoës in einem Tempel gesehen und faßte gute Hoffnung. Doch in der Nacht überfielen phrygische Räuber die Küste und setzten unser Schiff in Brand. Sie machten die meisten von uns nieder. Mich aber und Polycharm nahmen sie gefangen und verkauften uns nach Karien.«

Bei diesen Worten gab es bei den Zuhörern Schreie des Entsetzens. Chaireas sagte daraufhin:: »Erspart es mir, von dem zu berichten, was danach kam! Das war ja noch viel schlimmer.« Das Volk aber schrie unwillig: »Sag alles!« – Und er fuhr fort:

»Der Mann, der uns gekauft hatte, war selbst ein Sklave, und zwar gehörte er dem Mithridates, dem Oberbefehlshaber von Karien. Er ließ uns Feldarbeit verrichten, obwohl wir Ketten trugen. Als aber einige unserer Mitgefangenen den Aufseher töteten, befahl Mithridates, uns alle zu kreuzigen. Auch ich wurde abgeführt. Als dann Polycharm gefoltert werden sollte, nannte er meinen Namen, und Mithridates erinnerte sich, ihn gehört zu haben. Denn er war in Milet bei Dionysios zu Gast gewesen, als die Begräbnisfeier für einen Chaireas begangen wurde. Kallirhoë hatte nämlich erfahren, wie es unserem Schiff bei dem Raubüberfall ergangen war, und hatte geglaubt, auch ich sei unter den Toten gewesen. So hatte sie für mich ein aufwendiges Grabmal errichten lassen. Schnell ließ Mithridates mich nun vom Kreuz herunterholen, als es mit mir beinahe schon zu Ende war, und nahm mich in seinen Freundeskreis auf. Er war in der Folge eifrig darum bemüht, mir Kallirhoë zurückzugeben, und veranlaßte mich, ihr zu schreiben. Durch Unachtsamkeit seines Beauftragten geriet aber dieser Brief in die Hand ausgerechnet des Dionysios. Daß ich noch am Leben sei, konnte dieser nicht glauben. Also nahm er an, Mithridates sei dabei, sich an seine Frau heranzumachen. Sogleich schickte er an den Großkönig eine Anklageschrift gegen ihn wegen Verführung seiner Gattin. Der Großkönig griff die Klage auf und lud alle zu sich vor.

So zogen wir nach Babylon hinauf. Dadurch, daß Dionysios Kallirhoë auf seiner Reise bei sich hatte, machte er sie berühmt und sorgte dafür, daß sie allenthalben in Asien bewundert wurde. Mich aber nahm Mithridates mit. Als wir angekommen waren, hatten wir uns in einem großen Prozeß vor dem Großkönig zu verantworten. Dieser sprach nun Mithridates sofort frei, mir aber und dem Dionysios kündigte er eine gerichtliche Entscheidung darüber an, wessen Ehefrau Kallirhoë sein solle, und hatte sie selbst für die Zwischenzeit der Obhut der Königin Stateira anvertraut. –

Wie oft, Männer von Syrakus, glaubt ihr, war ich schon zum Tode entschlossen, da ich mich von meiner Frau getrennt sah, und hätte es getan, wenn nicht Polycharm mich gerettet hätte, mein einziger treuer Feund in all dieser Zeit! Allerdings kümmerte sich der Großkönig um den Prozeß nicht mehr, seit er in Liebe entbrannt war zu Kallirhoë. Jedoch hat er sie weder verführt noch vergewaltigt. Gerade aber zur rechten Zeit entstand durch den Abfall Ägyptens ein schwerer Krieg; für mich die Ursache großen Glücks. Die Königin nahm nämlich Kallirhoë mit sich, während mir eine Falschmeldung ausgerichtet wurde von einem, der vorgab, sie sei dem Dionysios ausgeliefert worden. Ich lief daher in der Absicht, mich am Großkönig zu rächen, zum Ägypter über und vollbrachte große Taten: Tyros, obwohl schwer einzunehmen, bezwang ich persönlich im Handstreich, besiegte, zum Admiral ernannt, den Großkönig in einer Seeschlacht und wurde Herr von Arados, wo dieser auch die Königin und seine Schätze, die ihr gesehen habt, in Sicherheit gebracht hatte. Ich hätte nun den Ägypter auch zum Herrn von ganz Asien machen können, wenn er nicht, getrennt von mir kämpfend, getötet worden wäre. Schließlich habe ich euch den Großkönig zum Freund gemacht dadurch, daß ich ihm seine Frau zum Geschenk gab und den Vornehmsten der Perser ihre Mütter, Schwestern, Frauen und Töchter zurückschickte. Ich selbst aber habe die tüchtigsten unter den Griechen und von den Ägyptern diejenigen, die es wünschten, hierher mitgebracht. Noch eine weitere Flotte wird dereinst als die eurige aus Jonien kommen, und ihr Kommandant wird sein – der Enkel des Hermokrates!«

Hochrufe erfolgten von allen Seiten auf diese Worte. Chaireas brachte die Rufe wieder zum Schweigen und fuhr fort: »Ich und Kallirhoë sagen vor euch öffentlich Dank unserem Freund Polycharm. Denn er hat uns gegenüber Zuneigung und echte Treue bewiesen. Wenn auch ihr damit einverstanden seid, wollen wir ihm meine Schwester zur Frau geben. Als Mitgift wird er einen Teil der Beute erhalten.«

Das Volk gab hierzu zustimmenden Beifall: »Dir, Polycharm, dem guten Mann und treuen Freund, dankt das Volk! Du hast dem Vaterland Wohltaten erwiesen, die denen des Hermokrates und des Chaireas würdig sind!«

Danach ergriff wieder Chaireas das Wort: »Auch für diese Dreihundert bitte ich euch; es sind griechische Männer, meine tapfere Truppe: Gebt ihnen das Bürgerrecht!« Erneut gab es ein lautes Rufen: »Sie haben es verdient, stimmberechtigte Mitbürger zu sein. Darüber soll abgestimmt werden!« Der Antrag wurde eingebracht, und in kürzester Zeit hatten jene schon ihre neuen Plätze eingenommen und waren ein Teil der Volksversammlung. Chaireas schenkte jedem ein Talent an Geld, den Ägyptern aber teilte Hermokrates Land zu, so daß sie Landwirtschaft treiben konnten.

Noch während die Volksmenge im Theater war, betrat Kallirhoë, bevor sie nach Hause ging, den Aphroditetempel. Sie berührte die Göttin an den Füßen, legte ihr Gesicht darauf, löste ihre Haare und überschüttete die Statue mit ihren Küssen. »Dank sei dir, Aphrodite!« sprach sie. »Denn wiederum hast du mir Chaireas in Syrakus gezeigt, wo ich ihn nach deinem Willen schon als Jungfrau erblickte. Ich mache dir keinen Vorwurf, Herrin, wegen der vielen Leiden, die ich erdulden mußte. Sie waren mir vom Schicksal bestimmt. Ich bitte dich, trenne mich nie mehr von Chaireas, sondern gewähre uns ein glückliches Leben und einen gemeinsamen Tod!«

Damit ist mein Bericht über Kallirhoë zu Ende.

ANHANG

Anmerkungen

LONGOS: DAPHNIS UND CHLOË

32 *bacchisches Rehfell*: s. Namensverzeichnis »Mänaden«.

33 *Obelusbrot*: ein Brot besserer Qualität, angeblich an einem Spieß (*obelos*) gebacken; sein Preis in Alexandria soll eine Obole betragen haben.

36 *Splint von Ulmen*: Ulmenbast als Ersatz eines Heilverbandes.
Sprichwort: »Aus des Wolfes Rachen errettet« stand sprichwörtlich für unerwartetes Entkommen aus großer Gefahr.

64 *ungünstigen Vögeln*: Die antike Wahrsagekunst benutzte das Erscheinen von bestimmten Vögeln zur Vorhersage günstiger resp. ungünstiger Geschehnisse.

78 *jener hütete Schafe*: Gemeint ist Paris, s. Namensverzeichnis.

81 *Eudromos, so hieß er*: redender Name: »der gute Läufer«.

83 *Gnathon, denn dies war sein Name*: redender Name, von *gnathos* = Kinnbacken, für Parasiten gebräuchlich: »Pausback«.

89 *Adlern des Zeus*: Anspielung auf die Sage von Ganymed, s. Namensverzeichnis.
Stier im Stall: Alte Stiere blieben, als unbrauchbar zur Arbeit, allein im Stall zurück.

99 *Philopoimen*: redender Name: »Hirtenfreund«.
Agele: redender Name: »Herde«.

XENOPHON: DIE WAFFEN DES EROS

101 *und ihn anbeteten*: In der Antike wurden besondere Eigenschaften und Leistungen als Einwirkungen jenseitiger göttlicher Mächte und Kräfte aufgefaßt, deren In-Erscheinung-Treten (Epiphanie) Anlaß zur Anbetung gab.

111 *Tempel der Sonne*: Rhodos war dem Helios heilig, dem Gotte der Sonne.

127 *Perinth*: später Herakleia, jetzt Erekli, Hafenstadt an der thrakischen Küste im Marmarameer.

135 *Hochzeits-Hymnos*: zum Ritual der Hochzeitsfeiern gehörender Brauch, im Hause des Brautpaares vor der Kammer Lieder zu singen, die den Anlaß des Tages feiern.

153 *Krankheit von den Göttern*: Als »Heilige Krankheit« wurde die Epilepsie bezeichnet.
Mitleid und Schrecken: Der griechische Originaltext verwendet hier interessanterweise das von der Tragödien-Definition des Aristoteles her bekannte Begriffspaar *phobos* und *eleos*, das zumeist mit »Furcht und Mitleid« übersetzt wurde, jedoch dort genauer als »Jammer und Schrecken« aufzufassen ist.
157 *Schutzgöttin der Zyprioten*: Von der Sage wurde die Geburt der Aphrodite = Venus (s. Namensverzeichnis) auf Zypern lokalisiert.

DIE GESCHICHTE VON APOLLONIUS, DEM KÖNIG VON TYRUS

171 *Haarschneider*: Als Zeichen der Trauer ließ man sich in der Antike Haar, Bart und Nägel, also die nachwachsenden Teile des Körpers, nicht schneiden.
176 *Gabe der Pallas*: Die Göttin Pallas Athene ließ der Sage nach zum Nutzen der Menschen den Ölbaum entstehen.
180 *Stäbchen*: Die Saiten der antiken Lyra wurden mit dem Plektron, einem kleinen Stäbchen aus Holz oder Elfenbein, zum Klingen gebracht.
183 *ist lang schon wund ... keine Ruh ihren Gliedern*: drei Zitate aus dem 4. Buch von Vergils *Aeneis*: Vers 1,4 und 5.
186 *das kein Erröten kennt*: sprichwörtlich, vgl. Cicero, Briefe an die Freunde 5,12.
190 *Schiff duldet keinen Toten*: In der gefährdeten Situation der Seereise galt es, das Schiff von jeder Befleckung rein zu halten, also auch vom Miasma des Todes.
194 *weder Bart noch Haar*: vgl. zu S. 171.
200 *Lampsakus*: Der Gott Priapus (s. Namensverzeichnis, Band II) hatte seine Heimat im kleinasiatischen Lampsakus; während das unschuldige Mädchen annimmt, ihr Besitzer verehre die Gottheit seiner Vaterstadt, huldigt der Bordellbesitzer in Wirklichkeit dem geilen Gartengott als dem Numen der geschlechtlichen Potenz.
211 *Ball ... ohne Haare*: Bälle bestanden aus mit Leder bedeckten Haarknäueln.

HELIODOR: DIE ABENTEUER DER SCHÖNEN CHARIKLEA

233 *wie es in den Tragödien heißt*: Euripides, Medea, Vers 1317.

241 *wie Hesiod sagt*: Werke und Tage, 197ff.

242 *wie der Dichter sagt*: Homer, Ilias 6,202.

274 *um Schwerter und Kessel bitten*: Homer, Odyssee 17,222. Metallene Gegenstände besaßen hohen Wert.

277 *Gleich mit Ilion*: Anspielung auf die sprichwörtliche Wendung »eine Ilias an Übeln« zur Bezeichnung einer endlos erscheinenden Unglückskette.

wie in der Sage: Anspielung auf die Sage von König Midas, der von Apoll mit Eselsohren bestraft wurde; das Geheimnis vertraute sein Barbier der Erde an, und das Schilf wisperte es den Menschen zu.

278 *den Magen . . . den Homer*: Odyssee 17,286/7; Ilias 24,601ff.

281 *Proteus* (s. Namensverzeichnis) von Pharos: also ägyptisches Pendant zu jener wandelbaren Gottheit.

291 *Hypate*: die Oberste.

296 *rosenfingrige*: formelhaftes, verschiedentlich verwendetes epitheton ornans in den homerischen Epen.

304 *der weise Homer*: Ilias 13,71/72.

305 *Homer als Ägypter*: Die Heimat Homers war heftig umstritten; ein Distichon nennt sieben Städte, die seine Herkunft für sich beanspruchten (Smyrna, Rhodos, Kolophon, Salamis, Chios, Argos, Athen); eine andere, hier vertretene Überlieferung reklamierte ihn als »weisen Ägypter«. Lukian verspottet das wichtige Problem (vgl. Bd. II, S. 651).

Furchtbar strahlten: Ilias 1,200.

306 *hunderttorig*: Ilias 9,383.

Schenkel: ὁ μηρός (*ho meros*) bedeutet im Griechischen »der Schenkel«.

307 *Flut von Sorgen*: nach Aischylos, Perser 599, und Sophokles, König Ödipus 1527.

315 *der Liebe überdrüssig*: Ilias 13,637f.

319 *homerischen Vers*: Ilias 16,21.

322 *profanen . . . heiligen Zeichen*: Herodot (2,36) berichtet über die beiden Schriftformen, deren eine für das Volk und den Alltag bestimmt ist, die andere hingegen religiösen Texten vorbehalten bleibt (vgl. S. 488).

323 *Pantarbestein*: Von Ktesias (bei Photius, p. 45a 28 Bekker) und Philostrat (Leben des Apollonius 3,46) hören wir, dieser Stein vermöge, ins Wasser geworfen, alle anderen Steine anzuziehen (vgl. S. 441).

330 *heiligen Salz*: Auch Homer (Ilias 9,214) nennt das Salz so, während uns die genauere Bedeutung ungewiß bleibt.

348 *Amethyst . . . Namen*: *amethystos* bedeutet »nicht trunken«, »dem Rausch widerstehend«.

349 *wie euer Dichter sagt*: Homer, Ilias 3,65.

351 *Spitzen Inseln*: Inselgruppe an der Mündung des Acheloos, heute Oxiä.

352 *Untergang der Plejaden*: Während des Winters – dessen Zeit durch Verschwinden und Wiedererscheinen des Siebengestirns auf die Monate vom 11. 11. bis zum 10. 3. festgelegt war – galt das Meer als »geschlossen«; die Schiffahrt mußte wegen der Gefährlichkeit der Winterstürme ruhen.

354 *wie man sagt*: Euripides, Ion 927ff.

356 *ein Greis*: Das Traumbild von Odysseus (s. Namensverzeichnis) ist gestaltet nach Zügen der Odyssee (18,74; 13,332; 19, 47–49).

399 *wie man sagt*: Homer, Ilias 6,235/6.

412 *wie man sagt*: Die Sonne trug das Beiwort »allsehend«, z. B. Aischylos, Prometheus 91.

441 *Pantarbe*: s. zu S. 323.

467 *des Zimtlandes*: Da die Händler die Herkunft des Zimtes aus Süd- und Südostasien geheimhielten, bildete sich die Ansicht, er stamme aus dem Südwesten der arabischen Halbinsel und dem als »Zimtland« bezeichneten Gebiet im gegenüberliegenden Ostafrika.

468 *den Pfeilen . . . den Namen gegeben*: Das griechische Wort für Pfeil, ὀϊστός (oistos), wird hier irrtümlich mit ὀστοῦν (ostoun) = »Knochen« in Verbindung gebracht.

471 *Namen Neilos in Zahlen*: Die griechischen Buchstaben wurden auch als Zahlzeichen verwendet, so daß sich ganze Wörter spielerisch in die Zahlenwerte ihrer einzelnen Buchstaben auflösen ließen.

488 *königlich – äthiopische Schrift*: vgl. zu S. 322.

504 *nahm Staub*: Antike Ringkämpfer ölten vor dem Kampf ihren Körper ein und bestreuten ihn dann mit Sand, so daß er zugleich geschmeidig und griffig wurde.

CHARITON: KALLIRHOË

517 *Ihr aber brach*: formelhafter Vers bei Homer, z. B. Ilias XXI, 114.

521 *Sprach's; und jenen*: Homer, Ilias XVIII, 22–24.

527 *Die Würfel sind gefallen*: Caesar soll mit dem Verszitat des griechi-

schen Komödiendichters Menander »Der Würfel sei geworfen!« 49 v. Chr. den Rubikon überschritten haben; Chariton zitiert möglicherweise die griechische Quelle, ohne damit auch nötigerweise an Caesar erinnern zu wollen.

542 *Auch die Unsterblichen:* Homer, Odyssee 17,485 und 487.

553 *Ähnlich an Größ':* Homer, Ilias XXIII, 66f.

567 *Noch war nicht ganz:* formelhafter homerischer Vers; z. B. Ilias X, 540.

568 *Katapult:* ein Marterinstrument; eigentlich militärischer Fachausdruck für Wurfmaschine.

570 *nicht in ihre Gewalt:* nämlich als sie im Jahre 413 v. Chr. Syrakus vergeblich belagert hatten.

571 *Hab Ehrfurcht davor:* Homer, Ilias XXII, 82f.

572 *Ihm aber wankten:* formelhafter Homervers, ähnlich S. 517.

581 *Gib mir ein Grab:* Homer, Ilias XXIII, 71.

582 *auf daß es weithin:* Homer, Odyssee 24, 38.
Weißarmig: ist bei Homer Hera, *schönfüßig:* Hebe u. a.

589 *dessen Haus weiter verwalten:* Homer, Odysee 15,21.

592 *Ihm aber wankten:* formelhafter Homervers, z. B. Ilias XXI, 114 (vgl. S. 517 und 572).

597 *Artemis gleich:* Homer, Odyssee 17,37 und 19,54.

599 *und ergriff:* Homer, Ilias XVIII, 23f.
Barbarenhirte: Paris (vgl. Register).

603 *Rings um Zeus:* Homer, Ilias IV, 1.

606 *um Priamos:* Homer, Ilias III, 146.
Alle wünschten im Stillen: Homer, Odyssee 1,366; 18,213.

618 *Wenn auch Tote:* Homer, Ilias XXII, 389f.

620 *lag da, mal:* Homer, Ilias XXIV, 10f.

621 *Kranz vom Olivenbaum . . . Pinienkranz:* Dies waren die Siegespreise der bekanntesten griechischen Wettspiele: der Olympischen, Pythischen und Isthmischen.
Opferduft wand: Homer, Ilias I, 317.

624 *Wer verwundet hat:* zum Sprichwort gewordener Orakelspruch, ursprünglich dem König Telephos von Mysien erteilt.

626 *Gleichwie Artemis:* Homer, Odyssee 6, 102–104.
. . . *Er sprach sich bei Artaxates* . . .: Der Text ist hier lückenhaft überliefert.

640 *Noch nicht ganz:* Homer, Ilias X, 540 und Odyssee 16,11.

641 *Nein, nicht kampflos:* Homer, Ilias XXI, 304f.

644 *Schild sich stützte:* Homer, Ilias XIII, 131 und 16,215.

645 *Stieß dann ringsumher:* Homer, Odyssee 22,308.

649 *Noch am gleichen Abend:* Vermutlicher Inhalt der Textlücke ergänzt.

650 *Der Soldat, der zunächst*: Wahrscheinlicher Inhalt der längeren Textlücke wurde ergänzt.

655 *Gern erfüllten sie*: Homer, Odyssee 23, 296.

662 *Um Stateira zum Schein*: nach Homer, Ilias XIX, 302.

663 *daß er die Königin:* Ergänzung einer Textlücke.

Verzeichnis der wichtigsten Namen und Begriffe

ACHILLEUS, Sohn des Peleus (s. d.) und der Thetis (s. d.); in Homers Ilias der herrlichste Held der vor Troja kämpfenden Griechen.

AEOLUS, Gottheit, die über die Winde gebietet.

AKADEMIE, Hain in einem Vorort Athens, dem Heros Akademos geweiht, in dem Platon seine Schule (»Akademie«) gründete.

ALEXANDER, anderer Name des bekannten trojanischen Prinzen Paris (s. d.).

ALKIBIADES, ca. 450–404 v. Chr., der von Platon gefeierte, als besonders schön beschriebene Freund des Sokrates, der berühmte athenische Politiker und Feldherr.

ALKINOOS, König der Phäaken, der Odysseus (s. d.) in seine Heimat zurückführen ließ (Homer, Odyssee).

AMPHION und Zethos, die Söhne der Antiope, die, obschon Königstochter, als Sklavin in ihrem väterlichen Herrscherhaus in Theben leben und ihre Kinder aussetzen muß. Sie findet ihre Söhne später wieder, die Rache für sie nehmen und um Theben eine Mauer errichten, Zethos mit physischer Kraft, Amphion mit der magischen Macht der Musik; sie werden so Symbolfiguren für den Kontrast *vita activa – vita contemplativa*.

ANCHISES, trojanischer Prinz, Geliebter der Göttin Aphrodite/Venus (s. d.), die ihm den Aeneas gebar.

ANDROMEDA, Tochter des Äthioperkönigs Kepheus; ihre Mutter Kassiopeia prahlte, sie und ihre Tochter seien schöner als die Nereiden (s. d.), was von Poseidon durch die Entsendung eines Ungeheuers bestraft wurde, dem Andromeda geopfert werden sollte, die aber von Perseus (s. d.) gerettet werden konnte.

APHRODITE, Gattin des Feuer- und Schmiedegottes Hephaistos, die Liebesgöttin, von der die Sage ein erotisches Abenteuer mit dem Kriegsgott Ares berichtet; zugleich metonymisch für erotischen und sexuellen Genuß.

APIS, stiergestaltiger ägyptischer Gott.

ARADOS, auf einer Insel vor der Küste gelegene bedeutende Stadt Nordphöniziens.

ARCHONTEN, Spitzenbeamte eines Stadtstaates.

AREOPAG, der »Hügel des Ares« westlich der Akropolis in Athen, auf dem der wichtigste Gerichtshof der Stadt tagte.

ARES, der Kriegsgott (s. u. Aphrodite).

ARIADNE, Tochter des Kreterkönigs Minos und der Pasiphaë; sie rettete aus Liebe den Theseus (s. d.), indem sie ihm ein Garnknäuel schenkte, das ihm aus dem Labyrinth heraushalf (»Ariadne-Faden«), wurde von ihm entführt und später auf Naxos zurückgelassen, wo sich Dionysos (s. d.) ihrer annahm.

ARTAXERXES II., persischer Großkönig 404–358 v. Chr.

ARTEMIS, jungfräuliche Tochter des Zeus, oft als Jägerin (oder »Herrin der Tiere«) dargestellt.

BACCHANTIN, Anhängerin des Bakchos, als Teilnehmerin ekstatischer orgiastischer Kulte vorgestellt (s. u. Mänaden).

BOREAS, der Nord(ost)wind; metonymisch für den Norden.

BRANCHOS, Sohn des Apoll, Orakelpriester im Apollonheiligtum von Didyma bei Milet.

BRASIDAS, wichtiger Feldherr der Spartaner während des peloponnesischen Krieges, 422 v. Chr. gefallen.

CHALDÄER, Babylonier, speziell ihre Priesterschaft, die wegen ihrer Kenntnisse in Magie, Wahrsagekunst und Sternkunde berühmt-berüchtigt waren.

CHITON, das allgemein getragene griechische Gewand, ein Leibrock von unterschiedlicher Länge, teils mit, teils ohne Ärmel, zumeist gegürtet.

CHOREGIE, athenische Institution, bestehend in der Übernahme der Kosten für Einstudierung und Aufführung von Dithyramben und Dramen seitens reicher Bürger oder durch den Staat (vgl. Triërarchie).

CHRONOS, griechisch »Zeit« (vgl. z. B. »Chronometer«), auch Gottheit der Zeit, oft mit dem Urgott Kronos (s. d.) zusammengebracht.

DAIMON, meist als Mittelwesen zwischen Göttern und Menschen aufgefaßte, gelegentlich gute, oft auch böse numinose Macht.

DEMETER, griechische Göttin des Getreidebaus, deren Mysterien in Eleusis (s. d.) gefeiert wurden.

DEUKALION und Pyrrha bauten sich auf Rat des Prometheus eine Arche und überlebten so die von Zeus verhängte schwere Sintflut (vgl. Hellen).

DIONYSOS, der Gott des Weines; der Name metonymisch auch für das Getränk gebraucht.

DRYADE, Baumnymphe, mit dem Baum, in dem sie wohnte, in Leben und Sterben verbunden.

ECHO, Nymphe, die der Gott Pan, weil sie sein Liebeswerben nicht erhörte, von Hirten zerreißen läßt, so daß nur ihre

Stimme weiterlebt. Nach einer anderen Version der Sage ist es die Göttin Hera, die sie für ihre Geschwätzigkeit bestraft und ihr die Fähigkeit nimmt, selbständig zu sprechen, so daß sie nur noch fremde Worte nachsagen kann. Nach ihr hat die Naturerscheinung ihren Namen.

ELEUSIS, ELEUSINISCHE NÄCHTE: In Eleusis fand die Feier des Geheimkultes zur Nachtzeit statt.

EPHEBEN: Um das 20. Lebensjahr dienten die jungen Griechen als Epheben in einer militärischen Formation, bevor sie das volle Bürgerrecht erlangten.

EPIKUREER, Anhänger der von Epikur (342/1–271/0 v. Chr.) gegründeten philosophischen Schule; ihr erstes Zentrum lag in einem Garten *(kepos)* in Athen, von dem sie nachmals ihren Namen erhielt.

EPIMELISCHE NYMPHEN, Gottheiten, die über Herden wachen.

ERINNYEN, Geister der Rache, wie sie z. B. Orest wegen seines Muttermordes in den Wahnsinn trieben.

ERIS, die Göttin der Zwietracht, war zur Hochzeit von Peleus (s. d.) und Thetis (s. d.), bei der alle Götter weilten, nicht eingeladen worden; sie warf darum den goldenen Apfel mit der Aufschrift »Für die Schönste« in den Saal, was zum Streit der Göttinnen Hera (s. d.), Aphrodite (s. d.) und Athene sowie später – durch die Bestechlichkeit des zum Schiedsrichter bestellten Paris (s. d.) – zum trojanischen Krieg führte.

EURUS, der Südostwind.

GANYMEDES, troischer Prinz, der Schönste der Sterblichen, darum von der Herde, die er auf dem Idagebirge hütete, durch den Adler des Zeus entführt, im Olymp Geliebter des Zeus und Mundschenk der Götter.

GORGO, auch Medusa, ein Ungeheuer mit Schlangenhaaren und gräßlichen Zähnen, dessen Anblick jeden versteinerte, von Perseus (s. d.) – der es nur in einer Spiegelung ansah – getötet.

HELEISCHE NYMPHEN leben in Seen, Teichen und Sümpfen.

HELIOS, der Sonnengott, der jedoch nicht den Olympischen Göttern zuzählte; besonders auf Rhodos verehrt.

HELLEN, Stammvater der Hellenen, Sohn des Deukalion (s. d.) und der Pyrrha.

HERA, Schwester und Gattin des Zeus, Schützerin der Ehe, genoß besondere Verehrung auf der Insel Samos.

HERMES, olympische Gottheit, Bote des Zeus, Führer der Seelen in die Unterwelt.

HEROEN, halbgöttliche Wesen der Vorzeit, die übermenschliche Leistungen vollbracht haben und kultische Verehrung genießen.

HESIOD, der berühmte böotische Dichter u. a. der »Werke und Tage« und der »Theogonie« aus dem 8. (?) vorchristlichen Jahrhundert.

HIPPOLYTOS, die Zentralfigur der griechischen Fassung der Josephs-Legende: Seine Stiefmutter Phaidra, die ihn wegen seiner besonderen Schönheit begehrte, wurde von ihm abgewiesen und verleumdete ihn bei seinem Vater Theseus (s. d.), durch dessen Fluch er elend umkam.

HOMER, der dem Altertum als der Dichter der Ilias und der Odyssee galt, ist als historische Person kaum zu erfassen; auch seine Herkunft – um die sich, wie ein Distichon sagt, sieben Städte stritten – ist ungewiß.

HOMONOIA, die Eintracht, auch als Gottheit personifiziert, lateinisch Concordia.

ITYS, Sohn der Prokne und des Tereus, von seiner Mutter geschlachtet und dem Vater zum Mahl vorgesetzt aus Rache, weil dieser ihre Schwester Philomele geschändet hatte.

JACCHOS, Göttergestalt ungeklärter Herkunft, oft mit Dionysos (s. d.) identifiziert.

JASON, der Anführer der Argonauten, dem die kolchische Königstochter Medea bei der Gewinnung des Goldenen Vließes hilft und auf seiner Flucht folgt. Als er sich einer anderen Prinzessin zuwendet, vergiftet sie diese und tötet selbst ihre eigenen, von Jason empfangenen Kinder.

KARISCH: Karien liegt südlich vom Mäander im südwestlichen Kleinasien.

KENTAUREN, Fabelwesen, halb Mensch, halb Pferd; sie berauschten sich bei einer Hochzeitsfeier der Lapithen und wollten ihnen ihre Frauen rauben, wurden aber in blutigem Kampfe abgewiesen – ein in der antiken Kunst oft dargestellter Mythos.

KEPHALLENIA, große westgriechische Insel, neben Ithaka gelegen.

KRONOS, lateinisch Saturnus, der früheste Gott, als Gestirnaspekt von unheilvollem Einfluß.

KYROS, Großkönig des Perserreiches, soll (laut Herodot I, 107 ff.) auf Befehl seines Großvaters, des Mederkönigs Astyages, nach der Geburt für die Aussetzung bestimmt gewesen, doch durch einen mitleidigen Hirten gerettet worden sein.

LAOMEDON, König von Troja, dem der Gott Apollon als Hirte Dienste leisten mußte.

LAPITHEN, s. u. Kentauren.

LEDA, deren Schönheit Zeus verlockte, sich ihr in Gestalt eines Schwanes zu nahen, Mutter der Helena.

LEONIDAS, der Führer der Griechen beim Kampf in den Thermopylen 480 v. Chr. (s. u. Xerxes).

LYKURGOS, König der Thraker (Edoner), kämpfte gegen Dionysos (s. d.), wurde gefangen und geblendet.

MÄNADEN begleiteten den Gott Dionysos (s. d.) auf seinem Zug von Phrygien über Thrakien nach Griechenland; sie wurden als rasende Weiber vorgestellt, mit Fellen bekleidet, mit Efeu bekränzt, orgiastisch tanzend (vgl. Bacchantin).

MALEA, das stürmische und gefährliche Südost-Kap der Peloponnes.

MARSYAS, ein Satyr, forderte Apoll zum Wettspiel auf der Flöte heraus; der Gott siegte, ließ ihn zur Strafe an einen Baum hängen und schinden.

MEDEA, s. u. Jason.

MELISCHE NYMPHEN leben in honigträufelnden Eschen.

MEMNON, Sohn der »Morgenröte« (Eos) und des Aithioperkönigs Tithonos, vor Troja gefallen.

MENELAOS, Gatte der von Paris (s. d.) entführten Helena, Bruder des den Rachekrieg führenden Agamemnon.

MILTIADES, der Führer der Griechen in der Schlacht von Marathon 490 v. Chr.

MOIREN (Parzen), Gottheiten, die dem Menschen sein Lebensmaß zumaßen.

NEBRIS, Rehfell, Gewand des Dionysos (s. d.) und der Mänaden (s. d.).

NEMESIS, Gottheit, die Überheblichkeit strafte und übergroßes Glück durch Leid ausglich.

NEREIDEN, Töchter des Meeresgottes Nereus, wohlwollende Meeresnymphen.

NIREUS, in der Ilias 2,673 der nächst Achilleus (s. d.) schönste Held der vor Troja kämpfenden Griechen.

NISÄISCH: Berühmte Pferde kamen aus der Ebene von Nisaia bei Ekbatana in Medien.

ODYSSEUS, der homerische Heros, wurde später auf Ithaka kultisch verehrt.

PALLAS, Beiname der Göttin Athene.

PAN, arkadischer Hirtengott, vorgestellt als Mischwesen mit Bocksfüßen und -hörnern, lüstern den Nymphen nachjagend (vgl. Pitys), die Pan-Flöte spielend, bisweilen unerwartet ›panischen‹ Schrecken verbreitend.

PANATHENÄEN, athenisches Fest zu Ehren der Athena, an dem man der Göttin ein neues Gewand (Peplos) darbrachte, das an einem Schiffsmast der Prozession vorangetragen wurde.

PAPHOS, Stadt auf Zypern, berühmt durch ihren Aphroditetempel.

PARASITEN, Schmarotzer, die an den Tischen der Wohlhabenden durch Witzeleien und andere Arten der Unterhaltung ihren Unterhalt fanden.

PARIS, trojanischer Prinz von besonderer Schönheit, sprichwörtlich als Verführer (der Helena).

PELEUS, Heros (s. d.), Gatte der Nereide (s. d.) Thetis (s. d.), Vater des Achilleus (s. d.); (vgl. auch Eris).

PELUSION, Name des Mittelpunktes der östlichen ägyptischen Grenzbefestigungen gegen Asien und des dort fließenden Nilarmes.

PENTHEUS, König von Theben, Gegner des Dionysos (s. d.) und seines Kultes, von den auf den Bergen ekstatisch schwärmenden Frauen unter Führung der eigenen Mutter zerrissen.

PERSEUS, Heros (s. d.), Sohn des Zeus und der Danaë, Überwinder der Gorgo (s. d.), Retter der Andromeda (s. d.).

PITYS, Nymphe, von Boreas (s. d.) geliebt und, da sie selbst Pan (s. d.) vorzog, getötet, von der Erde in die Fichte (griechisch *pitys*) verwandelt.

PLETHRON, als Längenmaß ein Sechstel des Stadions (s. d.), als Flächenmaß 100 Fuß (= ca. 32 m) im Quadrat.

PROSKYNESE, oft verstanden als persische Form der Verehrung durch Niederwerfung auf den Boden und Berührung der Erde mit der Stirn; im allgemeinen jedoch Verehrungsgestus durch eine Art Kußhand, verbunden mit einer Verneigung.

PROTESILAOS, der erste der vor Troja gefallenen Griechen, wurde seiner Gattin Laodameia, da er ihr gleich nach der Hochzeit entrissen worden war, von Hades, dem Gott der Unterwelt, für kurze Zeit zurückgegeben; danach tötete sie sich selbst.

PROTEUS, Meeresgottheit mit Weissagungskraft, vorgestellt mit der Fähigkeit, sich in unterschiedliche Gestalten zu verwandeln und dadurch dem Orakelsuchenden zu entgehen.

PYTHIA, PYTHISCH: Apoll tötete in Delphi den Drachen Python und gewann durch diesen Sieg den Beinamen »Pythios«, der von ihm u. a. auf seine dort weissagende Orakelpriesterin überging.

SATRAP, oberster Statthalter einer Provinz (»Satrapie«) des Perserreiches.

SEMELE, thebanische Prinzessin, Geliebte des Zeus, den sie auf Rat der eifersüchtigen Hera bat, ihr in seiner wirklichen (göttlichen) Gestalt zu erscheinen; sie stirbt an seiner Blitzgewalt, ihr ungeborenes Kind trägt Zeus in seinem Schenkel aus: es ist der Gott Dionysos (s. d.).

STADION, die Länge der Laufbahn eines Stadions und so ein Längenmaß; das von Olympia ca. 192 m (= 600 Fuß).

STRATEGE, Heerführer, Oberbefehlshaber.

THESEUS, Athens Nationalheros, der (wie Herakles) das Land von zahlreichen Ungeheuern und Räubern reinigte, im Labyrinth auf Kreta den Minotaurus tötete (s. u. Ariadne), die Lapithen gegen die Kentauren (s. d.) unterstützte, Vater des Hippolytos (s. d.), Teilnehmer am Argonautenzug (s. u. Jason), Stifter der Panathenäen (s. d.).

THETIS, Nereide (s. d.), um die Zeus und Poseidon warben, jedoch Abstand nahmen wegen der Verheißung, ihr Sohn werde stärker sein als sein Vater; sie wurde Gattin des Peleus (s. d., vgl. Eris) und Mutter des Achilleus (s. d.).

TRIËRARCHIE, athenische Institution, die wohlhabende Bürger verpflichtete, aus eigenem Besitz für den Staat eine Triëre (s. d.) auszurüsten und zu unterhalten (vgl. Choregie).

TRIËRE, Schiff mit drei Ruderreihen.

TRITON, Meergottheit, halb Mensch, halb Fisch, Sohn des Poseidon.

TYPHON, Ungeheuer der griechischen Mythologie, gelegentlich mit dem ägyptischen Seth gleichgesetzt, der den Osiris tötete, zerstückelte und in den Nil warf.

TYRISCHER HERAKLES: In Tyros (s. d.) wurde dieser Heros besonders verehrt.

TYROS, Stadt der Phönizier, 75 km südwestlich von Beirut gelegen, ursprünglich auf einer Insel, durch Alexander den Großen mittels eines Dammes 322 v. Chr. mit dem Festland verbunden.

TYRRHENER, Seeräuber, die Dionysos (s. d.) auf seiner Fahrt von Ikaria nach Naxos versklaven wollten; doch fielen die Fesseln von diesem ab, am Mast wuchs Efeu, das Schiff stand still, die Piraten wurden in Delphine verwandelt.

XERXES, König der Perser (486–465 v. Chr.), Führer des Einfalls in Griechenland 480 (vgl. Leonidas).

ZETHOS, s. u. Amphion.

Zu dieser Ausgabe

Die vorliegende Ausgabe in zwei Bänden, die erste deutsche Gesamtausgabe der Liebes- und Abenteuerromane der Antike, enthält mehrere hier zum ersten Mal veröffentlichte neue Übersetzungen: die Chariton-Verdeutschung von Heinz Martin Werhahn (S. 515), die Übertragung der auf Papyri erhaltenen Fragmente von Herwig Maehler (Bd. II, S. 722), ferner die Übersetzung der *Geschichte von Apollonius, dem König von Tyrus* (S. 167) sowie der in indirekter Überlieferung als kurze Nacherzählung überkommenen Geschichten aus utopischen Romanen (Bd. II, S. 669) durch den Herausgeber. Dieser hat für die übrigen Romane aus den vorhandenen Vorlagen die hier abgedruckten ausgewählt, in Anmerkungen die nötigsten Erklärungen gegeben und ein erläuterndes Namens- und Sachverzeichnis beigefügt, das in alphabetischer Ordnung Auskunft über die wichtigsten Orte, Personen, Maße und dergleichen gibt. Bei den älteren Übertragungen von Wieland (Bd. II, S. 579), Ast (Bd. II, S. 176) und Jacobs (S. 23) sind Interpunktion und Orthographie modernisiert und gelegentlich allzu altertümliche Wendungen durch heute besser verständliche ersetzt worden; alles andere blieb hier wie auch bei den anderen Texten unverändert.

Die Einleitung versucht, das so eigenartige Phänomen des sogenannten »Romans« der Antike darzustellen; Kurzeinführungen unmittelbar vor jedem Text vermitteln die notwendigsten Erläuterungen zur Person des Autors wie zum Werk selbst und erinnern auch an wichtige Stationen aus dem Nachleben der Erzählung.

Als Anordnungsprinzip wurde weder die umstrittene Chronologie noch das vordergründige Alphabet gewählt; vielmehr steht an der Spitze der – nächst Platons *Gastmahl* – wohl poetischste Prosatext der Antike, der Hirtenroman des Longos. Ihm folgen zwei ebenfalls kurze und so auch leichter zugängliche Romane, die den Leser einstimmen, sein Interesse wecken, seine Neugier erregen mögen für die sich anschließenden großen Werke des Heliodor und Chariton sowie in Bd. II des Achilleus Tatios und Lukian und der Lateiner Petron und Apuleius. Als Abschluß figurieren die uns unvollständig überkommenen Texte, teils Einzelszenen auf Papyri, teils zusammenfassende Nacherzählungen späterer antiker Autoren. So unterliegt die Anordnung der Sammlung jenem Motto, mit dem Apuleius seine Erzählung beginnt: »Intende, lector: laetabere! – Merk auf, Leser! Du wirst dich amüsieren!«

Berlin Bernhard Kytzler

Inhalt

Anhang

Im Reich des Eros, Bd. II

Im Reich des Eros

Sämtliche Liebes- und
Abenteuerromane der Antike

Band II

Albatros

Band II. Mit einer Einleitung (Band I) und Anmerkungen herausgegeben von Bernhard Kytzler. In den Übertragungen von Friedrich Ast, Carl Fischer, Bernhard Kytzler, Herwig Maehler, Karl Mras und Christoph Martin Wieland.
Mit 16 Illustrationen der Pariser Ausgabe von 1787 zu »Der goldene Esel«.

Titel der Originalausgabe:
Im Reiche des Eros, Bd. II

Die Deutsche Bibliothek – CIP-Einheitsaufnahme
Ein Titeldatensatz für diese Publikation ist bei
Der Deutschen Bibliothek erhältlich.

ISBN 3-491-96018-5

Petron

Petrons Persönlichkeit zu porträtieren hat Tacitus unternommen – falls der von ihm (Annales 16, 17) *beschriebene Hofmann Neros in der Tat zugleich auch der Autor des uns vorliegenden Roman-Fragmentes ist. Das Bild, das der Historiker von dem* arbiter elegantiarum, *der maßgebenden Autorität in allen Fragen modischen Geschmacks am kaiserlichen Hofe, bietet, ist durch nicht wenige Widersprüche gekennzeichnet: Petron ist ein Lebemann, der als Müßiggänger und Verschwender die Nacht zum Tage, den Tag zur Nacht macht; er ist aber auch ein Mann der Tat, der eine Provinz wohl zu verwalten, als Prokonsul und Konsul erfolgreich zu wirken weiß. Hernach kehrt er wieder zu seinen früheren Ausschweifungen zurück – es kann aber auch sein, daß er ihnen nicht verfallen ist, sondern nur mit der* imitatio vitiorum, *der Nachahmung der Laster, spielt, und die Frage drängt sich dem Leser auf, ob jener den tatkräftigen Administrator vielleicht auch nur ‚gespielt' hat. Als er, in die pisonische Verschwörung verwickelt, sich im Jahre 66 n. Chr. selbst den Tod geben muß, sucht er diesen durch kunstvolle Retardierungen und spielerische Ablenkungen einem natürlichen Lebensende ähnlich erscheinen zu lassen – noch im Tode eine schwerlich genau zu fassende Erscheinung, eine spöttisch lächelnde, rätselhafte Sphinx, und da wir keine äußeren Beweise für die Identifikation dieses Hofmanns mit dem Autor haben, bleibt die Gleichsetzung unbewiesen. Dennoch ist der persönliche Charakter dieser faszinierenden Figur dem Werkcharakter so eng verwandt, daß man der These, es handle sich bei seinem Schöpfer um dieselbe Person, hohe Wahrscheinlichkeit zuerkennen muß.*

Das Satyrikon, *das vielleicht paradoxeste Produkt der lateinischen Literatur, erlebte, da im Erotischen frappierend freizügig, ein denkbar desolates Überlieferungsschicksal: Für schulische Zwecke wie für klösterliche Erbauung gleichermaßen ungeeignet, aus moralischen Gründen ebenso wie auf Grund der oft parodisierend vulgären Sprachform vom offiziellen Bildungsbetrieb übergangen, kam es nur in Fragmenten auf die Neuzeit. Wir besitzen Exzerpte und Frag-*

mente in einem Umfange von etwa 150 Textseiten, während in spätantiken Notizen (Fulgentius, Mitologiae 3, 8; um 500 n. Chr.) und in Handschriftenbemerkungen von mindestens 15–16 Büchern die Rede ist, was auf einen Gesamtumfang von bis zu 1000 Seiten führen könnte. Man wird jedenfalls den Gesamtablauf kaum voll verstehen können. Fest steht nur, daß es sich um einen Reiseroman handelt, den man der Tradition des Schelmenromans zuzählt. Der Hauptheld, ein junger Taugenichts namens Enkolpius (›Der am Busen ruht‹) stromert zusammen mit dem schönen Knaben Giton in der Welt umher. Mit von der Partie ist der ebenfalls recht zweifelhafte Askyltos, der weniger durch die Größe seines Geistes als die seines Gliedes auffällt. Später wird er durch Eumolp (›Der edle Sänger‹) abgelöst, einen zu Gaunereien gern geneigten Dichterling. Diese fragwürdigen Figuren treiben sich in Unteritalien herum, erleben Liebes- und Diebesabenteuer, besuchen Bankette, Bäder und Bordelle, es gibt Prügelszenen und Schiffbruch, Rechtshändel, Erbschleicherei, Spukgeschichten und Rätsel. Eingelegt sind auch mehrfach Gedichte unterschiedlicher Länge und Thematik (zur Form der sogenannten menippeischen Satire vergleiche die Einleitung Bd. I, S. 17). Die berühmteste Einlage ist das etwa die Mitte einnehmende Gastmahl des Trimalchio, ein burlesker Mimus, der einen neureichen Parvenü karikiert, wie er in einer Gesellschaft von alten Freunden, Grabsteinmetzen und Lumpenhändlern ihres Zeichens, seine banalen Belustigungen erlebt.

Fragt man nach dem ‚roten Faden', der den Gesamtablauf verknüpft, so scheint es, daß den zweifelhaften Haupthelden Enkolp der Zorn einer Gottheit verfolgt: Parodie hoher Epik, denn wenn den Odysseus Homers der Zorn des Poseidon, wenn den Aeneas Vergils der Groll der Juno peinigte, so unterliegt Enkolp – sinnigerweise, müssen wir sagen – den Strafen des Priap, des geilen Gartengottes, der ihn mit jener peinlichen männlichen Schwäche plagt, die ihn nicht zum höchsten erotischen Genuß gelangen läßt – auch das ein Motiv, das bereits in der Odyssee vorgebildet (8, 48) und in Ovids Amores belegt ist (3, 7).

Um das Verständnis der lose aufeinander folgenden Fragmente zu erleichtern, bietet die vorliegende Übersetzung die verbindenden Erfindungen des Franzosen F. Nodot (in der Übersetzung von W. Heinse aus dem Jahre 1773, vom Originaltext abgehoben durch Kursivdruck), die dieser ursprünglich als angeblich authentische Gesamtfassung des Romans 1692 in Rotterdam und 1693 in Paris *publizierte. Die Fälschung wurde von Gelehrten, an der Spitze Leibniz und Bentley, bald erkannt. Doch verknüpft sie die Einzelteile nicht ungeschickt, und wenn auch manches weit in die Irre geht – der Anfang beispielsweise ist gewiß alles andere als richtig oder auch nur wahrscheinlich –, so ist doch im Großen der Zusammenhang des Ganzen befriedigend gewahrt. Wie so viele Schöpfungen der bildenden Kunst der Antike uns nur mit modernen Ergänzungen deutlich werden, so ist es auch hier eine den Genuß des Lesens erleichternde Hilfe, wenn man den Fragmenten nicht als losen Fetzen, sondern in einem sinnvollen Zusammenhang begegnet.*

*Waren, wie schon angedeutet, die Schicksale des Textes in Antike und Mittelalter nicht eben günstig, so gerieten sie in der früheren Neuzeit und Gegenwart um so glänzender. Durch den Roman des polnischen Dichters H. Sienkiewicz (*Quo vadis?* 1895/96) wurde die Gestalt des Autors weiteren Kreisen bekannt; durch die Bearbeitung des Werkes von der Hand Wilhelm Heinses, des Dichters des* Ardinghello, *gehört es seit 1773 auch der deutschen Literatur zu. Schon zuvor kannten die europäischen Fürstenhöfe in der Reihe ihrer Feste und Unterhaltungen ein vielleicht etwas eigentümliches Vergnügen. Kein Geringerer als Leibniz hat in seinem Brief an die Fürstin Luise von Hohenzollern-Hechingen vom 25. Februar 1702 über ein »Festin à la Romaine« berichtet, das im Karneval dieses Jahres am hannoverschen Hofe veranstaltet worden war, bei dem sich die Hofleute – einschließlich der Königin Sophie Charlotte von Preußen – als Gäste des Trimalchio verkleidet hatten und auch die Ausstattung des antiken Gastmahls – einschließlich des riesigen, mit besonderem Gepränge herumgeführten pot de chambre – nachgeahmt wurde. In Preußen arrangierte August Wilhelm, der Bruder Friedrichs des Großen, 1751 ein ähnliches Fest, und in Frankreich gab Abbé Margon für eine mit größter Genauigkeit veranstaltete Wiederholung von Trimalchios Gastmahl zu Saint Cloud in der Zeit der Regentschaft 1715–1723 nicht weniger als 30 000 Francs aus – der Regent erklärte dann auch, nie etwas so Originelles gesehen zu haben.*

Friedrich Nietzsche hat Petron gefeiert als »anmutigsten und übermütigsten Spötter, unsterblich gesund, unsterblich heiter und wohlgeraten« (›Der Antichrist‹, *Kap. 46). Als Vorlage für Fellinis Film hat das* Satyrikon *auch in der Gegenwart in neuem Medium neubelebte Gestalt gewonnen. Es ist in der Tat auf seine Weise unsterblich.*

Satyrikon

Erster Teil

ABENTEUER MIT ASKYLT

Schon so lange hab' ich euch versprochen, meine Begebenheiten zu erzählen, daß ich es nicht länger verschieben kann. Wir wollen uns nicht allein, da wir glücklicher Weise heute beisammen sind, von gelehrten Sachen unterhalten, sondern auch durch Scherze und angenehme Erzählungen ergötzen.

Sehr scharfsinnig hat Fabricius Veiento die Vorurteile, welche sich in die Religion eingeschlichen haben, angegriffen und entdeckt, mit welcher betrügerischen Wut wahrzusagen, die Priester von Geheimnissen und Wundern plaudern, von welchen sie nicht ein Wörtchen wissen. Aber ...

... verfallen unsere Redner nicht einem ähnlichen Wahn, wenn sie ausrufen:

»Diese Wunden habe ich für die Freiheit des Vaterlandes empfangen; dies Auge habe ich für euch geopfert: gebt mir einen Begleiter, der mich zu meinen Kindern führt, denn meine durchschnittenen Kniekehlen vermögen die Last meines Leibes nicht mehr zu tragen!«

Das wäre noch erträglich, wenn es den Studierenden den Weg zur Redekunst eröffnete. Statt dessen aber verdanken sie dem schwülstigen Stoff und dem hohlen Pathos solcher Formulierungen nur das eine, daß sie sich in eine andere Welt versetzt fühlen, wenn sie auf dem Forum zu sprechen haben. Und deshalb bin ich der Ansicht, daß unsere Studenten in den Schulen nur noch dümmer werden, weil sie dort nichts von all dem hören und sehen, was der Wirklichkeit entspricht. Dagegen hören sie von Piraten, die gefesselt am Strand stehen, von Tyrannen, die Vorschriften erlassen, worin den Söhnen befohlen wird, dem eigenen Vater den Kopf abzuschlagen, von Orakelsprüchen gegen die Pest, nach denen drei oder mehr Jungfrauen zu opfern seien, von honigsüßem Wortgedrechsel und Reden und Taten, die sozusagen mit Mohn und Sesam bestreut sind.

Wer bei solcher Kost aufgezogen wird, kommt ebensowenig zur Vernunft, wie einer, der immer in der Küche steht, zu gutem Geruch. Ich gestatte mir zu behaupten, daß vor allem ihr Lehrer die Kunst der Rede ruiniert habt. Ihr habt sie durch leeren und oberflächlichen Wortschwall zu einem Spielzeug gemacht und erreicht, daß der Inhalt der Rede sinnentleert und zugrunde gerichtet wurde.

Keineswegs wurden die jungen Leute in der Redekunst unterrichtet, als Sophokles oder Euripides die Sprache schufen, deren sie zur Mitteilung bedurften. Keineswegs hatte ein gelehrter Pedant die Talente verdcrbt, als Pindar und die Neun Lyriker sich scheuten, in den gleichen Versen weiterzudichten wie Homer. Und ich will mich nicht nur auf die Dichter berufen, aber ich sehe auch, daß sich weder Plato noch Demosthenes jemals auf solche Kurse in Rhetorik eingelassen haben. Die große und, wenn ich so sagen darf, keusche Rede ist nicht bunt und schwülstig, sondern sie zeichnet sich durch ihre natürliche Schönheit aus.

Erst in neuerer Zeit ist diese aufgeblasene und maßlose Geschwätzigkeit von Kleinasien herüber nach Athen eingewandert und hat den hochfliegenden Geist der Jugend durch den Einfluß eines schlechten Ideals verderbt; und nachdem einmal die Schranken gefallen waren, erlebte die Kunst der Rede keine Weiterentwicklung und verstummte schließlich ganz. Wer hat jedenfalls noch den Ruhm eines Thukydides, wer den eines Hyperides erreicht? Nicht einmal ein einigermaßen lebensfähiges Gedicht ist entstanden; nichts von dem, was gewissermaßen mit der gleichen Kost genährt war, konnte bis zum Alter ausreifen. Auch die Malerei hat keine andere Entwicklung genommen, nachdem die geschickten Ägypter für diese hohe Kunst eine Schablone erfunden hatten.

Dieses ungefähr sprach auch ich einst, da Agamemnon zu uns kam und mit neugierigen Augen nachforschte, wem die Versammlung so fleißig zuhörte.

Agamemnon ließ es nicht zu, daß ich in der Vorhalle länger redete, als er selbst beim Vortrag im Hörsaal geschwitzt hatte. »Junger Mann«, sagte er, »da deine Ausführungen außergewöhnlichen Geschmack verraten und du, was besonders selten ist, gesunden Menschenverstand zeigst, will ich dir keinen faulen Zauber vormachen. Aber natürlich liegt bei diesen Redeübungen die Schuld nicht nur bei den Lehrern, die notgedrungen mit den Wölfen heulen müssen. Wenn sie nicht sagen, was die jungen Leute hören wollen, so würden sie bald, wie Cicero sagt, ›allein in ihren Schulen sein‹. So wie die Schmeichler, die sich um reiche Einladungen bemühen, an nichts anderes denken, als was ihrer Ansicht nach ihren Zuhörern am ehesten gefällig sein dürfte – denn sie erreichen nur etwas, wenn sie den Ohren gewissermaßen Fallen stellen –, so hält es auch der Lehrer der Redekunst. Wenn er nicht wie ein Angler am Haken den Köder befestigt, von dem er weiß, daß ihn die Fischlein am liebsten schnappen, wird er ohne Hoffnung auf einen Fang lange auf seinem Felsen hocken bleiben.

Wie steht es also? Den Tadel verdienen die Eltern, die ihre Söhne nicht entsprechend den schulischen Gegebenheiten ausbilden lassen wollen. Vor allem opfern sie, so wie alles andere, auch die Zukunft ihrer Söhne dem eigenen Ehrgeiz auf. Und um ihre Hoffnungen möglichst schnell erfüllt zu sehen, jagen sie deren noch unausgereiftes Wissen aufs Forum und ziehen die Rednertoga, ihrem eigenen Bekenntnis nach die Krönung aller Wünsche, noch halben Kindern an. Wenn sie jedoch einer stufenweisen Ausbildung zustimmen würden, bei der die jungen Leute durch ernsthafte Lektüre befruchtet werden, damit sie ihren Geist an den Geboten der Weisheit entwickeln, damit sie ihren Wortschatz mit strengem Griffel herausarbeiten, damit sie lange üben, was sie einmal leisten wollen, damit sie zu der Einsicht gelangen, daß keinen Bestand hat, was in der Jugend gefällt, dann hätte jene Kunst der großen Rede auch wieder eine Würde des Inhalts. Heute ist die Schule für die Knaben ein Spielplatz, die jungen Männer lassen sich auf dem

Forum auslachen, und, was noch schlimmer ist als beides, keiner will im Alter zugeben, was er in der Jugend falsch gemacht hat.

Damit du aber nicht meinst, ich hätte kein Verständnis für die schlichte Improvisation in der Art eines Lucilius, will ich meine Gedanken in dichterischer Form zusammenfassen:

Wes Sinn nach den Erfolgen großer Kunst trachtet
Und wessen Geist nach Hohem strebt, der muß erstlich
Sich auch im Leben an der Einfachheit bilden.
Nicht darf er eitel nach der Königsburg blicken,
Nicht gieren nach der stolzen Herren Festmählern,
Nicht mach er sich mit Niedrigkeit gemein: meide
Des Geistes Widersacher Wein und sitz niemals
In dem Theater, über Blödigkeit lachend!

Nein! und sollte auch waffenklirrend ihm lächeln Athene,
Mag auch Tarent, von Sparta besiedelt, ihn lockend verführen,
Oder Neapel, der Sitz der Sirenen: Die Jahre der Jugend
Weih er der Dichtung, und selig trink er aus Homeros' Quelle!
Später, sokratischer Weisheit voll, mag er lockern die Zügel,
Schwingen befreit und kühn des Demosthenes wuchtige Waffen.
Wenn ihn die Scharen Roms umfluten, griechischem Geiste
Ferner gerückt, so wandelt auch sein Geschmack sich allmählich.
Öfter mag auf dem Forum er sprechen, so wie er geschrieben,
Und auch freiere Rede erschalle rascheren Ganges,
Deren Nährer der Krieg ist, trotzigen Tones besungen,
Und des donnernden Cicero unwiderstehliche Wortkunst!
Das sind die Meister des Geistes: und mächtiger lassen sie strömen
Aus der musengesegneten Brust gewaltige Worte.«

Da ich aufmerksam zuhörte, bemerkte ich nicht, daß sich Askylt auf und davon gemacht hatte. Und während ich noch in der Hitze solcher Debatten in den Anlagen spazierenging, drang plötzlich eine sehr große Anzahl Studenten in die Säulenhalle ein, die offenbar vom Vortrag irgendeines Lehrers kamen, der zur Rede des Agamemnon Stellung genommen hatte. Während die jungen Leute über den Inhalt ihre Witze machten und den ganzen Aufbau der Rede zerpflückten, benutzte ich die Gelegenheit, mich unbemerkt zu entfernen und sofort auf die Suche nach Askylt zu begeben.

Aber weder kannte ich die Straßen, noch wußte ich überhaupt, wo unser Gasthaus lag. So kam ich, welche Richtung ich auch einschlug, immer wieder an die gleiche Stelle zurück, bis ich, vom Laufen müde und schon ganz in Schweiß gebadet, an eine alte Frau geriet, die Feldkohl verkaufte, und sie fragte: »Na, Mütterchen, kannst du mir vielleicht sagen, wo ich wohne?« Sie lachte über meinen albernen Witz und meinte: »Ja, freilich weiß ich das!« stand auf und ging vor mir her. Ich hielt sie für eine Prophetin . . .

Bald kamen wir in ein abgelegenes Viertel. Die freundliche Alte schlug vor einer Tür den Vorhang zurück und sagte: »Hier bist du zu Hause!«

Ich erwiderte ihr, daß ich das Haus nie gesehen hätte, und bemerkte, wie ein paar Strichjungen und nackte Huren sich zwischen den beschrifteten Türen herumdrückten. Zu spät dämmerte mir die Erkenntnis, daß ich in ein Bordell gelockt worden war. Ich verwünschte die Alte, die mir diesen Streich gespielt hatte, schlug meinen Mantel über mein Gesicht und wollte mitten durch das Lusthaus fliehen.

Aber siehe da: genau vom andren Ende des Ganges kommt mir ebenso erschöpft und halbtot mein Askylt entgegen! Ich mußte annehmen, er sei von der gleichen Alten verschleppt worden. Lachend fragte ich ihn, was er an diesem üblen Ort verloren habe. Er wischte sich mit den Händen den Schweiß ab und sagte: »Wenn du wüßtest, was mir passiert ist!« »Was ist denn los?« fragte ich. Er erzählte mir noch ganz außer Atem: »Als ich durch die ganze Stadt lief und nirgends ausfindig machen konnte, wo ich unser Gasthaus gelassen hatte, kam ein würdiger Familienvater auf mich zu und bot sich freundlich als Führer an. Er brachte mich durch finstere Gassen und Winkel hierher, zog Geld heraus und machte mir einen Antrag. Kaum hatte eine Hure das Geld für die Überlassung ihrer Kammer einkassiert, als er schon auf mich losging; wenn ich nicht der Stärkere gewesen wäre, hätte ich daran glauben müssen!«

Während dieser Erzählung überraschte uns der nämliche Hausvater von einer artigen Dame begleitet. Zärtlich blickt' er den Askylt an und bat ihn: er möchte doch nur wieder hereingehen, er versicherte ihm bei allem, was heilig sei, daß er nichts zu befürchten habe, und wenn er nichts mit sich wollte anfangen lassen, so sollte er wenigstens selbst was anfangen.

Die Dame machte sich an mich und bat inständig, daß ich mit ihr gehen möchte. Das taten wir dann endlich auch alle beide. Wir kamen unter die Überschriften und sahen viele von beiderlei Geschlechte in den Zellen sich einander die Zeit vertreiben ...

... es kam mir vor, als hätten alle Stendelwurz getrunken.

Kaum hatten sie uns erblickt, so lockten sie mit buhlerischer Frechheit uns zu sich, und gleich ergriff ein halbnackter Faun den Askylt, warf ihn auf ein Bett und fing an zu arbeiten. Ich sprang ihm zu Hilfe, ...

... und mit vereinten Kräften gelang es uns, den Unhold loszuwerden.

Askylt ging hinaus und floh davon und ließ mich ihrer Geilheit zum Raube. Aber da ich stärker als alle diese schwächlichen Geschöpfe war, kam ich noch unbeschädigt davon. Beinahe hatte ich die ganze Stadt durchstrichen ...

... da sah ich wie durch einen Nebel Giton am Ende einer Gasse ...

... *auf der Schwelle unseres Gasthauses* ...

... stehen und gelangte endlich nach Hause.

Als ich fragte, ob der Bursche uns ein Essen zubereitet habe, setzte er sich auf sein Bett und wischte sich mit dem Daumen die strömenden Tränen ab. Das Gebaren des Jungen beunruhigte mich, und ich fragte ihn, was passiert sei. Er redete stockend und widerstrebend, doch als ich meinen Bitten zornigen Nachdruck verlieh, berichtete er: »Dein Begleiter oder Freund kam vorhin zu mir ins Gasthaus und wollte mir Gewalt antun. Ich begann laut zu schreien, doch er zog sein Schwert und rief: ›Wenn du Lukretia bist, so bin ich dein Tarquinius!‹«

Kaum hatte ich das gehört, als ich Askylt mit den Fäusten vor die Augen fuhr: »Was sagst du dazu, du Mannhure, an der sogar der Atem stinkt?« Askylt stellte sich zunächst beleidigt, hob aber bald mit überlegener Kraft seine Fäuste und brüllte noch lauter: »Schweig, du geiler Gladiator, den sie mit Schande aus der Arena gejagt haben! Schweig, du Nachtstrolch, der du noch mit keinem anständigen Weib fertig geworden bist und der du mich damals im Park genauso mißhandelt hast, wie du heute den Jungen hier im Gasthaus mißhandelst!«

»Du hast dich während der Unterhaltung mit dem Lehrer davongeschlichen«, sagte ich.

»Was hätte ich denn machen sollen, du Dummkopf, wenn ich vor Hunger beinah umgekommen bin? Sollte ich mir vielleicht diese Sprüche, dies Porzellanzerschlagen und diese Traumdeuterei mit anhören? Du bist doch wahrhaftig der schlechtere von uns beiden. Du hast es fertiggebracht, einem Spinner nach dem Mund zu reden, nur um zu einem Essen eingeladen zu werden!«

So mußten wir mitten im schlimmsten Streit plötzlich lachen und wandten uns dann etwas versöhnlicher anderen Dingen zu.

Als ich aber wieder an seinen Streich denken mußte, sagte ich: »Askylt, ich sehe ein, daß wir uns nicht vertragen können. Wir wollen unser Gepäck teilen und versuchen, unserer Armut jeder auf seine Weise Herr zu werden. Du hast genauso studiert wie ich. Um deinem Fortkommen nicht im Wege zu stehen, will ich mich anderswo umsehen; es gibt ja doch nur alle Tage tausendmal Streit, und wir kommen in der ganzen Stadt in Verruf.«

Askylt hatte nichts dagegen: »Heute sind wir als Studenten zum Essen eingeladen und wollen uns jetzt den Abend nicht verderben. Aber morgen will ich mich, weil wir es so beschlossen haben, nach einer anderen Unterkunft und einem anderen Kameraden umsehen.«

»Es ist doch albern«, sagte ich, »etwas aufzuschieben, was man einmal beschlossen hat.«

Der Grund für diese plötzliche Trennung war jedoch meine Leidenschaft; ich hatte mir nämlich schon lange gewünscht, den lästigen Wächter loszuwerden, um wieder auf die alte Weise mit meinem Giton zu verkehren.

Dem Askylt ging die Sache im Kopfe herum; er redete kein Wort und hastig ging er zur Tür hinaus. Diese plötzliche Entfernung ließ mich nichts Gutes vermuten, denn seine ungestüme Hitze war mir bekannt, wie seine wütende Liebe. Ich ging ihm also auf dem Fuße nach, um seine Anschläge auszuforschen und ihnen zu widerstehen, aber er verschwand vor meinen Augen und vergebens suchte ich ihn lange.

Als ich die ganze Stadt abgesucht hatte, kehrte ich in mein Zimmer zurück; endlich küßten wir uns ganz zwanglos, ich umarmte den Jungen aufs leidenschaftlichste und genoß die beneidenswerte Erfüllung meiner Wünsche. Aber noch ehe wir ganz fertig waren, schlich sich Askylt heimlich an die Türe, sprengte mit rohester Gewalt den Riegel auf und überraschte mich mit dem Burschen im schönsten Augenblick. Das Zimmer dröhnte von seinem Lachen und Beifallklatschen, er zog mir den schützenden Mantel weg und brüllte: »Was machst du denn da, mein teurer Freund, zu zweit unter einer Decke?« Und er beschränkte sich nicht auf Stichelreden, sondern machte den Riemen von seinem Ranzen los und begann mich nach allen Regeln der Kunst zu verprügeln, wobei er noch höhnte: »Das also nennst du kameradschaftlich teilen!«

Diese unvermutete Sache zwang mich, die Beleidigung und die Schläge zu verschmerzen. Ich spottete also über den Vorfall und sehr klüglich; denn sonst hätte ich mit einem streiten müssen, der eben so stark war, und in meiner damaligen Verfassung weit stärker als ich. Mit einem verstellten Lächeln stillte ich seinen Zorn. Er mußte selbst darüber lachen. »Und du Enkolp«, sagte er, »in Wollüsten ersoffen, denkst nicht daran, daß wir kein Geld mehr haben und daß unsere Habseligkeiten keine Bohne wert sind? Im Sommer ist in den Städten nichts zu schaffen! das Land wird uns besser bekommen. Weißt du was, wir wollen unsere guten Freunde daselbst heimsuchen!«

Die Not zwang mich den Vorschlag gut zu heißen und den Schmerz zu verbeißen. Wir bürdeten also dem Giton ein Paar Säckchen auf, gingen zu der Stadt hinaus und wanderten nach dem Schloß des Lykurg, eines römischen Ritters.

Da Askylt ehedem ein Brüderchen von ihm gewesen war, so

wurden wir gnädig aufgenommen, und die daselbst versammelte Gesellschaft wurde in ihren Vergnügungen lebhafter.

Wir fanden daselbst ein reizendes Mädchen, Tryphäna, welches mit einem Schiffshauptmann, Lichas, gekommen war, der unweit des Meeres liegende Güter besaß.

Was wir an diesem angenehmen Orte für Vergnügungen genossen haben, ist unbeschreiblich, obgleich der Tisch des Lykurg sehr mäßig eingerichtet war. Sagen muß ich euch, daß wir gleich anfänglich uns alle ineinander verliebten. Die schöne Tryphäna bezauberte mich, und ohne langen Widerstand gewährte sie mir meine Wünsche. Allein kaum konnt' ich an ihren Lippen hangen, als Lichas mißvergnügt, daß ich ihm die Wollust raubte, eine Entschädigung dafür von mir verlangte; denn sie war seine alte Liebe. Er fing also an, mich anzugreifen und verfolgte mich mit einer unbändigen Leidenschaft. Da aber Tryphäna mein ganzes Herz allein besaß, so schlug ich dem Lichas alle Hoffnung ab. Er wurde dadurch hitziger und verfolgte mich heftiger, schlich sich zur Mitternacht in mein Schlafzimmer und, da ich seine Bitten verschmähte, wollte er Gewalt brauchen. Ich schrie, so sehr ich konnte; das ganze Haus wurde davon aufgeweckt, Lykurg stand mir bei und ich wurde von dem beschwerlichen Überfalle befreit.

Wie ihm endlich das Haus des Lykurg zur Erfüllung seiner Wünsche nicht bequem schien, so versucht' er mich zu bereden, daß ich bei ihm meine Wohnung nehmen möchte; und da ich ihm dies gerade abschlug, so bedient' er sich dieses zu erhalten, der Tryphäna. Diese bat mich desto lieber darum, je freier sie daselbst zu leben hoffte. Ich folgte also der Liebe.

Aber Lykurg, welcher die alte Bekanntschaft mit dem Askylt wieder erneuert hatte, ließ ihn nicht von sich gehen. Deswegen wurden wir einig, daß er immer bei Lykurg bleiben möchte, wir aber dem Lichas folgen. Bei diesem wurde beschlossen, daß ein jeder nach Gelegenheit Beute zu unsrer gemeinschaftlichen Kasse machen sollte.

Lichas war unglaublich froh darüber, daß wir in seinen Vorschlag willigten. Er beschleunigte unsre Abreise. Wir sagten einander das gewöhnliche Lebewohl und an eben diesem Tage kamen wir noch auf sein Landgut.

Lichas hatte die Sachen so fein geordnet, daß er unterwegs neben mir und Tryphäna dem Giton zur Seite saß. Wegen der ihm sehr wohl bekannten Unbeständigkeit dieses Mädchens hatt' er dieses so bewerkstelligt und hatte sich auch nicht betrogen, denn sie brannte gleich vor Liebe zu dem Knaben, welches ich sehr leicht bemerken konnte. Lichas gab mir auch dieses sehr genau zu verstehen und ich mußt' es leider! glauben.

Deswegen bezeigt' ich mich ihm auch gefälliger, und er wurde ganz entzückt darüber; denn er glaubte gewiß, ich würde sie deswegen verachten und ihm desto eher Gehör geben.

In dieser Verfassung waren wir in dem Hause des Lichas. Tryphäna liebte den Giton aufs äußerste und Giton war ihr mit Leib und Seel' ergeben. Beides war mir im mindesten nicht angenehm. Lichas aus Begierde, mir zu gefallen, ersann täglich neue Vergnügungen, welche Doris, seine schöne Gemahlin, um die Wette vermehrte.

Diese machte ihre Sache so gut, daß sie gleich anfänglich Tryphäna aus meinem Herzen verbannte; mein Liebäugeln gab ihr meine Liebe zu verstehen und voll von schalkhafter Zärtlichkeit waren ihre Gegenblicke, so daß diese stumme Sprache der Liebe, vor der Zunge, die Sympathie unsrer Seelen verstohlner Weise ausdrückte.

Die Eifersucht des Lichas, welche mir schon bekannt war, verursachte mein Stillschweigen, und die Liebe selbst hatte die Neigung ihres Mannes gegen mich der Gemahlin kund gemacht. Sobald wir Gelegenheit hatten, miteinander zu sprechen, entdeckte sie mir es. Aufrichtig gestand ich ihr die Wahrheit und erzählt' ihr zugleich, wie streng ich ihm immer begegnet wäre. Wir müssen hierbei ein wenig listig sein! sagte die Schlaue; und nach ihrem Rate war die Gewährung des einen mit dem Besitze des andern verbunden.

Unterdessen, da der erschöpfte Giton wieder Kräfte sammeln sollte, machte sich Tryphäna wieder an mich; aber weil sie kein Gehör bei mir fand, so verwandelte sich ihre Liebe in Wut. Hitzig verfolgte sie mich überall und entdeckte endlich meinen Umgang mit Mann und Frau. Der Umgang des Mannes mit mir war ihr gleichgültig, dieser entzog ihr nichts. Aber die heimlichen Liebeshändel der Doris behagten ihr nicht, und diese machte sie dem Lichas bekannt; und da die Eifersucht die Liebe bei ihm überwog, so rüstete er sich zur Rache. Aber Doris, welcher die Magd der Tryphäna alles verraten hatte, enthielt sich unsrer heimlichen Zusammenkünfte, um den Sturm abzuwenden.

Wie ich dieses merkte, so verflucht' ich die Falschheit der Tryphäna und die undankbare Seele des Lichas und entschloß mich, wegzugehen. Das Glück war mir günstig, denn das reich beladne Schiff der

Göttin Isis war den Tag zuvor an einer benachbarten Klippe gestrandet.

Ich besprach mich deswegen mit Giton, welcher sehr vergnügt über meinen Entschluß war, weil ihn Tryphäna, da er an Kräften erschöpft, nicht mehr zu achten schien. In aller Frühe gingen wir also nach dem Meere zu und kamen desto leichter auf das Schiff, weil wir den Bedienten des Lichas bekannt waren. Aber da sie uns immer mit ihrer Gegenwart beehrten und wir keine Gelegenheit hatten, Beute zu machen, so ließ ich Giton zurück, stahl mich glücklich davon, schlich mich auf das Vorderteil des Schiffs, wo die Statue der Isis stand, raubte das kostbare Gewand und das silberne Sistrum davon und andere reiche Kleider, welche dem Steuermann zugehörten, stieg heimlich auf einer Schiffsleiter hinab von Giton allein bemerkt, welcher sich dann auch davon machte und heimlich mir nachfolgte.

Wie er zu mir kam, zeigte ich ihm den Raub. Nun beschlossen wir in aller Eile Askylt aufzusuchen. Aber es war nicht eher wohl möglich, als den Tag darauf in das Haus des Lykurg zu kommen. Ich erzählte kurz Askylt den Diebstahl und wie wir ein Spiel der Liebe gewesen waren. Er gab uns den Rat, Lykurg für uns einzunehmen und ihn zu verführen, daß die neuen Ausschweifungen des verliebten Lichas unsere heimliche und plötzliche Abreise verursacht hätten. Welches wir denn auch taten, und Lykurg schwur, daß wir immer unter seinem Schutze wider unsere Feinde sein sollten.

Unsere Flucht blieb verborgen, bis Tryphäna und Doris aufgestanden waren; denn wir versäumten keinen Morgen, auf das höflichste bei ihren Nachttischen unsere Aufwartung zu machen. Da wir also wider unsere Gewohnheit ausblieben, so ließ uns Lichas aufsuchen, vornehmlich am Strande. Und da erfuhr er dann, daß wir auf das Schiff der Isis gegangen wären; der Diebstahl aber wurde nicht dabei erwähnt, indem man selbst auf dem Schiffe noch nichts davon wußte, da der Schiffsschnabel nach dem Meere zu sah und der Steuermann noch nicht auf das Schiff zurückgekommen war.

Da man endlich nun von unserer Flucht gewisse Nachricht hatte und sich Lichas darüber ärgerte, so fiel sein ganzer Zorn auf seine Frau, von welcher er glaubte, daß sie die Ursache davon sei. Ich will die Scheltworte und die Grobheiten seiner Hände gegen sie nicht erwähnen, denn ich weiß die besondern Umstände nicht davon. Ich will nur erzählen, daß Tryphäna, welche Schuld an allen diesen Verwirrungen war, dem Lichas den Rat gab, uns bei Lykurg aufzu-

suchen, weil wir daselbst vielleicht unsere Zuflucht genommen hätten; sie wollte ihn selbst mit dahin begleiten und uns, wie wir es verdienten, die Wahrheit sagen.

Den Tag drauf reisten sie ab und kamen auf das Schloß, aber wir waren eben nicht da; denn Lykurg hatte uns mit sich zu einem Feste des Herkules in ein benachbartes Städtchen genommen. Sobald sie es erfuhren, reisten sie uns nach und trafen uns in der Vorhalle des Tempels an. Ihre unvermutete Gegenwart machte uns ein wenig bestürzt. Lichas beklagte sich in den härtesten Ausdrücken bei Lykurg über unsere Flucht, aber er wurde so verdrießlich und so verächtlich von ihm aufgenommen, daß ich, mutiger dadurch gemacht, mit überlauter Stimme ihm alle seine Bubenstücke und geilen Anfälle vorwarf, die er bei Lykurg sowohl als bei sich auf mich gemacht hatte.

Tryphäna wollte ihm beistehen, aber sie kam mir jetzt eben recht. Ich predigte der ganzen Versammlung, die auf meinen Lärm herbeigelaufen war, ihre Schandtaten. Zum Beweis der Wahrheit führt' ich den ausgemergelten Giton hervor und zeigte mich, wie ich von der alles verschlingenden Geilheit dieses Weibes beinahe den Tod davongetragen hätte.

Die ganze Versammlung schlug ein helles Gelächter darüber auf; sie kamen darauf aus aller Fassung, dachten auf Rache und gingen ganz beschämt von dannen. Wie sie bemerkt hatten, daß wir den Lykurg eingenommen, so beschlossen sie, ihn auf seinem Schlosse zu erwarten, um ihn aus seinem Irrtum zu bringen. Da aber das Fest etwas spät beendigt wurde, so konnten wir nicht mit ihm nach Hause kommen und er führte uns auf ein Landgut, welches in der Mitte des Weges lag, und verließ uns den andern Morgen, da wir noch schliefen, weil er Geschäfte zu Hause zu verrichten hatte. Daselbst traf er denn Lichas und Tryphäna an, welche auf ihn warteten und ihm nun so viele Schmeicheleien vorsagten, bis sie ihn dahin brachten, daß er uns ihrer Rache übergäbe. Lykurg war von Natur grausam und treulos und dachte schon darauf, wie er uns in ihre Hände spielen könnte. Er riet Lichas, sich mit einiger Mannschaft zu versehen, unterdessen wollte er selbst uns schon auf dem Landgute festhalten.

Darauf kam er zu uns und begegnete uns schlimmer, als uns selbst Lichas hätte begegnen können, und nachdem er uns sehr rednerisch ausgescholten, daß wir bei ihm den Lichas so sehr verleumdet hätten, befahl er, daß man uns in die Kammer einsperren sollte, wo wir geschlafen, den Askylt ausgenommen, von welchem er aber nicht ein

Wörtchen zu unserer Verteidigung anhören wollte. Nach diesem führt' er ihn mit sich nach Hause, uns aber übergab er Hütern bis auf weitern Befehl.

Unterwegs suchte Askylt das harte Herz des Lykurg zu erweichen. Aber alle Bitten und Liebe und Tränen vermochten nichts über ihn. Er hielt es also für das sicherste, uns selbst aus der Gefangenschaft zu erlösen; zankte sich mit Lykurg, und da er nicht bei ihm schlafen wollte, so konnte er desto leichter ausführen, was er beschlossen.

Da alles im Hause im ersten Schlafe begraben lag, warf Askylt unsere Sachen auf seine Schultern, stieg durch den Riß einer Mauer, welchen er zuvor bemerkt, und kam mit der Morgendämmerung auf das Landgut, ging sonder Hindernis hinein und auf unsere Kammer, welche die Wächter verschlossen hatten. Die Eröffnung aber war nicht schwer, es war nur ein hölzerner Riegel, welchen er mit einem Eisen voneinanderzwängte. Der Riegel fiel herab und weckte uns auf, denn wir ließen bei unserem Unglück uns nichts vom Schlafe abgehen.

Da aber die Wächter wegen der Nachtwache in einem tiefen Schlafe lagen, so wurden wir allein von dem Schall aufgeweckt. Askylt kam zu uns und erzählte uns kurz, was er unsertwegen getan. Es bedurfte keines mehrern. Indem wir in aller Eile uns ankleideten, kam mir in den Sinn, die Wächter totzuschlagen und das Landgut zu plündern. Ich entdeckte dieses dem Askylt; das Plündern gefiel ihm, aber er sagte, daß es ohne Blutvergießen geschehen könne; denn er kannte alle Zugänge und Gelegenheiten des ganzen Hauses und führte uns gleich in ein Kleiderbehältnis, welches er sehr leicht öffnete. Alles, was von Kostbarkeiten da war, wurde eingepackt, und darauf schlichen wir uns in aller Frühe davon, vermieden alle öffentlichen Wege und ruhten nicht eher aus, als bis wir sicher zu sein glaubten.

Dann schöpfte Askylt wieder Atem und vergrößerte die Freude, mit welcher er das Landgut des Lykurg, eines Erzgeizhalses, geplündert. Und wahrhaftig! er hatte auch Ursache sich über seine Sparsamkeit zu beklagen, denn er hatte ihm für keine einzige Nacht was gegeben und mußte noch dazu an einem trocknen und hungrigen Tische speisen. Ein solcher Filz war Lykurg, daß er bei einem übermäßigen Reichtum sich sogar die Notwendigkeiten des Lebens versagte.

Askylt wollte noch diesen Tag in Neapel sein; ich aber sagte ihm: »Es ist sehr unklug, daß wir an einen Ort gehen, wo wir wahrscheinlicher Weise können ausgeforscht werden.

Wir wollen uns also entfernen und auf einige Zeit das Land durchstreichen; wir haben ja, um gut zu leben.« Dieser gute Rat wurde angenommen und wir nahmen den Weg auf einen Flecken, welcher in einer entzückenden Gegend lag, wo nicht wenige von unsern Bekannten die Wollust der schönen Jahreszeit genossen. Kaum aber waren wir auf die Mitte des Wegs gekommen, so fing es an zu regnen, als wenn es mit Krügen gösse. Wir mußten, um unterzukommen, in ein benachbartes Dörfchen fliehen; und wie wir in die Schenke kamen, trafen wir verschiedene an, welche eben auch, um den Regen zu vermeiden, sich dahin begeben hatten.

Die Menge verhinderte, daß man uns beobachtete. Wir sahen uns allenthalben sehr begierig um, ob wir nicht etwas in dem Gewimmel stehlen könnten. Indem hob Askylt ein Säckchen von der Erde auf und steckte es zu sich, ohne daß es jemand gewahr wurde, in welchem wir hernach viele Goldstücke fanden.

Dieser glückliche Anfang machte uns mutig; aber aus Furcht, daß man danach suchen möchte, schlichen wir uns durch ein Hintertürchen davon. Bei diesem Türchen trafen wir einen Sklaven an, welcher Pferde sattelte; dieser ging von den Pferden ins Haus, weil er etwas vergessen hatte. Wie er weg war, stahl ich einen prächtigen Mantel und löste die Riemen auf, mit welchen er an den Sattel gebunden war. Dann flohen wir längs den Häusern in den benachbarten Wald.

Wie wir weit genug in dem Walde und in größerer Sicherheit waren, so machten wir allerhand Vorschläge, um das Gold zu verbergen, damit wir nicht entweder des Diebstahls beschuldigt oder selbst geplündert werden könnten. Endlich wurden wir einig, es in den Bund eines alten Rocks zu nähen, welchen ich um mich hängte; und Askylt mußte den Mantel besorgen; und so beschlossen wir durch krumme Wege in die Stadt zu gehen. Wie wir aber aus unserm Schlupfwinkel herausgingen, so hörten wir hinter uns rufen: »Sie sollen uns nicht entwischen! dort hinein hab' ich sie gehen sehen! wir wollen uns teilen, damit wir sie desto eher fangen können.« Diese Stimme fuhr uns wie ein Donnerschlag durch Mark und Gebein. Askylt und Giton flohen durch das Dickicht nach der Stadt zu; ich aber sprang in der größten Eile wieder in den Wald hinein und in der größten Bestürzung verlor ich den Rock mit den Goldstücken, ohne daß ich es merkte.

Ermüdet und so abgemattet, daß ich nicht einen Schritt weiter gehen konnte, verbarg ich mich unter die Zweige eines Baumes, wo ich zuerst den Verlust des Rockes gewahr wurde. Der Schmerz darüber gab mir wieder neue Kräfte. Ich stand auf, um den Schatz zu suchen; und wie ich lange vergebens herumgelaufen war, begab ich mich in den dunkelsten Schlupfwinkel des Waldes von Strapazen und Traurigkeit ganz niedergeschlagen. Wie ich vier Stunden daselbst zugebracht hatte, so suchte ich einen Ausgang, dieser fürchterlichen Einöde überdrüssig.

Im Herausgehen erblickt' ich einen Bauer. Hier mußt' ich allen meinen Mut zusammennehmen. Kühn ging ich auf ihn los und fragte ihn, wo man nach der Stadt ginge? und klagte ihm, daß ich schon so lange in dem Walde herumirre. Mein Zustand ging ihm zu Herzen, weil ich durchaus von Kot bespritzt und blasser als der Tod aussah. Er fragte mich, ob ich jemanden in dem Walde gesehen? Keine Seele! gab ich zur Antwort. Dann führt' er mich auf das leutseligste in die Straße. Hier traf er zwei von seinen Bekannten an, welche ihm zur Nachricht brachten, daß sie alle Wege des Waldes durchgelaufen wären, ohne etwas außer dem Rocke zu finden, welchen sie ihm hier zeigten.

Ich konnte mir unmöglich das Herz nehmen, ihn wieder zu fordern, wie man leicht glauben kann, ob ich gleich sehr wohl den Wert davon wußte. Darauf wurde mein Schmerz heftiger; ich seufzte über den geraubten Schatz, und da ich immer schwächer wurde, so ging ich langsamer als gewöhnlicher Weise, ohne daß die Bauern auf mich achtgaben.

Ich kam deswegen sehr spät in die Stadt und da ich zur Herberge hineinging, so fand ich den Askylt auf einem Bette halbtot ausgestreckt liegen; ich selbst fiel auf ein andres Bett und war nicht imstande, ein Wort hervorzubringen. Erschrocken darüber, daß er den mir anvertrauten Rock nicht sah, fragt' er mich hastig, wo ich ihn hätte? Ich aber ganz ohnmächtig entdeckt' ihm mit betrübten Augen, was ich mit der Stimme nicht sagen konnte; und da endlich nach und nach meine Kräfte wieder kamen, erzählt' ich ihm den ganzen Unglücksfall. Er aber glaubte, ich scherze; und obgleich ein ganzer Strom von Tränen meine Aussage bekräftigte, so zweifelte er nichts desto weniger an der Wahrheit davon und glaubte, ich wolle ihn um das Geld betrügen. Giton, der dabei stand, war ebenso traurig als ich darüber, und der Schmerz meines Lieblings vergrößerte meine Traurigkeit. Und noch mehr wurd' ich gefoltert, wie ich daran dachte, daß man uns nachstelle.

Askylt war deswegen unbesorgt, da ich ihn daran erinnerte, weil er sich glücklich aus der Gefahr gewickelt hatte. Er war völlig überzeugt, daß wir sicher wären, indem man uns nicht kenne und nicht gesehen habe. Doch wollten wir uns krank stellen, damit wir desto länger in unserem Schlafzimmer verweilen könnten, ohne daß man einen Argwohn deswegen auf uns fasse. Aber der Geldmangel zwang uns, wider unsern Entschluß, eher auszugehen, um etwas von unserm Geräte aus Not zu Geld zu machen.

Wir kamen auf dem Marktplatz an, als sich der Tag schon neigte, und entdeckten dort eine Menge verkäuflicher Waren, zwar nicht gerade von großem Wert, deren zweifelhafter Herkunft jedoch die abendliche Dämmerung durchaus zugute kam. Wir brachten unseren gestohlenen Mantel hin, begannen die besonders günstige Gelegenheit auszunutzen und in irgendeiner Ecke seinen äußersten Zipfel auszubreiten, um zu sehen, ob die Pracht des Kleidungsstückes einen Käufer anlockte. Es dauerte nicht lange, bis ein Bauer, begleitet von einer Frau, hinzutrat, der meinen Augen bekannt vorkam, und sich den Mantel näher ansehen wollte.

Umgekehrt wendete Askylt seine Aufmerksamkeit den Schultern des ländlichen Käufers zu und war plötzlich sprachlos vor Überraschung. Auch mir war der Kerl nicht geheuer; er schien mir der gleiche zu sein, der unsere Tunika an der einsamen Stelle gefunden hatte. Natürlich war er es. Aber Askylt traute seinen Augen noch immer nicht, und um nichts Unüberlegtes zu tun, trat er seinerseits zunächst nur heran wie ein Käufer und zog dem Bauern den Fetzen von der Schulter, um ihn genauer zu untersuchen.

O wunderbares Wirken des Zufalls! Der Bauer hatte sich nämlich bisher noch nicht einmal die Mühe gemacht, die Nähte zu befühlen, und bot das Gewand wie eine Bettlerware herablassend feil. Askylt stellte fest, daß unser eingenähtes Geld unberührt geblieben und die Person des Verkäufers ungefährlich sei, und führte mich ein Stück aus dem Gedränge heraus: »Ist dir bekannt, mein Freund, daß unser Schatz, um den ich schon jammerte, wieder zu uns gekommen ist? Das da ist unsere Tunika, und, soweit ich erkennen kann, mit unserem Gold, das noch unangetastet ist. Was wollen wir machen? Wie sollen wir unser Eigentum zurückfordern?«

Ich war hocherfreut, nicht nur weil ich die Beute sah, sondern auch weil mich der Zufall von einem sehr üblen Verdacht befreit hatte. Ich lehnte es jedoch ab, irgendwelche Umwege zu gehen, sondern ich wollte ganz offen den Rechtsweg beschreiten, um ein Urteil zu erwirken, falls sie sich weigern sollten, das fremde Gut seinem rechtmäßigen Besitzer auszuhändigen.

Askylt jedoch scheute den gesetzlichen Weg und meinte: »Wer kennt uns hier, und wer wird unseren Aussagen Glauben schenken? Ich bin daher für Kauf, auch wenn es sich um unser Eigentum handelt, was ja außer Zweifel steht, um lieber für wenig Geld einen Schatz zu gewinnen, als uns auf eine zweifelhafte Auseinandersetzung einzulassen:

Was bedeuten Gesetze, wo einzig das Geld nur entscheidet,
Wo die Armut allein nimmer erringt einen Sieg?
Denn auch die Weisen, je ein Bedürfnis zu zeigen sich scheuend,
Sie verkaufen wie oft ihre Wahrheit für Geld!
Also ist auch das Recht nichts andres als eine Ware:
Wer den Richter gekauft, der gewinnt den Prozeß.«

Aber außer einem Doppelas, wofür wir Erbsen und Bohnen kaufen wollten, hatten wir nichts in den Händen. Um jedoch das Beutestück nicht zu verlieren, beschlossen wir, unseren Mantel etwas billiger herzugeben und für einen großen Gewinn einen kleinen Verlust in Kauf zu nehmen. Sobald wir aber unsere Ware ausgebreitet hatten, sah sich das Weib mit dem verhüllten Haupt, das bei dem Bauern gestanden hatte, die Einzelheiten genau an, griff mit beiden Händen nach dem Gewand und rief mit lautem Geschrei: »Das sind die Räuber!«

Wir waren erschrocken und hielten, um nicht tatenlos dazustehen, unsererseits die zerrissene und schmutzige Tunika fest und riefen mit gleichem Eifer, daß jene unser Eigentum gestohlen hätten. Aber die Situation war keineswegs damit geklärt, und die Händler, die das Geschrei angelockt hatte, lachten natürlich aus vollem Halse, da sie die Erbitterung sahen, mit der jene ein wertvolles Kleidungsstück zurückforderten und wir einen alten Fetzen, der nicht das Flicken wert war.

Da machte Askylt der Lacherei geschickt ein Ende, indem er Ruhe gebot und sprach: »Wir sehen, daß jeder das Seine haben möchte; sie sollen uns unsere Tunika zurückgeben und dafür ihren Mantel bekommen.«

Der Bauer und das Weib waren mit dem Tausch einverstanden, doch die Marktaufseher forderten infolge der hereinbrechenden Nacht, daß beide Gegenstände bei ihnen hinterlegt würden und daß am anderen Tag die Auseinandersetzung vor den Richter gebracht werde. Es handle sich nämlich nicht nur um die offenbar strittigen Gegenstände, sondern vor allem um die Frage, ob nicht bei beiden streitenden Parteien der Verdacht des Raubes gegeben sei. Kaum stand eine Beschlagnahme zur Diskussion, als auch schon irgendeiner von den Händlern, ein Glatzkopf mit einer Stirn voll Warzen, der gelegentlich auch bei Prozessen als Sachverständiger in Erscheinung trat, sich auf den Mantel stürzte und erklärte, er werde ihn morgen wieder zur Verfügung stellen. Natürlich war der ganze Sinn davon der, daß das einmal beschlagnahmte Kleidungsstück unter den Halunken abgewürgt werden sollte, da wir infolge unseres schlechten Gewissens nicht zur Verhandlung erscheinen würden. Und das entsprach in der Tat auch unseren Absichten. Da kam aber ein Zufall den Wünschen beider Parteien zu Hilfe. Der Bauer nämlich, voller Wut darüber, daß wir die Herausgabe eines solchen Fetzens forderten, warf dem Askylt die Tunika ins Gesicht und verlangte, daß wir den Mantel hinterlegen sollten, der allein Gegenstand der Auseinandersetzung sei, wobei er auf einen Antrag auf Strafverfolgung verzichte.

Nun glaubten wir uns wieder im Besitz unseres Schatzes und begaben uns auf dem schnellsten Weg in unser Gasthaus. Wir verriegelten die Tür und lachten nicht weniger über die Unverschämtheit der Händler als über die unserer Ankläger, die uns durch ihre Überschlauheit unser Geld wieder verschafft hatten.

Weder rasche Erfüllung meiner Wünsche
Ich begehre – noch leicht errungene Siege!

Wie wir den Rock auftrennten und die Goldstücke herauszogen, so hörten wir jemanden den Wirt fragen, was für Leute in sein Haus gekommen wären? Ich erschrak darüber, und wie er wieder fortgegangen war, ging ich hinab zu dem Wirt, um zu wissen, was es wäre. Und da erfuhr ich denn, daß es der Knecht des Prätors gewesen sei, welcher nach seiner Amtspflicht dafür sorgte, daß die Namen der Fremden in die öffentlichen Register eingetragen würden. Dieser habe zwei Fremde in dieses Haus gehen sehen, deren Namen noch nicht aufgeschrieben wären, und deswegen hätte er sich um ihr Vaterland und ihre Beschäftigungen erkundigen wollen.

Der Wirt erzählte mir dieses so gewissenhaft, daß ich besorgte, wir möchten hier nicht sicher sein; und damit wir nicht erwischt würden, wollten wir lieber ausgehen und erst bei Nacht wieder kommen. Wir gingen also fort und befahlen dem Giton, die Mahlzeit zu besorgen.

Da wir im Sinne hatten, die öffentlichen Wege zu vermeiden, so gingen wir durch die einsamen Gegenden der Stadt. Gegen Abend begegneten uns in einem abgelegenen Orte zwei schöne, vornehm gekleidete Damen, welchen wir mit langsamen Schritten bis an eine Kapelle nachfolgten. Sie gingen hinein, und wir hörten daraus ein ungewöhnliches Murmeln, wie Töne, die aus hohlen Gewölben hervorschallen. Die Neugierde trieb uns an, auch in dieses Kapellchen zu gehen. Wir erblickten darin verschiedene Weiber, welche in ihrer rechten Hand große lederne Priapen hielten. Mehr war nicht erlaubt zu sehen; denn so bald sie uns gewahr wurden, erhoben sie ein so großes Geschrei, daß davon das ganze Gewölbe der Kapelle erschüttert wurde. Sie suchten uns darauf zu ergreifen, aber wir flohen mit geflügelten Füßen in unsere Herberge.

Aber gerade als wir uns an dem Mahl, das der brave Giton für uns zubereitet hatte, sättigen wollten, pochte es recht laut und unverschämt an unsere Tür. Wir erschraken und fragten, wer draußen sei. »Macht auf, und ihr werdet schon sehen!« hieß es. Während wir noch redeten, fiel der Riegel von selbst herab, und durch die plötzlich aufgehende Tür trat der Gast ein. Es war eine Frau mit verhülltem Haupt, und natürlich das Weib, das vorhin bei dem Bauern gestanden hatte.

»Meint ihr vielleicht, ihr könnt euren Scherz mit mir treiben?« meinte sie. »Ich bin die Magd der Quartilla, deren Feier vor der Grotte ihr gestört habt. Sie kommt selbst hier ins

Gasthaus und möchte mit euch sprechen. Habt keine Angst. Euren Irrtum will sie weder anklagen noch bestrafen. Vielmehr wundert sie sich, welcher Gott so sympathische junge Leute in diese Gegend geführt hat.«

Wir hatten bisher noch nichts erwidert und konnten weder so noch so zu einem Entschluß kommen, da trat sie, nur von einem kleinen Mädchen begleitet, selber ein, setzte sich auf mein Bett und weinte lange. Auch jetzt noch enthielten wir uns jeder Bemerkung und warteten gespannt auf das Ende der Tränen, die zur Demonstration ihres Kummers gedacht waren. Als endlich der so verschwenderische Regen nachgelassen hatte, hob sie ihr stolzes Haupt aus dem Mantel, rang die Hände, daß es krachte, und schrie: »Was ist das für eine Unverschämtheit, und wo habt ihr Streiche gelernt, die jeder Beschreibung spotten? Wahrhaftig, ihr tut mir leid, denn kein Mensch erschaut ungestraft, was ihm ein Geheimnis bleiben soll. Unsere Gegend ist ja so voller mächtiger Gottheiten, daß man eher einem Gott begegnet denn einem Menschen. Doch fürchtet nicht, ich sei gekommen, um Rache an euch zu nehmen; eure Jugend dauert mich mehr als das erlittene Unrecht. Denn ahnungslos, wie ich bis jetzt annehme, habt ihr den unsühnbaren Frevel begangen. Ich selbst zog mir in dieser schlimmen Nacht eine so gefährliche Erkältung zu, daß ich mit drei Tagen Fieber rechnen muß. Deshalb erbat ich ein Heilmittel im Traumgesicht und erhielt den Auftrag, euch zu besuchen und der Krankheit durch ein wirksames Mittel zu begegnen, das mir geoffenbart wurde. Aber das Heilmittel macht mir keine besondere Sorge; viel schlimmer ist die Sorge in meiner Brust, die mich an den Rand der Verzweiflung treibt, daß ihr aus jugendlicher Unbekümmertheit verraten könntet, was ihr in der Kapelle des Priap gesehen habt, und die Geheimnisse der Götter unter das Volk bringt. Mit Händeringen und zu euren Knien flehe und beschwöre ich euch, meinen nächtlichen Kult nicht dem Hohn und Gelächter preiszugeben und nicht die viele Jahre alten Geheimnisse auszuplaudern, die kaum tausend Menschen bekannt sind!«

Nach solchem Flehen vergoß sie erneut Tränen, und von zahllosen Seufzern geschüttelt, fiel sie mit Gesicht und Brust auf meine Kissen. Ich war zugleich von Mitleid und Furcht erfaßt und bat sie, guten Muts und in beiderlei Hinsicht ohne Sorge zu sein: Keiner von uns werde die Geheimnisse ausplaudern, und wenn ihr außerdem die Gottheit ein Heilmittel für ihr Fieber gewiesen habe, so würden wir auch unter Hintansetzung unserer eigenen Interessen der göttlichen Vorsehung zur Verfügung stehen. Nach dieser Erklärung war die Dame etwas beruhigter und überschüttete mich mit Küssen, gab das Weinen zugunsten des Lachens auf, strich mir mit zärtlicher Hand die Haare aus dem Gesicht und sprach: »Ich schließe Frieden mit euch und verzichte auf die vorgesehene Auseinandersetzung. Hättet ihr mir jedoch das erbetene Heilmittel verweigert, so standen für morgen schon meine Helfer bereit, die meine Erniedrigung und Schmach gerächt hätten:

Schimpflich ist es, verachtet zu sein, doch herrlich, zu herrschen,
Und ich schätze die Macht, eigene Wege zu gehn.
Selbst auch der Weise fordert sein Recht und duldet nicht Kränkung:
Doch wer dem Gegner verzeiht, der ist der Sieger im Streit!

Dann klatschte sie in die Hände und erhob ein schallendes Gelächter, daß wir erschraken. Dasselbe tat die auf der anderen Seite stehende Magd, die vor ihr gekommen war, und schließlich auch die junge Begleiterin, die zugleich mit eingetreten war. Alles artete in ein komödiantisches Lachen aus, während wir nicht recht wußten, welchem Umstand wir diesen plötzlichen Stimmungswechsel zu verdanken hatten, und abwechselnd bald einer den andern und bald die Weiber anstarrten.

Endlich nahm Quartilla wieder das Wort und sagte ...

»... also verbiete ich heute jedem Sterblichen den Zutritt zu diesem Gasthaus, damit ich, ohne gestört zu werden, von euch das Heilmittel gegen mein Fieber empfangen kann.«

Bei diesen Worten der Quartilla zuckte Askylt zusammen, und mir selber lief es eisig wie gallischer Schnee den Rücken hinab, so daß ich kein Wort herausbringen konnte. Doch ihre Begleiterinnen gaben zu keinen allzu schlimmen Befürchtungen Anlaß. Es handelte sich schließlich um drei schwache Frauen, die ja offensichtlich viel zu hilflos waren, etwas gegen uns zu unternehmen, die wir immerhin zumindest unser männliches Geschlecht für uns hatten. Und wenn es zum Kampfe kommen sollte, so waren wir auch zweckmäßiger gekleidet. Ich hatte bereits die Paare verteilt, falls eine Auseinandersetzung stattfinden sollte, und würde es mit Quartilla aufnehmen, Askylt mit der Magd und Giton mit dem Mädchen.

Indem ich dieses reiflich überlegte, umarmte mich Quartilla, damit ich anfangen sollte, ihr Fieber zu stillen. Da aber ihre Hoffnung fehlschlug, so ging sie wütend hinaus, kam gleich darauf wieder mit unbekannten Kerlen, und von diesen wurden wir angepackt und in den prächtigsten Palast geführt.

In unserer Verzweiflung verließ uns alle Standhaftigkeit und uns Unglücklichen stand der sichere Tod vor Augen. »Ich flehe dich an, Herrin«, sagte ich, »wenn du etwas Schlimmes vorhast, so bring es rasch zu Ende; unser Vergehen war doch nicht so groß, daß wir schon vor Angst sterben sollen!«

Jetzt breitete die Magd, Psyche genannt, sorgfältig einen Teppich auf dem Boden aus. Dann bearbeitete sie mein tausendmal abgestorbenes kaltes Glied. Askylt hatte den Mantel über den Kopf geschlagen, da man ihn gewarnt hatte, sich in fremde Geheimnisse einzumischen. Die Magd zog zwei Stricke aus ihrem Bausch hervor und band mit dem einen unsere Füße und mit dem anderen unsere Hände zusammen.

Auf diese Art, sagt' ich, wird deine Frau nicht zur Erfüllung ihrer Wünsche gelangen können, wenn wir so gefesselt liegen bleiben sollen. »Du hast Recht!« sagte die Magd, »aber ich habe andere und sichere Mittel bei der Hand!« und plötzlich brachte sie ein Gefäß voll Ständelwurzelessenz herbei, und durch viele Possen und leichtfertige Reden brachte sie mich dahin, daß ich beinahe alles, was in dem Gefäße war, ausleerte; und weil kurz zuvor Askylt ihren Liebkosungen kein Gehör gegeben hatte, so schüttete sie den Rest, ohne sein Wissen, auf seinen Rücken.

Als dem Askylt der Sinn unserer Unterhaltung entging, fragte er: »Was ist denn los? Werde ich nicht für würdig erachtet, auch meinerseits etwas zum Trinken zu bekommen?« Die Magd sah sich durch mein Lachen verraten und klatschte in die Hände: »Ich habe die Medizin hingestellt, aber du, Enkolp, hast alles allein getrunken!« »Stimmt das?« rief Quartilla. »Hat Enkolp den ganzen Stendelwurz allein ausgetrunken?« Dabei konnte sie ihr heimliches Lachen kaum unterdrücken. Und schließlich konnte auch Giton sein Grinsen nicht mehr zurückhalten, umso mehr als das Mädchen sich an seinen Hals hing und den keineswegs abgeneigten Burschen mit zahllosen Küssen überschüttete.

In unserer Bedrängnis wollten wir um Hilfe rufen, aber es war niemand da, der uns hätte beistehen können, und auf der einen Seite stach mich Psyche mit einer Haarnadel in die Backen, als ich nach den Quiriten schreien wollte, während auf der anderen Seite das Mädchen den Askylt mit einem Pinsel bearbeitete, den sie ebenfalls in Stendelwurz getaucht hatte. Schließlich erschien auch noch ein Tanzjunge, der sich mit einem myrtenfarbigen Umhang geschmückt und mit einem Wehrgehänge ausstaffiert hatte. Er fiel uns abwechselnd mit seinem hin und her wackelnden Hinterteil auf die Nerven, oder er besudelte uns mit den widerlichsten Küssen, bis Quartilla, die Zauberrute hoch erhoben und ebenfalls hoch aufgeschürzt, befahl, die Mißhandelten in Frieden zu lassen. Wir mußten beide die heiligsten Eide schwören, das schreckliche Geheimnis ewig für uns zu behalten.

Nun traten mehrere Bademeister ein, die uns gehörig mit Öl einrieben und wiederherstellten. Sobald unsere Erschöpfung behoben war, zogen wir Tafelkleider an und wurden in das Nachbarzimmer geführt, wo drei Speisesofas aufgestellt und eine prächtige, großartig ausgestattete Tafel hergerichtet waren. Wir wurden angewiesen, uns niederzulassen, und begannen mit herrlichen Vorspeisen und mit Strömen von Falernerwein. Als wir einige Gänge genossen hatten und mit dem Schlaf kämpften, rief Quartilla: »Was ist denn los? Wollt ihr etwa schlafen, wo ihr doch wißt, daß diese ganze Nacht dem heiligen Priapus geweiht ist!«

Da Askylt, erschöpft von so vielen Martern, in Schlummer gesunken war, beschmierte die Magd, die er so verletzend abgewiesen hatte, sein ganzes Gesicht mit Ruß und malte dem Ahnungslosen auch die Lippen und Schultern mit Holzkohle an. Auch ich war, ermüdet von so viel Strapazen, eingeschlummert; und dem ganzen Gesinde drinnen und draußen

. . . gesellte ich mich als dritter zu zwei Gefährten. Was ich vernahm, reizte meinen immer wachen Wissensdurst.

SEITE 337

war es nicht anders ergangen, und die einen lagen hier und da verstreut zu Füßen der Gäste, andere hatten sich an die Wand gelehnt, einige dösten, die Häupter aneinandergelehnt, sogar auf der Türschwelle; die Lampen, denen das Öl ausgegangen war, verbreiteten nur noch ein trübe verglimmendes Licht. Da schlichen sich zwei diebische Syrersklaven in den Speiseraum und warfen im Streit um das Silbergerät eine Flasche zu Boden, die zerbrach. Es fiel auch der Tisch mit dem Silbergerät um, und ein zufällig herabfallender Becher traf den Kopf der auf dem Polster dösenden Magd. Bei diesem Schlag schrie sie laut auf, verriet damit die Diebe und weckte gleichzeitig einen Teil der Betrunkenen. Die beutelustigen Syrer sahen sich ertappt und warfen sich gleichzeitig wie auf ein Kommando neben dem Speisesofa nieder und begannen zu schnarchen, als ob sie schon ewig dort geschlafen hätten. Inzwischen war auch der Tafelaufseher aufgewacht und goß frisches Öl auf die ersterbenden Lampen, und die Tischsklaven rieben sich die Augen und nahmen ihre Tätigkeit wieder auf. Dann kam eine Zymbelspielerin herein und weckte durch das Schlagen ihrer Schallbecken auch die übrigen. Das Mahl wurde fortgesetzt, und Quartilla lud zum Weitertrinken ein. Das Singen der betrunkenen Zymbelspielerin war der ausgelassenen Stimmung nur förderlich.

Der völlig witzlose und dieses Hauses durchaus würdige Tanzjunge kam wieder, klatschte in seine schwächlichen Pfoten und gab Verse etwa dieser Art von sich:

Herbei mit euch, nur schnell herbei mit euch, ihr geilen Kerle!
Mit großen Schritten rasch gelaufen kommt; beflügelt eure Füße,
Rührt eure Schenkel, eure Hüften und die lüstern-frechen Pfoten,
Ihr schlaffen Schwänze, ihr Kastraten von Apollons Gnaden!

Nach Erschöpfung seines Versvorrats spuckte er einen säuisch widerlichen Kuß auf mich. Anschließend stieg er auf mein Speisesofa und entkleidete mich trotz allerenergischster Gegenwehr. Völlig vergebens mühte er sich lange Zeit mit meinem Glied ab. Von seiner schwitzenden Stirne floß der Akaziensaft in Strömen, und in den Falten seines Gesichts hing so viel Schminke, daß man an eine gekalkte Wand im Regen denken mußte.

Es war mir unmöglich, meine Tränen noch länger zurückzuhalten, und in meiner äußersten Verzweiflung rief ich: »Herrin, ich beschwöre dich, du wolltest mir doch einen Schlaftrunk zukommen lassen!«

Sie klatschte ganz leise in die Hände und meinte: »Du bist doch ein kluger Kerl von großer Weltgewandtheit, nicht wahr? Hast du noch nie gehört, daß Jungen dieser Art als ›Schlaftrunk‹ bezeichnet werden?«

Mir blieb nichts weiter übrig als zu antworten, damit es meinem Freund nicht weniger gut ginge: »Ja, verdammt noch mal! soll denn Askylt auf diesem Fest ganz ungeschoren bleiben?« »Natürlich nicht«, meinte Quartilla, »auch Askylt soll seinen ›Schlaftrunk‹ bekommen!« Darauf wechselte der Kerl sein Pferd und bearbeitete meinen Genossen mit seinen Schenkeln und mit Küssen. Giton stand dabei und schüttelte sich vor Lachen. Da fiel Quartillas Blick auf ihn, und sie versuchte durch eindringliche Fragen in Erfahrung zu bringen, wem der Junge gehöre. Als ich erklärte, daß er mein Freund sei, fragte sie: »Warum hat er mich dann noch nicht geküßt?« und rief ihn zu sich und küßte ihn. Bald versenkte sie ihre Hand in sein Gewand und brachte sein noch jugendliches Gemächte heraus: »Das wird mir morgen als Vorspeise meiner Vergnügungen guttun; heute will ich nicht vom Braten aufs Gemüse kommen!«

Noch während sie dies sagte, näherte sich Psyche lächelnd ihrem Ohr und flüsterte irgend etwas, das ich nicht verstehen konnte. Quartilla meinte: »Ganz richtig, ganz richtig, gut, eine sehr gute Idee! Warum sollte denn bei dieser ausgezeichneten Gelegenheit unsere Pannychis nicht ihre Jungfrauenschaft opfern?«

Und sogleich wurde das wirklich reizende kleine Mädchen vorgestellt, das kaum älter als sieben Jahre zu sein schien; das gleiche Mädchen, das vorhin mit Quartilla in unser Zimmer gekommen war. Alle klatschten Beifall und wollten die Hochzeit miterleben, nur ich war ganz erschrocken und erklärte, daß Giton, dieser so überaus schüchterne Junge, gar nicht imstande sei, diesen dreisten Anforderungen zu genügen, und daß auch das Mädchen noch nicht in dem Alter sei, um der Rolle einer Frau gewachsen zu sein.

»Aber wieso denn«, erwiderte Quartilla, »sie ist doch auch nicht jünger, als ich war, als ich es zum erstenmal mit einem Manne aufnahm? Juno soll mich strafen, wenn ich mich überhaupt nur besinnen kann, jemals eine Jungfrau gewesen zu sein! Schon als Kind habe ich mit Kindern Umgang gehabt, und mit zunehmendem Alter ließ ich mich mit immer größeren Burschen ein bis auf den heutigen Tag. Und schließlich heißt es auch im Sprichwort durchaus zutreffend: Wer zuerst ein Kälbchen hat getragen, der kann es auch mit einem Ochsen wagen.«

Um zu vermeiden, daß in meiner Abwesenheit dem Jungen noch größeres Unheil geschehe, stand ich auf, um den Hochzeitsfeierlichkeiten beizuwohnen.

Psyche hatte den Kopf des Mädchens bereits mit rosigen Schleiern umhüllt, der Tanzjunge trug bereits die Fackel voran, trunkene Weiber hatten bereits laut klatschend einen langen Hochzeitszug gebildet und das Brautgemach mit obszönen Bildern ausgeschmückt, als sich auch Quartilla erhob, entflammt durch die wollüstigen Neckereien, den Giton ergriff und ins Hochzeitsbett schleppte. Natürlich leistete der Kerl keinen großen Widerstand, und auch das Mädchen zeigte keinerlei Abscheu oder Angst vor dem Wort Hochzeit. Während die beiden im verschlossenen Hochzeitsgemach lagen, setzten wir uns vor der Schwelle des Zimmers nieder, und vor allem Quartilla blickte neugierigen Auges durch einen unverschämt breiten Spalt, um dem kindlichen Liebesspiel eifrig zuzusehen. Dann zog sie mich mit zärtlicher Hand heran, um mich das Schauspiel mitgenießen zu lassen. Wie sich beim Zuschauen unsere Köpfe berührten, wurde ihre Aufmerksamkeit abgelenkt, sie spitzte ihre Lippen und gab mir immer wieder einen heimlichen Kuß.

Ich wurde von der Geilheit derselben so ermüdet, daß ich auf Mittel und Wege dachte, wie wir von ihr loskommen wollten. Ich sagte dem Askylt meine Meinung, welchem sie sehr wohl gefiel, denn er hatte keine Lust mehr, sich von der Psyche noch länger quälen zu lassen. Es würde auch sehr leicht angegangen sein, wenn nicht Giton in die Hochzeitkammer wäre gesperrt gewesen; wir wollten ihn mit uns nehmen und der Ausgelassenheit der Buhlerinnen entziehen.

Indem wir voller Sorge darüber Rat hielten, fiel Pannychis aus dem Bette und Giton mußte mit hinterdrein; doch blieb er unbeschädigt. Das Mädchen aber, welches eine leichte Wunde an dem Kopf bekommen hatte, schrie so sehr, daß Quartilla ganz erschrocken darüber eilend hinzulief und uns Gelegenheit gab, uns davonzumachen. Wir zögerten auch nicht, sondern flohen nach unserer Herberge, und so bald wir da waren ...

... warfen wir uns in unsere Betten und verbrachten den Rest der Nacht ohne Furcht.

Da wir den folgenden Tag ausgingen, trafen wir zwei von den Kerlen an, welche uns zur Quartilla gebracht hatten. Sobald sie Askylt erblickte, griff er den einen tapfer an, und da er diesen zu Boden geworfen und heftig verwundet, kam er mir zu Hilfe, der ich mich mit dem andern herumprügelte. Dieser wehrte sich aber so tapfer, daß er uns beide, aber nur sehr leicht, verwundete, und glücklich entwischte.

Zweiter Teil

DAS GASTMAHL DES TRIMALCHIO

Schon war der dritte Tag gekommen und damit auch die Aussicht auf eine Einladung zu einem Festessen nähergerückt, aber angesichts unserer zahlreichen Wunden lag uns mehr an Flucht als an Bequemlichkeit ...

... *wir eilten also nach Hause, und da unsere Wunden nicht viel zu bedeuten hatten, so heilten wir sie leicht mit Öl und Wein. Der eine Kerl aber lag noch auf dem Platze, und wir waren voll Furcht, man möchte uns entdecken.*

Mißmutig überlegten wir, wie wir dem drohenden Sturm entgehen könnten, als ein Bote des Agamemnon unserer Unentschlossenheit ein Ende machte: »Was? Ihr wißt nicht, was heute los ist? Und wo? Kommt mit zu Trimalchio! Er ist ein vornehmer Mann und hat in seinem Speisesaal neben der Uhr einen Trompeter aufgestellt, der ihn immer daran erinnern soll, daß wieder ein Stückchen Lebenszeit vergangen ist.«

Wir ließen alle Sorgen sein, kleideten uns sorgfältig um und baten Giton, der bisher schon freiwillig das Amt eines Sklaven bei uns versehen hatte, uns ins Bad zu folgen.

Wir zogen uns nicht gleich aus, sondern schlenderten in bester Stimmung in der Nähe der Spielplätze umher. Da sahen wir auf einmal einen alten Glatzkopf in roter Tunika, der mit gelockten Burschen Ball spielte. Aber weniger die Jungens, obwohl es sich schon gelohnt hätte, sondern vor allem der Alte selber nahm unsere Aufmerksamkeit in Anspruch. Er hatte Sandalen an und plagte sich mit den grünen Bällen ab. Kein Ball, der einmal auf den Boden gefallen war, durfte wieder aufgehoben werden, sondern die Spielenden bedienten sich nach Bedarf aus einem Korb, den ein Sklave bereit hielt. Und dann machten wir noch eine ganz besondere Entdeckung: zu beiden Seiten des Spielfelds standen zwei Verschnittene, von denen der eine einen silbernen Topf in der Hand hielt, während der andere die Bälle zählte. Dabei zählte er jedoch nicht die Bälle, die im Spiel aufgefangen wurden, sondern die zu Boden fielen. Noch waren wir aus dem Staunen nicht heraus, als Menelaus kam und uns erklärte: »Das ist er. Bei ihm findet das Gastmahl statt, zu dem ihr eingeladen seid. Und gleich soll es losgehen!« Menelaus hatte noch nicht ausgesprochen, als Trimalchio mit den Fingern schnippte und einer der Verschnittenen ihm während des Spiels den Topf hinhielt. Er entleerte seine Blase, verlangte Wasser, tauchte vorsichtig die Fingerspitzen hinein und trocknete sie am Lockenkopf eines der Burschen ab.

Es hätte zu lange gedauert, alles genau anzusehen. Wir begaben uns also in die Baderäume und nach kurzem Aufenthalt im Schwitzbad gleich ins kalte Wasser. Trimalchio war schon gesalbt und wurde eben abgetrocknet, wobei nicht Leinentücher, sondern Badetücher aus ganz weicher Wolle Verwendung fanden. Unterdessen tranken drei Bademeister vor seinen Augen Falerner, und als sie laut streitend den Wein verschütteten, meinte Trimalchio, sie hätten auf diese Weise auf sein Wohl getrunken.

Er ließ sich in einen scharlachroten Mantel wickeln und in

eine Sänfte setzen, vor der sich vier mit Orden geschmückte Leibwächter und eine kleinere Sänfte befanden; in dieser saß sein besonderer Liebling, ein Junge, der schon über das Alter hinaus war, mit dämlichem Gesicht und noch häßlicher als sein Herr Trimalchio selber. Während er sich nach Hause tragen ließ, ging ein Musikant neben ihm und bückte sich mit seiner winzigen Flöte hinab, als wollte er ihm heimlich etwas ins Ohr flüstern. Er blies auf dem ganzen Heimweg ununterbrochen weiter.

Satt vor Staunen schlossen wir uns ihnen an und kamen zusammen mit Agamemnon vor die Haustür, an deren Pfosten eine Tafel hing mit der Inschrift: »Jeder Sklave, der ohne Erlaubnis des Herrn das Haus verläßt, erhält einhundert Streiche.«

Im Eingang selbst stand ein grüngekleideter Pförtner mit einer kirschroten Schärpe, der in einer silbernen Schüssel Erbsen wusch. Über der Schwelle hing ein goldener Käfig, in dem eine gesprenkelte Elster saß und die Eintretenden begrüßte.

Während ich das alles bewunderte, wäre ich beinahe gestolpert und hätte mir das Bein gebrochen. Links vom Eingang war nämlich gleich neben dem Gelaß des Pförtners ein riesengroßer Kettenhund an der Wand abgebildet, über dem mit großen Buchstaben »Vorsicht! Hund beißt!« geschrieben stand. Meine Freunde lachten mich aus, aber ich faßte mich wieder und ließ mich nicht abhalten, mir die ganze Wand genauer anzusehen.

Es war noch ein Sklavenmarkt mit Beschreibung der Sklaven abgebildet, dann Trimalchio selber, der, als er noch Haare hatte, mit einem Heroldsstab in der Hand unter Minervas Geleit in Rom Einzug hielt. Dann sah man, wie er rechnen lernte und Schatzmeister wurde. Und alles hatte der gewissenhafte Maler mit Inschriften versehen. Am Ende des Ganges setzte Merkur den durch Verdienst Erhöhten feierlich in einen Richterstuhl. Neben ihm stand Fortuna mit überfließendem Füllhorn, und die drei Parzen spannen einen goldenen Faden.

Dann sah ich im Gang noch eine Schar von Botenläufern, die unter ihrem Wachtmeister exerzierten.

In einer Ecke stand ein großer Schrank mit silbernen Hausgöttern, einer Marmorstatue der Venus und einer nicht gerade kleinen goldenen Dose, in der, wie man mir sagte, der erste Bart des Trimalchio aufbewahrt wurde.

Ich begann den Hausvorsteher auszufragen, was für Bilder sich im Inneren befänden, und er nannte mir »Die Ilias«, »Die Odyssee« und »Das Gladiatorenfest des Laenas«.

Es blieb mir keine Zeit mehr, alles genau zu betrachten, denn wir waren bereits vor dem Speisesaal angekommen, in dessen Vorraum der Kassenverwalter seine Rechnungen entgegennahm. Besonders bewunderte ich die Rutenbündel mit Beilen an den Türpfosten, die wie ein eherner Schiffsschnabel gestaltet waren und die Widmung trugen: »Dem C. Pompeius Trimalchio, Mitglied des Sechserrats für den Augustuskult, von dem Schatzmeister Cinnamus.«

Mit der gleichen Widmung war auch eine doppelflammige Lampe versehen, die von der Decke herabhing. An jedem der beiden Pfosten befand sich eine Tafel, auf deren einer, wenn ich mich recht entsinne, vorgemerkt war: »Am vorletzten und letzten Tag im Dezember speist unser Gaius außer Haus.«

Auf der anderen waren die Bahnen des Mondes und der sieben Planeten dargestellt, wobei die guten und die schlechten Tage besonders gekennzeichnet waren.

Als wir uns an diesem prachtvollen Anblick genug geweidet hatten und gerade in den Speiseraum eintreten wollten, rief ein ausdrücklich damit beauftragter Sklave: »Mit dem rechten Fuß!« und natürlich waren wir ängstlich bedacht, beim Überschreiten der Schwelle ja nicht gegen diese Vorschrift zu verstoßen. Wir hatten alle gerade den rechten Fuß gehoben, als sich ein nackter Sklave vor uns niederwarf und uns beschwor, ihn vor seiner Strafe zu schützen: Das Vergehen, für das er zu büßen habe, sei nicht so schwerwiegender Art; ihm seien die Kleider des Kassenverwalters im Bad gestohlen worden, die keine zehn Sesterzen wert waren. Wir zogen also den rechten Fuß wieder zurück und baten den Kassenverwalter, der in seinem Gelaß Goldstücke zählte, dem Sklaven die Strafe zu schenken. Er zog ein hochmütiges Gesicht und sagte: »Nicht der Verlust an sich, sondern die Liederlichkeit des Trottels ärgert mich. Er hat meine Tafelkleider liegenlassen, die mir ein Klient zum Geburtstag geschenkt hatte. Immerhin handelt es sich um syrische Gewänder, wenn sie auch schon einmal gewaschen waren. Womit kann ich dienen? Ich schenke euch den Kerl.«

Wir dankten ihm für seine Großzügigkeit und hatten kaum den Speisesaal betreten, als der Sklave, zu dessen Gunsten wir uns eingesetzt hatten, wieder auf uns zukam und uns zu unserem peinlichen Erstaunen zum Dank für unsere Hilfe mit einer Flut von Küssen überschüttete. »Ihr werdet gleich merken, wem ihr geholfen habt: Der Wein des Herrn ist der Dank des Mundschenks!«

Endlich konnten wir uns hinlegen, und alexandrische Sklaven gossen uns Schneewasser über die Hände; anschließend wuschen uns andere die Füße und reinigten uns mit größter Sorgfalt die Nägel. Während dieser heiklen Beschäftigung waren sie nicht still, sondern sangen bei der Arbeit. Ich wollte wissen, ob das ganze Haus aus Sängern besteht, und verlangte etwas zu trinken. Sofort war ein Bursche mit einer um nichts weniger lauten Stimme zur Stelle. Alle, die man um eine Gefälligkeit bat, sangen. Es ging zu wie in einem Theater, aber nicht wie im Speisesaal eines herrschaftlichen Hauses.

Es wurde der erste ganz ausgezeichnete Gang aufgetragen, denn alle außer Trimalchio, für den nach der neuesten Mode der erste Platz freigehalten wurde, lagen bereits zu Tisch.

Ein Tafelaufsatz in Form eines Esels aus korinthischem Erz wurde hereingebracht, über dem ein Quersack lag mit grünen Oliven auf der einen und schwarzen Oliven auf der anderen Seite. Über dem Esel befanden sich zwei Schalen, in deren Rand der Name Trimalchio und das Gewicht des Silbers eingraviert waren. Kleine, ebenfalls metallene Teller enthielten Siebenschläfer in Honig, die mit Mohn bestreut waren. Außerdem gab es noch rauchende Bratwürste auf silbernem Rost; unter dem Rost lagen syrische Pflaumen und Granatapfelkerne.

Wir schwelgten noch in diesen Genüssen, als Trimalchio höchstselbst unter den Klängen einer Kapelle hereingetragen und mitten in eine Unzahl winziger Kissen gesetzt wurde, so daß wir unser lautes Gelächter kaum unterdrücken konnten: Sein blanker Schädel sah kahl aus dem Scharlachmantel heraus, und um seinen ohnehin mit dem Mantel beschwerten Nacken hatte er eine mit Purpur gesäumte Serviette gebunden, von der nach allen Seiten Fransen herabhingen. Am kleinen Finger der linken Hand trug er einen großen vergoldeten Ring und am äußersten Glied des nächsten Fingers einen etwas kleineren Ring, der aus massivem Gold zu sein schien, aber außerdem noch mit eisernen Sternchen besetzt war. Und um uns noch weitere Schätze zeigen zu können, entblößte er seinen rechten Arm, den ein goldenes Band und ein elfenbeinerner Reifen schmückten, der von schimmernden Kettchen zusammengehalten wurde. Während er mit einem silbernen Zahnstocher die Zähne reinigte, sagte er: »Liebe Freunde, ich hatte eigentlich noch keine rechte Lust, in den Speisesaal zu kommen, aber ich habe mich dazu herbeigelassen, um euch nicht länger durch meine Abwesenheit aufzuhalten. Erlaubt mir aber, mein Spiel zu beenden.« Es kam ein Bursche mit einem Brett aus Terebinthenholz und kristallenen Würfeln und – besonders elegant – statt schwarzer und weißer Steine mit goldenen und silbernen Münzen.

Unterdessen, während er beim Spiel alle erdenklichen Flüche und Kraftausdrücke bemühte und wir es uns schmecken ließen, wurde ein Tafelaufsatz hereingebracht, der wie ein Korb aussah, in dem eine hölzerne Henne mit ausgebreiteten Flügeln saß, als würde sie brüten. Anschließend erschienen zwei Sklaven, die unter lauter Musikbegleitung das Nest auszunehmen begannen und dabei Pfaueneier zum Vorschein brachten und unter die Gäste verteilten. Trimalchio blickte auf und sagte: »Liebe Freunde, ich habe der Henne Pfaueneier unterlegen lassen. Hoffentlich sind sie nicht schon angebrütet; wir wollen sehen, ob sie sich noch essen lassen!«

Wir nahmen unsere Löffel – kaum weniger als ein halbes Pfund schwere Schaufeln – und öffneten die aus feinstem Mehl gebackenen Eier. Und beinah hätte ich meines fortgeworfen, denn mir schien bereits ein Küken darin zu sein. Da hörte ich einen erfahrenen Stammgast sagen: »Das muß etwas ganz besonders Gutes sein!« und als ich das Ei weitergeschält hatte, entdeckte ich eine fette Schnepfe in gepfeffertem Dotter.

Trimalchio hatte sein Spiel abgebrochen und sich auch seinerseits von allem reichen lassen. Er fragte mit lauter Stimme, ob jemand von uns noch Honigwein nachgeschenkt haben wolle, als plötzlich die Musik ein Zeichen gab und die Gerichte von einem singenden Chor abgeräumt wurden. Als in dem Durcheinander versehentlich eine kleine Schüssel zu Boden fiel und ein Sklave sie aufhob, ließ Trimalchio, der es gesehen hatte, dem Jungen eine Ohrfeige geben und befahl, die Schüssel wieder auf den Boden zu werfen. Dann kam ein Hausbursche und kehrte das Silber mit seinem Besen in den Abfall.

Nun erschienen zwei Neger mit krausem Haar und brachten kleine Schläuche mit, wie man sie benutzt, um den Sand in der Arena zu besprengen, und gossen Wein über die Hände. Wasser gab es nicht.

Wir machten dem Gastgeber wegen seiner geschmackvollen Einfälle unser Kompliment, und er bemerkte: »Da nur Mars alles gleichzumachen pflegt, habe ich veranlaßt, daß jedem ein eigener Tisch zur Verfügung gestellt wird. Dann werden uns auch die schwitzenden Sklaven durch ihr Gedränge nicht mehr so belästigen.«

Es wurden Glasflaschen hereingebracht, die sorgfältig vergipst waren und deren Stöpsel die Aufschrift »Hundertjähriger Falerner, Jahrgang Opimius« trugen. Während wir noch die Aufschrift studierten, schlug Trimalchio die Hände über dem Kopf zusammen: »So ein Wein lebt länger als wir armseligen Menschen! Desto mehr wollen wir das Leben genießen! Wein ist Leben. Es ist tatsächlich echter Opimianer. Gestern habe ich nicht so etwas Gutes vorsetzen lassen, obwohl ich ganz besonders vornehme Gäste hatte.«

Wir tranken und freuten uns über das reichliche Mahl, als ein Sklave ein kunstvoll gearbeitetes silbernes Totengerippe hereinschleppte, dessen Gelenke und Glieder nach allen Seiten beweglich waren. Er legte es auf den Tisch und drehte es hin und her, so daß sich durch die Beweglichkeit der Verbindungen alle möglichen Stellungen ergaben. Dazu jammerte Trimalchio:

Weh uns Armen, die wir so nichtig sind als Menschen:
Ein Gerippe, sobald der Orkus uns hinabreißt!
Also leben wir heut, morgen ist's schon zu spät!

Auf den Beifall folgte ein Gang, der unseren Erwartungen nicht so recht entsprach, der aber durch seine Ausgefallenheit aller Augen auf sich lenkte. Auf einem runden Teller waren die zwölf Tierkreiszeichen angeordnet, auf die der Koch jeweils entsprechende Speisen gelegt hatte: auf den Widder Widdererbsen, auf den Stier ein Stück Ochsenfleisch, auf die Zwillinge Hoden und Nieren, auf den Krebs einen Kranz, auf den Löwen eine afrikanische Feige, auf die Jungfrau eine Gebärmutter, auf die Waage eine richtige Waage mit Pastete und Kuchen in den beiden Schalen, auf den Skorpion ein Seepferdchen, auf den Schützen einen Hasen, auf den Steinbock einen Hummer, auf den Wassermann eine Gans und auf die Fische zwei Barben. In der Mitte lag eine Scheibe Honig auf einem ausgeschnittenen Rasenstück. Ein junger Ägypter reichte aus einem silbernen Röster Brot herum, und Trimalchio sang inzwischen mit der gequetschten Stimme eines Schmierensängers ein albernes Lied. Als wir uns mit ziemlicher Unlust an die wenig verlockenden Dinge machen wollten, sagte Trimalchio: »Langt gut zu, wie es sich beim Essen gehört!«

Auf einmal sprangen unter Musikbegleitung vier Tänzer herein und hoben den oberen Teil des Tafelaufsatzes ab. Wir erblickten darunter Mastgeflügel, Euter und einen Hasen, der mit Flügeln geschmückt war und wie ein Pegasus aussah. Dann entdeckten wir an den Ecken des Aufsatzes vier Faune mit Schläuchen, aus denen gepfefferte Tunke über Fische floß, die so gewissermaßen in ihrem Element schwammen.

Unser Beifall war groß, und wir machten uns begeistert über die appetitlichen Sachen her. Trimalchio freute sich nicht wenig über das gute Gelingen und rief: »Schneider!« Sogleich kam der Tranchierer herein und legte jedem hüpfend und wieder unter Musikbegleitung die Speisen vor, daß man ihn für einen rasenden Tempeltänzer hätte halten können. Trotzdem rief Trimalchio immer wieder mit besonderer Betonung: »Schneider! Schneider!« Er wiederholte es so oft, daß mir klar wurde, daß er einen Scherz beabsichtigte, und ich mich nicht scheute, meinen Tischnachbarn zu fragen. Dieser hatte Trimalchios Witze schon öfter erlebt und sagte: »Der Sklave, der das Fleisch tranchiert, heißt Schneider. Wenn Trimalchio Schneid-er! ruft, gibt er also einen Befehl und ruft den Kerl zugleich mit seinem Namen.«

Ich konnte nichts mehr essen und ließ mich mit ihm in ein

Gespräch ein, um mehr zu erfahren. Ich begann mich zu erkundigen, wer die Frau sei, die ab und zu im Hintergrund auftauchte.

»Das ist Fortunata, die Frau Trimalchios, und sie mißt das Geld mit dem Scheffel. Und was war sie noch vor kurzem? Entschuldige, aber du hättest keinen Bissen Brot aus ihrer Hand genommen. Und heute, niemand weiß wieso und warum, ist sie im siebenten Himmel und Trimalchios Einundalles. Kurz und gut, wenn es ihr einfällt, am hellen Mittag zu behaupten, es ist Nacht, dann ist Nacht. Er weiß nicht, wieviel er hat, er ist steinreich, aber dieses Luder paßt auf alles auf, und wo du es am wenigsten erwartest. Sie ist stocknüchtern und mehr als raffiniert in allem, was mit Geld zusammenhängt. Sie hat ein unverschämtes Mundwerk, einen Schnabel wie eine Elster. Wen sie mag, den mag sie. Und wen sie nicht mag, den mag sie nicht.

Trimalchio hat Grundbesitz, soweit der Habicht fliegt. Geld über Geld. Im Zimmer seines Pförtners liegt mehr Silber, als mancher Vermögen hat. Und sein Gesinde, weiß Gott, daß nicht der zehnte Teil davon jemals seinen Herrn überhaupt nur zu Gesicht bekommen hat. Kurzum, keiner von all den Schönschwätzern hier kann ihm etwas wollen.

Und du brauchst dir nicht einzubilden, daß er irgend etwas kauft. Alles wächst auf seinem Grund und Boden: Früchte, Wolle, Pfeffer; du kannst Hühnermilch bekommen, wenn du welche haben willst. Irgendwie war ihm seine Wolle nicht gut genug; er kaufte Widder aus Tarent und ließ sie auf seine Herde los. Um zu Hause attischen Honig zu haben, ließ er Bienen aus Athen kommen, damit die hiesigen so gewissermaßen im Vorbeifliegen etwas aufgebessert würden. Und erst dieser Tage schrieb er nach Indien, um Pilzsamen zu bestellen. Er hat keinen Maulesel, der nicht von anatolischen Eseln abstammt. Siehst du den Haufen Kissen dort: keins, das nicht mit Scharlach oder Purpur überzogen ist. Er hat alles, was das Herz begehrt.

Hüte dich aber, seine Freunde oder Freigelassenen schief anzusehen: Sie stinken vor Geld. Da, sieh ihn dir an, der dort auf dem schlechtesten Platz liegt: Er ist heute seine Achthunderttausend wert. Aus dem Nichts. Noch vor kurzem schleppte er Holz: auf dem eigenen Buckel. Man sagt – ich weiß es nicht, aber man erzählt es –, daß er mit einem Geist einen Pakt geschlossen und einen Schatz gefunden hat. Ich bin keinem neidisch um das, was Gott ihm gibt. Aber er ist kaum freigelassen, und schon macht er sich mausig. Neulich hat er eine Anzeige aufgegeben: ›C. Pompeius Diogenes vermietet ab ersten Juli seine Wohnung. Er hat sich inzwischen ein Haus gekauft.‹

Und dort, am unteren Tischende, liegt einer, dem es einmal blendend ging. Ich will nicht übertreiben, aber er hatte seine Million. Doch mit der Zeit gingen seine Geschäfte schlechter. Ich glaube, daß ihm kein Haar auf seinem Kopf mehr gehört, und es ist weiß Gott nicht seine Schuld. Es gibt keinen besseren Kerl als ihn. Aber die verdammten Freigelassenen haben ihn ausgeplündert. Du weißt ja: In Freundestopf kocht sich's schlecht. Und wo etwas schiefgeht, geht's mit den Freunden schief. Er hatte ein angesehenes Geschäft – dort: sieh ihn dir an! Er hatte ein Beerdigungsinstitut. Er pflegte wie ein König zu speisen: ganze Schweine, Backwerk, Vögel – eigene Köche und Bäcker! Bei ihm wurde mehr Wein unter dem Tisch verschüttet, als mancher im Keller hat. Er lebte wie im Märchenland. Als es dann bergab ging und er befürchten mußte, daß seine Gläubiger sich über ihn hermachen, kündigte er eine großartige Versteigerung an mit folgendem Wortlaut: ›C. Iulius Proculus will seinen überflüssigen Besitz versteigern.‹«

Diese interessanten Ausführungen unterbrach Trimalchio, nachdem der Gang schon wieder abgetragen war und die erheiterten Gäste begannen, es sich bei Wein und Gesprächen bequem zu machen. Er lehnte sich auf seinem Bett zurück und sagte: »Ihr sollt euch den Wein schmecken lassen. Fisch will schwimmen. Habt ihr wirklich gemeint, daß die Speisen nach meinem Geschmack waren, die ihr auf dem Schauteller gesehen habt? ‚Kennt ihr euren Odysseus so schlecht?' Was habt ihr euch dabei gedacht? Auch bei Tisch soll man ab und zu ein bißchen nachdenken.

Friede sei der Asche meines Herrn, der versucht hat, einen Menschen aus mir zu machen. Es gibt nichts, was ich nicht weiß, wie dieser Gang gezeigt hat: Hier ist der Himmel, in dem zwölf Götter wohnen und der sich daher auch in ebenso viele Symbole aufteilt und zuerst in das Zeichen des Widders eintritt. Wer unter diesem Zeichen geboren wird, besitzt viel Vieh, viel Wolle, und außerdem ist er ein Dickschädel mit dreister Stirn und einem Horn zum Stoßen. Unter diesem Zeichen werden die Pedanten, die Schafsköpfe geboren.«

Wir applaudierten seiner geistreichen Interpretation und er fuhr fort:

»Dann tritt der Himmel in das Zeichen des Stiers. Hier werden die Grobiane und die Ochsen geboren, die Vielfraße. Und unter den Zwillingen werden die Zweispännigen geboren, die auf beiden Seiten Wasser tragen. Im Krebs bin ich selber geboren. Deshalb stehe ich auf vielen Füßen und besitze viel zu Wasser und zu Lande, denn der Krebs ist hier wie dort zu Hause. Und deshalb habe ich auch nichts auf ihn legen lassen, denn ich will meine Nativität nicht bedrücken. Im Löwen werden die Unersättlichen geboren und die Herrschsüchtigen; in der Jungfrau die Schönlinge, die Schlappschwänze und Sklaven; in der Waage die Metzger, die Apotheker und alle möglichen Geschäftemacher; im Skorpion die Giftmischer und Mörder; im Bogenschützen die Falschen, die nach rechts lächeln und nach links stehlen; im Steinbock die Trübsalbläser, denen vor Kummer Hörner wachsen; im Wassermann die Schankwirte und Wasserköpfe; in den Fischen die Köche und Schwätzer. So dreht sich der ganze Himmel wie ein Mühlrad und bringt nichts Besseres, als daß die Menschen geboren werden und sterben. Wenn ihr aber in der Mitte ein Stück Rasen seht und eine Honigwabe auf dem Gras, so hat auch das seine Bedeutung. Die Mutter Erde liegt in der Mitte, rund wie ein Ei, und hat alles Süße in sich wie der Honig.«

»Bravo!« riefen wir alle und schwuren mit erhobenem Finger, daß selbst Hipparch ihm nicht gewachsen sei.

Dann kamen Diener herein und breiteten Decken vor den Polstern aus, auf die Netze und Jäger mit Jagdspießen und anderem Jagdgerät gemalt waren. Wir wußten nicht, was wir zu erwarten hatten, als sich draußen ein wütendes Gebell erhob und spartanische Hunde um die Tafel rannten. Es wurde eine Platte gebracht, auf der ein Wildschwein von enormer Größe lag, das einen Hut aufhatte und an dessen Hauern zwei aus

Palmenblättern geflochtene Körbe hingen mit saftigen syrischen Datteln im einen und getrockneten thebanischen Datteln im anderen. An seinen Zitzen lagen Ferkel, aus feinstem Mehl gebacken, so daß man wußte, daß es sich um eine Muttersau handelt. Die Ferkel waren als Geschenk zum Mitnehmen vorgesehen. Um das Schwein zu zerlegen, kam übrigens nicht der uns bekannte ›Schneider‹, der das Geflügel vorgelegt hatte, sondern ein bärtiger Riese in Gamaschen und grobem Zeug und schlug mit einem wuchtigen Hieb die Wamme der Sau auseinander, aus der Drosseln herausflogen. Schon aber standen Vogelsteller mit Leimruten bereit und fingen die über der Tafel flatternden Vögel rasch ein. Trimalchio hatte befohlen, daß jedem die für ihn vorgesehene Portion gebracht werde, und fügte hinzu: »Seht auch nach, was für gute Eicheln das Wildschwein gefressen hat!« Sofort rannten einige Burschen zu den Körben, die an den Hauern hingen, und verteilten die syrischen und die getrockneten thebanischen Datteln gleichmäßig unter die Gäste.

Inzwischen überlegte ich, da ich ungestört saß, warum die Sau mit einem Hut hereingebracht worden war. Aber nachdem ich meinen ganzen Verstand umsonst angestrengt hatte, mußte ich mich wieder an meinen Gewährsmann wenden, denn es ließ mir keine Ruhe.

»Das könnte dir sogar dein Sklave erklären«, meinte er, »es ist kein Geheimnis und leicht zu erraten. Diese Sau hätte gestern verzehrt werden sollen, wurde aber von den Gästen übriggelassen; deshalb kommt sie heute als Freigelassene auf den Tisch.«

Ich ärgerte mich über meine Begriffsstutzigkeit und fragte nicht weiter, um nicht den Anschein zu erwecken, als sei ich nicht gewohnt, bei feinen Leuten zu verkehren.

Wir unterhielten uns noch, als ein sehr schöner Sklave mit Weinlaub und Efeu geschmückt hereinkam, der einmal den schwärmenden, dann den trunkenen und dann wieder den schwermütigen Bacchus darstellte und aus einem Korb Trauben verteilte, wobei er mit heller Stimme Gedichte seines Herrn zum Vortrag brachte. Trimalchio drehte sich um und sagte zu ihm: »Lieber Sohn des Bacchus, du sollst frei sein!«

Der Junge nahm den Hut von der Sau und setzte ihn sich

selber auf den Kopf. Und Trimalchio fügte hinzu: »Ihr werdet wohl nicht bezweifeln, daß er mir lieber ist als der Vater!« Wir applaudierten seinem witzigen Wortspiel und küßten den Burschen, der die Runde machte, gründlich ab.

Nach diesem Gang erhob sich Trimalchio, um seinen Nachtstuhl zu verrichten. Wir waren befreit von der Tyrannei und begannen uns ungezwungener zu unterhalten.

Damas verlangte einen größeren Weinbecher und fing als erster an: »Ein Tag ist gar nichts. Ehe man sich versieht, ist es wieder Nacht. Es ist am besten, sich nur um Essen und Schlafen zu kümmern. – Und was für eine Kälte wir haben! Kaum daß ich mich im Bad ein wenig aufwärmen konnte. Aber ein warmer Trank ist der beste Pelz. Ich habe ununterbrochen gesoffen und bin total blau. Der Wein geht in den Kopf.«

Seleukos unterbrach ihn: »Ich bade nicht alle Tage; Baden macht schlapp; Wasser hat Zähne und greift das Herz an. Aber wenn ich genügend Honigwein getrunken habe, ist mir die ganze Kälte so gleichgültig wie sonst was!

Und außerdem konnte ich gar nicht ins Bad gehn; ich mußte heute zu einem Begräbnis. Ein braver Kerl, der gute Chrysanthus, der seinen Geist aufgegeben hat. Es ist gar nicht lange her, daß ich mich noch mit ihm unterhalten habe. Mir ist, als hätte ich eben mit ihm gesprochen. Ach, was sind wir Menschen doch für aufgeblasene Schläuche! Wie die Fliegen, und denen geht es sogar noch besser! Schaumblasen sind wir. Und wenn er nicht so ängstlich gewesen wäre? Volle fünf Tage hat er keinen Tropfen Wasser getrunken, keinen Bissen Brot gegessen. Und dann ist er trotzdem gestorben. Die Ärzte haben ihn umgebracht; aber vielleicht war es ihm auch so vorbestimmt. Ein Arzt ist nur zur Beruhigung da.

Aber er hatte ein schönes Begräbnis. Eine schöne Bahre mit schönen Decken. Man hat ihn den Umständen entsprechend bedauert – er hatte ein paar Leute freigelassen –, sogar seine Frau hat ihm ein paar Tränen nachgeweint: Was wäre aus ihr geworden, wenn er sich ihrer nicht angenommen hätte? Aber ein Weib ist ein Geier! Keiner sollte man etwas Gutes tun; es ist, als ob man seine Wohltaten in einen Brunnen wirft. Die Liebe ist das ewige Übel!«

Es war nicht mehr zum Anhören, und Phileros rief: »Wir wollen an die Lebenden denken! Er hat, was er verdient: Ehrlich hat er gelebt, ehrlich ist er gestorben. Worüber sollte er sich beklagen? Aus dem Nichts hat er sich emporgearbeitet und scheute sich nicht, einen jeden Pfennig einzeln mit den Zähnen aus dem Dreck zu ziehen. So hat er es zu was gebracht und ist gewachsen wie eine Honigwabe.

Weiß Gott, ich glaube, daß er seine runde Million hinterlassen hat, und alles Bargeld! Aber ich habe Hundezunge gegessen und will euch noch mehr und die Wahrheit sagen: Er hatte ein böses Mundwerk, er war ein Waschweib, ein Streithammel, als Mensch taugte er nichts.

Da war sein Bruder ein andrer Kerl, ein ehrlicher Freund, der etwas zwischen den Fingern hatte und einen immer gedeckten Tisch. Anfangs hatte er kein Glück; aber die erste Weinernte half ihm wieder auf die Beine: Er verkaufte seinen Wein so teuer, wie er wollte. Und was ihn dann ganz flott machte: Er hatte eine Erbschaft gemacht, aus der er mehr herausholte, als überhaupt drin steckte. Und dieser Kerl, der seinen Bruder nicht erriechen konnte, hat ich weiß nicht welchem Erdensohn sein Vermögen vermacht. Wer die Seinen flieht, flieht weit. Er hatte Sklaven, die ihm in den Ohren lagen und ihm einheizten. Aber wer auf andre hört, der ist kein Geschäftsmann.

Trotzdem, er hat es sich gut gehen lassen, solange er lebte; ihm war nicht nur verheißen worden, ihm war auch verliehen. Er hat eben Glück gehabt, wahrhaftig, in seiner Hand wurde alles zu Gold. Doch man hat es leicht, wo alles glatt geht. Und was meinst du, wieviel Jahre er geschafft hat? Über siebzig! Aber er war eisern, er hat sich auch im Alter gut gehalten, sein Haar war noch kohlrabenschwarz; ich kannte ihn schon eine Ewigkeit, und bis zuletzt war er wild: Ich glaube, kein Hund im Hause hatte vor ihm Ruhe. Immer hinter den Burschen her und mit allen Wassern gewaschen. Doch das soll kein Vorwurf sein; er hat sich wenigstens etwas gegönnt!«

Ganymed unterbrach das alberne Geschwätz des Phileros: »Er redet von Sachen, die weder Gott noch die Welt interessieren, aber kein Mensch denkt daran, was aus der Teuerung noch werden soll. Ich habe heute weiß Gott keinen Bissen Brot auftreiben können. Und wie lange soll die Dürre noch weitergehen? Das ganze Jahr war ein Hungerjahr. Die verdammte Beamtenwirtschaft steckt mit den Bäckern unter einer Decke: Da wäscht eine Hand die andre!

Die kleinen Leute schuften, und diese Vielfraße haben das ganze Jahr Sonntag. Wenn wir noch die Kerle wären wie früher, als ich aus Asien kam! Das war ein Leben. Aus dem vollen!

Wie die Gespenster schlichen sie herum, als ob Jupiter selbst hinter ihnen her wäre. Ich erinnere mich noch an Sufinius: Er wohnte damals beim alten Tor, und ich war noch ein junger Bursche. Der war Pfeffer, ein Kerl wie sonstwas. Wo er hintrat, wuchs kein Gras mehr. Aber ehrlich, aber gerecht, ein Freund, mit dem man getrost im Finstern knobeln konnte. Im Stadtrat hat er mit einigen abgerechnet. Er redete ohne Umschweife, gerade heraus. Wenn er draußen mit den Leuten sprach, wie er sie sich da herausfischte mit einer Stimme wie ein Nebelhorn! Und ohne sich aufzuregen, ohne aus der Rolle zu fallen. Immer sachte, immer Diplomat. Er dankte freundlich für jeden Gruß und kannte alle mit Namen wie unsereiner. Damals gab es keine Teuerung. Brot für einen Groschen konnten keine zwei aufessen. Jetzt ist ein Ochsenauge größer.

Und dabei wird es von Tag zu Tag schlimmer. Die ganze Stadt krümmt sich wie ein Kälberschwanz. Und warum? Weil wir einen Polizeichef haben, der keine trockene Feige wert ist, der unser Leben für nichts und wieder nichts verschachert und dabei immer fetter wird; der an einem Tag mehr verdient, als andre Vermögen haben! Ich weiß, woher er die hunderttausend Sesterzen hat. Wenn wir nicht solche Schlappschwänze wären, würde er sich das nicht herausnehmen. Zu Hause brüllen die Leute wie die Stiere, und draußen kneifen sie wie die Füchse.

Inzwischen habe ich mein letztes Hemd versetzt, und wenn die Teuerung noch länger anhält, muß ich noch das Dach über meinem Kopf verkaufen. Was wird noch aus uns werden, wenn sich weder Götter noch Menschen über unser Land erbarmen? Bei meinen Kindern, das ist die Strafe des Himmels! Keiner denkt daran, daß es über uns einen Himmel gibt. Keiner hält sich an die Fasten. Keiner kümmert sich um Jupiter, aber alle zählen blinzelnd ihr Geld.

Früher trugen die Frauen einen Schleier und gingen barfuß zum Kapitol: Mit gelösten Haaren und einem guten Gewissen beteten sie zu Jupiter um Regen. Und es goß wie aus Kübeln: Entweder es regnete, oder es regnete nicht; und dann kamen sie nach Hause, naß wie die gebadeten Mäuse. Heute gibt es keinen Glauben mehr, die Götter haben Watte in den Ohren und unsere Felder ...«

»Schluß jetzt!« rief der Kleiderhändler Echion, »hör auf zu jammern! Wie gewonnen, so zerronnen, sagte der Bauer, als ihm seine gefleckte Sau ausgerissen war. Was heute nicht ist, kann morgen werden. Im Leben kommt eins zum andern. Es könnte weiß Gott kein besseres Land geben, wenn nur die Menschen ein bißchen vernünftiger wären. Es geht uns nicht allein schlecht. Wir dürfen uns nicht verrückt machen lassen: Überall scheint dieselbe Sonne. Wenn du anderswo lebtest, würdest du sagen, daß bei uns die Schweine gebraten herumlaufen.

Und vergeßt nicht, daß es in drei Tagen ein Fest gibt und daß es was zu sehen gibt; keine Gladiatoren, lauter Freie. Unser Titus will uns zeigen, was er kann. Und er kann etwas: So oder so wird es etwas zu sehen geben. Ich kenne ihn. Er ist bestimmt kein Narr. Es wird eine anständige Schlägerei geben, kein Kneifen: ein Schlachtfest mitten in der Arena, daß man auch von der Tribüne aus etwas sehen kann. Er hat, was er braucht: Sein Vater hinterließ ihm nach seinem Tode – Pech gehabt – dreißig Millionen. Wenn er nur vierhunderttausend davon opfert, macht es ihm nicht viel aus, und die Leute werden trotzdem noch lange davon reden.

Er hat schon ein paar wilde Kerle, ein Weib, das auf einem Wagen kämpfen wird, und den Kassierer des Glykon, der erwischt wurde, wie er der Frau seines Herrn ein bißchen zu gefällig war. Da werden sich die Leute in die Haare geraten. Die Partei der Ehemänner gegen die Partei der Galane! Glykon ist ein Trottel. Er läßt den Kassierer den Tieren vorwerfen. Das heißt doch, sich selbst an den Pranger stellen. Was hat der Sklave schließlich verbrochen? Es blieb ihm doch gar nichts andres übrig. Die alte Hure hätte es viel eher verdient, vom

Stier auf die Hörner genommen zu werden. Aber wer den Esel nicht prügeln kann, der prügelt den Sattel.

Wie konnte sich Glykon nur einbilden, daß es mit diesem Sproß des Hermogenes ein gutes Ende nimmt? Der Alte war imstande, einem Habicht im Flug die Klauen abzuschneiden. Und aus einer Schlange kriecht kein Strick. Und Glykon büßt sein Leben lang. Er wird die Schande nicht los, bis er stirbt. Aber jeder macht seine Dummheiten zu seinem eigenen Schaden.

Übrigens habe ich Wind bekommen, daß uns Mammea ein Fest geben will, das er sich etwas kosten läßt. Wenn es dazu kommt, wird Norbanus an Anhang verlieren. Man weiß, daß er ihm mit vollen Segeln eins auswischen wird. Aber was hat uns Norbanus denn schon groß geboten? Ein paar Hungerleider von armseligen Gladiatoren, die jedes Lüftchen umbläst; ich habe schon besseres Arenafutter gesehen. Ein paar Betthelden haben sich gezankt wie die Gockelhähne; ein Hosenscheißer, ein Klumpfuß und ein Nervenbündel als Ersatzmann, der schon beim Zusehen halb tot umfiel. Nur ein Thraker sah noch einigermaßen nach etwas aus, aber auch den mußte man zum Kampf brüllen. Am Schluß hatten alle ihre Prügel bekommen; je mehr sie das Volk gegeneinander aufhetzte, desto schneller rannten sie davon. ›Ich habe euch ein Schauspiel gegeben‹, hat er gesagt. ›Und wir haben Beifall geklatscht! Wenn du nachrechnest, bist du uns noch was schuldig. Eine Hand wäscht die andre.‹

Agamemnon, du siehst aus, als wolltest du sagen: Seht diesen Schwätzer an, der seinen Schnabel aufreißt! Du hast doch gelernt, Reden zu halten, warum machst du denn dein Maul nicht auf? Du bist ein Studierter und lachst uns aus. Wir wissen ja, daß du vor lauter Gescheitheit übergeschnappt bist. Stimmt's? Kann ich dich dazu bringen, dir eines Tages meine bescheidene Hütte anzusehn? Du wirst schon was zum Essen bekommen, ein paar Hühner und ein paar frische Eier sind immer da. Es wird sich schon was finden, auch wenn uns in diesem Jahr das schlechte Wetter nur Schaden gebracht hat. Es wird schon noch reichen, um satt zu werden.

Mein Sprößling wird einmal ein Schüler für dich. Er kann schon einigermaßen rechnen; wenn er alt genug ist, soll er zu dir kommen. Während seiner ganzen Freizeit sitzt er hinter seinen Büchern. Er ist gescheit und aus gutem Holz, wenn er auch an der Vogelzucht einen Narren gefressen hat. Vor kurzem habe ich ihm drei Finken umgebracht und gesagt, daß das Wiesel sie erwischt hat. Aber er hat schon wieder ein neues Steckenpferd und malt jetzt mit Begeisterung.

Er hat schon eine Ahnung vom Griechischen und fängt an, auch im Latein Fortschritte zu machen, obwohl sein Lehrer zu theoretisch ist, ihn nicht bei der Stange hält und zu selten kommt; er weiß etwas, aber er versteht nicht, mit ihm zu arbeiten.

Ich habe noch einen anderen Lehrer, nicht so gebildet, dafür aber bemüht, ihm mehr beizubringen, als er selber weiß. Er kommt meistens an den Feiertagen zu uns ins Haus und ist mit allem und jedem zufrieden, was ihm vorgesetzt wird.

Ich habe dem Jungen einige Bücher gekauft, weil ich will, daß er sich ein paar juristische Kenntnisse für den Hausgebrauch aneignet. Es ist ein Brotstudium. Mit der Literatur hat er sich genug beschäftigt. Und wenn er nicht will, dann soll er ein Handwerk lernen, Barbier, Kaufmann oder am besten Anwalt. Das reicht, bis er stirbt. Jeden Tag sage ich zu ihm: ›Mein Sohn, glaube mir, was du lernst, das lernst du für dich. Sieh dir Phileros an. Er ist Anwalt. Hätte er nichts gelernt, hätte er nichts zu beißen. Es ist noch gar nicht lange her, daß er mit einem Bauchladen herumgelaufen ist, und jetzt nimmt er sogar dem Norbanus die Kunden weg! – Wissen ist Macht. Und Handwerk hat goldenen Boden.‹«

Das Gespräch war noch in vollem Gang, als Trimalchio wiederkam, sich die Stirne wischte, die Hände mit Salbe einrieb und dann nach einer kurzen Pause sagte:

»Entschuldigt mich, liebe Freunde, aber mein Magen ist schon seit ein paar Tagen nicht in Ordnung. Auch die Ärzte kennen sich nicht recht aus. Immerhin haben Granatapfelschale, Rinde und Essig einige Erleichterung gebracht. Ich hoffe deshalb, daß er sich zusammennimmt. Manchmal gibt er nämlich Laute von sich wie ein Ochse. Wenn übrigens den einen oder anderen von euch ein Bedürfnis ankommen sollte, so geniert euch nicht. Niemand ist aus Eisen. Ich glaube, es gibt keine größere Qual, als es zu unterdrücken. Selbst Jupiter kann das nicht verlangen.

Du lachst, Fortunata, und dabei läßt du mich oft die ganze Nacht nicht schlafen! Ich habe auch bei Tisch keinem verboten, was ihm Erleichterung verschafft und was die Ärzte zu unterdrücken verbieten. Und wenn es zu etwas mehr kommen sollte, so steht draußen alles bereit: Wasser, Nachtgeschirr und das übrige Drum und Dran.

Glaubt mir, der ganze Körper wird vergiftet, wenn eine Blähung ins Gehirn geht. Ich kenne einige, die gestorben sind, weil sie sich geniert haben.«

Wir dankten ihm für sein Verständnis und seine Erlaubnis und spülten das aufkommende Gelächter mit viel Wein hinab. Wir hatten noch keine Ahnung, daß wir den Gipfel der Mahlzeit noch keineswegs erklommen hatten, daß es sozusagen immer noch bergauf ging.

Nachdem unter Musikbegleitung die Tafel abgeräumt worden war, wurden drei weiße Säue in den Speisesaal geführt, die gehalftert und mit Glöckchen geschmückt waren; die eine bezeichnete ihr Führer als zweijährig, die andere als dreijährig und die dritte als sechsjährig. Ich nahm an, daß es sich um Schausteller handle und daß die Schweine irgendein Kunststück zeigen sollten wie auf dem Jahrmarkt; aber Trimalchio enttäuschte diese Erwartung.

»Welche soll für den nächsten Gang zubereitet werden?« fragte er. »Was die Bauern mit Geflügel, Ragout und dergleichen machen, das können meine Köche erst recht: Sie kochen ganze Kälber in einem Topf.«

Er ließ den Koch holen und befahl, ohne unsere Wahl abzuwarten, das größte der Schweine zu schlachten. Dann fragte er ihn mit erhobener Stimme: »Aus welcher Abteilung bist du?« »Aus der vierzigsten«, sagte der Koch. »Bist du gekauft oder im Haus geboren?« »Keins von beiden«, erwiderte der Koch, »sondern Pansa hat mich dir testamentarisch hinterlassen.« »Also sieh zu, daß du deine Sache gut machst, sonst lasse ich dich zu den Laufburschen versetzen.« Nach dieser strengen Ermahnung ließ sich der Koch von dem Schwein in die Küche zerren.

Trimalchio nickte uns freundlich zu und entschuldigte sich:

»Wenn euch der Wein nicht zusagt, lasse ich anderen kommen; ihr sollt euch wohlfühlen. Ich brauche Gott sei Dank nichts zu kaufen. Was ihr da trinkt, wächst auf einem Gut, das ich noch nie gesehen habe. Es liegt irgendwo zwischen Terracina und Tarent. – Ich möchte meinen Besitz bis Sizilien erweitern, um auf eigenem Boden reisen zu können, wenn ich Lust bekommen sollte, mir Afrika anzusehen ...

Aber erzähle uns lieber, was für ein Thema du heute behandelt hast, Agamemnon! Ich führe keine Prozesse, aber ich habe mir ein paar juristische Kenntnisse angeeignet, für den Hausgebrauch sozusagen. Du sollst nicht meinen, daß mich geistige Fragen nicht interessieren: Ich besitze drei Bibliotheken, eine griechische, eine lateinische ... Also berichte, worum die Diskussion heute ging.«

Agamemnon fing an zu erzählen: »Ein Armer und ein Reicher hatten einen Streit ...«, als ihn Trimalchio schon unterbrach. »Was heißt denn arm?«

»Sehr richtig, diese Frage«, sagte Agamemnon und setzte dann irgendeinen Fall auseinander.

Trimalchio meinte schließlich kurz und bündig: »Wenn es so war, dann ist der Sachverhalt vollkommen klar, wenn es aber nicht so war, dann steckt überhaupt nichts in der ganzen Geschichte.«

Wir spendeten Beifall, und er fuhr munter fort: »Mein lieber Agamemnon, du hast doch von den zwölf Arbeiten des Herkules gehört, und du kennst die Geschichte von Odysseus, wie ihn der Kyklop mit einer Zange in den Daumen gezwickt hat. Ich habe als Junge den ganzen Homer gelesen. Aber die Sibylle von Cumae habe ich sogar mit eigenen Augen gesehen. Es war nicht mehr viel zu sehen, und wir Jungens riefen: ›*Sibylla, ti theleis?*‹ (Sibylle, was willst du?) und die Sibylle antwortete: ›*Apothanein thelo!*‹ (Sterben will ich!).«

Kaum hatte er diese Albernheiten von sich gegeben, als eine Platte mit einem riesigen Schwein auf den Tisch gestellt wurde. Wir wunderten uns über die Schnelligkeit der Zubereitung und meinten, daß nicht einmal ein Huhn in so kurzer Zeit gekocht werden könne; und das um so mehr, als das Schwein uns noch größer schien als kurz vorher die Wildsau. Trimalchio aber sah es an und sah es wieder an, und dann fragte er:

»Was ist denn das? Ist das Schwein gar nicht ausgenommen? Ja, um Gottes willen! Der Koch soll sofort herkommen, sofort soll der Koch geholt werden!«

Der Koch kam und entschuldigte sich. Er habe vergessen, das Schwein auszunehmen. »Was soll das heißen? Vergessen!« rief Trimalchio. »Als hätte er Pfeffer und Kümmel vergessen! Ausziehen!«

An Ort und Stelle wurde der Koch ausgezogen und stand hilflos zwischen den beiden Sklaven, die ihn auspeitschen sollten. Aber alle legten für ihn ein gutes Wort ein: »Es kann ja vorkommen; erlaß ihm diesmal die Strafe; wenn es wieder passiert, wird niemand für ihn eintreten.«

Ich war außer mir vor Zorn und konnte mich nicht enthalten, Agamemnon ins Ohr zu flüstern: »Der Sklave muß tatsächlich ein Idiot sein; hat man so etwas schon gehört! Er vergißt das Schwein auszunehmen. Es wäre schon unverzeihlich, das Ausnehmen bei einem Fisch zu vergessen.«

Aber Trimalchio dachte anders. Sein Zorn war verraucht, und voller Wohlwollen sagte er: »Da du so vergeßlich bist, wirst du es hier vor unseren Augen ausnehmen.« Der Koch zog seine Kleider wieder an, holte ein Messer aus seiner Tasche und schlitzte dem Schwein den Bauch auf. Sogleich platzten die Schnitte weit auseinander, und infolge ihres eigenen Gewichts fielen Bratwürste und Blutwürste heraus.

Das Kunststück gewann sich den Beifall des ganzen Hauses, und alle riefen: »Ausgezeichnet, Gaius!« Der Koch wurde nicht nur mit einem Trunk, sondern außerdem noch mit einem Stirnband geehrt.

Der Trunk war ihm in einem Becher aus korinthischer Bronze gereicht worden. Als Agamemnon ihn sich genauer ansah, meinte Trimalchio: »Ich bin der einzige, der wirklich echte korinthische Bronze besitzt.« Ich erwartete, daß er im Sinne seiner früheren Prahlereien sagen würde, daß er das Gefäß habe aus Korinth kommen lassen, aber er machte es besser. »Vielleicht wunderst du dich«, meinte er, »warum ich allein korinthische Bronze besitze? Weil der Händler, bei dem ich sie gekauft habe, Korinthus heißt. Und was ist schließlich besser korinthisch als das, was von Korinthus gekauft ist?

Aber damit du nicht meinst, ich wüßte es nicht: Ich weiß

sehr gut, was korinthische Bronze ist. Als Troja gefallen war, ließ Hannibal, ein schlauer und geriebener Kerl, alle kupfernen, goldenen und silbernen Statuen auf einen Haufen werfen und anzünden; sie schmolzen zu einem Gemisch zusammen, das die Handwerker als Material nahmen, um Töpfe, Geschirr und Figuren daraus anzufertigen. So ist die korinthische Bronze als ein Metall entstanden, das aus mehreren Metallen besteht und weder das eine noch das andere mehr ist. Aber nehmt es mir nicht übel: Glas ist mir lieber. Vor allem ist es durchsichtig. Wenn es nicht so zerbrechlich wäre, wäre es mir lieber als Gold. Aber so wird es natürlich nicht so besonders geschätzt.

Es gab einmal einen Meister, der einen unzerbrechlichen Becher aus Glas gemacht hatte. Er wurde mit seinem Becher vor den Kaiser geführt und tat, als ob er dem Kaiser den Becher überreichen wollte, ließ ihn jedoch zu Boden fallen. Der Kaiser war starr vor Schrecken. Der Meister aber nahm einen Hammer aus der Tasche und klopfte den wie ein Metallbecher zerbeulten Becher in aller Seelenruhe wieder zurecht. Dann meinte er wie ein Gott vor dem Kaiser zu stehen, der ihn fragte: ›Versteht noch ein andrer außer dir, solches Glas zu machen?‹ Jetzt paßt auf! – Als er Nein gesagt hatte, ließ der Kaiser ihm den Kopf abschlagen; wenn nämlich das Geheimnis bekannt geworden wäre, würde alles Gold so wertlos sein wie Sand.

Ich selber bin auf Silber versessen. Ich habe eine Menge silberner Gefäße, einen ganzen Haufen. Auf ihnen ist dargestellt, wie Kassandra ihre Söhne umbringt und die Knaben tot herumliegen, ganz naturgetreu. Ich habe eine Opferschale, die Mummius meinem früheren Herrn vermacht hatte, mit Daedalus, wie er Niobe in das trojanische Pferd einsperrt. Ich habe Becher mit dem Zweikampf zwischen Hermeros und Petraites, alle massiv; und um keinen Preis der Welt würde ich meine Sachkenntnis in diesen Dingen hergeben!«

Während er noch sprach, ließ ein Sklave einen Becher fallen. Trimalchio drehte sich um und sagte zu ihm: »Gib dir selber eine Ohrfeige! sofort! als Strafe für deine Unaufmerksamkeit.« Der Bursche wurde blaß und bat um Vergebung. »Was willst du von mir? Es ist nicht meine Schuld. Du bist selber schuld mit deiner Ungeschicklichkeit.« Schließlich aber ließ er den Jungen auf unsere Fürbitte hin laufen. Der Kerl rannte, sobald ihm die Strafe erlassen war, um die Tafel, um sich zu bedanken, und Trimalchio rief: »Wasser ablassen! Wein reinlassen!«

Wir spendeten dem Scherz des Witzbolds unseren Beifall, und allen voran Agamemnon, der wußte, durch welche Verdienste man sich künftige Einladungen sichert. Trimalchio freute sich über das Lob und trank immer mehr und rief, schon fast völlig betrunken: »Wünscht denn niemand, daß meine Fortunata tanzt? Ihr könnt mir glauben, es gibt keinen besseren Bauchtanz.« Dann legte er seine Hände über die Stirn und kopierte den Schauspieler Syrus, und das ganze Haus sang brüllend vor Begeisterung: »Madeia Perimadeia!« Er hätte wahrhaftig eine regelrechte Vorstellung gegeben, wenn ihm nicht Fortunata ins Ohr geflüstert hätte, wie ich annehme, daß so gewöhnliche und alberne Scherze unter seiner Würde seien. Aber er war zu launisch, einmal hörte er auf Fortunata, und dann wieder ließ er sich völlig gehen.

Seine Tanzlust wurde gestört durch einen Buchhalter, der plötzlich anfing wie aus dem Amtsblatt vorzulesen: »26. Juli – Gut Cumae, Besitzer Trimalchio, 30 Knaben und 40 Mädchen geboren; auf Lager genommen: 500 000 Scheffel Weizen, 500 gezähmte Ochsen. Gleicher Tag – Kreuzigung des Sklaven Mithridates wegen Lästerung unseres Herrn Gaius. Gleicher Tag – in die Kasse überführt 10 Millionen Sesterzen, da Investition unmöglich. Gleicher Tag – Brand auf dem Besitztum Pompeji, ausgebrochen im Haus des Verwalters Nasta.«

»Wieso?« fragte Trimalchio, »wann wurde in Pompeji Besitz angekauft?« »Im vergangenen Jahr«, sagte der Buchhalter, »deshalb wurden auch die Rechnungen noch nicht verbucht.« Trimalchio wurde rot vor Zorn und brüllte: »Wenn in meinem Namen Grundstücke gekauft werden und man informiert mich nicht innerhalb von sechs Monaten, verbiete ich, mein Konto nachträglich zu belasten.«

Dann wurden noch Bekanntmachungen der Gutspolizei und letztwillige Verfügungen von Forstverwaltern vorgelesen, in denen Trimalchio dank einer Klausel auf seine Rechtsansprüche Verzicht leistete. Anschließend wurden die Namen von Verwaltern verlesen, über die Scheidung eines Nachtwächters von einer Freigelassenen berichtet, die eines Verhältnisses mit einem Bademeister bezichtigt worden war, sowie über die Versetzung eines Haushofmeisters nach Baiae; zum Schluß wurde die gerichtliche Verfolgung eines Buchhalters und ein Urteil in Streitigkeiten der Dienerschaft bekanntgegeben.

Schon aber waren Schausteller gekommen. Ein höchst lächerlicher Tölpel hielt eine Leiter und ließ einen Jungen durch die Sprossen hinaufklettern und auf der obersten Sprosse zu einem Liedchen einen Tanz aufführen. Dann mußte er durch einen brennenden Reifen springen und mit den Zähnen einen Weinkrug hochheben. Einzig Trimalchio freute sich darüber und meinte, solche Leistungen würden viel zu schlecht honoriert; es gebe zwei Arten von Darbietungen, die ihm Spaß machten: Akrobaten und Clowns; alles andre, Tiernummern, Zauberkünstler und Unterhalter, sei langweiliges Zeug. »Ich hatte einmal eine Gruppe griechischer Komödianten gekauft, aber mir war es lieber, wenn sie römische Volksschwänke aufführten, und den Flötenbläser ließ ich lateinische Lieder spielen.«

Gerade als er im eifrigsten Erzählen war, stürzte der Junge über Trimalchio ab. Das ganze Haus einschließlich der Gäste brach in lautes Geschrei aus, weniger wegen des blöden Kerls, dem man am liebsten ein gebrochenes Genick gewünscht hätte, sondern wegen des möglicherweise unglücklichen Ausgangs des Gastmahls; man hätte gezwungen sein können, einen völlig gleichgültigen Toten zu beklagen. Trimalchio stöhnte und hielt seinen Arm, als ob er gebrochen wäre, und die Ärzte rannten herbei. Allen voran kam Fortunata mit gelösten Haaren und einer Schüssel angelaufen und schrie ach und weh. Der Junge kroch auf allen vieren vor unseren Füßen herum und bettelte um unsere Fürsprache. Ich hatte den grimmigen Verdacht, daß seine Flennerei zu irgendeinem lächerlichen Ende führen werde, denn noch war mir der Koch nicht aus dem Gedächtnis geschwunden, der vergessen hatte, das Schwein auszunehmen. Ich begann daher, mich im Speisesaal nach einer Überraschung umzusehen, als plötzlich ein Sklave ausgepeitscht wurde, der den verletzten Arm seines Herrn statt mit purpurnen nur mit weißen Binden umwickelt hatte. Mein Verdacht war gar nicht so unbegründet; an Stelle einer Bestrafung ließ Trimalchio die Freilassung des Jungen bekanntgeben, damit niemand sagen könne, ein so bedeutender Mann komme durch einen Sklaven zu Schaden.

Wir alle billigten seine Entscheidung und machten Bemerkungen über die Zufälle im Leben. »Eigentlich«, meinte Trimalchio, »sollten wir diesen Vorfall festhalten«, und sogleich ließ er Schreibzeug bringen. Und ohne lange zu überlegen, deklamierte er.

»Was man erhofft, kommt nimmer; doch unverhofft kommt oft
Über uns thront Fortuna und lenket unsre Geschicke:
Deshalb, Knabe, schenk ein guten Falernerwein!«

Diese Verse gaben Anlaß zu einer Unterhaltung über verschiedene Dichter, und längere Zeit wurde über die Verskunst des thrakischen Dichters Mopsus gesprochen, bis Trimalchio fragte: »Lieber Meister, erkläre uns bitte den Unterschied zwischen Cicero und Publilius. Meiner Ansicht nach ist Cicero geschickter, aber auf der anderen Seite ist Publilius tiefer. Gibt es etwas Schöneres als diese Stelle:

Die Gier nach Luxus macht der Römer Mauern morsch.
Für deinen Gaumen mästet man im Stall den Pfau,
Der in den Goldgewändern Babels herrlich prangt,
Kapaune Galliens und Poularden Afrikas;
Sogar den Storch, den treuen Gast aus fernem Land,
Den frommen Vogel, schlanken Fußes, klapperfroh,
Und der, im Winter fern, zum Frühlingsboten wird,
Und dem als übles Nest zum Schluß der Kochtopf droht!
Wozu wohl dienen Indiens teure Perlen dir?
Daß, mit des Meeres Schätzen angetan, die Frau
Die Beine lüstern hebt auf einem fremden Pfühl?
Wozu wohl der Smaragde kostbar grüner Schein?
Wozu der Steine aus Karthago rote Glut?
Vielleicht daß Tugend aufblitzt aus Karfunkelglanz?
Geziemt der Frau ein Kleid aus leichtem Schleierstoff,
Um sich zur Schau zu stellen nackt im Nebelflor?

Übrigens«, fuhr er fort, »was mag wohl der schwerste Beruf sein nach dem des Künstlers? Ich meine der Arzt und der

Und um keinen der Opferbräuche außer acht zu lassen, griff die gute Meroë mit der Rechten durch die Wunde tief in das Innere, suchte das Herz meines armen Freundes und zog es heraus.

SEITE 344

Wechsler: Der Arzt muß wissen, was im Menschen drinsteckt und wann das Fieber kommt; trotzdem sind mir die Ärzte zuwider, weil sie mir immer Anis verordnen. Und die Wechsler müssen unter dem Silber das Kupfer erkennen. Unter den Tieren sind die Ochsen und die Schafe am schlechtesten daran: Die Ochsen erarbeiten uns das Brot, das uns ernährt, und die Schafe befriedigen mit ihrer Wolle unsere Eitelkeit. Es ist eine Schande, wenn die Leute Wolle tragen und obendrein die Schafe auch noch essen. Übrigens halte ich die Bienen für göttliche Tiere. Sie produzieren den Honig, wenn es auch heißt, daß sie ihn vom Himmel bringen; und wenn sie stechen, so heißt das nichts andres, als daß alles Süße auch seinen Stachel hat.«

Er war im besten Zuge, nun auch noch allen Philosophen ins Handwerk zu pfuschen, als aus einer Schüssel Lose verteilt wurden. Ein Junge war beauftragt, die Gewinne auszurufen.

»Saures Silber« – es wurden mit Essig gefüllte silberne Krüge gebracht. »Köder und Angel« – steinhartes Brot und Äpfel am Spieß waren zu gewinnen. »Gruß aus Siena« – Apfelsinen. »Vogelfutter und Fliegenfänger« – Trauben und Honig. »Schlafgewänder« – Äpfel im Schlafrock waren die Gabe. »Hundefutter« – ein Hase wurde hereingetragen. »Mausoleum« – eine in Öl eingelegte Maus. Wir lachten noch lange, doch die meisten dieser Albernheiten sind meinem Gedächtnis wieder entfallen.

Askyltos ließ sich völlig gehen, machte mit ausgestrecktem Finger spöttische Bemerkungen und lachte Tränen. Einer der Mitfreigelassenen des Trimalchio ärgerte sich darüber – es war mein Tischnachbar – und schimpfte los. »Was lachst du denn, du Schafskopf! Sind dir die Scherze meines Herrn zu einfältig? Du bist natürlich etwas Besseres und an bessere Gesellschaft gewöhnt. Wenn ich neben dir säße, verdammt auch, wenn ich dir die Flausen nicht austriebe! Der Kerl lacht andre aus! Der Herumtreiber, der Bettpisser, der seine eigene Pisse nicht wert ist. Wenn ich ihn anschiffe, weiß er nicht, wohin er auskneifen soll. Ich bin weiß Gott nicht leicht in Harnisch zu bringen, aber wenn das Fleisch alt wird, kommen die Maden. Er lacht. Was gibt es denn zu lachen? Hat dein Vater Schuldgeld für dich bezahlt? Bist du römischer Adel? Ich bin König! Warum ich Sklave war? Weil ich Sklave sein wollte, um römischer Bürger zu werden und um nicht bloß ewig Steuerzahler zu bleiben. Und jetzt will ich meine Ruhe haben. Ich bin nicht jedermanns Narr. Ich bin nicht weniger als andere und kann jedem in die Augen sehn; ich schulde keinem auch nur ein As; ich habe nie vor Gericht gestanden; keiner kann zu mir sagen: Bezahle erst einmal deine Schulden! Ich habe auch meinen Grundbesitz und ein paar Groschen auf der Seite; ich füttere zwanzig Mäuler und einen Hund noch obendrein; meine Frau habe ich ebenfalls freigekauft, damit sich keiner seine Finger an ihr abwischen kann; tausend Denare habe ich bezahlen müssen – für mich selber! Sevir bin ich umsonst geworden; ich hoffe, daß es so bleibt und daß ich mich nicht zu schämen brauche, wenn ich mich eines Tages hinlege, um zu sterben.

Du hast offenbar nicht viel zu tun, daß du dauernd auf andre aufpaßt. Du siehst die Laus bei den andern, deine eigene Zecke siehst du nicht. Außer dir lacht keiner über uns; da, sieh dir deinen Lehrer und Meister an, er ist Professor, aber er setzt sich zu uns und fühlt sich wohl bei uns. Jetzt sagst du nicht muh und mäh, du Muttersöhnchen, du Dreck, du nasser Lappen, schlapp und nichts wert!

Was bildest du dir eigentlich ein? Friß mittags zweimal, friß abends zweimal! Mir ist mein guter Ruf mehr wert als Geld. Aber hat mir einer seine Rechnung zweimal schicken müssen? Vierzig Jahre war ich Sklave: keiner hat es mir angesehen. Ungeschoren kam ich her; es gab noch kein Gericht. Aber ich habe mir trotzdem Mühe gegeben, meinen Herrn zufriedenzustellen. Ein großer Mann, ein Ehrenmann, dessen Fingernägel mehr wert sind als der ganze Lümmel, der du bist. Und es gab da Leute im Haus, die mir ab und zu ein Bein stellen wollten; aber mit ein bißchen Glück habe ich es trotzdem geschafft. Das will etwas heißen; als freier Mann geboren zu werden, ist so einfach wie zu sagen: Komm her, mach das und mach das! Da staunst du wie die Geiß im Klee!«

Bei diesem Ausdruck konnte sich Giton, der neben mir stand, nicht mehr beherrschen und brach in schallendes Gelächter aus. Der Widersacher des Askyltos hörte es und fuhr den Jungen an: »Lachst du auch noch, du gekräuselter Stenz!

Ja, ist denn die ganze Welt verdreht? Haben wir Dezember und Saturnalien? Hast du überhaupt schon eine Anzahlung gemacht, um dich freizukaufen? Was ist denn los mit dir, du Galgenvogel, du Rabenaas!

Ich will dafür sorgen, daß dich der Donner trifft, dich und ihn, der dich erziehen soll und mit dir nicht fertig wird! So wahr trocken Brot gesund ist, nehme ich Rücksicht auf meinen Freund Trimalchio, sonst würde ich dir an Ort und Stelle eine Tracht Prügel verabreichen.

Es ist schön hier, aber diese Flegel können sich einfach nicht anständig benehmen! Wie der Herr, so der Knecht! Ich kann mich kaum noch beherrschen, obwohl ich bestimmt kein Hitzkopf bin, aber wenn es mich packt, dann wird nicht lange gefackelt. Hörst du! wenn ich dich draußen erwische, du geschniegelte Ratte, dann gnade dir Gott! Ich will auf keinen grünen Zweig kommen, ehe deinem Herrn nicht die Augen tropfen vor Staunen, und dich lasse ich nicht los, und wenn du den ganzen Himmel herunterheulst. Ich werde dafür sorgen, daß deine Kräuselhaare wieder gerade werden, und deinem Herrn zahle ich es doppelt heim. Schon recht. Dich kriege ich noch zwischen die Zähne; ich kenne mich und weiß, daß du mit mir nicht Schindluder treibst, und wenn dein Bart aus Gold wäre. Der Teufel soll dich holen und den Kerl dazu, der dich so schön erzogen hat! Ich habe keine Mathematik gelernt, auch keine Philosophie und das andere geschwollene Zeug. Aber ich kann lesen und rechnen. Ich kann Geld zählen und weiß, was es wert ist. Und wenn du mit mir anbändeln willst, dann laß uns abrechnen: Komm ruhig her! Du wirst bald merken, daß dein Vater das Schulgeld für dich zum Fenster hinausgeworfen hat, auch wenn du gelernt hast, große Reden zu schwingen. Paß auf:

Es kommt lang,
Es kommt breit
Und ist ein Zeitvertreib.

Was ist das? Hör weiter zu: Es wächst und schwillt, und trotzdem wird nichts draus! Was ist das? Es läuft an dir und kommt nicht vom Fleck! Was ist das? Da rennst du und wunderst dich und sitzt fest wie die Maus im Nachttopf! Also halte den Mund und laß ehrliche Leute in Frieden, die mit dir nichts zu tun haben wollen; oder glaubst du vielleicht, daß mir deine hölzernen Armspangen Eindruck machen, die du deiner Kleinen geklaut hast? Halunke du! Komm mit auf den Markt, ob dir einer was dafür gibt. Du wirst sehen, daß mein Eisenring Kredit bedeutet! Pfui! du wirst ein Gesicht machen wie ein nasser Fuchs. Ich will auf keinen grünen Zweig kommen, wenn ich dir nicht Beine mache! Ich will nicht eher sterben, und wenn mich die ganze Welt verdammt!

Ein schönes Früchtchen, wer dir das beigebracht hat: ein Schwätzer, aber kein Lehrer. Unsereins hat wenigstens was gelernt. Zu uns hat der Lehrer gesagt: Bist du fertig, dann geh! steh nicht herum! hab Achtung vor Älteren! Aber heutzutage ist das alles ja nur dummes Zeug: Keiner ist auch nur ein As wert! So wie du mich hier siehst, danke ich Gott für das, was ich gelernt habe!«

Askyltos wollte schon auf das Geschwätz antworten, aber Trimalchio hatte sich über den Redeschwall seines Mitfreigelassenen gefreut und sagte: »Laß die Streiterei. Wir wollen uns vertragen. Er ist ein junger Kerl, Hermeros, sei nicht so streng mit ihm. Er hat heißes Blut, aber du sollst der Vernünftigere sein. Der Klügere gibt nach. Als du noch Hahn im Korbe warst, hast du auch keinen Verstand im Kopfe gehabt. Das beste ist, wieder guter Dinge zu sein und den Schauspielern zuzusehen, die jetzt Homer aufführen wollen!«

Eine ganze Bande war hereingekommen und schlug mit den Speeren gegen die Schilde. Trimalchio richtete sich in seinen Kissen auf; während die Schauspieler ihre Rollen aus Angeberei auf griechisch herunterrasselten, las er mit feierlicher Stimme aus dem lateinischen Textbuch vor.

Dann gab es eine Pause, und er fragte: »Versteht ihr, was aufgeführt wird? Es waren einmal zwei Brüder, Diomedes und Ganymed, die eine Schwester mit Namen Helena hatten. Agamemnon entführte sie und unterschob der Diana statt ihrer eine Hirschkuh. Dann berichtet Homer über den Streit zwischen den Trojanern und den Parentinern. Agamemnon siegte natürlich und gab seine Tochter Iphigenie dem Achill zum Weib. Deshalb wurde Ajax rasend, was euch gleich vorgeführt werden soll.«

Nach dieser Einführung des Trimalchio erhoben die Schauspieler ein lautes Gebrüll, und unter dem Gewimmel von Bedienten wurde ein gebratenes Kalb mit einer Sturmhaube auf einer Platte hereingetragen, das seine zweihundert Pfund wog; hinterdrein kam Ajax mit gezücktem Schwert, stürzte sich wie ein Wahnsinniger auf das Kalb und hieb es von oben bis unten in Stücke, die er auf sein Schwert spießte, um auf diese Weise das ganze Kalb unter die staunenden Gäste zu verteilen.

Es blieb nicht viel Zeit, uns über die geistreiche Darbietung zu wundern. Plötzlich begann die Decke zu krachen, und der ganze Speisesaal erbebte. Ich sprang erschreckt auf und fürchtete, daß irgendein Akrobat von der Decke herunterkommen würde. Die anderen Gäste waren nicht weniger erstaunt und starrten erwartungsvoll nach oben, was wohl Merkwürdiges vom Himmel verkündet werde. Aber, so unglaublich es klingt, auf einmal schob sich die Decke auseinander, und gleichzeitig senkte sich ein großer Reifen herab, der anscheinend von einem großen Weinfaß abgeschlagen worden war und an dem überall goldene Stirnbänder und mit Salbe gefüllte Alabastergefäße hingen. Wir wurden aufgefordert, uns zu bedienen und die Geschenke mit nach Hause zu nehmen.

Als ich meine Aufmerksamkeit wieder der Tafel zuwandte, war inzwischen ein Teller mit vielerlei Gebäck aufgestellt worden. In der Mitte befand sich ein gebackener Priap und enthielt, wie üblich, in seinem weiten Schoße reichlich Trauben und Obst verschiedener Art.

Wir langten zu, um die Herrlichkeiten zu genießen, aber auf einmal wurde die muntere Stimmung durch einen neuen Scherz noch gehoben. Aller Kuchen und alles Obst spritzten bei der geringsten Berührung Safran aus, und die unangenehme Flüssigkeit landete mitten in unseren Gesichtern. Wir nahmen natürlich an, daß ein Gang mit so kultischen Symbolen eine besondere Bedeutung hätte, und erhoben uns und riefen. »Heil dem Caesar, dem Vater des Vaterlandes!«

Nach dieser feierlichen Ovation bedienten sich trotzdem einige und langten nach dem Obst. So füllten auch wir – ich ganz besonders – unsere Servietten, denn was auch immer ich in Gitons Taschen stopfte, schien mir noch zu wenig.

Inzwischen waren drei Knaben in weißer Tunika hereingekommen, von denen zwei bekränzte Laren als Hausgötter auf den Tisch stellten, während der dritte mit einer Opferschale voll Wein herumging und rief: »Die Götter mögen uns gnädig sein!« Den einen der Götter nannte er »Gewinn«, den anderen »Reichtum« und den dritten »Glück«. Als alle schließlich auch noch die herumgetragene Statue des Trimalchio küßten, scheuten wir uns, sie vorbeigehen zu lassen. Wir wünschten uns gegenseitig gute Gesundheit an Leib und Seele, dann wandte sich Trimalchio an Nikeros und sagte: »Du warst doch sonst in Gesellschaft ein guter Unterhalter; mich wundert, daß du heute so still bist und gar nichts sagst. Tu mir den Gefallen und erzähle etwas, so wie früher!«

Nikeros war von der Leutseligkeit seines Freundes ganz ergriffen und erwiderte: »Ich würde mein ganzes Vermögen opfern, um dich glücklich zu sehen. Gut also, wenn es dir Spaß macht. Ich fürchte nur, daß die gelehrten Gäste hier lachen. Aber sollen sie lachen: Ich will trotzdem etwas erzählen; es macht mir nichts, wenn sie lachen! Besser sie lachen, als daß sie mich auslachen!« Und nach dieser Einleitung begann er zu erzählen.

DIE GESCHICHTE VOM WERWOLF

»Ich war noch ein Sklave und wohnte in einer engen Gasse in einem Haus, das jetzt Gavilla gehört. Dort verliebte ich mich, wie das ja vorkommt, in die Frau des Terentius, eines Gastwirts: ihr habt sie alle gekannt, die Melissa aus Tarent, ein hübsches Mädchen. Aber ihr dürft mir glauben, ich liebte sie nicht wegen ihres Aussehens oder aus sinnlicher Leidenschaft, sondern weil sie ein so gutes Geschöpf war. Keinen Wunsch schlug sie mir ab; wenn sie Geld hatte, gehörte die Hälfte davon mir; wenn ich ihrem Busen etwas anvertraute, wurde ich nicht betrogen.

Da starb ihr Mann auf einem Landgut, und ich setzte alles daran, sie zu besuchen: Im Unglück zeigt sich der Freund! Mein Herr mußte zufällig in geschäftlichen Angelegenheiten nach Capua reisen. Ich ließ mir die Gelegenheit nicht entgehen und überredete einen Bekannten, der bei uns im Hause wohnte, mich die fünf Meilen zu begleiten. Er war Soldat und fürchtete weder Tod noch Gespenster.

Mitten in der Nacht um den ersten Hahnenschrei machten wir uns auf den Weg. Der Mond schien, als ob heller Tag wäre. Wir kamen am Friedhof vorbei, und mein Kerl ging hinter die Grabsteine, um ein Geschäft zu verrichten. Ich setzte mich inzwischen hin, singe und zähle die Sterne.

Dann sah ich mich wieder nach meinem Begleiter um, der sich gerade auszog und seine Sachen mitten auf die Straße legte. Mir wurde schwindlig und ich schnappte nach Luft. Er pißte einen Kreis um seine Kleider, und auf einmal stand ein Wolf da. Es ist kein Scherz. Um keinen Preis der Welt würde ich lügen!

Jedenfalls – um weiterzuerzählen – hatte er sich in einen Wolf verwandelt; er fing an zu heulen und lief in den Wald. Im ersten Moment wußte ich nicht mehr, wo mir der Kopf stand. Dann wollte ich seine Kleider aufheben, aber sie waren zu Stein geworden. Ich war zu Tode erschrocken. Ich zog mein Schwert und hieb wie ein Besessener nach allen Seiten auf jeden Schatten, bis ich zum Hause meiner Freundin kam. Bleich wie der Tod trat ich ein, nahe daran, meinen Geist aufzugeben, schweißtriefend und mit erloschenen Blicken. Nur mit Mühe kam ich einigermaßen wieder zu mir.

Melissa wunderte sich, warum ich so spät kam, und sagte: ›Wenn du etwas früher gekommen wärst, hättest du uns helfen können; ein Wolf war im Dorf und hat alle Schafe gerissen, blutgierig wie ein Metzger. Aber er hat seinen Teil weg, auch wenn wir ihn nicht erwischt haben; einer von den Knechten hat ihn mit dem Speer in den Nacken getroffen.‹

Als ich das gehört hatte, brachte ich kein Auge mehr zu und floh, sobald es hell wurde, nach Hause, als ob die Räuber hinter mir her wären. Ich kam an der Stelle vorbei, wo die versteinerten Kleider gelegen hatten, aber ich sah nur eine große Blutlache.

Zu Hause angekommen, fand ich meinen Soldaten im Bett, blutend wie ein Schwein, und ein Arzt verband seinen Hals. Ich zweifelte nicht länger, daß er ein Werwolf war, und konnte in seiner Gegenwart nie mehr auch nur einen einzigen Bissen

Brot hinunterbringen, auch wenn man mich totgeschlagen hätte. Man mag davon halten, was man will, aber wenn ich gelogen habe, soll mich der Schlag treffen!«

Vor Verwunderung wußte keiner, was er sagen sollte, dann meinte Trimalchio: »Deine Geschichte in Ehren! Die Haare standen mir zu Berge, denn ich weiß, daß Nikeros kein Schwätzer ist; im Gegenteil, genauso ist es gewesen, und er hat bestimmt nicht übertrieben; ich will euch selber eine Geschichte erzählen, so unwahrscheinlich wie ein Esel auf dem Dach.

DIE GESCHICHTE VOM GEISTERSPUK

Ich war noch ein junger Kerl mit krausem Haar, denn ich habe zeitig angefangen, ein flottes Leben zu führen, da starb der Liebling meines Herrn, ein Juwel, ein Augapfel über alles. Seine Mutter beweinte ihn, und wir versuchten, sie gemeinsam zu trösten.

Auf einmal kamen Weibsgespenster und fielen über ihn her wie Hunde über einen Hasen. Aber unter uns befand sich damals ein Kappadozier, ein langer, verwegener Kerl, der sein Geld wert war und einen Ochsen umwerfen konnte. Er hatte keine Angst und stürzte mit gezogenem Schwert aus der Tür, die linke Hand vorsorglich eingewickelt, und stieß eines der Gespenster mitten durch den Leib – hier an dieser Stelle, Gott schütze sie! Wir hörten einen Schrei, ja wirklich, aber die Geister selber konnten wir natürlich nicht sehen. Unser Lümmel kam wieder herein, warf sich auf sein Bett, und sein Körper war braun und blau geschlagen wie von Peitschenhieben; ihn hatte eine böse Hand berührt.

Wir schlossen die Türe ab und fingen von neuem an, die Mutter zu trösten, aber als sie den Leib des Jungen umschlang, war er nur noch ein Strohwisch ohne Herz, ohne Inneres und ohne alles; die Geister hatten den Jungen geholt und an seine Stelle einen Wechselbalg aus Stroh gezaubert.

Es ist ja bekannt, daß es Gespenster gibt, Weiber, die nachts ihr Wesen treiben und das Oberste zu unterst kehren. Übrigens erholte sich der lange Kerl nach diesem Abenteuer nicht mehr, sondern nach ein paar Tagen starb er im Wahnsinn.«

Wir entsetzten uns und schenkten seiner Erzählung durchaus Glauben. Dann küßten wir den Tisch und baten die Nachtgespenster, zu Hause zu bleiben, wenn wir vom Gastmahl heimgehen würden.

Und tatsächlich sah ich schon die Lampen doppelt brennen, und der ganze Speisesaal kam mir verändert vor, als Trimalchio wieder anfing: »Willst du denn nichts erzählen, Plocamus? Nichts zur Unterhaltung beitragen? Du warst doch sonst immer ein guter Gesellschafter, trugst ganze Szenen vor und sagtest Gedichte auf. Schade: Wohin sind die Tage der Jugend!«

»Ja, ja«, antwortete er, »auch die feurigsten Rosse werden alt, und ich habe die Gicht. Einst, als junger Kerl, habe ich gesungen, bis ich heiser war. Tanzen, etwas zum besten geben, zum Friseur gehen: Wer war da besser als ich, außer Apelles selber!« Er hielt die Hand vor den Mund und lispelte ich weiß nicht was Kümmerliches vor sich hin und gab es dann als etwas Griechisches aus.

Trimalchio hatte inzwischen einen Trompetenbläser kopiert und sah sich dann nach seinem Liebling um, dem er mit dem Namen Krösus schmeichelte. Der Lümmel mit dem dämlichen Gesicht und einem Steinbruch im Maul wickelte einen schwarzen Köter, der obendrein auch noch entsetzlich fett war, in ein grünes Tuch und legte ein angebissenes Stück Brot neben sich auf das Bett, um es dem widerstrebenden Vieh mit Gewalt aufzudrängen. Dabei erinnerte sich Trimalchio an seinen Skylax und ließ ihn holen, ›den Hüter von Haus und Familie‹.

Einen Augenblick später wurde ein riesengroßer Hund an einer Kette hereingeführt und durch einen Fußtritt des Pförtners belehrt, daß er sich hinzulegen habe, bis er sich gegenüber der Tafel niederließ. Trimalchio warf ihm ein Stück Weißbrot hin und sagte: »Keiner im Haus liebt mich mehr als mein Skylax!«

Sein Lümmel ärgerte sich über das große Lob des Skylax, setzte seinen Köter auf den Boden und hetzte ihn. Skylax brauchte seinen Hundeverstand und erfüllte den Speisesaal mit schrecklichem Gekläff und hätte die Perle des Krösus am liebsten aufgefressen.

Der Krach rührte aber nicht nur vom Hundekrieg her, sondern in dem Durcheinander war auch ein Leuchter umgefallen und hatte auf dem Tisch fast das ganze Glas zerschlagen und einige Gäste mit heißem Öl bespritzt.

Trimalchio wollte keinen Ärger über den Schaden zeigen, küßte den Kerl und forderte ihn auf, ihm auf die Schulter zu steigen. Der Lümmel zögerte nicht lange, setzte sich auf Trimalchio, schlug mit der flachen Hand auf ihn ein wie auf ein Pferd und brüllte in das Gelächter:

Hocke, hocke Mäste
Wieviel hast du Gäste!

Als Trimalchio nach einiger Zeit wieder etwas zur Vernunft gekommen war, ließ er ein großes Mischgefäß herrichten und allen Sklaven zu seinen Füßen einen Trunk reichen, setzte aber hinzu: »Wenn jemand nicht trinken will, dann gießt es ihm über den Kopf! Heute wollen wir fröhlich sein, morgen früh sind wir wieder vernünftig!«

Im Anschluß an die leutselige Aufforderung wurden kalte Gerichte hereingebracht, die mir – ihr könnt es mir glauben – in der bloßen Erinnerung noch Übelkeit verursachen. Statt leichter Drosseln wurden gemästete Hühner – für jeden eines – und gefüllte Gänseeier herumgereicht. Trimalchio nötigte uns mit würdigem Gesicht und forderte uns auf, uns zu bedienen, indem er bemerkte, daß die Hühner bereits ausgebeint seien.

Auf einmal klopfte ein Polizist an die Tür des Speisesaals, und ein weißgekleideter Ehrengast trat mit großem Gefolge ein: Er sah so vornehm aus, daß ich voller Schrecken meinte, der Praetor selbst sei gekommen. Ich versuchte, mich von meinem Sitz zu erheben und mit nackten Füßen auf den Boden zu treten, aber Agamemnon lachte meinen ängstlichen Eifer aus und sagte: »Bleib ruhig liegen, Dummkopf! Es ist Habinnas, der Sevir, ein Steinmetzmeister, dessen Grabsteine großen Ruf genießen!«

Seine Worte brachten mich zur Vernunft, und ich legte mich wieder hin, um den eintretenden Habinnas in Ruhe zu bestaunen. Er war ebenfalls schon reichlich betrunken und stützte sich auf die Schultern seiner Frau. Auf dem Kopf trug er einen Kranz, und von seiner Stirn tropfte ihm die Salbe in die Augen.

Er setzte sich auf den Ehrenplatz und verlangte als erstes etwas zu trinken und warmes Wasser.

Trimalchio war von seiner guten Laune sehr angetan und ließ für sich selber einen größeren Becher bringen. Dann fragte er, wie es ihm gefallen habe. »Nur du hast uns gefehlt«, gab Habinnas zur Antwort, »ich war mit den Gedanken immer hier bei dir. Aber sonst war es eigentlich recht nett. Scissa gab einen Leichenschmaus für seinen Sklaven, einen bedauernswerten Kerl, dem er nach seinem Tode die Freiheit geschenkt hatte. Und ich glaube, er wird mit den Steuern dabei noch ein schlechtes Geschäft machen; der Tote wird auf seine Fünfzigtausend geschätzt. Immerhin, es war recht gemütlich, auch wenn wir die Hälfte von unserem Wein über die Gebeine des Toten schütten mußten.«

»Aber was gab es zu essen?« fragte Trimalchio. »Ich will es dir sagen, wenn ich kann«, antwortete er, »ich habe manchmal ein so schlechtes Gedächtnis, daß ich oft schon meinen eigenen Namen vergesse. – Also zuerst gab es garniertes Schwein, ausgezeichnet mit Blut und Gekröse zubereitet, und natürlich Mangold und Vollkornbrot dazu, das mir lieber ist als Weißbrot und das ich auch besser vertrage, so daß mir nicht die Tränen kommen, wenn ich mein Geschäft verrichte. Der nächste Gang bestand aus kaltem Käsekuchen, mit sehr gutem spanischen Honig übergossen. Ich habe keinen Kuchen gegessen, aber von dem Honig konnte ich gar nicht genug bekommen. Dann gab es noch Erbsen und Bohnen, Nüsse nach Belieben und für jeden einen Apfel. Ich habe mir jedoch zwei genommen, die ich hier in der Serviette habe; wenn ich meinem Jungen kein Geschenk mitbringe, macht er ein Geschrei. Meine Frau hat mich ausdrücklich daran erinnert. – Es gab Bärenschinken, von dem die unvorsichtige Scintilla gekostet hat, bis sich ihr der Magen umdrehte; ich selber habe ein ganzes Pfund gegessen. Er schmeckt fast wie Wildschwein. Wenn der Bär den Menschen frißt, habe ich mir gesagt, warum soll der Mensch dann nicht den Bären essen? Zum Schluß gab es weichen Käse, Most, für jeden eine Schnecke, Kaldaunen in Portionen, Leber in kleinen Schüsselchen und gefüllte Eier, Rüben, Senf, eine bunte Platte – Pax Palamedes! in einer Schüssel wurde eingemachter Kümmel gereicht, von dem sich einige unverschämterweise mit ganzen Händen voll bedienten. Den Schinken hatten wir da gerne wieder zurückgehen lassen. – Aber sage mir, Gaius, wo ist denn Fortunata?«

»Du kennst sie doch«, erwiderte Trimalchio, »bevor sie nicht das Silber abgeräumt und die Reste unter die Sklaven verteilt hat, nimmt sie nichts zu sich, nicht einmal einen Tropfen Wasser!« »Wenn sie uns nicht augenblicklich Gesellschaft leistet«, sagte Habinnas, »mache ich mich auf der Stelle wieder davon.« Er begann sich zu erheben, doch das ganze Haus rief wie auf ein verabredetes Kommando viermal: »Fortunata!«

Sie erschien in einem gelben Überkleid, unter dem eine lachsrote Tunika, Beinbänder und weiße Schuhe mit Goldstickerei zu sehen waren. Sie trocknete ihre Hände an einem Tuch ab, das über ihre Schulter hing, setzte sich auf den Platz neben Scintilla, die Frau des Habinnas, die sie stürmisch umarmte, küßte sie und rief: »Bist du es wirklich!«

Bald war es so weit, daß Fortunata ihre Spangen von den fetten Armen streifte und der staunenden Scintilla zeigte. Schließlich löste sie auch die Beinbänder und ein goldenes Haarnetz, von dem sie behauptete, daß es massiv sei. Trimalchio sah ihr zu und ließ sich dann alles bringen. »Das sind die Fesseln der Weiber«, sagte er, »so werden wir Ehetrottel ausgeplündert. Sie muß sechseinhalb Pfund Gold auf dem Leibe tragen. Ich selber habe eine Armspange, die mindestens zehn Pfund wiegt, ein Opfer an Merkur!« Schließlich ließ er auch noch eine Waage kommen und herumgehen, damit man nicht meine, es sei nicht wahr. Sie bestätigte das Gewicht.

Scintilla war indessen um nichts besser und machte ein goldenes Amulett von ihrem Halse los, das sie als ihren Talisman bezeichnete. Dann brachte sie zwei Ohrenperlen zum Vorschein und reichte sie Fortunata, die sie neidisch untersuchte, und sagte: »Mein Herr und Gebieter ist so spendabel, es gibt niemand, der schönere hat.« »Du hast mir lange genug in den Ohren gelegen«, sagte Habinnas, »daß ich dir das Glaszeug kaufen soll. Wenn ich eine Tochter hätte, ließe ich ihr die hübschen Öhrchen abschneiden, da kannst du sicher sein. Wenn die Weiber nicht wären, würde das Zeug keinen Pfennig wert sein; jetzt ist es so notwendig wie kalt trinken und warm pissen!«

Die Frauen kicherten verlegen vor sich hin und küßten sich völlig betrunken, während die eine beteuerte, daß sie eine wunderbare Hausfrau sei, und die andere beschrieb, was für ein Übeltäter und Verschwender ihr Mann sei. Während sie noch zusammenhingen, stand Habinnas heimlich auf, packte Fortunatas Füße und hob sie aufs Bett. »Oh!« und »Ach!« schrie sie, indessen ihr Kleid ihr bis über die Knie hinaufrutschte, und landete in Scintillas Schoß, wo sie ihr errötendes Gesicht hinter ihrem Taschentuch versteckte.

Jetzt herrschte ein paar Augenblicke Ruhe, dann befahl Trimalchio, neue Tische zu bringen. Die Sklaven trugen alle Tische hinaus, brachten andere und streuten mit Safran und Zinnober getränkte Sägespäne und, was ich noch nirgends gesehen habe, feingestoßenen Glimmer auf den Boden. Sogleich witzelte Trimalchio: »Wir könnten es eigentlich dabei bewenden lassen, denn jetzt habt ihr ja alle euren Nach-Tisch bekommen. Aber wenn noch etwas Gutes im Hause ist, dann her damit!«

Ein junger Alexandriner, der warmes Wasser reichte, begann den Ruf der Nachtigall nachzuahmen, aber Trimalchio rief plötzlich: »Etwas andres!« Es wurde eine neue Unterhaltung durch den Sklaven geboten, der Habinnas bediente und der auf Geheiß seines Herrn, wie ich annehme, plötzlich mit pathetischer Stimme zu deklamieren anfing:

›Weiter segelte rasch mit seiner Flotte Aeneas ...‹

Kein abscheulicherer Vortrag war mir je zu Ohren gekommen; die barbarische Entstellung des Textes durch willkürliche Betonung und eingestreute Verse aus Possenspielen ließen mir zum erstenmal selbst Vergil auf die Nerven gehen. Als er endlich müde war und Schluß machte, erklärte Habinnas: »Er hat keinen Unterricht genossen, sondern er hat es bei den Schaustellern gelernt, zu denen ich ihn gesteckt habe. Er ist Kutscher und Schauspieler zugleich. Wenn es darauf ankommt, kann er alles, Schuster, Koch und Bäcker; ein toller Kerl! Aber er hat zwei Fehler. Wenn er sie nicht hätte, wäre er vollkommen: er ist beschnitten und er schnarcht. Daß er schielt, stört mich nicht: Venus soll auch schielen. Es hat mit Unehrlichkeit nichts zu tun, denn er ist treu wie Gold. Ich habe ihn für dreihundert Denare gekauft.«

Scintilla fiel ihm ins Wort: »Du verschweigst ganz offensichtlich noch ein paar besondere Vorzüge deines Lümmels. Er ist im Bett sehr tüchtig, und ich will dafür sorgen, daß ihm ein entsprechendes Zeichen auf die Stirn gebrannt wird!«

Trimalchio lachte und sagte: »Ich kenne diese Sorte Burschen: Sie lassen sich nichts entgehen, und er hat damit wahrhaftig recht! In dieser Hinsicht sind sie alle gleich. Und du brauchst deshalb nicht eifersüchtig zu sein, Scintilla. Du kannst mir glauben, wir durchschauen euch Frauen zur Genüge. Ich habe, verdammt auch! bei der Frau meines Herrn nicht Nein gesagt, bis mein Herr Verdacht schöpfte und mich als Verwalter versetzen ließ. Aber Mund halten! Ein Stück Brot hinein!«

Und als ob er gelobt worden wäre, zog der trübe Geselle eine Tonpfeife aus der Tasche und gab über eine halbe Stunde lang eine Vorstellung als Trompetenbläser-Imitator, während Habinnas ihn summend begleitete und dabei mit den Fingern die Unterlippe herabzog. Schließlich ging der Kerl in die Mitte des Saals, wo er zuerst mit einem Stück Rohr einen Flötenspieler und dann mit Mantel und Peitsche einen Kutscher imitierte, bis Habinnas ihn zu sich rief, ihn küßte und ihm einen Becher reichte: »Für deine schönen Späße, Massa, bekommst du ein paar Schuhe!«

Das armselige Theater hätte noch kein Ende genommen, wenn nicht der Nachtisch hereingebracht worden wäre; Gebäck in Form von Drosseln, mit Rosinen und Nüssen gefüllt. Es folgten Quitten, mit Zimt gespickt, daß sie wie Igel aussahen. Das alles wäre nicht so übel gewesen, aber es wurde noch eine weitere Platte hereingetragen, vor der auch der hungrigste Vagabund davongelaufen wäre. Wir glaubten, auf dem Tische stünde eine Mastgans mit Fischen und Vögeln garniert, Trimalchio aber rief: »Liebe Freunde, was ihr hier stehen seht, stammt aus einem Leib!« Ich glaube, kein Dummkopf zu sein, und meinte verstanden zu haben, worum es sich handelte. Ich drehte mich zu Agamemnon um und sagte: »Es würde mich nicht wundern, wenn alles aus Wachs oder sogar aus Kot gemacht ist. Ich habe solche Gerichte während der Saturnalien schon in Rom gesehen.«

Doch ich hatte noch nicht ausgesprochen, als Trimalchio sagte: »So wahr ich zunehmen will – an Geld, nicht an Umfang –, möchte ich wetten, daß mein Koch das Gericht einzig und allein aus einem Schwein gemacht hat. Es gibt keinen begabteren Koch. Wenn man es verlangt, macht er aus Zwiebeln Fisch, aus Speck Ringeltauben und aus Schinken Turteltauben, aus Kalbsfuß Hühner. Und deshalb bin ich auf die Idee gekommen, ihm einen passenden Namen zu geben: er heißt Daedalus. Und weil er ein so gescheiter Kopf ist, habe ich ihm aus Rom ein paar norische Messer mitgebracht.« Er ließ sie sich bringen, sah sie an und bewunderte sie. Dann gab er uns die Erlaubnis, sie an unserem Bart zu versuchen.

Plötzlich kamen zwei Sklaven herein, die sich am Brunnen gestritten zu haben schienen; jedenfalls hatten sie noch Krüge auf den Schultern. Als Trimalchio den Streit schlichten wollte, kümmerten sie sich nicht darum, sondern jeder schlug mit einem Knüppel nach dem Krug des anderen. Wir waren von so viel Frechheit betroffen und sahen der Prügelei der besoffenen Kerle zu. Da fielen plötzlich Austern und Muscheln aus ihren Krügen, die ein Bursche auflas und in einer Schüssel herumreichte. Diesen Scherz übertraf der geschickte Koch sogar noch in eigener Person: Auf einem silbernen Rost brachte er Schnecken und sang dazu mit einer jämmerlich erbärmlichen Stimme.

Fast scheue ich mich zu erzählen, was jetzt geschah und was ich noch nirgends erlebt habe. Ein paar besonders schöne Burschen brachten ein ganzes silbernes Waschbecken voll Salböl und salbten den Gästen die Füße, die sie zuvor bis zu den Knien hinauf mit Kränzen umwunden hatten, dann wurden mit dem gleichen Öl eine Karaffe und die Lampen aufgefüllt.

Schon aber wollte Fortunata tanzen, schon klatschte Scintilla mehr in die Hände, als sie redete, da sagte Trimalchio auf einmal: »Philargyrus und Cario, ich erlaube euch, euch mit an den Tisch zu setzen, auch wenn Cario als Anhänger der grünen Partei bekannt ist. Und laß auch deine Frau Menophila kommen.«

Was jetzt geschah? Wir wurden fast von unseren Plätzen

vertrieben, eine solche Invasion der gesamten Dienerschaft füllte den Speisesaal. Der Koch, der aus Schweinefleisch eine Gans gemacht hatte, ließ sich mitsamt seinem Gestank nach Essigbrühe und allen möglichen Gewürzen neben mir nieder. Ja, er gab sich nicht einmal damit zufrieden, daß er mit am Tisch sitzen durfte, sondern begann sofort den Schauspieler Ephesus zu kopieren. Dann schlug er seinem Herrn auch noch eine Wette vor, daß die »Grünen« bei den nächsten Spielen siegen würden.

Dieses Zeichen der Freundschaft ließ Trimalchio nun völlig hinschmelzen, und er sagte: »Liebe Freunde, auch die Sklaven sind schließlich Menschen und haben ebenso wie wir Muttermilch getrunken, auch wenn sie nicht so viel Glück hatten. So wahr ich lebe, sie sollen eines Tages die Luft der Freiheit atmen. In meinem Testament mache ich sie jedenfalls alle frei. Philargyrus soll ein Gut bekommen und dazu seine Frau, Cario ein Mietshaus, den Erlaß seines Lösegelds und ein reichgeschmücktes Hochzeitsbett. Meine Fortunata setze ich als Haupterbin ein, und ich empfehle sie dem Bestand meiner Freunde. Ich gebe das alles schon jetzt bekannt, damit mich meine Familie schon heute so liebt wie nach meinem Tode.«

Alle begannen ihrem Herrn für seine Güte zu danken, und plötzlich ließ er allen Ernstes ein Exemplar seines Testaments kommen, um es von Anfang bis Ende vorzulesen, während das ganze Haus seufzte. Dann sah er Habinnas an: »Wie steht es, mein Freund? Willst du mir ein Grabmal bauen, wie ich es mir wünsche? Ich bitte dich, zu Füßen meiner Statue einen Hund, Kränze und Salbengefäße und alle Kämpfe des Petraites darzustellen, damit ich dank deiner Freundschaft auch nach meinem Tode weiterlebe. Es soll hundert Fuß lang und zweihundert Fuß breit sein. Außerdem sollen viele Obstbäume und Weinstöcke um meine Asche gepflanzt werden. Es wäre ein großer Fehler, als Lebender ein großes Haus zu führen und sich nicht darum zu kümmern, unter welchen Bedingungen wir viel länger wohnen müssen. Deshalb wünsche ich ausdrücklich auch die Klausel: ›Dies Grabmal fällt nicht unter das Erbgut.‹

Und ich will auch dafür sorgen, daß mein Testament mich nach meinem Tode vor Verunglimpfungen schützt. Ich werde sogar einen Freigelassenen zum Wächter meines Grabes bestellen, damit die Leute nicht an meinem Denkmal ihre Notdurft verrichten. Außerdem bitte ich dich, auf meinem Grabmal Schiffe, die alle Segel gesetzt haben, abzubilden. Ich selber will in meiner Amtskleidung mit fünf goldenen Ringen im Richterstuhl sitzen, wo ich aus einem Säckchen Geld unter das Volk austeile; du weißt ja, daß ich öffentliche Speisungen finanziert habe, die mich zwei Denare pro Kopf gekostet haben. Wenn du einverstanden bist, kannst du auch einen Speisesaal darstellen, in dem sich's alle Gäste gut gehen lassen. An meiner rechten Seite soll die Statue meiner Fortunata mit einer Taube in der Hand und einem Hündchen an der Leine aufgestellt werden; und auch mein Liebling soll nicht fehlen, und auch nicht ein paar Krüge, die gut vergipst sind, damit der Wein nicht herausläuft. Ein Krug kann meinetwegen zerbrochen dargestellt werden mit einem weinenden Sklaven daneben. In der Mitte soll eine Sonnenuhr sein, damit jeder, der nach der Uhr sieht, auch meinen Namen lesen muß, ob er will oder nicht. Bitte sage mir, ob dir diese Inschrift geeignet erscheint: ›Hier ruht C. POMPEIUS TRIMALCHIO der Mäzen. In absentia zum Sevir ernannt, verzichtete er auf alle Ämter, die ihm angetragen wurden. Fromm tapfer treu, aus bescheidenen Anfängen zu hohen Ehren gelangt, hinterließ er dreißig Millionen und hat nie eine Schule besucht. Auch du lebe wohl!‹«

Als Trimalchio aufhörte zu sprechen, begann ein allgemeines Heulen. Fortunata heulte, Habinnas heulte, schließlich erfüllte auch noch die Dienerschaft den ganzen Saal mit ihrem Geflenne, als würde seine Beerdigung schon heute gefeiert. Auch ich konnte nicht mehr anders und fing ebenfalls an zu weinen, bis Trimalchio rief: »Wir wissen, daß wir alle eines Tages sterben müssen, um so mehr wollen wir heute leben und uns freuen! Ihr sollt fröhlich sein, und wir wollen ein Bad nehmen. Ihr werdet es nicht bereuen, dafür garantiere ich euch. Es ist bestens geheizt.« »Bravo, bravo!« rief Habinnas, »wir wollen aus einem Tage zwei machen, nichts, was mir lieber wäre!« Er stand barfuß auf, um Trimalchio zu folgen, der ihm begeistert applaudierte.

Ich wandte mich an Askylt: »Was meinst du? Ein Blick ins Bad, und ich werde auf der Stelle ohnmächtig!« »Mir wird es nicht besser gehen«, sagte er, »und wenn die andern ins Bad gehen, wollen wir uns im Gedränge aus dem Staub machen.« Da wir uns einig waren, führte uns Giton durch den Säulengang zur Haustür. Dort aber empfing uns ein Kettenhund mit so wütendem Gekläff, daß Askylt vor Schreck in den Fischbehälter fiel. Ich war keineswegs nüchterner und hatte mich sogar schon vor einem gemalten Hund gefürchtet und fiel, als ich ihm helfen wollte, hinter ihm her. Der Pförtner kam und rettete uns und beruhigte den Hund durch seine Anwesenheit. Er zog uns Angsthasen wieder heraus und brachte uns ins Trockene. Giton hatte sich inzwischen durch ein beträchtliches Geschenk das Wohlwollen des Köters erkauft und opferte, was er während des Essens von uns zugesteckt bekommen hatte, dem Biest, das mit den guten Bissen auch seine Wut hinunterwürgte. Wir waren halb erfroren und baten den Pförtner, uns zur Haustür hinauszulassen, aber er sagte: »Du irrst, wenn du glaubst, du kannst hier hinaus, wo du hereingekommen bist. Kein Gast darf dieses Haus durch die gleiche Türe verlassen, durch die er hereinkam. Hier geht es herein, drüben geht man hinaus!«

Was sollten wir Gefangenen eines modernen Labyrinths jetzt tun? Außerdem schien uns der Gedanke an ein Bad inzwischen schon fast wie eine Erlösung. Wir nahmen die Gelegenheit also wahr und baten ihn, uns ins Bad zu führen. Dort zogen wir unsere Kleider aus, die Giton in der Nähe des Eingangs trocknen wollte, und traten ein. Das Bad erschien uns klein und eher wie eine Zisterne für kaltes Wasser. Trimalchio stand aufrecht, und selbst hier war man vor seinen widerlichen Prahlereien nicht sicher; er sagte, es gebe nichts Besseres, als ungestört im eigenen Haus baden zu können, und dieser Raum sei früher eine Bäckerei gewesen. Endlich wurde er müde und setzte sich hin, daß es dumpf dröhnte. Begeistert vom Echo des Badegewölbes brüllte er mit besoffenem Maul alle möglichen verhunzten Lieder des Menekrates zur Decke hinauf – wenigstens behaupteten einige, die sein Kauderwelsch verstanden, sie seien von Menekrates. Einige Gäste hatten sich an den Händen gefaßt und stolzierten um das Becken herum, lachten und machten einen entsetzlichen Lärm. Andre versuchten bei zusammengebundenen Händen mit dem Mund

Ringe vom Boden aufzuheben oder knieten sich hin und bogen den Kopf zurück, um die Fersen zu berühren. Während sie sich auf diese Weise unterhielten, stiegen wir in das Becken hinab, das für Trimalchio geheizt war.

Wir waren wieder etwas nüchterner geworden und wurden in einen anderen Raum geführt, in dem Fortunata ihre Schätze ausgebreitet hatte, Leuchter mit bronzenen Standbildern von Fischern geschmückt, Tische aus massivem Silber und vergoldete Tongefäße sowie Wein, der in unserer Gegenwart durch ein Tuch gefiltert wurde. Dann kam auch Trimalchio dazu und sagte: »Liebe Freunde, heute läßt sich einer von meinen Sklaven zum erstenmal den Bart scheren, ein braver und anständiger Kerl. Wir wollen mit ihm feiern und bis zum Morgen weitertrinken!«

Er hatte noch nicht ausgesprochen, da krähte ein Hahn. Trimalchio erschrak und ließ Wein unter den Tisch und über die Lampen sprengen. Außerdem steckte er einen Ring von der Linken an die rechte Hand und sagte: »Nicht ohne Grund gibt uns dieser Wächter ein Zeichen; entweder wird ein Feuer ausbrechen, oder in der Nachbarschaft wird jemand seinen Geist aufgeben. Hoffentlich gilt es nicht uns. Wer mir den Propheten herbeischafft, bekommt an Ort und Stelle eine Belohnung.«

Kaum hatte er ausgesprochen, da wurde der Hahn auch schon gebracht, und Trimalchio befahl, ihn sogleich in den Topf zu werfen. Der geschickte Koch, der zuvor aus Schwein Fisch gemacht hatte, schlachtete ihn und warf ihn in den Kessel. Und während Daedalus seine heiße Suppe umrührte, mahlte Fortunata auf einer hölzernen Mühle den Pfeffer dazu.

Wir hatten den Nachtisch gänzlich aufgegessen, als sich Trimalchio zu den Sklaven umdrehte und fragte: »Ihr habt noch nichts gegessen? Ihr seid abgelöst, und eine andere Abteilung soll zum Dienst antreten.« Die Ablösung war sofort zur Stelle; die einen schrien: »Gute Nacht, Gaius!« und die anderen: »Guten Morgen, Gaius!«

Aber nun wurde unsere ausgelassene Stimmung zum erstenmal empfindlich gestört; mit der Ablösung war ein auffallend hübscher Junge hereingekommen, auf den sich Trimalchio stürzte, um ihn regelrecht abzuküssen. Fortunata begann, um für ihre Rechte einzutreten, Trimalchio zu beschimpfen und ihm Schamlosigkeit und Hemmungslosigkeit vorzuwerfen, weil er seine Begierden nicht im Zaum halten könne, und rief schließlich ganz laut: »Du Schwein!«

Trimalchio war tief beleidigt und schleuderte einen Becher mitten in Fortunatas Antlitz. Sie kreischte, als ob ihr Auge am Auslaufen wäre, und hielt ihre zitternden Hände vor ihr Gesicht. Auch Scintilla war außer sich und umarmte die am ganzen Leib Bebende. Ein diensteifriger Sklave hielt einen Krug mit kaltem Wasser an ihre Wange, in den Fortunata hineinweinte und hineinschluchzte.

Trimalchio brüllte: »Was soll denn das heißen? Ich habe mich dieser Vettel nicht aufgedrängt, im Gegenteil, sie hat sich von mir aus dem Dreck ziehen lassen, um überhaupt erst einmal zu wissen, was Menschsein heißt. Jetzt bläst sie sich auf wie ein Frosch. Sie soll sich an ihrer eigenen Nase ziehen. Ein Klotz ist das, keine Frau! Aber wer aus der Spelunke kommt, paßt in keine Villa. Verdammt noch mal!

Ich werde dieser kriegerischen Kassandra noch beibringen, das Maul zu halten. Wenn ich einigermaßen bei Verstand gewesen wäre, hätte ich zehn Millionen heiraten können. Das weißt du ganz genau, oder etwa nicht? Agatho, der Hausdrogist unserer Nachbarin hier nebenan, hat mich auf die Seite gezogen und zu mir gesagt: Du solltest nicht ohne Kinder bleiben! Aber ich habe Grundsätze und will nicht als Leichtfuß in Verruf kommen, und ich habe mich mit der Faust ins eigene Gesicht geschlagen. Schon recht! Du wirst mich eines Tages noch mit den Fingernägeln aus der Erde kratzen, dafür sorge ich. Aber du sollst heute schon wissen, was dir blüht: Habinnas! du sollst ihre Statue nicht auf mein Grabmal stellen, sonst habe ich auch im Tode keine Ruhe. Und damit sie sieht, daß ich ungemütlich werden kann, verbiete ich, daß sie mich küßt, wenn ich gestorben bin!«

Nach diesem Donnerwetter begann Habinnas ihm gut zuzureden, sich nicht so aufzuregen, und sagte: »Keiner von uns ist ohne Fehler. Wir sind schließlich alle nur Menschen!« Auch Scintilla äußerte sich unter Tränen in ähnlichem Sinn und nannte ihn sogar bei seinem Vornamen Gaius und beschwor ihn, wieder zur Vernunft zu kommen. Da vermochte Trimalchio seine Tränen nicht länger zu unterdrücken und sagte: »Bei allem, was dir lieb ist im Leben, ich bitte dich, spei mir ins Gesicht, wenn ich etwas Unrechtes getan habe! Ich habe den Jungen geküßt, weil er so anständig ist. Nicht weil er so hübsch ist, sondern weil er so brav ist; er kann schon durch zehn dividieren, er kann ein Buch fließend vorlesen, er hat sich gespart, was er sich täglich sparen konnte, er hat sich bereits einen Stuhl und zwei Töpfe gekauft. Ist er es nicht wert, daß ich ihn im Auge behalte?

Aber Fortunata sagte nein. Und warum, du Trampel? Aber ich gebe dir den guten Rat, dir einmal zu überlegen, was du hier geboten bekommst, du Aasgeier! und paß auf, daß ich dir nicht die Zähne zeige, Hure! Sonst sollst du mich noch kennenlernen. Du weißt, was ich sage, das gilt wie mit Nägeln genagelt –

Aber wir wollen uns um unsere Freunde kümmern. Ich bitte euch, liebe Freunde, macht es euch bequem! Auch mir ist es gegangen, wie es euch geht, aber durch meine Tüchtigkeit habe ich es zu etwas gebracht. Es kommt darauf an, was in einem steckt, alles andere ist Nebensache. Gut kaufen, gut verkaufen! Laßt die andren reden. Ich bin jedenfalls zufrieden –

Heulst du immer noch, du Rotznase! Ich werde dir noch Grund geben, über dich selber zu heulen.

Aber um weiterzuerzählen: Meine Sparsamkeit brachte mir ein Vermögen. Als ich aus Asien kam, war ich nicht größer als der Leuchter hier. Jawohl! und ich hatte mir angewöhnt, mich täglich an ihm zu messen. Um schneller einen Bart zu bekommen, rieb ich meine Oberlippe mit Lampenöl ein. Vierzehn Jahre lang war ich der Liebling meines Herrn. Was der Herr befiehlt, ist recht getan. Aber ich habe auch der Frau meines Herrn gegeben, was sie haben wollte. Ihr versteht. Aber ich will den Mund halten. Ich bin kein Schwätzer.

Jedenfalls war es der Wille der Götter, daß ich im Laufe der Zeit im Haus etwas zu sagen hatte. Ich bekam meinen Herrn dahin, wo ich ihn haben wollte. Und mehr! Er machte mich zum Nebenerben des Kaisers, und ich erhielt einen ungeheuren Besitz. Aber man ist ja nie zufrieden.

Ich begann Handel zu treiben. Um es kurz zu machen: ich baute fünf Schiffe, belud sie mit Wein – und Wein war damals

Gold wert – und schickte sie nach Rom. Doch als ob ich es befohlen hätte: alle fünf Schiffe gingen unter. Es ist Tatsache. An einem Tag hatte Neptun dreißig Millionen verschlungen. Meint ihr, ich hätte es aufgegeben? Weiß Gott, nein! Es sollte mir nichts ausmachen. Ich baute größere, bessere und schönere Schiffe, damit keiner sagen konnte, ich ließe mich unterkriegen.

Es ist bekannt, daß ein großes Schiff um so mehr trägt. Ich belud sie wieder mit Wein, Speck, Spezereien und Sklaven. Damals bewies Fortunata ihre Anhänglichkeit: Sie verkaufte ihren ganzen Schmuck und alle Kleider und stellte mir zehntausend Sesterzen zur Verfügung. Das gab meinem kleinen Vermögen den richtigen Schwung.

Was die Götter wollen, das geschieht schnell. Mit einer Fahrt verdiente ich runde zehn Millionen. Ich löste alle Grundstücke wieder aus, die zu meinem Erbe gehört hatten. Ich baute ein Haus, ich kaufte Sklaven, was zu haben war, ich kaufte Vieh. Was ich auch anfing, gedieh wie eine Honigwabe.

Als ich mehr besaß, als die ganze Stadt wert ist, nahm ich die Hände vom Tisch: Ich ließ den Handel sein und fing an, Freigelassenen Darlehen zu geben. Schließlich hatte ich überhaupt keine Lust mehr, auf eigene Rechnung Geschäfte zu machen. Aber ein Wahrsager redete mir zu, der gelegentlich in unsre Gegend gekommen war. Er hieß Serapa. Ein Griechenkerl. Ein Freund der Götter.

Er erzählte mir Dinge, die ich selber vergessen hatte; er erklärte mir alles haarklein von Anfang an; er kannte mich in- und auswendig; er hätte sagen können, was ich am Tag zuvor gesehen habe; man konnte meinen, er hätte immer bei mir gelebt. Du warst ja dabei, Habinnas: ›Du hast deine Frau aus ärmlichen Verhältnissen erlöst und zu einer Dame gemacht.‹ ›Du hast großen Grundbesitz.‹ ›Du hast wenig Glück mit deinen Freunden.‹ ›Keiner gibt dir, was du ihm schenkst.‹ ›Du nährst eine Schlange an deinem Busen.‹ Und was ich eigentlich nicht sagen sollte: daß ich noch dreißig Jahre, vier Monate und zwei Tage leben werde.

Ich werde bald eine Erbschaft machen. Er sagte, es sei vom Schicksal so bestimmt. Wenn es mir glückt, meine apulischen Güter zu arrondieren, habe ich genug geleistet im Leben.

Inzwischen habe ich mit Merkurs Hilfe dieses Haus gebaut. Ihr wißt, was für eine armselige Hütte das war; jetzt ist es eine Wohnung für Götter. Vier Speisesäle, zwanzig Schlafräume, zwei Säulenhallen aus Marmor, eine überdachte Terrasse, ein Schlafzimmer für mich selber, der Wohnraum dieser Schlange, ein gutes Zimmer für den Pförtner; genügend Bequemlichkeit für Gäste. Jedenfalls wollte Scaurus stets bei mir wohnen, wenn er hierher kam, und dabei hatte er einen Familienbesitz am Meer.

Und es gibt noch vieles andre, was ich euch nachher zeigen werde. Glaubt mir: Man ist wert, was man besitzt! Hast du was, so bist du was. So ist es eurem Freund gegangen: Er war eine Laus, jetzt ist er ein König!

Stichus, bringe einmal die Sachen für mein Begräbnis. Bring auch die Salbe mit und eine Kostprobe aus dem Krug, das Zeug, mit dem ich eingerieben werden will, wenn ich tot bin.«

Stichus blieb nicht lange aus. Er brachte eine weiße und eine mit Purpur besetzte Toga in den Speisesaal. Trimalchio forderte uns auf, uns zu überzeugen, daß alles aus bester Wolle sei. Dann sagte er lächelnd: »Sieh zu, Stichus, daß nicht die Mäuse oder die Motten hineinkommen, sonst lasse ich dich bei lebendigem Leibe rösten. Ich will eine schöne Beerdigung haben, daß die Leute noch lange davon reden.« Dann öffnete er das Gefäß mit Nardenöl und rieb uns alle ein: »Ich hoffe, daß es mir nach meinem Tode auch so wohltun wird wie jetzt im Leben.« Anschließend ließ er einen Krug mit Wein füllen und rief: »Stellt euch alle vor, es wäre meine Beerdigung!«

Die Sache ging jetzt tatsächlich stark auf die Nerven, als Trimalchio in seiner trübseligen Besoffenheit wieder eine neue Idee hatte und Trompeter in den Speisesaal kommen ließ. Er streckte sich der Länge nach auf einer Unzahl von Kissen auf seinem Bett aus und sagte: »Tut so, als ob ich tot wäre. Spielt was Schönes!«

Die Trompeter bliesen sein Lieblingslied als letzten Gruß. Dabei aber blies einer der Sklaven der Bestattungsmannschaft, der besonders Eindruck machen wollte, so laut, daß die ganze Nachbarschaft aufwachte. Die Wache des Stadtbezirks meinte, in Trimalchios Haus sei Feuer ausgebrochen, und schlug plötzlich die Haustür ein, um pflichtgemäß mit Wasser und Äxten alles auf den Kopf zu stellen. Wir nahmen die wunderbare Gelegenheit wahr, sagten Agamemnon Bescheid und machten uns aus dem Staub, als ob das Haus tatsächlich in Flammen stünde.

Dritter Teil

ERLEBNISSE MIT EUMOLP

Aber keine Fackel stand uns zur Verfügung, die uns bei unserem Herumirren den Weg hätte weisen können, und die mitternächtliche Stille bot keine Aussicht, einer heimkehrenden Gesellschaft mit einem Licht zu begegnen. Dazu kamen noch Trunkenheit und mangelnde Ortskenntnis, die uns schon bei Tag Schwierigkeiten gemacht hätten. Nachdem wir fast eine ganze Stunde lang mit blutenden Füßen über Steine und Topfscherben gestolpert waren, erlöste uns endlich Gitons Findigkeit. Der schlaue Kerl hatte nämlich schon gestern, als er sogar am hellichten Tag fürchtete, sich zu verirren, alle Pfeiler und Säulen mit Kreide gekennzeichnet, und diese Hinweise siegten über die finsterste Nacht und wiesen mit ihrem hellen Schimmer uns Verirrten den Weg. Und trotzdem schwitzten wir nicht weniger, als wir vor unserem Gasthaus angekommen waren. Unsere alte Wirtin hatte nämlich selber mit ihren Gästen länger gezecht und wäre auch nicht mit Feuer zu wecken gewesen. Und vielleicht hätten wir auf der Türschwelle übernachten müssen, wenn nicht ein Kurier des Trimalchio mit zehn Wagen dahergekommen wäre. Er schlug nicht lange Lärm, sondern brach die Türe auf und ließ uns dadurch endlich hinein.

Sobald wir in unserm Schlafzimmer waren, ging ich mit meinem Lieblinge zu Bette. Ich hatte sehr reichlich geschmaust, und alle Adern und Nerven waren mir aufgeschwollen – ich ließ der Wollust den Zügel schießen.

Welche herrliche Nacht, ihr großen Götter!
Welch ein üppiges Lager! Glut umschlang uns,
Und von Lippe zu Lippe wechselnd flogen

Unsre irrenden Seelen. Lebe wohl denn,
Welt der Sorgen! Selig will ich sterben.

Aber ich hatte keinen Grund, mich glücklich zu preisen. Denn als ich vom Wein berauscht meine trunkenen Hände hatte sinken lassen, entführte mir Askylt, der Stifter allen Unheils, mitten in der Nacht den Kerl und holte ihn in sein Bett, um sich mit dem Jungen, der ihn gar nichts anging, ausgelassen herumzuwälzen. Mochte er das Unrecht nicht ermessen oder sich nur so stellen, als empfände er es nicht: Unbekümmert um alles menschliche Recht schlief er in fremden Umarmungen ein. Als ich erwacht war, durchsuchte ich mein Lager, das aller Lust beraubt war, und hätte, wie man einem Verliebten zutrauen kann, beide mit dem Schwert durchbohren und schlafend im Tode vereinen mögen. Dann entschied ich mich jedoch für einen weniger gefährlichen Ausweg und weckte Giton mit Hieben auf, den Askylt aber sah ich wütend an: »Weil du dich verbrecherisch an Treue und Freundschaft versündigt hast, pack sofort deine Sachen zusammen und such dir einen anderen Ort für deine Unverschämtheiten!« Er hatte durchaus nichts dagegen, und wir teilten in allem Frieden unsere Habseligkeiten. Dann meinte er: »So, jetzt teilen wir auch den Jungen!«

Ich hielt das für einen Abschiedsscherz. Aber mit mörderischer Hand zog er das Schwert und rief: »Diese Beute sollst du nicht genießen, auf die du dich allein zu legen meinst. Ich beanspruche meinen Anteil und aus Rache notfalls auch mit meinem Schwert!«

Ich schritt zu Gegenmaßnahmen, umwickelte meinen Arm mit meinem Mantel und war zum Angriff bereit. Da warf sich der Junge in seiner Verzweiflung zwischen die gegeneinander Wütenden, umschlang unsere Knie und flehte unter Tränen, unsere armselige Kammer nicht zum Schauplatz des thebanischen Bruderkampfes zu machen und durch wechselseitiges Blutvergießen das Sakrament der hehrsten Freundschaft zu besudeln. »Wenn eine Bluttat geschehen muß«, rief er, »seht her, ich entblöße meine Kehle! An sie legt eure Hände, durchbohrt sie mit euren Schwertern! Mir ziemt es zu sterben, ich habe die Freundestreue gebrochen!«

Auf diese Bitten hin steckten wir die Schwerter wieder ein, und Askylt sprach als erster: »Ich will den Streit beenden. Der Junge soll bei dem bleiben, bei dem er bleiben will; er soll wenigstens seinen Liebhaber frei wählen dürfen.«

Ich war der Meinung, daß ihm unser langer Umgang in Fleisch und Blut übergegangen sei, und hatte keine Bedenken. Übereilt schloß ich mich dem Vorschlag an und überließ dem Jungen auch meinerseits die Entscheidung, der nicht einmal zögerte, um wenigstens den Schein der Unentschlossenheit zu wahren, sondern aufstand, kaum daß das letzte Wort gesprochen war, und sich für Askylt entschied. Diese Erklärung traf mich wie ein Blitz, und ich warf mich, so wie ich war, ohne Waffen auf mein Bett und hätte im Gefühl meiner Niederlage Hand an mich gelegt, wenn ich nicht meinem Feind den Triumph mißgönnt hätte. Askylt zog voller Stolz mit seinem Siegespreis ab und ließ mich, seinen eben noch treuesten Kameraden, der Glück und Unglück mit ihm geteilt hatte, hilflos in der Fremde zurück.

Freundschaften dauern nicht länger, als Nutzen sie bringen;
Und die Würfel im Spiel lenkt ein wechselnd Geschick:
Lächelt das Glück dir, so lächeln dir auch der Freunde Gesichter;
Wendet es plötzlich sich ab, rasch bist die Freunde du los!
In der Komödie spielt auf der Bühne der eine den Vater
Und ein andrer den Sohn, und ein dritter ist reich!
Fällt der Vorhang und sind zu Ende gespielt alle Rollen,
Kehrt das wahre Gesicht unter der Schminke zurück.

Ich hielt mich jedoch nicht lange mit Jammern auf, sondern aus Besorgnis, Menelaos, der Helfer des Agamemnon, könnte mich zu allem sonstigen Unglück allein im Gasthaus antreffen, packte ich meine Sachen zusammen und suchte mir in meinem Elend eine Unterkunft in einem abgelegenen Winkel in der Nähe des Strandes. Dort schloß ich mich drei Tage lang ein und schlug die jammerkranke Brust, wenn mir meine Verlassenheit und Schmach zu Bewußtsein kamen. In meiner Verzweiflung rief ich immer wieder: »Konnte sich nicht die Erde auftun und mich verschlingen? Und nicht das Meer, das auch

Unschuldige nicht verschont? Bin ich aus dem Gefängnis geflohen, habe ich mich der Arena entzogen, habe ich meinen Hauswirt getötet, um jetzt nach so viel Beweisen der Kühnheit als Bettler, als Verbannter einsam und verlassen in der Kneipe einer Griechenstadt zu verkommen! Und wer ist schuld an meinem Elend? Ein Kerl, dem keine Gemeinheit zu niedrig war und der nach seinem eigenen Geständnis die Verbannung verdient hat, ein Kerl, der sich seine Freilassung nur im Bett erkauft hat, der nur im Bett ein freier Mann geworden ist, der sich für Geld hergegeben hat und der sich auch dort wie ein Mädchen aufgeführt hat, wo man ihn für einen Mann hielt. Und der andere? Der statt der Toga die Weiberstola angelegt hat, der sich von seiner Mutter beschwatzen ließ, nicht als Mann zu gehen, der im Gefängnis Weiberarbeit verrichtet hat, der mich erst hintergangen und das Feld seiner Sinnlichkeit gewechselt und dann den Namen alter Freundschaft in den Wind geschlagen und, o Schande, wie ein läufiges Weib für die Umarmung einer einzigen Nacht alles preisgegeben hat! Jetzt verbringen die zwei Liebenden ganze Nächte zusammen und lachen, wenn sie von ihrer Wollust erschöpft sind, mich vielleicht noch aus in meiner Verlassenheit. Aber das soll nicht ungestraft bleiben! Denn so wahr ich ein freier Mann bin, soll mir ihr verbrecherisches Blut dieses Unrecht sühnen!«

Nach diesem Selbstgespräch gürtete ich mich mit meinem Schwert, und um meine kriegerische Unternehmung nicht durch Schwäche zu gefährden, stärkte ich meine Kräfte durch eine besonders ausgiebige Mahlzeit. Dann stürzte ich auf die Straße und durchsuchte wie ein Rasender alle Säulengänge. Während ich mit wahnsinniger und nur auf Mord und Totschlag bedachter Miene meine Hand an den Schwertgriff legte, auf den ich geschworen hatte, wurde ein Soldat auf mich aufmerksam, vielleicht war es auch nur ein Herumtreiber oder ein lichtscheuer Bandit, und rief: »He, Kamerad, zu welcher Legion oder zu welcher Centurie gehörst du?« Schlagfertig nannte ich irgendeine Legion und irgendeinen Hauptmann, er aber meinte: »Seit wann läuft man in eurem Haufen als Soldat mit weißen Sandalen herum?« Mein verlegenes und erschrecktes Gesicht verriet mich als Lügner, und er befahl mir, meine Waffen auszuliefern, sonst würde es mir schlecht gehen. Das

Schwert war ich los, und damit war es mit der Rache vorbei, und ich begab mich wieder zurück in mein Gasthaus, wo, je mehr sich meine Wut allmählich legte, mir die Unverschämtheit des Halunken sogar dankenswert erschien ...

Mitten im Wasser nicht trinkt und nicht pflückt die lockenden Früchte
Tantalus, ewig gequält, seiner Begierden nicht Herr!
Das ist das Sinnbild des Reichtums: rings von Fülle umgeben,
Immer mit trockenem Mund, immer zu hungern in Furcht.

Man soll seinen Plänen nicht zu sehr vertrauen, weil das Schicksal seine eigenen Wege geht.

Unterdessen wurd' es mir doch sehr schwer, das Verlangen, mich zu rächen, zu überwinden, und ich brachte voll Ungeduld die halbe Nacht darüber zu. Sobald aber der Morgen graute, ging ich aus, um meine Traurigkeit zu vermindern und die Erinnerung an das, was geschehen war, auszulöschen, und wandelte in allen Galerien herum.

So kam ich auch in eine Galerie mit herrlichen Bildern verschiedenster Art. Hier sah ich Werke aus der Hand des Zeuxis, die noch nicht von den Unbilden der Zeit beeinträchtigt waren, und betrachtete Entwürfe des Protogenes, die mit der wirklichen Natur wetteiferten, nicht ohne tiefe Ergriffenheit. Außerdem sah ich ein Bild des Apelles, das die Griechen als »Diana, auf einem Bein stehend« bezeichnen, zu dem ich andächtig aufschaute. Mit solcher Sorgfalt war die Zeichnung der Bilder in größter Lebenswahrheit ausgeführt, daß man den Eindruck hatte, der Pinsel habe auch die Seele gemalt. Hier trug der Adler den Sohn des Idagebirges in majestätischem Flug zum Himmel empor, dort suchte der keusche Hylas eine begehrliche Najade abzuwehren. Auf einem anderen Bild verwünschte Apollo seine schuldbeladenen Hände und schmückte seine ruhende Leier mit der neuerschaffnen Blume des Hyazinth. Unter all diesen Bildern, die der Liebe gewidmet waren, rief ich aus, als wäre ich allein hier: »Die Liebe beherrscht auch die Götter! Jupiter konnte im Himmel nicht finden, wonach er begehrte, aber auf der Erde sündigend hat er niemanden ein Leid zugefügt. Die Nymphe, die den Hylas raubte, hätte über ihre Liebe gesiegt, wenn sie geahnt hätte, daß Herkules ein Recht auf ihn besaß. Apollo hat den Schatten seines Hyazinth in eine Blume verwandelt. Und so berichten Dichtungen von Liebe ohne feindliche Störung. Nur ich habe einen Menschen als Freund gewählt, der noch grausamer ist als Lykurg!«

Während ich auf diese Weise in den Wind redete, betrat die Bilderausstellung ein grauhaariger Greis mit leidgeprüfter Miene, nach der man auf eine gewisse Persönlichkeit schließen konnte. Sein Aufzug war allerdings nicht entsprechend, so daß man unschwer erraten konnte, daß er zu jener Sorte von Gebildeten gehörte, die den Reichen ein Greuel zu sein pflegen. Er trat neben mich und sprach: »Ich bin ein Dichter und, wie ich annehmen darf, von nicht zu geringer Begabung, soweit Lorbeerkränze etwas beweisen, die freilich die Gunst auch Unwürdigen zuerkennen mag. – Du wirst fragen, wieso ich dann so schlecht gekleidet bin? Eben deshalb. Die Liebe zur Kunst hat noch keinen reich gemacht.

Wer dem Meere vertraut, erringt gewaltigen Reichtum,
Wer nach Schlachten und Kriegsruhm strebt, den schmückt man mit Golde,
Elende Schmeichler lümmeln betrunken auf kostbaren Kissen,
Wer Matronen verführt, der findet noch Lohn für Verbrechen;
Doch der Gelehrte, der Künstler besitzt statt Kleider nur Lumpen
Und beschwört mit hilfloser Zunge verachtete Künste!

Kein Zweifel: Der Feind der Dummheit, der auf dem rechten Weg geht, ist allen verhaßt als einer, dessen Sitten sich von den Gepflogenheiten der andern unterscheiden; denn wer könnte andere als die eigenen Grundsätze billigen? Wer aber nur auf Reichtum bedacht ist, der wünscht nicht, daß unter den Menschen solche Werte in höherem Ansehen stehen, die er selber nicht besitzt. Daher verfolgt man auf alle erdenkliche Weise den Freund der Künste, um den Anschein zu erwecken, als hätte das Geld den Vorrang.«

»Ich weiß nicht, woher es kommt« ...

antwortet' ich ihm darauf ...

»daß die Armut stets die Schwester des Geistes ist ...«

... und seufzte dabei. »Mit Recht«, sagte der Greis, »beseufzest du das Schicksal der Gelehrten!«

»Ach!« sagt' ich, »guter Greis, das ist nicht die Quelle meiner Seufzer, ein andrer Schmerz tobt in meinem Busen!« und zugleich, wie der Mensch geneigt ist, seine schmerzlichen Empfindungen fremden Ohren vorzuklagen, erzählt' ich ihm mein Schicksal, und vergrößerte insbesondere die Treulosigkeit des Askylt. Endlich rief ich unter vielen Seufzern:

»Ach, ich wünschte, der Feind meines bescheidenen Glücks wäre so unverdorben, daß er sich erweichen ließe. So aber ist er ein ewiger Gauner und abgefeimter als ein Hurentreiber.«

Der Alte betrachtete mich, wie einen Jüngling voll Unschuld, wollte mich trösten, und, um meine Traurigkeit zu vermindern, erzählt' er mir seine alten Liebeshändel.

DER KNABE VON PERGAMON

»Ich reiste eines Tages dienstlich im Gefolge des Quaestors nach Asien und mietete mich in Pergamon ein; dort wohnte ich nicht nur wegen der gepflegten Haushaltführung gern, sondern auch weil mein Gastgeber einen sehr schönen Sohn hatte, doch bemühte ich mich, dem Vater nicht als Liebhaber verdächtig zu werden. Sooft bei Tisch die Unterhaltung auf den Verkehr mit schönen Knaben anspielte, verwahrte ich mich so leidenschaftlich und ließ so deutlich mein Mißfallen über das für meine Ohren peinliche Thema merken, daß mich ganz besonders auch die Mutter für einen abgeklärten Weisen hielt. Bald durfte ich den Jungen zum Sportplatz begleiten, seinen Unterricht beaufsichtigen, ihn selber lehren und erziehen, damit ja kein Freibeuter seiner Schönheit im Hause Eingang finde.

Eines Feiertags waren wir im Speisesaal, da wir wegen des

Festes mit der Arbeit früher aufgehört hatten, und blieben, zu bequem, um hinaufzusteigen, nach dem Essen einfach liegen.

Es war schon Mitternacht, als ich merkte, daß der Knabe wach war. Ganz leise flüsterte ich vor mich hin: ›O heilige Venus, wenn ich den Knaben küssen darf, ohne daß er es merkt, gelobe ich, ihm morgen ein Taubenpaar zu schenken.‹ Kaum hatte der Knabe den Preis des Begehrens gehört, als er auch schon zu schnarchen anfing. So näherte ich mich dem Heuchler und stahl ihm einige Küsse. Mit diesem Anfang zufrieden, stand ich zeitig auf und brachte ihm, wie er es erwartete, ein ausgesuchtes Paar Täubchen, um mein Gelübde zu erfüllen.

Als sich in der nächsten Nacht eine gleiche Gelegenheit bot, änderte ich meine Bitte und sagte: ›Wenn ich ihn mit kühner Hand befühlen darf und er merkt es nicht, will ich ihm für sein Entgegenkommen zwei besonders tapfere Kampfhähne schenken.‹ Bei diesem Versprechen rückte der Knabe näher zu mir; ich glaube fast, er fürchtete, ich könne wieder einschlafen. Ich fand ein Mittel, seine Besorgnis zu zerstreuen, und versank in ein Meer der Seligkeit, ohne jedoch das Letzte zu wagen. Dann, sobald es Tag war, brachte ich, was ich gesagt hatte, und er freute sich.

Da sich in der dritten Nacht wieder eine Gelegenheit bot, stand ich auf und flüsterte ins Ohr des Scheinschläfers: ›Unsterbliche Götter! wenn ich bei diesem schlafenden Jungen einen vollen Genuß finden darf, will ich ihm morgen den schönsten mazedonischen Hengst schenken! Jedoch unter der Bedingung, daß er nichts merkt.‹ Der Junge hatte noch nie fester geschlafen. Ich legte meine Hand auf seine atmende Brust, ich hing küssend an seinen Lippen, und dann genoß ich in einer Umarmung die Erfüllung aller Wünsche.

Am anderen Morgen blieb er in seinem Zimmer sitzen und erwartete, daß ich in gewohnter Weise mein Versprechen erfüllte. Aber bekanntlich ist es leichter, Tauben und Kampfhähne zu kaufen als einen Hengst; zudem befürchtete ich, daß ein so auffälliges Geschenk meine Großzügigkeit in Verdacht bringen könnte. Ich ging also ein paar Stunden spazieren, kam wieder nach Hause zurück und brachte meinem Knaben nur einen Kuß mit. Er betrachtete mich von allen Seiten, legte seine Arme um meinen Hals und fragte: ›Wo ist der Hengst?‹

Mein liebes Kind, antwortet' ich ihm, ich wollte dir ein schönes Pferdchen kaufen, da ich aber heute keines finden konnte, so muß ich das Geschenk aufschieben, aber binnen wenig Tagen sollst du eines erhalten. Mein Knabe wußte den Augenblick sehr wohl, was dieses zu bedeuten hätte, und seine Mienen verrieten die innern Betrachtungen seines Geistes darüber.

Obwohl ich meinte, durch diese Täuschung mir alles verdorben zu haben, was ich bisher erreicht hatte, wollte ich doch wieder auf meine Vorrechte zurückkommen. Einige Tage später bot sich nämlich wieder durch einen glücklichen Zufall eine ähnliche Gelegenheit, und als ich hörte, daß der Vater fest schlief, bat ich den Jungen um Verzeihung, was heißen sollte, daß er mir mein Vergnügen wieder erlaube, und was sonst alles meine aufrührerischen Sinne mir noch eingaben. Er war wütend und sagte nur: ›Schlafe, oder ich werde es dem Vater sagen!‹

Aber für die Leidenschaft ist kein Hindernis unüberwindlich. Während er gerade sagte: ›Ich werde den Vater wecken!‹ warf ich mich über ihn und kam ungeachtet seiner scheinheiligen Gegenwehr auf meine Kosten. Meine Dreistigkeit war ihm nicht unwillkommen, und nach einer Weile beklagte er sich nur noch, daß er von mir betrogen und von seinen Mitschülern ausgelacht und verspottet worden sei, weil er im voraus mit meinem Tribut geprahlt hatte. ›Aber du sollst sehen‹, fügte er hinzu, ›daß ich nicht so bin wie du. Wenn du willst: ich habe nichts dagegen!‹

Alle Enttäuschung war vergessen, ich versöhnte mich wieder mit dem Schlingel und machte von seinem Angebot gern Gebrauch. Dann schlief ich ein. Aber der Kerl war mit dieser einen Wiederholung nicht zufriedengestellt, denn er befand sich in den Jahren der Reife, wo die Begierden lebendig werden. Er weckte mich auf und fragte: ›Willst du vielleicht?‹ Noch war mir die Gunst keineswegs lästig, und ich erfüllte seinen Wunsch recht und schlecht unter Schwitzen und Stöhnen und schlief dann von Lust ermattet wieder ein.

Es verging keine Stunde, da stieß er mich mit der Hand an und fragte: ›Hast du keine Lust mehr?‹ Aber jetzt hatte ich es satt, immer wieder aufgeweckt zu werden; ich wurde wütend und gab ihm seine eigenen Worte zurück: ›Schlafe, oder ich werde es dem Vater sagen!‹«

Seine Erzählung hatte mich wieder etwas aufgemuntert, und ich wandte mich an diesen Mann von Erfahrung, um ihn nach dem Alter der Gemälde und nach dem Sinn einiger mir unklarer Darstellungen zu fragen, sowie zugleich auch nach der Ursache des gegenwärtigen Verfalls der Künste, mit denen auch die Malerei geradezu spurlos unterginge.

»Die Geldgier«, meinte er, »ist die Ursache dieses Verfalls. In der guten alten Zeit, da die schlichte Tugend etwas galt, entwickelten sich die freien Künste, und unter den Menschen herrschte der regste Wetteifer, alles zu leisten, was künftigen Jahrhunderten von Nutzen sein könnte. So hat ja auch Demokrit die Säfte aller Pflanzen ausgepreßt und, damit die Eigenschaften der Steine und Gewächse erforscht würden, sein ganzes Leben mit Experimenten hingebracht. Eudoxos ergraute auf dem Gipfel des höchsten Berges, um den Lauf des Himmels und der Gestirne zu erforschen. Und Chrysipp reinigte seinen Geist dreimal mit Nieswurz, um seinen Forscheraufgaben gewachsen zu sein. Um jedoch auf die Kunst der Plastik zu kommen: Lysipp starb vor Entbehrung, als er sich in die Linienführung einer einzigen Statue versenkt hatte, und Myron, der sozusagen die Seele von Mensch und Tier in Erz gegossen hatte, fand keinen, der sein Erbe weitergeführt hätte. Aber wir, Wein und Huren verfallen, bringen nicht einmal Verständnis für die schon vorhandenen Kunstwerke auf, sondern als Verächter des Altertums lernen und lehren wir nur Laster.

Was ist aus der Kunst der Dialektik geworden? Aus der Astronomie? Aus der einst so hochgerühmten Philosophie? Wer geht in einen Tempel und tut ein Gelübde, um die Kunst der Rede zu erlernen? Oder um die Quellen der Philosophie zu erschließen? Nicht einmal um gesunden Geist und gesunden Körper betet man, nein, kaum daß einer die Schwelle des Kapitols überschritten hat, verspricht er ein Geschenk, wenn er dafür einen reichen Verwandten begraben darf, ein anderer, wenn er einen Schatz findet, noch ein andrer, wenn er es glücklich auf drei Millionen bringt. Auch der Senat, der Hüter von Recht und Sitte, pflegt dem Kapitol tausend Pfund Gold in Aussicht zu stellen, und damit ja niemand sich scheut, um Geld zu beten, schmückt er sogar Jupiter selbst mit einem Vermögen aus.

Kein Wunder also, wenn die Malerei zugrunde geht, nachdem Göttern und Menschen ein Haufen Gold viel schöner scheint als alles, was ein Apelles, Phidias und andere dieser griechischen Phantasten geschaffen haben. –

Aber ich sehe, daß du in dieses Bild vertieft bist, das die Eroberung Trojas darstellt. Ich will daher versuchen, dieses Meisterwerk einmal in Versen zu beschreiben.

DIE EROBERUNG TROJAS

Schon schloß der zehnte Sommer die von schwerer Furcht
Bedrückten Phryger ein. Der Glaube an die Kraft
Des Sehers Kalchas schwankt noch zweifelnd hin und her,
Als auf Geheiß Apollons man vom Idaberg
Gefällte Eichen holt und hoch zu Haufen türmt,
Zu bauen aus dem Holze ein gewaltig Roß,
Des ungeheurer Leib ein ganzes Griechenheer
Aufnehmen wird. Der Kämpfe über ein Jahrzehnt
Längst satt, verstecken sich die Helden in dem Bauch:
Die Schar der Danaer birgt sich im Weihgeschenk. –
O Vaterland! die tausend Kiele auf der Flucht
Wir wähnten und den Boden frei vom Feind: bestärkt
Durch eine Inschrift und des Sinon schlauen Plan
Und jenen Leichtsinn, der so oft zum Unheil führt.
Schon drängt aus Trojas Toren sich das Volk und strömt,
Vom Krieg erlöst, zum Opferfest: die Wangen feucht
Vom Weinen, da die bangen Herzen Freude füllt.
Doch ein Entsetzen bannt sie bald. Gelösten Haars
Erfüllt der Priester des Neptun, Laokoon,
Das Volk mit Wehgeschrei. Und mit gezücktem Speer
Trifft er des Rosses Leib. Das Schicksal schwächt die Hand,
Der Stoß prallt ab, dem bösen Truge zum Gewinn.

Doch abermals stärkt er die schwache Hand und prüft
Die hohen Flanken mit der Axt, und drinnen murrt
Der Eingeschloßnen Schar, von neuer Furcht durchbebt.
Die hier gefangne Jugend ist's, die Troja nimmt
Und langem Krieg ein Ende setzen wird durch List.
Und sieh, ein neues Wunder: wo die Tenedos
Hoch aus dem Meere ragt, bäumt zischend sich die Flut;
Es hebt die Woge sich aus glatter See und birst,
Wie wenn durch Nacht und Stille ferner Ruderschlag
Herüberklingt, wann übers Meer die Flotte rauscht
Und ob der Schiffe Last die Marmorfläche seufzt.
Und plötzlich da: zwei wilde Schlangen nahen sich,
Die Woge werfend felsenan; geblähten Leibs
Zerschlagen sie gleich hohen Borden Flut und Gischt.
Die Schweife klatschen. Ihre Kämme überm Meer,
Wie ihre Augen, fahren wie ein Feuerstrahl
Die Flut entzündend über Wogen züngelnd hin.
Das Herz erstarrt. Die heilgen Binden überm Aug
Steht da in Phrygertracht das teure Sohnespaar
Laokoons, umschlungen von dem Feuerleib
Der beiden Schlangen. Das Gesicht bedecken sie
Mit zarten Händen, auf die eigne Rettung nicht
Bedacht, nur auf des Bruders Heil: die Treue siegt
Im Tode noch, da einer um den andern bangt.
Der Vater, sieh! den Kindern sterbend sich vereint:
Kein Helfer mehr! es bringen schon die Bestien,
Am Mord sich mästend, rasch zu Fall den greisen Leib.
Der Priester zwischen den Altären wälzt im Sand
Als Opfer sich. – Nach ihrer Tempel Schändung flohn
Die Götter aus dem todgeweihten Troja schon!
Schon führte Phoebe hoch im vollen Strahlenglanz
Der kleinren Sterne Reigen an mit hellem Haupt,
Und Priams Kinder lagen schwer von Schlaf und Wein,
Als sich die Danaer vom Riegel schon befreit.
Die Führer schwingen schon den Speer. Es schütteln schon,
Der Fesseln frei, die Hengste aus Thessalien
Den Nacken und die stolze Mähne vor dem Lauf.
Die Schwerter blitzen, und die Hand ergreift den Schild:
Der Kampf beginnt. Und wenn der eine Feinde trifft

Und so im Tod verewigt Schlaf und Trunkenheit,
So reißt der andre Feuer vom Altar und ruft
Die Heiligtümer Trojas gegen Troja auf.

Die in der Ausstellung umhergehenden Leute begannen den deklamierenden Eumolp mit Steinen zu bewerfen. Er war jedoch mit dieser Art Beifallskundgebung für seine Leistungen schon vertraut, verhüllte sein Haupt und floh aus dem Tempelbezirk. Ich war besorgt, auch meinerseits für einen Dichter gehalten zu werden, und schloß mich daher dem Fliehenden an, den ich am Strand einholte, wo wir außer Wurfweite endlich haltmachen konnten, und fragte ihn: »Bitte sage mir, was soll dieser Wahnsinn? Du bist noch keine zwei Stunden mit mir zusammen und hast bisher mehr in Versen denn als vernünftiger Mensch gesprochen. Es wundert mich wirklich nicht, wenn dich die Leute mit Steinen verjagen. Ich werde mir sogar selber die Taschen mit Steinen füllen, um dir deine Flausen auszutreiben, wenn du wieder überschnappst!«

Er schüttelte den Kopf und sprach: »Mein lieber junger Mann, das ist heute nicht das erstemal, daß ich solche Erfahrungen mache. Wann auch immer ich ein Theater betrete, um etwas vorzutragen, pflegt mich die Menge auf diese Art zu begrüßen. Aber um nicht auch mit dir noch in Streit zu geraten, will ich mich von jetzt ab den ganzen restlichen Tag dieser Speise enthalten.«

»Also gut«, erwiderte ich, »wenn du für heute auf deine poetische Speise verzichtest, wollen wir zusammen prosaisch essen.«

Der Wirtin meines kleinen Gasthauses gab ich einen entsprechenden Wink, eine bescheidene Mahlzeit herzurichten.

Und darauf gingen wir ins Bad.

Hier entdeckte ich Giton, der mit Tüchern und Schabeisen traurig und beschämt an einer Wand lehnte. Man sah sofort, daß ihm seine Aufgabe zuwider war. Ich wollte mich von der Richtigkeit meiner Wahrnehmungen überzeugen ... er aber wandte mir sein freudestrahlendes Gesicht zu und sagte: »Du mußt dich erbarmen, Freund. Hier, wo keine Waffen zugegen sind, kann ich offen reden. Entreiße mich diesem wüsten

Räuber und bestrafe meinen – deines Richters Leichtsinn, so streng du willst. Es wird mir in meinem Elend ein guter Trost sein, für dich zu sterben!«

Ich forderte ihn auf, sein Jammern einzustellen, damit niemand unsere Absichten merke, ließ Eumolp stehen – er trug den Badegästen gerade ein Gedicht vor –, zog Giton durch einen düsteren und schmutzigen Gang hinaus ins Freie und eilte so schnell wie möglich in mein Gasthaus. Dort schloß ich die Türe ab, drückte ihn an meine Brust und küßte sein tränenüberströmtes Gesicht. Lange Zeit konnten wir keine Worte finden; immer wieder erschütterte das Schluchzen die Brust des braven Kerls.

»Es ist eine Schande«, sagte ich, »obwohl du mich verraten hast, liebe ich dich, und wie groß auch die Wunde gewesen ist, in meiner Brust ist keine Narbe zurückgeblieben! Was hast du zu antworten, daß du dem Ansinnen dieses Landstreichers ein so leichtfertiges Zugeständnis gemacht hast? Habe ich ein solches Unrecht verdient?«

Als er feststellte, daß er noch geliebt wurde, zog er die Augenbrauen etwas höher.

»Auch habe ich die Entscheidung über unsere Freundschaft doch keinem fremden Richter übertragen! Doch ich will dir keine Vorwürfe machen, alles ist vergessen, wenn du deinen Leichtsinn nur ehrlich einsiehtst.«

Als ich dies unter Tränen und Stottern herausgebracht hatte, trocknete er sich mit seinem Mantel das Gesicht ab und sagte: »Lieber Enkolp, ich möchte dein Gedächtnis etwas auffrischen: Habe ich dich verlassen oder hast du auf mich verzichtet? Ich gebe durchaus zu und sage es ganz offen: Nachdem ich euch beide in Waffen sah, habe ich mich zu dem Stärkeren geflüchtet.«

Da küßte ich seine Brust, den Sitz so großer Weisheit, schlang meine Arme um seinen Nacken und drückte ihn zum Beweis meiner Verzeihung und der in Treue erneuerten Freundschaft fest an meine Brust.

Es war schon tiefe Nacht, und die Alte hatte das Essen wunschgemäß hergerichtet, als Eumolp an die Türe klopfte. »Wer ist alles draußen?« rief ich und blickte außerdem durch den Türspalt, um mich zu vergewissern, daß nicht etwa Askylt mitgekommen sei. Ich sah, daß er allein war, und machte auf. Als er sich auf das Ruhebett geworfen hatte und zusah, wie Giton bediente, nickte er und meinte: »So einen Ganymed lasse ich mir gern gefallen. Das kann ja gut werden, heute!«

Dieser vorlaute Auftakt gefiel mir absolut nicht, und ich hatte Angst, einen zweiten Askylt als Genossen aufgelesen zu haben. Eumolp aber ließ sich nicht stören und sagte, als der Bursche ihm den Becher reichte: »Du bist mir lieber als die ganze Badeanstalt!« Dann trank er in einem Zug den Becher leer und meinte, daß er sich noch nie so wohl gefühlt habe.

»Dort im Bade«, erzählte er weiter, »wäre ich fast verprügelt worden, weil ich versuchte, den um das Becken Sitzenden ein Gedicht vorzutragen; und als man mich aus dem Bad wie aus einem Theater hinausgejagt hatte, begann ich alle Ecken abzusuchen und rief mit lauter Stimme: Enkolp! Enkolp! Auf der anderen Seite aber brüllte ein nackter Kerl, der seine Kleider nicht finden konnte, ebenso aufgeregt: Giton! Giton! Die Burschen im Bad lachten mich aus wie einen Narren und äfften mich auf unverschämte Art nach, den jungen Mann aber umringte eine begeisterte Menge mit Beifallklatschen und staunender Bewunderung. Er verfügte nämlich über einen so großartig ausgestatteten gewissen Körperteil, daß der übrige Kerl nur ein Anhängsel seiner verehrten Teile zu sein schien. Ein toller Bursche: ich glaube, wenn der gestern angefangen hat, wird er erst morgen fertig. Natürlich kam man ihm auch gleich zu Hilfe. Irgendein römischer Ritter von üblem Ruf hüllte den Herumirrenden in seinen Mantel und nahm ihn mit nach Hause, weil er wahrscheinlich einen solchen Fund allein genießen wollte. Mir aber hätte der Bademeister nicht einmal meine eigenen Kleider herausgegeben, wenn ich nicht einen Zeugen aufgetrieben hätte. Es ist viel nützlicher, seinen Schwanz zu pflegen als Verstand zu hegen.«

Während dieser Erzählung des Eumolp wechselte ich recht oft die Farbe, froh über das Pech und traurig über den Erfolg meines Widersachers. Doch verhielt ich mich still, als ginge mich die ganze Geschichte nichts an, und begann aufzuzählen, was ich zum Essen bestellt hatte ...

. . . *Kaum hatt' ich aufgehört zu reden, so wurde die kleine Mahlzeit aufgetragen. Es waren gemeine, aber gesunde und nahrhafte Speisen, welche Eumolp hungrig hinunterschluckte. Wie er satt war, so fing er an, sich über die Philosophen herzumachen, und spottete bitter und beißend auf diejenigen, welche alles, was gemein ist, verachten, und allein das Seltene schätzen. Er sagte: das ist ein sichrer Beweis von einer verdorbenen Seele, wenn man das . . .*

. . . Natürliche mißachtet, und der irregeleitete Geschmack nur das Ausgefallene schätzt:

Nur Fasanen, herbeigeschafft aus Kolchis,
Und Geflügel aus Afrika dem Gaumen
Noch behagen als Seltenheit: doch weiße
Gänse, Enten im bunten Schmuck der Federn
Ißt der Pöbel. Nur Fische ferner Küsten,
Nur der Scarus, und was um eines Schiffbruchs
Preis die Syrten gewähren, wird genossen!
Barben gelten als schwer verdaulich. – An der
Gattin Stelle die Freundin, Zimt statt Rosen:
Das Besondre gilt heute als das Beste!

»Ist das dein Versprechen«, rief ich, »daß du heute keine Verse mehr machen wolltest! Alles was recht ist, verschone wenigstens uns, die wir dich nicht gesteinigt haben! Wenn einer von denen, die hier im Gasthaus zechen, einen Dichter auch nur riecht, hetzt er die ganze Nachbarschaft auf uns und bringt uns alle zusammen um. Erbarme dich unser und denke an die Bilderausstellung oder das Bad!«

Diese Worte machte mir Giton, dieser gute Kerl, zum Vorwurf: Es sei nicht recht, einen Älteren so zu maßregeln und dabei auch noch die Pflichten des Gastgebers zu verletzten und die aus freundlicher Gesinnung ausgesprochene Einladung zum Essen durch gehässige Bemerkungen zu entwerten. Er machte noch ein paar andere Äußerungen, aus denen seine Bescheidenheit und sein Anstand sprachen und die seine Schönheit erst ins rechte Licht rückten.

»Glücklich deine Mutter«, rief Eumolp, »die einen solchen Sohn geboren hat: Bravo, mein Freund! Schönheit und Weisheit sind selten vereint. Du kannst mir glauben, daß deine Worte auf guten Boden gefallen sind, du hast einen Bewunderer gefunden! In Gedichten will ich dein Lob verkünden! Als Lehrer und Hüter will ich dir folgen, auch wenn du es nicht ausdrücklich verlangen solltest. Und Enkolp leidet dadurch keinen Schaden, denn er liebt einen anderen.«

Auch dem Eumolp kam jetzt jener Soldat zugute, der mir das Schwert abgenommen hatte; ich hätte sonst meine ganze Wut auf Askylt im Blute des Eumolp gestillt. Das entging auch Giton nicht. Er verließ das Zimmer, als wollte er Wasser holen, und besänftigte meinen Zorn durch sein kluges Verschwinden.

Als sich meine Erregung etwas gelegt hatte, sagte ich: »Eumolp, mir ist es immer noch lieber, du redest in Versen, als daß du dich falschen Hoffnungen hingibst. Ich bin jähzornig, und du bist sinnlich: Du kannst dir vorstellen, daß wir auf diese Weise schlecht zusammenpassen. Nimm also an, ich sei rasend geworden, weiche dem Wahnsinn, das heißt: Mach, daß du so schnell wie möglich verschwindest!«

Dieser Ausbruch bestürzte Eumolp, der sofort und ohne sich nach dem Grund meines Wutanfalls zu erkundigen, hinausging, die Türe zuwarf und mich zu meiner nicht geringen Überraschung einschloß. Schnell zog er den Schlüssel ab und rannte hinter Giton her.

Ich war eingesperrt und beschloß, meinem Leben durch den Strick ein Ende zu machen. Schon hatte ich einen Gürtel um das an die Wand gelehnte Bettgestell geschlungen und meinen Hals in die Schlinge gesteckt, als die Tür aufging und Eumolp mit Giton eintrat und mich vom Rande des Todes wieder ins Leben zurückrief. Vor allem Giton erhob, rasend vor Schmerz, ein lautes Geschrei, faßte mich mit beiden Händen und warf mich auf das Bett: »Du irrst, Enkolp«, rief er, »wenn du glaubst, du darfst vor mir sterben! Erst ich! Schon in dem Gasthaus, in dem Askylt wohnt, habe ich eine Waffe geholt. Wenn ich dich nicht wiedergefunden hätte, dann hätte ich mich in einen Abgrund gestürzt. Und damit du weißt, daß der Tod immer zu finden ist, wenn man ihn sucht: Sieh her, einen solchen Anblick hattest du mir zumuten wollen!« Mit diesen Worten entriß Giton dem Sklaven des Eumolp ein Bartmesser, fuhr sich einmal und ein zweitesmal über die Kehle und brach vor unseren Füßen zusammen. Entsetzt schrie ich auf, warf mich über ihn und suchte mit dem gleichen Werkzeug meinen Tod. Aber weder war an Giton auch nur die Spur einer Verwundung zu erkennen, noch empfand ich selber den geringsten Schmerz. Es hatte sich nämlich nur ein ganz rohes und abgestumpftes Messer in dem Etui befunden, wie es die Lehrlinge benutzen, um weniger ängstlich das Rasieren zu erlernen. Deshalb war auch der Sklave nicht erschrocken, als ihm das Messer entrissen wurde, und deshalb war auch Eumolp gegen die Sterbekomödie nicht eingeschritten.

Während dieses Trauerspiels unter uns Liebenden kam der Wirt mit dem Rest des bescheidenen Mahls herein, sah sich das unerfreuliche Durcheinander der am Boden Liegenden an und rief. »Ich frage mich, ob ihr besoffen seid oder ausgerissene Sklaven oder beides zugleich. Wer hat denn das Bett dort aufgestellt, und was hat denn die ganze Geheimniskrämerei zu bedeuten? Wolltet ihr vielleicht mitten in der Nacht verschwinden und mich um meine Miete für das Zimmer prellen? Aber das soll euch nicht glücken! Ich werde euch lehren, daß ihr nicht im Gasthaus einer hilflosen Witwe seid, sondern daß ich Marcus Mannicius bin!«

Eumolp schrie ihn an: »So, du willst uns drohen!« Und gab dem Kerl eine schallende Ohrfeige. Der aber warf dafür einen Weinkrug, den seine fleißigen Gäste geleert hatten, dem Eumolp an den Kopf und rannte unter dem Geschrei über das Loch in der Stirne aus dem Zimmer. Den Eumolp verdroß die Schmach, und er ergriff einen hölzernen Leuchter, stürzte hinter dem Fliehenden her und rächte seine Stirn durch eine Tracht Prügel. Das ganze Haus samt allem, was darin betrunken war, lief zusammen.

Ich nutzte die Gelegenheit, mich an Eumolp zu rächen, indem ich ihn aussperrte; und nachdem ich auf diese Weise an dem Störenfried Vergeltung geübt hatte, freute ich mich auf das Zimmer und die Nacht ohne Nebenbuhler.

Inzwischen beschäftigten sich Köche und Hausbewohner mit dem Ausgesperrten, und der eine ging mit einem Bratspieß, an dem noch der heiße Braten hing, auf seine Augen los, ein andrer riß aus der Fleischkammer eine Gabel und begab sich in Kampfstellung. Dazu kam noch eine triefäugige Alte in einem verdreckten Umhang und mit zwei verschiedenen

Holzpantoffeln und hetzte einen riesigen Hund, den sie an der Kette führte, auf den Eumolp. Der aber hielt sich alle Gefahr mit seiner Lampe vom Leibe.

Das alles beobachteten wir durch ein Loch in der Türe, das kurz zuvor durch das Herausbrechen des Riegels entstanden war, und ich gönnte ihm seine Prügel. Giton aber wollte in seiner Gutmütigkeit die Tür aufmachen und ihm in seiner gefährlichen Lage beistehn. Da aber mein Zorn noch nicht verraucht war, konnte ich meine Hand nicht zurückhalten und gab ihm für sein Mitleid einen ziemlich scharfen Fingerhieb ins Gesicht. Heulend setzte er sich auf das Bett. Ich aber hielt bald das eine, bald das andre Auge an das Loch und genoß die Mißhandlung des Eumolp wie eine gute Mahlzeit und gab ihm den Rat, um Hilfe zu rufen. Da wurde plötzlich Bargates, der Verwalter des Häuserblocks, den man vom Essen weggeholt hatte, von zwei Sänftenträgern mitten unter den Raufenden abgesetzt; er hatte nämlich die Fußgicht. Nachdem er eine Weile den Radaubrüdern und entlaufenen Sklaven wütend und mit groben Ausdrücken ihre Strafpredigt gehalten hatte, entdeckte er den Eumolp und rief: »Was? Du bist das, der große Dichter? Und diese Sklavenflegel lassen nicht augenblicklich die Finger von dir und machen sich aus dem Staub!«

Darauf ging er zum Eumolp, und sagt' ihm leis' ins Ohr:

»Meine Frau läßt mich zappeln. Tu mir den Gefallen und mach ein paar Zeilen auf sie, um sie zur Vernunft zu bringen!«

Während Eumolp und Bargates noch zusammen flüsterten, kam ein Ausrufer mit einem Gemeindesklaven und sonstigem recht wenig imponierenden Gefolge in das Gasthaus, fuchtelte mit einer mehr qualmenden als leuchtenden Fackel herum und verlautbarte: »Ein Knabe hat sich vor kurzem im Bade verloren, etwa sechzehn Jahre alt, kraushaarig, schön und sympathisch, mit Namen Giton. Wer ihn wiederbringt oder nachweist, erhält eintausend Sesterzen.«

Nicht weit von dem Ausrufer stand Askylt in einem bunten Umhang und trug in einer silbernen Schale Anzeige und Belohnung. Ich befahl Giton, sofort unter das Bett zu kriechen und sich mit Händen und Füßen an die Gurte zu klammern, womit das Gestell die Matratze trug, um auf diese Weise, wie einst Odysseus sich am Bauch des Widders des Kyklopen festgehalten hatte, unter dem Bett dem Zugriff der Suchenden zu entgehen. Giton zögerte nicht und steckte sofort die Hände in die Riemen und war dem Odysseus an List durchaus gewachsen. Um den Ort unverdächtig erscheinen zu lassen, warf ich alle Kleidungsstücke auf das Bett und drückte ihm ein einzelnes Lager meiner Größe ein.

Inzwischen hatte Askylt mit dem Gemeindesklaven alle Räume durchsucht und kam nun vor mein Zimmer, das in ihm um so größere Hoffnung erweckte, je sorgfältiger er die Tür verschlossen fand. Der Sklave zwängte sein Beil in den Türspalt und sprengte die Riegel auf. Ich stürzte mich dem Askylt vor die Füße und beschwor ihn im Andenken an unsere Freundschaft und die gemeinsam erlittenen Leiden, mir meinen Freund wenigstens zu zeigen. Und um mein Flehen glaubwürdiger erscheinen zu lassen, fügte ich noch hinzu: »Askylt, ich weiß, daß du gekommen bist, um mich zu töten. Wozu hättest du sonst die Beile mitgebracht? Sättige also deinen Haß: Hier sieh meinen Hals, vergieße mein Blut, nach welchem du unter dem Vorwand einer Haussuchung trachtest!«

Askylt leugnete jede feindselige Absicht und erklärte, daß er wirklich nichts anderes im Sinn habe, als seinen Ausreißer zu suchen. Er trachte keineswegs nach dem Tod eines Menschen, geschweige eines Bittflehenden, und vor allem nicht jenes Menschen, den er auch nach dem verhängnisvollen Streit noch immer als Freund betrachte.

Der Gemeindesklave jedoch machte keine großen Umstände, sondern ließ sich vom Gastwirt einen Stock geben und fuhr damit unter das Bett und sogar in alle Wandnischen. Giton wich mit seinem Körper dem Stochern aus und hielt den Atem so ängstlich an, daß ihm sogar die Wanzen über das Gesicht liefen.

Kaum waren sie hinaus . . .

. . . so stürzte Eumolp wütend herein, weil die erbrochene Zimmertür niemand mehr ausschließen konnte, und brüllte: »Tausend Sesterzen kann ich verdienen; ich werde dem Ausrufer, der gerade gegangen ist, nachlaufen und sagen, daß sich Giton in deiner Gewalt befindet; und diesen Verrat hast du mehr als verdient!« Da er sich nicht von diesem Vorsatz abbringen ließ, umfaßte ich flehend seine Knie, er möge doch nicht schon Sterbende vollends vernichten, und fügte noch hinzu: »Mit Recht wärst du erbittert, wenn du den Schlingel hier fändest. Aber der Kerl ist während der Aufregung davongelaufen, und ich habe keine Ahnung, wo er sich herumtreiben könnte. Eumolp, bitte bring mir den Burschen zurück, auch wenn du ihn dann dem Askylt übergeben willst!«

Kaum hatte ich ihn so weit gebracht, daß er dieser Geschichte Glauben schenkte, als Giton, der die ganze Zeit über die Luft angehalten hatte und am Zerplatzen war, dreimal hintereinander niesen mußte, daß das Bett erbebte. Bei diesem Geräusch drehte sich Eumolp um und rief: »Prost, Giton!« Als er die Matratze aufhob, erblickte er einen Odysseus, den selbst der hungrigste Kyklop nicht hätte auffressen können. Dann drehte er sich zu mir um und sagte: »Was soll denn das heißen, du Gauner? Auf frischer Tat ertappt, erdreistest du dich noch immer mich anzulügen! Und hätte nicht Gott, der Walter der menschlichen Geschicke, durch den unter dem Bett hängenden Kerl ein Zeichen gegeben, würde ich jetzt in allen Kneipen herumrennen und mich lächerlich machen.«

Giton, der sich wesentlich besser als ich auf das Schmeicheln verstand, nahm erst einmal eine in Öl getauchte Spinnwebe und legte sie auf seine Wunde auf der Stirn. Dann nahm er ihm seinen zerrissenen Mantel ab und hüllte ihn in seinen eigenen Umhang, umarmte ihn, der schon friedlicher wurde, und bestürmte ihn mit Küssen wie lindernde Umschläge und meinte: »Du bist unser Vater. Wenn du deinen Giton wirklich gern hast, dann mußt du ihn auch retten. Wenn mich doch nur ein böses Feuer verzehren oder das wilde Meer verschlingen wollte! Ich bin die Ursache all dieser Missetaten. Mein Tod würde die Gegner versöhnen!«

Unsere unseligen Beschwerlichkeiten rührten den Eumolp, insbesondere hatten Gitons Schmeicheleien den stärksten Eindruck auf ihn gemacht. »Gewiß!« sagt' er, »ihr seid Erznarren! Ihr habt alle Vollkommenheiten, um glückselig zu sein und doch führt ihr ein höchst mühseliges Leben, und kreuziget mit jedem Tag euch freiwillig aufs neue. O nehmt doch ein Beispiel an mir! ...

... Ich habe immer und überall so gelebt, daß ich jeden Tag genoß, als ob er der letzte wäre und niemals wiederkehren würde ...

... das ist in aller Seelenruhe. Wenn ihr mir nachleben wollet, so verbannt die Sorge aus euren Geistern. Askylt verfolgt euch; flieht ihn! – Ich will jetzt in auswärtige Gegenden reisen, reiset mit mir. Vielleicht reis' ich schon künftigen Morgen mit dem Schiffe ab, ich bin darauf sehr wohlbekannt, man wird uns alle mit dem größten Vergnügen aufnehmen.«

Der Rat schien mir sehr weise und ersprießlich zu sein, weil er mich von den Beunruhigungen des Askylt befreite und ein glückseliges Leben versprach. Die edle Denkungsart Eumolps zwang mich, das Unrecht zu bereuen, welches ich ihm diesen Abend erwiesen hatte, und ich verdammte meine Eifersucht, welche Schuld an allem war.

Unter strömenden Tränen flehte ich ihn an, sich wieder mit mir auszusöhnen: Man könne von Verliebten schließlich nicht erwarten, daß sie ihre Eifersucht beherrschen. Aber ich wolle mir Mühe geben, nichts mehr zu sagen und nichts mehr zu tun, was ihn verletzen könnte. Er, der Meister edler Künste, möge alle Erbitterung in seinem Inneren tilgen, daß keine Narbe zurückbleibe. »Auf unbebautem und rauhem Boden bleibt der Schnee länger liegen, während auf dem gepflügten Acker der leichte Schnee im Augenblick dahinschmilzt. Und das gilt auch für den Zorn in der Brust: In harten Herzen bleibt er haften, bei gebildeten Menschen gleitet er ab.«

»Damit du siehst, daß du recht hast mit deiner Behauptung«, sagte Eumolp, »will ich durch einen Versöhnungskuß der Feindschaft ein Ende bereiten. –

Jetzt aber packt zu gutem Gelingen euer Zeug zusammen und folgt mir oder führt mich: wie ihr lieber wollt!«

Er hatte noch nicht ausgesprochen, als es laut an die Türe pochte und ein Seemann mit gewaltigem Bart auf der Schwelle stand und rief: »Was ist denn los, Eumolp, es wird schon hell!« Unverzüglich machten wir uns fertig, und Eumolp gab seinem längst schon schlafenden Sklaven den Auftrag, das Gepäck fortzuschaffen. Ich packte mit Giton unsere ganze Habe in eine Tasche und bestieg mit einem Stoßgebet zu den Sternen das Schiff.

Wir lagerten uns vorn im Schiffe an einem abgesonderten Ort, und Eumolp schlief schon, da der Tag noch nicht angebrochen war. Ich und Giton aber konnten auch nicht ein Schlummerkörnchen vom Schlafe genießen. Ängstlich überdacht' ich, daß ich mit einem noch fürchterlichern Nebenbuhler als Askylt in Gesellschaft sei; und dieses quälte mich sehr. Endlich aber trug die Vernunft den Sieg über die Leidenschaft davon.

›Es ist zwar recht lästig, daß der Junge dem Reisegefährten hier gefällt. Aber so ist es eben! Ist nicht das Vollkommene, das die Natur erschaffen, selbstverständliches Gemeingut? Die Sonne leuchtet allen. Der Mond, begleitet von unzähligen Sternen, leuchtet auch den wilden Tieren auf ihrer Nahrungssuche. Gibt es etwas Schöneres als einen Bach? Und die Bäche fließen für alle. Soll einzig die Liebe mehr der Raub eines einzelnen als ein Geschenk für alle sein? Trotzdem will ich kein Glück, um das mich nicht die anderen beneiden. Ein einzelner, noch dazu ein Greis, ist nicht gefährlich; und sollte er aufdringlich werden, so wird ihn sein Schnaufen schon verraten!‹

Das etwa waren meine zuversichtlichen Überlegungen, mit denen ich mein besseres Wissen zu täuschen suchte, dann zog ich den Mantel über den Kopf und stellte mich schlafend.

Plötzlich aber, als wollte das Geschick mir meinen Lebensmut erneut rauben, war vom Achterdeck her ein Seufzer zu vernehmen: »So ist er mir doch entkommen!« Es war eine Männerstimme, die meinem Ohr recht bekannt vorkam und mich traf wie ein Stoß ins Herz. Dann war eine Frau zu hören, aus der die gleiche oder noch größere Enttäuschung klang: »Wenn mir einer der Götter den Giton zurückbringt, ach, wie gern würde ich den Ausreißer willkommen heißen!«

Uns beiden stockte bei diesen unerwarteten Worten das Blut in den Adern. Ich selber kam mir vor wie in einem wüsten Traum und rang nach Worten, bis ich endlich mit zitternden Händen Eumolp, der gerade am Einschlafen war, an seinem Mantel zog und flüsterte: »Um Gottes willen, auf was für einem Schiff sind wir hier, sprich, wer fährt alles mit?« Er ärgerte sich über die Störung und schimpfte: »Hast du dieses

Versteck auf dem Deck ausgesucht, um niemanden zur Ruhe kommen zu lassen? Was interessiert es dich, wenn ich dir sage, daß Lichas aus Tarent Schiffsherr ist, der die verbannte Tryphäna nach Tarent bringt!«

Ich war wie vom Blitz getroffen, zitternd entblößte ich meine Kehle und rief: »Fortuna, endlich hast du mich ganz vernichtet!« Giton hatte sich an meine Brust geworfen und rang lange nach Luft. Der ausbrechende Schweiß brachte uns wieder zur Besinnung; ich umschlang die Knie des Eumolp und rief: »Erbarme dich zweier Sterbender und reiche uns im Namen unserer gemeinsamen Interessen deine hilfreiche Hand; wir sind des Todes, wenn du nicht beistehst, und es würde noch eine Erlösung sein!«

Eumolp war über unsere Verzagtheit bestürzt und beteuerte bei allen Göttern und Göttinnen, keine Ahnung zu haben, worum es gehe; er habe nicht die geringste böse Absicht gehabt, als er uns aus edelsten Beweggründen und in ehrlichster Überzeugung auf dies Schiff gebracht habe, das zu benutzen er schon längst im Sinn hatte.

»Was für Gefahren drohen denn überhaupt?« fragte er. »Es fährt doch kein Hannibal mit uns? Lichas aus Tarent ist ein braver Mann und nicht nur Besitzer des Schiffes, dessen Kommando er führt, sondern auch Herr über Ländereien und ein Handelshaus und hat Handelsware geladen. Das also ist der Kyklop und Pirat, dem wir unsere Überfahrt verdanken; und dann ist noch Tryphäna da, die allerschönste Frau, die aus reinem Zeitvertreib in der Welt spazierenreist.«

»Und genau das sind die Leute«, rief Giton, »denen wir am wenigsten begegnen wollen!« und erzählte dem neugierigen Eumolp in Kürze den Grund ihres Hasses und unserer Gefahr.

Eumolp war sprachlos und ratlos und forderte uns auf, Vorschläge zu machen: »Nehmt an, wir wären in die Höhle des Kyklopen geraten! Wir müssen einen Ausweg finden, wenn wir uns keinen Schiffbruch wünschen, der uns aus aller Not befreit.«

»Natürlich nicht«, rief Giton, »aber du kannst den Steuermann überreden, irgendeinen Hafen anzusteuern, natürlich gegen eine Belohnung; sage ihm, daß dein Freund seekrank ist und in den letzten Zügen liegt. Du kannst die Ausrede durch aufgeregte Gebärden und ein paar Tränen glaubhaft machen, damit der Steuermann dir schon aus Mitleid Gehör schenkt.«

Eumolp hielt das für aussichtslos ... »weil große Schiffe nicht gern kleine Häfen anlaufen und es außerdem unwahrscheinlich ist, daß der Freund so schnell stirbt. Dazu kommt noch, daß Lichas aus seinem Verantwortungsgefühl heraus den Kranken wahrscheinlich wird sehen wollen. Du siehst, daß dies erst recht dazu führen würde, den Mann auf die Ausreißer zu hetzen. Und setze weiter den Fall, das Schiff würde seinen Reiseweg ändern und es gelänge zu verhindern, daß Lichas seinen Krankenbesuch macht: Wie wollten wir das Schiff verlassen, ohne von allen gesehen zu werden? Sollen wir unsre Gesichter verhüllen oder sollen wir sie zeigen? Wenn wir sie verhüllen, würde man die Kranken doch wohl führen wollen. Wenn wir sie zeigen, so hieße das doch, daß wir uns selbst verraten.«

»Wie wäre es«, rief ich, »wenn wir etwas riskieren und an einem Tau in das Beiboot hinunterklettern, das Tau kappen und das übrige dem Zufall überlassen? Natürlich will ich nicht auch noch den Eumolp diesem Risiko aussetzen. Wie käme er dazu, sich unschuldig in fremde Gefahr zu begeben? Ich bin schon zufrieden, wenn wir glücklich davonkommen.«

»Kein schlechter Rat«, meinte Eumolp, »wenn Aussicht auf Erfolg bestünde. Wird uns wirklich niemand sehen? Doch wohl zumindest der Steuermann, der die ganze Nacht über wach bleibt und den Lauf der Gestirne beobachtet. Und gesetzt den Fall, man wollte ihn, auch wenn er nicht schläft, überlisten, indem man die Flucht an irgendeiner anderen Stelle des Schiffs versucht: Man müßte eben doch zum Heck hinabklettern, wo das Tau längs des Steuerruders hinunterhängt und das Boot schleppt. Außerdem wundert mich, Enkolp, daß du nicht daran gedacht hast, daß ein Matrose Tag und Nacht als Wache im Boot liegt, den man doch nicht einfach totschlagen oder ins Wasser werfen kann. Überlegt doch selbst, ob ihr den Mut dazu habt! Was übrigens mich betrifft, so scheue ich keine Gefahr, die uns Aussicht auf Rettung bietet. Aber das Leben einfach sinnlos aufs Spiel setzen, das ist doch wohl nicht euer Ernst?

Aber hört, ob euch mein Vorschlag überzeugt: Ich will euch

in zwei Decken einwickeln und mit Riemen zusammenschnüren und lege euch als Gepäck zwischen meine Sachen; natürlich lassen wir ein Loch für den Mund frei, damit ihr atmen und essen könnt. Dann werde ich jammern, daß meine Sklaven aus Furcht vor einer schweren Strafe bei Nacht ins Meer gesprungen sind! Wenn wir später in einem Hafen sind, kann ich euch, ohne Argwohn zu erregen, mit dem Gepäck herausschaffen.«

»Wunderbar«, sagte ich, »wir werden wie Klötze eingepackt, als ob uns der Hintern keinen Streich spielen könnte! Als ob wir nicht niesen und schnarchen würden! Als ob ein solcher Streich schon einmal geglückt wäre! Nimm an, wir würden es einen Tag in unseren Fesseln aushalten: Was passiert, wenn uns eine Flaute oder Gegenwind aufhalten? Was machen wir dann? Zu lange zusammengeschnürte Kleider bekommen Falten, zu lange zusammengefaltetes Papier vergilbt. Wir jungen Kerle sind an solche Strapazen nicht gewöhnt und sollen uns wie Statuen einpacken und verschnüren lassen? Nein, wir müssen einen anderen Ausweg finden, um uns zu retten.

Hört, was mir eingefallen ist. Eumolp hat als Gelehrter bestimmt Tinte mit. Damit können wir uns vom Scheitel bis zur Sohle schwarz färben. So werden wir dir gerne als Negersklaven, und ohne Angst vor Folterqualen, zu Diensten stehen und dank unserer neuen Hautfarbe unsere Gegner überlisten.«

»Willst du uns«, meinte Giton, »nicht vielleicht auch noch beschneiden, damit man uns für Juden hält, oder die Ohren durchstechen, damit wir als Araber auftreten können, oder das Gesicht mit Kreide anmalen, damit wir als Gallier herumlaufen? Als ob die Hautfarbe über die Merkmale täuschen könnte, deren Übereinstimmung es erst ermöglicht, daß die Irreführung glückt. Angenommen, die Farbe würde einige Zeit haften; angenommen, die Wasserspritzer würden keine Flecken auf dem Körper hinterlassen und die Kleider würden nicht ankleben, da Tinte oft genug schon wie Klebstoff wirkt: Wären wir dann außerdem in der Lage, uns häßliche Wulstlippen zuzulegen? Können wir unsere Haare mit dem Brenneisen kräuseln? Unsere Stirn mit Narben tätowieren? Mit krummen Beinen herumlaufen? Auf den Fersen daherwatscheln? Uns exotische Bärte ankleben? Mit künstlicher Farbe machen wir uns schmutzig, aber unser Aussehn ändert sich nicht. Hört einen Vorschlag der Verzweiflung: Wir binden uns die Kleider über den Kopf und stürzen uns ins tiefste Meer!«

»Das wäre eine Schande vor Göttern und Menschen«, rief Eumolp, »daß ihr euer Leben auf so schimpfliche Weise beschließt! Tut lieber, was ich euch sage. Mein Sklave, wie ihr von seinem Rasiermesser her wißt, ist Barbier; er soll euch beiden jetzt gleich nicht nur den Kopf, sondern auch die Augenbrauen rasieren. Dann komme ich und male euch ein schönes Zeichen auf die Stirn, daß ihr ausseht wie gebrandmarkte Sträflinge. Diese Buchstaben werden erstens den Verdacht eurer Verfolger irreführen und sich außerdem wie ein Schatten über eure Gesichtszüge legen.«

Die Täuschung wurde unverzüglich ins Werk gesetzt, und wir schlichen uns still und leise auf die eine Seite des Schiffs und ließen uns von dem Barbier Kopf und Augenbrauen glattrasieren. Eumolp malte uns beiden ganz große Buchstaben auf die Stirn und schrieb uns das berüchtigte Flüchtlingszeichen mit großzügiger Hand quer über das ganze Gesicht. Ein unglücklicher Zufall wollte es jedoch, daß einer der Mitreisenden, der sich gerade über Bord neigte, um seinen seekranken Magen zu erleichtern, bemerkte, wie der Barbier ganz zur Unzeit im Mondschein sein Handwerk ausübte. Er fluchte über das böse Vorzeichen, das an das letzte Gelübde Schiffbrüchiger erinnerte, und legte sich dann wieder hin. Wenn wir auch so taten, als hätten wir die Verwünschung des seekranken Reisegefährten überhört, befiel uns doch wieder unsere alte Mutlosigkeit; wir beobachteten Stillschweigen und verbrachten die restlichen Nachtstunden in unruhigem Schlummer.

Den andern Morgen ging Eumolp, sobald er merkte, daß Tryphäna aus dem Bette sei, in die Kammer des Lichas und nachdem er von der glücklichen Schiffahrt, welche der heitre Himmel verspräche, gesprochen hatte, sagte Lichas zu Tryphäna:

»Mir ist, als wäre mir Priapus im Traum erschienen und hätte gesagt: Wenn du den Enkolp suchst, so wisse, daß ich ihn auf dein Schiff geführt habe!« Tryphäna erschrak und sagte: »Man könnte denken, wir hätten zusammen geträumt; mir war nämlich, als hätte das Neptunbild, das ich im Tempel von Baiae gesehen habe, zu mir gesagt: Auf dem Schiff des Lichas wirst du Giton wiederfinden!«

»Du siehst«, erwiderte Eumolp, »daß Epikur ein gottbegnadeter Mann war, der solche Albernheiten auf witzige Weise lächerlich gemacht hat.«

Aber Lichas meinte, als er für den Traum der Tryphäna ein Opfer dargebracht hatte: »Niemand hindert uns, das Schiff zu durchsuchen, um uns nicht dem Verdacht auszusetzen, daß wir die Werke der Vorsehung mißachten!«

Da rief plötzlich der Kerl, der uns Ärmste in der Nacht bei unserem heimlichen Tun überrascht hatte, ein gewisser Hesus: »Das sind sicher die gleichen, die sich heute nacht im Mondenschein rasieren ließen und damit wahrhaftig das denkbar schlechteste Beispiel gegeben haben! Soviel ich weiß, ist es keinem Sterblichen erlaubt, sich an Bord eines Schiffes die Nägel oder Haare schneiden zu lassen, außer wenn Sturm droht!«

Bei diesen Worten wurde Lichas bleich vor Zorn und rief: »So! Da hat sich jemand auf dem Schiff die Haare schneiden lassen, und dazu noch mitten in der Nacht? Schafft mir sofort die Schuldigen zur Stelle, damit ich weiß, welche Köpfe mir für das Schiff zu büßen haben!«

»Ich habe es befohlen«, sagte Eumolp, »und da ich auf dem gleichen Schiff reise, habe ich bestimmt nicht an ein böses Vorzeichen gedacht; aber weil diese Strolche so lange und struppige Haare hatten, habe ich Befehl gegeben, sie den Verbrechern abzuschneiden, damit es auf unserem Schiff nicht wie in einem Gefängnis aussieht; außerdem sollten ihre Buchstaben nicht unter den Haaren versteckt bleiben, sondern in ihrer vollen Größe jedem in die Augen fallen. Neben anderen Streichen haben die Halunken mein Geld bei einer gemeinsamen Freundin verjubelt, bei der ich sie vergangene Nacht erwischt habe, noch von Wein und Salböl triefend. Kurz und gut, noch jetzt duften sie nach den Resten meines Vermögens!«

So wurde denn, um den Schutzgeist des Schiffes auszusöhnen, beschlossen, daß jeder von uns vierzig Streiche erhalte. Unverzüglich ging man ans Werk: Die wütenden Matrosen fielen mit dem Tau über uns her und versuchten, den Schutzgeist durch unser Blut zu beschwichtigen. Ich verdaute drei

Streiche mit der Gelassenheit eines Spartaners. Giton aber brüllte gleich beim ersten Hieb so fürchterlich, daß seine ihr bestens bekannte Stimme in Tryphänas Ohren gellte. Und nicht nur die Herrin, auch alle Mägde wurden durch den vertrauten Klang angelockt und eilten herbei, um den armen Dulder zu sehen. Giton hatte durch sein bezauberndes Aussehen die Matrosen schon entwaffnet, das besser als jedes Wort das Mitleid seiner Peiniger ansprach, als die Mägde alle zugleich ausriefen: »Das ist ja Giton, Giton ist das, Schluß mit der Quälerei; Giton ist es, Herrin, komm zu Hilfe!« Tryphäna schenkte ihnen nur zu gern ein williges Ohr und lief zu dem Burschen hinüber.

Lichas, der mich von früher her noch in Erinnerung hatte, kam herbeigerannt, als hätte er meine Stimme ebenfalls gehört, sah mir weder auf die Hände noch ins Gesicht, sondern senkte seine Blicke sofort dahin, wohin auch seine geschäftige Hand griff, und rief: »Willkommen, Enkolp!«

Kann sich da noch jemand wundern, daß einst die Amme des Odysseus nach zwanzig Jahren die Narbe wiedererkannte, die ihn kennzeichnete, wenn dieser Schlaukopf trotz allen veränderten Merkmalen an Gesicht und Körper so scharfsinnig gleich dies einzig treue Kennzeichen des Flüchtlings erwischte! Tryphäna brach in Tränen aus, getäuscht durch die vermeintlichen Zeichen unserer Verurteilung – sie hielt nämlich die Brandmale für echt –, und erkundigte sich wehleidig, in welchem Gefängnis wir Ausreißer gesteckt und wessen grausamen Händen wir diese Strafe zu verdanken hätten. Allerdings hätten wir durchaus eine Bestrafung verdient für unsere Flucht, nachdem wir ihr Wohlwollen so hätten in Haß umschlagen lassen . . .

Lichas sprang wütend dazwischen und rief: »Du einfältiges Frauenzimmer! Als ob diese Male vom Eisen herrührten, mit dem die Buchstaben eingebrannt werden! Wäre diese Stirn nur wirklich gebrandmarkt! Das wäre ein Trost für uns! Aber sie haben uns ein Theater vorgemacht und uns mit ihrer aufgemalten Inschrift zum Narren gehalten!«

Tryphäna wollte Mitleid mit uns haben, weil sich ihre Hoffnung auf Wollust noch nicht ganz verloren hatte, aber Lichas erinnerte sich noch an sein verführtes Weib und die

Rasch machte ich mich von ihrer Hand los, als wäre sie eine Kette, sagte schnell Lebewohl und eilte wahnbesessen zurück in Milos Haus. SEITE 357

Beschimpfung in der Halle des Herkulestempels und brüllte mit wutentstellten Zügen: »Ich glaube, du siehst jetzt selber ein, Tryphäna, daß die unsterblichen Götter das Geschick der Menschen lenken. Sie haben die Schuldigen ahnungslos auf unser Schiff geführt, und daß sie es getan haben, das haben sie uns in unseren wunderbar übereinstimmenden Träumen angezeigt. Sage selbst, ob wir denjenigen verzeihen dürfen, die uns ein Gott zur Bestrafung ausgeliefert hat. Ich bin wahrhaftig kein Wüterich, aber ich möchte nicht die Strafe erleiden, die ich ihnen erlasse.«

Durch diese scheinheilige Rede umgestimmt, erklärte Tryphäna, sie widersetze sich nicht unserer Bestrafung, im Gegenteil, sie trete sogar ausdrücklich für eine gerechte Strafe ein. Auch sie selber habe kein geringeres Unrecht erlitten als Lichas, da ihr Schamgefühl und ihre Würde in aller Öffentlichkeit in Frage gestellt worden seien.

Sobald Lichas gewahr wurde, daß Tryphäna einmütiglich mit ihm zur Rache geneigt sei, so befahl er, die Strafe zu vollziehen. Wie Eumolp dieses gehört hatte, so sucht' er ihn mit folgendem zu besänftigen. »Diese Unglückseligen«, sagt' er, »deren Leben in deiner Hand ist, flehen deine Barmherzigkeit, o Lichas, an . . .

. . . Ich, eine nicht ganz unbekannte Persönlichkeit, wie ich glaube, bin mit der Aufgabe betraut und gebeten worden, die ehemals durch freundschaftlichste Beziehungen verbundenen Parteien wieder auszusöhnen. Ihr meint doch nicht, daß diese jungen Männer ganz zufällig in eure Netze gegangen sind, da sich schließlich jeder Reisende vor allem darum kümmert, wessen Obhut er sich anvertraut. Laßt daher eure Herzen erweichen und begnügt euch mit der erhaltenen Genugtuung; laßt die freien Leute gehen, wohin sie wollen! Selbst strenge und unversöhnliche Gebieter bezähmen ihre Grausamkeit, wenn Geflohene reumütig zurückkehren; und jeder ist gewohnt, auch Feinde zu schonen, die sich ergeben haben. Was verlangt ihr noch mehr und was wollt ihr überhaupt? Da liegen freie und edle Jünglinge euch zu Füßen und flehen um Gnade, und was noch mehr ist, Jünglinge, die euch früher in freundschaftlichem Umgang vertraut waren. Wahrhaftig, selbst wenn sie euch Geld gestohlen hätten, würdet ihr mit der

Bestrafung, die ihr vor Augen habt, zufrieden sein können. Ihre Unterwerfung ist ihnen auf die Stirn geschrieben, ihre freien Gesichter sind durch freiwillige Sühne gezeichnet.«

Da fiel Lichas dieser Fürbitte für die Übeltäter ins Wort und sagte: »Du darfst die Tatsachen nicht durcheinanderbringen, sondern gehe die verschiedenen Punkte der Reihe nach durch. Erstens, wenn sie freiwillig gekommen sind, warum haben sie sich dann ihre Köpfe kahl scheren lassen? Wer sich unkenntlich macht, der hat Betrug im Sinne, nicht Sühne. Weiterhin, wenn sie durch deine Fürsprache um Begnadigung bitten, warum hast du dann alles getan, um diese deine Schützlinge zu verstecken? Daraus geht doch hervor, daß die Halunken durch Zufall ins Netz gegangen sind und du nach Ausflüchten suchst, um sie dem Zugriff unseres Zornes zu entziehen. Du willst uns ins Unrecht setzen, indem du sie als freie, edle Männer bezeichnest, aber sieh dich vor, daß du nicht durch deine Dreistigkeit ihre Situation noch verschlechterst. Was sollen denn die Geschädigten tun, wenn sich die Schuldigen der Bestrafung stellen? Natürlich waren sie unsere Freunde: Aber um so größere Strafe haben sie verdient; wer Fremde schädigt, ist ein Räuber, aber wer seine Freunde schädigt, ist nicht besser als ein Mörder des eigenen Vaters!«

Eumolp ging auf diese schwerwiegenden Argumente ein und sagte: »Ich verstehe, daß du diesen armen Kerlen vor allem die nächtliche Kopfschur zum Vorwurf machst: Hieraus schließt du, daß sie zufällig und nicht freiwillig auf das Schiff gekommen sind. Ich wünschte, daß euch diese Tatsache so leicht eingeht, wie sie sich ganz selbstverständlich zugetragen hat. Sie hatten nämlich den Wunsch, bevor sie an Bord gingen, ihren Kopf von dieser störenden und überflüssigen Last zu befreien, aber der vorzeitig einsetzende Wind zwang sie, ihr Vorhaben aufzuschieben. Sie hielten es auch für unwesentlich, wo sie ihren Entschluß zur Ausführung bringen, weil ihnen weder eine böse Vorbedeutung noch die Bräuche auf See bekannt waren.«

»Wieso aber war es erforderlich«, fragte Lichas, »die Köpfe völlig kahl zu scheren? Gewiß nicht, weil man mit Kahlköpfen mehr Mitleid hat. Doch was hat das überhaupt für einen Sinn, die Wahrheit beim Anwalt zu suchen! – Was hast du selber dazu zu sagen, du Strolch? Mit welchem Molchgift hast du dir die Augenbrauen weggebrannt? Welchem Gott hast du deine Haare geopfert? Rede, du Giftmischer!«

Ich war starr vor Entsetzen und aus Furcht vor der Strafe so verwirrt, daß mir kein Argument gegen die mehr als eindeutigen Tatsachen einfiel. Auch fühlte ich mich unsicher, weil ich durch die fehlenden Haare und Wimpern entstellt war und mit kahlem Kopfe dastand, so daß ich gar nichts mit Würde tun und sagen konnte. Wie mir aber mit einem nassen Schwamm das verweinte Gesicht abgewaschen wurde und mir dabei die aufgelöste Tinte über das ganze Antlitz floß, so daß alle Buchstaben wie hinter einer schwarzen Wolke verschwanden, da steigerte sich der Zorn des Lichas zur Erbitterung. Eumolp indessen erklärte, daß er nicht zulassen werde, daß freie Menschen wider Sitte und Gesetz mißhandelt würden, und trat den Drohungen der Wütenden nicht nur mit Worten, sondern auch mit seinen Fäusten entgegen. Dabei unterstützten ihn sein Sklave und der eine und andre der gebrechlichen Reisegefährten, mehr ein Trost als eine tatkräftige Hilfe in der Auseinandersetzung. Ich selber sprach kein Wort zu meiner Verteidigung, sondern hielt Tryphäna meine Faust unter die Augen und gab ihr klar und deutlich zu verstehen, daß ich von meinen Kräften Gebrauch machen würde, wenn sie sich nicht jeder Gewalttat gegen Giton enthielte, da sie als ein verdammtes Weib die einzige auf dem ganzen Schiff sei, die Prügel verdiene! Meine Unverfrorenheit erbitterte Lichas noch mehr, und er tobte, daß ich, statt mich um meine Angelegenheiten zu kümmern, noch für andere redete. Tryphäna war um nichts weniger wütend über meine Beschimpfung, und die Besatzung des ganzen Schiffes spaltete sich in zwei Parteien. Auf der einen Seite bewaffnete der Sklave und Barbier sich und uns mit seinem Werkzeug, auf der anderen Seite bereitete sich das ganze Gesinde Tryphänas mit nackten Händen auf einen Faustkampf vor, und sogar die Mägde mischten sich mit lautem Gekreisch ein. Der Steuermann brüllte, er werde seinen Posten verlassen, wenn die Verrücktheit dieser Wahnsinnigen nicht augenblicklich ein Ende nehme. Aber die Raserei der Streitenden ließ keineswegs nach, von denen die einen um ihre Rache, wir anderen um unser Leben kämpften. Auf beiden Seiten stürzten viele nieder, wenn auch keineswegs tot, und mehrere mußten sich mit blutenden Wunden wie aus einer Schlacht zurückziehen, keiner aber ließ von seiner Wut ab.

Da legte der kühne Giton das mörderische Rasiermesser an sein Glied und drohte, er werde sich die Ursache so vielen Unheils abschneiden; Tryphäna aber verhinderte diese ungeheuerliche Tat dadurch, daß sie ihm ihre vorbehaltlose Verzeihung gewährte. Ich selber setzte mein Schermesser wiederholt an meine Kehle, doch ebensowenig gewillt, mich umzubringen, wie Giton seine Drohung wahr machen wollte. Er konnte jedoch seine tragische Rolle um so dreister spielen, als er sich im Besitz des stumpfen Rasiermessers wußte, mit dem er sich schon vorher die Kehle hatte durchschneiden wollen.

Der Kampf ging also weiter und schien in eine regelrechte Schlacht auszuarten, als der Steuermann mit Mühe und Not erzwang, daß Tryphäna wie eine Friedensbotin einen Waffenstillstand ausrief. Nachdem man sich nach der Väter Sitte Treue gelobt hatte, holte sie vom Schutzgott des Schiffes einen Ölzweig und trat damit winkend kühn zwischen die Versammelten:

»Welcher Wahnsinn«, so rief sie, »schuf den Frieden zum Kriege?
Was verbrachen unsere Hände? Denn nicht entführte
Ein Trojaner auf diesem Schiff die Braut des Atriden,
Noch auch vergriff sich rasend Medea am Blute des Bruders:
Nein! hier herrscht nur verschmähte Liebe! Doch wehe, wer fordert
Mitten auf hohem Meer mit gezogener Waffe das Schicksal?
Wem genügt nicht der *eine* Tod? Nicht spottet des Meeres;
Reizt nicht die tobenden Strudel durch Ströme vergossenen Blutes!«

Als sie mit lärmender Stimme dies vorgetragen, legte sich die Streitlust allmählich, und die Hände ließen ab vom Kampf, bereit, Frieden zu schließen. Unser Anführer Eumolp nutzte die Gelegenheit zum ehrenvollen Rückzug, machte Lichas heftige Vorwürfe und setzte folgenden Wortlaut des Friedensvertrages auf: »Du, Tryphäna, verpflichtest dich auf Ehre und Gewissen: gegen Giton weder wegen des dir zugefügten Unrechts Klage zu erheben, noch ihm das, was vor diesem Tage geschehen ist, vorzuwerfen, ihn dafür zu bestrafen oder auf irgendeine Weise zu verfolgen; ferner: an den Knaben gegen dessen Willen keine Forderungen zu stellen, weder Kuß noch Umarmung noch fleischliche Vereinigung; widrigenfalls wirst du in jedem der angeführten Fälle einhundert Denare Buße zahlen. Desgleichen verpflichtest du dich, Lichas, auf Ehre und Gewissen: dem Enkolp weder durch beleidigende Worte noch Blicke nachzustellen, noch nachzuforschen, wo er die Nacht über schläft; solltest du aber nachgeforscht haben, so hast du für jede einzelne Verfehlung zweihundert Denare Buße zu zahlen.«

Dies war der Inhalt des Friedensvertrags, und nach seinem Abschluß legten wir die Waffen nieder; damit jedoch nach der Eidesleistung kein Groll in den Herzen zurückbleibe, waren wir einverstanden, alles Geschehene durch Versöhnungsküsse zu tilgen. Bei dem allgemeinen guten Willen legte sich der Haß; leckere Speisen wurden auf den Kampfplatz gebracht und beförderten die gute Laune und Eintracht aller Anwesenden. Über das ganze Schiff erscholl Gesang, und weil eine plötzliche Windstille eingetreten war, machte der eine mit dem Dreizack auf die aus dem Wasser schnellenden Fische Jagd, während ein andrer mit Angel und Köder die zappelnde Beute an Bord zog. Als sich auf den Segelstangen Seevögel niederließen, fing sie ein geschickter Vogelsteller mit Leimruten; die Vögel blieben in dem Geflecht hängen und konnten mit den Händen abgenommen werden. Ein Lufthauch entführte den leichten Flaum, und die Federn tanzten auf dem flüchtigen Schaum der Wogen dahin.

Schon hatte Lichas begonnen, mich freundlicher anzusehn, schon neckte Tryphäna den Giton mit dem verspritzten Rest in ihrem Becher, als Eumolp, den der Wein übermütig gemacht hatte, anfing, über unsere kahlen Köpfe und die Inschriften zu scherzen. Als seine frostigen Witze erschöpft waren, verfiel er wieder auf seine Dichterei und begann eine kleine Elegie auf unsere Lockenpracht vorzutragen:

Unserer Schönheit einziger Schmuck – dahin sind die Locken:

Blüten des Frühlings, entführt grimmig vom stürmenden Wind!
Nun entbehren die kahlen Schläfen den kostbaren Schatten.
Lachend der Kahlkopf sich sonnt, wo einst die Locken geprangt.
Treuloses Walten der Götter: das erste Geschenk und die Zierde
Unserer Jugend, die raubt ihr als erstes hinweg!

Armer! eben noch glänzten deine Locken,
Du wie Phoebus so schön und Phoebus' Schwester!
Aber kahler als Stahl und wie ein Pilz, den
Nackt im Garten entstehen läßt der Regen,
Mußt du fliehen vor hübscher Mädchen Spottlust!
Und du weißt nun: der Tod kommt immer näher;
Sieh, gestorben ist schon ein Teil des Hauptes!

Er wollte, glaube ich, noch mehr von sich geben und noch Läppischeres als das schon Gebotene, als eine Magd der Tryphäna den Giton unter Deck führte und den Jungen mit einer Perücke ihrer Herrin ausstaffierte. Sogar Augenbrauen holte sie aus einer kleinen Büchse hervor und klebte sie ihm so gut an Stelle der abrasierten an, daß er wieder in seiner alten Schönheit dastand. Nun erst erkannte Tryphäna ihren wahren Giton wieder, brach in Freudentränen aus und küßte den Burschen mit voller Hingabe. Natürlich freute ich mich auch darüber, daß der Junge seine frühere Schönheit wiedergewonnen hatte, doch verbarg ich um so öfter mein Gesicht im Bewußtsein meiner abstoßenden Häßlichkeit, dank der mich nicht einmal Lichas eines Wortes wert erachtete. Aber meiner Niedergeschlagenheit half die gleiche Magd ab, rief mich beiseite und verzierte mich mit einem nicht weniger stattlichen Haarschmuck; mein Gesicht erschien sogar noch weit anziehender, weil ich eine blonde Perücke trug.

Inzwischen begann Eumolp, unser Beistand in der Gefahr und der Stifter des gegenwärtigen Friedens, um unsere gute Laune durch Geschichten zu fördern, viele spöttische Bemerkungen über den Leichtsinn der Weiber zum besten zu geben:

wie leicht sie sich verlieben, daß sie sogar ihre Kinder vergessen; daß keine Frau so keusch sei, daß sie nicht durch eine plötzliche Leidenschaft in Raserei versetzt werden könne. Und er berufe sich dabei nicht auf alte Tragödien oder Namen aus der Geschichte, sondern vielmehr auf eine Begebenheit, die er selbst erlebt habe und die er erzählen wolle, wenn wir Lust hätten, ihm zuzuhören. Als sich aller Augen und Ohren ihm zugewandt hatten, begann er:

DIE WITWE VON EPHESUS

»In Ephesus lebte eine Frau, deren Keuschheit in so hohem Ansehn stand, daß auch die Frauen aus den Nachbarstädten kamen, um sie zu bewundern. Als sie ihren Mann zu Grabe tragen mußte, war sie nicht damit zufrieden, nach der landläufigen Sitte dem Trauerzug mit gelösten Haaren zu folgen und vor allem Volke die entblößte Brust zu schlagen, sondern sie begleitete den Abgeschiedenen bis in seine Gruft, in der er nach griechischer Sitte beigesetzt wurde, und begann bei ihm Wache zu halten und ihn Tag und Nacht zu beweinen. In ihrer Trauer suchte sie selber den Tod, indem sie alle Nahrung verweigerte, und es gelang weder ihren Eltern noch ihren Verwandten, sie umzustimmen; zuletzt mußte sogar der Magistrat unverrichteter Dinge wieder abziehen, und alle Welt beklagte dies einzigartige Beispiel einer Frau, die schon den fünften Tag ohne Nahrung zubrachte. Bei der Trauernden befand sich noch eine überaus treue Magd, die mit der Weinenden ihre Tränen vergoß und Öl nachfüllte, sooft die Lampe in der Gruft zu erlöschen drohte. In der ganzen Stadt wurde von nichts andrem gesprochen, und die Männer aller Stände räumten ein, daß es noch nie ein so leuchtendes Beispiel der Keuschheit und Liebe gegeben habe.

Nun hatte inzwischen der Statthalter der Provinz in der Nähe der Gruft, in der die Frau den eben gestorbenen Gatten beweinte, drei Gauner ans Kreuz schlagen lassen. Als in der nächsten Nacht ein Soldat, der die Kreuze bewachte, damit niemand einen der Leichname stehle und begrabe, ein helles Licht zwischen den Gräbern bemerkte und das Klagen und

Weinen hörte, wollte er nach einem Fehler des ganzen menschlichen Geschlechts gern wissen, um wen und um was es sich wohl handeln mochte. Er stieg in die Gruft hinab, und als er dort plötzlich eine so schöne Frau erblickte, stand er betroffen still, als hätte er ein Gespenst oder einen Schatten der Unterwelt gesehen. Als er dann aber auch den Leichnam liegen sah, die Tränen und das von Nägeln zerkratzte Gesicht bemerkte, begriff er den wahren Sachverhalt, daß die Frau den Verlust des Gestorbenen nicht zu ertragen vermochte, brachte seine Mahlzeit in die Gruft und begann die Trauernde zu ermahnen, nicht in sinnlosem Schmerz zu verharren und sich nicht in vergeblichen Seufzern zu verzehren: Alle müßten einmal sterben und würden auf der gleichen Ruhestätte enden; und was man sonst noch sagt, um die Wunden der Seele zu heilen. Aber durch die unerwarteten Trostworte schmerzlich erschüttert, zerschlug sie nur noch leidenschaftlicher ihre Brust und streute ihre ausgerauften Locken über den Leib des Toten.

Allein der Soldat gab nicht nach und versuchte unter fortgesetzten Ermahnungen die Frau zum Essen zu bewegen, bis endlich die Dienerin, verführt vom Duft des Weins, der freundlichen Aufforderung erlag und dem Soldaten die Hand entgegenstreckte und dann, nachdem sie sich durch Speise und Trank gestärkt hatte, mit ihm gemeinsam den Widerstand ihrer Herrin zu brechen suchte: ›Was nützt es dir‹, sagte sie, ›wenn dich der Hunger aufzehrt, wenn du dich lebendig begräbst, wenn du, ehe das Schicksal es verlangt, die Seele freiwillig aushauchst?

Glaubst du, es danken dir Asche und Schatten der Toten
dein Opfer?

Kehre wieder ins Leben zurück! Lege deinen weiblichen Irrtum ab und genieße, solange es gegönnt ist, Freude und Sonnenlicht! Selbst der Leib dieses Toten hier sollte dich an das Leben erinnern.‹

Niemand hört es ungern, wenn ihm zugeredet wird, etwas zu essen und zu leben. So ließ sich auch die Frau, ausgehungert vom mehrtägigen Fasten, von ihrem Starrsinn abbringen und aß von der Speise mit nicht geringerem Appetit als ihre Dienerin, die als erste der Versuchung erlegen war.

Man weiß nur zu gut, wonach es den Menschen am meisten verlangt, wenn er gut gegessen hat. Mit den gleichen Schmeicheleien, mit denen der Soldat die Frau bewogen hatte weiterzuleben, setzte er nun auch ihrer Keuschheit zu. Und bei aller Zurückhaltung erschien ihr der junge Mann weder häßlich noch ungewandt, und die Dienerin half treulich nach und rief:

... gegen besseres Wissen bekämpfst du die Liebe!

Was soll ich euch weiter aufhalten? Die Frau fastete auch hier nicht länger, und der unüberwindliche Soldat hatte sie in beiden Fällen besiegt.

Sie lagen aber nicht nur diese eine Nacht beisammen, in der sie Hochzeit machten, sondern auch den nächsten und den dritten Tag; natürlich bei verschlossenen Grufttüren, damit jeder, Bekannter oder Unbekannter, der zum Grabe käme, überzeugt sei, die keuscheste aller Frauen habe über der Leiche ihres Mannes die Seele ausgehaucht. Der Soldat aber genoß nicht nur die Schönheit der Frau, sondern auch die Heimlichkeit des Abenteuers und kaufte, was er an guten Dingen mit seinen Mitteln auftreiben konnte, um es bei einbrechender Nacht in die Gruft zu bringen.

Als aber die Verwandten eines der Gekreuzigten sahen, daß keine Wache mehr da war, nahmen sie bei Nacht ihren Toten vom Kreuz und erwiesen ihm die letzte Ehre. Der in seinem Dienst nachlässige Soldat wurde betrogen und sah am nächsten Morgen, daß eines der Kreuze leer war, und in seiner Angst vor schwerer Strafe erzählte er der Frau, was geschehen war: Er wolle das Urteil des Richters nicht erst abwarten, sondern mit seinem Schwert selber die Strafe für seinen Leichtsinn vollziehen. Sie möge ihm nur gestatten, sein Leben hier zu beschließen, damit den Gatten und den Freund das gleiche Grab umfange.

Die Frau war nicht weniger mitleidig, als sie keusch war, und rief: ›Die Götter wollen nicht zulassen, daß ich die beiden Menschen, die mir am liebsten waren, in einem Grabe vereint zu beklagen habe! Lieber will ich den Toten ans Kreuz hängen, als daß ich auch noch den Lebenden verliere!‹

Nach diesen Worten befahl sie, den Leichnam ihres Mannes aus dem Sarge zu heben und an das leere Kreuz zu schlagen.

Der Soldat machte von dem glücklichen Einfall der überklugen Frau gern Gebrauch, und am nächsten Morgen wunderten sich die Leute, wie es der Tote wohl fertig gebracht haben mochte, hinauf ans Kreuz zu kommen.«

Die Seeleute nahmen die Geschichte mit Lachen auf, aber Tryphäna wurde rot und schmiegte ihr Gesicht zärtlich an Gitons Nacken. Lichas lachte nicht, sondern schüttelte zornig den Kopf und sagte: »Wäre der Statthalter ein gerechter Mann gewesen, so hätte er die Leiche des Gatten wieder ins Grab zurückbringen und die Frau ans Kreuz schlagen lassen!«

Zweifellos dachte er dabei an Hedyle und sein auf der Liebesfahrt geplündertes Schiff. Doch verbot ihm der Friedensvertrag solche Gedanken, und die allgemeine Fröhlichkeit bot keine Gelegenheit für einen Zornesausbruch.

Tryphäna lag auf Gitons Schoß und bedeckte bald seine Brust mit Küssen, bald strich sie über sein der Locken beraubtes Gesicht. Ich war traurig und ärgerte mich so sehr über den neuen Vertrag, daß ich weder essen noch trinken konnte, sondern beide mit wütenden Seitenblicken streifte. Alle Küsse, alle Zärtlichkeiten, die das lüsterne Weib ersann, waren ein Stich in mein Herz. Aber noch wußte ich nicht, ob ich mehr dem Kerl böse sein sollte, der mir die frühere Geliebte raubte, oder der Geliebten, weil sie mir den Jungen verführte: Beides war mir ein Dorn im Auge, schmerzlicher als die überstandene Gefangenschaft. Dazu kam noch, daß weder Tryphäna mich als Freund und früher willkommenen alten Bekannten behandelte, noch Giton mich auch nur eines flüchtigen Zutrunks würdigte oder mich wenigstens an der allgemeinen Unterhaltung beteiligte. Ich glaube, er hatte Angst, daß nach der so rasch erfolgten Aussöhnung die noch frische Wunde wieder aufbrechen könnte. Tränen der schmerzlichen Erbitterung fielen auf meine Brust, und ein von Seufzern verdecktes Stöhnen wollte mir fast das Herz im Leibe ersticken.

Indem ich in dieser Verfassung da saß, wurde Lichas aufs neue wieder gegen mich entzündet, weil ich vielleicht in meinen blonden Locken ihn noch mehr reizte. Er liebäugelte mir und . . .

... versuchte, ob er wieder seine Lust bei mir finden könne; er legte seine Stirn nicht in strenge Falten, sondern bemühte sich um eine freundschaftliche Annäherung.

Allein alles war vergeblich. Endlich verwandelte sich seine verachtete Liebe in Wut, und mit Gewalt wollt' er seine Wünsche befriedigen. Indem kam unerwartet Tryphäna zu uns, und bemerkte seine Unmäßigkeit. Beschämt bracht' er sich, so geschwind er konnte, wieder in Ordnung und floh von dannen.

Dieser Anblick hatte alle Begierden der Tryphäna erregt, sie fragte mich: Was wollte Lichas mit dir machen? und mit Gewalt brachte sie mich zum Geständnis. Nach dieser Erzählung brach alles in Flammen bei ihr aus, sie erinnerte mich an unsere alte Vertraulichkeit und den Genuß des vorigen Vergnügens. Aber ich, von so viel Strapazen abgemattet, wollte mich zu nichts verstehen. Wütend überfiel sie mich nun mit ihren Umarmungen, und drückte mich so heftig an sich, daß ich schreien mußte. Eine von ihren Mägden lief darauf herbei, und glaubte nicht anders, als daß ich verlangte, was ihre Frau haben wollte, und trennte uns beide von einander. Tryphäna vor Begierde lechzend schimpfte und schmähte, daß ich sie so verachtet hatte, drohte und ging zu Lichas, um ihn desto mehr gegen mich aufzuhetzen, daß sie beide gemeinschaftlich sich an mir rächen könnten.

Sagen muß ich euch aber, daß mich dieses Mädchen vor diesem, da ich der Liebling von ihrer Frau war, sehr liebte; also war es ihm sehr empfindlich, mich mit der Tryphäna überrascht zu haben; es seufzte und war sehr begierig, alles von mir zu wissen. Endlich nach einiger Überwindung brach es in folgendes aus:

»Wenn du nur einen Tropfen anständiges Blut im Leibe hast, so wirst du sie nicht höher einschätzen als eine Dirne. Wenn du ein Mann bist, rennst du keiner Hure nach.«

Alles dieses quälte mich sehr.

Am meisten aber machte mir Sorge, vor Eumolp zu verheimlichen, was vorging, weil er sich sonst als geschwätziger Poet in Versen rächen würde.

Da ich aber darauf dachte, dieses zu verhindern, so kam er selbst zu mir und wußte alles, was sich zugetragen hatte; denn Tryphäna hat es dem Giton erzählt, indem sie dadurch sich bei ihm schadlos zu halten suchte. Eumolp erzürnte sich sehr darüber, insbesondere deswegen, weil dadurch die Friedensartikel gebrochen waren.

Sobald mich der Alte erblickte, bedauerte er mich und bat, daß ich ihm alle Umstände erzählen sollte. Ich erzählte ihm also aufrichtig, wie mir Lichas und Tryphäna begegnet wären. Nachdem er dieses gehört hatte ...

... schwur Eumolp in aller Form ...

... *mich zu rächen, indem selbst die Götter dieses Verbrechen nicht unbestraft vorbeilassen könnten.*

Während dieser und ähnlicher Gespräche wurde das Meer unruhig, und von allen Seiten zogen Wolken auf, deren Schwärze das Tageslicht verdüsterte. Die Seeleute begaben sich rasch auf ihren Posten und refften die Segel vor dem Sturm. Aber weder trieb der Wind die Wogen in eine bestimmte Richtung noch wußte der Steuermann, welchen Kurs er halten sollte. Einmal jagte uns der Wind gegen Sizilien, dann wieder, und zumeist, trieb der Nordoststurm, der Herrscher der italischen Küste, unser ihm ausgeliefertes Schiff hierhin und dorthin, und was noch schlimmer war als der ganze Sturm: die plötzlich hereinbrechende Finsternis löschte jedes Licht aus, so daß der Steuermann nicht einmal mehr das Vorschiff überblicken konnte. Als das Unwetter in der Tat seinen Höhepunkt erreicht hatte, kam Lichas mit flehend aufgehobenen Händen auf mich zu und rief: »Enkolp, hilf uns in der Not! Gib dem Schiff das Heilige Gewand und das Sistrum zurück! Bei den Göttern, erbarme dich, du hast doch ein mitleidiges Herz!«

Während er noch jammerte, schleuderte ihn der Sturm ins Meer, aus dem er wieder auftauchte, bis ihn eine riesige Woge bedeckte und der Abgrund verschlang. Die schon fast bewußtlose Tryphäna wurde von den treuesten ihrer Sklaven ergriffen, in ein Rettungsboot geschafft und mit dem größten Teil ihrer Habe dem sicheren Tode entrissen.

Weinend umarmte ich Giton und rief: »Haben wir das von den Göttern verdient, daß sie uns erst im Tod vereinen! Und nicht einmal das will das grausame Schicksal zulassen. Sieh, schon will die Flut unser Schiff zum Kentern bringen, sieh, schon will das zürnende Meer die Umarmung der Liebenden lösen. Wenn du deinen Enkolp wirklich liebst, dann küsse mich, solange es noch vergönnt ist, und entreiße dem sich erfüllenden Geschick diese letzte Wonne!«

Als ich das gesagt hatte, legte Giton sein Gewand ab und bot mir, von meiner Tunika bedeckt, sein Gesicht zum Kuß. Und damit keine mißgünstige Woge die Aneinandergeklammerten zu trennen vermöchte, schlang er seinen Gürtel um uns beide und rief: »Wenn uns sonst nichts bleibt, so wird uns das Meer länger vereint dahintragen, oder wenn es uns aus Mitleid an das gleiche Gestade spülen sollte, wird uns vielleicht ein Wanderer aus herkömmlichem Erbarmen mit einigen Steinen bedecken, oder, was selbst die zürnenden Wogen als letzte Gunst gewähren, der fühllose Sand wird uns zudecken.« Ich ließ mir dies letzte Liebesband gern gefallen und sah, wie auf dem Sterbebett ausgestreckt, dem Tod jetzt weniger furchtsam entgegen.

Inzwischen führte der Sturm die Befehle des Schicksals aus und zerbrach, was noch übrig war vom Schiff. Mast, Steuer, Taue und Ruder waren dahin; wie ein hilfloses riesiges Stück Holz trieb das Wrack mit den Wellen. Auf einmal kamen Fischer auf kleinen Booten rasch herangerudert, um Beute zu machen. Als sie aber Leute sahen, die bereit waren, ihre Habseligkeiten zu verteidigen, wandelte sich ihre Grausamkeit in Hilfe.

Da hörten wir ein sonderbares Murren und Knurren, wie von einem gefangenen Raubtier, aus der Kajüte des Steuermanns heraufdringen. Wir gingen dem Geräusch nach und fanden Eumolp dasitzen und ein riesiges Stück Pergament mit Versen bedecken. Wir waren starr vor Staunen, daß er angesichts des Todes noch Zeit fand, Gedichte zu machen, zogen ihn trotz seines Geschreis heraus und forderten ihn auf, vernünftig zu sein. Aber er fühlte sich gestört, wurde wütend und brüllte: »Laßt mich noch meinen Satz zu Ende schreiben; der Schluß meines Gedichts ist gleich fertig!« Ich packte den Tobenden und bat Giton, mir zu helfen, den brüllenden Dichter an Land zu zerren.

Als das endlich geschafft war, betraten wir in gedrückter Stimmung eine Fischerhütte, stärkten uns, so gut es ging, an den durch den Schiffbruch verdorbenen Speisen und verbrachten eine ganz elende Nacht. Während wir am anderen Tag berieten, in welcher Richtung wir unser Heil suchen sollten, sah ich plötzlich, wie ein menschlicher Körper von den leichten Wellen gegen den Strand getrieben wurde. Schmerzlich berührt blieb ich stehen, blickte mit feuchten Augen auf das trügerische Meer und sagte: »Auch auf diesen wartet vielleicht in irgendeinem Winkel unserer Erde eine nichtsahnende Gattin, vielleicht ein Sohn, der von dem Sturm nichts weiß, oder ein Vater, dem er vielleicht beim Abschied noch einen letzten Kuß geschenkt hat! Das ist das Los der Sterblichen, das ist die Erfüllung ihrer großen Pläne! Der Mensch – ein Spiel der Wellen!«

Noch beklagte ich ihn als Fremden, als eine Woge ihn mit unversehrtem Gesicht ans Land spülte und ich den noch vor kurzem so zornigen und unversöhnlichen Lichas erkannte, der jetzt fast zu meinen Füßen lag. Da konnte ich mich der Tränen nicht erwehren, ich schlug mir wieder und wieder die Brust und rief: »Wo sind nun dein Zorn, deine Maßlosigkeit! Nun liegst du da als Beute der Fische und der wilden Tiere, der du so stolz warst auf deine Kraft und Macht; jetzt bleibt dir von deinem großen Schiff nicht einmal mehr das Täfelchen der Schiffbrüchigen. So enden sie, die Sterblichen, deren Brust von großen Plänen schwillt. So enden sie, die Klugen, mit ihrem für tausend Jahre betrügerisch zusammengerafften Reichtum. Ja! noch gestern rechnete er seinen Gewinn aus! Ja! er hat im Geiste schon den Tag seiner Heimkehr bestimmt! Götter und Göttinnen, wie weit vom Ziel liegt er nun da! Aber nicht allein das Meer lohnt dem Menschen mit solcher Treue! Auch den Krieger lassen seine Waffen im Stich; den Betenden begraben die Trümmer des eigenen Hauses; der Eilige stürzt vom Wagen und gibt seinen Geist auf, der Gierige erstickt am Bissen im Hals und der Hungernde stirbt an Entbehrung. Wenn du es recht bedenkst: jeder erleidet Schiffbruch. Den Ertrunkenen freilich ist kein Grab beschieden. Aber was für einen Unterschied macht das, welches Element den vergänglichen Leib zerstört, das Feuer oder das Wasser oder die Zeit? Was du auch tust, das Ende ist immer gleich. Und wenn die wilden Tiere den Leib zerfleischen? Als ob das Feuer sanfter mit ihm umginge; ist doch gerade der Feuertod in unserer Vorstellung der grausamste, wenn wir unseren Sklaven damit drohen! Was für eine Torheit ist das, so viel zu unternehmen, um nicht unbestattet zu bleiben!«

Nach dieser Betrachtung erwiesen wir dem Leichnam die letzten Pflichten.

Wir verbrannten den Lichas auf einem mit noch zaghaften Händen errichteten Scheiterhaufen. Eumolp aber, einem Gedenkspruch auf den Toten nachsinnend, folgte seinen Gedanken und ließ seine Augen in die Ferne schweifen.

Nachdem wir Lichas gern diesen letzten Dienst erwiesen hatten, machten wir uns, wie beschlossen, auf den Weg und erstiegen in kurzer Zeit in Schweiß gebadet einen Berg, von dem aus wir in nicht zu großer Entfernung eine Stadt auf einer Anhöhe liegen sahen. Als Fremde wußten wir nicht, um welche Stadt es sich handelte, bis wir von einem Bauern erfuhren, daß es Kroton sei, eine sehr alte Stadt und die frühere Hauptstadt Italiens. Als wir uns genauer erkundigten, was für Leute auf so berühmtem Boden wohnten und welche Art Gewerbe sie mit Vorliebe betrieben, nachdem so viele Kriege ihre Reichtümer aufgezehrt hatten, erwiderte er: »Meine Freunde, wenn ihr Kaufleute seid, so ändert euren Reiseplan und sucht euch anderen Verdienst. Wenn ihr jedoch als einigermaßen geschickte Leute Verschlagenheit zeigt, dann ist dort für euch etwas zu holen. In dieser Stadt hält man nämlich nicht viel von Bildung, auch die Redekunst hat hier keinen Boden, und Mäßigkeit und gute Sitten finden weder Lob noch Lohn, sondern alle Leute, die ihr in dieser Stadt trefft, gehören – wie ihr bald selber sehen werdet – zwei Gruppen an. Entweder sind sie Erblasser oder sie sind Erbschleicher. In dieser Stadt werden keine Kinder aufgezogen, weil einer, der schon Erben hat, zu keinem Gastmahl oder Festspiel eingeladen wird, sondern, von allen Annehmlichkeiten ausgeschlossen, mit der Hefe des Volkes im Verborgenen leben muß. Wer nie geheiratet hat und keine Verwandten besitzt, kommt in den Genuß der höchsten Ehren; nur solche sind zur militärischen Laufbahn zugelassen, nur solche gelten als tapfer und rechtschaffen. Ihr werdet in eine Stadt kommen«, schloß er, »die den Eindruck erweckt, als sei sie von der Pest heimgesucht, und in der es nichts gibt als Leichen, die gefressen werden, und Raben, die sie fressen.«

Der am meisten Erfahrene von uns, Eumolp, schenkte dem Bericht seine volle Aufmerksamkeit und gestand, daß ihm diese Art von Spekulation keineswegs mißfalle. Ich dachte, der Alte mache in seinem Dichterleichtsinn einen Scherz, doch er meinte: »Wenn mir nur ein etwas größerer Aufwand zur Verfügung stünde, das heißt bessere Kleidung und ein vornehmeres Auftreten, um den Streich glaubhafter zu machen: ich würde wahrhaftig nicht einen Augenblick zögern, meinen Plan in die Tat umzusetzen, und euch rasch zu ansehnlichem Wohlstand verhelfen.«

Ich versprach ihm, was er brauche, wenn ihm das Gewand genüge, das wir geraubt und seither mitgeführt hatten, und was uns bei der Plünderung der Villa des Lykurg sonst noch in die Hände gefallen war. Und das Geld für unseren augenblicklichen Bedarf werde uns die Mutter der Götter nach ihrer gewohnten Gnade schon irgendwie zuwenden.

»Warum zögern wir dann noch«, erwiderte Eumolp, »unsere Komödie in Szene zu setzen? Ich bin euer Herr, wenn ihr einverstanden seid!«

Niemand wollte einen Streich verdammen, bei dem nichts zu verlieren war. Damit die Sache für immer unter uns bleibe, schwuren wir nach der Formel des Eumolp einen heiligen Eid: Wir wollten uns brennen, fesseln, geißeln und köpfen lassen und was Eumolp sonst noch von uns verlangen sollte. Wie regelrechte Gladiatoren verpflichteten wir uns unserem Herrn feierlich mit Leib und Seele.

Nachdem wir den Eid abgelegt hatten, begrüßten wir ihn wie Sklaven ihren Herrn und erfuhren, daß Eumolp einen Sohn bestattet habe, einen jungen Mann von großer Rednerbegabung, der zu kühnen Hoffnungen berechtigt habe; der unglückliche Greis habe seine Vaterstadt verlassen, um nicht täglich die Klienten und Freunde seines Sohnes und dessen Grabmal, die Ursache seiner Tränen, sehen zu müssen. Zu diesem Leid sei kürzlich noch ein Schiffbruch gekommen, durch den er über eine Million eingebüßt habe; es sei nicht der Verlust, der ihm Sorge mache, aber durch den Ausfall an

Dienerschaft sei er nicht mehr in der Lage, seinem Range entsprechend aufzutreten. Übrigens habe er in Afrika noch drei Millionen in Grundstücken und Hypotheken; auf seinen numidischen Gütern besitze er genügend Sklaven, um ein Karthago zu erobern.

Entsprechend diesem Plan empfahlen wir Eumolp, möglichst viel zu husten, ab und zu an Durchfall zu laborieren und am Essen offen herumzumäkeln; er solle nur noch von Gold und Silber, von unrentablen Gütern und schlechten Bodenerträgen reden; außerdem solle er täglich über Abrechnungen brüten und jeden Monat an seinem Testament herumändern. Und um die Komödie recht wahrscheinlich zu machen, solle er jedesmal, wenn er einen von uns rufe, einen falschen Namen nennen, damit deutlich zu merken sei, daß er sich als Herr auch an Sklaven erinnere, die nicht zugegen sind.

So war alles besprochen, wir baten die Götter um gutes und glückliches Gelingen und machten uns wieder auf unseren Weg. Aber Giton hielt es unter der ungewohnten Last seines Bündels nicht lange aus, und Korax, der Sklave des Eumolp, hatte seinen Dienst satt, setzte sein Gepäck wiederholt ab, schimpfte, daß wir zu schnell gingen, und erklärte, daß er entweder das Gepäck liegen lassen oder sich mit dem Zeug aus dem Staube machen wolle. »Meint ihr, ich bin ein Lastvieh oder ein Frachtschiff? Ich habe mich als Mensch, nicht als Pferd anstellen lassen! Ich bin genauso frei wie ihr, auch wenn mein Vater arm war.« Und dabei gab er sich mit dieser Schimpferei nicht einmal zufrieden, sondern hob wiederholt ein Bein hoch und erfüllte die Straße mit peinlichem Geräusch und Geruch. Giton grinste über seine Unverschämtheit und beantwortete jeden Ton des Korax mit einem entsprechenden Echo.

Auf einmal aber setzte sich Eumolp wieder auf sein altes Steckenpferd, und sagte:

»Viele junge Leute haben eine falsche Vorstellung von Dichtung. Wenn es einem glückt, einen metrisch richtigen Vers zu machen und einen besseren Gedanken in Worte zu kleiden, meint er, den Musenberg schon erklommen zu haben. Wer dann die öffentliche Berufstätigkeit satt hat, flüchtet gern in den Frieden der Poesie wie in einen stillen Hafen, weil er denkt, daß es leichter ist, ein Gedicht zu schreiben, als einen mit klugen Anmerkungen ausgestatteten Schriftsatz auszuarbeiten. Ein gebildeter Geist jedoch schätzt solche Schaumschlägerei wenig, und kein Talent ist in der Lage, etwas aufzunehmen oder von sich zu geben, wenn es nicht zuvor zu den zahlreichen Quellen der Wissenschaft vorgedrungen ist. Man muß sozusagen alle Banalität im Ausdruck vermeiden und seine Formulierungen abseits der Wohlfeilheit der Straße bilden im Sinne des ›*Odi profanum vulgus et arceo*‹. Außerdem muß man trachten, daß die Ausdrucksweise dem Inhalt der Darstellung angemessen ist, dem sie Farbe verleiht wie einem Gewand die ihm eingewebten Fäden. Beispiele sind Homer und die Neun Lyriker und in Rom Vergil und des Horaz glückliche Kühnheit. Die anderen haben entweder den Weg zur wahren Dichtung nicht erkannt oder, wenn sie ihn erkannt haben, nicht zu betreten gewagt. Wer sich zum Beispiel der gewaltigen Aufgabe unterziehen wollte, ein Gedicht auf den Bürgerkrieg zu schreiben, ohne sich mit den geistigen Voraussetzungen gründlich beschäftigt zu haben, wird den Ansprüchen nicht gewachsen sein. Es handelt sich nämlich nicht darum, in Versen geschichtliche Vorgänge zu schildern, was die Historiker weit besser können, sondern die freie Phantasie muß sich durch dunkle Orakel, göttliche Fügung und komplizierte mythische Überlieferung einen Weg ins Freie bahnen, damit sich die seherische Kraft eines gestaltenden Geistes offenbart als Gegengewicht zu der durch Zeugen verbürgten Treue der Tatsachenschilderung; vielleicht gefällt euch in diesem Sinn mein rascher Versuch, wenn er auch noch nicht endgültig ausgearbeitet ist:

DER AUSBRUCH DES BÜRGERKRIEGS

Siegreich hatte den weiten Erdkreis Rom schon erobert,
Länder und Meer und alles, was beide Gestirne bescheinen.
Nicht aber war es gesättigt. Schwer beladene Schiffe
Furchten weiter die Flut. Lag fern ein Hafen verborgen,
Irgendein Land, das Beute verhieß an goldenem Reichtum:

Rasch ward's zum Feind! Man stürzte es schnell in leidvolle Kriege,
Neuen Gewinn zu erwerben. Des Pöbels gemeine Genüsse –
Freuden, die alle genießen – jeglichen Reizes entbehrten.
Nur um korinthisches Erz noch die Krieger die Schiffe besteigen
Und, in der Erde Schoß, um wie Purpur schimmernde Schätze.
Hier numidische Seide und dorten die serische Seide:
Und Arabias Volk muß seine Fluren berauben!
Siehe, noch andere Wunden und Schmach des zerrissenen Friedens:
Aufgejagt in den Wäldern das Wild für Gold! und des Ammon
Afrisches Land geplündert, daß Raubtierzähne nicht mangeln,
Wenn es den Mord gilt! Und weiter: auf Schiffen führt man daher aus
Fernen Ländern den hungrigen Tiger im goldenen Käfig,
Der vor dem jauchzenden Pöbel am Menschenblut sich ersättigt!
Wehe, mich schaudert, die unheilträchtigen Greuel zu schildern:
Persischem Brauche entsprechend raubt man die blühenden Knaben,
Kaum zu Männern gereift, mit dem Messer sie zu beschneiden,
Dienlich zur Lust, und also, der rasch enteilenden Jahre
Flucht für einige Zeit verzögernd, die Jugend zu halten.
Hier verliert der Gang der Natur sich. Doch allen gefallen
Knaben wie Dirnen mit schmalen Hüften und wiegendem Gang, mit
Flatternden Locken und nach der Mode wechselnder Kleidung,
Wie sie die Männer umbuhlen! – Doch weiter: aus Afrikas Landen
Bringt man die Tische aus Citrus, drin Sklaven und Purpur sich spiegeln,

Deren Maserung wertvoller ist als billiges Gold und
Aller Sinne besticht. Die Säufer hocken um eitles,
Prahlendes Holz, sich füllend mit Wein. An lukrinischer Küste
Werden für Schlemmergelage die kostbaren Austern gefangen,
Um die Freßgier recht teuer zu reizen. Des Phasis Gewässer
Sind an Vögeln verwaist, und entlang der stummen Gestade
Spielt der einsame Wind in den längst verlaßnen Gesträuchen.
Minder nicht raset der Wahn auf dem Forum. Bestochne Quiriten
Stimmen entsprechend dem Vorteil und klingender Münze.
Käuflich erweist sich das Volk und käuflich der Väter Versammlung.
Gunst geht nach Geld. Der freie männliche Sinn des Senators
Ist dahin. Mit Spenden und Geld erkauft man die Ämter.
Ansehn und Macht versinken im Strom des bestechenden Goldes.
Cato wich vor dem Volke, besiegt. Der traurige Krämer,
Der ihn besiegt hat, schämt sich der Würden, entrissen dem Cato!
Denn – der Ehre Grab und Verfall der römischen Sitten –
Nicht der Mann war getroffen: die römische Macht war besiegt, die
Römische Tugend. Und also ward das zerrüttete Rom sich
Selber zum Lohn und ohne Rächer sich selber zur Beute!
Tief gesunken war Rom, in den doppelten Strudel gerissen:
Fiel dem Wucher zum Opfer und fiel zum Raub der Verschwendung!
Sein blieb kein Haus und kein einziger Leib, der nicht schon gepfändet.
Schleichende Seuche hatte das Mark schon lange vergiftet,
Die allmählich die Glieder zerfrißt mit bellendem Wüten.
Elend schreit Krieg! und was der Luxus sinnlos vergeudet,
Kaufen die Wunden zurück. Der Räuber hat nichts zu verlieren!

Rom im Abgrund versunken und Rom im Schlafe begraben:
Welche Künste vermögen da Geist und Vernunft noch zu retten?
Überall Wahnsinn und Krieg und der Schwerter trotziges Rasen!
Drei der Führer gebar Fortuna: sie alle entraffte
Auf verschiedenem Schlachtfeld die grause Erinnys des Todes!
Crassus sank bei den Parthern, im libyschen Meere Pompeius,
Caesar benetzte mit Herzblut die dankesvergessene Roma.
Ach! als böte die Erde nicht Raum so zahlreichen Gräbern,
Fiel die Asche den Winden anheim: zum Lohne der Ruhmsucht!
Tief liegt ein Ort im Schoße von grausen, klaffenden Schlünden,
Zwischen Parthenope und der großen Dicarchis Gefilden,
Von des Cocytus Wassern bespült. Und giftige Dämpfe
Breiten sich aus und versengen das Land mit tödlichen Gluten.
Nimmer die Erde herbstliche Früchte, nimmer auch Kräuter
Fröhlicher Rasen gebiert. Nicht tönen des Frühlings Gesänge
Aus dem sanften Gebüsch im bunten Wechsel der Klänge.
Ringsum nur Öde, und schwarzer Schlacke ragende Felsen,
Hoch zu Gräbern getürmt, sich nur düstrer Zypressen erfreuen.
Hier an dem Orte erhebt der Herrscher Pluto sein Antlitz.
Flammenumlodert und weißlich bestäubt mit zerglühender Asche
Spricht zur geflügelten Herrin Fortuna er grimmige Worte:
›Herrscherin über der Menschen und über der Götter Geschicke!
Göttin des Glücks, der nimmer behagen gesicherte Mächte,
Stets nur das Neue liebend und rasch Gewohntes verlassend,
Fühlest du nicht von römischer Schwere dich endlich besieget
Und vermagst den Koloß, den sinkenden, du noch zu halten?

Rast doch voll Haß gegen eigene Kräfte die römische Jugend,
Und die erbeuteten Schätze vergeudet sie sinnlos. Und siehe,
Goldene Häuser werden hinauf zu den Sternen errichtet.
Quader füllen das Meer, und es rast die Flut auf dem Festland
Wider die heilige Ordnung der Dinge in wütendem Aufruhr!
Auch mein eigenes Reich bedrängen sie schon, und die Erde,
Sinnlos zerwühlt, steht offen, und wo sich Berge erhoben,
Hallen jetzt trostlose Höhlen, und während noch Felsen zerbersten,
Schon die Seelen der Unterwelt den Himmel erschauen.
Auf denn, Fortuna, wandle in Krieg dein friedliches Antlitz,
Reize die Römer zum Kampf, und mit Toten fülle mein Reich mir!
Viel zu lange schon gieren nach Blut meine darbenden Lippen,
Lechzt Tisiphone mit durstigem Leib nach dem blutigen Bade,
Seit einst gewütet des Sulla Schwert und die schaudernde Erde
Früchte gezeitigt, die menschlichem Blute grausig entsprossen!‹
Also sprach er, und als er gesprochen, wollte die Hand zum
Gruße er bieten, als berstend zerriß der donnernde Abgrund.
Aber Fortuna entgegnete leichten Herzens die Worte:
›Herrscher, dem untertan des Cocytus Tiefen gehorchen,
Wenn es erlaubt ist, ungestraft die Wahrheit zu sagen:
Es geschehe dein Wille! Nicht minder brennt mir im Busen
Grimmiger Zorn, und nicht minder das Mark mir die Flammen verzehren.
Was ich der stolzen Roma verliehen, das haß ich nun alles,
Zürne den eignen Geschenken. So mag den Koloß denn zerstören
Jener Gott, der einst ihn erschuf! Mir soll es gefallen,
Männer zu morden, mit Feuer und Schwert die Lustgier zu füttern.

Zwiefache Blutsaat gedeih auf der Ebene nahe Philippi!
Lodert, ihr Scheiterhaufen Thessaliens! Spanien sterbe!
Waffengeklirr dringt vernehmlich schon an die lauschenden Ohren:
Libyens Festungen – die deinen, Nil – ich hör sie erdröhnen;
Und in der aktischen Bucht vor Apoll die Soldaten erbleichen! –
Auf denn, eröffne die Tore deiner schon lechzenden Reiche:
Neuen Seelen gewähre denn Einlaß! Nicht mehr wird genügen
Charons Barke, die Schatten der Krieger herüberzuführen:
Flotten sind not! Nun sättige dich am großen Verhängnis!
Jetzt, Tisiphone, du bleiche, jetzt beiße in blutende Wunden!
Eine zerfetzte Welt sinkt hinab zu den stygischen Schatten!‹
Kaum verhallte das letzte Wort, als die finstere Wolke
Berstend zerriß und grelle Blitze ihr feurig entzuckten.
Selbst der Schatten Beherrscher floh tief in den schützenden Schoß der
Erde hinab, vor des Bruders Geschossen angstvoll erbleichend. –
Also wurde gewaltiges Sterben und nahendes Unheil
Kundgetan durch der Götter Zeichen: Titanus bedeckte
Schrecklich das blutgerötete Antlitz mit nächtlicher Schwärze,
Als vernähm er schon jetzt das Schnauben der mordenden Bürger.
Alsogleich auch erlosch der Cynthia rundes Gesicht und
Gönnte der Schmach nicht sein Licht. Geborsten donnerten ferne
Stürzende Gipfel der Berge, es stockten die rauschenden Ströme,
Und im gewohnten Bette nicht länger zogen die Flüsse.
Waffengeklirr erschüttert den Himmel, es ruft die Posaune,
Bebend durch Sternengefilde, den Mars! Den Ätna umhüllen
Flammen wie nimmer zuvor und mit ätherauf züngelnden Blitzen.

Siehe, dort hinter den Gräbern und unverbrannten Gebeinen
Flüstern in schaurigem Reigen drohende Geistergestalten.
Ein Komet unter neuen Gestirnen verkündet die Brandnacht.
Jupiter zeigt sich und sendet uns seinen blutigen Regen.
All diese Zeichen schickt uns der Gott! Und länger nicht zögert
Caesar, von jäher Rachgier getrieben, und endet zugleich den
Gallischen Krieg und schickt sich an, zu bekriegen die Heimat!
Hoch in den Alpen, dereinst vom graischen Gotte betreten,
Steil aufragende Felsenwände den Zugang gestatten:
Hier ist ein Ort dem Herkules heilig! Ewiger Winter
Gürtet mit Schnee die unter den Sternen schimmernden Gipfel.
Auf sie stützt sich der Himmel, nimmer erwärmen der Sonne
Sengende Strahlen und nimmer des Frühlings Lüfte die Gletscher.
Nein! erstarrt in ewigem Eis und im Reife des Winters
Scheinen auf drohenden Schultern die Last sie zu tragen des Weltalls. –
Als mit den fröhlichen Kriegern Caesar den Paß schon erstiegen
Und eine Stelle gefunden, die Blicke schweifen zu lassen
Weithin über Italiens Auen, da hob er die Hände
Betend hinauf zu den Sternen und rief mit schallender Stimme:
›Jupiter, Allbeherrscher, und du auch, saturnische Erde,
Froh meiner Taten und herrlich geschmückt mit meinen Triumphen:
Zeugt, daß nur ungern ich rufe den Mars zu Schlachten wie diese,
Ungern die Waffen ergreife! Doch zwingt mich erlittenes Unrecht –
Der als Verbannter ich färbte den Rhein mit dem Blute der Feinde,
Der ich erneut dem Ansturm der Gallier aufs Kapitol am

Rande der Alpen begegnet: Ich bin als Sieger verstoßen!
Da ich vergossen das Blut der Germanen in sechzig Triumphen,
Galt ich als schuldig! Wer aber ist's, den mein Ruhm so erschreckte?
Welche doch sind's, die den Krieg mir erklärten? Ein schmählich gekaufter,
Elender Pöbel, für den mein Rom nur der Futterplatz sein mag!
Doch nicht straflos und nicht ohne Rache – wie ich erhoffe –
Soll ein Feiger die Hände mir fesseln: Ihr jubelnden Sieger,
Freunde, auf! meine Sache führt mit dem Schwert zur Entscheidung!
Trifft uns doch alle der gleiche Vorwurf, und droht uns doch allen
Einerlei Schmach. Auch ihr habt ja Anspruch auf Dank und Erhebung:
Ich nicht allein bin der Sieger! Ist Strafe der Lohn unsrer Taten,
Bringen uns Schimpf und Schande nur ein unsre Siege, so mag denn
Richten Fortuna – es falle der Würfel! Ergreift eure Waffen,
Auf in den Kampf! und zugleich ist meine Sache gewonnen:
Führen so treffliche Helden das Schwert, so gilt kein Verlieren!‹
Als er dies sprach, da gab ihm vom Himmel der delphische Vogel
Glückverheißende Zeichen und schwang durch die Lüfte den Fittich.
Und im düsteren Wald, der zur Linken sich weithin erstreckte,
Zeigten sich Flammen und waren geheime Stimmen zu hören.
Auch des Phoebus glänzende Scheibe erstrahlte noch heller,
Sein erhabenes Antlitz verklärend mit goldenem Leuchten.

Caesar, gestärkt durch solcherlei Zeichen, ließ flattern des Mavors
Fahnen, als erster beschreitend den Abstieg, den keiner je wagte.
Anfangs der Gletschergefilde Schnee und die froststarre Erde
Minder sich sträubten, indem sie nur mäßigen Widerstand boten.
Doch als die Schar durch die eisigen Nebel der Wolken gedrungen
Und die verängstigten Rosse die Fesseln der Flüsse zerstampften,
Schmolz auch der Schnee. Und neu entstandene Ströme ergossen
Vom Gebirg sich herab, sich plötzlich – als sei's so befohlen –
Stauend und wieder im Stürzen erstarrend, gefesselt vom Eise:
Was noch soeben geschmolzener Schnee war, das wich nur dem Beile.
Nicht verläßlich zuvor – jetzt täuscht der Boden und trügt die
Füße erst recht, und Reiter und Männer und Waffen zugleich auch
Stolpern und stürzen nun übereinander in brüllenden Haufen.
Siehe, vom eisigen Sturme geschüttelt, werden der Last die
Wolken entbunden, es mangelt auch nicht an Wirbeln und Winden,
Auch nicht an einem in Hagel und Schloßen zerbrechenden Himmel.
Berstende Regen ergießen sich rauschend über die Waffen.
Meeresfluten, zu Schnee gefroren, rieseln hernieder:
Schnee in Massen, dem längst schon Himmel und Erde erlagen,
Der die Gestirne besiegt und die Ströme, gefesselt ans Ufer!
Nicht aber Caesar: denn dieser, gestützt auf die mächtige Lanze,

Bahnt mit festen Schritten den Weg sich durch eisige Wüsten,
So wie dereinst Amphitryons Sohn von des Kaukasus Bergen
Niedereilte, und so wie Jupiter finstren Gesichtes
Von des Olympus gewaltigem Gipfel sich niedergelassen,
Schleudernd zurück der Giganten Geschosse zu ihrem Verderben.
Während ergrimmt die trotzige Feste Caesar bezwinget,
Fliegt schon mit rauschenden Schwingen dahin die eilende Fama
Und erreicht auch des heiligen Palatin ragenden Gipfel,
Niederfahrend wie Donnerschlag auf die römischen Götter:
Flotten schon wogen im Meer, und über die Pässe der Alpen
Strömen die Scharen der Krieger, noch rauchend vom Blut der Germanen. –
Waffen und Blut und Feuer und Mord und die Schrecken des Krieges
Rücken heran, und der tobende Aufruhr erschüttert die Herzen;
Stürme der Angst zerreißen die Brust und spalten die Meinung.
Dieser bevorzugt zu Lande zu fliehn und jener zu Wasser:
Sicherer ist schon das Meer als die Heimat. Ein anderer wieder
Rät, zu den Waffen zu greifen und Schicksal und Glück zu versuchen.
Wer am meisten sich fürchtet, der flüchtet als erster. Zu schnell nur
Flieht in sinnloser Panik der Pöbel – ein schändlicher Anblick –,
Wie die Angst ihn nur treibt, und verläßt die vereinsamte Hauptstadt.
Rom ergreift jetzt die Flucht. Die mutlos bestürzten Quiriten
Schon beim ersten Gerücht ihre Häuser heulend verlassen.
Zitternd führt dieser die Kinder hinweg, und jener versteckt im
Schoß die Penaten und schreitet in Tränen über des Hauses

Schwelle, mit einem Fluch auf den Lippen des Feindes gedenkend.
Andere drücken an ihre Brust die jammernde Gattin
Oder den greisen Vater; die Jugend, der Last nicht gewachsen,
Schleppt noch hinweg, was zu retten sie hofft. Und all seine Habe
Töricht und schwitzend ein anderer fortschafft, den Feinden zur Beute:
Wie wenn vom Himmel herab der brausende Südwind die Wogen
Turmhoch emporschlägt und weder die Ruder dem Seemann noch helfen
Noch auch das Steuer, wenn dieser verzweifelt die Fetzen zu bergen,
Jener nach rettenden Küsten und Buchten zu spähen sich anschickt
Und ein dritter mit vollen Segeln Fortuna vertrauet! –
Dies ist das wenigste noch! mit beiden Konsuln entfloh selbst
Magnus der Schrecken der Meere, des wilden Hydaspes Entdecker,
Er, der Seeräuber Klippe, vor dem nach dem dritten Triumphe
Jupiter selber erschrak! ja er, den der Strudel des Pontus
Und mit geglätteten Wogen der Bosporus freundlich begrüßten:
Schande und Schmach! verraten hat dieser sein Amt und die Herrschaft,
Daß denn Fortuna nach Laune den Rücken des Magnus bestaune!
Wahn und Vernichtung! sie reichen hinauf bis zur Herrschaft der Götter!
Bürger verzagen, die Himmel klagen! Die Götter der Milde
Wenden sich ab vom Aufruhr und Mord der rasenden Lande
Rings auf der Erde und von den Armeen des verruchten Geschlechtes.
Allen voran die GÖTTIN DES FRIEDENS mit schneeigen Gliedern,

Zitternd, das Haupt, das besiegte, verhüllt und die Erde verlassend,
Niedersteigt in des unversöhnlichen Hades Gefilde.
Ihr sich gesellen erniedrigt die TREUE und wallenden Haares
Auch die GERECHTIGKEIT und im Trauergewande die EINTRACHT.
Aber dafür aus des weithin klaffenden Erebus Tiefen
Hebt sich herauf mit des Pluto Scharen die grause ERINNYS
Und der BELLONA Schreckensgestalt, MEGÄRA mit Fackeln,
MORD auch und ARGLIST und TOD mit blutleerem Antlitz.
Ihnen gesellt sich die WUT, befreit von den lästigen Ketten.
Hoch erhebt sie ihr blutiges Haupt: das gräßlich von tausend
Wunden zerfleischte Gesicht von dem triefenden Helme beschattet;
Den zerbeulten Mavortischen Armschild hält ihre Linke,
Schwer von unzähligen Pfeilen, indes, die lodernde Fackel
Hoch in der Rechten, schleudert sie höhnisch den Brand in die Lande.
Schwer auf dem Reiche lasten die Götter. Die schwankenden Sterne
Suchen ihr Gleichgewicht. Des Himmels gemeinsame Mächte
Liegen im Streit. Und als erste Dione ihres geliebten
Caesar Banner ergreift, und ihr gesellen sich beide:
Pallas zugleich und Mars, wild schüttelnd die wuchtige Lanze. –
Magnus beschützen Apoll samt Schwester, der Sohn des Cyllene
Und der tirynthische Gott, dem er gleicht an ruhmvollen Taten.
Lüfte erzittern vom Schall der Drommeten: Die ZWIETRACHT erhebt zer-
Rauften Haares zum Himmel ihr stygisches Haupt, aus dem Munde
Trieft das geronnene Blut, es tränen geschwollen die Lider,

Eherne Zähne im Maul ihr stehen, vom Roste zerfressen,
Geifer entfließet der Zunge, ihr Haupt umwinden die Schlangen,
Statt des Gewandes verhüllen nur Fetzen den grausamen Busen:
So mit der bebenden Rechten schwingt sie die Fackel des Mordes!
Und des Cocytus Nacht und des Tartarus Tiefen entstiegen,
Flieht sie hinauf zu des Apennins so ruhmreichen Höhen,
Zu überschauen alle die Länder und alle die Küsten,
Alle die wogenden Heere der Völker rings auf der Erde –
Rasenden Herzens schleudert hinaus sie die grimmigen Worte:
›Auf, ihr Völker, mit flammendem Mut ergreift eure Waffen!
Auf, und ergreift die Brände und werft sie inmitten der Städte!
Wer sich verbirgt, den ereile der Mord! Nicht schonet die Weiber,
Nicht auch die Kinder und nicht der Greise kraftloses Alter!
Erde erzittre! ihr stürzenden Häuser, auf, und empört euch! –
Du, Marcellus, beschütz die Gesetze! Wiegle das Volk auf,
Curio! Lentulus, hemme nicht länger den rasenden Kriegsgott!
Du aber, göttlicher Caesar, wie lange noch zaudert dein Heer wohl?
Sprenge die Tore! zermalme die bergenden Mauern der Städte!
Raube die Schätze hinweg! – Und vermagst du, herrlicher Magnus,
Romas Festungen nicht mehr zu halten? Flieh nach Dyrrachium!
Färbe kühn die thessalischen Buchten mit römischem Blute!‹
Also geschah denn auf Erden, was grimmig befohlen die ZWIETRACHT!«

Während Eumolp dies Gedicht mit unglaublichem Feuer vorgetragen hatte, waren wir endlich nach Kroton gelangt. Hier erholten wir uns in einem kleinen Wirtshaus, um am anderen Tag in einen vornehmeren Gasthof zu übersiedeln, wo wir gleich in eine ganze Gesellschaft von Erbschleichern gerieten, die genau wissen wollten, was für Leute wir seien und woher wir kämen. Entsprechend unserem gemeinsamen Plan erklärten wir ihnen mit größter Zungenfertigkeit, wer und woher wir seien, und sie hegten nicht den geringsten Zweifel. Sofort legten sie um die Wette dem Eumolp ihre Reichtümer zu Füßen, und alle suchten in der Hoffnung auf zukünftige Erbschaft seine Gunst durch Geschenke zu erringen.

So trieben wir es lange Zeit in Kroton. – Eumolp schwamm im Glück und hatte die frühere Not so gründlich vergessen, daß er sich sogar öfter rühmte, niemand könne sich hier dem Ansehn seiner Person entziehen. Wenn wir in dieser Stadt etwas verbrochen hätten, würden wir alle unter dem Schutz seiner Freunde sicher sein. Gewiß hatte ich von Tag zu Tag mehr meinen Leib mit dem Überfluß an guten Dingen gefüllt und gemästet und glaubte schon, Fortuna habe ihr aufmerksames Auge ganz von mir abgewandt, doch dachte ich trotzdem ebenso oft wie an meine Glückslage auch an ihre Ursache: »Was geschieht, wenn ein schlauer Erbanwärter einen Boten nach Afrika schickt und unseren Schwindel durchschaut? Was geschieht, wenn der Sklave des Eumolp das gegenwärtige Schlemmerdasein satt hat und seinen Freunden in einem Anfall von Mißgunst den ganzen Streich erzählt? Wir müßten natürlich wieder ausreißen und die endlich einmal überwundene Hungerleiderei würde mit dem neuen Wanderleben von vorn beginnen. Götter und Göttinnen! wie schwer haben es die Glücksritter: Immer fürchten sie sich vor dem Lohn ihrer Taten!«

Nach diesem erbaulichen Monologe ging ich traurig aus dem Hause, um in der freien Luft meinen Geist wieder aufzuheitern. Kaum aber war ich in die öffentlichen Spaziergänge getreten, so ging ein niedliches Mädchen auf mich zu, nannte mich bei meinem falschen Namen Polyaen und sagte mir, wie vertraulich, ihre Frau bäte mich, daß sie ein Paar Worte mit mir reden dürfe.

»Schönes Kind, antwortet' ich bestürzt, du kommst an den unrech-

ten Mann! Ich bin ein fremder Sklave und einer solchen Einladung im mindesten nicht würdig.«

»O ich kenne dich sehr gut!« sagte das Mädchen, »zu dir! zu dir, mein Freund, bin ich abgeschickt worden! Aber …

… weil du dich für unwiderstehlich hältst, bist du stolz und verkaufst deine Umarmungen, statt sie zu schenken. Welchen anderen Sinn haben denn sonst deine künstlich gekräuselten Haare, dein mit Schminke bemaltes Gesicht und die freche Lüsternheit deiner Blicke; was sollen dein gezierter Gang und diese bewußt abgezirkelten Schritte, wenn nicht deine Schönheit zur Schau stellen und feilbieten? Wie du mich hier siehst, verstehe ich nichts von Wahrsagerei, und ich pflege mich um die Himmelszeichen der Astrologen nicht zu kümmern, aber ich kann aus dem Gesicht eines Menschen seinen Charakter ablesen, und wenn ich jemanden herumlaufen sehe, weiß ich, wes Geistes Kind er ist. Wenn du also verkaufen willst, was ich suche, dann bin ich ein Käufer, und wenn du es verschenken willst, was galanter wäre, dann erlaube, daß ich dir für dein Geschenk danke. Und wenn du dich als Sklave oder Mann von niederem Stand ausgibst, entfachst du die Leidenschaft meiner verliebten Herrin nur noch mehr. Es gibt Frauen, die bei Rohlingen Feuer fangen, die nur in Erregung geraten, wenn sie Sklaven oder nacktbeinige Laufburschen sehen. Manche schwärmen für Gladiatoren, verwahrloste Stallknechte oder Zirkusburschen, die in der Arena stehen. Zu diesen gehört meine Herrin; sie springt vom Orchestersitz bis in die vierzehnte Reihe, um sich einen Vorstadtlümmel als Liebhaber einzufangen.«

Ich war von dem schmeichelhaften Hinweis begeistert und fragte: »Bist du es vielleicht selber, die mich liebt?«

Die Magd lachte hellauf über das frostige Kompliment und meinte: »Du darfst dir nicht zu viel einbilden! Ich habe noch nie mit einem Sklaven geschlafen, und die Götter seien auch in Zukunft davor, daß ich einen umarme, der ans Kreuz genagelt wird! Einen solchen Anblick überlasse ich jenen Damen, die blutige Striemen küssen; wenn ich auch nur eine Magd bin, so halte ich mich doch an die besseren Leute.«

Ich konnte mich über diesen Gegensatz der Leidenschaften

nur wundern und fand es ungeheuerlich, daß eine Magd die Ansprüche einer Dame und die Dame den niedrigen Geschmack einer Magd hatte.

Wir neckten uns noch einige Zeit, dann bat ich die Magd, ihre Herrin unter diese Platanen zu führen. Damit war das Mädchen einverstanden. Sie hob ihre Tunika etwas höher und verschwand zwischen den Lorbeerbäumen, die sich an den Wandelgang anschlossen. Es dauerte nicht lange, bis sie die Dame aus ihrem Versteck führte und zu mir brachte – eine Frau, schöner als jedes Bild. Es gibt keine Worte, ihre Schönheit zu schildern; was ich auch sage, ist zu wenig. Natürlich gelocktes Haar floß über beide Schultern, über der schmalen Stirn kräuselten sich die Löckchen, die Bogen der Augenbrauen wölbten sich bis zu den Wangen und gingen oberhalb der Augen fast ineinander über, und diese Augen strahlten heller als Sterne in mondloser Nacht; die Nase war leicht gebogen, der Mund war der gleiche, wie ihn Praxiteles für seine Diana erträumt hatte. Und dann das Kinn, der Nacken, die Hände, die schimmernden Füße, die unter der Fessel einer Goldspange leuchteten: parischer Marmor verblaßte dagegen. Hier zum erstenmal vergaß ich Doris, die ich so sehr geliebt hatte.

Was bedeutet es, Jupiter, daß du wegwarfst die Waffen,
Unter der Himmlischen Schar thronst wie ein stummes Idol?
Zeit wär's, zu pflanzen die Hörner des Stiers auf die drohende Stirn,
Jetzt zu umhüllen dein Haupt mit dem Gefieder des Schwans:
Dies ist Danaë selbst! versuche den Leib zu berühren,
Fühle, wie flammende Glut deine Glieder durchwallt!

Sie war selig und lächelte so reizend, daß mir schien, der Mond sei aus den Wolken getaucht und zeige mir sein strahlendes Antlitz. Dann sagte sie, während sie ihre Worte mit anmutigen Gebärden begleitete: »Wenn du eine schöne Frau nicht verschmähst, die in diesem Jahr zum erstenmal die Bekanntschaft eines Mannes gemacht hat, dann nimm mich als deine Freundin auf, lieber Jüngling. Du hast einen Freund, wie ich in Erfahrung gebracht habe, aber hindert dich das, es auch mit einer Freundin zu versuchen? Das ist doch recht und billig. Würdige mich und sei bereit, auch von mir einen Kuß zu empfangen!«

»Nein«, rief ich, »bei deiner Schönheit bitte ich dich, einen armen Fremdling in die Schar deiner Verehrer aufzunehmen. Du wirst sehen, wie fromm ich bin, wenn du mir erlaubst, dich anzubeten! Und du sollst nicht meinen, daß ich mich ohne eine Gabe diesem Tempel Amors nahe, ich will dir meinen Freund zum Geschenk machen!«

»Ist es möglich«, rief sie, »du willst mir den Jungen schenken, ohne den du nicht leben kannst, an dessen Lippen du hängst, den du so liebst, wie ich von dir geliebt sein möchte?«

Als sie das sagte, lag eine so herzliche Anmut in ihrer Stimme, so süße Klänge wehten durch die Luft, daß ich meinte, den Gesang der Sirenen zu vernehmen. Wie verzaubert stand ich da, wie von himmlischem Glanz umflossen, wagte aber dennoch nach dem Namen meiner Göttin zu fragen.

»Hat dir die Magd nicht gesagt«, erwiderte sie, »daß ich Circe heiße? Ich bin zwar nicht die Tochter des Sonnengotts, und meine Mutter hatte nicht die Macht, den Lauf der Welt nach ihrem Gutdünken aufzuhalten. Doch das werde ich trotzdem dem Himmel verdanken, wenn uns das Schicksal vereint. Ein Gott sagt mir dies in unaussprechlichen Ahnungen. Nein! Circe liebt Polyaen nicht ohne Grund: Stets eint die Fackel der Liebe diese beiden Namen. Laß dich in meine Arme schließen. Hier brauchst du keine Angst vor heimlichen Lauschern zu haben: Dein Freund ist nicht da!«

Das waren Circes Worte; dann schlang sie ihre samtweichen Arme um meinen Leib und zog mich nieder auf den blumigen Grund.

So wie dereinst die Hänge des Ida schmückte mit Blumen
Mutter Natur, als liebend zu trautem Bund sich vereinte
Jupiter, der in der Brust empfand die lodernden Gluten:
So erblühten Rosen und Veilchen und samtene Binsen,
Weiße Lilien lachten schimmernd auf grünenden Fluren:
Also lockte die Erde die Lust auf wonnige Wiesen,

Heller erstrahlte der Himmel hoch über der heimlichen Liebe

Auf dieser Wiese lagen wir uns in den Armen, tauschten im süßen Spiel tausend Küsse und verlangten nach der höchsten Lust ...

... Ich kam vor das Pförtlein des Heiligtums, aber wie ich weder Gefäß noch Nektar hatte, so rief Circe wütend aus:

»Hat dich mein Kuß erschreckt? Ist mein Atem durch die lange Enthaltsamkeit ohne Kraft? Oder stört dich Schweißgeruch? Und wenn es das nicht ist, fürchtest du dich vielleicht vor Giton?«

Ich war rot vor Scham und verlor noch den letzten Rest meiner Manneskraft; am ganzen Leib wie gelähmt, bat ich: »Verhöhne mich nicht in meinem Elend, Herrin! Ich bin das Opfer einer Verzauberung!«

Circe wollte diese lächerliche Entschuldigung nicht hören; verächtlich wandte sie die Augen von mir und fragte ihr Mädchen:

»Chrysis, rede, aber sprich die Wahrheit! bin ich häßlich? Sind meine Haare nicht in Ordnung? Habe ich irgendeinen Fehler, der meiner Schönheit abträglich ist? Belüge deine Herrin nicht! Haben wir vielleicht etwas vergessen?« Da das Mädchen keine Antwort gab, entriß sie ihr den Spiegel und probierte das ganze Mienenspiel lächelnd Verliebter, dann brachte sie ihr Gewand in Ordnung, das am Boden zerknittert worden war, und floh eilends in den Tempel der Venus. Ich stand da wie ein armer Sünder, wie einer, der ein Gespenst gesehen hat, und fragte mich, ob ich nicht um mein höchstes Glück betrogen sei.

Wenn in schlummerverbreitender Nacht die täuschenden Träume
Unsere Augen umgaukeln und wenn die Erde sich auftut,
Uns ihre Schätze zu zeigen: dann raffen die Hände die Beute,
Gierig nach goldenen Gütern; Schweiß entströmet dem Antlitz,
Furcht erschüttert das Herz, es könne den trächtigen Boden
Einer durchforschen, der Kunde hätte vom heimlichen Golde;

Bald aber, wenn die getäuschten Sinne die Trugbilder fliehen
Und die Wirklichkeit herrscht, der Geist das Verlorne bejammert,
Ganz in die Wahngebilde versunken, die lange vergangnen!

So schien mir auch dieses ein wahrer Traum und eine wahre Bezauberung gewesen zu sein. Ohnmächtig lag ich da, kein Nerve wollte sich regen und ich war nicht im Stande aufzusteigen. Endlich erholt ich mich wieder ein wenig und ging nach Hause und legte mich ins Bette unter dem Vorwande, es sei mir nicht wohl.

Gleich darauf kam Giton, welcher meine Krankheit erfahren hatte, traurig in mein Schlafzimmer. Ich sagt' ihm aber, um ihn zu beruhigen, daß ich nur deswegen zu Bette gegangen sei, um ein klein wenig einzuschlummern; und unterhielt ihn dann mit allerlei Sachen; aber von meinem Unglück durft' er nichts wissen, denn ich befürchtete seine Eifersucht; und um allen Verdacht zu vermeiden, gab ich ihm Küsse und zog ihn zu mir ins Bett und wollte versuchen, ob ich wirklich behext sei. Aber Schweiß und Keuchen war vergebens. Zornig stand er auf und beklagte sich über die Schwächlichkeit des Leibes und die Veränderung der Seele, und sagte, er habe längst bemerkt, daß ich ihn jetzt nur zum Nothelfer brauche.

»O liebes Brüderchen«, antwortet' ich ihm, »meine Liebe zu dir ist immer einerlei! Nur seit kurzer Zeit ist sie ein wenig vernünftiger geworden und braust nicht mehr so stark.«

»Nun! wenn das ist,« sagte er lächelnd ...

»... muß ich dir noch danken, daß du mich so platonisch liebst. Nicht einmal Alkibiades ist so ungeschoren in seines Meisters Bett geblieben.«

»Glaube mir, mein Freund, ich weiß nicht, ob ich überhaupt noch ein Mann bin, jedenfalls merke ich nichts davon. Völlig abgestorben ist jener Körperteil, mit dem ich früher ein Achill war.«

Wie Giton diese klägliche Nachricht erfahren hatte ...

... ließ er mich allein und lief ins Innre des Hauses, um nicht ins Gerede zu kommen, wenn man ihn bei mir entdekken würde.

Chrysis aber trat in mein Zimmer und überreichte mir einen Brief ihrer Herrin folgenden Inhalts:

»Circes Gruß dem Polyaen.

Wenn ich sinnlich wäre, würde ich mich über die Enttäuschung beklagen, so aber danke ich dir für deine Faulheit, denn im Schatten der Lust habe ich um so länger genießen dürfen. Aber wie geht es dir? Ich möchte gern wissen, ob du auf eigenen Füßen noch nach Hause gekommen bist; die Ärzte behaupten nämlich, daß man nicht mehr laufen kann, wenn man entkräftet ist. Ich will dich warnen, mein Freund: hüte dich vor der Nervenlähmung! Ich habe noch nie einen Kranken gesehen, der in so großer Gefahr war; hoffentlich bist du inzwischen nicht schon tot! Wenn dir dieser Frost bis in die Beine und Hände kriecht, kannst du deine Leichenmusik bestellen. Aber was ist zu tun? Wenn du mich auch empfindlich gekränkt hast, will ich doch einem hilflosen Mann den Weg zur Rettung nicht verschweigen. Wenn du wieder gesund werden willst, dann wende dich an Giton. Ich bin sicher, daß du wieder zu Kräften kommst, wenn er dich drei Tage in Ruhe läßt. Was mich betrifft, so habe ich keine Angst, einen Mann zu finden, dem ich gefalle. Weder mein Spiegel noch mein Ruf lassen sich Lügen strafen.

Lebe wohl,
wenn du kannst!«

Als Chrysis sah, daß ich den ganzen Hohn von Anfang bis Ende gelesen hatte, meinte sie: »Derlei kann passieren, besonders hier in dieser Stadt, wo es Weiber gibt, die sogar den Mond verhexen. Also wird es auch dafür ein Mittel geben. Schreibe meiner Herrin einen freundlichen Brief und suche ihre Gunst durch Offenheit und Höflichkeit wiederzugewinnen. Ich muß allerdings gestehen: seit du sie beleidigt hast, ist sie ganz außer sich.«

Gerne kam ich der Aufforderung des Mädchens nach und schrieb diese Antwort:

»Polyaens Gruß der Circe.

Ich gestehe, Herrin, daß ich oft gesündigt habe; schließlich bin ich nur ein Mensch und jung obendrein. Allein noch nie bis auf den heutigen Tag habe ich den Tod verdient. Doch ein reuiger Sünder steht vor dir: Was du willst, habe ich verdient. Ich habe Verrat begangen, ich habe einen Menschen gemordet, ich habe einen Tempel geplündert; für all diese Verbrechen kannst du mich strafen. Wenn du meinen Tod wünschst, werde ich mein Schwert mitbringen; wenn es dir genügt, mich auszupeitschen, komme ich nackt zu dir, Gebieterin. Nur eines bedenke: Nicht ich, sondern mein Werkzeug hat versagt. Ich war ein kampfbereiter Soldat ohne Waffen. Wer mir diesen Streich gespielt hat, weiß ich nicht. Vielleicht ist mein guter Wille meinem trägen Leib vorausgeeilt, vielleicht habe ich im Taumel der Begierden meine Kräfte vergeudet. Ich weiß nicht, was ich falsch gemacht habe. Du warnst mich vor der Nervenlähmung: als ob es mir noch schlechter gehen könnte, nachdem ich eingebüßt habe, was mir dazu verholfen hätte, dich zu gewinnen. Meine ganze Entschuldigung sei dies: Ich werde deine Gunst wieder erhalten, wenn du mir Gelegenheit gibst, meine Schuld zu sühnen.

Lebe wohl!«

Als ich Chrysis mit diesem Versprechen zurückgeschickt hatte, pflegte ich meinen schuldigen Leib mit aller Sorgfalt, verzichtete auf ein Bad und beschränkte mich auf eine mäßige Salbung, aß stärkende Speisen, Zwiebeln und Austernfleisch ohne Saft, und trank dazu nur wenig Wein. Dann machte ich vor dem Schlafengehen einen kleinen Spaziergang und begab mich gut erholt und ohne Giton in mein Zimmer. Mein Wunsch, Verzeihung zu erlangen, war so groß, daß ich vermied, durch den Jungen alles wieder verderben zu lassen.

Als ich am anderen Tag gesund an Leib und Seele aufgestanden war, begab ich mich unter die gleichen Platanen, wenn mich auch an dem verwünschten Ort ein Schauer überlief, und wartete auf Chrysis, die mich wieder führen sollte. Ich ging ein wenig spazieren und setzte mich dann an derselben Stelle hin, wo ich mich am Tag zuvor aufgehalten hatte. Bald kam die Magd in Begleitung einer alten Frau. Sie begrüßte mich und fragte: »Wie steht es denn mit der Schüchternheit, bist du wieder in Ordnung?«

Die Alte zog einen buntgewebten Schal aus ihrem Busen und wickelte ihn um meinen Hals. Dann nahm sie ein mit

Speichel verrührtes Pulver auf den Mittelfinger und bestrich mir trotz meines Widerwillens die Stirn.

Wenn du lebst, dann darfst du hoffen: Gartenbeschützer,
Priapus, komm herbei! stärke die Nerven mit Kraft!

Nachdem sie ihren Zauberspruch gemurmelt hatte, gebot sie mir, dreimal auszuspucken und mir kleine Steine in den Schoß fallen zu lassen, die sie vorher besprochen und in ein purpurfarbnes Tuch eingewickelt hatte; dann untersuchte sie mit ihren Händen den verhexten Teil meines Leibes. Noch ehe sie ausgemurmelt hatte, gehorchten meine Nerven dem Befehl und füllten die Hände der Alten mit einem gewaltigen Ruck. Sie sprang freudig auf und rief: »Siehst du, Chrysis, siehst du, was ich dir für einen Rammler aufgescheucht habe!«

Nun übergab mich die Alte der Chrysis, welche vor Freuden außer sich war, daß sie das verlorne Kleinod ihrer Gebieterin wieder gefunden hatte. Mit eiligen Schrittchen führte sie mich zu ihr in das lieblichste Örtchen auf der ganzen Erde, wo alles war, was die Natur den Menschen zur Augenweide hervorgebracht hat.

Sommerlich breiten ihr schattiges Astwerk die edle Platane,
Rege Zypressen und Lorbeerbäume, im Kranz ihrer Früchte,
Und mit rauschenden Wipfeln rings die geschmeidigen Pinien.
Unter ihnen ein Bächlein spielt in munteren Wellen,
Schäumend zu necken mit brausendem Strudel die störrischen Kiesel:
Dies ist ein Ort der Liebe! Bezeug es die städtische Schwalbe
Und aus Gebüschen die Nachtigall, huschend über die Gräser
Und über zärtliche Veilchen, bejubelnd die festlichen Haine!

Sie lag mit weißem Nacken hingegossen auf goldenen Polstern und fächelte sich gelassen mit einem blühenden Myrtenzweig. Als sie mich sah, errötete sie ein wenig, sicher in Erinnerung an die gestrige Kränkung; dann hieß sie die Umstehenden gehen und forderte mich auf, mich neben ihr niederzulassen, bedeckte mir mit dem Zweig die Augen und fragte, durch diese

Scheidewand kühner: »Mein kranker Freund, wie geht es? Bist du heute wieder ganz in Ordnung?«

»Statt zu fragen«, sagte ich, »solltest du lieber nachsehen!« Und mit meinem ganzen Leib stürzte ich mich in ihre Umarmung und küßte mich satt an nicht zuvor verzauberten Küssen.

Die Schönheit ihres Leibes zog mich zu ihr hin und lud mich zum Liebesgenuß ein. Schon brannten die Lippen von zahllosen Küssen, schon hatten die verschlungenen Hände alle Liebesspiele gespielt, schon waren die Leiber umklammert und vereint und die Seelen flossen zusammen ...

Aber auf einmal lag ich wieder ohnmächtig da, als wie vom Blitz getroffen.

Bei dieser offenbaren Kränkung schritt sie zur Rache, ließ ihre Sklaven kommen und befahl, mich auszupeitschen. Mit dieser schweren Beschimpfung noch nicht zufrieden, rief sie alle Mägde und den Abschaum ihres Gesindes und gebot, mich anzuspeien. Ich hielt die Hände vor meine Augen, dachte aber nicht daran, um Verzeihung zu bitten, weil ich ermaß, was ich verschuldet hatte; ich wurde geprügelt, angespien und zur Türe hinausgeworfen. Hinausgeworfen wurde auch die alte Proselenos, Chrysis wurde gepeitscht, und das ganze Haus fragte sich traurig und betroffen, was wohl die Herrin so außer Fassung gebracht habe.

Als ich nun meine Erlebnisse bedachte, wurde ich doch wieder zuversichtlicher, verbarg sorgfältig die Striemen der Schläge, damit sich Eumolp nicht über meine Schande belustigte und Giton nicht noch trauriger würde. Als einziges, was ich zu meiner Ehrenrettung tun konnte, schützte ich Müdigkeit vor, legte mich ins Bett und ließ meine ganze Wut an jenem Körperteil aus, der Ursache all meines Unglücks war:

Dreimal ergriff ich das doppelschneidige schreckliche Messer,
Dreimal, schwächlicher plötzlich als selbst ein läppischer Kohlstrunk,
Schreckt ich schaudernd zurück vor dem Eisen mit zitternden Händen.

Nicht vermochte ich noch zu vollbringen, was längst ich beschlossen,
Denn auch jener, noch kälter vor Angst als ein eisiger Regen,
Kroch in mein Innres zurück, versteckt hinter tausend Runzeln.
Nimmer wollt es gelingen, den Kopf vor den Henker zu bringen:
Vielmehr, getäuscht durch die tödliche Furcht des schändlichen Schurken,
Blieb mir als ein einziger Trost und als Strafe nur Schelten und Schimpfen!

Ich richtete mich in meinem Bette auf und hielt dem Sünder eine Strafpredigt: »Was sagst du nun, du Schande aller Götter und Menschen! Nicht einmal sprechen darf man von dir, wenn von ernsthaften Dingen die Rede ist. Habe ich das von dir verdient, daß du mich aus dem Himmel, in dem ich mich schon wähnte, in die Unterwelt hinabstürzt? Daß du mich um die beste Kraft meiner blühenden Jugend betrügst und mir die Ohnmacht des letzten Greisenalters aufbürdest? Stell mir doch gleich meinen Totenschein aus!«

So sprach ich voller Zorn,

Er doch wandte sich ab und blickte schweigend zu Boden,
Keine Miene verziehend, und trotz der schimpflichen Rede
Träge wie Weiden und müd wie der Mohn mit hangenden Knospen!

Doch nachdem ich meine so abscheuliche Schimpfrede beendet hatte, bereute ich sie nicht wenig und errötete innerlich, weil ich mein Schamgefühl vergessen und mit jenem Körperteil verhandelt hatte, den ernsthaftere Leute nicht einmal überhaupt nur zur Kenntnis zu nehmen pflegen. Ich rieb mir lange die Stirn und sagte dann: »Aber was ist denn Schlimmes dabei, wenn ich meinem Ungemach mit ganz natürlichen Vorwürfen zu Leibe rücke? Oder ist etwas dabei, wenn wir an unserem Leib dem Magen oder dem Hals oder sogar auch dem Kopf Vorwürfe machen, wenn sie zu oft weh tun? Was denn?

Rechtet nicht auch Odysseus mit seinem Herzen, und schelten nicht auch die tragischen Dichter ihre Augen, als ob diese Ohren hätten? Wer die Gicht in den Füßen hat, schimpft auf seine Füße, wer die Gicht in den Händen hat, auf die Hände; wer eine Augenentzündung hat, der schimpft auf die Augen, und wer oft mit den Zehen anstößt, bis sie bluten, auf seine Zehen!

Warum blickt ich mich an mit gerunzelter Stirn, ihr Catos?
Warum verdammet ihr denn, was natürlich und neu?
Heitere Anmut lächelt gelassen aus offenen Worten,
Und ich berichte ja nur Tun und Lassen des Volks.
Habt ihr von Beischlaf noch nie was gehört und nie was von Liebe?
Wer verbietet, im Bett sich zu erwärmen den Leib?
Epikurus, der Weisheit Vater, ermahnte die Weisen:
Liebet! denn darin liegt – sprach er – des Lebens Gewinn!

Nichts ist falscher als die albernen Vorurteile der Menschen, nichts alberner als Scheinheiligkeit!«

Nach diesem Selbstgespräch rief ich Giton und fragte ihn: »Sage mir die Wahrheit, Freund: An jenem Abend, damals, als dich Askylt mitgenommen hat, ist er da bis zum Äußersten gegangen oder ist er in jener Nacht allein geblieben und nicht aufdringlich geworden?« Der Junge hielt die Hand über die Augen und schwur mit den heiligsten Eiden, daß Askylt keine Gewalt angewendet habe.

Ich wollt' ihn nicht länger quälen, und mich selbst nicht mit der Erinnerung der vorigen Begebenheiten, und war nun darauf bedacht, wie ich wieder in meinen vorigen Zustand kommen könnte. Ich fing von oben an, und ging aus, um den Priap zu erbitten, mir zu helfen.

Ich kniete auf der Schwelle des Tempels nieder und schickte dies Gebet zu meiner mir feindlich gesinnten Gottheit:

›Du, der Nymphen und Bacchus' Gesell, den die schöne Dione
Setzte als Gott über selige Wälder, und den das berühmte
Lesbos verehrt und das blühende Thasos, und dem auch der Lyder,

Reich gekleidet, in seinem Hypaepa den Tempel errichtet:
Stehe mir bei, du Bacchusbeschützer, du Lust der Dryaden,
Hör auf mein flehend Gebet! Ich komme, mit Blut nicht besudelt,
Nicht als Verbrecher, und nicht erheb ich als Schänder von Tempeln
Ruchlose Hände – o nein! gequält von des Lebens Nöten,
Menschliche Sünden beging ich mit einem Teil nur des Leibes.
Menschliche Schuld ist geringere Schuld. Entlaste das Herz mir,
Höre mein Bitten: Vergebung gewähr für verzeihliche Taten! –
Sollte dereinst mir dann wieder lächeln die Stunde des Glückes,
Will deiner Gottheit ich weihen die Gaben. Zu deinen Altären
Gehe der Bock, der Vater der Herde, zu deinen Altären
Gehe der Widder, der grunzenden Sau noch saugendes Ferkel,
Schäumen soll in den Schalen der Wein, und dreimal den Reigen
Jubelnd tanze um deinen Tempel die trunkene Jugend!‹

Während dieses Gebetes betrachtete ich ängstlich meinen Abgeschiedenen, da betrat die alte Proselenos den Tempel mit gelöstem Haar und in ein schwarzes abscheuliches Gewand gehüllt, ergriff meine Hand und zog mich aus der Vorhalle.

»Welche Geister haben deine Kraft gefressen, oder an welchem Kreuzweg bist du nachts auf Kot oder eine Leiche getreten? Nicht einmal bei dem Jungen hast du Erfolg gehabt, sondern schlaff, schwach und matt wie ein Roß am Berg hast du Mühe und Schweiß vergeudet. Und nicht genug damit, auf deine Rechnung zu sündigen, hast du die Götter auch noch auf mich gehetzt!«

Sie führte mich, ohne daß ich mich zur Wehr setzte, wieder zurück und in die Zelle der Priesterin, stieß mich auf das Bett, nahm einen Stock, der hinter der Tür hing, und schlug auf mich ein, ohne daß ich ein Wort dazu sagte. Und wenn nicht der Stock gleich beim ersten Hieb zerbrochen wäre und damit die Wirkung ihrer Schläge verringert hätte, hätte sie mir vielleicht Kopf und Arme zerprügelt. Ich jammerte, und erst recht, als sie auch noch mein Glied bearbeitete; schließlich brach ich in Tränen aus, schützte mein Gesicht mit vorgehaltener Hand und warf mich auf das Kissen. Sie heulte um nichts weniger, setzte sich auf die andere Seite des Bettes und beklagte sich mit zitternder Stimme über ihr Alter, bis die Priesterin dazukam.

»Was wollt ihr hier in meiner Kammer? Ihr seht aus, als ob ihr von einer Beerdigung kommt? Und das noch an einem Festtag, wo selbst die Trauernden lächeln!«

»Ach, Oenothea«, jammerte sie, »dieser junge Mann hier ist unter einem unglücklichen Stern geboren; er kann mit seinem Vermögen weder einen Knaben noch ein Mädchen beglücken. Du hast noch nie einen so unseligen Kerl gesehen: Das, was er hat, ist ein nasser Lappen, aber kein Schwanz! Kurz und gut, was ist das für ein Mann, der aus dem Bett der Circe aufsteht, ohne auf seine Kosten gekommen zu sein?«

Als Oenothea das hörte, setzte sie sich zwischen uns nieder, schüttelte lange den Kopf und sagte: »Ich bin die einzige, die eine solche Krankheit heilen kann. Und damit ihr nicht meint, ich will euch etwas vormachen, möchte ich, daß der Bursche heute nacht bei mir schläft. Und ich bin sicher, ich mache ihn so hart wie Horn!

Was auf Erden du siehst, gehorcht mir. Die blühenden Fluren,
Wenn ich es will, verschmachtend sterben mit dorrenden Säften;
Wenn ich es will, so spenden sie Segen; aus ragenden Klippen
Brechen die Fluten in nilgleiche Fülle. Mir unterwirft das
Träge Meer sich. Zu meinen Füßen legen sich stille
Brausende Winde. Mir gehorchen die rauschenden Ströme
Und Hyrkaniens Tiger und schätzebewachende Drachen.
Doch was zähl ich Geringes nur auf? Der Luna Bildnis
Ziehen herab meine Zaubergesänge. Den zitternden Phoebus

Zwing auf der Bahn ich, rückwärts zu lenken die schnaubenden Rosse.
Das ist die Macht der Beschwörung. Es ruhet der Gluthauch der Stiere,
Ausgelöscht durch der Jungfrau Gebräuche. Die Tochter des Phoebus,
Circe, hat durch Gesang des Odysseus Gefährten verwandelt,
Proteus schlüpfte in jede Gestalt. Der Zauberkunst mächtig
Ward mir die Kraft, ins Meer zu verpflanzen die Wälder des Ida
Und hinauf auf die Gipfel der Berge zu lenken die Ströme!«

Ein Schauer des Entsetzens überlief mich bei so unerhörten Verheißungen, und ich sah mir die Alte genauer an. »Gehorchet denn meinem Befehl!« rief Oenothea. – Sie wusch sich die Hände, beugte sich neugierig über das Bett und küßte mich einmal und immer wieder.

Nun stellte Oenothea einen alten Tisch mitten auf den Opferaltar, auf den sie glühende Holzkohle gehäuft hatte, und brachte mit geschmolzenem Pech eine vor Alter gesprungene Schale wieder in Ordnung. Dann schlug sie den Nagel, der beim Herunterreißen der Holzschale mitgekommen war, wieder in die verräucherte Wand. Sie band ein viereckiges Tuch um, setzte einen riesigen Topf auf den Herd und holte mit einem Gabelstock einen Sack aus der Vorratskammer, in welchem Bohnen aufbewahrt wurden, und uralte Reste eines Schweinskopfes, der mit tausend Messerhieben bearbeitet war. Dann löste sie die Schnur des Sackes, schüttete einen Teil der Bohnen über den Tisch und befahl mir, diese sorgfältig zu säubern. Ich gehorchte ihr und löste mit emsigen Händen die Kerne aus den völlig verschmutzten Hülsen. Sie schimpfte über meine Ungeschicklichkeit und machte sich selbst über die Bohnen her, indem sie mit den Zähnen die Hülsen aufbiß und auf den Boden spuckte, wo sie wie Fliegen herumlagen.

Ich staunte über die Erfindungsgabe der Armut und die Geschicklichkeit bei den einzelnen Verrichtungen . .

Wie viele Künste hat uns schon der Hunger gelehrt!
Meine Priesterin schien auch zu dieser Sekte zu gehören; denn ihre Wohnung war das wahre Heiligtum der Armut.

Nimmer erschimmerte Indiens Elfenbein prunkvoll vergoldet,
Noch erglänzte marmorner Boden unter den Füßen,
Schlichtere Gaben der Erde verachtend. Gedroschenes Stroh nur
Deckte das Weidengeflecht. Es fanden sich irdene Becher,
Krüge, kunstlos geformt auf der rasch sich drehenden Scheibe.
Nur ein Holztrog mit Wasser, geflochten aus biegsamen Reisern,
Einige Weidenkörbe, ein Napf auch, den Bacchus gefärbt hat.
Ringsum Wände aus Lehm, gefüllt mit trockener Spreu, und
Wie es der Zufall gefügt, mit hölzernen Pflöcken versehen,
Dran ein Besen aus binsenen Reisern freundlich herabhing.
Ferner, was sonst eine niedrige Hütte am rußigen Balken
Noch an Schätzen bewahrt: von Vogelbeeren manch Büschel
Hing hernieder, kunstvoll geflochten zu duftenden Ranken
Trockener Thymian, Trauben des Weinstocks, gedörrt zu Rosinen! –
Gastliche Hütte, wie einst man sie fand im attischen Land:
Heiligtum, hehres, Hekales wert, die dereinst hat gefeiert
Jenes Kallimachos Muse als Vorbild für ewige Zeiten.

Dann opferte sie ein winziges Stück Fleisch und beförderte mit Hilfe ihrer Gabel den Schweinskopf, ihren Altersgenossen, in die Vorratskammer zurück. Dabei brach der morsche Sessel zusammen, auf den sie gestiegen war, um besser hinaufzulangen, so daß die Alte mit ihrem ganzen Gewicht auf den Herd fiel. Natürlich zerbrach sie im Fallen auch den Hals des Wasserkrugs und löschte das gerade sich erholende Feuer wieder aus. Sie verbrannte sich den Arm an einem glühenden Holzscheit, und ihr ganzes Gesicht war von einer Aschenwolke eingehüllt. Erschrocken sprang ich auf und stellte die Alte lachend wieder auf die Füße. Sofort rannte sie, um nicht die heilige Handlung zu verzögern, ins Nachbarhaus und holte neues Feuer.

Inzwischen trat ich vor die Tür der Hütte, als plötzlich drei heilige Gänseriche, die, wie ich annehme, jeden Mittag von der Alten gefüttert wurden, zum Angriff entschlossen, mich mit schrecklich wütendem Gezische umzingelten, so daß mir angst und bange wurde. Der eine zerrte an meiner Tunika, der andere zog mir die Riemen der Sandalen heraus und schleppte sie weg; der dritte aber, der Anführer und Meister ihrer Dreistigkeit, zögerte nicht, meine Wade mit seinem sägeförmigen Schnabel zu bearbeiten. Ich bekam den Spaß satt, riß dem kleinen Tisch ein Bein aus und begann gegen die kriegslüsternen Bestien mit bewaffneter Hand vorzugehen. Dabei beschränkte ich mich nicht auf meine Verteidigung, sondern rächte mich durch den Tod des einen Gänserichs:

Also flohen zum Himmel empor die stymphalischen Vögel,
Aufgescheucht durch des Herakles Kraft, und mit flatternden Flügeln
Der Harpyien Geschlecht, nachdem des betrogenen Phineus
Mahl sie besudelt mit Gift. Des ungewohnten Gefieders
Rauschen entsetzte den Äther und schreckte die Veste des Himmels.

Inzwischen hatten die anderen Gänse die herabgefallenen und über den ganzen Boden verstreuten Bohnen aufgepickt und sich, offenbar weil sie ihres Anführers beraubt waren, entmutigt wieder in den Tempel zurückgezogen; ich freute mich doppelt über das Beutestück und die geglückte Rache, warf die erlegte Gans hinter das Bett und wusch meine leichte Beinwunde mit Essig. Aus Furcht vor einer Strafpredigt beschloß ich, mich aus dem Staub zu machen, und nahm meinen Mantel, um das Haus zu verlassen. Ich hatte die Schwelle noch nicht überschritten, als ich Oenothea mit einem Becken voll Feuer zurückkommen sah. Also kehrte ich um und warf meinen Mantel wieder ab, um mich vor die Tür zu stellen, als ob ich ihre Rückkehr nicht hätte erwarten können. Sie richtete das Feuer her, das sich dank einiger zerbrochener Rohrstücke erholte, legte etwas Holz dazu und begann sich wegen ihres langen Ausbleibens zu entschuldigen: Ihre Freundin habe sie nicht gehen lassen, ehe sie wie üblich drei Becher ausgetrunken hatte.

»Was hast du gemacht, während ich weg war«, fuhr sie fort, »und wo sind denn die Bohnen?« Ich war der Ansicht, eine besondere Heldentat vollbracht zu haben, erzählte ihr den ganzen Kampfverlauf und bot ihr, um ihrem Gezeter zuvorzukommen, den Gänserich als Schadenersatz an. Als aber die Alte die Gans erblickte, brach sie in ein solches Weibsgekreisch aus, daß ich glaubte, die Gänse seien wiedergekommen. Ich war sprachlos vor Schrecken über das ungeheure Verbrechen, das ich offenbar begangen hatte, und fragte sie, warum sie sich so aufrege und mit der Gans mehr Mitleid habe als mit mir.

Sie schlug die Hände über dem Kopf zusammen und kreischte: »Verbrecher, wagst du es noch, den Mund aufzumachen? Weißt du, was für eine abscheuliche Untat du begangen hast? Du hast den Liebling des Priap umgebracht, die Gans, die Wonne aller Frauen! Und bilde dir ja nicht ein, daß das nicht schlimm ist; wenn der Magistrat davon Kenntnis erhält, wirst du ans Kreuz genagelt. Du hast meine bis heute heilige Behausung mit Blut befleckt, du hast es so weit gebracht, daß mich der erste beste meiner Feinde aus meinem Tempel jagen kann!«

»Rege dich doch nicht so auf«, rief ich, »für deinen Gänserich will ich dir einen ganzen Straußenvogel geben!«

Ich war ratlos, sie aber setzte sich auf das Bett, um das Geschick ihrer Gans zu bejammern; da kam Proselenos mit den Zutaten für das Opfer und begann, nachdem sie den toten Gänserich erblickt und sich nach dem Grund des Geheules erkundigt hatte, nun ihrerseits noch lauter über mein Mißgeschick zu jammern und mich zu beklagen, als ob ich meinen Vater und nicht einen Gemeindegänserich erschlagen hätte. Das wurde mir nun aber doch zuviel, und ich fragte: »Kann ich meine Hände nicht mit Geld entsühnen, wie wenn ich mit euch gestritten oder wie wenn ich einen Menschen ungebracht hätte?

Hier habt ihr zwei Goldstücke, damit könnt ihr Götter und Gänse kaufen!«

Als Oenothea das Geld sah, meinte sie: »Verzeih, junger Mann, aber ich mache mir Sorgen um dich; das ist ein Zeichen von Wohlwollen und nicht von Bosheit. Wir wollen dafür sorgen, daß niemand etwas erfährt. Du aber bitte die Götter, daß sie dir deine Tat verzeihen!«

Segle mit Geld, und du segelst zufrieden mit sicherem Winde,
Zwingst als dein eigener Herr Schicksal zugleich und Glück!
Danaë selbst erwählst du zum Weib, dir gelingt's, zu betören
Auch Akrisius noch, so wie Danaë schon.
Und als Dichter und Redner erwirbst du den Beifall der Menge,
Besser als Cato gewinnst du den Prozeß vor Gericht.
Als Verteidiger sprichst du: so ist's, und so ist es nicht! und
Giltst einem Servius gleich, giltst einem Lábeo gleich.
Kurz: hast du Geld, so darfst du dir wünschen, was immer beliebt, und
Gleich ist's erfüllt. Mit Geld fängst du Jupiter selbst.

Sie setzte unter meine Hände eine Schale mit Wein, rieb meine gespreizten Finger mit Lauch und Petersilie ab und warf unter Gebetssprüchen Haselnüsse in den Wein. Je nachdem diese auftauchten oder untergingen, richtete sie ihre Prophezeiungen ein. Natürlich sah ich sofort, daß die tauben Nüsse ohne Kern oben schwammen, während die schweren fruchtgefüllten auf den Grund sanken.

Aus der Brust der Gans, die sie aufgeschnitten hatte, zog sie die große Leber heraus, aus der sie mir die Zukunft prophezeite. Und schließlich, damit ja keine Spur meines Verbrechens übrigbleibe, nahm sie die Gans aus, steckte sie auf einen Bratspieß und bereitete mir eine herrliche Mahlzeit, obwohl sie eben noch selber gesagt hatte, daß ich den Tod verdient hätte. Dabei gingen die Becher mit ungemischtem Wein von Mund zu Mund ...

... und die Alten verzehrten mit dem größten Vergnügen die Ursache ihrer Traurigkeit, die Gans. Wie sie aufgegessen war, sah mich Oenothea mit einem taumelnden Blick an und sagte: »Nun

wollen wir die Aussöhnung vollenden, damit du deine Nerven wieder bekommst!« und zugleich ...

... holte sie einen ledernen Phallus, rieb ihn mit Öl, gestampftem Pfeffer und geriebenem Brennesselsamen ein und schob ihn mir nach und nach in den Leib. Mit der gleichen Gewürzbrühe massierte mir die grausame Alte auch die Schenkel. Dann goß sie Kressensaft, vermischt mit Stabwurz, über meinen fehlbaren Körperteil, nahm ein Bündel frischer Brennnesseln und fing an, mir die ganze Gegend unterhalb des Nabels mit andächtiger Hand zu peitschen.

Wie die Nesseln anfingen, mich zu brennen, so lief ich davon.

Obwohl die beiden Alten von Wein und Geilheit ganz außer sich waren, fanden sie doch auf ihrer Verfolgung den richtigen Weg und rannten einige Gassen weit hinter mir her, laut schreiend: »Haltet den Dieb!« Aber ich konnte ihnen entwischen, wenn ich mir auch beim Davonrennen alle Zehen blutig stieß.

Wie ich nach Hause kam, so warf ich mich ganz abgemattet ins Bette. Ich konnte aber nicht ein Auge zutun, weil mir alles im Kopfe herumging, was mir begegnet war. Ich rief aus: »Niemand kann so viel besondere Zufälle erfahren haben, als du! Noch mußte mich auch das mißgünstige Glück mit der Liebe quälen. Ach! ich Unglückseliger! Fortuna und Amor haben sich wider mich verschworen! Amor ist allezeit grausam gegen mich, ich mag lieben oder geliebt werden, so quält er mich. – Nun liebt mich auch Chrysis auf das heftigste, und verfolgt mich mit ihrer Liebe! Wie sie mich zu ihrer Frau bringen sollte, verachtete sie mich, als einen Sklaven, weil ich als Sklave gekleidet war ...

... Chrysis, die dein früheres Geschick verabscheut hat, jetzt will sie es sogar unter Todesgefahr teilen.

Inbrünstig schwört sie jetzt, nicht von deiner Seite zu gehen! –
Aber Circe allein bezaubert mich, alle andere veracht' ich. Was ist reizender als sie?

Und gleicht ihr denn Ariadne oder Leda an Schönheit? Was würde neben ihr Helena, sogar Venus selber sein? Auch Paris, der Richter der um ihre Schönheit streitenden Göttinnen, hätte Helena samt den Göttinnen dahingegeben, wenn er ihre schmachtenden Augen gesehen und sie mit ihnen verglichen hätte. Wenn ich ihr wenigstens einen Kuß rauben dürfte, wenn ich ihren himmlischen, göttlichen Busen umfangen dürfte: vielleicht fände mein Leib dann seine Kraft wieder, und jene Körperteile würden wieder aufleben, die jetzt ganz sicher durch Zauberei gelähmt sind. Aus meiner Beschimpfung mache ich mir nichts, meine Prügel habe ich vergessen, meinen Hinauswurf betrachte ich als einen Scherz. Wenn sie mich nur wieder in Gnaden aufnehmen wollte!«

Das Bild der reizenden Circe wurde darauf so lebendig in meiner Phantasie, daß es alle Lebensgeister in mir erhitzte.

Ich wälzte mich auf meinem Bett immer wieder hin und her, als ob ich das Abbild meiner Liebe in Armen hielte.

Aber alles war vergeblich; es war ein leeres, totes Bild der Wollust. Ich zankte auf meinen feindseligen Genius, und verglich mich mit den alten Heroen, welche auch von den Göttern waren verfolgt worden, und suchte mich dadurch zu trösten.

Mich nicht allein verfolgt ein unversöhnliches Schicksal
Oder ein Gott. Zuvor schon, verjagt vom argivischen Strande,
Trug des Himmels Gewicht der Held von Tiryns, zuvor schon
Litt Laomédon von zweien der Götter unstillbaren Haß, und
Pelias fühlte der Juno Zorn. Nichtsahnend ergriff auch
Telephus seine Waffen. Odysseus durchschiffte die Meere. –
So auch zu Lande und durch des greisen Nereus Gewässer
Folgt mir des Priapus Zorn, des hellespontischen Gottes!

Ich brachte die ganze Nacht in dieser Unruhe zu; sobald es Tag wurde, kam Giton, welcher erfahren hatte, daß ich diese Nacht zu Hause gewesen sei, vor mein Bett, hielt mir eine lange Rede über meine Ausschweifungen und sagte mir endlich, daß sich die ganze Familie über mich beschwerte, weil ich niemals zu Hause sei, und fügte endlich hinzu: Der Krug geht so lange zum Wasser, bis er zerbricht! Das Ding wird noch einen traurigen Ausgang haben!

Ich merkte nun wohl, daß er etwas von mir mußte erfahren haben.

Also fragte ich meinen Giton, ob sich jemand nach mir erkundigt habe. »Heute nicht«, sagte er, »gestern aber kam ein recht hübsches Mädchen zur Tür herein, unterhielt sich längere Zeit mit mir und fiel mir mit ihrer umständlichen Fragerei schließlich auf die Nerven, bis sie sogar noch behauptete, du hättest etwas Schlimmes verbrochen und würdest als Sklave bestraft werden, wenn die geschädigte Person auf ihrer Klage bestünde.«

Diese Nachricht gefiel mir gar nicht, und ich fing wieder an, mich mit der Frau Fortuna zu zanken.

Ich war noch nicht fertig mit Schimpfen, als Chrysis eintrat, sich mir leidenschaftlich an die Brust warf und rief: »Endlich halte ich dich in meinen Armen, wie ich es mir gewünscht habe: du mein Verlangen, meine Seligkeit; und niemals wirst du diese Glut auslöschen, es sei denn mit meinem Blut!«

Die Hitze dieses Mädchens verwirrte mich, ich bediente mich der Schmeicheleien, um es wieder los zu werden. Ich befürchtete sogar, Eumolp möchte die heftigen Ausrufungen der Liebe hören; und das Glück hatt' ihm die Miene eines Herrn gegeben. Ich wandte daher alle Mühe an, um die Chrysis zu besänftigen. Ich machte den Verliebten und sagt' ihr lauter süße Wörtchen, so daß sie endlich glaubte, ich sei es wirklich. Darauf malt' ich ihr die Gefahr vor, in welcher wir beide wären, wenn man uns beisammen erwischte und daß Eumolp deswegen toben und rasen würde. Sobald sie das gehört hatte, verließ sie mich, und desto geschwinder, weil sie den Giton kommen sah, welcher kurz vorher wegging, ehe sie hereintrat.

Kaum war sie hinaus ...

... kam plötzlich einer der neuen Sklaven des Eumolp angelaufen und erklärte mir, sein Herr sei äußerst aufgebracht, weil ich schon seit zwei Tagen meinen Dienst versäumt hätte. Auch würde ich gut daran tun, mir eine entsprechende

Entschuldigung zu überlegen. Es sei so gut wie sicher, daß sich sein Zorn und seine Wut nur durch eine Tracht Prügel besänftigen ließen.

Ich sah den Giton so niedergeschlagen an, daß er sich nicht unterstand, mich wegen des Mädchens zu befragen. Er riet mir, was den Eumolp beträfe, mehr mit ihm zu scherzen als ernsthaft zu handeln, welches ich denn auch tat.

Er empfing mich sehr freundlich und scherzte mit mir darüber, daß mir Venus so gnädig sei, und lobte meine Gestalt und meine Reize und versicherte mir, daß alle Damen nach mir sähen. »O!« sagt' er, »ich weiß sehr wohl, daß du von der schönsten in der ganzen Stadt geliebt wirst! Lieber Enkolp, das kann uns noch einmal zu etwas nützen! Spiele du nur die Rolle eines Liebhabers gut, meine angefangene will ich schon fortspielen!« – Er hatte noch nicht ausgeredt . . .

. . . da trat eine unter den ersten vornehme Dame ein, Philomela geheißen, die sich früher ihrer Jugendblüte bedient hatte, manche reiche Erbschaft zu erbeuten, doch nun im Alter, und nachdem ihre Schönheit verwelkt war, ihren Sohn und ihre Tochter bei kinderlosen Greisen einführte, um durch diese Nachfolge ihre Kunst weiter ausüben zu lassen. Sie kam zu Eumolp, um ihre Kinder seiner Weisheit und Güte anzuvertrauen. Auf ihn setze sie ihre Hoffnungen. Er sei der einzige in der ganzen Welt, der die Jugend durch seine heilsamen Lehren täglich fördern könne. Kurz und gut, sie wolle ihre Kinder im Hause des Eumolp lassen, damit sie seine Gespräche hören könnten: Das sei die beste Erbschaft, die man den jungen Leuten hinterlassen könne. Wie gesagt, so getan. Sie ließ ihre bildschöne Tochter mit dem halberwachsenen Sohn im Zimmer zurück und gab vor, in den Tempel zu gehen, um ein Gelübde abzulegen.

Eumolp, der so anspruchslos war, daß er sogar in mir noch einen Partner sah, zögerte nicht, das Mädchen zu Venusopfern einzuladen. Doch hatte er sich überall als gichtkrank und lendenlahm ausgegeben und mußte befürchten, wenn er den Schein nicht wahrte, daß die ganze Komödie übel enden könne. Um also seinen Schwindel weiter glaubhaft erscheinen zu lassen, forderte er das Mädchen auf, sich auf seine ihr empfohlene »Güte« zu setzen, seinem Sklaven Korax aber befahl er, unter das Bett zu kriechen, in dem er selber lag, die Hände auf den Boden zu stützen und seinen Herrn mit dem Hinterteil in Schwung zu bringen. Dieser kam dem Befehl mit langsamen Bewegungen nach und paßte sich dann der Kunstleistung des Mädchens in entsprechendem Tempo an. Als die Sache zum Ausbruch kommen sollte, feuerte Eumolp seinen Sklaven mit lauter Stimme an, schneller zu arbeiten. So lag der Alte brav zwischen seinem Sklaven und dem Mädchen, daß es aussah, als ob er sich auf einer Schaukel vergnüge. Dieses Spiel trieb Eumolp einmal und dann noch ein zweites Mal zur allgemeinen Erheiterung, an der er sich durchaus auch selber beteiligte. Und um nicht durch Untätigkeit aus der Übung zu kommen, machte ich mit dem Bruder des Mädchens einen Versuch, der gerade durch das Schlüsselloch die Fertigkeiten seiner Schwester bestaunte, ob mit ihm etwas anzufangen sei. Und dieser entzog sich meinen Annäherungen keineswegs, sondern zeigte sich in der Liebe erfahren; aber auch bei ihm verfolgte mich meine feindliche Gottheit.

Doch schmerzte mich diese Ohnmacht nicht so sehr, als die vorigen, denn kurz darauf erhielt ich meine Nerven wieder und empfand mich plötzlich in meinem alten gesunden Zustande.

»Die allmächtigen Götter sind es, die mir meine Kraft wiedergegeben haben. Merkur, der die Seelen in die Unterwelt führt und wieder zurückbringt, hat mir in seiner Gnade zurückgegeben, was mir eine zürnende Hand geraubt hatte; hieraus kannst du ersehen, daß ich noch größeres Glück habe als Protesilaus oder sonst einer der Helden der Vergangenheit!«

Nach diesen Worten hob ich meine Tunika hoch und zeigte mich dem Eumolp in meiner ganzen Herrlichkeit. Zuerst erschrak er, dann aber untersuchte er mit beiden Händen das Geschenk der Götter, um sich von der Wahrheit zu überzeugen.

Diese unaussprechliche Wohltat gab mir meine vorige Freude wieder. Wir lachten über die List der Philomela und die Geschicklichkeit ihrer Kinder und bedauerten, daß wir ihnen nichts nützen würden; denn um zu erben hatte sie Mädchen und Knaben in unsere Hände geliefert.

Diese Art, verwaiste Alte zu fangen, gab mir Gelegenheit, über unsere Lage Betrachtungen anzustellen. Ich riet dem Eumolp, auf seiner Hut zu sein, indem wir leicht könnten gefangen werden. »Bei allen unsern Handlungen«, sagt' ich, »müssen wir sehr klüglich zu Werke gehen.

Sokrates, der weiseste aller nach dem Urteil der Götter und Menschen, pflegte sich zu rühmen, daß er niemals auch nur einen Blick in ein Wirtshaus geworfen noch sich je vor eine größere Volksmenge gestellt habe. Nichts ist nämlich besser, als stets nach dem Gesichtspunkt der Vernunft zu handeln. –

Das ist ganz selbstverständlich«, fuhr ich fort, »denn kein Mensch gerät zwangsläufig schneller ins Unglück als der, welcher nach seines Nächsten Gut begehrt. Wovon aber sollten denn die Gauner leben, wenn sie nicht Säckchen voll klingenden Goldes wie Köder an der Angel unter das Volk würfen? Wie die stummen Fische durch eine Lockspeise geangelt werden, so können die Menschen nur dadurch geködert werden, daß man ihnen einen Bissen Hoffnung vor die Nase hält.

Weswegen haben uns die Krotoniaten bis jetzt so prächtig aufgenommen? Sie erwarten das Schiff aus Afrika, wie du versprochen hattest, mit deinem Gelde und mit deiner Familie. Aber ...

... das versprochene Geldschiff aus Afrika mit deiner Dienerschaft kommt nicht an. Die Erbschleicher sind schon ungeduldig und schränken ihre Zuwendungen ein. Wenn ich mich nicht irre, beginnt unser launisches Glück sich schon wieder reuig von uns abzuwenden.«

»Ich habe«, sagte Eumolp, »eine Art von Mittel ausgedacht, wie wir unsere Erschleicher hintergehen können«; und zugleich zog er sein Testament aus der Tasche und las folgendes daraus her:

»Alle, denen ich in meinem Testament etwas vermache, mit Ausnahme meiner Freigelassenen, erhalten die Auflage, daß sie meinen Leichnam in Stücke schneiden und im Beisein des Volkes aufessen. Es ist bekannt, daß bei einigen Völkern noch heute ein Brauch befolgt wird, nach welchem die Verwandten ihre Verstorbenen aufessen müssen, so daß den Kranken oft der Vorwurf gemacht wird, daß sie ihr Fleisch entwerten. Deshalb fordere ich meine Freunde auf, meiner Anordnung nachzukommen und mit dem gleichen Eifer, mit dem sie mein langes Leben verwünschen, meine Leiche zu essen.«

Kaum hatte er dieses vorgelesen, so traten einige von den Vertrautesten des Eumolp in sein Schlafzimmer, und wie sie sein Testament in seinen Händen erblickten, so baten sie ihn inständig, daß er ihnen was daraus vorlesen möchte. Gleich erfüllt' er ihren Willen und las es ihnen von Anfang bis zu Ende.

Sobald sie diese Bedingungen gehört hatten, waren sie sehr traurig ...

... aber das Gerücht der sagenhaften Reichtümer des Eumolp verblendete Augen und Sinne der Unglücklichen ...

... und sie waren so demütig in seiner Gegenwart, daß sich keiner unter ihnen unterstand, sich darüber zu beklagen. Aber einer davon, mit Namen ...

... Gorgias, war bereit, alles zu erfüllen ...

... wenn er nur nicht länger warten dürfe. Eumolp antwortete ihm:

»Ich befürchte durchaus nicht, daß sich dein Magen auflehnt. Er wird deinem Befehl gehorchen, wenn du ihm für den Ekel einer Stunde den Genuß so vieler Güter in Aussicht stellst. Mache die Augen zu und bilde dir ein, daß du nicht einen Leichnam ißt, sondern eine Million. Außerdem wird man noch ein paar Gewürze auftreiben, die den Geschmack verbessern. Kein Fleisch schmeckt von sich aus gut, sondern es wird erst kunstvoll zubereitet und dem wählerischen Magen schmackhaft gemacht. Und wenn du dich bei deinem Entschluß auf Beispiele stützen möchtest – die von Hannibal belagerten Saguntiner haben auch Menschenfleisch gegessen, obwohl sie keine Erbschaft zu erwarten hatten. Die Peteliner haben in der äußersten Hungersnot das gleiche getan und wollten mit dieser Kost doch nichts anderes bewirken, als eben nur den Hunger zu vertreiben. Und als Numantia von Scipio eingenommen wurde, fand man Mütter, welche die halbverzehrten Leichen ihrer Kinder auf dem Schoß hielten.

Übrigens da nur die Einbildung uns einen Ekel dabei verursacht, so überwindet euch damit, daß ihr nur an die ungeheuren Vermächtnisse denkt, welche ihr von mir empfanget!«

Eumolp trug diese abscheulichen Neuigkeiten mit so wenig Ordnung vor, daß die Erschleicher anfingen, ein Mißtrauen in ihn zu setzen. Sie untersuchten gleich alle unsere Reden und Handlungen genauer; ihr Verdacht wurde vergrößert und sie hielten uns nun für nichts anders als für Herumstreicher und Spitzbuben. Dazu kam noch, daß uns einige Fremde daselbst erkannt hatten. Sie beschlossen also alle einmütiglich, sich an uns, wegen ihres großen Aufwandes zu rächen.

Chrysis, welche dieses alles erfuhr, erzählte mir es wieder. Wie ich es hörte, so erschrak ich so heftig darüber, daß ich den Augenblick mit ihr und dem Giton davonfloh und den Eumolp seinem feindlichen Schicksal überließ.

Wenige Tage darauf erhielt ich die Nachricht, daß die Krotoniaten, unwillig darüber, daß sie den alten Spitzbuben so lange auf gemeinschaftliche Unkosten auf das prächtigste ernährt hatten, ihn wie Massilienser behandelt. Bei diesen war zu den Zeiten der Pestilenz Gebrauch, daß einer von den Armen freiwillig sich zum Opfer anbot, wenn sie ihn ein ganzes Jahr lang mit den ausgesuchtesten Speisen ernähren würden. Dieser wurde dann mit Eisenkraut bekränzt, mit heiligen Kleidern angetan und durch die ganze Stadt mit Verwünschungen geführt, daß auf ihn alles Unglück der Stadt fallen möchte, und darauf von einem Felsen gestürzt.

Achilleus Tatios

Das Leben des Achilleus Tatios ist weithin unbekannt. Wenn es in der Suda (griechisches Sprach- u. Reallexikon des 10. Jahrhunderts n. Chr.) von ihm heißt, er sei in späteren Jahren Christ und sogar Bischof geworden, so ist bei ihm – wie auch bei Heliodor – wohl hierin nichts anderes als der Versuch zu sehen, den Autor eines verbreiteten und vielgelesenen Werkes für die neue Religion in Anspruch zu nehmen. Von den ihm an derselben Stelle zugeschriebenen Werken sind zwei nicht erhalten (die Etymologien *und die* Vermischte Geschichte vieler großer und bedeutender Männer*), ein drittes liegt zwar teilweise vor* (Über die Sphäre), *ist jedoch in seiner Authentizität höchst umstritten.*

Wie mehrfach in der antiken Literatur (vgl. z. B. den Anfang von Daphnis und Chloë, Bd. I, S. 23, und Petron, S. 96ff.) geht auch der Roman des Achilleus Tatios von einer Bildbeschreibung aus: Im Anschluß an die Darstellung des Raubes der Europa durch den Stier wird dann in Form der Ich-Erzählung das wechselvolle Liebesgeschick des Kleitophon mit Leukippe berichtet, wobei wie im Ninos-Roman (vgl. S. 719) die Haupthelden Vetter und Base sind. Der Rahmen der Erzählung ist am Ende vergessen und wird nicht wieder erwähnt; die Darstellung brilliert mit den Prunkstücken der Rhetorik jener Zeit, sie gibt neben Beschreibungen und Briefen auch Reden, Mythen, Fabeln, naturwissenschaftliche Exkurse und dergleichen mehr. Mit Effekten wird nicht gespart: Gleich dreimal wird der Tod der Heldin drastisch dargestellt, um hernach alsbald als Täuschung entlarvt zu werden. Auch im Erotischen ist dieser Roman der nächst Longos am wenigsten zurückhaltende, im Theoretischen wie im Praktischen: Wider die Konvention wird der Held zur Untreue verführt, wobei sich der Autor offenbar von einer Vermischung der milesischen Novelle (s. Einleitung Bd. I, S. 14) mit der Haupthandlung hat verleihen lassen, indem er einen lustig-listigen Ausweg ersinnt und statt der »vollen« nur die »reine« Wahrheit beschwören läßt. Andererseits wird am Ende des zweiten Buches eine ausführliche Erörterung über die wechselseitigen Vorzüge und Nachteile der Knabenliebe im

Vergleich zur heterosexuellen Liebe mit spürbarer Detailfreude dargeboten, wird an zahlreichen anderen Stellen mehr oder minder tiefgründig über die Liebe, ihre Elemente und Phänomene theoretisiert, über Blick, Berührung und Kuß, über Mitteilsamkeit und Argwohn, Eifersucht und Vertrauensbereitschaft, Verweigerung und Hingabe.

Während dem modernen Leser der Leukippe-Roman in manchem künstlich und fremdartig erscheinen mag, gefiel er der Antike und dem byzantinischen Mittelalter offenbar sehr. Hatte man ihn früher als späteste Blüte der antiken Romanschriftstellerei eingeordnet, so sind inzwischen durch Papyrus-Funde wie auch durch Beobachtung von Einzelheiten der Erzählung seine Entstehung und Verbreitung für das 2. Jahrhundert n. Chr. gesichert. Das bedeutet, daß nicht wenige andere Romanautoren und nicht zum wenigsten auch Heliodor aus ihm geschöpft haben. Ähnlich war es auch in der Folgezeit, wo er auf den Roman des Makrembolites Eumathios Hysmine und Hysminias *(2. Hälfte d. 12. Jahrhunderts) eingewirkt hat und auch in Legenden eingegangen ist. Für die Hochschätzung des Werkes zeugen nicht nur die zahlreichen Handschriften, sondern auch ein Gedicht aus der* Anthologia Graeca *(9, 203), das Leon der Philosoph zur Betonung der moralischen Werte des Werkes geschaffen hat:*

»Zwar bittre Liebe, doch ein reines Leben wird
durch Kleitophons Geschichte gleichsam offenbar.
Leukippes reines Leben reißt uns alle hin,
wie sie geschlagen ward, wie man das Haupt ihr schor,
wie man sie schnöd behandelte und sonderlich
wie dreimal sie, schier tot schon, dennoch alles trug.
Wenn, Freund, auch du ein reines Leben führen willst,
schau nicht auf Einzelheiten der Erzählung hin,
begreif vor allem der Geschichte letzten Schluß:
ins Brautgemach führt sie ein Paar, das keusch geliebt.«
(Übersetzung von H. Beckby.)

Leukippe und Kleitophon

Erstes Buch

Am Meere der Assyrier liegt Sidon, die Mutterstadt der Phöniker, von welcher die Thebaner abstammen. Der Meerbusen faßt einen doppelten Hafen von weitem Umfang in sich, der das Meer allmählich einschließt; denn da, wo sich der Busen nach der rechten Seite zu krümmt, geht eine zweite Mündung ins Land, in welche sich das Wasser wiederum ergießt, und bildet einen zweiten Hafen, so daß die Schiffe in diesem Vorhafen den Sommer über und in jenem im Winter sicher liegen.

Hierher gelangte ich nach einem heftigen Sturm und brachte der Göttin der Phöniker, welche die Sidonier Astarte nennen, das Opfer für meine Erhaltung. Ich ging um die Stadt herum und betrachtete die Weihgeschenke.

Unter andern sah ich hier ein Gemälde aufgestellt, auf dem das Land von Sidon und das Meer der Phöniker abgebildet war; der eigentliche Gegenstand desselben war Europa. Auf dem Lande war eine Wiese und ein Chor von Mädchen. Auf dem Meere schwamm ein Stier, auf dessen Rücken ein schönes Mädchen saß, das nach Kreta zu schiffte. Viele Blumen, mit Bäumen und Gesträuchen dicht verschlungen, schmückten die Wiese. Die Bäume standen dicht, die Blätter bedeckten einander; die Zweige verknüpften die Blätter; und diese Verflechtung des Laubes bildete ein Dach für die Blumen. Unter die Blätter hatte der Künstler auch den Schatten gemalt; und die Sonne ergoß sich, so weit sich die Umschattungen des Laubes öffneten, unterhalb in zerstreuten Strahlen auf die Wiese hin. Die ganze Wiese umkränzte eine Umzäunung von Rohr. Unterhalb der Blätter der Bäume standen Blumenbeete in Reihen, auf denen Narzissen, Rosen und Myrrhen blühten. Mitten durch die Wiese des Gemäldes floß Wasser, das teils aus der Erde hervorquoll, teils sich über die Blumen und Gesträuche ergoß. Ein Mann mit einer Hacke stand über dem einen Graben gebückt und bahnte dem Flusse den Weg.

An das Ende der Wiese, da, wo sich das Land ins Meer hinzog, hatte der Künstler die Mädchen gestellt. Ihr Äußeres drückte Freude und Furcht aus; ihre Stirn war mit Kränzen umwunden, und ihr Haar floß von den Schultern herab. Die Beine waren entblößt, oben vom Gewande und unten von der Sandale; der Gürtel zog das Gewand bis über das Knie herauf. Ihr Gesicht war bleich, ihre Wangen verzogen, die Augen auf das Meer gerichtet, ihr Mund etwas geöffnet, als wollten sie aus Furcht schreien, und ihre Hände streckten sich nach dem Stier aus. Sie schritten auf das Meer zu, so daß die Flut ihre Fußsohlen etwas bedeckte; und schienen auf den Stier zulaufen zu wollen, aber vor dem Meere sich zu scheuen.

Das Wasser war von doppelter Farbe: nach dem Lande zu rötlich und nach dem Meere hin grünlich. Auch hatte der Maler den Meeresschaum, Felsen und Fluten dargestellt; die Felsen ragten über das Land hervor; der Schaum färbte die Felsen weiß, und die Flut stieg sich krümmend empor und löste sich nach dem Felsen hin in Schaum auf. Der Stier war in der Mitte des Meeres auf den Fluten schwimmend abgebildet; wie ein Berg erhob sich die Flut; und daher krümmte sich der arbeitende Schenkel des Stiers.

Das Mädchen saß mitten auf seinem Rücken, nicht reitend, sondern seitwärts gerichtet; zur Rechten hingen ihre Beine herab; mit der linken Hand hielt sie das Horn, wie ein Wagenlenker den Zügel; auch wendete sich der Stier dahin, wohin ihn die leitende Hand zog. Ein Gewand bedeckte die Brust des Mädchens bis zur Scham; und von da umhüllte ein Obergewand den untern Teil des Körpers. Das Unterkleid war weiß und das Obergewand purpurn; der Körper aber schimmerte durch die Kleidung hindurch. Ihr Nabel saß tief, der Unterleib war glatt, die Taille war schmal und gewann zu den Hüften hin an Breite; sanft hob sich ihr Busen vom Körper ab. Der Gürtel, der das Gewand zusammenhielt, schloß es auch fest an die Brüste, und das Gewand war der Spiegel des Körpers. Ihre beiden Hände waren ausgestreckt, die eine nach dem Horne zu, die andere nach dem Schwanze. Von beiden Seiten der

Schultern über dem Kopfe herab hing der Schleier, der sich rings um die Schultern ausbreitete. Der Bausch des Gewandes war von allen Seiten gekrümmt und ausgespannt; dadurch hatte der Maler den Wind angedeutet. Sie saß auf dem Stiere wie auf einem Schiff, und das Gewand diente ihr gleichsam zum Segel.

Auf den Stier zu tanzten Delphine, um ihn spielten Eroten; und selbst ihre Bewegungen schienen dargestellt zu sein. Ein Eros zog den Stier, ein anderer, als kleiner Knabe gebildet, breitete seine Flügel aus. Auf seinem Rücken hing ein Köcher, und in der Hand hielt er die Fackel. Er wendete sich zu Zeus, und lächelte, um ihn gleichsam zu verspotten, daß er durch ihn ein Stier geworden sei.

Unter anderm, was mir am Gemälde gefiel, sah ich mit besonderer Aufmerksamkeit auf den Eros, der den Stier führte – denn ich huldige der Liebe –, und sagte: »Wie mächtig beherrscht nicht ein Knabe Himmel und Erde und Meer!«

Da ich dies sagte, sprach ein Jüngling, der auch dabei stand: »Ich weiß davon zu reden; ich habe schon oft die Gewalt der Liebe empfunden.«

»Wieso, mein Lieber?« sagte ich zu ihm. »Auch spricht dein Gesicht eben nicht für eine Unvertrautheit mit den Mysterien des Gottes.«

»Ach!« erwiderte er, »du rufst mir eine Menge von Begebenheiten wieder hervor, die sich so wunderbar durchkreuzen, daß sie den Fabeln gleichen.«

»Weigere dich nicht, mein Bester«, sagte ich, »ich beschwöre dich beim Zeus und dem Eros selbst, durch ihre Erzählung mich um so mehr zu vergnügen, wenn sie den Fabeln gleichkommen.«

Mit diesen Worten faßte ich ihn bei der rechten Hand und führte ihn in ein benachbartes Wäldchen, wo Platanen in großer Menge und sehr dicht standen; ein kaltes und durchsichtiges Wasser, wie vom Schnee, der eben geschmolzen ist, floß vorbei. Ich wies ihm einen Sitz an; setzte mich selbst neben ihn und sagte: »Jetzt wär' es schicklich, deine Erzählung zu beginnen; ein solcher Ort ist gewiß sehr anmutig und einer Liebeserzählung nicht unwürdig.«

Er fing nun an, so zu erzählen. »Ich bin von Geburt an

Phöniker; Tyros ist meine Vaterstadt; ich heiße Kleitophon, mein Vater Hippias und meines Vaters Bruder Sostratos. Sie waren nicht leibliche Brüder, sondern nur von einem Vater erzeugt; denn die Mutter des Sostratos war aus Byzantion und die Mutter meines Vaters aus Tyros. Jener lebte die ganze Zeit in Byzantion, wo ihm seine Mutter viele Besitzungen hinterlassen hatte. Mein Vater aber lebte in Tyros. Meine Mutter hab' ich nicht gekannt; denn sie starb, da ich noch ein Kind war. Mein Vater verband sich bald darauf mit einer andern Frau, mit der er eine Tochter, namens Kalligone, zeugte. Er befand für gut, uns durch das Band der Ehe noch mehr zu verknüpfen; aber das Schicksal, das mächtiger als die Menschen ist, hatte für mich eine andere Frau aufgehoben.

Oft pflegt der Dämon der Menschen im Schlafe die Zukunft vorher zu sagen; nicht, damit sie sich vor dem Unglükke hüten sollen, denn das einmal bestimmte Verhängnis können sie nicht besiegen – sondern, um es leichter zu ertragen, wenn es ihnen begegnet. Denn das, was schnell, auf einmal und unerwartet geschieht, betäubt die Seele, indem es sie plötzlich befällt, und versenkt sie in die Flut des Unglücks; dadurch aber, daß man den Unfall, noch eh' er uns trifft, erwartet und schon vorher auf ihn denkt, wird seine Heftigkeit vermindert.

Ich war eben neunzehn Jahre alt, und mein Vater hatte die Hochzeit auf das folgende Jahr festgesetzt, als das Schicksal mein Drama anfing. Es träumte mir, der untere Teil meines Körpers sei bis zum Nabel mit meiner Schwester zusammengewachsen, der obere aber von ihr getrennt; eine furchtbare, große Frau mit wildem Gesichte, blutigen Augen, abschrekkenden Wangen und Schlangenhaaren stand gegen mich gerichtet, mit einer Sichel in der Rechten und einer Fackel in der Linken. Zornig fiel sie auf mich ein, streckte die Sichel aus, ließ sie auf die Hüfte herunterfallen, da, wo unsre beiden Körper vereinigt waren, und hieb das Mädchen von mir los.

Voll Furcht über das Schreckbild sprang ich auf. Ich sagte zwar niemandem etwas davon; aber für mich ahnte ich böse Dinge.

Unterdessen ereignete sich folgendes. Mein Vater hatte, wie ich schon gesagt habe, einen Bruder, namens Sostratos.

Von ihm brachte jemand einen Brief von Byzantion folgenden Inhalts:

›Sostratos grüßt seinen Bruder
Hippias.

Meine Tochter Leukippe und meine Gattin Panthia kommen zu dir, weil ein Krieg mit den Thrakern die Byzantier beunruhigt. Bewahre mir die Teuersten meiner Familie bis zum Ausgange des Kriegs.‹

Mein Vater las dieses, sprang auf, eilte ans Meer und kam kurze Zeit darauf wieder zurück, von einer großen Anzahl Sklaven und Dienerinnen begleitet, die Sostratos seiner Gattin und Tochter zur Begleitung gegeben hatte. In ihrer Mitte befand sich eine große Frau in einem kostbaren Gewande. Als ich meinen Blick auf sie richtete, zeigte sich mir zur linken Seite ein Mädchen und blendete mir durch ihr Antlitz die Augen. So sah ich einst Europa auf dem Stier abgebildet. Ihr Auge flößte mir ein süßes Schaudern ein. Ihr Haar war blond und kraus, die Augenbrauen ganz schwarz, die Wange weiß, die Weiße rötete sich aber nach der Mitte zu und glich dem Purpur des Elfenbeins, wie es die Lydierinnen färben. Ihr Mund war die Blume der Rosen, wenn die Rose die Lippen der Blätter zu öffnen anfängt. Sowie ich sie sah, war ich gleich außer mir. Die Schönheit verwundet heftiger als Pfeile, und fließt durch die Augen in die Seele hinab; denn das Auge ist der Weg für die Liebeswunde.

Alles erfüllte zugleich meine Brust: Wohlgefallen, Erstaunen, Zittern, Scheu und Kühnheit; ich fand Wohlgefallen an ihrer Größe, erstaunte vor ihrer Schönheit, zitterte in meiner Brust, warf kühne Blicke auf sie und scheute mich, gefesselt zu werden. Ich bestrebte mich mit Gewalt, meine Augen von dem Mädchen abzuziehen; sie widerstanden mir aber, richteten sich, von dem überredenden Reize der Schönheit angezogen, von selbst auf sie hin und siegten endlich.

Darauf wurden sie zu uns geführt. Der Vater wies ihnen einen Teil der Wohnung an und besorgte das Gastmahl. Dann tranken wir zusammen, zwei und zwei auf einem Lager; denn so hatte es der Vater angeordnet. Er selbst und ich hatten das mittlere Lager inne, die beiden Mütter das zur linken, und die beiden Mädchen das zur rechten Hand.

Der Tote richtete sich auf, und der Jüngling sprach: »Was ruft ihr mich für so kurze Zeit ins Leben zurück! Geleert war der lethäische Becher, und schon schwamm ich auf den Fluten des Styx!« SEITE 373

Ich hätte meinen Vater küssen mögen, da ich diese schöne Anordnung vernahm; denn er hatte das Mädchen gerade mir gegenüber gesetzt. Was ich aß, wußte ich bei den Göttern nicht; denn ich aß wie im Traume. Ich stützte meinen Arm auf das Lager, neigte mich nieder und richtete mein Gesicht ganz auf das Mädchen hin, indem ich zugleich ihren Anblick verstohlen auffing; dies war meine Speise.

Nach der Mahlzeit trat ein Jüngling, ein Diener meines Vaters, mit der Kithara ins Zimmer. Er schlug erst bloß mit den Fingern auf die Saiten und lockte mit seinen Fingern eine Melodie hervor; darauf aber berührte er die Saiten mit dem Plektron und zwar ganz leise, indem er dazu sang. Er sang von Apollon, wie er über die fliehende Daphne klagte, sie verfolgte und schon ergreifen wollte; wie das Mädchen ein Gewächs wurde, und Apollon sich mit dem Gewächse bekränzte.

Dieser Gesang setzte nun vollends meine Seele in Flamme; denn eine Liebeserzählung entzündet unvermerkt die Begierde; und wenn man sich auch selbst zur Sittsamkeit und Mäßigung auffordert, so wird man doch durch das Beispiel zur Nachahmung gereizt, und vorzüglich, wenn uns das Beispiel eines Bessern vorgehalten wird; denn eben seine Würde flößt uns die Dreistigkeit ein, das zu tun, wovon uns sonst eine gewisse Scham zurückhält.

Ich sagte daher zu mir selbst: ›Sieh! auch selbst Apollon liebt ein Mädchen und schämt sich der Liebe nicht, sondern verfolgt das Mädchen; und du trägst Bedenken und schämst dich und willst so zur Unzeit den Enthaltsamen spielen? Du bist doch nicht besser als der Gott?‹

Da es Abend wurde, begaben sich die Frauen zuerst in ihr Schlafgemach und bald darauf auch wir. Die übrigen hatten ihren Magen mit dem vollen Maße der Lust gesättigt, ich meine Augen; denn sie waren mit dem Antlitz des Mädchens erfüllt; ich genoß die unvermischte Betrachtung bis zur Trunkenheit und entfernte mich dann von Liebe berauscht. Als ich in mein Schlafgemach kam, konnt' ich nicht einschlafen; denn auch die Wunden des Körpers, so wie die Krankheiten, pflegen des Nachts heftiger zu sein, sich mehr zu äußern und mehr Schmerzen zu erregen, wenn wir ruhen. Wenn der Körper nämlich ruht, hat die Wunde Muße hervorzubrechen. Aber die

Wunden der Seele schmerzen noch weit mehr, wenn der Körper nicht in Bewegung ist; denn den Tag über wird die Heftigkeit der Krankheit dadurch vermindert, daß sich die Augen und Ohren mit vielen Dingen beschäftigen, so daß sie der Seele keine Zeit lassen, die Schmerzen zu empfinden. Wenn aber der Körper von Ruhe gefesselt ist, so bleibt die Seele allein; und dann bestürmen sie die Fluten des Übels; denn alles, was bisher schlummerte, wird aufgeregt: in der Brust der Traurigen der Gram, der Sorgenvollen die Sorgen, in der Brust derer, die in Gefahr schweben, die Furcht, und im Busen der Liebenden das Feuer der Liebe.

Gegen Morgen brachte mich ein mitleidiger Schlaf kaum etwas zur Ruhe. Aber auch da nicht wollte das Mädchen aus meiner Brust weichen; alle meine Träume waren – Leukippe; ich sprach mit ihr, scherzte und aß mit ihr, betastete sie und genoß noch größeres Vergnügen als am Tage – denn ich küßte sie auch; und der Kuß war wahrhaftig – so daß ich mit dem Diener, da er mich so zur ungelegenen Zeit weckte, schmälte, daß er mir einen so süßen Traum entriß.

Nachdem ich aufgestanden war, ging ich absichtlich außerhalb der Wohnung vor den Augen des Mädchens herum. Ich hielt ein Buch in der Hand, neigte meinen Kopf auf dasselbe und las; und wenn ich an der Türe war, schielte ich hinauf. Nachdem ich nun einigemale so auf und nieder gegangen war, und durch ihren Anblick meiner Liebe Nahrung zugeführt hatte, begab ich mich mit verwundeter Seele weg. So zeigte ich mich ihr drei Tage lang.

Ich hatte einen Vetter, namens Kleinias, der verwaist und zwei Jahr älter als ich war. Er war in der Liebe eingeweiht; aber er liebte einen Jüngling. Diesen schätzte er so sehr, daß er ihm ein Pferd, welches er eben gekauft hatte, sogleich schenkte, da der Knabe sein Wohlgefallen an ihm bezeugte. Ich verspottete ihn oft wegen seiner Unbesonnenheit, daß er seine Zeit mit der Liebe hinbringe und sich von ihrer Lust so fesseln lasse. Er schüttelte aber den Kopf und sagte mir lächelnd: ›Auch dir wird sie einst Fesseln anlegen.‹

Ich ging nun gleich zu ihm hin, grüßte ihn, und setzte mich zu ihm nieder. ›Kleinias‹, sagte ich, ›ich habe für die Verspottung gebüßt; auch mich hält die Liebe jetzt gefangen.›

Er schlug die Hände zusammen, stand lachend auf, küßte mir das Gesicht, welches ihm die Schlaflosigkeit der Liebe verriet, und sagte: ›Du liebst, wahrlich, du liebst! Dies sagen deine Augen.‹

Kaum hatte er dies gesprochen, als Charikles – dies war der Name des Jünglings – ganz bestürzt hereingelaufen kam mit den Worten: ›Ich bin verloren, Kleinias!‹ Kleinias wehklagte mit ihm, so auf seine Reden gespannt, als hing' er an seiner Seele, und sagte mit zitternder Stimme: ›Du tötest mich, wenn du schweigst! Was betrübt dich? Was gibt es zu bekämpfen?‹

›Mein Vater‹, erwiderte Charikles, ›will mich verheiraten, und dies an ein häßliches Mädchen, um das Übel zu verdoppeln; denn schon ein schönes Weib ist etwas Lästiges und, wenn ein Mädchen noch dazu das Unglück hat, häßlich zu sein, so ist das Übel doppelt. Aber mein Vater sieht auf ihren Reichtum und betreibt daher die Heirat. Durch ihr Geld werde ich ihr überliefert, um durch die Ehe ihr Sklave zu werden.‹

Bei dieser Nachricht wurde Kleinias bleich. Er reizte den Jüngling noch mehr auf, die Heirat von sich abzulehnen, und schmähte das weibliche Geschlecht. ›Dein Vater will dich schon verheiraten? Was hast du Böses getan, daß dir Fesseln angelegt werden sollen? Hörst du nicht, was Zeus sagt:

Ihnen aber verleih' ich, anstatt des Feuers, ein Übel,
Dessen sich all' im Gemüt erfreuen, ihr Übel umarmend.

So reizt das Übel, das man mit den Sirenen vergleichen könnte; denn auch sie töten durch den Zauber ihres Gesanges. Du kannst schon von der Zurüstung der Hochzeit selbst auf die Größe des Übels schließen: das Rauschen der Flöten, das Schlagen der Türen, das Leuchten der Fackeln! Wenn jemand ein so großes Geräusch hörte, würde er nicht sagen: Ist dem Bräutigam etwas widerfahren? Ich glaube, man will ihn in den Krieg schicken! Und wenn du in den schönen Künsten unerfahren wärest, so würden dir wohl die tragischen Handlungen der Frauen unbekannt sein; so aber würdest du selbst andern erzählen können, wieviel Stoff zu Dramen die Frauen gegeben haben; zum Beispiel das Armband der Eriphyle, das Gastmahl der Philomele, die Verleumdung der Sthenoboia, der Diebstahl der Aërope und der Mord, den Prokne verübte. Wenn Agamemnon nach der schönen Chryseis Verlangen trägt, bewirkt er den Hellenen die Pest; und schmachtet Achilleus nach der schönen Briseis, so bereitet er sich selbst Trauer. Kandaules hat ein schönes Weib, und das Weib tötet den Kandaules; die Hochzeitsfackel der Helena setzte Troja in Brand; und die keusche Gattin Penelope, wieviel Freier hat sie ins Verderben gestürzt? Den Hippolytos tötete die liebende Phaidra; Klytaimnestra aber den Agamemnon, ohne ihn zu lieben. Oh! die ihr jeden Frevel verübt, ihr Frauen! Auch wenn sie lieben, töten sie, und wenn sie nicht lieben, töten sie. Der schöne Agamemnon mußte sterben, dessen Schönheit himmlisch war:

Er, an Augen und an Kopf dem Blitz sich erfreuenden Zeus gleich.

Und diesen Kopf, o Zeus, hieb eine Frau ab!

Dies könnte man über die schönen Frauen sagen, wo doch das Unglück nur mäßig ist; denn die Schönheit gewährt Linderung des Übels, und sie ist Glück im Unglück. Wenn aber, wie du sagst, das Mädchen nicht schön ist, so ist das Übel doppelt. Und wie könnte dies jemand ertragen? zumal ein schöner Jüngling? Nein, bei den Göttern, Charikles, laß dich nicht fesseln: vernichte nicht vor der Zeit die Blüte der Jugend. Denn zu den Unannehmlichkeiten der Heirat kommt auch noch diese, daß sie die Blüte der Jugend verdorren läßt. O Charikles, ich bitte dich, laß mir nicht die schön gebildete Rose verdorren, laß sie nicht von einem häßlichen Landbebauer pflücken.‹

›Dies wird‹, erwiderte Charikles, ›meine Sorge und die Sorge der Götter sein; und bis zum Hochzeitstage haben wir noch Zeit; vieles kann auch in einer Nacht geschehen; wir wollen es mit Muße überlegen. Jetzt aber will ich weggehen und reiten; denn seitdem du mir das schöne Pferd geschenkt hast, habe ich von deinem Geschenk noch keinen Gebrauch gemacht; diese Übung wird mir die Traurigkeit der Seele erleichtern.‹ Er ging zum letzten Male hinweg, um das erste und letzte Mal zu reiten.

Ich erzählte nun dem Kleinias, was mit mir vorgegangen sei; was ich für sie empfinde, wie ich sie in unser Haus habe kommen sehen, daß ich mit ihr gespeist habe, und pries die Schönheit des Mädchens. Endlich fügte ich noch hinzu, da ich einsah, daß meine Erzählung ihm unschicklich erscheinen mußte: ›Ich ertrage den Schmerz nicht, Kleinias; denn die Liebe hat sich meiner ganz bemächtigt und verscheucht mir den Schlaf von den Augen; überall sehe ich das Bild der Leukippe; keiner ist noch so unglücklich gewesen; das Unglück wohnt selbst bei mir.‹

›Du sprichst töricht‹, erwiderte Kleinias, ›da du bei deiner Liebe so glücklich bist; denn du brauchst nicht vor eine fremde Tür zu gehen, noch einen Diener anzusprechen. Das Glück hat dir die Geliebte selbst in die Hände gegeben und in dein Haus gesetzt. Einem andern Liebhaber genügt schon der Anblick des geliebten Mädchens, und er hält dies für das größte Gut, wenn er nur einen Blick empfängt; und die glücklichern Liebhaber preisen sich selig, wenn sie mit ihr sprechen können; du aber siehst und hörst sie immer, speisest und trinkest mit ihr; und du klagst noch bei diesem Glücke? Du erkennst nicht das Geschenk der Liebe; du weißt nicht, was es schon für ein Glück ist, die Geliebte nur zu sehen; das Vergnügen, das du da empfindest, ist größer, als der Genuß der Liebe selbst; denn die Strahlen der Augen brechen sich einander und stellen so das Bild der Körper, wie in einem Spiegel, dar: Der Abfluß der Schönheit fließt durch die Augen in die Seele und bewirkt eine Vereinigung, selbst beim Abstande der Körper voneinander; die Vereinigung der Körper hingegen dauert nur kurze Zeit; denn sie ist nichtig. Ich sage dir aber vorher, daß du bald auch zum vollkommenen Genusse gelangen wirst; denn der beständige Umgang mit der Geliebten trägt sehr viel dazu bei, sie zu überreden. Das Auge nämlich gibt der Vertraulichkeit Nahrung, und die tägliche Gemeinschaft erfleht Gunstbezeugungen; denn wenn auch die wilden Tiere durch gewöhnlichen Umgang zahm werden, sollte nicht ein Mädchen weit eher durch ihn erweicht werden? Auch hat die Gleichheit des Alters mit dem Liebhaber für das Mädchen etwas Anlockendes; der Naturtrieb zur Zeit der Blüte, verbunden mit dem Bewußtsein, daß man geliebt werde, erzeugt öfters Gegenliebe. Ein jedes Mädchen will nämlich schön sein, freut sich, wenn sie geliebt wird, und findet am Geliebten Wohlgefallen wegen des Zeugnisses ihrer Schönheit, das er ihr durch seine Liebe ablegt; liebt sie niemand, so hält sie sich nicht für schön. Nur eines will ich dir raten: Suche sie zu überzeugen, daß du sie liebst, und bald wird sie dir es nachtun.‹

›Aber‹, erwiderte ich, ›wie kann dieses dein Orakel in Erfüllung gehen? Gib mir die Mittel dazu an; denn du bist ein älterer Priester als ich und mit den Geheimnissen des Gottes vertrauter. Was soll ich sagen? was tun? wie kann ich ihre Gunst erlangen? Ich kenne die Art und Weise nicht.‹

›Suche dies nicht‹, sagte Kleinias, ›von einem andern zu erfahren; Eros ist ein Sophist, er bedarf nicht fremden Unterrichts. Und so wie niemand den neugebornen Kindern ihre Nahrung zeigt – sie lernen sie von sich selbst in den Brüsten der Mutter finden –, so bedarf auch der Jüngling, der mit der ersten Liebe schwanger geht, keines Unterrichts im Gebären; denn nahen die Geburtsschmerzen heran und tritt der Tag der Not ein, so wird das Gebären, und sollt' es auch das erste Mal sein, unter Beistand des Gottes, unfehlbar glücklich vonstattengehen. Was ich dir aber jetzt sagen werde, betrifft ganz gemeine Dinge, die weiter keines glücklichen Zufalls bedürfen. Erwähne beim Mädchen nichts von den Freuden der Liebe, und suche sie im Stillen zu genießen; denn der Jüngling und das Mädchen besitzen gleiche Schamhaftigkeit, und von der Gabe der Aphrodite, wenn sie auch wissen, wie sie sich hingeben, wollen sie nichts hören. Sie glauben, das, dessen man sich schäme, liege in den Worten. Den Frauen freilich gewähren auch die Reden Ergötzung; die Mädchen aber dulden zwar die Angriffe von außen, wodurch die Liebhaber sie versuchen, und willigen sogleich durch Winke ein. Wenn man aber gerade mit der Forderung an sie geht, so betäubt man mit seiner Stimme ihre Ohren; sie erröten, hassen die Reden und halten sich für beschimpft. Ja, möchten sie auch wohl den Genuß der Liebe versprechen wollen, so verbietet es ihnen doch die Scham; denn sie glauben, je mehr sie durch die Reizungen der Reden dazu versucht werden, um so größer sei ihre Hingabe. Versuche sie auf eine andere Art; mache sie dir erst folgsam, dann kannst du dich ihr voll Zuversicht nahen; doch mußt du das meiste, wie in Mysterien, verschweigen, nur leise dich ihr nähern und sie küssen. Der Kuß, den der Liebhaber seiner Geliebten mit ihrer Einwilligung gibt, ist eine stille Bitte; weigert sie sich aber, so ist er ein Opfer, das ihr der

Liebhaber bringt, ihre Gunst zu erflehen; und sollt' auch schon zwischen ihnen ein Vertrag gemacht sein, so will sie doch, wenn sie es gleich selbst wünscht, dazu gezwungen zu sein scheinen, um durch den Schein des Zwanges die Schamhaftigkeit, die mit einer freiwilligen Hingebung verbunden ist, zu entfernen. Werde daher nicht unwillig, wenn du sie sich sträuben siehst; sondern beobachte nur, wie sie sich sträubt; auch hierin ist Klugheit nötig. Beharrt sie bei ihrem Widerstand, so brauche keine Gewalt; denn sie wird sich dir nichr ergeben; willst du dir sie aber nachgiebiger machen, so wende Verstellung an, sonst verfehlst du deinen Endzweck.‹

Darauf erwiderte ich: ›Du hast mir vieles an die Hand gegeben, und ich wünschte, Kleinias, mein Ziel zu erreichen; jedoch befürcht' ich, das Glück möchte mir der Anfang größeres Unglücks sein, und noch stärkere Glut in mir entzünden. Wenn sich nun das Übel verstärkt, was soll ich tun? Heiraten würde ich sie doch nicht können; denn ich bin an ein anderes Mädchen gebunden; mein Vater liegt mir mit dieser Heirat an, und tut eine billige Forderung an mich, nicht ein fremdes, nicht ein häßliches Mädchen zu heiraten; noch verkauft er mich, wie es mit dem Charikles geschieht, an eine reiche Frau, sondern er gibt mir seine Tochter, die vorher schön war, o ihr Götter! ehe ich Leukippe sah; jetzt aber bin ich für ihre Schönheit blind und habe nur für Leukippe Augen. Ich werde von zwei Seiten bestürmt: Die Liebe und mein Vater kämpfen gegeneinander; er steht gegen mich und ist mächtig durch Ehrfurcht; sie aber hält den feindlichen Ort besetzt und verheert mit Feuer. Wie soll ich den Streit entscheiden? Zwang kämpft mit Natur; ich will dir zwar Recht widerfahren lassen, Vater; aber dann hab' ich noch einen heftigeren Gegner; er foltert den Richter, steht mit Pfeilen gerüstet, und urteilt mit Feuer; geb' ich ihm nicht nach, Vater, so verzehren mich seine Flammen.‹

So sprachen wir untereinander von der Liebe, als plötzlich ein Sklave des Charikles herbeigelaufen kam, dessen Gesicht Unglück verkündete, so daß Kleinias aufschrie, sobald er ihn sah: ›Ach! dem Charikles ist ein Unglück begegnet!‹ Der Diener fiel mit den Worten in seine Reden ein: ›Charikles ist tot!‹

Den Kleinias verließ bei dieser Nachricht die Stimme, und er blieb unbeweglich, von der Rede, wie von einem Sturme, zu Boden geschlagen. Der Diener erzählte dann: ›Er setzte sich auf dein Pferd, Kleinias, und ritt anfangs langsam; da er zwei- oder dreimal herumgeritten war, hielt er inne, wischte dem Pferde mit streichelnder Hand den Schweiß ab und ließ dabei den Zügel außer acht; da er auch vom Sitze den Schweiß abwischte, entstand von hinten ein Geräusch; das Pferd sprang scheu auf, bäumte sich und stürzte blindlings fort; es biß in den Zügel, krümmte den Nacken, sträubte das Haar empor und flog, von Furcht in Wut gesetzt, durch die Luft. Die Vorderfüße sprangen in die Höhe, die hintern eilten den vordern zuvorzukommen, verfolgten und trieben sie zum Laufen an. Das Pferd krümmte sich beim Streite der Füße, sprang in die Höhe und wieder herab, so wie die Vorderfüße es drängten, und sein Nacken wogte gleich einem Schiff im Sturme. Der arme Charikles schwankte auf dem Pferde, das, wie ein Schiff auf der Flut, in die Höhe stieg und niedersank, und wurde, wie ein Ball, aus seinem Sitze geworfen, indem er bald nach dem Schweife zu herabglitt, bald auf den Nacken vorstürzte: So übermannte ihn der Sturm der Wogen. Da er nun die Zügel nicht mehr in seiner Gewalt hatte, überließ er sich dem blinden Laufe, ein Spiel des Zufalls. Das Pferd lief mit voller Kraft fort, kam vom Wege ab, sprang in einen Wald und zerschlug den unglücklichen Charikles an einem Baume; wie durch eine Wurfmaschine daran geschleudert, wurde er aus seinem Sitze geschlagen und die Zweige des Baumes entstellten sein Gesicht; es wurde mit so vielen Wunden geritzt, als Spitzen der Bäume waren. Die Zügel waren um ihn geschlungen und wollten den Körper nicht loslassen, sondern zogen ihn zurück und rissen ihn mit sich auf den Weg des Todes. Das Pferd aber, durch den Fall noch mehr erschreckt und durch den Körper in seinem Laufe gehemmt, schlug den Unglücklichen und suchte sich durch Ausschlagen von der Fessel der Furcht zu befreien. – Den Charikles würde wohl niemand wiedererkennen!‹

Kleinias hörte dies und schwieg eine Zeitlang vor Bestürzung. Bald aber kam er wieder zur Besinnung; dann schrie er heftig auf und eilte zu dem Leichnam. Ich folgte ihm und suchte ihn, so gut ich konnte, zu trösten.

Unterdessen brachte man den Charikles getragen, ein erbarmenswürdiger, kläglicher Anblick: Denn sein Körper war eine Wunde; und keiner der Anwesenden konnte sich der Tränen enthalten.

Sein Vater fing mit erschütternder Stimme an zu jammern: ›O Sohn, bist du so von mir weggegangen? Kommst du so mir wieder zurück? O das verwünschte Reiten! Nicht, wie andere, entriß dich mir der Tod; du erscheinst nicht im Tode noch schön; die andern Toten behalten doch noch Spuren ihrer Bildung, an denen man sie erkennen kann; und haben sie auch die Blüte des Gesichts verloren, so behalten sie doch noch ein Bild davon und trösten den Betrübten, indem sie Schlafenden gleichen; die Seele zwar entreißt der Tod, im Körper jedoch bewahrt er den Menschen. Aber an dir hat das Schicksal auch dieses vernichtet; du starbst mir einen doppelten Tod, an der Seele und am Körper; so ist auch der Schatten von deinem Bilde gestorben: denn die Seele ist von dir geflohen, und ich finde dich nicht einmal im Körper wieder. Und die Heirat? – Ach, du unglücklicher Reiter und nur halber Bräutigam! Das Grab ist nun dein Brautgemach, der Tod deine Hochzeit, der Leichengesang dein Brautgesang, und dieses Wehklagen deine Brautlieder. Ich hoffte, dir andere Fackeln anzuzünden, o Sohn; aber diese hat das neidische Schicksal mit dir ausgelöscht; es zündet dir die Fackeln des Unglücks an. O die verhaßten Flammen, die dich jetzt erwarten! Der Brautzug unter Fackelbegleitung wird dir zum Leichenzuge.‹

So jammerte der Vater; von der andern Seite aber Kleinias – und Vater und Liebhaber wetteiferten gleichsam im Wehklagen. ›Ich habe meinen Gebieter verloren! O warum gab ich ihm auch ein solches Geschenk! Nicht eine goldene Schale, der er sich bei der Opferspende, als eines Geschenks von mir, hätt' erfreuen können, gab ich ihm, sondern ich Unglücklicher schenkte dem schönen Jüngling ein Tier und zierte das verderbliche Tier mit Brustriemen, Stirnbinden, mit prächtigem Gehänge und goldnem Zügel. O Charikles! Ich, ich schmückte deinen Mörder mit Gold; und du, Pferd, du wildestes unter allen Tieren, du verderbliches, undankbares und für die Schönheit gefühlloses! Dir wischte er streichelnd den Schweiß ab, versprach er noch reichlicheres Futter und pries deinen

Lauf; und du tötetest den, der dich lobte! Du empfandst keine Achtung, keine Ehrfurcht, da dich ein solcher Körper berührte! du warst nicht stolz auf einen solchen Reiter, sondern warfst, o liebloses Tier! die Schönheit zu Boden. O ich Unglücklicher! Ich kaufte deinen Mörder, das mörderische Roß!‹

Nach dem Begräbnis eilte ich gleich zum Mädchen. Sie war im Lustgarten des Hauses. Dieser war ein Hain, ein großer, erfreulicher Anblick für das Auge! Um den Hain lief eine ziemlich hohe Mauer, und jede von ihren Seiten, deren vier waren, war von einer Säulenreihe bedeckt. Unter den Säulen im Garten standen dichte Bäume. Die Zweige blühten, und einer fiel auf den andern. Die benachbarten Äste waren ineinander verflochten, die Blätter umschlangen sich und die Früchte waren gepaart: so eine Gemeinschaft herrschte unter den Gewächsen.

An einigen der stärkeren Bäume waren Efeu und Taxus gewachsen; dieser hing an Platanen, und umschattete sie mit zartem Laub; der Efeu umwand die Fichte, mit dem Baume in eins verschlungen; der Baum war die Stütze des Efeus, der Efeu der Kranz des Baumes. Weinstöcke, von Rohr gestützt, umgaben von beiden Seiten mit grünenden Blättern den Baum. Die Frucht war in reifer Blüte, hing durch die Öffnungen aus dem Rohrgeflecht heraus, und war gleichsam die Locke des Gewächses. Indem sich die Blätter emporhoben, strahlte die Erde von der Sonne, die nach dem Winde bald hier, bald da durchschimmerte, einen bleichen Schatten zurück. Die Blüten waren von bunter Farbe, und jede zeigte für sich ihre Schönheit. Die Narzisse und Rose malten die Erde mit Purpur; ihre Kelche hatten einerlei Umriß, und dies war die Trinkschale der Blume. Die Farbe der Blätter, die um den Kelch zerteilt waren, glich bei der Rose dem Blute; der untere Teil des Blattes hatte die Farbe der Veilchen und der Milch, und die Narzisse war dem untern Teil der Rose gleich. Das Veilchen hatte keinen Kelch, aber eine Farbe, wie sie vom ruhigen Meere zurückstrahlt. Mitten unter den Blumen sprudelte eine Quelle auf, und ein viereckiger Graben war für ihren Fluß gemacht. Das Wasser war der Spiegel der Blumen, so daß man einen doppelten Hain zu sehen glaubte: einen wirklichen und einen im Schattenbilde. Unter den Vögeln wurden die zahmen, welche das Futter der Menschen lockte, im Hain unterhalten; die aber, deren Flügel frei waren, spielten um die Wipfel der Bäume. Einige von ihnen sangen die Gesänge der Vögel, andere brüsteten sich mit dem Schmuck ihrer Federn. Die Singvögel waren die Zikaden und die Schwalben; jene sangen das Lager der Eos, und diese die Mahlzeit des Tereus. Die zahmen Vögel waren der Pfau, der Schwan und der Papagei. Der Schwan hielt sich um die Quellen der Gewässer auf; der Papagei hing in einem Käfig an einem Baum, und der Pfau breitete seine Federn über die Blumen aus. Die Blumen strahlten gegen die Farbe der Federn, und beide waren so miteinander vermischt, daß sie eins zu sein schienen.

Meiner Absicht gemäß, dem Mädchen Liebe zu erwecken, fing ich mit Satyros ein Gespräch an, und nahm den Vogel zur Veranlassung. Sie ging mit der Kleio spazieren und stand ihr beim Pfau gegenüber. Es traf sich eben, daß der Pfau die Schönheit seiner Federn ausbreitete und ihren schönen Anblick zeigte. ›Dies tut er‹, sagte ich, ›gewiß nicht ohne listige Absicht; denn er liebt, und wenn er seine Geliebte anlocken will, brüstet er sich so. Siehst du diese neben der Platane?‹ – ich zeigte auf das Weibchen hin – ›ihr zeigt er die Schönheit seiner bunten Federn; der Schmuck seiner Federn ist schöner und voller als beim Weibchen, denn auch Gold schmückt seine Federn, und rings um das Gold läuft in einem gleichen Kreise Purpur, und seine Federn ziert ein Auge.‹

Satyros merkte den Zweck meiner Rede und fuhr also, um mir noch mehr Stoff zu geben, mit den Worten fort: ›Hat denn Eros eine so große Gewalt, daß er sogar in den Vögeln seine Flammen entzündet?‹

›Nicht allein auf die Vögel‹, sagt' ich, ›denn dies ist nicht zu verwundern, da er selbst Flügel hat, auch auf die kriechenden und wilden Tiere und die Gewächse wirft er seine feurigen Pfeile; ja, ich glaube selbst auf die Steine; denn der Magnet wenigstens liebt das Eisen, und wenn er es nur sieht und berührt, so zieht er es, gleichsam als wenn er ein Liebesfeuer in sich nährte, zu sich hin. Und ist dies nicht eine Umarmung des liebenden Magnets und des geliebten Eisens? Von den Pflanzen sagen die Gelehrten – und ich würd' es für eine Fabel halten, wenn es nicht die Bauern bestätigten –, daß ein Gewächs das andere liebe und daß vorzüglich der Palmbaum an der Liebe leide. Man gibt eine männliche und weibliche Palme an; die männliche liebt die weibliche, und wenn die weibliche an einem zu weit entfernten Orte angepflanzt ist, so verdorrt die männliche. Der Bauer kennt den Grund der Trauer des Baums, geht auf eine Anhöhe, wo er die Gegend überschauen kann, und gibt acht, wohin sie sich neigt; denn sie neigt sich allemal zu ihrer Geliebten hin. Sobald er es bemerkt hat, heilt er die Krankheit des Baums. Er nimmt einen Zweig von der weiblichen Dattel, legt ihn in die Brust der männlichen und belebt so die Seele des Baums wieder. Der absterbende Körper lebt wieder auf, richtet sich empor und erfreut sich der Umarmung seiner Geliebten. Dies ist die Vermählung der Bäume.

Auf eine andere Art vermählen sich die Gewässer im Meere miteinander. So begattet sich der Fluß Alpheios mit der sizilischen Quelle. Er läuft durch das Meer hindurch, wie auf einer Ebene hin, ohne daß der süße Liebhaber in der salzigen Flut verschwindet. Das Meer teilt sich für seinen Lauf, bildet für ihn einen Kanal und führt so den Alpheios als Bräutigam zur Arethusa. Zur Zeit des Olympischen Festes werfen viele Geschenke in seine Strudel, der eine diese, der andere jene. Diese trägt der Fluß zu seiner Geliebten und bringt sie ihr als Brautgeschenke dar.

Unter den kriechenden Tieren findet eine andere Feier der Liebe statt; und nicht allein unter denen, die gleichen Geschlechts sind, sondern auch unter ungleichartigen. Die Otter liebt die Muräne, die, wie die Otter, der Gestalt nach eine Schlange ist, aber im Meere lebt und als Fisch genossen wird. Wenn sie sich begatten wollen, geht die Otter ans Ufer und gibt durch Zischen gegen das Meer hin der Muräne das Zeichen. Diese erkennt es und geht aus den Fluten hervor. Aber sie begibt sich nicht sogleich zum Geliebten; denn sie weiß, daß er den Tod in den Zähnen trägt; sondern sie geht auf einen Felsen und wartet, bis der Bräutigam seinen Mund gereinigt hat. Sie stehen dann und sehen sich wechselseitig an. Sieht nun die Braut, daß ihr Liebhaber das Gift, vor dem sie sich fürchtet, auf dem Lande ausgeworfen hat, so geht sie von dem Felsen herab, begibt sich auf das Land, umarmt ihren Geliebten und fürchtet nicht mehr seine Küsse.‹

Hierbei sah ich auf das Mädchen, um sie zu beobachten, wie sie sich bei diesem Liebesgespräch benehme. Sie gab zu erkennen, daß sie nicht ungern zuhöre. Die Schönheit des Pfaus schien mir weniger zu strahlen als das Antlitz der Leukippe; denn die Schönheit ihres Körpers wetteiferte mit den Blumen der Wiese; ihr Gesicht strahlte die Farbe der Narzisse zurück; die Rose stieg aus ihrer Wange empor; der Glanz ihrer Augen schimmerte wie Veilchen, und ihr gelocktes Haar krümmte sich mehr als Efeu: so strahlte ihr Antlitz, gleich dem Blumenflor der Wiese. Bald darauf eilte sie hinweg; denn sie pflegte um die Zeit ihre Kithara zu spielen. Sie schien mir aber immer gegenwärtig zu sein; denn beim Weggehen hatte sich ihre Gestalt meinen Augen eingedrückt.

Wir erteilten uns nun gegenseitig Lobsprüche; ich lobte mich wegen der Erzählung der Fabeln, und Satyros sich, weil er mir Stoff dazu gegeben hatte. Kurz darauf trat die Stunde der Mahlzeit ein, und wir tranken wieder zusammen.

Zweites Buch

Unter diesen wechselseitigen Lobeserhebungen gingen wir in das Gemach des Mädchens, um sie auf der Kithara spielen zu hören; denn ich konnte nicht einen Augenblick leben, ohne sie zu sehen. Sie sang zuerst nach dem Homer den Kampf des Ebers mit dem Löwen; darauf stimmte sie eine sanftere Melodie an. Ihr Gesang war ein Loblied auf die Rose; und wenn man die Wendungen des Gesanges wegläßt, und die Worte von der Harmonie entblößt, so war ihr Inhalt ungefähr dieser: ›Wenn Zeus den Blumen einen König geben wollte, so würde er die Rose zur Königin der Blumen machen; denn sie ist der Schmuck der Erde, die Zierde der Gewächse, das Auge der Blumen, die Röte und strahlende Schönheit der Wiese; sie haucht Liebe, lockt zum Genuß, ist mit wohlriechendem Laube geziert, brüstet sich mit ihren leichtbeweglichen Blättern, und das Blatt lächelt dem Zephir.‹ So sang sie. Ich aber glaubte, die Rose auf ihren Lippen zu sehen, so als wär' ihr Mund mit dem Kelche der Rosen bekränzt.

Kaum hatte sie aufgehört zu spielen, als die Zeit zu speisen herankam. Es wurde gerade das Fest des Dionysos Protrygaios gefeiert; denn die Tyrier halten den Dionysos für ihre eigene Gottheit. Sie singen auch die Fabel vom Kadmos, und als Veranlassung des Festes geben sie folgende Fabel an:

Vordem kannten weder andere Menschen noch auch sie den Wein, weder den dunklen noch den duftenden noch auch den vom biblinischen Weinstock, den thrakischen des Maron, den chiischen aus Lakaine noch auch endlich den Inselwein von Ikaros; denn alle diese Weine waren erst Abkömmlinge des tyrischen, und die erste Mutter der Reben wuchs bei ihnen.

Ein gewisser gastfreundlicher Hirt unter ihnen gab, wie sie erzählen, zu der Fabel die erste Veranlassung, so wie die Athener auch vom Ikaros erzählen; und die Fabel selbst scheint beinahe attisch zu sein. Zu diesem Hirten kam Dionysos; er setzte ihm alles vor, was nur die Erde erzeugt und eingefahren wird; und zum Getränke hatten sie das, was auch der Stier trank; denn sie kannten den Wein noch nicht. Dionysos lobt den Hirten wegen seiner Freigebigkeit und reicht ihm den Becher der Freundschaft dar. Das Getränke war Wein. Der Hirt trank davon, wurde vom Vergnügen begeistert und sagte zum Gott:

›Woher, Fremdling, hast du dieses purpurne Wasser? Wo hast du ein so süßes Blut gefunden? denn das Getränk ist nicht so, wie es auf der Erde fließt; dieses steigt in die Brust herab und gewährt ein schwaches Vergnügen; das deinige aber ergötzt vor dem Munde schon die Nase und ist kalt, wenn man es berührt; ist es aber in den Magen hinabgesprungen, so haucht es von unten ein Feuer des Vergnügens herauf.‹

›Dies ist‹, sagte Dionysos, ›das Wasser der Herbstfrucht, das Blut der Weintraube.‹ Er führte dann den Hirten zum Weinstock, nahm eine Weinbeere, drückte sie und sagte, auf den Weinstock zeigend: ›Dies ist das Wasser, dies die Quelle.‹

So kam der Wein unter die Menschen, wie die Tyrier erzählen.

An diesem Tag feierte man nun dem Gotte das Fest. Mein Vater setzte aus Ehrbegierde unter andern Dingen, wodurch er die Mahlzeit glänzender zu machen suchte, auch einen dem Gotte geheiligten Krater auf, welcher nach dem vom Chier Glaukos den zweiten Rang behauptete. Das ganze Werk war aus Glas von erhabener Arbeit. Weinstöcke umkränzten es rings, so daß sie aus dem Krater herausgewachsen zu sein schienen. Die Weintrauben hingen überall herum; jede von ihnen erschien unreif, so lange der Krater noch leer war; goß man aber Wein hinein, so fing sie nach und nach an, sich zu färben und zur reifen Traube zu werden. Dionysos war unter den Trauben als Winzer vorgestellt.

Während der Wein schon herumging, sah ich etwas dreist auf Leukippe hin; denn Eros und Dionysos sind zwei gewaltige Götter; sie bemächtigen sich der Seele und setzen sie bis zur Schamlosigkeit außer sich: Eros, indem er sie mit seinem gewöhnlichen Feuer entzündet, und Dionysos dadurch, daß er dieses durch den Wein noch mehr anfacht: denn Wein ist die Nahrung der Liebe.

Auch sie faßte schon Mut, mich häufiger anzublicken. Und so verstrichen zehn Tage, ohne daß wir weitere Fortschritte machten: denn wir wagten weiter nichts als wechselseitige Blicke.

Ich entdeckte nun dem Satyros meine Liebe, und bat ihn um Beistand. Er sagte mir, er hab' es schon vorher bemerkt, aber mir's nicht vorhalten wollen, um mich's nicht merken zu lassen; denn wer im geheimen liebt, haßt den, der es ihm sagt, gleichsam, als wenn dieser ihm Vorwürfe darüber machte. ›Aber das Schicksal‹, fügte er hinzu, ›hat von selbst für uns gesorgt. Ich stehe nämlich mit der Kleio, welcher ihr Schlafgemach anvertraut ist, in vertrautem Umgang, und sie betrachtet mich als ihren Liebhaber. Diese will ich in kurzem so für uns gewinnen, daß sie unsere Absichten unterstützt. Du mußt aber auch das Mädchen nicht allein durch Blicke zu reizen suchen, sondern etwas dreister mit ihr sprechen. Dann brauche einen zweiten Kunstgriff; berühre ihre Hand, drücke den Finger, und seufze dazu; leidet sie es, so nenne sie Gebieterin und küss' ihr den Hals.‹

›Bei der Athene‹, sagte ich, ›du unterrichtest mich auf eine sehr überredende Art; aber ich befürchte, ich möchte zu wenig Mut haben und mich als einen feigen Kämpfer in der Liebe zeigen.‹

›Eros, mein Lieber‹, erwiderte er, ›verträgt keine Feigheit. Siehst du nicht, wie seine Rüstung so ganz kriegerisch ist? Sein

Bogen, sein Köcher, die Pfeile, das Feuer: alles an ihm zeugt von Männlichkeit und Kühnheit; und du, da du einen solchen Gott in dir trägst, bist feig und fürchtest dich? Sieh dich vor, daß du den Gott nicht verleugnest. Ich will dir die Sache einleiten; Kleio entferne ich, wenn ich eine schickliche Gelegenheit für dich wahrnehme, mit dem Mädchen allein zu sein.‹

Mit diesen Worten entfernte er sich. Mir selbst überlassen und vom Satyros angefeuert, suchte ich mir Mut gegen das Mädchen einzuflößen. ›Wie lange‹, sagte ich, ›willst du noch schweigen? Warum so mutlos sein im Dienste eines so tapfern Gottes? Willst du etwa warten, bis das Mädchen von selbst zu dir kommt? Handelst du aber nicht unbesonnen, Unglücklicher?‹ setzte ich dann hinzu. ›Warum liebst du nicht die, welche du lieben solltest? Du hast ein anderes schönes Mädchen in deinem Hause; dieser schenke deine Liebe, dieser deine Blicke; diese darfst du heiraten.‹

Ich glaubte, mich so überredet zu haben; aber aus der Tiefe der Brust sprach Eros dagegen: ›O du Tollkühner! Du stellst dich gegen mich, um mit mir zu streiten? Ich fliege, werfe Pfeile und setze in Flammen. Wie wolltest du mir entgehen? Entgehst du auch meinem Bogen, so kannst du dich doch vor meinem Feuer nicht schützen; und löschest du auch durch besonnene Enthaltsamkeit die Flammen aus, so ergreif' ich dich doch mit meinen Flügeln.‹

Während ich dies bei mir sprach, stand ich, ohne es zu wissen, ganz unvermutet bei dem Mädchen und wurde bleich, da ich sie so plötzlich erblickte; bald aber überzog mich Schamröte. Sie war allein, und auch Kleio war nicht bei ihr. Ungeachtet meiner Bestürzung, in welcher ich nicht wußte, was ich sagen sollte, redete ich sie an: ›Sei gegrüßt, meine Gebieterin!‹

Sie lächelte hold, und zeigte dadurch an, daß sie meine Worte verstanden hatte; darauf sagte sie: ›Deine Gebieterin? Sage dies nicht.‹

›Und doch hat mich ein Gott an dich verkauft, wie einst den Herkules an die Omphale‹, sagte ich darauf.

›Meinst du den Hermes‹, versetzte sie. ›Ja, diesem hatte es Zeus befohlen‹, zugleich brach sie in Lachen aus.

›Wie sprichst du so‹, entgegnete ich, ›da du doch genau weißt, was ich meine?‹

So knüpfte ich eine Rede an die andere, und der Zufall selbst unterstützte mich hierbei.

Den Tag darauf gegen Mittag spielte das Mädchen auf der Kithara. Ich war zugegen, und auch Kleio saß neben ihr. Ich ging hin und her, und unversehens kam eine Biene geflogen, und stach Kleio in die Hand. Diese schrie laut auf, Leukippe sprang in die Höhe und legte die Kithara hin, um nach der Wunde zu sehen; alsbald sprach sie ihr Trost zu: ›Mache dir keinen Kummer; mit zwei Worten will ich dir den Schmerz stillen.‹ Sogleich sprach sie die Zauberworte aus (sie hatte sie von einer Ägypterin gelernt gegen die Bienen- und Wespenstiche); und Kleio sagte, sie spüre etwas Linderung.

Nicht lange, so entdeckte auch mich eine Biene und umflog mir im Kreise das Gesicht. Ich hatte den Einfall, meine Hände vor das Gesicht zu halten, und stellte mich, als ob ich gestochen wäre und Schmerzen empfände. Das Mädchen kam zu mir, zog mir die Hand weg und fragte mich, wo sie mich gestochen hätte.

›Auf die Lippe‹, antwortete ich ihr, ›aber willst du nicht auch bei mir deine Zauberformel brauchen?‹

Darauf nahte sie sich mir und legte ihren Mund auf meine Lippen, als wollte sie die Zauberformel singen; sie flüsterte auch etwas, indem sie die Oberfläche meiner Lippen berührte; ich küßte sie stillschweigend und unterdrückte heimlich das Geräusch der Küsse. Sie öffnete und verschloß ihre Lippen und machte durch das Geflüster des Zaubergesanges das Singen zum Küssen. Darauf küßte ich sie nun sichtbar und umschlang sie; sie wich etwas zurück und sagte: ›Was machst du? singst auch du einen Zaubergesang?‹

›Ich küsse deinen Mund‹, sagte ich, ›dessen Gesang mir die Schmerzen gestillt hat.‹

Sie verstand, was ich wollte, und lächelte; und so faßte ich Mut und sagte: ›Ach, Geliebteste! Ich bin von neuem verwundet, aber noch heftiger; denn die Wunde ist mir ins Herz hinabgeflossen und begehrt deinen Zaubergesang. Trägst du etwa auch eine Biene auf deinem Munde? Denn du bist voll Honig, und deine Küsse verwunden. Aber ich bitte dich, heile mich wieder durch einen Gegengesang, und eile nicht so sehr, damit nicht die Wunde wieder schlimm wird.‹

Mit diesen Worten warf ich meine Hand etwas ungestüm um sie herum, und küßte sie freier. Sie sträubte sich zwar etwas, aber gestattete es doch.

Unterdessen sahen wir von Ferne ihr Mädchen kommen, und so trennten wir uns; ich ungern und im Herzen betrübt darüber; wie sie? kann ich nicht sagen. Es wurde mir leichter, und ich faßte Hoffnung. Ich empfand noch den Kuß, der, wie ein Körper, auf meinen Lippen lag, und bewahrte ihn sorgfältig, als einen Schatz des Vergnügens.

Der Kuß ist das erste Süße, was der Liebhaber genießt; denn ihn erzeugt das schönste Organ des Körpers; der Mund ist das Organ der Stimme; die Stimme aber ist das Schattenbild der Seele; bei der Vermischung der Lippen fließt das Vergnügen vom Munde in die Brust herab und zieht die Seele zum Kusse herauf. Nie wohl hatte meine Seele vorher eine solche Lust empfunden; und damals lernt' ich zuerst, daß dem Kusse der Liebe kein Vergnügen gleich zu achten ist.

Als die Tischzeit herankam, tranken wir wieder zusammen. Satyros schenkte uns ein, und machte dabei einen Liebesscherz. Er verwechselte die Becher, dem Mädchen gab er den meinigen und mir den ihrigen, füllte beide mit Wein, vermischte ihn mit Wasser und reichte sie uns dar. Ich hatte beobachtet, wo sie beim Trinken den Becher mit ihren Lippen berührt hatte, setzte ihn an die Lippen, trank und küßte dabei den Becher, wie wenn ein von ihr mir zugesandter Kuß an ihm haftete. Hieraus merkte das Mädchen, daß ich auch den Schatten ihrer Lippen küßte. Satyros verwechselte die Becher wieder; da sah ich nun, daß es das Mädchen so wie ich machte und ebenso trank. Dies vergrößerte meine Freude. So machten wir es drei- bis viermal und tranken uns auch den übrigen Teil des Tages Küsse zu.

Nach der Mahlzeit kam Satyros zu mir und sagte: ›Jetzt ist es Zeit, Mut zu fassen. Die Mutter des Mädchens, wie du weißt, ist kränklich und schläft allein, und das Mädchen pflegt, ehe sie sich ins Schlafgemach begibt, bloß von der Kleio begleitet, spazieren zu gehen. Um auch Kleio zu entfernen, will ich mich in ein Gespräch mit ihr einlassen.‹

In dieser Absicht paßten wir ihnen auf; ich Leukippe und Satyros Kleio, und es geschah, wie wir wünschten. Kleio wurde beiseite geführt und das Mädchen blieb auf dem Spaziergang allein zurück.

Ich wartete nun, bis das Sonnenlicht matter wurde, und ging, durch den ersten Angriff auf sie kühner gemacht, zu ihr, wie ein Krieger, der schon gesiegt hat und den Krieg nicht mehr fürchtet; denn alles rüstete mich mit Mut: Wein, Liebe, Hoffnung und Einsamkeit; und ohne etwas zu sagen, wie wenn wir es verabredet hätten, umarmt' und küßt' ich sie. Da ich noch mehr wagen wollte, entstand hinter uns ein Geräusch. Erschreckt sprangen wir auf; sie begab sich sogleich in ihre Wohnung, und ich ging, sehr bekümmert darüber, daß ich um einen so schönen Genuß gekommen war, einen andern Weg und verwünschte das Geräusch.

Unterdessen kam mir Satyros mit einem freundlichen Gesicht entgegen; er schien uns beobachtet zu haben; denn er hatte unter einem Baume gelauert, damit uns niemand überraschen möchte. Er hatte selbst das Geräusch gemacht, weil er jemanden hatte kommen sehen.

Nach einigen Tagen machte mein Vater Anstalten zur Hochzeit, und früher, als er es willens gewesen war. Es hatten ihn mehrere Träume in Unruhe gesetzt. Es träumte ihm nämlich, er feiere unsere Hochzeit, und wie er die Fackel angezündet habe, sei das Feuer verlöscht; dies bewog ihn, unsere Verbindung zu beschleunigen. Er bestimmte dazu den folgenden Tag und kaufte dem Mädchen den nötigen Hochzeitsschmuck: ein Halsband mit bunten Steinen geschmückt, und ein Kleid, das ganz purpurn, doch da, wo andere Kleider purpurn sind, mit Gold geziert war. Die Steine wetteiferten miteinander; der Hyazinth glich einer Rose, der Amethyst strahlte purpurn, dem Golde ähnlich. In der Mitte waren drei Steine, die so aufeinander lagen, daß sich ihre Farbe gegenseitig abspiegelte. Der Grundstein war schwarz; der mittlere weiß, so daß der schwarze durchschimmerte, und der obere Stein nach dem weißen lief spitz zu und war rötlich. Der Stein war mit Gold bekränzt und glich einem goldenen Auge. Das Gewand war nicht mit gemeinem Purpur gefärbt, sondern mit dem, dessen Entdeckung die Tyrier dem Hunde eines Hirten zuschreiben und mit welchem sie auch noch jetzt das Gewand der Aphrodite färben.

Es war eine Zeit, wo der Scharlach des Purpurs den Menschen noch unbekannt war; eine kleine Muschel in einer ringelförmigen Kluft hielt ihn verborgen. Ein Hirt fing diese Muschel und suchte einen Fisch in ihr. Da er aber sah, daß die Muschel so hart war, wurde er unwillig über seinen Fang und warf sie als einen Auswurf des Meeres weg. Der Hund fand durch einen glücklichen Zufall die Muschel, zerbiß sie, und das Blut des Purpurs floß um seinen Mund, färbte sein Kinn und überzog seinen Rachen mit Scharlach. Der Hirt sah den mit Blut gefärbten Rachen des Hundes, hielt ihn für verwundet, trat näher zu ihm und wusch ihn am Meere ab; hierdurch gewann das Blut noch mehr an Glanz; und als er es mit der Hand berührte, wurde auch seine Hand purpurn gefärbt. Der Hirt sah nun ein, daß die Muschel von Natur ein Verschönerungsmittel in sich enthalte. Er nahm etwas Wolle, tauchte sie in die Höhle der Muschel, um ihr Geheimnis zu untersuchen; und die Wolle wurde, wie das Kinn des Hundes, mit Purpur gefärbt. So lernte er den Purpur kennen. Er nahm dann einige Steine, zerschlug das Gehäus des Purpurs, öffnete sein Inneres und fand so den Schatz der Farbe.

Mein Vater brachte nun das vor der Hochzeit übliche Opfer. Ich war des Todes, da ich dies hörte, und sann auf ein Mittel, die Hochzeit wenigstens noch aufzuschieben. Während ich drauf dachte, entstand auf folgende Veranlassung im Speisesaal ein plötzliches Geräusch.

Mein Vater wollte eben opfern; und schon lag das Opfer auf dem Altar, als ein Adler aus der Höhe herabgeflogen kam und das Opfertier raubte. Sie scheuchten ihn hinweg; aber dies half ihnen nichts; denn der Vogel flog eilig mit dem Raube davon.

Dies hielt man nun für keine gute Vorbedeutung; und so schob man für diesen Tag die Hochzeit auf. Der Vater ließ Wahrsager zu sich kommen und erzählte ihnen, was vorgefallen war. Die Wunderdeuter rieten ihm, dem Zeus, dem Beschützer der Fremden, zur Mitternacht am Meere ein Opfer zu bringen; denn dorthin, sagten sie, ist der Vogel geflogen; der Vogel war auch nach dem Meere zu geflogen und völlig verschwunden. Sogleich wurde dies bewerkstelligt. Ich aber pries den Adler und erkannte ihn für den rechtmäßigen König der Vögel. Nicht lange darauf ging das Wunder in Erfüllung.

Es lebte damals in Byzanz ein Jüngling, namens Kallisthenes, der verwaist und reich war, aber sehr üppig lebte und großen Aufwand machte. Dieser hatte gehört, daß die Tochter des Sostratos schön sei, und wünschte, sie zur Frau zu haben, ob er sie gleich noch nicht gesehen hatte. Denn so weit geht bei Zügellosen die Begierde zur Wollust, daß sie selbst durch das, was sie hören, in Glut versetzt werden und daß Reden eben das bei ihnen bewirken, was der Seele verwundete Augen verursachen. Er ging demnach, ehe noch die Byzantier mit Krieg überfallen wurden, zu Sostratos, und bat ihn um das Mädchen. Dieser aber schlug es ihm aus Abscheu vor seinem unzüchtigen Lebenwandel ab. Zorn ergriff nun den Kallisthenes, teils, weil er sich von Sostratos für verachtet hielt, teils auch, weil er seinen Endzweck verfehlen sollte. Denn er liebte das Mädchen wirklich; er bildete sich selbst ihre Schönheit ab, stellte sich das, was er bloß vom Hörensagen kannte, im Geiste vor und wurde auf diese Art unvermerkt heftig in sie verliebt.

Er beschloß demnach, sich an Sostratos wegen der übermütigen Behandlung zu rächen und seine Begierde zu befriedigen. Da aber die Byzantier ein Gesetz haben, daß, wenn jemand ein Mädchen raubt und sie vor der Verheiratung zur Frau macht, die Gewalttätigkeit, die er an ihr verübt, die Kraft der Hochzeit hat: so dachte er auf schickliche Gelegenheit, seinen Plan dadurch auszuführen.

Während der Krieg ausbrach, und das Mädchen sich bei uns befand, erfuhr er alles, was in unserm Hause vorgegangen war. Doch ließ er von seiner Nachstellung keineswegs ab.

Auch ereignete sich für ihn folgender günstiger Umstand. Die Byzantier bekamen dieses Orakel:

›Stadt auf der Insel, die trägt ihren Namen vom Blute der Pflanzen,
Isthmus hat sie und Hafen zugleich und liegt auf dem Lande,
Wo sich Hephaistos erfreut der blauäugigen Gattin Athene:
Dorthin heiße ich dich dem Herakles Opfer zu bringen.‹

Man wußte nun nicht, welche Insel das Orakel meine; aber

Sostratos, der, wie ich schon erwähnt habe, Anführer im Kriege war, sagte: ›Wir müssen nach Tyros dem Herakles ein Opfer schicken; das Orakel deutet ganz dahin; denn eine Insel gleichen Namens mit dem Baume nannte der Gott, und dies ist die Insel der Phöniker, die mit der Palme gleichen Namen führt. Auch streiten die Erde und das Meer um sie; die Erde zieht sie an sich, und das Meer umströmt sie von beiden Seiten; denn sie liegt im Meere und läßte die Erde nicht von sich. Eine enge Zunge verbindet sie mit dem Lande und ist gleichsam der Nacken der Insel. Sie steht nicht fest auf dem Grunde des Meeres, sondern das Wasser fließt unter ihr weg. Unterhalb der Erdzunge liegt ein Hafen, und es gewährt ein seltenes Schauspiel: eine Insel auf dem Lande und eine Stadt auf dem Meere. Die Vermählung des Hephaistos mit der Pallas deutet auf den Ölbaum und das Feuer, die man bei uns miteinander verbunden antrifft. In dem ganzen Umkreise der heiligen Gegend blühen die Zweige des Ölbaums sehr üppig, und es entsteht zugleich mit ihnen Feuer, das die Zweige in Flammen setzt; und die Asche dieses Feuers befruchtet den Baum. Dies ist die Verbindung des Feuers und des Baumes; und so verschmäht Athene den Hephaistos nicht.‹

Darauf pries Chairephon, der mit dem Sostratos das Kommando führte und als ein geborner Tyrier einen höhern Rang behauptete, den Sostratos und sagte: ›Du hast das ganze Orakel vortrefflich ausgelegt; aber wundere dich nicht allein über die Beschaffenheit des Feuers, sondern hör auch, wie es eine ähnliche Beschaffenheit mit dem Wasser hat; ich selbst habe die bewundernswürdige Eigenschaft, von der ich dir jetzt erzählen will, gesehen.

Das Wasser der sizilischen Quelle enthält Feuer in sich, und man sieht die Flamme von unten aus ihr hervorspringen. Berührt man das Wasser, so ist es kalt wie Schnee, und weder wird das Feuer vom Wasser verlöscht noch das Wasser vom Feuer verzehrt, sondern zwischen beiden findet gleichsam ein Vertrag statt.

Ferner ist auch der iberische Fluß merkwürdig; beim ersten Anblick ist er nicht größer als jeder andere Fluß; bleibt man aber etwas aufmerksam bei ihm stehen, um ihn rauschen zu hören, so wird sein Wasser, wie eine Saite, geschlagen – der

Wind ist das Plektron des Wassers –, und der Fluß tönt wie eine Kithara.

Aber auch jener See in Libyen ähnelt Indiens Erde. Die libyschen Mädchen kennen seine verborgenen Schätze. Sein Reichtum wird auf dem Boden bewahrt und ist im Schlamme versteckt; und hier ist die Quelle des Goldes. Man wirft eine mit Pech bestrichene Stange in das Wasser und öffnet seine verborgenen Schätze. Mit der Stange fängt man das Gold wie den Fisch mit der Angel. Das Pech ist gleichsam die Lockspeise des Fanges; denn das Gold, das sie berührt, hängt sich an, und das Pech zieht den Fang mit sich hinauf. So fischt man das Gold aus dem libyschen Flusse.‹

Darauf schickte Sostratos mit Genehmigung der Stadt das Opfer nach Tyros. Kallisthenes brachte es zuwege, der Gesandtschaft mitanzugehören, reiste eilig nach Tyros und stellte, nachdem er das Haus meines Vaters ausgekundschaftet hatte, seine Netze aus. Die Frauen gingen hinaus, um das Opfer zu sehen; es war sehr prächtig und mit einer großen Menge Räucherwerk und vielen Blumen geziert. Das Räucherwerk bestand aus Kassia, Weihrauch und Krokos. Die Blumen waren Narzissen, Rosen und Myrrhen; der Duft der Blumen wetteiferte mit dem Geruche des Räucherwerks; ihr Hauch stieg in die Lüfte, vermischte sich dem Geruch der Blumen und erregte ein lieblich-duftendes Wehen.

Unter den vielen und bunten Opfertieren zeichneten sich die Stiere des Nils aus; denn der ägyptische Stier behauptet sowohl durch seine Größe als durch seine Farbe einen vorzüglichen Rang. Sein Körper ist überall gleich stark und groß, sein Nacken dick, der Rücken breit; er hat einen starken Leib, und seine Hörner sind nicht, wie bei den sizilischen, niedrig, noch, wie die des kyprischen Ochsen, unförmig, sondern sie erheben sich von den Schläfen gerade empor, krümmen sich etwas an beiden Seiten und nähern sich mit den Spitzen so weit, als sie am untern Teile voneinander abstehen, so daß sie das Bild des gekrümmten Mondes darstellen. Sie haben die Farbe, wie sie Homer an den Pferden des Thrakers preist. Der Stier geht mit erhabenem Nacken einher, um gleichsam zu zeigen, daß er der

König der übrigen Stiere ist; und wenn die Fabel von der Europa wahr ist, so verwandelte sich Zeus in einen ägyptischen Stier.

Es traf sich damals, daß meine Mutter krank war; auch Leukippe schützte Kränklichkeit vor und blieb zu Hause; denn dies hatten wir so unter uns verabredet, damit, wenn die übrigen ausgehen würden, wie es auch geschah, meine Schwester die Mutter der Leukippe begleiten sollte.

Kallisthenes hatte Leukippe noch nie gesehen und glaubte, da er Kalligone sah, sie wäre Leukippe – denn er kannte Sostratos' Gemahlin –, und so zeigte er, ohne sich weiter zu erkundigen, ob sie wirklich Leukippe wäre – so sehr hatte ihn ihr Anblick verstrickt – einem seiner treuesten Sklaven das Mädchen, befahl ihm, Räuber zusammenzubringen, und gab ihm an, wie sie geraubt werden sollte; denn es stand eine Feierlichkeit bevor, bei welcher sich, wie er gehört hatte, alle Mädchen am Meere versammeln würden. Darauf begab er sich zum Scheine mit der Gesandtschaft hinweg.

Er hatte ein eigenes Fahrzeug, das er sich zu Hause zugerüstet hatte, wenn etwa sein Unternehmen glücklich vonstatten gehen sollte. Die andern von der Gesandtschaft schifften fort; er aber fuhr vom Lande etwas abwärts, damit es teils scheinen möchte, als sei er mit der Menge abgeschifft, teils auch, um nicht nach dem Raube ertappt zu werden, wenn sein Schiff nahe vor Tyros verweilte.

Als er nach Sarepta, einem tyrischen Ort am Meere, kam, verschaffte er sich noch ein kleines Fahrzeug, und gab es dem Zenon; so hieß nämlich der Sklave, den er zum Raube ausersehen hatte. Dieser Mann, der außerdem, daß er einen sehr starken Körper hatte, von Natur zum Räuber gemacht war, brachte bald aus dem Dorfe Räuberei treibende Fischer zusammen und schiffte von da nach Tyros. Das Fahrzeug lauerte an einem Ankerplatz, einer kleinen Insel der Tyrier, die nicht weit von Tyros entfernt ist und von den Tyriern das Grabmal der Rhodope genannt wird.

Vor der Versammlung der Mädchen, welche auch Kallisthenes erwartete, ereignete sich das Wunder mit dem Adler, weshalb mein Vater die Wahrsager befragt hatte; und wir bereiteten uns eben zum Opfer vor, das wir den folgenden Tag des Nachts dem Gotte bringen wollten. Dem Zenon blieb nichts davon verborgen. Spät des Abend begaben wir uns ans Meer, und er folgte uns nach.

Eben wuschen wir uns am Rande des Meers, als er das verabredete Zeichen gab; und sogleich kam das kleine Fahrzeug herbei, auf dem sich zehn Jünglinge befanden. Acht andere in weiblicher Kleidung und mit geschornem Kinn hatte man auf dem Land in Hinterhalt gestellt. Ein jeder trug unter dem Busen ein Schwert; sie hatten sich, um desto weniger Verdacht zu erregen, ebenfalls mit einem Opfer versehen; und wir hielten sie auch für Weiber.

Als wir den Scheiterhaufen aufstapelten, liefen sie plötzlich herbei, und löschten unsere Fackeln aus. Vor Bestürzung flohen wir ohne Ordnung auseinander. Sie aber entblößten ihre Schwerter, raubten meine Schwester, bestiegen schnell das Fahrzeug, setzten sie darauf und flohen vogelschnell davon. Einige von uns ergriffen die Flucht, ohne etwas davon gesehen zu haben noch aufzuschreien; andere sahen es und schrien: ›Kalligone ist geraubt!‹ Das Fahrzeug war aber schon in der Mitte des Meeres.

Als die Räuber nach Sarepta kamen, schiffte ihnen Kallisthenes, der von der Ferne das Zeichen erkannte, entgegen, nahm das Mädchen und fuhr sogleich weiter ins Meer. So zerschlug sich unverhofft die Heirat, und ich atmete wieder freier; doch betrübte es mich, daß meiner Schwester ein solcher Unfall begegnet war.

Wenige Tage darauf sagte ich zu Leukippe: ›Wie lange, o Geliebte, wollen wir uns bloß mit Küssen begnügen? Schön ist der Anfang, wohlan! laß uns weiter gehen und uns wechselseitig zur Treue verpflichten; denn hat uns Aphrodite in ihre Mysterien eingeweiht, so muß jeder andere Gott ihrer Macht weichen.‹

Durch diese Worte, die ich öfters wiederholte, überredete ich das Mädchen, mich des Nachts unter dem Beistande der Kleio, die ihr Kammermädchen war, in ihr Schlafgemach zu nehmen. Dieses war so eingerichtet:

Ein großer Platz faßte vier Wohnungen, zwei zur rechten und zwei zur andern Seite. In der Mitte trennte sie ein enger Gang, der zu den Wohnungen führte. Am Eingange desselben war eine Tür verschlossen; dies war die Wohnung der Frauen. Die innern Zimmer bewohnten das Mädchen und ihre Mutter, und beider Wohnungen standen einander gegenüber. Von den äußeren Zimmern nach dem Eingange zu bewohnte Kleio das eine, welches an das Zimmer des Mädchens stieß, und das andere war die Vorratskammer. Die Mutter pflegte Leukippe immer zu Bett zu begleiten, und von innen die Tür des engen Ganges zu verschließen. Sie warf dann die Schlüssel durch eine Öffnung hinaus und ließ sie auch von außen verschließen; dann nahm sie die Schlüssel wieder in Verwahrung. Des Morgens rief sie einen dazu bestellten Diener und warf die Schlüssel wieder durch die Tür, um sie von ihm öffnen zu lassen.

Satyros ließ sich die Schlüssel nachmachen und versuchte, die Tür zu öffnen. Er fand auch wirklich, daß er sie öffnen konnte; und nun überredete er Kleio, unsern Plan nicht zu verhindern, da das Mädchen selbst darum wüßte. So wurde alles verabredet.

Unter den Sklaven war ein neugieriger, immer geschäftiger und geschwätziger Mensch, namens Konops, ein Schlemmer und alles, wofür man nur Benennungen haben mag. Dieser schien alle unsere Handlungen von Ferne zu beobachten; vorzüglich wachte er bis spät in die Nacht, weil er argwöhnte, daß wir des Nachts etwas vornehmen möchten; und zwar öffnete er die Türen des Zimmers, so daß es schwer war, vor ihm verborgen zu bleiben.

Satyros suchte ihn zu gewinnen, scherzte öfters mit ihm und spottete lächelnd über seinen Namen. Der sah aber die List des Satyros wohl ein und stellte sich, als erwidere er den Scherz; aber in seinem Scherze legte er seine feindselige Gesinnung an den Tag. So sagte er zu Satyros: ›Da du über meinen Namen spottest, so will ich dir eine Fabel von der Mücke erzählen.

Der Löwe schalt öfters auf den Prometheus, daß er ihn zwar groß und schön gebildet, seine Kinnladen mit Zähnen versehen, die Füße mit Klauen bewaffnet und ihn mächtiger als die übrigen Tiere gemacht habe; aber, sagte er, ich, ein solches Tier, fürchte mich vor einem Hahne?

Prometheus stand bei ihm und sagte: ‚Warum beschuldigst du mich so vergeblich? Von mir hast du alles empfangen, was ich bilden konnte, nur deine Seele ist hierin allein schwach.‘

Der Löwe beweinte sich selbst, schalt auf seine Feigheit und wollte endlich sterben. Als er damit umging, begegnete er dem Elefanten, blieb stehen und sprach mit ihm. Er bemerkte an ihm, daß sich seine Ohren immer bewegten. ‚Was fehlt dir?‘ sagte er dann zu ihm. ‚Warum sind deine Ohren nicht einen Augenblick ruhig?‘

Der Elefant erwiderte, da eben eine Mücke vorbeiflog: ‚Ich scheue dieses kleine summende Tierchen; fliegt es mir ins Ohr, so bin ich verloren.‘

‚Wie sollte es mir noch einfallen, zu sterben‘, versetzte darauf der Löwe, ‚da ich so stark bin, und um so viel den Elefanten übertreffe, als der Hahn die Mücke übertrifft?‘

Du siehst nun, was die Mücke für eine Macht hat, daß sie der Elefant sogar fürchtet.‹

Satyros verstand seine listige Rede, lächelte etwas und sagte: ›Höre auch von mir eine Fabel vom Löwen und der Mücke, die mir ein Philosoph erzählt hat; für den Elefanten aber in deiner Fabel dank' ich dir.

Einst sagte die Mücke prahlend zum Löwen: ‚Glaubst du etwa auch mich, wie die übrigen Tiere, zu beherrschen? Du bist nicht schöner als ich, nicht stärker noch auch größer. Sage, worin besteht dein Vorzug? Etwa in der Stärke? Ja, du verwundest mit den Krallen und beißest mit den Zähnen; aber tut dies nicht auch ein Weib, wenn es kämpft? Oder bist du etwa mit Größe und Schönheit ausgeschmückt? Deine Brust ist breit, deine Schultern stark und dein Nacken dicht behaart; aber siehst du nicht, wie häßlich du von hinten bist? Meine Größe hingegen ist die ganze Luft, so weit nur meine Flügel sie erreichen; meine Schönheit ist die blühende Wiese; denn ihre Blüten sind wie Kleider, in die ich mich hülle, wenn ich vom Fliegen ausruhen will. Und mein Mut, wär' es nicht lächerlich, noch davon zu reden? Ich bin ganz das Werkzeug des Krieges; ich stelle mich unter dem Schalle der Salpinx dem Feinde entgegen; die Salpinx, die zugleich auch mein Geschoß ist, ist der Mund; und so bin ich Schlachtverkünder und Krieger zugleich. Auch bin ich mir Pfeil und Bogen zugleich. Mein Flügel schießt durch die Luft, wie von einem Bogen geworfen; und fall' ich an, so verwund' ich, wie ein Pfeil. Der Gestochene schreit plötzlich und sucht den Feind; ich aber bin zugegen und auch nicht; ich flieh' und bleibe zugleich; ich schwinge mich eilig mit meinem Flügel um den Menschen und lache, wenn ich sehe, daß er vor Schmerz wütend herumspringt – Aber was nützt das Sprechen? Laß uns den Kampf beginnen.'

Sogleich fiel sie den Löwen an, sprang ihm in die Augen und umflog mit summendem Schalle sein Gesicht, wo immer es von Haaren enttblößt war. Der Löwe wurde wild, wendete sich nach allen Seiten hin, und verschlang die Luft. Um so mehr trieb die Mücke mit seinem Zorn ihr Spiel und berührte auch zuweilen seine Lippen. Der Löwe neigte sich nach dem schmerzenden Teile des Körpers hin und bog sich nach der Wunde zu; die Mücke aber krümmte nach Art der Fechter ihren Körper, schlüpfte in den Rachen des Löwen, indem sie mitten durch die geschlossenen Zähne flog; und die Zähne schlugen, den Fang verfehlend, aneinander.

Endlich war der Löwe müde, mit den Zähnen gegen die leere Luft zu kämpfen, und stand da, vom Zorn ermattet. Die Mücke umflog seine Mähne und sang das Siegeslied. Sie nahm einen größeren Umkreis im Fliegen und verstrickte sich aus zu großem Übermut unvermerkt in die Netze einer Spinne. Hier konnte sie nun nicht mehr entfliehen; und voll Verwünschung rief sie aus: ‚Oh! über meine Unbesonnenheit! einen Löwen forderte ich zum Zweikampfe auf, und das kleine Gewebe einer Spinne fängt mich!'

Bedenke nur, setzte Satyros lächelnd hinzu, daß auch du die Spinnen fürchten mußt.‹

Einige Tage darauf kaufte er, da er wußte, daß sich Konops gern gütlich tat, einen stark wirkenden Schlaftrunk und lud ihn zum Essen ein. Konops argwöhnte die List und wollte anfangs nicht; doch sein gieriger Magen bewegte ihn, und er folgte. Er kam zum Satyros und wollte, nachdem er gegessen hatte, wieder fortgehen. Satyros goß ihm aber in den letzten Becher das Schlafmittel, und Konops trank es auch. Er erreichte kaum noch sein Zimmer, als er hinfiel und durch das Getränk in Schlaf versank. Nun kam Satyros zu mir gelaufen und sagte: ›Konops liegt und schläft, wohlan, sei ein zweiter Odysseus.‹

Wir gingen nun sogleich an die Tür der Geliebten; er blieb zurück; ich aber ging hinein, wo mich Kleio ohne Geräusch empfing. Ich zitterte vor Furcht und Freude. Die Furcht vor der Gefahr beunruhigte die Hoffnungen meiner Seele, und die Hoffnung, meinen Endzweck zu erreichen, hüllte die Furcht in Vergnügen; so war ich in Besorgnis, indem ich hoffte, und freute mich, indem ich Angst empfand.

Eben war ich in das Schlafgemach des Mädchens getreten, so wurde ihre Mutter durch einen Traum beunruhigt, der sie plötzlich in Angst setzte. Es kam ihr nämlich vor, ein Räuber hab' ihre Tochter mit entblößtem Schwerte geraubt; er legte sie rücklings nieder und schneide ihr von unten herauf den Leib mitten voneinander. Von Furcht aufgeschreckt sprang sie auf, wie sie war, und lief, als ich mich eben niedergelegt hatte, in das Gemach ihrer Tochter, das nahe angrenzte. Ich hörte das Geräusch der geöffneten Türen und sprang sogleich in die Höhe; sie stand aber schon am Bette; ich ahnte die Gefahr, sprang heraus und lief durch die Türen. Zitternd und bestürzt wurde ich von Satyros empfangen; dann ergriffen wir in der Dunkelheit die Flucht und gelangten so in unsere Wohnung.

Ihre Mutter geriet anfangs so in Betäubung, daß sie niederfiel. Da sie sich wieder aufgerichtet hatte, schlug sie Kleio aus allen Kräften ins Gesicht, faßte sie bei den Haaren und sagte seufzend zu ihrer Tochter: ›Du hast meine Hoffnungen vernichtet, o Leukippe; wehe dir, Sostratos! Du streitest in Byzanz für fremde Ehen, und in Tyros wirst du bekriegt; hier hat man dir die Hochzeit deiner Tochter geraubt. Ach! ich Unglückliche! nie vermutete ich, dich in einem solchen Brautbette zu finden. Wärest du doch in Byzanz geblieben! Hättest du doch lieber die kriegsrechtliche Gewalttätigkeit erduldet! Hätte dich doch lieber ein siegender Thrakier geschändet! Das Unglück würde wegen des Zwanges und der Unvermeidlichkeit mit keinem Schimpf verbunden sein; so aber, du Unglückliche, folgt dir in deinem Unglück auch noch Schande nach. Ja, es täuschten mich selbst die Traumbilder; das Wahre des Traums sah ich nicht. Da ist nur dein Leib – o es ist kläglich! – zerschnitten; dieser Schnitt ist unglücklicher als der des Messers; und den, der dich geschändet hat, sah ich nicht; noch auch kenne ich den eigentlichen Unfall. Es war doch kein Sklave?‹

Da ich entkommen war, schöpfte das Mädchen Mut und sagte: ›Mutter, schmähe nicht auf meine jungfräuliche Unschuld; es ist nichts von der Art unter uns vorgegangen; und ich weiß selbst nicht, wer es war, ob ein Gott, ob ein Heros oder ein Räuber; ich lag voll Furcht da und konnte vor Furcht nicht aufschreien, denn die Furcht ist die Fessel der Zunge. Nur dies weiß ich gewiß, daß niemand meine Ehre geschändet hat.‹

Panthia sank wieder zurück und seufzte. Wir aber überlegten, da wir allein waren, was zu machen sei; und wir hielten es für das Beste, vor Anbruch des Morgens die Flucht zu ergreifen, ehe Kleio auf der Folter alles entdecken müßte. Dies wurde nun auch so ausgeführt.

Wir stellten uns gegen den Türhüter, als wollten wir zur Geliebten gehen, und gingen zu Kleinias. Es war schon Mitternacht, und nur mit Mühe wurde uns die Tür geöffnet. Kleinias, dessen Schlafgemach im obern Stockwerk war, hörte uns sprechen, und eilte bestürzt herunter. Unterdessen sahen wir auch Kleio eilig herbeigelaufen kommen; denn sie hatte sich ebenfalls zur Flucht entschlossen. Kleinias hörte von unserm Vorfall; zugleich entdeckte uns Kleio, daß sie entfliehen wollte; und von uns hörte sie unser Vorhaben. Dem Kleinias erzählten wir nun beim Eintritt in sein Haus unser Geschick und daß wir uns zur Flucht entschlossen hätten. ›Und ich mit euch‹, versetzte Kleio; ›denn bleibe ich bis zum Morgen noch da, so steht mir ein Tod bevor, der süßer ist, als die Folter.‹

Kleinias faßte mich bei der Hand, führte mich von Kleio weg und sagte: ›Ich glaube, den besten Entschluß gefaßt zu haben; wir führen diese hinweg, bleiben noch einige Tage hier und rüsten uns dann, wenn es uns gefällt, zur gemeinschaftlichen Abreise. Denn die Mutter des Mädchens, wie ihr sagt, weiß noch nicht, wer der Täter ist, und ist Kleio aus dem Wege geschafft, so wird ihn niemand ihr anzeigen können. Vielleicht könntet ihr auch das Mädchen überreden, mit uns zu entfliehen.‹ Er versprach uns überdies, selbst auf unserer Flucht Gesellschaft zu leisten.

Sein Rat fand Beifall, und Kleio übergaben wir einem Sklaven mit dem Befehl, sie auf ein Fahrzeug zu setzen. Wir selbst blieben bei Kleinias und überlegten das Weitere. Endlich wurde beschlossen, einen Versuch beim Mädchen zu machen, und, wenn sie einwilligte, mit ihr zu entfliehen; wo nicht, hierzubleiben und uns dem Schicksal zu überlassen. Den übrigen Teil der Nacht ruhten wir noch, und mit dem Anbruch des Morgens gingen wir in unsere Wohnung zurück.

Sobald Panthia aufgestanden war, beschloß sie, Kleio auf der Folter zu verhören, und ließ sie rufen. Da diese aber nirgends zu finden war, ging sie wieder zu ihrer Tochter und sagte: ›Willst du mir nicht den ganzen Ablauf dieses Vorfalls entdecken? Sieh, auch Kleio ist entflohen!‹

Durch diese Nachricht aber bekam das Mädchen noch mehr Mut und sagte: ›Was soll ich dir mehr sagen? Kann ich dir einen bessern Bürgen stellen als die Wahrheit selbst? Wenn man die jungfräuliche Unschuld prüfen kann, wohlan, so prüfe!‹

›Ja, dies fehlt noch‹, sagte Panthia, ›daß wir auch Zeugen unseres Unglücks haben!‹

Mit diesen Worten sprang sie auf und entfernte sich.

In Leukippe, die sich nun allein überlassen war, hatten die Reden ihrer Mutter mannigfache Empfindungen erweckt. Unwille, Scham und Zorn durchkreuzten sich in ihr; sie war unwillig darüber, daß sie ertappt worden war, schämte sich, daß ihre Mutter sie geschmäht hatte, und war erzürnt, daß sie ihr nicht glauben wollte. Scham, Traurigkeit und Zorn sind drei Leidenschaften, die das Gemüt, gleich den Fluten, in Bewegung setzen; denn die Scham ergießt sich in die Augen und tötet die Freiheit des Blicks; die Traurigkeit verweilt in der Brust und läßt das Leben der Seele hinschwinden, und der Zorn umbellt, gleich einem Hunde, das Gemüt und umsprudelt die Vernunft mit dem Schaume der Raserei. Und von allen diesen Leidenschaften ist die Rede der Urheber. Diese scheint zielend ihre Pfeile und ihr vielfältiges Geschoß in die Seele zu schießen und das Ziel zu erreichen; das eine Geschoß ist das der Lästerung, und seine Wunde ist der Zorn; das andere ist der Vorwurf wegen unglücklicher Vorfälle, und daraus entsteht die Traurigkeit; und noch ein anderes ist der Schimpf wegen Vergehungen; seine Wunde nennt man Scham. Alle diese Geschosse haben das eigene, daß sie tief eindringen und Wunden ohne Blut verursachen. Das einzige Gegenmittel für alle ist, sich gegen den, der uns angreift, mit denselben Geschossen zu verteidigen. Die Rede ist nämlich das Geschoß der Zunge, und ihre Wunde wird durch das Geschoß einer andern Zunge geheilt; diese hemmt den Zorn des Gemüts und schwächt die Traurigkeit der Seele. Verteidigt man sich nicht gegen den Stärkeren und schweigt man, so werden die Wunden durch das Stillschweigen heftiger; denn die Schmerzen, die durch die Rede in uns erzeugt werden, schwellen um sich selbst an, wenn sie nicht den Schaum, den die Flut der Leidenschaft erregt hat, auswerfen.

In dieser Gemütsverfassung nun und von so vielen Unglücksfällen bedrängt, meinte Leukippe, ihr Schicksal nicht mehr ertragen zu können.

Unterdessen schickte ich den Satyros zum Mädchen, um einen Versuch zu machen, ob er sie zur Flucht überreden könnte. Ehe sie aber noch sein Anliegen vernahm, sagte sie zu ihm: ›Ich flehe euch an bei den fremden und einheimischen Göttern! Entreißt mich den Augen meiner Mutter, wohin ihr wollt; wahrlich, wenn ihr fortgeht und mich zurücklaßt, so mache ich mir eine Schlinge, um mir das Leben zu nehmen.‹

Diese Worte befreiten mich von einer Sorge, die mich noch am meisten gequält hatte. Nach zwei Tagen, da mein Vater eben verreist war, rüsteten wir uns zur Flucht.

Satyros hatte noch etwas von dem Schlafmittel, das er gegen den Konops gebraucht hatte. Dies goß er, als er uns aufwartete, unvermerkt in den letzten Becher, den er der Panthia reichte. Sie stand auf, ging in ihr Schlafgemach, und schlief sogleich ein. Leukippe hatte jetzt ein anderes Kammermädchen. Ihr näherte sich Satyros mit demselben Getränk; er hatte sich auch in diese, seitdem sie die Aufsicht über das Schlafgemach bekommen hatte, verliebt gestellt; dann ging er an die dritte Tür zum Türwächter, den er durch dasselbe Getränk betäubte. Ein reisefertiger Wagen, den Kleinias besorgt hatte, empfing uns vor den Toren, wo uns Kleinias erwartete. Dies geschah um die erste Nachtwache, während alle schliefen, ohne alles Geräusch. Satyros führte Leukippe an der Hand. Zum Glücke war eben Konops, der uns immer aufgepaßt hatte, jenen Tag in Geschäften für seinen Herrn verreist. Satyros öffnete die Türen, und wir gingen heraus. Am Tore bestiegen wir den Wagen. Es waren unserer sechs: wir, Kleinias und zwei von seinen Dienern.

Wir fuhren nach Sidon, und um die zweite Nachtwache

gelangten wir in die Stadt. Wir nahmen sogleich unsern Weg nach Borytos, weil wir hier glaubten ein Schiff im Aufbruch zu finden, und täuschten uns auch nicht. Denn als wir in den Hafen von Borytos gelangten, fanden wir ein Schiff, das unter Segel ging und eben im Begriff war, die Taue zu lösen. Ohne weiter zu fragen, wohin es führe, nahmen wir alle unsere Sachen vom Lande mit uns auf das Schiff. Dies geschah etwas vor Tagesanbruch. Das Schiff fuhr nach Alexandrien, jener großen Stadt am Nil.

Der Anblick des Meeres erfreute mich anfangs, als das Schiff noch im Hafen lag. Der Wind schien zur Ausfahrt günstig zu sein, und es entstand ein großer Aufruhr im Schiffe. Die Schiffer liefen durcheinander, und der Steuermann erteilte seine Befehle. Die Taue wurden angezogen, die Segelstange umgedreht, das Segel herabgelassen, das Schiff lag im offenen Meere, man lichtete den Anker und verließ den Hafen. Das Land schien sich nach und nach von dem Schiffe zu entfernen, als wenn es selbst mit fortschiffte. Überall hörte man Loblieder und Gebete zu den Göttern; man rief die schützenden Götter an und bat sie um glückliche Fahrt. Der Wind erhob sich heftiger, das Segel krümmte sich und zog das Schiff mit sich fort.

Neben uns befand sich ein Jüngling in der Kajüte, der uns, als die Zeit zu frühstücken herbeikam, sehr liebreich aufforderte, gemeinschaftlich zu speisen. Satyros brachte uns zu essen herbei; wir taten unsere Speisen zusammen, und bei gemeinschaftlicher Tafel wurde auch die Unterhaltung gemeinschaftlich. Ich fragte den Jüngling zuerst: ›Woher bist du, Jüngling? Wie soll ich dich nennen?‹

›Menelaos‹, antwortete er, ›ich bin von Geburt ein Ägypter – und euer Name?‹ fügte er hinzu.

›Ich bin Kleitophon‹, versetzte ich ihm; ›dies ist Kleinias; wir sind beide Phöniker.‹

›Was bewog euch‹, fragte er dann, ›euch zu entfernen?‹

›Erzähle uns‹, antwortete ich ihm, ›deine Geschichte; dann sollst du auch die unsrige erfahren.‹

›Die Hauptveranlassung zu meiner Entfernung‹, fing Menelaos an zu erzählen, ›gab der neidische Eros und eine unglückliche Jagd. Ich liebte einen schönen Jüngling, der ein Freund der Jagd war. Ich suchte ihn öfters davon abzuhalten, aber vergebens! Da ich ihn nun nicht davon zurückbringen konnte, folgte ich ihm selbst auf die Jagd. Wir jagten beide zu Pferde und waren anfangs, als wir noch schwächere Tiere verfolgten, glücklich. Plötzlich aber sprang ein Eber aus dem Walde hervor. Der Jüngling verfolgt ihn; der Eber dreht sich aber um und läuft mit zugekehrtem Rachen auf ihn los; und der Jüngling wich nicht zurück. Ich schrie laut auf und rief ihm zu: ‚Halte die Zügel an, und ziehe das Pferd zurück; das Tier ist gefährlich!‘ Aber der Eber lief schnell auf ihn zu, und beide gerieten nun kämpfend aneinander. Ich zitterte, da ich dies sah, ergriff aus Furcht, das Wild möchte ihm zuvorkommen und das Pferd verwunden, meinen Wurfspieß und schnellte ihn los, ohne genau zu zielen. Eben ritt aber der Jüngling vorbei und fing den Wurf auf. Wie glaubst du wohl, daß mir da zu Mute gewesen sei? In welchem Zustande sich meine Seele befunden habe? – wenn anders derjenige, der gleichsam lebend stirbt, wirklich noch eine Seele haben kann. Und was das Schauspiel noch kläglicher machte: er streckte seine Hände nach mir aus, da er noch ein wenig atmete, warf sie um mich, und liebte mich, den Elenden, noch im Hinschwinden, da er doch von mir getötet war, und von meiner mörderischen Rechten umschlungen hauchte er seinen Geist aus.

Seine Eltern zogen mich vor Gericht; und ich duldete es gern; denn ich ging vom Gerichte weg, ohne mich zu verteidigen, und verurteilte mich selbst zum Tode. Die Richter aber hatten Mitleid mit mir und bestraften mich mit einer dreijährigen Verbannung; diese ist jetzt zu Ende, und ich kehre in mein Vaterland wieder zurück.‹

Kleinias weinte bei seiner Erzählung, wie die Troerinnen über den Patroklos; denn er dachte dabei an Charikles. ›Weinst du über mich? oder hat dich ein gleicher Unfall zur Flucht genötigt?‹ fragte ihn dann Menelaos. Seufzend erzählte ihm nun Kleinias von seinem Charikles und dem Pferde, und ich darauf von mir.

Da ich sah, daß den Menelaos die Erinnerung an seine Unglücksfälle traurig gemacht hatte und auch Kleinias beim Andenken an den Charikles weinte, leitete ich, um sie von der Traurigkeit abzuziehen und ihr Gemüt zu erheitern, ein Liebesgespräch ein. Leukippe war eben nicht zugegen; sie schlief in einem abgelegenen Gemache des Schiffes. Lächelnd sagte ich nun zu ihnen: ›Wie sehr ist mir jetzt Kleinias überlegen! Er wollte, wie er gewöhnlich tat, gegen die Frauen sprechen. Jetzt hat er leicht reden, da er einen Gefährten seiner Liebe gefunden hat. Ich begreife aber nicht, wie jetzt die Liebe zum männlichen Geschlechte so sehr Eingang gefunden hat.‹

›Nun, ist sie nicht weit besser, als die andere Liebe?‹ fragte Menelaos. ›Denn die Jünglinge sind doch natürlicher und ungekünstelter als die Frauen? und ihre Schönheit reizt mehr zum Vergnügen.‹

›Wie reizt sie mehr?‹ fragte ich, ›etwa dadurch, daß sie, wenn sie sich etwas blicken läßt, sogleich auch verschwindet, und sich dem Liebenden entzieht, wie das Getränk des Tantalos? Denn es entflieht oft, und der Liebhaber geht hinweg, ohne genossen zu haben; eh' er sich gesättigt hat, wird es ihm entrissen, und so kann er nicht vom Jünglinge weggehen, ohne Verdruß bei seinem Vergnügen zu empfinden, weil er ihn ohne Befriedigung verläßt.‹

›Du weißt nicht, Kleitophon‹, erwiderte Menelaos, ›worin das Vergnügen eigentlich besteht. Alles, was uns keine Befriedigung gewährt, erweckt Verlangen in uns; was uns einen längern Genuß verschafft, läßt durch Überdruß das Vergnügen schwinden; was aber schnell entflieht, ist immer neu, und blüht immer mehr: denn sein Vergnügen veraltet nie, und so viel bei andern Dingen durch die Zeit vermindert wird, um so mehr wächst es durch Sehnsucht; und daher ist auch die Rose unter allen Blumen die schönste, weil ihre Schönheit schnell entflieht. Ich nehme an, daß sich zwei Schönheiten unter den Menschen finden: die himmlische und die irdische, wir empfangen sie von den Göttern. Der himmlischen Schönheit ist die Verbindung mit der sterblichen lästig; sie sucht eilig zum Himmel zu fliehen; die gemeine aber liegt hier unten auf der Erde und veraltet am Körper. Soll ich dir noch einen Dichter zur Bestätigung der himmlischen Schönheit anführen, so höre, was Homer sagt:

‚Ihn auch raubten die Götter, der Schönheit wegen, damit er
Unter ihnen verweil' und den Zeus beim Trinken bediene.'

Aber noch keine Frau – Zeus hatte ja auch mit Frauen Gemeinschaft – ist wegen ihrer Schönheit in den Himmel gestiegen;

sondern Alkmene wurde Trauer und Flucht zuteil, Danaë eine Kiste und das Meer, und Semele wurde ein Raub des Feuers. Aber wenn er einen phrygischen Knaben liebt, so beschenkt er ihn mit dem Himmel, damit er bei ihm wohne und ihm Nektar einschenke; die aber, die zuerst diese Würde versah, wurde verstoßen; denn sie war, dünkt mich, eine Frau.‹

›Aber ich glaube‹, versetzte ich, ›daß die Schönheit der Frauen um so himmlischer ist, weil sie nicht so schnell vernichtet wird; denn das Unvergängliche ist mit dem Göttlichen verwandt; das aber, was sich verändert und verschwindet, hat eine sterbliche Natur, ist nicht himmlisch, sondern irdisch und gemein. Zeus liebte den phrygischen Knaben und nahm ihn in den Himmel auf; die Schönheit der Frauen aber hat ihn selbst vom Himmel herabgezogen. Einer Frau wegen brüllte einst Zeus; einer Frau wegen tanzte er als Satyr, und einer Frau zu Gefallen verwandelte er sich in Gold. Ganymedes mag immer Weinschenk sein, und unter den Göttern mag sich auch Hera, eine Frau, von dem Knaben bedienen lassen; aber bedenke seine Entführung; ja ich bedaure ihn! ein wilder Vogel stieg zu ihm herab; der Geraubte wurde mißhandelt und gleichsam tyrannisiert; es ist gewiß ein schmählicher Anblick, einen Knaben an Klauen hängen zu sehen. Semele hingegen wurde nicht durch einen Raubvogel, sondern durch Flammen in den Himmel geführt; und wundere dich nicht, daß man durch Feuer in den Himmel steigen kann; denn so stieg auch Herakles empor. Wenn du über die Kiste der Danaë lachst, warum willst du den Perseus verschweigen? Alkmene begnügte sich nur mit dem Geschenk, daß ihretwegen Zeus die Sonne drei ganze Tage verbarg. Soll ich von den Mythen schweigen, und vom Vergnügen selbst sprechen, das man beim Genuß empfindet, so bin ich zwar noch ein Neuling in der Frauenliebe und habe hierin nur so viel Erfahrung gemacht, als man bei Freudenmädchen machen kann; ein anderer, der in den vollkommenen Liebesgenuß schon eingeweiht ist, würde vielleicht mehr sagen können; doch will ich mit meiner geringen Erfahrung auftreten.

Die Frauen haben zur Umarmung einen weichen Körper und zum Küssen zarte Lippen; und die Weichheit ihres Fleisches macht, daß sich ihr Körper ganz in die Arme fügt. Den

Liebhaber umschließt die Lust; er drückt den Lippen Küsse, wie Siegel, auf. Sie küßt aber mit einer gewissen Kunst und macht die Küsse süßer; denn sie will nicht allein mit den Lippen küssen, sondern auch ihre Zähne nehmen am Liebeskampf Anteil; denn mit ihnen bricht sie gleichsam die Küsse ab und nährt sich vom Munde des Liebenden. Auch gewährt es ein besonderes Vergnügen, den Busen zu betasten. Im höchsten Liebesgenusse wütet sie vor Entzücken, haucht mit offenem Mund unter Küssen und ist außer sich. Die Zungen berühren sich wechselseitig und streben, sich nach Vermögen zu küssen: denn mit geöffnetem Munde zu küssen, ist eine süßere Lust. Im höchsten Rausche atmet die Frau vor heißer Lust; der Atem geht mit dem Liebeshauche bis zu den Lippen des Mundes hinauf und trifft mit dem irrenden Kusse, der eben hinabzusteigen strebt, zusammen. Der Kuß vermischt sich mit dem Hauche, kehrt mit ihm zurück und trifft das Herz; dieses schlägt, durch den Kuß erschreckt, empor; und wenn es nicht mit den Eingeweiden verbunden wäre, so würde es von den Küssen angezogen ihnen folgen. Die Küsse der Jünglinge hingegen sind kunstlos, ihre Umarmungen ungeschickt, der Genuß ist bei ihnen roh und führt nichts von Lust bei sich.‹

Darauf erwiderte Menelaos: ›Nicht ein Neuling, sondern ein Greis scheinst du mir in der Liebe zu sein: So viel hast du uns von den Künsteleien der Frauen erzählt; nun höre auch mich auf meiner Seite von den Knaben sprechen.

Bei den Frauen ist alles künstlich gebildet, ihre Reden und ihr Anstand; und wenn auch eine Frau schön zu sein scheint, so ist es doch nur der kostspielige Aufwand von Salben, und ihre Schönheit liegt entweder in den Salben oder in der Farbe der Haare oder auch in Küssen. Entblößt man sie von diesen sinnreichen Verschönerungsmitteln, so gleichen sie der Krähe, der man nach der Fabel die Federn ausrupfte. Die Schönheit der Knaben aber ist nicht mit dem Dufte der Salben benetzt, noch mit künstlichen, fremden Wohlgerüchen angefüllt; schöner noch, als alle Salbung der Frauen, duftet der Schweiß der Knaben. Dazu kommt, daß man sie auch auf dem Ringplatze umfassen und öffentlich umarmen kann, ohne daß man sich zu schämen braucht. Auch sind es nicht die weichlichen Umarmungen eines schlüpfrigen Körpers, sondern die Körper widerstehen einander und kämpfen um die Lust. Ihre Küsse haben nichts von der weiblichen Künstelei und täuschen die Lippen nicht mit einem törichten Betrug. Der Knabe küßt, wie er kann; und es sind nicht Küsse der Kunst, sondern der Natur. Wenn Nektar gerönne und zu einer Lippe würde, so würde er das Bild der Knabenküsse darstellen. Du kannst dich im Küssen nicht sättigen, sondern, so viel du ihm auch gibst, so fühlst du doch immer noch einen Durst, ihn zu küssen, und wirst den Mund nicht eher abziehen, bis du etwa aus übergroßer Lust die Küsse selbst fliehst.‹

Drittes Buch

Als wir drei Tage geschifft waren, verfinsterte den hellen Himmel eine plötzliche Dunkelheit, die das Licht des Tages verlöschte. Vom Meere auf erhob sich der Wind, stieß gerade gegen das Schiff, und der Steuermann befahl, die Segelstange umzudrehen. Eilig taten es die Schiffer. Auf der einen Seite faßten sie mit Gewalt das Segeltuch und zogen es auf die Segelstange herauf; auf der andern aber mußten sie es in der vorigen Lage lassen; denn vor dem immer heftiger andringenden Winde vermochten sie nicht, sie umzudrehen. Auf der Seite, wo die Segelstange nach dem Winde herumgedreht war, neigte sich schwankend der untere hohle Teil des Schiffes, und auf der andern Seite stieg es empor, und lag ganz schräg, so daß die meisten von uns befürchteten, das Schiff möchte sich bei einfallendem Winde mit einem Mal umkehren. Wir wanderten mit unsern Sachen auf den emporgehobenen Teil des Schiffes, um es auf der einen Seite, wo es niedergesenkt war, wieder emporzurichten und auf der andern durch unsere Schwere niederzudrücken und so wieder ins Gleichgewicht zu bringen. Dies war jedoch umsonst; denn der aufgerichtete Boden des Schiffes hob uns, anstatt sich niederzusenken, vielmehr empor. Indes versuchten wir noch einige Zeit, das schwankende Schiff ins Gleichgewicht niederzudrücken. Plötzlich aber wendete sich der Wind nach dem andern Teile des Schiffes hin und tauchte es beinahe unter. Der eine Teil, der sich bisher in die Fluten geneigt hatte, sprang mit einem heftigen Stoß in die

Höhe, und der andere stürzte, so wie jener emporsprang, in die Fluten nieder.

Dadurch entstand ein großes Wehklagen im Schiffe. Man verließ seinen Sitz und lief mit Geschrei zu dem vorigen. So wurden wir über drei-, viermal, wie das Schiff, unstet umhergetrieben; und ehe wir die erste Wanderschaft vollendet hatten, nötigte uns ein plötzlicher Fall zu einer zweiten.

Den ganzen Tag trugen wir uns so mit unsern Sachen im Schiff herum, und gingen wohl doppelt denselben Gang unter unsäglichen Mühen, immer den Tod vor Augen, der uns, wie leicht einzusehen ist, sehr nahe bedrohte. Zu Mittag verschwand die Sonne ganz und gar, und nur wie im Mondschein konnten wir einander sehen. Vom Himmel flog Feuer herab, donnernd brüllte der Himmel, die Luft erfüllte ein dumpfes Geprassel, und von unten tönte ihm der Aufruhr der Fluten gräßlich entgegen. Zwischen dem Himmel und dem Meere sauste und rauschte der Wind, mit sich selbst kämpfend; die Luft hatte den Schall der Salpinx, die Taue fielen um das Segeltuch und schlugen zischend aneinander.

Schon war das Bretterwerk zertrümmert, und wir waren in Furcht, der Bauch des Schiffes möchte sich öffnen, sobald sich die Nägel ablösten. Es überströmte uns auch noch ein starker Regen; wir breiteten daher eine Decke über das ganze Schiff aus, begaben uns unter die Bedeckung und verweilten da, wie in einer Höhle, ganz dem Schicksale hingegeben; denn schon schien uns alle Hoffnung verschwunden.

Dreifach anstürzende Wogen schlugen von allen Seiten, am Schnabel und am Hinterteil des Schiffes, aneinander. Das Schiff stieg immer gegen das aufgetürmte Meer empor und senkte sich gegen die abfließenden, niedrigen Ströme. Einige glichen den Bergen, andere den Schlünden. Noch furchtbarer waren die von beiden Seiten andringenden schrägen Wogen; denn das Meer stieg gegen das Schiff empor, wälzte sich durch das Obdach und überströmte es ganz. Die zu den Wolken emporgehobene Flut erschien uns von Ferne so groß wie das Schiff; betrachtete man sie aber in der Nähe, so glaubte man, sie würde das Schiff verschlingen. Wind und Fluten kämpften miteinander, und wir konnten nicht auf der Stelle bleiben, so sehr erschütterten sie das Schiff. Alles schrie durcheinander;

die Flut brauste, der Wind rauschte; das Wehklagen der Weiber, das laute Schreien der Männer; der Zuruf der Schiffer; überall nur Geheul und Geseufze. Der Steuermann befahl, die Ladung abzuwerfen; da sonderten wir nicht erst Silber und Gold vom geringern ab, sondern warfen alles ohne Unterschied aus dem Schiffe. Viele Kaufleute nahmen sogar ihre Schätze, noch ihre einzige Hoffnung, und stießen sie eilig fort. Schon war das Schiff der Ladung entblößt, der Sturm aber noch nicht versöhnt.

Endlich warf der Steuermann aus Verzweiflung das Steuerruder aus der Hand, überließ das Schiff der Gewalt des Meeres, rüstete schon das Boot aus, befahl den Schiffern hineinzusteigen, und stieg zuerst von der Leiter herunter; jene aber sprangen gerade herab.

Hier entstand nun ein neues Übel; denn man wurde bald handgemein. Die herabgestiegen waren, schnitten das Tau ab, durch welches das Boot mit dem Schiffe verbunden war, und ein jeder von den Schiffern eilte, dem Steuermann, wohin der das Tau zog, nachzuspringen. Die sich aber auf dem Boote befanden, ließen sie nicht hineinsteigen; ja sie drohten denen, die herabsteigen würden, mit Beilen und Messern. Die meisten auf dem Schiffe rüsteten sich, womit sie konnten; der eine ergriff ein Stück von einem alten Ruder, der andere von einer Ruderbank und verteidigte sich damit: denn das Meer machte die Gewalt zum Gesetze. Es war eine neue Art von Seeschlacht: die auf dem Boote schlugen, weil sie besorgten, es möchte durch den Haufen der Hineinsteigenden untersinken, mit Beilen und Schwertern nach den Herabspringenden; und diese hieben zugleich im Herabspringen mit Keulen und Rudern auf sie. Einige berührten kaum den Rand des Schiffs und glitten heraus; andere kämpften, auch da sie noch in das Boot stiegen, mit denen, die sich schon darin befanden; denn es band sie keine Freundschaft, keine Achtung mehr, sondern ein jeder war nur auf seine eigene Sicherheit bedacht; und auf Menschlichkeit nahm man keine Rücksicht. So lösen große Gefahren auch die Bande der Freundschaft.

Unterdessen ergriff ein starker Jüngling auf dem Schiffe das Tau und zog das Boot herbei. Es war dem Schiffe schon nahe, und ein jeder machte sich bereit, sobald es sich ganz nähern würde, darauf zu springen. Zwei oder drei erreichten es auch glücklich, ohne verwundet zu werden; viele aber, die es versuchten, herabzuspringen, stürzten ins Meer. Eilig schnitten die Schiffer das Tau ab, befreiten so das Boot und fuhren, wohin sie der Wind trieb. Die auf dem Schiffe versuchten das Boot zu versenken; das Schiff stürzte aber vorwärts und warf sich in den Fluten umher. Unvermerkt wurde es an eine Meeresklippe getrieben und ganz zertrümmert. Indem das Schiff daran stieß, fiel der Mastbaum auf die andere Seite, und einiges vom Schiffe wurde zerschlagen, anderes versenkt. Die in der Meeresflut gleich umkamen, hatten ein weit erträglicheres Los, da sie die Furcht des Todes nicht so lange quälte. Der langsame Tod auf dem Meere tötet vorher, ehe man selbst stirbt. Das Auge, von der Unermeßlichkeit des Meeres erfüllt, dehnt die Furcht ins Grenzenlose aus und macht so den Tod zu einem doppelten Unglück; so groß der Umfang des Meeres ist, so groß ist auch die Furcht vor dem Tode. Einige versuchten zu schwimmen, wurden aber von der Flut an dem Felsen zerschmettert und kamen um; viele warfen sich auf losgerissene Balken und schwammen wie die Fische; andere wurden schon halbtot herumgetrieben.

Als das Schiff scheiterte, waren wir so glücklich, ein Stück vom Vorderteil zu retten. Ich und Leukippe setzten uns darauf und wurden nach dem Strome des Meeres zu fortgeführt. Menelaos und Satyros mit den andern auf dem Schiffe trafen auf den Mastbaum, warfen sich darauf und schifften so fort. Nahe neben uns sahen wir den Kleinias um die Segelstange herumschwimmen und hörten ihn uns zurufen: ›Fasse das Holz, Kleitophon!‹ Kaum hatte er aber dieses gesagt, so überdeckte ihn von hinten eine Woge, und wir weinten laut.

Auch zu uns strömte die Woge herbei; aber durch einen glücklichen Zufall lief sie, als sie sich uns näherte, unterhalb vorbei, so daß bloß das Holz in die Höhe gehoben wurde und über den Nacken der Woge emporstieg. Jetzt sahen wir auch den Kleinias wieder.

Seufzend sagte ich dann: ›Erbarme dich unsrer, o Gebieter Poseidon; hemme deine Gewalt gegen die Überbleibsel aus dem Schiffbruch; wir haben schon oft den Tod durch die Furcht bestanden; aber willst du uns töten, so laß uns vereint sterben; eine Woge mag uns überdecken; und wenn es das Schicksal so beschlossen hat, daß wir ein Raub der Tiere werden sollen, so mag uns ein Fisch verzehren, ein Magen uns aufnehmen, um auch in den Fischen ein gemeinschaftliches Begräbnis zu finden.‹

Bald nach diesem Gebet ließ das Ungestüm des Windes nach, und die Wildheit der Flut legte sich. Das Meer war mit toten Körpern angefüllt. Den Menelaos mit seinen Gefährten hatte die Woge schneller an das Land geführt, und zwar an die Küste Ägyptens, wo damals die ganze Gegend von Räubern bewohnt war. Gegen Abend gelangten wir zufällig nach Pelusion, und erreichten so unter frohen Danksagungen an die Götter das Land. Darauf bejammerten wir den Kleinias und Satyros; denn wir glaubten, sie wären umgekommen.

In Pelusion befindet sich ein heiliges Bildnis des Kasischen Zeus. Zeus ist als Jüngling abgebildet und gleicht dem Apollon; so jugendlich blühend ist er dargestellt. Er streckt die Hand aus, in welcher er einen Granatapfel hält; dies hat einen mystischen Sinn. Wir gingen im Tempel herum, flehten zu dem Gott und baten uns ein Zeichen über den Kleinias und Satyros aus; denn man hatte uns gesagt, der Gott weissage.

Im hinteren Teil des Tempels sahen wir ein doppeltes Bild vom Maler Euanthes. Das eine stellte die Andromeda und das andere Prometheus, beide gefesselt, dar; daher, vermute ich, hat sie auch der Maler in einer Gruppe zusammengestellt. Die Gemälde waren auch in Rücksicht auf das übrige verschwistert: beiden dienten Felsen zum Gefängnisse, beiden wilde Tiere zu Peinigern; der einen jedoch ein Meertier und dem andern ein Vogel. Zwei verwandte Argaier standen bei ihnen als Helfer; bei Prometheus Herakles und bei Andromeda Perseus. Jener schoß Pfeile auf Zeus' Vogel, und dieser kämpfte mit dem Ungeheuer des Poseidon; aber der eine stand mit dem Bogen auf der Erde, und der andere hing mit den Flügeln in der Luft.

Der Felsen war nach Verhältnis der Größe des Mädchens ausgehöhlt, und zwar so natürlich, daß ihn niemand für gemalt halten würde; denn der Maler hatte die Höhlung des Steines so rauh gemacht, wie ihn die Erde bildet. Das Mädchen war in die Mauer gestellt, und das Bild bot, wenn man auf seine Schönheit sah, einen ungewöhnlichen Anblick dar; betrachtete man aber die Fesseln und das Tier, so glich es einem nur obenhin und roh gemachten Begräbnisse. Auf ihrem Gesichte war Schönheit mit Furcht gemischt. Die Furcht saß auf den Wangen, und die Schönheit blickte aus ihren Augen hervor. Aber die Bleichheit der Wangen war nicht ganz ohne Purpur, sondern tauchte sich allmählich in Röte. Auch die Blüte des Auges war noch ohne Trauer und Gram und glich dem eben verwelkenden Veilchen. So hatte sie der Maler mit einer schönen Furcht geschmückt.

Ihre Arme waren auf den Felsen gespannt, die Fessel hielt sie an dem Felsen gebunden empor, und die Hand hing, wie die Traube am Weinstock, herab. Ihre Arme waren ganz weiß und gingen ins Bläuliche über; ihre Finger schienen abzusterben. Gefesselt erwartete sie den Tod und stand da, wie eine Braut gekleidet, wie zur Hochzeit mit Hades geschmückt, mit einem langen Gewande, welches weiß und von so zartem Gewebe war, daß es dem Gewebe der Spinnen glich. Es war nicht wie das Gewebe von der Wolle der Tiere, sondern wie es die indischen Frauen bereiten, aus der Wolle der Schmetterlinge, die sie von den Bäumen winden.

Das Tier stieg, gegen das Mädchen gekehrt, von unten herauf und öffnete das Meer. Der größte Teil seines Körpers war von den Fluten überströmt, und nur mit dem Kopf erhob es sich aus dem Meer. Unterhalb der Flut schimmerte der Schatten hervor; man sah die Erhebung der Schuppen, die Krümmungen des Nackens, die hervorstehenden Stacheln, die Windungen des Schwanzes. Sein Rachen war bis zu den Schultern geöffnet, und rührte unmittelbar an den Magen.

Perseus war zwischen dem Tier und dem Mädchen gemalt, als wenn er aus der Luft herabstieg. Er ließ sich zu dem Tier herab, ganz unbewaffnet; bloß seine Schultern umgab ein Gewand, und an seinen Füßen waren Schuhe befestigt, die den Flügeln glichen. Ein Hut, gleich dem Helme des Hades, bedeckte seinen Kopf; in der Linken hielt er das Haupt der Gorgo, das er, wie einen Schild, vor sich hielt. Die Gorgo war furchtbar dargestellt; sie riß ihre Augen weit auf, sträubte das Haar der Schläfen empor und regte die Schlangen auf: so drohte sie selbst im Gemälde. Seine Rechte war mit einem zweifachen Eisen gerüstet, das sich in eine Sichel und in ein Schwert teilte. Beide liefen unten von einer Spitze aus, und das Schwert ging bis zur Hälfte des Eisens; von da aber brach es sich in zwei Teile; der eine spitzte sich und der andere war gekrümmt. Der zugespitzte Teil blieb Schwert, wie an dem ersten Ende; der gekrümmte aber formte sich zur Sichel, so daß es auf einen Hieb mit dem einen Teile die Wunde eindrückte, mit dem andern sie festhielt.

Auf die Andromeda folgte das Gemälde des Prometheus. Er war durch Eisen am Felsen gefesselt, und Herakles mit Bogen und Speer bewaffnet. Der Vogel fraß gierig an seinem Leib, riß ihn auf, und sein Schnabel wühlte in den schon geöffneten Teilen. Er schien die Wunde aufzugraben und die Leber zu suchen; diese war so weit sichtbar, wie der Maler die Höhlung der Wunde geöffnet hatte. Der Vogel stützte die Spitzen seiner Klauen in die Hüfte des Prometheus; dieser krümmte sich vor Schmerz, zog seine Seite zusammen und hob die Hüfte zu seinem eigenen Schaden empor: denn dadurch zog er den Vogel näher zur Leber. Die andere Hüfte lief mit den Füßen nach unten zu gerade aus, und war bis zu den Zehen ausgedehnt. Seine übrige Stellung deutete auf seinen Schmerz. Er runzelte die Augenbrauen, biß die Lippen zusammen und zeigte die Zähne, so daß das Gemälde durch den Kampf des Schmerzes Mitleid einflößte.

Herakles kommt dem Verlassenen zu Hilfe. Er steht und schießt auf den Henker des Prometheus; auf seinem Bogen liegt ein Pfeil bereit; mit der linken Hand streckt er den Bogen aus, und drückt ihn von sich; die Rechte zieht er nach der Brust zu, und krümmt im Anziehen der Sehne hinten seinen Arm. Alles geschieht in e i n e m Moment; er krümmt den Bogen, die Sehne und die Rechte: den Bogen durch die Sehne, die Sehne durch die Hand, und die Hand neigt sich an die Brust. Prometheus ist zugleich mit Hoffnung und Furcht erfüllt und blickt bald auf die Wunde, bald auf den Herakles; er bestrebt sich, ihn gerade anzusehen; aber der Schmerz beansprucht die Hälfte des Blicks.

Nachdem wir uns hier zwei Tage aufgehalten und von unsern Leiden erholt hatten, mieteten wir von dem Gelde, das wir noch im Gürtel hatten, ein ägyptisches Schiff und nahmen unsere Fahrt auf dem Nil nach Alexandrien; hier beschlossen wir vorzüglich deswegen zu verweilen, weil wir glaubten, unsere Freunde, wenn sie etwa das Land erreicht hätten, dort am ersten wiederzufinden. In der Nähe einer Stadt hörten wir plötzlich ein starkes Geschrei, und der Schiffer drehte mit dem Ausruf: ›Der Hirt!‹ das Schiff um, um wieder zurückzufahren; aber sogleich war das Land mit furchtbaren, wilden Menschen angefüllt. Sie waren alle groß und schwarz von Farbe; nicht ganz wie die Inder, sondern wie unechte Äthiopier; ihr Kopf war kahl, ihre Füße dünn und klein, der Körper dick, und alle redeten eine fremde Sprache.

Der Steuermann hielt mit den Worten: ›Wir sind verloren!‹ das Schiff an; denn der Fluß war hier sehr schmal. Vier Räuber stiegen in das Schiff und nahmen alles auf dem Schiffe mit, auch unser Geld. Uns selbst banden sie, schlossen uns in eine Wohnung ein und gingen fort, nachdem sie uns Wächter zurückgelassen hatten, um uns den folgenden Tag zum Könige zu führen; so nannten sie den ersten unter den Räubern; bis dorthin war, wie wir von unsern Mitgefangenen hörten, ein Weg von zwei Tagen.

Die Nacht, als die Wächter schliefen und wir gefesselt da lagen, bracht' ich mit Klagen über Leukippes Schicksal zu. Ich bedachte bei mir, wie viel Unglück ich ihr schon zubereitet habe, seufzte tief in meiner Brust und sagte, nur leise wehklagend:

›O ihr Götter und Dämonen! wenn ihr irgendwo seid und mich hört, was haben wir so sehr verschuldet, daß sich in wenig Tagen ein solcher Strom von Unglück über uns wälzt? Und jetzt gebt ihr uns noch ägyptischen Räubern in die Hände, damit sich niemand unserer erbarme. Einen griechischen Räuber kann doch noch die Stimme erschüttern und das Bitten erweichen; denn die Rede erweckt oft Mitleid; die Zunge, welche dem Schmerz der Seele zu Hilfe kommt, um das Gemüt der Hörenden zu erweichen, besänftigt den Zorn. Aber welcher Stimme sollen wir uns jetzt bedienen? Welche Eide sollen wir schwören? Und besäße jemand mehr Überredungskraft als selbst die Sirenen, der Mörder würde ihn doch nicht hören. Und so bleibt mir nichts übrig, als durch Winke sie anzuflehen, ihnen durch die Bewegung der Hände mein Anliegen, mein Flehen sichtbar zu machen. So will ich nun mein Spiel des Wehklagens beginnen. Meine Leiden, und wären sie auch ein Übermaß von Unglück, schmerzen mich weniger als die deinen, Leukippe. Mit welchen Worten soll ich diese beklagen? Mit welchen Tränen sie beweinen? Du, die du dich selbst in den Leiden der Liebe treu und gegen deinen unglücklichen Liebhaber edel bezeugst: Wie schön sind die Zurüstungen und Ausschmückungen deiner Hochzeit? Dein Brautgemach ist das Gefängnis; dein Bett die Erde, deine Armbänder und Ringe sind Taue und Stricke, und neben dir sitzt als Brautführer – ein Räuber. Wer wird dir anstatt des Hochzeitsgesanges die Trauermelodie anstimmen? – Ja, vergeblich war die gemeinschaftliche Danksagung, die wir dir, Meer, darbrachten; ich mache dir für deine Menschenliebe Vorwürfe; du warst gütiger gegen die, welche du getötet hast; denn uns, die du errettetest, machtest du weit unglücklicher. Du warst so unbillig, uns nicht sterben zu lassen, bevor du uns den Händen der Räuber überliefertest.‹

So klagte ich stillschweigend: weinen konnte ich aber nicht; dies ist uns bei großen Unglücksfällen eigen. Bei mäßigem Unglück fließen die Tränen reichlich herab; hier dienen sie den Leidenden dazu, die Züchtigenden um Schonung anzuflehen, und sie erleichtern die Schmerzen der Unglücklichen, wie bei einer schwellenden Wunde. Aber bei übermäßigem Unglücke fliehen auch die Tränen und verlassen die Augen. Die Traurigkeit hemmt den Ausbruch der aufsteigenden Tränen und führt sie mit sich hinab; so kehren sie von den Augen zurück, fließen in die Seele hinab und machen ihre Wunde noch heftiger.

Dann sagt' ich zu Leukippe, die beständig schwieg: ›Warum schweigst du, Geliebteste? und sagst gar nichts zu mir?‹

›Ach!‹ antwortete sie, ›was könnt' ich sprechen, Kleitophon, da mir vor der Seele die Stimme entwichen ist?‹

Während wir so miteinander sprachen, überraschte uns der Morgen, und es kam ein Räuber zu Pferde, mit dickem, wildem Haare; auch sein Pferd hatte eine starke Mähne; es war übrigens ohne Bedeckung und ohne allen Schmuck; so sind die Pferde der Räuber.

›Ich komme vom Räuberanführer‹, sagte er; ›wenn sich ein

Mädchen unter den Gefangenen befindet, soll ich sie als Reinigungsopfer des Heeres wegführen.‹

Sogleich wendete er sich zu Leukippe. Diese faßte mich an und hing schreiend an mir. Die Räuber rissen sie von mir los und schlugen auf mich ein; sie hoben sie in die Höhe und rissen sie weg; uns aber führten sie dann in Fesseln langsam fort.

Zwei Stadien von jener Ortschaft hörten wir ein starkes Kriegsgeschrei und den Schall der Salpinx. Darauf erschien ein Kriegsheer von lauter Schwerbewaffneten. Sobald es die Räuber erblickten, nahmen sie uns in die Mitte und erwarteten die Anrückenden, um sich gegen sie zu verteidigen; und nicht lange darauf standen fünfzig Schwergerüstete vor uns, von denen einige lange Schilde hatten, andere mit kleinern Schildern bewaffnet waren. Die Räuber, die ihnen an Mannschaft überlegen waren, ergriffen Erdschollen und bewarfen die Krieger damit.

Eine ägyptische Erdscholle ist gefährlicher als jede andere; denn sie ist schwer, rauh und von spitzigen Steinen scharf, so daß sie an demselben Orte eine doppelte Wunde macht, eine Geschwulst, wie von einem Stein, und einen Ritz, wie von einem Pfeil.

Die Soldaten fingen die Steine mit den Schilden auf und achteten die Würfe der Feinde wenig.

Als die Räuber des Werfens müde waren, öffneten die Krieger ihren Haufen, und leichtgerüstete Männer, von denen jeder eine Lanze und ein Schwert führte, sprangen aus den Schwergerüsteten hervor. Sie warfen zugleich mit Wurfspießen und keiner von ihnen fehlte. Darauf stürzten die Schwergerüsteten hinzu. Es entstand ein hartes Gefecht; von beiden Seiten wurde gehauen, verwundet und getötet. Die Geschicklichkeit und Übung ersetzte bei den Kriegern, was ihnen an Mannschaft abging. Wir Gefangenen aber beobachteten sämlich den unterliegenden Teil der Räuber, schlugen uns mit vereinigter Macht durch ihren Trupp und liefen zu den Feinden über. Die Krieger wollten uns anfangs aus Unwissenheit töten; da sie uns aber ohne Rüstung und gefesselt sahen, vermuteten sie, wie es sich mit uns verhalten möchte, nahmen uns in die Ordnung der Schwergerüsteten auf, stellten uns in die hintern Glieder und ließen uns in Ruhe.

Unterdessen kamen auch die Reiter herbei, dehnten ihren Haufen nach den beiden Flügeln des Räubertrupps aus, umritten ihn rings, trieben ihn eng in einen Kreis zusammen und hieben sie beinahe alle nieder; einige von ihnen lagen tot auf der Erde, andere, bereits halbtot, kämpften noch; die übrigen wurden gefangengenommen.

Es war schon Abend, als der Anführer einen jeden von uns einzeln vernahm und fragte, wer er sei und wie man ihn gefangen habe. Ein jeder erzählte seine Geschichte, auch ich sagte ihm die meinige. Darauf befahl er uns, ihm zu folgen, und er selbst versprach, uns Rüstung zu geben; denn er hatte beschlossen, auf das Heer zu warten und die große Räuberbande, die aus 10000 Mann bestehen sollte, anzugreifen. Ich bat mir ein Pferd aus, weil ich reiten gelernt hatte. Als ich es erhielt, ritt ich im Kreis herum und zeigte in taktmäßiger Bewegung die Schwenkungen der Krieger so geschickt, daß selbst der Anführer meine Fertigkeit pries. Er zog mich diesen Tag zu Tische, erkundigte sich hier nach meinen Schicksalen und nahm Anteil an meinen Leiden.

Der Mensch ist, wenn er die Unglücksfälle anderer hört, aus einem gewissen Mitgefühl zum Mitleid geneigt; und öfters bewirkt dieses Mitleid Freundschaft. Die Seele wird erweicht und, durch die Erzählung des Unglücks beinahe in dieselbe traurige Stimmung versetzt, ruft sie die Trauer zum Mitleid und das Mitleid zur Freundschaft auf.

In eine solche Stimmung versetzte auch ich den Anführer, so daß er selbst weinte; aber weiter konnten wir nichts tun, denn Leukippe befand sich in den Händen der Räuber. Er gab mir auch einen ägyptischen Sklaven, der meine Sachen besorgen sollte.

Den folgenden Tag rüstete er sich zum Aufbruch und ließ einen Graben, der ihm hinderlich war, zuschütten. Auch die Räuber standen jenseits des Grabens mit einer sehr großen Macht gerüstet. Man sah einen Altar, den sie aus Lehm ganz roh hingeworfen hatten; neben ihm war ein Sarg; zwei führten ein Mädchen herbei, dem sie hinten die Hände gebunden hatten; wer sie selbst waren, konnte ich nicht sehen, denn die Rüstung bedeckte sie; in dem Mädchen aber erkannt' ich Leukippe. Darauf gossen sie Trankopfer über ihr Haupt aus und führten sie im Kreise um den Altar. Einer von ihnen blies dazu, und der Priester sang, wie es schien, ein ägyptisches Lied; dies konnten wir aus dem verzogenen Mund und den Gesichtszügen schließen. Darauf entfernten sich alle nach einem gegebenen Zeichen weit vom Altar; einer von den Jünglingen legte sie rücklings nieder und band sie an Pflöcke, die in die Erde geschlagen waren, so wie die Wachsbildner den Marsyas an einen Baum gebunden darstellen; dann nahm er das Schwert und stieß es in das Herz: er zog es hierauf durch den Unterleib und riß ihn auf. Sogleich sprangen die Eingeweide hervor, die man mit den Händen herauszog und auf den Altar legte; dann briet man sie, schnitt sie in Teile und verzehrte sie.

Alles dies sahen wir; die Krieger schrien mit ihrem Anführer bei jeder dieser Handlungen laut auf und wendeten ihren Blick von diesem Schauspiel weg. Ich war ganz ruhig dabei und sah ohne Besinnung zu: so groß war meine Bestürzung; denn das übermäßige Unglück hatte mich wie ein Donnerschlag betäubt; und vielleicht ist die Fabel von Niobe nicht unbegründet; vielleicht war sie beim Hinsterben ihrer Kinder in einer ähnlichen Stimmung, und gab durch ihr Erstarrtsein zu der Meinung Veranlassung, sie sei in einen Stein verwandelt worden.

Da die Handlung vorüber war, wie es mir wenigstens vorkam, legten sie den Körper in den Sarg, deckten ihn zu und gingen fort. Dann warfen sie den Altar um und flohen, ohne sich umzusehen; dies hatte ihnen der Priester nach dem Orakel befohlen.

Gegen Abend war der ganze Graben zugeschüttet. Die Soldaten schlugen etwas oberhalb des Grabens ihr Lager auf und waren mit der Mahlzeit beschäftigt. Der Anführer bemerkte meine Betrübnis und suchte mich zu trösten. Um die erste Nachtwache aber ging ich, da ich alle schlafen sah, mit einem Schwert in der Hand nach dem Sarg, um mich selbst darauf zu töten. Als ich ihm nahe war, hob ich das Schwert und sagte:

›Unglückliche Leukippe! Ja, unglücklichste unter allen Menschen! ich beklage nicht allein deinen Tod, nicht, daß du in einem fremden Lande gestorben bist, nicht, daß man dich gewalttätig ermordet hat, nicht, daß du so ein Spiel deines Unglücks geworden bist, sondern daß man dich als ein Reinigungsopfer für unreine Körper brauchte und dich lebendig zerschnitt, indem du der ganzen Handlung des Schlachtens selbst zusahst; daß sie das Innere deines Leibes zerstückelten und deinen geschlachteten Körper auf diesen verwünschten Altar, in diesen Sarg legten. Deinen Körper legten sie hierher, aber wo sind die Eingeweide? Wenn sie das Feuer verzehrt hätte, so wäre das Unglück geringer; so aber dienten sie Räubern zur Speise. O über die verhaßte Fackelbeleuchtung auf dem Altare! o über die unerhörten Gebräuche, das Opferfleisch zu essen! Und die Götter sahen herab auf dieses Opfer, und das Feuer verlöschte nicht, sondern es stieg in wütenden Flammen empor und führte den Göttern den Opferdampf zu? Empfange nun von mir, Leukippe, das dir geziemende Totenopfer.‹

Bei diesen Worten hielt ich das Schwert empor, um es mir in die Brust zu stoßen, als ich beim Mondschein eilig zwei Männer herbeilaufen sah. – Ich hielt inne, weil ich sie für Räuber hielt, um unter ihren Händen zu sterben. Unterdessen kamen sie mir näher und schrien mir beide zu. Es waren Menelaos und Satyros, es waren meine Freunde: unerwartet sah ich sie noch am Leben: und doch umarmt' ich sie nicht – wurde nicht einmal von Freude ergriffen: so gefühllos hatte mich die Trauer über mein Unglück gemacht.

Sie ergriffen meine Rechte und bemühten sich, mir das Schwert zu entreißen. Ich aber rief: ›O bei den Göttern! versagt mir nicht den mir erwünschten Tod, das Heilmittel für mein Unglück; ich kann nicht mehr leben, wenn ihr mich auch zwingen wolltet, da mir Leukippe entrissen ist; dieses Schwert werdet ihr mir zwar entwinden; aber in meiner Brust steckt das Schwert der Trauer und tötet mich nach und nach. Wollt ihr mich an einer immerquälenden Wunde sterben lassen?‹

›Wenn du deswegen sterben willst‹, sagte Menelaos, ›so kannst du füglich das Schwert zurückhalten; Leukippe wird wieder aufleben.‹

Ich sah ihn an: ›Wie? du verspottest mich noch bei einem solchen Unglück?‹ sagte ich. ›O fürchte den Zeus! er schützt die Fremden.‹

Darauf sagte er: ›Da du mir nicht glauben willst, Kleitophon, so sei du, Leukippe, mein Zeuge, daß du noch lebst‹; und stieß bei diesen Worten ein paar Mal an den Sarg, und ich hörte von unten herauf eine sehr schwache Stimme.

Sogleich ergriff mich ein Zittern; ich sah den Menelaos an und hielt ihn für einen Zauberer. Er öffnete den Sarg, und Leukippe stieg heraus; bei den Göttern! ein fürchterlicher, schauderhafter Anblick! Ihr ganzer Leib war geöffnet und der Eingeweide beraubt. Sie warf sich auf mich, umarmte mich; wir umschlossen uns fest und sanken beide zur Erde.

Nachdem ich kaum wieder zur Besinnung gekommen war, fragte ich den Menelaos: ›Bei Gott! sage mir, was ist das? seh' ich nicht Leukippe? halt' ich sie nicht in meinen Armen? hör' ich sie nicht lallen? Was war das, was ich gestern sah? Entweder ist jenes oder dieses ein Traum. Auch der Kuß ist wahrhaftig und lebend, und süß, wie ihn Leukippe gibt.‹

›Jetzt‹, sagte Menelaos, ›wird sie auch die Eingeweide wiederbekommen; ihre Brust wird zusammenwachsen, und du wirst sie ohne Wunde sehen. Aber verhülle dein Gesicht; denn ich rufe Hekate zu Hilfe.‹

Ich glaubte ihm und verhüllte mich. Er fing mit seiner Wunderhandlung an und sprach einige Worte; zugleich nahm er das Blendwerk von Leukippe hinweg und stellte sie wieder her. Darauf sagte er mir: ›Enthülle dich.‹ Ich zog, obgleich mit Mühe und in Furcht – denn ich glaubte wirklich, Hekate sei zugegen –, die Hände vom Gesicht hinweg, und sah Leukippe ganz und unverletzt.

Darüber noch mehr erstaunt, fleht' ich Menelaos an: ›O geliebter Menelaos, wenn du ein Diener irgendeines Gottes bist, so beschwör' ich dich: wo bin ich? was seh' ich hier in aller Welt?‹

Darauf sagte Leukippe: ›Hör' auf, Menelaos, ihn in Furcht zu setzen, und erzähle, wie du die Räuber getäuscht hast.‹

Menelaos erzählte nun: ›Du weißt, daß ich von Geburt ein Ägypter bin; dies hab' ich dir schon vorher auf dem Schiffe gesagt. Die meisten Besitzungen dieser Ortschaft und ihre Herrscher sind mir bekannt. Nach dem Schiffbruch trieb mich eine Woge an die Küsten von Ägypten. Ich wurde mit Satyros von den Räubern, die diese Gegend behaupten, ergriffen und zu ihrem Hauptmann geführt. Einige von ihnen erkannten mich sogleich, lösten mir die Bande, sprachen mir Mut zu und munterten mich auf, an ihrer Beschäftigung, wie einer aus ihrer Mitte, Anteil zu nehmen. Ich bat mir den Satyros zum Diener aus. ‚Wohlan!‘ sagten sie, ‚du sollst uns die erste Probe deiner Kühnheit ablegen.‘

Sie hatten eben ein Orakel bekommen, ein Mädchen zu schlachten und die Räuberbande zu reinigen, von der Leber der Geopferten zu essen, den übrigen Körper in einen Sarg zu legen und hinwegzugehen: diese Art zu opfern sollte die Feinde in Erstaunen setzen. Erzähle nun das übrige, Satyros; denn hier beginnt deine Geschichte.‹

›Ich weinte, mein Gebieter‹, fuhr Satyros fort, ›als man mich mit Gewalt ins Lager führte; ich wehklagte, da ich erfuhr, was mit Leukippe geschehen sollte, und bat Menelaos, wenn möglich, das Mädchen zu retten; ein guter Dämon stand uns hierin bei.

Den Tag vor dem Opfer saßen wir betrübt am Meer und dachten darüber nach. Einige von den Räubern erblickten ein Schiff, das aus Unkunde herumirrte, und fielen es an. Die auf dem Schiff erkannten die Räuber und versuchten, wieder zurückzufahren. Die Räuber kamen ihnen aber zuvor, ergriffen es und nötigten sie, sich zu verteidigen. Unter denen auf dem Schiffe befand sich ein Rhapsode. Dieser legte mit seinen Gefährten seine Theaterrüstung an; und so versuchten sie den Kampf. Den ersten, die auf sie eindrangen, leisteten sie sehr starken Widerstand; bald aber kamen noch mehrere Räuber herbeigeschifft. Diese versenkten das Schiff und töteten die Umherschwimmenden.

Unbemerkt fiel auch eine Kiste heraus. Die Flut trieb sie zu uns; Menelaos hob sie auf, ging etwas auf die Seite und öffnete sie in meiner Gegenwart; denn er glaubte, etwas von Bedeutung darin zu finden. Wir fanden ein Gewand und einen Dolch, dessen Griff vier Ellen lang war; die Klinge war sehr kurz, kaum drei Finger lang. Menelaos hob den Dolch empor und kehrte ihn unvermerkt um. Die kurze Klinge lief aus dem hohlen Griffe so weit heraus, als dieser lang war; und als er ihn wieder umwendete, ging die Klinge wieder hinein. Wahrscheinlich bediente sich der Unglückliche dieses Dolches zu vorgetäuschten Ermordungen auf der Bühne.

,Uns wird ein Gott beistehen, wenn du dich brav bezeugst', sagt' ich dann zu Menelaos; ,wir können das Mädchen noch retten und die Räuber hintergehen; hör', auf welche Weise. Wir nehmen ein Schaffell, so fein wir es bekommen können, und heften es wie einen Beutel von der Größe eines Menschenbauchs zusammen; dann füllen wir es mit Tiereingeweiden und Blut und nähen es zu, damit nicht die Eingeweide so leicht herausfallen. Diesen falschen Bauch legen wir Leukippe an, werfen das Gewand darüber, versehen sie mit Kopfschmuck und Gürtel und verbergen so die Zurüstung. Auch das Orakel und der Dolch sind uns zu diesem Betruge überaus günstig; jenes befiehlt ja, das Mädchen in dieser Kleidung zu durchschneiden; und was den Dolch betrifft, so siehst du selbst, wie künstlich er ist. Denn stößt man damit auf einen Körper, so zieht er sich in den Griff, wie in eine Scheide, zurück, so daß die Zuschauer glauben, er dringe in den Körper ein; er springt aber in die Höhlung des Griffes zurück und läßt nur die Spitze übrig; so zerschneidet er den falschen Bauch und der Griff steht auf der Haut dessen, der geschlachtet werden soll, auf. Zieht man dann den Dolch aus der Wunde hervor, so läuft er, je höher man den Griff hält, aus der Höhlung wieder heraus, und auf diese Art werden die Zuschauer getäuscht. So werden die Räuber die List nicht bemerken, weil das Fell verhüllt ist und die Eingeweide durch den Stich hervorspringen. Wir nehmen sie heraus und legen sie auf den Altar; die Räuber werden sich dann entfernen und wir den Körper in den Sarg legen. Du hast gehört, daß der Räuberhauptmann kurz vorher zu uns sagte, du müßtest ihnen Proben deiner Kühnheit ablegen. Gehe zu ihm und versprich ihm, dieses Probestück zu machen.' Dabei beschwor ich ihn beim Zeus, dem Beschützer der Gastfreunde, und erinnerte ihn an den gemeinschaftlichen Tisch und Schiffbruch.

Darauf antwortete der edle Mann: ,Es ist zwar ein gefährliches Unternehmen; jedoch wird mir, wenn ich auch meinem Freunde zu Gefallen mein Leben auf Spiel setzen sollte, der Tod süß sein.'

,Und ich glaube', sagte ich, ,daß auch Kleitophon lebt; denn das Mädchen sagte mir, sie habe ihn unter den Gefangenen der Räuber gefesselt zurückgelassen; und diejenigen von den Räubern, die durch die Flucht entkommen waren, sagten zu ihrem Anführer, alle ihre Gefangenen seien aus dem Schlachtgetümmel zu den Kriegern geflohen. Dadurch wirst du dir ihn verbindlich machen; zugleich wirst du dich eines unglücklichen Mädchens erbarmen und sie aus einer so großen Gefahr erretten.'

Durch diese Worte überredete ich ihn, und der Zufall begünstigte uns. Ich beschäftigte mich nun mit der Zurüstung des täuschenden Opfers.

Eben wollte Menelaos wegen des Opfers mit den Räubern sprechen, als ihm der Hauptmann zufällig zuvorkam und ihm sagte: ,Es ist bei uns Sitte, daß die, welche zuerst eingeweiht werden sollen, die Weihe mit einem Opfer beginnen, vorzüglich mit einem Menschenopfer. Rüste dich also auf morgen zum Opfer; dein Diener soll zugleich mit dir die Weihe empfangen.'

,Wir werden es uns sehr angelegen sein lassen', versetzte dieser, ,uns eurer würdig zu zeigen.'

,Ihr sollt aber selbst', versetzte der Hauptmann, ,das Mädchen zum Opfer gehörig einkleiden.'

Demnach rüsteten wir das Mädchen auf die vorbesagte Weise zu, sprachen ihr Mut zu, setzten ihr unsern Plan auseinander und befahlen ihr, wenn sie auch der Schlaf früher verlassen würde, den Tag über im Sarge zu bleiben; und sollte etwa keiner von uns kommen, sich dann selbst in das Lager zu retten. Darauf führten wir sie zum Altare; das übrige ist dir bekannt.‹

Dies versetzte mein Gemüt in mancherlei Empfindungen, und ich wußte nicht, wie ich mich Menelaos dafür erkenntlich erweisen sollte. Was das Gewöhnlichste ist: ich fiel vor ihm nieder, umarmte ihn, verehrte ihn wie einen Gott, und das Entzücken der Freude über Leukippens Errettung überströmte meine Brust.

›Aber was ist mit Kleinias geworden?‹ fragte ich ihn dann.

›Ich weiß es nicht‹, antwortete Menelaos. ›Als unser Schiff zertrümmert war, sah ich ihn an der Segelstange hängen; wo er aber hingekommen ist, kann ich nicht sagen.‹

Durch diese Nachricht erschüttert, brach ich mitten in der Freude in Wehklagen aus: ›Vielleicht hat mir ein Dämon ein ungetrübtes Glück nicht gönnen wollen; ihn, der durch meine Schuld nun verschwunden ist, der nach Leukippe mein Gebieter ist, ihn allein hält das Meer in seinen Banden gefesselt, und beraubt ihn nicht allein des Lebens, sondern auch der Beerdigung. O du grausames Meer! den vollständigen Beweis deiner Menschenliebe hast du uns nicht geben wollen!‹

Darauf gingen wir in das Lager zurück, begaben uns in mein Zelt und brachten da den übrigen Teil der Nacht zu. Der Vorfall selbst aber wurde bald den meisten bekannt.

Gleich mit Anbruch des Tages führte ich Menelaos zum Anführer und erzählte ihm die Sache. Er freute sich mit mir und schloß mit Menelaos Freundschaft. Dann fragte er ihn, wie stark die Macht der Feinde sei. Menelaos benachrichtigte ihn, die ganze benachbarte Gegend sei mit Räubergesindel angefüllt; ihre Anzahl vermehre sich stark und belaufe sich schon auf zehntausend.

›O‹, versetzte der Anführer, ›diese 5000 sind hinreichend, ein Heer von 20000 Räubern zu schlagen: nächstens werden noch 2000 Mann von der Armee, die im Delta und in Heliopolis steht, zu ihnen stoßen.‹

Kaum hatte er dies gesagt, da kam ein Sklave zu ihm geeilt, mit der Nachricht, es sei ein Kurier von der Armee im Delta angekommen, mit der Botschaft, daß die 2000 Mann noch einige Tage dort verweilen würden; die Barbaren hätten zwar von ihren Streifereien abgelassen; als aber die Armee hätte aufbrechen wollen, sei der heilige Vogel mit dem Leichnam seines Vaters bei ihnen angekommen; deshalb hätten sie den Aufbruch verschieben müssen.

›Was ist das für ein Vogel, der eine so große Auszeichnung genießt?‹ sagte ich. ›Was trägt er für einen Leichnam?‹

›Phönix ist sein Name‹, antwortete er mir; ›er stammt aus Äthiopien und hat die Größe eines Pfaus; aber an Schönheit der Farbe steht ihm der Pfau nach; denn auf seinen Flügeln strahlt Gold und Purpur vermischt. Stolz nennt er die Sonne seine Gebieterin, und sein Kopf bezeugt es; denn ein schöner Kreis umkränzt ihn, und der Kranz ist das Bild der Sonne. Er ist dunkelfarbig, den Rosen ähnlich und schön von Ansehen.

Prachtvoll strahlen seine Federn, wie die Sonne im Aufgang. Die Äthioper und Ägypter teilen sich in seinen Tod und seine Geburt; denn wenn er stirbt – und dies ist im höhern Alter –, trägt ihn sein Sohn zum Nil und beerdigt ihn auf folgende Weise. Er gräbt ein Stück der wohlriechendsten Myrrhe so groß, als zum Begräbnisse eines Vogels hinreicht, mit seinem Schnabel auf und höhlt es in der Mitte aus: dies ist der Sarg des Toten. Den Vogel fügt er in ein Behältnis, fliegt zum Nil und trägt ihn in die mit Erde aufgeworfene Gruft. Eine Schar von andern Vögeln folgt ihm gleichsam zur Bedeckung; der Vogel gleicht einem auswandernden Könige und kommt richtig in Heliopolis an; dies ist der Leichenzug des Toten. Der Vogel stellt sich dann auf einen erhabenen Ort und erwartet die Priester des Gottes. Es kommt ein Priester mit einem Buche aus dem Heiligtum und prüft ihn nach der Schrift. Der Vogel weiß, daß man ihm nicht glaubt, enthüllt den Leichnam, zeigt ihn vor und wird sein Leichenredner. Die Priester des Sonnengottes empfangen den toten Vogel und begraben ihn. So lebt er in Äthiopien, und wird in Ägypten begraben.‹

Viertes Buch

Als der Anführer von der Zurüstung der Feinde und der Zögerung der Hilfstruppen hörte, hielt er für gut, bis zur Ankunft der letztern in die Ortschaft, von welcher wir aufgebrochen waren, wieder zurückzukehren. Mir und Leukippe wurde eine Wohnung etwas oberhalb der des Anführers angewiesen.

Gleich beim Eintritt umarmte ich sie und wollte mich in ihren Schoß werfen. Als sie sich weigerte, sagte ich zu ihr: ›Wie lange noch wollen wir uns der Freuden der Liebe enthalten? Siehst du nicht, wie alles so unerwartet trifft: der Schiffbruch, die Seeräuber, das Opfer, das Schlachten? Laß uns, so lange wir vor dem Sturme des Schicksals gesichert sind, die günstige Zeit benutzen, ehe noch heftigere Stürme über uns emporsteigen.‹

›Für jetzt ist es uns noch nicht erlaubt, jenes zu tun‹, erwiderte sie; ›denn neulich, als ich eben geschlachtet werden sollte

Ohne Zögern stürzte ich mich mitten unter die Banditen und stieß es einem nach dem andern, wie er sich mir in den Weg stellte, tief in den Leib, bis sie endlich erstochen und zerfetzt zu meinen Füßen ihren Geist aufgaben. SEITE 375

und darüber wehklagte, erschien mir im Schlafe die Göttin Artemis; ‚Weine nicht', sagte sie, ‚du wirst nicht sterben, ich werde dir zu Hilfe kommen; aber du mußt Jungfrau bleiben, bis ich dich deinem Bräutigam zuführe, und dies wird gewiß kein anderer sein als Kleitophon.' Ich war zwar über den Aufschub unwillig, doch die Hoffnung des Zukünftigen erfreute mich.‹

Dieser Traum erinnerte mich an einen ähnlichen, den ich in der verflossenen Nacht gehabt hatte. Ich glaubte, den Tempel der Aphrodite und in demselben ihr Bildnis zu sehen, und näherte mich, um es anzuflehen; aber die Türen waren verschlossen. Dies machte mich unwillig. Sogleich erschien eine Frau, die der Bildsäule ähnlich sah, und sagte: ‚Jetzt ist es dir noch nicht erlaubt, in den Tempel zu gehen; aber wenn du noch einige Zeit wartest, so werde ich dir ihn nicht allein öffnen, sondern dich auch zum Priester der Göttin weihen.'

Diesen Traum erzählte ich nun Leukippe, und stand von meinem Begehren ab. Doch, da ich über Leukippes Traum mehr bei mir nachdachte, wurde ich nicht wenig durch ihn erschüttert.

Unterdessen traf es sich, daß Charmides – dies war der Name des Anführers – Leukippe bei folgender Gelegenheit sah und sich in sie verliebte.

Man hatte ein Flußtier gefangen, das sehr sehenswert war. Die Ägypter nennen es Nilpferd, und nach der Erzählung sind auch seine Füße und sein Bauch wie beim Pferde gestaltet; nur hat es einen gespaltenen Huf. Es ist so groß wie der größte Stier; hat einen breiten Schwanz, welcher wie der ganze übrige Körper ganz glatt ist, und einen runden großen Kopf. Seine Kinnbacken gleichen denen des Pferdes; die Nase steht weit offen und haucht einen feuerähnlichen Dampf, wie aus einer Feuerquelle, aus. Sein Knie ist so breit wie die Kinnbacken und sein Rachen bis zu den Schläfen geöffnet. Es hat krumme Spitzzähne, die ihrer Form und Ordnung nach den Pferdezähnen gleichen, aber noch dreimal größer als sie sind.

Um dieses Tier zu sehen, rief uns der Anführer herbei. Leukippe war bei uns. Wir hatten unsere Augen auf das Tier, der Anführer aber auf Leukippe gerichtet; und ihre Schönheit fesselte ihn gleich beim ersten Anblick. Um uns nun länger aufzuhalten und seine Augen an ihrem Anblick weiden zu können, suchte er uns durch lange Erzählungen und Reden hinzuhalten. Er erklärte uns erstlich die natürliche Beschaffenheit des Tieres, dann wie es gefangen werde; daß es das unersättlichste Tier sei, und ein ganzes Saatfeld abfresse.

›Der Fang‹, fuhr er fort, ›geschieht auf folgende Art: Man beobachtet seinen Aufenthalt, macht einen Graben und bedeckt ihn von oben mit Rohr und Schutt; unter dem Rohr steht ein Behältnis von Holz, dessen Türen über dem Graben geöffnet sind und auf den Fall des Tieres lauern. Tritt das Tier darauf, so stürzt es sogleich herunter; das Behältnis nimmt es, wie eine Gruft, auf, und die Jäger springen schnell herbei, verschließen die Türen des Behälters und bewahren so den Fang. Mit Gewalt würde das Tier, da es so stark ist, niemand besiegen können; und außerdem, daß es eine so große Stärke besitzt, ist auch sein Fell, wie ihr seht, so rauh, daß es vom Eisen nicht verwundet werden kann. Kurz: es ist der ägyptische Elefant; denn an Stärke kommt es dem indischen Elefanten beinahe gleich.‹

›Hast du schon einen Elefanten gesehen?‹ fragte ihn dann Menelaos.

›Wohl‹, sagte Charmides; ›auch hab' ich mir von Männern, die genau darum wissen, seine wunderbare Geburt erzählen lassen.‹

›Wir kennen ihn‹, sagte ich, ›bis diesen Tag nur aus Gemälden.‹

›Ich will es euch erzählen‹, erwiderte Charmides: ›wir haben ja Muße. Die Mutter gebiert ihn, wenn er schon alt ist; denn er bildet sich im Mutterleibe erst in zehn Jahren; und nach Ablauf dieser Zeit tritt er, als Säugling ein Greis, ans Licht. Daher, glaube ich auch, wird er so groß, so unbezwingbar von Stärke und lebt so lange; denn man sagt von ihm, er übertreffe noch an Alter die Hesiodische Krähe. Das Kinn des Elefanten ist so beschaffen wie der Kopf des Stiers. Wenn du ihn sähest, würdest du glauben, sein Rachen habe zwei Hörner; dies sind aber seine krummen Zähne. Zwischen diesen ragt ein Rüssel hervor, der an Gestalt und Größe der Salpinx gleicht und dem Elefanten vorzügliche Dienste leistet; denn er reicht ihm die Nahrung zu und alle Speisen, die er findet. Findet er eine Speise für den Elefanten, so ergreift er sie sogleich und reicht sie, indem er sich unten nach dem Kinne zu krümmt, dem Munde dar; und trifft er etwas Härteres an, so umfaßt er rings den Fang, hebt ihn empor und reicht ihn als ein Geschenk seinem Gebieter in die Höhe; es sitzt nämlich – eine ungewöhnliche Art zu reiten – ein Äthiopier auf ihm. Der Elefant schmeichelt ihm, hat Furcht vor ihm, hört auf seine Stimme, und duldet die Schläge, die ihm der Reiter mit einer eisernen Keule versetzt.

Einst sah ich auch ein seltenes Schauspiel. Ein Grieche steckte seinen Kopf mitten in den Rachen des Tieres; der Elefant hatte seinen Rachen geöffnet und umhauchte den darin liegenden Menschen. Ich wunderte mich sowohl über die Kühnheit des Mannes als über die Menschenliebe des Elefanten. Der Grieche sagte, er habe ihn auch dafür bezahlt, es umwehen ihn beinahe indische Wohlgerüche, und dies sei ein Heilmittel für Kopfschmerzen. Der Elefant weiß dies und öffnet den Mund nicht umsonst, sondern fordert, wie ein Marktschreier, erst die Bezahlung. Gibt man sie ihm, so folgt er und zeigt sich dafür erkenntlich; er öffnet den Mund und umschließt den Menschen, so weit dieser will: denn er weiß, daß er die Wohlgerüche verkauft hat.‹

›Woher‹, fragte ich ihn darauf, ›hat ein so ungestaltetes Tier den lieblichen Wohlgeruch?‹

›Von seiner Nahrung‹, antwortete Charmides. ›Das Land der Inder ist nämlich der Sonne benachbart; die Inder sehen zuerst sie aufgehen; sie trifft das Licht heißer, und auch die Farbe ihres Körpers trägt die Spur von dem Feuer. Bei den Hellenen wächst eine Blume von schwarzer Farbe; bei den Indern aber ist sie keine Blume, sondern ein Zweig, so wie bei uns die Zweige der Gewächse sind. Sie verbirgt den Wohlgeruch ihres Hauches und macht kein Aufsehen, entweder weil sie sich bei denen, die darum wissen, mit der Süßigkeit des Geruchs nicht brüsten will, oder weil sie ihn den Einwohnern mißgönnt. Pflanzt man sie aber etwas entfernt von dem Lande, wenn sie nur über die Grenze kommt, so öffnet sie die versteckte Süßigkeit und wird eine lieblich duftende Blume. Dies ist die schwarze Rose der Inder. Sie dient den Elefanten zur Nahrung, so wie bei uns dem Rindvieh das Gras; der junge Elefant nährt sich von seiner Geburt an von ihr; und daher kommt es, daß er aus dem Magen die süßesten Düfte aushaucht; denn er riecht nach seinem Futter. Dies ist die Quelle seines duftenden Atems.‹

Nach dieser Erzählung des Anführers entfernten wir uns. Bald darauf ließ er Menelaos zu sich kommen – denn wenn man verwundet ist und vom Feuer der Liebe beunruhigt wird, kann man nicht an sich halten –, faßte ihn bei der Hand und sagte zu ihm: ›Aus dem, was du für den Kleitophon getan hast, weiß ich, daß du ein rechtschaffener Freund bist, aber auch an mir wirst du einen eben so braven Mann finden. Ich bitte mir von dir eine Gefälligkeit aus, die dir leicht ist, mir aber das Leben retten kann. Ich bin in Leukippe sterblich verliebt und flehe dich um Hilfe und Rettung an. Sie ist dir noch für die Erhaltung ihres Lebens verbindlich. Erweisest du mir den Dienst, so sollst du fünfzig Goldstücke zur Belohnung empfangen, sie aber, so viel sie nur will.‹

›Deine Goldstücke‹, erwiderte Menelaos, ›behalte; hebe sie für die auf, die sich für ihre Gefälligkeiten bezahlen lassen; ich werde mich als dein Freund bemühen, dir zu dienen.‹

Er ging darauf zu mir und erzählte mir alles. Wir beratschlagten uns, was zu tun sei; und unser Entschluß fiel dahin, ihn zu hintergehen; denn es ihm abzuschlagen, war damals nicht ohne Gefahr; wir mußten besorgen, er möchte selbst Gewalt brauchen, und zu entfliehen, war unmöglich, da uns von allen Seiten Räuber einschlossen und er selbst ein so zahlreiches Heer hatte.

Kurz darauf ging Menelaos zu Charmides und sagte ihm: ›Das Werk ist vollbracht! Das Mädchen sträubte sich zwar anfangs sehr; als ich aber mit Bitten in sie drang und sie daran erinnerte, wie sehr sie mir verpflichtet sei, willigte sie ein. Doch macht sie diese gerechte Forderung an dich: Du sollst ihr Frist geben, bis sie nach Alexandrien gelangt sei; dies sei eine Ortschaft; hier würde alles so leicht bemerkt, und es seien viele Zeugen da.‹

›Du willst mir deine Gefälligkeit‹, sagte darauf Charmides, ›weit hinaus schieben; wer könnte wohl im Kriege seinen Leidenschaften Frist geben? Wie weiß ein Krieger, der immer das Schwert in der Hand führt, ob er am Leben bleiben wird, da ihm der Tod auf allen Seiten bevorsteht? Erflehe mir vom

Schicksal die Sicherheit meines Lebens, und ich warte. Ich rücke jetzt zum Kampfe mit den Räubern aus, und in meiner Brust tobt ein anderer Kampf; ein Krieger, mit Bogen und Pfeilen gerüstet, bestürmt mich; ich bin besiegt, und mein Herz ist mit Geschossen angefüllt; rufe mir, mein Lieber, schnell den Arzt herbei: die Wunde greift um sich; ich gehe den Feinden mit Feuer entgegen, und gegen mich hat Eros Fackeln in Brand gesetzt. Lösche mir erst dieses Feuer, Menelaos; die Liebesgemeinschaft, ehe man mit dem Feinde handgemein wird, hat eine schöne Vorbedeutung. Aphrodite mag mich zum Ares geleiten.‹

›Du siehst doch aber‹, erwiderte Menelaos, ›die Schwierigkeit ein, dies vor ihrem Manne, der sich bei ihr befindet und sie liebt, verborgen zu halten.‹

›Das wird doch wohl nicht schwer halten, Kleitophon wegzuschaffen?‹ versetzte Charmides.

Menelaos sah nun wohl ein, daß Charmides die Sache schleunig betrieb, und war meinetwegen in Besorgnis. Er sann daher schnell auf eine andere Ausflucht, den Anführer zu überreden, und sagte: ›Willst du die wahre Ursache des Aufschubs hören? Sie hat gestern das Monatliche bekommen und muß sich daher enthalten.‹

›Nun so wollen wir‹, sagte Charmides, ›drei oder vier Tage warten; das wird genug sein; aber dies fordere ich von ihr, und das kann sie tun: sie soll zu mir kommen, daß ich sie immer vor Augen habe und mit ihr sprechen kann; ich will wenigstens ihre Stimme hören, ihre Hand berühren und ihren Körper betasten; dies sind Tröstungen der Liebe; auch kann sie ohne Gefahr küssen.‹

Als mir Menelaos davon Nachricht brachte, schrie ich auf: ›Wie? lieber will ich sterben, als sehen, daß Leukippe einen andern küßt. Nichts ist süßer als ein Kuß von ihr; die Begattung hat ihre Grenzen und ihre Sättigung und ist nichts, wenn man ihr die Küsse wegnimmt; ein Kuß hingegen kennt keine Grenzen, erweckt nicht Überdruß, sondern ist immer neu. Die drei schönsten Dinge gehen aus dem Munde: der Hauch, die Stimme und der Kuß; man küßt sich mit den Lippen, und die Quelle der Lust entspringt aus der Seele. Glaube mir, Menelaos – in der Not verrate ich die Geheimnisse der Liebe –, ich selbst habe nur dies allein von Leukippe empfangen; sie ist noch Jungfrau und nur insofern meine Frau, als ich sie geküßt habe; und wollte mir jemand auch dieses rauben, so würde ich den Verlust nicht ertragen können. Niemand soll mir die Küsse entheiligen!‹

›Sonach müssen wir‹, versetzte Menelaos, ›den besten und schleunigsten Rat fassen; denn der Liebende duldet, so lange als er noch Hoffnung hat, zu seinem Endzweck zu gelangen, immer auf die Erfüllung seines Wunsches gespannt; wird ihm alle Hoffnung genommen, so läßt er seine Begierde in Rache ausbrechen und sucht die, welche ihm im Wege stehen, so viel er vermag, zu kränken; wenn er zumal so mächtig ist, sich rächen zu können, ohne selbst dabei zu leiden; der Zorn wird noch heftiger und wilder, wenn das Gemüt nichts fürchtet, und auch die günstige Gelegenheit drängt uns, selbst schwierige Dinge durchzusetzen.‹

Während wir diese Betrachtungen machten, kam jemand bestürzt hereingelaufen und sagte, Leukippe sei beim Spazierengehen plötzlich umgefallen und verdrehe die Augen. Wir sprangen auf, liefen zu ihr hin und fanden sie auf der Erde liegend. Ich trat zu ihr und fragte sie, was ihr fehle. Als sie mich sah, sprang sie auf und schlug mich mit einem wilden Blicke ins Gesicht; auch den Menelaos, der ihr zu Hilfe kommen wollte, schlug sie mit dem Fuße.

Als wir nun sahen, daß mit dem Übel eine Art von Raserei verbunden war, ergriffen wir sie mit Gewalt und suchten ihrer mächtig zu werden. Sie schlug aber gegen uns, ohne auf Züchtigkeit Rücksicht zu nehmen.

Es entstand ein großer Auflauf um das Zelt herum; auch der Anführer lief hinzu, um zu sehen, was vorgefallen sei. Er argwöhnte anfangs, es wäre verstellte List gegen ihn und warf einen unvermerkten Blick auf Menelaos. Bald aber bemerkte er, daß sich die Sache wirklich so verhalte, wurde selbst gerührt und hatte Mitleiden mit ihr. Man brachte Stricke herbei und band ihr die Arme. Als ich ihre Hände gefesselt sah und die meisten sich entfernt hatten, fleht' ich zu Menelaos: ›Löst sie, löst sie! Die zarten Hände vertragen keine Fesseln; laßt mich mit ihr allein; ich will sie mit meinen Armen umfesseln; gegen mich mag sie ihre Wut auslassen; denn was soll ich noch länger leben? Leukippe kennt mich ja nicht, wenn ich bei ihr bin. Gefesselt liegt sie vor mir; ich könnt sie lösen; und ich bin so grausam, es nicht zu tun? Hat uns darum das Schicksal aus den Händen der Räuber befreit, daß du ein Spiel der Raserei werdest? O wir Unglücklichen, wann wird uns das Glück lächeln? Dem, was wir zu Hause fürchteten, sind wir entflohen, um Schiffbruch zu erleiden; vom Meere sind wir errettet und aus den Händen der Räuber befreit worden, weil uns Raserei vorbehalten war. Ja, wenn du auch wieder zu Besinnung kommst, so muß ich doch noch einen zweiten Anfall befürchten. Wer kann unglücklicher als wir sein, da wir selbst das Glück fürchten? Aber erhältst du nur deine Besinnung wieder, kommst du nur wieder zu dir selbst, dann mag immerhin das Schicksal sein Spiel mit uns treiben.‹

Menelaos und die mit ihm waren, suchten mich darauf zu trösten und stellten mir vor, solche Krankheiten dauerten nicht lange und wären im Feuer der Jugend sehr häufig. Das jugendliche und von zu großer Heftigkeit aufbrausende Blut überströme oft die Adern und lasse, indem es den Kopf innerlich bestürme, den Verstand in Betäubung versinken. Man müsse Ärzte kommen lassen und Heilmittel anwenden.

Menelaos ging darauf zum Anführer und bat ihn, den Feldarzt holen zu lassen. Charmides war auch gleich bereitwillig dazu; denn Liebende freuen sich, wenn sie für ihre Geliebte etwas tun können. Der Arzt kam sogleich und erklärte, sie müsse vor allen Dingen schlafen, damit sich der wilde Ausbruch der Krankheit besänftige. ›Der Schlaf ist das Heilmittel aller Krankheiten‹, setzte er hinzu; ›dann wollen wir das Weitere besorgen.‹

Er gab uns eine Arznei von der Größe einer Hülsenfrucht und befahl uns, sie in Öl aufzulösen und ihr die Mitte des Kopfes damit zu bestreichen; er wolle ihr auch noch ein anderes Mittel zur Reinigung des Magens zubereiten.

Wir taten, wie er befohlen hatte. Sie schlummerte kurz darauf, nachdem sie damit gesalbt war, ein und schlief den übrigen Teil der Nacht bis zum Morgen. Ich wachte die ganze Nacht hindurch, saß weinend neben ihr und sagte sie anblikkend: ›Du bist gefesselt, meine Geliebte, und bist nicht einmal im Schlafe frei. Was magst du wohl jetzt für Erscheinungen haben? Bist du wohl im Schlafe bei Besinnung oder sind auch deine Träume Raserei?‹

Als sie aufstand, schrie sie wieder; wir konnten es aber nicht verstehen. Der Arzt war zugegen und wendete die andern Mittel an.

Unterdessen bekam der Anführer einen Brief vom Satrapen Ägyptens. Dieser enthielt wahrscheinlich eine Aufforderung, den Krieg zu beschleunigen; denn der Heerführer gab sogleich den Befehl, daß sich alle gegen die Räuber bewaffnen sollten. Ein jeder schritt sogleich, wie er nur konnte, zu den Waffen, und die Soldaten standen mit ihrem Anführer gerüstet da. Nachdem er ihnen das Zeichen zum Aufbruch und für später die Ordre gegeben hatte, das Lager aufzuschlagen, blieb er allein. Am folgenden Tag führte er die Armee gegen die Feinde. Die Lage des Orts war diese:

Der Nil strömt vom ägyptischen Theben herab und fließt so bis Memphis; unterhalb ist er aber etwas gekrümmt. Der Name der Ortschaft am Ende des großen Stromes ist Syros. Von da durchbricht er die Erde, und aus einem Flusse entstehen drei, von denen sich zwei nach beiden Seiten hin frei ergießen; der dritte bildet das Land, wie ein Delta, und fließt ebenso stark, wie vorher, ehe er getrennt war. Aber keiner von diesen Strömen fließt bis ans Meer hin, sondern der eine Arm verteilt sich hier, der andere dort in die Städte; und diese Trennungen sind größer, als die Flüsse in Griechenland, das Wasser aber wird, ob es sich gleich nach allen Seiten hin verteilt, nicht vermindert, sondern man beschifft, trinkt und benutzt es zur Saat.

Der große Nil ist ihnen alles: Fluß und Land, Meer und See. Man sieht hier – ein seltener Anblick! – neben den Schiffen den Karst, neben dem Ruder den Pflug, neben dem Steuerruder die Sichel, die Hütten der Schiffer und Landbebauer, die Wohnungen der Fische und der Stiere. Was man beschifft, wird besät, und was man bepflanzt, wird bebautes Meer. Der Fluß hat nämlich seine bestimmten Zeiten, wo er ankommt. Der Ägypter erwartet ihn ruhig und zählt seine Tage ab; der Nil täuscht ihn nicht, sondern paßt die bestimmte Zeit ab, mißt sein Wasser zu und bleibt nie über die Zeit aus. Nun sieht man den Fluß mit dem Lande ordentlich wetteifern; beides kämpft miteinander; das Wasser, ein so großes Land zu überschwemmen, und das Land, ein so großes, süßes Meer zu fassen. Beide tragen einen gleichen Sieg davon; denn nirgends ist der Besiegte sichtbar. Das Wasser dehnt sich mit dem Lande aus und bleibt immer in den Gegenden, wo die Hirten wohnen, in großer Menge stehen; und wenn es das ganze Land unter Wasser gesetzt hat, bildet es dort auch Seen. Tritt der Nil wieder zurück, so bleiben die Seen; nur haben sie weniger Wasser und mehr Schlamm.

Auf diesen Seen geht und schifft man herum; aber kein anderes Fahrzeug kann darauf schiffen, als solche, die nur einen Menschen fassen; jedes andere bleibt im Schlamme fest sitzen. Die Ägypter haben dazu kleine und leichte Kähne, für die ein wenig Wasser schon hinreicht. Ist die Gegend völlig wasserlos, so nehmen die Schiffer das Fahrzeug auf den Rükken und tragen es, bis sie wieder Wasser finden.

Mitten in diesen Seen liegen hin und wieder Inseln, die zwar keine Häuser haben, aber mit Papyrusstauden so dicht bewachsen sind, daß nur ein Mann zwischen ihnen Platz finden kann. Den obern Teil des Zwischenraums füllen die Blätter der Papyrusstauden aus. Die Räuber benutzen sie zu Beratschlagungen und lauern hier im Hinterhalte versteckt: denn die Gewächse dienen ihnen anstatt der Mauern. Einige von jenen Inseln haben Hütten, die von Seen eingeschlossen sind und einer leicht befestigten Stadt gleichen. Dies sind die Wohnungen der Räuber.

Auf einer von den näherliegenden Inseln, die sich durch Größe und mehrere Hütten auszeichnete, namens Nikochis, ihrem festesten Ort, kamen die Räuber zusammen, voll Mut und Zuversicht, sowohl auf ihre Menge als auch auf den Ort; denn nur ein enger Platz, eine Stadie lang und zwölf Klafter breit, hielt ihn noch mit dem festen Lande zusammen, sonst war er ganz Insel, und ringsum war er von Seen umgeben.

Als sie den Anführer anrücken sahen, brauchten sie folgende List. Sie versammelten alle Greise, legten ihnen Palmzweige zum Zeichen des Schutzes in die Hände und stellten die stärksten von den jungen Männern, mit Schilden und Lanzen bewaffnet, hinter sie. Die Greise sollten die Friedenszweige emporhalten und mit dem Laube der Blätter die Hinteren bedecken; die Hinteren aber sollten die Lanzen hinter sich herziehen, damit sie um so weniger bemerkt würden. Wenn sich der Anführer durch die Bitten der Greise überreden ließe, sollten die Bewaffneten vom Kampf abstehen; wo nicht, sollten ihn die Greise in die Stadt führen, unter dem Vorwande, daß sie sich ihm auf Leben und Tod ergeben wollten. Mitten auf der Landenge sollten dann die Greise auf ein gegebenes Zeichen davonlaufen und die Zweige hinwerfen. Die Bewaffneten sollten hervorbrechen und nach ihren Kräften den Kampf beginnen.

So kamen nun die Greise an und flehten zum Anführer, Ehrfurcht für ihr Alter wie für die Friedenszweige zu haben und ihre Stadt zu schonen. Sie versprachen ihm für sich noch hundert Talente Silber und hundert Männer, welche sich für ihre Stadt auf jede Art aufzuopfern entschlossen hätten, in die Satrapie zu führen; ja ihm noch Beute darzubringen.

Dieses Versprechen war nicht etwa nur zum Scheine, sondern sie würden es erfüllt haben, wenn es der Anführer hätte annehmen wollen. Da er aber in ihre Bedingungen nicht einwilligte, sprachen diese Greise zu ihm: ›Nun, wenn du es nicht annehmen willst, so wollen wir unser unglückliches Los ertragen; nur erweise uns die Gefälligkeit, töte uns nicht außerhalb der Tore, nicht fern von der Stadt; führe uns auf unsern heimischen Boden, zum väterlichen Herd, und mache die Geburtsstadt zu unserm Begräbnisorte. Wohlan denn! wir gehen dir zum Tode voran.‹

Der Anführer gab sonach die Vorbereitungen zur Schlacht auf und befahl seinem Heere, ruhig zu folgen.

Die Räuber hatten in der Ferne Wächter hingestellt, und ihnen befohlen, sobald sie die Feinde ankommen sähen, den Damm des Flusses niederzureißen und alles Wasser auf die Feinde loszulassen.

An jedem Graben des Nils haben die Ägypter einen Damm, um das Land gegen die Überschwemmung des Nils, wenn er etwa vor der nötigen Zeit übertritt, zu schützen; und wenn sie das Feld wässern wollen, öffnen sie den Damm.

Hinter jenem Orte nun war ein großer breiter Graben. Hier stießen die dazu Beauftragten, als sie die Krieger ankommen sahen, den Damm nieder; und alles geschah zu gleicher Zeit.

Die Greise, die vorangingen, trennten sich ab; die Hinteren schwangen die Lanzen empor und liefen hinzu; das Wasser strömte herbei. Die Seen schwollen an und stürzten hervor; die Erdzunge wurde überströmt und alles war ein Meer. Die Hirten eilten herbei und stießen die vordersten, welche zum Kampfe nicht gerüstet und durch den unvermuteten Überfall in Bestürzung gerieten, nieder; auch den Anführer durchstachen sie mit den Lanzen. Wie die andern umgekommen sind, läßt sich nicht angeben. Enige von ihnen fielen gleich beim ersten Angriff, ohne nur ihre Lanzen in Bewegung zu setzen; andere, ohne Zeit zur Verteidigung zu haben; denn so wie sie den Angriff der Feinde merkten, wurden sie auch niedergeworfen, und mehrere sogar, bevor sie etwas von der List der Räuber gewahr wurden. Einige standen vor plötzlicher Bestürzung still und erwarteten den Tod; andere setzten sich etwas in Bewegung, der Strom zog ihnen aber die Beine weg, und sie glitten aus; noch andere, die zu fliehen versuchten, wurden in die Tiefe des Sees gewälzt und fortgerissen; denn das Wasser war so stark, daß es denen, die auf dem Lande waren, bis über den Unterleib hinaufging und ihre Schilde emporschlug, so daß ihr Leib gegen die Wunden nicht geschützt war. Im See aber ging das Wasser jedem Mann über den Kopf, und man konnte nicht unterscheiden, was See und was Land war. Daher kam es, daß die, welche auf der Erde hinliefen, aus Furcht sich zu verirren, nur langsam fliehen konnten und desto leichter gefangen wurden, und diejenigen, die sich im See herumtrieben, weil sie ihn für Land hielten, untersanken.

Es waren ganz neue Unglücksszenen: So viele litten Schiffbruch, und doch war nirgends ein Schiff zu sehen, und – ein unerwartetes, seltenes Schauspiel – man sah ein Landtreffen zu Wasser, und einen Schiffbruch auf dem Lande.

Die Räuber machte dieser Vorfall übermütig und kühn, weil sie nicht durch heimliche List, sondern durch Tapferkeit gesiegt zu haben glaubten. Überhaupt ist der Ägypter, wenn er sich fürchtet, der feigherzigste Sklave; hat er hingegen auf etwas Zuversicht gesetzt, so ist er von Streitlust um so mehr entflammt. In beiden Fällen ist er übermäßig; er unterliegt aus zu großer Feigheit und siegt mit zu voreiliger Hitze.

Schon waren zehn Tage während Leukippes Raserei verflossen und noch ließ die Krankheit nicht nach. Einstmals schlief sie und rief diese bedeutungsvollen Worte aus: ›Gorgias, du bist die Ursache meiner Raserei.‹

Mit Ausbruch des Tages sagt' ich Menelaos, was ich gehört hatte, und erkundigte mich, ob etwa in diesem Orte jemand wäre, der Gorgias hieße.

Eben wollten wir ausgehen, als ein Jüngling zu uns kam, und mich mit den Worten anredete: ›Ich komme, dich und deine Frau zu retten.‹

Dies setzte mich in Erstaunen; ich glaubte, er wäre vom Himmel gesandt und sagte zu ihm: ›Bist du nicht Gorgias.‹

›Nein‹, antwortete er; ›ich bin Chaireas; aber Gorgias hat dich unglücklich gemacht.‹

Dies setzte mich noch mehr in Erstaunen. Dann fragte ich: ›Wie unglücklich gemacht? Wer ist denn der Gorgias? Ein Dämon hat ihn mir des Nachts angezeigt; erkläre du mir die göttliche Anzeige.‹

›Gorgias war‹, erzählte er, ›ein ägyptischer Soldat; jetzt ist er in den Händen der Räuber. Er liebte deine Frau, und da er von Geburt ein Giftmischer war, so bereitete er ihr einen Liebestrank zu, überredete den Ägypter, der euch bedient, den Trank zu nehmen und ihn Leukippe in den Becher zu gießen. Der Ägypter aber nahm ohne sein Wissen den Liebestrank unvermischt; und so bewirkte dieser anstatt Liebe Raserei. Dies erzählte mir gestern der Diener des Gorgias, welcher mit ihm am Feldzug gegen die Räuber teilnahm. Das Glück hat ihn wahrscheinlich euretwegen erhalten. Er verlangt vier Goldstücke für die Heilung, denn er ist im Besitz eines Mittels, die Wirkung des Liebestrankes aufzuheben.‹

›Wir danken dir‹, sagte ich zu ihm, ›für deinen Dienst; den Menschen aber, von dem du uns erzählt hast, bringe zu uns.‹

Darauf entfernte er sich. Ich aber ging hinein zum Ägypter, schlug ihn einige Mal mit der Faust ins Gesicht und fragte ihn laut schreiend: ›Was hast du Leukippe gegeben? Was ist schuld an ihrer Raserei?‹

Der Ägypter geriet in Schrecken und erzählte alles so, wie es Chaireas erzählt hatte. Darauf nahmen wir ihn in Verwahrung.

Unterdessen erschien Chaireas mit dem Menschen. Beiden erklärte ich, sie sollten die vier Goldstücke für ihre gütige Anzeige nehmen; ›aber hört‹, setzte ich hinzu, ›was ich von dem Arzneimittel halte. Ihr seht, daß auch das vorige Übel durch ein Arzneimittel verursacht ward; und daher ist es nicht ohne Gefahr, die Eingeweide, die schon durch die vorige Arznei angegriffen sind, durch eine andere von neuem anzugreifen. Sagt mir, woraus diese Arznei besteht und bereitet sie in unserer Gegenwart zu; wollt ihr dies, so sollt ihr noch vier andere Goldstücke zur Belohnung erhalten.‹

›Du bist mit Recht besorgt‹, entgegnete mir der Fremde, ›aber was dazu kommt, sind gewöhnliche Dinge und alle eßbar; ich will selbst so viel davon essen, als das Mädchen bekommen soll.‹

Dann gab er jemandem den Auftrag, sie zu kaufen und herzubringen und nannte ihm ein jedes. Man brachte sie sogleich. Darauf zerrieb er sie alle und teilte sie in zwei Teile. ›Dieses‹, sagte er, ›trink' ich zuerst, und diesen Teil werd' ich dem Mädchen geben. Sie wird die ganze Nacht darauf schlafen, und des Morgens wird sie der Schlaf zugleich mit der Krankheit verlassen.‹

Er selbst nahm zuerst von der Arznei und befahl, ihr das übrige auf den Abend zu geben. ›Ich will fortgehen‹, sagte er darauf, ›und mich niederlegen; dies erfordert die Arznei.‹

Mit diesen Worten ging er hinweg, nachdem er von mir die vier Goldstücke erhalten hatte; die übrigen hatt' ich ihm versprochen zu geben, wenn Leukippes Übel behoben wäre.

Zur Stunde, da sie die Arznei nehmen sollte, goß ich sie ihr unter folgendem Gebet in den Becher:

›O du Sprößling der Erde, Geschenk des Asklepios! Möchten doch deine Verheißungen wahr sein! Bringe mir Glück, und rette mir meine Geliebte; besiege jene wilde, unmenschliche Arznei.‹

Darauf küßte ich den Becher und reichte ihn Leukippe zum Trinken. Kurz darauf schlief sie, wie der Fremde gesagt hatte, ein. Ich saß neben ihr und sprach zu ihr, als wenn sie es verstünde: ›Wirst du mir aber wirklich wieder zu Verstand kommen? Wirst du mich wieder erkennen? Werde ich deine Stimme wieder hören? Sage mir auch jetzt wieder etwas im

Traume vorher, wie du gestern über den Gorgias weissagtest. Wahrhaftig! du bist jetzt sehr glücklich, und vorzüglich im Schlafe; denn wenn du aufwachst, verfällst du in Raserei; aber deine Träume sind doch vernünftig.‹

So sprach ich zu Leukippe, als wenn sie es hörte. Endlich erschien der vielerwünschte Morgen. Leukippe redete wieder, und ihr erstes Wort war: Kleitophon!

Ich sprang auf, trat zu ihr hin, und fragte sie, wie sie sich befände. Sie schien nichts von dem zu wissen, was mit ihr vorgegangen war; und als sie die Fesseln erblickte, wunderte sie sich und fragte, wer sie gefesselt habe?

Meine Freude war grenzenlos, da ich sie wiederhergestellt sah, und frohlockend löste ich ihr die Fesseln. Darauf erzählte ich ihr den ganzen Vorfall. Sie schämte sich, da sie es hörte, errötete, als wenn sie alles das noch jetzt täte. Ich beruhigte und tröstete sie.

Sehr gern gab ich die Belohnung für die Arznei. Unser ganzes Reisegeld war noch unversehrt; denn Satyros hatte es, da wir Schiffbruch erlitten, im Gürtel verwahrt; und nichts von dem, was er bei sich hatte, noch was Menelaos mit sich führte, war in die Hände der Räuber gekommen.

Unterdessen war ein größeres Heer aus der Hauptstadt gegen die Räuber angerückt und machte ihre ganze Stadt dem Boden gleich. Als nun der Fluß vor den Streifereien der Räuber gesichert war, rüsteten wir uns zur Fahrt nach Alexandria. Auch Chaireas schiffte mit uns, der seit der Anzeige jenes Arzneimittels unser Freund geworden war. Er stammte von der Insel Pharos und trieb Fischerei. Dann diente er für Sold bei der Flotte gegen die Räuber; nach dem Kriege entfernte er sich vom Heere. Alles war nach dem langen Aufschube der Schiffahrt mit Menschen angefüllt und bot ein sehr erfreuliches Schauspiel; der Gesang der Schiffer, das Händeklatschen der Reisenden, die Reihen der Schiffe und der Fluß: alles war in Fröhlichkeit und die Schiffahrt wirkte, als ob der Fluß selbst fröhlich feierte. Damals trank ich zum ersten Male vom Nil, ohne ihn mit Wein zu vermischen, um die Süßigkeit des Getränks zu unterscheiden; denn der Wein beraubt das Wasser seiner Natur. Ich schöpfte mit einem Becher von durchsichtigem Glase und sah das Wasser an Klarheit mit dem Becher wetteifern; bemerkte sogar, daß es ihn übertraf. Es schmeckte süß und war kühl, ohne daß es eine Annehmlichkeit verlor. Ich kenne einige Flüsse in Griechenland, die durch ihre Kälte schädlich sind; diese verglich ich mit dem Nil.

Sonach hat der Ägypter den Wein nicht nötig und braucht sich nicht zu scheuen, den Nil unvermischt zu trinken: Ich wunderte mich auch über die Art, wie sie trinken. Sie schöpfen ihn nicht mit Bechern, sondern bedienen sich des natürlichen Bechers, ihrer Hand. Dürstet jemand von ihnen, so neigt er sein Gesicht aus dem Schiffe nach dem Flusse hin, taucht die hohle Hand ins Wasser, füllt sie und wirft das Getränk nach dem Mund, ohne sein Ziel zu verfehlen. Der Mund erwartet geöffnet den Wurf; nimmt ihn auf, verschließt sich wieder und läßt das Wasser nicht wieder herausfließen.

Ich sah auch im Nil ein Tier, das in Hinsicht auf seine Stärke über das Flußpferd gesetzt wird. Es wird Krokodil genannt. Nach seiner Gestalt ist es ein Fisch und ein Tier zugleich; denn vom Kopfe bis zum Schwanz ist es groß; die Breite aber entspricht der Größe nicht. Die Haut ist von Schuppen rauh, die Farbe des Rückens felsenartig und schwarz, der Bauch weiß. Es hat vier Füße, die sich allmählich schräge krümmen, wie bei der Landschildkröte. Der Schwanz ist lang, dick und gleicht einem festen Körper. Er ist nicht so wie bei andern Tieren, sondern ein Knochen des Rückgrats geht bis an sein Ende, so daß er einen Teil des ganzen Rückens ausmacht. Oben ist er in rauhe Stacheln zerschnitten, die den Spitzen der Säge gleichen. Der Schwanz dient dem Tier beim Fange zur Geißel. Es schlägt damit die, gegen welche es kämpft, und verursacht mit einem Schlage viele Wunden. Sein Kopf ist mit dem Rücken zusammengewachsen und hält mit ihm gerade Richtung. Seinen Hals hat die Natur versteckt. Am furchtbarsten ist sein Rachen. Er erstreckt sich weit über die Kinnladen hinaus, und öffnet sich ganz. Tut es ihn zum Fange auf, so ist es ganz Rachen; außerdem macht er den Kopf aus. Es öffnet nur die obere Kinnlade, die untere hingegen ist fest, und der Abstand zwischen beiden ist sehr groß. Der Schlund geht bis zu den Schultern, und gleich daran stößt der Magen. Es hat viele Zähne, die in der besten Ordnung stehen. Man sagt, es habe ihrer so viel, als Tage im Jahre sind. Wenn es ans Land steigt und man die Last seines Körpers sieht, so sollte man nicht glauben, daß es eine so große Stärke besäße.

Fünftes Buch

Nach einer Fahrt von drei Tagen kamen wir nach Alexandrien. Sowie ich der sogenannten Sonnenpforte näher kam, strahlte mir schon die blendende Schönheit der Stadt entgegen und erfüllte meine Augen mit Vergnügen.

Von den Pforten der Sonne bis zu den Pforten des Mondes – dies sind die Schutzgötter der Stadt – lief auf beiden Seiten eine Reihe Säulen in gerader Linie hinab. In der Mitte derselben war der öffentliche Platz, der von vielen Wegen durchschnitten war, so daß man mitten in der Stadt eine weite Reise zu machen glaubte.

Einige Stadien weiter kam ich an den Alexandersplatz. Hier sah ich eine andere Stadt und die höchste Pracht zwischen zwei Säulenreihen geteilt, von denen die eine geradeaus ging, die andere eine schräge Richtung hatte. Ich wendete meine Augen nach allen Straßen hin und war unersättlich im Anschauen; dennoch aber vermochte ich nicht, die Schönheiten ganz zu umfassen. Einiges sah ich, anderes wünschte ich zu sehen, zu dem andern wurde ich gleichsam hingezogen, wieder anderes wollte ich nicht ungesehen vorbeigehen lassen. Das, was ich sah, fesselte meinen Blick; was ich noch erwartete, riß ihn mit sich fort. Voll Begierde, dies alles zu überschauen, irrten meine Augen durch alle Straßen und mußten endlich, des Anschauens müde, dem Kampf unterliegen.

Auch zeigte sich mir ein neues und ungewöhnliches Schauspiel. Die Größe der Stadt wetteiferte mit ihrer Schönheit, die Menge der Einwohner mit dem Umfange derselben, und beide trugen den Preis davon. Denn jene war größer, als ein ganzes Land, diese zahlreicher als ein Volk. Sah ich auf die Stadt hin, so war es mir unbegreiflich, wie ein Volk sie mit Einwohnern füllen könnte. Warf ich meinen Blick auf die Einwohner, so staunte ich, wie eine Stadt sie alle zu fassen vermöchte. So hielten sie sich das Gleichgewicht.

Zufälligerweise wurde gerade dem höchsten Gotte, dem

Zeus der Griechen oder, wie ihn die Ägypter nennen, dem Serapis, ein Fest gefeiert. Ringsum war die Gegend von Opferflammen erleuchtet: das prächtigste Schauspiel, das ich je gesehen habe. Es war Abend, die Sonne war untergegangen, aber nirgends war es Nacht; denn eine andere Sonne stieg in zerteilten Flammen zum Himmel empor. Ich sah die Stadt mit dem Himmel um die Schönheit wetteifern.

Hier bekam ich auch den Meilichischen Zeus und seinen prächtigen Tempel zu sehen. Flehend baten wir ihn, unsern Mühseligkeiten ein Ende zu machen. Dann gingen wir in die Wohnung, die Menelaos für uns gemietet hatte. Zeus aber wollte unsre Bitte noch nicht erhören; denn es stand uns noch ein neuer Kampf bevor.

Chaireas hatte schon seit geraumer Zeit Leukippe heimlich geliebt und uns auch deshalb das Heilmittel angezeigt. Denn er suchte dadurch nicht nur Gelegenheit, mit uns bekannt zu werden, sondern glaubte auch das Mädchen für sich selbst zu retten. Da er nun aber die Schwierigkeit einsah, seinen Zweck zu erreichen, so machte er einen Plan gegen uns.

Er verband sich mit einigen Räubern, die sich, wie er, mit dem Seewesen beschäftigten, und bat uns, nachdem er sich mit ihnen abgesprochen hatte, unter dem Vorwande, seinen Geburtstag zu feiern, zu sich nach Pharos.

Als wir eben aus dem Hause gingen, begegnete uns ein unglückliches Zeichen. Ein Habicht, der eine Schwalbe verfolgte, schlug mit seinen Flügeln Leukippe auf den Kopf.

Ich erschrak darüber und rief mit gen Himmel gerichtetem Blicke: ›O Zeus! was zeigst du uns hier? War dieser Vogel wirklich von dir gesandt, so gib uns ein anderes deutlicheres Zeichen!‹

Als ich mich umwendete, stand ich zufällig an der Werkstätte eines Malers. Hier erblickte ich ein Gemälde, das auf etwas Ähnliches hinzudeuten schien. Es hatte das Unglück der Prokne, die Gewalttätigkeit des Tereus und das Abschneiden der Zunge zum Gegenstande. Der ganze Hergang der Geschichte war dargestellt: das Gewand, Tereus, der Tisch, eine dabeistehende Dienerin, die das ausgebreitete Gewand hielt. Daneben stand Philomele, legte den Finger auf das Gewand und zeigte die gewebten Figuren. Prokne nickte ihr zu, sah wild auf und zürnte dem Gemälde. In das Gewand selbst war der Thraker, Tereus, gewebt, wie er mit Philomele den Liebeskampf kämpfte. Ihr Haar war zerrauft, der Gürtel gelöst, das Kleid heruntergerissen, die Brust halb entblößt. Die rechte Hand drückte sie Tereus auf die Augen, mit der linken zog sie das zerrissene Gewand an die Brust. Tereus hielt Philomele in seinen Armen, zog ihren Körper mit Gewalt an sich und suchte sie noch fester zu umschließen. Auf dem übrigen Teile des Gemäldes zeigten die Frauen in einem Gefäße dem Tereus die Überbleibsel vom Gastmahl: den Kopf und die Hände seines Sohnes. Lachen und Furcht schwebte zugleich auf ihrem Gesichte. Tereus war im Begriffe, vom Lager aufzuspringen und das Schwert gegen sie zu ziehen. Er stemmte den Fuß gegen den Tisch; dieser stand weder aufrecht, noch lag er, sondern hatte den Anschein, als wollte er fallen.

›Nach meinem Bedünken‹, sagte Menelaos, ›ist es wohl besser, die Reise nach Pharos zu unterlassen. Denn weder der Flug des Vogels noch die Drohung des Gemäldes sind, wie du siehst, günstige Zeichen für uns; wenigstens die Zeichendeuter raten an, auf den Inhalt der Gemälde, die uns beim Ausgange zu irgendeinem Geschäft ins Auge fallen, zu achten, und den Erfolg nach dem Hergang der dargestellten Geschichte zu berechnen. Hier nun siehst du, wieviel Unglück das Gemälde in sich faßt: eine gesetzwidrige Liebe, einen schändlichen Ehebruch, das traurige Los der Frauen. Drum wäre mein Rat, das Weggehen für jetzt zu unterlassen.‹

Seine Ermahnung schien mir begründet. Ich sagte daher dem Chaireas für diesen Tag ab. Er verließ uns mit dem größten Unwillen und versprach, den Tag darauf wiederzukommen.

›Was hat es denn‹, fragte mich Leukippe, ganz nach Art der Frauen, die nur allzugern Erzählungen hören, ›mit der Geschichte dieses Gemäldes für eine Bewandtnis? Was sind das für Vögel? Wer sind die Frauen und dieser unverschämte Mann?‹

›Du siehst hier‹, hub ich an zu erzählen, ›eine Nachtigall, eine Schwalbe und einen Wiedehopf. Alle drei sind Menschen und alle drei Vögel. Der Wiedehopf ist der Mann, die Schwalbe ist Philomele, die Nachtigall Prokne, zwei Frauen aus Athen. Der Mann ist Tereus und Prokne seine Gemahlin.

Die Barbaren können sich, wie es scheint, nicht mit einer Frau begnügen; zumal wenn sich ihnen zur Befriedigung ihrer zügellosen Begierden Gelegenheit bietet. Eine solche günstige Gelegenheit findet dieser Thraker in der Schwesterliebe der Prokne.

Prokne schickt ihn zu ihrer Schwester. AlsProknes Gatte reist er ab und kehrt als Philomeles Liebhaber zurück; denn auf dem Rückweg wird ihm Philomele die zweite Prokne. Er fürchtet nun Philomeles Zunge, gibt ihr zum Hochzeitgeschenk das Unvermögen zu reden und entreißt ihr das Werkzeug der Sprache. Allein dies half ihm nichts. Philomeles Kunst erfand eine schweigende Rede. Sie webt ein Gewand und stellt die ganze Geschichte in dem Gewebe dar. Die Hand ahmt die Zunge nach und verrät Proknes Augen, was die Ohren vernehmen sollten. So erzählt sie ihr durch Weben, was sie erduldet hat.

Prokne vernimmt die Kunde von der Gewalttätigkeit durch das Gewand und sucht sich auf eine außerordentliche Weise an ihrem Manne zu rächen. Zwei Frauen von zweifachem Zorn entbrannt, von Schande und Eifersucht angetrieben, fassen einen gemeinschaftlichen Entschluß und denken auf ein Gastmahl, das noch schrecklicher sein sollte als die Schändung selbst. Das Mahl war der Sohn des Tereus. Prokne war vor ihrem Zornesausbruch seine Mutter; jetzt aber hatte sie die Schmerzen der Geburt vergessen. So besiegen die Qualen der Eifersucht selbst die Schmerzen der Geburt.

Die Frauen, einzig bedacht, sich an dem, der das Ehebett geschändet hat, zu rächen, achten das damit verbundene Unglück, wenn sie auch selbst dabei leiden sollten, weit geringer als das Vergnügen, das ihnen die Rache gewährt. So genoß Tereus das Mahl der Erinnyen. Furchtsam und lachend brachten ihm die Frauen in einem Gefäß die Überbleibsel des Knaben. Tereus sieht sie, erkennt sich als Vater des Mahles und jammert über das Gericht. Voll Wut zieht er sogleich das Schwert und stürzt auf die Frauen zu. Diese werden aber von der Luft in die Höhe gehoben; Tereus steigt mit ihnen empor und wird zum Vogel, und auch in den Vögeln ist die Leidenschaft noch sichtbar. Die Nachtigall flieht, Tereus verfolgt sie, und so erhält sich der Haß selbst noch in den Vögeln.‹

Auf diese Weise entgingen wir für jetzt der Nachstellung; aber wir hatten dadurch nicht mehr gewonnen als einen Tag; denn am andern Morgen war Chaireas früh bei uns. Aus Achtung für ihn konnten wir seine Einladung nicht ablehnen. Wir bestiegen einen Kahn und kamen nach Pharos. Menelaos aber blieb unter dem Vorwand, daß er sich nicht wohl befände, zurück.

Zuerst führte uns Chaireas an den Turm und zeigte uns den bewundernswürdigen Bau desselben. Es war ein Berg, der sich mitten aus dem Meer erhebt und mit seinem Gipfel bis an die Wolken emporragt. Unter ihm hin fließt das Wasser, so daß er schwebend auf dem Meere zu stehen scheint. Auf der Spitze des Bergs leuchtet das Wachtfeuer, eine zweite Sonne für die Schiffe.

Dann führte er uns in seine Wohnung, die am äußersten Ende der Insel nahe am Meere stand.

Gegen Abend entfernte sich Chaireas unter dem Vorwand, ein wenig beiseite zu gehen. Nach einiger Zeit entsteht vor der Tür ein plötzliches Geräusch und mit einem Male springt ein Trupp starker Männer herein. Sämtlich ziehen sie das Schwet und stürzen auf das Mädchen zu. Ich konnte meine Geliebte nicht forttragen sehen und warf mich zwischen die Schwerter. Aber einer von ihnen schlug mich auf die Hüfte, daß ich niedersank, und, schon im Fallen, war ich ganz mit Blut überströmt. Das Mädchen warfen sie auf ein Schiff und flohen davon.

Bei dem Lärmen und dem Geschrei, das Räuber zu erheben pflegen, erschien der Kommandant der Insel, den ich noch von der Armee her kannte. Ich zeigte ihm die Wunde und bat ihn, die Räuber zu verfolgen. Sogleich bestieg er eins von den Schiffen, die in dem Hafen der Stadt vor Anker lagen, und verfolgte sie mit der daselbst befindlichen Wache. Auch ich ließ mich ins Schiff tragen und fuhr mit.

Als die Räuber das Schiff zu einer Seeschlacht bereit ankommen sahen, stellten sie das Mädchen, dem sie die Hände auf dem Rücken zusammengebunden hatten, auf das Deck, und unter dem lauten Ausruf: ›Seht hier den Kampfpreis!‹ hieb ihr einer von ihnen den Kopf ab und warf den Körper ins Meer.

Ich schrie auf, als ich es sah, jammerte laut und wollte mich in die Fluten stürzen. Die Anwesenden hielten mich zurück. Ich bat, man möchte wenigstens das Schiff anhalten und einige ins Meer springen lassen, um mir, wenn möglich, den Leichnam des Mädchens zum Begräbnisse zu verschaffen. Der Kommandant ließ sich überreden und hielt das Schiff an. Zwei von den Schiffern warfen sich in die Fluten, ergriffen den Körper und brachten ihn ins Schiff.

Unterdessen waren die Räuber mit größerer Anstrengung geflohen. Als wir ihnen wieder näher kamen, erblickten sie ein anderes Schiff, das sie sogleich erkannten und zu Hilfe riefen. Es war ein Räubergesindel von Purpurfischern. Da der Kommandant zwei Schiffe gegen sich gerichtet sah, geriet er in Furcht und ließ das Schiff zurücktreiben. Denn die Seeräuber hatten ihrer Flucht Einhalt getan und uns zum Kampf aufgefordert.

Wir kamen ans Land. Ich stieg aus, warf mich über den Leichnam hin und weinte. ›Leukippe!‹ rief ich, ›jetzt bist du mir doppelt entrissen! Land und Meer teilen sich deinen Leichnam. Zwar habe ich den Rest deines Körpers, dich selbst aber habe ich verloren. Das Meer war bei der Teilung nicht billig gegen das Land. Unter dem Anschein des größern ist mir nur ein kleiner Teil von dir übriggeblieben; das Meer aber umfaßt in Wenigem dich ganz. – Da mir das Schicksal nicht vergönnte, dein Antlitz zu küssen, wohlan denn, so will ich deinen zerstümmelten Leichnam küssen!‹

So klagte ich, begrub den Leichnam und ging wieder nach Alexandrien zurück. Wider Willen wurde ich von meiner Wunde geheilt und führte, ungeachtet der häufigen Bemühungen des Menelaos, mich zu trösten, ein trauriges Leben.

Es waren bereits sechs Monate verflossen, als mein Schmerz anfing, sich zu vermindern. Denn die Zeit ist ein Heilmittel des Kummers, sie lindert die Wunden der Seele. Die Sonne gewährt einen fröhlichen Anblick, und der Schmerz, wenn er auch das Maß etwas übersteigt, erregt zwar, solange das Gemüt erhitzt ist, auf einige Zeit eine heftige Wallung; wird aber durch die Annehmlichkeit des Tages besiegt und gemildert.

Wie ich einmal über den Markt hingehe, ergreift mich jemand von hinten bei der Hand, dreht mich um, fällt mir, ohne ein Wort zu reden, um den Hals und überhäuft mich mit Küssen. Anfangs wußte ich nicht, wer es war; ich stand betäubt da und ließ mich ruhig von seinen Umarmungen überströmen. Jetzt aber trat er ein wenig zurück, ich sah das Gesicht und – erkannte in ihm den Kleinias. Vor Freude schrie ich laut auf, warf mich ihm um den Hals und erwiderte jede seiner Umarmungen. Dann gingen wir in meine Wohnung.

Er erzählte mir, wie er dem Schiffbruch entkommen war, und ich benachrichtigte ihn, was mit Leukippe vorgefallen war.

›Als das Schiff gescheitert war‹, fing er an zu erzählen, ›stieß ich sogleich auf die Segelstange. Mit genauer Not ergriff ich die Spitze derselben, die schon von vielen besetzt war, umfaßte sie mit beiden Händen und suchte mich im Schweben an ihr festzuhalten.

So wurden wir einige Zeit auf den Fluten umhergetrieben, als der Balken von einer gewaltigen Woge ergriffen und geradewegs an einen Felsen geworfen wurde. Zum Glück hing ich auf der andern Seite. Bald aber wurde er wieder, gleich einer Maschine, mit Gewalt zurückgestoßen und riß mich, wie von einer Schleuder getrieben, mit sich fort.

Nun schwamm ich den ganzen übrigen Tag, ohne Aussicht auf Rettung, auf den Wogen umher, und ganz ermattet hatte ich mich schon dem Schicksal ergeben, als ich ein Schiff auf mich zukommen sah. Ich streckte, so gut ich konnte, die Hände aus und winkte ihnen zu, mich zu retten. Entweder aus Mitleid oder vom Winde hingetrieben kamen sie auf mich zu und warfen mir, während das Schiff an mir vorüberlief, ein Tau zu. Dieses ergriff ich; und so entrissen sie mich dem Tode.

Das Schiff segelte nach Sidon, und einige, die mich erkannten, stellten mich wieder her.

Nach zwei Tagen kamen wir in Sidon an. Ich bat die Sidonier, die sich auf dem Schiffe befanden – es war der Kaufmann Xenodamas und sein Schwiegervater Theophilos –, keinem Tyrier, der ihnen etwa begegnen möchte, zu sagen, daß ich vom Schiffbruch gerettet worden wäre, damit nicht meine Abreise mit euch bekannt würde. Denn hielten sich diese nur ruhig, so hoffte ich, daß es verborgen bleiben würde, da ich erst seit acht Tagen aus ihren Augen verschwunden war. Meinem Gesinde hatte ich, wie du weißt, gesagt, ich würde auf zehn Tage auf das Land reisen, und ich erfuhr auch, daß mein Vorgeben überall Glauben gefunden hatte.

Dein Vater war noch nicht aus Palästina zurück, kam aber acht Tage nachher. Er traf von Leukippes Vater einen Brief an, der den Tag nach unsrer Abreise überbracht worden war, worin dir Sostratos seine Tochter zu geben verspricht. Er fand sich, als er ihn las, und unsre Flucht erfuhr, in der betrübtesten Lage. Der Brief verhieß ihm ein Glück, welches er nun für verloren halten mußte, und es fehlte nur wenig, so hätte das Schicksal die Umstände so gefügt. Denn wäre nur der Brief etwas früher angekommen, so wäre von alle dem nichts geschehen. Er glaubte auch jetzt, seinem Bruder nichts davon schreiben zu dürfen, und bat daher auch die Mutter des Mädchens, vorderhand davon zu schweigen. ‚Vielleicht', sagte er, ‚finden wir sie wieder und überhaupt darf Sostratos von dem ganzen Vorfalle nichts erfahren. Sie werden, wo sie auch sein mögen, die Verlobung gewiß hören, und wenn sie die Ursache ihrer Flucht nicht länger zu verhehlen brauchen, gern zu uns zurückkehren!'

Nun bot er alle Kräfte auf, eurer Flucht auf die Spur zu kommen. Vor wenigen Tagen kam der Tyrier Diophantos aus Ägypten und brachte ihm die Nachricht, er habe dich dort gesehen. Ich erfuhr es, bestieg sogleich ein Schiff und habe dich schon seit acht Tagen in der ganzen Stadt gesucht.

Mache dich daher auf die Ankunft deines Vaters gefaßt, der vielleicht bald hier sein wird.‹

Bei dieser Erzählung beseufzte ich das Spiel des Schicksals von neuem.

›O ich Unglücklicher!‹ rief ich aus; ›jetzt gibt mir Sostratos Leukippe! Mitten im Kriege läßt er mir die Vermählung ankündigen! Genau hat er die Tage abgezählt, um ja nicht unserer Flucht zuvorzukommen. – Ach, zur Unzeit lächelt mir das Glück! Nur um einen Tag – und wie selig wär' ich gewesen! – Nach dem Tode erst die Vermählung! Nach dem

Trauergesange das Brautlied! Welche Braut gibt mir das Schicksal! Nicht einmal im Tode wird sie mir ganz vergönnt!‹

›Jetzt ist es nicht Zeit zu klagen‹, fiel Kleinias ein; ›laß uns darüber nachdenken, ob wir in dein Vaterland zurückkehren oder deinen Vater hier erwarten.‹

›Keines von beiden‹, versetzte ich. ›Denn mit welcher Miene sollte ich meinem Vater unter die Augen treten, ich, der so schändlich entfloh und noch überdies ihm das Pfand seines Bruders raubte? Nichts bleibt mir übrig, als vor der Ankunft meines Vaters von hier zu entweichen.‹

Unterdessen kamen Menelaos und Satyros unvermerkt herein, umarmten den Kleinias und erfuhren von uns die Lage der Umstände.

›Und doch‹, sagte Satyros nun, ›kannst du dein Glück machen und kannst zugleich ein Herz retten, das von Liebe zu dir entflammt ist. Auch Kleinias mag es hören. Aphrodite hat Kleitophon ein großes Glück angeboten, er will es aber nicht annehmen. Sie hat in einer Ephesierin namens Melitte die heftigste Liebe gegen ihn erregt. Diese ist eine bildschöne Frau, besitzt große Reichtümer und steht in der Blüte der Jugend. Ihr Mann ist kürzlich auf dem Meer umgekommen. Nun verlangt sie hier den Kleitophon, ich will nicht sagen, zum Manne, sondern zu ihrem Gebieter und trägt ihm sich und ihr ganzes Vermögen an. Seinetwegen hält sie sich schon zwei Monate hier auf und liegt ihm an, mit ihr zu gehen. Er begegnet ihr aber, ich weiß nicht, warum, mit Verachtung; vielleicht glaubt er, Leukippe werde ihm wieder aufleben.‹

›Ich glaube, Satyros hat nicht unrecht‹, erwiderte Kleinias. ›Denn wenn Schönheit, Liebe und Reichtum sich gegen dich vereinigen, so gilt weder Überlegung noch Aufschub. Schönheit gewährt Vergnügen, Reichtum ein anmutiges Leben und Liebe fordert Achtung. Den stolzen Verächtern zürnt die Gottheit. Auf denn, folge dem Satyros und huldige dem Eros!‹

Seufzend antwortete ich: ›Führe mich, wohin du willst, wenn es Kleinias auch für gut findet. Nur mag sie mich nicht zu sehr beunruhigen und mir den Genuß der Liebe eher abzwingen wollen, als bis wir nach Ephesus kommen. Denn hier, wo ich Leukippe verlor, habe ich jedem Umgang mit einer Frau abgeschworen.‹

Als Satyros dies hörte, lief er eilig zu Melitte und brachte ihr die fröhliche Nachricht. Bald darauf kam er wieder und sagte, Melitte wäre bei dieser Nachricht vor Freude beinahe in Ohnmacht gesunken. Sie ließe mich noch diesen Tag zu sich bitten, um die Hochzeit einzuleiten.

Ich ließ mich überreden und ging.

Sobald sie mich sah, kam sie auf mich zu, umarmte mich und überströmte mein ganzes Gesicht mit Küssen.

Sie war wirklich schön; ihr Gesicht war gleichsam mit Milch gefärbt und auf ihren Wangen schienen Rosen zu erblühen. Strahlen der Liebe glänzten aus ihrem Auge. Sie hatte langes, dichtes Haar, an Farbe dem Golde ähnlich. Kurz, ich gestand mir, daß ich sie nicht ohne Wohlgefallen sah.

Das Gastmahl war sehr prachtvoll. Sie rührte zwar von allem, was aufgetragen wurde, etwas an, so daß sie zu essen schien; sie konnte aber nichts ganz genießen. Mich zu sehen war ihr alles. Denn für Liebende gibt es außer dem geliebten Gegenstande nichts Anziehendes. Die Liebe nimmt die ganze Seele ein und gönnt selbst der Nahrung keinen Platz. Das Vergnügen des Anblicks fließt durch die Augen in die Brust, zieht das Bild des Geliebten immer mit sich, stellt es in dem Spiegel der Seele dar und bildet sich seine Gestalt. Die Gewalt der Schönheit wird durch unsichtbare Strahlen in das liebende Herz hinabgezogen und drückt ihr Schattenbild im Innern ab.

Ich bemerkte, daß sie nicht aß, und sagte zu ihr: ›Du genießt ja aber gar nichts von deinen Speisen? Du scheinst nur wie die Figuren auf Gemälden zu essen?‹

›Könnte mir wohl‹, antwortete sie, ›das herrlichste Gericht, könnte mir der köstlichste Wein einen schöneren Genuß gewähren als dein Anblick?‹

Bei diesen Worten küßte sie mich und nicht ungern empfing ich ihre Küsse. ›Dies‹, sprach sie, indem sie etwas zurücktrat, ›dies ist meine Nahrung!‹

So stand es für jetzt mit uns. Am Abend suchte sie mich zu überreden, bei ihr zu übernachten. Ich verbat es aber aus eben dem Grunde, welchen ich schon dem Satyros angegeben hatte. Mit Mühe und ungern wurde ich von ihr entlassen.

Den Tag darauf hatten wir eine Zusammenkunft im Tempel der Isis verabredet, wo wir einander sprechen und im Angesicht der Göttin Treue geloben wollten. Auch Menelaos und Kleinias waren zugegen.

Wir schworen beide, ich, sie aufrichtig zu lieben, sie aber, mich als ihren Gemahl anzuerkennen und zum Herrn ihres ganzen Vermögens zu machen. ›Aber unser Vertrag‹, fügte ich hinzu, ›fängt erst dann an, wenn wir nach Ephesus kommen. Dort erst wirst du, wie ich schon gesagt habe, an Leukippes Stelle treten!‹

Darauf wurde uns ein herrliches Gastmahl bereitet, welches wir einstweilen den Hochzeitschmaus nannten; die Hochzeit selbst wurde unserer Verabredung gemäß aufgeschoben.

Dabei erinnere ich mich noch eines Scherzes, den Melitte bei Tische machte. Als uns die anwesenden Gäste zur Hochzeit Glück wünschten, nickte sie mir unvermerkt zu und sagte: ›Ich allein gehe leer aus, wie die Toten, deren Leichnam man nicht finden kann. Ihnen setzt man ein leeres Grabmal, mir feiert man, was ich noch nie hörte, eine leere Hochzeit.‹

In diesen Worten lag Ernst und Scherz zugleich.

Den folgenden Tag machten wir uns zur Abreise fertig, von einem günstigen Wind eingeladen. Menelaos begleitete uns bis an den Hafen, nahm Abschied und wünschte uns eine glückliche Fahrt. Dann kehrte er zurück, wahrlich, ein prachtvoller, und ich möchte sagen, ein göttlicher Jüngling. Seine Augen waren mit Tränen gefüllt und uns allen flossen die Tränen wegen seines Abschieds.

Kleinias fand für gut, mich nicht zu verlassen, sondern bis nach Ephesus mitzufahren. Dort wollte er einige Zeit verweilen, und wenn meine Angelegenheiten in Ordnung gebracht wären, wieder zurückreisen.

Der Wind war uns günstig. Als wir uns abends nach der Mahlzeit zu Bette legen wollten – für mich und Melitte war eine eigene Kajüte auf dem Schiff eingerichtet, – warf sie sich über mich, küßte mich und bat um die Vollziehung der Hochzeit.

›Jetzt‹, sagte sie, ›sind wir über Leukippes Grenzen hinaus! Jetzt haben wir das gesetzte Ziel erreicht! Hier ist das Ende des Termins! – Warum soll ich noch harren, bis wir nach Ephesus kommen? Verborgen ist uns das Schicksal des Meeres, trügerisch sind die veränderlichen Winde! Glaube mir, Kleitophon, ich brenne vor Liebe. Könnte ich sie dir offenbaren, die zehrende Flamme! Hätte ich doch gleiche Natur mit dem wirklichen Feuer; könnte ich durch meine Umarmungen auch dich in Flammen versetzen! So aber zieht diese Flamme, entgegen der Natur des andern Feuers, bloß ihre Nahrung aus sich selbst und, durch die Umarmungen der Liebenden noch mehr angefacht, schont sie die Umarmten! O geheimnisvolle Flamme! Im Verborgenen entzündet sie sich! Nie will sie außer ihren Grenzen um sich greifen! Laß uns, Geliebter, die Geheimnisse Aphrodites feiern!‹

›Zwinge mich nicht‹, antwortete ich ihr, ›die heiligen Pflichten gegen die Toten zu verletzen. Über das Gebiet dieser Unglücklichen sind wir noch nicht hinaus, wir wären denn in ein anderes Land gekommen. Hörtest du nicht, daß sie im Meer ihren Tod fand? Noch schiffe ich über Leukippes Grab hin. Vielleicht umschwebt jetzt ihr Schattenbild unser Schiff. Die Seelen derer, die im Meere umkommen, steigen, wie man sagt, nicht ganz zum Hades hinab, sondern irren auf dem Wasser umher. Auch sie steht uns vielleicht bei unseren Umarmungen zur Seite. – Und dieser Ort – scheint er dir denn der rechte zum Genuß der Liebe? Eine Umarmung auf den Wellen? Eine Hochzeit auf dem schwankenden Meere? Willst du, daß wir uns ein unstetes Brautgemach bereiten?‹

›Das sind Spitzfindigkeiten, Geliebter‹, antwortete sie; ›jeder Ort dient den Liebenden zum Brautgemach. Nichts ist dem Gotte der Liebe verschlossen. Und ist Eros, sind Aphrodites Geheimnisse hier auf dem Meere nicht ganz in ihrem Eigentum? Aphrodite ist die Tochter des Meeres. Laß uns der Göttin der Ehe huldigen! Laß uns ihre Mutter durch die Hochzeitsfeier verehren! Auch alles, was uns umgibt, scheint mir auf Hochzeit hinzudeuten. Jochförmig schwebt die Segelstange über den Kopf herab, an die Segel knüpfen sich die Taue: alles, mein Geliebter, hat eine schöne Vorbedeutung. Unter dem Joch steht unser Gemach, ineinander verschlungen sind die Taue, und in der Nähe des Gemachs ist auch das Ruder. Sieh, unsere Ehe steht unter der Führung des Schicksals. Poseidon und der Chor der Nereiden führen uns ins Brautgemach: denn hier feiert auch er mit Amphitrite seine Hochzeit. – Lieblich flüstert der Wind um die Taue, sein

Säuseln dünkt mich der Hochzeitsgesang. Du siehst das geschwängerte Segel; auch diese Vorbedeutung ist für mich günstig, bald wirst du mir Vater werden.‹

Da ich sah, daß sie mich zu sehr bedrängte, sagte ich zu ihr: ›Darüber, Geliebte, könnten wir sprechen, bis wir nach Ephesus kommen. Denn ich schwöre dir hier bei dem Meer und bei dem Glück unserer Fahrt, daß es auch mein eifrigster Wunsch ist. Aber auch das Meer hat seine Gesetze. Oft habe ich von den Schiffern gehört, die Schiffe müßten vom Liebesgenusse rein bleiben, vielleicht weil sie als ein Heiligtum zu betrachten sind, vielleicht auch, damit sich nicht jemand mitten in so großen Gefahren üppiger Schwelgerei überlasse. Wir wollen uns also, Geliebte, gegen das Meer nicht brüsten und die Hochzeitsfeier nicht mit Furcht vermischen; wir wollen uns ein reines Vergnügen aufbewahren!‹

Durch diese Reden und durch schmeichelnde Küsse beruhigte ich sie, und wir schliefen die übrigen Nächte, ohne unsre Wünsche zu befriedigen.

In fünf Tagen hatten wir unsre Fahrt beendet und kamen in Ephesus an.

Melittes Haus war eines der schönsten in Ephesus. Sie hatte eine zahlreiche Dienerschaft und das kostbarste Gerät. Sogleich befahl sie ein Mahl, so prachtvoll wie möglich, zuzubereiten. ›Bis dahin‹, sagte sie, ›wollen wir auf das Landgut gehen‹. Dies war vier Stadien von der Stadt entfernt. Wir setzten uns auf einen Wagen und fuhren hinaus.

Kaum waren wir hier angekommen und gingen durch die Reihen der Bäume hin, als uns auf einmal eine Frau zu Füßen fiel, die schwere Ketten trug und eine Hacke in der Hand hielt. Ihr Kopf war geschoren, ihr Körper mit Schmutz bedeckt und mit einem äußerst schlechten Gewande bekleidet.

›Erbarme dich, Gebieterin‹, rief sie uns zu, ›erbarme dich als Frau einer unglücklichen Frau, die zwar frei geboren ist, jetzt aber – so wollte es das Schicksal – zur Sklavin wurde!‹

Hiermit schwieg sie.

›Steh auf, Weib, erwiderte Melitte: ›Sag, wer bist du? Wo kommst du her? Wer hat dir diese Fesseln angelegt? Auch noch im Unglück spricht deine Gestalt laut für deine edle Abkunft.‹

›Dein Verwalter hat es getan‹, sagte sie, ›weil ich seinen

Lüsten nicht frönen wollte. Ich heiße Lakaina und bin von Geburt eine Thessalierin. Mein gegenwärtiges Schicksal, welches dich um Rettung fleht, stelle ich dir anheim. Befreie mich von dem Elend, in dem ich mich befinde, und traue mir so lange, bis ich dir die 2000 Drachmen, die Sosthenes den Räubern für mich gegeben hat, wiedererstatte. Wir werden sie, des sei gewiß, so bald wie möglich zusammenzubringen suchen; wenn nicht, so will ich deine Sklavin bleiben. Du siehst, wie er mich mit Schlägen mißhandelt hat.‹

Bei diesen Worten schlug sie ihr Gewand zurück und zeigte ihren Rücken, der noch erbärmlich zerfleischt war.

Wie ich sie so reden hörte, fuhr es mir durch alle Glieder; denn sie schien mir etwas von Leukippe zu haben.

›Fasse Mut!‹ sagte Melitte zu ihr. ›Ich will dich frei machen, und unentgeltlich in das Haus deines Vaters zurücksenden – Rufe mir doch jemand den Sosthenes.‹

Sie wurde sogleich von ihren Fesseln gelöst. Sosthenes aber erschien ganz betroffen.

›Du Elender!‹ redete ihn Melitte an, ›hast du je gesehen, daß einer von unseren niedrigsten Sklaven so schmählich behandelt worden ist? Sag, wer ist diese Frau? Lüge nicht!‹

›Ich kenne sie nicht, meine Gebieterin‹, antwortete er; ›nur das weiß ich, daß sie mir von einem Kaufmanne, namens Kallisthenes, verkauft worden ist. Er habe sie, sagte er mir, von Räubern gekauft; sie wäre aber eine Freigeborene. Er nannte sie Lakaina.‹

Sie entließ ihn darauf seines Dienstes; die Frau aber übergab sie den Dienerinnen und befahl ihnen, sie zu baden, ihr ein reines Gewand anzuziehen und sie in die Stadt zu führen.

Darauf verrichtete sie noch einige Geschäfte, deretwegen sie auf das Landgut gegangen war, bestieg dann mit mir den Wagen, und wir kehrten in die Stadt zurück, wo uns ein Gastmahl erwartete.

Während des Essens winkte mir Satyros mit einer ernsten Miene, aufzustehen. Dies tat ich auch unter dem Vorwande, mich etwas zu erleichtern. Ohne ein Wort zu reden, kam er auf mich zu und überreichte mir einen Brief. Ich nahm ihn und war, ehe ich ihn noch las, wie vom Blitz getroffen; denn ich erkannte Leukippes Schriftzüge.

Der Brief lautete so:

›Leukippe grüßt Kleitophon, ihren Gebieter.

So muß ich Dich nennen, da Du der Gemahl meiner Gebieterin bist. Du weißt zwar, wieviel ich Deinetwegen erduldet habe; aber jetzt sehe ich mich genötigt, Dich daran zu erinnern. Deinetwegen verließ ich meine Mutter und trieb mich in der Irre herum; Deinetwegen litt ich Schiffbruch und wurde von Räubern ergriffen; Deinetwegen wurde ich zum Reinigungsopfer bestimmt und war jetzt zum zweiten Male dem Tod ausgesetzt; Deinetwegen wurde ich verkauft und mit Ketten belastet; ich trug die Hacke, grub das Land und wurde gegeißelt, damit Du – was Du nun bist – einer fremden Gattin und ich – o möchte es nicht geschehen! – einem andern Manne gehören soll? Doch blieb ich bei so viel Trübsal standhaft; Du aber wurdest, ohne verkauft und gegeißelt zu sein, der Mann einer anderen. Wenn nun die Leiden, welche ich Deinetwegen erduldet habe, irgend auf Erkenntlichkeit Anspruch machen können, so bitte Deine Gemahlin, mich heimzusenden, wie sie mir versprochen hat. Wegen der 2000 Drachmen, die Sosthenes für mich gezahlt hat, kannst Du mir trauen und bei Melitte Bürge sein, daß ich sie ihr schicken werde. Byzantion ist nahe. Wolltest du es ihr aber selbst erstatten, so sieh es an als eine Vergeltung für die vielen Mühseligkeiten, die ich Deinetwegen erduldete. Lebe wohl und sei glücklich in Deiner neuen Ehe. Ich schreibe Dir dieses noch als Jungfrau‹.

Ich wußte nicht, wie mir war, als ich dies gelesen hatte. Ich entbrannte, erblaßte, geriet in Erstaunen, konnte meinen Augen nicht trauen, freute mich und wurde niedergeschlagen.

›Kommst du mit diesem Brief aus dem Hades?‹ sagte ich zu Satyros; ›oder was soll das bedeuten? Ist Leukippe wieder von den Toten erstanden?‹

›Ja freilich‹, sagte er; ›es ist eben die, die du draußen auf dem Landgute sahst. Niemand würde sie dort erkannt haben: sie ist ein Junge geworden, so sehr hatte sie das abgeschnittene Haar entstellt.‹

›Du machst mich überaus glücklich!‹ sagte ich. ›Aber nur meine Ohren willst du mit diesem Glück erfreuen und es nicht auch meinen Augen zeigen?‹

›Dies noch nicht‹, erwiderte Satyros. ›Halte dich noch zurück, bis wir einen ganz sicheren Entschluß fassen können; sonst sind wir alle verloren. Du siehst, die Erste der ephesischen Frauen verfolgt dich mit wütender Liebe, und wir sind ganz hilflos in der Schlinge gefangen.‹

›Nein, dies vermag ich nicht‹, antwortete ich ihm; ›denn Freude strömt mir durch alle Adern meines Körpers. Sieh, sie selbst fordert mich zur Rechtfertigung auf!‹

Schnell las ich den Brief noch einmal und, gleich als sähe ich in ihm Leukippe vor mir stehen, wiederholte ich jedes Wort einzeln. ›Ja, meine Geliebte‹, rief ich dann aus, ›du machst mir gerechte Vorwürfe. Alles hast du meinetwegen erduldet, ich war die Ursache aller deiner Leiden!‹

Bei dem Geißeln und Foltern, mit welchem Sosthenes sie gemartert hatte, konnte ich mich der Tränen nicht enthalten; die Foltern standen mir gleichsam vor Augen. Die Vorstellung faßt die Nachricht, welche der Brief enthält, mit den Augen der Seele auf und stellt das, was sie erblickt, so dar, als geschähe es jetzt vor ihren Augen.

Über und über wurde ich rot, als ich den Vorwurf wegen der Hochzeit las. Es war mir nicht anders, als wäre ich wirklich im Ehebruch ertappt worden. So sehr schämte ich mich vor den bloßen Buchstaben.

›O ich Unglücklicher!‹ rief ich aus. ›Wie, Satyros, wie soll ich mich verteidigen? Wir sind überführt! Leukippe hat mir das Urteil gesprochen; ach! bald wird sie mich auch hassen. – Aber sage mir nur, wie ist sie denn gerettet worden? Wessen Körper haben wir begraben?‹

›Dies alles wird sie dir bei Gelegenheit selbst erzählen‹, sagte Satyros; ›jetzt mußt du ihr antworten und sie wieder aussöhnen. Auch ich habe ihr schon heilig versichert, daß du Melitte wider deinen Willen geheiratet hast.‹

›Du sagtest noch obendrein, ich hätte sie geheiratet? O ich bin verloren! Durch dich verloren!‹

›Wie kannst du so reden? Weiß denn nicht die ganze Stadt von deiner Hochzeit!‹

›Aber beim Herakles, Satyros, und bei unserem jetzigen Geschick, ich habe ja nicht geheiratet!‹

›Du scherzest, lieber Kleitophon; du schläfst ja bei ihr.‹

›Ich weiß, daß ich dir etwas Unglaubliches sage; aber sie hat mich noch nicht für sich gewinnen können. Kleitophon hat bis auf diesen Tag Melitte noch nicht berührt. – Aber sage mir nur, was soll ich denn schreiben? Dieser Vorfall hat mich aus aller Fassung gebracht, ich weiß mir weder zu raten noch zu helfen.‹

›Ja‹, sagte Satyros, ›ich weiß ebensowenig wie du; aber mache nur schnell! Eros wird es dir ja wohl eingeben.‹

Ich fing nun an zu schreiben:

›Sei mir gegrüßt, meine Gebieterin, Leukippe!

Ich bin glücklich, aber auch zugleich unglücklich. Du bist mir so nahe und doch bist du mir fern; nur durch Briefe kann ich dich sehen. Willst du den wahren Aufschluß abwarten, ohne mich im voraus zu verurteilen, so wirst du erfahren, daß ich meine Keuschheit – wenn überhaupt den Männern Keuschheit zugeschrieben werden kann – ebensowenig verletzte wie du. Jetzt, ehe ich mich verteidigt habe, wirst du mich hassen; aber ich schwöre dir bei den Göttern, die dich retteten, ich werde mich in kurzem deshalb bei dir rechtfertigen. Lebe wohl, meine Geliebte, und versage mir nicht deine Gunst.‹

Ich gab Satyros den Brief und bat ihn, ihr das Nötige von mir zu sagen. Freudig ging ich dann zum Gastmahle zurück; aber meine Freude war mit Trauer vermischt. Ich konnte voraussehen, daß mich Melitte diese Nacht nicht entlassen würde, ohne die Hochzeit vollzogen zu haben; und da ich Leukippe wiedergefunden hatte, war es mir nicht möglich, eine andere Frau auch nur anzusehen. Zwar tat ich meinem Gesichte Gewalt an, um ihr ebenso vorzukommen wie vorher; ich konnte es aber nicht ganz über mich bringen. Ich stellte mich daher so, als ob mich ein Fieberfrost überliefe. Allein sie merkte, daß ich mich deshalb verstellte, um vorläufig die Erfüllung meines Versprechens von mir abzuwenden; doch konnte sie mich dessen nicht überführen. Ich stand, ohne gegessen zu haben, vom Tische auf und wollte zu Bette. Sogleich hörte sie ebenfalls zu essen auf und folgte mir auf dem Fuße nach. Als wir ins Schlafgemach kamen, vergrößerte ich noch die erdichtete Krankheit.

›Warum tust du dies?‹ sagte sie im bittenden Tone zu mir; ›wie lange willst du mich schmachten lassen? Sieh, das Meer haben wir durchschifft, Ephesus ist erreicht; dies war der

Hochzeitstermin! Sollen wir noch einen andern erwarten? Wie lange soll unser Bett ein Heiligtum bleiben? Du reichst mir eine solche Menge Wasser und verweigerst mir zu trinken? Schon so lange Zeit dürste ich, und doch hatte ich Wassers in Fülle, lag selbst an der Quelle. Mein Ehebett gleicht dem Getränk des Tantalos.‹

So sprach sie, verbarg ihr Gesicht an meiner Brust und weinte so sehr, daß ich wirklich zu Mitleid gerührt wurde. Ich wußte nicht, was ich anfangen sollte; sie schien mir begründete Vorwürfe zu machen.

›Ich schwöre dir, Geliebte‹, redete ich sie an, ›bei den vaterländischen Göttern, mir selbst liegt daran, deinen eifrigen Wünschen entgegenzukommen. Allein ich weiß nicht, wie mir geworden ist. Es überfiel mich mit einemmal eine Unpäßlichkeit, und ohne Gesundheit, weißt du wohl, vermag die Liebe nichts.‹

Mit diesen Worten trocknete ich ihre Tränen und versicherte sie mit neuen Schwüren, das Ziel, nach dem sie strebte, wäre nicht mehr fern. So hielt ich sie damals mit Mühe von mir ab.

Den folgenden Tag ließ sie die Dienerinnen zu sich kommen, welchen sie Leukippes Pflege übertragen hatte, und fragte sie, ob sie mit der gehörigen Sorgfalt gewartet worden wäre.

Auf die Antwort, sie hätten es ihr an nichts fehlen lassen, befahl sie, Leukippe ihr vorzuführen.

›Es wäre überflüssig‹, sagte sie zu ihr, ›dich auf die gütige Behandlung aufmerksam zu machen, die du von mir genossen hast, da sie dir hinlänglich bekannt ist. Erweise du mir nun da, wo du kannst, eine Gegengefälligkeit. Ihr Thessalierinnen wißt, wie ich höre, diejenigen, die ihr liebt, durch Zauberei so zu fesseln, daß sie zu einer anderen Frau nicht die geringste Neigung fühlen, von der hingegen, von der sie bezaubert worden sind, so angezogen werden, daß sie diese für ihr Alles halten. Verschaffe mir dies Zaubermittel, meine Liebe, denn ich brenne! Du kennst den Jüngling, der gestern mit mir auf dem Landgute war –‹

›Deinen Mann meinst du?‹ unterbrach sie Leukippe sehr schlau; ›so hörte ich wenigstens von deinem Gesinde.‹

›Was für einen Mann?‹ antwortete Melitte; ›ich habe mit ihm

ebensowenig Gemeinschaft wie mit den Steinen. Eine Verstorbene behauptet bei ihm den Vorzug vor mir. Er mag essen oder schlafen, so kann er den Namen Leukippe – so nennt er sie – nicht vergessen. Seinetwegen hab' ich mich vier Monate in Alexandrien aufgehalten; ich bat, ich flehte. Auf alle mögliche Weise hab' ich ihm zugeredet, alles hab' ich getan, wodurch man sich gefällig machen kann. Er aber blieb gegen meine Bitten gefühllos wie Stahl oder ein Stück Holz. Kaum ließ er sich durch die Länge der Zeit nur so weit überreden, daß er mir seinen Anblick bewilligte. Ja, ich schwöre dir bei Aphrodite, schon seit fünf Tagen schlafe ich mit ihm zusammen, und jedesmal steh' ich von ihm auf wie von einem Verschnittenen. Es ist ebenso, als liebte ich eine Bildsäule. Nur zur Ergötzung der Augen hab' ich den Geliebten. Ebenso wie du mich gestern batest, bitte ich dich jetzt: Gib mir etwas für seine Sprödigkeit. Du rettest dadurch eine Seele, die der Auflösung schon nahe ist.‹

Als Leukippe dies hörte, schien sie sich zu freuen, daß ich noch nichts mit jener zu tun gehabt hatte. Sie versprach, wenn sie ihr erlauben wollte, auf das Landgut zu gehen, Kräuter zu suchen, und entfernte sich. Denn wenn sie es auch hätte ableugnen wollen, so würde man ihr doch nicht geglaubt haben; und deswegen versprach sie es wohl auch.

Es wurde nun Melitte leichter ums Herz. Denn sie hatte wenigstens Hoffnung, und das Angenehme gewährt, wenn es uns auch noch nicht gegenwärtig ist, schon in der Hoffnung Vergnügen.

Von allen diesem wußte ich nichts und war ganz mutlos. Ich dachte immer nur daran, wie ich mich für die folgende Nacht Melitte entziehen und mit Leukippe zusammenkommen könnte. Aus gleicher Absicht faßte auch Melitte sogleich den Entschluß, auf das Landgut zu gehen, um hier Leukippe mit dem, was sie nötig hatte, zu versehen. Gegen Abend wollte sie wieder zurückkommen.

Wir waren eben bei Tische und hatten uns kaum niedergelassen, so entstand im Vorzimmer ein großer Lärm und ein Zusammenlauf von Menschen. Ein Diener kam außer Atem hereingesprungen und rief: ›Thersander lebt! Er ist da!‹

Dieser Thersander war Melittes Gemahl, von dem sie geglaubt hatte, er wäre im Meere umgekommen. So hatte sie nämlich von einigen seiner Diener erfahren, die sich, als das Schiff scheiterte, gerettet hatten und wirklich glaubten, Thersander habe in den Fluten seinen Tod gefunden.

Kaum hatte es der Diener gesagt, so kam auch Thersander hereingestürzt. Er hatte unsere ganze Geschichte auf dem Weg erfahren und eilte, mich noch zu ertappen.

In der größten Bestürzung über den unerwarteten Zufall sprang Melitte auf und wollte ihrem Mann um den Hals fallen. Er aber stieß sie mit Gewalt zurück, erblickte mich, sprang mit den Worten: ›Dies ist der Ehebrecher!‹ auf mich zu, schlug mich voll Wut ins Gesicht, schleppte mich an den Haaren herum, warf mich zu Boden und prügelte mich im Fallen auf die jämmerlichste Weise.

Alles war mir ein Geheimnis. Ich wußte weder, wer der Mann war, noch warum er mich schlug. Jedoch vermutete ich, was vorgefallen sein könnte, und wagte es nicht, mich zu verteidigen, obgleich ich es gekonnt hätte.

Da er endlich des Schlagens und ich des Nachsinnens müde war, stand ich auf und sagte zu ihm: ›Wer bist du denn? Wodurch hab' ich diese schändliche Behandlung verdient?‹ Er wurde aber darüber, daß ich mich verantworten wollte, noch mehr aufgebracht, schlug mich von neuem und ließ Fesseln und Banden bringen. So wurde ich gebunden und ins Gefängnis geführt.

Indem dies geschah, war mir Leukippes Brief entfallen, den ich unter dem Gewande an die Troddeln der Leinwand gebunden hatte. Melitte hob ihn heimlich auf; denn sie fürchtete, es möchte einer von denen sein, die sie an mich geschrieben hatte. Als sie allein war, las sie den Brief und fand Leukippes Namen. Dies fiel ihr schwer aufs Herz; denn sie erkannte sogleich den Namen. Anfangs hielt sie sie zwar nicht für dieselbe, von deren Tod sie so oft hatte sprechen hören; beim Weiterlesen aber erfuhr sie die reine Wahrheit und geriet ganz außer sich. Scham, Zorn, Liebe und Eifersucht bemächtigten sich ihrer Seele. Sie schämte sich vor ihrem Manne, zürnte auf den Brief; allein der Zorn wurde durch die Liebe gemildert, welche, von Eifersucht noch mehr angefacht, endlich siegte.

Gegen Abend war Thersander in der ersten Hitze zu einem

seiner Freunde geeilt. Melitte verabredete es daher mit meinem Wächter und kam, ohne daß es außer zweien, die sie an den Eingang gestellt hatte, jemand von den Dienern merkte, zu mir ins Gefängnis. Sie fand mich auf der Erde liegend, stellte sich neben mich und wollte mir ihr ganzes Herz eröffnen; indes zeigten schon die Mienen ihres Gesichts, was sie sagen wollte.

›O ich Unglückliche!‹ fing sie an; ›zu meinem Verderben sah ich dich zuerst, ich, die ich ganz ohne Erfolg – und welcher Unsinn! – selbst den liebe, der mich haßt, selbst mit dem noch Mitleid habe, der mir Schmerzen verursacht! Und diese stolze Verachtung hat meine Liebe noch nicht unterdrückt! O dieses Betrügerpaar! Mann und Weib hat sich gegen mich verschworen! Er spottete meiner seit so langer Zeit; sie geht hin, mir einen Liebestrank zu bereiten, und ich, die Betrogene, wußte nicht, daß ich von meinen Feinden das Heilmittel bat.‹

Mit diesen Worten warf sie mir Leukippes Brief hin. Ich erkannte ihn sogleich, schauderte zurück und schlug die Augen nieder, wie einer, der eines Verbrechens überführt ist. Dann fing sie von neuem an zu klagen.

›Ach, wehe mir!‹ rief sie aus, ›so viel Unglück stürzt über mich zusammen! Deinetwegen habe ich meinen Mann verloren und auch dich werde ich in Zukunft nicht besitzen, nicht einmal der leere Anblick wird mir vergönnt sein – das einzige, was ich von dir genoß. Ich weiß es, mein Mann haßt mich, beschuldigt mich des Ehebruchs mit dir, eines Ehebruchs ohne Genuß, ohne Liebe, wovon ich nichts habe als die Schande. Andere Frauen haben für die Schande doch wenigstens das genossene Vergnügen; aber ich Unglückliche, ich ernte bloß die Schande und nicht das geringste Vergnügen. O du Treuloser! Du Unmensch! Du, selbst ein Sklave des Eros, konntest es wagen, ein liebendes Weib so in Flammen zu setzen und verschmachten zu lassen? Fürchtest du nicht sein Strafgericht? Scheutest du nicht seine Fackel? Ehrtest du nicht seine Geheimnisse? Brach dir das Herz nicht bei diesen weinenden Augen? Ja, grausamer bist du als die Räuber. Selbst ein Räuber wird durch Tränen gerührt. Dich aber kann nichts, weder Bitten, noch die Länge der Zeit, noch die Umarmungen auch nur ein einziges Mal zur Liebe bewegen. Und überdies, wie kränkend! Du umarmtest mich, küßtest mich und standst nicht anders von mir auf als ein Weib. Ist dies nicht nur ein Schatten von Ehe? Und du schläfst ja nicht etwa bei einer Frau, die schon zu alt war, oder deine Umarmungen zurückwies, sondern bei einer jungen, dich liebenden, und ein anderer würde sagen – schönen Frau. Du Halbmann! Du Mannweib! Verderber der Schönheit! Den gerechtesten Fluch fluche ich dir. Mag es dir Eros auf gleiche Weise vergelten!‹

So sprach sie und weinte.

Ich schwieg und blickte zur Erde.

›Was ich gesagt habe, Geliebter‹, fuhr sie nach einiger Zeit in verändertem Tone fort, ›war die Sprache des Zorns und der Traurigkeit. Jetzt soll die Liebe reden. Wenn ich auch zürne, so glühe ich doch noch immer für dich; werde ich gleich von dir verachtet, so kann ich doch nicht aufhören, dich zu lieben. Laß dich überreden! Habe wenigstens jetzt Mitleid mit mir. Ich bitte nicht mehr um die vielen Tage und die lange Ehe, die ich Unglückliche mir erträumte. Auch eine einzige Umarmung von dir ist mir genug. Ein geringes Mittel ist hinreichend, die lange Krankheit zu heben. Lösche nur ein wenig das Feuer meiner Liebe! Habe ich mit voreiliger Hitze gegen dich gesprochen, so verzeihe mir, Geliebter! Unglückliche Liebe pflegt oft in Wut überzugehen. Mein Betragen ist unanständig, ich weiß es; aber ich darf, ohne mich zu schämen, mich von den Geheimnissen der Liebe frei sprechen. Ich rede zu einem Manne, der in die Geheimnisse eingeweiht ist. Du kennst meine Leidenschaft. Anderen sind die Pfeile des Gottes unbekannt; ihnen würde man die Verletzungen seines Geschosses umsonst zeigen; nur Liebende kennen die Wunden der Liebenden. Ich habe nur noch diesen Tag übrig; ich bitte dich also, erfülle dein Versprechen! Erinnere dich des Tempels der Isis, erinnere dich der Schwüre, die du dort ablegtest. Und wenn du, wie du versprochen hast, bei mir bleiben wolltest, so würde ich mich um tausend Thersander nicht bekümmern. Doch du hast Leukippe wiedergefunden; die Verbindung mit einer anderen ist dir sonach unmöglich; auch hierin will ich dir gern nachgeben. Ich sehe, ich habe den Sieg verloren; ich bitte daher um nichts mehr, als was mir zuteil werden kann. Mehr als wunderbare Ereignisse setzen sich mir entgegen. Selbst die Toten leben wieder auf. O Meer! Du hast mich auf der Fahrt am Leben erhalten; aber du machtest mich durch die Rettung unglücklicher! Denn zwei Tote sandtest du gegen mich. Es war noch nicht genug mit Leukippe; soll sie mir leben, um Kleitophons Kummer zu stillen! Auch der wilde Thersander mußte noch dazu kommen. Ich mußte mit ansehen, wie du geschlagen wurdest, und ich Arme konnte dir nicht helfen! Auf dieses Gesicht fielen die Schläge? O ihr Götter! Thersander muß blind gewesen sein. – Aber ich bitte dich, Kleitophon, mein Gebieter – denn du bist der Gebieter meines Herzens – gewähre mir heute die erste und letzte Gunstbezeugung. Dieser Augenblick wird mir der Ersatz vieler Tage sein. Möchtest du dann Leukippe nie wieder verlieren! Möchte sie dir nie wieder auch nur im Scheintod entrissen werden! Verachte nicht meine Liebe; sie war die Ursache deines größten Glücks, sie hat dir Leukippe wiedergegeben. Denn hätte ich dich nicht geliebt, hätte ich dich nicht von Ägypten weggeführt, so wäre Leukippe noch bis jetzt für dich tot. Auch der Zufall, Kleitophon, hat seine Geschenke. Schon mancher, der zufällig zu einem Schatz gelangte, wie verehrte er den Ort, wo er ihn fand! Er errichtete einen Altar, brachte Opfer und umkränzte die Erde. Du aber hast bei mir das Kleinod der Liebe gefunden und achtest die Wohltat nicht? Glaube mir, Kleitophon, Eros selbst fordert dich auf, ihm, der dich zur Weihe führte, zu huldigen und Melitte nicht zu verlassen, bevor du sie in die Geheimnisse eingeweiht hast. Denn er hat mein Feuer entzündet!

Höre, wie ich auch um deine übrigen Angelegenheiten besorgt bin. Du sollst jetzt von deinen Fesseln befreit werden, wenn sich auch selbst Thersander dagegen erklärte. Du wirst, solange du willst, bei meinem Jugendfreunde Wohnung finden. Morgen früh wird auch Leukippe dort bei dir sein. Die Nacht über wollte sie auf dem Landgute bleiben, um beim Mondenscheine Kräuter zu suchen. So treibt sie ihr Spiel mit mir. Ich bat sie, da sie sich für eine Thessalierin ausgab, um ein Zaubermittel gegen dich. Denn was konnte ich, um mein Ziel zu erreichen, noch tun, als Kräuter und Zaubermittel suchen? Dies ist ja die einzige Zuflucht für unglücklich Liebende. – Thersanders wegen kannst du ohne Furcht sein. Er eilte im Zorn aus dem Hause und lief zu einem seiner Freunde. Es ist, als wenn ihn ein Gott von hier vertrieben hätte, damit ich von dir noch diese letzte Gunst erlangen könnte. Schlage sie mir nicht ab!‹

So sprach sie mit viel Überredung; denn Eros macht beredt. Dann löste sie die Fesseln, küßte mir die Hände, legte sie an ihre Augen und auf ihr Herz und sagte: ›Hörst du es klopfen? Fühlst du sein heftiges Schlagen voll Furcht und Hoffnung und – o daß es geschähe! – voll Vergnügen? Dieses Klopfen selbst scheint dich anzuflehen!‹

Nachdem sie mir die Fesseln gelöst hatte, warf sie sich weinend über mich und ich überließ mich der Leidenschaft. Ich befürchtete wirklich, Eros möchte sich an mir rächen, zumal da ich Leukippe wiederbekommen hatte und mich darauf von Melitte entfernen wollte. Auch geschah es ja nicht mehr, um die Hochzeit zu vollziehen, sondern nur um eine kranke Seele zu heilen. Ich ließ es daher geschehen, als sie sich über mich hinwarf und widerstrebte ihren Umarmungen nicht.

So ergaben wir uns den Freuden der Liebe und bedurften keiner Polster und keiner Zurüstungen. Denn Eros ist Selbstfinder und augenblicklicher Ratgeber. Jeden Ort schafft er zu seinem Tempel um. Auch ist der unvorbereitete Genuß weit angenehmer, als der, zu dem viele Zurüstungen gemacht werden; denn er führt ein selbstgeschaffenes Vergnügen mit sich.

Sechstes Buch

Als ich Melittes Wünsche befriedigt hatte, sagte ich zu ihr: ›Aber wie willst du mir nun eine sichere Flucht verschaffen und dein Versprechen bezüglich Leukippes erfüllen?‹

›Leukippes wegen‹, sagte sie, ›sei unbekümmert; denke, sie wäre schon bei dir. Ziehe nur jetzt mein Gewand an, und verhülle das Gesicht mit dem Schleier. Melantho wird dich durch das Haus auf die Straße bringen; an der Türe wird dich ein Jüngling erwarten, dem ich befohlen habe, dich in das Haus zu führen, wo du den Kleinias und Satyros finden wirst, und wo auch Leukippe bald bei dir sein wird.‹

Bei diesen Worten warf sie mir ihr Gewand über, küßte

mich und sagte: ›Wieviel schöner bist du nicht in diesem Gewande? So sah ich einst den Achilles abgebildet. Lebe glücklich, mein Geliebter, und bewahre dieses Kleid als ein Andenken von mir. Laß mir die deinigen zurück! Wenn sie meinen Körper umfließen, werde ich glauben, von dir umarmt zu werden!‹

Sie gab mir noch hundert Goldstücke, rief die Melantho, ihre treue Dienerin, welche an der Türe Wache hielt, sagte ihr die getroffene Verabredung und befahl ihr, wenn ich hinaus wäre, wieder zu ihr ins Gefängnis zu kommen.

So entschlüpfte ich. Der Wächter des Gefängnisses machte mir auf Melanthos Wink Platz im Glauben, ich sei seine Herrin, und ich kam durch die einsamen Gänge des Hauses an eine entlegene Tür, wo mich der von Melitte dazu bestellte Jüngling empfing. Er war ein Freigelassener, einer von denen, die mit uns gesegelt waren, mit dem ich auch außerdem gut stand.

Als Melantho zurückkam, verschloß der Wächter eben das Gefängnis. Sie ließ es wieder öffnen, ging hinein und erzählte Melitte, wie ich entkommen war. Dann rief sie den Wächter, der über den unerwarteten Vorfall, da er, mit dem Sprichwort zu reden, den Hirsch für das Mädchen erblickte, erstaunte und stillschweigend dastand.

›Nicht aus Mißtrauen gegen dich‹, redete ihn Melitte an, ›du möchtest etwa den Kleitophon nicht entlassen, bediente ich mich dieser List; sondern damit du gar nichts davon wissen und folglich bei Thersander ganz ohne Schuld sein solltest. Hier sind von Kleitophon, wenn du hier bleibst, zehn Goldstücke zum Geschenk für dich. Gedenkst du aber zu entfliehen, so wirst du ein besseres Reisegeld bekommen.‹

›Was dir gut dünkt, meine Gebieterin‹, antwortete Pasion – so hieß der Wächter –, ›halte auch ich für das Beste‹.

Melitte gab ihm den Rat, sich für jetzt zu entfernen und dann, wenn sie mit ihrem Mann ins reine gekommen wäre, und sein Zorn sich wieder gelegt hätte, zurückzukommen. Dies tat er auch.

Kaum war ich hier entronnen, so verfolgte mich das schon gewohnte Schicksal von neuem und bereitete mir ein anderes Unglück. Es führte mir Thersander gerade in die Hände. Er war nämlich von seinem Freunde, zu dem er gegangen war, überredet worden, nicht außer Hauses zu bleiben und ging daher nach Tische wieder nach Hause.

Eben wurde der Artemis ein Fest gefeiert und alles war voll Betrunkener. Die ganze Nacht hindurch war der Markt überall mit Menschen gefüllt. Schon dies setzte mich in Furcht; aber ein anderes, noch härteres Unglück stand mir bevor.

Sosthenes, der Leukippe gekauft hatte und von Melitte aus dem Dienst entlassen worden war, hatte, da er hörte, daß sein Herr wieder da wäre, das Landgut nicht verlassen und wollte sich jetzt an Melitte rächen. Erst verriet er mich dem Thersander – denn er war der Verleumder. Dann erzählte er ihm auch von Leukippe und setzte mit viel Wahrscheinlichkeit mancherlei Erdichtungen hinzu. Er hatte einmal die Hoffnung, sie zu besitzen, aufgegeben und wollte sie daher seinem Gebieter zuführen, um auch zugleich diesen Melitte zu entfremden.

›Ich habe‹, sagte er zu ihm, ›ein herrliches Mädchen gekauft; ihre Schönheit übersteigt allen Glauben. Traue einstweilen meinen Worten; du wirst sie, wenn du sie siehst, bestätigt finden. Diese habe ich für dich aufbewahrt. Denn ich hatte schon gehört, daß du noch am Leben wärest, und ich glaubte es, weil ich es wünschte; aber ich ließ es nicht bekannt werden, damit du die Gebieterin selbst auf frischer Tat ertappen könntest und ein ehrloser fremder Wüstling nicht etwa deiner spotten möchte. Die Gebieterin nahm sie gestern mit fort und wollte sie entlassen. Das Schicksal aber bewahrte eine solche Schönheit für dich auf. Sie ist jetzt auf dem Landgute. Melitte hat sie dahin geschickt, warum, kann ich nicht sagen. Ehe sie wieder zurückgeht, will ich sie, wenn du meinst, einschließen und bewahren, damit du sie in deine Gewalt bekommst‹.

Thersander gab ihm seinen Beifall und befahl ihm, es zu tun. In der größten Eile lief Sosthenes auf das Landgut, und als er die Hütte erblickte, wo Leukippe übernachten wollte, befahl er zwei Arbeitern, Leukippes Dienerinnen, die sie bei sich hatte, heimlich beiseite zu rufen und in möglichst großer Entfernung durch Gespräche hinzuhalten. Zwei andere nahm er mit sich. Kaum sieht er Leukippe allein, so springt er auf sie los, hält ihr den Mund zu, ergreift sie und führt sie auf der entgegengesetzten Seite, als die, zu der die Dienerinnen gegangen waren, in ein abgelegenes Zimmer.

Nachdem er sie hier in Sicherheit gebracht hatte, sagte er zu ihr: ›Ich verkünde dir ein außerordentliches Glück; aber denke dann auch an mich, wenn du glücklich bist. Sei außer Sorge wegen dieses Raubes; glaube nicht, daß es zu deinem Unglükke geschehe; es wird dir die Gunst meines Herrn verschaffen, der dich liebt‹.

Leukippe war durch diesen unerwarteten Vorfall ganz außer Fassung und schwieg. Sosthenes aber eilte zu Thersander, traf ihn eben, als er nach Hause zurückging, und erzählte ihm, wie er seinen Entschluß ausgeführt hatte. Die Erzählung des Sosthenes von Leukippe und die Schilderung, welche er ihm in den erhabensten Ausdrücken von ihrer Schönheit machte, nahmen ihn ganz ein. Das Bild ihrer Schönheit schwebte ihm gleichsam vor Augen, und da eben das nächtliche Fest gefeiert wurde und das Landgut nur vier Stadien weit entfernt lag, so ließ er sich vom Sosthenes zu ihr führen.

Unterdessen war ich, in Melittes Gewand gehüllt, entflohen, und fiel ihnen aus Unvorsichtigkeit in die Augen.

›Sieh da‹, rief Sosthenes, der mich zuerst erkannte, ›dies ist der Ehebrecher! Gleich einer Bacchantin kommt er uns entgegen; er hat auch noch deine Frau geplündert!‹

Der Jüngling war zufällig etwas vorausgegangen und entfloh, sobald er sie gewahr wurde. Die Furcht ließ ihm nicht Zeit, mich auf sie aufmerksam zu machen.

Sowie sie mich sahen, ergriffen sie mich. Thersander erhob ein Geschrei und die Menschen, welche der nächtlichen Feier beiwohnten, liefen in großer Menge zusammen. Desto mehr schrie Thersander, erlaubte sich die schändlichsten Ausdrücke, schalt mich einen Ehebrecher und Räuber. Dann führte er mich in das Gefängnis und klagte mich des Ehebruchs an.

Nichts von diesem verursachte mir auch nur den mindesten Kummer, weder die Schmach der Fesseln noch seine Beschuldigung. Ich verließ mich darauf, ihm durch Gründe darzutun, daß ich kein Ehebrecher wäre, sondern sie öffentlich geheiratet hätte. In Besorgnis aber war ich um Leukippe, die ich nun offenbar nicht wiederbekam.

Gewöhnlich ahnt die Seele nur das Unglück vorher; mit Prophezeiungen von bevorstehendem Glück erfreut sie uns am allerwenigsten. Ich sah daher auch von Leukippe nichts in dem gehörigen Lichte, sondern alles kam mir verdächtig vor, alles war voller Schreckbilder.

So befand ich mich in einem traurigen Gemütszustande.

Thersander ging, sobald er mich in das Gefängnis geworfen hatte, in der ersten Hitze zu Leukippe. Sie traten in das Haus und fanden sie auf der Erde liegend und noch in tiefen Gedanken über das, was Sosthenes eben zu ihr gesagt hatte. Kummer und Besorgnis zeigten sich auf ihrem Gesichte.

Man sagt, dünkt mich, mit Unrecht, daß die Gedanken ganz unsichtbar seien. Denn sie zeigen sich deutlich auf dem Gesichte, wie in einem Spiegel. Den Fröhlichen strahlt das Bild der Freude aus den Augen; bei den Traurigen zeigt sich der Kummer an der gerunzelten Stirn.

Leukippe hörte die Tür öffnen und blickte etwas auf, schlug aber sogleich wieder die Augen nieder. In diesem flüchtigen Blicke, der wie ein Feuerstrahl schnell vor ihm verschwand, schaute Thersander ihre Schönheit – denn der größte Teil der Schönheit hat ihren Sitz in den Augen – und sogleich flog ihr sein Herz entgegen. Er stand vor dem Anblick gefesselt da und wartete sehnlich, ob sie irgend wieder zu ihm aufblicken würde. Sie hatte aber ihren Blick immer zur Erde gerichtet.

›Warum schaust du zu Boden,?‹ sagte er daher zu ihr. ›Warum lässest du die Schönheit deiner Augen auf die Erde herabfließen? Laß sie doch lieber zu meinen Augen heraufsteigen!‹

Als sie dies hörte, wurden ihre Augen mit Tränen erfüllt und auch diese gaben ihr eine eigene Schönheit. Die Träne gibt dem Auge etwas Schmachtendes und erhebt es noch mehr. Hat es eine häßliche und rohe Bildung, so wird seine Häßlichkeit noch auffallender. Ist es aber anmutig und verliert sich seine schwarze Farbe allmählich in eine weiße Umkränzung, so gleicht es, mit Tränen benetzt, der Mutterbrust einer Quelle. Wenn die Tränenflut das Auge rings umglüht, so schwillt das Weiße in ihm auf, das Schwarze aber strahlt wie Purpur; dieses glänzt gleich dem Veilchen, jenes gleicht der Narzisse, und die im Auge zusammengedrängten Tränen lächeln uns an.

So entzückten auch Leukippes Tränen und ihre Schönheit schien selbst den Kummer zu besiegen. Hätten sie sich im Fallen verdichten können, so würde eine neue Art Bernstein auf die Erde getröpfelt sein.

Thersander sah sie und erstaunte über ihre Schönheit; ihr Kummer setzte ihn außer sich und seine Augen füllten sich mit Tränen.

Tränen flößen schon an sich denen, die sie sehen, Mitleid ein; noch vielmehr aber die Tränen einer Frau; und sie sind um so bezaubernder, je reichlicher sie fließen. Ist überdies die Weinende schön, und liebt sie der, welcher sie sieht, so kann das Auge nicht ruhen, sondern es ahmt die Tränen nach. Denn die Schönheit, die bei den Schönen in den Augen thront, fließt von da auf die Augen der Liebenden über und zieht die Tränenflut mit sich fort. Der Liebende faßt beides auf: die Schönheit reißt er mit sich in die Seele hinab, die Träne aber bewahrt er in den Augen und wünscht, daß sie gesehen werden möchte. Zwar könnte er sie trocknen, aber er will es nicht, sondern hält sie so viel als möglich zurück, immer besorgt, sie möchte ihm vor der Zeit entrinnen. Selbst die Bewegungen der Augen sucht er zu hemmen, damit ihm die Träne nicht etwa entfalle, bevor sie die Geliebte gesehen hat. Denn dies hält er für ein Zeugnis seiner Liebe.

So ging es Thersander. Er weinte, teils um Leukippe sein Mitleid zu bezeugen, teils um sich bei ihr den gefälligen Schein zu geben, daß er bloß deswegen weine, weil er sie weinen sehe.

›Du siehst ihren Schmerz‹, sagte er zu Sosthenes geneigt; ›suche sie jetzt zu beruhigen. Ungern trenne ich mich von ihr; doch, um ihr nicht beschwerlich zu fallen, will ich mich entfernen. Ist sie etwas besänftigt, dann will ich mich mit ihr unterreden. – Aber, liebes Mädchen, fasse dich! Bald will ich deine Tränen stillen!‹

Im Weggehen sagte er noch zu Sosthenes: ›Du wirst ihr schon das Nötige von mir sagen. Morgen früh, wenn du alles gehörig besorgt hast, komme zu mir‹.

Hiermit entfernte er sich.

Während dies geschah, hatte Melitte, weil sie nach der Zusammenkunft mit mir den Liebestrank nicht nötig hatte, sogleich einen Diener auf das Landgut geschickt, um Leukippe wieder abzuholen. Er kam hinaus und fand die Dienerinnen ganz bestürzt. Sie waren eben beschäftigt, Leukippe zu suchen. Da man sie nirgends fand, lief er eilig zurück und meldete es Melitte. Die Nachricht nun, daß ich ins Gefängnis geworfen und Leukippe unsichtbar geworden wäre, umwölkte ihre Stirn mit tiefer Trauer. Die Wahrheit davon konnte sie zwar nicht entdecken; doch fiel ihr Verdacht auf Sosthenes. Sie wünschte, Thersander möchte eine öffentliche Untersuchung ihretwegen anstellen lassen, und ersann deshalb eine listige Rede, worin sie Wahrheit mit Dichtung schlau verwebte.

Bei seiner Rückkunft erhob Thersander ein neues Geschrei: ›Du hast dem Ehebrecher heimlich fortgeholfen! Du hast ihm seine Fesseln gelöst und ihn aus dem Hause gelassen! Alles ist von dir veranstaltet. Warum bist du nicht gleich mit ihm gegangen? Was wartest du noch hier? Willst du nicht hingehen zu deinem Geliebten, um ihn mit noch schwerern Banden gefesselt zu sehen?‹

›Was für einen Ehebrecher?‹ antwortete ihm Melitte. ›Was hast du denn vor? Laß ab von deiner Hitze und höre den Hergang des Ganzen; dann wirst du das Wahre leicht erkennen. Nur um eins bitte ich dich: Sei ein gerechter Richter gegen mich, reinige deine Ohren von aller Verleumdung, verbanne den Zorn aus deinem Herzen, setze den Verstand zum unparteiischen Richter und dann höre!

Dieser Jüngling ist weder ein Ehebrecher, noch mein Mann. Er ist ein Phöniker von Geburt, der keinem der Tyrier nachsteht. Zur See traf auch ihn ein unglückliches Los; seine ganze Ladung wurde ein Raub des Meeres. Ich hörte sein Schicksal und nahm mich seiner an. Ich erinnerte mich deiner und gab ihm Obdach. Vielleicht, dachte ich, irrt auch Thersander so umher; vielleicht nimmt sich auch seiner ein Weib an. Sollte er indes, wie das Gerücht sagt, auf dem Meere wirklich umgekommen sein, so will ich wenigstens allem, was vom Schiffbruch übriggeblieben ist, Achtung und Ehre erweisen. Wieviele andere Unglückliche hab' ich nicht gepflegt! Wie viele hab' ich nicht begraben, die im Meer ihren Tod fanden! Konnt' ich nur irgendein Stück Holz erhaschen, das von einem gescheiterten Schiffe ans Land geworfen war, so dachte ich bei mir: Vielleicht fuhr Thersander auf diesem Schiffe!

Einer von denen, die zuletzt aus dem Meere gerettet wurden, war auch dieser Phöniker, mein Geliebter! Ich glaubte dadurch, daß ich ihm Achtung bewies, dir gefällig zu sein. Er teilte sein Los mit dir und dies flößte mir Achtung gegen ihn ein. Der eigentliche Grund aber, warum ich ihn mit hierher genommen habe, ist folgender: Er betrauerte ein Weib; niemand wußte, wo sie hingekommen war; gestorben aber war sie nicht. Dies hatte er irgendwo erfahren, mit dem Zusatze, sie wäre hier bei einem unserer Diener, bei Sosthenes. So verhielt es sich auch wirklich. Wir trafen sie bei unsrer Ankunft hier an, und so war die Absicht seiner Reise erfüllt.

Du hast nun den Sosthenes, das Weib ist auf dem Landgute: forsche nach allem, was ich dir erzählt habe und habe ich etwa in irgend einem Punkte gelogen, so sollst du mich für eine Ehebrecherin halten‹.

So sprach sie und stellte sich, als wenn sie von Leukippes Verschwinden nichts wüßte. Sollte Thersander der Wahrheit auf die Spur zu kommen suchen, so behielt sie sich vor, die Dienerinnen, welche Leukippe auf das Landgut begleitet hatten, wenn sie gegen Morgen da wären, herbeizuführen, damit sie aussagten, das Mädchen wäre, wie es wirklich geschehen war, ganz verschwunden. Denn dadurch, daß sie sich die Aufsuchung so offenbar angelegen sein ließ, glaubte sie unfehlbar auch Thersander zu überzeugen.

Um ihn noch mehr zu überreden, setzte sie hinzu: ›Glaube mir, lieber Mann! Sieh, seit wir zusammen leben, hast du mir nichts vorzuwerfen gehabt, und jetzt willst du mich in Verdacht haben? Ich ließ diesem Jüngling so viel Ehre widerfahren, daher verbreitete sich das Gerücht, ohne daß man die wahre Ursache unseres Umgangs wußte. Dem Gerücht nach warst ja auch du gestorben. Das Gerücht und die Verleumdung sind zwei nahverwandte Übel. Jenes ist die Tochter von dieser. Die Verleumdung ist schärfer als ein Schwert, heftiger als das Feuer, überredender als die Sirenen. Das Gerücht ist schlüpfriger als das Wasser, schneller als der Wind, behender als der Vogelflug. Wird von der Verleumdung eine Sage abgeschickt, so fliegt diese gleich einem Pfeile davon und verwundet den Abwesenden, gegen welchen sie gerichtet ist. Wer sie hört, läßt sich sogleich von ihr einnehmen und, von

Zorn entbrannt, wütet er gegen den Verwundeten. Das dadurch entstandene Gerücht greift schnell um sich und überflutet die Ohren eines jeden, der ihm begegnet. Vom Hauche der Rede getrieben, verbreitet es sich nach allen Seiten und eilt schnell dahin, vom Flügel der Zunge gehoben. Diese kämpfen jetzt beide gegen mich; sie haben deine Seele eingenommen und meinen Reden die Pforten deiner Ohren verschlossen‹.

Bei diesen Worten ergriff sie seine Hand und wollte sie küssen. Er wurde etwas gelassener, das Überzeugende der Rede besänftigte ihn und die Übereinstimmung, welche diese Erzählung von Leukippe mit Sosthenes Aussage hatte, entfernte zum Teil den Verdacht aus seiner Seele. Doch glaubte er ihr nicht ganz. Denn hat sich die Eifersucht einmal der Seele bemächtigt, so kann sie nur mit Mühe wieder verdrängt werden.

Er geriet in die größte Bestürzung, als er hörte, daß das Mädchen meine Frau wäre, und sein Haß gegen mich vergrößerte sich noch mehr.

Darauf versicherte er, der Sache weiter nachzuhorchen und ging allein zu Bette. Melitte aber befand sich in einer traurigen Stimmung; denn sie sah nun die Erfüllung ihres Versprechens vereitelt.

Sostehenes, welcher Thersander noch ein Stück Weg begleitet und ihn durch große Versprechungen bezüglich Leukippes zurückgehalten hatte, ging wieder zu ihr, nahm eine fröhliche Miene an und sagte: ›Es steht gut um uns, Lakaina! Thersander liebt dich bis zur Raserei. Auch wird er dich bald zur Frau nehmen. Dieses Glück hast du mir zu verdanken. Denn ich hab' ihm deine Schönheit mit zauberischen Farben geschildert und seine Seele ganz mit deinem Bild erfüllt. – Was weinst du? Steh auf und bring Aphrodite ein Opfer für dieses Glück. Denk aber dabei auch an mich!‹

›Möchte dir‹, antwortete ihm Leukippe, ›ein gleiches Glück widerfahren, wie du es mir jetzt überbringst!‹

Sosthenes merkte den darin liegenden Spott nicht, sondern nahm es für reine Wahrheit, und setzte mit freundlicher Miene hinzu: ›Um deine Freude noch größer zu machen, will ich dir nun auch sagen, wer Thersander ist. Er ist der Gemahl der Melitte, die du auf dem Landgute sahest; von Geburt der Erste unter allen Ioniern; sein Reichtum übersteigt noch seine Geburt und sein Edelsinn geht noch weit über seinen Reichtum. Wie alt er ist, weißt du; er ist jung und schön, und dies ist ja das Verlockendste für eine Frau!‹

Nun konnte es Leukippe bei diesem Schwätzer nicht länger aushalten.

›Du nichtswürdiges Geschöpf!‹ sagte sie. ›Wie lange willst du meine Ohren durch solche schamlosen Reden beleidigen? Was geht mich Thersander an? Für Melitte mag er schön sein, für die Stadt reich, großmütig und edel für die, die seiner Hilfe bedürfen. Mich kümmert dies nicht. Mag er von edlerer Geburt sein als Kodros, mag er reicher sein als Krösus; was zählst du mir diesen Schwall von Lobsprüchen auf, die gar nicht hierher gehören? Dann werde ich Thersander als einen edlen Mann schätzen, wenn er fremde Frauen nicht so schmählich behandelt!‹

›Du scherzt!‹ antwortete Sosthenes in vollem Ernste.

›Wie könnte ich scherzen?‹ sagte sie. ›Überlaß du mich meinem Schicksal und dem Dämon, der mich verfolgt. Ich weiß, daß ich mich hier in einem Räuberneste befinde!‹

›Du mußt unheilbar wahnsinnig sein!‹ erwiderte er. ›Hältst du denn dies für ein Räubernest: Reichtum und Hochzeit und Wohlleben? – Das Glück gibt dir einen Mann, welchem die Götter so hold sind, daß sie ihn sogar mitten aus den Pforten des Todes zurückgeführt haben.‹

Hierauf erzählte er ihr den Schiffbruch, wie er durch den Beistand der Götter errettet worden wäre; und erhob das Wunder weit über den Delphin des Arion.

Leukippe antwortete ihm nicht auf sein Geschwätz. Er fuhr also fort: ›Sei auf dein Bestes bedacht! Laß davon nichts gegen Thersander verlauten und bringe diesen gutherzigen Mann nicht auf. Denn wird er zum Zorn gereizt, so läßt er sich nicht halten. Die Gutherzigkeit wird durch Dankbarkeit noch größer; wird sie aber verachtet, so geht sie in Zorn über, und je mehr ein Mensch zum Wohltun geneigt ist, desto größer ist seine Neigung zur Rache.‹

So stand es damals mit Leukippe.

Kleinias und Satyros hatten kaum erfahren, daß ich im Gefängnis saß – Melitte hatte sie davon benachrichtigt –, so

So erliege ich schließlich der Gewalt, ergreife trotz allem Widerstreben das Tuch und decke die Körper auf: allmächtige Götter, was für ein Anblick! SEITE 381

kamen sie des Nachts zu mir und wollten bei mir bleiben. Der Kerkermeister aber erlaubte es ihnen nicht und befahl ihnen, sich so schnell wie möglich wieder zu entfernen. So trieb er sie wider ihren Willen fort. Bezüglich Leukippes gab ich ihnen den Auftrag, am andern Morgen, wenn sie zurückgekehrt wäre, eilig zu mir zu kommen.

Ich überdachte Melittes Versprechungen und meine Seele schwebte zwischen Furcht und Hoffnung. Das, was ich hoffte, fürchtete ich, was ich fürchtete, hoffte ich.

Sobald es Tag wurde, eilte Sosthenes zu Thersander; Kleinias und Satyros aber zu mir.

Kaum erblickte Thersander Sosthenes, so fragte er ihn, wie es um das Mädchen stände, und ob sie sich ihm ergeben wollte. Sosthenes sagte ihm nicht die reine Wahrheit, sondern erdichtete etwas sehr Glaubhaftes.

›Sie sträubt sich zwar‹, sagte er; ›allein ich halte dieses Sträuben nicht für natürlich. Sie scheint zu argwöhnen, du würdest sie, wenn du einmal deinen Zweck erreicht hättest, wieder entlassen. Und daher fürchtet sie deinen Antrag.‹

›Deswegen mag sie ganz ohne Sorge sein‹, sagte Thersander. ›Meine Neigung zu ihr ist so stark, daß keine Ewigkeit sie vertilgen wird. Nur dies Einzige macht mich noch besorgt: ich wünsche zu erfahren, ob das Mädchen, wie mir Melitte erzählt hat, wirklich die Frau des Jünglings ist.‹

Unter diesem Gespräche waren sie an Leukippes Gemach gekommen. Als sie an die Tür kamen, hörten sie sie laut jammern. Sie traten daher leise hinter die Tür.

»O wehe mir, Kleitophon!« So rief sie zu wiederholten Malen aus, »du weißt nicht, wo man mich eingekerkert hat! Auch ich weiß nicht, was für ein Schicksal dir zuteil geworden ist. Ach, diese Unwissenheit selbst macht uns unglücklich. Thersander wird dich doch nicht in seinem Hause ertappt haben? Du wirst doch nicht auch so schmählich behandelt worden sein? Wie oft wollte ich mich bei Sosthenes erkundigen! Aber ich wußte nicht, wie ich ihn fragen sollte. Sprach ich von dir als von meinem Manne, so befürchtete ich, ich möchte den Thersander gegen dich aufbringen und dir ein Unglück zufügen. Sprach ich von dir als von einem Fremden, so konnte auch dies Verdacht erregen. Denn was sollte sich ein Weib um die bekümmern, die sie nichts angehen? – Wie oft wollte ich mir Gewalt antun! Aber ich konnte kein Wort über meine Zunge bringen. Nur für mich allein vermochte ich zu klagen.

‚O geliebter Kleitophon!' rief ich dann aus. ‚Mann der einzigen Leukippe, treu und standhaft! Keine andere Frau konnte dich durch ihre Umarmungen zur Gunst bewegen, wenn auch ich Lieblose es glaubte. Auf diesem Landgute sah ich dich nach so langer Zeit wieder – keine Umarmung gab ich dir?'

Wie? wenn jetzt Thersander käme und mich ausforschen wollte, was sollt' ich ihm antworten? Sollt' ich die Maske ablegen und ihm die reine Wahrheit erzählen? –

‚Halte mich nicht für eine niedrige Sklavin, Thersander. Ich bin eines Feldherrn Tochter aus Byzantion, die Frau eines vornehmen Tyriers. Ich bin nicht aus Thessalien, heiße nicht Lakaina. Von Räubern erlitt ich diese Schmach, selbst des Namens beraubten sie mich. Mein Mann ist Kleitophon, Byzantion mein Vaterland; Sostratos ist mein Vater, Panthia meine Mutter!'

Wenn ich dir aber auch alles dieses sagte, du würdest mir doch nicht glauben. Und gesetzt auch, du glaubtest es, so fürchte ich für Kleitophon; das voreilige Geständnis meiner freien Geburt würde den Geliebten ins Unglück stürzen.

Wohlan denn! ich will mein Trauerspiel wieder beginnen, ich will wieder die Rolle der Lakaina übernehmen.‹

Als Thersander dies hörte, trat er etwas zurück und sagte zu Sosthenes: ›Hast du gehört, was sie für unglaubliche Dinge sagte? Wie der heißeste Drang der Liebe aus ihr sprach? Wie sehr sie jammerte? Wie sie sich Vorwürfe machte? – Überall wird mir dieser Ehebrecher vorgezogen! Ich glaube, dieser Räuber ist auch ein Giftmischer. Melitte liebt ihn, Leukippe liebt ihn. Beim Zeus! Wenn ich doch Kleitophon wäre!‹

›Jetzt, mein Gebieter‹, antwortete Sosthenes, ›darfst du dabei nicht den Mut verlieren, sondern mußt gerade zu dem Mädchen hingehen. Liebt sie diesen verwünschten Ehebrecher auch jetzt, so wird ihre Seele doch nur so lange für ihn eingenommen sein, als sie ihn allein kennt und mit keinem andern Gemeinschaft hat. Du, der du ihn an Schönheit weit übertriffst, brauchst nur e i n e n Angriff auf sie wagen, so wird sie jenen leicht vergessen. Eine neue Liebe macht die alte schwinden. Eine Frau liebt immer bloß das Gegenwärtige, des Abwesenden gedenkt sie nur so lange, als sie nichts Neues gefunden hat. Mit dem neuen Liebhaber hingegen entweicht der erste aus ihrem Herzen.‹

Diese Rede gab Thersander neues Leben. Denn sobald man uns Hoffnung macht, den geliebten Gegenstand zu erlangen, so sind wir leicht zu überreden. Der Wunsch, ihn zu besitzen, wirkt mit und weckt im Menschen die Hoffnung.

Nach Leukippes Selbstgespräch wartete Thersander noch ein wenig, um nicht den Verdacht zu erregen, er hätte sie belauscht. Dann gab er seinem Äußern, wie er glaubte, einen gefälligeren Anblick und ging hinein.

Als er Leukippe sah, entbrannte seine Seele von neuem. Sie kam ihm jetzt weit schöner vor. Die ganze Nacht hindurch, seit er von dem Mädchen weggegangen war, hatte er dieses Feuer in seiner Brust genährt, und jetzt, da es durch ihren Anblick wieder Nahrung bekam, loderte es sogleich zur Flamme empor, so daß er beinahe vor sie hingefallen wäre und sie umarmt hätte. Doch ermannte er sich, setzte sich neben sie und sprach mit ihr von ganz gleichgültigen Dingen, die er ohne allen Sinn aneinander reihte.

Die Liebenden machen es gewöhnlich so, wenn sie sich mit ihren Geliebten unterhalten wollen. Sie denken nicht daran, was sie reden; ihre Seele ist immer mit dem geliebten Gegenstande beschäftigt, nur die Zunge spricht, ohne vom Verstande geleitet zu werden.

Während des Gesprächs umschlang er ihren Hals, als wenn er sie küssen wollte. Sie kam der Bewegung seiner Hand zuvor, bückte sich und verbarg ihr Gesicht im Busen; dessen ungeachtet umschlang er sie und wollte ihr Gesicht mit Gewalt in die Höhe ziehen. Sie bückte sich aber von neuem und vereitelte seine Küsse. Nach einem langen Ringen der Hände stemmte Thersander, von Liebe und Streitsucht entflammt, seine linke Hand ihr unter das Gesicht, mit der rechten ergriff er sie an den Haaren und zog sie so mit der einen Hand zurück und mit der andern, die er unter das Kinn gestemmt hatte, drückte er sie in die Höhe.

Als seine Gewalt endlich nachließ, mag er seinen Zweck nun

erreicht oder nicht erreicht haben, oder mag er ermüdet gewesen sein, sagte Leukippe zu ihm: ›Du handelst nicht wie ein freier, nicht wie ein edler Mann; du machst es gerade wie Sosthenes; der Diener ist seines Herrn würdig. – Aber laß ab und mache dir keine Hoffnung, deinen Zweck zu erreichen, es sei denn, du würdest Kleitophon!‹

Thersander wußte nicht, wie ihm geschah. Er liebte und zürnte. Liebe und Zorn aber sind zwei Fackeln. Ihr beiderseitiges Feuer ist von entgegengesetzter Natur, an Gewalt aber sich gleich. Das eine reizt zum Hasse, das andre zur Liebe. Die beiden haben ihren Sitz nebeneinander; dieses in der Leber, jenes im Herzen. Wird der Mensch von beiden ergriffen, so schwebt seine Seele in der Mitte; auf jeder Seite schwankt das Feuer des einen und streitet mit dem andern um den Ausschlag. Meistens trägt die Liebe, wenn sie ihre Wünsche erfüllt sieht, den Sieg davon. Wird sie hingegen von dem geliebten Gegenstande verachtet, so ruft sie den Zorn zum Mitstreiter herbei. Dieser folgt dem Rufe des Nachbarn, und so entzünden sie das Feuer gemeinschaftlich. Wenn sich nun der Zorn einmal der Liebe bemächtigt hat und sie außerhalb ihres eigenen Wohnsitzes gefesselt hält, so streitet er, von Natur unverträglich, mit ihr nicht, wie mit einem Freunde, für die Erreichung ihrer Wünsche, sondern er fesselt und beherrscht sie, um sie von der Sklaverei der Begierden zu befreien, und erlaubt ihr nicht, sich mit dem Geliebten auszusöhnen, so sehr sie es auch wünscht. Vom Zorn unterdrückt, sinkt sie zu Boden und, ihrer Freiheit beraubt, strebt sie umsonst, sich zu ihrer eigenen Herrschaft wieder emporzuschwingen, und wird gezwungen, den Geliebten zu hassen. Sosehr indes der Zorn aufbraust und in schäumenden Wogen emporsteigt, so unterliegt er doch endlich der Übersättigung und läßt nach. Dann sucht sich die Liebe zu rächen, rüstet die Begierden aus und besiegt den schon schlummernden Zorn. Es schmerzt sie die Schmach, wodurch sie den Geliebten kränkte, sie verteidigt sich gegen ihn, fordert ihn auf zur neuen Vereinigung und verspricht, den Zorn durch die Süßigkeiten der Lust einzuschläfern. Werden ihre Wünsche erfüllt, so wird sie besänftigt. Wird sie hingegen nicht geachtet, so geht sie von neuem zum Zorn über, der aus seinem Schlummer erwacht und wieder sein voriges Spiel beginnt. Denn der Zorn ist immer der Mitstreiter gekränkter Liebe.

Ebenso war Thersander, so lange er noch seine Wünsche zu erreichen hoffte, ganz Leukippes Sklave. Da er sich aber in seiner Hoffnung getäuscht sah, verwandelten sich seine Lüste in Zorn. Er schlug ihr ins Gesicht und sagte: ›Du schändliche Dirne! Verworfene Sklavin! Eine Hure bist du, weiter nichts. Ich hab' alles gehört, was du gesprochen hast. Mußt du nicht froh sein, daß ich nur mit dir rede? Mußt du es nicht für ein großes Glück halten, deinen Gebieter zu küssen? Und du willst dich auch noch verstellen? Willst dich wie eine Wahnsinnige gebärden? – Aber ich bleibe dabei, du mußt eine feile Hure sein; du liebst ja einen Ehebrecher! Willst du indes meine Wünsche nicht befriedigen, wenn ich als Liebhaber zu dir komme, so werde ich mich dir als Gebieter zeigen.‹

›Sei ein Tyrann‹, antwortete ihm Leukippe, ›mache mit mir, was du willst, alles will ich erdulden; nur Gewalt sollst du mir nicht antun.‹

Darauf wendete sie sich zum Sosthenes und sagte: ›Du kannst es bezeugen, wie ich mich gegen solche Schmach verhalte. Denn du hast mich noch schändlicher behandelt.‹

Sosthenes fühlte sich getroffen und errötete.

›Mein Gebieter‹, sagte er, ›mit Ruten muß man sie durchpeitschen und mit tausendfachen Foltern peinigen, damit sie lerne, ihren Gebieter nicht verächtlich zu behandeln.‹

›Folge doch dem Sosthenes!‹ sagte Leukippe. ›Er hat dir einen herrlichen Rat gegeben. Laß die Foltern herbeikommen! Man bringe das Rad, hier sind meine Hände, laß sie ausspannen! Man bringe die Geißeln, hier ist mein Rücken, laß ihn zerhauen! Man bringe Feuer herbei, hier ist mein Körper, laß ihn brennen! Man bringe das Schwert, hier ist mein Hals, laß ihn durchbohren! Ein neuer Kampf wird vor euren Augen beginnen; gegen alle Foltern kämpft ein einziges Weib, und ein einziges Weib besiegt sie alle. – Du nennst den Kleitophon einen Ehebrecher, und bist doch selbst ein Ehebrecher? Scheust du nicht deine Artemis? Willst du mitten in der Stadt der Jungfrau eine Jungfrau schänden? O Herrscherin, wo sind deine Pfeile!‹

›Du eine Jungfrau?‹ sagte Thersander. ›Welche Frechheit!

Wie lächerlich! Eine Jungfrau, die so manche Nacht mit Räubern durchschwärmt hat! Waren die Räuber etwa Verschnittene? Oder waren sie strenge Philosophen? Es hatte wohl keiner von ihnen Augen!‹

›Ob ich‹, erwiderte ihm Leukippe, ›auch nach den Angriffen des Sosthenes noch Jungfrau bin, darum frag ihn selbst. Er wurde wirklich zum Räuber an mir. Jene blieben in ihren Schranken, und keiner von ihnen übte solche Gewalttätigkeit an mir aus. Ihr aber tut es; dies ist ein wahres Räubernest. Ja, ohne Scheu verübt ihr, was die Räuber nicht einmal gewagt haben. – Doch in dieser deiner Unverschämtheit liegt für mich der größte Lobspruch. Denn solltest du jetzt deine Wut so weit treiben, mich zu morden, so wird man sagen: Leukippe blieb Jungfrau ungeachtet der Räuber, Jungfrau ungeachtet des Chaireas, Jungfrau auch bei Sosthenes. Doch dieses alles wollte noch nicht viel bedeuten; der größte Lobspruch wäre: sie blieb auch Jungfrau bei Thersander, einem unverschämteren Wollüstling als alle Räuber. Wenn er nicht schänden kann, so mordet er. – Bewaffne dich doch nun; ergreife Geißeln, Rad, Feuer und Schwert gegen mich. Auch dein Ratgeber Sosthenes rüste sich mit dir. Ich bin ohne Waffen, allein und eine Frau, ich habe nur eine einzige Schutzwehr, die Freiheit, die nicht durch Prügel zerschlagen, nicht mit dem Schwert zerhauen, nicht mit Feuer verbrannt werden kann. Diese werd' ich nie verlieren, und wenn du mich verbrenntest; in keinem Feuer wirst du eine Glut finden, die dies vermöchte!‹

Siebentes Buch

Diese Worte Leukippes erweckten in Thersander alle Empfindungen. Ärger, Zorn und Entschlüsse durchkreuzten sich in seiner Seele. Er zürnte über die erlittene Schmach; es schmerzte ihn, daß er seinen Zweck verfehlt hatte, und die Liebe ließ ihn Entschlüsse fassen.

In diesem Widerstreite seiner Seele sprang er, ohne Leukippe ein Wort zu erwidern, auf, eilte zornig hinweg, und sammelte sich etwas, um den Sturm seines Gemüts zu besänftigen.

Er zog nun Sosthenes zu Rate, ging zum Kerkermeister und

bat ihn, mich durch Gift zu verderben. Er konnte ihn aber nicht dazu bringen. Denn sein Vorgänger war bei einer ähnlichen Giftmischerei ergriffen und mit dem Tode bestraft worden; darum befürchtete er ein gleiches Schicksal.

Thersander machte ihm nun den Vorschlag, einen andern zu mir ins Gefängnis zu bringen, als wenn er einer von den Gefangenen wäre, unter dem Vorwande, er wollte durch ihn meine Geschichte zu erfahren suchen. Dies war der Kerkermeister zufrieden und nahm den Menschen auf.

Von Thersander unterrichtet, sollte er auf eine schlaue Weise das Gespräch auf Leukippe bringen und erzählen, daß sie auf Melittes Geheiß ermordet worden wäre.

Diesen Kunstgriff hatte Thersander deshalb ersonnen, damit mich die Nachricht vom Tode meiner Geliebten, auch dann, wenn ich etwa freigesprochen werden sollte, von jeder weiteren Nachforschung abbringen sollte. Melitte aber hatte er diesen Mord angelastet, damit ich nicht etwa, wenn ich Leukippe für tot hielt, Melitte als meine Geliebte heiratete und ihn durch meine Gegenwart in Leukippes ruhigem Besitze störe, sondern sie vielmehr als die Mörderin meiner Geliebten, wie billig, hassen und mich ganz aus der Stadt entfernen möchte.

Dieser Mensch kam nun in meine Nähe und fing seine Rolle damit an, daß er auf eine äußerst verschmitzte Weise wehklagte. ›Was soll man nur in aller Welt‹, rief er aus, ›noch für einen Lebenswandel führen! Wie soll man sein Leben noch vor Gefahren schützen! Mit Rechtschaffenheit allein kommt man nicht durch. Ein Schicksalsschlag bricht herein und stürzt uns zu Boden. – Es mußte mir ahnen, wer der Mensch war, der mit mir ging, und was er verübt hatte.‹

Diese und ähnliche Reden sprach er bei sich, um zu seiner erdichteten Erzählung einen Eingang zu finden. Er glaubte, ich sollte ihn fragen, was ihm begegnet wäre. Ich war aber nur damit beschäftigt, was in meiner Seele vorging. Eine Weile noch seufzte er fort.

Endlich sagte einer von den Mitgefangenen – denn Unglückliche forschen nur allzu gern nach dem Unglücke des andern, und mit einem andern gemeinsam zu leiden, ist gewissermaßen ein Linderungsmittel für seinen eigenen Kummer:

›Was ist dir vom Schicksal widerfahren? Du bist ganz unschuldig, wie es scheint, einem bösen Dämon in die Hände gefallen; ich kann dies aus meiner eigenen Erfahrung schließen.‹ Und zugleich erzählte er seine Geschichte, warum er ins Gefängnis gekommen wäre. Ich gab jedoch auf nichts acht.

Jetzt hatte er geendet und bat den andern um die Gegenerzählung seines Schicksals: ›Berichte doch auch du‹, sagte er, ›deine Erlebnisse!‹

›Ich ging gestern‹, fing dieser an zu erzählen, ›aus der Stadt nach Smyrna zu. Vier Stadien von der Stadt kam ein junger Mensch vom Lande zu mir, grüßte mich und ging ein Stück mit mir.

Er: ‚Wo gehst du hin?‘

Ich: ‚Nach Smyrna.‘

Er: ‚Das trifft sich ja herrlich. Ich gehe denselben Weg.‘

Von da an gingen wir zusammen und sprachen, wie es auf der Reise geht, von diesem und jenem. Wir kehrten dann in einem Wirtshause ein und frühstückten miteinander. Vier andere setzten sich zu uns, als wenn sie auch frühstücken wollten. Sie sahen uns starr an und nickten einander zu. Ich argwöhnte, sie müßten etwas gegen uns im Sinne haben, konnte aber nicht einsehen, was ihr Winken bedeuten sollte. Mein Reisegefährte wurde nach einiger Zeit blaß, aß langsamer und zitterte schon an allen Gliedern. So wie sie dies bemerkten, sprangen sie auf, ergriffen uns beide und banden uns sogleich mit Stricken. Einer von ihnen schlug meinem Gefährten ins Gesicht und, wie von tausendfachen Foltern gemartert, gestand dieser, ohne daß ihn jemand fragte, das Verbrechen ein.

‚Ja‘, sagte er, ‚ich habe das Mädchen umgebracht und von Melitte, Thesanders Frau, hundert Goldstücke dafür empfangen; sie hat mich zu dem Morde gedungen. – Aber seht, ich gebe euch die hundert Goldstücke. Warum wollt ihr mich also unglücklich machen und euch um diesen Gewinn bringen?‘‹

Ich hatte auf die ganze Erzählung nicht geachtet; bei den Namen Thersander und Melitte aber fuhr ich, wie vom Donner gerührt, auf, wendete mich zu ihm und sagte: ›Wer ist diese Melitte?‹

›Melitte‹, antwortete er, ›ist hier in Ephesus eine der ersten

Frauen. Sie liebt einen jungen Menschen, welchen man, wenn ich nicht irre, für einen Tyrier hält. Dieser hatte eine Geliebte, die er in Melittes Hause als Sklavin antraf. Von Eifersucht entbrannt, ließ Melitte diese Frau, welche ihr im Wege stand, ergreifen, übergab sie dem Menschen, der unglücklicherweise, wie ich eben erzählt habe, unterwegs zu mir kam, mit dem Auftrag, sie zu töten. Diese schändliche Tat nun hat er vollbracht, und ich Unglücklicher, der ich ihn nie gesehen, nie, weder in Worten noch in der Tat, mit ihm in Gemeinschaft gestanden habe, wurde als Teilnehmer seines Verbrechens mit ihm gebunden fortgeführt. – Das Schlimmste dabei ist: Nicht weit von dem Wirtshause empfingen sie die hundert Goldstükke von ihm und ließen ihn entfliehen; mich aber führten sie zum Oberrichter.‹

Ich hörte diese Schreckensnachricht, und konnte weder seufzen noch weinen. Ich hatte keine Stimme und keine Tränen. Ein fieberhaftes Zittern überlief meinen ganzen Körper, mein Herz wurde gelähmt und ich war fast ohne Besinnung.

Bald aber erwachte ich aus dieser Betäubung und sagte: ›Wie hat der Meuchelmörder das Mädchen getötet? Was hat er mit ihrem Leichname gemacht?‹

Er antwortete mir nichts und schwieg. Er hatte mir einmal den Dolch ins Herz gestoßen, und sein Werk, um dessentwillen er da war, vollbracht.

Auf meine wiederholte Frage gab er mir zur Antwort: ›Glaubst du denn, ich hätte an dem Morde teilgenommen? Ich hörte von dem Mörder weiter nichts, als daß er das Mädchen umgebracht habe. Wo und auf welche Weise hat er mir nicht gesagt.‹

Da flossen mir die Tränen und der Schmerz wurde in meinen Augen sichtbar.

So entsteht bei den Schlägen des Körpers nicht sogleich eine Beule; nicht unmittelbar nach dem Schlage zeigt sich die Strieme, sondern erst nach einiger Zeit bricht sie hervor. So sucht der, welchen der Zahn des Ebers trifft, augenblicklich die Wunde und kann sie nicht finden; sie liegt noch tief im Innern und verbirgt, langsam reifend, den Einschnitt des Zahns. Dann entsteht mit einem Male ein weißer Streif, der Vorläufer der Wunde, und bald darauf öffnet er sich und fließt von Blut über. Ebenso wird die Seele, sobald sie der Pfeil des Schmerzes trifft, zwar verwundet und durch das Geschoß der Rede geritzt, aber die Schnelligkeit des Pfeils öffnet die Wunde nicht sogleich, sondern die Tränen – denn die Tränen sind das Blut der Seelenwunden – treten erst dann in die Augen, wenn der Zahn des Schmerzes schon etwas am Herzen genagt hat. Dann bricht die Wunde der Seele hervor, und das Auge öffnet den Tränen den Ausgang, durch welchen sie sogleich hervorströmen.

So ging es auch mir. Zuerst drang mir diese Rede gleich einem Geschoß in die Seele, machte mich stumm und verschloß die Quelle der Tränen. Sobald ich mich aber etwas erholt hatte, flossen sie hervor.

›Welcher Dämon täuschte mich mit einer so kurzen Freude?‹ rief ich dann aus. ›Ach, nur zu neuem Unglück wurde mir Leukippe gezeigt! Nicht einmal meine Augen, die mich allein glücklich machten, hab' ich gesättigt, viel weniger meine Wünsche befriedigt! Nichts als ein Traum war mein Vergnügen! – O Leukippe! Wie oft bist du mir schon gestorben! Soll ich nie aufhören, dich zu beweinen? Nie aufhören, dich zu beklagen? Eine Todesnachricht folgt der andern. Bisher hat zwar das Schicksal immer nur seinen Scherz mit mir getrieben; doch jetzt ist es kein Scherz mehr. – Und wie bist du mir jetzt entrissen, Leukippe? Mußte ich dich ehedem auch für tot halten, so blieb mir doch noch einiger Trost übrig. Das erste Mal hatte ich doch wenigstens deinen Körper ganz, und das zweite Mal, wenn auch nicht den Kopf, doch den übrigen Körper zum Begräbnis. Jetzt aber bist du mir eines doppelten Todes gestorben, Seele und Körper ist mir entrissen! – Zweimal bist du den Räubern entflohen, und Melittes Räuberbande hat dich ermordet! Ach, wie oft küßte ich heilloser Frevler deine Mörderin! Wie oft lag ich in ihren mit Blut befleckten Armen! Selbst Aphrodites Gunst bewies ich ihr eher als dir!‹

Während ich so klagte, kam Kleinias zu mir. Ich erzählte ihm dies alles und sagte ihm, ich wäre fest entschlossen, zu sterben. Kleinias redete mir zu:

›Wer weiß, ob sie nicht wieder auflebt?‹ sagte er. ›Ist sie dir nicht schon oft gestorben? Und ist sie dir nicht schon oft wieder aufgelebt? Was willst du so voreilig sterben? Dazu hast du noch immer Zeit, wenn du von ihrem Tode gewiß überzeugt bist.‹

›Du sprichst sonderbar!‹ sagte ich; ›wie willst du wohl gewissere Nachricht erfahren, als diese? – Ich glaube jetzt gerade die schönste Todesart gefunden zu haben, bei welcher auch die heillose Melitte nicht ohne Strafe davonkommen wird. Laß dir es erzählen. Du weißt, ich hatte mich, wenn das Gericht so entscheiden sollte, auf eine Verteidigung gegen Ehebruch gefaßt gemacht. Jetzt hab' ich gerade das Gegenteil bei mir beschlossen. Ich bin willens, mich des Ehebruchs für schuldig zu erklären und zugleich vorzugeben, ich und Melitte hätten einander geliebt und deshalb Leukippe gemeinschaftlich aus dem Wege geräumt. Auf diese Weise wird sie ihre Strafe erleiden und auch meinem mir höchst verhaßten Leben ein Ende gemacht.‹

›Mache nicht solche Dinge!‹ sagte Kleinias. ›Du wolltest eines solchen entehrenden Todes sterben? Wolltest für einen Mörder, und was noch mehr ist, für Leukippes Mörder gelten?‹

›Was den Feind kränkt, kann nicht entehren, und dies ist jetzt der Fall bei uns.‹

Bald darauf wurde der Mensch, der diesen angeblichen Mord erzählt hatte, von seinen Fesseln gelöst, unter dem Vorwande, der Richter habe befohlen, ihn vorzuführen, um wegen des Verbrechens, dessen man ihn beschuldigt hätte, Rede und Antwort zu stehen.

Kleinias und Satyros sprachen mir Trost zu und suchten mich auf alle mögliche Weise zu überreden, daß ich nichts von dem, was ich vorhatte, vor Gericht sagen sollte. Doch ihre Bemühung war vergeblich.

Noch am selben Tag mieteten sie sich eine Wohnung und bezogen sie, um bei Melittes Jugendfreunde nicht länger zu wohnen.

Tags darauf wurde ich vor Gericht geführt. Thersander hatte große Anstalten gegen mich getroffen. Nicht weniger als zehn Redner standen in Bereitschaft, und auch Melitte hatte sich ernstlich zu ihrer Verteidigung gerüstet.

Als sie aufgehört hatten zu reden, bat ich mir das Wort aus. ›Dies alles‹, fing ich an, ›ist leeres Geschwätz, sowohl was

Thersanders Redner, als was Melittes Verteidiger vorgebracht haben. Von mir sollt ihr die reine Wahrheit erfahren. Ich hatte ehedem eine Geliebte namens Leukippe, eine Byzantierin von Geburt. Sie wurde mir in Ägypten von Räubern geraubt, und ich hielt sie für tot. Dann lerne ich Melitte kennen, wir wohnen dort beieinander, kommen zusammen hierher, und finden Leukippe als Sklavin bei Sosthenes, einem Verwalter auf Thersanders Landgütern. Wie Sosthenes sie als eine Freigeborene zur Sklavin bekam, und in welcher Verbindung er mit den Räubern steht, überlasse ich euch zu untersuchen. Kurz, Melitte erfuhr, daß ich meine vorige Frau wiedergefunden hatte, und aus Furcht, ich möchte ihr meine Zuneigung wieder schenken, faßte sie den Entschluß, sie zu töten; und – warum sollte ich nicht die Wahrheit gestehen? – auch ich gab meine Einwilligung dazu. Sie versprach, mich zum Herrn ihres ganzen Vermögens zu machen. Ich verschaffte mir also für hundert Goldstücke einen Meuchelmörder. Er vollbrachte die Tat und ging davon; und seitdem ist er verschwunden. Die Liebe aber rächte sich sogleich an mir. Denn sobald ich hörte, daß sie nicht mehr am Leben sei, bereute ich es und weinte; denn ich liebte sie und liebe sie noch jetzt. Deshalb klage ich mich nun selbst an, um zu meiner Geliebten hinabgeschickt zu werden. Ich vermag nicht länger zu leben; denn ich wurde ein Mörder und liebe die, die ich gemordet habe.‹

So sprach ich, und alle erstaunten über die unverhoffte Wendung dieser Geschichte, besonders aber Melitte. Thersanders Redner frohlockten über ihren Sieg, und Melittes Sachwalter forschten nach, was es mit meiner Aussage für eine Bewandtnis haben möchte. Sie selbst war in Verwirrung; bald leugnete sie, bald erzählte sie, aber alles hastig und unverständlich. Leukippe, sagte sie, und alles, was ich von ihr gesagt habe, sei ihr bekannt; vom Mord aber wisse sie nichts. Und so schöpften ihre Sachwalter, da sie in vielen Stücken mit mir übereinstimmte, selbst Verdacht gegen sie und waren in Verlegenheit, was sie noch zu ihrer Verteidigung sagen sollten.

Hierüber entstand ein großer Lärm im Gerichtssaal und mitten in dem Getümmel trat Kleinias auf und sagte: ›Erlaubt auch mir, ein Wort zu reden; der Prozeß betrifft ja das Leben eines Menschen!‹

Es wurde ihm gestattet und er fing an mit Tränen in den Augen:

›Ihr Männer von Ephesus, sprecht nicht zu voreilig das Todesurteil über einen Mann, der zu sterben wünscht. Der Tod ist ja das gewöhnliche Heilmittel für Unglückliche. Ohne Grund hat er die Schuld jener Verbrecher auf sich genommen, um die Strafe der Unglücklichen zu leiden. Sein Unglück will ich euch mit wenigen Worten schildern. Er hatte, wie er eben gesagt hat, eine Geliebte. Dies hat er nicht erdichtet; eben so wenig dieses, daß sie von Räubern entführt und von Sosthenes gekauft worden ist. Kurz, alles, was er vor dem Mord erzählt hat, trifft mit seiner Geschichte genau überein. Dies Mädchen nun ist mit einem Male verschwunden; wie, ob sie jemand getötet hat, oder ob sie im Verborgenen noch lebt, kann ich nicht sagen. Nur dies weiß ich, daß Sosthenes sie liebte, daß er sie, weil er seinen Zweck nicht erreichen konnte, mit mancherlei Martern quälte, und daß er mit Räubern in gutem Vernehmen steht. Kleitophon hier ist nun der Meinung, das Mädchen sei ermordet, und will auch nicht länger leben. Deswegen hat er sich fälschlich als Mörder ausgegeben. Daß er zu sterben, aus Kummer über dieses Mädchen zu sterben wünscht, hat er selbst eingestanden. Bedenkt doch also, ob wohl irgend jemand, der einen andern wirklich umgebracht hat, zugleich mit ihm zu sterben begehrt, und vor Kummer das Leben unerträglich findet. Wo ist wohl ein Mörder, der so zärtlich liebte? Wo wohnt wohl Haß mit solcher Liebe vereint? Nein, bei den Göttern! Glaubt ihm nicht, sprecht nicht das Todesurteil über einen Menschen, der mehr Mitleid als Strafe verdient. – Hat er indes, wie er vorgibt, den Mord wirklich veranstaltet, so mag er doch sagen, wer der Meuchelmörder war, er mag die Ermordete vorzeigen. Findet sich nun aber weder Mörder noch Ermordete, wer hat wohl von einem solchen Morde gehört? – ‚Ich liebte‘, sagst du, ‚Melitte, und deswegen brachte ich Leukippe um‘. Wie kann er denn jetzt Melitte des Mordes anklagen, da er sie liebt? – Leukippes wegen wünscht er jetzt zu sterben, die er doch getötet hat. Kann wohl jemand hassen, was er liebt, und lieben, was er haßt? Würde er nicht vielmehr auch dann, wenn er schon überführt wäre, den Mord geleugnet haben, teils um die Geliebte zu retten, teils um der Geliebten wegen nicht vergebens zu sterben? – Warum sollte er aber Melitte anklagen, wenn nicht so etwas von ihr verübt worden wäre? – Auch dies will ich euch erklären, und bei den Göttern, glaubt nicht, daß ich diese Rede erdichtet habe, um diese Frau zu verleumden, sondern ich erzähle es euch, wie es geschehen ist. Melitte liebte ihn leidenschaftlich und sprach, ehe noch Thersander aus dem Meere wieder auflebte, von der Heirat. Kleitophon aber fühlte nicht dieselbe Neigung zu ihr und schlug ihren Antrag standhaft aus. Unterdessen fand er, wie er eben sagte, seine Geliebte, die er für tot gehalten hatte, beim Sosthenes noch am Leben, und seine Abneigung gegen Melitte wurde noch stärker. Melitte wußte anfangs nicht, daß die Sklavin des Sosthenes Kleitophons Geliebte war, und hatte Mitleid mit ihr. Sie löste ihr die Fesseln, mit denen sie Sosthenes gebunden hatte, nahm sie in ihr Haus auf, und bewirtete sie in allen Stücken wie eine unglückliche Freigeborene. Als sie es aber erfuhr, schickte sie das Mädchen eines Geschäftes wegen auf ihr Landgut, und seitdem ist sie, wie man sagt, verschwunden. – Daß ich jetzt die reine Wahrheit gesagt habe, wird Melitte eingestehen und zwei Dienerinnen, welche sie mit ihr auf das Landgut schickte. Schon dieses erregte in ihm einigen Verdacht, Melitte möchte sie aus Eifersucht aus dem Wege geräumt haben. Etwas anderes begegnete ihm im Gefängnis, was ihn in seinem Verdacht noch mehr bestärkte, und ihn gegen sich und Melitte in Wut brachte. Einer von den Gefangenen klagte über sein Schicksal und sagte, er sei auf dem Wege unbekannterweise mit einem Meuchelmörder zusammengekommen, der an einem Weibe einen Mord für Lohn begangen habe. Er nannte dabei Melitte als die, von der er gedungen worden wäre, und Leukippe als die Ermordete. Ob es wirklich damit so steht, weiß ich nicht; euch steht es frei, die Wahrheit zu erforschen. Ihr habt den Gefangenen in eurer Gewalt, die Dienerinnen sind da, und auch Sosthenes ist hier. Er wird aussagen, woher er Leukippe zur Sklavin bekommen hat; die Mädchen, wie sie verschwunden ist; und der Gefangene wird über den Meuchelmörder Auskunft gehen. – Bevor ihr aber alles sorgfältig erforscht habt, würde es gegen Recht und Gewissen sein, einen unglücklichen Jüngling zu töten, und einer Aussage, die in der Raserei gesprochen worden ist,

Glauben beizumessen. Denn bis zur Raserei hat ihn der Schmerz gebracht.‹

So sprach Kleinias. Seine Rede hatte für die meisten sehr viel Wahrscheinlichkeit. Thersanders Redner aber und alle seine Freunde, die zugegen waren, schrien, der Mörder, der nach dem Willen der Gottheit sich selbst angeklagt habe, müsse mit dem Tode bestraft werden. Melitte brachte die Dienerinnen herbei und von Thersander verlangte man, daß er den Sosthenes stellen sollte; denn man hatte ihn wegen des Mordes in Verdacht. Daher drangen Melittes Sachwalter vorzüglich darauf.

Thersander wurde besorgt, schickte heimlich einen seiner Begleiter zu Sosthenes auf das Landgut und ließ ihm befehlen, sich so schnell wie möglich aus dem Staube zu machen, ehe noch die Abgeordneten kämen, ihn abzuholen. In aller Eile setzte sich dieser aufs Pferd, kam zu Sosthenes und meldete ihm seine Gefahr, wenn man ihn noch anträfe, zur Folter geführt zu werden.

Sosthenes war eben in Leukippes Gemach und quälte sie nach seiner gewöhnlichen Weise, als ihn Thersanders Abgeordneter mit Geschrei und großem Lärm rief. Er ging hinaus, hörte die Nachricht, zitterte und bebte vor Furcht, bestieg auf der Stelle, als wenn die Gerichtsdiener schon hinter ihm wären, ein Pferd und eilte in vollem Trab nach Smyrna. Jener kehrte zu Thersander zurück.

Wahr ist, wie mich dünkt, das Sprichwort: Die Furcht betäubt das Gedächtnis! So hatte auch Sosthenes die Furcht für sich selbst so betäubt, daß er alles um sich her vergaß, und nicht einmal die Türe von Leukippes Gemach verschloß. Dies ist besonders bei den Sklaven der Fall, welche selbst bei der geringsten Gefahr den Mut verlieren.

Indessen überging Thersander die erste Aufforderung, welche Melitte an ihn gerichtet hatte, und sagte: ›Dieser Mensch, wer er auch sei, hat uns nun des törichten Geschwätzes genug vorgeplaudert. Ich wundere mich nur, daß ihr so unempfindlich dabei bleiben könnt, und einen Mörder, der auf der Tat selbst ertappt worden ist, ja, was noch mehr ist, der sich selbst dazu bekannt hat, nicht sogleich dem Henker übergebt, sondern dasitzt und diesem Gauner Gehör gebt, der solche überredenden Worte, solche überredenden Tränen erheuchelt. Er hat vielleicht selbst an dem Mord Anteil genommen, und ist nun auch für sich selbst besorgt. Ich sehe gar nicht ein, wozu man noch die Folter nötig hat, da die Tat so klar am Tage liegt. Ja, ich vermute, er hat noch einen andern Mord verübt. Denn Sosthenes, welchen sie vorladen, ist schon seit drei Tagen nicht gesehen worden, und der Verdacht, daß auch dies ein Werk ihrer Nachstellung sei, scheint mir nicht ganz unbegründet. Er war es, der mir den Ehebruch verriet, und dies war, wie mich dünkt, Grund genug für sie, ihn umzubringen. Nun wissen sie, daß ich ihn nicht stellen kann, und machen die äußerst listige Forderung, ihn vorzuführen. Wenn er nur erscheinen könnte! Wenn er nur nicht aus dem Wege geräumt ist! – Gesetzt aber auch, er wäre da, was wollte man von ihm erfahren? Ob er ein Mädchen gekauft hat? Nun gut, er mag sie gekauft haben! – Ob sie Melitte in ihrer Gewalt hatte? Auch dies will ich für ihn eingestehen. Sosthenes ist also nach diesem Geständnisse freigesprochen, und ich richte nun meine Rede gegen Melitte und Kleitophon. – Was habt ihr mit meiner Sklavin angefangen? Sie war meine Sklavin, Sosthenes hatte sie gekauft, und wenn sie noch lebte, wenn sie dieser Mensch nicht ermordet hätte, so wäre sie auf alle Fälle in meinem Dienste.‹

Diese Worte streute Thersander sehr boshaft mit ein, damit er Leukippe, wenn sie in der Folge noch am Leben gefunden würde, zu seiner Sklavin machen könnte.

›Kleitophon selbst‹, fuhr er dann fort, ›hat eingestanden, daß er sie getötet hat, und mithin ist sein Urteil entschieden. Melitte aber leugnet; für *sie* ist die Folter der Dienerinnen. Sagen sie aus, daß sie das Mädchen in Empfang genommen, aber nicht wieder zurückgebracht haben, was ist dann mit ihr vorgegangen? Warum wurde sie überhaupt weggeschickt? Und zu wem? Liegt die Sache nicht ganz offenbar am Tage, daß sie Leute angestellt hatten, sie umzubringen? Die Dienerinnen kannten diese natürlich nicht; denn hätten mehrere Zeugen darum gewußt, so wäre die Tat mit größerer Gefahr verbunden gewesen. Da, wo die Räuber im Hinterhalt lagen, verließen sie das Mädchen, und so kann es leicht sein, daß sie von all dem, was vorgefallen ist, nichts gesehen haben. – Er plauderte auch von einem Gefangenen, der von dem Morde gesprochen haben soll. Aber wer ist denn dieser Gefangene? Sollte er wohl dem Richter nichts, diesem aber allein die Geheimnisse des Mordes entdeckt haben, wenn er ihn nicht als Teilnehmer des Mords gekannt hätte? Wollt ihr nicht endlich aufhören, dies leere Geschwätz zu ertragen, und aus so wichtigen Dingen ein Possenspiel zu machen? Glaubt ihr, daß er ohne den Willen der Götter sich selbst angeklagt hat?‹

Nach Beendigung seiner Rede schwor Thersander, daß er von Sosthenes' Verschwinden nichts wüßte, und der Vorsitzende im Gericht fällte das Urteil. Dieser war aus königlichem Geschlecht, und hatte die Gewalt, über Leben und Tod zu richten. Doch waren ihm nach dem Gesetz aus den Ältesten des Volks Beisitzer gegeben, die er bei seinem Urteile zu Rate zog. Er nahm also die Sache mit seinen Beisitzern in Überlegung, und sprach dem Gesetze zufolge, welches den, der sich selbst des Mordes anklagte, zum Tode verdammte, das Todesurteil über mich. Wegen Melitte aber sollte durch die Folter der Dienerinnen eine zweite Untersuchung angestellt werden. Thersander sollte uns den Schwur, daß er von dem, was mit Sosthenes vorgefallen wäre, nichts wüßte, schriftlich ablegen, und ich sollte, da ich schon verurteilt war, durch die Folter befragt werden, ob auch Melitte um den Mord wüßte.

Schon wurde ich gebunden und der Kleider entblößt, schon schwebte ich an den Stricken zwischen Himmel und Erde, schon brachte man Geißeln, Feuer und Rad herbei, während Kleinias seufzte und die Götter anrief, als man einen Priester der Artemis, mit Lorbeer umkränzt, herannahen sah. Dies ist das Zeichen der Ankunft einer heiligen Gesandtschaft. In diesem Falle muß jede Exekution so lange aufgeschoben werden, bis die Gesandten das Opfer vollendet haben. So wurde auch ich von meinen Fesseln befreit.

Der Anführer der heiligen Gesandtschaft war Leukippes Vater, Sostratos. Die Byzantier hatten, da ihnen Artemis im Kriege gegen die Thraker sichtbare Hilfe geleistet hatte, nach Erringung des Sieges beschlossen, ihr für den geleisteten Beistand ein Siegesopfer zu bringen. Dem Sostratos war die Göttin auch noch besonders im Traum erschienen, und hatte ihm verkündet, daß er seine Tochter und den Sohn seines Bruders in Ephesus wiederfinden würde.

Um eben diese Zeit war es, als Leukippe die Türe ihres Gemachs offen und den Sosthenes verschwunden sah. Sie schaute umher, ob er nicht etwa vor der Türe wäre, und, da sie ihn auch hier nicht fand, faßte sie Mut und die alte Hoffnung belebte sie wieder. Denn die Erinnerung, daß sie so oft wider Erwarten errettet worden war, ließ sie auch in der gegenwärtigen Gefahr Hoffnung schöpfen. Sie benutzte also diesen günstigen Augenblick und entfloh in den Tempel der Artemis, welcher nahe am Landgute gelegen war.

Von alten Zeiten her durften freigeborene Frauen diesen Tempel nicht betreten; nur Männern und Jungfrauen war es erlaubt. Kam eine Frau hinein, so mußte sie mit dem Tode dafür büßen, außer wenn es eine Sklavin war, die ihren Herrn anklagen wollte. Dieser war gestattet, zu der Göttin ihre Zuflucht zu nehmen, und die Vorsteher richteten dann zwischen ihr und dem Gebieter. Hatte ihr der letzte kein Unrecht zugefügt, so nahm er sie wieder in seinen Dienst auf, und schwur, ihre Flucht nicht zu ahnden. Wurde aber dahin entschieden, daß die Sklavin gerechte Sache habe, so blieb sie dort im Dienste der Göttin.

Eben holte Sostratos den Priester ab und ging mit ihm zum Gerichtsplatz, um die Prozesse zu unterbrechen, als Leukippe in den Tempel kam, und beinahe wäre sie ihrem Vater in die Hände gelaufen.

Ich war nun von der Folter befreit und das Gericht ging auseinander. Es entstand ein Zusammenlauf und ein Getümmel um mich herum. Einige bedauerten mich, andere riefen die Götter an, andere fragten mich.

Auch Sostratos stand dabei, sah und erkannte mich. Er war nämlich, wie ich zu Anfang meiner Erzählung gesagt habe, an einem Feste des Herakles schon in Tyros gewesen und hatte sich, noch lange vor unsrer Flucht, einige Zeit dort aufgehalten. Er konnte also aus meiner Gestalt leicht auf mich schließen, da er uns ohnedem nach dem Traumgesichte hier zu finden vermutete.

Er kam auf mich zu und sagte: ›Kleitophon hier? Aber wo ist Leukippe?‹

Ich erkannte ihn und blickte zur Erde. Die Anwesenden erzählten ihm, was ich gegen mich ausgesagt hatte. Er seufzte laut auf, schlug sich vor den Kopf, sprang auf mein Gesicht zu, und hätte mir beinahe die Augen aus dem Kopfe gerissen. Ich vermochte nicht, ihn abzuhalten, und gab mein Gesicht seinen Mißhandlungen preis. Kleinias aber sprang herbei, hielt ihn zurück und redete ihm zu.

›Was machst du hier?‹ sagte er zu ihm. ›Warum wütest du so ohne Grund gegen einen Menschen, der Leukippe mehr liebt als du? Weil er sie für tot hielt, unterwarf er sich freiwillig dem Tode.‹

Er sagte noch mancherlei, um ihn zu beruhigen; Sostratos aber weinte laut und rief zu Artemis: ›O Gebieterin! Deswegen führtest du mich hierher? Dies waren deine Weissagungen im Traume? Ich glaubte deiner Verheißung, hoffte meine Tochter bei dir zu finden; aber du hast mir ein schönes Geschenk verliehen: ihren Mörder hab' ich bei dir gefunden!‹

Als Kleinias von dem Traume der Artemis hörte, war er vor Freude ganz außer sich. ›Sei gutes Mutes, Vater!‹ rief er aus; ›Artemis täuscht nicht. Deine Leukippe lebt, traue meiner Weissagung. Sieh, auch diesen, der eben auf der Folter schwebte, hat sie gerettet.‹

In dem Augenblick kam einer von den Dienern des Tempels in größter Eile zu dem Priester gelaufen, und meldete ihm, so daß es alle hören konnten; ein fremdes Mädchen habe sich zur Artemis geflüchtet.

Diese Nachricht gab mir neue Hoffnung, ich richtete meine Augen empor und fing an, wieder aufzuleben.

›Meine Wahrsagung geht in Erfüllung, Vater!‹ sagte Kleinias zu Sostratos. ›Ist sie nicht schön?‹ fragte er zugleich den Boten.

›Nächst der Artemis hab' ich nie eine Schönere gesehen‹, antwortete dieser.

Bei diesen Worten sprang ich auf.

›Also Leukippe meinst du?‹ schrie ich.

›Ganz recht‹, antwortete er; ›Leukippe nannte sie sich; ihr Vaterland, sagte sie, sei Byzantion, und ihr Vater heiße Sostratos.‹

Kleinias schlug sich triumphierend in die Hände. Sostratos

sank vor Freude zu Boden. Ich hingegen sprang mit meinen Fesseln in die Höhe, und flog, wie von einer Maschine fortgetrieben, nach dem Tempel zu.

Die Wächter glaubten, ich wollte entfliehen, verfolgten mich, und riefen denen, die mir entgegenkamen, zu, mich zu ergreifen. Aber meine Füße hatten jetzt Flügel. Nur mit Mühe fingen mich einige auf; denn, wie ein Rasender, lief ich fort. Die Wächter waren sogleich da und wollten mich schlagen. Jetzt hatte ich aber Mut und wehrte mich. Darauf schleppten sie mich wieder ins Gefängnis.

Unterdessen waren auch Kleinias und Sostratos herbeigekommen.

›Wo führt ihr den Menschen hin?‹ schrie Kleinias. ›Er ist kein Mörder, man hat ihn zu Unrecht verurteilt!‹

Sostratos sagte seinerseits dasselbe, und daß er der Vater des Mädchens sei, das man für ermordet halte.

Als die Umstehenden dies hörten, priesen sie die Artemis, stellten sich um mich herum und ließen mich nicht ins Gefängnis führen. Die Wächter aber sagten, es stehe nicht in ihrer Macht, einen zum Tode Verurteilten freizulassen; bis endlich der Priester auf Sostratos Bitten für mich Bürgschaft leistete, mich bei sich zu behalten und, wenn es verlangt würde, vor das Volk zu stellen versprach.

So wurden mir meine Fesseln gelöst und ich eilte nun so schnell wie möglich zum Tempel. Sostratos folgte mir auf dem Fuße nach, ob aus gleicher Freude, weiß ich nicht.

Aber kein Mensch läuft so schnell, daß ihm der Flug des Gerüchts nicht zuvorkäme. Auch von uns hatte es sich schon bis zu Leukippe verbreitet und ihr alles vom Sostratos und von mir verkündet.

Als sie uns erblickte, sprang sie aus dem Tempel und fiel ihrem Vater in die Arme; ihre Augen aber hatte sie auf mich gerichtet. Aus Scheu vor Sostratos blieb ich stehen und wagte es nicht, mich ihr in die Arme zu werfen; immer aber ruhte mein Blick auf ihrem Gesicht. So begrüßten wir uns wechselseitig mit den Augen.

Achtes Buch

Eben wollten wir uns niedersetzen und von unsern Angelegenheiten sprechen, als Thersander in größter Eile mit einigen Zeugen in den Tempel gesprungen kam, und dem Priester mit lauter Stimme zurief: ›In Gegenwart dieser rufe ich die Götter zu Zeugen an, daß du einen Menschen, der nach dem Gesetze zum Tode verurteilt ist, gegen Recht und Pflicht von seinen Fesseln befreit hast. Auch meine Sklavin hast du bei dir, eine wollüstige und mannstolle Dirne. Daß du mir diese ja aufbewahrst!‹

Die Worte Sklavin und mannstolle Dirne drangen mir bis ins Innerste meiner Seele und verwundeten mich so tief, daß ich nicht länger schweigen konnte.

›Du bist ein Sklave‹, fiel ich ihm ins Wort, ›der niedrigste Sklave, ein toller und geiler Wollüstling! Sie hingegen ist eine Freigeborene, und noch Jungfrau und der Göttin würdig.‹

›Du, ein Gefangener und Verurteilter, willst noch solche Lästerungen ausstoßen?‹ sagte er, da er mich so reden hörte, und schlug mich zweimal mit solcher Heftigkeit ins Gesicht, daß mir das Blut in Strömen aus der Nase floß. Er hatte in diesem Schlage seine ganze Wut ausgelassen.

Beim dritten Male schlug er mich unvorsichtigerweise auf den Mund, stieß seine Hand gegen meine Zähne, und verwundete sich die Finger, so daß er laut aufschrie und die Hand kaum zurückziehen konnte. So rächten die Zähne seine vorige Mißhandlung. Sie verwundeten die Finger, welche mich schlugen, und der Hand widerfuhr, was sie mir zugefügt hatte. Der Weichling schrie laut auf über die Verletzung, zog seine Hand zurück, und hörte nun auf zu schlagen.

Ich sah, was er davongetragen hatte, aber gleich als hätte ich es mir nicht zuzuschreiben, stieß ich über diese gewaltsame Behandlung die heftigsten Klagen aus, und erfüllte den ganzen Tempel mit Geschrei.

›Wie soll man sich noch vor dem Stärkeren schützen? Wohin soll man noch seine Zuflucht nehmen? Welcher unter den Göttern soll uns noch beistehen, wenn uns Artemis nicht schützt? Im Heiligtume wird man geschlagen, vor dem Altare mißhandelt! So geht es nur in Wüsteneien zu, wo man weder einen Gott, noch einen Menschen zum Zeugen anrufen kann. Du aber übst selbst im Angesichte der Götter solche Gewalttätigkeiten aus. Den Missetätern gewähren die Tempel der Götter sichere Zuflucht, und ich habe niemandem Unrecht zugefügt, komme bittend zu Artemis und werde an ihrem Altare, ach!, im Angesichte der Göttin so mißhandelt. Auf die Göttin fallen diese Schläge zurück. – Doch bei Schlägen ließ er es nicht einmal bewenden, sein Frevel geht weiter. Wie im Krieg und in der Schlacht bekomme ich Wunden im Gesicht, und der Boden wird mit Menschenblut befleckt. Wer bringt der Göttin solche Opferspenden? Tun dies nicht die Barbaren und die Taurier? Ist dies die Artemis der Skythen? Nur bei diesen wird der Tempel mit Blut bespritzt. Die ionische Artemis hast du zur skythischen gemacht, in Ephesus fließt taurisches Blut. – Zieh auch noch das Schwert gegen mich! Doch wozu noch das Schwert? Deine Hand hat schon die Dienste des Schwertes getan. Was bei einem Mord geschieht, hat deine mörderische, mit Blut bespritzte Rechte schon verübt.‹

So schrie ich. Alle, die im Tempel waren, versammelten sich um mich und schalten auf ihn. Selbst der Priester sagte: ›Schämst du dich nicht, so öffentlich hier im Tempel solche Handlungen zu verüben?‹

Nun faßte ich Mut und rief aus: ›Dies hab' ich erduldet, ihr Männer von Ephesus, und bin ein Freigeborener aus einer nicht unansehnlichen Stadt! Dieser trachtete mir nach dem Leben, Artemis aber rettete mich und entlarvte diesen Betrüger! – Jetzt muß ich hinausgehen und draußen mein Gesicht abwaschen; hier im Tempel will ich es nicht tun, damit nicht das geweihte Wasser mit Frevelblut verunreiniget wird.‹

Mit Mühe stießen sie dann den Thersander aus dem Tempel.

›Dir‹, sagte er noch im Weggehen, ›ist schon das Urteil gesprochen und eine Strafe bestimmt, wie du sie nie wieder leiden wirst! An dieser Dirne aber, die sich für eine Jungfrau ausgibt, wird die Syrinx Rache nehmen.‹

Nachdem er beiseite gebracht war, ging auch ich aus dem Tempel und reinigte mein Gesicht.

Es war eben Tischzeit und der Priester nahm uns äußerst

gastfreundlich auf. Während dem Essen konnte ich den Sostratos nicht frei anblicken; denn ich wußte, wieviel Kummer ich ihm verursacht hatte. Sostratos war nicht weniger in Verlegenheit, mich anzusehen: denn an meinen Augen bemerkte er noch die Spuren seiner Mißhandlung. Auch Leukippe hatte ihren Blick beständig zur Erde gerichtet. Kurz, das ganze Gastmahl war ein Bild verlegener Scham.

Als der Becher herumging, und Dionysos die Schüchternheit etwas aufgeheitert hatte – denn er ist ja der Vater der Freimütigkeit –, redete der Priester zuerst Sostratos an: ›Willst du nicht eure Geschichte erzählen, Gastfreund? Ich glaube, sie muß einige nicht unangenehme Verwicklungen haben, und zum Weine schicken sich vorzüglich dergleichen Geschichten.‹

Mit Freuden ergriff Sostratos die Gelegenheit zu reden und sagte: ›Der Teil der Geschichte, welcher mich angeht, ist ganz einfach. Ich heiße Sostratos und bin von Geburt ein Byzantier. Dieser ist mein Neffe, diese meine Tochter. Das übrige erzähle du, lieber Kleitophon, und scheue dich nicht. Denn gesetzt auch, es wäre manches für mich kränkend, so geschah es ja nicht durch deine, sondern durch des Schicksals Schuld. Dann gewährt auch die Erzählung der vergangenen Schicksale dem, der nicht mehr leidet, mehr Vergnügen als Kummer.‹

Ich erzählte nun der Reihe nach unsere ganze Geschichte seit der Abreise von Tyros: die Schiffahrt, den Schiffbruch, die Vorfälle in Ägypten und bei den Hirten, den Raub der Leukippe, den falschen Leib beim Opfer, die List des Menelaos, die Liebe des Feldherrn und das Heilmittel des Chaireas; die Entführung durch die Räuber und meine Wunde an der Hüfte, wovon ich noch die Narbe zeigte.

Als ich auf Melitte zu reden kam, stellte ich meine Handlungsweise von Seiten der Sittsamkeit, doch ohne zu lügen, in einem günstigen Lichte dar. Ich erzählte von Melittes Liebe und von meiner Enthaltsamkeit, wie lange sie mich bedrängte, wie sie ihren Zweck nicht erreichte, was sie versprach und wie sie seufzte. Dann unsere Abreise nach Ephesus und alles, was auf dem Schiffe vorfiel, daß wir beide zusammen schliefen und daß ich – bei der Artemis beschwor ich dies – von ihr, wie ein Weib von einem Weibe, aufstand.

Nur eine einzige meiner Handlungen überging ich mit

Stillschweigen: die Gunstbezeigung, welche ich darauf Melitte erwiesen hatte.

Dann ging ich über auf das Gastmahl, wie ich die erdichtete Anklage gegen mich machte, und führte so die Erzählung fort bis auf die Ankunft der heiligen Gesandtschaft.

›Dies ist meine Geschichte‹, sagte ich dann; ›bedeutender aber ist Leukippes Schicksal. Sie wurde verkauft, wurde Sklavin, grub das Land, und die Zierde des Hauptes wurde ihr entrissen, du siehst hier noch die Verstümmelung!‹

Und so erzählte ich alles der Reihe nach.

Als ich zu Sosthenes und Thersander kam, strich ich auch hier ihr Benehmen heraus und erhob sie noch weit mehr als mich. Diese Gefälligkeit erzeugte ich ihr noch besonders deshalb, weil es ihr Vater mit anhörte. Ich führte an, wie sie jede Schmach des Körpers und jede Mißhandlung erduldet hatte, bis auf eine einzige.

›Und dieser einzigen wegen‹, fuhr ich fort, ›setzte sie sich allen übrigen aus, und blieb, Vater, bis auf den heutigen Tag noch ebenso, wie du sie von Byzantion weggeschickt hast. Für mich ist es kein Lobspruch, daß ich auf der Flucht nichts von dem begangen habe, was mich zu fliehen bewogen hatte; wohl aber für sie, daß sie sogar mitten unter den Räubern noch Jungfrau blieb, und selbst den größten Räuber, den unverschämten und gewalttätigen Thersander, besiegte. Unsere Flucht, lieber Vater, geschah nicht ohne Grund: Die Liebe vertrieb uns, es war die Flucht zweier Liebenden; auf der Reise selbst aber wurden wir einander verschwistert. Ist auch dem Manne jungfräuliche Unberührtheit zuzusprechen, so bewahre ich sie noch bis jetzt für Leukippe, und sie hat sich seit langer Zeit der Artemis geweiht. – Du, Gebieterin Aphrodite, zürne nicht auf uns, als hätten wir es aus Frevel gegen dich getan; ohne den Vater wollten wir die Hochzeit nicht vollziehen! Nun ist er da! Jetzt steig herab und sei uns günstig!‹

Als sie dies hörten, staunte der Priester über jede Einzelheit meiner Erzählung. Sostratos aber weinte jedesmal, wenn Leukippe vorkam. Jetzt hörte ich auf zu erzählen.

›Unsere Geschichte habt ihr nun gehört‹, setzte ich dann hinzu; ›nun wünschte ich auch von dir, Priester, ein Einziges erklärt zu wissen. Was ist es denn, womit Thersander beim Weggehen Leukippe drohte? Er sprach von der Syrinx.‹

›Gut, daß du fragst‹, antwortete er. ›Denn es ist billig, daß wir, die wir die Umstände mit der Syrinx wissen, sie auch den ankommenden Fremden bekannt machen. Ich will also deine Erzählung erwidern.

Du siehst den Hain dort hinter dem Tempel. In diesem ist eine Höhle, welche keine Frauen, sondern nur reine Jungfrauen betreten dürfen. Innerhalb der Höhle, nicht weit von dem Eingang, liegt eine Syrinx. Ist dieses Instrument auch bei euch Byzantiern üblich, so versteht ihr, was ich meine. Sollte indes jemand von euch weniger damit bekannt sein, wohlan, so will ich erzählen, was es mit ihr für eine Bewandtnis hat, und zugleich die ganze Mythe von Pan damit verbinden.

Die Syrinx besteht aus mehreren Pfeifen, jede Pfeife aus einem Rohre. Alle diese Rohre tönen wie eine Flöte, und liegen in einer Reihe aneinander, sodaß eins an das andere befestigt ist. Ihre Stellung ist auf der vorderen wie auf der hinteren Seite. Ein Rohr ist immer kleiner als das zunächst folgende. Das zweite ist um so viel größer als das erste, um so viel das dritte größer ist als das zweite, und so stehen der Reihe nach die übrigen Rohre mit den vorhergehenden immer in gleichem Verhältnis. Das mittlere ist halb so groß wie das längste.

Diese Ordnung gründet sich auf das Verhältnis der Töne. Oben ist der höchste Ton und unten der tiefste, so daß beide in den äußersten Pfeifen liegen. In der Mitte liegen die Zwischentöne, und die mittleren Rohre tragen den hellen Ton immer tiefer hinab, bis er zuletzt in den tiefsten übergeht. Alle die Töne, welche bei der Flöte der Athene innerhalb derselben erhallen, bringt auch die Flöte des Pan mittels des Mundes hervor. Bei jener richtet sich der Ton nach der Setzung der Finger, bei dieser aber versieht der Mund den Dienst der Finger. Dort hält der Flötenspieler alle Öffnungen zu, bis auf eine einzige, durch welche der Hauch hineinfließt; hier aber läßt er alle Röhrchen offen, und legt nur die Lippe an dasjenige, welches ertönen soll. Er springt abwechselnd von einem zum andern und sieht immer darauf, wie er eine schöne Harmonie der Töne hervorbringen kann.

Diese Syrinx nun war anfangs weder eine Flöte noch ein Rohr, sondern ein Mädchen, das, nach allem zu urteilen, schön war. Pan liebte und verfolgte sie; sie aber floh, und ein dichter Wald nahm sie auf. Pan eilt ihr auf dem Fuße nach, streckt die Hand aus und will sie ergreifen, und schon wähnt er sie erreicht zu haben und beim Haare zu halten; aber seine Hand faßt das Haar von Rohr. Denn sie versank, wie man sagt, in die Erde, und an ihrer Stelle sproß aus der Erde dieses Rohr hervor.

Im Zorn schneidet Pan das Rohr ab, so als wenn es ihm seine Geliebte geraubt hätte. Da er sie hierauf nirgends finden konnte, meinte er, das Mädchen sei in Rohr aufgelöst worden. Er weinte, daß er das Rohr abgeschnitten hatte, und glaubte, seine Geliebte getötet zu haben. Er trug die abgeschnittenen Röhrchen zusammen, betrachtete sie als Glieder ihres Körpers und verband sie wieder zu einem Körper. Er nahm sie in die Hand, küßte sie, die Glieder des verwundeten Mädchens, und wie er sie an den Mund legte, und ihm ein Liebesseufzer entfuhr, hauchte er unter Küssen von oben in die Röhrchen. Der Hauch floß durch die engen Öffnungen hinab, brachte ein Getön hervor und die Syrinx hatte eine Stimme.

Diese Syrinx nun soll Pan dort niedergelegt und in jene Höhle eingeschlossen haben. Er selbst soll oft zu ihr gehen und nach seiner Gewohnheit flöten.

In der folgenden Zeit weihte er diese Gegend der Artemis und schloß den Vertrag mit ihr, daß keine Frau dort hinabsteigen sollte.

Wird nun ein Mädchen angeklagt, daß sie keine Jungfrau mehr sei, so begleitet sie das Volk bis an den Eingang der Höhle, und die Syrinx spricht dann das Urteil. Das Mädchen geht, mit einem besondern Gewande geschmückt, hinein, und der Eingang der Höhle wird verschlossen. Ist sie eine Jungfrau, so hört man einen angenehmen und himmlischen Gesang. Ob nun der Ort selbst den Hauch, der diesen Ton hervorbringt, aufbewahrt und der Syrinx mitteilt oder ob vielleicht Pan selbst flötet, lasse ich unentschieden. Bald darauf öffnen sich die Türen der Höhle von selbst, und die Jungfrau tritt hervor, mit Fichtenlaub bekränzt. Ist die Jungfräulichkeit aber erlogen, so schweigt die Syrinx, und statt des Gesanges hört man ein Gestöhne aus der Höhle. Das Volk entfernt sich sogleich, und läßt die Frau in der Höhle zurück. Den dritten Tag darauf geht eine heilige Jungfrau an den Ort, findet die Syrinx auf der Erde liegen und die Frau ist verschwunden.

Hierzu macht euch bereit, und bedenket, was euch wohl für ein Schicksal bevorstehen möchte? Ist sie noch Jungfrau, wie ich sehr wünsche, so geht mit Freuden dahin. Die Syrinx wird euch günstig sein; denn nie hat ihr Urteil getäuscht. Wenn aber nicht – denn ihr seht selbst ein, wie leicht es geschehen konnte, daß sie bei so vielen Nachstellungen auch wider ihren Willen –‹

›Sage nicht, wie leicht es geschehen konnte!‹ fiel ihm sogleich Leukippe ins Wort. ›Ich bin augenblicklich bereit, in die Höhle der Syrinx hinabzusteigen, und mich, auch ohne gerichtliche Aufforderung, einschließen zu lassen.‹

›Desto besser!‹ erwiderte der Priester. ›Ich freue mich über deine Enthaltsamkeit und dein Schicksal!‹

Als es Abend wurde, wies der Priester jedem von uns seine besondere Schlafstelle an, und wir legten uns nieder.

Um unserm Gastfreunde nicht beschwerlich zu fallen, hatte Kleinias nicht mit bei ihm gegessen, sondern war da geblieben, wo er sich den vorigen und den folgenden Tag aufhielt.

Sostratos war, wie ich merkte, bei der Erzählung von der Syrinx unruhig geworden, und schien zu befürchten, wir möchten aus Scheu vor ihm die Wahrheit der Sache verschwiegen haben. Ich gab deshalb Leukippe heimlich durch einen Wink zu verstehen, sie solle ihrem Vater seine Besorgnis nehmen; denn sie mußte am besten wissen, wie sie ihn zu überzeugen glaubte.

Auch sie mochte ein Gleiches vermuten und verstand mich daher sogleich. Sie hatte schon vorher nachgedacht, wie er wohl am schicklichsten zur Überzeugung gebracht werden könnte.

Als sie dann beim Schlafengehen ihrem Vater eine gute Nacht wünschte, sagte sie leise zu ihm: ›Sei meinetwegen unbesorgt, lieber Vater, und glaube unserer Erzählung. Ich schwöre dir bei der Artemis, keiner von uns hat die Unwahrheit gesprochen!‹

Den Tag darauf waren Sostratos und der Priester mit den Festvorbereitungen beschäftigt, und die Opfer waren in Bereitschaft. Auch der Senat war dabei versammelt, und nahm an den Zeremonien teil. Viele frohe Wünsche stiegen zur Göttin empor.

Jetzt trat Thersander – denn auch er war zugegen – zum Oberrichter und sagte: ›Schreib unsern Prozeß auf morgen aus; denn der, den du gestern verurteilt hast, ist von einigen freigelassen worden, und Sosthenes ist nirgends zu finden.‹

Der Termin wurde also auf den folgenden Tag angesetzt, und wir trafen die nötigen Vorkehrungen dazu.

Der Gerichtstag erschien und Thersander hielt folgende Rede:

›Ich weiß nicht, womit ich meine Rede beginnen soll; nicht, wen ich zuerst und wen ich zuletzt anklagen soll. So zahlreich sind die Greueltaten! So viele Verbrecher sind es! Ein Verbrechen so unerhört wie das andere! Jedes steht für sich da, und auch in der Anklage darf ich sie nicht miteinander verbinden. Meine Seele ist so voll davon, daß ich fürchte, von einem auf das andere zu kommen und nichts vollständig vortragen zu können. Die Rede eilt zu dem fort, was noch nicht gesagt ist, und hindert uns, das Gesagte in seinem ganzen Umfange darzustellen. Während Ehebrecher fremde Sklaven morden, und Mörder mit fremden Frauen Ehebruch treiben, stören uns Kuppler die heiligen Opfer, und liederliche Dirnen schänden die Heiligkeit der Tempel. Und wenn man überlegt, was in diesen Tagen alles geschehen ist, kann wohl gegen Sklaven und Herrn etwas Ärgeres verübt werden, als hier, wo sich Gesetzlosigkeit mit Ehebruch, Gottlosigkeit mit Mord vereint? Ihr habt einen Menschen zum Tode verurteilt, gleichviel aus welchem Grunde; ihr habt ihn binden und ins Gefängnis abführen lassen, bis zur Vollziehung der Strafe. Dieser steht hier vor euch, statt der Fesseln mit einem weißen Gewande bekleidet, und in der Reihe freigeborener Männer steht der Gefangene. Vielleicht will er sich sogar erkühnen, seine Stimme zu erheben, und gegen mich, oder vielmehr gegen euch und euren Urteilsspruch als Redner aufzutreten. – Lies das Urteil der Richter vor! – Hört, wozu ihr ihn verurteilt habt, und meine Klage gegen ihn! Über Kleitophon wurde das Todesurteil gesprochen. Wo ist nun der Henker? Ergreif' ihn, führ' ihn ab, reich' ihm den Giftbecher. Dem Gesetze nach ist er tot; er ist schon überreif zum Tode. Was sagst du dazu?

Priester, du heiliger und ehrwürdiger Mann! In welchen heiligen Gesetzen steht es geschrieben, daß du Missetäter, die von dem hohen Rat und von den Prytanen verurteilt, die schon den Fesseln und dem Tode überliefert sind, der ihnen zuerkannten Strafe entreißen, ihnen die Fesseln lösen, und dich sonach über Vorsitzer und Richter hinwegsetzen darfst? – Steh auf von deinem Sitz, Oberrichter! Überlaß ihm die Herrschaft und den Richterstuhl! Du bist über keinen mehr Herr, darfst nicht mehr Missetäter verurteilen. Was du beschließen wirst, wird noch heute aufgehoben. – Was stehst du noch unter uns da, Priester, wie einer aus dem Volke? Steig hinauf, setze dich auf den Richterstuhl und sprich du vollends das Urteil über uns! Oder vielmehr gebiete uneingeschränkt, kein Gesetz, kein Gutachten der Richter werde von dir anerkannt! Ja, halte dich nicht mehr für einen Menschen, der Artemis gleich laß dich verehren! Denn ihre Macht hast du schon an dich gerissen. Ihr allein kommt es zu, die, welche sich zu ihr flüchten, zu retten, und zwar vor der gerichtlichen Untersuchung. Einem Gefangenen hat nie die Göttin die Fesseln gelöst, einen zum Tode Verurteilten nie von der Strafe befreit. Für Unglückliche, nicht für Missetäter sind die Altäre. – Du aber befreist auch die Gefangenen, und sprichst die Verurteilten von der Strafe los. So erhebst du dich sogar über Artemis. – Wann wohnte je ein Mörder im Tempel statt im Gefängnis? Wann ein Ehebrecher bei der keuschen Göttin? O Greuel! Ein Ehebrecher bei der ewigen Jungfrau! – Aber auch noch eine zügellose, ihrem Herrn entlaufene Dirne war bei ihm. Auch diese wurde, wie bekannt, von dir aufgenommen. Beide fanden bei dir einen Herd und gleiche Bewirtung; und, wer kann das wissen, vielleicht schliefst du auch bei ihr. Zu einem öffentlichen Hause hast du den Tempel herabgesetzt. Der Artemis Heiligtum wurde eine Wohnung für Ehebrecher, das Schlafgemach einer liederlichen Dirne. So etwas geschieht kaum in den niedrigsten Häusern der Wollust! – Meine erste Klage ist also gegen diese beiden gerichtet. Den einen will ich für seine Unverschämtheit bestraft wissen, und der andere muß der ihm zuerkannten Strafe überliefert werden.

Die zweite Klage führe ich gegen Melitte, wegen Ehebruchs. Gegen diese habe ich gar nichts weiter zu sagen. Denn es ist schon beschlossen worden, die Sache durch die Folter der Dienerinnen zu untersuchen. Letztere also fordere ich hiermit auf, und wenn sie noch auf der Folter aussagen, sie wüßten nichts davon, daß dieser Verurteilte lange Zeit bei Melitte gewohnt, und in meinem Hause, ich will nicht sagen als Ehebrecher, sondern als Mann geschaltet und gewaltet habe, spreche ich sie von aller Schuld frei. Geschieht aber das Gegenteil, so muß sie mir nach dem Gesetz ihre Mitgift zurücklassen, und er unterwirft sich der Strafe der Ehebrecher; die aber ist die Hinrichtung! Nun ist er aber schon zum Tode verurteilt, so daß er, er mag nun das eine Mal als Ehebrecher oder als Mörder sterben – denn für beides ist er verantwortlich –, immer seine Strafe noch nicht ganz gebüßt hat. Denn er hat das Leben doppelt verwirkt, und bleibt also immer noch einen zweiten Tod schuldig.

Meine dritte Klage ist gegen meine Sklavin selbst und gegen diesen würdigen Mann, ihren vermeintlichen Vater, gerichtet. Allein diese will ich bis nachher aufsparen, wenn ihr über jenen das Urteil gesprochen habt.‹

Mit diesen Worten endigte er seine Rede.

Jetzt trat der Priester hervor. Er war in der Beredsamkeit sehr geübt, vorzüglich im komischen Witz, worin er sich den Aristophanes zum Muster gewählt hatte. Er fing an, sich zu verteidigen, und in einem satirischen, aber sehr feinen Tone Thersanders zügelloses Leben anzugreifen:

›Von Menschen‹, sagte er, ›die in unserer Nähe ihr Wesen treiben, auf eine so unanständige Weise geschändet zu werden, ist wahrhaftig nicht das Werk eines reinen Mundes. Aber nicht nur hier, sondern überall hat er eine schandbare Zunge. Schon in seiner Jugend hielt er sich beständig zu recht ehrsamen Männern, und brachte bei ihnen die ganze Zeit seiner Blüte hin. Er spielte immer den Enthaltsamen, ließ sich gern unterrichten, gab sich jedem hin, der ihn aus dieser Absicht brauchte, und lag ihm stets an der Seite. Er verließ das väterliche Haus, mietete sich einen engen Winkel und legte daselbst seine Wirtschaft an. Er ging immer seinen Lieblingsneigungen nach, nahm jeden auf, den er dazu tüchtig fand, und lebte mit ihm in vertrautem Umgange. Und so schien er nur für sein Herz Nahrung zu suchen; im Grunde aber war es ein Deckmantel schändlicher Begierden. Und wie sorgte er nicht auch für den bloßen Körper! Wir sahen ihn überall, wo es etwas zu ringen gab, sahen, wie er sich einsalbte, wie er des andern Hüfte umschlang, wie er unter den Jünglingen, mit denen er rang, sich immer am liebsten an die stärkeren machte. Dies tat er in seiner Jugend. Als er zum Manne heranwuchs, enthüllte er, was er vorher verborgen hatte. Sein übriger Körper war verblüht, für ihn sorgte er nun nicht mehr; nur seine Zunge schärfte er zu zügelloser Frechheit, von seinem Munde machte er den schamlosesten Gebrauch. Jeden schändet er. Schon auf seinem Gesicht zeigt sich seine Unverschämtheit, die so weit geht, daß er Männer, die ihr mit der Priesterwürde beehrt habt, in eurer Gegenwart, ohne zu erröten, lästert. Hätte ich irgendwo anders gelebt, wäre ich nicht von jeher unter euch gewesen, so würde ich mir und allen meinen Freunden eine Verteidigung schuldig sein. Da ihr aber selbst wisset, wie wenig seine Lästerungen mich treffen, so will ich jetzt nur auf seine Anklage gegen mich antworten.

‚Du hast', sagt er, ‚einen zum Tode Verurteilten in Freiheit gesetzt.' Und deswegen nun gebärdet er sich so schrecklich, schilt mich einen Tyrannen, und was er noch alles für Schmähungen gegen mich ausstieß. Aber nicht der ist ein Tyrann, der falsch Angeklagte in Schutz, sondern der, welcher Unschuldige, die weder der Senat noch das Volk verurteilt hat, in Verwahrung nimmt. Oder sage doch, welches Gesetz gab dir denn das erste Mal das Recht, diesen fremden Jüngling ins Gefängnis zu werfen? Welches Gericht hatte denn den Befehl gegeben, ihm Fesseln anzulegen? Gesetzt auch, er habe alles das Unrecht verübt, dessen du ihn beschuldigst, so urteile man doch erst über ihn, man überführe ihn, und gestatte ihm die Verteidigung. Das Gesetz, das über dich und uns alle gebietet, mag ihn fesseln. Denn ohne den Ausspruch des Gerichts darf sich keiner über den andern etwas anmaßen. Wohlan, verschließ die Gerichtshöfe, reiß die Amtshäuser nieder, stoße die Richter hinaus! Alles, was du zum Vorsitzenden sagtest, kann mit größerem Rechte gegen dich gesagt werden. Weiche dem Thersander von deinem Sitz, Oberrichter! Nur zum Schein bist du Vorsitzer. Dieser verwaltet dein Amt; ja, er tut noch mehr als du. Du hast noch Beisitzer, und ohne diese darfst du nichts tun. Du übst keine Macht aus, außer hier auf dem Richterstuhle. Nie hast du in deinem eigenen Hause einen Menschen zum Gefängnis verurteilt. Dieser wackre Mann hingegen vereinigt alles in sich: Volk, Senat, Oberrichter und Vorsteher. Zu Hause straft und richtet er, und läßt ins Gefängnis werfen, und die Zeit, zu der er Gericht hält, ist der Abend. Fürwahr ein herrlicher Richter, ein Richter der Finsternis! – Und nun schreit er immer wieder: ‚Du hast einen Verbrecher, der schon zum Tode verdammt war, in Freiheit gesetzt!‘ Zu was für einem Tode? Was ist er denn für ein Verbrecher? Sage doch, womit hat er denn den Tod verschuldet? ‚Er ist des Mordes wegen verurteilt‘, sagst du. Einen Mord also hat er begangen. Nun so sage mir doch nur, an wem? Das Mädchen, das er getötet haben soll, siehst du ja hier am Leben; und so wirst du es wohl nicht wieder wagen, ihn des Mordes zu beschuldigen. Und es ist nicht etwa nur das Schattenbild des Mädchens, Pluto hat nicht etwa gegen dich die Gemordete aus dem Schattenreiche zurückgesandt. – Du bist eines doppelten Mordes schuldig. Denn diese hast du mit Worten getötet, jenen wolltest du durch deine Taten morden. Ja, auch sie hast du umbringen wollen. Wir haben alles gehört, was auf dem Landgute vorgefallen ist. Allein Artemis, die erhabene Göttin, hat sie beide errettet; das Mädchen entriß sie den Klauen des Sosthenes, und den Jüngling den deinigen. Auch den Sosthenes hast du auf die Seite geschafft, damit er dich nicht etwa verraten möchte. Und schämst du dich denn nicht, diese Fremdlinge anzuklagen, und dich bei beiden der Verleumdung schuldig zu machen?

So weit meine Verteidigung gegen die Lästerungen dieses Mannes; den Fremden will ich ihre Verteidigung selbst überlassen.‹

Jetzt wollte ein angesehener Redner, einer vom Rat, mich und Melitte verteidigen; aber ein anderer von Thersanders Partei, namens Sopatros, kam ihm zuvor, und sagte: ›Jetzt, mein bester Nikostratos‹ – so hieß mein Redner, – ›ist die Reihe an mir, gegen die Ehebrecher zu reden; dann kommt sie an dich. Denn was Thersander eben gesagt hat, erstreckte sich bloß auf den Priester; nur mit Wenigem und ganz oberflächlich berührte er den Gefangenen. Habe ich bewiesen, daß er doppelt das Leben verwirkt hat, dann ist die Reihe an dir, ihn von seiner Schuld freizusprechen.‹

So sprach er, machte wunderliche Gebärden, und rieb sich die Stirn.

›Wie der Priester seinen Witz spielen ließ‹, fuhr er fort, ›wie er alle seine Ausfälle auf Thersander in ein schmutziges und schamloses Gewand hüllte, haben wir gehört. Gleich am Beginn der Rede schmähte er Thersander, weil er ihn angegriffen hatte. Allein Thersander hat von allem, was er gegen ihn sagte, nicht das mindeste erlogen. Er hat ja den Gefangenen freigesetzt, er hat die Dirne aufgenommen, er hat mit dem Ehebrecher gemeinsame Sache gemacht. Alles hingegen, was er auf eine weit schändlichere Weise gegen Thersanders Leben ausstieß, ist nichts als Verleumdung. Und doch sollte ein Priester vor allen Dingen darauf sehen, daß er, um mich seiner eigenen Ausdrücke gegen ihn zu bedienen, seine Zunge von Schande rein hielt. Ich kann mich nicht genug wundern, wie er nach seinen spöttischen Witzeleien mit Ernst auftrat, und uns nicht mehr in rätselhaften Ausdrücken, sondern ganz offen die übertriebensten Vorwürfe machte, daß wir einen Ehebrecher ergriffen und in Fesseln gelegt haben. Es muß ihm eine schöne Belohnung versprochen sein, daß er so vielen Eifer dabei zeigte. Man kann auch wohl der Sache leicht auf die Spur kommen. Er sah diese verbuhlten Gesichter des Ehebrechers und der Dirne. Sie ist jung und blühend; auch der Jüngling ist noch in der Blüte, ist nicht abschreckend von Aussehen, und zu den Lüsten des Priesters wohl noch brauchbar. Wer von diesen beiden hat dich nun für deine Mühe belohnt? Denn ihr schlieft ja alle beisammen, berauschtet euch gemeinschaftlich, und niemand war des Nachts als Zeuge bei euch. Ich befürchte, ihr habt der Artemis Heiligtum zu Aphrodites Tempel gemacht. Und was deine Priesterwürde betrifft, so wollen wir noch miteinander rechten, du bist dieser Ehre nicht würdig. – Jedermann weiß, wie Thersander von seiner frühesten Jugend an immer einen sittsamen Lebenswandel führte, und als er zum Manne herangewachsen war, heiratete er gesetzmäßig. Leider aber hat er sich in der Wahl der Frau getäuscht. Er verließ sich auf ihren Stand und ihr Vermögen, fand sie aber dann nicht so, wie er sie wünschte. Denn allem Anscheine nach hat sie schon vorher mit andern ihr Unwesen getrieben, nur hielt sie es vor diesem braven Manne verborgen. Zuletzt aber trieb sie es so weit, daß sie ihre Schande ganz öffentlich zur Schau trug; ihre Schamlosigkeit stieg aufs höchste. Ihr Mann unternahm eben eine weite Reise, und dies hielt sie für den schicklichsten Zeitpunkt, ihren Lüsten nachzuhängen, und fand zum Unglück diesen verbuhlten Jüngling – zum Unglück, sage ich; denn einen Liebhaber zu finden, der bei Frauen die Rolle des Mannes spielt, bei Männern aber selbst zur Frau wird, ist gewiß das größte Unglück. – Es war ihr nicht genug, in einem fremden Lande sorglos und öffentlich mit ihm zu wirtschaften, sondern sie brachte ihn auch mit hierher, schlief auf dem ganzen Wege bei ihm, und überließ sich ganz offenbar im Anblick aller auf dem Schiffe der Schwelgerei. Weh diesem Ehebruch! Land und Meer sind Zeuge von ihm! Weh diesem Ehebruch! Von Ägypten bis Ionien hat er sich erstreckt! Wird jemand ein Ehebrecher, so wird er es nur auf einen Tag, und geschieht es auch zum zweiten Male, so tut er es wenigstens insgeheim, und hält es vor jedermann verborgen. Ihr Ehebruch aber ist so allgemein bekannt, als wäre er ausposaunt, vom Herold ausgerufen worden. Ganz Ephesus kennt den Ehebrecher. Denn ungescheut führte sie ihn aus der Ferne mit sich hierher; sie kaufte die verführerische Schönheit wie eine Ware auf, und brachte einen Ehebrecher mit nach Hause. ‚Ja', wird sie sagen, ‚ich hielt meinen Mann für tot!' Allerdings bist du, wenn er gestorben ist, von der Schuld befreit; denn dann ist niemand da, der den Ehebruch erduldet. Eine mannlose Ehe kann nicht geschändet werden. Lebt aber der Mann noch, und ist es sonach eine wirkliche Ehe, so wird sie dadurch, daß ein anderer die Gattin schändet, nicht aufgehoben, sondern es wird ein Raub an ihr begangen. So wie es nun aber kein Ehebruch genannt werden kann, wenn der Mann nicht mehr lebt, so ist es Ehebruch, wenn er noch lebt.‹

Mitten in der Rede fiel Thersander Sopatros ins Wort und sagte: ›Wozu noch so viele Worte? Ich habe hier eine doppelte Forderung, die eine an Melitte, und zwar nicht der Folter wegen, wie ich kurz vorher sagte; die andere betrifft die vermeintliche Tochter des Gesandten, die im Grunde meine Sklavin ist.‹ Zugleich las er vor:

›Thersander fordert von Melitte und Leukippe – so, habe ich gehört, soll die Dirne heißen: Melitte soll, wenn sie seit meiner Abwesenheit mit diesem Fremdling nichts zu tun gehabt hat, in das Wasser der heiligen Styx hinabsteigen, und sich durch einen Schwur von der Anklage befreien; Leukippe hingegen, wenn sie bekennt, daß sie ein Weib ist, zu ihrem Herrn zurückkehren; denn nur Sklavinnen ist es erlaubt, den Tempel der Artemis zu betreten. Gibt sie sich aber für eine Jungfrau aus, so mag man sie in die Höhle der Syrinx verschließen.‹

Diese Aufforderung nahmen wir sogleich an, denn wir waren schon darauf gefaßt. Auch Melitte ließ den Mut nicht sinken; sie war sich wohl bewußt, daß in Thersanders Abwesenheit nichts unter uns vorgefallen war als wechselseitige Gespräche.

›Auch ich‹, sagte sie, ›nehme diese Aufforderung an, ja, ich setze noch mehr hinzu – und dies ist alles, was man verlangen kann –: Ich bin mir nicht bewußt, weder mit einem Fremden, noch mit einem Ephesier Gemeinschaft gehabt zu haben, wie du mich beschuldigst. Aber wie wird es dir ergehen, wenn du als falscher Ankläger ertappt wirst?‹

›Dies überlaß dem Urteil der Richter!‹ sagte er.

Darauf wurde beschlossen, den folgenden Tag die Forderung an uns zu vollziehen, und das Gericht ging auseinander.

Während dem Essen erzählte uns der Priester die Geschichte von dem Wasser der Styx.

›Es war einmal ein schönes Mädchen‹, fing er an, ›namens Rhodopis. Sie war eine Liebhaberin der Jagd. Ihre Füße waren im Laufen geübt, und ihre Hände geschickt, den Bogen zu führen. Ein Gürtel, eine Kopfbinde und ein Gewand, das sie bis an das Knie schürzte, war ihre Kleidung. Das Haar trug sie nach Art der Männer geschoren.

Artemis sieht sie. Sie gefiel ihr, und die Göttin rief sie zu sich. Seitdem jagte sie immer in ihrer Gesellschaft, und meistens teilten sie den Fang miteinander. Rhodopis schwor auch, immer bei ihr zu bleiben, den Umgang der Männer zu meiden, und sich Aphrodites Gewalt zu entziehen.

Rhodopis schwor, und Aphrodite hörte es. Sie wurde zornig und wollte sich an dem Mädchen wegen seines Übermutes rächen.

In Ephesus war ein Jüngling, der schönste unter den jungen Männern, so wie Rhodopis die schönste unter den Jungfrauen. Er hieß Euthynikos. Auch er jagte, wie Rhodopis, und wollte ebenso wie sie von Aphrodite nichts wissen.

Gegen beide macht sich nun die Göttin auf, und führt ihr Wild an einen Ort zusammen. Bisher waren sie immer getrennt. Artemis war eben nicht zugegen.

Aphrodite tritt zu ihrem Sohn, dem Bogenschützen, und spricht zu ihm: ‚Siehst du, mein Sohn, dies Paar, das Aphrodite nicht huldigt, das uns und unsern Geheimnissen so abhold ist? Doch die Jungfrau schwor auch noch einen verwegenen Eid gegen mich. Siehst du, wie sie beide auf den Hirsch zulaufen? Beginne auch du deine Jagd, zuerst auf das kühne Mädchen. Dein Geschoß wird gewiß besser treffen.‘

Beide nun spannen den Bogen, sie auf den Hirsch, Eros auf das Mädchen, und beide treffen. Die Jägerin trifft und wird getroffen. Der Hirsch hat den Pfeil im Rücken, das Mädchen im Herzen. Das Geschoß war die Liebe zu Euthynikos.

Ein zweiter Pfeil trifft den Jüngling.

Euthynikos und Rhodopis sehen einander. Zuerst stehen sie da, heften ihre Augen aufeinander, und keiner von beiden will den Blick seitwärts richten. Bald aber entzündet sich in ihnen die Wunde, und Eros selbst leitet sie in diese Grotte, wo jetzt die Quelle ist. Hier brechen sie ihren Schwur.

Artemis sieht Aphrodite lächeln, merkt, was geschehen ist, und löst das Mädchen in Wasser auf eben da, wo ihr der Gürtel gelöst wurde.

Wird nun ein Mädchen der Unkeuschheit beschuldigt, so steigt sie in die Quelle hinab und reinigt sich. Die Quelle ist klein, und geht nur bis an die Knöchel. Mit dem Urteil selbst verhält es sich so: Sie schreibt den Schwur auf ein Täfelchen, und hängt es, an einer Schnur befestigt, um den Hals. Hat sie nicht falsch geschworen, so bleibt das Wasser ruhig in seiner Lage. Hat sie aber falsch geschworen, so braust das Wasser auf, steigt bis an den Hals empor, und überdeckt das Täfelchen.‹

Unter diesem Gespräche war der Abend herbeigekommen, und wir gingen, jeder für sich, zu Bette.

Am folgenden Tag war das ganze Volk beisammen. Thersander ging mit fröhlicher Miene voraus und sah zugleich höhnisch lächelnd auf uns.

Leukippe war mit einem heiligen Gewande bekleidet. Es war aus feiner Leinwand und reichte bis zu den Füßen herab; in der Mitte umschloß es ein Gürtel. Ihr Kopf war mit einer purpurnen Binde umwunden, ihre Füße ohne Sohlen. Mit allem Anstande trat sie in die Höhle.

Ich stand da, und zitterte und bebte.

›Daß Leukippe noch Jungfrau ist‹, sagte ich bei mir, ›davon bin ich ganz überzeugt. Aber, Geliebte, vor dem Pan ist mir bange. Er liebt die Mädchen, und ich befürchte, du könntest ihm die zweite Syrinx werden. Sie floh den Verfolger auf freier Ebene, und er verfolgte sie im Freien. Dich aber schließen wir in die Höhle ein, wie in eine Festung, so daß du nicht einmal entfliehen kannst, wenn er dich verfolgt. Aber sei uns geneigt, Pan, und verletze nicht die Gesetze dieses Orts; denn wir haben sie als heilig beachtet. Als Jungfrau laß uns Leukippe zurückkehren! Diese Verbindlichkeit bist du der Artemis schuldig. Täusche sie nicht, die jungfräuliche Göttin!‹

Während ich so bei mir selbst sprach, tönte ein lieblicher Gesang aus der Höhle hervor, und jedermann versicherte, nie einen helleren Ton gehört zu haben. Sogleich sahen wir die Türe sich öffnen, und Leukippe sprang heraus. Das ganze Volk schrie laut auf vor Freude und schmähte Thersander.

Wie mir dabei war, kann ich nicht beschreiben. Einen Sieg, und zwar den schönsten, hatten wir davongetragen.

Darauf begaben wir uns zur Styx, um die zweite Untersuchung anzustellen. Auch hierher folgte uns das Volk, um es mit anzusehen.

Alles war in Bereitschaft. Melitte wurde das Täfelchen umgehängt. Die Quelle war klar und sehr klein. Melitte stieg hinein, und stand mit heiterer Miene da. Das Wasser blieb, wie es war, ruhig in seiner Lage, und übersprang nicht im mindesten seine gewöhnlichen Grenzen. Als die Zeit, welche sie in der Quelle bleiben mußte, verflossen war, faßte sie der Oberrichter bei der Hand und zog sie aus dem Wasser.

So hatte Thersander schon zweimal den Sieg verloren. Zum dritten Male wollte er sich nicht der Gefahr aussetzen und schlich sich eilig nach Hause. Er befürchtete, vom Volke gesteinigt zu werden.

Eben brachten vier Jünglinge auch den Sosthenes herbei. Es waren zwei von Melittes Verwandten und zwei Diener, die Melitte ausgeschickt hatte, um ihn zu suchen.

Thersander hatte es von fern her erfahren, und da er wohl wußte, daß Sosthenes auf der Folter alles eingestehen würde, kam er dem zuvor und machte sich bei einbrechender Nacht eilig aus der Stadt.

Sosthenes ließen die Richter, da Thersander entflohen war, ins Gefängnis werfen.

Darauf entfernten wir uns, in jeder Hinsicht als Sieger, und von allen Seiten rief man uns Glückwünsche zu.

Am Tag darauf wurde Sosthenes von Bevollmächtigten vor die Richter gebracht. Da er sah, daß man ihn zu der Folter abführte, gestand er alles, was Thersander und er dabei getan hatten, offenherzig ein. Nicht einmal das überging er, was sie von ihr vor Leukippes Türe miteinander gesprochen hatten.

Er wurde nun wieder ins Gefängnis gebracht, um seine Strafe zu verbüßen, und Thersander, der die Flucht ergriffen hatte, des Landes verwiesen. Uns aber bewirtete der Priester auf gewohnte Weise.

Während dem Essen setzten wir unsere Erzählung fort und ergänzten, was wir am vorigen Tag übergangen hatten.

Leukippe scheute sich nun nicht mehr vor ihrem Vater, da sie so offenbar als Jungfrau befunden worden war, und erzählte alles, was ihr begegnet war, mit dem größten Vergnügen.

Als sie auf Pharos und auf die Räuber kam, sagte ich zu ihr: ›Erzähle uns doch die Geschichte mit den Räubern aus Pharos, und das Rätsel mit dem abgeschnittenen Kopfe, damit es auch dein Vater hört. Denn nur dies ist noch übrig zur Vollendung der ganzen Geschichte.‹

›Die Räuber hatten‹, fing sie an zu erzählen, ›eine unglückliche Frau bei sich, eine von den Dirnen, welche mit Aphrodites Geschenken Gewinn treiben. Sie hatten ihr weisgemacht, sie würde einen auf dem Schiffe zum Manne bekommen. Die Frau fuhr also mit, ohne daß sie wußte, warum sie eigentlich da war, und lebte ganz ruhig mit einem Räuber, der sich als ihr Liebhaber ausgab.

Sie raubten mich, brachten mich, wie du sahst, auf das Schiff und ruderten schnell davon. Bald aber erblickten sie das Schiff, das sie verfolgte, nahmen den Schmuck und die Kleider des unglücklichen Weibes, und legten sie mir an, ihr aber die meinigen. Sie stellten das Weib auf das Verdeck, von wo aus sie die Verfolger sehen konnten, schnitten ihr den Kopf ab, und warfen sie, wie du sahst, ins Meer. Den Kopf behielten sie für jetzt noch auf dem Schiffe; da ihnen aber nicht mehr nachgesetzt wurde, warfen sie auch diesen hinaus.

Ob sie die Frau bloß deswegen mitgenommen hatten, oder ob sie willens waren, sie als Sklavin zu verkaufen, was später mir widerfuhr, kann ich nicht sagen. Soviel ist gewiß: Als sie verfolgt wurden, töteten sie sie statt meiner, um ihre Verfolger zu täuschen. Vielleicht glaubten sie von mir, wenn sie mich verkauften, mehr Gewinn zu ziehen, als von jener. Und dies war auch Veranlassung, daß Chaireas seine wohlverdiente Strafe leiden mußte.

Er selbst hatte den Rat gegeben, jene Frau statt mir zu töten und ins Meer zu stürzen. Der übrige Räuberhaufen aber wollte mich nicht ihm allein überlassen. Man habe ja, sagten sie, vorher einen andern Körper gehabt, der ihnen, wenn sie ihn verkauft hätten, reichlichen Gewinn gebracht haben würde. Für die Getötete also müsse ich verkauft werden und der Gewinn nicht ihm allein, sondern allen gemeinschaftlich zufallen.

Er widersetzte sich, suchte sich lange zu rechtfertigen, brachte den Vertrag in Erwähnung, nach welchem er sie nicht für sie zum Verkauf, sondern für sich als Geliebte geraubt habe.

Da er dabei ziemlich anmaßend sprach, hatte einer, der hinter ihm stand, den guten Einfall, ihm den Kopf abzuschneiden. Er litt also die gerechte Strafe für den Raub, und wurde nun selbst ins Meer geworfen.

Nach einer Fahrt von zwei Tagen brachten mich die Räuber, ich weiß selbst nicht, wohin, überließen mich für Geld einem Kaufmann, mit dem sie in Verkehr standen, und dieser verkaufte mich wieder an den Sosthenes.‹

›Ihr habt, Kinder‹, sagte hierauf Sostratos, ›nun beide eure Geschichte erzählt; wohlan, so will auch ich einen Beitrag zu dieser Erzählung liefern, und euch berichten, was sich zu Hause mit Kleitophons Schwester, Kalligone, zugetragen hat.‹

Als ich den Namen meiner Schwester hörte, wurde meine ganze Aufmerksamkeit gespannt.

›Ja, Vater‹, sagte ich, ›erzähle uns von ihr, aber nur, wenn sie noch lebt.‹

Er fing nun an, alles zu erzählen, was ich schon oben gestreift habe, von Kallisthenes, vom Orakel, von der heiligen Gesandtschaft, dem Schiffe und von dem Raube.

›Als er auf dem Schiff erfuhr‹, setzte er dann hinzu, ›daß es nicht meine Tochter war, war ihm sein ganzer Plan vereitelt. Doch auch Kalligone liebte er sehr. Er warf sich ihr zu Füßen und sagte: ‚Meine Gebieterin! Halte mich nicht für einen Räuber oder für einen Bösewicht. Ich bin einer der Edlen aus Byzantion, und darf mich jedem andern an die Seite stellen. Die Liebe bewog mich, diesen Raub zu erheucheln, und dieses Mittel gegen dich zu gebrauchen. Von heute an betrachte mich als deinen Sklaven. Zum Brautgeschenk gebe ich dir alles hin, mich und so viele Güter wie sie dir dein Vater nie gegeben haben würde. So lange es dir beliebt, will ich dir deine Jungfräulichkeit lassen.‘

Durch diese und andere noch lockendere Reden suchte er sich das Mädchen geneigt zu machen. Überdies war er schön gebildet, und wußte durch seine Beredsamkeit leicht zu überreden.

Als er nach Byzantion kam, setzte er ihr ein sehr ansehnliches Brautgeschenk aus, versah sie noch außerdem reichlich mit Kleidern, Gold und allem, was zum Schmucke reicher Frauen gehört. Seinem Versprechen gemäß blieb sie bei ihm unverletzt und wohl aufbehalten, und dadurch gewann ihn das Mädchen lieb.

Auch im Übrigen zeigte er sich als ordentlicher, bescheidener und mäßiger Jüngling. Kurz, es war auf einmal eine wunderbare Veränderung mit ihm vorgegangen. Er wich vor Ältern von seinem Sitz, und kam denen, die ihm begegneten, mit seinem Gruß zuvor. Bisher war sein Charakter immer zweideutig gewesen, jetzt kehrte er von seinen Ausschweifungen zur Besonnenheit zurück. Er zeigte sich großmütig, wenn jemand seiner Hülfe bedurfte. Mit einem Worte, jedermann wunderte sich, daß aus einem Menschen von so schlechten Sitten ein so ordentlicher junger Mann geworden war.

Vor allem suchte er sich mir gefällig zu machen, und ich gewann ihn auch wirklich sehr lieb. Seine vorigen Ausschweifungen hielt ich mehr für natürliche Aufbrausung als für Zügellosigkeit. Mir fiel dabei das Beispiel des Themistokles ein, der in seiner Jugend ein zügelloses Leben geführt haben soll, später aber an Weisheit und Rechtschaffenheit alle Athener übertraf.

Es reute mich nun, daß ich ihn zurückgewiesen hatte, als er um meine Tochter warb. Denn er bewies mir alle Achtung, nannte mich Vater, und begleitete mich in die Volksversammlungen.

Auch die Kriegsübungen vernachlässigte er nicht mehr, und zeichnete sich in den Reitübungen recht wacker aus. Zwar fand er an diesen auch während seines schwelgerischen Lebens Vergnügen, und widmete sich ihnen, aber nur zur Pracht und zur Ergötzung. Unvermerkt aber nahm sein gesetzter männlicher Sinn ebenso zu wie seine Erfahrung. Sein Hauptgeschäft war, sich auf alle mögliche Weise im Kriegswesen auszuzeichnen. Auch schoß er der Stadt eine ansehnliche Summe vor, und wurde mit mir zugleich zum Heerführer ernannt, wodurch sich seine Achtung gegen mich noch mehr vergrößerte, und in allen Stücken zeigte er sich mir ergeben.

Nachdem wir unter dem sichtbaren Beistande der Götter gesiegt hatten, kehrten wir unter frohen Danksagungen nach Byzantion zurück. Es wurde beschlossen, dem Herakles und der Artemis ein Opfer zu bringen, und die Wahl traf uns beide. Ich sollte hier der Artemis, er in Tyros dem Herakles opfern.

Jetzt ergriff Kallisthenes meine Rechte, und erzählte mir zuerst, was er wegen Kalligone unternommen hatte. ‚Vater', setzte er dann hinzu, ‚was ich getan habe, geschah freilich im Feuer der Jugend; später aber handelte ich mit Überlegung. Denn bis jetzt habe ich das Mädchen als Jungfrau belassen, und dies noch dazu im Getümmel des Kriegs, wo niemand Vergnügungen aufzuschieben pflegt. Nun bin ich entschlossen, sie nach Tyros zu ihrem Vater zurückzuführen, und sie von ihm gesetzmäßig zur Ehe zu empfangen. Will er mir das Mädchen geben, so werde ich mich für glücklich schätzen; ist er aber starrsinnig, und nicht zu bewegen, so empfängt er sie als Jungfrau zurück. Es ist mein innigster Wunsch, sie zu bekommen, und ich habe ihr ein ansehnliches Brautgeschenk bestimmt.'

Ich will dir doch auch den Aufsatz vorlesen, den ich unserer Verabredung gemäß entworfen habe, ehe ich in den Krieg zog, worin ich den Wunsch an den Tag lege, das Mädchen möchte an den Kallisthenes verheiratet werden, und seine Geburt, seine Würde und seine Vorzüge im Krieg auseinandersetze.

Nun habe ich beschlossen, sobald unsere Sache entschieden ist, nach Byzantion zurückzukehren und von da nach Tyros zu reisen.‹ Nach dieser Unterhaltung legten wir uns auf dieselbe Weise zur Ruhe.

Am folgenden Tag kam Kleinias und brachte uns die Nachricht, Thersander sei des Nachts entflohen. Er habe die Forderung nicht gestellt, um den Prozeß zu gewinnen, sondern es sei nur ein Vorwand gewesen, die Überführung seiner Vergehen zu verzögern.

Wir warteten noch drei Tage, so lange nämlich der Termin angesetzt war, gingen dann zum Oberrichter, und hörten das Urteil der Gesetze, nach welchen Thersander nichts mehr an uns zu fordern hatte.

Darauf bestiegen wir ein Schiff, segelten mit günstigem Winde nach Byzantion, vollzogen daselbst die lange gewünschte Hochzeit, und reisten nach Tyros. Zwei Tage später kam auch Kallisthenes.

Mein Vater war eben mit der Zubereitung des Opfers beschäftigt, welches auf den folgenden Tag zur Hochzeit meiner Schwester bestimmt war.

So opferten wir zusammen, und flehten gemeinsam zu den Göttern, unsere Ehen glücklich zu machen.

Wir beschlossen, den Winter über in Tyros zu bleiben, und dann nach Byzantion zurückzukehren.«

Lucius Apuleius

Im Gegensatz zu den meisten anderen antiken Romanautoren, deren Lebenslauf uns vielfach kaum kenntlich ist, tritt der Verfasser des vielleicht frühesten uns vollständig erhaltenen antiken Romans der Nachwelt deutlicher vor Augen. Seine Lebenszeit ist zwischen 125 und 180 n. Chr. anzusetzen, sein Geburtsort ist Madaura in Numidien. Neben dem hier abgedruckten Hauptwerk, von dem im folgenden zu reden sein wird, liegen uns noch mehrere kleinere Werke vor, ferner auch Hinweise auf verlorene Veröffentlichungen (Reden, Poeme, Naturwissenschaftliches, Historiographisches) sowie pseudepigraphische Schriften. Am interessantesten unter den kleineren Werken ist wohl die einzige uns erhaltene Gerichtsrede aus der Kaiserzeit, die Apologie *aus dem Jahre 158 n. Chr., in der sich Apuleius gegen die Anklage der Zauberei verteidigt, die ihm seine Heirat mit der recht vermögenden Witwe Aemilia Pudentilla eingetragen hatte. Aus verschiedenen anderen Reden sind besonders effektvolle Glanzstellen, wohl von späterer anonymer Hand, herausgehoben worden; die 23 Texte dieser* Florida *füllen 43 Seiten. Daneben sind noch Schriften zu erwähnen, die sich philosophischen Fragen zuwenden, so die Erörterungen über Dämonologie und das Daimonion des Sokrates* (De deo Socratis) *und über Platon und seine Lehre* (De Platone et eius dogmate); *die letztere hat uns als älteste lateinische Schrift des Neuplatonismus zu gelten und beansprucht auch als ausgearbeitetes Kollegheft wie Ciceros* De inventione *eigenes Interesse. Schließlich ist, nach Ciceros Übertragung des Platonischen* Timaios, *des Apuleius lateinische Bearbeitung der Schrift* Über das Weltall *aus dem Corpus Aristotelicum* (De mundo) *die nächste uns erhaltene nahezu wörtliche Übertragung eines griechischen Prosatextes ins Lateinische.*

Auch der Roman des Apuleius, von ihm selbst Verwandlungen *benannt* (Metamorphoseis), *von Augustin* (Der Gottesstaat 18,18) *als* Der goldene Esel *erwähnt, geht auf eine griechische Vorlage zurück, von der uns im Corpus der Schriften des Lukian eine von einem Angehörigen der Zweiten Sophistik (vielleicht Phoinix oder Phylax aus Hypata, 2. Jahrhundert n. Chr.) geformte Fassung erhalten ist. Wenn man diese (hier S. 579–619 abgedruckt) zum Vergleich mit dem Werk des Apuleius heranzieht, zeigt sich unter anderem zweierlei: Apuleius hat durch aufwendige Sprachkunst, mehr noch durch vielfältige umfangreiche Einlagen das Werk auf etwa den sechsfachen Umfang gebracht; zum anderen hat er ihm statt des burlesken Schlusses einen feierlich mystischen Ausklang gegeben, indem er das ganze elfte Buch hinzufügt, das der Göttin Isis geweiht ist. Unter den bereits erwähnten Einfügungen (sie sind nebenstehend aufgeführt) finden sich Anklänge an das Siegfried- und das Phädra-Motiv (S. 476–S. 484; S. 528–S. 536); als berühmteste Einlage gilt die in die Mitte des Romans plazierte märchenhafte Erzählung von Amor und Psyche (S. 412–S. 449). Sie ist dem Thema der Haupterzählung verbunden durch das gemeinsame Motiv der Neugier,* curiositas, *welche den Menschen ins Unglück führt, aus dem ihn erst nach vielerlei Leid und Prüfung die Gunst einer gnädigen Gottheit erlöst. Ist es im Märchen die Neugier der liebenden Psyche, die trotz des Gebotes ihres Gatten sich nicht bezähmen kann und ihn unerlaubt im Schlaf betrachtet, so ist es im Roman selbst der junge Erzähler, der aus Neugier sich mit unerlaubten magischen Künsten in einen Esel verwandelt, dann aber die Rückkehr zur Menschengestalt nicht mehr zu bewirken vermag, so daß er als Grautier ein gar grausames Geschick erleiden muß, bis ihn endlich nach vielerlei Pein die Gnade der Isis erlöst.*

Ruhm und Nachruhm des Apuleius übertreffen alles, was andere antike Romanautoren zu erreichen vermochten. Zu Lebzeiten wurden ihm Statuen gesetzt, als einziger römischer Dichter neben Vergil wurde er durch eine Bronzestatue im byzantinischen Gymnasion Zeuxippos geehrt (Anthologia Palatina 2, 303), Contorniaten zeigen sein Bildnis. Berühmt war er nicht nur als Rhetor, sondern auch als Zauberer, dessen Wundertaten, wie Augustin mehrfach bezeugt, von den Gegnern der jungen Kirche mit denen Christi verglichen wurden. Zahlreiche Spuren bekunden auch seinen Einfluß im Mittelalter. Boccaccios Decamerone *nimmt die Geschichte vom Galan im Faß wieder auf (S. 501–S. 502 = Bocc. 7, 2). Einen Höhepunkt markiert Raffaels Zyklus* Amor und Psyche *in der Farnesina in Rom.*

Novellistische Einlagen

Der goldene Esel

Erstes Buch

Also gut! ich will ein paar milesische Geschichten erzählen und dein geneigtes Ohr mit angenehmem Geplauder erfreuen – soweit du es nicht verschmähst, in diese mit dem spitzen Nilrohr beschriebenen ägyptischen Blätter Einblick zu nehmen: in menschliche Gestalten und Geschicke, die sich verwandeln und wieder zurückverwandeln, daß du dich wundern wirst.

Ich fange an. – Aber wer ist der Erzähler?

In aller Kürze: der attische Hymettos, der korinthische Isthmos und der spartanische Tainaros, herrliche Gefilde und ewig gepriesen in noch herrlicheren Büchern, sind die Heimat meines Geschlechts; dort habe ich als Kind im ersten Unterricht Attisch gelernt. Dann habe ich mich in der Stadt Latiums als junger Student mit der bei den Quiriten heimischen Sprache mit Fleiß und Mühe und ohne die Anleitung eines Lehrers vertraut zu machen begonnen und sie zu beherrschen gelernt.

Und deshalb bitte ich auch um Nachsicht, wenn ich durch mein Ungeschick in der mir nicht so geläufigen auf dem römischen Forum üblichen Ausdrucksweise Anstoß erregen sollte. Andererseits entspricht vielleicht gerade dieser Wechsel im Tonfall den Kapriolen der Geschichte, die uns bevorsteht. Ich erzähle eine griechische Geschichte, eine besonders amüsante Geschichte. Paß auf, lieber Leser: Es wird dir Spaß machen!

*

Thessalien – denn dorther stamme ich mütterlicherseits, und daß sich meine Abstammung von dem berühmten Plutarch und seinem Neffen, dem Philosophen Sextus, herleitet, kann mir nur zur Ehre gereichen –, Thessalien also war das Ziel einer Geschäftsreise. Nachdem ich steile Gebirge, feuchte Täler, taufrische Wiesen und unwegsame Felder hinter mir hatte, sprang ich, da ich auf einem schneeweißen einheimischen Schimmel ritt, der ebenfalls schon recht müde war, auf die Füße, um die vom Sitzen begünstigte Schläfrigkeit abzuschütteln und mir die Beine zu vertreten; ich wischte mit etwas Laub dem Pferd sorgsam den Schweiß ab, rieb ihm die Ohren, machte das Zaumzeug los und führte es gemächlichen Schrittes langsam weiter, bis sich sein Leib die übliche und natürliche Abhilfe suchte und von der lästigen Ursache seiner Trägheit befreite. Während es sich im Vorbeigehen die Wiesen schmecken ließ, an denen es vornübergebeugt und mit seitwärts gewandtem Maul rupfte, gesellte ich mich als dritter zu zwei Gefährten, die vor uns gingen. Und wie ich ihren Gesprächen zuhörte, fing der eine von ihnen auf einmal laut zu lachen an und rief: »Spare deine Worte, hör auf mit diesem Unsinn und diesen Ungeheuerlichkeiten!«

Was ich vernahm, reizte meinen immer wachen Wissensdurst um so mehr, und ich mischte mich ein: »Im Gegenteil, laßt mich zuhören! Ich bin zwar nicht neugierig, möchte aber gerne alles oder wenigstens so viel als möglich wissen. Zugleich wird uns durch die angenehme Unterhaltung der Aufstieg auf den Hügel weniger sauer.«

Der zuerst gesprochen hatte, erwiderte: »Weiß Gott, dieses Märchen ist so wahr wie die Behauptung, durch irgendeinen Hokuspokus würden die Flüsse rückwärts fließen, das Meer regungslos erstarren, die Winde aufhören zu wehen, die Sonne stillstehen, der Mond zu Schaum werden, die Sterne niederfallen, würde es nie mehr Tag und würde es ewige Nacht!«

Da faßte ich etwas mehr Mut und sagte: »Du hast angefangen zu erzählen, laß dich nicht ärgern und dich nicht davon abbringen, auch den Rest zu berichten«, und zu dem anderen: »Wenn du auch dicke Ohren und einen eigensinnigen Kopf hast, so kann doch trotzdem wahr sein, was dir nicht gleich einleuchtet. Du scheinst wirklich nicht zu wissen, daß man oft verkehrterweise für Schwindel hält, was neu zu hören oder ungewohnt zu sehen ist oder was zumindest außerhalb unserer Vorstellung zu liegen scheint. Aber wenn du dann genauer hinsiehst, wirst du merken, daß es nicht nur möglich, sondern sogar auch wahrscheinlich ist.

Als ich mich zum Beispiel gestern abend mit meinen Tischgenossen um die Wette bemühte, statt eines vernünftigen Bissens ein zu großes Stück Käsepolenta hinunterzuwürgen, wäre ich beinahe erstickt, weil mir der zähe Brei im Halse steckenblieb und ich keine Luft mehr bekam. Und doch habe ich kürzlich in Athen, vor der Bunten Halle, mit diesen meinen beiden Augen einen Schausteller einen scharfen Reitersäbel mit der Spitze voran verschlucken sehen, der sich dann auch noch für ein paar Münzen einen Jagdspieß mit dem gefährlichen Ende tief in den Unterleib stieß. Und kaum zu glauben, auf die eiserne Spitze der Lanze, die samt dem Schaft aus dem Schlund wieder herauskam, kletterte ein junger Kerl und zeigte dort Akrobatenstücke, so elegant und luftig, daß wir Zuschauer nur so staunten. Geschickter hätte sich auch nicht die geschmeidigste Schlange um den knotigen Stock des Heilgottes schlingen und winden können. – Wie dem nun sei, auch wenn du schon angefangen hast, deine Geschichte zu erzählen, ich bitte dich, noch einmal von vorn zu beginnen. Ich will sie für deinen Kameraden mit glauben, und im ersten Wirtshaus machen wir Rast, und ich will für deine Zeche aufkommen. Das soll dein Lohn sein.«

Jener erwiderte: »Deinen Wunsch erfülle ich dir selbstverständlich gern, und ich will mit der ganzen Geschichte noch einmal von vorn anfangen. Zunächst aber schwöre ich dir beim allschauenden Sonnengott, daß alles, was ich erzähle, die lautere Wahrheit ist, wie ich sie selbst erlebt habe; ihr werdet euern Zweifel begraben, wenn ihr in der nächsten thessalischen Stadt feststellt, daß noch in aller Leute Mund ist, was vor aller Augen geschah. Doch damit ihr auch wißt, wer und woher ich bin: ich heiße Aristomenes und stamme aus Ägion. Und was mein Gewerbe betrifft, so ziehe ich mit Honig, Käse und anderem Ladenkram kreuz und quer durch Thessalien, Ätolien und Böotien. Da ich nun hörte, daß in Hypata, übrigens die schönste Stadt von ganz Thessalien, frischer und wohlschmeckender Käse zu einem günstigen Preis angeboten wird, machte ich mich rasch auf den Weg, um den ganzen Posten aufzukaufen. Aber wie es zu gehen pflegt, ich war mit dem linken Fuß aufgestanden und sah mich in meiner Hoffnung auf ein gutes Geschäft getäuscht; am Tag zuvor hatte nämlich der Großhändler Lupus alles weggeschnappt. So hatte ich mich schließlich, erschöpft von der sinnlosen Eile, gegen Abend ins Bad begeben.

Und hier sehe ich plötzlich meinen alten Freund Sokrates. Er saß am Boden, notdürftig in seinen zerrissenen Mantel gehüllt, vor Blässe und Magerkeit kaum wiederzuerkennen und ganz wie die Stiefkinder Fortunas, die an den Ecken zu betteln pflegen. Bei seinem Aufzug schämte ich mich fast, ihn anzusprechen, obwohl er ein Freund und guter Bekannter war. ›He, Sokrates, was soll denn das heißen? Wie siehst du denn aus? Schämst du dich nicht? Zu Hause hat man dich schon beweint und betrauert, das Gericht hat für deine Kinder schon den Vormund bestellt, deine Frau ist nach der Trauerfeier vor Kummer und Schmerz fast zusammengebrochen; sie hat sich die Augen aus dem Kopf geweint, bis sie fast blind war, und wird von ihren Eltern gedrängt, ihr verwaistes Heim durch die Freuden einer neuen Ehe wieder aufzuhellen. Und du läufst hier zu unser aller Schande wie ein leibhaftiges Gespenst herum!‹

›Ach, Aristomenes‹, erwiderte er, ›du hast ja keine Ahnung von des Glückes Launen, von seinem Unbestand und Wechsel!‹ Und zugleich versteckte er sein schamrotes Gesicht hinter den geflickten Lumpen, so daß sein Leib vom Nabel abwärts kaum noch bedeckt war. Ich konnte das jammervolle Schauspiel nicht länger mit ansehen, legte ihm die Hand auf die Schulter und hieß ihn aufstehen.

Aber mit verhülltem Haupt, so wie er war, rief er: ›Laß sein! Laß doch Fortuna sich auch weiter des Triumphes freuen, den sie sich zu verschaffen wußte!‹

Ich erreichte es, daß er mitging, und gleichzeitig zog ich einen meiner beiden Umhänge von der Schulter und beeilte mich, ihn zu bekleiden, besser gesagt: ihn zu bedecken, führte ihn umgehend ins Bad, brachte ihm, was er zum Salben und was er zum Waschen brauchte, scheuerte ihm mit Müh und Not die Schmutzkruste vom Leib und brachte ihn, nachdem das gründlich besorgt war, in ein Gasthaus, indem ich, selber mehr als müde, ihn mühsam auf den Beinen hielt; dort legte ich ihn auf das Bett, ließ ihn sich satt essen, tröstete ihn mit Wein und versuchte, ihn durch allerlei Geschwätz aufzumuntern. Bald gab es ein behagliches Geplauder, Scherze, Witze und auch schon kleine Sticheleien, als er auf einmal aus tiefster Brust qualvoll aufseufzte und sich mit geballter Faust vor die Stirn schlug und rief:

›Ach, ich Unglücklicher! Nur weil ich mir das Vergnügen eines Fechterspieles nicht versagen konnte, von dem viel Aufhebens gemacht wurde, bin ich in solches Elend geraten! Du erinnerst dich noch, daß ich seinerzeit nach Makedonien reiste, um ein bißchen Geld zu verdienen; und wie ich nach zehn Monaten mit gefüllter Börse wieder auf dem Heimweg bin, werde ich kurz vor Larissa, wo ich mir im Vorbeigehen das Schauspiel ansehen wollte, in einer einsamen und engen Schlucht von Räubern schlimmster Sorte überfallen, so daß ich, all meiner Habe beraubt, nur mit Müh und Not noch mein Leben rette, um aufs äußerste zugerichtet bei einer Schankwirtin namens Meroë einzukehren, einem schon etwas älteren, aber nicht so üblen Geschöpf, der ich die Umstände meiner langen Wanderschaft, meiner mühseligen Heimreise und meiner elenden Ausplünderung erzählte; sie ließ sich dazu herbei, mich mit aller Herzlichkeit willkommen zu heißen, lud mich mir nichts dir nichts zu einem guten Essen und schließlich, da sie sich nicht mehr zu lassen wußte, auch in ihr Bett ein. Und das war mein Unglück, denn aus der zufälligen Begegnung dieser einen Nacht entwickelte sich ein jahrelanges und unerfreuliches Verhältnis; und die Fetzen, die mir die Räuber aus Menschenfreundlichkeit noch gelassen hatten, um mich zu bedecken, habe ich samt meinem ganzen Verdienst als Sackträger, solange ich noch bei Kräften war, für sie geopfert, bis mich das gute Weib und die böse Fortuna in jene Verfassung gebracht haben, deren Zeuge du vorhin geworden bist.‹

›Wahrhaftig, du verdienst es‹, sprach ich, ›daß es dir noch schlimmer geht, als es dir schon ergangen ist, wenn dir schnöde Lust und eine alte Vettel mehr wert sind als dein Zuhause und deine Kinder!‹

Doch auf einmal legte er den Zeigefinger an den Mund und flüsterte ganz erschrocken: ›Still, still‹, und sich umblickend, ob niemand zuhöre, fuhr er fort: ›Nimm dich vor der Hexe in acht, daß dir deine vorlaute Zunge nicht Schaden bringt!‹

›Was soll denn das heißen?‹ fragte ich zurück: ›Was ist denn das für ein Weib, deine Hexenmeisterin und Schankwirtin?‹

›Eine Zauberin‹, sagte er, ›die Macht hat über das All; sie kann den Himmel herabziehen, die Erde hinaufhängen, die Quellen versiegen und die Berge zerfließen lassen; sie läßt die Toten aufwachen und die Götter sterben, sie löscht Sterne aus und erleuchtet den Tartarus!‹

›Halt!‹ rief ich, ›packe dein tragisches Theater ein und laß den Vorhang fallen, rede wie ein vernünftiger Mensch!‹

›Willst du das eine oder andere oder mehreres von ihren Künsten hören? Denn daß sie nicht nur Einheimische, sondern auch Inder und Äthiopier von hüben und drüben und sogar Antipoden sterblich in sich verliebt macht, das sind nur Kleinigkeiten ihrer Kunst, Scherze sozusagen. Höre, was sie sich vor aller Leute Augen geleistet hat!

Einen ihrer Liebhaber, der sich in eine andere vergafft hatte, hat sie mit einem einzigen Wort in einen Biber verwandelt, um ihn an dem zu strafen, womit er sich vergangen hat: dieses Tier entmannt sich nämlich selbst, wenn es fürchtet, in Gefangenschaft zu geraten.

Einen Gastwirt aus der Nachbarschaft, der ihr Konkurrenz machte, hat sie in einen Frosch verwandelt; nun schwimmt der Alte in seinem eigenen Weinfaß herum und begrüßt, in der Hefe versinkend, seine alten Kunden dienstbeflissen mit heiserem Quaken.

Einen vom Gericht, der ihr den Prozeß machen wollte, hat sie in ein Schaf verwandelt; und nun kann er als Schaf den Verteidiger spielen.

Der Frau eines ihrer Liebhaber, die zu vorlaut geklatscht hatte, hat sie kurz vor der Geburt den Leib verschlossen und das Kind zurückgetrieben, so daß sie zu ewiger Schwangerschaft verdammt ist; und wie die Leute erzählen, wird die Ärmste nun schon seit acht Jahren immer dicker, als wollte sie einen Elefanten zur Welt bringen.

Weil dadurch viele Leute zu Schaden kamen, wuchs der allgemeine Unwille, und man beschloß, sie am anderen Tag zu Tode zu steinigen. Doch kam sie diesem Anschlag kraft ihrer

Zaubersprüche zuvor; so wie Medea in der ihr von Kreon zugestandenen Tagesfrist sein ganzes Haus mitsamt der Tochter und dem Alten selbst durch den Flammenkranz zu Asche verbrannte, schloß sie mittels eines vor einem Grab vorgenommenen Leichenzaubers (wie sie mir selbst erzählt hat, als sie betrunken war) durch heimliche Geisterkraft die ganze Bevölkerung in ihre Häuser ein, so daß man zwei Tage lang weder die Riegel sprengen noch die Türen ausheben und nicht einmal die Wände selbst zu durchbrechen vermochte, bis sich endlich alle einhellig dazu herbeiließen, unter den heiligsten Eiden zu beteuern, man wolle nicht nur selbst nicht Hand an sie legen, sondern sie auch vor jedem, der anders dächte, schützen und ihr zu Hilfe kommen. Damit zufrieden, hat sie die ganze Stadt wieder erlöst. Aber den Anstifter jenes Anschlags hat sie bei stockfinstrer Nacht mit seinem ganzen Haus, einschließlich der Wände, des Bodens und der Fundamente, verschlossen wie es war, hundert Meilen weit in eine andere Stadt versetzt, die auf dem Gipfel eines so hohen Berges lag, daß es dort kaum Wasser gab. Weil aber die Häuser dort so dicht standen, daß für den neuen Ankömmling kein Platz zu finden war, setzte sie sein Haus einfach vor das Tor und machte sich wieder davon.‹

›Merkwürdig‹, sagte ich, ›und zugleich auch zum Fürchten, was du da berichtest, Sokrates! Du machst mir nicht nur Angst, sondern jagst mir den größten Schrecken ein, du setzt mir nicht nur einen Floh, sondern einen Elefanten ins Ohr, daß deine Alte durch ähnliche Geisterhilfe unsere Gespräche belauschen könnte. Daher wollen wir uns bald schlafen legen und uns, sobald unsere nächtliche Müdigkeit verscheucht ist, noch vor Tagesanbruch möglichst rasch aus dem Staube machen.‹

Während ich ihm noch diesen Rat gab, schnarchte der gute Sokrates bereits laut und tief, ermüdet vom ungewohnten Weingenuß und von den Aufregungen des Tages. Also machte ich die Türe zu, schob den Riegel vor, rückte mein Bett hinter die Türangel und legte mich dann ebenfalls nieder. Vor lauter Angst konnte ich eine ganze Weile keinen Schlaf finden, dann endlich fielen mir gegen Mitternacht die Augen zu. Kaum war ich ein wenig eingeschlafen, als es plötzlich einen Riesenkrach gab, schlimmer als wenn ein Haufen Räuber eingedrungen wäre; die Tür sprang auf oder wurde vielmehr aufgebrochen, daß die Splitter nur so durch die Luft flogen. Mein ohnehin zu kleines, dreibeiniges und morsches Bett wurde umgerissen und blieb, als ich herausgefallen war, umgestürzt über mir liegen.

Da wurde ich belehrt, daß die Empfindungen sich von Natur aus oft auf sich widersprechende Art äußern. So wie man nämlich bisweilen vor Freude Tränen vergießt, konnte ich mich jetzt in meinem größten Schrecken des Lachens nicht erwehren, daß ich aus Aristomenes plötzlich zu einer Schildkröte geworden war. Und wie ich am Boden liegend, durch mein so sinnreich umgefallenes Bett geschützt, nach der Seite schiele und abwarte, was weiter geschieht, erkenne ich zwei ziemlich betagte Weiber, deren eine eine helle Lampe und deren andere einen Schwamm und einen blanken Dolch trug. In diesem Aufzug stellten sie sich um den friedlich schlummernden Sokrates. Die mit dem Dolch fing an: ›Das ist er, Schwester Panthia, mein teurer Endymion, mein Ganymed, der Tag und Nacht sich über meine Jährchen lustig gemacht hat, der meine Liebe mit Füßen getreten und nicht nur meinen guten Namen in Verruf gebracht hat, sondern auch noch ausreißen will. Soll ich mich von diesem hinterlistigen Odysseus veralbern lassen und wie Kalypso meine ewige Einsamkeit beweinen?‹ Und während sie mit der ausgestreckten Rechten auf mich wies, rief sie: ›Und dieser kluge Ränkeschmied Aristomenes, der den Fluchtplan ausgeheckt hat und der jetzt, schon halbtot, der Länge nach unter seinem Bett am Boden liegt und zu uns herüberschielt, meint mich ungestraft beschimpfen zu können. Er soll mir aber bald, nein gleich, nein hier auf der Stelle seine dreisten Reden und seine Neugier bereuen!‹

Wie ich das hörte, brach mir Armem der kalte Schweiß aus, und ich erschauerte durch Mark und Bein unter meinem Bett, so daß es unruhig über meinem Rücken bebte und tanzte. Doch die gute Panthia meinte: ›Wollen wir ihn, teure Schwester, zuerst bacchantisch in Stücke reißen oder ihm die Beine festbinden und ihm sein Gemächte abschneiden?‹ Meroë erwiderte – denn ich merkte, daß sie es war, von der Sokrates erzählt hatte: ›Nein, er soll am Leben bleiben und die Leiche dieses Kümmerlings im Sand verscharren‹, und gleichzeitig bog sie den Kopf des Sokrates zurück, stieß ihm den Dolch bis ans Heft in die linke Halsgrube und fing das herausspritzende Blut so geschickt mit einem untergehaltenen Schlauch auf, daß kein Tropfen danebenfiel. Ich habe es mit meinen eigenen Augen gesehen. Und um keinen der Opferbräuche außer acht zu lassen, wie mir schien, griff die gute Meroë mit der Rechten durch die Wunde tief in das Innere, suchte das Herz meines armen Freundes und zog es heraus, indessen er, nachdem ihm die Kehle mit der scharfen Waffe durchschnitten war, aus seiner Wunde stöhnte oder vielmehr röchelte und seinen Geist aufgab. Während Panthia die weit klaffende Wunde mit einem Schwamm zustopfte, flüsterte sie:

›Schwamm, o Schwamm, im Meer geboren!
Geh nicht überm Fluß verloren!‹

Dann drehten sie sich um, schoben das Bett auf die Seite und blieben breitbeinig über mir stehen, um so lange auf mich herabzuregnen, bis sie mich mit ihrem übelriechenden Naß völlig eingeweicht hatten.

Kaum waren sie hinaus, als sich die Tür unbeschädigt wieder an ihren alten Platz begab: die Angeln ruhten wieder auf ihren Zapfen, die Bänder sprangen wieder auf ihre Balken, die Riegel rasteten wieder ein.

Aber ich lag noch immer am Boden, besinnungslos, nackt, fröstelnd und naß wie ein Neugeborenes, oder im Gegenteil halbtot, mich selbst überlebend, ein Wiedergänger und auf jeden Fall ein sicherer Kandidat für das Kreuz: ›Was soll aus mir werden‹, sprach ich, ›wenn man morgen früh merkt, daß mein Zimmergenosse ermordet ist? Wer wird meiner Aussage Glauben schenken? Du hättest zumindest um Hilfe rufen können, wenn du starker Kerl mit dem Weib nicht allein fertig werden konntest; vor deinen Augen wird ein Mensch umgebracht, und du schweigst dazu? Warum hat denn die Mörderbande sich nicht auch an dir vergriffen? Warum hat denn ihre Mordlust ausgerechnet den Augenzeugen ihres Verbrechens geschont? Also marsch in den Tod, dem du entkommen bist!‹

Das waren meine Gedanken, während die Nacht allmählich wieder zum Tage wurde. In dieser Lage schien es mir das

Und während sie sich leise hin und her wiegte, sproßte zarter Flaum, wuchsen ihr starke Federn, krümmte sich die Nase zum Schnabel, bogen sich die Zehennägel zu Krallen: Pamphile war zu einer Eule geworden. SEITE 390

Beste, mich noch in der Dämmerung heimlich aus dem Staube zu machen und trotz aller Angst möglichst viel an Straße zu gewinnen. Ich nahm mein Gepäck auf, steckte den Schlüssel ins Schloß und wollte den Riegel zurückschieben; aber diese brave treue Tür, die in der Nacht so gerne aufgesprungen war, ließ sich jetzt nur schwer und mit knapper Not öffnen, nachdem ich den Schlüssel immer wieder von neuem probiert hatte.

›He! Wo ist da jemand?‹ rief ich, ›macht die Haustür auf, ich will fort, ehe es hell wird!‹ Der Knecht, der hinter der Haustür auf dem Boden lag, brummte verschlafen: ›Was soll das heißen? Weißt du nicht, daß Räubergesindel die Wege unsicher macht – mitten in der Nacht willst du aufbrechen? Und selbst wenn du lebensmüde bist, weil du irgend etwas auf dem Kerbholz hast, habe ich noch lange keinen Kürbiskopf, daß ich mich für dich totschlagen lassen will!‹ – ›Es wird bald hell sein‹, gab ich zur Antwort. ›Und was sollte bei einem armen Wanderer für die Räuber schon zu holen sein außer seinen leeren Taschen? Oder weißt du Dummkopf nicht, daß auch zehn starke Männer keinen Nackten ausplündern können?‹ Mürrisch und faul drehte er sich auf die andere Seite und brummte: ›Wer weiß denn überhaupt, ob du nicht deinen Freund, mit dem du gestern abend hier eingekehrt bist, umgebracht hast und dich nun aus dem Staube machen willst?‹

Ich erinnere mich, daß mir zumute war, als würde sich die Erde vor mir auftun und als würde ich bis auf den finstersten Grund des Tartarus blicken, aus dem der Zerberus schon gierig nach mir schnappte. Jetzt war mir klar, daß die gute Meroë meine Kehle nicht aus Erbarmen geschont, sondern mich tückisch für das Kreuz aufgespart hatte.

Also ging ich in das Zimmer zurück und überlegte, wie ich am schnellsten kurzen Prozeß mit mir machen könnte. Aber da mir Fortuna keine andere Mordwaffe bot als mein Bett, rief ich: ›Ach mein herzliebes Bett, das so viel Schlimmes mit mir zusammen erlebt hat, du Mitwisser und Zuschauer der nächtlichen Geschehnisse, das allein ich vor Gericht zum Zeugen meiner Unschuld aufrufen kann, leihe mir ein helfendes Werkzeug, daß ich in die Unterwelt fliehen kann!‹ Und zugleich mit diesen Worten löste ich den Gurt, der es zusammenhielt, warf das eine Ende des Strickes über einen Balken oberhalb des Fensters und knotete es fest, in das andere knüpfte ich eine feste Schlaufe, kletterte auf das Gestell und steckte sozusagen als höherstehender Todeskandidat den Kopf in die Schlinge. Aber wie ich mit dem einen Fuß das Bettgestell, auf dem ich stand, fortstieß, damit sich im Fallen durch mein eigenes Gewicht der Knoten um meinen Hals zuzöge und mir die Atemwege verschlösse, riß auf einmal der alte und morsche Strick, und ich fiel auf den unter mir liegenden Sokrates – er schlief ja neben mir –, und wir rollten uns überschlagend auf den Boden.

Und natürlich kommt im gleichen Augenblick der Hausknecht herein und brüllt aus Leibeskräften: ›Wo bist du denn? Erst hast du es mitten in der Nacht so eilig, und jetzt schnarchst du unter deiner Decke!‹ Da erwachte Sokrates – ob durch unseren Fall oder das wüste Geschrei des Rüpels, weiß ich nicht –, stand als erster auf und lamentierte: ›Nicht zu Unrecht beklagen sich alle Reisenden über das Wirtshausgesindel. Steckt doch dieser neugierige Kerl seinen Kopf ganz ungebeten zur Tür herein – vermutlich wollte er sehen, ob es etwas zum Stehlen gibt – und weckt mich ohnehin maroden Mann mit seinem wilden Gebrüll mitten aus dem tiefsten Schlaf!‹ Heiter und freudig überrascht tauchte ich herauf: ›Hier steht er, Herr Oberhausknecht, mein Kamerad und Freund, von dem du heute nacht in deinem Rausch behauptet hast, er sei von mir ermordet worden!‹ Und zugleich fiel ich meinem Sokrates um den Hals und küßte ihn. Doch diesem stieg der unerfreuliche Geruch jener Flüssigkeit in die Nase, mit der mich die Hexen bedacht hatten, und wütend stieß er mich zurück. ›Bleib mir vom Leibe‹, rief er, ›Nachttopfstinker schlimmster Sorte!‹ und begann sich witzelnd nach der Ursache eines solchen Duftes zu erkundigen. Ich wich ihm in meiner Not durch eine schlagfertige Albernheit aus, um ihn abzulenken, klopfte ihm auf die Schulter und sagte: ›Brechen wir auf, um den Reiz einer Morgenwanderung zu genießen!‹ Ich nahm mein Gepäck, bezahlte beim Wirt die Rechnung für unser Nachtquartier, und dann machten wir uns auf den Weg.

Wir waren schon ein gutes Stück vorangekommen, als die Sonne aufging und es hell wurde. Ich blickte neugierig und beunruhigt nach dem Hals meines Reisegefährten, in dem ich den Dolch hatte stecken sehen, und dachte bei mir: ›Dummkopf, diese wüsten Träume hast du deinem Weinrausch zu verdanken! Da ist dein Sokrates, heil, munter und gesund! Wo ist die Wunde, der Schwamm, wo die große und frische Narbe?‹ Und ich sprach zu ihm: ›Die guten Ärzte haben völlig recht, wenn sie sagen, daß übermäßiges Essen und Trinken schwere und wüste Träume verursacht; ich jedenfalls habe, weil ich mich gestern abend beim Trinken zu sehr gehen ließ, ganz schlimme und schreckliche Szenen erlebt, so daß ich noch jetzt meine, von Blut nur so zu triefen!‹ Er grinste und fragte: ›Blut? Ich hätte eher auf etwas anderes geraten! Aber ich selber habe geträumt, ich würde ermordet. Mein Hals hat mir schrecklich weh getan, und mir war, als würde mir das Herz aus dem Leib gerissen; sogar jetzt noch bekomme ich kaum Luft, mir zittern die Knie, und ich taumle dahin und muß unbedingt etwas essen, um wieder zu Kräften zu kommen.‹ – ›Klar‹, sagte ich, ›ich habe einen Bissen für dich dabei‹, nahm meine Tasche von der Schulter, reichte ihm rasch etwas Käse und Brot und schlug vor: ›Wir wollen uns dort unter die Platane setzen.‹

Das geschah, und dann nahm auch ich etwas zu mir; doch wie ich ihn so hastig essen sah, wurde ihm auf einmal schlecht, und ich merkte, wie er sich grün und gelb verfärbte. Sein Anblick erschreckte mich so sehr, daß mir vor Angst und in Erinnerung an die nächtlichen Furien der Bissen Brot, den ich eben hinunterschlucken wollte, so klein er war, im Halse steckenblieb und weder hinunter noch herauf konnte. Und daß auf der Straße kein Mensch zu sehen war, beunruhigte mich erst recht. Wer würde glauben, daß von uns zwei Reisegefährten der eine ohne Zutun des anderen gestorben sei? – Als er sich satt gegessen hatte, machte sich ein entsprechender Durst bemerkbar; hatte er doch in seinem Heißhunger ein beträchtliches Stück von dem scharfen Käse verschlungen. Nicht weit vom Fuß der Platane zog ein Bach dahin, so still wie ein freundlicher Weiher und so klar wie Silber oder ein Kristall. ›Da‹, sagte ich, ›trink dich satt, es ist ganz klares Quellwasser!‹ Er stand auf, suchte eine etwas flachere Uferstelle, ließ sich auf seine Knie nieder und beugte sich gierig vor, um zu trinken. Doch kaum hatte er mit gespitzten Lippen den Wasserspiegel berührt, als die Wunde an seinem Hals breit und tief aufbrach, der Schwamm ins Wasser fiel und einige Tropfen Blut herausquollen. Und sein entseelter Leib wäre fast in den Bach gestürzt, wenn ich ihn nicht rasch an einem Fuß festgehalten und mit aller Kraft auf das höher gelegene Ufer gezogen hätte, wo ich, soweit es die Zeit erlaubte, meinen armen Reisegefährten beweinte und in der Nähe des Flusses für immer und ewig im Sand begrub.

Ich selbst flüchtete so schnell und so voller Angst, als hätte ich ein Menschenleben auf dem Gewissen, durch abgelegene und unwegsame Einöden, um Haus und Heimat im Stich zu lassen und freiwillig in die Verbannung zu gehen; und seitdem wohne ich in Ätolien, wo ich mich inzwischen wieder verheiratet habe.«

Soweit Aristomenes. Doch sein Gefährte, der schon von Anfang an in seinem unbelehrbaren Unglauben von der ganzen Geschichte nichts wissen wollte, meinte: »Nichts alberner als dieser Unsinn, nichts törichter als dieses Geflunker!« Und indem er sich zu mir umdrehte, sagte er: »Du bist doch nach Auftreten und Aussehen ein gebildeter Mann, glaubst du an solchen Unsinn?«

»Ich halte tatsächlich nichts für unmöglich«, entgegnete ich, »sondern glaube, daß die Menschen erleben, was das Schicksal mit ihnen vorhat: denn mir und dir und allen Sterblichen begegnet so viel Wunderbares und fast Unmögliches, daß es keiner glauben würde, wenn man es irgendeinem Banausen erzählte. Deshalb schenke ich ihm durchaus Glauben und bin ihm sogar dankbar dafür, daß er uns durch seine spannende Geschichte eine Ablenkung verschafft hat. Ich habe gar nicht gemerkt, wie lang und beschwerlich der Aufstieg war, der jetzt glücklich überstanden ist. Auch mein Renner dort freut sich, wie mir scheint, daß ich, ohne ihm zur Last gefallen zu sein, vor dem Stadttor stehe, indem ich nicht auf seinem Rücken, sondern sozusagen auf meinen Ohren geritten bin.«

Hier war mit unserem Gespräch auch unser gemeinsamer Weg zu Ende. Meine beiden Begleiter bogen links ab in Richtung eines nahen Dorfes. Ich betrat das erste beste Gasthaus, das ich entdeckte, und fragte die Alte, die es bewirtschaftete: »Ist das hier die Stadt Hypata?« Sie nickte. »Kennst du einen gewissen Milo, der zu den angeseheneren Bürgern zählt?« Sie grinste und meinte: »Milo ist bestimmt der oberste, denn er wohnt dort oben außerhalb der Mauer und vor der Stadt.« – »Scherz beiseite«, erwiderte ich, »bestes Mütterchen, bitte sag mir, was für ein Mann das ist und in welchem Haus er wohnt!« – »Siehst du die Fenster dort drüben«, entgegnete sie, »die stadtauswärts blicken, und auf der anderen Seite die Tür auf die Nachbargasse? Dort wohnt Milo, der viel Geld hat, ein steinreicher Mann, doch so unglaublich habgierig und geizig, daß er für Wucherzinsen und nur gegen Gold und Silber als Pfand Geld ausleiht und sich trotzdem mit seiner Frau als Leidensgefährtin in sein kümmerliches Häuschen einschließt und aufpaßt, daß ihm sein Geld nicht verrostet. Er hält sich nur eine einzige Magd und läuft wie ein Bettler herum.« Da mußte ich lachen und dachte mir: Da hat ja mein Demeas gut und weise für mich gesorgt, wenn er mich auf meiner Reise einem Mann empfohlen hat, bei dem mich weder Räucherqualm noch Küchendampf behelligen werden.

Und dann ritt ich bis vor das Haus, wo ich lange an die fest verschlossene Tür klopfte. Endlich erschien ein junges Ding: »Wer klopft denn da so laut? Was für ein Pfand hast du zu bieten? Oder solltest du vielleicht nicht wissen, daß nur Gold und Silber angenommen werden?« – »Sei etwas netter«, erwiderte ich, »und erzähle mir lieber, ob dein Herr zu Hause ist!« – »Ja«, sagte sie, »aber was willst du?« – »Ich bringe ihm einen Brief von Demeas aus Korinth.« – »Warte hier, bis ich dich angemeldet habe.« Und damit verschwand sie und riegelte ihre Tür wieder hinter sich zu. Kurz darauf kehrte sie zurück und ließ mich eintreten: »Der Herr läßt bitten!«

Ich trat ein und fand ihn auf einem sehr bescheidenen Bett ruhend und eben im Begriff zu speisen. Seine Frau saß am Fußende. Indem er auf den leeren Tisch wies, meinte er: »Herzlich willkommen!« – »Ich danke«, sagte ich und überreichte ihm den Brief des Demeas. Er überflog ihn und sagte: »Ich freue mich, daß mir mein teurer Demeas einen so werten Gast empfohlen hat«, und gleichzeitig schickte er seine Frau hinaus und forderte mich auf, mich auf ihrem Platz niederzulassen; da ich jedoch anstandshalber stehen blieb, zog er mich an meinem Gewand zu sich nieder und sagte: »Nimm ruhig

Platz!« Und dann: »Aus Angst vor Einbrechern wagen wir nicht, uns Sitzgelegenheiten und eine ordentliche Einrichtung anzuschaffen.« Ich setzte mich. Indessen fuhr er fort: »Schon aus deinem ganzen Auftreten und aus deiner fast mädchenhaften Scheu ersehe ich, daß du aus gutem Hause kommst. Und mein teurer Demeas bestätigt es mir auch in seinem Brief. Ich bitte dich, mit unserem bescheidenen Dach vorliebzunehmen. Das Zimmer nebenan – dort drüben – steht dir zur Verfügung. Fühle dich bei uns wie zu Hause. So wie es unserem Haus zur Ehre gereicht, daß du bei uns wohnst, wird es auch dich ehren, wenn du mit einem schlichten Heim vorliebnimmst und an Bescheidenheit dem Namensvetter deines Vaters Theseus nicht nachstehst, der es für keine Schande erachtete, sich mit der kargen Gastfreundschaft der alten Hekale zu begnügen.« Dann rief er die Magd: »Photis, schaff das Gepäck unseres Gastes in das Zimmer dort und hole aus der Vorratskammer Salböl und Frottiertücher und was sonst noch gebraucht wird, und führe unseren Gast ins Bad; er hat eine anstrengende und weite Reise hinter sich und ist müde.«

Als ich das hörte, erinnerte ich mich an Milos sparsames Wesen und suchte mich um so mehr seiner Gunst zu versichern, indem ich sagte: »Bitte keine Umstände, ich führe auf meinen Reisen alles Nötige bei mir. Und nach dem Bad kann ich mich leicht erkundigen. Doch wenn ich eine große Bitte äußern darf: für mein Pferd, das mich so brav getragen hat, ersuche ich dich, Photis, Heu und Gerste zu kaufen; hier ist Geld.«

Nachdem das erledigt war und meine Sachen auf meinem Zimmer waren, machte ich mich auf den Weg ins Bad; da ich mir aber auch noch etwas zum Essen besorgen wollte, ging ich über den Markt, wo ich leckere Fische entdeckte und nach dem Preis fragte; man verlangte hundert Nummen, doch als mir das viel zu teuer war, bekam ich sie schließlich für zwanzig Denare. Als ich schon wieder fort war, lief mir auf einmal mein alter Schulfreund Pythias aus Athen in Attika über den Weg, der mich – nach so langer Zeit – sofort erkannte, auf mich zustürzte, mich umarmte und freundschaftlich küßte: »Mein lieber Lucius«, rief er, »wie lange ist es her, daß wir uns nicht gesehen haben! Ja, weiß Gott, seit wir von unserem Lehrer

Clytius fort sind. Doch was machst denn du hier?« »Morgen will ich dir alles erzählen!« sagte ich. »Aber was ist denn das? Ich gratuliere: Büttel und Knüttel und in Uniform!« – »Ich habe die Marktaufsicht«, machte er sich wichtig, »und bin bei der Polizei; wenn du etwas kaufen willst, will ich dir gerne behilflich sein.« Ich dankte ihm, da ich ja schon meinen Fisch eingekauft und für mein Essen reichlich vorgesorgt hatte. Aber wie Pythias meinen Korb sah, schüttelte er ihn, um die Fische besser zu sehen: »Und was hast du für den Kram da bezahlt?« – »Mit Müh und Not«, sagte ich, »konnte ich sie dem Fischer für zwanzig Denare abschwätzen.«

Als er das hörte, ergriff er meine Hand und zog mich wieder auf den Markt zurück: »Und von wem hast du das Zeug gekauft?« Ich zeigte ihm den Alten, der an der Ecke saß. Sofort fuhr er in seinem Amtseifer mit lautem Geschrei auf ihn los: »So weit sind wir also, daß man weder auf Freunde noch Fremde Rücksicht nimmt und für so kümmerliche Fische solche Wucherpreise fordert; in der reichsten Stadt von ganz Thessalien meint man, mitten in der Wildnis oder Wüste zu sein, so teuer ist das bißchen Esserei! Aber nicht umsonst! Ich werde dir zeigen, wie man euch das Handwerk legt, solange ich etwas zu sagen habe!« Und damit schüttete er den Inhalt des Korbes auf die Straße und befahl seinen Schergen, die Fische zu zertreten und restlos zu zertrampeln. Mit der Strenge seines Exempels zufrieden, wandte sich Pythias wieder zu mir und entließ mich mit den Worten: »Es soll mir genügen, mein lieber Lucius, daß sich der Alte in Grund und Boden schämt!«

Bestürzt und sprachlos über den Vorfall begab ich mich ins Bad, nachdem mich die forsche Maßnahme meines pfiffigen Schulfreunds um Geld und Abendessen gebracht hatte; nach dem Bad kehrte ich in das Haus des Milo zurück und begab mich auf mein Zimmer.

Und siehe da, es erschien die Magd Photis und meldete: »Der Herr läßt zum Essen bitten!« Aber ich, ein erfahrener Kenner Milos und seiner sparsamen Natur, entschuldigte mich höflich, da ich von der langen Reise viel eher müde denn hungrig sei. Auf diesen Bescheid hin erschien er in eigener Person, legte mir seine Hand auf die Schulter und bemühte sich, mich freundlich zum Mitkommen zu bewegen. Da ich noch immer zögerte und mich genierte, erklärte er kategorisch: »Ich gebe nicht eher nach, als bis du mitgehst!« und bekräftigte seine Worte noch obendrein durch einen Fluch; so mußte ich mich wohl oder übel fügen. Er führte mich zu seinem bekannten Kümmersofa und fragte mich, kaum daß ich mich gesetzt hatte: »Wie geht es meinem teuren Demeas? Was macht seine Frau? Was machen die Kinder? Was macht das ganze Haus?« Ich berichtete alles. Dann erkundigte er sich mit aller Ausführlichkeit nach dem Grund meiner Reise. Als ich ihm alles brav auseinandergesetzt hatte, fragte er mich weiter nach meiner Heimatstadt, den Honoratioren und schließlich auch noch nach dem Statthalter, bis er merkte, daß ich nach den Anstrengungen einer solchen Reise und durch die ewige Fragerei dran war, mitten im Satz einzuschlafen, und am Rande der Erschöpfung nur noch zusammenhangloses Zeug redete; nun ließ er mich endlich schlafen gehen. So entkam ich dem alten Geizkragen, seinem Geschwätz und seiner Hungermahlzeit, zum Umfallen müde und mit leerem Magen, abgespeist mit Worten, und gab mich, in mein Zimmer zurückgekehrt, der ersehnten Ruhe hin.

Zweites Buch

Sobald die aufgehende Sonne die Nacht verscheucht und den Tag erneut hatte, fuhr ich aus Schlaf und Bett zugleich empor, ängstlich und allzu begierig, Seltsames und Wunderbares zu erleben; der Gedanke, mich mitten in Thessalien zu befinden – nach der allgemeinen Überzeugung das Wunderland und der Hort von Zauberkunst und Magie –, und die Erzählung meines braven Reisegefährten Aristomenes, zu der diese Stadt, wie sie da lag, den Anlaß gegeben hatte, beflügelten meine schon ohnehin sehr lebhafte Phantasie, so daß ich allen Einzelheiten meine volle Aufmerksamkeit schenkte.

Es gab nichts in der Stadt, das ich wirklich für das hielt, als was ich es sah, sondern in allem und jedem meinte ich, Verwandlung und Zauberspuk zu erkennen, so daß mir die Steine, an die ich stieß, versteinerte, die Vögel, die ich hörte, eben erst befiederte, die Bäume in den Gärten belaubte und die

Brunnen zu Wasser zerflossene Menschen schienen, und es hätte mich nicht gewundert, die Statuen und Büsten wandeln zu sehen, die Wände reden, die Rinder und das Vieh weissagen zu hören und wenn auf einmal vom Himmel herab und mitten aus der Sonnenscheibe ein Orakel ergangen wäre.

In so schwärmerischer Begeisterung oder vielmehr so närrisch vor Unruhe und Neugier, lief ich unermüdlich durch die Stadt, ohne einen Anhaltspunkt oder auch nur eine Spur von alledem zu entdecken, was ich mir einbildete. Als ich wie ein Strolch durch die Straßen schlendernd von Tür zu Tür ging, stand ich plötzlich wieder auf dem Marktplatz, wo eine Dame, von zahlreicher Dienerschaft umgeben, ihre Besorgungen machte; ich holte sie mit raschen Schritten bald ein; Gold an Schmuck und Kleidung, eingeflochten und eingewebt, ließ die vornehme Frau erkennen; an ihrer Seite hielt sich ein schon sehr bejahrter Greis, der, sobald er mich erblickte, ausrief: »Das ist doch Lucius!« Er fiel mir um den Hals und flüsterte der Dame etwas Unverständliches ins Ohr. »Willst du nicht deine Tante begrüßen?« wandte er sich dann wieder mir zu. »Ich fürchte«, erwiderte ich, »daß ich die Dame gar nicht kenne«, und blieb stehen, indem ich errötend die Augen niederschlug. Sie sah mich an und sagte: »Das ist ganz die Bescheidenheit seiner teuren Mutter Salvia. Aber auch ihre ganze Erscheinung, wie sie leibt und lebt: groß, schlank und zurückhaltend im Auftreten, ihr Erröten, ihr schlichtes blondes Haar, ihre blauen Augen, voller Leben und Feuer, der stolze Blick eines Adlers, ihr blühendes Gesicht und ihr federnder und doch keineswegs gezierter Gang!«

Dann fügte sie hinzu: »Mit diesen meinen Händen habe ich dich, lieber Lucius, aufgezogen, weißt du das? Ich bin nicht nur mit deiner Mutter verwandt, sondern auch mit ihr aufgewachsen. Wir stammen beide aus der Familie des Plutarch, wir wurden zusammen von der gleichen Amme gesäugt und waren wie Schwestern, sozusagen ein Herz und eine Seele. Nur unser Stand ist verschieden, denn deine Mutter hat einen hohen Beamten und ich habe einen Bürger geheiratet. Ich heiße Byrrhena, und du wirst dich vielleicht noch an diesen Namen erinnern, den du oft in deinem Haus gehört hast. So bist du mir als Gast um so willkommener, oder vielmehr du bist bei mir so gut wie zu Hause.«

Ich entgegnete ihr, nachdem sich meine Verlegenheit während ihrer Rede wieder verloren hatte: »Ich darf, liebe Tante, meinen Gastgeber Milo nicht kränken. Was aber unter Wahrung der Umgangsformen möglich ist, werde ich gerne im Auge behalten. Wann ich in Zukunft auch immer hierherkommen werde, will ich selbstverständlich gerne bei dir wohnen.«

Unter diesen und ähnlichen Gesprächen gelangten wir nach einigen wenigen Schritten zum Haus der Byrrhena.

In einer sehr schönen Halle stand hier in jeder der vier Ecken eine Säule mit einer Darstellung der Siegesgöttin, die mit ausgebreiteten Schwingen und mit taufrischen Sohlen den schwanken Grund einer rollenden Kugel kaum berührte, so daß sie nicht darauf zu verweilen, sondern zu fliegen schien. Mitten im Saal prangte eine Diana aus parischem Marmor, ein Meisterwerk; mit wehendem Gewand rasch dahineilend fiel sie den Eintretenden durch ihre erhabene, überirdische Majestät sogleich ins Auge. Hunde umsprangen auf allen Seiten die Göttin, natürlich gleichfalls aus Stein; sie blickten drohend um sich, die Ohren aufgestellt, die Nasen witternd in der Luft und mit wütend gefletschten Zähnen; und hätte man ein Bellen gehört, so hätte man es ohne Zweifel aus ihren marmornen Rachen zu vernehmen gemeint; und für Könnerschaft und Geschick jenes ausgezeichneten Meisters sprach ganz besonders, daß die im Sprung aufgerichteten Hunde, Brust und Vorderläufe erhoben, nur auf den Hinterfüßen standen. Im Rücken der Göttin stieg eine felsige Grotte empor mit Moos, Kraut, Laubwerk und Zweigen, hier von Weinranken und dort von blühendem Gebüsch bedeckt, alles aus Stein und bis ins Innerste schimmernd vom Glanz des Marmors. Um den Eingang der Grotte zogen sich Ranken mit Äpfeln und Trauben, meisterlich gearbeitet, so daß Kunst und Natur kaum noch zu unterscheiden waren. Hätte der mostreiche Herbst sie mit den Farben der Reife überhaucht, hätte man lüstern die Hände ausgestreckt, um sie zu pflücken. Und bückte man sich als Beschauer über die Quelle, die zu Füßen der Göttin entsprang, so meinte man, es ermangele den Früchten neben jenen anderen natürlichen Merkmalen auch nicht der lebendigen Bewegung. Verborgen unter dem steinernen Laub entdeckte man Aktäon, der mit neugierigem Blick die Bewegungen der Göttin verfolgte, sich schon in einen Hirsch verwandelnd und halb schon ein Tier und lauernd, daß die marmorne Diana im Quell bade.

Während ich diese Kunstwerke immer wieder aufs neue bewunderte und mich an ihnen nicht satt sehen konnte, sagte Byrrhena: »Betrachte alles, was du hier siehst, als dein eigen!« Und mit diesen Worten hieß sie die anderen hinausgehen, um uns für ein Gespräch unter vier Augen allein zu lassen. Als sie fort waren, sagte sie: »Hier bei dieser Göttin, mein teurer Lucius, ich mache mir Sorgen um dich und bange um dein zukünftiges Geschick, als wärest du mein eigener Sohn! Hüte dich, hüte dich gründlich vor Pamphile, der Frau deines Gastgebers Milo, und vor ihren bösen Künsten und schändlichen Verlockungen! Sie gilt als eine Hexe, eine Meisterin in allen Zauberkünsten, die Steinchen, Kräuter und anderes unscheinbares Zeug nur anzuhauchen braucht, um das Licht des ganzen Sternenhimmels in die Tiefen des Tartarus und in das Ur-Chaos zu versenken. Sobald sie einen jungen Kerl sieht, der ihr gefällt, hängt sie auf der Stelle mit Augen und Sinnen an ihm. Sie schmeichelt ihm, schleicht sich in sein Herz und fesselt ihn mit unzerreißbaren Liebesbanden. Bleibt ihre Mühe vergeblich oder wird sie ihrer Leidenschaft überdrüssig, so verwandelt sie ihn in einen Stein, ein Tier oder was ihr sonst einfällt; wie manchen hat sie sogar ganz aus dem Weg geräumt! Deshalb mache ich mir Sorgen und bitte dich, dir dies zur Warnung gesagt sein zu lassen. Denn in ihrer ewigen Besessenheit ist deine Jugend und dein angenehmes Äußere ganz und gar ihr Fall!«

Also Byrrhena in ihrer aufrichtigen Besorgnis.

Ich aber, ohnehin schon neugierig, brauchte nur das immer verlockende Wort »Magie« zu hören, und alle Warnungen vor Pamphile waren vergessen; ich wollte im Gegenteil um jeden Preis eine Lehre und am liebsten Hals über Kopf in den Abgrund springen. Rasch machte ich mich in meinem Taumel von ihrer Hand los, als wäre sie eine Kette, sagte schnell Lebewohl und eilte wahnbesessen zurück in Milos Haus. Und während ich rannte wie von Sinnen, sagte ich zu mir selbst: »Es geht los, Lucius, gib acht und nimm dich zusammen! Das ist die ersehnte Gelegenheit; nun kannst du deinen Durst nach Wundern löschen. Nur keine kindische Angst! Geh der Sache energisch zu Leibe, aber laß dich nicht auf ein Verhältnis mit deiner Gastgeberin ein und respektiere das Ehebett des braven Milo! Doch auf Photis kannst du einen Angriff wagen. Das Mädchen sieht adrett aus, sie hat ein munteres Wesen und ist raffiniert genug. Als du gestern abend schlafen gingst, kam sie nett und zutraulich in dein Zimmer und brachte dich zu Bett; sie war so zärtlich, als sie dich zudeckte und dir den Gutenachtkuß gab, und es war ihr anzusehen, wie ungern sie wieder fortging; sie blieb immer wieder stehen, um sich umzusehen. Also Glück und Segen, wie sich's auch fügt: Photis ist einen Versuch wert!«

Unter solchen Selbstgesprächen meinem eigenen Antrag sozusagen selber zustimmend, kam ich wieder bis vor Milos Tür, traf jedoch weder Milo noch seine Frau im Hause an, sondern nur meine nette Photis. Sie bereitete für ihre Herrschaft eine Art Hackbraten zu, jedenfalls ein äußerst wohlschmeckendes Gericht, dessen lieblicher Duft mir schon von weitem in die Nase stieg. Sie trug ein flottes Leinenkleid und war knapp unterm Busen mit einem hellroten Band gegürtet. Mit niedlichen Händen schwang sie ihren Kochtopf, und wenn sie ihn mit raschen Bewegungen schüttelte, gerieten ihre zarten Glieder in sanfte Wallung, und mit wiegenden Hüften wogte ihre ganze geschmeidige Gestalt angenehm hin und her. Bei diesem Anblick blieb ich wie erstarrt stehen und staunte, und jeder schlummernde Sinn begehrte auf. Endlich aber rief ich: »Wie schön und wie reizend, allerliebste Photis, du deinen Topf und dein Hinterteil schwingst! Was gibt's denn Gutes? Glücklich und überglücklich, wer da einmal naschen darf!« Aber das auch sonst nicht auf den Mund gefallene schlagfertige Geschöpf wußte herauszugeben: »Weg mit dir, du Tropf, weit weg vom Feuer! Sonst geht es dir schlecht und du brennst lichterloh! Und wenn du in Flammen stehst, wer weiß, ob ich da löschen komme, auch wenn ich süß zu würzen und Topf und Bett angenehm in Schwung zu bringen weiß!«

Lachend sah sie sich zu mir um.

Ich wich jedoch nicht von der Stelle, ehe ich eingehend von oben bis unten alle ihre Reize gemustert hatte. Von den übrigen will ich schweigen, da es mir von jeher darauf ankam, Gesicht und Haar gründlich und unter Leuten zu beschauen, um mich dann zu Hause in der Erinnerung daran zu erfreuen; und für diese Bevorzugung habe ich bestimmte und gute Gründe, da dieser besondere Teil des Leibes uns frei und unverhüllt stets zuerst in die Augen fällt; und was sonst am Körper ein schönes Kleid von bunter Farbe bewirkt, das bewirkt beim Kopf dessen natürlicher Haarschmuck; zieht doch eine Frau, wenn sie ihre Reize und Vorzüge zeigen will, das Kleid aus, entledigt sich aller Hüllen, um sich nackt in ihrer ganzen Schönheit darzubieten, weil sie mehr durch die Rosen ihrer Haut als durch das Gold ihrer Gewänder gefallen will. Doch wollte man – man verzeihe mir, daß ich so etwas überhaupt ausspreche, und niemals möge je eine solche Untat geschehen! – auch die schönste aller Frauen ihres Haarschmukkes berauben und ihrem Gesicht die natürliche Zier nehmen, so würde sie, und käme sie vom Himmel herab, wäre sie dem Meer entstiegen, die Schaumgeborene, wäre sie Venus selber, umgeben vom Reigen der Grazien und begleitet von der Schar der Amoretten, schmückte sie der Liebesgürtel, duftete sie nach Zimt und triefte sie von Balsam: wäre sie kahlköpfig, so würde sie auch ihrem Vulkan nicht mehr gefallen!

Anders ein reizvoll schimmerndes Haar, das hell in der Sonne blitzt oder dessen sanfter Widerschein uns bezaubert, dessen schöner Kontrast Abwechslung bietet und dessen funkelndes Gold zu sanftem Honig dunkelt, über dessen Nachtschwärze ein Glanz liegt wie auf den bläulichen Halsfedern der Täubchen, das mit ein paar Tropfen arabischen Wohlgeruchs gesalbt, von den feinen Zähnen eines knisternden Kamms gestreichelt, das im Nacken aufgebunden den Augen eines Liebenden begegnet, die wie ein Spiegel ein noch schöneres Bild zurückwerfen! Anders ein Haar, dessen Flechtenfülle über den Nacken fließt oder in reichen Wellen den Rücken hinabwogt! So entscheidend ist der Haarschmuck, daß eine Frau, und trüge sie goldene Kleider, schmückten sie Edelsteine und alle erdenklichen Schätze, niemals Gefallen finden könnte, wenn sie ihr Haar vernachlässigte.

Meine Photis aber trug das ihre nicht mühsam getürmt, sondern als natürlichen Schmuck, und erschien um so reizender. Ihre sanft herabfallenden und über den Nacken fließenden Locken, die sich um den Hals verteilten und mit den eingerollten Spitzen den sanft geschwungenen Ausschnitt ihres Kleides nur eben noch berührten, waren oben auf dem Scheitel zum Knoten geschlungen.

Unmöglich war ich der Qual eines so unerträglichen Verlangens länger gewachsen, ich beugte mich über sie und drückte ihr auf die Spitzen ihres Haares einen allersüßesten Kuß. Da bog sie ihren Hals zurück und meinte mir von der Seite her zuzwinkernd: »He, du fahrender Geselle, du holst dir da eine bittersüße Nascherei. Nimm dich in acht, daß dir vom süßen Honig nicht gallebitter zumute wird!« – »Wenn es weiter nichts ist, mein Schatz«, erwiderte ich, »so bin ich bereit, mich für einen einzigen Kuß von dir der Länge nach auf diesem Feuer schmoren zu lassen!« Und damit umschlang ich sie, so fest ich konnte, und küßte sie gleich noch einmal. Und schon umarmte sie mich in gleichem Verlangen, schon verrieten der Zimthauch ihres geöffneten Mundes und die nektarsüße Begegnung ihrer Zunge ihre leidenschaftlichen Sinne, und ich rief: »Ich sterbe, ich sterbe wirklich, wenn du dich nicht erbarmst!« Da erwiderte sie meine Küsse: »Tröste dich! Dein Wunsch ist mein Wunsch, und unser Freudenfest soll nicht länger aufgeschoben werden; sobald die Fackel angesteckt ist, komme ich in dein Zimmer. Jetzt aber geh und halte dich bereit, ich will die ganze Nacht fest und herzhaft mit dir kämpfen!«

Nach diesen und ähnlichen Neckereien trennten wir uns. Inzwischen war es Mittag geworden, und Byrrhena schickte mir als Aufmerksamkeit einen fetten Schweinebraten, fünf junge Hühner und dazu einen Krug Wein von Alterswert. Ich rief Photis und sagte: »Der Venus Ermunterer und Waffenträger Bacchus ist schon eingetroffen. Den Wein da wollen wir heute austrinken; er soll uns die träge Scham vertreiben und uns mit der feurigen Kraft der Leidenschaft erfüllen. Frisch segelt der Venus Schifflein die ganze Nacht hindurch, wenn die Lampe mit Öl und der Becher mit Wein versorgt sind.«

Den Rest des Tages verbrachte ich im Bad, um dann bei

Milo zu essen. Seinem Drängen konnte ich nicht ausweichen und mußte mich an seinen kargen Tisch setzen, die Blicke seiner Frau eingedenk Byrrhenas Warnung tunlichst vermeidend; ich schlug meine Augen schüchtern nieder, als ob sich der Abgrund der Unterwelt vor mir öffnete. Dafür hielt ich mich um so mehr an der uns bedienenden Photis schadlos und labte mich an ihrem Anblick, bis es auf einmal dunkel geworden war und Pamphile mit einem Blick auf die Lampe plötzlich sagte: »Morgen wird es ein großes Gewitter geben!« Als ihr Mann sich erkundigte, woher sie das wisse, erwiderte sie, daß sie das aus der Lampe ersehe, worauf Milo lachend meinte: »Unsere Lampe scheint ja eine große Sibylle zu sein, wenn sie von ihrer Leuchterwarte aus die Vorgänge im Himmel zu überblicken meint und weiß, was die Sonne vorhat!« »Von solchen Prophezeiungen«, wendete ich ein, »gibt es genügend Beispiele. Kein Wunder, denn ist dies bißchen Feuer auch klein und von Menschenhänden angezündet, so lebt doch in ihm noch die Erinnerung an das große Himmelsfeuer, von dem es abstammt, und es weiß in geheimnisvoller Vorahnung, was von jenem in seinen ätherischen Höhen zu erwarten ist, und kündigt es uns an.

Bei uns in Korinth bringt übrigens jetzt so ein Ausländer, ein Chaldäer, durch seine seltsamen Orakel die ganze Stadt durcheinander und enthüllt den Leuten für Geld die Geheimnisse der Zukunft: welcher Tag für die Hochzeit günstig ist, was die Fundamente der Stadtmauern festigt, was für den Kaufmann zweckmäßig ist, was dem Wanderer Glück bringt und was sich für eine Seereise empfiehlt. Mir selbst sagte er, als ich ihn nach dem Verlauf meiner Reise befragte, daß ich viel Seltsames und Wunderbares erleben würde; ich würde zuvörderst sehr berühmt werden und dann den Stoff für eine lange Geschichte, für eine abenteuerliche Erzählung, für einen ganzen Roman liefern.«

Milo lächelte und fragte: »Wie sieht er denn aus und wie heißt er denn, dein Chaldäer?« – »Er ist groß«, erwiderte ich, »ziemlich dunkel und heißt Diophanes.« – »Kein Zweifel«, meinte er, »das ist der gleiche, der auch hier bei uns den Leuten alles mögliche weissagt und dabei nicht wenig, im Gegenteil sogar recht viel verdient hat, bis der Arme dann sozusagen recht und schlecht Pech hatte. Als er nämlich eines Tages, von einer großen Anzahl Zuhörer umringt, einigen Leuten die Zukunft prophezeite, trat ein Kaufmann namens Kerdo an ihn heran und fragte nach einem günstigen Reisetag. Als der Mann ihn schon herausgefunden und genannt hatte und das Geld schon bereitlag, die Münzen schon hingelegt, die hundert Denare abgezählt waren, die er als Gegenleistung für seine Prophezeiung bekommen sollte, da näherte sich dem Propheten ein junger Mann aus gutem Haus, zupfte ihn am Mantel und umarmte und küßte ihn, als er sich umdrehte. Und als auch er ihn geküßt und aufgefordert hatte, sich neben ihn zu setzen, begann er, überrascht von seinem unerwarteten Erscheinen und ohne an sein gegenwärtiges Geschäft zu denken: ›Wie lange habe ich auf dich gewartet, wann bist du denn angekommen?‹ Der andere erwiderte: ›Heute abend. Doch erzähle mir, mein Lieber, wie du die Reise zu Wasser und zu Lande überstanden hast, nachdem du die Insel Euböa so plötzlich verlassen hattest.‹

Der gerissene Chaldäer, der noch nicht recht zu sich gekommen war, erzählte nun: ›Keinem meiner Feinde und Neider wünsche ich eine solche schreckliche Reise, eine solche regelrechte Odyssee! Das Schiff, auf dem wir fuhren, verlor in wiederholten Unwettern Ruder und Mast und konnte mit knapper Not am jenseitigen Ufer auf Grund gesetzt werden, wo es versank und wir nach dem Verlust unserer Habe schwimmend gerade noch das nackte Leben zu retten vermochten. Doch was wir dem Mitleid Fremder und der Hilfe von Freunden zu verdanken hatten, das fiel bald darauf Räubern in die Hände; und mein einziger Bruder Arignotus, der sich gegen die freche Gesellschaft zur Wehr setzte, wurde vor diesen meinen Augen erschlagen, der Ärmste!‹

Doch noch während seiner traurigen Erzählung strich der Händler Kerdo die Münzen sachte wieder ein, die dem Propheten zugedacht waren, und verschwand auf Nimmerwiedersehen. Jetzt endlich erwachte Diophanes und merkte, was er für eine Dummheit gemacht hatte und daß er hereingefallen war, zumal er sah, wie die Umstehenden alle in helles Gelächter ausbrachen.

Aber dir, lieber Lucius, wünsche ich natürlich von Herzen,

daß dein Chaldäer die Wahrheit gesagt hat, daß du Glück und mit deiner Reise Erfolg hast!«

Während dieser langen und breiten Rederei des Milo seufzte ich im Stillen und konnte es mir kaum verzeihen, daß ich mir diese ungelegenen Geschichten selber zuzuschreiben und dadurch einen guten Teil des Abends und der ersehnten Freuden, die er mir verhieß, verscherzt hatte. Schließlich schluckte ich meine Rücksichtnahme denn doch hinunter und sagte zu Milo: »Überlassen wir den Diophanes seinem Pech, und mag er das Geld, das er den Leuten abgenommen hat, von mir aus wieder an Land und Meer verlieren. Ich bin von den gestrigen Anstrengungen noch redlich müde und möchte mich daher mit deiner gütigen Erlaubnis etwas früher hinlegen!« Mit diesen Worten stand ich auf und ging in mein Zimmer, wo schon recht ansprechende Vorbereitungen für ein Festmahl getroffen waren. Dem Burschen war das Lager in gehöriger Entfernung von der Tür am Boden hergerichtet worden, vermutlich weil wir bei unserem nächtlichen Geflüster keine Lauscher brauchen konnten; indessen stand neben meinem Bett ein reichlich mit Leckereien besetztes Tischchen mit zwei großen Bechern, die schon halb gefüllt waren und nur noch auf das Mischen warteten; daneben stand ein Krug mit abgeschlagenem Hals und großer Öffnung zum handlichen Eingießen – kurz und gut: ausgezeichnete Vorbereitungen für eine Stärkung vor dem Liebeskampf!

Ich hatte mich kaum hingelegt, als auch schon meine Photis, die ihre Herrin zu Bett gebracht hatte, mit Rosen bekränzt und mit einer Rose vor dem schwellenden Busen fröhlich eintrat. Sie gab mir einen leidenschaftlichen Kuß, umwand mich mit Kränzen und bestreute mich mit Blumen, dann nahm sie einen Becher, füllte ihn mit heißem Wasser auf und reichte ihn mir zum Trunk. Doch ehe ich ihn ganz geleert hatte, entzog sie ihn mir zärtlich wieder und schlürfte mit lieblichen Lippen und in kleinen Schlückchen den Rest, indem sie mich dabei nicht aus den Augen ließ.

Ein zweiter und ein dritter Becher gingen so abwechselnd zwischen uns hin und her, bis ich weinselig, da sich der Geist und erst recht auch der Körper mit gleicher Ungeduld darnach sehnten und verlangten und kaum noch beherrschen konnten, ihre Lust zu befriedigen, mein Gewand bis zu den Hüften aufhob und, indem ich ihr meinen leidigen Zustand zeigte, sie anflehte: »Erbarme dich und hilf mir beizeiten! Du siehst, daß ich für den Kampf, den du mir aus heiterem Himmel angekündigt hast, bestens gerüstet bin; als des grimmen Cupido erster Pfeil mir tief in die Brust drang, habe auch ich meinen Bogen energisch gespannt und muß nun befürchten, daß die Sehne springt. Aber wenn du mir noch einen besonderen Gefallen tun willst, so löse dein Haar und erhöhe den Reiz deiner Umarmung durch die wogend herabwallende Lockenflut!«

Sie zögerte nicht, räumte rasch Speisen und Geschirr beiseite und legte alle Kleider ab, und nackt und mit gelöstem Haar zum munteren Spiel bereit, sprach sie als Venus, die aus den Fluten des Meeres taucht, den marmornen Schoß mit rosiger Hand eher beschattend als züchtig bedeckend: »Auf zum Kampf! und tapfer gekämpft! Ich werde dir nicht weichen und nicht den Rücken kehren; ziele auf mich, wenn du ein Mann bist, greife tapfer an, stoß zu und töte mit Todesverachtung! Hier gilt kein Pardon!« Mit diesen Worten kam sie zu mir ins Bett und ließ sich auf mir nieder, um durch die schaukelnden, gaukelnden Bewegungen ihres ranken Leibes mein Verlangen im scherzenden Spiel zu stillen, bis wir mit matten Sinnen und schlaffen Gliedern beide zugleich in gegenseitiger Umarmung hinsinkend unsere Seelen aushauchten.

Unter solchen und ähnlichen Kämpfen durchwachten wir die Nacht, bis der Morgen dämmerte, während der Becher unsere ermatteten Glieder immer wieder stärkte, die Begierden aufs neue entflammte und die Wonne erneuerte. Und so wie diese verbrachten wir noch manche weitere Nacht.

Eines Tages bat mich Byrrhena sehr herzlich, an einem kleinen Abendessen bei ihr teilzunehmen, und als ich mich beharrlich zu entschuldigen suchte, ließ sie meine Ausflüchte nicht gelten. Ich mußte mich also an meine Photis wenden und mich ihrer Entscheidung wie einem Wink des Himmels unterwerfen. Zwar sah sie es ungern, daß ich mich auch nur um eine Fingerbreite von ihr entfernte, doch war sie so gnädig, mich für kurze Zeit vom Liebesdienst zu beurlauben. »Höre, nimm dich in acht und komm nicht so spät vom Essen zurück!« sagte sie. »Ein wilder Haufen junger Kerle aus guter Familie macht die Gegend unsicher; immer wieder werden mitten auf der Straße Leute erschlagen. Die Polizei des Statthalters ist einfach nicht in der Lage, mit dem Unwesen aufzuräumen. Schon dein Auftreten und deine Erscheinung kann dich in Gefahr bringen, und mit Fremden macht man erst recht keine Umstände!« – »Mach dir keine Sorgen, liebe Photis«, erwiderte ich, »denn ganz abgesehen davon, daß ich mein eigenes Vergnügen einer Gesellschaft bei fremden Leuten vorziehe, will ich so schnell wie möglich wieder dasein, damit du keine Angst hast. Und ich will auch nicht allein gehen. Ich will mein braves Schwert mitnehmen, um es im Notfall zur Verfügung zu haben.« So vorbereitet begab ich mich zum Essen.

Ich fand einen großen Kreis von Gästen und, wie das bei einer Dame von Stand nicht anders zu erwarten war, die ganze bessere Gesellschaft versammelt. Prunkvolle Tische schimmernd von Zitrus und Elfenbein, Speisesofas mit goldenen Decken geschmückt und große Pokale von unterschiedlicher Form, aber von gleichem Wert. Hier kunstvoll geschliffenes Glas, dort makelloses Kristall, helles Silber und funkelndes Gold, wunderbar verarbeiteter Bernstein und Steinpokale und was es sonst noch alles gibt. Eine Reihe stattlich gekleideter Diener reichten immer wieder die vollen Schüsseln herum, und lockige Burschen in schönen Gewändern kredenzten aus Edelstein gearbeitete Becher mit altem Wein.

Man brachte Licht, und das Gespräch wurde lebhafter, das Gelächter nahm überhand, und lose Scherze und Witzreden flogen hin und her.

Da wandte sich Byrrhena an mich: »Wie gefällt es dir hier in unserer Stadt? Soweit mir bekannt ist, stehen wir an Tempeln und Bädern und sonstigen Bauten anderen Städten keineswegs nach, und auch der übrige Aufwand ist beträchtlich. Man genießt durchaus die Freiheit zu leben, wie man will; wer als Geschäftsmann kommt, findet hier das gleiche städtische Treiben wie in Rom, der anspruchslose Gast findet ländliche Beschaulichkeit. Für die ganze Provinz sind wir ein beliebtes Reiseziel.«

»Ich bin durchaus der gleichen Ansicht«, erwiderte ich, »und nirgends in der Welt habe ich mich so frei gefühlt wie hier. Leider ist mir die Atmosphäre in den düsteren Winkeln und das ganze Zauberwesen irgendwie unheimlich. Es heißt, daß selbst die Toten in ihren Gräbern nicht ganz sicher sind, da man aus den Grüften und von den Scheiterhaufen Reste und Gliedmaßen der Leichen stiehlt, um den Lebenden den Garaus zu machen. Alte Hexenweiber sollen oft sogar dem eigentlichen Begräbnis zuvorkommen, wenn irgendwo jemand beerdigt wird!«

»Und was noch schlimmer ist«, fiel jemand ein, »auch die Lebenden sind nicht mehr sicher. Ich kenne einen, der ein Lied davon singen kann und dem man das ganze Gesicht entstellt und verstümmelt hat!«

Die ganze Gesellschaft brach in lautes Lachen aus, und aller Gesichter und Blicke richteten sich auf einen, der abseits in der Ecke lag. Die Aufdringlichkeit war ihm peinlich, und mit ärgerlichem Murren machte er Anstalten, sich zu erheben und zu gehen, doch Byrrhena bat ihn: »Nein doch, lieber Thelyphron, bleibe da und erzähle uns lieber noch einmal deine Geschichte, damit auch mein junger Freund Lucius deinen interessanten und spannenden Bericht hört!« Der andere aber erwiderte: »Du bist und bleibst eine verehrungswürdige und gütige Frau, doch es gibt auch Leute, deren Dreistigkeit einem auf die Nerven gehen kann!« Er war sichtlich böse. Byrrhena aber gab nicht nach und bat und bettelte ihn so lange, bis er sich dazu herbeilassen mußte, ihrem Wunsch zu gehorchen.

So schob er also seine Kissen zusammen, stützte sich auf seinen Ellbogen und streckte, halb sich aufrichtend, die Rechte mit einer Rednergebärde aus, wobei er die beiden untersten Finger einschlug und die anderen mit aufrechtem Daumen vorstreckte; und dann begann Thelyphron zu erzählen:

»Noch als ganz junger Kerl reiste ich einmal von Milet zu den Spielen nach Olympia, und da ich auch andere Orte dieser vielgerühmten Provinz kennenlernen wollte, durchwanderte ich ganz Thessalien, bis mich ein unglücklicher Stern nach Larissa führte. Als mein Reisegeld knapp geworden war, lief ich überall herum, um ein Pflaster für meine Armut aufzutreiben, und entdeckte plötzlich mitten auf dem Markt einen hochgewachsenen Alten. Er stand auf einem Stein und gab mit lauter Stimme bekannt, daß gegen gute Bezahlung eine Leichenwache gesucht werde. Ich fragte einen Passanten: ›Was hat

Die Umstände und der Zeitpunkt lassen es geraten erscheinen, eine Beschreibung der Örtlichkeiten und der Höhle zu geben, in welcher die Räuber hausten. SEITE 398

das zu bedeuten? Pflegen hier die Leichen auszureißen?‹ – ›Laß die Scherze!‹ erwiderte der. ›Du bist zu jung und unerfahren und weißt offenbar nicht, daß wir hier mitten in Thessalien sind, wo es alte Hexen gibt, die den Toten das Gesicht abschneiden, um sich Ingredienzien für ihre Zauberkünste zu beschaffen.‹

›Und was hat die Leichenwache zu tun?‹ fragte ich weiter. Er erklärte mir: ›Vor allem mußt du die ganze Nacht wach bleiben, du mußt mit aufmerksamen, offenen Augen ununterbrochen den Toten beobachten, du darfst ihn einfach nicht aus den Augen lassen; du darfst nicht einmal zur Seite blicken; denn diese verfluchten Hexenweiber verwandeln sich in irgendein Tier und schleichen sich so leise herein, daß sie sehr wohl auch die Augen der Sonne und der Gerechtigkeit täuschen würden. Sie verwandeln sich in Vögel oder auch in Hunde oder Mäuse, ja sogar in Fliegen. Sie wissen auch den Wächter durch Zaubersprüche einzuschläfern. Niemand ahnt, welcher Mittel und Wege sich diese dreisten Weiber zu bedienen wissen, um ihrem Gelüst zu frönen! Trotzdem aber zahlt man für einen so gefährlichen Dienst kaum mehr als vier bis sechs Goldstücke. Ach, was ich fast vergessen hätte: wenn der Wächter den Leichnam am anderen Morgen nicht unversehrt wieder übergeben kann, muß er sich, was abgezwackt und weggeschnappt ist, stückchenweise aus seinem eigenen Gesicht schneiden lassen!‹

Nachdem ich das zur Kenntnis genommen hatte, faßte ich meinen Entschluß, trat zu dem Ausrufer und sagte: ›Schluß mit deinem Geschrei! Ich bin dein Wächter, her mit dem Geld!‹ – ›Tausend Nummen liegen bereit‹, erwiderte er, ›aber höre, junger Mann, paß gut auf und bewache den Toten, den Sohn eines der vornehmsten Bürger der Stadt, vor den grimmigen Vetteln!‹ – ›Rede nicht so viel und so überflüssiges Zeug!‹ tröstete ich ihn, ›ich bin eisern, ich bin keine Schlafmütze und sehe bestimmt nicht schlechter als Lynkeus oder Argus, ich will ganz Auge sein!‹

Ich hatte kaum ausgeredet, als er mich von der Stelle weg vor ein Haus führte, dessen Haupteingang versperrt war; er ließ mich durch die Hintertüre eintreten, geleitete mich in ein kleines dunkles Kämmerchen mit geschlossenen Fensterläden, wies auf eine weinende Dame in Trauerkleidung und sprach: ›Der junge Mann hier hat sich bereit erklärt und versprochen, deinen Mann zu bewachen!‹ Sie strich die gelösten Haare aus dem Gesicht und zeigte ihr auch in der Trauer noch schönes Antlitz: ›Bitte gib acht, daß du deinen Dienst gewissenhaft versiehst.‹ – ›Keine Angst‹, erwiderte ich, ›und halte ein gutes Trinkgeld bereit!‹

Das versprach sie, stand dann auf und führte mich in einen anderen Raum, das Schlafgemach. Dort enthüllte sie vor sieben herbeigerufenen Zeugen eigenhändig den mit prächtigen Tüchern bedeckten Leichnam und wies, nachdem sie ihn einige Zeit beweint und die Anwesenden um ihre Zeugenschaft gebeten hatte, auf jeden Körperteil hin, während einer der Umstehenden das Protokoll führte. ›Die Nase ist ganz‹, sprach sie, ›die Augen sind unbeschädigt, die Ohren einwandfrei, die Lippen unverletzt, und das Kinn ist heil. Die Anwesenden bezeugen den Sachverhalt.‹ Dann wurde das Protokoll unterzeichnet, und sie wollte sich zurückziehen.

Ich bat sie aber noch: ›Laß alles, was ich brauche, bereitstellen, Herrin!‹ – ›Und um was handelt es sich?‹ fragte sie. ›Eine möglichst große Lampe‹, sagte ich, ›genügend Öl, das bis morgen früh reicht, warmes Wasser, einen Krug Wein, einen Becher und eine Platte mit ein paar Kostproben aus der Küche.‹ Sie schüttelte den Kopf und erklärte: ›Meinst du Narr, daß du in einem Trauerhaus Festessen und Leckerbissen erwarten kannst, in dem es seit ich weiß nicht wieviel Tagen überhaupt keinen Rauch gegeben hat! Bist du gekommen, um dich satt zu essen? Denke lieber daran, daß hier Trauer und Tränen am Platz sind!‹ Sie drehte sich zu ihrer Magd um und sprach: ›Myrrhina! Bring eine Lampe und Öl, schließe den Wächter in seinem Zimmer ein und dann mach, daß du schnell wieder fortkommst!‹

So blieb ich allein zum Schutz des Leichnams zurück; ich rieb mir die Augen, um sie für die Wache zu stärken, und ermutigte mein Herz durch Gesang; und siehe da, die Dämmerung brach herein, die Nacht rückte näher, die Nacht wurde tiefer, und es wurde noch tiefere Schlafenszeit, und dann war es Mitternacht. Mich schauderte mehr und mehr und am meisten, als plötzlich ein Wiesel hereinschlüpfte, sich mir gegenüber aufrichtete und mich unverwandt anblickte, bis das kleine Tierchen durch seine Dreistigkeit mich völlig ratlos machte. Schließlich rief ich: ›Mach, daß du fortkommst, du unverschämtes Biest, scher dich zu deinesgleichen in den Garten, sonst wird es dir übel ergehen! Fort mit dir!‹ Es machte kehrt und verschwand im Handumdrehen aus dem Zimmer. Es dauerte nicht lange, bis ich in so abgrundtiefen Schlaf versank, daß selbst das Orakel von Delphi kaum hätte sagen können, wer von uns beiden, wie wir dalagen, mehr tot war. So leblos war ich, daß ich selber einen Wächter hätte brauchen können und daß ich so gut wie nicht da war.

Schon schickten die Wächter mit den gezackten Kämmen ihren Ruf durch die Stille der Nacht. Ich erwachte und lief voller Schrecken zu dem Toten, beleuchtete ihn mit der Lampe, zog ihm die Decke vom Gesicht und inspizierte die meiner Obhut anvertrauten Körperteile. Da stürzte auch schon die arme trauernde Witwe mit ihren Zeugen von gestern angstvoll herein, warf sich über den Toten, küßte ihn lange und stürmisch und untersuchte im Lampenschein alle Einzelheiten. Dann drehte sie sich um und rief ihren Hausmeister Philodespotus, den sie anwies, dem gewissenhaften Wächter sofort seinen Lohn auszuzahlen. Er wurde mir an Ort und Stelle übergeben, und sie dankte mir: ›Wir sind dir sehr verpflichtet, junger Mann, und wollen dich in Anerkennung deiner Zuverlässigkeit und Treue weiß Gott zu den Freunden unseres Hauses zählen!‹ Über diese Worte und das unerwartete Trinkgeld war ich außer mir vor Freude und erwiderte, ganz benommen die blinkenden Goldstücke immer wieder in meinen Händen drehend: ›Bitte, Herrin, zähle mich zu deinen Dienern; und wenn ich dir in einer ähnlichen Situation gefällig sein kann, bitte ich, jederzeit über mich zu verfügen!‹

Ich hatte kaum ausgesprochen, als alle Hausgenossen unter Verwünschungen und betretenen Sprüchen über mich herfielen; der eine schlug mir mit den Fäusten ins Gesicht, ein anderer trommelte mit den Ellbogen auf meine Rippen, ein dritter boxte mich in die Hüften; man bearbeitete mich mit Fußtritten, zog mich an den Haaren und zerriß mir die Kleider. Und ganz wie der schöne Adonis oder der Sänger Orpheus zerschunden und zerzaust, jagte man mich aus dem Haus.

Als ich mich in der nächsten Gasse wieder zu erholen trachtete und meine ungeschickten und unpassenden Worte zu spät bedachte, mußte ich mir eingestehen, daß ich von Rechts wegen noch viel mehr Prügel verdient hätte; doch inzwischen war auch schon nach der letzten Beweinung und Klagezeremonie der Tote aus dem Haus herausgetragen worden, und der Leichenzug kam, nach dem Brauch der Väter und wie es bei den Vornehmen der Stadt Sitte war, feierlich über den Marktplatz daher. Da stellte sich ihm ein schwarzgekleideter Greis, jammernd und weinend sein ehrwürdiges weißes Haar raufend und mit beiden Händen die Bahre fassend, entgegen und rief mit lauter, von Schluchzen behinderter Stimme: ›Bei eurer Ehre beschwöre ich euch, liebe Bürger, steht eurem ermordeten Bruder bei und rächt das ungeheuerliche Verbrechen an dem schamlosen und frechen Weib dort! Sie und kein anderer hat den armen Jüngling, den Sohn meiner Schwester, ihrem Buhlen zuliebe und um ihn zu beerben, durch Gift aus dem Weg geräumt!‹ So wandte sich der Greis flehend an jeden einzelnen. Das Volk tobte und ließ sich von der Wahrscheinlichkeit des Verbrechens überzeugen. Man rief nach dem Scheiterhaufen, man suchte nach Steinen und man hetzte die Jugend auf, das Weib totzuschlagen. Sie aber wies unter heuchlerischen Tränen ein so ungeheuerliches Verbrechen weit von sich und rief Gott und die Welt unter den heiligsten Eiden als Zeugen an.

›Die göttliche Vorsehung soll die Wahrheit offenbaren!‹ schrie der Greis. ›Hier steht Zatchlas, ein großer ägyptischer Prophet, der mir versprochen hat, gegen entsprechende Bezahlung für kurze Zeit den Geist dieses Toten aus der Unterwelt heraufzubeschwören und seinen Körper ins Leben zurückzurufen!‹ Mit diesen Worten stellte er seiner Umgebung einen jungen Mann vor, der leinene Gewänder und an den Füßen Sandalen aus Palmblättern trug und dessen Haupt völlig kahlgeschoren war. Er küßte ihm lange die Hände, umschlang sogar seine Knie und flehte: ›Erbarme dich, Priester, erbarme dich bei des Himmels Gestirnen, bei den Geistern der Unterwelt, bei den Elementen der Natur, beim Schweigen der Nacht und den koptischen Mysterien, bei den Nilschwellen, den Geheimnissen von Memphis und dem Sistrum von Pharos! Vergönne dem Toten einen kurzen Genuß der Sonne und laß die für immer und ewig geschlossenen Augen noch einmal für kurze Zeit das Licht schauen! Wir empören uns nicht wider die Naturgesetze und wollen auch nicht der Erde streitig machen, was ihr gehört: nur um des Trostes der Rache teilhaftig zu werden, bitten wir um eine kurze Spanne Leben.‹ So ließ sich der Prophet herbei, ein bestimmtes Kraut auf den Mund des Toten und ein anderes auf seine Brust zu legen. Dann, gegen Osten gewandt, richtete er ein schweigendes Gebet an die Allmacht der aufgehenden Sonne, indes die feierliche Szene die Anwesenden so beeindruckte, daß sie in tiefer Ergriffenheit dem Wunder entgegenstaunten.

Ich drängte mich unter die Schar der Begleiter und stellte mich unmittelbar hinter der Bahre auf einen Stein, um dem Schauspiel mit neugierigen Augen zu folgen. Schon hob sich schwellend die Brust, schon schlug der Puls, schon begann der Leib zu atmen. Der Tote richtete sich auf, und der Jüngling sprach: ›Was ruft ihr mich für so kurze Zeit ins Leben zurück! Geleert war der lethäische Becher, und schon schwamm ich auf den Fluten des Styx! Laßt mich zurück und stört meine Ruhe nicht länger!‹ Die Worte des Leichnams waren deutlich zu vernehmen. Aber der Prophet erwiderte voller Erwartung und Erregung: ›Sag den Leuten, auf welche Weise du gestorben bist, und gib das Geheimnis deines Todes preis! Sonst sollst du erfahren, daß ich auch die Furien zu beschwören und deine erschlafften Glieder zu martern vermag!‹ Da sprach er von seiner Bahre herab tief aufseufzend zu den Umstehenden: ›Böse Künste meiner jungen Gemahlin haben mich umgebracht, und zum Giftbecher verurteilt, mußte ich das noch warme Hochzeitsbett ihrem Buhlen überlassen!‹

Die so vortreffliche Gattin raffte sich zusammen, trat ihrem Mann frech unter die Augen und hieß ihn mit gottloser Dreistigkeit einen Lügner. Das Volk stand unschlüssig; die einen tobten, man solle das Schandweib auf der Stelle lebend mit dem Leichnam ihres Mannes begraben, die anderen meinten, man könne den zweifelhaften Aussagen eines Toten keinen Glauben schenken.

Allein die weitere Rede des jungen Mannes gab den Ausschlag in dieser ratlosen Situation. Wieder seufzte er, noch tiefer, auf und sprach: ›Ich will euch einen klaren Beweis für die lautere Wahrheit geben und euch etwas eröffnen, was nur ich allein wissen kann!‹ Und nun zeigte er mit dem Finger auf mich: ›Während dieser überaus treue Hüter meines Leichnams mich brav bewachte, waren alte Hexenweiber hinter meiner sterblichen Hülle her und verwandelten sich in alle möglichen Gestalten, ohne jedoch seinen gewissenhaften Eifer täuschen zu können; so umgaben sie ihn schließlich mit einem Schlummernebel und, nachdem sie ihn in tiefen Schlaf versenkt hatten, riefen sie mich immer wieder mit meinem Namen, bis meine kalten und erstarrten Glieder und Gebeine, der Magie gehorchend, sich langsam regten. Aber dieser hier, lebendig zwar, doch schlafend wie ein Toter, und der genauso heißt wie ich, war, als er seinen Namen rufen hörte, schon vor mir aufgestanden, ohne sich dessen überhaupt bewußt zu werden, und wie ein entseelter Schatten bis vor die fest verschlossene Tür gegangen, wo sie ihm durch das Schlüsselloch erst die Nase und dann die Ohren abschnitten, so daß er an meiner Stelle die Entstellung über sich ergehen ließ. Um den Betrug komplett zu machen, klebten sie ihm, anstelle der abgeschnittenen Ohren, solche aus Wachs und eine Wachsnase an. Und da steht er nun, der arme Kerl, und der Lohn für seine Wachsamkeit gebührt ihm eigentlich mehr für die Verstümmelung, der er zum Opfer gefallen ist!‹

Kaum hörte ich das, als ich erschrocken mein Gesicht abtastete. Ich greife mit der Hand nach meiner Nase: Sie geht mit. Ich fasse an meine Ohren: Sie fallen ab! Und wie die Umstehenden mit Fingern auf mich zeigen und nach mir schielen, wie man schon anfängt mich auszulachen, renne ich in kaltem Schweiß gebadet davon, um in der Menge unterzutauchen. Und seit dieser Zeit habe ich mich, so lächerlich und entstellt wie ich war, nicht mehr zu Hause sehen lassen; ich habe mir die Haare auf beiden Seiten lang auf die Schultern herabwachsen lassen, um die fehlenden Ohren zu verheimlichen, und dem Übel der verstümmelten Nase konnte ich nur durch ein säuberlich aufgeklebtes Pflaster einigermaßen abhelfen.«

Als Thelyphron mit seiner Geschichte fertig war, fingen die vom Wein berauschten Gäste wieder laut zu lachen an. Und während sie in ein »Prost dem Lachen!« ausbrachen, meinte

Byrrhena zu mir: »Morgen ist ein Fest, das seit Jahr und Tag in unserer Stadt feierlich begangen wird; an diesem Tag feiern wir als einzige auf der ganzen Welt den Gott und Herrn der Heiterkeit und Scherze und ehren ihn durch ein fröhlich ausgelassenes Brauchtum. Deine Gegenwart wird uns diesen Tag besonders angenehm machen. Ich würde mich freuen, wenn du dir etwas ganz besonders Lustiges zu Ehren des Gottes einfallen lassen wolltest, damit wir um so mehr zu seiner Verherrlichung beitragen.«

»Gerne«, erwiderte ich, »gerne will ich deiner Anregung folgen. Ich wünschte nur, daß mir ein Scherz einfällt, der einem so großen Gott angemessen ist.«

Dann erinnerte mich mein Diener daran, daß es bereits stockfinstere Nacht sei, und da ich schon weit mehr als betrunken war, stand ich auf, verabschiedete mich rasch von Byrrhena und machte mich mit unsicheren Schritten auf den Heimweg.

Schon an der ersten Straßenecke blies ein plötzlicher Windstoß unser Licht aus, das unser einziger Führer war, und wir konnten uns nur mit Mühe durch die tiefe Finsternis weitertasten, um mit an den Steinen zerschundenen Zehen und todmüde unser Haus zu suchen. Wie wir uns schon Arm in Arm näherten, ha! da werfen sich drei große, kraftstrotzende junge Kerle mit aller Wucht gegen unsere Haustür und lassen sich auch durch unser Auftauchen nicht im geringsten stören, sondern rennen erst recht, einer ruppiger als der andere, dagegen, so daß es uns, und besonders mir, völlig klar war: dies sind Strolche von der allerschlimmsten Sorte! Ich griff sofort nach meinem Schwert, das ich unter meinem Gewand versteckt mitgenommen hatte, und zog es aus den Falten.

Ohne Zögern stürzte ich mich mitten unter die Banditen und stieß es einem nach dem andern, wie er sich mir in den Weg stellte, tief in den Leib, bis sie endlich zerstochen und zerfetzt zu meinen Füßen ihren Geist aufgaben. Nach beendeter Schlacht – Photis war durch den Lärm aufgewacht und hatte die Tür geöffnet – schleppte ich mich keuchend und schweißtriefend ins Haus und fiel erschöpft, als hätte ich nicht drei Räuber, sondern den dreifachen Geryones erschlagen, auf mein Bett und war auch schon eingeschlafen.

Drittes Buch

Eben fuhr Aurora, ihren Rosenarm über dem purpurnen Gespann schwingend, den Himmel hinauf, als mich, der sorglosen Ruh entrissen, die Nacht dem Tage wiederschenkte. Heiß überlief es mich bei der Erinnerung an die nächtliche Tat. Mit angezogenen Beinen, die Hände über den Knien gefaltet, kauerte ich auf meinem Bett und weinte bitterlich, denn im Geist sah ich schon Richter und Prozeß, schon das Urteil, schon den Henker vor mir. »Oder wo wäre ein so milder, ein so wohlwollender Richter, der mich, vom dreifachen Mord befleckt und vom Blut so vieler Bürger besudelt, freispricht? Das also ist der Ruhm, den mir der Chaldäer Diophanes auf meiner Reise so beharrlich verhieß!« Dies wiederholte ich mir immer wieder und bejammerte mein Los.

Da hörte ich Klopfen und vielfaches Stimmengewirr vor der Tür.

Es dauerte nicht lange, bis sich der ganze Strom in das Innere des Hauses wälzte, das sich mit Beamten, deren Helfern und zahlreichem bunten Gefolge füllte, und bis mich zwei Amtsdiener im Auftrag des Magistrats an Ort und Stelle festnahmen und fortschleppten, ohne daß ich mich irgend zur Wehr setzte. Als wir in die erste Gasse einbogen, sah ich, daß schon die ganze Stadt auf den Beinen war, um sich unserem Zug in hellen Haufen anzuschließen. Mit gesenktem Kopf vor mich auf den Boden oder vielmehr schon ins Grab blickend, schritt ich trübsinnig dahin, doch als ich einen kleinen Seitenblick wagte, fiel mir etwas ganz Merkwürdiges auf: Im Gewoge der Tausende von Leuten gab es keinen, der nicht am liebsten laut herausgelacht hätte!

Nachdem wir durch alle Gassen gezogen waren, wurde ich wie ein Sühneopfer zur Abwendung drohenden Unheils um den ganzen Marktplatz geführt und dann vor den Richterstuhl gestellt. Schon hatte sich der Magistrat auf der erhöhten Estrade niedergelassen, schon gebot der Stadtherold Stillschweigen, als plötzlich alle einhellig forderten, mit Rücksicht auf die große Anzahl von Zuschauern und die Gefährdung durch das zu dichte Gedränge solle eine so wichtige Verhandlung im Theater stattfinden. Unverzüglich machte man sich auf den Weg und füllte im Handumdrehen die Tribünen. Selbst die Gänge und das Dach waren bis zum Ersticken voll, viele waren die Säulen emporgeklettert, andere hingen an den Statuen, nicht wenige in Fenstern und Nischen waren nur halb zu sehen, aber in seiner Neugier kümmerte sich keiner um die Gefährlichkeit seines Standorts. Die Gerichtsdiener führten mich wie ein Opfertier quer durch das Proszenium und stellten mich mitten auf die Bühne.

Wieder brüllte der Herold, und ein alter Mann stand als Ankläger auf, während zur Bemessung der Redezeit ein siebartig durchlöchertes Gefäß mit Wasser gefüllt wurde, das tropfenweise abfloß, und wandte sich an das Volk:

»Es handelt sich hier nicht um eine Sache von untergeordneter Bedeutung, verehrte Mitbürger, sondern um einen Vorfall, der den Frieden der ganzen Stadt betrifft und bei dem es zweckmäßig sein wird, ein strenges Exempel zu statuieren. Daher ist es um so unerläßlicher, daß ihr euch, jeder einzelne und alle gemeinsam, für die Interessen der Autorität einsetzt, damit der verruchte Mörder mit entsprechender Strenge für seine grausame Untat bestraft wird.

Unterstellt nicht, daß ich aus persönlichen Motiven meinem Haßgefühl freien Lauf lasse! Niemand kann mir in meiner Eigenschaft als Beauftragter für die nächtliche Sicherheit der Stadt hinsichtlich meines Verantwortungsbewußtseins einen Vorwurf machen.

Nun aber möchte ich auf die Sache eingehen und wahrheitsgemäß berichten, was sich in der Nacht ereignet hat. Es dürfte bereits um die dritte Nachtwache gewesen sein, als ich pflichtgemäß meinen Kontrollgang von Tür zu Tür durch das ganze Stadtgebiet machte; da sah ich auf einmal diesen jungen Kerl und Rohling, wie er mit dem blanken Schwert nach allen Seiten zum Mord ausholte, während sich bereits drei Mann als Opfer seiner Raserei zuckenden Leibes in einer großen Blutlache zu seinen Füßen wälzten. Im Bewußtsein seiner abscheulichen Tat suchte der Mörder sein Heil in der Flucht und konnte im Schutz der Dunkelheit in ein Haus entkommen, in dem er sich die Nacht über versteckt hielt. Dank der göttlichen Vorsehung jedoch, die jede Untat an den Schuldigen heimsucht, gelang es mir, den Täter am anderen Morgen, noch ehe er heimlich fliehen konnte, festzunehmen, um ihn hier vor die Schranken des hohen Gerichts führen zu lassen. Der Angeklagte, der nun vor euch steht, ist des mehrfachen Mordes schuldig, der Angeklagte wurde auf frischer Tat ergriffen, der Angeklagte ist ein Fremder. So fällt denn unbeirrbar euren Spruch über einen Ausländer, der eine Tat begangen hat, die ihr bei jedem eurer Mitbürger strenge ahnden würdet!«

Nach dieser grimmigen Rede machte der Ankläger sein Maul wieder zu. Der Herold forderte mich auf, mich zu äußern, falls ich etwas zu erwidern hätte. Aber ich konnte in dieser Situation nur weinen, und wahrhaftig nicht nur über die ungeheuerliche Anklage, sondern vor allem über mein elendes Gewissen. Doch dank einer göttlichen Eingebung raffte ich mich endlich zu einer Antwort auf:

»Ich weiß sehr wohl, was es heißt, wenn ein des Mordes Beschuldigter angesichts der drei aufgebahrten Leichen eurer Mitbürger – und wenn er noch so sehr die Wahrheit spräche und ein freiwilliges Geständnis ablegte – eine so zahlreiche Versammlung von seiner Unschuld überzeugen will. Aber wenn man mir aus Billigkeit für kurze Zeit Gehör schenken mag, so kann ich euch überzeugend erklären, daß ich nicht durch mein eigenes Verschulden meinen Kopf aufs Spiel gesetzt habe, sondern daß es nur ein unglücklicher Zufall ist, wenn die durchaus gerechte Entrüstung über ein solches Verbrechen einen ohne Grund der Untat Bezichtigten trifft!

Als ich nämlich ziemlich spät von einer Einladung nach Hause ging, etwas angetrunken – denn was mir mit Recht vorgeworfen werden kann, will ich nicht in Abrede stellen –, sah ich vor der Haustür meines Gastgebers – ich wohne bei eurem trefflichen Mitbürger Milo – einige verwegene Gesellen, die sich Zutritt zu verschaffen und die Haustür aus den Angeln zu heben versuchten und nach dem Aufbrechen aller sorglich vorgelegten Riegel schon im Begriff standen, ein Massaker unter den Bewohnern anzustellen. Einer von ihnen, ein handfester Riesenkerl, hetzte die anderen auf: ›Los, Jungens, frisch und mutig voran, wir wollen die Schläfer tapfer überfallen! Nicht gezögert und nicht feige! Mit gezücktem Messer hinein ins Haus zum Mord! Wer schläft, wird erstochen, wer sich zur Wehr setzt, wird niedergemacht! Nur dann kommen wir heil wieder heraus, wenn im Haus keiner heil bleibt!‹

Ich bekenne, verehrte Versammlung – da ich es für die Pflicht eines guten Bürgers hielt und äußerste Angst sowohl um meine Gastgeber wie um mich selbst hatte –, daß ich mit einem kleinen Schwert, das mich wegen derlei Fährlichkeiten begleitet, gegen sie Front gemacht habe, um sie einzuschüchtern und zu verjagen. Aber diese Banditen und Unholde ließen sich nicht in die Flucht schlagen, sondern leisteten, obwohl sie mich bewaffnet sahen, erbitterten Widerstand.

Sie stellten sich zum Kampf. Der Wortführer und Anführer persönlich stürzte sich mit aller Wucht auf mich, erwischte mich auf der Stelle mit beiden Händen beim Haar und suchte mir den Kopf nach hinten zu reißen, um mich mit einem Stein zu zerschmettern. Während er ›Her damit!‹ brüllte, brachte ich ihm mit sicherer Hand einen tödlichen Stich bei und streckte ihn glücklich nieder. Inzwischen hatte sich ein anderer an meinen Beinen festgebissen, dem ich dafür mit einem wohlgezielten Stoß das Schwert durch den Rücken stieß, während der dritte so unvorsichtig war, von selbst mit der Brust in mein Schwert zu rennen.

Nun war die Ruhe wiederhergestellt und sowohl für das Haus meiner Gastgeber als auch für die öffentliche Sicherheit gesorgt, und ich war der Ansicht, nicht nur keine strafbare Handlung begangen, sondern sogar öffentliche Anerkennung verdient zu haben; und dies um so mehr, als ich noch nie im Leben auch nur des mindesten Vergehens bezichtigt werden konnte, sondern in meiner Heimat stets als rechtschaffener Bürger geachtet wurde, der ein reines Gewissen über allen Vorteil stellt. Ich kann auch nicht begreifen, warum ich hier wegen der gerechten Notwehr gegenüber derart rüdem Gesindel angeklagt werde; es kann doch niemand behaupten, daß zwischen uns eine persönliche Feindschaft bestanden habe oder daß mir diese Kerle auch nur bekannt gewesen seien. Soll man mir doch die Beute zeigen, für die ich einleuchtenderweise eine solche Untat hätte begehen können!«

Als ich mit meiner Darstellung zu Ende war, flossen meine Tränen aufs neue, und mit ausgestreckten Händen beschwor ich bald die einen und bald die anderen bei ihrer menschlichen Empfindung und bei ihren Kindern. Und als ich schon die Herzen gerührt und durch meine Tränen das Mitgefühl aller geweckt zu haben meinte, als ich das Auge der Sonne und der Gerechtigkeit als Zeugen anrief, als ich meine Sache der göttlichen Vorsehung anbefahl und dabei meine Blicke hob, da sah ich auf einmal, wie die ganze Versammlung vor Übermut sich kaum noch zu fassen wußte und daß auch mein guter Gastgeber und Vater Milo sich vor Lachen schüttelte. Da schwieg ich und dachte: Freundschaft, Treue! Um meinen Gönner zu retten, werde ich zum Mörder und lasse mich auf Tod und Leben verklagen, er aber verweigert mir nicht nur seinen tröstlichen Beistand, sondern wiehert vor Lachen über mein schmähliches Ende!

Unterdessen rennt jammernd und schreiend ein Weib in schwarzer Kleidung und mit einem Kind an der Brust durch das Theater und hinter ihr drein eine Alte in fürchterlichen Lumpen und gleichfalls heulend, beide Ölzweige schwingend. Sie werfen sich über die Bahre mit den zugedeckten Leichen der Ermordeten und beginnen ein lautes Klagegeheul und kreischen: »Bei euer aller Mitleid, bei allen Menschenrechten, habt Erbarmen mit den schmählich erschlagenen Männern und schenkt uns armen verlassenen Witwen den Trost der Rache! Helft wenigstens diesem schon so früh verwaisten Kind und verhelft durch das Blut dieses Mörders dem Gesetz und der Ordnung wieder zu ihrem Recht!«

Es erhob sich der Älteste des Magistrats und wandte sich an das Volk: »Das Verbrechen, das streng geahndet werden muß, kann auch der Täter nicht leugnen. Aber es muß auch unsere Sorge sein, die Helfershelfer einer solchen Schandtat ausfindig zu machen. Es ist ganz unwahrscheinlich, daß ein einzelner drei so kräftige junge Männer zur Strecke gebracht hat. Um den Tatbestand zu ermitteln, muß daher zur Folterung geschritten werden. Da der Sklave, der ihn begleitet hat, geflohen ist, bleibt uns nur die Möglichkeit, ihn selbst auf der Folter die Helfer bei seiner Untat bekennen zu lassen, damit der Furcht vor derlei Bandenwesen ein für allemal ein Ende gemacht wird.«

Unverzüglich wurden nach griechischem Brauch Feuer und

Rad und auch Geißeln aller Art herbeigeschleppt. Meine Verzweiflung wurde immer größer, nein, verdoppelte sich, da ich nicht einmal mehr mit heiler Haut sollte sterben dürfen.

Die Alte, die mit ihrem Geschrei alles durcheinandergebracht hatte, rief: »Hochverehrte Bürger, bevor ihr diesen Räuber und Mörder meiner armen Kinder ans Kreuz schlagt, möchte ich die Leichen der Erschlagenen aufdecken, damit euch der Anblick ihrer Schönheit und Jugend um so mehr das Ungeheuerliche einer solchen Untat vor Augen führt und ihr entsprechende Strenge walten laßt!«

Ihre Worte fanden Beifall, und sogleich forderte mich der Amtsdiener auf, die auf der Bahre liegenden Körper eigenhändig aufzudecken. Ich weigerte mich und sträubte mich geraume Zeit, durch eine solche Provokation der Erbitterung über das Vorgefallene neue Nahrung zu geben, doch auf Befehl des Magistrats gehen die Stadtknechte auf mich los und zerren mir die herabhängende Hand weg und zwingen sie, die Leichen zu enthüllen und das eigene Verderben zu beschleunigen. So erliege ich schließlich der Gewalt, ergreife trotz allem Widerstreben das Tuch und decke die Körper auf: allmächtige Götter, was für ein Anblick! Welch ein Wunder! Welche unerwartete Wendung meines Geschicks! Der ich eben noch in die Hand Proserpinas gegeben war und schon zu des Orkus Gesinde gehörte, stehe dem Wandel völlig fassungslos gegenüber; kaum vermag ich die Wirkung dieses überraschenden Anblicks zu schildern! Die besagten Leichen der ermordeten Jünglinge waren drei – Schläuche! Aufgeblasene Schläuche mit zahlreichen Löchern an jenen Stellen, wo ich meiner Erinnerung nach im Verlauf des Nachtgefechts die Räuber verwundet hatte!

Nun endlich brach die ganze Versammlung in ein befreiendes Gelächter aus, das einige Schlingel bisher nur mühsam verbissen hatten. Die einen kreischten vor Vergnügen, andere mußten sich den Bauch halten vor Schmerzen. In bester Laune ward das Theater geräumt, wobei sich alle nach mir umsahen.

Ich aber stand noch immer mit dem Tuch in der Hand wie versteinert und schreckensstarr auf dem gleichen Fleck, nicht anders als eine der Statuen oder Säulen des Theaters. Erst als mein Gastgeber Milo zu mir trat und mir seine Hand auflegte, kam ich wieder zu mir; und als ich wieder in Tränen ausbrach und erneut zu schluchzen anfing, zog er mich trotz meiner Gegenwehr mit sanfter Gewalt mit sich fort und führte mich durch weniger belebte Seitengassen und auf Umwegen in sein Haus zurück, indem er mich in meinem Kummer und meiner immer noch anhaltenden Erregung durch allerlei Zuspruch tröstete. Doch vermochte er meine Erbitterung über die angetane Schmach, die mich tief in der Seele getroffen hatte, auf keine Weise zu beschwichtigen.

Nach einer Weile kamen die Magistratsbeamten höchstpersönlich im Schmuck ihrer Insignien zu uns ins Haus und setzten sich in Szene, um mich durch ihre Erklärung zu beruhigen: »Wir sind uns deines Standes und deiner Herkunft wohl bewußt, Herr Lucius, da dein so angesehenes Haus in der ganzen Provinz bekannt ist. Und was dich jetzt so erregt, sollte keine Beleidigung sein. Erleichtere also deine Brust von aller derzeitigen Betrübnis und verscheuche den Gram aus deinem Herzen! Es handelte sich um ein Spiel, das wir ganz offiziell alljährlich zu Ehren des Gottes und Herrn der Heiterkeit und der Scherze festlich begehen und das an Einfällen immer neue Blüten treibt. Dieser Gott wird seinen Förderer und Freund überall mit Huld und Liebe begleiten und niemals zulassen, daß du gekränkt wirst, sondern vielmehr deine Stirn stets mit Anmut und Frohsinn schmücken. Die Bürger der Stadt aber haben dir in Anerkennung deiner ihr erwiesenen Gunst eine besondere Auszeichnung zugedacht. Sie haben dich zum Ehrenbürger ernannt und haben beschlossen, dein Bild in Erz aufzustellen.«

Auf diese Eröffnung entgegnete ich: »Der hochansehnlichen und wohllöblichen Bürgerschaft der thessalischen Hauptstadt fühle ich mich für die zugedachte Ehrung zutiefst verpflichtet, doch bitte ich Denkmal und Bildnis Würdigeren und Verdienteren vorzubehalten!«

Und während ich solche Worte der Bescheidenheit äußerte, versuchte ich, verbindlich zu lächeln und ein möglichst heiteres Gesicht zu machen, um die Beamten höflich zu verabschieden.

Und dann war auch schon ein Diener der Byrrhena da und meldete: »Deine Tante läßt dich bitten, entsprechend deiner gestrigen Zusage dich zu einer kleinen Feier in ihrem Hause einzufinden, die in Kürze beginnen soll.«

Voller Schreck und schon bei der bloßen Erwähnung ihres Hauses schaudernd, entgegnete ich: »Gerne würde ich der Einladung meiner mütterlichen Freundin Folge leisten, wenn es mir irgend möglich wäre. Mein Gastgeber Milo jedoch hat mich bereits ersucht und verpflichtet, zu Ehren der mächtigen Gottheit heute mit ihm zu speisen. Er weicht nicht von meiner Seite und läßt mich nicht aus dem Haus. Ich muß den versprochenen Besuch daher leider verschieben.«

Noch während ich redete, legte mir Milo die Hand auf die Schulter, befahl das Badezeug nachzubringen und führte mich ins nächste Bad.

Während ich neben ihm ging, versuchte ich mich so gut als möglich zu verstecken, um den aufdringlichen Blicken und dem Grinsen der uns Begegnenden auszuweichen, zu dem ich Anlaß gegeben hatte. Wie ich gebadet, wie ich mich abgetrocknet habe und wie ich wieder nach Hause gekommen bin, weiß ich vor Scham kaum zu sagen; ich war ganz außer Fassung, da alle mit Blicken, Winken und sogar mit Fingern auf mich wiesen.

Rasch verzehrte ich bei Milo ein kümmerliches Mahl, schützte starke Kopfschmerzen vor, die mir die dauernde Erregung verursacht habe, und zog mich in mein Zimmer zurück, wozu ich leicht die Erlaubnis erhalten konnte. Ich lag auf meinem Bett und ließ mir trübsinnig das Geschehene der Reihe nach durch den Kopf gehen, bis meine Photis ihre Herrin endlich zu Bett gebracht hatte und ganz außer sich zu mir kam: weder mit fröhlichem Gesicht noch mit Scherz und Geplauder, sondern die Stirn in düstere Falten gelegt. Zögernd und stockend begann sie schließlich: »Ich muß bekennen, daß ich an allem, was dir widerfahren ist, schuld bin!« Und mit diesen Worten entnahm sie dem Bausch ihres Gewandes eine Peitsche und reichte sie mir. »Da, nimm, ich bitte dich, und bestrafe das treulose Mädchen, räche dich nach Herzenslust! Aber, bitte, glaube nicht, daß ich dir absichtlich diesen Schrekken eingejagt habe! Die Götter mögen mich davor bewahren, daß ich dir willentlich auch nur das geringste Leid zufüge; und wenn dich ein Unglück bedroht, so will ich es auf der Stelle mit meinem eigenen Blut sühnen. Aber was man mir aus ganz anderen Gründen befohlen hatte, ist zu meinem Unglück leider eine Kränkung für dich gewesen.«

Da meldete sich meine alte Neugier, und ich wollte die heimliche Bewandtnis des Geschehenen wissen: »Eher will ich diese verfluchte und unverschämte Peitsche, mit der ich dich schlagen soll, zerbrechen und zerfetzen, als daß sie deine zarte weiße Haut auch nur berühren dürfte! Aber erzähle mir getreulich, was du getan hast, das so unglücklich zu meinem Nachteil ausgeschlagen ist. Ich schwöre dir bei deinem geliebten Haupt, niemand, und trotz deiner Beteuerung auch du selbst nicht, kann mir einreden, daß du mir absichtlich weh tun wolltest! Und ein zufälliger und noch so unglücklicher Ausgang kann andererseits kein Grund sein, deine gute Absicht in Verdacht zu bringen.« Bei diesen letzten Worten wollte ich die tränenfeucht verschwimmenden Augen meiner Photis, die mich so verlangend aus schon halb geschlossenen Lidern anblickten, mit leidenschaftlichen, dürstenden Küssen schier austrinken.

Nun kehrte ihre Fröhlichkeit zurück, und sie sprach: »Laß mich bitte erst die Türe fest zuschließen, damit mein Bericht nicht leichtfertig unter die Leute kommt und üble Folgen heraufbeschwört!« Damit schob sie den Riegel vor und sicherte ihn mit dem Bolzen, um sich dann wieder zu mir umzudrehen und ihre beiden Arme um meinen Hals zu schlingen. Leise, mit flüsternder Stimme begann sie: »Ich habe ja so unsägliche Angst, das Dunkel dieses Hauses aufzudecken und die heimlichen Zauberkünste meiner Herrin zu verraten. Doch ich will dir Vertrauen schenken und auf dein Verständnis bauen, denn abgesehen von deiner guten Herkunft und von deinen charakterlichen Qualitäten bist du Mitglied mehrerer Kultgemeinschaften und weißt also, was Schweigepflicht ist. Was ich jetzt dem Schrein deines frommen Herzens anvertraue, das halte bitte für immer darin verschlossen und lohne meine vertrauensvolle Offenheit mit absolutem Stillschweigen. Denn nur die Liebe, mit der ich dir verfallen bin, veranlaßt mich auszusprechen, was nur ich allein auf der ganzen Welt weiß. Du wirst hören, wie es um unser Haus steht, du wirst die Geheimnisse meiner Herrin erfahren, der die Toten gehorchen, der die Gestirne dienen, der die Geister folgen und die Elemente zu

Willen sind. Solcher Künste bedient sie sich vor allem, wenn sie ein Auge auf einen jungen Mann von angenehmem Äußeren geworfen hat, was bei ihr oft der Fall ist.

Auch jetzt ist sie in einen besonders netten jungen Mann aus Böotien bis über die Ohren verliebt und setzt mit brennendem Eifer alle Kniffe ihrer Kunst, alle Hebel sozusagen, in Bewegung. Gestern abend habe ich hier mit diesen meinen Ohren gehört, daß sie sogar Helios selbst mit Wolkendunkel und ewiger Finsternis gedroht hat, weil die Sonne nicht schnell genug untergegangen und der Nacht gewichen war, in der sie ihren Lockzauber ausüben wollte.

Den jungen Mann hat sie gestern auf dem Heimweg vom Bad zufällig in der Barbierstube sitzen sehen; ich bekam den Auftrag, seine im Messergemetzel abgeschnittenen Haare, die am Boden lagen, heimlich zu stehlen. Als ich sie emsig und verstohlen einsammelte, erwischte mich der Meister, und weil wir ohnehin schon in der ganzen Stadt im Geruch übler Künste stehen, fiel er wütend über mich her und brüllte: ›Verschwinde, und willst du Hexe wohl die Haare von dem Jungen dort liegen lassen! Wenn ich dich wieder erwische, lasse ich dich auf der Stelle verhaften!‹ Und diesen Worten ließ er die Tat folgen und griff mir mit der Hand in den Busen, um mir voller Ingrimm die Haare wieder zu entreißen, die ich dort versteckt hatte. Ich war ganz erschrocken, und da ich die Gepflogenheiten meiner Herrin bedachte, die sich über ein derartiges Mißgeschick schrecklich aufzuregen und mich dafür halb totzuschlagen pflegt, wollte ich mich schon auf und davon machen, bin aber dann mit Rücksicht auf dich hier geblieben.

Als ich mit leeren Händen betrübt nach Hause schlich, sah ich, wie jemand Ziegenschläuche schor. Ich stellte fest, daß sie schon gebunden und aufgeblasen fix und fertig dahingen, und nahm einen ganzen Haufen der am Boden liegenden Haare mit, die dem blonden Haar des jungen Böoters sehr ähnlich sahen, und brachte sie meiner Herrin, um ihr den wahren Sachverhalt zu verheimlichen.

Bei einbrechender Nacht, und noch ehe du vom Essen zurückgekehrt warst, stieg Pamphile schon ganz außer sich auf den Dachboden, der auf der anderen Seite des Hauses dem offenen Durchzug ausgesetzt ist und den Blick nach Osten und auch nach den anderen Himmelsrichtungen gestattet, so daß er sich für ihre Künste besonders gut eignet und von ihr immer wieder heimlich aufgesucht wird. Zunächst versorgte sie ihre Wirkungsstätte mit der üblichen Ausrüstung: Spezereien aller Art, mit unleserlichen Zeichen beschriebene Metalltäfelchen, Wrackstücke von gescheiterten Schiffen und natürlich auch Gliedmaßen von Toten und sogar schon Beerdigten in reichlicher Auswahl; Nasen und Finger, Galgennägel mit dem Fleisch von Gehenkten, Blut von Ermordeten und Schädelteile, den Zähnen wilder Tiere entrissen.

Dann bespricht sie die rauchenden Eingeweide und besprengt sie mit verschiedenem Naß, bald Quellwasser, bald Kuhmilch, bald wildem Honig und bald auch Met. Nun wirft sie die ineinander verschlungenen und verknoteten Haare mit allerlei Essenzen zum Räuchern auf glühende Kohlen. Und vermöge der unwiderstehlichen Macht der magischen Künste und vermöge der geheimen Kraft des Geisterbanns werden die Leiber, deren Haare zischen und qualmen, mit menschlichem Leben erfüllt und fühlen, hören und wandeln und kommen, dem Geruch der verbrannten Abfälle folgend, statt des jungen Bööters Einlaß heischend vor die Haustür: und im gleichen Augenblick kehrst du vom Wein berauscht zurück und bringst, durch das Dunkel der tiefen Nacht getäuscht, mit gezücktem Schwert wie der rasende Ajax, zwar nicht lebende Tiere und ganze Schafherden zerfleischend, nein, viel heldenhafter! drei aufgeblasene Ziegenschläuche kühn ums Leben, so daß ich dich, der du deine Feinde, ohne einen Tropfen Blut zu vergießen, zu Boden gestreckt hast, nun nicht als Meuchelmörder, sondern als Schläuchemörder in meine Arme schließe!«

Da konnte ich der witzigen Photis nur beipflichten und erwiderte, um ihr nichts schuldig zu bleiben: »So kann ich diese erste Bewährungsprobe schon nach dem Vorbild der zwölf Arbeiten des Herkules werten, wenn ich die drei ermordeten Schläuche dem dreileibigen Geryones oder dem dreiköpfigen Zerberus gleichstelle! Aber damit ich dir von Herzen deine ganze Schuld, die mir einen solchen Schrecken eingebracht hat, verzeihen kann, mußt du mir eine ganz große Bitte erfüllen und mich zusehen lassen, wenn deine Herrin ihre

Doch wie die hochgehaltene Lampe das Geheimnis ihres Lagers erhellte, sah sie das zahmste und süßeste von allen Ungeheuern unter dem Getier, ihn selbst, Cupido, den schönen Gott ...

SEITE 430

Zauberkünste ins Werk setzt, wenn sie die Geister beschwört, wenigstens wenn sie ihre Vorbereitungen trifft. Ich bin ganz versessen darauf, mit eigenen Augen zu sehen, wie gezaubert wird. Allerdings scheint mir, daß auch du in diesen Dingen Erfahrung besitzt und Übung hast! Ich weiß das und spüre es ganz deutlich, denn könntest du mich sonst, nachdem ich bisher mit einer Liebschaft kaum etwas anzufangen wußte, mit deinen leuchtenden Augen, deinen rosigen Wangen, deinem schimmernden Haar, deinen lechzenden Küssen und deinen duftenden Brüsten fesseln wie einen Sklaven, der dir mit Leib und Seele angehört! Ich denke schon gar nicht mehr an Zuhause, noch rüste ich mich zur Heimreise, denn nichts geht mir über eine Nacht bei dir!«

»Ich würde dir so gerne deinen Wunsch erfüllen, Lucius«, erwiderte sie, »aber, ganz abgesehen von ihrem Mißtrauen, sie pflegt dergleichen Dinge in aller Heimlichkeit und ohne Zeugen abzutun. Allein dein Wunsch soll mir mehr gelten als die Gefahr, in die ich mich begebe, und ich will sehen, daß er sich bei günstiger Gelegenheit erfüllen läßt; aber, wie ich dir schon zu Anfang gesagt habe, du mußt über diese Dinge absolutes Stillschweigen bewahren!«

Während dieser Unterhaltung regte das Verlangen wieder Sinne und Glieder auf. Wir zogen uns aus und überließen uns hüllenlos und nackt unserem Taumel zu Ehren der Venus! Als ich schon müde war, erschloß mir Photis aus eigener Freigebigkeit noch eine ganz neue, außergewöhnliche Quelle der Lust, bis sich dann schließlich doch der Schlummer auf unsere übernächtigen Augen senkte und sie bis tief in den nächsten Tag hinein schloß.

Auf diese Weise waren noch einige weitere Nächte der Wonne vergangen, als Photis eines Tages aufgeregt und ängstlich zu mir kam und mir eröffnete, daß ihre Herrin, da ihre sonstigen Künste bei ihrem Geliebten bisher völlig versagt hätten, sich in der kommenden Nacht in einen befiederten Vogel verwandeln wolle, um zu dem Ersehnten zu fliegen; ich solle mich also heimlich bereit halten, Augenzeuge dieses großen Ereignisses zu sein. Und um die Zeit der ersten Nachtwache führte sie mich lautlos auf den Zehenspitzen hinauf in das Dachgeschoß und ließ mich durch einen Türspalt sehen, was dort geschah: Pamphile hatte bereits alle Kleider abgelegt und schloß eine kleine Truhe auf, der sie verschiedene Büchsen entnahm; deren eine öffnete sie, um die Salbe lange zwischen ihren Handflächen zu reiben und sich dann vom Kopf bis zu den Zehen damit einzureiben, während sie gleichzeitig lange heimliche Zwiesprache mit ihrer Lampe führte und dann ihre Glieder schüttelte und rüttelte. Und während sie sich leise hin und her wiegte, sproßte zarter Flaum, wuchsen ihr starke Federn, krümmte sich die Nase zum Schnabel, bogen sich die Zehennägel zu Krallen: Pamphile war zu einer Eule geworden! Sie krächzte schauerlich und hüpfte am Boden hin und her, um ihre Schwingen zu prüfen; dann erhob sie sich in die Lüfte und verschwand mit breiten Fittichen in der Ferne.

Dank ihren Zauberkünsten hatte sie sich nach Wunsch und Willen verwandelt, ich aber stand da wie verzaubert – ohne Zauberspruch! Ich konnte nicht fassen, was ich eben gesehen hatte, und schien mir nichts weniger zu sein als Lucius! Ich wußte nicht mehr, wie mir geschah, ich war wie vor den Kopf geschlagen, ich kam mir vor wie ein Wahnsinniger, mit offenen Augen wie im Traum. Dann rieb ich mir lange die Lider im Zweifel, ob ich wirklich wach sei. Endlich kam ich wieder zur Besinnung, sah mich um, ergriff Photis' Hand, führte sie an meine Augen und sagte: »Laß mich, solange sich die Gelegenheit bietet, einen ganz besonderen Beweis deiner Zuneigung erbitten und gib mir etwas von der Salbe dort – bei diesen deinen teuren Augen, meine Honigsüße – und verpflichte dir durch diese Gunst, die ich dir niemals vergelten kann, deinen Sklaven für immer und ewig! Mache, daß ich neben dir, meine teure Venus, als beschwingter Cupido stehe!«

»Was du nicht sagst!« entgegnete sie, »du Schlauberger und Schürzenjäger! Ich soll mich ins eigene Fleisch schneiden? Ich kann dich, hilflos wie du bist, kaum vor den thessalischen Hexen schützen; aber bist du in einen Vogel verwandelt, wo sollte ich dich dann wohl suchen, wann würde ich dich dann je wiedersehen?«

»Die Götter mögen mich vor einem solchen Frevel bewahren«, sagte ich, »daß ich, und wäre ich auch ein Adler, der in stolzem Flug den ganzen Himmel offen findet, des hohen

Jupiter treuer Bote oder froher Waffenträger, auch nach solcher Schwingenherrlichkeit nicht doch wieder hier in mein Nest zurückkehrte! Ich schwöre dir bei diesen deinen süß verschlungenen Locken, die mein Herz gefesselt haben, daß mir kein anderes Mädchen lieber ist als meine Photis! Und dann fällt mir auch noch ein, daß ich alle Häuser meiden muß, wenn ich dank dieser Salbe ein Vogel geworden bin! Was für ein reizender und stattlicher Liebhaber wäre eine Eule! Aus lauter Angst nagelt man diese Nachtvögel über die Tür, wenn sie sich in ein Haus verirrt haben, so daß sie unter jämmerlichen Qualen für die böse Vorbedeutung büßen, die ihr Unglücksflug dem Haus verkündet! Aber was ich beinahe vergessen hätte: was muß ich sagen oder tun, um meine Federn wieder loszuwerden und wieder Lucius zu werden?«

»Da mache dir keine Sorgen«, erwiderte sie, »denn meine Herrin hat mir ganz genau erklärt, wie man sich wieder in Menschengestalt zurückverwandeln kann. Sie hat das allerdings nicht etwa aus Gefälligkeit getan, sondern damit ich ihr bei ihrer Rückkehr mit dem entsprechenden Zaubermittel zur Verfügung stehe. Schau her, wie wenige und was für läppische Kräuter genügen, um diese Sache in Ordnung zu bringen: etwas Dill und ein paar Lorbeerblätter in Quellwasser zum Baden und zum Trinken.«

Unter wiederholten Beteuerungen, daß dem so sei, schlich sie voller Aufregung in das Gemach, um eine Büchse aus der Truhe zu holen. Ich ergriff sie, küßte sie und betete, sie möge mir einen guten Flug schenken; dann warf ich alle Kleider ab, entnahm mit zitternden Fingern eine gute Portion Salbe und rieb meinen Körper von oben bis unten damit ein. Dann schwang ich meine Arme auf und nieder, um ein Vogel zu werden – doch kein Flaum, keine Federn wollten sich zeigen, sondern im Gegenteil, meine Haare wurden zu dicken Borsten, und meine zarte Haut ward zum struppigen Fell; an Händen und Füßen wuchsen Finger und Zehen zu Hufen zusammen, und das Ende meines Rückgrats verlängerte sich zu einem langen Schwanz. Ein riesiger Kopf, ein großes Maul, sich blähende Nüstern und hängende Lippen; und nun auch noch behaarte Riesenohren! Der einzige Trost in meiner kläglichen Verwandlung war, daß auch mein Gemächte ins Wachsen kam – wenn ich nur auch meine Photis hätte umarmen können!

Und während ich mich voller Entsetzen besah und gewahr wurde, daß ich nicht als Vogel, sondern als Esel dastand, wollte ich mich bei Photis beschweren, aber mit meinen menschlichen Zügen hatte ich auch meine menschliche Stimme eingebüßt und konnte ihr nur noch mit hängender Unterlippe und sie mit feuchten Augen von der Seite anblickend stumme Vorwürfe machen.

Als sie mich in dieser Verfassungsah sah, schlug sie entsetzt ihre Hände vor das Gesicht und rief: »Ich Ärmste, ach! Es ist aus mit mir! In der Eile und Aufregung habe ich die Büchsen verwechselt! Aber zum Glück weiß ich, wie man die Verwandlung wieder rückgängig machen kann: es ist ganz einfach. Wenn du Rosen frißt, wirst du wieder aus der Eselshaut steigen und wieder mein Lucius! Ach hätte ich nur heute abend ein paar Kränze für uns zurechtgemacht, damit du nicht so lange warten mußt – nur eine Nacht! Sobald es hell wird, sollst du gleich dein Rettungsmittel bekommen!«

Sie war untröstlich. Ich war ein kompletter Esel und statt des Lucius ein Langohr mit Menschenverstand. Lange und gründlich überlegte ich hin und her, ob ich diese nichtsnutzige und leichtsinnige Person mit Huftritten erschlagen und totbeißen sollte. Doch von dem übereilten Beginnen hielt mich die bessere Einsicht ab, ich dürfte mich nicht durch Photis' Hinrichtung meiner Helferin und Retterin berauben. Ich ließ den Kopf hängen, schüttelte ihn und schluckte meine gegenwärtige Schmach hinunter, fügte mich in das Unvermeidliche und trottete in den Stall, wo ich außer meinem braven Reitpferd auch den Esel meines ach! verflossenen Gastgebers Milo vorfand. Und ich dachte, wenn stumme Tiere ein stilles und natürliches Gefühl für Solidarität haben, dann wird mein Pferd wissen, wer ich bin, und mir aus Anstand und Mitleid Gastfreundschaft, Platz und Bewirtung zuteil werden lassen. Aber o gastlicher Jupiter, o heilige Treue! Dies mein herrliches Roß und der Esel steckten die Köpfe zusammen und waren sich sofort einig zu meinem Verderben; und wie sie mich, um ihr Futter besorgt, ihrer Krippe nahen sehen, legen sie die Ohren zurück und schlagen nach Leibeskräften mit ihren Hufen aus.

Sie halten mich in größtmöglicher Entfernung von der Gerste, die ich noch am Abend zuvor mit meinen eigenen Händen dem dankbaren treuen Gaul eingeschüttet hatte. Nach einer derartigen Behandlung zog ich mich in einen stillen Winkel des Stalles zurück.

Ich stellte noch Betrachtungen über die Unverschämtheit meiner Kameraden an und überlegte, auf welche Weise ich mich am nächsten Morgen, wenn ich dank der Rosen wieder Lucius sein würde, an meinem heimtückischen Gaul rächen sollte, als ich plötzlich an dem Mittelpfeiler, der das Gebälk des Stalles trug, eine mit frischen Rosenkränzen geschmückte Nische mit dem Bild der Göttin Epona in halber Höhe erblickte. Kaum hatte ich das Rettungsmittel erkannt, als ich mich auch schon voller Hoffnung darauf stürzte, mich aufrichtete, so hoch ich mit den ausgestreckten Vorderbeinen nur reichen konnte, und mit langem Hals und weit nach vorn gespitzten Lippen versuchte, die Kränze zu ergattern. Aber da sah mich zu meinem Unglück mein Sklave, der seit eh und je mein Pferd versorgt hatte, und stand entrüstet auf: »Was fällt denn diesem Vieh alles ein! Erst geht's auf das Futter los und nun auch noch auf die Götterbilder! Soll ich denn das Biest krumm und lahm prügeln!« Und als er sich nach einer Waffe umsah, entdeckte er zufällig einen Holzhaufen, aus dem er einen wuchtigen Knüppel, den allergrößten, herausangelte, und drosch so lange auf mich armen Kerl ein, bis plötzlich mit großem Krach und wüstem Gepolter die Türen dröhnten und die Nachbarschaft voller Angst und Schrecken mit lautem Hilfegeschrei davonstob.

Im Nu flog die Haustür auf, ein Haufen Räuber drang ein, umzingelte mit bewaffneter Hand das ganze Gebäude und setzte sich gegen die von da und dort herbeieilenden Helfer zur Wehr. Schwerter und Fackeln erhellten die Nacht, Feuer und Stahl funkelten wie die aufgehende Sonne. Dann gingen sie mit starken Äxten gegen eine mitten im Haus gelegene und durch kräftige Schlösser verrammelte und verriegelte Kammer vor, die Milos Schätze enthielt, und brachen sie auf. Als das geschafft war, schleppten sie die Reichtümer heraus, schnürten eilends Bündel zusammen und verteilten sie unter sich. Doch die Anzahl der Packstücke überstieg die Zahl der

Träger. In ihrer Verlegenheit über die Fülle an Kostbarkeiten holten sie uns zwei Esel und mein Pferd aus dem Stall, bepackten uns soweit wie möglich mit den schwersten Stücken und trieben uns, sobald das Haus ausgeräumt war, ihre Knüppel schwingend, davon. Einen ihrer Leute ließen sie als Beobachter zurück, der ihnen über die zu erwartenden Maßnahmen berichten sollte. Uns aber führten sie unter ständigen Schlägen rasch durch unwegsames Gebirge.

Bald war ich von der Last des schweren Zeugs, den immer steileren Bergen und dem endlosen Marsch zu Tode erschöpft. Da kam mir plötzlich allen Ernstes der Gedanke, mich der Gerechtigkeit in die Arme zu werfen und an den heiligen Namen des Kaisers zu appellieren, um mich von aller Not zu befreien. Als wir schon am hellichten Tage gerade durch eine größere Ortschaft zogen, in der Jahrmarkt war, wollte ich mitten im Gewimmel in meiner griechischen Muttersprache den glorreichen Namen des Kaisers anrufen! Das »ai« kam noch einigermaßen verständlich und laut genug heraus, aber der ganze Titel »Kaiser« wollte mir nicht glücken. Die Räuber ärgerten sich über mein mißtönendes Geschrei und hieben von allen Seiten so auf mein armes Fell ein, daß es nicht einmal mehr zu einem Sieb getaugt hätte. – Endlich aber bescherte mir der gütige Himmel ganz unerwartet mein Rettungsmittel. Denn wie wir an so manchem kleineren oder größeren Gehöft vorbeizogen, sah ich plötzlich einen wohlgepflegten kleinen Garten, in dem außer anderen schönen Blumen und Kräutern auch frischaufgebrochene und vom Morgentau benetzte jungfräuliche Rosen blühten. Voller Begierde und voller Freude über die Hoffnung auf Erlösung schritt ich frisch und munter und mit schon lüstern gespitzten Lippen auf sie zu, als mir Gott sei Dank im letzten Augenblick gerade noch einfiel, daß es mein sicherer Tod wäre, wenn ich jetzt vor den Augen der Räuber die Eselshaut auszöge und als Lucius zum Vorschein käme, da sie mich entweder wegen des Verdachtes auf Zauberei oder auch aus Angst, ich könne sie verraten, auf der Stelle umbringen würden! So verzichtete ich wohl oder übel auf die Rosen, versuchte mich mit meinem Mißgeschick vorerst abzufinden und rupfte mir als regelrechter Esel ein paar – Grashalme!

Viertes Buch

Es war schon gegen Mittag, und die Sonne stand heiß am Himmel, als wir in einem Dorf bei alten Leuten einkehrten, die den Räubern bekannt und mit ihnen befreundet waren. Das war auch für einen Esel aus der umständlichen Begrüßung, den ausführlichen Gesprächen und den ausgetauschten Küssen zu erkennen. Sie schenkten ihnen auch allerlei, das sie von meinem Rücken nahmen, und schienen ihnen dabei heimlich zuzuflüstern, daß es sich um gestohlenes Gut handle. Dann befreite man uns von unserer Last und ließ uns auf der nahen Wiese nach Belieben grasen. Ich legte keinen Wert auf die Futtergemeinschaft, weder mit dem Esel noch mit meinem Pferd, da ich das Grasfressen noch nicht gewohnt war. Doch hinter dem Stall hatte ich einen kleinen Garten entdeckt, und da ich vor Hunger schon am Umfallen war, schlich ich mich mutig hinein und füllte meinen Bauch reichlich mit leider rohem Kohl; dann rief ich alle Götter an und spähte in alle Winkel, ob sich nicht irgendwo in den Nachbargärtchen ein blühender Rosenstock finden lasse. Gerade der Umstand, daß ich allein war, machte mich zuversichtlich, irgendwo abseits vom Wege und hinter Gebüsch versteckt mein Rettungsmittel zu nehmen, um mich ungesehen aus einem geduckten Vierbeiner wieder in einen aufrechten Mann zu verwandeln.

Während ich mich von diesen Gedanken treiben ließ, sah ich etwas weiter entfernt eine schattige Senke mit dichtem Laubwald, mancherlei Kräutern und Grüngewächsen, aus deren Mitte mir rote Rosen entgegenlachten. Schon glaubte ich in meinem keineswegs so eselhaften Herzen, dieser Hain, in dessen schattiger Abgeschiedenheit die königliche Pracht der edlen Blume leuchtete, müsse der Garten der Venus und der Grazien sein. Da rief ich den heiteren, seligen Gott der glücklichen Fügung an und stürmte im Galopp los, daß ich mir wahrhaftig nicht als Esel, sondern als das schnellste aller Rennpferde vorkam. Allein dieser behende und leichtfüßige Versuch konnte mein Mißgeschick nicht überrunden. Als ich schon fast am Ziel war, sah ich nicht zarte und liebliche Rosen, feucht von göttlichem Tau und Nektar, wie sie die gesegneten

Ranken beglückter Dornbüsche tragen, und auch nichts von einem Hain, sondern nur ein mit einer dichten Baumreihe bestandenes Flußufer. Die Bäume mit ihrem lorbeerartigen Laub trugen statt duftender Blüten volle blaßrote Kelche, welche der hiesige Volksmund laienhaft als Lorbeerrosen bezeichnet und deren Genuß bei allen Tieren zum Tode führt.

Also vom Schicksal hintergangen, wollte ich schon auf mein Leben verzichten und freiwillig dieses Rosengift einnehmen. Doch als ich mich ihnen zögernd näherte, um sie abzurupfen, kam ein junger Kerl, vermutlich der Gärtner, in dessen Kohl ich so tapfer gehaust hatte; er hatte den Schaden gemerkt und lief mit einem großen Knüppel hinter mir her, erwischte mich und wollte mich wegen des Schadens fast totprügeln, was ihm geglückt wäre, wenn ich mir nicht auf recht originelle Weise zu helfen gewußt hätte. Ich erhob mein Hinterteil und stieß mit meinen Hinterhufen so lange nach ihm, bis er genug hatte und am Boden liegen blieb, während ich mich durch die Flucht auf den nahen Berghang zu retten trachtete. Aber im gleichen Augenblick stürzte ein Weib, seine Frau natürlich, die ihn von der Höhe aus hatte halbtot umsinken sehen, mit Geheul und Geschrei zu ihm hinunter; mit ihrem Gejammer wollte sie offenbar erreichen, daß man mir aus lauter Mitleid auf der Stelle den Garaus machte. Sie scheuchte mit ihrem Gezeter alle Dorfbewohner aus ihren Häusern, die sofort ihre Hunde losließen; diese hetzten der Reihe nach hinter mir her, bis sie sich wütend auf mich stürzten, um mich zu zerreißen. Ich glaubte mich schon dem Tode nahe, als ich so viele und so große Hunde losgelassen und auf mich zukommen sah, wie sie gereicht hätten, um Bären und Löwen zu erlegen, doch in der höchsten Not besann ich mich eines Besseren, gab die Flucht auf, machte kehrt und galoppierte geradewegs zurück in meinen Stall in unserer Herberge. Doch erwischten mich die Bauern und banden mich, nachdem sie ihre Hunde mit Mühe wieder zurückgepfiffen hatten, mit einem extrastarken Riemen an einem Ring fest und hätten mich mit neuen Hieben wahrhaftig erledigt, hätte sich nicht mein durch den schmerzhaften Prügelregen gequälter und mit rohem Gemüse überfüllter Leib Luft gemacht und die einen durch den in einem Strahl ausgestoßenen Mist, der ihnen ins Gesicht schoß, die anderen durch den gräßlichen Gestank, der von meinem zerschundenen Hinterteil ausging, verscheucht.

Etwas später, als die Sonne schon dem Mittag entgegenstieg, beluden uns die Räuber wieder, und mich am schwersten, und führten uns aus dem Stall. Schon hatten wir ein gutes Stück Weges hinter uns, als ich von dem langen Marsch erschöpft, von der Last des Gepäcks niedergedrückt, von den Stockschlägen mürbe und von den abgelaufenen Hufen schon so lahm war, daß ich zu stolpern anfing; da gelangten wir an ein Bächlein mit sanft sich schlängelndem Wasser, und ich gedachte, mir die gute Gelegenheit zunutze zu machen, in die Knie zu sinken und mich nach vorn fallen zu lassen, fest entschlossen, trotz aller Schläge nicht wieder aufzustehen und weiterzugehen, ja noch lieber unter Prügeln und, wenn es sein sollte, unter Messerstichen zu sterben. Ich war nämlich der Ansicht, einen berechtigten Anspruch auf Entlassung wegen Dienstuntauglichkeit erworben zu haben und daß die Räuber auf jeden Fall, sei es, um einen unnötigen Aufenthalt zu vermeiden, oder sei es, um die Flucht zu beschleunigen, die Last von meinem Rücken auf die beiden anderen Tragtiere verteilen und mich zur Strafe den Wölfen und Geiern zum Raube liegen lassen würden.

Allein diesen meinen schönen Plan vereitelte ein ganz übles Mißgeschick. Denn jener andere Esel erriet meine Gedanken und kam mir zuvor, indem er in erheuchelter Müdigkeit sich mitsamt seinem ganzen Gepäck fallen ließ und, wie tot daliegend, weder durch den Knüppel noch durch den Stachel noch an Schwanz, Ohren und auf allen Seiten aufgehobenen Beinen zum Aufstehen zu bewegen war, bis sie es endlich müde waren, die Hoffnung aufgaben und nach einer kurzen Besprechung sein Gepäck mir und dem Pferd aufluden, um nicht einem schon zum Kadaver, nein, zu Stein gewordenen Esel zuliebe ihre Flucht in Gefahr zu bringen; dann hieben sie ihm mit dem blanken Schwert die Kniekehlen durch, schleppten ihn beiseite und stießen ihn noch lebend kopfüber in die nächste Schlucht. Da bedachte ich das Geschick meines armen Gefährten und beschloß, in Zukunft auf List und Schläue zu verzichten und mich als ein braver Esel meiner Herren zu erweisen.

Ich hatte nämlich auch schon aus ihren Gesprächen entnommen, daß wir bald unser Nachtlager und mit dem Ziel unserer Reise auch das Ende aller Beschwerden erreichen würden, da sich dort ihr Wohnsitz und Quartier befinde. In der Tat gelangten wir nach Überwindung einer kleinen Anhöhe an den Ort unserer Bestimmung, wo alle Sachen abgeladen und ins Innere gebracht wurden und ich, von meiner Last befreit, meiner Erschöpfung, statt durch ein Bad, durch Herumwälzen im Sand abzuhelfen suchte.

Die Umstände und der Zeitpunkt lassen es geraten erscheinen, eine Beschreibung der Örtlichkeiten und der Höhle zu geben, in welcher die Räuber hausten. Damit kann ich sowohl mein erzählerisches Talent unter Beweis stellen als auch andererseits die Voraussetzung für ein Urteil in der Frage liefern, ob ich an Verstand und Empfindung tatsächlich ein Esel war.

Es handelte sich um einen von Laubwald beschatteten, sehr hohen, steilen Berg. An seinen Hängen, die mit zerklüfteten und daher unzugänglichen Felsen umzogen waren, dehnten sich schluchtenreiche, tiefe Täler voller Dorngestrüpp, die nach jeder Richtung einen natürlichen Schutz boten. Ein auf dem Gipfel entspringender Quell stürzte Schaum aufwerfend und in silbernen Wellen in die Tiefe, verteilte sich mehrfach in kleinere Bäche und befeuchtete die erwähnten Talschluchten, um sich wie in einem großen stehenden See oder träge fließenden Strom wieder zu sammeln. Auf dem Grat oberhalb der Höhle stand ein großer Turm. Eine feste Umfriedung, gleich einem Pferch für Schafe, zog sich mit dichtem Flechtwerk wie eine hohe Wand vom Eingang aus nach allen Richtungen, der seinerseits nur aus einem schmalen Pfad bestand. Solches konnte man meiner Ansicht nach mit vollem Recht als ein Räubernest bezeichnen. Sonst gab es nur noch eine kleine, dürftig mit Stroh gedeckte Hütte, in der sich, wie ich später beobachtete, die durch das Los aus der Schar der Räuber jeweils bestimmte Wache aufhielt.

In diese hatten sie sich einer nach dem anderen hineingezwängt, nachdem sie uns mit starken Riemen vor dem Eingang festgebunden hatten, und brüllten ein vom Alter gebeugtes Mütterchen an, dem offenbar das Wohl und die Betreuung all der jungen Männer oblag: »Du alter Kadaver, du Ausgeburt der Menschheit, du Abscheu des Orkus, willst immer nur faul im Haus hocken und uns zum Narren halten, statt uns nach so großen und gefährlichen Unternehmungen spät genug mit einer Mahlzeit zu erfrischen! Bei Tag und Nacht tust du weiter nichts, als dir deinen dämlichen Bauch habgierig mit Wein zu füllen!«

Zitternd und mit kreischender Stimme erwiderte die erschrockene Alte: »Nicht doch, meine trefflichen und treulichen jungen Herren, es ist alles zur Genüge vorhanden, lecker gekochtes Fleisch, Brot in Hülle und Fülle und Wein; und die Becher sind sauber ausgeschwenkt, und es ist auch schon reichlich eingegossen, und selbstverständlich steht auch genügend warmes Wasser für ein rasches Bad bereit.«

Nach diesem Zwiegespräch zogen sie sich schnell aus, um sich splitternackt durch ein gutes Dampfbad zu erfrischen, sich mit heißem Wasser zu übergießen, mit Öl zu salben und dann an dem mit Speisen reich gedeckten Tisch niederzulassen.

Kaum hatten sie Platz genommen, als noch andere Kerle kamen, weit mehr an Zahl, denen man ihr Räuberhandwerk schon von weitem ansah. Sie brachten goldene und silberne Münzen und Gefäße und mit Goldfäden durchwirkte seidene Gewänder als Beute mit. Nachdem sie sich ebenfalls durch ein Bad erfrischt hatten, nahmen sie neben ihren Gefährten Platz, indessen durch das Los hierzu Bestimmte die Bedienung übernahmen. Nun ging es an ein Fressen und Saufen: Berge von Fleisch, Brot in ganzen Haufen und ein Becher nach dem anderen. Brüllendes Gelächter, grölender Gesang, Albernheiten und Raufen, es ging zu wie beim Mahl der wilden Lapithen und Kentauren.

Dann fing einer von ihnen, der größte Rüpel, an zu prahlen: »Bei uns war etwas los! Wir haben das Haus des Milo in Hypata tapfer erobert. Ganz abgesehen von der reichen Beute, die wir unserem heldenhaften Einsatz verdanken, sind wir auch vollzählig wieder ins Lager zurückgekehrt und haben, wenn man so will, sogar acht Beine mehr mit zurückgebracht. Ihr aber habt euch in den böotischen Städten herumgetrieben, ihr habt euren Führer, ausgerechnet den tapferen Lamachus, im Stich gelassen und seid ziemlich angeschlagen zurückgekehrt, und dabei wäre mir sein Leben viel mehr wert gewesen als all das Zeug da, das ihr angeschleppt bringt. Seine große Tapferkeit war sein Verderben. Er ist als Held gestorben, und sein Andenken wird mit den Namen der großen Könige und Feldherrn gefeiert werden. Doch ihr Allerweltsbanditen drückt euch wie Sklavenseelen ängstlich in den Bädern und den Hinterzimmern von alten Weibern herum und bringt höchstens gestohlenen Trödelkram zusammen!«

Einer der zuletzt Angekommenen entgegnete ihm: »Du bist wahrscheinlich der einzige, der nicht weiß, daß große Häuser am leichtesten zu nehmen sind! Wenn sich auch eine noch so große Zahl von Dienern in dem weitläufigen Gebäude aufhält, so denkt doch jeder vor allem an das eigene Heil und nicht an die Schätze seines Herrn. Aber einfache Leute, die allein leben, verteidigen ihr mehr oder weniger bißchen Geld, das sie schlau versteckt haben, sehr zäh und notfalls auch unter Einsatz ihres Lebens. Die gegebenen Tatsachen sind ein Beweis dafür. Kaum waren wir im siebentorigen Theben angekommen, so suchten wir uns entsprechend den Gepflogenheiten unserer Zunft über die Vermögensverhältnisse zu unterrichten. Schließlich hörten wir auch von einem gewissen Chryseros, einem steinreichen Wechsler, der aus Angst vor Steuern und Abgaben seinen beträchtlichen Besitz mit aller Raffinesse verheimlichte. So wohnte er allein und abseits still und bescheiden in einem kleinen, doch gut gesicherten Häuschen und saß in seinen alten Lumpen auf seinen Goldsäcken. Also beschlossen wir, ihm als erstem einen Besuch abzustatten, da wir die Auseinandersetzung mit einem einzelnen Gegner nicht hoch veranschlagten und ohne große Mühe in den Besitz seiner Schätze zu gelangen hofften.

Unverzüglich standen wir bei einbrechender Nacht vor seiner Tür, die wir weder ausheben noch aufbrechen noch einschlagen zu sollen meinten, damit das krachende Bretterzeug nicht die ganze Nachbarschaft aufschreckte, was uns hätte zu unserem Verderben gereichen können. So versuchte denn lieber unser kreuzbraver Anführer Lamachus im edlen Vertrauen auf seine Heldenkraft vorsichtig mit der Hand durch die breite Schlüsselöffnung zu greifen, um das Schloß herauszureißen. Aber Chryseros, dieser Nichtsnutz von Zweibeiner, war längst wach und hatte gemerkt, was da gespielt wurde; auf leisen Zehen und mäuschenstill schlich er herbei und schlug schnell einen großen Nagel durch die Hand unseres Anführers, um sie fest an die Türfüllung zu heften; dann ließ er ihn tödlich gefesselt an seinem Marterholz zappeln, stieg auf das Dach seiner Hütte und schrie so laut er konnte die Nachbarn herbei, nannte jeden einzeln beim Namen, berief sich auf das gemeinsame Interesse und log, sein Haus stünde in Flammen. Voller Schreck über die drohende Gefahr kamen alle ängstlich herbeigerannt, um Hilfe zu leisten.

So befanden wir uns in einer zwiefachen Verlegenheit, da wir entweder selbst gefährdet waren oder aber einen unserer Kameraden im Stich lassen mußten, und entschlossen uns mit seiner Zustimmung nach Lage der Dinge zu einem gewaltsamen Ausweg. Wir schlugen unserem Anführer den Arm in Schulterhöhe durch einen wohlgezielten Hieb mitten durch das Gelenk ab, ließen den Arm hängen, versorgten die Wunde mit möglichst vielen Lappen, damit das Blut nicht unseren Fluchtweg verriete, und nahmen mit dem restlichen Lamachus schleunigst Reißaus! Doch wie uns der Aufruhr des Stadtviertels auf unserem Rückzug immer mehr zusetzte und wir bei der drohenden Gefahr Hals über Kopf fliehen mußten, während der tapfere brave Kerl uns weder so rasch folgen noch ein sicheres Versteck finden konnte, da bettelt, beschwört und befiehlt er uns bei der Rechten des Mars und bei unserem Treueid, einen guten Kameraden von seinen Schmerzen zu befreien und vor der Gefangenschaft zu bewahren. Wozu solle ein rechtschaffener Räuber seine Hand überleben, ohne die es weder Raub noch Mord gebe! Er sei zufrieden, wenn er durch Freundeshand sterben dürfe! Doch da er trotz allen Worten keinen von uns überreden konnte, ihn zu töten, ergriff er mit der ihm verbliebenen Linken sein Schwert, küßte es lange und innig und stieß es sich tief in die Brust. Voller Bewunderung für die mutige Tat unseres heldenhaften Hauptmanns hüllten wir seine sterblichen Überreste sorgsam in ein Leinentuch und versenkten sie in das schützende Meer. So ward ein ganzes Element zum Grab unseres Lamachus. Er war entsprechend der Fülle seiner Verdienste den Heldentod gestorben.

Nun aber zu Alcimus, der für seine noch so geschickten Unternehmungen nicht die Gunst der grimmen Fortuna zu gewinnen wußte. Er brach in die Hütte eines schlafenden Mütterchens ein und stieg in ihr Schlafgemach unter dem Dach; doch statt ihr sofort den Hals zuzudrücken, bis ihr die Luft ausginge, ließ er es sich einfallen, erst ihre paar Habseligkeiten durch das große Fenster zu werfen, natürlich damit wir sie fortschleppen sollten. Nachdem schon fast alles brav ausgeräumt war, wollte er auch die Decken, auf denen die Alte schlief, nicht liegenlassen; er wälzte sie aus ihrem Bett, um ihr das Zeug wegzuziehen, das er uns gleichfalls herunterzuwerfen gedachte; aber die dämliche Alte beschwor ihn auf ihren Knien: ›O mein Sohn, warum schenkst du den traurigen Lumpenkram einer armen alten Frau ihren reichen Nachbarn, deren Hof sich unter diesem Fenster befindet?‹ Das listige Geschwätz täuschte Alcimus, der ihre Worte für bare Münze nahm und nun vermeiden wollte, so wie das schon Hinuntergeworfene jetzt auch noch den Rest statt zu seinen Gefährten auf ein anderes Grundstück zu werfen; er beugte sich daher mit dem halben Leibe zum Fenster hinaus, um die Sache zu untersuchen und sich vor allem auch über die Vermögensverhältnisse im Nachbarhaus ein Bild zu machen. Dabei vergaß er in seinem Eifer alle Vorsicht, und das alte Laster stürzte ihn, da er keinen festen Stand hatte und sich auf seine Beobachtungen konzentrierte, mit einem zwar schwachen, aber plötzlichen und unerwarteten Stoß kopfüber hinab. Er fiel nicht nur sehr tief, sondern schlug ausgerechnet auch noch auf einen großen Eckstein auf, daß ihm die Rippen zerschmettert wurden und das Blut aus Mund und Nase quoll; er konnte uns gerade noch erzählen, was geschehen war, ehe er, ohne sich lange zu quälen, verschied. Wir bestatteten ihn wie Lamachus, dem wir somit einen braven Gefolgsmann gaben.

So hatte uns ein doppelter Verlust getroffen, und wir gaben unsere Pläne in Theben auf, um in das benachbarte Platää hinaufzusteigen. Dort hörten wir viel Gerede über einen gewissen Demochares, der ein Gladiatorenspiel geben wollte. Er war ein Mann von Welt, ein Mann mit viel Geld, ein Mann, der etwas auf sich hält, der öffentliche Lustbarkeiten seiner Vermögenslage entsprechend glänzend auszustatten pflegte. Wer wäre so begabt, so gewandt, daß er die zahlreichen Vorbereitungen in Worten zu schildern vermöchte! Es gab berühmte Gladiatoren, Tierkämpfer von bewährtem Geschick, vogelfreie Verbrecher, die sich in aller Gemütsruhe mästen ließen, um dann von den wilden Tieren gefressen zu werden. Eine wohlgelungene Anlage, turmartige Bretterbauten, ein mit bunten Bildern geschmücktes Schaugerüst für die bevorstehende Tierhatz. Und außerdem wie viele und was für wilde Tiere! In seinem Eifer hatte er diese Särge für die zum Tode Verurteilten von weither kommen lassen. Doch vor allen anderen Vorbereitungen für die prächtige Veranstaltung suchte er mit den Mitteln seines Vermögens eine entsprechende Anzahl großer Bären zu beschaffen. Außer denen, die er selber auf seinen eigenen Jagdzügen fing oder die er für teures Geld gekauft hatte, fütterte und hegte er mit beträchtlichem Aufwand auch solche, die ihm verschiedene seiner Freunde zum Geschenk gemacht und in Pflege gegeben hatten.

Doch all diese so prachtvollen, so großartigen Vorbereitungen für die Volksbelustigung entgingen dennoch nicht dem neidischen Blick der Mißgunst. Die Bären, teils wohl durch die lange Gefangenschaft, teils durch die Sommerhitze und das faule Herumliegen in ihrer Widerstandskraft geschwächt, verendeten in einer plötzlichen Seuche nach und nach fast alle. Auf den Straßen sah man überall die halbtoten Tiere dahinsiechen. Die Ärmeren, die in ihrer Not im Hinblick auf ihren Speisezettel wenig wählerisch waren und sich für ihren hungrigen Bauch auch mit Abfall begnügten, wenn es galt, kostenlos den Hunger zu stillen, machten sich über den allerorten bereitliegenden Festbraten her. Da kamen ich und unser Babulus auf einen großartigen Gedanken. Eines der Tiere, das allergrößte, schleppten wir in unseren Schlupfwinkel, als wollten auch wir uns eine Mahlzeit gönnen, zogen ihm vorsichtig das Fell über die Ohren, wobei wir die Tatzen und vor allem den Kopf bis zum Genick unversehrt ließen, dann schabten wir die Haut sorgfältig aus, streuten feine Asche hinein und hängten sie an der Sonne zum Trocknen auf. Und während die Gluthitze ihrer Strahlen ihr die Feuchtigkeit entzieht, mästen wir uns nach bestem Vermögen an dem dazugehörigen Fleisch und beschließen im Hinblick auf die geplante Unternehmung, daß einer von uns – nicht so sehr der Stärkste, sondern der Mutigste und vor allem ein Freiwilliger – in dieser Haut den Bären spielen und sich in das Haus des Demochares schaffen lassen soll, um uns dann bei günstiger Gelegenheit in stiller Nacht durch die Haustür leichten Zutritt zu verschaffen.

Nicht wenige aus unserer unerschrockenen Schar hatte der großartige Gedanke so begeistert, daß sie die Aufgabe übernehmen wollten. Wir wählten jedoch alle einstimmig den Thrasyleon aus, der sich gern diesem gefährlichen Wagnis zur Verfügung stellte. Mit lachendem Gesicht schlüpfte er in das geschmeidige Fell, das ihm bestens paßte. Dann nähten wir die Ränder sorgfältig zusammen und versteckten die ohnehin kaum sichtbare Naht unter den dichten Zotten. Thrasyleon mußte seinen Kopf in den ausgehöhlten Hals der Bestie stekken, wo wir kleine Öffnungen für die Nase zum Atmen und für die Augen angebracht hatten; dann sperrten wir unseren von oben bis unten zur Bestie gewordenen braven Kameraden in einen billig erstandenen Käfig, in den er rasch und entschlossenen Mutes hineinkroch. Nach diesen Vorbereitungen schritten wir zur Ausführung des zweiten Teils unseres listigen Streiches.

Wir hatten den Namen eines gewissen Nikanor in Erfahrung gebracht, eines Mannes aus vornehmer thrakischer Familie, der mit Demochares eng befreundet war, und verfaßten einen Brief, aus dem hervorgehen sollte, daß dieser gute Freund ihm hiermit seine schönste Jagdtrophäe zur Austattung der Spiele stifte. Zu vorgerückter Abendstunde und im Schutz der Dunkelheit brachten wir den Käfig mit Thrasyleon und das gefälschte Schreiben zu Demochares. Dieser staunte über das große Tier, freute sich über das großzügige Geschenk seines Freundes zu so erwünschter Zeit und ließ uns, den Überbringern einer so erfreulichen Gabe, aus seiner Schatulle – er konnte es sich ja leisten – zehn Goldstücke auszahlen.

Da alles Neue die Neugier reizt, stand man bald voller Bewunderung um das Tier herum, doch Thrasyleon war auf seiner Hut und fuhr jeden grimmig an, der ihm zu nahe kam. Indessen pries man einhellig den Demochares glücklich, daß er nach einer so großen Einbuße an Tieren dem neidischen Schicksal durch so guten Zuwachs ein Schnippchen schlagen könne. Dieser befahl denn auch, das Tier rasch und unter allen Vorsichtsmaßregeln auf sein Landgut zu bringen.

Nun war es so weit, daß ich das Wort ergreifen mußte. ›Gnädiger Herr‹, sagte ich, ›unter keinen Umständen sollte das von der Hitze und der weiten Reise überbeanspruchte Tier mit den vielen anderen und, wie ich höre, ohnehin nicht recht gesunden Tieren zusammengebracht werden. Wäre es nicht besser, für einen offnen luftigen Platz hier im Hause und möglichst in Wassernähe zu sorgen, der Kühlung bietet? Es ist ja bekannt, daß diese Tiere in schattigen Wäldern, feuchten Höhlen und in der Nähe von frischen Quellen hausen.‹

Dieser Hinweis beunruhigte Demochares, der sich an die vielen eingegangenen Tiere erinnerte, so daß er gerne zustimmte und uns gestattete, den Käfig nach unserem Gutdünken aufzustellen.

›Natürlich sind wir auch bereit‹, fuhr ich fort, ›hier an Ort und Stelle vor dem Käfig auch über Nacht Wache zu halten, um das von der drückenden Hitze und durch die Strapazen erschöpfte Tier seiner Gewohnheit entsprechend pünktlich zu füttern und mit Wasser zu versorgen.‹

›Was das betrifft, so bedürfen wir eurer Hilfe nicht‹, entgegnete er, ›da fast mein ganzes Gesinde inzwischen gelernt hat, mit Bären umzugehen und sie zu pflegen.‹

So verabschiedeten wir uns denn und gingen fort, doch kaum hatten wir das Stadttor hinter uns, als wir abseits vom Wege an einem einsamen und versteckten Platz ein Grabmal entdeckten. Dort brachen wir die von Moder und Alter schon halb geborstenen Särge mit den zu Staub und Asche zerfallenen Gebeinen auf, um sie zur Aufbewahrung der erhofften Beute vorzubereiten, dann warteten wir entsprechend den Regeln unserer Zunft in der mondlosen Nacht die Zeit ab, da der erste Schlaf die Menschen und ihre Sinne um so wirksamer zur Ruhe bringt und fesselt, um unsere mit Schwertern ausgerüstete Schar genau vor dem Eingang zum Haus des Demochares aufzustellen, gewissermaßen als Garanten des unmittelbar bevorstehenden Überfalls.

Und ganz genauso benutzte auch Thrasyleon seinerseits jene den Räubern günstige Phase der Nacht, um aus seinem Käfig zu kriechen und die in der Nähe schlafenden Wächter bis auf den letzten Mann mit dem Schwert abzutun und schließlich auch noch den Pförtner; er schob den Riegel zurück, machte die Haustüre weit auf und zeigte uns, als wir prompt zur Stelle und gleich darauf auch schon im Haus waren, eine Kammer, in der, wie er am Abend beobachtet hatte, eine Menge Silber aufbewahrt wurde. Wir brachen sie mit vereinten Kräften auf, und ich befahl, jeder solle an Gold und Silber fortschaffen, soviel er tragen könne, die Beute auf dem Friedhof bei den braven Toten verstecken und dann rasch wieder zurückkommen, um noch eine zweite Ladung zu holen. Ich selber wollte zu unser aller Sicherheit hierbleiben und vor der Tür Wache halten, bis sie zurückkämen. Der Anblick des mitten im Haus frei umher laufenden Bären würde genügend abschreckend wirken im Fall, daß jemand vom Gesinde aufwachen sollte. Wer würde nicht sofort fliehen, und wäre er sonst auch noch so kühn und unerschrocken, wenn ihm ein solches Ungetüm von Bestie über den Weg liefe, zumal bei Nacht, wer würde nicht sofort umkehren, seine Kammer verriegeln und sich voller Angst und Herzklopfen einschließen!

Das war ganz vernünftig gedacht, aber trotzdem kam alles ganz anders und entwickelte sich zu einer Katastrophe! Während ich ungeduldig auf die Rückkehr unserer Kameraden wartete, schlich sich einer der Diener, der entweder etwas gehört hatte oder aus einer dunklen Ahnung heraus unruhig geworden war, auf leisen Zehen aus seinem Winkel heraus, und als er die Bestie in allen Räumen frei herumlaufen sah, blieb er ganz still, machte kehrt und erzählte den anderen, was er beobachtet hatte. Im Nu war das ganze Haus voller Leute. Fackeln, Lampen, Kerzen, Talglichter und alle erdenkliche sonstige Beleuchtung erhellten die Finsternis. Und keiner in dem ganzen Haufen war ohne Waffe gekommen, alle waren sie je nachdem mit Knüppeln, Lanzen und blanken Schwertern ausgerüstet und besetzten die verschiedenen Zugänge. Und außerdem hetzten sie die großen, zottigen, schlappohrigen Jagdhunde auf das Untier, um es zu überwältigen.

Noch ehe das Getümmel überhand nahm, trat ich den Rückzug an, schlich mich aus dem Haus und versteckte mich hinter der Tür, von wo aus ich sah, wie sich Thrasyleon tapfer gegen die Hunde zur Wehr setzte. Obwohl er sich der Lebensgefahr, in der er schwebte, durchaus bewußt war, blieb er sich und uns, das heißt seiner bewährten Tapferkeit, treu und leistete noch im offenen Rachen des Zerberus erbitterten Widerstand. Er hielt an seiner freiwillig übernommenen Rolle so lange fest, wie noch Leben in ihm war, und schlüpfte, bald fliehend und bald in allen möglichen Stellungen sich mit Ohrfeigen zur Wehr setzend, aus dem Haus. Doch wenn er auch im Freien war, vermochte er sich doch nicht mehr in Sicherheit zu bringen. Hunde aus der Nachbargasse, und das war eine schöne Horde und von entsprechender Bösartigkeit, gesellten sich haufenweise zu den aus dem Haus hervorbrechenden Jagdhunden, um die Verfolgung aufzunehmen. Es war ein jämmerlich trauriges Schauspiel, das sich meinen Augen bot, als unser Thrasyleon von der Meute wütender Hunde eingekreist, belagert und nach und nach zerfetzt und zerfleischt wurde! Schließlich konnte ich es nicht länger mit ansehen und mischte mich unter die in Gruppen herumstehenden Zuschauer und rief – womit ich einzig und allein noch hoffen konnte, meinem braven Kameraden heimlich Hilfe zu bringen – den Rädelsführern der Anhetzer zu: ›Was für ein Jammer, ein so großes und wertvolles Tier von den Hunden einfach zerreißen zu lassen!‹

Aber meine klugen Ermahnungen brachten dem Unglücklichen keinen Nutzen. Ein großer, starker Kerl kam aus dem Haus gelaufen und warf, ohne große Umstände zu machen, dem Bären seine Lanze mitten in die Brust, dann kam ein zweiter, und nun schüttelten die meisten ihre Furcht ab und hieben sogar aus nächster Nähe mit ihren Schwertern um die Wette auf ihn ein. Doch Thrasyleon, das leuchtende Vorbild unserer Gemeinschaft, verriet auch dann, als eher sein der Unsterblichkeit würdiger Atem denn seine Ausdauer erschöpft war, weder durch Geschrei noch auch nur den geringsten Wehlaut den heiligen Eid, sondern ertrug, von Bissen zerfleischt und von den Schwertern zerhackt, sein über ihn hereinbrechendes Ende mit drohendem Brummen und tierischen Lauten und ließ sich als heldenmütiger Dulder den Ruhm nicht nehmen, als er sein Leben den Schicksalsmächten zurückgab. Immerhin hatte er der ganzen Meute einen solchen Schrecken und solche Angst eingejagt, daß bis zum Morgen, ja bis tief in den Tag hinein nicht ein einziger wagte, die regungslos daliegende Bestie auch nur mit der Fingerspitze anzurühren; endlich schlitzte dann ein etwas beherzterer Fleischermeister sachte und vorsichtig den Bauch des Ungeheuers auf, wobei sich der Bär als ein braver Räuber entpuppte. So haben wir auch Thrasyleon verloren, sein Ruhm aber wird ihm nie verlorengehen!

Rasch packten wir nun die Sachen zusammen, die uns die treuen Toten bewacht hatten, um die Grenzen Platääs so schnell wie möglich wieder hinter uns zu bringen, wobei wir Betrachtungen darüber anstellten, wie hier in dieser Welt das Mißtrauen herrscht, Treu und Glauben dahin sind und nur noch auf die Toten in ihren Gräbern Verlaß ist.

Müde von der Last, die wir zu schleppen hatten, und von dem anstrengenden Marsch sind wir nun wieder da, um drei Kameraden ärmer, und haben mitgebracht, was ihr an Beute dort liegen seht.«

Nach diesem Bericht wurde zum Gedächtnis der toten Kameraden aus goldenen Bechern ungemischter Wein gespendet, dann sangen sie einige Kampflieder zu Ehren des Mars und ruhten sich eine Weile aus.

Uns aber gab die Alte reichlich und ohne Maß frische Gerste, so daß mein Pferd bei einer solchen Fülle, die es sich allerdings allein einverleibte, auch seinerseits an dem Festschmaus teilzunehmen meinte. Ich aber, der ich niemals rohe, sondern immer nur gestoßene und zu Suppe verkochte Gerste zu essen gewohnt war, hatte inzwischen einen Winkel ausfindig gemacht, wo die Brotreserven der ganzen Gesellschaft aufbewahrt wurden, und setzte mein vor Hunger spinnwebtrockenes Kauwerk ausgiebig in Bewegung. Und dann – mitten in der Nacht – standen die Räuber wieder auf, setzten sich in Marsch und stürmten, unterschiedlich ausgerüstet, mit Schwertern bewaffnet oder als Gespenster verkleidet, rasch davon. Ich ließ mich in meiner fleißigen und tapferen Tätigkeit auch nicht durch meine zunehmende Müdigkeit stören. Und während ich früher als Lucius mit ein oder zwei Scheiben Brot zufrieden vom Tisch aufstand, hatte ich jetzt, meinem abgrundtiefen Bauch frönend, schon bald den dritten Korb voll verdrückt. Ich war noch immer mit Kauen beschäftigt, als mich der helle Tag überraschte.

Da schämte ich mich denn doch in meinem eselhaften

Anstandsgefühl und ging fort, höchst ungern zwar, um im nächsten Bach meinen Durst zu löschen.

Bald kehrten auch die Räuber auffallend hastig und aufgeregt wieder zurück, ohne eine Beute oder auch nur den geringsten Fetzen mitzubringen, denn mit all ihren Schwertern, all ihren Armen, mit dem ganzen wilden Getümmel schleppten sie einzig und allein ein Mädchen herbei, edel nach Tracht und Erscheinung und, wie man aus ihrer Kleidung schließen konnte, aus allerbestem Hause, ein Mädchen zum Verlieben – weiß Gott auch für einen Esel! –, das sich vor Gram Haar und Kleider zerriß. Sobald sie in die Höhle gezerrt war, versuchte man sie in ihrem Kummer zu trösten: »Du brauchst dir um Leben und Ehre keine Sorgen zu machen, mußt dich aber kurze Zeit gedulden, bis wir unser Lösegeld erhalten, nachdem uns Not und Armut zu diesem Beruf getrieben haben! Deine Eltern werden gewiß, trotz ihrer großen Habgier, von dem Berg ihres Reichtums unverzüglich eine entsprechende Summe als Lösegeld für ihr eigen Fleisch und Blut opfern!«

Dies und ähnliches Geschwätz beschwichtigte den Kummer des Mädchens nicht im geringsten. Keineswegs! Sie hatte ihren Kopf auf die Knie gelegt und weinte ununterbrochen. Dann riefen sie die Alte herbei und trugen ihr auf, sich zu ihr zu setzen und ihr so gut als möglich zuzureden, während sie wieder ihren eigenen Geschäften nachgingen.

Allein kein Zuspruch der Alten vermochte sie vom begonnenen Weinen abzubringen, sie jammerte nur noch mehr, und unablässiges Schluchzen schüttelte ihren Leib, so daß schließlich sogar auch mir die Tränen kamen. »Ich Unglückliche!« rief sie, »so ein herrliches Haus, so viel Gesinde, die treuen Dienerinnen, fern von den guten Eltern, einsam und verlassen unseligen Räubern in die Hände gefallen, eine Magd geworden, in diesen Felsenkerker eingeschlossen wie eine Sklavin und aller Annehmlichkeiten beraubt, in denen ich geboren und aufgewachsen bin! Und nun soll ich in solcher Todesangst und Lebensgefahr, mitten unter bösen Räubern und schrecklichen Mördern, mit dem Weinen aufhören und weiterleben!« So lamentierte sie, bald aber, erschöpft vom Kummer im Herzen, vom Schluchzen im Hals und von der Müdigkeit in ihren Gliedern, wurden ihr die Augen schwer, und sie schloß sie zum Schlummer.

Kaum war sie eingeschlafen, als sie plötzlich wie eine Besessene aus dem Schlaf emporfuhr, um sich noch weit ärger zuzurichten, mit wilden Händen ihre Brust schlug, das liebliche Antlitz zerkratzte und der Alten, die sie so inständig nach der Ursache dieses neu auflebenden Kummers fragte, nur noch heftiger jammernd antwortete: »Ach, mit mir ist es nun ganz aus, alle Hoffnung auf Rettung ist dahin! Mir bleibt nichts weiter übrig, als zum Strick oder zum Dolch zu greifen oder mich in den Abgrund zu stürzen!«

Nun riß der Alten allmählich die Geduld, und sie herrschte sie zornig an, ihr endlich zu sagen, was es denn zum Teufel schon wieder zu heulen gebe und warum sie mitten aus dem Schlaf heraus ein lautes Geschrei erhebe. »Willst du meinen Jungens ihr wohlverdientes Lösegeld nicht gönnen? Wenn das so weitergeht, will ich dafür sorgen, daß du trotz aller Tränen, die auf Räuber keinen großen Eindruck machen, bei lebendigem Leibe verbrannt wirst!«

Nun erschrak das Mädchen so sehr, daß sie die Hände der Alten mit Küssen bedeckte: »Erbarme dich, liebes Mütterchen«, sagte sie, »hab Erbarmen mit meinem schrecklichen Unglück und hilf mir ein wenig! Ich bin sicher, daß du nach den Erfahrungen deines langen Lebens und bei deinen ehrwürdigen grauen Haaren auch Mitleid empfindest. Höre, was für eine Katastrophe über mich hereingebrochen ist!

Ein schöner junger Mann aus bestem Hause, den die ganze Stadt als ihren Sohn betrachtete – und außerdem ist er mein Vetter – nur drei Jahre älter als ich, der von der ersten Kindheit an mit mir im gleichen Haus aufgezogen wurde, ja im gleichen Zimmer und im gleichen Bett mein Gefährte war, der mir ebenso geneigt war wie ich ihm und mir längst zum Ehebunde bestimmt, der durch elterliches Übereinkommen schon als mein zukünftiger Gatte bezeichnet wurde – er brachte zum Hochzeitsfest zusammen mit den eingeladenen Verwandten und Gästen in den Tempeln und an den Altären der Stadt Opfer dar. Das ganze Haus war mit Lorbeer geschmückt, von Fackeln erleuchtet und hallte wider vom Hochzeitsgesang. Meine unglückliche Mutter hielt mich auf ihrem Schoß, um mir den schönen Brautschmuck anzulegen, gab mir einen süßen Kuß nach dem anderen und nährte schon zärtliche Hoffnung auf künftige Enkel, als plötzlich Räuber das Haus überfallen und eindringen und Waffen klirren wie im Krieg und Schwerter blitzen! Doch es wird weder gemordet noch geraubt, sondern der ganze Haufe stürzt plötzlich in unser Zimmer. Ohne daß einer von unserem Gesinde Widerstand leistet oder auch nur die geringsten Anstalten dazu macht, reißt man mich Ärmste und vor Entsetzen Ohnmächtige aus dem Schoß meiner angsterfüllten Mutter hinweg. Und zerstört und vernichtet ist meine Hochzeit wie die Hochzeit des Attis oder Protesilaos!

Doch jetzt erneuert, ja vergrößert ein schrecklicher Traum mein Unglück. Mir war nämlich, ich würde aus dem Haus, dem Schlafgemach, dem Brautgemach, von meinem Bett gerissen und gewaltsam durch eine unwegsame Einöde geschleppt und riefe den Namen meines unglücklichen Gatten, während er, wie er sich meiner Umarmungen beraubt sieht, noch feucht von Salben und im Schmuck der Hochzeitskränze mir nacheilt, indes ich von fremden Füßen getragen vor ihm fliehe. Und wie er über die Entführung seiner schönen Gattin jammert und das Volk um Hilfe bittet, da erbost sich einer der Räuber über die lästige Verfolgung, hebt einen großen Stein auf, der vor seinen Füßen liegt, und trifft meinen armen jungen Gatten zu Tode! Über diesen entsetzlichen Anblick erschrak ich so sehr, daß ich voller Angst aus dem bösen Traum auffuhr!«

Da seufzte die Alte über ihre Tränen und tröstete sie: »Fasse Mut, mein Fräulein, und laß dich nicht durch törichte Traumgespinste schrecken! Denn ganz abgesehen davon, daß alles, was man bei Tag träumt, als trügerisch gilt, trifft auch oft gerade das Gegenteil der nächtlichen Träume ein. Oft bedeuten Weinen, Schläge und sogar Mord einen guten Ausgang, während Lachen, übermäßiger Genuß von Süßigkeiten oder Liebesfreuden oft Kummer, Krankheit, Unglück und sonstiges Unheil verkünden. Doch ich will dich jetzt durch hübsche Fabeln und Geschichten etwas zerstreuen!« Und dann erzählte sie das Märchen von

Amor und Psyche

Es waren einmal in einer Stadt ein König und eine Königin. Diese hatten drei Töchter von großer Schönheit. Anmut und Reiz der älteren glaubte man mit Menschenmund hinreichend würdigen zu können; die Schönheit der Jüngsten aber war von so besonderer Art, so außerordentlich, daß die menschliche Sprache zu arm ist, sie auch nur annähernd zu preisen, geschweige denn mit Worten zu schildern. So gab es denn viele unter den Bürgern und den zahlreichen Fremden, welche die Kunde von dieser wunderbaren Schönheit neugierig gemacht hatte und scharenweise herbeilockte, die starr vor Staunen die Rechte an den Mund legten – die Spitze des Zeigefingers auf den ausgestreckten Daumen gesenkt – und sie wie die Göttin Venus selber in frommer Anbetung verehrten. Und schon hatte sich in den umliegenden Städten und angrenzenden Ländern das Gerücht verbreitet, die Göttin, welche der blauen Meerestiefe entstiegen sei und die der Tau der schäumenden Wogen ernährt habe, gewähre jetzt die Gnade ihrer göttlichen Erscheinung und wandle mitten unter Menschen; oder auch wohl, es habe von neuem aus einem Keim himmlischer Tropfen diesmal nicht das Meer, sondern die Erde selbst eine zweite Venus von blühender Jugend entstehen lassen.

Ein solcher Glaube wuchs von Tag zu Tag weiter und weiter, und die Kunde flog zu den benachbarten Inseln, über das ganze Festland und in die fernsten Provinzen. Und schon strömten viele der Sterblichen auf weiten Reisen und Fahrten über das hohe Meer herbei, um das gepriesene Wunder ihres Jahrhunderts zu schauen. Niemand mehr besuchte Paphos, niemand Knidos, ja nicht einmal Kythera, um die Göttin Venus zu sehen. Die Opfer werden vernachlässigt, die Tempel verfallen, die Kissen verschleißen, der fromme Dienst gerät in Vergessenheit. Unbekränzt ihre Bildsäulen und die Altäre verwaist, voll kalter Asche. Nur vor dem Mädchen beugt man die Knie, und im Menschenantlitz huldigt man der hehren Himmelsmacht; tritt sie des Morgens aus dem Haus, so dampfen ihr Opfer und festliches Mahl, um durch sie der fernen Liebesgöttin Gunst zu gewinnen; wandelt sie durch die Straßen, so ehrt sie das Volk mit Kränzen und Blumen.

So ohne Maß wurden himmlische Ehren einem sterblichen

Mädchen zuteil, daß die wahre Venus in lodernden Zorn geriet und, ihren Unwillen nicht mehr beherrschend, den Kopf schüttelte und in grimmiger Erregung also zu sich sprach:

»Ich, die Mutter der Natur, die Schöpferin der Elemente, des ganzen Weltalls süße Venus! ich soll mit einem sterblichen Mädchen Verehrung und Ansehn teilen, und mein himmlisch reiner Name soll in den Staub der Erde getreten werden! So also ist das! An der in meinem Namen einer Stellvertreterin dargebrachten Huldigung soll ich mir genügen lassen, und ein sterbliches Mädchen soll als mein Ebenbild auf Erden wandeln! So war es umsonst, daß mir jener Hirt, dessen Gerechtigkeit und Redlichkeit der große Jupiter bestätigt hat, den Preis der Schönheit vor Göttinnen von Rang zuerkannt hat! Doch wer sie auch sei, sie soll sich der angemaßten Ehren nicht mehr lange erfreuen. Ich will dafür sorgen, daß sie ihre aufdringliche Schönheit noch verflucht!«

Und sogleich rief sie ihren geflügelten Sohn, jenen Tollkopf, jenen dreisten, der aller Zucht und Ordnung mit seinen schlechten Scherzen nur spottet und mitten in der Nacht, mit Flammen und Pfeilen bewaffnet, sich in fremde Häuser schleicht, alle Ehen stört, ungestraft die größten Schandtaten verübt und jedenfalls ein regelrechter Tunichtgut ist. Steckt er schon von Natur aus voller Übermut, so hetzt sie ihn noch mit Worten auf, führt ihn in jene Stadt und zeigt ihm Psyche – so hieß das Mädchen.

Nun erzählte sie ihm die ganze Geschichte von der Schönheitskonkurrenz, schimpft wie toll und voller Groll:

»Bei den Banden der Mutterliebe bitte ich dich, bei deines Pfeiles süßen Wunden, bei deiner Fackel seliger Glut: räche deine Mutter, räche sie unerbittlich, züchtige diese dreiste Schönheit und tu mir diesen einzigen Gefallen: erfülle dies Mädchen mit der verzehrendsten Liebe zum niedrigsten der Menschen, dem Fortuna Ehre, Gut und Gesundheit geraubt hat, der so armselig ist, daß er auf dem ganzen Erdenrund an Jammer nicht seinesgleichen findet!«

Nach diesen Worten umarmte und küßte sie ihren Sohn voller Leidenschaft, begab sich an das nahe Gestade des brandenden Meeres und schwebte mit rosigen Füßen über dem Schaum der sich kräuselnden Wellen dahin; und siehe, schon ruhte die Tiefe der See mit heiterer Fläche, und kaum daß sie es gewünscht, nein sogleich, als habe sie es längst befohlen, versammeln sich rings um sie die Götter des Meeres: Zur Stelle sind des Nereus Töchter mit Chorgesang, Portunus mit struppigem schilfgrünem Bart, Salacia, den Schoß voller Fische, und, auf einem Delphin reitend, der kleine Palämon; der Tritonen Schar rauscht durch die Flut, und einer bläst lieblich auf tönender Muschel, ein anderer wehrt mit seidenem Schirm den Strahlen der feindlichen Sonne, ein dritter hält der Herrin den Spiegel vor das Angesicht, und wieder andere ziehen schwimmend zu zweit im Joche den Wagen. Dies ist das Gefolge der Venus, die zu Okeanus eilt.

Indessen aber gereichte Psyche samt ihrer ganzen Schönheit die Anmut nicht zum Gewinn. Ein jeder bestaunt sie, ein jeder preist sie, doch keiner, weder König noch Königssohn und keiner aus dem Volk, begehrt sie und wirbt um ihre Hand. Man bewundert ihre göttliche Erscheinung, aber man bewundert sie wie ein Bild aus Meisterhand. Längst schon sind ihre beiden älteren Schwestern, deren mäßige Schönheit die Leute nicht ins Gerede gebracht haben, mit königlichen Freiern verlobt und bald auch glücklich vermählt, Psyche aber verweint allein im Vaterhaus zurückgeblieben ihre einsamen Tage, krank am Leib und wunden Herzens, und verwünscht ihre Schönheit, das Wohlgefallen des ganzen Landes.

So vermutet der arme Vater des unglücklichen Mädchens, irgendeine zürnende Gottheit verfolge sie mit ihrem Haß; er befragt das uralte Orakel des Gottes von Milet und bittet mit Gebet und Opfer die Macht des Himmels für die verschmähte Tochter um Hochzeit und Gemahl. Und Apollo, obwohl Grieche und Ionier, bescheidet ihn dem Verfasser dieser milesischen Geschichte zuliebe mit einem Spruch in lateinischer Sprache:

›Hoch auf den Gipfel des Berges, König, stelle das Mädchen,
Und als des Todes Braut trage sie festlichen Schmuck!
Nimmer erhoff einen Gatten für sie aus der Sterblichen Stamm, denn
Grausam und frevelnd und kühn wird einst ein Unhold sie frein,

Während Psyche auf der Suche nach Cupido durch die Lande irrte, lag dieser im Gemach seiner Mutter und seufzte über die schmerzende Wunde, die er der Lampe verdankte . . . Er ist zum Sterben verliebt in ein Mädchen, das Psyche heißt . . .

SEITE 433 F.

Der sich auf Schwingen ihr naht durch die Lüfte und alles beunruhigt,
Wenn er mit Flamme und Pfeil alle Geschöpfe bezwingt.
Jupiter selbst erzittert vor ihm, die Götter erschrecken,
Vor ihm schaudert der Pfuhl, schaudert die stygische Nacht!‹

Wie traurig und niedergeschlagen kehrte der einst so glückliche König nach solch heiligem Seherwort nach Hause zurück, um seiner Frau den unseligen Schicksalsspruch mitzuteilen. Trauer, Weinen und Wehklagen nehmen tagelang kein Ende! Doch schon naht sich des grausen Spruches Erfüllung. Schon werden die Anstalten zur verhängnisvollen Hochzeit des armen Kindes getroffen, schon schwelen düster die bräutlichen Fackeln unter rußendem Rauch; die hochzeitliche Flöte seufzt lydische Klageweisen, dumpf schallt der sonst so fröhliche Hochzeitsgesang, und mit den Tränen der Verzweiflung netzt die Braut den heiligen Schleier. An dem Mißgeschick des geschlagenen Hauses nimmt die ganze Stadt seufzend Anteil, und des zum Zeichen wird Landestrauer verfügt.

Doch den Befehlen des Himmels muß gehorcht werden, und die arme Psyche hat sich der festgesetzten Buße zu fügen. In tiefster Betrübnis werden die Riten der Todeshochzeit vollzogen, dann geleitet sie die ganze Stadt wie eine lebende Tote hinaus, und Psyche wandelt unter Tränen nicht im Brautzug, sondern wie zum eigenen Begräbnis. Und wie ihre gebrochenen Eltern schmerzverstört zögern, die Schmach und Schande zu vollenden, spricht ihnen die Tochter selber Mut zu:

»Quält euch doch nicht auf eure alten Tage mit ewigem Weinen! Verkürzt doch nicht euer Dasein durch einen Jammer, der vor allem mich trifft! Was helfen die ohnmächtigen Tränen, die euer ehrwürdiges Antlitz entstellen! Was martert ihr eure Augen, daß meine Augen dafür büßen! Was rauft ihr euer graues Haar! Was schlagt ihr die Brust, den ehrwürdigen Busen! Das ist der herrliche Lohn meiner großen Schönheit! Den tödlichen Streich des leidigen Neides, ihr bemerkt ihn zu spät! Als Städte und Völker mir göttliche Ehren erwiesen, als mich alle wie aus einem Mund eine zweite Venus nannten, da hättet ihr klagen, da weinen, da mich betrauern sollen, als wäre ich schon tot. Jetzt ahne ich, der Name Venus war es, der mir zum Verhängnis wurde. Führt mich hin und stellt mich auf jenen Felsen, den das Orakel bestimmt hat! Ich eile der frohen Vermählung entgegen, ich eile, meinen edlen Gatten zu schauen. Was soll ich zögern, was soll ich mich weigern, wenn er die ganze Welt zu bezwingen weiß!«

Nach diesen Worten schwieg sie und schloß sich tapferen Schrittes dem Zug der geleitenden Menge an. Man erreichte den Gipfel des genannten Berges und führte das Mädchen hinauf auf den Felsen und ließ sie allein; bei ihr blieben nur die Hochzeitsfackeln, die vorangeleuchtet hatten und jetzt in Tränen erloschen, als man gesenkten Hauptes den Heimweg antrat. Ihre armen Eltern, von Jammer gebeugt, verschlossen sich in das Innere ihres Hauses, in dessen Dunkel sie sich ewiger Nacht preisgaben.

Psyche aber stand in Angst und Bangen oben auf dem Felsen und weinte. Da nahte sich mit säuselndem Wehen der linde Zephyr und hob sie mit flatterndem Gewand und sich bauschenden Kleidern sacht empor, trug sie mit sanftem Hauch sicher über die ragenden Höhen und bettete sie still in des drunten liegenden Tales blühenden Rasenschoß.

Fünftes Buch

Psyche sank, als sie sich von all ihren Schrecken erholt hatte, im lieblichen Wiesengrund auf ihrem Lager von taufrischem Gras sanft ruhend, in süßen Schlummer. Nach langem, erquickendem Schlaf stand sie heiteren Sinns auf. Sie sah einen Park mit schlanken hohen Bäumen, sie sah eine Quelle mit kristallklarem Wasser. Mitten im Park und nahe der rieselnden Quelle stand ein nicht von Menschenhand, sondern durch göttliche Kunst erbauter Palast. Schon beim Eintritt war es einem klar, daß dies irgendeines Gottes herrliches und liebliches Lustschloß war. Die aus Elfenbein und Zitrusholz getäfelte Decke tragen goldene Säulen, die Wände sind alle mit Darstellungen aus getriebenem Silber geschmückt, Wild und anderes Getier scheint dem Eintretenden wie lebendig entgegenzuspringen. Ein wunderbarer Künstler, ein Halbgott, ein

Gott muß es gewesen sein, der das Silber mit einer solchen Kunstfertigkeit zu verarbeiten wußte. Der Fußboden aber besteht aus kostbarem Mosaik, das Szenen ganz verschiedener Art darstellt. Unendlich selig, zwiefach und nochmals selig, wer auf Gold und Edelsteinen wandeln darf! Und erst die anderen Räume des weitläufigen Hauses, welch unschätzbare Schätze: die Wände von oben bis unten aus gediegenem Gold, im eigenen Glanz schimmernd, daß das ganze Innere in Licht gebadet ist, auch wenn keine Sonne scheinen würde; so blitzen die Gemächer, so die Hallen und so auch die Türen! Und selbstverständlich entspricht auch die sonstige Ausstattung der Pracht des Hauses, so daß es wirklich und wahrhaftig für des großen Jupiter Umgang mit den Menschen erbaut scheint, ein Himmelspalast.

Der reizende Ort lud Psyche ein, näherzutreten, und schon etwas zuversichtlicher schritt sie über die Schwelle, und bald, von Neugier verlockt, besah sie jede der Herrlichkeiten und entdeckte auf der anderen Seite des Hauses die reich ausgestatteten und mit lauter Kostbarkeiten gefüllten Schatzkammern. Nichts gibt es, was es dort nicht gibt! Aber abgesehen von der staunenswerten Fülle solchen Reichtums war es vor allem verwunderlich, daß kein Schloß, kein Riegel und kein Wächter diese Schätze einer ganzen Welt hütete. Als sie die Pracht mit seliger Verwunderung betrachtete, ließ sich eine wesenlose Stimme vernehmen: »Was stehst du staunend vor solchen Schätzen, Herrin? Alles ist dein. Tritt ins Gemach, ruhe dich aus auf dem Bett und nimm nach Belieben ein Bad! Wir, deren Stimme du vernimmst, sind deine Dienerinnen, die dir mit Fleiß aufwarten, und wenn du dich erfrischt hast, wird ein königliches Mahl nicht auf sich warten lassen.«

Psyche empfindet jetzt voller Seligkeit die göttliche Fürsorge, und wie sie die Weisungen der körperlosen Stimmen vernimmt, verscheucht sie erst mit Schlaf und dann mit einem Bad ihre Müdigkeit; und als sie auf einmal eine halbrunde Tafel vor sich sieht, die für sie gedeckt scheint, nimmt sie gerne Platz. Und sogleich stehen nektarsüßer Wein und zahlreiche Gänge auserlesener Gerichte vor ihr, ohne daß ein Diener zu sehen ist, wie vom Winde herbeigeweht. Niemand läßt sich blicken, nur Worte hört sie und hat Stimmen zur Bedienung.

Nach dem reichen Mahl hört sie jemanden eintreten und singen und einen anderen die Zither schlagen, alles unsichtbar. Dann dringt Chorgesang an ihr Ohr, ohne daß sie die Sänger zu Gesicht bekommt, aber es ist klar, daß es sich um ein ganzes Ensemble handelt.

Nach all diesen Genüssen begab sich Psyche zur Ruhe, zu der sie der Abend einlud. Als es schon tiefe Nacht war, traf ein leises Geräusch ihr Ohr. In so großer Einsamkeit bangte sie um ihre Unschuld und bebte und schauderte und fürchtete noch mehr als den Tod das Unbekannte. Und dann war er da, ihr unheimlicher Gemahl, und hatte das Brautbett bestiegen und Psyche zu seiner Gattin gemacht und war vor Tagesanbruch schnell wieder verschwunden. Und sogleich ließen sich im Schlafgemach die dienstfertigen Stimmen wieder vernehmen, um die Neuvermählte ob der verlorenen Unschuld zu trösten. So währte dies lange Zeit. Und wie es zu kommen pflegt, sie hatte sich an das Neue gewöhnt und Gefallen daran gefunden, und die Geisterstimmen waren ihr ein Trost in der Einsamkeit.

Unterdessen aber verzehrten sich ihre alten Eltern in Gram und steter Betrübnis, und als die Kunde des Geschehenen sich weiterverbreitete, erfuhren auch ihre älteren Schwestern alles, verließen ihr Heim und kamen voller Bestürzung rasch, eine nach der anderen, herbeigeeilt, um ihre Eltern zu sehen und ihnen Trost zuzusprechen.

In jener Nacht sprach Psyches Gemahl, den sie zwar nicht sehen, wohl aber hören und fühlen durfte, zu ihr: »Süße Psyche, liebe Frau, Unheil und Gefahr drohen dir von der bösen Fortuna, vor der du dich, wie ich meine, besonnen und vorsichtig in acht nehmen solltest! Deine Schwestern glauben, du seiest tot, und suchen nach dir; sie werden bald dort oben auf dem Felsen erscheinen. Wenn du sie klagen hörst, so gib keine Antwort, ja schau nicht einmal hinauf; sonst wirst du mir sehr großen Schmerz, dir aber tödlichen Kummer bereiten!«

Psyche nickte und versprach, nach dem Willen ihres Gemahls zu handeln! Als er jedoch zugleich mit der Nacht entschwunden war, verbrachte die Ärmste den ganzen Tag in Jammer und Tränen und rief immer wieder, nun sei es ganz und gar um sie geschehen, da sie in ihrem paradiesischen Gefängnis mit keiner Menschenseele reden und nicht einmal ihre Schwestern, die um sie trauerten, trösten, geschweige denn sehen dürfe. Und ohne Bad, ohne zu essen und ohne sich zu erfrischen, legte sie sich tränenüberströmt schlafen.

Doch es dauerte nicht lange, bis sich ihr Gemahl, etwas früher als sonst, zu ihr legte und die noch immer Weinende umarmte: »Ist dies dein Versprechen, Psyche? Wie kann ich dir als dein Gatte noch Glauben schenken und vertrauen? Tag und Nacht und selbst in meinen Armen hörst du nicht auf, dich zu quälen! Mach, was du willst, tu, was dein törichtes Herz dich heißt! Aber du wirst an meine wohlgemeinten Warnungen denken, wenn es zu spät ist und du deine Tat zu spät bereust!«

Da bat sie ihn und drohte, sie werde sonst sterben, und erbettelte von ihrem Gatten das Zugeständnis, daß sie ihre Schwestern sehen, sie trösten und mit ihnen plaudern dürfe. So gab er schließlich den Bitten seiner jungen Frau nach und erlaubte ihr noch darüber hinaus, ihnen Gold und Geschmeide nach Herzenslust zu schenken; immer wieder jedoch ermahnte er sie und warnte sie mehrfach, ja nicht dem bösen Rat ihrer Schwestern zu folgen und nach seinem Aussehen zu fragen, ja nicht durch so frevelhafte Neugier ihr ganzes Glück zu vernichten, da sie ihn dann niemals wieder umarmen dürfe. Sie dankte ihrem Gemahl, und in bester Laune erwiderte sie: »Nein, lieber hundertmal sterben als auf die Seligkeit verzichten, neben dir zu ruhen! Ich liebe dich, und von ganzem Herzen, wer du auch seist; du bist mir so teuer wie das eigene Leben, und kein Amor wäre mir mehr! Aber um eines noch bitte ich dich, befiehl deinem Diener Zephyrus, meine Schwestern so hierherzutragen wie mich!« Und dann gab sie ihm verführerische Küsse und drängte sich an ihn und betörte ihn mit der Beteuerung: »Mein Liebster, mein Bester, du bist das Seelenglück deiner Psyche!« Und ihr Gemahl erlag der Macht und Gewalt ihres Liebesgeflüsters wider seinen Willen, versprach ihr, alles zu tun, und schwand, da es schon wieder Tag wurde, aus den Armen seiner Gattin.

Inzwischen aber hatten die Schwestern jenen Felsen und die Stelle erkundet, wo man Psyche verlassen hatte, und eilten herbei, um sich die Augen auszuweinen und ihre Brüste zu schlagen, daß die Felswände von ihrem Jammergeschrei widerhallten. Sie riefen ihre arme Schwester bei ihrem Namen, bis ihr durch Mark und Bein gehendes Gezeter hinunter in das Tal drang und Psyche erschreckt aus dem Haus stürzte und rief: »Was betrübt ihr euch mit Jammern und Schreien so ohne Ursache! Hier bin ich, um die ihr trauert! Laßt das Wehgeschrei, trocknet die von ewigen Tränen nassen Wangen und umarmt sie, um die ihr weint!«

Dann rief sie den Zephyrus und erinnerte ihn an den Befehl ihres Gatten. Sogleich gehorchte er und trug sie auf sanften Schwingen behutsam herab. Schon liegen sie sich beglückt in den Armen und küssen sich stürmisch, und die eben beschwichtigten Tränen kehren als Freudentränen wieder. »Tretet ein ins Haus«, spricht sie, »kommt in unser Heim und erquickt euer bekümmertes Herz bei eurer Psyche!«

So sprach sie zu ihnen, zeigte ihnen die Herrlichkeit des goldenen Palastes, führte ihren Ohren das große Gesinde dienender Stimmen vor und erfrischte sie mit einem angenehmen Bad und den köstlichen Leckerbissen der geisterhaften Tafel, so daß schon sehr bald in ihren von der Überfülle des geradezu himmlischen Reichtums gesättigten Herzen der Neid aufkeimte. Und schon erkundigte sich die eine mit recht dreister Neugier, wer denn der Herr so himmlischer Güter und wer und von welcher Art ihr Gemahl sei. Doch Psyche bewahrte, eingedenk der Warnung ihres Gatten, das Geheimnis tief in ihrer Brust und log, wie es ihr gerade einfiel, er sei ein schöner Jüngling, dem eben der erste Bartflaum die Wangen beschatte und der sich meist auf der Jagd in Feld und Gebirge befinde; und um sich im weiteren Verlauf des Gesprächs nicht etwa doch noch zu verplaudern und ihr Geheimnis zu verraten, belud sie ihre Schwestern mit Goldschmuck und Edelsteingeschmeide, rief sogleich den Zephyrus wieder herbei und übergab sie ihm, daß er sie heimbringe.

Das geschah unverzüglich, doch schon auf dem Heimweg gab bei den beiden trefflichen Schwestern, die bereits kochten vor galligem Neid, ein gehässiges Wort das andere.

»Da sieht man es wieder«, begann die eine, »wie blind und böse und ungerecht Fortuna waltet! Läßt du dir das gefallen, daß wir als gleicher Eltern Kind so verschieden gestellt sind? Ja, haha! Wir, die älteren, sollen die Dienstboten sein bei hergelaufenen Männern, vertrieben von Haus und Heimat und fern von unseren Eltern wie in der Verbannung, während die jüngste, die ganz überflüssigerweise noch hinterher geboren wurde, solche Schätze besitzen und einen Gott zum Mann haben soll, wo sie nicht einmal ihr Glück zu schätzen weiß! Du hast es doch gesehen, Schwester, was da an herrlichem Geschmeide im Haus herumliegt, was dort an Kleidern glänzt, was dort an Edelsteinen glitzert und auf wieviel Gold man überall mit Füßen tritt! Wenn nun auch noch ihr Mann so schön ist, wie sie behauptet, dann gibt es auf der ganzen Welt keine Frau, die glücklicher ist! Und es könnte sogar sein, daß ihr göttlicher Gemahl, wenn der Umgang seine Zuneigung noch festigt, sie obendrein auch noch zur Göttin macht! Ja, weiß Gott! So hat sie sich aufgespielt und benommen! Sie blickte hochnäsig genug und spielte die Göttliche, das Weibsbild! Stimmen hat sie als Mägde und kommandiert den Wind! Und ich Arme habe einen Mann, der erstens älter ist als mein Vater, zweitens kahler als ein Kürbis – dümmer als ein Schulbub und der das ganze Haus mit Riegeln und Ketten unter Verschluß hält!«

Die andre fiel ihr ins Wort: »Und bin ich besser daran? Mein Mann ist krumm und schief von der Gicht und weit entfernt, daß ich etwas von ihm habe; die ganze Zeit muß ich ihm seine verbogenen steinsteifen Finger reiben, ihm mit alten Lappen stinkende Umschläge machen und mir meine überzarten Hände ruinieren und bin kaum noch seine liebe Gattin, sondern seine preiswerte Krankenschwester. Von mir aus, teure Schwester, magst du dich geduldig oder besser erniedrigt, um es frei herauszusagen, damit abfinden; ich will es jedenfalls nicht ewig mit ansehen, daß ihr ein so unverdientes Glück in den Schoß fällt! Denke daran, wie hochmütig, wie anmaßend sie uns behandelt hat und mit ihrer ewigen eitlen Prahlerei ihre Aufgeblasenheit verriet, wie sie uns von all ihren Reichtümern die paar Kleinigkeiten widerwillig hinwarf, um sich dann unserer lästigen Gegenwart zu entledigen und uns an die Luft setzen, hinausblasen zu lassen! Aber ich müßte kein Weib sein, umfallen will ich, wenn ich sie nicht vom Gipfel ihres Glückes stürze! Und wenn diese Schmach auch dir das Dasein verleidet, wie es nur zu verständlich wäre, wollen wir gründlich zu Rate gehen. Vor allem wollen wir unsere Geschenke weder unseren

Eltern noch sonst jemandem zeigen, wir haben im Gegenteil gar keine Ahnung, wie es ihr geht. Es reicht, daß wir selber gesehen haben, was wir lieber nicht gesehen hätten, und es fehlte noch, daß wir bei den Eltern und vor allen Leuten ihr großes Glück ausposaunen! Nur der ist glücklich, von dessen Reichtum alle wissen. Sie soll merken, daß wir ihre älteren Schwestern sind und nicht ihre Mägde! Jetzt wollen wir zu unseren Männern in unser bescheidenes, aber um so ehrlicheres Zuhause zurückkehren, in aller Ruhe gründlich nachdenken und dann mit frischen Kräften wiederkommen, um ihren Hochmut zu demütigen!«

An keinem guten – am bösen Plan fand das böse Paar Gefallen; sie versteckten ihre kostbaren Geschenke, rauften sich das Haar, zerkratzten sich, ganz wie sie es verdienten, das Gesicht und begannen erneut scheinheilige Tränen zu vergießen. So jagten sie auch ihren Eltern, deren kaum vernarbte Wunden sie wieder aufrissen, rasch einen neuen Schrecken ein und eilten dann wütend nach Hause, wo sie einen frevelhaften, nein, einen mörderischen Anschlag gegen ihre harmlose Schwester ausbrüteten.

Unterdessen ermahnte der unbekannte Gemahl seine Psyche in den nächtlichen Gesprächen erneut: »Siehst du nicht die große Gefahr? Fortuna droht dir aus der Ferne, aber wenn du dich nicht vorsiehst, wird sie sich zum Nahkampf stellen. Die perfiden Hyänen versuchen alles, um dir eine tückische Falle zu stellen, und ihr Ziel ist es, dich zu bereden, mein Gesicht anzusehen, das du, wie ich dir schon oft gesagt habe, nie wieder sehen wirst, wenn du es einmal gesehen hast! Wenn also diese bösen Hexen kommen, die sich mit Gemeinheit gewappnet haben – und sie werden kommen, ich weiß es –, dann laß dich am besten überhaupt nicht in ein Gespräch ein, und wenn du das bei deiner Arglosigkeit und Zärtlichkeit nicht übers Herz bringen kannst, so stehe ihnen auf keinen Fall Rede und Antwort, wenn sie das Gespräch auf deinen Gatten bringen! Wir haben übrigens auch ein Kind zu erwarten, das du in deinem jungen Schoß trägst; wenn du das Geheimnis schweigend wahrst, wird es ein Gott sein, wenn du es preisgibst, ein Sterblicher!«

Wie freute sich Psyche über diese Nachricht, wie entzückte

sie der kleine himmlische Tröster, wie jubelte sie über das künftige Liebespfand, wie stolz war sie, bald Mutter zu heißen! Bange zählte sie die verstreichenden Tage und die vergehenden Monate, und da sie mit einer solchen Bürde noch nicht vertraut war, war es ihr wie ein Wunder, daß aus so kleinem Anfang ihr Leib zu solcher Fülle gedieh.

Aber schon kamen die grimmen Unholdinnen und grausen Furien wieder angereist und nahten sich, schlangengiftschnaubend, in ruchloser Eile! Da nutzte der Gatte die flüchtigen Besuche bei seiner Psyche und mahnte noch einmal: »Gekommen ist der Tag der Entscheidung! Gierig nach Blut hat die Weiberbrut die Waffen ergriffen, die Zelte verlassen, zum Angriff geblasen, die Schlacht schon begonnen! Schon zielen deine ruchlosen Schwestern mit gezücktem Dolch nach deiner Brust! Ach, was für ein Unglück bricht über uns herein, holde Psyche! Hab Erbarmen mit dir und mit mir, bewahre treu das Haus, deinen Gatten und dich selbst und dein Kind vor dem drohenden Fall und Untergang! Die Verbrecherinnen, die du bei so mörderischem Haß und dem Verrat aller Blutsbande nicht mehr Schwestern nennen darfst, sieh sie nicht an und höre sie nicht, und sollten sie auch süß wie die Sirenen vom Berge herab dein Grablied durch die Felsen erschallen lassen!«

Unter Weinen und Schluchzen erwiderte ihm Psyche stokkend: »Schon längst hast du, wie ich glaube, genügend Beweise für meine Verläßlichkeit und Verschwiegenheit, trotzdem aber soll sich auch diesmal mein standhafter Sinn bewähren. Laß ruhig unseren Zephyrus wieder seine Pflicht tun und vergönne mir anstelle deines heilig-versagten Anblicks das Wiedersehn mit meinen Schwestern! Bei deiner balsamischen Lockenpracht, bei deinen zarten, weichen Wangen, die den meinen gleichen, bei dem unbegreiflichen Feuer, das deine Brust durchglüht, und bei unserem Kind, in dem ich dereinst dein Antlitz zu schauen hoffe: Laß dich durch mein zages Flehen und die demütigen Bitten erweichen, schenke mir die Freude der geschwisterlichen Umarmung und gönne dem Herzen deiner nur dir allein geweihten und ergebenen Psyche dieses Labsal! Ich frage auch fürder nicht nach deinem Gesicht und ich beklage mich auch fürder nicht über die nächtliche Finsternis: Halten dich meine Arme umschlungen, bist du meine Sonne!« Diese Worte und ihre zärtlichen Umarmungen betörten den Gatten, der mit seinen Locken ihre Tränen trocknete, ihr alles versprach und dann rasch wieder vor dem Licht des anbrechenden Tages floh.

Das zu bösem Tun verschworene Schwesternpaar eilte, ohne den Eltern auch nur einen Besuch abzustatten, geradewegs von den Schiffen auf den bekannten Felsen und sprang, ohne den Wind abzuwarten, mit tollkühner Dreistigkeit in die Tiefe. Zephyrus jedoch gedachte der königlichen Weisung und fing sie, ungern genug, im Schoß seiner wehenden Lüfte auf und setzte sie wieder zu Boden. Sie dringen, ohne zu säumen, mit entschlossenen Schritten ins Haus ein und schließen, geschwisterliche Liebe heuchelnd und unter gleisnerischer Miene ihren Trug verbergend, ihr Opfer in die Arme und schmeicheln: »Psyche, du bist ja gar nicht mehr unsre Kleine wie früher und jetzt selbst bald Mutter! Wie werden wir uns alle freuen über das Glück, das du uns bescherst! Was für ein Jubel für die ganze Verwandtschaft! Wie selig sind wir, daß wir ein solches Goldkind hüten dürfen! Wenn es so schön wird wie seine Eltern, was ja ganz selbstverständlich ist, dann wird es geradezu ein Cupido sein!«

So heuchelten sie Anteilnahme und schmeichelten sich immer mehr in das Herz ihrer Schwester. Sie ließ Sessel bringen, damit sie sich von den Anstrengungen der Reise ausruhten, ordnete ein heißes Bad an und bewirtete sie dann in dem herrlichen Speisesaal aufs Beste mit jenen wunderbaren himmlischen Speisen und Leckereien. Sie befiehlt, daß Zither gespielt wird: man hört Zitherspiel; sie wünscht, Flötenmusik zu hören: man hört Flötenmusik; sie wünscht Chorgesang: es wird im Chor gesungen. Die schönsten Klänge umschmeichelten das Herz der Zuhörer, ohne daß jemand zu sehen war.

Doch der bösen Weiber ruchlosen Sinn vermochten die lieblichen Weisen nicht zu rühren; sie trachten im Gegenteil darnach, das Gespräch auf die tückische Fußangel zu lenken, und erkundigen sich heuchlerisch nach ihrem Gemahl, wie er aussehe, woher er sei und was er treibe.

In ihrer großen Einfalt hatte sie ihre frühere Auskunft vergessen und erzählte, indem sie ein neues Märchen auftischte, ihr Mann sei ein reicher Kaufmann aus der Nachbarprovinz, er stehe in den mittleren Jahren und sei bereits leicht ergraut. Doch hielt sie sich bei diesem Thema keinen Moment auf, sondern belud sie wieder mit reichen Geschenken und empfahl sie ihrem luftigen Gefährt.

Als sie der sanfte Hauch des Zephyrus wieder hinaufgetragen hatte und sie nach Hause eilten, gab ein Wort das andere: »Was soll man zu der unglaublichen Verlogenheit dieser dummen Person sagen, Schwester? Erst ein Jüngling, der sich gerade einen ersten Flaumbart zulegt, jetzt steht er in mittleren Jahren mit grauem Schimmer auf den Haaren. Was es alles gibt: in so kurzer Zeit wird er zu einem alten Mann! Es ist nichts weiter, liebe Schwester, als daß uns das unverschämte Frauenzimmer entweder ins Gesicht lügt oder ihren Mann überhaupt nicht gesehen hat. Doch wie dem auch sei, diese Schätze müssen schnellstens beiseite gebracht werden! Wenn sie das Angesicht ihres Mannes nicht kennt, ist sie tatsächlich mit einem Gott verheiratet und trägt einen Gott im Schoß. Aber wenn sie Mutter eines Götterkindes heißt – unvorstellbar –, nehme ich sofort einen Strick und hänge mich auf! Jetzt wollen wir schnell unsere Eltern besuchen und uns Mittel und Wege ausdenken, wie wir dieser Sache beikommen!«

So in Hitze gebracht, begrüßten sie mürrisch die Eltern und stürmten dann nach einer unruhigen schlaflosen Nacht am frühen Morgen auf den Felsen zurück, um sich wie gewohnt vom Wind rasch hinabtragen zu lassen und unter gewaltsam aus den Lidern gepreßten Tränen die junge Frau tückisch in Versuchung zu bringen: »Glücklich und zufrieden sitzt du da und hast keine Ahnung, was für ein Unglück über dich hereinbricht; aber wir, denen dein Glück eine Herzensangelegenheit ist, ängstigen uns über dein Geschick zu Tode! Wir haben gehört und dürfen es dir, da wir Schmerz und Kummer mit dir teilen, nicht verhehlen, daß, sich schlängelnd und ringelnd, ein furchtbarer Drache mit giftgeschwollenem Hals und gähnendem Rachen heimlich zur Nacht an deiner Seite ruht! Denke an das pythische Orakel, daß du einem grausamen Ungeheuer zur Hochzeit bestimmt bist, wie es laut verkündet hat. Und viele Bauern, Jäger und Nachbarn haben ihn gesehen, wie er abends vom Fraße kam und in der Furt des nahen Flusses schwamm.

Und alle sind davon überzeugt, daß er dich nicht lange mit so guten Speisen füttern wird, sondern daß er nur wartet, bis du dein Kind ausgetragen hast, um dich dann mitsamt dem Kleinen als Zugabe zu verschlingen. Aber es liegt bei dir, ob du deinen Schwestern, die um dein teures Leben besorgt sind, beipflichten und, dem Tod entronnen, bei uns in Frieden leben oder dich im Bauch des gräßlichen Untiers begraben lassen willst. Wenn du an den Geisterstimmen dieser Einöde oder an den ekelhaften Gefahren dieser heimlichen Lust und den Umarmungen eines giftigen Drachen Gefallen finden kannst, so haben wir jedenfalls als zärtliche Schwestern das Unsrige getan!«

Einfältigen und zärtlichen Gemüts, erschauerte Psyche, das arme Mädchen, vor so entsetzlichen Worten. Ganz außer Fassung, vergaß sie wahrhaftig restlos alle die Ermahnungen ihres Gatten und ihre eigenen Versprechen und stürzte sich kopfüber in ihr Unglück; bleich und zitternd stammelte sie mit erstickter Stimme und flüsterte:

»Liebste Schwestern, ihr habt, wie das selbstverständlich ist, treu eure Pflicht und Schuldigkeit getan, und auch die andern, die euch alles erzählt haben, scheinen mir nicht gelogen zu haben. Ich habe meinen Mann tatsächlich noch nie gesehen und weiß auch nicht, wer er ist, nur seine Stimme höre ich nachts und bin einem Mann ausgeliefert, den ich nicht kenne und der das Licht scheut; und wenn ihr so fest überzeugt seid, daß er ein Ungeheuer ist, werdet ihr wohl recht haben. Er hat mich ganz ausdrücklich gewarnt, ihn anzusehen, und droht, daß es ein großes Unglück geben wird, wenn ich so neugierig auf sein Gesicht bin. Wenn ihr nun eurer Schwester in der Gefahr beistehen wollt, so helft mir jetzt! Es könnte sonst zu spät sein, und eure ganze Sorge wäre umsonst gewesen!«

Nun waren die Tore geöffnet, und die ruchlosen Weiber sahen das Herz ihrer Schwester wehrlos vor sich; sie stürmten aus dem Hinterhalt und stürzten sich mit tückisch gezückten Schwertern auf die verängstigten Sinne des arglosen Kindes.

»Wir sind Geschwister«, meinte die eine, »und wo es dein Wohl gilt, soll uns keine Gefahr schrecken; so wollen wir dir den Weg zeigen, über den wir lange, sehr lange nachgedacht haben und der einzig und allein zu deiner Rettung führt.

Versteckc ein scharfes Messer, das du zur Sicherheit noch einmal an der Handfläche nachgeschliffen hast, neben deinem Lager an der Stelle, wo du zu liegen pflegst, und stelle eine kleine mit Öl wohl versehene Lampe, die genügend Licht gibt, heimlich unter einem Topf bereit, aber paß auf, daß du dir von all diesen Vorbereitungen nichts anmerken läßt; und hat er sich dann schwerfällig hereingewälzt, sein gewohntes Lager bestiegen und sich ausgestreckt und liegt er dann vom Schlaf bezwungen im ersten tiefen Schlummer, so stehe leise auf, hole vorsichtig auf nackten Sohlen und auf den Zehenspitzen schleichend die Lampe aus ihrem Versteck und nutze das hilfreiche Licht zur raschen Tat; mit gefaßtem Mut und mit der Rechten weit ausholend, triff mit des Messers doppelter Schneide kühn den Hals des giftigen Ungeheuers und trenne mit einem Schnitt den Kopf vom Rumpf! An unsrer Hilfe soll es dir nicht fehlen; sobald du dir durch seinen Tod die Freiheit verschafft hast, werden wir voller Ungeduld aus unserem Versteck im Handumdrehen zur Stelle sein, um rasch das Zeug da mit dir wegzuschaffen und dich mit einem Mann deiner Wahl und als Mensch mit einem Menschen zu verheiraten!«

Diese schürenden Worte entflammten das Herz der Schwester erst recht, die sie schleunigst allein ließen, da ihnen das nahende Unheil nicht geheuer war; sie ließen sich von den gewohnten Schwingen des Windes auf den Felsen tragen, um dann in eiliger Flucht rasch ihre Schiffe zu besteigen und davonzusegeln.

Psyche, allein geblieben, war nicht allein; die Furien hetzten sie! Der Schmerz in ihrer Brust wogte wie das Meer, und trotz all ihren Vorsätzen, trotz ihrer Entschlossenheit wußte sie nicht, wie sie zu Werke gehen sollte, und in ihrer Unruhe und Unschlüssigkeit ward sie zum Opfer ihrer widerstreitenden Empfindungen: Ungeduld und Angst, Mut und Furcht, Mißtrauen und Zorn, und, was das Schlimmste ist, dieselbe Person haßt sie als Ungeheuer und liebt sie als ihren Mann. Als jedoch nach dem Abend die Nacht heraufzog, legte sie in überstürzender Hast das Werkzeug für die ruchlose Freveltat bereit.

Und dann war es finster, und ihr Gatte war da, und nach liebenden Umarmungen war er in tiefen Schlaf gesunken.

Auf einmal wuchsen der sonst so zarten und zagen Psyche

vom bösen Verhängnis Kräfte zu, und sie holte die Lampe und ergriff das Messer, und ihre Entschlossenheit ließ sie ihr Geschlecht vergessen.

Doch wie die hochgehaltene Lampe das Geheimnis ihres Lagers erhellte, sah sie das zahmste und süßeste von allen Ungeheuern unter dem Getier, ihn selbst, Cupido, den schönen Gott, so schön gelagert, bei dessen Anblick auch das Licht der Lampe vor Entzücken heller strahlte und das Messer sich ob seiner frevlen Schneide entsetzte. Psyche aber sank, von dem Anblick verwirrt und ihrer Sinne nicht mehr mächtig, totenblaß, hilflos und zitternd auf die Knie und suchte den Stahl zu bergen – in der eigenen Brust! Und wäre nicht der Stahl aus Abscheu vor einer solchen Untat ihren verwegenen Händen entglitten und zu Boden gefallen, es wäre um sie geschehen gewesen. Und wie sie in ihrer Ohnmacht und Hilflosigkeit immer wieder auf das schöne, das göttliche Antlitz sah, kam sie wieder zur Besinnung. Sie sah des herrlichen Hauptes liebliches, ambrosiaduftendes Haar, das sich über den schneeigen Nacken und die purpurnen Wangen hinabringelte, ein reizendes Lockengewirr, ein Teil vorn, der andere hinten herabfallend, vor dessen blitzendem Glanz der Lampe Licht nur ein Flackern war. An den Schultern des geflügelten Gottes schimmerten in weißem Schmelz die tauigen Schwingen, deren Flaum, wenngleich die Flügel auch ruhten, lind und leise säuselnd und sich kräuselnd spielte und bebte. Einen so reinen, so schönen Leib geboren zu haben, brauchte Venus sich wahrlich nicht zu schämen.

Vor dem Bett lagen Bogen und Köcher und die Pfeile, des großen Gottes beseligende Waffen.

Psyche konnte in ihrem unersättlichen Verlangen und in ihrer großen Neugier das Werkzeug ihres Gatten gar nicht genug bewundern und betasten und sich daran satt sehen und zog schließlich einen Pfeil aus dem Köcher und stach sich, als sie mit der immer noch zitternden Hand seine Spitze prüfen wollte, bei einer zu hastigen Bewegung in den Daumen, so daß ein paar Tropfen ihres rosigen Blutes über ihre Haut rannen. So geschah es, daß Psyche sich ahnungslos in den Liebesgott verliebte. Mehr und mehr entbrannte sie in Leidenschaft zum Gott der Leidenschaft, beugte sich in brennendem Verlangen über ihn und bedeckte ihn mit innigen, minnigen Küssen und bangte nur um seinen tiefen Schlaf. Aber wie sie in trunkenem Entzücken sich selber vergaß, fiel von der tückischen oder vielleicht auch nur neidischen oder gar eifersüchtigen Lampe, die diesen Leib selber berühren, küssen wollte, ein Tropfen heißen Öls aus der hellen Flamme auf die rechte Schulter des Gottes.

O du dreiste, du unverschämte Lampe, den Gott des Feuers versengst du, du schändliche Liebesdienerin, die irgendein Verliebter ja nur erfunden hat, um auch in der Nacht die Freuden der Liebe genießen zu können und zu verlängern!

Vor Schmerz sprang der Gott auf, und als er sein Vertrauen getäuscht und verraten sah, entflog er schweigend den Küssen und Armen seiner trostlosen Gattin.

Psyche aber hatte des Entschwebenden rechten Fuß mit beiden Händen umklammert, um ihn als jammervolles Anhängsel auf seinem Flug durch die Wolkenregionen zu begleiten und ihm nachzufolgen, sank jedoch bald ermattet zu Boden.

Ihr göttlicher Liebhaber ließ die auf der Erde Liegende nicht im Stich, sondern schwang sich in den Wipfel einer nahen Zypresse und sprach zutiefst erschüttert: »Du arme Psyche, ich habe dem Befehl meiner Mutter Venus, dich der Sinnengier eines Flegels preiszugeben und ihm in Schande zu verbinden, nicht gehorcht, sondern bin selber als Liebender zu dir geflogen. Ich war leichtsinnig, ich weiß, und der große Schütze hat sich mit seinem eigenen Pfeil verwundet und dich zu seiner Gemahlin gemacht, auf daß du mich jetzt für ein Ungeheuer hältst und mir mit dem Messer den Kopf abschneiden willst, der diese dich liebenden Augen trägt! Davor hättest du dich hüten sollen, wie ich meinte und immer wieder meinte, davor habe ich dich in aller Güte gewarnt. Deine trefflichen Ratgeberinnen sollen mir für die schlimmen Einflüsterungen alsbald büßen, dich aber bestrafe ich durch meine Flucht!« Und nach diesen letzten Worten trugen ihn seine Flügel in die Lüfte empor.

Psyche lag am Boden und blickte unter bittersten Klagen dem Flug ihres Gatten nach, solange sie ihn noch sehen konnte. Als ihn aber seine Fittiche in unermeßliche Fernen emporgetragen hatten, stürzte sie sich kopfüber in den nahen Strom. Aber der gutmütige Flußgott trug sie, um sich selber besorgt, und natürlich zu Ehren des Gottes, der auch die Gewässer in Glut zu bringen pflegt, auf sanften Wirbeln zu einer blühenden Wiese am Ufer.

Dort saß gerade Pan, der Gott der Fluren, auf der Böschung und hielt die Bergnymphe Echo im Arm, die er lehrte, allerlei Weisen nachzusingen. Am Ufer hüpften die Ziegen lustig hin und her und rupften das saftige Ufergras. Der bocksfüßige Gott, der von ihrem Unglück gehört hatte, rief die traurige und erschöpfte Psyche freundlich zu sich und tröstete sie mit beruhigenden Worten:

»Du reizendes Kind, ich bin zwar nur ein Bauer und Hirt, aber als alter Mann reich an Erfahrung. Wenn ich aus deinen zögernden, unsicheren Schritten, deiner unnatürlichen Blässe und deinem beständigen Seufzen, nein, schon aus deinen traurigen Augen den Schluß ziehe – was man klüglich als weissagen bezeichnet –, so leidest du an Liebeskummer! Also höre auf mich und versuche nicht wieder ins Wasser zu springen oder sonstwie deinem Leben ein gewaltsames Ende zu bereiten! Hör auf zu klagen, sei nicht traurig und bete zu Cupido, dem mächtigsten der Götter, der ein zärtlicher und verwöhnter Bursche ist und dessen Gunst du dir erbitten und erschmeicheln mußt!«

So sprach der Hirtengott, vor dessen Huld und Erhabenheit sich Psyche, ohne ein Wort zu erwidern, nur ehrfürchtig verneigte, ehe sie weiterging. Als sie ein gutes Stück Weg mühsam hinter sich gebracht hatte, gelangte sie gegen Abend müde und wer weiß auf welchen Umwegen in die Stadt, wo der Mann einer ihrer Schwestern König war. Als Psyche dies erfuhr, ließ sie sich sogleich zu ihrer Schwester führen. Kaum hatten sie sich begrüßt und umarmt, als sie auf die Frage nach dem Grund ihres Besuches erwiderte:

»Du erinnerst dich noch an euren Rat, als ihr mir zugeredet hattet, das Ungeheuer, das als mein Gatte neben mir ruhte, mit dem doppelt scharfen Messer zu töten, ehe es mich armes Geschöpf gierig verschlingen könne. Aber sobald ich, wie es beschlossen war, im Lampenlicht sein Gesicht anschaute, da sah ich ein geradezu göttliches Wunder, der Venus Sohn,

Cupido selber, in holdem Schlummer liegend. Doch wie ich bei seinem Anblick vor übergroßer Wonne erschauerte und vor Verlangen bebte, da wollte es der böse Zufall, daß aus der Lampe ein Tropfen heißen Öles auf seine Schulter fiel. Der plötzliche Schmerz ließ ihn aus dem Schlaf auffahren, und als er mich mit Messer und Licht ausgerüstet vor sich stehen sah, rief er: ›Hebe dich hinweg von meinem Lager, Verbrecherin, und sieh zu, wo du bleibst; ich will mich mit deiner Schwester – und dabei nannte er deinen Namen – förmlich und Rechtens vermählen!‹ Und auf der Stelle gebot er dem Zephyrus, mich aus seinem Palast von dannen zu blasen.«

Psyche hatte noch nicht ausgeredet, da stürzte ihre Schwester von wilder Begierde, Neid und Eifersucht getrieben hinweg, speiste ihren Mann mit der Lüge ab, sie habe gehört, ihre Eltern seien plötzlich gestorben, bestieg, ohne zu säumen, das Schiff und eilte auf jenen Felsen; und ohne auf den ganz anderen Wind zu achten, rief sie in wahnsinniger Verblendung: »Nimm mich hin, Cupido, hier kommt deine rechtmäßige Gattin! Und du, Zephyrus, trag deine Herrin hinab!« und stürzte sich in die Tiefe. Doch selbst im Tode erreichte sie ihr Ziel nicht. Denn die Zacken des Felsens zerschmetterten und zerrissen ihre Glieder, und wie sie es verdiente, ward ihr zerfetzter Leib zum willkommenen Raub der Vögel und der wilden Tiere, als sie den Tod fand.

Und auch die zweite Strafe ließ nicht auf sich warten. Denn auf ihrer Irrfahrt gelangte Psyche wieder in eine andere Stadt, in der, so wie die erste, nun ihre zweite Schwester wohnte. Auch diese ließ sich von der geschwisterlichen List täuschen und fand, als sie ebenfalls eine verruchte Hochzeit halten wollte und auf jenen Felsen eilte, auf ähnliche Weise den Tod.

Während Psyche auf der Suche nach Cupido durch die Lande irrte, lag dieser ausgerechnet im Gemach seiner Mutter und seufzte über die schmerzende Wunde, die er der Lampe verdankte.

Die schneeweiße Möwe aber, die mit ihren Schwingen über den Meeren schwebt, tauchte eilig hinab in des Ozeans tiefen Schoß. Dort trat sie vor die gerade im Bade schwimmende Venus und meldete ihr, daß ihr Sohn an einer schmerzhaften Brandwunde darniederliege, und es sei zweifelhaft, ob er überhaupt wieder genese. Im übrigen käme sie mit ihrer ganzen Familie bei den Menschen in böses Gerede und in Verruf, weil ihr Sohn verliebt auf den Bergen herumbummle und sie selber sich im Ozean den Freuden des Badens hingebe, so daß Wonne, Grazie und Anmut entschwunden seien und Sittenlosigkeit, Wildheit und Roheit herrschten: es gebe keinen Ehebund, keine Freundschaft und keine Mutterliebe mehr, sondern nur noch ein schamloses Miteinander und Durcheinander, unschön und abstoßend.

So gackerte der vorlaute und klatschsüchtige Vogel der Venus die Ohren voll und zerriß sich den Schnabel über den Ruf ihres Sohnes.

Venus aber rief voller Zorn: »Was, der junge Kerl hat eine Freundin? Sofort sagst du mir, du brave Dienerin, wie sie heißt, die den Jungen, harmlos und halbwüchsig wie er ist, verführt hat! Ist es eine der Nymphen oder der Horen, eine aus dem Chor der Musen oder gar eine aus meinem Grazienvolk?«

Und der schwatzhafte Vogel fuhr fort: »Ich weiß es nicht, Herrin; aber ich glaube, er ist zum Sterben verliebt in ein Mädchen, das, wenn ich mich recht erinnere, Psyche heißt!«

»Psyche und er!« fuhr Venus wütend auf, »die Nebenbuhlerin meiner Schönheit und meines Namens! Wenn er sie liebt, so hat mich das Bürschlein wohl gar noch für eine Kupplerin gehalten, nachdem ich ihn auf dieses Mädchen aufmerksam gemacht habe!«

Also schalt sie und tauchte schleunigst aus dem Meer auf, eilte unverzüglich in ihr goldenes Gemach und lamentierte, als sie ihren Sohn tatsächlich krank sah, schon von der Türe aus, so laut es ging: »Eine schöne Geschichte und ganz deiner Herkunft und deiner Erziehung würdig! Erst trittst du deiner Mutter, nein, deiner Gebieterin Befehle mit Füßen und strafst meine Feindin nicht mit einem Strolch, und dann schließt du freches und unreifes Früchtchen sie sogar selber noch in deine Arme und gedenkst, meine Feindin wohl auch noch zu meiner Schwiegertochter zu machen! Aber da hast du dich getäuscht, du Schlingel, du Mädchenverführer, du Lümmel, wenn du glaubst, daß du als einziger Sohn dir alles erlauben kannst, weil ich zu alt bin! Paß auf, du wirst einen Bruder bekommen, der weit mehr taugt als du, nein, damit du dich noch mehr schämst, ich will eines von meinen Dienstbotenkindern adoptieren und ihm deine Flügel, Fackel, Bogen und Pfeile geben und alles, was ich habe und was du wahrlich nicht zu diesem Zweck von mir bekommen hast, dein Vater hat ja ohnehin nichts zu deiner Ausrüstung beigesteuert!

Aber du hast schon von Anfang an nichts getaugt, hast freche Pfoten und überhaupt keinen Respekt vor Erwachsenen; zielst mit deinem Bogen sogar auf deine Mutter, jawohl, auf mich, du Muttermörder, und stellst mich täglich bloß und hast mich schon ein paarmal getroffen, mich, eine arme alleinstehende Frau, die du noch auslachst; geschweige denn, daß du dich vor deinem Stiefvater fürchtest, dem großen und tapferen Soldaten! Klar! Du wartest ihm sogar noch mit Dirnen auf und bringst mich zur Verzweiflung! Aber jetzt will ich dafür sorgen, daß dich dein Spiel gereut, und deine Hochzeit will ich dir pfeffern und salzen! Du hast mich zum Gespött gemacht: Was soll ich tun? An wen soll ich mich wenden? Wie erwische ich diesen Ränkeschmied? Soll ich ausgerechnet meine Feindin Nüchternheit um Hilfe bitten, die ich gerade wegen der Streiche dieses Kerls so oft vor den Kopf gestoßen habe? Mir ist es zuwider, mit der häßlichen und ordinären Person zu feilschen. Andererseits, Rache ist süß, ganz gleich, woher sie kommt! Sie und keine andere muß mir helfen, den Taugenichts zu bändigen, ihm den Köcher abzunehmen, die Pfeile unschädlich zu machen, den Bogen zu entwinden, die Fackel auszulöschen und ihn selbst am eigenen Leib energisch in die Kur zu nehmen. Nur so wird der Schimpf gesühnt, wenn ihm die Locken, in die ich so oft mit meinen eigenen Händen Goldglanz flocht, geschoren werden und die Flügel, die ich so oft auf meinem Schoß mit Nektar betaut habe, gestutzt sind!«

So sprach sie und stürzte hinaus, gereizt und giftig, wie das bei einer Venus eben zu sein pflegt. Da begegneten ihr Ceres und Juno, und wie sie ihr wütendes Gesicht sahen, erkundigten sie sich nach dem Grund der Zornesfalten, die so wenig zum Reiz ihrer schimmernden Augen passen wollten. »Ihr kommt mir in meiner Erbitterung eben recht«, erwiderte sie, »um meinem Willen Geltung zu verschaffen! Helft mir nach besten Kräften, die Ausreißerin und Herumtreiberin Psyche zu suchen! Ihr werdet ja inzwischen schon von dem Skandal in meiner Familie und von dem unbeschreiblichen Streich meines Sohnes gehört haben.«

Die Göttinnen wußten natürlich ganz genau Bescheid und versuchten Venus in ihrer Raserei und ihrem Zorn zu beschwichtigen: »Was hat denn dein Sohn so Schlimmes angestellt, Teuerste, daß du ihm seinen Spaß so eigensinnig mißgönnst und auch noch seine Geliebte verderben willst? Was ist denn schon dabei, wenn er ein nettes Mädchen anlächelt? Hast du vergessen, daß er ein Mann ist, daß er erwachsen ist, oder weißt du nicht, wie alt er ist? Meinst du, er sei noch ein Kind, weil er so jung aussieht? Willst du als Mutter und Frau von Verstand neugierig hinter ihm her spionieren, seine Neigungen kritisieren, seine Liebschaften verbieten und deine eigenen Künste, deine eigenen Freuden bei dem hübschen Kerl tadeln? Wer von den Göttern und wer von den Menschen wird es sich gefallen lassen, daß du die Saat der Leidenschaften über die Welt ausstreust, wenn du in deinem eigenen Hause die Liebe lieblos unter Aufsicht stellst, so strenge Maßstäbe anlegst und deinen Ermunterungen zum Mädchenfang das Wasser abgräbst?«

So nahmen sie freundlich und liebevoll Partei für Cupido, da sie sich auch in seiner Abwesenheit vor seinen Pfeilen fürchteten. Venus aber war empört, daß man die ihr widerfahrene Kränkung ins Lächerliche zog, ließ sie stehen und wandte sich rasch in entgegengesetzter Richtung dem Meer zu.

Sechstes Buch

Unterdessen irrte Psyche ruhelosen Herzens bei Tag und Nacht auf der Suche nach ihrem Gemahl umher, und da sie den Erzürnten nicht durch ihre fraulichen Liebkosungen besänftigen durfte, suchte sie um so mehr durch demütige Gebete seine Verzeihung zu gewinnen. Und als sie auf einem hohen Berg einen Tempel stehen sah, sprach sie: »Wer weiß, vielleicht wohnt mein Gebieter dort?« Und sogleich lenkte sie ihre raschen Schritte dorthin, die, so ermüdet sie von den unablässigen Anstrengungen auch war, neue Hoffnung und Sehnsucht beschwingten. Und als sie den Abhang tapfer erklommen hatte, trat sie zum Altar. Da sah sie Weizenähren am Boden liegen und zu Kränzen gewunden, und auch Gerstenähren sah sie; Sicheln und alle erdenklichen Erntegeräte lagen achtlos herum, wie sie die Erntearbeiter in der Mittagshitze hinzuwerfen pflegen. Da machte sich Psyche sogleich an die Arbeit und brachte Ordnung in den Wirrwarr, weil sie meinte, keines Gottes Heiligtum und Dienst vernachlässigen zu dürfen, sondern ihrer aller wohlwollendes Mitleid erbitten zu müssen.

Wie sie so eifrig und besorgt bei der Arbeit war, kam die segenspendende Ceres und rief schon von weitem: »Ist es denn möglich, die arme Psyche? Auf der ganzen Erde sucht Venus rasenden Sinnes nach dir, um dich schrecklich zu bestrafen, und betreibt mit all ihrer göttlichen Macht das Werk ihrer Rache. Du aber kümmerst dich um meine Geräte und denkst an sonst was, nur nicht an deine Rettung!«

Da warf sich Psyche vor ihren Füßen nieder und netzte die Spuren der Göttin mit ihren Tränen, ließ ihr Haar im Staub schleifen und flehte inbrünstig um Gnade: »Hier bei dieser fruchtspendenden Rechten beschwöre ich dich, bei den fröhlichen Erntebräuchen, bei den verschwiegenen Geheimnissen deiner Speicher, bei deinem drachenbespannten Wagen, bei den fruchtbaren Fluren Siziliens; bei dem jäh entführenden Wagen und bei der zäh haltenden Erde, bei Proserpinas Niederfahrt zur Vermählung im lichtlosen Dunkel und bei der Tochter Auffahrt zur lichtvollen Rückkehr und bei allem, was des attischen Eleusis Heiligtum mit Schweigen deckt: hilf der armen Seele der armen Psyche, die hier im Staube vor dir liegt! Erlaube mir, mich hier unter diesem Ährenhaufen nur wenige Tage zu verstecken, bis sich der großen Göttin rasender Zorn etwas gelegt hat oder bis wenigstens meine von der langen Qual erschöpften Kräfte durch ein wenig Ruhe wieder gestärkt sind!«

Ceres erwiderte: »Deine tränenreichen Bitten rühren mich wohl, und ich möchte dir helfen, aber ich kann das einer Verwandten, mit der ich seit langem freundschaftlich verbunden bin und die ja sonst eine gute Frau ist, nicht antun. Verlaß also jetzt mein Haus und sei froh, daß ich dich nicht dabehalte und einsperre!«

So wider ihre Hoffnung abgewiesen, machte sich Psyche

doppelt traurig erneut auf den Weg; da sah sie tief unten im Tal inmitten eines schattigen Hains ein kunstreich erbautes Heiligtum; und da sie kein noch so ungewisses Mittel zu ihrer Rettung unversucht lassen, sondern jeden Gott um Hilfe bitten wollte, näherte sie sich der heiligen Pforte. Sie sah kostbare Geschenke und Gewänder an den Zweigen der Bäume und an den Türpfosten hängen, deren goldgestickte Inschriften den Namen der Göttin und den Anlaß der Stiftung verkündeten. Da sank sie auf die Knie, trocknete die Tränen, umschlang mit beiden Händen den noch lauen Altar und betete also:

»Des großen Jupiter Schwester und Gemahl, magst du zu Samos in deinem alten Heiligtum weilen, das allein deine Geburt, deine Kindheit und dein Wachstum geschaut zu haben sich rühmen darf, oder im stolzen Karthago, das dich als Jungfrau im Löwengespann zum Himmel hinanfahren läßt, magst du auf hohem Thron sitzen oder an des Inachus Ufern, die dich als Gemahlin des Donnerers und Götterkönigin preisen, der Argiver weitberühmte Städte schützen, du Hehre, die der ganze Osten als Herrin der Ehe und der ganze Westen als Geburtshelferin preist: Retterin Juno, erbarme dich meiner in höchster Not und befreie die von so großer Drangsal ermüdete Seele von ihrer Angst vor der drohenden Gefahr! Pflegst du doch, wie ich weiß, schwangeren Frauen in ihrer Not beizustehen!«

Nach diesem Gebet erschien ihr Juno in der ganzen göttlichen Pracht ihrer Majestät und sprach: »Wie gerne würde ich dir Gewährung nicken! Doch Venus ist meine Schwiegertochter, die ich stets wie die eigene Tochter geliebt habe, und dir entgegenzukommen verbietet somit die Rücksichtnahme. Und dann bindet mich auch das Gesetz, das flüchtige Sklaven gegen den Willen ihrer Herren aufzunehmen verbietet!«

Erschrocken, daß auch dieser Versuch Schiffbruch erlitt, und ganz außerstande, ihren geflügelten Gatten wiederzufinden, gab Psyche alle Hoffnung auf und sprach zu sich selber: »Was für eine Hilfe sollte ich in meinem Kummer noch suchen oder finden, da mir ja trotz allem guten Willen selbst diese Göttinnen keinen Schutz gewähren können! Wohin könnte ich meinen schon in der Schlinge gefangenen Fuß noch setzen, unter welchem Dach, in welchem Schlupfwinkel soll ich mich bergen, um den unentrinnbaren Blicken der großen Venus zu entgehen? Fasse Mut, verzichte tapfer auf eitle Hoffnungen und stelle dich freiwillig deiner Herrin, deren Grimm du, spät genug, nur durch freiwillige Unterwerfung zu mildern vermagst! Und wer weiß, ob du nicht den so lange Gesuchten dort im Hause seiner Mutter wiederfindest?« So war sie entschlossen, sich trotz aller Gefahren zu demütigen und sogar ihrem sicheren Verderben entgegenzugehen, und überlegte, mit welchen Worten sie ihre Bitte um Verzeihung beginnen sollte.

Venus jedoch war es müde geworden, mit irdischen Mitteln ihre Nachforschungen zu betreiben, und begab sich in den Himmel. Sie ließ ihren goldenen Wagen schirren, eine besonders kunstreiche und fein ziselierte Arbeit und ein Hochzeitsgeschenk des Vulkan, dessen künstlerischer Wert um so größer war, je mehr die gestaltenden Werkzeuge ihre Spuren gerade in der Exkavierung der Goldplatten erkennen ließen. Von den zahlreichen Tauben, die um das Gemach ihrer Herrin nisteten, eilten trippelnden Schrittes vier weiße herbei und ließen sich, die schillernden Hälse drehend, in das juwelenbesetzte Joch spannen und flogen, nachdem ihre Herrin eingestiegen war, fröhlich empor. Dem Wagen der Göttin folgten mit munterem Gezwitscher lärmende Sperlinge und was es sonst noch an singenden Vögeln gibt, die ihre süßen Weisen lieblich erklingen ließen, um die Ankunft der Göttin zu verkünden. Die Wolken wichen zurück, und der Himmel öffnete sich seiner Tochter, der Äther droben empfing frohlockend die Göttin; der großen Venus singendes Gefolge hat weder die Begegnung mit Adlern noch mit räuberischen Falken zu fürchten.

Sogleich lenkte sie zu Jupiters Königsburg und forderte mit stolzem Sinn des redegewandten Merkur dringende Dienste. Mit schwärzlicher Braue nickte ihr Jupiter Gewährung. Frohlockend fuhr Venus, von Merkur begleitet, vom Himmel hernieder und erklärte ihm aufgeregt: »Lieber Bruder aus Arkadien, du weißt ja, daß deiner Schwester Venus ohne die Hilfe ihres Merkur noch nie etwas geglückt ist, und dir ist ja sicher auch bekannt, wie lange ich schon nach meiner Magd suche, deren Versteck ich nicht ausfindig machen kann. Es bleibt also nichts weiter übrig, als daß du als Herold für ihre

Entdeckung eine Belohnung ausrufst. Führe daher meinen Auftrag rasch aus und veröffentliche die Kennzeichen, die ihre Identifizierung gestatten, damit sich niemand, der ihr wider Fug und Recht Unterschlupf gewährt haben sollte, auf seine Unkenntnis berufen und herausreden kann!« Und mit diesen Worten übergab sie ihm ein Schriftstück, das Psyches Namen und weitere Einzelheiten enthielt. Nachdem das erledigt war, kehrte sie rasch nach Hause zurück.

Merkur säumte nicht, ihr zu willfahren. Zu allen Völkern weit und breit eilend, gab er auftragsgemäß als Herold bekannt: »Wer auf der Flucht ergreifen oder das Versteck angeben kann einer flüchtigen Königstochter und Magd der Venus namens Psyche, der soll sich hinter den Murtischen Säulen beim Ausrufer Merkur melden, um als Belohnung für die Anzeige sieben süße Küsse und als Sonderprämie einen Zungenkuß von Venus persönlich in Empfang zu nehmen!«

Die Bekanntmachung des Merkur ließ alle Sterblichen aufhorchen, die sich einen solchen Preis verdienen wollten. Und dieser Umstand bestärkte Psyche erst recht, allem Zaudern ein Ende zu machen.

Als sie schon vor der Türe der Gebieterin stand, begegnete ihr eine aus dem Gefolge der Venus mit Namen Vertraulichkeit, die gleich, so laut sie konnte, zu schreien anfing: »Endlich, du liederliche Magd, fängst du an zu begreifen, daß du eine Herrin hast! Oder willst du bei deiner sattsam bekannten Dreistigkeit noch behaupten, du hättest keine Ahnung, was für Scherereien uns die Suche nach dir verursacht hat? Recht so, daß du ausgerechnet mir in die Hände gelaufen und in den Klauen des Orkus gelandet bist; und auf der Stelle sollst du mir für deine Unverschämtheit büßen!«

Frech fuhr sie ihr mit der Hand in die Haare und zerrte sie fort, ohne daß jene auch nur den geringsten Widerstand leistete.

Als Venus sie hereingeführt und sich gegenübergestellt sah, erhob sie ein breites Gelächter, wie das rasender Zorn zu tun pflegt, schüttelte das Haupt und rieb sich das rechte Ohr: »Läßt du dich endlich herab, deiner Schwiegermutter einen Besuch abzustatten? Oder bist du gekommen, um deinen Gatten zu sehen, dem deine Wunde zu schaffen macht? Keine Angst: ich will dich empfangen, wie es eine brave Schwiegertochter verdient!« Dann: »Wo sind Sorge und Trauer, meine Mägde?« Sie ließ sie holen und übergab ihnen Psyche zur Folterung. Diese wußten, was sie ihrer Herrschaft schuldig waren, geißelten die Ärmste, quälten sie auf alle erdenkliche Art und führten sie dann wieder vor ihre Herrin.

Da fing Venus wieder zu lachen an: »Sieh an, wie sie aus ihrer Schwangerschaft Vorteil zu schlagen und wie sie Mitleid zu wecken sucht, indem sie mich zur strahlenden Großmutter eines prächtigen Sprößlings machen will! Welch ein Glück, daß ich in der Blüte meiner Jahre Großmutter heißen und der Sohn einer niedrigen Magd sich Enkel der Venus nennen darf! Doch was rede ich so dumm und albern von einem Sohn; eine nicht standesgemäße Ehe, irgendwo auf dem Land ohne Zeugen und ohne Zustimmung des Vaters geschlossen, ist nicht rechtskräftig; so wird höchstens ein Bankert geboren, wenn ich es überhaupt so weit kommen lassen sollte!«

Nach dieser Erklärung stürzte sie sich auf Psyche, riß ihr das Kleid vom Leibe, zerrte sie am Haar und schlug auf sie ein, so fest sie konnte. Dann ließ sie Weizen, Gerste, Hirse, Mohn, Erbsen, Linsen und Bohnen bringen und alles auf einen Haufen schütten und sprach: »Eine so häßliche Magd wie du kann sich ihre Liebhaber nur durch Dienstbeflissenheit verdienen. Ich will deine Brauchbarkeit auf die Probe stellen. Da, sortiere sorgfältig die durcheinandergeschütteten Samenkörner und liefere mir die Arbeit noch heute abend ab!«

Sie wies auf den großen Haufen Körner und begab sich dann zu einem Hochzeitsessen. Psyche aber, sprachlos und starr vor Entsetzen über die ungeheuerliche Zumutung, rührte keinen Finger angesichts des unentwirrbaren großen Durcheinanders. Da erbarmte sich eine kleine Feldameise, eine mit derartigen Geschäften vertraute fleißige Arbeiterin, der Braut des großen Gottes, verwünschte die böse Schwiegermutter und versammelte eifrig hin und her rennend das ganze Heer der Ameisen der Umgebung: »Habt Mitleid, ihr eifrigen Kinder der allgebärenden Erde, habt Mitleid und kommt Amors Gattin, dem reizenden Mädchen, in ihrer Not hurtig zu Hilfe!« Da stürzten, Woge auf Woge, die Heerscharen des sechsfüßigen Volkes herbei, sortierten fleißig den ganzen Haufen Korn für Korn nach eines jeglichen Art, und schon waren sie wieder verschwunden.

Mit einbrechender Nacht kehrte Venus, vom Weine trunken und von Salben triefend, vom Hochzeitsmahl zurück, den ganzen Leib mit schimmernden Rosen umkränzt, und als sie sah, daß die ganze Arbeit so voller Sorgfalt getan war, rief sie: »Das ist nicht dein Werk, nichtsnutzige Magd, nicht deiner Hände Werk, sondern dessen, dem du zu deinem, nein, auch zu seinem eigenen Unglück gefallen hast!« Sie warf ihr ein Stück hartes Brot hin und begab sich zur Ruhe.

Indessen saß Cupido ganz allein in einem Sondergemach im Innersten des Hauses hinter Schloß und Riegel, damit er einerseits nicht durch übermütige Streiche seine Wunde verschlimmere und andererseits auch nicht mit seiner Geliebten zusammenkomme. Also getrennt und unter einem Dache geschieden, verbrachten die Liebenden eine böse Nacht, die kaum enden wollte.

Als aber Aurora eben heraufzog, rief Venus nach Psyche und sprach zu ihr: »Siehst du den Hain dort längs der Ufer des wallenden Stromes, dessen Gesträuch am Rande sich in dem nahen Wasser spiegelt? Dort grasen Schafe mit golden schimmerndem Vlies auf unbewachter Weide. Dorther hole mir schnell eine Flocke der kostbaren Wolle; kümmere dich, wie du sie bekommst!«

Psyche machte sich willig auf den Weg, doch nicht um den Befehl auszuführen, sondern um durch einen Sprung vom Uferfelsen endlich von ihren Leiden erlöst zu werden. Doch vom Fluß her mahnte der Spender lieblicher Weisen, das grüne Schilf, vom göttlichen Odem linder Lüfte sanft bewegt, mit prophetischem Säuseln: »Psyche, du von so viel Drangsal Bekümmerte, entweihe nicht meine heiligen Wasser durch deinen elenden Tod, aber hüte dich auch, dich zu dieser Stunde den grimmigen Schafen zu nahen, die in der prallen Sonne von Tollwut befallen mit spitzem Horn, harter Stirn und oft auch giftigen Bissen die Sterblichen anfallen. Warte, bis zu Mittag der Gluthauch der Sonne sich erschöpft und die Tiere in der lieblichen Kühle des Flusses sich zur Ruhe begeben, dann kannst du dich unter jener hohen Platane, die mit mir aus dem gleichen Fluß trinkt, heimlich verstecken. Sobald sich der

Grimm der Schafe beruhigt hat, durchstöbere das Laub des benachbarten Hains und sammle die allenthalben an den schwankenden Zweigen hängenden goldenen Flocken ein!«

So wies das ehrliche und mitleidige Schilf der bekümmerten Psyche den Weg zur Rettung. Diese aber hatte aufmerksam seinen Worten gelauscht und sollte es nicht bereuen, als sie seinem Rat folgte und, alle Vorschriften beachtend, mit leichter Mühe ihren Schoß mit der funkelnden Beute des Goldflausches füllte, den sie Venus brachte.

Doch auch die glückliche Ausführung der zweiten und so gefährlichen Arbeit brachte ihr nicht das Lob der Herrin ein, die vielmehr mit finster zusammengezogenen Brauen höhnisch lächelte: »Auch bei dieser Arbeit entgeht mir nicht, welcher Galan dir diesen Dienst geleistet hat. Jetzt will ich deine Unerschrockenheit und besondere Klugheit gründlich auf die Probe stellen. Siehst du den hohen Gipfel über jener steil abstürzenden Felswand, wo ein finsterer Quell mit dunklen Wogen sich in die Tiefe ergießt, um in der Talmulde eingeschlossen den stygischen Pfuhl zu bewässern und des Kokytos brausende Fluten zu speisen? Dort schöpfe mir oben aus der Quelle selbst das eisige Naß in diesen Krug und bringe ihn schleunigst her!« Mit diesen Worten übergab sie ihr unter noch schlimmeren Drohungen ein kristallenes Gefäß.

Psyche aber eilte raschen Schrittes auf den Berg, um dort ihrem elenden Dasein ein Ende zu bereiten. Sobald sie das an den Gipfel angrenzende Gebiet erreicht hatte, erkannte sie die tödliche Schwierigkeit der ungeheuren Aufgabe. Eine ragende Felswand von riesigem Ausmaß, deren mit Geröll bedeckte unersteigliche Flanken keinerlei Halt boten, spie mitten aus dem steinernen Schlund schaurige Fluten, die aus der gähnenden Öffnung der senkrechten Wand hervorbrechend jäh in die Tiefe stürzten und in einer engen Schlucht verschwanden, um sich unsichtbar in ein benachbartes Tal zu ergießen. Zur Rechten und Linken zischten aus den Felsenhöhlen, die langen Hälse reckend, grimmige Drachen, deren immerwache Augen sich niemals schlossen und ewig funkelnd umherlauerten. Und auch die Wasser hatten Stimmen und setzten sich zur Wehr: »Hinweg! Was willst du? Sieh dich vor!« und »Was treibst du? Nimm dich in acht!« und »Fliehe!« und »Du bist verloren!«

brüllten sie immerfort. Angesichts dieser unüberwindlichen Schwierigkeiten wurde Psyche selbst zu Stein, und bei leiblicher Gegenwart war ihr Bewußtsein fern; die unlösbare Schwierigkeit der Aufgabe erdrückte sie schier, wobei ihr auch noch der letzte Trost entzogen war: die Tränen.

Doch den ernsten Blicken der gütigen Vorsehung blieb die Drangsal der unschuldigen Seele nicht verborgen. Des hohen Jupiter königlicher Vogel, der reißende Adler, war plötzlich mit weit ausgebreiteten Schwingen über ihr und brachte eingedenk der früheren Gefälligkeiten, als er unter Cupidos Schutz für Jupiter den phrygischen Mundschenk emporgetragen hatte, noch rechtzeitig Hilfe, indem er zu Ehren des Gottes dessen verzweifelter Gattin Beistand leistete, aus den Wolkenregionen herniederflog und zu Häupten des Mädchens schwebend rief: »Du unerfahrene Närrin, hoffst du von der hochheiligen und nicht minder schaurigen Quelle auch nur einen Tropfen zu berühren, geschweige denn zu schöpfen? Hast du nicht gehört, daß auch den Göttern und Jupiter selbst die Wasser des Styx ein Grauen sind und daß der Schwur, den ihr Menschen bei der Götter Herrlichkeit leistet, von diesen bei der Herrlichkeit des Styx geleistet wird? Gib mir deinen Krug!« Und rasch ergriff er ihn, enteilte mit breiten Flügelschlägen, steuerte zwischen den grimmigen Zähnen und dem dreigespitzten Züngeln der Drachen dahin und fing das Wasser auf, das sich sträubte und ihn warnte, er möge sich hüten; er aber wußte sich den Zugang zu verschaffen, indem er rief, daß er es für Venus hole, die ihm solches aufgetragen habe.

Voller Freude nahm Psyche den gefüllten Krug in Empfang und brachte ihn rasch zu Venus.

Doch auch diesmal vermochte sie nicht die zürnende Göttin für sich einzunehmen. Diese sprach mit noch größeres und böseres Unheil verkündendem Lächeln: »Du scheinst mir ja eine ganz große und allmächtige Zauberin zu sein, da du solche Aufträge so gewissenhaft zu erledigen weißt! Aber du wirst mir, mein Püppchen, noch einen weiteren Dienst leisten müssen. Nimm diese Büchse«, und sie gab sie ihr, »und mache dich schnell auf in die Unterwelt und begib dich in des Orkus finsteres Haus! Dort reiche Proserpina die Büchse und richte ihr aus: ›Venus bittet dich, ihr ein wenig von deiner Schönheit zu schicken, so viel, daß es wenigstens für einen Tag ausreicht. Was sie selber besaß, hat sie bei der Pflege ihres kranken Sohnes verbraucht und vertan.‹ Komme aber gleich zurück, denn ich muß mich damit noch schminken, bevor ich im Olymp ins Göttertheater gehe!«

Nun erst merkte Psyche vollends, daß es mit ihr aus sei, und erkannte klar, da nun die Hülle gefallen, daß sie in das sichere Verderben getrieben werde. Oder etwa nicht? Wurde sie doch gezwungen, auf ihren eigenen Füßen in den Tartarus und zu den Schatten hinabzusteigen. Und sie zögerte nicht, ging zu einem hohen Turm, um sich in die Tiefe zu stürzen; sie meinte nämlich, auf diese Weise am schnellsten und am besten in die Unterwelt zu gelangen.

Doch da fing der Turm auf einmal an zu sprechen und rief: »Warum willst du armes Kind dich in die Tiefe stürzen? Warum willst du bei dieser deiner letzten Aufgabe und Prüfung so unbedacht verzagen? Denn hat sich die Seele erst einmal vom Leib getrennt, so wirst du zwar tatsächlich hinab in den tiefsten Tartarus fahren, aber es wird auch niemals wieder eine Rückkehr geben. Höre, was ich dir sage:

Nicht weit von hier liegt Lakedämon, die berühmte griechische Stadt. Begib dich in das ihr benachbarte einsam gelegene und unwegsame Tainaros! Dort atmet Dis die Luft der Oberwelt, und durch das gähnende Tor weist sich dir ein schmaler Pfad hinab; hast du die Schwelle überschritten und dich ihm anvertraut, so führt er dich geradewegs hinab zum Palast des Orkus. Doch du darfst nicht mit leeren Händen durch die Finsternis ziehen, sondern mußt in jeder Hand einen Honigkuchen und im Mund zwei Münzen tragen. Und wenn du schon ein Stück des Totenwegs hinter dir hast, wirst du einem lahmen, mit Holz bepackten Esel und einem hinkenden Eseltreiber begegnen, der dich bitten wird, ihm einige der herabgefallenen Knüppel aufzuheben; du darfst aber keine Antwort geben, sondern geh schweigend deines Weges. Und bald darauf wirst du zum Totenfluß gelangen, dessen Ferge Charon gegen ein Entgelt auf seinem Binsenkahn die Ankommenden ans jenseitige Ufer übersetzt. – Denn auch unter den Toten herrscht die Habsucht, und weder Charon noch sein Vater Dis, der mächtige Gebieter, tun irgend etwas umsonst, und auch der Arme muß für das Wegegeld sorgen, wenn er stirbt; und wenn keine Münze zur Hand ist, kann er seinen Geist nicht aushauchen. – Gib dem schmutzigen Alten eine von deinen Münzen als Fährlohn, doch laß ihn sie dir mit eigener Hand aus deinem Mund nehmen. Dann aber, auf der Fahrt über die träge Flut, wird ein toter Greis, der auf dem Wasser dahintreibt, seine welken Hände nach dir ausstrecken und dich bitten, ihm in das Boot zu helfen, aber du darfst dich seiner nicht erbarmen!

Bist du am anderen Ufer angelangt und ein Stück weitergegangen, so werden alte Weiber, die ein Tuch weben, dich bitten, ihnen ein wenig behilflich zu sein; doch auch dies darfst du nicht tun. All das und noch vieles andere sind Versuchungen, die Venus schickt, damit du einen der Honigkuchen fallen läßt. Achte jedoch den Verlust der wertlosen Kuchen nicht für gering; wenn du auch nur einen verlierst, wirst du das Licht des Tages nie wieder schauen. Denn auf der Schwelle vor der lichtlosen Halle Proserpinas liegt, die düstere Burg des Dis hütend, ein riesiger Hund mit drei grimmigen Häuptern, ungeheuer und fürchterlich, dessen donnerndes Geheul selbst die Toten in Schrecken versetzt, denen er jedoch als eitles Schreckgespenst nichts anhaben kann. Wirf ihm einen Kuchen in das Maul, dann wirst du leicht an ihm vorbei und vor Proserpina gelangen. Sie wird dich freundlich und gütig empfangen und dir einen bequemen Sitz und einen reichen Imbiß anbieten. Du aber setze dich auf den Boden und bitte um Schwarzbrot zum Essen! Dann melde, was dich hergeführt hat, und wenn du das Gewünschte in Empfang genommen hast, mach dich auf den Rückweg, besänftige den wütenden Hund mit dem zweiten Kuchen, gib dem habgierigen Fährmann die Münze, die du noch übrig hast, und kehre am anderen Ufer auf demselben Weg, den du gekommen bist, in das Licht des himmlischen Sternenreigens zurück! Doch vor allem warne ich dich, je die Dose in deiner Hand zu öffnen und hineinzuschauen, um den verborgenen Schatz göttlicher Schönheit allzu neugierig zu untersuchen.«

So erwies sich der Turm als ein weitblickender Wahrsager. Unverzüglich begab sich Psyche nach Tainaros, nahm vorschriftsgemäß Honigkuchen und Münzen mit und eilte den

Pfad zur Unterwelt hinab. Schweigend ging sie an dem lahmen Eseltreiber vorbei, gab dem Fergen den Sold, achtete nicht auf das Flehen des im Wasser treibenden Greises, überhörte auch die listigen Bitten der Weberinnen, beruhigte den rasenden Höllenhund mit dem Kuchen und betrat Proserpinas Halle. Sie lehnte dankend den bequemen Sitz und das köstliche Mahl ab und ließ sich bescheiden zu ihren Füßen nieder, gab sich mit Hausbrot zufrieden und richtete die Botschaft der Venus aus. Sogleich erhielt sie die geheimnisvoll gefüllte Büchse, stopfte mit dem zweiten Kuchen den heulenden Rachen des Höllenhunds, gab dem Fährmann die ihr noch verbliebene Münze und kehrte erleichtert aus der Unterwelt zurück. Sie erreichte und begrüßte das helle Tageslicht, aber ach, trotz ihres eiligen Bestrebens, sich ihrer Aufgabe zu entledigen, von leichtsinniger Neugier getrieben sprach sie also zu sich selber: »Bin ich denn nicht eine Närrin, daß ich hier die göttliche Schönheit trage, ohne nur ein wenig davon zu naschen, um meinem schönen Liebhaber zu gefallen!« Und zugleich öffnete sie die Büchse.

Allein es war gar nichts zu sehen, auch keine Schönheit, nur ein tiefer, wahrhaft stygischer Schlaf befand sich darin, der, kaum daß der Deckel entfernt war, sie sogleich überfiel und sich wie eine dichte Schlummerwolke um all ihre Glieder ergoß, so daß sie hilflos vor seiner Gewalt an Ort und Stelle mitten auf dem Weg hinsank. Regungslos lag sie da, nicht anders als eine Tote.

Cupido aber, dessen Wunde vernarbt war und der sich wieder erholt hatte, konnte es ohne Psyche nicht mehr aushalten und schwang sich oben durch das Fenster des Zimmers, in dem er gefangen gehalten wurde, flog mit seinen gut ausgeruhten und neu gestärkten Schwingen rasch zu seiner Psyche, streifte sorgsam den Schlaf von ihr ab und barg ihn wieder in der Büchse, in die er gehörte, weckte Psyche mit einem kleinen Stich seines Pfeiles auf und sagte: »Siehst du, beinahe wäre dir Ärmsten deine Neugier erneut zum Verhängnis geworden! Jetzt aber führe rasch den Auftrag meiner Mutter zu Ende und laß mich für alles andere sorgen!« Nach diesen Worten schwang sich ihr leichter Geliebter empor, während Psyche Proserpinas Gabe rasch zu Venus brachte.

Cupido aber, von übergroßer Liebe verzehrt und mit bekümmertem Gesicht, kam aus Angst, seine Mutter könne ihn doch noch zur Tante Nüchternheit schicken, wieder auf seine alten Sprünge und schwang sich mit raschen Flügelschlägen hinauf zum Himmelsgipfel, um vor dem großen Jupiter zu knien und ihm sein Anliegen vorzutragen. Jupiter kniff ihn in seine zarte Wange, zog ihn an sich, küßte ihn auf den Mund und sprach: »Du hast mir zwar, mein Sohn, niemals den schuldigen Respekt bezeigt, sondern meine Brust, in der die Naturgesetze und der Lauf der Gestirne geregelt werden, dir immer wieder zum Ziel deiner Pfeile auserkoren und sie in irdische Leidenschaft verstrickt; du hast sie gegen alle Gesetze, einschließlich des julischen, mit schändlichen Abenteuern gegen die Anstandsregeln verstoßen lassen und meinen Namen und meinen Ruf in Gefahr gebracht, indem du dabei meine hehre Majestät sich schimpflich in Schlangen, Feuer, wilde Tiere, Vögel und Vieh verwandeln ließest, doch will ich trotzdem eingedenk meiner Milde und als dein väterlicher Freund die Angelegenheit in Ordnung bringen; nur vor deinen Rivalen mußt du dich selber in acht nehmen! Und du mußt mir als Gegenleistung für den momentanen Gunstbeweis das hübscheste Mädchen, so eines auf Erden zu finden ist, zur Verfügung stellen!«

Nach diesen Worten befahl er dem Merkur, sogleich eine Götterversammlung einzuberufen und bekanntzugeben, daß jedes Fernbleiben eines Himmlischen mit einer Buße von zehntausend Nummen geahndet werde. Da fürchteten sie sich, und rasch füllte sich der himmlische Saal; auf hohem Sitze thronend, ließ sich der erhabene Jupiter also vernehmen:

»In den Almanach der Musen eingetragene Götter, daß ich diesen jungen Mann hier mit eigenen Händen großgezogen habe, ist euch allen zweifellos bekannt. Den losen Streichen seiner Jugendjahre meine ich gewisse Zügel anlegen zu müssen. Ich habe es endgültig satt, daß er mit seinen Liebschaften und allen möglichen Verführungskünsten tagtäglich neuen Gesprächsstoff liefert. Die Sache soll ein für allemal ein Ende haben, und es ist Zeit, daß seinem jugendlichen Übermut die Fesseln der Ehe angelegt werden. Er ist einem Mädchen begegnet und hat es verführt! Er soll sie haben und behalten und mag sich in Psyches Armen immer seiner Liebe freuen!« Und sich Venus zuwendend fuhr er fort: »Du aber, meine Tochter, sollst nicht traurig sein und brauchst dir um deinen Rang und die Ehre deiner Familie wegen der Verbindung mit einer Sterblichen keine Sorgen zu machen. Ich will eine dem bürgerlichen Recht entsprechende gesetzliche Ehe stiften, kein illegitimes Verhältnis.« Und sogleich befahl er Merkur, Psyche zu holen und in den Himmel zu führen. Er reichte ihr einen Becher mit Ambrosia und sprach: »Trinke, Psyche, und sei unsterblich! Und niemals soll sich Cupido von dir scheiden, sondern eure Ehe soll ewig sein.«

Unverzüglich ward ein prächtiges Hochzeitsmahl gehalten. Auf dem Ehrenplatz lagerte sich der Bräutigam, der Psyche auf seinem Schoß hielt. So auch lagen neben Jupiter seine Juno und dann der Reihe nach alle anderen Götter. Dann schenkte dem Jupiter jener Hirtenjunge, sein Mundschenk, und den übrigen Bacchus den Nektar ein – das ist der Wein der Götter –, und Vulkan kochte das Essen. Die Horen schmückten alles mit Rosen und bunten Blumen, die Grazien sprengten Balsam, und die Musen ließen Lieder erklingen. Apollo sang zur Leier, und Venus tanzte bezaubernd im Takt der anmutigen Weisen; dabei wurde die Aufführung so eingerichtet, daß die Musen im Chor sangen, ein Satyr auf der Flöte blies und ein Panbürschlein auf seiner Schalmei spielte.

Also ward Psyche dem Cupido feierlich angetraut. Und als die Zeit der Niederkunft herangereift war, ward ihnen eine Tochter geboren, die wir »Wonne« nennen.

Das also war das Märchen, das die verrückte, trunksüchtige Alte ihrer Gefangenen erzählte. Ich stand ganz in der Nähe und habe es wahrlich nicht wenig bedauert, daß ich keine Schreibtafel und keinen Griffel hatte, um eine so schöne Geschichte aufzuschreiben.

Und nun kamen auch die Räuber nach ich weiß nicht was für einem harten Kampf schwer bepackt wieder zurück; einige der Verwegensten machten gleich wieder kehrt, während die Verwundeten zu Hause blieben und ihre Wunden pflegten, um ihrerseits weiter Beute herbeizuschaffen, die sie, wie es hieß, in einer Höhle versteckt hatten. Sie schlangen rasch ein paar Bissen hinunter, und dann prügelten sie mich und das Pferd mit Knüppeln hinaus auf den Weg, um das Zeug zu holen; als wir von den vielen steilen und gewundenen Saumpfaden schon ganz erschöpft waren, führten sie uns gegen Abend zu einer Höhle und von dort aus schwer beladen gleich wieder zurück, ohne uns auch nur einen Augenblick Rast zu gönnen, bis sie mich in der Hast unter der dauernden Prügelei und der Antreiberei über einen mitten auf dem Weg liegenden Stein zum Stolpern brachten. Ein ganzer Hagel von Schlägen prasselte auf mich nieder und brachte mich mit verstauchter rechter Hinterhand und schmerzendem linkem Huf mühsam wieder auf die Beine.

Einer von ihnen meinte: »Wie lange wollen wir eigentlich diesen klapprigen Esel, der jetzt auch noch lahmt, für nichts und wieder nichts füttern?« Und ein anderer: »Außerdem ist er auf dem falschen Fuß in unser Haus gekommen! Seitdem ist nichts mehr gut gegangen, und wir haben dafür um so mehr an Wunden und Verlusten gerade bei den Besten!« Und noch einer: »Wenn er auch noch so störrisch ist, das Zeug trägt er heim, dann will ich die Geier mit ihm füttern und ihn an Ort und Stelle in den Abgrund stürzen!«

Während diese Gemütsmenschen sich noch darüber stritten, wie sie mich abtun sollten, waren wir auch schon zu Hause angekommen. Vor lauter Schreck waren meinen Hufen Flügel gewachsen. Sie räumten schnell alles beiseite, was wir geschleppt hatten, und machten sich, ohne sich um unser Wohl und Wehe oder auch um meinen Tod zu kümmern, zusammen mit den zurückgebliebenen Verwundeten wieder auf den Weg, um den Rest selber zu tragen, weil sie angeblich unsere Langweiligkeit satt hatten.

Die Todesdrohung war mir wie ein Stachel ins Herz gefahren. Ich dachte: »Was stehst du noch herum, Lucius, auf was wartest du noch? Dir droht ein Tod schlimmster Sorte, den die Räuber besprochen und beschlossen haben. Dazu bedarf es keines großen Aufwands. Dort drüben siehst du ganz in der Nähe Felswände und spitze Zacken, die dich aufspießen und in Stücke schneiden, bevor du unten ankommst. Deine treffliche Zauberei hat dir zwar das Aussehen und die Mühsal eines Esels, aber nicht auch dessen dickes Fell eingebracht, sondern ein zartes empfindliches Egels-Häutchen! Warum raffst du dich nicht endlich auf und sorgst für deine Rettung, solange es noch Zeit ist? Während die Räuber fort sind, bietet sich dir die beste Gelegenheit zur Flucht, oder fürchtest du dich etwa vor der Wachsamkeit der halbtoten Alten, die du mit einem einzigen Tritt, und mag dein Huf noch so lahm sein, erledigen kannst! – Aber wohin soll die Flucht gehen, und wer wird mir Unterschlupf gewähren? Doch das ist eine alberne und geradezu eselhafte Überlegung; welcher Reisende wird nicht gern ein Reittier mitnehmen?«

Und mit einem munteren Ruck war der Riemen, mit dem man mich angebunden hatte, losgerissen, und ich stand im Begriff, mich auf allen vieren rasch aus dem Staube zu machen. Doch den Falkenaugen der gerissenen Alten konnte ich nicht entgehen. Als sie sah, daß ich frei war, packte sie den Riemen mit einer Entschlossenheit, die ihr Alter und Geschlecht keineswegs erwarten ließen, und versuchte mich wegzuziehen und heimzuholen. Ich aber ließ mich, eingedenk des verhängnisvollen Vorsatzes der Räuber, durch kein Mitleid rühren und stieß mit meinen Hinterhufen nach ihr und warf sie der Länge nach auf die Erde. Wohl lag sie am Boden, hielt jedoch zäh den Riemen fest, so daß ich sie im Lauf ein Stück mitschleifte. Und schon begann sie mit lautem Geschrei und Gekreisch nach Hilfe und Verstärkung zu rufen. Aber ihr Jammern war vergeblich und eitler Lärm, denn es gab niemanden, der ihr hätte Beistand leisten können, außer dem gefangenen Mädchen, das auf das Geschrei hin auch sofort herausgelaufen kam und ein weiß Gott seltsames Schauspiel zu sehen bekam: ein altes Weib als Dirke nicht am Stier, sondern an einem Esel hängend! Und sofort ermannte sie sich und wagte eine regelrechte Heldentat! Sie entwindet den Riemen den Händen der Alten, beschwichtigt durch sanfte Koseworte mein Ungestüm, steigt rasch auf und treibt mich dann wieder zu eiliger Gangart an.

So schlug ich denn im Bestreben, selber zu fliehen wie auch das Mädchen zu befreien, und ebenso auf Anraten der Schläge, die mich recht fleißig erinnerten, rasch wie ein edles Roß mit munteren Hufen den Boden und versuchte dabei dem Mädchen zärtliche Wörtlein zuzuwiehern. Und unter dem Vorwand, mir den Rücken zu jucken, wandte ich bisweilen auch den Hals zurück und küßte die zierlichen Füße des Kindes. Tief aufseufzend sprach sie mit kummervollem Aufblick zum Himmel: »Ihr Götter, helft mir in dieser höchsten Not, und du, allzu harte Fortuna, laß ab, mich noch länger zu quälen! Laß es meiner unaussprechlichen Leiden jetzt genug sein! Du aber, mein Befreier und Erretter, wenn du mich heil nach Hause bringst und meinen Eltern und meinem schönen Bräutigam wiedergibst, wie will ich es dir danken, wie will ich dich ehren, wie will ich dich füttern! Zuerst will ich deine Mähne schön kämmen und mit meinem Mädchenschmuck zieren, dann will ich dir das Stirnhaar kräuseln und schön scheiteln, deinen ungewaschenen, verschmutzten und struppigen Schwanz will ich auf Hochglanz bringen, und du sollst, über und über mit goldenen Schilden geschmückt, strahlen wie ein Stern am Himmel und im Jubel der fröhlichen Volksmenge einziehen im Triumph; ich will dich als meinen Retter täglich mit Nüssen und Leckerbissen verwöhnen, die ich dir in meiner Seidenschürze selber bringe.

Doch bei all den leckeren Speisen, bei guter Ruhe und allen Annehmlichkeiten des täglichen Lebens soll es dir auch nicht an Ruhm und Ehre fehlen! Ich will die Erinnerung an dies mein Erlebnis und die göttliche Vorsehung durch ein dauerndes Zeugnis wachhalten und einem Gemälde, das meine jetzige Flucht darstellt, im Atrium meines Hauses einen Ehrenplatz einräumen. Man soll sie im Bild sehen und in Erzählungen davon hören, und in den Werken der Dichter soll man sie verewigt finden, die Geschichte ›Wie die edle Jungfrau auf einem Esel reitend aus der Gefangenschaft floh.‹ Du sollst in die Bücher eingehen und als Wunder berühmt werden, und um des Beispiels willen, das du gegeben hast, wird man jetzt auch glauben, daß Phrixus auf einem Widder geschwommen, daß Arion auf einem Delphin geritten und daß Europa auf einem Stier über das Meer gekommen sei. Wenn es wahr ist, daß Jupiter wie ein Stier gebrüllt hat, dann ist es auch nicht ausgeschlossen, daß in meinem Esel ein Mensch oder gar ein Gott steckt!«

Indessen das Mädchen sich derlei Gedanken hingab und abwechselnd betete und seufzte, gelangten wir an einen Dreiweg, wo sie meinen Zügel ergriff und mich gewaltsam nach rechts zu lenken trachtete, offensichtlich weil das der Weg war,

In den Werken der Dichter soll man sie verewigt finden, die Geschichte »Wie die edle Jungfrau auf einem Esel reitend aus der Gefangenschaft floh«. SEITE 452

der zu ihrem Elternhaus führte. Ich wußte aber, daß die Räuber diese Richtung eingeschlagen hatten, um den Rest ihrer Beute zu holen, und widersetzte mich daher mit aller Entschiedenheit, indem ich ihr in meinem Innern stumme Vorwürfe machte: »Was tust du da, unseliges Kind? Was soll das? Warum rennst du in den Tod? Was willst du meinen Füßen antun? Du wirst nicht nur dich, sondern auch mich ins Verderben stürzen!« Während wir so jeder in eine andere Richtung strebten und uns bei unserer Meinungsverschiedenheit über den Boden unter unseren Füßen, oder besser über die Wegrichtung, nicht einig werden konnten, überraschten uns die Räuber auf frischer Tat, die mit ihrem Raub zurückkehrten und uns im hellen Mondschein schon von weitem erkannten und johlend begrüßten.

Einer aus dem Haufen brüllte: »Wohin des Wegs in so eiligem Schritt zur nächtlichen Stunde? Fürchtet ihr euch denn gar nicht vor Geistern und Gespenstern, wenn es so finster und unheimlich ist? Will das gute Kind seinen Eltern schnell einen kleinen Besuch abstatten? Wir wollen dir die Einsamkeit vertreiben und dir einen noch kürzeren Weg nach Hause zeigen!«

Den Worten ließ er die Tat folgen, packte den Zügel, drehte mich um und sparte natürlich auch nicht mit den gewohnten Knüppelhieben. Wie ich nun höchst ungern in mein sicheres Verderben zurück mußte, fielen mir die Schmerzen an meinem Huf wieder ein, und ich begann mit nickendem Kopf zu hinken. Aber er, der mich zurückgerissen hatte, meinte: »Ach, sieh einer an, du hinkst und humpelst wieder, deine morschen Stelzen da können ausreißen, laufen können sie nicht! Und eben noch bist du dahingeflogen wie Pegasus mit seinen Flügeln!«

Während der liebevolle Geselle, den Knüppel schwingend, noch seine Witze machte, waren wir schon wieder vor der äußeren Umzäunung ihres Lagers angekommen. Siehe, da hing am Ast einer hohen Zypresse, den Hals in der Schlinge, unsere Alte. Sie rissen sie herunter und warfen sie mitsamt ihrem Strick in den Abgrund. Dann legten sie das Mädchen sogleich in Fesseln und stürzten sich wie die Wilden auf das Essen, das die unselige Alte in ihrer noch über den Tod hinausgehenden Fürsorge für sie zubereitet hatte.

Und während die gierigen Vielfraße alles hinunterwürgten, fingen sie an, unsere Bestrafung und ihre Rache zu erörtern. Und wie immer in einem so wüsten Haufen, hatte jeder eine andere Meinung; der erste schlug vor, das Mädchen bei lebendigem Leib zu rösten, der zweite empfahl, sie den wilden Tieren vorzuwerfen, der dritte wollte, daß man sie ans Kreuz schlüge, und ein vierter wollte sie zu Tode foltern; in einem Punkt jedoch waren sie sich alle einig: Sie hatte den Tod verdient!

Nachdem sich das Durcheinander etwas beruhigt hatte, machte ihnen einer ganz gelassen klar: »Es entspricht weder den Grundsätzen unserer Gemeinschaft noch dem Anstandsgefühl der einzelnen, auch widerstrebt es mir bei meiner Besonnenheit, wenn ich damit einverstanden sein wollte, daß ihr weit über Maß und Grenzen des Geschehens hinaus eurer Wut freien Lauf laßt und nach wilden Tieren, Kreuz, Feuer, Folterwerkzeugen, jedenfalls so oder so nach kurzem Prozeß und schnellem Tod brüllt! Laßt euch raten und schenkt dem Mädchen das Leben, aber wie sie es verdient! Und erinnert euch auch daran, was ihr schon früher über den Esel da beschlossen habt, der vom ersten Tag an ein Faulpelz und ein ausgemachter Vielfraß war und jetzt obendrein auch noch scheinheilig den Gebrechlichen mimt, während er bei der Flucht des Mädchens den Freund und Helfer gespielt hat. Wir sollten daher beschließen, ihn morgen zu schlachten und auszunehmen, um das Mädchen, das ihm lieber war als wir, nackt in ihn einzunähen, so daß nur ihr Gesicht herausschaut und der übrige Leib in der Tierhaut steckt; dann wollen wir diesen gefüllten und ausgestopften Esel auf irgendeinem hohen Felsen aufstellen und ihn von den Strahlen der glühenden Sonne braten lassen!

Auf diese Weise wird beiden das Schicksal zuteil, das ihr ihnen mit Recht zugedacht habt, dem Esel der schon längst verdiente Tod und ihr die Bisse der wilden Tiere, während die Würmer sie langsam auffressen, dann auch die Glut des Feuers, wenn die Sonne dem Bauch einheizt, und die Qualen am Kreuz, wenn Wölfe und Geier ihr die Eingeweide aus dem Leibe reißen. Aber vergeßt auch nicht, was sie noch zusätzlich erdulden muß: Sie steckt lebendigen Leibes in einem Tierkadaver, in der prallen Sonnenhitze atmet sie den scheußlichen Gestank und siecht hungernd langsam und elend dahin, ohne die Hände frei zu haben, um sich selbst den Tod geben zu können!«

Sein Vorschlag wurde allseits ohne Abstimmung mit größtem Beifall aufgenommen. Als ich ihn vernommen hatte – meine Ohren waren ja groß genug –, was blieb mir anderes übrig, als über meine Leiche von morgen zu weinen!

Siebentes Buch

Sobald nach dem Schwinden der Finsternis der helle Tag anbrach und der glänzende Sonnenwagen alles erleuchtete, traf noch einer aus der Schar der Räuber ein, wie aus der Art der gegenseitigen Begrüßung zu schließen war. Er ließ sich vor dem Eingang der Höhle nieder, und sobald er etwas zu Atem gekommen war, erstattete er der Bande seinen Bericht:

»Was das Haus des Milo in Hypata betrifft, das wir vor einiger Zeit ausgeräumt haben, so dürfen wir ganz ruhig und unbesorgt sein. Nachdem ihr mit vereinten Kräften alles fortgeschafft und euch in unser Lager zurückgezogen hattet, mischte ich mich unter die Leute, stellte mich teilnahmsvoll und entrüstet und beobachtete die Maßnahmen, die zur Aufklärung der Angelegenheit ergriffen wurden, und ob und inwieweit man beabsichtigte, nach den Räubern zu fahnden, um euch auftragsgemäß entsprechende Nachricht zu geben. Nicht etwa kraft unbestimmter Vermutungen, sondern aufgrund einer nach allgemeiner Überzeugung weitgehenden Wahrscheinlichkeit wurde ein gewisser Lucius als mutmaßlicher Urheber des Anschlags vor Gericht gefordert, der sich, den braven Mann spielend, mit einem fingierten Empfehlungsschreiben bei Milo eingeschlichen hatte und dementsprechend als Gast in die Hausgemeinschaft aufgenommen und zu den engsten Freunden gezählt wurde; er wohnte dort eine ganze Reihe von Tagen, während der er, nachdem er sich durch erheuchelte Liebe in das Herz der Magd des Milo geschlichen, die Türschlösser emsig untersucht und natürlich vor allem die Räume, in denen das ganze Vermögen aufbewahrt zu werden pflegte, sorgfältig ausgekundschaftet hatte.

Und es war auch kein geringer Hinweis auf seine Täterschaft, daß er in der gleichen Nacht und zum Zeitpunkt der Tat geflüchtet war und seitdem verschwunden blieb. Auch habe ihm ein Mittel zur Flucht zur Verfügung gestanden, um seine Verfolger zu täuschen und sich schneller abzusetzen; er habe nämlich seinen Schimmel als Tragtier für später mitgebracht. Doch seinen Sklaven habe man noch im Hause verhaftet und auf behördliche Veranlassung ins Gefängnis gebracht, damit er als Zeuge über die verbrecherischen Pläne seines Herrn aussage, und er sei am anderen Tag mehrfach gefoltert und fast bis zum letzten Atemzug gemartert worden, habe aber nicht das Geringste gestanden. Dennoch habe man Leute in großer Zahl in die Heimat jenes Lucius geschickt, um ihn ausfindig zu machen und der Bestrafung für sein Verbrechen zuzuführen!«

Bei seiner Erzählung drängte sich mir der Vergleich zwischen meinem früheren Los, jenem glücklichen Lucius, und der gegenwärtigen Misere und dem unseligen Esel auf, und ich seufzte tief. Ich mußte daran denken, daß die ehrwürdigen Weisen der Vergangenheit mit gutem Grund sich Fortuna blind und mit verbundenen Augen vorgestellt und geschildert haben, da sie ihre Schätze immer den Bösen und Unwürdigen schenke und niemals einen der Sterblichen mit Bedacht auswähle; im Gegenteil, sie weilt am liebsten bei jenen, denen sie weit aus dem Wege gehen würde, wenn sie sehend wäre; und was das Schlimmste von allem ist: sie waltet über unserem Ruf so wunderlich wie widersinnig, indem der Schurke als braver Mann gerühmt wird, während der Unschuldige als ausgemachter Bösewicht gilt.

Ich, der ich durch ihren grausamsten Schlag zu einem Vieh wurde, und zwar zu einem Vierbeiner gemeinster Art, und dessen Mißgeschick auch dem Böswilligsten gerechterweise als bedauernswert und beklagenswert erscheinen müßte – ich wurde obendrein auch noch der Beraubung meines teuren Gastgebers beschuldigt! Ein derartiges Verbrechen sollte man nicht nur als Raub, sondern richtiger als Mord bezeichnen! Dabei war es mir nicht einmal vergönnt, mich zu verteidigen oder auch nur mit einem einzigen Wort zu der Anklage

Stellung zu nehmen. Schließlich wollte ich zumindest nicht den Eindruck erwecken, als ob ich infolge meines schlechten Gewissens zu der ungeheuerlichen Beschuldigung schwiege, und trachtete mich im Drang der Ungeduld zur Wehr zu setzen und zu rufen: »Ich bin unschuldig!« Den Anfang schrie ich einmal und immer wieder aus voller Kehle, aber das Folgende konnte und konnte ich einfach nicht herausbringen, sondern es blieb beim ersten Buchstaben, und ich brüllte nur immer »I-ah! I-ah!«, so sehr ich auch meine Hängelippen ründete. Doch wozu das ganze Gejammer über Fortunas Ungunst, wenn diese sich nicht einmal schämte, mich meinem Diener und Reittier, dem Pferd, zum Schirrgenossen und Schindgenossen zu geben!

Während ich mich von derartigen Gedankengängen treiben ließ, tauchte vor mir jene größere Sorge auf, daß ich nach dem Plan der Räuber als Schlachtopfer für die Jungfrau bestimmt war, und jedesmal, wenn ich meinen Bauch betrachtete, war mir zumute, als ob ich bereits mit der Ärmsten schwanger ginge.

Der Geselle jedoch, der mich soeben in seinem Bericht verleumdet hatte, zog tausend Goldstücke heraus, die in seinem Gewand eingenäht waren, und behauptete, diese verschiedenen Reisenden abgenommen zu haben, um sie dann als braver Kerl der Gemeinschaftskasse zu übereignen, und erkundigte sich schließlich auch noch angelegentlich nach dem Befinden seiner Kameraden. Als er erfuhr, daß einige, und natürlich gerade die Tapfersten, bei ebenso verschiedenen wie unverdrossenen Abenteuern ihr Leben eingebüßt hatten, schlug er vor, die Straßen für einige Zeit in Ruhe zu lassen und von Überfällen aller Art abzusehen, um vorerst lieber energisch Ersatz anzuwerben und durch den Zuwachs an jungen Leuten die Kampfgruppe wieder auf ihre frühere Gefechtsstärke zu bringen. Widerwillige könne man zwangsweise einziehen, Freiwillige durch Prämien gewinnen, und gar nicht wenige würden nur zu gerne auf ihr kümmerliches Sklavendasein verzichten und es vorziehen, sich auf ein freiheitliches Herrenleben umzustellen. Er selbst habe sich bereits an einen Kerl herangemacht, schlank gewachsen, jung an Jahren, groß und kräftig und ein handfester Draufgänger, dem er zugeredet und den er auch dafür gewonnen habe, seine von lauter Nichtstun eingeschlafenen Arme endlich besser zu verwenden, seine vortreffliche Gesundheit beizeiten zu nutzen und seine kräftige Hand nicht nach Almosen auszustrecken, sondern sie lieber Gold in Hülle und Fülle einscheffeln zu lassen.

Derartige Worte fanden allgemeinen Beifall, und man beschloß, jenen brauchbar erscheinenden Burschen aufzunehmen und noch andere ausfindig zu machen, um die Kampfkraft zu erhöhen. Der Werber verschwand und kehrte nach kurzer Zeit wieder zurück, um einen großgewachsenen jungen Kerl, so wie er ihn geschildert hatte, vorzustellen, dem sich wohl keiner der Anwesenden vergleichen konnte. Abgesehen von seiner Körperkraft überragte er alle um Haupteslänge, während sich auf seinen Wangen gerade der erste Flaum zeigte, doch steckte er in zerfetzten und übel zusammengeflickten Lumpen, zwischen denen seine Brust und sein muskulöser Bauch sichtbar wurden.

Als er eintrat, rief er: »Zum Gruß, ihr Heldenfreunde des Mars und von nun an meine treuen Kameraden! Nehmt einen Mann von Mut und Tatkraft ehrlich gegen ehrlich auf, der lieber Wunden in Kauf nimmt als Gold erbettelt und der auch den Tod, den andere scheuen, nicht fürchtet! Haltet mich nicht für einen Habenichts und Taugenichts, weil ich in diesem erbärmlichen Aufzug vor euch stehe. Ich war der Führer einer tapferen Mannschaft und habe mehr oder weniger ganz Makedonien in Schutt und Asche gelegt. Ich bin der berühmte Räuber Haemus aus Thrakien, vor dessen Namen ganze Provinzen erzittern; mein Vater Theron war ebenfalls ein großer Räuber, und ich bin sozusagen mit Menschenblut aufgezogen in der Bande groß geworden und somit der Erbe und Nachfolger meines tapferen Vaters.

Aber die ganze Schar der tapferen Gefährten von früher und meine großen Schätze habe ich innerhalb kurzer Zeit eingebüßt. Ich hatte den kaiserlichen Statthalter, der in Ungnade gefallen war, mit seinem Einkommen von Zweihunderttausend auf seiner Reise unter so unglücklichen Voraussetzungen angegriffen – doch laßt mich alles der Reihe nach erklären und berichten!

Da gab es einen Mann, der durch viele Hofämter zu Ruhm

und Ansehen gelangt war und auch beim Kaiser selbst in hoher Gunst stand. Er wurde von einigen Intriganten verleumdet und dank ihrer hämischen Mißgunst in die Verbannung geschickt. Doch sein Weib Plotina, eine Frau von seltener Treue und einzigartiger Tugend, die ihrem Mann mit zehn Geburten eine Familie geschenkt hatte, wollte auf einmal von den Vorzügen des städtischen Luxus nichts mehr wissen und als seine Begleiterin in der Verbannung und als seine Gefährtin auch im Unglück mit geschorenem Haar, in Männerkleidung, den kostbaren Schmuck und Goldmünzen im Gürtel versteckt, mitten unter den Schwertern der Bewachungsmannschaft furchtlos alle Gefahren mit ihm teilen, wobei sie die unermüdliche Sorge für das Wohl ihres Mannes auf sich nahm und die endlosen Strapazen mit mannhaftem Sinn ertrug. Schon waren die größten Gefahren der Reise und die Schrecken der Seefahrt überstanden, und man hoffte Zakynthos bald zu erreichen, das ihm das Urteil als vorläufigen Aufenthalt bestimmt hatte. Da wollte man zuvor noch in Aktium an Land gehen, wo wir uns damals, aus Makedonien kommend, herumtrieben; bei vorgerückter Nachtstunde waren sie in der Nähe der Küste und des Schiffes eingekehrt, um dem Geschaukel der Wellen zu entgehen; wir überfielen sie und plünderten sie restlos aus. Doch beim Rückzug gerieten wir in große Gefahr. Denn als die Dame das erste Geräusch an der Haustür wahrnahm, stürzte sie in den Schlafraum und brachte mit ihrem aufgeregten Geschrei alles durcheinander, indem sie nicht nur die Soldaten und namentlich jeden einzelnen ihrer Diener, sondern auch noch die ganze Nachbarschaft zu Hilfe rief, so daß wir es nur der allgemeinen Panik – jeder sorgte sich um die eigene Haut – zu verdanken hatten, daß wir ungeschoren davonkamen. Aber diese bewundernswerte und einzigartig zuverlässige Frau – das muß ihr die Wahrheit zugestehen –, die um ihrer Vorzüge willen bei allen beliebt war, reichte eine Bittschrift bei Seiner Majestät dem Kaiser ein und setzte es durch, daß ihr Mann sofort wieder zurückkehren durfte und daß der Überfall strenge Sühne fand. Jedenfalls wollte der Kaiser die Bande des Haemus vernichtet wissen, die dann tatsächlich auch bald zugrunde ging. Soviel vermag der bloße Wink des großen Herrschers. Während meine Leute schließlich und endlich von den nachsetzenden Soldaten umzingelt, zusammengeschlagen und niedergemacht wurden, gelang es mir mit Mühe und Not, dem Rachen des Orkus zu entkommen und mich in Sicherheit zu bringen.

Ich trug ein geblümtes Frauenkleid mit reichlich weitem Oberteil, bedeckte den Kopf mit einer Stoffhaube und zog mir feine weiße Frauenschuhe an, um, auf diese Weise bis zur Unkenntlichkeit in das schwache Geschlecht geschlüpft, einen Esel mit Gerstenähren zu beladen, aufzusitzen und mitten durch die Reihen der feindlichen Soldaten auf und davon zu traben. Da man mich für eine Eseltreiberin hielt, ließen sie mich unbehelligt ziehen, wobei übrigens meine Wangen damals noch bartlose, glatte Knabenwangen waren.

Doch blieb ich dem ruhmreichen Vorbild meines Vaters und meiner eigenen Tapferkeit auch weiterhin treu, obwohl mir mitten unter den Schwertern des Mars etwas bange war, und habe, geschützt durch den Trug der fremden Tracht, ganz allein so manches Landhaus und so manchen Hof aufgesucht, um mir mein Reisegeld zusammenzukratzen.« Und nun riß er seine Lumpen auseinander und schüttete zweitausend Goldstücke hin, während er fortfuhr: »Da, diesen kleinen Beitrag, beziehungsweise diese Mitgift, stelle ich gern eurer Schar zur Verfügung und dazu mich selbst als euren treuen Hauptmann, wenn ihr nichts dagegen habt, aber ich verspreche euch, daß ich euren steinernen Unterschlupf hier in Kürze zu einem goldenen Palast machen werde!«

Da gab es kein Zögern und kein Bedenken, sondern mit allen Stimmen übertrugen ihm die Räuber einmütig die Führerschaft und brachten ihm ein schönes Gewand, das sollte er anziehen und seine Goldsack-Lumpen fortwerfen. In seinem neuen Aufzug küßte er jeden einzelnen, setzte sich auf den obersten Platz, um sich mit einem Essen und großen Bechern feierlich aufnehmen zu lassen.

Während die Reden hin und her gingen, erfuhr er auch von der Flucht der Jungfrau, wie sie auf mir geritten und welcher schreckliche Tod uns beiden zugedacht sei, und erkundigte sich nach ihrem Gewahrsam, bis man ihn hinführte; und als er sie in ihren schweren Fesseln sah, rümpfte er unwillig die Nase, ging weg und sagte: »Ich bin nicht so einfältig und auch nicht so dreist, daß ich mich eurem Beschluß widersetze, aber ich hätte ein schlechtes Gewissen, wenn ich für mich behalten würde, was mir richtig scheint. Doch schenkt mir vor allem Vertrauen, denn schließlich seid ihr es, um die ich mir Sorgen mache; und wenn euch mein Vorschlag nicht zusagt, so steht euch ja durchaus frei, wieder auf den Esel zurückzukommen! Meiner Ansicht nach sollten Räuber, die etwas von ihrem Handwerk verstehen, nichts über ihren Vorteil stellen, auch nicht die Rache, die ohnehin oft Schaden bringt. Wenn ihr die Jungfrau in dem Esel umkommen laßt, dann habt ihr ohne jeden Gewinn höchstens eurem Unwillen Luft gemacht. Ich stehe vielmehr auf dem Standpunkt, daß man sie in eine Stadt bringen und verkaufen sollte. Für ein so junges Ding kann man einen hohen Preis erzielen. Übrigens kenne ich auch selber von früher her ein paar Hurenwirte, unter denen sich meiner Ansicht nach ganz gewiß der eine oder andere finden wird, der das Mädchen ihrem Aussehen entsprechend für einen runden Betrag übernimmt; besser, sie läuft vor dem Freudenhaus auf und ab statt wie jetzt davonzulaufen, und dient euch dabei auch als Bordellmagd ihre Schuld ab. Das wäre mein Vorschlag nach bestem Wissen und Gewissen; doch ihr seid die Herren eurer Beschlüsse und eures Eigentums!«

So hatte er als Anwalt der Räuberkasse unsere Sache verfochten, für Mädchen und Esel ein rettender Engel! Nach langem Hin und Her, wobei der Umstand, daß sie zu keinem Entschluß kommen konnten, mein Gedärm oder vielmehr meine arme Seele auf die Folter spannte, einigten sie sich schließlich auf den Vorschlag des Räubernovizen und nahmen dem Mädchen die Fesseln ab.

Diese aber, kaum daß sie den jungen Kerl sah, von Bordell und Kuppelwirt reden hörte, wußte sich vor Freude kaum zu fassen, so daß mir wohl mit Recht ihr ganzes Geschlecht verdächtig erschien; ich sah, daß ein Mädchen, das behauptet hatte, einen jungen Verehrer zu lieben und sich nach einer züchtigen Ehe zu sehnen, bei der Erwähnung eines liederlichen und gemeinen Freudenhauses in Verzückung geriet. Da hing nun der Ruf des ganzen weiblichen Geschlechts samt seiner Denkweise vom Urteil eines Esels ab!

Der junge Kerl ergriff wieder das Wort: »Jetzt wollen wir

unsern Schirmherrn Mars feiern, dann das Mädchen verkaufen und neue Kameraden anwerben! Doch wie ich sehe, haben wir nicht einmal ein Tier zum Opfern, und der Wein ist auch alle, zumindest wird er für unseren Durst nicht reichen! Gebt mir zehn Jungens mit, das genügt, ich will dem nächsten Gehöft einen kleinen Besuch abstatten und ein Festmahl besorgen!«

Somit machte er sich auf den Weg, während die übrigen ein großes Feuer anzündeten und dem Gott Mars aus grünen Rasenstücken einen Altar errichteten.

Es dauerte nicht lange, bis die anderen mit Weinschläuchen und ganze Herden von Vieh vor sich hertreibend zurückkehrten. Man wählte einen großen bejahrten Bock mit struppigem Fell aus und brachte ihn Mars, dem Schirmherrn und Geleiter, als Opfer dar. Dann schloß sich ein reiches Mahl an. Der Fremde aber sagte: »Ihr sollt mich nicht nur als euren wackeren Hauptmann auf Raubzügen und beim Beutemachen, sondern auch in der Fürsorge um euer leibliches Wohl kennenlernen!« Und nun kümmerte er sich mit größtem Geschick rührig um alle Einzelheiten. Er macht sauber, deckt, kocht, bereitet das Essen zu, trägt es gewandt auf und achtet ganz besonders darauf, daß alle den großen Bechern fleißig zusprechen. Und unter dem Vorwand, etwas zu holen, was benötigt wurde, besuchte er immer wieder das Mädchen, brachte ihr Kostproben, die er heimlich beiseite geräumt hatte, und bot ihr auch einen Schluck zu trinken an, den er vorgekostet hatte. Sie ließ sich das gern gefallen, und wenn er sie dann und wann küssen wollte, bot sie ihm willig den Mund. Das ging mir völlig gegen den Strich. »He, hast du deine Hochzeit vergessen und deinen geliebten Liebling, mein Unschuldsengel, daß du deinem jungen Mann, wer er auch sei, den deine Eltern dir verbunden haben, diesen hergelaufenen Strolch und Draufgänger vorziehst? Und hast du keine Gewissensbisse, wenn du deine Liebe mit Füßen trittst und Gefallen daran findest, hier zwischen Schwertern und Spießen herumzuhuren? Wenn die anderen Räuber etwas merken, was dann? Würden sie dann nicht vielleicht doch wieder auf den Esel zurückkommen – zu meinem Verderben? Du riskierst da eine fremde Haut!«

Während ich derlei Anzüglichkeiten mit größter Entrüstung in meinem Herzen erörterte, entnahm ich aus einigen ihrer

Worte, die zwar doppelsinnig, aber für einen klugen Esel nicht mißverständlich waren, daß er gar nicht jener berüchtigte Räuber Haemus war, sondern Tlepolemus, der Verlobte des Mädchens höchstselbst. Denn im Verlauf des Gesprächs sagte er schon etwas lauter und ohne sich um meine Anwesenheit zu kümmern, als wäre ich wirklich schon tot: »Fasse Mut, meine süße Charite! Ich will dir alle deine Feinde als deine Gefangenen zu Füßen legen!« und hörte nicht auf, den schon angeschlagenen und rauschblöden Kerlen ungemischten, aber etwas angewärmten Wein aufzunötigen, indessen er selbst nüchtern blieb. Und weiß Gott! mir kam der Verdacht, daß er irgendein Schlafmittel in die Becher schüttete. Schließlich lagen alle, aber wirklich die ganze Gesellschaft, restlos betrunken da, als wären sie tot. Nun fesselte er sie ohne Mühe mit festen Stricken und schnürte sie zusammen, wie es ihm einfiel, dann setzte er das Mädchen auf meinen Rücken und lenkte seinen Schritt der Heimat zu.

Als wir eintrafen, strömte die ganze Stadt zusammen, um den ersehnten Anblick zu genießen. Eltern, Verwandte, Freunde, Kinder und Gesinde eilten mit heiterem Gesicht voller Freude herbei. Es war wie ein Festzug, an dem jegliches Geschlecht und jegliches Alter teilnahm, und ein weiß Gott! nie gesehenes, merkwürdiges Schauspiel: eine Jungfrau im Triumphzug auf einem Esel reitend! und deshalb wieherte auch ich, um in diesem großen Augenblick nicht gleichgültig zu erscheinen, voller Begeisterung mit gereckten Ohren und geblähten Nüstern aus Leibeskräften laut heraus, das heißt, ich brüllte mit Donnergetöse.

Die Eltern führten das Mädchen ins Haus und umsorgten sie zärtlich. Mich trieb Tlepolemus mit einer großen Anzahl von Tragtieren und Bürgern rasch zurück, und keineswegs gegen meinen Willen. In meiner ewigen Neugier wünschte ich ja Augenzeuge der Gefangennahme der Räuber zu sein.

Wir fanden sie noch immer eher vom Wein als von den Stricken gefesselt. Nachdem ihre ganze Beute herausgebracht und auf einen Haufen geworfen war, belud man uns mit Gold und Silber und was sonst noch da war, wälzte die Burschen zum Teil noch gebunden, so wie sie waren, heraus, um sie entweder kopfüber in die nächste Schlucht zu stürzen oder mit ihren eigenen Schwertern zu köpfen, und ließ sie liegen.

Froh und zufrieden mit diesem kurzen Prozeß kehrten wir in die Stadt zurück. Die reiche Beute wurde der Stadtverwaltung übergeben, Tlepolemus aber durfte seine wiedergewonnene Braut in aller gesetzlichen Form heimführen.

Und nun sorgte auch die junge Frau verschwenderisch für mich, den sie als ihren Retter bezeichnete, und ließ mir am Hochzeitstag die Futterkrippe ganz mit Gerste füllen und Heu aufschütten, das für ein baktrisches Kamel gereicht hätte. Aber welche Verwünschungen wären schlimm genug gewesen, um sie Photis an den Hals zu fluchen, daß sie mich nicht in einen Hund, sondern in einen Esel verwandelt hatte! Ich mußte mit ansehen, wie die Hunde sich von den Resten des üppigen Mahles und dem, was sie sich schnappten, fett und voll fraßen.

Nach der Brautnacht und den ersten Kostproben der Liebesfreuden ließ die junge Frau nicht ab, ihre Eltern und ihren Gatten an den mir geschuldeten Dank zu erinnern, bis diese versprachen, mir die höchsten Ehren zu erweisen. Zu guter Letzt wurden die engeren Freunde zu einer Beratung zusammengerufen, wie man mich am besten geziemend belohnen könne. Einer schlug vor, mich im Haus zu behalten und in aller Muße mit Qualitätsgerste, Bohnen und Wicken zu mästen. Aber ein anderer redete meiner Freiheit das Wort und riet, mich lieber auf den Pferdekoppeln frei herumlaufen zu lassen, wo ich meinen Übermut auslassen könne und meinen Besitzern als fleißiger Stutenbeschäler viele Maultierfüllen einbringen würde.

So ließ man also den Gestütmeister kommen, dem ich mit einer langen Ansprache zum Abtransport übergeben wurde. Froh und heiter lief ich voraus, denn nun würde ich der Packlasten und sonstigen Beschwerlichkeiten enthoben sein und dank der erlangten Freiheit bei Frühlingsbeginn, sobald die Wiesen grünten, sicher auch irgendwelche Rosen finden. Und dabei kam mir auch noch der folgende Gedanke: Wenn man mir als Esel solche Gunst bezeigt und so große Ehren zuteil werden läßt, so würde ich, wenn ich erst meine menschliche Gestalt wiedergewonnen hätte, noch viel größere Aufmerksamkeiten erwarten dürfen!

Doch als mich jener Oberhirte weit von der Stadt weggeführt hatte, erwarteten mich keine Wonnen und auch keinerlei Freiheit. Denn seine Frau, ein geiziges und durchaus nichtsnutziges Weib, spannte mich ohne weiteres in das Joch einer Drehmühle und verschaffte sich und den Ihren, mich mit einem knorrigen Stock weidlich prügelnd, das tägliche Brot auf Kosten meiner Haut. Und nicht zufrieden damit, mich für ihren eigenen Tisch zu plagen, ließ sie mich auch für die Nachbarschaft mahlen, um mit meinen Runden Geld zu verdienen. Dabei ließ sie mir armem Tropf nicht einmal die vorgeschriebene Ration für die große Plackerei zukommen, sondern verkaufte meine Gerste, die ich durch meinen Rundlauf unter dem gleichen Mühlstein selber zerkleinert, an die nächsten Bauern, während sie mir, wenn ich den ganzen Tag in die Fronmühle eingespannt war, am Abend gerade noch schmutzige und ungesiebte Kleie vorwarf, die vor lauter Steinen nur so knirschte.

Nachdem ich durch solchen Kummer schon ganz kleinlaut geworden war, lieferte mich die grausame Fortuna neuen Qualen aus, sollte ich doch durch meine tapferen Taten daheim und draußen, wie die Redensart lautet, großen Ruhm erringen. Der brave Hirte nämlich erinnerte sich spät genug an den Auftrag seiner Herrschaft und ließ mich endlich doch einmal zusammen mit den Pferden auf die Weide hinaus. Endlich war ich ein freier Esel! Fröhlich und tänzelnd und mit munteren Schritten einherstolzierend suchte ich mir schon die geeignetsten Stuten als zukünftige Gattinnen aus. Doch auch diese schöne Hoffnung wandelte sich in eine Gefahr für Leib und Leben. Die Hengste nämlich, die wegen ihrer bisherigen Tüchtigkeit reichlich gefüttert und bestens gemästet waren, im übrigen flegelhafte Tiere, die an Roheit einem Esel auf jeden Fall überlegen waren, erwarteten sich von mir nichts Gutes und suchten obendrein wohl auch aus rassischem Hochmut schnöden Seitensprüngen vorzubeugen, indem sie das dem Jupiter heilige Gastrecht mißachteten und dem Nebenbuhler mit wilder Gehässigkeit nachstellten. Der eine stieß, mit der mächtigen Brust sich hoch aufbäumend, erhobenen Hauptes und mit gestrecktem Hals mit den Vorderhufen nach mir, während der andere mir sein fleischig feistes Hinterteil zuwandte und mit den Hinterbeinen nach mir zielte, und wieder ein anderer bedrohte mich mit bösartigem Wiehern, legte die Ohren zurück, entblößte die Schneide seiner weißen Zähne und suchte mich zu beißen und zu zerreißen. So etwa hatte ich es in der Geschichte des Thrakerkönigs gelesen, der arme Fremde seinen wilden Rossen zum Zerfleischen und als Futter vorwarf. Dieser mächtige Herrscher war so geizig, daß er den Hunger seiner gefräßigen Gäule lieber mit Menschenfleisch statt mit Gerste stillte.

Nicht anders also wurde ich von den immer wieder anstürmenden Hengsten zerbissen, daß ich mich fast schon wieder in meine Kreismühle zurücksehnte.

Fortuna aber war durch meine Qualen nicht zu sättigen und hatte sich auch schon ein neues Martyrium für mich ausgedacht. Ich wurde dazu abkommandiert, Holz vom Berge herunterzutragen, und der zu meinem Aufseher bestellte Bursche war der übelste, den man sich denken kann. Nicht nur, daß mich die steilen Abhänge des hohen Berges erschöpften, und nicht nur, daß ich mir an den spitzen Steinen auf dem Weg die Hufe aufscheuerte, auch die dauernde Prügelei mit dem Knüppel setzte mir derart zu, daß mir der Schmerz durch Mark und Bein ging. Da er mich immer nur auf die rechte Seite schlug und dabei immer nur auf die gleiche Stelle zielte, war die Haut bald aufgeplatzt, und an der offenen Stelle hatte sich ein breites Geschwür gebildet, das heißt eher ein Loch oder eine Art Fenster, aber trotzdem hörte er keineswegs auf, immer wieder auf die blutige Wunde loszuprügeln. Außerdem bepackte er mich mit einem solchen Haufen Holz, daß man hätte meinen können, er halte mich für einen Elefanten, aber niemals für einen Esel. Wenn dann die Last verrutschte und das Gewicht sich auf eine Seite verlagerte, so daß er mir wegen des mangelnden Gleichgewichts einige Knüppel hätte abnehmen und etwas Erleichterung verschaffen oder zumindest durch Umpacken einen Ausgleich der Last hätte vornehmen sollen, suchte er im Gegenteil dem ungleichen Gewicht dadurch abzuhelfen, daß er mir obendrein noch Steine auflud.

Und noch nicht zufrieden mit meiner übergroßen Bürde, sprang er, als wir einen längs des Weges dahinfließenden Bach überschreiten mußten, auch noch selbst auf meinen Rücken, um seine Schuhe nicht naß zu machen, und thronte dort als allerdings verhältnismäßig kleine Zusatzfracht. Und wenn ich gelegentlich einmal in dem Lehmschlamm der Uferböschung ausglitt und stürzte, weil ich die Last nicht halten konnte, und mir ein verständiger Treiber hilfreich hätte die Hand reichen müssen, mich am Halfter hätte aufrichten, am Schwanz hochziehen oder zumindest einen Teil der zu großen Last hätte abladen müssen, bis ich wieder auf die Beine gekommen wäre, leistete er mir trotz meiner Erschöpfung keine Hilfe, sondern begann mich vom Kopf an, ja, ausgerechnet an den Ohren, mit einem riesigen Knüppel so zusammenzuschlagen, daß mich statt der Erleichterung die Prügel wieder auf die Beine brachten.

Dieser Lümmel hatte sich noch einen ganz besonders üblen Streich ausgedacht: Nadelspitze Dornen, deren giftige Stiche besonders wirkungsvoll waren, hatte er mit einem Strick zu einem Bündel zusammengeschnürt und mir als baumelndes Marterinstrument an meinen Schwanz gebunden, so daß sie beim Laufen unablässig in Bewegung und in Schwung gerieten und mich mit ihren tödlichen Stacheln entsetzlich peinigten.

So hatte ich die Wahl zwischen zwei Übeln. Wenn ich aus Angst vor den schrecklichen Schlägen davonrannte, quälten mich die Dornen um so schmerzhafter; wollte ich aber, um dem Schmerz zu entgehen, einen Augenblick stehenbleiben, so trieben mich die Prügel wieder fort. Und der niederträchtige Kerl schien nichts anderes im Kopf zu haben, als mich so oder so zugrunde zu richten, was er mir auch immer wieder unter Flüchen androhte.

Und tatsächlich bot sich eine Gelegenheit, die seine grenzenlose Bosheit zu noch schlimmeren Untaten reizte. Eines Tages war bei seiner gar zu großen Unverschämtheit meine Geduld erschöpft, und ich hatte kräftig nach ihm ausgeschlagen. Daraufhin hatte er sich folgende Schandtat ausgedacht: Er belud mich mit einem großen Packen Werg, den er mit Stricken recht festzurrte, und führte mich dann auf die Straße, stahl aus dem nächsten Bauernhaus ein Stück glühender Kohle und legte sie mitten in meine Last. Es dauerte nicht lange, bis sich die schwelende Glut zum lichterlohen Feuer entwickelt hatte und die tödliche Hitze mich völlig einhüllte; ich sah keine Möglichkeit einer Rettung in dieser ausweglosen Situation und wußte weder Rat noch Hilfe. Dabei erfordert eine solche Feuersbrunst rasches Handeln und macht jede gründliche Überlegung von vornherein unmöglich.

Doch in dieser verzweifelten Lage leuchtete mir ein Lichtblick der Fortuna, möglicherweise um mich zukünftigen Gefahren aufzusparen, der mich aber gegenwärtig auf alle Fälle vor dem sicheren Tod bewahrte. Denn zufällig entdeckte ich eine vom gestrigen Regen stehengebliebene Pfütze mit Schmutzwasser, in die ich mit einem plötzlichen Satz stürzte, um das Feuer restlos zu ersticken und erst wieder herauszusteigen, nachdem ich meine Last los und dem Verderben entronnen war. Aber dieser unverschämte freche Lümmel verdrehte nun die Sache und gab mir die Schuld an seiner ruchlosen Tat, indem er allen Leuten erzählte, ich sei auf meinen wackligen Beinen gestolpert, gerade als wir an den Feuerstellen der Nachbarn vorüberkamen, und hätte auf einmal in Flammen gestanden. Dabei fügte er voller Hohn noch hinzu: »Wie lange sollen wir diesen feurigen Schinder noch für nichts und wieder nichts füttern!«

Es waren kaum einige Tage vergangen, als ihm noch niederträchtigere Gemeinheiten einfielen. Als er das Holz, das ich trug, in der nächsten Hütte verkauft hatte und mich leer nach Hause brachte, beschwerte er sich mit lautem Geschrei, daß er meiner Störrigkeit nicht mehr gewachsen sei und sein Amt als Eseltreiber satt habe, und jammerte und brüllte:

»Da seht diesen faulen Langweiler von Oberesel! Ganz abgesehen von seinen übrigen Streichen macht er mir durch neue und peinliche Geschichten Sorgen. Wenn er irgendeinen Wanderer sieht, eine hübsche Frau, ein erwachsenes Mädchen oder einen jungen Burschen, wirft er seine ganze Last ab, einschließlich der Decken sogar, stürmt wie rasend los und stürzt sich wie ein Verliebter auf die Leute; er wirft sie um, giert und sucht sein sonderbares unglaubliches Verlangen und säuisches Gelüst zu befriedigen und macht einen viehisch wüsten Freier, daß es Venus nur so graust. Er gibt sich dabei sogar den Anschein, als wollte er sie küssen, und stupst und zwackt sie mit seinem frechen Maul.

Wir werden noch großen Ärger und Beschwerden bekommen und vielleicht gar mit Klagen zu rechnen haben. Gerade heute hat er wieder, als er ein hübsches junges Ding sah, sein Holz, das er ins Tal tragen sollte, einfach abgeworfen und durcheinandergebracht und ist wie ein Verrückter hinter ihr her getrabt; der feine Kavalier hat sie auf der Straße in den Dreck geworfen und vor aller Augen tatsächlich Miene gemacht, sie zu besteigen. Hätte sie nicht gebrüllt und geschrien, bis einige Leute angerannt kamen und sie noch unter seinen Hufen wegzogen und befreiten, er hätte die Ärmste zertrampelt und zerrissen, und sie hätte Martern erdulden müssen, die uns eine gehörige Strafe eingebracht hätten!«

Auf derartige Lügen folgten noch andere Hetzreden, die mein betretenes Schweigen um so drückender machten und die Gemüter der Hirten erbarmungslos zu meinem Verderben aufstachelten. Schließlich meinte einer von ihnen: »Warum schlachten wir denn diesen Allerweltsfreier oder vielmehr diesen Erzhurer nicht als Opfertier, wie es seine monströsen Neigungen verdienen!« Und dann fügte er noch hinzu: »Hör her, Kerl, schneide ihm gleich den Kopf ab, die Eingeweide kannst du den Hunden geben, das andere Fleisch hebe für das Essen der Arbeiter auf! Das Fell wollen wir mit Asche bestreuen, um es zu gerben, und der Herrschaft bringen; dann sagen wir ganz einfach, daß ihn der Wolf gerissen hat.« Und ohne zu zögern ging mein Schurke von Ankläger, jetzt auch noch der Vollstrecker des Urteils der Hirten, voller Schadenfreude über mein Unglück und in Erinnerung an jenen Huftritt, bei dem ich wahrlich einzig und allein bedauerte, daß er nicht wirksamer war, um das Messer auf dem Wetzstein zu schleifen und vorzubereiten.

Da meinte einer von den herumstehenden Bauern: »Es ist doch schade, einen so schönen Esel so mir nichts, dir nichts umzubringen und, nur weil ihm seine Geilheit und sein wüstes Betragen vorzuwerfen sind, auf seine Arbeitskraft und seine Dienste zu verzichten, auf die man schließlich angewiesen ist; er wird sich bestimmt zu keinen weiteren Liebesabenteuern versteigen, wenn wir ihn ganz einfach kastrieren, so daß wir uns keine Sorgen wegen irgendwelcher Unannehmlichkeiten mehr zu machen brauchen und er außerdem noch dicker und fetter wird. Ich weiß, daß nicht nur so mancher faule Esel, sondern auch die stürmischsten Hengste, die vor lauter Brunst rasend waren, nach dem Verschneiden ganz zahm und willig wurden, ihre Lasten trugen und bei allen sonstigen Diensten Geduld bewiesen. Wenn ihr es mir nicht übelnehmt, daß ich mich einmische, so will ich in Kürze, wenn ich wieder auf den Markt komme, das für die Operation erforderliche Werkzeug von daheim mitbringen und zu euch kommen, um dem störrischen und unliebsamen Wüstling die Schenkel auseinanderzubringen und ihn zu kastrieren und sanfter zu machen als jeden Hammel.«

Dieser Vorschlag entriß mich wohl gerade noch den Klauen des Orkus, sparte mich aber einer Strafe auf, die durch nichts mehr zu überbieten war, und ich weinte und jammerte, daß mit diesem meinem extremsten Körperteil zugleich auch mein ganzes Selbst vernichtet wäre. Ich überlegte sogar, ob ich nicht durch einen Hungerstreik oder durch einen Sturz in die Tiefe selber den Tod suchen sollte, um wenigstens mit heilen Gliedern zu sterben, wenn ich denn sterben sollte. Und während ich mir über die sich bietenden Todesarten noch nicht schlüssig war, führte mich am frühen Morgen mein Freund, der Quälgeist, wie gewöhnlich auf den Berg. Er band mich an den herabhängenden Ast einer mächtigen Eiche und ging ein Stück abseits vom Wege mit seiner Axt Holz schlagen, um es ins Tal zu bringen. Da kam auf einmal aus seiner in der Nähe gelegenen Höhle mit hocherhobenem Haupt ein riesiger Bär! Kaum hatte ich ihn erblickt, als ich mich voller Angst und Schrecken über die unerwartete Erscheinung in meiner vollen Größe auf die Hinterhufe stellte, den Hals in die Höhe schnellte und den Riemen, mit dem ich angebunden war, zerriß und floh, so schnell ich konnte, indem ich nicht nur mit den Beinen, sondern mit dem ganzen vorgestreckten Leib den Abhang hinunterrenne bis mitten in die freien Felder, um unter Aufbietung aller Kräfte sowohl dem Ungeheuer von einem Bären zu entkommen als auch dem Kerl, der noch schlimmer war als der Bär!

Da sah mich ein Wanderer so einsam und allein einhertraben, fing mich, saß rasch auf und schlug mit seinem Stock auf mich ein, um mich auf einen stillen Seitenweg zu führen. Ich war froh, daß ich laufen durfte, um desto gewisser den grausamen Metzgern meiner Mannheit zu entgehen. Im übrigen machten mir die Prügel um so weniger aus, als ich daran gewöhnt war, nach Strich und Faden mit dem Knüppel durchgebleut zu werden.

Doch Fortuna, die mein Geschick nicht aus den Augen ließ, vereitelte mit leidiger Eile die günstige Gelegenheit zu verschwinden und stellte mir eine neue Falle. Meine Hirten suchten nämlich nach einer dummen Kuh, die sich verlaufen hatte, und streiften kreuz und quer durch das Gelände, bis sie uns zufällig in den Weg liefen; sie erkannten mich sofort, packten mich am Halfter und wollten mich mitnehmen. Aber mein Reiter leistete mannhaften und entschlossenen Widerstand, indem er Gott und die Menschheit als Zeugen anrief: »Was zerrt ihr mich denn fort? Wieso überfallt ihr mich?« – »Ach, was du nicht sagst? Unfreundlich sind wir? Du hast unseren Esel gestohlen und willst mit ihm verschwinden! Sag uns lieber, wo du den Jungen gelassen hast, der ihn führte! Hast du ihn vielleicht umgebracht?« Er wurde zu Boden gerissen, mit Fäusten geschlagen und mit Füßen getreten, während er Stein und Bein schwor, keinen Treiber gesehen zu haben, sondern daß ich allein und herrenlos umherirrte; er habe mich eingefangen, um mich meinem Herrn zurückzugeben und sich den Finderlohn zu verdienen. »Wenn dieser Esel, den ich am liebsten niemals gesehen hätte«, rief er, »reden könnte, so würde er euch meine Unschuld bezeugen! Es würde euch leidtun, daß ihr mir solches Unrecht zufügt!« Doch seine Beteuerungen nützten ihm nichts. Mit einem Strick um den Hals führten ihn die Rüpel von Hirten in den Wald an jenen Hang, wo der Junge Holz zu holen pflegte.

Doch dieser war nirgends in der ganzen Gegend zu sehen, dann aber fand man seinen ganz in Stücke gerissenen und ringsum verstreuten Leichnam. Mir war völlig klar, daß dies das Werk des Bären und seiner Zähne war, und ich hätte weiß Gott gerne auch gesagt, was ich wußte, wenn ich nur hätte reden können! Aber wenigstens konnte ich mir selber, wenn auch schweigend, zu der späten Vergeltung gratulieren! Den Leichnam, den sie Stück um Stück zusammengesucht hatten, übergaben sie an Ort und Stelle der Erde, meinen Bellerophon aber, in dem sie mit voller Überzeugung einen Dieb und blutigen Mörder sahen, führten sie vorerst gefesselt zu ihren Hütten, um ihn am anderen Tag – so hieß es – vor Gericht zu stellen und bestrafen zu lassen.

Während inzwischen die Eltern mit Zetern und Jammern um den Jungen heulten, kam tatsächlich auch jener Bauer, der sein Versprechen keineswegs vergessen hatte, um mich zu kastrieren. »Dazu haben wir im Augenblick keine Zeit«, sagte einer, »du kannst morgen wiederkommen und ihm von uns aus nicht nur den Sack, sondern auch den Kopf abschneiden. Wir wollen dir dabei gerne helfen.«

So kam es, daß mein Verhängnis bis morgen vertagt wurde. Ich sagte dem braven Burschen heißen Dank, daß er mir wenigstens durch seinen Tod noch einen kleinen Tag Aufschub für meine Hinrichtung geschenkt hatte.

Doch nicht einmal in dieser kurzen Zeitspanne war mir Ruhe und Frieden gegönnt. Die Mutter des Kerls, die den schrecklichen Tod ihres Sohnes beweinte, kam in Trauerkleidern, ihr mit Asche bestreutes Haar mit beiden Händen raufend, heulend und schreiend zu mir in den Stall gerannt und kreischte, indem sie ihre Brüste schlug und zerkratzte, schon von weitem:

»Und jetzt stürzt er sich in aller Seelenruhe auch noch auf seine Futterkrippe und frönt seiner Gefräßigkeit und stopft sich unentwegt kauend seinen unersättlichen Bauch voll bis zum Platzen und hat kein Mitleid mit meinem Elend und denkt auch nicht an das schreckliche Unglück seines Herrn, der jetzt tot ist! Er meint, daß ich alt und schwach bin, und hofft mit seinem Verbrechen davonzukommen! Oder glaubt er vielleicht gar noch, daß er nichts dafür kann? Das ist ja gerade die Unverschämtheit, daß die Verbrecher damit rechnen, samt ihrem schlechten Gewissen ungeschoren zu bleiben. Aber bei den Göttern, du vierbeiniger Schurke, auch wenn du reden könntest, würdest du niemandem, und wäre er noch so dämlich, weismachen können, daß ein solches Unglück passiert, ohne daß du etwas dafürkannst, daß du dem armen Jungen mit deinen Hufen und mit deinem Gebiß nicht hättest beistehen können! Nach ihm ausschlagen, das konntest du zu jeder Zeit, aber ihm in Todesgefahr beizustehen, dazu warst du viel zu faul! Hättest du ihn nicht zumindest auf den Rücken nehmen und rasch fliehen, ihn den blutigen Händen des mörderischen Wegelagerers entreißen können; du hättest deinen Freund, deinen Herrn, deinen Kameraden, deinen Hüter niemals im Stich lassen und abwerfen dürfen, um allein davonzurennen! Du weißt, daß man sich strafbar macht, wenn man bei Lebensgefahr die Hilfe verweigert! Das ist reine Bosheit! Aber du sollst nicht mehr lange über mein Unglück triumphieren, du Mordvieh! Du sollst es zu spüren bekommen, daß Schmerz und Verzweiflung mir Kraft verleihen!«

Und mit diesen Worten schob sie ihre Hände unter ihr Busenband, riß es los, schnürte mir die Füße damit zusammen und band sie fest, um mir jede Möglichkeit zum Ausreißen zu nehmen; dann packte sie die Stange, mit der die Stalltür verriegelt wird, und hörte nicht eher auf mich zu prügeln, als bis ihre Kräfte erlahmt und erschöpft waren und der schwere Knüppel ihr aus den Händen glitt und zu Boden fiel. Nun jammerte sie, daß ihre Arme viel zu rasch müde geworden seien, rannte zum Herd, holte ein glühendes Scheit und suchte es mir von hinten bis in die Eingeweide zu stoßen, bis ich in der äußersten Not mich des einzigen mir noch verbliebenen Mittels bediente und ihr einen starken Jauchestrahl in Gesicht und Augen spritzte. Blind und stinkend ließ sie endlich von meiner Vernichtung ab: sonst hätte dieser rasenden Althaea Scheit mich, den Esel, wie Meleager in den Tod befördert!

Achtes Buch

Um die Zeit des ersten Hahnenschreis kam ein junger Mann aus der nahen Stadt, einer der Diener der Charite, wie mir schien, jenes Mädchens, das mit mir bei den Räubern dieselben traurigen Abenteuer zu bestehen gehabt hatte. Er berichtete, am Feuer sitzend, den zahlreich versammelten Mitknechten von deren Ende und dem Untergang des ganzen Hauses, unerwartete und schreckliche Begebnisse.

»Ihr Pferdewärter und Schafhirten, auch ihr Rinderhüter, unsre Charite ist nicht mehr! Die Ärmste ist schwer getroffen, und nicht ohne Geleit, zu den Seligen heimgegangen. Doch damit ihr alles erfahrt, will ich euch von Anfang an erzählen, was geschehen ist und was gelehrtere Männer, denen Fortuna den Griffel in der Hand führt, sehr wohl als eine beispielhafte Geschichte zu Papier bringen könnten.

In unserer Nachbarstadt wohnte ein junger Mann aus gutem Hause, angesehen und auch bemittelt, der jedoch in Gasthäusern ein flottes Leben führte und sich am hellichten Tag mit Dirnen und Saufgelagen abgab und der auch wohl mit allerhand üblem Gesindel Umgang pflegte, ja, seine Hände auch schon mit Menschenblut besudelt hatte. Sein Name war Thrasyllus. So sagte man und so war es.

Sobald Charite zur Ehe herangereift war, hatte er sich als einer der an erster Stelle in Frage kommenden Freier mit größtem Eifer um sie beworben, und obwohl er vor allen übrigen Mitbewerbern an Geburt der Vornehmste war und sich der Gunst ihrer Eltern durch ansehnliche Geschenke zu vergewissern suchte, hatte er sich wegen seines schlechten Rufes die Schmach einer Abweisung gefallen lassen müssen. Und indes die Tochter des Hauses dem braven Tlepolemus anverlobt wurde, nährte er seine aus allen Hoffnungen gestürzte Liebe beharrlich weiter, zugleich aber auch seinen Groll über das verweigerte Ehebett, und suchte einen Vorwand für eine blutige Tat. Schließlich bot sich eine geeignete Gelegenheit zu einem Besuch, und er setzte seinen lange bedachten Frevel ins Werk. An jenem Tag, da das Mädchen durch die List und die Tapferkeit ihres Bräutigams vor den tödlichen Schwertern der Banditen bewahrt blieb, mischte er sich als einer der lautesten unter die Schar der Gratulanten, und da er seiner Freude über die erfolgte Rettung und die zu erwartende Nachkommenschaft der Brautleute lebhaften Ausdruck verlieh, wurde er in Anbetracht seiner vornehmen Abkunft zu den Ehrengästen des Hauses gezählt, wobei er von seinen bösen Absichten nichts merken ließ und die Rolle des treuen Freundes spielte. Schon hatte er sich durch sein unterhaltendes Wesen und die wiederholten Besuche bei den gelegentlichen gemeinsamen Mahlzeiten und Trinkgelagen beliebt und immer beliebter gemacht und sich gleichzeitig, ohne sich dessen bewußt zu werden, nach und nach in einen gefährlichen Abgrund der Leidenschaften gestürzt. Natürlich! Solange die

Flamme der Leidenschaft und Liebe noch klein ist, erwärmt ihr leiser Hauch das Herz, doch wenn dauernder Umgang sie entfacht und hell auflodern läßt, verzehrt sie mit wilder Glut das ganze Wesen.

Lange hatte Thrasyllus hin und her überlegt: Es bot sich ihm keine geeignete Gelegenheit für eine Aussprache unter vier Augen, er sah die Möglichkeiten für seine ehebrecherischen Absichten bei der großen Zahl von Bewachern mehr und mehr schwinden und begriff auch, daß ein so festes Band der jungen und wachsenden Neigung nicht zu zerreißen war und daß die junge Frau, selbst wenn sie gewollt hätte, obwohl sie ganz sicher nicht wollte, allein schon durch ihre Unerfahrenheit nicht in der Lage wäre, ihren Mann zu hintergehen. Und dennoch trieb ihn sein verderblicher Wahn dazu, gerade das Unmögliche zu erzwingen, als wäre es möglich! Was heute unerreichbar erscheint, scheint der von Tag zu Tag erstarkenden Liebe schließlich doch einmal möglich. Hört also und paßt auf, bis wohin sich die Stürme rasender Leidenschaft versteigen!

Eines Tages ging Tlepolemus auf die Jagd und nahm Thrasyllus mit, um Wild zu erlegen, soweit bei Rehen von »Wild« überhaupt die Rede sein kann, denn Charite erlaubte ihrem Mann nicht, Tieren nachzustellen, die mit Hauern oder Hörnern bewehrt sind. Schon sind bei einer bewaldeten, durch das dichte Dach der Zweige beschatteten Anhöhe die Rehe von den geschickten Treibern umstellt und, um das in seinen Schlupfwinkeln versteckte Wild aufzuscheuchen, die witternden Jagdhunde losgelassen, die auch sofort, so wie es ihnen durch kunstgerechte Abrichtung beigebracht worden ist, alle Fluchtwege abschneiden und bewachen, wobei sie zunächst keinen Laut geben, dann aber auf einen plötzlichen Pfiff die ganze Gegend mit hitzigem Gekläff in Aufruhr bringen. Aber kein Reh, kein schüchternes Damwild und, als scheustes von allen, auch keine Hindin lassen sich blicken, sondern ein riesengroßer Keiler, wie man noch keinen je gesehen hat, erhebt sich von seinem Lager, vollgefressen, mit feister Wamme, die Borsten des struppigen Fells gesträubt, die Rückenstacheln aufgestellt, Schaum vor den laut wetzenden Hauern, die tückischen Augen blutunterlaufen vor Zorn und mit grunzendem Rüssel wütend anstürmend wie der Blitz! Zuerst schleudert er die frechsten der Hunde, die sich zu nahe herangewagt haben, von seinen Hauern zerrissen rechts und links zur Seite, dann trampelt er das schwache Netz nieder, das seinem ersten Anlauf noch standgehalten hat: und dann auf und davon!

Wir alle, starr vor Schrecken und natürlich nur an ungefährliches Jagen gewöhnt, außerdem unbewaffnet und ungeschützt, verstecken uns im schützenden Gebüsch oder hinter den Bäumen, doch Thrasyllus, der für seine bösen Absichten eine geeignete Falle gefunden hat, meint listig zu Tlepolemus: ›Sollen wir vor lauter Schrecken oder furchtsam wie diese kümmerlichen Sklavenseelen und ängstlich wie die Weiber in Ohnmacht fallen und eine so fette Beute hier vor unseren Händen einfach wieder laufenlassen! Los, aufs Pferd! Wir müssen rasch hinterher! Nimm den Jagdspieß, ich nehme die Lanze!‹ Im Handumdrehen sitzen sie auf ihren Pferden und jagen dem Tier eilends nach. Der Keiler aber besinnt sich auf seine angeborene Kraft, macht plötzlich kehrt und ist in seiner glühenden Wut einen Augenblick lang unschlüssig, wen er mit seinem Hauerstoß zuerst anfallen soll. Da schleudert Tlepolemus als erster seinen Jagdspieß dem Tier von oben in den Rücken. Thrasyllus kümmert sich nicht um das Wild, sondern durchstößt dem Pferd, das Tlepolemus trägt, mit der Lanze die hinteren Kniegelenke. Das Tier brach blutend zusammen und wälzte sich auf dem Rücken, wobei es wider Willen seinen Herrn zu Boden warf. Und nun stürzte sich der rasende Keiler auf den Liegenden, zerfetzte ihm das Gewand, dann, als er aufstehen wollte, ihn selbst mit seinen Hieb um Hieb zustoßenden Hauern. Der gute Freund bereute sein ruchloses Beginnen keineswegs und gab sich auch jetzt noch nicht zufrieden, als er sah, daß seiner Rachwut durch diese gefährliche Situation Genüge getan war, sondern stieß Tlepolemus, als er in seiner Todesangst seine aufgerissenen Beine zu schützen suchte und ihn jammernd um Hilfe bat, die Lanze um so frecher in den rechten Oberschenkel, als er sicher war, daß die Wunde vom Eisen nicht viel anders aussehen würde als die Hauerwunden. Und dann durchbohrte er auch den Eber mit geschickter Hand.

Als der junge Mann auf diese Weise sein Ende gefunden

hatte, kamen wir Diener aus unseren Schlupfwinkeln gerannt und versammelten uns voller Entsetzen. Der andere hatte sein Ziel erreicht und triumphierte über den Tod seines Feindes, verstand aber dennoch seine Freude zu verbergen, die Stirn in ernste Falten zu legen und Trauer zu heucheln und umarmte den Toten, der sein Opfer war, voller Leidenschaft; er benahm sich ganz wie ein Leidtragender, nur die Tränen wollten ihm nicht glücken. So klagte er wie wir, die wir wirklich traurig waren, und gab dem Tier die Schuld an dem, was seine eigene Hand verbrochen hatte.

Kaum war das Verbrechen begangen, als sich auch schon die Kunde davon verbreitete und zuerst das Haus des Tlepolemus erreichte, wo es zu den Ohren der unglücklichen jungen Frau drang. Als diese die Schreckensbotschaft vernommen hatte, wie sie keine schlimmere je hören konnte, stürzte sie außer sich vor Schmerz und wie eine rasende Bacchantin in sinnlos wilder Aufregung durch das Straßengewimmel und die ländlichen Fluren, um mit irren Lauten den Tod ihres Gatten zu bejammern. Die Bürger standen trauernd beisammen, die neu Hinzutretenden teilten den gemeinsamen Schmerz, und die ganze Stadt war leer, denn alle wollten sie sehen. Dann lief sie dem Leichnam ihres Gatten entgegen, warf sich voller Schmerz und Verzweiflung über den Toten und verlor ihr Bewußtsein, das nur in ihm gelebt hatte. Mit Mühe vermochten die Hände ihrer Angehörigen sie fortzureißen und sie wider ihren Willen am Leben zu erhalten, während die ganze Bevölkerung den Toten zu Grabe geleitete.

Thrasyllus schrie lauter als alle anderen, gebärdete sich wie rasend, und die Tränen, die ihm bei Beginn der Trauer nicht gelingen wollten, flossen jetzt als Freudentränen; alle die zahlreichen Beteuerungen seiner Freundschaft hätten die Wahrheit selbst zu täuschen vermocht! Freund, Kamerad, Gefährte, Bruder schließlich nannte er ihn immer wieder und rief dazu den Unglücksnamen. Dazwischen ergriff er Charites Hände, um sie davon abzuhalten, sich die Brüste zu schlagen, suchte sie zu trösten, ihre Klagen zu beschwichtigen und mit kosenden Worten den Stachel des Schmerzes abzustumpfen und durch allerlei Beispiele von unglücklichen Zufällen ihr Trostgründe zu bieten. Doch bei all seiner heuchlerischen Anteilnahme blieb es sein Bestreben, die Frau zu berühren, um seiner schändlichen Leidenschaft durch die ungebührliche Lust nur um so mehr Nahrung zu bieten! Doch kaum war die Bestattung überstanden, als die junge Frau ihrem Gatten ins Grab nachzufolgen wünschte und alle möglichen Wege bedachte, um sich für jenen stillen und gelassenen zu entscheiden, der keiner Waffe bedarf und in ruhigem Frieden hinabführt: Qualvoll fastend, sich selber vernachlässigend und aufgebend und zurückgezogen immer im Finstern sitzend, hatte sie schon mit dem Leben abgeschlossen.

Aber Thrasyllus verstand es, ihr durch sein beständiges Drängen, teils in eigener Person und teils durch Hausgenossen und Freunde und schließlich auch durch die Eltern der jungen Frau, das Versprechen abzuringen, ihren vor Blässe und Vernachlässigung verfallenden Leib mit einem Bad und schließlich auch mit Speisen zu erquicken. Und wenn sie auch aus Ehrerbietung vor ihren Eltern, widerstrebend zwar, doch ihren Lieben sich fügend, nicht mit heiterer, aber gleichwohl gelassener Miene den Erfordernissen des Lebens nachkam, wie ihr geheißen wurde, so verzehrte sie sich dennoch tief in der Brust, nein, im innersten Mark in Leid und Gram. Ganze Tage und Nächte verbrachte sie in Sehnsucht und Schmerz und ließ dem Bild des Verstorbenen, den sie in der Gestalt des Dionysos hatte darstellen lassen, in hingebungsvollem Dienst göttliche Ehren zuteil werden und quälte sich so gerade durch das, was ihr hätte ein Trost sein sollen.

Thrasyllus aber, ohnehin hitzig und seinem Namen entsprechend verwegen, hatte, noch ehe die Tränen ihren Schmerz stillten, der Aufruhr ihrer erregten Seele sich beruhigte und die Trauer sich im Laufe der Zeit am eigenen Übermaß erschöpfte, noch während sie ihren Gatten beweinte, ihre Kleider zerriß, sich das Haar zerraufte, keine Henmungen, ihr die Ehe anzutragen und so durch seine Schamlosigkeit das stille Geheimnis seiner Brust und seine unfaßbar niederträchtige Gesinnung zu offenbaren. Charite ergriff Schauder und Entsetzen vor solcher schändlichen Zumutung, und wie vom Donner und Himmelssturm oder gar von Jupiters Blitz getroffen, sank sie zusammen, und die Sinne schwanden ihr. Als sie nach einer Weile wieder zu sich kam, fing sie erneut an zu schreien wie ein wundes Tier, sie durchschaute das Spiel des Schurken Thrasyllus und erbat sich für seinen Heiratsantrag Bedenkzeit, um ihren Plan zu schmieden.

Währenddessen erschien der Schatten des kläglich hingemordeten Tlepolemus mit blutüberströmtem und blaß entstelltem Antlitz und unterbrach den keuschen Schlaf seiner Frau: ›Teure Gattin, vernimm, was du von niemand sonst erfahren kannst: Wenn mein Andenken in deiner Brust erloschen ist oder mein unseliger Tod den Bund unserer Liebe zerrissen hat, sei glücklich mit welchem Gatten du immer willst, nur überlaß dich nicht den schändlichen Händen des gottlosen Thrasyllus, meide sein Gespräch, liege nicht mit ihm zu Tisch und ruhe nicht mit ihm auf dem Polster! Flieh die blutige Rechte meines Mörders! Heirate keinen Freundesmörder! Die Wunden, deren Blut deine Tränen benetzt haben, sind nicht alle von den Zähnen des Ebers geschlagen: Die Lanze des ruchlosen Thrasyllus hat mich dir entrissen!‹ Und er fügte noch alles weitere hinzu und entdeckte ihr die ganze schändliche Tat.

Sie aber, das Gesicht in das Kissen gedrückt, so wie sie eingeschlummert war, netzte noch im Schlaf ihre Wangen mit den plötzlich quellenden Tränen, und aus ruhloser Ruhe auffahrend, wie von einem Alpdruck geweckt, brach sie in neue Klagen aus, wimmerte und schluchzte, zerriß ihr Gewand und zerkratzte mit rasenden Händen ihre schönen Arme. Indessen von der nächtlichen Erscheinung erzählte sie niemandem auch nur ein Wort, sondern ließ über die Tat nichts verlauten und beschloß im stillen, den schändlichen Mörder zu bestrafen und sich selbst der Qual des Lebens zu entziehen.

Und schon stellte sich der schamlose Bewerber wieder ein und bestürmte unbekümmert in seiner Lustgier ihre verschlossenen Ohren mit seinen Heiratsanträgen. Dennoch nahm sie die Worte des Thrasyllus durchaus gelassen auf und verstellte sich mit bewunderswertem Geschick, indem sie ihm, als er sie schwatzhaft bedrängte und demütig beschwor, entgegnete: ›Noch schwebt mir das schöne Antlitz deines brüderlichen Freundes und meines teuren Gatten vor Augen, noch meine ich den Balsamduft seines ambrosischen Leibes zu atmen, noch lebt der herrliche Tlepolemus in meinem Herzen! So wirst du dich wohl damit zufriedengeben, der unglücklichen Witwe das offizielle Trauerjahr zu vergönnen und dich die restlichen Monate noch zu gedulden. Dies aber sowohl mit Rücksicht auf mein Anstandsgefühl als auch auf dein eigenes Lebensglück, damit wir nicht durch eine vorzeitige Vermählung den Schatten meines Mannes kränken, daß er in gerechter Entrüstung aufsteht und dein Leben vernichtet!‹

Doch auch diese Worte vermochten Thrasyllus keineswegs zur Vernunft zu bringen oder wenigstens auf gelegenere Zeit zu vertrösten, sondern immer wieder fuhr er fort mit seinem bis zum Überdruß lästigen Geschwätz schamlos auf sie einzuflüstern, bis Charite sich zum Schein besiegt stellte und nachgab: ›Wenigstens mußt du mir versprechen, Thrasyllus, wenn ich dich so inständig bitte, daß keiner im Haus etwas merkt, wenn wir uns inzwischen heimlich und verschwiegen verbinden, bis die noch fehlenden Tage des Trauerjahres vorüber sind!‹

Thrasyllus ließ sich von den listigen Worten der Frau täuschen, gab ihr nur zu gerne nach und war ohne weiteres mit dem heimlichen Beilager einverstanden; er konnte die Nacht mit ihrer geheimnisvollen Finsternis kaum erwarten und vergaß über diesem seinem Begehren alles andere. ›Aber höre‹, sagte Charite, ›komm gut vermummt und ohne jede Begleitung um die erste Nachtwache leise an meine Tür! Begnüge dich mit einem einzigen Pfiff und warte dann auf meine Amme, die dich hinter der Tür hören wird. Wenn sie aufgemacht und dich ins Haus eingelassen hat, wird sie dich, ohne Licht zu machen, in mein Schlafzimmer führen.‹

Thrasyllus war begeistert von der Komödie dieser für ihn so verhängnisvollen Hochzeit. Er schöpfte keinen Verdacht, sondern beschwerte sich nur über den langen Tag und den zu langsam hereinbrechenden Abend, da er es nicht erwarten konnte. Doch sobald die Sonne der Nacht gewichen war, schlich er, nach Charites Geheiß verkleidet und von der listig wachenden Amme getäuscht, voller Hoffnung in das Schlafgemach. Hier hieß ihn die Alte auf Weisung der Herrin freundlich willkommen und brachte unauffällig Becher und einen Krug, der mit Schlafgift versetzten Wein enthielt, und da er hastig und sorglos einen Schluck nach dem anderen nahm, während sie die Verspätung der Herrin entschuldigte, die bei ihrem kranken Vater säße, brachte sie es leicht dahin, daß er bald in abgrundtiefen Schlaf versank. Als er so aller Gewalttat preisgegeben auf dem Rücken lag, rief sie Charite herein, die sich mit männlicher Beherztheit und voll jäher Erbitterung auf den Meuchelmörder stürzte und ihm zu Häupten stehenblieb.

›Das also ist der treue Freund und Begleiter meines Gatten‹, rief sie, ›der treffliche Jäger und mein lieber Bräutigam! Das ist die Rechte, die mein Blut vergossen hat, das ist die Brust, die zu meinem Verderben Lug und Trug ersonnen hat, und das sind die Augen, die an mir so frevles Gefallen gefunden haben: Sie genießen schon den Vorgeschmack der künftigen Finsternis und sind ihrer Strafe zuvorgekommen! Schlafe sorglos, träume selig! Nicht mit dem Schwert, nicht mit dem Eisen will ich dich treffen; das sei ferne von mir, daß ich dich meinem Mann auch nur durch die Todesart gleichstelle! Du sollst leben, nur deine Augen sollen sterben, und nur noch im Schlaf sollst hinfort du sehen! Ich will dafür sorgen, daß du deines Feindes Tod für ein glücklicheres Los hältst als dein eigenes Leben. Kein Licht mehr sollst du schauen, der Hand eines Begleiters sollst du bedürfen, Charite sollst du nimmer im Arm halten, keiner Hochzeit dich freuen; nicht sei des Todes Frieden und nicht des Lebens Wonne dir beschieden! Nein, als elendes Gespenst sollst du zwischen Tag und Nacht dahinirren und ewig nach der Hand suchen, die deine Augensterne ausgelöscht hat; und im Übermaß deiner Qualen wirst du nicht einmal wissen, wem du sie zu verdanken hast. Ich aber will das Blut deiner Augen dem Grab meines Tlepolemus weihen und seiner edlen Seele das Totenopfer deines Augenlichts darbringen. Doch nun sei deine verdiente Marter nicht länger aufgeschoben, indessen du vielleicht gar von meinen dir so todbringenden Umarmungen träumst! Tauche herauf aus dem Dämmer des Schlafes und erwache zur Nacht deiner Strafe! Schlage deine leeren Lider auf, erkenne die Rache, trage dein Geschick, ermiß dein Leid! So hat eine keusche Frau an deinen Augen Gefallen gefunden, so erleuchten die Fackeln dein Hochzeitsgemach! Brautführerinnen werden dir die Furien sein, dir zur Seite wandeln die Blindheit und der ewige Stachel deines Gewissens!‹

Nach dieser Prophezeiung nahm die Frau eine Haarnadel vom Haupt, zerstach dem Thrasyllus beide Augen und ließ den Geblendeten liegen, der infolge des unerwarteten Schmerzes seinen Rausch mit dem Schlaf abschüttelte, ergriff das bloße Schwert, das Tlepolemus dereinst zu tragen pflegte, und raste wie eine Wahnsinnige mitten durch die Stadt geradenwegs zum Grabmal ihres Gatten, irgendeine schreckliche Tat im Sinne.

Wir aber und alles Volk – die Häuser standen bald leer – gingen ihr rasch nach und verständigten einander, daß man das Schwert ihren rasenden Händen entwinden müsse. Neben der Gruft des Tlepolemus blieb Charite stehen, trieb mit der blinkenden Waffe alle zurück und rief, als sie die Umstehenden in Jammer und Tränen sah: ›Fort mit den unangebrachten Tränen, fort mit euren Klagen über meine mutige Tat! Ich habe Rache genommen an dem blutigen Mörder meines Gatten, ich habe meiner Ehe schändlichen Räuber bestraft! Nun ist es an der Zeit, daß ich mir mit diesem Schwert den Weg hinab zu meinem Tlepolemus bahne!‹

Der Reihe nach berichtete sie alles, was ihr Gatte ihr im Traum verkündet hatte, mit welcher List sie Thrasyllus gefangen und überwunden hatte, stieß sich das Schwert unter ihrer rechten Brust in den Leib, brach blutüberströmt zusammen und hauchte unverständliche Worte stammelnd ihre tapfere Seele aus. Da wurde der Leichnam der armen Charite sorgsam gewaschen, und die Angehörigen gaben im gemeinsamen Grab dem Gatten für ewig die Gattin wieder.

Als Thrasyllus alles vernahm, wußte er den tragischen Ausgang nicht anders als durch eine weitere Gewalttat zu beschließen, und in der Überzeugung, daß eine solche Untat kein Schwert zu sühnen vermöchte, ließ er sich zum Grab der Charite und des Tlepolemus führen und rief immer wieder: ›Hier bin ich, ihr zürnenden Geister, ein freiwilliges Opfer!‹ Dann zog er die Tür zur Gruft hinter sich zu und beschloß nach dem über sich selbst gefällten Urteilsspruch Hungers zu sterben.«

So erzählte der Bote unter tiefen Seufzern und manchen Tränen den erschreckten und erschütterten Hirten.

Diese bedauerten das Schicksal ihrer Herrschaft mehr als

genug und trafen dann aus Furcht vor dem Wechsel der Besitzverhältnisse Anstalten zur Flucht. Der Stallmeister, dessen Pflege ich seinerzeit anvertraut und übergeben worden war, packte alles, was er in seinem Haus an Kostbarkeiten und Schätzen verwahrte, auf meinen und der anderen Tragtiere Rücken, um es mitzunehmen, und gab seine bisherige Bleibe auf. Wir trugen kleine Kinder und Frauen, wir trugen Hühner, Gänse, junge Ziegen, junge Hunde; alles, was schlecht laufen konnte und unsere Flucht behindert hätte, wanderte auf unseren Füßen. So schwer auch meine Last war, sie drückte mich nicht, denn mit dieser frohen Flucht entging ich dem schrecklichen Kerl, der meine Mannheit abschneiden wollte.

Als wir den steilen Anstieg einer bewaldeten Höhe hinter uns hatten und bereits wieder durch flaches Land zogen, bis der Abend die Wege schon zu verdunkeln begann, gelangten wir in ein großes reiches Dorf, wo uns die Einwohner rieten, weder bei Nacht noch auch am frühen Morgen weiterzuziehen. Wölfe, zahlreich, groß, stark, von schrecklichem Aussehen, wild und reißend, an ausgedehnte Raubzüge gewöhnt, machten die ganze Gegend unsicher. Schon sei es so weit, daß sie wie Räuber die Straßen belauerten und die Wanderer überfielen, ja, in ihrem Heißhunger brächen sie sogar in die Höfe in der Umgebung ein, so daß die Leute schon wie das dümmste Vieh um ihr Leben bangten. Jedenfalls lägen längs des Weges, den wir weiterziehen wollten, angefressene Leichen, und die ganze Gegend sei weiß von Knochen, von denen das Fleisch abgenagt sei; wir sollten uns daher auf der Weiterreise vorsehen und erst bei Tageslicht zu vorgerückter Stunde, wenn die Sonne schien, aufbrechen und die zahlreichen unübersichtlichen Stellen meiden, da die Bestien die Helle scheuten; vor allem auch sollten wir nicht in einzelnen Gruppen marschieren, sondern dicht aufschließen, um den drohenden Überfällen gewachsen zu sein.

Aber unsere Treiber, diese nichtsnutzigen Ausreißer, schlugen im Leichtsinn ihrer blinden Eile und aus Angst vor einer möglichen Verfolgung die heilsame Mahnung in den Wind und trieben uns, ohne den Tag abzuwarten, mit unserem Gepäck bereits um die dritte Nachtwache wieder auf die Straße hinaus. Ich suchte mich vor der drohenden Gefahr zu schützen und möglichst in der Mitte zwischen den dichtgedrängten Tragtieren zu halten, um mein Hinterteil gegen einen Angriff der Bestien zu sichern.

Und schon wunderten sich alle, daß ich plötzlich schneller lief als selbst unsere Pferde; doch die Ursache dieser Behendigkeit war nicht Munterkeit, sondern Angst! So kam ich auch auf den Gedanken, daß dem berühmten Pegasus vor Angst jene Flügel wuchsen, um derentwillen man ihn heute mit Recht als beschwingt bezeichnet, denn aus lauter Angst vor dem Biß der feuerschnaubenden Chimära sprang er mit allen vieren gleichzeitig in die Luft und bis in den Himmel hinein.

Auch die Treiber, die uns führten, hatten sich zum Kampf gerüstet: der eine trug eine Lanze, der andere einen Jagdspieß, dieser Wurfpfeile, jener einen Knüppel, andere trugen Steine, die der holprige Weg in Fülle darbot; es waren auch welche dabei, die vorne zugespitzte Pfähle auf der Schulter schleppten; doch die meisten suchten die Bestien mit brennenden Fackeln abzuschrecken. Es fehlte nur noch eine Trompete, dann wären wir eine regelrechte Armee gewesen! Allein unsere töricht übertriebene Furcht war schließlich doch nicht umsonst, denn wir blieben in weit schlimmeren Schlingen hängen. Wölfe aber griffen uns jedenfalls nicht an und ließen sich auch nicht einmal von ferne blicken – mag sein, daß sie das Geschrei des Haufens von jungen Leuten oder vielleicht auch das grelle Licht der Fackeln abschreckte oder daß sie ganz einfach anderenorts ihr Unwesen trieben.

Allein die Bewohner eines Dorfes, an dem wir gerade vorüberzogen, hielten unseren Haufen für Räuber, und reichlich besorgt um ihre Habe hetzten sie uns in ihrer schrecklichen Angst große bissige Hunde, die sie zur Bewachung abgerichtet hatten, grimmiger als alle Wölfe oder Bären, mit großem Geschrei und allerlei Zurufen auf den Hals. Ganz abgesehen davon, daß diese schon von Natur aus bösartig waren, machte sie der Lärm ihrer Brotgeber erst recht wild. Sie stürzen sich auf uns und umstellen uns von allen Seiten, springen uns überall an, beißen wahllos Menschen und Tiere zugleich und toben sich so lange aus, bis die meisten am Boden liegen. Es ist ein weiß Gott weniger erzählenswerter als erbarmenswerter Anblick: eine Rotte Hunde, von denen die einen in wilder

Rauflust Flüchtende packen, andere sich an die noch aufrecht Stehenden hängen, einige sich auf die am Boden Liegenden stürzen, kurz, die zähnefletschend durch unsere ganze Marschkolonne spazieren!

Doch das größere Übel stand uns noch bevor! Hoch von den Dächern und von dem nahen Hügel ließen die Bauern Steine auf uns herabhageln, daß wir wirklich nicht mehr wußten, was schlimmer war, die Hunde zwischen unseren Beinen oder die Steine von oben. Einer traf plötzlich den Kopf der Frau, die auf meinem Rücken saß. Es tat weh, und sie fing an zu heulen und zu schreien und rief ihren Mann, den Oberhirten, zu Hilfe.

Er fluchte, wischte seiner Frau das Blut ab und brüllte: »Was überfallt ihr denn harmlose Leute und wehrlose Wanderer, um alles umzubringen! Was wollt ihr von uns? Was haben wir euch getan? Ihr benehmt euch wie wilde Tiere, die in einer Höhle wohnen, wie die Barbaren in ihren Felsverstecken, die sich am Blutvergießen freuen!« Kaum war das letzte Wort heraus, da hörte der Steinhagel auf, und das Rudel der Bullenbeißer wurde zurückgepfiffen und gab Ruhe. Einer von drüben rief aus dem Gipfel einer hohen Zypresse: »Wir sind keine Räuber, die euch ausplündern wollen, sondern wir wollten uns im Gegenteil vor eurem Überfall schützen! Also zieht in Frieden eurer Wege!« So sprach er. Wir aber marschierten weiter, viele von uns verletzt, einer von einem Steinwurf, ein anderer durch einen Hundebiß; alle hatten ihren Teil abbekommen.

Als wir dann wieder ein Stück Weges hinter uns hatten, erreichten wir eine waldige Gegend mit hohen Bäumen und freundlichen grünen Wiesen, wo unsere Führer Rast machten und ihre verschiedenen Verletzungen verbinden wollten. So streckte man sich überall auf dem Boden aus, um zunächst die Müdigkeit zu vertreiben und dann auch die Wunden zweckmäßig zu versorgen; der eine wusch das Blut am vorüberfließenden Bach ab, ein anderer legte einen mit Essig getränkten Schwamm auf seine Beulen, ein dritter verband seine klaffenden Risse. So war ein jeder um sein Wohl besorgt.

Indessen beobachtete uns von einem hohen Hügel aus ein alter Mann, den ringsum weidende Ziegen als Hirten verrieten. Einer unserer Leute fragte ihn, ob er Milch zu verkaufen habe, sei es frisch gemolkene oder gestockte. Er schüttelte lange den Kopf und fragte: »Wie könnt ihr nur an Essen und Trinken und überhaupt an Erquickung denken? Wißt ihr nicht, wo ihr Rast macht?« Mit diesen Worten trieb er seine Ziegen zusammen, machte kehrt und verschwand. Seine Rederei und seine Flucht beunruhigten unsere Hirten nicht wenig. Während sie noch bestürzt in Erfahrung zu bringen suchten, was es mit dem Ort für eine Bewandtnis habe, und niemand aufzutreiben war, der ihnen hätte Auskunft geben können, kam ein anderer Greis des Weges, groß, hochbetagt, schwer auf seinen Stock gestützt, der sich auf müden Füßen weiterschleppte und dabei bittere Tränen vergoß; als er unser ansichtig wurde, umschlang er die Knie jedes einzelnen der Männer, weinte und beschwor sie.

»Bei euren Sternen und Schutzgöttern«, rief er, »gesund und fröhlich sollt ihr in meine Jahre kommen, aber helft einem verzweifelten Greis, rettet meinen Liebling und gebt ihn meinem grauen Haupt zurück! Mein Enkelchen, der süße Begleiter auf meinen Wegen, wollte dort im Gebüsch ein singendes Vögelchen haschen und fiel in eine unter dem Gesträuch versteckte Grube, und bald ist es um ihn geschehen; er ruft mich, er schreit und weint nach seinem Großvater, und ich weiß, daß er noch lebt, aber schwach wie ich bin, ihr seht es ja, kann ich ihm nicht helfen. Ihr seid jung und stark, und euch ist es ein leichtes, einem armen alten Mann beizustehen und dem jüngsten und letzten meiner Enkelkinder, meinem einzigen Stammhalter, das Leben zu retten!«

Als er so bettelte und sein weißes Haar raufte, tat er uns allen leid. Und einer der tapfersten, jüngsten und stärksten von allen, der als einziger dem vorigen Überfall unverletzt entronnen war, stand auch gleich auf und fragte, wo der Junge hinuntergefallen sei, und ging unverdrossen mit dem Alten, der mit dem Finger auf ein nahes Dorngestrüpp deutete. Inzwischen waren alle wiederhergestellt, wir waren gefüttert worden, die andern hatten ihre Wunden versorgt, und man packte alles ein, um aufzubrechen, und rief den Burschen anfangs mehrfach mit seinem Namen, dann, durch das lange Ausbleiben beunruhigt, wurde einer von den Leuten fortgeschickt, um ihn zum Aufbruch zu mahnen und mitzubringen. Es dauerte nicht lange, bis er totenbleich und am ganzen Leibe zitternd wieder da war und eine entsetzliche Nachricht brachte: Er habe mit eigenen Augen gesehen, wie ein riesengroßer Drache auf seinem am Boden liegenden und schon halb aufgefressenen Kameraden sitze und ihn zerfleische; der Jammergreis aber sei spurlos verschwunden. Kaum haben sie das gehört und mit den düsteren Andeutungen des Hirten in Verbindung gebracht, der sie ohne Zweifel vor diesem Ungeheuer hat warnen wollen, als sie Hals über Kopf diesen Ort des Schreckens verlassen und vom Knüppel fleißig Gebrauch machen, um uns in Trab zu bringen.

Nachdem wir rasch ein gutes Stück weitergekommen waren, gelangten wir schließlich in ein Dorf, wo wir uns die ganze Nacht über ausruhten. Hier hörten wir von einer recht merkwürdigen Begebenheit, die ich gerne berichte.

Ein Sklave, dem sein Herr die Aufsicht über das ganze Hauswesen anvertraut hatte und der das große Besitztum, wo wir eingekehrt waren, bewirtschaftete, hatte eine Mitsklavin aus demselben Gesinde zur Frau, unterhielt jedoch Beziehungen zu einem freien, nicht zum Haus gehörenden Mädchen. In ihrem Schmerz über dies Verhältnis verbrannte die Frau alle Rechnungsbücher ihres Mannes samt allem, was er an Vorräten im Lager hatte. Doch der angerichtete Schaden vermag ihrer Rache für die Schmach ihres Ehebetts noch nicht zu genügen und sie wütet nun auch noch gegen ihr eigen Fleisch und Blut und knüpft sich und ihr Kind, das sie einst von ihrem Mann empfangen hat, an ein und denselben Strick und stürzt sich in einen tiefen Brunnen, das Kind mit in die Tiefe reißend. Ihr Tod erbitterte den Herrn der beiden so heftig, daß er den Sklaven, dessen Fehltritt den Anlaß zu der schrecklichen Tat gegeben hatte, festnehmen, nackt ausziehen und von oben bis unten mit Honig beschmiert an einen Feigenbaum binden ließ, in dessen morschem Stamm es von Ameisen wimmelte, die zwischen ihren Nestern scharenweise hin und her liefen. Als sie den süßen Honiggeruch des Körpers wahrnahmen, fielen sie mit kleinen, aber unablässigen und unzähligen Bissen über ihn her, während er langsam eines qualvollen Todes starb, und fraßen sein Fleisch und Eingeweide und den ganzen Kerl mit Haut und Haar auf, bis nur noch sein Gerippe übrig war und die nackten Knochen schneeweiß an dem Marterbaum hingen.

Auch von diesem unheimlichen Ort schieden wir bald und ließen die Dorfbewohner mit ihrer Trauer allein; und nachdem wir wieder aufgebrochen und einen ganzen Tag lang die Landstraße weitergezogen waren, erreichten wir todmüde endlich eine größere und ansehnliche Stadt. Hier wollten die Hirten Heim und Wohnsitz aufschlagen, weil sie sich hier vor etwaigen Nachforschungen sicher fühlten und die gesegnete Fruchtbarkeit der Umgebung zum Bleiben lud.

Wir Tragtiere wurden drei Tage lang aufgefüttert, um besser verkäuflich zu sein, und dann auf den Markt geführt, wo unter dem lauten Geschrei des Ausrufers, der die einzelnen Preise bekanntgab, die Pferde und auch die anderen Esel zahlungskräftige Käufer fanden. An mir gingen alle verächtlich vorüber, und ich blieb einsam und allein übrig. Ich hatte es allmählich satt, von allen betastet zu werden, die aus meinen Zähnen auf mein Alter schließen wollten, und als einer mit seinen Stinkpfoten immer wieder an meinem Zahnfleisch herumrieb, schnappte ich nach seiner Hand und fraß sie samt ihrem Dreck fast auf. Das schreckte die Umstehenden erst recht ab, da keine Menschenseele mit einem so bösen Vieh etwas zu tun haben wollte. Der Ausrufer, der sich schon zuschanden geschrien hatte, begann jetzt mit heiserer Stimme auf meine Kosten Witze zu reißen: »Was wollen wir denn an dem steinalten Klepper da noch verkaufen mit seinen ausgetretenen Hufen, seiner Leidensmiene, seiner stumpfsinnigen Faulheit und Wildheit, dessen Fell sich bestenfalls noch als Sieb verwenden ließe! Schenken wir ihn also einem, der etwas Heu übrig hat!«

Auf diese Weise brachte der Ausrufer die Umstehenden zum Lachen.

Doch meine bitterböse Fortuna, der ich mit meiner Flucht durch so viele Länder nicht entkommen konnte und die ich durch so viel Geduld nicht auszusöhnen vermochte, blickte wieder mit scheelen Augen auf mich und schickte mir einen Käufer, wie sie ihn zu meinem Unglück nicht besser hätte finden können. Und was meint ihr, wen? Einen Sittenstrolch, und zwar einen alten Sittenstrolch, einen Kahlkopf mit nur noch einigen melierten Löckchen an der Seite, einen aus der Straßenzunft, die in Gassen und Städten die Syrische Göttin spazierenträgt, mit Zimbeln und Klappern Musik macht und betteln geht. Höchst kauflustig fragte er den Ausrufer, woher ich sei; der andere erklärt, ich sei ein Kappadozier und noch recht gut beisammen. Er erkundigte sich weiter und fragte nach meinem Alter. Darauf der Ausrufer anzüglich: »Ein Astrologe, der ihm neulich das Horoskop gestellt hat, schätzt ihn auf fünf Jahre, aber er selbst weiß am besten, was er leistet. Es verstößt natürlich gegen die Lex Cornelia, wenn ich dir einen römischen Bürger verkaufe – warum kaufst du dir nicht lieber einen biederen und braven Hausburschen, der dir draußen wie daheim bessere Dienste leisten kann?« Der widerliche Interessent ließ sich nicht abschrecken und fragte noch dies und das und erkundigte sich schließlich auch noch ängstlich, ob ich wirklich ganz zahm sei.

Doch der Ausrufer erwiderte: »Ein Schaf ist das, kein Esel! Er läßt sich alles gefallen, ist brav, beißt nicht und schlägt nicht aus und benimmt sich, als stecke der gutmütigste aller Kerle in der Eselshaut. Davon kannst du dich gleich überzeugen. Wenn du deinen Kopf zwischen seine Hinterbacken klemmst, merkst du gleich, was er sich alles gefallen läßt!«

So foppte der Ausrufer den Kümmerling, der aber merkte den Spott und entrüstete sich: »Du alter Kadaver, du trauriger Schreihals, mögen dich die allmächtige und allgebärende Syrische Göttin, der heilige Sabadius, Bellona und die Mutter vom Ida und die Herrin Venus samt ihrem Adonis mit Blindheit schlagen, wenn du mich dauernd zum Narren halten willst! Glaubst du Dummkopf, ich kann die Göttin auf ein wildes Tier setzen, das dann, wenn es böse wird, das Götterbild abwirft, damit ich Ärmster mir die Haare raufen und für meine heruntergefallene Göttin nach einem Arzt umherrennen muß!«

Als ich das hörte, überlegte ich schon, ob ich nicht einen großen Satz machen sollte, damit er doch lieber vom Kauf abstünde, wenn er mich in meiner ganzen Wildheit erblickte. Aber mein Käufer kam meinen Überlegungen zuvor und entrichtete rasch den Kaufpreis von siebzehn Denaren, über den mein Herr sich um so mehr freute, als er mich auf alle Fälle loswerden wollte. So übergab er mich auf der Stelle mit einem Bastseil gehalftert dem Philebus – dies war der Name meines neuen Besitzers.

Der nahm den neuen Diener in Empfang und führte ihn zu sich nach Hause. Und schon von der Schwelle aus rief er: »Mädelchen, schaut, was ich euch für ein feines Kerlchen gekauft und mitgebracht habe!« Diese Mädelchen waren eine Horde von Freudenbengeln, die jubelnd und übergeschnappt vor Vergnügen mit hysterischem Weibergekreisch ein mißtönendes Geschrei erhoben, weil sie dachten, er habe ihnen tatsächlich einen braven Sklaven für ihre Bedürfnisse besorgt. Doch als sie entdeckten, daß man ihnen als Opfer zwar keine Hindin an Stelle einer Jungfrau, wohl aber einen Esel statt eines Kerls angedreht hatte, rümpften sie die Nase und fielen höhnisch über ihren Herrn und Meister her: Er bringe da keinen Sklaven für sie, sondern offenbar einen Hochzeiter für sich selbst angeschleppt. Und: »He!« riefen sie, »ein so hübsches Hühnchen ist nicht für dich allein da, du mußt deine Turteltäubchen auch ab und zu einmal naschen lassen!«

Unter derartigen Albernheiten banden sie mich in der Nähe der Krippe fest. Es war übrigens noch ein recht vierschrötiger Bursche da, ein wohlgeübter Flötenbläser, den sie sich aus zusammengebettelten Spenden als Sklaven gekauft hatten und der, wenn sie die Göttin in den Gassen herumtrugen, auf seinem Instrument blasend neben ihnen herging, zu Hause aber als Mitarbeiter und Teilhaber an ihrem Unternehmen auch ihren Beischläfer machte. Als er mich im Hause sah, fütterte er mich gern und gut und sagte: »Herzlich willkommen, mein Ersatzmann und Nachfolger! Ich wünsche dir ein langes Leben und daß du den Herrschaften gefällst, damit ich mich endlich einmal etwas erholen kann!« Als ich das hörte, war mir klar, was mir an Marterqualen bevorstand!

Anderentags traten sie auf, kleideten sich in bunte Farben, mehr lächerlich als feierlich, bedeckten das Gesicht mit schmieriger Schminke, zogen die Augenbrauen mit Tusche nach, hüllten den Kopf in einen Turban und legten safranfarbene Gewänder aus Musselin und Seide an; einige trugen weiße Hemden, die kreuz und quer mit lanzenartiger Purpurstickerei verziert waren, gürteten sich mit einer Schärpe und steckten die Füße in goldene Sandalen. Die Göttin setzten sie, in einen seidenen Mantel gehüllt, auf meinen Rücken. Die Arme bis zur Schulter entblößt und mächtige Schwerter und Beile schwin-

. . . bis ich in der äußersten Not mich des einzigen mir noch verbliebenen Mittels bediente und ihr einen starken Jauchestrahl in Gesicht und Augen spritzte. SEITE 475

gend, hüpften sie Euhoi rufend umher, indes die Töne der Flöte sie zu ekstatischem Tanz aufpeitschten. Sie hatten schon eine ganze Anzahl Hütten abgegrast, als sie zum Landsitz eines reichen Mannes gelangten. Kaum waren sie angekommen, als sie mit wüstem Geheul verzückt und verrückt durcheinanderschwärmten und mit gesenktem Kopf den Nacken verdrehten, das lose Haar schüttelten und wirbelten, sich sogar auch in das eigene Fleisch bissen und sich schließlich auch noch mit ihren zweischneidigen Schwertern die eigenen Arme aufrissen.

Einer von ihnen gebärdete sich vollkommen irrsinnig und stellte sich, aus tiefster Brust keuchende Laute ausstoßend, wie von göttlichem Geist erfüllt und raste wie ein Wahnsinniger – es war, als ob die Gegenwart Gottes die Menschen nicht zur Vernunft brächte, sondern sie haltlos und blöde machte!

Aber sieh einer an! Das ist der göttlichen Vorsehung verdienter Lohn! Mit irrem Geschrei beginnt er sich gleisnerisch zu bezichtigen und anzuklagen, gegen irgendeine Satzung der heiligen Religion verstoßen zu haben, und ruft obendrein auch noch seine eigenen Hände auf, seine Verbrecherschuld gebührlich zu ahnden. Dann ergreift er die Geißel, das bezeichnende Zubehör dieser Halbmänner, die aus wollenen Kordelschnüren und Schafsknöchelchen besteht, und peitscht sich und geißelt sich, gegen die Schmerzempfindung durch den eigenen Wahn gefeit. Was für ein Anblick, als aus Schwertwunden und Geißelstriemen der Boden im Unflat des Blutes dieser Halbweiber schwamm!

Ich machte mir keine geringen Sorgen bei einem derart großzügigen Blutvergießen, daß der Magen jener fremden Göttin, wie der mancher Menschen nach Eselsmilch, nach Eselsblut Verlangen tragen könnte.

Doch waren sie bald müde oder hatten die Selbstzerfleischung satt und machten Schluß mit der Metzelei, und man gab ihnen um die Wette kupferne, ja sogar silberne Münzen als Almosen, die sie im Bausch ihres Gewandes verschwinden ließen, dazu wurden auch noch ein Krug Wein, Milch, Käse, etwas Grütze, Weizen und auch Gerste für den Träger der Göttin spendiert; gierig rafften sie alles zusammen und stopften es in entsprechend vorbereitete Säcke, die sie dann auf meinen Rücken packten, so daß ich nun zwiefach beladen zugleich als Speicher und Tempel des Weges zog.

Auf solche Weise trieben sie sich herum und plünderten die ganze Gegend aus. Und dann rüsteten sie, zufrieden mit den reichlich fließenden Einnahmen, in einem Gehöft ein großes Freudenmahl. Von einem Bauern erschwindelten sie sich durch eine angebliche Prophezeiung einen fetten Hammel, der geopfert wurde, um die hungrige Syrische Göttin zu sättigen. Sobald das Essen angerichtet war, begaben sie sich ins Bad, und als sie sich erfrischt hatten, kehrten sie mit einem stämmigen Bauernburschen als Tischgenossen zurück, der leistungsfähig und unter dem Bauch gut ausgestattet war. Kaum haben sie als Vorspeise etwas Salat gekostet, als es diese schamlosen Schmutzfinken nicht mehr erwarten können und sich in ihrer Geilheit noch vor Tisch an den Kerl, der nackt auf dem Rücken liegt, heranmachen und sich drängeln, um ihn mit ihren unflätigen Mäulern zu beanspruchen. Einer solchen Szene aber waren meine Augen ganz einfach nicht gewachsen, und ich wollte »Hilfe! Auf geht's!« rufen: allein nur das »Hi« ohne die anderen Buchstaben glückte und war laut und deutlich zu vernehmen, wie sich das bei einem Esel gehört, aber natürlich ganz zur Unzeit!

Aus dem Nachbardorf waren nämlich ein paar junge Kerle unterwegs, die einen in der vergangenen Nacht gestohlenen Esel suchten und in allen Gasthäusern herumfragten; und als sie mein Geschrei drin in dem Gehöft hörten, meinten sie, das Beutestück sei irgendwo im Haus versteckt. Sie brechen plötzlich als geschlossener Haufen in das Zimmer ein, um sich ihr Eigentum zurückzuerobern, und erwischen auf diese Weise die unsauberen Gesellen bei ihrem wüsten Treiben; sie rufen die ganze Nachbarschaft zusammen, um ihnen die tolle Szene vorzuführen, und sparen auch nicht mit höhnischen Kommentaren zu der Frage der priesterlichen Keuschheit.

Bestürzt über diese Schmach, deren Kunde von Mund zu Mund flog und ihnen verdientermaßen Haß und Verachtung eingetragen hatte, packten sie um Mitternacht ihre Sachen zusammen, um dem Gehöft den Rücken zu kehren. Als sie noch vor Sonnenaufgang ein gutes Stück Weges zurückgelegt hatten, gelangten sie bei Tagesanbruch in eine einsame und verlassene Gegend. Hier halten sie eine ausführliche Besprechung und verständigen sich dahingehend, daß ich reif sei für das Grab. Die Göttin wird aus dem Tragsattel gehoben und auf den Boden gesetzt, ich werde von allem Riemenzeug entblößt an eine Eiche gebunden, und dann prügeln sie mich aus Leibeskräften mit jener Knöchelgeißel, daß ich nur so nach Luft schnappe. Einer wollte mir mit seinem Beil die Kniekehlen durchhauen, weil ich über seine himmlische Unschuld so unpassend gewiehert hatte. Doch die anderen meinten, weniger um meinetwillen, sondern aus Sorge um das am Boden liegende Bild der Göttin, daß man mich am Leben lassen müsse. Also luden sie mir mein Gepäck wieder auf und trieben mich mit der flachen Klinge vor sich her, bis sie in eine größere Stadt kamen.

Hier lief ein vornehmer Mann auf uns zu, der fromm und ganz besonders gottesfürchtig war und den der Klang der Zimbeln, das Dröhnen der Pauken und die einschmeichelnden phrygischen Weisen angelockt hatten, hieß die Göttin gastlich willkommen, brachte uns alle in einem Flügel seines weitläufigen Hauses unter und beeilte sich, durch entsprechende Verehrung und fette Opfer die Gunst der Gottheit zu erringen.

Nun aber geriet ich, wenn ich mich recht erinnere, in die größte aller Gefahren für Leib und Leben. Ein Pächter hatte als einen Teil seiner Jagdbeute unserem Gastgeber und seinem Herrn eine schöne Hirschkeule geschenkt. Ein Hund, der auf seine Weise auf die Jagd ging, hatte sie sich heimlich zu eigen gemacht, da sie sorglos nicht sehr hoch hinter der Küchentür aufgehängt worden war, und konnte mit seiner Beute froh und schnell allen Aufpasseraugen entrinnen. Als der Koch den Verlust bemerkte, jammerte und lamentierte er lange ganz umsonst über seinen Leichtsinn, und als sein Herr nach der Mahlzeit rief, wurde er trübsinnig und verzweifelte derart vor Angst, daß er von seinem kleinen Sohn Abschied nahm, einen Strick holte und mit einer Schlinge um den Hals seinem Leben ein Ende machen wollte. Seinem treuen Weib jedoch war die Verzweiflung ihres Mannes nicht verborgen geblieben, sie packte den Unglücksstrick mit beiden Händen und schrie: »Hast du denn vor Schreck deinen ganzen Verstand verloren, und siehst du gar nicht, was für einen rettenden Ausweg dir die göttliche Vorsehung beschert! Wenn du der Vernunft noch irgend zugänglich bist, dann höre auf mich und führe den hergelaufenen Esel da an einen stillen Platz, stich ihn ab und schneide die Keule so heraus, daß sie aussieht wie die verschwundene, bereite sie schön zu, mach eine schmackhafte Soße und setze sie deinem Herrn als Hirschkeule vor!« Dem verdammten Spitzbuben leuchtete der Vorschlag ein, sein Leben durch meinen Tod zu erkaufen, er lobte die Schlauheit seiner Mitsklavin und wetzte auch schon die für mich vorgesehenen Schlachtmesser.

Neuntes Buch

So bewaffnete jener verfluchte Henker seine gottlosen Hände gegen mich. Ich aber beschloß, da eine so dringende Gefahr keine lange Überlegung gestattete, mich dem drohenden Verderben durch Flucht zu entziehen. Sofort reiße ich den Strick ab, mit dem ich angebunden bin, und jage im Galopp mit sämtlichen Füßen davon, wobei ich zur Sicherheit die Hinterhufe ab und zu kräftig auswerfe. Ich renne in wilder Hast durch die Säulenvorhalle und geradewegs in den Speisesaal, wo der Hausherr mit den Priestern der Göttin feierlich beim Opfermahl sitzt, und stoße im Hereinstürzen eine ganze Menge Eßgeschirr samt Tischen und Leuchtern um. Es ist ein wüstes Durcheinander.

Solcher Aufruhr empörte den Hausvater, der mich als lästigen Störenfried umständlich einem Diener übergab und anordnete, daß ich an einem sicheren Ort sorgsam hinter Schloß und Riegel zu verwahren sei, damit die friedliche Tischgesellschaft nicht noch ein zweites Mal durch meinen Übermut in Aufruhr gerate. Diese großartige Idee bot mir sicheren Schutz und entriß mich im letzten Moment den Händen des Schlächters, so daß ich der Geborgenheit des rettenden Kerkers mit Freuden entgegensah.

Aber wenn Fortuna nein sagt, gibt es nichts, was dem Menschen helfen könnte, und keine klugen Pläne und keine schlaue List können das von der göttlichen Vorsehung beschlossene Verhängnis abwenden oder ändern! Der gleiche

Einfall, der mir für den Augenblick Rettung zu bringen schien, beschwor andererseits eine große Gefahr herauf, ja, mehr oder weniger mein endgültiges Verderben!

Denn plötzlich stürzte unter dem Getuschel der Diener ein Junge mit ängstlichem und aufgeregtem Gesicht in den Speisesaal und meldete seinem Herrn, soeben sei ein tollwütiger Hund aus der Nachbargasse durch die Hintertür ins Haus gestürmt und habe sich in seiner Raserei auf die Jagdhunde gestürzt und im nahen Stall die Mehrzahl der Zugtiere angefallen und habe auch die Leute nicht verschont. Denn den Maultiertreiber Myrtilus, den Koch Hephästion, den Kammerdiener Hypnophilus und den Arzt Apollonius, ganz abgesehen vom übrigen Gesinde, die versucht hatten, ihn fortzujagen, habe er hier und dort gebissen und verletzt; es sei mit Sicherheit anzunehmen, daß einige Tiere durch die gefährlichen Bisse angesteckt und ebenfalls tollwütig geworden seien. Diese Nachricht versetzte alle in große Aufregung, und in der Meinung, ich könne ebenfalls angesteckt und gemeingefährlich sein, ergriffen sie alle möglichen Waffen und bestärkten sich gegenseitig in der Überzeugung, daß ein Massensterben verhindert werden müsse; und als wären sie selber schon rasend geworden, stürzten sie sich auf mich. Ganz sicher hätten sie mich mit Spießen, Wurfspeeren und wahrhaftig sogar mit Doppeläxten, die die Knechte dienstbeflissen herbeigeschafft hatten, in Stücke gehackt, wenn ich mich nicht im Wirbelsturm so plötzlicher Gefahr in das Schlafzimmer geflüchtet hätte, in dem meine Herren logierten. Man warf die Tür hinter mir zu, verriegelte sie und hielt den Raum unter Beobachtung, ob ich als Opfer der tödlichen Seuche dahingerafft würde, ohne daß man der Gefahr eines Zusammenstoßes ausgeliefert war. Dieser Zwischenfall hatte mir endlich Ruhe verschafft, ich machte mir die Wohltat des Alleinseins zunutze, streckte mich auf dem mit Decken ausgestatteten Bett aus und schlief nach so langer Zeit endlich wieder einmal wie ein Mensch.

Es war schon heller Tag, als ich mich frisch und munter von meinem weichen Schlafplatz erhob und hörte, wie sich meine Bewacher, welche die ganze Nacht auf mich aufgepaßt hatten, über mein Befinden nicht einig werden konnten: »Ist es denn möglich, daß der arme Esel immer noch die Tollwut hat!« – »Wahrscheinlich hat sich das Gift bei ihm schon ausgetobt!«

Dem Widerstreit der verschiedenen Ansichten soll durch einen Erkundungsvorstoß ein für allemal ein Ende gemacht werden, und sie sehen durch den Türspalt, daß ich gesund und munter gelangweilt herumstehe. Da machen sie Tür ein Stück weiter auf, um sich endgültig davon zu überzeugen, daß ich mich wieder beruhigt habe. Einer von ihnen, den mir der Himmel offenbar als Retter gesandt hatte, schlägt den anderen vor, meine Gesundheit auf die Probe zu stellen, indem man mir einen Eimer frischen Wassers zum Trinken reicht, denn wenn ich ohne Scheu und wie gewöhnlich auf Wasser Appetit hätte, so sei erwiesen, daß ich gesund und nicht mehr krank sei; würde ich dagegen vor seinem Anblick zurückschrecken und mich weigern zu trinken, dann sei es sicher, daß die Tollwut noch anhalte. Dies sei eine alte Erfahrung, die auch in Büchern überliefert werde und die man immer wieder bestätigt finde.

Der Vorschlag fand Beifall, und sogleich hielt man mir vorerst noch etwas zaghaft ein großes Gefäß mit klarem Wasser hin, das aus dem nächsten Brunnen geholt war. Aber ich zögerte nicht im geringsten, trat hinzu und tauchte gierig den ganzen Kopf hinein, um das Wasser zu saufen, im wahrsten Sinn des Wortes ein Quell des Heils! Ich ließ es auch geduldig über mich ergehen, als sie mich mit ihren Händen betasteten, hinter den Ohren kraulten, mich am Halfter herumführten und was ihnen sonst noch alles einfiel, um ihnen durch meine Harmlosigkeit die Albernheit ihres Vorurteils recht deutlich zu verstehen zu geben.

So also entrann ich der zweifachen Lebensgefahr, und am anderen Tag wurde ich wieder mit dem Gerät der Göttin beladen und unter dem Lärm der Klappern und Zimbeln auf die Straße geführt, um bettelnd herumzuziehen. Nachdem wir eine ganze Menge Häuser und Gehöfte abgegrast hatten, machten wir in einem Dorf halt, das über den Ruinen einer einst wohlhabenden Stadt errichtet war, wie die Einwohner behaupteten. In der Herberge, wo wir gastlich aufgenommen wurden, erzählte man uns eine hübsche Geschichte, wie eine

Frau ihren Ehetrottel hinters Licht führte, die dem Leser nicht vorenthalten sein soll:

Der Mann fristete von seinem Lohn als Handlanger ein recht dürftiges Leben. Seine Frau war wohl ebenso armselig, aber weit und breit als ein leichtfertiges Geschöpf bekannt. Eines Tages, als er früh zur Arbeit gegangen ist, schleicht im Handumdrehen ein frecher Liebhaber ins Haus. Und während sie sich sorglos den Umarmungen der Venus hingeben, kehrt der Mann, ahnungslos und bis jetzt auch nichts Derartiges argwöhnend, plötzlich zurück. Und da er die Türe fest verschlossen und verriegelt findet, lobt er die brave Häuslichkeit seiner Frau und klopft an, während er sich gleichzeitig durch einen Pfiff zu erkennen gibt. Das gerissene und in derlei Situationen erfahrene Frauenzimmer versteckt den Kerl, den sie aus ihren Fangarmen entläßt, listig in einem Faß, das unter anderem Gerümpel halb eingegraben in einem Winkel steht, im übrigen aber leer ist. Dann macht sie die Türe auf und empfängt ihren Mann beim Eintreten mit Vorwürfen: »Was läufst du denn so leer und faul spazieren und steckst die Hände in die Tasche, statt zu arbeiten, wie sich das gehört, und für unseren Unterhalt zu sorgen und etwas zum Essen herbeizuschaffen! Ich Ärmste muß Tag und Nacht spinnen, bis mir die Arme wehtun, damit in unserer Kammer wenigstens eine Lampe brennt! Da hat es Nachbarin Daphne wahrhaftig besser, die in aller Frühe Wein trinkt, schlemmt und nach Herzenslust mit jungen Kerlen buhlt!«

Ihr Mann war starr: »Was soll denn das heißen?« begann er. »Mein Arbeitgeber hat mich zwar heute wieder nach Hause geschickt, weil er bei Gericht zu tun hat, aber ich habe trotzdem dafür gesorgt, daß etwas auf dem Tisch steht. Da, das alte Faß, das leere, das nur Platz wegnimmt und immer im Wege steht, habe ich für fünf Denare verkauft; man wird nachher kommen, um das Geld zu bringen und das Ding mitzunehmen. Sei so gut, binde mir die Schürze um und hilf mir, damit wir es herausziehen und dem Käufer gleich geben können!«

Da fing das dreiste Weib an schallend zu lachen und spottete: »Großartig, was du für ein tüchtiger Unternehmer bist! Was ich als Frau, ohne einen Fuß aus dem Haus zu setzen, für sieben Denare verkauft habe, weißt du für noch weniger loszuwerden!«

Über den höheren Preis erfreut, fragte der Mann: »Und wer will so viel dafür bezahlen?« Und sie: »Pst, Dummkopf, er steckt im Faß und sieht nach, ob es ganz ist!«

Und dieser ließ das Weib nicht im Stich, tauchte fröhlich herauf und meinte: »Wenn ich die Wahrheit sagen soll, Mutter, das Faß da ist schon recht alt und hat eine ganze Menge Löcher und Risse.« Und sich scheinheilig an ihren Mann wendend: »He, Meister, halte mir doch mal die Lampe, ich will den Dreck herauskratzen, um zu sehen, ob es überhaupt noch etwas wert ist, denn ich habe mein Geld auch nicht gestohlen!« Ohne sich zu besinnen und ohne mißtrauisch zu werden, zündete der eifrige und brave Ehemann die Lampe an und sagte: »Komm heraus, Freund, warte und laß mich es sauber machen!« Sogleich zieht er sich aus, klettert mit der Lampe ins Faß, um den alten Schmutz aus dem morschen Ding herauszukratzen. Ihr Freund und Verehrer, der nette Junge, beugt sich über die Frau Zimmermann, die sich ihrerseits vornüber über das Faß gebeugt hat, und bearbeitet sie nach Herzenslust. Sie steckt den Kopf tief ins Faß und hält mit schamloser Dreistigkeit ihren Mann auch noch zum Narren, zeigt mit dem Finger bald dahin und bald dorthin und dann wieder auf eine andere und noch eine neue Stelle, die noch in Ordnung zu bringen sei, bis beide Geschäfte erledigt sind. Dann muß der geprellte Handwerker, nachdem er seine sieben Denare kassiert hat, das Faß auch noch obendrein auf seinem Nacken dem Galan nach Hause tragen.

Wir waren ein paar Tage dort geblieben, als die sauberen Gesellen von Priestern, gemästet vom üppig fließenden Strom an milden Gaben und reich von den vielen Gebühren für ihre Wahrsagerei, auf eine neue Idee kamen, Geld zu verdienen. Mit einem Einheitsorakel, das sie schlau auf Lostäfelchen schrieben, foppten sie viele, die über ganz verschiedene Dinge Auskunft haben wollten. Der Spruch lautete:

›Den Boden pflügen die Ochsen, ins Joch gespannt,
Auf daß von sprossender Saat ergrüne das Land!‹

Fragte ein verliebtes Paar, ob es heiraten solle, so erklärten sie die Antwort: Sie sollten das Joch der Ehe auf sich nehmen, um Saaten von Kindern zu erzeugen. Wollte jemand wissen, ob er Grundstücke kaufen solle, so waren ganz richtig Ochsen, Joch und blühende Felder verheißen. Wollte ein anderer des Gottes Ansicht über eine geplante Reise wissen, so lautete die Erklärung: Die bravsten aller Vierfüßer stehen im Joch bereit, und die sprossenden Saaten bedeuten Glück. Wollte einer Soldat werden oder eine Räuberbande ausheben und wollte er wissen, wie es um den Erfolg seines Vorhabens stehe, so behaupteten sie, der Sieg sei ihm absolut sicher, die Feinde würden den Nacken unter das Joch beugen und ihnen würde viel geraubtes Gut in die Hände fallen. Auf diese Weise scharrten sie durch ihren Gaunertrick eine Menge Geld zusammen.

Doch der Antworten auf die dauernde Fragerei rasch bis zur Erschöpfung überdrüssig, setzten sie ihre Reise wieder fort auf einem Weg, der schlimmer war als jener schon erwähnte Nachtmarsch.

So war es! Überall Löcher und Pfützen, hier zäher Schlamm und dort schlüpfriger Morast. Durch das dauernde Stolpern und Stürzen konnte ich mich kaum noch auf den Beinen halten, bis ich mich schließlich doch noch mit knapper Not und todmüde auf befestigte Seitenwege hinauszuretten vermochte.

Doch was ist das! plötzlich überholen uns mit Knüppeln bewaffnete Reiter, und kaum daß sie ihre rasenden Pferde zum Stehen gebracht haben, fallen sie auch schon über Philebus und seine Gefährten her, packen sie an der Gurgel, schimpfen sie Tempelräuber und Lasterbuben und schlagen mit Fäusten auf sie ein, dann legen sie ihnen Handfesseln an und treiben sie in die Enge: Sie sollten den goldenen Kelch lieber wieder herausrücken, dieses Beweisstück ihrer Untaten, den sie unter dem Vorwand eines Gottesdienstes hinter verschlossenen Türen heimlich vom Thron der Göttermutter gestohlen hätten, um sich dann in der Dämmerung rasch aus dem Staube zu machen, als könnten sie dadurch der Strafe für ihre unglaubliche Schandtat entgehen!

Einer legte Hand an mich und suchte und fand im Schoß der Göttin, die ich trug, den goldenen Becher und brachte ihn vor aller Augen zum Vorschein. Doch auch dieses Beweisstück ihrer Unverschämtheit vermochte die unsauberen Gesellen nicht in Verlegenheit zu bringen oder einzuschüchtern, sondern mit scheinheiligem Grinsen witzelten sie: »Nein, diese himmelschreiende Gemeinheit! wie harmlose Leute einfach verdächtigt werden! Wegen eines lumpigen Bechers, den die Göttermutter ihrer Schwester, der Syrischen Göttin, als Gastgeschenk überreicht hat, wird den Priestern mit einem Prozeß wegen Religionsfrevel gedroht!«

Doch trotz ihrer albernen Ausflüchte führten die Bauern sie ab und warfen sie gefesselt ins Gefängnis. Den Becher und das Götterbild selbst, das sich auf meinem Rücken befand, führten sie ihrem Tempelschatz als heiliges Eigentum zu, während sie mich am anderen Tag wieder auf den Markt stellten, um mich durch den Ausrufer verkaufen zu lassen. Um sieben Nummen mehr, als mich seinerzeit Philebus gekauft hatte, erstand mich ein Müller aus dem nächsten Dorf, der mich nicht zu knapp mit dem von ihm gekauften Getreide belud und über einen steinigen Weg voller leidiger Baumwurzeln zu der von ihm betriebenen Mühle führte.

Dort setzten zahlreiche Tiere im endlosen Kreislauf Mahlwerke von unterschiedlicher Größe in Bewegung und erzeugten nicht nur tagsüber, sondern auch die ganze Nacht hindurch Mehl, indem die Mühlsteine niemals zum Stillstand kamen. Mir ließ mein neuer Herr eine durchaus gastliche Aufnahme zuteil werden, damit ich nicht schon von vornherein vor meiner neuen Arbeit zurückschreckte. Den ganzen ersten Tag brauchte ich nichts zu tun, und außerdem hatte er angeordnet, daß meine Krippe reichlich mit Futter zu versorgen sei. Doch dieses Glück der Muße und Mast war nicht von Dauer, denn am nächsten Tag schirrte man mich in aller Frühe in ein Mahlwerk, das offenbar das größte war, und trieb mich mit verbundenen Augen auf der runden Bahn immer im Kreis herum, um mich im ewigen Rundlauf in meine eigenen Fußtapfen treten und nach den gegebenen Regeln Schritt halten zu lassen. Doch um mich meiner persönlichen Überzeugung nach recht geschickt zu verhalten, zeigte ich mich beim Anlernen schwer von Begriff. Obwohl ich seinerzeit als Mensch oft genug derartige Mahlwerke in Betrieb gesehen hatte, stellte ich mich verständnislos und dämlich und rührte mich vor Staunen nicht von der Stelle, wobei ich meinte, als untauglich und für ein solches Geschäft überhaupt nicht geeignet zu anderen und auf jeden Fall leichteren Arbeiten abkommandiert oder sogar ganz umsonst mit durchgefüttert zu werden. Aber mit dieser klugen Berechnung schoß ich weit am Ziel vorbei! Denn sofort umringten mich mehrere mit Knüppeln bewaffnete Kerle und versetzten mir, als ich mit verbundenen Augen ahnungslos dastand, auf ein plötzliches Zeichen mit vereintem Gebrüll eine Tracht Prügel, bis ich vor Schreck und Aufregung alle schlauen Pläne fahrenließ und mich aus vollen Kräften ins Zeug legte und munter die Runde machte.

Meine so plötzliche Sinnesänderung brachte die ganze Gesellschaft zum Lachen.

Der größte Teil des Tages war schon vorüber, und man nahm mir, da ich schon sehr erschöpft war, den Gurt ab und führte mich aus dem Mahlwerk an meine Krippe. Obwohl ich sozusagen todmüde war, meine Kräfte einer dringenden Erneuerung bedurften und ich vor Hunger fast umfiel, war ich, ungeachtet des reichlich vorhandenen Futters, in meiner üblichen Neugier außerordentlich und geradezu ängstlich darauf bedacht, die Einrichtung dieser unerquicklichen Arbeitsstätte mit verständlichem Interesse in Augenschein zu nehmen.

Gütige Götter, was waren das für armselige Geschöpfe! Die ganze Haut voller blauer Striemen, und der blutig geschlagene Rücken mit ein paar lumpigen Fetzen eher beschattet als bedeckt, einige trugen überhaupt nur einen kümmerlichen Lendenschurz, jedenfalls waren alle so angezogen, daß man Haut und Knochen unter den Fetzen sah; alle mit dem Brandmal auf der Stirn, mit halbrasiertem Kopf und mit im Ring gefesselten Füßen; ferner alle leichenblaß und mit Augenlidern, die von Qualm und Dunst in dem verräucherten Dunkel bis zum Schwinden der Sehkraft entzündet waren, und alle wie die in einer Staubwolke kämpfenden Gladiatoren über und über mit schmutzig weißem Mehlstaub bedeckt.

Doch was soll ich erst von meinen Kameraden, meiner Gespannschaft sagen! Was für steinalte Maulesel oder armselige Klepper! Da standen sie rund um die Krippe, steckten die

Köpfe hinein und kauten ihre Häckselration; die Hälse waren von eiternder Wundfäule geschwollen, die runzligen Nüstern vom dauernden Schnauben gebläht, die Brust aufgescheuert vom unablässig reibenden Hanfgurt, die Rippen bis auf die Knochen wund von der ewigen Prügelei; die Hufe vom endlosen Im-Kreis-Laufen breitgetreten und das ganze Fell starrend von Schmutz und räudigem Grind!

Diese meine traurige Umgebung erfüllte mich mit Sorge, und als ich an mein früheres Leben als Lucius dachte und sah, wie tief ich gesunken war, ließ ich traurig den Kopf hängen. Nur dank meiner angeborenen Neugier vermochte ich wenigstens noch einen gewissen Trost in meinem elenden Dasein zu finden, denn alle handelten und redeten frei nach Herzenslust, ohne sich um meine Gegenwart zu kümmern.

Nicht ohne Grund hat der göttliche Sänger der Griechen in seinem Lied von seinem vielgewandten Helden gesagt, er habe die höchste Stufe der menschlichen Vollkommenheit dadurch erreicht, daß er vieler Menschen Städte gesehen und viele Völker kennengelernt habe. Und auch ich weiß in dieser Hinsicht meiner Eselshaut manchen Dank, da sie mir, solange ich darin steckte und vielerlei Abenteuern ausgeliefert war, wo nicht Weisheit, so doch neue Erkenntnis vermittelt hat.

In diesem Zusammenhang erinnere ich mich auch an eine besonders nette und muntere Geschichte, die ich zu Gehör zu bringen gedenke; hier ist sie:

Jener Müller, der mich gekauft hatte, war ein sonst braver und durchaus ehrbarer Mann, besaß jedoch eine Frau, die mehr als böse und mit Abstand das ärgste Schandweib war, und hatte in Bett und Haus ein schlimmes Kreuz zu tragen, so daß weiß Gott sogar auch ich im stillen oft seinetwegen seufzte. Da gab es doch nicht ein einziges Laster, das dem nichtsnutzigen Weib gefehlt hätte, nein, wirklich und wahrhaftig, alle Laster gaben sich in ihrer Seele ein Stelldichein, so wie der Kot in der Grube: herrisch, närrisch, mannstoll, weintoll, zänkisch, störrisch, raffgierig im Nehmen, liederlich im Ausgeben, der Treue nicht freund, der Zucht feind! Natürlich verachtete und verhöhnte sie die heiligen Götter und machte sich anstelle des überlieferten Glaubens die lästerliche Scheinlehre von einem einigen Gott, wie sie ihn nannte, zu eigen; und unter dem

Vorwand der Einhaltung eines Unfugs an Vorschriften hielt sie die Leute zum Narren und betrog sie ihren armen Mann, wenn sie schon am frühen Morgen Wein soff und ohne Unterlaß herumhurte.

Dieses Weib verfolgte mich mit einem geradezu auffälligen Haß. Schon bevor es Tag war, wenn sie noch im Bett lag, schrie sie, man solle den neuen Esel in die Mühle spannen, und befahl ausdrücklich, kaum daß sie aufgestanden war, mich vor ihren Augen durchzuprügeln; doch zur Fütterungszeit, wenn alle ausgespannt wurden, um fressen zu können, ließ sie mich möglichst spät als letzten an die Krippe führen.

Eine solche Bosheit reizte meine angeborene Neugier erst recht, ihr Verhalten zu ergründen. So merkte ich, daß irgendein junger Kerl regelmäßig in ihrem Schlafzimmer ein und aus ging, dessen Gesicht ich gar zu gern gesehen hätte, wenn die Kappe über meinem Kopf mir einmal einen freien Blick erlaubt hätte. An Geschicklichkeit hätte es mir bestimmt nicht gefehlt, die Schandtaten dieses ruchlosen Weibes aufzudecken.

Da war auch noch eine Alte von früh bis spät täglich unzertrennlich mit ihr zusammen, die Kupplerin ihrer Buhlerei und die Vermittlerin zwischen den Ehebrechern. Wenn sie zusammen frühstückten und ungemischten Wein schlürften, redeten sie hin und her, auf welche durchtriebene Weise sie dem braven Mann wieder einen neuen Streich spielen könnten. Und wenn ich mich auch noch so sehr über das Versehen meiner Photis ärgerte, die mich in einen Vogel verwandeln sollte und dabei einen Esel zustande gebracht hatte, so war es mir doch ein gewisser Trost in meiner lästigen Entstellung, daß ich mit meinen riesengroßen Ohren ganz ausgezeichnet und sehr weit hören konnte.

So vernehmen eines Tages meine Ohren, wie jene duckmäuserische Vettel loslegt: »Mit dem will ich nichts zu tun haben, meine Gnädigste, mit dem du dich da auf eigene Faust eingelassen hast; ein träger und vertrottelter Kerl, der feige kneift, wenn dein grämlicher und dämlicher Mann mit der Wimper zuckt, und mit seinem saft- und kraftlosen Schmachten deine glühenden Umarmungen dir nur um so mehr zur Qual macht! Was ist da Philesitherus für ein ganz anderer Bursche: jung, hübsch, großzügig und beherzt genug, um allen Vorkehrungen eines Ehemannes entgegenzutreten! Er verdient es weiß Gott, daß ihm die Frauen gewogen sind, er verdient, einen goldenen Kranz auf dem Kopf zu tragen! Schon wegen des großartigen Streiches, den er vor kurzem einem eifersüchtigen Ehemann gespielt hat. Paß auf, was es für ganz andere Liebhaber gibt!

Du kennst doch einen gewissen Barbarus, Stadtrat in unserer Gemeinde, der wegen seines grimmigen Wesens von den Leuten nur noch ›der Skorpion‹ genannt wird? Seine Frau, aus guter Familie und von besonderer Schönheit, hielt er unter strengster Aufsicht daheim eingesperrt.«

Die böse Müllerin unterbrach sie: »Natürlich kenne ich sie. Arete ist mit mir in die Schule gegangen!« – »Richtig«, fuhr die Alte fort, »du kennst dann wahrscheinlich auch die ganze Geschichte mit Philesitherus?« »Keine Ahnung«, erwiderte sie, »aber natürlich interessiert sie mich, und ich bitte dich, Mütterchen, mir alles ganz genau zu erzählen!« Und nun begann das alte Klatschweib loszulegen:

»Als Barbarus verreisen wollte und die Keuschheit seiner teuren Frau auf alle Fälle sicherzustellen bestrebt war, zog er seinen bewährten Sklaven Myrmex ins Vertrauen und bestellte ihn zum Wächter seiner Herrin. Er droht ihm Kerker und ewige Ketten an, ja schließlich gewaltsamen Hungertod im Fall, daß irgendein Mannsbild sie auch nur im Vorbeigehen mit der Fingerspitze anrühre, und schwört hierauf einen Eid bei allen Göttern des Himmels. So läßt er seinen zu Tode erschrockenen Myrmex als eifersüchtigen Aufpasser seiner Frau zurück und begibt sich erleichtert auf die Reise.

Und Myrmex, in seiner Todesangst, ließ seine Herrin nirgends aus den Augen, saß unermüdlich neben ihr, wenn sie zu Hause Wolle spann, und hing wie eine Klette an ihr, indem er mit der Hand einen Zipfel ihres Gewandes festhielt, wenn sie unvermeidlicherweise sich abends ins Bad begab; so versah er äußerst gewissenhaft sein ihm übertragenes Amt.

Doch der feurigen Wachsamkeit des Philesitherus konnte die vornehme Schönheit der Dame nicht verborgen bleiben. Und gerade die vielberufene Keuschheit und die auffällig übertriebene Obhut setzten ihn erst recht in Feuer und Flamme, alles zu tragen und alles zu dulden, um nach besten Kräften einen Sturmangriff auf die eisernen Grundsätze dieses Hauses zu wagen. Überzeugt von der Fragwürdigkeit menschlicher Integrität und daß Geld alle Hindernisse beseitigt, daß Gold stählerne Tore aufzusprengen vermag, gestand er dem Myrmex, als er ihn einmal allein traf, seine Liebe und bat und beschwor ihn, ihm in seiner Qual Erleichterung zu verschaffen. Er könne sein Leben nicht länger ertragen, wenn sein Wunsch keine Erfüllung finde; alles lasse sich doch so leicht bewerkstelligen, daß er nichts zu befürchten habe, da er abends im Schutz der Dunkelheit völlig ungesehen kommen und nach kurzer Zeit wieder gehen werde. Diesen und ähnlichen Reden verschaffte er entsprechenden Nachdruck durch ein Mittel, das die gar zu starre Zähigkeit des Sklaven gewaltsam sprengte; in seiner ausgestreckten Hand ließ er ihn lauter neue schöne Goldstücke sehen, von denen zwanzig der jungen Frau gehören sollten und ihm selbst hiermit zehn angeboten seien.

Myrmex schauderte vor der unerhörten Zumutung und floh mit zugehaltenen Ohren schnell davon. Doch der flimmernde Goldglanz wollte ihm nicht aus den Augen schwinden; er sah, so weit er auch gelaufen und nach Hause gerannt war, die schönen leuchtenden Münzen und hatte schon im Geiste die reiche Beute vereinnahmt; so schwankte der Ärmste, von seinen sich widerstreitenden Überlegungen hin und her gerissen, und vermochte keinen endgültigen Entschluß zu fassen: hier Ehrlichkeit – dort Gewinn, hier die Folter – dort die Lust! Schließlich aber siegte doch das Geld über die Todesangst. Und nicht einmal die Zeit minderte die Gier nach dem schimmernden Geld, selbst in der Nacht fand er keine Ruhe vor seinen Sorgen, zu denen nun auch noch die Habgier kam, und während ihn die Drohungen seines Herrn zu Hause hielten, lockte ihn das Gold hinaus.

Da würgte er sein schlechtes Gewissen hinunter und machte dem Zaudern ein Ende, indem er seinen Auftrag der Herrin zu Gehör brachte. Und das Weib blieb dem Leichtsinn ihres Geschlechtes durchaus treu und verkaufte, ohne sich lange zu besinnen, ihre Keuschheit um schnöden Mammon! Myrmex schnappt über vor Freude, wenn auch zu Lasten seiner Ehrlichkeit, und kann es kaum erwarten, das Geld, das er zu seinem

Unglück gesehen hat, nicht allein einzustecken, sondern es zwischen den Fingern zu spüren, und in froher Erregung verkündet er dem Philesitherus, daß er mit vieler Mühe seinen Wunsch habe durchsetzen können, und verlangt sogleich seine versprochene Belohnung; und nun hält Myrmex Goldstücke in der Hand, die bisher kaum je Kupfermünzen gekannt hat.

Zu vorgerückter Nachtstunde begleitete er den forschen Verehrer allein ins Haus und führte ihn mit verhülltem Gesicht bis in das Schlafgemach seiner Herrin.

Kaum hatten sie die ersten Umarmungen ihrer jungen Liebe geweiht, kaum hatten sie sich als nackte Kämpfer in den Dienst der Venus gestellt – da steht plötzlich wider alles Erwarten der Herr des Hauses, dem die nächtliche Stunde sehr gelegen kam, vor der Tür.

Schon klopft er, schon ruft er, schon schlägt er mit einem Stein an die Haustür, und da das lange Säumen mehr und mehr seinen Verdacht weckt, bedroht er fluchend den Myrmex mit dem Tod. Aber dieser, in seiner Bestürzung über das so plötzlich hereingebrochene Unheil, weiß sich vor lauter Angst keinen Rat und behauptet schließlich, da ihm sonst nichts einfällt, daß er in der Dunkelheit den mit so großer Sorgfalt verwahrten Hausschlüssel nicht finden könne. Inzwischen stürzt Philesitherus, der den Lärm gehört hat, aus dem Schlafzimmer, die Tunika rasch übergeworfen, und vergißt in der Eile seine Sandalen. Nun schließt Myrmex die Tür auf, schiebt den Riegel zurück und läßt seinen bei allen Göttern fluchenden Herrn herein, der sofort in das Schlafzimmer rennt, während er Philesitherus heimlich an ihm vorbei aus dem Haus huschen läßt. Als er ihn jenseits der Schwelle wußte, schloß er in aller Seelenruhe das Haus zu und legte sich wieder schlafen.

Als aber Barbarus am nächsten Morgen das Schlafgemach verließ, sah er unter dem Bett die ihm unbekannten Sandalen, die Philesitherus bei seinem Besuch angehabt hatte, und ahnte nach Lage der Dinge, was geschehen war; und ohne seiner Frau noch sonst irgendeinem Hausgenossen etwas zu sagen, hob er sie auf und versteckte sie in seinem Gewand; dann befahl er seinen anderen Sklaven, den Myrmex zu fesseln und vor Gericht zu bringen, und machte sich, den Kummer in seinem Innern verbergend, mit raschen Schritten ebenfalls auf den

Weg. Er ist fest davon überzeugt, durch das Beweismittel der Sandalen dem Ehebrecher leicht auf die Spur zu kommen.

Was aber geschieht! Während Barbarus mit geschwollenen Adern und gerunzelten Augenbrauen zornig durch die Straßen eilt und hinter ihm der gefesselte Myrmex, der, zwar nicht auf frischer Tat ertappt, aber in seinem schlechten Gewissen unter vielen Tränen und endlosem Gejammer vergeblich Mitleid zu erregen sucht, läuft ihnen ausgerechnet Philesitherus in den Weg; obwohl er an ganz andere Dinge denkt, stutzt er bei dem unerwarteten Anblick, läßt sich jedoch nicht aus der Fassung bringen. Ihm fällt ein, welchen Fehler er in der Eile gemacht hat, folgert ganz richtig den übrigen Zusammenhang, verläßt sich wie immer auf seine dreiste Geistesgegenwart, schiebt die Sklaven beiseite und stürzt sich laut schimpfend auf Myrmex, dem er – mit aller Vorsicht – einen Kinnhaken versetzt: ›Du Gauner, du verlogener, dein Herr und alle Götter im Himmel sollen über dich kommen für deine frechen Beteuerungen, schamloser Schandkerl! Du hast mir gestern im Bad meine Sandalen gestohlen! Du verdienst, weiß Gott! du verdienst es, ewig in Ketten zu liegen und obendrein auch noch in den finstersten Kerker zu wandern!‹

Die schlaue Finte des dreisten Kerls täuschte, nein, warf den leichtgläubigen Barbarus um, restlos; er machte kehrt und ging wieder nach Hause, ließ seinen Myrmex kommen, gab ihm die Sandalen, verzieh ihm von Herzen und empfahl ihm, sie ihrem Besitzer zurückzubringen, dem er sie gestohlen habe.«

So schwatzte die Alte in einem fort, als das Weib sie unterbrach: »Die kann zufrieden sein, die hat einen forschen Verehrer! Ich bin arm daran mit einem Freund, der sich vor dem Klappern der Mühle und dem Anblick des räudigen Esels da fürchtet!«

Und wieder die Alte: »Ich will dem aufgeweckten Liebhaber gut zureden und dafür sorgen, daß er entschlossenen Herzens zur Stelle ist!« Und mit dem Versprechen, bis zum Abend wieder zurück zu sein, verließ sie das Schlafgemach.

Die brave Gattin aber bereitet inzwischen ein Festmahl, filtert teuren Wein und holt frisches Fleisch für einen Braten. Als der Tisch endlich reich gedeckt ist, wartet sie auf den Galan wie auf einen Gott. Es traf sich nämlich ausgezeichnet, daß ihr Mann bei einem Walker in der Nachbarschaft eingeladen war.

Als nun der Tag zu Ende ging, wurde mir das Kummet endlich abgenommen, und ich durfte mich friedlich ausruhen, doch begrüßte ich weiß Gott nicht so sehr den Segen des Feierabends als vielmehr den Umstand, daß ich mit unverbundenen Augen unbehindert allen Schlichen des schändlichen Weibes auf die Spur kommen konnte.

Die Sonne war schon ins Meer hinabgetaucht und leuchtete den unterirdischen Gefilden, als dicht an der Seite der alten Kupplerin der kühne Freier eintrifft, ein Jüngelchen mit glatten, glänzenden Wangen und seinerseits eher selbst noch mit einem Mädchen zu verwechseln. Den empfängt das Weib mit vielen Küssen und lädt ihn ein, sich am gedeckten Tisch niederzulassen.

Kaum aber hat der Bursche den Willkommenstrunk und das Vorgericht gekostet, als der Mann viel schneller als erwartet zurückkehrt. Seine treffliche Gattin wünscht ihm die grimmigsten Flüche an den Hals und er möge sich beide Beine brechen, ihren kreidebleichen, angstschlotternden Liebhaber aber versteckt sie unter einem hölzernen Trog, in dem das zusammengeschüttete Getreide gesiebt zu werden pflegt und der zufällig im Wege steht; mit dummschlauer Dreistigkeit übergeht sie ihren schnöden Streich, setzt ein harmloses Gesicht auf und fragt ihren Mann, wieso er vom Essen bei seinem besten Freund so schnell wieder da sei.

Er seufzte tief aus bekümmertem Herzen: »Ich bin auf und davon, weil ich das schamlose und schändliche Treiben dieses gemeinen Weibes nicht mehr mit ansehen konnte. Große Götter, wer hätte das gedacht! Eine so vernünftige, so stattliche Frau, die sich dermaßen erniedrigt! Eine solche abgrundtiefe Schande! Bei der heiligen Ceres, ich kann es noch nicht fassen, was sich diese Frau vor meinen eigenen Augen geleistet hat!«

Diese Worte ihres Mannes machten das freche Weib neugierig, und da sie mehr von der Sache erfahren wollte, hörte sie nicht auf, ihm zuzusetzen, ihr die ganze Geschichte haarklein zu erzählen. Sie gab sich nicht eher zufrieden, als bis er sich ihrem Wunsch fügte und, von der Schande im eigenen Haus nichts ahnend, sich darüber ausließ, was sich bei anderen zugetragen hatte:

»Die Frau meines Freundes, des Walkers, sonst eine anscheinend ordentliche Frau, die stets im besten Ruf stand und das Hauswesen ihres Mannes trefflich in Ordnung hielt, verstrickte sich in heimliche Leidenschaft zu einem Liebhaber. Und da sie dauernd in seinen Armen lag, war sie auch, als wir vom Bad zum Essen heimkamen, mit dem Kerl beschäftigt. Unser überraschendes Erscheinen versetzte sie in Schrecken, und einer raschen Eingebung folgend, versteckte sie ihren Anbeter unter einem Weidengestell, dessen glattes Rutengeflecht sich nach oben zu verjüngt und unter dem Schwefeldampf angesetzt wird, um ringsherum aufgehängte Wäsche zu bleichen. So glaubte sie, ihn sicher untergebracht zu haben, und setzte sich in aller Seelenruhe mit uns an den Tisch.

Inzwischen mußte dem Burschen in dem scharfen und beißenden Schwefelgestank allmählich der Atem ausgegangen sein, und in seiner Benommenheit, einer Folge dieses Zeugs, mußte er mehrmals niesen.

Als der Mann das erstemal aus der Richtung seiner Frau hinter ihrem Rücken niesen hörte, meinte er natürlich, sie sei es gewesen, und rief wie üblich ›Zum Wohl!‹ und dann wieder ›Zum Wohl‹, und als er immer wieder niesen hörte, noch mehrmals ›Zum Wohl!‹, bis ihm endlich, als es gar nicht aufhören wollte, ein Licht aufging. Plötzlich stieß er den Tisch zurück, hob das Gestell auf und entdeckte den Kerl, der, nach Luft schnappend, in den letzten Zügen lag; in seiner grimmigen Erbitterung über die Schmach rief er nach seinem Schwert, um den schon Halbtoten ganz umzubringen, doch ich sah die sich dabei für alle ergebenden bösen Folgen voraus und vermochte ihn mit Müh und Not von seinem rasenden Beginnen abzuhalten, indem ich ihm klarmachte, daß sein Widersacher auch ohne unser Zutun binnen kurzem ganz von selbst an den Folgen des Schwefels eingehen werde. Doch all mein Reden wäre wohl umsonst gewesen, hätten ihn nicht die inzwischen gegebenen Tatsachen überzeugt, und so schleifte er ihn denn, solange er noch nicht ganz tot war, hinaus auf die nächste Gasse.

Seiner Frau empfahl ich inzwischen unauffällig, sich für eine

Weile aus dem Staube zu machen und so lange der Schwelle ihres Hauses fernzubleiben und sich bei irgendeiner Freundin zu verstecken, bis sich nach und nach die Erregung ihres Mannes wieder gelegt hätte, denn bei seiner Heftigkeit und seinem Zorn bestand kein Zweifel, daß er sowohl gegen sich selbst wie auch gegen seine Frau Schlimmes im Sinne hatte. Von dem Essen bei meinem Freund hatte ich genug, ich floh und bin nun wieder zu Hause.«

Nach diesem Bericht des Müllers fiel das dreiste und freche Weib laut schimpfend über die Frau des Walkers her: Sie sei unverschämt, sie sei gemein, kurz und gut, sie sei die Schande des ganzen weiblichen Geschlechts, da sie aller Scham vergessend und die eheliche Gemeinschaft mit Füßen tretend das Heim ihres Mannes zum Bordell gemacht und ihre Würde als Ehefrau gegen die Schmach der Dirne eingetauscht habe; sie fügte noch hinzu, daß derartige Weiber auf den Scheiterhaufen gehörten! Dann aber meldete sich leise mahnend ihr eigenes schlechtes Gewissen, und um ihren Liebhaber möglichst bald aus seinem martervollen Versteck befreien zu können, drängte sie ihren Mann, zeitig schlafen zu gehen. Aber der war mitten während der Mahlzeit aufgebrochen, hatte Hunger und verlangte munter etwas zu essen. So mußte ihm seine Frau wohl oder übel vorsetzen, was für einen anderen gedacht war.

Mir aber drehte sich das Herz im Leibe um, wenn ich die vorherige Frechheit des niederträchtigen Weibes und ihre jetzige Kaltblütigkeit bedachte, und ich überlegte hin und her, wie ich ihre Schliche entlarven und aufdecken könnte, um meinem Herrn einen Dienst zu erweisen und den Kerl, der wie eine Schildkröte unter dem Trog hockte, aus seinem Versteck herauszujagen und zu blamieren.

Während ich mich noch über die meinem Herrn angetane Schmach grämte, blickte endlich die göttliche Vorsehung herab. Der lahme Alte, der für uns zu sorgen hatte, trieb uns Tiere, als es dazu an der Zeit war, alle zusammen zur Tränke an den nahen Teich. Nun bot sich die ersehnte Gelegenheit, mich zu rächen! Ich hatte nämlich gesehen, daß die Fingerspitzen des Burschen unter dem engen Dach herausragten, und im Vorbeigehen zielte ich mit einem Seitenschritt nach ihnen und quetschte sie mit meinem Huf derart gründlich zusammen, daß der Kerl in seinem unerträglichen Schmerz ein lautes Jammergeschrei erhob, den Trog abwarf, aufsprang und wieder zum Vorschein kam und damit die Komödie des schamlosen Weibes offenbarte.

Der Müller ließ sich durch die Schmach nicht aus der Fassung bringen, sondern meinte mit freundlicher Stirn und heiterem Gesicht zu dem leichenblaß zitternden Kerl: »Du brauchst keine Angst zu haben, mein Freund! Ich bin kein Barbar und kein Bauerntölpel und will dich auch nicht wie der grimmige Walker im Schwefeldampf ersticken lassen; ich will mich auch nicht auf die Ehegesetze berufen, um ein so nettes und adrettes Jüngelchen vor Gericht zu bringen: ich will dich lieber mit meiner Frau teilen! Statt Gütertrennung möchte ich lieber im Sinne der Gütergemeinschaft bei dir auf meine Kosten kommen, so daß wir es uns alle drei ohne Zank und Streit im selben Bett bequem machen.

Ich bin mit meiner Frau immer in Frieden ausgekommen, wie es die Weisen empfehlen, und wir haben stets in voller Eintracht gelebt. Allerdings muß ich als Mann aus Gründen der Billigkeit den Vorrang haben!«

Nach derlei hämischem Spott führte er den Burschen zu Bett, der zwar nicht wollte, aber doch mitkam. Seine keusche Gattin schloß er inzwischen anderswo ein, schlief mit dem Jungen und verschaffte sich die beste Entschädigung für seine gestörte Ehe.

Sobald der helle Sonnenwagen den neuen Tag heraufgeführt hatte, rief er zwei Rüpel von seinen Knechten, ließ den Jungen möglichst hoch halten und verprügelte ihm den Hintern mit einem Stock, indem er dazu meinte: »Du zartes und zahmes Bürschlein willst in den besten Jahren deinen Verehrern ausreißen und läufst den Weibern nach, und dazu noch den freien! Bringst Ehen in Unordnung und hast es so eilig, in den Ruf eines Liedrians zu kommen!« Mit diesen Worten und noch einigen weiteren sagte er ihm seine Meinung, verprügelte ihn nach allen Regeln der Kunst und warf ihn dann zur Tür hinaus. So kam dieser verwegenste aller Herzensbrecher noch unverhofft gut davon, wenn auch seinem Hinterteil bei Nacht und bei Tag übel mitgespielt worden war. Zugleich gab der Müller seiner

Frau den Scheidebrief und setzte ihr kurzerhand den Stuhl vor die Tür.

Das ohnehin erzböse Weib war durch die nur allzu gerechte Schmach dermaßen aufgebracht und wild, daß sie wieder auf ihre alten Sprünge kam und für die weiblichen Ränke Feuer fing; es gelang ihren zähen Bemühungen, eine ausgekochte alte Vettel ausfindig zu machen, die in dem Ruf stand, durch Beschwörung und Zauberei alles Erdenkliche zustande zu bringen; sie bat und beschwor sie, überschüttete sie mit Geschenken und verlangte, daß sich ihr Mann entweder wieder in Frieden mit ihr aussöhne oder daß sie andernfalls alle bösen Geister und Gespenster in Bewegung setze, um ihm den Garaus zu machen. Da versuchte die Hexe, die im Besitz magischer Kräfte war, zunächst mit den leichten Waffen ihrer bösen Kunst den schwer gekränkten Gatten umzustimmen und seine Liebe wieder neu zu wecken. Doch als ihr das nicht so glücken wollte, wie sie gemeint hatte, war sie mit den Geistern unzufrieden und fing an, nicht nur um der in Aussicht gestellten Belohnung willen, sondern vor allem auch in ihrem Zorn über den Mißerfolg ihrer Bemühungen, dem armen Mann nach dem Leben zu trachten, und schickte ihm den Geist eines grausam ermordeten Weibes, um ihn zu verderben.

Der kritische Leser wird an meiner Geschichte sicher manches auszusetzen haben und meinen: »Woher kannst du naseweiser Esel in deiner Mühle wissen, was die Weiber angeblich heimlich ausgebrütet haben?« Höre, wie ich als neugieriger Mensch in meiner Eselshaut alles, was meinem Müller zum Verderben gereichen sollte, erfahren habe!

Etwa gegen Mittag erschien plötzlich ein Weib in der Mühle, eine elende, jammervolle Gestalt, ganz in Lumpen, barfuß, leichenblaß und mager; zerzauste, graue, mit schmutziger Asche bestreute Haare hingen ihr in die Stirn und verdeckten zum großen Teil ihr Gesicht. Sie führte den Müller mit sanfter Hand, als hätte sie ihm eine heimliche Botschaft auszurichten, in sein Schlafgemach, zog die Tür zu und verweilte lange an Ort und Stelle. Als alles Getreide gemahlen war, das den Arbeitern zur Verfügung stand, und neues benötigt wurde, kamen die Knechte vor das Zimmer und verlangten vom Meister neues Material für die Arbeit. Doch wie oft und wie laut sie auch riefen, es ließ sich kein Herr vernehmen, und sie klopften kräftiger an die Tür. Als sie feststellten, daß diese fest verriegelt war, wurden sie unruhig und ahnten Schlimmes; sie sprengen die Türe mit Gewalt auf und erzwingen sich den Zugang. Von dem Weib ist keine Spur zu sehen, ihr Herr aber hängt an einem Strick leblos an einem Balken. Sie lösen die Schlinge von seinem Hals, legen ihn hin und waschen ihn unter lautem Jammergeschrei und Klagen, um ihn dann unter den üblichen Zeremonien und unter zahlreichem Trauergeleit zu Grabe zu tragen.

Am folgenden Tag kam seine Tochter aus dem Nachbarort, wo sie seit einiger Zeit verheiratet war, raufte sich jammernd das aufgelöste Haar und schlug mit den Fäusten ihre Brüste; ohne daß ihr jemand das Unglück ihres Hauses gemeldet hatte, wußte sie alles. Das jammervolle Bild ihres Vaters, noch mit der Schlinge um den Hals, war ihr nachts im Traum erschienen und hatte ihr das schändliche Treiben ihrer Stiefmutter entdeckt, den Ehebruch und die Hexenkünste, mit deren Hilfe sie ihn hatte durch ein Gespenst erwürgen lassen. Sie verzehrte sich in maßlosem Gram, bis es den versammelten Hausgenossen gelang, sie zu trösten, und sie ihrer Trauer ein Ende setzte. Nachdem am neunten Tag das übliche Totenopfer am Grabhügel vollzogen war, ließ sie das an sie gefallene Erbe, Gesinde, den Hausrat und das ganze Vieh, versteigern. Der bisher unter einem Dach vereinte Hausrat geriet an zufällige Käufer und ward willkürlich in alle Winde verstreut.

Mich selbst erstand jetzt ein armer Gärtner für fünfzig Nummen, teuer genug, wie er meinte, dem ich helfen sollte, sein tägliches Brot zu verdienen.

Mir scheint, es liegt im Sinn der Sache, auch von meinem neuen Dienstverhältnis eine Vorstellung zu ermöglichen. Morgens pflegte mein Herr mich schwer mit Kohl beladen in die nächste Stadt zu führen; wenn er dort seine Ware an die Händler verkauft hatte, kehrte er auf meinem Rücken in seinen Garten zurück. Solange er grub, goß oder mit gekrümmtem Rücken irgendeine andere Tätigkeit verrichtete, konnte ich mich erholen und friedlich ausruhen.

So pflegt es zu gehen: Das Jahr, nach der Ordnung der Gestirne durch Tage und Monate sich vollendend, war nach den Kelterfreuden des Herbstes in das Zeichen des winterlich bereiften Steinbocks getreten, und ich sah mich im offenen Stall unter freiem Himmel langen Regennächten ausgeliefert und hatte unter der Kälte viel zu leiden. Mein Herr war so arm, daß er nicht einmal für sich, geschweige denn für mich irgendeine Streu oder eine auch noch so minderwertige Decke beschaffen konnte, sondern sein bescheidenes Dasein im Schatten einer dürftigen Laubhütte fristete. Dazu hatte ich am Morgen um so mehr zu leiden, wenn ich mit bloßen Hufen über den hartgefrorenen Lehmboden und das scharfe Eis trabte und mir nicht einmal den Bauch mit der gewohnten Nahrung füllen konnte. Mein Herr und ich begnügten sich mit der gleichen oder ähnlichen mageren Kost, unschmackhaftem, in den Samen geschossenem Lattich, uralt, hart wie Besenreis und von fauligem und gallebitterem Geschmack.

Eines Nachts war ein Mann aus dem Nachbardorf vom Wege abgekommen, da kein Mond schien und es pechfinster war und regnete, und ganz durchnäßt mit seinem müden Pferd in unserem Gärtchen eingekehrt; er wurde den Umständen entsprechend an diesem zwar nicht komfortablen, aber für die Rast ausreichenden Ort gastlich aufgenommen. Da er sich seinem freundlichen Wirt erkenntlich zeigen wollte, hatte er ihm etwas Korn und Öl und dazu zwei Krüge Wein von seinen Besitzungen versprochen. Unverzüglich machte sich mein Herr mit einem Sack und leeren Schläuchen, auf meinem nackten Rücken sitzend, auf die Reise in die zwei Wegstunden entfernte Ortschaft. Als wir den Weg geschafft hatten und auf dem erwähnten Gut ankamen, bewirtete der freundliche Gastgeber meinen Herrn mit einem ausgiebigen Essen.

Und während sie beim Wein saßen und sich unterhielten, ereignete sich etwas ganz Merkwürdiges. Eine der vielen Hennen auf dem Hof lief laut gackernd nach Hühnerart hin und her, als wollte sie ein Ei legen. Der Herr sah sie und meinte: »Ja, du fleißige und brave Henne, du sorgst für uns und legst jeden Tag ein Ei; und wie ich sehe, hast du wieder einen Leckerbissen in Vorbereitung!« Und: »He, Junge!« rief er, »stell den Legekorb dort in die Ecke!« Der Knecht tat, was ihm befohlen war, aber die Henne wollte von dem gewohnten Nest nichts wissen, sondern legte ein verfrühtes und sehr fragwürdiges Produkt ihrem Herrn genau vor die Füße. Was sie zur Welt gebracht hatte, war kein Ei, wie es sich gehört hätte, sondern ein fertiges Küken mit Federn, Augen, Krallen und sogar einer Stimme, das sogleich hinter seiner Mutter herzulaufen begann.

Doch dabei blieb es nicht, und es ereignete sich noch ein viel größeres Wunder, vor dem begreiflicherweise alle erschraken. Genau unter dem Tisch mit den Resten der Mahlzeit tat sich die Erde auf, und ein großer Blutstrahl schoß aus der Tiefe empor, der die Tafel über und über bespritzte. Und noch im gleichen Augenblick, da alles starrt und staunt und sich über die göttlichen Zeichen entsetzt, kommt einer aus dem Weinkeller gelaufen und meldet, der ganze Wein, den man vor kurzem abgefüllt habe, siede und brause in allen Fässern, als ob ein Feuer darunter angefacht wäre. Dann war auch noch ein Wiesel mit einer toten Schlange zwischen den Zähnen gesehen worden, aus dem Maul eines Schäferhundes war ein kleiner grüner Laubfrosch gesprungen, und ein Widder war auf den Hund, der in der Nähe stand, losgefahren und hatte ihn mit einem einzigen Biß abgewürgt.

So viele sonderbare Geschehnisse hatten den Herrn und das ganze Haus in Schrecken versetzt, und man war ratlos, was zuerst und was zuletzt, was getan und was nicht getan werden sollte, um den Zorn des Himmels zu beschwichtigen, und wieviel und was für Opfertiere zu schlachten seien.

Noch stand alles in Erwartung eines schrecklichen Unglücks wie gelähmt da, als plötzlich ein Sklave angelaufen kam und dem Gutsherrn eine schlimme, eine wahre Schreckensbotschaft brachte:

Er hatte drei schon erwachsene Söhne, die so ordentlich und mit Sorgfalt erzogen waren, daß sie seinem Hause zur größten Ehre gereichten. Die jungen Männer waren seit längerer Zeit mit einem armen Mann, der ein kleines bescheidenes Haus besaß, befreundet. Und an diese ärmliche Hütte grenzten die großen und fruchtbaren Felder, die seinem Nachbarn gehörten, einem mächtigen, reichen und jungen Edelmann, der sich ob des Adels seiner Ahnen überhob und mit einer großen Anzahl von Parteigängern in der Stadt tun und lassen konnte, was er wollte. Er fiel wie ein Räuber über den dürftigen Besitz des armen Nachbarn her, schlachtete seine Schafe ab, trieb seine Rinder fort und trampelte seine noch unreife Ernte nieder. Und als er ihn schon um seinen ganzen Ertrag gebracht hatte, schickte er sich an, ihn vollends von seiner Scholle zu vertreiben, und beanspruchte aus Anlaß einer lächerlichen Grenzstreitigkeit dessen ganzes Land.

Hatte sich der bescheidene Bauer bisher zurückgehalten, der dem habsüchtigen Reichen ausgeliefert war, aber wenigstens auf dem Grund seiner Väter dereinst begraben sein wollte, so wandte er sich jetzt in seiner ratlosen Angst an eine Anzahl von Freunden zur Bestätigung der Grenze. Zu diesen gehörten auch jene drei Brüder, die ihrem Freund in seiner Bedrängnis helfen wollten, soweit sie die Möglichkeit hatten.

Jener Tollkopf aber ließ sich durch die Anwesenheit so vieler Bürger weder aus der Fassung bringen noch auch nur beeindrucken und dachte nicht daran, seine räuberischen Ansprüche, geschweige denn seine Reden zu mäßigen; im Gegenteil, als die anderen in aller Höflichkeit ihn in seine Schranken verwiesen und dabei geflissentlich bemüht waren, dem Hitzkopf freundlich zuzureden, schrie er plötzlich und schwor einen heiligen Eid, daß er sich bei seiner und seiner Freunde Seligkeit keinen Deut um die vielen Zeugen schere; er werde seinen Nachbarn von seinen Knechten an den Ohren aus seiner elenden Hütte zerren lassen, und das sofort und meilenweit! Diese Worte erbitterten alle Anwesenden. Einer der drei Brüder empfahl ihm unverzüglich und ziemlich barsch, es habe keinen Zweck, auf sein Geld zu pochen und sich aufzuführen wie ein Tyrann, da auch die Armen unter dem Schutz der Gesetze stünden und nicht einfach der Willkür der Reichen ausgeliefert seien. Was Öl für das Feuer, was Schwefel für die Glut, was die Geißel für die Furie, das waren diese Worte für den Jähzorn des Kerls. Außer sich vor Wut brüllte er, sie sollten sich alle miteinander samt ihren Gesetzen aufhängen lassen, und befahl, die großen bösen Schäferhunde, die das auf die Felder geworfene Aas zu fressen pflegten und dazu abgerichtet waren, jeden harmlosen Wanderer anzufallen und zu beißen, freizulassen und auf sie zu hetzen, um sie loszuwerden. Auf den gewohnten Pfiff des Hirten, der ihnen durch Mark und Bein ging, rasen die dreisten Bestien in wilder Wut und

... sondern stieß Tlepolemus, als er in seiner Todesangst seine aufgerissenen Beine zu schützen suchte und ihn jammernd um Hilfe bat, die Lanze um so frecher in den rechten Oberschenkel.

SEITE 478

mit wüstem Gekläff los und springen die Leute an, beißen sie, zerreißen und zerfleischen sie und schonen nicht einmal die Fliehenden, denen sie im Gegenteil um so gehässiger nachsetzen.

In dem Durcheinander der bestürzten Versammlung stolperte der jüngste der drei Brüder über einen Stein und zerstieß sich die Zehen; er stürzte, für die rasenden Untiere ein fürchterliches Fressen! Sie packten den armen Kerl, wie er am Boden lag, und rissen ihn in Stücke. Als die anderen Brüder sein Sterbegeschrei hörten, eilten sie entsetzt zu Hilfe und versuchten, die linke Hand mit ihrem Gewand umwickelt, ihren Bruder durch Steinwürfe zu befreien und die Hunde zu verjagen. Doch die wilde Meute ließ sich weder abschrecken noch vertreiben, und der unglückliche junge Mann wurde, nachdem er sie noch beschworen hatte, den Tod ihres jüngsten Bruders an dem reichen Unhold zu rächen, an Ort und Stelle zu Tode zerfleischt.

Da stürzten sich die beiden überlebenden Brüder, weiß Gott nicht aus blinder Verzweiflung, sondern weil ihnen ihr Leben gleichgültig war, auf den Reichen und bewarfen ihn in ihrem glühenden Ungestüm und in ihrer rasenden Erregung mit einem Hagel von Steinen. Der blutrünstige und in vielen ähnlichen Schandtaten geübte Mordbube aber warf seine Lanze und traf den einen der beiden mitten in die Brust. Jedoch der junge Mann, zu Tode getroffen und entseelt, fiel nicht zu Boden; das Eisen hatte Brust und Rücken durchbohrt und fuhr mit dem auf der anderen Seite herausragenden Teil mit solcher Gewalt in die Erde, daß der Tote starr in der Schwebe gehalten wurde.

Aber auch einer von den Knechten, der dem Mörder zu Hilfe kam, ein großer und brutaler Rüpel, hatte weit ausholend mit einem Stein nach dem rechten Arm des dritten Bruders gezielt; doch hatte der Schuß nur gerade noch die Fingerspitzen gestreift, ehe der Stein, ohne Schaden anzurichten, zu Boden fiel.

Dieser glückliche Zufall bot dem schlauen Burschen die Möglichkeit zur Vergeltung. Er tat so, als sei seine Hand durch den Wurf zerschmettert worden, und schrie dem reichen Wüterich zu: »Freu dich über den Untergang unserer ganzen

Familie, weide deine unersättliche Grausamkeit am Blut dreier Brüder und triumphiere über deine so ruhmreich erschlagenen Mitbürger! Aber denke daran: Du magst einem armen Mann seinen Besitz rauben und deine Grenzen ausdehnen, so weit du willst – einer wird immer und ewig dein Nachbar sein! Und wäre diese meine rechte Hand hier nicht durch einen unglücklichen Zufall getroffen und zerschmettert worden, so hätte sie dir jetzt den Kopf vom Rumpf getrennt!« Da griff der ohnehin schon rasende Bandit wie ein Wahnsinniger nach seinem Schwert und stürzte sich auf den jungen Mann, um ihn mit eigener Hand zu erschlagen. Doch er war an einen Gegner geraten, der ihm gewachsen war; plötzlich und wider alle Erwartung setzte sich der Junge zur Wehr, packte mit eisernem Griff die Rechte des Reichen, entriß ihm das Schwert und trieb ihm Hieb auf Hieb die schwarze Seele aus dem Leib; dann aber richtete er die vom Blut seines Feindes noch triefende Klinge gegen seine eigene Kehle, um nicht in die Hände der herbeieilenden Knechte zu fallen.

Das also war es, was die Unglückszeichen verkündet hatten, was dem beklagenswerten Hausherrn gemeldet wurde!

Der schwer getroffene Greis vermochte kein Wort, nicht einmal eine stille Träne hervorzubringen, sondern ergriff das Messer, mit dem er eben noch seinen Tischgenossen Käse und Brot vorgeschnitten hatte, und stieß es sich nach dem Beispiel seines unglücklichen Sohnes ein um das andere Mal in die Kehle, bis er über dem Tisch zusammenbrach und sein frisches Blut die Flecken des roten Wunderblutes hinwegwusch.

Der Gärtner beklagte das Unglück des in so kurzer Frist erloschenen Hauses, seufzte über sein eigenes Mißgeschick, da er statt einer Mahlzeit Tränen bekommen hatte, und rang unaufhörlich seine leeren Hände. Er setzt sich wieder auf meinen Rücken und kehrte auf demselben Weg zurück, den wir gekommen waren. Doch auch seine Heimkehr stand unter einem bösen Stern.

Irgendein langer Kerl, nach Aussehen und Betragen ein Legionssoldat, begegnete uns und fragte in herrischem und anmaßendem Ton, wohin der unbepackte Esel geführt werde. Mein Herr aber, noch ganz benommen von dem traurigen Erlebnis und außerdem der lateinischen Sprache unkundig, ritt schweigend weiter. Der Soldat konnte sein grobes Wesen nicht beherrschen, faßte das Schweigen als Beleidigung auf, verprügelte meinen Herrn mit einem Stock und stieß ihn von meinem Rücken herab. Da entwortete der Gärtner in unterwürfigem Ton, daß er seine Sprache nicht verstehe und daher nicht wisse, was jener wolle. Nun fragte der Soldat auf griechisch: »Wo willst du mit dem Esel hin?« Der Gärtner erklärte, daß er in die nächste Stadt reite. »Ich habe Arbeit für ihn«, erwiderte der andere. »Er muß mit anderen Tragtieren in der nächsten Ortschaft das Gepäck unseres Statthalters holen.« Er griff mit der Hand nach dem Riemen, an dem ich geführt wurde, und begann mich fortzuzerren. Der Gärtner aber wischte sich das Blut ab, das ihm von den empfangenen Schlägen über das Gesicht lief, bat erneut, der Herr Kamerad möge doch etwas freundlicher und rücksichtsvoller sein, und bekräftigte seine Bitte mit allen Segenswünschen. »Dieser Esel hier«, sagte er, »ist faul und obendrein auch noch bissig; er hat die Fallsucht und trägt mir mit Müh und Not gerade noch mein bißchen Gemüse aus dem nahen Garten in die Stadt, wobei er schon ganz außer Atem kommt und jämmerlich schnauft; es ist ganz ausgeschlossen, daß er größeres Gepäck tragen kann!«

Als er aber merkte, daß der Soldat auf seine Bitten nicht einging, sondern immer wütender wurde und seinen Stock schon umdrehte, um ihm mit dem dicken Griff den Kopf einzuschlagen, greift er zum letzten Mittel und tut so, als wollte er ihm vor die Füße fallen, um ihn um Mitleid anzuflehen, duckt sich und bückt sich, hebt ihn auf und zieht ihm beide Füße weg, daß jener der Länge nach schwer auf die Erde schlägt, und bearbeitet sogleich hier mit seinen Fäusten, dort mit den Ellenbogen, da mit seinen Zähnen und schließlich sogar noch mit einem vom Weg aufgehobenen Stein dessen Gesicht, Hände und den ganzen Leib. Der Soldat, der auf dem Rücken lag, konnte weder zurückschlagen noch sich schützen, sondern drohte nur immer wieder, er werde ihn mit seinem Schwert in Stücke hacken, sobald er wieder hochkäme. Diese Drohung ließ sich der Gärtner als Warnung dienen, entriß ihm das Schwert, schleuderte es in großem Bogen fort und widmete sich dann erneut und um so wütender der Prügelstrafe. Der am Boden liegende und von Wunden behinderte Soldat wußte sein Leben nicht anders zu retten und stellte sich tot. Der Gärtner holte das Schwert, schwang sich auf meinen Rücken und jagte an seinem Garten vorbei so schnell er konnte in die Stadt, wo er bei einem Freund abstieg. Er erzählte ihm alles und bat ihn dringend, ihn samt seinem Esel so lange zu verstecken, bis er nach ein oder zwei Tagen vor einer Anzeige sicher sei.

Der andere nahm ihn aus alter Freundschaft gerne auf; und während man mich mit zusammengebundenen Beinen über die Treppe in das obere Stockwerk zerrt, kriecht der Gärtner unten im Laden in eine Truhe, deren Deckel zugemacht wird, und ist verschwunden.

Der Soldat aber, wie ich später erfuhr, taumelte auf wie ein Betrunkener und schleppte sich schwankend und schmerzbenommen, sich nur mühsam an seinem Stock aufrecht haltend, in die Stadt. Er scheute sich jedoch, von seiner Dreistigkeit und von seiner Niederlage etwas verlauten zu lassen, sondern schluckte die Schmach schweigend hinunter, bis er Gelegenheit hatte, sein Pech einigen Kameraden anzuvertrauen. Man beschloß, daß er sich für einige Zeit im Quartier versteckt halten solle, denn abgesehen von dem Ehrverlust hatte er wegen des verlorenen Schwertes auch eine Disziplinarstrafe zu erwarten, während sie selbst sich bemühen wollten, uns anhand unserer Kennzeichen ausfindig zu machen und büßen zu lassen.

Natürlich fehlte es auch nicht an einem hämischen Nachbarn, der unser Versteck verriet. Die Soldaten begaben sich zum Magistrat und machten ihnen dort weis, sie hätten unterwegs ein dem Gouverneur gehörendes, sehr wertvolles Silbergefäß verloren, das ein Gärtner gefunden habe und nicht herausgeben wolle; der halte sich bei einem Freund versteckt. Als die Beamten von dem Verlust und das Wort Gouverneur hörten, begaben sie sich vor unsere Haustür und forderten mit lauter Stimme unseren Hauswirt auf, uns lieber gleich auszuliefern, als selber Kopf und Kragen zu riskieren, da wir uns erwiesenermaßen bei ihm versteckt hielten. Der ließ sich jedoch nicht einschüchtern und wollte den Freund, dem er seine Hilfe zugesagt hatte, schützen. Er leugnete alles ab und behauptete sogar, er habe den Gärtner seit mehreren Tagen überhaupt nicht gesehen. Die Soldaten hinwiederum behaupteten steif und fest, hier und nirgends sonst halte er sich versteckt, und schwuren einen Eid beim Leben des Kaisers. Da jener aber auf seiner Aussage beharrte, beschlossen die Beamten, der Wahrheit durch eine Hausdurchsuchung auf die Spur zu kommen. Man schickte Amtsdiener und sonstiges städtisches Personal ins Haus mit dem Befehl, alle Winkel sorgfältig zu durchsuchen. Es wurde gemeldet, im ganzen Hause sei keine Menschenseele und auch kein Esel zu entdecken.

Jetzt gab es erst recht ein Hin und Her, und die Soldaten brüllten und beriefen sich auf ihren Kaiser; sie wüßten genau, daß wir im Hause seien, was der andere unter Anrufung der Zeugenschaft des Himmels ableugnete. Als ich den Streit und das laute Geschrei hörte, machte ich als immer neugieriger und dauernd vorwitziger Esel einen langen Hals und steckte die Nase zum Fenster hinaus, um zu sehen, was der Radau zu bedeuten habe; da sieht zufällig einer der Soldaten meinen Schatten und macht die anderen darauf aufmerksam. Im Nu erhebt sich ein wildes Geschrei, einige rennen die Treppe herauf, packen mich und schleppen mich wie einen Gefangenen hinunter. Nun gibt es kein Zaudern mehr und alles wird gründlichst untersucht; man entdeckt den armen Gärtner in seiner Kiste, er wird herausgezogen und den Beamten übergeben, die ihn ins Gefängnis werfen, um ihn mit seinem Kopf büßen zu lassen, indessen alle unter schallendem Gelächter über meine unzeitige Neugier ihre Witze reißen. Bei dieser Gelegenheit entstand auch das bekannte Sprichwort, daß man den neugierigen Esel schon an seinem Schatten erkennt!

Zehntes Buch

Wie es am folgenden Tag meinem Gärtner und Herrn erging, kann ich nicht sagen. Mich jedenfalls zerrte der Soldat, der wegen seiner Unverschämtheit so herrliche Prügel bezogen hatte, aus dem Stall. Er führte mich, ohne daß jemand dagegen Einspruch erhoben hätte, aus seinem Quartier, wie mir schien, hinaus auf die Straße, mit seinen Sachen beladen und ganz militärisch ausgerüstet und bewaffnet.

Ich trug einen blanken Helm, einen Schild, der wer weiß wie weit blitzte, und eine Lanze mit auffallend langem Schaft; all das nicht etwa, weil dies der Dienstvorschrift entsprach, sondern um arme Wanderer zu erschrecken, hoch oben auf seinem Berg von Gepäck festgebunden, daß es aussah, als käme eine ganze Armee daher. Nach einem nicht allzu beschwerlichen Marsch durch ländliche Gefilde erreichten wir eine kleine Stadt, wo wir jedoch nicht im Gasthaus, sondern im Haus eines Ratsherrn einkehrten. Er empfahl mich der Obhut eines Sklaven und begab sich diensteifrig zu seinem Vorgesetzten, dem Kommandanten von tausend Bewaffneten.

Ich erinnere mich, daß dort einige Tage später ein unglaubliches Verbrechen begangen wurde, das ich hier erwähnen will, damit der Leser davon erfährt.

Unser Hausherr hatte einen jungen Sohn, der eine treffliche Erziehung genossen hatte und sich daher durch ein zurückhaltendes und bescheidenes Wesen auszeichnete, wie man es sich nicht besser wünschen konnte. Seine Mutter war schon vor Jahren gestorben, sein Vater aber hatte sich wieder verheiratet und verdankte seiner zweiten Frau noch einen anderen Sohn, der inzwischen auch schon das zwölfte Lebensjahr überschritten hatte. Die Stiefmutter, die dem Hause mehr durch ihr Äußeres als durch ihre charakterlichen Eigenschaften zur Ehre gereichte, hatte, sei es, daß sie von Natur aus schamlos war, sei es, daß das Verhängnis sie zu einer so unerhörten Schandtat trieb, ein Auge auf ihren Stiefsohn geworfen.

Und jetzt, lieber Leser, mache dich nicht auf ein Lustspiel, sondern auf ein Drama gefaßt: ich begebe mich aus dem Proszenium auf die Bühne!

Solange sie nur ein erstes zärtliches Begehren in ihrem Herzen nährte, widerstand die Frau noch verhältnismäßig leicht der aufkeimenden Neigung und unterdrückte stillschweigend ihr flüchtiges Erröten. Als aber ihr ganzes Herz in Flammen stand und Amors Leidenschaft in ihr tobte, erlag sie dem rasenden Gott, stellte sich krank und verbarg ihre Herzenswunde unter einem körperlichen Leiden. Es ist wohl allgemein bekannt, daß bei Kranken und Verliebten die gleichen Symptome des Befindens und des Aussehens auftreten: auffällige Blässe, glanzlose Blicke, müde Knie, Schlaflosigkeit, und je länger die Qual, desto heftiger die Seufzer. Man hätte meinen können, daß sie Fieber habe – nur weinte sie auch.

Wie wenig wissen die Ärzte, was zu rascher Puls, wechselnde Gesichtsfarbe, flacher Atem und unruhiger Schlaf, wenn man sich immer wieder von einer Seite auf die andere wälzt, zu bedeuten haben! Ihr guten Götter, auch wenn man nichts von Medizin versteht, weiß jeder, der selber schon mit der Liebe Bekanntschaft gemacht hat, das Erglühen ohne körperliches Fieber richtig zu deuten!

Vom Übermaß ihrer Leidenschaft zum Äußersten getrieben, brach sie ihr langes Schweigen und ließ ihn zu sich rufen – ihren Sohn, ach! gern hätte sie ihn mit einem anderen Namen genannt, um nicht erröten zu müssen! Der junge Mann kam auf der Stelle dem Befehl seiner kranken Mutter nach und betrat mit männlichem Ernst das Schlafgemach, der Frau seines Vaters und der Mutter seines Bruders gehorsam. Sie aber, allzu geschwächt durch das quälende Schweigen, strandete an ihrer Unentschlossenheit und verwarf alle Worte, die sie für das bevorstehende Gespräch eben noch als geeignet befunden hatte, und vermochte sich vor Scham zu keinem Anfang zu entschließen. Der junge Mann aber, der nichts Böses ahnte, erkundigte sich mit gesenktem Blick nach der Ursache ihres gegenwärtigen Leidens.

Da faßte sie wieder Mut, die schlimme Gelegenheit des Alleinseins zu nutzen, und unter einem Strom von Tränen erklärte sie, das Gesicht mit ihrem Gewand bedeckend, mit zitternder Stimme und mit wenigen Worten: »Grund und Ursache meines Leidens, aber auch das Heilmittel und die einzige Rettung bist du allein! Deine Augen sind durch meine Augen bis tief in mein Herz gedrungen und entzünden in meinem Inneren flammende Glut. Hab Erbarmen mit mir, die um dich vergeht, und fürchte dich nicht vor deinem Vater, dem du die Gattin erhalten kannst, die sonst sterben müßte! Ach, sein Bild erkenne ich in deinen Zügen wieder, also darf ich dich lieben. Nutze die Zeit des Alleinseins, nutze die Gelegenheit zur Tat! Was keiner sah, ist nie geschehen.«

Über diese unerwartete Zumutung war der junge Mann

bestürzt, doch wenn er auch eine solche Untat verabscheute, so wollte er den Konflikt doch keinesfalls durch unzeitige Schroffheit auf die Spitze treiben, sondern vielmehr durch ein vorsichtiges Eingehen entschärfen. So vertröstete er sie und bat sie, guten Muts zu sein und für ihre Wiederherstellung und Gesundung zu sorgen, bis eine Reise seines Vaters ihnen zur Befriedigung ihrer Wünsche Gelegenheit biete; und damit zog er sich rasch aus dem gefährlichen Gesichtskreis seiner Stiefmutter zurück. Und um bei einer so delikaten Situation im eigenen Hause um so besser beraten zu sein, begab er sich sogleich zu seinem Erzieher, einem Greis von bewährter Besonnenheit. Nach langer Überlegung schien nichts heilsamer, als durch rasche Flucht dem Sturm zu entgehen, den die zürnende Fortuna heraufbeschwor.

Die Frau aber vermochte sich auch mit dem geringsten Verzug nicht abzufinden und überredete durch irgendeine List mit staunenswerter Geschicklichkeit ihren Mann, stehenden Fußes seinen meilenweit entfernten Besitzungen einen Besuch abzustatten. Und kaum war er fort, überließ sie sich dem Taumel ihrer üppigen Hoffnung und bestand auf der Erfüllung des Liebesversprechens. Der Jüngling aber wich bald unter diesem, bald unter jenem Vorwand der fluchwürdigen Begegnung mit ihr aus, bis ihr aus seinen hinhaltenden Antworten klarwurde, daß er sein Versprechen nicht halten wolle, so daß sich ihre ruchlose Liebe im Handumdrehen in noch ruchloseren Haß verwandelte. Sofort zog sie einen tückischen und zu jeder Schandtat bereiten Sklaven, den sie aus ihrem Elternhaus mitgebracht hatte, in ihr Vertrauen und teilte ihm ihren bösen Plan mit; und nichts Besseres fiel ihr ein, als den armen Jungen aus dem Weg zu räumen! Der Schurke ging und besorgte ein schnell wirkendes Gift, löste es sorgsam in Wein auf und hielt es zum Verderben des unglücklichen Stiefsohns bereit.

Und während die Verbrecher noch über Zeit und Gelegenheit redeten, kam zufällig der jüngere Bruder, das eigene Kind des schändlichen Weibes, vom Morgenunterricht nach Hause zurück; nach dem Frühstück dürstete ihn, er sah den Becher mit dem Wein, dem das Gift beigemischt war, und trank ihn, von dem heimlichen Verbrechen nichts ahnend, in einem Zuge aus. Kaum hatte er den für seinen Bruder bestimmten Giftbecher geleert, als er auch schon tot zu Boden stürzte, während der Hauslehrer in seinem Schrecken über den plötzlichen Unglücksfall laut schreiend die Mutter und das ganze Haus zusammenrief. Es war klar, daß der Trank vergiftet war, doch niemand hatte eine Ahnung, wer ein so entsetzliches Verbrechen begangen haben könnte.

Aber das gemeine Weib, ein Ausbund von stiefmütterlicher Bosheit, ließ sich nicht durch den bitteren Tod des eigenen Sohnes, nicht durch das Bewußtsein ihrer Schuld an dem Mord, nicht durch das Unglück des Hauses und auch nicht durch den Schmerz des Vaters rühren, den der Verlust seines Kindes zutiefst treffen würde, sondern sie war einzig und allein darauf bedacht, aus diesem unglücklichen Zufall für ihre Rache Vorteil zu ziehen. Sie schickte sofort einen Boten, der ihrem abwesenden Mann das Unglück melden sollte, das sein Haus heimgesucht hatte; und kaum war der Vater zurückgekehrt, behauptete sie mit schamloser Dreistigkeit, ihr Sohn sei durch das Gift seines Stiefbruders umgekommen. Und das war zwar insofern nicht einmal ganz gelogen, als der Knabe den seinem Bruder zugedachten Todestrank getrunken hatte; aber ihre Verleumdung bestand in der Behauptung, ihr Stiefsohn habe seinen jüngeren Bruder aus Rachsucht getötet, weil sie seinem schändlichen Begehren nicht nachgegeben habe, mit dem er ihr habe Gewalt antun wollen. Und mit diesen unerhörten Lügen nicht zufrieden, fügte sie noch hinzu, auch ihr selbst drohe er mit dem Schwert, wenn sie seine Schandtat aufdecke. Dem unglücklichen Vater brach das Herz vor Kummer über den Verlust beider Söhne, von denen er den jüngeren mit eigenen Augen auf der Bahre liegen sah, während der ältere wegen Blutschande und Brudermord sein Todesurteil zu erwarten hatte. Darüber hinaus erfüllte ihn das heuchlerische Wehklagen seiner allzusehr geliebten Gattin mit grimmigem Haß gegen den eigenen Sohn.

Kaum waren die Bestattungsfeierlichkeiten und das Begräbnis des jüngsten Sohnes vorüber, als auch schon der unglückliche Greis, das Antlitz noch von frischen Tränen benetzt und das graue, mit Asche beschmutzte Haar raufend, auf den Gerichtsplatz eilte. Dort umschlang er, ohne eine Ahnung von den Ränken des ruchlosen Weibes zu haben, weinend und bittend die Knie der Ratsherren und setzte alle Mittel der Leidenschaft zum Verderben seines ihm noch verbliebenen Sohnes ein: Er sei ein Blutschänder im ehelichen Schlafzimmer seines Vaters, er sei, weil er den Jüngeren beseitigt habe, ein Brudermörder, er sei ein Verbrecher, der gedroht habe, seine Stiefmutter zu erschlagen! Sein Kummer hatte Gerichtshof und Bevölkerung zu solchem Mitleid, zu solcher Empörung entflammt, daß alle forderten, auf die Einhaltung der umständlichen Prozeßordnung, auf eine Beweisaufnahme und eine die Tatsachen doch nur entstellende Verteidigung zu verzichten und den Kerl, den Schandfleck der Stadt, vom Volk zu Tode steinigen zu lassen.

Die Beamten aber sahen darin den Beginn einer Ordnungswidrigkeit, die sich zu einer Gefahr sowohl für sie selbst als auch für die ganze öffentliche Disziplin auswachsen könne; sie beschworen den Stadtrat und beschwichtigten die Bürgerschaft, nach Sitte und Brauch der Vorfahren zusammenzutreten, die Aussagen zu prüfen, das Urteil nach Maßgabe der Vernunft zu fällen und es abzulehnen, den Angeklagten wie bei den Barbaren oder unter tyrannischer Willkürherrschaft ungehört zu verdammen und damit im tiefsten Frieden der ganzen Welt ein abschreckendes Beispiel zu geben.

Dieser vernünftige Vorschlag fand Gehör, und sogleich mußte der Ausrufer eine Versammlung der Stadtväter im Rathaus bekanntgeben. Als alle ihrem Rang entsprechend Platz genommen hatten, trat, wieder nach Aufruf durch den Herold, der Kläger ein. Dann wurde der Angeklagte gerufen und hereingeführt, und entsprechend den gesetzlichen Bestimmungen, die für Attika und den Areopag Gültigkeit besitzen, ermahnte der Ausrufer die Anwälte, ausschließlich zur Sache zu sprechen und keine Gefühlsausbrüche zu provozieren.

Daß sich dies alles tatsächlich so abspielte, habe ich aus verschiedenen Gesprächen von Zeugen entnehmen können, die ich mit anzuhören Gelegenheit hatte. Wie aber der Kläger seine Sache im einzelnen vertrat, wie sie der Angeklagte zu widerlegen suchte, kurz und gut, von Reden und Gegenreden weiß ich nichts, da ich ja weit weg an meiner Krippe stand; und was ich nicht weiß, das kann ich auch nicht erzählen. Aber was ich erfuhr, das will ich gerne in diesem Bericht noch erwähnen:

Sobald das Hin und Her des Wortwechsels zu Ende war, beschloß man, die Wahrheit und Zuverlässigkeit der Vorwürfe durch gründliche Beweise zu erhellen und sich in einer solchen Sache nicht mit Vermutungen und Verdachtsmomenten zu begnügen; daher müsse unbedingt der Sklave, der angeblich einzig und allein den Hergang wisse, geladen werden. Dieser Schurke aber, den weder die Würde des Hauses noch die hochansehnliche Versammlung, geschweige denn sein böses Gewissen aus der Fassung brachten, wußte mit der größten Unverfrorenheit seine lügnerischen Erfindungen als Wahrheit hinzustellen und führte aus: Der junge Mann habe ihn in seiner Empörung über die Zurückweisung durch seine Stiefmutter kommen lassen und ihm aufgetragen, ihren Sohn zu ermorden, um sich zu rächen; er habe ihm für seine Verschwiegenheit eine große Belohnung in Aussicht gestellt und ihn im Fall seiner Weigerung mit dem Tod bedroht; er habe ihm das eigenhändig gemischte Gift übergeben, damit er es seinem Bruder reiche, habe aber schließlich aus Argwohn, er könne den Becher als Beweisstück des Verbrechens aufheben, den Trank mit eigener Hand dem Knaben gereicht. Nach dieser wahrscheinlich klingenden und mit erheuchelter Unterwürfigkeit ängstlich vorgebrachten Aussage wurde die Beweisaufnahme abgeschlossen.

Keiner der Richter war dem jungen Mann gegenüber so unvoreingenommen geblieben, daß er ihn nicht für eindeutig der Schuld überführt hielt und dazu verurteilt hätte, in den Sack eingenäht zu werden.

Schon sollten die Stimmtafeln, die alle das gleiche Urteil trugen, nach alter Sitte in die eherne Urne geworfen werden – und nach dieser Handlung wäre das Schicksal des Angeklagten unwiderruflich besiegelt und keine Korrektur mehr möglich gewesen, die Verfügungsgewalt über sein Leben wäre dem Henker übertragen worden –, als einer der Richter, ein Greis von erprobter Zuverlässigkeit und von besonderer Autorität, Arzt von Beruf, den Schlitz der Urne mit seiner Hand zudeckte, damit niemand vorschnell sein Täfelchen einwerfen könne, und dem hohen Gericht vorwarf:

»Bis auf den heutigen Tag hat mein Lebenswandel zu meiner Befriedigung eure Zustimmung gefunden. Und so werde ich nicht dulden, daß an diesem fälschlich beschuldigten jungen Mann ein eindeutiger Justizmord begangen wird und daß ihr, von einem nichtswürdigen Sklaven belogen, wider Eid und Pflicht euer Urteil fällt. Religion und Gewissen fordern von mir, daß ich die Wahrheit sage. So hört von mir folgenden Sachverhalt:

Hier dieser Schurke kam vor kurzem zu mir und bot mir einhundert Goldstücke für ein rasch wirkendes Gift, das für einen Kranken benötigt werde, bei dem keine Hoffnung mehr bestehe und der unsägliche Qualen leide, denen er sich zu entziehen wünsche. Ich merkte jedoch sehr bald aus dem üblen Zusammenhang der Reden dieses Bösewichts, daß hier ein Verbrechen ins Werk gesetzt werden sollte, gab ihm aber gleichwohl einen Trank; ich gab ihn, doch im Hinblick auf ein eventuelles gerichtliches Nachspiel nahm ich die gebotene Summe nicht an, sondern sagte: ›Um sicherzugehen, daß es sich bei diesen Goldstücken hier nicht um minderwertige oder gefälschte Stücke handelt, bitte ich dich, sie mir hier in diesem Beutel mit deinem Ring zu versiegeln, bis sie morgen in unserer Gegenwart von einem Wechsler geprüft werden!‹ Er ließ sich überreden und versiegelte das Geld. Als der Kerl dort dem Gericht vorgeführt wurde, ließ ich den Beutel gleich durch einen meiner Diener aus meinem Hause holen; hier ist das Geld, ich stelle es für die Untersuchung zur Verfügung. Er mag sich davon überzeugen, daß es sich um sein Siegel handelt. Wie aber kann der Bruder der Mörder sein, wenn dieser hier das Gift beschafft hat?«

Da bekam es der Bösewicht gewaltig mit der Angst zu tun, sein bisher so lebhaftes Gesicht wurde kreidebleich, und an allen Gliedern brach ihm der kalte Schweiß aus. Unruhig trat er von einem Bein aufs andere, kratzte sich bald hier, bald da den Kopf und murmelte zusammenhangloses Zeug, so daß keiner mehr von seiner Unschuld überzeugt war. Als aber seine Schlauheit wieder Oberwasser gewonnen hatte, war des Leugnens kein Ende, und er zieh den Arzt der Lüge. Als dieser sah, daß nicht nur sein Ansehn vor Gericht, sondern auch seine Glaubwürdigkeit auf dem Spiel stand, bemühte er sich mit doppeltem Eifer um die Überführung des Bösewichts, bis endlich die Amtsdiener auf Befehl des Gerichts die Hände des ruchlosen Sklaven packten, ihm seinen eisernen Ring abzogen und diesen mit dem Siegel des Beutels verglichen; das Ergebnis bestärkte den aufgekommenen Verdacht. Rasch waren nach griechischer Sitte die Foltergeräte, Rad und Marterbank, herbeigeschafft. Doch mit merkwürdiger Verstocktheit blieb er trotz Geißel und Feuer standhaft.

Da sprach der Arzt: »Ich werde nicht zulassen, nein, weiß Gott nicht, daß dieser unschuldige junge Mann widerrechtlich zum Tode verurteilt wird und daß der Schurke dort unseres Gerichts spottet und der Strafe für sein Verbrechen entgeht! Und dies ist das Beweisglied in dem zur Verhandlung stehenden Fall. Als jener Schurke das Gift kaufen wollte, schien es mir mit meinem Beruf als Arzt unvereinbar, ein tödlich wirkendes Mittel zu verabreichen, denn ich hatte gelernt, daß die Heilkunst nicht dem Verderben, sondern dem Wohl der Menschheit zu dienen habe; auf der anderen Seite aber fürchtete ich, wenn ich sein Ansinnen ablehnte, durch die untunliche Weigerung erst recht dem bösen Vorhaben Vorschub zu leisten, indem er sich dann anderenorts den Todestrank beschaffen oder auch mit dem Schwert oder einer anderen Waffe die geplante Untat ausführen werde; so gab ich ihm ein Gift, das nur ein Schlaftrunk war, den Saft der Alraune, der als ein bewährtes Betäubungsmittel gilt und einen todähnlichen Schlaf bewirkt. Es ist kein Wunder, daß dieser Kerl in seiner Verzweiflung, da es bei den nun einmal bestehenden Gesetzen um Tod und Leben geht, die Folterqualen als das kleinere Übel immer noch leichter erträgt. Wenn aber der Knabe wirklich den von mir eigenhändig gemischten Trank genommen hat, dann lebt er, ruht und schläft nur und wird den tiefen Schlummer rasch abschütteln und ins Bewußtsein zurückkehren. Wurde er aber ermordet, ist er wirklich tot, so hat sein Tod eine andere Ursache.«

Diese Worte des Greises fanden allgemeine Zustimmung, und man begab sich sogleich zu dem Grab, in welchem die sterbliche Hülle des Knaben beigesetzt war. Keiner der Richter, keiner der Vornehmen und keiner aus dem Volk fehlte, als man sich dort voller Neugier versammelte.

Und wirklich! als der Vater mit seinen eigenen Händen den Sargdeckel entfernt, sieht er, wie sein Sohn, der soeben den totenähnlichen Schlaf abgeschüttelt hat, wieder zum Leben erwacht und sich aufrichtet; er schließt ihn in seine Arme, drückt ihn an sich und führt ihn, der Worte nicht mächtig in der Freude des Augenblicks, hinaus zu den Leuten. Und so, wie er war, noch eingehüllt in das Sargtuch, bringt man den Knaben vor Gericht. Nun wird das Verbrechen des ruchlosen Sklaven und des noch ruchloseren Weibes aufgedeckt, und die Wahrheit kommt ans Licht; die Stiefmutter wird mit lebenslänglicher Verbannung bestraft, der Sklave aber wird ans Kreuz geschlagen. Dem braven Arzt beläßt man unter allgemeiner Zustimmung die Goldstücke als Belohnung für den rettenden Schlaftrunk.

Und die berühmte und oft berufene Geschichte jenes alten Mannes endete somit, wie es der Würde der göttlichen Vorsehung entsprach, indem er sich innerhalb kurzer Frist völlig vereinsamt und dann plötzlich wieder als Vater zweier Söhne sah.

Mich aber warfen die Wogen des Schicksals weiter hin und her.

Jener Soldat, der mich ohne Verkäufer und für gar nichts erstanden hatte, sollte auf Befehl seines Vorgesetzten ein Schreiben an den großen Kaiser nach Rom bringen und verhandelte mich daher für elf Denare an zwei Sklaven in der Nachbarschaft, die Brüder waren.

Diese dienten einem sehr reichen Herrn. Der eine von ihnen war Bäcker, der Brot und süßes Backwerk herstellte, der andere ein Koch, der ausgezeichnet abgeschmeckte Soßen und Fleischgerichte zuzubereiten wußte. Sie lebten zusammen in einem gemeinsamen Raum und hatten mich gekauft, weil ich die zahlreichen Gerätschaften tragen sollte, die zur Versorgung ihres Herrn auf seinen vielen Reisen erforderlich waren.

Die Brüder nahmen mich also als dritten in ihre Stubengemeinschaft auf, wobei sich Fortuna mir niemals gnädiger erzeigt hat. Abends, wenn ihr Herr gespeist hatte, brachten sie von dem reichgedeckten und wohlbeschickten Tisch manche gute Kostprobe mit nach Hause: der eine Ferkel, Fasan, Fisch und Fleischgerichte aller Art, der andere Brot, Zuckerwerk, Gebäck, Mehlspeisen, Kuchen und alle möglichen anderen mit Honig gesüßten Leckereien. Kaum hatten sie ihr Zimmer verschlossen, um sich im Bad zu erfrischen, als ich mir die vom Himmel bescherten Näschereien bestens schmecken ließ. So töricht und so echt eselhaft war ich nämlich nun wieder nicht, daß ich diese herrlichen Gaben verschmäht und garstiges Heu gefressen hätte!

Lange Zeit konnte ich meinem diebischen Gelüst ungestört frönen, denn aus Vorsicht begnügte ich mich trotz dem großen Vorrat mit kleinen Kostproben hier und da, und meinen Herren kam es gar nicht in den Sinn, ihrem Esel zu mißtrauen. Als ich mich aber immer sicherer fühlte und kaum noch mit einer Entdeckung rechnete, schnappte ich mehr und mehr gerade die besten Brocken und suchte mir die leckersten Süßigkeiten aus, bis die Brüder argwöhnisch wurden; wenn sie sich auch von mir noch immer nichts Derartiges träumen ließen, so paßten sie jetzt doch sehr scharf auf, wer sie täglich so schädige.

Schließlich beschuldigten sie sich sogar gegenseitig des gemeinen Diebstahls, und nun beobachtete einer den anderen, und jeder zählte und kennzeichnete seinen Teil. Endlich riß dem einen die Geduld.

»Das ist weder recht noch zumutbar«, schimpfte er, »daß du Tag für Tag die besten Bissen schnappst und verkaufst, um dich heimlich zu bereichern, und dann den Rest mit mir gleich zu gleich teilen willst! Wenn du unseren gemeinsamen Haushalt satt hast, so können wir unsere Sachen getrennt verwahren und trotzdem Brüder bleiben. Mir scheint nämlich, wenn das auf die Dauer so weitergeht, wird es in Zukunft nur noch Zank und Streit geben!«

Der andere entgegnete: »Deine Dreistigkeit ist in der Tat erstaunlich! Tag für Tag bestiehlst du mich, und während ich mich schon lange heimlich darüber ärgere und es mir widerstrebt, den eigenen Bruder des gemeinen Diebstahls zu beschuldigen, kommst du meiner Beschwerde zuvor! Aber gut, daß die Sache zur Sprache kommt und wir uns endlich darüber verständigen, wie dem Übel abgeholfen werden soll, damit der heimliche Groll nicht noch zu einem Bruderkampf führt wie bei Eteokles und Polyneikes!«

So und ähnlich zankten die Brüder und schworen beide, weder betrogen, geschweige denn gestohlen zu haben. Es sei aber unerläßlich, den Dieb mit allen Mitteln ausfindig zu machen, der ihnen solchen Schaden zufüge; denn der Esel, der einzige, der noch da sei, käme schließlich als Liebhaber solcher Speisen, wie sie täglich verschwänden, ebensowenig in Frage, wie von solchen Riesenfliegen in ihrer Kammer die Rede sein könne, wie einst die Harpyien waren, die dem Phineus die Mahlzeit plünderten.

Inzwischen aber setzte ich, durch das regelmäßige Essen herausgefüttert und durch die menschlichen Speisen wohl gemästet, am ganzen Leibe fetten Speck an, meine Haut fühlte sich weich und samtig an, mein Fell war glatt und glänzend. Und unter dieser Schönheitsblüte witterten meine Herren Unrat. Sie sahen, daß mein Rücken immer runder wurde, während das Heu tagtäglich liegenblieb, und wandten mir daher ihre volle Aufmerksamkeit zu. Zur gewohnten Stunde schlossen sie die Türe zu, als wollten sie sich ins Bad begeben, während sie mir in Wahrheit durch einen schmalen Spalt zusahen, wie ich an den herumstehenden Leckereien naschte. Ohne an ihren Schaden zu denken, wunderten sie sich über die seltsamen Gelüste des Esels und brachen in schallendes Lachen aus. Sie riefen nach und nach ihre Freunde herbei, um ihnen das genäschige Langohr vorzuführen. Schließlich war das Gejohle so groß, daß es auch zu den Ohren ihres Herrn drang, der zufällig vorüberging.

Er wollte wissen, was es Gutes zu belachen gebe, und als er den Sachverhalt erfuhr, blickte er auch seinerseits durch den Spalt und freute sich königlich; und schließlich mußte auch er so lachen, daß ihm der Leib wehtat; er ließ die Tür öffnen, trat ein, stellte sich neben mich und sah mir zu. Und da Fortuna mir endlich etwas freundlicher zu lächeln schien und die Fröhlichkeit der Umstehenden mir Zutrauen einflößte, ließ ich mich nicht im geringsten stören und fraß in aller Seelenruhe weiter, bis der Herr, dem ein so ungewohntes Schauspiel großen Spaß machte, mich ins Haus bringen ließ, ja mich sogar eigenhändig in den Speiseraum führte, wo er einen Tisch aufzustellen und alle möglichen Gerichte Gang für Gang auftragen befahl.

Und obwohl ich schon ziemlich satt war, machte ich mich mit Genuß über die angebotenen Speisen her, um mich bei dem Herrn um so beliebter und angenehmer zu machen. Man überlegte, was einem Esel besonders zuwider sein könne, und setzte es mir vor, um meinem Geschmack auf die Spur zu kommen; ich fraß Fleisch mit Würzkraut, scharf gepfeffertes Geflügel und Fisch mit einer ganz komplizierten Soße.

Der ganze Raum dröhnte vor Gelächter. Plötzlich rief ein Witzbold: »Gebt doch dem Kameraden da auch einen Schluck Wein!« – »Wohlgesprochen, du Schelm!« meinte der Herr. »Es ist gar nicht ausgeschlossen, daß unser Hausgenosse auch einen Becher Honigwein zu schätzen weiß!« Und dann rief er: »Heda, Junge, spül den goldenen Becher aus, füll ihn mit Honigwein und biete ihn unserem Fresser an; sag ihm auch, daß ich ihm ein ›Wohl bekomm's!‹ wünsche.« Die ganze Gesellschaft wartete gespannt. Ich ließ mich nicht aus der Ruhe bringen und schlürfte in aller Gelassenheit mit vornehm gespitzten Lippen den ganzen Pokal in einem Zug aus. Wie aus einer Kehle brüllten alle: »Prost!«

Schließlich rief der Herr, außer sich vor Vergnügen, seine Sklaven, die mich gekauft hatten, und ließ ihnen den vierfachen Preis erstatten, mich aber übergab er einem seiner Freigelassenen, der sein besonderes Vertrauen hatte, und empfahl mich seiner sorglichsten Obhut. Dieser fütterte mich wohlwollend und gutmütig heraus, und um sich bei seinem Patron noch beliebter zu machen, suchte er mir allerhand Kunststücke zu dessen Belustigung beizubringen.

Zuerst lehrte er mich, mit aufgestützten Ellbogen bei Tisch zu liegen, dann zu ringen und sogar mit erhobenen Vorderfüßen zu tanzen, schließlich aber, als ganz besondere Sensation, mich durch Kopfnicken mit ihm zu unterhalten und auf seine Worte einzugehen, indem ich, wenn ich etwas nicht wollte, den Kopf hob, und wenn ich etwas wollte, ihn senkte, und wenn ich Durst hatte, mich nach dem Mundschenk umsah und ihm durch Zublinzeln zu verstehen gab, daß er mir einschenken solle. Das alles fiel mir sehr leicht, da ich all diese Faxen auch ohne Anweisung hätte machen können. Ich fürchtete nur, wenn ich mich ohne Lehrmeister wie ein Mensch aufführen würde, könnte man das als ein schlimmes Vorzeichen auffassen, mich als Unglückstier und Ungeheuer schlachten und den Geiern als fetten Fraß überlassen.

Inzwischen hatte sich das Gerücht von meinen Wunderkünsten so verbreitet, daß mein Herr überall bekannt und berühmt war: »Das ist der Mann, dessen Freund und Tischgenosse ein Esel ist, der sich auf Ringkämpfe versteht, ein Esel, der tanzen kann, ein Esel, der die menschliche Sprache versteht und der sich durch Kopfnicken verständlich zu machen weiß!«

Aber nun möchte ich noch, was sich schon längst gehört hätte, nachtragen, wer der Mann war und woher er stammte: Thiasus – so hieß mein neuer Herr – stammte aus Korinth, der Hauptstadt der Provinz Achaia, und hatte entsprechend seiner Geburt und seinem Stand die ganze Ämterlaufbahn durchmessen, bis er schließlich jüngst auf die Dauer von fünf Jahren in die oberste Verwaltung gewählt worden war, wobei er für diesen hohen Ehrentag ein dreitägiges Gladiatorenspiel versprochen hatte, um seine Freigebigkeit in erweitertem Rahmen unter Beweis zu stellen. Und weil er das Volk für sich einzunehmen wünschte, war er sogar bis nach Thessalien gereist, um die besten wilden Tiere und berühmte Gladiatoren anzukaufen. Schließlich war alles nach Wunsch besorgt und beschafft, und er begab sich wieder auf die Heimreise. Dabei verzichtete er auf seine glänzenden Wagen und ließ die bequemen Kutschen mit und ohne Dach unbenutzt am Schluß des Zuges mitführen, desgleichen auch die thessalischen Reitpferde und die gallischen Zugtiere aus wertvollster Zucht, um, was seine Person betraf, mich höchstselbst zu besteigen, nachdem er mich mit goldenem Geschirr, buntem Sattel, purpurnen Decken, silbernen Zügeln, gestickten Gurten und klingenden Schellen hatte großartig ausstaffieren lassen. Unterwegs schmeichelte er mir mit freundlichen Worten und versicherte mir unter anderem, daß es ihm eine große Freude sei, in seinem Reittier zugleich auch einen Tafelgenossen zu sehen.

Als wir die Reise teils zu Lande und teils zur See hinter uns und Korinth erreicht hatten, strömten die Bürger scharenweise zusammen, weniger Thiasus zu Ehren, wie mir schien, als vielmehr, um mich zu bestaunen. Mein Ruf war mir so vorausgeeilt, daß ich für meinen Wärter keine kleine Einnahmequelle war. Als er sah, daß viele Leute meine Possen zu sehen begehrten, ließ er sie gegen ein Eintrittsgeld herein, indes er mich hinter Schloß und Riegel hielt, und gewöhnte sich alsbald an einen ganz netten Nebenverdienst.

Zu diesen Interessenten gehörte auch eine einflußreiche und vermögende Dame. Nachdem sie, wie die anderen auch, für die Besichtigung bezahlt und sich an meinen verschiedenen Scherzen begeistert hatte, geriet sie in ein immer größeres Entzücken und merkwürdiges Gelüst nach mir. Weil sie keine andere Möglichkeit sah, gegen diese sonderbare Leidenschaft anzugehen, begehrte sie als eine zweite Pasiphaë – diesmal allerdings mit einem Esel – inbrünstig nach meiner Umarmung. Schließlich erkaufte sie sich für eine entsprechend hohe Summe bei meinem Pfleger ein nächtliches Beisammensein; er willigte ein, ohne sich Gedanken zu machen, was für ein Reiz von mir ausgehen könne, und kümmerte sich, ganz Geschäftsmann, nur um seinen Vorteil.

Als wir zu Abend gegessen und den Speiseraum des Herrn verlassen hatten, wartete die Dame bereits in meinem Schlafzimmer! Große Götter, was für Vorbereitungen waren da getroffen worden, welch eine Pracht! Vier Verschnittene bereiteten auf der Erde rasch einen weichen Pfühl aus vielen leichten und luftigen Daunenkissen, über den sie sorgsam eine mit Gold und tyrischem Purpur bestickte Decke breiteten; und auf dieser verteilten sie noch eine Anzahl kleinerer, herrlich duftender Kissen, wie sich vornehme Damen ihrer gern als Wangenpolster oder Nackenpolster bedienen. Dann zögerten sie die Freuden ihrer Herrin nicht länger durch ihre Anwesenheit hinaus, sondern schlossen die Tür des Schlafraums und entfernten sich. Hier im Gemach aber durchstrahlten hell schimmernde Kerzen das nächtliche Dunkel.

Nun legte sie alle Hüllen ab und auch die Binde, die ihre zarten Brüste umschloß, trat nahe ans Licht und salbte sich ausgiebig aus einem Zinngefäß mit wohlriechendem Öl, mit dem sie auch mich versorgte und mit besonderer Hingabe meine Nüstern salbte. Dann küßte sie mich stürmisch – keine Küsse, wie sie im Freudenhaus zwischen billigen Mädchen und sparsamen Besuchern gewechselt werden, sondern voller Empfindung und Zärtlichkeit – und liebkoste mich und sprach: »Ich liebe dich!« und »Du gefällst mir!« oder »Dich nur habe ich lieb!« und »Ohne dich kann ich nicht leben!« und was sonst noch die Frauen sagen, um zu verführen und um ihre Zuneigung zum Ausdruck zu bringen. Dann faßte sie mich am Halfter und zog mich zu sich auf das Bett. Ich machte ihr dabei keine Mühe, denn ich hatte ja gelernt, mich hinzulegen, und es war auch nichts Neues und Schwieriges für mich, wenn ich – besonders nach so langer Zeit – die Umarmungen einer so schönen und leidenschaftlichen Frau über mich ergehen lassen sollte. Und das um so mehr, als ich reichlich guten Wein genossen hatte und die duftenden Salben meine Begierde erregten.

Trotzdem hatte ich Angst, mit meinen langen und zu vielen Beinen auf eine so vornehme Dame zu treten und so zarte und schimmernde Glieder, die wie Milch und Honig waren, mit meinen derben Hufen zu umschlingen, die zierlichen, von ambrosischem Schmelz feuchten Purpurlippen mit meinem so ungeschlachten und riesigen Maul und seinen Quadern von Zähnen zu küssen, und schließlich und zu guter Letzt auch, wie eine Dame, und sei sie noch so sinnlich bis in die Fingerspitzen, einen so übergroßen Körperteil aufnehmen würde. Und wehe mir, wenn ich einer so vornehmen Dame ein Leid zufügen würde: Ich würde den wilden Tieren vorgeworfen und zu einer Schaunummer auf dem Fest meines Herrn gemacht werden.

Sie aber hörte nicht auf, mir mit zärtlichen Koseworten, vielen Küssen, süßem Schmeicheln und Augenzwinkern zuzuflüstern: »Da bist du ja, mein Täubchen, mein Spätzlein!« Und dann beruhigte sie mich, daß all meine Befürchtungen gegenstandslos und meine Sorgen unbegründet waren. Sie umschlang mich, so eng sie konnte, und nahm mich ganz, wahrhaftig ganz in sich auf! Und sooft ich mich zurückzog, um sie zu schonen, so oft drängte sie ungestüm nach, umschlang meinen Rücken und drängte sich an mich, bis ich tatsächlich befürchtete, mir fehle noch ein bißchen, um sie restlos zufriedenstellen zu können, und im Ernst argwöhnte, die Mutter des Minotaurus habe sich nicht ohne Grund einen muhenden Liebhaber auserkoren. – Nachdem wir auf diese Weise eine recht arbeitsame und schlaflose Nacht verbracht hatten, verabredete die Dame mit meinem Wärter den gleichen Preis für die kommende Nacht und begab sich, um nicht gesehen zu werden, noch vor Tagesanbruch hinweg.

Mein Pfleger hatte keine Bedenken, ihr abermals den Gefallen zu tun, weil er nicht nur sehr großzügig dafür bezahlt wurde, sondern weil er seinem Herrn auch ein neues Schauspiel bieten konnte. Unverzüglich entdeckte er ihm das ganze Theater unserer Liebesfreuden. Jener aber belohnte den Freigelassenen reichlich und wünschte mich öffentlich auftreten zu lassen. Da aber weder jene meine treffliche Gemahlin wegen ihrer gesellschaftlichen Stellung noch sonst ein anderes weibliches Wesen, auch nicht für viel Geld, sich dazu herbeilassen wollte, machte man ein minderwertiges Subjekt ausfindig, das vom Statthalter dazu verurteilt war, den wilden Tieren vorgeworfen zu werden; sie sollte mit mir zusammen im Theater in aller Öffentlichkeit auftreten.

Im Zusammenhang mit ihrer Bestrafung hatte ich von folgenden Geschehnissen gehört:

Der Vater ihres Mannes hatte vor Antritt einer Reise seiner Frau, der Mutter ihres jungen Gatten, die er in anderen Umständen zurückließ, aufgetragen, das Neugeborene sofort zu töten, falls sie ein Kind des schwachen Geschlechts zur Welt brächte. Während der Abwesenheit ihres Mannes gebar sie nun tatsächlich ein Mädchen, versagte jedoch ihrem Mann den Gehorsam – die natürliche Mutterliebe war der stärkere Trieb – und ließ das Mädchen von den Nachbarn aufziehen; ihrem Mann erzählte sie nach dessen Rückkehr, sie habe ein Mädchen geboren und töten lassen. Als die Jungfrau erblüht war und hätte heiraten sollen, die Mutter aber nicht ohne Wissen ihres Mannes die Tochter standesgemäß ausstatten konnte, blieb ihr nur die Möglichkeit, das ängstlich gehütete Geheimnis ihrem Sohn zu entdecken. Sie dachte dabei auch an die Gefahr, daß dieser im Ungestüm seines jugendlich heißen Dranges unglücklicherweise ahnungslos an seine ebenfalls nichtsahnende Schwester geraten könne.

Der sich seiner Verantwortung bewußte junge Mann wahrte seiner Mutter gegenüber ebenso den Gehorsam, wie er auch seiner Schwester gegenüber gerne seinen Pflichten nachkam. Er hütete das Geheimnis des Hauses in ehrfürchtigem Schweigen und kam unter dem Vorwand der selbstverständlichen

Nächstenliebe seinen brüderlichen Verpflichtungen nach; er nahm das verlassene und der elterlichen Fürsorge beraubte Mädchen aus der Nachbarschaft in den Schutz seines Hauses auf, um sie möglichst bald einem ihm in treuer Freundschaft verbundenen Kameraden zur Frau zu geben und zu Lasten seines eigenen Vermögens mit einer großzügigen Mitgift zu versorgen.

Aber diese schönen, löblichen und in aller Aufrichtigkeit getroffenen Vorkehrungen scheiterten am grausamen Walten Fortunas, die in das Haus des jungen Mannes die wilde Eifersucht schickte. Vom ersten Augenblick an begann seine Gattin – eben jene, die jetzt den wilden Tieren vorgeworfen werden sollte – das Mädchen als Nebenbuhlerin oder Ehebrecherin erst zu verdächtigen, dann zu hassen und schließlich mit den grausamsten Todesschlingen zu umgarnen.

Endlich kam ihr der folgende schändliche Gedanke: Sie stahl den Ring ihres Mannes, reiste aufs Land und schickte einen ihr zwar treu ergebenen Sklaven, der sich aber sonst um Treu und Glauben wenig scherte; er sollte dem Mädchen ausrichten, der junge Herr habe sich auf sein Landgut begeben und wünsche sie zu sehen; sie solle allein und ohne Begleitung so rasch wie möglich kommen. Und um ja keine Zweifel auftauchen zu lassen, gab sie ihm den ihrem Mann gestohlenen Ring als Zeichen der Glaubwürdigkeit seiner Botschaft mit. Das junge Mädchen gehorchte der Weisung ihres Bruders – nur sie wußte um dieses Verwandtschaftsverhältnis –, und nachdem sie obendrein auch noch den Ring sah, machte sie sich unverzüglich der Aufforderung entsprechend ohne Begleitung auf den Weg. Als sie aber auf das Betrugsmanöver hereingefallen war und in der sorgsam geknüpften Schlinge steckte, riß die vor Eifersucht ohne Maß und Ziel rasende treffliche Gattin der Schwester ihres Mannes zuerst die Kleider vom Leib und peitschte sie bis aufs Blut, dann aber, als sie die Wahrheit herausschrie, daß es sich um einen Irrtum handle und daß sie nicht die Buhlerin, sondern die Schwester ihres Mannes sei, und das Wort Bruder immer wiederholte, hielt sie das für eine Lüge und Erfindung und brachte sie auf die grausamste Weise um, indem sie ihr mit einem glühenden Holzscheit zwischen die Schenkel fuhr.

Auf die Nachricht von ihrem schrecklichen Tod eilten der Bruder und der Bräutigam herbei und beweinten laut klagend das Mädchen, das sie zu Grabe trugen. Der junge Mann aber war durch den so schrecklichen und so unverdienten Tod seiner Schwester tief erschüttert und empfand so großen Schmerz, daß ihn ein fast an Wahnsinn grenzender Zorn befiel und er so fieberte, daß eine Abhilfe dringend geboten schien. Seine Frau aber, wenn ein Weib mit einer derartigen Gesinnung einen solchen Namen überhaupt noch verdient, begab sich zu einem Arzt von entsprechender Gewissenlosigkeit, dessen Künste ihm schon zu vielen Siegen verholfen hatten, auf die er mit Stolz zurückblickte, und bot ihm auf der Stelle fünfzig Sesterzen, wenn er ihr ein rasch wirkendes Gift verkaufe und sie den Tod ihres Mannes dafür einhandle! Nachdem man einig geworden war, wurde so geredet, als bedürfe man zur Beruhigung des Magens und zum Entzug von Galle eines derartigen Trankes, wie ihn die Fachleute als Lebenselixier bezeichnen, doch wurde ein Todeselixier gemischt. Und in Gegenwart einiger Freunde und Verwandten sowie des Gesindes wollte der Arzt dem Kranken den eigenhändig sorgfältig zubereiteten Trank reichen.

Aber da fiel ihm das freche Weib vor aller Augen in den Arm, das sowohl den Mitwisser ihres Verbrechens aus dem Wege räumen als auch das versprochene Geld sparen wollte, hielt den Becher fest und rief: »Nicht eher, verehrter Arzt, nicht eher sollst du meinem teuren Mann den Becher reichen, als bis du selber einen guten Teil davon getrunken hast! Denn woher soll ich wissen, ob er nicht ein gefährliches Gift enthält? Dir, einem so klugen und erfahrenen Mann, wird es nichts ausmachen, wenn ich als fromme und um das Leben ihres Gatten bangende Frau die nötige Vorsicht walten lasse.«

Dieser geradezu unwahrscheinliche Streich des entsetzlichen Weibes kam so unerwartet, daß der Arzt fern jeder vernünftigen Überlegung und völlig ratlos war; hier galt kein langes Bedenken, und um nicht durch sein Erschrecken oder Zögern sein schlechtes Gewissen zu verraten, tat er rasch einige tiefe Züge aus dem Becher. Auf diesen Beweis der Zuverlässigkeit hin vertraute der junge Mann, nahm den Becher und trank aus, was ihm gereicht wurde. Nachdem der Arzt auf diese Weise die Situation für den Augenblick gemeistert hatte, wollte er so schnell wie möglich nach Hause, um dem tödlichen Gift durch ein rettendes Mittel zu begegnen. Doch mit verruchter Tücke vollendete das furchtbare Weib, was sie begonnen hatte, und ließ ihn nicht von ihrer Seite, »bevor«, wie sie sagte, »der Trank im Magen seine heilsame Wirkung offenbart«, sondern erst nachdem er ihr mit Bitten und Betteln zugesetzt hatte, erlaubte sie ihm endlich, sich zu entfernen. Inzwischen aber hatte sich das Gift durch den ganzen Körper verbreitet und war bis ins Mark gedrungen, ehe er mit Müh und Not schon halb bewußtlos und unter den größten Schmerzen sein Haus erreichte. Kaum noch vermochte er seiner Frau zu erzählen, was vorgefallen war, und ihr aufzutragen, wenigstens den versprochenen Lohn für den zwiefachen Mord einzufordern, als dieser hochberühmte Arzt auf so gewaltsame Weise sein Leben einbüßte und seinen Geist aufgab.

Doch auch der junge Mann hatte ihn nicht überlebt, sondern war unter den heuchlerischen Lügentränen seiner Frau auf die gleiche Weise gestorben. Einige Tage später, nachdem die Trauerfeierlichkeiten abgeschlossen waren und er schon im Grabe lag, war die Frau des Arztes da und verlangte den Lohn für den zwiefachen Mord. Jenes Weib aber blieb sich selber treu, und während sie der Redlichkeit Gewalt antat, trug sie deren Schein zur Schau und stand höflich Rede, wobei sie alles mehr als bereitwillig zusagte und versprach, den vereinbarten Lohn sogleich auszuhändigen, nur erbitte sie noch ein geringes Quantum jenes Trankes, damit sie ihr begonnenes Unternehmen zu Ende führen könne.

Wozu noch viel Worte? Von den schlauen Ränken umgarnt, willigte die Arztfrau ein, und um sich der reichen Dame besonders gefällig zu erweisen, eilte sie nach Hause, holte die ganze Büchse mit dem restlichen Gift und händigte sie ihr aus. Diese war nun für weitere Verbrechen genügend versorgt und ließ ihre blutbefleckten Hände nach Belieben schalten und walten.

Ihr war noch ein Töchterchen von ihrem eben vergifteten Mann verblieben. Unzufrieden damit, daß die Gesetze diesem Kind zwangsläufig die ganze väterliche Hinterlassenschaft zusprechen, trachtete sie wie nach dem Erbe ihrer Tochter so auch nach deren Leben. Nachdem sie sich Gewißheit darüber verschafft hatte, daß die Mütter verstorbener Kinder deren unselige Erbschaft antreten, erwies sie sich als Mutter, wie sie sich als Gattin erwiesen hatte; sie veranstaltete ein Essen und räumte bei dieser Gelegenheit sowohl die Frau des Arztes wie auch das eigene Kind mit dem gleichen Gift aus dem Wege. Auf das junge Leben, die zarten und schwachen Innenorgane des Kindes, wirkte das Gift sofort; die Frau des Arztes aber schöpfte, als sie fühlte, wie das giftige Unheil sich seinen mörderischen Weg in die Lungen suchte, Verdacht, und als sich die erste Atemnot bemerkbar machte, ward ihre Vermutung zur Gewißheit, und sie eilte, so schnell sie konnte, zum Haus des Statthalters, bat ihn unter lautem Geschrei um Hilfe, verursachte einen Volksauflauf und erreichte, daß ihr für die Aufdeckung so ungeheuerlicher Verbrechen auf der Stelle Haus und Ohren des Statthalters offen standen. Und kaum hatte sie die Verbrechen des abscheulichen Weibes von Anfang an berichtet, als es sich plötzlich wie eine Wolke über ihren Geist legte und ihr schwindelte; ihre eben noch halb geöffneten Lippen schlossen sich, und sie brach mit knirschenden Zähnen zu Füßen des Statthalters tot zusammen. Der vielerfahrene Mann ließ die zahlreichen Untaten der Giftmischerin nicht erst durch langen Verzug in Vergessenheit geraten, sondern befahl, sofort die Bedienten des Weibes zu ergreifen, und zwang sie auf der Folter, die Wahrheit auszusagen. Daraufhin verkündete er, daß die Missetäterin zum mindesten den wilden Tieren vorzuwerfen sei – eine Strafe, die zwar keineswegs der Ungeheuerlichkeit ihrer Verbrechen entsprach, doch eine andere, angemessenere Marter stand nicht zur Verfügung.

Und mit diesem Weib sollte ich öffentlich Beilager halten!

Mit Beklemmung und Angst sah ich dem Beginn der Spiele entgegen und wollte mir mehrmals lieber den Tod geben, als mich durch die Berührung mit einer solchen Verbrecherin zu schänden und durch die Schmach der öffentlichen Zurschaustellung alle Scham preiszugeben. Aber ohne menschliche Hände und Finger konnte ich, mit meinen plumpen Hufen, unmöglich ein Schwert zücken! Doch ein Funken Hoffnung tröstete mich in meinem großen Unglück, denn schon schmückte der beginnende Frühling die Welt mit Blütenknospen und kleidete die Wiesen in einen purpurnen Blumenflor; und schon brachen an ihrem dornigen Gestrüpp mit süßem Wohlgeruch die Rosen auf, die mich wieder in meine frühere Gestalt des Lucius zurückverwandeln sollten.

Und wirklich, der Tag der Spiele war da! Unter dem Jubel des Volkes wurde ich zum Amphitheater geführt. Während die Spiele mit pantomimischen Tänzen eröffnet wurden, stand ich vor dem Eingang und rupfte munter das üppige Gras, das am Wegrand sproßte, indes ich meinen neugierigen Augen bisweilen einen Blick durch das offene Tor auf die reizenden Darbietungen gönnte.

Knaben und Mädchen in frischer Jugend, von schönster Gestalt und in glänzenden Gewändern, tanzten mit graziösen Schritten und in reizvoller Ordnung einen griechischen Waffenreigen, wobei sie sich bald im Kreis bewegten, bald in schrägen Reihen verschränkten, dann wieder ein großes Viereck bildeten, um sich erneut in zwei getrennte Gruppen aufzulösen. Dann machte ein Trompetensignal dem Schauspiel mit seinen vielfach wechselnden Bildern ein Ende, der Vorhang verhüllte die Bühne, und die Dekoration wurde umgebaut.

Ein Berg aus Holz war zu sehen, der jenen von Homer besungenen Berg Ida vorstellte, mit großem Geschick aufgebaut und mit Gebüsch und lebenden Bäumen bepflanzt, von dessen Gipfel aus einer künstlich angelegten Quelle frisches Wasser herniederfloß. Einige Ziegen rupften Kräuter, während ein schön geschmückter junger Mann, wie Paris in einem von den Schultern herabhängenden phrygischen Mantel und mit einer goldenen Mütze auf dem Kopf, den Hüter der Tiere spielte. Neben ihm stand ein schöner Knabe, nackt bis auf den kurzen Mantel, den er über die linke Schulter geschlagen hatte, mit blondem Lockenhaar und zwei kleinen goldenen Flügeln, die mit goldenen Bändern befestigt waren; sein Heroldsstab verriet ihn als Merkur. Im Tanzschritt schwebte er herbei, in der Rechten einen vergoldeten Apfel haltend, den er dem Darsteller des Paris reichte; dabei richtete er pantomimisch Jupiters Auftrag aus, zog sich schnell wieder zurück und entschwand den Blicken.

Nun erschien ein Mädchen mit hoheitsvoller Miene, in der

man Juno erkannte; das Haupt nämlich umschloß ein schimmerndes Diadem, und außerdem trug sie ein Zepter.

Dann stürmte ein anderes Mädchen herein, die man sogleich als Minerva erkannte, da ihr Haupt ein strahlender, mit einem Ölzweig umkränzter Helm zierte; sie trug den Schild, schwang die Lanze und sah aus wie die Göttin auf dem Schlachtfeld.

Zu diesen aber trat noch ein drittes Mädchen von ganz besonderer Anmut, deren ambrosischer Leib sie als Venus zu erkennen gab, die jungfräuliche Venus, deren vollendete Schönheit nackt und unverhüllt sich darbot, außer daß ein zarter Seidenschleier ihre Scham beschattete, ohne sie zu verhüllen. Bald hob ein neugieriger Wind kosend den leichten Flor und ließ die Blüte der Jugend sehen, bald drückte er ihn an ihren Leib, so daß die verführerischen Konturen ihrer Glieder hervortraten. Die beiden Farben, in denen die Göttin sich zeigte, waren das Weiß ihres Leibes, weil sie vom Himmel abstammte, und das Blau ihres Mantels, weil das Meer sie geboren hatte.

Jedes der drei Mädchen, welche die Göttinnen darstellten, hatte ein Gefolge; mit Juno kamen Kastor und Pollux, von zwei jugendlichen Schauspielern dargestellt, die runde, mit einem Stern geschmückte Helme trugen. Unter den Klängen einer jonischen Flöte trat Juno ruhig und natürlich vor und versprach dem Hirten mit hoheitsvollen Gesten die Herrschaft über ganz Asien, wenn er ihr den Preis der Schönheit zuerkenne.

Minerva im Schmuck ihrer Waffen folgten als waffentragende Begleiter zwei Knaben, Schrecken und Furcht darstellend, die einen Schwerttanz aufführten. Ein Pfeifer, der hinter ihnen herging, spielte eine dorische Kriegsweise und mischte hohe schmetternde Trompetenklänge mit tiefen pathetischen Tönen, um ihrem feurigen Reigen entsprechenden Schwung zu verleihen. Die Göttin gab mit herrischem Haupt, drohenden Blicken und raschen, hastigen Bewegungen dem Paris energisch zu verstehen, daß sie ihn durch Siege und glänzende Auszeichnungen zu einem berühmten Helden machen werde, wenn er ihr den Preis der Schönheit zuspreche.

Aber siehe, da stand Venus unter dem lauten Beifall des

Theaters mitten auf der Bühne, süß lächelnd und umgeben von einer Schar fröhlicher Knaben. Wie aus Milch und Blut, waren sie wirklich wie Amoretten, die vom Himmel oder vom Meer herbeigeflattert schienen; mit ihren niedlichen Flügeln und Pfeilen und ihrer reizenden Erscheinung entsprachen sie durchaus einer solchen Vorstellung, als sie mit flammenden Fackeln der Göttin voranleuchteten wie zum Hochzeitsschmaus. Nun strömten anmutige Scharen junger Mädchen herein, hier als reizende Grazien und dort als liebliche Horen, feierten ihre Göttin mit einem kunstvollen Reigen und streuten einzelne und zum Strauß gebundene Blumen, um der Herrin aller Lust mit den Gaben des Frühlings zu schmeicheln.

Schon ließen vielstimmige Flöten liebliche lydische Weisen erklingen. Während sie die Herzen der Zuschauer süß bewegten, schritt, weit süßer noch, Venus dahin, sich anmutig bewegend, sanft sich wiegend, um mit leise nickendem Haupt und den Flötenklängen entsprechenden Gebärden mit bald sanft geschlossenen, bald lebhaft geöffneten Augen ihr Verlangen zu äußern, ja, fast nur mit den Blicken zu tanzen. Als sie vor ihren Richter hintrat, schien die Bewegung ihrer Arme dem Paris eine ihr selbst an Schönheit durchaus vergleichbare Gemahlin zu verheißen, falls er ihr vor den anderen Göttinnen den Vorzug gebe. – Da reichte der junge Phryger dem jungen Mädchen willigen Herzens den goldenen Apfel als Zeichen des Sieges.

Wundert ihr euch da noch, ihr Schwachköpfe, vielmehr ihr Schafe vor Gericht, nein, ihr Geier im Talar, daß heutzutage alle Richter ihr Urteil für Geld verkaufen, wenn schon am Anfang aller Geschichte sich in einen Streit zwischen Göttern und Menschen die Bestechung eingemischt hat und der durch des höchsten Jupiter Beschluß eingesetzte erste Richter, ein Bauer und Viehhirt, sein Urteil um den Gewinn von Sinnenlust und zum Verderben seines ganzen Stammes verkauft hat! Auch aus der Folgezeit sind in der Tat ähnliche Beispiele von den edlen Fürsten der Achaier bekannt; wurde doch der durch Bildung und Gelehrsamkeit ausgezeichnete Palamedes aufgrund falscher Anschuldigungen wegen Verrates verurteilt, und dem durch unüberwindliche Tapferkeit ausgezeichneten Helden Aiax wurde der nur mittelmäßige Odysseus vorgezogen. Und war es um das Urteil der Athener besser bestellt, die doch als Gesetzgeber in hohem Ansehen stehen und kluge Meister aller Wissenschaften sind? Wurde nicht jener Greis voll göttlicher Weisheit, den der delphische Gott als den weisesten aller Sterblichen bezeichnete, durch die Machenschaften und auf Betreiben einer niederträchtigen Interessengruppe verleumdet und als angeblicher Verderber der Jugend, die er doch zügelte und im Zaum zu halten versuchte, durch den tödlichen Saft eines Giftkrauts hingerichtet! Ein Schandfleck in der Geschichte dieses Volkes, den keine Ewigkeit ausbleicht, da bis auf den heutigen Tag die edelsten Geister seiner heiligen Lehre folgen und voll Verlangen nach ewiger Seligkeit auf seinen Namen schwören!

Doch damit niemand an diesem Ausbruch meiner Entrüstung Anstoß nimmt und sagt: »Jetzt hält uns der Esel auch noch eine Moralpredigt!« will ich wieder zu meiner Geschichte zurückkehren.

Paris hatte sein Urteil gefällt, Juno und Minerva traten traurig und sichtlich erbost von der Bühne ab, indem sie ihrer Entrüstung über die Zurückweisung durch entsprechende Gebärden Ausdruck verliehen. Venus aber gab froh und jubelnd ihre Befriedigung durch einen Tanz zu verstehen, dem sich der ganze Chor anschloß.

Nun sprang auf dem Gipfel des Berges aus einem versteckt angebrachten Rohr in Wein aufgelöster Safran empor und ergoß sich zerstäubt niedersprühend in einem duftenden Regen über die weidenden Ziegen, deren leuchtendes Weiß sich in ein Safrangelb verwandelte. Und als das ganze Theater von köstlichem Duft erfüllt war, tat sich die Erde auf und verschlang den hölzernen Berg.

Und schon kam ein Soldat mitten über die Bühne gerannt, um auf Verlangen des Volkes jenes Weib aus dem Kerker zu holen, das, wie schon erzählt, wegen ihrer vielfachen Mordtaten verurteilt war, den wilden Tieren vorgeworfen zu werden, nachdem sie vorher mit mir herrliche Hochzeit gehalten haben würde. Und schon wurde das uns als Hochzeitsbett bestimmte Lager mit aller Sorgfalt hergerichtet, das von indischem Schildpatt glänzte und über dessen flaumigen Pfühl eine schimmernde Seidendecke gebreitet war.

Aber ich fürchtete mich, ganz abgesehen von der Schande, vor allen Leuten ein Beilager zu halten, und abgesehen von der Berührung des verbrecherischen Weibes, vor allem vor dem Tod, denn ich sagte mir: Keine Bestie, die man hereinläßt, um das Weib zu zerreißen, kann so vernünftig oder so abgerichtet oder so geschickt sein, daß sie sich auf das an meiner Seite liegende und mit mir im Liebesakt zusammenhängende Weib beschränkt und mich als nicht verurteilt und nicht schuldig verschont.

Da mir natürlich noch mehr als an der Rücksicht auf meine Schamhaftigkeit an der Erhaltung meines Lebens gelegen war, benutzte ich den Augenblick, da mein Wärter ganz damit beschäftigt war, mein Lager herzurichten, und das übrige Personal sich teils auf das Tiergefecht vorbereitete, teils in seinen Gedanken noch bei dem eben gesehenen, aufreizenden Schauspiel weilte, so daß ich unbeaufsichtigt blieb und auch niemand daran dachte, mich braven Esel bewachen zu müssen, um nach und nach und ganz verstohlen einen Fuß vor den anderen zu setzen und, als ich den nächsten Ausgang erreicht hatte, mich unbemerkt hinauszustehlen – und dann auf und davon! Nach einem Dauerlauf über volle sechs Meilen erreichte ich Kenchreä, das zu der glänzenden Kolonie Korinth gehört und vom Ägäischen oder Saronischen Meer bespült wird. Im dortigen Hafen, einem überaus sicheren Zufluchtsort für Schiffe, wimmelt es von Menschen. Also mied ich das Gewühl und suchte mir eine einsame Stelle am Strand aus, wo ich in unmittelbarer Nähe der Brandung im weichen Bett des Sandes meine erschöpften Glieder ausstreckte und mir Ruhe gönnte.

Und kaum hatte der Sonnenwagen das Ziel des Tages erreicht und sich herabgesenkt, als mich im Abendfrieden süßer Schlummer überkam.

Elftes Buch

Etwa um die erste Nachtwache schrecke ich auf und sehe in gleißend hellem Glanz die Vollmondscheibe aus den Meeresfluten emportauchen. Tiefe Nacht umfängt mich mit geheimnisvollem Schweigen, und ich fühle die Gewißheit der hoch droben über das Menschenwesen allerhabenen waltenden Göttin; wie nicht nur alles, was lebt und webt, sondern auch die unbeseelte Natur vom Walten und Wirken ihrer göttlichen Helle Leben empfängt; wie alle Wesen auf Erden, am Himmel und im Meer mit ihrem Zunehmen wachsen und mit ihrem Abnehmen verkümmern. Mir war, als sei das Schicksal meiner langen und qualvollen Leiden endlich satt und gewähre mir, wenn auch spät, die Hoffnung auf Erlösung; und so beschloß ich, die erhabene Erscheinung der vor mir aufgehenden Göttin im Gebet anzurufen.

Rasch schüttelte ich alle Schlaftrunkenheit ab, stand munter auf, um mich durch ein Bad im Meere zu reinigen; siebenmal tauchte ich mein Haupt in die Fluten – hat doch der göttliche Pythagoras eben diese Zahl als besonders geeignet für kultische Handlungen bezeichnet – und schickte frohen und zuversichtlichen Herzens und mit tränenüberströmtem Antlitz mein Gebet hinauf zu der allgewaltigen Göttin.

»Königin des Himmels! – seist du Ceres, die gütige Urmutter der Kornfrucht, die in ihrer Freude über die wiedergefundene Tochter den Menschen, die sich gleich den wilden Tieren von Eicheln nährten, eine mildere Nahrung wies und nun die eleusinischen Gefilde bewohnt; – seist du die himmlische Venus, die im Urbeginn der Welt durch ihren Sohn Amor die getrennten Geschlechter vereinte, die menschliche Fortpflanzung stiftete und nun im meerumflossenen Heiligtum zu Paphos verehrt wird; – seist du des Phöbus Schwester, die durch ihren hilfreichen Beistand, den sie Gebärenden leistet, viele Völker gedeihen ließ und nun im herrlichen Tempel zu Ephesus Anbetung genießt; – seist du vielleicht auch die dreigestaltige Proserpina, die mit grausigem Nachtgeheul den Geistern gebietet und die Riegel der Erde hütet, während sie selbst entlegene Haine durchirrt, wo ihr mancherlei Kult zuteil wird: Göttin, die du mit fraulich sanftem Schimmer die Städte erhellst, mit feuchtem Strahl die reichen Saaten ernährst und nach der Sonne Umlauf dein wechselnd Licht regelst: mit welchem Namen, nach welchem Brauch und in welcher Gestalt auch immer man dich rufen muß: hilf mir jetzt in meiner höchsten Not, laß nicht ganz mich zugrunde gehen, schenke mir endlich nach so viel Leid Ruhe und Frieden! Laß es genug sein der Qual, der Gefahren! Erlöse mich aus meiner Tiergestalt, gib mich den Meinen zurück, laß mich wieder Lucius sein! Und sollte der unerbittliche Zorn einer beleidigten Gottheit auf mir lasten, dann sei mir zu sterben vergönnt, wenn mir nicht vergönnt ist zu leben!«

Als ich auf diese Weise gebetet und mein Leid geklagt hatte, kehrte ich an meinen vorherigen Ruheplatz zurück, und aufs neue bemächtigte sich ein süßer Schlaf meiner Sinne. Kaum war ich entschlummert, siehe, da stieg mitten aus dem Meer, das auch den Himmeln heilige Antlitz erhebend, die hehre Erscheinung empor; und mir war, als träte nach und nach die strahlende Gestalt, so wie sie dem Meer enttaucht war, vor mich hin. Ich will versuchen, die wunderbare Erscheinung zu schildern, wenn je dem Menschenmund in seiner Armut ihre Beschreibung verstattet ist oder der Gottheit Macht mir die Fülle der Beredsamkeit will angedeihen lassen.

Üppig wallende Locken flossen in reichen Flechten lieblich über den göttlichen Nacken. Den hohen Scheitel schmückte ein Kranz aus bunten Blumen; in der Mitte über der Stirn erglänzte mit mattem Schein eine runde Scheibe wie ein Spiegel, nein, ein Abbild des Mondes, um das sich auf beiden Seiten gewundene Schlangen ringelten, während sich von oben her Ähren der Ceres darüberneigten. Ihr aus feinem Leinen gewebtes Gewand schillerte in allen Farben, bald blendend weiß wie der Tag, bald goldgelb wie Krokusblüten und bald in flammendem Rosenrot; und was meinen Blick schon von weitem blendete, war ein nachtschwarzer Mantel von schimmerndem Glanz, der unter ihrem rechten Arm hindurchgezogen und über die linke Schulter geschlagen war, von wo aus die geraffte Fülle des Stoffes in zahlreichen Falten niederfiel, während den Saum zierlich geknotete Fransen schmückten.

Über die angewebte Verbrämung und den Mantel selbst waren funkelnde Sterne ausgestreut, und in ihrer Mitte flammte der Vollmond in seiner ganzen Pracht. Rings um den ganzen Saum des herrlichen Mantels zog sich ein ununterbrochenes Rankenwerk aus Blumen und Früchten aller Art. Und welche Attribute führte die Göttin! In der Rechten hielt sie eine eherne Klapper, durch deren schmales, gurtartig gebogenes Blech in

Ihr Freund und Verehrer, der nette Junge, beugt sich über die Frau Zimmermann, die sich ihrerseits vornüber über das Faß gebeugt hat . . . SEITE 502

der Mitte einige Stäbe gesteckt waren, die beim Schütteln des Armes einen schwirrenden Dreiklang hören ließen. Von ihrer Linken aber hing ein goldenes Trinkgeschirr herab, über dessen Henkel, soweit er sichtbar war, sich mit erhobenem Kopf und geblähtem Hals eine Schlange aufrichtete. An den ambrosischen Füßen trug sie aus den Fasern der Siegespalme geflochtene Sandalen. Also geschmückt und Arabiens selige Wohlgerüche ringsumher verbreitend, würdigte sie mich ihrer göttlichen Anrede:

»Siehe, dein Gebet ist zu mir gedrungen, Lucius, ich bin dir erschienen, ich, die Mutter der Schöpfung, Herrin aller Elemente, Keimzelle der Geschlechterfolge, höchste Gottheit, Königin der Geister, Himmelsherrin und Inbegriff der Götter und Göttinnen, deren Wink des Himmels strahlende Höhen, des Meeres wohltätiges Walten und der Unterwelt vielbeweintes Schweigen gehorchen; ein Wesen in vielerlei Gestalt, in wechselnden Gebräuchen und unter mancherlei Namen vom ganzen Erdkreis verehrt. Dort nennen mich die uralten Phryger Göttermutter von Pessinus, hier die attischen Ureinwohner Kekropische Minerva, da die meerumfluteten Cyprier Venus von Paphos, die pfeiltragenden Kreter Diktynnische Diana, die dreisprachigen Sikuler Stygische Proserpina und die alten Eleusinier Aktäische Ceres; andere nennen mich Juno, andere Bellona, diese Hekate, jene Rhamnusia, und die von den Strahlen der aufgehenden Sonne zuerst begrüßten Äthiopier beider Länder und die ob ihrer uralten Weisheit berühmten Ägypter, die mich durch besondere Bräuche ehren, heißen mich mit meinem wahren Namen Königin Isis!

Ich bin dir erschienen aus Erbarmen mit deinem Geschick, ich bin dir erschienen aus Gnade und Huld. Laß ab zu weinen, laß ab zu klagen, verscheuche den Gram! Der Tag des Heils dämmert herauf kraft meiner Allmacht. Richte denn deinen Sinn achtsam auf meine Gebote!

Der Tag, den diese Nacht gebiert, ist mir von alters her heilig. Die Winterstürme sind vorüber und die tosenden Meereswogen geglättet: Meine Priester weihen dem wieder befahrbaren Meer ein neugezimmertes Schiff als Erstling der Seefahrt. Ihrem heiligen Umzug sollst du weder bekümmerten noch weltlich gesinnten Herzens entgegengehen.

Auf mein Geheiß wird ein Priester im Festzug schreiten, der an dem Sistrum in seiner rechten Hand einen Kranz von Rosen hängen hat. Zögere nicht, dich durch die Menge zu drängen und dich im Vertrauen auf meine Huld der Prozession zu nähern, um sanft, als wolltest du des Priesters Hand küssen, die Rosen abzurupfen und dich im Nu der Haut des mir längst schon verhaßten und garstigen Tieres zu entledigen! Fürchte nicht, daß zu schwer ist, was ich dir auftrage! Denn in diesem Augenblick, da ich dir hier erscheine, gebiete ich auch dort meinem Priester im Traum, was zu tun ist. Auf mein Geheiß wird das sich im Festzug drängelnde Volk dir Platz machen, und niemand wird bei den frohen Zeremonien und im festlichen Schauspiel an deinem häßlichen Äußeren Anstoß nehmen oder gar, wenn du dich plötzlich verwandelst, dir mißtrauen und dich böswillig verleumden. Nur denke daran und erinnere dich stets, daß du dein ganzes ferneres Leben lang bis zum letzten Atemzug mir gehörst! Billig schuldest du der, durch deren Gnade du wieder zum Menschen wurdest, deine künftige Lebenszeit.

Aber ein glückliches Leben, ein ruhmvolles Leben erwartet dich unter meiner Obhut. Und wenn die Frist deines zeitlichen Daseins abgelaufen ist und du in die Unterwelt eingehst, so wirst du auch dort mich, die du hier erblickst, unter der Erde des Acherons Finsternisse erleuchten und den stygischen Räumen gebieten sehen und mich, indem du die elysischen Gefilde bewohnst, auch dort anbetend verehren als deine huldvolle Beschützerin. Und wenn du dir durch unermüdlichen Gehorsam, durch treue Dienste und strenge Enthaltsamkeit unsere Gnade verdienst, so wisse, daß es einzig in meiner Macht steht, dein Leben dir auch über die vom Schicksal gesetzte Spanne hinaus zu verlängern!«

Nachdem die unbesiegliche Gottheit also ehrwürdig gesprochen, löste sie sich in sich auf. Unverzüglich erhob ich mich, rasch den Schlaf abschüttelnd, voller Bangen und Freude und schweißüberströmt vor Erregung über die herrliche Erscheinung der mächtigen Göttin, die mir so nahe war; ich besprengte mich mit Meerwasser und ließ, ihrer hohen Befehle eingedenk, ihre Ermahnungen der Reihe nach an meinem geistigen Auge vorüberziehen.

Bald wich auch das schwarze Nachtgewölk, und die goldene Sonne ging auf. Und siehe! schon füllte die Menge in ganzen Scharen im frommen Triumph die Straßen. Und ganz abgesehen von mir selber, schienen mir auch alle anderen so fröhlich, daß ich die Empfindung hatte, auch die Tiere aller Art, die Häuser und der Tag selber zeigten mir ein heiter lächelndes Gesicht. Auf den gestrigen Rauhreif war ein überraschend sonniger und milder Tag gefolgt, die sangeslustigen Vögel stimmten dem lauen Frühling ein liebliches Lied an und huldigten der Mutter der Gestirne, der Schöpferin der Zeiten und der Herrin des ganzen Weltalls mit schmeichelnden Weisen. Auch die Bäume, mit schwellenden Früchten gesegnet oder auch Schatten spendend, lösten sich im linden Südwind aus ihrer Starre zu prangenden Blattknospen und rauschten und säuselten mit sanft sich wiegenden Zweigen; die Zeit der brausenden Stürme war vorüber, die schäumende Flut hatte sich beruhigt, und das Meer spülte und spielte sanft an den Strand; der Himmel aber war von dunklen Wolken reingefegt und strahlte im hellen und hehren Blau seines Lichts.

Und siehe, da erschienen auch schon die Herolde des großen Festzugs, ein jeder nach Lust und Laune aufs schönste geschmückt: einer mit umgeschnalltem Wehrgehenk als Soldat, ein anderer mit übergeworfenem Mantel, Stiefeln und Spieß als Jäger, wieder ein anderer hatte sich mit vergoldeten Schuhen, seidenem Gewand, kostbarem Schmuck und aufgestecktem Haar als Frau verkleidet und kam mit wiegenden Schritten daher. Noch ein anderer mit Beinschienen, Schild, Helm und Schwert schien direkt aus der Gladiatorenkaserne zu kommen. Einer spielte mit Fasces und Purpursaum den hohen Beamten, ein anderer mit Mantel und Stab, Flachsandalen und struppigem Bocksbart wollte ein Philosoph sein, andere mit verschiedenen Ruten traten als Vogelsteller oder Fischer auf. Es war auch eine zahme Bärin in einem Frauenkleid zu sehen, die man in einer Sänfte spazierentrug; ein Affe mit Tuchmütze und gelber phrygischer Schärpe hielt wie der Hirt Ganymed einen goldenen Becher; und ein Esel mit angeklebten Flügeln neben einem gebrechlichen Greis stellten Bellerophon und Pegasus dar, so daß man über beide lachen mußte.

Nach diesen Maskenscherzen, die dem allenthalben umherschwärmenden Volk großes Vergnügen machten, kam endlich die feierliche Prozession der gnadenreichen Göttin einhergezogen: Frauen, in schimmernd weißen Gewändern mit frischen Frühlingsblüten im Haar, herrlich zu schauen, trugen verschiedenes Kultgerät und streuten auf dem Weg, den der heilige Zug nahm, Blumen aus ihrem Schoß; andere trugen auf ihrem Rücken blinkende Spiegel, um der nahenden Göttin zuvorkommend aufzuwarten; einige mit elfenbeinernen Kämmen gaben durch die Bewegungen und Gebärden der Arme und Finger zu verstehen, daß sie das königliche Haar zu schmücken hätten; wieder andere träufelten Salben und köstlichen Balsam und besprengten die Straßen; ihnen schloß sich eine große Schar beiderlei Geschlechts an, die mit Laternen, Fackeln, Kerzen und sonstigen Lichtern dem Sproß der himmlischen Gestirne huldigte. Dann ertönten liebliche Weisen, Pfeifen und Flöten in süßen Melodien. Ein anmutiger Chor der schönsten Jugend in schneeweiß glänzenden Festkleidern sang ein wunderbares Lied, das ein talentvoller Dichter dank der Hilfe der Musen vertont und eingeübt hatte und dessen Inhalt ein Vorgesang zu den feierlichen Gebeten war. Nun kamen auch die dem großen Serapis geweihten Flötenspieler, die ihre Querpfeife nach der rechten Seite angesetzt hatten und eine dem Tempel und dem Gott heilige Weise spielten, und dazu die zahlreichen Herolde, die dem heiligen Zug Platz zu machen geboten.

Jetzt zogen die in den heiligen Dienst Eingeweihten vorüber, Männer und Frauen jeglichen Standes und Alters, im strahlenden Weiß des Leinenkleides, die Frauen das salbenfeuchte Haar mit duftigen Schleiern bedeckt, die Männer mit glattrasiertem Kopf oder blanker Glatze, irdische Wahrzeichen der erhabenen Lehre, die mit ehernen, silbernen und sogar goldenen Klappern rasselten und bimmelten; die heiligen Oberpriester wandelten in enganliegenden weißen Leinengewändern, die von der Brust bis zu den Füßen hinabreichten, und stellten die charakteristischen Symbole der allgewaltigen Gottheiten zur Schau. Der erste von ihnen trug eine helleuchtende Lampe, jedoch ganz unähnlich den Lampen, deren wir uns bei Festmählern bedienen, sondern vielmehr eine Art goldenes Schifflein, das aus einer Öffnung in seiner Mitte eine große Flamme emporsandte. Der zweite war ähnlich gekleidet und trug in beiden Händen einen Altar, Nothelfer genannt, wobei dieser besondere Name auf die hilfreiche Fürsorge der hohen Göttin hinweist. Ein dritter trug eine Palme mit goldenen Blättern und außerdem einen Heroldsstab nach Art des Merkur. Der vierte wies als Zeichen der Gerechtigkeit die Nachbildung einer flach ausgestreckten linken Hand vor, die in ihrer natürlichen Schwäche, ohne Falsch und ohne Geschick, ein der Gerechtigkeit angemesseneres Symbol zu sein scheint als die rechte; außerdem trug er noch ein zitzenförmig gebildetes Goldgefäß, aus dem er Opfermilch spendete. Der fünfte trug eine goldene Getreideschwinge, gefüllt mit goldenen Reisern, und der letzte eine Amphore.

Unmittelbar hinter ihnen nahten sich die Götter höchstselbst, die auf menschlichen Füßen einherzuwandeln geruhten; hier der schauerliche Wanderer zwischen Ober- und Unterwelt, das erhabene Antlitz im Wechsel von Schwarz und Gold, den Hundekopf hoch erhebend, Anubis, in der Linken den Heroldsstab führend und in der Rechten einen grünen Palmwedel schwingend. Ihm schloß sich eine sich aufrichtende Kuh an, eine Kuh als der Allgebärerin Fruchtbarkeitsymbol, die der glückliche Träger aus der Schar der Tempeldiener gewichtig auf seinen Schultern trug. Ein anderer trug den Schrein der Geheimnisse, in dessen Tiefen die verschwiegenen Insignien des erhabenen Kultes allen unsichtbar ruhten. Wieder ein anderer hielt in seinem seligen Schoß das ehrwürdige Bild des höchsten Wesens, das mit keinem Haustier, keinem Vogel, keinem Wild, geschweige denn mit einem Menschen Ähnlichkeit hatte, sondern als tiefsinnige Erfindung schon um seiner Einzigartigkeit willen achtunggebietend war und jedenfalls das unaussprechlich heilige Symbol des innigen und unter tiefstem Schweigen zu hütenden Glaubens darstellte, gebildet aus blitzendem Gold: Es handelte sich um eine kleine, sehr kunstvoll geformte Urne mit rundem Boden, die außen mit den wunderbaren Bildzeichen der Ägypter geschmückt war; der nicht besonders lange Hals endete in einem weit vorstehenden Schnabel, während auf der Gegenseite ein stark ausladender Henkel angebracht war, um welchen sich eine Schlange wand, die ihren gesträubten Schuppenhals blähend emporreckte.

Und siehe, nun nahte sich auch der verheißene Helfer der allgegenwärtigen Gottheit: Als mein Retter und Erlöser nahte sich der Priester und hielt, entsprechend der Verheißung der göttlichen Offenbarung, in seiner Rechten das Sistrum der Göttin und für mich einen Kranz – bei Gott! tatsächlich einen Kranz für mich, der ich nach so viel Leid und Elend, nach so viel bestandenen Gefahren dank der Fürsorge der großen Göttin nun die mit mir so grimmig kämpfende Fortuna überwinden sollte! – Dennoch ließ ich mich nicht in meiner überschwenglichen Freude dazu hinreißen, in rüder Weise loszugaloppieren und durch mein viehisches Ungestüm die feierliche Prozession zu stören, sondern ich schritt gemessen und durchaus menschlich gesetzt nach vorn, wobei ich mich mit meinem Leib sachte durch die Menge schlängelte, indes das Volk, offenbar einer göttlichen Eingebung folgend, zur Seite wich.

Der Priester aber, wie ich aus seinem Verhalten schließen konnte, erinnerte sich an die nächtliche Verheißung und blieb voller Verwunderung über deren Eintreffen stehen, streckte von sich aus die Rechte vor und hielt mir den Kranz genau vor das Maul. Da faßte ich ängstlich und klopfenden Herzens das schimmernde Gewinde aus lieblichen Rosen mit begehrlichen Lippen und schlang es nach Erfüllung lechzend hinunter. Und die himmlische Verheißung betrog mich nicht: Plötzlich fällt die garstige Tiergestalt von mir ab! Erst rieseln die grauen Borsten zu Boden, dann bildet sich die feiste Schwarte wieder zurück, der dicke Wanst glättet sich, die Hufe werden wieder zu Füßen mit Zehen, die Hände sind keine Füße mehr, sondern strecken sich und laufen in schmale Finger aus, der lange Hals verkürzt sich, Maul und Kopf runden sich, die großen Ohren gewinnen ihre alte Form zurück, die Zahnquader erhalten menschliche Zierlichkeit, und was mich am meisten beschämt hat – der Schwanz – ist fort! Das Volk staunt, die Frommen neigen sich vor der augenscheinlichen Macht der erhabenen Gottheit, der traumhaft wunderbaren und spielerischen Verwandlung, und die

Hände zum Himmel aufgehoben, preist man laut aus einem Munde die zum Ereignis gewordene Gnade der Göttin.

So stand ich starr vor Staunen und wortlos da, mein Verstand vermochte eine so plötzliche, so überschwengliche Freude nicht zu fassen, ich wußte nicht, was ich als erstes sagen, welcher Worte sich meine zurückgewonnene Sprache bedienen sollte, welche Äußerungen am angemessensten wären, mit welchen und wie vielen Worten ich der allmächtigen Göttin Dank sagen sollte! Der Priester jedoch, der dank göttlicher Eingebung meine Leidensgeschichte von Anfang an kannte, gab zunächst, obgleich er selbst durch das Wunder zutiefst ergriffen war, durch einen Wink zu verstehen, man möge mich mit einem Leinengewand bedecken. Denn kaum war die üble Eselsgestalt von mir abgefallen, da versuchte ich mich durch Zusammenpressen der Schenkel und sorgsames Vorhalten der Hände mit einer natürlichen Bedeckung rechtschaffen zu schützen, soweit dies einem Nackten möglich ist. Doch zog einer aus der frommen Schar, ohne sich zu besinnen, sein Obergewand aus und warf es mir eilends über. Als dies geschehen war, richtete der Priester den verklärten und wahrhaft erdenfernen Blick auf meine Erscheinung und hob also an:

»Viele Leiden mancher Art hast du erduldet und bist von den großen Heimsuchungen und allgewaltigen Stürmen der Fortuna umhergetrieben worden, um schließlich hier an diesem Altar des Friedens und der Barmherzigkeit zu rasten, Lucius! Weder deine Herkunft noch dein Stand oder dein ausgezeichnetes Wissen sind dir eine Hilfe gewesen, sondern vielmehr bist du in haltlosem Ungestüm und jugendlichem Leichtsinn niedriger Wollust verfallen, und deine sträfliche Neugier hat dir schlimmen Lohn eingebracht. Nun aber hat dich die blinde Fortuna im Augenblick der größten Gefahr in ihrer ziellosen Bosheit durch Zufall hier an diese Stätte des Heils geführt! Jetzt gehabe sie sich wohl, lasse an andern ihre Wut aus und suche sich andere Opfer ihrer Grausamkeit! Denn an jenen, die sich unsere hehre Göttin als Diener erkoren hat, versagt die Macht des Zufalls. Wo sind nun die Räuber, die wilden Tiere, der Frondienst und die ewigen Irrfahrten, wo die tägliche Todesangst, geschickt von der ruchlosen Fortuna!

Du stehst jetzt unter der Obhut einer sehenden Fortuna, die

mit ihrem Lichtglanz auch die anderen Götter erleuchtet! Sei heiter, wie es deinem weißen Gewande ansteht, schließe dich fröhlich dem prangenden Umzug deiner göttlichen Wohltäterin an! Schauen mögen die Ungläubigen, schauen und ihren Irrtum erkennen: Siehe, nun feiert, aus seiner bisherigen Drangsal erlöst durch die Fürsorge der großen Isis, Lucius einen frohen Triumph über Fortuna!

Doch um sicher und beschirmt hinfort zu wandeln, tritt ein in unseren heiligen Orden, der dich einlädt, folge den Satzungen unseres Glaubens und nimm aus freiem Willen das Joch des Gehorsams auf dich! Je früher du dich dem Dienst der Göttin weihst, desto eher genießt du die Frucht deiner Freiheit!«

Also salbungsvoll sprach der treffliche Priester, dann schnappte er nach Luft und schwieg still. Ich aber schritt in der frommen Schar dem heiligen Zug voran, der ganzen Stadt bekannt, die mit Fingern auf mich wies und sich zunickte. Alle Leute unterhielten sich über mich: »Das ist er, den die erhabene Allmacht der Göttin heute verwandelt und wieder zum Menschen gemacht hat. Wahrlich, er ist glücklich und dreimal selig! Er hat sich durch die Unschuld und Reinheit seines früheren Lebenswandels die so hohe Gunst des Himmels gewonnen, daß er nun nach seiner Wiedergeburt sogleich in die heilige Gefolgschaft aufgenommen wurde!«

Unter solchen Reden und dem Lärm der Festgebete zogen wir weiter, um uns am Meeresstrand jener Stelle zu nähern, wo ich tags zuvor als Esel meinen Stall gefunden hatte. Und hier war es, wo die Götterbilder den Bräuchen entsprechend aufgestellt wurden und der Oberpriester ein kunstvoll gefertigtes und mit geheimnisvollen ägyptischen Bildzeichen rundherum geschmücktes Schiff weihte, das, nach frommem Gebet aus keuschem Mund mit brennender Fackel, Ei und Schwefel von jedem Makel befreit, der Göttin zu Nutz und Frommen dargebracht wurde. In das lichte Segel des Weiheschiffs waren goldene Schriftzeichen eingewoben. Diese Schriftzeichen waren ein Gebet um glückliche Seefahrt im neuen Jahr. Hoch ragte der runde Pinienmast, hell glänzend und weithin sichtbar durch die leuchtende Markierung; der Goldbelag des wie ein Schwanenhals ausladenden Vorderstevens blitzte, und das ganze Schiff war aus spiegelblank poliertem, hellem Zitrusholz. Nun trugen alle, Gläubige wie Ungläubige, Körbe mit Spezereien und anderen Opfergaben herbei und gossen ein Milchgetränk auf die Wellen, bis das mit reichen Spenden beladene und von Segenswünschen begleitete Schiff sich von den Ankertauen löste und vom frischen Wind hinaus aufs Meer getrieben wurde. Als es sich schon so weit entfernt hatte, daß es kaum noch zu sehen war, nahm jeder der Träger sein heiliges Gerät wieder auf, und alles machte sich fröhlich in ähnlich wohlgeordnetem Festzug wieder auf den Rückweg zum Tempel.

Als wir den Tempel wieder erreicht hatten, begaben sich der Oberpriester und wer Götterbilder trug oder in den Kult des Allerheiligsten eingeweiht war in das Gemach der Göttin, wo die lebenspendenden Bildwerke wieder an ihrem gewohnten Platz aufgestellt wurden. Dann trat einer von ihnen, den alle als Schriftgelehrten bezeichneten, vor das Tor, lud die Vereinigung der Pastophoren, wie sich das hochheilige Kollegium nannte, zur Versammlung, las von einer erhöhten Kanzel herab aus einem Buch Segenssprüche vor für den Großen Kaiser, den Senat, die Ritterschaft und das ganze römische Volk, für Matrosen und Schiffe, die unserem Weltreich untertan sind, und verkündete dann in griechischer Sprache und nach griechischem Brauch den Beginn eines neuen Jahres der Seefahrt. Daß dies für alle eine Segensbotschaft war, bestätigte der allgemeine Beifall.

Nun küßte die Menge die silbernen Füße der über den Stufen stehenden Göttin, dann ging man freudig erregt, Reiser, Zweige und Kränze tragend, nach Hause. Aber ich konnte mich nicht entschließen, auch nur einen Finger breit von der Stelle zu weichen, sondern in Betrachtung des Bildes der Göttin versunken gedachte ich meiner früheren Abenteuer.

Unterdessen jedoch hatte die geflügelte Fama ihre Schwingen nicht ruhen lassen und nicht gesäumt, sondern die Nachricht von der fürsorglichen Gnade der huldreichen Göttin und meinen merkwürdigen Erlebnissen bis in meine Heimat getragen. So legten Freunde, Diener und alle nahen Blutsverwandten die Trauer ab, die sie auf die falsche Nachricht von meinem Tod hin getragen hatten, und kamen voller Freude ein jeder mit irgendeinem Geschenk angereist, um den aus der Unterwelt Zurückgekehrten zu sehen. Ihr Anblick war ein wahres Labsal, da ich kaum noch gehofft hatte, sie jemals wiederzusehen; für ihre ehrenvollen Gaben aber dankte ich ihnen um so mehr, als meine Angehörigen vorsorglich hatten genügend bringen lassen, um mir mit Kleidung und Aufwand Bewegungsfreiheit zu verschaffen.

Nachdem ich jeden gebührend begrüßt und ausführlich von meinen früheren Nöten und meinen jetzigen Freuden erzählt hatte, begab ich mich wieder zu der Göttin, deren Anblick mir so teuer war, mietete mir im Tempelbezirk ein Haus und richtete mich dort ein, um mich zunächst als Laie, in Gemeinschaft mit den Priestern und in nächster Nähe der angebeteten Himmelsmacht, dem Dienst der Göttin zu widmen. Es verging keine Nacht und kein Schlaf schloß meine Augen, ohne daß die Göttin mir erschienen wäre und mich immer wieder mit heiligen Geboten ermahnte, mich ihrem Dienst zu weihen, für den ich längst schon ausersehen sei.

So sehr es mich auch danach verlangte, hielt mich dennoch eine heilige Scheu zurück, weil mir bekannt geworden war, daß die Glaubensgefolgschaft unbedingten Gehorsam, Enthaltsamkeit und Entbehrungen aller Art auferlege und voraussetze, daß ein so vielen Wechselfällen preisgegebenes Dasein durch strenge Umsicht in geregelte Bahnen gelenkt werde. Je mehr ich das bedachte, je mehr eilte ich mit Weile.

Eines Nachts träumte mir, der Oberpriester schütte vor mir seinen vollen Schoß aus, und auf meine Frage: »Was hat das zu bedeuten?« erwiderte er, das seien die Schätze, die man mir aus Thessalien geschickt habe; auch sei mein Diener namens Candidus von dort eingetroffen. Als ich erwacht war, überlegte ich hin und her, was das Traumgesicht bedeuten könne, da ich sicher war, niemals einen Diener jenes Namens gehabt zu haben. Was es jedoch auch immer besagen mochte, ich war fest überzeugt, daß es etwas Gutes bedeute, wenn man mir Schätze verhieß. So erwartete ich ungeduldig und auf eine freudige Überraschung gefaßt die morgendliche Öffnung des Tempels. – Die weißen Vorhänge werden aufgezogen, wir verrichten andachtsvoll vor dem Angesicht der Göttin unser Gebet, der Priester vollzieht im Rundgang von Altar zu Altar feierlich die heilige Handlung, bittet um Segen und gießt aus einer Opferschale das aus dem Allerheiligsten geschöpfte Quellwasser, während nach vollzogenem Ritus die Schar der Frommen den jungen Tag begrüßt und die erste Stunde verkündet! – Siehe, da treffen aus Hypata kommend meine Diener ein, die ich dort zurückgelassen hatte, als mich Photis in so böse Abenteuer verstrickte. Sie hatten natürlich von meinen Erlebnissen gehört und brachten auch mein inzwischen mehrmals wieder verkauftes Pferd mit, das sie an dem Brandmal auf dem Rücken erkannt und wieder zurückerstanden hatten.

Nun staunte ich wirklich über die Sinnfälligkeit meines Traumes, der mir, ganz abgesehen von dem verheißenen Gewinn, in meinem Diener Candidus mein Pferd wiedergeschenkt hatte – einen Schimmel!

Nach diesem Erlebnis widmete ich mich mit um so größerem Eifer dem kultischen Dienst, als mir die gegenwärtigen Wohltaten ein Pfand der Zukunftshoffnung waren. Und nicht minder regte sich von Tag zu Tag mehr und mehr mein Begehren, die Weihen zu nehmen, und ich hatte mich immer wieder mit inständigen Bitten an den Oberpriester gewandt und ihn ersucht, mich endlich in die Geheimnisse der Heiligen Nacht einzuführen. Dieser aber, ein ernster und im Ruf der lautersten Frömmigkeit stehender Mann, verstand es mit Güte und Milde, wie Eltern die verfrühten Wünsche ihrer Kinder hinhalten, meine Ungeduld zu zügeln und mich auf einen günstigen Zeitpunkt zu vertrösten. Den Tag der Weihe bestimme der Wink der Göttin, und auch den Priester, der die heilige Handlung vornehme, erwähle ihre Fürsorge; desgleichen bestimme eine ähnliche Weisung auch den Aufwand an Zeremonien.

All diesem hätten auch wir uns in Geduld zu unterwerfen, meinte er, denn ich müsse mich sowohl vor Ungeduld als auch vor Ungehorsam hüten und beide Sünden vermeiden, weder im Augenblick der Berufung zögern noch ihrem Befehl vorgreifen. Auch sei keiner aus seiner Gemeinschaft so gottvergessen, vielmehr so wahnbesessen, daß er es wage, ohne ausdrücklichen Befehl der Herrin auch an ihn, durch eine eigenmächtige und frevlerische Handlung unsühnbare Schuld auf sich zu laden; die Riegel der Unterwelt wie auch der Schutz des Lebens seien in die Hand der Göttin gegeben, und die

Unterweisung selbst vollziehe sich in der freiwilligen Preisgabe an den Tod und der Erlösung aus Gnade; die allmächtige Göttin pflege vor allem jene zu berufen, die nach vollbrachter Lebenszeit auf der Schwelle des Daseins als die zuverlässigsten Hüter der großen Glaubensgeheimnisse in ihrer Obhut gewissermaßen zu einem neuen Dasein wiedergeboren werden. Also müsse auch ich mich dem himmlischen Gebot fügen, auch wenn mich die sichtbare Gnade der großen Gottheit längst zu dem hohen Dienst erkoren und berufen habe. Und ebenso wie ihre übrigen Diener möge ich mich schon jetzt unreiner und sündiger Speise enthalten, um desto rascher zu den geheimen Mysterien des reinsten Glaubens vorzudringen.

Also der Priester; und ich ließ mich durch keine Ungeduld in meinem Gehorsam beeinträchtigen, sondern widmete mich in ruhiger Gelassenheit und in löblichem Schweigen Tag für Tag eifrig dem Dienst an den heiligen Institutionen.

Und der mächtigen Göttin segenbringende Güte enttäuschte mich nicht und quälte mich nicht durch langen Aufschub, sondern im Dunkel der Nacht offenbarte sie mir die undunkle Verheißung: Gekommen sei der Tag, den ich stets ersehnt, an dem mein Herzenswunsch in Erfüllung gehe; zugleich bestimmte sie, mit welchem Aufwand ich für den Bittgottesdienst sorgen solle, und berief ihren Oberpriester Mithras, der mir nach ihren Worten durch schicksalhafte Konstellation der Gestirne verbunden war, zum Vollzug der Weihehandlung.

Diese und andere gnadenreiche Gebote der hehren Göttin erfrischten mein Herz, und kaum dämmerte der Tag, als ich den Schlaf abschüttelte und zur Zelle des Priesters eilte, der eben aus seinem Gemach trat, als ich ihn begrüßte. Ich wollte meine Aufnahme fordern, nun gleichsam als eine heilige Pflicht. Doch als er mich sah, sprach er mich also an: »Heil dir, Lucius, den die erhabene Gottheit so huldvoller Ehren würdigt!« Und dann fügte er noch hinzu: »Was zögerst du noch und verweilst dich? Heute ist der Tag, den du so innig herbeigewünscht hast und an dem du auf himmlisches Geheiß der vielnamigen Göttin durch diese meine Hände zu den Geheimnissen des heiligen Dienstes eingehen sollst!« Und damit legte mir der freundliche Greis die Rechte auf und führte mich geradewegs zur Pforte des weiträumigen Tempels; und nachdem entsprechend dem feierlichen Brauch die Öffnungszeremonien vollzogen und das Morgenopfer dargebracht war, entnahm er dem Schrein des Allerheiligsten in unverständlichen Schriftzeichen geschriebene Bücher, die entweder durch formelhafte Tierbilder oder verschränktes, radförmig gewundenes und verschlungenes Rankenwerk vor der Neugier Uneingeweihter gesicherte Formeln enthielten. Hieraus verkündete er mir, welche Vorbereitungen zum Zweck der Weihe vonnöten seien.

Diese besorgte ich voller Eifer und auf großzügige Weise entweder selber, oder ich ließ sie durch meine Gefährten treffen.

Und als es nach den Worten des Priesters an der Zeit war, führte er mich im Geleit der frommen Gemeinde ins nächste Bad, wo er nach der üblichen Waschung ein Gebet verrichtete und mich durch Besprengen läuterte. Nun führte er mich wieder in den Tempel zurück, während inzwischen der Tag bereits zu zwei Dritteln vergangen war, und hieß mich gerade vor die Füße der Göttin hintreten, um mir nach der Erteilung geheimer Weisungen, über die ich zu schweigen habe, vor allen Anwesenden laut und deutlich ein zehntägiges Fasten, die Enthaltung von allem Fleisch und von Wein zu gebieten. Diese heiligen Vorschriften erfüllte ich mit aller Gewissenhaftigkeit, und dann war auch schon der Tag des göttlichen Gelöbnisses da, und die Sonne sank und führte den Abend herauf. Und siehe, da kamen von allen Seiten die Gläubigen herbei, um mich nach altem heiligen Brauch mit Ehrengaben zu bedenken. Dann zogen sich die Laien zurück, ich wurde in ein neues Leinengewand gehüllt, und der Priester ergriff meine Hand, um mich in das Innere des Heiligtums zu führen.

Es mag sein, du wißbegieriger Leser, daß du gerne erfahren möchtest, was hier gesprochen und was getan wurde; ich würde es dir sagen, wenn ich es sagen dürfte; du würdest es erfahren, wenn du es erfahren dürftest. Doch Ohr und Zunge würden gleich schwere Sünde begehen, gottlose Geschwätzigkeit oder frivole Neugier. Aber im übrigen will ich dich, da dich vielleicht fromme Erwartung erfüllt, nicht länger auf die Folter spannen. So höre denn und glaube, was wahr ist! – Ich nahte mich der Grenzscheide zwischen Leben und Tod und schritt über Proserpinas Schwelle, ich fuhr durch alle Elemente und kehrte zurück, ich erschaute um Mitternacht der Sonne weißes Licht, ich sah die Götter des Himmels und der Unterwelt von Angesicht zu Angesicht und verneigte mich vor ihnen. – Das ist es, was du nun wohl gehört hast, aber nicht ermessen kannst. So vernimm wenigstens, was ohne Sünde Uneingeweihten verkündet werden darf.

Es war Morgen geworden, als ich nach Beendigung der Feierlichkeiten heraustrat, geheiligt durch zwölf Stolen, in gewiß sehr frommem Ornat, von dem zu sprechen mich keine Beschränkung hindert, nachdem damals genügend Augenzeugen zur Stelle waren. In der Mitte des Tempels mußte ich mich auf ein vor dem Bild der Göttin errichtetes hölzernes Podium stellen, gekleidet in ein feines Leinengewand mit farbenprächtiger Stickerei. Von den Schultern hing rückwärts bis zu den Fersen ein kostbarer Mantel herab. Auf diesem waren in bunten Farben alle möglichen Tiere abgebildet: hier indische Drachen, dort hyperboreische Greife, gefiederte Flügelwesen, wie sie eine andere Welt hervorbringt. Die Geweihten bezeichnen diese Art Gewand als Olympische Stola. In der rechten Hand hielt ich eine brennende Fackel, und um mein Haupt schlang sich ein herrlicher Kranz aus Palmenblättern, die es wie mit einem Strahlenkranz umgaben. So ward ich geschmückt wie der Sonnengott und gleich einer Bildsäule aufgestellt, und als der Vorhang plötzlich aufgezogen wurde, drängten sich die Leute, um mich zu sehen. Dann feierte ich den festlichen Tag meiner Weihe mit einer köstlichen Tafel und einem unterhaltsamen Gelage. Auch noch am dritten Tag fanden Feierlichkeiten ähnlicher Art mit einem frommen Frühmahl und der üblichen Schlußfeier der Ordensweihe statt.

Ich blieb noch einige wenige Tage, um die unbeschreibliche Wohltat der Nähe des Götterbildes auszukosten, dem ich mich für einen nie zu vergeltenden Gnadenakt verpflichtet fühlte. Dann aber schickte ich mich auf das Geheiß der Göttin, der ich in Demut einen meinen Verhältnissen entsprechend bescheidenen Dank abgestattet hatte, zur Heimkehr an, wenn ich auch die Bande der glühenden Hingabe an meine Wohltäterin nur mit Mühe zu lösen vermochte. Ich warf mich vor ihrem Angesicht nieder und badete lange mit meinem tränenüberströmten Antlitz ihre Füße und sprach, von immer erneutem Schluchzen unterbrochen und mit halb erstickter Stimme:

»Heilige Göttin und Menschheitsretterin immer und ewig, allzeit hilfreicher Hort der bedürftigen Sterblichen, die du die Schwachen mit mütterlicher Fürsorge umgibst! Kein Tag und kein Schlaf, kein kleinster Augenblick vergeht ohne deinen Gnadensegen, ohne daß du zu Wasser und zu Lande die Menschen behütest, mit hilfreicher Hand des Lebens Stürme beschwichtigst, die verstrickten Fäden des Geschicks wieder entwirrst, der Fortuna Wüten beschwichtigst und böser Sterne verderblichen Lauf hemmst. Dich ehren die Himmlischen, dich achtet die Unterwelt; du läßt das All kreisen, entzündest die Sonne, herrschst über die Welt und trittst den Tartarus unter deine Füße. Dir gehorchen die Sterne, dir folgen die Jahreszeiten, dir jauchzen die Geister, dir dienen die Elemente. Auf deinen Wink wehen die Winde, werden Wolken, sprießen die Saaten, wachsen die Sprosse. Vor deiner Herrlichkeit erbeben die Vögel des Himmels, das Wild in den Bergen, die Schlangen am Boden und die Wale im Meer. Mir aber gebricht es an Gaben, dein Lob zu singen, und fehlt es an Gütern, dir Opfer zu bringen. Mir steht nicht die Fülle der Sprache zu Gebote, um die Empfindung deiner Herrlichkeit zum Ausdruck zu bringen, und hätte ich tausend Münder und Zungen in gleicher Zahl und wäre der Strom meiner Rede unerschöpflich. Was aber Frömmigkeit allein und Armut vermögen, das soll meine Sorge sein: Ewig sollen dein göttliches Antlitz und dein heiliger Name hochverehrt in meines Herzens innerstem Schrein beschlossen, bewahrt und behütet sein!«

Nachdem ich also zu der erhabenen Gottheit gebetet hatte, umarmte ich Mithras, den Priester und nun auch meinen Vater, hing an seinem Hals, küßte ihn und bat ihn um Vergebung, daß ich ihm all seine Wohltaten nicht angemessen vergelten könne.

Nach endlosen Danksagungen trennte ich mich schließlich von ihm und machte mich auf den Weg, um nach so langer Zeit mein Vaterhaus wiederzusehen; doch schon wenige Tage später schnürte ich auf Geheiß der mächtigen Göttin erneut mein Bündel, bestieg ein Schiff und reiste nach Rom. Im sicheren Geleit günstiger Winde erreichte ich bald den Augustushafen, von wo aus ich im raschen Wagen am Vorabend der Dezember-Iden in der heiligen Stadt eintraf. Und seither war es meine vornehmste Sorge, täglich vor der Himmelskönigin Isis zu knien, die hier nach der Lage ihres Tempels als »Isis vom Marsfeld« sich besonders inniger Verehrung erfreut. Fremd im Tempel, aber heimisch im Glauben, war ich ihr verläßlichster Diener.

Und siehe, als der mächtige Sonnengott den Tierkreis durchlaufen hatte und ein Jahr vollendet war, erschien mir in ihrer immerwachen Fürsorge meine wohltätige Gottheit im Traum und mahnte mich erneut zur Weihe, zum heiligen Dienst. Ich konnte Sinn und Ziel nicht begreifen; war ich doch der Meinung, schon längst am Mysterium teilzuhaben.

Und während ich meine frommen Bedenken teils im Herzen erwäge und teils im Gespräch mit Glaubensbrüdern erörtere, wird mir eine neue wunderbare Erkenntnis zuteil: Ich sei wohl mit den Sakramenten der Göttin versehen, aber noch nicht von den Sakramenten des großen Gottes und obersten Göttervaters, des unbesieglichen Osiris, erleuchtet!

Wenn auch beider Gottheit und Glaubensvorstellung verbunden seien, ja eine Einheit bildeten, so bestehe dennoch in den Sakramenten ein Wesensunterschied. Somit müsse ich mir darüber im klaren sein, daß ich auch dem großen Gott meine Gefolgschaft schulde. – Die Sache war bald zur Entscheidung gereift. Schon in der nächsten Nacht erschien mir einer der Geweihten in einem leinenen Gewand, der Thyrsusstäbe, Efeuranken und andere geheime Attribute vor meinem Hausaltar niederlegte, sich auf meinem Sessel niederließ und ein feierliches Mahl ansagte, wie es dem Brauch entsprach. Zudem zeigte er mir als Erkennungszeichen seine verkrümmte linke Ferse, die ihn etwas hinken ließ. Nach so eindeutiger Willenskundgebung der Götter waren alle Zweifel behoben, und als ich der Göttin meine morgendliche Aufwartung gemacht hatte, suchte ich festzustellen, wer der Erscheinung in meinem Traumgesicht am ähnlichsten wäre.

Und die Bestätigung blieb nicht aus. Ich sah, daß einer der Pastophoren nicht nur hinkte, sondern auch in Haltung und Kleidung genau der nächtlichen Erscheinung entsprach und, wie ich später erfuhr, Asinius Marcellus hieß – ein Name nicht ohne Beziehung zu meiner Verwandlung. Ich zögerte nicht und wandte mich an ihn, der bereits um das bevorstehende Gespräch wußte, da auch an ihn auf ähnliche Weise der Ruf ergangen war, mich zu weihen. In der Nacht zuvor hatte ihm geträumt, er habe den großen Gott bekränzt und dabei aus seinem aller Menschen Geschicke kündenden Mund von einem aus Madaura stammenden Mann gehört, dem er ungeachtet seiner bescheidenen Verhältnisse sogleich die Weihen zuteil werden lassen solle. Denn durch seine Vorsehung werde dieser dereinst als Gelehrter großen Ruhm ernten, ihm selbst aber werde großer Gewinn beschieden sein.

So war ich zur Weihe bestimmt, doch ergab sich aus meinen geringen Mitteln sehr gegen meinen Wunsch eine Verzögerung. Meiner schwachen Kasse war durch den Reiseaufwand zugesetzt worden, und außerdem war das Leben in der Hauptstadt weit kostspieliger als der frühere Aufenthalt in der Provinz. So beengte mich Armut, und das Wasser stand mir bis zum Halse, wie die Redensart heißt. Nichtsdestoweniger bestand die Gottheit mit Nachdruck auf ihrem Wunsch. Oft genug schon war zu meiner großen Bestürzung die Mahnung und schließlich sogar der Befehl ergangen, so daß ich denn meine wenigen letzten Kleidungsstücke verkaufte, um eine ausreichende Summe aufzutreiben. Genau das war mir aufgetragen worden: »Für irgendein nichtiges Vergnügen würdest du deine Lumpen sicher hergeben, und jetzt zögerst du, für die dir bevorstehenden Feierlichkeiten eine Armut auf dich zu nehmen, die dich niemals gereuen wird!«

Also wurde denn alles hinlänglich vorbereitet, wieder beschränkte ich mich zehn Tage lang auf fleischlose Kost und ließ mir auch das Haupt scheren; dann wurde ich in den nächtlichen Feiern des Götterfürsten erleuchtet und oblag mit voller Hingabe dem heiligen Dienst der verschwisterten Glaubensbekenntnisse. Dies war mir ein großer Trost in der Fremde und ermöglichte mir darüber hinaus auch eine behaglichere Lebensführung. – Wieso? Weil ich Wind in die Segel bekam und bei Gericht als Anwalt in lateinischer Sprache mein bescheidenes Auskommen fand.

Und dann, nach kurzer Zeit, werden mir ganz überraschend wie durch ein Wunder neue Götterbefehle zuteil und heischen von mir, mich noch einer dritten Weihe zu unterziehen! Es war keine geringe Sorge, die mich fragen und voller Zweifel meditieren ließ, was dieser neue und unbegreifliche Ruf des Himmels zu bedeuten habe und woran es nach der zwiefachen Weihe noch fehlen könne: »Es ist ganz klar, daß mich die beiden Priester in die Irre geführt oder mir etwas vorenthalten haben!« Und ich begann wahrhaftig ihre Ehrlichkeit in Zweifel zu ziehen. So irrte ich über das Meer der aufgewühlten Gedanken und war der Verzweiflung schon nahe, als mir ein freundliches Traumgesicht zuteil ward!

»Sei außer Sorge!« hieß es. »Nichts ist bei den früheren Riten versäumt worden! Freue dich vielmehr und jauchze, daß die Götter dir so gewogen sind! Was anderen kaum einmal vergönnt ist, soll dir dreimal zuteil werden, und diese Zahl sei dir Gewähr – sie ist es – ewiger Seligkeit! Im übrigen ist die dir bevorstehende Erhöhung ein dringendes Gebot, wenn du dich darauf besinnst, daß die Gewänder der Göttin, die du in der Provinz angelegt hast, im dortigen Heiligtum verblieben sind und daß du zu Rom an Feiertagen ebensowenig in ihnen deine Gebete verrichten, wie du dich, wenn die Weisung ergeht, im Schmuck des heiligen Ornats zeigen kannst. So denn Heil, Glück und Segen, laß dich freudigen Herzens abermals weihen, wie es die großen Götter dich heißen!«

Soweit die hehre Offenbarung des gottgesandten Traums, was zu tun sei. Und ohne die Angelegenheit weiterhin sich selbst zu überlassen oder auf spätere Zeit zu verschieben, teilte ich sogleich meinem Priester mit, was ich geträumt hatte, unterwarf mich auf der Stelle dem Gebot des Fleischverzichts, wobei ich die der traditionellen Vorschrift entsprechende Fastenzeit freiwillig über die gebotenen zehn Tage hinaus verlängerte, und beschaffte die für die Zeremonie erforderliche Ausstattung mehr aus frommem Eifer denn nach dem Maß meiner Mittel. Und ich hatte wahrhaftig weder Umstände noch Unkosten zu bereuen! Wieso auch? War ich doch dank der großzügigen Fürsorge der Götter zu ganz netten Einkünften bei Gericht gekommen.

Schließlich würdigte mich nach nur wenigen Tagen im Traum der großen Götter Größter, der Größten Höchster, der Höchsten Mächtigster und der Mächtigsten König, Osiris, nicht in angenommener Gestalt, sondern von Angesicht zu Angesicht seiner hochheiligen Anrede: Ich solle auch fürder auf dem Forum als Anwalt tätig sein trotz aller Ausstreuungen Übelwollender, die meine Ausbildung und meine gründlichen Kenntnisse provozieren könnten. Und um mich in der Gemeinde der Glaubensdiener auszuzeichnen, berief er mich in das Kollegium seiner Pastophoren, ja sogar in die Gemeinschaft der auf fünf Jahre eingesetzten Dekurionen.

So ließ ich mir wieder den Kopf scheren und waltete in dieser ehrwürdigen und seinerzeit unter Sulla gegründeten Brüderschaft, ohne mich meiner Glatze zu schämen oder sie zu bedecken, vielmehr sie allenthalben offen zur Schau stellend, mit Freuden meines Amtes.

Lukian

Lukians Leben ist uns in seinen Hauptzügen bekannt. Er lebte von ca. 120 bis ca. 180, war also Zeuge der Goldenen Zeit des Römischen Imperiums, das im 2. Jahrhundert n. Chr. seine größte äußere Ausdehnung erreichte und seine beste innere Verfassung genoß: Relativ ruhige Zeiten wirtschaftlichen Wohlstands und politischer Stabilität waren der Hintergrund für jene sogenannte zweite Sophistik, von deren rhetorischem Arsenal die Rede war (s. Bd. I, S. 15). Lukian, als armer Leute Kind in Samosata am oberen Euphrat geboren und somit Syrer, der vermutlich aramäisch sprach, soll zunächst als Steinmetz begonnen, bereits nach einem Tag aber aufgrund der Tracht Prügel für ein verpfuschtes Werkstück diesen Beruf aufgegeben haben und schon bald, nach Absolvierung des üblichen Unterrichts, als Redner in Prozessen aufgetreten sein. Er muß also bereits damals das Griechische genügend gemeistert haben, so daß er auch den nächsten Schritt wagen konnte: Er wurde Sophist, trat als Wanderredner in verschiedenen Städten quer durch die ganze Oikumene mit dem Vortrag eigener Werke auf (man hat diese Tätigkeit witzig als die eines Konzertredners bezeichnet) und wurde rasch wohlhabend. Um sein 40. Lebensjahr erfolgte die vorletzte Konversion dieses unruhigen Lebens: Wohl angeregt durch eine Unterredung mit dem Platoniker Nigrinus in Rom wandte er sich von der Rhetorik ab und dem zu, was er als Philosophie bezeichnete: Er nahm eine Zeitlang festen Wohnsitz in Athen, scheint zu der dort immer noch existierenden Schule Platons, der Akademie, nähere Beziehungen unterhalten zu haben und wirkte in einer Form, die wir heute als ‚freier Schriftsteller' bezeichnen würden. Später nahm er auch sein Reiseleben wieder auf, bis er schließlich schon in vorgerücktem Alter ein öffentliches Amt in Ägypten (welches, ist uns nicht bekannt) als Sicherheit für seinen Lebensabend übernahm. Über sein Ende wissen wir nichts.

Die überaus reiche schriftstellerische Produktion dieses wechselvollen Daseins umfaßt in der Hauptsache Dialoge, daneben Reden, Briefe und Erzählungen, doch sind unter den im Corpus des Lukian überlieferten und meist recht kurzen 80 Schriften auch solche, deren

Echtheit unsicher oder sogar unwahrscheinlich ist. Das gilt nicht für die »Wahre Geschichte« *(s. S. 620ff.), jedoch durchaus für* »Lukios oder Der Esel«. *Diese Geschichte erzählt die wundersame, durch Zauberkunst bewirkte Verwandlung eines neugierigen jungen Mannes in einen Esel, der nun aber die Rückverwandlung in einen Menschen nicht bewerkstelligen kann und allerhand Abenteuer – meist mißliche – zu überstehen hat, bis ihn schließlich ein gutes Geschick in seine ursprüngliche Gestalt zurückführt. Ganz offensichtlich ist dies dieselbe Geschichte, die auch Apuleius erzählt, dieser freilich in weitaus größerem Umfang, durch zahlreiche Einlagen erweitert und insbesondere durch den feierlichen Schluß mit der Isis-Verherrlichung auf eine höhere Ebene gehoben, während das Ende hier in eine derb-burleske Pointe ausläuft: Der Esel hatte als Tier eine liebeshungrige Dame beglückt und wird, nun er sich ihr als Mensch in seiner wahren Gestalt präsentiert, ob seiner geringen Größe schimpflich davongejagt. Beide, Apuleius und Lukian, gehen in dieser Erzählung wohl auf eine gemeinsame Quelle zurück, die der eine erweitert, der andere gestrafft hat. Lukios von Patrai soll der Name des ursprünglichen Verfassers gewesen sein, doch wird es sich dabei wohl eher um den des Ich-Erzählers und Helden der Geschichte handeln als um ihren Autor. Diese bildete jedenfalls Buch 1 und 2 einer Sammlung von wunderbaren Verwandlungsgeschichten, wie wir aus der sogenannten* »Bibliothek« *(Nr. 129) des Patriarchen Photios (s. S. 686, 696) erfahren.*

Beispielhaft zeigt das kleine Detail des differierenden Endes Lukians Lust zu Spott und Karikatur, die all seinen Werken über nun mehr als 60 Generationen hinweg ihren immer neu reizenden Charme verleiht. Als echter ‚Aufklärer' wandte er sich gegen Aberglauben und Eitelkeiten, überhaupt gegen alle menschlichen Schwächen und Laster; und so nimmt es nicht wunder, daß ein bedeutender Autor des ausgehenden 18. Jahrhunderts sich seiner angenommen hat: Christoph Martin Wieland ließ 1788 in der Weidmannschen Buchhandlung zu Leipzig seine vollständige Verdeutschung sämtlicher Werke Lukians erscheinen, ausgeführt in dem Empfinden, von dem das Vorwort berichtet: »Indessen gestehe ich, daß ich mir nicht vorstellen kann, wie ein Leser von offenem und gesundem Kopf die Bekanntschaft Lukians aus seinen Schriften machen könnte, ohne ihn lieb zu gewinnen.« In der Tat hat sich hier jene ideale Synthese – vielleicht besser sogar: Symbiose – ereignet, in der ein prachtvoll lebendiger, geistreich spöttischer Kopf der Antike seinen nicht minder gewandten, überlegen satirisch argumentierenden und formulierenden Übersetzer fand. Kein Geringerer als Goethe hat das anerkannt. (»Zu brüderlichem Andenken Wielands«, *1813): »So entstand der deutsche Lukian, der uns den griechischen um desto lebhafter darstellen mußte, als Verfasser und Übersetzer für wahrhafte Geistesverwandte gelten können.«*

*

Wielands Verdeutschung des Lukian wird hier in der Transformierung in die Sprache unseres Jahrhunderts durch Hanns Floerke, München 1911, vorgelegt.

Eine weitere Stufe des übersetzerischen Bemühens um Lukian stellt die Übertragung von K. Mras dar, von dem die Verdeutschung der »Wahren Geschichte« *(s. S. 622ff.) stammt.*

Lukios
oder Der Esel

Ich machte einmal eine Reise nach Thessalien, um ein von meinem Vater geerbtes Geldgeschäft mit einem Manne, der in diesem Lande angesessen war, abzutun. Ein einziges Pferd trug mich und meinen Mantelsack, und ein einziger Bedienter folgte mir zu Fuße. Unterwegs traf ich auf einige Thessalier von Hypata, die im Begriff waren, nach ihrer Vaterstadt zurückzukehren; wir wurden eins, in Gesellschaft zu reisen, und so legten wir diesen beschwerlichen Weg um so leichter zurück. Wir waren schon nahe bei der Stadt, als ich meine Thessalier fragte, ob sie einen Einwohner von Hypata, der Hipparchos heiße, kennten? Denn an diesen Mann hatte ich ein Empfehlungsschreiben von Hause, welches mir den Vorteil, bei ihm zu wohnen, verschaffen sollte. Ihre Antwort war: Der Hipparchos, den ich meinte, und die Gegend der Stadt, wo er wohne, sei ihnen ganz wohlbekannt; er habe viel Geld, sei aber so begierig, dessen immer mehr zu haben, und ein so großer Feind vom Ausgeben, daß seine ganze Haushaltung in einer Frau und einer einzigen Magd bestehe. Unter diesen Reden erreichten wir die Stadt. Meine Gefährten zeigten mir einen Garten mit einem leidlichen Häuschen, wo Hipparchos wohne, nahmen hierauf Abschied von mir und gingen ihres Weges; ich hingegen gehe hin und klopfe an die Tür. Ich mußte ziemlich lange warten und mehr als einmal klopfen, bis die Frau endlich zum Vorschein kam. »Ist Hipparchos zu Hause?« fragte ich. »Ja«, war die Antwort, »aber wer bist du, und was für eine Ursache hast du, nach ihm zu fragen?« »Ich bringe ihm einen Brief von dem Sophisten Dekrianos von Patrai« , erwiderte ich. »So warte hier einen Augenblick«, versetzte sie, schloß mir die Tür vor der Nase zu und ging wieder hinein. Endlich kommt sie wieder und heißt mich hereinkommen. Ich gehe hinein, grüße meinen Mann und überreiche ihm den

Brief. Ich fand ihn eben im Begriff, seine Abendmahlzeit zu halten; er lag auf einem ziemlich schmalen Ruhebettchen; seine Frau saß neben ihm und vor ihnen stand ein Tischchen, worauf aber noch nichts zu essen war. Er überlas den Brief und sagte darauf: »Das ist ja recht schön von meinem werten und berühmten Freunde Dekrianos, daß er so viel Vertrauen zu mir hat und mir seine guten Freunde so ohne Umstände zuschickt. Mein Häuschen ist freilich klein, wie du siehst, lieber Lukios, und nur eben für seinen Bewohner zureichend; indessen wirst du ein großes Haus daraus machen, wenn du soviel Geduld haben willst, dich darin zu behelfen.« Er rief hierauf seiner Magd: »Palaistra«, sprach er »zeige meinem Freunde sein Schlafzimmer und trage das Gepäck dahin, das er etwa mitbringt; hernach führe ihn ins Bad; denn er hat einen weiten Weg zurückgelegt.«

Diesem Befehle zufolge nahm mich das Mädchen sogleich mit sich und zeigte mir ein sehr schönes Gemach. »Hier«, sagte sie, »auf diesem Bette wirst du schlafen und für deinen Burschen will ich ein Lager hier zurechtmachen und auch ein Kopfkissen darauf legen.« Ich gab dem Mädchen Geld, um etwas Gerste für mein Pferd zu kaufen, worauf wir uns ins Bad begaben; inzwischen trug sie alle meine Sachen hinein und schaffte sie in mein Zimmer. Aus dem Bade begaben wir uns geradeswegs zu Hipparchos zurück. Er nahm mich bei der Hand und hieß mich neben ihm Platz nehmen. Das Nachtessen war nicht das schlechteste, und der Wein gut und alt. Nach der Mahlzeit brachten wir den übrigen Abend, wie es bei Aufnahme eines Gastes gebräuchlich ist, mit Trinken und Schwatzen zu und gingen hierauf schlafen. Am folgenden Morgen fragte mich Hipparchos, wo mein Weg nun weiter hinginge, oder wie viele Tage ich zu Hypata bleiben würde? »Ich gehe nach Larissa«, war meine Antwort, »und gedenke etwa drei bis vier Tage hierzubleiben.«

Dies sagte ich aber nicht im Ernste; denn in der Tat war ich gesonnen, solange in Hypata zu bleiben, bis ich mein Verlangen befriedigt hätte, eine von den Weibern zu finden, die sich mit magischen Künsten abgeben, und mit ihrer Hilfe einen fliegenden oder versteinerten Menschen oder irgend etwas anderes Unglaubliches dieser Art zu sehen. Ganz von der

Begierde nach einem solchen Schauspiel eingenommen, lief ich in der ganzen Stadt herum, ohne zu wissen, wie ich's anfangen sollte, um zu dem, was ich suchte, zu gelangen. Während ich nun so herumirrte, sehe ich eine junge Frau auf mich zugehen, die, dem äußerlichen Anschein nach, unter die reichsten und angesehensten in der Stadt gehörte; denn sie ging prächtig gekleidet, war mit vielem Golde behangen und hatte eine Menge Bedienten hinter sich her. Wie ich ihr näher kam, grüßte sie mich und sagte mir, sie wäre die Abroia, die ich vermutlich als eine vertraute Freundin meiner Mutter nennen gehört hätte. »Die Kinder meiner Freundin«, fuhr sie fort, »sind mir nicht weniger lieb als meine eigenen. Wie kommt es denn, daß du nicht bei mir einkehrst, mein Sohn?« – »Ich bin dir sehr verbunden«, antwortete ich, »aber da ich mich in keinem Stücke über den Freund, der mich aufgenommen, zu beklagen habe, so trage ich Bedenken, sein Haus zu verlassen. Indessen werde ich wenigstens in Gedanken bei einer so liebenswürdigen Freundin wohnen.« – »Und wo hältst du dich denn auf?« fragte sie. – »Beim Hipparch.« – »Wie? Bei dem Geizhalse?« – »Sage das nicht, meine Mutter«, erwiderte ich; »mich wenigstens hat er so vornehm und höflich bewirtet, daß man ihn eher beschuldigen könnte, zuviel als zuwenig in diesem Stücke zu tun.« – Sie lächelte und sagte, indem sie mich bei der Hand auf die Seite zog: »Nimm dich ja, soviel du nur immer kannst, vor seiner Frau in acht; denn sie ist eine Erzzauberin und dabei so wollüstig, daß keine junge Mannsperson vor ihr sicher ist. Wer ihr nicht im guten zuwillen ist, an dem rächt sie sich durch ihre Kunst; sie hat schon viele in Tiere verwandelt, ja einige gänzlich zugrunde gerichtet. Du bist jung, mein Kind, und schön genug, um ihr in die Augen zu stechen, überdies fremd, und also in desto größerer Gefahr, weil man sich gegen einen Fremden mehr erlaubt als gegen Einheimische.«

Wie ich hörte, daß ich etwas, das ich schon so lange suchte, zu Hause hätte, hörte ich kein Wort mehr von allem, was mir die gute Abroia sagte. Ich machte mich so bald als möglich von ihr los, und, indem ich nach Hause ging, sprach ich zu mir selbst: »Wohlan also, Freund Lukios, wenn es wahr ist, daß du so begierig bist, etwas Übernatürliches zu sehen, so nimm dich nun zusammen und erfinde irgendeinen klugen Ausweg, zum Ziele deiner Wünsche zu gelangen! Wie, wenn du deine Kunst an der jungen Palaistra versuchtest? – Denn der Frau deines Wirtes und Freundes bleibe mir ja so weit vom Leibe, als du kannst! – Bei jener hast du desto freieren Spielraum, – kurz, in den Armen der Magd wirst du am sichersten hinter die Geheimnisse der Herrin kommen. Denn die Bedienten sind doch immer die Leute, die das Gute und Böse ihrer Herrschaften am besten kennen.«

Unter diesem Selbstgespräche langte ich in meinem Quartiere wieder an, fand aber weder den Hipparchos noch seine Frau zu Hause, sondern Palaistra allein, die in der Küche beschäftigt war, unser Abendessen zurechtzumachen. Ich blieb stehen und ergriff diese gute Gelegenheit, besser mit ihr bekannt zu werden. Da sie eben daran war, etwas in einem Topfe umzurühren, sagte ich ihr mit einer Anspielung auf ihren Namen, die ihr nicht zu mißfallen schien, etwas Schmeichelhaftes über ihre Gestalt und über die reizende Art, womit sie ihre runden Hüften bei dieser Arbeit hin und her wirbelte, ohne ihr ein Geheimnis aus der sympathetischen Wirkung zu machen, die ein so schlüpfriger Anblick auf die meinigen hatte, oder ihr die wollüstigen Wünsche zu verbergen, die er in mir rege machte. Die Magd, die ein überaus schnippisches und buhlerisches kleines Ding war, erwiderte mir gleich im nämlichen Tone: »Junger Herr, wenn du klug bist und dein Leben liebst, so rate ich dir, meinem Topfe nicht zu nahe zu kommen, ich will dich ehrlich und redlich gewarnt haben! Denn du wagst mehr, als du vielleicht glaubst. Es braucht nur einen Augenblick, so würdest du dich so übel verbrannt haben, daß dich kein anderer Mensch wieder heilen könnte, als ich allein; der Gott der Ärzte selbst würde dir nicht helfen können; und was noch das Wunderbarste ist, ich würde dich immer noch kränker machen, und du würdest die Schmerzen der Heilung mit so vielem Vergnügen aushalten, daß du dich sogar mit Steinen von der Quelle einer so süßen Pein nicht wegjagen ließest. – Du lachst noch? Aber du irrst dich sehr, junger Herr, wenn du mich nur für eine gewöhnliche Köchin ansiehst. Ich weiß nicht bloß dergleichen gemeine schlechte Speisen zuzurichten, wie diese hier; auch in der Kunst, das vornehmste und schönste Wildbret, den Mann, zu schlachten, abzuziehen, zu zerstücken und weich zu kochen, bin ich, wie du mich hier siehst, eine Meisterin; und besonders mache ich mir gern mit ihrem Eingeweide und Herzen zu schaffen.« – »Alles, was du da sagst, ist nur gar zu wahr«, versetzte ich; »denn du hast mich schon hier von weitem, und ohne daß ich dir nahe gekommen bin, nicht nur angebrannt, beim Zeus! sondern über und über in Flammen gesetzt, und ich brate und dorre bei dem unsichtbaren Feuer, das du durch meine Augen in mein Eingeweide geworfen hast, ohne zu wissen, womit ich eine solche Grausamkeit um dich verdient habe. Also, um aller Götter willen! versuche die bittersüße Kur an mir, wovon du sagtest; und da du mich bereits geschlachtet hast, so ziehe mir nun vollends die Haut über die Ohren und mache mit mir, was du willst.« – Sie brach über diese sonderbare Liebeserklärung in ein unmäßiges Gelächter aus; aber das Ende davon war, daß ich sie gewonnen hatte und daß wir eins wurden, sobald sie ihre Herrschaft zu Bette gebracht hätte, wollte sie auf mein Zimmer kommen und die Nacht bei mir zubringen.

Endlich kam Hipparchos wieder nach Hause, wir gingen ins Bad und von da zu Tische, und während wir zusammen schwatzten, wurden die Becher fleißig geleert. Endlich stelle ich mich schläfrig, beurlaube mich und gehe auf mein Zimmer. Hier war schon alles in der schönsten Ordnung. Meinem Burschen war sein Bett vor der Tür gemacht. Vor dem meinigen stand ein Tischchen mit einer Trinkschale, einem Krug Wein und zwei Gefäßen mit kaltem und warmem Wasser; kurz, Palaistra hatte für alles gesorgt. Die Bettdecken waren mit einer Menge Rosen, ganzen, zerblätterten und in Kränze geflochtenen, überstreut; alles war zum Gelage bereit, nur meine Mitzecherin fehlte noch und wurde von mir mit Ungeduld erwartet. Endlich, nachdem sie ihre Gebieterin zu Bette gebracht, stellte sie sich ein, und nun ergötzten wir uns, indem wir uns wechselseitig zutranken und Küsse austauschten. Als wir uns dann durch einen kräftigen Trunk für die Nacht gestärkt hatten, sagte Palaistra zu mir: »Halte dir beständig vor Augen, junger Mann, daß du in die Palaistra geraten bist, – los denn! zeige also, ob du ein scharfer Kämpfer bist und viele Ringerstücke gelernt hast!«

»Du sollst mich nicht kneifen sehen, zieh dich nur aus, und ohne Säumen auf zum Ringkampf!«

»Was ich kommandiere, mußt du ausführen; denn ich werde dir wie ein Lehrer und Kampfordner die Namen der Nummern, die ich vorgeführt haben will, nach meiner Wahl angeben. Sei also bereit, mir zu gehorchen und alle Kommandos auszuführen!«

»Kommandiere nur, und du sollst sehen, wie gewandt, behende und stramm alles ausgeführt werden wird.«

Sie entledigte sich also ihrer Kleider, und als sie ganz nackt vor mir stand, kommandierte sie folgendermaßen:

»Entkleide dich, Jüngling, salbe dich mit diesem Öl und verschlinge dich mit deinem Gegner! Hebe ihn an beiden Schenkeln in die Höhe und wirf ihn auf den Rücken! Dann auf ihn drauf, durch die Schenkel durch und auseinandergestreckt! Halte deine Beine nur immer oben drauf! Laß' locker, dann bring sie in die rechte Lage, festgeklebt am Ziel! Jetzt greif an, dringe überall vorwärts bis zur Erschöpfung! Zeig, wie kräftig deine Waffe ist! Nun zieh wieder zurück, geh erneut auf voller Breite vor und triff in den Leib! Dringe vor bis zur Wand, stoß zu! Wenn du siehst, der Widerstand läßt nach, dann fest drauf zu, den Gegner bei den Hüften genommen – und versuche nicht zu eilen, sondern halte ein wenig zurück, sodaß der Rhythmus übereinstimmt! So, jetzt bist du erst einmal frei.«

Nachdem ich alle Kommandos mit Leichtigkeit ausgeführt hatte und die befohlenen Nummern endlich erledigt waren, sagte ich lachend zu Palaistra: »Du siehst, Meister, wie geschickt und gehorsam ich gekämpft habe, sieh aber zu, ob du mir die Ringnummern nicht wider die Ordnung angibst, du kommandierst nämlich die späteren vor den früheren.« Da gab sie mir eine Ohrfeige und sagte: »Ei, was für einen vorlauten Schüler habe ich da bekommen! Gib acht, daß du nicht noch mehr Kampfspuren davonträgst, wenn du noch andere Nummern ausführst als die befohlenen!«

Mit diesen Worten stand sie auf, säuberte sich und sagte dann: »Nun denn, so zeige, ob du ein strammer junger Kerl und ein ausdauernder Kämpfer bist und gegen einen Gegner ringen kannst, der in Kniestellung ist.« Sie ließ sich aufs Bett in die Knie sinken und rief: »Nun los, du Ringer, hier hast du das

Zentrum: Zücke deine Waffe, mache einen scharfen Angriff, dring tief hinein! Du siehst, es liegt offen vor dir – mach guten Gebrauch! Zuerst mußt du natürlich dicht heran an mich, dann beug mich zurück, greif zu, umschlinge mich, daß nicht der geringste Abstand bleibt! Wenn der Druck nachläßt, dann schneller angreifen und höher hinauf! Den Kopf zurück und zugestoßen! Und sieh zu, daß du nicht eher nachläßt, bis du den Befehl dazu bekommst! Bring deine Kampflinie in einen weiten Bogen, bevor du zurückziehst! Dann stoß wieder zu und bleib in Bewegung! Jetzt laß ab von ihm, denn er ist gefallen und aufgelöst und ganz Wasser, dein Gegner.«

Da lachte ich laut auf und rief: »Auch ich will nun, mein Lehrmeister, ein paar Nummern kommandieren, du aber gehorche! Erst hoch, dann setz dich! Gib mir Wasser zum Händewaschen! Nimm den Rest und reinige dich! Und jetzt, bei Herakles, nimm mich in den Arm und bring mich zum Schlafen!«

Unter diesen und ähnlichen Vergnügungen und Ringerstücken durchwachten wir diese und die folgenden Nächte und krönten uns gegenseitig mit dem Siegespreise. Und so groß war die Wonne, die wir dabei empfanden, daß mir die Reise nach Larissa gänzlich darüber aus dem Sinne kam.

Endlich fiel mir doch wieder ein, mich nach der Sache zu erkundigen, um derentwillen ich eigentlich nach Hypata gekommen war. Ich bat also Palaistra, mir dazu behilflich zu sein, daß ich, wenn ihre Gebieterin sich verwandelte oder irgendein anderes Zauberwerk vorhätte, einen unbemerkten Zuschauer dabei abgeben könnte; »denn«, sagte ich, »es ist schon lange, daß ich so etwas Übernatürliches mit meinen eigenen Augen sehen möchte. Oder, wenn du selbst ein wenig hexen kannst, so tue mir den Gefallen, meine Liebe, und mache auf der Stelle, daß sich etwas vor meinen Augen in was anderes zu verwandeln scheine. Denn ich bilde mir ein, auch du müßtest etwas von dieser Kunst verstehen; nicht als ob dich jemand bei mir verraten hätte; ich schließe es bloß aus der Wirkung, die du auf meine eigene Seele geübt hast. Denn daß du mich, der in seinem Leben kein Frauenzimmer mit verliebten Augen ansah, mich, den sie nur den Diamantenen zu nennen pflegen, so schnell zu überwältigen und in einer Nacht im Liebeskampfe zum Gefangenen zu machen gewußt hast, das kann nicht mir rechten Dingen zugehen; da muß Zauberei dahinter stecken.« – »Närrchen!« versetzte Palaistra lachend; »als ob irgendeine Zauberformel kräftig genug sein könnte, Amor etwas anzuhaben, der selbst ein Tausendkünstler und der größte aller Zauberer ist? Aber aufrichtig und Scherz beiseite, mein Allerliebster, ich weiß nicht ein Wort von solchen Dingen, ich schwöre dir's bei deinem Leben und bei diesem glücklichen Ruhebettchen! Denn ich habe weder lesen noch schreiben gelernt, und meine Herrin ist viel zu eifersüchtig auf ihre Kunst, als daß sie mir etwas davon hätte mitteilen sollen. Aber sobald ich eine Gelegenheit dazu finde, will ich versuchen, ob ich sie dir zu sehen geben kann, wenn sie sich verwandelt.« Nach diesem Gespräche schlummerten wir unbemerkt ein.

Wenige Tage darauf bringt mir Palaistra die Nachricht, ihre Herrin sei gesonnen, sich in einen Vogel zu verwandeln und in dieser Gestalt zu ihrem Geliebten zu fliegen. »Nun, liebe Palaistra«, sagte ich, »nun ist endlich die Gelegenheit da, mir zu zeigen, ob du mir gut bist und gesonnen, deinem Sklaven zur Befriedigung eines schon so lange gehegten Wunsches zu verhelfen!« – Sie hieß mich ruhig sein; und sobald die Nacht anbrach, führt sie mich vor die Tür des Schlafzimmers ihrer Herrschaft und heißt mich die Augen an einen schmalen Spalt in der Tür halten und beobachten, was vorgehen würde. Ich sehe die Frau sich ausziehen; und wie sie ganz entkleidet ist, geht sie nackt zur Lampe, legt zwei Weihrauchkörner in die Flamme und bleibt dann eine gute Weile vor der Lampe stehen, indem sie, ich weiß nicht was, zu ihr hinmurmelt. Hierauf öffnete sie eine ziemlich große Kiste, worin eine Menge Büchsen waren, und nahm eine davon heraus; was eigentlich darin war, davon kann ich nichts sagen, als daß es mir, dem Anschein nach, Öl zu sein deuchte. Damit schmierte sie sich nun am ganzen Leibe ein, von den Nägeln an den Füßen bis zum Wirbel, und plötzlich brechen ihr am ganzen Leibe Federn hervor, ihre Nase wird ein hörnerner krummer Schnabel, sie bekommt alles, was zu einem Vogel gehört und ihn von anderen Tieren unterscheidet, mit einem Worte, sie hört auf zu sein, was sie war, und ist in einen Nachtraben verwandelt.

Kaum sah sie sich befiedert, so gab sie den widerlich krächzenden Ton von sich, der diesen Vögeln eigen ist, erhob sich in die Luft und flog zum Fenster hinaus.

Ich stand da und glaubte, das alles geträumt zu haben. Ich rieb mir die Augenlider, wie einer, der seinen eignen Augen nicht traut und nicht glauben kann, daß er wacht und wirklich sieht, was er sieht. Endlich, wie ich mich mit vieler Mühe überzeugt hatte, daß ich nicht schlafe, bat ich Palaistra, mich vermittelst der nämlichen Zaubersalbe ebenfalls zu befiedern und fliegen zu lassen: denn ich wollte aus Erfahrung wissen, ob ich bei dieser Umgestaltung auch der Seele nach zum Vogel werden würde. Sie machte also die Tür sachte auf und holte die Büchse. Ich werfe in größter Eile meine Kleider von mir und schmiere mich über und über mit Salbe ein: aber leider! es wollen keine Federn kommen. Statt deren geht mir hinten ein langer Schwanz heraus, meine Finger und Zehen verschwinden und verwandeln sich in vier Hufe von Horn, meine Arme und Füße werden zu Vorder- und Hinterfüßen eines Lasttiers, meine Ohren und mein Gesicht verlängern sich, kurz, wie ich mich um und um betrachte, sehe ich, daß ich ein Esel bin. Ich erschrecke vor mir selbst, ich will mich gegen Palaistra beklagen, aber ich habe keine menschliche Sprache mehr; alles was ich tun kann, ist, mein breites Hängemaul aufzusperren, den Kopf wie ein echter Esel traurig zur Erde sinken zu lassen und die Unglückliche durch diese unmittelbare Darstellung meiner Eselheit anzuklagen, daß sie statt eines Vogels ein Müllertier aus mir gemacht hat.

Das Mädchen schlug sich mit beiden Händen vor die Stirn. »O ich Unglückselige«, rief sie, »was hab' ich getan. In der Eile hab ich mich in den Büchsen geirrt und statt der rechten eine andere ähnliche ergriffen. Aber fasse Mut, mein Allerliebster, dem Übel ist leicht zu helfen. Du brauchst nur Rosen zu essen, so wirst du diese Gestalt wieder ablegen und mir meinen Liebhaber wiedergeben. Gedulde dich nur diese einzige Nacht in dieser Eselsmaske, mein Bester! Morgen in aller Früh will ich nach Rosen laufen, was ich kann, und dich unverzüglich wiederherstellen.« Mit diesen Worten kraute sie mir in den Ohren und streichelte mich freundlich den Rücken herab.

Ich war nun also, dem Äußerlichen nach, so sehr Esel, als

man es sein kann, hingegen der Sinnesart und Vernunft nach der alte Lukios, die Sprache allein ausgenommen. Ich ging also, vor Verdruß mich in die Lippen beißend, und über Palaistras Unvorsichtigkeit bei mir selbst brummend, in den Stall, wo mein eigenes Pferd und ein anderer natürlicher Esel, der dem Hipparch angehörte, stand. Diese merkten nicht sobald, daß sich ein neuer Ankömmling meldete, der die Miene hatte, in Gemeinschaft ihres Heus mit ihnen treten zu wollen, als sie schon die Ohren sinken ließen und sich in Positur setzten, die Rechte ihres Magens mit ihren Hinterfüßen zu verfechten. Ich fand also für sicherer, mich so weit als möglich von der Krippe entfernt zu halten, und konnte mich nicht enthalten, über die drollige Szene zu lachen: aber mein Lachen war das Schreien eines Esels. Unseliger Vorwitz! dachte ich jetzt bei mir selbst, wenn nun ein Wolf oder ein anderes reißendes Tier den Weg in diesen Stall fände, so müßte ich mich zerreißen lassen, ohne etwas verbrochen zu haben! Wie wenig ahnte ich, indem ich dieses dachte, welch einen fatalen Streich mir mein böses Geschick noch in dieser Nacht spielen würde!

Es war tief in der Nacht, alles im Hause war still und lag in süßem Schlaf; auf einmal höre ich die Mauer von außen krachen, als ob ein Loch hineingebrochen würde. Dies geschah auch wirklich, und bald war die Öffnung groß genug, daß ein Mensch durchschlüpfen konnte. Sogleich kommt ein Kerl dadurch herein, diesem folgt ein anderer, bald sind ihrer eine ganze Menge, und alle mit Schwertern bewaffnet. Sie binden Hipparch, Palaistra und meinen Bedienten in ihren Betten, leeren das ganze Haus, tragen Geld, Kleider und Hausrat hinaus, und wie sie nichts mehr finden, das des Mitnehmens wert ist, kommen sie auch zu uns, führen mich, das Pferd und den anderen Esel hervor, legen uns Saumsättel auf und binden uns alles, was sie aus dem Hause getragen hatten, auf den Rücken. Wie sie uns nun schwer genug beladen hatten, trieben sie uns mit Knitteln vor sich her, um sobald wie nur möglich auf einem rauhen, wenig gangbaren Wege ins Gebirge zu entfliehen. Wie meinen lastbaren Kameraden dabei zumute war, kann ich nicht sagen: aber ich, der nicht beschlagen und diese Strapazen nicht gewohnt war, ich glaubte, daß es mein

Letztes sei und hätte auf den spitzigen Steinen unter der Last, womit ich überladen war, alle Augenblicke zusammensinken mögen. Ich strauchelte auch oft genug; aber Fallen wurde hier wie ein Verbrechen behandelt, und es war gleich einer da, der mir mit einem tüchtigen Prügel wieder auf die Beine half. Ich wollte zwar oft »O Cäsar!« ausrufen; aber ich brachte nichts als ein ungeheuer langes und lautes eselmäßiges O heraus, der Cäsar aber wollte nicht nachkommen. Auch dies zog mir neue Schläge zu, weil ich sie durch mein Schreien, wie sie sagten, verrate. Da ich also sah, daß mir meine Provokation an den Kaiser so übel bekam, beschloß ich stillschweigend fortzuschleichen und mir dadurch wenigstens die Schläge zu ersparen.

Inzwischen war es Tag geworden, wir hatten bereits einige Berge überstiegen, und mehr als einmal war ich bei Rosenhekken, die an unserem Wege standen, vorbeigegangen; aber man hatte die Vorsicht gebraucht, damit wir uns nicht unterwegs auf Abschlag unsrer Mittagsmahlzeit mit Weiden aufhalten könnten, uns die Mäuler zu verbinden, so daß ich damals ein Esel bleiben mußte.

Als es Mittag wurde, kehrten wir in einem abgelegenen Meierhof ein, dessen Bewohner, soviel ich aus allen Umständen schließen konnte, gute Bekannte von unseren Räubern waren. Denn sie grüßten einander mit einem Kusse, und die Leute im Hofe luden die unsrigen ein, bei ihnen einzukehren, und setzten ihnen zu essen vor; uns lastbaren Tieren aber gaben sie Gerste. Meine Kameraden ließen sich's wohl schmecken: aber ich, der in meinem Leben keine Mittagsmahlzeit von roher Gerste gehalten hatte, sah mich überall, wiewohl mich ganz erbärmlich hungerte, nach etwas um, das ich essen könnte, und erblicke endlich einen Garten hinter dem Hofe, der einen Überfluß an allerlei schönem Gemüse hatte, und überdies stachen mir auch Rosen in die Augen. Ich also, nicht faul, gehe, da niemand im Hause acht auf mich gab – denn sie waren alle mit ihrem Mittagessen beschäftigt – in den Garten, sowohl um meinen Hunger mit rohem Gemüse zu stillen als von den Rosen zu essen, die mich, wie ich nicht zweifelte, wieder zum Menschen herstellen würden. Wie ich mich nun in dem Garten sah, machte ich mich sogleich über alles her, was der Mensch ungekocht zu essen pflegt und füllte mich mit Salat, Rettichen und Petersilien an; die Rosen aber waren leider keine wahren Rosen, sondern die Blüten einer Art wilder Lorbeerbäume, die der gemeine Mann Lorbeerrosen zu nennen pflegt, und die man den Eseln und Pferden für so schädlich hält, daß, wer davon äße, auf der Stelle sterben müßte.

Inzwischen kommt der Gärtner, der etwas gemerkt haben mochte, mit einem tüchtigen Prügel in den Garten, und wie er die Verwüstung sieht, die der Feind auf seinen Gemüsebeeten angerichtet hat, geht er mit dem ganzen Eifer eines streng auf Ordnung haltenden Amtmanns auf den Dieb los und bleut mir mit seinem Knittel so erbärmlich auf Rücken, Schenkel, Ohren und Nasenbein, als ob er mir alle Knochen zu Brei schlagen wolle. Eine so grausame Behandlung erschöpfte endlich meine Geduld, ich versetzte ihm mit beiden Hinterhufen einen so derben Schlag, daß er der Länge nach in seinen Kohl hineinfiel. Nach dieser Heldentat floh ich in vollem Galopp den Bergen zu; aber der Gärtner schrie, man sollte die Hunde auf mich loslassen, deren eine gute Anzahl auf dem Hofe war, so groß und stark, daß sie es mit Bären aufnehmen konnten. Da sie mich nun, wenn sie mich ergriffen hätten, unfehlbar in Stücke gerissen haben würden, machte ich eine kleine Seitenwendung, beschloß, dem weisen Sprichwort gemäß, lieber umzukehren als übel zu laufen, und kam wieder in den Hof zurück. Sogleich wurden auch die Hunde, die man auf mich losgelassen hatte, wieder zurückgerufen und an die Kette gelegt; mich aber prügelten sie tüchtig ab und hörten nicht eher auf, bis ich vor Schmerz alles, was ich gefressen hatte, hinten wieder von mir gab.

Wie es nun Zeit war, sich wieder auf den Weg zu machen, luden sie mir das meiste und schwerste von den gestohlenen Sachen auf. Die vielen Schläge, die ich bekam, und die übermäßige Last, die ich tragen mußte, wiewohl der rauhe Weg mir die Hufe beinahe abrieb, brachten mich endlich zur Verzweiflung. Ich beschloß auf dem Wege hinzufallen und nicht wieder aufzustehen, wenn sie mich auch totschlagen sollten. Dieser kluge Einfall, hoffte ich, sollte eine glückliche Veränderung in meinem Schicksal bewirken; denn ich zweifelte nicht, meine Tyrannen würden, durch meinen Starrsinn überwältigt, meine Ladung unter das Saumpferd und den Maulesel teilen, mich aber den Wölfen zur Beute auf der Erde liegen lassen. Aber irgendein mißgünstiger Dämon, der in meiner Seele las, machte, daß gerade das Gegenteil erfolgte. Der andere Esel, der vielleicht die nämlichen Gedanken hatte wie ich, fiel auf einmal zu Boden. Jene hießen den armen Tropf anfangs mit Prügeln aufstehen, und wie sie sahen, daß mit Schlägen nichts auszurichten war, zogen ihn die einen bei den Ohren, die anderen beim Schwanze, um ihn mit Gewalt wieder auf die Beine zu bringen. Da aber alles nichts helfen wollte und er wie ein Stein im Wege liegen blieb und alle viere von sich streckte, berieten sie sich untereinander, was zu tun sei. Und da sie fanden, sie würden doch nur die Zeit zur Flucht unnützerweise verlieren, wenn sie sich bei einem in den letzten Zügen liegenden Esel länger aufhalten wollten, so teilten sie das sämtliche Gepäck, womit er beladen war, unter mich und den Gaul; meinen armen Unglückskameraden aber nahmen sie, hieben ihm die Kniekehlen entzwei und warfen ihn, noch zappelnd, über die Felsen hinab, und dieser Salto mortale machte ihm vollends den Garaus.

Das schreckenvolle Ende meines Reisegefährten, wovon ich Augenzeuge war, machte einen so tiefen Eindruck auf mich, daß ich mir vornahm, mein gegenwärtiges Schicksal männlich zu ertragen und unverdrossen fortzuwandeln, da ich doch die tröstliche Hoffnung hatte, über kurz oder lang Rosen anzutreffen und durch sie errettet und wiederhergestellt zu werden. Auch hörte ich von den Räubern, wir hätten nicht viel Weg mehr zu machen und würden bald an den Ort kommen, wo wir zu bleiben hätten. Wir liefen also, so beladen wir auch waren, was wir konnten, und langten gegen Abend in der gewöhnlichen Wohnung der Räuber an, wo eine alte Frau in der Stube saß, und ein tüchtiges Feuer auf dem Herd brannte. Uns Lasttieren wurde alles, was wir getragen hatten, abgenommen und im Hause in Verwahrung gebracht. »Nun«, sagten sie zu dem alten Weibe, »warum sitzest du so da und machst uns das Essen nicht zurecht?« – »Oh«, sagte die Alte, »es ist alles schon fertig; ihr findet Brot im Überfluß und Wildbret und etliche Fässer alten Weins.« »Du bist ein braves Mütterchen«, sagten die Räuber; und nun zogen sie sich aus, salbten sich am Feuer und wuschen sich, in Ermanglung eines ordentlichen Bades, mit dem warmen Wasser, daß sie im Kessel neben dem Feuer stehen fanden.

Bald darauf kam eine Anzahl junger Burschen an, die eine Menge Hausrat, goldene und silberne Gefäße und sowohl Männer- als Frauenkleider und Schmuck mitbrachten; und nachdem sie das alles in das gemeinschaftliche Magazin geschafft hatten, wuschen sie sich ebenfalls. Die ganze Bande setzte sich nun zu Tische und ließ sich's tapfer schmecken, und es ging so laut dabei zu, als man sich's von Leuten ihres Gelichters vorstellen kann. Die Alte schüttete mir und dem Gaule Gerste vor, die dieser, aus Furcht, ich würde mitessen wollen, so eilfertig als er konnte, hinunterschlang: aber ich wußte mir anders zu helfen, und sooft die Alte hinausging, schnappte ich eins von den Broten weg, die in einer Ecke aufgehäuft lagen. Des folgenden Tages gingen die Räuber alle wieder auf ihr Geschäft aus und ließen bloß die Alte und, zu meinen großem Leidwesen, einen einzigen jungen Kerl bei uns zurück. Denn bei einem solchen Wächter war für mich nun an kein Entfliehen zu denken. Aus dem alten Weibe hätte ich mir nichts gemacht; aber der junge Bursche war ein großer starker Kerl, der eine gefährliche Miene hatte, immer sein Schwert an der Seite trug und, sooft er ausging, die Tür hinter sich zuschloß.

Nach drei Tagen, gegen Mitternacht, kamen die Räuber wieder, brachten aber diesmal weder Gold noch Silber, noch sonst was anderes mit als ein junges mannbares Mädchen von ungemeiner Schönheit, mit fliegendem Haar und zerrißnem Oberkleide, welches bitterlich weinte. Sie brachten sie hinein, setzten sie auf die Streu hin, hießen sie guten Mutes sein und befahlen der Alten, bei ihr zu bleiben und wohl auf sie achtzugeben. Das Mädchen aber wollte weder etwas essen noch trinken und tat nichts als weinen und sich die Haare ausraufen; so daß ich selbst, der nicht weit davon an der Krippe stand, mich nicht erwehren konnte, über das Schicksal einer so schönen Jungfrau mit zu weinen.

Die Räuber hielten inzwischen draußen im Vorhause ihre Nachtmahlzeit. Gegen Tag kam einer aus ihrer Mitte, von denen, welchen das Los zugefallen war, die Straßen zu bewa-

boshaft grinsenden Lachen und nötigten mich, umzuwenden. Auf einmal fiel mir mein böser Fuß wieder ein, und ich fing an zu hinken. »Wie?« sagten sie, »nun, da wir dich ertappt haben, bist du auf einmal wieder lahm; aber wie dich die Lust zum Entlaufen ankam, warst du frisch und gesund und liefst rascher als das schnellste Pferd, als ob du Flügel hättest!« Diese Worte begleitete eine derbe Tracht Schläge mit so gutem Effekt, daß ich von einer so nachdrücklichen Zurechtweisung zu meinem lahmen Fuße noch eine Wunde am Schenkel bekam.

Wie wir nach Hause kamen, fanden wir die Alte, die sich, allem Anschein nach aus Furcht vor ihren Herren wegen der Flucht der Jungfrau, mit einem Strick um den Hals an den Felsen aufgehangen hatte. Sie lobten sie dafür, daß sie sich selbst ihr Recht angetan hatte, schnitten sie ab und stürzten sie mit dem Strick am Halse in die Tiefe hinab. Hierauf banden sie das junge Frauenzimmer im Hause an, setzten sich zu Tische und brachten einige Stunden mit Zechen zu. Währenddessen wurde über die Gefangene Gericht gehalten. »Was fangen wir mit ihr an?« sagte einer. »Was können wir Besseres tun«, versetzte ein anderer, »als sie der Alten nachzuschicken? An ihrem guten Willen hat es nicht gelegen, daß sie uns nicht um alles, was wir erworben haben, gebracht und unsere ganze Werkstatt verraten und zerstört hätte. Denn ihr wißt wohl, Kameraden, wäre sie wieder zu ihrer Familie gekommen, so wär' es um uns alle geschehen gewesen; unsere Feinde würden uns überfallen und solche Maßregeln dabei getroffen haben, daß wir alle lebendig in ihre Hände gefallen wären. Es ist also nicht mehr als billig, daß wir Rache an unserer Feindin nehmen. Aber so leicht wollen wir ihr den Tod nicht machen, daß wir sie auf den Felsen hinabstürzten; nein! wir wollen die qualvollste und langwierigste Todesart für sie ersinnen; sie soll nicht eher sterben können, als bis sie so lang wie möglich das Schrecklichste gelitten hat, was man leiden kann!« – Nun war die Frage, was für eine Todesart das sein sollte. Endlich sagte einer: »Kameraden, ich weiß, ihr werdet meine Erfindung loben! Der Esel hat den Tod nicht weniger verdient, da er ein träger Taugenichts ist, sich nun noch obendrein lahm stellt und dem Mädchen zur Flucht behilflich und dienstlich gewesen ist. Wir wollen ihn also morgen schlachten, ausweiden und dieses wackere Fräulein in seinen Bauch hineinstecken, so daß sie bloß, um nicht bald zu ersticken, mit dem Kopfe hervorgukken, mit dem übrigen Leibe aber ganz in ihm begraben sein soll. Dann wollen wir sie in den Esel tüchtig einnähen und beide den Geiern vorwerfen, die von diesem neuen Gerichte einen trefflichen Schmaus halten werden. Nun bedenkt einmal, Brüder, was für eine höllische Qual das sein muß! Fürs erste, lebendig in einem toten Esel zu wohnen; dann in der heißesten Jahreszeit in dem gährenden Aase gekocht zu werden, überdies den langsam tötenden Hungertod zu sterben und kein Mittel zu haben, sich selbst das Leben nehmen zu können. Ich übergehe die Marter, die sie zu alledem noch von dem Gestanke des faulenden Esels und von den Würmern, wovon er wimmeln wird, zu erleiden haben, und daß sie endlich von den Geiern, die sich an ihm weiden werden, mit ihm, vielleicht noch lebendig, aufgefressen werden wird.«

Alle übrigen Räuber klatschten dieser ungeheuren Erfindung als einem ganz vortrefflichen Gedanken mit lautem Geschrei ihren Beifall zu. Ich meinesteils seufzte bitterlich, daß ich nicht nur sterben, sondern selbst nach dem Tode keine Ruhe haben und einem unglücklichen und unschuldigen Mädchen auf eine so grausame Weise zum Sarge dienen sollte.

Aber wie der Tag anbrach, nahm unser Schicksal unvermutet eine ganz andere Wendung. Die Wohnung der Räuber wurde auf einmal von einem Trupp Soldaten umringt und angegriffen, die sich aller dieser Bösewichter bemächtigten und sie in Ketten und Banden zu dem Oberbefehlshaber des Landes abführten. Mit ihnen war auch der Bräutigam der Jungfrau gekommen, oder vielmehr er war es, der den Schlupfwinkel der Räuber ausfindig gemacht und angezeigt hatte. Er nahm also das Mädchen, setzte es auf meinen Rücken und brachte es so wieder nach Hause. Wie uns die Einwohner der Gegend von ferne kommen sahen, und ich ihnen die frohe Botschaft aus vollem Halse entgegenschrie, schlossen sie, daß die Unternehmung glücklich vonstatten gegangen sei, liefen uns entgegen, bezeugten ihre Freude und begleiteten uns bis zur Wohnung der Jungfrau.

Diese trug nun große Sorge für mich, wie billig, da ich ihr Mitgefangener, der Gefährte ihrer Flucht und so nahe dabei

Dann küßte sie mich stürmisch ... und liebkoste mich und sprach: »Ich liebe dich! und »Du gefällst mir!« oder »Dich nur habe ich lieb!« und »Ohne dich kann ich nicht leben!« und was sonst noch die Frauen sagen, um zu verführen ...

SEITE 541

gewesen war, auch im Tode auf eine so schreckliche Art mit ihr vereinigt zu werden. Ich bekam bei meiner neuen Herrschaft täglich einen Scheffel Gerste und so viel Heu, daß ein Kamel genug daran gehabt hätte. Aber bei alledem fluchte ich der armen Palaistra mehr als jemals, daß sie mich in einen Esel und nicht in einen Hund verwandelt hatte; denn ich konnte das Glück der Hunde nicht ohne Neid ansehen, die sich in die Küche schlichen und von der Gelegenheit profitierten, eine Menge guter Bissen, deren es bei den Hochzeiten reicher Leute zu geben pflegt, wegzuschnappen.

Wenige Tage nach der Hochzeit befahl der Vater meiner jungen Gebieterin, da sie ihm von dem Danke, den sie mir schuldig sei und gerne nach Verdienst erstatten möchte, gesprochen hatte, man sollte mich in völlige Freiheit setzen und mit den Stuten auf die Weide gehen lassen; »denn«, sagte er, »so wird er das angenehmste Leben führen, das sich ein Esel nur immer wünschen kann, und uns zugleich junge Maulesel von seiner Rasse schaffen.« In der Tat hätte dies die gerechteste Vergeltung scheinen müssen, wenn ein Esel Richter in der Sache gewesen wäre. Er ließ also einen von seinen Roßhirten rufen und empfahl mich ihm aufs beste; mir meinesteils war das Angenehmste dabei, daß ich keine Lasten mehr tragen sollte.

Wie wir nun auf dem Landgut ankamen, tat mich der Hirt zu den Stuten und trieb uns zusammen auf die Weide. So gut es mein Patron mit mir gemeint hatte, so übel schlug der Erfolg für mich aus. Der Aufseher über die Pferde, anstatt mich der geschenkten Freiheit genießen zu lassen, überließ mich zu Hause der Willkür seiner Hausfrau Megapola, die mich an die Mühle binden ließ, wo ich allen ihren Weizen und ihre Gerste mahlen mußte. Und doch wäre es für einen dankbaren Esel noch ein erträgliches Ungemach gewesen, seiner Vorgesetzten Getreide zu mahlen. Aber Frau Megapola war eine so gute Wirtin, daß sie meinen armen Hals auch einer Menge anderen, die in dieser Gegend Feldgüter hatten, um den gewöhnlichen Mahllohn vermietete. Die Gerste, die mir zu meinem täglichen Unterhalt ausgeworfen war, röstete sie, schüttelte sie mir eigenhändig zum Mahlen auf und buk Kuchen daraus, die sie sich wohlschmecken ließ; ich hingegen mußte mich mit den

Kleien behelfen. Und wenn mich auch der Hirt zuweilen mit den Stuten austrieb, so wurde ich von den Hengsten beinahe zu Tode gebissen und geschlagen. Denn da sie sich in den Kopf gesetzt hatten, daß ich Absichten auf ihre Weiber hätte, so verfolgten sie mich unablässig und schlugen mit beiden Hinterhufen so kräftig nach mir, daß mir, um den tödlichen Wirkungen dieser pferdemäßigen Eifersucht zu entgehen, kein Mittel übrig blieb, als sogleich die Weide wieder zu verlassen. Bei so bewandten Umständen, da ich weder zu Hause bei der Mühle gute Tage hatte noch draußen auf der Weide vor den feindseligen Anfällen meiner Weidekameraden fressen konnte, mußte ich natürlicherweise so mager werden, daß ich in kurzem nur in Haut und Knochen hing.

Aber das Allerschlimmste für mich war, daß ich auch öfters in den Wald hinaufgeschickt wurde, um Holz herabzutragen. Fürs erste hatte ich einen hohen Berg zu besteigen auf einem steilen und steinigen Wege, der mir desto beschwerlicher fiel, da ich ohne Hufeisen war; und dann gab man mir zum Treiber einen verruchten Jungen mit, der mir jedesmal aufs ärgste mitspielte. Erstens, wiewohl ich lief, was ich konnte, so schlug er doch immer auf mich los, und nicht etwa mit einem bloßen Stecken, sondern mit einem Knüttel, der eine Menge scharfekkiger Knoten hatte, und immer auf ebendenselben Teil des Schenkels, so daß ich gar bald wund an dieser Stelle wurde, ohne daß er darum weniger darauf zubleute. Zweitens belud er mich allemal mit einer Last, woran ein Elefant genug zu tragen gehabt hätte, und obgleich der Weg vom Berge herab sehr steil war, trieb er mich dennoch immer mit Schlägen an. Sah er, daß die Last zuweilen wackelte und zu stark auf die eine Seite hing, so war natürlich, daß er etliche Stücke Holz von der schwereren wegnehmen und zur Herstellung des Gleichgewichts auf die leichtere Seite legen mußte; aber das tat er niemals, sondern er las große Steine vom Berge auf und beschwerte den leichteren in die Höhe steigenden Teil damit, so daß ich armer Tropf zu allem meinem Holz noch unnütze Steine herabtragen mußte. Unterwegs mußten wir über ein fließendes Wasser; er setzte sich also, um seine Schuhe zu schonen, allemal hinter das Holz auf meinen Rücken und ließ sich hinübertragen. Fiel ich manchmals vor Mattigkeit und Unvermögen unter meiner

Bürde zu Boden, dann ging mir's vollends am unerträglichsten. Denn anstatt, wie es seine Schuldigkeit gewesen wäre, abzusteigen, mir von der Erde aufzuhelfen und die Last leichter zu machen, stieg er nicht nur nicht ab und half mir nicht auf, sondern schlug, vom Kopf und den Ohren an bis zu den Füßen, so unbarmherzig und so lange mit seinem Knüttel auf mich los, bis mich die Schläge wieder auf die Beine brachten. Überdies spielte er mir zum Spaß noch einen anderen abscheulichen Streich. Er machte nämlich ein Bündel von den schärfsten Dornen und hing mir es unter den Schwanz, so daß ich keinen Schritt tun konnte, ohne an allen meinen hinteren Teilen zerstochen und übel zugerichtet zu werden, ohne daß irgendeine Möglichkeit war, wie ich mir selbst hätte helfen können; denn das, was mich verwundete, baumelte immer hinter mir her und war so gut befestigt, daß ich es nicht abschütteln konnte. Wenn ich nun, um das Anstoßen der Dornen zu vermeiden, langsam gehen wollte, so prügelte er auf mich los, daß mir die Seele hätte ausfahren mögen; und wollt' ich dem Knüttel entgehen, so war mein Leiden von hinten desto peinlicher. Kurz, es war nicht anders, als ob es mein Eseltreiber recht darauf angelegt hätte, mich vollends um mein bißchen Leben zu bringen.

Einmal, als er mir's gar zu arg machte, ging mir endlich die Geduld aus und ich versetzte ihm einen Schlag mit dem Hufe; aber diesen Schlag vergaß er mir nie wieder. Man befahl ihm einst, Werg von unserem Gute nach einem anderen zu schaffen; er treibt mich also hin, packt mir den ganzen großen Haufen Werg auf den Rücken und schnürt mich mit einem tüchtigen Seile fest an meine Last an, in der Absicht, mir den verruchtesten Streich zu spielen. Denn wie ich mich nun damit auf den Weg machen sollte, stahl der Spitzbube einen noch brennenden Feuerbrand, und wie wir weit genug vom Hofe entfernt waren, steckt er ihn in das Werg; dieses entzündet sich, und in wenig Augenblicken steht die ganze Ladung auf meinem Rücken in voller Flamme. Ich würde ohne Rettung auf offener Straße gebraten worden sein, wenn ich nicht unverzüglich mitten in eine ziemlich tiefe Pfütze hineingesprungen wäre, die mir zum Glück in die Augen fiel. Ich drehte und wälzte mich und mein Werg so lange im Kot herum, bis der Brand gelöscht war, und so legte ich den übrigen Weg ziemlich ruhig zurück, da es dem Jungen unmöglich gewesen wäre, das mit nassem Lehm durchknetete Werg wieder zum Brennen zu bringen, wenn er auch gewollt hätte. Doch beschuldigte mich der leichtfertige Bube, wie er ankam, fälschlicherweise, ich hätte mich im Vorbeigehen absichtlich am Herde angerieben und auf diese Art Feuer gefaßt. Indessen war es immer glücklich genug, daß ich, wider Verhoffen, noch mit heiler Haut aus diesem Abenteuer mit dem Werg davonkam.

So boshaft dieser Streich war, so dachte der höllische Junge doch noch was weit Schlimmeres gegen mich aus. Er trieb mich in den Wald und lud mir eine mächtige Tracht Holz auf; diese verkaufte er an einen benachbarten Bauern, mich aber brachte er leer wieder nach Hause und klagte mich bei dem Herrn der schändlichsten Dinge an. »Ich kann gar nicht begreifen, Herr«, sagte er, »wofür wir diesen Esel füttern, der die trägste, faulste Bestie auf dem weiten Erdboden ist. Zudem ist ihm seit kurzem eine ganz eigene Grille in den Kopf gestiegen. Wo er irgendein Weibsbild oder ein hübsches junges Mädchen oder einen Knaben sieht, gleich ist er in vollem Sprunge hinterdrein und gebärdet sich nicht anders dabei als wie ein Mannsbild bei einer Weibsperson, in die er verliebt ist; er beleckt und beißt sie, als ob er sie küssen wollte, und will mit aller Gewalt über sie her; kurz, niemand ist mehr sicher vor ihm, und es kann nicht fehlen, daß er dir böse Händel durch seine Leichtfertigkeit zuziehen wird. Eben jetzt, da er Holz vom Berge herabtrug, sieht er eine Frau, die aufs Feld geht; im Augenblick liegt alles Holz auf der Erde herum, die Frau auf dem Boden und mein Esel über ihr; und wären nicht unser etliche in größter Eile herbeigelaufen und der armen Frau zu Hilfe gekommen, sie würde von diesem sauberen Liebhaber entzweigerissen worden sein.« »Gut«, sagte der Herr, »wenn er weder zum Reiten noch zum Tragen taugt und den Weibern und Mädchen so gefährlich ist, so schlagt ihn tot, werft seine Eingeweide den Hunden vor, sein Fleisch salzt für unsere Taglöhner ein, und wenn gefragt wird, was ihm widerfahren sei, so sagt, ein Wolf hätte ihn zerrissen.« – Das war Wasser auf meines Treibers Mühle! Der verfluchte Bube konnte seine Freude darüber nicht verbergen und machte schon Anstalt, den erhaltenen Befehl zu vollziehen; aber zu meinem größten Glücke kam ein Bauer aus der Nachbarschaft dazu und rettete mir das Leben, wiewohl durch einen Rat, der mir noch schrecklicher vorkam als der Tod selbst. »Wozu wolltest du«, sagte er, »einen Esel umbringen, der zum Mahlen und Lasttragen noch lange zu gebrauchen ist? Der Sache ist ja bald geholfen. Wenn er so rasend auf die Weiber ist, so laß ihn verschneiden, das wird ihn schon kirre machen! Er wird dir in kurzem ebenso sanftmütig als fett werden und unverdrossen die größten Lasten tragen. Falls du dich etwa selbst nicht auf die Operation verstehst, so will ich in drei oder vier Tagen wiederkommen und dir den Burschen mit einem einzigen Schnitte frömmer machen als ein Lamm.« – Alle Hausgenossen gaben diesem Rat ihren Beifall; ich aber weinte bitterlich über den Verlust, der mir angedroht war, und nahm mir vor, nicht länger zu leben, wenn ich ein Verschnittener werden sollte, sondern entweder nicht mehr zu fressen oder mich vom Berge herabzustürzen und so zwar des elendesten Todes, aber doch bei ganzem und unverstümmeltem Leibe zu sterben.

Noch in derselben Nacht, ziemlich spät, langte ein Bote aus dem Flecken in unserem Meierhofe an, der die Nachricht brachte, die kürzlich verheiratete junge Frau, die in den Händen der Räuber gewesen war, und ihr Neuvermählter seien, als sie abends in der Dämmerung allein am Meeresufer miteinander spazierengegangen, von einer plötzlich daherfahrenden Welle ergriffen worden und nirgends mehr zu finden, so daß man nichts anderes vermuten könne, als daß sie miteinander umgekommen seien. Die sämtlichen Leute auf dem Hofe beschlossen auf diese Nachricht, da das Haus solchergestalt seiner jungen Herrschaft beraubt worden sei, nicht länger in der Knechtschaft zu bleiben; sie plünderten also den Hof rein aus und ergriffen die Flucht. Der Pferdehirt raffte alles zusammen, dessen er habhaft werden konnte, und lud es mir und den Stuten auf. Wenn ich jemals wie ein wahrer Esel Last getragen hatte, so war es damals; indessen, so beschwerlich es mir war, so froh war ich, durch diesen Vorfall von der Kastration befreit zu bleiben.

Wir zogen diese ganze Nacht auf einem sehr schlimmen Wege fort, und nach einer Reise von drei Tagen langten wir zu

Beroia, einer der schönsten und volkreichsten Städte in Makedonien, an, wo unsere Treiber sich und uns Tiere zu etablieren beschlossen. Sie stellten also eine Auktion an, und ein Ausrufer, der mitten auf dem Markte stand, bot uns, ein Stück nach dem anderen, aus. Die Kauflustigen kamen herbei, um uns zu besehen, öffneten uns die Mäuler und berechneten unser Alter nach unseren Zähnen. Der eine kaufte dies, der andere jenes; kurz, die Pferde kamen alle an den Mann, nur zu mir allein wollte sich kein Liebhaber finden, und der Ausrufer befahl endlich, mich wieder nach Hause zu führen. »Du siehst«, sagte er zu meinem Verkäufer, »daß er allein keinen Herrn finden kann.« Aber die fast immer so seltsam hin und her schwankende, wechselnde Nemesis führte in diesem Augenblick auch mir einen Herrn herbei, wie ich mir am wenigsten einen gewünscht hätte. Es war ein schon ziemlich bejahrter Sünder, einer von denen, die mit der syrischen Göttin in den Dörfern und Meierhöfen herumziehen und die Göttin betteln zu gehen zwingen. Diesem wurde ich, in der Tat teuer genug, nämlich um dreißig Drachmen, verkauft und folgte nun seufzend meinem neuen, mich vor sich her treibenden Gebieter.

Wie wir bei der Herberge des Philebos – so nannte sich mein Käufer – ankamen, rief er gleich vor der Tür mit lauter Stimme: »He da, ihr Mädchen, ich habe euch einen schönen Sklaven, einen derben Kappodokier, zu eurer Bedienung gekauft.« – Diese Mädchen waren ein Trupp Lustknaben, die sich Philebos zu seinem Gewerbe beigesellt hatte. – In der Meinung nun, daß der gekaufte Sklave ein wirklicher Mensch sei, erhoben sie allezumal ein lautes Freudengeschrei. Wie sie aber sahen, daß es nur ein Esel war, brachen sie in ein ebenso lautes Gelächter aus und hängten dem Philebos die losesten Reden an. »Ei, ei, Mütterchen«, sagten sie, »meinst du, wir sollen nicht merken, daß du nicht einen Sklaven für uns, sondern einen Bräutigam für dich selbst gekauft hast, wo du ihn auch aufgegabelt haben magst? Viel Glück zu einer so schönen Heirat, und möchtest du uns bald Füllen, die eines solchen Vaters würdig sind, werfen!«

Am folgenden Morgen schickten sie sich zur Arbeit, wie sie es nannten, an, putzten ihre Göttin heraus und setzten sie auf meinen Rücken. Sooft wir nun zu einem Dorfe kamen, mußte ich Träger der Göttin stillhalten; der Flötenspielerchor fing wie von Begeisterung ergriffen an zu blasen, die Diener der Göttin aber warfen ihre Turbane von sich, drehten sich mit gesenkten Köpfen im Kreise herum, schnitten sich mit ihren Schwertern in die Arme, streckten die Zunge zwischen den Zähnen hervor und durchbohrten sie ebenfalls, so daß in einem Augenblick alles vom Blute dieser Weichlinge voll war. Indem ich so stand und diesem seltsamen Schauspiel zum erstenmal zusah, war mir mächtig angst, die Göttin möchte auch Eselsblut vonnöten haben. Nachdem sie sich nun weidlich zerschnitten hatten, gingen sie bei den umstehenden Zuschauern herum und sammelten Obolen und Drachmen ein. Andere gaben ihnen Feigen oder einen Käse, einen Krug Wein, einen Scheffel Weizen und Gerste für ihren Esel. Dies waren die Einkünfte, wovon diese Gesellen sich nährten und die Göttin, die ich trug, in gehörigem Stand und Wesen erhielten.

Einmal, als wir in eins ihrer Dörfer einfielen, trieben sie einen großen jungen Bauernkerl auf, den sie in die Herberge, wo sie sich installiert hatten, hineinzulocken wußten – zu welchem Gebrauch werden diejenigen leicht erraten, welche wissen, was der gewöhnlichste und liebste Zeitvertreib dieser schändlichen Kinäden ist. Die Notwendigkeit, worin ich war, ein Augenzeuge solcher Bübereien zu sein, machte mir meine Verwandlung schmerzlicher als jemals und schien mir unerträglicher als alles, was ich bisher ihretwegen ausgestanden hatte; ich wollte in meinem gerechten Unwillen ausrufen: »O du grausamer Zeus!« Aber die Worte blieben mir im Halse stecken und statt ihrer kam nichts als ein ungeheures Eselsgeschrei heraus. Zufälligerweise gingen eben ein paar Bauern, die einen verlorenen Esel suchten, vorbei, und wie sie mich so gewaltig schreien hören, kommen sie ohne weiteres herein, in der Meinung, es könnte wohl der ihrige sein, und werden unvermutet Augenzeugen der unnennbaren Dinge, die hier vorgingen. Sie kamen bald wieder mit großem Gelächter heraus und liefen im ganzen Dorfe herum, um das liederliche Leben der Priester bekanntzumachen. Diese schämten sich so sehr, daß solche Dinge von ihnen herausgekommen waren, daß sie sich in der nächsten Nacht in aller Stille davonmachten; aber wie sie weit genug von der Landstraße entfernt waren, ließen sie ihren Zorn an mir aus, daß ich ihre Mysterien verraten hätte. Solang es bei Schimpfwörtern und Flüchen blieb, wäre das Übel noch wohl zu ertragen gewesen; aber dabei ließen sie es nicht bewenden. Sie nahmen die Göttin von mir herab und setzten sie auf die Erde, ziehen mir hierauf alle meine Decken ab, binden mich nackt an einen großen Baum und peitschen mit der verwünschten Art von Strickgeißeln, die vorn mit bleiernen Würfeln besteckt sind, so grausam auf mich los, daß sie mich beinahe totgeschlagen hätten. »Da«, sagten sie, »lerne ein andermal schweigen, wie es dem Träger unserer Göttin geziemt!« Es ging so weit, daß sie davon sprachen, mich nach ausgestandener Geißelung gar umzubringen, so beleidigt fanden sie sich, daß ich sie in so große Schande gestürzt und zum Dorfe hinausgetrieben, ehe sie noch was darin verdient hätten. Doch von diesem Vorhaben schreckte sie der Anblick der Göttin ab, die auf der Erde lag und ohne mich ihre Reise nicht wohl hätte fortsetzen können. Sie packten sie mir also, ehe ich noch meine Schläge verschmerzt hatte, wieder auf, und wir setzten unsere Reise fort.

Unser nächstes Nachtlager nahmen wir auf dem Gute eines reichen Mannes, der zum Glück selbst da war, die Göttin mit viel Vergnügen in sein Haus aufnahm und ihr sogar Opfer schlachten ließ. Hier kam ich in eine Gefahr, die ich sobald nicht vergessen werde! Einer von den guten Freunden des Herrn vom Hause hatte ihm eine Keule von einem wilden Esel zum Präsent geschickt. Wie sie zubereitet werden soll, kommen, durch Nachlässigkeit des Kochs, Hunde in die Küche und laufen mit ihr davon. Der Koch, der sich der verlorenen Keule wegen auf die grausamste Bestrafung Rechnung machen konnte, geriet darüber in solche Verzweiflung, daß er sich erhängen wollte. Zur bösen Stunde für mich sagte seine Frau zu ihm: »Rede nicht vom Sterben, lieber Mann, und überlaß dich keiner solchen Mutlosigkeit! Wenn du mir folgst, kann noch alles gut gehen. Führe den Esel der Kinäden hinaus an einen abgelegenen Ort, schlachte ihn, haue ihm eine Keule ab und bereite sie dem gnädigen Herrn zu; das übrige wirf in irgendeinen Abgrund hinab. Man wird glauben, der Esel sei davongelaufen und wird sich weiter keine Mühe um ihn geben. Er ist fleischig und fett, wie du siehst, und wird gewiß noch ein besseres Gericht abgeben als das Wild.« Der Koch lobte den Rat seiner Ehehälfte: »Das ist ein guter Einfall, Weib«, sprach er, »es ist das einzige Mittel, wie ich der Geißelung entgehen kann. Ich will sogleich Hand ans Werk legen.« – Ich Armer stand ganz nahe dabei, als mein verwünschter Koch dieses schöne Gespräch mit seiner Gattin hielt. Die Gefahr war dringend, und es galt hier mich nicht lange besinnen, wenn ich dem Tode entgehen wollte. Ich riß mich also von dem Riemen los, an dem ich festgemacht war, brach in vollem Sprung in den Saal hinein, wo meine Kinäden mit dem Herrn des Hauses speisten, warf, indem ich so angesprungen kam, Leuchter und Tische um und glaubte da einen recht feinen Einfall gehabt zu haben, mein Leben zu retten, weil ich nicht zweifelte, der Herr der Villa werde mich sogleich als einen wildgewordenen Esel einsperren und genau bewachen lassen. Aber der feine Einfall brachte mich in die nämliche Gefahr, der ich dadurch zu entrinnen gehofft hatte. Denn weil sie mich für toll hielten, so waren in einem Augenblick eine Menge Schwerter, Spieße und große Prügel gegen mich aufgehoben, und sie würden mich, nach ihren Gebärden zu urteilen, auf der Stelle totgemacht haben, wenn ich mich nicht, beim Anblick einer so großen Gefahr, mit schnellen Sprüngen in den Saal gerettet hätte, der meinem Herrn zum Schlafgemach bestimmt war. Sobald sie mich nun drinnen sahen, verrammelten sie die Tür von außen, so gut sie konnten, und ich hatte diese Nacht nichts weiter zu besorgen.

Da man mich am folgenden Morgen wieder ganz zahm und ruhig fand, so setzte man mir die Göttin wieder auf den Rücken, ich zog mit den Landstreichern weiter, und wir kamen in einen großen und volkreichen Flecken, wo sie einen neuen Streich ausführten und den Einwohnern durch ihre Gaukelkünste weismachten, die Göttin bleibe in keines Sterblichen Hause, sondern wolle in dem Tempel, ich weiß nicht mehr welcher anderen Landesgöttin wohnen, die in dieser Gegend in besonders hohen Ehren gehalten wurde. Die guten Leute bezeugten sich überaus willig, die fremde Göttin aufzunehmen und bei ihrer eigenen einzulogieren; uns aber wiesen sie ein Häuschen armer Leute zur Herberge an. Nachdem sich meine Herren viele Tage hier aufgehalten, beschlossen sie endlich, wieder weiter und nach einer benachbarten Stadt zu gehen; sie baten sich also ihre Göttin von den Einwohnern wieder aus, holten sie auch selbst aus dem Tempel, setzten sie auf meinen Rücken und zogen mit ihr davon. Aber die Bösewichter hatten, wie sie in den besagten Tempel hineinkamen, sich die Gelegenheit zunutze gemacht und eine in denselben gestiftete goldene Schale gestohlen und unter den Kleidern ihrer Göttin wegpraktiziert. Die Leute im Dorfe wurden den Diebstahl bald gewahr, setzten ihnen zu Pferde nach, holten sie unterwegs ein, schalten sie gottlose Buben und Tempelräuber, forderten das gestohlene Weihgeschenk zurück und fanden es, nachdem sie alles durchstöbert hatten, endlich im Busen der Göttin versteckt. Sie banden hierauf die Weichlinge, brachten sie zurück und warfen sie ins Gefängnis, mir nahmen sie die Göttin ab, um sie einem anderen Tempel zu geben, und stellten ihrer eigenen Göttin die goldene Schale wieder zu.

Am folgenden Tage wurde beschlossen, mit den übrigen Effekten der gefangenen Übeltäter auch mich zu verkaufen; und demzufolge überließen sie mich einem Bäcker aus einem benachbarten Orte. Mein neuer Herr belud mich mit zehn Scheffeln Weizen, die er eingekauft hatte, und trieb mich auf einem rauhen Wege nach Hause. Mein erster Gang, als wir ankamen, war in die Mühle, wo ich eine große Anzahl Tiere meinesgleichen sah und eine Menge Mühlen, die von ihnen getrieben wurden, und alles überall voller Mehl. Da ich bereits eine schwere Last auf einem sehr bösen Wege getragen hatte und überdies ein neuer Knecht war, so ließ man mich den übrigen Tag ausruhen; aber am folgenden zogen sie mir ein Tuch über die Augen, banden mich an die Deichsel einer Mühle und trieben mich an. Nun wußte ich zwar recht gut, wie ich mich zum Mahlen anzuschicken hätte, da ich mehr als zu viel Gelegenheit gehabt hatte, es zu erlernen; aber ich stellte mich, als ob ich es nicht wüßte, in der Hoffnung, man würde mich zu diesem Geschäft untauglich erklären. Darin aber hatte ich mich sehr geirrt. Denn die herumstehenden Knechte griffen nach ihren Stecken und schlugen, als ich an nichts weniger dachte – denn sehen konnt ich nichts – so dicht und derb auf mich ein, daß ich von ihren Schlägen plötzlich wie ein Kreisel herumgetrieben wurde; und so gab mir meine Erfahrung die

Lehre, daß ein Knecht, um seine Schuldigkeit zu tun, nicht auf die Hand des Herrn warten soll.

Da ich nun bei dieser Lebensart ganz vom Fleische fiel und elend wurde, verkaufte mich mein Herr an einen Mann, der seiner Profession nach ein Gärtner war und einen großen Garten gepachtet hatte, um ihn zu bestellen. Hier war nun die Arbeit so zwischen uns geteilt: Des Morgens früh belud er mich mit so viel Gemüse, als ich tragen konnte, und zog damit zu Markte; und wenn es verkauft war, trieb er mich in den Garten zurück, wo ich, während er grub und pflanzte und das Gepflanzte begoß, müßig dastand und zusah. Indessen hatte ich doch ein sehr beschwerliches Leben bei ihm; denn es war in der Winterszeit, und der arme Mann hatte nicht soviel, daß er eine Decke für sich selbst hätte kaufen können, geschweige für mich; überdies mußte ich, unbeschlagen wie ich war, bald durch den Kot, bald wieder auf hartgefrorenem Boden gehen; und endlich hatten wir beide nichts zu essen als bitteren Salat, der so zäh wie Leder war.

Einmal, als wir in den Garten zurückkehrten, begegnete uns ein Mann von gutem Aussehen, in Soldatenuniform, der uns in lateinischer Sprache anredete und meinen Gärtner fragte, wo er mit dem Esel hinwollte? Dieser, weil er vermutlich die Sprache nicht verstand, blieb ihm die Antwort schuldig. Darüber wurde jener, der es ihm für Verachtung auslegte, zornig und gab dem Gärtner ein paar Hiebe mit seiner Peitsche. Sogleich kriegt ihn mein Gärtner zu packen, schlägt ihm ein Bein unter, wirft ihn der Länge nach zu Boden, springt mit Füßen auf ihm herum und hämmert, erst mit der Faust, zuletzt mit einem von der Straße aufgerafften Steine, auf den am Boden Liegenden los. Dieser wehrt sich anfangs und droht, wenn er wieder auf die Beine komme, ihm den Degen durch den Leib zu jagen. Dies nimmt mein Gärtner, wie es scheint, als eine Erinnerung an, für seine Sicherheit zu sorgen, reißt dem Soldaten den Degen von der Seite, wirft ihn weit von sich und fängt nun von neuem an, so wütend auf ihn zuzuschlagen, daß der arme Mann es nicht länger aushalten kann und sich stellt, als ob er den Geist aufgebe. Darüber erschrickt der Gärtner, läßt den Soldaten liegen, wo er liegt, nimmt den Degen mit und reitet auf mir in die Stadt zurück. Hier übergibt er die Besorgung seines Gartens einem seiner Kameraden, er selbst aber, da er sich nirgends ohne Gefahr blicken lassen konnte, versteckte sich und mich bei einem Freunde, den er in der Stadt hatte. Am folgenden Tage, nachdem sie miteinander zu Rate gegangen, verbergen sie meinen Herrn in einer Kiste, mich aber packen sie bei den Füßen, tragen mich die Treppe hinauf und schließen mich im oberen Stock in einer Kammer an.

Inzwischen hatte sich – wie ich sagen hörte – der Soldat mit vieler Mühe endlich vom Boden aufgerafft, war mit einem von Schlägen aufgeschwollenen Kopfe in die Stadt zu seinen Kameraden gegangen und hatte ihnen erzählt, wie toll ihm der Gärtner mitgespielt habe. Diese machten gemeinsame Sache mit ihm, ruhten nicht, bis sie entdeckten, wo wir verborgen waren und nahmen die Obrigkeit des Orts zu Hilfe. Es wird ein Stadtdiener abgeschickt, mit dem Befehl, daß alle Personen, die im Hause sind, herausgehen sollen: Sie gehen alle heraus, aber da ist kein Gärtner zu sehen. Die Soldaten bestehen darauf, der Gärtner und sein Esel müßten im Hause sein; jene versichern, es sei niemand mehr darin, weder Mensch noch Esel. Über dem Zusammenlauf und Geschrei, das dieser Sache wegen in dem Gäßchen sich erhebt, sticht mich unbesonnenen und naseweisen Esel der Vorwitz, zu wissen, wer die Schreier da unten sind, und ich strecke meine Ohren zu einem Fensterchen hinaus und gucke auf die Gasse herab. Sobald mich die Soldaten sehen, erheben sie ein lautes Geschrei; die Leute im Hause werden über der Unwahrheit ertappt; die Obrigkeit geht hinein, läßt alles durchsuchen, findet meinen Herrn in der Kiste und schickt ihn ins Gefängnis, damit er von seiner Freveltat Rechenschaft gebe; ich aber werde herabgeschleppt und den Soldaten ausgeliefert. Das Gelächter wollte gar nicht aufhören, das beim Anblick des Zeugen aus dem Dachfenster entstand, der seinen eigenen Herrn so sinnreich verraten hatte; und von dieser Zeit an wurde die Redensart ›Aus dem Herabschauen des Esels‹ zum Sprichwort.

Wie es dem Gärtner, meinem Herrn, erging, weiß ich nicht; aber mich verkaufte der Soldat um fünfundzwanzig attische Drachmen an den Koch eines sehr reichen Mannes aus Thessalonike, der größten Stadt in Makedonien. Dieser Koch hatte einen Bruder zum Mitknecht, der die Kuchen- und Zuckerbäckerei zu besorgen hatte. Beide Brüder lebten und wohnten beisammen, die Werkzeuge und Geschirre ihrer Kunst hatten sie gemeinsam, und nun wurde auch mir in der gemeinschaftlichen Wohnung mein Plätzchen angewiesen. Hierher trugen beide die Überbleibsel von der Tafel ihres Herrn zusammen, der Koch das Fleischwerk und die Fische, der andere alle Arten von Backwerk und Kuchen. Sooft sie nun miteinander ins Bad gingen, schlossen sie mich ein und ließen mich, zu meinem großen Troste, als Hüter aller dieser guten Sachen zurück. Nun gute Nacht, Gerste! Die hatte jetzt gute Ruhe vor mir; ich profitiere von den Künsten und Gewinsten meiner beiden Herren und lasse mir die so lange entbehrte menschliche Kost ganz vortrefflich schmecken. Wie sie wiederkamen, merkten sie das erstemal nichts von meiner Näscherei; teils wegen der großen Menge der vorhandenen Eßwaren, teils weil ich noch mit einer gewissen Schüchternheit und Zurückhaltung genascht hatte. Da ich aber immer kühner wurde und, im vollen Vertrauen auf ihre vermeinte Dummheit, die schönsten Stükke, auch von allem eine große Menge verschlang und sie also notwendig den Schaden gewahr werden mußten, hatte anfangs einer den anderen im Verdacht und beschuldigte ihn, daß er der Dieb sei und einen Teil des gemeinschaftlichen Gutes zu seinem Vorteil heimlich unterschlage. Sie machten einander deshalb ziemlich hitzige Vorwürfe, und um auf den Grund zu kommen, gab jeder nun desto genauer acht und zählte alle Stücke. Ich für meine Person ließ mir inzwischen das wollüstige und üppige Leben wohl behagen; ich bekam einen dichten und glänzenden Balg davon und wurde so schön, als ich je gewesen war; so daß die beiden Ehrenmänner, wie sie sahen, daß ich von Tag zu Tag fetter wurde und die Gerste doch nicht abnehme, sondern immer ihr erstes Maß behalte, endlich Argwohn gegen mich faßten. Um also hinter die Sache zu kommen, gingen sie wie gewöhnlich miteinander weg, als ob sie ins Bad gehen wollten, und schlossen die Tür ab, schlichen sich aber wieder sachte hinzu und beobachteten durch eine Spalte in der Tür, was passierte. Ich, dem kein Gedanke an eine solche Hinterlist kam, mache mich getrost und mit gewöhnlichem Appetit über ihre Vorräte her und führe tüchtig ein.

Einen Esel eine solche Mahlzeit halten zu sehen war etwas so Neues und Unglaubliches für sie, daß sie darüber lachen mußten; ja es deuchte sie so lustig, daß sie die übrigen Bedienten zu diesem seltsamen Schauspiel herbeiriefen. Nun entstand ein so lautes Gelächter, daß es dem Hausherrn zu Ohren kam. Er fragte, was der Lärm da draußen bedeute und was die Leute so zu lachen hätten? Wie er hörte, was die Ursache sei, stand er von der Tafel auf, guckte ebenfalls durch die Spalte und sah, wie ich eben ein Stück schwarzes Wildbret hinunterschlang. Er brach in ein wieherndes Gelächter aus und trat ein. Mir war es äußerst verdrießlich, von dem Herrn des Hauses als ein Dieb und Näscher zugleich so auf frischer Tat ertappt zu werden. Aber er machte sich einen großen Spaß aus der Sache, und das erste war, daß er Befehl gab, mich auf der Stelle in seinen eigenen Speisesal zu führen. Hierauf ließ er einen Tisch vor mich hinstellen, der mit allem besetzt wurde, was kein anderer Esel essen kann, mit allerlei Fleischspeisen, Austern, Ragouts und Fischen, teils mit Sauce und Öl, teils mit Senf übergossen. Ich, wie ich sah, daß mich das Glück so freundlich anlachte, und da ich wohl begriff, daß mich nichts retten könne, als dem gnädigen Herren seinen Spaß nicht zu verderben, stellte mich an den Tisch und aß von allem, wiewohl ich schon voll genug war. Inzwischen erschallte der Saal von unaufhörlichem Gelächter. Einer von den Gästen sagte, wie er mich so arbeiten sah: »Ich wette, dieser Esel trinkt auch Wein mit Wasser, wenn man ihm welchen gibt.« Der Herr befahl, daß man mir Wein vorsetzen sollte, und ich trank.

Man kann sich leicht vorstellen, daß ich ein zu außerordentliches Tier in seinen Augen war, um mich einem Hausoffizianten zu lassen. Er befahl einem seiner Hausverwalter, dem, der mich gekauft hatte, das Doppelte seiner Auslage auszuzahlen, und übergab mich einem seiner jungen Freigelassenen mit dem Auftrag, mich allerlei Künste zu lehren, womit ich ihm die meiste Kurzweil machen könnte. Mein neuer Hofmeister hatte keine große Mühe mit mir; denn ich gehorchte ihm gleich in allem, was er mich tun hieß. Das erste war, daß ich mich in der Stellung eines Menschen, der auf den Ellenbogen gestützt liegt, auf ein Sofa legen mußte. Hernach mußte ich mit ihm ringen und tanzen, gerade auf den Hinterfüßen stehen, mit

Nicken oder Schütteln des Kopfes auf das, was man mich fragte, ja oder nein antworten und eine Menge andere Dinge tun lernen, die ich auch ohne Lehrmeister hätte tun können. Wie natürlich, kam der Wunderesel, der Wein trinken, ringen und tanzen konnte, gar bald in einen großen Ruf; aber was den Leuten am unbegreiflichsten vorkam, war, daß ich auf die Fragen, die man an mich richtete, immer passend ja oder nein antwortete, und wenn ich trinken wollte, durch ein Zeichen, das ich dem Schenken zuwinkte, zu trinken verlangte. Da sie nicht wissen konnten, daß ein Mensch in diesem Esel steckte, so wunderten sie sich über das alles als über etwas ganz Übernatürliches: Ich hingegen machte mir ihre Unwissenheit zunutz, um ein müßiges und wollüstiges Leben zu führen. Unter anderem lernte ich auch einen Paß gehen und so leicht und sanft laufen, daß mein Reiter kaum die Bewegung spürte, daher ich dann zuweilen die Ehre hatte, meinen Herrn selbst zu tragen. Ich hatte aber auch das prächtigste Sattelzeug, Decken von Purpur, einen mit Gold und Silber geschmückten Zaum und ein Geschell, das die schönste Musik von der Welt machte, wenn ich ging.

Menekles (so hieß unser Herr) war, wie ich schon gesagt habe, von Thessalonike und in die Stadt, wo wir uns jetzt aufhielten, gekommen, um zu einer Art von gladiatorischem Schauspiel, das er seiner Vaterstadt versprochen hatte, Anstalten zu machen. Die Fechter, die er dazu gebrauchen wollte, waren nun beisammen und in gehöriger Verfassung, und die Zeit zur Abreise kam. Wir gingen des Morgens früh ab, und sooft der Weg zu rauh zum Fahren im Wagen war, trug ich unseren Herrn auf meinem Rücken. Als wir nun nach Thessalonike kamen, war kein Mensch in der Stadt, der nicht herbeigelaufen wäre, unseren Einzug und besonders meine Wenigkeit zu sehen; denn das Gerücht, wie vielerlei Rollen ich spielen und wie ich gleich einem Menschen ringen und tanzen könne, war mir schon lange vorausgeeilt.

Mein Herr machte sich ein eigenes Vergnügen daraus, mich den angesehensten unter seinen Mitbürgern bei der Tafel zu zeigen und sie mit all meinen erwähnten Spielen und Späßen bei dieser Gelegenheit zu regalieren. Mein Lehrmeister aber fand Mittel, sich durch mich ein ganz artiges Einkommen zu verschaffen; denn er schloß mich ein, und wer mich und meine übernatürlichen Künste sehen wollte, dem öffnete er die Tür nicht anders als gegen bare Bezahlung. Diese Personen brachten mir dann immer etwas zu essen mit, der eine dies, der andere jenes, was sich, ihrer Meinung nach, mit einem Eselsmagen am wenigsten vertragen könne: Aber ich aß alles, so daß ich in kurzer Zeit durch die guten Tage, die ich bei meinem Herren hatte, und die Leckerbissen, die mir von den Leuten in der Stadt zugesteckt wurden, überaus stark und fett wurde. Diese meine Schönheit und meine übrigen außerordentlichen Verdienste zogen mir eines der seltsamsten Abenteuer zu. Eine fremde Dame, die sehr reich und von Person gar nicht übel war, hatte die Neugier auch gehabt, mich zu Mittag essen zu sehen, und verliebte sich so sterblich in mich, daß sie der Versuchung, die Pasiphaë mit mir zu spielen, nicht widerstehen konnte. Sie trat darüber in Unterhandlung mit meinem Hofmeister und versprach ihm eine hübsche Summe, wenn er ihr erlauben wollte, eine Nacht bei mir zuzubringen; wozu er sich auch ganz willig finden ließ, ohne sich darum zu bekümmern, ob sie mit mir zum Ziele kommen würde oder nicht. Mit Anbruch der Nacht, nachdem mich mein Herr von der Tafel entlassen hatte, begab ich mich nach meiner Schlafstelle und fand dort die Dame bereits warten. Man hatte für sie weiche Pfühle herbeigeschafft und Decken hingebreitet und ein bequemes Lager hergerichtet. Die Diener der Dame schliefen in der Nähe vor meinem Nachtquartier; sie selbst zündete eine helleuchtende Lampe in demselben an. Nachdem sie sich dann entkleidet, trat sie an die Lampe, goß Salböl aus einem Alabasterfläschchen und rieb sich damit ein, auch mich vergaß sie nicht, namentlich salbte sie mir die Nüstern ein. Dann überschüttete sie mich mit Küssen und sprach zu mir wie zu einem menschlichen Geliebten, faßte mich am Halfter und zog mich zu sich aufs Lager. Vom reichlich genossenen alten Weine angeregt und vom Dufte des Salböls animiert, bedurfte ich beim Anblick des in jeder Beziehung schönen Weibes keiner weiteren Aufmunterung und legte mich zu ihr, doch war ich in arger Verlegenheit, wie ich die Sache anfangen sollte. Seitdem ich nämlich Esel war, hatte ich mich nie nach der den Eseln natürlichen Art gegattet, auch nie mit einer

Eselin abgegeben. Ich hatte also keine kleine Angst, die Schöne zu zersprengen und nachher als Mörder eine empfindliche Strafe zu erleiden. Ich ahnte natürlich nicht, daß ich mich ohne allen Grund fürchtete. Sie munterte mich jedoch durch viele verliebte Küsse auf, und als sie sah, daß ich mich nicht mehr halten konnte, schmiegte sie sich an mich wie an einen Mann an und nahm alles, was da war, in ihrem Schoß auf. Ich konnte die Besorgnis aber immer noch nicht loswerden und wich ein wenig nach rückwärts. Sie aber umklammerte fest meine Lenden, damit ich mich ihr nicht entziehen könne, und schob ihren Leib nach. Als ich mich hinlänglich überzeugt hatte, daß mir zur Befriedigung und Ergötzung des Weibes noch manches fehle, war ich ihr von da ab furchtlos zu Willen, in der Meinung, daß ich nicht schlechter sei als der Buhle der Pasiphaë. Das Weib war aber so sehr zum Liebeskampf gerüstet und so unersättlich, daß sie die ganze Nacht hindurch meine Kräfte anspannte und mich erst mit Tagesanbruch verließ, doch nicht ohne mich meinem Aufseher noch eine Nacht um den nämlichen Preis abzumieten. Dieser, teils um des vielen Geldes willen, das er dadurch auf meine Kosten gewann, teils um mich unserem Herrn von einer ganz neuen Seite zeigen zu können, schloß sie noch einmal mit mir ein, und ich muß gestehen, die Dame behandelte mich ohne alle Schonung. Mein Patron, den mein Aufseher durch die Spalte in der Tür zum heimlichen Zuschauer dieser Szene, als sei sie auf seine Veranlassung erfolgt, gemacht hatte, fand die Sache so unterhaltend, daß er sich auf der Stelle entschloß, dem Publikum ein Schauspiel dieser Art zum besten zu geben. Er verbot dem Freigelassenen, irgendeinem Menschen etwas davon zu sagen, und machte sich im voraus einen großen Spaß daraus, mich diese Rolle mit einer verurteilten Weibsperson auf dem öffentlichen Schauplatze spielen zu lassen. Es wurde eine Kreatur dazu ausersehen, die den wilden Tieren vorgeworfen zu werden verurteilt war, und damit ich mich an sie gewöhnen möchte, führte man sie schon vorher zu mir und befahl ihr, mich zu streicheln und freundlich mit mir zu tun.

Als nun endlich der Tag gekommen war, den Menekles zu den öffentlichen Schauspielen, die er auf seine Kosten der Stadt geben wollte, angesetzt hatte, wurde ich folgendermaßen ins

Amphitheater gebracht. Man legte mich auf ein kostbares Ruhebett, dessen Holzwerk mit indischem Schildpatt überzogen und mit goldenen Buckeln eingelegt war, und das Weibsbild mußte sich neben mich legen; hierauf wurden wir, wie wir waren, auf eine Tragmaschine gebracht, ins Amphitheater getragen und mitten in demselben, unter allgemeinem Freudengeschrei und Händeklatschen der Zuschauer, niedergesetzt. Neben uns stand ein Tisch, der mit den leckerhaftesten Schüsseln reichlich besetzt war, und verschiedene schöne Knaben, die uns Wein in goldenen Gefäßen einschenkten. Hinter mir stand mein Aufseher, der mir zuzulangen befahl. Aber mir war nichts weniger als esserlich, teils weil ich mich schämte, so öffentlich vor aller Welt dazuliegen, teils weil ich dem Spiele nicht traute und alle Augenblicke befürchtete, daß irgendein Bär oder Löwe hervorspringen und das Lustspiel in eine Tragödie verwandeln möchte.

Unvermutet werde ich da einen Menschen gewahr, der mit einem Korb voll Blumen bei den Zuschauern herumging, worunter ich auch frische Rosen hervorblicken sah. Ich, ohne einen Augenblick zu zaudern, springe vom Sofa herab und auf den Blumenträger zu. Jedermann glaubt, ich tue es, um zu tanzen, aber mir war es um was ganz anderes zu tun. Ich durchstöberte die Blumen eine nach der anderen und sobald ich die Rosen herausgekriegt hatte, fraß ich sie gierig auf. Noch waren alle Augen mit Verwunderung auf mich geheftet, als mir auf einmal meine tierische Maske – wenn ich so sagen kann – abfällt und nicht mehr ist, der bisherige Esel aus allen Augen verschwindet und der alte Lukios, der in jenem gesteckt hatte, nackt dasteht.

Es ist unmöglich, das Entsetzen zu beschreiben, das ein so unerwartetes und übernatürliches Schauspiel allen Anwesenden verursachte; es entstand ein fürchterlicher Tumult, und das ganze Amphitheater teilte sich in zwei Parteien. Die eine verlangte, daß ich als ein Zauberer, der von dieser Kunst, alle Gestalten anzunehmen, einen sehr gefährlichen Gebrauch machen könnte, auf der Stelle verbrannt werden sollte, die andere hingegen behauptete, man müßte doch erst abwarten, was ich sagen würde, und nicht eher ein Endurteil fällen, als bis die Sache gehörig untersucht worden sei.

Zum gutem Glücke war der Statthalter der Provinz in Person gegenwärtig. Ich lief also hinzu, berichtete ihm, indem ich von unten zu ihm hinauf sprach, wie ich von einem thessalischen Mädchen, der Magd einer thessalischen Frau, vermittelst einer magischen Salbe in einen Esel verwandelt worden sei, und bat ihn fußfällig, mich solange in seinen Schutz zu nehmen, bis ich ihn überzeugt haben würde, daß ich ihm keine Unwahrheit vorgegeben hätte.

Der Statthalter fragte mich nach meinem Namen, nach meinen Eltern und Anverwandten und nach dem Namen meiner Vaterstadt. Ich antwortete ihm: mein Vater heiße – –, mein Name sei Lukios, meines Bruders Vorname Gaios, die beiden übrigen Namen hätten wir gemein; ich wäre Verfasser einiger historischer und anderer Schriften, mein Bruder ein Elegiendichter und geschickter Wahrsager; unsere Vaterstadt aber die achaische Stadt Patrai. – »So bist du«, sagte der Statthalter, »aus einer Familie, die ich ganz vorzüglich werthalte und mit welcher ich durch das Gastrecht verbunden bin, da ich ehemals bei den Deinigen logiert habe und auf eine sehr edle Art von ihnen beschenkt worden bin. Mir ist genug zu wissen, daß du der Sohn eines solchen Hauses bist, um versichert zu sein, daß du nicht fähig bist, eine Unwahrheit zu sagen.« Mit diesen Worten springt er von seinem Lehnstuhl auf, umarmt und küßt mich mit vieler Wärme und nimmt mich mit sich in seinen Palast. Bald darauf langte auch mein Bruder an, der mir Geld und viele andere Sachen mitbrachte; und nun sprach mich der Statthalter von allem Vorwurf der Zauberei, der mir bei meiner Verwandlung gemacht worden war, gerichtlich und öffentlich frei. Wir sahen uns hierauf im Hafen nach einem Schiffe um, lassen unser Gepäck dahinbringen und schicken uns zur Abreise an.

Inzwischen hielt ich es für eine Art von Schuldigkeit, der Dame, die mich so sehr geliebt hatte, als ich nur ein armer Esel war, meine Aufwartung zu machen; indem ich nicht zweifelte, ich würde ihr nun, da ich wieder Mensch sei, desto schöner und liebenswürdiger vorkommen. Sie empfing mich sehr freundlich und schien an dem Wunderbaren meines Abenteuers große Freude zu haben, sie bat mich, mit ihr zu speisen und die Nacht bei ihr zuzubringen, und ich ließ mich sehr leicht bereden; denn ich hätte es ordentlich für Sünde gehalten, wenn derjenige, der als Esel geliebt worden war, nun, da er zum Menschen geworden, den Spröden machen und seine Liebhaberin über die Achsel ansehen wollte. Ich speise also mit ihr, parfümiere mich und bekränze mich mit Rosen, der Blume, die mir, seitdem ich ihr meine Menschheit zu danken hatte, unter allen die liebste war. Endlich, wie die Nacht schon ziemlich weit vorgerückt und es Zeit zum Schlafengehen war, stehe ich auf, kleide mich, nichts Böses ahnend, vielmehr in der Meinung, es recht gut zu machen, hurtig aus und stelle mich meiner Dame dar, fest überzeugt, ihr durch die Vergleichung mit meiner ehemaligen Eselsgestalt nur desto mehr zu gefallen. Aber wie sie sah, daß alles an mir so menschlich war, spie sie mit Verachtung vor mir aus und befahl mir, mich augenblicklich aus ihrem Hause zu packen und schlafen zu gehen, wohin ich wollte. Ich Armer, der mir diesen plötzlichen Unwillen gar nicht erklären konnte, fragte sie mit Erstaunen: »Und was für ein so großes Verbrechen habe ich denn begangen, daß ich dir auf einmal so zuwider bin?« – »Wie?« versetzte die Dame, »muß ich mich noch deutlicher erklären? Bildest du dir denn ein, daß ich, da du noch ein Esel warst, in dich verliebt gewesen oder meine Liebkosungen an dich verschwendet habe? Nicht du, armseliges Ding, sondern der Esel war es, den ich liebte, und als du zu mir kamst, dachte ich nichts anderes, als du werdest das große Eselssymbol gerettet haben und noch jetzt bei dir führen: aber leider sehe ich dich aus dem schönen und nützlichen Tiere, das du warst, in einen Affen verwandelt.« – Mit diesen Worten rief sie einige Bediente und befahl ihnen, mich, wie ich war, aufzupacken, zum Hause hinauszutragen und mir die Tür vor der Nase zuzuschließen. Man kann sich vorstellen, was für eine angenehme Nacht ich zubrachte, da ich so schön parfümiert, mit Rosen bekränzt und unbekleidet, als ich war, nun im Dunkeln und unter freiem Himmel die nackte Erde umarmen und anstatt einer sehr warmen Beischläferin mit einer so kalten vorliebnehmen mußte! Mit der ersten Morgendämmerung lief ich auf das Schiff und erzählte meinem Bruder mit Lachen, was mir begegnet war. Wir segelten hierauf mit dem ersten guten Winde, der von der Stadt her wehte, von dannen und langten in wenig Tagen in meiner Vaterstadt an, wo mein erstes Geschäft war, den rettenden Göttern ein Opfer und Weihgeschenke darzubringen, daß sie mich aus diesem mühseligen und heillosen Eselsabenteuer, nach so langem Herumtreiben, wiewohl nur mit genauer Not, wohlbehalten wieder nach Hause gebracht hatten.

Wahre Geschichte

Das Leben Lukians ist bereits in der Einleitung zum Eselsroman (s. S. 576) kurz skizziert; hier ist nun nur noch auf den Inhalt der Wahren Geschichte *einzugehen. Ihre Entstehung gehört wohl wie die des anderen Textes ebenfalls in Lukians letzte Lebensphase. Sie gibt sich als unterhaltsamer Reiseroman, parodiert aber durch unwirkliche Übersteigerungen und skurrile Details die ganze Gattung; größer als des Antonius Diogenes* Wunder jenseits von Thule *(s. S. 686ff.) sind die Erstaunlichkeiten und Absonderlichkeiten, von denen Lukian zu berichten weiß. Von der parodistischen Absicht spricht direkt die Einleitung; die folgenden ›wahren‹ Geschichten seien allesamt unwahr, seien Erfindungen zur Unterhaltung und Entspannung, zugleich aber auch voll von Anspielungen auf die vielen Dichter, Geschichtsschreiber und Philosophen, die dreist genug gewesen waren, ähnlich unglaubliche Geschichten als ›Wahrheit‹ zu verkaufen. Zu ihnen zählt (neben der* Indienfahrt *des Ktesias) zum Beispiel der Roman des Iambulos (s. S. 678ff.) und insbesondere auch, gewissermaßen als Stammvater der ganzen Gattung, Homers Odysseus, dem so erstaunliche Dinge widerfahren sein sollen ...*

Als vergnüglicher Aufklärer setzt so Lukian seine Hörer und Leser in den Stand, vorgebliche Wahrheiten in aufschneiderischen Romanen als Lügengespinste zu entlarven: Er tut dies einmal durch übersteigernde Karikierung des Phänomens, zum anderen durch den direkten Hinweis der Einleitung. Dieser ist für die moderne Forschung besonders wichtig, da uns die Texte, die Lukian als Zielscheibe seiner Spöttereien im Auge hatte, weitgehend unbekannt oder nur in groben Umrissen kenntlich sind. Umgekehrt ist aber Lukians Attacke für uns ein deutlicher Hinweis darauf, daß derlei Unterhaltungsliteratur nicht eben hoher Sorte in seiner Zeit ein breites und williges Publikum fand; denn sonst hätte weder der Aufklärer Lukian es zu kritisieren für nützlich gehalten noch der Autor Lukian bei seinen Hörern und Lesern Verständnis für seine Persiflagen voraussetzen dürfen. Ähnlich wie bei Cervantes, wo auch die von ihm aufs Korn genommenen zweitrangigen Ritter- und drittklassigen Schauerromane vergessen sind, die Parodie des Don Quijote aber unsterblich geworden ist, so ist gleichfalls in der lustigen Übertreibung des Lukian eine antike Lügengattung lebendig geblieben, selbst wenn wir ihre eigentliche ›wahre‹ Gestalt nicht mehr in den ursprünglichen Produkten, sondern in der spöttischen Spiegelung der dreist und offen lügenden Wahren Geschichte *Lukians erkennen.*

Wahre Geschichte

Erstes Buch

Wie die Ringkämpfer von Beruf und die, die sich mit der Fürsorge um ihren Leib beschäftigen, nicht bloß um dessen guten Zustand und um ihre Leibesübungen sich kümmern, sondern auch um gelegentliche Ausspannung – nach ihrer Meinung spielt sie eine sehr große Rolle im Training –, so ziemt sich meines Erachtens auch denen, die sich mit Geisteswerken befassen, nach ausgiebiger Lektüre ernster Werke eine geistige Ausspannung, um den Geist für die künftige Mühe frisch zu erhalten. Eine passende Erholung würde aber für sie sein, wenn sie sich mit der Lektüre solcher Werke abgäben, welche nicht bloß eine auf geistreicher und angenehmer Darstellung beruhende Unterhaltung ihnen gewähren, sondern sie auch auf eine in gewissem Sinne ebenfalls zur Bildung gehörige Betrachtung hinweisen würden, wie sie so meines Erachtens auch von diesen vorliegenden Büchern denken werden. Denn nicht bloß die Seltsamkeit des Gegenstandes oder die geistreiche Absicht soll sie anlocken oder der Umstand, daß ich viele Lügen mit überzeugender Wahrscheinlichkeit vorgebracht habe, nein, vor allem der Umstand, daß auch die Einzelheiten der Erzählung nicht ohne Spott Anspielungen enthalten auf gewisse alte Dichter, Schriftsteller und Philosophen, die viel Wunderliches und Fabelhaftes geschrieben haben (welche Autoren ich auch namentlich anführen würde, müßten sich nicht dir selber bei der Lektüre deren Namen klar ergeben). *Ktesias*, Sohn des Ktesiochos, von Knidos schrieb über Indien und die dortigen Verhältnisse Dinge, die er weder selbst gesehen noch von anderen wahrheitsgetreu vernommen hatte. Es schrieb auch *Iambulos* über die Verhältnisse im großen Ozean viel seltsame Dinge, Erfindungen, über deren Lügenhaftigkeit sich zwar alle Welt im klaren war, deren Komposition aber doch des Reizes nicht entbehrte. Auch viele andere haben in derselben Absicht weite Reisen beschrieben, die sie angeblich unternommen hatten, wobei sie von ungeheuren Tieren sowie von rohen Menschen und seltsamen Lebensweisen erzählten. Urheber und Lehrmeister solcher Aufschneiderei ist für sie der homerische Odysseus, der dem Alkinoos und seinen Leuten von der Knechtschaft der Winde erzählte, sowie von einäugigen, kannibalischen und wilden Menschen, ferner von vielköpfigen Wesen und von der Verwandlung seiner Gefährten durch Zaubermittel, lauter Faseleien, die jener vor den naiven Phäaken vorbrachte. Bei der Lektüre all dieser Schriftsteller tadelte ich sie nicht so sehr wegen ihrer Lügen, da ich sah, daß das auch schon bei Philosophen von Beruf gewöhnlich ist. Darüber aber wunderte ich mich bei ihnen, daß sie meinten, man würde ihre Unwahrheiten nicht merken. Darum kam auch ich aus eitler Ruhmsucht auf den Gedanken, etwas der Nachwelt zu hinterlassen, um nicht allein der Freiheit im Fabulieren unteilhaft zu sein. Da ich aber nichts Wahres zu erzählen hatte – ich hatte ja nichts Erwähnenswertes erlebt –, verlegte ich mich auf die Lüge, was in meinem Fall viel verzeihlicher ist als bei den anderen; ich werde nämlich in dem *einen* Punkt die Wahrheit sprechen, wenn ich sage, daß ich lüge. So glaube ich, einer Anklage von seiten der anderen entgehen zu können, wenn ich in keinem Punkt die Wahrheit zu sagen eingestehe. Ich schreibe also über Dinge, die ich weder selbst sah noch erlebte noch von anderen erfuhr, ja, die weder sind noch überhaupt vorkommen könnten; deshalb sollen meine Leser ihnen unter keinen Umständen Glauben schenken.

Ich stach also einmal von den Säulen des Herakles aus in See nach dem westlichen Ozean und fuhr weiter bei günstigem Wind. Die Veranlassung zu meiner Reise und ihr Gegenstand war mein Vorwitz und das Verlangen, Neues zu sehen, sowie die Absicht zu erfahren, wo der Ozean endet und wie es mit den jenseits wohnenden Menschen steht. Zu diesem Zweck hatte ich viel Proviant an Bord genommen, auch eine genügende Menge Wasser, und hatte fünfzig meiner Kameraden, die ebenso dachten wie ich, veranlaßt, sich mitanzuschließen, hatte mir ferner auch einen großen Vorrat an Waffen verschafft, den besten Steuermann um hohen Lohn gedungen und mein Schiff – es war aber eine Jacht – im Hinblick auf eine voraussichtlich lange Fahrt bei heftigem Wellengang sehr verstärkt. Einen Tag also und eine Nacht fuhren wir, während das Land noch in der Ferne sichtbar blieb, bei günstigem Wind und nicht sehr heftigem Wellengang weiter hinaus auf die hohe See, am folgenden Tag jedoch nahmen gleich bei Sonnenaufgang Wind und Wogen zu, es trat Dunkelheit ein und es war nicht einmal möglich, das Segel einzuziehen. Wir überließen uns also dem Wind und trieben im Sturm neunundsiebzig Tage herum, am achtzigsten Tage aber bricht plötzlich die Sonne durch und wir sehen nicht ferne von uns eine hohe, bewaldete Insel, von nicht heftiger Brandung umtost; denn im allgemeinen ließ das Unwetter allmählich nach. Wir legten also an, gingen ans Land und lagen dann lange Zeit auf der Erde, begreiflich nach so langem Ungemach. Dann standen wir aber doch auf und beorderten dreißig von uns, als Wächter beim Schiff zu bleiben, zwanzig hingegen sollten mit mir eine Anhöhe besteigen, um die Verhältnisse auf der Insel auszukundschaften. Nachdem wir etwa drei Stadien vom Meer durch einen Wald marschiert waren, sehen wir eine aus Erz verfertigte Säule mit einer Inschrift in griechischen, allerdings undeutlichen und verwischten Buchstaben, die besagte: »Bis hieher gelangten Herakles und Dionysos.« Es waren aber auch zwei Fußspuren in der Nähe auf einem Fels, die eine ein Plethron lang, die andere kleiner, meines Erachtens die eine von Dionysos, die kleinere, die andere hingegen von Herakles. Wir bezeigten ihnen unsere Verehrung und gingen weiter. Wir waren aber noch nicht weit gegangen, da gelangten wir zu einem Fluß mit Wein statt Wasser, am meisten vergleichbar der Sorte des Chierweines. Die Strömung war ausgiebig und reichlich, so daß an manchen Stellen sogar Schiffahrt möglich war. Es kam uns also nun um so eher in den Sinn, der Inschrift auf der Säule Glauben zu schenken, da wir die Wahrzeichen der Reise des Dionysos sahen. Da ich aber beschloß, auch den Ursprung des Flusses kennen zu lernen, ging ich längs der Strömung und fand keine Quelle, wohl aber viele große Weinstöcke voller Trauben, bei jeder Wurzel aber floß ein

Tropfen klaren Weines heraus, aus welchen Tropfen der Fluß allmählich sich bildete. Es gab aber auch viele Fische in ihm zu sehen, die an Farbe und Geschmack meist dem Wein glichen. Wir fingen einige von ihnen, verspeisten sie, wurden aber davon trunken; wir schnitten sie auch auf und fanden sie voller Trestern. Später aber kamen wir auf den Einfall, die anderen Fische, nämlich die Seewasserfische, mit ihnen zu mischen, so daß dadurch der heftige Weingeschmack gemildert wurde.

Als wir dann den Fluß an einer Furt überschritten hatten, fanden wir eine wunderbare Rebensorte. Der Teil nämlich vom Boden an war echter, gutgewachsener, dicker Weinstock, oben aber waren es Frauen, bei denen etwa von den Weichen an alles vollkommen entwickelt war; so malt man bei uns die Daphne, wie sie, soeben von Apollo gefaßt, allmählich zu einem Baum wird. Aus den Fingerspitzen wuchsen ihnen Triebe, die voller Trauben waren. Ja auch ihre Köpfe waren mit Ranken und Blättern belaubt, an denen Trauben hingen. Als wir näher gekommen waren, begrüßten und bewillkommneten sie uns, die einen in lydischer, andere in indischer, die meisten aber in griechischer Sprache, und sie küßten uns auch mit ihrem Mund; wer aber geküßt wurde, der ward sofort trunken und von Sinnen. Von den Früchten aber ließen sie nicht pflücken, sondern fühlten Schmerzen und schrien, wenn man sie abriß. Einige aber verlangten auch, mit uns zu verkehren. Und zwei von meinen Gefährten näherten sich ihnen, kamen aber nicht mehr los, sondern blieben an den Schamteilen gefesselt. Sie wuchsen nämlich mit ihnen zusammen, verwurzelten sich, und im Nu waren ihnen die Finger zu Schößlingen geworden, während sie von Ranken umsponnen wurden und zu erwarten stand, daß sie bald ebenfalls Früchte tragen würden. Wir ließen sie also stehen, eilten zum Schiff und erzählten den Zurückgebliebenen außer den anderen Ereignissen auch vom Verkehr dieser Gefährten mit den Rebweibern. Wir nahmen nun große Krüge, versahen uns mit Wasser zugleich und mit Wein aus dem Fluß, lagerten uns in seiner Nähe am Strand und stachen am frühen Morgen bei nicht heftigem Wind in See.

Um Mittag, als die Insel nicht mehr sichtbar war, überfiel uns plötzlich ein Wirbelwind, wirbelte das Schiff herum, hob es etwa dreihundert Stadien in die Höhe und ließ es nicht mehr aufs Meer nieder, sondern hielt es oben schwebend in der Luft, indem der Wind sich in die Segel legte und das Segeltuch bauschte. Sieben Tage und die gleiche Zahl von Nächten fuhren wir durch die Luft, am achten sehen wir ein großes Land in der Luft wie eine Insel, glänzend, kugelrund und von starkem Licht beschienen. Wir legten an, gingen vor Anker und stiegen ans Land. Bei der Betrachtung des Landes fanden wir, daß es bewohnt und angebaut war. Bei Tag nun bemerkten wir nichts weiter, als es jedoch Nacht geworden war, zeigten sich uns noch viele andere Inseln in der Nähe, die einen größer, die andern kleiner, an Farbe dem Feuer vergleichbar, und ein anderes Land unten mit Städten, Flüssen, Meeren, Wäldern und Bergen. Wir vermuteten, daß das unsere Erde sei. Als wir nun beschlossen hatten, noch weiter vorzudringen, begegneten wir den sogenannten Roßgeiern – wie sie dort heißen –, die uns verhafteten. Diese Roßgeier sind Männer, die auf großen Geiern reiten und die Vögel wie Rosse benützen. Die Geier sind nämlich groß und meist dreiköpfig; man könnte ihre Größe aus folgendem erkennen: Jeder ihrer Flügel ist länger und dicker als der Mast eines großen Lastschiffes. Diese Roßgeier haben also den Auftrag, um ihr Land zu fliegen, und wenn sich ein Fremdling fände, ihn zum König zu bringen. So bringen sie auch uns nach unserer Verhaftung zu ihm. Er sah uns an, schloß aus unserer Tracht auf unsere Herkunft und sprach: »Griechen seid ihr also, ihr Fremdlinge?« Auf unsere bejahende Antwort erwiderte er: »Wie seid ihr also hierher gekommen und habt eine so große Strecke durch die Luft zurücklegen können?« Da erzählten wir ihm alles und er hub an und erzählte uns seine Geschichte, wie er ebenfalls ein Mensch gewesen sei, namens Endymion, einmal im Schlaf von unserer Erde emporgerafft, hierher gekommen und König dieses Landes geworden sei; es sei aber, sagte er, das Land, das uns dort unten erscheine, der Mond. Er forderte uns auf, guten Mutes zu sein und keine Gefahr zu argwöhnen; alles, was wir brauchen, werde uns nämlich zur Verfügung stehen. »Falls ich auch«, sprach er, »in dem Krieg, den ich jetzt gegen die Bewohner der Sonne führe, Glück habe, werdet ihr das allerglücklichste Leben bei mir führen.« Und wir erkundigten uns, wer die Feinde seien und um den Anlaß des Zwistes. »Phaëthon«, erwiderte er, »der König der Bewohner der Sonne – denn auch sie ist bewohnt wie der Mond – führt schon lange gegen uns Krieg. Er begann aus folgendem Anlaß: Ich sammelte einmal die mittellosesten Bewohner meines Reiches und wollte sie als Kolonisten auf den Morgenstern entsenden, der öde ist und von niemand bewohnt wird. Phaëton aber verhinderte aus Neid die Gründung der Kolonie, indem er mitten im Weg auf den Roßameisen mir entgegentrat. Damals wurden wir also besiegt – wir waren ihnen nämlich an Rüstung nicht gewachsen – und mußten uns zurückziehen. Jetzt aber will ich den Krieg wieder aufnehmen und die Kolonie anlegen. Falls ihr also wollt, beteiligt euch an meinem Zug, ich werde jedem von euch Geier von der Gattung der Königsgeier und die übrige Ausrüstung zur Verfügung stellen. Morgen werden wir ausmarschieren.« »So soll es geschehen«, sprach ich, »nachdem du dafür bist.«

Da blieben wir also bei ihm und ließen uns bewirten, in der Früh aber stellten wir uns nach dem Aufstehen in Schlachtordnung auf; denn die Späher zeigten die Nähe der Feinde an. Die Masse des Heeres belief sich auf 100000 Mann ohne den Troß, die Verfertiger der Kriegsmaschinen, das Fußvolk und die fremden Bundesgenossen. Davon waren 80000 Roßgeier und 20000 Kohlflügler; das ist aber ein sehr großer Vogel, der statt der Federn am ganzen Körper struppig ist vor lauter Kohlblättern; die Flügel, die er hat, gleichen am meisten Lattichblättern. Diesen waren die Hirsenschützen beigeordnet und die Knoblauchkämpfer. Es kamen ihm auch vom Sternbild des Bären Bundesgenossen zu Hilfe, 30000 Flohschützen und 50000 Windläufer; von diesen reiten die Flohschützen auf großen Flöhen – wovon sie auch den Beinamen haben; die Größe der Flöhe ist ungefähr die von zwölf Elefanten –; die Windläufer sind zu Fuß und bewegen sich in der Luft ohne Flügel. Die Art ihrer Bewegung ist so: Sie haben lange Hemden, die sie schürzen; bauscht sie dann der Wind wie Segel auf, so bewegen sie sich wie die Schiffe. Meist dienen solche Truppen in ihren Schlachten als Leichtbewaffnete. Es hieß, daß auch von den Sternen über Kappadokien 70000 Sperlingsbolzen und 5000 Roßkraniche kommen würden. Diese bekam ich nicht zu Gesicht; sie kamen nämlich nicht an. Deshalb erkühnte ich mich auch nicht, ihr Wesen zu beschreiben; Wunderbares und Unglaubwürdiges wurde ja von ihnen erzählt.

Das war die Streitmacht des Endymion. Die Ausrüstung aller war die gleiche: Helme aus Bohnen – die Bohnen sind nämlich bei ihnen groß und stark –; ihre Panzer sind lauter Schuppenpanzer aus Saubohnen – sie nähen nämlich die Schalen der Saubohnen zusammen und machen daraus die Panzer; es erweist sich aber dort die Schale der Saubohnen als unzerbrechlich wie Horn –; ihre Schilde und Schwerter sind wie die griechischen. Als es aber an der Zeit war, stellten sie sich in folgender Schlachtordnung auf: Den rechten Flügel hatten die Roßgeier und der König mit den Besten seiner Umgebung – auch wir befanden uns unter diesen –; den linken die Kohlflügler; das Zentrum die Bundesgenossen, wie es den einzelnen Abteilungen gut dünkte. Das Fußvolk belief sich auf etwa 60000000. Sie wurden so aufgestellt: Spinnen kommen bei ihnen große und in großer Anzahl vor, jede viel größer als die Kykladen; diesen trug er auf, ein Spinngewebe in dem Luftraum zwischen dem Mond und dem Morgenstern herzustellen. Sobald sie damit fertig waren und so eine ebene Fläche hergestellt hatten, stellte er auf dieser das Fußvolk auf; sie führte Nachtherr, Sohn des Schönwetterfürsten, mit zwei anderen. Auf Seite der Feinde hatten den linken Flügel die Roßameisen und unter ihnen Phaëton. Es sind aber sehr große Tiere, geflügelt, die den Ameisen bei uns gleichen mit Ausnahme der Größe; denn die größte von ihnen war zwei Plethren lang. Es kämpfte aber nicht bloß die auf ihnen reitende Mannschaft, sondern auch sie selber, besonders mit den Hörnern; es hieß, ihre Zahl betrug gegen 50000. Auf ihrem rechten Flügel wurden die Mückenritter aufgestellt, deren Zahl gleichfalls gegen 50000 betrug, lauter auf großen Mücken reitende Bogenschützen. Hinter diesen standen die Lufttänzer, leichtbewaffnetes Fußvolk, jedoch ebenfalls kampftüchtig; sie schossen nämlich aus der Ferne mit überaus großen Rettichen, und der Getroffene konnte nur mehr kurze Zeit sich halten und siechte langsam dahin, wobei auch ein übler Geruch in seiner Wunde sich bemerkbar machte; es hieß aber, daß sie ihre

Geschosse mit Malvengift bestreichen. Anschließend an sie wurden die Stengelpilze aufgestellt, schwerbewaffnete Nahkämpfer, an Menge 10000; sie hießen Stengelpilze, weil sie Schilde aus Pilzen gebrauchten und Speere aus Spargelstengeln. In ihrer Nähe stellten sich die Hundsbolzen auf, welche ihm die Bewohner des Hundssternes Sirius geschickt hatten, 5000, und zwar sind das Männer mit einem Hundsgesicht, die auf geflügelten Bolzen kämpfen. Es hieß aber, daß auch bei ihm einige seiner Bundesgenossen in Verspätung waren, nämlich die Schleuderer, die er von der Milchstraße bestellt hatte, und die Wolkenkentauren. Aber diese kamen erst nach der Entscheidung der Schlacht – was nie der Fall hätte sein sollen! –; die Schleuderer aber fanden sich überhaupt nicht ein, weshalb, wie es heißt, Phaëton später aus Zorn ihr Land mit Feuer verwüstete.

Mit einer solchen Heeresrüstung rückte Phaëton heran. Der Zusammenstoß erfolgte, nachdem man die Feldzeichen aufgesteckt und die Esel auf beiden Seiten ihr Geschrei erhoben hatten – dieser bedienen sie sich nämlich statt der Trompeter. Und nun nahm der Kampf seinen Verlauf. Der linke Flügel der Sonnenbewohner floh sofort, ohne sich mit den Roßgeiern auch nur in ein Handgemenge einzulassen, und wir setzten ihnen nach mit Mord und Totschlag. Ihr rechter Flügel hingegen behielt die Oberhand gegen unseren linken Flügel, und es rückten die Mückenritter heran, die ihre Verfolgung bis zum Fußvolk ausdehnten. Da aber dieses zur Gegenwehr schritt, machten sie eine Schwenkung und flohen, am meisten, nachdem sie die Niederlage ihrer Leute vom linken Flügel gemerkt hatten. Infolge des glänzenden Sieges wurden viele lebend gefangen, viele auch umgebracht, und das Blut floß reichlich aus den Wolken – so daß sie sich färbten und rot erschienen, wie das bei uns bei Sonnenuntergang der Fall ist –, träufelte auch reichlich zur Erde nieder, so daß ich vermutete, ob nicht etwa so etwas sich voralters oben im Himmel abspielte, was den Homer veranlaßte anzunehmen, Zeus habe wegen des Todes des Sarpedon Blut regnen lassen. Nachdem wir von der Verfolgung zurückgekehrt waren, stellten wir zwei Siegeszeichen auf, eins auf der Spinnwebe wegen der Infanterieschlacht, das andere wegen der Luftschlacht auf den Wolken. Eben war man damit beschäftigt, da wurde von den Spähern das Heranrücken der Wolkenkentauren gemeldet, welche bereits vor der Schlacht zu Phaëton hätten kommen sollen. Und sie zeigten sich schon im Anmarsch, ein sehr seltsamer Anblick, aus Flügelrossen und Menschen zusammengesetzte Wesen. Die Größe der Menschen war ungefähr die des rhodischen Kolosses, zur Hälfte nach oben, die der Rosse etwa die eines großen Lastschiffes. Ihre Menge schrieb ich nicht auf, damit sie nicht jemand unglaublich vorkomme – so groß war sie. Ihr Anführer war der Schütze aus dem Tierkreis. Als sie aber die Niederlage ihrer Freunde merkten, sandten sie zu Phaëton eine Botschaft, wieder heranzurücken, sie selbst jedoch überfallen in Schlachtordnung die Mondbewohner, bei denen Verwirrung herrschte, weil sie sich ungeordnet zur Verfolgung und um Beute zu machen zerstreut hatten. Und sie schlagen alle in die Flucht, den König selbst verfolgen sie bis zur Stadt und töten die meisten seiner Vögel, sie rissen aber auch die Siegeszeichen aus und sprengten über die ganze von den Spinnen gewebte Ebene, mich aber und zwei meiner Gefährten fingen sie. Bereits war auch Phaëton da, und es wurden wieder andere Siegeszeichen von jenen aufgestellt.

Wir wurden, die Hände auf dem Rücken mit einem Stück Spinnwebe gebunden, noch an demselben Tag auf die Sonne gebracht. Sie beschlossen nicht, die Hauptstadt Endymions zu belagern, sondern machten kehrt und schlossen den Zwischenraum der Luft mit einer Mauer ab, so daß die Sonnenstrahlen nicht mehr zum Mond gelangten. Die Mauer war doppelt, aus Wolken, so daß eine ausgesprochene Finsternis und ununterbrochene Nacht auf dem Mond herrschte. Da diese Verhältnisse auf Endymion schwer lasteten, bat er durch Boten, den Bau niederzureißen und sie nicht rücksichtslos im Dunkeln leben zu lassen, versprach aber auch, Abgaben zu zahlen, Bundesgenosse zu sein und nicht mehr Krieg zu führen, wollte auch Geiseln auf diese Bedingungen hin stellen. Phaëton aber und seine Leute ließen, nachdem zweimal eine Versammlung stattgefunden hatte, am ersten Tag in ihrem Grimm nicht locker; am nächsten jedoch änderte sich ihre Stimmung und es kam unter folgenden Bedingungen der Friede zustande:

»Auf folgende Bedingungen hin schlossen die Sonnenbewohner und ihre Bundesgenossen einen Vertrag mit den Mondbewohnern und deren Bundesgenossen: Es sollen die Sonnenbewohner die Zwischenmauer niederreißen und nicht mehr den Mond bekriegen, die Gefangenen aber auch zurückgeben, einen jeden um ein vereinbartes Lösegeld, anderseits sollen die Mondbewohner den übrigen Sternen ihre Selbständigkeit lassen und die Sonnenbewohner nicht bekriegen, vielmehr beide Parteien sich gegenseitig Hilfe leisten, falls jemand gegen sie zu Felde zieht. Als Abgabe soll in jedem Jahr der König der Mondbewohner dem König der Sonnenbewohner 10000 große Krüge Tau darbringen und als Geiseln 10000 seiner Leute stellen. Die Kolonie auf dem Morgenstern sollen sie gemeinsam anlegen, an der sich auch von den anderen, wer will, beteiligen darf. Den Vertrag soll man auf einer Säule aus mit Silber gemischtem Gold in der Mitte des Luftraumes im Grenzgebiet aufstellen. Es beschworen den Vertrag von den Sonnenbewohnern Feuermann, Sommerer und Flammerich, von den Mondbewohnern Nachtvogel, Mondlicht und Sternlicht.«

So kam der Friede zustande. Sofort wurde die Mauer niedergerissen und wir Gefangenen freigegeben. Als wir aber auf den Mond gekommen waren, kamen uns entgegen und begrüßten uns unter Tränen unsere Gefährten und Endymion persönlich. Und er verlangte, ich solle bei ihm bleiben und mich an der Kolonie beteiligen, indem er mir versprach, mir seinen Sohn zur Ehe zu geben. Frauen gibt es nämlich nicht bei ihnen. Ich jedoch ließ mich unter keinen Umständen überreden, sondern verlangte, hinunter auf das Meer entlassen zu werden. Als er die Unmöglichkeit, mich umzustimmen, erkannte, entläßt er uns nach siebentägiger Bewirtung.

Von den neuen und seltsamen Dingen aber, die ich in der Zwischenzeit während meines Aufenthaltes auf dem Mond bemerkt habe, will ich erzählen. Erstens, daß sie nicht von Weibern geboren werden, sondern von den Männern; es heiraten nämlich die Männer untereinander, und den Namen Weib kennen sie überhaupt nicht. Bis zu 25 Jahren läßt sich jeder heiraten, von da an heiratet er selber. Sie sind nämlich nicht in der Gebärmutter schwanger, sondern in den Waden. Sobald nämlich die Schwangerschaft eintritt, wird die Wade dick, und einige Zeit später schneiden sie sie auf und nehmen die Leibesfrucht in totem Zustand heraus, setzen sie mit offenem Mund dem Wind aus und rufen sie dadurch ins Leben. Mir scheint es, daß zu den Griechen von dort die Bezeichnung ›Bauchwade‹ gekommen ist, weil sie bei den Mondbewohnern statt des Bauches die Leibesfrucht austrägt. Ich will aber etwas noch Merkwürdigeres erzählen. Bei ihnen gibt es Wesen, die sogenannten Baummenschen, die auf folgende Art entstehen: sie schneiden die rechte Hode eines Menschen ab und setzen sie in den Boden ein, daraus wächst aber ein sehr großer, fleischiger Baum wie ein Phallus; er hat aber auch Zweige und Blätter; die Früchte sind ellenlange Eicheln. Wenn sie nun reif geworden sind, ernten sie sie und meißeln die Menschen heraus. Geschlechtsteile haben sie aber nur künstliche, die sie sich anlegen, die einen aus Elfenbein, die Armen aus Holz, und mittels dieser verkehren sie mit ihren Gatten. Wenn der Mensch alt geworden ist, stirbt er nicht, sondern löst sich wie Rauch auf und wird zu Luft. Nahrung haben alle dieselbe: Wenn sie nämlich Feuer anzünden, braten sie auf den Kohlen Frösche – deren es viele bei ihnen gibt, die in der Luft herumfliegen –; während diese gebraten werden, sitzen die Mondbewohner herum, wie um einen Tisch, und schnappen nach dem aufsteigenden Rauch, und das ist ihre Mahlzeit. So steht es also mit der Nahrung, die sie zu sich nehmen. Als Trank dient ihnen aber in einem Becher ausgequetschte Luft, die eine Feuchtigkeit wie Tau von sich gibt. Sie pissen auch nicht und gehen nicht auf die große Seite und haben auch keine Löcher, wo wir sie haben, und ihre Burschen verwenden zu dem oben angegebenen Zweck nicht das Gesäß, sondern die Kniekehlen oberhalb der Wade; dort nämlich haben sie Löcher. Für schön gilt bei ihnen, wenn einer eine Glatze hat und unbehaart ist, die Starkbehaarten verabscheuen sie sogar. Auf den Kometen, den ›Haarsternen‹, hält man im Gegenteil die stark Behaarten für schön; es waren nämlich einige Reisende da, die von jenen erzählten. Ferner bekommen sie Bärte ein wenig oberhalb der Knie. Und sie haben nicht fünf Nägel an den Füßen, vielmehr haben alle nur eine einzige Zehe. Über dem Steiß ist einem jeden von ihnen ein Kohlkopf gewachsen wie ein Schwanz, der immer grün bleibt und auch, wenn der Betreffende auf den Rücken fällt, nicht zerbricht. Sie schneuzen einen sehr scharfen Honig aus; und wenn sie sich plagen, sei es bei der Arbeit oder durch Leibesübungen, schwitzen sie am ganzen Körper Milch, so daß sie daraus auch Käse bereiten können, indem sie etwas Honig darauftraufeln. Ein sehr fettes und wie Parfum wohlriechendes Öl bereiten sie aus den Zwiebeln. Reben haben sie viele, aber mit Wassertrauben; die Beeren der Trauben sind nämlich so wie Hagelkörner, und wenn der Wind in die dortigen Reben bläst und sie schüttelt, dann fällt meines Erachtens der Hagel zu uns herab, indem die Trauben bersten. Ihren Bauch verwenden sie als Ranzen, indem sie, was sie brauchen, hineinlegen; sie können ihn nämlich auf- und zumachen. Innereien sind im Bauch keine sichtbar, auch keine Leber, nur soviel sieht man, daß er innen zur Gänze dicht behaart und zottig ist, so daß die neugeborenen Kinder, wenn es kalt ist, hineinkriechen. Kleider haben die Reichen zarte aus Glas, die Armen aus Metall gewebte. Die dortigen Gegenden sind nämlich reich an Metallen, und sie bearbeiten sie, indem sie sie mit Wasser befeuchten wie die Wolle. Was sie für Augen haben, zaudere ich zu sagen, damit nicht jemand wegen der Unglaublichkeit der Erzählung meint, ich lüge; gleichwohl aber werde ich es sagen. Sie haben nämlich Augen zum Herausnehmen, und wer will, nimmt seine Augen heraus und hebt sie auf, bis er sie wieder zum Sehen braucht; dann setzt er sie ein und sieht wieder. Und viele, die ihre Augen verloren haben, leihen sie sich von anderen zu diesem Zweck aus. Es gibt einige, die viele in Reserve haben, nämlich die reichen Leute. Ihre Ohren sind Platanenblätter, mit Ausnahme derer, die von den Eicheln stammen; diese allein haben nämlich hölzerne. Ferner sah ich noch ein anderes Wunder in der Königsburg; ein sehr großer Spiegel lag über einem nicht sehr tiefen Schacht. Falls jemand nun in den Schacht hinabsteigt, hört er alles, was bei uns auf der Erde gesprochen wird, blickt er aber in den Spiegel, so sieht er alle Städte und alle Völker, als ob er bei ihnen wäre. Da sah ich auch meine Angehörigen und meine ganze Heimat, ob aber auch jene mich sahen, kann ich nicht mehr bestimmt sagen. Wer aber daran nicht glaubt, der wird, falls er einmal dorthin kommt, erfahren, daß ich die Wahrheit spreche.

Da nahmen wir nun Abschied vom König und seiner Umgebung, stiegen ein und fuhren weiter. Mir machte Endymion auch Geschenke, bestehend in zwei von seinen gläsernen und in fünf metallenen Hemden sowie in einer Rüstung aus Saubohnen, Gegenstände, die ich insgesamt im Walfisch zurückließ. Er gab uns auch tausend Roßgeier mit, die uns fünfhundert Stadien weit geleiten sollten. Auf der Weiterfahrt kamen wir an vielen anderen Ländern vorbei, landeten auch auf dem Morgenstern, dessen Kolonisierung eben begann, stiegen aus und versorgten uns mit Wasser. Dann fuhren wir in den Tierkreis ein und zur Linken knapp an der Sonne vorbei; wir landeten nämlich nicht, trotz des lebhaften Wunsches meiner Gefährten, denn der Wind ließ es nicht zu. Wir sahen jedoch, daß das Land in blühendem Zustand war, mit üppiger Vegetation bedeckt, wohlbewässert und voller Naturgüter in reichem Ausmaß. Als uns die Wolkenkentauren bemerkten, die bei Phaëton um Sold dienten, flogen sie auf das Schiff los, wie sie aber erfuhren, daß wir in den Friedensvertrag eingeschlossen waren, zogen sie sich wieder zurück.

Bereits waren auch die Roßgeier fort. Wir fuhren die nächste Nacht und den folgenden Tag hindurch, gegen Abend aber kamen wir zur sogenannten Lampenstadt, als unsere Fahrt bereits abwärts ging. Diese Stadt liegt zwischen dem Luftbereich der Pleiaden und dem der Hyaden, jedoch viel niedriger als der Tierkreis. Nach unserer Landung fanden wir keinen Menschen, wohl aber viele Lampen, die herumliefen und sich auf dem Hauptplatz und in der Gegend des Hafens herumtrieben, die einen klein, sozusagen die armen, einige aber von den großen und mächtigen, die sehr hell leuchteten und einen weiten Umkreis beschienen. Sie besaßen Behausungen und eigene Futterale, eine jede für sich, und hatten Namen wie die Menschen, und wir hörten, wie sie Laute von sich gaben. Sie taten uns nichts zuleide, sondern luden uns zu gastlicher Bewirtung ein; wir hatten aber gleichwohl Angst, und niemand von uns getraute sich zu speisen oder zu schlafen. Ihre Regierungsgebäude sind mitten in der Stadt errichtet, wo ihr Herrscher die ganze Nacht hindurch sitzt und jede bei ihrem

Namen aufruft. Wer aber darauf nicht hört, wird als Deserteur zum Tode verurteilt; der Tod besteht im Erlöschen. Wir standen dabei, sahen, was sich da abspielte, und hörten zugleich die Lampen sich verteidigen und die Gründe für ihre Verspätung angeben. Da erkannte ich auch unsere Lampe und erkundigte mich, wie es zu Hause stünde. Sie aber erzählte mir alles.

Jene Nacht also blieben wir daselbst, am folgenden Tage aber brachen wir auf und fuhren bereits in der Nähe der Wolken. Da sahen wir mit Erstaunen die Stadt Wolkenkuckucksheim, betraten sie aber nicht; der Wind ließ es ja nicht zu. König ihrer Einwohner war, wie es hieß, Krähmann, Sohn des Herrn von Drosselheim. Und ich erinnerte mich des Dichters Aristophanes, eines gescheiten und wahrheitsliebenden Mannes, dem man mit Unrecht rücksichtlich dessen, was er geschrieben, den Glauben versagt. Von diesem Tag an gerechnet am dritten, sahen wir den Ozean bereits deutlich, Land aber nirgends mit Ausnahme der Länder in der Luft; diese aber stellten sich uns feurig und in außerordentlich starkem Glanz dar. Am vierten Tag gegen Mittag, als der Wind immer schwächer wurde und sich allmählich legte, wurden wir auf das Meer abgesetzt. Als wir das Wasser berührten, kam eine außerordentliche Freude und Wonne über uns. Wir gönnten uns alles unter den obwaltenden Verhältnissen mögliche Vergnügen, stiegen aus und schwammen herum; es war nämlich gerade Wind- und Meeresstille.

Oft scheint jedoch der Umschwung zum Besseren sich als der Beginn noch größerer Übel zu erweisen. Denn auch wir fuhren nur zwei Tage bei gutem Wind, am dritten aber sehen wir im Morgengrauen gegen Sonnenaufgang plötzlich Seetiere und Walfische in großer Zahl, darunter aber einen, den allergrößten, der etwa 1500 Stadien lang war. Er kam mit offenem Maul heran und wühlte von weitem das Meer auf, über und über mit Gischt bespritzt und die Zähne zeigend, die viel höher als die Phallussäulen bei uns waren, alle scharf wie Pfähle und weiß wie Elfenbein. Wir nahmen unter Umarmungen Abschied voneinander und warteten, der Walfisch aber war schon da, schlürfte das Wasser ein und verschluckte uns mitsamt dem Schiff. Bevor er uns jedoch mit den Zähnen zermalmte, rutschte das Schiff durch die Lücken ins Innere. Als wir aber drinnen waren, herrschte zunächst Dunkel, so daß wir nichs sehen konnten, später aber sahen wir, als er seinen Rachen öffnete, eine große, allseits breite und hohe Höhlung, genügend groß für eine Stadt mit 10000 Einwohnern. Darin lagen große und kleine Fische und viele andere zermalmte Seetiere, auch Segel und Anker von Schiffen, desgleichen Menschengebein und Schiffsladungen, gegen die Mitte zu gab es ein Stück Land mit Hügeln, das meines Erachtens aus dem Schlamm, den der Walfisch zu verschlucken pflegte, sich allmählich gebildet hatte. Buschwerk war darauf gewachsen, verschiedenartige Bäume, Gemüse war aufgeschossen, und alles glich bebautem Lande; der Umfang des Landes betrug 240 Stadien. Es waren aber auch Seevögel zu sehen, Möwen und Eisvögel, die auf den Bäumen nisteten.

Da weinten wir nun lang, später aber veranlaßten wir unsere Gefährten, aufzustehen und das Schiff festzumachen, zündeten durch Reiben von Hölzern ein Feuer an und bereiteten uns selber ein Mahl aus den vorhandenen Vorräten. Es lagen aber neben uns verschiedene Sorten von Fischen in reichlicher Menge, und auch Wasser hatten wir noch von dem Vorrat, den wir auf dem Morgenstern an Bord genommen hatten. Am folgenden Tag erhoben wir uns jedesmal, sooft der Walfisch sein Maul aufsperrte, und da sahen wir bald Berge, bald nur den Himmel, oft aber auch Inseln; wir bemerkten nämlich, daß der Fisch nach allen Richtungen des Meeres mit großer Geschwindigkeit sich bewegte. Nachdem wir uns aber an unseren Aufenthalt bereits gewöhnt hatten, nahm ich sieben von meinen Gefährten und schritt auf den Wald zu, um alles auszukundschaften. Wir hatten noch keine ganzen fünf Stadien zurückgelegt, so fanden wir ein Heiligtum des Poseidon, wie sich aus der Inschrift ergab, bald darauf auch viele Gräber und Säulen auf ihnen und in der Nähe eine Quelle mit durchsichtigem Wasser. Ferner hörten wir auch Hundegebell und es zeigte sich in der Ferne Rauch, so daß wir das Vorhandensein eines Gehöftes vermuteten. Indem wir also eilig weiterschritten, stießen wir auf einen alten und einen jungen Mann, die sehr eifrig ein Gemüsebeet bearbeiteten und Wasser von der Quelle in einer Rinne hinleiteten. Von Freude und zugleich von Angst erfüllt, blieben wir stehen; auch ihnen ging es begreiflicherweise ebenso wie uns, sie standen sprachlos da. Mit der Zeit aber sprach der Ältere: »Wer seid ihr also, Fremdlinge? Gehört ihr zu den Seegöttern oder seid ihr unglückliche Menschen so wie wir? Denn auch wir sind Menschen und auf der Erde aufgewachsen, sind aber jetzt Meeresbewohner geworden und schwimmen im Innern dieses Tieres mit ihm herum, ohne genau zu wissen, was mit uns eigentlich vorgeht; denn es kommt uns vor, wir sind tot, glauben aber doch zu leben.« Darauf antwortete ich: »Auch wir sind, Vater, Menschen, Neulinge, mitsamt dem Schiff erst neulich verschlungen, wir haben uns aber auf die Beine gemacht in der Absicht, das Innere des Waldes zu erkunden; er kam uns nämlich ausgedehnt und mit dichtem Buschwerk bewachsen vor. Ein guter Geist hat uns aber, wie es scheint, geleitet, daß wir dich sehen und von dir erfahren sollten, daß wir nicht allein in diesem Tier eingeschlossen sind. Aber berichte uns dein Schicksal, wer du bist, und wie du hierher gekommen bist.« Er aber erwiderte, er werde nicht früher es uns erzählen oder uns ausfragen, bevor er uns den Umständen entsprechend bewirtet habe, nahm uns mit und führte uns zu seiner Behausung – er hatte sich eine zweckdienliche Hütte errichtet, Liegestätten eingebaut und alles übrige hergerichtet –, setzte uns Gemüse, Früchte und Fische vor, schenkte uns auch Wein ein, und erst als wir genügend satt waren, fragte er uns, was wir erlebt hatten. Und ich erzählte ihm alles der Reihe nach, vom Sturm, von unseren Erlebnissen auf der Insel, von der Fahrt in der Luft, vom Krieg und allem übrigen bis zu unserem Verschwinden im Bauch des Walfisches. Er wunderte sich darüber sehr und erzählte nun seinerseits seine Erlebnisse: »Fremdlinge, meiner Herkunft nach bin ich ein Kyprier, brach zu Handelszwecken von meiner Heimat mit meinem Sohn, den ihr seht, und außerdem mit vielen Sklaven auf und segelte auf Italien zu mit einer buntgemischten Ladung auf einem großen Schiff, dessen Trümmer ihr vielleicht beim Maul des Walfisches gesehen habt. Bis Sizilien hatten wir glückliche Fahrt; von dort entführte uns ein heftiger Sturm, durch den wir am dritten Tag in den Ozean verschlagen wurden, wo wir auf den Walfisch stießen und samt und sonders verschlungen wurden, so daß nur wir zwei heil davonkamen, während die übrigen den Tod fanden. Wir bestatteten unsere Gefährten, errichteten dem Poseidon einen Tempel und führen nun dieses Leben, indem wir Gemüse bauen und uns von Fischen und Früchten nähren. Groß ist der Wald, wie ihr seht, ja es gibt darin auch viele Reben, aus denen ein sehr süßer Wein gewonnen wird. Auch die Quelle mit wunderschönem und eiskaltem Wasser saht ihr vielleicht. Eine Schlafstelle bereiten wir uns aus den Blättern, an Feuer fehlt es uns nicht, wir jagen die hereinfliegenden Vögel und fangen lebende Fische, indem wir zu den Kiemen des Tieres hinausgehen, wo wir uns auch baden, sooft wir dazu Lust haben. Ferner gibt es auch in nicht großer Entfernung einen See mit Salzwasser, zwanzig Stadien im Umfang, der verschiedenartige Fische enthält und in dem wir schwimmen und auf einem Kahn fahren, den ich gezimmert habe. Seitdem wir verschlungen wurden, sind es siebenundzwanzig Jahre. Alles übrige nun könnten wir vielleicht ertragen, aber unsere Nachbarn und Anrainer sind schlimme und lästige Gesellen, da sie ungesellig und wild sind.« »Ja«, sprach ich, »gibt es denn noch andere Leute im Walfisch?« »Viele ungastliche Leute«, antwortete er, »mit seltsamen Gestalten. Den Westen des Waldes und das Schwanzstück bewohnen nämlich die Pökelleute, ein Volk mit Aalaugen und einem Krabbengesicht, kampftüchtig, verwegene Kannibalen. Auf der einen Seite, an der rechten Wand, wohnen Tritonsgestalten, die mit ihrem Oberkörper Menschen gleichen, mit dem Unterleib aber den Schwertfischen; sie sind jedoch weniger bösartig als die anderen. Auf der linken Seite gibt es Krebshänder und Thunfischschädler, die zueinander in einem freundschaftlichen Bundesverhältnis stehen. Im Binnenland hausen die Meerkrebsler und die Schollenfüßler, kampftüchtige Schnelläufer. Der Ostteil gegen das Maul zu ist größtenteils öde, da er vom Meer bespült wird; gleichwohl aber besitze ich ihn, wofür ich den Schollenfüßlern jährlich einen Tribut von 500 Austern entrichte, So steht es mit dem hiesigen Land. Ihr müßt zusehen, wie wir mit so vielen Rassen kämpfen und unser Leben weiterfristen werden können.« »Wieviele«, antwortete ich, »sind es im ganzen?« »Mehr als tausend«, sagte er. »Was für Waffen haben sie?« »Keine«, erwiderte er, »als die

Fischgräten.« »Also«, sprach ich, »wäre es am besten, wir, die wir selber Waffen haben, bekriegen sie, die keine haben; wenn wir sie nämlich überwältigen, werden wir unser übriges Leben hindurch Ruhe vor ihnen haben.«

Er war damit einverstanden. Wir gingen also zum Schiff zurück und rüsteten uns. Anlaß zum Krieg sollte die Nichtentrichtung des Tributes sein, da bereits der Termin bevorstand. Und schon verlangten sie durch Boten die Abgabe. Er gab ihnen aber einen hochmütigen Bescheid und verjagte die Boten. Zuerst nun rückten ergrimmt die Schollenfüßler und die Meerkrebsler gegen den Skintharos – so hieß nämlich der Kyprier – unter lautem Lärm heran. Wir aber, die wir den Anmarsch vorausahnten, warteten ihn in voller Rüstung ab, nachdem wir eine Abteilung von fünfundzwanzig Mann vorausbeordert hatten. Sie hatten den Auftrag, sich in den Hinterhalt zu legen, und sobald sie sähen, daß die Feinde vorüber wären, über sie herzufallen; und so taten sie auch. Sie überfielen sie nämlich von hinten und hieben auf sie ein, wir aber, gleichfalls fünfundzwanzig an der Zahl – denn Skintharos und sein Sohn kämpften mit – traten ihnen entgegen und hatten bei all unserem Mut und unserer Kraft einen nicht gefahrlosen Kampf mit ihnen zu bestehen. Schließlich aber brachten wir ihnen eine Niederlage bei und verfolgten sie bis zu ihren Schlupfwinkeln. Es fielen von den Feinden 170, auf unserer Seite nur einer, und zwar der Steuermann, den Rücken von einer Rippe einer Seebarbe durchbohrt. Jenen Tag also und die darauffolgende Nacht lagerten wir auf dem Kampfplatz und errichteten als Siegesmal das ausgetrocknete Rückgrat eines Delphins. Am nächsten Tag waren auf die Kunde davon auch die anderen da, auf dem rechten Flügel die Pökelleute – ihr Anführer war Pelamos –, auf dem linken die Thunfischschädler, im Zentrum die Krebshänder; die Tritonsgestalten hatten es nämlich vorgezogen, neutral zu bleiben. Wir überfielen sie aber überraschend beim Tempel des Poseidon mit lautem Geschrei, so daß die Höhlung wie eine Grotte widerhallte. Wir schlugen sie in die Flucht, da sie nur leicht bewaffnet waren, verfolgten sie bis in den Wald und behaupteten weiterhin das Feld. Und bald darauf verlangten sie durch Herolde die Auslieferung der Toten und verhandelten über einen Freundschaftspakt. Wir waren aber nicht dafür, einen Vertrag zu schließen, sondern zogen am folgenden Tag gegen sie und vertilgten sie samt und sonders mit Ausnahme der Tritonsgestalten; diese aber entwischten, wie sie sahen, was vor sich ging, und ließen sich aus den Kiemen aufs Meer hinab. Wir durchstreiften das Land, das nunmehr von Feinden frei war, und bewohnten es weiterhin ohne Anfechtung, indem wir uns meist mit Leibesübungen und Jagden beschäftigten, Weinbau trieben und das Obst von den Bäumen einheimsten; wir glichen im ganzen Leuten, die in einem großen Gefängnis, aus dem es kein Entrinnen gibt, schwelgten und frei herumgingen.

Ein Jahr also und acht Monate verbrachten wir auf diese Weise. Am 5. des 9. Monats aber zur Zeit des zweiten Öffnens des Rachens – einmal nämlich in jeder Stunde tat das der Walfisch, so daß wir darnach die Stunden berechneten –, zur Zeit des zweiten Öffnens des Rachens also, wie gesagt, vernahm man plötzlich ein lautes Geschrei und Getöse, das sich wie Zurufe und Ruderschläge anhörte. Voller Aufregung krochen wir also hinauf bis zum Rand des Walfischrachens, stellten uns innerhalb der Zähne auf und gewahrten das allerseltsamste Schauspiel, das ich je sah: große Männer, ungefähr ein halbes Stadion lang, die auf großen Inseln wie auf Dreiruderern heranfuhren. Ich weiß, daß ich Märchenhaftes erzählen werde, will es aber trotzdem sagen. Es waren längliche, aber nicht sehr hohe Inseln, jede maß etwa 100 Stadien im Umfang. Auf ihnen fuhren von jener Mannschaft gegen 120 Leute. Von diesen ruderten die zu beiden Seiten der Insel Sitzenden hintereinander, indem sie große Zypressen samt den Zweigen und dem Laub wie Ruder gebrauchten. Hinten aber auf dem Heck stand, wie es schien, der Steuermann auf einem hohen Hügel mit einem ehernen fünf Stadien langen Steuerruder. Auf dem Bug kämpften ungefähr vierzig Bewaffnete, die in allen Stükken Menschen glichen mit Ausnahme des Haares; dieses jedoch war Feuer und brannte, so daß sie nicht einmal Helme brauchten. Anstatt der Segel bauschte der Wind, der sich in dem auf jeder Insel reichlich vorhandenen Buschwerk verfing, dieses und brachte so die Insel, wohin der Steuermann wollte. Ein Rudervogt hatte über sie die Aufsicht, und durch Rudern bewegten sie sich rasch wie die Kriegsschiffe. Zuerst sahen wir

Da faßte ich ängstlich und klopfenden Herzens das schimmernde Gewinde aus lieblichen Rosen mit begehrlichen Lippen und schlang es nach Erfüllung lechzend hinunter. Und die himmlische Verheißung betrog mich nicht: plötzlich fällt die garstige Tiergestalt von mir ab! SEITE 562

bloß zwei oder drei Inseln, später aber zeigten sich etwa sechshundert, deren Mannschaften sich in Schlachtordnung aufstellten und sich eine Seeschlacht lieferten. Viele Inseln stießen mit dem Bug aufeinander, viele wurden durch seitliche Stöße versenkt, andere verwickelten sich ineinander, kämpften heftig und kamen nicht leicht von einander los. Denn die auf dem Bug aufgestellte Mannschaft legte allen Wagemut an den Tag beim Entern und Morden. Niemand machte Gefangene. Statt eiserner Enterhaken schleuderten sie große, an Seile gebundene Polypen einander zu, welche sich im Buschwerk verfingen und dadurch die Insel festhielten. Sie bewarfen sich jedoch und verwundeten sich mit Muscheln, jede vom Umfang einer Wagenladung, und mit Schwämmen, jeder ein Joch groß. Anführer der einen war der Windkentaure, der anderen der Meerschlucker; und zum Kampf zwischen ihnen war es, wie es schien, der Beute wegen gekommen. Es hieß nämlich, der Meerschlucker habe viele Herden von Delphinen des Windkentauren weggetrieben, wie man hören konnte, weil sie einander Vorwürfe machten und die Namen ihrer Könige dabei laut ausriefen. Schließlich siegen die Leute des Windkentauren, versenken gegen hundertundfünfzig Inseln ihrer Feinde und nehmen drei andere samt der Mannschaft, die übrigen aber zogen sich zurück und flohen. Ihre Gegner verfolgten sie bis zu einer gewissen Entfernung, kehrten dann aber, da es Abend war, zu den Wracks zurück, brachten die meisten in ihren Besitz und fischten ihre eigenen Trümmer auf; denn auch von ihnen waren nicht weniger als achtzig Inseln untergegangen. Sie stellten aber als Siegeszeichen des Inselkampfes auf dem Kopf des Walfisches eine von den feindlichen Inseln auf einem Pfahl auf. Jene Nacht nun lagerten sie um den Walfisch herum, nachdem sie die Haltetaue an ihm befestigt hatten und in der Nähe vor Anker gegangen waren; als Anker verwendeten sie große, starke aus Glas. Am folgenden Tag opferten sie auf dem Walfisch, bestatteten ihre Toten auf ihm und fuhren dann fröhlich fort unter Gesängen, die sich wie Siegeslieder anhörten. Das waren die Ereignisse in der Inselschlacht.

Zweites Buch

Da ich das Leben im Walfisch nicht mehr ertragen konnte und dieser Aufenthalt mir lästig wurde, suchte ich nach irgendeinem Mittel, das mir ein Entrinnen ermöglichen sollte. Und zuerst dachten wir daran, die rechte Wand zu durchstoßen und so zu entkommen; wir begannen auch mit dem Durchstich. Als wir aber nach etwa 5 Stadien noch nichts ausgerichtet hatten, hörten wir mit dem Graben auf und beschlossen, den Wald anzuzünden; so würde nämlich der Wal verenden, sei das aber geschehen, so würden wir leicht herauskommen. Wir machten also beim Schwanzstück den Anfang mit dem Brand. Sieben Tage nun und die gleiche Zahl von Nächten verhielt sich der Wal unempfindlich gegen die Feuersbrunst, am achten und neunten aber merkten wir, daß er krank war; denn er ließ sich mit dem Aufsperren des Rachens Zeit, und wenn er ihn einmal aufsperrte, schloß er ihn jedesmal schnell. Am zehnten und elften aber war er völlig abgestorben und stank bereits. Erst am zwölften Tag aber kamen wir auf den Gedanken, wollte man nicht beim Aufsperren des Rachens seine Kinnladen festmachen, so daß er sie nicht mehr schließen könnte, so würden wir Gefahr laufen, in seinem Kadaver eingeschlossen umzukommen. So stützen wir also mit großen Balken seinen Rachen und setzten das Schiff in Bereitschaft, indem wir möglichst viel Wasser und den sonstigen Bedarf an Bord nahmen. Unser Steuermann sollte Skintharos sein.

Am folgenden Tag war der Wal bereits ganz tot. Wir zogen das Schiff hinauf, dann durch die Lücken hindurch und ließen es mittels Tauen, die wir an den Zähnen befestigten, sacht auf das Meer hinaus. Wir stiegen dann auf seinen Rücken, opferten dem Poseidon, lagerten dort neben dem Siegesmal drei Tage – es herrschte nämlich Windstille – und fuhren am vierten Tag ab. Da begegneten wir vielen Toten aus der Seeschlacht, stießen auf ihre Leichen und staunten über deren Ausmaß. Einige Tage fuhren wir bei guter Lufttemperatur, hernach aber fing ein heftiger Nord zu wehen an, es entstand ein starker Frost und unter seinem Einfluß gefror das ganze Meer, nicht nur auf der Oberfläche, sondern auch in der Tiefe, etwa bis zu vierhundert Klaftern, so daß wir ausstiegen und über das Eis hinliefen. Da wegen des anhaltenden Nordwindes wir es nicht aushalten konnten, ersannen wir folgendes – der Antragsteller war Skintharos: Wir gruben im Wasser eine sehr große Höhle und blieben dreißig Tage darin, indem wir Feuer brannten und die Fische verzehrten; wir fanden sie beim Aufgraben. Als uns aber die Vorräte bereits ausgingen, verließen wir die Höhle, machten das eingefrorene Schiff flott, spannten das Segel aus und fuhren nun schlittenartig in glatter und sachter Fahrt auf dem Eis rutschend dahin. Am fünften Tag aber herrschte bereits warmes Wetter, das Eis schmolz und wurde wieder zu Wasser.

Nach einer Fahrt von etwa 300 Stadien stießen wir auf eine kleine und öde Insel, auf der wir Wasser einnahmen – es war uns nämlich bereits ausgegangen – und zwei wilde Stiere mit Pfeilen erlegten; dann fuhren wir weiter. Diese Stiere hatten die Hörner nicht auf dem Kopf, sondern unter den Augen, wie es Momos gefordert hatte. Bald geraten wir in ein Meer, nicht von Wasser, sondern von Milch; und eine weiße Insel voller Reben zeigte sich darin. Es war aber die Insel ein sehr großer und fester Käse, wie wir später, als wir hineinbissen, merkten, 25 Stadien im Umfang. Die Reben waren voller Trauben, wir bekamen jedoch, als wir sie zerdrückten, nicht Wein, sondern Milch aus ihnen zu trinken. Mitten auf der Insel war ein Tempel der Nereide Galatea, wie die Aufschrift kundtat, errichtet. Solange wir dort blieben, bot uns das Land Fische und Körnerfrucht, als Trank aber die Milch von den Trauben. Über diese Gegenden herrschte, wie es hieß, Tyro, des Salmoneus Tochter, die, nachdem sie die Welt verlassen, diese Auszeichnung von Poseidon bekommen hatte.

Nach einem fünftägigen Aufenthalt auf der Insel stachen wir am sechsten Tag in See, wobei auf unserer Fahrt der Wind günstig und das Meer nur leicht bewegt war. Am achten Tage, als wir nicht mehr durch die Milch fuhren, sondern bereits in salzigem und dunkelblauem Wasser, sehen wir viele Menschen auf dem Meer einherlaufen, die in allem uns glichen, was Körper und Größe betrifft, mit einziger Ausnahme der Füße; diese hatten sie nämlich aus Kork, weshalb sie halt auch Korkfüßler hießen. Wir staunten, als wir sahen, daß sie nicht ins Wasser tauchten, sondern über die Wellen ragten und furchtlos wanderten. Sie näherten sich uns und begrüßten uns in griechischer Sprache; sie sagten aber auch, daß sie nach Phello (Korkland), ihrer Heimat, eilten. Bis zu einer gewissen Entfernung liefen sie neben uns einher und gaben uns so das Geleite, dann aber schwenkten sie ab und gingen weiter, nachdem sie uns gute Fahrt gewünscht hatten.

Bald kamen viele Inseln in Sicht, in der Nähe zur Linken das Korkland, dem jene zueilten, eine auf einem großen und runden Kork gelegene Ansiedlung, in der Ferne aber, und zwar mehr zur Rechten, fünf sehr große und sehr hohe Inseln, auf denen viel Feuer emporloderte, in der Richtung des Buges aber, also geradeaus, eine breite und niedrige Insel, nicht weniger als 500 Stadien entfernt. Kaum waren wir nahe, so umwehte uns ein seltsames Lüftchen, angenehm und duftend, wie nach dem Bericht des Geschichtsschreibers Herodot das Gesegnete Arabien duftet. Denn wie von Rosen, Narzissen, Hyazinthen, Lilien und Veilchen, außerdem von Myrten, Lorbeer und Weinblüte, so ein angenehmer Duft wehte uns entgegen. Wir waren davon entzückt, schöpften nach den langen Mühsalen gute Hoffnungen und kamen allmählich bereits der Insel nahe. Da gewahrten wir um die ganze Insel herum viele große Buchten ohne Brandung und Flüsse mit durchsichtigem Wasser, die mit sanftem Gefälle ins Meer mündeten, ferner Wiesen, Wälder und Singvögel, die teils an den Ufern sangen, viele auch auf den Zweigen. Und eine leichte, beim Atmen wohlige Luft bildete die Atmosphäre des Landes. Angenehme Lüftchen schüttelten in sachtem Wehen den Wald, so daß auch die Bewegung der Zweige liebliche Melodien fortwährend hervorbrachte, den Tönen vergleichbar, die an einsamen Orten die Querflöten von sich geben. Ferner hörte man ein wirres Geschrei, laut, aber nicht krawallartig, sondern wie es bei einem Gelage sich ergeben mag, wenn die einen Flöten spielen, andere dazu singen, einige aber zum Flöten- oder Leierspiel in die Hände klatschen. Durch all das bezaubert, landeten wir, verankerten das Schiff und stiegen aus, indem wir den Skintharos und zwei Gefährten darin zurückließen. Auf unserem Marsch über eine blühende Wiese stoßen wir auf ihre Grenzwächter, die uns mit Rosengirlanden fesselten – das ist bei ihnen die bedeutendste Fessel – und uns zu ihrem Herrscher brachten. Von ihnen hörten wir auf dem Weg, daß die Insel die sogenannte Insel der Seligen sei, über die der Kreter Rhadamanthys herrsche. Als wir nun zu ihm gebracht worden waren, bekamen wir in der Reihe der Gerichtsparteien den vierten Platz. Der erste Prozeß drehte sich um Aias, des Telamon Sohn, ob er mit den Heroen verkehren dürfe oder nicht; es wurde gegen ihn die Anklage erhoben, daß er verrückt gewesen sei und Selbstmord verübt habe. Schließlich entschied nach vielem Hin- und Herreden Rhadamanthys, jetzt müsse er zuerst Nieswurz trinken und dem Arzt Hippokrates aus Kos übergeben werden; später aber, wenn er wieder zur Vernunft gekommen sei, dürfe er am Gelage teilnehmen. Die zweite Verhandlung war ein Liebesprozeß, in dem Theseus und Menelaos um die Helena prozessierten, mit wem von beiden sie leben solle. Und Rhadamanthys entschied, sie müsse mit Menelaos leben, da dieser auch so viele Mühsale und Gefahren um seiner Ehe willen ausgestanden habe; denn Theseus habe noch andere Frauen, die Amazone und die Töchter des Minos. An dritter Stelle wurde über den Vorrang entschieden zwischen Alexander, Philipps Sohn, und dem Karthager Hannibal, und zwar wurde der Vorrang Alexander zugesprochen und ihm ein Lehnstuhl neben den Perserkönig Kyros den Älteren hingestellt. An vierter Stelle wurden wir vorgeführt. Rhadamanthys fragte uns, was uns eingefallen sei, noch bei Lebzeiten die heilige Gegend zu betreten; wir erzählten alles der Reihe nach. So ließ er uns denn abtreten, dachte lange nach und beriet sich mit seinen Beisitzern über uns. Beisitzer war außer vielen anderen auch der gerechte Aristeides aus Athen. Sobald er einen Entschluß gefaßt hatte, entschied er, für unsere aus Abenteuerlust unternommene Reise sollten wir nach unserem Tod zur Rechenschaft gehogen werden, jetzt aber sollten wir eine bestimmte Zeit auf der Insel bleiben und mit den Heroen zusammenleben, dann aber abziehen. Sie setzten aber auch den Termin für die Beendigung unseres Aufenthaltes auf nicht später als sieben Monate fest.

Da fielen die Rosengirlanden – mit denen wir gefesselt waren – von selbst ab, wir waren von nun an frei und wurden in die Stadt zum Gelage der Seligen gebracht. Die Stadt selbst ist ganz aus Gold, die Umfassungsmauern aus Smaragd; Tore gibt es sieben, alle aus einem einzigen Stück Zimtholz, der Boden der Stadt und das Pflaster innerhalb der Mauer sind aus Elfenbein, Tempel aller Götter aus Beryll, in ihnen riesengroße Altäre aus einem einzigen Amethyst, auf denen sie ihre Hekatomben darbringen. Um die Stadt fließt ein Strom voll des schönsten Parfums, hundert königliche Ellen breit, fünf tief, so daß man leicht darin schwimmen kann. Als Bäder dienen ihnen große Häuser aus Glas, die mit Zimt geheizt werden. Statt des Wassers aber befindet sich in den Wannen heißer Tau. Als Kleidung gebrauchen sie zarte, dunkelviolette Spinnwebe. Sie selber haben keine Körper, sondern sind untastbar und fleischlos und weisen nur leibliche Gestalt und Form auf. Und obwohl sie körperlos sind, haben sie doch Bestand, bewegen sich, denken und geben Laute von sich, und überhaupt sieht es aus, als ob ihre bloße Seele herumspazierte, äußerlich körperähnlich. Wenn einer also nicht hingriffe, würde er nicht daraufkommen, daß das, was er vor Augen hat, kein Körper ist. Sie sind nämlich wie aufrecht stehende, nicht schwarze Schatten. Keiner altert, sondern bleibt in dem Alter, in dem er herkommt. Es wird ferner bei ihnen nicht Nacht, aber auch nicht strahlender Tag. Wie das Morgengrauen vor Tagesanbruch, wenn die Sonne noch nicht aufgegangen ist, solches Licht herrscht in dem Land. Weiter kennen sie nur eine Jahreszeit; immer ist es nämlich Lenz bei ihnen, und ein einziger Wind weht bei ihnen, der West. Das Land hat eine üppige Vegetation aller Arten von Blumen, aller Arten von Frucht- und Zierbäumen. Denn die Reben tragen zwölfmal, einmal in jedem Monat. Von den Granatapfel- und den gewöhnlichen Apfelbäumen sowie von den übrigen Fruchtbäumen heißt es, daß sie 13mal tragen, in einem Monat nämlich, der bei ihnen nach Minos benannt ist, zweimal. Statt des Weizens bringen die Ähren auf ihren Spitzen fertiges Brot wie Pilze. Quellen gibt es bei ihnen im Umkreis der Stadt mit Wasser 365, außerdem mit Honig ebensoviele, mit Parfum 500, doch sind diese kleiner, auch sieben Milch- und acht Weinflüsse.

Der Platz des Gelages ist außerhalb der Stadt auf dem sogenannten Elysischen Gefilde hergerichtet. Das ist eine wunderschöne Wiese, um sie herum ein dichter Wald aus allerlei Bäumen, der die Teilnehmer am Gelage beschattet. Als Lagerstätte dient ihnen eine Unterlage aus Blumen, es bedienen sie und verabreichen ihnen alles die Winde, mit Ausnahme des Einschenkens. Das haben sie nämlich gar nicht nötig, vielmehr stehen um den Platz des Gelages große Bäume aus sehr durchsichtigem Glas, und die Frucht dieser Bäume besteht aus Bechern, die nach Form und Größe mannigfache Unterschiede aufweisen. Wenn also einer zum Gelage geht, pflückt er einen oder zwei Becher und stellt sie neben sich hin, sie füllen sich aber sofort mit Wein. So trinken sie, statt der Kränze aber pflücken ihnen die Nachtigallen und die anderen Singvögel auf den nahen Wiesen Blumen, fliegen dann damit über ihre Köpfe und lassen sie unter Gesang auf sie wie Schneeflocken herabfallen. Ferner parfümieren sie sich auf folgende Weise: Dichte Wolken ziehen Parfüm aus den Quellen und aus dem Fluß empor, stellen sich über den Platz des Gelages und lassen unter dem sachten Druck der Winde eine feine Essenz wie Tau regnen. Beim Mahle haben sie nur Ohr für Musik und Gesang, sie lassen sich besonders die Gedichte Homers vorsingen; er ist persönlich zugegen und schmaust mit ihnen, wobei er einen Ehrenplatz neben dem Odysseus hat. Die Chöre bestehen aus Knaben und Mädchen. Es leiten sie aber und singen selber mit Eunomos der Lokrer, Arion aus Lesbos, Anakreon und Stesichoros; denn auch diesen sah ich bei ihnen, da die Helena sich mit ihm wieder versöhnt hatte. Wenn diese zu singen aufhören, tritt ein zweiter Chor auf, bestehend aus Schwänen, Schwalben und Nachtigallen. Sind auch diese fertig, dann flötet nur mehr der ganze Wald, wobei die Winde den Takt angeben. Sie haben eine Einrichtung, die sehr viel zur Fröhlichkeit beiträgt: es gibt zwei Quellen neben dem Platz des Gelages, eine Quelle des Lachens und eine der Wonne. Aus beiden trinken alle zu Beginn des Schmauses und bringen dann die übrige Zeit unter fröhlichem Scherzen hin.

Ich will nun sagen, welche von den hervorragenden Persönlichkeiten ich bei ihnen bemerkte: alle Halbgötter sowie die Teilnehmer am Feldzug gegen Ilion außer dem lokrischen Aias – von ihm allein hieß es, daß er am Ort der Gottlosen gezüchtigt wurde –, von Barbaren aber beide Kyros, den Skythen

Anacharsis, den Thraker Zamolxis, den Italiker Numa, ferner den Lakedämonier Lykurg, die Athener Phokion und Tellos und die Weisen ohne Periander. Ich sah aber auch Sokrates, Sophroniskos' Sohn, mit Nestor und Palamedes plaudern. Um ihn befanden sich der Lakedaemonier Hyakinth, der Thespier Narkissos, Hylas und andere männliche Schönheiten, und mir schien er in den Hyakinth verliebt zu sein, wenigstens befaßte er sich mit ihm am meisten. Es hieß aber, Rhadamanthys zürne ihm und habe oft gedroht, ihn aus der Insel hinauszuwerfen, falls er weiter schwätze und nicht unter Verzicht auf seine Ironie schmausen wolle. Platon allein war nicht zugegen, sondern es hieß, daß er mit seinesgleichen in der von ihm erdichteten Stadt unter Verwendung der von ihm entworfenen Staatsverfassung und Gesetze hause. Aristipp und Epikur nebst ihresgleichen spielten bei ihnen die erste Rolle, da sie angenehm, willkommen und sehr trinkfeste Gesellschafter waren. Zugegen war auch der Phryger Äsop; ihn verwendeten sie als Spaßmacher. Diogenes von Sinope hatte so sehr seinen Charakter geändert, daß er die Hetäre Lais heiratete, oft im Zustand der Trunkenheit sich zum Tanz erhebt und im Rausch Ausschreitungen begeht. Von den Stoikern war niemand zugegen; es hieß, daß sie noch immer im Anstieg zur steilen Höhe der Tugend begriffen seien. Wir hörten auch von Chrysipp, daß er nicht früher die Insel betreten dürfe, bevor er zum viertenmal eine Nieswurzkur durchgemacht hätte. Von den Akademikern hieß es, sie wollten zwar kommen, hielten aber noch an sich und dächten weiter nach; denn sie könnten noch nicht einmal das erfassen, ob es eine solche Insel gäbe. Besonders fürchteten sie halt die Entscheidung des Rhadamanthys, da sie selbst die Entscheidungsmöglichkeit aufgehoben hatten. Viele von ihnen, sagte man, nehmen einen Anlauf und folgen den Hierherkommenden, bleiben aber aus Saumseligkeit zurück, ohne sie zu erreichen, und kehren mitten auf dem Wege um.

Das waren die nennenswertesten der Anwesenden. Am meisten ehren sie Achill, neben diesem Theseus. Über den Geschlechts- und Liebesverkehr denken sie so: Sie üben ihn offen vor aller Augen aus, Frauen und Männer, und das gilt bei ihnen keineswegs als Schande. Nur Sokrates schwur immer wieder, sein Verkehr mit den jungen Leuten sei rein moralisch. Jedoch erklärten sich alle gegen ihn und behaupteten, er schwöre einen Meineid; Hyakinth wenigstens und Narkiss gestanden es oft ein, er jedoch stritt es immer wieder ab. Die Frauen sind allen gemeinsam und keiner neidet sie seinem Nächsten, sondern sie sind gerade in dieser Hinsicht im höchsten Grad platonisch. Auch die Knaben stellen sich ohne Widerspruch jedem, der will, zur Verfügung.

Es waren noch nicht zwei oder drei Tage vergangen, so begab ich mich zum Dichter Homer, als wir beide Zeit hatten, und fragte ihn unter anderem auch, woher er sei, wobei ich bemerkte, daß bei uns diese Frage bis jetzt noch lebhaft erörtert werde. Er erwiderte, er wisse das selber sehr wohl, daß einige ihn für einen Chier halten, andere für einen Smyrnäer, viele für einen Kolophonier; er behauptete jedoch, ein Babylonier zu sein und bei seinen Mitbürgern nicht Homer, sondern Tigranes zu heißen; später habe er als Geisel bei den Griechen seinen Namen geändert. Außerdem fragte ich ihn wiederholt über die als unecht bezeichneten Verse, ob sie von ihm geschrieben seien. Er sagte immer wieder, alle stammen von ihm. Ich verdammte also die Grammatiker Zenodot, Aristarch und Genossen wegen ihrer zahlreichen frostigen Abhandlungen über diese Frage. Als ich darüber genügend Aufschluß bekommen hatte, fragte ich ihn wieder, warum er mit dem Zorn des Achill die Ilias begann. Und er antwortete, es sei ihm so in den Sinn gekommen, ohne daß er damit eine Absicht verband. Weiter wünschte ich auch das zu wissen, ob er die Odyssee früher als die Ilias schrieb, wie die meisten behaupteten; er leugnete das. Daß er auch nicht blind war, was man ebenfalls von ihm behauptet, wußte ich sofort; ich sah's ja, so daß ich nicht einmal zu fragen brauchte. Oft tat ich das auch sonst, wenn ich einmal sah, daß er Zeit hatte: Ich ging nämlich zu ihm und fragte ihn aus, und er gab mir über alles bereitwillig Auskunft, besonders nachdem er seinen Prozeß gewonnen hatte; es war nämlich gegen ihn eine Klage wegen Beleidigung von Thersites eingebracht worden, weil er ihn in seiner Dichtung verspottet hatte. Und es siegte Homer, wobei Odysseus sein Anwalt war.

Zu dieser selben Zeit kam auch Pythagoras der Samier,

nachdem er sieben Verwandlungen durchgemacht, in ebensovielen Lebewesen gelebt und den Kreislauf der Seele beendet hatte. Er war an der ganzen rechten Körperhälfte von Gold. Und es wurde die Entscheidung gefällt, er dürfe an ihrem Gemeinwesen teilnehmen, nur zweifelte man noch, ob man ihn Pythagoras oder Euphorbos nennen solle. Empedokles kam ebenfalls, über und über mit Brandwunden bedeckt und am ganzen Körper gebraten; er wurde aber trotz seiner inständigen Bitten nicht aufgenommen.

Im Verlaufe der Zeit kam der Termin der bei ihnen üblichen Wettspiele, Thanatusien genannt. Die Leitung hatten Achill zum fünften und Theseus zum siebenten Male. Von allem übrigen zu reden würde zu weit führen, bloß die Hauptsachen der Vorgänge will ich berichten. Im Ringkampf besiegte Karanos, ein Nachkomme des Herakles, den Odysseus im Wettbewerb um den Siegeskranz. Unentschieden blieb der Faustkampf des Ägypters Areios, der in Korinth bestattet ist, und des Epeios, die gegeneinander angetreten waren. Für das Pankration werden bei ihnen keine Preise ausgesetzt. Wer jedoch im Lauf siegte, habe ich nicht mehr in Erinnerung. Unter den Dichtern war in Wahrheit Homer weitaus allen anderen überlegen. Trotzdem trug den Sieg Hesiod davon. Siegespreis war für jeden ein aus Pfauenfedern geflochtener Kranz.

Kaum waren die Wettspiele zu Ende, so wurde gemeldet, die Ruchlosen, die an dem Strafort gezüchtigt werden, hätten ihre Fesseln gesprengt, die Wache überwältigt und seien nun im Anmarsch gegen die Insel. Ihre Anführer seien Phalaris von Akragas, der Ägypter Busiris, der Thraker Diomedes sowie die Räuber Skiron und Pityokamptes nebst Genossen. Als das Rhadamanthys hörte, stellt er die Heroen auf dem Strand in Schlachtordnung auf; ihre Führung hatten Theseus, Achill und Telamons Sohn Aias, der wieder bei gesunder Vernunft war. Der Zusammenstoß entwickelte sich zu einem längeren Kampf, in dem die Heroen den Sieg errangen, zu dem Achill das meiste beitrug. Es zeichnete sich aber auch Sokrates aus, der seinen Platz auf dem rechten Flügel hatte, und zwar noch viel mehr als zu Lebzeiten, damals, als er vor Delion kämpfte. Obwohl nämlich vier Feinde auf ihn losgingen, floh er nicht und verzog keine Miene. Dafür bekam er später als eine besondere Auszeichnung einen schönen großen Park in der Vorstadt, wo er seine Freunde versammeln und mit ihnen Gespräche führen konnte; Totenakademie benannte er den Ort. Sie verhafteten also die Besiegten und sandten sie nach erfolgter Feßlung zu noch härterer Bestrafung zurück. Auch diese Schlacht beschrieb Homer und gab mir bei seiner Abreise die Exemplare mit, um sie den bei uns lebenden Menschen zu bringen; aber später haben wir auch sie mit allem übrigen verloren. Der Anfang der Dichtung lautete folgendermaßen:

›Künde mir, Muse, nunmehr den Kampf der toten Heroen.‹

Damals also feierten sie den Sieg durch ein Festmahl, das, wie es bei ihnen nach glücklicher Beendigung eines Krieges Brauch ist, aus gekochten Bohnen bestand. An diesem großen Fest nahm allein Pythagoras nicht teil, sondern blieb, ohne etwas davon zu essen, abseits sitzen, da er das Bohnenessen verabscheute.

Nachdem bereits sechs Monate vergangen waren, traten um die Mitte des siebenten ungewöhnliche Ereignisse ein. Kinyras, der Sohn des Skintharos, ein großer schöner Jüngling, war schon lange in Helena verliebt, und dieser merkte man es deutlich an, daß sie den jungen Menschen wahnsinnig liebte; sie gaben doch einander oft Winke beim Gelage, tranken einander zu, standen auf und spazierten allein im Wald herum. Und einmal faßte unter dem Zwang der Liebe und weil er sich nicht anders zu helfen wußte, Kinyras den Entschluß, die Helena – die damit einverstanden war – zu entführen und schleunigst sich auf eine der nahen Inseln mit ihr zu begeben, entweder auf das Korkeiland oder auf das Käseland. Als Mitverschworene hatten sie seit langem drei meiner Gefährten, und zwar die verwegensten, beigezogen. Seinem Vater jedoch teilte er das nicht mit; er wußte ja, daß er von ihm daran gehindert werden würde. Im gegebenen Zeitpunkt führten sie den Anschlag durch. Und als es Nacht geworden war – ich war nicht zugegen; ich schlief nämlich gerade beim Gelage –, da nahmen sie die Helena heimlich an Bord und stachen eilig in See. Um Mitternacht aber wachte Menelaos auf, und wie er im Bett seine Gemahlin vermißte, erhob er ein Geschrei und ging mit seinem Bruder zum König Rhadamanthys. Beim Morgengrauen sagten die Späher, sie sähen das Schiff in großer Entfernung. So veranlaßte also Rhadamanthys fünfzig von den Heroen, sich in einen Einbaum aus Asphodillstengeln einzuschiffen, und trug ihnen die Verfolgung auf. Da sie eifrig ruderten, erwischten sie sie, mittags, als sie eben in die milchige Stelle des Ozeans in der Nähe der Käseinsel gerieten; so nahe waren sie daran gewesen zu entwischen. Das Schiff schleppten sie mittels einer Rosenkette in den Hafen zurück. Helena weinte, schämte sich und verhüllte sich von oben bis unten. Den Kinyras und Genossen fragte Rhadamanthys zuerst aus, ob sie noch andere Mitwisser hätten, wie sie das aber verneinten, ließ er sie zuerst mit Malven züchtigen und sandte sie dann mit Fesseln an den Schamteilen zur Stadt der Ruchlosen. Sie beschlossen aber, auch uns noch vor Ablauf des Termins von der Insel zu entlassen, nur den kommenden Tag sollten wir noch bleiben.

Da jammerte ich und weinte, angesichts der guten Dinge, die ich hier verlassen sollte, um mich wieder auf Irrfahrten zu begeben. Sie trösteten mich aber persönlich mit den Worten, nach nicht vielen Jahren würde ich wieder zu ihnen kommen, und sie wiesen mir schon für die Zukunft einen Lehnstuhl und eine Lagerstätte neben den Besten an. Ich ging zu Rhadamanthys und bat ihn inständig, mir die Zukunft zu sagen und mir Anweisungen für die Fahrt zu geben. Er sagte, ich würde in meine Heimat kommen, aber erst nach vielen Irrfahrten und Gefahren, die Zeit meiner Rückkehr wollte er aber nicht mehr hinzufügen. Aber er zeigte auf die nahen Inseln – es waren fünf an Zahl sichtbar, außerdem eine sechste nur in der Ferne –; diese nahen Inseln seien die der Ruchlosen, »wo du«, sprach er, »schon das viele Feuer lodern siehst, die sechste dort aber ist die Stadt der Träume; nach dieser kommt die Insel der Kalypso, aber sie ist für dich noch nicht sichtbar. Wenn du an diesen vorbei bist, dann wirst du zu dem großen Festland gelangen, das dem von euch bewohnten gegenüberliegt. Da wirst du vieles erleben, verschiedene Völkerschaften durchwandern, dich bei ungeselligen Menschen aufhalten, dann aber wirst du mit der Zeit einmal zum anderen Kontinent kommen.« So viel sprach er, dann zog er aus dem Boden eine Malvenwurzel, reichte sie mir und hieß mich, zu ihr in den größten Gefahren zu beten. Er riet mir aber, wenn ich einmal auf unsere Erde käme, weder im Feuer mit einem Schlachtmesser zu stochern noch Saubohnen zu essen noch mich mit einem über achtzehn Jahre alten Burschen einzulassen; dächte ich immer daran, so hätte ich Hoffnungen auf Rückkehr zur Insel der Seligen.

Da traf ich also meine Vorbereitungen für die Weiterfahrt und speiste hierauf, als es an der Zeit war, mit ihnen. Am folgenden Tag ging ich zum Dichter Homer und bat ihn, mir ein aus zwei Versen bestehendes Sinngedicht zu machen. Und nachdem er es gedichtet hatte, grub ich es in eine Säule aus Beryll ein, die ich beim Hafen errichtete. Das Sinngedicht lautete:

»Lukian sah dies alles als Freund der seligen Götter,
sah's und wiederum kehrt' er zurück zu den Lieben der Heimat.«

Nachdem ich auch jenen Tag dort geblieben war, stach ich am folgenden in See, wobei mir die Heroen das Geleite gaben. Da kam auch Odysseus zu mir und gab mir heimlich, ohne daß es die Penelope merken konnte, einen Brief, um ihn der Kalypso auf der Insel Ogygia zu überbringen. Rhadamanthys schickte mir den Fährmann Nauplios mit, damit, wenn wir auf die Inseln verschlagen würden, niemand uns verhafte, da wir ja in anderen Geschäften führen.

Als wir die wohlriechende Luft auf der Weiterfahrt hinter uns hatten, empfing uns sogleich ein schrecklicher Gestank wie von zusammen verbranntem Asphalt, Schwefel und Pech, auch ein scheußlicher und unerträglicher Dampf wie von verbrannten Menschen, und die Luft war düster und nebelig, und Pechtropfen träufelten aus ihr herab. Wir hörten auch das Klatschen von Geißeln und das Wehgeschrei von vielen Menschen. An den übrigen Inseln landeten wir nicht, die aber, die wir betraten, war so: ringsum zur Gänze steil und schroff, voll rauher Felsen und Klippen; Bäume gab es keine darauf, auch kein Wasser. Gleichwohl krochen wir an den Hängen hinauf und gingen über einen dornigen Pfad voller Pfähle; die ganze Gegend bot einen häßlichen Anblick. Zum Gefängnis und Strafort gekommen, staunten wir zuerst über die natürliche

Beschaffenheit des Ortes: Der Boden selber war nämlich statt mit Blumen überall mit Messern und Pfählen bestanden, und ringsum flossen Ströme, einer voller Kot, der zweite voller Blut, der innerste voller Feuer, dieser besonders groß und unüberschreitbar, und er floß doch wie Wasser und wogte wie das Meer, hatte auch viele Fische, von denen die einen Feuerbränden glichen, die kleinen aber feurigen Kohlen; man nannte sie Lämpchen. Es gab da nur einen einzigen schmalen allgemeinen Zugang, und als Torwart stand der Athener Timon dabei. Gleichwohl passierten wir unter Führung des Nauplios und sahen da Strafen vieler Könige, aber auch vieler Privatleute, von denen wir einige erkannten. Wir sahen auch den Kinyras in geräuchertem Zustand bei den Schamteilen aufgehängt. Zur Erläuterung erzählten die Fremdenführer die Lebensläufe der einzelnen Personen und die Sünden, um derentwillen sie bestraft wurden. Die allergrößten Strafen erduldeten die, die während ihres Lebens gelogen, und die, die als Geschichtsschreiber sich gegen die Wahrheit versündigt hatten, unter denen sich auch der Knidier Ktesias befand, Herodot und viele andere. Bei ihrem Anblick hegte ich gute Hoffnungen für die Zukunft; ich war mir nämlich bewußt, keine Unwahrheit gesagt zu haben. Schnell kehrte ich zum Schiff zurück – ich konnte ja den Anblick nicht ertragen –, verabschiedete mich von Nauplios und fuhr weg.

Und nach kurzem zeigte sich in der Nähe die Insel der Träume, aber nur verschwommen und undeutlich zu sehen. Es erging ihr also so, wie es einem im Traum zu ergehen pflegt: Sie wich nämlich vor uns immer weiter und weiter in die Ferne zurück. Als wir sie endlich erreicht hatten und in den Hafen, der nach dem Schlaf benannt ist, nahe den elfenbeinernen Toren eingefahren waren, wo das Heiligtum des Hahnes sich befindet, da gingen wir am späten Nachmittag ans Land. In die Stadt gekommen, sahen wir viele bunte Träume. Zuerst aber will ich von der Stadt sprechen, da niemand sonst über sie geschrieben, der aber, der allein ihrer gedachte, Homer, eine nicht sehr genaue Darstellung gegeben hat. Rings um die ganze Stadt ragt ein Wald auf, der Baumwuchs aber besteht aus hohem Mohn und Alraunwurzeln, und darauf sitzt eine große Menge von Fledermäusen; das ist nämlich der einzige Vogel, der auf der Insel vorkommt. Ein Fluß fließt da in der Nähe vorbei, der bei ihnen Nachtwandler heißt, und Quellen gibt es zwei neben den Toren. Die eine heißt die Schlaftrunkene, die andere die Nächtliche. Die Stadtmauer ist hoch und bunt, dem Regenbogen an Farbe ganz ähnlich. Tore jedoch sind in der Mauer nicht zwei, wie Homer gesagt hat, sondern vier, zwei mit der Aussicht auf das Gefilde der Gefühllosigkeit, das eine aus Eisen, das andere aus Ton verfertigt, durch die, wie es hieß, ihre schrecklichen, blutigen und grausamen Träume wandeln, zwei mit der Aussicht auf den Hafen und das Meer, das eine aus Horn, das andere, jenes, durch das wir gekommen waren, aus Elfenbein. Beim Eingang in die Stadt liegt zur Rechten der Tempel der Nacht – sie verehren unter den Göttern diese und den Hahn am meisten; sein Tempel ist beim Hafen errichtet –, zur Linken die Burg des Schlafes. Dieser herrscht nämlich bei ihnen und hat zwei Statthalter zu Stellvertretern ernannt, den Schrecker, Eitelmanns Sohn, und den Reichmann, Faslers Sohn. Mitten auf dem Hauptplatz befindet sich eine Quelle, die Schlafsucht heißt, und in der Nähe zwei Tempel: des Truges und der Wahrheit. Da liegt auch das heilige Orakel, dem als Prophet der Traumdeuter Antiphon vorsteht, der diese Ehrenstelle vom Schlaf bekommen hat. Was jedoch die Träume selber betrifft, so war weder ihr Wesen noch ihre Form identisch, sondern die einen waren lang, schön und wohlgestaltet, die anderen klein und häßlich und einige golden, wie es schien, andere von niedrigem und geringem Wert. Es befanden sich unter ihnen auch abenteuerliche Flügelwesen und andere, die wie zu einem Festzug ausgerüstet waren, die einen zu Königen, andere zu Göttern, andere zu anderen derartigen Zwecken geschmückt. Viele von ihnen erkannten wir, da wir sie vor Jahren bei uns gesehen hatten; sie gingen auf uns zu, begrüßten uns als gute Bekannte, nahmen uns mit, schläferten uns ein und bewirteten uns recht glänzend und gewandt, indem sie uns nicht nur sonst eine großartige Aufnahme angedeihen ließen, sondern auch versprachen, uns zu Königen und Statthaltern zu machen. Einige führten uns in unsere Heimatländer, zeigten uns unsere Angehörigen und brachten uns an demselben Tag wieder zurück. Dreißig Tage also und die gleiche Zahl von Nächten blieben wir bei ihnen in verträumtem Wohlleben, hernach aber fuhr plötzlich ein gewaltiger Donnerschlag nieder, wir erwachten, sprangen auf und stachen in See, nachdem wir uns vorher verproviantiert hatten.

Von dort gelangten wir am dritten Tag zur Insel Ogygia, wo wir ausstiegen. Vorher machte ich den Brief auf und las dessen Inhalt:

»Odysseus grüßt Kalypso. Wisse, daß ich, sobald ich nach der Herstellung des Floßes von dir fortgefahren war, Schiffbruch erlitt und nur mit Mühe, von Leukothea gerettet, zum Lande der Phäaken gelangte, von denen ich heimgesandt wurde. In der Heimat traf ich viele Freier meiner Frau, die auf meinem Besitz schwelgten. Sie alle tötete ich, wurde aber später von Telegonos, den mir Kirke geboren hatte, ums Leben gebracht. Und jetzt befinde ich mich auf der Insel der Seligen und bereue es sehr, das Leben bei dir und die Unsterblichkeit, die du mir in Aussicht stelltest, aufgegeben zu haben. Sobald ich also Gelegenheit dazu finde, werde ich davonlaufen und zu dir kommen.«

Das besagte der Brief, und außerdem stand darin von uns, daß wir bewirtet werden sollten. Ich hatte nur eine kurze Strecke vom Meer aus zurückgelegt, da fand ich die Grotte, so wie sie Homer geschildert hat, und sie selber bei der Wollarbeit. Als sie den Brief genommen und durchgelesen hatte, weinte sie zuerst lang, dann aber lud sie uns zu gastlicher Bewirtung ein, bereitete uns ein glänzendes Mahl und erkundigte sich angelegentlich nach Odysseus und Penelope, wie sie aussähe und ob sie so sittsam sei, wie Odysseus vor Jahren von ihr gerühmt hatte. Und wir gaben ihr solche Antworten, über die sie sich, wie wir dachten, freuen sollte.

Dann gingen wir also zum Schiff und legten uns in seiner Nähe am Strand schlafen. Als am frühen Morgen ein ziemlich heftiger Wind hereinbrach, stachen wir in See. Und so fuhren wir bei Sturm zwei Tage, am dritten aber stoßen wir auf die Kürbispiraten. Das sind wilde Menschen, die von den benachbarten Inseln aus die Vorüberfahrenden ausrauben. Sie haben große Fahrzeuge aus Kürbissen, sechzig Ellen lang. Wenn sie nämlich den Kürbis ausgetrocknet haben, höhlen sie ihn aus, nehmen das Innere heraus und fahren dann damit, wobei sie Masten aus Rohr und statt der Segelleinwand das Kürbisblatt verwenden. Sie überfielen uns, bekämpften uns mit zwei Mannschaften und verwundeten viele von uns, indem sie statt der Steine mit den Kürbiskernen schossen. Als wir aber lang unentschieden kämpften, sahen wir gegen Mittag hinter den Kürbispiraten die Nußschiffer heransegeln. Sie waren gegenseitige Feinde, wie es sich zeigte. Kaum hatten nämlich jene ihre Ankunft bemerkt, so ließen sie uns in Ruhe, machten eine Schwenkung und kämpften gegen sie. Wir aber zogen unterdessen unsere Segel auf, flohen und ließen sie kämpfen. Und es war klar, daß die Nußschiffer die Oberhand gewinnen würden, da sie nicht nur in der Überzahl waren – sie hatten nämlich fünf Mannschaften –, sondern auch von stärkeren Schiffen aus kämpften. Denn sie hatten als Fahrzeuge halbe leere Nußschalen, die Länge jeder Hälfte betrug fünfzehn Klafter.

Nachdem wir sie aus den Augen verloren hatten, beschäftigten wir uns mit der Pflege der Verwundeten und standen auch weiterhin meistens unter den Waffen, da wir immer irgendwelche Anschläge erwarteten; nicht mit Unrecht. Es war ja die Sonne noch nicht untergegangen, so zogen gegen uns von einer öden Insel etwa gegen zwanzig Mann heran, die auf großen Delphinen ritten, ebenfalls Räuber. Und die Delphine trugen sie sicher, hüpften empor und wieherten dabei wie Rosse. Als sie aber in der Nähe waren, teilten sie sich in zwei Reihen und beschossen uns von beiden Seiten mit trockenen Tintenfischen und Krebsaugen. Als wir aber auf sie mit Bogen und Speeren schossen, hielten sie nicht mehr stand, sondern flohen, die meisten von ihnen verwundet, zu ihrer Insel.

Um Mitternacht sießen wir bei Meeresstille unversehens auf ein riesengroßes Eisvogelnest; es hatte sechzig Stadien im Umfang. Auf diesem schwamm, auf seinen Eiern brütend, der Eisvogel, nicht viel kleiner als sein Nest. Und als er nun aufflog, da hätte er durch den Luftzug seiner Flügel unser Schiff beinahe versenkt. Eilig entfloh er, indem er einen Klagelaut von sich gab. Als es nun nach und nach Tag wurde, betraten wir das Nest und schauten es uns an: Es glich einem großen Floß und war aus großen Baumstämmen zusammengetragen; darin lagen auch fünfhundert Eier, von denen jedes einen größeren Fassungsraum hatte als ein Faß von Chios. Bereits waren auch die Jungen darin sichtbar und piepten. Wir zerschlugen eines von den Eiern mit Beilen und schälten ein noch nicht flügges Junges heraus, das stärker als zwanzig Geier war.

Als wir auf der Weiterfahrt etwa zweihundert Stadien vom Nest entfernt waren, da erschienen uns große, seltsame Wunderzeichen: Die Gans am Heck machte nämlich plötzlich Flügelschläge und schrie auf, der Steuermann Skintharos, der bereits eine Glatze hatte, bekam wieder Haare und, was das Allerseltsamste war, der Schiffmast schlug aus, trieb Zweige und trug auf ihren Spitzen Früchte; diese bestanden in Feigen und schwarzen, noch nicht reifen Trauben. Über diesen Anblick waren wir, wie natürlich, bestürzt und beteten wegen der seltsamen Erscheinungen zu den Göttern. Wir hatten noch keine fünfhundert Stadien zurückgelegt, so sahen wir einen großen, dichten Wald von Fichten und Zypressen. Wir vermuteten nun, es sei Festland. Es war aber ein grundloses, mit wurzellosen Bäumen bewachsenes Meer. Die Bäume standen gleichwohl unbeweglich da, es sah so aus, als ob sie aufrecht auf uns zuschwämmen. Als wir uns genähert und das Ganze erfaßt hatten, waren wir in Verlegenheit, was wir tun sollten; denn weder war es möglich, durch die Bäume zu fahren – sie standen ja dicht und nahe beisammen –, noch schien es leicht, umzukehren. Ich stieg aber auf den größten Baum, spähte aus, wie es drüben aussehe, und sah, daß der Wald sich auf fünfzig Stadien oder etwas mehr erstrecke, hernach aber sich wieder ein anderer Teil des Ozeans anschließe. Und so beschlossen wir, das Schiff auf das Laub der Bäume hinauf zu setzen – es war ja dicht – und so womöglich zum anderen Meer hinüberzubringen. Und so taten wir auch: Wir banden es an ein langes Seil, stiegen auf die Bäume, zogen es mit Mühe hinauf, setzten es auf die Zweige, spannten die Segel aus und fuhren wie auf dem Meer, von den Windstößen weitergeschleift. Da fiel mir der Vers des Dichters Antimachos ein; er sagt nämlich irgendwo:

›Jene reisten dahin, sie kamen durch waldige Strecken.‹

Nachdem wir gleichwohl den Wald bewältigt hatten, kamen wir zum Wasser, ließen das Schiff wieder auf gleiche Weise herab und fuhren nun durch reines, durchsichtiges Wasser, bis wir auf einen großen Schlund gerieten, der sich infolge einer Spaltung des Wassers gebildet hatte, wie wir auf der Erde oft Klüfte infolge von Erdbeben entstanden sehen. Obwohl wir also die Segel herabließen, blieb unser Schiff doch nicht gleich stehen und wäre beinahe in den Schlund geraten. Als wir uns darüber bückten, sahen wir eine ganz schreckliche und seltsame Tiefe von etwa tausend Stadien; links und rechts stand nämlich das Wasser, wie wenn es gespalten wäre. Wie wir uns aber umsehen, bemerken wir rechts in nicht sehr weiter Entfernung eine vom Wasser gebildete Brücke, die die beiden Meere an der Oberfläche miteinander verband, indem das Wasser von dem einen Meer in das andere floß. Wir ruderten also darauf los und kamen mit vieler Mühe wider Erwarten auf die andere Seite.

Dort nahm uns ein ruhiges Meer mit einer nicht großen Insel auf, die leicht zugänglich und bewohnt war. Es hausten auf ihr aber wilde Menschen, Ochsenköpfler mit Hörnern, wie man bei uns den Minotauros abbildet. Nach unserer Landung gingen wir landeinwärts, um uns mit Wasser und womöglich mit Lebensmitteln zu versehen. Wir hatten nämlich keine mehr. Und Wasser allerdings fanden wir in der Nähe. Sonst aber zeigte sich nichts, nur hörte man in nicht großer Entfernung ein lautes Gebrüll. In der Meinung, es sei eine Rinderherde, marschierten wir allmählich weiter, bis wir auf die Menschen stießen. Als sie uns sahen, verfolgten sie uns und fangen drei meiner Gefährten, wir übrigen aber flohen zum Meer zurück. Hernach jedoch greifen wir alle zu den Waffen – wir dachten ja nicht daran, unsere Freunde ungerächt zu lassen – und überfallen die Ochsenköpfler, während sie das Fleisch der Getöteten zerteilten. Wir schrecken sie alle auf, verfolgen sie, töten etwa fünfzig, fangen zwei von ihnen lebend und kehren dann mit den Gefangenen wieder zurück. Nahrung fanden wir jedoch keine. Die anderen waren nun dafür, die Gefangenen abzuschlachten, ich war aber nicht dieser Ansicht, sondern ließ sie gefesselt bewachen, bis von den Ochsenköpflern Gesandte kamen mit der Forderung nach Auslieferung der Verhafteten gegen Lösegeld. Wir legten uns nämlich ihre Winke und ihr klägliches Gebrüll als Bitten aus. Das Lösegeld bestand in viel Käse, trockenen Fischen, Zwiebeln und vier Hirschen, von denen jeder drei Füße hatte, nämlich zwei hintere, während die vorderen in einen zusammengewachsen waren. Für diese Gaben sandten wir die Verhafteten zurück, blieben noch einen Tag und stachen dann in See.

Bereits zeigten sich uns Fische, flogen Vögel vorüber und wurden alle anderen Anzeichen eines nahen Festlandes sichtbar. Bald darauf sahen wir auch Männer, die auf eine ungewöhnliche Art Schiffahrt trieben: Sie selber waren nämlich zugleich Schiffer und Schiffe. Ich will die Art ihrer Fahrt beschreiben: Rücklings auf dem Wasser liegend, hatten sie ihre Glieder aufgerichtet – sie haben aber große –, auf ihnen ein Segel ausgespannt, hielten in den Händen die Zipfel und segelten so vor dem Wind dahin. Andere hinter diesen hatten, auf Korken sitzend, zwei Delphine angespannt, peitschten sie vorwärts und lenkten sie durch Zügel. Diese aber schwammen vorwärts und schleppten die Korke nach. Sie taten uns weder etwas zuleid noch flohen sie vor uns, sondern fuhren furchtlos und friedlich weiter, indem sie die Form unseres Schiffes anstaunten und von allen Seiten betrachteten.

Als es bereits Abend wurde, gelangten wir zu einer nicht großen Insel. Sie wurde von Frauen, wie wir annahmen, die Griechisch sprachen, bewohnt. Sie kamen nämlich auf uns zu und bewillkommneten und begrüßten uns, alle recht hetärenhaft geschmückt, schön und jung, in bis zu den Füßen reichenden Hemden, die sie nachschleppten. Die Insel hieß Koboldeiland, die Stadt für sich Wassergeilstatt. Sie verteilten uns unter sich und eine jede nahm einen zu sich als ihren Gast. Da trete ich ein wenig zur Seite – ich ahnte nämlich nichts Gutes –, schaue mich genauer um und sehe die Gebeine und Schädel vieler Menschen herumliegen. Ein Geschrei zu erheben, die Freunde zusammenzurufen und zu den Waffen zu greifen, hielt ich nicht für passend. Ich nahm aber die Malvenwurzel hervor und betete inständig zu ihr, ich möchte dem bevorstehenden Unheil entrinnen. Bald aber sah ich, während meine Wirtin mich bediente, daß sie keine Frauenschenkel, sondern Eselshufe hatte. Da ziehe ich nun mein Schwert, fasse sie, feßle sie und fragte sie um alles aus. Sie aber sagte, zwar ungern, schließlich aber doch, sie seien Meerfrauen, Eselschenklerinnen genannt, die die bei ihnen sich aufhaltenden Fremden verspeisen. »Sobald wir sie nämlich«, sprach sie, »trunken gemacht und uns mit ihnen ins Bett gelegt haben, überfallen wir sie im Schlaf.« Als ich dies vernommen, ließ ich sie an Ort und Stelle gefesselt, stieg selbst aufs Dach und rief laut meine Gefährten zusammen. Als sie beisammen waren, teilte ich ihnen alles mit, zeigte ihnen die Gebeine und führte sie zur Gefesselten hinein. Sie aber wurde augenblicklich zu Wasser und blieb unsichtbar. Gleichwohl senkte ich mein Schwert zur Probe ins Wasser; dieses aber wurde zu Blut.

Wir kehrten also rasch zum Schiff zurück und segelten ab. Und als es nach und nach Tag wurde, erblickten wir Land und vermuteten, es sei das unserem Kontinent gegenüberliegende Festland. Wir verrichteten also kniefällig unsere Gebete und berieten uns über die Zukunft. Die einen waren dafür, nur zu landen, dann aber wieder zurückzukehren, die anderen traten dafür ein, das Schiff an Ort und Stelle zu lassen, ins Binnenland hinaufzusteigen und sich mit den Einwohnern einzulassen. Während wir also diese Erwägungen anstellten, überfiel uns ein heftiger Sturm und schmetterte das Schiff an die Küste, daß es zerschellte. Jeder ergriff hastig die Waffen und wenn er sonst etwas erwischen konnte, und so schwammen wir mit Mühe ans Land.

Das sind also meine Erlebnisse bis zum anderen Festland, auf dem Meer und während der Fahrt auf den Inseln, in der Luft, hernach im Walfisch, und nachdem wir wieder herausgekommen waren, bei den Heroen sowie bei den Träumen und schließlich bei den Ochsenköpflern und den Eselschenklerinnen. Die Erlebnisse auf dem anderen Kontinent werde ich in den folgenden Büchern erzählen.

NACHERZÄHLUNGEN UND EINZELSZENEN

Auszüge aus utopischen Romanen

Die folgenden fünf Fragmente liegen zumeist zeitlich früher als die anderen Romane dieser Sammlung. Über ihre Einordnung in das Gesamtphänomen des antiken Romans ist bereits gesprochen worden (s. Einleitung Bd. I, S. 11f.); hier ist nun das Wenige nachzutragen, das über die einzelnen Texte und ihre Autoren bekannt ist.

Euhemeros von Messene (um 300 v. Chr.) ist als Religionsphilosoph bekannt. Sein Reiseroman erzählt von einem utopischen Staatswesen auf einer Inselgruppe im Weltmeer, wo auf einer »Heiligen Inschrift« (daher auch der Titel »Hiera Anagraphe«*) von den Urkönigen Uranos, Kronos und Zeus berichtet ist. Diese sind also nicht unsterbliche Götter, sondern Herrscher, die wegen ihrer Leistungen vergöttlicht wurden. In Ausweitung dieses Konzepts wurden hernach auch ‚Erfinder' dem Euhemerismus zugeordnet, die aufgrund ihrer Gaben respektive Wohltaten für die Menschen und ihre Zivilisation (Beispiel: Bakchos als Bringer des Weines) göttliche Ehren genossen, jedoch rational als bedeutende Menschen erklärt werden sollten. Festzuhalten bleibt, daß der Gedankengang zwar nicht von Euhemeros erfunden, jedoch von ihm so ansprechend formuliert worden ist, daß die ganze Gedankenrichtung nach ihm ihren Namen trägt. In der Antike wurde sein Werk von Ennius ins Lateinische übertragen, wovon sich Spuren bei Laktanz, Augustin und Varro finden. Auszüge liefert neben Diodor (unser Text) auch Eusebios (*Praeparatio Evangelica *2, 2). Wichtig ist, daß uns hier der erste ‚Staatsroman' begegnet, der uns zugleich Erklärungen über das Rechtsgefüge und die ökonomischen Verhältnisse des Traumlandes darbietet.*

Theopomp von Chios (4. Jahrhundert v. Chr.), ein Schüler des Isokrates, scheint mit Platon in Wettstreit getreten zu sein, indem er einzelne Elemente aus dessen Werk kombinierte und sie für den Geschmack seiner eigenen Zeit präparierte. Aelian berichtet in kurzer Zusammenfassung, wie Theopomp im 8. Buch seiner Philippika *genannten Geschichtsdarstellung der Zeit 360–336 v. Chr. jenen weit entlegenen Kontinent beschrieben habe, der jenseits des großen Ozeans liege, in welchem Europa, Asien und Afrika nur geringe Inseln sind. Ähnlich wie Platon Ur-Athen und Atlantis konfrontiert hatte, so finden sich auch in Theopomps Phantasieland zwei einander entgegengesetzte Städte, Machimos und Eusebes, »Kriegsstadt« und »Frommstadt«. Auch in den beiden Flüssen am »Ort ohne Wiederkehr« und der Wirkung ihrer Wasser – der eine bringt Kummer und raschen Tod, der andere Freude und Vergessen, zugleich aber auch stete Verjüngung bis zum gänzlichen Vergehen – mag man einen Reflex des Mythos aus Platons Dialog* Der Staatsmann *sehen; das Motiv taucht in der Neuzeit wieder auf im »Regenerationshumus« der sog. »Wintergärten« in Franz Werfels Roman* Stern der Ungeborenen.

Hekataios von Teos (mitunter auch: von Abdera) beschrieb (wohl zu Beginn des 3. Jahrhunderts v. Chr.) die Stadt der Kimmerier im Lande der Hyperboreer als fruchtbare, vom Gotte Apollon geliebte Landschaft. Leider sind nur geringe Reste erhalten, obschon es sich nach anderen Nachrichten (Schol. zu Apoll. Rhod. 2,695; Aelian, Hist. An. 11,1) offenbar um eine umfassendere Darstellung handelte. Aus einer idealisierenden Darstellung der Vergangenheit Ägyptens, gleichfalls mit utopischen Zügen ausgestattet, hat Diodor (1,73ff.) einiges überliefert.

*Iambulos dürfte zwischen 300 und dem 1. Jahrhundert v. Chr. gelebt haben. Franz Altheim sieht in ihm einen hellenisierten Nabatäer und nimmt als Entstehungszeit des Werkes 200–180 v. Chr. an (*Weltgeschichte Asiens, *Halle 1948, 2,159). Außer Diodor, der uns Details seiner Erzählung überliefert, erwähnt ihn auch Lukian in der Einleitung seiner* »Wahren Geschichte« *(s. S. 622) als einen – trotz seiner Lügen – angenehm zu lesenden Autor. Die nicht wenigen skurrilen Züge, die seinem Bericht über die Sieben Inseln des Sonnenstaates eigene Farbe geben, mischen sich mit vielerlei verschiedenen Vorstellungen, wie Euthanasie, genau geregelter Diät, Gütergemeinschaft in Gruppen zu Vierhundert u. a. m. Es ist nicht von der Hand zu weisen, daß des Thomas Morus* Utopia *dieser Quelle gewisse Einzelheiten verdankt; die Tradition des »Sonnenstaates« jedenfalls setzt Campanella ebenso fort wie Vairasse mit* Sevarambia, *und noch unter den Werken Ernst Jüngers findet sich der Romantitel* Heliopolis, *zu deutsch: Sonnenstadt.*

Die Erklärung der ganzen Welt und der Völker *(Expositio*

totius mundi et gentium) dürfte um 350 n. Chr. entstanden sein; das griechische Original wurde später in das Latein der Verfallszeit übertragen. Der Text gibt eine Beschreibung der bewohnten Welt, zunächst Asiens und Europas in ost-westlicher, dann Afrikas in östlicher Richtung, schließlich auch der Inseln. Am Anfang steht das fernöstliche Wunderland, das dem Paradies gleichgesetzt werden kann und mit vielerlei Zügen der gängigen Utopie-Schilderungen ausgestattet ist. Einzig innerhalb der utopischen Literatur dürfte jedenfalls der Wunschtraum von einem von Flöhen, Läusen, Wanzen und dergleichen freien Leben sein – man sieht, ein Paradies hat vielerlei Seiten.

Euhemeros

Am äußersten Ende von Arabia Felix, an den Gestaden des Okeanos, liegen, dem Land gegenüber, zahlreiche Inseln, von denen drei Erwähnung in einer historiographischen Darstellung verdienen. Eine von ihnen heißt Hiera (Heilig). Tote auf ihr zu bestatten ist nicht statthaft. Eine andere liegt in ihrer Nähe in einer Entfernung von sieben Stadien; auf sie überführt man die Leichen der Verstorbenen, die man der Bestattung für würdig erachtet. Hiera besitzt keine anderen Früchte, Weihrauch dagegen bringt es hervor in solcher Fülle, daß er zur Ehrung der Götter in der gesamten bewohnten Welt ausreichte. Es besitzt auch Myrrhe in außerordentlicher Menge sowie die mannigfachsten Arten von anderem Räucherwerk, das starken Wohlgeruch verströmt.

Das Land ist aufgeteilt unter seine Bewohner, und der König nimmt davon den besten Teil, außerdem von den auf der Insel wachsenden Früchten den Zehnten. Die Breite der Insel betrage, sagt man, zweihundert Stadien. Ihre Bewohner heißen Panchaier; sie exportieren Weihrauch und Myrrhe zum Festland und verkaufen sie an die arabischen Händler, von denen wiederum andere Kaufleute diese Art Waren aufkaufen und nach Phönizien und Koile-Syrien, ja bis nach Ägypten transportieren, und von diesen Orten schließlich verteilen weitere Händler die Güter über die ganze bewohnte Welt. Es gibt dort auch noch eine andere große Insel, von der zuvor erwähnten dreißig Stadien entfernt, im Okeanos gegen Morgen zu, viele Stadien lang. Man sagt, von ihrem Vorgebirge, das sich zum Aufgang hin erstreckt, könne man Indien sehen, freilich nur im Dunst infolge der weiten Entfernung.

Panchaia seinerseits weist viele Züge auf, die Aufnahme in eine Geschichtsdarstellung verdienen. Seine autochthonen Bewohner heißen Panchaier, als Fremde weilen dort Okeaniten, Inder, Skythen und Kreter. Eine bemerkenswerte Stadt befindet sich auf der Insel, Panara mit Namen. Sie genießt ungewöhnlich glückliche Zustände. Ihre Bürger heißen »Gefolgschaft des Zeus der Drei Stämme«; sie allein von allen Bewohnern Panchaias geben sich selbst ihre Gesetze ohne einen König. Für jedes Jahr erwählen sie drei Männer als Obrigkeit. Diese haben über Vergehen, die unter Todesstrafe stehen, keine Entscheidungsgewalt, alle anderen Verbrechen können sie aburteilen. Die schwersten Fälle leiten sie von selbst zu den Priestern weiter. Etwa sechzig Stadien von dieser Stadt entfernt befindet sich das Heiligtum des Zeus der Drei Stämme, in einer Ebene gelegen, bewundert vor allem wegen seines hohen Alters, seiner kostbaren Ausstattung und seiner günstigen Lage.

Die Ebene um das Heiligtum herum ist dicht mit Bäumen aller Art bestanden, nicht nur mit fruchttragenden, sondern auch mit Zierpflanzen, die das Auge zu erfreuen vermögen. Voll ist das Land von Zypressen von gewaltiger Größe und Platanen und Lorbeer und Myrten; reichliches Quellwasser ist vorhanden. Dicht beim Heiligen Bezirk entspringt aus der Erde eine Quelle süßen Wassers von solcher Größe, daß aus ihr ein schiffbarer Fluß hervorgeht. Aus diesem wird das Wasser auf viele Stellen verteilt, so daß diese bewässert werden. Über die ganze Fläche der Ebene hin finden sich darum einander dicht folgende Haine hoher Bäume; dort verbringen eine Menge Männer die Zeit während des Sommers, und eine Fülle von vielerlei Vögeln baut dort Nester, in buntem Federkleid, mit ihrem Gesang großes Vergnügen bereitend. Gärten aller Art sind da und Wiesen in Menge, mit vielerlei Gewächsen und Blumen, so daß durch die überirdische Weihe, die der Anblick des Ortes ausstrahlt, dieser sich als würdig erweist für die

Götter des Landes. Es erheben sich da gewaltige Stämme von Palmen, im Übermaße Frucht tragend, und viele Nußbäume; sie bieten den Einheimischen Nahrung in Hülle und Fülle. Daneben gibt es auch noch Weinstöcke in großer Anzahl und Vielfalt; sie wachsen in die Höhe und auch in verschiedener Form ineinander. Das bietet einen ansprechenden Anblick und gewährt ganz von selbst noch weiteren Genuß an der Gegend.

Der Tempel aber ist ein bemerkenswertes Bauwerk aus weißem Gestein, zwei Plethren in der Länge und proportional dazu in der Breite. Er wird getragen von hohen, breiten Säulen und ist in Abständen geschmückt mit kunstreichen Reliefs. Es gibt da höchst bemerkenswerte Götterbilder, durch ihre kunstvolle Fertigung ebenso außergewöhnlich wie durch ihre Monumentalität. Im Kreise um den Tempel haben die Priester, die den Göttern dienen, ihre Wohnungen; sie verwalten auch alle Angelegenheiten des Heiligen Bezirks. Vom Tempel aus hat man eine Prachtstraße ausgebaut, vier Stadien in der Länge und ein Plethron breit. Zu beiden Seiten dieser Allee stehen gewaltige Erzgefäße auf viereckigen Postamenten; an ihrem Ende hat der zuvor erwähnte Fluß seine Quellen, die in heftigem Schwalle hervorsprudeln. Das dahinströmende Wasser ist außerordentlich klar und wohlschmeckend, seine Anwendung für die Gesundheit des Körpers höchst förderlich. Es heißt aber dieser Fluß *Heliou Hydor* (»Wasser der Sonne«). Den gesamten Quellbereich umgibt eine kostbare Einfassung aus Stein, an jeder Seite vier Stadien lang; bis an den Rand dieser Einfassung ist der Ort zu betreten verboten für jedermann außer den Priestern. Die unterhalb gelegene Ebene ist bis zu einer Ausdehnung von zweihundert Stadien den Göttern geweiht, und die von dort herrührenden Einkünfte werden für die Opfer verwendet.

Jenseits der erwähnten Ebene erhebt sich ein hoher Berg, den Göttern heilig, »Thron des Uranos« genannt oder auch »Der Olymp der Drei Stämme«. Die Mythen berichten nämlich, in alter Zeit, da Uranos als König über die bewohnte Erde herrschte, habe er gern seinen Aufenthalt an diesem Orte genommen und von der Höhe zum Himmel und seinen Sternen aufgeschaut; später sei der Name »Olymp der Drei Stämme« aufgekommen, weil die Bewohner der Umgegend aus drei Völkern herrührten: Die einen heißen Panchaier, die anderen Okeaniten und die letzten Doier; diese wurden später von Ammon vertrieben. Ammon nämlich, so heißt es, vertrieb nicht allein dieses Volk, sondern machte auch ihre Städte dem Erdboden gleich: Er zerstörte sowohl Doia wie Asterusia gänzlich. Auf diesem Berge bringen die Priester jährlich einmal ein Opfer dar in großer Feierlichkeit.

Jenseits dieses Berges und über das ganze panchaitische Land hin findet sich, so heißt es, eine Fülle von verschiedenartigsten Lebewesen. Das Land weist viele Elefanten auf und Löwen und Leoparden und Gazellen, ferner anderes Getier von auffälligem Anblick und erstaunlicher Stärke. Die Insel besitzt auch drei nennenswerte Städte: Hyrakia, Dalis, Okeanis. Das ganze Land ist fruchtbar; besonders mannigfaltig ist die Fülle verschiedener Weine. Seine Männer sind kriegerischen Sinnes; sie benutzen nach alter Art im Kampfe Streitwagen.

Das gesamte Staatswesen ist dreifach gegliedert. Die erste Kaste ist die der Priester, denen auch die Handwerker angeschlossen sind, die zweite Gruppe ist die der Bauern, die dritte die der Soldaten, denen noch die Hirten beigesellt sind. Die Priester nun fungieren als Führer in allen Fragen, in Streitfällen treffen sie die Entscheidungen und bestimmen alle anderen öffentlichen Angelegenheiten. Die Bauern, die das Land bestellen, führen die Ernte an die Gemeinde ab. Wer von ihnen am erfolgreichsten gearbeitet zu haben scheint, der erhält bei der Verteilung der Früchte eine Sonderprämie; die Priester entscheiden, wer als Erster gilt und wer als Zweiter und die übrigen bis zum Zehnten. Das geschieht, um die restlichen anzuspornen. In derselben Art und Weise überstellen auch die Hirten die Opfertiere und das andere Vieh der Gemeinde, teils nach Stückzahl, teils nach Gewicht, alles mit der größten Genauigkeit. Überhaupt gibt es keinerlei Privatbesitz außer einem Haus und Garten. Alle Produkte und Einkünfte werden von den Priestern in Empfang genommen und von ihnen an alle verteilt; allein die Priester erhalten einen doppelten Anteil.

Man trägt dort weiche Gewänder, denn die da lebende Schafrasse weist eine Wolle von außergewöhnlicher Weichheit auf. Auch goldenen Schmuck trägt man, nicht nur die Frauen, sondern auch die Männer. Sie haben am Halse Ketten, gebildet aus ineinandergreifenden Ringen, Armbänder an den Handgelenken, von den Ohren hängen Ringe nieder nach persischer Art. Beide Geschlechter benutzen dieselbe Art Schuhwerk; es ist bunter als üblich.

Die Soldaten erhalten den vereinbarten Sold zugeteilt und schützen das Land, verteilt in Forts und Wachstationen. Ein Teil des Landes nämlich wird von Räubern heimgesucht, verwegenen, gesetzlosen Gesellen, die den Bauern auflauern und sie überfallen. Die Priester wiederum stehen hoch über allen anderen im Luxus, in der Eleganz und dem Aufwand ihrer Lebensführung. Sie tragen zum Beispiel Gewänder aus Leinen von der feinsten und weichsten Sorte, mitunter auch Kleidung gefertigt aus weichster Wolle. Ihre Kopfbedeckung ist mit Gold geziert, ihr Schuhwerk farbenfroh und besonders kunstvoll gearbeitet. Goldschmuck tragen sie wie Frauen, nur mit Ausnahme der Ohrringe. Ihnen obliegen insbesondere die Zeremonien zur Verehrung der Götter, die Hymnen und Preisungen; sie besingen dabei ihre Taten und die den Menschen gewährten Wohltaten. Nach dem Mythos, den die Priester vortragen, stammt das Geschlecht der Götter aus Kreta, es wurde von Zeus nach Panchaia geführt, als er unter den Menschen weilte als König über die bewohnte Erde. Zum Beweis dafür führen sie ihre Sprache an; sie betonen, daß die meisten Bezeichnungen bei ihnen die kretische Urform bewahrt haben. Auch seien die Vertrautheit und Freundlichkeit den Kretern gegenüber von den Vorvätern überkommen, und die Kunde davon werde ständig den Nachgeborenen weitergereicht. Sie pflegten auch Inschriften darüber zu zeigen, von denen sie erklärten, Zeus habe sie hinterlassen zu jener Zeit, da er noch unter den Menschen weilte und das Heiligtum stiftete.

Das Land besitzt reiche Minen mit Gold, Silber, Kupfer, Zinn und Eisen, jedoch darf nichts von diesen Metallen von der Insel exportiert werden, und die Priester dürfen sogar den Heiligen Bezirk in keinem Falle verlassen. Geht dennoch einer heraus, so darf ihn jeder, der ihn trifft, erschlagen. Zahlreiche Weihestatuen aus Gold und Silber stehen da zu Ehren der Götter, denn im Verlaufe der Zeit hat sich eine große Menge solcher Opfergaben angesammelt. Die Eingänge des Heiligtums weisen wundervolle Verzierungen auf, gearbeitet aus

Gold, Silber und Elfenbein wie auch aus wohlriechendem Holze. Das Ruhebett der Gottheit mißt sechs Ellen in der Länge und vier in der Breite, es ist ganz aus Gold und Stück für Stück auf das Kunstvollste ausgearbeitet. Ähnlich in der Größe wie auch in der übrigen aufwendigen Ausstattung ist der Tisch des Gottes nahe bei dem Ruhelager. In der Mitte des Ruhelagers ragt eine gewaltige goldene Säule empor. Sie trägt eine Inschrift in jenen Zeichen, die bei den Ägyptern *Hiera* (Heilige) heißen. In diesen sind die Taten des Uranos und des Zeus aufgezeichnet, und anschließend an diese hat dann noch Hermes die Taten der Artemis und des Apollon nachgetragen.

Hinsichtlich der Inseln im Okeanos gegenüber Arabien genüge das Gesagte. (Diodor 5,41–46)

Theopomp

Theopomp berichtet ein Gespräch des Midas aus Phrygien mit Silen. Dieser Silen war der Sohn einer Nymphe, seiner Natur nach zwar geringer als ein Gott, mehr aber als ein Mensch, da er unsterblich war. Sie sprachen über viele Dinge miteinander, und Silen erzählte Midas unter anderem auch folgendes:

Europa und Asien und Libyen sind nur Inseln, welche der Okeanos im Kreise umströmt; Festland aber ist allein jenes, das außerhalb dieser Welt liegt. Seine Größe ist unermeßlich, berichtete er, es bringt gewaltige Tiere hervor, die Menschen dort sind doppelt so groß, und sie leben auch nicht so lange wie wir, sondern die doppelte Zeitdauer.

Es gibt dort zahlreiche große Städte und Eigentümlichkeiten des Lebens. Die Gesetze, die bei ihnen gelten, sind gerade das Gegenteil von denen, die bei uns üblich sind. Zwei Städte auch, berichtete er, gibt es dort, an Größe die bedeutendsten, einander aber gänzlich gegensätzlich: die eine heißt »Kriegsstadt« (Machimos), die andere »Frommstadt« (Eusebes). Die Bewohner von Frommstadt verbringen ihr Leben in Frieden und Überfluß, sie empfangen die Früchte der Erde ohne Pflüge und Ochsen, Ackerbau und Aussaat ist nicht ihr Werk. Zeit ihres Lebens, sagte jener, sind sie voller Gesundheit und frei von Krankheiten, sie vertauschen auch ihr Leben mit dem Tode lachend und voll Freude. So sehr herrscht bei ihnen Gerechtigkeit ohne Streit, daß sogar die Götter es nicht verschmähen, sie häufig zu besuchen.

Die Bewohner von Kriegsstadt dagegen sind wild nach Kampf, sie werden mit Waffen geboren, führen ständig Kriege, unterwerfen die Nachbarn, und über sehr viele Völker gebietet diese eine Stadt. Ihre Einwohner zählen nicht weniger als zweihundert Myriaden. Manche von ihnen sterben nach einer gewissen Zeit der Krankheit. Das kommt freilich selten vor, denn die meisten kommen in den Kriegen um, von Steinen oder Hölzern getroffen; für Eisen sind sie nämlich unverwundbar. An Gold und Silber besitzen sie Überfluß, so daß das Gold bei ihnen geringeren Wert hat als bei uns das Eisen.

Er erzählte aber auch, einst hätten sie versucht, zu unseren Inseln zu ziehen, hätten den Okeanos mit tausend Myriaden Menschen durchquert und seien bei den Hyperboreern angelangt. Als sie jedoch erfuhren, daß diese bei uns als die Glücklichsten gelten, während sie selbst diese als schlecht und elend Lebende verachteten, da hielten sie es nicht mehr für wert, noch weiter zu reisen.

Er fügte aber noch wunderbarere Dinge hinzu: Menschen mit dem Namen Meroper bewohnen bei ihnen, so sagte er, viele große Städte, am äußersten Ende ihrer Gegend aber gibt es eine Stelle mit Namen »Ohne Wiederkehr« *(Anostos)*, einem Schlunde ähnlich, weder von Finsternis noch von Licht umfangen, sondern umgeben von dichtem, rötlichem Dunst. Zwei Ströme fließen an diesem Ort, sie heißen »Fluß der Freude« und »Fluß des Leids«. An beiden erheben sich Bäume von der Größe hoher Platanen. Diejenigen am Ufer des Leidflusses tragen Früchte mit folgender Eigenschaft: Wenn jemand von ihnen kostet, vergießt er so viel Tränen, daß er nach und nach dahinschwindet, den gesamten Rest seines Lebens in Trauer verbringend, und so stirbt.

Die Bäume am Ufer des Freudeflusses dagegen bringen ganz gegensätzliche Früchte hervor: Wer von ihnen kostet, läßt ab von allen früheren Interessen, und selbst wenn er etwas sehr geliebt hat, so vergißt er auch dieses; in kurzer Zeit wird er jünger, er gelangt zurück in die schon durchlaufenen Altersstufen, er wirft das Greisenalter von sich, kehrt zurück zur Höhe der vollen Kraft, dann gelangt er ins Jugendalter, wird hernach zum Kinde, dann zum Säugling, schließlich vergeht er.

Wer Theopomp aus Chios für glaubwürdig hält, der mag auch diese Geschichten für wahr halten. Mir jedenfalls scheint er ein großer Geschichtenerzähler *(Mythologos)* zu sein, hier wie auch in anderen Dingen. (Aelian, *Bunte Geschichten* 3,18)

Hekataios

Da ich die gegen Norden gelegenen Teile Asiens der Erwähnung für wert gehalten habe, so glaube ich auch, es ist nicht unpassend, die mythischen Berichte über die Hyperboreer zu erörtern. Von denen also, die die alten Mythen niedergeschrieben haben, sagen Hekataios und einige andere, in den Gegenden jenseits des Keltenlandes liege im Okeanos eine Insel, nicht kleiner als Sizilien. Sie erstrecke sich gegen Norden und werde von den sogenannten Hyperboreern bewohnt; der Name rührt her von ihrer Wohnstatt noch jenseits des Wehens des Nordwindes Boreas. Die Insel ist fruchtbar und trägt Gewächse jeder Art, zeichnet sich durch ein wohltemperiertes Klima aus und bringt darum auch zwei Ernten pro Jahr hervor. Der Mythos berichtet, Leto sei auf ihr geboren worden; deshalb wird auch Apollon am meisten unter allen Göttern von ihnen geehrt. Sie gelten aber gewissermaßen als Priester Apollons, denn täglich werden von ihnen Hymnen auf diesen Gott gesungen in ununterbrochener Folge, und er steht dort besonders hoch in Ehren. Es befindet sich auch auf der Insel ein prachtvoller heiliger Bezirk des Apollon mit einem bemerkenswerten Heiligtum, geschmückt mit zahlreichen Weihgaben, von runder Gestalt. Es gibt da auch eine diesem Gotte heilige Stadt: Die meisten ihrer Einwohner sind Kitharaspieler, und unausgesetzt spielen sie in dem Heiligtum auf der Kithara, singen dem Gotte Hymnen und feiern seine Taten.

Die Hyperboreer besitzen eine eigene Sprache. Sie sind den

Griechen gegenüber sehr freundlich eingestellt, ganz besonders gegenüber den Athenern und Deliern; diese Zuneigung stammt aus uralten Zeiten her. Die Mythen berichten auch, daß einige Griechen bis zu den Hyperboreern gefahren sind und kostbare Weihegeschenke mit griechischen Inschriften hinterlassen haben. Gleichermaßen soll auch Abaris von den Hyperboreern in alter Zeit nach Griechenland gereist sein und die freundschaftliche Verbindung zu den Deliern erneuert haben.

Es heißt auch, der Mond erscheine von jener Insel aus nur ganz wenig von der Erde entfernt zu sein und auf seiner Oberfläche gut sichtbare Erdhügel zu besitzen. Man sagt ferner, daß der Gott alle neunzehn Jahre die Insel besucht. In diesem Zeitraum werden die Gestirne wieder auf ihren Ausgangsplatz zurückgeführt. Deswegen heißt bei den Griechen die Spanne von neunzehn Jahren das »Jahr des Meton«. Bei dieser Epiphanie pflegt der Gott Kithara zu spielen und zu tanzen, unausgesetzt die ganzen Nächte hindurch von der Tagundnachtgleiche im Frühjahr bis zum Aufgang der Plejaden; so gibt er seiner Freude über seine eigenen Erfolge Ausdruck. Die Könige der Stadt und die Vorsteher des Heiligtums heißen Boreaden, als Abkömmlinge von Boreas, und sie vererben diese Vorrangstellungen immer weiter innerhalb ihrer Sippe. (Diodor 2,47)

* * *

Das Geschlecht der Hyperboreer und die dort dem Apollon gezollten Ehren besingen die Dichter, auch die Historiker feiern sie, unter ihnen auch Hekataios, nicht der aus Milet, sondern der aus Abdera. Die vielen anderen bedeutenden Dinge, die er berichtet, muß ich jetzt, scheint mir, nicht vorbringen und ich will in der Tat die Darlegung von Einzelheiten auf ein andermal verschieben, wenn es mir selbst angenehmer und passender für meine Hörer sein wird. Das einzige, was die Erzählung mich vorzutragen einlädt, ist folgendes:

Als Priester dienen der Gottheit die Söhne des Boreas und der Chione, drei an der Zahl, Brüder nach ihrer Geburt, sechs Ellen groß. Wenn nun diese zur gewohnten Zeit der zuvor genannten Gottheit die hergebrachten Riten feiern, dann schweben von den bei ihnen Rhipäisch genannten Bergen Wolken von Schwänen herab, in unzählbarer Menge, sie umringen das Heiligtum, als reinigten sie es mit ihrem Fluge, dann senken sie sich nieder in den Umkreis des Heiligtums, der riesengroß ist und von besonderer Schönheit. Wenn nun die Sänger mit ihrer Kunst ihre Hymnen auf den Gott singen und die Kitharaspieler den Chor mit harmonischem Melos begleiten, dann fallen auch die Schwäne ein mit einem einzigen Schlage. Nie und nirgends bringen sie unstimmige, unharmonische Töne hervor, vielmehr, als ob sie von einem Chorleiter ihren Einsatz erhielten, so singen sie zusammen mit den Einheimischen, die erfahren sind in den heiligen Melodien. Ist der Hymnos vollendet, dann ziehen die zuvor erwähnten schwingentragenden Choristen, um es so zu sagen, nachdem sie der Gottheit wie gewohnt Verehrung gezollt und sie den ganzen Tag gefeiert und besungen haben, wieder davon. (Aelian, *Tiergeschichten* 11,1)

Iambulos

Hinsichtlich der Insel aber, die im Ozean entdeckt wurde, nach Mittag zu, und der unwahrscheinlichen Dinge, die über sie berichtet werden, wollen wir einen kurzen Bericht zu geben versuchen; vorab setzen wir die Gründe der Entdeckung in genauer Darstellung.

Iambulos war von Kindheit an eifrig bestrebt gewesen, sich Bildung zu erwerben. Nach dem Tode seines Vaters, eines Kaufmanns, widmete auch er sich dem Handel. Als er nun in das Landesinnere von Arabien in die Gegenden reiste, die Gewürze hervorbringen, wurde er von Räubern gefangengenommen, zusammen mit seinen Reisegefährten. Zunächst wurde er gemeinsam mit einem Mitgefangenen zum Hirten bestimmt, später aber wurde er von einigen Äthiopiern zusammen mit seinem Gefährten geraubt und fortgeführt an die Küste von Äthiopien. Sie wurden aber entführt zum Zwecke der kultischen Reinigung des Landes, insofern sie von fremder Abstammung waren. Es bestand nämlich bei den dort wohnenden Äthiopiern ein Brauch, überliefert aus uralten Zeiten, durch Orakel der Götter bekräftigt, seit zwanzig Generationen, das heißt, sechshundert Jahren, rechnet man eine Generation zu dreißig Jahren. Wenn dieses Reinigungsritual mittels zweier Menschen zelebriert wurde, so wurde für sie ein Boot gebaut, hinreichend groß und stark genug, auf dem Meer den Stürmen standzuhalten, und für zwei Männer leicht lenkbar. Auf dieses brachte man Nahrung für zwei Menschen, ausreichend für sechs Monate; man setzte die Männer hinein und hieß sie ablegen, dem Orakelspruch entsprechend. Es wurde ihnen befohlen, nach Mittag zu schiffen; sie würden aber zu einer glücklichen Insel gelangen und zu guten Menschen, bei denen sie ein gesegnetes Leben führen würden. Gleichermaßen sagte man hinsichtlich des eigenen Volkes, es würde, wenn die zu der Insel Ausgesandten heil hingelangten, sechshundert Jahre lang Frieden und ein in jeder Weise glückliches Leben genießen; wenn jene jedoch verzagten vor der Weite des Meeres und ihren Kurs zurückwendeten, dann würden sie als Gottlose und als Verderber des gesamten Volkes die schlimmsten Strafen erleiden. Die Äthiopier, sagt man, hielten nun eine große Festfeier am Meer ab, sie brachten kostbare Opfer dar, bekränzten die Männer, die die Insel suchen und die Reinigung des Volkes bewirken sollten, und sandten sie von dannen. Jene aber segelten weit übers Meer, sie wurden vier Monate von Stürmen umhergeworfen und dann an die ihnen vorher genannte Insel getrieben. Diese war rund von Gestalt und hatte einen Umfang von fünftausend Stadien.

Als sie sich aber der Insel näherten, kamen einige der Einheimischen ihnen entgegen und zogen das Boot an Land. Die Inselbewohner liefen zusammen, bestaunten die Ankunft der Fremden, behandelten sie aber mit angemessener Freundlichkeit und ließen sie an den Nahrungsmitteln ihres Landes Anteil haben. Die Inselbewohner unterscheiden sich aber sowohl durch die Eigentümlichkeiten ihres Körperbaues als auch durch ihre Verhaltensweisen sehr von den Menschen in unserem Teil der bewohnten Welt. Sie sind nämlich allesamt nahezu gleich in ihrem Körperbau, messen in der Größe mehr als vier Ellen, die Knochen ihres Körpers aber lassen sich bis zu einer bestimmten Grenze biegen und wieder gerade richten, ganz so wie die Muskulatur. Diese Menschen sind körperlich ganz außergewöhnlich zart, dennoch sind sie weitaus spannkräftiger, als es bei uns der Fall ist. Haben sie einmal mit ihren Händen irgend etwas ergriffen, dann vermag kein Mensch ihnen das von ihren Fingern Umklammerte zu entreißen. Haare haben sie überhaupt nirgends am Körper außer auf dem Kopf, den Augenbrauen und den Wimpern und dann noch am Kinn; die anderen Körperteile aber sind derart glatt, daß auch nicht der geringste Flaum auf dem Körper erscheint. Sie sind aber auch von hervorragender Schönheit und wohlgebildet in ihrer äußeren Erscheinung. Ihre Gehöröffnungen sind viel mehr entwickelt als bei uns, und es sind ihnen dort sozusagen Deckel gewachsen. Eine Eigentümlichkeit besitzen sie auch hinsichtlich ihrer Zunge, einerseits von Natur aus ihnen zuteil geworden, andererseits mit Absicht künstlich weiter entwickelt. Sie besitzen nämlich eine bis zu einem bestimmten Punkte zweigeteilte Zunge; sie teilen aber die hinteren Teile noch zusätzlich, so daß die Zunge bis zur Wurzel zweigeteilt ist. Dadurch sind sie auch äußerst vielseitig in ihrer Lautgebung: Sie vermögen nicht nur jeden menschlichen artikulierten Dialekt nachzuahmen, sondern sogar die Vielfalt der Vogelstimmen, und insgesamt können sie jede klangliche Eigenheit hervorbringen. Das Unglaublichste von alledem aber ist, daß sie zu ein und derselben Zeit perfekt mit zwei Zungenhälften reden, Antworten gebend wie auch den Gegebenheiten des Augenblicks entsprechend Gespräche führend: Mit dem einen Zungenteil reden sie zu dem einen Gesprächspartner, mit dem anderen wiederum gleichermaßen zu einem anderen.

Das Klima, das bei ihnen herrscht, ist gut ausgeglichen, zieht man in Betracht, daß sie am Äquator wohnen; sie werden weder von Hitze noch von Kälte belästigt. Auch reifen die Früchte bei ihnen während des ganzen Jahres, so wie es auch der Dichter sagt:

»Birne reift auf Birne heran und Apfel auf Apfel,
Traub' auf Traube gelangt auf Feig' auf Feige zum Vollwuchs.«

Es ist die ganze Zeit hindurch bei ihnen der Tag gleich lang wie die Nacht, und um die Mittagszeit wirft niemand und nichts bei ihnen einen Schatten, da die Sonne im Zenit steht.

Sie leben aber in Sippenverbänden und Gruppen, wobei jeweils nicht mehr als Vierhundert zusammen kommen. Sie verbringen ihre Zeit auf den Fluren; das Land bietet ihnen viel zum Unterhalt dar. Infolge der Fruchtbarkeit der Insel und aufgrund des ausgewogenen Klimas wächst die Nahrung ganz von selbst und mehr als nötig. So gedeiht bei ihnen in großen Mengen eine Rohrart, die reichlich Frucht trägt, ganz ähnlich den weißen Kichererbsen. Haben sie diese geerntet, so legen sie sie in heißes Wasser, bis sie etwa taubeneigroß sind; dann brechen sie sie, reiben sie geschickt zwischen ihren Händen und formen sie zu Broten, die sie backen und verzehren und die sich durch einen besonders angenehmen Geschmack auszeichnen. Es gibt wasserreiche Quellen, warme, gut zum Baden geeignet und zur Befreiung von Erschöpfung, sowie kalte, die sich durch ihren besonderen Wohlgeschmack hervorheben und die zur Erhaltung der Gesundheit beizutragen vermögen.

Es zeichnet sie aber eine große Hingabe an jede Art von Wissenschaft aus, hauptsächlich jedoch an die Sternkunde. Als Buchstaben benutzen sie, geht man nach dem, was sie lautlich bezeichnen, achtundzwanzig Lettern, dem Typ nach jedoch nur sieben, insofern sich jeder vierfach umformen läßt. Sie schreiben aber ihre Zeilen nicht waagrecht wie wir, sondern senkrecht von oben nach unten.

Überaus langlebig sind diese Menschen, sie leben bis zu einhundertundfünfzig Jahren, zumeist ganz ohne Krankheiten. Wer aber verkrüppelt worden ist oder insgesamt ein Gebrechen an seinem Körper hat, den zwingen sie, aus dem Leben zu scheiden aufgrund eines unerbittlichen Gesetzes. Auch ist es Gesetz bei ihnen, nur bis zu einer festgesetzten Zahl von Jahren zu leben; wer diese Zeit erfüllt hat, scheidet freiwillig aus dem Leben, und zwar durch eine eigentümliche Todesart: Es wächst nämlich bei ihnen eine eigenartige Pflanze – wer immer sich auf ihr niederlegt, der fällt unbemerkt und sanft in den Schlaf und stirbt.

Sie heiraten ihre Frauen nicht einzeln, sondern besitzen sie gemeinsam, und die Kinder, die ihnen geboren werden, ziehen sie so auf in gleicher Liebe, als ob sie allen gehörten. Solange diese noch Säuglinge sind, tauschen die Stillenden die Babys untereinander aus, so daß nicht einmal die Mütter ihre eigenen Kinder erkennen. Deshalb gibt es auch bei ihnen keinerlei Eifersucht und daraufhin auch keine Unruhen – sie schätzen zeitlebens harmonische Übereinstimmung als das höchste Gut.

Es gibt auch Tiere bei ihnen, an Größe zwar gering, eigentümlich aber durch die Beschaffenheit ihres Körpers und die Kraft ihres Blutes. Sie sind rund in ihrer Gestalt und den Schildkröten sehr ähnlich, tragen aber auf ihrer Oberseite zwei diagonale gelbe Streifen, die wiederum an jedem ihrer Enden ein Auge und ein Maul haben. Darum sehen sie mit vier Augen und benützen ebensoviele Mäuler, führen aber die Nahrung zu einer einzigen Kehle, und durch diese leiten sie die Speise in einen einzigen Magen, wo alles zusammenfließt. In derselben Weise besitzen sie auch die Organe und sämtliche anderen inneren Teile nur einfach. Füße besitzt das Tier im Kreise angeordnet unter dem Körper rundherum sehr viele; infolgedessen vermag es sich hinzubewegen, nach welcher Seite es auch immer will. Das Blut dieses Lebewesens aber besitzt eine wunderbare Kraft: Es klebt jeden abgeschnittenen lebenden Körperteil sofort wieder an, und selbst wenn eine Hand oder etwas derartiges abgehauen sein sollte, wird der Teil durch dieses Blut alsbald wieder angeklebt, vorausgesetzt der Schnitt ist frisch; das gilt auch für die anderen Teile des Körpers, soweit sie nicht mit den hauptsächlichen lebenswichtigen Zonen zusammenhängen. Jede der Gruppen hält sich einen Vogel von bedeutender Größe und von einer nur ihm eigenen Natur. Mit diesem führt man eine Probe bei den Kleinkindern durch, um ihre seelische Anlage zu erfahren. Man setzt sie nämlich auf die Vögel, und wenn diese auffliegen, so bleiben einige Kinder während der Luftreise oben – diese zieht man auf; andere aber werden schwindelig und verängstigt – diese setzt man aus, da sie wohl nicht für ein längeres Leben bestimmt seien und außerdem aufgrund der anderen Fehler ihrer Seele auch unbedeutend.

In jeder Gruppe hat immer der Älteste die alleinige Führung, ganz wie ein König, und alle leisten ihm Gehorsam. Wenn aber der erste seine einhundertundfünfzig Jahre erfüllt hat und nach dem Gesetz seinem Leben ein Ende macht, dann übernimmt der nach ihm Nächstälteste die Führung.

Das Meer rings um die Insel hat starke Strömungen, es erlebt große Schwankungen in Ebbe und Flut, und sein Geschmack ist süß. Von den Sternen, die bei uns scheinen, sind der Große Bär und so manch andere dort gar nicht sichtbar. Es waren aber sieben Inseln, einander ähnlich in der Größe und in gleichmäßigem Abstand voneinander. Alle beachten dieselben Bräuche und Gesetze.

Obschon alle Bewohner dieser Inseln in großer Fülle Vorrat von allem haben, was da ganz von selbst wächst, so machen sie doch von diesen Gütern nicht ungescheut Gebrauch, sondern praktizieren Einfachheit und nehmen nur die notwendige Nahrung zu sich. Fleisch und alles andere, was geröstet oder in Wasser gekocht wird, bereiten sie zu; von den anderen Gerichten aber, die von kunstverständigen Köchen bereitet werden, von Saucen und den verschiedenen Gewürzen haben sie nicht die geringste Ahnung.

Sie verehren als Götter das alles umfassende All und die Sonne und insgesamt alle Himmelskörper.

Eine Menge von Fischen aller Art fangen sie auf vielerlei Weise, und auch von Vögeln erjagen sie nicht wenige. Es finden sich bei ihnen viele wildwachsende Fruchtbäume; Ölbäume wachsen da und Weinstöcke, von denen sie Öl und Wein in Fülle gewinnen. Auch Schlangen von außergewöhnlicher Größe, die aber den Menschen nichts zuleide tun, geben ein eßbares Fleisch von außerordentlichem Wohlgeschmack. Gewänder verfertigen sie sich selbst aus bestimmten Rohren, die in ihrer Mitte einen hellen, weichen Stoff enthalten, den sie sammeln und mit zerstoßenen Seemuscheln mischen: auf diese Weise stellen sie wunderbare Purpurkleider her. Die Tiere dort sind von einer ganz und gar eigenartigen Natur, so paradox, daß es unglaubwürdig klingt.

Alles, was ihre Diät betrifft, folgt einer festgesetzten Ordnung: sie nehmen nicht alle die Nahrung zugleich zu sich und auch nicht immer dieselbe. Vielmehr ist festgelegt, daß man sich an bestimmten Tagen von Fischen nährt, ein andermal von Vögeln, dann wieder von Landtieren, gelegentlich auch von Oliven und ganz einfacher Zukost. Im Wechsel leisten sie auch einander Dienste: Die einen fischen, die anderen beschäftigen sich im Handwerk, wieder andere machen sich mit anderen nützlichen Dingen zu tun, noch andere erbringen in periodischem Zyklus Dienstleistungen. Ausgenommen sind nur die schon zu alt Gewordenen.

Bei ihren Festen und Feiern werden bei ihnen Hymnen und Lobreden auf die Götter gesprochen bzw. gesungen, vor allem auf die Sonne, nach der sie auch die Inseln und sich selbst benennen.

Sie begraben ihre Verstorbenen, wenn Ebbe herrscht, indem sie sie in den Sand verscharren, so daß bei Flut die Stelle wieder mit Sand verdeckt wird.

Die Rohre, von denen sie die Früchte für ihre Ernährung erhalten, sind, so sagen sie, eine Spanne dick, sie schwellen bei Vollmond an und nehmen beim Schwinden des Mondes proportional wieder ab. Das Wasser aus den warmen Quellen, das süß und gesundheitsfördernd ist, bewahrt seine Wärme und wird nie kalt, es sei denn, man mische es mit kaltem Wasser oder Wein.

Iambulos und sein Gefährte wurden, nachdem sie sieben Jahre bei jenen verweilt hatten, gegen ihren Willen ausgestoßen, da sie als Übeltäter angesehen wurden, aufgezogen zu schlechten Sitten. Wieder rüsteten sie ihr kleines Boot, man zwang sie Abschied zu nehmen, sie luden Nahrungsmittel an Bord und waren mehr als vier Monate unterwegs. Dann erlitten sie Schiffbruch vor Indien, an einer sandigen und schilfigen Stelle. Der Begleiter ging in der Brandung zugrunde, Iambulos aber gelangte zu einer Ansiedlung und wurde von den Eingeborenen zum König gebracht in die Stadt Palibothra, die viele Tagereisen weit vom Meer entfernt ist. Da aber der König ein Griechenfreund und auf Bildung bedacht war, erachtete er Iambulos eines großen Empfanges für würdig. Dieser gelangte schließlich mit einem Geleitbrief zunächst nach Persien und kam später heil nach Hellas zurück.

Iambulos hielt diese Dinge für wert, niedergeschrieben zu werden. Er fügte auch nicht wenige Informationen über Indien hinzu, die dazumal bei den anderen Menschen gänzlich unbekannt waren. (Diodor 2,55–60)

Erklärung der ganzen Welt und der Völker

Es heißt, die Stämme der Kamariner leben im Orient an jenen Stellen, die Moses unter dem Namen Eden beschrieben hat. Dort soll auch ein gewaltiger Strom entspringen und sich dann in vier Flüsse teilen, deren Namen sind: Geon, Phison, Tigris, Euphrat. Jene Menschen aber, die das Gelobte Land bewohnen, sind überaus fromm und gut; kein Makel findet sich bei ihnen, weder des Körpers noch des Geistes. Wenn du aber noch Genaueres erfahren willst: man sagt, sie essen weder das bei uns übliche Brot noch sonst irgendeine ähnliche Speise, sie nutzten auch nicht wie wir das Feuer. Vielmehr versichert man, das Brot regne bei ihnen täglich vom Himmel, und sie trinken von des Feldes Honig und Pfeffer. Das Feuer der Sonne, so wird berichtet, ist bei ihnen von derartiger Hitze, daß, wenn es vom Himmel auf die Erde fällt, sie sofort allesamt verbrannt werden könnten, wenn sie sich nicht schnell in den Fluß würfen, in dem sie sich so lange aufhalten, bis das Feuer wieder an seinen Ort zurückgekehrt ist.

Sie leben ohne Herrschaft, das heißt sich selbst verwaltend. Nahrung nehmen sie zu sich, wie sie nicht allen gemein ist. Sie haben auch nicht die Gebrechen unseres Leibes. Es findet sich bei ihnen kein Floh, keine Laus, keine Wanze, kein Ungeziefer noch am Körper irgendeine Schwäche. Auch tragen sie nicht Gewänder, wie sie allen gemein sind; vielmehr ist ihre Kleidung derart imprägniert, daß sie nicht beschmutzt werden kann. Geschieht das, so suchen sie Reinigung durch den Strahl des Feuers; in der Hitze wird die Kleidung nämlich wieder besser.

Sie säen nicht und sie ernten nicht. Es gibt dort verschiedene herrliche und kostbare Dinge, zum Beispiel kostbare Steine, das heißt Smaragde, Perlen, Hyazinthen, Karfunkeln und Saphire in den Bergen. Von diesen haben sie auf folgende Weise Überfluß: In den Bergen entspringt ein Fluß, Tag für Tag und Nacht für Nacht ständig fließend; er wäscht den Berg aus und führt sein Gestein durch den Schwall der Wasser mit sich fort. Die Schlauheit des Volkes aber ersann eine Technik, sich in den Besitz des von dort herabkommenden Gutes zu setzen: Sie fertigten Netze an und installierten sie an engen Stellen im Fluß; was nun von oben herabkam, fingen sie so ohne Schwierigkeiten auf.

In so großem Glück verbringen sie ihr Leben. Sie kennen weder Arbeit noch erleiden sie irgendeine Schwäche oder Krankheit, außer daß sie ihren Leib verlassen müssen. Jedoch ist ihnen der Tag des Endes bereits vor dem Sterben bekannt: Sie sterben nämlich alle mit 120 Jahren. Kein Älterer erlebt je den Tod eines Jüngeren noch die Eltern je den ihrer Kinder. Wenn jemand seinen Todestag vorhersieht, so bereitet er sich ein Todeslager aus verschiedenerlei wohlriechenden Gewächsen, an denen sie Überfluß haben, legt sich nieder und erwartet dort, daß seine Seele den Körper verläßt. Und wenn die Stunde bevorsteht, grüßt er alle und sagt allen Lebewohl und gibt dann zurück, was er dem Leben schuldet, ganz ohne Beunruhigung. Damit haben wir die Vorzüge jenes Volkes nur teilweise berichtet; vieles, was wir noch zu sagen hätten, haben wir übergangen. (Expositio totius mundi et gentium 4–7)

Antonius Diogenes

Das Leben des Antonius Diogenes ist uns unbekannt, und fast wäre das auch bei seinem Werke der Fall, dem Roman Die Wunder jenseits von Thule *in 24 Büchern, den die Wissenschaft etwa ans Ende des 1. Jahrhunderts n. Chr. setzt. Zwar wurde er in der antiken Literatur gelegentlich erwähnt – meist als Muster einer Lügengeschichte –, doch ist er als Ganzes verlorengegangen. Da bedeutet es einen besonderen Glücksfall, daß Photios, Patriarch von Konstantinopel im 9. Jahrhundert, in seinem heute* Bibliothek *benannten Buch, einem Sammelwerk über Inhalt und Anlage von 280 von ihm gelesenen und für seinen abwesenden Bruder Tarasios beschriebenen Büchern unterschiedlicher Provenienz, eine Nacherzählung des jetzt verlorenen Reiseromans bietet (Nr. 166). Man muß bei dem hier folgenden Text demnach zweierlei im Auge behalten: Einmal, daß Photios die Nacherzählung deutlich als solche gestaltet hat und also* des öfteren Wendungen von der Art »Es tritt auf«, »Es folgt nun« etc. gebraucht; zum anderen aber, daß Antonius Diogenes sein Werk in einer mehrfachen Verschachtelung erzählt, die der Patriarch seinerseits in einer nicht gerade leicht durchschaubaren Weise nacherzählt. Darum sei hier vorab diese mannigfache Rahmung in aufgelöster Form vorgeführt. Erst am Ende des Patriarchen-Referats erfährt der Leser die – natürlich fingierte – Fundgeschichte der Erzählung: Alexander der Große habe bei der Eroberung von Tyros unverständliche Grabinschriften entdeckt, neben diesen ein Kistchen mit Schrifttafeln. Diese hätten die nötigen Erklärungen gegeben, indem sie den gesamten Romanbericht boten. Freilich war diese Erzählung nur die Niederschrift der Darstellung der Geschehnisse durch den hier auch beigesetzten Deinias für Kymbas, dem er also den ganzen Romaninhalt mitgeteilt haben soll, sowohl die eigenen Abenteuer als auch die seiner Freundin Derkyllis, die zusammen mit ihrem Bruder Mantinias mannigfache Fährnisse erlebt hatte, bevor sie auf Thule mit Deinias zusammentraf und sie ihm berichten konnte. Sie selbst war aber eine Zeitlang von ihrem Bruder getrennt und kann so seine Erlebnisse nur auf Grund seiner Erzählung berichten, so daß also des Mantinias Schicksale von ihm der Derkyllis, von dieser samt den eigenen dem Deinias auf Thule, diese wiederum samt den eigenen dem Kymbas in Tyros erzählt und erst später in ihrem gemeinsamen Grabgewölbe in schriftlicher Form von Alexander entdeckt werden.

Diese gewiß alles andere als kunstlose Schachtelungstiefe entschädigt in ihrer perspektivischen Weite alle jene, die an der hemmungslos fabulösen Berichterstattung des Antonius Diogenes Anstoß nehmen mögen. Denn die erzählten Abenteuer gehen weit hinein in den Bereich der ungezügelten Phantasie. Deinias ist bei seinen Reisen bis zum Mond gelangt, Derkyllis mit ihrem Bruder von einem scheusäligen ägyptischen Zauberer zeitweilig in eine Art Vampir verwandelt worden, so daß sie nur nachts leben, tagsüber aber in Leichenstarre daliegen. Auch sonst wird immer wieder teils kurz betont, teils detailliert berichtet, daß es sich hier um apista handele, um ganz unglaubliche Dinge. Demgegenüber tritt das Liebesmotiv weitgehend zurück, so daß man hier dem – von Homers Odysseus initiierten, von Lukian parodierten – Typus des fabulösen Reiseberichts begegnet. Photios jedenfalls hat seine Nacherzählung mit einer literarkritischen Einschätzung des Werkes gerahmt, die im Munde eines der bedeutendsten byzantinischen Gelehrten gewiß großes Gewicht besitzt und *günstiger nicht ausfallen konnte: Der Stil sei klar und von außerordentlicher Reinheit, gedanklich erwecke das Werk größtes Vergnügen, denn es stehe den Mythen nahe, böte aber noch das Unwahrscheinlichste in glaubwürdigem Gewande dar. Es sei wohl auch die Quelle für zahlreiche andere Romane (Lukian, Lukios, Iamblich, Achilleus Tatios, Heliodor). Zweierlei aber, sagt Photios, gelte es bei der Lektüre dieses wie aller anderer Werke ähnlicher Art zu beachten und zu lernen: Die Übeltäter, und wenn sie auch tausendmal der Strafe entkommen können, entgingen am Ende doch nie der gerechten Vergeltung; die Guten hingegen, die Unschuldigen können zwar in die größten Gefährdungen geraten, sie würden aber doch zumeist wider alle Hoffnung schließlich glücklich gerettet. Der Patriarch hat da einen grundlegenden Beitrag zur Romantheorie geliefert, der mehr Beachtung verdient, als er bisher gefunden hat.*

Eine nicht unwichtige Ergänzung zur Nacherzählung des Patriarchen Photios findet sich in den Kap. 10ff. der Pythagoras-Biographie des Philosophen Porphyrios (ca. 233–ca. 301). Hier sind die von Photios übergangenen früheren Erlebnisse des Astraios relativ eingehend referiert. Um in unserem Lesetext den Zusammenhang des Berichts aus der Bibliothek *nicht zu unterbrechen, auch um die ohnehin ziemlich verwickelte Verschachtelung der Erzählung nicht durch einen zusätzlichen Rückgriff weiter zu komplizieren, ist hier des Porphyrs Zusammenfassung der des Photios nachgestellt und in der ersten an der entsprechenden Stelle auf die nachfolgende zweite verwiesen.* Vgl. ferner die Papyrusreste S. 738–740.

Die Wunder jenseits von Thule

Ein Mann mit Namen Deinias unternahm in Gesellschaft seines Sohnes Demochares eine Erkundungsreise, verließ sein Heimatland und zog durch Pontos, über die Grenzen des Kaspischen und des Hyrkanischen Meeres hinaus bis zum Rhipäischen Gebirge und zu den Quellen des Don. Wegen der ungeheuerlichen Kälte wendeten sie sich nun dem Skythischen Meere zu, zogen nach Osten hin und gelangten zum Aufgang der Sonne. Danach reisten sie im Kreise am äußeren Meer entlang; sie verwendeten darauf viel Zeit und gerieten auf mannigfache Irrwege. Als Begleiter auf diesen Irrfahrten schlossen sich ihnen noch Karmanes, Meniskos und Azulis an. Als sie aber nach der Insel Thule gelangten, machten sie dort Halt von ihren Reisen.

Auf diesem Thule also verliebte sich Deinias in eine Dame namens Derkyllis und verkehrte mit ihr. Sie stammte aus Tyros, war aus guter Familie und lebte bei ihrem Bruder Mantinias. Bei seinem Umgang mit ihr erfuhr nun Deinias die Irrfahrten des Geschwisterpaares und die Übeltaten des Paapis, eines ägyptischen Priesters. Dieser war, als seine eigene Heimat verwüstet wurde, nach Tyros umgesiedelt und von den Eltern unserer Geschwister Derkyllis und Mantinias gastfreundlich aufgenommen worden. Zunächst schien er besten Sinnes zu sein gegenüber seinen Wohltätern und ihrem ganzen Hause. Aber gar bald fügte er dem Hause, ihnen selbst und ihren Eltern so manches Böse zu. Wegen des Unglücks ihrer Familie wurde das junge Mädchen zusammen mit ihrem Bruder nach Rhodos gebracht. Von dort flüchtete sie nach Kreta, dann zu den Tyrrheniern und von diesen zu den sogenannten Kimmeriern. Bei jenen tat sie einen Blick in die Unterwelt und erfuhr vieles von dem, was da vor sich geht. Ihre Lehrerin dabei war aber Myrto, ihre heimische Dienerin, die schon lang zuvor aus dem Leben geschieden war und nun ihre ehemalige Herrin über die Dinge bei den Toten unterwies.

Mit diesen Details aber beginnt die Erzählung des Deinias, die er einem gewissen Kymbas vorträgt. Dieser stammte aus Arkadien und war vom Arkadischen Bund nach Tyros geschickt worden, um Deinias zu bitten, er möge doch zu ihnen und in seine Heimat zurückkehren. Da ihn nun aber schon das Gewicht des Alters drückte, wird Kymbas dargestellt, wie er erzählt, was er selbst auf seiner Irrfahrt gesehen hatte wie auch, was er von anderen Augenzeugen gehört hatte ebenso wie auch, was er aus der Erzählung der Derkyllis in Thule erfahren hatte: Ich meine ihre bereits berichtete Irrfahrt und ihre Rückkehr aus der Unterwelt, wie sie zusammen mit Keryllos und Astraios, schon von ihrem Bruder getrennt, zum Grabe der Sirene gelangte; ferner was sie ihrerseits von Astraios über Pythagoras und Mnesarch vernahm. Das aber hatte Astraios selbst von Philotis vernommen; andererseits aber hatte er auch selbst mit eigenen Augen eine sagenhafte Erscheinung gesehen. Schließlich kommt Derkyllis wieder auf ihre eigene Irrfahrt zu sprechen und erzählt, sie sei in eine iberische Stadt gelangt, wo die Menschen nachts sehen konnten, tagsüber aber jeweils blind blieben. Weiterhin berichtete sie, was Astraios dort durch sein Flötenspiel ihren Feinden angetan habe. Kaum waren sie in vollstem Wohlwollen von diesen entlassen, da stießen sie auf die Kelten, ein grausames und dummes Volk. Ihnen entkamen sie zu Pferde; sie berichtet die Abenteuer, die sie beim Wechsel der Farbe der Pferde erlebten, danach, wie sie zu den Aquitanern gelangten und wie dort Derkyllis und Keryllos große Ehren genossen, die größten aber Astraios, und zwar weil seine Augen sich mit den Phasen des Mondes zusammen vergrößerten und so sein Zunehmen ankündigten. Er beendete denn auch den dort tobenden Streit der beiden Könige um die Herrschaft: Diese wechselten sich nämlich an der Macht ab entsprechend den Veränderungen des Mondes. Das war nun auch der Grund, warum sich das Volk dort über alles freute, was mit Astraios zusammenhing.

Weiter wird erzählt, was Derkyllis noch alles sah und erlitt; wie sie zu den Artabrern geriet, wo die Weiber in den Krieg ziehen und die Männer das Haus hüten und auch die Frauenverrichtungen besorgen; ferner was ihr und Keryllos beim Volke der Asturer begegnete sowie was dem Astraios für sich allein zustieß, und wie, schon gegen jede Hoffnung, Keryllos und Derkyllis den zahlreichen Gefahren bei den Asturern doch entkommen konnten, gleichwohl aber Astraios der Strafe nicht entging, die er durch ein Verbrechen vor langer Zeit auf sich gezogen hatte, schließlich aber wider aller Erwarten aus diesen Gefahren gerettet und so auch entsühnt wurde.

Danach folgt, was sie auf ihrer Irrfahrt in Italien und Sizilien sah. Als sie aber in der sizilischen Stadt Eryx ankam, wurde sie gefangengenommen und vor Ainesidem geführt, der dazumal über Leontinoi herrschte. Dabei stieß sie wieder auf den dreimal verfluchten Paapis, der sich im Gefolge des Tyrannen aufhielt. Bei diesem unvermuteten Unheil fand sie aber auch einen unerwarteten Trost: ihren Bruder Mantinias. Dieser war viel umhergeirrt, und so hatte er seiner Schwester die unglaublichsten Dinge in Menge zu berichten, die er beobachtet hatte bei Menschen und anderen Lebewesen, ja sogar bei der Sonne und dem Mond und auch bei den Pflanzen und insbesondere bei verschiedenen Inseln. So lieferte er ihr unerschöpflichen Stoff für Geschichten, die sie später dem Deinias berichten konnte; dieser wiederum fügte sie zusammen und erzählte sie seinerseits dem Kymbas aus Arkadien.

Sodann raubten Mantinias und Derkyllis bei ihrem Aufbruch aus Leontinoi den Reisesack des Paapis mitsamt dem Inhalt an Büchern und auch sein Gefäß mit Kräutern. Sie segelten nach Rhegion und von dort nach Metapont, wo Astraios sie wiederfand und sagte, Paapis folge ihnen auf dem Fuße. Sie reisten mit ihm zusammen zu den Thrakern und zu den Massageten; er wollte seinen Freund Zalmoxis treffen. Es wird erzählt, was sie alles auf dieser Reise sahen, wie Astraios bei den Geten den Zalmoxis traf, der schon wie ein Gott angesehen wurde, und was Derkyllis und Mantinias ihn bei jenem für sie vortragen und erbitten ließen. Dort ließ auch ein Orakel sie wissen, es sei ihnen vorbestimmt, nach Thule zu ziehen; ihre Heimat würden sie aber erst viel später wiedersehen, zuvor aber würde manches Leid sie treffen, denn so müßten sie ihre Frevel gegen ihre Eltern abbüßen, auch wenn sie nur unwillentlich gefehlt hätten. Ihr Dasein würden sie zwischen Leben und Tod teilen müssen: Nachts würden sie am Leben sein, tagsüber aber immer als Leichen daliegen.

Nachdem die beiden nun diesen Orakelspruch empfangen hatten, brachen sie von dort auf und ließen Astraios und Zalmoxis zurück, die von den Geten hochgeehrt wurden. Und es wird erzählt, was sie alles Wunderbares im Norden sahen und hörten. All diese Abenteuer jenseits von Thule aber hört also Deinias in der Erzählung der Derkyllis und berichtet sie nun dem Kymbas aus Arkadien.

Danach erzählt er, wie Paapis der Reisegesellschaft der Derkyllis auf den Spuren folgt, sie auf jener Insel einholte und ihnen durch seine Zauberkunst jenes Unheil auferlegte: tagsüber tot zu sein, beim Eintritt der Nacht aber wieder aufzuleben. Das Unheil aber hexte er ihnen an, indem er ihnen beiden vor aller Welt ins Antlitz spie. Als aber Throuskan, ein Bürger von Thule, der in feuriger Liebe zu Derkyllis entbrannt war, seine Geliebte niederstürzen sah auf den Fluch des Paapis hin, da geriet er außer sich vor Schmerz; er griff ihn sofort an, schlug mit einem Schwertstreich den Paapis und tötete ihn; dies war das Mittel, seinen tausend Übeltaten ein Ende zu setzen. Throuskan aber, dem Derkyllis eine Leiche zu sein schien, tötete alsbald auch sich selbst.

Dies alles und noch vieles andere von derselben Art, wie die Toten ins Grab gelegt wurden und wie sie von dort wieder herauskamen, wie Mantinias sich verliebte und was sich daraus ergab, sowie noch anderes dergleichen, was sich auf der Insel Thule abspielte – all das wurde von Derkyllis dem Deinias erzählt, der es seinerseits wiederum dem Kymbas aus Arkadien berichtete. Und so schließt Antonius Diogenes das 23. Buch seiner »Wunder jenseits von Thule«, obschon er über Thule eigentlich nichts oder nur einiges weniges am Anfang hatte verlauten lassen.

Das 24. Buch dagegen zeigt Azulis als Erzähler und Deinias, wie er all dem, was er zuvor dem Kymbas berichtet hatte, nun die Erzählungen des Azulis anfügt. Dieser hatte den Zaubertrick herausgefunden, mit dessen Hilfe Paapis Derkyllis und Mantinias verhext hatte, nachts zu leben, tagsüber aber tot dazuliegen. Er erlöste sie von diesem Übel, nachdem er die Mittel und Wege zur Schaffung dieses Leidens wie auch zur Heilung von ihm in dem Reisesack des Paapis gefunden hatte, den Mantinias und Derkyllis ja mit sich führten. Und er fand nicht nur das heraus, sondern auch, wie Derkyllis und Mantinias ihre im Todesschlaf ruhenden Eltern von ihrem schrecklichen Unheil befreien könnten. Jene hatten nämlich von Paapis eine Medizin bekommen, die ihnen angeblich helfen sollte, aber zur Wirkung hatte, daß sie lange Zeit wie Leichen dalagen. Daraufhin eilte Derkyllis mit Mantinias in ihre Heimat zurück, um ihre Eltern ins Leben zurückzuführen und zu retten.

Deinias aber zog mit Karmanes und Meniskos – Azulis hatte sich von ihnen getrennt – in die Gebiete jenseits von Thule, und auf dieser Reise sah er nun »die Wunder jenseits von Thule«, die er jetzt im folgenden dem Kymbas erzählt. Er sah, berichtet er, das, was die Sternkundigen lehren, zum Beispiel, daß es Menschen gibt, die unter dem Nordpol leben, daß dort die Nächte einen Monat dauern, teils kürzer teils länger, ja sogar sechs Monate und im äußersten Fall ein ganzes Jahr. Und nicht allein die Nacht erreiche eine solche Länge, sondern auch gleichermaßen der Tag.

Noch anderes dieser Art behauptet er gesehen zu haben, Wunderliches von Menschen und anderen Dingen, was nie jemand gesehen, ja sich nicht einmal in der Phantasie vorstellen könnte. Das Allerunglaublichste aber war, daß er in Richtung Norden reisend bis in die Nähe des Mondes gelangt sei, der wie eine rein gleißende Erde sei. Dort angelangt, habe er gesehen, was zu einem paßt, der solcherlei übertriebene Fabelgeschichten zusammenschmiedet.

Dann folgt, wie die Sibylle dort ihre prophetische Kunst mit Karmanes wieder aufnahm; danach, daß jeder seine persönlichen Gebete verrichtete, daß den anderen ihre Wünsche so, wie sie sie getan hatten, einem jeden in Erfüllung gingen; er selbst dagegen habe sich, nachdem er von dort aus dem Schlafe aufgeweckt ward, im Tempel des Herakles zu Tyros wiedergefunden, sich erhoben und Derkyllis und Mantinias wiedergetroffen, die alles glücklich überstanden, ihre Eltern aus dem langen Schlaf oder besser aus dem Tode befreit hatten und sich auch sonst wohlbefanden.

All dies erzählte Deinias dem Kymbas. Er ließ auch Schreibtafeln aus Zypressenholz holen und hieß durch Erasinides aus Athen, den schreibkundigen Begleiter des Kymbas, sie beschreiben. Er stellte ihnen auch Derkyllis vor; sie war es nämlich, die die Schreibtafeln aus Zypressenholz hereinbrachte. Er trug dem Kymbas auf, seinen Bericht zweifach niederschreiben zu lassen und den einen Schriftsatz selbst zu behalten; den anderen solle Derkyllis im Augenblick seines Hinscheidens in ein Kistchen tun und bei seinem Grabe deponieren.

Diogenes nun, auch Antonius zubenannt, läßt also den Deinias all diese Wunderdinge dem Kymbas erzählen, schreibt zugleich dem Faustinos, er verfasse ein Werk über die Wunder jenseits von Thule und widme diesen Roman seiner Schwester Isidora wegen ihrer literarischen Interessen. Er bezeichnet sich auch selbst als den Autor einer altüberlieferten heiteren Geschichte, und obschon er doch unglaubliche und erlogene Geschichten zusammenfabuliert, gibt er vor, Gewährsmänner aus alter Zeit als Zeugen für seine Erfindungen anführen zu können, aus denen er mit vieler Mühe seine Informationen gesammelt habe. Er stellt denn auch an die Spitze eines jeden Buches die Namen der Männer, die dasselbe Thema schon vor ihm behandelt hatten, damit es ja nicht den Anschein habe, es fehle an Beweisen für seine unglaublichen Geschichten.

An den Anfang des ganzen Werkes aber setzt er einen Brief an seine Schwester Isidora, in dem er erklärt, daß er ihr dieses sein Buch widme. Er führt darin aber auch noch einen Balagros ein, der an seine Frau Phila, die Tochter des Antipater, schreibt, bei der Eroberung von Tyros durch den Makedonenkönig Alexander sei das meiste vom Feuer verzehrt worden; ein Soldat aber sei zu Alexander mit einer eigentümlichen, ja unglaublichen Meldung gekommen: Vor der Stadt gäbe es etwas Besonderes zu sehen. Der König nahm Hephaistion und Parmenion mit sich; sie folgten dem Soldaten und fanden unterirdische Grabstätten aus Stein. Die eine trug die Grabschrift »Lysilla lebte 35 Jahre«, eine andere: »Mnason, der Sohn des Mantinias, lebte 66 Jahre, danach 71«; die nächste: »Aristion, Sohn des Philokles, lebte 47 Jahre, danach 52«; wieder eine andere: »Mantinias, Sohn des Mnason, lebte 42 Jahre und 760 Nächte«; noch eine: »Derkyllis, Tochter des Mnason, lebte 39 Jahre und 760 Nächte«; schließlich das sechste Grab: »Deinias aus Arkadien lebte 125 Jahre«. Während sie nun darüber rätselten – abgesehen von der ersten Grabschrift, die ja eindeutig war –, stießen sie an der Mauer auf einen kleinen Behälter aus Zypressenholz, auf dem zu lesen stand: »Fremdling, wer du auch seiest, öffne, auf daß du begreifst, was dich erstaunt!« Die Gefährten Alexanders öffneten also das Kistchen und fanden jene Schreibtafeln aus Zypressenholz, die Derkyllis, wie es scheint, dort auf Geheiß des Deinias niedergelegt hatte.

Das ist also, was Balagros seinem Weibe schreibt; dazu noch, daß er ihr die Tafeln aus Zypressenholz abschreiben lasse und die Abschrift übersende. Von da geht der Bericht weiter auf das Lesen und Abschreiben der Tafeln; nun erscheint Deinias, der dem Kymbas erzählt, was hier schon berichtet ist. So also und mit diesem Inhalt hat Antonius Diogenes die Darstellung der Ereignisse aufgebaut. (Photios, Bibl. Nr. 166)

* * *

Da übrigens Diogenes in seinem Buch »Die Wunder jenseits von Thule« auch über die Schicksale unseres Philosophen berichtet, glaube ich, auch auf ihn eingehen zu sollen. Er berichtet, Mnesarch sei Tyrrhener gewesen, einer aus jenem Volksteil, der Lemnos, Imbros und Skyros besiedelt hatte. Als er nun von dort fortreiste, viele Städte und verschiedene Gegenden besuchte, da fand er eines Tages ein kleines Kind unter einer hochaufragenden Weißpappel liegen. Als er sich neben es stellte, bemerkte er, daß der Knabe sein Antlitz zum Himmel gewandt hatte und mit offenen Augen direkt in die Sonne schaute. Ein dünnes kleines Röhrchen wie ein Pfeifchen hielt er im Munde, und mit Verwunderung sah Mnesarch, daß der Knabe seine Nahrung aus dem Tau gewann, der von der Pappel herunterträufelte. Da hielt er den Knaben für ein Götterkind und nahm ihn zu sich.

Als Mnesarch dann ins Mannesalter gekommen war, wurde er, so heißt es, auf Samos von Androkles, einem Bürger dort, aufgenommen und zum Verwalter des Hauswesens gemacht. Als solchem ging es ihm gut, so daß er sich nun der Erziehung des Knaben annehmen konnte, den er Astraios nannte und mit seinen eigenen drei Söhnen, Eunostos, Tyrrhenos und Pythagoras, zusammen aufzog.

Den letztgenannten adoptierte Androkles, schickte den Kleinen zunächst zu einem Kitharisten, in die Ringschule und zu einem Maler in die Lehre, sandte dann später den Jüngling nach Milet zu Anaximander, damit er auch Geometrie und Astronomie erlerne. Pythagoras, so sagt Diogenes, reiste auch zu den Ägyptern und den Arabern, den Chaldäern und den Hebräern; bei diesen studierte er auch die Kunst der Traumdeutung auf das genaueste ebenso wie er die Weissagung aus dem Weihrauch als erster ausgeübt hat [. . .]

Den Astraios aber machte Mnesarch dem Pythagoras zum Geschenk, welcher zunächst die Naturanlage des ihm Überantworteten prüfte und ihn, nachdem er seinen Körper in der Bewegung und in der Ruhe untersucht hatte, dann unterwies. Er pflegte nämlich als erster diese Kunst, den Charakter der Menschen so zu erkennen, und lernte derart die Anlage eines jeden kennen. Niemand durfte sich ihm als Freund oder Bekannter anschließen, den er nicht zunächst nach dem Äußeren des Gesichtes und des Körpers geprüft hatte, welche Anlage er besaß.

Noch einen anderen Knaben hatte er bei sich, den er sich aus Thrakien geholt hatte, mit Namen Zalmoxis. Diesem war bei der Geburt ein Bärenfell übergeworfen worden, Fell aber heißt auf thrakisch Zalmos. Pythagoras schätzte ihn sehr und weihte ihn dann in die höhere Wissenschaft ein, in die heiligen Riten und den ganzen Götterkult. (Porphyrios, *Leben des Pythagoras*, Kap. 10ff.)

Iamblich

Der schon erwähnte Patriarch Photios (s. S. 577, 686) hat über mehrere griechische Romane Bericht gegeben, sowohl über uns erhaltene wie auch verlorene. Von den letztgenannten ist neben dem bereits vorgestellten Antonius Diogenes nur noch Iamblich von Wichtigkeit (Nr. 94), einmal durch die nicht geringe Länge der Nacherzählung, zum anderen dadurch, daß auch Einzelheiten über sein Leben zum Vorschein kommen. Iamblich war danach ein im zweiten nachchristlichen Jahrhundert geborener Syrer, der zu seiner Muttersprache auch noch Aramäisch und Griechisch hinzulernte und Rhetor wurde. Die Abfassungszeit seines Werkes liegt nach 165, unter der Herrschaft des Mark Aurel.

Das Werk wird uns von Photios relativ ausführlich nacherzählt; hinzu tritt aus anderen Quellen eine nicht geringe Zahl von kurzen Fragmenten, die allerdings in der Regel nur die Verwendung eines bestimmten Ausdrucks belegen und für unseren Lesetext außer Betracht bleiben dürfen. Die Ausdehnung des Gesamtwerkes ist ungewiß; bald ist von 35, bald von 39 Büchern die Rede, während Photios seine Nacherzählung mit dem 16. Buch enden läßt, wo sich auch ein befriedigender Abschluß ergibt. Inhaltlich greift der Roman weit aus, spart nicht mit – zum Teil mehrfach wiederholtem – Einsatz drastischer Motive, stellt sich auch mit der Betonung der Magie in die Nähe des wohl nahezu als Zeitgenossen anzunehmenden Apuleius. Doch weist die Buntheit des Inhalts auf die orientalische Herkunft des Verfassers. Neben der Zusammenfassung des Photios sind uns noch rund 100 weitere Fragmente aus dem Roman des Iamblich an verschie-

denen Orten überliefert. Da es sich in der Überzahl nur um zeilenkurze Satzteile oder Sätze handelt, deren Einordnung überdies nicht immer gesichert ist, lassen wir diese hier unberücksichtigt und geben im Anschluß an des Patriarchen Auszug nur die drei größeren Stücke, die sich durch Umfang und Inhalt herausheben; sie können so als Beispiele für die Erzählweise des Autors dienen und zur Inhaltsangabe des Byzantiners noch etwas authentische Farbe durch des Autors eigene Darstellung fügen.

Es handelt sich um die Fragmente Nr. 1, 34 und 35, 61 (Iamblichi Babyloniacorum Reliquiae, ed. E. Habrich, Teubner, Leipzig 1960). Die beiden ersten sind beide in zwei Codices überliefert (Laurentianus 57,12 und Vaticanus 1354); der dritte ist ein Palimpsest der Vaticana (73 p. 61 sq.). Wir benennen sie hier der Einfachheit halber mit den drei ersten Buchstaben des Alphabets und fügen sie an die zusammenhängende Darstellung der Bibliothek *an, einmal, um dort die Kontinuität nicht zu unterbrechen, zum anderen, weil die genaue Placierung der Fragmenttexte im Zusammenhang der Erzählung strittig ist.*

So ist Fragment A, das den prunkvoll majestätischen Aufzug des Königs von Babylon beschreibt, von der Forschung an den Anfang des Romans gesetzt und der Stelle zugewiesen worden, wo der König nach dem Tod seiner Gattin die Sinonis zur Frau begehrt. Doch haben sich auch Stimmen erhoben, die A ganz ans Ende der Erzählung setzen möchten oder ihm einen Platz an jener Stelle zuweisen wollen, wo der König kurz vor dem Abschluß meint, seine Hochzeit bereits rüsten zu können. Wie auch immer: der kurze Text gibt eine genußvolle Ausmalung orientalischen Prunks – seine genaue Einreihung spielt für den heutigen Leser eine geringere Rolle.

B bietet weniger Probleme: Es ist das Plädoyer des Herren, der seinen Sklaven des Ehebruchs mit seiner Gattin anklagt, weil diese einen derartigen Traum gehabt hat. Das muß im Zusammenhang mit jenem Detail der Erzählung stehen, das berichtet, wie die im Aphroditetempel nächtigenden Frauen ihre Träume öffentlich zu erzählen genötigt sind (s. S. 710ff.).

C schließlich gehört offensichtlich in den Zusammenhang nach der Seitenerzählung von dem unglücklich verliebten und auch durch Selbstmord unglücklich endenden Sklaven (s. S. 713f.). Erst nach 36 teilweise zerstörten Zeilen wird der Text vollständig oder doch fast vollständig lesbar: Soraichos überredet Rhodanes, am Ort zu bleiben, und eilt der Sinonis nach, die zornerfüllt zu der schönen Bauerstochter eilt, um an der vermeintlichen Nebenbuhlerin Rache zu nehmen (s. S. 714).

Babylonische Geschichten

Als Personen der Handlung werden Sinonis und Rhodanes eingeführt. Beide sind schön anzuschauen und einander in ehelicher Liebe verbunden. Garmos aber, der König von Babylonien, verlor sein Weib, verliebte sich in Sinonis und wollte sie ehelichen. Sie lehnte das ab, wurde dafür mit einer goldenen Kette gefesselt, während Rhodanes ans Kreuz geschlagen werden sollte. Der Auftrag dazu wurde den beiden königlichen Eunuchen Damas und Sakas erteilt. Doch Sinonis wußte durch ihre Bemühungen ihren Gatten zu befreien, und so konnten sie beide entkommen, er dem Kreuzestode, sie der Zwangsehe. Zur Strafe dafür wurden dem Damas und dem Sakas Ohren und Nase abgeschnitten und sie selbst auf die Suche nach den Flüchtigen geschickt, wobei sie sich trennten und die Verfolgung in zwei verschiedenen Richtungen aufnahmen. Und fast wäre Rhodanes und seine Begleiterin von dem Verfolger Damas auf einer Wiese gefaßt worden; denn ein Fischer hatte Hirten benannt, die auf der Folter endlich die Wiese verrieten. Auf dieser Wiese hatte übrigens Rhodanes einen Goldschatz gefunden, hingewiesen durch die Aufschrift auf einer mit einem Löwen gekrönten Säule.

Auch ein Bocksgespenst verliebte sich in Sinonis; das war der Grund, warum Rhodanes und seine Begleitung die Wiese bereits verlassen hatten. Damas fand nur noch den Kranz der Sinonis, sandte ihn aber zum Trost dem Garmos. Auf der Flucht trafen Rhodanes und seine Begleiterin auf eine Alte, die in einer Höhle hauste. Sie verbargen sich in der Grotte, die 30 Stadien weit aufgegraben war; die Ausgänge waren mit dichtem Gestrüpp versperrt. Damas und seine Leute kamen an und befragten die Alte, die beim Anblick des blanken Schwertes ihren Geist aufgab. Die Pferde, auf denen Rhodanes und Sinonis reisten, wurden entdeckt, und das bewaffnete Aufgebot umzingelte den Ort, an dem sie sich verbargen. Zufällig zerbrach das Erz am Schild eines der Wächter oben am aufgegrabenen Teil der Höhle, und am hohlen Echo erkannte man, daß einige drinnen verborgen sein mußten. So grub man den Graben weiter auf; Damas schrie überall hinein, die beiden drinnen hörten es und flüchteten in die andere Ecke der Höhle und rutschten schließlich in den anderen Ausgang hinein. Nun aber griff ein Schwarm wilder Bienen die Soldaten beim Graben an, während ihr Honig auf die Flüchtenden herabträufelte. Die Bienen und ihr Honig waren voll Gift, das von verzehrten Schlangen stammte; so brachten sie von den Grabenden die einen zum Wanken, die anderen zu Tode. Rhodanes und seine Begleiterin wurden ihrerseits vom Hunger dazu getrieben, an diesem Honig zu lecken, und als er in den Magen hinabgelangt war, stürzten sie am Wege wie tot nieder. Die Bewaffneten konnten dem Ansturm der Bienen nicht standhalten und flohen; gleichwohl verfolgten sie Rhodanes weiter. Als sie aber die beiden an der Straße hingestreckt liegen sahen, hielten sie sie für wirklich tot und zogen vorüber. In jener Grotte hatte Sinonis nun ihr Haar geschoren, um damit Wasser zu schöpfen. Damas fand es und sandte es von dort dem Garmos als ein Zeichen dafür, daß man dicht davor sei, die Flüchtigen einzuholen.

Rhodanes und Sinonis ruhten also am Straßenrand, das bewaffnete Aufgebot zog an ihnen wie an Toten vorbei und handelte nach heimischer Sitte: Die einen warfen Kleider über sie und bedeckten sie damit, andere warfen anderes hinzu, was sie gerade hatten, Brocken von Fleisch und von Brot; und so zogen sie vorbei. Die beiden aber waren von dem Honig betäubt und wären wohl kaum wieder zu sich gekommen, wenn sich nicht einige Raben um das Fleisch gestritten hätten und dadurch Rhodanes aufweckten, der selbst wiederum Sinonis aufstehen hieß. Nun sie aufgestanden waren, schlugen sie einen anderen Weg ein als die Bewaffneten, damit es nicht herauskäme, daß sie die Gesuchten seien. Sie fanden zwei Esel, bestiegen sie und luden ihnen auch ihre Sachen auf, die sie mit sich führten von dem, was ihnen, als man sie für tot hielt, die Bewaffneten zugeworfen hatten.

Dann stiegen sie in einer Herberge ab, flohen aber alsbald wieder von dort und begaben sich direkt am Markt in eine andere Unterkunft. Da gab es einen Streit zweier Brüder, und sie wurden des Mordes beschuldigt, danach aber wieder freigelassen. Der ältere der beiden Brüder hatte nämlich den jüngeren durch Gift aus dem Wege geräumt und dann sie dieser Übeltat angeklagt. Da er aber bald danach Hand an sich selbst legte, befreite er sie von jedem Vorwurf. Heimlich führte Rhodanes das Gift von hier mit sich fort.

Sie gerieten nun in das Haus eines Räubers, der die Vorüberziehenden ausraubte und sie auffraß. Es wurden aber gerade Soldaten von Damas hergesandt, die den Räuber ergriffen und Feuer an sein Haus legten. Auch die beiden Flüchtlinge wurden von der Glut gepackt und entkamen nur mit Mühe dem Tode, indem sie die beiden Esel schlachteten und sich mit Hilfe der Kadaver einen Ausweg aus den Flammen bahnten. Im Dunkel der Nacht fielen sie denen ins Auge, die den Brand gelegt hatten; auf die Frage, wer sie seien, sagten sie, sie seien die Geister jener, die der Räuber aufgezehrt hatte, und da sie so blaß und abgezehrt aussahen und ihre Stimme tonlos klang, überzeugten sie die Soldaten und jagten ihnen keinen geringen Schrecken ein.

Sie machten sich nun weiter auf die Flucht, und als sie auf ein Mädchen stießen, das eben zu Grabe getragen wurde, gesellten sie sich dem Zug zu, um alles mit anzusehen. Ein alter Chaldäer aber, der in der Nähe stand, verbot die Bestattung: Das Mädchen atme ja noch, sagte er. Und es zeigte sich, es war wirklich so. Dem Rhodanes aber gab er eine Prophezeiung mit auf den Weg: Er werde dereinst als König herrschen.

Das Grab des Mädchens ließ man leer zurück, desgleichen die vielen Gewänder, die man dort zur Verbrennung niedergelegt hatte, und dazu noch Speis und Trank. Rhodanes und seine Begleiterin taten sich daran gütlich, nahmen auch einiges von den Gewändern und legten sich im Grabmal des Mädchens zum Schlafe nieder. Jene aber, die das Haus des Räubers in Brand gesteckt hatten, merkten bei Tagesanbruch, daß man sie übertölpelt hatte, und folgten den Spuren von Rhodanes und Sinonis in der Meinung, sie seien Kumpanen des Räubers.

Die Spuren führten sie zum Grab, doch als sie jene da drinnen ruhen sahen, unbeweglich vom Wein im Schlaf, da glaubten sie, Tote zu sehen, und ließen sie in Ruhe, obwohl sie sich nicht sicher waren, ob die Spuren eigentlich nicht doch dahinführten.

Rhodanes und seine Begleiterin brachen dann von dort auf und überquerten einen Fluß, der süßes klares Wasser führte, das sogar dem König von Babylonien zum Trunke diente. Als nun Sinonis die Gewänder verkaufte, wurde sie ergriffen, weil sie Grabraub begangen habe; man brachte sie zu Soraichos, dem Sohne des Steuereinnehmers Soraichos. Dieser beschloß, sie wegen ihrer Schönheit zum König Garmos zu schicken. Daraufhin mischten sich Rhodanes und Sinonis das Gift, das sie von jenen Brüdern her besaßen: Der Tod schien ihnen wünschenswerter als eine Begegnung mit Garmos. Dem Soraichos wurde aber von einer Magd gemeldet, zu welcher Tat Rhodanes und Sinonis schreiten wollten. Heimlich schüttete Soraichos daraufhin den Todestrank fort und füllte den Becher mit einem Schlaftrunk. Jene tranken ihn und fielen in Schlummer, er aber ließ sie auf ein Gefährt legen und zum König bringen. Als sie schon recht nahe waren, erwachte Rhodanes aus der Betäubung, schrie auf und weckte Sinonis; sie aber verwundete sich ernstlich mit dem Schwerte an der Brust. Soraichos erfragte nun alles, was sie beide betraf, faßte Vertrauen zu ihnen, als er es erfahren hatte, und befreite sie von ihren Fesseln; er wies ihnen auch das Heiligtum der Aphrodite auf jener Insel, wo die Wunde der Sinonis verheilten konnte.

Iamblich berichtet auch in einer Einlage über jenes Heiligtum und die Insel: daß Euphrat und Tigris sie durch ihr Vorbeifließen hervorgebracht hätten. Die Priesterin der Aphrodite dort habe drei Kinder gehabt, Euphrat, Tigris und Mesopotamia; diese sei von Geburt an unansehnlich gewesen, von Aphrodite aber später mit Schönheit begabt worden. Infolgedessen entstand ein Streit zwischen ihren drei Freiern, den zu entscheiden man Bochoros übertrug, der zu jener Zeit der beste Richter war. Der Streit der drei bedurfte einer Entscheidung, weil Mesopotamia dem einen von ihnen ihren Becher, aus dem sie zu trinken pflegte, geschenkt hatte, den anderen mit einem Kranz aus Blumen, die sie sich von ihrem eigenen Haupte genommen, bekränzt hatte, dem dritten aber einen Kuß geschenkt hatte. Dieser hätte denn auch eigentlich als Sieger gelten müssen, nichtsdestoweniger entstand dennoch ein Streit zwischen ihnen, bis sie sich gegenseitig im Kampf getötet hatten.

Iamblich berichtet ferner, auch in einer Art Einlage, über den Aphroditetempel; es sei zwingende Regel, daß die Frauen, die dort hinpilgerten, öffentlich die Träume erzählten, die ihnen in dem Heiligtum zuteil geworden seien. Er berichtet dann auch eingehend über Pharnuchos und Pharsiris und von Tanais – daher auch der Flußname Tanais –; die Mysterienfeiern der Aphrodite seien von Tanais und Pharsiris für die dort im Land und am Fluß Wohnenden eingerichtet worden.

Auf der zuvor erwähnten Insel aß Tigris eine Rose und kam so ums Leben; in den Blättern war nämlich ein giftiges Insekt verborgen gewesen. Seine Mutter ließ Zauberlieder singen und war überzeugt, ihr Kind sei ein Heros geworden. Hier geht nun Iamblich auf die Gattungen der Magie ein: Es gebe einen Heuschreckenzauber, einen Löwenzauber, einen Mäusezauber; so käme auch das Wort »Mysterien« von den »Mäusen« (griech. *myes*), insofern eben die Mäusemagie die erste gewesen sei. Es gebe ferner einen Hagelzauber und einen Schlangenzauber, sodann den der Totenbeschwörung und die Bauchredekunst, welche, wie er sagt, die Griechen Euryklea nennen, die Babylonier aber Sacchura.

Er selbst sei, sagt der Autor hier, ein Babylonier, habe die Zauberei erlernt, aber auch die griechische Bildung genossen, und zur Zeit des Soaimos gelebt, des Sohnes des Achaemenis, des Enkels des Arsakes. Dieser stamme als König von Königen ab, sei aber nichtsdestoweniger auch in Rom in den Senat gewählt worden und Konsul gewesen, danach aber König von Großarmenien. Zu seiner Zeit habe er, Iamblich, selbst auch gelebt. Zu Rom aber habe Kaiser Antoninus die Herrschaft innegehabt. Als dieser seinen Adoptivbruder und Schwiegersohn, den Mitkaiser Verus, gegen den Partherkönig Vologaisos ins Feld sandte, da habe er, Iamblich, Anfang und Ende dieses Krieges vorausgesagt. Er erzählt auch die Flucht des besiegten Vologaisos über Euphrat und Tigris sowie die Unterwerfung des parthischen Gebietes unter römische Botmäßigkeit.

Tigris und Euphrat aber, die Söhne jener Priesterin, sahen einander sehr ähnlich, Rhodanes wiederum glich ihnen beiden ganz. Nachdem nun einer der beiden durch jene Rose, wie schon erzählt, zu Tode gekommen, gelangte Rhodanes mit Sinonis auf jene Insel. Die Mutter schrie auf, ihr toter Sohn sei wieder zum Leben erwacht, als sie Rhodanes sah, und Kore folge ihm nach. Rhodanes spielte denn auch diese Rolle und amüsierte sich über die Naivität der Inselleute.

Mittlerweile waren dem Damas die Schicksale des Rhodanes bekannt geworden, ebenso auch, was Soraichos für die beiden getan hatte. Der Denunziant aber war jener Arzt, den Soraichos heimlich abgeschickt hatte, um die Wunde der Sinonis zu heilen. Daraufhin wurde Soraichos gefangengenommen und zu Garmos geschickt; abgesandt wurde auch jener Denunziant, und zwar mit einem Brief des Damas an den Priester der Aphrodite, man solle Sinonis und ihren Begleiter festnehmen lassen. Der Arzt durchquerte den Fluß nach gewohnter Weise auf einem heiligen Kamel, den Brief aber versteckte er im rechten Ohr des Tieres. Doch der Denunziant ertrank schließlich im Fluß, das Kamel dagegen schwamm zur Insel. So erfuhren Rhodanes und seine Begleiterin alles, da sie den Brief im Ohr des Kamels entdeckten.

Sie mußten sich darum also von dort wieder auf die Flucht machen. Daher trafen sie auf Soraichos, der zu Garmos geführt wurde; man stieg in ein und derselben Herberge ab. Dort überredete Rhodanes des Nachts einige Fremde, in ihrer Gier nach Gold die Gefangenenwärter des Soraichos zu töten. So konnte Soraichos mit ihnen fliehen und empfing seinen Lohn für seine frühere Wohltat.

Damas bemächtigte sich nun des Priesters der Aphrodite und befragte ihn wegen Sinonis; der Alte wurde schließlich dazu verurteilt, anstatt als Priester als Henker zu dienen. Es folgen Erläuterungen über die Sitten und Gepflogenheiten eines Henkers. Euphrates wurde ergriffen, und weil der Priester, zugleich sein Vater, ihn für Rhodanes hielt, nannte er ihn auch so. Die Schwester des Euphrates, Mesopotamia, war bereits geflohen. Nun wurde Euphrates selbst vor Sakas geführt und wegen Sinonis verhört; hielt man ihn doch für Rhodanes. Sakas meldete dem König Garmos, Rhodanes sei bereits gefangengenommen, der Sinonis aber werde man demnächst habhaft werden. Euphrates sagte als Rhodanes vor Gericht aus, beim Versuch der Gefangennahme sei Sinonis entkommen; mußte er doch, gewaltsam gezwungen, seine Schwester Mesopotamia jetzt Sinonis nennen.

Auf ihrer Flucht kehrten Rhodanes, Sinonis und Soraichos bei einem Bauern ein. Dieser besaß eine Tochter, jung und schön anzuschauen, die gerade Witwe geworden war und zum Zeichen ihrer Anhänglichkeit an ihren Mann ihr Haar abgeschoren hatte. Sie wurde abgesandt, die goldene Kette zu verkaufen, welche Rhodanes und seine Begleiterin noch von jener Fesselung her mit sich trugen. Sie machte sich also zu einem Goldschmied auf den Weg. Als dieser aber die Schönheit des Mädchens sah, ferner den Teil jener Fessel, den er selbst einst verfertigt hatte, sowie auch noch das geschorene Haar, da hielt er sie für Sinonis, schickte dem Damas Nachricht davon und ließ das Mädchen bei ihrem Weggang heimlich durch Wächter beobachten. Sie aber schöpfte Verdacht, was vorging, und flüchtete sich in eine einsame Hütte.

Dort spielte sich die Geschichte des Mädchens namens Trophima ab: Ein Sklave liebte und tötete sie, wobei auch der Goldschmied eine Rolle spielte; es folgten die entsetzlichen Taten des Sklaven, der selbst Hand an sich legte. Dabei wurde die Tochter des Bauern vom Blut des Selbstmörders bespritzt, das Mädchen geriet in große Angst und floh davon. Ebenso gerieten auch die Wächter außer sich und flohen. Sie kam nun zu ihrem Vater und erzählte dort, was vorgefallen war. So machte sich Rhodanes wieder einmal auf die Flucht. Schon zuvor aber hatte der Goldschmied dem Garmos einen Brief gesandt, Sinonis sei gefunden; er fand auch Glauben, da er die zuvor von ihm gekaufte Kette mitschickte und alles andere vorbrachte, was er über die Bauerstochter vermutete.

Als Rhodanes nun Abschied nahm, um sich auf die Flucht zu machen, da küßte er die Bauerstochter. Sinonis geriet darüber in Zorn; zunächst schöpfte sie Verdacht wegen des Kusses, dann aber wurde sie in ihrem Argwohn zu fester Gewißheit bestärkt, als sie das Blut von seinen Lippen abwischte, das bei dem Kuß an ihm haften geblieben war. Sinonis wollte dann das Mädchen umbringen; sie kehrte um und eilte wie eine Wahnsinnige zu ihr zurück. Soraichos folgte ihr, da er ihrer wahnwitzigen Erregung nicht Herr zu werden vermochte.

Sie gerieten nun in das Haus eines reichen Mannes von verderbten Sitten; sein Name war Setapos. Er begehrte sie und machte ihr Anträge. Sie tat so, als sei sie bereit, seine Liebe zu erwidern; als aber Setapos noch in derselben Nacht betrunken sich ihr näherte, da tötete sie ihn bei Beginn des Liebesspiels mit einem Schwerte. Danach befahl sie, ihr das Haus zu öffnen, ließ den Soraichos in Unkenntnis des Vorgefallenen zurück und eilte zu der Bauerstochter.

Als Soraichos ihre Flucht erfuhr, verfolgte er sie und holte sie auch bald ein. Bei sich hatte er auch einige Diener des Setapos, die er bezahlt hatte, damit er den Mord an der Bauerstochter gewaltsam verhindern könne. Als man die Flüchtige eingeholt hatte, hob man sie auf einen Wagen – man hatte auch diesen vorsorglich mitgeführt – und führte sie zurück.

Während sie heimkehrten, kamen ihnen die übrigen Diener des Setapos, die inzwischen ihren ermordeten Herrn gesehen hatten, in hellstem Zorn entgegengelaufen, packten Sinonis, fesselten sie und führten sie zu Garmos als eine Mörderin, die ihre Strafe finden sollte. Soraichos aber war der Bote, der dem Rhodanes dieses Unheil meldete; er hatte Asche auf sein Haupt gestreut und sein persisches Gewand zerrissen. Rhodanes wollte sich alsbald umbringen, aber Soraichos hinderte ihn daran.

Garmos hatte also von Sakas einen Brief erhalten mit der Nachricht, Rhodanes sei gefangen, und vom Goldschmied einen mit der Botschaft, man habe Sinonis in der Hand. Er war darob voller Freude, opferte und bereitete sein Hochzeitsfest vor. Er ließ auch überall verkünden, man solle alle Gefangenen freilassen und nach Hause schicken. So wurde auch Sinonis, die ja von den Dienern des Setapos gefesselt angeschleppt wurde, auf allgemeine Anordnung hin freigelassen und nach Hause geschickt. Den Damas aber ließ Garmos dem Tode überantworten; er wurde denn auch gerade jenem Henker übergeben, den er selbst vom Priester zum Henker gemacht hatte. Garmos zürnte aber dem Damas, weil nicht er, sondern die anderen es fertiggebracht hatten, Rhodanes und Sinonis, wie er glaubte, in seine Gewalt zu bringen. Nachfolger des Damas wurde sein Bruder Monasos.

Es folgt die Erzählung von Berenike, der Tochter des Königs von Ägypten, von ihrer wilden unnatürlichen Liebe und wie sie mit Mesopotamia umging. Hernach aber wurde Mesopotamia von Sakas ergriffen und zusammen mit ihrem Bruder Euphrates zu Garmos gebracht. Dieser erhielt von dem Goldschmied Nachricht, daß Sinonis entkommen war. Daraufhin ließ er ihn töten und die zur Wache und Abführung Ausgesandten samt Weibern und Kindern lebendig begraben.

Ein Hund aus Hyrkanien, der Rhodanes gehörte, fand in jenem unterirdischen Grabgewölbe die Leichen des unglücklichen Mädchens und des mörderischen, unglücklich verliebten Sklaven. Er fraß zuerst den Leichnam des Sklaven, bald danach auch Stück für Stück den des Mädchens. Da erschien der Vater der Sinonis. Da er den Hund des Rhodanes erkannte und den halbverzehrten Leichnam des Mädchens sah, tötete er zunächst den Hund als eine Art Opfer für Sinonis, dann erhängte er sich alsbald, nachdem er noch die Überreste des Mädchens begraben und mit dem Blut des Hundes die Inschrift angebracht hatte: HIER RUHT SINONIS DIE SCHÖNE.

Auch Soraichos und Rhodanes kamen an jenen Ort, sie sahen auf dem Grab den geopferten Hund, ferner den erhängten Vater der Sinonis und die Aufschrift auf dem Grab. Da fügte Rhodanes sich eine erste Wunde zu und ergänzte mit seinem eigenen Blut die Inschrift zu Ehren der Sinonis durch ... UND AUCH RHODANES DER SCHÖNE. Soraichos aber legte sein Haupt in die Schlinge. Als nun gerade Rhodanes sich selbst den Todesstoß versetzen wollte, da stürzte die Bauerstochter herein und schrie laut: »Rhodanes, das ist gar nicht Sinonis, die da liegt!« Und sie rannte hinzu, zerschnitt die Schlinge des Soraichos, entriß dem Rhodanes das Schwert. Dann überzeugte sie die beiden nicht ohne Mühe, indem sie die Ereignisse mit dem unglücklichen Mädchen erzählte wie auch, daß sie zurückgekommen sei, einen da vergrabenen Goldschatz zu heben.

Sinonis war inzwischen, ihrer Fesseln ledig, zu dem Hause

des Bauern geeilt, immer noch von wahnwitziger Wut gegen das Mädchen erfüllt. Als sie sie nicht fand, fragte sie deren Vater aus. Der beschrieb ihr den Weg, und sie folgte ihr nach, das nackte Schwert in der Hand. Als sie aber den dahingestreckten Rhodanes fand, saß jene allein bei ihm und suchte seine Brustwunde zu behandeln; Soraichos war nämlich davongegangen, einen Arzt zu suchen. Von Zorn und Eifersucht überwältigt, stürzte sich Sinonis auf das Mädchen. Rhodanes aber überwand bei diesem Einbruch von Gewalt seine Wundschmerzen, trat ihr entgegen und hinderte Sinonis, indem er ihr das Schwert entriß. Zornerfüllt verließ diese daraufhin das unterirdische Gewölbe, eilte in wahnwitzigem Laufe davon und warf dem Rhodanes nur noch dies eine Wort zu: »Ich lade dich für morgen auf meine Hochzeit mit Garmos ein!« Soraichos kam nun gerade zurück, hörte alle Vorfälle und suchte Rhodanes zu trösten; sie pflegten die Wunde und schickten das Mädchen mit den Schätzen zu ihrem Vater zurück.

Unterdessen wurde Euphrates – als Rhodanes – zu Garmos gebracht, ebenfalls Mesopotamia – als Sinonis –, und außerdem Soraichos und der wahre Rhodanes. Garmos durchschaute aber, daß Mesopotamia nicht Sinonis war, und übergab sie dem Zobaras, der ihr am Flusse Euphrat den Kopf abschlagen sollte. »Es soll keine andere sich an ihr ein Beispiel nehmen und den Namen der Sinonis zulegen!«, sagte er.

Zobaras aber trank aus den Quellen des Eros, verliebte sich in Mesopotamia und rettete sie. Er brachte sie zu Berenike, die nach dem Tode ihres Vaters Königin der Ägypter geworden war, von wo er selbst sie ja einst fortgeführt hatte. Berenike richtete die Hochzeit der Mesopotamia aus, woraus Kriegsdrohungen zwischen Garmos und Berenike entstanden.

Euphrates nun wurde seinem Vater in dessen Eigenschaft als Henker überstellt; der aber erkannte ihn und rettete ihn auch. Nun übte der Sohn das Amt des Vaters aus; der Vater aber hatte kein Menschenblut vergossen.

Später aber verließ Euphrates das Haus als des Henkers Tochter verkleidet und entkam unversehrt. Dahinein gehört auch die Erzählung von der Konkubine des Henkers, ihren Sitten und Gebräuchen, und über die Bauerstochter, die gefangengesetzt worden war, weil Sinonis, die inzwischen Gemahlin des syrischen Königs geworden war, heftigen Zorn gegen sie hegte und sie verderben wollte. Sie wurde dazu verurteilt, daß der Henker ihr beiwohnen solle. Als sie nun zu dieser Beiwohnung in des Henkers Haus zu Euphrates kam, da verließ dieser an ihrer Statt das Haus, indem er ihr Aussehen vortäuschte; sie aber übte nun an des Euphrates Statt das Amt des Henkers aus.

Diese Dinge gingen also so vor sich. Soraichos wiederum war zur Kreuzigung verurteilt worden. Als Ort wurde jene Wiese festgesetzt, auf der Rhodanes und Sinonis am Anfang gerastet hatten, bei jener Quelle, in der der von Rhodanes entdeckte verborgene Goldschatz ruhte, den er auch dem nun zur Kreuzigung geführten Soraichos entdeckt hatte.

Das Heer der Alanen war von Garmos um seinen Sold betrogen worden und zürnte ihm darum. Es hatte sich gerade an dem Ort gelagert, an dem Soraichos gekreuzigt werden sollte, verjagte seine Wächter und befreite ihn. Er fand den ihm bezeichneten Goldschatz und hob ihn auf geschickte kunstvolle Weise aus der Grube ans Licht. Den Alanen redete er ein, er habe dies und noch manche anderen Künste von den Göttern erlernt, und nach einer kleinen Weile hatte er sie dazu gebracht, daß sie ihn als Führer und König anerkannten. Er zog daraufhin mit dem Heer gegen Garmos in den Krieg und besiegte ihn. Aber das war erst später.

Zu der Zeit aber, da Soraichos zum Kreuz geführt wurde, da wurde auch Rhodanes von Garmos, der sich bekränzte und tanzte, zu dem früheren Kreuz gebracht und angebunden. Garmos betrank sich, tanzte mit den Musikantinnen um das Kreuz herum, freute sich und war bester Laune. Währenddessen schickte Sakas dem Garmos ein Schreiben, Sinonis werde dem jungen König der Syrer anvermählt werden. Rhodanes freute sich darüber oben am Kreuz, Garmos aber wollte sich selbst umbringen. Er besann sich aber, ließ Rhodanes gegen dessen Willen vom Kreuz abnehmen – der wollte lieber sterben – und stattete ihn als Feldherrn aus, damit er gegen den König der Syrer ins Feld ziehe, gewissermaßen ein Liebhaber gegen seinen Rivalen. So wurde er öffentlich von Garmos freundlich behandelt, heimlich aber sandte dieser ein Schreiben an die Unterfeldherren, im Falle eines Sieges und der Gefangennahme der Sinonis solle Rhodanes getötet werden.

Rhodanes aber siegte, gewann seine Sinonis wieder und herrschte als König über die Babylonier. Dieses hatte auch eine Schwalbe angezeigt. Als nämlich Garmos in eigener Person Rhodanes in den Krieg aussandte, verfolgten die Schwalbe ein Adler und ein Geier; sie aber entkam dem Adler, der Geier aber fing sie.

Damit endet die Erzählung dieser sechzehn Bücher.

(Photius, *Bibliothek* Nr. 94)

A Der Aufzug des Königs von Babylon

Das Gefährt, auf dem der König einherzieht, ist völlig aus Elfenbein gearbeitet, sonst ganz wie ein griechischer Wagen. Die Zügel der Pferde sind aus Purpurstoff. Der König steht oben in einem außerordentlich prachtvollen Aufzug, in dem er weder jagt noch Recht spricht noch Opfer bringt, sondern nur am Festaufzug teilnimmt. Golddurchwirkt schimmert sein Purpurmantel, zu gleichen Teilen ist das Gold dem Purpur eingewebt. Er führt ein Zepter aus Elfenbein, auf dem seine Rechte hochaufgestützt ruht.

Als Reiter folgen Zepterträger und Satrapen und Reiterführer und Befehlshaber von Tausendschaften, denen diese Aufgabe obliegt. Das Fußvolk ist mit Silberlanzen gerüstet, mit Silberpanzern und Goldpanzern, mit Ringen sind ihre Arme, mit Ketten ihre Hälse geschmückt. Ihre Köpfe umgibt nicht ein Helm, sondern Nachbildungen von Zinnen und Türmen, die den Kopf krönen und schützen. Sie sind aus Silber und Gold hergestellt, bei den Vornehmeren auch mit Edelsteinen geziert. Einige wenige tragen einen goldenen Kranz, den ihnen der König verliehen hat. Andere wieder reiten auf nisäischen Pferden, die teils kriegerisch gerüstet sind mit Stirnpanzern, Brustschilden und Flankenschutz, teils für den Festzug trainiert, mit goldenen Zügeln, wie bei vornehmen Frauen; an den Gürteln und Riemen und Satteln ist nichts, das nicht goldgeschmückt oder goldgetrieben wäre.

Die Haare der Pferde sind am Schwanze zu Zöpfen geflochten wie bei Frauen, eng umbunden mit purpurnen und buntflimmernden Bändern; die anderen flattern an der Mähne hierhin und dahin und hängen auf den Nacken hernieder, teils glatt, teils aufrecht, teils kraus, die einen von Natur aus so gewachsen, die anderen künstlich in diese Form gebracht. Sie formen aber auch der Tiere Schritte und Blicke, ihr Nicken und ihren Sinn, bei einigen sogar ihr Schnauben und Wiehern. Ein für den Festzug bestimmtes Pferd lernt alles. Zuerst nämlich streckt es von selbst die Beine zu Boden, und wenn es zu Boden fällt, lernt es aufstehen und stolz und prächtig sich bewegen. Hat es gelernt, ungestümer zu sein, fällt es nicht mehr auf den Bauch, sondern auf die Knie, so daß es aussieht, als ob es den Reiter aufnehmen wolle und sich vor ihm verneige. Dann bietet es den Rücken geschmeidig dar und wendig im Lauf wie ein Kriechtier, es lernt sich selbst im Rhythmus zu halten und in Form und auf einen Wink mit den Nüstern einatmen, mit den Augen hinblicken, den Nacken hochtragen, paradieren, sich hochaufrichten und alles das, was auch ein Athlet im Theater zeigt. Dadurch erscheint denn auch der Reiter ansehnlicher, das Pferd stolzer.

B Ein Herr klagt seinen Sklaven an wegen Ehebruchs, da seine eigene Gattin erzählt hatte, daß sie im Aphroditeheiligtum von einer Vereinigung mit ihm geträumt habe.

Gewiß gibt es niemanden, der mir nicht zustimmen würde, daß keiner aus freien Stücken zu einem solchen Prozeß kommt und sich dir, König, absichtlich als Richter unterwirft, der du nicht allein den Lebenswandel der Angeklagten untersuchst, sondern auch die Lebensführung der Ankläger. So sei denn auch dieses ein Wahrheitsbeweis für die vorliegende Anklage, daß dem, der sie beabsichtigt, ihr Inhalt unangenehm sein muß: Die Partei, die in diesem Prozeß verliert, steht im Unrecht, die gewinnt, im Unglück!

Ich bitte um Verzeihung dafür, daß ich zuvor keine Anklage erheben wollte, dann aber doch nicht schweigen konnte, nicht allein, weil Ehebruch ein unerträgliches Verbrechen ist, sondern auch, weil der ihm eigene frevelhafte Übermut das allgemeine Wohl angeht. Der Ehebrecher ist ein Sklave und in seinem Herzen niedrigsten Standes – selbst wenn er dieser da schön zu sein scheint. Als Sklave gehört er niemandem anderen als mir. Er sollte wohl auch ihr Sklave sein – aber nicht ihr Herr! Zwei Dinge machen also diesen Ehebruch übergroß und besonders schändlich: Es treffen zusammen die hohe Stellung der Geschändeten und die Niedrigkeit des Ehebrechers.

Ich bitte dich aber, o König, hilf mir in dieser Sache: Ich bin von meinem Weib entehrt, von meinem Sklaven ausgestochen! Richte deinen Zorn auf das, was sie in ihren Taten geheim zu halten vermochten, was aber die Götter offenbart haben!

Ich bin mir nicht schlüssig, ob ich nun die beiden als Zeugen und Erklärer ihrer Vergehen aufrufen soll. Dieser da ist noch ein Jüngelchen – solche Knaben, das weiß jedermann, sind eher zu überreden als daß sie selbst überreden, sind leichter zu verführen als daß sie selbst verführen. Diese aber ist ein Weib – gar leicht ist ein Weib zu täuschen! So treten denn für diesen seine schwache Jugend, für sie aber die Art ihrer Natur als Mitstreiter an.

Zusammenfassend will ich sagen: Beide sind schön. Wer aber würde einen Sklaven einem Manne vorziehen? Jugendfrisch ist er, und auch mir, o König, scheint er schön zu sein. Oft genug habe ich Tor ihn vor dieser auch noch dessenthalben gerühmt, wie schön seine Miene ist, wie nett er einen mit seinen feuchten Augen anblickt. Ich pries auch häufig seine Hände, wie schmal, und seine Haare, wie hell sie sind. Und mit all diesen Worten war ich es, der sie lehrte, ihn zu lieben!

Du weißt es auch selbst, o König, daß das die Wahrheit ist. Hat ihn doch die Schönheit nicht verlassen oder sich gescheut, sondern hat leuchten lassen wider alle Gefahr seine Wange, sein Blick verblühte nicht und zeigte keine Trauer. Er steht vor dir in Fesseln, aber selbst die Fesseln stehen ihm gut. Haß verflucht dich; aber die Gefahr wegen deiner Frevel schmückt dich nur – du schöner Übeltäter! Ich zögere es zu sagen: Er ist heute noch schöner geworden. Hast du nicht Erbarmen mit mir, o König? Als Gatte lobe ich noch den Ehebrecher, und sie, die Geschändete, hört das mit an! Ich fürchte, auch heute wird ihm seine Schönheit zu Hilfe kommen!

So also habe ich ihn gelobt. Ich hatte auch das Umherirren seiner Augen in Verdacht, die vielen Bewegungen, das Wegblicken vom Becher und das Überlaufenlassen beim Weineinschenken. Aufmerksam sah ich das Winken der beiden, wie er es begann und sie es beantwortete. Alles umfing sie, Jugend, Wein, Schönheit, und auch ich war zu Händen, Vermittler des Ehebruchs, Herold der Schönheit.

Ich meinte, sie würden ihren Sinn ändern, wenn ich sie unbeschuht hinausschickte, ihn aber zu Boden warf, daß man ihn mit Füßen treten konnte. Er aber, scheints, verlor nicht an Ansehen, als er getreten wurde, nein, getreten gewann er Mitleid ...

Nun werden die Träume von den Dämonen geschickt, das in ihnen Geschaute aber von der Seele eines jeglichen selbst gebildet: Der Gott der Seele ist der Chorführer, für die Erscheinungen sind wir selbst die Schöpfer.

Unter den Frauen hütet die eine, liebt sie ihren Mann, im Traume sein Haus, die andere, kinderliebende, sieht sich in Wehen liegen, die nächste ist in einen Streit verwickelt, die erotisch Begierige aber in einen Ehebruch. Und wenn das nicht stimmen soll, dann soll jeder von uns sich an seine Träume erinnern – was würde er viel träumen, was sehen: der Bogenschütze den Bogen, der Reiter das Pferd, der König den Thron – diese aber den Ehebrecher!

Du bist überführt, du schlimmste aller Weiber! Ich habe dich überrascht, wie du bei diesem Knaben lagst! Die nächtlichen Küsse glühen am Tage in der Erinnerung nach; was du im Wachen tust, das liegt dir noch im Schlafen am Herzen. Der Traum ist nur ein Abbild des menschlichen Interesses. Und selbst wenn du an meiner Seite liegst, liegt dir jener im Sinn. Bei mir weilte der Körper, bei ihm die Seele. Bei mir fällst du in Schlaf, bei ihm nicht!

C Der Sinonis Eifersucht

Als aber die Umgebung des Rhodanes diese Einsicht begriff, sagte Soraichos: »Du, Rhodanes, bleibe auf dem Lande und komme nicht zum Vorschein; es darf auch nicht den Anschein haben, daß du dabei Hilfe leistest, die Geliebte zu schützen. Wir wollen vielmehr das Mädchen in seiner Liebe und Mordlust behüten. Ich selbst werde mich um sie kümmern; ich bin gewiß, ich werde sie bald zurückführen. Du aber fasse Mut; ich weiß, du wirst die Leidenschaftlichkeit der Sinonis überwinden!

Warum weinst du, Rhodanes? Bleib hier, wenn du Sinonis wiederhaben willst, wenn du Vertrauen hast zu Soraichos, der ja doch um euretwillen umherirrt!«

So sprach Soraichos. Aber nur mit Mühe überredete er Rhodanes zu bleiben, der wegen Sinonis in tausend Ängsten schwebte. Doch auch Soraichos war wegen des Mädchens besorgt, das in der Gefahr schwebte, in seiner Eifersucht etwas Fürchterliches anzurichten.

Und zunächst schien dem Soraichos Sinonis außerhalb seines Zugriffs. Sie hatte viel Vorsprung und vermochte schneller zu laufen als Soraichos, dazu war sie auch durch ihren Zorn beflügelt. Die Eile ihrer Erregung hatte sie auch körperlich flinker gemacht. Gleichwohl strengte Soraichos sich an und rannte aus Leibeskräften. Als er ihr Gewand sah, rief er von ferne: »Bleib stehen, Sinonis! Ich bin Soraichos, ganz allein! Rhodanes ist nicht dabei! Beim Belos nicht!«

Sie hielt im Lauf inne, weil sie dem Schwur vertraute und Soraichos verehrte. Als dieser bei ihr ankam, hieß er sie nähertreten und sagte: »Sinonis, ich liebe euch beide – wurde ich doch vom Schicksal euch zum Vater gegeben. Dich aber habe ich noch vor Rhodanes erworben. Ihn spreche ich nicht frei von seiner Schuld, dich aber halte ich nicht für eine, die alles ihrer Erregung zuliebe tut und eine so schreckliche Bestrafung an einem Weibe, einer Fremden, durchsetzt. Dies kann uns alle rasch in Gefahr bringen, weil wir uns gegen Zeus, den Hort des Gastrechts, vergehen! Jene hat ja selbst uns den Tisch gerichtet und uns als Gäste aufgenommen. Bald stand sie dann unter Zwang, bald wurde sie überlistet, ihre Seele verführt: Nicht dir allein, mein Kind, erscheint Rhodanes schön!«

Sie aber erregte sich bei diesen Worten, wartete nicht den Rest der Rede ab, sondern fiel ihm ins Wort: »Soraichos, diese deine Unglücksrede gefällt mir ganz und gar nicht! Wäre ich lieber tot als zu hören, auch einer anderen erschien Rhodanes schön! Du wirst mich nicht hindern und es auch gar nicht wollen, daß ich in der Einsamkeit einen Mord begehe. Du weißt, ich lüge nicht. Dich aber habe ich zum Zeugen meiner kühnen Tat. Du siehst, ich habe ein Schwert, ich habe auch eine Wunde. Rhodanes wurde nur ans Kreuz geheftet, ich aber war schon vom Tode ergriffen und habe eine Probe davon bekommen, daß Menschen im Tode keine Schmerzen erleiden: Der Tod ist nicht unfreundlich! Für die Liebenden aber ist er süß! Was hältst du mich fest, Soraichos? Ich gebe mein Wort, du willst nur dem Rhodanes seine Geliebte retten! Mir aber wendest du keine Gefahren ab, keine Gefangenschaft, keine Strafe. Ich fürchte niemanden – habe ich doch weder Nacht noch Kreuz gefürchtet!«

FRAGMENTE
AUS LIEBESROMANEN

Fragmente aus Liebesromanen

Verglichen mit der Zahl der Romane, die in der römischen Kaiserzeit gelesen wurden, ist die Zahl der vollständig erhaltenen Werke dieses Genres gering. Zwei von ihnen, die Romane des Chariton und des Xenophon, sind zudem in einer einzigen Handschrift vollständig erhalten (dem Codex Laurentianus conv. soppr. 627) – hätte nicht der Zufall diesen codex unicus *vor dem Untergang bewahrt, könnten wir von den griechischen Romanautoren der Kaiserzeit allein Longos, Achilleus Tatios und Heliodor vollständig lesen. Jedoch sind Reste antiker Handschriften der meisten der genannten Romane und darüber hinaus einer ganzen Anzahl von sonst verlorenen, bisher unbekannten oder nur aus summarischen Inhaltsangaben bekannten Romanen im Lauf der letzten 90 Jahre in Ägypten zu Tage gekommen. Diese antiken Fragmente, überwiegend von Papyrus-, zum Teil von Pergamenthandschriften aus den ersten sechs Jahrhunderten n. Chr., sind in zweifacher Hinsicht von Bedeutung.*

Zum einen haben sie gezeigt, daß die in dem einst grundlegenden Werk von Erwin Rohde angenommene Chronologie der Romane und damit seine Theorie über die Entstehungsgeschichte dieser Literaturgattung irrig war, denn gerade der von Rohde an das Ende ihrer Entwicklung gesetzte und ins 6. Jahrhundert datierte Roman, der des Chariton, ist durch Papyri des 2. Jahrhunderts n. Chr. nun als sehr viel älter erwiesen: Man nimmt heute an, daß er zu Beginn der Kaiserzeit, wenn nicht schon im 1. Jahrhundert v. Chr. verfaßt ist. Damit kann nun nicht mehr, wie Rohde meinte, der ‚sophistische' Liebes- und Abenteuerroman des 2. Jahrhunderts n. Chr., wie ihn Iamblichs »Babylonische Geschichte« *und des Antonius Diogenes* »Wunder jenseits von Thule« *vertreten, als die erste Ausformung des griechischen Liebesromans, die Rhetorenschule der sogenannten* ‚zweiten Sophistik' *als sein Ursprung gelten. Im übrigen haben die Papyri, die sich zwar zumeist nur aufgrund des Schriftcharakters, aber doch auf etwa ein halbes Jahrhundert genau datieren lassen, die*

Entstehungszeit nicht nur des Romans des Chariton, sondern auch die von Achilleus Tatios' »Leukippe und Kleitophon« beträchtlich hinaufgerückt, nämlich ins 2. Jahrhundert n. Chr., so daß sich dessen Verhältnis zu Heliodor heute eindeutig als das des Gebenden zum Nehmenden bestimmen läßt.

Zum anderen haben die Funde antiker Papyrus- und Pergamenthandschriften aus Ägypten gezeigt, daß der Liebesroman in der römischen Kaiserzeit eine beliebte, viel gelesene Literaturgattung war. Von einer ganzen Anzahl sonst verlorener Romane sind mehr oder weniger große Bruchstücke wiedergefunden worden; manche davon sind immerhin so umfangreich, daß sie Sprache und Stil des Autors zu beurteilen und wenigstens eine Szene, ein Stück der Handlung zu erkennen erlauben. In besonderen Glücksfällen lassen sie sich mit anderen Quellen in Verbindung bringen, sei es, daß in der sogenannten »Bibliothek« des Patriarchen Photios (9. Jh.) Inhaltsangaben von Romanen erhalten sind, wie im Falle des Antonius Diogenes, die die Zuweisung von Papyrusfragmenten an diesen Roman erlauben, sei es, daß Erwähnungen des Romans oder jedenfalls des Romanstoffes, der Geschichte, bei anderen Autoren, mit Papyrusfragmenten kombiniert, einiges über die Handlung und über den Charakter der Erzählung ermitteln lassen, wie im Fall des »Parthenope und Metiochos«-Romans. Bei diesem und beim »Ninos und Semiramis«-Roman treten ergänzend auch bildliche Darstellungen des oder der Hauptperson(en) in Fußbodenmosaiken kaiserzeitlicher Villen hinzu, die zwar für die Handlung wenig ergeben, aber für die Beliebtheit bestimmter Romane beredtes Zeugnis ablegen.

Gerade von den beiden letztgenannten Romanen, die sicherlich zusammen mit Charitons Werk in die Gruppe der frühen Liebesromane gehören, hat ein glücklicher Zufall verhältnismäßig umfängliche Textpartien auf Papyrus wieder zu Tage gefördert. Diese sollen daher in der folgenden Auswahl den Anfang bilden. Die übrigen Stücke wurden danach ausgewählt, ob sie umfangreich genug und hinlänglich gut erhalten sind, um ein fortlaufendes Stück Zwiegespräch oder Handlung erkennen und/oder rekonstruieren und damit auch übersetzen zu lassen. Viele dieser Fragmente werden hier überhaupt zum ersten Mal in deutscher Übersetzung vorgelegt.

Die Übersetzung bemüht sich einerseits um möglichst wortgetreue Wiedergabe des griechischen Textes, soweit er erhalten oder annä-

hernd sicher ergänzbar ist, stützt sich andererseits jedoch im Interesse der Lesbarkeit vereinzelt auch auf weitergehende Textergänzungen und vermutungsweise vorgeschlagene Rekonstruktionen. Wo im griechischen Text größere Lücken ergänzt sind, wurden in der Übersetzung die Ergänzungen in Klammern gesetzt, nicht ergänzbare Lücken durch ... angedeutet; erklärende Zusätze des Übersetzers sind kursiv gedruckt. An einigen Stellen, wo der Übersetzung besonders unsichere, ja gewagte Textergänzungen zugrunde liegen, wird durch Fragezeichen auf den spekulativen Charakter dieser Wiedergaben hingewiesen. Darüber sollte aber nicht vergessen werden, daß Ergänzungen von Textlücken in Papyri fast immer mit einer gewissen Unsicherheit behaftet sind und daß die Übersetzung daher nicht beansprucht, durchweg einen philologisch gesicherten Text wiederzugeben. Wer sich über den Zustand der Originaltexte klar werden und prüfen will, was darin vollständig oder teilweise erhalten ist und was mit mehr oder weniger großer Zuversicht ergänzt werden kann, muß ohnehin auf die Textpublikationen zurückgreifen, die hier zu jedem Stück in den Anmerkungen zitiert sind. Die Übersetzung will in erster Linie einen Eindruck von der großen Vielfalt der Themen und Motive, aber auch von den Niveauunterschieden in Sprache und Erzählkunst dieser in der Kaiserzeit so populären, später jedoch verlorengegangenen Unterhaltungsliteratur geben.

Ninos und Semiramis

Die beiden Fragmente A und B dieses Romans wurden bereits im Jahre 1893 veröffentlicht. Sie gehören zur selben Papyrusrolle, die auf der Rückseite eine Urkunde aus dem Jahr 101 n. Chr. trägt; der Text des Romans muß demnach um einiges früher, wohl in der ersten Hälfte oder um die Mitte des 1. Jahrhunderts n. Chr. geschrieben sein. Auch Fragment C ist wohl im 1. Jahrhundert n. Chr. geschrieben, stammt jedoch von einer anderen Rolle. Der Roman kann also nicht später als zu Beginn der römischen Kaiserzeit verfaßt sein; nichts spricht dagegen, seine Entstehungszeit schon im ersten oder sogar im zweiten vorchristlichen Jahrhundert anzunehmen. Er ist also wahrscheinlich älter als der Roman des Chariton und der »Parthenope und Metiochos«-*Roman und dürfte demnach zu den ältesten griechischen Liebesromanen gehören.*

Der Stoff des Ninos-Romans muß in der Kaiserzeit recht populär gewesen sein, denn er wurde auch auf der Bühne dargestellt. Eine Szene dieses Romans scheint sich besonderer Beliebtheit erfreut zu haben, denn sie erscheint in zwei Mosaiken des 2.–3. Jahrhunderts n. Chr. Das eine zeigt Ninos (der Name steht darüber) auf einem Bett liegend und das Bildnis eines Mädchens betrachtend, das er in der Rechten hält. Danach ist eine ähnliche Darstellung in einem anderen Mosaik, das jedoch keine Namensbeischrift aufweist, zu identifizieren; es zeigt ein Zimmer mit zwei Betten, auf deren einem ein Jüngling liegt, der auf ein Bild eines Mädchens blickt, das er in der ausgestreckten rechten Hand hält; vor ihm steht eine Frau, die ihm einen Becher reicht. Der Jüngling muß Ninos sein, das Mädchen, dessen Bild er betrachtet, ist demnach vermutlich Semiramis, von der er getrennt ist. An welchem Punkt der Romanhandlung die Szene gestanden hat, die die beiden Mosaiken zeigen, ist leider nicht kenntlich.

Der junge Prinz Ninos gebietet über ein Heer von Assyrern, mit dem er gegen die Armenier zieht. Man wird ihn daher als den sagenhaften Gründer von Ninos (= Ninive) ansehen, den späteren Gemahl der Semiramis; der Schauplatz der Handlung der Fragmente A und B wird also der Königspalast von Ninive sein. Von der ersten Schriftspalte des Fragments A ist leider die linke Hälfte verloren, so daß sich nur an wenigen Stellen durchlaufende Zeilen ergänzen lassen. Die erhaltenen Zeilenenden lassen noch erkennen, daß hier von heftiger Verliebtheit (des Ninos), von Gefahr, Flehen, Hoffnung, von Schamhaftigkeit und Kühnheit die Rede war, von den Eltern, von Umherirren und Bewachung, vom Aufschub (der Hochzeit?) und von Erprobung – also vermutlich von den Nöten des jugendlichen Liebhabers, der dem Gegenstand seiner Sehnsucht nicht näherkommen kann. Das Herkommen verlangt nämlich, daß Mädchen nicht heiraten, bevor sie fünfzehn Jahre alt sind, Semiramis ist aber erst dreizehn, also soll Ninos noch zwei Jahre warten. Er wendet sich daher in einer langen und leidenschaftlichen Rede an die Mutter des Mädchens, seine Tante Derkeia. Ninos beschwört sie, angesichts der bevorstehenden Kriege und sonstigen Gefahren die Hochzeit nicht weiter aufzuschieben, und Derkeia sagt ihm ihre Unterstützung zu. Unterdessen versucht das Mädchen (Semiramis) vergeblich, ihrer

Tante Thambe, Ninos' Mutter, ihr Herz zu offenbaren: Vor lauter jungfräulicher Schamhaftigkeit bringt sie kein Wort über die Lippen, aber ihre Tränen und Seufzer sagen deutlich genug, wie es um sie steht (der Gegensatz zwischen Ninos' heftiger Zielstrebigkeit und der Schüchternheit des Mädchens wird durch die Parallelität der Situationen besonders hervorgehoben). Schließlich kommen die Schwestern Thambe und Derkeia, die Mütter der beiden Liebenden, zu gemeinsamer Beratung zusammen – hier bricht Fragment A ab, aber es läßt sich leicht denken, daß es im folgenden bald zur Hochzeit gekommen sein wird.

Fragment B setzt ein mit einer erregten Eifersuchtsszene: Das Mädchen springt vom Bett auf, als Ninos in ihr Gemach stürzt, sie will ihm Vorhaltungen machen, aber er hält sie an den Händen fest und verteidigt sich gegen den Vorwurf, ein Mädchenverführer zu sein. Offenbar hatte jemand der jungen Gattin eine solche Verdächtigung eingeflüstert (am Anfang von Charitons Roman ist es der junge Ehemann, der seine Frau der Untreue verdächtigt). Dem Zwist folgt rasch die zärtliche Versöhnung. Doch das Glück ist nur von kurzer Dauer: Ninos muß mit einem großen Heer über Gebirgspässe und Flüsse gegen die Armenier ziehen. Schließlich kommt es zur Schlacht, Ninos stellt seine Truppen in Schlachtordnung auf, die Reiterei, die Phalanx der Fußtruppen und die Elephanten (hier ist der Einfluß des Alexanderromans besonders deutlich), und hält eine zündende Rede an seine Soldaten.

Fragment C zeigt eine gänzlich veränderte Situation. Das Rad der Fortuna hat sich gedreht: Ninos, drei Tage zuvor noch Führer einer gewaltigen Streitmacht, ist mit wenigen Gefährten an die Küste von Kolchis verschlagen, wo ihr Schiff in der Brandung zerschellt. Die Schiffbrüchigen können sich ans Ufer retten, aber Ninos ist verzweifelt, da seine Frau (?) als Kriegsgefangene fortgebracht wird. Der Papyrus bricht hier ab, für den weiteren Verlauf der Handlung gibt es keine Anhaltspunkte. Nach Analogie der anderen Romane dieses Genres kann man vermuten, daß die Trennung des Paares den Auftakt zu langen Irrfahrten bildete, in deren Verlauf Ninos und Semiramis mannigfache Abenteuer zu bestehen hatten, bevor sie am Ende wieder glücklich vereint wurden.

Ninos und Semiramis

Fragment A

(Von der ersten Schriftkolumne sind nur die Zeilenenden erhalten)

... Fahrt ... der heftig verliebte ... vermutend ... die Gefahr, in der (er dem Ziel) seiner Wünsche (näherzukommen) hoffte. (Das Mädchen weinte) viel, und die den Frauen eigene Schamhaftigkeit (raubte ihr) den Mut. Er aber, (Ninos), wollte (sie sogleich heiraten?) ... und dieses ... ihre Eltern ... daß er umherirren werde (noch über) Jahre hin, in denen (er sich), wie er geschworen hatte, (rein und von der Liebe) unberührt bewahren wolle. Nicht sich fügend (?) ... die Bewachung ... zum Aufschub (der Hochzeit), sondern ... sagend und ... nicht einmal ... brachten es über sich, da sie dasselbe (?) wollten ... die Erprobung ... das Mädchen getraute sich (nicht zu sprechen ?) ... sie vertrauten nämlich beide mehr auf die Tanten als auf ihre eigenen Mütter. Da sprach Ninos zu Derkeia ...: »Mutter, hier komme ich, wie ich es geschworen hatte, vor dein Angesicht und in die Arme meiner Cousine, die meine größte Freude ist. Und dies sollen an erster Stelle die Götter wissen – sie wissen es ja ohnehin –, außerdem will ich es aber auch gleich selbst durch meine Rede hier bezeugen: Durch so viel Land bin ich gezogen und zum Herrscher über so viele Völker geworden, die ich teils selbst unterworfen habe und die teils schon durch die Macht meines Vaters mir ergeben waren und mich verehren, daß ich jeden Genuß bis zum Überdruß hätte auskosten können. Hätte ich das getan, wäre meine Sehnsucht nach meiner Cousine vielleicht nicht ganz so heftig gewesen. Doch da ich nun unverdorben heimgekehrt bin, bezwingt mich der Gott und meine Jugend. Ich bin jetzt siebzehn Jahre alt, wie du ja weißt; ich bin um ein Jahr vor der Zeit unter die erwachsenen Männer aufgenommen worden. Dennoch bin ich bis heute ein unerfahrener Knabe geblieben. Und wüßte ich nichts von der Liebe, könnte ich trotz dieser Entbehrung glücklich sein; doch nun, da mich deine Tochter in Fesseln geschlagen hat – nicht gegen Sitte und Anstand, sondern mit deiner Zustimmung! –, wie lange wird sie mir noch verwehrt? Auch ist es ja eine Tatsache, daß Männer in meinem Alter schon zum Heiraten taugen: Kaum einer bewahrt sich ja auch nur bis zum Alter von fünfzehn Jahren seine Reinheit! Ich bin das Opfer eines Gesetzes, das freilich nirgendwo geschrieben steht und nur aus einer törichten Gewohnheit heraus beachtet wird, denn bei uns heiraten die Mädchen gewöhnlich erst mit fünfzehn Jahren. Aber welcher vernünftige Mensch könnte bestreiten, daß das beste Gesetz für solcherlei Liebesbünde die Natur ist! Schon mit vierzehn Jahren können Weiber schwanger und mitunter sogar, bei Zeus!, Mutter werden, und da sollte deine Tochter noch nicht einmal heiraten dürfen? Zwei Jahre sollten wir noch warten, magst du jetzt sagen. Ja, Mutter, wir wollen das Warten auf uns nehmen, wenn nur auch das Schicksal Geduld hat! Denn ich, ein sterblicher Mann, habe mir ein sterbliches Mädchen auserwählt, und nicht nur solchen gewöhnlichen Gefahren wie Krankheiten bin ich unterworfen und dem Schicksal, das ja oftmals auch den hinwegrafft, der sich am heimischen Herd ausruht – nein, Seefahrten erwarten mich und Kriege über Kriege. Auch fehlt es mir ja nicht an Mut, und ich verschanze mich nicht hinter der Feigheit, um mit ihrer Hilfe Sicherheit zu suchen. Sondern, um keine überflüssigen Worte zu verlieren: ich bin so, wie du mich kennst. Eile befiehlt daher das Staatswohl ebenso wie meine Leidenschaft sowie die Unsicherheit und Unberechenbarkeit der vor mir liegenden Zeiten. Ihnen vorzugreifen fordert auch der Umstand, daß wir beide die einzigen Kinder unserer Eltern sind, damit wir jedenfalls, mag auch sonst das Schicksal manches Unheil über uns verhängen, euch ein Pfand zurücklassen. Vielleicht wirst du mich schamlos schelten, weil ich von diesen Dingen rede; schamlos wäre ich jedoch nur, wenn ich heimlich das Mädchen zu gewinnen und geraubten Genuß mir zu verschaffen suchte und die Nacht, den Rausch, den Diener, den Pfleger zum Verbündeten meiner Leidenschaft gemacht hätte. Es ist doch nicht schamlos von mir, mit der Mutter von der ersehnten Heirat ihrer Tochter zu sprechen, einzufordern, was du ja schon gewährt hast, und darum zu bitten, den Wunsch, den die Familie und das ganze Reich gemeinsam hegen, nicht bis zu einem Zeitpunkt hinauszuschieben, der dann nicht mehr in eurer Macht stehen wird.«

Seine Worte hörte Derkeia mit Freude – ja, hätte er damit länger gezögert, hätte er sie wohl gezwungen, selbst davon anzufangen. Nun aber gab sie sich nicht lange abweisend, sondern versprach, für ihn einzutreten.

Dem Mädchen indessen war in seinem ähnlich heftigen Liebesschmerz nicht die gleiche Freiheit der Rede gegenüber Thambe gegeben, denn sie war als Jungfrau in den Frauengemächern aufgewachsen und konnte ihre Worte nicht so geschickt fügen. Sie bat um Aufschub, brach in Tränen aus und wollte dauernd etwas sagen, hielt aber inne, bevor sie noch begonnen hatte; bald öffnete sie die Lippen zum Zeichen, daß ihr ein Wort auf der Zunge lag, und blickte auf, als wollte sie etwas sagen, aber sie konnte kein Wort hervorbringen: Ein Strom von Tränen brach hervor, und ihre Wangen röteten sich vor Scham über das, was sie hätte sagen wollen. Dann wieder wurde sie blaß vor Angst, sobald sie versuchte, einen Satz anzufangen. Sie war hin und her gerissen zwischen Hoffnung und Angst, Sehnsucht und Scham. Ihre Leidenschaft wurde kühner, und doch fehlte ihr die Entschlußkraft, und so schwankte sie in großer Verwirrung. Aber Thambe rieb ihr die Tränen von den Wangen, sprach ihr Mut zu und hieß sie aussprechen, was sie auf dem Herzen habe. Als das Mädchen aber nichts sagen konnte, sondern weiter von der gleichen Qual gepeinigt wurde, sprach sie: »Schöner als jedes Wort offenbart dich mir dein Schweigen. Meinem Sohn freilich darfst du keine Vorwürfe machen, denn er hat sich im Zaum gehalten, seine Erfolge und Triumphe sind ihm nicht zu Kopfe gestiegen, so daß er übermütig wie ein Landsknecht zu uns heimgekehrt wäre und sich im Rausch an dir vergangen hätte – wäre so etwas vorgefallen, hättest du ja wohl nicht geschwiegen! Das Gesetz ist es, das einem so starr erscheint, wenn man ins Heiratsalter gekommen ist. Mein Sohn drängt zur Eile, aber dir soll kein Leid geschehen, selbst wenn du darüber weintest!« Dabei lächelte sie ihr zu, umarmte und küßte sie. Doch auch jetzt noch brachte das Mädchen es nicht über sich zu sprechen; aber sie drückte ihr heftig klopfendes Herz an Thambes Brust, küßte sie innig und erschien so, zuerst durch ihre

Tränen und jetzt durch ihre Freude, als eine beredte Künderin ihrer Wünsche.

Daraufhin kamen die beiden Schwestern zusammen, und Derkeia begann zu sprechen: »Über ernste Dinge (muß ich mit dir reden, Schwester ...«

Fragment B

... denn ihre Mutter hatte sie in dieser Lage nicht allein gelassen – er stürzte hinterher, voller Ungestüm, mit zerrissenen Kleidern und in gar nicht würdigem Aufzug, er weinte, schlug sich an die Brust und war ganz außer sich wie ein Rasender. Aber als das Mädchen vom Bett aufsprang und ihm deswegen Vorhaltungen machen wollte, hielt Ninos sie mit beiden Händen fest und rief: »So hat dir also jemand erzählt, ich sei ein Mädchenverführer! Meinetwegen – auch (in Gegenwart?) deiner Mutter und ... so gebracht ... und womöglich auch ich ... ich will ja nicht, (daß unser Glück) noch mehr als bisher schon in Gefahr gerät, und auch nicht ... daß du einen solchen Verdacht schöpfst, sondern es soll Vertrauen herrschen, und was wir uns einst geschworen haben, darauf wollen wir auch in Zukunft über den Eid hinaus vertrauen.« Sie blieben den ganzen Tag beieinander, soweit nicht die Kriegsvorbereitungen sie davon abhielten, und Eros entfachte ihre Leidenschaft ... Überdruß ... Beisammensein ... der Gedanke an die bevorstehende Trennung. Denn noch bevor der Frühling erblühte, (zog) der Heerführer der Armenier ... (ein wohl)gerüstetes Heer aus Einheimischen aufzustellen. Mit Einwilligung seines Vaters nahm daher Ninos das gesamte griechische und das karische Heer und zehntausend ausgesuchte Assyrer, siebentausend zu Fuß und dreitausend zu Pferd, und hundertfünfzig Elephanten und brach auf. Wohl waren die Gebirgspässe gefürchtet wegen des Eises und der Schneemassen; aber ganz unerwartet kam ein milder und für die Jahreszeit viel zu sommerlicher Südwind auf, der den Schnee zum Schmelzen brachte und dem Heereszug unverhofft günstiges Wetter bescherte. So hatten sie mehr Mühe mit dem Überqueren der Flüsse als mit dem Marsch über die Pässe, und gering waren ihre Einbußen an Zugtieren und am Troß; das Heer selbst blieb unversehrt, und die überstandenen Gefahren machten es noch mutiger zum Kampf gegen die Feinde. Denn nachdem es die Schwierigkeiten des Marsches und selbst die breitesten Flüsse überwunden hatte, meinten alle, es werde nur noch geringe Mühe kosten, mit den rasenden Armeniern fertig zu werden.

Als Ninos nun in eine Flußgegend gelangte und dort viel Beute zusammengebracht hatte, ließ er in der Ebene ein befestigtes Lager aufwerfen. Nachdem er dort zehn Tage lang vor allem den Elephanten Ruhe gegönnt hatte, die von dem Marsch erschöpft waren, (hörte er), daß der Feind mit Zehntausenden von Soldaten im Anmarsch sei. Da ließ er seine Truppen ausrücken und sich in Schlachtordnung aufstellen. Er postierte die Reiterei auf den Flügeln, die Leichtbewaffneten und die gesamte königliche Garde an den Flanken der Reiterei. Die Mitte aber bildete die Phalanx der Fußtruppen. Die Elephanten hingegen wurden in gehörigem Abstand voneinander, mit turmartigen Aufbauten versehen, vor der Phalanx aufgestellt. Um jeden von ihnen war Raum gelassen dadurch, daß die Fußtruppen Abstand hielten, damit für den Fall, daß eins dieser Tiere scheu würde, ihm der Weg nach hinten frei bliebe. Die Anordnung der Abteilungen war nämlich im Hinblick auf diese Tiere so zweckmäßig, daß es möglich war, die Reihen zu schließen, sooft es nötig war, und sie auch wieder auseinander rücken zu lassen – das eine, um die Tiere durchzulassen, das andere, um ein Durchbrechen der Feinde zu verhindern.

Als nun Ninos seine gesamte Streitmacht auf diese Weise aufgestellt hatte, ritt er die Front ab und rief, die Arme wie zum Gebet ausbreitend: »Jetzt ist der Augenblick gekommen, der den Grund legt und die Entscheidung fällt über meine Hoffnungen: Vom heutigen Tage an werde ich entweder über ein noch größeres Reich herrschen, oder ich werde mein eigenes verloren haben. Denn für die Kämpfe gegen die Ägypter reichte die gewöhnliche Kriegskunst aus, (heute aber gilt es, einen ganz besonderen Gegner zu schlagen ...)«

Fragment C

... am Ufer des Hippos ... meine vielgeliebte Frau ... wie gezeigt ... hat sie übernommen ... einen der Gefährten, der (der treueste) meiner Helfer war, nahm die Aufgabe des Schiffers und kundigen Steuermannes wahr ... sicher ... vor der Fahrt von Norden zur Küste von Kolchis ... *(Reste von 4 Zeilen)* ... und jenseits davon ein schattiger Hain, in dessen Mitte eine Quelle entsprang, so reichlich, daß sie einen Bach bildete, der sich über den Strand ergoß. Nun war das Schiff – denn das Küstengewässer war ja nicht tief – auf einige unter Wasser liegende Sandbänke aufgelaufen und wurde durch die anbrandenden Wogen geschüttelt und ... zerschlagen. Die Mannschaft jedoch watete ans Ufer, bis zur Brust im Wasser. Sie konnten alles, was im Schiff war, retten und ließen sich damit am Strand nieder. Sie hatten in dieser unerwarteten Gefahr nur um ihr Überleben gekämpft, aber nun, da sie gerettet waren, wünschten sie sich den Tod. Die anderen ertrugen den Schicksalsumschwung gelassen, Ninos jedoch grämte sich sehr. Noch vor drei Tagen war er Führer einer gewaltigen Streitmacht gewesen, groß genug, gegen ganz Asien zu marschieren, (und jetzt ...) immer ... schiffbrüchig, während (seine Frau?) als Kriegsgefangene fortgebracht wurde ...

Parthenope und Metiochos

Von diesem Roman sind drei Fragmente einer Papyrusrolle aus dem 2. Jahrhundert n. Chr. erhalten geblieben, die sich zu einem größeren Stück mit zwei nahezu vollständigen Textkolumnen haben zusammenfügen lassen. Für die Beliebtheit dieses Romans spricht, daß sein Stoff für die Bühne bearbeitet und von Tänzern oder Mimen dargestellt wurde, noch mehr aber der Umstand, daß reiche Villenbesitzer sich die Fußböden ihrer Landhäuser mit Mosaiken schmücken ließen, die die beiden Helden des Romans, Parthenope und Metiochos, neben einander zeigen.

Der auf dem Papyrus erhaltene Romantext besteht zum größeren Teil aus Reden. Zuerst spricht ein »König« – es ist Polykrates, der

Herrscher von Samos, die Handlung spielt an seinem Hof. Die Diskussion geht zunächst darum, ob ein Fremder (ein Mann von der thrakischen Chersones) als Schwiegersohn in Frage komme. Darauf antwortet ihm der Jüngling Metiochos mit einer Rede, deren Freimut allseits Bewunderung hervorruft. Er berichtet von seinem Vater (er war der bekannte Miltiades aus Athen, der zum Herrscher der Chersones geworden war), von den Intrigen seiner Stiefmutter Hegesipyle, die natürlich die Interessen ihrer eigenen Kinder im Auge behält und ihren Stiefsohn unter dem Vorwand, er plane Aufruhr, von dort vertreiben läßt. Er sucht daraufhin Zuflucht am Hof des Polykrates von Samos. Seine Ankunft auf der Insel wird zum Anlaß für ein Gelage: »Jetzt ist Zeit zum Trinken«, sagt der König, »die betrüblichen Dinge soll man vergessen«. Bei dem anschließenden Gelage fungiert Anaximenes, der bekannte Philosoph aus Milet, als Symposiarch, das heißt als Vorsitzender und Gesprächsleiter; er hatte als Gesprächsthema die Natur des Eros vorgeschlagen – hier ist die Anlehnung des Romans an Platons »Symposion« *besonders deutlich.*

Die Ankündigung dieses Themas stürzt die beiden Liebenden in Verwirrung, denn es erinnert sie an das, was sie gerade erlitten hatten. Dieses ‚Leiden' kann im Roman nur die Erfahrung der Liebe sein: Offenbar waren sich die beiden jungen Leute schon vor Beginn dieses Gelages nähergekommen und auf den ersten Blick, wie im Roman üblich, von Liebe zu einander erfaßt worden. Daher ziert sich Metiochos zunächst und gibt vor, über den Eros nichts Zuverlässiges zu wissen, behauptet dann aber mit großer Bestimmtheit, es sei Unsinn, sich den Liebesgott als kleines Kind vorzustellen mit Flügeln und Bogen und einer Fackel in der Hand, das mit seinen Pfeilen die Seelen der Liebenden in Brand setze – ihm selbst sei das noch nicht widerfahren und er wolle davon auch nichts wissen. Dagegen setzt er seine eigene Definition des Eros: Er ist »eine Regung des Intellekts, die durch Schönheit hervorgerufen und durch Vertrautheit verstärkt wird«.

Hier unterbricht ihn Anaximenes, der nun Parthenope auffordert, sich zum Thema zu äußern. Sie ist erzürnt – ob wirklich oder nur zum Schein, muß dahingestellt bleiben – über das, was Metiochos gerade gesagt hat. Besonders verletzt hat sie offenbar seine Behauptung, noch niemals von Eros getroffen worden zu sein: Sie fühlt sich verleugnet und entgegnet heftig, was »der Fremde« da geredet habe, sei Unsinn und sie glaube nichts davon, denn sie halte sich an das Bild des Eros, wie es ihr durch ihre Erziehung die Dichtung und die bildende Kunst vermittelt hätten. Parthenope hält also gegenüber der stark rationalistischen Erklärung des Metiochos an der traditionellen Vorstellung von Eros als geflügeltem Kind mit Pfeil und Bogen fest.

Hier bricht der Papyrus ab. Über den weiteren Verlauf der Handlung sind nur unzusammenhängende Notizen bei anderen Autoren überliefert, aus denen wir unter anderem erfahren, daß Parthenope auch zum Tyrannen Anaxilaos nach Rhegion (Reggio/Calabria) gelangte »auf der Suche nach ihrem Gatten« – also wird sie Metiochos vorher geheiratet haben und war von ihm bald danach getrennt worden, ein Motiv, das wir ja auch bei Chariton und bei Xenophon von Ephesos finden; während dort aber der Mann seine junge Frau sucht, ist es in unserem Roman umgekehrt. Außerdem heißt es, sie sei nach Campanien gekommen und habe in Neapel gewohnt. In einer anderen Quelle wieder ist von Tanzdarstellungen die Rede, die in Kleinasien beliebt waren und samische Geschichten zum Gegenstand hatten, wie zum Beispiel »Das Leiden des Polykrates« (also wohl seine grausame Ermordung durch den persischen Satrapen Oroites) und »Die Irrfahrt seiner Tochter bis zu den Persern«. Vielleicht waren dies Bühnenbearbeitungen, antike Musicals sozusagen, von Szenen aus dem Roman.

Seinem Charakter nach war der Parthenope-Roman ein historischer, oder besser: historisierender Roman, eine Gattung, die unter den erhaltenen antiken Romanen einzig der des Chariton vertritt (wenn man einmal von den Alexandergeschichten absieht), und mit Charitons Roman läßt sich der Parthenope-Roman nach dem, was die jüngsten Papyrusfunde darüber gelehrt haben, auch am ehesten in Beziehung setzen. Denn so wie Chariton seine Personen aus Thukydides übernommen hat (Kallirhoë ist die Tochter des berühmten Strategen Hermokrates von Syrakus, der 413 v. Chr. die athenische Flotte besiegt hatte), so stammen die des Parthenope-Romans aus Herodot. Wie bei Chariton, kam es anscheinend auch hier erst nach der Hochzeit zur Trennung des jungen Paares; vielleicht wurden die Liebenden auch hier, wie bei Chariton, bis nach Persien verschlagen. Auch in der Behandlung der Sprache steht der Autor Chariton näher als etwa Achilleus Tatios. Vermutlich wurde der Roman also noch in hellenistischer Zeit geschrieben, vielleicht im 1. Jahrhundert *v. Chr., spätestens jedoch im 1. Jahrhundert der Kaiserzeit, möglicherweise in Kleinasien, woher ja auch Chariton zu stammen vorgibt.*

Parthenope und Metiochos

(Es spricht Polykrates, der Tyrann von Samos:) »Freunde«, sprach er, »wer könnte wohl darüber entscheiden? Wieso sollte ein Chersonesier als Schwiegersohn nicht in Frage kommen? Wenn er schon im Lande weilt, wird er uns willkommen sein und ein Freund; wenn er jedoch von auswärts kommt, werde ich an ihm die seinem Vater widerfahrene Geringschätzung wiedergutmachen und ihn in einen höheren (Stand?) erheben, damit er für Parthenope eher annehmbar wird.« (Darauf entgegnete der Jüngling:) »Glücklicher König«, sagte er, »mein Vater ... und die Götter mögen ihm geben ... zu machen. Denn er liebt seine Kinder wirklich. Aber zu Intrigen besonders befähigt ist ja (das weibliche Geschlecht?) ... aus Thrakien ... und unvermutet (?) ... die Stiefmutter Hegesipyle, um für ihre eigenen Kinder Vorsorge zu treffen, die wegen ihrer Jugend ..., mir jedoch Aufruhr ... wenngleich grausames Leid erfahrend ... doch mich beschuldigte sie (?) in jeder Hinsicht, Aufstand (zu planen?), niemand weiß aus welchem Grunde ... Als (?) sie aber ... mit dem Unheil begann, Intrige ... mir nachstellte, doch daß (das Weib sogar) dein Haus und (deinen Herd damit) vergiften würde, das hätte ich nicht vermutet!« Da staunten alle, die dort versammelt waren, über die Kühnheit und (den Stolz) seiner Worte, und Polykrates sagte in großer Freude (?): »Mein Kind, jetzt ist es Zeit zum Trinken! Im Rausch soll man die Trübsal verjagen, (solange?) wir in Unabhängigkeit Muße haben«, und auf Anaximenes blickend (?), sagte er: »Da uns heute unverhofft der Knabe angekommen ist ..., sage ich einen (erotischen?) Musenwettstreit an, indem ich die Fragestellung des Philosophen als Thema ankündige«.

Durch diesen Zufall ergriff Verwirrung die Herzen der beiden, die sich an die zum ersten Mal erfahrene Leidenschaft erinnerten, und sie erschraken. Metiochos gab jedoch vor, keine überzeugende Erklärung oder angemessene Kenntnis für eine solche Diskussion zu haben, und sagte: »Narren sind diejenigen allesamt, die von wahrer Bildung nichts wissen und an den alten Märchenerzählungen festhalten, daß Eros das Söhnchen Aphrodites sei, ein Kleinkind mit Flügeln und einem über den Rücken gehängten Bogen, das in der Hand eine Fackel hält und mit diesen Waffen grausam die Herzen der jungen Menschen verwundet. Ein solcher Gedanke wäre ja lachhaft, nämlich einmal, daß ein Kind, das schon in Urzeiten und sogleich seit seinem Entstehen der Zeit unterworfen war, nicht erwachsen werden sollte – wo doch die von Menschen geborenen Kinder mit den Jahren in ihrer Lebenszeit voranschreiten, könnte da ein Kind von göttlicher Natur für alle Zeit auf derselben Stufe stehen bleiben wie eine Mißgeburt? Völlig unglaubwürdig wäre aber auch die Vorstellung, daß Eros, wenn er ein Kleinkind ist, sich in der ganzen Welt herumtreibt und seine Pfeile auf jeden beliebigen richtet, der ihm begegnet, und ihn damit in Brand setzt, so daß in die Herzen der Liebenden eine Art heiliger Hauch hineinfährt, wie bei Besessenen. Das wissen diejenigen, die mit diesem Leiden schon ihre Erfahrung gemacht haben, ich aber weiß davon noch nichts und möchte es auch ganz und gar nicht ausprobieren! Eros ist eine Regung des Intellekts, die durch Schönheit hervorgerufen und durch Vertrautheit verstärkt wird.« Er wollte noch ausführlicher seine Rede zum Abschluß bringen, aber Anaximenes forderte Parthenope auf, sich zu dem Thema zu äußern. Und sie rief, erzürnt darüber, daß Metiochos geleugnet hatte, sich jemals in ein Mädchen verliebt zu haben, und sich wünschte, ihm möge das nicht passieren: »Mein Gott, welch ein Unsinn ist das Gerede des Fremden! Ich glaube kein Wort davon! Uns haben doch schon beim Eintritt in die Welt der Bildung die Schriftsteller und Dichter und Maler und Bildhauer diesen (Gott als Sohn der Aphrodite vorgestellt ...)«

Chione

Die ersten drei Fragmente dieses Romans waren auf zwei Blättern eines Pergamentcodex des 6. oder 7. Jahrhunderts n. Chr. erhalten, die Ulrich Wilcken in Ägypten für das Berliner Museum erworben hatte, die aber bald darauf einem Brand zum Opfer fielen. Erhalten geblieben ist nur die vorläufige Abschrift, die Wilcken noch in Ägypten angefertigt hatte. Vermutlich folgte Fragment B nach einer Lücke von 15 Zeilen auf Fragment A; wieviel zwischen Fragment B und Fragment C verloren ist, läßt sich nicht ausmachen.

In Fragment A sehen wir Männer versammelt, die über die bevorstehende Hochzeit einer Königstochter beraten. Mit der Hand der Prinzessin wird der Bräutigam auch die Königsherrschaft übernehmen. Deswegen ist die Entscheidung der Versammlung von großer Tragweite; sie soll binnen 30 Tagen gefällt werden. Fragment B spricht von einem Gerücht, das sich rasch durch die ganze Stadt verbreitet und bei der Bürgerversammlung heftigen Unmut hervorruft: Mancher der dort Versammelten hatte sich wohl selbst noch Hoffnungen auf die Hand der Chione (»Schneewittchen«*) gemacht. Offenbar hatten andere inzwischen durch dreiste Drohungen vollendete Tatsachen geschaffen. Chione selbst erfährt von diesen Vorgängen durch ihre Mutter.*

Fragment C enthält ein Gespräch zwischen Chione und dem Mann, den sie liebt. Die bevorstehende Ankunft eines gewissen Megamedes hat sie in eine schier ausweglose Lage gebracht. Es scheint, daß Chione diesem Megamedes vermählt oder zumindest versprochen gewesen ist, ihn aber verlassen hatte, ohne daß dieser ihr dazu Grund gegeben hatte. Sollte Megamedes (»der Ehrgeizige«*) derjenige gewesen sein, auf den die Wahl der Versammlung oder des Königs, des Vaters der Chione, gefallen war?*

Das Fragment D stammt nicht aus diesem verlorenen Pergamentcodex, sondern von einer Papyrusrolle des 2. oder 3. Jahrhunderts n. Chr. Ob es zu demselben Roman gehört, ist freilich alles andere als sicher. Immerhin sprechen für die Zugehörigkeit sowohl stilistische Ähnlichkeiten als auch der Umstand, daß auch hier die Mutter des Mädchens eine Rolle spielt, und wenn gegen Ende der ersten Kolumne nicht »der neunte«, sondern »der neun(undzwanzigste Tag)« zu ergänzen wäre, wäre die in Fragment A erwähnte Frist von 30 Ta-

gen fast abgelaufen. Aber selbst wenn Fragment D zum Chione-Roman gehören sollte, wäre zu wenig von ihm erhalten, als daß sich über seine Handlung und sein Verhältnis zu den anderen Liebesromanen Genaueres aussagen ließe.

Chione

Fragment A

... Die Königsherrschaft geht auf diese über und auf ihren künftigen Gemahl. Deswegen müssen wir nun Beschlüsse von der Art fassen, daß wir sie niemals bereuen können. Wir haben dreißig Tage Zeit zum Überlegen ... (es fehlen 15 Zeilen)

Fragment B

... brachen sie auf. Während diese noch dabei waren, über sie zu beraten, drang in Windeseile das Gerücht durch die ganze Stadt, und niemand sprach von etwas anderem als von der Hochzeit. Alle waren sie aufgebracht bei dem Gedanken an die Unverfrorenheit ihrer Drohung, besonders jene Bürger, die auch selbst zu Regierungsämtern befähigt waren und um Chione freien wollten. Allerdings hatte es keiner von ihnen gewagt, nach jenen noch die Hand des Mädchens zu verlangen. Als aber Chione dies von ihrer Mutter erfuhr, konnte sie nicht länger ...

Fragment C

»... und Megamedes' Ankunft wird erwartet, wir aber haben bis jetzt sozusagen alle Hebel in Bewegung gesetzt und uns doch nichts zu unserer Rettung ausgedacht. Megamedes hat dir keinerlei Grund gegeben, ihn zu verlassen. Überlege du also, was wir tun sollen, denn ich weiß keinen Ausweg.« Darauf entgegnete Chione: »Auch mir fällt nichts ein, was uns retten könnte. Dieses eine aber sage ich dir: Wenn wir nicht mit einander leben können ... bleibt uns noch das Letzte! Wir müssen einzig daran denken, und daß es mit Anstand geschehe. Denn nachdem uns verborgen geblieben ist ...«

Fragment D

(Von der 1. Kolumne sind 25 sehr lückenhafte Zeilen erhalten)
»... täuschen ... vielerlei Mühsal für uns, sei es daß jemand ..., sei es daß sie Abenteuer (auf See zu bestehen hatten?) oder Seereisen: was von unserer Habe konnte gerettet werden?« (Er) aber trat hervor und sagte: »Was meinst du mit ‚unserer Habe'?« Sie entgegneten: »Gehört dies denn dir? Damit etwas auch ... hinabgehen. Dir aber (schlagen wir vor), daß du selbst unser Führer werden sollst für die Heimreise ... und unsere Habe ... aufnehmen ... was du zurückgelassen hast ... Nun ist schon der neunte (*oder:* der neunundzwanzigste Tag?) ... mit dem Gürtel «

(Nach einer Lücke von mindestens 15 Zeilen folgt die 2. Kolumne.)

... sie geleiteten (die Braut?). Während die anderen sie bestaunten und ganz betroffen waren ... die im Begriff war zu heiraten ... (ging?) in das eigene (Haus?) und ruhte (nicht?) aus. Als es Abend (?) wurde, kehrten sie wieder, um die Unglückliche zu betrachten, und keiner blieb zurück. Großes Gedränge herrschte vor dem Zimmer, als sie alle hineinstürzten. Die Mutter aber kam ihnen zuvor und trat als erste ein, als erste setzte sie sich auf einen Sessel, der in der Nähe stand. (Dort) ruhte sie aus, und als sie (den Führer?) erblickte, stand sie auf und sagte: »Oh Herr, gerade heraus kannst du (fragen), ob es mir gut geht und ich eine glückliche Frau bin, da ich ... habe(?), oder ob mich das Äußerste heimgesucht hat ... wahrhaftig er selbst ... die sichersten Beweise ...«

Iolaos

Der Papyrus enthält ein Stück einer Prosaerzählung, in die eine Rede in Versen eingefügt ist. Zu Beginn des erhaltenen Textes ist von »Geheimnissen« des Kybele-Kultes die Rede und davon, daß jemand sie erfahren und dann seinerseits zum Lehrer in diesen Dingen ausgebildet werden soll. Dieser ›Jemand‹ (sein Name ist im Papyrus nicht erhalten) trifft auf einen gewissen Iolaos; ob der Name eine Beziehung zum mythischen Iolaos, dem Gefährten des Herakles, andeuten soll, ist nicht ersichtlich. Ihn spricht er in Versen an; diese Verse sind sogenannte Sotadeen, ein ziemlich frei variierbares Versmaß, das öfters im Zusammenhang mit Einweihungen in Mysterienkulte, aber auch in Parodien auf diese vorkommt und das von den Römern auch Martial und Petron verwendet haben. Der Inhalt der Rede ist nicht ganz verständlich; anscheinend geht es darum, daß Iolaos in die Mysterien eingeweiht werden soll und daß der Sprecher ihn dazu bringen will, indem er ihm versichert, alles über ihn, seine Familienverhältnisse und andere private Einzelheiten zu wissen. Iolaos solle ihm daher nichts verbergen, sondern sich seiner Unterweisung anvertrauen.

Danach geht die Erzählung in Prosa weiter: Iolaos läßt sich in allem unterweisen, was der ›Gallus‹ (so nannte man die Kybele-Priester) ihm beibringen konnte, und wird dadurch, daß er dem Freund vertraut hatte, selbst ein »vollkommener Gallus« – gibt es doch auf der Welt nichts Edleres als einen treuen Freund, wie Euripides sagt (das leicht abgewandelte Zitat aus Euripides' »Orestes« *ist ganz unvermittelt angeschlossen, ohne Ankündigung, fast wie ein Sprichwort).*

Wozu diese Ausbildung zum ›Gallus‹? Könnte es sein, daß Iolaos' Einweihung in die Mysterien des Kybele-Kultes einem ganz anderen Zweck dienen sollte? Vielleicht liefert das Stichwort »List«, das in der Verspartie zweimal vorkommt, den Schlüssel zum Verständnis dieser Szene: Iolaos könnte versucht haben, sich mit einer List zu seiner Angebeteten Zugang zu verschaffen, indem er vorgab, ein ›Gallus‹, also ein Eunuch zu sein (auf einen ähnlichen Plan verfällt Chaerea in Terenz' Komödie »Der Eunuch«*). Zu diesem Zweck läßt er seinen Freund von einem ›Gallus‹ die Geheimnisse des Kultes in Erfahrung bringen, die dieser ihm dann mitteilen soll, damit Iolaos* *nicht durch Unkenntnis der Einzelheiten gegenüber einem Mit-Mysten, wohl einem echten Kybele-Jünger, ins Hintertreffen gerät. In den Versen gibt der Freund dem Iolaos eine Kostprobe des Jargons, den er bei dem ›Gallus‹ gelernt hat (das könnte die merkwürdige Mischung religiöser und vulgärer Ausdrücke erklären). Dann wäre die »Gewohnheit«, von der der Freund spricht, die Art der Kybele-Anhänger zu reden, der »Leichnam ohne Begräbnis« wäre sozusagen ein lebender Leichnam, nämlich ein wirklicher Eunuch, der »Bastard« wäre nicht ein unehelicher Sohn, sondern ein unechter ›Gallus‹, und die Klagen des Vaters könnten sich darauf beziehen, daß sein Sohn unter die ›warmen Brüder‹ geraten ist. Der »vollkommene Gallus« schließlich wäre, doppeldeutig, der fertig ausgebildete, der jedoch ›vollständig‹, das heißt nicht entmannt ist.*

Aus was für einem Werk dieser Text stammt, ist nicht leicht zu sagen. In sprachlicher Hinsicht fällt auf, daß die Rede des ›Gallus‹ in Sotadeen ziemlich saloppe bis vulgäre Ausdrücke enthält (was in der Übersetzung nur andeutungsweise zum Ausdruck kommt), während die Erzählung in stilistisch einwandfreier Prosa nichts dergleichen aufweist. Man kann also wohl annehmen, daß die vulgäre Sprache der Verse den Sprecher charakterisieren soll, oder aber den Jargon des ›Gallus‹, den er parodiert. Der war demnach ein ungebildeter Kerl, ein Typ, der unter den ›Galli‹ offenbar recht häufig war.

Diese Erwägungen haben schon Peter Parsons, den ersten Herausgeber des Papyrus, an einen satirischen Roman in der Art von Petrons »Satyrikon« *denken lassen. Iolaos und der ›Gallus‹ können ähnliche Figuren sein wie Encolpius und Giton bei Petron. Auch bei Petron tritt ein Schwuler auf (*cinaedus, *23,2; s. o. S. 30ff.), der solche Verse von sich gibt – auch hier sind es Sotadeen –, während die erzählenden Partien in einfacher, aber gepflegter Prosa gehalten sind. Und Petron hat ebenfalls die Gewohnheit, gelegentlich Verse einzustreuen; so wie hier das Euripides-Zitat über die Freundschaft unvermittelt eingefügt ist, so findet sich dort (80,9; s. o. S. 88) ein Epigramm angeführt, das ebenfalls von der Freundschaft handelt. Es ist oft vermutet worden, daß Petrons* »Satyrikon« *von einem griechischen Vorbild angeregt worden sei. Aus einem solchen griechischen Schelmenroman könnte die Episode von Iolaos und dem »Gallus« stammen.*

Iolaos

... die Dinge, die der Gallus ›Geheimnisse‹ nennt ... er erfährt, wer ihn zum Lehrer machen sollte, damit er nicht ins Hintertreffen gerate gegenüber seinem Mit-Mysten. Doch dann, wenn er auf vielfache Weise eingeweiht wäre und gelernt hätte, Frauenkleider zu tragen ..., sollte ihm zugewiesen werden ... Und als er nun von der Lehre ganz erfüllt war, kam er zu Iolaos, den er durch Zufall ... fand, und sprach: »Edler Iolaos, sei gegrüßt! Und du, Schwuler, sei still! Als Myste rufe ich dich auf mit mystischen Worten: Ein Gallus bin ich geworden ... Iolaos, deinetwegen hat Nikon ... gelernt (?) ..., damit du einen Gallus hast ..., der alles kennt. Ich weiß, wer du bist ... alles kenne ich, die Gewohnheit, die ..., den Schwur, die Leiche ohne Begräbnis, ... von wem ..., den Bastard ... (durch den?) alles geschehen ist, das Messer, das Konto (?) ..., das Geschrei ... und dein Haus, die Mutter, dein Schlafzimmer kenne ich, die Klagen des Vaters, und daß Eurykleia Bescheid weiß, Nikon, die List, den Schwulen und den Geburtstag, ich kenne den Zuruf und den Schwulen und seine Witze, wie er sein Spiel getrieben, wie er geflüchtet ist ..., Auflösung, Rede und Verstümmelung, daß du bumsen willst mit List ... Daher verbirg mir gar nichts, aufrichtig ... ich will deine, Iolaos, ... du wirst sehen! Denn die Zeit dazwischen ...«

Und so lernt Iolaos von dem Mysten alles, was der gelernt hatte, und ist dadurch, daß er dem Freunde Nikon vertraut hatte, ein vollkommener Gallus geworden: »Nichts auf der Welt ist edler als ein treuer Freund, nicht Reichtum oder Gold; und töricht wäre es ja, die Gunst der Menge vorzuziehn (dem edlen Freund).«

Antonius Diogenes
Die Wunder jenseits von Thule

Diesen Roman in 24 Büchern hat der Patriarch Photios im 9. Jahrhundert in Konstantinopel noch gelesen. Er gibt davon in seiner »Bibliothek« *eine verhältnismäßig ausführliche Inhaltsangabe, die sich an einer Stelle durch einen Abschnitt der Pythagoras-Biographie des Porphyrios noch vervollständigen läßt (s. o. S. 686ff.). Wenn Photios' Bemerkung stimmt, daß dieser Roman der* »Wahren Geschichte« *Lukians und den* »Metamorphosen« *des Lukios, d. h. dem Eselsroman, als Vorlage gedient hat, kann er nicht später als im 2. Jahrhundert n. Chr. geschrieben sein. Aus demselben 2. Jahrhundert oder der Wende vom 2. zum 3. Jahrhundert stammen auch drei Papyrusfragmente, von denen zwei aufgrund ihrer Personennamen mit ziemlicher Sicherheit diesem Roman zugewiesen werden können, während das dritte aufgrund seines Inhalts in diesen Roman passen könnte, wenngleich hier kein Name vorkommt und die Zuschreibung daher weitaus unsicherer ist.*

Fragment A

(Der ägyptische Zauberpriester Paapis spricht zu Mnason, dem Vater der Derkyllis:)

»... wird es zum Stillstand kommen (?), und wenn ich es dem Mond befehle, wird er herabsteigen, und wenn ich den Tag fernhalten will, wird die Nacht für mich verweilen, und wenn wir wiederum den Tag brauchen, wird das Tageslicht nicht fortgehen, und wenn ich das Meer befahren will, brauche ich dazu kein Schiff, und will ich mich durch die Luft bewegen, werde ich emporgetragen. Nur für die Liebe kann ich kein Zauberkraut finden, weder eins, das sie weckt, noch eins, das sie aufhören macht, denn so eines bringt die Erde nicht hervor, aus Furcht vor dem Liebesgott. Wenn es aber jemand hat und bereit ist, es abzugeben, dann verlange ich, dann bitte ich: ›Gebt es, ich will es trinken, ich will mich damit einreiben!‹ Du sagst, deiner Tochter sei ein schönes Traumbild erschienen, und dies komme dir widersinnig vor. Aber wieviele andere

Leute haben sich nicht schon gegen alle Erwartung in Gestalten verliebt, die sie nur im Traum gesehen hatten!«

Fragment B

... und ich sagte zu ihr: (»Arme Myrto, so kannst du also nicht sprechen, da dir) das Schicksal jetzt (so schlimm mitgespielt hat?«) Sie schwieg nämlich, hilflos. Höre nun, was mir da in den Sinn kam. Ich nahm eine doppelte Schreibtafel, (eine von den kleineren, wie wir sie) zum Schulunterricht mitbringen mußten, glättete das Wachs darauf und gab sie der Myrto. »Wenn du auch nicht sprechen kannst«, sagte ich, »so kannst du doch hierauf schreiben, was du sagen willst, und ich werde Bescheid wissen, wenn ich es gelesen habe.« Da freute sich die kleine Dienerin, denn ganz offenkundig – das konnte man ihr ansehen! – hoffte sie, sogleich Genugtuung für das, was sie erlitten hatte, und Linderung zu erhalten. Sie nahm also die Schreibtafel, ging damit zur Lampe und schrieb mit dem Griffel ganz sorgfältig alles auf, was sie sagen wollte, in ganz kleinen Buchstaben, um mehr auf die Tafel schreiben zu können; dann reichte sie sie mir, wobei sie mir ein Zeichen machte, ich solle sofort hinausgehen. Ich nahm die Tafel, ging jedoch nicht gleich hinaus, sondern las sie erst. Und sie enthielt folgendes: »Geh sofort, Herrin, zu deiner Amme, heiße sie zuhören und lies ihr das Folgende vor, damit auch sie erfährt, in welch schlimmer Lage sie ist, und nicht weiterhin ahnungslos die ganze Zeit sich freut, und damit ihr auch meine Lage begreift. Geh nun gleich, bevor der Mann, der mit mir schläft, zu mir kommt, damit du nicht selbst noch das verderbliche Geschick zu kosten bekommst.« Als ich das gelesen hatte, wollte ich nachprüfen ...

Fragment C

Buch ()4
Das war der Inhalt des Briefes. »Aber wie könnte ich dir, mein Deinias, ... erzählen«, sagte Derkyllis, die von einer gewissen Resignation (?) ergriffen worden war ..., »ich bin nunmehr meinem eigenen Unglück ausgeliefert ... sogleich ... mit Eifer ...«

Kalligone

Von diesem Roman sind zwei Fragmente einer schönen Papyrusrolle mit breiten Rändern erhalten, die nach ihrer sorgfältigen Buchschrift ins 2. Jahrhundert n. Chr. zu datieren ist. Die beiden Fragmente, zwischen denen wohl nur sehr wenig fehlt, bilden zusammen eine Kolumne von etwa 42 Zeilen. Sie enthält eine Szene, die im Zelt eines gewissen Eubiotos spielt, vielleicht während eines Feldzuges, denn da die Sauromaten (Sarmaten) erwähnt werden, scheint der Schauplatz der Handlung der östliche Balkan oder Südrußland zu sein. Kalligone, offenbar die unglückliche Heldin des Romans, wirft sich in wildem Schmerz auf das Lager, verflucht den Tag, da sie Erasinos auf der Jagd gesehen (ist Erasinos der Geliebte, der bei den Sarmaten weilt, vielleicht als Gefangener?), und will sich den Dolch in die Brust stoßen – aber Eubiotos hatte ihn an sich genommen, da er eine solche Verzweiflungstat befürchtete. Sie macht ihm deswegen heftige Vorwürfe und verlangt ihren Dolch zurück, sonst werde sie ihn mit ihren Händen erwürgen – hier bricht der Papyrus ab.

In welchem Zusammenhang diese Szene gestanden hat, wird sich kaum erraten lassen. Das Motiv, daß die verzweifelte Heldin sich das Leben zu nehmen droht, begegnet auch in anderen Romanen (Chariton Bd. I, S. 555 und S. 580; Xenophon Bd. I, S. 138); dort ist der Grund für ihre Verzweiflung die Trennung vom Geliebten oder der Schmerz um seinen (vermeintlichen) Tod, und so wird auch Kalligones Verzweiflung motiviert gewesen sein. An Chariton und Xenophon erinnert auch die schlichte, klare Sprache. Selbst wenn nicht durch das Datum des Papyrus feststünde, daß der Roman vor dem 2. Jahrhundert n. Chr. (oder spätestens an dessen Beginn) ver-

faßt sein muß, würde man ihn aus sprachlichen und stilistischen Gründen in die frühe Kaiserzeit datieren.

Kalligone

(... durch diese Nachricht? war Kalligones) Entschlußkraft gänzlich gebrochen. Sie eilte zum Zelt und warf sich auf das Strohlager, dabei brach sie in laute und schrille Klagen aus, und unter einem Strom von Tränen zerriß sie sich das Kleid. Eubiotos sorgte dafür, daß niemand sonst sich im Zelt aufhielt; er trieb sie alle hinaus mit der Begründung, sie habe ungünstige Nachrichten über die Sauromaten erhalten. Währenddessen jammerte und weinte sie und verfluchte den Tag, an dem sie Erasinos auf der Jagd gesehen hatte. Auch ihre Augen verfluchte sie dafür, und der Artemis machte sie Vorwürfe: »Du hast mich ...« Während sie sich so ihrem Schmerz überließ, streckte sie die Hand nach ihrem Dolch aus, doch den hatte Eubiotos gleich bei ihrem Eintreten aus der Schwertscheide gezogen, ohne daß sie es gemerkt hatte. Da blickte sie ihn an und sagte: »Schlechtester aller Menschen, du hast es gewagt, mein Schwert anzurühren! Aber ich bin doch keine Amazone und keine Themisto, sondern Kalligone, eine Griechin, aber darum nicht schwächer an Mut als irgendeine der Amazonen. Geh und bring mir das Schwert, damit ich dich nicht mit meinen Händen erwürge ...«

Herpyllis

Eine Episode eines sonst unbekannten Romans ist auf der Rückseite eines Papyrus erhalten, dessen Vorderseite Urkunden aus der Zeit Traians enthält; der Romantext wird also im 2. Jahrhundert n. Chr. geschrieben sein. Eine Kolumne von 60 Zeilen ist fast vollständig erhalten; die geringen Reste der vorhergehenden und der folgenden Kolumne sind hier nicht berücksichtigt. Der Ich-Erzähler ist offenkundig der jugendliche Held, der zusammen mit der Geliebten, Herpyllis, auf Reisen bei freundlichen Leuten an einer Meeresbucht

Aufnahme gefunden hat. Dort trennen sie sich (warum, erfahren wir nicht), um auf verschiedenen Schiffen weiterzufahren. Das Schiff, auf dem sich Herpyllis befindet, ist groß und braucht daher lange, bevor es seeklar ist; das kleinere Schiff, auf dem der Ich-Erzähler reist, läuft daher vor ihm aus. Gleich kommt jedoch ein schweres Unwetter auf. Deshalb bleibt das größere Schiff im schützenden Hafen, während das kleinere von Sturm und Regenböen geschüttelt wird. Als schließlich sogar das Elmsfeuer erscheint, fällt die gesamte Mannschaft auf die Knie und betet zu den Dioskuren um Hilfe.

Die Schilderung des Seesturms ist eindrucksvoll, vergleichbar mit dem Anfang des dritten Buches des Achilleus Tatios. Auch stilistisch steht der Herpyllis-Roman diesem Autor näher als etwa dem Chariton oder Xenophon. Der Stil ist anspruchsvoll, stellenweise gekünstelt, Hiat wird vermieden.

Herpyllis

(»Unsere Gastgeber, die uns) bei der Bucht am Meer (freundlich aufgenommen hatten), baten uns, angesichts der ungünstigen Witterungsverhältnisse – unter den Wetterzeichen war ihnen nämlich ein Wölkchen entgangen, das sich gebildet hatte – dort noch den folgenden Tag abzuwarten und es uns wohl sein zu lassen. Nun ist ja die Einladung eines wohlmeinenden Mannes ein deutlicher Wink des Schicksals, um eine Abreise aufzuschieben, und so wäre ich gern noch geblieben. Die Schiffer jedoch waren sich nicht einig: Der unsere drängte zum Auslaufen, während der des großen Schiffes einen gewaltigen Sturm voraussagte, dem man wohl nicht würde standhalten können. Wir beschlossen also abzusegeln. Daraufhin nahmen wir Abschied von einander und stimmten das Klagelied des Eisvogels an. Nachdem wir jeder auf sein Schiff gestiegen waren, hielten wir unter Klagen nach einander Ausschau und warfen uns mit den Händen Küsse zu. Da nun das große Schiff etwas länger brauchte, um seeklar gemacht zu werden, segelten wir vor ihm aus dem Hafen. Die Sonne, die noch während unseres Auslaufens geschienen hatte, verbarg sich sogleich hinter finsteren Wolken, plötzlich donnerte es dumpf und kurz, doch wie sehr wir auch unseren Entschluß bereuten, konnten wir doch nicht mehr umkehren, denn ein steifer Wind wehte von achtern. Das Schiff, auf dem sich Herpyllis befand, war nicht mehr ausgelaufen, sondern im Hafen liegengeblieben, da man es von der Hafenmauer aus zurückgerufen hatte.

Für einen Augenblick noch konnten wir einander sehen, dann wurden wir auseinandergerissen, denn der Wind stürzte sich mit geballter Kraft auf uns, von Osten her, von dem Vorgebirge selbst, so daß es nicht mehr möglich war, die Rah zur Seite zu drehen; das Schiff hätte nämlich den seitlich anrollenden Wogen nicht standgehalten. Da wir die Rah voll vor dem Wind hielten und sich auch die Hilfssegel strafften, kamen wir vom vorgesehenen Kurs ab und wurden am Lakētēr entlang, dem schwierig zu umfahrenden Vorgebirge *(an der Südspitze der Insel Kos)*, ins kretische Meer hinausgetrieben. Nicht einmal Nisyros *(eine kleine Insel südlich von Kos)* war mehr zu sehen wegen des diesigen Wetters; so sehr wir dorthin strebten, bekamen wir die Insel doch nicht mehr zu Gesicht. Danach überließen wir uns der tobenden See. Nirgends war Rettung in Sicht, und so rechneten alle damit unterzugehen, ja sehnten sich sogar danach. Da nämlich die Wogen von weither anrollten, wurden sie nicht vom heftigen Wind aufgepeitscht, sondern wölbten sich in unermeßliche Höhen wie Gebirge. Schwarz war die See, verdunkelt von der ringsum herrschenden Finsternis. Die Winde warfen ihre Kraft von ringsumher mit plötzlichen Böen in das Gebrodel, das uns zwar nicht gefährlich, aber unheimlich war; die einen schickten einen leichten Gluthauch vor sich her, die anderen schütteten Regenschauer hinab. Donner erscholl rings herum vom ganzen Himmel, es wetterleuchtete hüben und drüben, und oft sahen wir ganz in der Nähe das Feuer des Blitzes vom Himmel herabschießen. Man sah nicht, ob Nacht oder Tag herrschte, denn es war alles in Dunkelheit getaucht. Wir wurden allmählich überflutet vom Anprall der Wellen und von den Wolkenbrüchen. Man konnte weder das Land noch den Himmel sehen, alles war in dichte Finsternis gehüllt. Bald zeigte sich hinter uns Tageslicht, bald brachen die Wogen über uns herein. Oft tanzten auch kurze Flammen auf beiden Enden der Rah – waren es Sterne, wie die Seeleute glaubten, die die

Dioskuren mit Namen anriefen, oder sternartige Funken, die vom Wind herumgewirbelt wurden? Genau kann man es nicht sagen, aber alle fielen auf die Knie und beteten ...«

Lollianos, Phoinikika

Aus den »Phönizischen Geschichten« *(Phoinikika) des Lollianos haben sich Bruchstücke in zwei antiken Papyrushandschriften erhalten. Die eine ist ein Papyruscodex aus der 2. Hälfte des 2. Jahrhunderts n. Chr., der jetzt noch aus insgesamt 46 Fragmenten besteht; von diesen werden hier nur die größeren, einigermaßen zusammenhängenden Stücke mitgeteilt (Fragment A1–A2; Fragment B1; Fragment C besteht nur aus kleinen Fetzen, die hier unberücksichtigt bleiben). Zwei davon enthalten den Titel des Romans und den Namen des Verfassers. Die andere ist eine Urkundenrolle, die auf ihrer Rückseite einen literarischen Prosatext trägt, der zu demselben Roman gehören muß; dieser Text wird im 3. Jahrhundert n. Chr. geschrieben sein (Fragment D).*

Über den Verfasser, Lollianos, läßt sich nichts weiter sagen; er wird kaum mit P. Hordeonius Lollianus identisch sein, dem bekannten Sophisten aus Ephesos, der um die Mitte des 2. Jahrhunderts n. Chr. den Lehrstuhl für Rhetorik in Athen innehatte, denn dieser hätte wohl kaum einen stilistisch so anspruchslosen Roman verfaßt. Der Name Lollianus war im römischen Reich in der Kaiserzeit nicht selten.

Den Inhalt der Fragmente A und B faßt ihr Herausgeber Albert Henrichs folgendermaßen zusammen:

»Buch I (Ende). Fragment A1 recto: Männer und Frauen feiern anscheinend ein Fest, das auf dem Dach eines Hauses stattfindet (Adonisfest?). Die Frauen tanzen. Namentlich genannt werden Persis, die im Mittelpunkt der unmittelbar folgenden Liebesszene steht, und Glauketes, der ebenfalls in dieser Szene fungiert. Persis verläßt die Gesellschaft, um die Nacht mit ihrem Liebhaber zu verbringen. Fragment A2 recto: Der Liebhaber der Persis (wohl der Romanheld Androtimos) berichtet, wie er zu einem entlegenen Gemach geführt wird. Die Dienerinnen entfernen sich. Drinnen trifft er Persis, die auf ihn wartet. Da erfährt Androtimos durch Persis die

Liebe zum ersten Mal. Anschließend nimmt sie ihren goldenen Schmuck ab und bietet ihn ihrem Liebhaber als Lohn für die ‚Entjungferung' an. Androtimos weigert sich jedoch, das Geschenk anzunehmen. Persis ruft Glauketes herbei, gibt ihm den Schmuck und läßt vom Schatzmeister (?) eine bestimmte Geldsumme herbeibringen. Dann wendet sie sich bis zum Tagesanbruch wieder ihrem Geliebten zu. Am Morgen klopft jemand an die Tür des Gemachs. Persis geht hinaus, während ihr Liebhaber zurückbleibt. Die Mutter (der Persis?) ist zurückgekommen und macht dem Mädchen Vorhaltungen.

Buch x (Ende). Fragment B1 recto: Der Romanheld Androtimos befindet sich in der Gefangenschaft einer Räuberbande, die gerade einen Ritualmord an einem Knaben vorbereitet. Das Fragment beginnt mit Bruchstücken eines Dialogs, in dem wahrscheinlich Androtimos versucht hat, die Bande von diesem Vorhaben abzubringen. Er findet jedoch kein Gehör und bricht die fruchtlose Unterhaltung mit einem Fluch ab. Das Ritual nimmt seinen Lauf. Ein Mann, der bis auf einen Purpurgürtel um die Lenden nackt ist, bringt den Knaben herbei, der wohl erst jetzt getötet wird. Der Opferdiener wirft den Körper des Knaben auf den Rücken, öffnet den Brustkorb, nimmt das Herz heraus und legt es auf das Feuer. Das gebratene Herz zerteilt er in zwei Hälften, die er mit Mehl (?) bestreut und mit Öl begießt. Nachdem das Herz genügend zubereitet ist, gibt er davon den Eingeweihten. Mit den Portionen des zerteilten Herzens in der Hand läßt er sie beim Blut des Herzens einen Eid schwören, (ihn?) weder im Stich zu lassen noch zu verraten, selbst dann nicht, wenn sie ins Gefängnis geworfen oder grausamen Foltern ausgesetzt würden. Das Buch endet mit einer erneuten Nennung des Androtimos, der offenbar von dem übriggebliebenen Teil des Herzens essen soll.

Buch y (Anfang). Fragment B1 verso: Der Text setzt mit der Schilderung eines Gelages ein, das sich an die Opferszene anschloß. Es ist wieder vom Herzen des Knaben, vom Verschlucken und von Ausgekotztem die Rede, das auf oder unter dem Tisch liegt. Während die Mysten ihr Fleisch durch Kochen oder Kauen weich machen, beklagt sich Androtimos (?), daß sein Essen noch roh ist. Ein Mädchen (Persis?) wird zum Teufel gewünscht. Die Zechgenossen tun ihrem Körper so wenig Zwang an, daß sich jemand über den üblen Geruch beschwert. Es folgt die Aufforderung, zum Trinken einzuschenken. Das Trinkgefäß hat einen besonderen Namen. In einem stark zerstörten Passus wird Androtimos genannt, der sich über etwas zu ärgern scheint. Die restlichen Mysten, die sich noch draußen befunden haben, betreten den Raum. Drinnen verkehren sie vor den Augen des Androtimos mit den Frauen und schlafen erschöpft ein. Die elf Wächter, welche die Toten zu bewachen haben, trinken nicht so viel wie ihre Genossen, sondern wärmen sich nur etwas auf. Um Mitternacht entkleiden sie die Toten. Nicht einmal auf das Busenband des Mädchens verzichten sie. Dann werfen sie die Kleider (?) in hohem Bogen aus den Fenstern nach unten. Darauf ziehen sich die einen weiße und die anderen schwarze Kleider an. Sie verhüllen sich die Köpfe und färben ihre Gesichter. Die schwarzgekleidete Gruppe färbt die Gesichter mit Asche schwarz, die Weißgekleideten färben sie mit Bleiweiß weiß. Alle verlassen den Raum und begeben sich nach draußen. Dort marschieren die Weißgekleideten durch (künstliches Sonnenlicht?), während die schwarze Gruppe durch den Mondschein wandelt. Inzwischen werden Androtimos und seine Mitgefangenen noch immer so bewacht, daß an Entkommen kein Denken ist. Bei dem Fluchtplan scheint die Werkstatt eines Goldschmieds, der offenbar ein alter Mann ist, eine Rolle zu spielen. Hier bricht der Zusammenhang ab.«

Das Fragment D scheint aus einem späteren Teil des Romans zu stammen. Dem Glauketes, der sich nachts zu Pferd unterwegs befindet, erscheint das Bild eines Jünglings und bittet ihn, er möge ihn und das schöne Mädchen, das neben ihm unter einer Platane liege und das gleich ihm ermordet worden sei, etwas abseits vom Wege bestatten. Glauketes, sehr erschrocken, nickt nur, und die Erscheinung verschwindet. Dann erreicht er ein Dorf, findet einen Pferdestall, bindet sein Pferd an die Krippe und legt sich auf ein Strohlager, um zu schlafen. Da steigt eine Frau die Treppe vom Obergeschoß herab ... Das übrige ist verloren, über den weiteren Verlauf der Handlung lassen sich kaum Vermutungen anstellen.

Den Stil dieses Romans charakterisiert der Herausgeber als »einfallslos und monoton, wie sich besonders in der Wortwahl und der simplen Satzführung zeigt. Lollianos schrieb ein kunstloses Griechisch, das aus literarischen Reminiszenzen und Elementen der Volkssprache bunt gemischt ist. Die Anforderungen, welche die Lektüre der »Phoinikika« *an den Leser stellte, waren unvergleichlich geringer als bei einem Heliodor und selbst einem Achilleus Tatios. Lollianos begnügte sich damit, scharf umrissene und leicht faßliche Szenen zu entwerfen, ohne eine Motivation zu geben und ohne eine Charakterisierung der beteiligten Personen zu versuchen. Sein Roman will weniger den Verstand und das Herz des Lesers als seine Augen und seine Sinne ansprechen. Der drastische Realismus und die derbe Komik der Darstellung sowie die platte Sinnlichkeit, die nicht wie bei Petron, Apuleius, Longos und Achilleus Tatios durch geistreiche Brillanz gedämpft wird, kennzeichnen die* »Phoinikika« *als ein Unterhaltungsprodukt billigster Art. Bisher kannte man anspruchsvolle griechische und lateinische Romane; jetzt erfahren wir am konkreten Beispiel, wie ein durchschnittlicher antiker Unterhaltungsroman beschaffen war.«*

Lollianos, Phoinikika

Fragment A1 recto

... und er befahl, den Namen (zu nennen?). Als aber keiner von ihnen ... umzustürzen. Und in diesem Augenblick ... die Sklaven des Gefolges traten heraus ... warfen vom Dach herab ... umgestürzt ... abwehrend ... und sich beherrschend. Und der ... ging fort, die Frauen jedoch ... wiederum und fuhren fort zu tanzen und einander im Tanz ... Sie aber *(d. h. Persis?)* ... Jedoch zunächst ... Danach schwieg sie ... dem Glauketes schon früher ... doch als sie aufstand ... bei Nacht ... Persis aber (küßte?) das Haupt ... *(Reste von weiteren 5 Zeilen)*

Fragment A2 recto

(Reste von 4 Zeilen) ... der Persis ..., indem sie überredeten ... und führt mich zu einem verborgenen Gemach (?), nachdem die Dienerinnen weggerufen worden (?) waren, und ich treffe mit Persis zusammen, die mich drinnen erwartet. Und da zum ersten Mal erfuhr ich die Lust der Liebe. Danach nahm sie den goldenen Schmuck ab, den sie als Entgelt für ihre Entjungferung getragen hatte, und wollte ihn mir geben. Ich aber sagte, ich würde ihn nicht annehmen. Da ruft sie den Glauketes, und wie der herbeikommt, gibt sie ihm (den

Schmuck) und heißt den Schatzmeister, ihr zweitausend (Drachmen) zu bringen und vorzuzählen. Dann wandte sie sich mir zu und hörte nicht eher auf, bis (uns) beide (Überdruß) überkam und der Tag aufleuchtete. ... hinaus, und beide klopften an die Tür, und endlich ... ich wartete dort, Persis aber ... als ihre Mutter aus der (Stadt?) zurückkam und sie ... erblickte, schlug (?) sie sogleich auf sie ein ... Und damals schwieg sie, doch als ... beide ... wenn sie nicht alles im einzelnen erzählt ... beide ... ich schwöre ... du hast erhalten ... mir aber ... mir ist eine andere Ausbildung ... Schwester ... von der Feuchtigkeit (?) ... sie sagte ... zu mir ... antwortete nicht ... viel schlechter als diese ... der Liebhaber ... das Auge des Eros ...

Fragment B1 recto

... da sagt er zu ihm: »Geh voran, du Unglücksmensch. Denn die Stunde ist gekommen, da der Knabe sterben muß.« Als er dies hörte, sagte er zu jenem: »Ach Leute, was habt ihr denn davon, wenn ihr den Knaben tötet?« Doch die sagten: »Du selbst weißt am besten, wie man ihm zureden muß, daß er sich tapfer zeigt.« »Wieso sollte er das auch nicht«, sagte der Räuberhauptmann, »wo doch Androtimos oft zu ihm gegangen ist und ihm ein ermutigendes Wort gesagt hat.« »Oh ich Unseliger«, sagte Androtimos, »was habe ich angerichtet! Doch ihr sollt verflucht sein!« Währenddessen kommt ein anderer Mann herbei, nackt bis auf einen purpurnen Gürtel. Der warf den Körper des Knaben auf den Rücken, schlachtete ihn und öffnete den Leib. Und er nahm das Herz heraus und legte es auf das Feuer. Dann nimmt er das gebratene Herz vom Feuer und schneidet es in zwei Hälften. Auf seine Spitze streute er Gerstenmehl und tränkte es mit Öl. Als es ausreichend zubereitet war, gab er davon den Eingeweihten, und als sie es in der Hand hielten, ließ er sie bei dem Blut des Herzens schwören ... weder zu verlassen noch zu verraten, selbst dann nicht, wenn sie ins Gefängnis geschleppt würden, wenn sie gefoltert würden oder wenn man ihnen die Augen ausstäche. Sie verzehrten die Hälfte des Herzens, den Rest aber ... den

Androtimos jedoch ... und die in der Mitte ... trinkend und ... und trinken, einige (?) auch ... ein anderer brachte alles hinein ...

Ende des ... ten Buches der Phönizischen Geschichten des Lollianos.

Fragment B1 verso

... Brust ... töten (?) ... seine Füße ... mit einem Zauberspruch ... und es ist ... (ein Stück?) vom Herzen des Knaben, und es grauste ihm, es herunterzuschlucken und das auf (?) dem Tisch Erbrochene aufzulecken (?). Da machten sie *(= die Mysten)* es noch einmal weich, aber Androtimos (schrie laut auf) und sagte: »Etwas Schlimmes ist mir widerfahren: Das Essen, das ihr mir (vorgesetzt habt), ist ja noch roh!«, und während er sich noch schüttelte, rief er: »Das verdammte Mädchen geht mir auf die Nerven! (Hört endlich auf), mit dem Mund und von hinten (Gestank zu verbreiten! Denn lange genug) habe ich den unangenehmen Geruch ausgehalten. Gieße mir vom Blut des Knaben ein.« Er schenkte es in das Trinkgefäß ein, das am größten war und das jene ein Ziborium nannten; darauf war, glaube ich, der Kampf der Lapithen und Kentauren dargestellt. ... zu ihm ... Androtimos aber ... und bekümmert, weil ... den Gürtel, der ein ... hatte, ... banden sie um. Andere aber gingen hinein, ohne ein Wort zu sprechen. Als aber alle herbeigekommen waren und keiner mehr draußen war, schlossen sie die Fenster, sangen, tranken und wohnten den Weibern bei vor den Augen des Androtimos. Danach schliefen sie erschöpft ein. Die Elf aber, die zur Wache bei den Leichen abkommandiert waren, tranken wenig, nur soviel, um sich aufzuwärmen. Später, als es Mitternacht war, entkleideten sie zuerst die Körper der Toten und ließen nicht einmal das Busenband daran, worin die Brust des Mädchens gebunden war. Dann hoben sie sie *(= die Kleider?)* über die Fenster hoch und warfen sie hinunter in ... und danach legten sie Gewänder an, die einen weiße, die anderen aber schwarze, außerdem umwanden sie sich die Köpfe mit

Binden und färbten sich auch die Gesichter, um nicht erkannt zu werden, und zwar mit Asche diejenigen, die die schwarzen Kleider trugen, mit Bleiweiß dagegen die, welche weiß gekleidet waren. Und nachdem sie sich so zurechtgemacht hatten, gingen sie hinaus. Diejenigen, die weiß gekleidet waren, (gingen in die Sonne?), die in schwarzen Kleidern aber wanderten im Mondlicht. Doch Androtimos . . . denn es gab kein Entrinnen vor ihnen. Sie hatten nämlich Wachen aufgestellt . . . in der Erwartung, daß diese ihnen Bescheid geben würden, wenn er fortliefe, so daß zwangsläufig . . . die Goldschmiedewerkstatt . . . einen alten Mann . . . retten . . .

Fragment D

(Dem Glauketes, der auf einem Ritt ist, erscheint der Geist eines ermordeten Jünglings, der zu ihm spricht:)
». . . (ich bitte dich), diese zu bestatten, ein wenig abseits vom Wege. Ich liege nämlich unter jener Platane und bei mir liegt das schöne Mädchen, beide sind wir ermordet worden.« Glauketes, der darüber natürlich sehr erschrocken war, sagte hierzu gar nichts, sondern nickte nur und ritt weiter. Der Jüngling aber verschwand, als dieser genickt hatte. Glauketes aber trieb nach Kräften sein Pferd an, wobei er sich umwandte, um zu sehen, ob er jenen noch irgendwo erblicken könnte, aber er sah ihn nicht mehr. Noch während der Nacht erreichte er das Dorf. Dort war ein Fluß. Als er den überquert hatte, bemerkte er einen Pferdestall, der offenstand, und darin ein schlichtes, ärmliches Strohlager. Da band er das Pferd an die Krippe, warf sich selbst auf das Strohlager und versuchte zu schlafen. Währenddessen steigt eine Frau auf der Leiter herab, die vom oberen Stockwerk hinunter in den Pferdestall führte . . .

ANHANG

Anmerkungen

PETRON: SATYRIKON

Inhaltsübersicht zum Roman nach der Ausgabe von Carl Fischer, München 1962

ERSTER TEIL: ABENTEUER MIT ASKYLT

ZWEITER TEIL: DAS GASTMAHL DES TRIMALCHIO

DRITTER TEIL: ERLEBNISSE MIT EUMOLP

10 *Cicero*: Rede für Caelius 41.

42 *Da nur Mars*: Anspielung auf die Wendung *aequo Marte* = Mars gibt beiden Kampfparteien gleiches Glück.
Opimius ... Opimianer: 121 v. Chr., das als besonders gutes Weinjahr galt, trug, römischem Brauch entsprechend, den Namen des derzeit regierenden Konsuls Opimius.

45 *Kennt ihr euren Odysseus*: Vergil, Aeneis 2,44.

47 *Sau mit Hut ... als Freigelassener*: Anspielungen auf den Brauch, daß Sklaven bei ihrer Freilassung eine Filzkappe – zum Zeichen ihres besonderen Standes – erhielten.

48 *Wortspiel* mit dem lateinischen Beinamen des Bacchus »Liber Pater«, dessen erstes Wort »frei« bedeutet: Trimalchio kann sich eines »freien Vaters« rühmen, ist also nicht als Freigelassener anzusehen.

64 *Steuerzahler*: Der Sprecher war in seiner Heimatprovinz Steuerzahler ohne die Rechte eines römischen Bürgers, die er nun auf dem Umwege über zeitweilige Sklaverei und Freilassung in Rom erworben hat.

71 *Hüter von Haus*: ähnliches Lob des Wachhundes bei Theophrast, Charaktere 4.

75 *Weiter segelte*: Vergil, Aeneis 5,1.

78 *die Grünen*: Die römischen – später auch die byzantinischen – Zirkusparteien, den heutigen Fan-Clubs vergleichbar, gruppierten und benannten sich nach Farben.

87 *thebanischer Bruderkampf*: Anspielung auf die Sage von Eteokles (s. Namensverzeichnis) und Polyneikes.

114 *Amme des Odysseus*: Homer berichtet in der Odyssee, wie der verkleidet heimkehrende Odysseus von seiner alten Amme als dem ersten Menschen am Merkmal einer Narbe am Bein wiedererkannt wird.

124 *Glaubst Du*: Vergil, Aeneis 4,34.

125 *gegen besseres Wissen*: Vergil, Aeneis 4,38f.

126 *Hedyle*: Anspielung auf verlorene Teile des Romans.

134 *Odi profanum vulgus*: Horaz, Oden 3,1,1.
des Bürgerkriegs: Kurz zuvor hatte der junge römische Dichter Lukan ein großes Epos über den Bürgerkrieg zwischen Caesar und Pompeius, beginnend 49 v. Chr., geschaffen, in dem er mit bestimmten Traditionen der Gattung brach (z. B. Auslassung der

gewohnten Götterszenen); Petron setzt dieser Neuerung hier ein Korrekturmodell entgegen, das traditionelle Formung und modernes Sprachpathos verbindet.

136 *der traurige Krämer*: Cato d. J., ein exemplarischer Ehrenmann, war bei den Wahlen für die Prätur im Jahr 55 und für das Konsulat im Jahr 52 v. Chr. durchgefallen.

139 *Bruders Geschosse*: Hades, der Herr der finsteren Unterwelt, erschauert vor den Blitzen seines Bruders Zeus.

141 *delphischer Vogel*: der Rabe des Gottes von Delphi, Apoll.

149 *Zeit wär's*: Anspielung auf die Sagen von Europa, Leda und Danae, denen Zeus in Gestalt eines Stieres resp. Schwans resp. als goldener Regen nahte.

150 *so wie dereinst*: Homer beschreibt Ilias 14, 346ff. die »Heilige Hochzeit« von Zeus und Hera auf dem Idagebirge.

155 *Wenn du lebst*: von Nodot nicht erfundenes, sondern hier eingefügtes priapeisches Epigramm.

173 *wie Massilienser*: Als Schluß der Ergänzung hat Nodot geschickt ein Fragment des Petron benutzt, das im Kommentar des Servius zu Vergils Aeneis 3,57 überliefert ist.

ACHILLEUS TATIOS: LEUKIPPE UND KLEITOPHON

183 *unvermischt*: erinnert an den antiken Brauch, Wasser vermischt mit Wein zu trinken.

185 *Ihnen aber verleih'*: Hesiod, Werke und Tage 57f.

186 *Er, an Augen*: Homer, Ilias 2,478.

194 *Vermählung der Bäume*: Plinius d. Ä. (Naturalis Historia 13,31 und 34f.) berichtet über die Anschauungen der Antike über die Geschlechtlichkeit der Bäume.

Otter liebt Muräne: Plinius (9,76; 32,14) berichtet auch von dem Volksglauben, daß Muränen sich an Land mit Vipern paaren.

204 *gleichen Namen führt*: Das griechische Wort φοῖνιζ *(phoinix)* ist einerseits der Name »Phönizier«, bezeichnet andererseits den Vogel Phönix und bedeutet schließlich auch noch »Palme«.

208 *Konops* bedeutet »Mücke«.

210 *ein zweiter Odysseus*: Anspielung auf Homers Bericht über die Begegnung des Odysseus mit dem Kyklopen Polyphem (Odyssee 9,105ff.): Um aus der Höhle des Ungeheuers zu entkommen, betäubt Odysseus Polyphem mit Wein, blendet ihn und entweicht dann mit seinen Gefährten, verborgen unter den Bäuchen der Schafherde.

216 *wie die Troerinnen*: nach Homer, Ilias 19,302, wo die Gefangene

Briseis und ihre Frauen den Patroklos beweinen, dabei jedoch im Inneren an ihr eigenes Elend denken.

217 *Ihn auch raubten*: Ilias 20,234. Gemeint ist Ganymed (s. Namensverzeichnis).

218 *diese Würde versah*: Hebe, die Göttin der Jugend, später des Herakles Gemahlin, reichte bis zum Eintreffen des Ganymed an der Göttertafel den Nektar.
einer Frau wegen: Anspielungen auf die Sagen von Europa, Antiope und Danae; Zeus nahte der ersten als Stier, der letztgenannten als goldener Regen, der Antiope als tanzender Satyr.

224 *Granatapfel*: Der Granatapfel mit dem Reichtum seiner Kerne wurde in der Antike als Lebenssymbol aufgefaßt.

225 *Wolle der Schmetterlinge*: Verweis auf die Seide, die in der Antike nur im Orient produziert wurde und nach Europa importiert werden mußte.

227 *Der Hirt*: gleichbedeutend mit »Räuber«.

242 *Hesiodische Krähe*: Ein bei Plutarch (Moralia 415c) überliefertes Fragment Hesiods besagt, die Krähe lebe neun Menschengenerationen lang, d.h. $9 \times 30 = 270$ Jahre.

280 *Achill abgebildet*: Die Schönheit Achills (s. Namensverzeichnis) war sprichwörtlich.
mit dem Sprichwort zu reden: Anspielung auf Iphigenie (s. Namensverzeichnis).

305 *Sprichwort*: nach Thukydides 2,87,4.

312 *Artemis der Skythen*: Herodot (4,103) berichtet, die Taurer (später vermischt mit den Skythen) opferten der Artemis alle Fremden; vgl. Goethe, Iphigenie (s. auch Namensverzeichnis).

APULEIUS: DER GOLDENE ESEL

338 *Bunte Halle*: die ausgemalte Halle (Stoa) in Athen, von der die Philosophenschule der Stoiker ihren Namen herleitet.

413 *jener Hirt*: Anspielung auf die Entscheidung des Paris (s. Namensverzeichnis), der im Schönheitsstreit gegen Juno und Athene für Aphrodite entschied.

435 *dein Vater*: Anspielung auf die heimliche Liebschaft zwischen der Gattin des Gottes Hephaistos, Aphrodite, und dem Kriegsgott Ares, der hier (wie schon bei Simonides, Fragment 43) zum Vater des Eros avanciert.

440 *Murtische Säulen*: im Circus Maximus zu Rom befindliche Wendeschranken, deren Name auf eine altrömische, dort früher verehrte Göttin zurückgeht.

449 *jener Hirtenjunge*: Ganymed (vgl. Namensverzeichnis).
480 *Thrasyllos ... Namen*: Thrasyllos, griechisch = »der Verwegene«.
492 *Hindin anstelle einer Jungfrau*: Anspielung auf die Sage von Iphigenie (s. Namensverzeichnis).
506 *göttlicher Sänger, vielgewandter Held*: ironischer Vergleich zwischen dem Helden des Eselsromans und dem homerischen Heros Odysseus durch Anspielung auf die ersten Verse der Odyssee.
527 *bekanntes Sprichwort*: Im Gegensatz zur Fassung Lukians (vgl. S. 610) hier im Zusammenhang mit der Grundthematik des Apuleius, der Neugier und ihren fatalen Folgen, als Anlaß zur Entstehung einer Redensart, die allzuviel Wißbegier geißelt.
548 *von Homer besungen*: Anspielung auf die Hochzeit von Zeus und Hera, Ilias 14, 292ff.
551 *jener Greis*: Sokrates.
571/2 *Augustus-Hafen*: Ostia, der Hafen Roms.
572 *Dezember-Iden*: 12. Dezember.
Asinius Marcellus: Der Name ist abgeleitet von lateinisch *asinus* = »Esel«.

LUKIAN: LUKIOS ODER DER ESEL

583 *Palaistra* = »Ringschule«: Einleitung der folgenden, Athletik und Erotik verbindenden Metaphorik.
589 *O Caesar*: Der erfolglose Eselsruf imitiert die dem römischen Bürger in Rechtsfällen zustehende Berufung *(provocatio)* an den Kaiser.
605 *Kinäden*: verrufene Homosexuelle.
610 *Redensart*: Hier sprichwörtlich dafür, daß jemand aufgrund eines nichtigen Anlasses verklagt oder verurteilt wird; vgl. jedoch Apuleius S. 527.

LUKIAN: WAHRE GESCHICHTE

632 *Bauchwade*: Das griechische Wort γαστροκνημία, *gastroknemia,* bezeichnet die Wade durch Zusammensetzung der Begriffe für »Schienbein« = κνήμη, *kneme,* und »Bauch« γαστήρ, *gaster,* im Hinblick auf die bauchige Form des am Schienbein hervortretenden Fleisches, was sich Lukian für seinen Wortwitz zunutze macht.
635 *Phallussäulen*: Lukian erwähnt in seinem Traktat über die Syrische Göttin derartige Bilder von etwa 60 Meter Höhe.

646 *Geschichtsschreibers Herodot*: Herodot 3, 313.

650 *Platon ... erdichtete Stadt, Stoiker, Nieswurzkur, Akademikern*: Der folgende Philosophenspott konfrontiert die prominentesten antiken Denker mit den – skurril aufgefaßten – Folgen ihrer Lehren: Platon muß in seiner (von ihm im »Staat« entworfenen) Idealstadt verbleiben, da dort die Oberschicht zwangsweise daheimbleiben muß (Beginn des 5. Buches); die Stoiker fehlen ebenfalls aufgrund ihrer Anschauung, die Menschen seien im ständigen Streben nach Vollkommenheit begriffen; Chrysipp (s. Namensverzeichnis), dessen notorisch schlechter Stil ihn als verrückt erscheinen ließ, muß sich einer entsprechenden Kur unterziehen, während die Akademiker aufgrund ihrer Skepsis und der aus ihr resultierenden Urteilsenthaltung keine Entscheidung über das Vorhandensein der beschriebenen Örtlichkeit treffen können.

651 *platonisch*: Anspielung auf die von Platons »Staat« propagierte Frauengemeinschaft.
für einen Chier: s. zu Band I, S. 305.
Geisel bei den Griechen: Wortspiel mit dem Namen Homers und dem griechischen Begriff für »Geisel« = ὅμηρος, *homeros*.

652 *Pythagoras – Euphorbos, Brandwunden*: Fortführung des Philosophenspottes: Pythagoras soll sich an seine frühere Inkarnation als (der homerische Held) Euphorbos erinnert und seinen einst geführten Schild wiedererkannt haben, Empedokles in den Aetna gesprungen sein.
Sokrates ... vor Delion: Das tapfere Standhalten des Sokrates als Kämpfer in der Schlacht von Delion 424 v. Chr. wird verschiedentlich erwähnt (Platon, Diogenes Laertios).

653 *Künde mir, Muse*: Parodie der Anfangsverse der homerischen Epen.
Bohnenessen verabscheuen: Spott auf die Diätregeln der Pythagoreer, die in der Tat vom Bohnenessen abrieten.

657 *aus Elfenbein*: Anspielung auf die von Homer am Ende der Unterweltsfahrt des Odysseus beschriebenen beiden Pforten des Hades, aus denen die wahren und die falschen Träume kommen; Odyssee 11, 560ff.

663 *folgende Bücher*: Die Schlußpointe unterstreicht ein letztes Mal die lügnerische Tendenz: die angekündigten Bücher erschienen selbstverständlich nicht.

AUSZÜGE AUS UTOPISCHEN ROMANEN

674 *in jenen Zeichen*: Hinweis auf die Hieroglyphen Ägyptens.

677 *Jahr des Meton*: Meton von Athen entwarf einen zur Sommerson-

nenwende 432 v. Chr. beginnenden Kalender, der Sonnenjahr und Mondmonat verband und in einem 19jährigen Zyklus einschloß; obschon dadurch das Jahr eine halbe Stunde zu lang geriet, wurde die Berechnung bis zu Caesars Kalenderreform als vorbildlich betrachtet.

680 *Birne auf Birne*: Homer, Odyssee 7, 120f.

FRAGMENTE AUS LIEBESROMANEN

717 *Longos*: Streng genommen ist auch Longos' Roman einzig in der genannten Handschrift vollständig überliefert, denn alle übrigen weisen im ersten Buch eine Lücke auf.

Rohde: Erwin Rohde, Der griechische Roman und seine Vorläufer, Leipzig 1876; 3. Auflage 1914 (Nachdruck Darmstadt 1960).

719 *im Jahre 1893 veröffentlicht* in Berlin: P. Berol. 6926, ediert von U. Wilcken, Hermes 28, 1893, 161–193. Ein drittes, kleines Fragment derselben Rolle ist nach Genf gelangt: P. Gen. Inv. 100, veröffentlicht von C. Wehrli, ZPE 6, 1970, 39; es bleibt hier unberücksichtigt, da es nur die Anfänge von 10 Zeilen enthält und sich an die beiden Berliner Fragmente nicht direkt anfügen läßt.

anderen Rolle: PSI XIII 1305, in Florenz.

720 *auf der Bühne dargestellt*: Lukian, Pseudolog. 25.

das eine zeigt Ninos: Aus Iskenderun (Alexandrette), jetzt im Museum von Antakya: Abbildung bei D. Levi, Proceedings of the American Philosophical Society 87, 1944, 423.

das andere Mosaik: Aus derselben Villa in Daphne, dem heutigen Harbiye bei Antakya, aus der auch das eine der beiden Mosaiken mit Parthenope und Metiochos stammt, vgl. ZPE 23, 1976, 1, Anm. 4. Der Besitzer dieser Villa scheint eine Vorliebe für Romane oder Romanstoffe gehabt zu haben, da er die Fußböden von zwei benachbarten Zimmern mit Szenen daraus schmücken ließ.

Tante Derkeia: Der Name ist anscheinend von dem der syrischen Göttin Derketo abgeleitet, die der Sage nach die Mutter der Semiramis war; im Roman ist sie die Schwester seiner Mutter Thambe.

721 *zärtliche Versöhnung:* Die Art, wie diese beschrieben wird, setzt voraus, daß Ninos und Semiramis verheiratet sind; Frg. B. muß daher auf Frg. A folgen.

727 *zusammen fügen lassen*: Zwei Fragmente befinden sich in Ost-Berlin (P. Berol. 7927 und 9588); zwischen diese gehört das dritte

Fragment in West-Berlin (P. Berol. 21179); veröffentlicht von H. Maehler, ZPE 23, 1976, 1–20 und Tafel 3.
neben einander zeigen: ZPE 23, 1976, Tafeln 1 und 2; H. Hoffmann, Ten Centuries That Shaped the West (Mainz 1970) 112–115; J. Dörig, Art antique, Collections privées des Suisse Romande (Genf 1975) Nr. 4.

732 *in Ägypten angefertigt*: Veröffentlicht von U. Wilcken, Archiv für Papyrusforschung 1, 1901, 255–264.
Fragment D: P. Berol. 10535 (in Ost-Berlin, zuerst veröffentlicht von F. Zimmermann, Griechische Romanpapyri, Heidelberg 1936, Nr. 7) + P. Berol. 21234 (in West-Berlin); beide Stücke sind jetzt zusammen veröffentlicht von M. Gronewald, ZPE 35, 1979, 15–20, der die Zugehörigkeit des Fr.D zum Chione-Roman in Erwägung gezogen hat.

732/3 *Frist von 30 Tagen*: Weitere mögliche Verbindungen erwägt M. Gronewald, ZPE 35, 1979, 20.

735 *Der Papyrus enthält*: P. Oxy. XLII 3010, zuerst veröffentlicht von Peter Parsons, Bulletin of the Institute of Classical Studies London 18, 1971, 53–68 und Tafel VII.
Unterweisung anvertrauen: Zur »Gewohnheit«, der »Leiche ohne Begräbnis« und der »List« s. weiter unten. Mit der »Verstümmelung« ist ohne Zweifel die Selbstkastration der Kybelepriester, der ›Galli‹, gemeint, aber was es mit der »Auflösung« *(analysis)* und »Rede« *(phasis)* auf sich hat, ist unklar; in der Sprache der Mysterien könnten damit die visionären und die in der heiligen Lehre enthaltenen Offenbarungen gemeint sein, vgl. C. W. Mac Leod, ZPE 15, 1974, 159–161.
Schlüssel zum Verständnis: Nach der sehr ansprechenden Vermutung von E. R. Dodds, die Parsons zitiert (Oxyrhynchus Papyri XLII, 35).

738 *Photios ... »Bibliothek«*: Photios, Bibliothèque, herausgegeben und übersetzt von René Henry, Bd. 2 (Paris 1960), 140–149 (Codex 166).
Porphyrios: Porphyrios, Vita Pythagorae 13–16.
Zwei ... mit ziemlicher Sicherheit: Fr.B = PSI X 1177 aus dem 2./3. Jh. n. Chr., auf der Rückseite einer Urkunde; Fr. C = P. Oxy. XLII 3012 aus der gleichen Zeit.
das dritte: Fr.A = P. Mich, inv. 5 aus dem 2. Jh. n. Chr., veröffentlicht von C. Bonner, TAPA 52, 1921, 111–118.

740 *Papyrusrolle*: In Kairo: P. Cair. 47992; veröffentlicht von Medea Norsa, PSI VIII 981; F. Zimmermann, Griech. Romanpapyri Nr. 4.

741 *Papyrus*: In Dublin: P. Dublin inv. C 3; veröffentlicht von J. P.

Mahaffy, Rendiconti della R. Accademia dei Lincei, ser. 5, Bd. 6, 1897, 91–96; besser von J. G. Smyly, Hermathena 11, 1901, 322–330; F. Zimmermann, Griech. Romanpapyri Nr. 8.

742 *Eisvogel*: Wenn das Weibchen des Eisvogels vom Männchen getrennt ist, läßt es klagende Töne hören.

744 *Papyruscodex ... 2. Jahrhundert*: In Köln: P. Colon. inv. 3328, veröffentlicht von A. Henrichs, Die Phoinikika des Lollianos, Bonn 1972 (Papyrologische Texte und Abhandlungen 14).
die andere ... Urkundenrolle: P. Oxy. XI 1368, vgl. dazu Henrichs a.a.O. 8–10. Seine Zugehörigkeit zu den »Phoinikika« ist von M. D. Reeve erkannt worden (bei Henrichs a.a.O. 9 Anm. 6).
Herausgeber folgendermaßen: Henrichs a.a.O. 6–7.

746 *charakterisiert der Herausgeber*: Henrichs a.a.O. 7.

Verzeichnis der wichtigsten Namen und Begriffe

ACHAISCH, zunächst Sammelname für alle Griechen, später Bezeichnung für das südöstliche Thessalien und die Nordküste der Peloponnes.

ACHERON, Fluß in Epirus, aufgefaßt als Eingang zur Unterwelt, als ihr Hauptfluß und zugleich Name für diese überhaupt.

ACHILLEUS, Sohn des Peleus und der Thetis; nach Homers (s. d.) Ilias der herrlichste Held der vor Troja kämpfenden Griechen.

ADONIS, Fruchtbarkeitsgott, Geliebter der Liebesgöttin und (während des Winters) der Herrin der Unterwelt: er wird auf der Jagd von einem Eber zerrissen, erwacht aber im Frühjahr wieder zum Leben und ist so Symbolfigur der Vegetation.

AEOLUS, Gottheit, die über die Winde gebietet.

AËROPE, Gattin des Atreus, Mutter des Agamemnon (s. d.) und des Menelaos, nach dem Ehebruch mit Thyest, der mit ihrer Hilfe den Widder mit dem goldenen Fell, das Unterpfand der Herrschaft über Argos, stahl; von Atreus im Meer ertränkt.

ÄSOP, Fabeldichter, lebte im 6. Jahrhundert v. Chr. auf Samos.

AFRISCHES LAND, s. u. Ammon.

AGAMEMNON, der Führer der Griechen vor Troja, wollte seine Beutesklavin Chryseis nicht freigeben; Apollon sandte darauf den Griechen die Pest. – Petrons Trimalchio verwechselt ihn auf die gröblichste Weise mit Paris (s. d.).

AIAS: Die Ilias erzählt von zwei griechischen Helden, beide mit dem Namen Aias: der sogenannte »Große«, Sohn des Telamon, des Königs von Salamis; und der sogenannte »Kleine«, Sohn des Königs der Lokrer, Oileus, berühmt als schneller Läufer; da er bei der Eroberung Trojas Kassandra (s. d.) vom Altar der Athene fortriß und mißhandelte, ließ ihn die Göttin auf der Heimreise untergehen.

AJAX, s. u. Aias.

AIDES, meist Hades, der Gott der Unterwelt, dessen Helm unsichtbar machte (s. u. Perseus).

AKADEMIE, Hain in einem Vorort Athens, dem Heros Akademos geweiht, in dem Platon seine Schule (»Akademie«) gründete.

AKRISIOS, König von Argos, Vater der Danaë (s. d.), aus Versehen von seinem Enkel Perseus (s. d.) getötet.

AKTISCHE BUCHT: Aktium an der Westküste Griechenlands war 31 v. Chr. Ort der Entscheidungsschlacht zwischen Octavian (später: Augustus) und seinen Gegnern Antonius und Kleopatra.

ALEXANDER der Große, 356–323 v. Chr., der berühmte Feldherr und Eroberer.

ALKIBIADES, der von Platon gefeierte, als besonders schön beschriebene Freund des Sokrates, der berühmte athenische Politiker und Feldherr.

ALKINOOS, König der Phäaken, der Odysseus in seine Heimat zurückführen ließ (Homer, Odyssee).

ALKMENE, die Gattin des Thebaners Amphitryon, in dessen Gestalt sich ihr Zeus nahte und zur Verlängerung der Lust die Nacht dreimal so lang währen ließ, Mutter des Herakles (s. d.).

ALPHEIOS, größter Fluß der Peloponnes, an dem auch Olympia liegt. Der Sage nach liebte er die Nymphe Arethusa, die ihn verschmähte und von Artemis (s. d.) in einen Wasserlauf verwandelt wurde, der durch das Meer, unberührt von diesem, nach Sizilien floß, wobei ihr jedoch Alpheios auf dieselbe Weise folgte. Die Quelle Arethusa findet sich in Syrakus nahe dem Meer; man glaubte, ihr Wasser stehe unterirdisch mit dem Alpheios in Verbindung.

ALTHAEA, Gattin des Oineus und Mutter mehrerer Kinder, u. a. des Meleager (s. d.).

AMMON, ägyptischer Gott, von den Griechen mit Zeus (s. d.) gleichgesetzt.

AMPHITRITE, eine der Nereiden (s. d.), Gemahlin des Meeresgottes Poseidon (s. d.).

AMPHITRYON, s. u. Alkmene.

ANACHARSIS, Skythenfürst des 6. Jahrhunderts v. Chr., der Griechenland besuchte und sich mit den griechischen Kulten auseinandersetzte, was ihn in der Literatur zum Vorbild des kritisch-klugen Barbaren werden ließ.

ANAKREON, griechischer lyrischer Dichter des 6. Jahrhunderts.

ANDROMEDA, Tochter des Äthioperkönigs Kepheus; ihre Mutter Kassiopeia prahlte, sie und ihre Tochter seien schöner als die Nereiden (s. d.), was von Poseidon durch die Entsendung eines Ungeheuers bestraft wurde, dem Andromeda geopfert werden sollte, die aber von Perseus (s. d.) gerettet werden konnte.

ANTIMACHOS von Kolophon, um 400 v. Chr., berühmter Dichter eines Epos »Thebais« und eines Elegienzyklus »Lyde«.

ANTIPHON, Sophist des 5. Jahrhunderts v. Chr. in Athen, Verfasser eines Werkes über Traumdeutung.

ANUBIS, ägyptische Gottheit mit dem Kopf eines Schakals.

APELLES, griechischer Maler des 4. Jahrhunderts v. Chr., galt als der bedeutendste seiner Zeit.

APHRODITE, die Liebesgöttin, von der die Sage ein erotisches Abenteuer mit dem Kriegsgott Ares berichtet; zugleich metonymisch für erotischen und sexuellen Genuß.

ARABIA FELIX, der Süden Arabiens.

AREIOS, möglicherweise ein stoischer Philosoph aus der Zeit des Augustus, dessen Identifizierung jedoch fraglich bleibt; der Name bedeutet »kriegerisch«.

ARES, der Kriegsgott (s. u. Aphrodite).

ARGUS, ein hundertäugiger Riese, der die in eine Kuh verwandelte Io bewachen mußte; sprichwörtlich die »Argus-Augen« als Symbol für Wachsamkeit.

ARIADNE, Tochter des Kreterkönigs Minos und der Pasiphaë; sie rettete aus Liebe den Theseus (s. d.), indem sie ihm ein Garnknäuel schenkte, das ihm aus dem Labyrinth heraushalf (»Ariadne-Faden«), wurde von ihm entführt und später auf Naxos zurückgelassen, wo sich Dionysos, der Gott des Weines, ihrer annahm.

ARION, Dichter aus Lesbos, 7. Jahrhundert v. Chr.; er soll von einem Delphin auf dessen Rücken aus den Fluten gerettet worden sein.

ARISTARCH, ca. 216–144 v. Chr., bedeutender Grammatiker, Vorstand der Bibliothek in Alexandria und Prinzenerzieher, Lehrer zahlreicher, z. T. wichtiger Grammatiker.

ARISTEIDES, führender athenischer Politiker in der ersten Hälfte des 5. Jahrhunderts v. Chr., der – im Gegensatz zu dem verschlagenen Themistokles (s. d.) – als ehrlicher Mann geschätzt wurde.

ARISTIPP von Kyrene, ca. 425–355 v. Chr., Philosoph, Schüler des Sokrates.

ARISTOPHANES, der bekannte athenische Komödiendichter, ca. 450 bis ca. 385 v. Chr.

ARTEMIS, jungfräuliche Tochter des Zeus (s. d.), oft als Jägerin (oder »Herrin der Tiere«) dargestellt.

AS, Grundeinheit (Pfund) im römischen Münzwesen.

ASKLEPIOS, lateinisch Äsculap, der Gott der Medizin.

ASSYRER, von Achilleus Tatios mit den Syrern gleichgesetzt.

ASTARTE, semitische Muttergottheit, auch Istar oder Astoret genannt.

ATRIDE, Sohn des Atreus, hier: Menelaos.

ATTIS, ursprünglich wohl eine Vegetationsgottheit, in der Sage der jüngere Begleiter der Göttin Kybele, deren Anhänger seinen Tod im Kult beklagten.

BACCHANTIN, Anhängerin des Bakchos, als Teilnehmerin ekstatischer orgiastischer Kulte vorgestellt.

BAKTRIEN, BAKTRISCH, eine Satrapie (s. u. Satrap) des persischen Reiches im Norden des heutigen Afghanistan.

BELLEROPHON, ein Enkel des Sisyphos, der das Flügelpferd Pegasos zu reiten vermochte, aber von Zeus (s. d.) bei dem Versuch, den Olymp zu erreichen, herabgestürzt wurde; auch mit ihm ist das Josephs-Motiv (s. u. Hippolytos) verbunden: er weist Stheneboia (s. d.), die Gattin des Königs Proitos von Tiryns, zurück, wird von ihr fälschlich beschuldigt und von ihm mit einer Art Urias-Brief zum lykischen König Iobates gesandt, in dessen Auftrag er u. a. die Chimära (s. d.), tötet.

BELLONA, römische Kriegsgöttin.

BRISEIS, Beutesklavin des Achilleus (s. d.) vor Troja, die ihm von Agamemnon (s. d.) genommen wird, was den »Zorn des Achilleus«, das Thema der Ilias, und sein Fernbleiben vom Kampf auslöst.

BUSIRIS, sagenhafter König von Ägypten, der Fremde, die in sein Land kamen, opferte; von Herakles (s. d.) getötet.

BYZANZ, BYZANTION, gegründet ca. 660 v. Chr., seit 330 n. Chr. Konstantinopel, seit 1453 Istanbul.

CATO, der Zensor, 234–149 v. Chr., seit 184 Inhaber des Amtes, das er mit größter Sittenstrenge wahrnahm im Sinne der Säuberung des Senates wie überhaupt des Staates von korrupten Elementen, was seinen Namen zum Symbol moralischer Integrität und unerbittlichen Ernstes werden ließ.

CENTURIE, »Hundertschaft«, die unterste militärische Einheit des römischen Heeres; eine Legion bestand aus 60 Centurien.

CERES, italische Vegetationsgottheit, mit Demeter gleichgesetzt, Schützerin der Feldfrucht.

CHERSONESIER, Bewohner der (thrakischen) Chersones (Halbinsel) an den Dardanellen (= Gallipoli).

CHIMÄRA, feuerspeiendes Fabelwesen, aus Löwe, Ziege und Drache zusammengesetzt.

CHRYSEIS, s. u. Agamemnon.

CHRYSIPP, ca. 281–208 v. Chr., bedeutender stoischer Philosoph.

CIRCE, griechisch Kirke, die Tochter des Sonnengottes Helios, Zauberin, die Menschen in Tiere verhexte (Odyssee).

COCYTUS, s. u. Kokytos.

CRASSUS, mit Caesar und Pompeius (s. d.) einer der Triumviren, die in Rom die Macht an sich gezogen hatten, fiel im Feldzug gegen die Parther 53 v. Chr. bei Carrhae.

CURIO, römischer Volkstribun, der 50 v. Chr., von Caesar bestochen, für diesen eintrat und dadurch mit den Bürgerkrieg auslöste, in dem er später umkam.

CYLLENE, Gebirge in Nordarkadien, Geburtsstätte des Hermes (s. d.).

CYNTHIA, der Mond, bezeichnet durch den Beinamen der Mondgöttin.

DAEDALUS, der Erbauer des Labyrinths, Konstrukteur der Flügel, die ihn und seinen Sohn

Ikarus aus der Gefangenschaft fortführten; von Petrons Trimalchio gröblich verwechselt und mit Sagenstoffen zusammengebracht, die ihn nie betrafen (s. u. Epeios).

DÄMON, meist als Mittelwesen zwischen Göttern und Menschen aufgefaßte, gelegentlich gute, oft auch böse numinose Macht.

DANAË, Tochter des Akrisios (s. d.).

DANAER, Name für die Griechen vor Troja.

DAPHNE, eine Nymphe, floh, von Apollon begehrt, und betete, als dieser sie einholte, zu Zeus (s. d.) um Rettung; sie wurde in den Lorbeerbaum (griechisch *daphne*) verwandelt.

DEKURIONEN, Mitglieder des Gemeinderates, genossen größtes Ansehen in ihren Gemeinden.

DELION, in Böotien, wo 424 v. Chr. die Athener schwer geschlagen wurden; an dem Kampf nahm auch Sokrates teil.

DELPHISCHER VOGEL: So heißt der Rabe, als Zeichen vom delphischen Orakelgott Apollon gesandt.

DEMOKRIT aus Abdera, ca. 460–ca. 370 v. Chr., Philosoph, der sein System auf der antiken Atomlehre aufbaute und auf ihr fußend die meisten Gebiete der Philosophie behandelte.

DEMOSTHENES, 384–322 v. Chr., der berühmte athenische Redner und Staatsmann.

DENAR, römische Silbermünze, zunächst gleich 10, später gleich 16 Asse (s. d.).

DICARCHIS = Puteoli, Hafenstadt an der Küste Kampaniens, heute Pozzuoli.

DIOGENES von Sinope, Philosoph des 4. vorchristlichen Jahrhunderts, Begründer der Schule der Kyniker.

DIOMEDES, König der Bistonen in Thrakien, Sohn des Ares (s. d.); er besaß menschenfressende Rosse, denen Herakles (s. d.) ihn selbst vorwarf.

DIOMEDES, großer griechischer Held vor Troja, von Trimalchio gröblich verwechselt, mit Ganymed (s. d.) nicht verwandt.

DIONE, frühgriechische Göttin, oft als Mutter der Aphrodite (s. d.) angesehen, die auch selbst gelegentlich Dione genannt wird; durch den Sohn der Aphrodite, Aeneas, und seinen Sohn Iulus fühlte sich das römische Geschlecht der Julier, zu dem auch Caesar zählte, den Göttern verbunden.

DIONYSOS PROTRYGAIOS: Der Gott trägt den Beinamen als Herr der Weinlese nach einem zu diesem Zeitpunkt des Jahres aufgehendem Stern.

DIRKE, Gattin des Thebanerkönigs Lykos, wurde von Stieren zu Tode geschleift.

DIS, der Gott, der über die Unterwelt gebietet (griechisch Pluton).

DOPPELAS, s. u. As.

DRACHME, griechische Silbermünze.

DRYADE, Baumnymphe, mit dem Baum, in dem sie wohnte in Leben und Sterben verbunden.

DYRRHACHIUM = Durazzo, wichtiger Hafen gegenüber von Brundisium (Brindisi), heute in Albanien, 48 v. Chr. im Bürgerkrieg von den Pompejanern besetzt, von Caesar vergeblich belagert.

EMPEDOKLES von Akragas (Agrigent), ca. 500–430 v. Chr., bedeutender und einflußreicher Philosoph, dessen Dichtungen uns jedoch nur noch fragmentarisch vorliegen.

ENDYMION, Geliebter der Mondgöttin Selene, dem Zeus (s. d.) ewige Jugend gewährte, später auch ewigen Schlaf.

EOS, die Göttin der Morgenröte, liebte den schönen Tithonos und erbat für ihn von Zeus ewiges Leben; da sie vergessen hatte, ihn auch um ewige Jugend zu bitten, alterte er ständig und schrumpfte schließlich zur Zikade zusammen.

EPEIOS baute das hölzerne Pferd vor Troja.

EPIKURUS, 341–270 v. Chr., Gründer der nach ihm benannten philosophischen Schule.

EREBUS, »Finsternis«, Sohn des »Chaos«, übertragen: die Unterwelt.

ERINNYEN, Geister der Rache, die z. B. Orest wegen seines Muttermordes in den Wahnsinn trieben.

ERIPHYLE, Gattin des Sehers Amphiaraos, die, von Polyneikes durch ein von Hephaistos (s. d.) verfertigtes Halsband bestochen, ihren Mann, der seinen Untergang voraussah, in den für ihn tödlichen Feldzug der Sieben gegen Theben zu drängen wußte (vgl. Eteokles).

EROTEN, vorgestellt als dem geflügelten Erosknaben gleichende Wesen, die zuweilen auch Teilaspekte der Liebe (Sehnsucht, Begier usw.) symbolisierten.

ETEOKLES, Sohn des Ödipus, mit dem sein Bruder Polyneikes um die Macht in Theben Krieg führte (»Sieben gegen Theben«), bis sie sich gegenseitig töteten (vgl. Eriphyle).

EUDOXOS von Knidos, ca. 400 – ca. 347 v. Chr., bedeutender Mathematiker, Astronom und Geograph.

EUNOMOS von Lokri, ein Kitharode (Sänger), dem nach der Sage beim Wettgesang eine Saite riß, an deren Stelle ihm eine Zikade aushalf.

EURIPIDES, ca. 485–407/6 v. Chr., jüngster der drei berühmten athenischen Tragödiendichter.

EUROPA, mythische Königstochter, in die sich Zeus verliebte und die er in Gestalt eines Stieres nach Kreta entführte; nach ihr trägt der Erdteil seinen Namen.

EURUS, der Südostwind; metonymisch für das Morgenland.

FABRICIUS VEIENTO, Praetor unter Nero, satirischer Kritiker des Senats, 62 n. Chr. verbannt, bei den späteren Kaisern wieder in Gunst, lebte bis ca. 100.

FAMA, personifiziertes Fabelwesen, »das Gerücht«.

FASCES, Rutenbündel, die als Amtszeichen der römischen Würdenträger ihnen von Liktoren vorangetragen wurden.

FAUN, altitalische Hirten- und Waldgottheit, mit Pan (s. d.) gleichgesetzt.

FORTUNA, die personifizierte Gottheit des Glücks.

GALATEA, eine Nereide (s. d.), in die sich der Kyklop Polyphem verliebte.

GANYMED, troischer Prinz, der Schönste der Sterblichen, darum von der Herde, die er auf dem Idagebirge hütete, durch den Adler des Zeus (s. d.) entführt, im Olymp Geliebter des Zeus und Mundschenk der Götter.

GERYONES, dreileibiger Riese, von Herakles (s. d.) bezwungen.

GIGANTEN, Riesen, die in Urzeiten den Olymp erstürmen wollten, aber von Zeus (s. d.) und den anderen Göttern zurückgeschlagen wurden.

GLAUKOS von Chios verfertigte (nach Herodot 1,25) für den Lyderkönig Alyattes »das sehenswerteste aller Weihegeschenke in Delphi«, einen Mischkrug aus Silber mit geschweißtem eisernen Untersatz.

GORGO, auch Medusa, ein Ungeheuer mit Schlangenhaaren und gräßlichen Zähnen, dessen Anblick jeden versteinerte, von Perseus (s. d.) – der es nur in einer Spiegelung ansah – getötet.

GRAISCHER GOTT, der griechische Herakles (s. d.).

HADES, eigentlich »Haus des Hades«, der Gott der Unterwelt, die auch allein durch seinen Namen bezeichnet wird.

HANNIBAL, 247/6–183 v. Chr., karthagischer Feldherr im 2. Punischen Krieg, ein Todfeind der Römer und diesen sehr gefährlich – berühmt durch seine Überquerung der Alpen –, bis ihn Scipio bei Zama 202 v. Chr. schlug.

HARPYIEN, Fabelwesen, vorgestellt als Vögel mit Frauenköpfen, die den Menschen Nahrung raubten oder besudelten; die Argonauten erlösten den Thrakerkönig Phineus von dieser Plage.

HEKALE, von Kallimachos (s. d.) als freundliche Gastgeberin in ärmlicher Hütte geschildert, die dem Theseus (s. d.) vor seinem Kampf mit dem marathonischen Stier Aufnahme bot.

HEKATE, Totengöttin, spukhaft vorgestellt als gespenstische nächtliche Erscheinung mit Hunden und Wölfen, Geistern und Fackeln u. ä.

HEKATOMBE, Opfer von hundert Stieren.

HELIOPOLIS, »Sonnenstadt«, im Nildelta in der Nähe von Kairo gelegenes Heiligtum des Sonnengottes Re.

HELLENEN, Nachkommen des Hellen, des Sohns des Deukalion und der Pyrrha.

HEPHAISTOS, der hinkende Gott des Feuers, der einer Sage nach die Göttin Athena begehrte – der der Ölbaum heilig ist –, jedoch abgewiesen wurde; als er sie verfolgte und mit ihr rang, fiel sein Same zur Erde, woraus Erichthonius geboren wurde, den die Erdgöttin Ge der Athena zur Pflege übergab.

HERAKLES, Sohn der Alkmene (s. d.) und des Zeus (s. d.), berühmt durch seine zwölf heldischen »Arbeiten«, z. B. Säuberung des Augiasstalles, Entführung des Höllenhundes Kerberos u. ä. (vgl. Tiryns).

HERKULES, lateinisch für Herakles (s. d.).

HERMES, olympische Gottheit, Bote des Zeus (s. d.), Führer der Seelen in die Unterwelt.

HEROEN, halbgöttliche Wesen der Vorzeit, die übermenschliche Leistungen vollbracht haben und kultische Verehrung genießen.

HIPPARCH aus Nikaia, bedeutender Astronom im 2. Jahrhundert v. Chr.

HIPPOKRATES von Kos, ca. 460–ca. 370 v. Chr., der berühmteste Arzt der alten Welt.

HIPPOLYTOS, die Zentralfigur der griechischen Fassung der Josephs-Legende: Seine Stiefmutter Phaidra, die ihn wegen seiner besonderen Schönheit begehrte, wurde von ihm abgewiesen und verleumdete ihn bei seinem Vater Theseus (s. d.), durch dessen Fluch er elend umkam.

HOMER, der dem Altertum als der Dichter der Ilias und der Odyssee galt, ist als historische Person kaum zu erfassen; auch seine Herkunft – um die sich, wie ein Distichon sagt, sieben Städte stritten – ist ungewiß.

HORAZ, 65–8 v. Chr., der bedeutendste lateinische Lyriker.

HOREN, Töchter der Themis und des Zeus (s. d.), drei Göttinnen, die Wachsen, Blühen und Reifen verkörperten und auch die Jahreszeiten symbolisierten; oft mit den Chariten=Grazien und den Musen zusammengestellt oder in eins gesetzt.

HYAZINTH, ein Heros, von Apoll geliebt und versehentlich getötet; aus seinem Blute entsproß die Hyazinthe, Symbol der in der Sommersglut vergehenden Frühlingsblumen.

HYDASPES, westlichster Fluß des Fünfstromlandes.

HYLAS, Geliebter des Herakles (s. d.), ihm auf dem Argonautenzug von lüsternen Nymphen in Kios geraubt.

HYMETTOS, Gebirge im Osten von Athen, berühmt durch seinen Honig.

HYPAEPA, Stadt südlich von Sardes im kleinasiatischen Lydien, heute Tarai.

HYPERIDES, 390–322 v. Chr., berühmter attischer Redner und Politiker.

HYRKANIEN, Teil des persischen Reiches am Kaspischen Meer.

IAMBULOS, s. S. 678.

IDAGEBIRGE, s. u. Ganymed.

IKAROS, Insel zwischen Mykonos und Samos, deren Wein berühmt war.

INACHUS, Name des Hauptflusses von Argos wie des Flußgottes, der im Streit zwischen Poseidon (s. d.) und Hera um Argos für die Göttin entschieden und ihren Kult eingeführt hatte.

IONIEN, die Mitte der Westküste Kleinasiens, oft auch die ganze Westküste.

IPHIGENIE, Tochter des Agamemnon (s. d.), der sie freilich nicht, wie Petrons Trimalchio irrig meint, dem Achill (s. d.) zur Ehe gab, sondern sie, als eine Windstille in Aulis die Ausfahrt der griechischen Flotte nach Troja verhinderte, der Artemis (s. d.) zum Opfer brachte; die Göttin entrückte das Mädchen zu den Tauriern (s. d.); an ihrer Stelle wurde eine Hindin gefunden und geopfert.

ISIS, ägyptische Göttin, Gattin des Osiris (s. d.), Mutter des Horus, im Hellenismus und in der Kaiserzeit im ganzen Mittelmeerraum als große Gottheit kultisch verehrt.

IUNO, griechisch Hera, die Schwester und Gattin des Zeus (s. d.), Schützerin der Ehe.

KADMOS, König von Theben, Vater der Semele (s. d.), stammte aus Tyros (s. d.).

KALLIMACHOS, geb. vor 300, gest. nach 245 v. Chr., bedeutender Gelehrter und größter Dichter des Hellenismus (vgl. Hekale).

KALYPSO, Nymphe, die den schiffbrüchigen Odysseus (s. d.) aufnahm und sieben Jahre bei sich behielt, bis sie ihn auf Befehl des Zeus (s. d.) ziehen lassen mußte.

KANDAULES, König von Lydien, nach Herodot (1,7ff.) so stolz auf die Schönheit seiner Frau, daß er seinen Günstling Gyges sie heimlich nackt sehen ließ; sie bemerkte jedoch den Vorgang, stellte später den Gyges vor die Entscheidung, zu sterben oder Kandaules zu töten, und half ihm beim Mord. Fragmente eines hellenistischen Bühnenstücks, das sich eng an Herodot anschließt, sind seit 1950 bekannt.

KAPPADOZIEN, kleinasiatisches Land, später römische Provinz.

KARANOS, im Mythos Stammvater der makedonischen Könige.

KASISCH, s. u. Zeus.

KASSANDRA, Tochter des Troerkönigs Priamus (s. d.) und Prophetin, von Petrons Trimalchio mit Niobe (s. d.) verwechselt.

KASTOR und Pollux, die Dioskuren (»Zeussöhne«), Brüder der Helena; als Kastor umkam, bat Pollux Zeus (s. d.), seine Unsterblichkeit mit dem Bruder teilen zu dürfen, so daß sie nun abwechselnd jeder je einen Tag im Himmel und im Hades (s. d.) verbrachten; für ihre Bruderliebe versetzte Zeus sie als das Sternzeichen der Zwillinge an den Himmel.

KENTAUREN, Fabelwesen, halb Mensch, halb Pferd; sie berauschten sich bei einer Hochzeitsfeier der Lapithen und wollten ihnen ihre Frauen rauben, wurden aber in blutigem Kampf abgewiesen – ein in der antiken Kunst oft dargestellter Mythos.

KIRKE, s. u. Circe.

KITHARA, Saiteninstrument.

KLYTAIMNESTRA, die Gattin des Agamemnon (s. d.).

KNIDOS, Stadt an der Südwestspitze Kleinasiens, berühmt durch ihr Aphrodite-Heiligtum.

KODROS, letzter König von Athen, berühmt durch seinen Opfertod für die bedrohte Stadt; »vornehmer als Kodros« war sprichwörtlich.

KOKYTOS, ein Strom der Unterwelt.

KOLCHIS, eine Landschaft am östlichen Ende des Schwarzen Meeres.

KRATER, großer Mischkrug, in dem Wein und Wasser vermengt wurden.

KRÖSUS, lydischer König (560–547 v. Chr.), der sprichwörtliche reiche Herrscher.

KTESIAS aus Knidos, griechischer Arzt, seit 405 v. Chr. am Hofe des persischen Großkönigs Artaxerxes II., Verfasser von – nur fragmentarisch erhaltenen – historischen und geographischen Werken.

KYKLOP, der einäugige Riese, der des Odysseus (s. d.) gefangene Gefährten frißt und deshalb von diesem mit Wein eingeschläfert und mit einem glühenden Pfahl geblendet wird; aus der Höhle des blinden Ungetüms entkommen die Überlebenden, indem sie sich unter den Fellen der Herde verstekken; welchem Irrtum Trimalchio bei seinem Zitat zum Opfer gefallen ist, ließ sich bislang nicht sicher klären.

KYRENAIKA, die römische Provinz Libya superior.

KYROS der Ältere, Gründer des Perserreiches um 559, gestorben 529 v. Chr.

KYROS der Jüngere, persischer Statthalter in Kleinasien, kämpfte nach dem Tod seines Vaters Dareios II. (404 v. Chr.) mit einem griechischen Söldnerheer gegen seinen Bruder Artaxerxes II. und fiel 401 bei Kunaxa nördlich von Babylon.

KYTHERA, Insel südöstlich der Peloponnes, auch als Geburtsort der Aphrodite (s. d.) genannt.

LABEO, berühmter Jurist, gestorben ca. 10 n. Chr.

LAMPSAKUS, kleinasiatischer Kultort des Priap (s. d.).

LAOMEDON, König von Troja, dem der Gott Apoll als Hirte Dienste leisten mußte.

LAPITHEN, s. u. Kentauren.

LAREN, Schutzgottheiten des römischen Hauses, deren Kult besonders bei einfachen Familien beliebt war.

LARISSA, Stadt im Nordosten Thessaliens.

LEDA, deren Schönheit Zeus (s. d.) verlockte, sich ihr in Gestalt eines Schwanes zu nahen, Mutter der Helena.

LEGION, s. u. Centurie.

LENTULUS, L. Cornelius Lentulus Crus, Konsul 49 v. Chr., Gegner Caesars im beginnenden Bürgerkrieg, später auf der Flucht in Ägypten ermordet.

LETO, lateinisch Latona, urtümliche Gottheit, letzte Gattin des Zeus (s. d.) vor Hera (s. Iuno), Mutter des Apollon und der Artemis (s. d.).

LEX CORNELIA: Ein römisches Gesetz der im Text bezeichneten Art ist uns unbekannt; dem Inhalt entspricht die Lex Fabia (Ulpian, Digesten 48.15,1).

LEX JULIA, hier scherzhafte Anspielung auf das Gesetz des Augustus gegen Ehebruch.

LUCILIUS, ca. 180–102 v. Chr., römischer Ritter und Satiriker, dessen Verse nur in Fragmenten überliefert sind und von Horaz (s. d.) wegen ihrer Lässigkeit kritisiert wurden.

LUKRETIA, die Gattin des Collatinus, wurde vom Sohn des römischen Königs Tarquinius Superbus, Sextus Tarquinius, vergewaltigt; sie tötete sich selbst, die Tarquinier wurden vertrieben.

LUKRINISCHE KÜSTE: Der Lucrinersee war eine durch einen Damm zur Lagune gemachte, zur Fischzucht verwendete Bucht des Golfes von Bajae.

LYKURG, der sagenhafte Gesetzgeber Spartas, dessen Vorschriften die sprichwörtlich »spartanische Strenge« zeigten.

LYNKEUS besaß der Sage nach den schärfsten Blick aller Menschen und vermochte sogar feste Gegenstände und die Erde zu durchschauen, so daß er durch diese Gabe sprichwörtlich wurde.

LYRA, das Saiteninstrument, das ursprünglich aus einer ausgeweiteten Schildkrötenschale bestand (später aus Buchs), mit sieben Schafdarmsaiten bespannt und mit dem Plektron (s. d.) zum Klingen gebracht; von ihm der Gattungsname Lyrik (vgl. Neun Lyriker).

LYRIKER, s. u. Neun Lyriker.

LYSIPP aus Sikyon, der bedeutendste Bronzebildner im 4. Jahrhundert v. Chr.

MÄZEN, der Freund des Kaisers Augustus und Förderer der Poeten, u. a. des Horaz (s. d.); hauptsächlich durch diesen sprichwörtlich geworden; er starb wie dieser 8 v. Chr.

MAGNUS, Beiname des Pompeius (s. d.).

MALTER, das größte griechische Hohlmaß für Trockenes, *medimnos,* umfaßte, örtlich verschieden, mehr als 40 Liter.

MARCELLUS, einer der Konsuln des Jahres 49 v. Chr. (vgl. Lentulus).

MARON, Priester des Apoll zu Ismaros, schenkte (Odyssee

9,196ff.) dem Odysseus (s.d.) einen ziegenledernen Schlauch voll dunklen, süßen Weines.

MARS, griechisch Ares (s. d.), der Gott des Krieges.

MARSYAS, ein Satyr, forderte Apoll zum Wettspiel auf der Flöte heraus; der Gott siegte, ließ ihn zur Strafe an einen Baum hängen und schinden.

MAVORS, MAVORTISCH, s. u. Mars.

MEDEA, kolchische Königstochter, die dem Anführer der Argonauten, Iason, bei der Gewinnung des Goldenen Vlieses hilft und ihm auf seiner Flucht folgt. Als er sich einer anderen Prinzessin zuwendet, vergiftet sie diese und tötet selbst ihre eigenen, von Iason empfangenen Kinder.

MEGÄRA, eine Erinnye (s. d.), der personifizierte Neid, mit dem »bösen Blick«.

MEILICHIOS, s. u. Zeus.

MELEAGER, Sohn der Althea, tötete im Kampf die Brüder seiner Mutter, die zur Rache ein Holzscheit ins Feuer warf, an das seit seiner Geburt sein Leben magisch gebunden war.

MENEKRATES, ein Musiker, der Nero die Siegeslieder für seine Wagenrennen schrieb.

METON, athenischer Astronom, reformierte im Jahre 433/32 v. Chr. den Kalender, wobei sein mittleres Jahr der Wirklichkeit gegenüber etwa ½ Stunde zu lang war.

MINOS, König von Kreta (vgl. Töchter des Minos).

MINOTAURUS, Sohn aus der Verbindung der kretischen Königin Pasiphaë mit einem Stier, daher ein stierköpfiges Mischwesen, im Labyrinth versteckt, wohin ihm die tributpflichtigen Athener regelmäßig Jünglinge und Jungfrauen senden mußten, die er tötete (vgl. Ariadne).

MOMOS, der personifizierte Neid, die Gottheit der Kritik.

MOPSUS, ein mythischer Seher aus Kleinasien, von Petrons Trimalchio irrtümlich eingeführt als realer Poet.

MYRIADE, griechisch: zehntausend, oder auch: unzählig viele.

MYRON, berühmter Erzgießer im 5. vorchristlichen Jahrhundert, schuf neben anderem auch Tierdarstellungen, die wegen ihrer Naturnähe oft gerühmt werden.

MYSTERIEN, Geheimriten verschiedener antiker Kulte, über die die Teilnehmer striktes Stillschweigen bewahren mußten.

MYTILENE, Hauptstadt der Insel Lesbos.

NARKISSOS, ein schöner junger Mann, der sich in sein eigenes Spiegelbild im Fluß verliebt und zugrunde geht; die Blume bleibt statt seiner.

NAUPLIOS, Gestalt der griechischen Sage, Sohn Poseidons (s. d.), Gründer von Nauplion; um Rache zu nehmen für die Hinrichtung seines Sohnes Palamedes (s. d.), gibt er durch falsche Gerüchte den Gattinnen der vor Troja kämpfenden Griechen Anlaß zur Untreue und bringt die Flotte der Heimkehrer durch falsche Signale am Kap Kaphereus auf Euboia zum Untergang.

NEMESIS, Gottheit, die Überheblichkeit strafte und übergroßes Glück durch Leid ausglich.

NEPTUN, griechisch Poseidon (s. d.).

NEREIDEN, Töchter des Meeresgottes Nereus, wohlwollende Meeresnymphen.

NEREUS, Meergott (vgl. Nereiden).

NESTOR, der älteste der griechischen Helden vor Troja.

NEUN LYRIKER, von alexandrinischen Gelehrten erstellte Liste der als exemplarisch angesehenen frühgriechischen Lyriker, d. h. zur Lyra (s. d.) singenden Dichter; und zwar: Sappho, Alkaios, Stesichoros, Anakreon, Ibykos, Simonides, Alkman, Pindar, Bakchylides.

NIOBE, von Petrons Trimalchio in gröblichem Irrtum mit dem trojanischen Pferd geklittert, in der griechischen Sage als Mutter von je sieben schönen Söhnen und Töchtern so stolz, daß sie Leto (s. d.), die nur Apoll und Artemis (s. d.) geboren hatte, verhöhnte, worauf die Götterkinder ihre Mutter rächten und alle Niobiden mit Pfeilen töteten.

NISÄISCH: Berühmte Pferde kamen aus der Ebene von Nisaia bei Ekbatana in Medien.

NORISCH, von Noricum, einer römischen Provinz im heutigen Österreich.

NUMA, sagenhafter zweiter König Roms (715–673 v. Chr.), der die religiösen Bräuche der Stadt begründete.

NUMANTIA, Stadt in Spanien, von Scipio 133 v. Chr. erobert.

NUMIDISCHE SEIDE, s. u. Seide.

NUMMEN, allgemeiner lateinischer Ausdruck für »Münzen«.

OBOLUS, kleine griechische Münz- und Gewichtseinheit.

ODYSSEUS, der homerische Heros, wurde später auf Ithaka kultisch verehrt.

OKEANUS, der das feste Land umfließende Weltstrom und seine gleichnamige Gottheit.

ORKUS, Herrscher der Unterwelt, die auch selbst mit seinem Namen benannt wurde.

ORPHEUS, mythischer Sänger und Lautenspieler, der mit seiner Musik Naturwunder vollbringen konnte; da er nach dem Verlust seiner Gattin Eurydike keiner Frau mehr Interesse entgegenbrachte, starb er, zerrissen und zerschunden von den darüber erzürnten thrakischen Mänaden (vgl. Bacchantin).

OSIRIS, ägyptische Gottheit, schon früh den Griechen bekannt und auch mit Dionysos gleichgesetzt; im Kult der Isis (s. d.) hat er die Rolle des zerstückelten, verstreuten, aufgesammelten und neubelebten Gottes.

PALÄMON, freundlicher Meeresgott (vgl. Portunus).

PALAMEDES, Sohn des Nauplios (s. d.), aufgrund einer Intrige des Odysseus (s. d.) vom griechischen Heer vor Troja hingerichtet und so Musterfall eines Justizmordes.

PAN, arkadischer Hirtengott, vorgestellt als Mischwesen mit Bocksfüßen und -hörnern, lüstern den Nymphen nachjagend, die Pan-Flöte spielend, bisweilen unerwartet »panischen« Schrecken verbreitend.

PANKRATION, »Allkampf«, eine besondere Zweikampfform (ähnlich dem Ringen) bei den panhellenischen Spielen.

PAPHOS, Stadt auf Zypern, berühmt durch ihren Aphroditetempel.

PARENTINER, vermutlich fehlerhaft für Tarentiner und jedenfalls von Petrons Trimalchio fälschlich als Gegner der Trojaner benannt.

PARIS, trojanischer Prinz von besonderer Schönheit, sprichwörtlich als Verführer (der Helena).

PARTHENOPE = Neapel (vgl. Sirenen).

PARZEN, auch Moiren, Gottheiten, die dem Menschen sein Lebensmaß zumaßen.

PASIPHAË, s. u. Minotaurus.

PATROKLOS, griechischer Held vor Troja, bester Freund des Achilleus (s. d.). Als er fiel, mußten die gefangenen Troerinnen ihn – den Feind – beweinen; bei ihren Tränen gedachten sie aber wohl (Ilias 19,302) ihres eigenen Leides. Die Phrase wurde sprichwörtlich für Mittrauer, die aber einen anderen Grund hat als den offenkundigen.

PEGASUS wurde, als Perseus (s. d.) die Gorgo (s. d.) tötete, als geflügeltes Pferd geboren, von Bellerophon (s. d.) gefangen und geritten, so daß dieser nun die Chimära (s. d.) und die Amazonen besiegen konnte; Pegasus brachte durch das Aufstampfen seines Hufes am Helikon die Quelle Hippokrene hervor.

PELIAS, Poseidons (s. d.) Sohn, König in Iolkos, Vater der Alkestis, sandte Iason nach dem Goldenen Vlies aus, wurde von Medea (s. d.), die einen Verjüngungszauber vorspiegelte, mit Hilfe der eigenen Tochter getötet. Er war der Hera (Iuno) verhaßt, weil er an ihrem Altar die schutzsuchende Sidero getötet und der Göttin auch sonst mehrfach seine Verachtung gezeigt hatte.

PELUSION, Name des Mittelpunktes der östlichen ägyptischen Grenzbefestigungen gegen Asien und des dort fließenden Nilarmes.

PENATEN, Hausgötter, denen am Herd jeder römischen Familie ein Kult gewidmet war.

PENELOPE, die Gattin des Odysseus (s. d.), die nach zwanzigjährigem Warten durch ihn von dem Drängen der rücksichtslosen Freier, die er alle tötet, befreit wird.

PENTAPOLIS, »Fünfstadt«, das Gebiet der westlichen Kyrenaika (s. d.).

PERIANDER, Herrscher von Korinth um 600 v. Chr. oder später, einer der sogenannten Sieben Weisen, zugleich auch Prototyp des harten Tyrannen.

PERSEUS, ein Heros, Sohn des Zeus (s. d.) und der Danaë (s. d.), Überwinder der Gorgo (s. d.), Retter der Andromeda (s. d.).

PETELINER, die Bewohner von Petelia in Unteritalien, hielten gegen Hannibal zu den Römern und wurden nach elfmonatiger Belagerung durch Aushungern bezwungen.

PETRAITES, ein Gladiator aus neronischer Zeit.

PHÄAKEN, ein freundliches Volk fern von den Menschen, zu denen Odysseus (s. d.) verschlagen wird und die ihn schließlich nach Ithaka heimführen.

PHAËTHON, Sohn des Sonnengottes Helios, von dem er für einen Tag die Lenkung des Sonnenwagens erbittet, den er jedoch nicht zu meistern vermag. So droht ein Weltbrand, den Zeus (s. d.) abwendet, indem er Phaëthon durch seinen Blitz vom Wagen stürzt.

PHAIDRA, s. u. Hippolytos.

PHALARIS, Tyrann in Akrages (Agrigent), im 6. Jahrhundert v. Chr., durch seine Grausamkeit berüchtigt; er soll seine Opfer in einem ehernen Stier lebendig verbrannt haben.

PHAROS, Insel vor Alexandria, von Alexander dem Großen durch einen Damm mit dem Festland verbunden, berühmt durch den dort errichteten riesigen Leuchtturm (italienisch: *faro*).

PHASIS, ein ins Schwarze Meer mündender Fluß am Südwesthang des Kaukasus (heute Rioni); die gleichnamige griechische Kolonie war u. a. durch ihre wohlschmeckenden Fasanen berühmt.

PHIDIAS, der bedeutendste Bildhauer Athens im 5. Jahrhundert v. Chr., von Perikles mit der Leitung der öffentlichen Bauten auf der Akropolis beauftragt; er schuf u. a. die Kolossalstatue der Athene für den Parthenon und die des Zeus (s. d.) für Olympia.

PHILIPPI, Ort im östlichen Makedonien, wo im September/Oktober 42 v. Chr. Antonius und Octavian die Caesarmörder Brutus und Cassius besiegten.

PHILOMELE und Prokne waren Töchter eines mythischen Königs von Athen. Tereus, der König von Thrakien, heiratete Prokne, vergewaltigte dann Philomele und schnitt ihr die Zunge heraus, so daß sie die Tat nicht erzählen konnte. Sie verriet sie jedoch mittels einer Stickerei ihrer Schwester, die sich rächte, indem sie ihren Sohn Itys zerstückelt dem Vater zur Speise gab. Dieser entdeckte den Frevel und wollte beide Frauen in seiner Wut töten; er wurde aber in den Wiedehopf verwandelt, die beiden Schwestern in Schwalbe und Nachtigall.

PHINEUS, s. u. Harpyien.

PHOEBE, der Mond (vgl. Phoebus).

PHOEBUS, Beiname Apolls, des Bruders der Artemis (s. d.).

PHÖNIKER, die Bewohner der Küstenlandschaft Syriens nördlich vom Karmel (vgl. Sidon).

PHOKION, 402–318 v. Chr., athenischer Politiker und Feldherr.

PHRIXUS sollte mit seiner Schwester Helle vor den Ränken der Ino, der Tochter des Kadmos (s. d.), auf einem Widder mit goldenem Vlies aus Orchomenos nach Kolchis (vgl. Medea) gerettet werden; während er heil ankam, stürzte Helle in das nach ihr Hellespont benannte Meer.

PHRYGER, s. u. Paris.

PINDAR, griechischer Lyriker, ca. 522/518 bis nach 446 v. Chr.

PITYOKAMPTES, »Fichtenspanner«, Beiname des Räubers Sinis auf dem Isthmos, der seine Opfer durch zusammengebogene und auseinanderschnellende Fichten zerriß, von Theseus (s. d.) getötet.

PLATO(N), 427–348/7 v. Chr., der große athenische Philosoph.

PLEKTRON, kleiner Stab zum Schlagen der Saiten der Lyra (s. d.).

PLETHRON, als Längenmaß ein Sechstel des Stadions (s. d.), als Flächenmaß 100 Fuß (= ca. 32 m) im Quadrat.

PLUTARCH aus Chaironea in Böotien, ca. 45–125 n. Chr., der berühmte Verfasser von Biographien und philosophischen Schriften.

PLUTO, Herrscher der Unterwelt.

POLLUX, s. u. Kastor.

POLYNEIKES, s. u. Eteokles.

POMPEIUS, römischer Politiker und Feldherr, Schwiegersohn Caesars, später sein Gegner (ab 49 v. Chr.) im Bürgerkrieg, bei Pharsalos 48 besiegt und auf der Flucht nach Ägypten ermordet.

PORTUNUS, römischer Hafengott, später mit Palämon (s. d.) gleichgesetzt.

POSEIDON, Bruder des Zeus (s. d.) und des Hades (s. d.), göttlicher Herrscher des Meeres, lateinisch Neptun.

PRAETOR, der (nach dem Konsul) ranghöchste Beamte der römischen Republik.

PRAXITELES, bedeutender athenischer Bildhauer im 4. Jahrhundert v. Chr.

PRIAMUS, Sohn des Laomedon (s. d.), König von Troja (vgl. Paris).

PRIAPUS, Gartengott, ursprünglich aus Lampsakus (s. d.), mit übermäßig erigiertem Glied dargestellt, so die Zeugungskraft symbolisierend.

PROKNE, s. u. Philomele.

PROMETHEUS, Titan, der nach der Sage das Menschengeschlecht schuf, nach anderer Überlieferung auch die Tiere; da er für die Menschen von den Göttern das Feuer stahl, wurde er von Zeus (s. d.) an den Kaukasus geschmiedet, wo ein Adler ihm die Leber wegfraß, die täglich nachwuchs, so daß er endlos leiden mußte, bis Herakles (s. d.) ihn befreite.

PROSERPINA, griechisch Persephone, die Herrin der Unterwelt, oft mit Hekate (s. d.) gleichgesetzt.

PROTESILAOS, der erste der vor Troja gefallenen Griechen, wurde seiner Gattin Laodameia, da er ihr gleich nach der Hochzeit entrissen worden war, von Hades (s. d.) für kurze Zeit zurückgegeben; danach tötete sie sich selbst.

PROTEUS, Meeresgottheit mit Weissagungskraft, vorgestellt mit der Fähigkeit, sich in unterschiedliche Gestalten zu verwandeln und dadurch dem Orakelsuchenden zu entgehen.

PRYTANEN, die höchsten Beamten.

PUBLILIUS SYRUS, Mimendichter und -schauspieler zur Zeit Caesars, somit auch Zeitgenosse Ciceros, dem ihn Petrons Trimalchio banausisch gegenüberstellt, ohne den Gattungsunterschied zu beachten.

PYTHAGORAS aus Samos, der berühmte Philosoph aus der 2. Hälfte des 6. Jahrhunderts v. Chr.

QUAESTOR, römischer Magistrat, oft in Provinzen zur Unterstützung des Statthalters (für Finanzen, Rechtsprechung, militärische Führung) eingesetzt.

QUIRITEN, älteste Bezeichnung der römischen Bürger.

RHADAMANTHYS, Sohn des Zeus (s. d.) und der Europa, kretischer Gesetzgeber, nach Homer nicht gestorben, sondern ins Elysium entrückt, oft als Richter in der Unterwelt (zusammen mit Minos und Aiakos) erwähnt.

RHAPSODE, umherziehender Sänger, der an Fürstenhöfen epische Dichtungen und Hymnen berufsmäßig vortrug.

SABADIUS, thrakisch-phrygische Gottheit, mit Dionysos gleichgesetzt, besonders von den Unterschichten akzeptiert; sein Kult war im römischen Reich weit verbreitet.

SÄULEN DES HERAKLES, die Meeresenge von Gibraltar, wo Herakles (s. d.) als Zeichen für das Ende der (bewohnten) Welt zwei Säulen errichtet haben soll.

SAGUNTIER, die Bewohner Sagunts (heute Valencia in Spanien), wandten sich 220 v. Chr. vergeblich um Hilfe an Rom, als Hannibal sie angriff; als er nach achtmonatiger Belagerung die Stadt eroberte und zerstörte, begann der 2. Punische Krieg.

SALACIA, Wassergottheit.

SALPINX, die Trompete, speziell die Kriegstrompete.

SARPEDON, Anführer der Lykier im trojanischen Krieg, Sohn des Zeus (s. d.), der ihn vor Patroklos nicht retten kann (Ilias 16).

SATRAP, oberster Statthalter einer Provinz (»Satrapie«) des Perserreiches.

SATURNALIEN, das Fest des Saturn am 17. Dezember, später auf drei und sogar auf sieben Tage ausgeweitet, das in Rom – wie bei einer Art Karneval – sehr freizügig gefeiert wurde.

SATURNISCHE ERDE = Italien.

SCARUS, Lippfisch.

SCIPIO, P. Cornelius S. Aemilianus Africanus Numantinus, 185–129 v. Chr., zerstörte 146 Karthago, eroberte 133 Numantia.

SEIDE, serische und numidische: das Jahrtausende lang nur in China (serische, lateinisch: sericus = chinesisch) bekannte Produkt gelangte auf der sogenannten Seidenstraße bzw. auf dem Seeweg ab Anfang des 1. Jahrhunderts v. Chr. in den Mittelmeerraum, wo es aber auch einheimische Produkte geringerer Qualität gab (Baumfasergespinste, Wild- oder Halbseide), bis 551 zwei Mönche lebende Seidenraupen nach Byzanz bringen und damit das östliche Monopol brechen konnten.

SEMELE, thebanische Prinzessin, Geliebte des Zeus (s. d.), den sie auf Rat der eifersüchtigen Hera bat, ihr in seiner wirklichen (göttlichen) Gestalt zu erscheinen; sie stirbt an seiner Blitzgewalt, ihr ungeborenes Kind trägt Zeus (s. d.) in seinem Schenkel aus: es ist der Gott Dionysos.

SERAPIS, ägyptische Gottheit (Name: Osiris, s. d., Apis), wohl von Ptolemäus I. (367–283 v. Chr.) eingeführt, um als Reichsgott Ägypter und Griechen zu verbinden, durch Handelsbeziehungen bald im Mittelmeerraum weit verbreitet; nach Tacitus (Hist. 4. 84. 5.) gleichgesetzt teils mit Aesculap, teils mit Osiris (s. d.), teils mit Jupiter, teils mit dem Gott der Unterwelt.

SERISCHE SEIDE, s. u. Seide.

SERVIUS SULPICIUS RUFUS, 106–43 v. Chr., bedeutender Jurist, Freund Ciceros.

SESTERZE, die kleinste Silbermünze der römischen Republik, = 2 ½ As (s. d.), den sie 123/122 v. Chr. als Rechnungsmünze ersetzte, später auch aus Messing geprägt.

SEVIR, ein von Augustus 2 v. Chr. eingeführtes Ehrenamt, das die Ausrichtung jährlicher Spiele zur Aufgabe hatte und so beträchtlichen finanziellen Aufwand erforderte.

SEXTUS aus Chaironea unterrichtete die späteren Kaiser L. Verus und Mark Aurel, der ihn in seinen Selbstbetrachtungen (1,9) erwähnt.

SIDON, auf einem Vorgebirge südlich von Beirut gelegene phönizische Stadt, wie auch »Sidonier« allgemein »Phöniker« (s. d.) bedeuten kann.

SINON bleibt als einziger Grieche vor Troja zurück und vermag den Trojanern einzureden, sie sollten das hölzerne Pferd in ihre Stadt bringen.

SIRENEN, fabelhafte Mischwesen mit Vogelleib und Frauenkopf, die betörend singen und so Seefahrer ins Verderben locken.

Als Odysseus (s. d.) sie zu überlisten vermag, stürzen sie sich ins Meer; allein Parthenope taucht wieder auf und gibt der Stadt Parthenope (s. d.) ihren Namen.

SISTRUM, bronzene Klapper im Ritual des Kultes der Isis (s. d.).

SKIRON, Ort zwischen Athen und Eleusis, im Kult Stätte einer rituellen Pflügung.

SKYTHEN, von den Griechen als Barbaren angesehenes Volk, deren Heiligtum einer jungfräulichen Göttin (mit Artemis – s. d. – gleichgesetzt) auf der taurischen Chersones (Krim) Schauplatz von Menschenopfern war.

SMYRNA, heute Izmir in der Türkei.

SOKRATES, 469–399 v. Chr., der berühmte athenische Philosoph.

SOPHOKLES, ca. 497/6–406/5 v. Chr., der berühmte athenische Tragödiendichter.

STADION, die Länge der Laufbahn eines Stadions und so ein Längenmaß; das von Olympia betrug ca. 192 m (= 600 Fuß).

STESICHOROS, ca. 640–555 v. Chr., Lyriker.

STHENEBOIA, die Gattin des Königs Proitos von Tiryns, verliebte sich in ihren Gast Bellerophon (s. d.), der sie jedoch abwies. Sie verleumdete ihn, er habe ihr zu nahe treten wollen, worauf Proitos ihn mit einem Brief, der den Überbringer zu töten bat, nach Lykien zu König Iobates sandte, der ihn jedoch nicht ermordet, sondern statt dessen zu gefährlichen Taten aussendet.

STOIKER, Angehörige der Stoa, der um 300 v. Chr. in Athen gegründeten philosophischen Schule.

STYMPHALISCHE VÖGEL, Fabelwesen, die an einem Sumpfsee bei Stymphalos in Arkadien lebten und ihre ehernen Federn wie Pfeile verschießen konnten; von Herakles (s. d.) verjagt, später von den Argonauten verscheucht.

STYX, STYGISCH, Fluß der Unterwelt, auch allgemein als ›Unterwelt‹ gebraucht, und dazugehöriges Adjektiv.

SULLA, 138–78 v. Chr., römischer Politiker und Feldherr, 88 Marsch auf Rom, nach Kriegen und Bürgerkriegen 82 Diktator, anschließend Neuordnung der Verfassung, 79 freiwilliger Rücktritt.

SYRINX, eine Nymphe aus Arkadien, von Pan (s. d.) begehrt, auf der Flucht durch göttliche Einwirkung in Schilfröhricht verwandelt, aus dessen Rohren Pan die Panflöte fügt.

SYRISCHE GÖTTIN bezeichnete im Hellenismus und später die Atargatis-Derketo, in gewissen Zügen ähnlich der phönizischen Astarte (s. d.)/Aphrodite (s. d.) und der kleinasiatischen Großen Mutter; Lukian widmete ihr eigens eine Schrift.

TAINAROS, Lakoniens (und damit der Peloponnes) Südspitze, heute Kap Matapan.

TALENT, Gewichtsmaß, in Attika 26,2 kg, meist als Maß für Edelmetall; somit ist bereits ein Talent ein gewisses Vermögen, hundert Talente eine gewaltige Summe.

TANTALOS, Sohn des Zeus (s. d.), frevelte gegen die Götter, die ihn in der Unterwelt büßen ließen, indem er im schlimmsten Hunger und Durst durch ständig vor ihm zurückweichendes Wasser und zurückschnellende Obstzweige gepeinigt wurde.

TARTARUS, die Unterwelt.

TAURIER, die Urbevölkerung der Krim, später mit den Skythen (s. d.) vermischt.

TELEPHUS, Sohn des Herakles (s. d.), wurde, als er den bei ihm versehentlich gelandeten Griechen, seinen eigenen Landsleuten, mit der Waffe gegenübertrat, von Dionysos zu Fall gebracht und von Achilleus (s. d.) verwundet.

TELLOS, Athener, dem Krösus (s. d.) von Solon als der glücklichste Mensch gepriesen (Herodot 1,30), weil er in der Blüte seiner Stadt gesunde Kinder und Enkel hatte, in siegreichem Kampf für die Heimat fiel und ein Ehrengrab erhielt.

TENEDOS, Insel vor der Küste von Troja (s. d.).

TEREUS, s. u. Philomele.

THEBANER, s. u. Kadmos.

THEMISTOKLES, ca. 524 – ca. 460 v. Chr., athenischer Politiker, während der Perserkriege der wichtigste Stratege der Griechen, später verbannt und in Persien aufgenommen, wo er u. a. Lampsakus (vgl. Priap) zum Lehen erhielt (vgl. Aristeides).

THERSITES, der häßlichste der Griechen vor Troja, als böser Spötter verhaßt.

THESEUS, Athens Nationalheros, der, wie Herakles (s. d.), das Land von zahlreichen Ungeheuern und Räubern reinigte, im Labyrinth auf Kreta den Minotaurus (s. d.) tötete, die Lapithen gegen die Kentauren (s. d.) unterstützte, Vater des Hippolytos (s. d.), Teilnehmer am Argonautenzug, Stifter der Panathenäen, eines Festes zu Ehren der Göttin Athene.

THRAKER, die nördlich der Griechen, zwischen den Makedonen, der Donau und dem Schwarzen Meer lebenden Völker, von den Griechen als Barbaren verachtet, jedoch als Pferdezüchter bewundert.

THUKYDIDES, ca. 460 – ca. 400 v. Chr., der berühmte athenische Historiker.

TIMON von Athen, ein Bürger aus der Zeit des Perikles (5. Jahrhundert v. Chr.), der nach mißlichen Erfahrungen mit seinen Mitmenschen zum Misanthropen wurde und sich von der Gesellschaft absonderte, sie schmähte und verschmähte; er wurde zum Prototyp des Menschenfeindes.

TIRYNS, Stadt in der Argolis, besonders verbunden mit dem Mythos und Kult des Herakles (s. d.).

TIRYNTHISCHER GOTT, Herakles (s. d.).

TISIPHONE, eine der Erinnyen (s. d.), vorgestellt als gräßliche Furie, hausend am Eingang der Unterwelt.

TITANUS, die Sonne.

TÖCHTER DES MINOS, Ariadne (s. d.) und Phädra (s. u. Hippolytos).

TRITON, Mischwesen, halb Mensch, halb Fisch, im Meer wohnend vorgestellt; oft beim Blasen von Muschelhörnern dargestellt.

TROJA und sein Sagenkreis wird von Petrons Trimalchio gern (und ständig mit gröblichsten Schnitzern) als Bildungsbeweis angeführt; er bringt es sogar fertig, Hannibal (s. d) als seinen Eroberer zu nennen.

TYRO, Sagengestalt, Geliebte des Poseidon (s. d.), von Sidero, ihrer Stiefmutter, grausam gequält, von ihren Söhnen durch Tötung der Peinigerin gerächt.

TYROS, Stadt der Phönizier (s. d.), 75 km südwestlich von Beirut, ursprünglich auf einer Insel gelegen, durch Alexander den Großen mittels eines Dammes 322 v. Chr. mit dem Festland verbunden.

URANOS, der Himmelsgott, von Euhemeros – entsprechend seiner Theorie – als weiser König der Vorzeit verstanden.

VERGIL, 70–19 v. Chr., der große Dichter der Römer, Verfasser der »Aeneis«, der »Georgica« und der »Eklogen«.

VULKAN, griechisch Hephaistos (s. d.), der hinkende Feuer- und Schmiedegott, Gatte der Venus (vgl. Aphrodite).

ZAMOLKIS, auch Zamolxis oder Zalmoxis genannt, sagenhafter Gesetzgeber der Geten, Schüler des Pythagoras (s. d.).

ZENODOT von Ephesos, ca. 330–260 v. Chr., wichtiger Grammatiker, erster Vorstand der Bibliothek in Alexandria (ab 284), dem u. a. auch die Einteilung der homerischen Epen Ilias und Odyssee in je 24 Bücher zugeschrieben wird.

ZETHOS und Amphion, die Söhne der Antiope, die, obschon Königstochter, als Sklavin in ihrem väterlichen Herrscherhaus in Theben leben und ihre Kinder aussetzen muß. Sie findet ihre Söhne später wieder, die Rache für sie nehmen und um Theben eine Mauer errichten, Zethos mit physischer Kraft, Amphion mit der magischen Macht der Musik; sie werden so Symbolfiguren für den Kontrast *vita activa – vita contemplativa*.

ZEUS, der oberste Gott des Olymp; sein Beiname Meilichios bedeutet gnädig, »Uranios« himmlisch; er heißt »kasisch« durch Identifizierung mit einem syrischen Gott dieses Namens.

ZEUXIS aus Herakleia, berühmter Maler um 400 v. Chr.

Zu dieser Ausgabe

Die vorliegende Ausgabe in zwei Bänden, die erste deutsche Gesamtausgabe der Liebes- und Abenteuerromane der Antike, enthält mehrere hier zum ersten Mal veröffentlichte neue Übersetzungen: die Chariton-Verdeutschung von Heinz Martin Werhahn (Bd. I, S. 515), die Übertragung der auf Papyri erhaltenen Fragmente von Herwig Maehler (S. 722), ferner die Übersetzung der *Geschichte von Apollonius, dem König von Tyrus* sowie der in indirekter Überlieferung als kurze Nacherzählung überkommenen Geschichten aus utopischen Romanen (S. 669) durch den Herausgeber. Dieser hat für die übrigen Romane aus den vorhandenen Vorlagen die hier abgedruckten ausgewählt, in Anmerkungen die nötigsten Erklärungen gegeben und ein erläuterndes Namens- und Sachverzeichnis beigefügt, das in alphabetischer Ordnung Auskunft über die wichtigsten Orte, Personen, Maße und dergleichen gibt. Bei den älteren Übertragungen von Wieland (S. 579), Ast (S. 176) und Jacobs (Bd. I, S. 23) sind Interpunktion und Orthographie modernisiert und gelegentlich allzu altertümliche Wendungen durch heute besser verständliche ersetzt worden; alles andere blieb hier wie auch bei den anderen Texten unverändert.

Die Einleitung versucht, das so eigenartige Phänomen des sogenannten »Romans« der Antike darzustellen; Kurzeinführungen unmittelbar vor jedem Text vermitteln die notwendigsten Erläuterungen zur Person des Autors wie zum Werk selbst und erinnern auch an wichtige Stationen aus dem Nachleben der Erzählung.

Als Anordnungsprinzip wurde weder die umstrittene Chronologie noch das vordergründige Alphabet gewählt; vielmehr steht an der Spitze des ersten Bandes der – nächst Platons *Gastmahl* – wohl poetischste Prosatext der Antike, der Hirtenroman des Longos. Ihm folgen zwei ebenfalls kurze und so auch leichter zugängliche Romane, die den Leser einstimmen, sein Interesse wecken, seine Neugier erregen mögen für die sich anschließenden großen Werke des Heliodor und Chariton sowie im Bd. II des Achilleus Tatios und Lukian und der Lateiner Petron und Apuleius. Als Abschluß figurieren die uns unvollständig überkommenen Texte, teils Einzelszenen auf Papyri, teils zusammenfassende Nacherzählungen späterer antiker Autoren. So unterliegt die Anordnung der Sammlung jenem Motto, mit dem Apuleius seine Erzählung beginnt: »Intende, lector: laetabere! – Merk auf, Leser! Du wirst dich amüsieren!«

Berlin

Bernhard Kytzler

Inhalt